lonely planet

加 拿 大

Karla Zimmerman

James Bainbridge, Celeste Brash, Natalie Folster, Scott Kennedy, John Lee, Graham Neale, Brandon Presser, Charles Rawlings-Way, Sarah Richards, Aaron Spitzer, Ryan Ver Berkmoes

海 拔
3000m
2400m
1800m
1200m
600m
300m
150m
0
RUSSIA
俄罗斯
ARCTIC OCEAN
北冰洋
丘吉尔（见 544 页）
是进入哈得孙湾北极熊出没的苔原地带的偏僻入口
伊努维克（见 804 页）
原住艺术，夏季太阳 24 小时普照，这一段的丹普斯特公路驾车行驶时极其困难
道森城（见 777 页）
颇具特色的老城镇，周围是漂亮的自然美景
夏洛特皇后群岛（见 751 页）
美丽、神秘的群岛，再现了海达文化
托菲诺（见 699 页）
寂静的雨林与波浪起伏的海岸线，可以在此冲浪、观赏鲸鱼以及徒步旅行
班夫国家公园（见 594 页）
高耸的山峰、歪斜的冰川、浅蓝色湖泊以及庇护各种动物的大方舟
艾伯特王子国家公园（见 56
是在路径不明的土地上跋涉
独木舟与享受幽静的满是
森林密布的避难所
Alaska
USA
美国
Fairbanks
Anchorage
Arctic Circle
Beaufort Sea
Tuktoyaktuk
Inuvik
Dawson City
育空地区
Yukon Territory
WHITEHORSE
Watson Lake
JUNEAU
Mackenzie Mountains
Franklin Mountains
Mackenzie River
Coast Mountains
Great Bear Lake
西北地区
Northwest Territories
Lac la Martre
YELLOWKNIFE
Great Slave Lake
Wood Buffalo National Park
Spatsizi Plateau Provincial Wilderness Park
Liard River
Peace River
Lake Claire
Lake Athabasca
Wollaston Lake
Reindeer Lake
Queen Charlotte Islands
Prince Rupert
Williston Lake
Rocky Mountains
Alberta
艾伯塔
Athabasca River
Saskatchewan
萨斯喀彻温
Lac la Ronge
Manitoba
马尼托巴
Thompson
Prince George
Jasper National Park
Jasper
EDMONTON
British Columbia
哥伦比亚不列颠
PACIFIC OCEAN
太平洋
Vancouver Island
Tofino
Nanaimo
Vancouver
VICTORIA
Kamloops
Kelowna
Nelson
Banff National Park
Lake Louise
Banff
Calgary
Medicine Hat
Swift Current
Saskatoon
Prince Albert
Moose Jaw
REGINA
Yorkton
Riding Mountain National Park
WINNIPEG
Brandon
Seattle
Portland
WA
OR
ID
MT
ND
CA
NV
UT
WY
NE
UNITED STATES OF AMERICA
美国
Banks Island
Victoria Island
Prince Patrick Island
Melville Island
Bathurst Island
Cornwallis Island
Sverdrup Islands
Prince of Wales Island
King William Island
Viscount Melville Sound
Amundsen Gulf
Anderson R
Nunavut
努那瓦
Thelon River
Baker Lake
Dubawnt Lake
Church
120°W
110°W
100°W
60°N
50°N
40°N

图　例
高速公路
一级公路
二级公路
三级公路
未铺沥青道路
0 500 km
0 300 miles
德拉玛得来纳群岛（见 340 页）
在微风吹拂的一处魁北克群岛上，满是红色悬崖、黏性沙坑和大量龙虾
魁北克老城（见 292 页）
现代加拿大著名的诞生地，皇家酒店高高的屋顶俯瞰着市区
布莱顿角高地国家公园（见 394 页）
在薄雾弥漫、鲸鱼和老鹰出没的荒僻海岸地区，骑自行车、徒步旅行、划爱斯基摩划子
北半岛（见 504 页）
漂流的冰山、奇特的地质状况、驼鹿汉堡包与维京人遗迹调剂着崎岖的海岸
多伦多（见 99 页）
加拿大最大、最繁忙的城市，也被很多人认为是最好的城市，很适合就餐、购物、喝酒
大马南岛（见 426 页）
典型的海上风景——岩石峭壁、灯塔以及繁忙的垂钓码头
千岛群岛（见 230 页）
一群群寂静、暴露在风中的小岛、白紫花瓣浴与 19 世纪的大厦
尼亚加拉瀑布（见 149 页）
尽管不断地光顾以及被建筑破坏，这儿仍然是一处没有衰退的世界奇迹
Ellesmere Island
Greenland
DENMARK
丹麦
ICELAND
冰岛
Arctic Circle
ATLANTIC OCEAN
大西洋
Nares Strait
Devon Island
Baffin Island
Davis Strait
Boothia
Melville Peninsula
Foxe Basin
Prince Charles Island
Nettiling Lake
Amadjuak Lake
IQALUIT
Southhampton Island
Hudson Strait
Coats Island
Mansel Island
Labrador
Labrador Sea
Newfoundland & Labrador
Feuilles River
Mélèzes River
George River
Caniapiscau R
Smallwood Reservoir
Churchill R
Northern Peninsula
ST JOHN'S
Newfoundland
Corner Brook
Port aux Basques
Hudson Bay
Lac à l'Eau Claire
Belcher Islands
Lac Bienville
Lac Caniapiscau
Réservoir Manicouagan
Polar Bear Provincial Park
James Bay
Réservoir Robert-Bourassa
Anticosti Island
Îles de la Madeleine
Cape Breton Island
Cape Breton Highlands National Park
Severn River
Winisk River
Lac Mistassini
Ontario
安大略
Moosonee
Québec
魁北克
Réservoir Gouin
Lac St Jean
Tadoussac
Rivière du Loup
Summerside
PEI
CHARLOTTETOWN
New Brunswick
Moncton
Amherst
Nova Scotia
HALIFAX
FREDERICTON
Saint John
Lunenburg
QUEBEC CITY
St Stephen
Yarmouth
Lac Seul
Lake Nipigon
Lake of the Woods
Thunder Bay
Lake Superior
Sudbury
North Bay
渥太华
OTTAWA
Montréal
Sault Ste Marie
Georgian Bay
Huntsville
Kingston
Lake Huron
多伦多
TORONTO
L Ontario
Boston
Minneapolis
Lake Michigan
Stratford
Niagara Falls
London
Detroit
Lake Erie
Chicago
MN
WI
MI
IA
ID
OH
PA
NY
VT
NH
MA
CT
RI
ME
90°W
80°W
70°W
60°W
50°W
40°W
30°W

在路上

KARLA ZIMMERMAN

统稿作者

为了在圣玛丽角(Cape St Mary)的生态保护区观鸟，我沿着悬崖顶上的一条小道步行，穿过点缀着绵羊和蓝色鸢尾的田地。约在半道处，浓雾蜂拥而至，但不断奏鸣的浓雾信号使我一直在小路上行走着（还不错，这是一条很长很长的下山路）。

JAMES BAINBRIDGE

6月，一个空气清新的夜晚，在塔多萨克(Tadoussac)，我背着行囊登上Zodiac号游船，迅速穿过海湾，寻找鲸鱼。没有看到任何蓝鲸，不过我们发现了几只小须鲸和长须鲸。那个周末，在喧闹的塔多萨克音乐节上，展示了一种不同的野生生物。

CELESTE BRASH

当梅特兰(Maitland)的逆潮漂流经营者听说我们来自阳光明媚的塔希提岛(Tahiti，又名大溪地)时，他们为我们提供了险恶天气时渔夫的行头，而不是标准防水衣。孩子们不希望自己看起来像穿着标准的米其林(Michelin)人。我们大汗淋淋地经历了提高肾上腺素的旅行！

SCOTT KENNEDY

清晨，我来到了哥伦比亚冰原，此时太阳正要开始亲吻山顶。很快，其他人就会到来，我不得不与他们一起分享这神奇的景色。不过，在这一刻——它属于我自己。

NATALIE FOLSTER

当渡船从陆地围绕North Head前进、燕尾灯塔(Swallowtail Lighthouse)逐渐现身时，就标志着夏季假期开始了——一星期的海上旅行、户外锻炼，还可以阅读成堆的书籍。

JOHN LEE

在松鸡山(Grouse Mountain)，我嘎吱嘎吱地踩着白雪艰苦跋涉了90分钟，然后从斜坡上快步而下，来到小屋，狼吞虎咽地吃了顿火锅晚餐，包括鲑鱼、扇贝以及格兰维尔岛屿(Granville Island)啤酒。这正是我喜欢的户外活动。

GRAHAM NEALE

哈得孙湾 (Hudson Bay) 逐渐形成，位于加拿大地图的中部，外形就像是一个长柄煎锅。在哈得孙湾的水中浮潜，白鲸从我身后滑过，对于它的体型、来历以及它所拥有的力量，我都感到无比敬畏。

BRANDON PRESSER

在旅途中，苏必利尔湖 (Lake Superior) 绝妙的海滨是最值得怀念的一部分。在这个特别的夜晚，我在海滩上宿营，一阵奇妙的薄雾逐渐袭来。我从未见过如此令人难以置信的日落。

CHARLES RAWLINGS-WAY

长长的头发，高大的建筑物：旅途漫漫，连剪发都似乎变得不可能，此时当看到比你更圆满的东西时就会安心下来。在晴朗的天空下，多伦多的加拿大国家电视塔 (CN Tower) 令人着迷。

AARON SPITZER

在雷索卢特 (Resolute)，除了风之外，几乎就没有什么动的东西了。在这儿，当我试图给一处重建的古因纽特鲸须小屋拍照时，我不得不设法在风中稳住自己，并一直担心阵阵大风会把我的裤子撕开。因为暴风的缘故，我出城的飞机被延误了两天。

SARAH RICHARDS

在 Marché Jean Talon 集市，我买了一大袋红辣椒、草莓、桃子和越橘。然后又发现了橄榄和奶酪。当我把这袋东西扛回家后，胳膊酸痛起来，不过这很值得，因为我用它们做了一顿美妙的晚餐。

RYAN VER BERKMOES

旅途中，我总是至少要花部分时间乘坐阿拉斯加海上高速公路系统(Alaska Marine Highway System)令人愉快的渡船游览不列颠哥伦比亚北部和育空地区。这些不只是游览船，更确切地说，它们是真正让人，啊哈，沉浸于内线航道(Inside Passage)丰富的生活和魅力的方式。

完整的作者简介，见 864 页。

加拿大亮点

那么，你想了解对加拿大的顶级体验吗？在此，我们将悉数道来。我们同 Lonely Planet 的作者、工作人员以及读者激烈讨论，希望他们把自认为在白色大北方值得一看、值得一做的都合盘托出。是的，可能会比较随意。没错，可能会有些偏颇，但正是如此才更加有趣。请跟随以下内容享受旅途吧。

啊……我们有没有漏掉你最喜欢的？联系我们吧！访问 lonelyplanet.com/bluelist，并告诉我们你心目中的加拿大亮点。

FRANK CARTER

1 冰原园林大道，班夫至贾斯珀

在整个加拿大，冰原园林大道（Icefields Parkway，见 596 页）显然是最引人入胜的景观之一——处处都有吸引你的景色。这里山可及天，水映美景。天然、纯净、野性而壮观——这儿尽显加拿大特色，无与伦比。

Scott Kennedy, Lonely Planet 作者，新西兰

温哥华心情

每当我带人来到斯坦利公园（Stanley Park，见 637 页）时，他们都会立即喜欢上温哥华（如果他们之前还没有的话！）。就在城市边上，靠近多沙的克斯莱诺（Kitsilano 见 640 页），这儿是茂盛森林的绿洲。四处走走，你会看到美妙的城市风景、海湾群岛（Gulf Islands）以及幽僻的高山。你绝对想象不到，你离鸡尾酒和时下流行的美食是如此之近。

Korina Miller, Lonely Planet 职员，美国

2

RICHARD CUMMINS

岛屿生活

如果你是一个城里人，就会发现偏僻的北温哥华岛（North Vancouver Island，见 706 页）无边无际，而人却是如此渺小。进入斯科特角省立公园（Cape Scott Provincial Park，见 708 页），在密集的云杉间、蕨类覆盖的蜿蜒小径上漫步，会突然发现自己来到了纯白无瑕的沙滩上——到处都是浪花、飞扑入水的鱼鹰及岩石上方的耐旱树木——这一切都会让任何人永远成为大自然母亲最好的伙伴。

John Lee, Lonely Planet 作者，加拿大

3

JOHN LEE

4

BRENT WINEBRENNER

新斯科舍之最美

新斯科舍的文化与户外景观值得你继续向东前进，不过该省树木林立、高山连绵的那一端本身就呈现出非凡而壮观的景致。具有传奇色彩的卡伯特小路（Cabot Trail）环绕着令人畏惧的布莱顿角高地国家公园（Cape Breton Highlands National Park，见 394 页）。一定要记得带上舞鞋，沿着克里小路（Ceilidh Trail，见 392 页）跳跺脚舞。

Emily K Wolman, Lonely Planet 职员，美国

LEE FOSTER

5 与北极熊初次相逢

初次与北极熊近距离接触定会让你大为惊叹。立即忘掉在火车上度过的乏味的两天，从林区来到冻土地带——哈得孙湾(Hudson Bay)的最边缘处。北极熊离冻原雪车如此之近，你会害怕得闭上眼睛。而你的女朋友则发出咕咕的笑声，想伸手去拍北极熊。你迅速抓住她的胳膊……

Steve Waters, Lonely Planet 职员，澳大利亚

MIKE WEYERHAEUSER/PHOTOLIBRARY

6 在惠斯勒山滑雪

举目望去，四周一片令人心旷神怡的高山以及皑皑白雪，其间的惠斯勒(Whistler，见666页)是一座可爱的村庄，令你不禁想探个究竟。当你沿着冰河前进的时候，松脆的白雪在脚下嘎吱嘎吱地响，穿过地质公园，向南来到村庄，在火堆前喝杯热巧克力。那么，系好靴子，准备开始令你终生难忘的滑雪旅程吧，惠斯勒将呈现给你这一切。

Charity Mackinnon, Lonely Planet 职员，澳大利亚

纽芬兰观鲸

当你来到纽芬兰的B&B旅馆准备过夜时，你会想，真是有太多的旅游部门机构了。从窗口赏鲸，来吧。然后…… "那有一条！" 你的同伴指着水面，大声喊道，"看到了吗？" 可以肯定了，那儿有一条巨大的怪模怪样座头鲸正在发脾气呢。它的尾部拱起来，从扇状喷水口喷水，然后消失了。不过你已经看到它，的确看到了，就在你房间的窗外。

Karla Zimmerman, Lonely Planet 职员，美国

7

ARCO IMAGES/ALAMY

在多伦多尝遍世界美食

在以色列吃顿早餐，在中国享受午餐，在意大利喝杯午后咖啡，最后在希腊细品晚餐。多伦多有很多族裔社区，可以让你的梦想成真。无须机票，也无须翻译！

Barnia Choudhury，旅行者，加拿大

8

COREY WISE

MARIO TAMA/GETTY

9

探索魁北克城

在这座老城狭窄的巷子里闲逛（见 292 页），就好像在迈向加拿大历史的开端。没有太多显赫的景点，例如放着爵士乐的角落酒吧和小餐馆，反而让这座古老的城市更能吸引一些见多了北美现代都市的旅行者。

James Bainbridge,
Lonely Planet 作者，英国

GLENN VAN DER KNIJFF

10 尼亚加拉瀑布……从上至下欣赏

乘坐“云雾少女号”(Maid of the Mist，见 150 页)游船游览，马蹄瀑布 (Horseshoe Falls) 发出雷鸣般轰响，颇为壮观，身上披着的塑料雨布也被溅得不断窸窣作响。雨布(大多数)不但能防止你被淋湿，最后还会成为纪念品。不过，这儿最出乎意料的乐趣在于完全的自由：夜晚，在瀑布上方散步，重重落下的水在空气中形成静电，会让每个人的头发都竖起来，十分有趣。发热的街灯和空气中的薄雾也会出现金色的光环。

Aimée Goggins, Lonely Planet 职员，美国

CAROLINE HAYEUR/MONTRÉAL TOURISME

11 蒙特利尔的爵士音乐节

加入上万热爱音乐、沉着、有礼貌、友好的人群(没有劲舞或醉醺醺的懒汉——真令人惊讶！)，观看世界上最好的爵士乐及受到爵士乐曲风影响的音乐家们的演奏，从 300 多场演奏(很多都免门票)中选择自己喜欢的。并在似乎无休止的聚会上，学学免费的萨克斯管、鼓乐或口琴课。除了这儿，其他地方能享受到这些吗？没有。

Emily K Wolman, Lonely Planet 职员，美国

SCOTT KENNEDY

12 贾斯珀火车

贾斯珀火车曾是使加拿大成为一个国家的催化剂。经过 125 年，现在它已经成为统 的加拿大的象征——一条不间断的铁轨横跨大陆。如果没有这辆火车，将没有加拿大——就像是它催生的这个国家，它也不断地前进着。

Scott Kennedy, Lonely Planet 作者，新西兰

13 篷车竞赛

篷车 (chuckwagon) 竞赛是风靡加拿大西部的竞技亮点。三四辆马车，每辆都由四匹纯种马拉着，围绕车道竞赛，每辆马车旁配有两位骑马的侍从。这项传统运动仍然保留着牛仔生活的气息和西部的野性。

Scott Kennedy, Lonely Planet 作者，新西兰

SCOTT KENNEDY

GLENN VAN DER KNIJFF

14 魁北克，冬季嘉年华

作为世界上最大的冬日狂欢节 (winter festival，见 301 页)，狂欢者们可以欣赏冰雕竞赛，也可以进行冰上垂钓，抑或乘坐雪橇车从白雪覆盖的斜坡上迅速滑下，或者带着本次狂欢节上的吉祥物——雪人博纳姆来到城镇广场的溜冰场。

Ann Mercer，旅行者，澳大利亚

路易斯堡国家历史遗址

带上一件毛衣和几句法语，来到这座多风的、几乎没有树木的半岛，参观18世纪的法国堡垒——路易斯堡（Louisbourg，见402页）。盛装的演员们扮演着过去的人物，从军队进行曲到饰带缝制，再到铁匠演示，将你带回过去的生活。务必在具有重建的老餐馆中美餐一顿——你可以选择士兵配餐（盛在锡蜡碗中的一份清汤和硬面包，并带有一只大汤匙）或者高级膳食。

Celeste Brash，Lonely Planet 作者，法属玻利尼西亚

CHRIS CHEADLE/GETTY

15

HEMIS/ALAMY

16 多伦多的肯辛顿市场

如果你从未去过一座大城市，来到多伦多就有点像是卷入嘉年华的高潮。当你穿过肯辛顿市场时会对城市生活肃然起敬：欧洲奶酪店、闹吧、伊朗熟食店、小咖啡店、玉米卷店铺、中式面食店、旧式服饰、罐子经销商、朋克族、嬉皮士教徒、背包客以及一座犹太教堂。总而言之，这儿不再是堪萨斯……

Charles Rawlings-Way，Lonely Planet 作者，澳大利亚

MONICA PENNER

17 北极圈

惊人的丹普斯特公路（Dempster Hwy，见782页）将我们带到了北极圈，在这儿我们走进了童话般美丽的风景。绵延起伏的山脉就像是描画在地平线上，秋季亮丽的色彩点缀着广阔的冻土地带。除了坑洞、实际上有些陌生的同伴以及一辆发动机过热的汽车外，我得到了回报：这里是我所到过的最漂亮的地方。

Monica Penner，旅行者，加拿大

在温泉湾充电

四处寻找志趣相同的人来分摊水上飞机的费用。水上飞机甚至会开往船只无法通行的地方，也许还能看到鲸鱼。穿过原生森林步行几分钟就能到达通往大海的泉水（见699页）附近。泉水与海水混合——你可以仰面躺在热水中，将脚抬起。

Steve Waters, Lonely Planet 职员，澳大利亚

18

RICH WHEATER/ALL CANADA PHOTOS

19

JAMES STURCKE/PHOTOLIBRARY

弘拜岛

弘拜岛的南端是特里比恩湾（Tribune Bay，见702页）。有着物种多样的森林与丰富的海洋生物，"海湾群岛之宝"是尽情享受不列颠哥伦比亚的理想之处。

Chris Olsen，旅行者，加拿大

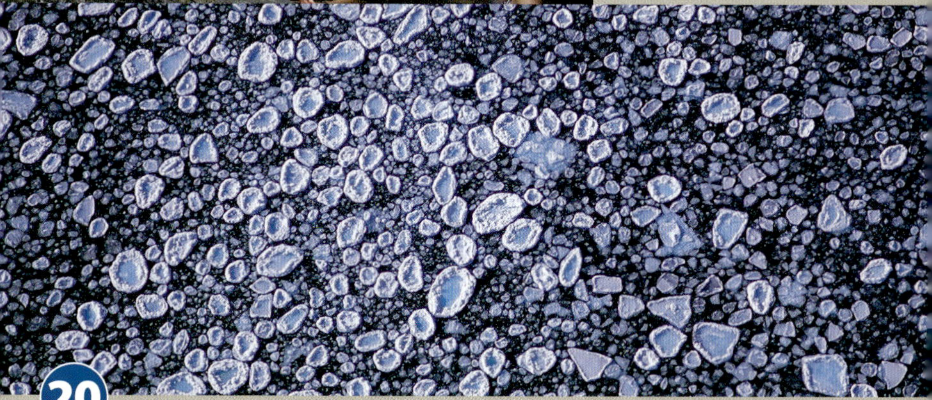

20

JIM WARK

三千英尺处的……白色大北方

这是我最喜欢的对加拿大的介绍。我曾经不止一次由衷地欣赏它，更确切地说，那时我还从来没有实际到过加拿大。在加拿大上空，也许，但不是在加拿大的土地上。从伦敦（或其他欧洲城市）飞往西雅图、旧金山或者沿着北美西海岸的其他地方，你所乘坐的飞机将在大西洋上划出大大的弧线，穿过格陵兰和哈得孙湾，然后向西南穿过北部加拿大，看着不断出现的冰山、浮冰以及无数湖面在你下方展现。这真像魔术。

Tony Wheeler, Lonely Planet 创始人，澳大利亚

自卫生间观景

拥有着数英里高的悬崖及与爱德华王子地区 (Prince Edward Island) 规模相当的冰源，奥育图奇国家公园 (Auyuittuq National Park，见 816 页) 以其令人惊奇的景观为傲；这儿还有八座橘红色建筑物。爬上这些地方需要有攀爬奥育图奇索尔山 (Mt Thor) 的攀岩技巧。不过，通过防熊玻璃，你可以看到世界上任何卫生间无法比拟的最佳景观。

Aaron Spitzer, Lonely Planet 作者，加拿大

AARON SPITZER

21

BRIAN ATKINSON/ALAMY

22

道森城

在夏季高峰期，你在破旧的公共汽车上晃了几个小时，不知道现在是凌晨 3 点还是下午 3 点，突然，你就到达了道森城 (Dawson City，见 777 页)。穿着褶皱裙的女士们，径直走出赌博大厅，在木制人行道上聊天，到处都可以听到有关金子的故事——你像是走进另一个世界。真正的冒险者们会试试臭名昭著的 Sourtoe 鸡尾酒，所有邂逅道森城的人都会吹嘘自己的经历。

Heather Dickson, Lonely Planet 职员，美国

DAVID TIPLING

23

深夜北极光

沿着跨加拿大公路 (Trans-Canada Hwy) 从埃德蒙顿 (Edmonton) 到温哥华，经过长途跋涉，午夜时在荒无人烟的地方，你会发现自己来到了洛基山脉 (Rockies)。就将它当作是一次见证壮观北极光的机会吧。躺在汽车引擎盖上，看着波浪状的极光逐渐形成并一直延续——对我而言，填满天空的是一只完美的、浅绿色的凤凰。这的确很神奇。

Lynne Fahnestalk，旅行者，加拿大

南海岸渔村

小港处是小而孤立的南海岸渔村(South Coast Outports，见516页)，只有乘船才能到达。通过北美最偏僻的一些社区，你可以领略传统的纽芬兰生活。你可能会成为大家关注的焦点，受到一个家庭的接待，这正是这次独特体验的乐趣所在。

Rob Shoemaker，旅行者，加拿大

EMILY RIDDELL

24

ANNA O'GRADY

25

狗拉雪橇

想要一次独一无二的北方荒野经历、小小地检测一下你的耐力吗？在阿尔贡金省立公园(Algonquin Provincial Park，见218页)体验狗拉雪橇的旅程，与几只无比友好的、专心致志的狗狗一起分享美好的时光，而它们唯一想做的便是奔跑！不过，如果你认为你只需要坐在雪橇上欣赏美景，那么一定要注意：狗狗们需要大约10分钟的时间找出你是善于合作者(team player)，还是一位旅行者，然后它们会区别对待哦！

Anna O'Grady，旅行者，加拿大

最后来份POUTINE（鲜肉脊）

充满怀疑的我看到了炸薯条堆积的小山，沉醉于旋涡状或融化的奶酪装饰的肉汤之中。第一口下去感觉不妙——吱吱作响的第一块奶酪块让我凉到了脊骨。不过，随后，肉汁加上橡胶状的奶酪带来了不同寻常的味感，而脆脆的炸薯条则增加了另一层复杂的感觉。我继续着，兴趣逐渐被激发。每多咬一口，感觉就越好，在发现我的盘子空了以前，我被深深地吸引住了。

Sarah Richards, Lonely Planet 作者，加拿大

SARAH RICHARDS

26

BILL BROOKS/ALAMY

27 安大略独木舟古迹

在你最初的历史课堂中，很可能你有所了解的是伟大的法老和希腊英雄，而不是安大略的独木舟路线。在古代，这个拥有高大松林和寂静湖泊的广袤地区，曾拥有繁荣的水路贸易网络。这些小道今天通向隐藏的、遍布于地区省立公园中的考古遗迹。

Brandon Presser, Lonely Planet 作者，加拿大

28 林间文雅的巨人

从加拿大地盾（Canadian Shield）到洛基山脉的林间空地上星罗棋布着谷仓，它们是牧场的固定标志。过去，每个城镇都有一座标有镇名的谷仓，那个已被遗忘的时代的遗迹如今正在消失。很快，标志着这些牧场的独特性的部分事物将彻底消失。可以的话，一定要看看它们。

Scott Kennedy, Lonely Planet 作者，新西兰

SCOTT KENNEDY

GREG JOHNSTON

29 在佩吉海湾拍照

冲过人群、狂风、波浪以及湿滑的岩石、大雨和浓雾，去抓拍一张明信片般美丽的照片，而主角就是最受欢迎、旅行者访问最为频繁的加拿大佩吉海湾灯塔（见 363 页）。或从灯塔里买张风景明信片寄出——这儿被改成了一所邮局！

Wendy Nielson，旅行者，加拿大

托尼·惠勒致中文版读者

1972年我离开伦敦，准备花一年的时间周游世界。那一年，我刚25岁，而我的妻子莫琳只有22岁。我们没什么钱，也根本没有想到这是一次多么漫长的旅程，远远超过当初预计的一年。事实上35年后，我们依然在路上。

就在这条没有尽头的旅途中，我们创建了Lonely Planet，今天它已经发展成为世界上最大的一家旅行指南出版公司。这一路我们曾经历了太多的风风雨雨，起起落落。6个月后当我们穿越欧亚两洲到达澳大利亚悉尼时，我们的全部家当只剩下了27澳分(约合2元人民币)。但不管怎样，在这条路上我们度过了真正幸福的时光。

一次又一次，我们认识到旅行不仅是世界上最大的产业，同时还可以让一个国家的人民去认识另一个国家的人民。一次又一次，我们发现素不相识的陌生人对于在路上的旅人会表现出难以置信的友善和乐于助人。我们也发现自助旅行是旅行的最佳方式，这时，你不再是一个旅游团中面目模糊、毫无个性的一位，你是一个独立的个体，你所有的交流和所有的友谊，都将是由你——一个独立的人，去和另一个人直接发生联系。

此外，旅行比你想象的要容易。我只会说一点点汉语，然而我却游遍了中国，一点障碍都没有。在汽车站，会有人卖给我车票；在餐馆，会有人把饭菜摆在我面前；在旅馆，会有人帮我找房间。当你在中国境外旅游时，你会发现我所遇到过的这些事情同样会发生在你的身上。

这个世界是如此广阔，如此美丽。来吧，来感受它吧。

Lonely Planet 出版公司共同创始人
托尼·惠勒(Tony Wheeler)

LONELY PLANET 的故事

Lonely Planet 的传奇首先源自于一次经典的探险旅行，那是1972年，年轻的托尼·惠勒和莫琳·惠勒夫妇从伦敦出发，穿越欧亚大陆到达澳大利亚。到达澳大利亚之后，由于有很多想要自助旅行的人不断询问他们此次旅行的情况和遇到的各种问题，因此他们决定写一本旅行手册，以满足更多人的需求。第一本Lonely Planet旅行指南——《便宜玩转亚洲》(*Across Asia on the Cheap*)是在厨房的饭桌上完成的，之后托尼·惠勒和莫琳·惠勒夫妇亲自到当地的书店上门推销。这本书一面世，立即成了畅销书。

接着，他们又用了18个月的时间重访东南亚，这次旅行诞生了第二本手册——《便宜玩转东南亚》(*Southeast Asia on a Shoestring*)，后来成为同类书中最受欢迎的一本。直到今天这本书仍在销售，已经更新到了14版，但封面一直保留着独特的黄色(当年第一版的时候，这本书在全世界被亲切地称为“黄色圣经”)。

从厨房餐桌起步的Lonely Planet 如今已成为世界上最大的独立旅游出版社。目前，Lonely Planet在澳大利亚墨尔本、美国奥克兰、英国伦敦设有自己的办事处，400多名员工全都是热爱旅游的旅行者。

现在，Lonely Planet已出版了600多种旅行指南，涉及范围几乎覆盖了全世界的每个角落，产品在200多个国家销售，是欧洲、英国、美国和亚洲—大洋洲地区旅行指南的首选品牌。Lonely Planet旅行指南系列定位全球，提供准确、详细、可信的信息，书中的所有信息都是由来自40多个不同国家的350多名专业作者亲身到当地调查所得，并撰写成书的。Lonely Planet旅行指南已经陪伴世界上数千万的旅行者踏上了他们的旅程。旅行者信赖Lonely Planet，是因为Lonely Planet 的先驱精神，因为Lonely Planet可以提供有深度的目的地介绍，因为Lonely Planet的指南非常实用，而且能提供宝贵的旅行小窍门，还因为Lonely Planet坚定不移地保持其独立性。Lonely Planet旅行指南不含任何广告，它是由旅行者写给旅行者的，通过论坛和每周1000封的来信，它和旅行者保持着极为紧密的联系。

如今Lonely Planet的创始人托尼·惠勒和莫琳·惠勒夫妇每年仍然花几个月的时间四处旅行，并依旧积极地参与Lonely Planet旅行指南的制作。Lonely Planet的重点仍然放在自助游上，以便帮助旅行者探索和更好地理解这个世界。Lonely Planet热切地期望能帮助人们走到一起，共同分享彼此的经历，丰富每个人的生活。同样，Lonely Planet希望中文版的出版能鼓励中国的旅行者去探索世界，帮助他们获得属于他们自己的旅行经历，更好地与同样在旅途中的其他人进行沟通。

Lonely Planet相信，旅行者可以为他们拜访的国家作出积极的贡献，他们可以去欣赏和了解这个国家的文化、野生动植物和自然风光，还可以在当地社区消费以帮助当地的经济。此外，Lonely Planet每年都会将收入的一部分捐赠出来，这些基金用于非洲的救荒行动、印度的援助项目、中美洲的农业项目以及绿色和平行动。

如何使用本书

使用Lonely Planet旅行指南最让人开心的，就是你可以选择任何自己喜欢的旅行方式。Lonely Planet相信，旅行中最难忘的经历往往是那些出乎你意料的事情，而最激动人心的发现也往往源于你自己亲身的寻觅。旅行指南不是教科书，旅行的主人是你自己。

关于内容

所有Lonely Planet旅行指南系列的形式基本一致。开头的章节是由专家撰写的关于目的地的历史、环境、文化等背景介绍。正文章节之后的"出行指南"提供了多方面的出行信息，如签证、货币、通信、营业时间和住宿的选择；"健康指南"部分，关注呵护着你的出行健康；"交通指南"部分，为你的旅途提供了各种交通的信息。由于每个目的地情况各异，每本书的章节(书的主要部分)划分也有所不同，但形式是一致的。总是以背景开始，接着是介绍景点、住宿、餐饮、娱乐、购物、到达和离开，以及目的地周边的相关信息("四处走走")。

关于标题

Lonely Planet旅行指南系列的标题有着严格而标准的递进结构，就像你所熟悉的俄罗斯套娃一样，一环套一环。每个标题及其所引领的下文都包含在更高一级的标题下。

如何开始使用

使用Lonely Planet旅游指南，并不需要从头读到尾，旅行者可以有针对性地选择重点，获取自己所需的信息。

你可以从"目录"和"索引"入手，这样可以方便地快速查看自己需要的信息。

也可以从书前的彩色地图入手，这些都是目的地的亮点，并在具体内容章节中有更详细的介绍。介绍每一个大的区域前，通常都以定位地图和另一个该地区特有的"亮点"列表作为开头。一旦你在"亮点"列表中发现感兴趣的项目，就可以利用书中提示的页码，查到更详细的描述；或者使用"索引"，寻找更详细的内容。

关于地图

地图在Lonely Planet旅行指南系列中扮演着极为重要的角色，每一本书中都囊括了大量有价值的地图。

地图上的图例在封二有说明，容易查找。同时Lonely Planet尽力保持了地图和文字间的联系，正文中出现的每一个重要地点都会相应地出现在地图上。利用坐标，可以很容易地找到你想找的地点。

虽然导游书中提及的内容总是带有推荐的意味，但我们不可能把所有值得推荐的好地方都列出来。没有介绍的地方，并不意味着不好，而是由诸多原因造成的，也许可能仅仅是因为不适合鼓励旅行者前往，或许这些地方需要你自己去体验与发现。

目录

马尼托巴 524

萨斯喀彻温 550

地区地图目录

育空地区
Yukon Territory
762页
西北地区
Northwest Territories
787页
努那瓦特
Nunavut
809页
纽芬兰475页
和拉布拉多518页
Newfoundland
Labrador
不列颠哥伦比亚
British Columbia
628～629页
艾伯塔
Alberta
570页
萨斯喀彻温
Saskatchewan
552页
马尼托巴
Manitoba
526页
安大略
Ontario
97页
魁北克
Québec
250页
Prince Edward Island
爱德华王子岛
449页
New Brunswick
新不伦瑞克
408页
Nova Scotia
新斯科舍
349页

目的地：加拿大

哦，它还挺大。真是太大了。我们现在所说的不是加拿大的面积（地域宽广的 1000 万平方公里，世界第二大国家）。我们在这里讨论的是加拿大的啤酒箱把手——它大得也足够让你的手放在上面，即使你戴着手套。如果你已为此叹为观止，那就想一想加拿大其他的世界特性。加拿大的地形中到处都是宏伟的山脉和巨大的冰川，以及一望无际的多彩天空。然后，还有在地域和水域中漫步的动物，以及灰熊、驼鹿、北极熊、座头鲸—— 一个比一个大。

这个国家招来如此之多的羡慕是不是一个奇迹？面积小的自由国家羡慕它的庞大（如此多的土地！“八国集团”[G8] 的成员国！）。而面积大的保守国家则羡慕它的宽容（同性婚姻！开放的移民政策！）。

数字说明

人口：3300万

失业率：6%

中等家庭收入：$67 600

每星期观看电视的小时数：21.4

人均寿命：女83.7岁，男76.9岁

只说法语的加拿大人13.3%

每年消费啤酒量：15岁以上每人77升

每年消费土豆量：每人15.8公斤

占世界钻石产量的比率：15%

国防预算：$109亿

你不可能不喜欢加拿大，尽管接近它，尽情体验吧。你难道不喜欢充满欢乐并为世界提供最好的生活质量的城市？乘车到达大西洋沿岸的小渔乡，这样的小渔乡只能乘船进入。你难道不喜欢在云雾缭绕的山上漫步和滑雪的感觉吗？尝试在绿色荡漾的大草原上骑马漫游吧。你难道不想细细品味艾伯塔牛肉或北极鲸脂 (Arctic whale blubber) 之类的美食？你还可以从当地的农民市场买些成熟的桃子和奶酪。

看到了吗？这就是加拿大——极其彬彬有礼和乐于助人。考虑到这里的天气情况，大家都对人们的慷慨感到惊奇，因为这儿是世界上最冷的国家（基于全球的平均气温），这里的天气冷，手抓啤酒箱手把就是最好的例子。斯纳格 (Snag)——育空地区的一座小城镇，记录了北美最冷的温度：零下 62.8 ℃。

早在 18 世纪中期，在伏尔泰的笔下，加拿大是一个“覆盖着几顷白雪”的地方，但这“几顷白雪”下盛产石油、木材和其他自然资源，促使加拿大的经济快速发展，达到非常令人羡慕的水平。

当然，经济的快速发展也带来了一些问题。最迫切的问题是外来移民的安置、各省的争端、如何取得经济增长和保护环境之间的平衡。

让我们首先看看外来移民问题。加拿大是世界上每年外来移民人数——每年大约有 25 万移民——最多的国家，其中 43% 的人移民到了多伦多。这里汇集了多种文化，很酷——你可以在温哥华的唐人街购买佛像装饰品，在多伦多的小印度吃咖喱，或在蒙特利尔喝越南的咖啡——发展也带来了问题。主要是，面对这急速的人口增长，加拿大很难保证高质量的精神和物质基础的建设。

接下来的问题是如何协调好加拿大不同省份和地区的利益。加拿大人好像有一种共同的情感，那就是联邦政府对他们的特殊需要无动于衷。过去，这种紧张关系在法语区魁北克最为突出，魁北克周期性地威胁要从联邦体制中分裂出去。但现在来自西部省份和地区的抱怨声音最大，它们渴望对自己庞大的天然资源有更大的控制权。

例如，艾伯塔省有丰富的石油资源，所以它想为自己保持更多的新资金，而不是扶持安大略省摇摇欲坠的经济，安大略的制造业因来自中国和其他国家的廉价产品的竞争而面临亏损。得益于其宝石、金矿、天然气所带来的利润，西北地区想有更多的发言权，而不仅仅是充当果腹之物，填补渥太华的经济亏损。甚至持温和态度的大西洋诸省也为了获得对自己近海渔业和矿藏开采权而争吵。

接下来，这些省会进行独立运动吗？这是悬而未决的问题。“明晰法案”(Clarity Act) 使这一切成为可能。这部 2000 年通过的法案宣布：如果有“一个省的公民明确清晰地表达了……从加拿大分裂出去而成为一个独立的州的意愿”，联邦政府必须将之提上谈判日程。希望获得主权的省在这个问题上应该感谢魁北克创造的机会。

自然资源第三个重要的问题。的确，自然资源帮助加拿大经济一路飙升。到 2007 年底，加元几乎与美元等值并且一直处于升值趋势——在过去的 30 年里第一次出现这种情况。石油和天然气应用在公共汽车上，但依赖于自然资源的经济比较敏感，因为资源在濒临枯竭（加拿大备忘录：参考历史上的毛皮和鳕鱼行业）。然后靠什么呢？

此外，自然资源的提取和开发让加拿大付出了高昂的环境代价。艾伯塔大规模的油田开采，已经成为加拿大在降低温室气体排放方面的表现非常差的最主要因素。在这个国家可以感受到这种影响——当地的北极熊赖以生存的寒冷环境急剧缩减，它们的主要食物——海豹也越来越少，北极熊正在渐渐远去（和挨饿）。

目前，联邦政府不得不着手解决这些问题。联邦政府是由在渥太华登堂入室的新集团领导的——非常奇怪，居然是保守党人。在中左翼的自由党主宰政局 12 年后，保守党赢得了 2006 年的大选。他们获得了下议院的 124 个席位，而自由党只有 103 个席位，分裂主义的魁北克集团 (Bloc Québecois) 得到了 51 个席位，左倾的新民主党只有 29 个席位。贪污和“文化权利”(culture of entitlement) 问题最终导致自由党下台。斯蒂芬 · 哈珀 (Stephen Harper) 成为新任总理，但却领导着自联邦成立以来最少数派的政府（按议会席位比例来看）。不过，加拿大少数党政府基本上无法长期执政，所以当你阅读此书时，如果加拿大的掌舵人已改头换面，你也不要觉得奇怪。

“在左倾的自由党操纵了局势12年后，2006年的大选中保守党取胜”

选举期间加拿大人在餐桌上讨论——甚至在非选举期间他们仍在讨论——的话题是这个国家非常珍视的但又陷入困境的统一医疗服务制度。当然，服务的质量很高，小灾小病的治疗也容易。但要请专家看病或更换髋骨，你要排队等候几个月。尽管没有人承认，但的确存在着一套双重体制，那些有钱人能够获得额外的——而且经常十分迅速——私人医疗服务。

然而，一套适用于每一个人的自由而方便的医疗体制——不论贫富——是一项丰功伟绩。对于许多公民来说，这是使加拿大更强大的根源。它在同性婚姻和毒品吸食等方面的改革性观念也是如此：在加拿大境内，前者完全合法；虽然在渥太华不时通过更宽松的议案，但是毒品的使用仍然只有用于医学领域时才合法。而且不要忘了，这个国家正式注册的大麻党 (Marijuana Party) 推举了一名候选人参加大选。虽然实际上它不可能很快掌控大草原（在 2006 年的普选中，大麻党得到了 0.06% 的选票），但是它的存在本身就体现了一些当地人的倾向。

一般来说，加拿大人堕胎也是自由的（合法的）。他们对于一些问题持批评的态度，包括枪支控制（最受欢迎的规定）、幼儿的抚养问题（希望增加拨款）和税收（太高）。就像你预想的那样，自由党和保守党对这些问题有不同的意见，但他们并不像其他国家的政党那样激烈对抗。即使保守党在渥太华上台主政，他们仍不去管大多数“自由的”问题。哈珀和他的党派或许不是那些想结婚的吸毒的同性恋者的追随者，但见鬼，现在为什么要改变呢？

加拿大喜欢自认为爱好和平，并保持低调的军事姿态。它共有 2900 支海外驻兵部队，其中大多数在阿富汗效力于北约领导的国际维和部队。截止到 2007 年 8 月，已经有加拿大 70 名士兵死亡。当确定新的行动是为联合国维持和平时，加拿大又派出了 126 名军事人员参加联合国维和部队，在 108 个派兵的国家中列第 55 名。

但是，千万不要对我说的这些太认真。问一下坐在你旁边的温哥华人，也许他是纽芬兰人，或是你在路上遇到的任何一个人。打开啤酒，来点儿肉汁奶酪薯条 (poutine)，穿上羊毛大衣，裹紧，感受温暖环绕着你。在这里是不是很快乐，嗯？

旅行准备

加拿大的旅游设施让每个人都能得到享受。背包徒步旅行的工薪阶层、坐喷气式飞机旅行的大款以及两者之间的任何人，都会感到自己的需要和愿望得到了满足。但请记住一件重要的事情，那就是加拿大太大了：由于单行线公路，甚至公路不够(例如,在东海岸和西海岸,渡船代替了公路),距离可能会被误认为很远,而旅行时速度也很慢。不要将自己的旅行计划排得满满当当的，而是考虑只到一两个地区去深入挖掘旅游的乐趣。

何时出发

欲了解更多信息，见"气候"(830页)和"节假日"(825～827页)章节。

你可以在一年当中的任何时候去加拿大旅游，但大多数人还是选择夏天来到这里，那时天气清爽宜人，主要活动集中在户外。然而不同的地区对“夏天”的定义也是不同的。在南加拿大，夏天一般是指维多利亚日(5月下旬)到劳动节(9月上旬)这段时间；而在北部地区，夏天是从6月中旬才开始，经常在9月中旬第一场雪到来时就突然结束。

在许多地区，3月到5月及9月到10月难以吸引许多游客，但此时的天气出奇地令人惬意。秋天是旅游的黄金季节，大地穿上五颜六色的枫叶盛装。

加拿大的冬天漫长、寒冷、黑暗。边远地区的旅游景点都关闭了，所以你的探险活动只能局限于滑雪胜地和城市。许多大城市,如魁北克市、多伦多和温尼伯,都会举办大型冬季狂欢活动。

费用和货币兑换

价格?

B&B双人间：$80～140

Tim Hortons油炸圈饼：80¢

冰球门票：$25～90

滑雪日票：$50～80

香烟：$6～7

如欲了解更多价格信息，可参考"快速参考"(封二)

住宿可能是你最大的费用支出，不过当油价上涨时，交通费也会上涨。多伦多、艾伯塔和不列颠哥伦比亚比其他省份的花费要高，但又不像三个北部地区(育空地区、西北地区和努那瓦特)那么高。你还可以深入魁北克边远的地方、大西洋诸省、马尼托巴及萨斯喀彻温去旅游。

在大部分地区，独自旅行者如果租用一辆小汽车、在简朴的B&B旅馆住宿、每天至少在外用一次餐，那么他每天就会花费$175左右。与一对一起旅行的情侣相比，他的总费用只会多一点点。而至于那些经济紧张的旅行者，可以住在青年旅舍或宿营，并从当地市场上购买食材，自己做饭，尽量乘坐公共运输工具，限制自己的娱乐活动，这样可以节省一些费用。这会将你每天的花费减少至约$80~90。

为了列出费用清单，你可以住舒适的中档住宿，起价为$80~90，是双人房间，通常包括早餐。含红酒或啤酒的中档餐馆饮食一般需要$15至$25，外加税，还要付小费。小汽车的租车费是一天$35至$65,不含汽油费。景点门票从$5到$15不等。

儿童、学生和老年人在全国各地都可以享受打折优惠。很多景点也提供家庭

别忘了……

- 检查护照(见838页)。没错，过境时需用的文件有可能每天都在变更，但你需要出具护照。
- 驱虫剂(见852页)可以用来预防蚊子和墨蚊在你身上享受盛宴；在北方和森林地区尤其有用。
- 驾驶执照和机动车登记的相关文件，还要上足责任险(见845页)
- 交通和住宿预订，尤其是在7月和8月。
- 一架相机，用来捕捉你一定会看到的驼鹿、高山和加拿大骑警队。

负责任的旅行

从 1973 年 Lonely Planet 成立以来，一直不断地鼓励读者放心地旅行、负责任地旅行，并享受独立旅行的惊喜，这可是个意外的收获。国际旅行在以惊人的速度增长着，我们一直坚信它可以带来的好处——不过，与往常一样，我们鼓励你考虑在旅行中对世界环境、当地经济、文明和生态带来的影响。

加拿大的"绿色"生态区包括西部地区的温哥华与周边群岛以及东部地区的多伦多，当然也可以选择这两个地区中间的地方。稍作调查，你肯定会放心地来这个国家旅行。

到达和离开

如果你不想乘坐飞机到达加拿大，那就选择其他方式，尤其是从美国来时。可以乘坐连接多伦多、温哥华和蒙特利尔以及其他毗邻美国城市的 Amtrak(www.amtrak.com) 火车。灰狗巴士 (www.greyhound.com) 连接着许多加拿大的其他城市和美国城市。若从其他国家来这里，就不可避免地要乘飞机了。虽然不是一个解决问题的好方法，但是你可以和位于温哥华的碳排放抵消协会 (Offsetters Carbon Neutral Society，www.offsetters.ca) 取得联系，来抵消你的碳排放量。

缓慢旅行

如果你喜欢慢慢地旅行，则不要选择穿越加拿大的飞机。VIA Rail(www.viarail.ca) 有一条连接多伦多和温哥华的路线，走完这条路线需要 3 天，还可以欣赏罕见的美景。加拿大灰狗 (Greyhound Canada，www.greyhound.ca) 也选择了这条路线，但是可以缩短 2 小时。在魁北克，你可以拼车 (见 847 页)。或者，在旅行中，不是从一个海滨冲到另一个海滨，而是注意加拿大的一些小地区。

一些城市的当地交通采用了创新的工具：比如，温哥华的黄色出租车 (Yellow Cab) 使用了低排放的车辆，而惠斯勒的公共汽车正在向使用氢能燃料的电池车转变。

住宿

如果你看到一个旅馆获得了"绿色钥匙"的评级，这标志着该旅馆通过了加拿大旅馆协会 (Hotel Association of Canada) 的非官方审查，以评定它的营业情况。虽然是由旅馆提交报告，但这是向正确方向迈出的一步。可参阅 www.hacgreenhotels.com 上公布的名单。加拿大绿色阵营 (Camp Green Canada，www.campgreencanada.ca) 提供环保的宿营产品。至于特别的环保项目，我们喜欢的包括：

- 布莱顿角岛(Cape Breton Island)的野生蘑菇乡村客栈和草屋(Chanterelle Country Inn & Cottages，见398页)
- 北安大略的 Cree Village Ecolodge 旅馆 (见 215 页)
- 新不伦瑞克的 Falls Brook 中心 (Falls Brook Centre，见 418 页)
- 爱德华王子岛的 South Lake Solar Cottages 小屋 (见 459 页)
- 维多利亚岛的 Strathcona Park Lodge 小屋 (见 705 页)

食物

当然，加拿大本国出版的《百里饮食》(*100 Mile*，详细地介绍了温哥华一对夫妇尝试在一年内只吃当地各种食物) 热潮带动了餐馆提供当地的绿色、有机、合时令的食物。这本书也对农贸市场的情况进行了多次且细致的介绍。

海鲜在加拿大深受欢迎，但你要确保可以支付得起；可以从 Seafood Watch 网站 (www.mbayaq.org/cr/seafoodwatch.asp) 查询菜单详情。在温哥华，这类食物在菜单上都标明了"Ocean Wise"(www.oceanwisecanada.org) 的标志。

负责任的旅行机构

各地的团体做了大量的工作，促进可持续旅游，包括：

- **绿色旅游协会** (Green Tourism Association，www.greentourism.ca) 为多伦多和安大略省境内的环保低噪声的住宿、饮食及购物，提供想法和点子。
- **萨斯喀彻温省自然和生态旅游协会** (Saskatchewan Nature and Ecotourism Association，www.ecotourism.sk.ca) 授权符合指导方针的生态旅游景点和生意。

门票优惠价格，可以为两个成年人和他们的孩子省点儿钱。

几乎所有的商品和服务都已含6%到14%及更多的税。

旅行文学

通过阅读一些去过加拿大的游客写的书，来燃起你前往加拿大旅行的激情。

当波莉·埃文斯(Polly Evans)来到育空边远乡村学习如何驾驭拉着雪橇的狗时，那儿零下40°C，长期见不到太阳。之后，她在《疯狗与英国女人》(*Mad Dogs and an Englishwoman*)中却把带狗橇在雪上行走的挫折写得十分具有吸引力，书中写了调皮的哈士奇、闪着白光的冰霜以及在天空中红绿相间的北极光。

维多利亚·贾森(Victoria Jason)是另一位勇敢的女性，她讲述了令人不寒而栗的北极地区的故事。在《黄色小木舟》(*Yellow Kayak*)中，因纽特人将她称作是Kabloona(意为"陌生人")，这成为这位拥有祖母年龄的女士令人关注的自传的书名。该书引人入胜地讲述了1991年至1994年作者划船由丘吉尔经马尼托巴，到波弗特海的图克托亚图克，全程7 500公里的历险故事。

爱恨交加的作者法利·莫厄特(Farley Mowat)在《浮不起来的船》(*The Boat Who Wouldn't Float*)中，讲述了有关他在纽芬兰周围驾驶自己的"快乐探险"(Happy Adventure)号帆船的有趣故事。这条船不停地渗水，不过这更鼓励了法利的探险，他的经历包括喝郎姆酒、酩酊大醉、四处闲逛，带有各种海滨特色。

大卫·麦克法登的《大湖系列》(*Great Lakes Suite*)以优美的文笔记叙了作者游览伊利湖、休伦湖和安大略湖的经历。幽默、富于魔力和俏皮的文字，使得该书说理入木三分，又让人浮想联翩。在《纽芬兰记：奇异漫步与非凡偶遇者》(*An Innocent in Newfoundland: Even More Curious Ramblings and Singular Encounters*)中，他也提供了他在落基山脉周围的经历实录以飨读者。

韦尔特·斯图尔特(Walter Stewart)在1964年首次穿过跨加拿大公路。35年后，他再次穿过跨加拿大公路，这一次，他把自己的所见所闻写进书中。在《我的跨国体检：乘坐小型货车车跨越加拿大、跨越时空》(*My Cross-Country Checkup: Across Canada By Minivan, Through Space and Time*)中，斯图尔特抛弃了陈词滥调，撇开了其他加拿大试金石，展现了他探索新斯科舍的天使传奇、一睹《绿山墙的安妮》(*Green Gables*)作者露西·莫德·蒙哥马利(Lucy Maud Montgomery)的真面目以及欧文(Irving)石油王国等丰富经历。

最后，塔雷斯·格雷斯科的《萨卡勃鲁斯曲：不是伤感地穿越魁北克》(*Sacre Blues: An Unsentimental Journey Through Québec*)让人忍俊不禁。它将读者带入既滑稽又疯狂的魁北克语世界。语言学、平淡无味的薯条加肉汁奶酪块，及魁北克省享有"加拿大的吸烟区"的名声，被作者的冷面幽默艺术性地串联起来了。

参考网站

加拿大旅游委员会(www.canada.travel，中文网站 http://www.canada.travel/splash.zh-cn.html)从艾伯塔到育空，这个官方旅游信息网站详细介绍抵离加拿大，以及在加拿大旅行的各方面情况。

加拿大环境部(www.weatheroffice.gc.ca)里贾纳在下雨吗？惠斯勒在下雪吗？哈利法克斯有雾吗？登录这个网站查询天气预报吧。

加拿大政府(www.gc.ca)关于加拿大的网页之母，从国家信息(移民规定到加拿大国歌歌词)到地区信息(拉布拉多附近的冰雪情报，省级旅游办公室)。

Lonely Planet(www. lonelyplanet.com)有关白色大北方的旅游新闻和综述。

播客通道(Podcast Alley，www.podcastalley.com)键入加拿大省市的名字，听播客讲述从温哥华的野草到蒙特利尔的餐馆，再到圣约翰的冰球等各类信息。

加拿大登山俱乐部(Sierra Club of Canada，www.sierraclub.ca)这个环境组织的网站提供了当地人所关注问题的背景信息，例如马尼托巴下降的北美驯鹿数和新斯科舍的焦油池。

TOP 10

TOP 10 节庆聚会

以下是最受加拿大人欢迎的节庆聚会，但整年中加拿大各地有意思的活动竞相举行，这只是其中的一小部分。想了解更多活动信息，参见825页。想了解更多美食节庆信息，可参见66页。

- 冬日狂欢节(Winter Carnival，见301页，2月)，魁北克城
- 船夫节(Festival du Voyageur，见534页，2月)，温尼伯
- 温哥华剧场国际葡萄酒节(Vancouver Playhouse International Wine Festival，见645页，3月)
- 音乐节(Festival de la Chanson/Song Festival，见318页，6月)，塔多萨克
- 卡尔加里牛仔节(Calgary Stampede，见583页，7月)
- 道森城音乐节(Dawson City Music Festival，见780页，7月)
- 卡里巴纳节(Caribana，见123页，7月至8月)，多伦多
- 阿卡迪亚节(Festival Acadien，见444页，8月)，卡拉凯特
- 皇家圣约翰斯赛舟会(Royal St John's Regatta，见484页，8月)
- 凯尔特色彩节(Celtic Colours，见392页，10月)，布莱顿角岛

TOP 10 景观路线

当你漫游在公路和小道上时，请至少看着路。在整个区域中，有很多突出的景观路线。

- **卡伯特小路**(Cabot Trail)，**新斯科舍省**(见392页)蛇形小路的山岳景观，波光粼粼的海洋风光和巨大的峭壁。
- **海恩斯公路**(Haines Hwy)，**育空地区**(见773页)在去远北地区途中的冰川、雪峰、激起水花的河流和雄鹰。
- **沿安大略湖的苏必利尔湖北岸**(Lake Superior's Northern Shore)的**Hwy 17公路，安大略**(见195页) 海湾般的通道，隐藏的海滩和原始森林。
- **通往海德/斯图尔特**(Hyder/Stewart)的**Hwy 37A公路，不列颠哥伦比亚**(见758页) 老式烤箱、校车改装的餐厅以及冰川。
- **冰原园林大道**(Icefields Pkwy)，**艾伯塔**(见596页)无边的冰原，再加上蓝宝石般的湖泊。
- **尼亚加拉半岛葡萄酒之乡**(Niagara Peninsula Wine Country)，**安大略**(见146页)从多伦多到尼亚加拉大瀑布，到处都是郁郁葱葱的、多汁的葡萄园。
- **老河路**(Rte 102路，Old River Road)，**新不伦瑞克**(见417页)满是岛屿的小河旁遍布着农舍、草棚和野花。
- **Rte 132路，魁北克**(见327页)从圣弗拉维到福里隆国家公园的岩石海岸、闪烁银光的教堂和树木茂密的山丘。
- **Rte 199路，魁北克**(见340页)在德拉玛得来纳岛有穿越沙丘和渔村的沿海公路。
- **海天相接的公路**(Sea to Sky Hwy)，**不列颠哥伦比亚**(见664页) 从温哥华海岸到惠斯勒山脉享受惊心动魄的驾驶旅程。

TOP 10 旅途音乐

这些艺术家们——上了年纪的、年轻的，跨越流派和省份——将为你的旅程提供合适的音乐。带着iPod，打着拍子，"驾车自由行驶"(keep the car running)是我们第一批名单上的歌曲。如需了解更多关于本地音乐的信息，请参见60页。

- Arcade Fire乐队的《霓虹圣经》(*Neon Bible*)
- Be Good Tanyas乐队的《你好，爱情》(*Hello Love*)
- 费斯特(Feist)的《唤醒记忆》(*The Reminder*)
- Great Big Sea乐队的《途中的愤怒》(*Road Rage*)
- 尼尔·扬(Neil Young)的《梅西厅1971》(*Massey Hall 1971*)
- Rush乐队的《活动的图片》(*Moving Pictures*)
- The New Pornographers乐队的《浪漫》(*Mass Romantic*)
- The Tea Party乐队的《黄昏》(*Twilight*)
- The Tragically Hip乐队的《完全》(*Fully Completely*)
- 蒙特利尔钢铁工人工会(United Steelworkers of Montréal)的《破损的卡车与酒瓶》(*Broken Trucks and Bottles*)

旅行线路

经典路线

直入心脏地带

两周/多伦多到魁北克城

从多元文化圣地**多伦多**(见99页)出发，沉溺于大量的建筑、艺术、鞋文化博物馆、餐馆和夜总会。白天去飞流直下的**尼亚加拉瀑布群**(见149页)，然后开始向东的旅程。保皇公园大道(Loyalist Parkway，即Hwy 33公路)在田园般的**爱德华王子县**(Prince Edward County，见223页)滨海延伸，最终通往殖民地**金斯敦**(Kingston，见224页)。从那儿开始，朦胧的、岛上矗立着大厦的**千岛群岛**(Thousand Islands，见230页)点缀着圣劳伦斯河；**加纳诺克**(Gananoque，见230页)在其中凸显。在**上加拿大村庄**(Upper Canada Village，见232页)逗留，这是仿照19世纪60年代的小镇建造的。再奔向加拿大的首都**渥太华**(见232页)——你可以在国家博物馆里进行文化充电。留下空间准备去下一个目的地**蒙特利尔**(见251页)，你会陶醉于法国式的尽情享乐及北美人无所不能的精神，还有欧元俱乐部以及美食迷们所钟爱的餐馆。填饱肚子了吗？一路闲逛来到**劳伦琴斯**(见280页)，徒步跋涉，骑自行车或滑雪，做做这些运动恢复原先的体形。最后在**魁北克城**(见292页)结束你的旅行，它那迷人的老城和陡峭悬崖上的城墙，会让你回家很久以后还能记起。

穿过加拿大的中部走廊，掠过它最大的都市、最强劲的瀑布和最小的群岛。这段共计1450公里的旅程可以在十天内“结束”，但如果你再停留几天，就更能深入地了解安大略和魁北克的人们。

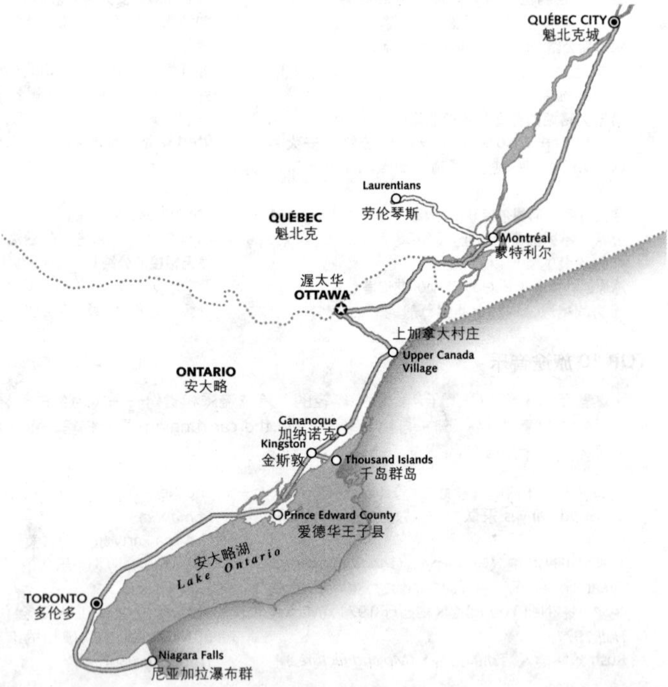

西部之最

三到四周/不列颠哥伦比亚和艾伯塔

从山水相接的**温哥华**(Vancouver，见 630 页)起程，在这里住上两天，你会沉溺于这里的城市徒步行、骑自行车与其他活动，和加拿大西部上等的美食。跳上轮渡去**维多利亚**(Victoria，见 675 页)，饱尝茶水和烤面饼，然后租一辆车奔向岛上。北温哥华岛使得自然、偏远的不列颠哥伦比亚无比壮观。在 **Telegraph 湾**(Telegraph Cove，见 706 页)停下来，观看鲸鱼和熊；在**阿勒特贝**(Alert Bay，见 707 页)学习原住民的文化；在**斯科特角省立公园**(Cape Scott Provincial Park，见 708 页)，在大风吹过的海岸线上徒步行走。驻足**哈迪港**(Port Hardy，见 707 页)，在这儿你可以登轮渡进行难忘之旅，从内陆通道(Inside Passage)来到**鲁珀特王子**(Prince Rupert，见 748 页)。当你划过冰雪覆盖的巅峰和密林笼罩的连绵群岛，沿途你将看到雄鹰、鲸鱼、海豚和海豹。从鲁珀特王子可以向下出发去迷雾缭绕和神奇的**夏洛特皇后群岛**(Queen Charlotte Islands，见 751 页)，在那里，你会发现年代久远的树林和古老的原住民村庄及他们诡异的图腾——如果你有五天空余时间，这是一个必去之处。不然，你就要登上加拿大铁路旅游公司(VIA Rail)斯基娜号(Skeena)电车，用两天的时间从鲁珀特王子咔嚓咔嚓地驶过河流、湖泊及群山，来到**贾斯珀**(Jasper，见 610 页)。此时你应该再租一辆车。贾斯珀和**班夫**(Banff，见 599 页)的国家公园构成加拿大落基山脉最激动人心的核心地带。你会希望花几天时间徒步、呆呆地望着冰川、划皮艇、顺风望着灰熊。从这儿向西回到不列颠哥伦比亚，去欣赏**尧赫**(Yoho，见 736 页)、**冰川**(Glacier，见 735 页)和**勒韦斯托克山**(Mt Revelstoke，见 734 页)等国家公园令人忍不住惊叹的景观。最后，经过到处是果园和葡萄酒厂的**奥卡纳根河谷**(Okanagan Valley，见 718 页)，在那儿穿越星罗棋布的湖泊，回到温哥华。

温哥华、内陆通道和落基山：准备好经过艰苦跋涉穿过不列颠哥伦比亚和艾伯塔，去享受沿途的风景自助餐，这一行程长达 3000 公里。乘船、驾车和坐火车，至少需要三个星期，才能完成这条环绕线路。

便捷公路

卡伯特与维京小路

两到三周/从哈利法克斯到朗索梅多斯

花了两天的时间在**哈利法克斯**(Halifax，见 351 页)享受大都会的生活，然后上路前往布赖顿角岛 (Cape Breton Island)。途中在**梅特兰**(Maitland，见 383 页)潮汐的海浪上享受冲浪，并攀登**旁奎特**(Pomquet，见 391 页)的 13 座沙丘。当你到达巴德克 (Baddeck，大约是到布赖顿角岛一半的路程)，沿着环绕这个地区的长达 300 公里的卡伯特小路 (Cabot Trail)，朝着西北走便会看到一个地势较低的阿卡迪亚镇——**谢蒂坎普**(Chéticamp，见 394 页)。很快你可以在此进入**布莱顿角高地国家公园**(Cape Breton Highlands National Park，见 395 页)；在你前进的整个过程里都能看到驼鹿和建造巢穴的秃头鹰。当你达到**普拉森特湾**(Pleasant Bay，见 396 页)时，可以观赏鲸鱼或在当地的藏传佛教寺庙观看僧侣诵经。当然你最好也去**米特海湾**(Meat Cove，见 397 页)看看。在到达工业区北悉尼，乘坐到达纽芬兰的**渡轮**(见 516 页)前，不要忘记在**圣安斯卢普**(St Ann's Loop，见 398 页)的工作室拍一些艺术照。

穿过不时的巨浪，经过 6 小时的航行后，从卡伯特海峡就来到了**巴斯克港**(Port aux Basques，见 516 页)。下船开车向北走就到了**格罗莫讷国家公园**(Gros Morne National Park，见 505 页)，在这里有很多爬山、海上独木舟冲浪、游览峡湾和怪异岩石的人们。从斯堪的纳维亚小路可以到达令人惊叹的目的地——**郎索梅多斯国家历史遗址**(L'Anse aux Meadows National Historic Site，见 508 页)，北美洲的第一个殖民地。这里是 1000 年前莱夫 · 埃里克松 (Leif Eriksson) 和他的维京朋友的家园，现在看起来和当时的情况差不多。走过了这条维京小路 (Viking Trail) 后，你也会觉得自己像是一个大西洋探险家了。

荒野、大风以及神秘的鲸鱼，这条长达 1400 公里的线路展示着大海—悬崖景观，你在车中就可以欣赏。但它也提供了很多靠边停车的机会，让你也可以进行徒步旅行和皮艇活动，或参观美术工作室。

质朴和简朴之旅

两到三周/从桑德贝湾到卡尔加里

在欣赏了**桑德贝湾**(Thunder Bay，见 208 页)的瀑布和紫水晶矿之后，选择一条不太着急的路线到马尼托巴(Manitoba，经 Hwy 11 公路和 Hwy 71 公路)，停在**凯提科省立公园**(Quetico Provincial Park，见 212 页)或者在路上租条游艇。一旦到了马尼托巴，可以在斯坦巴克(Steinbach)的**门诺尼特遗产村**(Mennonite Heritage Village，见 540 页)吃顿丰盛的大餐。下一站：**温尼伯**(Winnipeg，见 528 页)，它从草原平原上凸起，并且有气氛活跃的咖啡和文化。东面紧邻的是有许多沙丘和蜥蜴的**云杉林省立公园**(Spruce Woods Provincial Park，见 541 页)。然后你可以穿过“The Land of the Living Skies”，即萨斯喀彻温(Saskatchewan)。在湖边的首都**里贾纳**(Regina，见 553 页)是加拿大皇家骑警队的总部，你可以在这些骑警的附近划独木舟和喝酒。卡彭过去常常把他的私酒藏在东部的**穆斯乔**(Moose Jaw，见 558 页)；城市的街道下面是 Z 形的拥挤的走私隧道。如果你需要拍一些树木，最好在出境去艾伯塔(Alberta)之前到**赛普里斯丘陵省立公园**(Cypress Hills Interprovincial Park，见 559 页)。当开始发现怪异的、蘑菇一样的沙岩(所谓的石林)时，你应该开始像瑟斯(Seuss)博士那样戴一顶医帽。恐龙迷们一定会痴迷于**省立恐龙公园**(Dinosaur Provincial Park，见 610 页)的恐龙化石，并感受到他们的膝盖碰触到了在**德拉姆黑勒**(Drumheller，见 616 页)展示的恐龙展(包括世界上最大的爬行动物)。在抵达**卡尔加里**(Calgary，见 582 页)前，穿上你的牛仔靴。卡尔加里以前是个养牛的小镇，现在是加拿大发展最快的城市之一。如果时间允许，你可以从这里去洛基山开始西部之最(见 35 页)的旅程。

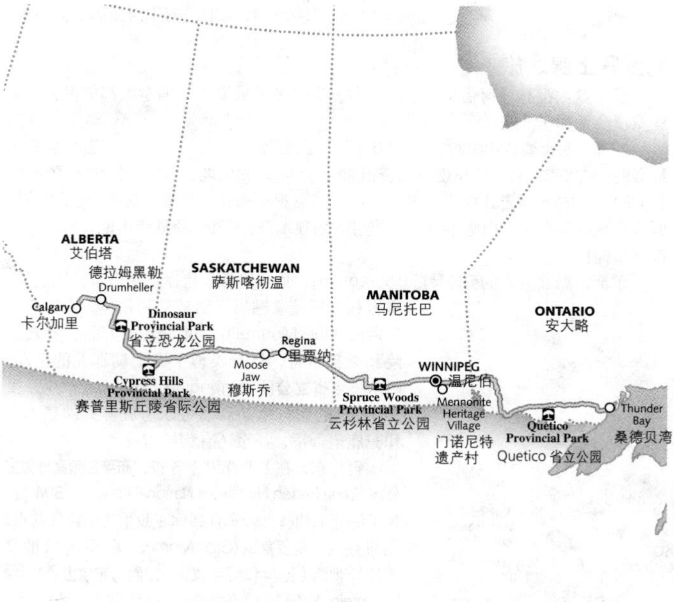

让我们诚实一些：这一路上会有很长的驾驶距离和许多麦田，有时候会少一些。但在这长达 2000 公里的远游途中，祥和与宁静却正是我们想要的。大多数时候，你将行驶在跨加拿大公路上，它切断到处都是湖的安大略和草原覆盖的马尼托巴、萨斯喀彻温及艾伯塔。

量身打造的线路

美食补给

漫步去加拿大的三大城市吃东西之前，要先松一下腰带——其中的每一座都是美食天堂。**多伦多**（见128页）的食物是全球性的，融合了所有美食，基本是原始混合模式的国际风味。**温哥华**（见649页）自称提供西海岸的美食，这就意味着海产食品和当地的产物孕育了这座城市，寿司也很受人欢迎。而**蒙特利尔**（见270页）喜欢上等葡萄酒配充满灵感的法国餐。

谈到葡萄酒，加拿大盛行酿酒——足以使酒神巴克斯(Bacchus)急于决定先访问哪一个地方。**尼亚加拉半岛**(Niagara Peninsula，见146页）盛产红酒、白酒以及极品冰酒。**奥卡纳根河谷**(Okanagan Valley，见718页）生产各种各样的酒，还有樱桃、桃、杏的果园。多亏了有小酒厂、干酪、苹果酒和白兰地的制造者，温哥华岛的**考伊琴河谷**(Cowichan Valley，见689页）最近也加入了这个大聚会。

大西洋沿岸各省都展示了各自的美食，它们都来自大海，这并不奇怪。全球各地的美食家都垂涎**迪格比**(Digby，见376页）的巨大扇贝、**莫尔佩克海湾**(Malpeque Bay，见470页）多汁的咸牡蛎、爱德华王子岛的爬行甲壳类——如**北拉斯迪考镇**(North Rustico，见465页）出产的龙虾等。

最后，喜欢牛排的人可以在**卡尔加里**（见589页）大吃一顿；艾伯塔的牛肉涂满了奶油酱。

刺激肾上腺之旅

很抱歉，没有任何借口静静地坐着。无论冬季或夏季，加拿大都值得去，某些城镇全年都非常好玩。

西部，**惠斯勒**(Whistler，见666页）占据着领先地位——如果你想在加拿大最好的地方滑雪；夏季这里盛行高空滑索(ziplining)和山地自行车。**托菲诺**(Tofino，见699页）的不同之处在于冲浪、皮筏、定点观鲸和观赏风暴。**班夫**（见599页）所有好玩的都在洛基山脉中：滑雪、徒步、划独木舟、皮筏、骑马和山地自行车——都非常棒！

东部，魁北克省的**劳伦琴斯**(Laurentians，见280页）让你享受滑雪、短雪橇、攀岩和在枫糖浆棚里得到补给的乐趣。安大略的**布卢山**(Blue Mountain，见186页）除了洞穴探险和乘独木舟，还有类似于惠斯勒那儿的活动。**阿尔贡金省立公园**(Algonquin Provincial Park，见218页）的旅行用品商们可以为旅客提供独木舟和驼鹿望远镜，甚至还有狗拉雪橇。

再往东，在大西洋沿岸各省，**布莱顿角高地国家公园**(Cape Breton Highlands National Park，见394页）是沿海徒步和骑自行车直到你屁股生疼的路线起点。在纽芬兰，**格罗莫讷**(Gros Morne，见505页）的夏季比较刺激（徒步和海上皮艇），而**马布尔山**(Marble Mountain，见511页）有冬季项目（滑雪和雪地冒险）。

中部的**丘吉尔**（见544页）有皮艇与大白鲨，可以乘坐狗拉雪橇穿过冰冻苔原，当然，还可以与北极熊交流（要小心！）。

追踪历史之旅

加拿大的早期时代居住着凶猛的古代斯堪的纳维亚人、皮货商、原住民武士和淘金者等等。他们过着混乱和灾难性的野蛮生活。历史遗址表明了这些地方。

最早抵达加拿大的欧洲人是维京人，他们大约于公元1000年定居在现在纽芬兰的**朗索梅多斯国家历史遗址**(L'Anse aux Meadows National Historic Site，见508页)的地方。法国人于1608年首次在**魁北克城**(Québec City，见294页)建立了自己的定居点。魁北克是北美唯一一个拥有保存完好城堡的城市。在新斯科舍复古的**路易斯堡**(Louisbourg，见402页)，游客们可以大声咀嚼士兵配餐，贿赂门卫去体验一下历史。在爱德华王子岛上**省议会**(Province House，见451页)举办的讨论会为加拿大的联合铺平了道路。这个羽翼未丰的国家迅速将目光投向广袤的西部，在这儿，由于围绕土地权利这个问题发生的争执，政府军队与当地梅蒂斯人发生冲突。接着在巴托切(Batoche)发生了人数悬殊的战争，梅蒂斯人(Métis)的头领里尔被捕，并被处以绞刑。**巴托切国家历史遗址**(Batoche National Historic Site，见567页)讲述着这段黑暗的历史。**美洲野牛涧地带**(Head-Smashed-In Buffalo Jump，见619页)是另一处景点的遗址，野牛群自这座断崖处跃下，迈向了死亡。

1896年，在克伦戴科河发现了黄金。在育空的**道森城**(Dawson City，见777页)，人们对那些闪光、愉快的时光还记忆犹新。

绿色环保行

生态旅游犹如施有机肥的蘑菇般冒了出来，并蓬勃发展。

谁可以抗拒尝试养蜂、并在**高地风光天然农场和别墅**(Highland View Farm & Cottages，见400页)舒适的松木屋中小憩的诱惑？或者抗拒在温哥华岛的海滩和**外海岸海草游**(Outer Coast Seaweeds，见68页)晚餐觅食的诱惑？或许你会想要留在**Falls Brook中心**(Falls Brook Centre，见418页)的有机农场做1个月或6个月的学徒。对于那些仅有一点儿时间——比如说几个小时的游客来说，可以在**Sundog Outfitters户外活动商**(见198页)进行一次"可持续生存之旅"，了解一下关于替代能源和废物堆肥的知识。甚至育空地区也加入了环保活动，**育空自然保持协会**(Yukon Conservation Society，见766页)为游客免费提供自然徒步，以帮助游客欣赏当地的环境。

不仅仅只有乡村是绿色的。多伦多已经将以前的很多工业废弃点改造为**公园和温室**(见113页)。温哥华当地可持续性的饮食习惯也广受赞同。许多顶级餐厅，如**C餐馆**(C Restaurant，见649页)和**Raincity Grill烧烤馆**(见650页)，对其作料也是尽可能地保留生态原貌。

历史

追随北美驯鹿的脚步！

加拿大的原住民很有可能是狩猎游牧民族，为了追猎北美驯鹿、驼鹿、野牛和其他动物，他们从亚洲经过曾连接西伯利亚和阿拉斯加的大陆桥。后来地球气候变暖，冰川消退，这些迁移人群开始渗透到整个美洲大陆。

在《加拿大历史傻瓜书》(*Canadian History for Dummies*)一书中，作者威尔·弗格森(Will Ferguson)用他傲慢、武断和精力充沛的风格，将你带到一个娱乐游艇上，畅游这个国家既野蛮又古怪的历史。

约4500年前，从西伯利亚来的第二批主要移民潮将因纽特人的祖先带到加拿大。这些新来者向北方瞭望，认为那儿是装满了鱼和海豹美味晚餐的冰箱，于是决定在此逗留。这些早期的因纽特人是多塞特文化的组成部分。多塞特文化因巴芬岛上的开普多塞特这一地方而得名。这个地方最早发掘出因纽特人的遗骨。大约公元1000年，因纽特人的一个分支——生活在阿拉斯加北部、擅长捕鲸的图勒人——开始试图向东穿过加拿大极地。随着这些人不断分散，他们超越了多塞特文化。图勒人是现代因纽特人的最直接祖先。

向北、向南、向东、向西分散

15世纪后期早期的欧洲人抵达时，原住民已经分布在五大主要地理区域。

在温和的太平洋海岸线上，海达(Haida)、努特卡(Nootka)和其他部落生活在独立的村庄里。他们用雪松板建房子，雕刻精致的图腾柱子和独木舟。

在东边，包括苏纳和黑脚人等在内的草原原住民占据了温尼伯湖至落基山脚的大片草原。他们主要捕杀水牛。他们杀牛的方法很狡猾：把水牛赶下悬崖杀死。艾伯塔南部就有一个地方叫“美洲野牛涧地带”(Head-Smashed-In Buffalo Jump，见619页)。水牛给他们提供了食品，水牛皮被用来做帐篷和衣服。

若你想了解加拿大的全部历史，可以看一下《加拿大：人民的历史》(*Canada: A People's History*，2000~2001年)，这是加拿大广播电台的17集电视系列片。在你的时间表里没有富余的32小时？那就浏览网站http://history.cbc.ca/histicons/，查看简史。

今天的安大略南部和圣劳伦斯河区域是讲易洛魁语的民族，他们被分为易洛魁联盟(Iroquoian)、休伦族(Huron)、伊利人(Erie)和中立联盟(Neutral Confederacies)。尽管彼此之间经常交战，但久经世故的他们居住在大的农业社区，建造了坚固的长屋，与其他部落进行交易。

在加拿大北部大片寒冷的树林中，东北部伍德兰兹人(Northeast Woodlands people)的生活就要艰苦得多。这些部落包括濒海省的阿尔贡金人(Algonquin)和密克迈克人(Mi'kmaq)，魁北克和拉布拉多的印鲁人(Innu)及安大略北部和马尼托巴的克里人和奥吉布瓦人(Cree and Ojibwe)。已经灭绝的纽芬兰贝奥苏克人(Beothuk)属于这一群体。贝奥苏克人形成小规模的游牧群体，不同的部落捕猎北美驯鹿、北美麋鹿、野兔和其他动物。他们捕猎的工具是网和夹子。

对生活在极圈内的部落来说，如因纽特人(Inuit)和提纳人(Dene)，生存问题是更大的挑战。他们随着季节迁移，捕杀鲸鱼和大动物，乘独木舟或雪橇出行。冬天的日子里，他们都在拱形圆顶小屋或简单的木棚中度过，主要是为了保暖。

大事年表

约7000万年前

当时恐龙在艾伯塔南部享受温暖的海洋性气候(当时的大型动物对天气的感受就像是今天我们眼中的维多利亚)。

约公元前25 000年

跟随北美驯鹿和美洲野牛的足迹，跨越曾连接西伯利亚和北美的大陆桥，人类首次抵达加拿大。

1000年

维京人莱夫·埃里克松(Leif Eriksson)及其船员来到朗索梅多斯(L'Anse Aux Meadows)，开始在此熔铁、建造草皮房屋，他们都留着长长的胡须，作为首批来到北美的欧洲人，他们比哥伦布早了500年。

发现时代

维京首领莱夫·埃里克松(Leif Eriksson)是第一位抵达加拿大海岸的欧洲人。事实上，他和他的斯堪的纳维亚船员是来到整个北美洲的首批欧洲人。大约从公元1000年起，他们就漫游在加拿大东部的海岸边，建立起冬季修船和储存物资的定居点和小站。纽芬兰的朗索梅多斯(L'Anse Aux Meadows，见508页)就保留着这样一个定居点。当地原住部落实际上不欢迎这些入侵的外来人。这些人最终厌倦了敌对行为，回家了。在接下来的300年到400年间，再也没有出现外来访客。

15世纪后期，这项活动又兴盛起来了。1492年，克里斯托弗·哥伦布(Christopher Columbus)在西班牙王室的支持下正在寻找一个通往亚洲的西部海上通道，但他却跌跌撞撞地来到了巴哈马的小岛上。欧洲的其他君主对这一"发现"感到兴奋，立刻资助他们自己的探险活动。1497年，奇尔瓦尼·卡伯托(Giovanni Caboto)，更多地被称为"约翰 · 卡伯特"(John Cabot)，打着英国的旗帜航行到了纽芬兰和布莱顿角。

卡伯特没有发现去中国的通道，但他确实发现了当时欧洲人很垂涎的商品——鳕鱼。不久，几百只船穿梭于欧洲和这个产鱼盛地之间。西班牙北部的巴斯克捕鲸者也跟着来了。有几批人在拉布拉多的雷德贝(Red Bey，见520页)上设立了基地，这在16世纪期间成为世界上最大的捕鲸港口。

法国国王弗朗索瓦一世(King François I)冷眼旁观他的邻国所干的勾当后，摸了摸他的胡子，然后打了个响指，命令雅克 · 卡蒂埃(Jacques Cartier)前来见他。此时人们追逐的不仅是西北航线，还有西班牙征服者在阿兹台克(Aztec)和印加文明中发现的金子。弗朗索瓦一世希望在北部茂密的森林中找到财富。

但到达拉布拉多后，卡蒂埃发现的却只是"石头和可怕的悬崖峭壁"，就像他在1534年的日记中所写的那样。他忠实地继续探索，很快在魁北克的加斯佩半岛(Gaspé Peninsula)上岸，并宣称这块地方属于法国。当地的易洛魁人起初认为他是一个好邻居，直到他绑架了酋长的两个儿子，并将他们带到欧洲。为了自己的声誉，一年后当卡蒂埃沿圣劳伦斯河向上航行到斯塔达克纳（今天的魁北克城）和霍奇拉加（今天的蒙特利尔）时，他把两人带回了家。此时他听到消息，一个叫萨格奈的地方蕴藏着金子和银子。这个传闻促使卡蒂埃在1541年开始了他的第三次航行。但秘密宝藏却令人难以捉摸。

海狸帽热

国王弗朗索瓦一世对万里之外的殖民地感到厌倦了，因为它并没有创造出任何财富。但几十年后毡帽风靡一时，他的兴趣被再次燃起。每个人都戴着毛帽子，而且时装专家们心里很清楚，没有什么帽子可以和海狸皮做的帽子相媲美。但由于旧世界的海狸几乎已绝迹，所以要求建立新的供货渠道的呼声很强烈。

1588年，法国国王恩准在加拿大成立第一个垄断贸易公司，但这一特许立即遭到其他商人的挑战。于是，随后正式展开了皮货控制权的竞争。这个行业的经

贝奥苏克原住居民因为脸上涂了一层赭色而被外来的欧洲人称为"红人"，这个名字也很快适用于所有的北美原住群体。

《维京骗局》(*The Viking Deception*，2005年)是美国公共广播公司的一部纪录片，调查了传说中的描绘北美洲东部海岸的羊皮纸碎片。它真的是根据莱夫·埃里克松很久以前的航海经历绘制的维京地图，还是赝品？

探险家雅克·卡蒂埃为加拿大赋予了名字。学者们认为这个名字源自休伦—易洛魁语kanata一词，意思是"村庄"或"殖民地"，它被写在卡蒂埃的日记中，后来又被地图制造者们变形为"Canada"。

1497年

约翰 · 卡伯特从英国航海出发并发现了纽芬兰而非中国。实际上，这并不是一件坏事，因为这里的水域里满是肥胖的鳕鱼——被带回欧洲后，人们都说很好吃。

1528年

纽芬兰的圣约翰斯，作为北美的第一座城市拔地而起。它不属于任何国家，而是服务于从欧洲各国来的船队。1583年，英国宣称它是英帝国的第一个殖民地。

1534年

雅克 · 卡蒂埃航行到了今天的魁北克。他是为了寻找金子和其他贵重金属而来的，却只看到了可怕的悬崖峭壁。不过，他还是插下三色旗，并宣称这块土地是法国的。

《私有资本：麦克唐纳和劳里埃时期的野心与爱情》(*The Private Capital: Ambition and Love in the Age of Macdonald and Laurier*，1984)，由作家桑德拉·格温(Sandra Gwyn)编著，通过加拿大开国元勋的日记揭露了丑闻和政治阴谋。

济价值及它在加拿大形成的历史过程中所发挥的作用不可低估。它是欧洲人来这个国家定居的主要原因，是法国人和英国人争夺主导权斗争的主要原因，也是原住居民之间冲突和分裂的根源。所有的一切都根源于一顶愚蠢的帽子！

为了获得对这些遥远土地的控制权，首先就是将欧洲人送到那里。1604 年夏天，一群法国拓荒者在圣克罗伊克斯岛 (Île Ste-Croix) 建立了一个临时据点（就在加拿大与现在的美国缅因州接壤的边境水域中，是一座微型岛）。然后第二年春天他们搬到新斯科舍的皇家港（今天的皇家安纳波利斯港）。这两个地方都不隐蔽，不利于防御，不能作为控制内地皮货交易的据点。但这些未来的殖民者沿圣劳伦斯河向上行走时，他们最终来到一个地方。他们的领袖塞缪尔·德·钱普兰 (Samuel de Champlain) 认为这是主要不动产——就是今天的魁北克城所在地。1608 年，“新法国”成为现实。

在追溯你的血源？阿卡迪亚族谱网页(Acadian Genealogy Homepage；www.acadian.org)编制的普查报告上溯至1671年，还有阿卡迪亚部落的地图和历史介绍。

法国人与英国人

法国人享受着对长毛绒皮货的垄断长达数十年，但 1670 年英国人发起了一次可怕的挑战。名叫拉迪森和德斯·格罗斯 (Radisson and Des Groseilliers) 的两个法国人对探险不再抱有幻想，他们向英国人吐露，皮货最佳产地是苏必利尔湖的西部和北部乡村，并且，经过哈得孙湾很容易到达。英国人于是抓住了这个良机。国王查尔斯二世 (King Charles II) 迅速组建哈得孙湾公司，并赐予它对所有流入哈得孙湾的河流和小溪的地区贸易垄断权。这片广袤的土地，被称为鲁珀特，涵盖了今天加拿大 40% 的领土，包括拉布拉多、魁北克西、安大略西北、马尼托巴、萨斯喀彻温、艾伯塔及西北地区的一部分。

英国人这样的举动激怒了法国人，于是，法国人开始在内陆地区安置下来，给英国人难堪。尽管英法两国都已宣称对这块土地拥有所有权，但他们一直在争夺地区的实际控制权。他们不断地发生冲突，而其他的欧洲国家也是如此，18 世纪上半叶，欧洲国家之间的战争一直持续着。

若要了解更多关于法国探险家在新世界的轶事——包括雅克、钱普兰、拉迪森和德斯·格罗塞耶斯(Des Groseilliers)，可登录www.civilisations.ca/vmnf/explor/explcd_e.html。

结束海外安妮女王战争 (Queen Anne's War，1701 ～ 1713 年) 的《乌得勒支条约》让事情暂时告一段落。根据条约规定，法国人不得不正式承认英国拥有哈得孙湾和纽芬兰，并放弃除布莱顿角岛外的所有新斯科舍（当时叫阿卡迪亚）。

数十年中，冲突不时短暂停息，1754 年，当这两个国家在法国—印第安战争（也称为“七年战争”[Seven Years' War]）中互相残杀时，冲突升级。随着英国人占领了路易斯堡要塞（见 402 页），形势很快便向着有利于他们的方向发展，英国人因此获得了战略上有重要意义的圣劳伦斯河河口的控制权。

1759 年，他们包围了魁北克，在一次偷袭战中越过悬崖，迅速打败惊恐万分的法国人；这也是加拿大最血腥和最著名的战役。双方的将领都阵亡了。在巴黎签订的一个条约 (1763 年) 中，法国将加拿大拱手让给英国。

成长的伤痛

对英国来说，管理这块新获得的领土是一个不小的挑战。首先，他们不得不

1603年

詹姆斯国王不再支付英国海军官员彼得·伊斯顿(Peter Easton)在纽芬兰应得的薪水后，伊斯顿变为加拿大的第一个海盗。很快，他就掌控了40艘舰艇和5000人。最终他引退到了法国，成为法国的萨伏伊侯爵(Marquis of Savoy)。

1608年

在对各地的状况左挑右捡 4 年后（这个地方太冷，那个地方又很难防御），塞缪尔·德·钱普兰将赌注放在了魁北克城，为新法兰西创立了首个永久居住地。

1670年

英王查尔斯二世创建了北美的第一个公司——哈得孙湾公司，支持到当地做毛皮贸易的英国人。数年以后，该公司发展为海湾地区提供各种商品和服务的重要环节。

镇压原住民部落的起义，如渥太华酋长庞蒂克 (Pontiac) 对底特律的进攻。于是英国政府在 1763 年颁布了皇家公告。这个公告阻止殖民者到阿巴拉契亚山脉西部定居，并对购买原住民的土地做出了规定。尽管这个公告的本意是好的，但它还是被人们忽视了。

接下来，在加拿大的法国人也令他们头疼。当新的统治者强制推行英国法律时，他们之间的关系变得紧张起来。这些法律限制罗马天主教（法国的宗教）的权利，包括选举权和公职权。英国本希望这个歧视性的政策将激起人口外流，以便更容易同化剩下的定居者。但这个计划没有成功——法国人只是抱起胳膊，绝不妥协。

这些部落与法国人带来的麻烦还不够似的，美洲殖民地开始在南方掀起革命声浪。英国总督盖伊·卡尔顿 (Guy Carleton) 很聪明地提出，赢得法国移民在政策上的忠诚更有价值，而不应使他们变得无所事事。这一主张导致 1774 年通过了《魁北克法案》(*Québec Act*)，确认了法裔加拿大人的宗教权利，允许他们担任政治职位，恢复法国民法。在美国独立战争 (1775 ～ 1783 年）中，大多数法裔加拿大人的确拒绝拿起武器为美国而战斗，但他们当中也没有多少人愿意为英国人而战。

独立战争后，说英语的人群急剧膨胀，当时约 50 000 名定居者从新独立的美国向北迁移。虽然他们被认为效忠英国，被称为联合帝国保皇分子，但许多来加拿大定居的人，与其说是出于对国王或君主的爱戴，还不如说是受到廉价土地的诱惑。大多数人定居在新斯科舍和新不伦瑞克，也有一小部分定居在安大略湖北岸沿线和渥太华河谷（形成了安大略的中心）。大约 8000 人迁到魁北克，于是在说法语人群的堡垒中，形成了第一批有相当规模的英语社区。

彼得·C. 纽曼(Peter C Newman)撰写的《湾帝国：占据了一个洲的冒险者公司》(*Empire of the Bay: The Company of Adventurers That Seized a Continent*, 2000年)讲述了哈得孙湾公司从皮货交易发展到今天的名叫“湾”的连锁大商场的历史。

法国保留了它早期在加拿大开拓的标志：圣皮埃尔和密克隆岛这两座纽芬兰海岸沿线的小岛上的居民，至今仍然使用法语。

走向团结

为了照顾保皇定居者的利益，英国政府于 1791 年通过了《宪法法案》(*Constitutional Act*)。它将这个殖民地分为上加拿大（今天的南安大略）和下加拿大（现在的南魁北克）。下加拿大保留了法国民法。但两个省都实行英国的刑法。

英国王室委任一名长官来管理每个殖民地。长官因而可以任命自己的“内阁”成员。“内阁”当时被称做“行政委员会”。立法部门由一个委任的立法委员会和一个选举产生的议会组成。选举产生的议会表面上代表殖民者的利益。实际上，因为长官可以否决议会的决定，因此议会的权力很小。很显然，这样的组成极容易造成冲突和怨恨，在下加拿大就更为明显。下加拿大的长官是英国人，立法委员会由英国人控制，但它对法国人控制的议会发挥着绝对影响。

官场上任人唯亲很盛行，所以事情也越来越糟。保守的英国商人精英在行政委员会和立法委员会中占统治地位。他们对法裔加拿大人的事务很冷漠。这些精英在上加拿大被称为“家庭契约”，在下加拿大被称为“庄园集团”，他们包括酿酒大王约翰·莫尔森和大学创始人詹姆斯·麦吉尔。尤其是在 1812 年战争后，这群人的影响力急剧上升。美国企图通过这场战争吞并它的北方邻居，但是失败了。

1837 年，人们对强大的精英阶层的失望达到忍无可忍的地步。加拿大人党领袖路易斯－约瑟夫·帕皮诺 (Louis-Joseph Papineau) 和他的上加拿大同行、改革党

美国两次侵略加拿大(1775年和1812年)两次都没有成功。

1755年

在芬迪湾 (Bay of Fundy) 地区，英国围捕和驱逐了成千上万的法裔阿卡迪亚人。在大驱逐期间，大约有 14 000 名男人、妇女和儿童被赶到船上，很多人都去了美国的路易斯安那州。

1759年

加拿大最有名的战役是发生在魁北克城亚伯拉罕平原的英法战争。在历时不到一个小时的战争中，双方的指挥官都阵亡了，并以法国的失败而告终。

1763年

法国在“七年战争”中失败后，在巴黎签订的条约把法国赶出了加拿大。因此，加拿大不再是法国和英国权力之争的乒乓球，可以开始创造自己的历史了。

加拿大军事历史网(Canadian Military History Gateway, www.cmhg.gc.ca)提供了加拿大的军事史数字化资料，包括以前的加拿大广播公司(CBC)军事广播的音频链接。

领袖威廉·莱昂·麦肯齐(William Lyon Mackenzie)，公开发动针对政府的起义。虽然两场起义都遭到镇压，但已表明当时的现状并不能维持太久。

仇恨问题

英国派达勒姆伯爵约翰·兰布顿(John Lambton)去调查起义的原因。伯爵很准确地确定，种族紧张是问题的根源，宣称法国和英国“两个国家在另外一个国家的腹地进行战争”，他断言法国文化和社会是劣等的，是扩张和繁荣道路上的绊脚石。他因此而得到“激进杰克”的绰号——只有吸收英国法律、语言和制度，才能镇压法国民族主义，并给殖民地带来长期持久和平。这些建议都被写入了1840年的工会法案中。

下加拿大和上加拿大很快便合并成加拿大省，只有一个议会，即新的加拿大议会。每个殖民地在议会中有相同数目的议员。但这对下加拿大(即魁北克)不公平，因为它的人口要多得多。但新的体制有积极的一面，它带来了一个负责任的政府。这严格限制了长官的权力，并有效地消除了裙带关系。

大多数英裔加拿大人对这个新体制表示欢迎，但法国人的热情并不高。工会要破坏法国文化、语言和法国人身份这一最基本的目标，反而使得说法语的人更团结有力。法案的条款留下深深的伤痕，至此尚未愈合(见下页框内文字)。

1864年夏洛特敦会议的代表不得不睡在轮船上，因为当时马戏团正在镇上表演节目，所有的旅馆都被订出去了。

因此联合省建立的基础并不牢固。其后的十年左右，统一问题一直伴随着政治动荡，政府像走马灯似的替换。与此同时，美国已经成长为一个自信的经济强国，而英国的北美依然是一个由许多独立殖民地拼成的松散组合。美国内战(1861～1865年)及1867年美国从俄国人手中购买阿拉斯加，引起了吞并的恐慌。人们意识到，只有一个稳定的政府体制才有能力应对这些挑战，走向统一的联邦运动赢得声势。

加拿大联邦

1864年，爱德华王子岛的夏洛特敦成为现代加拿大诞生的产房。在该城的省议会厅(见451页)，“邦联之父”们——来自新斯科舍、新不伦瑞克、爱德华王子岛、安大略和魁北克的代表——聚集一堂，为一个新的国家打造了框架。在又举行了两次会议后，英国议会才于1867年通过了《不列颠北美法案》(*British North America Act*)。一个现代的和自治的加拿大——也被称为加拿大自治领——诞生了。7月1日是法案生效日，后来这一天被当做加拿大国家节日来庆祝，它一直被称为“自治领日”，直到1982年被改为“加拿大日”。

从中国来的劳力兴建了西部的大部分铁路。除了必要的开支，他们每天的工资是$0.75到$1.25，而且往往被安排做最危险的爆破工作。

如何赢得西部

刚刚诞生的自治领待解决问题中的第一个是，如何将剩下的领地和殖民地并入邦联政府。在第一个首相约翰·麦克唐纳任期内，1869年加拿大政府以£300 000(约合现在的$11 500 000)低廉的价格从哈得孙湾公司购得大片鲁珀特土地。现在这片土地被称为西北领地(NWT)，人烟稀少。生活在上面的主要是平

1818年

美国和英国经讨论后签署了《1818年条约》(*Treaty of 1818*)，囊括了渔业、分界线以及奴隶制度等问题。加拿大面临的结果是：边界被确定为从伍兹湖(Lake of the Woods)到落基山的49度平行线(49th Parallel)。

1858年

噢耶！公元前，采矿者在弗雷泽河流域发现金矿，使得成千上万个想快速发财的人北上淘金。但大多人仍然很贫穷。

1864年

各个邦联的首脑聚集在爱德华王子岛的夏洛特敦，在这个散乱的殖民地区中建立了新的国家——加拿大。

自由魁北克万岁

魁北克省的分离主义运动始于20世纪60年代。甚至法国总统查尔斯·戴高乐似乎也加入了这项事业，在1967年对加拿大进行国事访问时，戴高乐在蒙特利尔市政厅里发表了著名演讲（同时也是声名狼藉的）"自由魁北克万岁"(*Vive le Québec libre!*)。莱斯特·B. 皮尔逊(Lester B Pearson)领导的联邦政府对戴高乐的讲话愤怒至极，正式向戴高乐提出警告，迫使他缩短访问加拿大的行程。第二年，勒内·勒维克(René Lévesque)成立了独立的魁北克人党(Parti Québecois，简称PQ)。

1970年，"十月危机"时期的局势变得异常紧张，当时的右翼激进派的分裂主义运动声势高涨。为了实现独立，Front de Libération du Québec(简称FLQ；魁北克自由阵线)绑架了魁北克省劳工部长皮埃尔·拉波特(Pierre Laporte)和一名英国贸易官员。总理皮埃尔·特鲁多(Pierre Trudeau)宣布国家进入紧急状态，并调集军队保护政府官员。2周后，拉波特的尸体在一辆汽车的后备箱里被发现。这次谋杀魁北克自由阵线在拥护者心目中失去威信，运动也很快烟消云散了。

勒维克领导的魁北克人党赢得了1976年魁北克省的选举，并迅速通过了一项法案，使得法语成为全省唯一的官方语言。然而，他在1980年关于独立的公民投票中彻底失败，将近60%的公民投票反对独立。这个问题在20世纪80年代的大部分时间里也被搁置在一边。

勒维克的继任者罗伯特·布拉萨(Robert Bourassa)同意由宪法主导的解决方案——条件是魁北克被承认为是一个享有特权的"与众不同的社会"。1987年，总理布赖恩·马尔罗尼(Brian Mulroney)公布了一个协议，满足了魁北克的多数要求。该协议被称为《米奇湖协议》(*Meech Lake Accord*)，但它要求，1990年前由十个省及国会的两个院都通过才能有效。最终，持反对意见的三个省表示支持，但不可思议的是，马尼托巴省的一个立法机关拒绝签字，使得这项协议流产。马尔罗尼和布拉萨草拟了一份新的、内容更丰富的协议，但分离主义者将它撕毁，谈判又遭失败。这次拒绝宣告了马尔罗尼的命运，他于次年辞职，布拉萨也黯然告别政坛。

说英语的加拿大人和说法语的加拿大人之间的关系跌入新的低谷。支持独立运动的火焰也重新点燃。在1994年重新上台仅仅一年后，魁北克人党便在省长吕西安·布沙尔(Lucien Bouchard)的领导下，发起了第二次全民公决。这次公决确实扣人心弦：魁北克人以52 000张选票，仅凭1%的微弱优势决定继续留在加拿大。

分裂主义的声音似乎沉默了，尤其是魁北克人党在2003年的魁北克选举中失去了长达十年之久的执政权，让·查尔斯特(Jean Charest)的自由党(Liberals)掌握了政权。但是分离运动再次严重影响了2004年的国家选举。魁北克集团（魁北克人党联盟）获得了48.8%的选票，而被丑闻困扰的民主派只获得了33.9%的选票。

看来，分裂主义将来仍有可能在魁北克——广而言之，在加拿大——不时地被提上议程。

1867年

《不列颠北美法案》统一了加拿大自治领下的殖民地，加拿大自治领是大英帝国的正式成员，维多利亚女王吃着加拿大熏肉早餐，以示庆祝。

1873年

加拿大骑警队(The Mounties)成立，向世界展示了文明地打击犯罪的方法(正如Dudley Do-Right所描述的)。

1885年

加拿大首座国家公园在艾伯塔的班夫开门迎客；在不列颠哥伦比亚的克雷盖拉希(Craigellachie)，工人们完成了加拿大太平洋铁路(Canadian Pacific Railway)。

原原住民、数千个梅蒂斯人（是克里人、奥布吉瓦人或苏尔图人的混血人），及法裔加拿大人或苏格兰皮货商人。他们主要说法语，最大的定居点是加里堡（今天温尼伯）附近的红河殖民地。

加拿大政府很快就因为土地使用权问题与梅蒂斯人发生冲突，并导致后者建立由魅力领袖路易斯·里尔领导的临时政府。里尔让渥太华任命的省长打道回府，并于1869年11月夺取上加里堡的控制权，迫使渥太华坐到谈判桌前。然而，当他的代表团已在路上的时候，里尔一时冲动，毫无理由地杀掉了关在堡中的一个加拿大犯人。尽管此次事件在加拿大引起了很大震动，但加拿大政府急切希望将西部纳入版图，也就同意了里尔提出的大多要求，包括梅蒂斯人特殊语言和宗教保护。后来，1870年7月，马尼托巴这个当时的弹丸小省从西北领地被割出来并入自治领。麦克唐纳派兵追捕里尔，但他幸运地逃到美国。1875年他被正式流放5年。

1866年，由新喀里多尼亚和温哥华岛的两个领地合并而成的不列颠哥伦比亚成为下一个开发边境。1858年和1862年，分别在弗雷泽河和卡里布地区发现了金矿，吸引了大量定居者涌入雨后春笋般兴起的淘金城镇，如威廉斯湖和巴克维尔（见745页）。但在金矿被耗尽后，不列颠哥伦比亚陷入困境。1871年，它加入自治领，条件是加拿大政府承担其所有债务，并答应10年内修建一条横跨大陆铁路，将不列颠哥伦比亚与东部连接起来。

《离开》(*Away*, 1993年)，作者简·厄克特(Jane Urquhart)，是一部描写爱尔兰移民家庭里妇女的小说，十分畅销，它会使你了解19世纪中叶安大略北部的家庭生活。

加拿大太平洋铁路建设工程是加拿大历史上最宏伟的章节之一。麦克唐纳很正确地预测，铁路将在国家统一过程中发挥关键作用，它将促进移民、刺激商业和制造业。它是一项耗资巨大的计划。由于铁路要穿越复杂陡峭的地形，所以这项计划有更大的挑战性。为吸引投资者，政府提出许多优惠条件，包括免费获得西部大片土地。1885年11月7日，在不列颠哥伦比亚的克雷拉切，工人们将铁路的最后一颗道钉钉进轨道。

为了给“野蛮的西部”带来法治和秩序，政府于1873年组建了西北骑警，后来成为皇家加拿大骑警。他们现在仍然在国家警察中执行任务，绰号是“骑哥”。虽然西北骑警有效率，但他们不能阻止滋事者在草原上蔓延，在此草原原住民被迫签订各种协议。不久，这些群体开始发起挑战，试图改变身份。

梅拉妮·麦格拉思(Melanie McGrath)的《长久放逐》(*The Long Exile*, 2007年)，描述了由于加拿大维护冷战主张，三个因纽特家庭被迫迁徙到北极非常寒冷的埃尔斯米尔岛的故事。

同时，许多梅蒂斯人已开始沿南萨斯喀彻温河迁移到萨斯喀彻温，并定居在巴托切（见567页）周围。如同在马尼托巴一样，他们很快与政府土地巡视官员发生冲突。他们就此一直向渥太华提出诉讼，但始终没有结果。1884年，他们诱惑路易斯·里尔结束流放生活，加入他们的事业。政府也没有理会里尔的请求。里尔于是组建临时政府，领导梅蒂斯人进行起义。里尔得到了克里人的支持，但时代发生了变化。当时铁路即将竣工，政府军队数日内即可抵达。5月里尔投降，同年他因叛国的罪名被处以绞刑。

获得独立

20世纪的加拿大一直高奏凯歌，工业化如火如荼，采矿者们在育空地区发现

1893年

蒙特利尔的AAA冰球队曾经获得了第一个斯坦利杯（由普林斯顿的名流洛尔·斯坦利[Lord Stanley]捐赠）。它是现在仍在举办的最古老的冰球比赛，是北美所有热爱这项运动的人竞争的锦标。

1913年

进入加拿大的移民潮达到顶峰，这一年，超过40万人移居加拿大。大多数来自美国和欧洲东部，他们无法抵挡这个国家肥沃草原的诱惑。

20世纪60年代初

这是转折的时期：“寂静革命”(Quiet Revolution)使得魁北克走向现代、开放和自由，原住居民也最终获得了公民身份。

极端的面具——路易斯 · 里尔 (LOUIS RIEL) 印象

梅蒂斯领袖路易斯·里尔曾被扣上许多帽子：反叛分子、杀人犯、叛徒，几乎没有一个在1885年算得上是美誉，当年他因叛乱罪而被绞杀。但在今天，越来越多的加拿大人把他看做捍卫被压迫者权利的英雄。里尔的塑像现在就矗立在渥太华国会山前面，温尼伯的马尼托巴立法院的外面也有他的塑像。在温尼伯，他儿时的家（见533页）及他的坟墓已成为人们纪念他的地方。萨斯卡通的萨斯喀彻温大学已将它的校园剧院、学生中心和咖啡馆命名为里尔。政府于1998年发表了关于加拿大原住民的和解声明，甚至包括对处决里尔的道歉。更明显的是，2002年，加拿大广播电视公司播出关于重新审判里尔的法令后，一项民意投票调查显示，在参与调查的所有观众中，87%的人答复说里尔“无罪”。

了金矿，加拿大的资源——从小麦到木材——的需求一路上涨。此外，新修成的铁路通车后，移民像潮水般涌进加拿大。

1885年至1914年，约450万人来到加拿大。这包括大批美国和东欧人，特别是乌克兰人，他们去大草原开垦拓荒。加拿大人的优越感很盛行：威尔弗里德·劳里埃(Wilfrid Laurier)总理踌躇满志地说：“19世纪是美国世纪，我认为我可以说在20世纪加拿大会扮演这个角色。”这种新诞生的自信很自然地带动这个国家脱离英国，走上自治的道路。这个问题在1914年当第一次世界大战爆发时变得更为迫切。

加拿大作为大英帝国的成员被拖入战争中。战争开始几年中，30多万加拿大志愿者前往欧洲战场。当战争不断持续，上万名战士马革裹尸还，征兵工作曾一度停止。政府为了补充消耗殆尽的部队，1917年又重新开始征兵。毫不夸张地说，这项行动很不受欢迎，尤其是法裔加拿大人不欢迎它。由于政府在马尼托巴近期已取缔了双语学校，而且限制安大略学校使用法语，民众对政府的仇恨已经达到了顶点。征兵问题更加煽动了民族主义的火焰。成千上万名魁北克人走上街头举行抗议活动。这个问题导致加拿大人心分裂，他们对政府更加不信任了。

1918年第一次世界大战的战火停息时，大多数加拿大人不愿将儿子和丈夫送到前线，在遥远的战场为英国而战。威廉·莱昂·麦肯齐·金(William Lyon Mackenzie King)政府时期，加拿大开始坚定地主张独立。麦肯齐·金是个喜欢酗酒的人，并崇拜他死去的母亲。他明确地指出英国不可能自动从加拿大调兵遣将，并开始不经过英国同意就签署条约，向华盛顿派遣加拿大大使。这种强硬做法导致英国议会在1931年通过《威斯敏斯特法案》。法案正式承认加拿大和其他英联邦国家独立，但英国保留了修改那些国家宪法的权力。

奇怪的是，这项权力居然又在法律文书中保留了半个多世纪，直到1982年《加拿大法案》颁布后才被删除。法案于当年8月17日，由伊丽莎白二世女王在渥太华的国会山签署生效。今天，加拿大是君主立宪制国家，国会由任命的上议院（即

当时加拿大大约有1150万人口，其中100多万人参加了“二战”，42 000人死亡。

在“二战”期间，纽芬兰是北美地区唯一遭到德国军队直接袭击的地区。一艘潜艇发射了一颗鱼雷袭击海上货轮，但没有击中货轮，而打在贝尔岛上。

1961年

慷慨、友好的萨斯喀彻温第一个引进了全民卫生保健计划，这项完善的措施不久就传到了加拿大其他地区。

1963年

在铺平了混凝土后，工人们完成了7821公里的跨加拿大公路，连接了纽芬兰的圣约翰斯和不列颠哥伦比亚的维多利亚。

1967年

在艾伯塔的Fort McMurray建立了加拿大油砂公司(Great Canadian Oil Sands)，并开始抽取石油。它的石油储量被认为比沙特阿拉伯的还要多。

1980年

音乐纪年：12岁的席琳·狄翁将自己的首张音乐样本带送给制片人(和未来的丈夫)雷内·安杰利(Rene Angelil)；布赖恩·亚当斯(Bryan Adams)发行了首张唱片；而*O Canada*成为加拿大国歌。

走向愈合

加拿大从来没有经历过美国历史上欧洲人/印第安原住民冲突那样大规模的屠杀。然而，加拿大的原住民依然曾遭受歧视、丧失领土和公民权利受到侵犯的不公正待遇。

1990年，原住民对这些问题的失望在奥卡危机(Oka Crisis)中达到了最高点。这场危机是政府与一帮莫霍克活动分子在蒙特利尔附近的对峙。危机因土地权而起：加拿大要将一座高尔夫球场扩建到莫霍克认为神圣的奥卡城。随后爆发了延续78天的冲突，一名警察因枪伤致死。这次事件震惊了加拿大，将国家焦点聚集在原住民的权利受到侵犯、土地权悬而未决的问题上。

奥卡危机后，皇家委员会发表了一份关于原住民的报告，建议全面评估政府与原住民的关系。政府最初对此反应缓慢。1998年，印第安人和北方事务部颁布正式和解声明，承担过去对原住民采取不公正行为的责任。原住儿童曾被从家中带走，他们在接受同化的名义下，在缺乏资金的政府学校接受教育。和解声明尤其为这样的政策道歉。然而更为重要的是，和解声明保证给予原住民在土地、资源、行政和经济方面更大的控制权。你可以在www.ainc-inac.gc.ca/gs/rec_e.html网站阅读和解声明的全部内容，或在www.ainc-inac.gc.ca/gs/index_e.html网站找到"Gathering Strength"，这是政府的"原住民行动计划"。

随后的重大进展包括：1999年创建努那瓦特，给予28 000万人——大多是因纽特人——控制五分之一以上土地的权利；如欲了解该问题及其他土地权的更多信息，见53页；了解与原住居民有关的商业信息，见54页。

参议院)和民选的下议院(即众议院)组成。英国君主依然是加拿大的国家元首，尽管这几乎完全是象征性的职位，也不削弱加拿大的国家主权。在加拿大，被任命的总督是英国君主的代表。

发展起来的加拿大

"二战"结束后，经济迅速发展，大量移民，尤其是欧洲移民来到加拿大。

纽芬兰最终于1949年加入加拿大。政治家乔伊·斯莫尔伍德(Joey Smallwood)说服该岛加入，宣称这将为它带来经济繁荣。他成为纽芬兰的总理后不久便强迫居民实行再定居计划，以此推动繁荣。那些居住在偏僻小渔村(即外港)的人们被强烈"鼓励"搬到政府能安排学校、医疗治疗及其他服务的内陆，在这里提供服务，可以为政府节省资金。"鼓励"村民的另一种方法是切断通往他们居住地的渡船服务，在这些没有道路的地方，村民被迫与世隔绝。

在20世纪50年代的繁荣发展期，只有魁北克真正落后了。四分之一世纪以来，它一直在极度保守的莫里斯·杜普莱西和他的联合国家党的统治下，并得到天主教堂和不同商人利益阶层的支持。直到杜普莱西去世，在20世纪60年代"寂静革命"中这个省才最终开始加速。发展包括扩大公共部门、投资教育及国家经

系列纪录片*Rocks at Whiskey Trench*(2000年)由制作人阿兰尼斯·奥博姆萨温(Alanis Obomsawin)制作，记录了1990年奥卡危机所发生的事件，以及奥卡危机对当地莫霍克居民的影响。

1982年

伊丽莎白二世女王(Queen Elizabeth II)签署了《加拿大法案》(*Canada Act*)，授予加拿大完全自治权。但是，她保留控制财务和任命总督的权力。

1992年

政府禁止在大西洋水域捕杀鳕鱼，使得成千上万的加拿大渔民失去生计。这一禁令持续了几年，但是濒临灭亡的鳕鱼数量并没有反弹。

1996年

Rush乐队的成员格迪·李(Geddy Lee)、Alex Lifeson和尼尔·皮尔特(Neil Peart)因为终生的成就和对于国家的贡献，被授予"加拿大勋章"(Order of Canada)。事实上，他们就是当今的加拿大勇士。

1998年

加拿大政府向原住居民道歉，称"种族态度和文化优越性导致了对原住民文化和价值的压制"，并表示不会重复过去的错误。

营全省的水电公司。然而对于激进的民族主义者来说，这种进步并不快。他们声称，魁北克独立是保障讲法语者权利的唯一途径。魁北克在接下来的几年中一直忙于与分离主义的周旋（见 45 页框内文字）。

1960 年，加拿大原住居民最终获得了加拿大公民身份。1985 年，加拿大成为世界上通过国家多文化法案的首个国家，并且，联邦政府鼓励多元文化的发展。今天，40% 的加拿大人认为自己起源于其他地方，而不是英国或法国。

新千年对加拿大很仁慈。2003 年左右，由于石油、钻石及其他自然资源推动经济发展，加元迅速升值。人们之间更为宽容，关于药用大麻和同性婚姻的法案都已通过。在全世界于 2010 年聚焦温哥华冬季奥运会之前，祝愿这个国家能继续腾飞。

《十月》(*Octobre*, 1994年)：有争议和挑衅性的魁北克电影制片人皮埃尔·法拉杜尔(Pierre Falardeau)，从绑架者的角度，审视1970年"十月危机"中，恐怖分子对皮埃尔·拉波特(Pierre Laporte)的绑架和杀害。

1999年

努那瓦特——加拿大最新成立的省——在寒冷的北极东部建成，居住在那里的 28 000 名因纽特人大约拥有加拿大土地面积的五分之一。

2001年

加拿大准许在医疗中使用大麻，不久便颁布了《医用大麻准入规定》(*Marihuana Medical Access Division*)。患者可以购买大麻植株或种子，自己栽种。

2003年

由于在西北地区发现了丰富的矿藏，加拿大成为世界上第三大钻石生产国（仅次于博茨瓦纳和俄罗斯），这些华而不实的小东西却在当今掀起了一场类似于不列颠哥伦比亚淘金热的高潮。

2005年

加拿大宣布同性婚姻在全国合法化。此前大多数省份和地区都已准许了同性婚姻，现在艾伯塔、爱德华王子岛、努那瓦特和西部地区等例外者，也不得不加入了这一行列。

文化

国民心理

马戈·普法伊夫(Margo Pfeiff)

加拿大人经常被人们认为很文明，就好像是穿着冬装、不带枪的美国人。友好，但没有什么幽默感。的确我们显然很文明，不怀揣手枪，由于气候原因而戴着礼帽，我们却产生了很多闻名于世的喜剧大师，从吉姆·加里(Jim Carrey)、豪伊·曼德尔(Howie Mandel)到迈克·迈尔斯(Mike Myers)和马丁·肖特(Martin Short)，以及像蒙特利尔一流的“喜剧节”(Just for Laughs Festival，见269页)。

有关加拿大文化方面的一切，均可从双语官方/私营网站www.culture.ca了解。

虽然我们加拿大人总是用与邻国的区别定义自己——有时甚至到了无聊的地步，但是如何通过与美国人的对比来开始探索我们的国民心理呢。世界上最有影响力的国家就在门口，就像一个年轻人把他的音响调到最大音量，用他们的价值观与流行文化来轰击你的电台和媒体，这是下意识的条件反射。我们止不住会吸收和模仿、羡慕和妒忌——只有一点点——他们的财富、方法和创业的机会。这种文化是我们愿意接触的，但我们不希望去过那种生活。我们与美国人的区别虽然是微妙的，但意义重大。

因此，当我们还不那么繁忙、没有成为美国人时，我们又是什么？我们是一个以自己的半社会主义制度而自豪的国家，国家的宗旨是建立一个大众医疗计划（尽管迈克尔·摩尔[Michael Moore]在他2007年的纪录片里为此而欢呼雀跃，这个国家自身也迫切需要地医治），即使意味着高税收，但政府还是资助高等教育和艺术。我们鼓励多元化，宽容外来文化和赞扬它们的差异。毕竟，我们在1964年订立了条款，并将这些记入了《权利和自由宪章》(*Charter of Rights and Freedoms*)。当面临同性婚姻和异性婚姻的选择时，我们持开放的态度。依据几乎每一个国际制度，从公共交通到新闻自由到世界贸易竞争，加拿大都走在前列。即使你是个老人、穷人、病人或异族人，这儿都是一个富有同情心和生活舒适的国家。这些对加拿大人都很重要。

不过，请继续听我们说下去！我们面对国际压力，采取了一系列的措施，比如在北极实行我们的主权，我们挥霍着令人尴尬的人均资源却大谈环保，假装我们的私人医疗没有沦落。我们担心在情感孤独的情况下，多元文化主义可能导致社会四分五裂。对必须恪守与拒绝走向没落的原住民签署的条约，我们愤愤不平。鉴于我们根本不能就如何处理这个问题达成共识，我们就付出了高昂的代价委托专门机构进行研究，这让政府中最保守的老古董也开始关注这件事，但最终的实际效果很差。有时，比起如何使我们出现在世界舞台上，我们很少关注事情本身——无论是不可估计的原住民储备还是小海豹毛皮织品。我们抱怨、怨恨，但是我们很少为了我们坚定的信念游行。我们不是一个行动的民族，而只是热衷于讨论。

加拿大人喜欢把自己看作是态度温和的大都会人——有时我们确实如此，但大多数的时候我们是外省人。我们的城市缺乏鲜明的边界，因而令人厌烦，但对于此我们一般都不反抗。加拿大人就像是生活在郊区一座非常大房子里的一个小家庭。如果真对一些东西厌倦了，我们总能换到另一个房间，直到我们的愤怒消失。不论如何，和平是我们精神遗产的不可分割的一部分，我们庆幸在自家的草坪上从未经历战争。尽管加拿大在海外进行了大半个世纪的战争，我们仍认为自己是一个维护和平的国家；1957年，前总理莱斯特·B. 皮尔逊(Lester B Pearson)因解决了苏伊士危机(Suez Crisis)而获到了诺贝尔和平奖，被誉为和平之父。加拿大人习惯于看到自己的部队戴着淡蓝色贝雷帽给世界危险地区带来和平，因此目前陆续来自阿富汗的棺材，带来了前所未有的痛苦和更多的争论。

加拿大曾经被称为“晾衣绳国家”(clothesline nation)，在与美国的边境沿线上，不时有人群聚居。每一个地区——从宜居的沿海诸省到魁北克和安大略湖地区的法国人和英国人堡垒、温和的大草原各省、保守的艾伯塔省和左岸以及散居的、奋斗着的原住民——都使这个国家有着鲜明的历史、文化和语言特色。有一个非常有趣的说法，唯一使加拿大统一的是对成功、自治和有亲美倾向的多伦多的普遍仇恨，尽管近来有一部相关主题的纪录片声称，没有人能解释这一现象的具体原因。也许只为了使我们团结在一起。加之，在我们身边安睡着一个大国（美国）——加拿大竟然还存在，这本身就令人惊异——美国的多种族移民人口迅速增加，并带来了持续的压力——皮埃尔·特鲁多（Pierre Trudeau）称之为美国的“阵痛和哼声”（twitches and grunts）。

“虽然目前情况乐观，但加拿大人都对灰色的未来深感忧虑”

但是，这都促进了加拿大的国民心理的形成，帮助加拿大人把自己看成北美的新西兰人：内向，对舞动大旗的民族主义有点儿难为情，注重环保，爱好和平，有社会责任意识。我们也许没有英国的历史感，或者像澳大利亚人那样虚张声势、显得特别自信，但我们的确有自己沉静的风格，这是让这个复杂而开放的社会免遭分裂或崩溃成敌对派系的关键。我们知道，灵活、和解、容忍、对话、幽默感以及友好，可能是让这个不可能存在的国家团结一起的纽带。

生活方式

强大的经济、艾伯塔省油田涌出的燃料和高就业率，使得加拿大国内盛行乐观情绪。虽然目前情况乐观，但加拿大人都对灰色的未来深感忧虑；每7个加拿大人中就有1位老人（超过65岁），而且14岁以下儿童的数量达到了有史以来的最低水平。这意味着不久我们不会再担心日托了——我们将面对家庭护理的压力。到2016年，将不再有足够的新工人来代替那些出生在人口增长最快的婴儿潮时期的退休人员。老龄人口对于国家保健系统和养老金计划的影响，也受到越来越多的关注。同时，许多省份已废除65岁强制性退休政策。好的方面是，加拿大仍然是八国集团中继美国之后的第二个人均年龄最小的国家。

一个典型的加拿大家庭是什么样的？妈妈、爸爸平均抚养1.5个孩子，年均收入$89 500（通常情况下是夫妻双方都工作——孩子16岁以下，75%的母亲也在工作。加拿大的贫富差距在加大，工人的收入增长缓慢。加拿大人的贷款在增加，尤其是用来购买房子，不列颠哥伦比亚、艾伯塔和安大略的房价已达到有史以来最高水平。孩子中学毕业后继续接受教育，这个数字是其他国家无法比拟的（女学生人数大幅超过男学生人数）。加拿大因此是世界上人均接受教育程度最高的国家。在一个普通加拿大家庭中，有所有最新的电器，车库里有一两辆小车。但生活水平要比美国逊色一些，因为加拿大人均收入相对低些，且加拿大也是世界上高税收国家之一。这些因素也造成技术人才流失到美国，因为美国有更多职位和增加工资的机会。

“普通”家庭（母亲、父亲和孩子住在一起的典型家庭组合）现在只占加拿大所有家庭的44%，而且这一数字每年都在下降。单亲家庭的数量一直在上升。有不少家庭是同居关系，尤其是在罗马天主教占统治地位的魁北克。在魁北克，30%的伴侣未婚同居，这个比例可与瑞典相比。与美国相比，加拿大人同居人数是美国的两倍。2005年，加拿大成为世界上承认同性婚姻的第四个国家；目前同性离婚还没有被批准。同性夫妻只占加拿大合法夫妻的0.7%。同性父母抱养孩子也很常见。

加拿大最常见的姓氏是特朗布莱（Tremblay），约有18万人都叫这个名字。每50个魁北克人就有1个人姓特朗布莱。

对各种生活方式的宽容也延伸到大麻的使用问题上。大麻已经合法地用于医疗。加拿大对大麻的使用率居于工业化国家之首——是全球平均水平的四倍，是纽芬兰的两倍——17%的人口均有染指。不过，一项允许拥由个人合法使用大麻的法案目前仍停滞不前。

酷爱休闲的加拿大人比美国人一年要少工作三个星期，也比澳大利亚人少。在7月和8月学校放假的两个月中，许多孩子花上一两个星期在夏令营中学习户外技巧、语言和体育项目。在周末或假期，全家人驾着宿营车奔向湖边和沙滩，或奔向大城市郊外乡村树林里的小木屋。加拿大人因擅长冬季运动而闻名，例如滑雪，尤其是全民消遣运动——冰球。冰球活动冬天在户外的滑冰场上和湖上举行，有160万加拿大人参与，而整个夏天在郊区的街道上，球门就设在路中间。

大量有关加拿大的离奇传说，可在www.canadacool.com网站上查到！

但加拿大人更喜欢看冰球比赛，而不是自己打冰球。几乎加拿大人口的加拿大统计局2001年的统计说明，近238 000名在美国出生的公民现在以加拿大为家。

60%，都是体重超重或肥胖；30% 的孩子喜欢看冰球比赛，而且这个数字还在上涨。34% 的加拿大人参与有组织的体育运动和锻炼，比美国和澳大利亚都高。但即使在最活跃的不列颠哥伦比亚省（那儿的温哥华是全国人寿命最长的地方），每四个成人中只有一人做有益于心血管的运动。住在乡下的加拿大人比城里的加拿大人更容易体重超重，而且尽管加拿大人喜欢啤酒超过喜欢葡萄酒，但对两种酒的消费都并不过度，但他们过度食用多福饼：加拿大人均消费多福饼的数量是美国的三倍——事实上超过世界其他任何地方——尤其是在无处不在的蒂姆·霍顿的专卖店。

加拿大限制枪支拥有权，在 2006 年多伦多“夏季枪杀案”与 2007 年蒙特利尔大学枪击事件之后，对枪支拥有权的限制更为严格。国家犯罪率达到了 25 年的最低，2006 年凶杀案率下降了 10%。主要的大城市不再比农村更危险；比如，多伦多的犯罪率低于安大略。不过，加拿大西部地区与东部相比，犯罪率仍然较高。

加拿大人是有世界眼光和劲头十足的旅客，他们经常周末或花上一个白天乘车越过 125 个美国边境站中的某一个去购物；2006 年，加拿大人中有 40% 的人曾去美国旅行。在冬天，大批退休的加拿大人，绰号“雪鸟”，奔向南方，在温暖的目的地待上数月，尤其是在美国南部。加拿大人也酷爱环球旅行。55% 的加拿大人拥有护照（而美国的这一数字仅为 32%）。

经济

加拿大人均收入高达 $32 300，是世界上最富裕的国家之一。它是八国集团的成员，自由市场经济正处于繁荣时期。20 世纪 90 年代中期以来，政府已逐步减少联邦债务并增加预算盈余。加元与美元的兑换比率也处于 30 年来的新高，而失业率却处于 30 年来的最低点。

美国是加拿大最大的贸易伙伴。加元和美元的汇率抑制了美国人的北上购物狂潮，加元强势正影响着出口和制造业，包括相当部分的汽车业、航空航天业和旅游业。2007 年夏季一些城市的游客量下跌高达 45%。

虽然加拿大的服务行业是支柱性产业，但它也因拥有丰富的自然资源——如林木、矿藏、小麦和石油——而在发达国家中显得非常特殊。石油尤其是影响目前经济形势的主要因素。北部艾伯塔巨大的阿萨巴斯卡焦油砂储备区 (Athabasca Tar Sand Reserves) 的石油储量预计高达 1750 亿桶，位居世界第二，仅次于沙特阿拉伯。蓬勃发展的石油产业对劳动力的需求吸引了全国各地的工人，并且使艾伯塔、不列颠哥伦比亚和加拿大沿海各省的失业率降至历史最低。因政治动荡而经济连续走低的魁北克，近几年也赶了上来。

人口

在加拿大，每平方公里平均居住 3.5 人。全世界只有 9 个国家的人口密度低于加拿大——澳大利亚就是其中之一——全国 3160 万人口中有 80% 居住在一万人左右的小镇上。而且，似乎为了保暖，约 80% 的加拿大人都拥挤在距离美国 160 公里以内的南部。一半以上的人口居住在安大略省和魁北克省，一旦你向北走，会发现人口随着树木的数量一起减少。

加拿大人一直在本国境内流动。下不列颠哥伦比亚宜人的气候吸引了远东那些对冬天厌烦的人们。近年来，艾伯塔北部的石油吸引了全国各地的工人，尤其是大西洋沿岸省区，对这儿的年轻人来说，离开他们受失业困扰的省份到加拿大其他地方去寻找工作是一个传统了（见 498 页框内文字）。

多元文化主义

加拿大为它的多元文化骄傲。毕竟，它首次世界上建立了多元化的联邦。与美国不同，美国的移民“熔炉”融人现存的体系中，而加拿大几乎每个主要城市都有希腊城、小意大利、唐人街或小旁遮普。

随着法国人——在此居住的首批欧洲人——的到来，多元文化已成为加拿大一个鲜明特点。19 世纪，中国移民被带到西部，建设横贯大陆铁路，截至最近一次的人口统计(2001 年)，加拿大已成为拥有 200 个不同种族、说着 100 种语言的各民族的大家庭。加拿大是世界上人均移民率最高的国家之一，还接受了大量难民。这个国家最近的人口增长率只有 1.5%，主要源于移民。

加拿大原住——包括原住民(First Nations，他们是北美印第安人的后裔)、梅蒂斯人(Métis，他们的祖先是混血人)和因纽特人(Inuit)——的总数仅占总人口的 3% 强。这 130 万加拿大人认为自己是原住民，他们占整个国家的人口密度仅次于新西兰的毛利人所占比例。大多数原住民生活在北方的草原省份：艾伯塔、萨斯喀彻温和马尼托巴；有一半人生活在城市地区。原住人口平均年龄为 24.7 岁，比加拿大非原住民的人均年龄小了 13 岁，他们的人口出生率几乎是全国平均人口出生率的两倍。像在澳大利亚等国家一样，原住民的自杀率比全国其他人口高六倍。

加拿大有53种原住语言，最流行的三种是克里语、因纽特语和奥吉布瓦语(Ojibwe)。

原住民的土地权

大多数原住民对他们的土地都有很强的依赖性，对他们来说，土地不仅是生存来源，而且还是其文明和精神的一部分。早期与欧洲人签订条约时，他们没有把土地看作是自己的私人物品——他们认为土地及资源应该共享。但殖民者把条约看作是补偿和土地贸易。

原住民先是与英国，后来又与加拿大政府，一共签订了 50 多个条约。不仅仅是原住民，因纽特或梅蒂斯人也签署了条约。其中有一些人得到了，也有很多人没有得到承诺补偿的土地、金钱、食物、医药或房屋。20 世纪 70 年代以来，原住民向联邦和省政府提交了要求土地权利的申请，一个开发北部资源的紧急计划实施了。在没有签署条约的地方，对于土地权利的申请覆盖了加拿大一半的区域。这些条约很重要，因为他们承认原住民作为国家的原始居民所享有的一些权利，就像 1982 年的宪法规定的。

由于围绕土地所有权和如何解释条约的争论都涉及两级政府，土地权利问题的解决比较复杂。有些申请经过了半个世纪仍然没有解决，条约落空的现象也在不断增加。20 世纪 80 年代和 90 年代，围绕土地权利而发生的争斗愈演愈烈，甚至引发了暴力冲突。1985 年，为了反对采伐原始森林而封锁了不列颠哥伦比亚的海达人，最终结束了长达 13 年的土地权利斗争。原住民和警察之间的武力冲突也曾发生，比如 1995 年在安大略保留地，被称为 Camp Ipperwash 宿营地的地方，警察开枪打死了契帕瓦族(Chippewa)的抗议者安东尼·达德利·乔治(Anthony Dudley George)。

1975 年 11 月，在有关系列水电大坝的兴建计划的问题上，加拿大政府和魁北克政府与魁北克北部的克里人和因纽特人发生了激烈的冲突，其后双方签署了《詹姆斯湾和北魁北克协议》，同意克里人和因纽特人在约 17 万平方公里土地上独享渔猎的权利。这是现代首次解决的土地权利问题。但 1988 年，水滨魁北克(Hydro-Québec)同纽约电力局签署了一份价值 170 亿美元的合同，在"大鲸鱼项目"(Great Whale Project)第二阶段兴建的水坝将为纽约提供电力，而这会淹没克里人和因纽特人的土地。1990 年，大首领马修·库恩·科姆(Matthew Coon Come)展开了立场鲜明的媒体战，并得到了小罗伯特·肯尼迪(Robert Kennedy Jr)的支持：克里人和因纽特人划着传统独木舟从哈得孙湾直抵曼哈顿。最后，纽约州被迫取消这项交易，魁北克也取消了它。

1993 年，加拿大总理布莱恩·梅龙尼(Brian Mulroney)签署了于 1999 年生效的努那瓦特新版图后，加拿大最大的土地权利申请得到了解决。经过 20 多年的谈判，因纽特人拥有了自治权。

解决土地权利问题是原住民主宰自己未来的重要一步。努那瓦特成立后，勘察出分布广泛的矿藏使这片领土更具备潜力。2002 年，提纳人、因纽特人和梅蒂斯人在西北地区马更些山谷的大多数土地权已得到承认，这些地方曾被计划用来修建石油和天然气管道。

原住民的土地权申请仍然是加拿大报纸的头版。为了对他们的斗争和保留区内糟透了的现状引起更多关注，2007 年在加拿大国庆日的周末，原住民封锁了多伦多和蒙特利尔之间的主要公路。不过，事情也存在着转圜的希望：1 个月后，魁北克政府与北部的克里人签署了协议，承认他们有权利处理自己的司法和社区事务。

关于原住民的最新信息，请访问 www.cbc.ca/aboriginal。

> 在加拿大各地，有612个原住民联盟以及分布面积与温哥华岛差不多大的2600个保留地。保留地的生活水平往往远远低于该国其他地区。

这是一个让人非常震惊的社会危机指数。

近 60% 的人口说英语，而在魁北克大部分地方以及新不伦瑞克的很多地方，约有 20% 人将法语当作是母语。其他地方均可听到不同的发音，语言从冰岛语到乌尔都语。

外国出生的加拿大公民占人口的 18%，是 70 年来最高水平——只有在澳大利亚，这一比例要高些。在美国，大约只有 10% 的美国公民是在国外出生的。移民模式在这个国家不同地区有所不同。不列颠哥伦比亚就有欢迎日本人、中国人和南亚移民的悠久传统。近年来，大批的东欧和伊朗人来定居。草原省份历来都是吸引大量乌克兰人的目的地，安大略有相当数量的加勒比人和俄罗斯人，它也是加拿大 60% 的穆斯林居住的地方。穆斯林约占加拿大总人口的 2%。魁北克的移民体系有别于这个国家的其他地区，吸引来自突尼斯、摩洛哥、越南和海地的说法语的移民。虽然移民分散到全国各地，但约四分之三的移民聚集在温哥华、蒙特利尔和多伦多三个最大的都市地区。全加拿大 43% 的移民将大多伦多地区作为最终目的地。

加拿大明显属于少数族裔的居民还在上升，最大的群体是超过 1 000 000 的中国人。2005 年 3 月，加拿大统计局预测，明显的少数族裔居民在 2017 年将翻倍；到 2012 年，多伦多和温哥华大多数人口将由明显的少数族裔居民组成。不断扩大的移民已经改变了加拿大学校的面貌；在多伦多和温哥华，五个学生中就有一个是新移民。这些人中，一半不会说英语或法语。事实上，根据 2001 年统计，不到 20% 的加拿大人既会说英语，又会说法语。

> 《好警察，坏警察》(*Bon Cop, Bad Cop*)，2006年的喜剧兼惊悚、警匪片，讲述了一个说英语和一个说法语的人被迫参军的故事，成为加拿大历史上票房收入最多的电影。

如果考虑到少数族裔人口的数量和多样性，加拿大几乎没有种族冲突。但正如任何一个多元文化国家一样，加拿大也有与种族间纠纷有关的一些持续问题。加拿大难民审批过程一直有争议。许多加拿大人觉得这个体制对那些来加拿大旅游、然后宣布他们是难民的人太仁慈。这些难民在就其身份听证前得到政府免费生活补贴，这样的听证可能要几个月甚至几年时间，一些难民消失在社会中或非法潜入美国。国际人口走私团伙经常将目标瞄准加拿大，因为加拿大的海岸线广阔，惩罚也没有美国那样严厉，非法团伙分子训练他们的“人货”如何宣布自己的难民身份，但他们的目的地经常是美国。这是越过边境到美国的最快捷（但非法）的方式。

原住旅游业

在不列颠哥伦比亚（见 696 页）的阿尔伯尼港学习划传统的独木舟，在爱德华王子岛的伦诺克斯岛 (Lennox Island，见 471 页）的 Mi'kmaq café 餐馆学做班诺克面包 (bannock bread)，在努那瓦特（见 817 页）体验驾驶狗拉雪橇——原住旅游业越来越受欢迎，表明原住民保留或恢复其传统文化根源的决心。2001 年，加拿大原住民梅蒂斯人和因纽特人所拥有或运营的企业雇工超过万人，并创造了 8.62 亿加元的产值，原住民成为原住民一个重要的收入来源，特别是在"城镇工作"的机会很少的偏远地区。同样重要的是，外界对原住文化的兴趣所带来的文化复兴和自豪感，也使得年轻人下决心去学习他们的遗产。

往加拿大北部走得越远，旅行花销带给原住民的利润就越多。First Air 和 Air Creebec 归原住民所有，就像合作连锁旅馆一样；北方巡航游 (Cruise North) 是由因纽特人提供的休闲游。原住民越来越多地把他们的生活情况展示给旅行者。在图克托亚图克 (Tuktoyaktuk) 传统的猎人家中，在 maktaaq 上吃饭，品尝熏白鱼 (smoked whitefish) 和炖北美驯鹿 (caribou stew)，或者尝试与伊卡卢伊特 (Iqaluit) 家庭一起居住、生活。在这里，你可以体验：在伊卡卢伊特的 Sylvia Grinnell 地区公园（见 813 页）里步行，下午在庞德因莱特 (Pond Inlet，见 817 页）划皮艇，参观西北地区伊努维克的大北部艺术节 (Great Northern Arts Festival，见 805 页），在艾伯塔的美洲野牛涧地带 (Head-Smashed-In Buffalo Jump，见 619 页）参观制作鹿皮鞋的工场或品尝葡萄酒，甚至在不列颠哥伦比亚的欧沙约 (Osoyoos) 观看一轮高尔夫锦标赛。

介绍遍布加拿大的原住旅游资源的不错网站是 http://canada.travelall.com/promos/aboriginal.htm。

媒体

虽然常常不及美国电视广播和出版机构那么出色，但加拿大的传媒行业却一直健康发展着，拥有使用英语与法语的 130 个电视台和 2000 个广播电站。加拿大倡导新闻与言论自由，几乎不审查编辑内容，但可能影响宣传或导致新闻官司的内容除外，这些内容常常引发问题。大多数加拿大报纸归大型联营企业所有，这些企业会吞并可能产生竞争威胁的城市周报。报纸所有权的集中在过去也曾引起关注：Izzy Asper 作为掌门人的 CanWest 集团在维多利亚和蒙特利尔之间经营着 11 个主要的城市英文日报，曾被批评从温尼伯总部炮制一成不变的报纸社论。

www.canadianencyclopedia.ca是关于加拿大各种信息的综合性网站，也带有杂志的特点。

在加拿大，大多数的电视网络都属于私人所有，包括从 CTV 到原住民电视网 (Aboriginal Peoples Television Network)。国营的加拿大广播公司 (Canadian Broadcasting Corporation，简称 CBC) 在法语中称为 Radio-Canada，旗下持有电视和电台网，用两种语言提供服务。加拿大广播公司的一些广播节目——比如夜间的《每晚要闻》(*As It Happens*) ——的形式，已被美国国家公共广播电台 (National Public Radio) 采用。然而，这家公立的广播公司时常引起争议；一些加拿大人认为加拿大广播公司过于商业化，而有些人抱怨它不够加拿大化，或者抱怨整个企业仅仅是在浪费纳税人的金钱。但还有一些人无法接受收听不到加拿大广播公司电台或晚上看不到彼得 · 曼斯布里奇 (Peter Mansbridge) 在新闻节目 *The National* 中评论国际事务的生活。

加拿大广播公司的法语新闻、文化及娱乐网站是www.radio-canada.ca。

宗教

虽然十个加拿大人中有七人表明自己是基督教徒，但移民潮已使得伊斯兰教成为加拿大发展最快的宗教。在加拿大，三分之二的穆斯林积极参加祷告，而只有五分之一的基督教徒定期做礼拜。越来越多的加拿大人声明没有宗教信仰，在今天的魁北克——魁北克曾经是一个虔诚的天主教的地方——空空的教堂、修道院和女修道院正被改建成公寓和学校。整个国家中，佛教日益强盛，最著名的静修院之一位于新斯科舍，在那儿，纽约市出生的藏传佛教大师 Ane Pema Chödrön 在布莱顿角岛建了一个中心 (见 396 页)。

加拿大也有相当一部分无名的极端教派，从激进的俄罗斯杜科波尔派到太阳庙派。杜科波尔派有脱光衣服和烧毁房屋的历史。太阳庙派曾在蒙特利尔附近的劳伦斯山集体自杀。魁北克是浮夸的 Raelians 教徒的大本营——Raelians 教徒认为人类是由外星人创造的，并在 2002 年谎称已经克隆出一个小孩。最近，更多的魁北克人明显在向科学论派转变。

体育 布鲁斯 · 道比金(Bruce Dowbiggin)

一句著名的爱尔兰双关语或许可以完美地概括加拿大的国球——冰球："这是私人的战斗还是任何人都可以加入呢？""为快乐而战"在凯尔特文化中有着悠久的传统，使得数百万的凯尔特人来到加拿大。这一传统的特点是自愿参加、在战斗中获得快乐且没有真正的恶意 (如果你忽略战斗者被打死或致残的情况)。经过一天的玩乐，胜利的战斗者们会来到当地酒吧畅饮，刚才还努力想把对方打倒的 12 个人在一起喝酒。

从手中握着球棒的粗暴的爱尔兰少年到他们的后代——在新国家结冰的池塘上挥舞冰球杆的强壮的后卫——只是一个很短的飞跃。今天，全国冰球联盟 (简称 NHL) 的球员比任何一个乡下男孩梦想的都要富有，但他们仍然有原始勇士们的基因。从 10 月到次年 4 月之间到加拿大旅行，务必看看加拿大的冰球比赛，否则旅行就算不上完整。在温哥华、埃德蒙顿、卡尔加里、多伦多、渥太华和蒙特利尔，虽然全国冰球联盟的门票非常昂贵 ($50 到 $300)，毕竟还算可以的二流球队和低级的冰球俱乐部，这些比赛的门票价格较为合理。随着加元和美元持平，加拿大的六支队伍为全国冰球联盟贡献超过三分之一的收入，却买不到一个斯坦利杯 (全国冰球联盟的圣杯)：1993 年以来，没有一支加拿大球队获得过斯坦利杯。

但是，一个对任何事情都不能达成一致的国家，在对冰球的称呼方面却十分

《金钱玩家：令人惊叹的NHL球员协会的兴衰》(*Money Players: The Amazing Rise and Fall of the NHL Players Association*)，由布鲁斯·道比金编著，记录了NHL为期一年的灾难性罢工。

到冰球名人堂(Hockey Hall of Fame)走一趟，可以登录www.hhof.com，完整并立体地感受不朽的斯坦利杯。

乔治·罗伊·希尔(George Roy Hill)导演的《击射》(*Slap Shot*，1977年)对加拿大人和冰球爱好者来说，是一部风靡一时的电影，其中充斥着粗俗的幽默和血腥的暴力。保罗·纽曼(Paul Newman)主演少数族裔冰球队教练。

一致。国民激情令人惊讶，在加拿大竞技场中，狂热者们往往能够容忍来访球迷，不过，在埃德蒙顿冰球场为卡尔加里大肆加油，或者穿着多伦多球衣对蒙特利尔的球迷做胜利的手势，都是不明智的。

几十年前，冰球取代兜网球成为加拿大的国球。兜网球是加拿大原住民发展起来的，它在硬地上，而不是在冰上举行。它的剧烈和技巧程度不亚于冰球。兜网球类似于英式足球，比赛用球是小橡皮球和棍子及皮革编织的篮子，用来接球和运球。直到最近，兜网球濒临消失的危险，公众对它几乎没有什么兴趣。但这项运动在有了新的联赛后好像焕发了活力。

加拿大有自己版本的北美足球——加拿大足球联赛（简称 CFL），从蒙特利尔到温哥华一共有八支球队。然而加拿大式足球是由 12 人来表演，场地也比他们美国的同行要大，刺激程度一点都不逊色。11 月的“灰色杯”(Grey Cup) 是每年的锦标赛活动，也是全国饮酒狂欢的节日。很容易理解人们要饮酒，因为在比赛时间，气温会降到 –10℃。

作为美国粗鲁的邻邦，加拿大也有美国风格的职业运动，比如国家篮球协会的多伦多猛龙队、职棒大联盟的多伦多蓝鸟队、职业足球大联盟的多伦多足球协会都在参加边界南部联盟内的锦标赛。在过去的一代中，有这么多不同的文化进入加拿大，这些运动正迅速地在新社区取代冰球。21 世纪，加拿大正在寻找自己的身份，加拿大国家队和奥林匹克队中来自不同地区的众多队员为这个国家带来了多样化，也带来了挑战。

最后，我们不要忘了冰壶，这一独特的冰上沙壶球运动每个冬天都吸引了很多的加拿大人。它被称为“喧闹的”游戏，但不要指望可以达到 Mötley Crüe 重金属乐队的分贝——只算得上是他们喝酒时的声音。冰壶实际上是一项避免冲突的加拿大运动，要求运动员将光滑的花岗岩石头沿冰面向另一端的涂色目标处滑动。最接近中心的人得一分，这项运动起源于苏格兰。这项运动的英文名字 (Curling) 就来源于石头与冰面摩擦时产生的内转或外转。运动员使用一把扫帚控制一块石头转动的幅度。如果你想比较，只要说一些类似“那种把人摔到四英尺远的跳啊叫啊的运动很可怕”的话。即使你自己不清楚，他们也会明白你的确切意思。

艺术 珍妮·庞特

“媒体是按摩”，这句错字名言是著名的传媒理论家、加拿大人马歇尔·麦克卢汉 (Marshall McLuhan) 的智慧。50 年来，32% 的加拿大家庭将文化支出花在有限电视或卫星电视上，麦克卢汉一直保持咄咄逼人的态势。当气温降到 –40℃ 时，谁不愿意拥挤在一起观看一场精彩的冰球赛、一部顶级纪录片或一两个小时精彩朴实的喜剧电视呢？

我们避免发出这样的信息：加拿大是一个“沙发土豆（坐在沙发前的胖子）”国家。可以看看其他 68% 的人干什么。加拿大人支持并积极参与艺术的兴致很高。

2010 年冬季奥林匹克运动会

当温哥华为了举办冬季奥运会的荣誉倾囊而出时，加拿大将于 2010 年第三次举办奥运会（前两次分别是 1976 年在蒙特利尔和 1988 年在卡尔加里举行的）。城里正在修建公路，并制订了让街头流浪汉迁到西雅图的计划，为 2010 年 2 月迎接世界各国运动员的到来做准备。

温哥华（还有惠斯勒，它也将举办几个项目）最担心的是雪——“到时会下雪吗？”。环境勘测家们预计全球变暖将会使有舵雪橇消失；商会则表示：“不用担心，我们把它盖上了——用 1 米厚的松软的白色材料。”但只有阿尔·戈尔 (Al Gore) 知道实情。

门票是通过抽奖的方式发售的，你不得不观看你可能并不中意的赛事。赐给我神圣的现代冬季两项门票吧，蝙蝠侠 (Holy biathlon，Batman)！除非你认识重要任务。如果计划参加，准备好 $15 以购买咖啡。奖牌并不是唯一能从奥运会上得到的。

每年有1美元花在现场表演艺术上。但对交税，他们可能就比较吝啬了。

20世纪60年代和70年代政府资助的正在创业阶段，或已经根基牢固的艺术家和组织雨后春笋般地涌现，建立了一个专业文化氛围，帮助培养了一大批欣赏加拿大艺术家的国内和国际观众，也就阻止了“大坏狼”（美国）将加拿大的艺术殿堂摧垮。

19世纪和20世纪早期盛行的主要模式，如“荒原”、“北方思想”及农村生活的故事仍可在加拿大创造性的作品中找到。总体来看，加拿大艺术是“地球村”真实的反映。

在《渴望之书》(*Book of Longing*)中，多才多艺的加拿大诗人伦纳德·科恩(Leonard Cohen)通过对于文字和墨水画的沉思，表达了对生活和成长的思索。

文学

加拿大的口头故事是从原住民开始的，他们延续至今的口头传统文化是这个国家文学史(19世纪诗人波利娜·约翰逊[Pauline Johnson]，是一位莫霍克族首领的女儿）和当代作家（小说家和儿童作品作家理查德·范·坎普[Richard Van Camp]，来自道格瑞普[Dogrib]族）中比较活跃的一部分。在当今时代，文学是有创意的工作，加拿大凭借文学非常有效地确立自己的身份，显出与众不同，展现了其文化多样性。加拿大的作家都很多产；读任何一个成名作者写的书的封面——道格拉斯·库普兰(Douglas Coupland)的《J氏游戏设计师》、迈克尔·翁达杰的《英国病人》、玛格丽特·阿特伍德的《盲刺客》——她或他极可能被冠以诗人、视觉艺术家、电影制片人或电台主持人的头衔。加拿大读者特别为他们感到骄傲。

切斯特·布朗(Chester Brown)撰写的《路易斯·里尔：连环漫画传记》(*Louis Riel: A Comic Strip Biography*，2003年)是一部故事非常生动的小说，也是一部有里程碑意义的作品。它讲述的是19世纪极具魅力的马尼托巴梅蒂斯人领袖跌宕起伏的故事。

在白天的节目中，加拿大广播公司一台(CBC Radio One，见55页)热衷于谈论书，报道文学新闻、访谈、讨论及小说戏剧。每年10月，在多伦多举行的国际作家节（见123页）是世界文学界的主要活动之一。节日的网址(www.readings.org)链接到整个加拿大其他节日网址上，包括法语活动。每年9月末举行的“街头文字和杂志”书市(www.thewordonthestreet.ca)是加拿大一项受人欢迎的从东到西的节日活动。期间，城市街道万人空巷，庆祝着书籍的精彩。

在城镇中心，如连锁店“华章/靛青”(Chapters/Indigo)和一些独立的书店定期举行作者读书活动，但主要是隆重宣传加拿大和本地的作家。浏览的人可能会很容易发现年度选集，如《征程奖故事》(*The Journey Prize Stories*)或者《格里芬诗歌奖文集》(*The Griffin Poetry Prize Anthology*)，主要介绍新兴或资深人才。加拿大吉勒奖(Scotiabank Giller Prize)是加拿大奖金最高的年度文学奖，曾被重要作家艾丽斯·芒罗(Alice Munro)、大卫·亚当斯·理查兹(David Adams Richards)以及已故的莫迪凯·里奇勒(Mordecai Richler)获得。文森特·拉姆(Vincent Lam)的第一本书名为《放血和奇迹治疗法》(*Bloodletting & Miraculous Cures*)，描写了以医学为主题的故事，这本书引起极大轰动，并于2006年荣获吉勒奖。

Words at Large(www.cbc.ca/wordsatlarge)是一个提供加拿大和全球广播节目、播客、博客，以及各地文字的名单和信息的网站端口。

兴旺发达的文学景象表现在加拿大充满生机的小出版社的繁荣上。许多出版社是20世纪60年代成立的，例如Les Editions d'Acadie（新不伦瑞克）、VLB éditeur（蒙特利尔）、多伦多的“亚拿尼亚的房子和马车房”、不列颠哥伦比亚的“宝藏书籍”和“Theytus”出版社。后一个出版社是一家原住民出版公司。在20世纪60年代，乔治·鲍尔林领导了西海岸激进运动，而著名诗人尼科尔主教领导了多伦多有影响的“四个马夫”诗社；当代诗歌方面令人激动的诗人有：多伦多的肯·巴布斯托克(Ken Babstock)、萨斯喀彻温的西尔维娅·勒格里(Sylvia Legris)和新斯科舍的安妮·辛普森(Anne Simpson)。

在加拿大，翻译被认为是一项艺术。最优秀的法裔加拿大人文学均有英文版。罗杰·勒梅林(Roger Lemelin)的经典作品《普罗夫一家》(*La Famille Plouffe*，1948年)，是一套三部曲小说的第二部。它描写的是魁北克社会，并由德尼斯·阿坎德(Denys Arcand)改编成电视剧。马尼托巴出生的加布里埃尔·罗伊(Gabrielle Roy)的小说《锡笛》(*The Tin Flute*，1945年）首次在法国获得主要奖项。莫妮克·普罗克斯(Monique Proulx)和加埃唐·苏西(Gaétan Soucy)跻身于魁北克最受爱戴的当代作家营地。

颇受欢迎的加拿大侦探包括圣·凯瑟琳(St Catherine)的私人侦探本尼·库珀

曼 (Benny Cooperman，出自加拿大犯罪作家创始人——霍华德 · 恩格尔 [Howard Engel] 的小说）、渥太华的格林督察（出自芭芭拉 · 弗拉德金 [Barbara Fradkin] 的小说）和萨斯喀彻温的乔安妮 · 基尔伯恩 (Joanne Kilbourn) 侦探（出自盖尔 · 欧文 [Gail Bowen] 的小说）。顶级科幻小说作家包括不列颠哥伦比亚的威廉 · 吉布森 (William Gibson)、斯彼得 · 罗宾逊 (Spider Robinson)、多伦多的罗伯特 · 索耶 (Robert Sawyer) 以及很有才华的科里 · 多克托罗 (Cory Doctorow)。

在年度最佳小说的评选中，罗伯特·J. 索耶是唯一一位获得三项全球最高科幻小说奖的加拿大人：雨果奖、星云奖和约翰·坎伯纪念奖。

法利 · 莫厄特 (Farley Mowat) 有关自己战时服役和加拿大荒原探险回忆录与小说——最出名的是《狼踪》(*Never Cry Wolf*)——已被翻译成 52 种语言。露西 · 莫德 · 蒙哥马利 (Lucy Maud Montgomery) 的《清秀佳人》(*Farley Mowat*) 于 1908 年出版，讲述的是一个很活跃的红头发孤儿的故事。这本书仍然是世界经典名著，直到今天，其中描写的景致也是爱德华王子岛（见 466 页）的旅游热点。

电影和电视

加拿大国家电影委员会 (NFB) 成立于 1939 年，其地区制片分公司遍布全国。它也是国际上受人尊敬的制作纪录片和动画片的机构。加拿大国家电影委员会是获得奥斯卡奖提名最多的加拿大机构。实验动画片的先驱诺曼 · 麦克拉伦制作了充满爵士乐的电影短片和冷战定格摄影的经典片《邻居》(1952 年)。科德尔 · 巴克《猫儿回来了》(1998 年)、克里斯 · 兰德雷斯 (Chris Landreth) 的《赖恩》(*Ryan*, 2005 年）和托里尔 · 克韦 (Torill Kove) 的《西班牙诗人》(*The Danish Poet*, 2007 年）都是最近的奥斯卡奖提名影片。在蒙特利尔和多伦多参观加拿大电影委员会"媒体帝国"的人可以制作独自欣赏的电影节目（登录 www.nfb.ca 网站可以获取更多信息）。

加拿大拥有世界上一些最优秀的纪录片讲述者——从先驱者皮埃尔 · 佩罗特 (Pierre Perrault)、电影实录片大师阿兰 · 金 (Allan King，《临终的体面》[*Dying at Grace*])、反文化的编年史家罗恩 · 曼 (Ron Mann，《草》[*Grass*])、导演兼激进分子阿兰尼斯 · 奥博姆萨温 (Alanis Obomsawin，《惠斯基 · 特伦奇的石头》[*Rocks at Whiskey Trench*])，以及艺术探索者 Jennifer Baichwal(《制造风景》[*Manufactured Landscapes*])。"多伦多热门纪录片节"(Toronto's Hot Docs，www.hotdocs.ca) 是北美最大的国际纪录片电影节。马克 · 阿基巴 (Mark Achbar) 的《制造仇恨：诺姆 · 乔姆斯基与传媒》(*Manufacturing Consent: Noam Chomsky and the Media*，1992 年）和《公司》(*The Corporation* ，2003 年）是深入研究公司恶行的"病理"纪录片，是加拿大两部很受欢迎的片子。

很多好莱坞电影、电视连续剧和一周最佳上座电影都是在加拿大拍摄的。加拿大的位置、工作室的设施、顶级的工作人员、税收优惠等等，都是吸引电影制片人的有力因素。《X档案》(*The X-Files*)和《超人前传》(*Smallville*)是在温哥华及其附近地区拍摄的。这座城市还出现在加拿大出品的电视连续剧《达芬奇的审判》(*Da Vinci's Inquest*)与道格拉斯·库普兰(Douglas Coupland)创作的电影《万物复苏》(*Everything's Gone Green*，2007年)中。在多伦多，邓达斯和Roncesvalles的转角处有《发胶》美妙的舞步，而地标卡萨洛马博物馆(Casa Loma，见113页)十分忙碌(《X战警》系列)，很受欢迎的加拿大电视台输出的《迪格拉斯中学》(*Degrassi*，20世纪80年代)连续剧及续集《迪格拉斯中学：下一代》(*Degrassi: The Next Generation*，2001年)，都是在迪格拉斯附近拍摄的。多伦多和温哥华都争相得到"北方好莱坞"的头衔。但老蒙特利尔经常代替巴黎的场景，而艾伯塔为讲述现代西方人生活的电影——如《断背山》(*Brokeback Mountain*)——提供了舞台背景。加拿大两部顶级情景喜剧《加油站趣事》(*Corner Gas*)和《草原小清真寺》(*Little Mosque on the Prairie*)都在小城萨斯喀彻温取景(不过只有前者是在那儿拍摄的)。城市和地区的电影委员会定期在它们的网站上公布在这一地区正在拍摄的片子。

加拿大出口的最受欢迎的电影是20世纪80年代的性喜剧片子《胖子一家》(*Porky's*)。

超过 95% 的加拿大电影院年票房收入来自好莱坞或外国电影，但这一数字在魁北克就不同了，20% 的电影收入是来自加拿大制作的电影。克劳德 · 尤塔 (Claude Jutra) 的《我的舅舅安东尼》(*Mon Oncle Antoine*，1971 年）经常占据加拿大最佳电影排行榜的前几位。著名的魁北克电影制作人包括标新立异的让·皮埃尔·勒菲费(Jean-Pierre Lefevre)、嘎纳红人德尼斯·阿肯德(Denys Arcand,《野蛮人入侵》[*Les Invasions barbares*]获奥斯卡奖),以及弗朗科索斯·吉拉德(Francois Girard),他用英语制片,包括《丝绸》(*Silk*,2007年)和必看片《顾尔德的32部短片》(*Thirty Two Short Films About Glenn Gould*,1993年)。最近的魁北克票房热门包括让——马克·瓦莱(Jean-Marc Vallee)的*C.R.A.Z.Y.*、埃里克·卡尼埃尔(Eric Canuel)的《好警察,坏警察》(*Bon Cop, Bad Cop*,宣传语是:"先拍,再译"),以及Philippe Falardeau的比利时—魁北克喜剧《刚果风情画》(*Congorama*)。

《流氓》(*The Rowdyman*,1972年)是人们喜爱的纽芬兰电影演员戈登·平森特(Gordon Pinsent)早期的成名片。忙碌的平森特曾主演了深受欢迎的电视连续剧《欠着南方》(*Due South*,关于骑警的故事),2007年在Sundance因《柳暗花明》(*Away From Her*)而被美国人"发现",这部影片是前童星莎拉·波利(Sarah Polley,电视剧《清秀小佳人》[*Road to Avonlea*])执导的首部影片,备受赞誉。诺曼·朱伊森(Norman Jewison,《飓风》[*The Hurricane*])和大卫·克龙伯格(David Cronenberg,《东方的承诺》[*Eastern Promises*])两位导演是普遍公认的电影界泰斗;阿顿·埃戈扬(Atom Egoyan,奥斯卡奖提名片《从此甜蜜》[*Sweet Hereafter*])、迪帕·梅塔(Deepa Mehta,奥斯卡提名影片《水》[*Water*])、杰里米·波德斯塔(Jeremy Podeswa,《漂泊手记》[*The Fugitive Pieces*])、牙买加出生的克莱门特·弗戈(Clement Virgo,《穷小子的斗争》[*Poor Boy's Game*])、Patricia Rozema(《曼斯菲尔德庄园》[*Mansfield Park*])和卡尔加里的加里·伯恩斯(Gary Burns,《光辉城市》[*Radiant City*])值得借DVD盘看看。朱利亚·科万(Julia Kwan,令人激动的《伊芙与火马》[*Eve and The Firehorse*])、伊恩·伊克巴尔·拉希德(Ian Iqbal Rashid,舞蹈电影《舞动青春》[*How She Move*])以及休伯特·戴维斯(Hubert Davis,奥斯卡提名短片《哈德伍德》[*Hardwood*])是几位能给人带来兴奋话题的新的天才导演。

多伦多国际电影节(见123页)是世界上主要电影盛事之一。好莱坞、加拿大和国外的电影在此交易,电影节期间放映来自全球各地不同的影片。其他优秀的秋季电影节由温哥华(见646页)、蒙特利尔(www.ffm-montreal.org)和哈利法克斯(见357页)举办;渥太华国际动画电影节(www.awn.com/ottawa)是又一项全球顶级盛事,每年9月举办。

玛丽·皮克福特(Mary Pickford,无声电影的女主角及联艺的创建人之一)和雷蒙特·马西(Raymond Massey,"一战"英雄及《东伊甸园》(*East of Eden*)的男主角)两人与当代著名的喜剧演员和电影明星吉姆·卡里(Jim Carrey)都出生在多伦多。

美国人罗伯特·弗莱厄蒂(Robert J. Flaherty)曾导演经典默片《北极熊》(*Nanook of the North*,1922年)。因纽特人是这部电影的主题。

忙于包装而无暇阅读?

以下是由加拿大人带上银幕的加拿大著名文学作品:

- 《基加利游泳池的一个周日》(*A Sunday at the Pool in Kigali*,2003年出版英译本)由希尔·库特芒希(Gil Courtemanche)编著;电影《基加利的一个周日》(*A Sunday in Kigali*)由罗伯特·法夫罗(Robert Favreau)执导(2006年)。
- 《四处散落的碎片》(*Fugitive Pieces*)由安妮·迈克尔斯编著(1996年);由杰瑞米·博德斯万(Jeremy Podeswa)执导,在2007年多伦多国际电影节上映。
- 《学徒》(*The Apprenticeship of Duddy Kravitz*)由Mordecai Richler编著(1959年出版);由泰德·考切夫(Ted Kotcheff)执导(1974年)。
- 《英国人的仆童》(*The Englishman's Boy*)由盖伊·范德哈格(Guy Vanderhaeghe)编著(1996年);由约翰·N.史密斯执导为4部电视短剧(2007年)。
- 《翠西碎片》(*The Tracey Fragments*)由莫琳·梅德韦德(Maureen Medved)编著(1998年);由布鲁斯·麦克唐纳德执导(2007年)。
- 《鲸鱼之歌》(*Whale Music*)由Paul Quarrington编著(1989年);由理查德·J.刘易斯执导;Rheostatics乐队配以原创音乐(1994年)。

音乐

加拿大人对音乐的痴迷始终如一，善冒风险。加拿大音乐像它的人口一样五花八门，这并不令人奇怪。从安大略的“Tru Rez 乐队”时髦的 hip-hop 乐“六个民族”到蒙特利尔嘈杂城市兰草的钢铁工人联合会，从冉冉升起的全球音乐明星基兰·阿卢瓦利亚 (Kiran Ahluwalia) 的 *ghazals*(加扎利，南亚诗歌) 到纽芬兰 Great Big Sea 乐队的民谣流行曲。

对加拿大流行音乐的追求和品位可以用两项相对较新的奖项来说明。“加拿大偶像奖”(Canadian Idol) 是到处寻找有才之士的加拿大 (Canuck) 版本，自 2003 年夏季表现突出后，已成为加拿大收视率最高的电视节目。北极星音乐奖 (http://polarismusicprize.ca) 始于 2006 年，仅根据优点来评选专辑，并将现金颁发给最好的加拿大专辑。北极星的年度汇编专辑是非有不可的加拿大最酷天才的采样，以往被提名者包括多伦多的摇滚超级组合“破裂的社会风景”(Broken Social Scene)、索马里出生的街舞艺术家 K'naan、歌手兼词作者“小狗”(Feist)、埃德蒙顿的打击乐者 Cadence Weapon、不列颠哥伦比亚的独立英雄“新色情作品作者”(The New Pornographers) 乐队以及蒙特利尔的著名摇滚乐实验者 (“痴迷”大卫·鲍伊 [David Bowie fave])Arcade Fire 摇滚乐队。

成立于1978年的加拿大音乐名人堂，仍然没有一个实质性的建筑，但通过 www.junoawards.ca/vhof/index.php可以访问虚拟名人堂。

夏季游客不可避免会碰到音乐庆祝活动，或者在活动期间去当地旅行，比如去观看蒙特利尔世界爵士乐节 (见 269 页) 这样的盛事；去温尼伯看民俗节 (见 534 页)；去看这个国家最隆重的经典活动温哥华节 (见 646 页)；或去比较遥远的地方看精彩的节目，如道森城音乐节 (见 780 页)。多伦多的湖滨区 (见 108 页) 每年夏天的周末都会举办免费的主题音乐节。加拿大广播电视公司三台 (北美天狼星卫星网络 24 频道) 播放最新加拿大歌曲；而加拿大广播电视公司二台 (整个加拿大有不同频率) 广播加拿大管弦乐队演出以及不同类型、高质量艺术现场音乐会。

尽管也和其他国家一样要解决许多困难(销售量下降，非法下载)，但加拿大音乐业还是一直比较兴盛。这要部分归功于一批独立公司的创新精神和主要唱片公司对持续发展加拿大音乐的贡献。加拿大有关规定要求音乐电台四分之一以上的节目必须包含加拿大内容(被称为“CanCon”)，这样保证加拿大人作词和/或表演的音乐通过所有广播不断地展现在公众面前。包含加拿大内容的音乐(CanCon)已成为文化争论的主题：有些专家曾提出异议，认为CanCon将导致平庸，但现在他们又在问：我们还需要CanCon吗?

从反传统的经典小提琴家格兰·古尔德 (Glenn Gould) 到蒙特利尔 DJ 基德·考拉 (Kid Koala) 怪异的唱盘，从乡村传奇人物汤姆·康纳斯 (Stompin' Tom Connors) 的路线图，到充满活力的乡村音乐家特里·克拉克 (Terri Clark)，从作曲家希利·威兰 (Healy Willan) 的庄严的合唱作品到引人注目的瓦格纳曲调的男高音本·黑普纳 (Ben Heppner)，加拿大涌现了很多国际知名的创新音乐家和偶像。

加拿大人在边境的南边也久负盛名。盖伊·隆巴多 (Guy Lombardo) 和他的皇家加拿大人乐队 (Royal Canadians) 演奏了著名的新年音乐会 (1931 ~ 1962 年)。

TOP FIVE 加拿大非官方“国歌”

- 危险时代的恋人们 (Lovers in a Dangerous Time) 由作家 Bruce Cockburn 或者 the Barenaked Ladies 乐队演奏，可自选
- 男人付钱 (Mon Pays) Gilles Vignault
- 雪鸟 (Snowbird) Anne Murray
- 关心生意 (Takin′ Care of Business) Bachman-Turner Overdrive
- “冰球之歌”(The Hockey Song) Stompin′ Tom Connors

20 世纪 50 年代，保罗 · 安卡 (Paul Anka) 让少女流行音乐迷们心醉神迷。爵士乐巨人奥斯卡 · 彼得森 (Oscar Peterson) 用他的钢琴三重奏“加拿大套间” (Canadiana Suite，1964 年) 描绘了一幅不朽的画面。

有影响的民歌特色的歌手兼词作者“歌手乐队”，在 20 世纪 60 年代和 70 年代以英语和法语流行歌曲而著称，许多人仍在制作充满生机的音乐：如乔尼 · 米歇尔 (Joni Mitchell)、伦纳德 · 科恩 (Leonard Cohen)、尼尔 · 扬 (Neil Young)、吉勒斯 · 维格诺特 (Gilles Vignault) 和丹尼尔 · 拉沃耶 (Daniel Lavoie)。民谣歌手传统今天由 Ron Sexsmith、卡罗琳 · 马克 (Carolyn Mark)、贾斯廷 · 拉特利奇 (Justin Rutledge) 和安托万 · 格拉顿 (Antoine Gratton) 传承。

要想听到最新的加拿大音乐，可试试登录 www.distributionselect.ca，这是一个魁北克人销售法语音乐作品的网站；以及 www.maplemusic.com(不言自明？)。

因为在 20 世纪 60 年代末期支持鲍勃 · 迪伦 (Bob Dylan)，“歌手乐队”创造了自己的摇滚风格的作品。温尼伯的“猜猜是谁” (The Guess) 乐队在同期创作出了风靡一时的作品，包括 1970 年成名、受到广泛关注的“美国女人” (American Woman)。20 世纪 70 年代中期出现的多伦多实力派三人组合“冲劲” (Rush) 仍然是畅销唱片摇滚乐队之一，而摇滚歌手布莱恩 · 亚当斯 (Bryan Adams) 是 20 世纪 80 年代电台节目中最受人们喜爱的音乐人。“老根摇滚歌曲”给“布鲁斯歌曲”(Blue Rodeo) 注入了活力，“牛仔迷” (Cowboy Junkies) 和“悲伤的时髦” (The Tragically Hip) 引领了 20 年的音乐演变，拥有忠实的爱好者。在温哥华，DOA 乐队确保了它在朋克摇滚乐中不可动摇的神圣地位。而“梦武士” (Dream Warriors) 使得加拿大登上时尚指南。

90 年代末，魁北克著名女歌手席琳 · 狄翁 (Céline Dion)、风靡全国的女歌手珊尼尔 · 特温 (Shania Twain) 和摇滚女歌手阿兰妮斯 · 莫里赛特 (Alanis Morissette) 垄断了全球主流音乐。而国内的流行火暴男性乐队“裸体淑女” (Barenaked Ladies) 最终走上国际舞台。最近，内利 · 弗塔多 (Nelly Furtado) 的不同风格的爵士乐和摇滚女歌手阿芙里尔 · 拉维列 (Avril Lavigne)，都在世界乐坛激起不小的浪花。五分钱乐队 (Nickelback)、Billy Talent 和 Bedouin Soundclash 乐队是今天加拿大摇滚的领军人物。

吉他演奏、唱片销量火暴、艾伯塔培养的特里·克拉克(Terri Clark)是唯一 一个进入纳什维尔的Grand Ole Opry大剧院的加拿大女性。

2006 年，处于当代爵士乐前沿的钢琴歌手戴安娜 · 克拉尔 (Diana Krall) 与丈夫埃尔维斯 · 科斯特洛 (Elvis Costello) 生了对双胞胎，并出版了她的第 12 张专辑《从这一刻起》 (*From This Moment On*)。而 30 多岁的复古歌手兼演员 Michael Bublé 取代托尼 · 贝内特 (Tony Bennett)，在 2007 年《美国偶像》 (*American Idol*) 中进行表演，此后他的职业生涯开始顺利地走上坡路。

视觉艺术

在加拿大，绘画、雕塑和其他视觉艺术采用各种表现形式。主要的画廊展出它们永久收藏的极具魅力的作品，也举办国内和国际巡回展览。到加拿大主要城市的游客可以参观艺术家经营的艺术中心、商场前的展览橱窗 (如多伦多皇后西街以西，见 140 页)、集中一个地区作品的艺术展 (如里贾纳的马更些艺术馆，见 555 页) 以及专题收藏，如渥太华国家美术馆的亚力克斯 · 科尔维尔 (Alex Colville) 的作品 (见 235 页)。参观城市的人也可以碰到许多室外雕塑或加拿大每年的摄影节，如多伦多的“目视” (www.contactphoto.com)。游客们要是离开主干道，随意走走，还可以发现许多地方特色的创作。

多伦多的“七人画派” (Group of Seven，见 145 页) 受到风景画家汤姆 · 托马斯 (Tom Thomson，1877 ~ 1917 年) 的影响，他们创作了许多表现加拿大荒野的代表作品。这些画可以在渥太华的国家美术馆 (见 235 页)、安大略美术馆 (见 112 页) 和多伦多郊外克南伯格的麦克米歇尔加拿大美术馆 (见 144 页) 欣赏到。抽象派艺术家保罗 · 埃米尔 · 博尔迪 (Paul-Émile Borduas，1905 ~ 1960 年) 是法裔加拿大画家，他的作品可以在当代艺术博物馆 (见 258 页) 看到。自由主义画派运动 (Automatiste movement，1941 ~ 1954 年) 仍然发挥着影响。十一人画家 (Painters Eleven)、彩泥人 (Les Plasticiens) 和里贾纳五人派 (Regina Five) 等都是著名的流派，他们拓展了 20 世纪 50 年代和 60 年代艺术的界限。让保罗 · 里奥

即使你绕过了加拿大首都，你也可以登录网上的加拿大艺术馆http://cybermuse.beaux-arts.ca 查看10 000件永久收藏的作品。

佩勒 (Jean-Paul Riopelle)、贝蒂 · 古德温 (Betty Goodwin) 和迈克尔 · 斯诺 (Michael Snow) 是国际知名的加拿大当代艺术家。温尼伯人简 · 卡迪夫 (Jane Cardiff) 和乔治 · 伯斯 · 米勒 (George Bures Miller) 获 2003 年威尼斯双年展 (Venice Biennale) 特别评委会奖。其他国际艺术明星包括杰夫 · 沃尔 (Jeff Wall)、斯坦 · 道格拉斯 (Stan Douglas)、罗德尼 · 格雷厄姆 (Rodney Graham) 和年轻的蒙特利尔安装雕刻家 David Altmedj。David Altmedj 的《指针》(*The Index*) 由安大略美术馆（见 112 页）买走，是 2007 年威尼斯双年展中加拿大厅的亮点。

很容易从视觉艺术当中观察到加拿大原住文化和非原住文化历史的交融。19 世纪中期的画家——保罗 · 凯恩 (Paul Kane) 和科尼利厄斯 · 克里格夫 (Cornelius Krieghoff) 都以原住民为题材，他们的作品可以在安大略皇家博物馆（见 113 页）和国家美术馆（见 235 页）找到。埃米莉 · 卡尔 (Emily Carr) 曾去不列颠北部参观原住民村庄。她对图腾柱、建筑和自然的传神描画正是从原住民的艺术和精神得到灵感。她的一些作品展览在温哥华美术馆（见 633 页）。她在 1946 年出版的自传体遗作中写道："印第安人的艺术开拓了我的视野。"从 20 世纪中期以来，对原住民艺术、尤其是因纽特人雕塑的欣赏越来越浓厚，市场也越来越广阔。一些原住民艺术家从事集体创作，另外一些人选择个人创作之路——他们的作品包括诺弗尔 · 莫里索 (Norval Morriseau) 关于奥吉布瓦人神话的描画、有影响的西岸艺术家比尔 · 里德 (Bill Reid) 让人肃然起敬的雕塑作品（一些作品在温哥华的不列颠哥伦比亚大学人类学博物馆展出，见 641 页）、萨喀斯彻温人爱德华 · 波伊托斯 (Edward Poitras) 的作品以及年轻的艺术家玛丽安娜 · 尼科尔森 (Marianne Nicholson) 和布莱恩 · 江根 (Brian Jungen) 的作品等。

戏剧和舞蹈

> 目前加拿大比世界上其他国家更流行举办实验剧节，大多集中在6月或7月。有关详情可登录www.fringefestivals.com。

古代的表演传统贯穿在蓬勃发展的加拿大原住民戏剧公司的作品中——多伦多的原住民大地表演艺术（Native Earth Performing Arts ；www.nativeearth.ca) 的发展起到了主要的推动作用——但许多戏剧以社会政治事件为题材，集中表现当代社会生活。马尼托巴出生的克里人作家汤姆逊 (Tomson Highway，《干嘴唇们应去卡普斯卡辛》[*Dry Lips Oughta Move to Kapuskasing*]) 在国际上的成功激励了新一代戏剧作家，如德鲁 · 海登 · 泰勒 (Drew Hayden Taylor，《夜游者》[*The Night Wanderer*])。

加拿大专业剧院兴起于20世纪中叶。当时小说家罗伯森·戴维斯(1913～1995年)成为加拿大英语世界的主要剧作家和导演。克雷蒂安·格林纳(Gratien Gélinas)的《小公鸡》(*Tit-Coq*)标志着魁北克现代戏剧时代的到来。当时成立了许多大型公司如蒙特利尔新世界剧院(Montréal's Theatre du Nouveau Monde)，以及主要节日如安大略的斯特拉福德节(Ontario's Stratford Festival，见169页)。到20世纪60年代，专业剧院遍及大多数城市。但加拿大的人才还没有得到充分利用。在70年代中，数百个由艺术家主办的小型专业剧院一举成名。它们集中展现加拿大人的作品和一些加拿大最有名的剧作家，包括米歇尔·特伦布莱(Michel Tremblay)、沙伦 · 波洛克(Sharon Pollock)和乔治 · F.沃克尔(George F Walker)的杰作。

今天，加拿大是戏剧荟萃的天堂，从魁北克人罗伯特 · 利佩奇 (Robert Lepage) 的视觉艺术代表作，到斯特拉福德戏剧节 (Ontario's Stratford Festival)，以及爱好旅游者的节日，如"萧伯纳戏剧节"(Shaw Festival，见 157 页）和"夏洛特敦节"(Charlottetown Festival，见 453 页）。多伦多是北美第二大戏剧城市，拥有百老汇式的音乐剧、演出公司如"心灵胡椒粉"(Soulpepper) 和老牌剧院如"加拿大舞台演出公司"(Canadian Stage Company，见 138 页）。《糊涂大姨妈》(*The Drowsy Chaperone*) 最初为舞台滑稽短剧，后在小范围内巡回演出，又扩展到多伦多 Theatre Passe Muraille 剧院，2007 年成为百老汇舞台剧热门，荣获托尼奖。越来越冒险的加拿大歌剧团于 2006 年搬到了多伦多新址。

加拿大的舞蹈文化也多姿多彩。位于多伦多的加拿大国家芭蕾舞团 (National

Ballet of Canada，共用加拿大歌剧团的新空间）、蒙特利尔的加拿大格兰德芭蕾舞团 (Les Grands Ballets Canadiens，见 277 页）和皇家温尼伯芭蕾 (Royal Winnipeg Ballet，见 537 页)，是加拿大主要的芭蕾舞公司。现代舞蹈在 20 世纪 70 年代百花齐放。尤其是在蒙特利尔，单人舞蹈先驱玛吉 · 吉利斯 (Margie Gillis) 的影响仍然在发挥作用。蒙特利尔的“拉、拉、拉，人的脚步”(La La La Human Steps) 在 20 世纪 80 年代吸引了世界的舞台，并仍在继续从事开创性的事业。多伦多的 FFIDA 年度国际舞蹈节 (FFIDA International Dance Festival；www.ffida.org) 展现当代最新舞蹈趋势。

早期的定居者（苏格兰人、法国人等）把传统文化和新移民带来的舞蹈形式（比如乌克兰、非洲—加勒比和印度）带到加拿大，业余和专业的表演都能表现这些传统舞蹈形式。许多舞蹈是在文化节上表演的。多伦多“红天空表演团”（Red Sky Performance；www.redskyperformance.com) 是一个有国际声誉的表演团。它从不墨守成规，不断创作出新颖的作品，将世界上原住民的文化连接起来，融合了它们的文化、音乐、面具和叙述故事。太阳马戏团 (Cirque du Soleil) 也是国际知名的表演团（见 277 页）。

建筑

到加拿大的旅游者将会发现特色鲜明的地区建筑，从海滨木框结构捕鱼小屋到蒙特利尔的三层楼房子，从多伦多的维多利亚式排房再到草原（见 542 页）的粮仓。魁北克市的老城（见 294 页）、新斯科舍的卢嫩堡（见 365 页）、安大略的湖滨尼亚加拉（见 155 页）和温哥华的侃城（见 638 页）都是重要的历史建筑地区。加拿大 19 世纪的许多建筑，如蒙特利尔的圣母教堂（见 255 页）、渥太华的国会大厦（哥特式的复兴图书馆在大规模重建后于 2006 年重新开门迎客，见 235 页）、著名的 Fairmont Banff Springs 费尔蒙酒店（见 605 页）都具有超越其功能的欣赏价值。

温哥华建筑家阿瑟 · 埃里克森 (Arthur Erickson) 具有一定影响力，作品包括该城的温哥华人类学博物馆（见 641 页）。为温哥华 2010 年冬季奥运会准备的改变景观建筑引发了很多当地人的争议，包括对环境保护和市区内低档住宅区消失的抗议。1967 年世博会将世界带到了出生于以色列、在蒙特利尔长大的 Moshe Safdie 面前，他设计了渥太华国家美术馆（见 235 页）。道格拉斯 · 卡迪内尔 (Douglas Cardinal) 在加蒂诺（赫尔）设计的波浪形加拿大文明博物馆（见 246 页），是从建筑师梅蒂斯遗产中得到灵感的。新的加拿大战争博物馆（见 236 页）由 Moriyama & Teshima 建筑公司设计，是一座震撼心灵的国家纪念馆。在多伦多，不可错过的加拿大国家电视塔（见 105 页）几个街区之外，便是密斯 · 范 · 德 · 罗厄 (Mies van der Rohe) 设计优美的多伦多自治领中心。这座城市正在进行的文化复兴作品包括：由著名建筑家丹尼尔 · 利比斯金德 (Daniel Libeskind) 负责的建筑扩建工作，他设计的多伦多安大略皇家博物馆（见 113 页）扩建水晶建筑物于 2007 年开张，备受争议；弗朗克 · 格尔瑞 (Frank Gehry) 正在对安大略美术馆（见 112 页）进行改造，安大略美术馆离格尔瑞儿时的家只有几个街区远。

“门户开放活动”(Doors Open)始于苏格兰，每年对外开放一些超棒的建筑物，北美的首次“门户开放活动”是在多伦多举办的，现在已扩展到其他几座城市。详见www.doorsopencanada.ca。

《走向北方：土地上的加拿大建筑》(*Up North: Where Canada's Architecture Meets the Land*，2005年)，由《环球邮报》建筑评论家利萨·罗尚(Lisa Rochon)编著，真实、生动地描述了加拿大建筑的特征。

餐饮 约翰·李 (John Lee)

过去，来到加拿大对食物好奇的旅行者是在国家快餐连锁店蒂姆·霍顿(Tim Hortons，简称“Timmies”)开始并结束他们的美食探险之旅的，在这儿，在将他们的痛苦泡入货运汽车站的咖啡杯前，他们常常在槭糖浆(Maple Cream)和双层巧克力(Double Chocolate)油炸圈饼中犹豫而愉快地选择。

过去，这个国家常常将食物当作是在北极熊出没的寒冷冬日暖身物品，但近几年经历了两个阶段的烹饪复兴。大城市，例如蒙特利尔、多伦多和温哥华，发展了在全球具有影响力的可口美食舞台，可与任何其他全球性大城市相媲美。同时，整个国家的地区重新发现了在自己家门口生长、搜寻并制作的独特材料——将特色海鲜、开胃奶酪和令你垂涎的美酒等宴飨送到了当地就餐者的口中。

安尼塔·斯图尔特(Anita Stewart)的《加拿大美味》(*Flavours of Canada*，2006年)中有无数图片，都是各省的独特美味，这本书激起人们发掘加拿大美食的欲望，这些珍馐让你的味蕾开始歌唱。

对旅行者来说，这就意味着现在在加拿大吃喝是来这儿旅游的一个精彩的项目，而不只是令人失望的必需补给点。记住，除了你所发现的每家顶级餐馆和你碰到的每个与众不同的乡镇市场，也可以偶尔去油炸圈饼店，来顿廉价饮食：Timmies 并非一个很好的就餐地方，但仍是和当地人挤在一起的理想之处。

主食和特色食品

先是成为英国和法国的殖民地，然后又被来自世界各地的无数民族占领，加拿大烹饪建立在4个世纪的国际影响力基础之上。随着爱尔兰人将马铃薯带到餐桌，德国人带来了熏肠，而中国人又带来了点心，加拿大总是云集着各色美食，使它成为了结合东西方风味而“熔于一炉”的菜肴之家。

这种“熔于一炉”的方法至今仍是加拿大烹饪的基石：餐馆经常在他们的法式大餐中加上点儿日本料理的味道，或在他们的西海岸海鲜中加印度东部的香料。不过，当加拿大人普遍调整传统菜谱时，有些菜仍然具有明显的地区风味。这些各省的传统菜直接反映了当地的现有作料以及厨师的影响。对于饥饿的旅行者来说，这些食物正是这个国家的地道美味。

展示加拿大正快速发展的百里饮食运动(100-Mile Diet；www.100milediet.org)，该网站会告诉你食用当地特产所需了解的一切。

如果你从东边的城市开始，你会发现海滨几省的主要菜肴是龙虾——龙虾在锅里煮一煮，然而抹上一点儿黄油——让人大快朵颐的最佳地方是爱德华王子岛社区大礼堂的晚宴。你可以尽情享受贻贝、块状马铃薯沙拉和海鲜大杂烩，还一边等待你自己捕捞的海鲜被端上餐桌。但不要吃得太饱。你还要留一点肚皮去吃稍后那小山般的水果派。

到新斯科舍的旅行者应该抽空尝尝软化牛油迪格比干贝和乡味卢嫩堡香肠。附近的纽芬兰和拉布拉多最受欢迎的食品是鳕鱼：鳕鱼鳃、鳕鱼舌头和鳕鱼马铃薯鱼饼。如果你想挑战，可以来口这儿用海豹鳍做成的派。

新不伦瑞克是受法国影响的地方，除了烤大西洋大马哈鱼外，还供应 poutine râpée(炖了几个小时的马铃薯炖猪肉)。这是几十年来当地人最爱吃的一道菜，如果你一两周都没吃顿正规的饭，大力推荐你去尝一尝。

魁北克受法国菜影响更大，在这儿，美食似乎成为当地人的生命线，为了 joie de vivre(法语，令生活更加愉悦的)晚餐，他们会愉快地坐上4小时，边喝酒边聊天。

该省的世界性大都市蒙特利尔长期以来都自称加拿大的美食首都，这儿可以欣赏不同档次的食品，也包括熙熙攘攘的集市上出售的丰盛的豌豆汤、精制的奶酪和可口的鹅肝。此外，市场上有马铃薯制品(poutine，肉汤和奶酪块浇在加拿大最好的金色马铃薯薯条上)以及很大的熏肉三明治，你不得不张大嘴巴才能送到嘴里。

安大略——尤其是多伦多——是加拿大菜肴的熔炉。向南去尼亚加拉半岛，你会发现加拿大最好的葡萄酒及最好的餐馆。这些餐馆采用当代烹饪技术和传统的作料，如来自大湖区的鱼等。和魁北克一样，枫叶糖是增加甜味的最佳选择。

一些过去的甜点如“狸尾”（装饰配料很多的糖糕点）和飞盘大小的早餐饼就用了枫叶糖。

从这儿再向北，北极圈中的努那瓦特是加拿大最新的领土，但这里的因纽特饮食却有着悠久的历史，对许多旅行者来说，品尝原住民食品是一项美味冒险。餐馆里有原住民食品（但大多是家庭的——与当地人交朋友。他们可能邀请你参加宴会），当地的特色菜包括煮海豹、冻鲑鱼及 maktaaq(有弹性的鲸鱼皮和鲸脂，鲸鱼皮被切成小块，吃的人要整块咽下）。

事实上，加拿大原住民族有很多诱人的烹饪传统。以肉和海鲜为主——在不列颠哥伦比亚的夏洛特皇后群岛上与海达族人品尝美味多汁的比目鱼炖汤——还有原住民传统的一种班诺克面包 (bannock bread)，由苏格兰人引进，加拿大的许多原住民都很喜欢吃。如果你认为你是甜食方面的专家，可以试试“印度冰淇淋”(Indian ice-cream)，它由搅过的无患子 (soapberry) 制成，加了些糖来中和苦味。

相比之下，马尼托巴、萨斯喀彻温和艾伯塔等草原省没有富饶的海产品，但它们有自己的根深蒂固的菜肴奇招。艾伯塔是加拿大牛仔之乡，是这个国家的上等牛肉之都——在整个加拿大的顶级餐厅中，你总是会在菜单上看到艾伯塔的精美牛排。

东欧人对马尼托巴边境的影响由来已久。乌克兰移民以传统方法制作饺子形馅饼和辣香肠。不过，如果你去隔壁的萨斯喀彻温，就要尝尝甜点。这个省的水果派是它最吸引人的菜肴精品，尤其是配有萨斯卡通酸莓的。

在偏远的西边，不列颠哥伦比亚的人们主要靠海和内陆的肥沃土地为生。奥卡纳根河谷的桃子、苹果和草莓是夏天餐饮的主食——这些水果最好就在当地路边的水果摊上买。但还是海鲜最能吸引那些爱吃的人。他们尽情享受美味多汁的野大马哈鱼、Fanny 湾牡蛎 (Fanny Bay oyster) 以及入口就化的扇贝，仿佛他们就靠此生存。

让人流口水的双重美味，居尔特·普雷蒂(Gurth Pretty)和托尼·阿斯普勒(Tony Aspler)的《加拿大美酒和奶酪集》(*The Definitive Canadian Wine and Cheese Book*，2007年)将各省奶酪与当地美酒结合起来。

魁北克是世界上最大的枫糖浆出产地，每年加工约650万加仑的甜饼。

伊丽莎白·莱文森(Elizabeth Levinson)的《美食之旅》(*An Edible Journey*，2005年)颂扬着温哥华岛内外大胆的餐馆和烹饪英雄，列出了很多美食补给站点。

饮品

你很快会发现由加拿大两家酿酒巨头拉巴特 (Labatt) 和莫尔森 (Molson) 大规模生产的啤酒平淡无味。但仔细挖掘一下，你会发现地区和当地的酿酒业相当繁荣，到处飘荡着麦芽酒、苦味黑啤和贮藏啤酒的味道。

虽然新不伦瑞克的穆斯黑德 (Moosehead)、新斯科舍的亚历山大基思 (Alexander Keith)、安大略的斯里曼斯 (Sleemans)、艾伯塔的巨石 (Big Rock) 及不列颠哥伦比亚的奥卡纳根 (Okanagan Springs) 等中型酿酒厂生产的酒随处可见，也可大口豪饮。值得注意的是，尽管中型酿酒厂拒绝太多改变自己成功的运营状况，但近年来，其中的几家已经被两大巨头接管。

在当地，加拿大遍布优秀的小酿酒厂，风味独特，让来品尝的旅行者赞不绝口。这种情况在不列颠哥伦比亚最为明显，那儿的扎啤酿造是北美最好的。在这儿，你应该四处转转，寻找当地酿酒厂的黑色、如巧克力般或呈浓重的土腥味的啤酒。在魁北克也一样，这儿小酒厂——比如斯托姆 (Storm)、菲利普斯 (Phillips)、死青

带着味蕾旅游

旅游者在旅游中可能吃到一些独特食品，包括爱德华王子岛的〝所罗门甘迪 (Solomon Gundy)〞。它是咸鲱鱼和肉块的杂烩。还有巨蚌 (geoduck，发音为〝gooey duck〞) 是一种体形较大的盐水蛤蚌，是在西海岸颇受欢迎的中国美味，如果你在艾伯塔，为信任你的同行者找找〝草原蚌〞(prairie oyster)，然后坐着，看着他们大口大口地吃牛的睾丸——类似肝的味道。如果你来到了努那瓦特，吃冻鲑鱼就像吃冰棒一样，蘸点儿酱油，是你可能永远也不会忘记的地方风味。去边远地区觅食也是加拿大的一大传统：不列颠哥伦比亚是蘑菇采摘者很喜欢的地方，新不伦瑞克是羊齿类嫩芽 (fiddlehead) 的理想之地，而几乎其他每个地方都有一些野生的季节水果，包括黑莓和蓝莓。

莫尔森于1786年在蒙特利尔圣劳伦斯河沿岸建立，是加拿大最古老的酿酒厂。

蛙 (Dead Frog) 或拉塞尔 (Russell Brewing)——的瓶装啤酒很受欢迎，总的来说要比不列颠哥伦比亚的啤酒度数高些，这也许可以解释瓶面标签上为什么贴五颜六色恐怖的图像原因吧，就像 Unibroue 的 Maudite。

加拿大葡萄酒甚至越来越受到人们的青睐，安大略尼亚加拉半岛地区和不列颠哥伦比亚的奥卡纳根河谷地区正在兴起优质的酿酒厂。如果你想给你的午餐野餐来点葡萄酒，许多酿酒厂都值得参观。如果你的来访时间不错，你可能会赶上地区葡萄酒节日，当你和睡眼惺忪的当地品酒者摩肩擦踵时，你可以尝尝几种不同的牌子。

登录“加拿大葡萄酒”网站(www.winesofcanada.com)可以研究加拿大数百家葡萄酒厂，探究葡萄酒遗产和地方特色的特定品种葡萄酒。

总的来说，加拿大凉爽的生长环境有助于夏敦埃 (chardonnay)、黑皮诺 (pinot noir)、雷司令 (Riesling) 葡萄酒的酿造，这儿也是世界上顶尖的加拿大冰葡萄酒——用冻葡萄酿造的甜酒——酿造处。在整个加拿大中，最有名的葡萄酒品牌有安大略的因尼斯基林 (Inniskillin)、斯通利瑞奇 (Stoney Ridge) 和杰克逊尼亚加里 (Jackson-Triggs Niagara)，以及不列颠哥伦比亚的米森希尔 (Mission Hill)、奎尔斯盖特 (Quails Gate) 及漆树山 (Sumac Ridge)。在新斯科舍、魁北克南部和温哥华岛，还有许多时兴的酿酒厂值得看看，温哥华岛还有几家吸引人的苹果酒酿造厂。

节庆食品

食品和饮品是在加拿大玩痛快的基础。慵懒夏天的烧烤、秋天宴会般的感恩节以及冬天按照传统的圣诞家庭聚会，都要摆上大块的肉、堆的高高的沙拉、非正规饮食的甜食及充裕的啤酒和葡萄酒，人们聚集一起，大快朵颐。如果有人邀请你参加庆祝会，问问你需要带什么：一盘水果或者一瓶葡萄酒。

作为加拿大东部的特产，与牛肉或猪肉相比，龙虾含有少量胆固醇、饱和脂肪酸……当然了，如果你蘸上奶油则另当别论。

加拿大的好几个地区举办年度节日活动，展示它们的美食，宣传它们的招牌菜和餐馆。值得推荐的活动包括在 9 月举办的爱德华王子岛国际贝类海鲜节 (Prince Edward Island International Shellfish Festival，www.peishellfish.com/sf)、在 2 月举办的为期 11 天的以吃喝为主要内容的蒙特利尔精华节 (www.montrealenlumiere.com) 以及以吃喝为主要内容的惠斯勒 11 月狂欢周末——被称为 Cornucopia(羊角节；www.whistlercornucopia.com)。许多城市——包括维多利亚、温哥华和多伦多——每年也举办任选餐馆就餐活动，淡季时，餐馆会以优惠价提供试吃菜。

爱喝葡萄酒的人在庆祝活动的时候真是受宠若惊。在每年众多的活动中，葡萄酒爱好者中几乎没有人会错过 9 月份安大略举行的尼亚加拉葡萄酒节 (Niagara Wine Festival，www.niagarawinefestival.com)，而其他活动包括 3 月的温哥华剧场国际葡萄酒节 (www.playhousewinefest.com) 和 1 月的太阳峰冰酒节 (Sun Peaks Icewine Festival，www.owfs.com)。

有关整个国家的餐馆清单、定位地图和客户对餐馆的评论，可登录www.restaurant.ca。

到哪里吃喝

加拿大吃的地方很多，就像是吃撑了的弗雷泽河谷鸡——即使是小镇也会拿出各种各样的食品，从既便宜又实惠的晚餐到国际民族菜肴，还有几道上档次的菜谱供选择。另外还有许多针对带有孩子的家庭、价格适中的餐馆，而酒吧常常也会像供应啤酒一样供应食物。

各地餐馆的营业时间可能不尽相同，早餐店经常从上午 8 点营业至上午 11 点，工作日时餐馆中午营业时间通常为上午 11 点 30 分至下午 3 点，晚饭时间经常是每天下午 5 点开始至晚上 9 点 30 分。中档和家庭餐馆通常是全天营业。餐馆关门时间也不相同，经常要看这个餐馆当天有多忙：在对旅行者友好的大城镇，时间更容易变动。

加拿大餐馆和酒吧的服务一般都是优质的。大多数餐馆都欢迎单身旅游者，不过那些针对家庭的餐馆可能会不愿意让吃小吃的一位客人占用一张大桌子。下面有关于付小费的知识。

快餐

那些卖得很快的实惠饭菜经常在街边热狗摊——店内、户外集市中——以及

当地人的声音 罗布 · 克拉克 (ROB CLARK)，温哥华 C 餐馆行政总厨

当罗布·克拉克在魁北克盛产大马哈鱼的约克河地区长大时，餐桌上总是能见到鱼。这些质朴的就餐者与海鲜来了次初恋，这为他以后成为温哥华 C 餐馆（见 649 页）行政总厨奠定了基础。

1992 年，他来到了不列颠哥伦比亚，这位年轻的厨师计划扎进该地区的海鲜馆中。"来这儿的时候，我想我能摸到真正的海鲜了，但情况并非如此。这个行业在那时质量不及数量，"克拉克说。

致力于打开这座水产橱柜（指温哥华）的市场，他开设了这座城市中最具挑战性的鱼和海鲜餐馆。"要求是供应真正的海鲜——基本上，如果是来自大海，我亲自烹饪，"克拉克说，"我们在摸索着，购入当地以前所没有的产品，如海螺、海参和茗荷儿 (gooseneck barnacles)。"

地区供应商们逐渐供货，专注的用餐者开始来此体验独特的烹饪美味。尽管今天的菜肴和过去试验期有很大不同，仍颇具创新性和时代性。"我的理念一直都是：海鲜主要在于食材，而不在于厨师，"克拉克表示，他仍然会采购野生货源，而不是农民供应商的产品。

正是这种野生货源供应链成为他近几年来面临的最大挑战。"可持续性收获，而不是简单地耗尽我们的海鲜资源，是我们所有人所面临的主要问题。有了温哥华海洋事业 (Ocean Wise initiative，www.oceanwisecanada.org) 以及几十家其他当地餐馆的合作，我们现在正在开始改变这个行业的运作方式。"

大商场的餐厅都可以买到。尤其是在多伦多和温哥华，这些杂货食品店经常由一流的多民族商人提供鲜熟的快餐，量很大，只要几块钱——而且，如果你经济拮据，也不需要给小费。

尽量不要被伊莱恩·埃利奥特(Elaine Elliot)和弗吉尼亚·李(Virginia Lee)的《海上风味》(*Maritime Flavours*，2005年)中诱人的海鲜图片诱惑得直流口水，这是一本有关东海岸美食的菜谱和指南。

素食和素食者

加拿大最大的两个喜欢外出吃饭的城市——多伦多和温哥华——在大多数菜单上都有素食者的选择，并有数十个专门对不吃肉食动物的人服务的餐馆，这个国家的其他部分还不是太了解这种理念。不列颠哥伦比亚是这个国家对素食主义者最友好的城市。但如果你在一些魁北克餐馆问菜单上的一道菜是否是素食者用的，你极有可能发现别人瞪大了眼睛，正在盯着你。

在海滨诸省和在大草原的地方你会碰到同样的反应，因为在那些地方食肉本身就是人们的一种生活方式。在这些地方，严格的素食主义者应该仅限于在找得到的、专门对素食者开放的餐馆就餐。主流餐馆里"素食菜单"经常是用肉汤做配料的，或者是和肉菜一起做的。绝对的素食主义者会遇到更多的困难，这应该不足奇怪了。方便的素食主义者就餐网站 (www.vegdining.com) 列举了全国各地的素食餐馆。

加拿大农夫市场正前所未有的繁荣。查看不列颠哥伦比亚(www.bcfarmersmarket.org)、艾伯塔(www.albertamarkets.com)、安大略(www.farmersmarketsontario.com)和新斯科舍(www.nsfarmersmarkets.ca)的市场分布。

带孩子吃饭

大多数加拿大餐馆善于处理家庭就餐问题。当你带着孩子穿过门，它们就会提供升降椅和熟练对付孩子的服务员。儿童专用菜单经常大多是面粉裹鸡肉和色彩鲜艳的小比萨饼。或者你可以从成人菜单上点半份有营养的菜。服务员经常更要忙于让孩子们高兴。所以你要考虑多给点儿小费，奖励他们处理困难场面的良好服务。那些即使是孩子很乖的家庭在很好的饭店吃饭也会感到不自在的。这样的饭店菜单选择有限。其他就餐的人可能会看着你，就好像你带了动物来吃饭。

风俗习惯

加拿大人一般养成北美人的饮食传统，吃早饭、午餐和较早的晚餐。但魁北克人吃晚餐比较晚（从晚 8 点开始）。许多餐馆在周末从早上 8 点就提供"早中餐"，有时要开到下午 4 点。加拿大喜欢餐桌社交，因此加拿大的餐馆要比欧洲餐馆嘈杂。这也比较正常。和美国的方式一样，用手指抓薯条和比萨饼是较为常见的。事实上，

冰酒是吃甜点时常喝的酒，由在葡萄蔓上慢慢长成并冷冻后的葡萄制成。不列颠哥伦比亚和安大略是主要地区生产地。

朱利安·阿姆斯特朗(Julian Armstrong)的《品尝魁北克》(*Taste of Quebec*, 2001年)是有关这座美丽省份的美食烹饪书。

如果你用刃具吃比萨饼，其他就餐的人就会知道你是外国人。

小费一般是税前总账单的约15%；如果你对服务不满意，就不要给小费，同时也要检查一下小费是否被自动加入你的账单。如果你计划在一家繁忙或高级餐馆中用餐，记得预订。如果你比较着急，你在点菜的时候要提醒一下服务员，这样你的菜会上得快些。

在许多酒吧，餐桌服务很普遍，你还可以继续从酒吧消费。不要忘记给餐桌服务员小费。如果你在那儿喝酒的时间很长，你也要考虑放一些零钱到酒吧服务员的储罐中。

加拿大几乎所有地区引入了在公共场所禁止吸烟的形式，包括酒吧和餐馆，偶尔可能会有地方区别。少数地方仍然有单独的吸烟室和吸烟平台，但也在慢慢消失。

烹饪课程

近年来，烹饪旅游就像一滴红酒污点逐渐展开。联系各省旅游局（见825页）看看能提供什么信息。

多伦多最好的课程之一，是**大厨**（Great Cooks；☎416-861-4727；www.greatcooks.ca；课程费$110）提供的2小时实践课程，主要由访问厨师和名流美食家为你讲述调味酱的制作、法国—加拿大小餐馆技术或者日本寿司卷。

温哥华的**芭芭拉·乔的烹饪书**（Barbara-Jo's Books to Cooks；☎604-688-6755；www.bookstocooks.com；课程$45起）在西海岸提供类似课程，介绍了不断变化的短期烹饪培训班、烹饪技巧活动以及当地和访问厨师的食谱展示。可打电话预订。

在新斯科舍的**鳟鱼角烹饪和葡萄酒学院**（Trout Point Cooking and Wine School，☎902-482-8360；www.acadianfarm.com/masterclasses.html）互动周末住宅课程中，你可以学到海鲜准备、奶酪制作和熏肉方面的所有加拿大传统。费用——包含食宿和丰富的实践培训——一般为每人约$675。

那些对温哥华岛产品宝库感兴趣的人应该考虑来一次翠绿考伊琴谷农场教育旅游。这项活动由**美食旅行**（Travel With Taste；☎250-385-1527；www.travelwithtaste.com；团队游$195）组织。在大吃一顿不列颠哥伦比亚野生大马哈鱼美味午餐之前，你将与一些奶酪制作商、小酿酒商碰面。谁说学习不能充满趣味呢？

饮食参考

你想知道poutine和patates的区别吗？知道tourtière和tarte au sucre的区别吗？知道这个语言就知道加拿大法语食谱了。要了解发音，见855页。

常用短语

I'd like to reserve a table. 我订桌。

Je voudrais réserver une table.	zher voo-dray ray-zair-vay ewn ta-bler
I have a reservation.	我已经订餐。
J'ai une réservation.	zhay oon ray-zair-va-syon

海滩自助餐

如果你不习惯吃从地上捡起的食物，拜访迪亚娜·伯纳德(Diane Bernard，温哥华岛的"海草夫人")将是一次真正大开眼界的机会。眼睛闪烁的伯纳德带领穿着橡皮胶鞋的一群人穿过Whiffen Spit泥泞的海滩，热情宣扬，她周围的海洋花园中生长的各类海草都可烹饪。数分钟之内，你会抓几根带有光泽的绿色植物，将泛着涟漪的深绿色叶子送进你的嘴里，仿佛你一生中都在吃海滩周围的生物。之后，你可以欣赏跳跃的水獭和俯冲的鹰。持续几个小时的**外海岸海草游**（Outer Coast Seaweeds tours，☎250-642-5328，877-713-7464；www.outercoastseaweeds.com；$35）仅从5月到9月中旬提供服务。

A table for (two), please. 两个人的座位。
Une table pour (deux), s'il vous plaît. oon ta-ble poor (der) seel voo play
I'm a vegetarian. 我是素食者。
Je suis végétarian / végétarienne . (m/f) zher swee vay-zhay-ta-ryun/ay-zhay-ta-ryen
Do you have a kids' menu? 有儿童菜单吗？
Avez-vous un menu pour enfants? avay-voo un mer-new poor on-fon
Where are the restrooms? 卫生间在哪儿？
Où sont les toilettes? oo son lay twa-let

食品词汇

基本词汇

beurre	ber	黄油
fromage	fro·mazh	奶酪
jigs dinner		纽芬兰煮咸牛肉和蔬菜
lait	lay	牛奶
pain	pun	面包
pierogies	pye·ro·zhee	马铃薯、奶酪、肉或洋葱做成的馅饼

肉类

jambon	hom·bon	火腿
peameal		玉米面饼卷甜猪肉
poulet	poo·lay	鸡肉
saucisse	so·sees	香肠
tourtière	toor·tyair	肉馅饼

水果和蔬菜

champignon	shom·pee·nyon	蘑菇
citron	see·tron	柠檬
fraise	frez	草莓
patates frites	pa·tat freet	炸薯条
poutine	poo·teen	薯条加肉汁和奶酪块

甜食

beavertail		糖油酥点心加配料装饰
butter tart		甜馅果饼
gâteau	ga·to	饼干
Nanaimo bar		奶油层巧克力
Timbits		蒂姆·霍顿店卖的多福饼

饮品

bière	bee·yair	啤酒
BYOB		自带酒，有些餐馆，特别是在魁北克的餐馆，鼓励你自带葡萄酒、啤酒等
café	ka·fay	咖啡
eau	o	水
sleeve		中杯啤酒
vin	vun	葡萄酒

环境

这儿有北极熊、灰熊、超级大的鲸鱼和驼鹿——你还想要什么？钻石、石油、金子和木材？嘘，现在你越来越贪婪了——但是加拿大也能给你这些。

从一开始，当第一批探险者来加拿大淘金时，却发现加拿大海域盛产鳕鱼，森林里到处是海狸，这个国家的环境物产丰富。皮货交易成为这个国家早期经济的支柱。当时英国人和法国人冲突的核心问题是，谁能控制皮货交易。后来，人们不断地向西迁移，发现草原土壤肥沃，并在克伦戴科发现了金子。如今，艾伯塔的石油、北极圈的天然气及西北地区的钻石促进了国内生产总值的增长。

数个世纪的开采给这个国家留下不少的“疤痕”，但毫无疑问，加拿大仍然是个相当漂亮的国家。不同的风光特色——从雨林到高山冰川，从草原到极地，甚至一小块的沙漠都孕育着大量丰富的植物和动物。大片的原始荒野意味着，你有可能有机会体验与数千年前人类跨过白令海峡来到这个地方的情形差不多的一些地方。

加拿大整个的人口还不及东京及其近郊人口——但加拿大的面积为9 970 610平方公里，而东京却只有13 500平方公里。

总而言之，大自然赋予这个地方一切。

国土

看一眼世界地图，就可以知道加拿大是一个庞大的国家。实际上，它是世界上仅次于俄罗斯的第二大国家，面积约 1 000 万平方公里。但不像北极对面硕大的邻居，加拿大比较精巧，许多水面构成网状。它三面环洋，海岸线如果伸展开来可以长达去月球的一半路程。

风雪大衣也难抵寒冷：加拿大是世界上最冷的国家，霜降时平均气温降至−5.6°C。渥太华是第二冷的首都，仅次于蒙古的乌兰巴托(Ulan Bator)。

实际上，加拿大的海岸线是世界上最长的，超过 20.2 万公里。许多岛的面积比欧洲的国家还要大，其中包括班夫、温哥华和纽芬兰岛。世界上最大的淡水湖岛——休伦湖中的马尼图林岛——也在这儿。由于拥有约 200 万条河流和湖泊，加拿大淡水储藏量占世界的 20%。

不列颠哥伦比亚和温哥华经受着地震的严重威胁。他们已经花费数百万元加固桥梁、隧道，并设立了灾难应变指挥中心(Emergency Operations Center)。

大部分淡水填充了加拿大地盾的凹地。加拿大地盾是一个大片的马蹄形地区，由千百万年的冰川和自然腐蚀凿成的前寒武纪时期岩石构成。这块大片的由森林、湖泊、湿地和冻原组成的景色占据了加拿大森林边缘以北的大部分土地，从拉布拉多一直延伸到安大略，然后到萨斯喀彻温和北冰洋。这片土地陡峭、阴凉且遥远。鸟儿和海狸大量出没，但人烟稀少。除了土著人，住在这儿的一般是矿工和伐木工，他们开采大自然的宝藏，包括镍、铜、银、金和钻石。

加拿大 90% 的人口拥挤在长 6 500 公里、宽 300 公里范围内与美国边境平行的舒适地带。在太平洋地区，靠近海岸的不列颠哥伦比亚气候最舒适，但总是阴雨连绵。北方的育空地区有加拿大 20 座最高山，包括最高的洛根山(5959 米)。沿着艾伯塔，育空是科迪勒拉山系的一部分，但有时也被称做加拿大落基山。向东，土地很快就变成了草原，这里的天空就像吉姆·卡里的笑容一样宽厚。马尼托巴、萨斯喀彻温和艾伯塔的低地部分的大平原是世界上最大“粮仓”的一部分。

《地质之旅》(*Geologic Journey*，2007年)，是加拿大广播电视的电视系列片，共分为5个部分，讲述了从落基山脉到加拿大地盾的加拿大景观，竟然使古老的岩石似乎也变得有趣起来。

加拿大地盾突然中止了大草原肥沃土壤的延伸。横跨地盾，在安大略和魁北克的南部是被称为“大湖”的地区——圣劳伦斯低地。这里是加拿大一半人口聚集的地方，大部分居住在多伦多、蒙特利尔和渥太华。

加拿大东部属阿巴拉契亚地区最高，主要有丘陵和森林覆盖的新不伦瑞克、纽芬兰、新斯科舍和爱德华王子岛。它们都有很深的锯齿状海岸线，是钓鱼的好地方。

最后，北极地区像卡布奇诺咖啡的泡沫一样令人兴奋。这里是加拿大永久冰冻、原始美丽的最边缘地带。

野生动植物

动物

当旅行者们从这些城市出发的时候，他们肯定能看到一些大型动物。鲸鱼、

加拿大世界遗产地址

联合国教科文组织已将以下 14 个地方列为世界自然和/或文化遗产地。要了解更多世界遗产地址，请访问 http://whc.unesco.org。

- **加拿大落基山公园** (Canadian Rocky Mountains Parks, 艾伯塔/不列颠哥伦比亚，1984 年，1990 年；见 82 页)。奇妙的山景包括班夫、贾斯珀、库特奈和尧赫国家公园和数个省级公园。
- **省立恐龙公园** (Dinosaur Provincial Park, 艾伯塔，1979 年；见 619 页)7500 万年前、35 个种类的恐龙化石遗址。
- **格罗莫讷国家公园**(Gros Morne National Park, 纽芬兰，1987年；见505页)海岸低地、高山草原、峡湾、冰川峡谷、陡峭的悬崖、瀑布和原始湖泊组成的画面相间的一流美景。
- **美洲野牛涧地带**(Head-Smashed-In Buffalo Jump, 艾伯塔，1981年；见619页)一个垂直的地方。土著猎人将野牛赶到此处，野牛跳下去便被杀死。
- **魁北克城老城区** (Historic District of Québec City, 魁北克，1985 年；见 294 页)魁北克的老上城是一个有军事设防保护、城墙保护完好的殖民城市。
- **克卢恩国家公园和保护地** (Kluane National Park & Reserve, 育空，1979 年；见 771 页)未开发的土地，世界上最大的非极地冰地、加拿大最高峰洛根山 (5959 米)。
- **朗索梅多斯国家历史遗址**(L'Anse aux Meadows National Historic Site, 纽芬兰，1978年；见508页)北美大陆最早欧洲人的定居点、11世纪维京人村落的遗址。
- **纳罕尼国家公园保护区** (Nahanni National Park Reserve, 西北地区，1978 年；见 801 页)深峡谷、原始树林、大瀑布和汹涌的纳罕尼河，白色水域的源头。
- **卢嫩堡老城** (Old Town Lunenburg, 新斯科舍，1995 年；见 365 页)一个存留最好的、英国在北美有规划的殖民居住地样本。
- **米伽莎公园** (Parc de Miguasha, 魁北克，1999 年；见 335 页)世界上最著名的总鳍鱼化石遗址，一个重要的进化环节。
- **里多运河** (Rideau Canal，安大略，2007 年；见 232 页)是 19 世纪早期的主要水道，从渥太华延伸至安大略湖，运河上共设置了 47 道水闸。
- **SGaang Gwaii**(安东尼岛 Anthony Island；瓜伊哈纳斯国家公园保护区 Gwaii Haanas National Park Reserve，不列颠哥伦比亚，1981 年；见 752 页)在夏洛特皇后岛附近的这个岛上，图腾柱神秘地眺望着大海。
- **沃特顿湖国家公园** (Waterton Lakes National Park, 艾伯塔，1995 年；见 621 页)种类特别繁多的草原和森林、高山和冰川特色的植物和哺乳动物。
- **伍德布法罗国家公园** (Wood Buffalo National Park, 艾伯塔，1983 年；见 799 页)北美野牛最多的地方和美洲鹤的栖息地。

北极熊以及笨重的、啃着树枝的驼鹿是人们观看野生动物时最喜欢看到的。

陆地哺乳动物

没有其他动物能像海狸这样影响了加拿大的历史。珍贵的海狸皮招来了第一批欧洲人登陆加拿大。海狸是北美最大的啮齿动物，它身体粗壮，后脚蹼足，尾巴刚劲有力，划水时可以控制方向。"像海狸一样忙碌"这句名言是有道理的：它们是熟练的伐木工和工程师，每年独自可以砍倒 200 棵树，建造精制的"住宅"、河坝和隧道。它们生活在全国各地的森林里，在黄昏和黎明之间十分活跃。如果你很幸运，你可以看到一只海狸游过小溪或湖面，只有头露出水面。

箭猪是加拿大第二大啮齿动物。这种好奇的、体态缓慢的动物全身长满了 3

> 它就在那儿——没错，就是野人。如果你看见了传说中的长满毛的家伙，别忘了向北美野人研究中心 (Sasquatch Research Initiative，www.sasquatchonline.com/core/pubreportsubmit.php)报告。

当大地震来临时

每年，约有 300 次地震光临温哥华市和不列颠哥伦比亚的西南地区。但每次的动静都很小，大部分都被人们忽视了，不过，每隔 20 年到 50 年，总会发生一次较大的地震，比如 1946 年在温哥华岛科特尼 (Courtenay) 周边地区所发生的大地震。那次地震为 7.3 里氏震级，烟囱都被震倒了，在海岸滚来滚去。

还有更大的地震呢。科学家们认为，每隔 300 年到 600 年该地区就会受到一次特大地震的威胁，即 8.5 级或更高。上一次的特大地震发生在 1700 年，这是否意味着加拿大，哦，就在最近的某一天，又要来一次特大地震了？

北美驼鹿(moose)的名字是从阿尔贡金语moz得来的，意思是“吃树枝的动物”。

万根刺，形成了可怕的防卫武器。一旦受到威胁，箭猪会疯狂地挥舞它的尾巴，这样可以扯动松散的刺，好像要射出来一样。它主要依靠树皮和树的嫩枝为生。箭猪曾是土著人不可缺少的主食。箭猪刺有时用在土著人的装饰品上。

从新斯科舍的布莱顿角到西北地区的大奴湖，到处可见白尾鹿。它的较大一点儿的亲戚——驯鹿——非常特别。不管是雄性还是雌性驯鹿，都长有显眼的角。极地冻原地带的驯鹿主要以地衣为生，一年中的大部分时间生活在冻原地方。从巴芬岛到阿拉斯加，这种驯鹿最常见。一些因纽特人捕食驯鹿肉，用驯鹿皮做帐篷。驯鹿肉偶尔出现在蒙特利尔、多伦多和温哥华这些南方的城市餐馆的菜单上。

最大的鹿的一种是驼鹿，是一种可怕的动物，叫春的声音可以吓破你的胆。它们一般小群小群地漫步于加拿大西部，尤其是不列颠哥伦比亚库特奈和温哥华岛，虽然也有一些驼鹿逡巡在班夫和贾斯珀的国家公园，以及沃特顿湖，赖丁山和艾伯特王子岛。

更大一点儿的鹿是驼鹿。它的纤细的、芭蕾舞女演员般的小腿支撑着庞大的身躯，还有一副铁铲般的脸庞。每年夏天雄性麋鹿长出花枝招展的角，11 月就蜕掉。你可以发现麋鹿在湖边、沼泽和小溪边觅食。在西部落基山脉和育空地带也见到麋鹿。纽芬兰在 20 世纪初首次引进了麋鹿，现在麋鹿数目很多（见 478 页）。

麋鹿和驼鹿一般都没有主动攻击性。它们经常大大方方地摆弄姿势给人们照相。然而它们有时也不可预测，所以不要吓唬它们。在交配季节 (9 月)，雄鹿变得十分好斗。你最好就待在车里吧。

体态庞大、肩膀沉重、粗毛如盖的牛（水牛）曾铺天盖地奔跑在大草原上，现在只能在公园里见到它们的身影。据说，曾经有 7000 万野牛生活在北美大陆上，牛群需要好几天才能通过一个地点。19 世纪的捕杀——是被火车运来的特许经营的“运动员”捕杀，尸体被弃至腐烂——是北美西部最大的悲剧之一，直接影响到了土著人的生存。要想看看最大的野牛群，就去参观艾伯塔—西北地区疆界附近的伍德布法罗国家公园 (Wood Buffalo National Park，见 799 页)。在艾伯塔的沃特顿湖国家公园和埃尔克岛、萨斯喀彻温的艾伯特王子及马尼托巴的赖丁山，你可以看到小群的野牛。

电影《灰熊人》(*Grizzly Man*，2005年)讲述了与灰熊伙伴共守荒野的蒂莫西·特雷德韦尔(Timothy Treadwell)的故事。没错，背景是阿拉斯加，但请关注，与饥饿的动物靠得太近的人的遭遇。

如果你有运气在野外看到一只熊，那极可能是一只黑熊（然而要保持距离；要了解更多的信息，请看 73 页框内文字）。大约有 50 万只这样毛茸茸的动物游荡在除爱德华王子岛、南艾伯塔和南萨斯喀彻温以外所有地方的森林和灌木丛中。

灰熊一般居住在不列颠哥伦比亚、艾伯塔和育空的落基山及塞尔扣克山较高的山腰上。它站立时有 3 米高，两肩之间有明显的驼峰。灰熊离群索居，除了人类就没有敌人。虽然它们偶尔能享用一顿驼鹿、麋鹿或驯鹿肉大餐，但通常情况下它们用草莓和其他植物填饱肚子。

熊家族中最凶猛的成员是北极熊。它出生时不足 1 公斤重，但长大后体重可达大众汽车的重量（可达 800 公斤）。每年的 9 月底到 11 月初的丘吉尔和马尼托巴（见 548 页）是仅有的观察北极熊的地方。这是它们产崽的地方之一。关于这种诱人的动物，要了解更多，见 548 页。

装死还是不装死：关于熊的知识

首先，要清楚被熊攻击的可能性微乎其微（当然，除非你给自己身上涂满了鲑鱼油和奇多的玉米片）。不过，事先做好防备工作总是有好处的，就像谚语中说的。

濒危灰熊和小黑熊都出没于加拿大，主要是在加拿大落基山脉。让你困惑的是，黑熊有时是棕色的，而一些灰熊几乎是黑色的。可以根据几个明显的特征区分熊的种类：灰熊脸像盘子，耳朵小且圆，有明显的驼背。

灰熊和黑熊是非常聪明的机会主义者，它们很快就知道人们往往是带着几袋美味的食物来的。但这是糟糕的教训，因为这通常会给熊带来麻烦，它被公园管理人员用枪打死。一定不要喂养这个庞然大物。一定要记住使用防熊袋（宿营地有提供）正确储存你的食物，并保护你们的营地清洁，不留任何剩食。加拿大公园提供的《在熊区》(*You're in Bear Country*)的小册子介绍了有关熊的知识。

基本上只有当熊和它们的幼熊在一起，或者它们受到惊吓或危险时，才会主动进行攻击。但这样的机会比较少。你避免惊扰一只熊的最好防卫方法是保持警惕，在晚上不要步行（当熊觅食的时候），在能见度不好的地方旅行一定要小心。

如果你的确碰到了一只熊，而它没有看见你，顺风撤离到安全的距离，不要发出声音让它察觉你。如果这只熊看见了，慢慢离开它走的路，避免目光对视，柔声说话，将双手举过头顶轻轻招手。千万不要将背对着熊，也不要跪下。如果一只熊对你攻击，不要跑，也不要叫（这可能吓着它，使它更玩命攻击），因为熊可能只是虚张声势地扑过来。你扑到地上，脸向下缩成一团装死，用手将脖子抱住，用双膝保护胸部和腹部。熊可能会用爪子好奇地抓挠你，你不要反抗—— 真的，说起来容易做起来难，不过它可能烦了，然后离开。

另一方面，如果一只熊晚上袭击你的帐篷，你可能碰上了一只掠食性的熊。它把你看成是食物的来源，你应该使用一切力量主动勇猛地还击，不要装死。

正如我们前面说的，熊主动袭击的可能性非常小。想想你的来访对这些野生动物自然习性的影响，可能会更有意义。给予熊和其他动物应有的尊重，给予它们生存的空间。如果你看见一只熊在路上，想着不要停下来。如果你确实要停车，几分钟后应该离开。如果采取简单的措施减少人类的接触，这样可能保证旅行者的后代有机会看见真实的野生动物。

另外一种食肉动物是狼，它们就像神话故事中描绘的那样凶险和狡诈，虽然它们很少攻击人类。狼是群起攻击觅食的。它们并不害怕比它们大的动物，包括麋鹿和野牛。从拉布拉多到育空人烟稀少的地方，经常可以看到狼群。如果你在树林中，你可以听见狼望月嚎叫（要了解更多关于安大略阿尔贡金省级公园组织的狼嚎会话，请参见220页）。

北极熊白色的毛发中间是空的，吸引着阳光以在寒冷的温度下保持体温。

海洋哺乳动物

水中只有一种动物除了人以外没有敌人，那就是虎鲸。这样给它起名，因为它的食品包括海豹、白鲸和其他鲸类。它们流线形的身体，黑白相间的鲜明颜色和不可思议的速度（每小时可达40公里）使得它成为水上世界的法拉利。它们经常出没在温哥华岛海域附近和沿阿拉斯加的内陆通道（见758页）。

在新不伦瑞克的芬迪群岛、新斯科舍的迪格比内克角和布莱顿角的北海岸及纽芬兰的威特莱斯湾附近，经常可以看到其他种类的鲸在游戏。白鲸是最小的，典型的不超过4.5米长，重量不超过1吨。它们是爱好聊天的家伙，漫游时经常以家庭成员为单位，吱吱嘎嘎地发出声音。蓝鲸是这个星球上最大的动物，长度可达27米，重量是30个大象的体重之和。每只蓝鲸一天要吃掉40吨的磷虾。长须鲸也小不了多少。它们可以很容易从下巴不对称的颜色中被分辨出来——右边是白色或黄色，左边是黑色。座头鲸平均15米长，一般不超过30吨——有些蹦出水面嬉戏着。小须鲸可以长到10米长，有可能靠近轮船，跃出水面，也进行杂耍表演，逗旅行者高兴（做起动作来比缓慢移动的座头鲸要容易一点）。

正要造访大西洋省份？可以看看杰弗里·C. 多姆(Jeffrey C Domm)所著的《加拿大东海岸赏鲸指南》(*Pocketguide to Whale Watching on Canada's East Coast*, 2003年)。插图中有你将从海面上看到的动物。

鸟

加拿大的天空中飞翔着462个不同种类的鸟，不列颠哥伦比亚和安大略的种类最多。最有名的“羽毛居民”是白嘴潜鸟，加拿大的国鸟，是一种水鸟，声音凄婉美丽，时常在早晚时分穿越人烟稀少的乡村。大蓝鹭是这个国家大鸟之一，很害羞，起飞的样子十分壮观。

猎鸟者们可以登录www.ebird.org将自己的统计记录下来，为帮助科学发展，发挥自己的作用。

振动翅膀意味着什么？如果你是一只加拿大鹅，那就是一天1000公里。它们以显眼的V字形一起飞。它们当中的一些鹅从魁北克北部飞到美国只需要一天的时间！这可是值得炫耀的事。

要听西海岸的逆戟鲸沉重的呼吸声，可以登录www.orca-live.net。要听东海岸的鲸鱼唱歌，可以登录http://new-brunswick.net/new-brunswick/whales/avi.html。

如果加拿大的海鸟们聚集起来，进行受欢迎度的大比拼，角嘴海雀(puffin)无疑会大受欢迎。人人都喜欢这些可爱的小家伙，它们就像是摇摇晃晃的企鹅与鹦鹉的合体，长着黑白相间的羽毛和橙色的鸟嘴。它们出没于大西洋沿岸各省，特别是纽芬兰。

然而天空的主宰者是白头鹫，展翅超过2米宽。加拿大银行家查尔查·布罗利最先将DDT杀虫剂与这些君临天下的鸟儿的数量急剧下降联系起来。那是20世纪40年代末。从那时起，情况开始转好了。

植物

加拿大是一个森林的国度。森林覆盖率近一半，为加拿大14万种植物、动物和微生物当中的三分之二提供了生存空间。从东海岸到西海岸，从美国边界到北极圈树线，它们品种繁多，并适应了土壤、气候和天气条件。

在最北边是极地冻原形成的冰霜模型地貌。“冻原”一词来源于芬兰语“tunturia”，意思极有可能是“没有树的平原”。它看上去是光秃秃的，但上面还是有生命在生长的。在短暂的夏季，1700多种植物茁壮生长。大多是地衣、苔藓和矮树丛；甚至还有些野花。

再向南，冻原逐渐转变成泰加群落针叶林。这种针叶林又以“北方森林”而出名，这个名字是以希腊神话北风神的名字命名的。这片巨大的绿色林带中点缀着沼泽、泥潭、湿地、湖泊和河流等。它是这个国家最大的森林生态系统，从育空到拉布拉多绵延5000多公里。松树、冷杉、云杉等针叶树在这样长冬短夏的恶劣气候中长势非常好。在这个北方森林的南部边缘，你偶尔会发现一些落叶树，大多是白桦和杨树。

在加拿大东部，濒海的阿卡迪亚森林和魁北克的劳伦山脉森林生长着五花八门的树群。松树，包括高大的暗红松及云杉、枫树、栎树、桦树和其他硬木树交错生长。它们共同组成了加拿大秋天的美景。

据说加拿大有吃人的植物。但实际上，猪笼草(pitcher plant)主要吃昆虫，靠自己分泌出消化液的陷阱来捕捉。下次路过泥沼时，当心一点。

安大略是稀树草原区，它是东部森林向草原过渡的地区。颤杨是主要的树种。

马尼托巴、萨斯喀彻温和艾伯塔以它们一望无际的高原草地而出名。现在也长满了精心耕种的农作物。除了少数受到保护的地方，参差不齐的杂草曾覆盖着整个地区。不过这都是过去的事了。

不列颠哥伦比亚是这个国家植物品种最多的地方。落基山森林里有亚高山带物种，如恩格尔曼云杉、松冷杉和落叶松。海拔较高处有美国黑松和颤杨。在类似雨林气候的太平洋海岸，大树直插云霄。这里有古老的苍天落基山桧、北美黄杉、西铁杉和北美云杉品种。一些树龄超过1000年，是名副其实的树中老寿星。

国家、省立和地区公园

加拿大有庞大的国家和省立公园系统，是保护着大自然贡献出自己创造性作品的地方。国家公园迷人而壮观，我们写了一整章有关它的内容。翻翻那一章，了解活动（见78页）、旅行线路（见81页）、费用（见83页）以及历史（见84页）信息。无论这是一座公园、保育区、保护区、历史遗址，还是陆标，如果它带有“自然”这个词，就都由加拿大公园管理处(Parks Canada，有关该组织下属所有实体的说明，见78页）管理。

每个省都有自己的公园和保护区体系。的确有数百个，大多数被用来供人们娱乐，而且从某种程度上来说，也在保护野生生物和历史遗址。其中的许多与国家公园一样壮观。组织得最好的省级公园提供与国家公园一样的基础设施，包括解说中心、租借工具和提供营地等。虽然许多公园是免费的，但有些还是要收少量的门票费。地区的公园一般来说都比较小，也很简单，参观门票不贵。它们经常是人们宿营的好地方，虽然那儿的基础设施比较一般。

具有为板块构造说提供证据的奇异岩石构造，纽芬兰岛上的格罗莫讷国家公园被称为“地质学上的加拉帕戈斯”（Galapagos of Geology）。

环境运动

加拿大实际上从过去就开始现代环境保护运动。我的天，这个国家中可是有“绿色和平组织”(Greenpeace)啊，该组织于1969年在温哥华一间起居室中成立。

温哥华也是环境保护先锋大卫·苏祖基(David Suzuki)的家，他是不列颠哥伦比亚大学的一位退休教授，已有三十多年撰写可持续生态学著作的历史。大卫·苏祖基基金会(www.davidsuzuki.org)以及大量作品(43本书和几部电视系列片，其中加拿大广播公司的《事物的本性》[*The Nature of Things*]最为出名)是长期、著名的保护运动方面的资源。温哥华仍然是加拿大生态行动主义的温床，主要由苏祖基和不列颠哥伦比亚大学的资源、环境和可持续发展学院引领。

绿色长廊(Green Lane，www.ec.gc.ca)是通往政府机构管理的“加拿大环境”浩瀚内容的门户。

25年前，环境保护运动渗入加拿大政治层，现在已获得广泛的支持。在2004年全国大选中，绿党(The Green Party，www.greenparty.ca)获得了4.3%的普选投票，几乎是2000年得票数的5倍。它在艾伯塔和不列颠哥伦比亚的支持率最高，在马尼托巴最低(而美国的绿党则是在2000年获得了最成功的一年，得到了2.7%的投票——是前所未有的壮举)。

环境问题

京都也不过如此。环保的主意的确不错，但当没有达到目标时，人们都有些怀疑，继续向环境中制造着垃圾。

嗨，那些都是不太现实的目标，现任政府这么说。显然事实并非如此。人们认为，加拿大应该在2008年初将自己的温室气体排放减至6%，低于1990年的水平。然而，这个国家最后呈交给联合国的报告却显示，它的温室气体排放量高出该数值的35%。呃……

同时，时间仍在继续。冰雪在融化……

气候变化

由于加拿大富含极地地形，它逐渐直接见证了气候变化的结果。在过去50年中，年平均气温已上升了0.9℃。这可能会被渥太华的一些人忽略——除了在冬季少戴几天帽子外——而加拿大北部的居民的确看到了一些奇怪的景观。

就拿育空来说，当赫舍尔岛周围的永久冻土开始融化，长期掩埋的棺材浮到融化的大地表面(更多有关这一令人毛骨悚然的主题内容，见773页)。在丘吉尔、马尼托巴，在哈得孙湾寒冷的海岸上，北极熊现在来到更快、待得更晚，离城里更近。越来越短的冬季融化了捕猎海豹的冰上栖息地，突然，附近的人们在大熊眼中就像美味多汁的T形骨头(见548页了解更多内容)。

气候变化也引发了异乎寻常的经济衍生体。在西北地区，能使卡车来到钻石矿的结冰道路正在融化，这就意味着供应品得被从空中投过来——通过更昂贵(也更具污染性)的运输方法。2010年冬季奥运会将在温哥华举行，但是到时候能有足够的雪用于斜坡和雪车吗？

接着还存在升温的水正在改变鱼群迁移的方式(红大马哈鱼游到了北极)，更暖和的天气导致了不列颠哥伦比亚森林染上病虫灾难，还有一系列的灾害。

你认为你认识一些疯狂的驾驶者们？通过《冰路前行》(*Ice Road Truckers*，2007年)了解在加拿大极地地区结冰的“公路”上开着大卡车的家伙。

资源匮乏

从那些首批海狸毛皮开始，加拿大的资源总是丰富无比，等着人们提货。数年来，似乎总是有那样的说法，“哇！我们的皮毛、鱼、木材以及所有其他的资源滚滚而来。想拿多少就拿多少！”

只留下（环保的）脚印

如果你计划去加拿大的荒野进行探险，记住要负责任地去做这件事。一个无意识的行动——偏离小路在不硬实的土壤上步行或非法点起一堆火——可能需要数年时间来恢复原貌。

许多徒步和宿营的建议都是一些常识性的知识。首先，你应该知道自己要去什么地方。事先了解天气情况，并相应准备好行李，即使是几小时的旅游也应该这样做。带上小路的地图，花几分钟向管理员打听一下小路的情况、危险区和何时关闭。管理员能够确认你是否有能力完成这次旅行、你的装备是否适合你此次旅行。

一旦进入荒野中，尽可能地减少你对环境的影响。沿着已开辟的小路，使用现成的营地。对湖边、河流之类的地区一定要多加小心：不要在河流和小溪中洗手和洗盘子，要距离它们 80 米外宿营。使用煤气炉做饭，或在现有的火灶中生火。当你离开时，带走你所有的东西，不留下你来到这个地方的任何痕迹。

如果你碰到了动物，要远距离地观看，不要靠近或喂它们。否则，不但会给你带来危险，而且会影响动物的自然饮食与习性。如果你看到文化或历史古迹，只观看，不要去触摸。

在出发之前和旅行期间，设法了解当地的环境保护情况、环境和文化问题。向当地人询问并聆听。最后，支持旅游公司和环境保护机构促进保护行动与长期的管理计划。

要想获取更多的建议，浏览 31 页中的〝负责任的旅行〞，并登录〝不留痕迹〞(Leave No Trace) 机构的网站 (www.lnt.org)。

海象，遇到北极熊。而北极熊，遇到海象。它们在过去相互陌生，直到全球变暖让它们居住在了一起。《北极传说》(*Arctic Tale*，2007 年)，拍摄了10多年，向我们展示着现在正在发生的情况。

接下来的现实打击着加拿大。20 世纪 90 年代，大西洋省份面临着鳕鱼被捕光的可怕事实。已运行 400 多年的世界上最大的捕鱼业现在结束了。2003 年，鳕鱼甚至被列为濒危动物。更多详情，见 498 页。

砍伐木材是一个棘手的问题，特别是在不列颠哥伦比亚和新不伦瑞克，在那儿砍伐木材占全省经济的重要部分，但对环境造成了难堪的后果。沿着同样的线路，各个公司砍掉森林、用竭土被来寻找煤炭、铁、镍以及其他矿产资源。这些矿床总是在被开发，却没有引起公众的监察或关注。近期，大西洋各省大量开发大多在海底的石油和天然气，却没有人告诉会对海洋生物带来什么后果（有关这种行为的例子，见 432 页）。

污染

在艾伯塔的北部，石油被从油砂岩提炼出，但这一过程非常复杂，需要大量的能源并会排放温室气体而污染空气（见 597 页了解更多信息）。在附近，一条有争议的长达 1220 公里长的管道正在规划当中，被称为马更些天然气项目。这条管道通过西北地区的荒野。在加拿大东部，酸雨致使树木死亡并污染河流和湖泊，因为那儿的土壤缺少必要的碱性，来中和源自美国与加拿大边境工业带产生的酸雨。这不是一幅美丽的画面。

几位科学家们在巴芬岛和加拿大北方周围乘坐狗拉雪橇，探访因纽特家庭，登记个人对气候变化的记录。他们的网站(www.globalwarming101.com)上配有图片、播客，甚至还有因纽特语言课程。

重视更少地使用资源

最后，每个人都同意必须做点什么了。政府目前的规划是到 2020 年将温室气体减少 2006 年的 20%。到 2050 年，将减少 70% 的排放。这就足够了吗？政府和大企业真的在尽其所能“更少地使用资源，更好地生活”吗——就像他们所说的？我们拭目以待。

加拿大国家公园

布伦丹·塞恩斯伯里
(Brendan Sainsbury)

在贾斯珀国家公园（见594页）观赏驼鹿，艾伯塔

FRANK CARTER

经过历史刻蚀，仿佛在一幅雄伟壮观的大陆画布上勾勒，加拿大的国家公园包含了这个星球上最具多样性的景观。从遥远的奥拉维克(Aulavik)北极苔原到纽芬兰岛上广袤的寒带针叶林，一个横跨海岸由诸多形态的荒野区域构成的网络，被置于广阔的加拿大公园管理系统的保护伞下。

加拿大最初的国家公园系统是随着20世纪早期加拿大太平洋铁路的诞生而日渐成形，并引领那些渴望冒险的旅行者来到崎岖而充满野性的落基山脉荒原。一百多年以后，这一网络已扩大到36个保护公园，覆盖区域面积超过英国，并拥有十个世界自然遗址、两个联合国教科文组织生物圈和一个国际和平公园。

但是，对于关注环保的公园官员来说，工作远未结束。加拿大公园管理局更热衷于为数量可观的保护区添加新的领地，目前该机构正在推进一个雄心勃勃、需数十年之久的环保项目，旨在保护这个世界面积第二大国家的生态完整，同时，允许旅行者去探索、享受并了解其中众多景观。

环境保护方面也有好消息。加拿大的43个国家公园内野生生物遍布，拥有你来生也经历不完的激情冒险，为旅行者提供了壮丽的光滑冰川群、高寒的北极荒漠、具有一定疗效的温泉、平静的湖泊、广阔平坦的大草原、紫色的山脉和带状分布的覆盖苔藓雨林。令你印象深刻？当然！

冒险活动

国家公园与加拿大的文化一脉相承，很难想象没有国家公园的加拿大会是什么样。在过去的一个多世纪里，勇敢的旅行者早已被这里荒野的呼唤吸引，被无畏的冒险家民间传说鼓励，成群结队地来到这儿原始的荒野地区。**徒步旅行和背包旅行**是两大持久的户外活动，这里著名的疗养中心，如班夫(Banff，见599页)和贾斯珀(Jasper，见610页)，提供短途的解说步道旅行以及在健康允许条件下的远途探险。再往东，有些人迹罕至的公园，包括马尼

是什么成就了加拿大公园？

从技术角度来讲，广泛的加拿大公园系统包括加拿大36座成熟的国家公园，从艾伯塔44 807平方公里的伍德布法罗国家公园(Wood Buffalo National Park)到魁北克9平方公里的圣劳伦斯群岛。除此之外，这个国家拥有七处国家公园保护区，已被确立为国家公园，还有待于对本土土地权的解决。这些保护区与国家公园的管理方式相同，有门票费、旅行者中心、各种各样的环境保护规章制度。在这种情况下，加拿大的公园实际数目通常被列为43。

在加拿大国家公园系统中，还有三种保护区类型。国家海洋保护区（简称NMCAs)保护着一些海洋地区；在这些地区中，可持续性商业活动，如钓鱼与航运，被允许在该地区生态范围内进行。在加拿大，有两处已确定的国家海洋保护区，还有4处被提议发展为保护区。

国家历史遗址是一些纪念对国家有重要贡献的人、地方和活动的建筑、要塞、运输路线和战场。2007年，有163处被列为国家历史遗址，不过并非所有的都在国家公园内。

最后，还有国家地标，目前就有一处：西北地区的Pingo国家地标(Pingo National Landmark)。Pingo有些独特，根据《国家公园法案》，经协调后由加拿大公园管理局与Inuvialuit原住民群体共同管理。

丈量艾伯塔班夫国家公园（见 594 页）高度

PHILIP & KAREN SMITH

托巴有 400 公里路程的赖丁山 (Riding Mountain，见 542 页）以及新斯科舍有 25 处临海美景的布莱顿角高地 (Cape Breton Highlands，见 394 页）。

北美地区的现代**登山运动**是 19 世纪 80 年代英国两名登山者首次在位于不列颠哥伦比亚的冰川国家公园 (Glacier National Park，见 621 页）完成塞尔扣克山脉的技术攀登后开创的。这些崎岖的山脉已不再诱人，新近标记的小路使得任何人只要有结实的鞋子和探险精神就能登顶。冰川国家公园里独一无二的 Nakimu 洞穴群 (Nakimu Caves) 也可以提供**洞穴探险**，这一洞穴群有着长达 6 公里相互连通的迷宫般的路径，从跨加拿大高速公路出发，徒步 4 个小时可以抵达。

落基山脉各式各样长距离的攀爬地带激发着人们的兴趣，但由于大多是水成岩，这里**攀岩**的潜力有限。那些因大雨松动的石头、多重构造及大量不规则的山麓碎石阻碍了贾斯珀、冰川及库特奈(Jasper, Glacier and Kootenay，见737页)等国家公园的发展。更多信息请参见“户外”一章(见85页)。

top five

不太出名的公园

丘提尼帕奇国家公园(Quttinirpaaq，努那瓦特；见819页)世界上最北边的公园

大草原国家公园(Grasslands，萨斯喀彻温；见560页)有很多濒临灭绝的物种

芬迪国家公园(Fundy，新不伦瑞克；见435页)世界上最高的潮位变化与最炫目的沿海景观

勒韦斯托克国家公园(Revelstoke，不列颠哥伦比亚；见732页)北美驯鹿与800年历史的西洋杉

艾瓦维科国家公园(Ivvavik，育空地区；见783页)通过土地权协议建立的首座公园

从临海的新不伦瑞克到湖泊遍布的萨斯喀彻温，**独木舟**和**爱斯基摩划子**在许多加拿大公园颇受欢迎。事实上，在某些地区，如位于安大略省休伦湖的乔治亚湾岛国家公园 (Georgian Bay Islands National Park，见 189 页），只能通过水上交通进入，划船来游览 59 座森林覆盖的小岛需要相当的身体条件。另一个受喜好划船的旅行者欢迎的公园是位于魁北克的莫里切 (La Mauricie，见 291 页），小而宁静绵延起伏的山丘和多岩石的山地高原镶嵌在逾 150 口湖泊之间。

河流和湖泊同样适合**垂钓**。在萨斯喀彻温宁静的艾伯特王子国家公园 (Prince Albert National Park，见 566 页），垂钓客可以于垂竿静候白斑狗鱼 (northern pike) 和黄金鲈鱼 (yellow perch) 之时充分享受温和的放松，再往北，育空地区的克卢恩 (Kluane，见 771 页)，虹鳟鱼 (rainbow trout) 和红鲑鱼 (sockeye salmon) 正在等待那些喜好僻远的垂钓者的到来。只要拥有有效的国家公园垂钓许可证，任何人都可以在加拿大全境的国家公园垂钓。

在汽车发明以前，公园旅行者大多通过火车抵达加拿大这些刚刚探索发现的荒野地带，然后**骑马**来到更深处接近地图上的边界区域。毫不奇怪，在可能邂逅当今牧马者的克卢恩和沃特顿湖 (Kluane and Waterton Lakes，见 621 页) 等公园里合适的小道处，尽管私家汽车可以容纳更多乘客，但马背之旅在今天同样流行。

就**野生生物**而言，加拿大是北方的非洲，整个自然生态系统自最后一次冰河时代起就一直如此。在艾伯塔北部的伍德布法罗国家公园 (Wood Buffalo National Park，见 624 页)，护林员们在一个比丹麦还要大的区域内保护着世界最大的一群森林北美野牛。这里也是严重濒危物种高鸣鹤 (whooping crane) 唯一已知的栖息地，高鸣鹤是一种翼展可达 7.5 米的水禽。马尼托巴的瓦普斯克国家公园 (Wapusk National Park，见 546 页) 位于哈得孙湾沿岸，那里为旅行者提供了在野生环境下观察北极熊的独一无二的机会。在不列颠哥伦比亚的冰川国家公园和尧赫国家公园 (Glacier and Yoho Parks，见 736 页) 可以看到濒危的灰熊，而从努那瓦特到纽芬兰，黑熊则无处不在。

安大略的皮利角国家公园 (Point Pelee National Park，见 175 页) 位于加拿大最南端一座遍布沼泽的半岛上，手持望远镜的鸟类学家络绎不绝地来到这里，搜寻这一区域超过 360 种的鸟类，其中许多是候鸟。在其他公园也能发掘到另一些观察野生动物的机会，如位于艾伯塔的埃尔克岛国家公园 (Elk Island National Park，见 581 页)，这里是加拿大唯一的黑尾草原土拨鼠 (prairie dog) 栖息地，又如西北地区的奥拉维克国家公园 (Aulavik National Park，见 807 页)，它是世

top five

历史公园

Gwaii Haanas国家公园(不列颠哥伦比亚；见752页)：有几百年历史的图腾和生动的海达文化

班夫国家公园(艾伯塔；见599页)：历史上著名的旅馆与组合的铁路纪念品

Ukkusiksalik国家公园(努那瓦特；见819页)：超过500处考古遗址

贾斯珀国家公园(艾伯塔；见610页)：先驱小道与早期毛皮交易站

基金库吉科国家公园(新斯科舍；见369页)：有悠久历史的独木舟路线、连水陆路和岩石雕刻

欣赏贾斯珀城附近的阿萨巴斯卡瀑布 (Athabasca Falls，见 598 页)，艾伯塔

LAWRENCE WORCESTER

在班夫国家公园（见 594 页）踩着轮子翻跟斗，艾伯塔

PHILIP & KAREN SMITH

界上海拔最高的麝牛群 (musk oxen) 聚集地。

在冬季，淡季公园休闲活动主要是**雪鞋徒步**和**滑雪**。班夫国家公园和贾斯珀国家公园有着非常完备的滑雪设施，冰川国家公园拥有一些加拿大最偏僻的滑雪地，雪鞋徒步的爱好者可以在纽芬兰的格罗莫讷国家公园 (Gros Morne，见 505 页）及魁北克的福里隆 (Forillon) 国家公园沿着小径体验雪地前行。

美国公园大多会限制**自行车**在少数铺好的路段骑行，而加拿大却为骑自行车的人提供了包含越野选择的自助餐方案。班夫是全国最适合自行车运动的公园之一，这里有 190 公里包含诸多选择的指定山地自行车线路。贾斯珀国家公园凭借众多需要技巧和体能的坡道吸引着兰斯·阿姆斯特朗 (Lance Armstrong，退役的美国公路自行车赛职业车手——译注）的崇拜者们前往。如果你更喜欢平地骑行，则可以在新不伦瑞克的库希布夸克国家公园 (Kouchibouguac，见 441 页）租用自行车，这里有 25 公里长的沙洲和 60 公里由宿营地和棚屋间隔的路径。

但是这些公园带给你的远不止是新鲜的空气和疼痛的双脚。若想休息和疗养，库特奈 (Kootenay) 国家公园有镭迪厄姆温泉 (Radium Hot Springs，见 738 页）；想要铁路发展的纪念品？可以到班夫或贾斯珀。同时，那些偏爱有悠久历史的旅舍的旅行者，至少应该在艾伯塔沃特顿湖国家公园 (Waterton Lakes National Park) 华丽的威尔士王子酒店 (Prince of Wales Hotel) 下榻一晚。

更多上述及其他活动，请见 85 页。

公园旅行线路

由于各省或地区至少有一处国家公园，因此在加拿大不同公园间旅行非常便捷。一些省如不列颠哥伦比亚拥有数不尽的独立公园，备受欢迎的落基山脉地区共享着同一条边界和众多彼此相连的路径。穿过北美大草原，直上寒冷的北方，公园间的交通由那些不休不眠的司机和昂贵的私家飞机拥有者维系，向东越过五大湖区，从安大略到滨海诸省，一路都可以沿着圣劳伦斯河探险，一次惊险的快速游览就能收获四五处优美的景致。

落基山脉世界遗址

加拿大历史最悠久的四座国家公园——班夫（1885 年）、尧赫（1886 年）、库特奈（1920 年）及贾斯珀（1907 年）——横跨艾伯特和不列颠哥伦比亚边界线两侧。从班夫开始你的旅程，在那儿你可以造访华丽的班夫温泉酒店 (Banff Springs Hotel)，这里有世界级的温泉和 27 洞的高尔夫球场，或可以前往波光粼粼的埃及湖畔 (Egypt Lake) 偏僻的山峰及草地探险。然后向西穿过长达 1651 米的朱砂隘口 (Vermillion Pass) 抵达不列颠哥伦比亚的库特奈，这里你可以下榻镭迪厄姆温泉，并享受加拿大最大的温泉池。接着驱车沿着跨加拿大公路，穿过踢马隘口 (Kicking Horse Pass) 即可抵达尧赫，这里以化石和五彩缤纷的野花草地而闻名。尧赫向北几百公里外就是遍布冰川的贾斯珀，这里可以经由壮观的冰原大道 (Icefields Parkway) 抵达，而冰原大道则被许多观光客誉为地球上最雄伟壮观的大道之一。

穿过大草原

萨斯喀彻温和马尼托巴之间有四座国家公园，颇值得夏季探险。一次游览这四座公园最简单的办法是从大草原国家公园 (Grasslands，见 560 页) 出发，这里有着丰富多彩的原住民历史（"坐牛"曾避难于此）以及众多濒危动物如黑尾草原土拨鼠。之字形向东前进就可到达马尼托巴的赖丁山，这里是受保护的联合国教科文组织的生物圈，它像马尼托巴悬崖上的一座岛，坐落于周围丰饶的农田之间。徒步旅行和跨国滑雪在这儿都很受欢迎。回到萨斯喀彻温，艾伯特王子拥有北方的森林与平静的湖泊，是垂钓与爱斯基摩划子的理想地方。再旅行一段，就来到了马尼托巴哈得孙湾 (Hudson Bay) 海岸上偏远的 Wapusk，但你的付出是会得到回报的，在这儿你可以找到最佳北极熊观察点。

探索沃特顿湖群国家公园 (Waterton Lakes National Park，见 621 页) 的水路，艾伯塔

ANDREW BAIN

从大湖区到大西洋

东部地区的旅途始于位于大湖区的加拿大最南端——皮利角，这是一个对观鸟者来说非常知名的港口。从伊利湖转到休伦湖时，你会经过乔治亚湾岛，一座只能搭乘船只抵达的国家公园。魁北克的拉莫里斯国家公园 (La Mauricie) 延续了水的主题，该公园位于加拿大地盾 (Canadian Shield) 之上一处森林茂密的地方，其间有 150 口湖泊，是从事独木舟和爱斯基摩划子的不错选择。继续向海行进到新不伦瑞克的库希布夸克国家公园 (Kouchibouguac)，这里有 40 公里长的沙洲及许多容易骑行的自行车道。加拿大最辉煌的车道之一——卡伯特小路 (Cabot Trail) 就是沿着新斯科舍的布莱顿角高地呈之字形修建的。如果你走到了这里，就一定不能错过纽芬兰壮观的格罗莫讷国家公园，这里悠然的小舟泛于波光粼粼的湖水和举世无双的淡水峡湾间，美不胜收。

徒步旅行穿过尧赫国家公园（见736页），
不列颠哥伦比亚

WITOLD SKRYPCZAK

top five

美景惊人的公园

贾斯珀国家公园（艾伯塔；见597页）：北极区以南最大的冰原

尧赫国家公园（不列颠哥伦比亚；见736页）：令人敬畏与惊奇的克里族风景

布莱顿角高地国家公园（新斯科舍；见394页）：断崖、大海与壮观的卡伯特小路

格罗莫讷国家公园（纽芬兰；见505页）：峡湾、水湾、海蚀与海滩

纳罕尼国家公园（西北地区；见801页）：丰富的大峡谷和30米高的瀑布

国家公园：旅行者指南

加拿大全境的43座国家公园均收取门票费，这笔收入会随后再投资到当地的基础设施以改善提升接待未来旅行者的能力。如果你计划待在一座公园超过一周，或在某一年走访若干公园，可以考虑购买一张年度的**"国家公园通行证"**（National Parks Pass；成人/儿童/老年人/家庭$62.40/31.70/53.50/123.80）。

大多数加拿大公园的规章制度类似，但某些当地的规定随地区不同而有所差异。预订可驶入车辆的营地需要碰运气，并不是所有的宿营地都接受预订；集体参观的公园可以通过**加拿大公园管理局营地预订服务处**（Parks Canada Campground Reservation Service；☎877-737-3783；www.pccamping.ca）来预订。如欲了解更多详细信息及公园具体章程，请登录加拿大公园管理局网站（Parks Canada website；www.pc.gc.ca），内有精彩介绍。

加拿大公园的过度发展是长期以来政治上的棘手问题，并导致了生态保护主义者和急于吸引旅行者的商人之间激烈的争论。为了缓解人类侵犯所带来的环境压力，个人旅行者所能做的就是沿着路径前进、处理好所有的垃圾并对野生动物保持友好的敬意。

所有的加拿大公园都有护林员以帮助旅行者欣赏并享受这引人入胜的美景。进入公园后第一个需要去的地方是公园的信息中心，要不然也可以去当地的护林员站点，在那儿受过训

冒险穿过"从不融化的土地"——奥育图奇国家公园（见816页），努那瓦特

GRANT DIXON

练的专业人士会提供最新、最及时的行路信息和天气状况。许多公园都有免费的护林员向导活动，从户外剧院到向导带领徒步再到夜晚篝火。由于冬季极度寒冷，许多加拿大的公园在冬季最冷的几个月设施有限。

公园发展史

作为荒野保护领域的先行者，加拿大拥有世界上第三古老、也是最受欢迎的国家公园——班夫国家公园。1885 年，位于崎岖落基山脉的这片雄伟壮观的荒野被指定为国家公园的那一刻，是刚刚兴起的北美环保运动的一次胜利。

随后，很快不列颠哥伦比亚的尧赫和冰川的新国家公园建立，这使得加拿大暂时取代美国成为世界公园发展的领袖。推动这一成就的是加拿大太平洋铁路 (Canadian Pacific Railway) 的建成，及其锐意进取的负责人威廉·范霍恩 (William Van Horne)，正是这位颇受尊敬的企业家将旅游作为这条铁路线长期生存的关键。

更多公园接连成立，最值得注意的是 1895 年沃特顿湖 (Waterton Lakes) 和 1907 年的贾斯珀。和班夫一样，这两座公园都养活了所在地的小镇，并试图通过支持短期的工业企业建设，如波卡洪塔斯 (Pocahontas) 煤矿和卡梅伦山谷 (Cameron Valley) 油井，来填补当地公共资金。东部第一座公园是安大略的圣劳伦斯岛 (St Lawrence Islands)，建立于 1904 年，但由于没有国家级协调机构，这里直到"一战"后才得以缓慢发展。

对加拿大公园的早期行政管理是粗放而随意的。为了协调事宜，加拿大政府于 1911 年成立了辖区公园管理处 (Dominion Parks Branch)，旨在保护作为公共事业的国家自然和文化遗产，为子孙后代保存生态完整性。1930 年，政府签署了《国家公园法案》(*National Parks Act*)，该法案意在规范相关机构活动，尽快终止园内各类商业活动。同时，公园数目激增，迅速向东扩展到安大略、魁北克和滨海诸省的那些先前未开发的地区。到了 20 世纪 90 年代，在新扩充的公园系统中——现在包括几乎未被探索的极地，如努那瓦特的巴芬岛 (Baffin Island)，生态问题开始占据主流。

加拿大户外活动 雷蒙德·施密特(Raymond Schmidt)

我骑着自行车环游了半个世界。但是我还没有看到过富士山、品尝过正宗的pad Thai(泰式炒面)或啜饮过当地的龙舌兰酒。我还没有看过中国的万里长城或拍摄金字塔。事实上，我甚至从未离开过加拿大。你可以想象加拿大是多么辽阔，你可以骑行相当于半个地球那么远却无须离开这个国家的政治版图，甚至还没靠近边界。我确实看到了三大洋——北冰洋、太平洋和大西洋，攀越过加拿大所有的山脉，游历过广袤无垠的大草原地区。我可以用两个简单的词汇来描述它：无尽和震撼。

大旅行期间充满了世界上最佳的户外游历。加拿大的每个角落都隐匿着一些最美的风景和最惊人的冒险奇遇，比如在育空地区的峡湾河(Firth River，见783页)漂流、在新斯科舍(见363页)来一次梦寐以求的冲浪。无论你能力如何、喜好如何，这里总有一项适合你。并且你不必整日驾车来寻找这些项目(除非你要在萨斯喀彻温寻找海边冲浪地！)

对于初学的新手抑或是经验丰富的老手，冒险活动无处不在，甚至就在城市的边缘或城市内。任何你能想到的户外活动，加拿大都能为你以最高水平提供。

在www.outdooradventurecanada.com上可以学习关于户外运动的所有知识，这个网站非常活跃，覆盖了所有户外运动。

“欢迎来到银色大北方，嗯？”这就是电视上一边喝着啤酒一边打着嗝的鲍伯和道格·麦肯齐(Doug McKenzie，也是典型的加拿大男性)在电影《神奇酒酿》(*Strange Brew*)中所指的加拿大。这对喜剧活宝打造了一个普遍的典型形象，即我们的穿着像是伐木工人，谈吐僵硬。事实上，加拿大大部分地区在将近大半年的时间里都是白雪覆盖的，并且冰球和啤酒是最佳的娱乐方式。

但这里绝不仅仅是那些被简单化了的画面和老套的法兰绒。欢迎来到地球上最富饶、最壮观、最闲暇的这块土地！欢迎来到这半个世界。哈！

滑雪和雪板

滑雪和雪板给“银色大北方”带来了无限精彩。在每个城市附近，你都能找到有升降机的山丘。像萨斯喀彻温和南安大略的那些平地上的山丘，充分利用或创造性使用了一定的地理条件(山河或垃圾堆)。它们并不高大，却是征服高山的完美起点。如果你的旅行时机恰当，并且冬天足够长，那么你就有50%的机会——可以充分领略加拿大的滑雪文化。

山地滑雪和单板滑雪

去滑雪的真实原因是去看那些高山，它们主要分布在两个地区：西部(加拿大境内的落基山脉、哥伦比亚山脉和海岸山脉)和魁北克的东部山脉。魁北克有许多高山——如魁北克市附近的勒马西夫(Le Massif，见311页)，垂直落幅达770米(2526英尺)——都在市区附近。大多数非高山山脉，像蒙特朗布兰特(Mont Tremblant，见283页)如果从多伦多出发也就是一天车程，要是从魁北克市或者蒙特利尔出发，还不到1小时。魁北克东部城镇群(Eastern Townships，见285页)的滑雪区，如萨顿(Sutton)和奥尔黑德(Owl's Head)，提供享有盛誉的林间滑雪：迂回滑过稀疏的森林。

访问www.biglines.com，这是一个总部设在加拿大的滑雪社团的网站，可以查到去哪儿及如何去滑雪、跟谁见面以及需要做的准备。

往西，到处是崇山峻岭。你可以从北美拥有最富地形变化、最大垂直高度的惠斯勒—布莱库姆(Whistler-Blackcomb，见668页)那巨大的斜坡上滑下。也可以搭车进入如诗如画的加拿大落基山脉(阳光、路易斯湖和土拨鼠)。在惠特勒山和落基山脉2500米的山峰之间，你总能发现足够多的配有升降设施的滑雪或雪板区域。

这儿绝不会有阿尔卑斯山那样的干旱或暴雪的年份——即使是夏季干燥的奥卡纳根河谷度假区，如大怀特(Big White，见730页)和Apex(见723页)每年

顶级(其他)寒冷冬季活动

这里冬季很冷,特别冷。但加拿大人选择了适应而不是抱怨。当然可以滑雪、单板滑雪和滑冰,但还有在雪中玩的其他五种特殊方式。

- **狗拉雪橇** 导游会安排给你一个雪橇犬队,进行日间或过夜旅行。你给狗越多的爱心,它们就会越拼命地跑。
- **滑雪橇** 这项著名的极限运动将重力集中在塑料板上。找到白雪覆盖的山峰(不要太大),然后从山上滑下来,你会摔出去,雪末也会飞溅到你的靴子里,但是你会很喜欢这项运动。
- **摩托雪橇** 许多省,如安大略,很幸运地拥有先进的路线网,将摩托动力和滑冰结合起来。
- **冰上垂钓** 你可以通过人们有多大意愿去承受它,看出人们如何痴迷于它。加拿大人钓鱼上瘾。从冰中钓鱼,在冰上钻一个孔,然后把线放进去。你很快也会上瘾。
- **雪鞋徒步游** 网球鞋——嗯,几天来这种漂亮的铝制品——就在你脚上,带你进入冬季里无限宽广的世界。如果你冬季在加拿大周游,常要在车子里备一双——不知道何时何地就能用上。

加拿大下雪最多的城市是纽芬兰的科纳布鲁克(Cornerbrook),每年有平均422厘米的降雪。那加拿大最干旱的地方呢?是艾伯塔的梅迪辛哈特(Medicine Hat),每年271天中没有降水。

都有好雪。雪量从2米到6米多不等,具体取决于该度假胜地与太平洋之间的距离。

那些寻求世界上最干燥、最厚的积雪的旅行者,应该到纳尔逊的Whitewater(见742页)、罗斯兰的红山(Red Mountain,见741页)和弗尼的高山度假村(Fernie's Alpine Resort,见739页)看看。那些非传统的雪末探求者,则能够以选择额外付钱的方式,搭乘不列颠哥伦比亚世界有名的直升机和猫式滑学设备(cat-ski),到达这里受保护的人迹罕至的内陆地区(由www.canadianmountainholidays.com开发),这儿可以为中高级搭乘者提供各种体验活动。

越野(北欧式)滑雪

除了嗖嗖地穿过雪地,也可以踏上北欧式滑雪板。加拿大的大部分滑雪度假胜地都提供准备好的越野滑雪路线网络(比高山滑雪的票价要便宜很多)。试一下不列颠哥伦比亚弗农附近银星山(Silver Star Mountain,见731页)一侧的国王湖路线吧;或者在艾伯塔坎莫尔的1988年冬奥会场地(见596页)和加拿大国家队队员比拼一下肺活量;再或是在魁北克市历史悠久的亚伯拉罕平原公园(Plains of Abraham,见298页)呼吸文化气息。冬季降雪较多的城市,如蒙特利尔、温尼伯、埃德蒙顿和渥太华,它们通常将公园内的步道变为滑雪道,许多自行车商店也开始出售北欧式滑雪板,出租设备。

滑雪团队游

滑雪团队游,即用背包取代升降机的高山滑雪,是开发不列颠哥伦比亚世界级的干燥而厚重的雪地最便宜的方式。冰川国家公园(Glacier National Park,见735页)的罗杰斯通行证(Rogers Pass)包括最美丽的冰川之旅和林间滑雪的一日游。或是飞到像勒韦斯托克附近的布兰基特冰河度假屋(Blanket Glacier Chalet,www.blanketglacierchalet.com)那样的偏僻农舍,享受你一个人的天堂。必须保证你有足够的装备,并受过训练(或是聘请了向导),还要查看当地的雪崩预报(www.avalanche.ca)。不列颠哥伦比亚的城镇如勒韦斯托克、纳尔逊和戈尔登,都是旅游中心,并有许多商店可以提供装备、地图及雪况和停车等信息。

棚屋间的滑雪圣地被称为"加拿大豪华路线"(The Canadian Haute Route),因而班夫和尧赫国家公园(Banff and Yoho National Parks,见736页)在气势雄浑的瓦普塔冰冠拥有四座高山俱乐部棚屋(www.alpineclubofcanada.ca)。魁北克的加斯佩公园（Parc de la Gaspésie，见 329 页），坐落于有着 800 平方公里的巍峨东部高山和环形冰川的奇克霍茨山脉（Chic Choc Mountains）中，拥有一套 14 座滑雪小屋。

山地车和自行车越野

加拿大自行车和滑板在许多刊物经销商那都有出售。

寒冬和远途赋予了加拿大自行车运动特有的风格：比起生活中需要骑车（比如骑车上班），这里的自行车运动更多是为了休闲。也就是说，加拿大为自行车越野带来了革命，并为自行车探险提供了更广阔的前景。

从简单起步，不列颠哥伦比亚的壶谷铁路自行车道（Kettle Valley Rail，简称 KVR，见 728 页）的坡度不超过 2%。当你快速骑过诸多高高架起的木质栈桥或米拉峡谷中黑暗的隧道时，最好不要离开车道。这条 600 公里长、变换不断的车道最奇妙的部分是日益蓬勃的车道—小径系统，这给了骑车人一次完美的机会，探索静谧的区域，而不用担心交通和陡峭的山坡。

KVR 只是跨加拿大徒步小路（Trans Canada Trail，见 90 页）中很小的一段，这条小径是有史以来最具野心的小径工程，却并未完成，但数千公里的路段，如 KVR，成为这条将打破纪录的小径的一部分。全长 18 000 公里的小径（部分为水路）将连接加拿大东海岸—西海岸—北海岸的 600 个社区，为自行车、雪地摩托、骑马和徒步活动提供多用途路径。

想找一个擅长陡坡的同伴，讲讲压路、小径故事，或一些激烈的画面？查看www.pinkbike.com，这是一个提供山地车交换的所有信息的网站。

喜欢更陡一点吗？在温哥华北海岸，你可以在更窄更陡的“栈道”上骑行。作为自由山地自行车运动的发祥地(包含下坡及障碍穿越)，在这里，你可以看到绝大多数非常独特的创新：高架桥、竹筏及起皱的厚木板(skinny plank)，它们高于山脚的丛林。由于这项运动越来越风靡，不列颠哥伦比亚滑雪地区开展了山地自行车运动，并且提供了运输服务及位于北岸的路线。大多数著名的滑雪地区——如巴诺拉马(Panorama，www.panoramaresort.com)、Apex(见723页)及太阳峰(Sun Peaks，见718页)——都可以以合理的价格提供建设完好的小径。

自由山地车运动(Freeride mountain biking)发明于温哥华北岸，是由寻找更陡峭、更有技术性的骑行者发明的。

如果你喜欢山地越野，那就来安大略的硬木山（Hardwood Hills，www.hardwoodhills.ca）试试吧，它位于多伦多市北面，大约 1 小时路程。这里有六条不同的山地自行车线路，总长 80 公里。所有人都能找到适合自己的，从大众化的休闲线到为自行车能手们准备的激进线，应有尽有。你也可以试试来自国际山地自行车协会（International Mountain Biking Association，简称 IMBA）的加拿大史诗俱乐部的线路，例如罗斯兰路径（Rossland）和不列颠哥伦比亚 30 公里长的七顶峰路径（Seven Summits ridge-top trail，见 741 页）。如果想在加拿大某个令人兴奋的地区体验一次异乎寻常的山地自行车越野，那就来艾伯塔省德拉姆黑勒镇（见 616 页）的荒地吧，你可以在新月形的山地中骑车，附近就有恐龙化石。你也可以忠实于卡那纳司金斯乡村（见 594 页）经典的艾伯塔洛基山脉跨国路径，卡尔加里地区是个巨大的方形娱乐地。

如果你喜欢公路团队游，不妨参加大的团队游——从哈利法克斯到温哥华的8000公里路途——或挑战远北地区，沿遥远的丹普斯特公路(Dempster Hwy，见782页)骑车前往北冰洋。你还可以选择地域性的短途自行车旅行。东海岸有更多小城镇、较少的空旷地，是一个绝佳的骑车游览区。不论你的自行车行程是一天还是几天，都十分理想。在新不伦瑞克省廊桥(www.coveredbridges.ca)间骑车穿行，或者环行魁北克的拉克圣让(Lac St Jean，见320页)，或者尝试一下全美最长的自行车路径——4000公里的威特路径(Route Verte，www.routeverte.com)中的任一部分，这些也都是不错的主意。你也可以考虑挑战新斯科舍省多山的卡伯特小径(Cabot Trail，见394页)，或在爱德华王子岛红色的遗产路(Heritage Roads，www.freewheeling.ca)上追随《清秀佳人》的足迹。

如果你想进行环城游览，那么加拿大的中心城市，像多伦多、蒙特利尔、埃德蒙顿和温哥华，都有很多绝妙的贯穿城市和各自然景区的自行车线路。

《划桨之歌：野外宿营指南》(*Song of the Paddle: An Illustrated Guide to Wilderness Camping*)，由加拿大划桨运动标志人物比尔·梅森(Bill Mason)创作，展现了野外划桨的活力和华丽的一幕。

划桨运动

自诞生以来，现代的娱乐活动几乎都发生过巨大的变化。但海上爱斯基摩划子是例外。4000年前，因纽特人把动物皮革撑在一个木框架上，制成划子，划着去打猎，而今天的爱斯基摩划子与最初并没有多少不同。当然，我们今天是使用塑料和玻璃纤维制造划子，但设计和划艇技术几乎没有变化。

虽然已不用于打猎，但这种带有双桨、甲板被覆盖着的爱斯基摩划子运动，依旧依靠人力穿越湖面或在海岸线上滑动，而且是同类运动方式中效率最高的。爱斯基摩划子的故乡，加拿大北极岛(Arctic)，仍然是很特别的地方之一：你可以在短暂的夏季来埃尔斯米尔岛(Ellesmere Island，见815页)的极地海湾巡游，观看独角鲸和海象。稍向南方一点，你可以在不列颠哥伦比亚的约翰斯通海峡(Johnstone Strait)安静地滑行，看虎鲸跳出水面；你也可以在安大略乔治亚湾(Georgian Bay，见180页)3万座光滑的花岗岩岛上漫步，而不用担心潮汐、被海水溅湿，或遇到其他意外。

流动水有5个级别。2级是水中有波纹，5级表明水的状态——常常是垂直的——有很大的连续波动。

与海上划子不同，激流划子发生了巨大的变化。像冲浪板一样的塑料船身内充满气体，这是为了让划子能在河水稳定、有旋涡的波浪上滑行而设计的。激流划子的发祥地正是加拿大首都的溯流——渥太华河上的Beachburg附近；这里不仅有世界上最大的浪，还为初学者准备了温和、水温适宜的微浪。其他知名的划艇运动胜地(你可以在一个地方尽情享受一整天)还有：不列颠哥伦比亚斯库卡姆峡谷群里的潮汐急流(Skookumchuck Narrows Tidal，见674页)，就在瑟切尔特附近；温尼伯附近的斯特金福尔斯(Sturgeon Falls)；蒙特利尔的拉琴湍流(Lachine Rapids，见268页)；新不伦瑞克省圣约翰的逆流瀑布(Reversing Falls，见431页)等。

很难找到最新的激流旅行指南——要么是时间过时，要么内容过时。幸运的是，以下网站有许多关于加拿大西部河流的描述：www.kayakwest.com。

溪流划艇较海上皮划艇和激流皮划艇有所不同，它的船身更圆，充入更多气体，来帮助划艇者在陡峭、狭窄、有很多瀑布的水面上行驶。你一定要有一个结实的划子轧辊，在翻艇时帮助你自救。如果想挑战不列颠哥伦比亚的一些小型水湾，像卡拉汉湾(Callaghan Creek，惠斯勒附近；见669页)、Kuskanax湾(Kuskanax Creek，纳卡斯普)，踢马河(Kicking Horse River，戈尔登，见735页)等，你最好和一支有安全意识的团队同行。或者你也可以去魁北克城附近的雅克—卡蒂埃河上挑战被称做“东方最险峻的水流”的托罗湖(Taureau)涡流。

没有多年的练习也能体验同样的刺激，你可以在引导筏的带领下，在河流上划行。你可以试试渥太华的大急流、不列颠哥伦比亚省戈尔登的踢马山的顺流疾行，或者在育空的Tatshenshini冰河(在怀特霍斯市附近)度过一周。

加拿大很适合河流游：可以乘独木舟从河的一边划到另外一边，只有两条连水陆路：Methye和大波蒂奇(Grand Portage)。

独木舟同爱斯基摩划子一样历史悠久，也是加拿大的特色运动。得益于加拿大多水的地形特征，现在我们仍然可以在最原始的路线上追寻很久以前的当地人和外来商人的足迹，遍访加拿大。让我们划着独木舟从静水出发，可以是安大略的阿尔贡金省立公园(Algonquin，见218页)，可以是凯提科省立公园(Quetico Provincial Parks，见212页)，也可以是大不列颠哥伦比亚山脚下的鲍润湖湖系(Bowron Lakes chain，见745页)。

一旦掌握了划行技巧，你就可以从加拿大33个自然遗产河流(www.chrs.ca)中任选一个去尝试了。最棒的有加拿大西北地区的纳罕尼河(Nahanni River，辛普森堡附近，见802页)和安大略的弗伦奇河(French River，萨德伯里附近，见197页)。

独木舟如此深深地融入加拿大文化，加拿大前总理皮埃尔·特鲁多(Pierre Trudeau)夏天常会乘独木舟在国内旅行。“独木舟的与众不同之处，”他写道，“正是它能比其他旅行方式更快更彻底地净化人的心灵。坐火车旅行1公里，你只是一个没有情感的动物；骑自行车旅行500米，你仍只是一个普通的人；而划独木舟旅行100米，你就成了大自然的孩子。”

加拿大 TOP 徒步之旅

在加拿大旅行有很多选择。以下是我们比较喜欢的，可以帮助你根据自己的口味做出决定。同时，在 k.com 网站上有数百条加拿大旅游级别线路的列表，能够帮助你缩小范围。访问加拿大公园管理处网址 (www.pc.gc.ca)，查看位置概述。

- 胡安 · 德富卡省立公园 (Juan de Fuca Marine Trail，不列颠哥伦比亚温哥华岛，见 688 页)——加拿大西海岸的延伸部分，不太出名，这条林木苍翠繁茂的路线有很多出入口，可以分成几天去，或干脆用一周。
- Orphan 湖 (Orphan Lake，安大略苏必利尔湖省立公园，见 205 页)——沿着湖边漫步 8 公里往返，徒步出发到苏必利尔湖之前最好在小湖边先吃午饭。
- 空中线路游 (Skyline Trail，贾斯珀国家公园，艾伯塔)——在林木线上的中等顶峰小径进行 4 日游行，是加拿大经典登山线路。
- 坎努尔遗迹小路 (Canol Heritage Trail，西北地区，见 803 页)——跨加拿大徒步小路的这一超级挑战路段共 372 公里，从育空或西北地区到诺曼韦尔斯，是世界上最偏远的旅行路线。观赏野生动物，穿越无桥的河流，人迹罕至。通路经过怀特霍斯。
- 远程穿越路线 (Long Range Traverse，格罗莫讷国家公园，见 505 页)——从魔幻淡水海湾一端出发，开始极富挑战性的 4 日步行之旅。带个罗盘和全球定位系统；这座高山高原线路与北美驯鹿踏出来的小径相交叉。
- Donjek 线路 (Donjek Route，育空地区克卢恩国家公园，见 771 页)——通过这个极富挑战性的为期一周的上百公里旅行，可以领略到加拿大高山和冰川景观。
- 希里普特湖线路 (Crypt Lake Trail，艾伯塔沃特顿国家公园，见 622 页)——穿过隧道，然后下到十分清澈的湖中。极富挑战的 18 公里路程，可乘渡船到达，是不容错过的骑车旅程。
- 伞映徒步小路 (Silhouette Trail，安大略基拉尼省立公园，见 196 页)——跋涉 100 公里，穿越颇具挑战性的白色 La Cloche 山，然后爬上锡尔弗山峰，见证镜子般的公园水域。
- 维考克斯溪山脉 / 帕克山脉 (Wilcox Ridge/Parker Ridge，艾伯塔班夫国家公园和贾斯珀国家公园，见 599 页)——这两个短线的中低难度徒步 (分别是 4 公里和 2.4 公里) 山道，在 5 分钟内就会分别让你领略难以置信的壮美景观。

徒步和背包旅行

加拿大地广人稀。四分之三的居民居住在靠近美国边界的城市，之上是一个庞然大国，在几乎杳无止境的茫茫旷野，交叉分布着无数各水准的徒步线路。

首先，来看看加拿大的徒步之都：艾伯塔班夫国家公园的路易斯湖 (Lake Louise，见 607 页)。从这里出发，穿越浓密的云杉和松树林，你会被突然出现在眼前的一片明黄色的秋景所震惊。继续攀登，一望无垠的高山草甸铺满了山顶，点缀着美丽的野花，四周环绕着破碎的冰川和碧蓝的湖泊。

不列颠哥伦比亚的尧赫国家公园 (Yoho National Park，见 736 页)，你可以发现奥哈拉湖这个徒步仙境 (乘公共汽车便可到达)。这张小径路网链接了原始湖泊和洛基山脉的一些山峰。

环太平洋国家公园保护区 (Pacific Rim National Park Reserv，见 697 页) 为我们贡献了崎岖而刺激的西海岸徒步径，这是温哥华岛上一条 6 天至 8 天行程的野外线路。澎湃的海洋与野性十足的 Paul Bunyan(传说中的伐木巨人——译注) 在这里相遇。不列颠哥伦比亚公园系统 (www.env.gov.bc.ca/bcparks) 包括 100 多座公园，提供了各类线路，从几个小时的短途到几天的长途，应有尽有，比如：加利波第公园 (Garibaldi Park) 的古火山地形 (见 665 页)、罗布森山公园里很受欢迎的贝尔格湖高山小径(Berg Lake Alpine Trail)和瓦哈拉公园(Valhalla Park，见744 页) 里涅槃般的高海拔小径。

在www.tctrail.ca网上可以查看世界上最长的小径工程。跨加拿大徒步小路成为每天紧密的连接系统。

跨加拿大小路之旅

一条单独的路径，长度几乎是地球周长一半，连接着世界上四大洋中的三个，试着想象一下。这条正在拓展的路径将是跨加拿大徒步小路(Trans Canada Trail，简称 TCT；www.tctrail.ca)，长18 078 公里的跨越带，从纽芬兰斯皮尔角横跨不列颠哥伦比亚的维多利亚温哥华岛。一条分路径向北从卡尔加里经过育空地区到西北地区的图克托亚图克，另一条分路径向东经过努那瓦特到哈得孙湾的切斯特菲尔德因莱特(Chesterfield Inlet)。

跨加拿大徒步小路将是世界上此类小径中最长的。连接着数百万旅行者、成百上千的社区和几十处景观。要完成它的整个长度，骑自行车大概要 300 天，骑马要 500 天，走路要 1000 天。

1992 年，加拿大人庆祝建国 125 年时，产生了这一雄心勃勃的想法。负责庆典的组织目前已经解散，他们想要留下持久的遗产，并于 1994 年提供足够的资金来启动这个项目。每个人都被要求参与，包括普通人可以用 $50 捐款来"买"1 米的路程，这使他们有权利将自己的名字刻在线路沿途。大概有 20 万人以这种时尚的方式使自己永生。

跨加拿大徒步小路由已有的和新的道路连接而成。大部分将包括整个纽芬兰和爱德华王子岛区域，会沿着前铁路轨道。它设计为全年使用：夏季给徒步者、自行车爱好者、骑马者提供场所，温度下降的冬季时就为跨国滑雪爱好者和雪橇爱好者使用。目前为止，跨加拿大徒步小路仍在修建中。过半部分还不稳固，预计在 2010 年秋季全部完工。

希望认识其他国家的爱好者吗？在www.alpineclubofcanada.ca网上有19个地方版，从温哥华岛到蒙特利尔，提供了户外旅行和所有级别的课程。

"户外游"(Out There，www.out-there.com/htl_bpk.htm)网站提供了大量省立小径和徒步俱乐部的链接。

想要避开人多的道路吗？《乡村道路图册》(*Backroad Mapbooks*)会给你指路，每本都有户外活动和宿营评论，但也要参照当地人的指引。

向北方行进，不要错过奇尔库特小路(Chilkoot Trail，见 775 页)。在这里，你可以追溯先人去育空采金地找寻自己命运的路途。或者去道森城采金地北部的汤姆斯通公园(Tombstone Park)，在那里的高山仙境探险(见 784 页)。

东部也有高大的山脉。纽芬兰格罗莫讷国家公园(Gros Morne National Park，见 505 页)内的山峰冲出海平面 800 多米高。还可以看看新斯科舍省布莱顿角高地国家公园(Cape Breton Highlands National Park，见 394 页)连绵起伏山地中美丽的一日徒步径(还有驼鹿)。

那些寻找最人迹罕至的徒步径和加拿大洛基山脉东部最高大山峰的专业背包客，还可以计划去托恩盖特山国家公园(Torngat Mountain National Park)的旅行。"我相信，"探险家雅克·卡蒂埃在叙述 1534 年他去拉布拉多探险的经历时写道，"这片土地是上帝赐予凯纳(Caine，历史上第一个吸血鬼——译注)的。"这片不可宽恕的土地戏剧般地有着恶劣、多变的天气。还有 1652 米的 Mont D'Iberville 山。

有点儿——或更加——先进的线路分布于安大略南部，特别是布鲁斯小径(Bruce Trail)，它起始于尼亚加拉大瀑布，终止于托伯莫里(Tobermory)。它绵延850 多公里，是加拿大最古老、最长的连绵步行道。虽然有些部分位于像汉密尔顿和多伦多这样的大城市附近，但还是十分宁静的。

实际上，因为有许多野生风景地和公园遍布加拿大，你不需要远离市中心就可以在森林中享受徒步的乐趣。在蒙特利尔的蒙特皇家山公园(Parc du Mont Royal，见 259 页)或加蒂诺公园(Gatineau Park，见 245 页)361 平方公里、被森林覆盖的小山中，都有很多不错的步道，就在渥太华外不远处。埃德蒙顿被认为是加拿大绿色最多的城市，它被北萨斯喀彻温河陡峭的河岸平分，有着舒服的树荫，是一个躲避城市喧嚣的好去处。最著名的还是温哥华的斯坦利公园(Stanley Park，见 637 页)：毗邻合作塔(corporate tower)，森林覆盖、质朴宜人的巨大半岛，三面环海。

岩石、冰山和高山攀登

加拿大的登山运动开始于 19 世纪末期，当时的加拿大太平洋铁路公司(CP Rail)在班夫国家公园拥有两家漂亮的酒店，他们雇用瑞士登山向导，确保来探险的顾客不会在结账前逃走。一些路易斯湖的维多利亚山这样的山依旧被誉为世界上最具影响力的登山胜地。

攀岩

在维多利亚山区，你可以体验不同的攀岩运动：如在“背面湖”(Back of the Lake) 的石英岩攀岩（单人绳索攀岩）。坎摩尔 (Canmore，见 596 页）就在班夫，是初学者和想要有所超越者进行攀岩的理想之处。攀岩用品商店、一所攀岩学校 (www.yamnuska.com) 和几千个攀岩岩壁，距离城里为 30 分钟内的路程，使这儿成为一站式攀岩度假胜地。

但是在 4 月，这里的岩石十分冰冷，比不上不列颠哥伦比亚半干旱的奥卡纳根河谷 (Okanagan Valley，见 718 页）中的 Skaha 崖 (Skaha Bluffs)。各种水平的攀岩者们在这里沐浴着明媚的春光，在 700 多米高的片麻岩（很漂亮！）上攀爬。即使各式各样的攀岩运动不会让你眩晕，但之后在山崖上著名的葡萄酒厂品尝美酒，定会令你一醉方休。

在安大略尼亚加拉其他葡萄酒产地的西北方，有一座石灰石崖壁，很多人在这里攀岩，它满足了加拿大越来越多的攀岩爱好者。去攀岩吧，在响尾蛇地 (Rattlesnake Point)、凯尔索公园 (Kelso Park)，或布鲁斯半岛 (Bruce Peninsula，见 183 页）狮子头 (Lion's Head) 地区的格鲁吉亚湾碧蓝水域之上。

> 奇克·斯科特(Chic Scott)的两卷《高峰与冰原》(*Summits & Icefields*)会让你心旷神怡，其中列出了数以百计的团队游，从一日游到高峰团到长期旅行。

一旦你准备好了——真正准备好了——体验户外运动，去尝试一下被称做“大首领”的花岗石岩壁吧！“首领”在太平洋中突起，如同角斗士愤怒的拳头，它位于不列颠哥伦比亚的斯阔米什 (Squamish)，这里是加拿大的攀岩之都。如果你能登上“首领”，就到达了“北圆顶”(Yosemite North) 的大屏障。但是当“首领”的屏障让你动摇时，先别焦急——周围有很多悬崖，你可以找到很多突破口。在斯阔米什的攀岩商店查看具体信息。

不列颠哥伦比亚省戈尔登附近，珀塞尔峰 (Purcell) 的 Bugaboo 尖塔 (Bugaboo Spires) 是一道类似的高山大屏障。Cirque of Unclimbables 山谷的莲花塔 (Lotus Flower Tower，育空的沃森莱克附近）和巴芬岛 (Baffin Island，见 811 页）上的大屏障是许多攀岩者事业的顶峰。所以，为你一生仅有一次的远北部之行存钱吧——只要你能忍受那里的天气。

滑冰

从着迷于冰球——全民运动——到沉迷临近溜冰场，滑冰让加拿大人活跃在冬季。加拿大人仿佛出生时就穿着溜冰鞋，而你可能得花几小时摸清窍门。不过坚持住，很快你就会加入几乎每个加拿大人都会的滑冰行列中。

滑冰在加拿大引发了消遣潮流，采取不同的形式。基层冰球，又名湖上冰球，在加拿大社区冰冻的地面上，每个晚上都会举行比赛。你所需要的就是冰球、球棍和几个有冰球梦想的朋友。Plaster Rock 每年举办一届世界湖上冰球 (World Pond Hockey Tournament，见 420 页），在新布伦瑞克湖上的 20 多块溜冰场上举行。

当天气状况合适，班夫的弗米利恩湖 (Vermillion Lakes) 每年都可以滑冰，湖水会在下雪之前结冰。冰下有鱼在游泳，你在如此透明的冰面上滑冰，简直很难相信（还是相信吧）那是不是冰。

对于长距离滑冰，在渥太华 7 公里长的里多运河上滑冰——然后享受糕点。马尼托巴省温尼伯市冬天异常寒冷，阿西尼博因和雷德河上有 3 公里明冰。在艾伯塔，你可以参加在 10 公里冰道上进行 10 公里的西尔万湖 (Sylvan Lake) 马拉松赛，这是全世界最长的冰道。

加拿大连接北部偏远山区的许多冬季结冰的道路，为冰雪之旅和冒险者提供了一个很好的机会。小溪和河流——冻结得恰到好处——将冰上高速路延长到新的地方。

记住，冰上可能会成为危险的地方——特别是在早晚季节。参看 www.pc.gc.ca/pn-np/ab/banff/activ/activ26_E.asp for important safety tips。

肖恩·多尔蒂(Sean Daugherty)的《精选加拿大落基山脉高山攀岩地》(*Selected Alpine Climbs in the Canadian Rockies*)提供了一些传奇攀岩目的地的清晰线路地图和准确的路线资料。

攀冰

即使攀岩季已过，加拿大人也不会停止攀岩运动。他们戴上温暖的手套，穿上羽绒服、钉鞋，带上冰斧，准备前往全世界冰层最厚的攀冰。

安大略北部的奥连特湾(Orient Bay，桑德贝附近)是一个冰雪覆盖的岩壁，有100多个适合各水准攀登者的单段路线攀岩壁。魁北克城西北部的蓬鲁日(Pont-Rouge，见292页)培养出了许多世界一流的攀冰者。这里一年一度的冰雪节(www.festiglace.com)为该地区增添了不少光彩。

但世界的冰雪殿堂还是加拿大的洛基山脉。班夫、库特奈、尧赫和贾斯珀国家公园每年仍有6个月的冰冻期。直到11月初，著名的线路如Polar Circus和Curtain Call仍然完全被冰层覆盖。如果这些都不太适合你，你还可以尝试一下路易斯瀑布(路易斯湖，见608页)和Professor瀑布(Professor Falls，班夫)。和夏天一样，坎摩尔(见596页)是开始学习的地方。

是什么样的山？在www.peakfinder.com网站上，通过数据库可以搜索加拿大落基山脉超过1500座山，对登山者、徒步旅行者和观光者很有用。

登山

向上——远远向上，你将要到达加拿大洛基山脉1100英尺(3350米)高的山峰，比如福布斯山(Mt Forbes)。如果你想更靠近欧洲，可以去登加马特峰(Matterhorn)——不列颠哥伦比亚的阿西尼博因山(Mt Assiniboine，见737页)，从提供全方位服务的旅馆或者别具一格的高山小屋出发吧。其他经典西部线路：艾伯塔贾斯珀的艾迪斯·卡韦尔山(Mt Edith Cavell，见612页)；不列颠哥伦比亚的罗布森山(Mt Robson，见757页)；冰川国家公园的唐纳德爵士山(Sir Donald)和加利波第峰(Garibaldi Peak)，惠斯勒附近的加利波第省立公园(Garibaldi Provincial Park，见665页)。

也许一个国家中最具传奇色彩的岩壁应该是最高的那个。育空的洛根山(Mt Logan，北美洲第二高峰，见772页)也不例外。给自己2周，登上克鲁安内国家公园里这座冰雪覆盖的山岳(1955英尺或5959米)吧。这里不再有瑞士向导，你会发现加拿大向导(www.alpineclubofcanada.ca)也很出色，他们追随着先人的足迹。

观赏野生生物

加拿大人十分熟悉野生动物，他们甚至把动物画到钱上：潜鸟、北极熊、驯鹿、海狸都是印在钱币上的动物。

如果足够幸运，你可能会在不列颠哥伦比亚省的森林中看到大脚毛人。但如果你真的够幸运，还能看到狼獾——不过与这种谨慎的野生獾类种群相比，你还是更有可能见到大脚毛人。然而为了更有胜算，还是留意那些常见的加拿大本土动物吧。

想见见惊人的野生生物，就去观赏鲸吧。去温哥华岛西海岸(见698页)旅行，你有98%的可能性会看到灰鲸、座头鲸或者逆戟鲸。北极区(见784页)有长着长牙的独角鲸和白鲸；新斯科舍省有座头鲸、水貂和稀有的北大西洋露脊鲸。

可在哈得孙湾沿岸马尼托巴的丘吉尔(见546页)跟踪到北极熊。旅游用品经营者们可以用雪地轮车载着你在北极熊之都游览。千万不要下车，这些1000多磅的食肉动物会把你当作是行走的肉块。

曾经有6000万头野牛生活在北美平原。但是欧洲殖民者和“开放的狩猎季节”使这个种群濒临灭绝。今天，这些半吨重的食草动物无忧无虑地游荡在埃尔克岛(见581页)和伍德布法罗国家公园(见799页)。

拥有3500万只鸟，纽芬兰无疑是世界海鸟之都。世界上约95%的海鹦在这里安家，几乎7万只海鸟在圣玛丽角(Cape St Mary，见493页)筑巢。候鸟在安大略的皮利角国家公园(Point Pelee National Park，见175页)落脚，大型猛禽在萨斯喀彻温/艾伯塔的赛普里斯丘陵省际公园(Cypress Hills Interprovincial Park，见559页)的上升暖流中滑行。冬天，在不列颠哥伦比亚斯阔米什附近的Brackendale还可以看见在4000米高空中滑翔的秃鹰，见686页。

每年秋天，你可以在温哥华岛的金色小溪省级公园(Goldstream Provincial Park，见687页)看到大马哈鱼穿过水游到这里来产卵，然后不可避免地死去。

每四年，1500 万红鲑鱼中的一些就会游到不列颠哥伦比亚省蔡斯 (Chase) 附近的亚当斯河 (Adams River，见 732 页)。如果 2010 年、2014 年、2018 年……的秋天你在附近，就能看到水中大片的红色。

1994 年，不列颠哥伦比亚 Khutzeymateen 灰熊保护区 (Khutzeymateen Grizzly Bear Sanctuary，鲁珀特王子港附近，见 750 页) 被保护起来。超过 50 只灰熊生活在这个占地 45 000 公顷的庇护所内。一些生态旅行经营者有参观这个面临灭绝的物种的许可。在这些高山国家公园（班夫、贾斯珀、特尼奈和尧赫）也可以看到这种稀有的杂食动物。

加拿大 35% 的土地被森林所覆盖，在这里还能找到其他动物，像狼、黑熊、驼鹿、梅花鹿、海獭、麝鼠和水獭等。在纽芬兰的特拉诺瓦国家公园、萨斯喀彻温省的艾伯特王子国家公园和育空的克卢恩国家公园里，你可以看到这些动物。但是想见到每一种，最好的选择还是在阿尔贡金省立公园中驾车、徒步或骑自行车游览。

通过《成为北美驯鹿》(*Being Caribou*)，熟悉加拿大北部及其野生动物。这一电影——有带政治性的片段——展示了一年一度的驯鹿迁徙过程，和加拿大北部的其他许多野生动物的壮观画面。

垂钓

毫无疑问，一些最好的钓鱼场所很可能应该出现在有最多淡水的国家。当地复杂的社会环境使这些国家的整个营养结构以鱼为主，钓鱼也成了一种神圣的娱乐活动。

加拿大有两种运动允许争斗，钓鱼就是其中之一，另一个是冰球。虽然没有冰球那么激烈，但鱼线两端的战斗同样令人兴奋。鱼挣扎得越猛烈、越久，结果越出人意料，结果就越好。几乎在加拿大的任一个湖面上，你都可以使自己陷入这样一场喧闹。

加拿大有很多大眼鱼、梭鱼、虹鳟鱼、湖鲑鱼和大梭鱼。萨斯喀彻温省北部（见 565 页）有一些世界上产量最高的湖泊，很多都有垂钓小屋。北纬 60 度——加拿大北部——也是个很容易钓到鱼的地方。但在路边的湖里就能钓鱼，你会为此而惊讶。

不论你在哪儿，了解一下当地的、省立的和联邦的钓鱼规则；几乎每家五金制品店和渔具店都可以告诉你应该知道的所有信息。

假如你想钓鱼，又不知道钓鱼技巧，那么请登录网站：www.freshwater-fishing-canada.com，这里有加拿大式的抓鱼和做鱼的方法。

TOP FIVE 竞技运动项目

当你需要一天时间休息的时候，通过观看别人的运动来激发自己的肾上腺素。

- **卡尔加里牛仔节** (Calgary Stampede，www.calgarystampede.com)，地球上的北美洲野马、肆虐的公牛和强硬的牛仔聚集于“最伟大的室外表演 (The Greatest Outdoor Show on Earth)”，最突出的是西部牛仔竞技赛和马车赛。
- **独木舟竞赛** (Canot à Glace，www.carnaval.qc.ca)，用独木舟横跨半冻结状态的圣劳伦斯河是曾经一种必要的运输手段。在魁北克赛车狂欢节上，独木舟竞赛者面临着湍急的水流与浮冰的很大风险。
- **樵夫运动** (Logger Sports，www.squamishdays.org) 加拿大的树木是其主要的天然资源。因此，曾经有一个看谁爬树最快的比赛。8 月的第一周，在不列颠哥伦比亚省斯阔米什，举行这一遗产活动，看能手雕刻椅子，以闪电般的速度手持电锯锯木头。
- **探寻育空地区** (Yukon Quest，www.yukonquest.com) 世界上最疲劳的长距离雪橇犬竞赛。比阿拉斯加的检查站少，这项在怀特霍斯与阿拉斯加费尔班克斯之间进行的、总长度为 1000 米的比赛，每年 2 月举行，是赶雪橇者和狗的最终测试——对传统交通工具致敬。
- **卡那纳司金斯幸存者** (Survivor Kananaskis，www.calgarykayakclub.com) 当冰川的水从大坝上流下时，参加卡那纳司金斯幸存者节庆这项比赛的参赛者站在干干的河床上，最后一个仍保持站立的人胜出。5 月最后一周在卡那纳司金斯河上举行，卡尔加里西部 1 点钟开始。

加拿大拥有世界最长的海岸线和超过 52 000 座岛屿，因此海域钓鱼在这也是最方便的。西海岸的大马哈鱼在太平洋很常见，而在许多大西洋的海湾和像新斯科舍省的卢嫩堡（见 365 页）等地方，钓到一打鲭鱼或比目鱼是很寻常的事。雇一名向导是不错的主意；天气和海面的状况都会在短时间内发生巨大的变化，当地专家可以帮助你找到你要寻找的：一场激烈的鱼线搏斗。

戴水肺潜水

想象一下一片清澈的海水因为生活着过多生物而不再蔚蓝——水生生物影响了海水的颜色。欢迎来到不列颠哥伦比亚省的埃默拉尔德海 (Emerald Sea)！温哥华和维多利亚是最绝妙的水上城市，它们是世界上物产最丰富的水域，在这里，戴水肺潜水者可以成为海洋的一份子。去世界级的潜水胜地体验一下吧，维多利亚的雷斯角岩石 (Race Rocks) 或者温哥华附近的 Porteau Cove 省立公园 (Porteau Cove Provincial Park) 都是不错的选择。这里的水清澈透明，离潜水点近，你还能在这看到鲸、海鳗、海狮、海豹、海豚和许多其他海洋生物。

大西洋的加拿大也有很多不错的潜水胜地——在海底的任何地方，你都可以发现一些有趣的东西。这里的海洋生物也受益于寒冷、营养丰富的海水。加拿大行船穿越大西洋的历史十分悠久，曾发生 4500 起船只失事事故，例如 1914 年里穆斯基（见 326 页）附近魁北克海岸沉船的爱尔兰皇后号。

为了避免嘴唇在盐水中裂口，来安大略的五浔国家海洋公园 (Fathom Five National Marine Park，见 183 页) 体验淡水潜水吧。这里有晶莹透彻的水、海底悬崖、洞穴以及 20 多艘失事船只的遗骸。

加拿大的水温绝没有任何热带特征，即使是夏天这里的海水也十分寒冷。因此，不要穿比基尼（除非你是在仲夏时节到爱德华王子岛海岸上），上岸后尽快换上干衣服：这会让寒冷的身体感觉像是泡了个澡。

冲浪，风帆冲浪和风筝冲浪

加拿大的风帆运动和海浪运动有一个共同点——寒冷的水。但是在各种先进工具的保护下，当你在世界级的风和浪中飞腾欢跃时，你是不会注意到水温的。

冲浪

到www.wavewatch.com查询浪潮的预测。

看看温哥华岛的“狂野边缘”(Wild Side，出处为加拿大同名电影，地处西海岸——编注)，在环太平洋国家公园保护区（见 697 页）中，你不用应付任何横向或纵向的冲击。当地十分荒凉，因为一旦水浪卷起，这里便会有无尽的沙滩，在人迹罕至的地方，土地被大片浓密的老雪松林覆盖着。只有 6 月和 9 月会有极少数人来到这里，但是如果你想体验太平洋掀起的最猛烈的巨浪，就在冬天来这里冲浪吧。

沿新斯科舍省的跨加拿大公路向东 8000 公里处，有一个适合冲浪的地方。美国南海岸的飓风季 (8 月到 11 月) 造成加拿大的悬崖迅速断裂，而且岸边的暗礁和沙洲也在 Lawrencetow(见 362 页) 这样的地方断裂。整个南海岸地区也同样如此。及时赶到的人就能与许多东部和西部优秀的冲浪学校一起享受挑战极限的刺激。在环太平洋国家公园保护区外的托菲诺（见 699 页）有一所不错的冲浪学校，你能在那里学到很多东西。

借着15米的潮汐，可能冲浪到上游——新布伦瑞的Shubenacadie潮涌，潮高可达3米。

风帆冲浪和风筝冲浪

冲浪爱好者在国家的外缘活动，与此同时，内陆卷起的风在温哥华岛尼蒂纳特湖 (Nitinat Lake) 上制造了完美的风帆冲浪和风筝冲浪场地，世界上最大的风口之一，每天都有上升暖气流在海边流入和流出。不列颠哥伦比亚省的斯阔米什（见 664 页）很大程度上得益于文丘里漏斗风效应，在豪海峡 (Howe Sound) 比较猖獗。

艾伯塔的奥尔德曼河大坝 (Oldman River Reservoir)——不同于任何野生环境——是一个绝对热点，有助于风的形成。没有阻碍风的树木；只是以风为动力的农场消耗了部分风力。在加拿大的中心，有四大湖和巨大的乔治亚湾（穿过安大略的米德兰市便可到达，见189页）供冲浪者选择。

魁北克的玛格达伦群岛(Magdalen Islands)是圣劳伦斯海湾中心的小群沙丘，从魁北克市或爱德华王子岛出发，乘渡船可以到达，它似乎就是为风帆运动而生的。这里风很大，如果风吹错了方向，要不了几分钟你就会被吹到另一片沙滩，而那儿也一定很美。受保护的咸水湖成了安全的训练基地，你可以检测风筝冲浪，或在风大的时候寻找遮蔽处。

骑马

骑着一匹卡尤塞马(cayuse，这是牛仔们对西部小马的称呼)，漫步在西部的山上，会把你带回100年前，那时牛仔和原住民几乎仅靠骑马穿越崎岖的荒地。从艾伯塔的群山到通往育空地区沿途的海岸山脉，马在开辟新大陆中扮演了重要角色。

今天，不论是“沙发马铃薯”宅男宅女，还是运动爱好者，都乐于尝试骑马，享受户外运动的乐趣。从班夫（见599页）或贾斯珀（见610页）出发，或进入Willmore荒野保护区(Willmore Wilderness Reserve，艾伯塔欣顿附近，见582页)，体验为期1周的马背旅行吧，别忘了使用真正的牛仔用品：睡在帐篷中，用火炉在帐篷里取暖；穿过急行的小溪，带上快挂，听古老的音乐，在老大妈的房子外吃家庭做的最好食物。或骑马登上艾伯塔神圣的波丘派恩丘陵(Porcupine Hills，在卡尔加里南边)，体验纯粹的赶马、围捕生活。别忘了做好下山的准备，你一定会沾一身的泥土。

安大略 Ontario

魁北克可能更大，不列颠哥伦比亚可能有更多的山峰，而艾伯塔无疑正在振兴经济。但是说到文化、烹饪和精致，安大略当仁不让，位居第一。当然，这里也像许多其他地方有同样贫瘠、寒冷的土地，但是当你站在安大略的土地上时，会情不自禁地感受到自己与世界上其他地方之间明显的联系。暂时忘记冰地捕鱼、针叶树和熊——这是国际化的加拿大、大都市加拿大，是迷人、积极、文雅的加拿大。

大部分安大略人生活在离美国边界一两百公里的南部，这里的冬天不至于那么寒冷，而潮湿的夏天吸引着人们到户外去。多伦多——加拿大最大的城市，就在安大略—— 一个闪耀的大都市，提供欣赏多元主义艺术、参与娱乐和品尝美食的机会。渥太华，加拿大的首都，也在变化着，它已不再是坚定的“政治档案柜”，现代化的渥太华正合你口味，时髦而精彩。

一年中，安大略省用各种各样的一系列地方节日体现着自己的多元性。戏剧迷们可以高高兴兴地到湖滨尼亚加拉 (Niagara-on-the-Lake) 参加斯特拉特福的莎士比亚戏剧节 (The Stratford's Shakespeare Festival) 和萧伯纳戏剧节 (The Show Festival)。更快乐主义者的活动——喝啤酒——的内行们将自己沉浸在基奇纳 (Kitchener) 的“十月啤酒节”(Oktoberfest) 和伦敦啤酒节 (London Beer Festival) 的欢乐气氛中；而在多伦多，即使没赶上节假日期间，你度过的每一个周末都像节庆。

城市和节日不会让你尽兴？离疯狂的人群不远处，低调的农业城镇和历史上著名的殖民地阐释着安大略的端庄和文明。如果想见到野生动植物，这儿还有一些优秀的国家公园。从位于极地的哈得孙湾 (Hudson Bay) 到位于南部的温和的北美大湖区 (Great Lakes)，你会看到多得出乎意料的北方针叶林、绵延起伏的山丘和葡萄园，这一切都会让你感觉置身于绿色的海洋。不要遗忘尼亚加拉瀑布 (Niagara Falls)——如果你找到一处更值得用“壮观”来形容的自然景观，可不要忘了给我们写信！

亮点

- 在**多伦多**(见 99 页)—— 一个真正意义上的全球化大都市或正在崛起的**渥太华**(见 232 页)品尝佳肴，品味美酒，尽情享受人生。
- 瞪大双眼感受**尼亚加拉瀑布** (Niagara Falls，见 149 页)飞泻的快感。
- 在风景如画的**千岛群岛** (Thousand Islands，见 230 页)享受一个宁静的夜晚。
- 起程前往置身于加拿大最南端令人放松的**皮利岛** (Pelee Island，见 176 页)。
- 出发前往**马尼图林岛** (Manitoulin Island，见 194 页)感受原住文化。

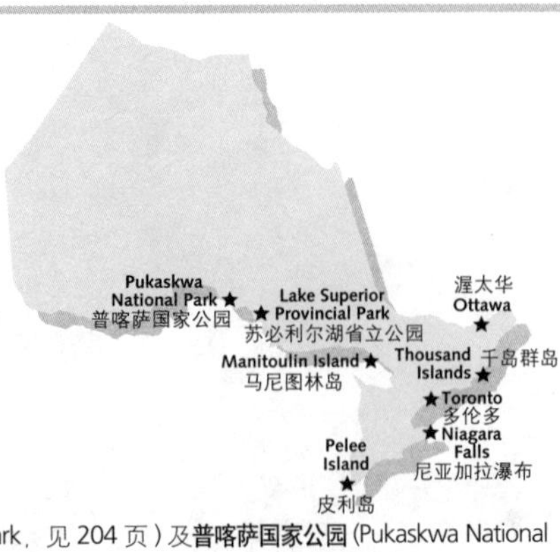

- 在**苏必利尔湖省立公园** (Lake Superior Provincial Park，见 204 页)及**普喀萨国家公园** (Pukaskwa National Park，见 206 页)宁静的湖边散步，在欣赏日落残阳普照整个湖面之余体味人生的意义。

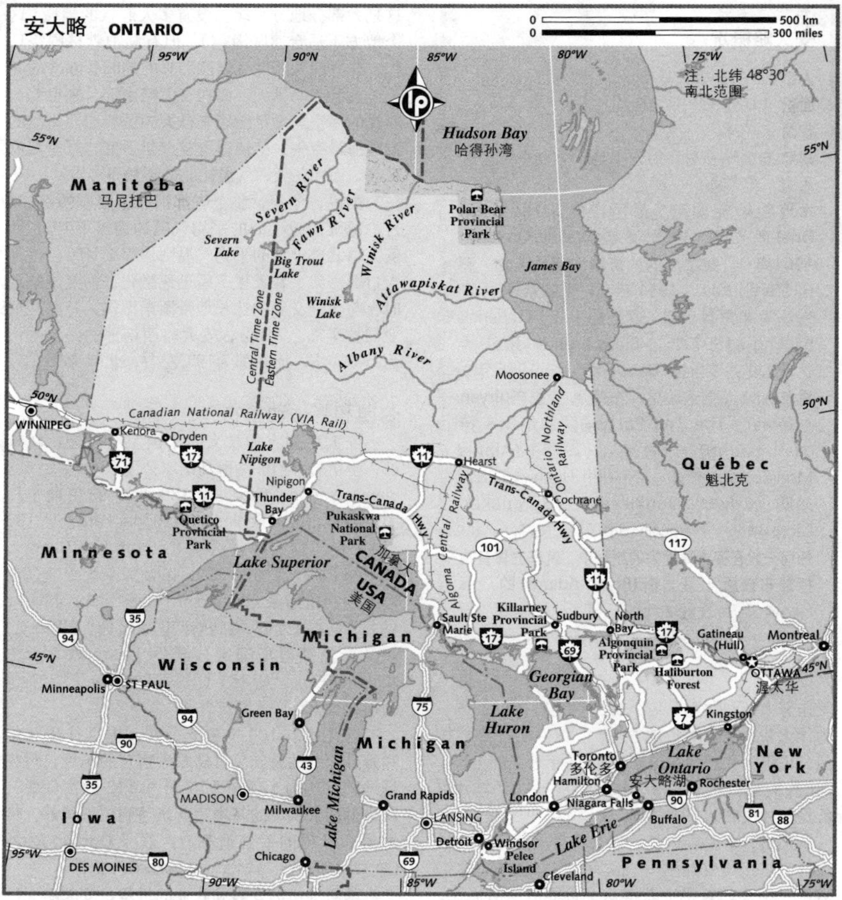

历史

当欧洲人首次从雪地蹒跚着进入安大略境内时，几个原住民族已经称这个地区为自己的家。原住阿尔贡金人 (Algonquin) 和休伦人 (Huron) 长期占据着这个省的南部；但当欧洲殖民者在 18 世纪早期控制这儿之前，原住易洛魁（伊洛魁）联邦（也被称做“五国联邦”），在乔治亚湾 (Georgian Bay) 以南、东到魁北克的地域占据着统治地位；奥吉布瓦人 (Ojibwe) 则占领着五大湖区以北、西至克里(Cree) 草原的地域（现在的艾伯塔[Alberta] 和萨斯喀彻温 [Saskatchewan] 地区）。

首先来到安大略地区的是 17 世纪的法国皮毛商人，他们筑建了基本的城堡，推进通商以及与密西西比河流域的交通。1775 年左右，随着英籍保皇党分子进入这一地区，随即大批移民涌入。1812 年战争后，到达此地的英籍移民持续增加，到 19 世纪末，安大略的村落、工厂和城市迅速发展。两次世界大战之后，来自欧洲的移民急剧增加，多伦多此后便发展成为世界上最多元化的城市。

作为实力强劲的工业和制造业密集区，安大略的人口占加拿大总人口的 39%。尽管艾伯塔 (Alberta) 有移民热潮，但多伦多仍然是来自世界各地的移民之首选，其中，可靠的就业前景以及多伦多良好的移民配套措施成为最有力的吸引点。

当地文化

安大略自视为一个文明的地方——是拥有多元文化的加拿大的顶端，与西部的乡下人不一样，而且比魁北克的亲法者更明智。多伦多的好市民

安大略概况

人口 12 753 700

面积 1 076 395平方公里

首都 多伦多

别称 安大略在易洛魁语中是*Skanadario*，意思是“气泡水”

本地名人 昵称为“最厉害的”(The Great One)的韦恩·格雷茨基(Wayne Gretzky，1961年)；演主角的芭蕾舞女演员卡伦·卡因(Karen Kain，1951年)；胰岛素的共同发明者弗雷德里克·班廷爵士(Sir Frederick Banting，1891年)；Blues Brother乐队的达恩·艾克罗伊德(Dan Aykroyd，1955年)

亮点 加拿大摇滚明星：布赖恩·亚当斯(Bryan Adams)，The Tea Party乐队，尼尔·扬(Neil Young)，阿拉尼斯·莫里塞(Alanis Morissette)，杰夫·希利(Jeff Healey)，Rush乐队，Cowboy Junkies乐队，Barenaked Ladies乐队，Tragically Hip乐队，等等

任何一段在安大略境内的旅程中，汽车立体音响播放布赖恩·亚当斯(Bryan Adams)的 *Cuts Like A Knife* **次数** 7次

工作努力，玩得疯狂，喜欢做“这地方棒极了——为什么我们要去其他地方呢？”之类的评论，其他公民都为此感到很愤怒。2007年著名的电影：《让我们都讨厌多伦多》(*Let's All Hate Toronto*)就是这种反应的集中体现。

不过，多伦多以外，你会觉得大部分安大略人行为举止比较温和——因为他们知道他们的生活水平很高，有机会获得这个世界的所有恩惠，但他们不觉得这值得吹嘘。乡镇居民通常很谦逊(且不引人注意)，但是有一些好的酒吧、B&B旅馆和销售本地优质有机产品的市场。

比起其他省份，安大略人对冰球更加狂热。这儿是“最厉害的”的韦恩·格雷茨基的家乡。一整年中，电台的大量黄金时段都在播放多伦多枫叶队(Toronto Maple Leafs)和渥太华参议员队(Ottawa Senators)的辩论秀，聚焦于招募新成员的失败、剖析枫叶队教练保罗·莫里斯(Paul Maurice)的赛后访谈，激辩着当年是否仍会如此。参议员队在2007年失去了斯坦利杯(Stanley Cup)，而多伦多在1967年斯坦利杯上的胜利在一段时间内也注定不会重演。

国土和气候

从北到南，安大略横跨辽阔的1730公里，这是大部分地方平缓、没有多大起伏的疆域(这个地方不适合速降滑雪)，但有湖泊森林围绕环抱。北方的大陆性气候所带来的是刺骨寒冷的冬天以及温和的夏天。而在安大略南部，来自北大西洋的冷空气常常遭遇来自大湖区和墨西哥湾的温暖海洋空气。这使得气候整年多变，夏季湿度很高，而在冬天，气温比北部暖和得多。

据说，冬天，整个省都铺满了厚厚的雪。1月，尼亚加拉半岛的平均气温约为零下4℃，而安大略北部地区的平均气温则达零下18℃。南部人口最密集。春天里冬雪迅速融化。而夏天临近时，与美国交界的狭长地带渐渐湿热，特别是尼亚加拉半岛。7月份，安大略西南部的气温平均为23℃左右，而东部为19℃左右，北部为15℃。

公园和野生动植物

安大略拥有加拿大六个国家级公园：在南部，坐落着乔治亚湾群岛国家公园(Georgian Bay Islands National Park，见189页)、布鲁斯半岛国家公园(Bruce Peninsula National Park，见183页)、五浔国家海洋公园(Fathom Five National Marine Park，见183页)，以及加拿大大陆最南端的皮利角国家公园(Point Pelee National Park，见175页)。在北部，有普喀萨国家公园(见206页)和圣劳伦斯群岛国家公园(St Lawrence Islands National Park，见231页)——在圣劳伦斯河(St Lawrence River)上漂流着20多座岛。

这儿也有104座省立公园，提供徒步登山和野外宿营的设施。可供6人宿营的场地，每晚场地费平均为$23至$36(外加$12的预订费)，从带淋浴、供电的基本宿营帐篷到位置很好、带淋浴和供电的宿营地都有。联系**Ontario Parks**(☎888-668-7275；www.ontarioparks.com)预订。

随着经济的发展和农业的进步，安大略天赐的大型动物群落被驱赶出境，但是越往北旅行，你越有可能看到路边的“多毛动物”(不，我可不是指伐木工人)。

到达和四处走走

飞机

加拿大绝大多数国内外主要航线和航班都从莱斯特·B.皮尔森国际机场(Lester B. Pearson International Airport)起降。**加拿大航空公司**(Air Canada；www.aircanada.com)和**西捷航空公司**(WestJet；www.westjet.com)的业务覆盖了整个省。**CanJet航空公司**(www.canjet.com)提供廉价机票，不过航班目的地较少。**第一航空**(First Air；www.firstair.ca)和**加拿大北方航空公司**(Canadian North；www.canadiannorth.ca)开通了渥太华往返努那瓦特(Nunavut)省府伊卡卢伊特(Iqaluit)的每天航班。

安大略旅行线路

四日游

在**多伦多**(见105页)临街地区尽情享受人生，如果站在**加拿大国家电视塔**(CN Tower，见105页)顶上，还可以俯瞰整座城市的迷人风光。参观博物馆、泡酒吧、夜总会、逛商店、光顾世界一流的餐厅或餐馆，2天勉强够用。

第三天，在雄伟壮丽的**尼亚加拉瀑布**(Niagara Falls，见149页)前躬身欣赏瀑布的美景，然后沿着尼亚加拉公园道路漫步，到**湖滨尼亚加拉**(Niagara-on-the-Lake，见155页)寻找"古雅"的真正含义。

第四天，漫步前往东北方向的**渥太华**(见232页)，体验一下"国家首都"的文化献礼。沿途不要错过富丽堂皇的**金斯敦**(见224页)以及风景如画的**千岛群岛**(Thousand Islands，见230页)。

十四日游

感觉像是一直奔波在路上？那就向西北行，泛舟于广阔的**阿尔贡金省立公园**(Algonquin Provincial Park，见218页)，前往**马尼图林岛**(Manitoulin Island，见194页)感受原住文化，或者去**萨德伯里**(Sudbury，见197页)及**苏圣玛丽**(Sault Ste Marie，见200页)，上一节有关安大略北部船运业及采矿业发展的历史课。

继续向西，在**沃瓦**(Wawa，见205页)待上几天。探索**普喀萨国家公园**(Pukaskwa National Park，见206页)及**苏必利尔湖省立公园**(Lake Superior Provincial Park，见204页)的原始地貌。当你向**桑德贝湾**(Thunder Bay，见208页)及更远处前行时，呈现在你面前的是未开发的广阔自然区域。

如要返回多伦多，在惠灵顿县(Wellington County)的**埃洛拉**(Elora，见167页)小憩，抚慰旅途中的疲惫。

酒，葡萄酒，美酒……

安大略的美酒中以葡萄酒最盛。如果有空儿，可以到**尼亚加拉半岛葡萄酒之乡**(Niagara Peninsula Wine Country，见146页)的葡萄园边品酒边参观，亲身体会其中的乐趣。

公共汽车

加拿大灰狗巴士(www.greyhound.ca)的业务覆盖了安大略省南部各地，而**安大略北方客运公司**(Ontario Northland；www.ontarionorthland.ca)则连接着多伦多与安大略省北部。至少提前7天订票，有时可享受对折优惠。从多伦多发出的灰狗长途车开往蒙特利尔($94，8～10小时，班次较为频繁)、温尼伯($194，31小时，一天4班)以及温哥华($371，65～70小时，一天4班)。

小汽车和摩托车

当你在安大略自驾车出游时，在首次完全停车之后，红灯信号时，你可以右转，继续行驶。大型汽车租赁公司在大的城镇都有办公处。请查看142页寻找主要公路。

区域行车里程：

多伦多到尼亚加拉瀑布：125公里

多伦多到温莎：380公里

多伦多到渥太华：440公里

多伦多到桑德贝湾：1470公里

火车

VIA Rail铁路运输公司(www.viarail.ca)提供安大略到魁北克之间的往返列车，同时，提供从温莎出发，开往蒙特利尔的往返列车($198，10～11小时，一天4班)。VIA Rail铁路运输公司也提供从安大略省北部抵达马尼托巴的列车服务。

安大略北方客运公司(Ontario Northland；www.ontarionorthland.ca)在整个安大略北部地区运营铁路运输。其北方人(Northlander)客运服务针对多伦多和科克伦(Cochrane)两地，在那儿有公共汽车开往哈斯特(Hearst)和卡普斯卡星(Kapuskasing)。北极熊快运(Polar Bear Express)也往返于安大略省北部的科克伦和穆索尼之间。

多伦多(TORONTO)

人口450万

多伦多是随季节而变化的城市。天气的骤变导致当地居民的异样行为。冬季，城市蜕变为无色，沉默寡言的当地人迅速回到室内，以躲避4月的冷风——这里的春天完全没有诱惑力。7月回来，你会发现情况截然不同：院子里充满着欢笑的人群，举着酒杯，摇晃着，人们在公园和湖岸边嬉戏玩乐，直至深夜。潮湿充塞街道，街头生活发出的嗡嗡声会聚成一片嘈杂。10月，多伦多人表情忧虑——变红的枫叶让人沉默，人们意识到，冬天不远了。2月的寒冷抽打着人们的脸，多伦多人纷纷钻入地下通道网络。积满雪的大街很是空旷，似乎无处可去，不过，此时的多伦多有画廊、咖啡店和惬意的酒吧。当然，冬季还是冰球的季节。

多伦多的许多移民都参与了这出好天气才会上演的表演。他们各自的移民文化使得这座城市转变为一个个极度活跃的种族、文化或历史的社区。与历史上的犹太人社区截然不同，这种混杂的新型邻里关系促成了这座城市的社交进程，推动着它的发展。典型的简明的加拿大姿态仍占据主流，多伦多很复杂，但也非常谦逊、宽容。

美食、购物、节庆、俱乐部、音乐会和酒吧——你在数个周内沉迷于多伦多大都会所特有的种种优势。它也是一座讲究环保的城市。大多伦多地区(Greater Toronto Area，简称GTA)地处肥沃、深远的平原，其间布满草木茂盛的溪谷——这里是浣熊和鹰的避难所，还有多得令人难以置信的汗流浃背的慢跑者。托米汤普尔森公园(Tommy Thompson Park)是人工建造的野生动植物栖息地，深深地嵌入安大略湖湖区；多伦多群岛上的树木枝繁叶茂，在城市地平线上沙沙作响。

历史

公元17世纪，现今的多伦多是塞尼卡(Seneca)原住民的属地。1615年，法国人艾提尼·布休勒(Étienne Brûlé)成为来到此地的首个欧洲人。而当地人并没有特别热情欢迎他的来访；淡漠的款待暂时阻碍了法国人进一步深入。直到1720年左右，法国人才终于建立了第一个毛皮交易点，就在现在的城市西端。

1793年，英国人占领了这里，约翰·辛科(John Simcoe)——新上加拿大(Upper Canada)的代理总督，选择这片土地营建首府(原在湖滨尼亚加拉，Niagara-on-the-Lake)，于是开始兴建约克镇(York)。1812年战争期间，1813年4月27日，美军抵达约克镇，打败了英军和奥吉布瓦人。美军洗劫了约克镇，但是仅仅统治了6天后，加拿大的军队就把他们撵走了，并将他们赶回了华盛顿。

1834年，威廉·林·麦肯泽(William Lyon Mackenzie)出任市长，这时，约克镇重新被命名为多伦多，是印第安语，意思是“聚会之地”。保守党控制的维多利亚城(Victorian City)，被人笑称为“老古板多伦多”，这个头衔直到20世纪70年代才淡化了。宗教管制和强硬的反堕落法律条文应受到谴责：周日租匹马都被视为违法；商店橱窗必须拉上窗帘(浏览橱窗被认为有伤风化)；也不允许放电影。

和许多大城市一样，多伦多曾遭遇几场大火；1904年，大约5公顷的内城遭遇火灾，一口气烧毁了122座房屋；不过，令人称奇的是竟然无人丧生。20世纪20年代，部分是因为安大略北部发现了金、银和钨，Bay Street街(多伦多的华尔街)开始兴旺起来。

1941年，80%的人口是盎格鲁—凯尔特人(高教会派教徒，Anglo-Celtic)，但是，第二次世界大战后，这座城市的文化倾向面临变革。从那以后，远远超过100万的移民来到这里：意大利、葡萄牙、智利、希腊、东南亚、中国和西印度移民一波一波地涌入这座城市。以前，受单一的英国保皇党人影响，多伦多一度被认为是毫无生机的单调城市，但是，新的语言、习俗和烹饪使这座城市日益活跃起来，改变了这座城市长期处于受单一英国人影响的状况。

1998年，多伦多五个郊区——约克、东约克、北约克、Etobicoke以及斯卡伯勒(Scarborough)融合成为大多伦多区(GTA)。作为北美第五大城市，当代多伦多正在急速发展，与它最初的“泥泞约克”(Muddy York)——安大略的破落小镇——形象相差万里。

方位

多伦多城区是个容易辨清方向的坐标式城市，从种族上和历史上来说，它周围混杂的是波希米亚人社区。城市的南部边缘是安大略湖，岸边就是多伦多群岛。浅海湾(Harbourfront)区域坐落于湖区和联合火车站(Union Station，多伦多的火车总站)之间，是通向高楼林立的金融区和颇具历史价值的老约克区的大门。布洛克剧院(Theatre Block)沿国王西街(King St W)建成，直接毗邻不夜城娱乐区(即俱乐部地带)。再往北，皇后街(Queen St)向东穿过市政厅，伸向伊顿中心(Eaton Centre)和邓达斯广场(Dundas Sq)。

扬大街(Yonge St)是南北主干道，而多伦多东西主干道的名称都以扬大街为界，被称为“东街”和“西街”。扬大街从安大略湖向北延伸，到时髦的布卢尔—约克维尔(Bloor-Yorkville)及更远(这是世界上最长的一条街！)的地方。往东几个街区处就是彻奇韦尔斯利村(Church-Wellesley Village)，是同性恋者的聚集场所。东多伦多从这里开始，向着城市贫民区、希腊村(Danforth街)和湖滨(The Beaches)等处延伸。

远处的西端，低调的贝尔德温村(Baldwin Village)和狂热的唐人街连通充斥多元文化的肯辛顿市场(Kensington Market)和多伦多大学校园。阿内克斯(The Annex)是多伦多大学西北的一个由学生主导的社区，附属于布卢尔西街(Bloor St W)。从肯辛顿市场沿着College St街步行几步就到了小意大利区(Little Italy)，与更靠南的、充满艺术气息的皇后西街(Queen West)和West Queen West街平行。

皮尔森(Lester B. Pearson)国际机场在市中心以西27公里。

地图

Lonely Planet出版社提供的多伦多市区彩色折叠地图，标注了易于查找的街道索引，地图表面还附有可书写和涂改的树胶薄膜。安大略省旅游信息中心(Ontario Travel Information Centre，见104页)或者多伦多旅游局(见104页)免费提供城市和省区地图。**MapArt公司**(www.mapart.com)出版了一套非常好的地图册，含有多伦多市中心、大多伦多区和安大略西南部地图，价钱不贵，书店和报刊亭可买到。

实用信息

书店

Indigo书店(见106～107页地图；☎416-925-3536；www.chapters.indgo.ca；Manulife Centre，55 Bloor St W；🕑9am～9pm；地铁Bloor-Yonge站)令人印象深刻的多层大卖场。

敞亮地图书店(Open Air Books & Maps；见106～107页地图；☎416-363-0719；openairbooks@yahoo.ca；25 Toronto St；🕑周一至周五10am～6pm，周六 至5:30pm；地铁King站)有些破旧的地下室堆满了旅游指南与地图，以及有关自然、宿营、历史和户外活动的书籍。

万卷书刊店(Pages Books & Magazines；见106～107页地图；☎416-598-1447；www.pagesbooks.ca；256 Queen St W；🕑周一至周五9:30am～10pm，周六10am～10pm，周日11am～8pm；电车501路)多伦多最好的私人书店，汇集各类杂志、小出版社的书籍、非小说文集和新潮文学作品。

戏剧书店(TheatreBooks；见106～107页地图；☎416-922-7175；www.theatrebooks.com；11 St Thomas St；🕑

多伦多旅行线路

两日游

想来次飞行访问？犹如乘坐火箭般登上**加拿大国家电视塔**(见105页)——多伦多人不借助翅膀或毒品的力量所能到达的最高处。信步来到**圣劳伦斯集市**(St Lawrence Market，见110页)享受午餐，然后前往**布卢尔—约克维尔**(见113页)购买商品。在**唐人街**(见130页)享受一顿节俭的晚餐。

第二天，仔细游览迷人的**安大略皇家博物馆**(Royal Ontario Museum，见113页)、**冰球名人堂**(Hockey Hall of Fame，见110页)或者**安大略美术馆**(Art Gallery of Ontario，见112页)，接着在**贝尔德温村**(Baldwin Village，见130页)用午餐。然后乘坐渡船登上**多伦多群岛**(见116页)；租用一辆自行车，享受整个下午的骑车旅行。最后回来。在**希腊城**(Greektown，见133页)细细品味晚场MEZES(希腊TAPAS)，同时再喝上几杯。

四日游

花费四天的时间，在**肯辛顿市场**(见114页)闲逛并在**小意大利区**(见132页)就餐。在**徒步团队游**(见118页)带领下，探索多伦多的腹地，或者搭乘有轨电车向东游览**湖滨地区**(见116页)，在**酿酒厂区**(Distillery District，见111页)享用晚餐及酒水。

沿着**皇后西街**及**West Queen West街**(见115页)，你可以看到很多商店、酒吧及餐馆。如果还是觉得无聊，可以在**罗杰斯中心**(Rogers Centre，见140页)观看一场棒球比赛或者在**加拿大航空中心**(Air Canada Centre，见140页)观看一场冰球表演。晚上，在**娱乐区**(Entertainment District，见139页)随意逛逛酒吧，是T.O.(多伦多)体验的必选项。

一周游

探索市区之外的一些著名景点：**斯卡堡悬崖**(Scarborough Bluffs，见117页)、**托米汤普尔森公园**(Tommy Thompson Park，见115页)或者**麦克米歇尔加拿大美术馆**(McMichael Canadian Art Collection，见144页)。更远处，还有**尼亚加拉瀑布**(见149页)，同时，**尼亚加拉半岛葡萄酒之乡**(Niagara Peninsula Wine Country，见146页)也是十分值得一去的胜地。

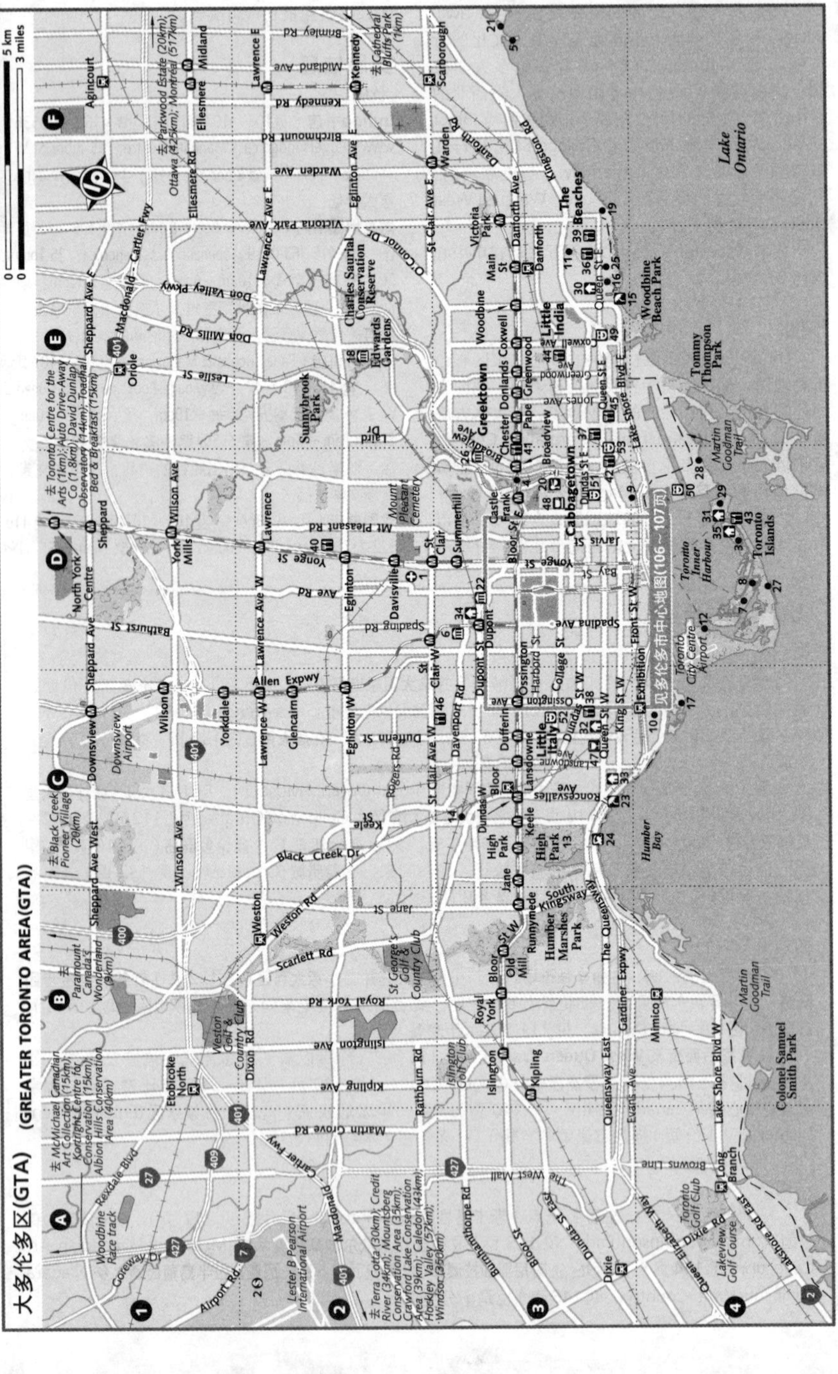
大多伦多区(GTA) (GREATER TORONTO AREA(GTA))
Lake Ontario
Humber Bay
Toronto Islands
Toronto Inner Harbour
Tommy Thompson Park
Woodbine Beach Park
Colonel Samuel Smith Park
Martin Goodman Trail
The Beaches
Little India
Greektown
Cabbagetown
Little Italy
High Park
Humber Marshes Park
Sunnybrook Park
Edwards Gardens
Charles Sauriol Conservation Reserve
Mount Pleasant Cemetery
Downsview Airport
Lester B Pearson International Airport
Toronto City Centre Airport
Woodbine Race track
Weston Golf & Country Club
St George's Golf & Country Club
Islington Golf Club
Toronto Golf Club
Lakeview Golf Course
见多伦多市中心地图(106~107页)
去 McMichael Canadian Art Collection (15km); Kortright Centre for Conservation (15km); Albion Hills Conservation Area (40km)
去 Paramount Canada's Wonderland (9km)
去 Black Creek Pioneer Village (20km)
去 Toronto Centre for the Arts (1km); Auto Drive-Away Co (1.8km); David Dunlap Observatory (14km); Toadhall Bed & Breakfast (15km)
去 Parkwood Estate (20km); Ottawa (425km); Montréal (517km)
去 Cathedral Bluffs Park (1km)
去 Terra Cotta (30km); Credit River (34km); Mountsberg Conservation Area (35km); Crawford Lake Conservation Area (39km); Caledon (43km); Hockley Valley (57km); Windsor (350km)
5 km
3 miles

实用信息
紧急牙科诊所 ... 1 D2
Travelex - 3号航站楼到站口 ... 2 A2
Travelex - 3号航站楼出站口 ... (见 2)

景点和活动
阿尔贡金岛 ... 3 D4
Balmy Beach ... (见 15)
布卢尔街高架桥 ... 4 D3
Bluffer's Park公园 ... 5 F3
卡萨洛马博物馆 ... 6 D3
中心岛 ... 7 D4
中心城市游乐园 ... 8 D4
Colborne Lodge屋舍 ... (见 13)
DD Summerville Pool游泳池 ... (见 16)
酒厂区 ... 9 D4
展览广场 ... 10 C4
格兰斯德伍特深谷 ... 11 E3
手榴弹士兵池塘 ... (见 13)
汉兰角 ... 12 D4
高地公园 ... 13 C3
High Park Cycle和Sports店 ... 14 C3
高地公园市属水池 ... (见 13)
伊万森林花园 ... (见 11)
Kew Beach沙滩 ... 15 E3
Kew Gardens花园 ... 16 E3
安大略广场 ... 17 C4
安大略科学中心 ... 18 E2
哈里斯滤水厂 ... 19 F3
河谷农庄 ... 20 D3
斯卡堡悬崖 ... 21 F3
Spadina博物馆 ... 22 D3
Sunnyside Beach沙滩 ... 23 C3
Sunnyside Gus Ryder Pool游泳池 ... 24 C3
Tat-a-Rama ... 25 E3
托德莫登米尔斯 ... 26 D3
托德莫登米尔斯野花保护区 ... (见 26)
多伦多岛自行车租赁 ... 27 D4
多伦多风帆冲浪俱乐部 ... 28 D4
伍德斯岛 ... 29 D4
Woodbine Beach沙滩 ... (见 15)

住宿
心灵驿站 ... 30 E3
Barb's Island Loft旅馆 ... 31 D4
风向地酒店 ... 32 C3
丽景酒店 ... 33 C3
城堡门宾馆 ... 34 D3
德雷克酒店 ... (见 32)
Smiley's B&B旅馆 ... 35 D4

就餐
湖滨人咖啡馆 ... 36 E3
快乐酒馆 ... 37 E3
Julie's餐馆 ... 38 C3
国王餐桌 ... 39 E3
North 44°餐馆 ... 40 D2
Ouzeri餐馆 ... 41 D3
Pan on the Danforth餐馆 ... (见 41)
真干货餐馆 ... 42 D3
牧区餐厅 ... 43 D4
Siddhartha餐馆 ... 44 E3
Toast餐馆 ... 45 E3
Vanipha Lanna餐馆 ... 46 C3

饮品
喀斯特罗斯休闲吧 ... (见 36)
歌莱斯通酒店 ... 47 C3
加油咖啡店 ... 48 D3
米尔街酿酒厂 ... (见 9)
高品质咖啡店 ... (见 39)

娱乐
Alliance Atlantis Cinemas影院 ... 49 E3
露天汽车影院 ... 50 D4
Dominion on Queen酒吧 ... 51 D3
高地公园之梦 ... (见 13)
王牌夜总会 ... 52 C3
Molson Ampitheatre剧院 ... (见 17)
歌剧院 ... 53 D3
表演艺术青年中心 ... (见 9)

购物
Arts on Queen商店 ... (见 39)

交通
新前沿汽车租赁公司 ... (见 2)

周一至周五10am～7pm，周六至6pm，周日正午～5pm；地铁 Bay站）原版剧本、音乐、电影、舞蹈、戏剧理论，以及剧本写作软件和DVD影碟。

This Ain't the Rosedale Library图书馆（见106～107页地图；☎416-929-9912；tatrl@bellnet.ca；483 Church St；🕑周日至周四11am～10pm，周五和周六至11pm；地铁Wellesley站）一个同性恋社团机构，这家书店出售小说、新版图书、非小说类图书和各种杂志。

多伦多女性书店（Toronto Women's Bookstore，见106～107页地图；☎416-922-8744；www.womensbookstore.com；73 Harbord St；🕑周一至周三和周六10:30am～6pm，周四和周五至8pm，周日正午～5pm；电车510路）公益书店，出售各类女性作家的书籍，不论任何背景，均一视同仁。

文化中心

法兰西联盟（Alliance Française，见106～107页地图；☎416-922-2014；www.alliance-francaise.ca；24 Spadina Rd；🕑周一至周四8am～9pm，周五和周六至3:30pm；地铁 Spadina站）

意大利文化学会（Italian Cultural Institute，见106～107页地图；☎416-921-3802；www.iicto-ca.org；496 Huron St；🕑周一至周五9am～1pm和2～5pm；地铁Spadina站）

日本文化基金会（Japan Foundation，见106～107页地图；☎416-966-1600；www.japanfoundationcanada.org；2nd fl，131 Bloor St W；🕑周一至周三和周五11:30am～4:30pm，周四2～7pm，每月首个周六1～5pm；地铁Bay站）

西班牙文化中心（Spanish Centre，见106～107页地图；☎416-925-4652；www.spanishcentre.com；46 Hayden St；🕑周一至周四 10am～9pm，周五至 8pm，周六至 4pm；地铁 Bloor-Yonge 站）

紧急救助

匪警、一般警事报警中心（☎416-808-2222，TDD 416-467-0493）

妇女救助中心（SOS Femmes；☎416-759-0138，800-287-8603）针对女性的法语救助电话。

多伦多强暴求助中心（Toronto Rape Crisis Centre；☎416-597-8808，TTY 416-597-1214）

上网

在扬大街主干道(Yonge St Strip)、阿内克斯的布卢尔西街和韩国城(Koreatown)，以及中国城的 Spadina Ave 大道，都能找到多伦多最便宜的网吧，每小时 $3 左右。

Enternet（见106～107页地图；☎416-260-0100；250 Queen St W；🕑9am～7pm；电车501路）

灰色地带动漫店（Grey Region Comics；见106～107页地图；☎416-975-1718；550 Yonge St；每小时$6；🕑9am～午夜；地铁 Wellesley 站）

金科（Kinko's）皇后街和邓达斯广场（见106～107页地图；☎416-979-8447；505 University Ave；🕑24小时；地铁 St Patrick 站）；阿内克斯社区（The Annex；见106～107页地图；☎416-928-0110；459 Bloor St W；🕑24小时；地铁 Spadina 站）

媒体

杂志和报纸

Eye Weekly（www.eye.net）《视点周报》，免费的街区报，

内容标新立异，侧重艺术与娱乐报道。

Globe & Mail（www.globeandmail.ca）《环球邮报》，较早的一份综合全国各类日报主要内容的简报。

Metro（www.metronews.ca）免费日报，有着内容不多的新闻、运动和娱乐版块（总是被留在地铁的座位上）。

Now Toronto（www.nowtoronto.com）《今日多伦多报》，综合类周报（有丰富的新闻和音乐会信息），周四免费发行。

Toronto Life（www.torontolife.com）《多伦多生活报》，迎合高消费层的月刊，内容有：前沿时尚、美食、艺术和娱乐。

Toronto Star（www.thestar.com）《多伦多明星报》，加拿大发行量最大的报纸；是一份思想完全左倾的日报。

Toronto Sun（www.torontosun.com）《多伦多太阳报》，很不错的小报，有翔实的体育类新闻报道。

Where Toronto（www.where.ca/toronto）《多伦多导航》，众多免费旅游杂志中实用信息最多的杂志。

Xtra!（www.xtra.ca）免费的同性恋街区半月刊。

电台

CILQ（107FM；www.q107.com）来自邓达斯广场经典的摇滚电台。

CIUT（89.5FM；www.ciut.fm）多伦多大学音乐和口语喜剧。

Edge（102.1FM；www.edge102.com）多伦多的第一个新摇滚站。

医疗场所

紧急牙科诊所（Dental Emergency Clinic；见 102 页地图；☎416-485-7121；www.dentalemergency.com；1650 Yonge St；🕑8am ~深夜；地铁 St Clair 站）

公益诊所（Hassle-Free Clinic；见106~107页地图；www.hasslefreeclinic.org；2nd fl，66 Gerrard St E；地铁College站）女性（☎416-922-0566；🕑周一、周三和周五10am~3pm，周二和周四4~8pm）；男性（☎416-922-0603；🕑周一和周三4~8pm，周二和周四10am~3pm，周五4~7pm，周六10am~2pm）提供STD/HIV检查和生殖健康检查。

儿童医院（Hospital for Sick Children；见 106 ~ 107 页地图；☎416-813-1500；www.sickkids.on.ca；170 Elizabeth St，急诊 Gerrard St W；🕑24 小时；地铁 Queens Park 站）

斯耐山医院（Mount Sinai Hospital；见 106 ~ 107 页地图；☎416-596-4200，急诊 416-586-5054；www.mtsinai.on.ca；600 University Ave；🕑24 小时；地铁 Queens Park 站）

大药房（Shoppers Drug Mart；www.shoppersdrugmart.ca）阿内克斯（见 106 ~ 107 页地图；☎416-961-2042；360A Bloor St W；🕑 周一至周六 8am ~午夜，周日 10am 起；地铁 Spadina 站）扬大街主干道（见 106 ~ 107 页地图；☎416-920-0098；728 Yonge St；🕑 周一至周五 8am ~午夜，周六 9am 起，周日 10am 起；地铁 Bloor-Yonge 站）

多伦多综合医院（Toronto General Hospital，见106~107页地图；☎416-340-3111，急诊416-340-3946；www.uhn.ca；200 Elizabeth St；🕑24小时；地铁Queens Park站）

女子学会医院（Women's College Hospital；见106~107页地图；☎416-323-6400；www.womenscollegehospital.ca；76 Grenville St；🕑24小时；地铁College站）为妇女和家庭提供一般性医疗服务。

货币兑换

美国运通（American Express；☎905-474-0870，800-869-3016；www.americanexpress.com/canada）在多伦多的分支机构只是旅游代理，并不处理金融结算业务。你可以去银行，或者试试**货币交易中心**（Money Mart，见106~107页地图；☎416-920-4146；www.moneymart.ca；617 Yonge St；🕑24小时；地铁Wellesley站）

托马斯兑换中心（Thomas Cook；www.thomascook.ca）布卢尔—约克维尔店（Bloor-Yorkville，见106~107页地图；☎416-975-9940，800-267-8891；1168 Bay St；🕑周一至周五9am~5:30pm；地铁Bloor-Yonge站）金融区店（Financial District，见106~107页地图；☎416-366-1961；10 King St E；🕑周一至周五9am~5pm；地铁King站）

Travelex（www.travelex.com/ca/）金融区店（见106~107页地图；☎416-304-6130；First Canadian Place，Bank of Montréal，100 King St W；🕑周一至周五8am~5pm；地铁Union站）；皮尔森国际机场3号航站楼进站口（见102页地图；☎905-673-7042；🕑8:30am~午夜）；皮尔森国际机场3号航站楼出站口（见102页地图；☎905-673-7461；🕑3:30am~10pm）

邮局

多伦多不再设有邮政总局，但邮政分局和药店的分店星罗棋布在城市的各个角落。最中心的一个很可能是**Adelaide St街邮局**（见106~107页地图；☎800-267-1177；www.canadapost.ca；31 Adelaide St E；🕑周一至周五 8am~5:45pm；地铁Queen站）。

旅游信息

安大略省旅游信息中心（见106~107页地图；☎英语专线800-668-2746，法语专线800-268-3736；www.ontariotravel.net；20 Dundas St W；🕑周一至周五 10am~7pm，夏天至9pm，周六至6pm，周日正午~5pm；地铁Dundas站）配备许多知识丰富、懂多种语言的工作人员，架子上堆满了宣传册。

多伦多旅游局（见106~107页地图；☎416-203-2500，800-363-1990；www.torontotourism.com；207 Queens Quay W；🕑周一至周五 8:30am~6pm，周六9am~6pm，周日10am~6pm；地铁Union站）绕道办公室咨询旅行信息，或给代理打电话咨询；数小时地使用触屏信息自动检索系统。

危险和麻烦

由北美的标准来看，多伦多是个非常安全的城市，但是妇女不宜天黑之后单独行走在从Gardiner高速路北段到Carlton St街一带，即扬大街以东的地带。也不要在深夜走位于Carlton St街和皇后街之间的Jarvis St街南段，尤其是Allan Gardens公园周围和George St街（白天，这里的治安环境也不是太好）。

近来，许多社会服务机构纷纷关闭，导致无数无家可归的人（经常是有精神疾病的人）流浪街头——这是多伦多面临的真正的问题。大多数无家可归的人可能就是受侮辱或猥亵的受害者，而不是攻击你的人。

景点

多伦多过多的景点——酿酒厂、水上公园、大型露天运动场、花园和历史古迹——云集在湖滨码头地区(Harbourfront)和金融区(Financial District)，地处市中心的南端。多伦多最古老、保存最完整的古建筑就坐落在这儿以东的老约克社区(Old York)。多伦多群岛是当地人沐浴宁静和闲适的地方。

安大略湖以北，邓达斯广场附近，新老建筑会集在一起：购物中心、商务办公区、博物馆和富丽堂皇的剧院，竞相呼应。这种混合式建筑沿着扬大街一直延伸到布卢尔—约克维尔和阿内克斯社区一带，在这一带，你会发现舒适而古老的建筑、博物馆、古怪的集市，甚至是一座残垣断壁的城堡。

肯辛顿市场、小意大利城、皇后西街和West Queen West凭借着自身的特点——即有着丰富的人文活动和多元化的区域——成为景区。远郊的多伦多东部地区和比奇显得不那么大胆创新，但仍值得探索。

在多伦多停车是非常昂贵的，交通堵塞也是一大问题。公共交通总是最好的选择。

数字多伦多

- 加拿大移民中落户多伦多的比率：每4人中就有1人
- 黄金周旅行者客流量：100万
- 一品脱当地酿造酒：$5
- 失业率：6.5%
- TTC地铁票价：$2.75
- 一天驾车穿梭多伦多的美国人比率：50%
- 加拿大国家电视塔的高度：553米
- 布鲁杰斯杯(Blue Jays)冰球比赛的便宜门票：$9
- 公共场地占多伦多面积的百分比：18%
- 多伦多枫叶队最后一次赢得斯坦利杯的时间：1967年

湖滨码头地区(Harbourfront)

扬大街和约克街在安大略湖的尽头就是安大略湖重新开发的湖滨码头地区(Harbourfront)。原来沿路都是仓库、工厂和船坞，现在满是行人，他们绕着皇后码头(Queen Quay)，上餐馆，去剧院，参观画廊，造访艺术工作室，逛商店，找公寓，走公园。开往多伦多群岛的渡轮（见143页）也在此停靠。

加拿大国家电视塔(CN TOWER)

已有30年历史、令人胆战心惊的**加拿大国家电视塔**（Canadian National Tower，简称CN Tower；La Tour CN；见106～107页地图；☎416-868-6937；www.cntower.ca；301 Front St W；观光台 成人/儿童$22/15；🕒10am～10pm，夏天关门较晚；地铁Union站）仍然保持着"城市标志"的地位。主要功能是作为电台与电视台的信息发射塔，但让旅行者尽可能多花钱似乎成为了它的第二大功能。门票价格不菲，不过搭乘玻璃电梯迅速登上世界上最高的独体建筑物(553米)是你一生中值得去做的事情之一。在晴朗的日子里，从观光台看到的风景美不胜收；如果有雾，你可能什么也看不到。注意：每年200万旅行者意味着排队的队伍会让人等2小时之久——参观者都是成批地上下。不过，如果已预订并且带了足够的现金，一流的**360°旋转餐厅**（☎416-362-5411；主菜$32～65；🕒11am～10pm）会等待着你的光临（用餐者无须支付搭乘电梯的费用）。

罗杰斯中心(ROGERS CENTRE)

罗杰斯中心（Rogers Centre；见106～107页地图；☎416-341-2770；www.rogerscentre.com；1 Blue Jays Way；1小时成人/优惠票/儿童$13.50/9.50/8；🕒团队游时间表不定；地铁Union站）的露天大型运动场建立于1989年，技术处于世界领先地位，有着世界上第一个可伸缩的圆形屋顶。游览项目包括大脑视频墙，放映着有关多伦多过去的辉煌历史、演唱会和运动会的影片，然后你将步入一个包厢大小的房间，穿过一条通往衣帽间的便道（无运动员）和大事记博物馆。

买一张布鲁杰斯杯棒球比赛(Blue Jays baseball，见140页)或阿尔戈英雄足球比赛(Argonauts football game，见140页)的优惠门票是看一看罗

多伦多市中心 DOWNTOWN TORONTO

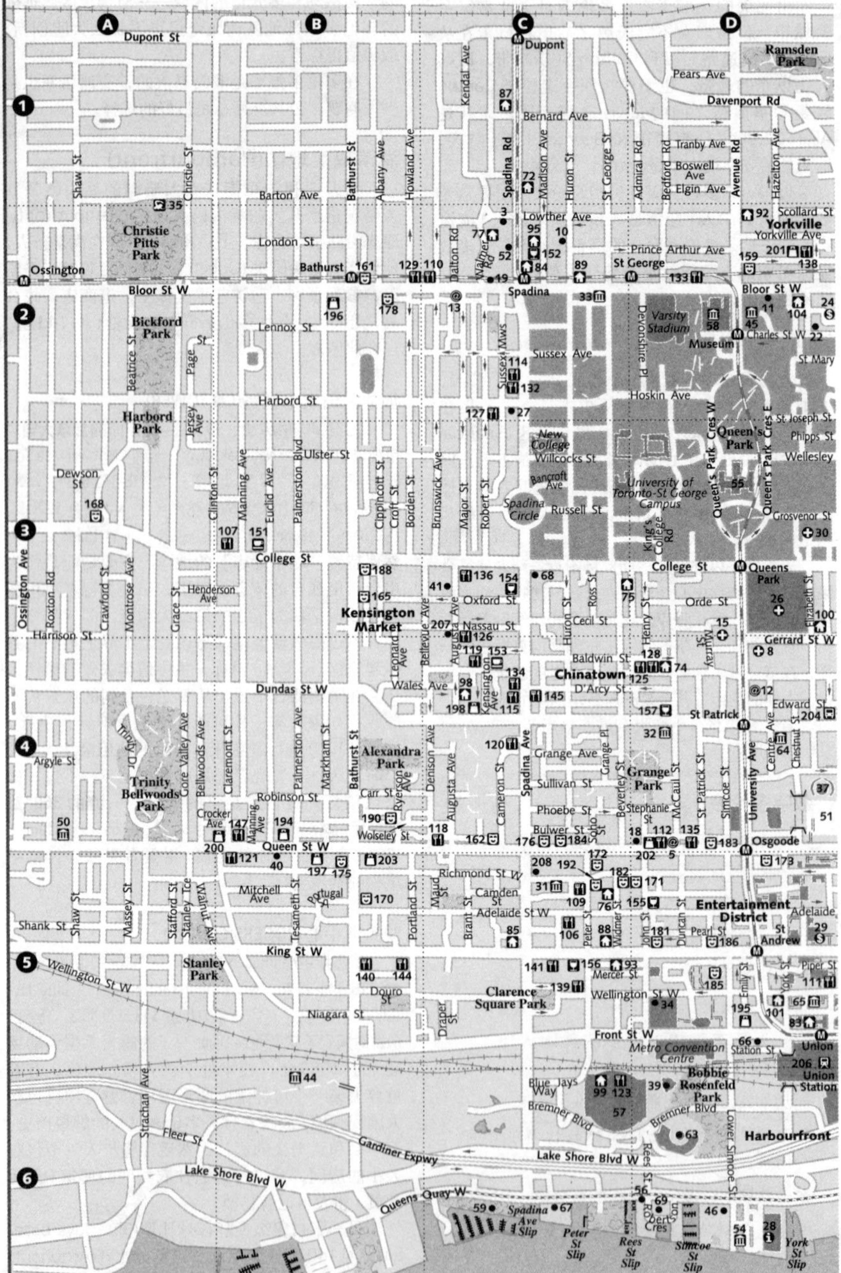

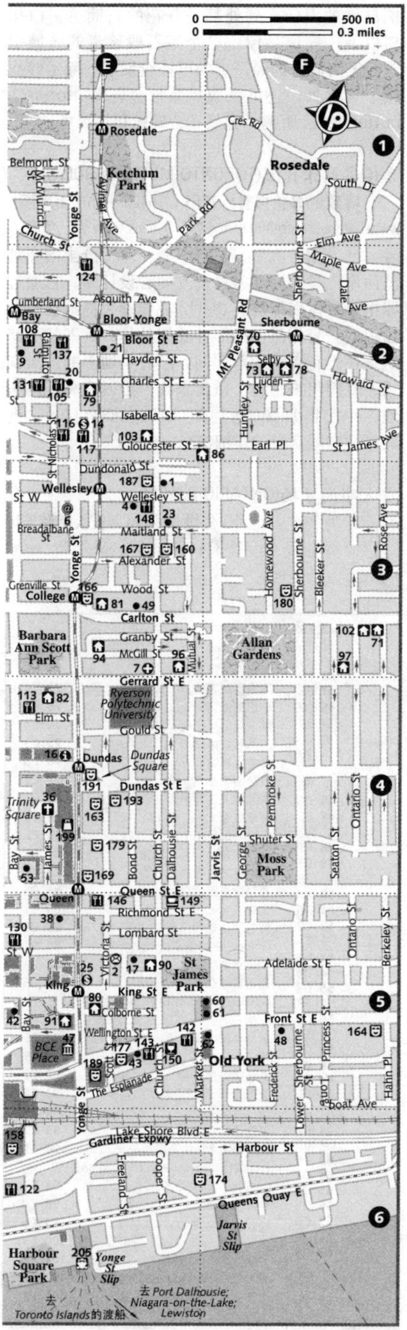

杰斯中心最便宜的方法。比赛期间，罗杰斯中心会主办一切活动，从婚礼博览会到Wiggles音乐会，应有尽有。或者，你可以在**Hard Rock Café**（☎416-341-2388；主菜 $9～18；🕑11am～11pm）享受啤酒和夹饼，通过偌大的窗口看看运动场地。你也可以入住多伦多复兴酒店(the Renaissance Toronto，见124页)，找一间可以俯瞰运动场的客房。

湖滨码头区中心(HARBOURFRONT CENTRE)

整个夏天，尤其在周末期间，**湖滨码头区中心**（见 106 ～ 107 页地图；☎416-973-4000；www.harbourfrontcentre.com；York Quay，235 Queens Quay W；举办活动免费～ $10；🕑售票处周二至周六 1 ～ 6pm；电车 509 路、510 路；Ⓟ）的**约克码头中心**常常上演丰富多彩的艺术表演活动，许多是特意给孩子安排的，有些是免费观看。有时，还会在湖边搭建室外有棚舞台进行公益表演。外边是**溜冰场**（见 118 页），冬天，你可以在这里的冰上驰骋，并欣赏摇摇欲坠的**艺术家花园区**(Artists' Gardens)——由当地的艺术家以一种“游击园艺”(guerilla gardening，一种园艺设计理念，崇尚环保，主张充分利用时间进行园艺活动而不破坏土地原貌——编注）的理念来构建，随季节变化而自然呈现的园艺区。停车费用是 $12 ～ 15。

不要错过免费对外开放的画廊，包括**摄影走廊**(Photo Passage)、**机能手工艺创作室**、**多伦多音乐花园**(Toronto Music Garden，见下文)和**Power Plant展览馆**（☎416-973-4949；www.thepowerplant.org；成人/优惠票/儿童 $4/2/免费，周三5～8pm免费；🕑周二至周日 正午～6pm，周三至8pm），是举办加拿大当代艺术展的极富声誉的展览馆。

约克堡垒(FORT YORK)

1793 年，为了保护约克镇（即现在的多伦多），英国人修建了**约克堡垒**（见 106 ～ 107 页地图；☎416-392-6907；www.toronto.ca/culture/fort_york.htm；Garrison Rd，Fleet St W 附近，Strachan Ave 以东；门票和游览成人 / 优惠票 / 儿童 $6/3.25/3；🕑6 月到 8 月 10am ～ 5pm，9 月到次年 5 月至 4pm，12 月中至次年 1 月上旬不开放；电车 509 路、511 路；Ⓟ），在 1812 年的战争中它几乎被完全摧毁，当时一小队奥吉布瓦战士和英国军队没能抵挡住美国的战舰。

今天，大量原来的原木砖石混合建筑得以复原。夏天，男士们穿上 19 世纪英国士兵的全套军服，进行滑稽的操练和行军演习，朝着天空进行连发步枪的射击练习。孩子们假装很感兴趣，或者带着木制手枪绕着城堡的外墙捉迷藏。5 月到 9 月，每小时都组织团队游。

溪鸣啤酒厂(STEAM WHISTLE BREWING)

这儿原来是1929年的火车仓库，**微酿啤酒厂**(见106～107页地图；☎416-362-2337，866-240-2337；www.steamwhistle.ca；255 Bremner Blvd，45分钟带导游团队游$8；🕑周一至周六 正午～6pm，周日至5pm；地铁Union站；电车509路、510路；🅟)擅长酿制新鲜的欧洲口味的比尔森啤酒(Pilsner)。在有趣的厂房参观中，导游会详细说明酿酒程序，并且让你拉响火车舱室历史久远的蒸汽汽笛。团队游从下午1点开始每隔1小时进行，包括在啤酒厂零售商店里免费品尝啤酒。

什帕迪纳码头湿地(SPADINA QUAY WETLANDS)

以前的湖边停车场已经变成2800平方米的**什帕迪纳码头湿地**(Spadina Quay Wetlands；见106～107页地图；☎416-392-1111；www.toronto.ca/harbourfront/spadina_quay_wet.htm；479 Queens Quay W；免费入内；🕑黎明至黄昏；电车509路、510路)，一个繁荣而可持续发展的生态系统，有着青蛙、鸟和鱼。当湖边的渔夫注意到北方的梭子鱼每年春天于此产卵时，这城市承担起了兴建和保护这个新栖息地的责任。到处都是开花的石楠丛、白杨树以及一座座鸟屋，这个宝石般珍贵的区域引领着滨海码头的经济走向可持续发展。除了寻找梭子鱼之外，还可以找找黑脉金斑蝶(monarch butterflies)、野鸭、金翅雀、蜻蜓和红翼鸟。

多伦多音乐花园(TORONTO MUSIC GARDEN)

精致的**多伦多音乐花园**(见106～107页地图；www.harbourfrontcentre.com；475 Queens Quay W，免票入园；🕑清晨至傍晚；电车509路、510路)坐落在湖滨西岸，是大提琴家马友友倾心设计的。它通过园中景致体现了巴赫(Bach)无伴奏大提琴独奏套曲中的一号作品：拱形针叶树丛林，旋涡状小路蜿蜒在野花点缀的草坪间，还有草地上的圆形剧场，专门用来举办公益音乐会。可以在湖滨码头地区中心售票点(见上文)索取表演节目单，询问带导游团队游的详细信息。

安大略游乐场(ONTARIO PLACE)

作为一个占地40公顷的公园，**安大略游乐场**(见102页地图；☎416-314-9900，866-663-4386；www.

实用信息

519社区中心 1 E3
Adelaide St街邮局 2 E5
法兰西联盟 3 C2
加拿大同性恋档案 4 E3
Enternet 5 D4
灰色地带动漫店 6 E3
公益诊所 7 E3
儿童医院 8 D4
Indigo书店 9 E2
意大利文化学会 10 C2
日本文化基金会 11 D2
金科 12 D4
金科 13 C2
货币交易中心 14 E2
斯耐山医院 15 D3
安大略旅行信息中心 16 E4
敞亮地图书店 17 E5
万卷书刊店 18 D4
大药房 19 C2
大药房 20 E2
西班牙文化中心 21 E2
戏剧书店 22 D2
This Ain't the Rosedale Library 图书馆 23 E3
托马斯兑换中心 24 D2
托马斯兑换中心 25 E5
多伦多综合医院 26 D3
多伦多女性书店 27 C2
多伦多旅游局 28 D6
Travelex 29 D5
女子学会医院 30 D3

景点和活动

理查蒙德401号 31 C5
安大略美术馆(AGO) 32 D4
芭塔鞋品博物馆 33 C2
加拿大广播中心 34 D5
Christie Pitts Park Pool游泳池 35 A1
圣公教堂 36 E4
市政厅 37 D4
雾林温室 38 E5
加拿大国家电视塔 39 D6
社区自行车运动组织 40 B5
社区车辆回收工程 41 C3
设计交易所(DX) 42 E5
伊尔金和冬季花园剧院中心 (见169)
Europe Bound Outfitters户外活动用具商店 43 E5
约克堡垒 44 B6
伽第那陶艺博物馆 45 D2
格兰吉 (见32)
灰色线路观光客车 (见204)
五大湖帆船公司 (见28)
Harbourfront Canoe和Kayak Centre 独木舟中心 (见56)
湖滨码头区中心 46 D6
冰球名人堂 47 E5
Lorraine Kimsa Theatre for Young People金萨青年剧院 48 F5
枫叶花园 49 E3
Mariposa Cruise Lines船运公司 (见28)
当代加拿大艺术博物馆 50 A4
纳什菲利浦广场 51 D4
多伦多土著加拿大人中心 52 C2
新部落 (见5)
老市政厅 53 E4
Power Plant展览馆 54 D6
省级立法机构 55 D3
皇后码头中转站 (见28)
皇后码头帆船和汽艇游 56 D6
ROMBus运输公司 (见58)
罗杰斯中心 57 C6
安大略皇家博物馆 58 D2
什帕迪纳码头湿地 59 C6
圣劳伦斯大厅 60 F5
圣劳伦斯集市(北街) 61 F5
圣劳伦斯集市(南街) 62 F5
圣劳伦斯集市画廊 (见62)
溪鸣啤酒厂 63 D6
加拿大纺织品博物馆 64 D4
多伦多辖区因纽特艺术馆 65 D5
多伦多诚信旅游 66 D5
多伦多音乐花园 67 C6
多伦多公共图书馆Lillian H Smith Branch分馆 68 C3
多伦多旅游 (见28)
Way Cool Tattoos文身店 (见197)
Wheel Excitement商店 69 D6
约克码头中心 (见46)

住宿 🏠

1871老房子酒店 70 F2
阿姆斯特丹宾馆 71 F3
阿内克斯客栈 72 C1
小巴黎酒店 73 F2
贝尔德温村旅店 74 D4
贝弗利广场酒店 75 D3
加拿大宾馆和背包客之家 76 C5
卡萨洛马旅店 77 C2
卡莱雷酒店和萨尔比套间 78 F2
舒适旅馆 79 E2
Cosmopolitan酒店 80 E5
多伦多市中心天天宾馆 81 E3
德尔他多伦多市中心酒店 82 E4
费尔蒙皇家酒店 83 D5
全球宾馆 84 C2
背包客地球村旅舍 85 C5
Gloucester广场酒店 86 F2
Havinn酒店 87 C1
假日宾馆 88 C5
Holiday Inn Toronto Midtown 假日酒店 89 C2
多伦多国际青年旅舍 90 E5
维多利亚酒店 91 E5
豪伍德强生宾馆 92 D2
德国酒店 93 C5
B&B朋友酒店 94 E3
麦迪逊酒店 95 C2
Neill-Wycik学院酒店 96 E3
Pimblett's Downtown Toronto B&B 旅馆 97 F3
星球游客旅舍 98 C4
多伦多复兴酒店 99 C6
大学旅馆 100 E3
Strathcona Hotel酒店 101 D5
Toronto Townhouse B&B旅馆 102 F3
维多利亚大厦宾馆 103 E2
温莎酒店 104 D2

ontarioplace.com；955 Lake Shore Blvd W；日通票成人/儿童 $22/12，门票 $13/7，电影中心每人 $8；🕑6月末至8月初 10am ~ 8pm，5月和9月仅周六和周日；电车 511 路；Ⓟ）建造在三个人工岛上。一张"全天游通票"(Play All 日票）在手，你就可以体验几乎所有刺激的游乐项目和景点，包括**陷落城市**(Soak City) 水上公园和**电影空间** (Cinesphere)，在这家随时入场观影的影院中体验新锐的太空时代放映方式，你一定会感觉耳目一新，对了，这里播放的是用 IMAX 胶片拍摄的电影。孩子们很喜欢像 H2O Generation Station 一类的软垫攀爬区，和原子爆破球 (Atom Blaster)。

其他景点，诸如与真人同高的 MegaMaze 迷宫和 **Molson Amphitheatre 剧院**（☎416-260-5600；www.hob.com/venues/cncerts/molsonamp）的布鲁斯屋 (House of Blues) 音乐会，这些景点需要单独买票。下午 5 点之后购票以及入场门票都可能有折扣。遇上雨天，许多乘骑、活动以及餐馆和高空设施都不开放。

你可以乘电车来到展览广场 (Exhibition Place)，然后跋涉经过湖滨桥 (Lakeshore Bridge) 到达安大略游乐场 (Ontario Place)，或者从联合火车站搭乘免费的往返公共汽车，6 月到 8 月一天都有班次，而在 5 月和 9 月则只有周末才有，上午 9 点和下午 7 点之间每隔半小时发车一趟。停车费为 $12 至 $20。

展览广场(EXHIBITION PLACE)

每年，古老的**展览广场**（见102页地图；☎416-263-3600；www.explace.on.ca；Lake Shore Blvd以西，Strachan Ave和Dufferin之间；🕑时间不定；电车511路；Ⓟ）都会举办加拿大国家博览会(Canadian National Exhibition，见123页)，这时的广场复活了，仿佛回到了从前。展览会期间，数百万旅行者涌入，参加嘉年华活动、伐木竞赛，比6月的主日学校野餐更好、更实在、更富有当地趣味。王侯门(Princes' Gate)上矗立着纨绔风格的胜利之神雕塑，这位胜利之神诞生于1927年加拿大60周年国庆之时。

一年之中，展览广场举办的其他活动包括多伦多国际汽车大奖赛 (Grand Prix of Toronto，见123 页）、各种各样的观赏性体育比赛，以及印第安人服饰设计表演。其他时候，这个广场鲜有人问津，十分空旷。停车费用为 $11。

就餐

360? ....(见 39)
7 West Café小餐馆 105 E2
Autogrill餐馆 106 C5
意大利酒吧 107 B3
布卢尔街食府 108 E2
Burrito Boyz餐馆 109 C5
偶遇餐馆 110 C2
Bymark餐馆 111 D5
Café Crepe小餐馆 112 D4
大众餐厅 113 E4
克拉比萨饼店 114 C2
饺子屋餐馆 115 C4
伊索比亚餐馆 116 E2
东边火焰餐厅 117 E2
Fressen餐馆 118 C4
全球奶酪 119 C4
金石面条餐馆 120 C4
Gypsy Co-op餐馆 121 B5
湖滨码头60号牛排餐馆 122 E6
Hard Rock Café 123 C6
Indochine餐馆 124 E2
John's Italian Café意式小餐馆 125 D4
Jumbo Empanadas饭馆 126 C3
经度餐馆 127 C2
Matahari Grill烧烤店 128 D4
Mel's Montréal Delicatessen餐馆 129 B2
Mercatto餐馆 130 E5
日式餐馆 131 E2
Papa Ceo比萨饼店 132 C2
PhỎ'? Hu'ng餐馆 133 D2
PhỎ' Hu'ng餐馆 134 C4
皇太后咖啡店 135 D4
大米吧 136 C3
Saigon Sister餐馆 137 E2
Sassafraz餐馆 138 D2
五味全餐厅 139 C5
Siddhartha餐馆 140 B5
Spoon餐馆 141 C5
春卷店 142 E5
圣劳伦斯集市 ....(见 62)
Sultan's Tent和Café Maroc 餐馆 143 E5
Susur餐厅 144 B5
Swatow餐馆 145 C4
Terroni食品店 146 E5
Terroni食品店 147 B4
乌托邦 ....(见 107)
泽尔达餐馆 148 E3

饮品

B浓缩咖啡吧 149 E5
C'est What酒吧 150 E5
Czehoski酒馆 ....(见 194)
时间咖啡店 151 B3
麦迪逊大道俱乐部 152 C2
Moonbean咖啡公司 153 C4
红房子 154 C3
Smokeless Joe酒馆 155 D5
地下车库酒吧 156 C5
乡村傻瓜酒吧 157 D4

娱乐

加拿大航空中心 158 E6
Alliance Atlantis Cumberland 4影院 159 D2
黑鹰吧 160 E3
布卢尔剧院 161 B2
喀麦隆酒屋 162 C4
加拿大歌剧演出公司 ....(见 173)
卡农剧场 163 E4
加拿大舞台演出公司 164 F5
Cineforum影院 165 B3
安大略电影院 ....(见 32)
安大略电影院售票处 ....(见 108)
卡尔顿综艺大影院 166 E3
瓦思提综艺大影院 ....(见 108)
Crews/Tango/Zone舞厅 167 E3
El Convento Rico舞厅 168 A3
伊尔金和冬季花园剧院 169 E4
制造剧院 170 B5
至美院线 171 D5
菲兹·巴缇克俱乐部 172 C5
Fly俱乐部 ....(见 117)
四季表演艺术中心 173 D5
古尔德幽谷音乐坊 ....(见 34)
总督夜总会 174 F6
湖滨地区中心 ENT ....(见 46)
Healey's酒吧 175 B5
酒醉吧 ....(见 121)
马蹄铁小酒馆 176 C4
蜂鸟行为艺术中心 177 E5
库勒赫斯厅 ....(见 174)
李氏宅第 178 B2
马西音乐厅 179 E4
Mod Club俱乐部 ....(见 168)
凤凰音乐厅 180 F3
威尔士公主剧院 181 D5
Republik俱乐部 182 C5
Rex酒吧 183 D4
理查德火车站剧场 ....(见 173)
Rivoli俱乐部 184 C4
罗杰斯中心 ENT ....(见 57)
罗伊汤森大厅 185 D5
皇家亚历山大剧院 186 D5
Slack's酒吧 187 E3
Sneaky Dee's酒吧 188 B3
圣劳伦斯艺术中心 189 E5
超越剧院 190 B4
TO Tix 191 E4
Tonic俱乐部 192 C5
Top O' The Senator 193 E4
多伦多交响乐团 ....(见 185)
Woody's/Sailor 酒吧 ....(见 160)

购物

安妮·汤普森工作室 194 B4
北极屋 ....(见 28)
心灵港湾画廊 195 D5
诱惑商店 196 B2
本色商店 197 B5
勇气·我的爱 198 C4
伊顿购物中心 199 E4
周五女孩 200 B4
行会商店 201 D2
诚信爱德华商场 ....(见 196)
约翰·弗鲁威格鞋店 202 D4
猜想影音文化商店 203 B4
猜想影音文化商店 ....(见 196)

交通

GO Transit汽运公司 ....(见 206)
地铁长途公共汽车始发站 204 E4
多伦多群岛渡轮 205 E6
联合火车站 206 D5
四轮车租赁公司 207 C3
Zipcar 208 C5

金融区(Financial District)

联合火车站周边日夜繁华，有着卖热狗的店铺、在门口吸烟的办公室文员们和前往加拿大航空中心观看冰球比赛的运动爱好者。Bay St 街是多伦多的华尔街。Bay St 街上的人们尽力去说服自己这里实际上是纽约。

冰球名人堂(HOCKEY HALL OF FAME)

蒙特利尔银行大厦(建于1885年)是一栋灰色石块砌成的洛可可风格的华丽建筑，里面容纳着这座**冰球名人堂**（见106～107页地图；☎416-360-7765；www.hhof.com；较低的大厅BCE Pl，30 Yonge St；成人/优惠票/儿童$10/9/9；⏲周一至周五10am～5pm，周六9:30am～6pm，周日10:30am～5pm，6月到8月至6pm；地铁Union站）。在这座圣殿里，冰球迷能找到他们所能想要的一切。看看《得州电锯杀人狂》式的球门员面具藏品(《得州电锯杀人狂》[*Texas Chainsaw Massacre*]是美国著名的恐怖电影，片中充满令人胆寒的金属道具——编注)，努力拍摄下韦恩·格雷茨基(Wayne Gretzky)赢球的真正瞬间，或者用你的照相机记录冰球最大的赛事——独一无二的斯坦利杯赛事(Stanley Cup，对于冰球队员而言，没有不重要的防守，更没有什么可以替这个大罐子[这里指斯坦利杯——编注]，哦，不，不，不……)。就算对要求最快、最剧烈的冰球比赛不怎么熟悉的人都会受到互动式多媒体展览和冰球怀旧纪念珍品的感染。

雾林温室(CLOUD FOREST CONSERVATORY)

多水蒸气的**雾林温室**（见106～107页地图；☎416-392-7288；Richmond St和Temperance St间，Yonge St以西；免费进入；⏲周一至周五10am～3pm；地铁Queen站）是个意料之外的避难所，挤满了巨大的丛林、葡萄树和棕榈。墙壁上的信息牌为温和的多伦多人回答了"什么是雨林？"，把会计师从数据报表中暂时吸引出来。在冬季，这儿是个暖和身体的好地方。但天黑之后进入这块区域——邻近的公园吸引了一些猥亵的人。

多伦多辖区因纽特艺术馆(TORONTO DOMINION GALLERY OF INUIT ART)

坐落在多伦多辖区中央的一座塔楼里，**多伦多辖区因纽特艺术馆**（见106～107页地图；☎416-982-8473；Maritime Life Tower一楼和中间隔层，79 Wellington St W；免费开放；⏲周一至周五 8am～6pm；周六和周日 10am～4pm；地铁St Andrew站）深层次挖掘因纽特文化的独特内涵。一连串的玻璃展柜展示他们的日常场景，还有水獭、熊、鹰和雕刻的因纽特人作品等展品。

老约克镇(Old York)

历史上的约克镇老区只包括 10 个正方形的街区。但是，今天，它的邻区从扬大街的东面一直延伸到顿河 (The Don River)、从皇后街一直延伸到湖滨地区的游乐场。多伦多过去的印迹处处可见。

圣劳伦斯集市和大厅(ST LAWRENCE MARKET & HALL)

老约克镇令人激动的**圣劳伦斯集市**（见106～107页地图；☎416-392-7120；www.stlawrencemarket.com；South Market，95 Front St E；免费参观；⏲周二至周四 8am～6pm，周五 8am～7pm，周六 5am～5pm；电车503路、504路；Ⓟ）近两个世纪以来就是一个社区集会的地方。翻新的、高高架起的**南集市**建于1845年，集合着50多个专业美食摊：奶酪摊、鱼贩、肉食店、面包店以及意大利面食摊。在楼上，那些古老的市政议会厅中，**圣劳伦斯集市画廊**（St Lawrence Market Gallery；☎416-392-7604；免费开放；⏲周三至周五10am～4pm，周六9am～4pm，周日正午～4pm）轮流展出绘画、图片、公文和历史上的实物。

Front St 街的对面是看起来有些阴暗的**北集市**(North Market)，它已恢复了往日风采，周六是农贸市场，周日是一个古董市场。北集市曾经几十年惨遭遗忘，直到 1967 年，在加拿大 100

安大略湖

这儿有点像是被遗忘的房间角落里被忽视的一张纸，多伦多人一直不太懂得欣赏他们的湖泊。其实这并不是他们的错——庸俗的城市规划意味着通常不可能在市区看到水域，湖岸入口只是最近几十年才开通的。化学物品、污水及肥料严重污染了河水，尽管情况正在逐渐改善，但只有勇敢的人和不知实情的人才敢在市区的河边游泳。对于大多数城市居民来说，安大略湖巨大、灰暗而冰冷，阻止了美国人驾车前来湖区的扬大街。

据历史记载，安大略湖是世界上第 14 大湖并且是五大湖中最小、最靠东的湖泊：长 311 公里，宽 85 公里，深 244 米。"安大略"这个名字来源于易洛魁语的"Skanadario"，意思是"闪光之湖"，不考虑庸俗的规划和污染外，你会发现，水仍然在闪光。参观多伦多群岛或者托米汤普尔森公园，你将很快看到湖水的真面目——静水流深，非常有魅力。一定要把所有这些都告诉当地的居民。

周年国庆前后得到修缮。向北边再走上几步，就是气派的**圣劳伦斯大厅**(St Lawrence Hall，建于1849年)，大厅屋顶是双层斜坡式的，上面有一座从不同街区都可以望见的铜壳钟塔。

在集市停车费用为$8。

酿酒厂区(DISTILLERY DISTRICT)

老套**酿酒厂区**(见102页地图；☎416-866-1177；www.thedistillerydistrict.com；55 Mill St；免费进入；⏲6月末到8月10am～6pm；电车503路、504路)的占地13英亩，已如凤凰涅槃般自1832年的Gooderham和Worts酿酒厂——曾经是大英帝国最大的酿酒厂——旧址重生。维多利亚时代的仓库已经转换成高耸的画廊、艺术家的创作室、昂贵的设计室、咖啡屋和餐馆以及青年表演艺术中心(Young Centre for Performing Arts，见139页)和米尔街酿酒厂(Mill Street Brewery，见135页)。婚礼聚会常常以红砖和鹅卵石为背景拍摄照片；穿戴整齐的新人在迷人的老山形墙前在购台下购买皮制沙发家具。夏季有现场爵士演出、展览和以美食为中心的活动。

布洛克剧院(Theatre Block)和娱乐区(Entertainment District)

金融区以西，占据King St街两个街区，处在John St街和Simcoe St街之间的地方是多伦多的娱乐区(Entertainment District，绰号"俱乐部地带")。布洛克剧院位于南部，异常繁忙。

加拿大广播中心 (CANADIAN BROADCASTING CENTRE)

多伦多的**加拿大广播中心**(见106～107页地图，简称CBC；☎416-205-3311；www.cbc.ca；250 Front St W；免费进入；⏲博物馆和剧院 周一至周五9am～5pm，周六正午～4pm；地铁Union站，电车504路)是整个加拿大的英语电台和电视的总部。法语作品出自蒙特利尔，而总裁则留在渥太华(真正意义上的加拿大式妥协)。

你可以在任何时间窥看电台编辑部或者在世界顶级的古尔德幽谷音乐坊(Glenn Gould Studio，见138页)欣赏免费的中午音乐会。不要错过小型的**CBC博物馆**(CBC Museum)，这儿收集了无数古董麦克风(1949年的RCA 74DX非常抢眼！)、音响效果器、磁带录音机和儿童电视剧中的木偶。隔壁的**Graham Spry Theatre 剧院**放映着经典的电视节目。

理查蒙德401号(401 RICHMOND)

一个20世纪早期石版画艺术家的库房，于1994年进行了修复，18 500平方米的**理查蒙德401号**(见106～107页地图；☎416-595-5900；www.401richmond.net；401 Richmond St W；免费参观；⏲绝大多数画廊周二至周六；电车510路)享有盛名，有130个各种各样的现代艺术和设计画廊，展示了画家、建筑师、摄影家、印刷师、雕塑家以及出版人的倾心力作。过去的地板在玻璃电梯、一楼的咖啡吧、树木茂盛的院子和屋顶花园之间吱吱作响。

皇后大街和邓达斯广场 (Queen Street & Dundas Square)

扬大街往北去是邓达斯广场(Dundas Sq)，它是这座城市临时代用的公共广场，这一点当地人从来都没真正地承认过。附近的伊顿中心(Eaton Centre)，作为城市象征更为出名，在皇后大街和邓达斯广场之间伸展。广场和中心都在皇后大街商业区以东。

市政厅(CITY HALL)

备受非议的**市政厅**(见106～107页地图；☎416-338-0338；www.toronto.ca；100 Queen St W；免费参观；⏲周一至周五 8:30am～4:30pm；地铁 Queen站；Ⓟ)是多伦多建筑大胆跃入现代风格的第一次尝试。它的蛤壳状双塔、中部飞起的茶碟状结构、迷人的坡道以及式样新颖的20世纪60年代镶嵌图案，均完工于1965年，是出自芬兰建筑师维勒吉·雷维尔(Viljo Revell)的获奖作品。性格急躁的弗兰克·劳伊德·怀特(Frank Lloyd Wright)把它称做"朝向墓地的头号标志"；因命运堪称多舛，雷维尔本人在工程还没完工时就辞世了。你可以在咨询处索取一份自助游览小册子；不要错过大厅里奇异的1:1250的多伦多比例模型。在此处停车收费$13。

市政厅前面是**纳什菲利浦广场**(Nathan Phillips Sq)，这里是溜冰者、露天表演者和附近办公室文员午饭时碰头的地方。夏天，你可以看到**"时鲜周三"**农贸市场(10am～2:30pm)、公益音乐会和一些特别的活动。喷泉池在冬天就成了溜冰场(见118页)。

穿过Bay St街就来到了1899年建造的**老市政厅**(Old City Hall；见106～107页地图；☎416-327-5614；www.toronto.ca/old_city hall；60 Queen St W；免费参观；⏲周一至周四8am～9pm，周五至5pm，周六8:30am～3pm)。它确实出自多伦多建筑师E.J.雷依(EJ Lennox)之手，他也是卡萨洛马博物馆(Casa Loma，见113页)的设计师。现在，老市政厅里面有数个法庭辩论室，这座大厅有一座偏离中心的钟塔、有趣的壁画和古怪的怪兽状滴水嘴。

伊尔金和冬季花园剧院中心 (ELGIN&WINTER GARDEN THEATRE)

一幢修复的建筑杰作，**伊尔金和冬季花园剧院中心**(见106～107页地图；☎416-314-2871；www.heritagefdn.on.ca；189 Yonge St；参观游览 成人/儿童$7/6；⏲团队游周四 5pm 和周六 11am；地铁 Dundas站)是世界上仍在使用的最后一座双层剧院。

1913年，作为一个杂耍连锁剧场的旗舰剧院，漂亮的冬季花园建成，但连锁剧场的经营没能启动，而楼下的伊尔金剧场于20世纪20年代改建成了电影院。

1981 年，这两个剧院在濒临拆除时被挽救，在花费 $2900 万进行修复的工程中，采用面包粉来恢复原来玫瑰园的壁画图案，当初织造地毯的比利时公司重新更换了比利时地毯，冬季花园剧院天顶悬挂的美丽花叶装饰也被非常小心地更换了，一片叶子一片叶子地更换。新的座椅来自芝加哥恶名昭著的自传剧院 (Biograph Theater)。公众游览很值得参与。也可参阅 138 页。

圣公教堂(CHURCH OF THE HOLY TRINITY)

在伊顿中心西侧是绿洲般的圣公广场(Trinity Sq)，是根据很受欢迎的**圣公教堂**（见106～107页地图；☎416-598-4521；www.holytrinitytoronto.org；10 Trinity Sq；免费；🕑周一至周五11am～3pm，周日9am 和10:30am 礼拜仪式，周三12:15pm；地铁 Dundas 站）而得名的。当于1847年开放时，它是多伦多第一座不向教区居民收取座位费的教堂。现在，它既是礼拜屋、小音乐厅，也是社区聚会中心——具备了市区教堂的所有功能！

加拿大纺织品博物馆 (TEXTILE MUSEUM OF CANADA)

位于没有文化底蕴的城镇角落中一处塔楼底部，地处偏僻，小型的**加拿大纺织品博物馆**（见106～107页地图；☎416-599-5321；www.textilemuseum.ca；55 Centre Ave；成人/优惠票/儿童/家庭 $10/6/6/22，周三 5～8pm 免费参观；🕑周四至周二 11am～5pm，周三 至8pm，团队游周日2pm；地铁St Patrick站）有永久展品约10000件，来自拉丁美洲、非洲、欧洲、东南亚和印度，另有当代加拿大的展品。还有作坊，教人如何蜡染、织布、针织以及各种各样的针织手艺。

唐人街和贝尔德温村 (Chinatown & Baldwin Village)

多伦多富有活力的唐人街在学院街和皇后街之间，它占据了 Spadina Ave 大道的大部分；一扇亮丽的朱红色双龙大门是唐人街中心区的标志。再向西，在 Beverly St 街和 McCaul St 街之间、占据着 Baldwin St 街一部分的是绿树成荫的贝尔德温村，它与犹太人有渊源，但是今天，它放荡不羁的氛围则源于越南战争期间从美国来此驻扎的反对传统文化者。

安大略美术馆 (ART GALLERY OF ONTARIO)

安大略美术馆（简称 AGO；见 106 ～ 107 页地图；☎416-979-6648；www.ago.net；317 Dundas St W；成人/优惠票/儿童/家庭 $8/5/5/20，周三 6 ～ 9pm 免费参观，特别展览除外；🕑周三至周五 10am ～ 9pm，周六和周日 至 5:30pm；电车 505 路）收藏了非常优秀而广泛（要有足够的精力才能看完）的艺术品。不过，在著名建筑师弗兰克 · 哥哈利 (Frank Gehry) 的监督下，美术馆目前正在修复，经常暂时关闭建筑的一部分和展览，哦，可以不用那么劳累了！当修复工作完成之时，安大略美术馆展出的藏品将会由原来的 33 000 增加到 43 000 件——的确增加了很大一批。其中的精品包括珍贵的魁北克宗教雕塑、原住民 (First Nations) 以及因纽特雕刻作品、加拿大“七人画派” (the Group of Seven) 的主要作品、亨利 · 摩尔 (Henry Moore) 雕塑厅，以及重建后的被称为**“格兰吉”**(The Grange) 的乔治亚人建筑。当整个修复工作完成后，价格将会上涨，开放时间也可能会改变；有关信息，请登录它的网站查询。

路过时别错过安大略电影院 (Cinematheque Ontario，见 136 页)，安大略美术馆的 Jackman 大厅 (Jackman Hall) 也会播放影片，这儿可能不会因修复而关门。

扬大街主干道和彻奇韦尔斯利村 (Yonge Street Strip & Church-Wellesley Village)

在邓达斯广场以北，扬大街主干道位于College街和布卢尔街之间，中间点缀着成人用品店、廉价饮食店以及干道两旁的众多俱乐部。向东一个街区的是彻奇街，这儿是多伦多的同性恋者聚集区。装饰着彩虹华彩旗的彻奇韦尔斯利村以彻奇街和韦尔斯利街的交叉路口为中心。

枫叶花园(MAPLE LEAF GARDENS)

这个令人追忆的**冰球场地**（见 106 ～ 107 页地图；60 Carlton St；地铁 College 站）在大萧条期间仅用 5 个月就建成了，令人惊奇，这里曾是多伦多枫叶队 (Maple Leafs，见 140 页)50 多年的根据地。1931 年在首场比赛中，枫叶队输给了芝加哥黑鹰队 (Chicago Blackhawks)，但他们后来连获 13 次斯坦利杯冠军，并在 1999 年搬迁到加拿大航空中心 (Air Canada Centre)，打破了场场比赛满座的国内纪录。多年来，猫王艾尔维斯 (Elvis)、斯纳德拉 (Sinatra) 和甲壳虫乐队 (the Beatles) 都在枫叶花园现场高歌过。

曾有谣传，这处深受人们喜爱的历史旧地会被拆掉，这只说对了一部分。枫叶花园由食品连锁店 Loblaws 于 2004 年收购，2008 年年初开始对购物大楼进行再开发（我们希望这个矮矮胖胖的艺术建筑正面能得以幸免）。

布卢尔—约克维尔(Bloor-Yorkville)

一度作为多伦多版的纽约格林威治村(Greenwich Village)或旧金山海特—阿舍布里(Haight-Ashbury)，多元文化撞击的阵地城堡约克镇(Yorkville)变成了这座城市非常繁荣热闹的商业区：画廊、连体住宅、独一无二的夜总会、餐馆和咖啡馆。布卢尔—约克维尔从扬大街西段延伸到 Avenue Rd 路，南至时髦的 Bloor St 街，北到 Davenpart Rd 路。

安大略皇家博物馆(ROYAL ONTARIO MUSEUM)

多学科分类的**安大略皇家博物馆**（简称 ROM；见106～107页地图；Royal Ontario Museum；☎416-586-8000；www.rom.on.ca；100 Queen's Park；成人/优惠票/儿童 $20/17/14，专题展览另收费；⏲周六至周四10am～6pm，周五 至 9:30pm；地铁 Museum站）曾是加拿大最大的自然历史博物馆，目前，它处在安大略皇家博物馆翻新工程之中，工程应该在你阅读本书时全部完成，这项新工程包括对Bloor St街上的建筑整体进行大爆破，换成一批新的艺术画廊。

馆内的收藏品包括自然科学、古代文明和艺术类的展品。中国寺庙雕塑、**韩国美术馆**(Gallery of Korean Art)以及服装织物的收藏堪称世界一流。孩子们从人行道边的黄色校车中跑出，涌入恐龙室、埃及木乃伊和牙买加蝙蝠穴复制品。不要错过**杉树柱**(cedar crest poles)——不列颠哥伦比亚省内原住民部落的雕筑柱。**现代文化研究院**(Institute of Contemporary Culture)通过艺术、建筑、演讲和动态影像探索了当前所存在的问题。博物馆一天都有免费的团队游：打电话或者登录网站了解具体时间。

TOP FIVE 幽静场所

- **圣公教堂**(Church of the Holy Trinity)皇后街(Queen St)和邓达斯广场(Dundas Sq，见112页)
- **理查蒙德401号屋顶花园**布洛克剧院和娱乐区(Theatre Block & Entertainment District，见111页)
- **斯卡堡悬崖**(Scarborough Bluffs)大多伦多地区(Greater Toronto Area，简称GTA，见117页)
- **多伦多辖区因纽特艺术馆**(Toronto Dominion Gallery of Inuit Art)金融区(见110页)
- **多伦多音乐花园**(Toronto Music Garden)湖滨码头区（见108页）

芭塔鞋品博物馆(BATA SHOE MUSEUM)

在生活中穿双好鞋子很重要，**芭塔鞋品博物馆**（见106～107页地图；☎416-979-7799；www.batashoemuseum.ca；327 Bloor St W；成人/优惠票/儿童/家庭 $8/6/4/20，周四 5～8pm 免费参观；⏲周二、周三、周五和周六 10am～5pm，周四至8pm，周日 正午～5pm；地铁St George站）就很严肃地对待这个问题。由著名的建筑师雷蒙·莫里雅玛(Raymond Moriyama)设计，造型就像一个很有风格的鞋盒。该博物馆展示了逾万双来自全球各地的“足下艺术品”。仔细看看19世纪法国栗木压制而成的木屐、加拿大原住极地靴，或者现代著名人物艾尔顿·约翰、英迪拉·甘地(Indira Gandhi)和毕加索(Pablo Picasso)穿过的鞋子。博物馆中固定和轮换的展品演绎了制鞋发展历程，侧重体现，在人类历史上鞋子是如何表示社会地位的。

伽第那陶艺博物馆 (GARDINER MUSEUM OF CERAMIC ART)

安大略皇家博物馆对面是布局紧凑的**伽第那陶艺博物馆**（见 106 ～ 107 页地图；☎416-586-8080；www.gardinermuseum.on.ca；111 Queen's Park；成人/优惠票/儿童 $12/8/免费，周五 4 ～ 9pm 和每月第一个周五全天 免费参观；⏲10am ～ 6pm，周五至 9pm；地铁 Museum 站）由慈善家创建。收藏的作品遍布三层楼，跨越数千年，几个房间着重展出了 17 世纪、18 世纪英国的小酒馆器物、意大利文艺复兴时期的瓶子、古代美洲的陶土制品和中国青花瓷器。特色展示台定期轮换，并且有严格的活动、会议、团队游、展示和筛选安排。

多伦多大学和阿内克斯社区(University of Toronto & The Annex)

创建于 1827 年，赫赫有名的多伦多大学（简称 U of T）是加拿大最大的大学，近 4 万名全日制学生，逾万名教职员工。中心的圣·乔治校园的确很是威严。

多伦多大学校园以西和以北是阿内克斯社区(The Annex)，主要是学生和教师的居住区。这里满是酒吧，生态杂货店，具有全球意识的小吃店和精神交流会所。

卡萨洛马博物馆(CASA LOMA)

这个貌似中世纪的**卡萨洛马博物馆**（见102页地图；☎416-923-1171；www.casaloma.org；1 Austin Tce；

成人/优惠票/儿童 $16/10/8.75；⏲9:30am～5pm，入馆时限 4pm；地铁 Dupont站；Ⓟ）巍然耸立于阿内克斯社区(The Annex)之上，所在的悬崖曾经是易洛魁冰川湖(glacial Lake Iroquois)的海岸线，安大略湖就源于此。可沿着27米高的**Baldwin阶梯**，爬上从Davenport Rd路以北的Spadina Ave大道出发的斜坡。

这座有着 98 间房间的奇怪城堡——城堡形建筑、烟囱、旗杆、小塔和 Rapunzel 包厢所组成的粗糙建筑集合体——建于 1911 年到 1914 年间，是为亨利·裴拉特伯爵 (Sir Henry Pellat) 修建的，他是一位富有的金融家，他的财富源自他与政府签订的专营供电合同，由他提供多伦多的电源。其后，他的地产投机生意全军覆没，城堡被没收，他和他妻子不得不搬出这里。城堡后来曾作为一家豪华酒店，但开张时间不长，不过它的爵士乐队夜总会比酒店本身吸引了更多的赞助商——尽管它最后也失败了。停车费为 $8.25。

什帕迪纳博物馆(SPADINA MUSEUM)

这座优美的**博物馆**（见 102 页地图；☎416-392-6910；www.toronto.ca/culture/spadina；285 Spadina Rd；团队游成人 / 优惠票 / 儿童 $6/5/4，免费入园；⏲周二至周五 正午～4pm，周六和周日至 5pm，地面周一至周五 9am ～ 4pm，周六和周日 正午～ 5pm；地铁 Dupont 站；Ⓟ）作为一处乡间庄园，始建于 1866 年，为金融家詹姆斯·奥斯丁 (James Austin) 及其家族所建。沿用维多利亚时期的煤气灯照明，室内陈设着三代人收集的家具、艺术品和纺织品。厨房仍在使用，由盛装工人举办季节性的烹饪展示，而**爱德华茶会**（Edwardian Teas；每人 $20；⏲多数周日，致电预订）、草莓节和夏日音乐会在苹果园举行。停车费为 $8.25。

省级立法机构(PROVINCIAL LEGISLATURE)

安大略**省级立法机构所在地**（见 106 ～ 107 页地图；☎416-325-7500；www.ontla.on.ca；College St 以西，Queen's Park 公园；免费参观；⏲团队游 周一至周五 10am ～ 4pm；6 月到 8 月 周六和周日 9am ～ 4pm；立法会在 3 月到 6 月和 9 月到 12 月的周一至周四开庭议事；地铁 Queen's Park 站）在皇后公园一栋 1893 年建成的砂岩大楼中，装饰极为华丽。如果想找些土生土长的娱乐，当立法辩论会开庭时就去旅行者画廊。可免费旁听，但要严格遵守安全条例。你不可以记笔记、阅读，当尊敬的议员们激烈地辩论着诸如滑雪车安全这样的紧急议题时，也不能鼓掌。想参加免费团队游的旅行者，记得在咨询台前排队——电话或网上查询具体的日程安排。

多伦多大学圣乔治校区 (UNIVERSITY OF TORONTO–ST GEORGE CAMPUS)

在**多伦多大学**（见 106 ～ 107 页地图；☎416-978-5000；www.utoronto.ca；25 King's College Circle，Nona Macdonald Visitors Centre；免费入场，免费团队游；⏲1 小时校园游 周一至周五 11am 和 2pm，周六和周日 11am；地铁 Queens Park 站，地铁 Museum 站；电车 506 路、510 路；Ⓟ）的生活围绕着**金斯学院中心** (King's College Circle) 开阔而泥泞的草坪上，在那里，学生在毛毡上学习，四周踢足球，在圆顶的**会议大厅** (Convocation Hall) 里梦想着毕业的日子。

自 1919 年起，积聚人气的**哈特屋**（Hart House；☎416-978-2452；www.harthouse.utoronto.ca；7 Hart House Circle；免费参观；⏲6:45am ～午夜）就是一个多功能的艺术画廊、音乐表演空间、剧场、学生沙龙和咖啡吧。紧邻旁边的是**战士塔** (Soldiers' Tower)，用来纪念在第一次世界大战、第二次世界大战中牺牲的学生。附近的一栋 19 世纪中期罗马式复古大楼是**多伦多大学艺术中心**（U of T Art Centre；☎416-978-1838；www.utoronto.ca/artcentre；15 King's College Circle；成人 / 学生 $5/3；⏲周二至周五 正午～ 5pm，周六至 4pm），一个展现当代加拿大和世界文化的艺术画廊。

如果你对建筑或城市规划感兴趣，那就去看看**艾瑞克 · 阿瑟画廊**（Eric Arthur Gallery；☎416-978-5038；www.ald.utoronto.ca；2nd fl，230 College St；免费；⏲周一至周五 9am ～ 5pm，周六正午～ 5pm），由园林、建筑和设计学院的教师负责布置与讲解。

参加免费的校园步行团队游时，学生导游会给你讲述学院中有鬼魂出没的石匠爱情三角地的故事，他们还会告诉你校园的古炮台是怎样对准只有掷石之遥（即一枪射程那么远）的省级立法机构（见 106 ～ 107 页地图）。

停车费为 $14。

多伦多原住加拿大人中心 (NATIVE CANADIAN CENTRE OF TORONTO)

这个**社区中心**（见 106 ～ 107 页地图；☎416-964-9087；www.ncct.on.ca；www.firststory.ca；16 Spadina Rd；免费入内；⏲周一至周四 9am ～ 8pm，周五至 6pm，周六正午～ 4pm；地铁 Spadina 站）每周四晚上举办鼓乐集会、季度恳谈会和老年人文化活动，为的是推进原住民与非原住民之间的和睦相处与交流。了解偶尔举办的“伟大印第安人巴士游 (Great Indian Bus Tours)”，帮助你了解多伦多的原住民历史。

肯辛顿市场和小意大利 (Kensington Market & Little Italy)

肯辛顿市场的周边有些破旧但仍不失优雅，

它恰恰是多伦多盛行的多元主义的真实写照。这里的美食绝对是一种享受，购物更像是一场狂欢。街上有许多艺术家、骇人的都市嬉皮士、有文身的朋克一族、瘾君子、吸毒者、商人、骑摩托车的人、哥特人、音乐家以及无政府主义者。骑自行车的人经过时，他们低声推销着他们的毒品，空气中弥漫着烈酒的气味。

沿着 College St 街再往前走，小意大利是有名的创新室外咖啡馆、流行酒吧和风格各异的餐馆的聚集区，这些店总是在改变着风格——富裕的客人都很浮躁，这众所周知。再往西走有更传统的东西，香气四溢的面包房、街边小店和乡村餐馆。

皇后西街(Queen West)和West Queen West

尽管皇后西街及其延伸至 West Queen West 的区域内没有太多可值得一提的名胜景区，却仍吸引着人们的注意力，真让人觉得不可思议：这里竟然是加拿大最时髦的区域，在这里当地人贪婪地购物，吃着美味的饭菜，摇晃至半夜。

当代加拿大艺术博物馆 (MUSEUM OF CONTEMPORARY CANADIAN ART)

新的**当代加拿大艺术博物馆**（简称MOCCA；见102页地图；Museum of Contemporary Art；☎416-395-0067；www.mocca.toronto.on.ca；952 Queen St W；免费入内；⏲周二至周日11am～6pm；电车501路；Ⓟ），最近迁出了扬大街，是这座城市唯一一个由当地加拿大视觉艺术家委托收集艺术品的博物馆。West Queen West已成为一个艺术和设计综合区域——是这座新博物馆中最完美的部分。这里的永久藏品只有400件，从1985年开始收集，但一流的临时展品推动着从新斯科舍到不列颠哥伦比亚省的年轻艺术家的发展。

多伦多东区(East Toronto)

Parliament St 街以东到顿河的地区曾经是爱尔兰移民的栖身之地，当时他们为逃避1841 年马铃薯饥荒而移民到这里。因为这一带的沙质土壤易于种大白菜，又被叫做**大白菜镇**(Cabbagetown)。大白菜镇可能是北美拥有维多利亚风格经典建筑最多的地方，很值得走走看看。

更往北的是希腊城 (Greektown，亦称为丹弗斯 [The Danforth]，位于 Danforth Ave 大道)，再往东是小印度区 (Little India，位于 Gerrard St E 街)，两者是美食天堂的不同版本。

托米汤普尔森公园(TOMMY THOMPSON PARK)

湖滨码头地区和湖滨区间的一座5公里长的人造半岛，**托米汤普尔森公园**（Tommy Thompson Park；见102页地图；☎416-661-6600；www.trca.on.ca；Leslie St，Lake Shore Blvd E附近；免费参观；⏲11月到次年3月 周六和周日 9am～4:30pm，4月到10月周六和周日9am～6pm；电车 501路、502路、503路）比多伦多群岛(Toronto Islands)更深入安大略湖。这块"荒野野地"用从外港和市区建筑工地挖出的泥沙土石填方建成——已成为罕见的野生动物家园。它是世界上环嘴海鸥(ring-billed gull)最大的巢窝地，是燕鸥(tern)、黑冠夜鹭(black-crowned night heron)、乌龟、猫头鹰、狐狸，甚至是丛林狼(coyote)的避难所。

公园周末和节假日对公众开放；汽车和宠物禁止入内。解说活动和导游游览的夏季安排常常体现生态的主题。在公园尽头，有一间灯塔，可以看到壮观的城市景观。

要乘坐公共交通工具到这儿，你可以在皇后东街搭乘任何一路电车，在 Leslie St 街下，然后向南行 800 米就可到达公园大门。致电**多伦多与地区环境保护权威机构**（Toronto & Region Conservation Authority，简称 TRCA；☎416-667-6295），了解从大

布卢尔街高架桥

在 1987 年的小说《身着狮皮》(*In the Skin of a Lion*) 中，多伦多作家迈克尔 · 翁达杰 (Michael Ondaatje) 描述了人们艰难地以钢铁建造而成的**布卢尔街高架桥** (Bloor Street Viaduct，见 102 页地图)。这座桥架在顿河 (Don River) 上的 40 米高空中，于 1918 年完成，长 490 米，将多伦多东西两端连接起来。结构工程师埃德蒙 · 伯克 (Edmund Burke) 聪明地将用于轨道运输的底层甲板设计理念应用在大桥的设计中。当多伦多运输委员会 (Toronto Transit Commission ，简称 TTC) 于 1966 年开通布卢尔—丹弗斯地铁线 (Bloor–Danforth subway line) 时，在没有任何结构更改的基础上，他们将轨道架设在了博克大桥 (Burke's bridge) 上。

对，这的确很有先见之明，但小埃迪没想到，几百名可怜的多伦多人会从这座大桥上跳下去自杀——大概有 500 个伙计就这么自寻死路了，高峰时约每 22 天就发生一次这样的不幸事件。解决方法？ 2003 年，在桥上每隔很短的一段距离就安装一处带反光膜的铁制隔离栏。

TOP FIVE 环保且可持续发展的亮点

- 社区车辆改良工程(Community Vehicular Relcamation Project，见106～107页地图)肯辛顿市场的汽车尾气排放净化室位于Augusta Ave大道上。
- 高地公园(High Park，见117页)内有自然灌木丛、橡树丛林和手榴弹士兵池塘(Grenadier Pond)，欧洲人到来之前多伦多就是这个样子。
- 什帕迪纳码头湿地(Spadina Quay Wetlands，见108页)以前是停车场，现改建成一个可持续性发展的生态系统。
- 托德莫登米尔斯野花保护区(Todmorden Mills Wildflower Preserve，见118页)从工业废地中重建9公顷野生植物花圃。
- 托米汤普尔森公园(Tommy Thompson Park，见115页)为蛇、乌龟、狐狸和丛林狼建造的人造庇护所。

门进入公园里的定时车辆的车次安排(5月初到10月中旬)。或者，你也可以租自行车或溜冰鞋，沿着马丁古德曼徒步小路(Martin Goodman Trail，见118页)一路来到这儿。

河谷农庄(RIVERDALE FARM)

这个**农庄**(见102页地图；☎416-392-6794；www.friendsofriverdalefarm.com；201 Winchester St；免费参观；🕑9am～5pm，5月到10月周二农贸集市3～7pm；电车506路；Ⓟ)曾经是多伦多动物园所在地，当时，大草原上的狼常常在深夜号叫，让大白菜镇(Cabbagetown)的孩子们害怕。现在，这里是一个活的农庄博物馆，有两间农舍、一个夏季涉水池、多个水禽栏和动物(鹅、山羊、猪、兔子、火鸡等等)栏。当农夫做着日常杂事时(如早上10点30分挤牛奶)，孩子们常常围着他转。农夫市场的特色是出售有机食品的嬉皮士和弹奏阿巴拉契亚吉他的艺人。

湖滨地区(The Beaches)

对于当地人而言，“湖滨”指的是湖畔附近相对富裕、专业人士聚居的居民区。对于其他人而言，它是湖滨地区中的一部分——意指环安大略湖周遭的郊外、湖滨地区和公园用地。

湖滨地区和公园(BEACHES & PARKS)

在**湖滨地区**(见102页地图；☎416-392-8186；www.toronto.ca/parks；免费入内；🕑清晨至黄昏；电车501路)**Kew Beach沙滩**是最著名的沙滩湖滨，湖滨通道向东延伸到**Balmy Beach沙滩**，向西通往**Woodbine Beach沙滩**。紧邻的**Kew Gardens花园**有公共卫生间、小吃店、一个溜冰场、草坪保龄球俱乐部和网球场；在西端，有一个奥运标准的公共**游泳池**(见119页)。**马丁古德曼徒步小路**(Martin Goodman Trail，见118页)穿越**尘桥湾公园**(Ashbridge's Bay Park)。皇后街外围，下陷的**伊万森林花园**(Ivan Forrest Gardens)通往**格兰斯德伍特深谷**(Glen Stewart Ravine)，是一条更清新的绿荫小径，一直向北延伸到金斯敦大路(Kingston Rd)。

哈里斯滤水厂(RC HARRIS FILTRATION PLANT)

在珍贵的地产带上居高临下地望着湖滨的惊人景色，优美的**哈里斯滤水厂**(见102页地图；☎416-392-2934；www.beachestoronto.com/tour/harris.html；2701 Queen St E；电车501路；Ⓟ)俨然是拥有美妙装饰的现代杰作，在无数电影和电视节目中出现过，也曾在迈克尔·翁达杰(Michael Ondaatje)的《身着狮皮》(*In the Skin of a Lion*)这部电影中出现。由于美国大萧条时期昂贵的工程费用，最初的居住者蔑视地将它称为“净化的宫殿”(Palace of Purification)。目前已不对外开放，但是迈克尔·翁达杰的忠实粉丝应该去查查旅行团是否将这个地方列入日程。

多伦多群岛(Toronto Islands)

很久以前，并没有多伦多群岛，这里原来只是一个极大的沙洲，一直延伸入湖，长9公里。1858年4月13日，一场飓风侵袭了长长的沙洲，造成了现在被称做东渠(the Eastern Channel)的缝隙。使得多伦多拥有了20多座美丽的岛屿，覆盖了600英亩水域。当你来到**阿尔贡金岛**(Algonquin Island，见102页地图)和**伍德斯岛**(Ward's Island，见102页地图)参观800多个紧凑的艺术社区时，会产生一阵阵羡慕。要抵岛游玩，须搭乘15分钟的渡轮(见143页)。

中心城市游乐园
(CENTREVILLE AMUSEMENT PARK)

从中心岛(Centre Island)渡轮码头出发，径直路过咨询亭，到达奇特的**中心城市游乐园**(Centreville Amusement Park；见102页地图；☎416-203-0405；www.centreisland.ca；日票成人/儿童/家庭$28/19/80，公共场地免费；🕑7月到8月每天10:30am～8pm，6月周一至周五10:30am～5pm，周六和周日10:30am～8pm，5月和9月周六和周日10:30am～6pm；渡轮Centre Island站)。挤在几百英亩土地上的是古老的欢乐酒宴、古怪的高尔夫球场、微型火车旅行和空中缆车。更远处是**Far Enough农场**动物园，这里给孩子们提供了许多机会，去拥抱一些毛绒绒的家伙，踩上一些黏糊糊的东西。

往南过中心城市桥，是高过头顶的**树篱迷宫**(hedge maze)和多伦多**电车团队游**(☎416-392-8192；35分钟 成人/优惠票/儿童 $5/4/2；🕑周一至周四1～5pm，周五至周日至6pm)的售票厅。更往南处，则是更衣室、小吃店、自行车租用点(opposite)和驶入湖区的游船码头。东面是一个**船坞出租处**(☎416-392-8192；每小时租赁 $15～25；🕑周一至周四11am～5:45pm，周五至周日至6:45pm)，在那里你可以租乘独木舟、爱斯基摩划子或者划桨船，并且可以探索这些岛屿的礁湖。

汉兰角(HANLAN'S POINT)

中心岛的西端，在多伦多城市中心机场(Toronto City Centre Airport)附近，是**汉兰角**(见102页地图；渡轮Hanlan's Point站)，它得名于世界划船手冠军"Ned"汉兰(1855～1904年)，他是这儿第一户长住人家的一员。1914年，巴比·鲁斯(Babe Ruth)在这里打未成年组垒球赛时，赢了他第一场专业主场比赛的胜利——那场比赛用的球就沉在安大略湖底，这颗最终的纪念品永远地消失了……在结冰湖上进行的冰上滑行运动达到了顶峰，直到20世纪40年代。由于气候变化，现在的冬天很难再玩这种运动了。

过了免费网球场和低地沙丘濒危植物的脆弱生态系统，并不罕见的裸体主义者自由自在地在**汉兰角海滩**(Hanlan's Point Beach)的灰白沙滩上漫步。在这个沙滩上"随意着装"于1999年被宣布合法，受到同性恋者的欢迎。

伍德斯岛(WARD'S ISLAND)

在**伍德斯岛**(见102页地图；渡轮Ward's Island站)的西端是一个18孔的**飞盘高尔夫球场**(Frisbee Golf Course；☎416-203-0807；www.discgolfontario.com；免费入内；🕑黎明至黄昏)。一条老式的木板路沿着岛屿的南部海滨铺设，经过牧区餐厅café的后门(见134页)。

大多伦多区(Greater Toronto Area，简称GTA)

原多伦多市周围的许多城镇并入市政管辖，成就了庞大的大多伦多区。游览这些地方挺值得，不过，如果你徒步逡巡的话，这会花去你一天中大部分的时间。

高地公园(HIGH PARK)

多伦多最大的公园是令人欣喜、未加修整的**高地公园**(见102页地图；☎416-392-1111；www.highpark.org；1873 Bloor St W；免费参观；🕑清晨至黄昏；地铁High Park站，电车501路、506路、508路；Ⓟ)，铺开野炊用的毯子、游泳、打网球、围着公园骑车、滑冰，或者只是坐在橡树林中，欣赏日落情景。这儿也是**高地公园之梦**(Dream in High Park，见138页)的舞台，在**手榴弹士兵池塘**(Grenadier Pond)，冬天，人们在此滑雪，一个**动物围场**(儿童动物园)和**Colborne Lodge屋舍**(☎416-392-6916；www.toronto.ca/culture/colborne.htm；Colborne Lodge Dr；成人/优惠票/儿童 $5.50/4/3.50；🕑10月到12月 周二至周日 正午～4pm，5月到9月正午～5pm，1月到4月仅限周六和周日；Ⓟ)——这是一座具有英国摄政时代特色的小屋，由霍华德(Howard)家族建于1836年；1873年，他们把高地公园的大部分捐赠给了这座城市。

高地公园的北入口处位于高地公园大道(High Park Ave)的Bloor St W街附近。6月中旬至9月上旬的周末和假期里，30B路汽车在高地公园地铁站接客，然后绕着公园环行。不然的话，你得步行200米至北门。506路高地公园电车在公园东岸有停靠站。如果你从南门的Colborne Lodge口出去，可以沿着这条路到Blvd W湖边，往东坐上一辆电车回市区。

斯卡堡悬崖(SCARBOROUGH BLUFFS)

斯卡堡悬崖(Scarborough Bluffs；见102页地图；☎416-392-1111；www.toronto.ca/waterfront/tour/scarborough_bluffs.htm；Kingston Rd[Hwy 2]附近，scarborough；免费参观；🕑清晨至黄昏；地铁Victoria Park站，然后换乘12路公共汽车；Ⓟ)由长达14公里的粗糙湖岸冰川悬崖沉积而成。1793年，伊丽莎白·辛科(Elizadeth Simcoe)将该悬崖命名为斯卡堡，与英格兰Yorkshire的一个镇同名。通过几座公园可以到达悬崖顶端，在那儿可一览安大略湖的全景。

在金斯敦路(Hwy 2公路)的Cathedral Bluffs Dr站口处南转，可至斯卡堡悬崖的顶峰，即**主教布拉夫公园**(Cathedral Bluffs Park，65米)。风蚀雪化导致其宛如天主教堂的尖塔群，显露出5种不同冰川纪的地质痕迹。你也可以在更东处进入Galloway Rd路海滨，Brimley Rd路对面的断崖下面，垃圾填埋场被改建为**Bluffer's Park公园**，这是一个私人码头和娱乐休闲场所。

除非你有车子，否则到断崖很费力，如果你驾车来此，也要注意停车空间非常有限。有一个选择是坐地铁至维多利亚公园，然后在Kingston Rd路换乘12路公共汽车。让司机将你放在Cathedral Bluffs Dr车道，它就位于St Clair Ave E东街十字路口的东部。

托德莫登米尔斯(TODMORDEN MILLS)

安静地栖息在顿河边，**托德莫登米尔斯**（见102页地图；☎416-396-2819；www.toronto.ca/todmorden；67 Pottery Rd；成人/优惠票/儿童$3.50/2.25/1.50；⏲5月到12月周二至周五11am～4pm，周六和周日正午起；地铁Broadview站，然后换乘8路、62路、87路、100路公共汽车；Ⓟ）是一处工业废墟，位于18世纪后期的一个磨坊中，它后来变成锯木厂，然后是酿酒厂，最后是造纸厂。有悠久历史的陈列品在酿酒厂走廊里闲置着，在热情的导游带领下，旅行者可以观看古老磨坊和不大的顿火车站(Don train station)。自然小径在小桥处开始，最后绕回隐蔽的**托德莫登米尔斯野花保护区**（www.hopscotch.ca/tmwpl），9.2公顷的工业荒地上长满野花，这里还有木板路和看台。

活动

多伦多人在冬天经常被冻得像木乃伊般僵硬，但他们仍然身体健康。室外活动丰富多彩，夏天，人们沿着湖岸蹬车、溜冰和跑步，在市内的峡谷徒步，在安大略湖上划船。冬天，滑冰和冰球是他们的最爱，但如果你看到在冰冷的大街上有人在蹬车，或在7月中旬看到冰球迷们还在人造冰场上操练，你大可不必见怪。

自行车和赛道溜冰(In-Line Skating)

对于自行车爱好者和赛道溜冰者，**马丁古德曼徒步小路**(Martin Goodman Trail)是个好去处。这条铺好的休闲小路从湖滨地区穿过港口区，一直到西边的Humber River河岸——去找找湖泊，你会找到的。沿这条路你可以进入在Cherry St街的Don Valley山地自行车道。在**多伦多群岛**上（见右栏），南岸沿湖滨道和所有相互连通的小路都是非机动车道。你还可以绕着多山的**高地公园**（见右栏）骑自行车或溜冰。如果你向往更长的徒步跋涉，马丁古德曼徒步小路是**安大略湖水边徒步小径**（www.waterfronttrail.org）的一部分，从多伦多以东开始，绵延450公里到达湖上尼亚加拉(Niagara-on-the-Lake)附近，在那里你可以踏上与**尼亚加拉园林大道**（见152页）相邻的休闲小路。

推荐给骑自行车者的地图包括《多伦多自行车路线地图》(*MapArt's Toronto with Bicycle Routes*，$3.95)和《官方安大略湖水区码头地图手册》(*Official Lake Ontario Waterfront Trail Mapbook*，$9.95)。

多伦多自行车运动组织（Toronto Bicycling Network；☎416-760-4191；www.tbn.on.ca），一个休闲的自行车俱乐部，是非常好的资源，组织非会员进行活动，收取很少的费用。

租赁经营者包括：

社区自行车运动组织（Community Bicycling Network；见106～107页地图；☎416-504-2918；www.communitybicyclenetwork.org，www.bikeshare.org；761 Queen St W；成人/学生 每年$50/30；⏲周一至周五正午～6pm；电车501路）会员可以从中央地带的活动中心租一辆黄色的变速自行车，租期可以长达三天。

Europe Bound Outfitters 户外活动用具商店（见106～107页地图；☎416-601-1990；47 Front St；⏲周一至周五10am～7pm，周六至6pm，周日11am～5pm；电车503路）出租山地自行车和双人自行车，包括头盔，一天$30起。

High Park Cycle & Sports 店（见102页地图；☎416-614-6689；2878 Dundas St W；自行车租赁 一天 $30；⏲时间不定；地铁Keele站）

多伦多群岛自行车租赁（Toronto Islands Bicycle Rental；见102页地图；☎416-203-0009；Centre Island附近；自行车/双人自行车 每小时$6/13，2/4座 四人自行车 $16/28；⏲6月到8月一天11am～5pm，仅5月和9月周六和周日；渡轮 Centre Island站）

Wheel Excitement商店（见106～107页地图；☎416-260-9000；www.wheelexcitement.ca；249 Queens Quay W；自行车和赛道溜冰鞋每小时/一天 $12/27；⏲全年 周一至周五10am～6pm；4月下旬到10月期间 周六和周日10am～7pm；电车509路、510路）

徒步旅行

想伸伸你的腿吗？那就探索一下多伦多的城市公园、自然保护区或者峡谷。或者，加入以下机构进行更为艰难的日间徒步游：

多伦多徒步游（Hike Ontario；☎416-426-7362；www.hikeontario.com）

多伦多自行车运动组织（Toronto Bicycling Network，见左栏文）

多伦多布鲁斯小径俱乐部（Toronto Bruce Trail Club；☎416-763-9061；www.torontobrucetrailclub.org）

滑冰

在冬季，市区有很多很酷的(的确如此)地方可以溜冰，包括在市政厅之外的**纳什菲利浦广场**(见111页)和**湖滨码头区中心**(见107页)。每年11月中旬到次年3月，这些人工溜冰场一天从早上10点到晚上10点开放(如果天气允许)。免费入场，冰鞋租金$7。请咨询**多伦多公园和娱乐部门**（Toronto Parks & Recreation；☎416-397-2628；www.toronto.ca/parks）关于其他溜冰场的信息，包括**Kew Gardens花园**(见116页)和**Trinity Bellwoods Park公园**(见106～107页地图)的信息。如果天气非常冷，你还可以在高地公园内的**手榴弹士兵池塘**(见117页)溜冰。

游泳

尽管这座城市拥有十多个城市湖滨，每年7月、8月都配有救生员，但多伦多人并不喜欢在安大略湖里游泳。湖水状况很差，尤其在下过雨后；请咨询**多伦多湖滨水质管理热线**（Toronto's Beach Water Quality Hotline；☎416-392-7161；www.city.toronto.on.ca/beach）。

跃入多伦多符合奥运会标准的户外泳池，夏天从黎明开放到黄昏：

Christie Pitts Park Pool（见106～107页地图；☎416-392-0745；750 Bloor St W；成人/儿童$2.50/免费；地铁Christie站；Ⓟ）阿内克斯地区。

DD Summerville Pool 游泳池（见102页地图；☎416-392-0740；Woodbine Park 公园内，1675 Lake Shore Blvd E；成人/儿童 $4/2；电车501路；Ⓟ）湖滨地区一带。

高地公园市属游泳池（High Park Municipal Pool；见102页地图；☎416-392-0695；1873 Bloor St W；成人/儿童 $2.50/免费；地铁 High Park 站；Ⓟ）大多伦多区（GTA）。

Sunnyside Gus Ryder Pool 游泳池（见102页地图；☎416-392-1111；1755 Lake Shore Blvd W，成人/儿童 $2.50/免费；地铁 Keele 站，换乘80路公共汽车；Ⓟ）大多伦多区。

水上运动

有关帆船、爱斯基摩划子、划桨船和帆板的出租与课程教授：

Harbourfront Canoe & Kayak Centre 独木舟中心（见106～107页地图；☎416-203-2277，800-960-8886；www.paddletoronto.com；283a Queen's Quay W；划桨船每小时/每天 $20/40，爱斯基摩划子$20/50，双人爱斯基摩划子$30/65；🕑9am～6pm；电车509路、510路；Ⓟ）提供池塘或湖泊划桨和授课。停车费为$5。

皇后码头帆船和汽艇游（Queens Quay Sailing 和 Powerboating；见106～107页地图；☎416-203-3000；www.qqy.ca；275 Queens Quay W；帆船每3小时 $99起，汽艇每小时 $60起；🕑5月到9月每天 9am～9pm，10月到次年4月周一至周五 10am～6pm；电车509路、510路；Ⓟ）帆船和汽艇出租。停车费用是 $5 到 $8。

多伦多风帆冲浪俱乐部（Toronto Windsurfing Club；见102页地图；☎416-461-7078；www.torontowindsurfingclub.com；2 Regatta Rd；租赁每小时 $20，3小时课程 $80；🕑时间不定；地铁Union站，换乘172路公共汽车；Ⓟ）在Cherry海滩（Cherry Beach）上，出租帆板并讲授课程。在Commissioners St街下车，往南走10分钟即到。

步行游览：地下多伦多布鲁斯 (SUBTERRANEAN TORONTO BLUES)

当室外的天气冷得能把你的鼻子冻掉时（或者太热了！），你可以一头扎进多伦多**地下通道**（www.city.toronto.on.ca/path），这个形同迷宫的27公里长的地下通道连接着市中心景点、摩天大楼和商场。

从用方格砖铺设的**联合火车站（1）**出发，沿着铁轨上方管状的SkyWalk（空中漫步）可到**加拿大国家电视塔（2**；见105页）令人眼花缭乱的顶部，就在**罗杰斯中心**（Rogers Centre，**3**；见105页）隔壁。顺原路返回联合火车站，穿过Front St街下面，沿楼梯盘旋而上，进入清爽的**费尔蒙皇家酒店**（Fairmont Royal York，**4**；见125页）。回到联合火车站的地下大厅，按照指示牌来到**加拿大航空中心**（Air Canada Centre，**5**；见140页）——这儿是多伦多枫叶队和多伦多猛龙队（Toronto Raptors）的主场——在Bay St街入口附近，可以看看保留下来的建筑作品展示。

返回联合火车站，冲入户外，进入Front St W下的联合火车站多伦多运输委员会（简称TTC）区。在门内向右转，然后沿着彩色箭头标注的方

> **步行贴示**
>
> **起点**：联合火车站
> **终点**：圣公广场（Trinity Sq）
> **全长**：5公里
> **时间**：3小时

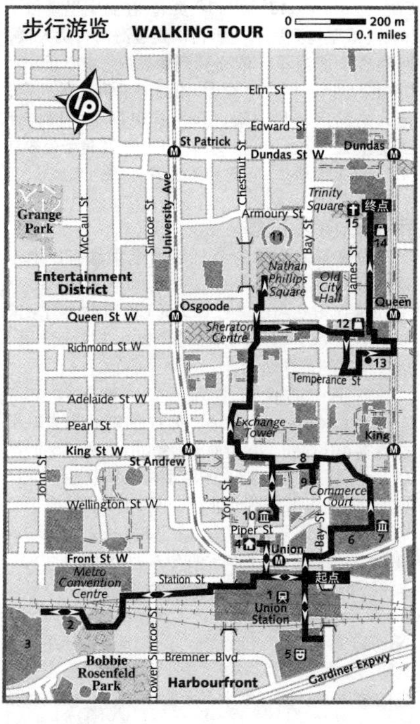

向可达**BCE 广场**(BCE Place，**6**)和**冰球名人堂**(**7**；见 110 页)。漫步经过商业法庭就踏上了去**多伦多自治中心**(**8**)的路上。掠过股票电子显示屏，左转上楼梯步入**设计交易所**(**9**；☎416-363-6121；www.dx.org；234 Bay St；免费入内，特别展览额外收费；🕓周一至周五 10am～6pm，周六和周日正午～5pm)，原来的多伦多股票交易所(Toronto Stock Exchange)现在陈设了一些吸引眼球的工业设计展览。

再回到TD Centre中心之下，顺着去TD Waterhouse之塔的路标去参观**多伦多辖区因纽特艺术馆**(Toronto Dominion Gallery of Inuit Art，**10**；见 110 页)。原路返回TD Centre中心，寻找指向以下地点的路标：标准生活中心(Standard Life Centre)、交易塔楼(Exchange Tower)，然后是Richmond-Adelaide Centre Complex大楼，这儿就像一个庞大的美食广场。喜来登中央酒店(Sheraton Centre Hotel)就在隔壁，随后来到**市政厅**(City Hall，**11**；见 111 页)——不妨到地面看看纳什菲利浦广场(Nathan Philips Sq)上滑雪的人和东面老市政厅楼顶的钟塔。

回到地下通道里，按路标指示去往**海湾**(The Bay，**12**)百货大楼。穿过地下商场，转向到处可见艺人的走廊，拾阶而上，走上Temperance St街。从这儿很快就能走到**雾林温室**(Cloud Forest Conservatory，**13**；见 110 页)。在温室里暖和一阵后(或坚持到底)，过街再次走进海湾百货大楼，回到楼下通道里。依路标到**伊顿购物中心**(Eaton Centre，**14**；见 140 页)，沿途看看商店的橱窗，走到购物广场最北端，乘手扶电梯上两层。外面是圣公广场(Trinity Sq)，广场旁就是**圣公教堂**(**15**；见 112 页)，它正在欢迎着你的到来。

带孩子游多伦多

为孩子们安排的节日活动全年都有：米尔科国际儿童艺术节(Milk International Children's Festival of the Arts，见 123 页)和加拿大国家博览会(Canadian National Exhibition，见 123 页)是最精彩的两项活动。

一年中的任何季节，安大略科学中心(Ontario Science Centre，见右栏文)和安大略皇家博物馆(Royal Ontario Museum，见113页)都令人难以置信地有趣。伽第那陶艺博物馆(见113页)定期举办儿童黏土课程。夏天可以带孩子们来到安大略游乐场(Ontario Place，见108页)或**加拿大奇境游乐园**(Paramount Canada's Wonderland；☎905-832-8131；www.canadas-wonderland.com；9580 Jane St,Vaughan；日通票 成人/优惠票/儿童$52/30/30；🕓6月到8月 10am～10pm，4月底到5月底和9月初到10月初，仅周六和周日开放；Ⓟ)，一座富有艺术气息的游乐园，拥有六十多个游乐项目。亮点包括会让你把午餐都吐出来的过山车(rollercoaster)、一个正在爆发的“火山”、一个20公顷的飞溅水上公园和汉娜芭芭拉奇异乐园世界(Fantastic World of Hanna-Barbera)。排队的人会很多；而且，无论晴雨，绝大多数游乐设施都开放。

沿Hwy 400公路，从多伦多市中心向西北驱车45分钟即可到达游乐园。出了Rutherford Rd路，再沿Hwy 401公路向北行驶10分钟。或者，在Yorkdale或York Mills地铁站口搭乘GOTransit的**游乐园的专线公共汽车**(Wonderland Express Bus；☎416-869-3200；www.gotransit.com；每人 $4.25；🕓9am～5:30pm)。每小时停车费为$10。

在安大略科学中心(Ontario Science Centre；见102页地图；☎416-696-1000；www.ontariosciencecentre.ca；770 Don Mills Rd；科学中心 成人/优惠票/儿童$17/12.50/10，日票 $12/9/8，联票 $25/19/15；🕓10am～5pm；地铁Eglinton站，转乘公共汽车34路，或者地铁Pape站，换乘25路公共汽车；Ⓟ)攀岩、利用DNA指纹鉴定抓犯人或乘坐奥林匹克规格的雪橇。800多种高科技产品和现场演示让孩子们惊叹不已(大人则背过身去，假装不感兴趣)。这儿还有一个巨大的圆顶全天域电影院(Omnimax Cinema)。上网站查询推出的家庭游活动，包括一晚主题之夜的留宿($49，需要预订)。这个科学中心坐落在Eglinton Ave E 东大道和Don Mills Rd路交会处。停车费为$8。

黑溪拓荒村(Black Creek Pioneer Village；☎416-736-1733；www.blackcreek.ca；1000 Murray Ross Pkwy，丘陵景致；成人/优惠票/儿童 $12/11/8；🕓5月到12月周一至周五 10am～4pm，周六和周日11am～5pm；地铁Finch站，然后换乘60路公共汽车；Ⓟ)再现了19世纪安大略省的乡野生活。穿着那个年代服装的工作人员照料着农舍里的牲畜，演奏民乐，使用地道的工具和方法展示手工艺品。商店里出售手工艺品——锡制灯笼，新鲜面包，精编厚毛毯，等等，应有尽有。这个村子地处Steeles Ave 大道和Jane St街之间的东南一隅，在闹市区的西北方向，车程40分钟。停车费为$6。

随性的话，可以造访一下**多伦多公共图书馆Lillian H Smith Branch分馆**(Toronto Public Library-Lillian H Smith Branch；见106～107页地图；☎416-393-7746；www.torontopubliclibrary.ca；239 College St；免费开放；🕓周一至周四10am～8:30pm，周五10am～6pm，周六9am～5pm，9月到次年6月周日1:30～5pm；电车506路、510路)，或者，前往新颖的**Lorraine Kimsa Theatre for Young People金萨青年剧院**(见106～107页地图；☎416-363-5131；www.lktyp.ca；165 Front St E；票价$15～20；🕓售票处 9am～6pm，演出时间不定；电车503路、504路)，这儿上演有启迪作用的儿童戏剧。

做父母的可以到很方便的 www.helpwevegotkids.com 网上查询多伦多市内与孩子相关的所有信息，包括保姆和日托安排的信息。

另类多伦多

在多伦多这样的大城市，如果你遇到很奇怪、强迫性的或反常的事情，你可以确定的是这里的其他人肯定也遇到过。

在 **Cineforum 影院**（见 106～107 页地图；☎ 416-603-6643；http://thecineforum.tripod.com；463 Bathurst St；24 岁以上 / 以下 $20/10；⌚ 周六至周四 7pm 和 9pm；电车 506 路、511 路）进行古怪（或者正常）的体验。多伦多的知名人物、暴躁的瑞格·哈特 (Reg Hartt) 披着海报在电话亭杆子周围宣传自己的电影——在自家阴暗的维多利亚风格房子的前屋玻璃橱窗里，摆放着经典和先锋派影片。经典旧片的回顾是他的专长，他还擅长研究塞尔瓦多·达利 (Salvador Dalí) 珍贵的版画。偶尔，放电影时穿插兴趣讲座，以扩展你的见识（比如“从 LSD 中我学到了什么”；LSD，麦角酸二乙基酰胺，一种无色无嗅无味的液体，属于半合成的生物碱类物质——编注），你不妨前往参加。有 20 个座位；带上些吃的和喝的。

超越剧院（Theatre Passe Muraille，见106～107页地图；Theatre Beyond Walls；☎ 416-504-7529；www.passemuraille.on.ca；16 Ryerson Ave；票价 $20～35，观看预演 $16；⌚ 周二至周六8pm；电车501路）是个活动剧场，建在老纳史密斯家族的面包房和马厩 (Nasmith's Bakery和Stables)里。自20世纪60年代以来，它的突出剧目集中反映当代加拿大的激进新剧的成就。会定期举办与剧目主创人员和制片人的演后座谈活动。周日的日场演出票价由观众自己决定。

在**本色商店**（Come As You Are；见106～107页地图；☎ 416-504-7934，877-858-3160；www.comeasyouare.com；701 Queen St W；⌚ 周一至周三11am～7pm，周四和周五至9pm，周六至6pm，周日正午～5pm；电车501路），你会心跳加快。面向各类人群，这家加拿大综合类新锐商店出售有关性知识的书籍、玩具、影碟和DVD。报名参加性欲摄影工作室或Bondage 101！

想买连环漫画册？可以到**诱惑商店**（Beguiling；见106～107页地图；☎ 416-533-9168；www.beguiling.com；601 Markham St；⌚ 周一至周四和周六11am～7pm，周五至9pm，周日正午～6pm；地铁Bathurst站）购买。这是个熙熙攘攘、热闹非凡的地方，连罗伯特·克兰布(Robert Crumb)也会造访(事实上，他的确来过)。真正的爱好者杂志(zines)、印第安人喜剧、畅销书籍、限量版发行的艺术作品和海报，都会让你眼睛发亮。上网查看近期节目活动。到了这个区域，不妨步入**猜想影音文化商店**（Suspect Video & Culture；www.suspectvideo.com）阿内克斯社区（The Annex；见106～107页地图；☎ 416-588-6674；605 Markham St；⌚ 正午至午夜；地铁Bathurst站），皇后西街（见106～107页地图；☎ 416-504-7135；619 Queen St W；⌚ 正午至午夜；电车501路），这里有合集、单张以及稀有影碟，还有DVD影碟、替代书籍、杂志、喜剧和新奇的玩具。也在皇后西街。

最后逛一逛多伦多一处古怪的大卖场——**诚信爱德华商场**（Honest Ed's；见106～107页地图；☎ 416-537-1574；581 Bloor St W；⌚ 周一至周五10am～9pm，周六10am～6pm，周日11am～6pm；地铁Bathurst站）。这是让人开心的去处。在这个斑斓多彩、外面灯光明亮的平价大商场里，到处写着“别站在那儿，买些东西”和“幸运的家伙们来吧！”字眼。它现在蔚然可观，你没法想象一天开张前排起的长队。最近刚刚过世的商场老板爱德华·默维舍(Ed Mirvish)还赢得了加拿大最受爱戴剧院经理人的荣誉。

王牌夜总会（Matador；见 102 页地图；☎ 416-533-9311；466 Dovercourt Rd；West of Ossington Ave；⌚ 周五和周六 2～5:30am；电车 506 路）是令人难以置信的俱乐部，位于小意大利区的西边。这里的午夜舞池已有 40 年的历史。在生锈的舞厅招牌下，现场乐队演奏着爵士乐钢琴曲和经典摇滚曲目。这里不提供酒水，但是如果你整夜兴奋，那么也不需要酒精。

有些比较奇怪的城市节日包括：卡里巴纳节 (Caribana，见 123 页)，会出现极具感染力的狂欢节队伍；不夜城 (Nuit Blanche，见 123 页)，在这里可以体验怪异城市艺术的一个不眠之夜；还有总是引人关注的多伦多街头艺人节 (Buskerfest，见 123 页)。

人体艺术在多伦多几乎是主流文化——在你跑遍这座城市的文身和刺身店之前，你的身体上就没有空余的地方了。我们比较喜欢的包括：

新部落（New Tribe；见 106～107 页地图；☎ 416-977-2786；www.newtribe.ca；2nd fl，232 Queen St W；⌚ 周一至周四 11am～8pm，周五和周六 11am～10pm，周日正午～6pm；电车 501 路）位于皇后大街（Queen Street）和邓达斯广场（Dundas Square）拐角。

Tat-a-Rama（见 102 页地图；☎ 416-693-2331；www.tat-a-rama.com；2219 Queen St E；⌚ 周一至周三和周六正午～7pm，周四和周五至 8pm，周日至 6pm；电车 501 路）位于湖滨地区。

Way Cool Tattoos 文身店（见 106～107 页地图；☎ 416-603-0145；www.waycool-queen.com；675 Queen St W；⌚ 周一至周六 正午至午夜，周日正午～8pm；电车 501 路、511 路）位于皇后西街。

团队游

游船

5月到9月期间，一些公司经营码头和多伦多群岛游船项目。大多数游船从湖滨码头地区(Harbourfront)开往皇后码头中转站(Queen's Quay Terminal)旁边或约克码头中心(York Quay Centre)。如果想距离短些，到码头买票上船；想乘坐含中晚餐的游程的话，最好预订。记住开往多伦多群岛的游船可以看到城市壮观的景色，但价格只有一半！

推荐旅游公司：

五大湖帆船公司（Great Lakes Schooner Company，见106～107页地图；☎416-203-2322；www.tallshipcruisestoronto.com；90分钟游程，成人/优惠票/儿童 $20/18/11；🕑6月到8月每天1～3班；电车509路、510路）勇猛的、黑色三怪物卡佳玛（Kajama）号是一艘1930年的德国商用帆船，从Lower Simcoe St街驶出，不过在皇后码头中转站处常常设有一个票点。

Mariposa Cruise Lines船运公司（见106～107页地图；☎416-203-0178，866-627-7672；www.mariposacruises.com；皇后码头中转站，207 Queens Quay W；1小时游程成人/优惠票/儿童 $18/16.50/13；🕑5月到9月一天五班；电车509路、510路）港口讲解和2小时的自助午餐游程（成人/儿童 $40/20）。还开通周日早午餐以及晚餐舞会游程。

多伦多旅游（Toronto Tours，见106～107页地图；☎416-868-0400；www.torontotours.com；Pier 6，Queens Quay W；1小时游程 成人/优惠票/儿童 $18/16.50/13；🕑4月到5月11am～5pm，6月到8月 10am～6pm，9月到10月10am～5pm；电车509路、510路）配讲解游程每半小时发船。还提供夜游和不同的城市/港口游套餐（一些还包括加拿大国家电视塔）。

公共汽车

多伦多观光公共汽车挺方便，不过，因为TTC一日游通行卡（见143页）相当实惠，自助游更为理想。有关尼亚加拉半岛葡萄酒庄园的游程，请参见147页。如果你想参加团队游，或者想去尼亚加拉瀑布，请联系以下公司：

Chariots of Fire（☎905-693-8761，866-833-0460；www.chariots-of-fire.com；一日团队游 $60；🕑5月到10月）尼亚加拉瀑布团队游包括乘坐"多雾少女号"小船游和湖上尼亚加拉岛。

灰色线路观光客车（Gray Line Tours；见106～107页地图；☎416-594-3310，800-594-3310；www.grayline.ca；从多伦多地铁汽车中转站发车，610 Bay St；三日通游卡成人/优惠票/儿童/家庭$34/30/18/95；🕑9am～4pm每小时发车；地铁Dundas站）双层公共汽车，2小时多伦多市区游——跳上跳下的观光。先上车后买票。也有尼亚加拉瀑布团队游（成人/优惠票/儿童$127/118/81起）。

JoJo Tours旅行社（☎416-201-6465，888-202-3513；http://home.interlog.com/～jojotour/；一日游 $50；🕑5月到10月）经济型尼亚加拉瀑布游程，安排参观一个酿酒厂和湖上尼亚加拉岛。

Moose Travel穆斯旅行社（☎416-504-7514，888-816-6673；www.moosenetwork.com；一日游$60起；🕑5月到10月）尼亚加拉瀑布游。

ROMBus运输公司（见106～107页地图；☎416-586-5797；www.rom.on.ca；100 Queen's Park；全天团队游 $85～95；地铁Museum站）每月旅游线路围绕安大略皇家博物馆推出的历史、文化和建筑主题而展开。

多伦多诚信旅游（Toronto Hippo Tours，见106～107页地图；☎416-703-4476，877-635-5510；www.torontohipptours.com；151 Front St W；90分钟游程成人/优惠票/儿童/家庭$38/33/25/110；🕑5月到11月每天11am～6pm每小时发车；地铁Union站）空调车，经过市中心景点，配有有趣的讲解，然后去往湖泊。

徒步和骑自行车

感受多伦多最简单的方式是徒步——你能看见更多风景，和更多人交朋友，变得更健康。骑自行车旅行可以让你到达更多的地方，可以试试下面的公司：

多伦多世界之旅（A Taste of the World；☎416-923-6813；www.torontowalksbikes.com；2～3个半小时团队游$20～39；🕑全年）风趣的专业导游陪同你徒步或骑自行车，逛遍多伦多的大街小巷，通常以美食为主。建议预订。

城区徒步游（Civitas City Walks；☎416-966-1550；city.walks@sympatico.ca；1个半～2个小时 徒步游 $15；🕑5月到10月）行走时关注那些改变多伦多历史的人、地点和事件，看看建筑，体验老约克城的氛围。

多伦多遗产游（Heritage Toronto；☎416-338-0684；www.heritagetoronto.org；1个半～3个小时 团队游 免费～$5；🕑5月到9月 周末）历史文化和自然景观的徒步游，由博物馆专家和社区历史协会成员导游讲解，很棒。无须预订。

ROMWalks漫游（☎416-586-8097；www.rom.on.ca；团队游 免费；🕑5月到9月中，通常是周三和周日下午）安大略皇家博物馆的志愿者担当导游，1到2小时的历史与建筑游，风雨无阻。

自行车景观（Sights On Bikes；☎416-274-8784；www.sightsonbikes.com；2～4小时团队游含头盔和自行车$30～50；🕑5月到10月每天10am和3pm）骑自行车游览城市、多伦多群岛、湖滨地区和湖岸，适合各个健康层次的人。

节日和重大活动

一月到二月

冬之城节（WinterCity Festival；☎416-338-0338；www.toronto.ca/special_events）多伦多抵御1月底严寒的节

日，全城范围的文化、美食和艺术活动。许多活动都免费。

四月

热力纪录片影展（Hot Docs；☎416-203-2155；www.hotdocs.ca）北美最大的纪录片影展，放映100多部世界各地的纪实影片。

五月

多伦多开放节（Doors Open Toronto；☎416-205-2670；www.doorsopencanada.ca）著名建筑物打开大门，让公众有所了解。

米尔科国际儿童艺术节（Milk International Children's Festival of the Arts；☎416-973-4000；www.harbourfront.on.ca/milk）周末，环维多利亚湾，数百名儿童涌向湖滨码头地区Harbourfront Centre中心观看世界各地的木偶剧、话剧、舞蹈和音乐表演、有些乱的手工艺作坊、游戏比赛和讲故事活动，应有尽有。

六月

北部与东北部联欢节（North by Northeast，简称NXNE；☎416-863-6963；www.nxne.com）一个负担得起的腕带可以让你进出30多家俱乐部，欣赏400出最新音乐剧和电影，它们全集中在6月中的一个狂欢长周末。

多伦多同性恋者周（Pride Toronto；☎416-927-7433；www.pridetoronto.com）多伦多最出彩的节日，男女老少全城出动，当女同性恋者的开放式游行和狂热的大游行开始时，活动达到高潮。活动中心设在彻奇韦尔斯利村（Church-Wellesley Village）；大多数节目都免费。6月底举行。

国家原住民日（National Aboriginal Day；☎416-392-5583；www.toronto.ca/diversity/events.htm#aboriginal）夏至时（6月21日），庆祝加拿大第一民族、因纽特人和梅蒂斯人文化遗产，包括位于市政厅以外的文化艺术展览。

多伦多市中心爵士音乐节（Toronto Downtown Jazz Festival；☎416-928-2033；www.tojazz.com）6月底到7月初的10天中，爵士乐、布鲁斯和世界各地鼓手在城市的街道上，夜总会和音乐厅里隆重登场，还有音乐创作、电影放映和湖上游览等活动。

七月

多伦多艺穗节（Toronto Fringe Festival；☎416-966-1062；www.fringetoronto.com）7月初的2周多，几十处场地举办着各式各样的演出，从彻底怪异的到极度严肃的，还有儿童的节目。

多伦多国际汽车大奖赛（Grand Prix of Toronto；☎416-922-7477；www.grandprixtoronto.com）在7月中旬举办的多伦多国际汽车大奖赛中，世界巡回赛的车手在拥挤的旁观者面前竞赛。当车子沿着Lakeshore Blvd以每小时300公里的时速飞速前进时，带电的声音此起彼伏。

湖滨国际爵士音乐节（Beaches International Jazz Festival；☎416-698-2152；www.beachesjazz.com）已成功举办了几乎20年，这个高品质、免费、为期3天的爵士音乐节在7月末沿皇后东街、Kew Gardens花园（见115页）和酿酒厂区（见111页）演出。

八月

加拿大国家博览会（Canadian National Exhibition，简称CNE；☎416-393-6300；www.theex.com）开始于1879年，"博览会"有700多个参展商，在展览广场推出农业展台、伐木比赛、室外音乐会和狂欢节游行（见109页）。推出的空中表演与劳动日燃放烟花使活动达到了高潮。

卡里巴纳节（Caribana；☎905-799-1630；www.caribana.com）北美最大的加勒比族节日，7月末举办到8月初。狂欢节队伍以绚丽但并不夸张的服装为特色，整个游行长达5个多小时——真是个大聚会！

多伦多街头艺人节（Toronto Buskerfest；☎416-964-9095；www.torontobuskerfest.com）8月末举办3天，一个由零零散散的加拿大人和国际艺人组成的剧团，在圣劳伦斯市场演出：有吞剑者、变戏法者，还有杰出的音乐家的演出。

九月

多伦多国际电影节（Toronto International Film Festival，简称TIFF；☎416-968-3456；www.bell.ca/filmfest）这个多伦多著名的10天节日是世界上最好的电影节之一，也是重要的电影盛事。在9月末放映各种长度、各种风格的影片，明星们在各种庆典和闪耀的电影盛会HQ中露面。最好提前购票。

维京音乐节（Virgin Music Festival；☎888-999-2321；www.virginfestival.ca）9月中旬，在多伦多群岛，36支乐队（The Flaming Lips乐队、Sam Roberts乐队和Muse乐队等）与15位DJ进行两天多的演出。

不夜城（Nuit Blanche；☎416-338-0338；www.livewithculture.ca）超过140种通宵城市艺术体验——从Three Stooges电影马拉松到夜间舞曲聚会及与年仅10岁的DJ们一起跳舞。于9月末举办。

十月

国际作家节（International Festival of Authors；☎416-973-4000；www.readings.org）在这个书生气十足、10月中旬举办的活动中，加拿大和国外100多名著名作家会聚在湖滨码头地区中心。进行阅读，小组讨论，演讲，颁奖典礼和签名售书等活动。

十一月

加拿大原住文化节（Canadian Aboriginal Festival；☎519-751-0040；www.canab.com）11月下旬，在罗杰斯中心

（见105页）连续数天的庆祝活动，有舞蹈、击鼓、工艺品、电影和传统教育活动以及长曲棍球竞赛等。是加拿大最大的原住民节日。

住宿

守住你的钱包，要不然会很难堪的……在加拿大很难找到性价比较高的住宿，住宿是旅行费用中最昂贵的一部分。

除冬天外，你都得预订酒店——从维多利亚日(Victoria Day，约5月中)起，直至夏末止，好的酒店总是客满。预订也免去了对房价飙升的担忧——许多酒店在夏天和主要节日期间的旺季价是淡季价的两倍到三倍。一些会馆、宾馆和B&B类经济酒店免税，不过，其他酒店总会收。查看旅馆网站，了解网上折扣和套餐优惠价。

多伦多市中心处，有多处古老的或现代的酒店，还有湖滨高地的老屋。这儿的价格可能很高，不过你也不必倾囊入住。在多伦多东区、恰奇—维尔斯里村和阿内克斯社区，有很多宾馆和B&B类经济酒店。很难找到价格优惠的宿舍床位，但城里周围有一些高品质的青年旅舍。

多伦多生意兴旺的B&B类酒店有很多优惠活动。许多这类酒店要求最少住两晚。一个方便的网上资源是www.bbcanada.com，提供市内约100家酒店信息。向酒店代理商预订也挺省时省钱。信得过的代理商有：

多伦多B&B之家（Bed & Breakfast Homes of Toronto；☎416-363-6362；www.bbcanada.com/associations/toronto2）从便宜的家庭住宿到设施齐全的公寓，应有尽有。

多伦多市中心B&B宾馆协会（Downtown Toronto Association of Bed & Breakfast Guest Houses；☎416-410-3938；www.bnbinfo.com）邻近地区各式各样的房间，主要在重新修复的维多利亚式住宅里。

多伦多B&B预订服务中心（Toronto Bed & Breakfast Reservation Service；☎705-738-9449，877-922-6522；www.torontobandb.com）城里最老牌的代理机构，有着十几个地处中央位置的旅馆清单。

湖滨码头地区

多伦多复兴酒店（Renaissance Toronto；见106～107页地图；☎416-341-7100，800-468-3571；www.renaissancehotels.com；1 Blue Jays Way；双/套房$290/325起；地铁Union站；Ⓟ ⊠ ⛶ 🅆 💻wi-fi）令人印象深刻的70间客房俯瞰着罗杰斯中心体育场——如果你预订了一间这样的客房，对强烈如注的灯光和体育馆球迷的喧哗声要有心理准备！如果你只是为了睡个好觉，餐馆和酒吧也俯瞰着体育场。停车费为$20到$25。

金融区

维多利亚酒店（Hotel Victoria；见106～107页地图；☎416-363-1666，800-363-8228；www.hotelvictoria-

多伦多男同性恋／女同性恋世界

如果说多伦多对男女同性恋者友好，这种评价多少有些保守。在多伦多周性恋节周活动中（见123页），大约100万旅行者涌上城市街头。活动的核心地带在彻奇韦尔斯利村(Church-Wellesley Village)，简单说就是"同性恋村"。北至彻奇街一带，韦尔斯利东街以南，是繁忙的商业中心，吸引着大胡子的人们来此逡巡游览。其他同性恋社区包括阿内克斯社区，肯辛顿市场、皇后西街和大白菜镇。

同性恋夜生活会所很多，尽管男同性恋酒吧和俱乐部数量大大超过女同性恋的，多伦多是女性穿男装、女子夜浴室和稀奇读物系列的发源地。参见139页查询酒吧和娱乐场所。

2003年多伦多成为北美第一个同性别婚姻合法化的城市；向**市政厅**（见106～107页地图；☎416-392-7036；www.toronto.ca/registry-services；100 Queen St W；申请费$110；🕑周一至周五8:30am～4:15pm；地铁Queen站）申请。2004年9月，一家安大略法庭还裁决了一起合法同性婚姻的离婚诉讼案。

参见836页加拿大境内男女同性恋信息。有用的多伦多资源包括：

519社区中心（519 Community Centre；见106～107页地图；☎416-392-6874；www.the519.org；519 Church St；🕑周一至周五9am～10pm，周六至5pm，周日10am～5pm；地铁Wellesley站）

加拿大同性恋档案（Canadian Lesbian & Gay Archives；见106～107页地图；☎416-777-2755；www.clga.ca；202 Wellesley Street E；🕑周二至周四7:30～10pm，8月休息；地铁Wellesley站）

多伦多急速（Toronto Pronto；www.gaytorontotourism.com）

This Ain't the Rosedale Library（见103页）

多伦多女性书店（见103页）

Xtra! 免费的男和女同性恋交流周刊。

> **双杀**
>
> 罗杰斯中心的多伦多复兴酒店（见124页）名声不好，事出有因。在早期的布鲁杰斯杯（Blue Jays）棒球大赛的一场比赛中，住在能看到球场风景的酒店高层客房里的一对夫妇，不知是忘了还是过于激动，开着灯在房间里进行自己的室内运动，引爆了赛场观众的哄堂大笑。现在，酒店坚持要求客人签署弃权书，保证不会再次发生这类免费同时上演两场比赛的闹剧。

toronto.com；56 Yonge St；双 含早餐 $105～150；地铁King站；⊠ ❋ wi-fi）这座20世纪早期的维多利亚酒店是市中心最好、最小的酒店之一。彻底重修后，它保留了一些过去的特色，包括一个精致的大厅和24小时接待处的温暖接待。计费后，可享用康乐俱乐部。

Strathcona Hotel 酒店（见106～107页地图；☎416-363-3321，800-268-8304；www.thestrathconahotel.com；60 York St；双 $115起；地铁St Andrew站；❋ wi-fi）“把我们当作是发射台”是这家谦逊、亲切的酒店的经营策略。这里很平常的设施不会把你发射到大气最高层中，但是对于市中心这个区域来说，价格已经非常合理了。也有旅行书桌和酒吧。

费尔蒙皇家酒店（Fairmont Royal York；见106～107页地图；☎416-368-2511，800-441-1414；www.fairmont.com/royalyork；100 Front St W；双 $190起；地铁Union站；P ❋ ▣ ▢）自1929年以来，著名的费尔蒙皇家酒店接待了从蒂娜·特纳（Tina Turner，美国著名摇滚女歌手，代表专辑有“Private Dancer”、“Simply The Best”和“Sixties To Nineties”等——编注）到亨利·基辛格（Henry Kissinger）在内的各位名人。由加拿大太平洋铁路公司兴建，它诙谐的城堡外形为多伦多现代城市风景添加了亮丽的景致。房价随客源多少升降。雄伟的茶室和图书馆都值得一看。停车费为$14到$33。

古约克镇(Old York)

多伦多国际会馆（Hostelling International Toronto，见106～107页地图；☎416-971-4440，877-848-8737；www.hostellingtoronto.ca；76 Church St；宿/双 $27/65；电车504路；❋ ▢）这座获奖会馆因重新装修赢得众多的青睐，设施包括一个天台顶和电子锁寄物柜。四人间的床位价可能比那些寝室床位价高不了多少，所以，预订时最好询问一下。逛酒吧喝酒与晚上的问答游戏让人心情愉快。

Cosmopolitan 酒店（见106～107页地图；☎416-350-2000，800-958-3488；www.cosmotoronto.com；8 Colborne St；套房 $228起；地铁King站；P ⊠ ❋ wi-fi）时髦的国际商务人士与名流漫步于流行服饰店的走廊，套房可观看湖泊的全景，如卧室般大的淋浴，性感的设计风格，工作人员安详又很有礼貌，带领着你去融合亚洲菜肴的餐厅、健身室和矿泉疗养地。这儿的生活绝对丰富。停车费为$29。

布洛克剧院和娱乐区 (Theatre Block & Entertainment District)

加拿大宾馆和背包客之家（Canadiana Guesthouse & Backpackers，见106～107页地图；☎416-598-9090，877-215-1225；www.canadianalodging.com；42 Widmer St；宿$25～30，单/双$65/75；电车504路；P ⊠ ❋ ▢ wi-fi）好社交但不堕落，多伦多最大的酒店可谓是必胜者。位于一个有吸引力的维多利亚式镇屋中，加拿大人的福利还包括免费上网和薄烤饼早餐、电影院、夜间烧烤、瓦斯烹饪和一批完美的私人房间。停车费是$15。

假日宾馆（Holiday Inn on King；见106～107页地图；☎416-599-4000，800-263-6364；www.hiok.com；370 King St W；双$160起；电车504路；P ❋ ▣ ▢）在这座耀眼的白色酒店中为自己预订一个布洛克剧院式的假期，它似乎从Waikiki Beach湖滨空降而至。标准间可欣赏湖光与城景，同时，季节性天台泳池望得见加拿大国家电视塔。12岁以下的孩子可免费食宿；服务有力而高效。停车费为$18。

德国酒店（Hôtel Le Germain；见106～107页地图；☎416-345-9500，866-345-9501；www.germaintoronto.com；30 Mercer St；双 $240～500，套房 $475～900；电车504路；P ❋ ▢ wi-fi）现代而温馨，这家酒店位于安静的娱乐区侧街。清新的线条、怡人的空间、富有禅意的饰物营造出这家酒店许诺的“幸福世界”。Aveda洗浴产品、室内Bose立体音响、屋顶看台都是可以享受的福利。停车费为$28。

皇后大街和邓达斯广场 (Queen Street & Dundas Square)

大学旅馆（Residence College Hotel；见106～107页地图；☎416-351-1010；residencecollegehotel@uhn.on.ca；90 Gerrard St W；单和双 带公共卫生间$50起；地铁College站；P ⊠ ❋）与大部分大学住宿不同，这家旅馆全年对外开放——跟大学生一起玩，参加他们的聚会。设计和位置都很普通，但如果你需要便宜、安全的房子，这将是最好的选择。停车费为$10。

多伦多市中心天天宾馆（Days Inn Toronto Downtown，见106～107页地图；☎416-977-6655，800-329-7466；www.daysinn.com；30 Carlton St；双$80～160；地铁College站；P ✱ wi-fi）你总是知道全天宾馆是怎样的——支付得起，没有不必要服务的住宿处，在这种条件下，这里的位置不错。有时候，看起来接待人员不足，有些手忙脚乱的，但工作人员总是不停地道歉。停车费为$18。

B&B朋友酒店（Les Amis Bed & Breakfast，见106～107页地图；☎416-928-0635；www.bbtoronto.com；31 Granby St；单/双/三 带公共卫生间 含早餐$85/100/130起；地铁College站；P ✕ ✱ wi-fi）是由一对能讲多种语言的巴黎夫妇经营的酒店，这家赏心悦目的B&B客社提供齐全、美味的素食(或绝对素食)早餐。舒适的房间内有软垫床而且有“那就是我想要的”的魅力。离伊顿中心步行仅几步，但多少有点难找。也接待同性恋者。停车费为$9。

德尔他多伦多市中心酒店（Delta Chelsea Toronto Downtown；见106～107页地图；☎416-595-1975，800-268-1133；www.deltahotels.com；33 Gerrard St W；双/套房$100/250起；地铁College站；P ✕ ✱）谁说没有哪家酒店可以满足所有人的需要?这家拥有近1600间客房，多伦多最大、最有争议、最一流的酒店适合“所有客人”。如果你带着孩子出游，你会中意公寓式套间和室内防滑设施。价格因季节、周几和入住率而变。停车费为$23到$29。

唐人街和贝尔德温村 (Chinatown & Baldwin Village)

贝尔德温村旅店（Baldwin Village Inn；见106～107页地图；☎416-591-5359；www.baldwininn.com；9 Baldwin St；双 带公共卫生间 $85～105；电车505路、506路；✕ ✱ wi-fi）挤在一家九龙点心餐厅和一座美术馆(“贝尔德温村”竟然有美术馆？)之间，这家装饰成黄色的B&B旅馆在本地市场上独树一帜。庭院最适合懒洋洋地卧躺着。

扬大街主干道和彻奇韦尔斯利村 (Yonge Street Strip & Church-Wellesley Village)

维多利亚大厦宾馆（Victoria's Mansion Inn & Guest house，见106～107页地图；☎416-921-4625；www.victoriasmansion. com；68 Gloucester St；单 $79～96，双 $105～120，套房 $145～160；地铁Wellesley站；P ✱ ☐）装饰着多国旗帜、对同性恋者开放，这幢维多利亚大厦是一座翻新的19世纪80年代的红砖老建筑，为旅行者提供住宿。套房配厨房；管理人员有点冷淡。停车费为$10。

Gloucester广场酒店（Gloucester Square Inns；见106～107页地图；☎416-966-0013；www.gloucestersquare.com；512 Jarvis St，514 Jarvis St & 10 Cawthra Sq；双 含早餐 $110～180，套房 $200～550；地铁Wellesley站；P ✕ ✱ wi-fi）Gloucester广场三幢古老的建筑里有30间华丽的客房，贵宾享受着奢华。吊扇在波斯毯子、McCausland彩绘玻璃和中国的大茶壶上方旋转。Samantha Fox(英国著名摇滚女歌手，代表歌曲有Touch Me、Naughty Girils Need Love Too和Nothing's Gonna Stop Me Now等等——编注)曾经在套房的阁楼里激情舞动。停车免费。

舒适旅馆（Comfort Hotel；见106～107页地图；☎416-924-1222，800-424-6423；www.choicehotels.ca/cn228；15 Charles St E；双$125起；地铁 Bloor-Yonge站；P ✱）一家无须露面登记的匿名旅馆，如果你是要逃离法律制裁，那么这是个好去处，没有风险的住处，你不会引人注意(尤其不会受到接待人员的注意)。18岁以下离家出走的少年可免费住宿。停车费为$10。

布卢尔—约克镇

豪伍德强生宾馆（Howard Johnson Inn；见106～107页地图；☎416-964-1220，877-967-5845；www.hojo.com；89 Avenue Rd；双 含早餐$120起；地铁Bay站；P ✱ wi-fi）要说HoJos没有什么闪光点，那你一定是忽略了它已开业10年的事实，况且它的确是你能在豪华的约克维尔找到的最便宜的住所。实木和地砖装饰，儿童免费！停车费为$15。

Holiday Inn Toronto Midtown假日酒店（见106～107页地图；☎416-968-0010；www.holiday-inn.com/torontomidtown；280 Bloor St W；双$150起；地铁St George站；P ✱ wi-fi）这家用褐砖整体砌成的高层酒店外飘扬着眼熟色横幅，一点都没有美感，但室内的状况要好于一般的中等酒店。地处黄金地段，靠近多伦多大学和T.O.博物馆。停车费$15。

温莎酒店（Windsor Arms；见106～107页地图；☎416-971-9666；www.windsorarmshotel.com；18 St Thomas St；套房$300起；地铁Bay站；P ✕ ✱ ☐ wi-fi）温莎酒店是多伦多城市历史上的一座经典建筑——在此过夜或路过进来喝顿下午茶。这座1927年建成的新歌德式建筑傲然拥有宽敞的大门，彩绘玻璃窗，完美的服务和盾形纹徽。高贵的氛围让你有窃窃私语的冲动。停车费为$25。

多伦多大学和阿内克斯社区

Havinn 酒店（见 106 ～ 107 页地图；☎416-922-5220，888-922-5220；www.havinn.com；118 Spadina Rd；

单/双 带公共卫生间 含早餐 $54/69；地铁 Dupont 站；Ⓟ ⊠ ⊞ 🖳）Havinn 是繁忙的 Spadina Rd 路上的庇护所，有六间整洁的房间、完美的公共浴室和一个公共厨房。早饭包括月形面包、百吉饼、酸奶、水果和新鲜的松饼。氛围有些阴暗，又有些活泼——很难说清。

全球宾馆（Global Guesthouse；见106～107页地图；☎416-923-4004；singer@inforamp.net；9 Spadina Rd；单/双 $58/68 带公共卫生间；单/双 带独立卫生间 $68/78；地铁Spadina站；Ⓟ ⊠ ⊞ wi-fi）有些混乱、破旧而可爱，这座老式的维多利亚式红砖建筑，带精美的大理石雕刻，就坐落在Bloor St街以北。有一个公共的厨房，宽敞的房间中配有有线电视、嬉皮风格的壁挂、木制地板和壁饰。房间很快就会被住满，最好预订。

城堡门宾馆（见102页地图；☎416-323-1657；www.castlegateinn.com；219 Spadina Rd；单/双 含早餐 $60～100，每周$315起；地铁Dupont站；Ⓟ ⊠ wi-fi）多伦多最好的平价的B&B旅馆之一，由热心的旅行者开办，他们知道怎样去经营生意。这里的三幢大房子(37个房间)都离多伦多大学和约克维尔很近。

贝弗利广场酒店（Beverley Place；见106～107页地图；☎416-977-0077，传真416-599-2242；235 Beverley St；房含早餐$65～125；地铁Queen's Park站；Ⓟ ⊠ ⊞ wi-fi）这座3层的维多利亚式酒店建于1877年，带有典型的高房顶。有趣的古董古玩和收藏品装点着整个酒店。比较便宜的房间共用一个浴室。在路对面的226号登记入住。停车费是$10。

阿内克斯客栈（Annex Guest House；见 106 ～ 107 页地图；☎416-922-1934；www.annexguesthouse.com；83 Spadina Rd；双 $90 起；地铁 Spadina 站；Ⓟ ⊠ ⊞）遵循风水原则，一种印度建筑学主张，通过自然的材料和不对称的规划设计（类似于风水）的方式崇尚平静，这个地方有一些可爱的房间。木制地板、手工床单和工艺铜碗是这里的特色。

卡萨洛马旅店（Casa Loma Inn；见106～107页地图；☎416-924-4540；www.casalomainn.com；21 Walmer Rd；单/双$85/95起；地铁Spadina站；Ⓟ ⊠ ⊞）万家灯火齐上时，这座20世纪初建成的维多利亚式酒店大放异彩，好像是它名字(见113页)的一个生动注解。26间客房，每间都有电视、冰箱、微波炉和洁净浴室，但Bloor St街离这儿仅数分钟路程。停车费为$10到$15。

麦迪逊酒店（Madison Manor；见106～107页地图；☎416-922-5579，877-561-7048；www.madisonavenuepub.com；20 Madison Ave；双含早餐$100～180；地铁Spadina站；Ⓟ ⊠ ⊞）这家时尚的B&B旅馆配有白色木制工艺品，客人白天可到附近麦迪逊大道俱乐部(见135页)的台球大厅消遣。所有房间都有浴室；一些有壁炉或阳台。提供欧式早餐；儿童除外。停车费是$10到$15。

肯辛顿集市和小意大利

星球旅行者旅舍（Planet Travelers Hostel；见106～107页地图；☎416-599-6789；www.theplanettraveler.com；175 Augusta Ave；宿/双 含早餐$22/52起；电车506路、510路；⊠ 🖳）读者对这个地方褒奖有加，地处很棒的肯辛顿集市，能让你有种如在家般舒适的感觉。你可以在成荫的院子里溜达或者躺在沙发上看电影，但是，嘿，振作起来！肯辛顿集市就在外面，免费早餐，亚麻制品，上网，带锁的储物柜和周六晚上的烧烤。

皇后西街和West Queen West (Queen West & West Queen West)

背包客地球村旅舍（Global Village Backpackers；见 106 ～ 107 页地图；☎416-703-8540，888-844-7875；www.globalbackpackers.com；460 King St W；宿 $27 ～ 29，双 $73 起；电车 504 路、511 路；⊠ wi-fi）这家色彩千变万化的独立会所原名 Spadina Hotel 酒店，杰克·尼克松(Jack Nicholson)、滚石乐队、伦纳德·科恩(Leonard Cohen，加拿大著名的本土歌手，代表曲目有"Suzanne"、"So Long，Marianne"和"Sisters of Mercy"，曾出版小说和诗集——编注）都曾下榻此处，做着充满名声与荣誉的梦。它坐落在最佳地段，有自己的酒吧，总是洋溢着聚会的气氛。安全性很强，有乐于助人的工作人员，氛围放松但不松懈。这儿有一个以聚会为核心的酒吧、户外院子，并定期举办尼亚加拉河旅行。

我们的选择 **风向地酒店**（Beaconsfield；见 102 页地图；☎416-535-3338；www.bbcanada.com/771.html；38 Beaconsfield Ave；双带公共卫生间 含早餐 $95，套房 $150 ～ 170；电车 501 路；Ⓟ ⊠ ⊞）繁荣时期的风向地酒店是一家维多利亚式时尚 B&B 酒店，由一对艺术家兼演员夫妇所有，他们将房间填满了壁画和娱乐饰品。中性套房带一个卫生间和一两间卧室。在一张放了很多玩具(Rubik's Cubes，俄罗斯玩具娃娃）的桌上，为大大小小的孩子们提供全套早餐。

德雷克酒店（Drake Hotel；见102页地图；☎416-531-5042；www. the drakehotel.ca；1150 Queen St W；双$179～289；电车501路；Ⓟ ⊠ ⊞ wi-fi）这个百年酒店花了$500万进行翻新，它对波希米亚人、艺术家和独立的音乐家非常有吸引力(只是需要多点现金)。装饰巧妙的客房有葡萄酒、一次性地毯、纯平电视和wi-fi端口。有咖啡吧、餐厅、酒吧和现场音乐室可供娱乐。

多伦多东区(East Toronto)

Neil-Wycik学院酒店（Neil-Wycik College Hotel；见106～107页地图；☎416-977-2320；www.neil-wycik.com；96 Gerrard St E；单/双/三/家带公共卫生间，$45/65/70/85；地铁College站；Ⓟ wi-fi）这家酒店发音为“Why-zik”，这家旅行者喜欢的经济型酒店从5月初到8月末营业。公寓式套房有带电话的私人卧室、公共厨房/客厅和浴室。这里有洗衣间、寄物柜、带电视的客厅、一个学生经营的食堂，以及不可思议的天台景致，还有没有空调的炎热的8月夜晚。停车费为$10。

阿姆斯特丹宾馆（Amsterdam Guesthouse；见106～107页地图；☎416-921-9797；www.amsterdamguesthouse.com；209 Carlton St；单/双带公共卫生间$65/85起；电车506路；⊠ ❄ wi-fi）在庄严的前门廊上飘扬着彩旗，这家宾馆是一座擦拭一新的维多利亚式老楼，但并不沉闷。偶尔会有光着膀子的铺石块者漫步穿过大厅，试图回想起哪间简单、干净舒适的客房(带有线电视)是他们的。

1871老房子酒店（1871 Historic House；见106～107页地图；☎416-923-6950；www.1871bnb.com；65 Huntley St；单/双带公共卫生间含早餐$70/80起；地铁Sherbourne站；Ⓟ ⊠ ❄ wi-fi）还有哪家酒店能像这样声称Buffalo Bill Cody和约翰·列侬曾经下榻？在这家古老的维多利亚式酒店里，明亮之处摆放着艺术品和古董，但客房都没有浴室，不过样板套房有自己的热浴盆。

Pimblett's Downtown Toronto B&B旅馆（见106～107页地图；☎416-921-6898；www.pimblett.ca；242 Gerrard St E；单/双$85/105起；电车506路；Ⓟ ⊠ ❄ wi-fi）由一位奇怪的英国人经营，他以这里曾是约翰·克里斯(John Cleese，英国著名的喜剧演员兼编剧，代表作包括《弗罗斯特报告》[*The Frost Report*]、《马蒂》[*Marty*]等，喜剧表演团体“Monty Python's Flying Circus”的创建人之一——编注）的下榻处而备感自豪，旅馆有10个房间，有以查尔斯王子或伊丽莎白女王命名的房间，使你有种和整个皇家家族同眠的感觉(哈哈哈哈……)。提供大量英式幽默和英式早餐。

卡莱雷酒店和萨尔比套间（Clarion Hotel & Suites Selby；见106～107页地图；☎416-921-3142，800-387-4788；www.choicehotels/cn534；592 Sherbourne St；双/套房含早餐$85/200起；地铁Sherbourne站；Ⓟ ❄ wi-fi）20世纪20年代，海明威(Hemingway)作为《多伦多明星报》(*Toronto Star*)的记者，就住在这座带角楼的维多利亚式楼房里。这座旅馆现代延伸部分并没有什么建筑奇观，不过，这儿有家庭套房。停车费为$13。

小巴黎酒店（Au Petit Paris；见106～107页地图；☎416-928-1348；www.bbtoronto.com/aupetitparis；3 Selby St；单/双含早餐$100/130起；地铁Sherbourne站；⊠ ❄ wi-fi）在这家精致的维多利亚式酒店中，硬木地板与现代家饰相融合。精选的四个套房房间是游牧套房(Nomad's Suite)和艺术家套房(Artist's Suite)，有着可看风景的花园和超大的浴缸。屋顶露台是最棒的。

Toronto Townhouse B&B旅馆（见106～107页地图；☎416-323-8898，877-500-0466；www.torontotownhouse.com；213 Carlton St；双$100～170；电车506路；Ⓟ ⊠ ❄ wi-fi）这家旅馆是在过去几年里幸存于城市贫民区的B&B旅馆。在这座很高贵的连排式住宅中，六个离奇有趣的房间经过了修复更显漂亮。早餐包括自制麦片、烘焙的糖果、热薄烤饼和煎蛋卷。

湖滨地区

心灵驿站（Accommodating the Soul；见102页地图；☎416-686-0619；www.bbcanada.com/atsoul；114 Waverley Rd；双含早餐$120～145；电车501路；Ⓟ ⊠ ❄ wi-fi）这家建于20世纪初的酒店引以为傲的是古董饰品和几个很棒的花园，这些让人充满热情的房间从湖滨高地走几步即到。有一间客房中有套房，另两间带公共浴室。无论你住在哪个房间，都供应齐全的热早餐。

多伦多群岛(Toronto Islands)

Barb's Island Loft旅馆（见102页地图；☎416-203-0866；9 Third St；Ward's Island；公寓每晚/周$125/600；渡轮Ward's Island站；⊠）在食品店买足够的食物，跳上渡轮，然后消失一个周。自己动手做饭，看书，长时间散步，四处走动——这样的生活不是很美好吗？在不提供非必要服务的公寓睡三个晚上，不要错过Barb's的大黄果酱和茄子酸辣酱(rhubarb jam and eggplant chutney)。

Smiley's B&B旅馆（见102页地图；☎416-203-8599；www.erelda.ca；4 Dacotah Ave，Algonquin Island；房带公共卫生间$70，公寓每晚/周$160/800；渡轮Ward's Island站；⊠ ❄）在“望景楼”度过一晚——在充满阳光的旅馆房间内与主人一起吃饭，或躲在带独立厨房和浴室的单间公寓里。不管哪种，你肯定都能得到放松！

大多伦多地区(Greater Toronto Area，简称GTA)

丽景酒店（Bonnevue Manor；见102页地图；☎416-536-1455；www.bonnevuemanor.com；33 Beaty Ave，Jameson Ave以西；双含早餐$100～170；电车501路、504路、508路；Ⓟ ⊠ ❄ 🖳）经常被投票评选为最佳多伦多B&B酒店之一，这家舒适的酒店位于

一栋建于19世纪90年代的红砖楼房，翻新过，保留着精美的手工装饰局部。六个客房都有暖色调的内部装饰；房间都有浴室。在葡萄树覆盖的露台上享用美好的早餐吧！

蟾蜍屋B&B酒店（Toadhall Bed & Breakfast；☎905-773-4028；www.225toadhall.ca；225 Lakeland Cres，Richmond Hill；单/双/三含早餐$95/125/175；Ⓟ ⊠ wi-fi）从多伦多市中心向北，下榻在风景如画的Lake Wilcox湖畔的这家太阳能酒店，是很值得的，在门外你就可以游泳、划独木舟和冲浪。没有空调，但湖面送来的缕缕清风能吹透整个房间。这儿有益健康的早餐突出了绿色环保的意识（备有素食）。关于驾驶路线，与其这么跟你说，还不如你登录他们的网站了解。

就餐

没有一个地方的餐馆文化能比多伦多的来得更有力、更具震撼人心的效果。在这里吃饭是件愉悦的事，你可以找到任何想吃的，从韩国的核桃仁蛋糕到令人流汗的泰国咖喱饭、纽约牛排和由豆类培根和枫蜜制成的加拿大烤薄饼，混合食物将是主流饮食：传统的西餐融合少数吸引人的东方调料，用平底的亚洲锅烹制。其中也保留着一些大不列颠的影响——午餐时的酒和正式的下午茶点仍然是深受喜爱的传统。

在金融区和老约克镇，食客们排队涌入高档的餐厅，而贝尔德温村、肯辛顿市场、皇后西街和扬大街主干道上，到处都是各种风味的平价餐馆。民族风味更为统一的是小意大利城、希腊城（丹弗斯）、小印度城和唐人街。想好自己最想吃的，看看邻桌的选择，然后猛吃吧！

湖滨码头地区

湖滨码头60号牛排餐馆（Harbour Sixty Steakhouse，见106～107页地图；☎416-777-2111；60 Harbour St；主菜$29～52；🕑周一至周五11:30～1am，周六和周日5am～1pm；电车509路、510路）坐落在1917年建成的原多伦多湖滨委员会(Toronto Harbour Commission)办公楼里，这座哥特式建筑位置有些偏僻，巴洛克风格的豪华包厢采用的是黄铜制灯具和豪华展台。尝尝有名的各类牛排、上等三文鱼，或者新鲜的佛罗里达石蟹和烤加勒比龙虾尾。配菜看起来有些贵，但分量足够两人食用。极棒的各种酒水；预订很重要。

金融区

Mercatto餐馆（见106～107页地图；☎416-306-0467；330 Bay St；正餐$8～14；🕑周一至周五7am～8pm；地铁King站）Mercatto是其中一家令人兴奋的意大利熟食咖啡店，提供有创意的帕尼尼(panini，意式三明治)、通心粉、意大利调味饭、煎蛋饼和比萨饼，可在格格不入的枝形吊灯下的中央餐桌上饮用。没有人注意到上面是什么——大家只会关注餐具盘子。

Bymark餐馆（见106～107页地图；☎416-777-1144；Toronto-Dominion Centre，66 Wellington St W，street level；主菜$34～50；🕑周一至周五11:30am～11pm，周六5～11pm；地铁St Andrew站）North 44°（见134页）的名厨Mark McEwan带着他娴熟的欧式烹调法来到了这家两层平房中的流行小店。他的创意厨房团队把新鲜的当地原料（野生菌类、尼亚加拉河食物和软壳螃蟹等）制作成美味的食物，提供与之相配的红酒和啤酒。

老约克镇

圣劳伦斯集市（St Lawrence Market；见106～107页地图；☎416-392-7120；南集市，2 Front St E；产品$2～10；🕑周二至周四8am～6pm，周五8am～7pm，周六5am～5pm；电车503路、504路）在这个讨人喜爱的集市里，艺人和古典三重奏音乐家经常来表演，各种高品质的农产品，烘烤食品和进口产品琳琅满目，会让你止不住流口水。人们挤在天天美食(Everyday Gourmet)、快客寿司(Quik Sushi，“女主角免费用餐！”)、以蒙特利尔风味的硬面包圈出名的St Urbian城市人面包店以及胡须点心店(Mustachio's)的鸡肉三明治(“据说和头一般大”)店门处的午餐台用餐。每个周六早晨5点，有些昏暗的北集市就会活跃起来，举办农民集市活动。

春卷店（Spring Rolls；见106～107页地图；☎416-365-7655；85 Front St E；主菜$8～16；🕑11am～11pm；电车503路、504路）是城内仅有的五家春卷店之一，老约克的分店位于凉快的小房间内，提供越南菜和中国菜。几碗越南米粉（面汤）与四川辣菜、经典炒面、咖喱饭菜与油炸香蕉搭配。精力充沛的上班族就在人行道的桌旁放松下来。

Sultan's Tent & Café Maroc餐馆（见106～107页地图；☎416-961-0601；49 Front St E；主菜$12～25；🕑周一至周五正午～3pm，周一至周六5～10:30pm；电车503路、504路）数世纪以来，阿拉伯、西班牙、法国、英国和波波尔的风味席卷了摩洛哥，在这个通风的房间里可以遍尝各种美食，这里布满了彩绘玻璃天窗、蜡烛、有流苏的软垫，酒吧可与Rick's Café咖啡馆相匹敌。蒸粗麦粉蛋糕饰块(Couscous Royale，$22)极好。跳肚皮舞的舞蹈者可能会让你胃口大开——也可能不会哦！

布洛克剧院和娱乐区

Burrito Boyz餐馆（见106～107页地图；☎416-593-9191；120 Peter St；主菜$4～8；🕑周一至

周四 11:30am ~ 11pm，周五和周六至 4am，周日正午 ~ 9pm；电车 501 路、502 路）正在搜寻俱乐部却又不够幸运的人，都挤到这家地下小饭店，用味道厚重的红辣椒、酸奶油和萨尔萨酱（salsa，西班牙文中的一种拉丁美洲人特别喜爱、带有辛辣味的番茄酱汁——编注）缓解自己的失望。没有足够的空间让你在这儿吃玉米煎饼——带走吃吧。

Spoon 餐馆（见 106 ~ 107 页地图；☎416-599-7000；391 King St W；主菜午餐 $11 ~ 19，晚餐 $17 ~ 35；🕑 周二至周五 11:30am ~ 2:30pm，周二和周三 4:30 ~ 10pm，周四至周六至 11pm；电车 504 路、510 路）与其他一些陈旧的餐馆相比，令人印象深刻的 Spoon 餐馆简直就是完全不同的风格。一个狭长的房间里有着多样的酒杯、勺形椅子、平静的爵士音乐和完美的顾客。将爱德华王子岛出产的牡蛎泡在绿茶、柠檬香草、酸橙叶和椰子肉汤中，然后再来一份捣碎的甘薯（sweet-potato）、芽甘蓝（spouts）和石榴干配炖羊腿。可以按杯或按瓶要酒。

Autogrill餐馆（见106～107页地图；☎416-599-0961；345 Adelaide St W；主菜 $17～23；🕑 周一至周五11am～11pm，周六5pm～午夜；电车 510路、504路）靠街的房间是如此吸引人！离开房间，沿着楼梯走到吧台要杯马提尼。皮制的包厢等候着你的光临，这里友好的工作人员接过10英寸石焙比萨饼的订单，比萨饼的味道经过了改良，配美味的意大利面食(pasta)和意式调味饭(risottos)。

五味全餐厅（Sen5es；见106～107页地图；☎416-935-0400；318 Wellington St W；早餐和午餐 $5～17，晚餐 $32～45；🕑 每天7am～2pm，周二至周六6～11pm，每天包厢 5pm～1am；电车510路）在阳光充足、空气清新的室内供应早餐(尝试完美的卡布奇诺和巧克力面包)，这家考究的现代餐厅拥有厨师推荐菜，晚上供应山羊干酪、牛肉馄饨(beef ravioli)、用柑橘沙拉和咖喱酸奶烤制的焦扇贝(seared scallops with citrus salad and curry yoghurt)。或者，你也可以在休息室里用餐，品尝同样令人惊奇的菜肴，每盘最多收费$25。

皇后大街和邓达斯广场

Café Crepe小餐馆（见106～107页地图；☎416-260-1611；246 Queen St W；可丽饼 $4～7；🕑 周一至周四9am～10pm，周五和周六 至午夜，周日10am～10pm；电车501路）穿着白色服装的厨师熟练地将混合料浇到冒烟的烤盘上，然后用漂亮的木制刮铲将热的调料转着圈倒在棕褐色的美味菜肴上。甜美、风味极佳的美食，就像闻起来那样好。餐馆后部有包间，可打包可丽饼(crepes)。

皇太后咖啡店（Queen Mother Café；见 106 ~ 107 页地图；☎416-598-4719；208 Queen St W；主菜 $9 ~ 17；🕑 周一至周六 11:30 ~ 1am，周日至 11pm；地铁 Osgoode 站）位于皇后街的这家食府受人欢迎，有温馨的黑色木制包厢和让人惊奇的亚洲点心（不是哪儿都能看到的奶油点心！）。加拿大令人怀旧的食物同样也在菜单上，看看他们上次翻修时在墙里面找到了什么。

大众餐厅（Commensal；见 106 ~ 107 页地图；☎416-596-9364；655 Bay St；午餐 $10，晚餐 $15；🕑 周一和周二 11:30am ~ 9:30pm，周三至周五至 10pm，周六和周日正午 ~ 10pm；地铁 Dundas 站）自助式的大众餐厅，有 100 多种自助菜品，包括新鲜沙拉、大众口味的热主食和原味甜点。绝大多数出于健康方面考虑的特殊饮食都很容易接受；仅少数几样淡而无味（和数年前的内部设计差不多）。

Terroni 食品店（见 106 ~ 107 页地图；☎416-955-0258；106 Victoria St；正餐 $11 ~ 16；🕑 周一至周五 9am ~ 10pm，周六 10am 起；地铁 Queen 站）皇后西街（见 106 ~ 107 页地图；☎416-504-0320；720 Queen St W；电车 501 路）是传统的意大利南部杂货店和熟食店风格。下班后的多伦多厨师们缓慢地穿过店门，那儿有用木头烤箱烤制的比萨饼、瓶装酒和新鲜的帕尼尼，一切都尽善尽美。墙壁上放置着意大利面、橄榄油和装辣椒粉的罐子。柜台上摆放着鲜花；有活力的大型爵士乐队将氛围调至“最高”。

唐人街和贝尔德温村

饺子屋餐馆（Dumpling House Restaurant；见 106 ~ 107 页地图；☎416-596-8898；328 Spadina Ave；12 个饺子 $4 ~ 6；🕑 11am ~ 11pm；电车 510 路）你不会在这里迷失的——走进去，坐下来，点好冒着热气的猪肉、鸡肉、牛肉、海鲜或是蔬菜团子（煎炸或蒸），蘸点儿酱油，立即吞下去。

金石面条餐馆（Goldstone Noodle Restaurant；见106～107页地图；☎416-596-9053；266 Spadina Ave；主菜 $5～10；🕑 周日至周四8～2am，周五和周六至4pm；电车505路、510路）在这家玻璃墙壁的餐馆中，你可以看到厨师们做菜的全过程，他们将大团的面、大块光滑的野鸭和橙色鱿鱼搭配着做。其他被肢解的动物都挂在钩上，而用餐者留下的大批碗被洗刷干净。天赐晚餐。

Phõ' Hu'ng餐馆（见106～107页地图；☎416-593-4274；350 Spadina Ave；主菜 $6～13；🕑 10am～10pm；电车510路）Bloor-Yorkville社区（见106～107页地图；☎416-963-5080；2nd fl，200 Bloor St W；地铁Museum站）要吃到这儿美味的越南生汤，你得忍耐发音不清楚的服务生，等待异常繁忙的餐桌。有些菜做得太地道了，一些人可能不太敢品尝

(什么，你不喜欢猪肉肠和猪血?)。天气好的话，非常适于在露台用餐。

Swatow餐馆（见106～107页地图；☎416-977-0601；309 Spadina Ave；主菜$8～14；⏰11～2am；电车505路、510路）这里的菜单包括了潮汕菜，发酵米酒的绰号为“红汤”，很好喝。家庭面条很火暴。只收现金，准备好排队吧！

John's Italian Café 意式小餐馆（见106～107页地图；☎416-537-0598；27 Baldwin St；主菜$10～20；⏰周日至周四11am～11pm，周五和周六11～1am；电车505路、506路）这儿经典的混合菜肴可与纽约的小意大利城甚至是新泽西相媲美。树荫环绕的院子是夏季夜晚最好的舞台，来瓶Chianti红葡萄酒和一份新鲜的玉米比萨饼。这里的咖啡也非常棒！

Matahari Grill 烧烤店（见106～107页地图；☎416-596-2832；39 Baldwin St；主菜$13～20；⏰周二至周五11:45am～3pm，周二至周日5～10pm；电车505路、506路）这家淳朴的餐馆位置有些偏僻，有着祥和的氛围，这儿的墙上有快乐的涂鸦，如“Good things are being said about you”。当你等待香味四溢的对虾配加香罗望子(spicy tamarind)、咖喱鸡或新加坡旺火炒对虾时，你应该好好地想想自己有什么好事。餐后甜点非常有特色，有冰葡萄酒和进口的啤酒。

扬大街主干道(Yonge Street Strip)和彻奇韦尔斯利村

Saigon Sister餐馆（见106～107页地图；☎416-967-0808；774 Yonge St；主菜$7～18；⏰周一至周六11am～11pm，周日正午起；地铁Bloor-Yonge站）远离喧闹的扬大街的一个时髦选择。在华丽的花园院子里或在盆栽仙人掌的包围中享用汤、沙拉和炒菜、令人难忘的水果饮料、茶和鸡尾酒。

7 West Café小餐馆（见106～107页地图；☎416-928-9041；7 Charles St W；主菜$9～15；⏰24小时；地铁Bloor-Yonge站）这家三层小餐馆有幽暗的光线、织纹翡翠油漆、加框的人体肖像、木制教堂座椅和天花板上快乐的天使，为令人眼花缭乱的比萨饼、通心粉、三明治及24小时早餐的就餐环境烘托着氛围。当月亮照在大街上，为一切留下影子时，模仿吸血鬼吮吸的红酒(瓶装或杯子装)吧。

泽尔达餐馆（Zelda's；见106～107页地图；☎416-922-2526；542 Church St；主菜$10～15；⏰周一至周三11～1am，周四至周六11～2am，周日10～1am；地铁Wellesley站）这家另类餐馆以家常菜、极佳的鸡尾酒、20世纪70年代的迪斯科舞曲和宽敞的室外露台胜人一筹。彻奇韦尔斯利村社区特立独行者沉迷于这里不讲究的艳丽氛围，尤其是它的男同性恋者女装晚会和皮草晚会。

东边火焰餐厅（Fire on the East Side；见106～107页地图；☎416-960-3473；6 Gloucester St；主菜$10～24；⏰周一至周五 正午～1am，周六和周日10am～午夜；地铁Wellesley站）这家很时尚的邻近餐厅给人感觉像是谁家的客厅。混合式厨房烹制出非洲、加勒比海、法裔阿卡迪亚和卡金人的特色菜，从香辣蟹到“什么都有”(kitchen sink)煎蛋卷（里面什么都有）。甜点是厨师自制的，辛辣的伏特加酒会让你一天都昏昏沉沉的。

伊索比亚餐馆（Ethiopian House；见106～107页地图；☎416-923-5438；4 Irwin Ave；主菜$12～28；⏰正午～1am；地铁Wellesley站）这是个挤满了人、很受欢迎的地方，墙壁上挂满了从非洲得到灵感的壁画，但是这里没有银器，sherro wot(熟鹰嘴豆)和厚片的gored-gored(五香牛肉)夹在injera面包中。在焙烤咖啡的传统节日里，空气中充满着乳香的芬芳。

布卢尔—约克维尔

日式餐馆（Okonomi House；见106～107页地图；☎416-925-6176；23 Charles St W；主菜$6～12；⏰周一至周五11:30am～10pm，周六正午～10pm，周日正午～8pm；地铁Bloor-Yonge站）Okonomi House是多伦多(而且也许是北美地区)最好餐馆中的一家，点上一碟okonomiyaki，一种日本香薄荷卷心菜烙饼，卷着肉末、海味或素菜馅吃。确实是令人舒心的冬季食物(问问多伦多警署就知道了)。

Indochine餐馆（见106～107页地图；☎416-922-5840；4 Collier St；主菜$10～19；⏰周一至周六11:30am～3pm和5～11pm，周日5～10pm；地铁Bloor-Yonge站）简单、谦逊，这家周到的餐馆是块美玉。著名菜肴包括用柠檬、大蒜和酒腌制的温哥华螃蟹。这儿也有许多素食、炒米饭和用旺火炒面等等。用越南咖啡或外表有点吓人的紫米糕结束用餐吧。

布卢尔街食府（Bloor Street Diner；见106～107页地图；☎416-928-3105；Manulife Centre，55 Bloor St W；主菜$12～19；⏰正午～1am；地铁Bloor-Yonge站）这个时髦的地方与它不起眼的名字有出入，长形软沙发、浆洗过的桌布以及体贴的服务员提供的专业服务，还有一个巴黎风格的露台。牛排、烤肉和酒一样，都很不错；自助早午餐可以随意吃。到前面的咖啡店买个三明治带走。

Sassafraz餐馆（见106～107页地图；☎416-964-2222；100 Cumberland St；主菜$30～45；⏰11～2am；地铁Bay站）随着名人裘德·洛(Jude Law，英国优秀男演员)、马修·麦康纳(Matthew McConaughey，美国著名男演员)和琼·柯林斯

(Joan Collins)等等——走过红地毯，Sassafraz感觉更像是洛杉矶，而不是多伦多。爵士乐队周末在此演奏小夜曲，活泼的接待人员在阳光普照的院子和室内大厅中引领着客人。食物？肯定是很美味的！

多伦多大学和阿内克斯社区

Papa Ceo比萨饼店（见106～107页地图；☎416-961-2222；654 Spadina Ave；比萨饼片 $3～4；9～4am；电车510路）与仅有两门之隔的克拉比萨饼店(Cora Pizza)一直在进行着竞争，现在似乎要获胜了。这儿美味的比萨饼很大——拿起一片Marlon Brando(意大利干酪、香蒜酱配牛肉末、洋葱和蘑菇)。饼店后部的电视屏幕上放映着意大利甲级足球比赛，电视就在通风口下。

偶遇餐馆（By the Way；见106～107页地图；☎416-967-4295；400 Bloor St W；主菜 $8～15；周日至周二9am～9:30pm，周三至10:30pm，周四至周六至11:30pm；地铁Bathurst和Spadina站）阿内克斯社区的一处建筑，这个有些退色的角落餐馆一天推出不同的混合菜肴，还有许多新颖的素菜供素食者选择。A+服务，酒品以尼日利亚冰葡萄酒为特色，酒类有远自俄勒冈和澳大利亚生产的。

Mel's Montréal Delicatessen餐馆（见106～107页地图；☎416-966-8881；440 Bloor St W；主菜 $9～19；24小时；地铁Spadina站）你来这里就为一件事、唯一的一件事：这儿有名的熏肉三明治(Jumbo Smoked Meat Sandwich)。看到这道菜你便会心跳，这个8盎司大的三明治是店里的招牌，每周两次从魁北克运过来，保持着原汁原味。如果你要活下来，一餐就够维持你一周了。

经度餐馆（Latitude；见106～107页地图；☎416-928-0926；89 Harbord St；主菜$10～20；每天11:30am～3pm，周一至周六 5:30～10pm；电车510路）由一位乌拉圭厨师主理泛拉美地区的特色菜肴，尽管有时菜谱上暗示说是亚洲菜，仍会放炸丝兰和车前草。想寻一处有三面帷幔的浪漫露台吗?径直经过可人的酒吧就能找到，在那里莫希托(Mojito)和玛格丽特(margarita)鸡尾酒互相竞争。

肯辛顿市场和小意大利

全球奶酪（Global Cheese；见106～107页地图；☎416-593-9251；76 Kensington Ave；奶酪 $3/1 磅起；周一至周五 9am～7pm，周六 8am～6pm，周日 9am～5pm；电车 510 路）你看到过如此奇妙的干酪店吗？顾客为了能够在靠近柜台获得一个地方摩肩接踵，这里的工作人员藏于摇摇欲坠的干酪后面，分发着希腊羊乳酪条(Greek feta)、加拿大的高达干酪(Canadian gouda)、银色的意大利干酪和瑞士干酪，品尝一些，打包一打，然后走到街上。

Jumbo Empanadas 饭馆（见106～107页地图；☎416-977-0056；245 Augusta Ave；产品 $3～6；周一至周六 9am～8pm，周日 11am～6pm；电车 510 路）他们没有开玩笑——地道的智利 Empanadas（土司面包夹牛肉、鸡肉、奶酪或是青菜），薄荷牛肉麦饼、橄榄和鸡蛋常常很快就卖完了。面包和萨尔萨肉酱也是自制的。

我们的选择 **大米吧**（Rice Bar；见106～107页地图；☎416-922-7423；319 Augusta Ave；主菜 $6～10；周二至周日 11am～10pm；电车 506 路）自己做米饭：选好大米（印度香米 [basmati]、茉莉 [jasmine]、米粉或是一天推荐的特品），增添蛋白质（豆腐、鸡肉、牛肉或虾），调味料（胡椒或味噌烧烤都可以），装饰好之后再品尝，然后心满意足地放下筷子，沙拉、三明治、素焖肉、有机茶和咖啡也都不错。

乌托邦（Utopia；见106～107页地图；☎416-534-7751；586 College St；主菜 $10～16；11am～10pm；电车 506 路）这家本地的店位于小意大利城的正中央，但是乌托邦菜单远超过了比萨饼和通心粉。摩洛哥的鹰嘴豆汤、烘焙鸡肉和法国布礼乳酪三明治(French brie sandwiches)、墨西哥玉米煎饼，一份世界级的酒水列表单和无数种类的蛋黄酱——想的是本地的，吃的却是全球各地的！

意大利酒吧（Bar Italia；见106～107页地图；☎416-535-3621；582 College St；主菜$10～17；周一至周四11～1am，周五至2am，周六10:30～2am，周日10:30～1am；电车506路）标新立异的人出出进进，不过，这家酒吧值得看和被看。尝尝三明治或清淡的面条，配柠檬酱，然后喝上一杯浓咖啡——你得挤在很多人前面，才能坐在临街露台。

皇后西街和West Queen West

Fressen餐馆（见106～107页地图；☎416-504-5127；478 Queen St W；主菜$10～14；周一至周五5:30～10pm，周六和周日10am～3pm；电车501路）多伦多顶级素食者和素食主义者餐馆，餐馆的高品质服务和华丽的砖木餐室很适合一次愉快的晚餐(甚至荤食者上这里也不错)。很特色的绿色菜肴是从全球一流厨艺中精选出来的，并随来访的季节调整。周末的素食早午餐很棒。

Gypsy Co-op 餐馆（见106～107页地图；☎416-703-5069；817 Queen St W；意大利面 $9～16，主菜 $14～22；周一至周五 6～10pm，周六和周日 11～2am；电车 501 路）时髦的皇后西街餐厅熙熙攘攘，

当地人的声音

琳达·阿拉基(Linda Araki)，31岁，出生并成长于多伦多的北约克，除了在金斯敦药物学校学习的四年外，她一直居住在多伦多。她拥有日本—犹太血缘，继承了日本文化和俄罗斯—波兰谱系的犹太文化，多元主义的多伦多的典型。

多伦多看起来是一个多文化的成功例子。你同意吗？当然。甚至是在纽约这样的城市，在不同的文化区域，你也能感受到种族隔离。但是在多伦多，无论我在哪里——小意大利、唐人街或小韩国——我从来都没有感觉到像旁观者。甚至在希腊城，绝大多数是希腊饭店，也会偶尔有一个意大利或者法国餐厅，而在韩国城里有一个萨尔瓦多餐厅。是真的！

你喜欢多伦多的什么呢？它非常令人兴奋——我经常感受到它的进步。我喜欢这里多元文化的味道——不同的人，不同的音乐、艺术及各式各样的餐厅让人难以置信。在这座城市中散步是一件很愉快的事情——每个街区都有别样的风格。在这里购物也是很让人高兴的事情！

你喜欢的餐厅是？乌托邦(Utopia，见132页)很酷——在小意大利城中非常出名，里面摆了一架小钢琴。他们制作沙拉、汉堡包及金枪鱼烤面卷。Terroni食品店(见130页)是人们经常讨论的地方——也非常好，但它的店面正变得越来越小，并且你需要等待很长时间。东边火焰餐厅(Fire on the East Side，见131页)有我吃过的最好的恺撒沙拉(Caesar)。他们同时也自己制作jalapeño伏特加酒，他们非常友好。

对于多伦多有争议的问题，你的想法是什么呢？多伦多的滨水地区总是引起争议。以多伦多市中心机场为例(Toronto City Centre Airport，见142页)——你或许喜欢它，或许讨厌它。人们经常将多伦多与芝加哥相比，它们都是"有湖"的大城市。但是芝加哥有一个令人惊异的、值得一去的水滨地区，旁边有码头和渡口，人们经常可以在水中游泳。我从来不会建议任何人在安大略湖里游泳。我认为多伦多以后应该为自己的目标做点什么。

但是这家吉卜赛人食品店长久以来都受到人们的喜爱，有着离奇的桌面剪纸装饰、照明和再使用的地板。当代菜肴融入了国际口味——尝试一下红鲷鱼，鱼片是用牙买加南瓜咖喱制成的。酒醉吧(见140页)在楼上。

Julie's餐馆(见102页地图；☎416-532-7397；202 Dovercourt Rd；主菜$15～19；⏲周二至周日5:30～11pm；电车501路)West Queen West的秘密(现在不那么私密了，对吗？)使顾客从很远的布法罗来到这里，享用传统的古巴菜，如ropa vieja(番茄酱浇牛肉条，配车前草、白米饭和黑豆)。这家餐厅曾是杂货店，人们正在尽力去维护(或者，尽力不去维护)这种氛围。

Susur 餐厅(见106～107页地图；☎416-603-2205；601 King St W；主菜$ 40～45；⏲周一至周六6～11pm；电车504路、511路)照菜单点菜，或者让明星大厨苏瑟·李(Susur Lee)领你在他精心调理的各种品酒餐上体验奇异的美味之旅(6道菜$120；素食 $75)。从欧洲到亚洲，然后再回来，每一盘菜都是一次对比差异的奇妙研究，外加富有想象力的酒单。提前数周预订。

多伦多东区

真干货餐馆(Real Jerk；见102页地图；☎416-463-6055；709 Queen St E；主菜$5～15；⏲周一至周四11:30am～10pm，周五至午夜，周六1pm～午夜，周日2～10pm；电车501路、502路、503路)如果你不喜欢这家阳光明媚的加勒比餐馆，那你就是笨到家了，这儿出名的菜肴有经典风干鸡、咖喱牛尾和羊肉，"rasta面条"和红条纹啤酒。有些海滩氛围，配上雷鬼(raggae)背景音乐，热带装饰，到处可见的牙买加国旗。

Siddhartha餐馆(见102页地图；☎416-465-4095；1450 Gerrard St E；主菜$9～15；⏲11:30am～2:30pm和4:30～10:30pm；电车506路)皇后西街(见106～107页地图；☎416-703-6684；647A King St W；⏲11:30am～2:30pm和4:30～10:30pm；电车504路)这儿的特色咖喱鸡(chicken korma，把蔬菜和印度香料放在一起煮，用水果干装饰)听起来可能有点怪，却非常美味。经典的咖喱饭菜也很可口，被谦卑的服务人员端上桌。同样在皇后西街——同样的营业时间，价格稍高。

Toast 餐馆(见102页地图；☎416-469-8222；993 Queen St E；主菜$11～25；⏲周二至周五11:30am～3pm，周四至周六6～10pm；电车501路、502路、503路)天鹅绒窗帘内是有艺术气息的老式小餐馆，这里有最好的周末早午餐：浇有荷兰沙司的火腿蛋吐司(eggs Benedict)或涂满果酱和奶油干酪的法式土司，只需$11。要等待的话，20世纪50年代的装饰和名人——克里夫·欧文

(Clive Owen，英国男演员）和科林·法雷尔（Colin Farrell，爱尔兰男演员）——签名的贺词应该会使你感到心情愉快。

Ouzeri 餐馆（见102页地图；☎416-778-0500；500A Danforth Ave；开胃菜$5~10，主菜$12~20；⏲周日至周四11:30am~11pm，周五和周六11:30am~午夜；地铁Chester站）Ouzeri欢迎家庭就餐，尝尝这里定价合理的开胃菜（希腊小吃）和精美海鲜。烤茄子、希腊沙拉和冰啤共花费$15左右。有时，夜晚有现场的传统希腊音乐（如果你不喜欢高音量的曼陀琴音，那就避免在这样的夜晚前去）。

快乐酒馆（Joy Bistro；见102页地图；☎416-465-8855；884 Queen St E；主菜$14~25；⏲7am~10pm；电车501路、502路、503路）这儿有让你快乐的可停车的院子，里面有条纹长椅。菜肴以传统肉菜与法式风味相融合：脆皮烤鸭(duck confit)、马尼托巴猪腰肉和慢慢烘烤的小羊腿。有来自各地的酒，服务无可挑剔。杰夫·巴克利(Jeff Buckley)在楼下弹奏乐曲，楼上是一个叫做Over Joy（哈哈）的酒吧。

Pan on the Danforth 餐馆（见102页地图；☎416-466-8158；516 Danforth Ave；开胃菜$6~12，主菜$15~25；⏲周日至周四正午~11pm，周五和周六至2am；地铁Chester站）这家餐馆华丽而休闲，供应融入传统希腊风味的家常菜，如填满了菠菜和羊乳酪的Santorini鸡肉、新马铃薯和烤素菜。最后来个甜点：巧克力果仁蜜饼。主人穿着他最爱的汗衫开门（不必到太早哦……）

湖滨地区

国王餐桌（King's Table；见102页地图；☎416-694-3474；2248 Queen St E，正餐$6~12；⏲周二至周六 正午~9pm，周日至8pm；电车501路）店面内充满着友好的家庭氛围，使得我们可将它评为湖滨地区一带鱼味馆之王。客人点上丰盛的烤比目鱼或鲑鱼再加上沙拉，一道道菜很快就摆满了你的餐桌。

湖滨人咖啡馆（Beacher Café；见102页地图；☎416-699-3874；2162 Queen St E；主菜$8~17；⏲周一至周五10am~11pm，周六9am~11pm，周日9am~10pm；电车501路）像维吉妮亚·伍尔夫(Virginia Woolf)小说中的海滨别墅，这家老咖啡馆有一个狭窄但永远抢手的临街露台。特别擅长蛋类和薄煎饼的早午餐。当下午有些消沉的时候，湖滨地区的妻子们在谈论着他们的丈夫沉迷于葡萄酒。每月更换当地艺术品。

多伦多群岛

牧区餐厅（Rectory；见102页地图；☎416-203-2152；102 Lakeshore Ave；Ward's Island；主菜$7~15；⏲10月到次年5月周三至周日11am~5pm，6月到9月每天10am~10pm；轮渡Ward's Island站）在上岸码头人行道附近，这家艺术画廊兼巧克力咖啡令人感到很舒适，便餐、苹果酒和周末早午餐，可欣赏托米汤普尔森公园(Tommy Thompson Park)的景色。建议预订早午餐和晚餐，小吃和饮料比较随意，试试金枪鱼。

大多伦多区(GTA)

Vanipha Lanna 餐馆（见102页地图；☎416-654-8068；863 St Clair Ave W；主菜$10~15；⏲周二和周六4~10pm，周三至周五正午~10pm；电车512路）这家餐馆晚上营业，有点像是亚洲的洗车场蛋糕店。有丰富的泰国和老挝食物，从火暴的海鲜到家常面，加上与众不同的菜肴，如khao moak ga(裹在香蕉叶中的五香鸡肉）。假兰花和泰国皇室肖像装饰着房间。

North 44°餐馆（见102页地图；☎416-487-4897；2537 Yonge St；主菜$32~45；⏲周一至周六5~11pm；公共汽车97路）电视厨师Mark McEwan考究的North 44°餐馆仍旧是北美顶级餐馆(如果你感到很疑惑，多伦多就位于北纬44度)。可靠的主菜——如在香蕉叶焙烤大比目鱼配上韭菜、洋葱、椰子、胡荽——与来自各国的酒搭配，酒的种类异常繁多。太棒了。

饮品

多伦多通常将自己与其他大不列颠遗产城市区分开来，但在你看到的地方，得体大方的加拿大酒吧正要出售给英国凯尔特酒吧连锁店，并屈从于可怕的仿约克维尔装饰风格：塑料书架、嘀嘀旋转的音带和普通的啤酒。真正的法裔加拿大酒吧仍旧在外面——你只是需要知道你该看向哪里。

多伦多的酒吧各种各样，从地毯黏黏的啤酒酒吧到华丽的马提尼酒吧、市区的挥霍者酒吧和为数不多但很热闹的男女同性恋酒吧（见139页）。让你不再唇干舌燥！室内公共区域内可看到法律规定的禁止吸烟和烟碱的标识——你可以享受马提尼，第二天早上你的衬衫不会闻起来像烟灰缸。

以下所列酒馆在上午11点开始营业，直至第二天凌晨2点。酒吧也营业至凌晨2点，但是通常一般在下午4点左右就开门了。

我们的选择 **红房子**（Red Room；见106~107页地图；☎416-929-9964；444 Spadina Ave；电车506路、510路）红房子处于统治地位。部分是俱乐部，部分是餐厅，部分是时髦的休息室——肯辛顿市场中这幢有艺术气息的屋子是你拖着余醉未醒的身体恢复体力的好地方，全天早餐(肉夹饼、咖喱饭或通心粉)，播放着Stones、The Who和Led Zepp乐队的音乐。藏进包间，忘记你的过失吧!

Czehoski酒馆（见106～107页地图；☎416-366-6787；678 Queen St W；电车501路）每个人都为Czehoski倾倒，这家木门面酒吧的主人设法营造着波希米亚风格，漂亮而不夸张。啤酒和葡萄酒很丰富，吧内的食物可谓上等，鸡尾酒很有劲，服务态度不错，音乐和内部装修杂志都值得欣赏，唯一值得讨论的是该如何读这个名字。

歌莱斯通酒店（Gladstone Hotel；见102页地图；☎416-531-4635；1214 Queen St W；电车501路）这家以前的破旧老酒店是多伦多前卫艺术的展台。在旋律吧(Melody Bar)里，周四至周六从晚上9点开始卡拉OK，而艺术吧(Art Bar)和歌莱斯通舞厅(Gladstone Ballroom)不时有不落俗套的DJ串场、爵士、朗诵、另类乡村和布鲁斯表演。服务费不一，通常为$10或更便宜。

C'est What 酒吧（见106～107页地图；☎416-867-9499；67 Front St E；电车503路、504路）靠近圣劳伦斯市场的这家地下酒吧随时供应30余种威士忌酒和60来种加拿大微酿酒。吧内调酒师现场制作着全天然、无防腐剂的啤酒——你大可自信地开怀畅饮。隔壁的音乐演出吧(Music Showbar)在大多数晚上都有现场音乐演出。

Smokeless Joe 酒馆（见106～107页地图；☎416-728-4503；125 John St；电车501路）隐藏于俱乐部街以下，这家几乎所有人都知道的狭窄的酒吧销售近250种不同类型的啤酒（菜单就是一本书）。有些最稀奇的酿造酒在商店里找不到，所以路过时喝上一两杯吧。或者三杯。这是T.O.第一个禁止吸烟的地方。感谢Joe。

地下车库酒吧（Underground Garage；见106～107页地图；☎416-340-0365；365 King St W；电车504路、510路）在肤浅的中心区，这家城市摇滚酒吧一直倾向于真实的风格。沿着陡峭的阶梯下去，那儿贴满了莱德·齐柏林(Led Zeppelin)、威利·尼尔森(Willie Nelson，著名的乡村歌手)和列侬的海报。悲伤的吉他手、冰冷的啤酒和美好的时光——正如你想的那样。通常晚上9点开始营业，服务费不到$5。

喀斯特罗斯休闲吧（Castro's Lounge，见102页地图；☎416-699-8272；2116 Queen St E；电车501路）靠近湖滨的一个开心地带，让人喜出望外，这家叛逆酒吧有120多种加拿大的小酿酒和进口啤酒、很多酒类电影海报和硬木桌，围坐其中的有当地的文人学士，思想活跃的理论家，政治活动人物和无所事事的食客。注意品酒活动、谈话活动和现场音乐表演。

米尔街酿酒厂（Mill Street Brewery；见102页地图；☎416-681-0338；Distillery District，55 Mill St，bldg 63；电车503路、504路）八种特殊啤酒现场酿造（酿酒厂区是个怎样的地方啊！），这些家伙就是当地酿造业的重要人物。一群当地的艺术分子和旅行者将小麦啤酒、季节性的水果啤酒、鹅卵石烈酒和知名的咖啡守护者这些啤酒混合在一起。午后的庭院也是一个可待的地方。

乡村傻瓜酒吧（Village Idiot；见106～107页地图；☎416-597-1175；126 McCaul St；电车505路）处在贝尔德温村的南部边缘，外部是樱桃红、黑色和黄铜色。管理层希望内部能够体现古老的英式风格，但（很感谢）差了一点点，大胆的学生群帮助它保持着当地风格。比利时啤酒可随时饮用，有美味的酒吧食物，午后阳光会照射进来。

麦迪逊大道俱乐部（Madison Avenue Pub；见106～107页地图；☎416-927-1722；14-18 Madison Ave；地铁Spadina站）这家很大的俱乐部由三间维多利亚式的房屋构成。夜晚，二三十人被诱惑到这里——有台球、飞镖的运动酒吧，擦得雪亮的黄铜仿古灯台照亮了铺着地毯的地板，五个院子和许多辣妹。禁止滑旱冰；但辣妹可以。

娱乐

多伦多不缺乏娱乐活动。事实上，这是座非常好玩的城市。不管你是想要奔放愉快的四重奏、独立的电影，还是一些叛逆的戏剧或朋克摇滚，你会很容易找到演出的地方。多伦多动感十足的俱乐部很兴旺，也能满足男女同性恋者的夜生活。几乎每个周末都有户外公益活动和音乐会，尤其在夏天（见123页）。本着善意和开放的艺术精神，多伦多的许多活动都采用了"支付你能支付的"(PWYC)这一政策。大体上，这意味着免费，当然，艺术家仍旧感激你口袋中的零钱。

为了了解俱乐部、多元文化和现场音乐节目信息，可以浏览这座城市的免费刊物：《现在》(*Now*)、《特别!》(*Xtra!*)以及《提示》(*Eye Weekly*)。这三种日报都提供每周娱乐信息。印刷精美的《多伦多生活》(*Toronto Life*)杂志有每月"正上演"的娱乐指南。

票务能手（Ticketmaster；☎416-870-8000；www.ticketmaster.ca）出售各大音乐会、体育比赛、戏剧和艺术表演活动的门票。可在网上或不同的城市售票端口买到，包括罗杰斯中心(见105页)和蜂鸟行为艺术中心(Hummingbird Centre for Performing Arts，见140页)。**TO Tix**（见106～107页地图；☎416-536-6468转40；www.totix.ca；Dundas Sq，1 Dundas St E；⏲周二至周六正午～6:30pm；地铁Dundas站）出售半价票和当天打折的紧急处理票。

TOP FIVE 咖啡店

喝啤酒时间还有些早？避开可怕的咖啡连锁店，来喝一些地道的咖啡吧：

B浓缩咖啡吧（B Espresso Bar；见106～107页地图；☎416-866-2111；111 Queen St E；⏲周一至周五7:30am～5pm，周六10am～3pm；电车501路）东多伦多。

加油咖啡店（Jet Fuel；见102页地图；☎416-968-9982；519 Parliament St；⏲7am～8pm；电车506路）大白菜镇。

时间咖啡店（Kalendar；见106～107页地图；☎416-923-4138；546 College St；⏲周一至周三11:30am～10pm，周四至11pm，周五至午夜，周六10:30am～午夜，周日10:30am～10pm；电车506路）小意大利区。

Moonbean 咖啡公司（Moonbean Coffee Company；见106～107页地图；☎416-595-0327；30 St Andrews St；⏲7am～9pm；电车510路）肯辛顿市场。

高品质咖啡店（Remarkable Bean；见102页地图；☎416-690-2420；2242 Queen St E；⏲7am～10pm；电车501路）湖滨地区。

电影

与其他消遣活动相比，多伦多人更喜欢看电影（与天气有点关系？）。成人票价约为$14。周二是折扣日，只需$8左右。

安大略电影院（Cinematheque Ontario；见106～107页地图；☎416-968-3456；www.cinemathequeontario.ca；售票处 Manulife Centre，55 Bloor St W；⏲售票处周一至周六10am～6pm，8月和9月较晚关门；地铁Bloor-Yonge站）受人欢迎的安大略电影院放映世界各地的电影、独立影片和著名导演的回顾影展。安大略美术馆 Jackman Hall 厅每年放映约400部电影（见112页）。非会员可在当天首映前的30分钟到 Manulife Centre 售票处买票。

布卢尔影院（Bloor Cinema；见106～107页地图；☎416-516-2330；www.bloorcinema.com；506 Bloor St W；⏲正午至午夜；地铁 Bathurst 站）这家带有艺术装饰的剧院拥有双层阶梯式楼座，按精心设计的日程放映各种影片：新片首映、独立制片影片、短片、纪录片和酒类影片。买一张年卡（$3），凭卡观看每部影片只需$4。

Alliance Atlantis Cumberland 4 影院（www.allianceatlantiscinemas.com）布卢尔—约克维尔（见106～107页地图；☎416-646-0444；159 Cumberland St；⏲正午至午夜；地铁 Bay 站）湖滨地区（见102页地图；☎416-646-0444；1651 Queen St E；⏲正午至午夜；电车501路）小型的 Cumberland 的四块大屏幕放映着独立电影和精心挑选的、非热点好莱坞电影。在湖滨地区有一个更为主流的分院。

瓦思提综艺大影院（Cineplex Odeon Varsity；见106～107页地图；☎416-961-6303；www.cineplex.com；Manulife Centre，55 Bloor St W；⏲正午至午夜；地铁Bloor-Yonge站）这里上映不同类型的电影，既有好莱坞重磅大片，也有低成本的独立电影。这家最先进的多功能影院有VIP剧场和小银幕。

卡尔顿综艺大影院（Cineplex Odeon Carlton；见106～107页地图；☎416-598-2309；18-20 Carlton St；⏲12:45pm～午夜；地铁College站）大影院在市中心的分支影院通过放映重要的独立制片影片和一些别出心裁的促销，更是吸引了各类观众。

至美院线（Famous Players Paramount；见106～107页地图；☎416-368-5600，宽银幕416-368-6089；www.famousplayers.com；259 Richmond St W；⏲正午至午夜；地铁 Osgoode 站）这家庞大的多功能影院以新片首映和最新的宽银幕（IMAX）技术为特色，包括三维放映技术。经常同时上映12部或更多的影片，其中一些是大片中的非主流影片。在酒吧喝完酒之后，得想想怎么才能爬上长长的自动扶梯。

露天汽车影院（Docks Drive-In Theatre；见102页地图；☎416-461-3625；www.thedocks.com；11 Polson St；⏲4月到10月周五至周日8:30pm起）多伦多市区有免下车影院？酷！黄昏时在湖边小院开始，付双倍票价可观赏最新推出的大片。旁边还有快餐店。

现场音乐

抹去你的 Iggy Pop 衬衣的灰尘，穿上 Eddie Vedder Doc Martens，变成摇滚歌手。高音摇滚（Alt-rock）、重金属、斯卡（ska）、朋克、芬客，多伦多拥有所有的一切。咆勃爵士（Bebop）、烟熏布鲁斯（smoky swamp blues）和民谣也是一种选择。周末晚上预备好，或是到某处不花钱地欣赏，或是花上几个加元；参加周末热门活动，得花上不到$20。大型巡演在罗杰斯中心（见105页）、加拿大航空中心（见140页）和安大略广场的 Molson Amphitheatre 剧院（见109页）演出。

独立音乐厅有：

库勒郝斯厅（Koolhaus；见106～107页地图；132 Queens Quay E；公共汽车6路、75路）在总督夜总会

（Guvernment，见140页）内。

歌剧院（Opera House；见102页地图；☎416-466-0313；www.theoperahousetoronto.com；735 Queen St E；电车501路、502路、503路）

凤凰音乐厅（Phoenix；见106～107页地图；☎416-323-1251；www.libertygroup.com；410 Sherbourne St；电车506路）

摇滚、爵士和布鲁斯

喀麦隆酒屋（Cameron House；见106～107页地图；☎416-703-0811；www.thecameron.com；408 Queen St W；演出免费～$5；🕒周一至周五4pm～2am，周六和周日3pm～2am；电车 501路、510路）歌手、作曲者、灵魂音乐、爵士和乡村音乐演出者为这个舞台增添光彩；艺术家、音乐家、梦想家和偷闲者坐满了这里的前院后屋。不可错过周日晚上的卡巴莱助兴表演(Mad Bastard Cabaret，手风琴伴奏演唱，歌唱爱情，奔放的西班牙风格)。

马蹄铁小酒馆（Horseshoe Tavern；见 106 ～ 107 页地图；☎416-598-4753；www.horseshoetavern.com；370 Queen St W；演出免费～ $20；🕒 酒吧 正午～ 2:30am，音乐屋 9pm ～ 2am；电车 501 路、510 路）刚过了它 50 周年生日，这家由来以久的小酒店仍在当地的独立摇滚音乐的发展中占据着重要的地位。警察们在这里排演他们北美巡演第一场——斯汀(Sting) 在这儿穿着衬衣加演节目。周二晚上通常是免服务费的音乐之夜。

Top O' The Senator（见 106 ～ 107 页地图；☎416-364-7517；www.thesenator.com/top_o.html；249 Victoria St；门票 $7 ～ 10；🕒 周二至周六 8:30pm ～ 1am，周日 8pm ～ 1am；地铁 Dundas 站）时髦的爵士乐在这儿的舞台上弥漫着，就在伊顿中心的东侧，很有诱惑力，让你有好心情。当认真的爵士乐音乐家，比如 Branford Marsalis(美国爵士乐演奏家，擅长用萨克斯演奏——编注)，来多伦多时就曾在这里演出。

Rivoli俱乐部（见106～107页地图；☎416-596-1980；www.rivoli.ca；334 Queen St W；演出 $5～10；🕒7pm～2am；电车501路）受到人们喜欢的Rivoli提供了很多：夜晚现场音乐演奏(摇滚、独立和独唱歌手及作曲者)，每周有独角喜剧，每月有嘻哈之夜。CD聆听会、艺术展和周六夜晚DJ秀组成了一幅文艺复兴的画面。这里也有舞池，食物也非常棒！

君主酒吧（见106～107页地图；☎416-598-2475；www.therex.ca；194 Queen St W；演出免费～$7；🕒周一至周四6:30pm～12:30am，周五至 1:30am，周六正 午～1:30am，周日 正午～12:30am；电车501路）听着咆勃(bebop)音乐，径直走进君主酒吧，它已从拳击、蓝领的过去，渐渐成为很棒的爵士乐和布鲁斯现场音乐场所。每周，多达十种迪克西兰爵士乐(Dixieland)、其他老道的本地或国际节目轮番推出。酒水便宜，服务费也支付得起。

李氏宅第（Lee's Palace；见106～107页地图；☎416-532-1598；www.leespalace.com；529 Bloor St W；演出 $10～15；🕒周日至周四8～12:30pm，周五和周六9pm～2am；地铁Bathurst站）数年来，在著名的李氏宅邸表演的为小恐龙乐队(Dinosaur Jr)、碎瓜乐队(Smashing Pumpkins)和石器时代皇后(Queens of the Stone Age)。当内瓦纳尔乐队(Nirvana)1990年在此演出时，卡特·库班(Kurt Cobain，美国著名乐队Nirvana的灵魂人物——编注)引发了一起臭名昭著的扔瓶子事件。实在是现场欣赏摇滚音乐(alt-rock)的好地方。

Dominion on Queen 酒吧（见 102 页地图；☎416-368-6893；www.dominiononqueen.com；500 Queen St E；演出免费～ $10；🕒 周一至周六 11 ～ 1am，周日 至 11pm；电车 501 路、502 路、503 路）这家爵士酒吧出现一阵子了，为活跃的歌手、三重唱歌手、六重唱歌手争取收入，支持成熟的乐队。音乐在晚上 9 点左右开始。啤酒不能随便喝，有足够的红葡萄酒安抚你在大城市受伤的心灵。

Healey's酒吧（见106～107页地图；☎416-703-5882；www.jeffhealeys.com；178 Bathurst St；演出 免费～$10；🕒周二至周六8pm～2am；电车 501路）可容300位客人的这家酒吧有一列怪异的岩石、布鲁斯、灵曲和鲁兹音乐。店老板杰夫·黑利是加拿大音乐偶像，高保真音响家和电台DJ主持，要是他与他自己组建的乐队亲自登台表演，你不妨造访一下。周二自由即席演奏之夜，周六的乐师午场秀免费。

Sneaky Dee's 酒吧（见 106 ～ 107 页地图；☎416-603-3090；www.sneaky-dees.com；431 College St；演出免费～ $10；🕒 周一和周二 11 ～ 3am，周三至周五 至 4am，周六 9 ～ 4:30am，周日 9 ～ 3:30am；电车 506 路、511 路）位于著名的 Bathurst St 和 College St 角落，到处都是涂鸦，这座酒吧并不那么诡秘。楼下酒吧的包厢有些破旧，上面画着骷髅头；楼上的是新生 T.O. 摇滚天才的培养地，有些昏黑。

古典和歌剧

加拿大歌剧演出公司（Canadian Opera Company；见106～107页地图；☎416-363-8231；www.coc.ca；Four Seasons Centre for the Performing Arts，145 Queen St W；票价 $20～275；🕒售票处周一至周六11am～7pm，周日11am～3pm；地铁Osgoode站）加拿大国家歌剧演出公司已营业半个世纪之久。票销售得很快；理查德火车站剧场(Richard Bradshaw Amphitheatre)全年都有免费的音乐会(四季中心)，通常是周二和周四的中午。

古尔德幽谷音乐坊（Glenn Gould Studio；见106～107页地图；☎416-205-5555；www.glenngouldstudio.cbc.ca；Canadian Broadcasting Centre，250 Front St W；票价 $15～40；🕒售票处 周一至周五 2～6:30pm，周六 2～8pm；地铁Union站，电车 504路）以著名钢琴家的名字命名，举办免费的午时音乐会。每年9月到次年6月间，要欣赏音乐晚会，无论是独唱、室内乐队、合唱团，还是交响乐团表演，都必须提前买票。这里常常推出国际年轻艺术家的节目。

湖滨地区中心（Harbourfront Centre；见106～107页地图；☎416-973-4000；www.harbourfrontcentre.com；York Quay Centre，235 Queens Quay W；票价 $10～40；🕒售票处周二至周六 1～6pm；电车 509路、510路）这家颇有声望的中心全年举办各类世界一流的音乐表演，包括周日为家庭特设的节目，还在多伦多音乐花园(Toronto Music Garden，见108页)和音乐舞台(Concert Stage)免费推出的夏季室外音乐会。

多伦多交响乐团（Toronto Symphony Orchestra；简称TSO；见106～107页地图；☎416-593-4828；www.tso.ca；Roy Thompson Hall，60 Simcoe St；票价 $30～120；🕒售票处周一至周五 10am～6pm，周六 正午～5pm；地铁St Andrew站）在罗伊汤森大厅(Roy Thomson Hall)、马西音乐厅(Massey Hall)和多伦多艺术中心(the Toronto Centre for the Arts)演出，这支乐团演奏世界各地的经典曲目、库尔·波特(Cole Porter)时代的流行音乐和新音乐。登录他们的网站看看诸如“我需要什么来咳嗽？”和“我应该鼓掌吗？”此类问题的答案。

其他主要的一流场地和歌剧场地包括：

四季表演艺术中心（Four Seasons Centre for the Performing Arts；见 106 ～ 107 页地图；☎416-363-6671；www.fourseasonscentre.ca；145 Queen St W；🕒售票处 周一至周六 11am ～ 7pm，周日 11am ～ 3pm；地铁 Osgoode 站）

蜂鸟行为艺术中心（Hummingbird Centre for the Performing Arts；见 106 ～ 107 页地图；☎416-393-7469；www.hummingbirdcentre.com；1 Front St E；🕒售票处 周一至周五 10am ～ 5:30pm，周六 10am ～ 1pm；地铁 Union 站）

马西音乐厅（Massey Hall；见106～107页地图；☎416-872-4255；www.masseyhall.com；178 Victoria St；🕒售票处 演出日 正午起；地铁Queen站）

罗伊汤森大厅(Roy Thomson Hall；见 106 ～ 107 页地图；☎416-872-4255；www.roythomson.com；60 Simcoe St；🕒售票处 周一至周五 10am ～ 6pm，周六 正午～5pm，周日 演出前 2 小时；地铁 St Andrew 站）

多伦多艺术中心（Toronto Centre for the Arts；☎416-733-9388；www.tocentre.com；5040 Yonge St；票价$10起；🕒售票处 周一至周六11am～6pm，周日正午～4pm；地铁North York Centre站）

戏剧

多伦多是一流剧院的竞技场，以戏剧街区(Theatre Block)和邓达斯广场为中心。新出炉的演出公司则喜欢在湖滨地区(Harbourfront)附近和酿酒区小一些的剧场露面。请在www.onsta getoronto.ca网上或是查看报纸了解上演剧目动态。要买主要节目的戏票，可以找**票务王**（TicketKing；☎416-872-1212，800-461-3333；www.ticketking.com）。买半价票，就找**TO Tix**（见106～107页地图；☎416-536-6468转40；www.totix.ca；Dundas Sq，1 Dundas St E；🕒周二至周六正午～6:30pm；地铁Dundas站），或者在售票处询问“意外”退票。

加拿大舞台演出公司（Canadian Stage Company；简称CanStage；见106～107页地图；☎416-368-3110；www.canstage.com；26 Berkeley St；票价 $20～95；🕒售票处 周一至周六 10am～6pm；电车503路、504路）是当代加拿大舞台演出公司，主要演出加拿大和国际一流的知名戏剧作品，诸如由戴维·马姆特(David Mamet)和Tony Kushner等戏剧家创作的戏剧。

加拿大舞台演出公司的剧目一般在公司自己的有 260 个座位的剧院和更大的**圣劳伦斯艺术中心**（St Lawrence Centre for the Arts；见 106 ～ 107 页地图；☎416-366-7723；www.stlc.com；27 Front St E；🕒售票处 周一至周六 10am ～ 6pm，地铁 Union 站）同步推出。公司还运营着**高地公园之梦**（Dream in High Park；见 102 页地图；☎416-367-1652 转 500；High Park，1873 Bloor St W；成人 / 儿童 $15/ 免费；🕒7 月到 9 月 周二至周日 8pm；地铁 High Park 站），7 月中，在高地公园的仲夏星空下，上演莎士比亚的作品。早点儿到场，带条毯子。

伊尔金和冬季花园剧院（Elgin & Winter Garden Theatre；见 106 ～ 107 页地图；☎416-872-5555；www.mirvish.com；189 Yonge St，Dundas Sq；票价 $25 ～ 100；🕒售票处 周二至周六 11am ～ 5pm；地铁 Queen 站）修复的双层甲板伊尔金和冬季花园剧院（见 111 页）常有大型的公众表演。

卡农剧场（Canon Theatre；见106～107页地图；☎416-872-1212，800-461-3333；244 Victoria St；票价 $25～120；🕒售票处 周一10:30am～6pm，周二至周六至8pm，周日 11am～3pm；地铁Dundas站）由一座20世纪20年代著名的杂耍场改建而成，戏票很紧俏，因为上演像《邪恶》(*Wicked*)和《我们来摇滚》(*We Will Rock You*)这样的滑稽音乐剧。

皇家亚历山大剧院（Royal Alexandra Theatre；见 106 ～ 107 页地图；☎416-872-1212，800-461-3333；www.mirvish. com；260 King St W；票价 $25 ～ 100；🕒售票处 周一 10:30am ～ 6:30pm，周二至周六 至 8:30pm，周日 11am ～ 3pm，电车 504 路）常被人们称为“Royal Alex”（皇家亚历山大），这是这座城市最有名的

剧院之一。这儿演绎一些名家名作，如田纳西·威廉斯(Tennessee Williams，美国著名剧作家，代表作有《欲望号街车》等——编注)的《奥菲的沉沦》(*Orpheus Descending*)和大手笔的百老汇音乐剧。与Alex合作的剧目(可在同一个地方预订)在街边的富丽的威尔士公主剧院(Princess of Wales Theatre，见106～107页地图，300 King St W)演出。

青年表演艺术中心(Young Centre For Performing Arts；见102页地图；☎416-866-8666；www.youngcentre.com；Distillery District，55 Mill St，bldg 49；票价$15～45；🕑售票处 周二至周六1～8pm；电车503路、504路)价值1400万加元的青年中心拥有四个独立的演出场地，由剧场房客所使用，包括Soul Pepper(www.soulpepper.ca)、Moonhorse Dance Theatre剧院(www.danceumbrella.net/clients_moonhorse.htm)和George Brown Theatre Co剧院公司(www.georgebrown.ca/theatre)。还有一个书店和酒吧。

制造剧院(Factory Theatre；见106～107页地图；☎416-504-9971；www.factorytheatre.ca；125 Bathurst St；票价$23～35，彩排$12；🕑售票处 周二至周六1～7pm，演出周二至周六7pm和周日1:30pm；电车511路)这家新锐的戏剧公司——"加拿大剧作家摇篮"(Home of the Canadian Playwright)——开业35年了。在独立的夏季创作戏剧节(Summer Works Theatre Festival；☎416-410-1048；www.summerworks.ca)也在制造剧院上演剧作，也有多伦多艺穗节(Toronto Fringe Festival，见123页)的表演者。周日的日场演出票价由观众自己来定。

同性恋夜生活

以下场所中的多数位于彻奇韦尔斯利村。

Woody's /Sailor酒吧(见106～107页地图；☎416-972-0887；www.woodystoronto.com；465-7 Church St；免费～$10；🕑4pm～2am；地铁Wellesley站)繁忙的晚上，这家炙手可热的酒吧可谓加拿大卖啤酒最多的酒吧。这家市内的同性恋综合娱乐酒吧有不少节目，如易装秀、皮革秀等，也有台球桌，每晚还有DJ主持节目。Sailor位于路的另一边，是不错的酒吧。

Slack's酒吧(见106～107页地图；☎416-928-2151；562 Church St；免费入内；地铁Wellesley站)男同性恋者、女同性恋者、城市牛仔和异性恋者，都聚集在有些浮华的Slack's酒吧，对所有顾客开放背光式酒吧。活动包括戏剧、卡拉OK、易装演出、现场音乐和艺术装置。食物也很棒！

Fly酒吧(见106～107页地图；☎416-410-5426；www.flynightclub.com；8 Gloucester St；门票$10～25；🕑周五和周六10pm～4am；地铁Wellesley站)在扬大街对面，Fly酒吧有肌肉展示秀，伴着最新技术处理的声音和灯光，美国和国际化DJ们演绎着歌曲串烧和电子音乐。对同性恋者开放。

黑鹰吧(Black Eagle；见106～107页地图；☎416-413-1219；457 Church St；免费入内；地铁Wellesley站)一个纵情之处，Black Eagle酒吧引诱着皮衣、制服和牛仔装的男士来这儿。大屏幕上播放着男同性恋色情片；墙壁上挂着刺激感官的艺术图片。非常纵情的主题夜晚时，需要客人着相应服装入内(不适合行为举止优雅的人)。

Crews/Tango/Zone舞厅(见106～107页地图；☎416-972-1662；508 Church St；免费～$5；🕑周四至周日4pm～2am；地铁Wellesley站)在这家分为三个区域的店里，你可以看到女士在Tango中热聊，隔壁是男士酒吧Crews(绝妙的组合！)和卡巴莱风格的Zone。有卡拉OK之夜、易装王后/国王秀，还有DJ打碟。

可以看看El Convento Rico(见140页)。

俱乐部

多伦多的"俱乐部区"主要位于Richmond St W西街和John St街的Adelaide St W西街，天黑之后，这里的几十家俱乐部陆续苏醒。相似的大门吱吱呀呀地打开，粗壮的保镖将人行道上的行人和着装性感、鱼贯入场的女孩隔离。时髦的年轻人开着热门跑车经过美女身旁，摇下车窗吸引她们的注意。空气中充满了追逐异性的念头和期望，因此变得缓慢……深夜，一切变得凌乱起来：喝醉了的女人摇晃着，从头发上擦去呕吐物，男人挥动着拳头，推车卖热狗的伙计努力让他小车里装调料的瓶瓶罐罐别东倒西歪。这样的场景很常见！

其他俱乐部区分布在小意大利、恰奇—维尔斯里村和皇后西街。服务费从$5到$15不等。绝大多数夜总会晚上9点或10点左右开张(有些家更晚些)，大约凌晨4点关门。

Republik俱乐部(见106～107页地图；☎416-598-1632；www.republiknightclub.com；261 Richmond St W；门票$5～15；🕑周三至周六10pm～4am；电车501路、505路)在这家很大的俱乐部里，当地的DJ们舞动着老式的键盘，打鼓低音部"N"高音摇滚和嘻哈风格，俱乐部分为三个房间：主俱乐部，视觉房间和多伦多最大的吸烟室。周五晚上没有摇头丸，更加摇滚。

Mod Club俱乐部(见106～107页地图；☎416-588-4663；www.themodclub.com；722 College St；门票$5～25；🕑周三至周日9pm～3am；电车506路)和UK Mod有些像，这家优质的意大利俱乐部弹奏电子琴、播放电影和英式流行乐，偶尔有如Paul Weller、The Killers乐队和缪斯组合(Muse)的现场演出。灯光十分昏暗，有些房间点着蜡烛。

Tonic俱乐部(见106～107页地图；☎416-204-

9200; www.tonicnightclub.com; 117 Peter St; 门票免费～$12; 周三至周六 10pm ～ 3am; 电车 510 路）俱乐部区的 Tonic 俱乐部标榜自己的风格是"中性的"和"抽象的"，入口大厅之上的葡萄形舞厅却否定了这一说法。周四的"全球之夜"比起"时尚周五"吸引了更有文化的群体。从这里可以看出，在年轻人中，半裸的与穿衣服的比率有急剧下降趋势。

总督夜总会（Guvernment；见106～107页地图；416-869-0045；www.theguvernment.com；132 Queens Quay E；门票 $10～15；周二至周六10pm～4am；公共汽车6路、75路）就各类娱乐而言，没什么可比得过庞大的总督夜总会。尽管有人批评说它太正经了，不过，DJ们尽量将说唱、摇滚、进行曲和部落音乐糅合在其中以满足不同的喜好。它的天顶摩天景致、阿拉伯梦幻厅以及装饰性很强的酒吧，都让人印象深刻。库勒郝斯厅(Koolhaus)是中等规模的现场活动场所。

菲兹·巴缇克俱乐部（Fez Batik；见106～107页地图；416-204-9660；www.fezlounge.com；129 Peter St；门票免费～$10；周五和周六10pm～4am；电车501路）Fez Batik把现场音乐和DJ们结合在一起，在四层的房间里人们闲逛着、聊天、听音乐。就像俱乐部区一样的懒散松懈。

其他推荐：

El Convento Rico 舞厅（见106～107页地图；416-588-7800；750 College St；门票免费～$8；周五和周六9pm～4am；电车 506 路）男同性恋者上演易装秀的拉丁舞。

Fly 俱乐部（见 106 ～ 107 页地图；416-410-5426；www.flynightclub.com；8 Gloucester St；门票 $10 ～ 25；周五和周六 10pm ～ 4am; 地铁Wellesley站）见139页。

酒醉吧（Hooch；见 106 ～ 107 页地图；416-703-5069；www.gypsyco-op.com；815 Queen St W；不定期 9pm ～ 2am；电车 501 站）在吉卜赛人的 Gypsy Co-op 餐馆（见 132 页）楼上，有灵魂曲、爵士乐、浩室乐、打击乐和贝斯，经常免服务费。

王牌夜总会（Matador；见102页地图；416-533-9311；466 Dovercourt Rd；West of Ossington Ave；周五和周六 2～5:30am；电车 506路）见121页。

体育

一提到运动，多伦多人就会喜极而泣。夏季有专业的棒球、足球比赛；冬季有冰球、篮球和曲棍球。**票务能手**（Ticketmaster；416-872-5000；www.ticketmaster.ca）、加拿大航空中心和罗杰斯中心提前售票。倒卖票是非法的，但是似乎并不能阻止有些人这么做。

作为多伦多棒球大联盟(Major League Baseball)的球队，**多伦多 Blue Jays 队**（Toronto Blue Jays；416-341-1000；www.bluejays.com；票价 $9 起；常规赛季每年 4 月到 9 月）在罗杰斯中心（见 105 页）比赛。通过 Ticketmaste 或在罗杰斯中心靠近 9 号门售票处购票，最便宜的座位是球场最高处的位置。然而，尝试一下低于平均票价（$32 起）的座位，在这里你可以更好地看清楚球。从 1993 年起，Jays 并没有获得世界级比赛的奖项，但谁知道呢，或许今年就获奖了。

多伦多阿古瑙队（Toronto Argonauts；416-341-2700；www.argonauts. on.ca；票价 $20 起；常规赛季 6 月到 10 月）作为加拿大橄榄球联合会成员(Canadian Football League，CFL)，在罗杰斯中心打比赛。2004 年以来，他们还没有赢得格瑞杯赛(Grey Cup)冠军，但比起其他的团队，阿古瑙队带回了更多的锦标赛冠军(15 个，比埃德蒙顿多两个)。晚上，当罗杰斯中心的天顶打开，赛场立即变凉快，你最好带上一件夹克。通过售票中心或者罗杰斯中心获得门票。

获得 13 次斯坦利杯的**多伦多枫叶队**（416-815-5500；www.mapleleafs.com；票价 $24 起；常规赛季 10 月到次年 4 月）在**加拿大航空中心**（ACC；见 106 ～ 107 页地图；416-815-5982；www.theaircanadacentre.com；40 Bay St；地铁 Union 站）进行国家冰球联盟（简称 NHL）的比赛。每场比赛的票都售光了，只有有限的当天门票于早上 10 点在 Ticketmaster 或是下午 5 点在加拿大航空中心售票窗口出售，有折扣。你也可以购买通过网站从不想看比赛的季票拥有者手里购买门票，费用为 $80 或稍多。

冰球赛事期间，国家篮球协会(NBA)成员的**多伦多猛龙队**（Toronto Raptors；416-815-5500；www.nba.com/raptors；票价 $12.50 起；常规赛季 10 月到次年 4 月）也在加拿大航空中心比赛。猛龙队自 1995 年以来一直在参加比赛，还没有得过冠军。通过 Ticketmaster 或加拿大航空中心售票。

当有人谈到加拿大的体育运动时，可能不会马上想到曲棍兜网球(lacrosse)，不过，由13支队伍组成的国家冰棍球联赛(National Lacrosse League；www.nll.com)已经积累了24年的经验。**多伦多滚石队**（Toronto Rock；416-596-3075；www.torontorock.com；票价 $23起；常规赛季 1月到4月）很火很红，1999 年以来已五次拿下联赛冠军头衔。他们在加拿大航空中心比赛；通过Ticketmaster售票。

购物

在多伦多购物是出于爱好，而不是必需。商店分布在这座城市的各个角落，但你会发现很多集中在大型商业中心内，比如**伊顿购物中心**（见 106～107页地图；416-598-8560；220 Yonge St；周一至周五 10am～9pm，周六 9:30am～7pm，周日 正午～6pm；地铁Queen和Dundas站）或者像肯辛顿**集市**这样的社区，年轻的波希米亚一族爱在这些地方买拉斯特复古服饰。在同一片地区，兼收并蓄的皇后西街和West Queen West集中了最多的音乐商店和葡萄酒店。

阿内克斯社区一带以风格独特的书店、二手音乐店和形形色色的艺术类商店为特色，特别是沿着Harbord St街和在Markham St 街上(也称作Mirvish Village村)。光怪陆离的布卢尔—约克维尔镇社区是这座城市中心地带最独特的商业区。这个购物休闲的天堂一度是20世纪60年代嬉皮士的“自由爱”(“Free Love”，戴花嬉皮士的观点)中心。眼下什么都是有偿的，不要期望来自那些傲慢售货员的多少“关爱”。

闹市区，地下通道(见119页)商店着实是一个讲价的地下商场，可以买到打折的衣服。加拿大和国际设计商店在 Jarvis St 街和 Parliament St 街之间的 King St W 西街上，这一带也被称作设计带。在闹市区附近，日渐繁荣的酿酒区也是一主要购物点，拥有设计商店，艺术画廊和工艺作坊在扬大街一带和维勒斯里教堂村落区混杂着音乐、对同性恋者开放、风格随意的专营店。

典型的零售购物时间是从周一到周六的早上10点到下午6点，周日的中午到下午5点。但这也会因季节、邻近地区和交通量的变化而变化。

原住民艺术和加拿大手工艺

北极屋(Arctic Nunavut；见106～107页地图；☎416-203-7889，800-509-9151；www.ndcorp.nu.ca；ground fl，Queen's Quay Terminal，207 Queens Quay W；🕑10am～6pm；电车509路、510路)这里出售Inukshuk刀刻小雕塑，Taloyoak玩偶、因纽特手工艺品和有关北极的书籍，音乐和DVD碟。所获收益促进着Nunavut发展集团，赞助来自加拿大原住自治区域的手工艺者。

心灵港湾画廊(Bay of Spirits Gallery；见106～107页地图；☎416-971-5190；www.bayofspirits.com；156 Front St W；🕑周一至周六10am～6pm，周日11am～5pm；地铁Union站)Norval Morrisseau——在加拿大国家美术馆(National Gallery of Canada)举办个人展的第一位当地艺术家——的作品被骄傲地展示在此，这儿有来自整个加拿大的本地艺术作品。找找太平洋西岸图腾塔(从小型的到4米高的)、因纽特人雕刻品和指路石人(Inukshuk)雕像。

行会商店(Guild Shop；见106～107页地图；☎416-921-1721；www.craft.on.ca；118 Cumberland St；🕑周一至周三10am～6pm，周四至7pm，周五和周六至6pm，周日正午～5pm；地铁Bay站)安大略手工艺委员会70多年来一直致力于推动手工艺发展。各类展览集中在陶艺、首饰设计、玻璃工艺、雕刻和版画印刷，不过你也可能遇上难得的Pangnirtung编织展和Cape Dorset的图案展。工作人员对国家一流艺术相当了解。

Arts on Queen 商店(见102页地图；☎416-699-6127；2198 Queen St E；🕑周一至周五11am～7pm，周六9am～7pm，周日11am～7pm；电车501路)空手离开这家商店兼画廊是很困难的，独一无二的陶器、玻璃制品、摄影作品和现代而好玩的艺术品大部分都是由安大略艺术家制作的，他们中的许多人就住在湖滨地区。

时装

约翰·弗鲁威格鞋店(John Fluevog；见106～107页地图；☎416-581-1420；www.fluevog.com；242 Queen St W；🕑周一至周三11am～7pm，周四和周五至8pm，周六至7pm，周日正午～6pm；电车501路)温哥华出生的传奇设计师总是我行我素，这家本地最受欢迎的鞋店除了经营著名的厚底靴子和经典型的鞋，还有手袋和新的Veggie Vogs系列。这家店还可以更换鞋跟和鞋底，这里曾经是一家餐馆——找找原先的摆设。

勇气·我的爱(Courage My Love；见106～107页地图；☎416-979-1992；14 Kensington Ave；🕑周一至周五11:30am～6pm，周六11am～6pm，周日1:30～5pm；电车505路、510路)在肯辛顿集市附近，20年之久历史的怀旧时装店不少，但是，勇气·我的爱店展示的二手薄丝时装、怀旧长裤和千种风格的白衬衣却迷住了各路时装行家。这里的串珠、纽扣、皮具和银饰都是精选之作。

安妮·汤普森工作室(Annie Thompson Studio；见106～107页地图；☎416-703-3843；674 Queen St W；🕑周二至周六11am～6pm，周日1～5pm；电车501路)国际知名的时装设计师安妮·汤普森的格言：“忽视个性是可怕的”，这样的格言被融入了这家位于皇后西街的店独立设计的衣服、手包和背包中，他们的产品都很有美感、很独特。这里也供应加拿大人设计的珠宝首饰。

周五女孩(Girl Friday；见106～107页地图；☎416-364-2511；740 Queen St W；🕑周一至周五正午～7pm，周六11am～7pm，周日正午～5pm；电车501路)在这个不大却令人愉快的商店里，办公室服装不会令你感到厌倦，这里漂亮又时髦的衣服引领潮流。也很容易买到正式的礼服和牛仔装。

到达和离开

飞机

绝大多数加拿大航空公司和国际航空公司都经停加拿大最繁忙的机场——**莱斯特·B.皮尔森国际机场**(Lester B Pearson International Airport，代码YYZ；见102页地图；☎866-207-1690，1号和2号航站楼，☎416-247-7678；3号航站楼☎416-776-5100；www.gtaa.com)，从多伦多西北方向，离市中心驱车27公里。候机厅随机调控；提前打电话或查看机场入口的指示牌。

加拿大航空和西捷航空(West Jet)便捷航空竞争得很激烈，在以下航线票价上较量：多伦多往返渥太华($69起)、蒙特利尔($69起)、卡尔加里($159起)、埃德蒙顿($159起)、温哥华($179起)和维多利亚($224起)。

在多伦多群岛地区，小型的**多伦多市中心机场**(Toronto City Centre Airport，简称TCCA；见102页地图；☎416-203-6942；www.torontoport.com/airport.asp)主要为地区航空公司、直升飞机公司和私人飞行器使用。

加拿大爵士航空从渥太华的航班在多伦多市中心机场而不是皮尔森落地。

公共汽车

长途公共汽车从多伦多**地铁长途公共汽车始发站**(Metro Toronto Coach Terminal；见106～107页地图；☎416-393-7911；www.greyhound.ca；610 Bay St；⏲5:30am～午夜；地铁Dundas站)发车，始发站有**旅行者援助协会**(Travellers' Aid Society；☎416-596-8647；www.travellersaid.com；⏲9:30am～5:30pm)的援助站。预订时，一定要求直达或特快车票。预订车票价格便宜，但不表示一定有座。

加拿大灰狗公司(☎800-661-8747；www.greyhound.ca)从多伦多有以下路线：

目的地	票价	时间	班次
哈密尔顿	$20	1～2小时	每天5班
伦敦	$37	2个半～3个半小时	频繁发车
蒙特利尔	$94	8～10小时	频繁发车
尼亚加拉瀑布	$30	1个半～2小时	每天8班
渥太华	$76	5个半小时	每天10班
苏圣玛丽	$127	10～11小时	每天3班
萨德伯里	$69	5小时	每天3班
桑德贝湾	$184	20小时	每天3班

加拿大长途客运公司(Coach Canada；☎800-461-7661；www.coachcanada.com)提供(大部分)类似路线，价格也差不多。

市区的联合火车站是**Go Transit汽运公司**(☎416-869-3200，888-438-6646；www.gotransit.com)的公共汽车和火车车站，属于政府开设公交线路，往返城镇之间。主要是上下班的乘客。它也往返多伦多以西相对远的地区(像哈密尔顿)。

小汽车和摩托车

多伦多高速公路四通八达，不时会遇到交通堵塞。沿湖岸一带，加第那高速公路(Gardiner Expwy)向西延伸到伊丽莎白皇后公路(Queen Elizabeth Way，简称QEW)通往尼亚加拉瀑布。城市西线边缘是Hwy 427公路，往北去往机场。收费的(经常是一辆接一辆)Hwy 401公路东西向越过市中心：向东往蒙特利尔，向西往温莎。从城的东端开始，Don Valley Pkwy园林大道连接着Hwy 401公路和加第那高速公路(Gardiner Expwy)。Hwy 400公路和Hwy 404公路从多伦多向北延伸而去。

国际出租车公司在皮尔森机场(Pearson Airport)设有接待处，市内也有接待处。小一些的个体租赁代理的费用便宜些，不过车型车辆有限(是老款车)。**新前沿汽车租赁公司**(New Frontier Rent-A-Car；见102页地图；☎416-675-2000，800-567-2837；www.newfrontiercar.com；5875 Airport Rd，Mississauga)和**四轮车租赁公司**(Wheels 4 Rent，见106～107页地图；☎416-585-7782；www.wheels4rent.ca；77 Nassau St；电车510路)出租轻便轿车，租金不含税，一天$35起。**Zipcar**(见106～107页地图；☎416-977-9008；www.zipcar.com；147 Spadina Ave，Ste 205；电车501路、510路)提供注重生态的搭车服务。

要走长途，试试**长途汽车租赁公司**(Auto Drive-Away Co；☎416-225-7754，800-561-2658；www.torontodriveaway.com；5803 Yonge St；公共汽车97路)，出租轿车，可开往加拿大和美国境内各地。也可以查看《多伦多太阳报》(Toronto 周日)或《多伦多明星报》(*Toronto Star*)里的分栏广告、《现在》(*Now*)杂志的旅游广告。

火车

宏伟的**联合火车站**(Union Station；见106～107页地图；☎416-869-300；www.viarail.com；140 Bay St)在市中心有多伦多的主要铁路枢纽，配有外汇兑换亭和两个**旅行者援助协会**(Travellers' Aid Society，☎416-366-7788；www.travellersaid.com；⏲9:30am～9:30pm)。VIA Rail铁路客运公司的列车往返于车辆较多的魁北克城—温莎通道和更远地区。一天发车情况如下：

目的地	票价	时间	班次
金斯敦	$81	2个半小时	每天10班
伦敦	$55	2小时	每天8班
蒙特利尔	$130	5小时15分钟	每天6班
尼亚加拉瀑布	$35	2小时	每天2班
渥太华	$119	4个半小时	每天6班
萨德伯里枢纽站	$105	7小时	每天1班
温哥华	$795	75小时	每天1班

安大略北方铁路客运公司(Ontario Northland；

☎416-314-3750；www.ontarionorth land.ca）经营北方人(Northlander)客运列车，分别开往安大略北部，经过汉茨维尔(Huntsville)，诺斯贝湾(North Bay)和泰马加米(Temagami)；北极熊特快列车(Polar Bear Express)，开往穆索尼。后者将北方人开至科克伦(Cochrane，$131，11小时，除周六外，一天1班)并在这里衔接中转。

Amtrak列车往返于多伦多联合火车站和美国各大城市之间：布法罗($52，4小时，一天1班)、芝加哥($130，15小时，一天1班)和纽约($125，14小时，一天1班)。

GO Transit公司的火车和公共汽车(见142页)也使用这个火车站。

四处走走

抵离机场

通用机场客运公司（Airport Express；☎905-564-3232，800-387-6787；www.torontoairportexpress.com）提供特快客车接送服务，往返于莱斯特·B.皮尔森国际机场、**多伦多地铁客车中转站**（见106～107页地图；☎416-393-7911；www.greyhound.ca；610 Bay St；⏲5:30am～午夜；地铁Dundas站）和市中心主要酒店。客车每20到30分钟一趟，从早上5点到凌晨1点。抵离机场需要1个半小时。单程/往返$17/30（现金或信用卡、美元都可以）。学生和老人单程车费可减少$2，不到11岁的儿童免费。汽车从编号B3/17/25的人行道离开1、2、3号航站楼。

如果你带的行李不多，去皮尔森机场最便宜的方法是乘TTC(见右栏)。192路Airport Rocket公共汽车从早上5点30分到临晨2点之间每20分钟离开1、2、3号航站楼。至Kipling Station站是20分钟($2.75，备好零钱)，你可以用汽车票免费乘坐布卢尔—丹弗斯(Bloor-Danforth)地铁，全程1小时。300A布卢尔—丹弗斯夜车从凌晨2点到5点每15分钟一趟($2.75，备好零钱)。300A汽车从与192路汽车一样的地点发车；从皮尔森到扬和布卢尔的时间是45分钟。

从皮尔森搭乘出租车进城需要45分钟，依交通状况而定。大多伦多机场(Greater Toronto Airports Authority，简称GTAA)规定了从搭乘区内起程的收费(到多伦多市区$46)。

计价出租车从市中心到机场收费大约$50。如果你自驾车抵离机场，最好避免上Hwy 401公路；倒可以上Spadina Ave大道以西的Gardiner Expwy高速路，然后向北转上Hwy 427公路。在1号、2号和3号航站楼车库泊车，每半小时计费$3。偏僻些的长期泊位一天约为$13，每周$50。

轮船

从4月到9月，**多伦多群岛渡轮**（Toronto Islands Ferries；见106～107页地图；☎416-392-8193；www.city.toronto.on.ca/parks/island/ferry.htm；成人/优惠票/儿童$6/3.50/2.50）从上午8点到晚上11点，大约每15到30分钟一趟。行程（到伍德斯岛或汉兰角）仅仅15分钟，但是，周末和节假日排队的人很多——早点儿到。从10月到次年3月，渡轮减少（大约每小时一班），只去往伍德斯岛，一天有两班开往汉兰角。多伦多群岛渡轮码头(Toronto Islands Ferry Terminal)在Bay St街的街尾，就在皇后码头对面。

自行车

见118页了解自行车租赁公司的信息。

小汽车和摩托车

多伦多市区里泊车很贵——通常每半小时$3到$4，平均一天泊车费最多$12或更多（下午6点之后的统一收费大约$6)。最便宜的是**多伦多泊车管理部门**（Toronto Parking Authority；☎416-393-7275；www.greenp.com）授权的市区停车场——找找绿色标志。它们的费用与计价的沿街泊车位差不多，通常每小时$3。一些计价地段为方便泊车人而在路中间设一个收费亭——计算好时间付费后把收据夹在你的挡风板上以示你已付费。超时泊车是违规的；居民区街道的沿街泊车有非常严格的划定和限制。

环城路段的交通堵塞很严重，而且没完没了的基建很闹心——最好预留一些耽搁时间。车辆必须停下来给电车让路，在电车上下乘客时跟在后门的后面。当人行横道的信号灯闪烁时，车辆必须让过路行人。

Hwy 407公路在城北，大约40公里，东西向连接马克汉姆(Markham)和米西萨吉(Mississauga)两地，是一条电子收费公路。摄像机记录下你的牌照和行驶的里数。如果你没有预先在车上安装计价小装置，你就会收到一份计价单信件（加拿大、美国或桑给巴尔［Zanzibar］，他们都能找到你）。

公共交通

多伦多交通委员会（Toronto Transit Commission，简称TTC；☎416-393-4636；www.toronto.ca/ttc）经营着多伦多高效的地铁、电车和公共汽车交通系统。常规票价成人/优惠票/儿童$2.75/1.85/0.70（现金），每10张票（或票券）为$21。还提供一日通票($8.50)和一周通票(weekly Metropasses，$30)。车票和票券在地铁和各类便利店都有出售。从靠近地铁出口的自动售票机购买电汽车票或转换票，可免费搭乘其他TTC公共汽车、地铁或电车。电车和汽车必须提前备好零钱；地铁服务员更加宽容。

地铁线大约一天都从早上6点到第二天凌晨1点30分运营，每班车间隔5分钟。主要线路是布卢尔—丹弗斯线路，U形的扬大街—大学—Spadina这条线路绕过联合车站。车站指定等待区域(Designated Waiting Areas，简称DWAs)，设安全摄像头，车站还装有长椅子、付费电话和连至驻岗经理的通信设备。

电车比地铁慢，但每一到两个街区一站。电车一天从早上5点运营到次日凌晨1点30分，周末车次少些。主要路线沿着St Clair Ave大道(512路)、College St街(506路)、Dundas St街(505路)、Queen St街(501路和502路)、和King St街(503路和504路)。南北线电车经过Bathurst St街(511路)和Spadina Ave大道(510路)。511路电车从湖滨西行开往加拿大国家展览(Canadian National Exhibition，简称CNE)广场一带；510路电车东行开往联合火车站。湖滨地区电车509路向西从联合火车站经Lake Shore Blvd大道。

旅行者不会觉得TTC公共汽车有多大用处，速度慢并且总是容易堵车。单身女性在晚上9点到早上5点之间可要求停在沿着普通汽车路线的任何一个地方。提前通报司机，从前门下车。

更漫长的旅行，TTC系统在近郊区如Richmond Hill、Brampton和哈密尔顿与GO Transit汽车公司的**GO Bus汽车**(☎416-869-3200，888-438-6646；www.gotransit.com)路线相接。

出租车

出租计价$3起步，每增加1公里加价$1.50，依路况而定。出租点在酒店、博物馆、大型商店和娱乐场所的外面很容易找到。信得过的公司包括：

皇冠出租车公司(Crown Taxi；☎416-292-1212，877-750-7878；www.crowntaxi.com)

钻石出租车公司(Diamond Taxicab；☎416-366-6868；www.diamond taxi.ca)

皇家出租车公司(Royal Taxi；☎416-777-9222；www.royaltaxi.ca)

多伦多周边地区

在多伦多周边驱车1个半小时，可以逛许多小镇，它们原是村落。这里的土地很肥沃，但是，耕作务农让位给了城市扩张。繁忙的都市人还是很喜欢市郊一日游，尤其是周日，享受着不错的风景，在保护区散步、野餐。

多伦多西北部的卡勒敦镇(Caledon)，坐落在卡勒敦群山之间，是一座较大的郊区镇。这儿西南方不远的陶土地(Terra Cotta)离多伦多最近，这里的布鲁斯徒步小路(Bruce Trail)很适合下午短途徒步。Hockley Valley山谷一带，靠近Orangeville村，有更多的徒步选择。Credit River河可以钓鲑鱼，冬天，在这里进行越野滑雪也不错。喜欢走下坡的人不会考虑当地的山丘，这里的山峰更像是浮动的波浪。

麦克米歇尔加拿大美术馆 (McMichael Canadian Art Collection)

要不是去**麦克米歇尔加拿大美术馆**(McMichael Canadian Art Collection；☎905-893-1121，888-213-1121；www.mcmichael.com；10365 Islington Ave，Kleinburg；成人/优惠票/儿童/家庭$15/12/免费/30；🕑10月到次年4月10am～4pm，5月到10月10am～5pm；Ⓟ)，位于多伦多正北的克兰勃格(Kleinburg)很可能会被人们忽略。这家美术馆的手工木制建筑(包括画家汤姆·托马斯[Tom Thomson]的故居，是从原来的地方搬来的)设在100英亩的保护区小路上。展示着由加拿大最有名的山水画家"七人画派"(Group of Seven，见145页)以及原住民、因纽特和其他备受称赞的加拿大艺术家创作的作品。由于学校学生团体喜欢在一天早上去看艺术展，你可以下午参观。

从多伦多到这里(34公里，45分钟车程)，可乘坐伊丽莎白皇后公路车(QEW)往西到Hwy 427公路，往北行驶过Hwy 401公路。出口在Hwy 7公路，往左转向东行驶6公里，然后往北进入Hwy 27公路，再往右进入Major Mackenzie Dr车道。在下一个交通灯处，左转进入Islington Ave大道。往北行驶1公里到达艺术馆门口，或者是停在克兰勃格，然后走回艺术馆门口。

戴维堂莱普天文观测台 (David Dunlap Observatory)

就在多伦多市区以北，这座**戴维堂莱普天文观测台**(David Dunlap Observatory；☎416-884-9562；www.astro.utoronto.ca/DDO；123 Hillsview Dr，Richmond Hill；50分钟团队游 成人/老人/儿童$6/4/4；🕑6月到10月周六7:30pm，7月和8月周五7:30pm；Ⓟ)在竞争激烈的国际观星界地位显赫。该天文观测台对现代天文学进行介绍，之后，透过加拿大最大的光学望远镜(反射镜1.9米宽)观测行星。售票按照先来先得的原则(只收现金)。提前打电话了解天气情况。谢绝7岁以下的儿童入内。

从多伦多出发，在Bayview Ave大道上北行驱车30分钟，过第16号大道，到Hillsview车道，左转开1公里远，你就会在你的左边看到一白色圆屋顶。或者，你可以乘TTC地铁线北去到Finch站。过地下通道到最近的公交中转站，搭乘**约克区公交**(York Region Transit；☎905-762-2100，866-668-3978；www.yorkregiontransit.com)的91 Bayview

了不起的“七人画派”

这个加拿大风景画组合由一群有雄心壮志的男性画家组成，他们在 20 世纪 20 年代首次走到了一起。在一种热切的少年情怀的激励下，他们花了很多的时间穿过安大略北部的荒原，在各种气候条件下捕捉粗粝的加拿大荒原野地的景致。他们当时所体会到的那种能量都被愉快地表现在光亮饱满、激荡人心的画布上，画布中有群山、湖泊、森林和省立城镇。

画家汤姆·托马斯 (Tom Thomson) 在该画派正式形成之前去世，但其他成员——包括亚瑟·里斯默 (Arthur Lismer)、J.E.H. 麦克唐纳德 (JEH MacDonald)、弗兰克·约翰斯顿 (Frank Johnston)、弗雷德里克·瓦里 (Frederick Varley) 和富兰克林·卡米切尔 (Franklin Carmichael) ——都认为他是他们的领军人物。正当同时也是一名活跃的户外活动家的托马斯在创造他最杰出的几幅作品时，1917 年，他不幸溺水身亡。在他挂在安大略美术馆 (Art Gallery of Ontario，见 112 页) 的作品中，人们可以清楚地看到他对这片土地的深深眷恋。他简陋的小木屋被搬到麦克米歇尔加拿大美术馆 (见 144 页)，该美术馆与渥太华的国家美术馆 (见 235 页) 都是欣赏该著名画派作品的好地方。

路公共汽车。只要要求，车会在 Hillsview Dr 车道处经停，下车后，走上 1 公里就可以到达观测台。单程费用为 $2.75，不过从地铁站出来转车免费。

当地自然保护区

安大略的南部是城镇区。为在某种程度上弥补这点，省政府划定了许多自然保护区——小型的自然景观公园。供人们散步、野炊、垂钓（有时）、游泳，以及越野滑雪。**多伦多和区域保护机构**（Toronto and Region Conservation Authority；☎ 416-661-6600；www.trca.on.ca）负责开发和管理这些地区，绝大多数地区必须乘车前往。

夏日里很快放松的好去处，**阿尔比奥群山保护区**（Albion Hills Conservation Area；☎ 905-880-4855；Hwy 50，Albion；成人 / 儿童 $6/5；⏲ 9am ~ 黄昏；Ⓟ），这里林木茂密，宁静，有多条徒步小路，冬天可以越野滑雪。它在多伦多的西边；从机场以北上 Hwy 427 公路，然后沿 Hwy 50 公路走约 20 公里，即到达公园。

也是在这个地区，克兰勃格的附近，是**克特里特保护区中心**（Kortright Centre for Conservation；☎ 905-832-2289；9550 Pine Valley Dr；Woodbridge；周六和周日成人 / 儿童 $5/3，周一至周五 免费；⏲ 10am ~ 4pm；Ⓟ）。这里也有徒步小路，不过它更是一座博物馆，展示人们各种自然资源，野生动植物和自然生态。

弥尔顿 (Milton) 附近的多伦多西边是 **Crawford Lake 湖泊保护区**（Crawford Lake Conservation Area；☎ 905-854-0234；Steeles Ave，位于 Guelph Line；成人 / 儿童 $6/4；⏲ 5 月到 10 月 10am ~ 4pm；Ⓟ），是这一地区最有趣味的一座公园。深邃的 Crawford Lake 湖泊是冰川湖，深处丛林中，多条徒步小路环绕着它。在解说中心有详细的介绍。Crawford Lake 湖地处 Hwy 401 公路以南 5 公里，就在一条叫做 Guelph Line 路 (Hwy 1 公路) 的南端。布鲁斯徒步小路也穿过这个公园。

附近还有**蒙特司博格保护区**（Mountsberg Conservation Area；☎ 905-854-2276；Millburough Line，Mountsberg；成人 / 儿童 $6/4；⏲ 10am ~ 4pm；Ⓟ）。位于弥尔顿以西 19 公里；要到那儿，开车上 Hwy 401 公路，到 Guelph Line 路口处，下公路，而后向南行驶，然后从 Campbellville 向西南驶去。这儿开设有关加拿大本国知识的教育课程，包括制作槭糖浆的表演节目，介绍这一加拿大风味的来龙去脉、种类以及生产流程。孩子可以在偌大的喀麦隆娱乐棚 (Cameron Playbarn) 里尽兴地攀爬、吊嗓子和滑滑梯。

帕科伍德私宅(Parkwood Estate)

在奥沙瓦 (Oshawa)，多伦多市以东 40 公里的 Hwy 401 公路边，你会不经意穿过**帕科伍德私宅**（Parkwood Estate；☎ 905-433-4311；www.parkwoodestate.com；270 Simcoe St N Oshawa；成人 / 优惠票 / 儿童 / 家庭 $7/6/4/16；⏲ 6 月到 8 月周二至周日 9am ~ 4pm，9 月到次年 5 月 周二至周日 1:30 ~ 4:30pm；Ⓟ）。这儿以前是 R.S. 麦克劳林 (RS McLaughlin) 的私宅，此人曾经负责美国通用公司加拿大区域业务。这份地产包括一栋 55 间房的大厦，间间都是古玩摆饰，中间有数处大花园。买票含一次团队游。夏季，室外备有下午茶，冬季，则在暖房里。请电话了解开门时间——常有变动。

尼亚加拉半岛 (NIAGARA PENINSULA)

尼亚加拉半岛位于哈密尔顿东部突出的部分，将伊利湖和安大略湖自然分割，是很适合的旅游热点地区。伊利湖比安大略湖高出约100米。水由两条路线流向低处：沿着韦兰运河(Welland Canal)通过水闸逐步流下，或是以险峻洪流直冲尼亚加拉瀑布。

陡峭的悬崖沿着半岛的隆起部分形成了很怪异的天气。湿润，无霜冻，这是安大略酿造葡萄酒的一流地区，商业焦点是风景如画的湖滨尼亚加拉。

尼亚加拉半岛葡萄酒之乡 (NIAGARA PENINSULA WINE COUNTRY)

哈？银色大北方的葡萄园？尼亚加拉半岛位于北纬43度——与加州北部和更南边的法国波尔多(Bordeaux)的纬度差不多。高品质葡萄酒的地区、矿物丰富的土壤和适度的气候：是葡萄栽培成功的最好配方！白天或懒散的周末来拜访这个地区，将是一次很放纵的旅行。傲慢的古老葡萄园和自以为是的新葡萄园争相吸引你的注意力。

方位和实用信息

开车去逛葡萄园是最佳选择。有两个地区值得关注：葡萄地周围的圣凯瑟琳(St Catharines)以西，与尼亚加拉瀑布周围的伊丽莎白皇后公路(Queen Elizabeth Way，简称QEW)的北部。当地的游客办公室提供葡萄酒路线地图和手册，在酿酒厂的品尝室中也有。需要更多资料，请登录www.winesofontario.ca。

酿酒厂驾车团队游

下面的路线构成了尼亚加拉葡萄酒厂最好的路线。所有葡萄酒厂都免费停车。

从多伦多过来，在Fifty Rd路，从伊丽莎白皇后公路78号出口进入Winona和**Puddicombe农场和葡萄酒厂**(Puddicombe Estate Farms & Winery；☎905-643-1015；www.pubbicombefarms.com；1468 Hwy 8；winona；4次品尝$1；⏲5月到12月每天9am～5pm，1月到4月周一至周五9am～5pm，周六和周日10am～4pm)，一个擅长水果酒的乡村农场(尝试一下桃子和冰镇苹果汁)。这里可提供简易午餐。

出了伊丽莎白皇后公路74号出口，便是**基特灵山脊葡萄酒基地**(Kittling Ridge Winery；☎905-945-9225；www.kittlingridge.com；297 South Service Rd；Grimsby；免费品尝；⏲周一至周六10am～6pm，周日11am～5pm，免费团队游 全年周二至周六2pm和6月到8月周日11am)，看上去像一座工厂，但这里友好的工作人员以及获奖的冰淇淋和晚季葡萄酒会让你喜欢这里。

接着往东行驶，然后向南转，最终进入空旷的Hwy 81公路；很上镜的**半岛山脊葡萄酒基地**(Peninsula Ridge Estates Winery；☎905-563-0900；www.peninsularidge.com；5600 King St W，Beamsville村；4次品尝$2，团队游$5；⏲10am～6pm，团队游6月到11月11:30am和3pm)位于山顶上，不可错过。一些新出的葡萄酒还有些涩，不过，原木品尝室、餐馆(见148页)和山顶的背景构成了绝妙的画面。

从Hwy 81公路出发，上Cherry Ave大道向右转，来到**雷克维瑟勒葡萄酒基地**(Lakeview Cellars Estate Winery；☎905-562-5685；www.lakeviewcellars.ca；4037 Cherry Ave，Vineland；3次免费品尝，冰酒$3；⏲11am～5pm，夏季时间延长，团队游5月到10月每天11am和3pm，11月到次年4月周六和周日3pm)，这家以不同口味的冰葡萄酒而出名，特别是特制品丽珠(cabernet franc)。

沿着Cherry Ave大道上山，左转上Moyer Rd路和以石头建造的**万兰德思葡萄酒基地**(Vineland Estates Winery；☎905-562-7088，888-846-3526；www.vineland.com；3620 Moyer Rd，Vineland；如购买可免费品尝，团队游$6～25；⏲6月到8月周日至周四10am～6pm，周五和周六至8pm，9月到次年5月10am～5pm)，尼亚加拉地区较老的葡萄种植园。这里几乎所有的葡萄酒都很棒——雷司令(riesling)和品丽珠(cabernet franc)都是最受欢迎的品种。餐厅和住宿也非常棒(见148页)！

沿着Moyer Rd路往东走，右转进入维多利亚大道，左转至7th Ave大道进入**岩石地窖**(Flat Rock Cellars；☎905-562-8994；www.flatrockcellars.com；2727 7th Ave，Jordan；免费品尝；⏲5月到10月每天10am～6pm，11月到次年4月仅周六和周日)。六边形的建筑和湖泊风景与酒一样优质。

朝着湖泊返回4th Ave大道和令人心情愉快的**溪畔葡萄酒基地**(Creekside Estate Winery；☎905-562-0035，877-262-9463；www.creeksideestatewinery.com；2170 4th Ave，Jordan Station；如购买可免费品尝，团队游免费；⏲5月到11月10am～6pm，12月到次年4月至5pm，团队游2pm)，你可以参观压榨室和地下的酒窖。试试沙威浓(sauvignon blanc)。

从7th Ave大道出发，快速驶回伊丽莎白皇后公路，往东边行驶进入湖滨尼亚加拉地区。从38号出口出来，再往北进入Four Mile Creek Rd路，可以到达**惠勒布兰得葡萄酒厂**(Hillebrand Estates Winery；☎905-468-1723，800-582-8412；www.hillebrand.com；Niagara-on-the-Lake，1249 Niagara Stone Rd；品尝$3；⏲6月到8月10am～9pm，9月到次年5月至6pm)。这儿的葡萄酒都是畅销酒，对于从来没有参观过酒场的人来说，这里的介绍性参观和品尝演示值得一试。

再往北，占据湖滨优势的**空兹曼葡萄酒厂**

(Konzelmann Estate Winery；☎905-935-2866；www.konzelmann.ca；1096 Lakeshore Rd，Niagara-on-the-Lake；品尝 $0.50～4，团队游 $3；⏲10am～6pm，团队游 5 月到 9 月 11:30am 和 2:30pm）是这个地区最早的酿酒厂之一，也是唯一一个充分利用湖滨小气候的酒厂。也许有些自大，但用晚熟的威代尔 (Vidal) 酿制的葡萄酒和冰葡萄酒的确是上等。

靠右边的是**斯德伦酒厂**（Strewn；☎905-468-1229；www.strewnwinery.com；1339 Lakeshore Rd，Niagara-on-the-Lake；品尝 $0.50～2，团队游 免费；⏲10am～6pm，团队游1pm）出产获奖葡萄酒，这儿有一家很棒的餐馆和**葡萄酒之乡烹饪学校**（Wine Country Cooking School；☎905-468-8304；www.winecountrycooking.com），这里的一日、周末和一周烹饪课程都令人陶醉。

更靠近湖滨尼亚加拉，**日边溪水葡萄农庄酒厂**（Sunnybrook Farm Estate Winery；☎905-468-1122；www.sunnybrookfarmwinery.com；1425 Lakeshore Rd，Niagara-on-the-Lake；品尝 $0.50～1；⏲10am～6pm）专业酿制独特的尼亚加拉水果酒、浆果酒和有些"硬"的苹果酒。这是个小地方，旅行团的汽车通常不在这里停留。

湖滨尼亚加拉以南，位于尼亚加拉石头路 (Niagara Stone Rd)旁的是杰出的**层云酒厂**（Stratus；☎905-468-1806；www.stratuswines.com；2059 Niagara Stone Rd，Niagara-on-the-Lake；品尝 $4～10；⏲10am～5pm），加拿大第一幢赢得LEED(Leadership in Energy和Environmental Design，能源与环境设计领导标准)证书的建筑。设计强调了复杂的循环使用、有机、节能、本土等理念。你要选择的酒就不那么复杂了：Stratus White白酒或Stratus Red红酒。

沿尼亚加拉园林大道南去，就到了**雷夫酒厂**（Reif Estate Winery；☎905-468-7738；www.reifwinery.com；15608 Niagara Pkwy，Niagara-on-the-Lake；首次品尝免费，其后 $1，团队游 $5～20；⏲10am～6pm，团队游 5 月到 10 月 11:30am 和 1:30pm），很不错的酒厂，有一个新设的零售中心。冰葡萄酒是你要去品尝的。

附近，是获奖的**因尼斯基林酒厂**（Inniskillin；☎905-468-2187，888-466-4754；www.inniskillin.com；1499 Line 3，Niagara Pkwy 拐角，Niagara-on-the-Lake；品尝 $5～7，团队游 $5；⏲10:30am～6pm，团队游 5 月到 10 月每天 10:30am 和 2:30pm，11 月到次年 4 月仅周六和周日）是冰葡萄酒的酿造行家。

团队游

参阅 155 页，了解从湖滨尼亚加拉出发的各条葡萄酒之乡旅游线路。

尼亚加拉榨酒之旅（Crush on Niagara；☎905-562-3373，866-408-9463；www.crushtours.com；团队游 $69～99）上午和下午出发的敞篷车小型旅行团，可到尼亚加拉地区的多个车站接人。

尼亚加拉空中客车之旅（Niagara Airbus；☎905-374-8111，800-268-8111；www.niagaraairbus.com；从尼亚加拉瀑布出发$54～90，从多伦多出发 $101～142）经停有名的葡萄酒厂，有些行程包括在湖滨尼亚加拉游览葡萄园、午餐和购物。

节日和重大活动

尼亚加拉冰葡萄酒节（Niagara Icewine Festival；☎905-688-0212；www.niagaraicewinefestival.com；⏲1 月中）每年冬季举办，历时十天，在整个尼亚加拉地区展出来自安大略最黏、最甜的葡萄酒。

尼亚加拉新品种葡萄节（Niagara New Vintage Festival；☎905-688-0212；www.grapeandwine.com；⏲6月末）庆祝尼亚加拉的新季葡萄酒和当地烹饪美食。

尼亚加拉葡萄酒节（Niagara Wine Festival；☎905-688-0212；www.niagarawinefestival.com；⏲9 月中）历时一周，庆祝当地最精酿葡萄酒出窖。

食宿

登录 www.20valley.ca，查询当地 B&B 旅馆清单。

Bonnybank旅馆（☎905-562-3746，888-889-8296；www.bbcanada.com/bonnybank；RR 1，Vineland；房含早餐 $90～120；Ⓟ ⊠ ⛝）庄严的都铎—格里姆斯比(Grimsby)式砂岩住宅，位于一片到处都是鸟的荒地上。可打电话咨询路线。没有路标，有点偏僻(这是好事！)。

Colonist House B&B旅馆（☎905-563-7838；www.colonisthousecom；4924 King St，Beamsville；双含早

"了不起的"葡萄园主？

尼亚加拉半岛的头条消息是安大略人最喜欢的儿子——NHL 冰球传奇人物"了不起的"韦恩·格雷茨基 (The Great One Wayne Gretzky)，开始踏上了作为葡萄园主的全新历程。韦恩·格雷茨基的产业直到 2009 年才向世人公开，其实已向 LCBO 的烈酒商店供应冰葡萄酒、红葡萄酒及白葡萄酒。冰球运动员有成功的葡萄园管理师所需要的细致与经验吗？天啊！如果 Dan Aykroyd 能成功，任何人都可以，正如格雷茨基所说的，"我可以告诉你们我喜欢某种东西的味道，或我不喜欢某种东西的味道"。倒也是，但是我们怀疑安大略狂热的冰球爱好者很快就会从啤酒转向葡萄酒。

冰，冰宝宝

尼亚加拉的葡萄酒厂1991年在法国波尔多葡萄酒博览会上一炮走红。在蒙眼品酒环节，评审员将一项众人期盼的金奖颁给了来自加拿大安大略省的一种冰葡萄酒——世界各地的参展者无不惊愕万分！这些特色葡萄种植园，收获季节的繁忙景象，酒汁的甜美且多味的口感，继续吸引着葡萄酒迷们纷纷前往尼亚加拉半岛葡萄酒之乡。

要制造冰葡萄酒，常规的收获结束后，特意留一部分葡萄在藤上。如果鸟、风暴和霉菌不会影响它们，这些葡萄长得更甜、更为浓缩。酿酒者要耐心等待，直到12月或次年1月，通过持续三天的低温（－8℃）会使这些葡萄完全冻结。

凌晨前夕的黑夜里（于是太阳不会融化冰，不会稀释葡萄酒的浓度），用手小心摘取这些葡萄，接着，压榨这些葡萄，然后封在桶里发酵至一年的时间。启封后，轻轻将汁液倒出后，这时，尝上一口冰葡萄酒，味道好似浓浓的苹果汁，外加更奇特的水果味，而且有相当的酒劲。

为什么冰葡萄酒这么贵呢？要知道，酿制一瓶，需要10倍普通葡萄酒的葡萄量，再加上密集型生产和种植收成的难度，使它的价格飙升到每375毫升50多加元。年内较早采摘，较晚酿制的葡萄酒可能便宜些（口味也淡些），不过也一样味美香甜。

餐$120；Ⓟ ⊠ ⊠ wi-fi）建于1840年，这家B&B旅馆从前门的尖木桩栅栏到里面古玩陈设的客房，颇显别致。阳光透过洁净的玻璃窗洒满了整间房，早餐有新鲜出炉的自制面包、新鲜水果和咖啡——再挑剔的用餐者也会动心。当地重要人物在后花园里用餐。

Jordan Manor B&B旅馆（☎905-704-0577；www.bbcanada.ca/9316.html；1590 St Paul St W，St Catharines；房 含早餐 $100～120；Ⓟ ⊠ ⊠ ⊠）170年前全胜时期时，圣凯瑟琳边缘的这座庄园是有着豪华舞场的酒店。今天成为宽大舒适的B&B旅馆，占地8英亩，在林木茂密处。天气如果炎热，可以游泳，不热的话，可以烤火。

万兰德思葡萄酒基地旅馆（Vineland Estates Winery；☎905-562-7088，888-846-3526；www.vineland.com；3620 Moyer Rd，Vineland；房 含早餐 $145，三 $295；Ⓟ ⊠ ⊠）尼亚加拉葡萄酒酿酒厂有一个小型但很好看的B&B旅馆，有两人间和三人间。

桃乡农夫市场（Peach Country Farm Market；☎905-562-5602；4490 Victoria Ave，Vineland Station；产品 $2起；⏲6月到8月9am～8pm，9月和10月至6pm）一个敞开的谷仓，售卖新鲜水果、果酱、冰淇淋和水果派，是由第四代农民种植、采摘并现场烘焙的，是路边的亮点！

Smiling Dog Coffee House 咖啡馆（☎905-309-5858；43 Main St E，Grimsby；主菜 $4～7；⏲周一至周四和周六 8am～4:30pm，周五 至 8pm）在这家普通的咖啡馆里，你会对着美味的汤、沙拉、大饼和煎蛋饼咧嘴笑着。黑豆卷饼配上价格公道的有机咖啡，简直是美味极了。

Vineland Estates Winery Restaurant 餐馆（☎905-562-7088，888-846-3526；3620 Moyer Rd，Vineland；主菜 $15～40，品尝菜肴 $39～70；⏲11:30am～2:30pm 和 5:30～8:30pm）酿酒厂时髦的餐厅有无与伦比的葡萄园风光，提供来自本地的季节性自创菜，例如夏天用花园绿色食品配制的意式调味饭、圣女果和烤茄鱼子酱。建议预订。

Peninsula Ridge（☎905-563-0900，5600 King St W，Beamsville；主菜 $16～35；⏲周三至周日 11:30am～3pm 和 5～9pm）。在这个建于1885年的维多利亚式庄园中，坐在外面、楼上或者是楼下，吃着不会耗尽资源的高级烹饪菜肴。特级厨师 Robert Trout 会先让你享用用霞多丽酒（chardonnay）和椰子奶里蒸煮的爱德华王子岛贻贝，接下来的是双层熏烤、用咸肉裹着的肉眼牛排（ribeye），填满了香草芥末。

到达和离开

从多伦多驾车100公里到半岛中心需要1个半小时——进入 Hwy 403 公路，然后再是从哈密尔顿向东上伊丽莎白皇后公路，到尼亚加拉瀑布。这条官方的品酒路线在伊丽莎白皇后公路外有路标，在乡村公路上，沿着边远地区的路边。

参见147页和156页，查看到这个地区的团队游。

韦兰运河地区(WELLAND CANAL AREA)

建于1914年到1932年之间，古老的韦兰运河，从伊利湖（Lake Erie）流入安大略湖，是尼亚加拉瀑布周围的一条游船旁道。作为用以保证北美工业核心区与大西洋之间船运的圣劳伦斯海道的一部分，42公里长的运河设有八个关联船闸，调节大约100米落差的各湖面水位。

在安大略湖上，保守的**圣凯瑟琳**（St Catharines；www.stcatharines.ca) 是尼亚加拉水果与葡萄酒生产区的重要城镇。在这座城镇里不同的地方，可以看到早期三条运河的遗迹（分别建于 1839 年、1845 年和 1887 年），而韦兰运河公园大道依然能看到城市东端的运河迹象——看到巨大的集装箱运船从标尺水准器上方浮过，是一种令人不安的体验！

在向东到达 Port Weller 港口之前，最初的韦兰运河在**湖滨公园** (Lakeside Park)，沿着**达尔豪西港口** (Port Dalhousie，发音 Dal-oo-zey) 的高地通向安大略湖。这个乡村的渡口可谓新旧结合，修缮的木制船闸，还有 1835 年的古灯塔，沿街随处有酒吧、餐馆和冰淇淋店。登山者和骑自行车者，可以沿 45 公里的**美里特徒步小路** (Merritt Trail；www.canadatrails.ca/tct/on/merritt.html) 锻炼，这条著名的小路从达尔豪西港 (Port Dalhousie) 出发，沿着韦兰运河，一直延伸到卡尔布尼港 (Port Colborne)。

要想用最新的方式了解运河，**韦兰运河中心**（Welland Canals Centre；☎905-984-8880；www.stcatharineslock3museum.ca；1932 Welland Canals Pkwy；免费入内；⏲7月到8月9am～6pm，9月到次年6月至5pm；Ⓟ）设在3号船闸处，就在圣凯瑟琳城外，有一个观赏台，当水上楼房似的船只等待开闸时，人在观测台上可以伸手触摸船身。这里还有**圣凯瑟琳博物馆**（St Catharines Museum；成人/优惠票/儿童$4.25/4/2.50），陈列品讲述着城镇历史和运河建设历史，还有一个冰球名人堂。

韦兰镇城内没有太多值得看的东西，只有壁画收藏品描述了历史、农业和运河情景。大多数沿着 Main St E 东街，但我们最喜欢的是 800 Niagara St N 北街的 Sears 建筑上的壁画——简洁地描绘了尼亚加拉半岛本土的、白人和黑人历史。

科尔伯恩港口 (Port Colborne) 是伊利湖注入运河的地方，包含 420 米的 8 号船闸——世界上最长的船闸之一。可以到 **8 号船闸公园**（Lock 8 Park；Mellanby St；免费入内；⏲24 小时）里看看，即 Main St 街的南边。这儿还有**科尔伯恩港口游客信息亭**（Port Colborne Visitors Information Booth；☎519-834-5722，888-767-8386；www.experienceportcolborne.com；Lock 8 Park，Mellanby St；⏲5月到11月 10am～6pm）。宁静、漂亮的城市，沿 West St 街有一条河滨人行道、商店、餐馆，是下午散步或吃晚餐的好地方。

尼亚加拉瀑布群(NIAGARA FALLS)

人口 79 000

哇！面对尼亚加拉瀑布群时，下面这些词总是挂在人们嘴边：强有力的瀑布拱悬于悬崖边，像是液体玻璃，咆哮着，怒吼着冲入下面空旷的领域，飞沫在不停翻滚的水中沸腾、飞溅，直入数百米高的空中。世界上有几十个更高的瀑布（尼亚加拉瀑布位列 50 名），但就湍流量而言，这些瀑布则无与伦比：每秒钟上百万个淋浴喷头的水量飞泻而下。

无论是白天还是黑夜，或什么季节，瀑布群总会让你惊叹不已（每年有 1400 万旅行者来到这里！）。甚至在冬天，部分瀑布断流，崖际结了冰，水势依然不减。所有瀑布突然同时断流很罕见。这种现象第一次发生在 1848 年复活节的清晨，起因是一大块冰完全堵住了水路。虔诚的当地人担心世界末日即将到来。

不过，虔诚并不是尼亚加拉瀑布这些天来想要得到的。自从拿破仑的兄弟带着新娘来到这儿，这儿一直是漂亮的新婚蜜月场所——被称为“新婚和寻死的地方”和 Viagra Falls 瀑布。最近，大批娱乐场、速食店、廉价的汽车旅馆、一般的游览胜地和性用品店爆炸般地出现于瀑布周边——简直是小拉斯维加斯 (Little Las Vegas)。不管是爱它还是厌恶它，没有一个地方像尼亚加拉瀑布群。

方位

尼亚加拉瀑布镇分为两部分：老商业区，当地人做生意的地方，以及瀑布周围更新的旅游区。很多 B&B 旅馆位于这两个地区之间。

这个老城区没有什么，只有火车和公共汽车站。皇后街 (Queen St) 和维多利亚大道 (Victoria Ave) 是主干道。从这儿南行大约 3 公里就是瀑布区，全是旅游招揽活动：餐馆、酒店、商店和景点推介。这儿的主要街道有克里福顿山 (Clifton) 街、Falls Ave 大道、Centre St 街、Victoria Ave 大道 和 Ferry St 街。Lundy's Lane 大道从这儿向西延伸而去。

实用信息

畅通尼亚加拉汽车修理公司（Accessible Niagara；www.accessibleniagara.com）提供汽修信息。

大尼亚加拉综合医院（Greater Niagara General Hospital；☎905-358-0171；www.niagarahealth.on.ca；5546 Portage Rd；⏲24 小时）急诊室。

尼亚加拉信息网（Info Niagara；www.infoniagara.com）私人网站，有许多有用的链接。

尼亚加拉瀑布公共图书馆（Niagara Falls Public Library；☎905-356-8080；www.nfpl.library.on.ca；4848 Victoria Ave；⏲周一至周四9am～9pm，周五和周六至5:30pm，周日1～5pm）免费上网和wi-fi接口。

尼亚加拉公园管理处（Niagara Parks Commission；☎905-371-0254，877-642-7275；www.niagaraparks.com；⏲6月到8月 9am～11pm，9月到次年5月至4pm）该瀑布的管理机构，在 Maid of the Mist Plaza 雾色观光酒店

值得一游：伊利城堡

科尔伯恩港口(Port Colborne)以东、尼亚加拉瀑布以南是伊利城堡(Fort Erie)，在那儿尼亚加拉河从伊利湖流出。穿过纽约州布法罗，通过和平桥与美国相连。这儿最值得游的是有悠久历史、呈星状的**伊利城堡**(☎905-871-0540；www.oldforterie.com；350 Lakeshore Rd；成人/儿童 $9/5；⏲5月到11月 10am～5pm；Ⓟ)，它在1812年战争中起着关键作用。也被称为旧石头城堡(Old Stone Fort)，最早建于1764年。1814年撤退前，美国占据了它。城堡里有一座博物馆，身着整洁军服的士兵们在表演真正的军事训练。记得参加有价值的带导游团队游（每隔30分钟），费用包括在门票里。

和桌石信息中心设有咨询台。

安大略旅游信息（Ontario Travel Information；☎905-358-3221；www.ontariotravel.net；5355 Stanley Av；⏲5月到8月 8am～8pm，9月到次年4月至5pm）在城镇西郊；免费提供旅游手册，含地图和景点与交通优惠券。

邮局（☎905-356-4845；www.canadapost.ca；Queen St 和 St Clair Ave 拐角；⏲周一至周五 8am～5pm）

景点和活动

在瀑布和克里夫顿山观光旅游，在别处停车（见155页）。

瀑布和周边地区

尼亚加拉瀑布在安大略和纽约州(New York State)之间形成自然空隙。在美国境内，**Bridal Veil Falls 瀑布**（也被称作美国瀑布）飞泻在巨大的脱落岩石上。加拿大境内，更壮观、更宏伟的**马蹄瀑布**(Horseshoe Falls)倾泻入云雾笼罩的**云雾少女潭**(Maid of the Mist Pool)。主要观赏瀑布的地方是桌石(Table Rock)岩，就在数米远处——最好在人潮涌入前先到。

在马蹄瀑布以北约1公里处是 **Floral Showhouse**（☎905-353-5407；www.niagaraparks.com；7145 Niagara Pkwy；免费参观；⏲9:30am～8pm），提供常年花卉展和在寒冷时暖身子的地方。对面，在湍急的河水中的岩石上，一艘生锈钢铁铸造的**老平驳船**(Old Scow)，自1918年就停靠在岩石丛中，任瀑布冲刷——也许，在象征着西方帝国主义摇摇欲坠？

以下是举办团队游和活动的四家主要公司。可单独购票，或者可以购买**尼亚加拉瀑布和大峡谷探险通票**（Niagara Falls Great Gorge Adventure Pass；☎905-371-0254，877-642-7275；www.niagaraparks.com；成人/儿童 $40/25），这种优惠票可作为四个景区的入场票，加上尼亚加拉公园道、昆斯顿景点以及尼亚加拉公园 People Mover(Niagara Parks People Mover)的全天交通。在桌石信息中心和各个景点的尼亚加拉公园管理处(Niagara Parks Commission，见149页)可以买到票。

云雾少女旅行社（Maid of the Mist；☎905-358-5781；www.maidofthemist.com；5920 River Rd；成人/儿童$14/8；⏲6月到8月 每天9am～7:45pm，4月、5月、9月和10月周一至周五9am～4:45pm，周六和周日至5:45pm）1846年起，这条勇敢的小船就不断冲入瀑布雾气腾腾的水罩中。水声大，且湿漉漉的，不过很过瘾。所有的人都争着去船的高层甲板上观看，不过从低一些的地方看过去，景观也不错。天气不错的话，每15分钟一班船。

通过桌石信息中心，你可以进行**瀑布帘后探秘**（Journey Behind the Falls；☎905-354-1551；www.niagaraparks.com；6650 Niagara Pkwy；成人/儿童 $13/8；⏲周一至周五 9am～5:30pm，周六和周日至 7:30pm）披一张不怎么性感的塑料盖头披风，穿过在崖壁半山腰开凿的岩石隧道，你不必钻进软桶里就可以靠近瀑布，想多近就多近。这个项目全年都有，不过你得排队，对此要有心理准备。

在城镇的北端，紧邻 Whirlpool Bridge 桥，**怀特水上徒步通道**（White Water Walk；☎888-255-1321；www.niagaraparks.com；4330 Niagara Pkwy；成人/儿童 $8.50/5；⏲6月到8月每天 9am～7:45pm，4月到5月和9月到10月周一至周五 9am～4:45pm，周六和周日 至 5:45pm）是另一种近距离的亲身探险，就在瀑布下游，通过电梯下到悬在湍急的激流之上的一条325米长的木板人行道，走在上面非常刺激。

在马蹄瀑布以北大约4.5公里处尼亚加拉河上晃来晃去的是**旋涡太空车**（Whirlpool Aero Car；☎888-255-1321；3850 Niagara Pkwy；成人/儿童 $12/7；⏲6月到8月每天 9am～7:45pm，4月到5月和9月到10月周一至周五 9am～4:45pm，周六和周日 至 5:45pm）。它是由西班牙工程师 Leonardo Torres Quevedo 设计的，自1916年开始就一直在运营（不过不用担心——现在它的状况还很好）。在两层石层间550米长，一艘冈朵拉越过瀑布形成的一个凶险旋涡——数一数在下面水涡里翻腾的木屑和轮胎。轮椅不能上。

克里福顿山(CLIFTON HILL)和周边地区

克里福顿山是一条街的街名，不过用来指

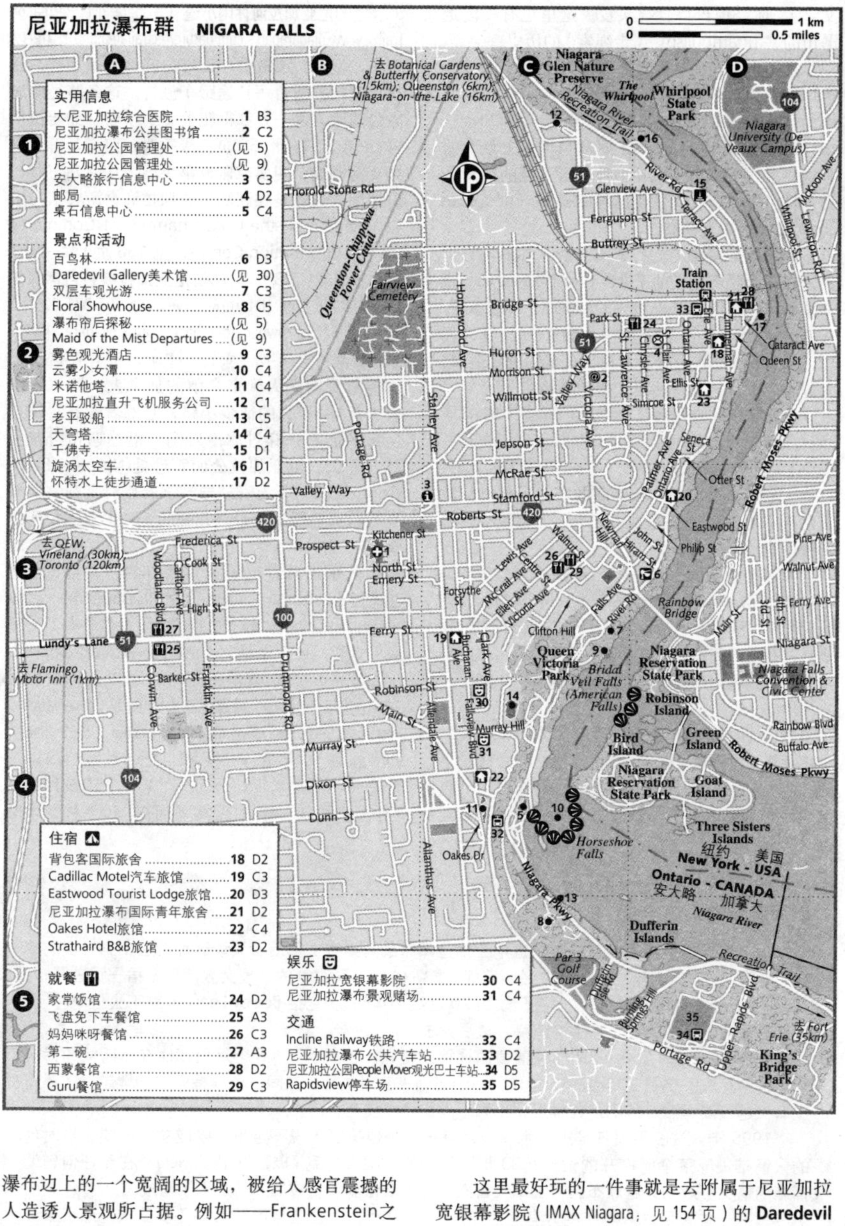

瀑布边上的一个宽阔的区域，被给人感官震撼的人造诱人景观所占据。例如——Frankenstein之家(House of Frankenstein)、Madame Tussaud's蜡像馆和吸血鬼城堡(Castle Dracula)——全在这儿。多数情况下，买上一张门票就能让你迷上它们。

这里最好玩的一件事就是去附属于尼亚加拉宽银幕影院（IMAX Niagara；见154页）的**Daredevil Gallery美术馆**（☎905-358-3611；www.imaxniagara.com；6170 Fallsview Blvd；免费入内；🕑9am ~ 9pm）。看到收藏的磨损了的桶和人们用来穿越瀑布的软垫（并不是所有的人都成功了，参见152页框内文字），你会惊讶得直挠头皮。这里也有一段走瀑布的“funambulism”（走绳索）的历史。

在街上，茂密的**百鸟林**（Bird Kingdom；☎905-356-8888，866-994-0090；www.birdkingdom.ca；5651 River Rd；成人/儿童 $15/10；⏲5月到9月9:30am～7pm，10月到次年4月至5pm）据称是世界上最大的室内鸟类饲养场，有着400种自由飞翔的热带鸟类。你可以与爬行动物类区域(Reptile Encounter Zone)的大蟒蛇交朋友。

如果熙熙攘攘的旅行者群干扰了你的内心世界，在完全脱离尘世的**千佛寺**（Ten Thousand Buddhas Sarira Stupa；☎905-371-2678；4303 River Rd；免费参观；⏲9am～5pm，主要寺庙只在周六和周日开放），你可以找到安宁。欢迎旅行者观赏众多的佛龛造像、大钟和艺术品，享受这里宁静的环境。

天穹塔（Skylon Tower；☎905-356-2651，800-814-9577；www.skylon.com；5200 Robinson St；成人/儿童 $10/6；⏲4月到10月8am～午夜，11月到次年3月11am～9pm）——一座158米高的塔，外部有一段黄色升降电梯。这儿的风景会令你大饱眼福，旋转餐厅也值得一去。

在瀑布边上的是**米诺他塔**（Minolta Tower；☎905-356-1501；www.niagaratower.com；6732 Fallsview Blvd；成人/儿童 $7/4.50；⏲11am～7pm），另一个吸引旅行者的眺望点，有室内和室外观景走廊。晴天时，可以眺望从多伦多到纽约州的布法罗。这儿也有一个餐厅。

尼亚加拉园林大道(NIAGARA PARKWAY)

尼亚加拉园林大道全长56公里，很舒缓，沿尼亚加拉河，从湖滨尼亚加拉，过瀑布区，一直延至伊利城堡。一路都是公园、宿营地和观景点。3米宽的**尼亚加拉河休闲小道**（Niagara River Recreation Trail；www.niagaraparks.com/nature/rectrailarea.php）可以蹬车，慢跑，或散步，正好与园林大道平行，园林大道特别适合短长途蹬车旅行。这条路径明显分为四段，每一处都得花上2个小时。如要租赁自行车，可查看158页。果季时，路旁新鲜水果摊支起棚架，叫卖凉樱桃苹果酒。从网站下载一份地图，或者是在湖滨尼亚加拉商会游客信息中心（Niagara-on-the-Lake Chamber of Commerce Visitors Information Centre，见156页）拿一份。

瀑布以北8公里处是**尼亚加拉峡谷自然保护区**（Niagara Glen Nature Reserve；☎905-371-0254，877-642-7275；www.niagaraparks.com；Niagara Pkwy；免费参观；⏲黎明至黄昏；Ⓟ），唯有在这里，你能看到欧洲人到来之前的加拿大。这里蜿蜒着一条4公里长的徒步小路，它顺着峡谷，绕过巨大的卵石，穿过冰冷岩洞，沿途遍布野花丛林。夏天，尼亚加拉公园管理处(Niagara Parks Commission)一天安排导游领着旅行者观赏，象征性收一些费用。带点儿喝的——尼亚加拉河的水不够干净。

几乎正对着尼亚加拉峡谷的是整洁的**植物生态园**（Botanical Gardens；☎905-356-8554；www.niagaraparks.com；2565 Niagara Pkwy；免费参观；⏲清晨至傍晚；Ⓟ）占地100亩的花草，蔬菜和林木园林——一个很安静的地方，可以让你放松。这儿还有全玻璃的**蝴蝶温室**（Butterfly Conservatory；☎905-358-0025；www.niagaraparks.com；2565 Niagara Pkwy；成人/儿童 $11/6.50；⏲6月到8月9am～8:30pm，9月到次年5月至5pm；Ⓟ），50多种蝴蝶(有一些和鸟一样大)振翼飞翔在130多种花木丛

铤而走险的人

令人惊异的是，不少曾纵身跃进尼亚加拉瀑布的人事实上都活着笑谈这种冒险。第一次的成功一跃发生在1901年，当时，一位名叫安妮·泰勒(Annie Taylor)的学校女教师穿着裙子跃进瀑布。自此掀起一股软桶冒险热潮，一直延续到20世纪20年代，包括Bobby Leach，跳下去但幸存了，但是在被橘子皮滑倒后，患上坏疽病，最后死去。

1984年，Karl Soucek使红色葡萄酒桶得以复兴。他成功了，6个月后，他在休斯敦的另一个酒桶中死去。仍是20世纪80年代，两个当地人头对头地躺在同一个软桶里成功地越过了瀑布崖口。越过瀑布后，他们从软桶里钻出来，只伤了点皮毛。

1995年，试图乘喷气推进滑水车越过瀑布的那位美国人说不定也可以成功——要是当时他的火箭推进降落伞能打开的话。2003年，另一位美国人柯克·琼斯(Kirk Jones)，在无任何辅助措施的情况下成功穿越瀑布。被加拿大警察指控不合法表演特技后，他加入了马戏团。

只有一位失足跌入瀑布的人有幸生还——1960年，一位来自田纳西的7岁男孩，从上游一艘船上跌进瀑布中，所幸毫发未伤，幸免于难。

在尼亚加拉宽屏幕影院（见154页）体验虚拟跳水，看看Daredevil Gallery美术馆（见151页）陈列的穿越瀑布时使用的软桶。

中。这里也是蝴蝶的繁衍地；每天通常上午9点30分左右，工作人员放飞新生蝴蝶。

昆斯顿(QUEENSTON)

在昆斯顿村，刘易斯顿桥(Lewiston Bridge)通往美国，在桥附近、瀑布以北的是一座寂静的怀旧地，它是**昆斯顿山地公园**（Queenston Heights Park；☎905-371-0254，877-642-7275；www.niagaraparks.com；14184 Niagara Pkwy，Queenston；免费入内；⏲黎明至黄昏；Ⓟ），一个国家级历史古迹。这儿有高耸的**Brock Monument纪念塔**，纪念上加拿大的将军Isaac Brock爵士。在我们调研时，塔内扶梯暂时关闭，以进行修复，不过当你阅读本书时可能重开了。沿山坡一面走，一面重温1812年发生在昆斯顿山地的那场战役，英军的大胜使得加拿大没有沦为美国的一部分。

在常青藤覆盖的**马肯兹印刷和报业历史博物馆**（Mackenzie Printery & Newspaper Museum；☎905-262-5676；www.niagaraparks.com；1 Queenston St，Queenston；成人/儿童$4.50/3.50；⏲5月到10月中 11am～5pm；Ⓟ），受人尊敬的W.L.马肯兹(William Lyon Mackenzie)曾在这里编辑引来诸多非议的《殖民宣言报》(*Colonial Advocate*)。热情的年轻工作人员每半小时组织一次团队游。

附近是端庄的**劳拉·斯考德农庄**（Laura Secord Homestead；☎905-262-4851；www.niagaraparks.com；29 Queenston St，Queenston；成人/儿童$4.50/3.50；⏲5月到10月周三至周日 11am～5pm；Ⓟ），纪念1812年战争期间曾生活在这里的一位女英雄。她跋涉三十来公里给英军报信，告诉他们美军即将发动攻势——尽管她是美国公民，这使她很出名。门前的玫瑰园是劳拉亲手种植的。每半小时有一次团队游。

再往北是**河岸画廊**（RiverBrink Gallery；☎905-262-4510；www.riverbrink.org；116 Queenston St，Queenston；成人/优惠票/儿童$5/4/免费；⏲5月末到9月 10am～5pm；Ⓟ）塞缪·E.威尔(Samuel E Weir)所收藏的加拿大艺术品多集中在这里，其中有“七人画派”（见145页）早期创作的尼亚加拉半岛风景画和其他作品。

布鲁斯徒步小路(Bruce Trail)向南的部分有780公里长，延伸到乔治亚湾，昆斯顿的托伯莫里(Tobermory)。尼亚加拉地区有很多值得走一走的地方。

团队游

参见122页了解从多伦多到尼亚加拉瀑布的团队游；参见147页了解从尼亚加拉瀑布到葡萄酒乡的团队游。

双层车观光（Double Deck Tours；☎905-374-7423；www.doubledecktours.com；River Rd 和 Clifton Hill 拐角；团队游成人/儿童$23/13起；⏲4月到10月 10am和11am）用红色的英国双层公共汽车提供观光游。你可以待在车上或下车参观，全程旅游得花上2天。

尼亚加拉空中团队游（Niagara Air Tours；☎905-688-9000，800-473-5533；www.niagaraairtours.com；Niagara District Airport，Hwy 55，Niagara-on-the-Lake；20分钟飞行成人/儿童$61/51；⏲天气允许9am～日落）如果你赶时间，你可以航拍和俯瞰瀑布、韦兰运河和湖滨尼亚加拉全景。

尼亚加拉直升飞机服务公司（Niagara Helicopters；☎905-357-5672；www.niagarahelicopters.com；3731 Victoria Ave；10分钟行程 成人/儿童$110/65；⏲天气允许9am～日落）可以看到美妙的瀑布，但有些昂贵，也不是环境保护主义者的选择。

节日和重大活动

春节（Spring Festival；www.niagarafallskiosk.com/niagarafalls-events；⏲5月中到6月末）云雾少女瀑布的游行拉开序幕，一系列的音乐会、焰火和活动，欢庆春回大地的无边春色。

尼亚加拉传统葡萄酒和美食节（☎800-563-2557；www.discoverniagara.com/nf_tourism/wine_food_classic；⏲9月中）庆祝秋季葡萄酒丰收。这个地区出产的一些极品美酒与一流美食交相辉映。

瀑布艺术节（Art by the Falls；☎905-227-7248；www.insideniagara.com/events/Event_Detail/829.html；⏲10月初）吸引来自加拿大各地大约100位艺术家、设计家和手工艺者展现他们的技艺。

冬季彩灯节（Winter Festival of Lights；☎905-374-4683，800-563-2557；www.wfol.com；⏲11月末到次年1月中）一个活动不断的节庆：音乐会、汽车展，还有拉拉队冠军赛，毋庸置疑的亮点是棒极了的华灯夜色，长达36公里。

住宿

尼亚加拉瀑布的床位比人还多，但城里有时候会被全部订满。夏天，周末和节假日（加、美两国）期间房价暴涨。可以在www.bbniagarafalls.com网上了解B&B旅馆的情况；如果你没有预订，那就找一找空房的招牌。

Lundy's Lane那里有很多的汽车旅馆。

尼亚加拉瀑布国际青年旅舍（Hostelling International Niagara Falls；☎905-357-0770，888-749-0058；www.hostellingniagara.com；4549 Cataract Ave；宿/双 含亚麻床单$22/48；Ⓟ ⊠ 💻 wi-fi）静静地位于老城区，这家舒适的多彩青年旅舍可以挤下大约90个人。这里的设施不错，包括宽敞的厨房、台球桌、储物柜和一个很酷的地下客厅；工作人员友好且注意对环境的保护。它靠近火车站和汽车站，还出租自行车，一天 $17。

背包客国际旅舍（Backpacker's International Hostel；☎905-357-4266，800-891-7022；www.backpackers.ca；4219 Huron St；宿 $25，双 $55～75；⊠ 🖫）这家独立的、款式别致的旅店位于一幢 19 世纪风格的豪华家宅中。楼上可爱的标准间像是广泛适用的小欧式旅馆房间；友好的主人也是一位小巧的欧洲人，但具体是欧洲哪个国家的就不知道了。房价含税、厨房使用费、早餐咖啡和松饼。

Cadillac Motel汽车旅馆（☎905-356-0830，800-650-0049；www.cadillacmotelniagara.com；2 Ferry St；双$50起；🅟 ⛆）多么了不起的建筑啊！显然出于20世纪50年代的设计理念，这家有些历史的旅馆没有抛弃霓虹灯、好玩的粉红色砌砖、复古的塑料椅子、带有色情图画的瓷砖和带几何图案的地毯。墙壁有点薄(偷听者的福音)，但位置却是非常棒的。

弗拉明戈汽车旅馆（Flamingo Motor Inn；☎905-356-4646，800-738-7701；www.flamingomotorinn.com；7701 Lundy's Lane；双 $55起；🅟 ⛆ wi-fi）沿Lundy's Lane有很多汽车旅馆，以砖砌成的U型Flamingo 以矫揉造作的富丽凸显出来。吸引人的是它的水床、桑拿、心形的浴缸和婚礼教堂——非常性感。没有任何弗拉明戈的迹象。

Strathaird B&B 旅馆（☎905-358-3421；www.strathairdinn.com；4372 Simcoe St；双 含早餐 $65～105；🅟 ⊠ ⛆ 🖫 wi-fi）小街的 Strathaird 旅馆由一对苏格兰夫妇经营，这对夫妇不笑不说话，有四间别墅型套房，有着舒适的枕套床垫。早餐是苏格兰式私家早餐，肉很丰富——如果你点菜，可供应haggis(苏格兰食物，羊杂碎)。

Eastwood Tourist Lodge旅馆（☎905-354-8686；www.theeastwood.com；5359 River Rd；双 含早餐 $110～140，套房 含早餐 $150～175；🕑5月到12月；🅟 ⊠ ⛆ wi-fi）Eatswood 的风格很好地渗入了 1891 年的宾馆，有着可俯瞰河谷的阳台。专业管理者、新鲜的花朵和欢愉的早餐房间所组成的组合很受欢迎。讲英语、德语和西班牙语。

Oakes Hotel旅馆（☎905-356-4514，877-843-6253；www.niagarahospitalityhotels.com；6546 Fallsview Blvd；双 $119～269；🅟 ⊠ ⛆ 🖫）瀑布景观赌场(Fallsview Casino)旁边一座轻松愉快的银色尖塔状建筑，可以从中心视角很好地看到大瀑布。为了营造一个更高级的机构，工作人员都很尽心尽力。不是所有房间都能看到瀑布景观，但是可以要求店员安排。更加昂贵的房间有浴缸、壁炉、阳台，可以看到最佳的风景。停车费为$12。

就餐

在这儿找吃的很容易，不过，常常量足，味道一般。要吃好一些，你最好去葡萄园一带。除了以下几家外，圆顶摩天塔(Skylon Tower，见152页)和米诺他塔(Minolta Tower，见152页)都有位置极高的餐厅。

飞盘免下车餐馆（Flying Saucer Drive-In；☎905-356-4553；6768 Lundy's Lane；产品 $1～16；🕑6am～10pm）要品尝非一般的快餐，你不能错过这家，它位于Lundy's Lane 汽车旅馆地段。著名的99¢早餐一直供应到中午(鸡蛋、炸薯条和吐司面包)，不过，也有贵一些的，像牛扒、海鲜、薄玉米煎饼(fajitas)、汉堡包和热狗等。

家常饭馆（Daily Planet；☎905-371-1722；4573 Queen St；主菜 $6～12；🕑周三至周五2pm～2am，周六9～2am）市区的这家餐馆是避开拥挤的旅行者、好好饱吃一顿的最佳地方：提供墨西哥口味的酒馆食物，尽你所能去吸收。背面有一家夜总会，但是不要对小城镇期待太多。

西蒙餐馆（Simon's Restaurant；☎905-356-5310；4416 Bridge St；主菜 $6～12；🕑周一至周六5:30am～7pm，周日 至2pm）有的读者极力推荐这家家庭经营的餐馆，它靠近Whirlpool Bridge桥，黎明前就开始营业了。由许多大楼的小型雕塑和不知是什么的盒子包围着，饥饿的当地人嚼着汉堡包、烤肉、薄饼(pancake)和全天的早餐。

第二碗（Second Bowl；☎905-353-8346；Lundy's Lane 和 Depew Ave 拐角；主菜 $6～14；🕑周一至周五11am～10pm，周六和周日正午～10pm）如果吃够了所有牛排、三明治和汉堡包，Second Bowl 餐厅提供一些东南亚餐。闭上眼睛，在有着 188 种菜肴的菜单中随意挑——炸薯条、春卷、炒饭和品种丰富的汤面。

Guru餐馆（☎905-354-3444；5705 Victoria Ave；主菜 $11～16；🕑周一至周四正午～11pm，周五至周日 至午夜）在Guru餐厅吮吸一口冰杧果汁，吃着炙热的咖喱肉，可谓克里夫顿山的亮点。Darkwood柳条椅子和Ganesh-skin桌布为滑嫩的蔬菜咖喱饭、香气扑鼻的鸡肉和丰富的酒水增添愉快就餐的氛围。

妈妈咪呀餐馆（Mama Mia's；☎905-354-7471；5719 Victoria Ave；主菜 $11～19；🕑周一至周四正午～11pm，周五至周日 至午夜）城里意大利快餐餐馆和比萨饼店一大把，但是这家自20世纪60年代就以味道正宗而著称，无论是面、海鲜还是肉类宴会。布鲁克林/白兰度(Brando)式的氛围轻松而友好——带孩子来用餐也不错。

娱乐

尼亚加拉宽银幕影院（IMAX Niagara；☎905-358-3611；www.imaxniagara.com；6170 Fallsview Blvd；成人/儿童 $12/8.50；🕑9am～9pm）。有着 12 000 瓦特的低音扩音器、20 米长的屏幕，尼亚加拉宽银

幕影院放映45分钟的瀑布电影，讲述了这个区域的历史和发展。令人惊奇的Daredevil Gallery美术馆（见151页）也在这里。

尼亚加拉瀑布景观赌场（Niagara Fallsview Casino；☎905-371-7569；www.fallsviewcasinoresort.com；6380 Fallsview Blvd；免费入内；⏰24小时）这家举世闻名的成功的娱乐场所从不歇业。这座建筑物本身就非常值得一看，这里是商业人士和冒险家的乐园，大厅里有很棒的喷泉。像肯尼·罗杰斯(Kenny Rogers)和多尼·奥斯蒙德(Donny Osmond)这些老前辈以及曾经风光的人经常请来表演。

到达和离开

公共汽车

尼亚加拉瀑布公共汽车站（☎905-357-2133，800-461-7661；www.greyhound.ca；4555 Erie Ave；⏰7am～10:30pm）在较老的城区。加拿大灰狗客运的客车开往多伦多($26，1个半到2小时，一天12班)和纽约州的布法罗($10，1到1个半小时，一天7班)。

安全道团队游（Safeway Tours；☎416-593-0593，888-230-3505；往返票价$30）与尼亚加拉瀑布景观赌场（见上文）合作，运送往返于多伦多和尼亚加拉瀑布之间的旅行者。达成协议后，你可以从赌场获得$10的现金，但至少要待5个小时，前提是你将把大部分时间（和你所有的金钱）都用在赌博上。没有问题——拿着$10然后从后门溜出去，开个玩笑。不能夜宿；必须年满19岁（要求出示身份证）。打电话告知接送位置和时间。

尼亚加拉机场公共汽车（Niagara Airbus；☎905-374-8111，800-268-8111；www.niagaraairbus.com）是门对门的班车，频繁往返于多伦多各个机场（单程/往返$62/99，1个半小时）和纽约州的布法罗($71/117，1个半小时)。

火车

在公共汽车站对面的**尼亚加拉瀑布火车站**（Niagara Falls Train Station；☎888-842-7245；www.viarail.ca；4267 Bridge St；⏰周一至周五6am～10pm，周六和周日8am～10pm）出发，VIA运营开往多伦多($35，2小时，一天3班)和纽约城($75，9小时，一天1班)的列车。

四处走走

自行车

骑自行车的读者推荐Zoom休闲自行车租赁公司(Zoom Leisure Bicycle Rentals，见158页)。他们在湖滨尼亚加拉，但会在尼亚加拉地区的任何地方给你提供一辆自行车——经尼亚加拉河休闲小道(Niagara River Recreation Trail，见152页)，可以躲开瀑布。也可以享受更长时间的租赁和双轮车葡萄酒团队游。尼亚加拉瀑布国际青年旅舍（见153页）也对外出租自行车。

小汽车，摩托车和泊车

在中心地带开车和泊车都很让人头疼，而且花费大。将车停在路边，然后步行，或依标记找一处停车场，将车停放一天（每30分钟约$6，或者一天$15）。大型的Rapidsview停车场（也是尼亚加拉公园People Mover[见下文]观光巴士的始发站）在瀑布以南3公里多一点，下River Rd路。

公共交通

瀑布和Fallsview Blvd之间，沿50米长的陡峭斜坡上上下下的是一条独特的**Incline Railway铁路**（☎905-356-0943；www.niagaraparks.cm；6635 Niagara Pkwy；单程$2；⏰7月到8月9am～午夜，9月到11月和4月到6月至8pm）。

尼亚加拉公园People Mover观光巴士（Niagara Parks People Mover；☎905-371-0254，877-642-7275；www.niagaraparks.com；全天通票 成人/儿童$7.50/4.50；⏰3月到10月9am～9pm每班20分钟）经济实惠，始发站在大型的Rapidsview停车场，位于瀑布以南。全天通票几乎在任何一站都能买到。从停车场出发向北行驶，车程15公里，途经马蹄瀑布、彩虹桥(Rainbow Bridge)和惠尔普桥(Whirlpool Bridge)和惠尔普太空车，旺季时继续沿尼亚加拉园林大道开往昆斯顿村。

尼亚加拉公交公司（☎905-356-1179；www.niagaratransit.com；单程 成人/儿童$3.50/1，全天通票1名成人和两名儿童$6；⏰6月到8月9～1:30am隔30分钟1班，5月，9月和10月 班次减少）运营三条环城公共汽车交通路线：红色线路围绕克里福顿山(Clifton Hill)一带和其他瀑布景点，再上Lundy's Lane巷，然后返回；蓝色线路从闹市区出发，开往瀑布区，然后到达Rapidsview停车场，然后返回；绿色线路从Rainbow Bridge往北到旋涡太空车(Whirlpool Aero Car)，然后绕上River Rd向南开，途经各B&B旅馆，最后达到克里福顿山。淡季时，搭乘尼亚加拉公交公司的市内常规公共汽车（成人/儿童$2.25/1）。

步行

穿上你的高跟便鞋，准备出发——步行是最好的方式！只有在游览沿尼亚加拉园林大道一带的外围景点时需要搭乘公共汽车。

湖滨尼亚加拉 (NIAGARA-ON-THE-LAKE)

北美地区保护最完整的19世纪城镇之一，

富裕的 N-o-t-L 的确是颗奇怪的果实。原是一座中立的原住民村庄，美国革命后，从纽约州出逃的保皇党人建立了这座城镇。后来，它成为上加拿大殖民地时期最早的首都。不可否认，这儿是一个绝好的地方，街道两旁植满了树，还有青翠的公园和完美修复的房子，但环境里带有肤浅的旅行者用现金结算的气息。街上旅行巴士泛滥，喷着尾气，削弱着这儿的魅力；市政喷泉里充满了硬币——这里没有无家可归的人抢走这些硬币。这真的是个城镇，抑或只是华而不实的城市呢？表面之下还有灵魂吗？每年的戏剧节铺砌着道路进行补救。

方位和实用信息

Queen St 街是一条要道。在镇中心东边，通向尼亚加拉瀑布，King St 街在很大的辛科公园 (Simcoe Park) 与 Queen St 街相汇。再过去一些，Queen St 街被称作 Picton St 街。

游客信息中心（Chamber of Commerce Visitors Information Centre；☎905-468-1950；www.niagaraonthelake.com；26 Queen St；🕑4 月到 10 月 10am ~ 7:30pm，11 月到次年 3 月至 5pm）一个到处都放着手册的中心；工作人员可以为你订房，收费 $3.50。拿份《湖滨尼亚加拉官方旅行者指南》(*Niagara-on-the-Lake Official Visitors' Guide*)，了解地图和自助步行团队游信息。

景点和活动

Queen Street 街上满是各种商店，卖各种古玩、英式纪念品和自制软糖。**Greaves Jams & Marmalades**（☎905-468-7831；www.greavesjams.com；55 Queen St；果酱 约 $5；🕑周日至周四 9:30am ~ 8pm，周五和周六至 6:30pm）由第四代果酱制作者经营（试试桃子酱）。往东是维多利亚时代的**尼亚加拉药房**（Niagara Apothecary，☎905-468-3845；www.ocpharma.com；5 Queen St；免费入内；🕑5 月到 9 月正午 ~ 6pm），1964 年前就是一个药房，但现在是一座挤满高大的老式药柜、医疗器械和药瓶药罐的博物馆，还有一些宣传蛇油疗效的老海报 (Merchant's Gargling Oil：男人和动物都可以用的漱口药水！)。

在城镇的东南边，重新修复的**乔治城堡**（Fort George；☎905-468-6614；www.pc.gc.ca/fortgeorge；51 Queens Pde；成人 / 优惠票 / 儿童 / 家庭 $11/9.50/5.50/27.50；🕑5 月到 10 月每天 10am ~ 5pm，4 月和 11 月 仅周六和周日；Ⓟ）最早建于 1797 年。这座城堡见证了 1812 年战争中的几场血腥的战役，在英军和美军之间几次易手。在尖顶城垛之内是官员们的驻地、厨房、火药库和储备仓。魔鬼之旅、展示技艺、复古战车和重现战役的活动贯穿整个夏天。停车费为 $6（可用门票顶替）。

尼亚加拉历史博物馆（Niagara Historical Society Museum；☎905-468-3912；www.niagarahistorical.museum；43 Castlereagh St；成人 / 优惠票 / 儿童 $5/3/1；🕑5 月到 10 月 10am ~ 5pm，11 月到次年 4 月 1 ~ 5pm；Ⓟ）位于辛科公园南边，收藏了许多有关这座城镇的历史资料，从原住民时期的制品到保皇党和 1812 年战争时的物品都有（包括大将军 Sir Isaac Brock 珍贵的帽子）。

不远处是**林肯和韦兰军团博物馆**（Lincoln & Welland Regimental Museum；☎905-468-0888；www.lwmuseum.ca；King St 和 John St 拐角；成人 / 优惠票 / 儿童 $3/2/2；🕑7 月到 9 月周六至周一 10am ~ 4pm；Ⓟ），有加拿大军事方面历史悠久的展示品。

团队游

参阅 153 页了解从尼亚加拉瀑布出发的酒城团队游信息。

Grape Escape Wine Tours 团队游（☎905-935-4445，866-935-4445；www.grape-escape.ca；团队游 $59 ~ 129；🕑全年）一系列有葡萄酒风味的地方团队游，总是包括一些食物（从廉价团队游的奶酪饼到各种美食）。免费旅馆接送。

尼亚加拉喷射艇之旅（Jetboat Niagara；☎905-468-4800，888-438-4444；www.whirlpooljet.com；61 Melville St；45 分钟航程 成人 / 儿童 $56/47；🕑4 月到 10 月中）在尼亚加拉河上乘坐喷射艇，用午餐，河上不停地出现道道鱼尾纹，溅起阵阵水花——带上更换的衣服（也许内衣裤）。需要预订。

尼亚加拉河巡游（Niagara River Cruises；☎905-468-0341，888-991-4888；www.niagararivercruises.com；454 Mississauga St；1 个半小时 巡游 $17 起；🕑5 月到 10 月中）超级豪华的 MV Senator 号巡游艇沿着尼亚加拉河（远离旋涡和险峻的地势）上上下下，提供有关当地历史和 1812 年战争事件的解说。

尼亚加拉葡萄酒和烹饪之旅（Niagara Wine & Culinary Tours；☎905-468-1300，800-680-7006；www.niagaraworldwinetours.com；92 Picton St；团队游 $65 ~ 120；🕑团队游 时间和月份不定）提供游览本地葡萄种植园的各种自行车游线路、美味午餐和晚餐，包括品酒。

住宿

虽然镇上有 300 多家 B&B 旅馆（！），这里住宿一般挺贵，还常常订满。萧伯纳戏剧节 (Shaw Festival) 期间，住宿更加吃紧，所以要提前计划。

Anchorage Motel 汽车旅馆（☎905-468-2141；www.theanchorage.ca；186 Ricardo St；双 $65 ~ 95；Ⓟ ❄）位于很多 B&B 旅馆中，在有悠久历史的 Anchorage Motel 汽车旅馆可以放松一下，小圆石屋顶朝向当地码头，微风徐徐。井然有序的房

有关萧伯纳

1962 年，一名律师兼剧作家，充满激情的布赖恩 · 多尔蒂 (Brian Doherty) 发起一群市民出演萧伯纳 (George Bernard Shaw) 的戏剧《竞选者》(*Candida*) 和节选《凡人与超人》(*Man and Superman*) 中"地狱中的唐璜"(*Don Juan in Hell*)，共八场。布赖恩的热情确实渗透了整个表演，第一次的成功成就了今天已颇有名气的**萧伯纳戏剧节**(Shaw Festival；☎905-468-2172，800-511-7429；www.shawfest.com；票价 $25～95；🕑 售票处 1 月到 4 月中周一至周六 9am～5pm，4 月中到 10 月至 8pm)。历经 45 年的发展，这个节日吸引全球观众，并赢得如潮的好评。

演出从 4 月一直持续到 10 月，这个节日富于想象力的艺术策划将各种戏剧形式和剧作融会在一起。以萧伯纳剧作作为开幕式剧目之后，你还可以欣赏维多利亚戏剧、欧美戏剧、音乐会、圣史剧和悬疑剧，以及由威尔德 (Wilde)、吴尔夫 (Woolf) 和考沃德 (Coward) 创作的经典剧。专门的研讨会在这整个季节举行，还有在某些周六举办的非正式"午间座谈会"。

演员在城镇的三个剧院巡回演出——节日剧院(Festival Theatre)、皇家乔治剧院(Royal George Theatre)和法院剧院(Court House Theatre)——都在城内，步行可到。较便宜的票，表演当天的上午9点开始出售(周六除外)。某些日场，学生、30岁以下者和老年人能享受不错的优惠；工作日日场戏票最便宜。从加拿大或美国提前拨打免费电话，或登录网站查询详情。

间没有什么特殊的，但哪里能有这样的价格呢？

Cecile's House旅馆(☎905-468-0040；www.cecilehouse.com；156 Gate St；双 含早餐 $115～155；⊠ ✇ wi-fi) Cecile有三间客房可供选择：法式、乡村和主人套房，所有都带私人浴室、古董和有着你一年都拆不掉的花边。房子本身建于1890年——相当老。

Skyehaven Bed & Breakfast 旅馆(☎905-468-9696；www.skyehaven.com；67 Mary St；双 含早餐 $125；Ⓟ ⊠ ✇ wi-fi) 1787 年建造(现在来说很古老了)，两层天蓝色的 Skyehaven 经历了时间的考验。步行有点儿远，但这并不是坏事。Skyehaven 旅馆也是 2007 年最酷的湖滨尼亚加拉名片。

威尔士王子酒店(Prince of Wales Hotel；☎905-468-3246，888-669- 5566；www.vintage-hotels.com；6 Picton St 和 King St 拐角；双 $225～375，套房 $425～475；Ⓟ ⊠ ✇ wi-fi) Prince of N-o-t-L，这家典雅的维多利亚风格酒店约于 1864 年成形，大部分内部装潢仍保持了当时的装饰：圆顶天花板、木头镶嵌的地板、身穿红色背心的服务人员。花饰和花卉图案特别吸引老年人和度蜜月的新人，不过对于想尽情挥霍的人来说，这里也相当不错。这儿还有 Spa 和优质的伊斯卡毕奇餐厅(见右栏文字)。停车费为 $5。

就餐

从 Queen St 街过几个街区，Queen's Royal 公园是在河岸野炊的甜蜜地方。

凡思府餐厅(Fans Court；☎905-468-4511；135 Queen St；午餐 主菜 $7～10，晚餐 $15～20；🕑 周二至周日正午～3pm和4～9pm) 推荐粤菜、川菜和泛亚洲风味的餐单让这家餐馆在这座英国化的小镇里相当抢眼。如果你极想换换口味，尝一尝新加坡牛肉、杧果猪肉，或是铁板柠檬鸡，这家餐馆的庭院就是你要去的地方。

享乐餐厅(Epicurean；☎905-468-0288；84 Queen St；午餐 主菜 $5～11，晚餐 $17～27；🕑9am～9pm) 白天，这家完美的自助餐厅供应新鲜美味的三明治、沙拉、派和乳蛋饼。到了晚上，气氛就越来越热烈，小酒馆菜单提供了脆皮鸡配燕米饭、葱花和泰式咖喱液汁蘑菇。街边的院子总是挤满了人。

伊斯卡毕奇餐厅(Escabeche；☎905-468-3246，888-669-5566；www.vintage-hotels.com；6 Picton St和King St拐角；主菜 $25～48；🕑7am～11pm) 可以说是尼亚加拉半岛最好的餐厅，这家精致餐厅在富丽的威尔士王子酒店(Prince of Wales Hotel)里，每道菜都极讲究。主要特色菜有挺多新口味，像当地熏制的火腿、腊肠、番茄，紧随之后的是用烤羔羊肉配芥末、小马铃薯、琥珀色甘蓝配以冰葡萄酒炖腿骨汁。留些胃口尝尝点心(提醒你了啊)。

到达和离开

多伦多和湖滨尼亚加拉之间没有直达公共汽车，那就去圣凯瑟琳斯 (St Catharines) 或者尼亚加拉瀑布，然后转车。

5-0 Taxi出租车(☎905-358-3232，800-667-0256；www.5-0taxi.com；成人/儿童 单程 $10/5，往返 $18/9) 在尼亚加拉瀑布和湖滨尼亚加拉间运送客人。打电话咨询接送位置和时间。两个镇之间单程出租车费通常为$40左右。

骑自行车是游览该地区的绝佳方式。从读者推荐的**Zoom休闲自行车租赁**（Zoom Leisure Bicycle Rentals；☎905-468-2366，866-811-6993；www.zoomleisure.com；2017 Niagara Stone Rd；租金 每半天/1天/2天 $20/30/50，接送 $25；⏲9am～5pm）处租一辆自行车。

安大略西南部 (SOUTHWESTERN ONTARIO)

安大略西南部人口众多，工业和农业发展良好，原住民、农业、制造业和城市扩展的历史都很丰富。从多伦多环绕安大略湖到达哈密尔顿的"金色马靴"(Golden Horseshoe)——一个工业高度发展的区域，主要是多伦多、底特律和布法罗之间各地联系的通道。但是那些勇敢驱车行驶出Hwy 401公路的人，将看到这个地方拥有众多有趣的历史遗迹、保护良好的用岩石和红砖砌成的古老房屋、林荫大道、翠绿的草坪和沙滩海岸线。这里最突出的亮点就是湍急轰鸣、水花飞溅的尼亚加拉大瀑布。不要错过游览诸如埃洛拉(Elora)、圣雅克布斯(St Jacobs)和费尔古斯(Fergus)之类的小城。

西边出口处，沙质的土壤支撑着小麦和谷物的生长，在这里你会乐于看到山景，农田让路于沿着伊利湖北岸和休伦湖东岸的沙滩。富有的岛屿城市，像基奇纳—滑铁卢(Kitchener-Waterloo)、圭尔夫(Guelph)和伦敦都是兴旺的大学城和高科技中心。斯特拉特福德是举办每年莎士比亚戏剧节的主办地，而温莎——像对岸的老大哥密歇根州底特律——是一个汽车制造业中心。

哈密尔顿(HAMILTON)

人口 503 000

"蓝领的"哈密尔顿是加拿大钢铁工业中心，因此并不好看，也没有什么特别的吸引力。空气中有一股硫磺的味道，城市中烟囱的影子带给人一种说不清的威胁感。旅行者通常咬牙继续上路前往尼亚加拉瀑布，没有停留的意思，但是最近的环境治理工作使情况有所改善。如果你下了高速公路，这里有些不错的餐馆、有趣的博物馆和有魅力的B&B旅馆，尼亚加拉陡坡(Niagara Escarpment)贯穿城南，令安大略湖一带景色怡人。

方位和实用信息

哈密尔顿坐落在安大略湖的西南脚，正处在尼亚加拉段的伊丽莎白皇后公路(QEW)和Hwy 403公路分界区，通往底特律的Hwy 401公路。在市内，西段King St街和东段Main St街是两条单程主动脉。King St街集中了绝大多数市中心商店；Dundurn St街和Hess St街之间的Main St W有很多餐馆和购物中心。James St街从湖岸向南贯穿市区，往尼亚加拉陡坡方向延伸。

加拿大公园发现中心（Parks Canada Discovery Centre；☎905-526-0911；www.pc.gc.ca；57 Discovery Dr；成人/优惠票/儿童/家庭$7.50/6/3.50/18；⏲10am～5pm，10月到次年5月 周一休息；Ⓟ）湖边是这个时髦的新地方，一个城市中心，有关于当地海事、公园和历史遗址的展出。

哈密顿旅游局（Tourism Hamilton；☎905-546-2666，800-263-8590；www.tourismhamilton.com；34 James St S；⏲9月到次年5月8:30am～4:30pm，周六和周日 休息）位于市区，这个办公室可提供地图、小册子和当地的实情。

景点和活动

皇家植物园林区(ROYAL BOTANICAL GARDENS)

超过1000公顷的保护区内，花卉、自然公园、野生原地，**皇家植物园林区**（☎905-527-1158；www.rbg.ca；680 Plains Rd W；成人/优惠票/儿童/家庭 含往返车票 $8/6/4/20；⏲10am～黄昏；Ⓟ）是世界上有"皇家"头衔的六处世界园林之一。春季，岩石园是热点，它占地3公顷，有各类稀有草木、瀑布、池塘和12.5万朵绽放的春蕾。想想玫瑰就是玫瑰吗？再想想，朋友——6月到10月，数以千计的各种玫瑰（包括许多古老的品种）盛开在这里的世纪玫瑰园里。5月，紫丁花缤纷怒放，植物园此时最漂亮。这里是鸟、麋鹿、狐狸、麝鼠(muskrat)和郊狼(coyote)的家园，有小径穿过沼泽和丛林中的深谷。每小时都有免费的团队游；夏季晚上有爵士、古典音乐会。要到达这里，从York Blvd往西前往Burlington。

非洲狮野生动物园(AFRICAN LION SAFARI)

在这座宽大的、无隔离栏的**野生动物园**（☎905-623-2620，800-461-9453；RR1，Cambridge；成人/优惠票/儿童 $27/24/22；⏲7月到8月 10am～5:30pm，5月到6月和9月至4pm；Ⓟ）中，有大约1000只动物和鸟自由地生活；位于Hwy 8公路旁，距哈密尔顿西北25公里处。你可以驾车穿越公园，可与狮子、长颈鹿、斑马、猴子和其他非洲动物亲密接触。如果你的汽车租赁商讨厌让鸟屎弄脏了车，你也可以乘公园观光车出游（每人$5）。孩子们很喜欢这里——会让他们整个下午都快乐无比。

加拿大橄榄球荣誉博物馆 (CANADIAN FOOTBALL HALL OF FAME & MUSEUM)

尽管世人讥笑所谓"加拿大橄榄球"的声誉，

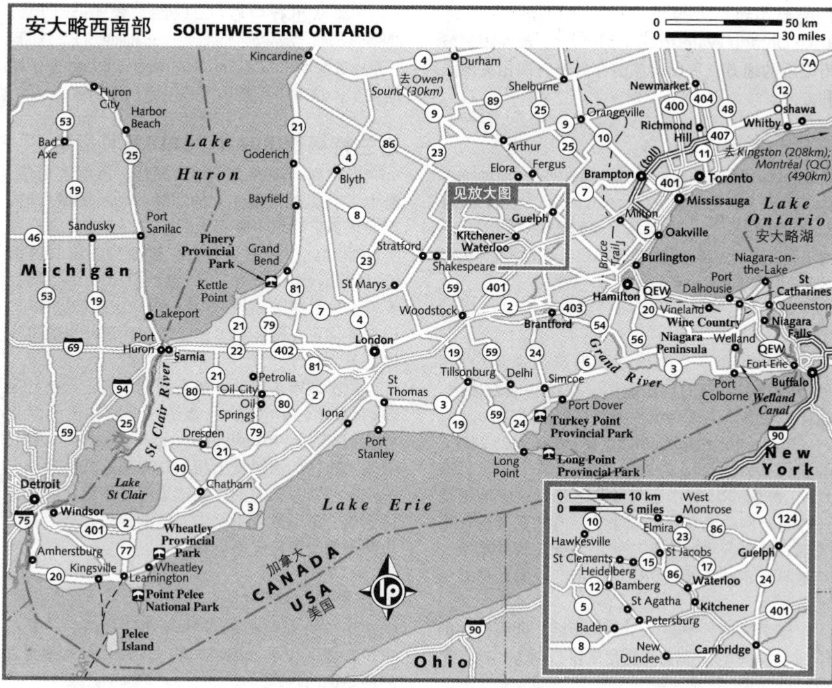

什么都阻止不了加拿大球迷们为自家快速提升的橄榄球水平而感自豪。**加拿大橄榄球荣誉博物馆**(☎905-528-7566; www.footballhof.com; 58 Jackson St W; 成人/优惠票/儿童/家庭 $3/1.50/1/8; ⏰周二至周六 9:30am ~ 4:30pm)通过球类设备、图片和真正的格瑞奖杯——加拿大橄榄球联合会(简称 CFL)的最高奖项，向人们介绍加拿大橄榄球运动一百多年的发展历史。所有人都称赞名人纪念馆的黄铜像，包括具有传奇色彩的渥太华四分卫 Russ Jackson。

荡登城堡和哈密尔顿军事博物馆(DUNDURN CASTLE & HAMILTON MILITARY MUSEUM)

一座箱形的、前立石柱的大厦，内设 36 间房间，**荡登城堡**(☎905-546-2872; www.hamilton.ca/museums; 610 York Blvd; 成人/优惠票/儿童/家庭 $10/8/5/25; ⏰7 月到 9 月初 10am ~ 4pm, 9 月初到次年 6 月周二至周日正午~ 4pm; Ⓟ)原是阿兰·纳皮尔·麦克纳博(Allan Napier McNab)爵士的私宅，1854 年到 1856 年，他曾任加拿大总理一职。城堡依石崖而建，鸟瞰着湖滨，周围是可爱的绿色镶嵌木砖,室内摆设是典型的 19 世纪中叶的风格。

附近还有**哈密尔顿军事博物馆**(☎905-540-5693; 门票 成人/优惠票/儿童/家庭 $3/2.50/2/7.50)，陈列自 1812 年战争到“一战”期间用过的武器和军用服装。持有该门票可免费参观荡登城堡。

加拿大军用飞机历史博物馆(CANADIAN WARPLANE HERITAGE MUSEUM)

新修复的**加拿大军用飞机历史博物馆**(☎905-679-4183; www.warplane.com; 9280 Airport Rd, Mt Hope; 成人/优惠票/儿童 $10/9/6; ⏰9am ~ 5pm; Ⓟ)在哈密尔顿机场附近，位于城市以南 10 公里处，是一个宽阔的飞机修理厂。它收藏了 20 多架老式飞机，至今仍可飞行，借此演绎成绩斐然的加拿大航空史。找找前厅那架巨大的 RACF 641 喷射机，钉在一根长长的钉子上。

徒步小径

哈密尔顿最近在清除工业污染方面做了很多努力，也就意味着这儿有很多不错的公园和多功能的徒步路径。32 公里长、**从哈密尔顿到布兰特福德的铁路小路**(☎905-627-1233; www.conservationhamilton.ca)，跨加拿大徒步小路(Trans

Canada Trail，见 89 页）和安大略湖滨徒步小路(Lake Ontario Waterfront Trail)的部分都在距离城市很近的地方；可以向旅游办公室咨询相关地图和方向。

节日和重大活动

斯通利战地扮演（Stoney Creek Battlefield Reenactment；☎905-662-8458；www.myhamilton.ca；Stoney Creek Battlefield Park；成人/优惠票/儿童$7/3/3；⏲6月第一周）演员全副武装，逼真重现1812年英美之战时的战场风云；位于市区以南8公里。

食宿

沿 Hwy 403 公路以及伊丽莎白皇后公路，分布着众多普通的汽车旅馆，在这些地方住宿，远比多伦多市内或湖滨尼亚加拉地区便宜。

Rutherford HouseB&B旅馆（☎905-525-2422；www.rutherfordbb.com；293 Park St S；单/双 含早餐 $110/115；Ⓟ ⊠ ⛝）离中心仅数步之遥，这家旅馆是一幢有格调的老二层红顶小楼，有两间套房，每间都有铺装奢华的床和一直贴到天花板的墙纸。它是哈密尔顿不错的B&B旅馆中的一家，但并不适合儿童。

位于保护区中心以西两个街区、卵石铺路的 Hess Village 村，**蓝色马提尼旅馆**（Blue Martini；☎905-525-5650；11 Hess St S；主菜 $10～37；⏲周二、周三和周日 3～10pm，周四至周六 至 2am）在无数很酷的餐馆和带有熟铁围栏及露天庭院的酒吧中，这家旅馆是主要支柱。深夜外出游走时，可以点一份牛排和龙虾尾(lobster tail，$37)，或更实惠的面食菜肴。

娱乐

1869 年以来，曾获 15 次橄榄球格瑞杯(CFL Grey Cup)冠军的**哈密尔顿虎猫队**（Hamilton Tiger-Cats，简称 Ti-Cats；☎905-527-2287；www.ticats.ca；Ivor Wynn Stadium，75 Balsam Ave；票价 $18～66；⏲7 月到 11 月）一直是联赛领头羊。看一场他们与主要竞争对手多伦多阿古瑙队(Toronto Argonauts)的比赛，听听人群的喊叫声。

到达和离开

西捷航空公司的航班抵离**哈密尔顿约翰 C 马尼罗国际机场**（John C Munro Hamilton International Airport，代码 YHM；☎905-679-1999；www.flyhi.ca；9300 Airport Rd，Mt Hope），该机场在市区以南 10 公里处，有多条飞往加拿大其他地区的航线。

加拿大汽运公司、加拿大灰狗客运公司和多伦多 Go Transit 客运公司的客车($9，1～2 小时，20 分钟 1 班）和火车($9，1 小时，一天 3 班）都从**出行中心**（GO Centre；☎905-529-0196，888-438-6646；www.gotransit.com；36 Hunter St E；⏲周一至周五 5am～11:30pm，周六和周日 6:15am 起）往返发车，这个中心在市中心以南三个街区。

布兰特福德(BRANTFORD)及其周边

当谈到一座拥有莫霍克村庄、发明了电话、诞生了有史以来最伟大的冰球运动员的城市时，你会认为它有很多吸引人的地方，对吗？嗯，事实并非如此。周围是农田，被慵懒的格兰德河(Grand River)一分为二，"电话城市"布兰特福德看上去很端庄，这样规模的城市也就能这样了。但如果你正在温莎和多伦多之间，这儿也值得你停一下。

位于城市东南处，数个世纪以来，六族社区(Six Nations Territory)一直是一个原住民生活中心。1784 年，Joseph Thayendanegea Brant 船长带领六族区的居民从上纽约州来到这儿，建立了一座村庄，很长时间以来这里都是该地区的原住民部落。随后数个世纪中，欧洲移民和格兰德周边的工业发展稳定增长着。

方位和实用信息

布兰特福德跨越了 Hwy 403 公路，主要的市中心地区位于公路以南和 Dalhousie St 街附近的格兰德河以西。

布兰特福德游客和旅游中心（Brantford Visitor & Tourism Centre；☎519-751-9900，800-265-6299；www.brantford.ca；399 Wayne Gretzky Pkwy；⏲周一至周五 9am～8pm，周六 至 9pm，周日 至 5pm，冬天时间减少）在 Hwy 403 公路的正北处，这个吸引人的新旅游中心提供大量手册，也有可提供帮助的工作人员，对布兰特福德未来的发展抱有乐观态度。

景点

位于格雷茨基中心位置的这颗闪光的宝石是**布兰特福德体育名人馆**（Brantford Sports hall of Recognition；☎519-756-9900；www.brantford.ca/gretzkycentre；254 North Park St；免费入内；⏲周一至周五 9am～9pm，周六和周日至 6pm；Ⓟ）。墙上布满了二十多位当地田径、橄榄球、冰球和摔跤明星的纪念品，但谁想了解他们呢？你要去看的是韦恩（"The Great One" Wayne Gretzky)的常设展。自孩提时代起，格雷茨基就在他家后园的冰球场上学习和磨炼技艺，后来他打破了各项 NHL 记录，迅速获得了四届斯坦利杯。

布兰特船长之墓安放在很小但精致的**莫霍克皇后小教堂里**（Her Majesty's Chapel of the Mohawks；☎519-756-0240；www.mohawkchapel.ca；291 Mohawk St；捐款入内；⏲7 月到 8 月 10am～6pm，5 月到 6

热门话题：哈密尔顿铁血战士？

没有什么比冰球更能代表加拿大的，对吗？咳，冰球是加拿大的特色！将冰球出售给有利可图的美国运动市场几十年之后，加拿大人开始感觉到他们的民族项目正在走向衰落。先是 1995 年的魁北克 Nordiques 队，然后是 1996 年的温尼伯 Jets 队，自 1992 ~ 1993 赛季的蒙特利尔加拿大公开赛以来，没有一支加拿大球队在斯坦利杯中夺冠。简直是民族的耻辱！

亿万富翁吉姆·巴尔西利 (Jim Balsillie) 陷入了滑铁卢，他是黑莓创始者运动调研中心 (Research In Motion，RIM) 的合伙人。巴尔西利大胆地投入 2 亿 4 千万美元收购即将倒闭的纳什维尔 Predators 队，并将他们的主场换到冰球风靡的哈密尔顿。哈密尔顿于 20 世纪 20 年代成立过一支冰球队——哈密尔顿 Tigers 队——当地人正嚼着护齿套准备庆祝赢得 NHL。一个问题是：NHL 委员 Gary Bettman 不同意这样的想法，想通过堪萨斯城发展这项运动，而不是一味要求安大略南部的改变。当你读到这些内容时，大手笔的吉姆可能做完这笔生意，并让加拿大的冰球运动得以重生。如果他失败了，哈密尔顿人可能更像个祈祷者而不是铁血战士了。

月和 9 月到 10 月周三至周日 1 ~ 5:30pm；Ⓟ），最好选一个阳光明媚的下午去瞻仰，那时阳光从绚烂的彩绘窗棂射进来。在原村庄的旧址上，它是安大略最古老的新教教堂 (1785 年)，也是世界上唯一的皇家印第安小教堂 (Royal Indian Chapel)。顺着 Colborne St E 东街的标志就可以到达这儿。

离莫霍克礼拜堂不远，**林地文化中心** (Woodland Cultural Centre；☎519-759-2650；www.woodlandcentre.on.ca；184 Mohawk St；成人 / 优惠票 / 儿童 $5/4/3；🕑周一至周五 9am ~ 4pm，周六和周日 10am ~ 5pm；Ⓟ) 是当地演出场所、文化博物馆，又是美术馆，起着三重作用。展品按照时间顺序排列，通过对从史前美易洛魁人 (Iroquoian) 到阿尔贡金人的展品来表现当地原住民的文化艺术。所属商店存有精美篮筐和珠宝首饰，加上书籍、陶瓷和绘画。打电话或登录网页了解最新讲座、展览室对话和表演的日期。

布兰特福德东南边是**格兰德河区的六族社区**——莫霍克 (Mohawk)、奥奈达 (Oneida)、奥内达加 (Onondaga)、卡尤嘉 (Cayuga)、塞涅卡 (Seneca) 和塔斯卡罗拉 (Tuscarora) 六个民族——与 **Ohsweken 村庄**，这是一个有名的原住民社区。建于 18 世纪晚期，旅行者在这个区域可以一览原住民的传统和现代文化。**六族旅游局** (Six Nations Tourism；☎519-758-5444，866-393-3001；www.sntourism.com；2498 Chiefswood Rd；🕑周一至周五 9am ~ 4:30pm，周六和周日 10am ~ 3pm) 位于 Hwy 54 公路拐角处，运营着游客中心，提供六族社区的历史遗址、景点和活动信息。

游客中心的街对面是**切夫伍得国家历史遗址** (Chiefswood National Historic Site；☎519-752-5005；www.chiefswood.com；1037 Hwy 54；成人 / 优惠票 / 儿童 $5/4/ 免费；🕑5 月到 10 月周二至周日 10am ~ 3pm；Ⓟ) 是莫霍克诗人 E.P. 琼森 (E Pauline Johnson) 的旧居，他很畅销的 Flint 和 Feather 诗反映了 19 世纪末和 20 世纪初欧洲文化与原住文化的融合。

放下你的手机，听好了：1874 年 7 月 26 日，亚历山大·贝尔 (Alexander Graham Bell) 在贝尔国际家园古迹构想出第一个电话从此改变了未来的交流方式。Bell 的第一个北美的家已回复原来的状态。那儿还有个咖啡吧。1874 年 7 月 26 日，在**贝尔故居国家历史遗址** (Bell Homestead National Historic Site；☎519-756-6220；www.bellhomestead.on.ca；94 Tutela Heights Rd；成人 / 优惠票 / 儿童 $5/3.75/ 免费；🕑周二至周日 9:30am ~ 4:30pm；Ⓟ)，当贝尔 (Alexander Graham Bell) 完成了他第一部电话，他改变了世界交流的方式。这里是贝尔到北美的第一个家，已被精心修复成原来的状况。这儿也有一个小餐馆。

活动

在格兰德河上漂流是参观这个乡村的一种不错方式。从 Deliverance 急转向一边，可联络下面的旅游公司来组织你的旅程：

蓝色苍鹭漂流 (Blue Heron Rafting；☎519-754-0145；www.blueheronrafting.com) 一家人，浪漫的夜晚，从布兰特福德进行双人自行车/漂流游；每人$30起。

格兰德河漂流公司 (Grand River Rafting Company；☎866-286-7722；www.grandriverrafting.ca) 在巴黎以外，布兰特福德的正北；带导游家庭游、月光、夜晚和过夜漂流游，每人$30起。

节日和重大活动

格兰德河议事会 (Grand River Powwow；☎519-758-5444；www.grpowwow.com；成人/儿童 $10/2；🕑7月第4周) 历时2天，是在每年仲夏周末举办的文化活动。有舞蹈演员献艺、传统的鼓声和歌声响起比赛、原住风味食品和工艺品。

食宿

沿着 Colborne St E 东街，有很多的标准（一些不符合标准的）汽车旅馆，还有一些泰国和日本的餐馆在 Queen St 街拐角附近，与那些常见的快餐店竞争着。

Bear's Inn 宾馆（☎519-445-4133；www.thebearsinn.com；1979 4th Line Rd，Ohsweken；房含早餐 $60～80；Ⓟ ☒ wi-fi）要真正体验六族社区的热情好客，试试 Ohsweken 的这家宾馆，它就位于格兰德河地区六族社区的中央位置。舒适的乡村风格，有各种各样的房间，从工作室到套房，配有有线电视和欧式大陆早餐。在村庄周围漫步，可以买一些没有名字的便宜香烟。

到达和离开

布兰特福德运输站（Brantford Transit Terminal；☎519-756-5011；www.greyhound.ca；64 Darling St；⏲周一至周五 7am～7pm，周六 8:30am～4pm）在闹市区。加拿大灰狗客车开往多伦多（$26，1 至 2 小时，一天 6 班），伦敦（$24，1 个半小时，一天 5 班）和（经哈密尔顿）尼亚加拉瀑布（$30，4 小时，一天 3 班或 4 班）。

布兰特福德火车站（Brantford Train Station；☎519-752-0867；www.viarail.ca；5 Wadsworth St；⏲周一至周五7～10:30am和11:30am～9pm，周六和周日8:30～11:10am和正午～9pm）有火车开往多伦多($29，1小时，一天5班)和伦敦($30，1小时，一天5班)。

圭尔夫(GUELPH)

由于大学生与来去多伦多的往返上班者在此居住，在过去 10 年中，圭尔夫的人口几乎翻了一番（达到约 14 万人）。这里，足够令三只小猪(Three Little Pigs) 骄傲的砖头房位于林荫街道的两侧，放松的学生们骑着自行车在课堂和斯里曼(Sleeman) 品酒座谈会（这座城市的著名啤酒商）之间往返着。

方位和实用信息

位于多伦多西部和 Hwy 401 公路以北 15 公里处，圭尔夫形成了一个抽象的大网，在 Speed 河与 Eramosa 河之间的连接处。南北向的 Wyndam St 街是主要的商业区。

圭尔夫游客信息中心（Guelph Visitor Information Centre；☎800-334-4519；www.visitguelphwellington.ca；42 Wyndham St N；⏲周一至周六 10am～5:30pm）在我们调研期间，信息中心正考虑重新选址。如果他们不在应该在的地方，就打电话联系他们。

景点和活动

庄严注视着圭尔夫市区的**圣母教堂**（Church of Our Lady Immaculate；☎519-824-3951；ourlady@dionet.ca；28 Norfolk St；捐款入内；⏲7am～黄昏；Ⓟ）的巨石墙。如果不看看圣母教堂的双塔和高贵典雅、比例相称的玫瑰窗，就很难在城市周围移步。1888 年以来，教区居民们就对教堂的双塔和玫瑰窗一直非常敬畏。

在一幢 1847 年建成的漂亮石头建筑里，**圭尔夫城市博物馆**（Guelph Civic Museum；☎519-836-1221；www.guelph.ca/museum；6 Dublin St S；成人/优惠票/儿童/家庭 $4/3/免费/10；⏲1～5pm；Ⓟ）提供的展览品、节目和活动挖掘出了这个城市的历史（顺便说一下，它就是以英国皇室家族的祖先"圭尔夫"命名的）。"在圭尔夫长大的孩子们"(Growing Up in Guelph' kids) 展览将会令你开心。

麦克唐纳德斯特伍特艺术中心（Macdonald Stewart Art Centre；☎519-837-0010；www.msac.uoguelph.ca；358 Gordon St；成人/儿童 $10/5；⏲周二至周日正午～5pm；Ⓟ）里由雷蒙·莫里亚玛 (Raymond Moriyama) 设计的画廊，常有值得一看的艺术展，以因纽特艺术和加拿大本土艺术闻名。室外的**唐纳德福斯特雕塑公园** (Donald Forster Sculpture Park) 突出超难度的立体造型、海滩船只和在一把镰刀上放置的移动电话。

约翰·麦克里 (John McCrae) 的出生地，**麦克里故居**（McCrae House；☎519-836-1221；www.guelph.ca/museum；108 Water St；成人/优惠价/儿童/家庭 $4/3/免费/10；⏲1～5pm，12 月到次年 6 月周六闭馆）是一座端庄的博物馆，用石头建成，展现麦克里生平中的审判与灾难。麦克里是一位加拿大战士，著有《在弗兰德斯战场上》(*In Flanders Fields*) 诗集——创作于第一次世界大战 (WWI) 时期，是一本反战诗集，加拿大上学的孩子都读过它。

在**激流独木舟与爱斯基摩划子出租公司**（Speed River Canoe & Kayak Rentals；☎519-822-5692；speedriverpaddling@hotmail.com；116 Gordon St；kayak/canoe 租赁 每小时 $8/10；⏲6 月到 8 月周二至周日 10am～黄昏；Ⓟ）租赁设备去划船，然后去隔壁吃冰淇淋。这也是沿 Speed 河与 Eramosa 河**步行自助生态游**的起点，沿着 6 公里长的有标示的环路进行。

在游客中心咨询相关带导游城市徒步游的问题。

食宿

圭尔夫区B&B协会（Guelph Area Bed & Breakfast Association，www.gabba.ca）的册子中有很多高品质B&B旅馆。如果住汽车旅馆不是你的风格，那儿还有一些在Woodlawn Rd W西街，在城市的正北方。

Parkview Motel汽车旅馆（☎519-836-1410；www.parkviewmo tel.ca；721 Woolwich St；房$60起；Ⓟ ☒）一个有代表性的低吊、低调的汽车旅馆，在城市边缘上，比其他的都更迷人。打开看上去有些破旧的门，看见的是浅黄色的墙、比较干净的卫生间和舒适的床。

角落素菜馆（Cornerstone；☎519-827-0145；1 Wyndham St N；主菜 $6~10；⏲周一至周五 8am~午夜，周六和周日9am起）一处很受欢迎的素菜小餐馆，早上供应咖啡和格兰诺拉(granola)麦片，晚上供应酒水和比萨饼，很舒心的地方。周日晚上有吉他弹唱，很多紫色头发的青少年、喝茶的老太太、第一次约会的人、家长和孩子都非常喜欢听吉他弹唱。

娱乐

书架（Bookshelf；☎519-821-3311；www.bookshelf.ca；41 Quebec St；电影票 $9，早午餐 主菜 $4 ~ 14，晚餐 $16 ~ 22；⏲周一至周六 9am ~ 9:30pm，周日 10:30am ~ 9pm）一部分是左翼性书店，一部分是照相馆，还有一部分是小餐馆，这家店是圭尔夫文化发展的校准器。顺便读读论文，看看艺术作品，或在 Artisanale 小餐馆 (Artisanale Café) 里吃早午餐。

到达和离开

圭尔夫公共汽车站（Guelph Bus Station；☎519-824-0771；www.greyhound.ca；MacDonnell St 和 Carden St 拐角；⏲周日和周一 8:30am ~ 8:15pm，周二至周五 5am 起，周六 6:30am 起）有汽车开往多伦多 ($22，1 小时 15 分钟，一天 15 班）和伦敦 ($25，2 小时 45 分钟，一天 7 班）。

圭尔夫火车站（Guelph Train Station；☎888-842-7245；www.viarail.ca；Wyndham St和Carden St拐角；⏲周一至周五6am~1pm和4pm~午夜，周六和周日9am~2pm和4pm~午夜）有火车开往多伦多($25，1个半小时，一天3班)和伦敦($30，2小时，一天3班)。

基奇纳—滑铁卢 (KITCHENER-WATERLOO)

人口 280 000

被亲切地称为“K-W”（但不是指“Kay-Dub”），这两座双子城市彼此已成为姐妹城市，睦邻友好，而不是相互竞争。尽管它们很亲近，但仍有着不同的态度和吸引力。树木繁多、位于山顶的滑铁卢是加拿大公认的“最漂亮的城市”之一。滑铁卢的大学不断地培养出网络天才，他们中的许多人都在当地的运动调研中心 (RIM) 工作，RIM 是黑莓机 (Blackberry，RIM 独立开发的系列多功能高端手机——编注）的发祥地。

山脚下的基奇纳 (Germanic Kitchener，“二战”前叫做柏林——喔，令人羞耻……）拥有很不一样的景色。被弃的工业塑料制品、岩石设备商店和文身工作室排满了城市中的不景气的街道，到处都是无家可归的醉汉。但是，这里也充满了正义，而且小镇的多元文化氛围会令你惊讶，有很多不错的吃的、喝的和睡觉的地方。

方位和实用信息

主干线，King St 街，从“住宅区”滑铁卢到“市中心”基奇纳，南北贯通。基奇纳是更大一点的城镇，肩负着大部分公民的责任。

基奇纳—滑铁卢旅游局（KW Tourism；☎519-745-3536，800-265-6959；www.kwtourism.ca；191 King St W，Kitchener；⏲周一至周五 10am ~ 5pm，周六和周日正午~ 4pm）提供有关当地徒步团队游、外加自行车与自然小径的地图和旅行信息。*Echo* 是一份免费周报，可从书店和镇上的餐厅得到。

景点和活动

基奇纳集市

这儿的建筑很新，但**基奇纳集市**（Kitchener Market；☎519-741-2287；www.kitchenermarket.ca；300 King St E，Kitchener；免费入内；⏲周六 7am~2pm，6月到10月周三也开放 8am~2pm；Ⓟ）自1839年以来就成为开放的市中心。面包、果酱、奶酪、香肠和一大堆腌胡椒由当地的门诺派农民(见167页框内文字)种植和生产的产品在此出售，以及被褥、地毯、衣服和玩具等出售。这儿也有更为传统的农民——你可以买到任何你旅途中想拿来当午餐的东西。

基奇纳—滑铁卢美术馆 (KITCHENER-WATERLOO ART GALLERY)

在这家漂亮的**基奇纳—滑铁卢美术馆**（☎519-579-5860；www.kwag.on.ca；101 Queen St N，Kitchener；免费参观；⏲周一至周三，周五和周六 10am ~ 5pm，周四 至 9pm，周日 1 ~ 5pm）中给自己注入一些艺术感，在广场（见 165 页）表演大厅的中央。集中突出地方特色的 3500 件艺术藏品，还有一些自由的公众游和季节性画室，可以为孩子、青少年和成人画油画、素描和制作雕塑 ($14 起）。

都恩历史交叉口游乐场 (DOON HERITAGE CROSSROADS)

都恩历史交叉口游乐场（Doon Heritage Crossroads；☎519-748-1914；www.region.waterloo.on.ca；10 Huron Rd，Kitchener；成人/优惠票/儿童/家庭 $6/4/3/15；⏲5 月到 8 月 10am ~ 4:30pm，9 月到 12 月周一至周

五，1月到4月歇业；Ⓟ）再建的拓荒者体验游乐场，记录了机动车、电话和电的技术进步开始改变基奇纳—滑铁卢的过程。着古装的志愿者沿百货商店和作坊之间的木板人行道走动，帮助你回到那个时代。

儿童博物馆(CHILDREN'S MUSEUM)

基奇纳—滑铁卢地区的**儿童博物馆**（☎519-749-9387；www.thechildrensmuseum.ca；10 King St W，Kitchener；门票 $7；🕒周一至周五 10am～4pm，周六至5pm，周日正午～5pm，9月到次年6月周一和周二休息；Ⓟ）2003年营业以来，已经被年轻人和不是那么年轻的人接受了。亲身实践的技术和教育展览每个月都有不同的主题展览（像“测量一下你的社会生态学的足迹”和“微笑——牙齿，除了牙齿就是牙齿！），不过长期的积木展是最重要的。停车费为 $2。

约瑟斯纳得老屋(JOSEPH SCHNEIDER HAUS)

作为一处国家历史遗址，**约瑟斯纳得老屋**（☎519-742-7752；www.region.waterloo.on.ca；466 Queen St S，Kitchener；成人/优惠票/儿童/家庭 $2.25/1.50/1.25/5；🕒6月到8月 10am～5pm，9月到次年6月 周三至周六 10am～5pm 和 周日 1～5pm；Ⓟ）是这个地区最早的屋舍之一，修缮后用来展现整个19世纪时期的绚丽。起初，它是为一支富有的宾夕法尼亚门诺群落而建造的，建筑很迷人，同时展现了19世纪的日常生活琐事和技能（从珠饰细工到制作玉米壳玩偶，应有尽有）。

节日和重大活动

安大略门诺人义卖活动（Ontario Mennonite Relief Sale；☎519-745-8458；www.nhmrs.com；🕒5月最后一个周末）在基奇纳—滑铁卢以西19公里的新汉堡包，举办烤饼早餐会、门诺食品销售，拍卖手工被褥和壁毯。所有活动筹集的资金用于救济世界穷人。

滑铁卢住宅区爵士音乐节（☎519-885-1921；www.uptownwaterloojazz.ca；🕒7月中）成功的爵士音乐活动，充满小镇的氛围。

滑铁卢艺人嘉年华会（Waterloo Busker Carnival，☎519-747-8769；www.waterloo-buskers.com；🕒8月下旬）世界各地的街头艺人娱乐狂欢的活动，如果你在当地，一定不要错过。

十月节（Oktoberfest；☎519-570-4267，888-294-4267；www.oktoberfest.ca；🕒10月中）这个为时9天、令人沉醉的巴伐利亚式盛会——北美地区同类活动中最盛大的节日，可能也是德国以外规模最大的。基奇纳—滑铁卢居民最喜欢的活动，每年吸引大约50万人前来参与——泡菜、铜管音乐、皮短裤和啤酒屋十分丰富。

住宿

在市中心以南，面向401公路，King St街以西的Victoria St N北街沿路和King St E东街一路有很多汽车旅馆。基奇纳—滑铁卢旅游局可以帮助找一家B&B旅馆，也可以找**滑铁卢地区B&B协会**（www.bbwaterlooregion.ca）帮忙。

Bingemans Camping Resort 宿营度假村（☎519-744-1002，800-565-4631；www.bingemans.com；425 Bingemans Centre Dr，Kitchener；无电/带电 宿营地 $32/34，小木屋 $65起，预订 $8；Ⓟ）Hwy 401公路的南边是狂欢者公园(Bingemans)——综合了水上公园和宿营地，有足够的游泳池、池塘和滑水道，以保证“大湖”(Great Lake)的地位。小木屋一点都不壮观，但可以住四个人。

日桥月牙B&B旅馆（Sunbridge Crescent B&B，☎519-743-4557，877-743-4557；www.sunbridgecres.com；11 Sunbridge Cres，Kitchener；双 含早餐 $95～140；Ⓟ wi-fi）这座房子位于宁静的社区，新主人剥去了旧的墙纸，换上了新床和高品质亚麻制品，早餐菜单加入了莱肉馅鸡蛋饼和鸡蛋卷。有四间客房——便宜的两间共用一个卫生间——后院中有游泳池和热水浴盆。

沃尔珀平台酒店（Walper Terrace Hotel；☎519-745-4321，800-265-8749；www.walper.com；1 King St W，Kitchener；房 $110起；Ⓟ wi-fi）老沃尔珀有着丰富的历史感，位于市区，有时全天营业。高品质的翻新没有抑制这种意识，并且友好的年轻人都让这种爱继续流淌，而不是自大傲慢。

餐饮

费尔得斯店（Fiedler's；☎519-745-8356；197 King St E，Kitchener；产品 $3～6；🕒周二至周五 8am～6pm，周日 7am～4pm）基于基奇纳的欧洲传统，沿King St街，你会找到类似的美食店。距离集市不远，费尔得斯店摆得了满满的奶酪、黑麦面包和萨拉米香肠。

静止酒吧烧烤店（Still Bar & Grill；☎519-743-5657；125 King St W，Kitchener；主菜 $6～10；🕒11am～较晚）这家酒吧有一个很大的、前面镶玻璃的庭院，附加一个沙滩排球场——如果这还不算幸福，那我们就不知道什么算幸福了！内部宽敞、通风好、昏暗——可以随意选个座，喝上一杯啤酒（啤酒随时可以取上一打），或尝尝汉堡包、比萨饼、烤干酪辣味玉米片、沙拉和卷饼。

酒会小餐馆（Symposium Café；☎519-746-3550；2-4 King St N；Waterloo；主菜 $9～14；🕒周一至周五 7am～午夜，周六 8～2am，周日 8am～午夜）在老滑铁卢旅馆(Waterloo Hotel)的楼下，这家小餐馆很成功，令人有些疑惑。有时候它看起来像个啤酒馆，有时候它认为自己是飞行休息室，有时它又轻松地提供着咖啡——无论你遇到它的哪一个化身，你都可以得到一顿可靠的食物：比萨饼、意大利面条、汉堡包、牛排和三明治，外加一些超级好喝的马提尼酒。

协和俱乐部（Concordia Club；☎519-745-5617；429 Ottawa St S，Kitchener；午餐 主菜 $7～12，晚餐 $12～20；⏲周一至周六11:30am～2pm和5:30～10:30pm，周日11am～2pm）改善你的德国口味，在这儿把炸小牛肉片吃个饱，这儿是德国人很喜欢的一个餐厅，有几十年的历史了。黑木头，矮屋顶，白色亚麻布和低声的交谈是一餐饭的额外收获。周五、周六晚和夏季啤酒节期间，还有很热、很火的波尔卡舞。

娱乐

滑铁卢娱乐中心（Waterloo Entertainment Centre；☎519-883-0300；www.waterlooentertainmentcentre.com；24 King St N，Waterloo；票价 成人/优惠票/儿童 $38/14/14；⏲售票处周一至周五10am～5pm）仅用了2年，处于"住宅区"中央的滑铁卢娱乐中心就占据了这座经过修复、始建于1930年的电影院，举办古典音乐会、喧闹的爵士乐和加拿大新剧的初次公演。

剧院和剧团（Theatre & Company；☎519-571-0928；www.theatreandcompany.org；36 King St W，Kitchener；票价 成人/优惠票 $23/21；⏲售票处周四和周五11am～7pm和周六11am～4pm）剧院和剧团上演一些离奇古怪和有趣的剧目，从古典的到新的加拿大本土作品。周三是"票价由观众自己来定"之夜。

广场中央剧场（Centre in the Square；☎519-578-1570，800-265-8977；www.centre-square.com；101 Queen St N，Kitchener；票价 $20～120；⏲时间不定）这座强有力的表演大厅推出现场音乐表演——如KISS和Beatles的演出助兴(有时与基奇纳—滑铁卢交响乐团合作)、喜剧和百老汇节目，如《吉屋出租》(*Rent*)和《约瑟夫和他的神奇彩衣》(*Joseph & Amazing Technicolor Dreamcoat*)。

到达和四处走走

位于城市以东7公里的**滑铁卢国际机场**（Waterloo International Airport，代码YFK；☎519-648-2256；www.waterlooairport.ca；4881 Fountain St N，Breslau）每天有去卡尔加里的西捷航空公司的航班和去底特律的西北定期航线。

加拿大灰狗公司从**Charles St街运输站**（Charles St Transit Terminal；☎800-661-8747；www.greyhound.ca；15 Charles St W，Kitchener；⏲周一至周六 5:15～12:15am，周日 6:45am 起）运营汽车，步行 5 分钟就能到达市区。汽车开往多伦多($23，1 个半小时到 2 小时，一小时 1 班）和伦敦($21，1 个半小时到 2 小时，一天 6 班）。

基奇纳火车站（Kitchener Train Station；☎888-842-7245；www.viarail.ca；Victoria St 和 Weber St 拐角；⏲周一至周四 5:45am～1:30pm 和 4～11:45pm，周五至周日 5:45am～11:45pm）位于市中心以北几步的距离。列车开往多伦多($29，1 小时 45 分钟，一天 3 班）和伦敦($26，1 个半小时，一天 3 班）。

格兰德河运输公司（Grand River Transit；☎519-585-7555；www.grt.ca；单程 $2.50，日票 $7；⏲6am～午夜）在基奇纳—滑铁卢地区服务面很广。7路班车大约每10分钟穿过King St街街道。

圣雅克布斯(ST JACOBS)及其周边

要了解一些门诺尼特斯的生活方式（见 167 页框内文字），沿 King St N 北街向滑铁卢以北驱车 6 公里到有悠久历史的河边村庄圣雅克布斯(St Jacobs)——在路上遇见马和双轮马车路过，也别奇怪。这座城镇已经成为带有工艺和艺术情调的旅行目的地了（想要学学如何缝被子？），顺河

风景驾车：哦（老）加拿大

驾车沿途风景秀丽、心情愉快地穿越惠灵顿县的村庄、收成不错的农田、寂寞的农舍和锈红色畜棚，沿着 King St N 北街向北从基奇纳—滑铁卢到**圣雅克布斯**。沿着 Rte 17 路向东一直到 Rte 23 路，然后向左转。沿着 Rivers Edge Dr 车道再次左转，在**接吻桥**(Kissing Bridge)回忆一下年轻时的浪漫（或者开始新的旅程），这座桥于 1880 年建成，风雨篷保护桥面不受大自然风霜雨雪的侵袭，它是安大略仅余的一座风雨桥。擦掉口红的痕迹，在接吻桥桥车道向右转，再于 Rte 86 路向左转，来到门诺尼特**埃尔迈拉**(Elmira)。沿着 Rte 86 路向西驱车，向左转到 Rte 10 路，然后绕到林木茂盛、农产品丰富的**霍克斯维尔**(Hawkesville)。踏上 Rte 10 路继续向南，到达浮华的**圣克莱蒙茨**(St Clements)，随后沿 Rte 15 路西侧离开这座城市，向左转到 Moser-Young Rd 路，到达 **Bamberg**，再向左到达 Rte 12 路，到达不可错过的、有尖顶教堂的**圣阿加沙**(St Agatha)。沿着 Rte 12 路继续向南走，穿过**彼得斯堡**(Petersburg)，再次沿 Rte 8 路向左转，回到基奇纳。

值得一游：乡村酒馆

为了满足你想喝酒的愿望，四家建于 1875 年以前的酒馆在基奇纳—滑铁卢以西偏僻的社区等着你呢。指定一个不喝酒的司机（或小家伙），享受美好的乡村生活。

蓝月亮酒馆（Blue Moon；☎519-634-8405；www.thebluemoon.ca；1677 Snyders Rd E，Petersburg；⌚周一至周六 11:30am ~ 较晚）从基奇纳向西沿 Hwy 7 公路或 Hwy 8 公路到达彼得斯堡的乔治王时代的宾馆，它建于 1848 年；有现场布鲁斯、周二的果酱之夜和美味的 Blue Moon Pilsner 酒。

EJ's 酒馆（☎519-634-5711；www.ejsatbaden.com；39 Snyder Rd W，Baden；⌚11:30am ~ 较晚，周一休息）从彼得斯堡沿 Snyders Rd 路向西到达 Baden，找找手绘的天花板瓷砖，在令人印象深刻的新大学大厦有一个建立于 1891 年的橡木酒吧和装饰性啤酒罐。舒适的家庭氛围。

肯尼迪乡村酒馆（Kennedy's Country Tavern；☎519-747-1313；62 Erb Rd West，St Agatha；⌚11am ~ 较晚）回到彼得斯堡，向左上 Notre Dame Dr 车道，向北进入圣阿加沙。这是一家爱尔兰酒馆，有活跃的氛围和地道的酒——在圣帕特里克（St Patrick）节尽情畅饮！

Olde Heidelberg Brewery & Restaurant 酿酒厂和餐馆（☎519-699-4413；www.oldhh.com；Kressler Rd 和 Lobsinger Line 拐角，Heidelberg；⌚11am ~ 较晚）从圣阿加沙沿 Rte 12 路向北，右转上 Berlett's Rd 路，左转上 Wilmot Line，继续向北到达 Heidelberg。这家餐馆于 20 世纪 40 年代开始营业，这儿周围唯一有变化的是后面的黄铜色酒柜。

出卖着它的灵魂，但是最原始的石头建筑和那些奇异的市场仍然保持着不朽的魅力。

圣雅克布斯以北上 Hwy 86 公路，驱车大约 8 公里就到了埃尔迈拉（Elmira），这是一个极好的、扎实的门诺尼特小镇。在主街上会让你觉得它好像是被时间扭曲了：黑色的双轮马车格格作响，从你身边经过，空气中漂浮着各种牲畜的味道，而无边女帽、背带和扣子是社交中必需的。

实用信息

圣雅克布斯游客中心（St Jacobs Visitors Centre；☎519-664-3518，800-265-3353；www.stjacobs.com；1406 King St，St Jacobs；⌚4 月到 12 月周一至周六 11am ~ 5pm，周日 1:30 ~ 5pm，1 月到 3 月周一至周六 11am ~ 4:30pm，周日 2 ~ 4:30pm）那些热情横溢的员工信心满满地解决问题。

景点和活动

这个地区的生命线是**圣雅克布斯农贸集市**（St Jacobs Farmers' Market；☎519-747-1830，800-265-3353；www.stjacobs.com；King St 和 Weber St 拐角，St Jacobs；⌚周四和周六 7am ~ 3:30pm，6 月到 8 月还有 周二 8am ~ 3pm），位于城镇以南 3 公里——最典型的乡村集市，带有纯粹的土地精华。当地人从数英里外涌到这里购买高质量的产品、烟熏肉、奶酪、烤面包、艺术和手工制品。穿过街道，是小一些的**周日集市**（Sunday Market；⌚3 月到 12 月周日 10am ~ 4pm），比圣雅克布斯的人少一些，不那么热闹，不过也有高质量的当地产品。

下楼来到圣雅克布斯游客中心，在**门诺尼特斯故事展馆**（Mennonite Story；成人/儿童 $4/免费），游客中心有关于门诺尼特斯及其历史渊源、文化和农业成就的展览，非常到位、明晰。

很甜也很有趣，**安大略枫糖浆博物馆**（Maple Syrup Museum of Ontario；☎519-664-1232；www.stjacobs.com；1441 King St N，St Jacobs；免费入内；⌚周一至周六 10am ~ 6pm，周日正午 ~ 5:30pm；Ⓟ）在河边老磨坊的三楼。看看那些不可思议的展示箱子，满是木桩、桶、水龙头和罐子，还可以看看短片《春之黄金甜酒》（*Liquid Gold of Spring*）。

节日和活动

埃尔迈拉枫糖浆节日（Elmira Maple Syrup Festival；☎877-969-0094；www.elmiramaplesyrup.com；⌚4 月第1个周六）春天沿街有各项活动和烙饼早餐美酒会。

食宿

本杰明家庭旅馆（Benjamin's；☎519-664-3731；www.stjacobs.com/benjamins；1430 King St N，St Jacobs；双 $90~145；Ⓟ ⊠ ✣），一座建于1852年、翻新了的小旅馆，就在圣雅克布斯中间，这家旅馆从外面看似乎有些颓废，但房间很舒服、明亮而宽敞（有必需的被子）。

石坛子面包店（Stone Crock Bakery；☎519-664-3612；1402 King St N，St Jacobs；产品 $2~6；⌚周一至周六 6:30am~6pm，周日 11am~5:30pm）这是一家门诺尼特人经营的面包店，出售新鲜出炉的馅饼、松饼、面包、乳蛋饼和烤饼——他们吃起来和闻起来一样美味。不要去铺满管子的庭院，拿

门诺尼特斯人

很多人认为门诺尼特斯人是古怪的社会回溯：穿黑色衣服、坐四轮马车，过着现代生活的传统农民。从传统意义上说的确不错，但是很多门诺尼特斯人不是那么严肃，他们的历史及文化比表面给人的印象要更深。

门诺尼特斯人的时间线可以追溯至16世纪，当时因为宗教意见不和，16世纪瑞士清教徒中的一支被迫在欧洲游荡。在荷兰落脚期间，它从德裔领导人中的一位门诺·西蒙(Menno Simons)的领导人那儿获得了他们的名字。另一位领导人叫威廉·潘(William Penn)，他告诉人们在偏远的他乡可以获准宗教自由和享受美好生活，"他乡"指的就是现在美国的宾夕法尼亚。19世纪末，迁徙到北美的这些人听说安大略南部有更便宜的土地，于是许多门诺人继续北迁到达这里。门诺人不愿意在美国的旗帜下斗争，这加剧了他们的离开。

安大略省有几支门诺尼特斯人。"朴素(plain)"的一支以穿着简朴，生活简单为人所知。守老规矩的门诺尼特斯人在生活习俗和信仰上最是严格和刻板。他们就像门诺派中的严谨派，在衣服上钉纽扣也会被认为是一种虚荣。他们不去教堂，但在社区内有一些不做任何装饰的简朴房屋，供教徒做礼拜用。你可能会看到温和的门诺人通过手机聊天或者帮他们的孩子系紧鞋带（甚至跳到堆满货物的卡车上），但他们的社会基本理念仍然是：家庭、谦卑、简约、诚实及和平主义。

更多历史和信息，登录www.mhsc.ca。

上你买的面包就走吧。

本杰明餐馆（Benjamin's Dining Room；☎519-664-3731；1430 King St N，St Jacobs；午餐主菜$10~15，晚餐$18~32；⏲11:30am~4:30pm和5~9pm）在这家餐馆的餐厅中，有传统的意大利面、鸡肉、海鲜和排骨菜肴，角落里有一个石头壁炉，偶尔会播放爵士乐。

森特惠灵顿(CENTRE WELLINGTON)：埃洛拉和费尔古斯(ELORA & FERGUS)

按照拳击说法，惠灵顿郡的森特惠灵顿区是重量级的。由蜿蜒且到处都是鱼的格兰德河连接着，该地区的主要小镇——充满魅力的埃洛拉(Elora)和注重实务的费尔古斯(Fergus)——为了让老屋保持旧样颇费了力气。这为吸引旅行者的节日、舒适的酒馆和高品质住宿做好了准备——可以计划在这儿待上几天！

实用信息

费尔古斯信息中心（Fergus Information Centre；☎519-843-5140，877-242-6353；www.elorafergus.ca；400 Tower St S，Fergus；⏲10am~5pm）旅游资料充足，相关信息全面。**埃洛拉欢迎中心**（Elora Welcome Centre；☎519-846-2563；www.elora.info；5 Mill St E，Elora；⏲10am~5pm）就在桥附近。情况也一样。

景点和活动

在费尔古斯和埃洛拉之间的半道上，简朴的红屋顶房子是以前的穷人收容所，之前将近一个世纪，专门收容老年人和无家可归的人，从1957年开始作为**惠灵顿乡村博物馆**（Wellington County Museum；☎519-846-0916；www.wcm.on.ca；Rte 18，Elora；成人/优惠票/儿童$3/2/1；⏲周一至周五9:30am~正午和1~4:30pm，周六和周日 正午~4pm；Ⓟ）历史和当地现代艺术展览用了12间展室，呈现了人们对当地历史和当前文化引以为豪的成绩。中心作品是一件用人体模特反映第二次世界大战战壕场景的作品，由参加过"二战"的惠灵顿本地乡民的后代集体扮演。

埃洛拉以南2公里是值得拍照的**埃洛拉峡谷自然保护区**（Elora Gorge Conservation Area；☎519-846-9742，866-668-2267；www.grandriver.ca；Rte 21，Elora；成人/儿童$4/2.50；⏲4月下旬到10月中；Ⓟ），一个向前猛冲的石灰岩峡谷，格兰德河流沸腾着经过这里。轻轻松松走到山上，可以欣赏到山崖景致、岩洞和小瀑布群——倾泻而下的激流水瀑飞溅过一处人可以靠近的崖岸。想免费欣赏峡谷美景，可前往埃洛拉Metcalfe St街对面的James St街尽头。

以轮胎漂流（Tubing，租费$13）——用内胎沿河漂浮的文雅艺术——的方式，在峡谷慵懒地度过一个温暖的下午时光。你也可以在这里宿营。

森特惠灵顿以南，沿着格兰德河有几个公园和自然保护区，都可以接近河流、游泳和步行。如果你想乘坐独木舟，**划船探险公司**（Adventure Paddling；☎519-827-6849；www.adventurepaddling.com；课程$125起）经营一天和周末课程与游览。

向埃洛拉以东步行不远就是可能深不可测的河水与**埃洛拉码头自然保护区**（☎519-846-9742；www.grandrivercountry.com；Rte 18，Elora；成人/儿童$4/2.50；

6月到8月黎明至黄昏；P）高12米的石灰石悬崖——一个极好的可游泳的深水潭。

团队游

埃洛拉历史徒步团队游（Elora Historic Walking Tours；☎519-846-2563；info@elora.info；$5；5月到9月）向埃洛拉欢迎中心要一份时刻表。

埃洛拉—费尔古斯工作室团队游（Elora-Fergus Studio Tour；☎877-242-6353；www.elorafergusstudiotour.ca；9月末）周末的自助团队游，参观当地技工们的工作室。

节日和重大活动

埃洛拉节（Elora Festival；☎519-846-0331，800-747-7550；www.elorafestival.com；7月中到8月中）一个经典的爵士、民谣与艺术节，在码头和城里的盐仓举办，还有音乐会（音响有些淘气）。来自全国各地的歌手和乐师都在埃洛拉主要活动中有演出。

费尔古斯苏格兰节和高地游戏比赛（☎519-787-0099，866-871-9442；www.fergusscottishfestival.com；8月中的2天）很有苏格兰风情的节日：拔河比赛、掷木桩比赛、吹风笛、盖尔特舞蹈、花格短裙、杂碎香肠和苏格兰嗅觉（也称为品酒会）。咄！

住宿

在森特惠灵顿有100多家B&B旅馆，所以你不会在找地方休息上有麻烦。游客中心可帮助你联系，或登录**费尔古斯埃洛拉B&B协会**（Fergus Elora Bed & Breakfast Association；www.febba.ca）网站在线查询。

埃洛拉乔治自然保护区宿营地（Elora Gorge Conservation Area Campground；☎519-846-9742，866-668-2267；www.grandriver.ca；Rte 18，Elora；无电/带电 宿营地 $27/32，预订$9；P）在六个独特的河边区域中有超过550处宿营场地——夏季通常爆满，尤其是节假日的周末。

我们的选择 **Drew House 旅馆**（☎519-846-2226；www.drewhouse.com；120 Mill St E，Elora；房 含早餐 $90起；P）由两位具有超凡魅力的人经营——巴斯克厨师和新泽西州的记者——Drew House旅馆将旧世界和新世界相连接。选择住在那种翻新后比较稳定的套房里（带有独立卫浴的），或者主屋里的老客房（共享卫浴）。一码厚的石头墙向你轻声诉说着这里的历史，就好像进入了一段梦境，在被叫醒去吃新鲜的水果早餐之前（从圣雅各布农贸市场买的），热咖啡、熏肉和鸡蛋都做成了你喜欢的口味。热心的主人、绝对合理的价格和良好的氛围。

埃洛拉磨坊宾馆（Elora Mill Inn；☎519-846-9118；www.eloramill.com；77 Mill St W，Elora；房 $200～320；P wi-fi）岩石墙和巨木梁，这座古老的五层楼埃洛拉磨坊宾馆优雅地坐落在河岸边，不断地提醒人们城里的工业化过去。有些闷但气派的修复令人难以置信，但请注意：有了财富，就会摆架子。对此一笑而过，睡个好觉。

餐饮

沙漠玫瑰咖啡馆（Desert Rose Café；☎519-846-0433；130 Metcalfe St，Elora；主菜 $7～12；周三、周四和周日11:30am～7pm，周五和周六至8pm）这家当地人喜欢的餐馆主打素菜，同时保留原来的墨西哥和希腊风味菜(26年前，由于猪肉没有送到，这家餐馆无意中开始经营起了素菜)。你一定不会错过希腊肉末茄子蛋(moussaka)或墨西哥黑豆瓣辣椒(black bean chili)，对这里朴实、健康的氛围你一定会感到满意。

牧羊人酒馆（Shepherd's Pub；☎519-846-5775；8 Mill St W，Elora；主菜 $9～13；正午～10pm）位于河边(几乎就在河里！)，供应酒馆式主菜与凉爽的黑啤酒。如果你前一晚上在这儿待得太晚了，全天早餐包括油煎菜、啤酒炸鱼片和薯条、可口的派会让你恢复精神。

啤酒屋（Brewhouse；☎519-843-8871；170 St David St S，Fergus；主菜 $10～19；11:30am～3pm和6～10pm）在绿树成阴的啤酒屋庭院中，一边喝着美味的汤，吃着汉堡包或墨西哥风味咖喱鸡，一边向格兰德河上的采用西式毛钩法垂钓的人挥手。舒适的酒吧，随时可供的欧洲啤酒，还有现场音乐。

到达和离开

加拿大灰狗客运经停费尔古斯的Bridge St街以及埃洛拉的**小喀提百货商店**（Little Katy Variety Store；☎519-846-5951；www.greyhound.ca；185 Geddes St Elora；9am～7pm），抵离多伦多($23，2小时，一天1班)。

斯特拉特福(STRATFORD)

四周农田纵横，斯特拉特福，凭借它世界闻名的莎士比亚戏剧节，在安大略温顺和偏僻的乡村地区独树一帜。完全打扮成英国风格的花园，丰富的镇区得益于节假日的贸易活动，试图在生活的方方面面努力注入"吟游诗人"的格调；英国埃汶河畔的斯特拉特福(Stratford-upon-Avon)小城几乎无法相当！你会发现它很惹人喜爱，或者又有点悲剧色彩——无论是哪一种，都绝对不是无趣的。

方位和实用信息

皇后公园(Queen's Park)和主节日剧院(Festival Theatre)都在小城的东端，Ontario St街的正北边。从公园里延伸出来，Lakeside Dr车道沿着河岸进入市内。

斯特拉特福公共图书馆(☎519-271-0220; www.stratford.library.on.ca; 19 St Andrew St; ⌚周一1～9pm，周二至周六9:30am～9pm，周日2～5pm，5月到10月周一休息)提供免费互联网浏览。

斯特拉特福旅游局(Stratford Tourism; ☎519-271-5140，800-561-7926; www.welcometostratford.com)市区(47 Downie St; 6月到8月周一至周五8:30am～6pm，周六和周日至4:30pm)河畔(30 York St; ⌚6月到9月周二至周日10am～8pm)帮助提供住宿和与"节日"有关的一切信息。

景点和活动

斯特拉特福小城到处能看到有鸭子的**埃汶河**(Avon River，他们过去把它叫做什么呢？)静静地穿过城镇，岸边有大片的草坪可以供你休息。在斯特拉特福旅游局正西边，**莎士比亚花园区**(Shakespearean Gardens; 免费参观; ⌚清晨至黄昏)矗立在一座磨坊的旧址上。花园的花圃、修剪的树篱、香草、玫瑰和一座比尔的青铜半身雕塑——从斯特拉特福德旅游局领本小册子。

继续沿着河流向前，可以看到的是**皇后公园**(Queen's Park)，有一些小路从节日剧院(Festival Theatre)延伸出来，沿着河边经Orr Dam河坝，过一座可追溯到1885年的石头桥，通到一座正式的英国花卉园(English flower garden)。

斯特拉特福一佩斯博物馆(☎519-271-5311; www.stratfordperthmuseum.ca; Discovery Centre，270 Water St; 捐款入内; ⌚5月到8月周二至周六10am～5pm，周日和周一 正午～5pm，9月到次年4月 周二至周六10am～4pm; Ⓟ)在节日剧院旁边，围绕着军事、纺织业和儿童主题，推出20世纪加拿大(Canadiana)展，历史和文化展。

在一间翻新的19世纪80年代的抽水房里的是**斯特拉特福美术馆**(☎519-271-5271; www.gallerystratford.on.ca; 54 Romeo St; 成人/优惠票/儿童$5/4/免费; ⌚6月到11月周二至周日10am～5pm，12月到次年5月周二至周日1～4pm; Ⓟ)，展出现代创新艺术展，侧重加拿大本土艺术。如果你来的正是时候，这儿会有一些正规的美术工作室、电影之夜和家庭白天游。外出野餐，然后在皇后公园里漫步。

团队游

乘船团队游(Boat Tours; ☎519-271-7739; fherr@sympatico.ca; 30 York St; 30分钟 团队游成人/优惠票/儿童$7/6/3; ⌚5月到10月9am～黄昏)参加埃汶河团队游，从河边斯特拉特福旅游局的楼下组团出发，游览公园，看看天鹅，望望河堤和大花园。也可以租到独木舟、木筏和脚踏船(每小时$15～25)。

节日团队游：双层体验(Double Deck Experience; ☎519-273-1652，866-502-7956; www.festivaltours.on.ca; 1小时团队游成人/优惠票/儿童/家庭$13/12/7/35; ⌚6月到9月10:30am，12:30pm和2pm)不，它不是甲板DJ演出，而是一辆红色双层巴士嘟嘟地开过小镇。在靠近河流的约克角小路上开始旅程。

Heritage Walk(☎519-271-5140，800-561-7926; www.stratfordperthheritage.ca; 30 York St; 90分钟 团队游 免费; ⌚7月到8月周二至周六9:30am，5月、6月和9月仅周六)揭露历史内容，免费带导游徒步团队游从埃汶河边的斯特拉特福旅游局出发。

节日和重大活动

斯特拉特福花园节(Stratford Garden Festival; ☎519-271-7500; www.stratfordgardenfestival.com; Stratford Coliseum，20 Glastonbury Dr; 门票$8; ⌚3月初)4天的园艺盛会，来自世界各地的鲜花、嘉宾演讲和展示为特色。

斯特拉特福戏剧节(Stratford Festival; ⌚4月到11月)见170页框内文字。

斯特拉特福夏季音乐节(☎519-273-1600,800-567-1600; www. stratfordsummermusic.ca; 门票免费～$35; ⌚7月中到8月中)4周的古典、卡巴莱和戏剧音乐活动，来自加拿大各地的知名音乐家为你表演，让你放松。

住宿

在斯特拉特福有绝对多的住宿场所，但是当地人并不耻于让来参加戏剧节的客人花很高的价格入住。

绝大多数住宿都是B&B风格的，但也有几家焕然一新、设施齐备的百年宾馆。如果你来参加节日并已注册，**斯特拉特福戏剧节旅行者住宿联络处**(Stratford Festival Visitor Accommodation Bureau; ☎519-273-1600，800-567-1600; www. stratfordfestival.ca)可以帮助你预订。

斯特拉特福综合医院住宿处(Stratford General Hospital Residence，简称SGH Residence; ☎519-271-5084; sgh.residence@hpha.ca; 130 Youngs St; 单/双$55/65; Ⓟ ⊠ 🅆)到目前为止镇上最便宜的床位都在这个已翻新的区域：360个干净、维护良好的房间，配有共享浴室、厨房和一个热水池。很接近青年旅舍，你会在附近看到青年旅舍的影子。

天鹅汽车旅馆(Swan Motel; ☎519-271-6376; www.swanmotel.on.ca; Downie St S; 房$96～117; Ⓟ ⊠ ⊞ 🅆 wi-fi)当你在其他人正处于人生顶峰时遇到他们的时候，你是幸运的。天鹅汽车旅馆的主人们在大多数情况下都是幸运的——我们认为在安大略西南部你很难找到维护得更好、更干净、更和蔼可亲的汽车旅馆了！位于城镇以南大约3公里的地方；12月到次年4月休息。

阿克里科梦园（Acrylic Dreams；☎519-271-7874；www.acrylicdreams.com；66 Bay St；房含早餐 $110～145；P ⊠ wi-fi）这座翻新的1879年老木屋，木制地板磨得很亮，有怡人的乡村装饰。四处摆放着古玩古董。全套素食早餐相当赏心悦目。你怎么能就这样放过这样一个名字？由一对有艺术家气质的夫妇团队经营（墙上挂着很多绒布杰作），素食早餐够你花15分钟走到镇上。

丝绸商大厦宾馆（Mercer Hall Inn；☎519-271-1888，888-816-4011；www.mercerhallinn.com；108 Ontario St；双 $120～190；P ⊠ wi-fi）也是很不错的地方，提供价有所值的豪华享受，这家宾馆比大多数旅馆感觉更为高贵。独特的艺术客房装饰有手工加工的家具、小厨房、电子壁炉和惠尔浦家用电器，没有莎士比亚的气息。

奔特里斯宾馆（Bentley's Inn；☎519-271-1121，800-361-5322；www.bentleys-annex.com；99 Ontario St；套房 $130～195；P ⊠ wi-fi）这家黑木装饰的现代宾馆拥有宽敞舒适的双层套间和阁楼。天窗，室内小厨房和老家具很有档次。

接待人员很友好，楼下的小餐馆总是忙忙碌碌。淡季票价便宜。

餐饮

探戈咖啡和烧烤（Tango Café & Grill；☎519-271-9202；104 Ontario St；午餐 主菜 $5～10，晚餐 $10～14；⏰周一至周六7am～8pm，周日8am起）香浓的咖啡会让咖啡迷们急不可耐推门而入，他们中的很多人决定留下来品尝美味的三明治、煎蛋卷、汉堡包或沙拉。价格公道的调配咖啡里有一种“睡和尚”(Sleepy Monk)淡味烘焙咖啡和带有幽默的“月巴克”(Moonbucks)咖啡。

约克街饭馆（York Street Kitchen；☎519-273-7041；41 York St；主菜 $7～16；⏰8am～8pm）这座过分装饰的“雕堡”，位于河畔一座旧货仓的下面，供应家乡风味的美食：绝对美味的三明治夹在本地自制的面包里，干酪拼盘、沙拉、汤和甜点。试试“门诺尼特”三明治：香肠、切达干酪(cheddar)、玉米糊、马铃薯泥、芥末蜂蜜、蛋黄酱和莴笋。

Raja餐馆（☎519-271-3271；10 St George St W；主菜 $10～18；⏰周日至周四正午～3pm和5～9pm，周五和周六至10pm）挑战斯特拉特福端庄的英国口味，配上大量的红辣椒和香料，这家餐馆供应来自次大陆的无敌咖喱粉、鲜汤、沙拉、面包、素食菜肴和泥路烹调法烹饪出的菜肴。员工都穿戴整齐，并且十分有礼貌。

我们的选择 **街边酒吧餐馆**（Down the Street Bar & Restaurant；☎519-273-5886；30 Ontario St；午餐 主菜 $11～13，晚餐 $17～26；⏰周二至周六11:30～1am）同巴黎咖啡屋一样的华丽漆金镜子和老式霓虹灯所营造的活跃气氛，这地方供应戏前晚餐，微酿酒（尝尝斯特拉特福比尔森啤酒）和杯装的葡萄酒。菜肴多种多样（比萨饼薄片和烤羊肉片），

斯特拉特福戏剧节 (STRATFORD FESTIVAL)

备受赞誉的斯特拉特福节的开幕晚会上，阿莱克·吉尼斯伯爵(Sir Alec Guinness)出演理查德三世。**斯特拉特福戏剧节**（Stratford Festival；☎519-273-1600，800-567-1600；www.stratfordfestival.ca；Festival Theatre，Queen's Park，55 Queen St；票价 $26～108；⏰售票处1月到5月周一至周六9am～5pm，6月到10月周一至周五9am～8pm，周六至5pm，周日至2pm）起先很不起眼，开始于女皇公园里一个帐篷里。这个节日已连续举办50届，它已经赢得国际声誉。节日活动均为世界一流水平，尤以世界各地著名的艺人热情参与为特色，但是有一种模糊的说法，认为在更大的戏剧社区中，节日已成为笨重的马戏，离莎士比亚的根基越来越远，这很危险。无论你的印象如何，斯特拉特福在节日期间相当的有活力，到处是身着盛装、扮演成小丑的人们，人们都无比兴奋！

除了戏剧表演外，还有一些有趣的周边活动，包括演后讨论、幕后探班、讲座、音乐会以及戏剧读书会。有些是免费的，有些则收一些象征性的费用。

这个节日举办的时间很长，从4月一直到11月，四家剧院推出上演剧目，有当代与现代戏剧和音乐歌剧，还有不能少的莎翁剧作。大型舞台剧在节日剧院推出，这个剧院有1800个座位。埃汶剧院(Avon Theatre)是第二大集会场所，可容纳1 000多位观众。汤姆·帕特森剧院(Tom Patterson Theatre)和工作室剧院(Studio Theatre)更为亲切一些。

1月初开始对外公开售票，接近演出期间一直到节日期间，几乎所有剧目的戏票都可能告罄（提前几个月预订票）。春季预演和秋末尾声剧目的售票经常优惠达30%，临场票优惠50%，演出开始前2小时出售。

就餐结束后，转为酒吧服务，是斯特拉特福更酷的夜生活场所之一。

Avoca 餐馆（☎519-272-9704；23 Albert St；午餐主菜 $12～14，晚餐 $22～27；⏰11:30am～2pm 和 5～8:30pm）骄傲地演绎着"斯特拉特福最好餐馆"的美誉，这家餐馆有一些精选菜肴，从英国农夫的午餐和黄色的泰国咖喱到地中海的宽面条和旧金山的 cioppino（炖鱼），在各种美味中遨游。服务和环境都非常的幽雅精致。

老西梅餐馆（Old Prune；☎519-271-5052；151 Albert St；午餐 主菜 $10～30，定价 晚餐 $71；⏰周三至周日 11:30am～1pm，周二至周六 5～9pm，周日至 7pm）位于斯特拉特福厨师学校（Stratford Chef's School）附近，在这座爱德华时代的以学生厨师和可以眺望宁静花园的餐桌为特色。"迷失在生命荒野中的两颗无人认领的珠宝"者供应可以品尝到略带魁北克风味的绿色时令菜肴，新鲜而且新颖。请预订。

到达和离开

要观看夏季周末午后场演出，可搭乘多伦多约克米尔斯 TTC（York Mills TTC）地铁站的直达公共汽车，中午 10 点发车，傍晚 7 点从斯特拉特福返回（往返 $45）。联系节日剧院售票处，了解日程和订票信息。

加拿大灰狗长途汽车停在**斯特拉特福公共汽车站**（Stratford Bus Depot；☎519-273-2160；www.greyhound.ca；219 Frederick St；⏰9am～1:30pm 和2:30～5pm），即城镇以东2公里处，有汽车开往多伦多（$34，3小时，一天2班）和到伦敦（$15，1小时，一天2班）。

VIA Rail 公司的列车从**斯特拉特福火车站**（Stratford Train Station；☎888-842-7245；www.viarail.ca；101 Shakespeare St；⏰周一至周五 5:30am～1pm 和 5pm-12:30am，周六 8am～1:30pm 和 3:30-11pm，周日 8am～1pm 和 5pm～12:30am）开往多伦多（$37，2 个半小时，一天 3 班）和伦敦（$17，1 小时，一天 3 班）。

伦敦(LONDON)

人口 348 000

泰晤士河、库文特花园（Covent Garden）、Pall Mall 香烟和牛津大街——那是伦敦，对吧？没错，但除此之外，这里和与它同名的城市完全没有关系。位于多伦多和底特律之间，安大略伦敦（London Ontario）是座沉静的、多功能的大学城，正努力做得更好。除了学生（他们每个夏天都会搬迁），伦敦似乎不过是文身店、无家可归的挣扎者和英国街道标志的松散联合体。尽管如此，音乐背景正在摇摆，有些当地很酷的节目，而且，他们做得比英国好的一点是食物——足够让你分神一些日子了。

方位和实用信息

东西向的Dundas St街和南北向的 Richmond St 街在城镇中心相交。Richmond St 街北端是"Richmond Row"，这是一个流行地带，密布着商店、小吃店和咖啡屋。

阿提卡书店（Attic Books；☎519-432-7277；www.atticbooks.ca；240 Dundas St；⏰周一至周四和周六10am～5:30pm，周五至9pm）出售经典而古怪的二手书。

Head 2 Head书店（☎519-434-5591；246 Dundas St；每小时 $4；⏰24小时）有上网设施。

伦敦公共图书馆（London Public Library；☎519-661-4600；www.londonpubliclibrary.ca；251 Dundas St；⏰周一至周四 9am～9pm，周五至6pm，周六 至5pm，周日 1～5pm）漂亮的现代图书库，带一个小咖啡馆、读书花园、免费上网设施与无线上网端口。

邮局（Post Office；☎800-267-1177；www.canadapost.ca；Dufferin St和Richmond St拐角；⏰周一至周五8am～5pm）

伦敦旅游局（☎519-661-5000，800-265-2602；www.londontourism.ca）市中心（267 Dundas St；⏰周一至周五 8:30am～4:30pm；周六和周日10am～5pm）Wellington Rd（696 Wellington Rd S；⏰8:30am～8pm）市中心办公室与加拿大医学名人馆（Canadian Medical Hall of Fame）同在一个地方。这个馆里展出有趣而吓人的大脑、心脏和骨头。

景点和活动

安大略考古博物馆 (MUSEUM OF ONTARIO ARCHAEOLOGY)

作为安大略西部大学（University of Western Ontario）的一个教学研究机构，**安大略考古博物馆**（Museum of Ontario Archaeology；☎519-473-1360；1600 Attawandaron Rd；www.uwo.ca/museum；成人/优惠票/儿童/家庭 $4/3.25/2/10；⏰5 月到 8 月一天 10am～4:30pm，9 月到 12 月 仅周三至周日，1 月到 4 月周六和周日 1～4pm；Ⓟ）展出跨越安大略 11 000 年原住民历史的实物和工艺品。**洛森史前印第安村落**（Lawson Prehistoric Indian Village；⏰5 月到 11 月）是一处正在挖掘中的 500 年村落，就在博物馆隔壁。

伦敦博物馆(MUSEUM LONDON)

通过原始工艺品、地图、文件和图片展示伦敦从 1826 年到今天的历史，**伦敦博物馆**（Museum London；☎519-661-0333；www.museumlondon.ca；421 Ridout St N；捐款入内；⏰周二至周日正午～5pm；Ⓟ）是一座温室的附属建筑。同样陈列的有由当地艺术家制作的当代和古典的艺术作品。现场还有 **Eldon House**（周三和周日捐款入内，其他时间成人/优惠票/儿童/家庭 $6/5/1/11；⏰6 月到 9 月周二至周

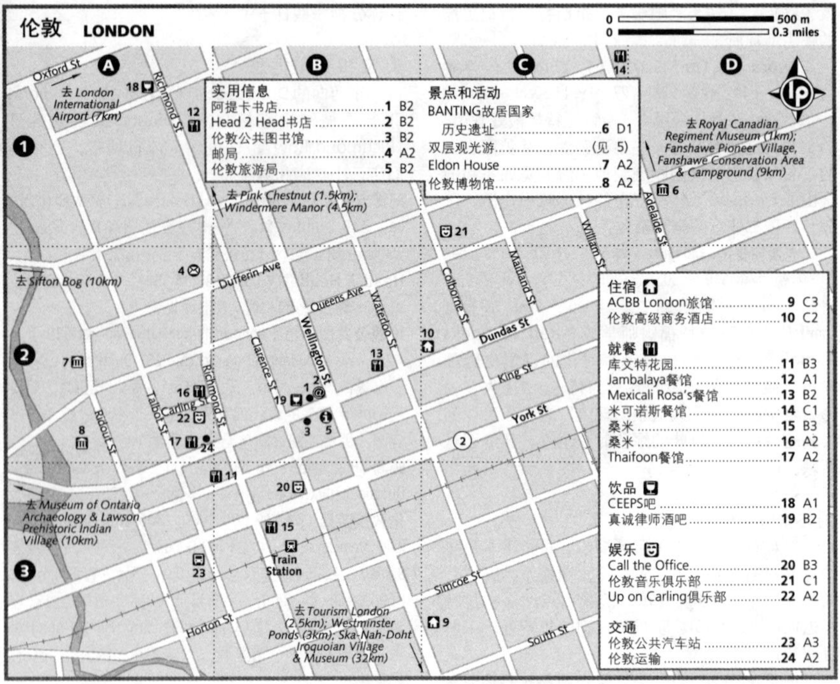

日正午～5pm，5月和10月到12月周三至周六，1月到4月周六和周日），伦敦最古老的居民区，让你置身过去，而不是试图去描绘它。忽视那些在街上不断建成的丑陋塔楼吧（啊，难道我们没有发展吗？）！停车费为每小时 $1.25。

伊洛魁村和博物馆(SKA-NAH-DOHT IROQUOIAN VILLAGE & MUSEUM)

一处修复得相当好的上千年小型伊洛魁长房社区，**伊洛魁村和博物馆**（Ska-Nah-Doht Iroquoian Village & Museum；☎519-264-2420；www.owerthames-conservation.on.ca；Longwoods Rd Conservation Area；成人/优惠票/儿童 $3/2/免费；⏲5月到9月每天 9am～4:30pm，10月到次年4月仅周一至周五；Ⓟ）建造在城市西边32公里处。这座村庄外围围着一个迷宫；博物馆馆藏上千年的史前文物，再现这个地区的历史。城墙外，是原住民的庄稼地，还有墓地。从伦敦出发，上 Hwy 402 公路，到立体交叉口 86 号转上 Hwy 2 公路朝西行驶。

BANTING故居国家历史遗址(BANTING HOUSE NATIONAL HISTORIC SITE)

历史遗址（☎519-673-1752；www.diabetes.ca；442 Adelaide St N；成人/优惠票/儿童/家庭 $4/3/免费/8；⏲周二至周六 正午～4pm；Ⓟ）20世纪20年代，诺贝尔奖获得者 Sir Frederick Banting 在这里研制出了提取胰岛素的方法。作为糖尿病患者的朝圣处，这家巧妙构思的博物馆概括了糖尿病的历史，而且用编年的方式记录了 Banting 的医学成就。

凡沙拓荒村(FANSHAWE PIONEER VILLAGE)

在有30座建筑的**凡沙拓荒村**（Fanshawe Pioneer Village；☎519-457-1296；www.fanshawepioneervillage.ca；1424 Clarke Rd；成人/优惠票/儿童/家庭 $5/3/4/15；⏲5月到10月周二至周日 10am～4:30pm；Ⓟ）探索伦敦的历史，这座村庄在城市的东端。在真实的19世纪拓荒村中的生活展示中，着古装的铁匠、农民和手艺人经营着他们的生计。在毗邻的**凡沙维自然保护区**（Fanshawe Conservation Area），你可以游泳、散步和宿营（见173页）。

池塘和沼泽

在城市西边，满是淤泥的**锡弗顿沼泽区**（Sifton Bog；☎519-451-2800；www.thamesriver.on.ca；Oxford St W 附近；免费入内；⏲黎明至黄昏；Ⓟ）是一块泥煤似的酸性沼泽地，稀有植被和动物，包括旅鼠(lemmings)、地鼠(shrews)、吃人的茅膏菜(carnivorous sundew plant)、白尾巴鹿和九种不同的兰花品种。

位于伦敦旅游局后、城市以南，**Westminster Ponds 池塘**（☎519-451-2800；www.thamesriver.on.ca；off Wellington Rd S；免费入内；⏲黎明至黄昏；Ⓟ）是一个有森林、沼泽和池塘的地方，维持着真正的动物园，包括狐狸、乌龟和鹭。

加拿大皇家军队博物馆 (ROYAL CANADIAN REGIMENT MUSEUM)

在简朴的 Wolseley Hall 大厅内，**加拿大皇家军队博物馆**（Royal Canadian Regiment Museum；☎519-660-5102；www.rcrmuseum.ca；750 Elizabeth St；成人/优惠票/儿童 $5/4/3；⏲周二至周五 10am～4pm，周六和周日正午～4pm；Ⓟ）重点介绍加拿大最早的步兵队伍，展品覆盖了从 1885 年的西北反叛到两次世界大战和朝鲜战争的历史。

团队游

双层观光游（Double Decker Sightseeing Tour；☎519-661-5000，800-265-2602；www.londontourism.ca；Wellington St 和 Dundas St 拐角；2 小时 团队游 成人/儿童 $12/5；⏲6 月末到 8 月每天至 10am）在伦敦的汽车上欣赏伦敦风景；从市区伦敦旅游局出发。

节日和重大活动

国际布鲁斯音乐节（Bluesfest International；☎519-488-1240；www.thebluesfest.ca；⏲7 月中）我的女人离开了我，我的狗和她一起走了……诸如 Robert Cray 的大牌明星演绎着布鲁斯。

伦敦啤酒节（London Beer Festival；☎519-672-1967；www.london beerfest.ca；⏲7月中）穿上你的鞋子去喝啤酒吧。

家园民间艺术节（Home County Folk Festival；☎519-432-4310；www.homecounty.ca；⏲7 月中）为期 4 天，维多利亚公园里举办的公益活动，有些名气的人物登台献艺。舞蹈、手工艺品、食品和儿童娱乐活动也是特色。

伦敦实验节（London Fringe Festival；☎519-434-0606；www.londonfringe.ca；⏲7月末到8月中）为期11天，全城上下都是戏剧上演、诵读音乐、电影和视觉艺术。

住宿

伦敦和周边 B&B 旅馆协会（London & Area B&B Association；www.londonbb.ca）有各种各样的旅馆名录，大致单人间 $55，双人间 $70。伦敦旅游局也列出了当地酒店和 B&B 旅馆的房价表。城南 Wellington Rd 路和 Dundas St E 东街是可以预测客房状况的汽车旅馆、快餐店和性用品店地带。

凡沙自然保护区宿营地（Fanshawe Conservation Area Campground；☎519-451-2800，866-668-2267；www.thamesriver.on.ca；1424 Clarke Rd；无电/带电 宿营地 $25/29，预订 $9；⏲4月末到10月中；Ⓟ）在城内，是地理位置比较方便的宿营地，在Fanshawe拓荒村的对面(见172页)。

ACBB London旅馆（☎519-936-7823；www.allcanbb.com；190 Wellington St；宿/双 含早餐 $25/55；Ⓟ wi-fi）在城镇的正南方，是拔尖的背包客旅馆，由一个热心的小伙子经营，他自称，他自己住过了新西兰所有的青年旅舍，然后把最好的想法融入到他自己的版本里。良好的安全性、友好的氛围、定制的床和床垫、室外露台、干净的卫生间、设备完善的厨房、免费的早餐、野外烧烤和互联网——这的确是简单的方案，但是很少有人能真正实现。

粉栗子旅馆（Pink Chestnut；☎519-673-3963；www.pinkchestnut.com；1035 Richmond St；房 $50～80；Ⓟ）处于大学和市中心之间，这家于20世纪20年代建造的房子，有过多的植物墙纸、共享浴室和一个注满水的游泳池，但态度友好、舒适，并且提供美味的早餐。在门外找找大的粉栗子树。

伦敦高级商务酒店（London Executive Suites；☎519-679-3932，800-265-5955；www.les-hotel.com；362 Dundas St；套房 $75～120；Ⓟ wi-fi）以前是市中心的公寓楼，这家酒店拥有宽敞的客房，带阳台和厨房。还好，有舒服的床垫、实用的家具，高楼层望见的景致不错。

温德麦尔庄园（Windermere Manor；☎519-858-1391；www.windermeremanor.com；200 Collip Circle，off Windermere Rd；房/套房 $127/149；Ⓟ wi-fi）地处一座青山上，可以俯瞰泰晤士河和大学，这家改良的、上流社会的1925年的庄园，很受会议代表和大学访问学者的喜爱。从市区徒步就可以到达，就地的咖啡厅里提供早餐、午餐和晚餐。

就餐

库文特花园（Covent Garden；☎519-439-3921；130 King St；产品$2起；⏲周一至周六 8am～6pm，周日 11am～4pm）这座极大的仓储式集市是寻好食、开胃口的好地方。有固定的一些熟食店、面包店、巧克力店、时鲜农产品店和一流的食品店，外加季节性零售商与庭院中的一个阳光明媚、艺人献艺的地方。

桑米（Sammy's；☎519-457-6014；产品 $3～7；⏲10am～4am）市中心（Richmond St 和 Carling St 拐角）火车站（Richmond St 和 York St 拐角）和出租车司机撞到手肘，深夜在桑米买醉，桑米供应外卖

souvlaki(希腊式汉堡包)、沙拉三明治、大头鱼、汉堡包和热狗。打个饱嗝吧……

米可诺斯餐馆(Mykonos；☎519-434-6736；572 AdelaideSt N；主菜 $10～15；⏰ 周一至周六 11am～10pm，周日至 9pm)出色的希腊菜肴和大量的碧绿色油画，试试伦敦东侧的这家餐馆。特色菜包括安大略羊肉、素菜和海鲜。有一个室外露台，夜里有快节奏的希腊音乐表演。

Jambalaya餐馆(☎519-858-2000；646 Richmond St；主菜 $10～18；⏰ 周一至周五11:30am～3:30pm 和4:30～10pm，周六 正午至午夜)在Richmond Row上面，是个令人心情愉快的多彩餐馆，这家餐馆融入了泰式、法式和加勒比海菜肴，十分成功。试试加了红薯的香味炸鸡(spicy blackened chicken with sweet potato，$16)吧。

Mexicali Rosa's餐馆(☎519-439-5111；288 Dundas St；主菜 $10～20；⏰ 周日和周一11am～10pm，周二至周六 至11pm)边境以南中上等的餐馆，很长时间以来受到人们的偏爱，很有活力和生气。后院是吃热腾腾的墨西哥铁板烧(fajita)、周一喝$5的玛格丽特鸡尾酒(Monday margarita)的好地方。

Thaifoon 餐馆(☎519-850-1222；120 Dundas St；主菜 $11～14；⏰ 午餐周一至周五 11:30am～2:30pm，晚餐周日至周四 5～9pm，周五和周六至 10pm)伦敦餐馆中较新的是时尚的 Thaifoon。宁静、空气流通良好的氛围，冒泡的水池，减轻了因简陋的街道而带来的痛苦，而满是红辣椒的咖喱饭、炸薯条、鲜汤和沙拉十分可口。

饮品和娱乐

看看当地的报纸 *Scene*，了解艺术和娱乐活动信息。

真诚律师酒吧(Honest Lawyer；☎519-433-4913；228 Dundas St；免费入内，⏰ 11am～较晚)有这样的地方吗？也许没有，但在这个狭长的啤酒屋，一定会激起这样的话题，在这儿开朗的人通常会喝上几口。学生场、快乐夜，还可以从大屏幕上看比赛。

CEEPS 吧(☎519-432-1425；671 Richmond St；免费入内；⏰ 11am～2pm)要确实玩得开心，那就去学生喜欢的这家聚会酒吧。现场乐队、DJ、台球桌、推圆盘游戏、随时可供应的当地啤酒——难以击败。

Call the Office(☎519-432-2263；www.calltheoffice.com；216 York St；门票 $5～15；⏰ 5pm～较晚)一家有些邋遢的潜水酒吧，饮品便宜，另类摇滚现场乐队表演，如 The Screwed、The Dead Boys 和 Hell Yeah，Fuck Yeah 乐队。

伦敦音乐俱乐部(London Music Club；☎519-640-6996；www.londonmusicclub.com；470 Colborne St；免费入内～$15，⏰ 周三至周六 7pm～较晚)忧郁的布鲁斯和民间音乐在这里演出，在郊区白色砖块砌成的一幢房子的后面，有一个音乐室。周四晚上有电子布鲁斯演出；周五是麦克风开放日表演。

Up on Carling俱乐部(☎519-630-1178；www.uponcarling.ca；153 Carling St；门票 $3～7；⏰ 周四至周六9pm～较晚)伦敦的新街区俱乐部很流行，供应马提尼，有拉丁、R&B、芬客、浩室乐(house)和灵魂乐。请盛装出席。

到达和四处走走

伦敦国际机场(London International Airport，代码YXU；☎519-452-4015；www.londonairport.on.ca；1750 Crumlin Rd)是加拿大爵士航空公司(Air Canada Jazz)、西捷航空公司和西北航空公司(Northwest Airlink)的一个地区基地，经营飞往多伦多、一些加拿大和美国城市的航线。

加拿大灰狗客运从**伦敦公共汽车站**(London Bus Station；☎519-434-3991；www.greyhound.ca；101 York St；⏰ 6:30am～9pm)开往多伦多($37，2 个半小时，一天 8 班)和温莎(Windsor，$37，2 个半小时，一天 8 班)的客车。

伦敦火车站(London Train Station；☎519-672-5722；www.viarail.ca；York St和Clarence St拐角；⏰ 周一至周五5am～9:30pm，周六和周日6:30am起)有列车开往多伦多($56，2小时，一天8班)、萨尼亚(Sarnia，$32，1小时，一天2班)和温莎($51，2小时，一天4班)。

伦敦运输(London Transit；☎519-451-1347；www.londontransit.ca；150 Dundas St；⏰ 周一至周五 7:30am～7pm，周六 8:30am～6pm)有环城的汽车服务(每次$2.50)。

圣托马斯(ST THOMAS)

圣托马斯是一座低调的农业社区，市中心的维多利亚式建筑保存完好，在伦敦以南20公里处，去往伊利湖湖滨的路上。**圣托马斯游客中心**(St Thomas Visitors Centre；☎519-637-3326；www.elgintourist.com；65 Old Talbot St；⏰ 周一至周六10am～6pm，周日至5pm)可以为你提供食宿信息。

作为每位旅行者必去之处，**伊尔金县铁路博物馆**(Elgin County Railway Museum；☎519-637-6284；www.ecrm5700.org；225 Wellington St；成人/儿童 $4/免费；⏰ 5月下旬至8月，10am～5pm；P)，是一间砖制的老仓库，里面放置着很受欢迎的齐全的火车头 。展览品重现了当年圣托马斯无可争议地成为"加拿大铁路之都"时的情景。

不幸的是，圣托马斯有一段深刻沉重的故事告知人们。1885 年，马戏团著名的大象

Jumbo 在这里被一辆火车撞伤而向上帝报到时，整个世界都伤心不已。一座巨大的 **Jumbo 雕像**矗立在游客中心的隔壁，用来纪念这只可怜的动物。

伊利湖湖滨(LAKE ERIE SHORELINE)

从韦兰运河到底特律河，伊利湖湖滨是一个人口较少的风景带，拥有沙滩、悠闲小镇和安静的公园——难怪安大略人在这儿有如此多的消夏小屋舍。伊利湖（大湖中最浅和最温暖的）长期以来都被认为是受到污染的水坑，不过，近几年的环境保护措施已将它从危险边缘挽救出来。你现在可以在这里游泳，但在跳下去之间先看看情况（或者让你弟弟先跳）。不要错过最南边低调的度假目的地、皮利岛、加拿大最南边。

多佛港(Port Dover)和周边地区

多佛港是一座避暑沙滩，有一种沙滩、休闲轻松的氛围。晒黑了的中年人、穿着比基尼的年轻人以及吃着冰淇淋的孩子们在活动区域走来走去，以度过暑期。**多佛港游客中心**（Port Dover Visitor Centre；☎519-583-1314；www.portdover.ca；19 Market St W, Port Dover；⌚6月到8月 每天 10am ~ 5pm，9月到次年5月仅周一至周五）咯咯笑的员工免费帮助你安排住宿、出借自行车。

两层的**多佛港口博物馆**（Port Dover Harbour Museum；☎519-583-2660；portdover.museum@norfolkcounty.on.ca；44 Harbour St, Port Dover；捐赠性付费；⌚11am～6pm）一座重建的迷人捕鱼棚屋，聚焦于伊利湖的捕鱼业、航海、遇难船只、编织工艺品以及当地老水手Captain Alexander McNeilledge（“不戴眼镜、不抽雪茄、带一点点酒”）的功绩。

沿湖西南边是两座优秀的省立公园：**特基角省立公园**（Turkey Point Provincial Park；☎519-426-3239;；www.ontarioparks.com；194 Turkey Point Rd, Turkey Point；无电／带电 宿营地 $28/33，每辆车的门票 $11；⌚5月到10月；Ⓟ）和**长角省立公园**（Long Point Provincial Park；☎519-586-2133；www.ontarioparks.com；350 Erie Blvd, Port Rowan；无电／带电 宿营地 $28/33，每辆车的门票 $11；⌚5月到10月；Ⓟ）都是大众欢迎的日用和宿营地公园。长角地处一沙质海岬上，延伸入湖，很适合游泳，而特基角的森林有很多鸟类爱好者和自然亲近者。

小镇中，地处最中央位置的是白色墙壁的 **Erie Beach Hotel**（☎519-583-1391；www.eriebeachhotel.com；19 Walker St, Port Dover；双$80起；Ⓟ ⊠ wi-fi）最好的房间鸟瞰着异常完美的草坪，而**酒吧式餐厅**（主菜 $10～20；⌚11am～3pm 和 6～9pm）主要供应鲈鱼和海虾。

斯坦利港(Port Stanley)

Kettle 湾 (Kettle Creek) 拐角处的一个渔村，斯坦利港 (www.portstanley.net) 拥有一个很小但风景如画的闹市区和一种舒适的气氛，毫无自命不凡。在这儿，咖啡店的女主人会真心真意地对你说“谢谢您！”，向孩子们非常详细地解释着冰淇淋的各种口味。

斯坦利港节日剧院（Port Stanley Festival Theatre；☎519-782-4353；www.psft.on.ca；302 Bridge St；票价 $25 ~ 28；⌚售票处周二至周六正午～ 5pm）夏季演出时总是满座，而外面，**斯坦利港终点站铁路**（Port Stanley Terminal Rail；☎519-782-3730，877-244-4478；www.pstr.on.ca；309 Bridge St；1小时乘车 成人／儿童 $11.50/7；⌚7月到8月每天正午，1:30pm 和 3pm，5月到6月 和 9月到 10月仅周末；Ⓟ）沿伦敦—斯坦利港一段旧铁路中的 14 公里进行旅行。

如果你想要待到晚上，试试高档、海滨的**海港旅馆**（Inn on the Harbour；☎519-782-7623；www.innontheharbour.ca；202 Main St；双 $120～150；Ⓟ ⊠ wi-fi）。看着渔船进进出出，卸下一筐筐的鲈鱼和小梭鱼。

利明顿和周边地区 (Leamington & Around)

湖滨利明顿是“安大略的番茄之都”和重要的番茄酱生产基地——城镇以南的 Heinz 工厂是主要雇主。城镇周围数英里都是花房，马铃薯藤蔓爬在玻璃上。整洁的、窗盒镇中心吸引着沿途去往皮利岛的旅行者。**利明顿游客信息中心**（Leamington Tourist Information；☎519-326-2721，800-250-3336；www.uptownleamington.ca；Albert St 和 Talbot St 拐角；⌚4月每天 9am ~ 6pm，5月到9月至 7pm，10月周四至周日 9am ~ 6pm，11月周六和周日 9am ~ 5pm）占领了巨大的市场。

利明顿以东约 10 公里，**惠特利省立公园**（Wheatley Provincial Park；☎519-825-4659；www.ontarioparks.com；21116 Klondyke Rd S；wheatley；无电／带电 宿营地 $28/33，每辆车的门票 $11；⌚4月到 10月；Ⓟ）有不错的宿营设施，尽管 1998 年的一场强风暴卷走了不少海滩用地。这个公园提供“香槟观鸟游”，在候鸟迁徙期，和啄木鸟一样忙碌。

城镇东南部，**皮利角国家公园**（Point Pelee National Park；☎519-322-2365，866-787-3533；www.pc.gc.ca；407 Robson Rd, Leamington；门票 成人／优惠票／儿童／家庭 $7/6/3.50/17.50；⌚黎明至黄昏；Ⓟ）地处加拿大大陆最南端，在春天和秋天迁徙期间，是数千鸟类中途栖息的地方。monarch 蝴蝶在秋季迁徙，形成黑橙两色，在天空盘旋。这里有众多自然徒步小路，一条湿地木板人行道穿过公园里的沼泽，丛林和沙滩。

利明顿正西边的金斯维尔，**Pelee Island Winery**（☎800-597-3533；www.peleeisland.com；455 Seacliff Dr，Kingsville；免费入内，团队游 成人/优惠票/儿童 $5/4/ 免费；🕑 周一至周六 9am ~ 6pm，周日 11am ~ 5pm；Ⓟ）组织团队游（正午、下午 2 点和下午 4 点），包括进入木制地窖中、免费品酒的旅程。葡萄确实产自皮利岛，所以酒名非虚！拿一瓶灰皮诺 (pinot grigio) 再走。

在镇子的正东方向，**Hillman Marsh**（☎519-776-5209；www.erca.org；Country Road 37，Leamington；每辆车的门票 $1.50；🕑 黎明至黄昏；Ⓟ）另一个满是小鸟的湿地，有一条4.5公里长的步行小径。

皮利岛(Pelee Island)

十分平坦、位于加拿大最南边，皮利岛（发音为 Pee-lee，源自法语单词 pelée，意思是裸露的）是一处休闲放松的绿洲，漂浮在距离陆地 20 公里的伊利湖中。覆盖着极其葱茏的绿地，沿岸是环岛的沙滩，皮利岛是安大略西部南部的主要景区。

这座岛屿由来的历史可以追溯到 1788 年，当时奥吉布瓦和渥太华民族将它租给了托马斯·麦肯 (Thomas McKee)。它一直很大程度上没有被开发，直到威廉·麦考米克 (William McCormick) 于 1823 年把它收购后才有所改变。1900 年，皮利岛有 800 个居民、四个教堂和四所学校。现在也只有 275 名居民，他们的生活都靠发展旅游业，但是没有过分昂贵、势力、匆忙或是烦恼——很适合周末度假，什么都不用做。

实用信息

这座岛屿不大——长约 12 公里，宽 6 公里——很容易就能逛完。该地的游客信息中心会帮助你安排出游计划，利用网站 www.pelee.org 也可以。夏季，最好预订渡轮和住宿。大多数渡轮从利明顿而不是金斯维尔发船；都在皮利岛的西码头 (West Dock) 停靠。注意，岛上唯一的自动取款机在 Scudder Beach Bar & Grill(见 177 页)。

景点和活动

这靠近西码头，小小的**皮利岛遗产中心**（Pelee Island Heritage Centre；☎519-724-2291；pimuseum@mnsi.net；West Dock；成人/优惠票/儿童 $2.50/2/1.50；🕑 5 月到 10 月 10am ~ 5pm；Ⓟ）有安大略最好的自然历史收藏品之一。引人入胜的展品包括了本土一直到 20 世纪的历史、地理、野生生物、工业、航海和海难。

菲什自然保护区（Fish Point Nature Reserve；☎519-724-2291；www.ontarioparks.com；1750 McCormick Rd；免费入内；🕑 黎明至黄昏；Ⓟ）是一个长长的沙质的海岬——加拿大绝对的最南端。一条长 3.2 公里的森林步行道通向这座岛屿上最适合游泳的地方。你会在沿路看到火蜥蜴、东方的海龟或者少见的蓝色游蛇。

建于1833年的**皮利岛灯塔**（Pelee Island Lighthouse；☎519-724-2931；www.ontarioparks.com；East Shore Rd；免费入内；🕑 黎明至黄昏；Ⓟ）位于岛屿东北方向，灯塔在1909年停止工作，并且被废弃，直到2000年才修复。到东海岸路尽头步行往返需30分钟——从右边小木桥上的岔路口沿湖滨向北。你无法到达灯塔，但还是很有趣。

在**皮利岛酿酒厂葡萄酒阁楼**（Pelee Island Winery Wine Pavilion；☎800-597-3533；www.peleeisland.com；20 East-West Rd；免费入内，团队游成人/优惠票/儿童 $5/4/ 免费；🕑 5 月到 10 月 10am ~ 6pm；Ⓟ）享受岛上的幸福生活。前三个来品尝的人免费；大多数日子中，在正午、下午 2 点，外加 7 月和 8 月的下午 6 点组织团队游。

住宿

这儿有一些不错的 B&B 旅馆，加上那些按周租赁出去的别墅。大多数都拥有西方极好的日落景象。

东方公园市政宿营地（East Park Municipal Campground；☎519-724-2931；East Shore Rd；无电宿营地 $15；Ⓟ）在这些基本设施齐全、树木繁茂的景点中，你可以在小岛的东边宿营——安静而不拥挤，你还能生一小堆火。

Anchor & Wheel Inn旅店（☎519-724-2195；www.anchorwheelinn.com；11 West Shore Rd；无电/带电 宿

烟雾缭绕

北方诺福克郡(Norfolk County)是平坦的沙质土壤，位于多佛港和斯坦利港之间，为换季农作物提供了理想的生长条件——过去这儿一直是烟草种植区，现在也种植大麻和人参。嗅一嗅空气烟草的味道，沿 Hwy 3公路向内陆方向来到**德里烟草博物馆和遗产中心**（Delhi Tobacco Museum & Heritage Centre；☎519-582-0278；tobacco.museum@norfolkcounty.on.ca；200 Talbot Rd，Delhi；捐款入内；🕑6月到8月周一至 周五10am～4:30pm，周六和周日 1～4pm；Ⓟ），用木板条建成的博物馆，周围树木繁多，展示了当地历史和香烟生产情况。

营地 $20/35，宿/单 $25/65，双 $85～115；Ⓟ ⊠ ⊞）这家朝气蓬勃的宾馆在皮利的西北角，有一系列的住宿处，从树木繁多的宿营地一直到带空调和极可意浴缸的客房。

Tin Goose Inn & Restaurant 宾馆和餐馆（☎519-724-2223，877-737-5557；www.vintagegoose.com；1060 East-West Rd；房/套房 $100/175；Ⓟ ⊠ ⊞）在尖木桩围栏后边，这家受人喜欢的油漆较少的黄色房屋有小型客房，但色彩鲜艳（后面的套房中有一个更隐私的房间）。木制的静处和从一处私人东岸湖滨的短途散步正好凸显出皮利岛的宁静。

就餐

Scudder Beach Bar & Grill（☎519-724-2902；325 North Shore Rd；主菜 $7～16；⏲5月到9月正午～10pm）这家周围数目繁多的酒吧房间装饰着法国号角，供应新鲜的烧烤食物，外加汉堡包、比萨饼和凉爽的啤酒；在周六的晚上甚至会有现场乐队演出。

Anchor & Wheel Inn Restaurant 餐馆（☎519-724-2195；www.anchorwheelinn.com；11 West Shore Rd；主菜 $7～27，⏲6月到8月周三至周日 11:30am～9pm，3月到5月和9月到11月周四至周日）这家南部海域加雷鬼音乐的餐馆坐落于 Anchor & Wheel Inn 旅店，有很多常见海味和沙拉，还有周六晚上的 Big Island Buffet 自助餐（$27）。

Tin Goose Inn & Restaurant宾馆和餐馆（☎519-724-2223，877-737-5557；1060 East-West Rd；主菜 $25；⏲周五和周六6pm 和8pm）这家充满朝气的餐馆占据了一个L形的阳台；试试仙人掌果梨和鸡肉宽面(你上次是什么时候吃的仙人掌？)。

到达和四处走走

从利明顿(有时从金斯维尔)出发，**安大略渡轮公司**（Ontario Ferries；☎519-326-2154，800-661-2200；www.ontarioferries.com；成人/优惠票/儿童 $7.50/6.25/3.75，小车/摩托车/自行车$16.50/8.25/3.75；⏲4月到12月中）的渡轮开往小岛。时刻表依当天和季节定；预订很重要。单程旅程需要1个半小时。渡轮还连接俄亥俄州的Sandusky和皮利——登录网站了解详细信息。

自行车可以在 **Comfortech Bicycle Rentals**（☎519-724-2828；West Dock；每小时/天 $8/20；⏲5月到10月9am～7pm，4月和11月到4pm）处承租——这是参观岛屿的一种实际的方式。

阿默斯特堡(Amherstburg)

温莎以南，底特律河流入伊利湖一带，坐落着古老的小镇阿默斯特堡。这儿过去发生了很多的事情，你会止不住想逃避（市区的标志实际上是"Olde Towne"）。1812 年战争和地下铁路将吸引你转移视线。**阿默斯特堡游客信息中心**（Amherstburg Visitors Information Centre；☎519-736-8320，800-413-9993；www.amherstburg.ca；Sandwich St 和 William St 拐角；⏲4月每天 9am～6pm，5月到9月至 7pm，10月周四至周日 9am～6pm，11月周六和周日 9am～5pm）就在这个镇的正北边。

沿河岸的土木筑堤上，矗立着**马尔登堡国家历史遗址**（Fort Malden National Historic Site；☎519-736-5416；www.pc.gc.ca；100 Laird Ave；成人/优惠票/儿童/家庭 $4/3.50/2.50/10；⏲5月到10月 10am～5pm；Ⓟ），建于 1840 年的一座英国城堡。从毛皮商人抵达开始，这个地方见证了法国殖民者、原住民和英国殖民者，以及后来的美国人之间的摩擦。正是在这儿，在 1812 年战争期间，布洛克将军 (General Brock) 与他的盟友 Shawnee Chief Tecumseh 共谋攻占底特律。

了解地区黑奴的迁入，请参观**北美黑奴历史博物馆**（North American Black Historical Museum；☎519-736-5433，800-713-6336；www.blackhistoricalmuseum.com；277 King St；成人/优惠票/儿童/家庭 $5.50/4.50/4.50/20；⏲周二至周五 10am～5pm，周六和周日1～5pm；Ⓟ）。这儿的Nazrey African Methodist Episcopal Church教堂，是一处国家历史遗址，原是过去奴隶们建造而成，作为当时地

漂亮的长着羽毛的朋友

据说，在一个寒冷的冬天，一对岛上居民夫妇驾驶他们的卡车从皮利穿越结冰的伊利湖，到达利明顿进行维修。一切都按计划顺利进行，直到回程出了问题，当时厚厚的浓雾阻挡住了前方的视野，将车子笼罩在了雾中。夜幕降临，突然间他们失去了方向（或许撞进了俄亥俄州），于是他们决定等待。就在黄昏前，他们听到岛上有鸡打鸣的声音。意识到他们离家越来越近了，愉快的卡车夫妇追随着公鸡的啼叫声来到伊利，然后很快找到了休息的地方。当他们那天很晚起床后，薄雾撩开了清晨的面纱，将冰雪融化并且冰层很快消散！我们猜测那只特别的家禽一定活得很长、很有意义。

下自由之路中的中转站之一，接应逃亡的奴隶(见179页框内文字)。

Park House Museum 博物馆（☎519-736-2511；www.parkhousemuseum.com；214 Dalhousie St；成人/优惠票/儿童 $2/1.50/1；⏰6月到8月 10am～5pm，9月到次年5月 周二至周五和周日 11am～5pm）是小镇最老的房屋，也是唯一不属于这座城镇的建筑。它原建在河的另一边，1799年搬迁过岸，现在是19世纪50年代的装饰风格。

温莎(WINDSOR)

人口 216 470

地处安大略西南端，与底特律城隔着底特律河相望，温莎是美国本土以南唯一的加拿大城市。就像底特律一样，温莎是一座"汽车城市"，但是汽车业却总觉得苦不堪言，这儿曾经是干净、文明的城镇，现在却憔悴而糟糕。房地产业的情况日益恶化，而温莎未来的繁荣看来是不太可能的了。

尽管前景很悲观，但这里还是有一些坚持开到深夜的酒吧和餐馆，汽车城在广播中收听曲折的调子，在温暖的夏夜，河畔和 Erie St E 东街的意大利区有种艺术氛围。

方位和实用信息

在 Riverside St 街 和 Ouellette St 街相交的地带是市中心。街道被按照 Oullette St 街的"东"和"西"标记着。

习俗和游客办事处（Convention & Visitors Bureau，☎519-255-6530，800-265-3633；www.visitwindsor.com；Ste 103，333 Riverside Dr；⏰周一至周五 8:30am～4:30pm）备有温莎和这个地区的实用信息，最好从Pitt St街进去。

安大略旅游信息中心（☎800-265-3633；www.ontariotravel.net；⏰6月到8月 8:30am～8pm，9月到次年5月 8:30am～5pm）隧道（☎519-973-1338；110 Park St E）；大使桥（☎519-973-1310；1235 Huron Church Rd）工作人员会微笑着告诉你当地的实际情况；在底特律—温莎隧道入口附近和大使桥（Ambassador Bridge）都设有办事处。

景点和活动

温莎赌城(CASINO WINDSOR)

超级豪华的**温莎赌城**（Casino Windsor；☎519-258-7878；www.casinowindsor.com；377 Riverside Dr E；免费入内；⏰24小时；Ⓟ）眺望着河水，是温莎经济发展的一针强心剂。2004年一场棘手的劳资纠纷使这里关闭了41天，娱乐场一天损失高达C$100万并将都市温莎变成一个没有什么旅行者的荒城。大约13 000名船夫每天从城门进出，毋庸置疑温莎是最吸引人的地方。19岁以下者禁入！

温莎美术馆(ART GALLERY OF WINDSOR)

由玻璃和钢筋混凝土结构建成，轻快的**温莎美术馆**（简称AGW；☎519-977-0013；www.agw.ca；401 Riverside Dr W；门票 $3；⏰周三11am～8pm，周四和周五至9pm，周六和周日至5pm；Ⓟ）看上去想要扬帆航行去底特律。拥有不同凡响的永久收藏品，以现代的加拿大雕刻和绘画作品为主。

WALKERVILLE DISTILLERY酿酒公司

这里，威士忌比赌博的历史长。连锁店遍布151个国家，加拿大俱乐部(Canadian Club)威士忌酒出自 **Walkerville Distillery 酿酒公司**（☎519-973-9503；www.canadianclubwhisky.com；Canadian Club Brand Heritage Centre，2072 Riverside Dr E；成人/优惠票/儿童/老人 $5/4/免费；⏰周三至周六正午～6pm，5月到12月周日至4pm，1月到4月仅周五和周六；Ⓟ），这家酿酒公司建于1858年。他们安排的1小时团队游（正午、下午2点和4点）可以让你参观酿酒流程，品尝华丽的美酒。

啤酒研究员比威士忌嗜酒者要多？**Walkerville酿酒公司**（Walkerville Brewing Company；☎519-255-9192；www.walkervillebrew.com；525 Argyle Rd；免费入内；⏰周六1～5pm）酿造了一些好喝的熟啤酒和淡啤酒，可以在周六下午前来免费品尝。

沃斯地下铁路博物馆
(WALLS UNDERGROUND RAILROAD MUSEUM)

最好的地下铁路历史展览之一出现在沃斯地下铁路博物馆（☎519-727-6555；www.undergroundrailroadmuseum.com；855 Puce Rd，Maidstone；门票 $5；⏰6月到8月 10am～5pm；Ⓟ），它位于温莎以东20公里。1846年，来自北卡罗来纳的逃亡奴隶约翰·弗里曼·沃斯(John Freeman Walls)建造了这间小木屋，现在它仍然在这儿，成为其他寻求自由奴隶们的地下中转站。沃斯的后代仍然在经营着这个博物馆。请看下页框内文字。

公园和花园

在 **Dieppe Gardens 花园**（Ouellette St 和 Riverside Dr 拐角；免费入内；⏰24小时）是欣赏若隐若现的底特律城景的最佳场所，建造在陆地上，1929年修建桥梁和1930年修建隧道之前，曾是底特律—温莎渡船码头。

再向南，**Odette Sculpture Park 公园**（Riverside Dr；免费入内；⏰24小时）就在 Ambassador Bridge 桥下不远处，以滑稽的3-D立体艺术讲述

地下铁路(UNDERGROUND RAILROAD)

不在地下，也不是真正的铁路，地下铁路(Underground Railroad)是指废奴主义者及人道主义者的秘密组织——包括黑人和白人——他们指导、掩蔽、隐藏并且运送从美国北部逃跑的奴隶，让他们入境加拿大，获得自由。在美国独立战争以前，据估计有超过4万名奴隶进行了这样危险的逃亡。可以想象，离美国边境如此近的安大略西部南部具有富饶的地下铁路遗迹。许多当地城镇拥有大量的非裔美国人，是这里建立避难所的后裔。

要获取更多的信息，请登录www.blackhistorysociety.ca。同时参阅北美黑奴历史博物馆(North American Black Historical Museum，见177页)、沃斯地下铁路博物馆(Walls Underground Railroad Museum，见178页)，汤姆叔叔的历史故居(Uncle Tom's Cabin Historic Site，见180页)。

了一段漫长的历史，包括一个大象家族、一个巨大的苹果核以及扭曲的天鹅脖子。

节日和重大活动

夏日狂欢节(Summerfest；☎519-254-2880；www.summerfestwindsor.org；⏲7月1日至4日)沿着河边地区，跨越加拿大7月1日的国庆节和美国7月4日国庆节游行、音乐会、舞蹈，以及庞大的烟花展示。

美食嘉年华(Festival Epicure；☎519-971-5005；www.festivalepicure.com；⏲7月初)沿着市区的河畔享受3天超负荷的食物、酒和音乐。

国际布鲁斯音乐节(Bluesfest International；☎866-934-6889；www.thebluesfest.ca；⏲7月中)和伦敦布鲁斯国际公司(Bluesfest International，见173页)合作，以洛什·洛沃斯(Los Lobos)和戴夫·梅森(Dave Mason)等音乐家的演出为特色。

住宿

温莎住宿的地方一大把，预订不紧要。连锁酒店和当地汽车旅馆集中在Huron Church Rd路一带，一直延伸到Ambassador Bridge桥。周末房价高些，夏季一过就降价。

温莎宿营地(Windsor Campground；☎519-735-3660，866-258-5554；www.windsorcampground.ca；4855 Concession 9；无电/带电 宿营地$32/39，小木屋$53；Ⓟ 🅿)在城镇外6公里，就是Hwy 401公路附近，这块广阔的地方是森林近处坐落着的唯一的宿营场所。那里有一个娱乐钓鱼池，还有小孩玩的山地卡丁车。另外还有四个带基本设施的小木屋。

Cadillac Motel 汽车旅馆(☎519-969-9340，888-541-3333；www.cadillacmotel.com；2498 Dougall Ave；房$65～95；Ⓟ ⊠ 🅿)他们从来不会建造像这个褐色砖块砌成的庞然大物这样丑陋的凯迪拉克，但是你在这里总能找到一个干净舒适的房间。把你自己关起来，然后创作你的加拿大旅行小说吧！

Kirk's B&B旅馆(☎519-255-9346，888-251-2624；www.kirksbandb.com；406 Moy Ave；单/双$75/99；Ⓟ ⊠ ⊠)迷人而独领风骚的混合住宿地，经理用自己的方式经营这家相当不错的B&B旅馆。距河一个街区，是一幢老式的三层砖楼，花院苍翠繁茂，还有一只猫。

就餐

Oullette Ave大道(泰国人、印度人和咖啡店)与Chatham St街(酒吧和烤肉)使得人们的视线聚焦在商业区。Erie St E东街是一个全是美味餐馆的意大利人聚集区。

Plunkett's 酒吧和烧烤(Plunkett's Bar & Grill；☎519-252-3111；28 Chatham St E；主菜$9～18；⏲11am～深夜)"美味厨房，超酷酒吧"是这儿的宣传语，我们能不同意吗？食谱上从汉堡包到泰式馅饼(pad thai)，到chorizo和胡桃鸡，各式各样。不过他们不做他们做不来的食物。弯腰靠在巨大的马蹄形酒吧里，或者坐在街边庭院里。

Chatham Street Grill 烧烤店(☎519-256-2555；149 Chatham St W；午餐主菜$9～13，晚餐$22～33；⏲周一至周三11:30am～11pm，周四至午夜，周五至1am，周六正午～1am，周日5～10pm)每一个人都在过着法裔加拿大人的舒适生活，这个令人兴奋的地方供应还不错的菜肴，包括汤、沙拉、海鲜、意大利面条和牛排。你可以逍遥自在地在啤酒吧、在满是孩子的吵闹庭院里或有着深红墙壁的餐厅中进餐。

Spago Trattoria e Pizzeria(☎519-252-9099；614 Erie St E；主菜$10～28；⏲11:30am～10pm)温莎以意大利美食而出名，而这儿正是你要去品尝的地方。如果你不想吃筋道的意大利面，修整干净的工作人员也可以提供用烧木头的炉火烤制的比萨饼。

Spago Ristorante Italiano(☎519-252-2233；690 Erie St E；主菜$12～30；⏲周一和周二5～10pm，周三至11pm，周四至午夜，周五和周六至2am，周日4～11pm)Spago Pizzeria更正规的竞争对手，就在同一条街的北边。

到达和离开

底特律—温莎一线是重要的边境通道，必经

有名而且收费高的 Ambassador Bridge 桥（过桥费 $4 ~ 4.75/$3.50 ~ 4.50），或连通两市中心的**底特律—温莎隧道**（过道费 $4 ~ 4.75/$3.50 ~ 4.50）。一天不同时刻收费会有所变化。

崭新的**温莎公共汽车站**（Windsor Bus Station；☎519-255-6100；www.greyhound.ca；300 Chatham St W；⏲7am～10pm）的公共汽车开往多伦多($73，5小时，一天5班)，途经伦敦($39，2小时)。往美国方向，开往芝加哥($79，7～9小时，一天2班)，须在底特律从加拿大灰狗换乘灰狗客车。这儿还有**温莎运输站**（Transit Windsor；☎519-944-4111；www.citywindsor/transitwindsor），运营公共汽车通往底特律($2.75，30分钟，每30分钟1班)——带上你的护照。

温莎火车站（Windsor Train Station；☎888-842-7245；www.viarail.ca；Walker St和Wyandotte St拐角；⏲5:30am～午夜），位于城镇以东3公里，有开往多伦多($87，4小时，一天4班)的多班列车，路经伦敦($51，2小时)。

休伦湖滨(LAKE HURON SHORELINE)

休伦湖是五大湖区中湖水最清的，湖面很宽广，在湖东岸，太阳真的从水天一线处升起。如果你在多伦多、安大略湖待的时间比较长，休伦湖"无尽的蓝"(blueness)将让你觉得格外清爽宜人。滨海公路沿途经过人烟稀少的海岸线，被松树林和湖前公寓分开。

大约 100 公里处，是**汤姆叔叔历史故居**（Uncle Tom's Cabin Historic Site；☎519-683-2978；www.uncletomscabin.org；29251 Uncle Tom's Rd，Dresden；成人/优惠票/儿童/家庭 $6.25/5.25/4.50/20；⏲7 月到 8 月周一至周六 10am ~ 4pm，周日 中午至 4pm，6 月，9 月和 10 月 周一闭馆；Ⓟ）。汤姆叔叔是 Harriet Beecher Stowe 于 1852 年创作的小说人物和同名书名，原型人物是真实的英雄 Reverend Josiah Henson。这里展出了和这本小说以及地下铁路有关的物件（见 179 页框内文字）。

休伦湖南岸，从密歇根的休伦港（一个不那么繁忙的过境点，你可以避开温莎拥挤的交通）经过 Bluewater Bridge 桥，就到了工业发达的**萨尼亚** (Sarnia)。这儿是化学谷、加拿大主要石化生产和冶炼区枢纽。北美第一口商业油井就是在这附近挖掘出来的；周围的油城 (Oil City)、油泉 (Oil Springs) 和 Petrolia 小城都在对此表示敬意。

湖岸再北去，格兰德班得以南，是**派恩瑞省立公园**（Pinery Provincial Park；☎519-243-2220；www.pinerypark.on.ca；9526 Lakeshore Rd；无电/带电 宿营地 $28/33，锥形帐篷 $75，日票 $13，自行车/爱斯基摩划子 一天租金 $40/45；Ⓟ），沿湖滨10公里的地域，蜿蜒在丛林间的众多条徒步小路，还有沙丘。在1000处宿营地中选一处宿营一番，或者租个"锥形帐篷"——比较牢固。禁止"暴行"！

作为一个地区中心，**戈德里奇**拥有更多乡村美景，多得有些过分；一个最有特色的八角形广场形成了商业中心。从**戈德里奇旅游信息中心**（Goderich Tourist Information Centre；☎519-524-6600，800-280-7637；www.goderich.ca；91 Hamilton St；⏲4 月到 10 月 9am ~ 7pm，冬季时间减少）领取一份《四处历史遗址徒步游》(*4 Heritage Walking Tours*)，或是《游客手册》，帮助你制订你的游览计划。该中心还可以帮助你找到住宿的地方。黄昏时不要错过沿湖滨高地散步，欣赏令人眩晕的落日美景。

在**休伦镇博物馆**（Huron County Museum；☎519-524-2686；www.huroncounty.ca/museum；110 North St，Goderich；成人/优惠票/儿童/家庭 $5/4/3.50/18，combined Huron Historic Gaol ticket $7.50/5.50/4/25；⏲5 月到 10 月 10am ~ 4:30pm；Ⓟ）漫步在木板地上，好好了解当地历史、工业和交通。展品涵盖各个方面，从古家具、瓷器到老蒸汽机、油箱，很丰富。

沿着一条有些阴森的灰色走廊，进入休伦 **Historic Gaol 监狱**（☎519-524-6971；www.huroncounty.ca/museum；181 Victoria St，Goderich；成人/优惠票/儿童/家庭 $5/4/3.50/18，和休伦镇博物馆的联票 $7.50/5.50/4/25；⏲5 月到 10 月 10am ~ 4:30pm；Ⓟ），一座八边形的堡垒，用作法庭和监狱将近 130 年之久（1869 年，加拿大最后一次公开绞刑就是在这里进行的）。

附近的**布莱斯村**(Blyth)有Bruce Springsteen喜欢颂扬的主要街道，主办备受好评的夏季**布莱斯节**（Blyth Festival；☎519-523-9300，877-862-5984；www.blythfestival.com；⏲售票处 演出日9am～9pm，非演出日至5pm）。6月到8月的活动以加拿大本国剧目为特色，有室外先锋剧目表演，也有室内的让人捧腹的喜剧上场。

乔治亚湾(GEORGIAN BAY)和湖泊地区

乔治亚湾 (Georgian Bay) 的海滩是令人无限神往的庞大王国，有碧蓝的水和绿色的树木。夏日可以伴着和风在优美的湖岸线或沙滩岸上漫步，而冬天茂密的松树林被霜冻弄得瑟瑟发抖。天上人间般的奇景让加拿大最有名的"七人画派"灵感大发，如今成了无数艺术家的故乡，他们在后院中被激发了灵感。欧文桑德 (Owen Sound) 和马尼图林岛 (Manitoulin Island) 的出类拔萃证明了这片土地能够启发创造力。中部地区的闹市区兴建了户外画廊，展出超过 30 幅华丽醒目的壁画。

每当夏日到来，乔治亚湾总是挤满了加拿大人，他们都想找到一寸晒太阳的沙滩。在酷暑难

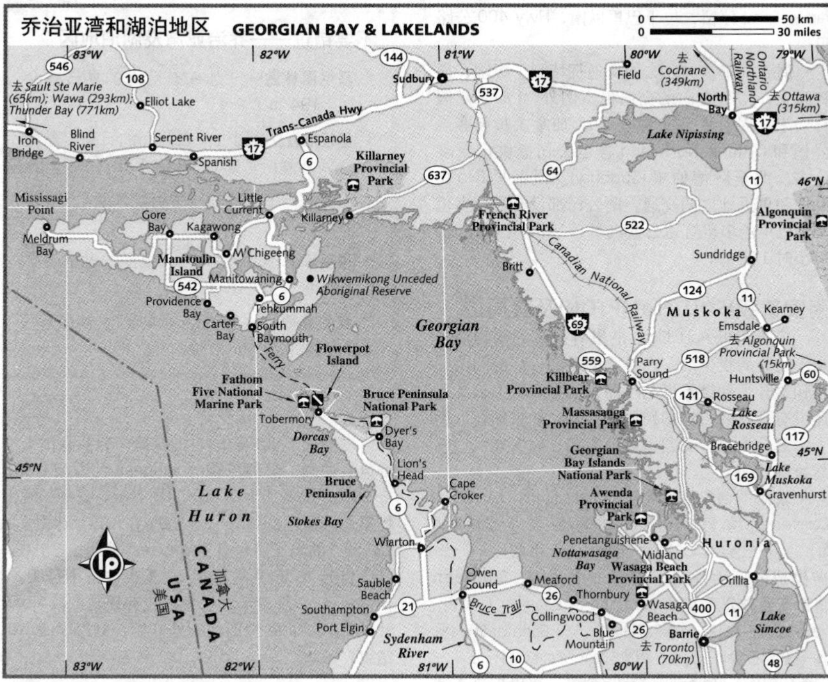

乔治亚湾和湖泊地区 GEORGIAN BAY & LAKELANDS

耐的日子里，世界上最长的淡水海滨浴场沃萨加(Wasaga)吸引着无数的旅行者。来自其他地区的安大略人开始一年一度的商量和安排“田园时间”，通常在那些世代拥有湖畔居所的家族之间交换意见。然后，在秋日里，随着树叶在诱人的秋天飘落，很多地方也渐渐冷清。安大略的水之王国却能够在冬天提供最好的滑雪运动。沃萨加幻化成越野滑雪天堂，在本省，附近的布卢山(Blue Mountain)也有最好的垂直下降场地。

相对本省的其他地区，这片小而宽阔的海岸线地貌变化多样，令人叹为观止。在南安普顿，你可以去休伦湖享受温暖的湖水和厚沙湖畔。隔壁的布鲁斯半岛(Bruce Peninsula)锯齿状的石灰石形成了形态各异的山形和险象环生的海滩。让我们进一步向前，工业区欧文桑德(Owen Sound)的地形变得平坦，到了布卢山地区，险峻的景象再一次升级。米德兰和佩尼坦奎星(Penetanguishene)的沼泽水域，形成了无数的岛屿环绕着帕里森德(Parry Sound)。闪着微光的石英岩山崖出现在基拉尼(Killarney)，并且延续到马尼图林——世界上最大的淡水岛。

这块地区以类似方式，逆时针围绕着这个海湾，从南安普顿开始，沿着海岸到达北边的马尼图林岛。如果要走捷径，可以乘坐Chi-Cheemaun渡轮(见184页)，从马尼图林到布鲁斯半岛(Bruce Peninsula)的顶部。在米德兰和帕里森德中间，毗邻海湾的湖泊地区也在这个区域。奥里利亚(Orillia)是特伦特—塞文水水道(Trent-Severn Waterway)上主要的一站，提供非常值得回忆的晚餐。更远的北方，有一片广阔的森林覆盖的弯曲湖泊区域，称为穆斯库卡(Muskoka，或湖区)，在格雷温赫斯特(Gravenhurst)和亨茨维尔(Huntsville)两镇之间，这片地区很长时间以来都被称为是富裕多伦多人的“别墅村”。

巴里(BARRIE)

巴里标志着多伦多广大近郊区域的尽头，也是“别墅村”的起点。然而，这座坐落在辛科湖岸的小城看上去更像是多伦多的延续，而非一片独立的湖滨土地。

值得在很大的**安大略旅行信息中心**(☎705-725-7280，800-668-2746；21 Molson Park Dr；⏰6月中到8月8am～8pm，4月到5月中和9月到11月8:30am～5pm，5月中到6月中至6pm，12月到次年3月

7am～5pm）停留，位于巴里以南，Hwy 400 公路沿途。

周五下午，向北去的交通拥堵到了极限，周日晚上，南行方向的交通也不例外，（如果是假日周末，周一也会非常堵车）。加拿大灰狗客运公司和 Ontario Northland 客运公司提供南至多伦多、北至萨德伯里（Sudbury）、诺斯贝（North Bay）和更远地区的交通。两公司都设有往返多伦多到巴里的多班直达公共汽车（$19，1 个半小时，每小时 1 班）。

南安普顿(SOUTHAMPTON)及其周边

尽管附近 Port Elgin 港里有众多的购物商店和不安分的夜生活，在浮躁的暑期，恬静的南安普顿避开了拥挤不堪的小路。这里有看上去几乎还没有开发的古怪的殖民地沙滩，如果你在大街上闲逛会无意中看到家庭商店和皇后安妮风格的建筑群。

较小的**南安普顿商会**（Southampton Chamber of Commerce；☎519-797-2215，888-757-2215；201 High St；⏲周二至周六 10am～4pm）位于市政厅——用砖砌成的巨大建筑，带有一个钟楼。**Saugeen 海岸商会办公室**（Saugeen Shores Chamber Office；☎519-832-2332，800-387-3456；559 Goderich St；⏲周一至周五9am～5pm，周六10am～4pm，周日正午～4pm）离Port Elgin港海岸线8公里，可以提供本地区的一切信息。

景点和活动

Chantry Island 岛位于海岸外 2 公里，有一座孤独的灯塔，也是候鸟的圣地。游览 Chantry Island 岛的唯一途径是参加 **Chantry 岛团队游**（Chantry Island Tours；☎519-797-5862，866-797-5862；www.chantryisland.com；$25；⏲6 月到 9 月中）。掌握很多信息的徒步游由航海传统协会（Marine Heritage Society）组织，可以了解地区的航海史，也有机会爬上闪烁着灯光的灯塔。只要天气允许，6 月到 7 月间每天组织两批旅行者，8 月到 9 月间一天组织三批旅行者。需要预订，每次团队游只能有九人。

Bruce County Museum博物馆（☎519-797-2080，866-318-8889；www.brucecounty.on.ca/museum；33 Victoria St N，Southampton；成人/儿童 $8/4；⏲周一至周六10am～5pm，周日1～5pm）这里收藏着很多在本地区遇难的船只运送的手工艺品。

Saugeen River 河，在南安普顿流入休伦湖，是安大略南部**独木舟**和**爱斯基摩划子**项目开展最好的线路之一。**Thorncrest Outfitters**（☎519-797-1608，888-345-2925；www.thorncrestoutfitters.com；193 High St，Southampton）设有针对划舟生手的短期自助式指导一类的专项旅游。通过运动用具商可以参加丰富多彩的自助探险，包括在白天沿着风景如画、静静流淌的 Saugeen 河漂流（独木舟 $50），或参加为期 3 天的划船游，安静的晚上找家老旅馆过夜（$335，全套）。在布鲁斯半岛（见 183 页）的出发点也有 Thorncrest 分店。

自行车骑手肯定会很喜欢**铁路小径**（Rail Trail）——一段绵延25公里的废弃铁轨，从Albert St街和Adelaide St街拐角处开始，到Paisley小镇结束。

> **不要错过——乔治亚湾及湖泊地区**
>
> - **马尼图林岛**——加入有活力的夏日集会（见 194 页）
> - **基拉尼省立公园**——在闪光的石英岩悬崖之间划爱斯基摩划子（见 193 页）
> - **布卢山**——豪华的滑雪冒险体验（见 186 页）
> - **穆斯库卡**（Muskoka）——很深的湖水及高耸的松树（见 190 页）
> - **欧文桑德**——振奋人心的艺术社区（见 184 页）

住宿

Stewart House（☎519-797-5094；48 Victoria St N；房 $75～125；Ⓟ ☒）舒适的乡村风格旅馆，配有蓝色百叶窗，对于你来说是城里最经济实惠的好地方。友好的主人除掉了海边 B&B 旅馆的一般装饰，把卧室改成了令人印象深刻的、向 Labatt、Molson 和其他酒神致敬的圣地。

南安普顿宾馆（Southampton Inn；☎519-797-5915，888-214-3816；www.thesouthamptoninn.com；118 High St；房 $90～125；套房 $100～150；Ⓟ wi-fi）如果混合了沙和风的海滩还没有让你晒够太阳，你可以去楼下做一个全面的 SPA。拥有大片更好的住宿区——每个套房都有自己独立的日光浴房。

Chantry Breezes（☎519-797-1818，866-242-6879；www.chantrybreezes.com；107 High St；房含早餐 $110～150；Ⓟ ☒）皇后安妮的古老庄园，柔和地藏在常绿植物的后面，对于南安普顿的周末来说是个很好的选择。七个房间分散在很多漂亮的古董之间，后院里石头小路的尽头是私人别墅。在这里就餐，有食物过敏症的人不用担心，定做的早餐肯定会让你满意。

餐饮

Armen's 餐馆（☎519-797-3864；224 High St；主

菜 $4～8；周四到周一 9am～4pm）忘记本地油腻的汤匙，当健谈的 Armen 准备可口的三明治时，和他打个招呼，每天的菜单都不一样。悄悄上楼，在阳光充足的屋顶上享受你鲜美的食物吧！

Elk and Finch酒馆（519-797-2835；54 Albert St；主菜 $7～9；周日至周四8am～8pm，周五和周六8am～9pm，冬季 周一和周二 休息）穿过塑料家具充斥的迷宫般庭院，在这个奇怪的小餐馆里喝一杯拿铁咖啡。在有点摇晃的屋子里啜口喜爱的啤酒，或者躺在绿绿的草坪上。

皇后餐馆（Queen's；519-832-2041；603 Goderich St，Port Elgin；周一至周二 11am～10pm，周三至周六 11～2am，周日 10am～10pm）在水上运动辛苦一天后，顺便来到这家餐馆，来一杯冰啤酒和一篮子布法罗辣鸡翅（buffalo wings）。

到达和离开

到达安大略莱斯特B.皮尔森国际机场（Lester B Pearson International Airport in Toronto，见141页）的乘客可以乘坐**Grey Bruce Airbus公司**（519-389-4433；www.greybruceairbus.com）的客车，开往南安普顿和Port Elgin港（$57，3小时，一天4班）。从多伦多市中心公共汽车站发车，**Canar公司**（800-387-7097；www.can-arcoach.com）开通前往Port Elgin港（$35～40，4小时45分钟，一天1班）的汽车，到达城市中心的Ralph's Hi-way Shoppette。

布鲁斯半岛（BRUCE PENINSULA）

布鲁斯半岛，正如人们所知，地处尼亚加拉陡坡（Niagara Escarpment）北部末端，是一片大约 80 公里长、裸露地表的石灰岩地区，有峭壁海岸和绿色树木。手指状的突出部分将冰冷、水晶般的乔治亚湾与休伦湖温暖的水流分开。

旅行者主要集中的地方是托伯莫里，一座迷人、不做作的村庄，在半岛的顶端。港口地区的活动中心叫做"Little Tub（小盆地）"，渡轮季节一派繁忙，冬季则无人问津。100 公里的公路从 Wiarton 一直延伸到托伯莫里（Tobermory），只是有些阴暗。走一两条侧道，可以欣赏崎岖多变景致的乡间路，正是这些景致使得布鲁斯不同凡响。

实用信息

布鲁斯镇旅游局（Bruce County Tourism；800-268-3838；周一至周五 8:30am～4:30pm）电话服务提供实用信息；设有自由出入的办事处。

加拿大公园游客中心（Parks Canada Visitor Centre；519-596-2233；Alexander St，Tobermory；7月到8月8am～8pm，周五和周六至9pm，9月到次年6月9am～4pm）有很棒的说明中心、展览室、电影院、几条徒步旅行的小路和一座高高的观景台。

托伯莫里商会（Tobermory Chamber of Commerce；519-596-2452；www.tobermory.org；Hwy 6，Tobermory；9am～5pm）

景点

从**布鲁斯半岛国家公园**（Bruce Peninsula National Park）正南的 Hwy 6 公路转上 Dyer's Bay Rd 路，前往古雅的**戴尔斯贝村庄**（Dyer's Bay）。这座很小的村庄是库德角（Cape Cod）遗迹，还有有趣的气象台和湖滨风光。（在 Dyer's Bay Rd 路上，不要下车，因为街旁满是有毒的常青藤。）**Cabot Head Lighthouse 灯塔**（捐赠入内；5 月到 10 月中），距离戴尔斯贝约 7 公里，灯塔里是一个小型的博物馆，从看守人的位置可以欣赏到绚丽的风光。半岛上还有其他一些灯塔可以游览，不过，崎岖的旅程也是这里的魅力部分。

五浔国家海洋公园（Fathom Five National Marine Park）里最有名，参观人数最多的地方是**花盆岛**（Flowerpot Island），因这个地方有诸多的"花盆"，浪涛侵蚀而成看似嶙峋险峻、岌岌可危的岩石地貌。还组织乘坐玻璃底小船的几种巡游，从轮渡码头出发，通过透明船底可见一种独特景观：生锈的长满藤壶的沉船。

活动

登录 www.explorethebruce.com 网站，查询关于这座崎岖半岛上所有活动的更多信息。

徒步

布鲁斯半岛国家公园（Bruce Peninsula National Park；519-596-2233；白天每辆观赏车 $10.50；5 月到 10 月中）沿着乔治湾，炫耀着一些最令人难以置信的特色：尼亚加拉陡坡、1000 年的松柏和稀有的兰花品种。公园里多数活动的中心是**塞浦路斯湖宿营地和游客中心**（Cyprus Lake Campground & Visitor Centre；519-596-2263；Cyprus Lake Rd；8am～4:30pm），有便利的徒步小路，路长从大约 1 公里到 5 公里不等。徒步跋涉到 **Grotto**、**Halfway Rock Point** 和 **Halfway Log Dump** 是当地人的最爱。

划独木舟

Thorncrest Outfitters（519-596-8908，888-345-2925；www.thorncrestoutfitters.com；Hwy 6，Tobermory）提供沿着布鲁斯的各种旅行，更适合于比较懂划桨的人。顺便到他们在南安普顿（见 182 页）的店中寻找更多的渡船选择。那些独立的划桨者可以从这个友好的工具商那乘租所有必备用具。

安大略

戴水肺潜水(SCUBA DIVING)

解开你内在的 Jacques Cousteau 般的束缚，跳入水晶般透彻的水中，寻找北美地区一些最好的沉船潜水。蜿蜒穿过 22 艘沉船，有些可以追溯到 19 世纪。这个地区的能见度经常相当好，但水大约只有 1℃，几乎可以做冰浴室了。在加拿大泊车，所有潜水人员都必须在加拿大公园管理处做个人登记。

游客中心（Visitor Centre；☎519-596-2233；www.pc.gc.ca/fathomfive；Alexander St，Tobermory）

G&S Watersports（☎519-596-2200；www.gswatersports.com；8 Bay St S，Tobermory）和**Diver's Den**（☎519-596-2363；www.diversden.ca；Bay St S，Tobermory）提供水上运动器具和专业证书培训课程(水上运动证书课程费用：$495到$675)以及针对初学者的“发现”潜水课程($175)。

食宿

夏天，预订住宿相当关键。登录 www.bbgreybruce.com 网站，了解这个地区各种各样的住宿场所。

户外宿营可选择**布鲁斯半岛国家公园**（☎519-596-2233；⏲5月到10月中；偏远地/宿营地 $8/22）。你可以在**Cyprus Lake Campground & Visitor Centre**（☎519-596-2263；Cyprus Lake Rd；⏲8am～4:30pm）预订偏僻的场地；营地的预订必须通过**加拿大公园管理处**（Parks Canada；☎877-737-3783；www.pccamping.ca）。

以下的食宿选择位于风景如画的托伯莫里镇，它在半岛的顶端。

Cha Mao Zah（☎519-596-2708；www.indiancarver.com；7111 Hwy 6，Tobermory；锥形帐篷 $40～85，小屋 带公共卫生间 $60～90，睡袋 租金 $10；⏲5月到10月）可以试试不同的住宿方式——帆布锥形帐篷(canvas tipis，每一顶帐篷容纳 2 人到 8 人，在这里，你不能搭设自己的帐篷)。7 月和 8 月，很多活动发生在这个森林繁茂的地区，包括举办仪式、水牛晚餐、鼓声、讲故事和雕塑品商店。

Cedar Vista Motel 汽车旅馆（☎519-596-2395；www.cedarvistamotel.com；7370 Hwy 6，Tobermory；房 $64～99）这家友好的小旅馆位于高速公路的右侧，在到达托伯莫里前的不远处。房间重新刷过油漆，配有现代化的设备。

Innisfree（☎519-596-8190；www.bbcanada.com/innisfree；46 Bay St，Tobermory；房 $70～95；⏲5月到10月；Ⓟ ⊠）无论它是散发着蓝莓松饼的香味，还是优美的足以使人晕倒的港湾风景，客人们会绝对被这个迷人的乡村旅馆所吸引。

Grandview（☎519-596-2220；www.grandview-tobermory.com；8 Earl St，Tobermory；房 $100～120；Ⓟ wi-fi）别墅式的汽车旅馆，就在通往渡轮码头的路上。受欢迎的户内餐馆有着能欣赏迷人风景的露天茶座。

Craigie's（☎519-596-2867；Little Tub，Tobermory；鱼片和薯条 $10.50；⏲5月到10月 7am～7pm）这家白海棚屋自 1932 年就在托伯莫里经营鱼片和薯条生意，所以现在，他们的菜谱已日臻完善。如果你不喜欢在早上匆匆吃一条干瘪的鱼，那么热气腾腾的早餐将是你的不二选择。

Stone Orchid 印度尼西亚餐馆（☎519-596-2800；7078 Hwy 6，Tobermory；主菜 $18～25；⏲5月到10月午餐和晚餐）Stone Orchid 印度尼西亚餐馆是这座小海港城市中很受欢迎的古怪餐馆。在等待你的印度尼西亚菜肴时，向四周张望，这儿大部分的工艺品和古董都可以出售。

到达和离开

开往布鲁斯半岛的公共汽车只在 6 月下旬到 9 月上旬的周五、周六和周日开通。**Laidlaw Transit 公司**（☎519-376-5712）从欧文桑德到托伯莫里的往返班车($25，1 个半小时，一天 1 班）沿着半岛有几处停留站，包括 Wiarton、狮子头(Lion's Head，仅仅有需要时才停)和塞浦路斯湖。

从布鲁斯半岛乘坐 Chi-Cheemaun 渡轮，穿过乔治湾入口，到达马尼图林岛。由**安大略渡轮公司**（Ontario Ferries；☎800-265-3163；www.ontarioferries.com；成人/儿童/公共汽车 $14.20/7.05/30.95；⏲5月上旬到10月中）运营，渡轮从托伯莫里前往 South Baymouth(2 小时行程)。从 6 月下旬到 9 月上旬，一天有四班过境渡轮，而在其他季节中，一天两班，周五晚上加一班。强烈建议预订。

欧文桑德(OWEN SOUND)

欧文桑德的过去不堪回首，当时是航海中心，满是缓慢的船只和妓女。被水手们称为“小利物浦”，这座混乱的港口挤满各种粗俗的人，以至于这里的禁酒史长达 60 年。直到 1972 年解除禁运令时，欧文桑德已变成兴旺的艺术家们的聚集地。参观**欧文桑德游客信息中心**（☎519-371-9833，888-675-5555；www.owensound.ca；1155 1st Ave W；⏲5月末到10月中 9am～5pm，10月中到次年5月末周一至周五 9am～5pm 和周六 11am～5pm，时间会有所变化）将会告诉你几处自然景观和许多有趣的博物馆的方位，包括附近的**航海和铁路博物馆**（Marine & Rail Museum；☎519-371-3333；www.marinerail.com；1155 1st Ave W；成人/儿童 $4/2；⏲5月末到10月中 10am～4pm，10月中到次年5月末周二到周五 10am～4pm 和周六和周日 11am～3pm）。

景点和活动

汤姆·托马斯美术纪念馆(Tom Thomson Memorial Art Gallery; ☎519-376-1932; www.tomthomson.org; 840 1st Ave W; 捐赠$5付费; ⏲7月到8月周一至周六10am～5pm, 周三至9pm, 周日正午～5pm, 9月到次年6月周二至周五11am～5pm, 周三至9pm, 周六和周日正午至5pm)展出汤姆·托马斯的作品，他是一位热情的野外活动家和现代加拿大风景油画的始祖。他对自然界的亲切和略带忧郁的描绘被认为是“七人画派”(见145页产生的主要原因。托马斯生长在这个地区，他的很多作品就是在附近厚厚的秋季落叶中创作的。巡回展也包括馆内收藏的当代加拿大艺术作品展。

Grey Roots(☎519-376-3690, 877-473-9766; www.greyroots.com; 102599 Grey Rd 18, RR 4; 成人/儿童$6/3.50; ⏲5月末到8月10am～5pm, 9月到次年5月末周一至周五10am～5pm和1～5pm周六和周日)靠近Inglis瀑布，通过展现早期的殖民者和当地的英雄人物，说明这个地区丰富的开拓史，还有关于这个地区的自然资源、气候和地形学的互动展示。丰富多彩的轮换展览简直超出了你能想象的范围：过去的展览探索了艾伯塔恐龙和洗手间的历史。

该乡英雄威廉·埃弗里(William Avery, “比利”)大主教，第一次世界大战中加拿大著名的王牌飞行员，在他儿时的家中接受嘉奖，现在这里是**比利大主教故居博物馆**(Billy Bishop Heritage Museum; ☎519-371-0031; www.billybishop.org; 948 3rd Ave W; 成人/学生$4/2; ⏲7月到8月周一至周六10am～4pm和周日正午～5pm, 9月到次年6月周二至周日正午～4pm, 1月、2月周末和3月闭馆)。步行穿过这幢老式的维多利亚牧师住宅，你可以看到关于加拿大航空史的详细展品和被称为战争英雄的大主教的个人生平。

这个地区有8处优美的**瀑布景观**，其中四处几乎就在城里。在**Jolley's Alternative Wheels**(☎519-371-1812; www.alternativewheels.com; 939 2nd Ave E; 每天租金$39; ⏲周二至周五10am～7pm, 周六10am～5pm)租辆自行车，游览附近的瀑布，或沿着Grey County Rd 1路及欧文桑德和Wiarton之间那条长满巨大松树的蜿蜒海岸线骑车。

节日和重大活动

夏季民间音乐节(Summerfolk Music Festival; ☎519-371-2995, 866-528-8225; www.summerfolk.org; ⏲8月中)为期3天的爵士演奏会是大陆上顶级民间音乐节日之一。那些来自全球各地的表演者们聚集在湖边舞台上，面对一群群热情的观众尽情演出。周末票价$69起。

食宿和饮品

如果你正要去B&B旅馆，那请看一眼www.bbgreybruce.com，上面有很长的旅馆列表。

Diamond Motor Inn汽车旅馆(☎519-371-2011, 800-461-7849; www.geosites.com/diamondmotel; 713 9th Ave E; 房$60～89; Ⓟ ♿)一处宜人自在的地方，这家小汽车旅馆客房明亮，配备木护墙和小厨房。

Butchart Estate(☎519-371-0208, 877-280-2403; www.butchartestate.com; 919 5th Ave E; 单/双$99/119; Ⓟ ♿)著名的巴恰特花园(见687页)的拥有者Butchart家族起先从苏格兰移民时，建造了这处庞大的地产。Queen Anne home住家，带有满是钉子的角楼和用砖砌成的三角墙，混杂了各种建筑风格，配备了一个很大的室内游泳池和热水浴盆。

Norma Jean's Bistro酒馆(☎519-376-2232; 243 8th St E; 汉堡包$7.50～9.50, 其他主菜$15～25; ⏲周二至周五午餐, 周一至周六晚餐)有各种各样的牛肉松面包，撒了胡椒粉的汉堡包是当地人的最爱，因为人们喜欢它的辣味。吃着松软的小肉饼这令人满足的晚餐，你可能会大唱“汉堡包是女孩的最爱”(Burgers Are A Girl's Best Friend)。

Jazzmyn's Tapas & Taps(☎519-371-7736; 267 9th St E; ⏲周一至周六11:30～2am)在烛光中放松，来一杯扎啤(包括Creemore!)，偶尔能听到现场音乐秀，是凯尔特曲调或者民间音乐会。如果想和你的乐队找个地方演出，那么请提前打电话。

购物

拿一份《艺术家地图》(*The Art Map*)，或者登录www.theartmap.com网站搜索，能找到超过50个当地艺术家工作室的信息。

欧文桑德艺术家合作商店(Owen Sound Artists' Co-op; ☎519-371-0479; www.osartistsco-op.com; 279 10th St E; ⏲周一至周六9:30am～5:30pm)这家合作商店以经营本省艺术家的各类工艺品为特色。花数小时浏览高品质陶器、摄影、编织物、木制品和珠宝，同时倾听试验性的新时代音乐。

欧文桑德农贸市场(Owen Sound Farmers Market; ☎519-371-3433; www.owensoundfarmersmarket.ca; 114 8th St E; ⏲周六7am～12:30pm)这个商贩合作市场是安大略最古老的市场之一。位于用砖砌成的老式水厂建筑中，每周大量色彩绚丽的展示品包括成熟的产品、枫树浆、汤和烘烤食品。

到达和离开

加拿大灰狗客车在欧文桑德和多伦多之间定期提供班车服务($36, 4小时15分钟, 一天3班)，也有到巴里的线路($34, 2个半小时, 一天2班)。

安大略

6月末到9月初，周五、周六和周日，从欧文桑德北上布鲁斯半岛的公共汽车服务($25，1个半小时，一天1班)是由**Laidlaw Transit运输公司**(☎519-376-5712)提供的($25，1个半小时)。

科灵武德和布卢山 (COLLINGWOOD & BLUE MOUNTAIN)

科灵武德和布卢山是异胞双生。安静的科灵武德小镇氛围与沿着海岸的其他社区相似，而布卢山则是另一种类型的社区。布卢山村是Intrawest公司的最近作品，他们也会带你到不列颠哥伦比亚的惠斯勒和魁北克的蒙特朗布兰特。该公司为主要的滑雪休闲场所策划的方案很简单：复制了Zermatt的阿尔卑斯村庄或Gstaad，然后加入了每一种能想象到的优雅的舒适。尽管这个建筑仍然还在建设中(至少到2010年)，但区域内的大部分已经完成。

实用信息

布卢山(☎705-445-0231；www.bluemountain.ca)中心电话和网站提供度假村各方面的信息资料。便捷的地图和其他附加信息中可找到众多旅馆，找一家停下来。

乔治亚三角住宿协会(Georgian Triangle Lodging Association；☎705-445-0748；⏲5~10pm)集中了住宿预订信息。

乔治亚三角旅游协会(Georgian Triangle Tourism Association；☎705-445-7722；www.georgiantriangle.com；30 Mountain Rd，Collingwood；⏲9am ~ 5pm)

景点和活动

布卢山提供了安大略最好的滑雪和滑雪板。有自然地质、多种半管道、可随上随下的小路、16部缆车以及35道按速度分级，从初学者到双料黑钻石级都有。白天缆车票价(9am ~ 4:30pm有效)为成人C$52，青少年和老人C$34。下午票(12:30 ~ 4:30pm)和夜票(4:30 ~ 10pm)也出售，稍稍便宜些，12月的头两周和3月的后两周，值得注意的是缆车票会大幅降价(成人/儿童，$39/29)。请一直关注特价票的信息。拿一份有用的《布卢山度假村冬季指南》(*Blue Mountain Resort Winter Guide*)，了解价格、斜坡地图等信息。

布卢山滑雪学校(Blue Mountain Snow)提供了许多课程，供各种水平的人学习。成人初学者班是$54，包括一整天的缆车费用、说明指导和器械租用(雪橇或滑雪板)。

夏天，度假村提供各类周边旅游套餐，包括登山徒步，帆船航行，攀爬，山地自行车和帆板冲浪等等。有关详情和预订信息，请联系**活动中心**(Activity Central；☎705-443-5522，800-955-6561；www.blueactivities.com；⏲8:30am ~ 6pm，7月和8月及12月中到次年3月中至8:30pm)，在度假村里，Main St街上有个店面，就在Events Plaza广场附近。

要避开出游的人群，可以电话咨询**Free Spirit Tours**(☎705-444-3622，519-599-2268；www.freespirit-tours.com)，了解特别的游览。沿尼亚加拉陡坡攀岩($100)，享受令人激动的一天，或在冬天划独木舟($45)和洞穴探险($65)。也提供踩自行车、徒步和独木舟行程。

食宿

科灵武德和布卢山的住宿比较昂贵，因为这个地区是全年的旅游中心。从Hwy 26公路边上一般的汽车旅馆中选择你需要的，或在滑雪小山上选豪华的套房。在这座迷人的布卢山度假村里漫步，你会找到欢迎家庭就餐的众多餐馆。当然，他们都能让你享受到一顿美味的令人满意的晚餐，但没有特别豪华的。科灵武德的Hurontario St街上也有一些可供选择的餐馆。

Grand Georgian旅馆(☎705-445-0231，877-445-0231；www.bluemountain.ca；房$110~380；🅿 ✖ 🏊 wi-fi)是布卢山度假村中的主要旅馆。宽敞的公寓式住宿提供了一系列私人奢侈活动设施，如游泳池、热浴桶、台球桌和健身房。

Blue Mountain Inn旅店(☎705-445-0231，877-445-0231；www.bluemountain.ca；房$130~200；🅿 ✖ 🏊)当这里建起时，人们仍然在木板上滑雪。这家宾馆是山上唯一一个不会让你感觉是完全公共化的地方，但大厅里闻起来有些氯的气味，而且房间需要稍作装饰。建议客人们在入住期间预订三餐。

Grandma Lambe's(☎519-538-2757；Hwy 26；⏲周六至周四8am ~ 6pm，周五至7pm)你不会为跋涉了35公里来到Grandma Lambe's(在Thornbury和Meaford之间，向西沿Hwy 26公路)而感到后悔。桂花和烹制的水果的香味扑鼻而来，而店中是满柜的枫浆佳酿、大量蔬菜和堆得高高的馅饼、小圆面包和果冻的桌子。

Oliver & Bonacini餐馆(☎705-444-8680；www.oliverbonacini.com；220 Mountain Dr；晚餐主菜$14 ~ 30；⏲7am ~ 10pm)顺着那种因为人多而发出的让人有些"晕"的嗡嗡声，穿过Westin Trillium酒店的大厅。两位来自多伦多的精明的餐馆经营者Oliver和Bonacini在仿啤酒店的氛围中为你提供现代美食，配有球状金炳台灯、古色古香的红木桌和明亮的柚木椅子。

到达和四处走走

加拿大灰狗客车提供开往欧文桑德($20，1小时，一天2班)和巴里($20，1个半小时，一天 2 班）的汽车服务，从科灵武德的公共汽车站或 Blue Mountain Inn 旅店发车。**Ace Cabs**（☎705-445-3300，705-445-0330）可以载你在科灵武德和布卢山之间往返（$15，15 分钟）。

沃萨加比奇(WASAGA BEACH)

沃萨加有享誉世界的最长的淡水水岸。它也是多伦多度假场所中最接近成熟的海滩度假胜地，每年夏天都吸引着成千上万的旅行者来此观光旅游。14 公里长的宽阔沙滩和波涛海浪，大部分属于**沃萨加海滩省立公园**（Wasaga Beach Provincial Park；☎705-429-2516；每辆车每天 $11，无宿营地；🕑10 月中到 11 月休息）。整个夏季，海滩活跃起来，而冬季，许多人都忘记了沃萨加的原始沙丘，转向令人生畏的越野滑雪运动。

商会（Chamber of Commerce；☎705-429-2247，866-292-7242；www.wasagainfo.com；550 River Rd；🕑周一至周五9am～5pm，夏季时间延长）是寻找住宿的一个主要资源。沿Main St街或Mosley St街向南驾车，将看到几个住宿处；海滩上也有很多选择。

从沃萨加海滩开往巴里的汽车（$9，1 小时），会继续开到多伦多（$28，2 个半小时），每天从 **Gatheral 食品市场**（Gatheral's Food Market；☎705-422-1740；620 River Rd W）发两班车。

米德兰(MIDLAND)

米德兰的小商业中心是休伦湖一带最有趣的地方。休伦—欧恩达特人（Huron-Ouendat）起先在这里定居，发展成一个联邦以促进邻里原住民之间的互助合作。后来，这个联盟吸引了法国探险家们，特别是耶稣会传教士。米德兰的迷人历史主要集中在休伦和基督教坚定分子的激烈斗争上。**南乔治亚湾商会**（☎705-526-7884，800-263-7745；208 King St；🕑周一至周五 9am ～ 5pm，7 月到 8 月 9am ～ 8pm）友好、聪明的工作人会指给你正确的方向。

景点和活动

米德兰最引人注目的地方是**殉教圣坛**（Martyrs' Shrine；☎705-526-3788；www.martyrs-shrine.com；成人/儿童 $3/免费；🕑5 月末到 10 月中 8:30am ～ 9pm）——纪念六位传教士，他们悲惨地死在本土休伦人的手中。这儿包括一个大面积的草地，上面放着十字架，还有一个壮观的大教堂建筑。每年，成千上万的朝圣者来到这个纪念坛，祭奠 St Jean de Brébeuf 传教士。1984 年，教皇造访了这里。

穿过街道可见高耸的**圣玛丽教堂**（Ste-Marie

轻轻踩踏，带上一个大棍子

当"最后的边境"似乎像是一个失败的理念时，获知安大略大部分地区仍然未被开发，真是让人高兴。大面积的森林及湖泊沿着地平线无边无际。

探索这片原始的旷野已经变成许多人对自然的一种情怀，一些旅行用品商店设立了零售店来帮助感兴趣的旅行家来了解异地文化。在探测这些原始地区的同时，小心仔细地行动非常重要，要给未来旅行家提供无污染的体验。如果你计划自己冒险，请参考 Paddling Ontario 官方网站（www.paddlingontario.com），为优秀的探险者提供更徒步的探险。

对于那些需要一点帮助的人，我们统计了将那些许诺组织令人难忘的探险、又对土地心存敬意的杰出公司：

- 探索苏必利尔湖的最佳方式。沃瓦（Wawa）的苏必利尔探险旅游公司（Naturally Superior Adventures，见 205 页）。
- 阿尔贡金公园人员旅行内部信息的最好资源：梅努斯（Maynooth）的 Tom at Algonquin Backpackers Hostel 青年旅舍（见 221 页）。
- 最好的原住生活经历：穆斯法克特里（Moose Factory）的 Moose Cree Outdoor Discoveries & Adventures 户外探险（见 214 页）。
- 带有乡村音乐风情的最佳团队游：帕里森德（Parry Sound）的怀特司奎尔公司（White Squall，见 192 页）。
- 最有特色的"女性力量"的探险活动：萨德伯里（Sudbury）的野地女性探险（Wild Women Expeditions，见 198 页）。
- 最好的自助游设备组合：阿尔贡金的阿尔贡金户外人商店（Algonquin Outfitters，见 191 页）。
- 最好的"生态旅游"体验：萨德伯里的 Sundog Outfitters 和 Retreat Centre 休闲中心（见 198 页）。

among the Hurons；☎705-526-7838；www.saintemarieamongth ehurons.on.ca；Hwy 12；成人/儿童 $11.25/8.50；⏲5月到9月 9:30am ~ 5:30pm），这个历史遗址重现了17世纪耶稣会的传教活动，着古装的工作人员面带微笑向旅行者们讲述着那些苦难和折磨。就在圣玛丽的旁边，是**怀马休野生动物园**（Wye Marsh Wildlife Centre；☎705-526-7809；16160 Hwy 12；门票 $10；⏲9am ~ 5pm）有木板人行道，徒步小路和一个处在沼泽之上的观察台。公园中有大量不寻常的鸟类，其中包括鸣叫嘹亮的濒肌天鹅，它们刚摆脱濒临灭绝的边缘。门票中包含了跟随讲解员游览的费用，孩子们可以喂喂这些野生动物，乘小船过沼泽的游览，额外收费 C$5。

米德兰小姐(Miss Midland)并不是一个地区的选美小姐，它实际上是由**30 000岛屿旅游**（30 000 Island Tours；☎705-549-3388，888-833-2628；www.midlandtours.com；成人/儿童/家庭 $22/10/55；⏲5月末到10月中）经营的一艘海湾游船，每天下午1点45分发船，巡游历时2个半小时，6月到8月周末加开一些船次。

米德兰的几十幅**壁画**也很有名，它们将这个市中心改变为炫目的户外美术馆。通过令人惊艳的设计，这些壁画栩栩如生地重现了该地区的历史，绘制于20世纪90年代，大部分是很有才华的 Fred Lenz 的作品。便利、重细节的地图可在游客办公室领取。

休伦博物馆和休伦一欧恩达特村庄（Huronia Museum & Huron-Ouendat Village；☎705-526-2844；www.huroniamuseum.com；549 Little Lake Park Rd；成人/青少年 $7/5）仿照一处有着500年历史的休伦—欧恩达特人定居点(在法国耶稣会教士肩负他们拯救灵魂的使命来到这里之前)而建。调研期间，因为一场不幸的大火被迫闭馆。

食宿

Galerie Gale（☎705-526-8102；www.galeriegale.com；431 King St；房 $85 ~ 120；Ⓟ）这家很有魅力的都铎风格的 B&B 旅馆，满是其中一位店老板的鲜明抽象艺术作品，这位老板是一位专业艺术家。在享用美味早餐的时候，与令人敬畏的主人交换旅行的故事，然后去两个街区外的码头附近来个晨走。

Red Carpet Inn汽车旅馆（☎705-526-2219；www.parkvillamotel.com；751 Yonge St；房 $100）这家宽敞而可靠的汽车旅馆的停车处有一个咕嘟冒水的意大利式喷水池。几个房间里有圆形的床——很适合模仿007电影里几个示爱的经典镜头。

Little Lake Inn旅店（☎705-526-2750，888-297-6130；www.littlelakeinn.com；669 Yonge St；房 $125~155；Ⓟ wi-fi）在现代化的旅店中，每个房间都提供电视、DVD播放器和旋涡池。细心的主人尽可能地让顾客有一个舒适和放松的住宿环境。不要错过屋后安静的湖水。

Cellarman's Ale House（☎705-526-8223；337 King St；主菜 $8 ~ 17；⏲周一至周四正午至午夜，周五至周六 11:30 ~ 2am）这家柔和、舒适的英式酒吧亲切热情，地段也很不错，就挤在 King St 街不远处。贴心的英式菜肴，比如带血的牛肉馅饼，在寒冷的冬天也能让当地人保持强壮。有现场民间音乐演出。

Riv Bistro餐馆（☎705-526-9432；www.rivbistro.huronia.com；249 King St；主菜 $10~20；⏲周二至周五午餐，每天晚餐）在深蓝色的遮阳棚下，坐在铺着清爽的白色桌布的桌子旁，回忆着遥远的希腊小岛。美味的地中海风味菜肴将会送到你面前。

我们的选择 **Explorer's Cafe 餐馆**（☎705-527-9199；345 King St；主菜 $14 ~ 21；⏲7月到8月正午至午夜，9月到次年6月周日和周一休息）这家美妙的餐馆以来自全球各地的菜肴为特色，装饰风格是无国界的。墙上挂着一系列不可思议的纪念品，包括非洲部落的面具和来自北极探险队的照片。到 King St 街的停车场后部查看那幅了不起的以旅行为主题的壁画。美食从浓香的东南亚面条到辛辣的加勒比烹饪菜肴，应有尽有。当主人不经营餐馆时，会忙着去南极洲的冰原上航行——他们就是旅行热的显著例子。

到达和离开

加拿大灰狗客车往返在巴里和米德兰之间($14.15，1小时，一天2班)。**中央出租车公司**（Central Taxi；☎705-526-2218）可以带你来到佩尼坦奎星。

佩尼坦奎星 (PENETANGUISHENE)

小小的"佩尼坦"(pen-uh-tang-wa-sheen)，一如人们经常所知的，更希望人们喊它的全名。在乔治亚湾上星星点点分布着大约3万个小岛，名字如此长的这座小城镇很适合游览这些小岛。**游客办公室**（☎705-549-2232；2 Main St；⏲5月初到5月中 9am ~ 5pm，5月中到6月 9am ~ 6pm，7月到8月 9am ~ 8pm，9月 9:30am ~ 6pm）就在码头上。

Discovery Harbour港（☎705-549-8064；93 Jury Dr；成人/学生/儿童 $6.50/5.50/4.50；⏲5月中到6月周一至周五10am~5pm，7月到8月10am~5pm）原是由英国人于1812年战争结束后修建的战略堡垒，现已重新修缮。推荐的带导游团队游带领着旅行者穿过两艘复制的船，讲述要塞的历史。附近的**King's Wharf Theatre剧院**（☎705-549-5555；www.kingswharftheatre.com）提供了一份令人兴奋的全年演出目录。

该地区的原始野生动物在两座风景如画的公园中受到保护：**阿文达省立公园**（Awenda Provincial Park；☎705-549-2231；Awenda Park Rd；日间每辆观光车 $11，宿营地 $26～33；⏲5月中到10月中）拥有四处卵石沙滩，位于步行小径以东30公里，有超过200种的鸟。根据休伦湖的传说，藏在海岸边的**巨人葬身岛**(Giant's Tomb Island)，是Kitchikewana的灵魂休息的地方。跨越60座小岛的**乔治亚湾群岛国家公园**（Georgian Bay Islands National Park；☎705-756-2414，888-773-8888；www.pc.gc.ca/pn-np/on/georg；门票 成人/儿童 $5.45/2.70；⏲5月中到10月中）地处海峡旁。这些因冰川融化形成的小岛只能乘船前往，最大的Beausoleil岛在一片崎岖的落叶林中提供了偏僻的宿营地。

搭上**MS Georgian Queen公司**（☎705-549-7795，800-363-7447；www.georgianbaycruises.com；3个半小时 巡游 成人/儿童 $25/10，2个半小时 巡游 $22/10；⏲5月到10月中）的游船，蜿蜒穿过峭壁岛屿美丽的多岛海。请在之前的几个月里致电咨询更新的时刻表。

迷人的**No 1 Jury Dr B&B宾馆**（☎705-549-6851；www.jurydrbb.huronia.com；1 Jury Dr；房 $125～145；Ⓟ ✖）在一幢奶油色的乡村小屋里，设施简陋，但又显高雅。可免费使用自行车，算是额外的便利。你可以在友好的米德兰(见187页)路北找到其他住宿选择，或者登录www.southerngeorgianbaybb.com。

加拿大灰狗客车往返在佩尼坦奎星和巴里之间（$14.15，1 小时 15 分钟，一天 2 班），或搭乘**中央出租车公司**（☎705-526-2218）的出租车到米德兰。

奥里利亚(ORILLIA)

奥里利亚 (oh-really-ya) 骄傲地矗立在辛科湖(Lake Simcoe) 北端，新科湖注入库切琴湖 (Lake Couchiching)。特伦特—塞文水道 (Trent-Severn Waterway，见 224 页）沿途的一处主要停靠站是一个亲切的小镇，夏日里能看到很多的旅行者车辆在这里穿梭。三角帆和嘟嘟作响的汽艇在港湾里挤来挤去，而司机们从 Hwy 11 公路边下车，沿着有些历史的 Mississauga St 街闲逛，它是奥里利亚的主要道路。**游客办公室**（☎705-326-4424；150 Front St S；⏲5 月中到 9 月中 9am ～ 7pm，9 月中到次年 5 月中 8:30am ～ 5pm）会给你指路，而且整个夏天你都能在码头找到有工作人员值班的信息亭。

景点和活动

奥里利亚是幽默大师史狄芬·里库克(Stephen Leacock) 的家乡，他的系列故事著作《小镇阳光速描》(*Sunshine Sketches of a Little Town*) 是对乡村生活的嘲讽。1928 年他在滨水地区建造了一栋奢侈的房子，后来成为今天的**里库克博物馆**（Leacock Museum；☎705-329-1908；www.leacockmuseum.com；50 Museum Dr；成人 / 儿童 $5/2；⏲周一至周五 9am ～ 5pm）。7 月，博物馆举办里库克夏季文化节 (Leacock Summer Festival)，受到好评的文学节，参加读书会的门票 C$5 到 C$10。

和乔治亚湾地区的大部分小镇一样，奥里利亚提供丰富多样的观光航行。**公主岛**（Island Princess；☎705-325-2628；www.orilliacruises.com；巡游 成人 $17.50～22，儿童 $9～11；⏲6月中到10月中）每天下午2点15分从码头发船，7月和8月增加到一天4班。含中餐和晚餐的游船费用(分别为$37.50和$45)要求预订。如果你有时间，可以从佩尼坦奎星(见188页)或帕里森德(Parry Sound，见192页)出发，可以看到极美的风光。

原住民拥有的**罗马赌城**（Casino Rama；☎888-817-7262；Rama Rd；免费入内；⏲24 小时）也是巡游马戏团登台表演的舞台：Drew Carey 或 Captain 和 Tennille 马戏团。免费的往返汽车可以将你从主要酒店接送到赌城。

带高塔的**奥里利亚歌剧院**（Orillia Opera House；☎705-326-8011；www.operahouse.orillia.on.ca；20 Mississauga St W）邀请各个剧团演出，包括广受欢迎的**阳光节日剧院演出公司**（Sunshine Festival Theatre Company；☎800-683-8747；www.sunshinefestival.ca），该公司 6 月到 12 月在此演出，以《猫》(*Cats*) 和《俄克拉何马！》(*Oklahoma!*) 一类的剧目为特色。

食宿

Cranberry House（☎705-326-6871，866-876-5885；cranberryhouse@encode.com；25 Dalton Cres S； 房 $100 ～ 125）这家 B&B 旅馆坐落在一处寂静的大街上，很像为电视节目 *The Wonder Years* 设置的场景，甚至像是 Normal Rockwell 的一幅绘画。每栋房屋似乎都整洁而友好，这家旅馆也不例外。在光亮的收藏品中享受舒适和一顿小红莓主题早餐（果汁和烤饼等）。

钱普兰滨水旅馆（Champlain Hotel Waterfront；☎705-325-0770，800-228-5151；www.choicehotels.ca/cn542；2 Front St N；房 $109 ～ 169；Ⓟ ✖ wi-fi）白柱、红砖和庄重的乔治亚式建筑——你很难想象到这个滨水地区的旅馆实际上是 Quality Inn 连锁旅店的一员。

Stone Gate Inn 宾馆（☎705-329-2535，877-674-5542；www.stonegateinn.com；437 Laclie St；房含 大陆式早餐 $119 ～ 149；Ⓟ ✖ wi-fi）把这家时尚旅馆和其余部分分开真是意外的惊喜：一个游泳池、

全天的商业中心、周末的开胃小菜和房间里的浴衣。

Paul Weber餐馆（☎705-325-3696；Hwy 11；汉堡包 $3.29；⌚11am～10pm）就在奥里利亚以北12公里处的Hwy 11公路边，这家有悠久历史的烧烤店兼住宿小屋用便宜的食物诱惑着过路人，还有一座天桥吸引着高速公路对面的人。无休无止的贪吃者大军为了食物而来，尽管说起来汉堡包和薯条能恢复体力，但其实，当然了，和事实恰恰相反。现在，如果治愈心脑血管病和食物一样便宜……

Mariposa Market集市（☎705-325-8885；www.mariposamarket.ca；109 Mississauga St E；乳蛋饼 $3.49；一打饼干 $3.49；⌚6月到8月周一至周四 7am～8pm，周五 7am～9pm，周六 7am～6pm，周日 8am～5:30pm，9月到次年5月周一至周六 7am～6pm 和周日 8am～5:30pm）如果你曾经想知道在圣诞节长袜里用餐是什么样子，那么Mariposa对你来说太合适了。一半是面包房，一半是用小玩意半装饰起来的小木屋，这里对眼睛和嘴巴来说都是享受。在简易午餐中试着尝试各种各样美味可口的糕饼，再吃一点饭后甜点，然后再逛逛周围卖小雕像和蜡烛的商店。

Theo's Eatery餐馆（☎705-329-4444；www.theoseatery.com；214 Memorial Ave；主菜 $9～16；⌚周一至周五11am～11pm，周六4～11pm，周日4～10pm）这家提供美食的希腊和意大利风格小店藏在一座清静的商业广场上，但是不要被前面的饼干模子骗了——这家店独一无二。自制酱汁和原味食谱被用于给传统的食物调味，比如胡椒粉烤肉和猪肉希腊式汉堡包。

到达和离开

加拿大灰狗公司的车辆往返于奥里利亚和多伦多之间（$23.25，2个半小时，一天8班）。**中央出租车公司**（☎705-526-2218）可以提供当地和地区服务。

格雷温赫斯特(GRAVENHURST)

如果说格雷温赫斯特有一种标志性的气味，那一定是松树的香味；如果说格雷温赫斯特有一种喜好，那一定是本地集市中的脆苹果；如果说格雷温赫斯特有一种标志性的声音，那一定是打鼾声。尽管附近的布雷斯布里奇(Bracebridge)在旅行者中颇受好评，这个慵懒的木头小镇正在开始进入状态。把格雷温赫斯特推上地图的最大亮点是一个叫做**穆斯库卡码头**(Muskoka Wharf)滨水地区的发展。同时也因此促进了包括商店、餐厅、独立公寓、农贸市场和一个博物馆等等的发展。想知道更多，登录www.muskokawharf.ca、www.gravenhurst.ca，或访问**格雷温赫斯特商会**（Gravenhurst Chamber of Commerce；☎705-687-4432；www.gravenhurstchamber.com；685 Muskoka Rd N；⌚周一至周五 8:30am～4:30pm），藏在城边的一座灰色建筑中。

穆斯库卡码头的新博物馆，**穆斯库卡游船和历史中心**（Muskoka Boat & Heritage Centre；☎705-687-2115；www.mbhc.ca；275 Steamboat Bay Rd；成人/儿童 $6.50/3；⌚6月到10月中10am～6pm），生动地讲述了本地区汽轮和旅馆经营者的丰富历史，并且一个博物馆兼船屋陈列了超过20只木头船。

位于新港口区的还有**穆斯库卡舰队**（Muskoka Fleet；☎705-687-6667，866-687-6667；www.realmuskoka.com；185 Cherokee Lane；⌚5月末到10月中），船队由两艘船组成：Segwun号，北美最古老的手动汽船；Wenonah II号，一艘老式设计的新型巡洋舰。在过去一段时间内，Segwun号一直是一艘货运船，将邮件运送到穆斯库卡偏僻的与世隔绝的地区。两艘船都提供各种巡游机会，包括“百万富翁团”团队游，沿着偌大的避暑湖滨线游览（巡游 $16起，带正餐 $43.50起）。

Bethune Memorial House（☎705-687-4261；www.pc.gc.ca/bethune；297 John St N；成人/儿童 $3.95/1.95；⌚6月到10月 10am～5pm，除夏天外时间不定）为纪念加拿大医生诺尔曼·白求恩(Norman Bethune)而设，作为外科医生和导师，这位共产主义支持者将一生中的很多时间都花在了中国。西班牙革命期间，白求恩在西班牙建立了世界上第一个移动输血站。与这位医生真人大小的一座雕塑矗立在**格雷温赫斯特歌剧院**（☎705-687-5550，888-495-8888；295 Muskoka Rd S）夏季期间，推出专业戏剧表演，相当频繁。

夏天，成千上万的人涌向**驳船音乐会**（Music on the Barge；☎705-687-3412；Gull Lake Park；捐赠入内）聆听著名乐队成员，爵士乐或乡村音乐表演。从6月下旬到8月下旬，音乐会表演在每个周日的下午7点30分开始。

安大略北方客车沿诺斯贝湾路线往返在多伦多和格雷温赫斯特之间（$31.40，2个半小时，一天4～5班），进入**格雷温赫斯特火车站**（☎705-687-2301；150 2nd Ave），安大略北方客运公司还运营同一路线的列车（$32.65，2小时，每周6趟）。

布雷斯布里奇(BRACEBRIDGE)

树木茂密的布雷斯布里奇正好坐落在纬度45°——在北极和赤道的中间。这个迷人小镇一年四季都在展示着自己的魅力，高耸的针叶常绿树、一流的瀑布和冬天雪白覆盖的大地。白天旅游显然要去阿尔贡金公园(75公里)。**布雷斯布里奇游客中心**(☎705-645-5231, 866-645-8121; 1 Manitoba St; ⏲周一至周五 9am～5pm, 周六 9am～5pm, 6月到8月周日 正午至4pm)全年营业。

景点和活动

布雷斯布里奇周围有22个瀑布(有些由私人所有)。众所周知的瀑布是**布雷斯布里奇瀑布**(Bracebridge Falls),穿过游客中心附近的小镇。**穆斯库卡(South)瀑布**(Muskoka Falls),在小镇以南大约6公里处,Hwy 11公路旁,是穆斯库卡地区最高的瀑布,高达33米,**Wilson Falls瀑布**和**High Falls瀑布**,都在小镇正北边,很受欢迎。

在布雷斯布里奇正北边,沿着Rte 118路走,Carling港有一幅关于旧船的奇妙**壁画**。仔细看,你会发现壁画实际上是老照片的马赛克拼图——真是值得参观。对于这个地区的其他艺术家来说,穆斯库卡壮美的壁画就是一个启发灵感的背景。想知道更多信息,请联系**穆斯库卡艺术委员会**(Arts Council of Muskoka; ☎705-644-0531; www.artscouncilofmuskoka.com)。9月,**穆斯库卡秋季艺术之旅**(Muskoka Autumn Studio Tour; www.muskoka.com/tour)允许旅行者参观当地的工作室。

穆斯库卡农家酿酒厂(Muskoka Cottage Brewery; ☎705-646-1266; www.muskokabrewery.com; 13 Taylor Rd; ⏲周一至周六 11am～5pm)装有一些美味的酒类,包括一种奶油麦芽酒和两种储藏啤酒。夏天周末,旅行者可以参加免费品酒团队游。

穆斯库卡女士(Lady Muskoka; ☎705-646-2628, 800-263-5239; www.ladymuskoka.com; 巡游成人/儿童 $25/12.50; ⏲5月中到10月中)组织穆斯库卡湖旅游,7月和8月每天中午,其他月份少些。含早午餐和午餐的航游分别在周日和周三举行(成人/儿童 $38/19)。航游历时2小时45分钟,途经气派的避暑豪庭一带的百万富翁湖区。

爱斯基摩划子和独木舟在**阿尔贡金户外人商店**(Algonquin Outfitters; ☎705-645-9262; www.algonquinoutfitters.com; 60 Manitoba St; ⏲周一至周六 9am～6pm, 周日 正午～5pm)可租赁。

住宿

我们的选择 **Riverview B&B旅馆**(☎705-645-4022, 888-998-9961; 420 Beaumont Dr; 单 $35～40, 双 $70～80; Ⓟ 🖳)自制农家早餐,真诚、热心的主人使得在这家舒适的B&B宾馆的逗留就像回到爷爷奶奶的农舍。这个漂亮的河边建筑,有着鲜红的百叶窗和高耸砖块烟囱,对于独自旅行者来说是很理想的选择。

Wellington Motel汽车旅馆(☎705-645-2238; www.wellingtonmotel.com; 265 Wellington St; 房 $80～120; Ⓟ ❄)跳过讲究的连锁店,试着住在这个红砖汽车旅馆里。墨绿的地毯有些过时,但是房间非常整洁,还有小电冰箱和小咖啡机。

Inn at the Falls旅店(☎705-645-2245, 877-645-9212; www.innatthefalls.net; 1 Dominion St; 单 $110～190, 双 $120～200; Ⓟ ❄ wi-fi)这家宾馆是当地的标志性建筑,自身就是旅游景点。最初的建筑物可以追溯到19世纪70年代,现在这份"地产"包括六处相临的小别墅。世纪之交的氛围可以在铁灯笼、古蜡烛、老肖像画和尖顶栅栏感觉到。更加豪华的套房有两层,并且以像船一样的大床为特色。

在安大略玩摩托雪橇

安大略拥有世界上最优良的46 000公里摩托雪橇路线供旅行者消遣。整个安大略成千上万的汽车旅馆和客栈为它而开。没有哪家汽车旅馆不打广告招揽雪地摩托车手入住。请浏览**安大略摩托雪橇俱乐部联会**(Ontario Federation of Snowmobile Clubs, www.ofsc.on.ca)网页,了解具体情况。

餐饮

Fresh Kutz餐馆(☎705-646-2106; 195 Wellington St; 午餐 主菜 $6～9; ⏲周一至周二 8am～3:30pm, 周三至周四 8am～7:30pm, 周五 8am～8pm, 周六 8am～6:30pm)这家简朴的餐馆是布雷斯布里奇美味午餐的最佳去处。选择要吃的肉或者鱼,然后亲眼看着厨师在烤架上施展他的魔法。

Inn at the Falls旅店(☎705-645-2245, 877-645-9212; 1 Dominion St; 主菜 $12～27; ⏲午餐和晚餐)这种风景秀丽的旅馆提供两个进餐地点:一栋低天花板、古典英国狩猎小屋以及更正式的挂着飘动的窗帘和贵族肖像的餐厅。它们的显著特点是都能观赏到下落的小瀑布,但后者夏季在周六经常关闭,因为有婚礼接待(奇怪的是,两个餐馆的价格都一样)。

Riverwalk(☎705-646-0711; www.riverwalkmuskoka.com; 1 Manitoba St; 主菜 午餐 $7～17, 晚餐 $25～30; ⏲周二至周六 11:30am～2:30pm和5:30～8pm)美味的食物和漂亮的景色——河边散步囊括了一切。独一无二的品尝菜肴($75),以外国混合口味为特色,比如烤海贝配甘薯(seared sea scallop with sweet potato)、豌豆芽和芥末,简直是令人惊讶的美味。推荐预订。

Old Station(☎705-645-9776; 88 Manitoba St; 主菜 $10～15; ⏲11am～10pm)夏天的晚上,这里

是镇里最热闹的地方。露台上可眺望主要的拖船活动——划独木舟，这儿是结束旅程后休息的好去处。坐下来要一品脱从路那头酒厂出品的穆斯库卡麦芽酒，好不痛快。

到达和离开

安大略北方客运沿诺斯贝湾路线往返在布雷斯布里奇和多伦多之间($34，3小时，一天最多6班)。

亨茨维尔(HUNTSVILLE)

穆斯库卡(Muskoka)最大的城镇，位于弯曲的河流与松树之间，是安大略东部（见217页）去往阿尔贡金省立公园的大门。**商会**（☎705-789-4771；www.huntsville.ca；8 West St N；⏲周一至周五 9am～5pm，周六 10am～3pm，夏季时间延长）提供大量的实用信息及每年**艺术节**（Festival of the Arts；☎705-788-2787，800-663-2787；www.huntsvillefestival.on.ca）的演出时间表。

要了解这个地区的历史情况，可以去参观**穆斯库卡历史博物馆**（Muskoka Heritage Place；☎705-789-7576；www.muskokaheritageplace.org；88 Brunel Rd；成人/儿童 $15/10；⏲5月中到10月中）包括一座真正的拓荒村落、几座能增加见识的博物馆和1902年一列仍能工作的蒸汽火车。

如果你在计划去阿尔贡金的旅行，那就要考虑在亨茨维尔的住宿问题。

Au Petit Dormeur（☎705-789-2552；22 Main St W；双 $75～85）位于一个漂亮的殖民地时期的住宅中，是个很值的选择。在阳台上享受免费赠送的美味早餐，还可以俯瞰附近的湖泊。很多高级汽车旅馆雨点般地矗立在小镇各处，包括湖边。**Sunset Inn Motel 汽车旅馆**（☎705-789-4414，866-874-5360；www.sunsetinnmotel.com；69 Main St W；房 $100）和现代的 **King William Inn 旅店**（☎705-789-9661，888-995-9169；www.kingwilliaminn.com；23 King William St；房 $119）。

在阿尔贡金公园经过漫长的散步后，顺便去**码头酒吧**（Pub on the Docks；☎705-789-7910；90 Main St；⏲11:30～1am），和当地友好的居民喝杯啤酒。它位于 Pizza Pizza 后面。

安大略北方有往返在亨茨维尔和多伦多之间的服务，包括汽车($44.84，3小时15分钟，一天最多6班)和火车($44.47，3小时，每周6班)。继续开往诺斯贝和科克伦。**Hammond Transportation 客运公司**（☎705-645-5431）7月和8月客车从亨茨维尔开往阿尔贡金($30，每周3班，周一、周三和周五)。公共汽车下午1点15分发车，从**亨茨维尔旅游公司**（Huntsville Travel；☎705-789-6432；77 Centre St N）出发，在 Oxtongue Lake 湖旁（西大门附近）的公园里经停，也经停 Portage Store 商店（西大门里14公里处）和 Lake of Two Rivers 湖（西大门里32公里处），到达阿尔贡金，下午2点半从 Lake of Two Rivers 湖出发返回亨茨维尔。

帕里森德(PARRY SOUND)

在乔治亚湾，宁静的帕里森德温柔地把它自己藏在无数的岛屿后面。氛围非常悠闲而宁静，除了自码头附近向远处延伸而去的长长的铁轨。

实用信息

帕里森德商会（Parry Sound Chamber of Commerce；☎705-746-4213；70 Church St；⏲周一至周五9am～5pm）在老火车站。买一本《帕里森德的辅路》（*Sideroads of Parry Sound*），它详细讲述了镇子里各种各样奇怪的事。

帕里森德信息中心（Parry Sound Visitor Information Centre；☎705-378-5105；Hwy 69；⏲5月末到10月中周日至周五 10am～5pm，周六至 6pm，10月中到次年5月末周一至周六 9am～4pm 和周日 10am～4pm）在公路东边，城镇以南大约12公里。

景点和活动

查理·维·斯托克中心（Charles W Stockey Centre；☎705-746-4466；www.charleswstockeycentre.com；2 Bay St）与**鲍比·奥尔纪念馆**（Bobby Orr Hall of Fame；成人/儿童 $8/6；⏲7月到8月周一至周六 10am～6pm，周日正午～6pm；9月到次年6月周二至周六 10am～6pm，周日正午～4pm）合为一体。对于不知内情的人而言，当地的传奇人物鲍比·奥尔(Bobby Orr)是冰球史上最伟大的英雄之一。一直被《冰球新闻》(*Hockey News*)投票选为最伟大的球员中的第二名，鲍比·奥尔用他可怕的进攻技巧完全改变了防守队员在场上的作用。在他巨大的圣殿里，球迷们可以打冰球，装作是解说员，或者他们可以坐在守门员的位子上，面对一台自动的冰球赛场机。

参加由**怀特司奎尔公司**（White Squall；☎705-342-5324；www.whitesquall.com；53 Carling Bay Rd，Nobel；⏲4月到10月中 9am～5:30pm，7月到8月周五至 8pm）组织的探究这个地区水路的刺激探险活动，以帕里森德西北大约15公里为基地，在 Nobel（沿途到达 Killbear Provincial Park）附近。友好博学的工作人员简直令人难以置信，他们在乔治亚湾提供一系列坐船划桨活动，从半天的爱斯基摩划子项目($57)到多日的自然节目($600～895)。顺便看看**分销店**（retail store；☎705-746-4936；19 James St；⏲周一至周六 9:30am～5:30pm，7月到8月周日 11am～4pm），它就位于帕里森德闹市区，可以了解更多信息。

要参加不那么爱冒险的活动，附近的**女王岛号游轮**（Island Queen；☎705-746-2311，800-506-2628；9 Bay St；2小时 巡游 成人/儿童 $24/12，3小时巡游 $30/15；⏲6月到10月中）有巡游活动。游览3万座岛屿区。每天下午1点发船，7月和8月间早上加开一班(上午10点)。**MV Chippewa III**（☎705-746-6064，888-283-5870；www.spiritofthesound.ca；Seguin River Parkette，Bay；⏲6月到10月）是一艘绿色驳船，安排不那么固定的午间游船游览(成人/儿童 $34/17含午餐）和晚餐游船(成人/儿童 $58/39，含晚餐)。

驾驶四轮越野摩托车(All-terrain vehicle，俗称"沙滩车"，简称ATV)在**Bear Claw Tours团队游**（☎705-746-9481；www.bearclawtours.com；35 Shoebottom Rd；团队游 $225）的安排下徒步，是去该地区荒野探险的另一种很时尚的方式。如果想要带半天导游，可以去公司的导游中心，在镇东边7公里处。

节日和重大活动

名为**声乐节**（Festival of the Sound；☎705-746-2410，866-364-0061；www.festivalofthesound.on.ca；⏲7月中到8月中），帕里森德主办全国著名的经典音乐节，每年一次。单张票价为$15到$150。

食宿

登录 www.parrysoundbb.com 获取更多关于城镇里高品质 B&B 旅馆的名单。

Mariner's Rest旅馆（☎705-746-9011；www.bbcanada.com/8153.html；14 Belvedere Ave；单/双 $80/95；Ⓟ ⊠）这栋乡间小屋就坐落在码头旁边的山上，以宽大的木头门廊为特点。房间墙壁上都包着古典花纹墙纸；有个房间的墙上甚至画着一些小马。

Bayside Inn旅店（☎705-746-7720；www.psbaysideinn.com；10 Gibson St；房 $110；Ⓟ ✱ ⊠ ▣）19世纪80年代，这里曾是豪华私人居所，这个最近才翻新的地产充满了令人喜悦的惊喜：壁炉后面的旋转楼梯、大量五颜六色的花束和10个非常舒适的卧室。

Mad Hatter Café小餐馆（☎705-746-5907；65 James St；主菜 $ 6～7；⏲周一至周五7am～5pm，周六8:30am～4pm，周日9am～4pm）跟着白色的兔子来到这家有些古怪的小咖啡店；主打菜鲜汤加三明治套餐，会让你像猫一样露齿微笑。

Wellington's（☎705-746-1333；105 James St；主菜 $9 ～ 16）这家店是酒馆中的"淡啤酒"——它看起来像酒吧，但更为健康一些。这儿的菜肴有一些卡路里较低的选择，就像胡桃小鸡肉(pecan chicken)。

到达和离开

安大略北方客车沿萨德伯里公路往返于帕里森德和多伦多($46，3 个半小时，一天 3 班）。

基拉尼省立公园 (KILLARNEY PROVINCIAL PARK)

这座**公园**（☎705-287-2900；Hwy 637；白天 每辆车 $11，宿营 $22 ～ 35，偏远地区宿营 $10）常被称为安大略公园体系中的明珠，被认为是全球爱斯基摩划子最好的目的地之一。"七人画派"曾有一间小木屋，在基拉尼的 Hwy 6 公路入口附近（公园以西），也是创建公园的理由之一。

实际上，这座公园里 100 公里长的**伞映徒步小路** (La Cloche Silhouette Trail) 名从弗兰克林·卡米歇尔的传奇画作 *La Cloche Silhouette*。艰苦的旅行，适合经验丰富的徒步旅行者，在蓝宝石般的湖群的大山王国里穿梭，干燥的桦树，浓厚的松树林和发光的石英岩悬崖。通过一个较短而好走的徒步旅行小路网络，可以让你欣赏宏伟地形，包括**蔓越橘沼泽小路** (Cranberry Bog Trail，4 公里长）和**花岗岩山脊小路** (Granite Ridge Trail，2 公里长的环形小路）。

大多数人是通过 Hwy 69 公路的岔路 Hwy 637 公路到达公园的。公路终止于基拉尼小村庄。很受欢迎的**乔治亚湖**入口有一个信息中心和一些有限的宿营设备。宿营地总量很少，所以联系**安大略公园**（Ontario Parks；☎519-826-5290，888-668-7275；www.ontarioparks.com）早早预订位置吧。也要注意的是，公园里没有带电力装置的宿营地。

沿Hwy 69公路，在交叉路口向南40公里到基拉尼，**Grundy湖供应中心**（Grundy Lake Supply Post；☎705-383-2251；Hwy 69和Hwy 522拐角；⏲5月到10月8am～6pm，7月到8月到9pm）有宿营探险者需要的任何东西——你甚至可以在那儿租一艘船。对于在公园里租独木舟，试试**Killarney Kanoes商店**（☎705-287-2197，888-461-4446；www.killarneykanoes.com；独木舟 一天租金 $20～36；⏲5月中到10月7am～7pm），它主要从贝尔湖(Bell Lake)经营，但是也在乔治亚湖提供独木舟、在Carlyle湖和Johnny湖提供独木舟。必须用一张信用卡作为你装备的押金，而且必须电话或者网上预订，最少租两天。

Killarney Outfitters 户外商店（☎705-287-2828，800-461-1117；www.killarney.com；Hwy 637；独木舟 一天租金 $20 ～ 59，带导游 $35 起）这里提供装备出租和各种各样的带导游冒险活动，包括徒步旅行、独木舟漂流、海上爱斯基摩划子和摄影工作室。乔治湖宿营地一带，往西 5 公里处就是这家店面。所有者同时也经营着 **Killarney Mountain Lodge 旅馆**（双 含正餐 $130 ～ 220；⏲5 月中到 10 月中），一个木制建筑物，提供很多滨水住宿房间。

去基拉尼旅游而不在 **Herbert Fisheries**（☎705-287-2214；21 Channel St；鱼和薯条 $10；⏰6月11am～6:30pm，7月到8月至8pm，5月和9月到10月周六和周日 11am～6:30pm）逗留，就像去慕尼黑啤酒节而不喝啤酒一样。确定你有足够的时间去品味他们的鱼和薯条，传说中长队要排2小时——但是相信我们，这是值得的。

这座公园乘坐普通交通工具很难到达，沿Hwy 637公路，位于Hwy 69公路西边58公里处。

马尼图林岛(MANITOULIN ISLAND)

一次去马尼图林的旅行就是一次可怕的饶舌之旅。不同地区的名字听起来就像梵语颂歌，或者神话里的野兽，比如Mindemoya、Sheguiandah(shuh-gwin-dah) 和 Wikwemikong。你只要发出六个音节的音，这儿的人(Haweaters，在马尼图林出生的人)就会在1英里外明白你的意思。但是别让这些发音阻止你的旅行——马尼图林实在是一个充满梦幻和神秘的岛屿。尽管那里几乎不会让你感觉在岛上(那是世界上最大的淡水岛)，白色石英岩组成的锯齿区域和露出地面的花岗岩展现出了惊人的狭长景色和神秘的记号。

当你穿过桥走进Little Current，考虑在**Manitoulin Tourism Association旅游协会**（☎705-368-3021；www.manitoulintourism.com；Hwy 6，Little Current；⏰5月中到6月和9月到10月周一至周五9am～7pm，周六9am～4:30pm，7月到8月8am～8pm）逗留一下，拿一份免费的《Bluewater旅行者指南》(*Bluewater Visitor Guide*)，里面有一个本岛的方便地图(本地人称为《特纳地图》[*Turner's Map*])。7月和8月，Gore Bay湾和马尼图瓦宁(Manitowaning)的小信息亭有工作人员(工作时间取决于志愿者的时间)。

景点和活动

本地的八个原住民社区已合作形成**Great Spirit Circle Trail环形小路协会**（☎705-377-4404；877-710-3211；www.circletrail.com；15 Hwy 551），提供岛屿和本地文化美妙旅行的协会。大多数团队游经停**奥吉布瓦文化基金会**（Ojibwe Cultural Foundation；☎705-377-4902；www.theocf.ca；M'Chigeeng，Hwy 540和Hwy 551拐角；成人/儿童 $7.50/免费；⏰9月到次年6月周一至周五9am～4pm，7月到8月时间延长），这里也可以一个人悠闲地游览(尽管极力推荐博物馆带导游旅行)。流动展览反映出传奇故事的丰富历史和熟练的工艺技术。

你还可以在街边漫步或者参观 **Church of the Immaculate Conception 教堂**（☎705-377-4985）。这个礼拜是纪念锥形帐篷、营火会及一种心心相印而建。入口处的木雕动人地描述着十字架苦路(Stations of the Cross)。

Lillian's Crafts（☎705-377-4987；www.lilliancrafts.ca；5950 Hwy 540，M'Chigeeng；⏰9月到次年6月9am～6pm，7月到8月9am～8pm）有各种杰出的手工艺制作品，包括舒适的鹿皮靴、鹿角雕刻和各种各样的聚会用品。当你游览时，别忘了浏览展示用豪猪毛编成的各种篮子的专业博物馆。

在Hwy 540路和Bidwell Rd路(Little Current西南18公里处)的交叉路口附近，是 **Cup and Saucer Trail** 小路的入口——对于任何徒步者来说这儿都是必去之地。12公里长的小路延伸到岛屿最高点(351米)，从最高点眺望，北运河坑坑洼洼的海岸线壮丽景色尽在眼底。经停Kagawong村，可以看到 **Bridal Veil Falls 瀑布**，让这旋律优美的飞溅瀑布落在你的头上。渡船上岸的 **Providence Bay 湾**村以西是马尼图林最大的沙滩，或者去宁静的**卡特湾**(Carter Bay)，在沟槽般的沙丘中嬉戏，也在东南岸。

节日和重大活动

"Wiky"是维克维米空(Wikwemikong)的简称，8月第一个周末举办大型**聚会**(powwow)。只要花上$15，旅行者就能加入到节日里活力四射的活动当中。很多竞技项目，设最佳舞蹈者和最佳鼓手，给获奖者颁发奖金。甚至还有Anishinabemowin语言竞赛(尽管你还不知道该怎么发Anishinabemowin的音，你很可能就会输了)。了解详情，请联系**维克维米空传统文化机构**(Wikwemikong Heritage Organization；☎705-859-2385；www.wikwemikongheritage.ca)。

> **值得一停：布里特**
>
> 驻足：不要错过，不要省$200。在帕里森德以北70公里处下高速公路，并在 我们的选择 **小布里特旅馆**（Little Britt Inn；☎705-383-0028，888-383-4555；www.zeuter.com/~lilbritt；1165 Riverside Dr，Hwy 526；双 $115～135）停车(或一直开到头)。这颗明珠隐藏在乔治亚湾的海岸边，在徒步旅行的美食者中久负盛名。务必拿一份《小布里特指南》(*Guide to Little Britt*)，关于这座有四个房间的旅馆的手写指南。指南中详细介绍了重要信息，如为孩子定制的菜单：用洋葱、球花甘蓝及绿橄榄煎制的鹅肝，根据孩子的吵闹声定价。

食宿

Southbay Gallery & Guesthouse美术馆和客栈（☎705-859-2363，877-656-8324；www.southbayguesthouse.com；15 Given Rd，South Baymouth；房含早餐 \$55～95；⏲5月到9月；🅿 wi-fi）在渡船码头步行1分钟即到，这个令人愉快的各种各样的夏季别墅群是充实灵魂的完美地方。好心肠的主人Brenda，在超值早餐中提供各种各样的野生水果和有机茶品。别忘了去看看可爱的画廊，它展示了本地天才艺术家的手工工艺品。

Queen's Inn旅店（☎705-282-0665，416-450-4866；www.thequeensinn.ca；19 Water St，Gore Bay；房 \$85～135；⏲5月到12月；🅿）就像遥远、高贵的希腊古庙，这家庄严的B&B旅店深邃地俯视着乔治亚宁静的小海湾。在充满白色盆栽紫丁香的走廊里休息时，可以从古董柜图书馆里拿一本书，悠闲地翻看。带小孩的家庭应该考虑其他选择。

Shaftesbury Inn旅店（☎705-368-1945；www.shaftesburyinn.com；19 Robinson St，Little Current；单 \$94～140，双 \$120～185）在Little Current里，这家旅馆有用传统松木家具装饰的宽敞房间。室内餐馆提供各种各样的欧式口味饭菜，包括炒面(布丁)、蔬菜炖牛肉和鸡肉。

Rocky Raccoon（☎705-282-8111；www.rockyraccooncafe.com；24 Water St，Gore Bay；主菜 \$15～20；⏲5月到10月11am～10pm；🅿）在这里你找不到犹太勇士的经典，不过你会找到一份充满惊喜的菜单，有咖喱饭和其他亚洲风格的饭菜。可以吃饭后甜点中的浣熊球，别怕，甜西点里没有厥齿类植物。

Garden's Gate 餐馆（☎705-859-2088；www.manitoulinisland.com/gardensgate；Hwy 542，Tehkummah；主菜 \$15～19；⏲5月到10月午餐和晚餐；🅿）马尼图林最受欢迎的餐馆在Hwy 6公路和Hwy 542公路的交叉处不远。不要被蜡笔画和色彩斑斓的印刷物骗了，这里的的确确有很好的食物。使人流口水的菜单固定提供本地特产，同时提供本地啤酒、从Little Current新到的炭火鱼和各种各样的野草莓。主人罗斯从头做起；这里总是在发明新的甜点，这些在本地报纸上都会定期报道。

娱乐

De-ba-jeh-mu-jig Theatre Group 剧团（☎705-859-2317；www.debaj.ca）加拿大最重要的原住民剧团，名字的意思刚好是"讲故事的人"，他们表演原创作品，成就超越了各种各样的媒体。可以登录他们的网站，查询未来演出的具体情况。

到达和四处走走

一座狭窄、不断晃动着的吊桥将这座岛屿与Hwy 6公路以北的陆地连接起来。夏天，吊桥每小时禁用15分钟，以让运河之上的船只通行。有关将这座岛屿与布鲁斯半岛连接起来的宜人的Chi-Cheemaun渡船信息，请见184页。马尼图林不通也没有陆路公共交通。

安大略北部(NORTHERN ONTARIO)

安大略北部很大，真的很大。所谓大，事实上，因为本地人是按照时间而不是公里来计算的。这里太大了，六个英格兰才能填满整个区域，而且空出来的地方还能放下一两个苏格兰。

这个地区大得超越了地理距离。矿业和林业全面展开。本地矿井在地下延伸25公里，出产世界上超过99%的银和镍。无限延伸的森林又使得加拿大成为世界上最大的木材生产国。

甚至连该地区的动物也都体形庞大：灰色大熊，赤色狐狸，甚至连蚊子都很大，你都能用它们的刺穿耳洞了。

安大略北部只有一种东西数目不大：它的人口。整个地区只有约75万人，只有两座城镇拥有超过10万的居民（萨德伯里和桑德贝湾）。大多数居住在北边的人来自矿井或木材之家。最近几年来，自然爱好者大批涌入，不过因为工作岗位缺乏，人口还在继续减少。

安大略北部的吸引力被两条主要的高速公路(Hwy 17公路和Hwy 11公路)展现出去，这两条路交织的路线就像一条鞋带。人气旺盛的Hwy 17公路揭开了安大略北部神秘的面纱，越过苏必利尔湖最北边的顶端部分。在苏圣玛丽(Sault Ste Marie)和桑德(Thunder)之间驾车，你会看到整个国家里最为壮观的风景。雾气蒙蒙的像海湾一样的通道把孤立的海滩隐藏在厚厚的松树、雪松和桦树林里。雾气笼罩在波状的湖水上。

当你认为不能再偏远了的时候，在绕回到Hwy 17公路前，弧形的Hwy 11公路深深地延伸到北部。这个偏远地区有通往詹姆斯湾的路。一列短暂停留的火车将乘客从科克伦(Cochrane)接送于穆斯法克特里(Moose Factory)，这是块土地保留地，以前是哈得孙湾公司最古老的贸易中心。

本章的这一段以顺时针方向进行组织，从该地区最大的城市萨德伯里谈起。从萨德伯里，我们沿着Hwy 17公路向西走，在到达遥远的桑德贝湾之前，经过苏圣玛丽、沃瓦和绝妙的苏必利尔湖北岸，接下来，我们沿着Hwy 11公路回头向东走，它通向遥远的北方，在最后到达诺斯贝前，我们经过科克伦和泰马伽米(Temagami)。

加拿大内地条件很好，是漂亮、安静、广阔

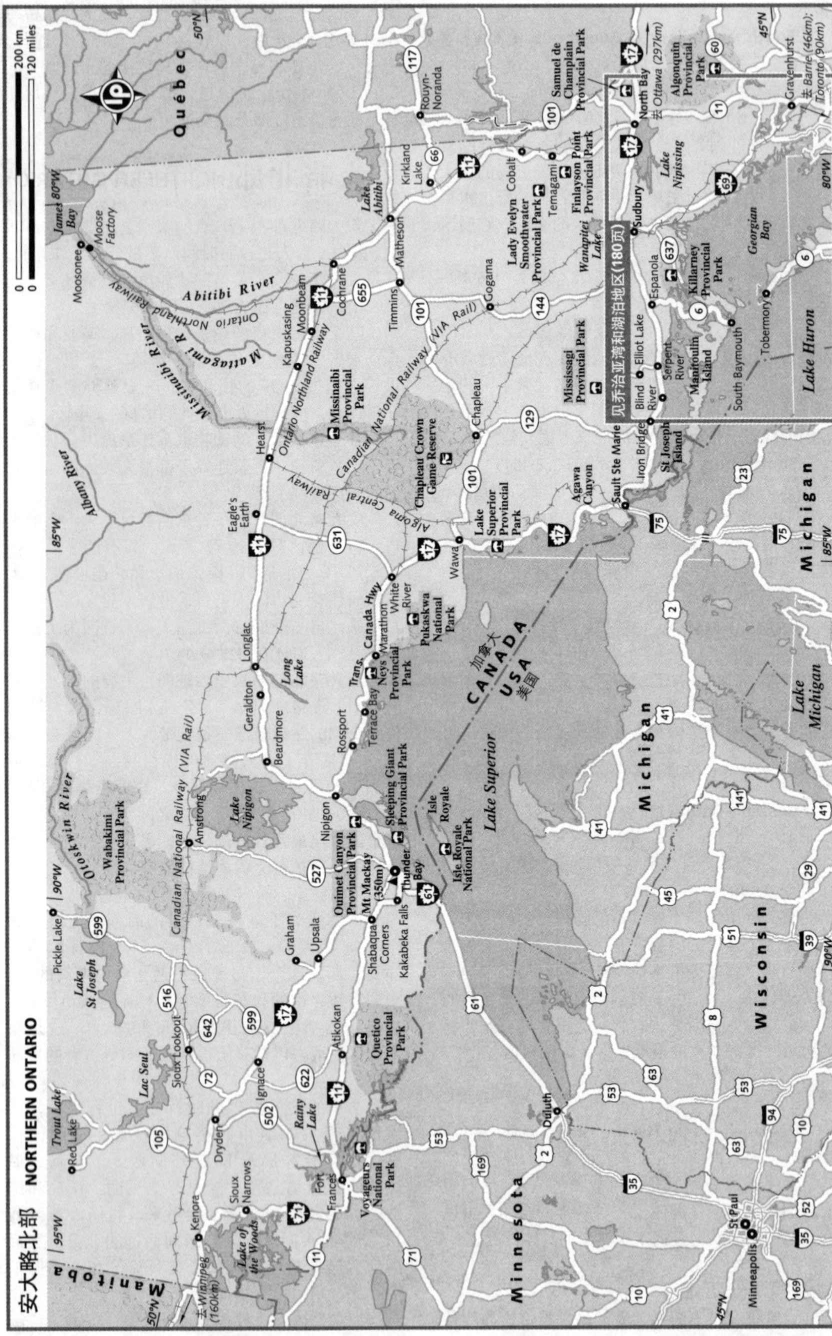
安大略北部 NORTHERN ONTARIO
0 — 200 km
0 — 120 miles
Québec
Manitoba
James Bay
Moosonee
Moose Factory
Abitibi River
Ontario Northland Railway
Mattagami R
Missinaibi River
Albany River
Otoskwin River
Wabakimi Provincial Park
Lake St Joseph
Pickle Lake
Lac Seul
Trout Lake
Red Lake
Sioux Lookout
Dryden
Ignace
Kenora
Sioux Narrows
Lake of the Woods
去 Winnipeg (160km)
Rainy Lake
Fort Frances
Voyageurs National Park
Quetico Provincial Park
Atikokan
Upsala
Graham
Shabaqua Corners
Kakabeka Falls
Mt Mackay (350m)
Thunder Bay
Ouimet Canyon Provincial Park
Sleeping Giant Provincial Park
Nipigon
Lake Nipigon
Armstrong
Canadian National Railway (VIA Rail)
Beardmore
Geraldton
Long Lake
Longlac
Rossport
Terrace Bay
Neys Provincial Park
Marathon
Trans Canada Hwy
Pukaskwa National Park
White River
Wawa
Eagle's Earth
Hearst
Kapuskasing
Moonbeam
Cochrane
Missinaibi Provincial Park
Ontario Northland Railway
Canadian National Railway (VIA Rail)
Algoma Central Railway
Chapleau Crown Game Reserve
Chapleau
Lake Superior Provincial Park
Agawa Canyon
Sault Ste Marie
Iron Bridge
St Joseph Island
Blind River
Elliot Lake
Serpent River
Mississagi Provincial Park
Timmins
Matheson
Lake Abitibi
Gogama
Kirkland Lake
Rouyn-Noranda
Lady Evelyn Smoothwater Provincial Park
Temagami
Cobalt
Finlayson Point Provincial Park
Wanapitei Lake
Samuel de Champlain Provincial Park
North Bay
去 Ottawa (297km)
Algonquin Provincial Park
Lake Nipissing
Sudbury
Espanola
Killarney Provincial Park
Manitoulin Island
South Baymouth
Tobermory
Georgian Bay
Lake Huron
Gravenhurst
去 Barrie (46km); Toronto (90km)
见乔治亚湾和湖泊地区(180页)
Isle Royale
Isle Royale National Park
Lake Superior
CANADA 加拿大
USA 美国
Duluth
Minnesota
Wisconsin
Michigan
Lake Michigan
St Paul
Minneapolis
95°W
90°W
85°W
80°W
50°N
45°N

安大略三个最被低估的公园

看似每个人都知道基拉尼的重要性。走在潮流前端，在这些被低估的公园挤满旅行者之前，就去参观。

弗伦奇河省立公园（French River Provincial Park；☎705-857-1630；日用 $11，偏远地区营地 $9；⌚5 月到 10 月）这座广阔的省立公园追随着法国旅行开拓者在尼比幸湖（Lake Nipissing）和乔治亚湾之间的历史路线。新的最先进水平的游客中心为参观者提供令人印象深刻的地形图及相应历史。

基尔贝尔省立公园（Killbear Provincial Park；☎705-342-5492；日用 每辆汽车 $11，宿营地 $26.25～35.50；⌚5 月中到 10 月中）单日徒步通过这个可进入的保护区，可以看到"七人画派"描绘的经典风景——特别是崎岖的岩石海岸和有些拟人化的松树。这座公园位于帕里森德西北 30 公里处，在 Hwy 69 公路上。

塞缪尔德钱普兰省立公园（Samuel de Champlain Provincial Park；☎705-744-2276；Hwy 17；每天 每辆汽车 $11）坐落在诺斯贝以东 50 公里处，这个风景秀丽的公园沿着 Mattawa River 河而建，在与阿尔贡金一样的原始荒芜地上提供长途旅行。参观就地的 **Voyageur 历史中心**（Voyageur Heritage Centre；⌚5 月中到 10 月中周一至周五 8:30am～4pm，7 月和 8 月周六和周日 1～4pm）展示了皮毛商人使用过的一艘巨型桦皮独木舟，他们经过 2000 公里的旅途到达桑德湾。

的地域，那里有古老的原住独木舟路线，晴朗夜晚时被北极光照亮着。如果你去安大略而没有计划来此旅行，你会后悔的，非常后悔。

萨德伯里(SUDBURY)

人口 158 000

从右角开始，呈放射性的萨德伯里就像是有文化的赶时髦者的绿洲，提供大量的流行餐馆和娱乐场所。暖和舒适的日落和附近化学工厂的轻烟，将夜晚的篝火转换成轻轻的亮光。然后，忽隐忽现，工厂的点点灯光仿佛是高空的点点繁星。

从错误的角度来看，很容易理解为什么 NASA（美国国家航空和宇宙航行局）用萨德伯里周边的地形去检测他们的登月飞船。如果不是工厂巨大的废墟，Neil Armstrong 就能用这里代替他那改变全人类的一跳，从而欺骗全世界了。

不过，你不得不支持萨德伯里，因为它从不毛之地创造出了价值—— 一点不夸张地说：19 世纪 80 年代的萨德伯里只不过是一个叫做 Saint-Anne-des-Pins 的荒寂木材厂。当加拿大太平洋铁路公司 1883 年穿过时，铜镍矿的主矿脉才被发现，使得这个沉闷的地方变成地球上最大的镍生产基地。

如今，萨德伯里的繁荣几乎不再依靠镍工业。三个研究机构吸引着全世界的学生，对于环境问题的深入研究鼓励人们"拥抱绿色"，减少浪费，多植树木。

简单点看，除了大群的景点外，很难无视工业的无所不在。当然，日落之后，你就会发现硬皮雪茄一样的坚硬外壳控制着地平线，它会在 Cleopatra's Needle（古埃及方尖碑）旁边占据一席之地，仿佛是对人类的发展表示敬意。

方位和实用信息

萨德伯里位于 Hwy 17 公路正北，那儿聚集着几条次级公路。镇中心地区顺着 Regent St 街和 Notre Dame Ave 大道之间的 Elm St 街（东西向），沿 Durham St 街（南北向）向南弯曲。城市的其他部分向地平线蔓延而去，主要景点非常分散。

登录 www.sudburymuseums.ca 或者 www.exploresudbury.ca，了解城市的精彩景点。

商会（☎705-673-7133；www.sudburychamber.ca；49 Elm St；⌚周一至周五 8:30am～5pm）提供关于本镇商业和景点的有用信息。

Rainbow Country Travel Association 旅游协会（☎705-522-0104，800-465-6655；www.rainbowcountry.com；2726 Whippoorwill Ave；⌚6 月到 8 月 8:30am～8pm，9 月到次年 5 月 周一至周五 8:30am～4:30pm 和周六 10am～6pm）小镇以南 10 公里处。

景点

北方科学(SCIENCE NORTH)

大型科学中心（science center；☎705-523-4629，800-461-4898；www.sciencenorth.ca；100 Ramsey Lake Rd；成人 / 儿童 $18/15；⌚5 月到 6 月 9am～5pm，7 月到 8 月 9am～6pm，9 月到次年 4 月 10am～4pm）是一处重要的地区景观，建在 Lake Ramsey 湖畔上，是两栋雪花形状的建筑物，很吸引人。穿过 25 亿年加拿大地盾里的一段很深的隧道，乘电梯到顶部，并且以你自己的方式沿着令人激动的就地活动设施玩儿吧。在生动的蝴蝶园里漫步，通过显微镜观察岩石，建立一个虚拟帝国，或者通过一个飞机模拟器自由飞翔。穿着蓝色工作服的工作人员出人意料地友好，并能回答绝大多数关于展览的晦涩问题。主要展品定期调整，IMAX 宽银幕上的影片也定期更换（成人/学生 $9/7)。

活力地球博物馆(DYNAMIC EARTH)

安大略北部，大部分小镇都有一个采矿博物馆，不过**活力地球博物馆**（Dynamic Earth；☎705-523-4629，800-461-4898；www.dynamicearth.ca；Big Nickel Rd；成人/儿童 $16/13；🕒5 月到 6 月 9am ~ 5pm，7 月和 8 月 9am ~ 6pm，9 月到 11 月中和次年 4 月 10am ~ 4pm；Ⓟ）脱颖而出。主要参观点是地下旅程（感受模拟的炸药爆炸），旅行者将会看到大量以地质为主题的展览。还有很多针对孩子和有童心者的互动的展品。不要忘了在馆内的**大镍币**(Big Nickel，一枚 9 米高的 5 分镍币）前留个影，是不锈钢质地。

萨德伯里美术馆(ART GALLERY OF SUDBURY)

这家**美术馆**（☎705-675-4871；251 John St；免费参观；🕒 周二至周日正午～ 5pm）坐落在一栋大块木头建成的老楼里。常设展览体现本地区历史的、仔细保管的物品，临时的玻璃陈列柜给本地艺术家提供了展示他们自己的机会。

库柏克里弗博物馆(COPPER CLIFF MUSEUM)

这座**博物馆**（☎705-674-3141 转 2460；库柏克里弗，26 Balsam 街；免费参观；🕒6 月到 8 月周二至周日 11am ~ 4pm）在库柏克里弗的一间拓荒木屋里，这里在市中心以西大约 6 公里处。摆放着过去年代的古物，那时殖民者第一次踏入这片土地做调查。当你凝视着附近被称做“Superstack”的吐着烟的大烟囱时，留意有关开拓者的有趣生活与始终被抱怨的工业的展览。

弗洛米尔历史博物馆 (FLOUR MILL HERITAGE MUSEUM)

与库柏克里弗博物馆风格相似，这家**博物馆**（☎705-673-3141 转 2460；245 St Charles St；免费参观；🕒6月到8月 周二至周六 10am～4pm，周日 11am～4pm）坐落在一间1903年的风雨板房屋里，陈列着各个时期的器具、手工制品和家具。它展示了Notre Dame Ave 大道上三间面粉青储窖的历史渊源。

活动

萨德伯里有北美最知名的迷你高尔夫球场之一。**恐龙谷迷你高尔夫球场**（Dinosaur Valley Mini Golf；☎705-897-6302；www.dinosaursudbury.com；3316 St Lawrence St，Chelmsford；18 洞成人/儿童 $7/6；🕒5 月到 9 月中 8am ~ 9pm）在这里的 54 洞高尔夫球场上举办过国际迷你高尔夫球赛，是安大略第一个“旅游创新奖”(Tourism Innovation Award) 的获得地。

萨德伯里周围有很多上乘质量的旅行用品商。**Sundog Outfitters 户外活动商**（☎705-521-6678，www.sundogoutfitters.com）坐落在 Lake Simmons 湖畔，在萨德伯里西北大约 32 公里处，靠近道灵 (Dowling)。Sundog 组织多种配向导的独木舟游 ($375 ~ 800)，在附近的 Spanish River 河、French River 河和基拉尼省立公园进行。他们的安排还包括有满月划桨游 ($15) 和湖边瑜伽 ($20)。问问所有者了解他们对保护加拿大自然环境作出的无私奉献，他们会教你简单的在日常生活中节省资源的事情。真正的大自然爱好者会感激“可持续生活团队游”(Sustainable Living Tours)，因为它会详细介绍可替代能源、垃圾堆肥和雨水排流系统。

另一个不错的选择是 **Wild Women Expeditions 野地女性探险**（☎705-866-1260，888-993-1222；www.wildwomenexp.com；团队游 $375 ~ 1900），为女性们提供探索灌木丛的机会。夏天，划桨游和骑自行车游蜿蜒穿过基拉尼、泰马加米、米西萨吉和马尼图林岛。其余时间中，有趣的活动，如打击乐、瑜伽和风景画，在探险营地进行，位于萨德伯里以西 45 公里的 Narin Centre 中心。

节日和重大活动

北极光节（Northern Lights Festival Boréal；☎705-674-5512；🕒7月初）这个盛大的音乐节在Bell Park公园举办，以推出全国范围的新星和重大事件为特色。

Cinéfest电影节（☎705-688-1234；www.cinefest.com；🕒9月中）在多伦多国际电影节上你拿不到票观看的那些电影，却完全可以在 Cinéfest节上碰碰运气。这是加拿大第四大电影节。

住宿

诸多的汽车连锁旅馆占据了主导，如果你想能有所期待的话，它们可是不错的选择。

Belmont Inn旅店（☎705-673-1131，800-465-6388；www.belmontinn.ca；340 York St；单/双 $65/70；Ⓟ ❄）作为汽车连锁旅馆的替换，这家值得一住的旅店以合理的价格提供标准住宿。可以要一间最新装修的房间。

Parker House Inn旅店（☎705-674-2442，888-250-4453；www.parkerhouseinns.com；259 Elm St；单 $75～95，双 $85～130，套房 $125～140；Ⓟ ❄）楼上，看到拿铁房、意式特浓(Espresso)房、卡布奇诺房和摩卡房，你会猜测这些房间是不是以颜色命名的，或者是指楼下的混合咖啡。在街对面另一桩小别墅里满是文雅端庄别致的家具。

Days Inn旅店（☎705-674-7517，800-329-466；www.day sinnsudbury.ca；117 Elm St W；房$90；❄ 💻 wi-fi）外表像个箱子，里面是翻新的客房，装备有

简单的生活设施，如吹风机、迷你电冰箱以及速溶咖啡。而且，地处中心位置。

Auberge du Village客栈（☎705-675-7732，800-675-7732；www.aubergesudbury.com；104 Durham St；套房 $155~220；Ⓟ ☒）位于古雅的面包店上面的阁楼里，两个宽敞的套房让客人远离密密麻麻的钢铁厂区，就像来到普罗旺斯安静的小村落，那里有柔和的蜡笔画和满溢的美酒。

就餐

Don's Pizza比萨饼店（☎705-674-7864；707 Lorne St；主菜 $2~7；⏲周二至周五午餐和晚餐，时间不定）这家店是萨德伯里地区的比萨饼大师——你要认真对待这些比萨饼。在这里，没有薄饼干和填充布丁的踪影，只有实心实意的大比萨饼，配有老派的浇头。

Deluxe Hamburgers汉堡包店（☎705-522-2470；1737 Regent St；$3~7，主菜 $19~34；⏲早餐、午餐和晚餐）麦当劳有很多金拱门，这家店只有一个金拱门。麦当劳做速食品；这家店提供快捷服务，注意到它的运营模式了吗？也就是说，也许这种概念并非原创的，但是从过去获取经营却是本地惯例。

Laughing Buddha（☎705-673-2112；194 Elgin St；主菜 $6~12；⏲11~2am）萨德伯里流行人士和懒家伙们主要去的地方，供应不错的三明治（就像"Brie LT"），同时维持着冷冰冰的氛围。踱步到红砖庭院，享受你的休闲午餐或深夜鸡尾酒（当然了，如果天气状况良好的话）。

Sudbury Sapporo Ichibang 日式餐馆（☎705-673-2233；79 Cedar St；主菜 $10~20；⏲周一至周五 11am~9pm，周六 5~9pm）尽管名字听起来像日本的色情读物，但这家看起来很严肃的寿司店真正的王牌是追捧者最喜爱的"劲爆寿司卷"（dynamite roll）。

我们的选择 **Respect Is Burning**（☎705-675-5777；82 Durham St；主菜 午餐 $8~12，晚餐 $14~24；⏲周二至周五 11:30am~2:30pm，周一至周四 5~10pm，周五和周六 5pm~1am）这家自封为"超级俱乐部"，足以成为去往萨德伯里的理由。Rugged Tuscan 烹调风格是本地特有的，厨师在烹调过程中不排斥混入试验材料。菜单不断变换，并许诺会让你每口都会感到美味，实际上不可能在此推荐特色菜。周末晚上是必须去的——提供令人愉快的大盘烩菜和深夜畅饮。

饮品和娱乐

Towne House Tavern 小酒馆（☎705-674-6883；206 Elgin St）你在这儿找不到任何著名乐队——这家很受欢迎的机构全是加拿大独立音乐，从朋克到福音音乐。有一些邋遢，就在火车铁轨边。很是自在。

SRO 酒馆（☎705-670-1361；94 Durham St）从旋转的不锈钢吧台抓起一杯马丁尼酒——酒太多了，你甚至都可以在美酒中游泳了。周末只能在屋里站着，所以系紧你的舞鞋，准备下舞池吧！

运动酒吧（Sports Bar；☎705-670-9327；196 Elgin St）一个不错的老式运动酒吧。在有冰球比赛的夜晚，在这家酒吧看看自然环境下的安大略北部人，他们一边喝着黑啤酒，一边叫嚷着给主队加油。

到达和四处走走

萨德伯里在城市东北角设有机场，经过Falconbridge，由**加拿大爵士航空公司**（☎888-247-2262）和**贝尔斯金航空公司**（Bearskin Airlines；☎888-465-2327）服务。航班将萨德伯里与多伦多、渥太华、苏圣玛丽和桑德贝湾连接起来。几家汽车租赁公司在机场都有柜台，包括**Enterprise**（☎800-736-8222）和**National**（☎705-387-4747）。

安大略北方客运和加拿大灰狗使用相同的**公共汽车站**（☎705-524-9900；854 Notre Dame Ave）市中心以北大约3公里。安大略北方客运往返于萨德伯里和多伦多之间（$63，5小时45分钟，一天3班），灰狗客运也经营此线路（$68.50，5小时，一天3班）。加拿大灰狗还从萨德伯里发车开往桑德贝湾（$166，14小时，一天3班），以及开往渥太华（$88，7个半小时，一天3班）。灰狗公司的车有时候会在城里运输中心短暂停靠，因此乘客可以接上市公共汽车系统。

绝大多数火车到达**萨德伯里枢纽火车站**（Sudbury Junction Train Station；☎800-361-1235；Lasalle Blvd），在城市中心东北10公里处。VIA Rail 公司的火车从萨德伯里枢纽发车，开往多伦多（$99，6小时45分钟，每周3班）和西行往温尼伯的各个车站（$294，24小时，每周3班）。向东朝着渥太华去的乘客必须搭乘连接火车穿过多伦多。地处中央位置的**萨德伯里火车站**（Sudbury Train Station；☎800-361-1235；Minto St 和 Elgin St 拐角）服务着一个不大的小城网络，包括怀特河和莎普洛（Chapleau）。

有50多辆城市公共汽车在市中心行驶，连接着主要景点。**中转中心**（transit center；☎705-675-3333；Notre Dame Ave 和 Elm St 拐角）是主要中转枢纽；单程票价为 $2.30。

埃利奥特湖(ELLIOT LAKE)

埃利奥特湖在20世纪50年代让人眼前一亮，人们在那儿发现了大量的铀。如今，它作为田园疗养院再次让人们眼前一亮。没有什么特别可看的（除非你在找退休后的地方），那么，为什么要在埃利奥特湖停留呢？

沿着你规划的路线，在穿过镇子之前，去**火塔瞭望台**(Fire Tower Lookout)看看，大概在小镇东北3公里处，浓密常绿树林的壮观威严会让你为之倾倒。在这里，你可以看到前面的是什么——小埃利奥特湖是通往一个被低估和未被发现的深湖群、茂密的树林和辽远蓝天的入口。

顺便去去**埃利奥特湖欢迎中心**（Elliott Lake Welcome Centre；☎705-848-7737，800-661-6192；255 Hwy 108；⏰5月末到8月 9am～9pm，9月到次年5月末 周一至周五 9am～5pm）了解有关附近自然风景的充足信息。

核资源与矿业博物馆（Nuclear & Mining Museum；☎705-848-2084；225 Hwy 108；门票 $2.50；⏰6月到8月 9am ～ 7pm，9月到次年5月 周一至周五 9am ～ 5pm）值得一瞥——与欢迎中心在同一建筑里。几个就地展览介绍了该地区的采矿历史，特别聚焦于核反应堆关闭的过程和对环境的影响。

城里有两家不怎么吸引人的住宿处。较好的是 **Fireside Inn 旅店**（☎705-461-3711，800-461-3711；www.firesideinn.org；220 Ontario Ave；房单/双 $80/100），拥有破旧的客房和一个幽暗的餐厅。

米西萨吉省立公园 (MISSISSAGI PROVINCIAL PARK)

这家**省立公园**（☎705-848-2806，705-865-2021；Hwy 639；日用观光车每辆 $11；偏远地区场地 $8.50，宿营地 $22 ～ 29；⏰5月中到9月）位于埃利奥特湖以北25公里，是一片开阔的幽僻之地，有铁杉森林、沙滩、颤抖的白杨以及鸣叫的鸟类。

沿着 **Flack 湖**徒步，可以看到起伏的岩石——由几十亿年前大浪冲刷而成的独一无二的地貌。或者试试 **Helenbar Lookout Trail 小路**，很轻松的7公里旅行，能遍览 Helenbar 的湖光水色。

想玩独木舟，你要先在埃利奥特湖欢迎中心（见上文）领取《地区独木舟路线》(*Area Canoe Routes*)小册子。小册子详细说明了公园里七种独一无二的水陆联运路线，包括一整天才能走完的 **Cobre Lake Loop 环线**，穿插在迷人的徒步旅行中。

要预订宿营，电话咨询**安大略公园管理处**（☎519-826-5290，888-668-7275；www.ontarioparks.com）。注意，这里的所有宿营地都没有电，Semiwite Lake 湖畔有些简单的设施（门楼和卫生间），利用太阳能发电。

圣约瑟夫岛 (ST JOSEPH ISLAND)

这片寂静宽阔的森林地在加拿大和美国之间被冲刷着，在休伦湖的西北角。沉闷的圣约瑟夫岛实际上是世界上第二大淡水岛，安大略最大的枫浆生产地。

岛上主要景观是**圣约瑟夫城堡国家历史遗址**（Fort St Joseph National Historic Site；☎705-246-2664；www.parkscanada.gc.ca；Hwy 548；成人/儿童 $4/2；⏰6月到10月中 10am ～ 4:30pm）。这个城堡曾经是北美英国殖民地最偏僻的前哨。这个被保护的有200年历史的城堡是考古学家的梦想。

带点圣约瑟夫的纪念品回家，拜访 **Puddingstone Creations**（☎705-246-2764，705-246-2527；www.thompsonisland.com/maple；1387 Littleton St；Richards Landing）的工匠。作为岛上的独一无二之处，布丁石是一种有深红色斑点的非常罕见的石头，是由十亿年前地震活动形成的。如果你想去，需给工厂打电话预约。

考虑住在苏圣玛丽，西边50公里处，花上一个下午的时间安静地四处逛逛。Hwy 17 公路旁，经一座不收费的桥就可以上这座小岛。

苏圣玛丽(SAULT STE MARIE)

人口 75 000

众所周知的“The Soo”，静静地统治着休伦湖和苏必利尔湖之间的狭窄急流。栖息在圣劳伦斯水路(St Lawrence Seaway)的最后几处“台阶”，这个安静的城市是通往安大略西部广大区域的非官方大门。尽管这个地区受控于一个真正的社团法人特权，近水的商业区仍然保留着一些纵横交错的家庭商店。

这个地区原本是一个奥吉布瓦人的传统商业聚集地，被称为 Baawitigong，即“湍流之境”。后来当法国皮毛商人到来后，它的名字才被改成了今天的“苏圣玛丽”(soo-saynt-muh-ree)，大概的意思是“圣玛丽斯瀑布”。在超过一个世纪的工业兴衰交替之后，瀑布经历了一些人为的暴力修建，现在成了今天我们看到的庞大的船闸。

方位和实用信息

苏圣玛丽的方格形市中心小巧，很适合步行，Queen St 街是主要的商业区。沿着 Great Northern Rd 路，在市中心正北可以找到很多旅馆、餐馆和商店。大的国际桥(International Bridge)在城镇西侧占据着地平线，将苏圣玛丽同（圣玛丽，美国密执安州）同名城市连接了起来。

安大略旅行信息中心（Ontario Travel Information Centre；☎705-945-6941；261 Queen St W；⏰5月中到6月中 8am ～ 6pm，6月中到9月上旬 8am ～ 8pm，9月上旬到10月中 8:30am ～ 6pm，10月中到次年5月中 8:30am ～ 5pm）

景点和活动

如果你计划要去参观很多博物馆，可以考

虑花 $15 买“四种文化通行证”(Four Culture Pass)，这样可以参观 Ermatinger-Clergue 国家历史遗址 (Ermatinger-Clergue National Historic Site)、丛林飞机博物馆、艺术画廊和圣玛丽博物馆。这种票可以在这几个景点的任何一处购买到。

阿尔格玛中心铁路 (ALGOMA CENTRAL RAILWAY)

阿尔格玛中心铁路（ACR；☎705-946-7300，800-242-9287，传真 705-541-2989；www.algomacentralrailway.com）是一条 475 公里长的铁路线，从市中心开始，一路北行，到达哈斯特 (Hearst)。建于 1899 年，为了从寒冷的北方向苏圣玛丽的工业制造厂尽快大规模运输原材料，这条铁路线得以建成。二十年过后，“七人画派”来这个地区探险，他们所创作的生动的画作使这片未开发的区域名垂千古。如今，铁路主要被用来运输乘客组织旅行。

随着该地区人口的增长，**阿伽瓦峡谷观光火车**（Agawa Canyon Tour Train）开始服务于新近来到的旅行者。6 月中旬到 10 月中旬，每天有一辆火车载着乘客往返穿梭于原始湖泊和加拿大地盾的锯齿花岗岩岛之间。最好的骑车时间是 9 月最后两个周或 10 月第一个周，耀眼的秋叶变成了红色或黄色。整个夏天，票价是成人 $65，儿童 $25，9 月份秋天到来的时候票价就分别涨到了 $85 和 $53。火车在早上 8 点出发，下午 5 点 30 分返回，中间在苍翠繁茂的阿伽瓦峡谷停 2 小时，阿伽瓦峡谷在苏圣玛丽北边 185 公里处。

从 1 月下旬到 3 月中旬的每个周六，**斯诺列车** (Snow Train) 开通一条深入阿尔格玛中心 (Algoma Central) 乡村的道路，展现给我们难忘的水晶般雪原景观。成人 $65，儿童 $35，乘客早上 8 点出发，一边遍览质朴的荒野，一边听着知识丰富的导游讲述本地采矿伐木业的历史和本地奥吉布瓦人的文化，度过舒适的一天，下午 5 点回家。由于极低的温度和常年降雪，乘客在整个旅途中不能下车。

最终选择是哈斯特铁路线尽头的乡村游，被称为**铁路之旅** (Tour of the Line)。它是一列随叫随停的火车（无论什么时候只要有乘客想下车或上车，它都中途停留），而且如果你正返回苏圣玛丽，你必须在寂静的哈斯特住至少一晚。两地往返费用为成人 / 儿童 $187/115.50，秋季，火车蜿蜒穿过风景如画的秋色中，票价上涨到 $272/168.50。

如果你想加入广大的荒野冒险，请在铁路两旁星罗棋布的寓所之一预订住宿，它们被称为沿线住宿 (Lodges along the Line)。点击 ACR 网站，规划一次定制的旅行计划——冬天驾驶雪上车穿过 4000 公里的整饰小路，或者垂钓白白胖胖的鲑鱼度过一个悠闲的夏日周末。

所有的列车都从**火车站**（129 Bay St）发车，而且火车站也售票。在订票之前与当地的住宿处联系，因为他们可能会提供优惠的套票。

> **风景驾车：迪尔小路**
>
> 迪尔小路是连接埃利奥特湖和其他特色旅游风景区的一条小路。从萨德伯里出发，沿 Hwy 17 公路西行，然后在瑟彭特河 (Serpent River) 右转上 Hwy 108 公路。在 Iron Bridge 桥绕 Hwy 17 公路的半环形地区，总长约 130 公里。这里的风景是 Hwy 17 号公里沿途最崎岖的路径，途经喷涌的瀑布、原始森林和崎岖的米西萨吉省立公园 (Mississagi Provincial Park)。部分路段狭窄、多山，将中途停留的时间算在内，差不多需要 3 小时的车程。在信息办公室领取一份《迪尔小路》(*Deer Trail*) 手册了解你的行程。

加拿大丛林飞机历史中心 (CANADIAN BUSHPLANE HERITAGE CENTRE)

这座优秀的**博物馆**（☎705-945-6242；www.bushplane.com；50 Pim St；成人 / 学生 / 儿童 $10.50/5/2；⏲5 月中到 10 月中 9am ~ 6pm，10 月中到次年 5 月中 10am ~ 4pm）是了解安大略北部文化特质的很好途径。一部 20 分钟的影片反映了安大略北部发展中丛林飞机所起的作用，因为有几个社区没有道路。摇摆着的声带播放充满了冒险的感觉，联想起这种主要的交通方式。在退役的丛林飞机之间散步，感觉一下这些飞行器有多小。乘客可以乘坐一个新的飞行模拟装置英勇地沿着蓝宝石色湖泊和高耸的松树林飞行（你甚至会感觉到有点潮湿！）

苏圣玛丽运河国家历史遗址 (SAULT STE MARIE CANAL NATIONAL HISTORIC SITE)

在 **Lock Tours Canada**（☎705-253-9850，877-226-3665；www.locktours.com；团队游 成人 / 儿童 $26/21；⏲5 月末到 10 月中）的组织下，穿越了圣劳伦斯水路系统的最后一段。风景如画、有解说的巡游为世界上车辆最繁忙的匀和系统之一提供了独特的视角。团队游从 Foster Dr 车道旁的 Roberta Bondar Pavilion 纪念亭后面出发。从 6 月到 8 月，一天开出几趟游船，春季和秋季则少一些。2 小时的游程游经加拿大船闸和美国船闸。

如果你不喜欢坐船旅行，那就沿着圣玛丽斯岛北部和南部漫步吧，这座岛是一处**国家历史遗址**（☎705-941-6262；1 Canal Dr）所在地。岛上相当

安静，因为大部分的交通货运都在遥远的美国船闸附近——更古老的加拿大船闸建造于1895年，只用于娱乐船只。

阿提卡玫克徒步小路(Attikamek walking trail)是圣玛丽斯岛屿周围的一段路程较短、自主导游徒步小路。曲折的道路蜿蜒穿过树木繁茂的小山，围绕着像战壕一样的船闸，最后穿过国际大桥(International Bridge)，让旅行者同时领略了有趣的自然和人工景观。

ERMATINGER-CLERGUE国家历史遗址(ERMATINGER-CLERGUE NATIONAL HISTORIC SITE)

两座石头小别墅包含了多伦多以西最古老的建筑，被改造成了内容丰富的**博物馆**(☎705-759-5443；831 Queen St E；门票$3；⏲6月到8月9:30am～4:30pm，4月到5月和9月到10月周一至周五9:30～4:30pm)，与着1814年盛装的大学生一起，参加这里的娱乐活动，衣服的颜色就像混合黄油和染布。

阿尔格马美术馆(ART GALLERY OF ALGOMA)

这家**美术馆**(☎705-949-9067；www.artgalleryofalgoma.on.ca；10 East St；门票$3；⏲周一至周六9am～5pm)位于现代砖砌市民中心的一层楼，定期举办流动展览，经常推出当地艺术家的作品。

苏圣玛丽博物馆(SAULT STE MARIE MUSEUM)

建在老邮局内，这座三层的**博物馆**(☎705-759-7278；690 Queen St E；成人/学生/家庭$5/3/12；⏲6月到10月中10am～6pm，和周日12:30～4:30pm，10月中到次年5月周二至周六9:30am～4:30pm)从几个角度详述了镇子的历史。Skylight Gallery美术馆对于想了解工业历史的人来说是必需参观的；时间范围从史前到20世纪60年代，有互动展示，包含当地历史社会的独特收集品：保存的化石和文物。除了展品外，建筑本身也是20世纪初历史留给我们的丰盛礼物，当时小苏圣玛丽开始逐渐发迹。

苏圣玛丽赌场(CASINO SAULT STE MARIE)

苏圣玛丽的慈善**赌场**(☎800-826-8946；30 Bay St W；⏲周日至周三9～4am，周四至周六24小时营业)有一个通俗荒野生活的主题，这里，兽吼游戏已经被嗖嗖作响的450架老虎机代替。尽管越过密歇根州的边界娱乐场便相形见绌，赌场仍然靠两打游戏桌和一个大餐厅经营着。

爱斯基摩划子

驯鹿探险活动（Caribou Expeditions；☎705-649-3540，800-970-6662；www.caribou-expeditions.com；1021 Goulais Mission Rd，Goulais Bay；团队游 $125~1450）设在苏圣玛丽以北大约34公里的地方，在Goulais(*goo*-lee)Bay湾宁静的水面上进行活动。加入富有经验的大自然爱好者们，参加各种各样的爱斯基摩划子探险，从一天到一周，沿着苏必利尔湖。甚至还提供观鲸海上爱斯基摩划子游，沿着魁北克圣劳伦斯河向南进行。

住宿

大多数汽车旅馆和连锁旅馆聚集在Great Northern Rd路北方更远处，而市中心还是有几家旅馆的，大多数位于滨水地区。

Algonquin Hotel酒店（☎705-253-2311，888-269-7728；www.hihostels.ca/saultstemarie；864 Queen St E；房 $25；🅿 💻）这家酒店一直被认为聚集了各种令人讨厌的特点，但是如果你喜欢便宜的住处，没有比这儿更好的了。你只需要准备好把你破旧的木板房间与醉鬼们分享就行了，他们五十年前就说这个地方是他们的。

卫星汽车旅馆（Satelite Motel；☎705-759-2897，800-267-5935；www.satelitemotel.com；248 Great Northern Rd；房 $55~64；🅿 ❄）整洁的奶油色舞台装饰，将这个令人愉快的经济型旅馆与聚集在进入小镇的北边主要干线上的其他旅馆区别开来。

Brockwell Chambers酒店（☎705-949-1076；www.brockwell.biz；183 Brock St；单 $75~115，双 $85~125，🅿 ⊠ ❄ wi-fi）在明确的成年人气氛里，古代的奢华很容易就和现代的气氛混合。向20世纪早期迈一大步，欣赏精彩的魔纹花坛、磨光的大蜡烛和漆过的小笼子。

Water Tower Inn旅店（☎705-949-8111，800-461-0800；www.watertowerinn.com；360 Great Northern Rd；房 $115~130，🅿 ⊠ ❄ 🖳 wi-fi）在大片的普通住宿区里瞎逛，这家私人旅馆从其他家旅馆中脱颖而出，它有着度假胜地般的设施，包括很多游泳池和一个大大的温泉——对一家人来说简直太棒了。

就餐

这座宁静的城里的美味饭馆名单惊人的长。当大多数本地人把他们的血统追溯到长靴时代一样时，Going Italian是吃一顿丰盛大餐的最佳去处。

Mrs B's Pizzas比萨饼店（☎705-942-9999；78 East St；主菜 $1.35~6.75；🕑周一至周四11am~11pm，周五和周六11am~午夜，周日1~7pm；🅿）消防车红色正面引诱着大量疲劳的过路者，那就进去来块充满油脂的比萨饼，满足你的胃口。

Muio's餐馆（☎705-254-7105；685 Queen St E；主菜 $5~15；🕑7am~9pm；🅿）就像在向迪斯科舞厅和免下车电影剧院的时代致敬，这家餐馆似乎沐浴在自己不和谐的荣誉里。甚至餐馆的女服务员穿着杏仁色制服，在给你拿完食物后就会随地吐掉口中的口香糖。俱乐部三明治和浇肉汁油炸食品是本地人的最爱。

Panna Bar & Grill酒吧和烧烤店（☎705-949-8484；472 Queen St E；主菜 午餐 $7~13，晚餐 $18~28；午餐和晚餐）这个漂亮的场地在传统地中海食物的基础上进行了改造，标志美食是由熏猪肉、蒜味虾和素食天妇罗等组成的大菜，深受众人喜爱。现代菜肴与光滑、简单抽象艺术装饰相呼应，仿佛Panna从一个时髦的城市中心调到了普通邻居家。

饮品和娱乐

如果便宜的啤酒是你想要的，那就跟着从这家酒吧喝到那家酒吧的摇摇晃晃的酒徒穿过国际桥，去密歇根州喝半价私酒。值得在加拿大找找不错的场所和处在萌芽期的独立音乐舞台。拿一本介绍小镇新闻的小册子*Fresh*。

Loplops酒吧（☎705-945-0754；www.loplops.com；651 Queen St E；🕑周三至周五 4pm~1am，周六 7pm~2am）这个有魅力的场所被乡土气息和圆点花纹的布料所围绕。从不锈钢吧台拿一杯进口葡萄酒，在吉他曲中享受这个夜晚，还能偷听苦闷艺术家的喃喃自语。在众多开放麦克风夜里释放你的内心世界，或者听听当地和访问艺术家们的最新民族或爵士音乐。

Docks酒馆（☎705-256-6868；89 Foster Dr；🕑周一至周三11am~11pm，周四11~1am，周五和周六11~2am，周日正午至午夜）美丽的景色和廉价的酒水。这家活跃的酒馆位于同名小餐馆下面。充足的河边露天茶座使得这个小屋般的地方很受本地年轻人的欢迎。最好能赶上周四晚上的现场爵士音乐会，或者周末去听听DJ的现场混音演出。

到达和四处走走

苏圣玛丽机场（Sault Ste Marie Airport，代码 YAM；☎705-779-3031；www.saultairport.com；475 Airport Rd）距离闹市区大概20公里。沿Second Line(Hwy 550公路）向西走13公里，然后向南沿Airport Rd路(Hwy 565公路）走5公里。加拿大爵士航空公司有抵离多伦多的航班，并且贝尔斯金航空公司(Bearskin Airlines)提供去安大略和马尼托巴很多地方的服务，包括渥太华、温尼伯、桑德贝湾和萨德伯里。在机场，几家汽车租赁公司都设

在苏圣玛丽仰望星空

在苏圣玛丽，遇上晴朗夜晚，人可以走到郊外，仰望天上的星星。这座城市的女儿，加拿大第一位女航天员——罗伯塔·邦达(Roberta Bondar)就这样开始她的童年。还是小女孩时，邦达就想成为航天员。一次，她从一个麦盒背面取下一张订购单，自己填好要求订顶免费的航天头盔，然后寄出去，可是只收到一张头盔平面图。她挺失望，但并没放弃。

高中时，除学习成绩优异外，毕业时，她还是校年度优秀运动员。大学里，她取得了动物学和农学学位，同时获得了飞行员驾照，还负责箭术队的培训。后来继续深造，获得临床病理学硕士学位，并最终获得神经生物学博士学位，全部学习历程，只是为了完成她的医学专业。作为个人兴趣，她参加跳伞，还曾获得水肺潜水证书。一生中，她共获得6个授予学位，29个荣誉学位，被聘为彼得伯勒伦特大学的名誉校长。当加拿大国家研究院决定启动一项航空计划时，邦达与其他4300名加拿大人齐齐举手支持。她是6位候选航天员中的一员。作为1992年"发现号"火箭舱内的搭载科学家，她研究了失重对人体的影响。返回地面，她撰写了一本有关这次经历的书——《接触地球》(*Touching the Earth*)，书中有许多她自己拍的照片。现在，她以多伦多为基地进行摄影和励志演讲活动。她的影像作品"发现加拿大国家公园"(*Passionate Vision: Discovering Canada's National Parks*)是很好的加拿大旅游纪念片。《加拿大：梦想佳境》(*Canada: Landscape of Dreams*)，她的摄影作品配合加拿大著名人士的感言。邦达现在手头的摄影项目，是筹划一本世界女航天员的肖像集。

邦达仍然与家乡联系紧密，而且非常引以为荣（这种好感是相互的），加拿大布什普兰历史博物馆展有她在"发现号"航程中使用的物品；湖滨高地的罗伯塔·邦达亭就是以她的姓名命名的。如果有幸巧遇她正在市西北边的家中避暑，她很可能会欣然提笔签名，送你一本她自己的书籍。

有接待处，包括Enterprise和Budget。在到达之前联系一下你的旅馆，他们也许会去免费接你呢。

公共汽车站（☎705-949-4711；73 Brock St）就在市中心，是当地、国家和国际地面交通的终点。加拿大灰狗公司的公共汽车往返于苏圣玛丽和萨德伯里之间（$57，4小时，一天3班），以及苏圣玛丽和桑德贝湾（$126，9小时，一天2班）之间。花$2搭乘，可以试试城市公共汽车网络。拨打☎705-759-5438，索取详细资料和具体路线。

加入赌徒和酒鬼的圈子，并且去看看苏圣玛丽的美国孪生地。**国际大桥巴士**（International Bridge Bus；☎906-632-6882；$2.25）在边界间沿环线行驶，每隔1小时在Soo的几个地方停一次，包括Station购物商场(Station Mall)、Cambrian购物商场(Cambrian Mall)和公共汽车站。周日和绝大多数美国法定假日里，这趟公共汽车都不营业。

苏必利尔湖省立公园 (LAKE SUPERIOR PROVINCIAL PARK)

大多数人都以为苏必利尔湖得名于它的巨大规模（它是世界上最大的淡水湖）。但是我们很确定这个湖得名于它的美丽。在海岸线上驾车，聊天声一定会变成因敬畏而产生的长时间沉默之中，中间偶尔会夹杂着"哇！"的叫声。无论你是指望成为大自然的一员，还是仅仅想要即时的满足，**苏必利尔湖省立公园**（☎705-856-2284，705-882-2026；www.lakesuperiorpark.ca；Hwy 17；日用观光车每辆$11；偏远场地$8.50，宿营地$22.25～32.75），可以让你开始很好地领略五大湖的魅力。占地1600平方公里的公园是湖边风景最为壮观的地区，你可以看到浓雾笼罩中的峡湾般通道、繁茂的常绿树林以及空旷的湖滨。

所有旅行者都应该在**阿伽瓦湾游客中心**（Agawa Bay Visitor Centre；☎705-882-2026；Hwy 17；🕑7月到8月9am～8pm，5月到6月和9月到10月中9am～5pm）的高质量互动博物馆中驻足，公园南边界以北大约8.7公里处。户外的工作人员是你充分利用拜访时间了解情况最好的人力资源，不过时间可能会比较长。

如果你的时间比较紧，在**凯瑟琳海湾**(Katherine Cove)野餐区下Hwy 17公路，欣赏浓雾笼罩的鹅卵石海岸全景。文化迷们应该看看**阿伽瓦岩石象形文字壁画**(Agama Rock Pictographs)。这些用红赭石绘制的动物和人形图文大概已有150年到400年之久。一条不长但崎岖的500米长徒步小路从旅行者停车场延伸到山缘边，当湖泊平静时，能看到这一切在水中的神秘倒影。

对于那些时间较多的人，有11条不错的徒步路径可以探索。公园徒步路径的首选是65公里的**考斯特尔小路**(Coastal Trail)，一条陡峭、复杂的路径，沿着峭壁悬崖和鹅卵石湖滩延伸出去

（需要 5 天到 7 天时间走完）。它有五处小路入口点，那些想走短一些路段的人可以从这些入口点进去。

试试 **Nokomis Trail 小路**（5 公里），环绕着标志性的**老妇人湾**（Old Woman Bay，如此命名是因为你可以在悬崖处看见一位老妇人的面庞）。在这条适中的小路上行走，就像是在穿越过去——模糊的如胡须般的烟雾和摇摆的北极树木散发出明显的原始气味。

变化多端的 **Orphan 湖小路**（8 公里）在凯瑟琳湾的正北部，在公园上空，这里有孤立的卵石沙滩、喷涌的瀑布、严肃的看守员和浓密的枫树林。

苏必利尔湖公园的划船文化正在逐渐发展起来。八条有地图绘制的内陆线路从平缓的 16 公里的 **Fenton-Treeby 环行路**（有 11 条短道）到必须经阿尔格玛中心铁路（见 201 页）方能进入极具挑战的路径。苏必利尔探险旅游公司（Naturally Superior Adventures，见右栏文）和驯鹿探险活动（Caribou Expeditions，见 203 页）组织公园内和周围的划船游活动。

三处宿营地正好在 Hwy 17 公路外围：克雷森特湖（Crescent Lake）、阿瓦伽湾（Awaga Bay）和 Rabbit Blanket 湖（Rabbit Blanket Lake）。预订必须通过**安大略公园管理处**（☎888-668-7275；www.ontarioparks.com）。

你可以观察到沿路两旁凌乱分布的驼鹿，特别是在黄昏或黎明。

沃瓦(WAWA)

如果你告诉一个安大略人说你要去沃瓦，他们很可能会说："你一定会看到野鹅！"他们所指的是那只巨大的雄鹅，20 世纪 60 年代起就从公路上吸引着旅行者，而毫无歉意。选择鹅来作为路旁的诱饵并不是完全没有理由的；毕竟，"wawa"（沃瓦）是一个奥吉布瓦词，意思是"野鹅"。18 世纪 20 年代的毛皮生意站点就是这样命名的，因为大多数鹅在进行季节性迁移的时候会在沃瓦湖休息。

作为以金矿和铁矿开采的城镇，在经历了数年的繁荣之后，现代的沃瓦把它的重点转移到了户外旅游上面。**游客信息中心**（☎705-856-2244，800-367-9292；26 Mission Rd；⏲7 月到 8 月 8am ~ 8pm，5 月到 6 月 和 9 月中到 10 月 9am ~ 5pm）提供关于这个小镇的信息，并能够提供关于附近的苏必利尔湖省立公园和普喀萨国家公园（Pukaskwa National Park）的详细信息。

景点和活动

到沃瓦旅行，如果没有看到位于游客信息中心前面著名的**沃瓦鹅**(Wawa Goose)就不够完美。事实上，在这个小镇上有另外两只巨大的鹅：一只明显衰老的(结构不正确)鹅沿着街区在对面的马路上游荡，而另一只则在沃瓦汽车旅馆(Wawa Motor Inn)上拍动它的双翼。

沃瓦南数公里处，公路以西，一条方便的道路入口将人引至**锡尔瀑布**（Silver Falls）和**马格佩海弗尔斯瀑布**（Magpie High Falls）。马格佩海弗尔斯瀑布拥有受人喜爱的野炊场所，长长的 Voyageur Trail 小路中的一小段将两处水雾蒙蒙的瀑布连接起来。

苏必利尔探险旅游公司（Naturally Superior Adventures；☎705-856-2939，800-203-9092；www.naturallysuperior.com）位于沃瓦西南 8 公里的地方。它的旅馆安静地坐落于苏必利尔湖畔，在崎岖而宽阔的石头与平滑的沙滩之间，路上的一日旅行本身就是难忘的经历，伴随着下午凉快的薄雾蜂拥而来，黄昏的太阳慢慢地溶入湖里。这家公司配向导的一日游（$95）一周发团数次，而周末轻松的爱斯基摩划子游（$300）安排一个下午的指导培训，旅馆留宿一晚，在苏必利尔湖划船，并在沙滩宿营一晚。这些游程适合新手上路。中等水平的划船者，可以使用自己的爱斯基摩划子和独木舟，一天费用 C$35 ~ 40。其他工作室还有为期四天的数字摄影讲习班（$580）、一周的瑜伽课程（$500）以及导游资格培训课程。

食宿

Rock Island Lodge旅馆（☎705-856-2939，800-203-9092；www.rockislandlodge.ca；每顶宿营帐篷 $15，锥形帐篷 $30，双 含早餐 $79 ~ 89；⏲5 月到 11 月；Ⓟ）苏必利尔自然探险公司的旅馆，一处热情好客的休闲地，即使你不参加其中的活动也可以入住。三间基本客房整洁而舒适，还带水景。

Parkway Motel 汽车旅馆（☎705-856-7020，800-

什么是……

沃瓦的鸭子诱饵并不是安大略唯一的"大"(big) 家伙……

- **Big Flying Saucer**（大飞盘）—— 在命名得体的蒙比姆 (Moonbeam) 城镇交会。
- **Big Snowman**（大雪人）——这个时尚的雪人在小比尔德莫尔 (Beardmore) 的荒郊野外。
- **Big Tomato**(大番茄)——在利明顿(Leamington)，对番茄酱表示敬意的旅游办公室。

380-1525；www.parkwaymotel.com；Hwy 17；单 / 双 $65/75；P wi-fi）不要被暗淡的门面所欺骗——刚刚刷新的闪耀出光彩的房间和隐藏的便利，包括DVD 播放器（附带免费赠送的电影）、微波炉和微型冰箱。这家舒适的汽车旅馆位于沃瓦南部沿着高速公路 5 公里的地方。

Wawa Motor Inn汽车旅馆（☎705-856-2278，800-561-2278；www.wawamotorinn.com；100-118 Mission Rd；单 $66～89，双 $77～99；P）在巨型大眼鹅的注视之下进入带有法式房门的明亮房间。后面小木屋似的房间是用来释放你内在异族情结的完美地方。

Kinniwabi Pines 旅馆（☎705-856-7226；Hwy 17；主菜 $ 15～25）安大略偏远北部的一座公路旁的汽车旅馆，在它的外观面前，你期待发现背后隐藏着什么呢?来自特里尼达(Trinidad)的食物，嘿!为你的旅行加一些香料，尝尝烤猪肉(baked pork)或者炖鲶鱼(stewed catfish)。也供应欧洲和中国的菜式，那些不太关心味觉的人可以点这些菜。

到达和离开

加拿大灰狗公共汽车往返沃瓦和苏圣玛丽之间（$45，3 小时，一天 3 班）和桑德贝湾（$89，6 个半小时，一天 3 班）。

莎普洛(CHAPLEAU)

小莎普洛（*chap*-loh）是进入世界上最大的皇家野生动物保护区的门户，占地 70 万公顷，很庞大。了解相关信息，登录 www.chapleau.ca，或者拜访**百年博物馆和信息中心**（Centennial Museum & Information Centre；☎705-864-1122；94 Monk St；5 月到 8 月 9am ～ 4pm）。当了解到这样一个森林中的小镇却支撑着加拿大的仅有的几条市政互联网无线网络之一时，你也许会感到惊讶。

米西奈比河(Missinaibi River)沿着詹姆斯湾深深地流入莎普洛保护区，到达**米西奈比省立公园**（Missinaibi Provincial Park；☎705-234-2222，705-864-3114；日用观光车每辆 $7，宿营地 $22～24；5月到9月中）。几家户外用品提供商在河边不同的地点经营活动，包括**Missinaibi Headwaters Outfitters 户外商店**（☎800-590-7836；www.missinaibi.com；Racine Lake），设在保护区内。

普喀萨国家公园 (PUKASKWA NATIONAL PARK)

在普喀萨(*puk*-ah-saw)，可以真正体会到抱臂的意思。这座**公园**（☎807-229-0801转242；www.parkscanada.gc.ca/pukaskwa；Hwy 627；门票 成人/儿童 $5.45/2.70；偏远地 $9.90，宿营地 $24.75～26.75）的特点是一个完整的生物链系统，继续蓬勃发展，因为在整个保护区内只有一条4公里的道路(冬季为1公里)。普喀萨有很多地形特色，与苏必利尔湖省立公园(见204页)很相像，还包括一小群隐蔽的驼鹿。

探索这个宏伟的腹地有两种选择。那些时间很紧的人可以穿过近郊进行游览，而那些可以灵活选择的人，则可以穿过公园边远地区冒险，也将会是一次难忘的经历。

普喀萨近郊区位于**哈蒂湾**(Hattie Cove)附近，是这个公园里唯一的宿营地，离公园入口处 2 公里。**游客中心**（7 月到 8 月 9am ～ 4pm）提供给旅行者很多关于当地野生动物和北方森林的信息。在夏天大部分的夜晚（晚上 7 点左右开始），会有从中心出发的带导游徒步和其他活动。离开宿营地有三条短程路径，可以看到原始风景。受欢迎的**南岬小路**(Southern Headland Trail，2.2 公里）是一条矛形路线，沿着岩石路线的那些“刺”为旅行者提供了有关海岸线和崎岖的加拿大地盾的美丽风景。在这条小路上，徒步者可以看到生长矮小的盆景般树木，由于吹进湖里的猛烈大风而无法长大。**Halfway 湖小路**(Halfway Lake Trail，2.6 公里）环绕在弯弯曲曲的小湖周围。提供信息的指示牌，星罗棋布地点缀着小路，通过在内部生态工作系统中提供的透视图来评估艰苦跋涉的旅行。第三条路线，**比奇小路**(Beach Trail，1.5 公里），沿着马蹄湾和苏必利尔湖蜿蜒而去，展示给人一幅碰撞的波浪和起伏的沙丘景象。**哈蒂湾**和 **Halfway 湖**也可以提供平静的一日划桨游。

普喀萨的**边远地区**将会为下一期《幸存者》(*Survivor*，美国著名电视节目，展示人为设定的人与自然和人与人之间的冲突——编注）提供完美的背景——1878 平方公里的原始原野解释了“隔离”这个词的意思。**考斯特尔徒步小路**(Coastal Hiking Trail，60 公里）是主要的徒步旅行干线，沿着浩大的海岸线。划桨者将会对三条令人难以置信的路线心满意足，包括受到称赞的**怀特河独木舟路线**(White River Canoe Route，72 公里），将怀特河省立公园(White Lake Provincial Park)与哈蒂湾连接起来。在起程前往边远地区探险时，顺便去趟公园的管理办公室，拿几份保护区的详细指南。

即使你在这里只待上一天，你也可能会对这个崎岖不平的边远地区有所了解。许多徒步者选择穿过考斯特尔徒步小路的第一个 7.6 公里，到达 30 米长、25 米高的**怀特河吊桥**(White Water Suspension Bridge)。这样的艰苦跋涉是很险峻的，甚至很湿，并且你必须按原路返回（共计 15 公里），但是很少有人会抱怨这奇妙的环境。

如果你要进行极限徒步旅行或划船，你很可

值得一停：维尼熊是谁？

很多年以来，怀特河都被认为是安大略最冷的地方。这座城镇设立了一个大型的温度计来测量这里可怕的温度。然后，人们发现怀特河有更出名的原因——这儿是维尼熊的家。你可能会问，AA 米尔恩 (AA Milne) 的小家伙实际上是源自这个小伐木中心吗？

一切都始于 1914 年，当时，在一次大规模狩猎后，一个猎人将一只小黑熊带回到怀特河。年轻的哈里 · 哥伦布 (Harry Colebourn) 上尉看到了这只可爱的小熊，花 $20 从猎人手中将它买下。他用自己的家乡名为小熊命名，叫它"温尼伯"，不久又被简称为"维尼"。当哈里被派往法国服役时，他把他的小宠物留在了伦敦动物园(London Zoo)。这只友善的熊很快赢得了大家的喜爱之心，包括 AA 米尔恩的儿子克里斯托弗 · 罗宾 · 米尔恩 (Christopher Robin Milne)。最终，迪士尼购买了米尔恩关于小维尼的童话故事，其他的成了历史。

当你在怀特河看到巨大的维尼雕像时，别忘了仔细看看这只熊的眼睛——它们看上去与可爱的迪士尼小熊有些不同。由于迪士尼拥有这只毛绒熊的版权，怀特河的巨大雕像不得不作出微小改动，避免侵权。

能需要快艇。**McCuaig Marine Services 公司**（☎807-229-0193；mccuaigk@onlink.net）可在海岸的任何地方让你自由上下船。最好有船将你放到荒野中，之后以你的方式回到宿营地；善变的天气可能会耽搁接送服务。

如果你没有时间（或胆量）计划自己的旅行，苏必利尔探险旅游公司 (Naturally Superior Adventures，见 205 页）和驯鹿远征探险活动 (Caribou Expeditions，见 203 页）提供穿越普喀萨边远地区的各种各样的带导游游览。

马拉松到尼皮贡 (MARATHON TO NIPIGON)

在苏必利尔湖畔北部顶端的弯曲的道路很适合徒步，有几个景点是你可以舒展腿休息的地方。Rocky **Neys 省立公园**（Rocky Neys Provincial Park；☎807-229-1624，807-825-3403）就在马拉松的西边，有崎岖的海滩、毛茸茸的北美驯鹿和日落，是完美的柯达时刻。

顺便看看**特勒斯贝** (Terrace Bay) 镇，乘坐小船来到**斯莱特群岛** (Slate Islands)，就到了世界上最大的林地北美驯鹿牧群之家。

可以考虑在活跃的**罗斯波特** (Rossport) 过夜，这座古雅的村庄隐藏在轰隆隆的铁路与苏必利尔湖唯一的自然港口之间。**Rossport Inn 旅店**（☎877-824-4032；www.rossportinn.on.ca；6 Bowman St；单 / 双 $70/75，木屋 $85 ~ 95；⏲5 月到 10 月；Ⓟ ⊠）自 1884 年开始接待路过的旅行者，配有高雅的黑木家具、舒适的被子与风味可佳的菜肴。甚至连脱落的壁纸也是最有魅力的。沿路北上，绿色霓虹灯闪烁的 **Serendipity Guest House 旅馆**（☎807-824-2890；www. serendipitygardens.ca；8 Main St；房 $100；Ⓟ ⊠）看起来就像火星的一个筒仓，但是内部却感觉像一间豪华的乡村小屋，有枫树嵌板和半球形天花板。你将惊奇地获悉店主他自己的双手建成整座小屋。

维麦特峡谷省立公园 (OUIMET CANYON PROVINCIAL PARK)

这座**公园**（☎807-977-2526；捐赠 $2 入内；⏲5 月中到 10 月中）从公路上望过去好似不存在。维麦特 (wee-met) 峡谷距公路 12 公里，是一处危险的裂缝，由在冰川晚期受到冰川和大风的冲刷而成。小气候在 150 米以下的谷底形成，使得一小片稀有北极高地植被在这里生长。一条 1 公里长的环形小路簇拥着参差不齐的断崖，形成一幅令你膝盖打颤的景观。不允许宿营。

如果维麦特令你心动的景观不足以使你的血液膨胀，那就去拜访**Eagle Canyon Adventures峡谷探险**（☎807-857-1475；www.eaglecanyonadventures.ca；275 Valley Rd，Dorion；宿营地 $25）；它在深峡谷地上的183米长的桥梁是加拿大最长的悬浮人行桥。宜人的营地和600米的冰墙使这个地方全年都人流如潮。

两座峡谷都地处尼皮贡 (Nipigon) 以西 45 公里和桑德贝湾东北 73 公里。

睡巨人省立公园 (SLEEPING GIANT PROVINCIAL PARK)

距桑德贝湾 45 公里，这座边缘参差不齐的半岛，形状就像是斜靠着的大个子，一千年来都被认为是一块吉利的领土。这座**公园**（☎807-977-2526；Hwy 587；日用观光车每辆 $9 ~ 12，偏远地 $8.50，宿营地 $24 ~ 33）位于峭壁南部顶端，可以看到令人难忘的冰冷苏必利尔湖的壮观景致。

这座公园很崎岖，适合偏远地宿营，却也足

够紧凑，很适合慢慢的一天游。需要3天才能走完的**卡贝恩徒步小路**(Kabeyun Trail)沿着半岛西岸，一路的弯弯曲曲。较短途的徒步旅行可以让你看到红狐狸。在半岛的顶端，封闭公路破损，形成一条泥土和鹅卵石混杂的道路，你可以看到偏僻地**锡尔弗岛**(Silver Islet)。19世纪80年代中期，这座城镇因是世界银矿最丰富的地方而迅速发展起来，现在这里将拍摄《冲锋飞车队》(*Mad Max*，又译《迷雾追杀手》，澳大利亚的小成本电影——编注）续集或者其他后启示录电影。

预订宿营地，请联系**安大略公园管理处**（☎888-668-7275；www.ontarioparks.com）。

桑德贝湾(THUNDER BAY)

人口 123 000

对于桑德贝湾的首次印象可能会有点不和谐。在一个缥缈的海岸线和庄严的森林之间驾车几小时后，工业混凝土废墟似乎格格不入。两个不同的市区核心就像磁铁排斥着高档化。然而，在这层粗砂表面之下，辽阔的桑德贝湾有一种温暖的小城氛围。没有很多景点，却是探索附近的历史和自然遗址的优秀基地。

奥吉布瓦人已经在这个地区居住几个世纪，甚至上千年。欧洲人在17世纪抵达，但是直到1803年才开始改变这个地区。英国人建造的威廉城堡(Fort William)成为西北公司(North West Company，以海狸皮生意为主）赚钱的贸易中心。不久之后，一个敌对的居留地突然出现在了路北5公里处。亚瑟码头(Port Arthur)以采矿为中心，直到它成为草原谷物运输中心。这座有金属光泽的谷仓延伸到海滨。

到了20世纪60年代末期，相邻的城镇才结合为一座城市，根据该地区的原住名字Animikie（闪电），这里被命名为桑德贝湾。今天这座城市成为跨加拿大旅游的旅行者值得（和必须）停留的地方。可以考虑花一两天在这座孤镇上停留——你将会惊奇地发现第一印象并不总是对的。

方位和实用信息

桑德贝湾有些复杂——道路在街道以南的半道上会改变名称，有两处市中心，被一个商业企业的混凝土建筑隔开。这两处市中心，亚瑟码头和威廉城堡，分别被称为“北桑德贝湾”和“南桑德贝湾”。中间的大片焦油停车场荒地被称为城际(Intercity)。城市的大多数旅游胜地在市区外；有些在40公里外。

Pagoda信息中心（☎807-684-3670；亚瑟码头Red River Rd和Water St拐角；⌚6月中至8月9am～5pm）这是游客信息最集中的地方。

桑德贝湾旅游局（Tourism Thunder Bay；☎807-983-2041，800-667-8386；Hwy 17；⌚6月中到8月8:30am～8:30pm，9月到次年6月中9am～5pm）在城镇以东大约6公里处的特里·福克斯望台和纪念碑（Terry Fox Lookout和Memorial，见下文）内。

景点和活动

景点分布在桑德贝湾附近40公里的半径处，如果没有自己的交通工具，在这儿旅游会有些困难。可以考虑从被称做城际(Intercity)的商业区周边众多汽车经销商那里租用小汽车。

特里·福克斯望台和纪念碑 (TERRY FOX LOOKOUT & MEMORIAL)

这儿应该是你在这个小镇的第一次停靠点——不仅可以拜访颇有价值的信息中心（见上文），而且能够向加拿大伟大的英雄之一学习。这座**纪念碑**为纪念年轻的特里·福克斯而立，他是一个不列颠哥伦比亚的当地人，他失去了左腿，最终得了癌症后去世。在去世之前，他给人们留下了一笔强有力的精神遗产，他试图靠假肢穿越整个加拿大，募集用于癌症研究的资金。1980年4月12日，他在纽芬兰的圣约翰斯开始了征程。9月1日，经过5373公里的路程后，他抵达了桑德贝湾，但由于病情恶化而被迫停止。今天的纪念碑就矗立在特里结束其伟大的“希望马拉松”(Marathon of Hope)的地方。

卡卡毕卡瀑布(KAKABEKA FALLS)

地处桑德贝湾以西25公里处，Hwy 11-17公路附近，是**卡卡毕卡省立公园**（Kakabeka Falls Provincial Park；☎807-473-9231；每辆观光车$3～9.50）。壮观的40米高的瀑布是许多本地传说的源泉。喜怒无常的瀑布在早春解冻之后才到达它的鼎盛时期，在大雨之后它会持续喷涌。

威廉城堡历史公园 (FORT WILLIAM HISTORICAL PARK)

法国的船夫、苏格兰的绅士以及奥吉布瓦原住民在这座**历史公园**（☎807-473-2344；www.fwhp.ca；1350 King Rd；成人/儿童/家庭$14/10/38；⌚5月中到10月中10am～5pm）四处走动，重新回忆19世纪早期的生活。从1803年到1821年，威廉城堡是西北公司的总部。这家公司最终被哈得孙湾公司兼并，该地区也随之不再是重要的交易中心。今天，这座很大的历史中心有42座历史建筑，满是有趣的、古董小道具，如滑膛枪、毛皮和桦树皮独木舟。

紫水晶矿山全景(AMETHYST MINE PANORAMA)

参观这座**矿山**（☎807-622-6908；www.amethystmi

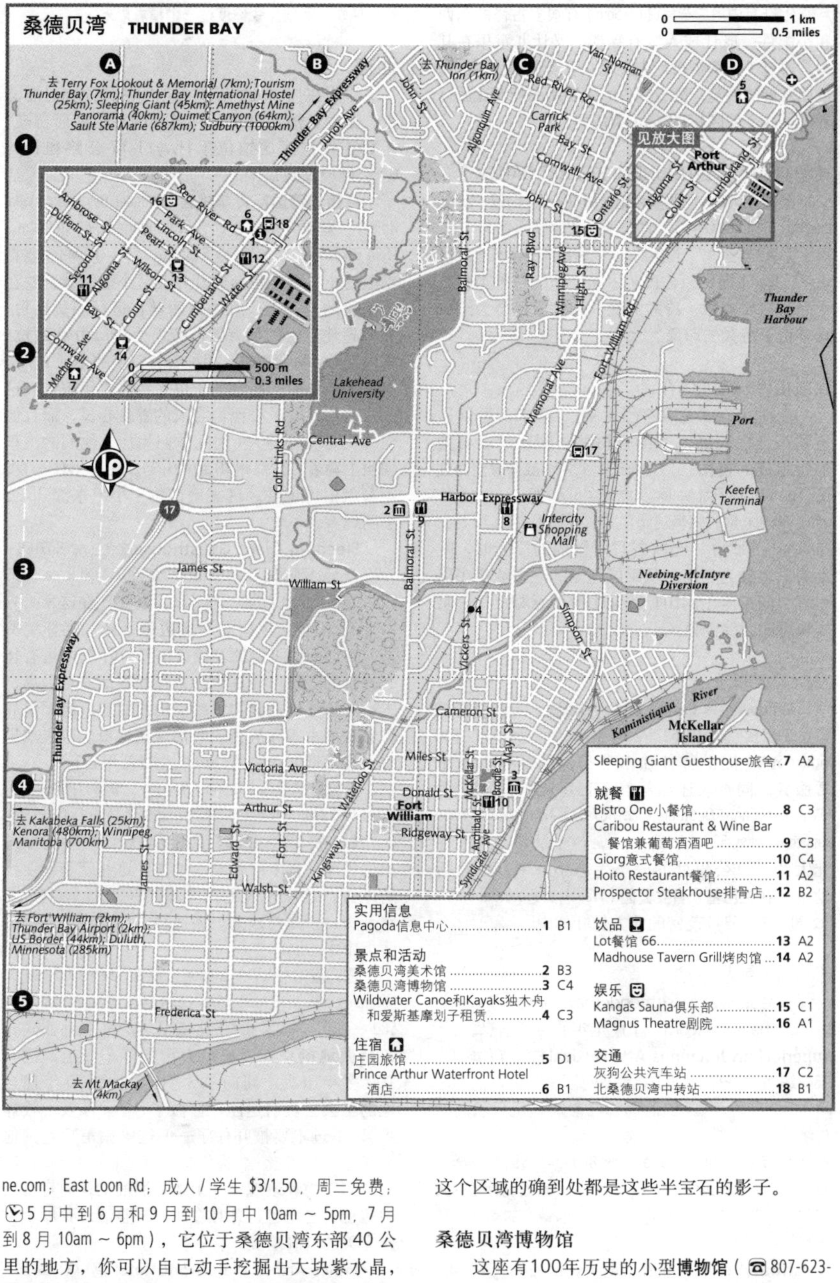

ne.com；East Loon Rd；成人 / 学生 $3/1.50，周三免费；⌚5 月中到 6 月和 9 月到 10 月中 10am ~ 5pm，7 月到 8 月 10am ~ 6pm），它位于桑德贝湾东部 40 公里的地方，你可以自己动手挖掘出大块紫水晶，这是安大略的官方宝石。当进入停车场时，你可以看到碎石中有一种微弱的紫蓝色——这证明了这个区域的确到处都是这些半宝石的影子。

桑德贝湾博物馆

这座有100年历史的小型**博物馆**（☎807-623-0801；www.thunderbaymuseum.com；425 Donald St E，Fort William；成人/儿童 $3/1.50；⌚6月中至8月11am~5pm，9

月到次年6月中周二至周日1~5pm）有很多古怪的东西和小配件，既让成人饶有兴趣，又让儿童乐在其中。通过关于奥吉布瓦人文化、毛皮贸易、军史和近期发展的展览，陈设到位的人工制品能够让旅行者瞥见这个地区1万年的人类历史。

桑德贝湾美术馆(THUNDER BAY ART GALLERY)

桑德贝湾的主要**美术馆**（☎807-577-6427；www.tbag.ca；1080 Keewatin St，联邦学院；成人/学生 $3/1.50，周三免费；🕒周二至周四 正午~8pm，周五至周日正午~5pm）提供原住民艺术家创作的各种当代艺术品。自然意象、冷峻的面具和焦原色将会给旅行者留下持久的印象。

麦凯山(MT MACKAY)

麦凯山在桑德贝湾上，高 350 米，可以欣赏到该地区高低不平的松树林与膨胀的岩石地形所组成的拼图。这座瞭望塔隶属**威廉城堡原住民**（Fort William First Nation；☎807-622-3093；www.fwfn.com；Mission Rd；每辆观光车 $5；🕒5 月中到 10 月上旬 9am ~ 10pm），当峡谷只有微弱的亮光时，晚上的景色最为宏伟。从景区开始的一条徒步小路一直引向这座山的山顶。爬山时注意脚下——页岩块可能会绊倒你。

爱斯基摩划子

Wildwaters Canoe & Kayaks 独木舟和爱斯基摩划子租赁（☎807-622-7200；www.wabakimi.com；856 Vickers St N）提供各种独木舟和爱斯基摩划子租赁服务。同批人还运营着 **瓦巴基米户外活动公司**（Wabakimi Canoe Outfitters；☎807-622-7200；www.wabakimi.com；Hwy 527，Armstrong），位于从桑德贝湾往北大约 250 公里处的一座生态小屋中。探险活动集中在**瓦巴基米省立公园**（Wabakimi Provincial Park；☎807-475-1634）茂密的北方针叶林中。

节日和重大活动

请登录 www.visitthunderbay.com 或者 www.thunderbaykiosk.com，了解全年的活动信息。

Superiorfinn Juhannus Arts Festival艺术节（☎807-964-2941；🕒6月中）在深夜可以看到太阳的这个地方，人们一整天的时间都在欢庆夏至日和芬兰传统。

意大利节（Festa Italiana；☎807-345-5511；www.italiancc.com；🕒8月上旬）历时两天，意大利社区的人们利用它欢庆自己的文化，推出自己最好的美食、音乐和舞蹈。

Anishnawbe 节（Anishnawbe Keeshigun；☎807-473-2344；www.fwhp.ca；🕒8 月中）在威廉城堡历史公园里举办，这个原住民传统节日突出击鼓、唱歌和跳舞各种娱乐活动，令你度过一个精彩周末。

住宿

作为在加拿大艰苦跋涉期间的共同临时滞留点，桑德贝湾以拥有各种各样的寄宿处而自豪。无数连锁汽车旅馆位于 Hwy11-17 公路和 Hwy 61 公路交叉点周围。

桑德贝湾国际青年旅舍（Thunder Bay International Hostel；☎807-983-2042；www.thunderbayhostel.com；1594 Lakeshore Dr；宿营地 $13，宿 $20；Ⓟwi-fi）色彩艳丽的小古董，包括鹿茸和儿童小型钢琴，放在灌木状的草坪上，好像爱丽丝在进行旧货出售。具有超凡魅力的拥有者，劳埃德(Lloyd)和薇拉·霍内斯(Willa Jones)，拥护着背包客的生活方式；事实上，他们的两个孩子也在经营青年旅舍。这些家伙不仅有关心他们客人的善良心灵，而且他们确实是有趣的人（问问他们为什么他们的汽车牌照上写着"波罗州[Borneo]"）。在这里住一夜，本身就值得记住。这家旅馆位于小镇东部 25 公里的地方。

Sleeping Giant Guesthouse旅舍（☎807-683-3995，866-424-5687；hostelscanada2002@yahoo.ca；139 Machar Ave，Port Arthur；宿 $22；Ⓟ 💻）在这家具有20世纪50年代风格的厨房边蹲下来，喝杯免费茶，问问和蔼可亲的老板盖尔(Gail)小镇附近有什么好玩的。她可能甚至会带你到本地的垃圾场，去看看那些寻找食物、经常出没的熊。房间里放置着双层木床和淡色亚麻油地毡地板。客人如果想要到附近滨水地区，可以免费使用自行车。

桑德贝湾旅店（Thunder Bay Inn；☎807-768-1234，866-210-1234；www.thunderbayinn.ca；1460 Dawson Rd，Hwy 102；房 $80；Ⓟ ❄ 💻）计划轻而易举地穿过桑德贝湾，需要穿过某个地方？这儿就是你要找的地方。这家现代的汽车旅馆位于 Hwy 102 公路旁边——经常成为一条捷径，可以绕过桑德贝湾街市中心。

庄园旅馆（McVicar Manor；☎807-344-9300；www.bbcanada.com/3918.html；146 Court St N，Port Arthur；房 $80 ~ 130；Ⓟ ❄wi-fi）这座豪华的维多利亚式建筑骄傲地栖息在 1 英亩大小的停车场上，已有 100 多年历史。问问主人们 20 世纪 60 年代当地的工会会员对这座庄园做了什么（涉及一枚炸弹），不过不要被吓住了——这家旅馆超越其他大部分的 B&B 旅馆，为你带来舒适和高品质服务。盛产巧克力和玫瑰，晚上葡萄酒涌动，向日葵使厨房也为之增色，并且在庄严、整洁的餐厅里供应完美的自制早餐。

Prince Arthur Waterfront Hotel 酒 店（☎807-345-5411，800-267-2675；www.princearthur.on.ca；17 Cumberland St N，Port Arthur；房 $85 ~ 175；Ⓟ ❄ 🏊

wi-fi）是桑德贝湾性价比最好的旅馆。这座滨水地区的地产经过了适当的整修，但外部的樱桃砖和摇摆的电梯保留了老式魅力。找一个能欣赏海湾对面睡巨人(Sleeping Giant)景色的房间。

就餐

Hoito Restaurant 餐馆（☎807-345-6323；www.hoito.ca；314 Bay St，Port Arthur；主菜 $4~8；🕑周一至周五7am~8pm，周六和周日8am~8pm；Ⓟ）你会认为你进了芬兰一处拥挤的员工食堂——事实是，这是它1918年开张的初衷，为芬兰裔林木工人提供价格适合的饭菜。在这家桑德贝湾食堂，早餐开到傍晚7点30分，晚餐上午10点45分就开始了，不过你可能全天只想吃著名的薄煎饼。

Giorg 意式餐馆（☎807-623-8052；114 Syndicate Ave N，Fort William；主菜 $15~20；🕑周五 午餐，周二至周六 晚餐）外部好像回到了过去，那时良好的品位和建筑并不是特别一致(20世纪70年代)，但这家迷人的意大利餐馆内部的装饰可以算得上是桑德贝湾中最好的餐馆之一，沉着的服务生为你提供极好的意大利通心粉。

Prospector Steakhouse排骨店（☎807-345-5833；27 Cumberland St S，Port Arthur；晚餐 主菜 $16~22；🕑4~10pm）胃口一定要当心：你将会吃的撑破肚皮。大份的肉菜摆放在农场般的古董桌子上。著名的牛肋排会给你的动脉带来一次锻炼。

小餐馆（Bistro One；☎807-622-2478；www.bistroone.ca；555 Dunlop St；开胃菜 $9~11，主菜 $25~30；Ⓟ）在笨拙而无灵感的邻居们的映衬下，这儿简直就是一块宝石，这家餐馆供应创新性、不断变化的菜肴，装饰考究，酒类丰富。

Caribou Restaurant &Wine Bar 餐馆兼葡萄酒酒吧（☎807-628-8588；www.caribourestaurant.com；727 Hewitson St；主菜 午餐 $12 ~ 20，晚餐 $25 ~ 35；🕑周四和周五午餐，周一至周三 5 ~ 10pm，周四 5 ~ 11pm，周五和周六 4:30pm ~ 午夜，周日 5 ~ 9pm；Ⓟ ☒）在宽阔的高速公路和方方正正的商业中心模糊不清的氛围之中，是桑德贝湾最好的用餐选择地之一。门面有连锁店的庸俗气息，不过，内部满是独一无二的装饰，如白色桌布的桌子以及独特的酒杯。

饮品和娱乐

我们的选择 Kangas Sauna 俱乐部（☎807-344-6761；www.kangassauna.com；379 Oliver Rd；桑拿浴 租金 $10 起；🕑周一至周五 7:30am ~ 1pm，周六和周日 8am ~ 11pm）如果你想喝很多酒，那你选错地方了。想一想 BYOB，指的是"自带泳衣"。那么，事实上，可以自带啤酒，因为周五晚上这家店会举办很长时间的社交活动。蒸汽浴是公用的，但是可以独自租用 5 个小时，或者为你和你的"同伴们"占用一个"会议室"。即使你没有想洗蒸汽浴的心情，这儿还有其他的一些舒适设备会引起你的兴致：一个公用的浴盆、可口的餐厅、晒黑棚，甚至还有一个发廊。

Lot 66餐馆（☎807-683-7708；66 Court St S，Port Arthur；🕑周二至周四4pm~1am，周五和周六4pm~2am）这座明亮的芥末色建筑物中，在繁忙的晚上，供应餐前小吃和葡萄酒，直到凌晨。

Madhouse Tavern Grill 烤肉馆（☎807-344-6600；295 Bay St，Port Arthur；🕑周一至周四11:30~1am，周五和周六11:30~2am，周日5pm~午夜）一个放松的好地方，坐下休息，友好地聊天，喝着冰镇啤酒。悬挂的著名作家和艺术家的肖像与达利(Dalí)的风格很像。

Magnus Theatre 剧院（☎807-345-8033；www.magnus.on.ca；10 Algoma St S，Port Arthur；演出 成人 $19~32，学生 $12）这家专业剧院首演了一些当今堪称经典的加拿大戏剧，而且推出国际保留剧目。剧院入口在Waverley St 街外围。

到达和离开

加拿大爵士航空、西捷航空、Wasaya 航空和贝尔斯金航空 (Bearskin Airlines) 都开通往返**桑德贝湾机场**（Thunder Bay Airport，代码 YQT；www.tbairport.on.ca）的航线。机场在市区西南边 3 公里，正好是 Hwy 17 公路和 Hwy 61 公路的交叉口。航班的停靠点包括萨德伯里、苏圣玛丽、渥太华、多伦多和温尼伯。

灰狗公共汽车从这里开往苏圣玛丽($127，9 小时，一天 3 班）和温尼伯($112，9 小时，一天 3 班）。**灰狗公共汽车站**（bus depot；☎807-345-2194；815 Fort William Rd）靠近城际商业中心，处在两闹市之间。

四处走走

汽车租赁连锁公司在机场和被称做城际的商业区设有询问站点，城际位于两个市中心地区间。各主要酒店，包括 Prince Arthur Waterfront Hotel 酒店，提供住店客人机场接送服务。

桑德贝湾公共汽车运输公司（☎807-684-3744；www.thunderbay.ca）的路线覆盖城市所有地区，公共汽车司机都很热情，也是因为桑德贝湾不那么容易驾车上路。公共汽车有两处枢纽：**北桑德贝湾中转站**（Thunder Bay North Terminal；May St 和 Miles St 拐角）和**南桑德贝湾中转站**（Thunder Bay South Terminal；water St 和 Camelot St 拐角）。单程票 $2.25。

桑德贝湾到马尼托巴

做你自己的皮尚鲁舰长 (Captain Picard，电视剧《新星空奇遇记》里的角色——译注），大胆地去那些之前还没有人去过的地方……好吧，也许之前有一些人来过了这里，但似乎感觉不到。**卡卡毕卡瀑布群**(Kakabeka Falls)之后，随着高速公路的远景变得有些无趣，车辆也减少了一些。然后，在Shabaqua Corners街角，公路分了岔：沿Hwy 17公路的北线一直通往马尼托巴的温尼伯，而南线(Hwy 11公路和Hwy 71公路)车经过秀丽的风景时车辆很慢，得再花2小时。这两条路线都可以带你穿过主要的渔村；加油站可能以赠送米诺鱼(minnows)为你加油的方式极力打动你停车加油。路标提示新时区的起始(往西，可节省1小时)。

万一安大略北部其他地区对你而言还不够北的话，更偏远的**皮克尔莱克**(Pickle Lake)一带的居民区，是为独木舟爱好者服务的急先锋。恰当命名的**Canoe Frontier Expeditions**(☎866-285-8618；www.canoefrontier.com)和**Goldseekers Canoe Outfitting & Wilderness Expeditions**(☎800-591-9282；www.goldseekers.net；83 Forestry Rd, Red Lake)，总部设在一座淘金小镇上，承诺旅行者一次令人难忘的旅行，与你在加拿大东部感受到的文明之旅截然不同。

北线

伊格纳斯(Ignace)和**德赖登**(Dryden)拥有很多汽车旅馆和简单的餐馆，不过没什么特别之处让人逗留。如果你7月初碰巧经过德赖登，务必在每年举办一次的**驼鹿节**(Moose Fest)期间停留。最大最好的停留地是**凯诺拉**(Kenora)，一座纸浆造纸业小镇，也是著名的**伍德斯湖**(Lake of the Woods)地区的非官方首府。这处活动中心举办当地旅游，主要有避暑休假农舍和垂钓游。提供大量住宿选择，常见的汽车连锁大军沿公路排列。

游客中心(☎807-467-4637，800-535-4549；www.visitkenora.ca；1500 Hwy 17 E, Kenora；⏲周一至周五8am～5pm，周六和周日9am～5pm)在市中心区以东大约5分钟的地方。Main St街和Front St街，沿湖岸一带举办大多数活动。

加拿大原住民文化团队游(Canadian Native Cultural Tours；☎807-468-9124；www.mskenora.com)登上MS Kenora号，提供意想不到的文化和风景游览。**伍德斯湖博物馆**(Lake of the Woods Museum；☎807-467-2105；www.lakeofthewoodsmuseum.ca；300 Main St S；Kenora；成人/儿童$3/2；⏲7月到8月 10am～5pm，9月到次年6月 周二至周六10am～5pm)突出这个地区原住民历史和工业发展史，特别是凯诺拉发生巨变的几百年。

加拿大灰狗客运往返在凯诺拉和桑德贝湾($86，6个半小时，一天3班)以及温尼伯($34.50，2个半小时，一天3班)之间。

南线

那些选择安大略和马尼托巴之间更长路线的旅行者，都将幸运地看到壮观的景观。在公路分叉后，**阿蒂克肯**(Atikokan)是南线的主要停靠点。这座顽固的矿业小镇，拥有几家汽车旅馆和一般旅馆，很适合白天去绝妙而隐蔽的**凯提科省立公园**(Quetico Provincial Park；☎807-597-4602，807-597-2735；日用 每辆观光车 $8/13，宿营地 $22～32，偏远地 $12～20)。这个似乎没有尽头的水渍保护区只有一个小宿营地，有超过1500公里长的独木舟游程路线沿地平线向未开发的偏远地区伸去。**Canoe Canada Outfitters户外人商店**(☎807-597-6418；www.canoecanada.com；300 O'Brien St, Atikokan)提供自助游和配导游的探险活动，深入到这座庞大的原野之中。

再向西，**弗朗西斯堡**(Fort Frances)正好位于美国边境处——是很受自然爱好者们欢迎的交叉路口。**弗朗西斯堡博物馆**(Fort Frances Museum；☎807-274-7891；www.fort-frances.com/museum；259 Scott St；成人/家庭$3/10；⏲7月到8月 10am～6pm，9月到次年6月周一至周六 11am～4pm)值得一看，介绍这个地区的历史演变。

Kay-Nah-Chi-Wah-Nung古墓地(☎807-483-1163；Shaw Rd, Emo；门票8；⏲6月到9月 10am～6pm，10月到5月 周三至周六 10am～5pm)位于弗朗西斯堡西边50公里处，是一处奥吉布瓦人的圣地，内有加拿大最大的古代祭祀墓地。

通过小艾莫(Emo)后，希望继续沿着跨加拿大公路前进的旅行者必须沿着Hwy 71公路向北行驶，因为Hwy 11公路横跨边界改变方向往南延伸。

在拐上Hwy 17公路前，可以考虑在**伍德斯湖**(Lake of the Woods)东部地区的两处风景处停靠。**内斯特瀑布群**(Nestor Falls)和**苏纳罗斯**(Sioux Narrows)是宁静的度假城镇，提供大量的别墅和船屋供租用。

尼皮贡到科克伦 (NIPIGON TO COCHRANE)

给你的iPod充好电——如果你打算沿Hwy 11公路从尼皮贡长途跋涉到科克伦，你就需要保持清醒的头脑。这条615公里长的荒芜的公路只能提供从桑德贝湾到科克伦的捷径(或者不太长的路)。你将经过幼稚的新奇事物，比如一个巨型的塑料雪人，而且你将会看到皱着眉头在猜想"你究竟在这里干什么呢？"的当地人。如果你不用一天驾车走完全程，或者你想享受一下骑着蓬乱的驼鹿跳跃的感觉，你可以考虑在**哈斯特**(Hearst)或者**卡普司喀星**(Kapuskasing，*kap*-isskay-sing) 停下来——两个地方都会有合适的汽车旅馆来选择。哈斯特是阿尔格玛中心铁路(Algoma Central Railway，见 201 页)的北部终点站，也是安大略北方客运(Ontario Northland)从诺斯贝发出的列车的最西点。看看新开张的 **Eagle's Earth**（☎705-463-2288；www.eaglesearth.com），克里人和奥吉布瓦人互动的文化中心，在哈斯特西边 40 公里的地方。

没有停靠，8 小时驾车将给你大量时间考虑以下的问题：路上怎么会有这么多被轧扁的动物，却看不到另一辆汽车？

科克伦

时间对小科克伦并不仁慈，它存在的价值在于北极熊直达列车(Polar Bear Express)——这列根据信号停留的火车将乘客向北运送到遥远的詹姆斯湾。诚实地说，科克伦不会假装是优美的旅游目的地。在这个被风吹扫的城镇，如此冰冷、漫长的冬天就是证据，尽管有这么冷淡的冬天，大部分的讲法语者都很热情、乐于助人。路过**科克伦旅游协会和商会**（Cochrane Tourist Association & Board of Trade；☎705-272-4926；4 3rd Ave；🕑周一至周五 9am ~ 4:30pm，夏季时间延长）时，向巨型塑料北极熊西莫(Chimo)问声好，并且获得关于这个城镇和可爱北极熊圣地的有用信息。

景点和活动

北极熊直达快车（Polar Bear Express；☎800-268-9281，866-472-3865；www.polarbearexpress.ca；成人/儿童 $95/47.50；🕑周二至周日）是到达遥远的穆索尼和穆斯法克特里社区的唯一方式。这列根据信号停留的火车早晨离开科克伦，晚上有返程火车，接近午夜时到达火车站。各种各样的乘客本身就是一种景观：本地人、看门工、生物学家、地质学家、旅行者、钓鱼者和真正的桨手都乘坐着穿梭车(一种特别适于运输独木舟的汽车)。旅行单程需要4小时45分钟，因此，如果你当天返回，你就只能走马观花地逛一下穆索尼和穆斯法克特里。9月到次年6月，这列火车一般被叫做“小熊”(Little Bear)。

不必理会列车的名字，在信息中心有巨大的复制品，这个地区没有北极熊四处漫步，不过当**北极熊看护培养所**（Polar Bear Habitat & Heritage Village；☎705-272-2327；www.polarbearhabitat.ca；1 Drury Park Rd；成人/儿童/学生 $20/12/18；🕑6 月到 8 月周一至周四 8am ~ 6pm 和周五至周日 8am ~ 7pm，9 月到次年 5 月周一至周五 10am ~ 4pm 和周六和周日 10am ~ 5pm）2004 年开门营业，Nanook、Nikita 和 Aurora 三只北极熊成为了科克伦的毛最多的居民（让我们期待吧）。一位有爱心的工作人员照顾着这些邋遢的家伙——25 岁的雄性北极熊 Nanook 及 5 岁的双胞胎 Nikita 和 Aurora。当它们还是幼崽时，偷猎者残忍地射杀了它们的妈妈，之后，这三只北极熊都被关了起来。白天给它们喂食或在游泳池中游泳时，旅行者可以隔着厚厚的玻璃看到这些友好的北极熊。更感兴趣者可以在网站看到现场“北极熊片段”(Bear Cam)。一个就地的仿殖民地村庄中，里面的人员穿着古装，参观费用也包含在门票中。

与大家的想法不同，**蒂姆·豪顿博物馆**（Tim Horton Museum；☎705-272-5084；Tim Horton Event Centre；🕑6 月到 8 月 9am ~ 5pm）可不是有关现在炸面圈店的历史，而是详细介绍了与这家连锁店同名人物的生活；一位出生于科克伦的著名的 NHL 冰球球员。**铁路和拓荒者博物馆**（Railway & Pioneer Museum；☎705-272-4361；210 Railway St；门票 $3；🕑6 月到 8 月 9am ~ 5pm）也值得一看；在古老的火车车厢中突出展示大量的铁路纪念品。

食宿

你必须在 7 月和 8 月提前订购住宿。用餐选择被限制到了下等餐馆，因此，如果美食爱好者们不想饿着肚子，也许会想要买些三明治。

Commando Motel汽车旅馆（☎705-272-2700；传真 705-272-5036；80 7th Ave；单/双 $57/63；Ⓟ）这排牢固的橡木板房间不尚装饰，是不错的选择，火车站过街就见的牢固的游船，在没有住宿的火车站上是个很好的选择。小冰箱和后面外面的湖水风景是额外奖励。

Station Inn 旅店（☎705-272-3500，800-265-2356；www.ontc.on.ca；200 Railway St；房 $85 ~ 98；Ⓟ ☒）在火车站附近找家好一些的住所下榻，其中最好的一家就是它！但是旅馆兼火车站这样的住所有什么好处呢——美丽的轨道风景？好吧，至少你不会赶不上自己的火车……

Best Western Swan Castle Inn旅店（☎705-272-5200，800-265-3668；189 Railway St；双 $119；Ⓟ ☒ ☒ wi-fi）科克伦的最佳住宿选择（无疑，也是最贵的），突出宽敞的房间和免费的大陆早餐。在一次漫长的穆索尼旅行之前，应该去体育场和旋涡池运动。

J R Bar-B-Q Ranch（☎705-272-4999；63 3rd Ave；主菜 $9 ~ 21；午餐和晚餐）西式风格的装饰与小镇的边界氛围完美地结合起来。值得狼吞虎咽的排骨是如此的美味，它们也许会让你计划下次再来科克伦旅行。

到达和离开

在科克伦和诺斯贝湾之间，安大略北方公司运营着**公共汽车**（$65，6 小时 45 分钟，一天 3 班）和**火车**（$68，5 个半小时，每周 6 班）。所有班次都从**科克伦火车站**（☎705-272-4228）抵达和始发。

汽车也运行到蒂明斯(Timmins，$15，1 个半小时，一天 1 班)，并且继续开到萨德伯里($78，6 小时，一天 1 班)。

穆斯法克特里和穆索尼 (MOOSE FACTORY & MOOSONEE)

穆索尼和穆斯法克特里靠近冻原带，地处偏远的北边，以致很多人甚至从这里进入加拿大东部。在比这更北的地方探险，一路征程中少不了喷射艇、独木舟、雪地机动车、狗拉雪橇或雪地鞋相助。穆索尼由里维隆·弗雷尔(Révillon Frères，即今天所称的 Revlon)创建，最初作为一个通商站点，约 30 年之后的 1932 年，铁路终于通到了穆索尼。一艘快速游船将穆索尼与穆斯法克特里岛连接起来，这座岛不是生产基地，并非从生产流水线上滥造那些大个的毛茸茸的野兽玩具，而是一个克里人小居民区和哈得孙湾公司通商站点的历史遗址，创建于 1672 年。

当你正思量一次长途旅行来到这么远的北边时，不妨想以下情况：当毛皮贸易 300 年前达到顶峰时，人们主要是经哈得孙湾和詹姆斯湾从北方进入安大略内部的。

方位和实用信息

从穆索尼的火车站步行约 10 分钟到达一个小码头，在那里旅行者可以搭乘水上出租船。从火车站到码头的出租车每人收费 $4。

穆索尼和穆斯法克特里都有 ATM 机。

Creeway Taxi 出租车（☎705-658-5256；Moose Factory）提供穆斯法克特里岛上的出租车服务。

GG's Corner & Gift 商店（☎705-658-4591；417 Centre Rd，Moose Factory）设置在一个可搬运的金属结构里，这家百货商店出人意料地大，出售从吉他到乳脂干酪的一切商品。即便你不打算买任何东西，也是值得一看的。

穆斯法克特里旅游协会（Moose Factory Tourism Association；☎705-658-6200）提供信息咨询的电话服务。

景点和活动

超过 80% 的旅行者只是当天来这里参观，而事实上从未体验到这个幽静的地方到底是什么样子的。穆索尼和穆斯法克特里有很大不同——穆索尼有一种平庸的工业氛围，而穆斯法克特里气氛活跃，聚集着友好的人们和无数烟雾小屋。体验该地区的最佳方式是参加当地的穆斯克里原住民组织的团队游。

在穆斯法克特里，**克里人文化保护中心**（Cree Cultural Interpretive Centre；⏲7 月到 8 月）突出室内和室外的工艺制品展览，展品包括骨制器具、传统玩具、可重复使用的尿布以及从未交流前以来演变中的住所建筑风貌。如果你愿意将会了解 pashtamowin，即“失去的终会回来”的意思——克里人对命运的理解。最好有个导游带着你游览这个中心，因为他们可以告诉你关于这些有趣展品的引人入胜的细节和有趣的名人逸事。

穆斯法克特里百年博物馆（Moose Factory Centennial Museum；⏲7 月到 8 月）展出地图、毛皮和哈得孙湾标尺塔，可追溯到 18 世纪早期。驼鹿皮圣衣和克里人祈祷书都体现着建于 1860 年的**圣托马斯国教教堂**特色。这座教堂通常以“浮动的教堂”而著称，因为在一场特别猛烈的风暴中，暴风将这座建筑掀起到空中，又抛到了街道上。

我们造访时，穆斯克里原住民正在建造 **Washow James Bay Wilderness Centre 中心**（www.moosecree.com）。该中心在穆索尼以东 70 公里处，目的是重建历史上不同时期的几座村庄。一座宿营地采用未接触期的建筑风格，建造树皮住所，另一座将突出接触时期的帆布锥形帐篷。旅行者划独木舟在主要的地区和村落间游历，这里的活动可能包括演示如何设陷阱捕猎和如何捕鱼。当我们实地考察时，实用的详情和价格尚未确定，请浏览网站了解最新资讯。

团队游

Moose Cree Outdoor Discoveries & Adventures 户外探险（☎705-658-4619；www.moosecree.com），穆斯克里原住民经营的旅游业务，组织个性化顾客旅游线路，结合文化活动（例如叙事和传统美食），夏天划独木舟，冬天雪地鞋行走。当定制你的探险活动时，友好而柔和的工作人员会问你两个问题：“你想经历些什么？”、“你不想看到什么？”根据你的想法，这家公司确实可以依照你的意愿安排一切，但要确保给他们足够的时间。费用取决于是一人还是多人出行，是一天的小岛游还是一周的野地探险游。这些推荐的旅行让你有机会亲历很多火车旅行者无法体验的东西。当你结束了你的值得纪念的旅游时，不要忘记说声 mee-gwetch，克里语的“谢谢”。

Two Bay Tours 海湾旅游（☎705-336-2944；www.twobay.com）通过安大略北方客运(火车载你到此)招揽，开展包价旅游业务，而且如果你想参加它的穆索尼和穆斯法克特里两地汽车旅行团(成人/儿童$28.50/14.25)，出发前，你应该在科克伦的火车站做好安排。

食宿

在你到达之前一定要预约住宿。在穆索尼有几个住宿选择，不过我们会强烈建议你住在穆斯法克特里岛。

潮汐省立公园（Tidewater Provincial Park；☎705-

当地人的声音

Elly Chmelnitsky，一名在詹姆斯湾地区研究白鲸交流方式的海洋生态学家，今年 27 岁，詹姆斯湾

你待在詹姆斯湾很久了，在此期间，你学到的有关这个地区最有价值的东西是什么？虽然我是来这儿研究白鲸的，但是从带我出海的当地向导那儿，我学到了很多克里族的文化。我与他们分享了许多关于海岸生活的故事，告诉我他们如何从父母和祖父母那里学习传统生存之道。家庭的团结和对长者的尊重是最重要的部分。当地人十分友善好客。穆斯法克特里是人们了解克里人文化最好的地方。它能向带导游游览的旅行者们真切地展现克里这个大家族。

336-1209；日用观光车每辆 $8，宿营地 $22.25；⌚6月中至8月）寂静地位于陆路和穆斯法克特里岛间的小岛上，乘坐水上出租船可到。有野餐桌和火坑——但仅此而已。

Norm & Jean's B&B旅馆（☎705-658-4762；17 Woods Ave，Moose Factory；房 $90）在穆斯法克特里，这家可爱的旅馆位于宽敞的家庭地下室，不能预订。三个房间都装备有现代化的家具。

Cree Village Ecolodge生态旅馆（☎705-658-6400，888-273-3929；www.creevillage.com；61 Hospital Dr，Moose Factory；房 $148）这家克里人的生态旅馆是北半球上由原住民拥有和经营的第一家旅馆。这个吸引人的地方的设计和装饰都反映着克里人的价值观。对环境的保护意识设计延伸到了地毯中使用的环保羊毛和棉花、毛毯和被单枕头、每个房间里的环保香皂，还有一些进行肥料处理的马桶。穆斯法克特里的第一家公共图书馆也在这里。早、中、晚餐均对外营业，客人在Shabotowan Great Hall大厅用餐。每天的特色菜包括当地捕捉的鱼($19)和美味的丁骨牛排(T-bone steaks，$20)。

到达和四处走走

穆索尼和穆斯法克特里无法驾车到达。有关来自科克伦的火车信息，见 213 页。水上出租船将乘客运送到穆索尼和穆斯法克特里之间 3 公里（$10，15 分钟）。在冬天里，这条河变成一座冰桥，非常牢固，能够承受汽车和卡车的重量。

蒂明斯(TIMMINS)

人口 43 000

曾经一度，蒂明斯是在西半球最有生产力的金矿区域，今天，这座城市仍然大大依靠它的银产业和锌产业赚钱，有着一个超过 2000 公里的地下隧道网络。

这座城市的**商会**（☎705-360-1900，800-387-8466；76 McIntyre Rd；⌚9am～5pm）在Schumacher小镇，位于蒂明斯以东，有大量的旅游讯息。

乡村歌手莎妮娅·吐温(Shania Twain)是自己家乡的女王，她的宫殿是**莎妮娅·吐温中心**（Shania Twain Centre；☎800-387-8466，1 Shania Twain Dr；成人 / 学生 / 家庭 $9/7/32；⌚10am～5pm）。这个巨大的建筑中陈列着纪念品、音乐会片段以及广泛收藏的私人用品，展现着她的生活和音乐。该中心也组织北美唯一真正的**金矿游**（☎705-360-2619；www.timminsgoldminetour.com；成人 / 家庭 $19/60；⌚7 月到 8 月一天 4 次团队游 9am～3pm，5 月中到 6 月和 9 月到 10 月一天 2 次团队游周三至周日 10am～2pm）。经验丰富的矿工们会给旅行者穿上全套挖掘服装，带着他们到地下 50 米的 Hollinger 矿井。旅程包括乘坐一段轨道车、水金浇铸以及模仿的炸药爆破。平底鞋和保暖的衣物是必需品。

沿着Algonquin Blvd(Hwy 101公路)，蒂明斯有一组连锁汽车旅馆。**雪松草甸原野公园**（Cedar Meadows Wilderness Park；☎705-268-5800，877-207-6123；www.cedarmeadows.com；双 $95～105，宿营地 $15；Ⓟ wi-fi）有舒适的住宿处，周围是可以当作宠物的驼鹿和麋鹿。**凯特尔湖省立公园**（Kettle Lakes Provincial Park；☎705-363-3511；日用观光车每辆 $8，宿营地 $26～33；⌚5月中到10月中）位于城镇东边35公里的地方，在圆形冰川锅状湖边，为你提供创新型宿营的经历。

安大略北方客运的公共汽车往返于蒂明斯和诺斯贝湾之间（$63，6 小时，一天 2 班），并且会继续服务到多伦多（$116，10 小时，一天 2 班）。一天还有一班车开往萨德伯里（$49，4 个半小时）。**蒂明斯火车站**（Timmins Train Station；☎705-264-1377；54 Spruce Ave）也运营为一列连接列车到达 Matheson($11，1 小时 15 分钟，每周 6 班)，因此乘客能连接到 Northlander 火车线。

泰马伽米(TEMAGAMI)

回想一下你的第一堂历史课——你也许了解关于强大的法老和希腊英雄的情况，甚至还有中国的古代王朝，但是你大概从未听说泰马伽米。当敬神的法老下达命令建造金字塔时，这个有着高大杉木和安静湖水的地区是一个兴旺的贸易中转站。这些古老小径的证据今天仍然存在，而隐藏的考古遗址被散布在该地区的省立公园中。

关于在泰马伽米周围的保护群落的信息，可以参观**芬利森角省立公园**（Finlayson Point Provincial Park；☎705-569-3205；日用观光车 每辆 $11；⏰5月中到9月中），在泰马伽米镇以南2公里处，Hwy 11 公路旁。泰马伽米的**接待中心**（Welcome Centre；☎800-661-7609；www.temagamiinformation.com；7 Lakeshore Rd；⏰9月到次年6月周一至周五 9am ~ 5pm，时间可能会有所变化）可提供这个地区的信息，有关于该地区历史的陈列品。

离开 **Obabika 河公园**（Obabika River Park）或广袤的**蕾蒂伊夫琳斯穆斯沃特省立公园**（Lady Evelyn Smoothwater Provincial Park），它拥有安大略最高的地方——伊悉帕提纳山脊（Ishpatina Ridge，693 米）。没有设施，宿营地只能划独木舟进入。容易访问的**白熊森林**（White Bear Forest）在**北美驯鹿山**（Caribou Mountain）上有一个高耸的**火塔**（fire tower），可以鸟瞰下面的丛林景观。

1986 年以来，和蔼可亲的老板 Doug 和 Marg 一直经营着 **Northland Paradise Lodge 旅馆**（☎705-569-3791；www.northland-paradise.com；51 Stevens Rd；单/双/套房 $50/80/150）——友好的湖边旅馆。多年来，他们招待了各种各样的旅行者，从猎人到雪地机动车爱好者。如今，Doug 是位半职业摄影家，他热衷于陪伴想拍照而不是枪杀动物的人出行。汽车旅馆式的客房很舒服，配备全套厨房用具，成为在泰马伽米进行各类探险活动的完美基地。森林小屋距离火车站不远，步行即可到达，Buddy（当地的狗）将友好地嗅舔你以招呼你的到来。

Smoothwater Outfitters 和 Ecolodge 户外商店和生态旅馆（☎705-569-3539；www.smoothwater.com；双 $92 ~ 105）中熟悉森林的人们擅长创新性规划。推出一系列主题的常规课程和休养活动，包括：烹饪搜寻探险、绘画和摄影研讨、瑜伽以及带导游的划桨徒步。细心的工作人员也会为你自己的探险活动准备一个独木舟、食物和工具（每天 $85）。附近的住宿处位于一个木材结构中，有蓬松的被子和树枝状装饰品。

Wolf Within Adventures（☎705-569-3557；www.wolfwithin.ca；周末旅游 $395）组织的带导游狗拉雪橇旅程是体验泰马伽米冬天的一种奇妙方式。参加穿越大雪覆盖的森林和冰冻湖泊的活动，是一次令人愉快的并且有教育意义的探险。你会得到很好的照顾——主人弗朗西斯科（Francisco），是电影《绝岭雄风》（*Cliffhanger*）里 Sylvester Stallone 的驯狗师，他将会教你在零下 50°C 的环境中，以传统的方式旅行和生存。周末的徒步旅行是非常受欢迎的，甚至有长达一周的探险活动（$1580）。在夏天，友好的导游们组织穿过泰马伽米崎岖原野的 10 天独木舟游（$1450）。也可以安排定制旅游。所有预订应该提前 2 个月进行。

安大略北方客运的公共汽车往返于泰马伽米和诺斯贝湾之间（$17，1 小时 15 分钟，一天 2 班），也通列车（$17，1 个半小时，每周 6 班）。

诺斯贝湾(NORTH BAY)

人口 54 000

诺斯贝湾自称"北得恰到好处"，让人自然想问"恰到好处在什么方面"呢？它的北足以让参观的多伦多人感觉就像是真正的探险者，虽然"恰到好处"的部分并没有展现给我们。安大略的两条主要公路（Hwy 11 和 Hwy 17）聚合在小镇的外面，使诺斯贝湾成为跨加拿大的旅行者的合理滞留点。高速公路在诺斯贝湾附近再次连接，1100 公里的标志处附近（见 212 页）。

方位和实用信息

这座城市向南伸向尼比辛湖（Lake Nipissing），向东伸向鳟鱼湖（Trout Lake）。矩形的镇中心地处 Cassells St 街和 Fisher St 街之间。

诺斯贝湾商会（North Bay Chamber of Commerce；☎705-472-8480；www.northbaychamber.com；1357 Seymour St；⏰7月到8月 8:30am ~ 8:30pm，9月到次年6月周

值得一停：科博尔特

在远北地区事情变得怪异起来，这些城镇有着稀奇古怪的名字，比如豪猪（Porcupine）和十字记号（Swastika）等。各式各样古怪的事物在路边随处可见，甚至让人难以选择去向。科博尔特（Cobalt）小镇是你最好的选择。20 世纪初期，这个荒废的城镇曾是个蓬勃发展的银矿区。在有经济收益的 30 年中，这个地方发掘了似乎无穷无尽的珍贵金属资源，吸引了超过 20 000 万名临时居民。据说凭借这些能赚钱的矿脉，科博尔特曾帮助加拿大度过大萧条时期，还独立启动了多伦多证券交易所（Toronto Stock Exchange）。今天，在这个四处充满采矿回忆的地区，被遗弃的广阔遗址成为这个地区夸张而脆弱的经济纪念品。

一至周五 9am ~ 4pm，周六和周日 10am ~ 4pm）位于 Hwy 11 公路和 Hwy 17 公路的交叉路口附近，镇中心以南 5 公里。

景点和活动

诺斯贝湾从来没有看到安大略北部大多数小镇固有的和采矿相关的繁荣与没落。事实上，这个地区在过去是相当平凡的，直到五个小女孩把这座城市变成安大略继尼亚加拉大瀑布后最受欢迎的目的地。这些小女孩是 Dionne Quints——相同的五胞胎——出生在经济大萧条期间，她们被省政府开发成旅游亮点。她们的名声广为流传，以至于后来曾在四部好莱坞影片中担任主角。今天，**Dionne Quints Museum 五胞胎博物馆**（☎705-472-8480；1757 Seymour St N；成人/儿童 $3.50/2；⏲5 月中到 6 月和 9 月到 10 月中 10am ~ 4pm，7 月到 8 月 9am ~ 7pm）展出她们孩童时期引人入胜的物件（她们之后的生活并不如意——在动物园这样的环境里成长并非健康人生的开始）。

沿着尼比幸湖的风景一路走来，你将会发现一些令人愉快的活动，包括玩古玩**旋转木马**（☎705-495-8142；www.northbaycarousel.com；230 Memorial Dr；⏲5月中到10月中）和**Chief Commanda II**（☎705-494-8167，866-660-6686；www.chiefcommanda.com；King's Landing，Memorial Dr；⏲5月中到9月）。定期客船穿过马尼图群岛（成人/儿童 $18/12.50），沿弗兰西曲河(French River，成人/儿童$30/21.50)，在夕阳西下时向南开往 Callander Bay湾(成人/儿童 含晚餐 $23/14)。“布鲁斯巡航”(Blues Cruises)在夏天是个重头戏(每月一次，3小时)。

在秋天，安大略北方客运运营火车一日全包游，被称为 **Dream Catcher Express**（☎800-268-9281 转 390；www.ontc.on.ca；成人/儿童 $150/100），你会参观到充满活力并且有秋天颜色的泰马伽米古森林。

食宿

在市中心没有几家高品质住宿处，最好的是正南部 Lakeshore Dr 车道边的一家汽车旅馆，或者向东靠近鳟鱼湖。

Gray's Log House旅馆（☎705-495-2389；www.graysloghouse.com；5270 Hwy 63，Trout Lake；单/双 $75/85）逃脱街市的熙来攘往，来到鳟鱼湖附近的这栋可爱的原木小屋。夜晚是在享用完自制的甜点之后与殷勤的主人闲谈的时间，或者你可以偎依在手工缝制的被子中，观看冬天里飘落的雪花。

Sunset Inn旅店（☎705-472-8370，800-463-8370；www.sunsetinn.ca；641 Lakeshore Dr；双 含 晚餐 $189；🅿 ✖ 🖳）沿着尼比幸湖，像这种寄宿式的选择有安静的氛围(如果你小声地在带有蔷薇图案壁纸的房间里说话)。为你的美好生活增添一丝情趣，要一间带有心形极可意浴缸的套房。

Average Joe's旅馆（☎705-474-1982，877-474-1982；www.averagejoes.net；3501 Trout Lake Rd；主菜 $9~23；⏲周日至周四11am~10pm，周五和周六至11pm）这家旅馆超过了中等水平。当你凝视着平静的鳟鱼湖时，可以享用从大菜单中挑选出来的美味食物。酒吧里都是喜爱交际的本地人，直到凌晨1点或2点。

Kabuki House 日式餐馆（☎705-495-0999；349 Main St W；主菜 午餐 $10 ~ 15，晚餐 $23 ~ 28；⏲周一至周五 11:30am ~ 2:30pm，周一至周六 5:30 ~ 10:30pm，周日 5:30 ~ 9:30pm）在这里吃晚餐也许会让你的钱包变瘪，但是这家餐馆有诺斯贝湾最棒的寿司（虽然是小镇上唯一的日式餐馆）。

到达和离开

在多伦多和诺斯贝湾之间，往返着安大略北方公共汽车($63，5 个半小时，一天 4 班）和列车($64，5 小时，每周 6 班）。加拿大灰狗客运连接诺斯贝湾和萨德伯里($26，1 小时 45 分钟，一天 3 班)，以及渥太华($66，51/4 小时，一天 3 班）。所有终点站都在**诺斯贝湾火车站**（☎705-495-4200；100 Station Rd）。

安大略东部(EASTERN ONTARIO)

如果芝加哥是“风城”，纽约是“大苹果”，那么东部的安大略就应该被称为是“风吹的苹果”。这个箭头形的地域在多伦多和渥太华之间，有着宽广的农田和被风吹扫的殖民地城市。有薄雾的凉风吹向南部的海滨，自内陆区一扫而去，为秋天的水果带来了大量的水汽。沿 Hwy 401 公路远行，在这个国家最繁忙的走廊——蒙特利尔和多伦多之间的旅行者，应该多待几天，探索这块风景秀丽、历史悠久的领土。

要了解一些殖民地历史的情况，安大略东部是最好的地方。庄严的金斯敦曾经是加拿大的首府，而且今天这个美丽如画的城市提供了无数讲述国家军事历史的博物馆。较远的东部地区，有一些小型城镇，如加纳诺克 (Gananoque)、布罗克维尔 (Brockville) 和普雷斯科特 (Prescott)，具有高雅的维多利亚女王式氛围，拥有很多庄严的旅店和地产。即使是小城梅里克维尔 (Merrickville)，一个以前的保皇党分子的堡垒，自从美国革命之后几乎就没有什么改变。这些车水马龙的小镇跨立在很棒的千岛群岛 (Thousand Islands) 地区；有雾的偏僻群岛栖息在深深的圣劳伦斯水道上。

安大略东部的自然秀丽延伸到遥远的雾中

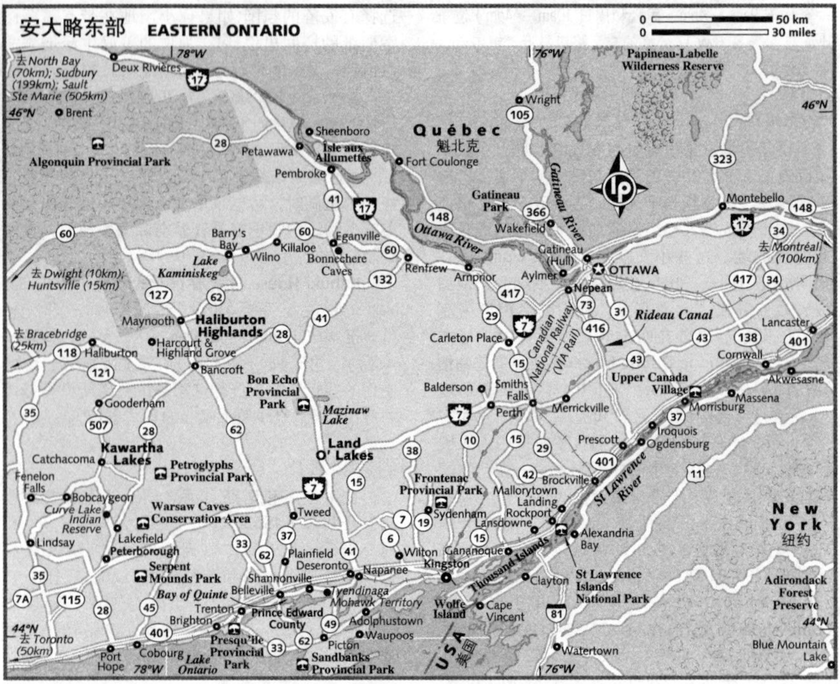

千岛群岛之外。在这个地区，人口很少，而风景公园和保护区却很多。在国际上享有盛誉的阿尔贡金省立公园是这个区域的旗舰，通过扭曲的蓝宝石色湖水和参天的加拿大短叶松林，提供无与伦比的徒步和乘独木舟游。类似的地形蔓延到更远的卡瓦萨斯(Kawarthas)和兰奥莱克斯(Land O'Lakes)的南部,这里曾经居住着古老的原住部落。

这个断面捡起了前面断面丢掉的——它在安大略北部的诺斯贝湾附近开始，穿过树木繁茂的地区，向南延伸至安大略湖。然后，另一半断面沿着圣劳伦斯河水路一直向东移向魁北克边界。

让人奇怪的是，多伦多和渥太华之间仍没有直达的大型公路。最快的选择是从多伦多沿 Hwy 401 公路到达普雷斯科特，通过 Hwy 416 公路完成 L 形游程。偏僻双车道的 Hwy 7 公路是舒心宜人但较慢的选择。

阿尔贡金省立公园 (ALGONQUIN PROVINCIAL PARK)

著名的阿尔贡金简直就是珍品。建立于 1893 年，安大略最古老、最大的公园有着 7800 平方公里厚实的杉木森林、崎岖的峭壁、流动的水晶般透彻的小河、生苔的沼泽和数以千计(数以千计！)的湖泊。一颗容易到达的户外宝石，这个崎岖的宽阔区域是划独木舟者和徒步旅行者必去之地。

方位

穿越公园的一条主干道是 Hwy 60 公路，穿过南端附近的一小部分。在公园之内的每一公里高速公路都会被标识,从**西大门**开始(“0 公里”处)，终止在**东大门**(“56 公里”处)。当给你指方向时，旅行用品商和住宿处经常使用英里标志。例如：“在 15.4 公里的地方从 Hwy 60 公路向北转，到达 Arowhon Pines 旅馆”。从这个人们常常经过的走廊很容易去往众多的宿营地和供徒步旅行的小道。通过大约 2000 公里长的包船游程和某些登山小路，可以深入广袤而树木密布的阿尔贡金公园内部。

几个森林社区在这座省立公园的四面八方环绕着。两个大的湖区城镇布雷斯布里奇(见 190 页)和亨茨维尔(见 192 页)到西大门只需要 1 小时的车程。其他的小镇包括东南部地区的 Bancroft、Harcourt 和梅努斯，而 Mattawa、

Petawawa 和小 Deux Rivières 在公园的北部。

实用信息

阿尔贡金省立公园全年都可以进入。驾车者可以沿着 Hwy 60 公路穿越公园；如果想停下来四处看看，必须付费（每辆车 $13）。在 Hwy 60 公路走廊，手机的覆盖范围不大，就在公园每边的几公里内可以使用，还有一些投币式公用电话。

阿尔贡金游客中心（Algonquin Visitor Centre；☎613-637-2828；www.algonquinpark.on.ca；Hwy 60 公路 43 公里处；⏰7 月到 8 月 9am ~ 9pm，4 月中到 5 月中和 10 月最后两周 10am ~ 5pm，5 月中到 6 月中和 9 月到 10 月到 6pm）这个世界一流的游客中心值得专门造访。展品和微型立体景观以老少皆宜的方式呈现公园里的野生动物、历史和地质地貌。设有书店和食堂，而观景台展现着壮美的景象。

信息中心（☎613-637-2828；www.algonquinpark.on.ca）西大门（⏰5月中到10月中8am～6pm，7月到8月到8pm）东大门（⏰7月到8月8am～7pm，9月到10月中8am～5pm，10月中到次年3月9am～4:15pm）Hwy 60公路的0公里和56公里处都有小的信息中心。

景点和活动

阿尔贡金族以野生生物和风景瞭望台而著称。在春天里，沿 Hwy 60 公路你几乎肯定可以看见驼鹿，它们逃脱了讨厌的黑蝇，舔着冬天除冰时所剩下的盐渍。也能看到鹿、河狸、水獭、鼬和很多的鸟类。

除了游客中心的旋转美术馆外，公园里还有两座小博物馆。优秀的**阿尔贡金伐木博物馆**（Algonquin Logging Museum；☎613-637-2828；Hwy 60 公路上 54.5 公里处；免费参观；⏰5 月中到 10 月中 9am ~ 5pm）众多的展品和说明介绍着这个公园的伐木历史。展览沿 1.5 公里长的小路延伸，一直对外开放，即使是在接待处、书店和剧院都关门的时候。在**阿尔贡金族艺术中心**（Algonquin Art Centre；☎613-637-2828；www.algonquinartcentre.com；Hwy 60 公路上 20 公里处；免费入内；⏰5 月中到 10 月中 10am ~ 5:30pm）通过绘画、雕刻和雕塑等媒介，陈列着一系列荒原主题的艺术品。

如果你想继续**独木舟旅行**，阿尔贡金是让它旋转的一个巨大地方。旅行用品商会为新手提供许多机会，还有为有经验的户外旅行者提供的高级荒原探险。自主导游的划桨游也是一个很受欢迎的选择。在每条独木舟路线上旅行者的数量受到配额系统的限制，因此最好提前计划。很多初学者从 Canoe Lake 湖或是 Opeongo Lake 湖开始他们的游程，不过下水的船坞常常很拥挤。水上出租船穿过汹涛的河水，将你送到 Opeongo Lake 湖外更加荒僻的地方（通过阿尔贡金户外人预订，见下文）。

徒步是另一种流行的消遣方式——这里有超过 140 公里的徒步小路，包括许多从 Hwy 60 公路可到的短途小路。

在公园内外**骑马**看风景也是非常受欢迎的，联络**高地荒野游**（Highland Wilderness Tours；☎613-338-2330，866-793-9453；www.ridethewilderness.com；1 小时骑马 $35）或者**南阿尔贡金小路游**（South Algonquin Trails；☎705-448-1751，800-758-4801；www.southalgonquintrails.com，4378 Elephant Lake Rd，Harcourt；1小时骑马$40），最近的公园入口是东大门。

下面的户外活动用具提供商零散地分布在公园内外，为你提供各种各样的游览和租用设备：独木舟（每天 $20 ~ 40），打包食品（每人每天 $25），火炉（每天 $3 ~ 6）和帐篷（每天 $12）。

Algonquin North Wilderness Outfitters户外人商店（☎705-744-3265，877-544-3544；www.algonquinnorth.com；Mattawa）这个旅游用品供应商位于公园的北部，在 Hwy 17公路和Hwy 630公路交会处，在Mattawa；对进入较偏远北边很有帮助。

Algonquin Outfitters户外人商店（☎800-469-4948，888-280-8886；www.algonquinoutfitters.com）在公园内外各有五处店面：Oxtongue Lake湖，亨茨维尔，布雷斯布里奇，Opeongo Lake湖和Brent。也有不错的团队游。

Algonquin Portage（☎613-735-1795；www.algonquinportage.com；1352 Barron Canyon Rd，Pembroke；宿 $27，宿营 每人 $5，早餐 $8）位于潘布罗克（Pembroke）以西的 Hwy 28 公路（通往阿切瑞 [Achray]）上。就地还有简陋的乡村住所、短途往返汽车服务，供应吃的和汽油。

Canoe Algonquin乘船游（☎705-636-5956，800-818-1210；www.canoealgonquin.com；1914 Hwy 518 E，Kearney）在亨茨维尔北边；从附近的西入口发船，你马上就可以进入宁静的环境中。

Opeongo Outfitters 户外人商店（☎800-790-1864；

喊狼来了的男孩

阿尔贡金省立公园在对狼的研究方面很活跃，公开的"狼的号叫"是体验这些毛皮动物存在的一种不可思议的方式。当人类模仿狼的叫声时，它们会迅速回应，因此，偶尔在 8 月的晚上，公园的工作人员会引导狼一起叫起来。这些活动安排有序——2000 人站在黑暗中，等待令人恐惧的哀泣声，你也可能成为其中的一员。只有当狼实际上被抓住时，才会听到狼的号叫声，因此看看告示牌、公园网站；或致电游客中心——一般是在周四。

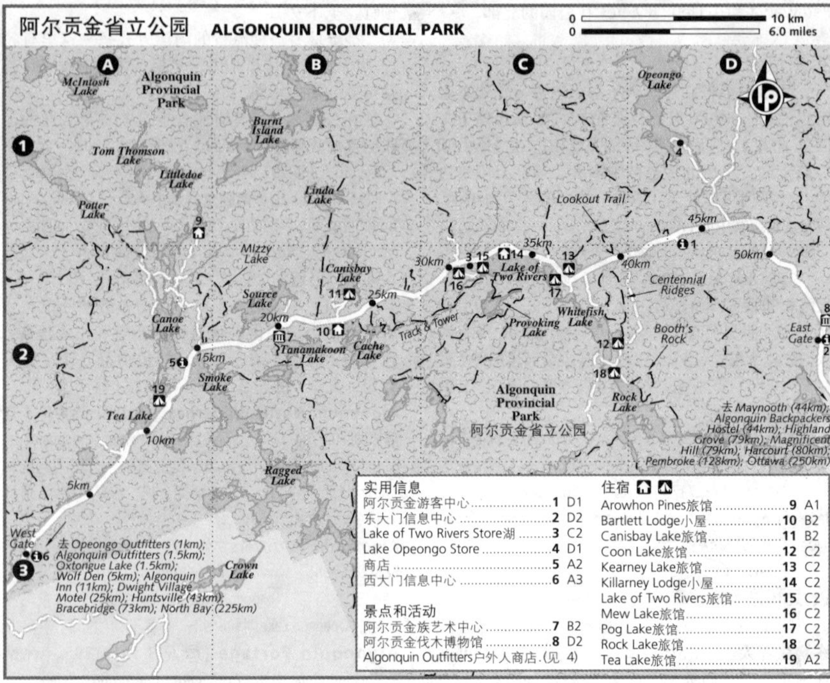

www.opeongooutfitters.com；Hwy 60）阿尔贡金历史最悠久的供应商，就在公园西大门外面。

Portage Store（☎705-633-5622，705-789-3645；www.portagestore.com；Hwy 60 公路 14 公里处）在公园西大门 14 公里处。在 Lake of Two Rivers Store 的湖边有自行车租赁业务。也提供带导游旅行。

团队游

对于各种冒险家来说，有无数的带导游团队游。下面有一些专业的团队游组织公司，而且值得注意的是，一些户外活动用具提供商也会为你提供全包游。带导游的旅游从白天的徒步旅行($30 起)，到策划按顾客要求拟定的偏远探险路线，尽可能满足旅行者的能量极限。全都拥有自己的棚屋，冬天提供令人兴奋的狗拉雪橇活动。

Call of the Wild（荒野的呼唤；☎905-471-9453，800-776-9453；www.callofthewild.ca）

Northern Edge Algonquin（北岸阿尔贡金；☎800-953-3343；www.algonquincanada.com）突出划桨游、女性周末以及冬天里的定制活动。

Voyageur Quest（旅游探索；☎416-496-3605，800-794-9660；www.voyageurquest.com）除了很受欢迎的划桨游外，还可以租赁木屋。

食宿

阿尔贡金主要是一个自然保护区，这就意味着大多数非宿营住宿处位于公园边界处的外面。几十个住宿处在保护地区外，包括度假胜地、汽车旅馆和旅舍（查看 www.algonquinpark.on.ca，了解公园附近冗长的住宿名单）。白天的徒步者能够节省一些现金，用现金在亨茨维尔（见 192 页）或者布雷斯布里奇（见 190 页）入住。离西大门分别有 43 公里和 73 公里。Muskoka 所有小镇有各种各样的餐馆和杂货店。

在公园之内，有三种选择：可以待在汽车能够接近的 11 个地面住宿处（在帐篷或者是锥形帐篷里），睡在偏僻地区（只有徒步或者独木舟才可以接近的），或者在三个高端度假胜地里休息。这三个高档的地方有餐馆，游客中心里也有（不过它更趋向于自助餐样式）。

经济

在阿尔贡金，最便宜的住宿是在公园内宿营。要预订宿营，你必须联系**安大略公园管理处**（☎519-826-5290，888-668-7275；www.ontarioparks.com）预订中心，进行宿营、边远地区宿营以及锥形帐篷预订。备有先到先得的场地，但强烈推荐预订。

那里有八个带汽车场地的宿营地（宿营地收费是$26.25到$35.50）、沿着Hwy 60公路的锥形帐篷($75)，还有另外的三个宿营地(Achray，Brent和Kiosk)，从更北部通过小路可以到达。边远地区宿营费用为每人每晚$10。

阿尔贡金背包客青年旅舍（Algonquin Backpackers Hostel；☎613-338-2080，800-595-8064；www.algonquinbackpacker.com；Hwy 62，Maynooth；会员 宿/双 $17/37，非会员宿/双$21/45）这家老旅舍曾经是阿灵顿酒店(Arlington Hotel)，位于公园东南处。汤姆，一位博学多识的主人，也是一个专家，会为你在阿尔贡金的旅程提供宝贵的意见。

Magnificent Hill旅馆（☎705-448-9453；1258 Magnificent Rd，Highland Grove；宿 $20）在一栋明亮的原木小屋里设置了宽敞的宿舍房间，这家旅馆价格较低，为那些自驾车的旅行者提供了一个值得的选择。它位于Highland Grove，在公园东端外边。

我们的选择 **Wolf Den 狼窝**（☎705-635-9336，866-271-9336；www.wolfdenbunkhouse.com；4568 Hwy 60，Oxtongue Lake；宿/单 $22/40）如果你想找一个幽静豪华的地方，最好在公园内的花哨小屋中预订一个房间。但是如果你发挥背包客的精神，这个旅馆有令人害怕的嗡嗡声。客人待在分散在宿营地周围的原木小屋中，一个大的中央小屋提供一个巨大的厨房和极好的2层休息室。宿舍只有在夏天期间才可以使用。

中档

沿Hwy 60公路在公园的任一尽头行驶，会看到许多中等的住宿选择。在公园以西，附近的亨茨维尔和布雷斯布里奇小镇也有很多住宿处。

Dwight Village Motel汽车旅馆（☎705-635-2400，www.dwightvillagemotel.com；2801 Hwy 60；房 $79～149）从公路上，你就会看到这家优秀的汽车旅馆——干净的松木板门面，引人注目。一尘不染的房间里提供所有衣食，并且友好的主人会保证你住得舒适。它在Dwight村正东，公园以西25公里处。

Algonquin Inn 旅店（☎705-635-2434，800-387-2244；www.algonquininn.com；4382 Hwy 60，Oxtongue Lake；房 $100～150，别墅 每周 $1080）更像一家大的别墅汽车旅馆，而不是旅店，氛围不是很刺激，不过有水景的客房很不错。距公园西11公里。

高级

在公园里，仅有的几个永久性度假村为下面所说的高级小屋，在5月中旬和10中旬之间经营。每一家的定价中都包括有早餐和晚餐。餐厅也对外开放。

Bartlett Lodge小屋（☎866-614-5355；www.bartlettlodge.com；Hwy 60公路23.3公里处转弯；小屋 每人 $190～218）一间特别有趣的小房子让这里别具一格："Sunrise"(日出)房是全太阳能的。这里可(为你提供)划船进入，从西大门内23公里处出发。

Arowhon Pines旅馆（☎866-633-5661；www.arowhonpines.ca；Hwy 60公路15.4公里处转弯；房 每人 $231～254，小屋 每人 $381～419）这家旅馆很幽静，就在Hwy 60公路正北。有石柱的大型木质餐厅以它的食物而得到美誉。

Killarney Lodge小屋（☎866-473-5551；www.killarneylodge.com；Hwy 60公路33.2公里处转弯；小屋 每人 $234～279）明亮的油画非常显眼：一些客人很喜欢，其他客人则认为油画与这个安静、绿色的原

阿尔贡金省立公园的五条最佳徒步线路

不论你的行程是一天还是一个月，这些惊险的线路都不容错过！在西大门（0公里处）和东大门(56公里处)之间，徒步小道从Hwy 60公路上途中各种各样的里程标（实际是公里里程标）开始。

- Booth's Rock 岩石徒步小道（艰难的5公里环行路）——沿着一条废弃铁路，可以看到所有湖和森林的惊艳美景（从路的40公里处起）。
- Centennial Ridges 百年山脊徒步小道（艰难的10公里环行路）——毫无例外，可以欣赏最佳公园全景（从路的37公里处起）。
- Lookout Trail 小路(艰难的1公里环行路)——是阿尔贡金最受欢迎的线路，有个很好的理由——能观赏到壮观的原始自然风貌（在40公里处）。
- Mizzy Lake 湖小道（平缓的11公里环行路）——一个能看到多种野生动物的好机会（在15公里处）。
- Track 和 Tower 小道（平缓的7.7公里环行路）——宁静的沿湖线路，还是废弃铁轨边一个非凡的高空瞭望点（在25公里处）。

野上很不协调。

到达和离开

到阿尔贡金公园最近的公共交通形式，是连接多伦多和梅努斯的加拿大灰狗公共汽车（$50，4小时），距东大门有44公里。公共汽车服务只有在周日、周三和周五这三天适用。Hammond Transportation 运输公司提供从亨茨维尔（43公里远）到公园西大门（见192页）的往返服务。旅行者可以乘坐安大略北方客运的公共汽车到达亨茨维尔。一些度假村和旅馆会在公园里提供专门的往返接送服务（约 $8 ~ 35）。

哈利伯顿高地 (HALIBURTON HIGHLANDS)

这些崎岖而广袤的针叶林感觉像是阿尔贡金省立公园南部的一个延伸。超过60 000英亩的树木丛生的区域是 **Haliburton Forest**（☎705-754-2198；www.haliburtonforest.com）的一部分。这片私有的森林地在哈利伯顿小镇北部30公里的地方，可通过在 Kenneisis Lake 湖的主办公室到达。它推出的"云中散步 (Walk in the Clouds)" 4小时带导游徒步游 ($95) 将你带上悬在树梢上的长木板（离地面20米高）上，保准你脉搏加速，下面的森林全景尽现眼底。参观狼中心 (Wolf Centre) 也包括其中；当成群的狼在15英亩的围场里走过时，这里的旅行者能够看到它们（当然，是在一个安全的距离外）。冬天，厚厚的雪地会带动一场兴盛的雪上摩托车文化，狗拉雪橇也很受欢迎 ($185，全天带导游，含午餐）。

Bancroft小镇(www.bancroftontario.com)以富含矿物的土壤和Rockhound Jamboree而著称——加拿大最大的宝石节，8月初举行。在每年的活动中，地质学家会带领旅行者到附近被遗弃的矿井去挖掘宝石。这些"搜猎石头"(rockhounding)探险通常非常成功，因为加拿大80%以上的矿物质都是在这个地区开采的。

彼得伯勒和卡瓦萨斯 (PETERBOROUGH & THE KAWARTHAS)

彼得伯勒，在树木繁茂的卡瓦萨斯中央，这个神圣的原住地区是你开始参观的最佳场所。**游客办公室**（☎800-461-6424；www.thekawarthas.net；175 George St N；⏰7月到8月周一至周六 9am ~ 5pm，周三、周五和周六至 8pm，周日 9am ~ 4pm，9月到次年6月周一至周五 9am ~ 5pm，周六和周日 9am ~ 4pm，9月到次年4月周日休息）应该是你的第一个停靠点——可提供帮助的工作人员会为你指明去文化景点和景色自然保护区的正确方向。

离开这座绿色的综合性小镇去寻求更加幽静的休假地之前，一定要绕着有趣的城市中心漫步。铁路蔓延着，给城市景观留下印迹，而给人印象深刻的水压提升式闸门是过去年代里另一个显著的遗迹。

彼得伯勒的**加拿大独木舟博物馆**（Canadian Canoe Museum；☎866-342-2663；www.canoemuseum.net；910 Monaghan Rd；成人/儿童/家庭 $7.50/6/20；⏰周一至周六 10am ~ 5pm，周日正午 ~ 5pm）是必去之地。虽然外面看起来像是一个仓库，但是已刷新的内部则是纯粹的禅意小屋，有着暗淡的灯光和细流瀑布静静的声音。它收集有200多艘独木舟和爱斯基摩划子，描述着这个地区漫长的航海历史。游览这个中心1小时之后，你会有划桨的冲动。

派特罗格里夫斯省立公园（Petroglyphs Provincial Park；☎705-877-2552；Hwy 6；门票 $8~11，仅日用；⏰5月中到10月中）位于彼得伯勒以北50公里，拥有很可能是这个国家最好的史前岩壁石刻。1954年重新被发现，这个重要的精神家园遗址拥有篆刻在公园石灰岩山脊中的900多幅画像(不过只有一小部分能够识别)。旅行者也会非常高兴地发现这儿并没有太多的其他旅行者。**瑟彭特芒兹省立公园**（Serpent Mounds Park；☎705-295-6879；www.serpentmoundspark.com；Rte 34附近；门票 每辆汽车 $8；⏰5月到10月），位于城镇以南，是古代原住民的墓地。Rte 38路的北边，**沃索岩洞保护区**（Warsaw Caves Conservation Area；☎877-816-7604；www.warsawcaves.com；门票 每辆汽车 $9；⏰5月中到10月）提供徒步跋涉、游泳、宿营和在被侵蚀的石灰岩洞穴中探险。

维堂奥吉布瓦中心（Whetung Ojibwa Centre；☎705-657-3661；www.whetung.com；免费参观；⏰9am~5pm）在**克威湖**(Curve Lake)，地处Hwy 23公路旁，彼得伯勒北边34公里处，拥有从全国广泛收集的原住民制品，包括著名艺术家诺瓦尔·莫里索(Norval Morrisseau)的珍品。

要参观这个地区的一些小型城镇，包括**林赛**(Lindsay) 和**芬伦福尔斯** (Fenelon Falls)，可沿450公里的徒步小路，沿途风景如画，被称为**安大略中部环行徒步小路**（Central Ontario Loop Trail；www.looptrail.com）。

兰奥莱克斯(LAND O'LAKES)

哈利伯顿高地以南、卡瓦萨斯以东，庄严的兰奥莱克斯地区连接着广袤内陆的"张着大嘴的"湖泊和能够适应圣劳伦斯水路草原气候的常青树。这个地区的一半属于千岛群岛——弗龙特纳拱门保护圈 (Thousand Islands-Frontenac Arch reserve)——是联合国教科文组织在2002年指定的第12处生物圈之一。

这个地区的至宝之地是宁静的**Bon Echo省**

立公园（Bon Echo Provincial Park；☎613-336-2228，888-668-7275；Hwy 41；日用观光车每辆$8~11，帐篷和娱乐车营地 $24~35；⏲5月到10月中），位于纳帕尼(Napane)以北80公里。作为安大略东部最大的保护区之一吸引着艺术家和探险者，他们到此寻找没有污染的美景。最大的亮点是以1.5公里的陡峭表面而著称的**Masinaw Rock岩石**。花岗岩结构就在Masinaw湖的外面，突出在全加拿大原住象形文字的最大收藏品。最好从独木舟上来看这些文字。要想进行宿营预订、获取相关信息，请与**安大略公园管理处**（☎519-826-5290，888-668-7275；www.ontarioparks.com）联系。

弗龙特纳克省立公园（Frontenac Provincial Park；☎613-376-3489；19 Farete；日用 观光车每辆 $11，偏远地 $10）横跨安大略南部的低地和崎岖的加拿大地盾，所以这里拥有独特的丰富的植物群和动物群。入口和信息中心都在**奥特湖**(Otter Lake)，Rte 19 路旁，悉德登汉姆(Sydenham)北边。从这里，徒步旅行者和划独木舟者可以在公园深处玩得尽兴，160 公里的小路沿途可以看到许多海狸、黑熊、山狗和鱼鹰。在公园的入口处，**Frontenac Outfitters 户外人商店**（☎613-376-6220，800-250-3174；6674 Bedford Rd，Sydenham；独木舟 每天租金 $35；⏲4 月到 10 月周一至周四 8:30am ~ 5pm，周五和周六 8am ~ 6pm，周日 8am ~ 5pm）提供独木舟出租服务。

布赖顿和半岛省立公园(BRIGHTON & PRESQU'ILE PROVINCIAL PARK)

下 Hwy 401 公路 509 号出口，可以找到寂静的布赖顿码头和一座古怪的 L 形**公园**（☎613-475-4324；日用 每辆汽车 夏季/冬季 $11/7，非水疗院/水疗院 营地 $27.75/32.75），从安大略湖上突出。在有着迁徙鸟类的沙滩上休息，或者试试 **Jobes Wood Trail 小路**，这是一条 1 公里长的环形小路，有些偏僻，能够看到有田园风韵的变化多端的林地和野生动植物。**解说中心**（⏲6 月中到 8 月）位于半岛的顶端，为你提供当地植物和动物群落的额外信息。仅从 4 月底到 10 月初允许过夜宿营。

顺便去趟布赖顿的**游客中心**（☎613-475-2775，877-475-2775；www.brighton.ca；74 Main St；⏲周一至周四9am~4pm，周五9am~7pm，周六和周日10am~4pm），可以获得更多关于这个小镇和诺森伯兰地区的信息。值得在一尘不染的**Pine Breeze旅馆**（☎613-475-6262，877-369-7779；www.pinebreezebedandbreakfast.com；93 Simpson St；房 含早餐 $95~120）过夜—— 一个现代乡村园，主人MaryLou将传统的B&B早餐与她的故乡墨西哥的风味相融合，制作出美妙的早餐。

爱德华王子县 (PRINCE EDWARD COUNTY)

不，这里并不是著名的安妮居住的绿色人字岛屿——虽然这两个有风的岛屿确实有许多相似处。和爱德华王子岛一样，爱德华王子县波澜起伏的游牧山丘与遍布的水景非常适于摄影。两座岛屿都有让人感兴趣的殖民地历史。安大略滨海的一小部分慢慢地变成美食热点，每个季节都会蹦出一些新的酿酒厂和乡村美酒餐厅。

皇家园林大道（Loyalist Parkway，Hwy 33）沿着安大略湖展开，重拾英国保皇党人的足迹，这些保皇党人美国革命之后曾亡命到这里，然后定居下来。这条未受损的园林大道全长 94 公里，除了搭乘 5 分钟的（免费）渡轮外，渡轮可以从岛屿回到大陆，在艾多普斯顿(Adolphustown)。

方位和实用信息

小而活跃的皮克顿(Picton)是这座岛非官方省府。**旅游局和商会**（Chamber of Tourism & Commerce；☎613-476-2421，800-640-4717；www.pecchamber.com，www.pec.on.ca；116 Main St，Picton；⏲7 月到 8 月周一至周三和周六 9am ~ 6pm，周四至周五 9am ~ 8pm，周日 10am ~ 4pm，6 月和 9 月周一至周六 9am ~ 5pm，4 月到 5 月和 10 月到 11 月周一至周五 9am ~ 5pm，12 月到次年 3 月周一至周五 9am ~ 4:30pm）提供团队游手册和骑自行车地图，帮助预订 B&B 旅馆，出租自行车。

景点和活动

广受欢迎的**桑德班克斯省立公园**（Sandbanks Provincial Park；☎613-393-3319；Country Rd 12；每日每辆观光车 $8 ~ 13，宿营地 $28.75 ~ 35.50；⏲4 月中到 10 月中）分为两部分：奥特莱特(Outlet，拥有一处讨人喜欢的沙滩带）和桑德班克斯(Sandbanks，包括这个地区绝大多数的沙丘，有的超过三层楼高）。沙滩边缘尚无人游览、未开发的部分很独特，与安大略其他地区不一样。

Taste Trail 小路（☎800-640-4717；www.tastetrail.ca）提供给旅行者探索这个地区的一条独特路径。在旅游办公室拿上一本小册子——经过饭店、农场和葡萄酒酿造厂，自助游是一次美食探险。两个独特的历史悠久的葡萄酒酿造厂位于岛屿的东岸。较老的**乡村苹果酒公司**（Country Cider Company；☎613-476-1022；Country Rd 8；免费参观；⏲5 月中到 10 月中 10am ~ 6pm）栖息在一处风景秀丽海湾上的高山上，提供免费品尝美味的家酿苹果酒。白色山形墙 **Waupoos Winery 葡萄酒厂**（☎613-476-8338；www.waupooswinery.com；Country Rd 8；团队游 $5，品尝 $0.50；⏲5 月中到 10 月中 10:30am ~ 6pm）有一处眺望美妙葡萄园和湖水的整洁露台，即使你不喝酒，

特伦特—塞文水道(TRENT-SEVERN WATERWAY)

这条风景如画的**水道**(☎800-663-2628; www.ftsw.com; ⌚5月中到10月中)对角线地穿过安大略东部,连接分布在辛科湖县(Lake Simcoe County)和森林密布的卡瓦萨斯一带的河流和湖泊。这条景色优美的水路起始于休伦河上,经过45处船闸,终止于安大略湖的爱德华王子县。100年前,众多商船熙来攘往于这条386公里长的原住民开辟的独木舟水路上,而今这个水上系统已成为纯粹的休闲航游。

显然也值得你一去。爱德华王子县还有13家酿酒厂;大多数聚集在惠灵顿。

在大多数路上交通都不拥挤,使得这个岛屿成了可以**骑车游**玩的理想目的地。在旅游办公室拿上一本详尽的骑车地图($1.5),你可以在皮克顿的**Ideal Bike自行车租赁处**(☎613-476-1913; www.idealbike.com; 172 Main St, Picton; 24小时 租金 $25; ⌚5月到10月9am~6pm)为白天租上一套自行车设备。6月,旅行者可以一边骑车,一边从众多农场的藤蔓植物上采摘甘美的**草莓**。

芒顿湖(Lake on the Mountain)在哥勒诺拉附近,是一处野炊场所,另外值得停留一下,看一眼这片没有明显源头的庄严湖水。车道的另一边可以看到眼前数百米下安大略湖如画的风景。

重新装修的**Regent Theatre剧院**(☎613-476-8416; www.theregenttheatre.org; 224 Main St, Picton)夏季主办一系列不错的戏剧表演、音乐会和读书会。

住宿

如果你想要在旅途中来次宿营体验,爱德华王子县是你搭建帐篷的最佳地方。这座岛屿上也有数目极多的B&B旅馆,分散在三个最大的城镇里:皮克顿、Bloomfield和惠灵顿。旅游办公室有一个详尽的住宿名录——大多数是维多利亚女王式房间,平均价格是每晚约$100。

在桑德班克斯省立公园露宿,既能欣赏景色,又没有压力。在夏季,这些沿着沙丘的宿营地需要提前数月预订。还有先到先得的额外选择,所以,不要忘了在前一天晚上提前设好你的闹铃——这些宿营地很快就满。公园里也有两幢可供租赁的别墅:**枫木休息客房**(Maple Rest Guest House, 每天$260)和**雅克家庭别墅**(Jacques Family Cottage, 每天$120),都要求最少要住三个晚上。两个小舍里突出几间卧室、壁炉、卫星电视和一个带全套设施的厨房。有关所有的这些预约,请与**安大略公园管理处**(☎519-826-5290, 888-668-7275; www.ontarioparks.com)联系。

金斯敦(KINGSTON)

人口117 000

令人好奇的金斯敦有很多头衔。这座古怪的殖民城镇被贴切地称为"石灰岩城"(Limestone City),满是用手工切割的石头做成的大礼堂和用整洁的红砖墙砌成的维多利亚风格大楼。这座散发着魅力的城市继续保留着原有的魅力,没有太多刺眼的现代建筑。

进一步游览,你会看到金斯敦的怪癖之处。这座城市有这个国家最大的监狱。不要担心,他们是不会潜伏在黑暗的小巷里准备突然袭击的;他们被关在附近的监狱里。作为加拿大刑罚系统的旗帜,金斯敦有很多监狱,皇家军事学院(Royal Military College)就在附近,很方便。

创建于1841年,女王大学(Queen's University)为这座城市增添了一丝青年人的热情。有很多对学生来说价格合理的餐厅,很多餐厅已经营业二十多年,令人惊讶的事,这座城市里的夜生活也很丰富。

金斯敦曾经是国家的首都,从女王访问那里之后金斯敦就被剥夺了这个头衔,因为女王担心这里离美国的边界太近了以至于不好防卫。今天,金斯敦找到了自己的战略定位,也就是成为旅行者在蒙特利尔和多伦多之间的停留地。

方位

景色优美的金斯敦位于里多运河(Rideau Canal)和安大略湖的交界处。主要道路Princess St街,呈对角线地切割通过城市中心,连接市区到Hwy 401公路,有几公里的距离。适于步行的闹市区纵横交错着,沿着Ontario St街蜿蜒而去。女王大学,在市区的西部,随着Division St街和Princess St街交叉口处一系列的酒吧和饭店,将其影响力扩大到了更北的地区。

实用信息

亨利堡信息中心(Fort Henry Information Centre; ☎613-542-7388; ⌚5月到9月10am~5pm)在城堡里,远离市中心。

Hotel Dieu Hospital医院(☎613-544-3310; 166 Brock St; ⌚急诊室8am~10pm)位于中心地带。

Indigo书店(☎613-546-7650; 259 Princess St; ⌚周一至周六9am~10pm, 周日10am~6pm)综合性大书店,设有广阔的旅游区。

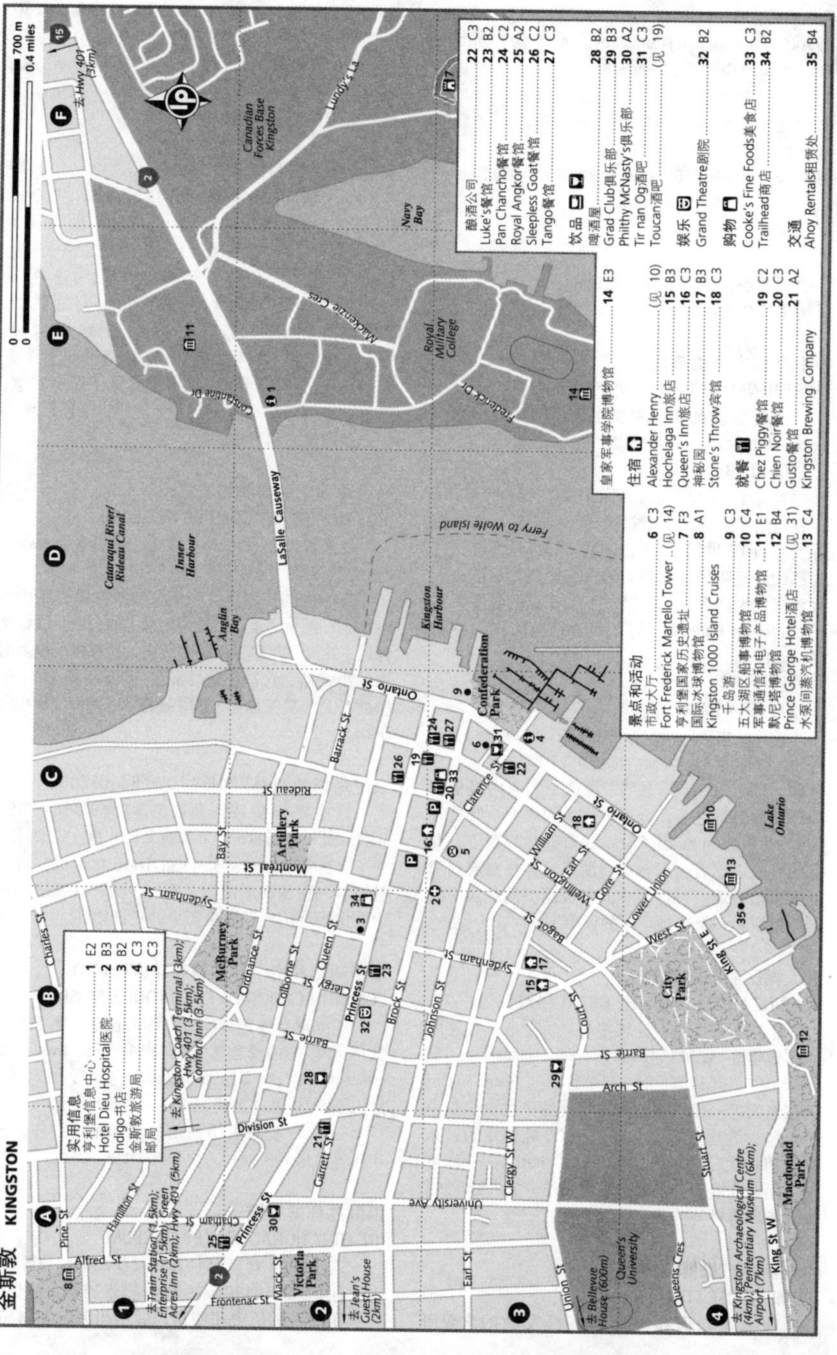
金斯敦 KINGSTON
0 700 m
0 0.4 miles
实用信息
亨利堡信息中心 1 E2
Hotel Dieu Hospital医院 2 B3
Indigo书店 3 B2
金斯敦旅游局 4 C3
邮局 5 C3
景点和活动
市政大厅 6 C3
Fort Frederick Martello Tower (见14)
亨利堡国家历史遗址 7 F3
国际冰球博物馆 8 A1
Kingston 1000 Island Cruises
千岛游 9 C3
五大湖区船事博物馆 10 C4
军事通信和电子产品博物馆 11 E1
默尼塔博物馆 12 B4
Prince George Hotel酒店 (见31)
水泵间蒸汽机博物馆 13 C4
皇家军事学院博物馆 14 E3
住宿
Alexander Henry (见10)
Hochelaga Inn旅店 15 B3
Queen's Inn旅店 16 C3
神秘园 17 B3
Stone's Throw宾馆 18 C3
就餐
Chez Piggy餐馆 19 C2
Chien Noir餐馆 20 C3
Gusto餐馆 21 A2
Kingston Brewing Company
酿酒公司 22 C3
Luke's餐馆 23 B2
Pan Chancho餐馆 24 C2
Royal Angkor餐馆 25 A2
Sleepless Goat餐馆 26 C2
Tango餐馆 27 C3
饮品
啤酒屋 28 B2
Grad Club俱乐部 29 B3
Philthy McNasty's俱乐部 30 A2
Tir nan Og酒吧 31 C3
Toucan酒吧 (见19)
娱乐
Grand Theatre剧院 32 B2
购物
Cooke's Fine Foods美食店 33 C3
Trailhead商店 34 B2
交通
Ahoy Rentals租赁处 35 B4

金斯敦旅游局（Kingston Tourism；☎613-548-4415，888-855-4555；www.kingstoncanada.com；209 Ontario St；⏲6月中到8月9am～8pm，5月到6月中和9月到10月9am～4pm，11月到次年4月10am～4pm）是一个很有用的信息中心，穿过市政厅，在联邦公园里。

邮局（☎613-530-2260；www.canadapost.ca；120 Clarence St；⏲周一至周五9am～4pm）

景点

很方便，绝大多数的景观所在地处中央，处于历史悠久的市中心和周边地区。

亨利堡国家历史遗址(FORT HENRY NATIONAL HISTORIC SITE)

这处翻新的英式**防御工事**（☎613-542-7388；www.forthenry.com；Fort Henry Dr；成人/儿童5月中到8月$11/5.50，9月$9.25/4.75；⏲5月中到9月10am～5pm）建立于1832年，它栖于山顶俯瞰整个城市。穿着花哨军服的守卫受过操练营地训练，炮兵操练表演和19世纪60年代的横笛和鼓乐齐鸣，这些都让这座明信片般完美的古城堡宛如从前。士兵表演全天都有；不要错过下午3点的驻军大阅兵(Garrison Parade)。门票包含这座防御工事的导游讲解。

市政厅(CITY HALL)

宏伟的**市政厅**（☎613-546-4251；261 Ontario St；⏲周一至周五9am～4pm，同时7月到8月周六和周日11am～3pm，旅行团可预约）是这个国家内最精致的古典建筑群之一，金斯敦作为加拿大众联合省(United Provinces of Canada)首都时的遗迹。友好的红衣志愿者会引导免费游览，你将会看到瑰丽的彩绘玻璃、许许多多的肖像画、满是灰尘的老监禁室和一个装饰华丽的议事室。

五大湖区船舶博物馆(MARINE MUSEUM OF THE GREAT LAKES)

金斯敦曾经是一处重要的船坞中心，现在的这座**博物馆**（☎613-542-2261；www.marmuseum.ca；55 Ontario St；门票$6.50；⏲5月中到10月10am～4pm）就在老船坞一带。展览品详尽介绍了这座船坞中迷人船只的建造历史。登上3000吨体重的破冰船亚历山大·亨利号(Alexander Henry)——你可以下榻在这艘船上，因为它也当作一家B&B旅馆或青年旅舍对外营业（见227页）。

水泵间蒸汽机博物馆(PUMP HOUSE STEAM MUSEUM)

独一无二保存完好的蒸汽发动的**水泵间**（☎613-542-2261；www.marmuseum.ca；23 Ontario St；门票$5.75；⏲5月末到9月初10am～4pm，3月到5月末周一至周五10am～4pm）于1849年开始使用。今天，这座水闸间突出各种蒸汽操作的物品，包括几台带电和一些缩微模型。

贝勒维故居(BELLEVUE HOUSE)

作为**国家历史遗址**（☎613-545-8666；35 Centre St；门票$3；⏲6月到9月9am～6pm，春季和秋季时间缩短，11月到4月关闭），曾经是加拿大第一任总理、也是一位臭名昭著的酒鬼，约翰·A.麦克唐纳德爵士(Sir John A Macdonald)的住所。建筑师似乎也是一位酒鬼，因为这座意大利风格的大厦整个都不对称，着色鲜亮，阳台向各个方向扭转。这幢不可思议的房子收藏了很多古董，并有一座阳光灿烂的花园，为这座古老庄园增添了更多的魅力和兴趣。

皇家军事学院博物馆(ROYAL MILITARY COLLEGE MUSEUM)

这座**博物馆**（☎613-541-5010；Hwy 2 E附近Frederick Dr；免费参观；⏲6月下旬到9月初10am～5pm）位于军事学院的校园里，坐落在弗莱得里克堡(Fort Frederick)圆堡塔里，它是市内最大的古塔。展览品详述了这座百年军事学院的历史，还收藏了很多捐赠的小武器，这些小武器源自1876年到1911年墨西哥总统玻斐里奥·迪阿兹将军(General Porfirio Diaz)。

默尼塔博物馆(MURNEY TOWER MUSEUM)

这座膨胀的圆形**防御工事**（☎613-544-9925；Macdonald Park，Barrie St和King St E拐角；门票$3；⏲6月到9月10am～5pm）自1846年建成，用以补充亨利堡的河岸防御工事。今天，这座建筑物中展出当地历史和军事历史的见证物件。

军事通信和电子产品博物馆(MILITARY COMMUNICATIONS & ELECTRONICS MUSEUM)

不去理会极无趣味的名称，这是一家很全面又展示有序的**博物馆**（☎613-541-5395；www.c-and-e-museum.org；Hwy 2 E，military base；捐赠入内；⏲5月中到9月周一至周五8am～4pm，周六和周日11am～5pm）提供各类通信技术和军事物件，按年代逐次展示。

国际冰球博物馆(INTERNATIONAL HOCKEY MUSEUM)

这座**中心**（☎613-544-2355；277 York St；门票$4；⏲6月中到9月初10am～3pm）推崇加拿大最受欢迎娱乐项目的历史和明星，展示相关纪念物品、图片和设备。

金斯敦历史考古中心 (KINGSTON ARCHAEOLOGICAL CENTRE)

如果你沿着令人厌倦的 Hwy 401 公路旅行，你很可能会看到裸露地表的沉积岩层——路上仅有的一些有意思的景观。去**历史考古中心**（archaeological center; ☎613-542-3483; 72 Gilmour Ave; 免费参观; 🕑周一至周五 9am ~ 4pm）更好地了解这种崎岖的地形构造，查查考古记录，这些记录详述了这个地区 8000 年的人类历史发展。

另类金斯敦(Offbeat Kingston)

"校正服务社 (correctional service)"是加拿大官员称呼这个国家监狱系统的一种说法，**教养所博物馆**（Penitentiary Museum，☎613-530-3122；www.penitentiarymuseum.ca；555 King St W；捐赠入内；🕑5 月到 9 月周一至周五，9am ~ 4pm 周六和周日 10am ~ 4pm）是不用偷车就能了解监狱系统的一种方式。这座博物馆，绕过真正的教养所，里面收集了很多武器和器具，是从企图越狱逃跑的罪犯那儿没收的。

团队游

Confederation Tour Trolley（☎613-548-4453；www.kingstonchamber.on.ca；50 分钟游程 成人 / 学生 $13.50/11.50；🕑5 月中到 10 月中）一列无轨的迷你型列车从旅游办事处定时发车，观光游览金斯敦闹市区，伴随着令人愉快的历史解说。

Haunted Walk 徒步游（☎613-549-6366；www.hauntedwalk.com；90 分钟游程 $12.50；🕑5 月到 10 月 8pm）徒步游突出绞刑架和阴险强盗的故事，从 Ontario St 街 200 号出发，在 Prince George Hotel 酒店前面。

Interesting Places & Spaces（☎613-548-4415，888-855-4555；www.kingstonaudiotours.com；自助播客团队游 $3）金斯敦未来的旅游业发展信息，你可以用 iPod 下载提供给徒步团队游活动。可以查看网站，或者拜访设在联盟公园的金斯敦旅游局办公室。

Kingston 1000 Island Cruises 千岛游（☎613-549-5544；1 Brock St；🕑5月中到10月中）数条航行路，从女王码头（Island Queen）发船，在Brock St街角的Ontario St街登船。1个半小时的游程（成人 $19.80）带你游览金斯敦沿岸，并对著名景点加以讲解。整个夏季，一天发团2个到3个。延长了的午餐和晚餐巡游也是非常受欢迎的（分别是$46和$65.70）。

节日和重大活动

登录 www.kingstoncanada.com，了解全年举办活动的完整信息。

金斯敦街头艺术节（Kingston Buskers Rendezvous；www.kingstonbuskers.com；🕑7月）为时4天，充满了滑稽表演。

石灰岩城布鲁斯音乐节（Limestone City Blues Festival；☎613-548-4415；www.kingstonblues.com；🕑8月）全明星音乐家聚集一起，举办为期4天的音乐会。

住宿

金斯敦的住宿高档的多于低档的，有一大批价格昂贵的住宿，而经济型的则较少。汽车旅馆沿 Princess St 街和 Hwy 2 公路，在市区两边串成行。联盟公园里旅游办公室的工作人员知识丰富，能够帮助你找到其他的选择，包括在沃尔夫岛 (Wolfe Island) 上的活动。B&B 迷可以登录 www.historicinnskingston.com，查找其他的豪华住所。

经济

Alexander Henry 船屋（☎613-542-2261；www.marmuseum.ca；55 Ontario St；房含早餐 $45 ~ 125；🕑7 月到 8 月；P）夏天，金斯敦最独特的住宿体验在一艘停泊的退役破冰船上，它长 66 米，位于五大湖区船事博物馆 (Marine Museum of the Great Lakes)。停泊的船只看起来与当初它被用来敲破五大湖上结冻的湖水时一样。客人们睡在船员的活动区域——工程师船舱中的官员屋中有铺位和一张桌子，船上厨房提供欧式早餐。担任一晚上船长，并租下整艘船，需要 $1500。

珍妮客栈（Jean's Guest House；☎613-546-5247；www.pnworks.com/guesthouse；367 College St；单/双 含早餐 $55/75；P ☒ 💻）沿着一条安静的郊外街区停车，这家奇怪的旅馆位于离市中心2公里的地方。从宁静的睡眠中醒来，吃上一顿丰富的早餐，珍妮会供应她很喜爱的越橘薄烤饼。

中档和高级

Comfort Inn 旅店（☎613-546-9500；www.choicehotels.ca/cn273；55 Warne Cres；房 $80 ~ 100；P wi-fi）虽然个人风格被常见装饰品所代替，但房间一尘不染，并且靠近公共汽车站。

Queen's Inn旅店（☎613-546-0429，866-689-9177；www.queensinn.ca；125 Brock St；房 $89 ~ 149；wi-fi）建于1839年，这家宾馆是这个国家最老的酒店之一。外面有一个庄严的石灰石门面，内部是20世纪80年代翻新的，那时正流行油毯浴室、玫瑰图案点缀的地毯和相匹配的壁纸。不过，无与伦比的闹市区地理位置使这家旅馆值得一住。

Green Acres Inn 旅店（☎613-546-1796，800-267-7889；www.greenacresinn.com；2480 Princess St；房 $94 ~ 160；P）这样整洁的宾馆位于盒式购物商场的旁边，不过它保留着考究的乡村宾馆装饰，在三角形屋顶上有一个风向标，以及一个尖木桩围绕的公园眺望台。这家宾馆值得一住。

Stone's Throw宾馆（☎613-544-6089；www.astonesthrow.ca；21 Earl St；房含早餐 $99~149；Ⓟ）这个有200年历史的老建筑，从大块坚固的石灰石分割建成，离安大略湖只有一箭之遥。三个整洁的房间，有着迷人外露砖，隐藏在深蓝色的百叶窗之后。**Secret Garden神秘园**（☎613-531-9884，877-723-1888；www.the-secret-garden.com；73 Sydenham St；房含早餐 $119~179；Ⓟ wi-fi）不管你是倚靠在堂皇的沙发上、头顶上挂着枝形吊灯，还是上楼躺在自己的带篷床上，都不要忘了向小Mork和Mindy打个招呼，它们是住在这里的两条狗。

我们的选择 **Hochelaga Inn宾馆**（☎613-549-5534，877-933-9433；www.hochelagainn.com；24 Sydenham St；房 $120~210；Ⓟ）如果亚当斯家庭有很好的品位，而不是倾向于恐怖主题的话，他们会喜欢待在这个迷人的旅馆里，透过宽大的哥特式窗子凝视着。谈及幽灵，据说有一个哭泣小男孩的鬼魂在这座以前的托儿所里游荡，这里现在已经改成了一个令人愉快的日温泉区。住在Tower Suite套房里的幸运旅行者可以在他们的私人空间里开个小会。

就餐

谢谢你，女王大学，你离我们如此之近，从而提供了很多美味的餐厅，却是学生价位。

经济

Royal Angkor餐馆（☎613-544-9268；523 Princess St；主菜 $5~7；周一至周六11:30am~3pm 和5~10pm，周日5~9pm）当你在字典里查询"狭小的空间"时，你可能会找到这家东南亚餐馆的图片。没有比这更简单的—— 一个没有什么装饰的接待室，一套炊事用具。但是当有用新鲜材料自制的饭菜加上无敌的价位时，谁又会真正在意氛围呢？

Sleepless Goat餐馆（☎613-545-9646；www.thesleeplessgoat.ca；91 Princess St；午餐 $5~7，晚餐 $8~10；周一至周四7am~11pm，周五 7am~午夜，周六 8am~午夜，周日8am~11pm）有着听起来像是Alanis Morissette抒情歌词的名字，当看到这家低调的餐馆吸引了成群的艺术家和焦虑的知识分子时，不用感到惊讶。自称为消费合作社，这家餐馆由一批厨艺精湛的厨师经营，他们供应着小镇上最美味的素食菜肴。

中档

Kingston Brewing Company 酿酒公司（☎613-542-4978；34 Clarence St；主菜 $7 ~ 14；11 ~ 2am）在闪烁的圣诞节灯光下和庸俗的啤酒主题餐具中，大口嚼着美味的酒馆小点心，或者大快朵颐，在庭院中找张桌子。不管你做什么，一定要尝尝他们自酿的酒：Dragon's Breath Ale 会让你感到腹部热乎乎的，而 White Tail Cream Ale 也很受欢迎，用瓶装。

Tango餐馆（☎613-531-0800；www.thetango.ca；331 King St；主菜 $9~20；11~2am）为金斯敦闹市混合区增添了一丝新鲜空气，可以欣赏DJ打盘，吃着餐前小吃。周末时，主要是那些当地金融家们占据着这里，经过了一个礼拜的办公室生活之后，他们解开领带，挽起袖子，在这里大快朵颐。而在安静的工作日，餐前小吃和马提尼酒会有折扣。

Pan Chancho 餐馆（☎613-544-7790；44 Princess St；主菜 $12；6月中到9月中周一至周六 7am ~ 7pm，周日 7am ~ 5pm，9月中到次年6月中周一至周六 7am ~ 6pm，周日 7am ~ 5pm）用大大的去皮猪肉来揭开这家美食天堂的面纱吧。清淡、可口的午餐将不可能的材料做成愉悦味觉的美食。尝尝茴香和奶油干酪——适合任何新鲜烤制的面包。学生可以享受 15% 的价格优惠。

Gusto 餐馆（☎613-536-1616；www.gustokingston.com；424 Princess St；午餐 $9 ~ 12，晚餐 $12 ~ 26；11 ~ 1am）来到这家餐馆，在溅着水花的喷泉和洞穴似的酒窖间，享用一顿丰盛的意大利饭菜。定位在"现代餐饮店"和"中世纪的托斯卡纳农庄"(medieval Tuscan villa)间，到处都洋溢着兴奋的氛围。

我们的选择 **Luke's 餐馆**（☎613-531-7745；264 Princess St；午餐 $6 ~ 12，晚餐 $17 ~ 25；周三至周六 11:30am ~ 3pm 和 5:30 ~ 9pm，周日 11am ~ 3pm）扬·卢克(Young Luke)，一个烹饪奇才，还没到达能喝酒的年龄，然而他的 Chianti 芥末得到了极高的评价。等候饭菜时，可以花些时间读读餐馆宣言，宣言许诺在每份菜都会被带着爱意丰盛制作的。卢克的精品是多层鸡肉三明治——与自制面包有些像，夹着脆熏肉和当地的绿色产品。

高级

Chez Piggy 餐馆（☎613-549-7673；68-R Princess St；主菜 $14 ~ 26；11am ~午夜）想在下雨天去挥霍一把？嗯，先留着，等天晴了去这家隐藏的户外餐馆里大吃一顿。这座城市里最出名的餐厅通过创新性菜肴、迷人的氛围和值得纪念的周末早午餐获得了美誉。意大利面和鱼肉总是最吸引人的，面包在 Pan Chancho 餐馆新鲜烘焙。如计划在周末享用，强烈推荐预订。

Chien Noir餐馆（☎613-549-5635；www.lechiennoir.com；69 Brock St；主菜 午餐 $12~19，晚餐 $20~30；11:30am~10pm）餐馆设计高雅、光

洁、现代，这家法式餐厅提供美味佳肴。菜肴以各种牛排和海鲜为特色，肯定会使顾客犹豫不决。吊胃口的早午餐菜肴也让人迫不及待。

饮品和娱乐

Toucan 酒吧（☎613-544-1966；www.thetoucan.ca；76 Princess St）是金斯敦最古老的爱尔兰酒吧，藏身在 King St 街附近一段石头老巷子中小巷。周日早餐收费 $2.49，很丰盛，定能制好任何宿醉。

Grad Club俱乐部（☎613-546-3427；www.queensu.ca/gradclub；162 Barrie St）位于一座壮丽的维多利亚式大厦中，女王大学的校园支柱是最热门的现代音乐地点之一。

Philthy McNasty's俱乐部（☎613-549-0200；www.philthymcnastys.com；506 Princess St）这个红白相间的娱乐场所庆祝着加拿大人最喜爱的运动项目冰球。那里有一个大酒吧，里面有等离子电视、一个迪斯科舞厅，甚至在温暖的月份还有一个户外沙滩排球场地。

啤酒屋（Ale House；☎613-531-9770；www.thealehouse.on.ca；393 Princess St）这个多功能场所拥有小镇上最便宜的生啤酒，但如果你不喝啤酒的话，奶昔会把所有男孩带到庭院里。时常有现代音乐演出，也会吸引来一群学生。

Tir nan Og 酒吧（☎613-544-7474；200 Ontario St）沿着水边的码头区域，位于最古老的迷人建筑物内，这家爱尔兰酒吧推出现场音乐演出，并供应各种酒类。

Grand Theatre剧院（☎613-530-2050；218 Princess St）市内最早的剧院，推出戏剧、交响乐和喜剧表演。在我们访问的时候，剧院正在扩建，没有具体的完工时间。

购物

去**Cooke's Fine Foods美食店**（☎613-548-7721；www.cookesfinefoods.com；61 Brock St）看看，一家食品店，有古老的木制柜台和一百年之久的压制金属屋顶。店里的味道很诱人，还有新奇的各色食品和各类顾客，包括在店里头喝着新鲜咖啡的当地教授们。

要买高质量户外/宿营设备和补给，可以去 **Trailhead 商店**（☎613-546-4757；237 Princess St）。

周二、周四、周六和周日四天，市中心主办一小型的露天集市，在King St 街上的市政厅后面。

到达和离开

金斯敦长途汽车站（Kingston Coach Terminal；☎613-547-4916；1175 John Counter Blvd）在 Hwy 401 公路以南 1 公里处，Division St 街正西。加拿大长途汽车公司的汽车一天定期开往多伦多（$51，3 小时）、**渥太华**（$36，2 个半小时）和蒙特利尔（$52，3 小时）。公共汽车也在各小镇停靠，包括康沃尔(Cornwall) 和布罗克维尔 (Brockville)。可以登录 www.coachcanada.com 网站，查阅更多的信息。

如果你是从 Hwy 401 公路乘坐汽车到达，611 号、613 号、615 号、617 号、619 号 和 623 号出口，都通往市区。要租用汽车，可以联系 **Enterprise**（☎613-389-8969；2244 Princess St），提供免费搭便车服务。

VIA Rail-Kingston火车站（☎888-842-7245；1800 John Counter Blvd）在Princess St街和John Counter Blvd会合处以东大约400米处。VIA Rail一天运营4趟列车开往蒙特利尔($74，2个半小时)，3趟开往渥太华($47，2小时)和8趟开往多伦多($76，2个半小时)。夏季有加车。

四处走走

要了解乘坐公共汽车四处走走的实用信息，电话咨询 **金斯敦运输公司**（Kingston Transit；☎613-546-0000）。要从公共汽车中转站到市区，穿过马路就有一市区公共汽车站；公共汽车每小时前后 15 分钟发车。至于火车站，1 路市区公共汽车在 Princess St 街和 John Counter Blvd 的交叉口停留，从火车站只需走几步就到。周日没有公共汽车。

自行车手们会高兴地发现金斯敦市区总体地势平坦，而且 Hwy 2 公路和 Hwy 5 公路之间两侧是铺设好的路肩。租用自行车，可去 **Ahoy Rentals 租赁处**（☎613-539-3202；www.ahoyrentals.com；23 Ontario St；自行车一天租金 $25）。

沃尔夫岛(WOLFE ISLAND)

沃尔夫岛最激动人心的部分是乘载机动车的**渡轮**（☎613-548-7227）从金斯敦到这座岛屿进行免费迷你航游。25 分钟的游程中，人可观赏城市、码头和千岛群岛中一些岛屿的风光。作为千岛中最大的岛，沃尔夫岛事实上要比金斯敦大，然而，大部分都是不发达的农田。在金斯敦的信息中心（见 224 页）拿份自行车路线图，可以选择不同的路线探索。

有150年历史的**General Wolfe Hotel酒店**（☎613-385-2611；800-353-1098；www.generalwolfehotel.com；房 $55～115；Ⓟ ✕ ☒）让你有另一个理由不妨前往。餐厅经营赞誉很高的菜肴。试试很多道套餐($35)，有丰富的沙朗牛排(sirloin steak)、野鸡和猪肉。

想要安静地宿营一晚，可去 **Hi-Lo Hickory**（☎613-385-2430；260 Hogan Rd；帐篷和娱乐车场地 $20～30）。它在金斯敦渡轮中转站以东大约 12 公里处，拥有一处沙滩。

在金斯敦这边，渡轮中转站在Ontario St街和Barrack St街交叉口上。渡轮常年每小时左右一班，从早上5点45分到凌晨1点20分，一次可载大约50辆机动车，从5月初到10月中，有一班单独安排的、10分钟**渡轮**（☎613-385-2402；乘客/汽车$3/14），从沃尔夫岛，开往纽约的文森特角(Cape Vincent)——不要忘了拿护照！

加纳诺克(GANANOQUE)

在薄雾笼罩的圣劳伦斯看了一整天的绿苔岛屿之后，宜人的加纳诺克(Gananoque，音同gan-an-awk-way)是个让眼睛休息的非常好的地方。夏天和初秋，秀丽的维多利亚小镇，在千岛群岛地区中心的深处，会出现许多渴望乘船参观的旅行者。事实上沿着Hwy 401公路附近的King St E东街，矗立着每一个汽车连锁旅馆，沿着水边还能找到独一无二的寓所。

商会（Chamber of Commerce；☎613-382-3250，800-561-1595；www.1000islandsgananoque.com；10 King St E；🕒6月到8月8:30am～8pm，9月到次年5月9am～5pm）提供基本服务，例如住宿推荐。登录www.gananoque.com网站，了解更多内容。

与千岛群岛地区的大多数其他城镇一样，加纳诺克拥有几家游船公司。在选择公司之前，四处多转转——有的安排数个岛屿的停留，有的则不，有的提供晚宴游船，有的则以快船快速游为特色。**Gananoque Boat Line游船公司**（☎613-382-2144；888-717-4837；www.ganboatline.com；6 Water St；1小时游程成人/儿童$16.50/8，3小时游程$24/8，城堡巡游$27/8；🕒5月到10月中）很受欢迎，有几种不同的游程，包括中途在Boldt Castle城堡(这座城堡说起来是在美国，因此如果你计划去游览，一定要准备好所有文件)停留。

Thousand Islands Playhouse演艺厅（☎613-382-7020；866-382-7020；www.1000islandsplayhouse.com；185 South St）自1983年以来，主要是一间夏季剧院，有着强大的阵容。

住宿

加纳诺克以拥有大量的值得怀念的住宿处为傲，包括一些高档的和建筑结构吸引人眼球的酒店。

Misty Isles Lodge小屋（☎613-382-4232；www.mistyisles.ca；25 River Rd，Lansdowne；房$75）位于加纳诺克东部约4公里处，在千岛群岛园林大道上，这家悠闲的海滨旅馆尽量让客人住得舒适，配以柳木家具。也提供各种各样的探险设备，包括可以租用的爱斯基摩划子（每天$40）、带导游的团队游（团队游每天$95）和在河边一些灌木丛岛屿上的宿营全包游。

Victoria Rose Inn旅店（☎613-382-3386，888-246-2893；www.victoriaroseinn.com；279 King St W；双 含早餐$175～255）曾经是市长的居所，这座为纪念维多利亚的辉煌而建立的建筑拥有俯瞰花园平台的镶玻璃游廊，外加一处经营晚餐的餐厅，与舒适宽敞的客房相得益彰。

Gananoque Inn旅店（☎613-382-2165，800-465-3101；www.gananoqueinn.com；550 Stone St S；房$179～395）这家大宾馆有标志性的绿色百叶窗，傲立于加纳诺克河与圣劳伦斯河交汇处。这家客车厢式的旅店客车于1896年开始接待住客，保留了它原本的那些魅力，又不动声色地添加了一些现代设施，比如豪华的日温泉。淡季时，有半价房。

Houseboat Holidays（☎613-382-2842；www.gananoque.com/hhl；RR3，Gananoque；工作日/周三/每周 租金从$650/850/1300起）唯一比待在航路附近要好的事就是在海上航海。主办公室，沿着Hwy 2公路，位于加纳诺克以东3公里处，建立了一个你自己的漂浮酒店，为航海新手们提供简短的指导性课程。

千岛群岛(THOUSAND ISLANDS)

“千岛群岛”沿着圣特劳伦斯河，集合了超过1800个崎岖的小岛，从金斯顿一直到布罗克维尔。苍翠繁茂的群岛烟雾笼罩，大批白紫花瓣，晃动的潮塘，以及无数处19世纪的避暑公寓，公寓的塔尖穿透薄雾。

狭窄、缓缓铺设的**千岛群岛园林大道**倾斜在Hwy 401公路以南，在加纳诺克和伊丽莎白敦(Elizabethtown)，沿河岸绵延35公里，最后再次接入公路。景色优美的旅程沿着沿岸的田园地带，提供图画般完美的景色以及理想的野炊区。**Bikeway**自行车道沿整条园林大道而下。

在**Ivylea**，一系列高耸的桥从安大略通往纽约州，经过几座岛屿。半道上，你会看到**Skydeck**（☎613-659-2335；www.1000islandsskydeck.com；Hill Island；成人/儿童$9/5；🕒4月中到10月9am～黄昏），是一座125米高观测塔，可以从三处不同的平台上，欣赏群岛美妙的景色。

罗克波特(Rockport)，是沿着成千岛群岛园林大道上最大的山庄，坐落于一群石头教堂外。这里有两条主要巡游路线，由罗克波特出海，都可以中途停靠在奇特、残缺不整的**Boldt Castle城堡**，它是一座未完工的哥特式宫殿，拥有黑色尖塔和石头门面。这座城堡实际上位于美国，所以如果你想参观的话，务必带上所有的文件。**Rockport Boat Line**（☎613-659-3402，800-563-8687；www.rockportcruises.com；23 Front St；🕒5月到10月）提供各种各样的巡游路线，包括很受欢迎的两小时巡游($26)，每天发3班发船，可以感受过去的城堡。中途停留在城堡的游船路线花费是 $20，还有 US$5.75 的入场费。也可选择供应午餐和晚餐的游行路线（分别为 $44 和 $59）。**1000 Island Cruises**（☎613-659-3151，888-229-9913；www.1000islandscruises.com；Boathouse Country Inn，17 ~ 19 Front St）在布罗克维尔外也组织游程。提供五种不同的巡游路线，包括 1 小时的"岛屿之心"(Heart of the Islands) 路线 ($16)，中途在 Boldt Castle 城堡暂停，另一种是 2 小时的"宫殿与栅栏"(Palace 和 Pallisades) 团队游，也在城堡停留。秋季，游船行驶在缤纷秋叶的景色中，最是打动人心。

在**马洛里敦**(Mallorytown)，**圣劳伦斯群岛国家公园**（St Lawrence Islands National Park；☎613-923-5261；偏远营地 $14.85，根据船大小不同收取一定的停靠费）保护着和缓、青翠的多座岛屿，拥有 20 多座岛屿，分布在金斯敦和布罗克维尔之间。一条步行小径和讲解中心可以让旅行者了解更多有关苍翠繁茂的地形与常见野火的情况。超过一打的小岛可用来进行边远地区的宿营(5 月中到 9 月上旬)，只能乘船进入（自备船只）。

布罗克维尔(BROCKVILLE)

迷人的布罗克维尔标志着千岛群岛的东部边缘区域。正如人们所知道的那样，"千岛群岛城"隐藏着许多奢侈的不动产。一排排的哥特式尖塔建筑物使我们更容易想象马车曾经穿过街道时的马蹄声。**商会**（☎613-342-4357；www.brockvilletourism.com；10 Market St；⏲5 月中到 10 月中 9am ~ 5pm，10 月中到 5 月中周六和周日休息）给指示你正确的方向——全年开放，提供沿着这条水路的所有景点的丰富资料。

布罗克维尔博物馆（☎613-342-4397；www.brockvillemuseum.com；5 Henry St；成人 / 儿童 $4/2；⏲5 月中到 10 月中 周一至周六 10am ~ 5pm，周日 1 ~ 5pm；10 月中到次年 5 月中周一至周五 10am ~ 4:30pm），在悠久的 Beecher House 房屋里，供人一览当地的历史。奢华的 **Fulford Place**（☎613-498-3003；287 King St E；成人 / 儿童 $5/4；⏲6 月到 8 月 周二至周日 11am ~ 4pm；9 月到次年 5 月周六和周日 11am ~ 4pm）是一处建于 20 世纪，拥有 35 间房子的楼房，属于爱德华七世时代风格。

1000 Islands Cruises（☎613-342-7333，800-353-3157；www.1000islandscruises.com；Broad St；1 小时 游程 成人 / 儿童 / 学生 / 老人 $14/8/12.50/12.50；2 个半小时 游程 $24/12.50/21.50/21.50；⏲5 月中到 10 月中）一天安排两到四次乘船游，游览群岛。较长的游程中途停留参观辛格城堡 (Singer Castle)——似乎更适合苏格兰薄雾笼罩的悬崖上的建筑物。注意，这座城堡实际上在美国境内，因此别忘了带护照！门票 12 美元，或是参加观赏城堡建筑的免费摄影游。

附近的普雷斯科特（见下文）提供了一些有趣的住宿选择，或是看看 **The Green Door 旅馆**（☎613-341-9325；www.bbcanada.com/10411.html；61 Buell St，Brockville；单 / 双 $85/99 起；Ⓟ ⊠）。热心的主人们将一处古老的帐篷改建成舒适的 B&B 旅馆。白天日光透过这个宽敞的普通场所，晚上有着钢琴的陪伴，或是依偎于古式床头边。

普雷斯科特(PRESCOTT)

普雷斯科特可以做布罗克维尔的弟弟了——比布罗克维尔小、生气勃勃，还没有发展好自己成熟的城市。这座 19 世纪的小镇拥有一座桥梁，通往纽约州的奥格登斯勃格 (Ogdensburg)，而且，更让人感兴趣的是 **惠灵顿堡国家历史遗址**（Fort Wellington National Historic Site；☎613-925-2896；成人 / 儿童 $3.95/1.95；⏲5 月中到 9 月 10am ~ 5pm）。城堡最初建于 1812 年战争期间，1838 年被再次用作军事工事，当时美国人即将入侵。有些原来的防御工事保存下来，比如军队首长住所和一处碉堡。夏季，着古装的当地人讲解各类展示，在周三和周六下午 1 点提供带导游团队游。7 月份的第三周，城堡举办全国最盛大的军事游行，包括全副武装的战役模仿秀。

沿着圣劳伦斯，普雷斯科特提供了一些非常最具独创性的住宿处，**Dewar's Inn 旅店**（☎613-925-3228，877-433-9277；www.dewarsinn.com；Hwy 2；房 $74 ~ 85，小木屋 $95 ~ 101；Ⓟ 🅢）没错，听起来像是威士忌——由一座老酿酒厂的砖块建造而成。在 20 世纪 20 年代拆除，Grenville 酿酒厂 (Grenville Brewery) 是每个水手长期旅行之后最爱的停留处。在后院中戴水肺潜水，可以看到下沉的古酿造酒瓶。沿着 Hwy 2 公路往西走，你就能看这家海滨旅馆，就在城外。

Ship's Anchor Inn B&B 旅馆（☎613-925-3573；www.shipsanchorinn.com；495 King St W；双 $99 ~ 145；Ⓟ ⊠ 🅢）有着 175 年历史的老庄园，由手工切割的石头建成，曾经是一位脾气暴躁的船长在海滨地区的住所。这儿保留了航海主题，如剥鱼技术、木质护卫舰模型。丰盛的英式早餐，对一位水手来说足够了，能使你热量充沛至晚餐时刻。

梅里克维尔(MERRICKVILLE)

不大的梅里克维尔应该感谢加拿大铁路局，他们从来都没有让铁轨穿过城镇。如果这座很小的城镇成为铁路线上的一个停留点，毫无疑问，石头结构建筑会被丑陋的工业建筑替代。如今很幸运的是，旅行者仍然可以回到过去，当时这个区域是保皇党人的一处要塞，用以保护皇族免受那些美国人的反抗。事实上，梅里克维尔曾如此令人喜悦，以至于里多运河 (Rideau Canal) 的总规划师 Colonel By，在这里建造了避暑住宅，而 Benedict Arnold 曾被赠予镇里的一块土地，作为背叛美国人的奖励。

历史迷们将会享受着探索**木堡** (blockhouse；☎613-269-2229；Main St 和 St Lawrence St 拐角；免费入内；🕒5月中到10月中 时间不定)，而古玩爱好者们则会喜欢无数的艺术工作室。在 **Gad's Hill 餐馆** (☎613-269-2976；www.dickens-restaurant.com；118 St Lawrence St；主菜 $9～17；🕒午餐和晚餐) 吃饭并暂作休息，这里的菜单隐藏在皮边书册里，以示对狄更斯的崇拜。

莫里斯堡(MORRISBURG)

小莫里斯堡因它一流的历史遗址而远近闻名，这处遗址便是**上加拿大村庄** (Upper Canada Village；☎613-543-4328，800-437-2233；www.uppercanadavillage.com；成人/学生/儿童 $17/10.50/7.50；🕒5月中到10月中 9:30am～5pm)。通过模拟19世纪60年代的生活，盛装解说员为这座城建的城镇赋予了活力。计划着花三四个小时逛逛这个村庄，你会有大量的时间去查看这40幢建筑。逛逛 Cook's Tavern、铁匠铺、Asselstine's Woollen Factory 羊织品工厂、校舍、学报印刷所 (Gazette Printing Office) 和许多其他的可感受殖民复杂生活的住所。如果没有驾车，人们可以乘坐往返渥太华和康沃尔 (Cornwall) 之间的公共汽车，或是通过从蒙特利尔到多伦多的一些旅行路线前往。

沿江的 Hwy 2 公路舒缓，风景却好过 Hwy 401 公路。**上加拿大候鸟保护区** (Upper Canada Migratory Bird Sanctuary；☎613-543-3704，800-437-2233；🕒5月中到10月) 提供8公里的自助游小路，蜿蜒经过树木繁盛的灌木丛和青葱的沼泽地。可瞥见超过200种的鸟类。去公园办公室了解关于多种宿营的情况。

康沃尔(CORNWALL)

康沃尔是拥有一些造纸厂和烟窗，在这儿安大略和魁北克相遇，靠近美国边境。三条跨国麦森纳 (Massena) 十字路口通往纽约州的麦森纳，是一重要的交通要道。请登录 www.city.cornwall.on.ca 了解更多城镇的消息。

在康沃尔岛(Cornwall Island)上，阿克维桑莫霍克人(Akwesane Mohawk)保留地有 **Ronathahon:ni Cultural Centre 文化中心** (☎613-932-9452；www.ronathahonni.com；成人/儿童 $2/1；🕒周一至周五 8am～4pm) 是一个解说中心，旅行者可以从这儿通过物品和活动就地了解莫霍克文化。

隆索特园林大道 (Long Sault Parkway) 连通沿江的一系列公园和沙滩。

渥太华(OTTAWA)

人口 812 000

关于渥太华的描述读起来像很有吸引力的个人广告：年轻，好动，干净，能说双语，喜欢孩子，在河边长时间行走。

这座迷人的大都市继续给人留下深刻印象。漂亮而完美的国会大厦矗立在市区的核心部位，于三条奔腾河流的汇合处。几个发展着的地区的混合体，每个都有自己的风情，位于井然有序的政府办公室外面。在远处，连绵起伏的加蒂诺群山 (Gatineau hills) 轻轻地拥抱着晴朗的山谷。

这座城市的主要景点是大量的现代博物馆。从超现代的文明博物馆 (Museum of Civilization) 平滑、波浪状的墙壁 (就在加蒂诺河流的对面)，到自然博物馆 (Museum of Nature) 不易忘怀的尖端拱门，每个景点都是有灵感的建筑物，有着迷人的展示空间。

渥太华的多样文化很显然在当地烹饪中体现了出来。唐人街和小意大利城很长时间都是当地的中流砥柱，但最近这些年，它们见证了来自非洲、法国、加勒比海、东欧和东南亚多元风情的流入，更不用说原住选择的多样化了。

不要因为天气寒冷而不在冬季旅行——冬季是这座城市时间最长的季节，有很多室外活动。里多运河 (Rideau Canal) 是世界上最长的溜冰场，而冰雪节 (Winterlude) 使每个人都出去融于全是冰的庞大村庄里。当厚厚的冰雪融化之后，幸运的郁金香使整个市区欢快愉悦，因为春天即将到来。秋天落叶凋零，街道燃起了耀眼的红色和黄色。

不管是炫目的博物馆还是地道的食物，无论是季节彩虹还是室外住所，无疑你都可以和渥太华约会。

历史

与其他很多殖民地首都一样，渥太华很自然地就成为首都了。当时，维多利亚女王将它作为蒙特利尔与多伦多的折中选择，于是这座城市诞生了。加拿大人最初很难接受女王的决定，渥太华离主要的殖民要塞地很远。许多人认为这个地区是荒芜的雪地，而事实上当时阿尔贡金人长期居住在渥太华地区，他们将这条翻腾的河流称为"Kichissippi"，即"大河" (Great River) 的意思。

在随后近一个世纪中，渥太华一直都是寂静的首都。然后，在第二次世界大战后，巴黎市规划者杰·格里博 (Jacques Greber) 负责给渥太华"整容"，让渥太华拥有真正的都市风貌。这位总

不要错过——渥太华

- **国会大厦**(Parliament)**——警卫队交接仪式**(见232页)
- **拜伍得集市**(ByWard Market)——在这个新鲜有趣的地区随便走走，吃顿饭(见241页)
- **文明博物馆**(Museum of Civilization)——在令人眩晕的墙内展示原住民的生活(见246页)
- **里多运河**(Rideau Canal)——在运河河面上边滑冰边吃海狸尾面圈(beavertail，见238页)。
- **国家美术馆**(National Gallery)——漂亮的玻璃尖顶(见235页)
- **千岛群岛**(Thousand Islands)——下午乘游艇远离市区(见230页)

规划师赋予这座城市与众不同的欧式感觉，将该地区转变成极好的都市风景，有着充足的公共区域和休闲娱乐场所，正如我们今天所看到的。

方位

渥太华的殖民地方格状布局位于这三条风景秀丽河流的汇合处。紧凑的市中心被弯曲的里多运河分成两半，非官方地将该地区分为东区和西区。西区是密集的金融区域，玻璃办公大楼拥挤在豪华的国会大厦附近。Sparks St街，政府大楼以南的一个街区，是非常友好的步行街。绝妙的城堡模样的劳里尔堡(Château Laurier)酒店主导着西区景致，有着怪异的商业气氛，聚焦于拜伍得集市(Byward Market)周围，这个集市是一个热闹的地方，地跨四个街区，满是货摊和咖啡屋。市中心行人的活动大多集中在庞大的里多中心与联盟广场(Confederation Sq)内，里多中心是一座室内购物商场，而联盟广场则是几条混凝土大道的交叉路口，联盟广场中央是国家战争纪念碑。

城市的北部边界是涌动的渥太华河，创造了安大略和魁北克之间的自然界限。四座桥梁将这个首都与其姊妹城市通过河流连接起来(加蒂诺，也被称做"Hull")。Portage Bridge桥(Wellington St街旁)连接着两个市中心。

Bank St街在Queensway公路(Hwy 417公路)南边远处，可以沿着这条街找到格莱比(Glebe)——一个多彩的古式建筑和艺术家气派的咖啡馆区。

实用信息

渥太华旅游局(Ottawa Tourism；www.ottawatourism.ca)的网站提供了关于这个国家首都的全面广泛的资料，可以帮助旅行者编制路线、预订住宿。斯帕克大街(Sparks St)商业区有几家银行和货币兑换站点。

Accu-Rate Foreign Exchange 外汇兑换(☎613-238-8454；1st fl，World Exchange Plaza，111 Albert St；🕑周一至周五 9:15am～5:15pm)开展货币兑换、旅行支票以及电子转账(EFTs)业务。

主要信息中心(Capital Infocentre；☎613-239-5000，800-465-1867，TTY 866-661-3530；www.capcan.ca；90 Wellington St；🕑5月中到9月初 8:30am～9pm，9月初到次年5月中 9am～5pm)井然有序的旅游局办公室，有一个巨大的市中心模型。一段12分钟的视频介绍了城市的景点(你的作者就在里面——不过要把他找出来有些难度，因为当时拍摄时他还只有12岁)。位于国会大厦对面。

Chapters(☎613-241-0073；47 Rideau St；🕑周一至周六 9:30am～11pm，周日 9:30am～10pm，时间有所变化)大型综合类书店，有一个星巴克。

Market Cleaners(☎613-41-6222；286 Dalhousie St；🕑周一至周五 7am～9pm，周六和周日 8am～9pm)自助洗衣店与互联网网吧结合一体。

渥太华综合医院(Ottawa General Hospital；☎613-722-7000，TTY 613-761-4024；501 Smyth Rd；🕑24小时)市中心东南边，在Alta Vista；设有急诊室。

邮局(☎613-844-1545；www.canadapost.ca；59 Sparks St；🕑周一至周五9am～4pm)

Travel Cuts(☎613-238-8222，888-359-2887；www.travelcuts.com；225 Laurier Ave E；🕑周一至周三和周五 9am～5pm，周四 10am～5pm)这些经济型旅游能手在市内有几处办公室。

World of Maps & Travel Books(☎800-214-8524；1235 Wellington St；🕑周一至周五 9am～6pm，周六 10am～5pm，周日 正午～4pm)出售很不错的地图集锦(包括地形地貌地图)和旅游指南类书籍。

危险和麻烦

总的来说，甚至在晚上，渥太华也是一个安全的城市。最好避免去Sussex Dr车道和King Edward Ave大道之间的Rideau St街——白天这里拥挤着喷着烟雾的公共汽车和成群的上下班者，而整个晚上这里都是流浪者的最佳去处。友好的拜伍得集市(ByWard Market)很繁忙，深夜，有一些毒品和卖淫交易活动。

景点

渥太华的最好特征是藏有极好的、现代博物馆。大多数这些博物馆之间步行就能到达，包括

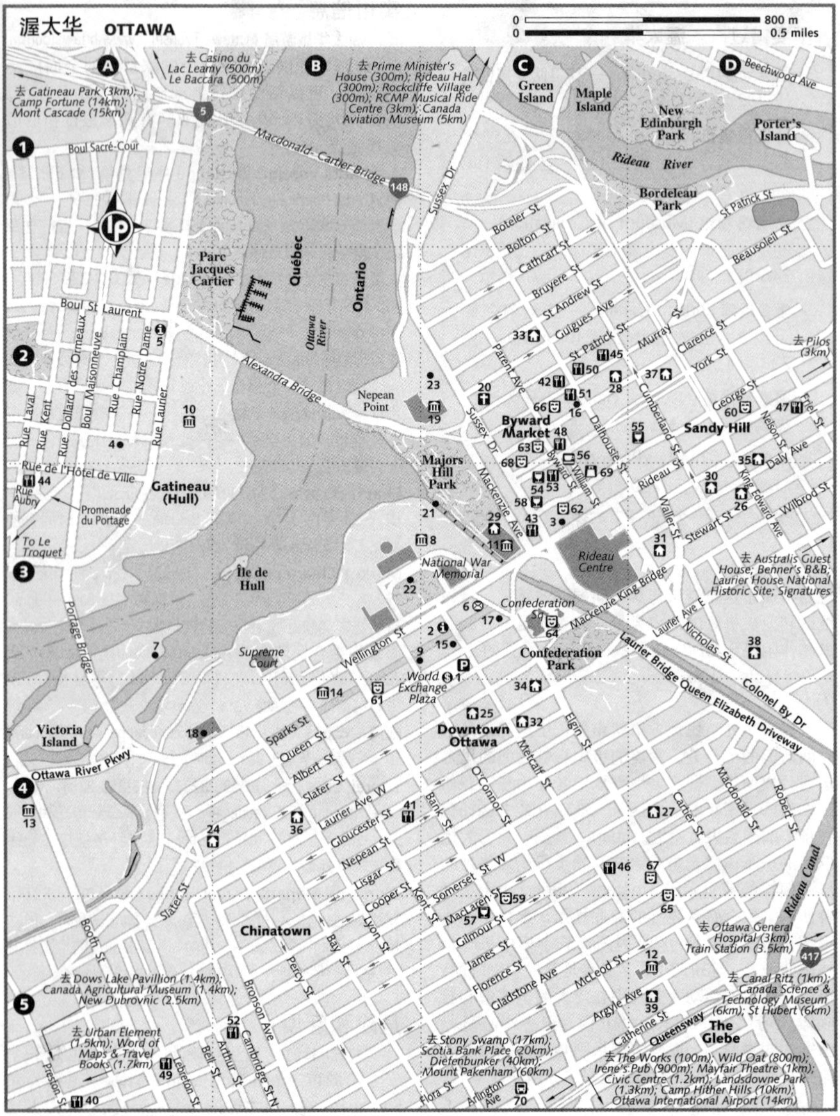

加蒂诺的文明博物馆（见 246 页）。需要记住一些突发情况：在冬季，许多博物馆周一闭馆，许多景点会在关闭前 1 小时允许你免费进去参观。

围绕着这个国家的首都，总是不断地有新的博物馆涌现。最好咨询 Capital Infocentre 的人员，获得最新的关于这座城市的好玩景区的列表。

国会山(Parliament Hill)

大型的拱门主宰着这座极妙的建筑，有着尖尖的铜制屋顶。这座城市至今最完美的景点，就是国会大厦，而国会大厦也是加拿大政治活动的纽带。

主要的大楼，**中楼**（Centre Block；☎800-622-

实用信息
Accu-Rate Foreign Exchange外汇兑换 1 C3
主要信息中心 2 C3
Chapters 3 C3
市政厅 4 A2
加蒂诺旅行信息咨询处 5 A2
Market Cleaners ...... (见 16)
邮局 6 C3
Travel Cuts ...... (见 25)

景点和活动
原住村庄 7 A3
渥太华船闸 8 C3
Bytown Trolley Co公司 9 B3
加拿大文明博物馆 10 A2
加拿大当代摄影博物馆 11 C3
加拿大自然博物馆 12 D5
加拿大战争博物馆 13 A4
货币博物馆 14 B4
灰色线路 15 C3
Haunted Walk徒步游 16 C2
Lady Dive Amphibious公司 17 C3
图书馆和加拿大国家档案馆 18 A4
国家美术馆 19 C2
巴西利卡圣母大教堂 20 C2
渥太华船闸 21 C3
国会山 22 B3
Paul's Boat Lines船运公司 ...... (见 21)
Rent-a-Bike自行车租赁 ...... (见 29)
皇家加拿大铸币厂 23 C2

住宿
Albert House Inn宾馆 24 A4
Arc酒店 25 C4
Bella Notte旅馆 26 D3
Business Inn宾馆 27 D4
拜伍得蓝色宾馆 28 C2
Doral Inn宾馆 ...... (见 24)
Fairmont Château Laurier酒店 29 C3
Gasthaus Switzerland Inn瑞士宾馆 30 D3
尼亚加拉瀑布国际青年旅舍 31 D3
Hotel Indigo旅馆 32 C4
L'Auberge du Marché 33 C2
Lord Elgin Hotel酒店 34 C4
McGee's Inn宾馆 35 D2
Minto Suite Hotel酒店 36 B4
渥太华背包客旅舍 37 D2
渥太华大学公寓 38 D3
YM-YWCA 39 D5

就餐
Allegro Ristorante餐厅 40 A5
Beckta餐馆 41 B4
Boulanger Français面包店 42 C2
Brasserie Métropolitain啤酒店 43 C3
Café Aubry咖啡馆 44 A3
Chez Lucien餐馆 45 C2
Colonnade Pizza比萨饼店 46 C4
Horn of Africa非洲餐馆 47 D2
Lapointe鱼餐馆 48 C2
Pho Bo Ga餐馆 49 A5
Royal Thai泰餐馆 50 C2
Sweetgrass Aboriginal Bistro原住酒馆 51 C2
长江餐馆 52 B5
Zak's Diner餐馆 53 C3

饮品
E18hteen酒馆 54 C3
真诚律师酒吧 55 D2
Hotel Lafayette酒店 ...... (见 54)
Planet Coffee咖啡店 56 C2
Royal Oak西餐馆 57 C5
Social酒馆 58 C3

娱乐
Barrymores俱乐部 59 C4
Bytown Cinema 60 D2
Edge 61 B4
Helsinki夜总会 62 C3
Lookout Bar酒吧 63 C2
国家艺术中心 64 C3
Privilege夜总会 65 D4
Rainbow Bistro餐馆 66 C2
The Manx酒吧 67 D4
Zaphod Beeblebrox歌厅 68 C3

购物
拜伍得集市 69 C3

交通
公共汽车站 70 C5

6232，团队游 613-996-0896；免费参观；周一至周五 9am ~ 8pm，周六和周日 9am ~ 5:30pm）支撑着标志性的**和平塔**(Peace Tower)，它是城市最高的建筑物。在里面看一看，细品手工雕刻的石灰石，在这豪华的图书馆暂留一会儿，图书馆是用木头和铸铁建造的。当举行会议时，旅行者们可以看见众议员和参议员。众议院的提问时段特别吸引人，每天下午，周五上午 11 点开始进行提问程序。参观门票遵循先到先得的原则。

免费的 20 分钟讲解游览很频繁（要求预约），参观者要过严格的安全检查。夏天你可以在特别显眼的白色帐篷里预订团队游；冬天在钟楼里有预订接待处。也可以自己游览。在街对面的信息中心，拿一本免费的《国会山步行团队游》(*Walking Tour of Parliament Hill*)。小册子详述了这个大楼鲜为人知的事实——了解雕刻石头上的滴水嘴和怪异图案。

夏天，每天上午 10 点，可观看前面草坪上**精彩的警卫队交接仪式**。夏天晚上，国会山推出轻松愉快的免费表演——用英语，也用法语。

国家美术馆(National Galley)

一定要参观加拿大最大的**美术馆**（☎613-990-1985；www.gallery.ca；380 Sussex Dr；成人 / 青年 / 老人和学生 / 家庭 $6/3/5/12；5 月到 9 月 10am ~ 5pm 周四至 8pm，10 月到次年 4 月 周一休息；Ⓟ），它拥有加拿大最多的收藏品和因纽特人的艺术品。这座建筑本身就是一种艺术——渥太华最现代的建筑珍宝之一。这座耀眼的美术馆用玻璃和粉红色花岗石砌成，是由莫舍·萨弗迪(Moshe Safdie)设计的，他是一位著名的建筑师，曾设计过蒙特利尔很著名的"住所"(Habitat,独特的公寓建筑群)。在博物馆的后面，突出的玻璃尖塔，受到附近国会大厦绚丽的尖铜制屋的启示。在最沉闷的日子中，沉重的金属屋顶与悬浮的水晶尖塔之间的对话颇为神奇。

在内部，圆顶展馆陈列着古代和现代展品，其中尤为突出加拿大艺术家的作品。精心布置的加拿大纪年史展引导着旅行者了解这个国家的历史。在高品质的**摄影作品展**中，第二层的**因纽特馆**(Inuit Gallery)将原始主题与现代传媒相融合。除了大量加拿大艺术品外，美国美术馆和欧洲的作品与几位大师的名字和著作将是视觉上的享受。

博物馆内有两个平坦的庭院——都透着禅的气息，十分宁静，是让你的眼球休息的最佳之处。里面还深藏着不一般的**里多街教堂**(Rideau Street Chapel)。建于 1888 年，这座非常漂亮的木教堂从拆毁中抢救得来，在美术馆内一片一片被修复的。

美术馆建筑群，国会大厦往北走 15 分钟即到，需要花上至少 2 小时欣赏，还不包括观看最新的流动展览品、视频展示和电影档案。博物馆下面有两层地下停车场（一天 $10)。

加拿大自然博物馆 (Canadian Museum of Nature)

市中心南边，这座庞大的**博物馆**（☎613-566-4700；240 McLeod St；门票 $10，周六上午免费；5 月到 8 月 9am ~ 6pm，周三和周四至 8pm，9 月到次年

4月周二至周日 9am ~ 5pm，周四至 8pm）的哥特式建筑高耸入云。这座四层的博物馆拥有令人印象深刻的藏品，如化石、矿产品和动物，有一处不错的艾伯塔恐龙展区。大家最喜欢的是加拿大野生动植物中哺乳类动物和鸟类标本。标本动物栩栩如生，不过它们被放在一片玻璃之后，对此你会感到高兴。

在调研的时候，门票是半价 ($5)，因为博物馆大部分正经历着大规模的翻新。5 路、6 路和 14 路公共汽车载着乘客到达 McLeod St 街。

加拿大科学和技术博物馆 (Canada Science & Technology Museum)

这座可以动手体验的**博物馆**（☎613-991-3044；www.sciencetech.technomuses.ca；1867 St Laurent Blvd；成人 / 儿童 / 老人 / 家庭 $6/3/5/14；⏲5 月到 9 月 9am ~ 5pm，10 月到次年 4 月周二至周日 9am ~ 5pm；Ⓟ）在市中心东南边约 6 公里处，刺激着人们的感官，是一个很棒的地方。周围的声音传入空中，满足的旅行者小心翼翼地打开把手、按下按钮。

精心布置的展览教给旅行者统治这个世界的一些基本科学规律。永久藏品探索着错觉、物理学和以"T"开头的时间 (Time)。必须穿过 **Crazy Kitchen**——倾向一方的厨房有着 10 度左右的倾斜，旅行者得穿过去爬上围栏，不断被绊倒。在博物馆后面，爬上重型的火车，去学习煤蒸汽机引擎的科学原理。

太空科技展示集合了加拿大太空古物。邻近的天文学部分则展出了令人兴奋的太空电影。在晴朗的夜晚，你可以预订，通过大的折射望远镜去仔细瞧瞧。

加拿大战争博物馆 (Canadian War Museum)

这家**博物馆**（☎800-555-5621；www.warmuseum.ca；1 Vimy Place；成人 / 儿童 / 家庭 $10/6/25；⏲5 月到 10 月中 9am ~ 6pm，周四至 9pm，10 月中到次年 4 月 9am ~ 5pm 周二至周日，周四至 9pm）建于 2005 年，仍然有种新车的气味。这座金属建筑大楼本身就是吸引眼球的建筑物，即使你不计划着参观展出，但也真的值得一看。迷人的展览品蜿蜒穿过迷宫般的内部，追溯着加拿大军事历史，拥有加拿大最全面的军事收藏品。很多展览品都是按照人的比例制造的，包括吸引人的仿真复制的第一次世界大战一处战壕。不要忘了在夜晚再次看看这建筑物的背面——灯光一闪一闪，犹如摩尔斯电码 (Morse code)。

加拿大航空博物馆 (Canada Aviation Museum)

在三角形钢铁飞机库中，放置着差不多120架飞机，这座**航空博物馆**（☎613-993-2010；www.aviation.technomuses.ca；11 Aviation Pkwy；成人/儿童/家庭 $6/3/14；⏲5月到9月初9am ~ 5pm，9月到次年5月 时间不定）几乎感觉比渥太华的真正机场还大。漫步于巨大的仓库，试试飞机模拟器，亲密接触，拥有各种飞机，自1909年银镖(Silver Dart)机型到第一架涡轮喷气式子爵(Viscownt)客机。

请事先电话咨询，因为开放时间会根据全年参观量和时段进行调整。如果你在闭馆前 1 小时到达，很可能不用买票就能进入。这座博物馆在市中心北边大约 5 公里处（在 Rockcliffe Pkwy)，靠近加拿大军事基地。可从市区搭乘 129 路公共汽车。

渥太华船闸和拜汤博物馆 (Ottawa Locks & Bytown Museum)

一系列台阶式**船闸**，处于劳尔里城堡 (Château Laurier) 和国会大厦之间，标志着 200 公里长的里多运河（见 240 页框内文字）的北端口，里多运河一路向南通向金斯敦。科隆尼尔·拜 (Colonel By) 是这条运河的规划者，1826 年他在这里设立了工程总部。

从惠灵顿大街向南，爬楼梯来到**拜汤博物馆**（☎613-234-4570；www.bytownmuseum.com；成人 / 儿童 $5/2；⏲5 月中到 10 月中 10am ~ 5pm，10 月中到 11 月和 4 月到 5 月中 10am ~ 2pm）就坐落在最后一个船闸处，随后这条人工运河冲入渥太华河湍急的水流中。在这座城市最古老的石头建筑大楼中，展出了有关渥太华过去作为殖民地的历史文物和文献。

皇家加拿大铸币厂(Royal Canadian Mint)

尽管加拿大的流通货币铸造厂已经搬到了马尼托巴省的温尼伯（见 528 页），这座皇家**铸币厂**（☎613-993-8990；www.mint.ca；320 Sussex Dr；工作日团队游成人 / 儿童 $5/3，周末参观 成人 / 儿童 $3.50/2；⏲5 月末到 9 月初 周一至周五 9am ~ 7pm，周六和周日 到 5:30pm，9 月初到次年 5 月末 9am ~ 5pm）铸造特版硬币，比如金属灌铸硬币等。事实上，这座显眼的石砌建筑看起来有点像是不理想的伦敦塔 (Tower of London)，1908 年以来，一直是加拿大主要的黄金提炼厂。参观铸币过程的团队游（推荐预约）定期举办，很不错——旅行者们可以看看金属板如何成为一堆堆硬币的变化过程。不过，不赠送样品。

货币博物馆(Currency Museum)

要了解这些钱币，可以参观这座小型**博物馆**（☎613-782-8914；www.currencymuseum.ca；Bank of

Canada，245 Sparks St；免费参观；⏲6 月到 8 月 周一至周六 10:30am ~ 5pm，周日 1 ~ 5pm，9 月到次年 5 月 周一 闭馆）。这里的各种展品详细讲述了世界钱币史，展品从海贝和鲸的牙齿到钞票和信用卡，一应俱全。

加拿大最高法院 (Supreme Court of Canada)

这座让人敬畏的**建筑**（☎613-995-5361；www.scc-csc.gc.ca；301 Wellington St；门票和团队游免费；⏲5 月到 8 月周一至周五 9am ~ 5pm，周六和周日 9am ~ 5pm）实现了现代钢筋混凝土外壳与传统铜顶建筑之间的有趣平衡。旅行者可以漫步于漂亮的附近地区、拱状的大厅和黑橡木板的法庭审判室。夏季会组织团队游活动，由来自渥太华大学法律系的学生导游讲解，每 30 分钟一趟。一年中其他时间，旅行团参观须预约。

巴西利卡圣母大教堂 (Notre Dame Cathedral-Basilica)

建于 1841 年，这座醒目的**锡顶教堂**（385 Sussex Dr；免费入内；⏲7am ~ 6pm）是渥太华最古老的教堂，也是这座城市中天主教的场所。在入口处拿份小册子，它概述了教堂许多特殊特点，包括精细的木雕和耀眼的紫蓝色天花板，点缀着微弱的曙光。大教堂位于玻璃屋顶的国家美术馆对面。

原住村庄(Aboriginal Experiences)

仿造了一个迷人的**原住村庄**（☎613-564-9494，877-811-3233；www.aboriginalexperiences.com；34 Merton St，Victoria Island off Portage Bridge；门票和 1 小时团队游 $7；⏲6 月中到 9 月 11am ~ 6pm），提供了了解渥太华和该地区原住居民生活状况的机会。在这个原住营地中花一下午 ($20)，欣赏充满活力的舞蹈表演，尝尝地道的菜肴，学习传统的工艺品制作。特托岛离市中心不远，步行可到。

总理宅第和里多府第 (Prime Minister's House & Rideau Hall)

你可以迅速瞅一眼总理**宅第**（24 Sussex Dr），不过看的很紧的守卫人员会禁止旅行者在宅第一带逗留。

里多府第（Rideau Hall；☎613-991-4422；1 Sussex Dr；免费参观；⏲9am ~日落前 1 小时），是总督的住所，建于 20 世纪早期。45 分钟免费的游览让你了解这座漂亮建筑，获知岁月蹉跎的各种奇闻逸事。夏季，可参加旅行团游览，也可以自己在此漫步。

在大门口，6 月底到 8 月底期间，一天按小时进行小型守卫军换岗仪式。

两处府第都在 Sussex Dr 车道东北边。里多府第靠近 Princess Dr 车道，即 Sussex Dr 车道外延东段。沿 Sussex/Princess Dr 车道再往东，瞥一眼**洛克里夫村庄** (Rockcliffe Village)，是渥太华最漂亮的住宅区，住着一些德高望重的加拿大权威人士和大多数外国外交官。

劳里尔故居历史国家历史古迹 (Laurier House National Historic Site)

这座铜顶**维多利亚式宅第**（☎613-992-8142；335 Laurier Ave；门票 $ 3.95；⏲4 月到 5 月中周一至周五 9am ~ 5pm，5 月中到 10 月中 9am ~ 5pm，10 月中到次年 3 月 时间灵活）建于 1878 年，曾是两届著名总理的府第：威弗里得 · 劳里尔 (Wilfrid Laurier) 和马更些 · 金 (Mackenzie King)。整座府第装饰华美，陈列着两位政客的纪念物和物件。不要错过顶层的书房。最好是在清晨参观（即在吵闹的旅行团巴士到来之前），知识丰富的导游将只为你服务。

加拿大皇家骑警骑马中心 (RCMP Musical Ride Centre)

名字听起来就像是迪士尼最新大片中穿红色服装的警察角色，这家**配乐骑马中心**（☎613-998-8199；1 Sandridge Rd；免费入内；⏲场地5月到9月9am~3:30pm，10月到次年4月10am~4pm）实际上是一个舞台，在这儿加拿大骑警们熟练地完成着他们的演出。欢迎大众前往观摩彩排和各式各样的骑技表演。夏季一天，可参团骑马观光，时间为上午8点30分到11点和下午1点30分到3点30分，游客中心全年办公。请打电话咨询了解演习时间安排和日落学习的日程表。如果驾车出游，沿Sussex Dr车道向东，开往落克里夫园林大道(Rockcliff Pkwy)，在Birch St街，右转开往中心。

加拿大当代摄影博物馆 (Canadian Museum of Contemporary Photography)

挤在劳瑞尔堡和运河之间的一段翻新铁路中央，**加拿大当代摄影博物馆**（简称CMCP；☎613-990-8257；http://cmcp.gallery.ca；1 Rideau Canal；免费参观；⏲5月到10月中 周五至周三10am~6pm，周四 到 8pm，10月中到次年5月 周三 和 周五至周日 10am~5pm，周四到8pm）拥有这个国家最大的摄影档案，提供了有活力的流动展品。过去的展品包括了艺术家回顾、监视录像、纪录片和许多其他有些令人费解的主题。参观之前请打电话咨询，因为该博物馆经常展出期间闭馆。

图书馆和加拿大国家档案馆 (Library & National Archives of Canada)

这座巨大的混凝土建筑**档案馆**（☎613-996-5115；www.collectionscanada.gc.ca；395 Wellington St；免费参观；🕑8:30am ~ 11pm）的任务是收集和保管加拿大的文献档案。在棋盘格状窗户内，是宽泛的记录精选，包括绘画、地图、摄影、日志、书信、海报招贴画，以及 60 000 册卡通画和漫画，跨度最近两个世纪。在一层推出流动展览。

活动

这座城市的冬天寒冷而似乎永无尽头，当地居民当然喜欢出去。旅行者在各个季节中都可以找到很多户外运动。

渥太华最有名的户外活动景区里多运河(Rideau Canal)，变成了世界上最长的**溜冰场**。7公里长的冰很整洁，突出大量休息站点和交换站，但最重要的是，溜冰者可以暂停去购买美味的炸面团，人称海狸尾面圈。惠灵顿街的旅游局办公室（见 233 页）有关于滑冰租赁的信息。

一些附近的滑雪场所提供了多种高山和越野路线。在加蒂诺群山，离市区20公里，**Camp Fortune度假村**（☎819-827-1717；www.campfortune.com；300 Chemin Dunlop，Chelsea）和**Mont Cascades度假村**（☎819-827-0301；www.montcascades.ca；448 Mont Cascades Rd，Cantley）之间有超过50个滑雪斜坡。Mount Pakenham位于渥太华西部60公里处，提供了类似的活动，越野滑雪者们会爱上**加蒂诺公园**(Gatineau Park)滑雪路径(见246页)。

围绕成一圈的森林地带，被称做**格林贝尔特**（Greenbelt；☎613-239-5000），距离市区约 15 公里，环绕着这座城市中心。未开发的灌木丛网形成了许多天然徒步小路，蜿蜒穿过密集的森林、沼泽地和田地，**Stony Swamp** 的**海狸小路**（Beaver Trail，Moodie Dr 和 West Hunt Club Rd 拐角）是特别受欢迎的一个地方，野生鸟类会停留在你的手上等待喂食（它们最喜欢新鲜的花生）。

市区，许多不同的徒步、慢跑和骑自行车的路线在夏季开放。**Rent-A-Bike 自行车租赁**（☎613-241-4140；www.rentabike.ca；每辆自行车4小时 $23；🕑4月中到9月）热情的工作人员会为你安排一辆自行车，并提供有关这些风景秀丽路线的建议。

同样在夏天，可以租独木舟和划艇沿运河游览，位于 Dows Lake 湖边的 **Dows Lake Pavilion**（☎613-232-1001）提供租赁。这条湖位于里多运河凸起的一处，在市中心西南部，在 Preston St 街和 Bronson St 街之间。

热气球向来是这个首都地区的热点休闲运动。**Sundance Balloons**（☎613-247-8277；www.sundanceballoons.com；热气球游 $195 ~ 250）提供了在渥太华峡谷的部分景区看日出和日落的旅行活动。

带孩子游渥太华

几乎所有的渥太华博物馆设计时都考虑到了家庭旅行者；有几家博物馆在侧面为儿童准备了整块地区供他们玩耍，比如自然博物馆（见 235 页）、科学和技术博物馆（见 236 页）和文明博物馆（见 246 页），位于加蒂诺(Hull)的河流对面。

不，**加拿大农业博物馆**（☎613-991-3044；930 Carling Ave 与 Prince of Wales Dr 交会处；成人/儿童 $6/3；🕑展览 3 月到 10 月 9am ~ 5pm，11 月到次年 2 月休息，全年车库开放 9am ~ 5pm）并不是关于甘草叉的历史——这是个有趣的实验农场。该博物馆属于政府所有，在市中心西南边，占地大约 500 公顷，包括了花园和农场。孩子们喜欢家畜，它们围绕着谷仓时时叫着、哼着。和蔼可亲的农场工人在喂食时间允许孩子们帮忙。带导游的团队游也是不错的选择，会带领旅行者参观一处观测台、一间热带温室和一处植物园。夏天，一望无垠的农田是野餐的最佳之处，冬天，这一带变成主要的乘雪橇滑雪运动场所了。沿着市区自行车车道网可以到达这块农场。

另类渥太华(OFFBEAT OTTAWA)

欢快的渥太华并不总是满面笑容和彩虹；事实上，猎灵人认为渥太华是世界上最常闹鬼的城市之一。一些旅行团探索着这座城市通常闹鬼的地方（见下文）。

冷战期间，妄想的政府官员启用**防御地堡**（Diefenbunker；☎613-839-0007；www.diefenbunker.ca；3911 Carp Rd，Carp；成人/儿童 $14/6；🕑时间不定），一座秘密的地下军事兼政府收容所。修建这座大型收容所的初衷为的是万一遭受核武器攻击，这里可以容纳 300 名“重要人物”，持续生活 30 天。门票包含 1 小时活跃的旅行，突出强调了包括总理套房、CBC 播音室和加拿大银行。距城以西大约有 40 公里。在卡普(Carp)村庄里。预订很重要。

值得一看但少有人知的另类景点**弃猫避难所**，是一处搭建着玩具房屋的弃猫居所，地处西区和中区之间的国会山山上，面向河流。有人充满敬意地说，它是加拿大关怀世界弱小群体理念的体现，但细想想，这层意思真有些让人奇怪。

团队游

主要信息中心（见 233 页）为自助徒步游提供方便的手册。HI Ottawa Jail青年旅舍(见239页)安排城市周边的短途游程。

渥太华周边（Around About Ottawa；☎613-599-1016；www.aroundaboutottawa.com；🕑周一至周五）2小时的带导游徒步游，探索城市的历史地标物。

Bytown Trolley Co 公司（☎613-592-7741；Sparks St 和 O'Connor St 拐角；⏲4 月中到 10 月中）提供了首都地区的带导游城市观光车路线。

灰色线路（Gray Line；☎613-565-5463，800-297-6422；www.grayline.ca；Sparks St 与 Metcalfe St 拐角；1 小时 /1 日团队游 $20/30；⏲5 月到 10 月中）1 小时和一日游从街角售货亭发车。城市精选的 12 个景区也提供城市观光车服务（包括文明博物馆和国家美术馆）。

Haunted Walk徒步游（☎613-232-0344；ww.hauntedwalk.com；73 Clarence St；徒步游 $12～15）组织有民间故事徒步游，包括参观旧监狱，另一项团队游地点在劳里尔城堡。在HI Ottawa Jail青年旅舍可购买票（见右栏）。

Lady Dive Amphibious 公司（☎613-223-6211；www.ladydive.com；Sparks St 和 Elgin St 拐角；团队游 $18～40；⏲5 月到 10 月）使用水陆两用机动车，先走陆路，去渥太华很受欢迎的景点，然后驶上渥太华河。提供免费从旅馆接客服务。

Paul's Boat Lines 船运公司（☎613-255-6781；www.paulsboatcruises.com；Ottawa Locks 或 Rideau Canal Dock；渥太华河游江 1 个半小时，成人 / 儿童 $18/10；里多运河游江 1 小时 15 分钟 成人 / 儿童 $16/9；⏲5 月中到 10 月）景点游为你展现风景如画的动人时刻。

节日和重大活动

这个国家首都全年都很活跃，每年有六十多项节日与节庆活动。

冬日节（Winterlude；☎613-239-5000；www.canadascapital.gc.ca/winterlude；⏲2 月）历时三个连续的周末，庆祝渥太华的冬日，主要聚集在 Dows Lake 湖和运河一带的冰面上。充满了令人不由心生敬意的冰雕。

加拿大郁金花节（Canadian Tulip Festival；☎613-567-5757；www.tulipfestival.ca；⏲5月）经过漫长的冬季，市区迸发出了色彩——二百多种郁金花，大部分来自荷兰，覆盖着这座城市。节庆活动包括游行、赛船比赛、汽车赛、舞蹈表演、音乐会和焰火晚会。

安大略法兰西文化节（Festival Franco-Ontarien；☎613-321-0102；www.ffo.ca；⏲6月中）通过音乐、工艺品和其他内容了解加拿大的法兰西文化。

渥太华布鲁斯音乐节（Ottawa Bluesfest；☎613-241-2633；www.ottawabluesfest.ca；⏲6月末）世界上第二大布鲁斯音乐节（芝加哥为第一大），因为值得纪念的音乐会而获得美誉。

加拿大国庆日（Canada Day；☎613-239-5000；www.canadascapital.gc.ca/canadaday；⏲7月1日）加拿大庆祝国庆节最好的地方是国会大厦，在国会大厦上方会燃放霹雳作响的烟火。

HOPE 排球狂欢节（HOPE Volleyball Summerfest；☎613-237-1433；www.hopehelps.com；⏲7 月中）一场庞大的排球比赛，为当地的慈善事业筹集资金。

同性恋节（Pride Week Festival；☎613-421-5387；www.prideottawa.com；⏲8 月中）为期 1 周，喧闹的大游行成为节日的高潮尾声。

Super EX（☎613-237-2222；www.ottawasuperex.com；⏲8 月中）庞大的 10 天节庆，在兰斯顿公园（Lansdowne Pak）举办。很适合孩子们去玩。

住宿

渥太华拥有各类价位的酒店住宿。市区到处都是高楼，除了提供通常的住宿（连锁旅馆一类）外，还有独特的高档酒店。夏天建议预订。由于举办很受欢迎的节日活动，2 月和 5 月旅馆也很繁忙。

渥太华两大B&B中心都位于城市东侧。桑迪山(Sandy Hill)社区—— 一个时髦的袖珍区集中了老屋旧舍——提供几处建筑瑰宝，拜伍得集市区域也有多样的选择。两个附近的区域都可步行到城市的主要景点。

这个中型城市有许多经济型住宿处，包括从城市边界 10 公里处开始的宿营地；加蒂诺公园(Gatineau Park，见 246 页）中也有一些，在魁北克的河流对面。

如果这些都没有空位了，这座城市周围还有许多便宜的汽车旅店。Carling Ave 大道上有很多私人经营的汽车旅馆，在 Queensway (Hwy 417 公路）下面。Rideau St E 东街也有一些选择（最终进入 Montréal Rd 路）。

经济

Camp Hither Hills 宿营地（☎613-822-0509；terrym@bserve.com；5227 Bank St，Hwy 31；帐篷和娱乐车营地 $22～30；⏲5 月到 10 月中）一列老铁皮蒸汽列车欢迎着来此宿营的人们，他们逃离城市的喧嚣，想在乡村度过一个轻松休闲的夜晚。在市区以南 10 公里处，温馨的田园环境是离渥太华最近的宿营地。仅收现金。

Ottawa Backpackers Inn 渥太华背包客旅舍（☎613-241-3402，888-394-0334；www.ottawahostel.com；203 York St；宿 / 单 含税 $24/60，公寓 $120；Ⓟ 💻）这家悠闲的旅舍最近刚刚装修完毕，很吸引人。由 19 世纪的一幢老房子改建，拥有崭新的浴室、阳光普照的宿舍、床边随手的电源出口。主人马丁(Martin) 很热情，从许多坚强的背包客中脱颖而出；他的父母在桑德贝湾（见 210 页）经营着一家受欢迎的旅舍。

Hostelling International(HI) Ottawa Jail青年旅舍（☎613-235-2595，800-663-5777；www.hihostels.ca/ottawa；75 Nicholas St；会员 宿/单 $26.25/52.50，非会员 宿/单 $31.25/57.50，洗衣房 $2；Ⓟ 💻）如果你想体验《大富翁》(*Monopoly*)中的监狱时间，那

里多运河

2007年6月28日，里多运河作为历史遗迹被联合国教科文组织列入世界遗产名录，成为加拿大第14个获此殊荣的地方。这条200公里长、有着175年悠久历史的运河/河流/湖系通过47处有船闸的河道，连接着金斯敦和渥太华两市。

1812年战争之后，人们担心会与美国再次发生战争。惠灵顿公爵(Duke of Wellington)决定连接渥太华和金斯敦，这不仅方便这两个军事中心进行交流，也可获得一条它们之间的供给输送线路。虽然这条运河只有200公里长，它的建造过程却十分残忍，4000人与疟疾进行生死搏斗，而且加拿大地盾地区的人们不得不与世界上最坚硬的岩石作战。这条运河从渥太华市在加拿大地盾地区爬升84米，又下跌49米流入安大略湖。然而猜猜发生了什么？它从未在军事上发挥过作用。

在那个世纪的后半叶，这条运河被证明在运送货物方面的确很有用。如今，这条历史悠久的线路成为理想的船道，它的沿岸有公园、小镇和许多站点。

么这家古怪的旅店正合你的胃口——客人可以睡在石头教养所铁牢中的老囚犯室。友好的工作人员经常组织有益的徒步活动，包括监狱里可怕的《罪与罚》(*Crime and Punishment*)之游，这儿被认为是镇里闹鬼最凶的建筑之一。查看现场的绞刑架，在这里无数的犯罪者因为他们的罪行而被绞死。

渥太华大学公寓（University of Ottawa Residence；☎613-564-5400，888-564-4545；reserve@uottawa.ca；90 University St；单/双 带公共卫生间 $40/60；⏲5月到8月）夏季，大学将高耸的居住所出租给学生和旅行者。这幢基本寓所在走廊中有浴室，不值得大书特书，但价钱比较低，宽阔的校园处在交通比较便捷的市区位置。

YM-YWCA汽车旅馆（☎613-237-1320；www.ymcaywca.ca；180 Argyle Ave；男性 单/双 带公共卫生间 $52/59，女性 单/双 带公共卫生间 $48/59；Ⓟ）这家干净、运营良好的旅馆靠近公共汽车站，有时感觉总是很制度化的。高高的混凝土结构有点丑陋，不过从里面可以看到漂亮的城市景观。临近有一个自助餐厅，关于住宿，可安排至单性别楼层的房间。

中档

南极光客栈（Australis Guest House；☎613-235-8461；www.australisguesthouse.com；89 Goulburn Ave；房 $65～105；Ⓟ wi-fi）是渥太华"最环保"的住宿处，提供100%纯棉被单、可循环使用的餐巾纸、全天然清洁用品以及节水马桶洗手间。

L'Auberge du Marché（☎613-241-6610，800-465-0079；www.aubergedumarche.ca；87 Guigues Ave；单 $/双 带公共卫生间 $75/90）这家家具齐全的旅馆位于拜伍得地区。整洁的客房设在相邻城镇的私人住房里，主人尼克尔(Nicole)和蔼可亲，甚至会交给你独立房间的门钥匙。

拜伍得蓝色旅店（ByWard Blue Inn；☎613-241-2695；www.bywardblueinn.com；157 Clarence St；房 $79～149）名字说明了一切：天蓝色露台延续至拜伍得集市上空。硬木地板的整洁房间有小阳台，适合吸烟者。

Benner's B&B旅馆（☎613-789-8320，877-891-5485；www.bennersbnb.com；541 Besserer St；双 $95～130）宽敞而绝妙，这间有着百年历史的旅馆，是桑迪山社区一个很棒的旅馆。离市中心行程只15分钟。

Business Inn旅店（☎613-232-1121，800-363-1777；www.thebusinessinn.com；180 MacLaren St；双 $99～179；Ⓟ 💻 wi-fi）拥有140间套间，公寓式和双人间，提供全方位服务，包括全套厨房设施、洗衣房和健身中心。房费含欧洲大陆式早餐。

Bella Notte旅馆（☎613-565-0497，866-562-9569；www.bellanottebb.com；108 Daly Ave；房 含早餐 $108～148）有魅力的小珍宝，曾经是亚历山大·坎贝尔(Alexander Campbell)的家，坎贝尔是加拿大建国期间的一位卓越政客。晚上，这里有主人弹奏的钢琴曲，主人是专业音乐家。主人以大份早餐而自傲——"你可以吃到老的早饭"。

Albert House Inn旅店（☎613-236-4479，800-267-1982；www.albertinn.com；478 Albert St；房 $108～178；Ⓟ）这幢稳固的大厦位于市中心西边，值得一住，有着17间豪华装修的客房。地理位置方便，靠近战争博物馆，丰盛的早餐都可以让整个军队吃饱。

McGee's Inn旅店（☎613-262-4337；www.mcgeesinn.com；185 Daly Ave；房 $118～184；Ⓟ）这座庞大的维多利亚住宅有着各种时代的装饰品，从镶边藤椅到毛绒绒的大眼泰迪熊。John McGee房间仍旧拥有一些老家具，包括一张樱桃木书桌和雪橇。在古紫色布谷鸟的叫声中享受你的早餐吧！

Gasthaus Switzerland Inn瑞士旅店（☎613-237-0335，888-663-0000；www.gasthausswitzerlandinn.

com；89 Daly Ave；房 含早餐 $118～188；Ⓟ ✱ wi-fi）主人萨比纳(Sabina)是瑞士人，个性活泼，在你入住期间，她漂亮的旅馆会让你有回家的感觉，令人难以置信。建在一栋石砌的老房子里，有22间客房，都带独立卫生间。在宽大的餐厅供应极好的早餐，突出美味的进口咖啡、牛奶什锦早餐、干酪，还有好多好多美食。

Doral Inn旅店（☎613-230-8055；info@travelodgedoraliin.com；486 Albert St；房$120起；Ⓟ ✱ 💻）尽管是一个旅行宾馆，从1879年开始，这家翻新的宾馆保留了许多古式装备。一些单元有小厨房，免费的欧式早餐使住在这里很划算。

我们的选择 **Hotel Indigo旅馆**（☎613-216-2903，877-591-4354；www.ottawadowntownhotel.com；123 Metcalfe St；双 $129～179；Ⓟ ✱ 💻 wi-fi）这家特色旅馆带有崇高的设计理念——费布那西数列(Fibonacci's Sequence)，形成视觉美学的自然顺序。这稍微有点复杂，但基本上涉及数学协调；两个数量的比率等于两个数之间更大的那个与两个数之合的比率(哇！)。其他好处包括：每个房间中都有满墙的壁画、等离子电视以及用三行诗的形式写的客人信息。请至少提前两周预订。

高级

Arc酒店（☎613-238-2888，800-699-2516；www.arcthehotel.com；140 Slater St；房 $159～425；Ⓟ ✱ wi-fi）这家善解人意的酒店够时尚，拥有112间虽小却雅致的客房；可以说它低调、柔和并且相当恬静。成熟的成年人氛围继续延伸到安静的酒吧和时髦的餐厅。

Minto Suite Hotel酒店（☎800-267-3377；www.mintosuitehotel.com；185 Lyon St；套房$170起；Ⓟ ✱ 🏊 💻 wi-fi）特别适合家庭入住，前排拥有宽大的套房。偌大的游泳池将会是孩子的天堂。

Lord Elgin Hotel酒店（☎613-235-3333，800-267-4298；www.lordelginhotel.ca；100 Elgin St；房$185起；Ⓟ ✱ 🏊 💻 wi-fi）这座庄重的旧建筑，建于1941年，1991年全面检修，近数十年来，到这里的名流很多，酒店因此常常见报。所处位置很理想，周围众多的餐馆和步行即到的景点——大厅中还有一处星巴克(Starbucks)。

Fairmont Château Laurier酒店（☎613-241-1414，866-540-4410；www.fairmont.com/laurier；1 Rideau St；房 $230～400；Ⓟ 🏊 wi-fi）这座富裕的城堡让国会为投入的资金感到满意。是这座城市中最有名的酒店，本身也是城市标志性建筑。相当舒适，令人满意，地理位置也无与伦比。如果你手头阔绰，没有哪个地方要比待在城里更好了。如果你没有那么多钱，那就靠在有厚软垫的马车上睡吧，就好像你是城里最受欢迎的家伙。

就餐

小渥太华(Little Ottawa)就餐的选择很广很多，让多伦多赚了不少钱。近些年来，世界各地充满生命力的不同风味涌入这个地区，更不用发展很好的原住菜肴了。一些极好的法式菜也不断出现。

繁华的拜伍得集市拥有150家餐馆，挤在紧凑的娱乐区。暖和的月份里，餐馆涌入街上，营造着迷人的鹅卵石走廊。沿着Bank St街往南，来到多彩的Glebe区，在一街(First St)和五街(Fifth St)之间有很多旅行者较少的酒吧、餐厅和咖啡馆。

晚上沿着Preston St街散步，这儿被称做"Corso Italia"——渥太华的小意大利城，在聚集于街上的许多美食餐馆中挑一家用餐。城中虽小但充满活力的唐人街同样值得一游。靠近Bronson Ave大道，沿Somerset St W西街，许多中式餐厅拥挤成簇，可在Booth St街的西边找到为数不多的几家美味的越南餐厅。

经济

仔细找找城里到处都是的木屑客货车和小shwarma店（尤其是沿着拜伍得市场）。胆大的人可以尝尝poutine：一种酥奶酪乳汁炸薯条，是魁北克最流行的小吃。

Boulanger Français面包店（☎613-789-7941；119 Murray St；面点 $2～9；🕑周一至周五7am～6:30pm，周六和周日7am～5:30pm）新鲜焙烤的巧克力面包(pain au chocolat)的香味甚至会破坏节食者哪怕一点点的节食欲。糕点是要用法国靠得住的处方准备的。

Pho Bo Ga餐馆（☎613-230-2931；784 Somerset W；主菜 $5.75～8.50；🕑周日至周四 10am～10pm，周五和周六 10～4am）这家喧闹的面条屋中，满是闲聊的当地人，他们急切地吃着细面条。从30多种牛肉汤中进行选择可谓是一项艰巨的任务，因此当得知它们都很美味时应该感到很欣慰。

集市广场（Market Square，☎613-562-3325；www.bywardmarket.com；55 ByWard Market Sq，William St 和George St拐角；价位 $6～10；🕑午餐和晚餐）地处集市区，这栋结实的砖墙建筑是填肚子的完美去处，除了新鲜农产品和奶酪外，还有一系列外卖餐馆，供应沙拉三明治、香辣咖喱、薄片面点、寿司（还有其他的）。要吃甜点，不要错过William St街和George St街的交叉路口上的小摊，它卖河狸尾面圈——渥太华标志性的油炸面圈。

Colonnade Pizza比萨饼店（☎613-237-3179；280 Metcalfe St；一人份比萨饼 $5～8；🕑周一至周四

11am～10:30pm，周五和周六11am～午夜，周日11am～9pm）40多年来，饥饿的当地人成群地来到这家可信赖的饮食店。黏糊糊的干酪比萨饼永远不会让你失望。

Wild Oat面包屋（☎613-232-6232；817 Bank St；主菜 $5～10；⏲周一至周六 7:30am～8pm，周日 9am～6pm）一个咖啡馆和小杂货店合成了一个健康的素食者天堂。这里的绿色咖啡、蔬菜汤或者是美味的豆腐派都引诱着你。这里也提供无麦无糖的食物。

中档

Chez Lucien餐馆（☎613-241-3533；137 Murray St；主菜 $6～14；⏲11～2am）外露的酒红色砖墙，免费自动点唱机上播放着斯廷(Sting)的音乐、涂有黄油的蜗牛——不知何故，一切造就了这家店美妙的氛围，这家餐馆是渥太华最新受欢迎的在风格上独具匠心的地方。

Horn of Africa 非洲餐馆（☎613-789-0025；364 Rideau St；主菜 $7～13；⏲11am～11pm）这家稍显破旧的餐馆当地享受派常光顾。你可以尝尝精酿的外国酒品和佳肴，再来个 injera，一种非洲烙饼式的平面包，很受用。套餐可以让你尝遍菜单，包括一些香辣鸡和多汁的素食菜。

Zak's Diner餐馆（☎613-241-2401；www.zaksdiner.com；14 ByWard Market Sq；主菜 $8～13；⏲24小时）从Shoo-bop到20世纪50年代的音乐，填充了油脂般的氛围。娴熟的用餐者们在午夜时最多，此时这家店都是聚会后的小点心。三明治很独到，早餐也很有名。有外卖，但并非纯粹的外卖店。

St Hubert 餐馆（☎613-526-1222；1754 St Laurent Blvd；主菜 $9～14；⏲午餐和晚餐）这家餐厅肯定是家禽的守护神，因为这些无骨鸡(chicken fillets)味道极佳。将这些小片的沾上面包屑的美味倒入自制肉汤，体味这家餐馆成为连锁店的原因。位于加拿大科学技术博物馆（见236页）的路对面。

长江餐馆（Yangtze；☎613-236-0555；700 Somerset St W；主菜 $9～15；⏲周一至周四11am～午夜，周五11～1am，周六10～1am，周日10am～午夜）渥太华地道中国烹饪的始祖，是唐人街的一块宝地。你会爱上这家“鸟巢”的——发着咯吱声的细面条篮，可以装下很多食物。一天的点心，各式的蒸品，诱惑着味蕾。

The Works 餐馆（☎613-235-0406；580 Bank St；汉堡包 $9.50～13；⏲周日至周三 11am～10pm，周四至周六 11am～11pm）这家西式风格小店将汉堡包提升至一个新的境界。多汁的小馅饼上有60多种古怪的浇头，可以说是菠菜叶、煎蛋、布里白乳酪甚至还有花生。让你填饱肚子，并且不会掏空你的钱包。

Royal Thai泰餐馆（☎613-562-8818；272 Dalhousie St；晚餐主菜$10～15；⏲11:30am～2:30pm和4:30～10:30pm）有些挣钱的餐馆仅在于位置好，而Royal Thai里的这家餐馆可谓两相宜，位置和菜肴俱佳。用露兜树叶包鸡(chicken in pandanus leaves)和著名的椰汁米饭，这些佳肴使得这家餐馆成为泰餐馆中突出的一个。

Brasserie Métropolitain啤酒店（☎613-562-1160；www.metropolitainbrasserie.com；700 Sussex Dr；主菜 $10～17；⏲11am～11pm）这家流行的啤酒店很受欢迎，为常见的啤酒店增添了一丝现代气息：旋涡状锡纸桌台，华丽的装置以及远处手风琴传来轻微的嗡嗡声——你会感觉你正在Moulin Rouge享受美食。午餐时，沿路国会大厦的政治活动家会来此休息，他们精力充沛的闲聊声充斥着这家店。

Sweetgrass Aboriginal Bistro原住酒馆（☎613-562-3683；www.sweetgrassbistro.ca；108 Murray St；主菜 $9～19；⏲周一至周五 11:30am～2pm 和周一至周日 5:30～10pm）通常，你不得不先预订，然后去很远的地方吃薄饼、玉米汤或是麋鹿。这个独特的原住厨房将会帮你节省 $200 的火车费，因此为什么不留下更多点的小费呢？

Canal Ritz餐馆（☎613-238-8998；www.canalritz.com；375 Queen Elizabeth Dr；主菜 $13～20；⏲11:30am～午夜；Ⓟ）说到位置，这家店可谓是胜者——这家宽敞的餐厅几乎是漂浮在里多运河之上。大口咀嚼着特制比萨饼，比如“梨和布里乳酪”口味的，并且，夏天，看着船行驶在水面上，或在冬天，看看湖面结冰之后大量溜冰的人群。

Pilos 希腊餐馆（☎613-741-4657；www.pilosrestaurant.com；876 Montréal Rd；主菜 $12～25；⏲周一至周五 11am～10pm，周六和周日 3:30～10pm）这家棒极了的希腊餐馆隐藏于市区东侧一个没什么特征的购物中心里。在这里，你看不到旅行者，只有满意的当地人尽情地享受多汁的 souvlaki 希腊式汉堡包和碎鱿鱼。沿着 Rideau St 街向东走，直到转至 Montréal Rd 路就到了。

Allegro Ristorante 餐厅（☎613-235-7454；422 Preston St；主菜 午餐 $10～15，晚餐 $12～20；⏲午餐和晚餐）在这家古典的餐厅里，扇形餐巾纸雕塑品装饰着铺着白色桌布的餐桌——沿着渥太华的 Corso Italia 区就能找到这家很受欢迎的餐厅。在标准的意大利烹饪基础上加了一些新意，包括“fettuccine Natasha 宽面条”——用伏特加、奶油、烟熏蛙鱼和鱼子酱做成的意大利面条。

Lapointe 鱼餐馆（☎613-241-6221；www.lapointefish.ca；55 York St；主菜 $10～25；⏲周日至周四

11:30am ~ 9:30pm，周五和周六 11:30am ~ 10pm）这个鱼类市场自 1867 年开始就为这个社区提供服务了，无疑是渥太华顶级新鲜鱼类的最大供应商。这家市场餐厅是 Lapointe 的最新化身，事实上提供了每一种鱼类，从生鱼片到油炸鱼。

New Dubrovnik餐厅（☎613-772-1490；1170 Carling Ave；主菜 $12~25；⏰周一至周四11am~3pm和5~11pm，周六4~11pm，周日5~11pm）位于市区以南，在这家家庭式的克罗地亚人餐厅，尝试一些不同的新鲜菜肴，选择很多东欧特色的食物，如达尔马提亚牛肉(Dalmatian veal)，一种由火腿、干酪和新鲜蔬菜调味汁做成的蘸着面包屑的肉排。

高级

到 Hull 区了解关于法式餐厅的信息（见246页）。

Beckta 餐馆（☎613-238-7063；www.beckta.com；226 Nepean St；主菜 $27 ~ 35；⏰5:30 ~ 10pm）这家极好的高档餐馆在原始的厨房烹饪方法上独辟蹊径。受灵感启发的五道菜品尝菜 ($79) 是厨师和侍酒师的集体创作结晶。配方不知该怎么念，这一定意味着他们是懂得品味美食美酒的人。

Signatures 餐馆（☎613-236-2499；453 Laurier Ave E；主菜 $35 ~ 46；⏰周二至周六 5:30 ~ 10pm）藏身于一座都铎式城堡内，这段非常好的饮食体验是享誉声望的 Cordon Bleu 厨师学校的现场餐厅。不要害怕，你的晚餐不会是由学徒烹饪的；所有菜肴都由经验丰富的老师制做。颇受赞誉的菜肴突出加拿大一些最好的成果，长长的酒水单更像是一本百科全书。

城市元素餐馆（Urban Element；☎613-722-0885；www.theurbanele ment.ca；424 Parkdale Ave；周末早午餐班 $65，制作肉类班 $90；⏰9am ~ 5pm，预约提供菜肴）位于一间空的砖块消防站里，这家味觉的选择只在概念上获胜。想想铁厨 (Iron Chef) 碰见家政女王玛莎·斯图尔特 (Martha Stewart) 的情形。在这家厨房兼教室的餐厅预订，可以自己制作三星级的晚餐，当然，得在熟练厨师的帮助之下操作。讲师队伍包括一群厨师和几位访问专家，这些人都在当地最好的餐厅里工作过。

饮品

从欢愉的当地酒吧到豪华的、开放的贵宾室，渥太华拥有所有的一切——甚至还有自啤酒之后就一直存在的老店。大部分酒吧在早上 9 点开始营业，当它们停止营业（通常是凌晨 2 点）时，每个人都急忙跑到 Hull 区，继续派对。

Planet Coffee 咖啡店（☎613-789-6261；24A York St）跳过星巴克，在寂静的院子中找个角落，喝杯拿铁咖啡。加糖的冰咖啡更棒。

Social 酒馆（☎613-789-7355；www.social.ca；537 Sussex Dr）一个别致、人来人往的休闲室，伴着 DJ 的节奏，当地的这家店以加有厚软垫的沙发家具和大杯饮料吸引着时髦的人们——鸡尾酒如此大杯，真应该有一位救生员值班！

Royal Oak 西餐馆（☎613-236-0190；www.royaloakpubs.com；318 Bank St）渥太华最古老的英式酒吧，是如此的地道，忠诚于祖国，以至于你会想点血肠和生啤酒。

真诚律师酒吧（Honest Lawyer；☎613-562-2262；www.honestlawyer.com/ottawa.html；141 George St）如果你认为这个名字有些矛盾，那就等着直到你进入里面——这家酒馆有一种浓厚的学生氛围，然而确是非常干净的。

E18hteen酒馆（☎613-244-1188；www.restaurant18.com；18 York St）如果说渥太华吸引了坐飞机的富豪族，他们很可能会来到这个牧师住宅改成的休闲地。

Hotel Lafayette 酒店（☎613-241-4747；42 York St）许多人会认为这家“the Laff”酒吧将“废物”置于烂醉如泥的状态，但是这家有些破旧的遗产很好地捕获了拜伍得懒散的态度。

娱乐

渥太华有许多出版物(纸质的或电子的)，提供镇里各种最新消息的独家报道。《邮报》(*Express*)是城市免费的娱乐周刊，而**《首都特刊》**（*Capital Xtra*；www.xtra.ca）也是类似周刊，但主要面向男、女同性恋读者。两种周刊在市内咖啡馆、餐馆、酒吧和书店都提供。登录www.upfrontottawa.com和www.ottawaentertainment.ca了解更多信息，也可以查阅周四的《渥太华公民报》(*Ottawa Ciziten*)，全面了解最新的俱乐部和娱乐活动动态。

夜生活地点主要集中在三个区域：拜伍得集市，Glebe 附近的 Bank St 街，以及沿着 Elgin St 街向南、在 QSW 和国会大厦之间的半道上。

现场音乐

服务费从 $3 到 $20 不等。

Zaphod Beeblebrox 歌厅（☎613-562-1010；27 York St）“Zaphod Beeblebrox”是一种难以辨认的外国音，指“强大的现场音乐活动场地”。喝杯 Gargleblaster 鸡尾酒，让梦幻的节奏（从新生代音乐到节奏感强烈的非洲音乐）带着你前往这个世界的边缘吧！

Manx 酒吧（☎613-231-2070；370 Elgin St）在这家地下室酒吧式住所，等待你的是一个舒适的天鹅绒海洋。尽管大部分人是冲着铜桌上的各种加拿大微酿啤酒（包括很受欢迎的 Creemore）来的，但周末推出的周末民间音乐表演也是一场很盛大的演出。

Rainbow Bistro餐馆（☎613-241-5123；76 Murray St）这家位于楼上的餐馆是城里欣赏现场布鲁斯音乐的最好场所。

Barrymores俱乐部（☎613-233-0307；323 Bank St）粗糙不太精细，这家很多人喜爱的俱乐部，人来人往，周末推出现场摇滚和重金属音乐表演。看起来像是被遗弃的，但那正是它的一部分魅力。

Irene's Pub 酒馆（☎613-230-4474；885 Bank St）在这家友好而简朴的酒馆中，推出凯尔特音乐、民间音乐或布鲁斯的现场表演，推销各类进口啤酒。

夜总会

Helsinki夜总会（☎613-241-2868；www.helsinki.ca；15 George St）在这个很酷的地方，可以选择舞厅里热热身或喝点鸡尾酒。

Privilege夜总会（☎613-237-9635；380 Elgin St）适合跳舞的节奏在夜间飞扬，只有烟雾和镜子……一点都不夸张。

戏剧

国家艺术中心（National Arts Centre，简称 NAC；☎613-755-1111；www.nac-cna.ca；53 Elgin St）这处首都的最主要演出艺术建筑群上演歌剧、戏剧和交响乐团演出。这个现代场所坐落在运河河岸的联邦广场上。

同性恋场所

如果你正在寻找同性恋场地，尽管城里经常有以同性恋为主题的夜场，但最好是前往蒙特利尔。以下是很多人经常去的几家。

Lookout Bar酒吧（☎613-789-1624；www.thelookoutbar.com；41 York St）在拜伍得集市上，酒吧迎合了广泛的客人，对女同性恋者开放。

Edge 夜总会（☎613-232-5771；212 Sparks St）一群比较年轻的同性恋群体聚集在 Top 40，位于这个沸腾的夜总会中。

电影

宏伟的**Mayfair Theatre剧院**（☎613-730-3403；www.mayfair-movie.com；1074 Bank St；$9）看起来与其30年代的样子差不多，而**Bytown Cinema**（☎613-789-3456；325 Rideau St；$9）已有60多年的历史，一直放映着独立、国际化影片。

体育

渥太华是一个对冰球痴迷的城市。如果你不打冰球，也值得买张票看场比赛——疯狂的球迷们会展示自己的冰球水平。NHL的参议员们在**Scotia Bank Place**（☎613-599-0100，门票☎800-444-7367；www.senators.com；Palladium Dr，Kanata）练习打球，位于城市西端。

需要节省费用的人可以去观看 Ottawa 67s 的比赛，这是小职业球队联盟的一支冰球球队，主场在**市民中心**（Civic Center；☎613-232-6767；www.ottawa67s.com；1015 Bank St）。

购物

拜伍得集市（www.byward-market.com），在George St街和Byward St街的交叉口处，是在城里一站式购物的最好场所。商贩们云集在这座老集市建筑中，它建于19世纪40年代。户外的商贩全年从早上6点到下午6点经营着售货亭(尽管冬季骤变的天气减少了生意)。在夏天，街上大约有175多个摊位，卖着从当地农场运来的新鲜产品、花卉、海鲜、奶酪、烤肉以及手工艺品。Dalhousie St街位于集市以东一个街区，因一些时髦小店与服装店而逐渐发展起来。

Glebe，一个多彩的邻区，在 Queensway 正南，有很多离奇的古董商店和有魅力的咖啡馆。大部分人都沿着 Bank St 街。

到达和离开

飞机

现代的**渥太华唐纳德—卡特国际机场**（Ottawa MacDonald-Cartier International Airport，代码 YOW；☎613-248-2000；www.ottawaairport.ca；1000 Airport Rd）距离市区以南 15 公里，非常的小，有些不可思议。落户渥太华的主要航空公司有加拿大航空、加拿大爵士航空、美国航空公司、英国航空公司、西北航空公司、KLM 公司、美国空客航空公司和西捷航空公司。在抵达这个首都之前，大多数国际航班都需要转机。

轮船

从5月中旬到10月中旬，游艇可以停靠在**里米湖赌场**（Casino du Lac Leamy Docking Facilities；☎819-772-2100，800-665-2274；1 Boul Casino，Gatineau）。免费停车，但是必须要预订。

公共汽车

公共汽车中心车站（☎613-238-5900，613-238-6668；265 Catherine St，靠近 Kent St），国会大厦以南过 20 处街区即是几家公司从火车站经营公共汽车服务，其中最大的是加拿大灰狗公司。单程票价：金斯敦（$31，2 个半小时，一天 2 班），多伦多（$73，5 小时，一天 7 班），萨德伯里（$87，7 小时，一天 3 班）和蒙特利尔（$34，2 小时 15 分钟，1 小时 1 班）。

小汽车和摩托车

主要的汽车租赁连锁公司各大型汽车租赁连锁公司在机场设有接待处，市区几个地方也有办公室，特别是 Laurier St 街和 Catherine St 街。

火车

VIA Rail火车站（VIA Rail Station；☎ 888-842-7245；200 Tremblay Rd），市中心东北7公里处，靠近Hwy 417公路的Riverside Dr车道出口。VIA Rail公司一天五趟列车开往金斯敦($47，2小时)，然后继续开往多伦多($112，4小时15分钟)和蒙特利尔($49，1小时45分钟)。去往安大略西部(包括萨德伯里和桑德贝湾)的旅程需要绕多伦多换乘火车。

一个卫星站在位于渥太华西端的 3347 Fallowfield Rd 路运作，两个站点都可以使用公共交通工具到达。

四处走走

抵离机场

去机场最便宜的方式是乘坐市内公共汽车，在 Slater St 街和 Albert St 街交叉路口，Bronson Ave 大道以西（确认你是去往"South Keys 和 Airport"的方向），乘坐 97 路公共汽车。车程 30 分钟。

YOW Airporter（☎ 613-247-1779；每人 $14）距离大部分主要酒店（包括 Château Laurier、Lord Elgin 和 Minto Suites）往返 1 小时车程。请上网查看准确的发车时间。计划 35 分钟的行程，打电话预订座位。

Blue Line Taxis 出租车公司（☎ 613-746-8740；www.bluelinetaxi.com）抵离机场；收费 $20 到 $30。

> **魅力十足**
>
> 你不需要为了乘坐头等舱而赢得奥斯卡奖项。**Porter 航空公司**（Porter Airlines；☎ 416-619-8622，888-619-8622；www.flyporter.com；航班 $79 起）为你提供时尚、完美的服务，有前往多伦多、哈利法克斯和蒙特利尔的航班，而且，如果你提前很长时间订票，票价比乘坐火车还要便宜！小型喷气式飞机速度很快，你只需舒服地倚靠在白色皮椅上，便能迅速到达目的地。但是整个体验中最棒的还是候机厅——有为你提供免费卡布奇诺的小酒吧、无线网络、酥脆的小甜点，还有又大又软的椅子——你一定会为提前到达机场而感到庆幸的。

自行车

见 238 页，了解自行车租赁的细节。

小汽车和摩托车

世界交易广场(World Exchange Plaza)周末允许免费泊车，一直是泊车的最佳选择，尤其是如果你要去市中心旅游咨询处。市中心一带可找到按小时收费的泊车位。在冬季，不允许在街道上通宵停车。请咨询 **City of Ottawa**（☎ 613-580-2400）解答有关停车场的其他疑问。

公共交通

渥太华和加蒂诺拥有各自的公共交通系统，从一个系统的客车可转乘另一个系统的客车，但可能需额外付费。

OC Transpo公司（☎ 613-741-4390，613-741-6440；www.octranspo.com）运营公共汽车和被称为O-train的轻轨系统，公共交通单调而乏味并且总是很拥挤，大部分路线都需要至少1小时的行程，汽车却很稀少。通常，城镇东端的交通系统网络运行地很快、很高效，票价是$0.95，所有行程至少需要两张票。可在大多数便利店购买预订的10次通票。可电话请求帮助——代理处很帮忙。能告诉你下一班公共汽车的大概时间。上公共汽车时，务必从司机处拿取换乘票，换乘票在90分钟内有效。

渥太华周边地区(AROUND OTTAWA)

在魁北克省内，河对岸的安大略峡谷(Ottawa Valley)被称做 Outaouais（发音好似你带着法裔加拿大腔说"Ottawa"渥太华）。这个很大的地区大部分是乡村，从渥太华河向北经过马尼瓦吉(Maniwaki)，向西经过库隆城堡(Fort Coulonge)，向东经过 Montebello。

加蒂诺(Gatineau [Hull])

人口 242 000

加蒂诺是渥太华的一座姊妹城市，同时又是一座独立的城市。这座城市的延续比其安大略邻居更具工业感。2001 年下半年，"Hull"正式改称为"加蒂诺"，作为数个城镇行政联合体的一部分，不过河流两岸的当地人仍然按照老名字称呼这座城市。加蒂诺是该地区大多数法商人口的居住地，尽管近期的政治分离威胁着这条河流两边的人口。

方位和实用信息

作为加蒂诺的旅游信息办公室，**加蒂诺旅行信息咨询处**（La Maison du Tourisme；☎ 800-265-7822；103 Rue Laurier 和 Boul St Laurent 拐角；⏰ 周一至周五

8:30am ~ 5pm，周六和周日 9am ~ 4pm）坐落在亚历山大桥(Alexandra Bridge)一端。乐于助人的工作人员可以就关于不同的景点（大部分是由森林覆盖的保护区）提供丰富的意见。渥太华的信息中心（见 233 页）也有关于景区的丰富信息。渥太华市内公共汽车和有轨电车观光游经常包括前往加蒂诺（见 238 页）。

市政厅(25 Rue Laurier)，人称“Maison du Citoyen”（法语），是一座很显眼的建筑物，拥有一座 20 米高的玻璃塔。位于 Rue Laurier 路 25 号。内有一家美术馆和一个冥想中心（说英语的官僚政府会这么布局吗？）。

景点

加拿大文明博物馆(Canadian Museum of Civilization)

一定要参观的这座**博物馆**（☎819-776-7000；www.civilization.ca；100 Rue Laurier；成人/儿童/老人 $10/6/8，周日半价；⏲5 月到 6 月和 9 月 9am ~ 6pm，7 月到 8 月周四到 9pm，周五至 9pm，10 月到次年 4 月周二至周日 9am ~ 5pm，周四到 9pm；Ⓟ）一系列壮观的展出记录了加拿大的历史发展。外面的石头建筑已雕刻成平滑的波纹——就像急流的波浪纹。事实上，你在博物馆里找不会到任何角落，因为据说原住民认为邪恶的幽灵就待在这些城隐蔽处。抽出一下午的时间去探索博物馆，欣赏河流对面的国会大厦壮观的景色。

大展厅(Grand Hall)模拟的森林和海岸，用以介绍西北沿海地区的原住文化。

还有高耸的彩色图腾柱。进入**世界历险展区**(Great Adventure)时，孩子们会得到一个护照，这儿是一个有教育性、可亲身体验的大空间，提供了解来自全世界不同文化的机会。即使是大人，也会觉得这是博物馆里他们最喜欢的部分。临时展览补充了现存收藏品的种类，**Cineplus** 增加另一个因素，放映 IMAX 宽银幕和 Omnimax 全景银幕影片。

里米湖赌场(Casino du Lac Leamy)

渥太华有点维加斯气息的地方是这座豪华的**赌博大厅**（☎819-772-2100；1 Boul du Casino；免费参观；⏲11am ~ 3am；Ⓟ），配备全套设施，一处直升机降落场——以防你在考虑要带直升机来。这处巨型的赌场建筑群配有一座高耸的大酒店、一个容纳一千名观众席的剧场、炫耀的秀场舞台、一家高档餐厅和无数张赌博用桌子。从渥太华过麦克唐纳德—卡特桥(Macdonald-Cartier Bridge)后从第 3 个出口出，别忘了盛装前去。

食宿和饮品

加蒂诺有许多汽车旅馆和宾馆，分散在Hull区、加蒂诺群山和离奇的爱摩尔(Aylmer)周围。旅游办公室乐于助人的工作人员可以帮你预订B&B旅馆。Hull的食物受到法国风味的很大影响；这座城市有该地区两家最好、最受称赞的加蒂诺旅馆。凌晨2点后，安大略各酒吧打烊了，聚会铁迷们会过河拥入加蒂诺，这里，娱乐营业到凌晨3点甚至更晚。狭窄的Rue Aubry街，在市中心中央，沿路数家夜总会，有些带歌厅。

Le Troquet（☎819-776-9595；41 Rue Laval；主菜低于 $5 ~ 12；⏲午餐和晚餐）不时看到一两顶软帽，就像是在巴黎旅行。时髦的咖啡店里坐满了老客人。

Café Aubry咖啡馆（☎819-777-3700；9 Rue Aubry；主菜低于 $10；⏲午餐和晚餐，周日休息）这家咖啡馆在中午时提供三明治，在晚上供应热菜肴(我们在讨论一家酒吧，而不是餐馆)。这家咖啡馆位于Promenade du Portage外的小步行街上。

Le Baccara（☎819-772-6210；Boul du Casino；晚餐 主菜 $30 ~ 50；⏲周三至周日 5:30 ~ 11pm；Ⓟ）你用法语怎么说“shmancy”？答案是“Baccara”。这个在里米湖赌场世界一流的就餐体验，突出开放的备餐室，在这里，客人们可以看到主厨准备食物的过程。有团队游活动可以参观这家如洞穴般的酒窖，收藏超过 13 000 瓶葡萄酒。所有顾客必须至少 18 岁。

到达和离开

加诺蒂公共汽车系统（Outaouais Bus System；☎819-770-3242）客车在渥太华沿Rideau St街和Wellington St街行驶。从市中心发车，8路、27路和40路公共汽车都开往Promenade du Portage大道。

加蒂诺公园(Gatineau Park)

加蒂诺公园非常受人欢迎，36 000 公顷的林地和湖区，地处魁北克的加蒂诺心脉。**游客中心**（☎819-827-2020；33 Scott Rd；免费参观；⏲9am ~ 5pm）离渥太华国会山 12 公里，Hwy 5 公路附近。夏天，广阔的雪松和枫木林有徒步小路 150 公里，自行车道 90 多公里。冬天，也一样的繁忙，拥有几十座滑雪小山（见 238 页）。**Lac Lapêche 湖**、**Lac Meech 湖**和 **Lac Phillipe 湖**拥有可供游泳休息的湖滨沙滩（包括 Lac Meech 的裸体男同性恋沙滩），吸引着居住在陆地上的当地人来此放松（留意偶尔出现的水蛭！）。还有一处大**宿营地**（☎预订 819-456-3016；帐篷和娱乐车场地 $24 ~ 30）在 Lac Phillipe，提供各种各样的设施，包括垂钓。

这座公园里还坐落着**马更些金山庄**（Mackenzie King Estate；☎800-465-1867；门票 每辆车 $8；⏲5 月中到 10 月中 周一至周五 11am ~ 5pm，周六和周日

值得一游：博纳谢尔洞穴群

博纳谢尔洞穴群（Bonnechere caves；☎613-628-2283，800-469-2283；Fourth Chute Rd；团队游成人/儿童/青少年 $13/9/10，⏰7月到8月 10am～4:30pm，5月末到6月 10am～4pm，9月到10月周六和周日10am～4pm）位于渥太华以西约130公里，是世界上最好溶洞的典型代表之一（通过酸性水溶解的土壤性岩石）。由酷热的海洋地带衍生而来，已有5亿年的历史，潮湿的水道是史前化石群的代表，包括造型完好的章鱼。在令人愉悦的旅途中体会洞窟学（山洞研究），旅途中会详细讲述这处遗址的离奇历史。精明的客人将通过更多狭窄、潮湿的水道来享受愉快的旅途。

11am～6pm），是威廉·里奥·马更些·金(William Lyon Mackenzie King)的避暑山庄，马更些·金于20世纪20年代、30年代末和40年代初期，多次担任加拿大国家总理。作为一位精明的讲演家、有些古怪的金善于沟通；他甚至跟自己死去的狗和已故的妈妈说话。他的故居，Moorside，现在是一家博物馆，附带一间轻松的茶舍。

秋日诗会（Fall Rhapsody；☎800-465-1867；www.canadascapital.gc.ca/gatineau）在粉状的雪花覆盖粗糙的树干之前，给了喜欢落叶的人一个瞥见耀眼落叶的机会，包括有组织的漫步、艺术展览和带现场音乐表演的早午餐（尽管随着气温下降，参加者也会减少）。每年9月到10月，从渥太华到公园各个景点的公共汽车推出优惠价——一年中，只有在这段时间内这座公园才有私营公共交通到达。在其他季节，旅行者们经常会使用渥太华到马尼瓦吉(Maniwaki)的公共交通线路。

韦克菲尔德(Wakefield)

迷人、美丽、悠久，韦克菲尔德亲切地集多种功能于一体：古建筑、咖啡屋和旅游商店。这个寂静的地区位于加蒂诺以北，很适合白天旅游。

加蒂诺公园西北边，有一些户外活动品商店，他们利用渥太华河的湍流河段推出**漂流探险游**。游程从半天到两天不等，在每年4月到10月之间进行。无须经验，离首都不到2小时的路程。周三可能有折扣，尽管周末往往很快就满了——但还是要预订。

继续向加蒂诺外围，**Esprit Rafting**（☎800-596-7238；www.espritrafting.com；Davidson，Hwy 148附近）靠近库隆城堡，采用弹力十足的14英尺自漂式小划子漂流。一日漂流（工作日 $150，周六 $200）很受欢迎，许多人选择数日的短期旅行，可远到阿尔贡金部落。回渥太华的往返旅程运输服务只需要再交 $20。那些想待更长时间的，可以去田园般的Auberge Esprit hostel(每晚 $25)，这儿提供早餐，可以使用独木舟和爱斯基摩划子。也提供宿营地。

试试 **Wilderness Tours**（☎800-267-9166）或 **OWL Rafting**（☎800-461-7238；www.owl-mkc.ca），推出混合刺激探险游和平缓的游程；OWL的报价 $105起(12岁以上)，包括6小时的漂流和美味的烧烤午餐。两家公司提供饮食、宿营和较贵的木屋住宿，应预订。

就在韦克菲尔德的南边，**哈尔—车尔西韦克菲尔德蒸汽火车**（Hull–Chelsea Wakefield [HCW] Stream Train；☎819-778-7246，800-871-7246；www.steamtrain.ca；165 Rue Deveault，central Gatineau北面；成人 $41，秋季 成人 $47）沿着其风景秀丽的铁矿带，将加蒂诺与韦克菲尔德连接。5月到10月中旬期间，这趟有100年历史的火车穿过寂静的森林，提供一日旅程。建议预订。

魁北克 Québec

魁北克的确是欧洲母亲的忠实女儿：一片片翠绿的原始牧草和高耸的森林，与青铜色的教堂和风景如画的路边咖啡馆交相辉映。但她也是时尚、开明态度、美味食物和美丽人民的代表。与横跨大西洋的祖先不同，魁北克人知道如何制作和食用蛋糕——只需花很少的钱，就可以吃上蛋糕，喝上热乎乎的牛奶咖啡。

这里不仅价格合理，你还会发现，同贯穿全省的维多利亚式建筑华美的门面、葱郁起伏的小山丘和浪漫的小酒馆一样，魁北克人热情而好客。这是一个加拿大省份，所以我们总是能亲近大自然，可以在保护公园、雄伟壮观的山脉和大风肆虐而崎岖的海岸线上骄傲地漫步。

多么多姿多彩啊！蒙特利尔和魁北克城不仅是熙熙攘攘的大都市，还接受了历史的浸泡和洗礼，是精致与乐趣的完美结合。东部城镇 (Eastern Townships) 散发着古老的魁北克乡土魅力；沙勒沃伊 (Charlevoix) 充满了田园风光，周围农田所出土的产品点缀着该地区一流餐馆的餐桌；劳伦琴斯 (Laurentians) 有很多雪峰和滑雪场。连绵不断的加斯佩半岛海岸和凌空腾飞于萨格奈河之上的山崖都同样令人叹为观止。那些渴望探寻不寻常事物的人们将会发现遥远的北部是个迷人的度假胜地。

亮点

- 在**蒙特利尔**喝一杯，感受充满活力的夜生活（见 251 页）。
- 在**魁北克城**（见 292 页）的古老城墙中体味无与伦比的文化、历史和城市的魅力。
- 在**塔多萨克**（见 316 页）萨格奈河的峡湾，观赏鲸喷放水雾的奇境。
- 在**拜圣保罗** (Baie St Paul，见 311 页）感受艺术氛围，品尝当地美食。
- 在**加斯佩公园**（见 329 页）森林线上令人眩晕的山峰上徒步旅行。
- 在令人激动的滑雪胜地滑雪，如**蒙特朗布兰特** (Mont-Tremblant，见 283 页)。
- 在壮观的**比克公园**（见 326 页）回归大自然。
- 在**明根群岛国家公园**（见 339 页）海水冲积雕琢而成的僻远群岛中划独木舟。

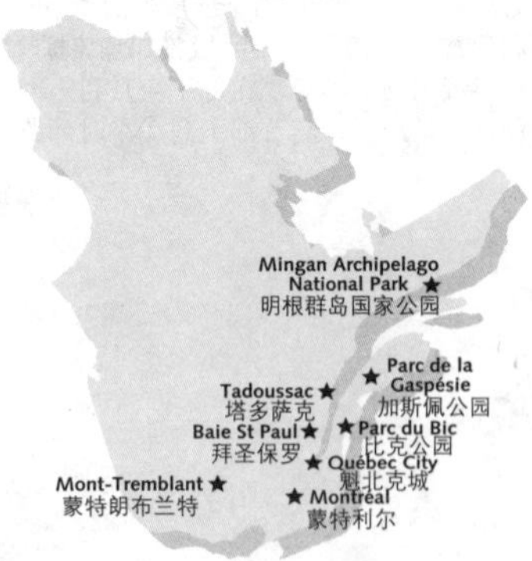

历史

魁北克的历史纷纷扰扰，在加拿大的历史长河中，它的历程算得上漫长而且复杂。

欧洲人初次探险之前，众多原住民群落早已居住在这整片土地上，他们是真正的主人；而今，这些原住民仍生活在这里，包括沿劳伦斯河居住的莫霍克人，再北去的克里人和更北、更东的印鲁人，以及栖身最僻远北方的因纽特人。

1535 年，法国探险家雅克·卡尔捷踏上了现今的魁北克城和蒙特利尔一带。70 年后，1608 年，另一位法国人塞缪·德·尚普兰选中了魁北克城一带的一块土地，开始打造法属殖民地。尚普兰也是历史上听到并记录"kebec"（阿尔贡金语，意为"这里河流狭窄"）一词的第一人。

在 17 世纪其余时间中，为争夺加拿大的控制权，英法之间相持多年，摩擦不断，到了 1759 年，双方在魁北克城的阿伯拉汉平原上交战，英国取得了决定性胜利，自此，在殖民加拿大的角逐中，英国确定了自己大赢家的地位，而法国在新大陆的政治影响开始日渐衰退。

18 世纪 70 年代，成百上千的英国保皇党人为避开美国革命向北奔逃，于是，这块新兴的殖民地被一分为二，分成了上加拿大 (Upper Canada，即今天的安大略）和下加拿大 (Lower Canada，即今天的魁北克)；当时，几乎所有的法国殖民者都集中在下加拿大一带。整个 19 世纪时期，这两种语言的人们阵营分明，彼此之间的明争暗斗从未停止。1867 年，下加拿大以魁北克的身份正式加入加拿大联邦。

20 世纪人们目睹了魁北克从乡村演变为工业化都市社会的巨变，不过，在文化和信仰上，它的社会群体仍继续推崇天主教，接受其教义的巨大影响,今天也是如此(约90%的居民信奉罗马天主教)。

动荡的 20 世纪 60 年代发生了所谓的"寂静革命 (Quiet Revolution)"。当时，法语区的一切遭到抄审。一边，知识分子和极端分子争论着从加拿大独立出来的前景，另一边，魁北克省内民众开始公开表达各自的国家主张。如果想了解当时更多的社会背景，请见 48 页。

1968 年，魁北克党成立，该党坚决主张魁北克独立，其中极具号召力的领袖人物瑞里·莱维斯克 (René Lévesque)1976 年上台执政。之后，就是否脱离加拿大、独立成国的问题上，魁北克进行了两次全省的投票公决，最后都以"反对票"占大多数而告终。在新世纪中，新一代青年人更具有全球意识，所谓独立魁北克的想法对他们不再有太大的号召力。

当地文化

魁北克人很热情；假如你很想测试这个说法，那就提提分裂主义话题。这里的生活节奏很慢，就像这儿的浓咖啡一样，人们一边喝咖啡一边吃着巧克力羊角 (chocolatine)，同时不忘与家人或朋友们聊天。"美丽之省" (La Belle Province) 的市民认为生命太过短暂，不能浪费在口味不佳的酒、淡而无味的食物和单调的服装——也包括牛仔裤上。

魁北克人比一般加拿大人喝的酒要多，占主导地位的自由观使这里的氛围悠闲，为蒙特利尔和魁北克城沸腾的夜生活提供了环境。在周末夜晚，城市街道常常晃动着人群，一直持续到凌晨。

> ### 魁北克概况
>
> **昵称** 美丽之省
> **人口** 7 651 500
> **面积** 1 540 687 平方公里
> **首都** 魁北克城（人口 167 000）
> **特产** 棋盘游戏、AM 调频、雪地摩托车、胶质玻璃
> **出生的名人有** 伦纳德·科恩（Leonard Cohen）、布赖恩·马尔罗尼（Brian Mulroney）、雅克·维尔纳夫（Jacques Villeneuve）、鲁弗斯·温赖特（Rufus Wainwright）
> **纪念品** 牛状枫糖浆棒棒糖

国土和气候

从坐拥奇丽群山的劳伦琴斯到崎岖不平、风袭海岸的加斯佩半岛，魁北克简直美呆了。沙勒沃伊很平坦，以农业为主，农田纵横交错地排列着；远北遍布原生态的森林和邸园，而该省北部角落则满是极地冻原。

谈到温度，该省为非常两极化的气温所困。每年的头六个月里，蒙特利尔和魁北克城的气温跨度可达 40℃，在 5 月可能会看到一堆堆的雪。总的来说，这里夏季舒适温和，不过，因为湿度较大，蒙特利尔相对闷热。冬季多雪，通常晴朗、干燥，日光充足。

公园和野生生物

省内各大自然保护区是魁北克旅游的亮点景区。除了自然保护区出色的魅力外，众多激情四射的旷野户外活动也是一大特色，其中包括独木舟、爱斯基摩划子、漂流、徒步、骑自行车和宿营等等。这里特别推荐福里隆国家公园（见 331 页）、萨格奈（见 317 页），比克（见 326 页）、蒙特朗布兰特（见 284 页）和加斯佩（见 329 页）各省级公园。

加拿大公园处（☎888-773-8888；www.pc.gc.ca）管

魁北克 QUÉBEC

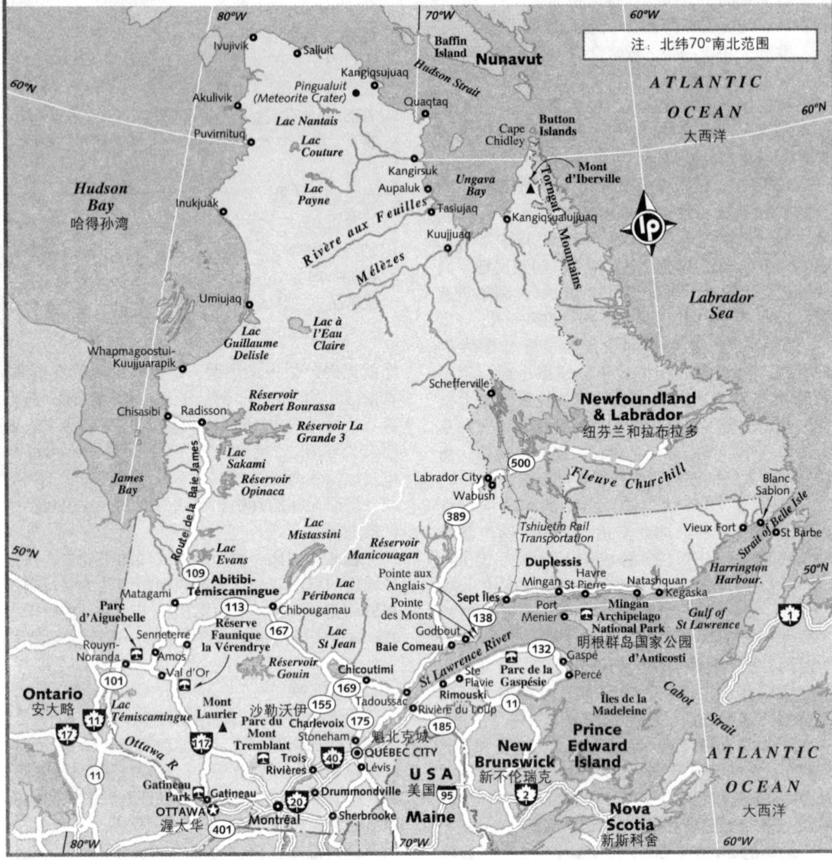

理着魁北克三大国家公园和28处国家历史古迹。诸如城堡、灯塔这些历史古迹大多数白天开放，向游人展示着这里丰富历史的点点滴滴。

魁北克自然保护区机构协会（Société des Établissements de Plein Air du Québec；☎418-890-6527，800-665-6527；www.sepaq.com）管理着魁北克令人羡慕的22座省级公园和16个野生动植物保护区。他们倾向把这些地方定名为"national"（即国家的），这难免让人产生误解。公园提供一些令人难忘的宿营体验、精彩的野生动植物观赏、生态探险和其他户外娱乐活动。管理的地域范围包括海滨、鸟类保护区以及险峻的峡谷地带。

野生动植物保护区(法语：Réserve fauniques)保护环境的同时也向公众开放。狩猎者和垂钓者常来这里(要求持有许可证)，而越来越多的游人发现，与国家和省级公园相比，这些地方没那么拥挤，可算不错的替代选择。

到达和四处走走

在魁北克，航空、公共汽车、小汽车和火车等交通方式皆方便；地域上，本省与美国纽约州、威蒙特州、新汉普舍州和梅茵州接壤。如果想了解边境口岸事宜，请参见841页。

飞机

魁北克最重要的机场在蒙特利尔，但魁北克城的机场也很繁忙。服务于本省的航空公司包括加拿大航空、加拿大航空Jazz公司、法国航空和经济实惠型的跨西航空(Transwest Air)、西捷航空(Westjet)，详细信息见839页。

第一航空、因纽特航空(Air Inuit)和魁北克航空运营往北地区航班。加拿大航空Jazz公司(Air Canada Jazz)从魁北克城和蒙特利尔飞往北岸地区和德拉玛德莱纳群岛。

轮船

圣劳伦斯河上的渡轮航运非常繁忙，经年开往海湾一带的各个岛屿，比如德拉玛德莱纳群岛，以及沿偏远的北岸低地海岸开往拉布拉多。

公共汽车

加拿大灰狗公司、加拿大客车公司、阿卡迪亚客运公司(AcadianLines)和其他客运公司共同铺设无缝隙公交网络，将该省与安大略以及加拿大太平洋地区连接起来(见844页)。灰狗公司(见841页)运营3趟公共汽车，每天往返在蒙特利尔和纽约之间。该省公交公司服务到位，这些公司包括：

Autobus Maheux (☎888-797-0011；www.autobusmaheux.qc.ca)覆盖西北各地。
Autobus Viens 公司 (☎877-348-5599)
Galland 公司 (☎450-687-8666；www.galland-bus.com)
Intercar 公司 (☎888-861-4592；www.intercar.qc.ca)
Limocar 公司 (☎866-700-8899；www.limocar.ca)
Orléans Express公司 (☎888-999-3977；www.orleansexpress.com)
Voyageur 公司 (☎800-661-8747；www.greyhound. ca)

请见本章各地介绍中“到达和离开”内容，了解特定路线的详情。

小汽车和摩托车

在众多加美边境口岸，美国跨洲际高速公路直接与加拿大的公路对接。而这些公路又在境内与跨加拿大公路(Trans-Canada Hwy，在魁北克为Hwy 40公路)连接，跨加拿大公路直接从蒙特利尔和魁北克城穿过。

高速公路遍布本省，非常畅通。不过，在遥远的东部和北部地区，路段缓慢曲折，甚至没有铺设，配套服务也可能很有限。至于路况，请留意冬天路段的特别信息，可致电☎877-393-2363。再者，在蒙特利尔岛、魁北克城和一些地方，尽管路标并没有禁转的指示，请切记无论任何情况，都不允许在红灯亮着时右转行驶。

Allô Stop 公司(www. allostop.com)联系前往同一目的地的司机和乘客，按乘客人头收费，安排拼车出行。这是魁北克省内旅行的一种较经济的交通方式。乘客可付$6作为一年的会费交纳给公司，搭乘时，现付的费用，一部分作为乘车成本付给该公司，剩余的部分则付给司机。公司在蒙特利尔、舍布鲁克、萨格奈和穆里斯基均设有其办事处。请见各个地方介绍中“到达和离开”一栏，了解具体事宜。

区域驾驶距离：
蒙特利尔至魁北克城：260公里
蒙特利尔至蒙特朗布兰特：130公里
蒙特利尔至三河城：134公里
蒙特利尔至多伦多：540公里
蒙特利尔至纽约城：600公里
魁北克城至马尔拜河：140公里
魁北克城至塔多萨克：240公里

火车

VIA Rail 铁路公司(☎888-842-7245；www.viarail.ca)沿魁北克城—温莎走廊有快速火车频繁运营，途经蒙特利尔，将南岸地区及加斯佩谢相连接。美国的Amtrak公司(☎800-872-7245；www.amtrak.com)在蒙特利尔和纽约城之间每天发2趟车。

蒙特利尔(MONTRÉAL)

人口 340万

蒙特利尔很热，烤得到处嗞嗞作响，伴着城市每处精品饭店和顶级餐厅，燃烧着20世纪90年代经济衰退留下的痛苦记忆。蒙特利尔达到了人口数量的新高峰，这儿有丰富的夜生活、很酷很美的欧洲氛围和似乎永不会结束的一连串夏日盛宴。当在该高原众多时髦餐馆中与蒙特利尔上层人士擦肩而过时，或在拉丁区的露台上享受着巴黎氛围时，你很容易会幻想到自己被运送到了一个遥远的地方，在那里享乐是国家的主题。只有从蒙特皇家花园的孔迪亚龙克瞭望台(Kondiaronk Lookout)看到的一成不变的北美地平线那令人惊奇的景色才能让你回到现实世界。

这一伟大城市的不可抗拒之处部分在于其人口。这儿是巴黎之外最大的法语城市，这使得北美人增加了一点雄心，他们与相当一部分从遥远、不搭边的目的地来的人口(如巴西、意大利、海地和黎巴嫩)混合在一起，再加上一个庞大的犹太人人群——只要把他们混合起来，就能得到世界上人口最多样化的地方之一。要了解蒙特利尔种族多样性，最好是看看它的菜单，但是我们不仅仅在谈论唐人街热气腾腾的河粉(phó)、小意大利成堆的意大利面，甚至包括受犹太风俗影响的熏肉食品店和百吉饼店。稍微深入了解一下，你就会在藏族风格茶屋、埃塞俄比亚饮食店和葡萄牙烧烤屋发现更多不常见的食物，这些店与传统的法国小酒馆和美国连锁旅馆共用着街道。

但这座城市并没有一直作为一个文化乌托邦。历史上的蒙特利尔曾经在法语和英语之间挣扎，而且，似乎要在沮丧中放任自流(毕竟有更

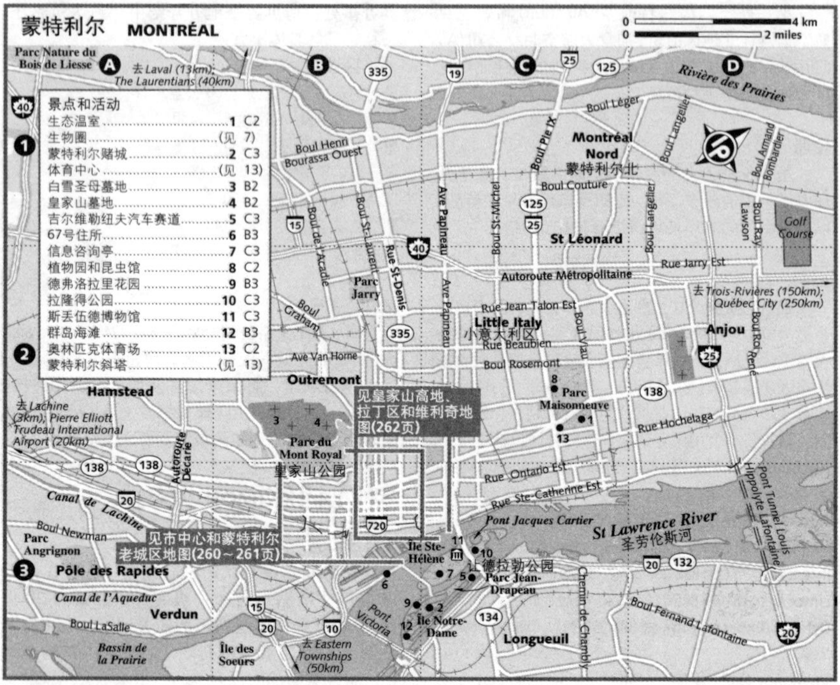

重要的方式消磨时间，如饮牛奶咖啡和享受牛角面包），蒙特利尔人选择汲取两种文化的精华，成为唯一一个真正的大陆双语城市。但是，过去的伤痕在网格道路系统仍然清晰可见：圣劳伦斯大街（Boul St-Laurent），或称“大街”——城市夜生活和替代文化的现代生命线——已经从传统上将法国东端和英国人更为集中的西区分开。蒙特萨拉皇家公园绵延不断的山岭环绕在城市周围，成为两个地区之间的缓冲带。虽然克雷森特大街（Rue Crescent）和麦吉尔大学聚居区主要使用英语，但在拉丁区（Quartier Latin）和圣丹尼斯路（Rue St-Denis）仍可以看到主要使用法语的场景。

历史

1642年5月，一支小船队驶上了圣劳伦斯河。从法国穿越凶险的大西洋，熬过寒冷的冬季，船队中仅有十多名法国传教士得以生存下来，最终到达了探险家杰雅克·卡蒂埃16世纪曾经踏足的地方。在保罗·查麦迪·德麦森内维（Paul Chomedey de Maisonneuve）的领导下，这些拓荒者落户河岸，开始修建小型居住区。他们将这里取名为维莱—玛丽村（Ville-Marie），它是蒙特利尔的雏形。

尽管遭到当地伊洛魁斯人的顽强抵抗，维莱—玛丽村很快发展成为重要的毛皮交易中心，也成为向内地开拓的基地。不过，原住民与法国人的摩擦一直不断，1701年，双方签署了一份和平协约。之后，这里一直是法属殖民地。1763年，巴黎和约签订，法国人将加拿大割让给了大英帝国。1775年，美国革命党人一度短暂占领城市，但却没能说服魁北克人与他们并肩抗击英军，最后只好悻悻然离去。

19世纪20年代，蒙特利尔在毛皮交易中的主导地位让给了哈得孙湾，但整个19世纪期间，这座城市自身得到了迅速发展。铁路和德拉琴运河（Canal de Lachine）修建和开通后，工业化进程迅猛推进，进而大批移民成群涌入。

第一次世界大战后，蒙城漫不经心地度过一段被称做“罪恶之城”的时期。当时，为避开禁酒运动（1920～1933年），一大群美国人穿过边境，蜂拥蒙城，喝酒作乐。琼·德拉勃（Jean Drapeau）出任市长时期，蒙特利尔迅速而彻底地改头换面。在他长期任职期间（1954～1957年、1960～1986年），城市地铁开通，市中心耸立起很多高层办公大楼，地下城开辟，艺术广场（Place des Arts）落成。德拉勃还两次成功地让世界的聚光灯聚焦在蒙特利尔城：1967年

魁北克旅行线路

五日游

先在**蒙特利尔**（见 251 页）尽情感受冰冷的氛围，然后驾车经劳伦琴斯前往蒙特郎布兰特（见 283 页）。在最后两天探索**魁北克城**（见 292 页）的丰富历史。

七日游

接下来，经**沙勒沃伊**（见 310 页）漫游到**萨格奈河**（见 316 页）一带，住两天。在**拜圣保罗**（见 311 页）或**马尔拜河**（见 314 页）停留用午餐，在殷勤的**塔多萨克**（见 316 页）住两晚。可以观赏鲸或沿峡湾航游。

致美食家：

寻求美食就从吃早午饭开始，在 **Beauty's**（见 274 页）或 **L'Express**（见 272 页）就餐，都是惬意的享受；沿着**皇家山公园**（Parc du Mont Royal，见 259 页）爬一段山路先做预热消耗热量，穿过**皇家山高地**（Plateau Mont-Royal，见 263 页）那儿有各式美酒佳肴，小心你的味蕾！

第二天，前往**魁北克城**（见 292 页）暂留两天，在**东部城镇**（Eastern Townships，见 285 页）短暂停留可吃到美味的肉质布鲁鸭。漫步在魁北克城**老上城区**（Old Upper Town，见 294 页）的围墙周围，然后在**老下城区**（Old Lower Town，见 304 页）最后来顿套餐。

第四天时，沿着圣劳伦斯河北岸，蜿蜒崎岖，到达富有艺术气息的**拜圣保罗**（Baie St Paul，见 311 页），生活变得闲适，可以充分享受完美烹饪的浪漫诗意感。接下来的一天，可去**塔多萨克**（Tadoussac，见 316 页）探索峡湾，于**马尔拜河**（La Malbaie，见 314 页）大醉方休结束旅程。

返回**魁北克城**结束旅程，最后拜访**奥兰斯岛**（Île d'Orléans，见 308 页），在提供当地特产的餐厅 **Le Moulin de St Laurent 餐馆**（见 309 页）享受一顿盛宴。

世界博览会的举办和 1976 年奥林匹克运动会的主办。

蒙特利尔在过去十年里保持着高增长率——常常超过加拿大其他城市的增长率。它同时也是一个适宜生活的城市：《福布斯》杂志将其排名为 2007 年第十大清洁城市。

方位

蒙特利尔是一座狭窄的岛屿，轮廓形如箭头，大约 40 公里长、15 公里宽，皇家山（Mont Royal）是它最有名的标志性自然景观，高 233 米。在市中心商业区，可以看到环绕皇家山南端的麦吉尔大学、各大博物馆、旅游总局和火车总站。沿圣凯瑟琳西街（Rue Ste-Catherine Ouest）、主要的东西向主干道一带和地下城是购物的最佳地带。地下城布满地下通道，设计巧妙，全长 30 公里，冬暖夏凉，你还可以借道步入地面上的各个餐馆、博物馆、电影院、办公大楼和地铁站。请在街面上留意蓝色路标，确定进入地下城的入口；地下通道的指示牌标注很清晰。不过，在此迷路也不失为旅途乐趣。

市中心东侧以圣劳伦斯大街为界，此街也简称为“大街”（the Main）。这条主动脉以东的街道，街名都带“东”字（法语：Est）后缀，以西，则都带“西”字（法语：Ouest）后缀。

沿圣劳伦斯大街往南，你可以到达历史悠久的蒙特利尔老城，其中热闹的雅克·卡蒂埃广场（Place Jacques Cartier）和圣母教堂（Basilique Notre Dame）是核心。可爱的鹅卵石小巷通往河滨高地和老港口（Old Port），老港口有四道突堤伸入圣劳伦斯河。越过河流向南望，你能看见两座岛屿，它们共同组成琼德拉勃公园（Parc Jean-Drapeau）娱乐区。

从老城区向北延伸，圣劳伦斯大街先通过占地不大的唐人街，而后爬升上皇家山高地（Plateau Mont-Royal），这里是蒙城最现代的社区，云集了众多酒馆、餐馆和时装店，继续往北是小意大利区（Little Italy），堪称美食天堂，以及麦尔安得社区（Mile End），它永远都在为了受欢迎而与高原斗争着。

圣劳伦斯大街以东，圣凯瑟琳大街通往拉丁区（Quartier Latin），中心汽车站坐落在此，发车开往机场和其他地区，南北向的圣丹尼斯大街（Rue St-Denis）将社区一分为二，也是热力火爆的娱乐消遣地带。从这里出发，沿圣凯瑟琳大街再往东走几步就到了维利奇（The Village），蒙特利尔的同性恋核心社区。

奥林匹克公园一带在中心社区以东大约 5 公里处，最好经舍布鲁克大街（Rue Sherbrooke）前往。

了解蒙特利尔机场和市中心之间的路程详情，请见 279 页。

地图

游历蒙特利尔中心城区，本书的地图应当够用，不过，你还可以去旅游咨询处（见本页）取一份免费的地图，这份地图包括地下城的介绍，不妨备一份。如果你想要更详细的地图，MapArt公司出版的地图不错，各类便利店和书店有售。

实用信息

书店

Indigo书店（见260～261页地图；☎514-281-5549；Place Montréal Trust，1500 Ave McGill College；🕑9am～11pm）内容丰富的书店。

The Word书店（见262页地图；☎514-845-5640；469 Rue Milton；🕑周一至周三10am～6pm，周四和周五至9pm，周六11am～6pm）时间较久的学生聚集处，有二手学术书和现代文学书。

Ulysses 书店（见 262 页地图；☎514-843-9447；4176 Rue St-Denis；🕑周一和周二 10am ～ 6pm，周三至周五至 9pm，周六 至 5:30pm，周日 11am ～ 5:30pm）提供旅游类图书和地图。

魁北克

文化机构

不列颠委员会（British Council，见 260 ～ 261 页地图；☎514-866-5863；Bureau 4200，1000 Rue de la Gauchetière Ouest）

歌德学院（Goethe Institute，见262页地图；☎514-499-0159；418 Rue Sherbrooke Est）

紧急求助和医疗服务

CLSC 医疗中心（见 260 ～ 261 页地图；☎514-934-0354；1801 Boul de Maisonneuve Ouest）随需随入的社区健康中心，主要是小病痛就诊，每次就诊费 $105（只收现金），不含各项可能的检验费。

蒙特利尔警察局（见 262 页地图；☎514-280-2222）处理非紧急警务事件。

Pharmaprix Pharmacy 药店皇家山（见 260 ～ 261 页图中箭头所示；☎514-738-8464；5122 Chemin de la Côte-des-Neiges；🕑24 小时；Ⓜ Côte-des-Neiges 站）；市中心（见 260 ～ 261 页地图；☎514-933-4744；1500 Rue Ste-Catherine Ouest），请查阅《电话黄页》，了解分店信息。

维多利亚皇家医院（Royal Victoria Hospital，见 260 ～ 261 页地图；☎514-934-1934；687 Ave des Pins Ouest；🕑24 小时）麦吉尔大学附属医院，设急诊室；说英语病人就医的最佳选择；每次就诊 $575（仅挂号费）。

性侵犯救助中心（Sexual Assault Crisis Center；☎514-934-4504）

上网

Battlenet 24 网吧（见 260 ～ 261 页地图；☎514-846-3333；1407 Rue du Fort；每小时 $3.50；🕑24 小时）

Netopia（见 262 页地图；☎514-286-5446；1737 Rue St-Denis；每 30 分钟 $2.50；🕑24 小时）

行李寄存

在机场，火车站和中心汽车站，都提供寄储柜或行车寄存站（行李寄存处），每天每件大约 $5。

媒体和参考网站

主要的英文日报《蒙特利尔公报》（*Montréal Gazette*），关注国内新闻，政治动态和艺术活动，周六提供实用的 what's-on（最新推出）一览表；免费的替代周报《镜报》（*Mirror*）和《时报》（*Hour*），每周四出版，各餐馆、酒吧和商店提供。法文类报纸有《观察》（*Voir*）和《纪实》（*Ici*）报。

有用的网站：

City of Montréal 网（www.ville.montreal.qc.ca）城市官方网站。

蒙特利尔俱乐部网（Montréal Clubs，www.montreal-clubs.com）介绍跟踪蒙特利尔最流行的夜生活热点地区。

蒙特利尔旅游网（www.tourism-montreal.org）蒙特利尔旅游局的官方网站，提供大量旅行信息和酒店住宿实时检索，网上订房优惠 10% 房价。

货币兑换

在机场、火车站、旅游总局、赌城（见 265 页；24 小时营业）和市中心区各处设有货币兑换点，圣凯瑟琳大街沿途地带最为集中。

Calforex（见260～261页地图；☎514-392-9100；1250 Rue Peel；🕑周一至周六 8:30am～9pm，周日10am～6pm）

加拿大国家银行皇家山高地（National Bank of Canada Plateau Mont-Royal，见 262 页地图；4506 Rue St-Denis）；拉丁区（见 262 页地图；801 Rue Ste-Catherine Est）请查阅《黄页》，了解其他分行信息。

邮局

邮政总局（Main Post Office，见260～261页地图；☎800-267-1177；1250 Rue University；🕑周一至周五 8am～5:45pm）最大的分局，不过城内还有很多其他分局。

德阿姆广场邮局（Station Place d'Armes，见 260 ～ 261 页地图；157 Rue St-Antoine，Montréal，Québec H2Y 1L0）这里提供留局待领邮件服务（法语：poste restante）。

旅游信息

蒙特利尔和魁北克省开设**旅游信息**专线电话服务（☎514-873-2015，877-266-5687）。

旅游信息中心（Centre Infotouriste，见 260 ～ 261 页地图；www.bonjourquebec.com；1255 Rue Peel；🕑7 月到 9 月中 8:30am ～ 7pm，9 月中到次年 6 月 9am ～ 6pm）有关

wi-fi 接入

Île Sans Fil（http://ilesansfil.org）对每位登记者提供免费无线上网服务。在Caffè ArtJava咖啡馆、Juliette et Chocolat巧克力店、Santropol(见275页框内文字)，以及琼塔隆集市(Marché Jean Talon，见274页)和Titanic咖啡馆(见271页)等有很多热点地区。

蒙特利尔和魁北克全省的信息均提供。免费酒店、旅游和小汽车预订，还有货币兑换服务。

蒙特利尔旅游局（见260～261页地图；www.tourism-montreal.org；174 Rue Notre Dame Est；⌚1月到5月和9月初到10月9am～5pm，6月到9月上旬至7pm）

老港口旅游信息亭（Old Port Tourist Kiosk，见260～261页地图；Quai Jacques Cartier；⌚5月到6月上旬和8月中下旬周一至周五10am～7pm，周六和周日至8pm，6月中到8月中下旬 每日10am～10pm，9月周一至周五10am～5pm，周六和周日 至7pm）

旅行社

Boutique Tourisme Jeunesse 青年旅舍（见262页地图；☎514-844-0287；205 Ave du Mont-Royal Ouest；⌚周一至周三10am～6pm，周四和周五至9pm，周六至5pm）由国际青年旅舍连锁机构运营；也出售图书，地图，旅游保险和ISIC卡（国际学生身份证）。

Voyages Campus 校园旅舍（见262页地图；☎514-843-8511；www.travelcuts.com；1613 Rue St-Denis；⌚周一至周三10am～5pm，周四和周五至7pm，周六至3pm）在魁北克省外，称为Travel Cuts旅行社；请查阅黄页，了解城内其他分部的信息。

景点

大部分旅游线路的第一站都是蒙特利尔老城区，可通过如迷宫般的城市巷道追寻城市历史的灵魂和宏伟的建筑。旧港口的海滨风景于近期复兴，跨过港口便可看见让德拉勃公园(Parc Jean-Drapeau)的景点和道路，在这里可以享受一个远离城市喧嚣的清爽夏日。市中心拥有著名的博物馆和大学，而波希米亚麦尔安得社区和皇家山高原区域是观光的最佳地点。村庄和拉丁区的交界处在夜晚苏醒。城市外的奥林匹克公园和拉欣(Lachine)就有非常棒的景色。从皇家山就能即刻一览其全景。

为文化爱好者着想，城市推出蒙特尔博物馆通票($45)，3天内有效，只要一票在手，你就可以自由进入30多家博物馆参观，还可以无限次乘坐公共汽车和地铁。各旅游咨询处，各大酒店与涉及的博物馆出售这种通票。请注意，这里各大博物馆星期一闭馆。对于地图上未标出的景点，在地铁站可获得相关信息。

蒙特利尔老城区(Old Montréal)

城市最古老的城区，布满弯弯曲曲的鹅卵石小巷，街巷两侧林立着殖民时期和维多利亚时代的石砌房屋，多已用做餐馆、画廊和时装店。在这周围，信步闲游一番，浪漫的人和建筑迷一定会兴奋不已，尤其到晚上，所有的古建筑外墙被打上绚丽的灯光，尤显美丽，离码头区也不远。

蒙特利尔老城区以热闹的雅克·卡蒂埃广场和庄重的德阿姆斯广场为轴心。两广场之间是繁华的圣母大街(Rue Notre Dame)。雅克·卡蒂埃广场的南端连着圣保罗街(Rue St-Paul)，是该区最漂亮、最古老的大街。

魁北克

圣母教堂(BASILIQUE NOTRE-DAME)

作为蒙特利尔著名的标志性建筑，**圣母教堂**（见260～261页地图；☎514-842-2925；www.basiliquenddm.org，法语；110 Rue Notre-Dame Ouest；成人/儿童 $4/2；⌚周一至周六8am～4:30pm，周日正午～4:15pm）让人赏心悦目，建筑风貌就像一曲华丽的交响乐，精雕细刻的木器、精细的绘画、饰金的塑像和彩绘的玻璃窗是其中的音符与旋律。这里原是一座较小的旧教堂，1829年改扩建而成。教堂内，摆设着一台著名的卡萨谱瓦管风琴和一座低音大钟(Gros Bourdon，据说是北美最大的钟)。周二到周六的晚上，对外推出**音乐光影表演**(Sound and Light Show，成人/儿童 $10/5)，奇幻得多少有些过，不过，这时的教堂绚丽多彩，令人难忘。

1994年，歌手席琳·迪翁在它高耸的深蓝色天顶下举行婚礼，教堂顿时成了新闻头条，2000年，加拿大前任首相皮尔·特鲁多(Pierre Trudeau)的国葬仪式在这里进行，吉米·卡特(Jimmy Carter)和菲迪·卡斯托(Fidel Castro)一起为他抬棺，教堂再次成为新闻焦点。

小得多的**圣心教堂**(Chapelle du Sacré Coeur)是普通蒙特利尔人结婚、办大事常去的地方，就在大圣坛的后面。1987年大火之后，重建的教堂兼具传统与现代风格，教堂内从头到脚的铜制装饰画最吸引人。

德阿姆广场(PLACE D'ARMES)

广场威严庄重，圣母教堂双塔高立，是主导建筑。早期殖民者曾经在这里与当地伊洛魁人交战。广场中央耸立着一尊麦森诺维(Maison-neuve)塑像，老城区漂亮的历史建筑环绕周围，事实上，圣母教堂隔壁的**老神学院**(Old Seminary，见260～261页地图)是市内最古老的建筑，由瑟尔比斯传教士(Sulpician，瑟尔比斯传教士，源自法语sulpicien，1642年J.J.奥里尔[Jean Jacques Olier]在法国巴黎创建圣瑟尔比斯传教会[the Society of Priests of St. Sulpice]，主要传授神学。译自*WEBSTERI's Ninth New Collegiate Dictionary*,第1181页——译注)于1685年创建，至今仍在使用。

西北角一带，一列教堂圆柱后面隐约可见**蒙特利尔银行**(Bank of Montréal，见260～261页地图；☎514-877-6810；119 Rue St-Jacques Ouest；免费参观；🕑周一至周五10am～4pm)，这家银行建于1817年，加拿大最早的银行总部仍驻扎其中。室内装饰采用豪华的大理石，值得一瞥，还设有一家小型的货币博物馆。

广场东边,红色砂岩砌建的**纽约生活大厦**(New York Life Building，1888年)是该市最早最高的摩天大厦。现在,最高的要数**阿德雷得大厦**(Aldred Building，1931年)，典型的装饰派艺术风格，原计划楼高要超过帝国大厦，不幸的是，1929年经济危机爆发，这项雄伟蓝图没能实现。

蒙特利尔历史中心 (CENTRE D'HISTOIRE DE MONTRÉAL)

这家小**博物馆**(见260～261页地图；☎514-872-3207；www.ville.montreal.qc.ca；335 Place d'Youville；成人/优惠价$4.50/3；🕑1月到11月周二至周日10am～5pm)采用多媒体展览，人性化地呈现城市的历史，很吸引人。你可以坐在一间旧厨房里，聆听真实人物的历史故事，也可以返回展厅，观看档案纪录影片，了解20世纪40年代或60年代以来的城市历史。如果想一览市内全景，请上楼顶。

雅各·卡蒂埃广场和周围地区 (PLACE JACQUES CARTIER & AROUND)

位于老城区中央，雅各·卡蒂埃广场缓缓倾斜，是活动众多的公共场地，特别是夏天，这里满是鲜花、街头艺人、小商贩和游人，广场一带的咖啡馆和餐馆既不便宜也不算好，却是观看广场表演的好地方。西北角有一旅游局(见255页)。

广场北端矗立着一尊**尼尔森将军塑像石柱**(Colonne Nelson，见260～261页地图)，是英国人筑起的一座纪念碑，用以纪念尼尔森将军。当年在特拉法尔加(Trafalgar)战争中，他带领英军打败了法国人和西班牙人。塑像隔街正对面则是法国海军总司令瓦库林(Admiral Vauquelin)的塑像，你瞧，法国人总是想着法回敬一下英国人。

Hôtel de Ville 市政厅(City Hall，见260～261页地图；☎514-872-3355；275 Rue Notre-Dame Est；免费

蒙特利尔旅行线路

一日游

在**麦尔安得**(见264页)社区待上一天,融入当地的民俗习惯,吃上一顿又悠闲又豪华的早午餐。精神振奋之后，加入当地的个人咖啡馆和流行的吧店。沿着**皇家山**(见259页)散步，停下来来一个深呼吸,在**孔迪亚龙克瞭望台**(Kondiaronk Lookout,见259页)一览城市景观,在**皇家山高地**(见263页)享受晚餐和夜晚娱乐后，结束今天的行程。

二日游

一日游后，第二天先去**蒙特利尔老城区**(见255页)鹅卵石小巷漫步。在**卡里埃角考古历史博物馆**(Musée d'Archéologie et d'Histoire Pointe-à-Callière，见257页)了解历史风情，或者下午较晚的时候在**美术馆**(Musée Des Beaux Arts，见258页)沉浸在美术作品中。去**小意大利**(见264页)来顿晚餐，在**维利奇**(见263页)体验俱乐部生活，或在市中心沿着喧闹的**克雷森特大街**(见258页)放松。

四日游

接着第二天的行程,第三天从游览**奥林匹克公园**(见264页)开始。天气好的话,接着去**生态温室**(Biodôme,见264页)闻闻花香,然后去**蒙特利尔斜塔**(Tour de Montréal)。或是直接去**植物园**(Jardin Botanique，见264页)，享受更加清新的空气。

最后一天，在**埃沃特集市**(Marché Atwater，见271页)买些野餐食品和用品，租辆自行车沿**德拉琴运河**(Canal de Lachine，见266页)巡游，也可以登上汽艇在**拉琴湍流**(Lachine Rapids，见268页)中畅游。

在**Toqué!**(见271页)吃过丰盛的晚餐后，前往炫目的**蒙特利尔赌城**(见265页)挥霍掉你度假剩下的钱。

参观；🕑6月末到8月中 团队游 8:30am ~ 4:30pm）高高耸立在广场东北端；青铜屋顶，富有生机的角楼，看上去极其宏伟壮观。1878年完工，借鉴法国图斯(Tours)的市政厅造型，它的雄伟反映了这座城市19世纪的富裕和自信；1967年，法国总统戴高乐(Charles de Gaulle)在它的阳台上语出惊人，向欢呼的人群喊出"自由的魁北克万岁!(Vive le Québec libre!)"。这几个词一度被利用来煽动分裂主义的火焰，使蒙城与渥太华的关系紧张了很多年。市政厅里的**名人堂**(Hall of Honour)，采用魁北克的田园风光为装饰，值得近距离欣赏。

隔街的小宫殿**哈马茨城堡**（Château de Ramezay，见260 ~ 261页地图；☎514-861-3708；www.chateauramezay.qc.ca；280 Rue Notre-Dame Est；成人/儿童/学生/老人 $8/4/5/6；🕑6月到9月10am ~ 6pm，10月到次年5月周二至周日10am ~ 4:30pm）建于1705年，曾经是蒙特利尔长官克劳德·哈马茨(Claude de Ramezay)的住所。美国革命期间，本·富兰克林在此逗留，试图说服加拿大人支持美国人，但未能成功。现在是一家反映早期魁北克历史的博物馆，馆内各个房间相互连通，陈列着各式各样的家具艺术品和当时的家用实物。**兰特客厅**(Salle de Nantes)采用红木墙裙，可称得上秀色可餐的宜人客厅，客厅外还有一处漂亮的花园。

老港口(OLD PORT)

蒙特利尔曾经的老港口现在已变身成为一座公园和公共娱乐区。圣劳伦斯河岸，长达2.5公里，其间还有伸入河流的四条雄伟突堤，沿河岸散步令人愉悦。当地人和游人都喜欢来此闲游，可以骑自行车，直线滑冰，或是乘观光游船、渡轮、喷气式游船和快艇，可在不同的码头乘坐（见268页）。冬天，露天滑冰场等你露上一手（见266页）。

历史遗迹包括白色的古**钟塔**（Clock Tower；见260 ~ 261页地图；☎514-596-7678；Clock Tower Pier；免费参观；🕑5月中到9月10am ~ 9pm），建于1922年，在港口北端，为纪念第一次世界大战中阵亡的水手而建，这里也是观赏宽阔江景和远处市景的好地方。

多年来，**蒙特利尔科学中心**（Centre des Sciences de Montréal，Montréal Science Centre；见260~261页地图；☎514-496-4724；www.montrealsciencecentre.com；King Edward Pier；成人/儿童/少年和老人/家庭$5/3.50/4.25，IMAX三维电影 成人/儿童/少年和老人/家庭$12/9/11/38；🕑周一至周三和周日9am~9pm，周四至周六至10:30pm）深受家庭参观者的钟爱。各个高科技展厅供你穿行，你可以按动不同的按钮，扭动不同的旋钮，参与各类互动游戏，其中永久性开放的展览——合成音响城展(Technocity)——试图解释科技的各种奥妙；再者是影视游戏世界(Immersion Movie Game)，一种集成电子游戏，投影在巨大屏幕上进行。

中心还有一座IMAX宽银幕影院（见276页），推出二维或三维影片，介绍自然和科学相关知识。

> **不要错过**
>
> - **孔迪亚龙克瞭望台**——重点推荐，尤其是夜晚（见259页）
> - **麦尔安得社区**——城里最流行的新去处（见264页）
> - **琼塔隆集市**(Marché Jean Talon)——各种吸引眼球的新鲜土特产（见274页）
> - **德拉琴运河**(Canal de Lachine)——自行车爱好者的最好去处（见266页）
> - **皇家山公园**——星期天铜锣集会成为高原的缩影（见259页）

卡里埃角考古历史博物馆(MUSÉE D'ARCHÉOLOGIE ET D'HISTOIRE POINTE-À-CALLIÈRE)

这座精彩的**历史博物馆**（见260 ~ 261页地图；☎514-872-9150；www.pacmuseum.qc.ca；350 Place Royale；成人/儿童6 ~ 12岁/学生/老人 $13/5/7/8.50；🕑6月中到9月下旬周一至周五10am ~ 6pm，周六和周日11am ~ 6pm，9月中到次年6月中周二至周五10am ~ 5pm，周六和周日11am ~ 5pm）外观相当壮观、现代，靠近早期殖民者最初的登陆点，通过参观，人们可以很好地了解城市初始的概况。建议先花些时间观看多媒体介绍，而后步入地下室，一处挖掘发现的地下迷宫，包括一个古代下水道系统和欧洲人第一座墓地的残留物件，展出的文物和互动区向参观者再现当时的历史场景。参观望塔和餐厅免费。

勃斯古集市(MARCHÉ BONSECOURS)

圆顶呈银色，这座高耸的建筑就像一位守卫，看护着古城区，又像一座迷人的灯塔，是**勃斯古集市**（见260 ~ 261页地图；Bonsecours Market；☎514-872-7730；350 Rue St-Paul Est；🕑6月下旬到9月上旬10am ~ 9pm，9月到次年3月至6pm）的主体部分，曾短时期用做市政厅，而后，这座新古典风格建筑一度成为蒙市最重要的集市，20世纪60年代，各大超市取代了它的风头。现在，原来的花市、蔬菜摊变成了新潮的时尚店，多销售魁北克本地艺术品、工艺品和服装。不妨在这里选上一两件品质不错的纪念品。

市中心(Downtown)

蒙特利尔的市中心，相当现代，具有北美风貌，通衢大道宽敞，依坐标格局纵横于摩天大楼的丛林中。街面上，你能发现市内美丽的教堂，醒目的建筑、各大博物馆、公共绿地和主要购物中心。你还会发现很多咖啡馆、餐馆和酒吧世界洋溢着拉丁风情，尤其在克雷森特大街(Rue Crescent)一带。

美术馆(MUSÉE DES BEAUX ARTS)

艺术爱好者的必游之处，**美术馆**(Museum of Fine Arts；见260～261页地图；☎514-285-2000；www.mbam.qc.ca；1380 Rue Sherbrooke Ouest；免费参观永久收藏品，专题展览成人/儿童/学生和老人$15/免费/7.50，周三5pm之后半价；🕑周二、周六和周日11am～5pm，周三至周五至9pm)收藏着大量价值连城的画作、雕塑、装饰艺术品、家具、印刷品、素描和摄影作品。欧洲大师包括伦勃朗、毕加索和莫奈，但其中的加拿大艺术藏品最让博物馆大放异彩。这里有J.B.罗伊—奥迪(Jean-Baptiste Roy-Audy)和保罗·肯(Paul Kane)的作品、七人画派的风景画和琼—保罗·里奥拜尔(Jean-Paul Riopelle)的佳作，还有为数不少的因纽特和美洲印第安人的作品，以及新奇的装饰小摆设，比如日本熏香盒、维多利亚风格的锦盒。还经常推出很不错的临时展览。

Michal and Renata Hornstein Pavilion展台大理石包层，风格古典，而隔街的Jean-Noël Desmarais Pavilion展台清新、现代，全都布满展品。

中国城(CHINATOWN)

尽管这块邻近地区被合理地塞进了几条容易穿行的街道，自己本身没有场所，但这儿仍是一个用餐和购物的好地方。作为主要大道，Rue de la Gauchetière大街位于圣劳伦斯大街和珍妮曼斯大街(Rue Jeanne Mance)之间，是台湾风格茶餐厅、港式面包店和越南汤餐厅聚集地区。公共广场，**孙中山广场**(Sun-Yat-Sen，见260～261页地图)，吸引着成群的老华人，偶尔也会有法轮功示威者鼓噪。

当代艺术博物馆(MUSÉE D'ART CONTEMPORAIN)

加拿大唯一的一座当代艺术橱窗，这家**博物馆**(见262页地图；☎514-847-6226；www.macm.org；185 Rue Ste-Catherine Ouest；成人/12岁以下儿童/学生/老人$8/免费/4/6，周三6～9pm免费参观；🕑周四至周日11am～6pm，周三至9pm)极为出色，让人领略加拿大，特别是魁北克的艺术创造力。当地各传奇人物，像琼·保罗·里奥拜尔(Jean-Paul Riopelle)，保罗·埃斯·勃丢(Paul-Émile Borduas)和日内维弗·卡迪斯(Génévieve Cadieux)，他们的作品都在这里展出。临时展览也很精彩。星期三下午6点30分和周末下午1点安排免费的英语讲解。

加拿大建筑中心
(CENTRE CANADIEN D'ARCHITECTURE)

建筑迷们应该径直去**加拿大建筑中心**(见260～261页地图；☎514-939-7026；www.cca.qc.ca；1920 Rue Baile；成人/儿童12岁以下/学生/老人$10/3/5/7，周四5:30～9pm免费参观；🕑周三和周五至周日

其他值得探索的教堂

- **勃斯古圣母教堂**(Chapelle Notre-Dame-de-Bonsecours，见260～261页地图；☎514-282-8670；400 Rue St-Paul Est；免费入内；🕑10am～5:30pm)在渔民们心目中享有盛誉，渔民们来这里祈祷小船安全抵达。天花板上吊着心怀感激的幸存者所留下的小船模型。
- **世界女王玛丽教堂**(Cathédrale Marie-Reine-du-Monde；见260～261页地图；☎514-866-1661；1085 Eur de la Cathédrale；免费入内；🕑周二至周日7:30am～6:15pm，周一至7:45pm)教堂的设计灵感来源于罗马圣特彼得的巴西利卡教堂。
- **基督大教堂**(Cathédrale Christ Church；见260～261页地图；☎514-843-6577；635 Rue Ste-Catherine Ouest；免费入内；🕑7am～6pm)修建于1987年，这座漂亮的哥特式建筑暂时由混凝土支柱支撑着，地下修建了一座购物中心。
- 这巨人、天穹般的**圣约瑟夫礼拜堂**(Oratoire St-Joseph；见260～261页地图；☎514-733-8211；www.saint-joseph.org；3800 Chemin Queen Mary；免费入内；🕑6am～9:30pm；Ⓜ Côte-des-Neiges)是由一位具有奉献精神、名叫Brother André的修道士修建，Brother André有着使别人康复的秘诀。小礼拜堂仍旧到处都是康复者留下的支柱，弥漫着还愿的气息。

10am～5pm，周四至9pm）。建筑群光鲜、新颖，博物馆和研究机构合而为一，与古老的**肖尼斯故宅**(Shaughnessy House)完美地浑然一体。故宅曾是一位富商的住宅，这座房屋用灰色岩石砌成，呈现19世纪上流社会的生活居所，用精制木制家具装饰的房间最奢华，用做会客厅，带一个大大的壁炉。

建筑中心的画廊展出当代和世界著名建筑的印刷品、制图模型和摄影照片。在一排房间的周围构成一座**雕塑园**，矗立着十多件作品，皆正面对着蒙特利尔南部，夜晚灯火阑珊时，眼前景色更是迷人。

整年中周末下午 1 点 30 分，有免费的英语讲解。从 7 月到 9 月，在每天上午 10 点 30 分到下午 1 点 30 分安排有额外的讲解团。

麦考德博物馆(MUSÉE MCCORD)

珠光宝气的头饰，精美的瓷器，雅致的毛皮外衣，各类信件，摄影作品，还有玩具，藏品超过 120 万件，**麦考德加拿大历史博物馆**（见 260 ～ 261 页地图；McCord Museum of Canadian History；☎514-398-7100；www.mccord-museum.qc.ca；690 Rue Sherbrooke Ouest；成人/6 ～ 12 岁儿童/学生/老人 $12/4/6/9；🕑全年周二至周五 10am ～ 6pm，周六和周日，6 月中到 9 月上旬周一至 5pm）口碑颇好。展览分临时和固定展，侧重介绍加拿大开创者们的历史，尤其是他们如何战胜所面临的独特困难与挑战，这些困难和挑战包括冰天雪地的严冬和纷繁的多元文化冲撞。博物馆的**诺特曼摄影档案馆**(Notman Photographic Archives)尤为有名，提供影像文献孤本，反映 1840 年以来加拿大的发展历程。讲解参观和儿童创作室的相关事宜，请事先咨询了解。

麦吉尔大学(MCGILL UNIVERSITY)

麦吉尔大学（见 260 ～ 261 页地图；☎514-398-4455；www.mcgill.ca；845 Rue Sherbrooke Ouest）是最接近常青藤联盟(Ivy League)的加拿大大学，在它的学生名册中有两位加拿大总理、六位诺贝尔得奖者，威廉·沙特那(William Shatner)也在其中。现在，大约 3 万名学生为维护大学的显赫声誉而共同努力，医学和工程学方面的学术成绩尤其突出。大学最初是由苏格兰出生的一位毛皮商詹姆斯·麦吉尔(James McGill)捐钱捐地，于 1821 年创建。校园树木成林，枝繁叶茂，维多利亚风格的教学楼掩映其中，适合闲适散步和野餐。

大学里的**莱帕斯博物馆**（Musée Redpath；见 260 ～ 261 页地图；☎514-398-4086；免费参观；🕑周一至周五 9am ～ 5pm，周六和周日 1 ～ 5pm，6 月中到9月上旬 周五闭馆）是加拿大最早的博物馆之一，其中的自然史展览很有意思，拥有一架仿真的恐龙遗骸和几尊埃及木乃伊。

蒙特利尔天文馆(MONTRÉAL PLANETARIUM)

蒙特利尔天文馆（见 260 ～ 261 页地图；☎514-872-4530；www.planetarium.montreal.qc.ca；1000 Rue St-Jacques；成人/儿童/学生和老人 $8/4/6；🕑周一 12:30 ～ 5pm，周二至周四 9:30am ～ 5pm，周五 9:30am ～ 9:30pm，周六和周日 12:30 ～ 9:30pm，9 月到次年 6 月周一闭馆）的圆天顶高 20 米，安排 50 分钟法英双语交替讲解，馆内天顶的一面窗户面向浩瀚苍穹。请致电了解天文馆的实时安排。

皇家山公园区域 (Parc du Mont Royal Area)

蒙特利尔人很以皇家山自豪，**皇家山公园**（Mount Royal Park，见 260 ～ 261 页地图；☎514-872-6559；www.lemontroyal.qc.ca）是设计师弗莱德里克·劳奥斯德(Frederick Law Olmsted)的又一杰作，美国纽约中央公园也是他设计的。公园占地舒展开阔，林木繁茂，很适合骑自行车，骑马和野餐，冬天时，越野滑雪和滑雪橇也很好。**孔迪亚龙克瞭望台**(Kondiaronk Lookout，见 260 ～ 261 页地图）是风和日丽时观赏城市全景的好地方。附近的**皇家山别墅**(Chalet du Mont Royal)是座白色的别墅，宏伟气派，夏天举办著名的乐队音乐会；**东方天文观测台**(Observatoire de l'Est，见 262 页地图）也适合一览全城和情人约会。两座观望台相距大约 30 分钟步程，途中你会看见**蒙特利尔十字形纪念碑**(Cross of Montréal，1924 年；见 260 ～ 261 页地图）是城市标志性建筑，高 40 米。华灯初上时，夜灯映照。这座纪念碑用来纪念城市创建者麦森诺弗(Maisonneuve)。据说 1643 年，刚刚成形的村庄才避过一场洪水的侵袭，麦森诺弗代表村民，手持一个木制十字架爬上这里，感谢上帝。

奥卡斯特湖(Lac des Castors，见 260 ～ 261 页地图)，又叫海狸湖(Beaver Lake)，虽没有太多的说头，也是不错的景点。夏天，你可以租明轮船划上湖面，冬天，溜冰和滑雪橇。湖的北边是两处开阔的公共墓地。**白雪圣母墓地**(Cimetière de Notre-Dame-des-Neiges，见 252 页地图箭头所示）由天主教主持，安葬着市长、艺术家，神职人员和泰坦尼克号殉难者。再往北，**皇家山墓地**(Cimetière Mont-Royal，见 252 页地图）小些，新教墓地，不过，这里作为观鸟佳处更为人称道。

在公园的东北端，Ave du Parc 大道旁，矗立着**乔治·伊蒂恩·卡蒂埃纪念碑**(Georges Etienne Cartier Monument，见 262 页地图），每个星期天，数百人聚集在这里进行宗教活动和即兴舞蹈，于是人们将这里的星期天称做“Tam Tam Sundays”

市中心和蒙特利尔老城区 DOWNTOWN & OLD MONTRÉAL

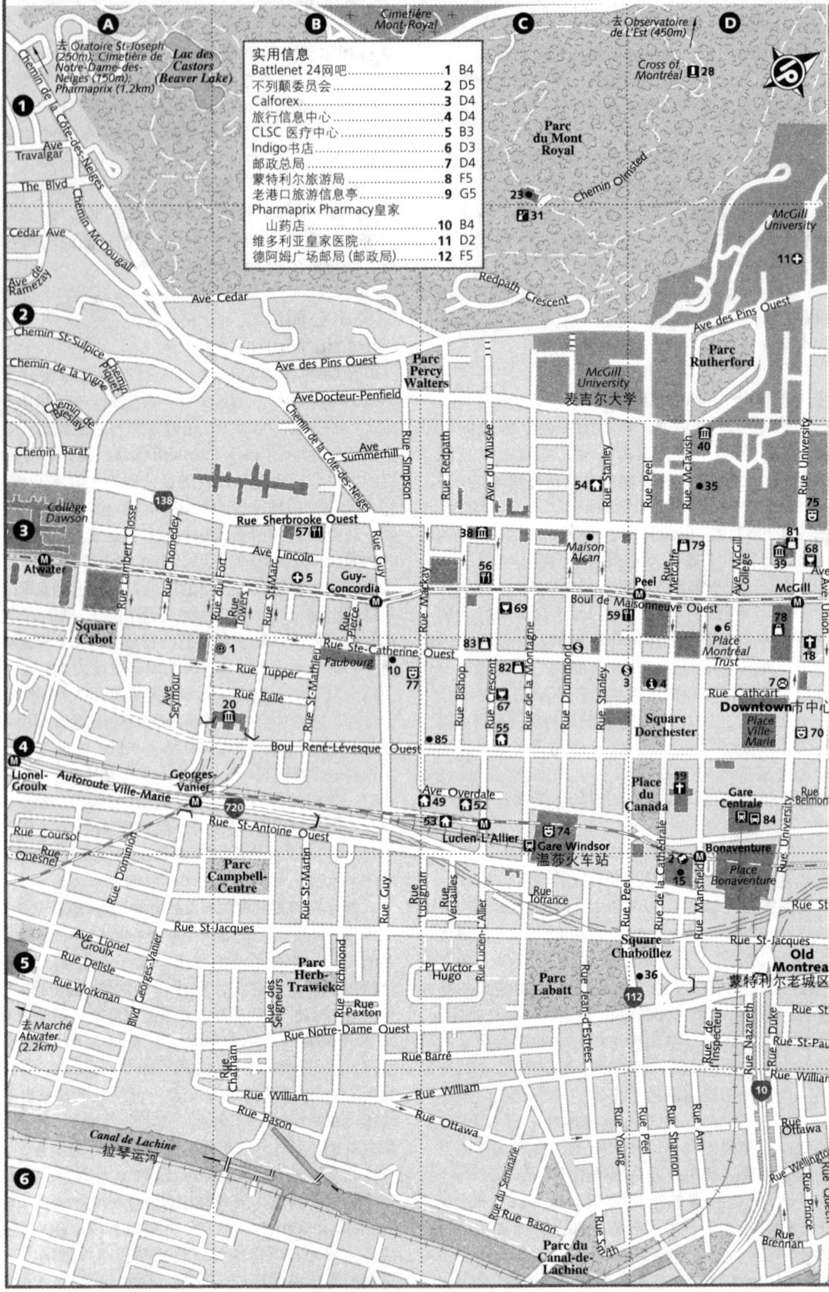

0 500 m
0 0.3 miles
景点和活动
阿德雷得大厦 13 F5
AML Cruises航运公司 14 F6
中央大厅 15 D5
蒙特利尔银行 16 F5
圣母教堂 17 F5
基督大教堂 18 D4
世界女王玛丽教堂 19 D4
加拿大建筑中心 20 B4
蒙特利尔历史中心 21 E6
蒙特利尔科学中心 22 F6
皇家山别墅 23 C1
勃斯古圣母教堂 24 G5
哈马茨城堡 25 G5
钟塔 26 H5
尼尔森将军塑像石柱 27 F5
蒙特利尔十字形纪念碑 28 D1
琼德拉勃公园渡轮 29 G6
Hôtel de Ville酒店 30 F5
孔迪亚龙克瞭望台 31 C2
拉琴湍流游 32 G5
Le Bateau Mouche游船公司 33 F6
勃斯古集市 34 G5
麦吉尔大学 35 D3
蒙特利尔天文馆 36 D5
卡里埃角考古历史博物馆 37 E5
艺术博物馆 38 C3
麦考德博物馆 39 D3
莱帕斯博物馆 40 D3
纽约生活大厦 41 F5
老神学院 42 E5
勃斯古水池滑冰场 43 G6
孙中山广场 44 F4
Vélo Aventure租赁店 45 F6
Ça Roule Montréal租赁店 46 F5
住宿
背包客旅舍 47 E6
Auberge Les Passants du Sans Soucy宾馆 48 E5
国际青年旅舍 49 C4
Hotel Le St-James酒店 50 E5
Hotel Nelligan酒店 51 E5
Le Petit Prince旅馆 52 C4
Les Bons Matins旅馆 53 C4
万豪酒店 54 C3
Montréal Y Hotel酒店 55 C4
就餐
Boustan餐馆 56 C3
Bronté餐馆 57 B3
Eggspectation餐馆 58 E5
Ferreira Café咖啡馆 59 C3
Ghandi印度餐馆 60 E5
Gibby's餐馆 61 E6
L'Usine de Spaghetti Parisienne 62 G5
Marché de la Villette餐馆 63 E5
Olive + Gourmando咖啡屋 64 E5
Titanic咖啡馆 65 E5
Toqué!餐馆 66 E5
饮品
Brutopia酒吧 67 C4
Caffè ArtJava咖啡馆 68 D3
Sir Winston Churchill Pub酒馆 69 C3
娱乐
Altitude 737夜总会 70 D4
中央剧院 71 E5
IMAX宽银幕影院 72 F6
蒙特利尔云雀队 73 E2
加拿大蒙特利尔球队 74 C4
Pollack Concert Hall音乐厅 75 D3
Tribe Hyperclub俱乐部 76 E5
Upstairs歌厅 77 B4
购物
伊顿购物中心 78 D3
Cheap Thrills音像店 79 D3
Galerie Le Chariot画廊 80 F5
魁北克加拿大美术馆 81 D3
Ogilvy百货商店 82 C4
Parasuco专卖店 83 C4
交通
机场客车站 84 D4
Thrifty Car Rental汽车租赁公司 85 C4
见皇家山高地、拉丁区和维利奇地图(262页)
Chinatown
唐人街
圣凯瑟琳东街
德阿姆斯广场
Shuttle Boat to Old Port

魁北克

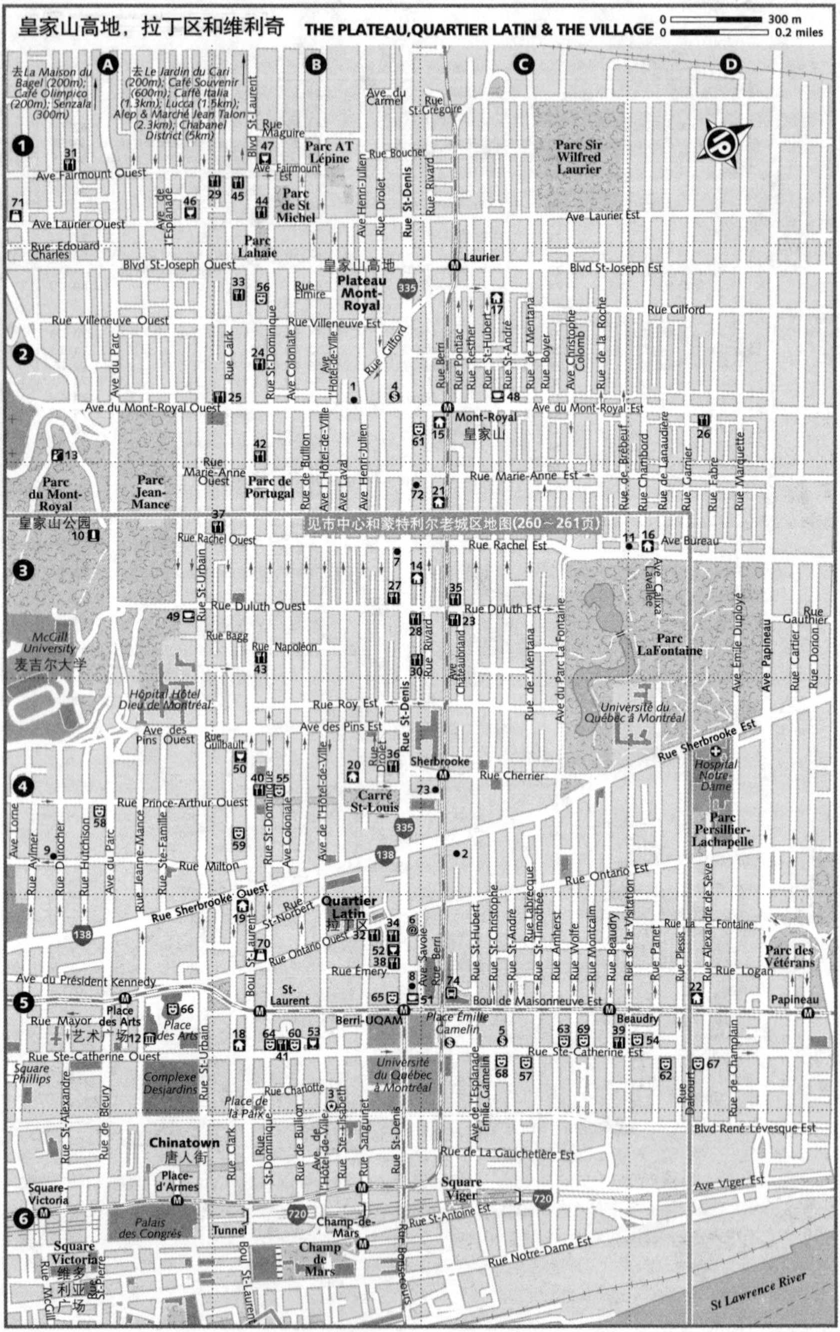
皇家山高地，拉丁区和维利奇
THE PLATEAU,QUARTIER LATIN & THE VILLAGE
0 300 m
0 0.2 miles
去La Maison du Bagel (200m); Café Olimpico (200m); Senzala (300m)
去Le Jardin du Cari (200m); Café Souvenir (600m); Caffè Italia (1.3km); Lucca (1.5km); Alep & Marché Jean Talon (2.3km); Chabanel District (5km)
Parc AT Lépine
Parc de St Michel
Parc Lahaie
Parc Sir Wilfred Laurier
皇家山高地
Plateau Mont-Royal
Laurier
Mont-Royal
皇家山
Parc du Mont-Royal
Parc Jean-Mance
Parc de Portugal
皇家山公园
见市中心和蒙特利尔老城区地图(260～261页)
McGill University
麦吉尔大学
Hôpital Hôtel Dieu de Montréal
Parc LaFontaine
Université du Québec à Montréal
Sherbrooke
Carré St-Louis
Hospital Notre-Dame
Parc Persillier-Lachapelle
Quartier Latin
拉丁区
St-Laurent
Place des Arts
艺术广场
Berri-UQAM
Place Émilie Gamelin
Beaudry
Papineau
Parc des Vétérans
Square Phillips
Complexe Desjardins
Place de la Paix
Université du Québec à Montréal
Chinatown
唐人街
Square-Victoria
Place-d'Armes
Palais des Congrès
Tunnel
Champ-de-Mars
Champ de Mars
Square Viger
Square Victoria
维多利亚广场
St Lawrence River
Ave Fairmount Ouest
Ave Laurier Ouest
Rue Edouard Charles
Blvd St-Joseph Ouest
Rue Villeneuve Ouest
Ave du Mont-Royal Ouest
Rue Marie-Anne Ouest
Rue Rachel Ouest
Rue Duluth Ouest
Rue Bagg
Rue Napoléon
Ave des Pins Ouest
Rue Guilbault
Rue Prince-Arthur Ouest
Rue Milton
Rue Sherbrooke Ouest
Rue St-Norbert
Rue Ontario Ouest
Ave du Président Kennedy
Rue Mayor
Rue Ste-Catherine Ouest
Rue Charlotte
Rue de La Gauchetière Est
Rue St-Antoine Est
Rue Notre-Dame Est
Blvd René-Lévesque Est
Ave Viger Est
Boul de Maisonneuve Est
Rue Ste-Catherine Est
Rue Logan
Rue La Fontaine
Rue Ontario Est
Rue Sherbrooke Est
Rue Cherrier
Rue Roy Est
Ave des Pins Est
Rue Duluth Est
Rue Rachel Est
Ave Bureau
Rue Marie-Anne Est
Ave du Mont-Royal Est
Rue Gilford
Blvd St-Joseph Est
Ave Laurier Est
Rue Boucher
Rue Maguire
Ave du Carmel
Rue St-Grégoire
Rue Elmire
Rue Villeneuve Est
Rue Gilford
Blvd St-Laurent
Ave de l'Esplanade
Ave du Parc
Rue Clark
Rue St-Dominique
Ave Coloniale
Ave l'Hôtel-de-Ville
Ave Henri-Julien
Ave Drolet
Rue St-Denis
Rue Rivard
Rue Berri
Rue Pontiac
Rue Resther
Rue St-Hubert
Rue St-André
Rue de Mentana
Rue Boyer
Ave Christophe Colomb
Rue de la Roche
Rue de Bullion
Ave Laval
Rue de Brébeuf
Rue Chambord
Rue de Lanaudière
Rue Garnier
Rue Fabre
Rue Marquette
Ave Calixa Lavallée
Rue St-Urbain
Ave du Parc La Fontaine
Ave Émile Duployé
Ave Papineau
Rue Cartier
Rue Dorion
Rue Gauthier
Ave Chateaubriand
Ave Lorne
Rue Aylmer
Rue Durocher
Rue Hutchison
Rue Jeanne-Mance
Rue Ste-Famille
Boul St-Laurent
Ave Savoie
Rue Émery
Rue St-Christophe
Rue Labrecque
Rue St-Timothée
Rue Amherst
Rue Wolfe
Rue Montcalm
Rue Beaudry
Rue de la Visitation
Rue Panet
Rue Plessis
Rue Alexandre de Sève
Rue de Champlain
Rue Dalcourt
Ave de l'Esplanade
Émile Gamelin
Rue St-Alexandre
Rue de Bleury
Rue Ste-Elisabeth
Rue Sanguinet
Rue Bonsecours
Rue McGill
Rue St-Pierre

实用信息
- Boutique Tourisme Jeunesse 青年旅舍 1 B2
- 歌德学院 2 C4
- 蒙特利尔警察局 3 B5
- 加拿大国家银行 4 B2
- 加拿大国家银行 5 C5
- Netopia 6 B5
- Ulysses 书店 7 B3
- Voyages Campus 校园旅舍 8 B5
- The Word 书店 9 A4

景点和活动
- 乔治 · 伊蒂恩 · 卡蒂埃纪念碑 10 A3
- La Maison des Cyclistes 商店 11 C3
- 当代艺术博物馆 12 A5
- 东方天文观测台 13 A2

住宿
- Anne ma Soeur Anne 旅馆 14 B3
- Au Piano Blanc 旅馆 15 C2
- Auberge de la Fontaine 宾馆 16 D3
- Auberge Maeva 旅舍 17 C2
- l'Abri du Voyageur 旅馆 18 B5
- Opus Montréal 19 B5
- Pierre et Dominique B&B 旅馆 20 B4
- Shézelles B&B 旅馆 21 C3
- Turquoise B&B 旅馆 22 D5

就餐
- Au Pied de Cochon 餐馆 23 C3
- Aux Vivres 餐馆 24 B2
- Beauty's 餐馆 25 B2
- Chez Cora 餐馆 26 D2
- Chu Chai 27 B3
- Eduardo 28 B3
- Fairmount Bagel 硬面包圈馆 29 B1
- L'Express 快餐店 30 B3
- La Croissanterie Figaro 31 A1
- La Paryse 餐馆 32 B5
- La Sala Rosa 餐馆 33 B2
- Le Commensal 素食馆 34 B5
- Le Jardin de Panos 希腊餐馆 35 C3
- Le Nil Bleu 餐馆 36 B4
- Le Roi du Plateau 葡餐馆 37 B3
- Les 3 Brasseurs 酒馆 38 B5
- Liquid Nutrition 饮品店 39 C5
- Maestro SVP 餐馆 40 B4
- Ong Ca Can 越南餐馆 41 B5
- Robin Des Bois 42 B2
- Schwartz's 熏肉馆 43 B3
- Thai Grill 餐馆 44 B1
- Wilensky's Light Lunch 酒馆 45 B1

饮品
- Baldwin Barmacie 酒馆 46 A1
- Bu 47 B1
- Caffè ArtJava 咖啡馆 48 C2
- Café Santropol 小餐馆 49 A3
- Gogo Lounge 会所 50 B4
- Juliette et Chocolat 巧克力店 51 B5
- Le St Sulpice 酒馆 52 B5
- Le Ste-Elisabeth 啤酒屋 53 B5

娱乐
- Aigle Noir 俱乐部 54 D5
- Café Campus 校园咖啡馆 55 B4
- Casa del Popolo 咖啡酒吧 56 B2
- Chambre de Commerce Gaie du Québec 57 C5
- Cinéma du Parc 公园影院 58 A4
- Ex-Centris Cinema 影院 59 B4
- Foufounes Electriques 歌厅 60 B5
- L'Escogriffe 俱乐部 61 B2
- Le Drugstore 俱乐部 62 D5
- 加拿大格兰德芭蕾舞团 (见 66)
- 玛多卡巴莱夜总会 63 C5
- Metropolis 舞厅 64 B5
- 国家电影委员会 65 B5
- 蒙特利尔歌剧院 66 A5
- 蒙特利尔交响乐团 (见 66)
- 天空俱乐部 67 D5
- Stereo 夜总会 68 C5
- 联合体 II 69 C5

购物
- Eva B 时装店购物 70 B5
- Les Touilleurs 厨具店 71 A1

交通
- Allô Stop 公司 72 B3
- Auto Plateau 汽车租赁公司 73 C4
- 中央火车站 74 C5

(踏姆踏姆星期天，tam-tams 是邦戈鼓式的鼓点声)。这些活动更像社团机构组织的活动。如果喧哗声把你带到了那儿，那就顺着你的鼻子朝飘来飘去的缕缕烟草味寻去。在这里，你说不定还能淘到当地工匠出售的独特手工艺品。

沿 Rue Peel 街顶端拾阶而上，可以登上皇家山。从 Place des Arts 地铁站出发，80 路和 129 路公共汽车开往卡蒂埃纪念碑。11 路公共汽车从皇家山地铁站穿越整个公园。

拉丁区(Quartier Latin)和维利奇(The Village)

拉丁区是蒙特利尔最为喧闹的住宅区，是一个有点蹩脚的娱乐地区，有讨人喜欢的法式景观。1893 年，蒙特利尔大学的迁入给这个地区带来了繁荣，一些颇有威信的文化机构和富有的法裔官僚纷纷接踵落户。尽管在大学搬迁到皇家山北边更大的新校园后，该地区随即冷清下来，犯罪率上升，并有所荒废，但当魁北克大学在 1969 年建立后，情况逐渐好转。

这儿经常举办各种活动，特别是在国际爵士乐节(International Jazz Festival，见 269 页)、法兰西音乐戏剧节(FrancoFolies，见 269 页)和喜剧节(Just for Laughs，见 269 页)时，该地区一天 24 小时热闹不断，成行成市地会集了很多酒吧、赶时髦的小餐馆、音乐俱乐部和唱片店。拉丁区恰好夹在 Rue Sanguinet 街、Rue Sherbrooke 街，Rue St-Hubert 街 和 Boul René Lévesque 街之间。南边就是蒙特利尔老城区，可经圣丹尼斯大街前往。

蒙特利尔的同性恋社区是最近十几年才进入维利奇的，使城市东端的这个贫困区热闹了起来。今天已经不能用“对同性恋者友好”来形容这一地区了。不同趣味的人们都愿意徜徉在圣凯瑟琳大街，走进沿街的咖啡馆、啤酒屋和别致的餐厅，尽情享受生活的乐趣(joie de vivre)。这里的夜生活一贯以火辣刺激而闻名，不过，白天却是另一番景象，各条街道上穿梭着附近各大媒体公司职员的匆忙身影。夏季时，这里最抓狂，成千上万的国外游客涌到这里，观看每年一度、规模盛大的 Divers/Cité 男同性恋大游行(见 276 页框内文字)。

(男同性恋集中的)维利奇，其中心地带是圣凯瑟琳东大街(Rue Ste-Catherine Est)，以及这条大街西至 Rue St-Hubert 街，东到 Ave de Lorimier 街之间的各条沿途小巷。

皇家山高地(Plateau Mont-Royal)

皇家山公园的东边，皇家山高地一带是蒙特利尔最轻快、最热闹和最附庸风雅的地方，原是蓝领阶层区，20 世纪 60 和 70 年代，作家、歌手和其他创作型群体迁入，使它改变了构成。在这些人中，就有著名的剧作家米歇尔 · 特伦勃莱(Michel Tremblay)，他敏锐透彻观察这个社区鲜明的特色，并写入他的作品中，由于他的描写，皇家山高地已推至成为现代流行生活的风向标。

现在，只要房价不再涨，很多蒙特利尔人都想住进这里。当你信步在小路上，领略两边别致的街景，楼梯弯弯曲曲，锻铁阳台精心装饰，尖尖屋顶，透着典型的维多利亚风格，各有精彩，这里的独特尽在其中。

高地北端主要以 Boul St-Joseph 大街为界，南到 Rue Sherbrooke 街，西达皇家山，东至 Ave de Lorimier 大街。圣劳伦斯大街（简称"大街"）、圣丹尼斯大街（Rue St-Denis）和皇家山大街（Ave de Mont Royal）是主干街道，沿街人行道林立着咖啡屋、餐馆、俱乐部和时装店。20 世纪 60 年代，蒙特利尔精英雅皮士常常出没这一带。Rue Duluth 街则集中了不少自带酒水的餐馆，很热闹。

小意大利区（Little Italy）和麦尔安得社区（Mile End）

原味的意大利情调渗透在这个热闹的小意大利区社区，它在高地北边，这里，浓咖啡似乎涩了些，通心粉味重了些，大厨体形也胖了些，但还是很意大利味。在圣劳伦斯大街上，意大利足球赛似乎不间断地转播着，红白绿相间的意大利国旗自豪地插上了街道。当你沐浴在这种气氛中时，可别忘了去琼塔隆集市（Marché Jean Talon，见 274 页）转一转，那里可是喧哗一片，活动多多。

大批的学生和艺术家离开这儿，去寻找支付得起、不太华丽的住所，他们称这儿为"新高地"。麦尔安得社区和前辈一样酷，有两家异常美味的百吉饼店，可在 Ave Laurier 大街边的高档餐厅用餐，中心地段有无数家日益时尚的住处：Rue St-Viateur 和圣劳伦斯大街。这儿多文化气息浓厚——哈西德派犹太人与来自整个欧洲的移民相安无事，毗邻而居——在 Ave du Parc 大街的地道希腊餐馆和 Rue St-Urbain 的新拜占庭式波兰教堂、St Michael's 中一览无余。加拿大小说家莫迪塞·里奇勒（Mordecai Richler）的很多小说都以麦尔安得社区为背景原型，包括小说《杜德·克拉维茨的学徒生涯》（*The Apprenticeship of Duddy Kravitz*）中的场景。

奥林匹克公园和周边地区（Olympic Park & Around）

1976 年奥林匹克夏季运动会在蒙特利尔举办，随即诞生了一系列的奥运景点，例如市中心以东的植物园，沿 Rue Sherbrooke 大街可到达。

奥林匹克公园（OLYMPIC PARK）

奥林匹克公园很开阔，核心景区是多功能的**奥林匹克体育场**（Stade Olympique，Olympic Stadium，见 252 页地图；☎514-252-4141；www.rio.gouv.qc.ca；4141 Ave Pierre de Coubertin；团队游 成人 / 儿童 / 老人和学生 $8/6.25/7.25；⏲9am ~ 6pm；Ⓜ Viau 站），可容纳 8 万名观众，现在多用来举办体育赛事、音乐会和贸易展览会。

天气好时，建议你登上双层缆索铁道，快速升上**蒙特利尔斜塔**（Tour de Montréal，Montréal Tower，见 252 页地图；☎514-252-4737；成人 / 儿童 / 老人和学生 $14/7/10.50；⏲6 月到 9 月 10am ~ 7pm，10 月到次年 5 月 5pm），这座斜塔是世界倾斜度最大的建筑（高 190 米，45 度倾斜角）。透过塔顶全玻璃的观望平台，360 度的市景，江景和周边田园风光尽现眼前。

塔下面是**体育中心**（见 266 页）。

生态温室（BIODÔME）

这座**温室**（见 252 页地图；☎514-868-3000；www.biodome.qc.ca；4777 Ave Pierre de Coubertin；成人 / 儿童 / 学生和老人 $16/8/12，含植物园和昆虫馆联票 $27/13.50/20.25；⏲6 月中到 9 月中 9am ~ 6pm，9 月中到次年 6 月中 至 5pm；Ⓜ Viau 站）原是奥林匹克赛车场，现拥有四大生态系统，满是植被和动物群。导游引领的游程让你进入炎热潮湿的热带森林，其中森蚺（anacondas）、宽吻鳄（caimans）和双趾的树獭（sloths）最是吸引人，再往前不远处就到了较温和的劳伦琴斯林地，林地里的树木在秋天换装，树叶渐黄凋零，和现实世界一样。圣劳伦斯海湾展区中央有一座巨大的水族馆和一座岩石悬崖，当然，其中抢风头的是极地企鹅。

从 5 月到 9 月，往返于生态温室和植物园之间的短途客车免费。

植物园和昆虫馆（JARDIN BOTANIQUE & INSECTARIUM）

1931 年开放，蒙特利尔的**植物园**（见 252 页地图；☎514-872-1400；www2.ville.montreal.qc.ca/jardin；4101 Rue Sherbrooke Est；成人 / 儿童 / 老人和学生 5 月到 10 月 $16/8/12，11 月到次年 4 月 $13.50/6.75/10，含生态温度的联票 $27/13.50/20.25；⏲6 月中到 9 月中 9am ~ 6pm，9 月中到 10 月 至 9pm，11 月到次年 6 月中 周二至周日至 5pm；Ⓜ Viau 站）是继伦敦和柏林之后世界第三大植物园。差不多 2.2 万种植物生长在 30 座露天花园里，其中，宁静的**日式花园**（Japanese Garden）、山石水涧、杜鹃、莲花和盆景点缀其间，宛如一曲交响乐。其他亮点包括**原住民花园**（First Nations Garden）、**中式花园**（Chinese Garden）、**玫瑰园**（Rose Garden）和长满仙人掌（cacti）、香蕉树、兰花和其他热带花卉的 10 间温室。

门票包括参观**昆虫馆**，馆内生活着各类令人悚然的爬行动物，绝大多数为标本展示，很是吸引人，也有活的昆虫，诸如大黑蜘蛛（tarantulas）、蜜蜂和蝎子。请一定记得参观**蝴蝶馆**（Butterfly House）。

偌大的地方，最好的方式是乘坐随时上下的电瓶车四处走走，每 20 分钟左右循环一趟（仅夏季提供)。除周三，从接待中心，每天上午10点和下午1点30分安排免费的导游讲解游程(10月除外)。对于所有设施，乘坐轮椅的游客均可方便出入。

琼德拉勃公园(Parc Jean-Drapeau)

琼德拉勃公园(见252页地图；☎514-872-6120；www.parcjeandrapeau.com)原来是成功举办1967年世界博览会的场地，公园由圣劳伦斯河上的两座岛屿组成：圣海伦岛(Île Ste-Hélène)和诺特丹岛(Île Notre-Dame)。自然风光是公园的主要魅力，此处，它还拥有一座形如拉斯维加斯规模的赌场、一条F1赛车跑道和一家古城堡博物馆。夏天，Jean-Drapeau地铁站附近开设一间**信息咨询亭**(information kiosk；见252页地图；☎514-872-4537)。

驾车的人必须过琼德拉勃桥(Pont Bridge Jacques Cartier)前往圣海伦岛，过拉康克德桥(Pont de la Concorde)前往诺特丹岛。**渡轮**(见260～261页地图；☎514-281-8000；Quai Jacques Cartier；⌚5月中到10月中)搭载行人和自行车从老港口去往公园。自行车和道内溜冰爱好者沿指向哈维尔防堤(Cité du Havre)的路标可进入公园，然后从拉琴运河自行车车道去往诺特丹岛。

167路公共汽车往返两岛之间。

圣海伦岛(ÎLE STE-HÉLÈNE)

岛屿的北端坐落着**拉隆得公园**(La Ronde；见252页地图；☎514-397-2000；www.laronde.com；成人/儿童$37/24.50；⌚5月下旬到6月中10am～8pm，6月中到9月上旬至10:30pm)，是一座巨型游乐园，属于Six Flags公司的产业，该公司总部设在美国。游乐园拥有一系列刺激之旅，让你玩得骨头散架，**滑水道**(Le Splash)让你浑身湿透，**怪兽过山车**(Le Monstre)是世界最高的木制过山车，**吸血鬼环滑车**(Le Vampire)，带有5道环形车道，能让人肠胃翻江倒海，还拥有各类儿童娱乐项目、现场表演和领略江景风光的迷你火车之旅。6月和7月间的周末，公园举办魁北克乐透国际烟花大赛(Loto-Québec International Fireworks Competition，见269页)。

拉隆得公园附近矗立着一座古城堡，19世纪时英军为防御美国的攻击而营建。在这座石砌城堡里，**斯丢伍德博物馆**(Musée Stewart；见252页地图；☎514-861-6701；www.stewart-museum.org；成人/儿童/学生和老人$10/免费/7；⌚5月中到10月上旬10am～5pm)收藏有大量旧地图、文献、航运设备、枪支和其他文物，呈现加拿大早期历史。

环绕岛屿的人行道，路过花园，通往原是世界交易会的各国展馆。其中，球面形的巴奇·福勒室(Bicky Fuller dome)是美洲展馆已变成**生物圈**(Biosphère；☎514-283-5000；www.biosphere.ec.gc.ca；成人/儿童/老人和学生$9.50/免费/7.50；⌚6月到10月10am～6pm，11月到次年5月周二至周五正午～6pm，周六和周日10am～5pm)，采用手控展览，中心向人们介绍大圣劳伦斯河生态系统。大圣劳伦斯河生态系统拥有地球淡水量的20%，从这里的观景厅(Visions Hall)可领略波澜壮阔的江景。

诺特丹岛(ÎLE NOTRE-DAME)

建造城市地铁时挖掘出的1500万吨泥土和岩石成就了这座岛屿。岛上纵横着数条运河和漂亮的园林大道。**吉尔维勒纽夫汽车赛道**(Circuit Gilles Villeneuve)的赛道名从一位来自魁北克的赛车手，他死于1982年的撞车事故。每年，这里举行加拿大F1汽车大奖赛(Grand Prix Canada Formula One Race，见269页)。4月中到11月中期间，平坦的铺设赛道对自行车和道内溜冰手开放。

蒙特利尔赌城(Casino de Montréal；见252页地图；☎514-392-2746；1 Ave du Casino；免费入场；⌚24小时)，原世界交易会的法国展馆，恢弘如一座宇宙飞船厂，是这座岛屿一年四季吸引游人的王牌。你不妨在3000台投币机和115张赌桌上试试运气。赌城一楼不允许饮酒，入内必须年满18岁。过赌城，再经几座桥，可进入**德弗洛拉里花园**(Jardin des Floralies)，一座美丽的玫瑰园。

岛屿南端是**群岛海滩**(Plage des Îles，见267页)，炎热夏季，成千上万的人来此避暑。附近是**奥林匹克水道**(Bassin Olympique)，原奥林匹克划船比赛水道，现在每年7月下旬，这里举办热闹的龙船赛和龙船节。

67号住所(HABITAT '67)

哈维尔防堤位于蒙特利尔老城区和圣海伦岛之间，是一处泥土填出来的狭窄码头，防止港口遭受江浪冰雪的冲击。为了1967年的世界交易会，默舍·萨弗迪(Moshe Safdie)在此设计了一处住宅建筑群示范区，即**67号住所**(见252页地图)。钢筋混凝土方石块看似无规则地堆叠而成，构成150间套房，各自享有不同的住宿空间和景致。这些公寓跻身于蒙特利尔最紧俏的住宅区。不过目前价格还算合理，一套1250平方英尺的房子，售价约为$350 000。

蒙特利尔其他地方

位于西郊的拉琴值得一游，它的历史、建筑和整体氛围自有特色，不是很旅游化，透着蒙特利尔的根源和底气。圣安娜学院女修学院(College St Anne nunnery)和市政厅后面的小街、小路，与圣约瑟夫大街平行，适合漫步闲游。

德拉琴运河(Canal de Lachine)1825 年落成，14.5 公里长，从老港口延伸到圣路易斯湖，原来是为了拦围圣劳伦斯河汹涌的拉琴湍滩而修建。1970 年，随着圣劳伦斯海道建成，运河的航运使命结束了，不过，它的沿岸自此改造成一座公园，特别适合骑自行车和徒步。2002 年以来，美观的游船行驶在平静的运河水面上。

拉琴毛皮交易国家历史遗址(Fur Trade at Lachine National Historic Site；☎514-637-7433；www.parkscanada.gc.ca/fourrure；1 255 Boul St-Joseph；成人/儿童/老人 $3.95/1.95/3.45；⏲4 月到 9 月 9:30am ~ 12:30pm 和 1 ~ 5pm，10 月到 11 月周三至周日 9:30am ~ 12:30pm 和 1 ~ 5pm；Ⓜ Angrignon 站，公共汽车 195 路)就是河滨地区的一栋石头老房屋，用来介绍加拿大的毛皮贸易史，当时，运河修建后，由于湍流阻隔了更深入的内陆航运，拉琴一度成为蒙特利尔毛皮贸易的中枢。

附近的**游客中心**(☎514-364-4490；500 Rue des Iroquois；免费参观；⏲6 月中到 8 月中 9am ~ 8pm，8 月中到 11 月和 4 月到 6 月中周三至周五 9:30am ~ 5pm)安排导游讲解游程，并设有介绍运河的历史展。

活动

骑自行车和道内溜冰(In-line Skating)

2002 年，《自行车》(*Bicycling*)杂志评选蒙特利尔为北美最佳骑自行车城市，确实名副其实，这里适合骑车和溜冰的道路共长 300 多公里，可出行的地方非常多。其中与拉琴运河平行(上页)的一条车道很热门，长 14.5 公里，从蒙特利尔老城区起程，沿途经过很多历史景观，野餐桌散布在两侧，建议你最好去有名的埃沃特集市(Marché Atwater，见 271 页)买些好吃的上路。

在诺特丹岛上的**吉尔斯·维勒纽夫环滑道**(Circuit Gilles Villeneuve，见 252 页地图)很平坦，也适合野餐，4 月中到 11 月中，除 6 月中以外，加拿大 F1 汽车大奖赛就在这里举办。

想了解更多内容，不妨前往当地书店、旅游咨询处或出租自行车和道内溜冰的商店。这里推荐几家：

Ça Roule Montréal 租赁店(见 260 ~ 261 页地图；☎514-866-0633；www.caroulemontreal.com；27 Rue de la Commune Est，Old Port；自行车每小时/24 小时 $9/35，道内溜冰 1 小时起/每增加 1 小时 $9/4.50；⏲4 月到 10 月 9am ~ 8pm)

La Maison des Cyclistes 商店(见 262 页地图；☎514-521-8356，800-567-8356；www.velo.qc.ca；1251 Rue Rachel Est；⏲周一至周五 8:30am ~ 7pm，周六和周日 9am 起)集咖啡店、书店和租赁店于一体。

Vélo Aventure 租赁店(见 260 ~ 261 页地图；☎514-288-8356；www.veloaventure.com；Conveyor Pier，Old Port；自行车 和道内溜冰每小时/每天 $9/30；⏲4 月到 10 月 10am ~ 7pm)

滑冰

宏伟的**中央大厅**(Atrium，见 260 ~ 261 页地图；☎514-395-0555；www.le1000.com；1000 Rue de la Gauchetière Ouest；成人/儿童 $5.75/3.75，冰鞋出租 $5；⏲10 月到次年 4 月周日至周四 11:30am ~ 9pm，周五和周六至深夜，5 月到 9 月 周二至周五 11:30am ~ 6pm，周六 10:30am ~ 10pm，周日 10:30am ~ 6pm)任何时候都能让你沉浸在滑冰的乐趣中，位于蒙特利尔最高的塔楼里，是一座相当先进的玻璃圆顶室内滑冰场；请事先询问儿童专场和迪斯科舞会之夜的时间安排。

勃斯古水池滑冰场(Patinoire du Bassin Bonsecours，见 260 ~ 261 页地图；☎514-496-7678；Parc du Bassin Bonsecours，Old Port；门票 $3，冰鞋出租 $6；⏲冬天天气允许 11am ~ 6pm)是蒙特利尔最热闹的户外滑冰场之一。

奥卡斯托湖(Lac des Castors；见 260 ~ 261 页地图；☎514-872-6559；Parc du Mont Royal；免费参观，冰鞋出租 $6；⏲冬天天气允许 9am ~ 6pm)也是户外滑冰的好地方——靠近一座大型停车场和展台，丛林环抱。

游泳

最棒的游泳池在奥林匹克公园的**体育中心**(Centre Sportif；见 252 页地图；☎514-252-4622；4141 Ave Pierre de Coubertin；成人/学生 $4/3.40；⏲周一至

什么是……

魁北克法语(Le français québécois)，是几乎四分之一加拿大人的母语，在语音、词汇和表达上有别于标准的法语，但是其中不和谐的咒骂语往往给初学者留下更为持久的印象。受挫的讲法语者会求助于他们最神圣的组织——曾经颇具影响力的天主教堂——寻求诅咒词语灵感，从而出现了这些不堪的淫秽语，如 tabernac(圣体龛)、câlisse(圣餐杯)和 ciboire(圣礼容器)。

如果你真想要转动脑子，可以练习 câlisse de crisse de tabernac d'ostie de ciboire de testament(圣约圣礼容器主持的圣体龛旁的圣杯)。这些是诅咒语的来源。

很可笑的是，fucké，是对英语词汇的改编，最初较为温和，意思是"破损"或者"疯狂"。

周五 6:30am ~ 8:55pm，周六和周日 9am ~ 3:55pm)，是一座大型的室内综合体育馆，拥有六个游泳池、跳台和一个 20 米深的水肺游泳池 (Scuba Pool)。

炎热夏日里，人造沙地海滩**群岛海滩** (Plage des Îles；见 252 页地图；☎514-872-6093；Île Notre-Dame；成人 / 儿童 $8/4；⏲6 月下旬到 8 月下旬 10am ~ 7pm) 也是游泳的好地方。白天，当它接纳人数达到极限 5 000 人时，几乎没有空地留给人休闲。池水通过化学清洁剂过滤，安全清洁，适合儿童嬉水。海滩北边入口处坐落着一家水上运动展馆，出租爱斯基摩划子、轮船和其他水上运动器具。

步行游览

蒙特利尔老城区的鹅卵石小巷和四轮马车如果能说话，它们一定会滔滔不绝地讲述早期蒙特利尔的秘密：从伊洛魁人的凶悍、拓荒者的坚忍，到一处前法国殖民地的破碎城墙，到社会名流、分离主义，再到审判体系的诞生。

从**德阿姆广场** (Place d'Armes，**1**；见 255 页) 开始，这里曾是伊洛魁人与麦森纽夫 (Maisonneuve) 带领的拓荒者多次交战的地方。 在广场中央，你可以看到他的铜像，铜像背对这座城市的首栋摩天大楼——**纽约生活大厦** (**2**；见 256 页)，以及令人难以置信的装饰艺术风格派**阿德雷得大厦** (Aldred Building，**3**；见 256 页)。

当你看到**圣母教堂**(Basilique Notre-Dame，**4**；见255页)时会眼前一亮，其华丽的内部装饰和庆典造型抢尽风头：席琳·迪翁于1994年在这里举行了婚礼，卢西亚诺·帕瓦罗蒂(Luciano Pavarotti)后来在这里举办了他的圣诞音乐会。教堂西边是**老神学院**(Old Seminary，**5**；见256页)，它是这座城市中最古老的建筑。

沿着 Rue St-Sulpice 街经过**圣心教堂** (Chapelle du Sacré Coeur，见 255 页)，这座教堂装饰得更为小心谨慎，紧挨着圣母大教堂，避开仅有人行道的 **Rue Le Royer(6)** 路，这儿有这座城市的首个公寓阁楼，下面是树木林立的人行道。蜿蜒而下，来到经过改建的老港口 (见 257 页)，通过木板路 **Promenade des Artistes(7)** 可以到达，从这儿可以看到 Rue de la Commune 街上的老工厂与维多利亚风格的建筑物正面。在蒙特利尔爱德华国王的科学中心或搭乘渡轮从卡蒂埃公园到简达皮奥公园。在爱德华王子码头 (King Edward Pier) 上的**蒙特利尔科学中心** (**8**；见 257 页) 四周转转，或者从**雅克 · 卡蒂埃码头** (Quai Jacques Cartier, **9**) 乘坐渡船来到琼德拉勒公园 (见 265 页)。

在勃斯古街，向北来到圣保罗街，在那里你会看见这座城市中最古老的石头教堂——**勃斯古圣母教堂** (**10**；见 258 页)，以及圆顶**勃斯古集市** (Marché Bonsecours，**11**；见 257 页)，这儿原是农贸集市，现在是向西扩张的时装时尚城堡。

看一看 Rue St-Amable 街中弯弯曲曲的小街上点缀着的艺术品小摊，然后在拐角处不远是雅

步行贴士

起点和终点：德阿姆广场 (Place d'Armes)
全长：1.5 公里
时间：1 小时，如果沿路参观名胜，用时更多。

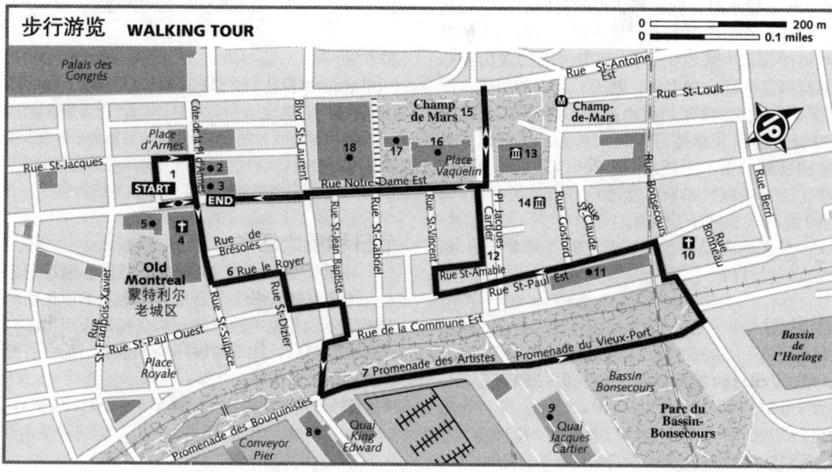

步行游览 WALKING TOUR

各·卡蒂埃广场(**12**，见 256 页)，这里的咖啡店，加上繁华的街景是小憩的好地方。在这条街的北端，就在尼尔森将军塑像石柱外，是装饰华丽的**Hôtel de Ville 市政厅**(**13**，见 256 页)就是在这儿，法国总统戴高乐于 1967 年向欢呼的人群喊出"自由的魁北克万岁！"而它的对面是小得多的**哈马茨城堡**(Château de Ramezay，**14**，见 257 页)，原是总督住所，现为博物馆。

穿过 Place Vaquelin 广场来到绿色的**战神广场**(Champ de Mars，**15**)，该广场建立于 1717 年，用来保护维莱—玛丽村(蒙特利尔过去的名字)免受侵略，现在还能看到两层墙壁的城墙遗迹。回到 Rue Notre-Dame 大街，向西经过邻近的**老法院**(Vieux Palais de Justice，**16**)和新古典风格、雅致的**魁北克上诉法庭**(**17**)，与街对面设计现代的**法院**(Palais de Justice，**18**)形成鲜明对比。最后回到德阿姆广场结束旅程。

带孩子游蒙特利尔

孩子们喜欢蒙特利尔。奥林匹克公园区是最对孩子友好的地方：在生态温室馆(见 264 页)，豪猪(porcupines)、鸽子，以及其他当地的和外国的动物都落户在这里，绝对是最受孩子们欢迎的地方，昆虫馆(见 264 页)悚人的爬行动物群落一定会让你紧张得毛骨悚然。

蒙特利尔科学中心(见 257 页)常推出老科学家们发起举办的科研日，数十个互动站点和视频游戏供孩子们和家长共同体验，爱好天文的孩子可以去蒙特利尔天文馆(见 259 页)看展览。很多博物馆还专设儿童学习班和安排配导游讲解的儿童游览团。

盛夏，在群岛海滩(Plage des Îles，见 267 页)玩上数小时，就在琼德拉勃公园的诺特丹岛上，开心凉快二者兼备，而附近圣海伦岛上的拉隆得游公园(见 265 页)，刺激过瘾的过山车和其他项目保证让青少年乐翻天。巨大的中央大厅(见 266 页)，常年开放滑冰场，周日早上 11 点 30 分之前设儿童练习专场。冬天，你可以去皇家山公园的奥卡斯托湖(见 266 页)冰面上滑花样，或去老城区勃斯古水池户外滑冰场(见 266 页)滑冰，那里好不热闹。

很多酒店提供合格、专业的儿童看护服务，完全信得过。

团队游

游船游

AML Cruises航运公司(见260～261页地图；☎514-842-9300；www.croisieresaml.com；成人/儿童/老人和学生 $26/13/24；⏲11:30am，2pm和4pm)游程包括90分钟老港口和圣海伦岛陆路观光。从Quai King Edward码头发船。

拉琴湍流游(Lachine Rapids Tours，见 260～261 页地图；☎514-284-9607；www.jetboatingmontreal.com；喷气式游船 成人/儿童/少年 $60/40/50，快艇 $25/18/20；⏲5 月到 10 月 10am～6pm)从 Clock Tower Pier 码头出发，喷气式游船游历拉琴湍流，请做好被水打湿的准备；快艇游则灵活方便，安排环群岛公园的半小时徒步游，从 Quai Jacques Cartier 码头出发。

Le Bateau Mouche 游船公司(见260～261页地图；☎514-849-9952；www.bateau-mouche.com；1小时游程 成人/儿童/老人和学生 $20.95/11/18.95；⏲5月中到10月中1:30pm，3pm和4:30pm)从Quai Jacques Cartier码头出发，用时1小时，航船采用玻璃顶棚，不受天气限制，也提供90分钟老港口和琼德拉勃公园的陆路观光($24.95/11/22.95)，上午11点30分出发。

公共汽车游

所有观光客车从旅行信息中心(见 260～261 页地图)前面发车。

Autobus Viens/Impérial 公司(☎514-871-4733；2/3 小时游程 $35/40；⏲5 月到 10 月 9am，10am，1pm 和 3pm，11 月到次年 4 月 10am 和 1pm)这条观光通线带你前往蒙特利尔所有的主要景点，包括蒙特利尔老城区(在圣母教堂，安排 30 分钟的停车游览)，琼德拉勃公园和奥林匹克公园。

灰色线路 / 加拿大长途公共汽车公司(Gray Line/Coach Canada；☎514-934-1222；www.grayline.com；⏲5 月下旬到 10 月下旬)挺有名，推出 3 小时的"蒙特利尔市郊区"之旅(Greater Montréal；成人 / 儿童 $36/27；⏲10am 和正午)，让你纵览蒙特利尔老城区、奥林匹克公园、圣约瑟夫礼拜堂和市中心一带。6 小时的蒙特利尔豪华游(Deluxe Montréal，$68/51；⏲10am)，票价含蒙特利尔塔、生态园和植物园的门票。

步行游览

Guidatour旅行社(☎514-844-4021；www.guidatour.qc.ca；成人/儿童/老人和学生 $15/7/13；⏲6月下旬到9月11am和1:30pm)公司双语导游会讲各类精彩的故事和事件，让蒙特利尔老城区的历史游变得极其有趣生动。旅行团从圣母教堂出发(见 260～261页地图)。

节日和重大活动

暑期(6 月到 8 月)是旺季，其间，蒙特利尔人一个节日接着一个节日地过，作为城市生活的重要部分，有免费的户外音乐会和街头演出。每逢盛大节日时，比如像国际爵士乐节，都会将街道封闭用来做庆典。

冰雪节(Fête des Neiges；☎514-872-6120；www.fetedesneiges.com；⏲1月下旬)连续三个周末在雪地里娱乐游戏，从琼德拉勃公园开始。

节日精华（Highlights Festival，☎514-288-9955，888-477-9955；www.montrealenlumiere.com；⏲2月下旬/3月上旬）展示本地美食、音乐、美术的节日集合，在一个"通宵"大聚会和公共早餐中达到高潮，这顿早餐是用能容纳一万个煎蛋卷的煎锅做成的。

加拿大汽车大奖赛（Grand Prix of Canada；☎514-350-0000；www.grandprix.ca；⏲6月）在诺特丹岛上的吉尔维勒纽夫环车道上，世界最棒的赛车手相互竞技，争夺北美最盛大的F1赛事大奖。

国际烟花节（L'International Des Feux Loto Québec；☎514-397-2000；www.internationaldesfeuxloto-quebec.com/en；⏲6月中到7月下旬）比赛期间，在拉隆得公园，每周一到两晚，燃放30分钟各种造型的烟花，同时进行评选，最后选出世界绽放得最美的烟花。

国际爵士乐节（Festival International de Jazz；☎514-871-1881，888-515-0515；www.montrealjazzfest.com；⏲6月下旬到7月上旬）历时12天，市中心核心地带举办400场音乐会，营造浓浓的爵士和布鲁斯音乐氛围，绝大多数为免费的露天音乐会。

喜剧节（Just for Laughs Festival；☎514-845-3155，888-244-3155；www.hahaha.com；⏲7月中）数百场演出，包括拉丁区的免费剧目表演，为时两个星期的国际喜剧节令人兴奋。

法兰西音乐戏剧节（Les FrancoFolies；☎514-876-8989，888-444-9114；www.francofolies.com；⏲7月下旬）每年一度国际法语音乐戏剧节，云集不少当今的顶级明星和一夜窜红的新秀。

住宿

夏季当天气温暖、节庆活动接二连三时，蒙特利尔会涌来无数游客，旅馆会迅速爆满，所以，预订酒店很重要。尽管蒙特利尔老城区一带的酒店和旅馆大多数是较贵的宾馆类(auberges)，超豪华的新式时尚酒店也不便宜，如果你想靠近港口区，这里还是值得考虑。在热闹的皇家山高地和维利奇社区，房价便宜些。标准的B&B旅馆让你住在市内夜生活最丰富多彩的密集地带。市中心的西边主要集中一些大的酒店，靠近各大博物馆和众多购物区。

以下机构可为你预订住宿：

B&B Downtown Network市中心订房网（☎514-289～9749，800-267-5180；www.bbmontreal.qc.ca）

BB Select（☎613-747-1971，800-741-1617；www.bbselect.com）

旅行信息中心（Centre Infotouriste；见254页）

蒙特利尔老城区

背包客旅舍（Alternative Backpackers；见260～261页地图；☎514-282-8069；www.auberge-alternative.qc.ca；358 Rue St-Pierre；宿/房含税 $18～20/55；⊠ 💻 wi-fi）在这座1875年建成的建筑中，这家时尚青年旅舍的老板努力用原创艺术品、彩色墙壁以及阳光明亮的内部装饰来融入时尚。这儿的咖啡和绿色的营养早餐($4)收费公道，但没有电视机。从价格来看，这儿是这座城市中最好的选择。

Auberge Les Passants du Sans Soucy宾馆（见260～261页地图；☎514-842-2634；www.lesanssoucy.com；171 Rue St-Paul Ouest；房 $155～185，套房 $215；wi-fi）这座酒店很经典，地毯很东方，古董摆设，石墙裸露，透着雅致简约的意味。宾馆大厅也是一间画廊。

在老城区众多光亮的时髦酒店中，比较突出的两座酒店是**Hotel Nelligan酒店**（见260～261页地图；☎514-788-2040，877-788-2040；www.hotelnelligan.com；106 Rue St-Paul Ouest；房$210～450；Ⓟ ❄ 💻）以及建筑宏伟的**Hotel Le St-James酒店**（260～261页地图；☎514-841-3111，866-841-3111；www.hotellestjames；355 Rue St-Jacques；房$350～400；Ⓟ ❄ 💻）。

市中心

经济

国际青年旅舍（见260～261页地图；HI Montréal International Youth Hostel；☎514-843-3317，866-843-3317；www.hostellingmontreal.com；1030 Rue Mackay；宿 $25.75，房 $65～75；❄ 💻 wi-fi）占地很大，地处中心位置，管理井然。拥有可住宿4到10人的寝室间，数间独立配套客房，所有房间都配空调和卫生间。公用大厨房、咖啡间和公共区域常常人来人往，特别是夏季，务必提前预订。

L'Abri du Voyageur旅馆（见262页地图；☎514-849-2922，866-302-2922；www.abri-voyageur.ca；9 Rue Ste-Catherine Ouest；房 带公共卫生间 $59～79，公寓 带公共卫生间 $89～109；❄）虽然地处蒙特利尔略微有些破旧的"红灯区"，但，高高的天顶、裸砖面墙壁和木板地使得这家宏伟的旅馆物有所值。附属建筑里的公寓式套间比较便宜。

中档

万豪酒店（Manoir Ambrose；见260～261页地图；☎514-288-6922；www.manoirambrose.com；3422 Rue Stanley；单 $70～120，双 $75～135；Ⓟ ⊠ wi-fi）在这家迷人的维多利亚式旅馆中，所有22间客房都装饰有吸引人的红色纤维、漂亮的模型制品以及仿古壁炉。如果随父母入住，10岁以下的儿童全免。

Montréal Y Hotel 酒店（见260～261页地图；☎514-866-9942；www.ydesfemmesmtl.org；1355 Boul René-Lévesque Ouest；单/双 $75/85，带公共卫生间 $65/75；♀ 限女性）这家非营利性旅馆装饰灵活多样，提

魁北克

供宽敞、漂亮的客房，男女不限。所有客人都可以使用公共厨房、洗衣设施，公共卫生间一尘不染。

Les Bons Matins 旅馆（见 260 ~ 261 页地图；☎ 514-931-9167，800-588-5280；www.bonsmatins.com；1401 Ave Argyle；房 $119 ~ 159，套房 $199 ~ 229；🅿 ☒ wi-fi）迷人和鲜艳的外挂砖以及多彩的床单和壁纸，这一经典搭配弥漫着世纪初不断发展的气息。这儿的早餐是最好的了，有美食蛋饼、自制华夫饼以及意式特浓（Espresso）。

高级

我们的选择 **Le Petit Prince 旅馆**（见 260 ~ 261 页地图；☎ 514-938-2277，877-938-9750；www.montrealbandb.com；1384 Ave Overdale；房 $200 ~ 225；❄ 💻 wi-fi）在这家完美的 B&B 旅馆中，有四间客房，不管是请求、偷盗，还是撒谎，都要设法弄到其中一间。精心挑选的家具、本地艺术家所设计的作品及其创造性的颜色使用，使每个房间都有不同的感觉；两间有私人阳台。早餐充满丰富美食，在很酷的厨房用红色复古餐具进餐。

拉丁区(Quartier Latin)和维利奇(The Village)

Turquoise B&B 旅馆（见 262 页地图；☎ 514-523-9943，877-707-1576；www.turquoisebb.com；1576 Rue Alexandre de Sève；房带公共卫生间 $60 ~ 90）在一条宁静街道上，靠近维吉尔核心地带，建筑精心翻新，典型的维多利亚风格，同时彰显着鲜明的都市魅力，花园里鲜花满园，还有一处金鱼水池，就像一处宁静的港湾。这里接待同性恋者。

皇家山高地 (Plateau Mont-Royal)

经济

Auberge Maeva 旅舍（见 262 页地图；☎ 514-523-0840；www.aubergemaeva.com；4755 Rue St-Hubert；宿 / 房 $22/45；💻 wi-fi）因为它宾至如归的氛围，丰盛的免费早餐和闹中取静的地理位置，读者们热心推荐这家小青年旅舍。建议你在大大的厨房和户外露台上结识旅途中的新朋友。

Pierre et Dominique B&B 旅馆（见 262 页地图；☎ 514-286-0307；www.bbcanada. com/928. html；271 Square St-Louis；房带 公共卫生间 $60 ~ 110）另一家挺不错的经济旅馆便是这家 B&B 旅馆，很安静，提供美味的绿色早餐。

中档

Shézelles B&B旅馆（见262页地图；☎ 514-849-8694；www.bbcanada.com/2469.html；4272 Rue Berri；单/双 $65/80，公寓$140）红色的门和鲜黄色的楼梯暗示着这家等待你光临的简陋住所内的色彩背景，主人露西(Lucie)和莱恩(Lyne)温和而好客。巨大的地下公寓可住六人，配备惠尔浦电器、钢琴、全套厨房和独立入口。

Anne Ma Soeur Anne 旅馆（见 262 页地图；☎ 514-281-3187；www.annemasoeuranne.com；4119 Rue St-Denis；单 $70 ~ 115，双 $80 ~ 130；☒ ❄ wi-fi）牛角包涂上黄油送到你的房间门口，在客房的小厨房里煮泡一壶新鲜的咖啡，一天的早上就在这样的享受中开始。客房，尽管空间小，布置得很巧妙，客床折叠起来就能摆出一张餐桌。

Au Piano Blanc 旅馆（见 262 页地图；☎ 514-845-0315；www.aupianoblanc.ca；4440 Rue Berri；房不带 / 带卫生间 $80/125）主人席琳（Céline）是一位专业歌手（当然不是那位出名的席琳 !）。她迷人的 B&B 旅馆色彩绚丽，透着一种愉快的艺术气息。五间全新的客房，在两间配备独立卫生间和浪漫的防滑浴缸，还有全套的家庭厨房供使用。

高级

Auberge de la Fontaine 宾馆（见262页地图；☎ 514-597-0166，800-597-0597；www.aubergedelafontaine. com；1301 Rue Rachel Est；房$153~293，套房 $199~360；🅿 ♿ 💻 wi-fi）地处德拉芳廷公园(Parc de la Fontaine)一端，这家宾馆尽显经典而不奢华。早餐丰富多样，客人还随时可以从冰箱搜罗些小吃和甜点。2号客房最棒，备双涡轮水流浴盆，露台朝向公园景致。轮椅客人可放心入住。

Opus Montréal（见262页地图；☎ 514-843-6000，866-744-6346；www.opusmontreal.com；10 Rue Sherbrooke Ouest；房$239~249，套房$399~1500；🅿 ❄ wi-fi）在这家宾馆中，即使是普通房间也能通过亚麻装饰带给你高档次的享受。这家旅馆建于1914年，充满艺术风格，地理位置优越。

就餐

蒙特利尔人的时间围绕着早餐、午餐和晚餐在走，高品位要求高标准——生菜绝对不能没水分，单调的酱汁不能端上桌。这座城市的顶级厨师追随着过去的传统，并通过对北美美食文化进行革新从而获得另一种美味，结果出现了新式烹调——魁北克烹饪。由于竞争与选择日益增多——根据最近一次统计，有超过 5000 家餐馆——就餐者们往往能体验物美价廉。

市中心，特别是皇家山高地一带，是美食天堂，餐馆比其他街道多很多，其中圣劳伦斯大街堪称这座城市的厨事大全街，从唐人街热闹的汤城到苏斯瓦茨 (Schwartz) 的熏肉集市，再到新式的皇家山高地美食领导者。再往北就是麦尔安德，蒙特利尔有名的硬面包圈就是从这里流行开来的，还有小意大利区舒适的意式肉蛮特别。

在圣劳伦斯大街上 Rue Prince Arthur 路和 Rue St-Denis 大街上 Rue Duluth Est 路周边高地的饮食店中，客人可以自带酒水（法语：apportez votre vin；BYOW）。对于地图上未标出的地点，地铁站会有相关信息。

蒙特利尔老城(Old Montréal)

经济

Titanic 咖啡馆（见 260 ~ 261 页地图；☎514-849-0894；445 Rue St-Pierre；主菜 $4.50 ~ 12；🕑周一至周五 7am ~ 4pm）这里友善的工作人员很擅长制作美味的三明治，并能用面包、乳酪或肉酱小山以及新鲜的香料片制作出让你止不住流口水的佳肴。日常的热菜也是很棒的选择。

Olive+Gourmando 咖啡屋（见 260 ~ 261 页地图；☎514-350-1083；351 Rue St-Paul Ouest；菜价 $5 ~ 10；🕑周二至周六 8am ~ 6pm）午餐时，穿过人群（如果有必要的话）进入这家位于角落的咖啡屋，有点像进入天堂一般，来点用新鲜绿色产品制作的热 paninis(带馅意大利烤面包——译注）和热汤。留点肚子品尝著名的巧克力布朗，再来杯意利咖啡。

Marché de la Villette 餐馆（见 260 ~ 261 页地图；☎514-807-8084；324 Rue St-Paul Ouest；菜价 $7 ~ 10；🕑9am ~ 6pm）赶时间的美食家可以来这里尝尝肥鹅肝 (foie gras，每公斤 $250) 和其他精致菜肴。时间多的食客可以一边和当地人友好攀谈，一边等着用当地农产品调制出来的可口午餐。

中档

Ghandi 印度餐馆（见 260~261 页地图；☎514-845-5866；230 Rue St-Paul Ouest；主菜 $7.50~20；🕑周一至周五正午~2pm，每日 5:30~10:30pm）这家印度餐馆雅致、朴素，各类咖喱菜味道好似烹饪世界的诗篇；还有温泥炭火烹制的鸭肉和黄油烹制鸡。

L'Usine de Spaghetti Parisienne（见 260 ~ 261 页地图；☎514-866-0963；273 Rue St-Paul Est；正餐 $9 ~ 12；🕑周一至周五 11am ~ 11pm，周六 5pm 起）这家对家庭友好的意大利餐馆经常有游客光顾，店里供应丰盛的意大利面，对于到雅克·卡蒂埃广场来旅游的游客来说，这儿是个物美价廉的选择。

高级

Gibby's 餐馆（见 260 ~ 261 页地图；☎514-282-1837；298 Place d'Youville；主菜 $22.50 ~ 45.50；🕑周日至周五 5pm ~晚上，周六 4:30pm 起）环境独特，由一个 200 年之久的老马棚改造而成，非常显眼且赏心悦目，而它的菜肴——尤其是专业刀工的牛肉——真可谓卓而不群。这家酒吧的餐前小酌也很让人开胃尽兴。一定要预订。

市中心

经济和中档

Le Commensal 素食馆（见 260 ~ 261 页地图；☎514-871-1480；1204 Ave McGill College；菜每 100 克 $1.69；🕑11:30am ~ 10pm）这家不大的连锁自助素食馆提供各类营养素菜、沙锅类焙菜、沙拉和甜点，选择多，按分量计价，建议不要拿土豆类饭菜。**拉丁区**（见 260 ~ 261 页地图；☎514-845-2627；1720 Rue St-Denis）有一家分店。

Boustan 餐馆（见 260 ~ 261 页地图；☎514-843-3576；2020 Rue Crescent；主菜 $4 ~ 9；🕑11am ~ 4am）这家小黎嫩酒吧在本市烤肉卷饼 (shawarma) 圈里很受欢迎，营业时间很长，是那些补充食物的酒吧夜猫子们常光顾的地方。

Ong Ca Can 越南餐馆（见 262 页地图；☎514-844-7817；79 Rue Ste-Catherine Est；主菜 $8 ~ 13；🕑周二至周日 11:30am ~ 2pm 和 6pm ~晚上）室内装饰采用清爽的白色亚麻餐布和复杂精细的艺术插图，这家热闹的越南餐馆看起来挺昂贵。厨房人员能烹制世界各地佳肴，其中柠檬草馅卷和牛正餐肴很受当地顾客推崇。

Marché Atwater 埃沃特集市（见 260 ~ 261 页地图；☎514-937-7754；138 Ave Atwater；🕑周一至周三 8am ~ 6pm，周四和周五 至 9pm，周六和周日 至 5pm；Ⓜ Atwater 站）这座集市棒极了，聚集了大量商贩，大多贩买当地和本省的名吃：精制的奶酪、酥脆皮面包、美味冰葡萄酒和辛辣的 tapenades 全都汇集在这栋 1933 年的砖头大厦里。

高级

Ferreira Café 咖啡馆（见 260 ~ 261 页地图；☎514-848-0988；1446 Rue Peel；主菜 $17 ~ 34；🕑周一至周五正午~ 3pm 和 6 ~ 11pm，周六 6 ~ 11pm）在这家葡萄牙餐馆，可以一边咀嚼赠送的橄榄，一边细读菜谱。大厨马里诺·塔瓦尔斯 (Marino Tavares) 烹制的沙丁鱼，巴斯鱼和啮鱼 (snapper)，精到一流，还有美味的波尔图 (Port) 红葡萄酒供选择。务必提前预订。

Bronté 餐馆（见 260 ~ 261 页地图；☎514-934-1801；1800 Rue Sherbrooke Ouest；主菜 $20 ~ 36；🕑周二至周六 5pm ~晚上）这儿的外表是 20 世纪 20 年代超级俱乐部与 21 世纪技术的碰撞。沉醉在乔·梅尔库里 (Joe Mercuri) 厨师精心烹制的美食中，在你付过账单之后脑海中还会有余味。建议预订位置。

Toqué! 餐馆（见 260 ~ 261 页地图；☎514-499-2084；900 Place Jean-Paul-Riopelle；主厨菜单 $92 ~ 164；🕑周二至周六 5:30 ~ 10:30pm）一贯宣扬自己

是蒙特利尔顶级美食餐厅，有一串长长的赞美之词可作为凭证。厨师 Normande Laprise 的七道主厨菜肴将新式魁北克菜肴带上了餐桌，是独特味觉与完美外形的结合。提前预订很重要。

拉丁区(Quartier Latin)和维利奇(The Village)

Liquid Nutrition 饮品店（见 262 页地图；☎ 514-504-5812；1303 Rue St-Catherine Est；酒水 $5～7；⏰ 8am～10pm）创新性的奶昔和蛋白质饮料会令人精神抖擞。刚刚醒来？来杯“lève tôt”，它混合了豆奶、浆果、燕麦片；或者来个更刺激、含咖啡因的“matcha skinn”，添加了甜瓜、苹果和芒果，让人流恋忘返。

La Paryse 餐馆（见 262 页地图，☎ 514-842-2040；302 Rue Ontario Est；主菜 $7～10；⏰ 周一至周五 11am～11pm，周六和周日正午～11pm）料足汁多——餐馆精巧怀旧，很知道汉堡包的烹制。如果你不吃肉也不必恼怒，因为它还有很多美味汤和豆腐类菜肴等你选择呢。

Les 3 Brasseurs 酒馆（见 262 页地图；☎ 514-845-1660；1658 Rue St-Denis；主菜 $9～14；⏰ 11～1am 或更晚）一天的观光游览后，如果你想来顿酒足饭饱，就上这家酒馆吧，外观像一座很有风格的库房，房顶还有露台，馆子的名吃是“Flamm”，一种法式比萨饼，氛围轻松愉快。

Le Nil Bleu餐馆（见262页地图；☎ 514-285-4628；3706 Rue St-Denis；正餐 $19～28；⏰ 6pm～午夜）这里的食物跟它们的味道一样耐人寻味：设想扁平的酵母面包上铺满了一块块香料炖肉——你能抵挡住这些面包的诱惑吗？在喷泉的映衬下，在这家埃塞俄比亚餐馆的就餐就显得更有情调、更加神秘。

皇家山高地(Plateau Mont-Royal)

经济

Schwartz's 熏肉馆（见 262 页地图；☎ 514-842-4813；3895 Boul St-Laurent；餐费 $7～14；⏰ 周日至周四 9～12:30am，周五至 1:30am，周六至 2:30am）这是一家传奇式的熏肉馆，门外总是排着长队，请别被这情景吓住了，不妨加入到这些顾客中——从学生到名流——坐在公共餐桌旁，点上些腌菜、炸土豆条和凉拌卷心菜丝 (coleslaw)，好一顿享受。

中档

La Sala Rosa 餐馆（见 262 页地图；☎ 514-844-4227；4848 Boul St-Laurent；正餐 $7.50～15；⏰ 周二至周日 5～11pm）在这家独特的餐厅里，吞下美味的西班牙餐前小吃、海鲜饭（甚至是素食的），配上水果红酒 (Sangria) 汽酒，这儿和 Spanish Social Club 在同一层。周四有免费的弗拉明戈舞蹈表演。

Eduardo（见 262 页地图；☎ 514-843-3330；404 Rue Duluth Est；正餐 $8～15；⏰ 周二至周五 11am～11pm，周六和周日 3pm 起）期待着一周的每个夜晚都在这舒适惬意的小酒馆里聚餐，这儿供应意大利口味菜肴，比如普通但美味的糖蜜烤碎肉丸子与肉酱意大利面，在黑暗但欢快的气氛中挤在一起吃意大利面。自带酒水。

Le Roi du Plateau葡餐馆（见262页地图；☎ 514-844-8393；51 Rue Rachel Ouest；主菜$9～20；⏰ 5～11pm）在这家广受欢迎的葡萄牙美食店里，餐桌挤满人，挤得就像冒着烟的火灯笼架上摆满的沙丁鱼。美食店外观极不起眼，不过确实内里乾坤。鲜美可口的鸡肉显然是各色菜肴中的极品。

Thai Grill餐馆（见262页地图；☎ 514-270-5566；5101 Boul St-Laurent；正餐 $10～17；⏰ 5～11pm）用pad Thai、tom ka(泰国椰子炖鸡汤)的异国香料填饱你的肚子并满足你的鼻子，咖喱可以风干后保存，旅客可以将黄金佛、紫色的泰国金针作为美好的回忆。建议提前预订。

Aux Vivres 餐馆（见 262 页地图；☎ 514-272-5339；4631 Boul St-Laurent；正餐 $10～17；⏰ 周二至周五正午至午夜，周六和周日 11am 起）这里的厨师做的素食适合每个人，比如用烟熏椰子等材料代替培根做出的“CLT”三明治。每天都有无牛奶甜食竞赛，获胜者将获得一个“魔术蛋糕”（无奶酪酪饼）和极其美味的黑巧克力松露。服务一般，速度较慢。

我们的选择 **L'Express 快餐店**（见 262 页地图；☎ 514-845-5333；3927 Rue St-Denis；主菜 $12～20；⏰ 8～2am）这个地方相当法国味，你甚至期待窗外就能看到埃菲尔铁塔，特别是不少口味极佳的葡萄酒下肚后。菜的品种是传统的法国菜——比如牛肉炸土豆条法式杂鱼汤 (bouillabaisse) 和龙蒿鸡 (tarragon chicken)，当然服务态度亦不错——务必提前预订。

Le Jardin de Panos 希腊餐馆（见 262 页地图；☎ 514-521-4206；521 Rue Duluth Est；主菜 $12～21；⏰ 正午至午夜）这家可爱的希腊餐馆拥有一座后花园，满是鲜花，能带你直接到地中海。每道主菜都很精到，其中，供品尝口味和花色的什锦开胃拼盘好棒。自带酒水。

Au Pied de Cochon 餐馆（见 262 页地图，☎ 514-281-1114；536 Rue Duluth Est；主菜 $12.50～30；⏰ 周二至周日 5pm～午夜）法国受训的主厨马丁·毕卡德 (Martin Picard) 创新诠释经典农家菜，很快就捕获了蒙特利尔美食家们的心和胃，从他的厨房出来的肉类菜肴很抢手。

高级

Maestro SVP 餐馆（见 262 页地图；☎514-842-6447；3615 Boul St-Laurent；主菜 $14～40；周二至周五 11am～10pm，周六至周一 4pm 起）这家时尚餐馆 15 种牡蛎拼盘是特色菜，餐桌灯光烘托气氛。如果你不习惯黏糊糊的帽贝牡蛎类(molluski)食品，就请试试鱿鱼(calamari)、腥辣罗非鱼(tilapia)或通心粉之类吧。

Robin Des Bois（见262页地图；☎514-288-1010；4403 Boul St-Laurent；正餐 $15～25；周一至周六8am～11pm）蒙特利尔自己的罗宾汉，店老板Judy Servay将其全部利润和小费都捐给当地慈善机构。不断变换的菜肴名涂满了整块黑板，包括鹿肉牛排或奶油蘑菇意大利调味饭，食物都由面带微笑的志愿工作者们呈送。

Chu Chai（见 262 页地图；☎514-843-4194；4088 Rue St-Denis；正餐 约 $20；正午～10pm）是蒙特利尔的首家高档素食餐厅，以泰式菜为灵感而创作的薯条和椰子汤将芳香高粱柠檬的作用发挥到极致，柠檬香草和甜罗勒闻名遐迩，仿鸭子甚至可以骗过挑剔的食肉动物。自带酒水。

小意大利区(Little Italy)和麦尔安得(Mile End)

经济

Fairmount Bagel硬面包圈馆（见262页地图；☎514-272-0667；74 Ave Fairmount Ouest；硬面包圈 $0.50～1.50，三明治$3.50～7；24小时）蒙特利尔硬面包圈的原创面包店，仍然一星期7天，一天24小时的生产这些硬面包圈，有经典的洋葱味，还有新奇的穆兹利口味(mueshi)，晒干的番茄味和香蒜沙司味(pesto)。

La Maison du Bagel硬面包圈馆（见262页地图；☎514-276-8044；263 Rue St-Viateur Ouest；硬面包圈$0.50～1.50，三明治$4～8；24小时；Ⓜ Place des Arts站，然后换乘80路公共汽车）也称做St Viateur硬面包圈店，这家和Fairmount Bagel齐名，虽说不是开山鼻祖。建议你两家都尝尝，看看更喜欢哪家的味道。

Wilensky's Light Lunch 酒馆（见 262 页地图；☎514-271-0247；34 Ave Fairmount Ouest；每道菜 $2.50～5；周一至周五 9am～4pm）肉食者常常聚集在莫·维伦斯盖(Moe Wilensky)的这家街头酒馆里，然后点上"特色菜"，一种压制的大红肠三明治(a pressed bologna sandwich)。因为莫迪塞·里奇勒(Mordecai Richler)的小说《杜德·克拉维茨的学徒生涯》(*The Apprenticeship of Duddy Kravitz*)，它的声名甚至被铭记。伴着一杯泡过的樱桃可乐(cherry cola)吃这种三明治下肚。

Le Jardin du Cari 餐馆（见 262 页地图；☎514-495-0565；21 Rue St-Viateur Ouest；正餐 $6～8；周二至周五正午～10pm，周六和周日 5～10:30pm；Ⓜ Place des Arts 站，然后换乘 80 路公共汽车）在这家圭亚那小餐馆中，一口咬下去，咀嚼着绷紧的填充鸡肉或羊肉，再来点甜美的南瓜泥，一股香味就会流入嘴里。

中档

La Croissanterie Figaro（见262页地图；☎514-278-6567；5200 Rue Hutchison；正餐 $7.50～11；7～1am）一个自称un petit coin perdu de Paris(巴黎的一个被人遗忘的小角落)的小餐馆里，道边庭院稳固结实，大理石花纹经典的内部镶嵌外露。穿着黑色服装的服务生端着一杯杯热腾腾的牛奶咖啡，临时菜单在下午4点左右出来。

Alep 中东餐馆（见 262 页图中箭头所示；☎514-270-6396；199 Rue Jean Talon Est；主菜 $8～14；周二至周六 5～11pm；Ⓜ De Castelnau 站）莳萝子(cumin)、芫荽(coriander)和其他香料的混合香味弥漫在这间难忘的餐厅里，极诱人。室内装饰借

热点话题：是否选择鹅肝

尽管芝加哥有禁令，梵蒂冈不允许食用鹅肝，就连特别重视烹饪的沃尔夫冈·帕克也禁止食用，但是魁北克人对于汤汁丰富、浓郁美味的鹅肝的追求却永无止境。

为何大惊小怪呢？加拿大地区的三大鹅肝生产商都在魁北克，本地动物权利保护主义者谴责强行喂鹅的做法（强饲法），在他们看来这是一个大问题，而生产商却认为：强饲法只是模仿了动物在冬天来临之前塞饱肚子的这一自然本能而已。

无论是缺乏感情还是只是上瘾，饮食趋势表明魁北克人将不再期待圣诞节——这个沉溺于鹅肝的传统节日。超市中罐装鹅肝的销售量不断上升，外卖熟食店的生意红红火火。Au Pied de Cochon 餐馆（见 272 页）的老板马丁·皮卡德(MARTIN PICARD)研制出鹅肝布丁(poutine)——将炸薯条涂抹上厚厚的融化乳酪和肉汁，然后在其顶部抹上柔软的鹅肝酱，这样的食物会使人的胆固醇升高。

早午饭，出去吃！

周末在蒙特利尔吃早午饭是出于礼节需要，差不多是在早上 10 点钟开始，虽然是在城市最热闹的地方，但是排着长队等着吃的大都是昨晚的饮酒狂欢者，这些人刚刚起床，会一直排到下午 2 点。下面是一些我们最喜欢的地方：

- **Beauty's 餐馆**（见 262 页地图；☎514-849-8883；93 Ave du Mont-Royal Ouest；早餐 $5～12）自从 1942 年开店以来，就成为铁杆粉丝基地，人们和用餐者与老板 Hymie Sckolnick 亲切地闲聊着，简单但很棒的早餐与烤芝麻百吉饼一起被端上桌来。
- **Café Souvenir 餐馆**（见 262 页图中箭头所示；☎514-948-5259；1261 Ave Bernard；早餐 $5～12；Ⓜ Outremont 站）如果想观察穿着考究的人群坐下来吃早午饭，那么这个院子绝对是最佳之选。价格公道的早饭包括了浓厚可口的面包——是从附近的 Première Moisson 面包房买来的。
- **Chez Cora 餐馆**（见 262 页地图；☎514-525-9495；1396 Ave du Mont-Royal Est；早餐 $6～12）不要错过早餐连锁餐馆那愉悦、黄色的阳光标示语，这家餐馆因具有特色物品和丰富的乡村风格工艺品而著名，例如惹人喜爱的瓷器鸡，这些物品装饰着墙壁。
- **Senzala 餐馆**（见 262 页图中箭头所示；☎514-274-1464；177 Ave Bernard；早餐 $8～13；Ⓜ Place des Arts 站，然后换乘 80 路公共汽车）在这家巴西餐馆的院子里沐浴于阳光之下，吃着各式各样形态各异的蛋，例如令人兴奋的"Tropicana"，蘸着番茄酱的鳄梨或芒果上放着荷包蛋，并且有香蕉和烤苹果这样的装饰品。
- **Eggspectation 餐馆**（见 260～261 页地图；☎514-282-0119；201 Rue St-Jacques；早餐 $8～15）这家店因为丰富的早餐菜单而闻名（包括很多种类的蛋），在城里有 4 家连锁店，每家的装修风格都不同，最好的一家位于蒙特利尔老城区。

鉴叙利亚阿来普 (Alep) 的一座著名城堡，这里的中东菜肴更是顶呱呱，点些美味开胃菜开餐，或是尝尝烤牛肉串和鱼类，准错不了。

琼塔隆集市（Marché Jean Talon；见 262 页图中箭头所示；☎514-277-1588；7075 Ave Casgrain；🕒 周一至周三 8am～6pm，周四和周五至 9pm，周六和周日 8am～5pm；Ⓜ Jean Talon 站）小意大利区的骄傲，这个讨人喜欢的综合集市是购买野餐食物或者下午逛街的好地方，记住去德萨维尔斯市场 (Marchédes Saveurs) 逛一下，这里专营魁北克特色产品，比如葡萄酒、苹果汁、新鲜奶酪、熏肉和蜜饯果酱等，保你大有收获。

高级

Lucca意大利餐馆（见262页图中箭头所示；☎514-278-6502；12 Rue Dante；主菜 $18～36；🕒 周一至周五正午～3:30pm和6～10:30pm，周六6～10:30pm；Ⓜ Jean Talon站）很多蒙特利尔人手机上都将这家小意大利餐馆的热线号码设定成快拨键。选用市场新鲜的原料烹制菜肴，菜名一律手写在黑板上，品种从传统经典菜到创新菜都有，带魁北克风味。

饮品

最棒的酒吧、咖啡屋区在皇家山高地现代区一带，包括圣劳伦斯大街、圣丹尼斯大街和 Ave du Mont Royal 大街——市中心，Rue Crescent 街两旁，一路都是喧闹的咖啡露台。维利奇一带的圣凯瑟琳大街，沿路的酒吧大多数是同性恋类型的，但经常有各类人光顾。

我们的选择 **Bu**（见262页地图；☎514-276-0249；5245 Boul St-Laurent；🕒 5pm～1am）这家舒适的酒吧微妙之处在于融洽的人群和冷酷的装饰。精练能干的店员会为你介绍圣经般冗长的酒单，或者先四处看看别人在喝什么。一定要点小吃 ($4～9)和饮料。

Le Ste-Elisabeth 啤酒屋（见 262 页地图；☎514-286-4302；1412 Rue Ste-Elisabeth；🕒 周一至周五 4pm～3am，周六至周日 6pm 起）微酿啤酒，进口的欧洲啤酒，还有优质苏格兰威士忌，这家流行酒馆里的来客多是斯文人。这个漂亮的地方楼上设露台，可眺望不远处的一座美丽花园。

Brutopia酒吧（见260～261页地图；☎514-323-9277；1219 Rue Crescent；🕒 周日至周五 3pm～3am，周六正午～3am）热闹，这家砖砌酒吧自酿啤酒，包括印第安淡啤酒 (India Pale Ale)，相当出色。铜制酿酒桶显眼地摆在酒吧后面，热情的年轻人夜夜造访，主要是冲着那些现场乐队表演而来的。

Le St Sulpice 酒馆（见 262 页地图；☎514-844-

9458；1680 Rue St-Denis；⏲11～3am）仲夏夜，这里是个凉爽的地方，大大的啤酒花园里热热闹闹的满是人，常能遇上大人物。三处露台，一个迪厅，可不，这地方不小。

Baldwin Barmacie 酒馆（见 262 页地图；☎514-276-4282；115 Ave Laurier Ouest；⏲9pm～3am）这个酒馆中，复古的涡纹旋花呢橙色纺织品和泡泡状的灯具吸引了很多年轻人来这里听氛围音乐、trip-hop 音乐。饮料齐全，包括：马丁尼、啤酒、松肚子酒 / 伏加特鸡尾酒。

Gogo Lounge会所（见262页地图；☎514-286-0882；3682 Boul St-Laurent；⏲3pm～3am）顶呱呱的前哨，装饰有些类似Austin Powers风格，马丁尼酒品极丰富，很有名。所有饮品的名称列在老式留声机唱片上。敬请正装造访。

Sir Winston Churchill Pub 酒馆（见 260～261 页地图；☎514-288-0623；1455 Rue Crescent；⏲11:30～3am）Crescent St 街上一家典型的酒吧，约翰尼·威尔 (Johnny Vale) 于 1967 年创建，他原是切·格瓦拉 (Che Guevara) 的同志，后来，当地作家莫迪塞·里奇勒常上酒吧楼上喝冷饮。下午 5 点到晚上 8 点正值它一送一的派送时间，这里顿时变得热闹非凡。

娱乐

白天，缓慢而懒散，太阳落山时，蒙特利尔才展现神秘的另一面。这儿的夜生活不断改良，无疑是加拿大最激动人心的夜生活，让“娱乐之城”多伦多也相形见绌。

城市的夜总会生机勃勃，热情洋溢，在圣劳伦斯大街，圣凯瑟琳东街（在维利奇）和城市西边的 Rue Crescent 街沿途最是生动。各式音乐类别绝对让音乐爱好者抓狂：爵士乐、古典音乐、流行音乐、新潮音乐，以及世界顶级音乐，音乐盛宴莫过于此；世界知名剧团和舞蹈团众多，爱好观看表演的人可大饱眼福。

大型音乐会、表演、节庆活动和体育赛事的门票在各个举办地的售票处有售，也可以通过 **Admission 公司**（☎514-790-1245，800-361-4595；www.admission.com）或**票务能手**（☎514-790-1111；www.ticketmaster.ca）预订或购买。

请见本章“媒体”部分(见254页)中出版物部分，其中介绍的报刊能帮助你掌握全市最新娱乐动态。如果想了解顶级夜总会和当红流行DJ主持的活动详情，不妨翻阅光面纸印刷的杂志 *ME*(*Montréal Entertainment*的缩写，意为《蒙特利尔娱乐》)。对于追星族们，最好查阅各大

魁北克

找到自己的方位

不管你在蒙特利尔的哪儿，都不会忙碌到没有停下来喝杯咖啡的时间。这里是加拿大唯一一个常见的特许经营店或连锁店如星巴克、提姆荷顿等受到一系列优秀意大利咖啡吧、新出现的独立小餐馆影响的地方。不管你是要寻觅干净、单喝的意大利咖啡，还是在惬意的氛围中供应的更具法国特色的牛奶咖啡，都可以在以下几个地方找到。

- **Café Santropol小餐馆**（见262页地图；☎514-842-3110；3990 Rue St- Urbain；浓咖啡 $1.25～4；⏲11:30am～午夜）一家高原机构，因其奇特却美味的三明治、各种草药茶、价格公道的咖啡而闻名，水果装饰品使得这里色彩纷呈。这家店利润的百分之一会捐给当地慈善机构。
- **Caffè Italia 小餐馆**（见 262 页图中箭头所示；☎514-849-8883；6840 Boul St-Laurent；浓咖啡 $1.50；⏲8am～4pm；Ⓜ Jean Talon 站）并不新奇，但却有意式特浓 (Espresso)，可以审视经常成群结对光顾这家咖啡馆的小意大利人的生活。
- **Café Olimpico小餐馆**（见262页图中箭头所示；☎514-495-0746；124 Rue St-Viateur；浓咖啡 $1.50；⏲8am～4pm；Ⓜ Place des Arts站，然后换乘80路公共汽车）麦尔安的当地人很喜欢这家店，这儿虽然小，但品位和质量却很好；供应的意式特浓如天鹅绒般顺滑。
- **Caffè ArtJava小餐馆**（见262页地图；☎514-849-8883；837；Ave du Mont-Royal Est；浓咖啡 $1.95；⏲8am～4pm）经常被蒙特利尔人赞誉为最好的咖啡——浓郁，泡沫丰富——卡布奇诺咖啡泡沫可谓是艺术作品。这家咖啡店在大学和Président Kennedy有更小的分店(见260～261页地图)。
- **Juliette et Chocolat 巧克力店**（见 262 页地图；☎514-287-8883；1615 Rue St-Denis；浓咖啡 $2.25；周日到周四 11am～11pm，周五和周六至午夜）不可否认的是，这个地方与其说是为咖啡上瘾者而设，不如说是专门为可可粉狂热者所设。尤其值得回忆的是激情松露，充满着异国情调，有红酒和薰衣草的一些味道；伴随丰富的咖啡泡沫而来的是那份纯洁的诗意。

蒙特利尔周边

蒙特利尔是加拿大华美的城市之一，彩虹旗沿Rue St-Hubert和Rue Dorion之间的Rue St-Catherine街飞扬在维利奇上空。几十家酒吧、小餐馆、餐馆、桑拿浴与俱乐部充斥着这一带，使这儿成为了一年全天候不夜城。这儿还有**Chambre de Commerce Gaie du Québec**（见262页地图；☎514-522-1885；1260 Rue Ste-Catherine Est；⌚周二至周五10am～5pm），工作人员会帮助你进入这幅场景之中。**Fugues**（www.fugues.com）是一家专门给同性恋者提供指导的官方免费月刊，在维利奇随处可找到。**Gayline**（☎514-866-5090，888-505-1010；www.gayline.qc.ca；⌚7～11pm）是为同性恋者提供帮助的非营利机构。

维利奇一年中的大事件是**Divers/Cité Festival节**（☎514-285-4011；www.diverscite.org），是蒙特利尔版的自豪周，通常在6月末到7月初举办。吸引了百万人的到来。同样吸引人的是10月举办的**Black & Blue Festival节**（☎514-875-7226；www.bbcm.org），主要有舞蹈聚会、文化和艺术展出，以及在奥林匹克运动场中举办的大聚会。

著名的同性恋酒吧和夜总会有：

- **Sky Pub & Club俱乐部**（见262页地图；☎514-529-6969；1474 Rue Ste-Catherine Est）这家很大的俱乐部有屋顶露台，配有极可意浴缸和泳池。
- **Aigle Noir俱乐部**（见262页地图；☎514-529-0040；1315 Rue Ste-Catherine Est）适合迷恋皮革的人群。
- **Le Drugstore俱乐部**（见262页地图；☎514-524-1960；1360 Rue Ste-Catherine Est）有六个多主题楼层，每个找乐子的人都会得到满足。
- **Unity II俱乐部**（见262页地图；☎514-523-2777；1171 Rue Ste-Catherine Est）性感的舞蹈俱乐部，有一些脱掉上装的舞者、男性易装舞者以及圆润的和弦舞曲。
- **玛多卡巴莱夜总会**（Mado Cabaret见下文）。

明星在碟店、酒吧、夜总会出场见面会的日程安排。**Info-Arts Bell艺娱信息热线**（☎514-790-2787）提供大量最近的文化活动、戏剧和音乐会信息。要了解同性恋酒吧和夜总会，请参见本页框内文字。

夜总会

Altitude 737夜总会（见260～261页地图；☎514-397-0737；1 Place Ville-Marie；⌚周三5～7pm，周四至10pm，周五和周六至3am）这家集餐厅—酒吧—迪厅为一体，场面让人觉得恰到好处，这归功于它独特的地理位置——蒙特利尔最高办公楼的顶层。这样的高度上，态度就是一切，不过饮品的价格相当实在，还有低沉的电子混合音响伴奏。

Tribe Hyperclub俱乐部（见260～261页地图；☎514-845-3066；390 Rue St-Jacques Ouest；⌚周四至周六10pm～3am）这个精致的俱乐部是唯一一个具有旧蒙特利尔风格的俱乐部，最热闹的夜晚当属周四。大名鼎鼎的DJ们从远至欧洲吸引来了很多音乐迷，可以放松身心的中楼是让你沉浸于电子舞曲的绝佳地方。

Stereo夜总会（见262页地图；☎514-286-0325；858 Rue Ste-Catherine Est；⌚周六和周日3～10am）多年来受人们钟爱的休闲场所，地处维利奇，很受欢迎，其中一流的室内DJ主持，都是从国外聘请的高手，深受来客追捧；音响设备极棒，造访者形形色色。火爆场面可以一直持续到下午5点。不提供酒品。

玛多卡巴莱夜总会（Mado Cabaret，见262页地图；☎514-525-7566；1115 Rue Ste-Catherine Est）各式易装表演和面对面的现场喜剧很出色；周二之夜最火爆。

电影

综合型影城上映美国好莱坞大片，众多艺术影院和独立影院亦有一席之地。可以点击网址www.cinema-montreal.com，了解最新影片的上映动态、相关影评和票价优惠信息。

IMAX宽银幕影院（见260～261页地图；☎514-496-4629；成人/儿童/少年和老人/家庭2-D电影$10/7/9/30，3-D电影$12/9/11/38；⌚6月下旬到9月下旬周日至周四10am～9:30pm至周五和周六10:30pm，9月下旬到次年6月下旬 至9:30pm）是蒙特利尔科学中心（the Centre des Sciences de Montréal，见257页）的一部分，适合带孩子观赏，凭博物馆入场券，或者同时观看两场影片，可享受优惠票价。

国家电影委员会（National Film Board，见262页地

图；☎514-283-9000；1564 Rue St-Denis；成人/学生每小时 $3/2；⏰周二至周日 正午～9pm）自己选片，在玻璃屋顶的档案馆里，机器将你选中的影片从栈式存片库里拉出来。你只需要坐进独立的配有立体音响设备的座椅里，安心欣赏自己挑选的影片。

Cinéma du Parc公园影院（见262页地图；☎514-281-1900；3575 Ave du Parc）和**Ex-Centris Cinema影院**（见262页地图；☎514-847-3536；3530 Boul St-Laurent）是大众喜爱的独立影院。

戏剧和舞蹈团

中央剧院（Centaur Theatre；见260～261页地图；☎514-288-3161；453 Rue St-François Xavier）蒙特利尔老城区华丽的原股票交易大厅是剧院的所在地，剧团是加拿大主流剧团之一。保留剧目有莎士比亚经典戏剧，也有本土英语作家创作的实验剧。

太阳马戏团（Cirque du Soleil；☎514-722-2234；www.cirquedusoleil.com）过去20到30年来，这家马戏团取得巨大成功，向世人重新定义了什么是真正的马戏团。总部设在蒙特利尔，通常每一到两年推出新的表演节目，在市内首演。请致电或前往旅游咨询处了解他们的节目安排。

蒙特利尔芭蕾舞团（Les Ballets Jazz de Montréal；☎514-982-6771；www.balletsdemontreal.com）拥有训练有素的舞蹈演员，这家现代舞蹈表演团排演实验性舞剧，因此名声在外。一般在市内各场所进行表演。

加拿大格兰德芭蕾舞团（Les Grands Ballets Canadiens；见262页地图；☎514-849-8681；www.grandsballets.qc.ca；Place des Arts）魁北克顶尖芭蕾舞剧团，每年上演四场舞剧，古典，现代的都有，并且加以创新，面向大众。

现场音乐

爵士乐、布鲁斯和摇滚

L'Escogriffe俱乐部（见262页地图；☎514-842-7244；4467a Rue St-Denis；⏰6pm～1am）这家烟雾缭绕、氛围亲和的俱乐部地处皇家山高地，每晚推出精彩的爵士乐表演。周四举办即兴爵士乐表演酒会，成为麦尔安得爵士广场（Mile End Jazz Quartet）一带的聚会，是一个机构。

Café Campus校园咖啡馆（见262页地图；☎514-844-1010；57 Rue Prince Arthur Est；⏰周二至周日8:30pm～3am）深受大学生青睐的俱乐部，经久不衰。它的乐队阵容不拘一格，来自当地或世界各地，最能打动大学生，周三布鲁斯之夜很有名，常常吸引不少知名人物到场，其他主题之夜还有“星期四怀旧之夜”（retro Tuesday）和“星期天法语之夜”（Francophone Sunday）。

Casa del Popolo咖啡酒吧（见262页地图；☎514-284-3804；www.casadelpopolo.com；4873 Boul St-Laurent；⏰11am起）挺低调但又引人注目，酒吧兼作艺术画廊，也是表演场所，常常安排各种活动。提供价格公道的咖啡和素菜。你可以上网全面了解它的情况。

Metropolis（见260～261页地图；☎514-790-1245；59 Rue Ste-Catherine Est）有很多用途，例如溜冰场、色情电影院和迪厅，其中摇滚场地是可容纳2300人的音乐厅。Radiohead乐队、大卫·鲍伊（David Bowie）和酷玩（Coldplay）乐队等在早期时曾在这里演出。

Upstairs歌厅（见260～261页地图；☎514-931-6808；1254 Rue Mackay；⏰周二至周五正午～1am，周六和周日5pm～1am）摆放的一架小型卧式钢琴很出名，不少本土和世界杰出的音乐人都曾触碰它象牙白琴键。这家爵士乐歌厅给人很温馨的感觉，晚上9点开始表演，露台漂亮，晚餐菜肴亦别致。

Foufounes Electriques歌厅（见262页地图；☎514-844-5539；87 Rue Ste-Catherine Est；⏰3pm～3am）涂鸦覆盖的墙壁和工业文明的魅力，直觉告诉你这家歌厅非一般的主流类娱乐场所。在这个已历经风雨二十多年的地方，“朋克”摇滚乐、硬摇滚（hardcore）和粗犷沙哑吉他风格的摇滚乐（grunge）经常响起。啤酒不贵，露台挺漂亮。

古典音乐

蒙特利尔歌剧院（Opéra de Montréal；见262页地图；☎514-985-2258；Place des Arts）27年来，蒙特利尔歌剧院推出的莫扎特、瓦格纳和李斯特作品音乐会打动了无数乐迷的心，表演采用原版语言配字幕的方式。

蒙特利尔交响乐团（Orchestre Symphonique de Montréal；见262页地图；☎514-842-9951；Place des Arts，Salle Wilfrid-Pelletier）蒙特利尔交响乐团(OSM)是加拿大最负盛名的交响乐团之一，一直由著名指挥家掌舵，其中包括奥图·克拜勒（Otto Klemperer），扎宾·米哈塔（Zubin Mehta)和查尔斯·丢托特(Charles Dutoit)。他们常在圣母教堂和奥林匹克公园举办公益音乐会，不妨了解相关的日程表。

麦吉尔室内乐团（McGill Chamber Orchestra；☎514-487-5190）于1939年创建，这家精良的室内乐团是加拿大最早的乐团之一，系列音乐会安排在不同的场地循环推出，Pollack Concert Hall音乐厅（见260～261页地图；555 Rue Sherbrooke Ouest）常见他们的身影。

当地人的声音

Natalia Yanchak，The Dears 乐队的键盘手

漫步于蒙特利尔如画的风景区外围，这个地方在过去几十年间由一片贫瘠变成了现在的绿树林荫。The Dears 乐队已成为加拿大摇滚舞台上一个重要的掌舵者。通过乐队全方位的音乐涉猎与唯美、虚无主义的歌词，他们的最新专辑 *Gang of Losers* 微妙地展现出害怕、社交异化和种族主义这些问题（听听 *White Only Party* 和 *Fear Made The World Go Round*）。

你最喜欢蒙特利尔的什么？ 在蒙特利尔，每个人做着自己的事情，每个人看起来都很懒散，我们可以搬到（公园区），离时髦的邻居有几个街区的距离，我们是无名乐队。同样更少关注钱，尤其是在艺术领域，这使得这个城市很奇特，富有魅力。

你在蒙特利尔最完美的一天是怎样的？ 早上醒来之后，在 St-Viateur 街的 Olimpico 咖啡馆（见 275 页）惬意地喝点咖啡，在 La Maison du Bagel 硬面包圈馆（见 273 页）吃点百吉饼并发呆，之后，散步至琼塔隆集市（Marché Jean Talon，见 274 页）买点新鲜食物，满载而归回家，做一顿丰盛的晚餐，这就是我完美的一天。

在蒙特利尔之外有最喜欢的地方吗？ 我和我的一些朋友曾在劳伦琴斯（见 280 页）租了一栋小别墅，那里非常漂亮，并且我们曾在位于滑雪山峰山脚的蒙特朗布兰特（Mont-Tremblant，见 283 页）表演。我们真的不敢相信这地方是如此之近，驾车 1 小时后，你会发现自己置身于飘着雪花的山里，远离了这个世界。

现今蒙特利尔最具争议的话题是什么？ 我认为休闲随意的生活态度可以说是这个城市的困扰。这个城市永远有些散架。可以说，冬季很荒芜，街道总是很糟糕，你如果去瑞士或者挪威，那里的冬季环境更加恶劣，但是街道却很完美，我想我们应该要做很多工作吧，这个城市有点懒惰。这主要是由于分离主义者的公民投票造成的。很多魁北克人想要从加拿大分离出来，但是他们却没有实际行动。有时候，你会感觉到这座城市并不是自己在发展。

你最喜欢的现场音乐场馆是哪儿？ 大都市（见 276 页）特别适合于大场馆，也很好玩。我喜欢 La Sala Rosa（见 272 页）这个小型体育场馆。这儿有小场馆，也有特大的场馆，悬殊很大，这有些奇怪。

体育

冰球和天主教宗教活动是魁北克当地人最热衷的事，不过橄榄球有为数不少的球迷。

加拿大蒙特利尔球队（Montréal Canadiens；见 260 ~ 261 页地图；☎514-932-2582；www.canadiens.com；Bell Centre，1200 Rue de la Gauchetière Ouest；球票 $23 ~ 160）是这支北美冰球联赛参赛球队的驻地在钟楼中心（Bell Centre），该队荣获过 24 次斯坦利杯（最近的一次在 1993 年）。近年来，尽管他们一直致力于重获殊荣，但蒙特利尔人仍对他们有些不满，不过，每场球的球票依然常常售空。开赛后，你可以从潜伏在球场门口的倒票人手上买到半价票。后排座位票的话，请带上望远镜。

蒙特利尔云雀队（Montréal Alouettes；见 260 ~ 261 页地图；☎514-871-2255；www.montrealalouettes.com；Molson Stadium，Ave des Pins Ouest；球票 $20 ~ 75）这支加拿大橄榄球联会成员球队，一度解散，现在是这座城市体育界中意想不到的黑马，自 2002 年荣获联会格瑞杯大赛（Grey Cup）奖杯后，更是让人刮目相看。1999 年以来，每场比赛球票都告罄，请务必提早订票。

购物

请捂紧你的钱包！蒙特利尔可是真正的购物天堂。在圣凯瑟琳西街一带，任何购物狂都会疯狂一把，这里满是商场、连锁店和特色店，再加上多层的大型购物中心，如**伊顿购物中心**（Centre Eaton；见 260 ~ 261 页地图；☎514-288-3710；Rue St-Catherine，Ave McGill College & Rue University 之间；⏰周一至周五 10am ~ 9pm，周六 9am ~ 5pm，周日 10am ~ 5pm）是其中代表。这还只是限于街面上，步入地下城，你会发现数百家的零售商铺，卖什么的都有，从月下香到紧身短背心，琳琅满目。

想在较悠闲的环境购物，那就去皇家山高地。这里，圣劳伦斯大街、圣丹尼斯大街和皇家山大街上的时装店很有名，都是最流行的时尚款式。蒙特利尔老城区的圣保罗街，各类廉价首饰店和相当独特的艺术画廊很集中，主要针对游客。古董迷的话，适合逛逛 Ave Atwater 大街和 Rue Guy 街之间的 Rue Notre Dame Ouest 西街一段，在此搜店一天都不觉得累。这里因此也称作古董巷（Antique Alley）。

Chabanel District 购物区（见 262 页地图；900

Boul St-Laurent；⏰ 周六 9am ~ 1pm；Ⓜ Crémazie，或55路公共汽车）前往跨八个街区的购物世界，请带上足够的现金和耐心，还有讨价还价的准备，这里集中了众多厂家直销店、进口商品店和手工店，你可以买到各式各样的东西，从不常见的G带形浴衣(thong)到毛皮大衣和婚纱。可以还价，但不得退货。有些商店全周营业，很多商店1月份和7月份歇业。

Ogilvy百货商店（见260~261页地图；☎514-842-7711；1307 Rue Ste-Catherine Ouest）渗透着传统气息，这座建于维多利亚时代的百货商店云集世界各大品牌。第五层音乐厅历史悠久，一定不要错过。1927年以来，每天正午时，商店里就会出现一位风笛手，穿着苏格兰褶裙，吹着曲在顾客中穿行。

Galerie Le Chariot 画廊（见260~261页地图；☎514-875-4994；446 Place Jacques Cartier）共三层楼，专营博物馆级别的因纽特原住民艺术品，尤其是皂石雕塑品，每件备有加拿大政府签发的验证背书。

魁北克加拿大美术馆（Guilde Canadienne des Métier d'Art Québec，见260~261页地图；☎514-849-6091；1460 Rue Sherbrooke Ouest）这处美术馆仅限陈列加拿大全境内本土艺术和工艺品中的极品。

Parasuco 专卖店（见260~261页地图；☎514-284-2288；1414 Rue Crescent）蒙特利尔本地原创品牌，是加拿大最畅销的牛仔服和休闲服品牌之一，它活力四射的旗舰店出售所有最新款式。

Eva B时装店购物（见262页地图；☎514-849-8246；2013 Boul St-Laurent）这家绝妙的怀旧时装店里，20世纪60、70和80年代的服饰云集一堂，按款式分类，如果任淘一件，保证让你在任何聚会中凸显个人魅力。也出租服装。

Les Touilleurs 厨具店（见262页地图；☎514-278-0008；152 Ave Laurier Ouest）厨房用具从未如此性感过。大量收藏的高品质名牌吐司器和蛋糕容器所体现的简约主义内部设计，让人印象深刻。

Cheap Thrills 音像店（见260~261页地图；☎514-844-8988；2044 Rue Metcalfe）收集大量旧书和老音乐制品(CD)碟片和留声机唱碟，人游历其中，进行淘选时，仿佛忘了时间的流逝。售卖的品种主流和非主流的都有，售价可商量。

到达和离开

飞机

国内国际航班皆飞抵**皮埃尔·艾略特·特鲁多国际机场**（Pierre Elliott Trudeau International Airport，代码YUL；见252页图中箭头所示；☎514-394-7377，800-465-1213；www.admtl.com），原叫做多威尔机场(Dorval Airport)，离市中心大约20公里。便利设施包括寄储柜，行李寄存处，ATM自动取款机和货币兑换处。另一座机场米拉贝勒国际机场(Mirabel)，已不再经营客运航空。

公共汽车

公共汽车**中心总站**（Station Centrale de l'Autobus，Central Bus Station；见262页地图；☎514-842-2281；505 Boul de Maisonneuve Est）发车开往机场，加拿大和美国其他目的地。

有些公共汽车公司运营其他方向的线路，想了解各个公司的详细信息，请见251页。Voyageur公司运营常规和特快客车，开往渥太华($34，2小时15分钟，每天22班)，同时，Orléans Express公司客车开往魁北克城($44，3小时15分钟，每天23班)，莫里切和加斯佩地区。

Coach Canada公司开往魁北克城($88，6小时45分钟，每天10班)的客车最划算。Voyageur公司也经营相同线路但时间长一些。灰狗巴士公司每天发车开往纽约市($86，8小时，每天3班)。Galland公司客车开往劳伦琴斯度假村，Limocar穿过东部城镇，沿途经过舍布鲁克。

蒙特利尔也是驼鹿旅游公司(Moose Travel Network，见848页)东部加拿大环线旅程中的一个重要站点。

小汽车和摩托车

在机场，大型火车站和市内其他地方，所有大型国际汽车租赁公司都设服务点。参见841页，了解联系方式。

如果你需要租车7天或更长时间，请联系**Transtate Automarché 公司**（☎514-631-0304；www.automarche.com，法语；475 Ave Dumont），它靠近机场，7天的租用费$299起，含税、责任险和1400公里的车程。**Auto Plateau 汽车租赁公司**（见262页地图；☎514-281-5000；www.autoplateau.com；3585 Rue Berri）也是当地一家有声誉的公司。在市中心，你可以更方便地找到**Thrifty Car Rental 汽车租赁公司**（见260~261页地图；☎514-989-7100；www.thrifty.com；1163 Rue Mackay）。

拼车中介**Allô Stop 公司**（见262页地图；☎514-985-3032；4317 Rue St-Denis）在皇家山高地设办事处。参考车费：前往魁北克城$16。

火车

蒙特利尔**中央火车站**（Gare Centrale；见260~261页地图；895 Rue de la Gauchetière Ouest）是VIA Rail铁路客运公司在本地的核心站点。在蒙特利尔和哈利法克斯之间的过夜列车，配备现代新式车厢，很舒适。每天有6班列车开往多伦多，车内很干净，可无线上网，提供饮料。Amtrak公司列车每天往返纽约($65，10小时)。

四处走走

抵离机场

L'Aérobus 公司（☎514-399-9877；www.autobus.qc.ca）的往返客车从蒙特利尔特鲁多机场开往市中心，上午7点到次日2点每半小时1班，反方向从早上5点到晚上11点（单程/双程$14/24)。大约40分钟后，客车停靠在**机场客车站**（Station Aérobus，见260～261页地图；777 Rue de la Gauchetière Ouest），从这里，免费的迷你客车将送你前往市中心任何旅馆，大约10分钟后，客车会停靠在公共汽车中心总站(Station Centrale de l'Autobus，见262页地图)。

你也可以利用公共交通进行观光。乘坐公共汽车和地铁，虽没那么方便，但便宜些，从到达厅外面，乘坐204 Est路公共汽车前往多维尔火车站(Gare Dorval)，在公共汽车转乘站改乘211 Est路公共汽车，在Lionel-Groulx地铁站下车。公共汽车运营时间从早上6点到午夜；整个行程大约1个小时，花费$2.75。

开往市区的司机应该沿Autoroute 13 Sud汽车车道行驶，这条车道与Autoroute 20 Est路机动车道相接；这段车程领引你进入市中心的核心地区，可顺着主干机动车道Autoroute Ville Marie(the 720号)行驶。交通畅通时，车程大约20到30分钟，高峰期，则长达1小时。

往返机场出租车，统一定价$35。

小汽车和摩托车

尽管在蒙特利尔，人很方便把握方向，而且公共交通工具比小汽车更方便游览，如果你仍选择自驾车，中心地区一带设有计价器的泊车街道（计价器远离围栏）。各大酒店和购物大厦配备地下停车位，费用每天大约$12到$20。

请留意，在蒙特利尔岛上，红灯情况下右转是不允许的。

公共交通

蒙特利尔的公交系统和地铁系统，先进而且便利，由**STM公司**（☎24小时自动服务系统514-786-4636；www.stm.info）经营，地铁系统是该市的地下通道系统，橡胶轮胎列车运营快捷而且安静，就像巴黎的地铁列车，末班车一直开到凌晨12:30左右。有些公共汽车整晚开通。

一张车票可让你去往市内任何地方。如果你想在公共汽车之间，或在公共汽车和地铁之间转乘，请从司机那儿索取一张免费的转乘凭据，叫做“correspondence”（回执）；地铁里，请从旋转栅门边上的机器里取一张回执。转乘仅限于同一方向90分钟内的路程。

车票价$2.75，但6人团体票($11.75)便宜些。还出售一种“旅行卡”，一到三天费用为$9/17，一周票卡为$19(星期一到星期天有效)。注意，公共汽车上不设找零。

出租车

起步价$3.15，之后每公里$1.45。你可以在街上随时搭乘出租车，也可以电话预约，**Taxi Diamond 公司**（☎514-273-6331）或**Taxi Co-Op 公司**（☎514-636-6666），都可以。

蒙特利尔周边地区 (AROUND MONTRÉAL)

奥卡(Oka)

在蒙特利尔以西大约50公里处，因1990年臭名昭著的“奥卡危机”而留下恶名，当时，莫霍克居民与政府发生武力冲突。

从轻快一些的方面来看，奥卡还因**奥卡西多会修道院**（Abbaye Cistercienne d'Oka，Cistercian Abbey；☎450-479-8361；www.abbayeoka.com；1600 Chemin d'Oka；成人/儿童$2/免费；🕑周一至周五教堂4am～8pm，商店10am～4:30pm，周六10am～4pm）而出名。19世纪80年代由法国修道士建造，是北美最古老的修道院之一。你可以参观这座地理位置绝佳的教堂，它的小商店还出售修士们自制的巧克力、苹果汁和奶酪。

附近，**奥卡公园**（Parc d'Oka；☎450-479-8365；www.sepaq.com/oka；2020 Chemin d'Oka；成人/儿童$3.50/1.50；🕑9am～7pm）很漂亮，数条徒步小路环绕着德多蒙塔纳湖(Lac des Deux Montagnes)，适合各项户外活动，比如帆船出航，独木舟和游泳(可租用器具)。公园中的有些地方轮椅可进出。800处营地的**宿营园**（帐篷营地 基础/部分/全套设施$17/22/32）吸引了大量宿营者，有宿营全套设施，包括营地租赁、6人帐篷拖车、设施、电以及器具，每晚$85。

奥卡无公共交通，从蒙特利尔出发，沿Hwy 15公路或Hwy 13公路西行上Rte 640公路，这条公路通向Rte 344公路和奥卡。

劳伦琴斯(THE LAURENTIANS)

劳伦琴斯，法语为Les Laurentides，可能仅为蒙特利尔当天往返的短途旅行者所知晓。离市中心驾车仅1小时，你就会发现自己已经置身于波澜起伏的山群、蓝色的湖泊和弯曲的河流之间，到处都是可爱至极的城市和村庄，已无法用语言来描述。逛逛这个自然的天堂，就像你走了很远的路以后搁起腿休息那般的轻松和舒服。

这座城市尽管有时候被批评不够商业化，但蒙特朗布兰特(Mont-Tremblant)提供的出色滑雪条件在全加拿大仅有惠特勒可匹敌。圣劳伦斯更多的是有许多低档次旅游度假村，这些微型城镇中心因独特的天井院子、独立设计师开的服装店而散发出阿尔卑斯山的气息。

夏天和圣诞节旺季时，这儿价格上涨，人群更多。如果你计划在冬季访问，最好在出发之前询问开放时间。

方位和实用信息

劳伦琴斯地带包括蒙特利尔以北60公里到130公里之间，Hwy 15公路(Autoroutes des Laurentides)横贯其中，沿途分布着很多村庄。老的Rte 117路和Hwy 15公路并行，时速慢，但风景更美。

它一直延伸到圣阿加斯得蒙(Ste-Agathe-des-Monts)的北部，Hwy 15公路也延伸到这里。在劳伦琴斯，除了每个小镇本地名下的旅游机构，其他许多小镇，也有它们的分支办事处。官方办公时间：6月下旬到9月上旬上午8点30分到晚上7点，其他月份，上午9点到下午5点。不过，实际办公时间很有弹性，主要取决于工作日，当地天气、游客量等因素，因此请提前电话咨询。

劳伦琴斯旅游协会（Association Touristique des Laurentides, Laurentian Tourist Association; ☎450-436-8532, 800-561-6673，预订服务450-436-3507；www.laurentides.com；🕑9am～5pm）当地的旅游办事处，游客可通过电话了解情况，预订房间，还可以收发相关信息和邮件。预订酒店的服务不收费。

劳伦琴斯旅游咨询大厦（La Maison du Tourisme des Laurentides，La Porte du Nord，51号出口Hwy 15；🕑6月中到9月中8:30am～8pm；9月中到6月中至5pm）劳伦琴斯旅游协会开设的信息咨询处，工作人员热情周到，提供众多的旅游地图和宣传小册子，其中《官方旅游指南》（*Official Tourist Guide*）相当到位实用。

到达和四处走走

Galland公司（见251页）客车往返蒙特利尔汽车总站到劳伦琴斯，每天至少4班。途经的城镇有St-Jérôme($15，1小时15分钟)、St Sauveur($19，1个半小时)、Val-David($21，2小时)和蒙特朗布兰($27，2个半小时)。

每年5月到10月，**Autobus du P'tit Train du Nord客运公司**（☎819-275-3113；票价$18～40）每天发出两班客车，从杰罗姆(St-Jérôme)到蒙劳埃尔(Mont Laurier)，中途可随时停车。携自行车上车，不需要额外付费。

从蒙特利尔驱车出行，沿Hwy 15公路或时速较慢的Rte 117路行驶即可。

圣杰罗姆(ST-JÉRÔME)

蒙特利尔以北43公里处就是圣杰罗姆，前往劳伦琴斯的门户。这里的市政管理和工业氛围浓重，但**拜占庭式大教堂**（☎450-432-9741；355 Rue St-George；免费参观；🕑7:30am～4:30pm）仍值得游客观光。附近的**现代艺术博物馆**（Musée D'Art Contemporain；☎450-432-7171；185 Rue du Palais；免费参观；🕑周二至周日 正午～5pm）常常推出本地艺术家的作品展，品质一流。

圣杰罗姆也位于**琳奈埃尔公园**（Parc Linéaire du P'tit Train du Nord；☎450-436-8532；骑自行车/越野滑雪许可证$5/7，儿童免费）的南端，公园本身有一套徒步小路体系，沿原来的铁路轨道路径修成，蜿蜒200公里，向北延伸到蒙劳埃尔，一路穿过河流、湖泊、急湍和壮丽的山群。夏天，适合自行车和道内滑冰等户外活动，沿途设不少休息驿站、咨询处、餐馆、B&B旅馆、自行车租赁和修理店。冬天，圣杰罗姆和瓦尔—戴维(Val-David)之间是越野滑雪者的乐园，瓦尔—戴维和蒙劳埃尔之间则是雪地机动车迷的聚集地。

圣索沃尔—德蒙茨 (ST-SAUVEUR-DES-MONTS)

劳伦琴斯最繁忙的村落是圣索沃尔德蒙(或简称圣索沃尔)，短途一日游的人们蜂拥到这里。它就在蒙特利尔附近(60公里)。中心街道Rue Principle大街很迷人，坐落着一座漂亮的教堂，沿街是众多的餐馆，咖啡店和时装店。有关带导游团队游和住宿的信息，可联系**Pays d'en Haut Tourist Office旅游办事处**（☎450-227-3417；www.cldpdh.org；605 Chemin des Frênes，Piedmont），**国家银行**（Banque Nationale；☎450-227-8445；6 Rue de la Gare）在镇上设有分行。**Café Saint-Sau咖啡屋**（☎450-227-3124；Galerie des Monts mall，Block I-2，75 Rue de la Gare；每15/30分钟$3/5；🕑8am～5pm）可上网。

景点和活动

速降滑雪（www.mssi.ca）最棒的地方。五个大型滑雪场，交错着大约100条速降雪道，适合各类人群。圣索沃尔的夜间滑雪同样有名，很多滑道一直开放到晚上11点，缆车票价$27到$46之间。附近的莫林海茨(Morin Heights)越野雪场不错，纵横交错的滑道总长超过150公里。

夏天，最大的滑雪场蒙圣索沃尔摇身一变成了**水上公园**（Parc Aquatique，Water Park；☎450-227-4671；www.parcaquatique.com；350 Rue St-Denis；高于/低于1.4米全天$31/27，半天$26/23；🕑6月和8月下旬到9月上旬10am～5pm，7月到8月末至7pm）。任何年龄的小孩都喜欢在波动游泳池里嬉水或是

魁北克

猛冲下极棒的滑梯，滑至滑梯的底部（有一两段滑梯从山顶附近开始，须乘吊椅上去），或者在漂流中冲浪。

圣索沃的艺术节（Festival des Arts；☎450-227-0427；www.artssaintsauveur.com）8月初举办，为期两周，数十家国际舞蹈艺术团聚集在此。不少演出免费。

住宿

Auberge Sous L'Edredon酒店（☎450-227-3131；www.bbcanada.com/aubergesousledredon；777 Rue Principale；房 $100～180；wi-fi）距村庄中心约2公里，一家舒适的酒店，靠近蒙哈比顿(Mont Habitant) 滑雪场，旁边有一座小湖。一些客房装修漂亮，配备独立的便利设施和壁炉。

Le Petit Clocher酒店（☎450-227-7576；www.bbcanada.com/lepetitclocher；216 Rue de l'Église；单/双 $175/215）由一座寺院改建而成，外观气派豪华，建在镇上一座小山坡上。新装修的客房很精致，可领略窗外美丽的自然景色。

就餐

Pizzaiolo（☎450-227-4422；64 Rue de la Gare；正餐 $8～14；周一到周四 11am～10pm，周五和周六 至 11pm）在一个许多餐馆白天暂停营业的小镇里，这个小意大利连接点位于主道外，因生气勃勃的庭院、美味的比萨饼，以及自带酒水策略(apportez votre vin) 吸引着不少人的目光。

Orange & Pamplemousse餐馆（☎450-227-4330；120 Rue Principale；主菜 $12～29；8am～10pm）宁静中夹杂着日式竹子喷水池柔和的水声，这家餐馆是品尝面食、美味烤鱼的好去处。早餐也很不错。

另外推荐：

La Brûlerie des Monts餐馆（☎450-227-6157；197 Rue Principale；主菜 $5～10；7am～9pm）在镇上提供早餐和三明治，就餐环境不错，带有大露台。现场烤制咖啡豆。

Chez Bernard餐馆（☎450-240-0000；411 Rue Principale；每道菜 $6～15；11am～7pm）一家不错的熟食店，主要经营当地的特色菜、自制食品，以及适合野餐的饭菜。

瓦尔一戴维(VAL-DAVID)

群峰山脚下的瓦尔一戴维虽小，却置身在里维耶尔一迪诺河 (Rivière du Nord) 岸边，拥有田园般的生活气息和醉人的美丽风景。它的美丽吸引了大批艺术家前来写生，中心街道 Rue de L'Église 街一带林立着这些艺术家的画廊和艺术创作室。小镇设**旅行信息咨询处**（☎2819-322-2900；www.valdavid.com；2501 Rue de L'Église）。

景点和活动

6月中到8月中，大型陶瓷展览会**1001陶瓷节**（1001 Pots Festival；☎819-322-6868；www.1001pots.com）吸引约10万人前往小镇。起先由日裔加拿大人艺术家Kinya Ishikawa倡导创立。他本人的作品极具观赏性和实用性，并在他自己的**Atelier du Potier艺术室**（☎819-322-6868；2435 Rue de L'Église；周二至周日10am～5pm）常年展出。

瓦尔一戴维吸引游客的另一主要原因是户外活动丰富。**Phénix Sports and Adventure 公司**（☎819-322-1118；2444 Rue de L'Église）和 **Pause Plein Air 公司**（☎819-322-6880；1381 Rue de la Sapinière）租赁自行车、爱斯基摩划子和独木舟，提供 Rivière du Nord-Phénix 河和里维耶尔一迪诺河自行车加独木舟的全包价游程。

劳伦琴斯的其他村庄多以滑雪为主，而瓦尔一戴维特有的活动是攀岩，拥有或难或易的攀岩线路超过 500 条。**攀岩学校**（Passe Montagne；☎819-322-2123；1760 Montée 2e rang；4 月中到 10 月中）开设不同的课程，面向初学者和有经验的爱好者，学费 $60 起。

食宿

HI Le Chalet Beaumont 旅舍（☎819-322-1972；1451 Rue Beaumont；宿会员 / 非会员 $20/24；）这家青年旅舍坐落在山林中一栋历史悠久的原木屋里，拥有豪华度假村所具有的气派和便利条件。提供免费桑拿和上网服务，公用厨房和酒吧，并出租自行车和雪橇，员工热情，服务周到。

Le Grand Pa 餐馆（☎819-322-3104；2481 Rue de L'Église；主菜 $10～20；11:30am～2pm 和 5～10pm）这家愉快酒店用炉火烤制比萨饼和烹制通心粉，美味可口，赢得当地人和游人的赞许。周五、周六的晚上歌手现场吟唱小夜曲。露台很宽敞。

La Vagabonde咖啡屋（☎819-322-3953；1262 Chemin de la Rivière；周三至周日9am～6pm）很有名气的咖啡吧兼面包烘焙店，供应各种美味的手工面包和油酥点心。

圣-弗斯廷湖广场 (ST-FAUSTIN-LAC-CARRÉ)

圣-弗斯廷是进入蒙特朗布兰特地区的门户，景点自有特色。**枫糖棚房**（Cabane à Sucre Millette；☎819-688-2101；1357 Rue St Faustin；成人 / 儿童 $7/5；3 月和 4 月 周二至周日 11:30am～8pm，5 月到次年 2 月仅接受预约）介绍枫浆糖的生产流程——仍采用传统的马拉推车采集枫糖汁——有机会品尝样糖。

魁北克

枫糖浆和枫糖棚屋

枫糖浆是加拿大最知名的出口产品，世界总产量的3/4产自魁北克。起先，原住民部落教初来乍到的欧洲人如何酿制甜花蜜，后来，到19世纪，培育糖汁和转成糖浆已经成为当地风俗。

每年夏天，在北美地区，天然淀粉在枫糖树中聚积。一旦水银温度计降到零摄氏度以下，树中的淀粉转变为糖。为了从树上开口取树糖液，人们发明了各种创新的取液方法，配以一系列吸出树液的管道系统，所用的管子统称为西斯瓦克管(Sysvac)。这些管子蜿蜒穿过枫树园，直接通往煮汁提浆的机器。不同等级的糖浆，取决于煮汁提浆的时间长短和温度（比如：要制成糖汁，必须煮到沸点以上26℃）。

20世纪初，枫糖棚屋成为魁北克人活动场所的一部分。他们保存一些棚屋，让人体验枫糖浆最盛时期的各种传统。“拉糖汁”(taff pull)是最有趣的：你先舀上些雪放在一个盘子上，从一个管道大锅里取一些滚烫的糖浆汁倒在雪上。糖浆一旦碰到雪就开始凝固，第一时间把它拔起，将糖丝绕在一根冰棍上，然后用嘴吸嚼它，好味着呢，直到你觉得需要再拉一次，于是重复先前的做法。

在2月和3月期间，枫糖棚只使用一个月左右。本书提及了一些棚屋（见282页），所有旅行信息部门也都向你推荐其他棚屋。

劳伦琴斯旅游教育中心（Centre Touristique Éducatif des Laurentides；☎819-326-1606；5000 Chemin du Lac Cordon；成人/儿童/学生$5.50/2.50/3.50；🕑6月中到9月上旬周六至周四8am～6pm，周五至9pm，5月中到6月中和9月上旬到10月中周一至周五8am～5pm）保护得很好，全面介绍当地的植物群和动物群生态圈。徒步小路体系35公里长，设有轮椅进出的路段，并出租独木舟和爱斯基摩划子。要到达这儿，可从15号公路83出口或Rte 117路的107出口出来。

维尔蒙—特朗布兰特 (VILLE DE MONT-TREMBLANT)

蒙特朗布兰特地区是劳伦琴斯的一颗瑰丽明珠，同名的山峰高960米，俯仰一切，天然湖泊密布其间，河流穿行上下，一处深受人们喜爱的游乐场，四季开放。10月下旬到次年4月中旬，滑雪爱好者络绎不绝，其他时期，徒步登山者、高尔夫玩手、水上运动和其他户外活动爱好者常会聚在此。

维尔蒙—特朗布兰特地区分为三个部分：**特朗布兰特站**(Station Tremblant)，位于山脚的旅游度假村，拥有一座滑雪山，有些沉闷。**蒙特朗布兰特村**(Mont-Tremblant Village)，在度假村西南部大约4公里处，是一座集商业和住宅于一体的温馨小村庄；**圣乔维特**(St-Jovite)，这一带的商业中心和重要城镇，离Rte117路不远，山脉以南大约12公里处。短途客车($1，6am到8pm)往返于三地之间。

实用信息

Au Grain de Café（☎819-681-4567；Homewood Suites par Hilton，Station Tremblant；每10分钟$3；🕑时间灵活）可上网。

国家银行（Banque Nationale；☎819-425-4444；Country Inn & Suites，Station Tremblant；🕑10am～5pm）

圣乔维特诊所（Clinique Medicale Saint-Jovite；☎819-425-2728；910 Rue de L'École，St-Jovite）

蒙特朗布兰特旅游局（Mont Tremblant Tourism；☎800-322-2932；www.tourismemonttremblant.com）；圣乔维特（☎819-425-3300；48 Chemin de Brébeuf）；维尔蒙—特朗布兰特（☎819-425-2434；5080 Montée Ryan，Rte 327拐角）；特朗布兰特站（☎819-681-3000，转46643；Place des Voyageurs）

景点和活动

特朗布兰特站（☎819-681-3000，888-736-2526；www.tremblant.com；成人 缆车全日票/半日票$54/44）是北美东部顶级国际滑雪度假村之一，《滑雪》(*Ski*)杂志和众多滑雪爱好者极推崇这里。美国费城百万富翁乔伊·里恩(Joe Ryan)提议设想，1938年建成；1991年重新装修。温哥华的Tntra-west公司接管了该地的经营权。这家公司曾将惠斯勒(Whistler)塑造成加拿大旅游地图中的新成员。645米的垂直高度，94条滑道，2个滑雪公园，13条缆车线，包括一条快速吊车线，这里可谓滑雪条件一切齐备。提供滑雪用具租用，每天$32起。

速降长雪橇滑雪（downhill luge track；1/2/3次$11/15.50/21）是吸引人的夏季项目，滑道蜿蜒在山体上，共计1.4公里长；冒险者速降下滑速度挑战50公里/小时。附近的**活动中心**（☎891-681-4848；www.tremblantactivities.com）安排户外运动：垂钓、划艇、骑马等。

南部山区基地一直通到**旅游步行村**(pedestrian

tourist village)，村里满是大酒店、商店、餐馆，透着游乐园的气息。曲奇饼造型的建筑特色并没能体现设计者想追求的欧式简约风格，却也没影响它的自身美丽，平均每年250万游客纷至沓来，在它鹅卵石铺设的小街小巷中流连。

国际布鲁斯音乐节(Festival International du Blues)7月上旬在这里举办，为期10天，是加拿大最盛大的布鲁斯音乐节，这期间，度假村住满音乐迷们。请联系特朗布特站了解详情。

食宿

HI Mont-Tremblant Hostel青年旅舍（☎819-425-6008；www.hostellingtremblant.com；2213 Chemin du Village，Mont-Tremblant Village；会员/非会员 宿舍税 $23.75/27.75，双 59.50/67.50；wi-fi）这家漂亮的青年旅舍就在摩尔湖(Lac Moore)旁边（免费出租独木舟），拥有一个大厨房、酒吧、落袋台球桌和带壁炉的大型会客厅。客房整洁宽敞，常常爆满，特别是滑雪旺季。

Country Inn & Suites by Carlson 旅馆（☎819-681-5555，800-461-8711；1000 Chemin Curé des Lauriers，Station Tremblant；套房$60起；）这家现代滑雪旅馆，位于步行村中心，房间宽大实用，舒适、方便。所有套房配有全套的厨房设备。17岁以下的少年儿童免费入住。

Auberge Le Lupin旅馆（☎819-425-5474，877-425-5474；www.lelupin.com；127 Rue Pinoteau，Mont-Tremblant Village；房 $96～110；wi-fi）建于20世纪40年代的这座旅馆整洁小巧，靠近特朗布兰特湖。距滑雪场仅1公里。

Microbrasserie La Diable餐馆（☎819-681-4546，Station Tremblant；主菜$10～23；11am～10pm）地处特朗兰特站，为爬山滑雪一天的游人摆上丰盛的香肠，汉堡包和通心粉，包你酒足饭饱。自酿啤酒很畅口。

Coco Pazzo（☎819-681-4774；Station Tremblant；正餐$12～29；正午～3pm和5～9pm）在这家高档餐厅中，现代的意大利风格有了转变，沉浸于柔和的橙色和忧郁的蓝色之中，可以俯瞰Place Des Lauriers的舞台。

Plus Minus Café小餐馆（☎819-681-4994；Station Tremblant；正餐$29～40；6am～10pm）从多彩的有机沙拉到精心设计的主菜，结合着高品质的精致肉类、储备的野生家禽和各种调味料组合，如当地产的辣椒味噌或chipotle(烤胡椒粉)，无不透露出追寻健康又时尚的饮食习惯。

蒙特朗布兰特公园 (PARC DU MONT TREMBLANT)

蒙特朗布兰特公园（☎819-688-2281，reservations 800-665-6527；www.parksquebec.com；Chemin du Lac Supérieur；成人/儿童 每日$3.50/1.75）大自然景致瑰丽，是省内最大最古老的公园——1894年正式对外开放。占地约1510平方公里，劳伦琴斯美丽的湖泊，河流，山丛和森林处处可见；公园生长着不少稀有植被，包括银枫树(Silver Maple)和红橡树(Red oak)，多条徒步和自行车小路，还有独木舟水路。狐狸、鹿群、鸵鹿群和狼群出没其间，更有200多种鸟类栖息在此，包括一处兰鹭群栖息地公园。

公园主要由三个部分组成。完全开发的部分名为**Diable sector区**，漂亮的蒙罗湖(Lac Monroe)坐落在此，入口处在特朗布特站东北方向，相距28公里。常年办公的服务中心离入口11公里，该中心也租赁各种活动器具。

Diable sector区的徒步小路不错；前往瀑布群，仅20分钟步行可到；踏迹雄奇山谷间。短途徒步一整天；在一些小路上骑自行车；租独木舟沿Rivière Diable游玩。怡特湖(Lac Chat)和拉瓦奇诺瓦(La Vache Noire)之间平缓的水道则适合家庭尝试。

往东就是**Pimbina sector区**，离圣多娜特(St-Donat)仅10分钟车程。这里的**信息中心**（5月中到10月中，12月中到次年3月）租赁爱斯基摩划子和独木舟，以及带些基本设施的宿营地。推出的活动包括在Lac Drouost湖游泳、徒步、自行车游等。让人兴奋的是**Carcan Trail小路**，全长14.4公里，延伸到公园第二高峰(883米)的峰顶，沿途景色秀美。

再往东是**L'Assomption sector区**，经圣康姆(St-Côme)可进入。它是公园最原始的部分，拥有徒步小路、悠静的屋舍和偏远的宿营地，供选择的活动更多。冬天，常常大雪封路，驱车无法进入。

经泥泞路可进入更荒凉的内陆和东部地区，有些是历史上留下来的伐木路径。这里人迹罕至，野生动物众多。跋涉到这，你可以尽享湖区的宁静，夜幕中，偶尔传来野狼的声声嚎叫。

8月下旬，夜晚开始转凉，不久，白雪覆盖大地，冬日景色壮观，也正是Diable Sector区和Pimbina Sector区人海如潮的季节，正值越野滑雪和滑雪橇旺季。

众多公园宿营地中（帐篷场地$17到$32），有些配备便利设施，但大多仅有简单设施。旺季时，建议提前预订。最好的营地只能划独木舟进入。还有简单的背包客小屋（每人$21）和舒服的独立木屋（每人$36到$46）出租。

蒙特利尔到魁北克城 (MONTRÉAL TO QUÉBEC CITY)

魁北克城两大中心之间有这么多迷人的东西

在边界熠熠生辉，将我们带入田园诗般的牧场。停下脚步，享受东部城镇如画的风景，融入美国游客频繁到来产生的独特的双语环境之中。另外，莫里切地区也是值得旅游的地方——从三河城北到拉克圣让，并顺着莫里切河流域前行，这儿因原始、纯粹的自然风光而闻名遐迩，掳掠了无数游客的心。

跨加拿大公路(Hwy 20 公路)从魁北克城直通至蒙特利尔。东部城镇坐落在这里和维蒙特州的边界之间，维蒙特州依附在 Hwy 10 公路，莫里切公路伸向 Hwy 20 高速的北面，沿着 Hwy 40 公路延伸着。

东部城镇(EASTERN TOWNSHIPS)

群山绵延，丛林葱茏，水晶般透明的蓝色河流与纵横交错的农田，塞满了东部城镇，或者说是法裔居民口中的“Cantons-des-l'Est(东郡)”。该地区在蒙特利尔东南部 80 公里处，Hwy 20 公路以南，挤在伸向四面八方的小公路布成的迷宫之间，向维蒙特(Vermont)和新汉普夏尔(New Hampshire)边界延伸。顶棚的小桥和圆形谷仓一起点缀着起伏不平的景观，新英格兰人来到这里就会觉得回到了家里，美国阿巴拉契亚山脉尾端就在这儿。

春天时值得来这儿拜访，因为春天是“取糖浆”的季节，即吸取、煮熬和制作枫糖浆的季节(见 283 页框内文字)；夏天，人们在众多湖泊上垂钓、游泳，秋天，叶子颜色千变万化，还有当地酒馆出售新鲜酿制的苹果酒。这片行政区也是快速发展的葡萄酒之乡，生产特制白葡萄酒和优质冰葡萄酒(一种甜点酒，用冻葡萄制成)。较暖的日子里，人们纷纷骑起了自行车；徒步穿梭近 500 公里的小路，一路风景绚烂。冬天，可以在三大优质的滑雪山上滑雪：布罗蒙特、蒙奥费德(Mont Orford)和斯普瑞(Spring)一带。

1776 年美国革命之后，新英格兰保皇党人迁徙到阿卑纳金斯(Abenakis)地区，企图将这里划归英国皇室管辖，开始定居这里。之后，来自爱尔兰、苏格兰以及法国的加拿大人陆续加入其中，组成当地居民的主要成分。

方位和实用信息

东部城镇的布局按之字形而非简单的直线形分布。乡村间的距离很近，就是在乡村小道上迷了路，也可算是游乐自娱的一部分，畅游其间常让人有意想不到的发现。最大的城镇是舍布鲁克，位于两条主要公路的交叉路口：通往德拉蒙得维尔(Drummondville)的Hwy 55公路，与通往魁北克城的Hwy 20公路相交在这里，Hwy 10公路则通往蒙特利尔。

东部城镇旅游协会(Eastern Townships Tourism Association，☎450-375-8774，866-472-6292；www.tourismecantons.qc.ca；Hwy 10 68号出口)，在去往格兰比(Granby)和布罗蒙特(Bromont)的分岔口上。

到达和离开

从蒙特利尔驱车，Hwy 10公路让你直接进入舍布迪鲁东部的东部城镇，在这里，它变成Rte 112路继续延伸。经Hwy 20公路从魁北克城出发，最快的路程是你在德拉蒙得维尔(Drummondville)附近上车，经Hwy 55公路前往。

Limocar客运往返在蒙特利尔的汽车总站和梅戈格(Magog，$30，1个半小时)之间，以及总站和舍布鲁克(Sherbrooke，$33.50，2个半小时)之间，每天发车可达15班。这些客车中有7班在格兰比停留($21，1～1个半小时)，在布罗蒙特每天有2班($24，2小时15分钟)。Orléans Express公司也开通前往莫里切地区(Mauricie)三河城(Trois Rivières，$27，1个半小时)的客运线路，每天8班。

Autobus Viens运营每天3班的公共汽车，从蒙特利尔中心汽车站发车，开往萨顿($18，1小时)和拉克布罗默(Lac Brome，$19，2小时15分钟)。

Allô Stop公司(☎819-821-3637；1204 Rue King Ouest)在舍布鲁克设分部，去往蒙特利尔/魁北克城的乘车费用是每位$11/16。

布罗蒙特(Bromont)

这座小镇围绕着**布罗蒙特滑雪场**(Ski Bromont；☎450-534-2200；www.skibromont.com；150 Rue Champlain)，是一个全年开张的度假村小镇，地处高533米的布罗蒙特山山坡上。100公里长的各条徒步小路，路牌明示，包括12条惊险的山坡路线，一到夏天，就成为山地自行车迷的天堂(布罗蒙特甚至举办过世界山地自行车冠军赛)。冬季，滑冰和滑雪板的人挤满这里104条小路，包括50条可夜间滑雪的小路。

5月到10月间的周末，布罗蒙特还有一项重要的景观，它大型的**跳蚤市场**(☎450-534-0440；16 Rue Lafontaine；免费参观；⏰周六和周日9am～5pm)在Hwy 10公路不远处，吸引着远近各地精明的淘货者。

Limocar公共汽车在谢福德修理店(Dépanneur Shefford)，即Rue Shefford路624号设停靠站。

拉克布罗默(Lac Brome，诺尔顿[Knowlton])

拉克布罗默是七座城镇联合体的总称，这七座城镇围绕着同名的湖泊，其中，最大最漂亮的一座是诺林顿，位于湖南岸，1802年保皇党人首先在此定居，以致至今仍保留着英格兰上流社会的遗风和许多19世纪建筑。漫步在它小巧的城市中心，精品时装店，艺术画廊、咖啡屋和餐馆，令人目不暇接，花上一两个小时逛逛，蛮有趣的。Auberge Knowlton宾馆提供免费的徒步游宣传册，1849年以来这家宾馆一直从事酒店旅游服务，是东部城镇营业最久的酒店。**旅游咨询处**(☎450-242-2870；255C Chemin Knowlton；⏰6月到9月上旬)在Hwy 10公路68出口处；另一个位于**湖北岸**(☎450-242-2784；696 Chemin Lakeside；营业时间6月末到9月初)。

要了解更多当地历史，可以去**布罗默伯爵历史博物馆**(Musée Historique du Comté de Brome；☎450-243-6782；130 Rue Lakeside；成人/儿童/学生和老人$5/2.50/3；⏰5月中到9月中 周一至周六10am～4:30pm，周日11am～4:30pm)，这里有一座仿古的旧百货商店和政府大楼(仅周日)，还不太协调地陈列着一架第一次世界大战遗留下来的Fokker D-VII战斗机。

Auberge Knowlton宾馆(☎450-242-6886；www.aubergeknowlton.ca；286 Chemin Knowlton；双含早餐$135；⊠ wi-fi)是一座维多利亚风格的标志性建筑，自1849年营业，从驿站马车的年代一路走来。客房宽敞，田园主题，古典式家具与现代便利设施相配套。提供散点式早餐。还有**Le Relais餐馆**(☎450-242-2232；286 Chemin Knowlton；主菜午餐$9～20，晚餐$18～30)，品尝布罗蒙特酱汁鸭，喝当地葡萄酒的绝佳去处。夏天，楼上露台餐桌抢订座的人很多。拉克布罗默的美味鸭很有名，1912年以来，这种鸭子就一直用含大豆素和维他命丰富的特种饲料喂养。

在**Brome Lake Duck Farm农场**(☎450-242-3825；40 Chemin Centre；⏰周一至周四8am～5pm，周五至6pm，周六和周日9:30am～5pm)，你可以买些海鲜酱和其他产品。

从Hwy 10公路前往拉克布罗默，Rue Knowlton路483号有车站。

萨顿(Sutton)

萨顿是一座皇家小镇，街道美丽，想买心仪的商品，这可是个地方啦。它也是保皇党人聚集的小镇，你可以沿漂亮的主街道买个高兴或是在众多酒吧举办的滑雪放松晚宴中尽兴狂欢一晚。**Net Connect网吧**(☎450-538-4198；20 Place Sutton；每小时$5，⏰周一至周六10am～5:30pm)提供上网，

值得游览：孩子们喜欢格兰比(GRANBY)

如果你带孩子去**格兰比动物园**（Granby Zoo；☎450-372-9113；www.zoodegranby.com；525 Rue St-Hubert；成人/3～12岁儿童/老人 $26.50/16.50/20.50；🕑6月10am～5pm，7月和8月至7pm，9月到10月中旬周六和周日至5pm）的话，你会从孩子那儿得到很高的评价。有着老虎、袋鼠、大象和其他170多种鳍状动物、羽毛类动物、毛皮动物的动物园从来不会让小家伙们失望。门票包括了**Parc Aquatique Amazoo**的门票，这是一座小型的水上乐园，有着波浪起伏的游泳池。可以从Hwy 10公路的68号出口出去。

旅游咨询处（☎450-538-8455；www.sutton.ca；11b Rue Principale Sud）备有各类旅行信息。

萨顿坐拥萨顿山脉(Sutton Mountains)，圆形群山郁郁葱葱，其中，最高的山峰(Sommet Rond)高达968米，萨顿因此成为冬季运动的热门地区，很多项目集中在**蒙特萨顿山**（Mont Sutton；☎450-538-2545；www.montsutton.com；671 Chemin Maple；日票 成人/6～13岁儿童/学生和老人 $48/28/36；🕑9am～4pm），53条小路深入山中，最长的2.85公里长。

夏天，萨顿是重要的徒步地区，而且首选**自然环境公园**（Parc d'Environnement Naturel；☎450-538-4085；成人/儿童每日费用 $4/2；🕑6月到10月），在茂密的山林里，80公里的小路穿行蜿蜒。三个简易宿营地供徒步者选择，搭起帐篷。云杉湖(Lac Spruce)营地最棒。

Auberge Le St-Amour宾馆（☎450-538-6188，888-538-6188；www.innsutton.com；1 Rue Pleasant；房 $70～130；💻）由一座保存完好的古建筑物改造而成，是度周末或享受浪漫的好地方。有些客房能眺望萨顿山(Mont Sutton)的美好风光，早餐值得怀念。宾馆的餐厅供应受地中海风味影响的晚餐。

经Rte 104公路和Rte 215公路，诺尔顿以南18公里处就是萨顿。Autobus Viens客车公司在Esso汽油站(Rue Principale路28号)设有车站。

瓦尔库尔(Valcourt)

如果雪地机动车之父J.A.邦达迪尔(Joseph Armand Bombardier)不是本地人，瓦尔库尔可能只是地球上一处不起眼的小圆点。邦达迪尔的发明是加拿大人最引以为傲的发明。**约瑟夫·阿曼德·邦达迪尔博物馆**（Musée J Armand Bombardier；☎450-532-5300；www.museebombardier.com；1001 Ave J-A Bombardier；成人/学生和老人 $7/5；🕑5月到8月 10am～5pm，9月到次年4月周二至周日10am～5pm）陈列着他发明的早期雪地机动车(Ski-Doo)模型。还有记录它们如何运行的一段老影片，很有趣。原来的制造车间收藏着当代和过去的各类雪地机动车。博物馆本身还制造简易越野车(ATVs)和水上机电厂(Sea-Doos)，组织参观者成团参观（额外收费 $12/5）。

在Hwy 10公路90号出口处拐上Rte 243公路，可驱车到达瓦尔库尔，但没有公共汽车。

梅戈格(Magog)

梅戈格占据曼费里梅戈格湖(Lac Memphré-magog)北岸的主要地区，香蕉形状的湖泊向南延伸44公里，跨越加美边界。它是最大的镇区，有一条漂亮的主街和很多适宜的餐馆与旅馆。

实用信息

CLSC Health Clinic诊所（☎819-843-2572；50 Rue St-Patrice Est）

La Petite Place网吧（☎819-847-3067；108 Place du Commerce；每小时 $6；🕑周一至周五 8:30am～5pm，周六至2pm）可上网，地下室网吧，露天停车场的后面。

旅游咨询处（☎819-843-2744；www.tourismememphremagog.com；55 Rue Cabana）在Rte 112公路附近。

景点和活动

梅戈格有一个**沙滩**，仲夏，人太多，找地方塞浴巾都难得很。沙滩大部分地区属私人领地，建议你最好选择湖上游览。**Club de Voile游船公司**（☎819-847-3181；Plage des Cantons）是一家户外用具提供商，出租爱斯基摩划子，帆船和帆板，**Croisières Memphrémagog公司**（☎819-843-8068；成人/儿童 $20～75/10～75；🕑5月中到10月）则组织1小时45分钟、2个半小时和7小时带讲解的航游。在这里，要特别提防门费里(Memphré，一种残暴凶狠的罕见动物，像尼斯湖怪兽一样喜欢生活在湖底)。

住宿

Auberge du Centre d'Arts Orford宾馆（☎819-843-3981；3165 Chemin du Parc；小木屋两人 $36，房含早餐 $63～82）地处**艺术中心**(Centre d'Arts)的丛林里，从这里出发前往蒙奥福德公园探险最好。客房虽然简单，却有现代、舒适的设施。如果你想体验艰苦，那就租一间简易的小屋住吧。（基本上，那些小巧耐用的帐篷配备一些共用设施，但仅限夏天使用。）

Ô Bois Dormant旅馆（☎819-843-0450；www.oboisdormant.qc.ca；205 Rue Abbott；房含早餐 $80～115；⊠ ❄ 💻）尽管离主街道不远，这家维多利

亚建筑周围的杂乱草坪感觉就像是隐蔽的度假胜地。房间舒适、明亮。

À L'Ancestrale B&B旅馆（☎819-847-5555，888-847-5507；www.ancestrale.com；200 Rue Abbott；房含早餐 $100～140；wi-fi）在这家旅馆，一醒来就可以享用四道早餐美味。周围是美丽的乡村景色，四间客房精心装饰，配备冰箱和咖啡机。位于市中心，但所处的街道很安静，真正的闹中取静。

亦推荐：

La Belle Victorienne B&B旅馆（☎819-847-0476，888-440-0476；www.bellevic.com；142 Rue Merry Nord；双$95～125；）地处梅戈格市中心，相当雅致的旅馆，维多利亚风格。

Auberge Au Lion d'Or宾馆（☎819-843-6000，877-843-6000；www.auliondor.com；2240 Chemin du Parc；单$95～145，双$98～178；）位于前往蒙奥福德公园的路上，拥有户外游泳池和餐厅。

就餐

Bistro Lady of the Lake 餐馆（☎819-868-2004；125 Plage des Cantons；主菜 $17～32；4～10pm）这家很受欢迎的餐馆还带有美丽的湖边景致，增添了点地中海的味道。菜肴大胆创新，并进行了有趣搭配，如时萝、杏仁、鲜鳟鱼，酒类丰富。

Auberge Georgeville 宾馆（☎819-843-8683；71 Rte 247；五道菜套餐 $51；5～10pm）远近的人们都爱来这家维多利亚风格的宾馆（房价 $250 起）享用美味晚餐，它坐落在门弗里梅戈格(Memphrémagog)的东岸山顶之上，离梅戈格市中心大约25分钟步程。很多特色菜肴，魁北克风味的 Hatley 奶酪、雀麦草嫩鸭肉(Brome duckling)和加斯佩小龙虾很有名。建议提前预订。

想吃清淡的素菜，建议去 La Petite Place Internet café 咖啡网吧。

到达和离开

Limocar汽车站设在Rue Sherbrooke路768号。

蒙奥福德公园(Parc du Mont Orford)

蒙奥福德公园（☎819-843-9855；3321 Chemin du Parc；成人/儿童 每日 $3.50/1.50；全年开放），从梅戈格北边驱车大约10分钟即到，是鳄龟(snapping turtles)和众多鸟类的栖息地，景点十分紧凑，游人如织。健身爱好者可以攀爬公园里的两座山，**蒙舒弗山**(Mont Chauve，600米)和**蒙奥福德山**(Mont Orford，853米)，小孩们则可以在三个湖区一带游玩，Lac Stukely 湖最大，有一个海滩，提供宿营和游船。

冬季活动包括滑雪板和越野滑雪，**蒙奥福德滑雪场**（Station de Ski Mont-Orford；☎819-843-6548；www.orford.com；缆车票成人/儿童/老人/学生 $45/26/28/35；9am～4pm），可以进行速降滑雪，一条垂直滑道长540米，滑雪坡54处，大部分滑段适合初学者和一般水平的滑雪者。还有一座滑雪公园，那里的设施一般。

公园外围，**奥福德艺术中心**（Centre d'Arts Orford，Orford Arts Center；☎819-843-9871；3165 Chemin du Parc；票价 $5～35）举办**奥福德节**(Festival Orford)，6月下旬到8月中旬期间，推出40到50场古典音乐会，相当有名。

北哈特利(North Hatley)

北哈特利拥有最漂亮的东部城镇之美誉，位于梅戈格以东大约17公里处。它地处晶莹剔透（且神奇的）Lac Massawippi 湖畔北端，秀丽迷人。

富裕的美国人一直很喜欢这里。事实上，早在1880年，他们就开始在这里营造豪华的度假住宅。美国人的影响至今仍然有迹可寻（众多奶牛题材的绘画和香蜡烛，与新英格兰一个样！），甚至还有一个"Main St(大街，嗯，实际上是'Rue Main')"。现在，很多精致住宅已经变成B&B旅馆、宾馆或餐馆，超豪华的 Manoir Hovey 宾馆就是其中之一。在 **Café North Hatley 小餐馆**（☎819-842-1141；90 Rue Main；每30分钟 $2.95）有一个小的信息中心，可以上网，还有咖啡。

北哈特利周围的地貌很奇特，想探究一番的话，骑马是很好的方式；**Randonées Jacques Robidas 公司**（☎819-563-0166）全年安排骑马之旅。

每天，在一顿丰富而美味的早餐开始，在奶油巧克力的滋味中结束，这样的日子就在**Tapioca**

值得一停：圣－卑诺特丢拉克修道院(ABBAYE ST-BENOÎT-DU-LAC)

圣－卑诺特丢拉克修道院（☎819-843-4080；www.st-benoit-du-lac.com；免费入内；9月到次年6月周一至周六 教堂 5am～8:30pm，礼品店 9～10:45am 和 11:45am～4:30pm，7月和8月 至 6pm）在西湖岸，位于梅戈格南部12公里，有约50位本笃会道士。该建筑混合了传统和现代建筑，包括遍布多彩瓦片的走廊、一座高大的教堂，梁和砖墙清晰可见。如果有时间，可以在早上7点30分、中午11点和下午5点参观，有机会聆听道士练习格列高丽圣咏。这儿的纪念礼品店里出售音乐CD、干酪和苹果酒等。

B&B旅馆（☎819-842-2743；www.tapioca.qc.ca；680 Chemin Sherbrooke；房含早餐 $100～160），它背靠着一座满是鲜花的大花园，所有客房配备独立洗手间，一些还有阳台和空调。

我们的选择 **Manoir Hovey**（☎819-842-2421；www.manoirhovey.com；575 Chemin Hovey；房含早餐和三道菜晚餐 $300～650；wi-fi）是本地区首要的旅游度假胜地，这儿的餐厅（三道菜晚餐 $60）主要供应精致的魁北克菜，以新鲜的当地调料烹饪。夜晚在这里住宿的游客很幸运，可以在宽阔的公园里自由而不受约束地欣赏一排排的野花，鸟瞰湖水全景，或下榻于奢华的房间里，远离城市的喧嚣。这里有温水游泳池，冬季时是溜冰场，还有一个酒馆；也提供一系列户外活动，如风帆冲浪、高尔夫和游湖船等等。

Pilsen 餐馆（☎819-842-2971；55 Rue Main；主菜 $10～27；周一到周四 11:30am～11pm，周五和周六至午夜）镇上氛围最快活的餐馆，鲑鱼很有名，采用烘烤或烟熏两种做法，酒馆菜肴也数上乘。拥有河岸和临湖两处露台。

从梅戈格出发，往东可到达北哈特利，或者从舍布鲁克出发，经 Rte 243 路，而后上 Rte 108 公路也可以到达。但不通公共汽车。

舍布鲁克(Sherbrooke)

在回到东部城镇以前，这座熙熙攘攘的城市很适合停下来补给供养。市中心，历史悠久，坐落在两条河的交汇处，纵横着 Rue Wellington 街和 Rue King 街这两条主干道，它们也是主要的商业动脉。建议你在"Vieux Sherbrooke"多待一阵，这儿有几家著名的餐馆和咖啡馆屹立街头，与这座城市其他地方过度发展所导致的衰退截然不同。舍布鲁克在 Hwy 10 公路旁，梅戈格东北大约 25 公里处。

实用信息

Brûlerie de Café小餐馆（☎819-820-1223；180 Rue Wellington；10am～11pm）可免费上网。

Hospital Hôtel-Dieu 医院（☎819-346-1110；580 Rue Bowen Sud；24 小时）

加拿大国家银行（National Bank of Canada；☎819-563-7832；3075 Boul Portland；周一和周二 10am～3pm，周三至 5pm，周四至 8pm，周五至 4pm）

旅游咨询处（☎819-821-1919；www. tourismesherbrooke.com；785 Rue King Ouest；周一至周五 9am～6pm，周六和周日 10am～5pm）

景点和活动

圣米歇尔教堂（Cathédrale St-Michel；☎819-563-9371；130 Rue de la Cathédrale；免费参观；9am 至正午和 2～4pm）坐落在山顶上，静静眺望着这一切。它是一座花岗岩大教堂，雄伟气派。

北边，Rue Dufferin 街旁，梅戈格河对岸矗立着舍布鲁克两座主要的博物馆：**艺术博物馆**（Musée des Beaux-Arts；☎819-821-2115；241 Rue Dufferin；成人/学生 $7.50/5；6 月末到 8 月周二和周日 10am～5pm，9 月到次年 6 月末周二至周日 正午～5pm）拥有大量永久性藏品，以地区内艺术家的作品为主，也推出常规性展览。隔壁，**舍布鲁克历史博物馆**（Centre d'Interprétation de l'Histoire de Sherbrooke；☎819-821-5406；275 Rue Dufferin；成人/学生 $6/5；6 月中到 9 月 周二至周五 9am～5pm，周六和周日 10am～5pm，10 月到次年 6 月中 周二至周五 9am～正午和 1～5pm，周六和周日 1～5pm）全面介绍这座城市的历史风貌，出租 mp3 播放器，供游人步行或驾车自助市内游（$10）。

往南，梅戈格河流入漂亮的 **Lac des Nations 湖**，附近铺设着一条漂亮的小路，适合步行休闲，道内溜冰和骑脚踏车（提供租赁）。

如果你想感受学术气息，可以向南 5 公里（或乘坐 2 路或 11 路公共汽车）到达伦诺克斯维尔(Lennoxville)，去看看英式**主教大学**（Bishop's University；☎819-822-9600；Rue du Collège），该大学建于 1843 年，以牛津和剑桥大学为蓝本，校园的建筑杰作当属**圣马克斯教堂**（St Mark's Chapel；免费参观；8:30am～5pm），雕饰的长椅和彩绘玻璃非常精致。

到达和离开

Rue du Depôt 80 号是 Limocar 客车终点站。

蒙梅冈蒂克公园 (Parc du Mont-Mégantic)

坐落在心脏地带，风景优美，也不拥挤，**蒙梅冈蒂克公园**（☎819-888-2941；189 Rte du Parc；每日门票 成人/儿童 $3.50/1.50；6 月到 8 月 9am～11pm，9 月到次年 5 月周六和周日至 5pm）魅力难挡，是野生动植物迷和天文爱好者的乐园。当你在公园小路上漫步，没准儿什么时候就会遇见驼鹿、白尾鹿，郊狼和其他野生动物。

公园的**天文观测台**（AstroLab；☎819-888-2941；www.astrolab.qc.ca；成人/儿童 $12/6，顶台游览 白天 $6.15/3，夜晚 $15/7.50；6 月下旬到 8 月下旬正午～11pm，5 月下旬到 6 月下旬和 8 月下旬到 10 月初周六正午～5pm 和 8～11pm，周日正午～5pm）是一个天文研究中心，通过互动式展览和多媒体展示向游人介绍宇宙空间。其中最精彩的是参观山顶上的观测台。要求预订。

舍布鲁克以东，沿 Rte 108 公路和 Rte 212 公路驱车大约 60 公里就可以到达公园所在地。

魁北克

这里没有公共交通。

莫里切(MAURICIE)

尽管地处蒙特利尔和魁北克城之间的中央，莫里切仍是魁北克地区不太出名的地区。从面积上说，从三河城向北延伸到拉克圣让的300公里范围，沿浩瀚的圣莫里切河一带，都属于莫里切行政区。几个世纪以来，圣莫里切河一直是这个地区工业发展的脊梁。1996年前，圆木被放在河中，漂运到纸浆和造纸厂。早几个世纪前，这个地区是加拿大最早的钢铁冶炼基地；原来的锻铁炉现在已成为国家历史遗址。工业仍然主导着这个地势较低的地区，不过当河流流入拉莫里切国家公园后，环境顿时变得宜人舒心多了。

三河城(Trois-Rivières)

建于1634年，三河城是北美第二座最古老的城市，它位于墨西哥北部，少有人知；1908年，熊熊大火烧毁了这个城市的旧貌。正好位于圣劳伦斯河北岸的市中心还挺吸引人，有一些不错的景点。顺便说一下，这个名字其实有误，因为这里只有两条河，而不是三条河。尽管如此，圣莫里切河在河口分为三条支流，因为河口的小岛将江水分入了三条水道，多少可以用来正名一下。

方位和实用信息

三河城市中心整洁紧凑，Rue Notre Dame路和Rue des Forges路是中心街道，两旁林立着咖啡馆和酒吧。港口步行小道延伸到Rue des Ursulines路，这一带是城市最古老的地方。

Caisse Populaire 兑换点（☎819-693-3833；5700 Boul Jean XXIII；⏲周一至周三和周六 10am～3pm，周四至7pm，周五至4pm）是唯一的货币兑换点，坐落在城镇北部大约2.5公里处。

Hôpital St-Joseph 医院（☎819-697-3333；731 Rue Ste-Julie）

Le Bucafin Internet Café & Laundromat 咖啡网吧和洗衣房（☎819-376-2122；920 Rue St-Mauricie；每小时$3；⏲周一至周五 7am～9pm，周六 8am～7pm）网吧咖啡馆和投币式自动洗衣店。

邮政总局（Rue des Casernes 和 Rue des Ursulines 拐角）

旅游局（☎819-375-1122；1457 Rue Notre Dame；⏲6月到9月上旬 9am～8pm，9月上旬到10月 周一至周五 9am～5pm，周六和周日 10am～4pm，11月到次年5月 周一至周五 9am～5pm）。

景点和活动

就城镇规模来说，三河城的博物馆数量惊人，虽然内容上大多一般。毫无疑问，**En Prison 监狱**（☎819-372-0406；www.enprison.com；200 Rue Laviolette；成人/儿童/学生 $8/5/6；⏲6月到8月 10am～6pm，9月到次年5月 周二至周日 至5pm）是其中最系统的一家。一所1822年建的监狱，1986年前被用做监狱。90分钟的游程中（抱歉，用法语导游），前监狱关押者向你讲解残酷的牢狱生活，带你参观称做"地狱"的地牢，非常黑暗潮湿。这所监狱隶属魁北克**大众文化博物馆**（Musée Québécois de Culture Populaire；☎819-372-0406；www.culturepop.qc.ca；成人/儿童/学生 $8/5/6，含监狱参观 $12/8/9；⏲6月到8月 10am～6pm，9月到次年5月 周二至周日至5pm），这家博物馆还拥有一个地区民间艺术收藏馆，很有名，推出各种不断变化的展览，经常带有流行文化倾向。

想了解城市宗教历史的渊溯，建议前往**乌尔拉苏拉修女博物馆**（Musée des Ursulines；☎819-375-7922；734 Rue des Ursulines；成人/学生 $3.50/2.50；⏲3月和4月 周三至周日 1～5pm，5月到10月 周二至周日 10am～5pm），原是1639年由乌尔拉苏拉会修女们创建的医院，这一背景很适合展出与宗教相关的织物、瓷器、书籍和印刷品。漂亮的湿壁画装饰着这座小教堂。

教堂迷们也别错过宏伟的**圣母升天教堂**（Cathédrale de l'Assumption；☎819-374-2409；362 Rue Bonaventure；免费参观；⏲7am～正午和2～5pm），高耸的新哥特式混合建筑，其中的雕塑很精美，佛罗伦萨彩绘玻璃窗相当精致。

德拉马得雷尼湾附近（乘2路公共汽车），市中心东北方向4公里处是**圣母圣坛**（Sanctuaire Notre Dame du Cap；☎819-374-2441；626 Rue Notre Dame；免费参观；⏲8:30am～8pm），相当雄奇，看起来就像发射场上的一艘宇宙飞船。1660位信徒可以聚集在圆顶教堂里，在一架卡萨诺瓦大风琴奏响的乐声中沉思冥想。圣母玛丽亚圣坛上放置着一尊神灵塑像，前来朝拜的信徒常年络绎不绝。

圣莫里切锻铁厂（Les Forges-du-Saint-Mauricie；☎819-378-5116；www.parkscanada.gc.ca/forges；10 000 Boul des Forges；成人/儿童 $4/2；⏲5月中到9月上旬 9:30am～5:30pm，9月其余时间和10月 至4:30pm）在镇中心西北大约7公里处（乘4路公共汽车），是18世纪加拿大钢铁业的发源地，现为国家历史遗址。古装打扮的导游带着你参观鼓风炉，光影展览，以及加拿大第一家钢铁厂往日的日常工作场景。

Croisières/Cruises游船公司（☎819-375-3000）推出各种各样的游程——大约90分钟，带你游历圣劳伦斯河和圣莫里切河($15.80)。游船从Rue des Forges路尾的靠岸码头出发。

食宿

Auberge Le Fleurvil旅馆（☎819-372-5195；www.fleurvil.qc.ca；635 Rue des Ursulines；单 $65～85，双 $80～120；🅿 💻）主人哈利，热爱钻研装饰设

计，很随和，在他的设计下，这家迷人的小旅馆面向一座带游泳池的青绿花园，9间客房大多配备各自的专用设施。

L'Emerillon B&B 旅馆（☎819-375-1010；www.bbcanada.com/1949.html；890 Terrasse Turcotte；房 $95～115）这儿无疑是周围年代久远的B&B旅馆之一，很经典。宽大的木制楼梯，通向四个客房，其中最漂亮的一间配备舒适的四腿床，阳台可欣赏江景；两间普通的，配备台球桌、望远镜和钢琴。

Le Muscadin餐馆（☎819-691-9080；60 Rue des Forges；每道菜 $3～9；⏲周二至周六 9am～5:30pm）环境时尚，供应自制的菜汤、洛林糕、三明治和其他清淡菜肴。墙壁用原创艺术装饰。

Orangekaki Bistro & Bar 餐馆和酒吧（☎819-375-5358；120 Rue des Forges；主菜 $10～22；⏲每天 11:30am～9:30pm，周六和周日 早午餐）喧哗热闹，有着类似工业化的外观，很适合大口大口喝冷饮，或是享用一盘盘的饭菜。河蚌九吃是它的特色菜。

到达和离开

三河城位于蒙特利尔东北 150 公里，魁北克城西南 130 公里处，经 Hwys 40 和 Hwys 20 公路或是 Rtes 138 和 Rtes132 公路都能到达。

公共汽车站（☎819-374-2944；275 Rue St-Georges）在 Hôtel Delta 酒店后面，每天 8 趟车次发往蒙特利尔（$27，1 个半到 2 个半小时），5 趟车次发往魁北克（$27，1 小时 45 分钟）。

沙威尼根(Shawinigan)

如果不是为了参观独特的**德勒安那古老城区**（或能量城，法语：Cité de l'Énergie，City of Energy；☎819-536-8516；www.citedelenergie.com；1000 Ave Melville；成人/儿童/学生 $16/9/14，团队游 $10；⏲7 月和 8 月 10am～6pm，6 月和 9 月 周二至周日 至 5pm），人们不会在沙威尼根逗留。位于建于 1901 年的水电站和加拿大最早的炼铝厂一带，"能量城"众多展览介绍着这个地区的工业传统。通过多媒体演示和展览，人们可以了解涡轮机、电化学、铝业、造纸等方面的工业知识。一本《步行通览画册》(*Walk-throngh Comic Book*) 让你了解并支持科学家们的努力，他们致力于通过转向利用无污染的氢气来设法挽救环境。

这里还提供游江和电轨客车观光游。一座观测塔高 115 米，**Eclyps 剧院**（成人/儿童 $45/18；⏲7 月和 8 月）夜夜笙歌，音乐家，舞蹈家和杂技演员的表演非常精彩。夏季，加拿大国家美术馆各类世界一流的巡展在铝制厂展出，大多标有英语和法语注解，但讲解只用法语。最晚可于闭馆前 2 个半小时进场。

沙威尼根位于三河城北部 40 公里处，经 Hwy 55 公路可到。每天，Orléans Express 特快客车从三河城发车 2 班（$13，50 分钟）。

莫里切加拿大国家公园(Parc National du Canada de la Mauricie)

秋天，驼鹿在恬静的湖边觅食，潜鸟凄厉的哀鸣划过水面，在桦树、白杨树、枫树以及其他树丛中的幼熊在嬉戏，这些林木很快呈现秋色变奏般的景象，当你置身莫里切加拿大国家公园，处处都可能是这些鲜活的场景。**公园**（☎819-538-3232，888-855-6673；www.pc.gc.ca/mauricie；成人/儿童 $6.90/3.45）在魁北克经营得最好，管理得最好，游人接待量也最多。自然美景打动人心，从独木舟或是从小路上放眼望去，好不赏心悦目，对于那些并不想完全脱离"人类文明"的人们而言，这里最理想。

公园占地 550 平方公里，圣劳伦斯河谷两岸相望，北岸森林植被常绿，南岸阔叶林丛更为广阔。低矮、圆形的劳伦琴斯群山是世界上最古老的山脉之一，也是加拿大地盾的一部分，地跨这个省的大部分。群山之中，小湖泊和山谷密布。1970 年，加拿大政府创建这座公园，意在保护被造纸业蚕食消耗的森林资源。公园的所在地过去是两家锯木厂的作业厂房。不过，现在，过去的都已成为历史。

方位和实用信息

公园的主要入口在圣让得派尔（St-Jean-des-Piles，Hwy 55 公路 226 号出口），另一个入口在圣马修（St-Mathieu，Hwy 55 公路 217 号出口）。两个入口都有清楚的标识，也都设**信息中心**（⏲5 月下旬到 9 月上旬 7am～10pm，5 月其余时间和 9 月上旬到 10 月周六至周四 9am～4:30pm，周五至 10pm）。Rte Promenade 公路长 63 公里，穿行整座公园，连通两个入口。10 月下旬到次年 5 月上旬，圣马修入口关闭。

活动

徒步小路不计其数，用半小时到 5 天的时间徒步，你可以去不少地方，一睹当地的植物群、动物群和溪流、瀑布（西边的 **Chutes Waber** 小路特别值得徒步一趟），还可以领略舒缓的河谷、湖泊和溪流景色。

劳伦琴斯小路（Le Sentier Laurentien）最长，在公园北部，穿行崎岖荒野 75 公里。偏远宿营地每隔 7 至 10 公里就有一个。小路一次最多接受不超过 40 人徒步，务必预约，费用 $39，而且，你必须自行计划如何从小路终点回到 Route Promenade 路，两者之间相距 30 公里。相关地形图，公园有售。

公园很适合**划独木舟**，有5条独木舟路线，游程14公里到84公里不等，可以满足新手或老手各类人群。有三个地方可以租到独木舟/爱斯基摩划子（每天$23.75/40）。最受欢迎的水路在**Lac Wapizagonke**湖，周围有沙滩、悬崖峭壁和瀑布，深受欢迎的一日游让你从Wapizagonke宿营地划到湖西岸，然后步行7.5公里环形小路去往Chutes Waber，再划独木舟返回。

越野滑雪是最受欢迎的冬季活动，整洁的徒步小路（成人/学生/老人$8.90/4.45/7.65），共计长85公里。

食宿

在指定的地点宿营，$25不提供电，$27提供电；在野外独木舟上宿营，$15不含篝火晚会，$23含篝火晚会。

两家**outdoor lodges户外宿营旅馆**（☎预订819-537-4555；每人$29～32）可选择入住，提供四到十人间的宿舍。离最近的停车场3.5公里，必须步行、骑单车、划独木舟或滑雪进入。

公园中没有餐馆，向北挺进前，最好在三河城或沙威尼根(Shawinigan)准备好干粮。

魁北克城(QUÉBEC CITY)

人口 167 000

魁北克北是墨西哥城北部北美唯一的城墙城市，有点像突然出现小问题的城市。几百年来，老城区的街道和广场目睹大陆首个教区教堂、首个博物馆、首个石头教堂、首个英国大教堂、首个女子学校、首个商业区和首个法语大学的崛起。这些机构中的大多数以某种形式保留着。不可避免要用史上最高级的形容词来描述：浏览《魁北克纪事电报》(*Québec Chronicle-Telegraph*)，你现在在阅读北美最古老的报纸；如果要去参观魁北克的L'Hôtel Dieu旅馆，告诉自己这儿是大陆上最古老的医院。

联合国教科文组织宣布整座老城为世界遗产遗址，在2008年该城庆祝其创建400周年。历史添加给观光者的是岁月留下的痕迹，如氛围、浪漫、忧郁、古怪与错综复杂，就跟其他欧洲城市一样。甚至最厌烦历史的欧洲游客也会倾倒于魁北克改变历史的战争与边境小镇遗产，它于其耀眼的亮点中仍为一枝独秀。

Le Château Frontenac酒店是世界上被拍照次数最多的酒店，一旦经过这儿，游客就会发现自己置身于多种多样的迷人街道之间。老上城区(Old Upper Town)，作为历史的枢纽，一些保存很好的博物馆和宾馆隐藏在奢侈的服装店中间。老下城区(Old Lower Town)位于陡峭的悬崖底部，像个迷宫一样，在来到圣劳伦斯北部之前，迷失于街道表演和舒适小旅馆之间可谓是一段不错的经历。在星形Citadelle附近离开城墙小镇，圣让主教堂是个没有多少历史的地方，但它仍是一个非常有趣的地方，也是丰富夜生活的中心。

在众多咖啡厅之一的角落品味咖啡，可谓是欣赏这些风景、品尝魁北克独特环境的最佳方式。

历史

1535年，法国探险家雅克·卡蒂埃(Jacquey Caitier)第二次远航到新大陆时，这里只有一座称做"Stadacona"的休伦村庄——kanata(殖民地)被含在了加拿大的名字中，屹立于魁北克城所在地之上。1541年，他再次来到这里，希望能建立永久驿站，但失败了，这使得法国当时的殖民热潮滞退50年之久。1608年，探险家塞缪·尚普兰终于为法国人在此建造了一座城市，取名魁北克，源自阿尔贡金语，意为"这里河流狭窄"。它是北美最古老的城市，是作为永久居民地而建立的，而不是一个贸易站。

1629年，英军攻战城池，三年后，英法通过一份协议，将魁北克归还法国，它开始真正成为新法兰西的中心。随后，英军屡战屡克。1759年，沃尔夫将军(General Wolfe)率领英军取得决定性胜利，终于结束了英法之间的长期纷争。1763年，巴黎协议将加拿大划给了英国。1775年，美国革命者试图占领魁北克。但未成功。1864年，这里举行联合会晤，是1867年加拿大国家成形的前奏。魁北克亦指定为当地省府。

19世纪，这座城市的地位和重要性一度让位给了蒙特利尔。1929年，大萧条煎熬着蒙特利尔，魁北克重新获得政府中心的地位。20世纪50年代，一些精明的当地生意人发起冬日狂欢节，引发了旅游业的兴旺。现在，这个节日已世界闻名。很明显，它对这里的旅游业仍然起着很大的作用。

2001年，美洲政要峰会在这座城市举办，引发了抗议全球化的大规模民众游行。权威人士抨击示威者的讲话一时在全世界传得沸沸扬扬。旅行指南出版时将恰逢魁北克建成400周年的诞辰。加拿大政府出资1.1亿加元，这场大聚会将会在2008年的大多数月份里持续举行；之后可能还得400年这座城市才能恢复原状。

方位

魁北克城出奇地小，占地仅93平方公里，近乎所有大小事全装进了它紧凑、步行即到的行政区内。

城区一部分位于卡普戴蒙德(Cape Diamond)

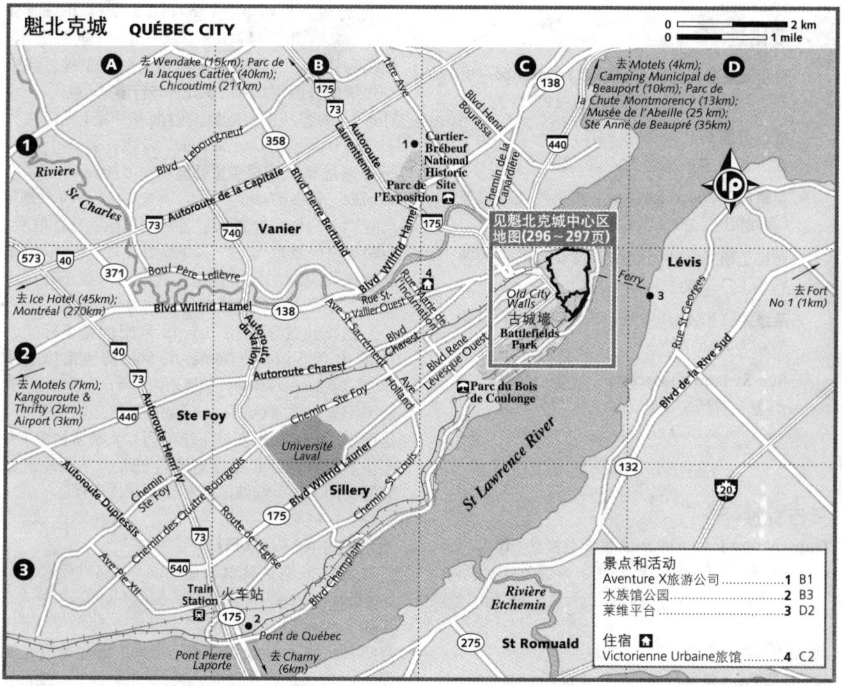

悬崖顶上，另一部分位于悬崖下方。于是，魁北克城又分为上城区(Haute Ville)和下城区(Basse Ville)；每部分又有自己的新旧区。斯得特得尔城堡是城市标志性建筑，位于卡普特湾最高的地方。历史悠久的上下城区共同组成迷人的老城区(Vieux Québec)，在石墙内占地10平方公里。

城堡式的皇家酒店(Le Château Frontenac)雄伟壮观，铜铸屋顶，也是一座重要的城市标志性建筑，初建于1893年。酒店后面，一条叫做达弗林平台(Terrasse Dufferin)的木板人行道沿悬崖边缘延伸，很长，供人领略河两岸的无限风光。酒店往南是老下城(Old Lower Town)，城市最古老的地段。

城市主干道从老上城开始，西南向是Boul René Lévesque大道，往南是Grande Allée大道，这条大道再往南变成Boul Wilfrid Laurier大道。

下城区较宽阔的地方有数条高速公路，向南、向东或向西。城市西南端有两座桥：魁北克桥(Pont de Québec)和皮埃尔拉波特桥(Pont Pierre Laporte)，都通往南边的海岸。

想了解城市方位，建议去首都观测台(Observatoire de la Capitale，见299页)，从31层楼楼顶俯瞰全城，一目了然。

如果驾车，你应该先找到一处实惠的泊车区，通过所在旅馆或墙外停车场寻找，先泊好车，再去游览。从皇家广场乘坐渡船到达莱维(Lévis)，它在河对岸，与魁北克老城区隔岸相望。

实用信息

上网

Bibliothèque Saint Jean Baptiste 主教学院 (☎418-691-6798；755 Rue St Jean；⏲周一和周三正午～8pm，周二、周四和周五至5pm，周六和周日1～5pm)在前教堂教会氛围中，可免费上网(很受欢迎)。获得它免费的临时会员身份。

Centre Internet 中心网吧 (☎418-692-3359；52 Côte du Palais；每20分钟$2.50；⏲9:30am～9pm)

医疗服务

Health Info 健康咨询站 (☎418-648-2626；⏲24小时)可向护士咨询。

L'Hôel Dieu de Québec医院 (☎418-525-4444；11 Côte du Palais；⏲24小时)地处市中心，设急诊。

不要错过

- **费尔蒙皇家酒店 Le Château Frontenac**—世界上被拍摄最多的酒店(见 295 页)
- **战场公园** (Battlefields Park)—英国人和法国人产生冲突的地方(见 298 页)
- **皇家广场** (Place Royale)—新法兰西的摇篮(见 298 页)
- **防御工事** (Fortifications)—4.6 公里长的步行墙(见下文)
- **莱维渡口** (Lévis ferry)—可看到全城和悬崖景观(见 307 页)
- **Rue St Jean characters**—狂妄自大的朋克们嘲笑着历史(见 299 页)

货币兑换

Transchange International 国际兑换处(☎418-694-6906;43 Rue de Buade;⏲5 月到 10 月 8am ~ 10pm,11 月到次年 4 月 9am ~ 5pm)可进行货币兑换。

旅游信息

旅游信息中心(☎877-266-5687;www. bonjourquebec.com;12 Rue Ste-Anne;⏲6 月到 9 月 8:30am ~ 7:30pm,10 月到次年 5 月 9am ~ 5pm)繁忙的省立旅游机构;提供市内市郊旅游咨询。各大旅游公司在这里设有接待处。

达弗林旅游咨询亭(Kiosk Frontenac)在达弗林平台,面朝弗龙特纳克城堡(Le Château Frontenac);可预订各项市内旅游活动,也是一些旅行团出发的地方。

魁北克城旅游信息局(☎418-641-6290,877-783-1608;www.quebecregion.com;835 Ave Wilfrid-Laurier;⏲6 月 24 日到劳动节 8:30am ~ 7:30pm,劳动节到 10 月中 至 6:30pm,10 月中到次年 6 月 23 日 周一至周四和周六 9am ~ 5pm,周五至 6pm,周日 10am ~ 4pm)在发现阁的官方旅行信息咨询处,比旅行信息中心里的人少一些;也涵盖周围地区信息,有货币兑换处。

景点

整个围城内的城区自身就是一个景区。在这里,每座建筑都具有历史价值和/或建筑价值。

老上城区(Old Upper Town)

魁北克防御工事(FORTIFICATIONS OF QUÉBEC)

古城墙是一处国家历史古迹,大部分已翻新。在围绕老上城区的城墙上,人可以漫步游览,城墙全程 4.6 公里,城市旧时的全貌几乎都呈现在眼前。Porte St Louis 圣路易码头旁的炸药库,现在设为**旅游介绍中心**(☎418-648-7016;100 Rue St-Louis;成人/儿童 $4/2;⏲10am ~ 5pm)通过展示、模型和短片,见证着这座城市的防卫工程。该中心热情的导游也组织 90 分钟**步行游览**(成人/儿童 $10/5),游程从中心或旅游咨询亭开始(见左栏)。

圣让码头 (Porte St Jean) 旁边,另一个国家历史遗址就是**阿提莱里公园**(Parc d'Artillerie;☎418-648-4205;2 Rue d'Auteuil;成人/儿童 $4/2;⏲4 月到 10 月中 10am ~ 5pm)。曾先后是法国军队的总部驻所、英军要塞以及军火工厂。介绍中心有一座 19 世纪早期魁北克城的城市模型。此外,为孩子开设历史课。夏季,有很多盛装导游与火枪演示。

这栋建筑还包括一个 19 世纪的警事厅、一个前火药库和 **Les Dames de Soie 博物馆**(☎418-692-1516;2 Rue d'Auteuil;免费入内;⏲1 月 15 日到 12 月 31 日周一至周六 11am ~ 5pm,周日正午 ~ 4pm)。这座 économusée(既是工作车间,又是博物馆)有不少玩具娃娃,包括穿着来自魁北克不同地区服装的民间人物、娃娃医院和娃娃制作课程。

斯达戴尔(LA CITADELLE)

雄伟的**斯达戴尔城堡**(Fort;☎418-694-2815;Côte de la Citadelle;成人/学生/家庭 $10/9/22;⏲4 月 10am ~ 4pm,5 月、6 月和 9 月 9am ~ 5pm,7 月到 9 月初 9am ~ 6pm,10 月 10am ~ 3pm)是北美最大城堡,占地 2.3 平方公里。1750 年,法国人始建,1850 年,在英国人手中完工,是城市防御系统的一部分,用来抵御进犯的美国人,不过这从来都没有发生过。

今天这座城堡是加拿大皇家"22"军团的驻地(从法语中"22"的拙劣发音 Van Doos 演化而来)。该军团建于"一战"期间,在"一战"和"二战"中获得了三次维多利亚十字勋章。1 小时的导游介绍可以展示这个地区的风貌,包括参观军团博物馆、无数历史遗迹和叫做雷切尔 (Rachel) 的大炮。除了 10 月底到次年 4 月初之外,一般没有团队游;10 月底到次年 4 月初期间,团队游于每天下午 1 点 30 分开始持续 1 小时。不过有**单独团队总督官邸**(Governor-General's Residence,☎418-648-4322;团队游 免费;⏲5 月和 6 月周日 10am ~ 4pm,6 月末到 9 月初 11am ~ 4pm,9 月和 10 月周六和周日 10am ~ 4pm)的团队游。

夏季几个月期间,每天早上 10 点进行**守卫队换岗仪式**。7 月、8 月,周五、周六和周日傍晚 7 点钟,守卫队准时**撤岗**,这时,队员会敲响他们的战鼓。在魁北克的心脏,这样的形式体现着加拿大的国家主权。

拉丁区(Latin Quarter)

拉丁区挤在老上城东北角。这个区是典型的

魁北克城，深情的游客们沿着狭窄的街道迈向 Le Château Frontenac 酒店。

魁北克巴西利亚圣母院 (BASILICA NOTRE-DAME-DE-QUÉBEC)

魁北克巴西利亚圣母院（☎418-692-2533；16 Rue de Buade；免费参观；🕑8:30am ~ 6pm）位于 1633 年塞缪·德·尚普兰在这里建造的小教堂遗址之上。任命魁北克首位主教 Monseigneur de Laval 之后，1674 年它成为大陆首批大教堂之一，而该主教的墓穴就在里面。随后几个世纪，有过几次重建，教堂规模更大了，现在的这座是 1925 年建成的。教堂华丽的室内装饰再现了 17 世纪的宗教精神。

法兰西美洲博物馆 (MUSÉE DE L'AMÉRIQUE FRANÇAISE)

教堂隔壁是**法兰西美洲博物馆**（Museum of French America；☎418-692-2843；2 Côte de la Fabrique；成人/学生 $6/3.50；🕑6 月到 9 月 9:30am ~ 5pm，10 月到次年 5 月 周二至周日 10am ~ 5pm），据说是这个国家最早的博物馆，这儿有关于北美的法裔犹太人（从周边城市到新英格兰的“小加拿大人”）、加拿大西部与美洲中心部的梅蒂斯人的历史。展出的陈列品详细介绍法国殖民者如何迁入新大陆外，还推出互动临时展览。博物馆占据了 17 世纪神学院的一部分，该神学院由 Monseigneur de Laval 根据路易斯十四的命令建造。

城堡博物馆(MUSÉE DU FORT)

有点造作而且收费偏高的**城堡博物馆**（☎418-692-2175；10 Rue Ste-Anne；成人/学生/老人 $7/5/6；🕑英语演示 4 月到 10 月 10am ~ 5pm，2 月到 3 月和 11 月到 12 月 11am ~ 4pm）借助有趣、深入浅出的视听方式呈现魁北克城战役和历史。有一个 1750 年该城市的模型，占地 1200 平方公里。

费尔蒙皇家酒店(LE CHÂTEAU FRONTENAC)

据说是世界上被拍摄最多的酒店，**费尔蒙皇家酒店**（1 Rue des Carrières）在 1893 年由加拿大太平洋铁路公司建造，是豪华连锁酒店中的一个。第二次世界大战期间，总理马更些·金 (MacKenzie King)、丘吉尔和罗斯福在此计划了诺曼底登陆 (D-Day)。每小时整点出发、有些印象不深的 50 分钟酒店**参观浏览**（☎418-691-2166；成人/儿童 $8.50/6；🕑5 月到 10 月中 10am ~ 6pm 10 月中到次年 4 月 周六和周日 正午 ~ 5pm）唤起人们对 19 世纪末期礼貌社会的回忆。正对着酒店，Rue Mont Carmel 街旁坐落着**幕僚花园** (Jardins des Gouverneurs)，里面矗立着一座纪念碑，纪念沃尔夫和蒙卡姆两位将军。

乌尔苏拉修道院和博物馆 (URSULINE CONVENT & MUSEUM)

建立于 1639 年，这座修道院是北美大陆最早的女子学校。**博物馆**（☎418-694-0694；12 Rue Donnacona；成人/学生 $6/4；🕑4 月到 9 月 周二至周六 10am ~ 正午和 1 ~ 5pm，周日 1 ~ 5pm；10 月和 11 月 周二至周日 1 ~ 5pm）对几乎已被世人遗忘的乌尔苏拉修女们的故事作了介绍，她们是来到北美大陆的首批修女。她们在修道院里一直待到 1965 年；今天这儿有 50 位修女，平均年龄为 78 岁。有一间展室展示了精美的金色和银色绣品。同一地点，另一座漂亮的**小教堂**（免费参观；🕑4 月到 10 月 周二至周五 10 ~ 11:30am 和 1:30 ~ 4:30pm，周日 1:30 ~ 4:30pm），建于 1902 年，收藏了不少 1723 年以来的室内饰品。

圣会大教堂(CATHEDRAL OF THE HOLY TRINITY)

圣会大教堂（☎418-692-2193；31 Rue des Jardins；免费参观；🕑5月中到10月中10am~5pm，10月中至次年5月中至2pm）是英伦之外第一座英式大教堂，建于1804年，以伦敦菲尔茨的圣马丁教堂(St Martin-in-the-Fields)为原型，高雅俊秀，钟塔高 47米，与巴西利亚圣母院争相吸引游客。

老下城区(Old Lower Town)

从上城区出发，有几种方式进入必游的老下城区。沿 Rue des Ramparts 街走下 Côte de la Canoterie 山坡到老码头 (Old Port)，或是沿漂亮而有些陡峭的 Rue Côte de la Montagne 山坡向下，大约一半处，右边路口通向一段近路，即断颈台阶 (Break-Neck Stairs，法语 Escalier Casse-Cou)，沿台阶而下，可到达 Rue du Petit

狗的城堡

当初次来 Le Château Frontenac 酒店的人看到一只浑身湿透了的狗在接待处的厚地毯上蹦来蹦去时，可能会感到很奇怪。这只幸运的狗官方头衔为狗大使，不过它的很多朋友和粉丝都称它为 Santol，为了促进米拉导盲犬基金会，它于 2007 年来到这儿。它有自己的雇员名称标签、名片和 Email 信箱。该酒店提供“狗的生活”包价游，从中会捐 $25 给米拉。客人可以带着 Santol 出去遛弯。一个赞赏者评论说，“他使这家酒店非常人性化。”而“他”就是一条狗。

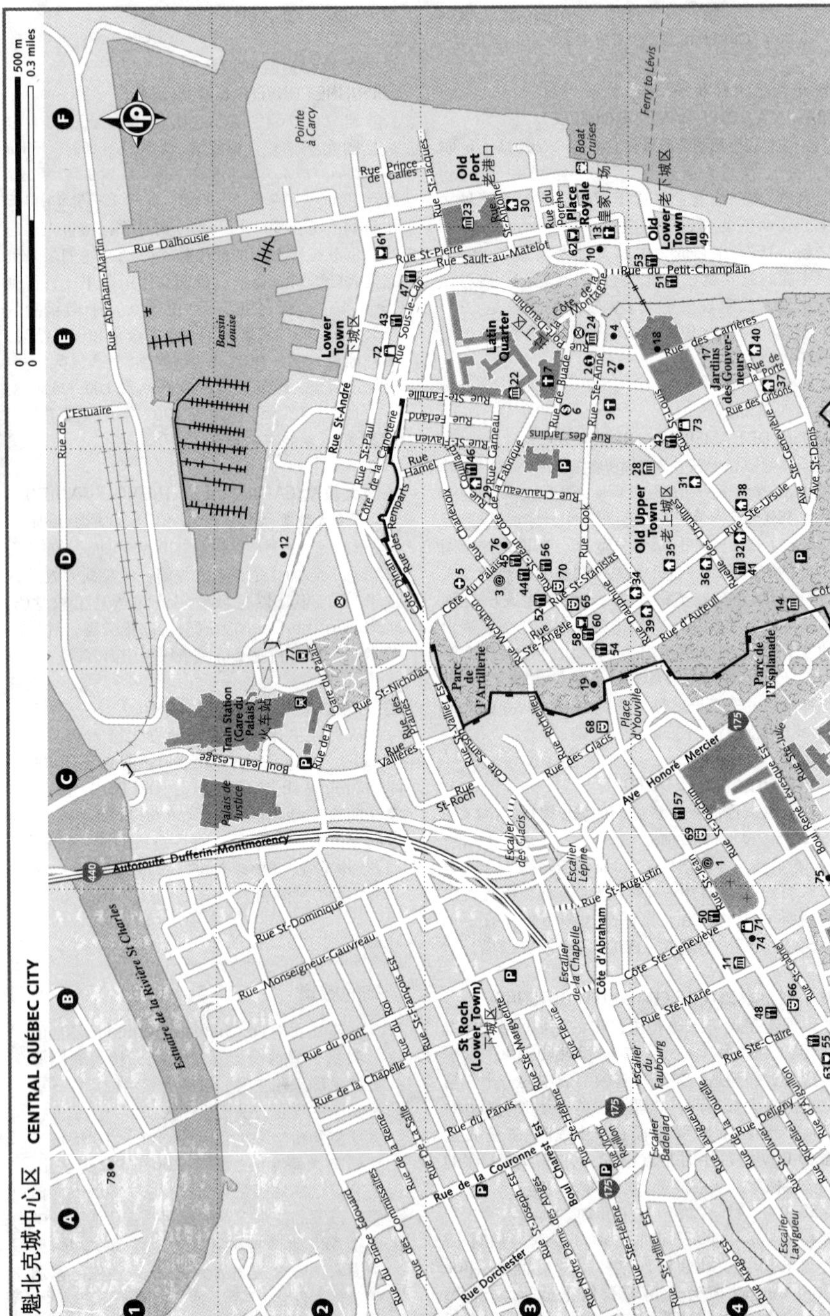

魁北克城中心区 CENTRAL QUÉBEC CITY
500 m
0.3 miles
Estuaire de la Rivière St Charles
Autoroute Dufferin-Montmorency
Train Station (Gare du Palais) 火车站
Palais de Justice
Bassin Louise
Pointe à Carcy
Ferry to Lévis
Boat Cruises
Old Port 老港口
Place Royale 皇家广场
Old Lower Town 老下城区
Lower Town 下城区
Latin Quarter
Old Upper Town 老上城区
St Roch (Lower Town) 下城区
Parc de l'Artillerie
Parc de l'Esplanade
Jardins des Gouverneurs
Place d'Youville
Rue Dalhousie
Rue Abraham-Martin
Rue de l'Estuaire
Rue St-Pierre
Rue Sault-au-Matelot
Rue St-Antoine
Rue du Petit-Champlain
Rue St-André
Rue St-Paul
Rue Sous-le-Cap
Côte de la Canoterie
Rue des Remparts
Côte de la Montagne
Rue de Buade
Rue Ste-Anne
Rue St-Louis
Rue des Carrières
Rue des Jardins
Rue Ste-Famille
Rue Garneau
Rue de la Fabrique
Rue Couillard
Rue Hamel
Rue Chauveau
Rue Cook
Côte du Palais
Rue St-Jean
Rue St-Stanislas
Rue Dauphine
Rue d'Auteuil
Rue Ste-Ursule
Rue des Ursulines
Rue Ste-Angèle
Rue McMahon
Rue St-Nicholas
Rue de la Gare du Palais
Boul Jean Lesage
Rue St-Vallier Est
Côte Ste-Geneviève
Rue St-Augustin
Côte d'Abraham
Ave Honoré Mercier
Boul René Lévesque Est
Rue St-Joachim
Rue Ste-Marie
Rue Ste-Claire
Rue St-Dominique
Rue Monseigneur-Gauvreau
Rue du Pont
Rue de la Chapelle
Rue du Parvis
Rue de la Couronne
Boul Charest Est
Rue Dorchester
Rue St-Joseph Est
Rue des Anges
Escalier des Glacis
Escalier Lépine
Escalier de la Chapelle
Escalier du Faubourg
Escalier Badelard
Escalier Lavigueur
Ave St-Denis
Rue Ste-Geneviève
Rue Richelieu
Rue St-Olivier
Rue d'Aiguillon
Rue Arago Est

实用信息

Bibliothèque Saint Jean Baptiste 主教学院 **1** C4
旅行信息中心 **2** E3
中心网吧 **3** D3
达弗林旅游咨询亭 **4** E3
L'Hôel Dieu de Québec医院 **5** D3
魁北克城旅游信息中心 (见 8)
国际兑换处 **6** E3

景点和活动

魁北克巴西利亚圣母院 **7** E3
Canada Odyssey演示厅 **8** C5
圣会大教堂 **9** E3
皇家广场展示中心 **10** E3
艾里科巧克力博物馆 **11** B4
Cyclo Services公司 **12** D2
发现阁 (见 8)
胜利女神教堂 **13** E3
防御工事说明中心 **14** D4
总督官邸 **15** E5
Hôel du Parlament酒店 **16** C5
幕僚花园 **17** E4
Le Châeau Frontenac酒店 **18** E4
Les Dames de Soie博物馆 **19** C3
Les Promenades Fantôes公司 (见 2)
Les Tours Adlard Voir Québec 公司 (见 2)
马特罗塔1号 **20** C7
马特罗塔2号 **21** B6
法兰西美洲博物馆 **22** E3
文明博物馆 **23** F3
城堡博物馆 **24** E3
魁北克国家美术博物馆 **25** A7
首都观测台 **26** B5
Old Québec Tours旅游公司 (见 2)
德阿姆广场邮局 **27** E3
乌尔苏拉修道院和博物馆 **28** D4

住宿

Auberge de la Paix旅馆 **29** D3
Auberge Saint Antoine旅馆 **30** F3
Auberge Saint Louis旅馆 **31** D4
Chez Hubert旅社 **32** D4
Couette & Café Toast & French 旅馆 **33** A6
Fairmont Le Châeau Frontenac 酒店 (见 18)
HI Auberge Internationale de Québec **34** D4
Hôtel Acadia酒店 **35** D4
La Maison Sainte Ursule旅馆 **36** D4
La Marquise Bassano旅舍 **37** E4
Le Clos Saint Louis 酒店 **38** D4
Manoir La Salle家庭旅馆 **39** D4
Manoir sur le Cap旅舍 **40** E4

就餐

Aspara餐馆 **41** D4
Aux Anciens Canadiens餐馆 **42** E4
Buffet de l'Antiquaire 自助餐馆 **43** E2
Casse Crêpe Breton脆薄饼店 **44** D3
Chez Ashton快餐店 **45** D3
Chez Temporel餐馆 **46** D3
L'Échaudé小酒馆 **47** E2
Le Billig **48** B4
Le Cochons Dingue餐馆 **49** E4
Le Hobbit餐馆 **50** B4
Le Lapin Sauté **51** E4
Le Patriarche餐馆 **52** D3
Le Petit Cochon餐馆 **53** E4
Le Petit Coin Latin拉丁餐馆 **54** D3
Le Sultan **55** B4
Paillard餐馆 **56** D3
Restaurant Diana餐馆 **57** C4
Un Thé au Sahara餐馆 **58** D3
Voodoo Grill烧烤店 **59** C5

饮品

Bar Ste Angèle **60** D3
L'Inox啤酒屋 **61** E2
L'Oncle Antoine **62** E3
Le Sacrilége **63** B4

娱乐

Chez Dagobert **64** B5
Chez Maurice迪厅 (见 59)
Chez son Père歌舞厅 **65** D3
Fou-bar酒吧厅 **66** B4
魁北克大剧院 **67** B5
首都剧院 **68** C3
Le Drague酒吧 **69** C4
Les Yeux Bleus歌舞厅 **70** D3

购物

JA Moisan Épicier 百货商店 **71** B4
Le Roquet商店 **72** E2
老码头集市 (见 12)
因纽特艺术博物馆 **73** E4

交通

Allô Stop公司 **74** B4
Avis公司 **75** C4
Budget公司 **76** D3
公共汽车站 **77** D2
Discount公司 **78** A1
Enterprise公司 **79** B5
Hertz公司 (见 45)

Champlain 街。你也可以在达弗林平台乘**缆索铁道**(单程 $1.70) 前往。

拥挤的 **Rue du Petit-Champlain 街**据说是北美最狭窄的街道，与 Rue Sous le Cap 路平行，它是北美大陆最古老的商业区。留意精彩的壁画，它们是 17 世纪建筑物上的装饰，还有数不清的纪念碑、塑像和街头艺人，使得该区充满了独特、历史旅游的气息。

皇家广场(Place Royale)，是老下城区重要的中央广场，已有 400 年多变的历史。当年，塞缪·德·尚普兰开创魁北克城之初，他首先居住在这一海岸。1690 年，为了抵御英国海军统帅菲普斯 (Phips) 和他的军队发动的攻击,火炮架在这里。今天，“皇家广场”这个名称通指这片地区。

皇家广场北边旧港口附近是**老码头** (Vieux Port)，现正在改造成为一处多功能港口码头。

皇家广场展示中心 (CENTRE D' INTERPRÉTATION DE PLACE-ROYALE)

这家**展示中心** (☎418-646-3167；27 Rue Notre-Dame；成人/学生 $5/3.50；⌚6月24日到9月3日 9:30am～5pm，9月4日到次年6月23日周二到周日 10am～5pm）侧重介绍这个地区如何成为北美法兰西历史的摇篮，一系列互动展示。不妨取一份有关Place Royale's 27封闭地窖(古代石砌地下室)的介绍册子，其中的五座地窖可免费参观，包括就地的一个，里面还安排住有穿古装的制桶匠。

胜利女神教堂 (ÉGLISE NOTRE-DAME-DES-VICTOIRES)

胜利女神教堂 (☎418-692-1650；32 Rue Sous le Fort；免费参观；⌚5月到10月中9:30am～5pm，10月中到次年5月 10am～4pm）是北美大陆最古老的石头教堂，建于1688年，在1759被炮火摧毁。塞缪·德·尚普兰划定这里为“居住地”，当时只是一处小围栅。教堂里挂着鲁本斯(Rubens)和凡·迪克的绘画复制品，天顶吊着一个船形好运符咒：the Brézé B船的复制品，Carignan-Salières曾于1664年乘坐这艘船来到新法兰西与易洛魁斯人战斗。祭坛上星形金制心脏可追溯至1855年，当时 Mother Marcelle Mallet 鞠躬后便把一颗心脏挂在了那儿。

文明博物馆(MUSÉE DE LA CIVILISATION)

文明博物馆 (☎418-643-2158；85 Rue Dalhousie；成人/学生 $10/7，11 月到次年 5 月 周二免费，1 月和 2 月周六 10am～正午免费；⌚6 月下旬到 9 月上旬 10am～6.30pm，9 月上旬到 6 月下旬 周二至周日至 5pm）在通风的大厅里有多项展览，包括永久性展览，如魁北克 11 个原住民民族的文化、讲述该省从法国殖民地发展到今天独立社会的故事。离奇的展示品、影像资料、互动素材都赋予了这些主题以生命。引人注目的建筑将先前的一些建筑结构巧妙结合为一体。Auberge Saint Antoine 共用一堵 18 世纪早期的墙。

古城墙外围

大多数游客会冒险穿过圣路易斯码头 (Porte St Louis)，以欣赏魁北克城古城墙外最吸引人的景致：战场公园 (Battlefields Park)，位于著名的希伯来平原 (Plains of Abraham)。很不幸的是，然后大多数人都撤回到城墙内童话般的土地上以确保安全。这儿的一些景观当然比再看一眼城堡更为有趣——特别是 Hôtel du Parlament 酒店和首都观测台 (Observatoire de la Capitale)。在圣让主教堂 (St Jean Baptiste) 和圣洛奇 (St Roch) 地区，可以体验魁北克日常生活，是消除旅客在老城区历史旅游中疲劳的减压舱。

圣让主教堂，是上城的一个新的部分，就在旧城城墙以西，可以从圣让码头和圣路易斯码头分别沿着 Rue St-Jean 和 Grande Allée Est 轻松到达。战场公园从艾利 Grande Allée 大道南部开始，俯瞰着圣劳伦斯。在圣让主教堂西北部，从一座陡峭的小山上下来，就到了圣洛奇（下城）。通过步行或者骑自行车可以到达所有这些地区，但记住你要从圣洛奇上小山回来。

HÔTEL DU PARLAMENT酒店

在圣路易斯码头正对面，便是 **Parliament Building** (见 296～297 页地图；☎418-643-7239；Ave Honoré Mercier 和 Grande Allée Est 拐角；免费参观；⌚6 月下旬到 9 月 9am～4:30pm，9 月到次年 6 月下旬 周一至周五 9am～4:30pm）这座典型的第二帝国建筑结构建于 1886 年，是省立法机构 (Provincial Legislature) 所在地，也就是国民议会厅 (Assemblée Nationale)。建筑的正面摆放着 22 位魁北克省内著名历史人物的塑像，由深受大家喜爱的魁北克雕刻家 Louis-Philippe Hébert 雕刻制作。入口（在 3 号门）提供半小时免费游览安排，用法语、英语和西班牙语讲解。

战场公园(BATTLEFIELDS PARK)

小山、花园和纪念碑众多，这座巨大的公园（见 296～297 页地图）就像是北美的一座城市公园，但现在瑜伽练习者和慢跑者所在的地方，一度是血腥的战场，它们反映着加拿大历史的发展轨迹。最靠近悬崖的一带被称做**阿伯拉罕平原** (Plains of Abraham)，1759 年，英法两军进行了血战，英军最终打败法军。英军沃尔夫 (Wolfe)

> **你不知道的关于魁北克城的三点**
>
> - 北约克城桥是世界上最长的悬臂式建筑，曾在建造过程中倒塌两次。
> - 丘吉尔、罗斯福和马更些国王在 Le Château Frontenac 策划了诺曼底登陆，他们把计划写在餐巾纸上，留在桌上，后来被服务员捡回。
> - 皇家 22 军团 (Royal 22s) 是加拿大军队中唯一说法语的军团。

将军在战场上阵亡；法军蒙卡姆 (Montcalm) 将军第二天也去世了，而他的指挥官们纷纷逃离这座城市去了蒙特利尔。

公园景点众多，接待中心设在**发现阁**（Discovery Pavilion；见 296 ~ 297 页地图；☎418-648-4071；835 Ave Wilfrid-Laurier；免费参观；⏰6 月 24 日到 9 月 3 日 8:30am ~ 5:30pm，9 月 4 日到次年 6 月 23 日周一至周五 8:30am ~ 5pm，周六 9am 起，周日 10am 起），从这里开始游览不错。工作人员组织游人乘坐公园观光车，销售多景点套票。

发现阁中有个旅游办公室和 **Canada Odyssey 演示厅**（见 296 ~ 297 页地图；成人 / 儿童 $10/8；⏰6 月 24 日到 9 月 3 日 10am ~ 5:30pm，9 月 4 日到次年 6 月 23 日至 5pm）采用多媒体演绎那场著名战役的战前战后故事，历时 45 分钟。演示厅在一个展览处结束，该展览展示了军人在战场中的战斗场景和公园在 18、19 世纪被用来执行死刑、手枪决斗以及卖淫的情况。门票包括乘坐公园观光车和参观马特罗塔 1 号 (Martello Tower 1) 的费用。

宽广宏伟的**魁北克国家美术博物馆**（Musée National des Beaux-Arts du Québec，见 296 ~ 297 页地图；☎418-643-2150；www.mnba.qc.ca；成人 / 学生 $12/5；⏰6 月到 9 月 3 日 10am ~ 6pm，9 月 4 日到次年 5 月周二至周日 至 5pm，全年周三 至 9pm），可以作为观光魁北克城市历史的好去处。这里收藏了该省最重要的艺术品和因纽特人雕塑品，还有一些国际作品。有一个画廊叙述着从 1860 到 1945 年之间魁北克城的现代主义和文艺主义之间的冲突；另外一个画廊着眼于由英国政府达勒姆报告 (Durham Report，1839 年) 而产生的艺术反馈，这一报告以“没有文化、没有历史”为由解散了法裔加拿大人艺术团体。其中包括里奥拜尔 (Riopelle)、勃达阿 (Borduas)、达莱尔 (Dallaire) 和莱达克 (Leduc) 的作品，还有魁北克城最伟大的现代主义者佩尔唐 (Peltan) 的作品。

附近，**马特罗塔 1 号**（Martello Tower 1；见 296 ~ 297 页地图；成人 / 儿童 $3.50/2.75；⏰6 月下旬到 9 月上旬 10am ~ 5pm）建于 19 世纪早期，是当时英军建立的四座圆形防御工事之一，但从来没有投入使用过。**马特罗塔 2 号**（Martello Tower 2；见 296 ~ 297 页地图；☎418-649-6157；Ave Taché 和 Ave Wilfred-Laurier 拐角；晚餐和表演 [自带酒水] $35；⏰2 月、7 月、8 月和 10 月）呈现有趣、反映不同时代故事的晚餐加表演的内容。大多数以法语讲述，但也有英语文本。

圣让主教堂(ST JEAN BAPTISTE)

沿 **Rue St-Jean 街**（见 296 ~ 297 页地图）漫步，是体验该地区波希米亚气息的不错方式。当你从熙熙攘攘的 Ave Honoré Mercier 街中出来，最吸引你的便是该地区实实在在的市井气氛。沿街林立着不少不错的餐馆、时尚的咖啡馆和酒吧、趣味商店，有的专门针对同性恋群体，直至 Rue Racine 路。

沿一条小路向山下走（西北）可进入一些狭窄的居民区街道，像 Rue d'Aiguillon 街、Rue Richelieu 街和 Rue St-Olivier 街。这些挤压在一起的迷你型房屋中的一些有着非常漂亮的入口，都是魁北克城典型的住宅风格。这些奇怪的、突出的窗户被称作 oriels。

首都观测台(OBSÉRVATOIRE DE LA CAPITALE)

首都观测台（☎418-644-9841；1037 Rue de la Chevrotière；成人/学生和老人 $5/4；⏰10am~5pm，10 月中到6月23日周一闭馆）的31层高处221米呈现壮观的景致，从圣让主教堂红绿相间的屋顶穿过城市到达劳伦琴斯。读读这里的阅读展览栏，可以帮助你了解当地历史。

圣洛奇(ST ROCH)

沿圣让主教堂 Côte Ste-Geneviève 而下，你会到达教堂楼梯 (the Escalier de la Chapelle) 顶端，楼梯很陡峭，拾梯而下可进入圣洛奇（见 296 ~ 297 页地图）。如果你骑着脚踏车，也可从 Côte Ste-Geneviève 来到 Côte d'Abraham。一直以来，工厂工人和海运船员大多集中在这里，圣洛奇现已重新改造。沿主干道 **Rue St Joseph 大街**，除原有的旧物商店、二手服装店之外，不少时尚的新餐馆和酒吧频频出现。这里也可以看到一些私人画廊，集中在 **Rue St-Vallier Est 东街**一带。

德库隆森林公园(PARC DU BOIS DE COULONGE)

这座美丽**公园**（见293页地图；☎418-528-0773；1215 Grande Allée Ouest；免费参观）在阿伯拉罕平原以西不远处，宛如一曲植被世界的赞歌，也是避开闹市区小憩片刻的佳地。带有园艺展区的林地曾经是从1854年到1966年历届魁北克和加拿大宗教政界要员的私人属地。主要住宅已被烧毁。

卡蒂埃—布里贝弗国家历史遗址 (CARTIER-BRÉBEUF NATIONAL HISTORIC SITE)

圣查尔斯河岸(St Charles River)，城市古城区西北，这处**国家历史遗址**(见293页地图；☎418-648-4038；175 Rue de lespinay；成人/儿童 $4/2；🕑5月初到9月初 10am～5pm，9月1～4pm)记载着1535年冬易洛魁族人帮助卡蒂埃和他的部队的历史。这儿有一艘按原尺寸复制的卡蒂埃战船、一间仿造的原住民长屋以及关于耶稣会的展览，其中耶稣会是让·布雷伯夫(Jean de Brébeuf)于1625年在加拿大创建的。

活动

弗龙特纳克城堡外，沿河岸高地，长425米的**达弗林平台**(Terrasse Dufferin)是闲庭信步、尽享江河景色的好地方，它飞身在一座悬崖壁边缘，高60米。平台上娴熟的街头艺人竞相献技，热闹有趣。

Cyclo Services旅游公司(见296～297页地图；☎418-692-4052；160 Quai St André；🕑8:30am～8pm)在Marché du Vieux Port后面，出租自行车，组织精彩的市区和市郊自行车游，用英语讲解。提供涵盖周围地区的实用自行车线路地图。

Aventure X旅游公司(见293页地图；☎418-647-4422；2350 Ave du Colisée；🕑6月到8月周二至周五 10am～8pm，周六和周日 至6pm，9月到次年5月周一至周六 10am～10pm，周日 至6pm)制订到魁北克城周围的峡谷和岩石裂缝的攀登、徒步计划。晚上和周末还有30分钟的“体验游”，收费$20。

带孩子游魁北克城

当然，这座城池拥有丰富的历史、建筑和美食。老城区的大部分，包括酒店和餐馆，多面向成年人，不过，也不尽然。在用餐一栏所列的一些餐馆也适合儿童用餐。城市核心区不少好东西专门面向小孩子，城市边缘一带也有完全为儿童而打造的娱乐场地。

悠久的老城区，步行游历其中的防御工事(见294页)老少皆宜；前去观看斯达戴尔城堡(Citadelle，见294页)着装军人的军事仪式也不错。达弗林平台的河边景致和卖艺人的杂耍，总能让孩子们开心一路。德阿姆广场(Place d'Armes)和皇家广场也有不少街头艺人。当孩子们厌倦了在火炮上爬个遍时，可以乘坐便宜的渡轮去莱维(见307页)，还可以乘坐游船观光(见306页)或者乘坐敞篷四轮马车(calèche，见下文)。

艾里科巧克力博物馆(Choco-Musée Érico，见296～297页地图；☎418-524-2122；634 Rue St-Jean；免费入内；🕑周一至周三和周六10am～5:30pm，周四和周五 至9pm，周日 11am～5:30pm，温暖的夏季夜晚时间延长)是一个博物馆兼商店，提供各种巧克力商品。上节历史课，参观厨房，做个模块，尽量试着抵制这家店的诱惑吧。

水族馆公园(Parc Aquarium；见293页地图；☎418-659-5264；1675 Ave des Hôtels；成人/儿童/家庭 $15.50/5.50～12.75/49～54.50；🕑5月到10月初至5pm，10月初到次年4月至4pm)有海象、海豹、北极熊和上千种较小的物种。

在**Musée de l'Abeille博物馆**(见293页图中箭头所示；☎418-824-4411；8862 Boul St Anne；免费参观；🕑4月到6月末和9月 9am～5pm，6月末到9月初 10am～6pm，10月到次年3月11am～5pm)，孩子们喜欢“蜜蜂探险”，而成人则喜欢蜂蜜酒，该养蜂博物馆位于Hwy 138公路城东北处。

团队游

导游带领的步行游览可以让人在短时间内了解许多特别的内容。例如，游览中，当游人盲目走过Rue St Louis街时，导游会告诉你，街边人行道的一棵树上插着一枚炮弹。

游船 观光组织者Croisières AMV和Groupe Dufour Croisières的游船从附近的皇家广场码头顺流开往蒙莫林斯瀑布(Montnorency Falls)、奥兰斯岛(Île d'Orléans)。再向北，在Bassin Louise门口隔壁，Croisières Coudres经营去往格罗斯岛(Grosse Île)的**游船团队游**(见342页)。想在水上欣赏市景，那就不要错过开往莱维的便宜渡轮。

在德阿姆广场坐一坐**敞篷四轮马车**(Calèches)

TOP FIVE 免费赠品

- **Les Dames de Soie 博物馆**——参观洋娃娃医院(见294页)
- **文明博物馆**(Musée de la Civilisation)——一年中部分月份周二和周六上午免费(见298页)
- **Fou-Bar 酒吧厅**——周二晚上有爵士演出(见305页)
- **老码头集市**(Marché du Vieux Port)——部分当地农场食物(见306页)
- **艾里科巧克力博物馆**(Choco-Musée Érico)——巧克力的天堂(见上文)

很不错，不过，费用挺高——可容纳四人的马车40分钟大约收费$80。马夫沿途做一些介绍。

推荐的旅游公司：

Les Promenades Fantômes公司（见296～297页地图；☎418-692-0624；12 Rue Ste-Anne；成人/儿童$17/16；⏰5月到10月8:15pm）在多彩的灯光下，乘着游船夜游于这个城市，可以一睹魁北克城夜生活的风采。

Les Services Historiques Six Associes公司（☎418-692-3033；2小时徒步游$15）盛装导游带着你游览，有很好的徒步线路，如长盛不衰的色欲与醉酒之旅（Lust and Drunkeness）就是他们的独创，向游人开启尘封的大门，引入了解这座城市有关酒和妓女的历史。其他游程用英语和法语讲解，突出追溯历史上的瘟疫和罪恶。令人感到新奇的线路很多。接受电话预订。

Les Tours Adlard Voir Québec公司（见296～297页地图；☎418-694-2001；12 Rue Ste-Anne；成人/儿童/学生$17.50/10/15）2小时的步行观光，可以横跨整个老城区，领略整个地区的风光。同时还包括了不太著名的景观，例如宗教社区和内院。

Old Québec Tours公司（见296～297页地图；☎418-664-0460；12 Rue Ste-Anne；2小时城市观光巴士游$30）也组织4个半小时的游程，前往奥兰斯岛、蒙莫林斯瀑布和圣安娜—德博普雷（$45）及其他线路。他们会去酒店接你上路。

Paul Gaston l'Anglais公司（☎418-529-3422；2小时徒步游$15）考古学家保罗（Paul）为游人安排新颖、专题类的徒步游（例如魁北克老城区的啤酒酿造、墓地和军事专题）。

节日和重大活动

冬日狂欢节（Winter Carnival；www.carnaval.qc.ca；⏰2月）每年一次周年节庆，很有名，是魁北克独创的节日，宣称是世界最盛大的冬季狂欢节，集游行、冰雕、雪道比赛、划船赛、舞蹈音乐和酒会于一体。活动遍及整个城区，热门的雪道在城堡后面的达弗林平台上。如果你想前往，务必早些计划行程，因为住宿很紧俏，再者，请多带些保暖衣服。

圣琼大主教堂国庆节（Fête Nationale de la St Jean Baptiste；Festival of John the Baptist；www.snqc.qc.ca 法语；⏰6月23日）这个晚上，魁北克城成了聚会城。原是向大主教约翰（John the Baptist）表示敬意的节日，现已演变成类似政治节庆的节日，意在庆祝魁北克独特的文化和民族主义意识，主要的活动都集中在阿伯拉罕平原，大约傍晚8点开始。

新法兰西节（Fête de Nouvelle France；回到殖民时代；☎418-694-5560；⏰6月末到8月末）在不同的地点举办活动，再现法国在这里统治时的最后一段日子里，颁布法律法令的情况。

夏日节（Festival d'Été；Summer Festival；☎888-992-5200；www.infofestival.com；⏰7月上旬）以500场义演音乐会、戏剧和舞蹈表演为特色，90万名观众漫步街头。每天，老城区大多数广场和公园都有活动，可以去尤维尔广场（Place d'Youville）转转。

魁北克国际烟花节（Les Grands Feux Loto-Québec；☎888-934-3473；www.quebecfireworks.com；⏰6月下旬）烟花主要在蒙莫林斯瀑布（Montmorency Falls）燃放。

魁北克纪念日（Fiertè Québec；同性恋节日；www.fiertequebec.net；☎418-523-2003；⏰8月上旬）各类庆祝以盛大的另类大游行为特色。

住宿

魁北克城有很多地方可住宿，一般来说，竞价使得酒店房价一直处在合情合理的价位上。老城区周围的欧式小酒店最好，各有特色，交通方便，还有些浪漫情调。靠近城区的汽车旅馆和较大些的市中心酒店则一般房价昂贵。

远离市中心的汽车旅馆集中在两个地方：Beauport码头，集中了一些简易旅馆，房价低于平均水平，离市中心12分钟的车程。要从中心地带去那儿，沿Dufferin Montmorency公路/Hwy 440公路一直开到上Boul Ste Anne/Rte 138公路的路口；径直往500到1200街区一带可到，附近还有一条从城市延伸出来的自行车车道。

另一个地方在Boul Wilfrid Hamel(Rte 138)公路一带，市中心以西。沿Hwy 440公路向西驱车开到Henri IV出口。市内公共汽车也开往这些地方，所以，无论你有没有车，如果发现市中心酒店都满了，不妨住在这些地方。走得越远，房价越便宜。旺季时，汽车旅馆的房价一般高过平时，平均在$100以上。

在如此热点的旅游城市旅游，正如你所想，好的地方，好的酒店常常爆满。务必在下午2点之前寻找酒店或预订。仲夏季节和冬日狂欢节是相当繁忙的旅游旺季。这里介绍的酒店，绝大多数客房已更新，多配备独立卫生间，例外的，我们做出了说明。淡季时，报价明显下滑。

老上城区

经济

Auberge de la Paix旅馆（见296～297页地图；☎418-694-0735；www.aubergedelapaix.com；31 Rue Couillard；宿舍含早餐$20；💻）严格说来，这家可接待60人的旅馆可以作为备选，接待处的指示会告诉你将自己的贵重物品放在保险箱里（门上有个带锁的旧柜子），因为房门不能上锁，会让人感觉有些不可靠。卫生间样式一般。而好的一面是，这儿有一座怡人的花园，并提供令人称赞的欧洲大陆式早餐。

HI Auberge Internationale de Québec青年旅舍（见296～297页地图；☎418-694-0775；www.auber

魁北克

geinternationaledequebec.com；19 Rue Ste-Ursule；宿 会员/非会员 $25/29，房 带公共卫生间/专用卫生间 $88/92；🖳）它是城里最好、最大的旅店，友善的导游组织各类团队游、酒吧和电影之夜等活动。在地下室，夜幕降临时，背包客涌入酒吧（或者排队等待购买自助早餐），摇滚乐大声奏响。尽管学校团队沿着周围走廊大声喧闹，但通常你都可以睡个安稳觉。

Manoir La Salle 家庭旅馆（见 296～297 页地图；☎418-692-9953；18 Rue Ste-Ursule；房 带公共卫生间 $45～75）老上城区仅有的几家未翻新的家庭旅馆之一。是该地区更幽静、经济的住宿选择。正午以前，主人会在招待处穿着长袍迎接客人。这里到处都有一股猫的气味，穿过幽暗的招待处后，你会发现干净的老式房间还有脸盆，感觉还不错。

中档

La Maison Sainte Ursule 旅馆（见 296～297 页地图；☎418-694-9794；www.quebecweb.com/maisonste-ursule；40 Rue Ste-Ursule；单/双 $50/60 起）坐落在其他中等旅馆之间，地理位置优越。这家小旅馆位于安静的 Rue Ste-Ursule 街上，在 18 世纪的建筑中有 8 间客房，7 间设计现代，面向花园。有些房间是共用卫生间的。

Auberge Saint Louis 旅馆（见 296～297 页地图；☎418-692-2424，888-692-4105；www.aubergestlouis.ca；48 Rue St-Louis；房 含早餐 $70～130）这家小旅馆位于两座三层高的 19 世纪建筑中，虽处于中心位置，在熙熙攘攘的圣路易斯大街上，但还是很安静、安全，并提供时尚的房间和一流的服务。

Chez Hubert 旅舍（见 296～297 页地图；☎418-692-0958；www.chezhubert.com；66 Rue Ste-Ursule；单/双 含早餐 $80/85；🅿）这家可靠的旅馆位于一栋维多利亚式镇屋，装饰着枝形吊灯、彩绘玻璃窗和东方地毯。有三间有品位的客房，其中一间可以看到城堡风景，都提供自助早餐，并可免费泊车。友善的老板休伯特(Hubert)英语说得不太溜。

Manoir sur le Cap 旅舍（见 296～297 页地图；☎418-694-1987，866-694-1987；www.manoir-sur-le-cap.com；9 Ave Ste-Geneviève；房 $85 起；🅿）在海滨人行道旁，有些客房可以俯瞰幕僚花园(Jardin des Gouverneurs)、城堡和河景。室内装饰现代，多为迷人的石砌墙壁。

La Marquise de Bassano旅舍（见296～297页地图；☎418-692-0316，877-692-0316；www.marquisedebassano.com；15 Rue des Grisons；房 $85～175；🅿 🖳）客房安置华盖式卧床，防滑浴缸，还有屋顶阳台，是这家安静的维多利亚式建筑吸引人的地方，年轻的主人喜好社交。新鲜出炉的巧克力面包早餐让你不愿赖床。

高级

Hôtel Acadia 酒店（见 296～297 页地图；☎418-694-0280，800-463-0280；www.hotelacadia.com；43 Rue Ste-Ursule；房 $149 起；🅿 🖳）这家长期受游客追捧的酒店，是由三座毗邻的老建筑改建的，位于路边，交通便利、舒服，也很安静。房间有不同大小、格局，收费也不一样，从没有卫生间的小房间到有壁炉或按摩浴缸的奢华大房间等，一一供应。游客可在可爱的小亭子里享受早餐，这里还有一座漂亮的花园俯瞰着古老的乌尔苏拉修道院。

Le Clos Saint Louis酒店（见296～297页地图；☎418-694-1311，800-461-1311；www.clossaintlouis；69 Rue St-Louis；房 淡/旺季 $155/195起；🅿）是主人投注的贴心关怀，还是这座1844年维多利亚式建筑的建筑魅力，人们很难说出哪一点更让人折服。18间客房开阔，富丽堂皇，间间配设漂亮瓷砖铺的洗手间，带旋涡式浴缸。套房像是维多利亚式公寓，在小休息室有电视。房价中含美味的大陆早餐。

费尔蒙皇家酒店（Fairmont Le Château Frontenac；见 296～297 页地图；☎418-692-3861，800-257-7544；www.fairmont.com；1 Rue des Carrières；房 $360 起；🅿 wi-fi）不单单是一家酒店，不单单是一处标志性建筑，这座有 618 间客房的酒店一直是魁北克城的象征。诸如莱昂纳多(Leonardo DiCaprio)主演的电影《逍遥法外》(*Catch Me If You Can*)、阿尔弗雷德·希契科克(Alfred Hitchcock)的《忏情记》(*I Confess*)等一些电影的场景都曾在这里拍摄。曾在这儿住过的客人中有伊丽莎白二世、法国总统雅克·希拉克(Jacques Chirac)、查理·卓别林和格雷斯·凯利(Grace Kelly)。当然，他们曾经住过的地方可不便宜。

老下城区

我们的选择 **Auberge Saint Antoine 旅馆**（见 296～297 页地图；☎418-692-2211；www.saint-antoine.com；8 Rue St-Antoine；房 $159～549；🅿 🖳）历史和现实在这家旅馆里完美结合，就连安装在墙上的钟都是这座城市中的考古重点之一。每天的团队游可以参观 700 件古物展览，这些古物是在建造地下停车场时挖掘出来的。旅馆位于已有 250 年历史的老建筑中，客房、古套房配有古董家具，并带有一定的个性装饰。从这儿看城堡的风景非常美，可能就是这个原因成就了这家旅店。当你结束观光盛宴，漫步回到酒店后，在 19 世纪的房间里可眺望整个圣劳伦斯。

城墙外围

城墙外围大多数是汽车旅馆。

Camping Municipal de Beauport 宿营地（见 293

页图中箭头所示；☎418-641-6112；www.campingbeauport.qc.ca；95 Rue de la Sérénité；帐篷/娱乐车 营地 $24/31；⏲6月到9月3日）蒙莫林斯瀑布附近，宿营环境青翠、安静，离老城区仅15分钟的车程。驱车沿Hwy 440公路或Hwy 40公路往蒙莫林斯方向，在321号出口向北转即到。

Victorienne Urbaine旅馆（见293页地图；☎418-681-8229；684 St Vallier Ouest；单 带/不带卫生间 $80/60～70，双 $90/70～80）这家法国人开的B&B旅馆距离市中心不算太近，走路约需半个小时，不过门前有一个汽车站，因此如果在中心地段找不到旅馆的话，住在这儿也很舒适。

Couette & Café Toast & French旅馆咖啡店（见296～297页地图；☎418-523-9365；www.toastandfrench.com；1020 Ave Cartier；单/双 $80/85起）位于Grande Allée Ouest街不远的几个街区处，街上一片生机，有酒吧和小酒馆，这家B&B旅馆将一些母语英语者熏陶成了讲法语的人。提供一些与住宅有关的课程，因此短期旅行的客人也会找到一个可以在享用早餐和咖啡时进行语言交流的好去处。旅店有五个漂亮的客房，带私人、公共卫生间，不过要试一下床，有客人抱怨过。

就餐

餐馆很多，品质都不错，中心地带集中了众多餐馆，高低档都有。其中的很多物有所值，地理位置更是无可比拟，各种价位的餐馆通常给人超值的用餐体验。从实惠考虑，点套餐（法语table d'hôte）最合算，特别是午餐。

老上城

经济

Paillard（见296～297页地图；☎418-692-1221；1097 Rue St-Jean；早餐 $7；⏲7am～7pm）明亮、现代的小餐馆里摆满了木制长桌子，非常适合吃一顿快捷的早餐或午餐，当然还有很多诱人的糕点。

Chez Ashton快餐店（见296～297页地图；☎418-692-3055；54 Côte du Palais；正餐 $7；⏲周一、周二、周日11～2am，周三和周四 至 4am，周五和周六 至4:30am）这家快餐馆是据称发明了poutine(薯条蘸奶酪或肉汁吃，见324页框内文字)的餐馆之一。无论白天还是夜晚，各种poutine、汉堡包和潜艇堡都非常受欢迎。

Casse Crêpe Breton 脆薄饼店（见296～297页地图；☎418-692-0438；1136 Rue St Jean；正餐 $10，可丽饼 $3.50～7.75；⏲7am～9:30pm）小巧，实在，供应新鲜的各式薄灯笼饼，热腾腾的，有些食客喜欢坐在柜边，观看厨师的手艺。

中档

Chez Temporel 餐馆（见296～297页地图；☎418-694-1813；25 Rue Couillard；正餐 $12.50；⏲周日到周四7～1:30am，周五和周六至2:30am）你绝不能错过这家有点隐蔽的巴黎式餐馆，这里供应着三明治、营养丰富的早餐、咖啡和新鲜出炉的新月形面包。每天傍晚，这里播放着美妙的音乐，坐满了看书的客人。

Le Petit Coin Latin 拉丁餐馆（见296～297页地图；☎418-692-2022；8½ Rue Ste-Ursule；正餐 $15；

魁北克

"见鬼"冰屋

北美的第一家冰岛酒店可能是古怪的"新奇建筑"的一个典范，但冬季的每位客人为了睡在结霜的房间里都会支付很多钱。从魁北克城中心驾车行驶一个小时便可到达Hôtel de Glace，该酒店在2001年首次开启了凉爽蓝色之门，效仿的是北欧类似建筑。

没错，这里所有的东西都用冰砌成（热浴盆和火炉当然例外了）。当你进入正门大厅时，这儿的建筑壮举会令你目瞪口呆，就像是看到了一堆冰棒：只见高大的冰雕柱支撑着屋顶，顶上吊着一盏水晶灯，在长长的走廊一带，摆放着冰雕、客桌椅。前台、入住表格上签字时客人用的钢笔、客房里的水池，甚至就连床都是冰制的。住客反映：冰砌床铺并不像想象的那么冰冷，因为有厚厚的睡袋放在漂亮的鹿皮上。

3000平米的公共区域包括展示厅、一座电影院、一个礼拜堂和瑞典伏特加冰吧。酒店在春天会融化，而每年的冬天它又不得不被重建。这样的工程耗时五个星期，会消耗12 000吨雪和400吨冰。

冰砌酒店提供各种全包价，每双间（大床）$600起，含一杯伏特加欢迎酒水、晚餐和早餐（含热饮）。如果你不住宿，就只参加$15的旅行游。**Ice Hotel酒店**（☎418-875-4522，877-505-0423；www.icehotel-canada.com；143 Rte Duchesnay，Ste Catherine de la Jacques Cartier；⏲1月到4月），下了Hwy 40公路(295出口)即到，经Rte 367路到魁北克市的西边。

(🕑7:30am ~ 10:30pm)供应早餐水果、牛角包或者鸡蛋和火腿，在里面边听着法国音乐边吃，或者在外面的阳台上用餐。也供应三明治、汤和大菜，如北美驯鹿。

Un Thé au Sahara餐馆（见296~297页地图；☎418-692-5315；7 Rue Ste-Ursule；正餐 $23~30；🕑5pm~较晚）自带酒水，或者在这家基本但受欢迎的摩洛哥餐馆饮用薄荷茶。供应所有经典的食物，如生菜、豆泥、蒸粗麦粉、小肉串、tagine(配梅干或橄榄和腌柠檬的鸡肉)。

Aspara 餐馆（见296 ~ 297 页地图；☎418-694-0232；71 Rue d'Auteuil；正餐 $23 ~ 35；🕑11am ~ 2pm 和 5:30 ~ 11pm）1982 年以来，这家亚洲菜餐馆是市内最持久的好餐馆之一。柬埔寨、泰国和越南菜荟萃。柠檬草、辣味花生酱和筋道的面条常作配料，味非常好。这家旅馆就像是高档住宅里的休息室。

高级

Aux Anciens Canadiens 餐馆（见 296 ~ 297 页地图；☎418-692-1627；34 Rue St-Louis；正餐 $15 ~ 60；🕑正午 ~ 9pm）这家餐馆位于古老的雅凯(Jacquet)建筑中，建于1676年，已有49年的历史，其名字来源于菲利普·奥博特·德·加斯佩(Philippe Aubert de Gaspé)写的小说，他在担任魁北克的州长时住在这里。现在，历史篇章已结束，来点精心制作的魁北克特色菜和乡村菜肴吧，如“猎手之佳肴”（拉丁美洲的肉饼夹鸡肉、牛肉配菜）、“爷爷佳肴”（野猪肉和猪肘子加肉丸子）。这个地方非常值得游客花上 $15 在此就餐，包括三道菜和一瓶啤酒或葡萄酒。

Le Patriarche餐馆（见296~297页地图；☎418-692-5488；17 Rue St-Stanislas；正餐 $29起；🕑11:30am~2pm 和 5:30~10pm）在这个顶级饭店里，新式烹饪与悬挂在有180年历史的老石墙上的当代艺术品相呼应。看上去几乎都不好意思吃掉，但当你看到饭店的当地供应商名单后，这种感觉就会立刻消失。开胃菜是鹅肝和油炸青蛙腿，主菜包括来自新布伦瑞克省的鲑鱼片、阿巴拉契亚的鹿肉和野猪肉。

老下城区

Rue St-Paul 街一路都是餐馆和摆上街的户外餐桌。

Le Petit Cochon 餐馆（见 296 ~ 297 页地图；☎418-694-0303；6 Rue Cul-de-Sac）绕过一头大猪，便到了这家小餐馆，便宜、随意，很适合喝杯咖啡、吃点馅饼来提提神。户外的座位位置很好，可以看到Petit Champlain街道和皇家广场移动的人群。

Buffet de l'Antiquaire自助餐馆（见296~267页地图；☎418-692-2661；95 Rue St Paul；正餐 $8；🕑6am~10:30pm）市内最“真实”的地方之一，在锅碗声和嘈杂声音的陪伴下，当地人享受着服务生的点餐声音。而出售的魁北克式自制烹饪包括肉和鱼餐，也有现成的Boréale。

Le Cochons Dingue 餐馆（见 296 ~ 297 页地图；☎418-694-0303；46 Boul Champlain；主菜正餐 $10 ~ 15；🕑8am ~ 11pm）1979 年以来，这家法国餐馆是旅行者非常喜欢的一家餐馆，有快乐的用餐者、专注的服务与户外座位。这里到处都弥漫着法国气息，如方格式桌布和菜肴，从三明治到河蚌和羊肉汉堡包。

我们的选择 **Le Lapin Sauté 餐馆**（见 296 ~ 297 页地图；☎418-692-5325；52 Rue du Petit-Champlain；正餐 $27 ~ 49；🕑周日到周四 11am ~ 10pm，周五和周六 9am ~ 11pm）假如你只在魁北克城享受一次，那就去这家专营乡村菜肴的舒适餐馆。在天然风味方面，餐馆提供兔肉面条、香肠，还有鸭子、大马哈鱼和鸡肉，以及为了甜品而准备的枫糖浆烧糖卡士达。在天气好的情况下，你可以坐在鲜花满布的庭院中，俯瞰小 Félix Leclerc 公园风景。服务生会招待好这些喜欢兔子的人，保证每个人都很高兴。

L'Échaudé小酒馆（见296~297页地图；☎418-692-1299；73 Rue Sault-au-Matelot；正餐$28起；🕑周一至周五11:30am~2:30pm和6pm~较晚，周六 6pm~较晚，周日10am~2:30pm和6pm~较晚）这个有着25年历史的小酒馆装潢得很吸引人，外地游客的数量渐渐超过了当地推崇者的数量。无论如何，这里有很欢乐的氛围。服务生在桌子之间忙碌着，爱好肉食的人们可以享受鸭子、珍珠鸡片以及很受欢迎的tartare牛排($22)等菜肴。

古城墙外围

城墙以外，Rue St-Jean 街是餐馆集中的地带，远离旅行者出没的地方，拥有实惠的民间餐馆，很多实行自带酒水规矩。Ave Cartier 大道，在 Grande Allée Ouest 西街和 Boul René Lévesque Ouest 西街之间，小酒馆吸引着当地居民。再有，从老城区延伸出来的 Grande Allée Est 大道西边，是一排热闹、露天的实惠餐馆，主要面向游客，都推出约 $10 的特价午餐；多数馆子中，你可以吃到完整的两道菜晚餐，价格为 $13 到 $23。

Le Sultan（见 296 ~ 297 页地图；☎418-525-9449；467 Rue St-Jean；正餐 $6；🕑周一到周四正午~11pm，周五 至午夜，周六 5pm ~午夜）这家黎巴嫩小餐馆供应黎巴嫩食物，例如沙拉三明治和辣肠(merguez)，不过很值得坐在小桌子旁享受薄荷茶。这里的窗户上有烟袋管，橙色墙上装饰有武器，有镶嵌的拱门，还有可以躺着吸烟管的后堂。

Le Hobbit餐馆(见296～297页地图；☎418-647-2677；700 Rue St-Jean；正餐$13起；🕑8am～10pm)这家位于圣让主教堂交会处的餐馆很受欢迎，有户外座位、随意的氛围，以及午餐、晚餐推出的非常值当的特价菜。一份美味的牛肉炸土豆条($11)，最是畅销，当然新鲜的通心粉和沙拉也不错。

Restaurant Diana餐馆(见296～297页地图；☎418-524-5794；849 Rue St-Jean；正餐$15；🕑8～1am)如果说魁北克城有一个秘密组织存在，那么就是这个让你咀嚼意大利面的好地方。这里也出售油腻的地中海菜肴，如比萨饼、烤宽面条和希腊式汉堡包(souvlaki)。

Le Billig(见296～297页地图；☎418-524-8341；526 Rue St-Jean；正餐$15～20，可丽饼$3.50～16；🕑周二至周六11am～3pm和5～9pm，周日11am～3pm)这家法国布莱顿小酒馆专营法式薄饼，从香甜可口的小麦食品到用荞麦制作的食品，如Roscoff，它填满了火腿、芦笋、瑞士奶酪、苹果和牛奶沙司。

VooDoo Grill烧烤店(见296～297页地图；☎418-647-2000；575 Grande Allée Est；正餐$30起；🕑周二至周五11～2am，周六和周日5pm～2am)这家"餐馆/博物馆"看起来与其说像饭馆，倒不如说像巫师家的会客厅。迷信的非洲雕刻品摆设在桌子和墙角之间。不幸的是，这些异国风味的装饰就到此为止了——菜肴主要是牛排套餐、牛排和汉堡包，这里的服务态度相当傲慢。不过，它仍以时尚的设计而出名，且在周四、周五、周六时会有现场音乐和舞蹈表演相伴。

饮品

Bar Ste Angèle餐馆(见296～297页地图；☎418-694-3339；32 Rue Ste-Angèle；🕑8pm～较晚)这家没有什么限制的私密餐馆位置有些偏僻，和蔼的工作人员会给你一些指点——从鸡尾酒到当地和欧洲的瓶装啤酒。

L'Inox啤酒屋(见296～297页地图；☎418-692-2877；37 Quai St André；🕑正午～3am)在老码头区，是一家本地微酿啤酒馆，啤酒内行一定要来这儿。这家时尚的啤酒屋有20年历史，包括一座小啤酒博物馆，让你了解啤酒制造的工艺。

L'Oncle Antoine(安东尼大叔酒馆；见296～297页地图；☎418-694-9176；29 Rue St-Pierre；🕑11am至深夜)也在码头附近，在石砌地下室里，地面上是城市最早的一座救助所(建于1754年)。这家酒馆出售桶啤酒(en fût)和魁北克微酿啤酒(咖啡色的烈啤酒正日益受到人们的欢迎)；品尝四种酒收费$6.75。

Le Sacrilége(见296～297页地图；☎418-649-1985；447 Rue St-Jean)圣让主教堂跳动的心脏，这里独立的住所，有一个温室和一个满是雕塑、四周是墙的花园。

娱乐

尽管魁北克城不大，但入夜后，娱乐活动很多。娱乐报*Voir*(www.voir.ca)，每个星期四出版，提供法语娱乐资讯；Rue St-Jean街，其次是Grande Allée大道和Ave Cartier大道，都是夜生活活跃的热门街道。Rue St-Jean街对年轻人和放浪的人群很有吸引力；在Grande Allée Est街，经常能听到波西语"m'a-tu vu?"(看到我了吗？)

夜总会

Chez Maurice迪厅(见296～297页地图；☎418-647-2000；575 Grande Allée Est；🕑9pm～3am)坐落在维多利亚式大厦里的巴比伦夜总会拥有一间夜总会、"雪茄"休息厅、"超休闲"酒吧和VooDoo Grill餐馆。周三到周日迪厅开放，提供Latino、快乐屋和现场流行音乐夜活动。

Chez Dagobert(见296～297页地图；☎418-522-0393；600 Grande Allée Est；🕑正午～3am)阳台上有一面庞大的镜子，可以鸟瞰Grande Allée Est m'a-tu vus，Dagobert与对面的Chez Maurice迪厅竞相吸引花花公子的注意力。在其内部，多层建筑提供了从摇摆到舞蹈的活动。

同性恋场所

Le Drague酒吧(见296～297页地图；☎418-649-7212；815 Rue St-Augustin；🕑正午至深夜，表演周四10:30pm，周五11pm，周日9:30pm和11pm)市内同性恋活动场所不大，不过这家有10年历史的年轻酒吧却是它的注目热场：多面酒吧附不同"区域"，氛围各异。周四和周日推出易装秀，无论你的性别趋向如何，此时这儿都是城里最喧闹、最狂欢的地方。周四到周日的晚上，两层舞池挤满了人。

剧院

魁北克大剧院(Grand Théâtre de Québec；见296～297页地图；☎418-643-8131；269 Boul René Lévesque Est)城市主要的表演艺术中心，推出经典音乐会、舞蹈和戏剧，全都是顶级水平的表演。魁北克歌剧团常在这里演出。

首都剧院(Le Capitole；见296～297页地图；☎418-694-4444；972 Rue St-Jean)较小，这家剧院兼餐馆推出卡巴莱助兴活动、音乐会和时事世俗讽刺剧。

现场音乐

Fou-Bar酒吧厅(见296～297页地图；☎418-

522-1987；525 Rue St-Jean；🕑3pm ~ 3am）很轻松，邀请各色乐队现场出演，是市内经典酒吧厅之一，可欣赏到现场音乐。周二的爵士夜从晚上9点开始，很受欢迎。

Chez son Père歌舞厅（见296~297页地图；☎418-692-5308；24 Rue St-Stanislas；🕑8pm~2am）一处最棒的歌舞夜总会(现场秀，轻松的歌手/歌曲创作者俱乐部)，已有数年的历史。让当地人头疼的一层楼收$2位置费。不过，这里气氛很好，你可以在这儿遇到一些歌坛新人，偶尔也会遇上著名歌手的音乐会。

Les Yeux Bleus歌舞厅（见296~297页地图；☎418-694-9118；🕑117½ Rue St-Jean）如果Chez son Père满了，附近的这家是另一个听《珍妮特》(*Jeanette*)和其他经典魁北克作品的好地方。

购物

尽管幽僻狭窄，满是怪怪的人来来往往，Rue在城堡旁的du Trésor街，仍然值得一游，那里集中了支着画架展览顾客的艺术家和他们的作品。

Rue St Jean街两边的中世纪商店里有女性长袜、内衣、骑士帽、张开的斧子、怪兽烛台和其他古老的随身用具。

在老下城区，沿Rue St -Paul街12家商店，堆满了古董、古玩、稀罕物和老魁北克的旧东西，而**Le Roquet商店**（见296 ~ 297页地图；☎418-694-2245；141 Rue St-Paul）似乎有些不够协调，出售当地Vêtements 90 Degrés公司制作的时髦T恤。

再远些，在海滨高地，**老码头集市**（Marché du Vieux-Port，见296 ~ 297页地图；160 Quai St，André）是一个农贸集市，你可以买到鱼、奶酪、花、鹅肝酱、冰苹果酒以及点缀花园的陶俑。每天营业到晚上7点，夏天的星期六早上最热闹，农民都涌入这儿，小摊摆到了集市大厦的外面。

因纽特艺术博物馆（Musée d'Art Inuit；见296 ~ 297页地图；☎418-694-1828；39 Rue St-Louis）这座引人注目的博物馆出售来自魁北克北部的因纽特滑石、蛇纹石、玄武岩雕刻品。价格从$45到几千加元。知识丰富的工作人员会回答各类问题，比如为什么雕塑描绘的是一个猎人却变成了一只北极熊。

JA Moisan Épicier百货商店（见296 ~ 297页地图；☎418-522-0685；699 Rue St-Jean）建于1871年，被认为是北美最早的百货商店。老式的氛围弥漫在草药茶、带有香味的卫生间、成罐的咖啡豆以及其他商品之间。

到达和离开

飞机

Jean Lesage机场（见293页地图；www.aeroportdequebec.com）在城市西边，在Hwy 40公路与南北向的Hwy 73公路相交处附近，每天，加拿大航空Jazz公司的航班飞往蒙特利尔、多伦多、加斯佩、德拉玛得来纳群岛(Îles de la Madeleine)、七岛港(Sept Îles)和Wabush，周一到周五飞往渥太华。

轮船

渡轮（☎877-787-7483）每天上午6点至次日凌晨2点之间频繁往返于魁北克城和莱维之间，全天运营，单程票成人/儿童$2.65/1.85；包括掌舵员、汽车费用$5.95和自行车$2.65。航程只有10分钟，人们仍可以欣赏壮观的江景、悬崖、城堡、魁北克的高楼大厦。渡轮终点码头靠近皇家广场。

公共汽车

公共汽车站（见296 ~ 297页地图；☎418-525-3000；320 Rue Abraham-Martin）在广场大火车站(Gare du Palais)的旁边。每天，公共汽车开往蒙特利尔($54，3到4小时)，将近每小时1班。Intercar连接着沙勒沃伊(Charlevoix)、萨格奈(Saguenay)和北岸地区，在很多城镇停留，最远可到Havre St Pierre。Orléans Express的客车覆盖了南岸地区，并在加斯佩半岛绕一圈；如果要去新不伦瑞克的埃德门兹顿，可以坐车到里维耶尔—迪卢($38，3小时)，然后在那儿搭乘阿卡迪亚的客车。开往美国边界的长途汽车途经蒙特利尔（见841页）。

小汽车和摩托车

Budget公司（见296 ~ 297页地图；☎418-692-3660；29 Côte du Palais），**Hertz公司**（见296 ~ 297页地图；☎418-694-1224；44 Côte du Palais），**Avis公司**（见296 ~ 297页地图；☎418-523-1075；1100 Boul René Lévesque）和**Enterprise公司**（见296 ~ 297页地图；☎418-523-6661；690 Boul René Lévesque）都有中心办公室。也许值得走到**Thrifty公司**（见293页地图；☎418-877-2870；6375 Boul Wilfrid Hamel）或**Discount公司**（见296 ~ 297页地图；☎418-522-3598，800-263-2355；240 3e Rue），经常提供较便宜的租车价格；后者还提供接送服务。**Kangouroute公司**（见293页地图；☎418-683-9000，888-768-8388；www.kangouroute.net；6345 Boul Wilfrid Hamel）是一家当地公司。**Avis公司**（☎418-872-2861），**Enterprise公司**（☎418-861-8820）、**Hertz公司**（☎418-871-1571）和**National-Alamo公司**（☎418-877-9822）在机场有接待处。

Allô Stop公司（见296 ~ 297页地图；☎418-522-3430；www.allostop.com；665 Rue St-Jean）安排司机和乘客拼车，便捷实惠，开往魁北克的其他地方，

比如，拼车开往蒙特利尔，每位乘客收费 $16。

城墙内老城区不允许骑摩托车。

出租车

冬季，**Taxi Co-op 出租公司**（☎418-525-5191）提供 Hiver Express 特快出租车，开往滑雪山地。

火车

魁北克城拥有 3 座**火车站**（train stations；☎888-842-7245），而且共用同一个电话号码。在下城区，翻新的**加德帕雷火车站**（Gare du Palais；见 296 ~ 297 页地图）相当宏伟，配备酒吧，咖啡屋，地处城市中心，很方便，在 Rue St Paul 街不远处，每天都有列车开往蒙特利尔（$48 起，3 小时）以及更西边的地区。800 路公共汽车从尤维尔广场（Place d'Youville）开往火车站。

圣弗伊火车站（Ste Foy station；见 293 页地图；3255 Chemin de la Gare）在市中心西北边，同样的列车班次在这里进站，极大地方便了居住在城市西北一带的人们。

第三个车站在河那边的**查尼镇**（Charny），Hwy 73 公路以东，不太方便，从这里发出的列车主要面向东边的各个地区，比如加斯佩谢半岛和马里堂斯（Maritimes），但有些也开往蒙特利尔。公共汽车把它和圣弗尹车站相连接。每天，除周二，宿夜火车开往新不伦瑞克的蒙克顿（$155，12 个半小时）。从市中心开出的一些火车也经过查尼镇。

四处走走

抵离机场

Taxi Co-op 出租车公司（☎418-525-5191）在城市与机场之间的出租车收费约 $30。旅游公司 Old Québec Tours 公司（见 301 页）和 **Dupont Tours**（☎418-649-9226）有时运营优惠的穿梭车。

自行车

穿行和环绕整座城市的自行车道很多条，具体信息见 *Plan du Réseau Cyclable* 和更为详细的 *Parcours Cyclables*。Cyclo Services 公司（见 300 页）出租自行车（每小时 / 每天 $12/30）、双人和电动自行车。客人需要在那儿留个身份文件。

小汽车和摩托车

在魁北克城，你可以步行到任何一地，街道窄而拥挤，泊车位置有限，所以驾车游真的不划算。不过如果你执意驾车，旅游局可以提供一份市立停车场的指示地图，但没有几处，发现阁旁公共停车场价格还算实惠，而且离老城也近。圣洛奇（St Roch）的停车场更好些，包括 Rue St-Vallier Est 街旁的一些，收费大约是上城区费用的一半。在那泊车意味着多增加 10 分钟的上坡步行，但你可以用省下的钱犒劳自己一番。

公共汽车

公共汽车系统（☎418-627-2511）搭乘一程花费 $2.50，并享有转乘优先权，或者买 $6 的一日票。汽车一直开到北岸地区的圣安娜—德普雷。游客办公室会提供路线图和到站信息。

服务于老城区的很多公共汽车都在尤维尔广场停站，即城墙外 Rue St-Jean 街的旁边，800 路公共汽车开往加帕雷火车站，市中心的长途公共汽车站和火车站。800 路和 801 路公共汽车从市中心开往拉维尔大学。

魁北克城周边地区 (AROUND QUÉBEC CITY)

和在老魁北克城区花几天时间四处走走一样打动人，较大的魁北克城四周挺值得探究。除了莱维，这些景区都在河流北岸：温达科、圣加布里埃尔—瓦尔卡捷（St Gabriel de Valcartier）、斯托纳姆和雅克 · 卡蒂埃公园（Parc de la Jacques Cartier）到魁北克以北，其余的到东北。南岸也拥有一些精彩景点，在南岸地区下面列出（见 321 页）。

莱维(Lévis)

从 1 公里的渡口处（见 306 页）到莱维城，乘坐魁北克边的小船无疑可以获得最佳的视野。根据地、城堡和神学院比城市风景更受欢迎。一旦你下船，莱维湖边就是一个休闲好去处，可让你从魁北克老城的强势中逃离出来放松。

莱维旅游局（Tourisme Lévis；☎418-838-6026；⏲5 月到 10 月）在渡轮靠岸的地方，提供地图和老莱维不错的全包价（$8），含渡轮和 30 分钟导游领队的短途客车游，开往各景点，包括这儿所列的各处。

自行车、双人自行车以及旱冰鞋均可在渡轮码头租到，价格比魁北克城要低。

渡轮靠岸附近的**莱维平台**（Terrasse de Lévis），1939 年乔治国王六世（King George VI）钦启这座望站，（而后）伊丽莎白女王二世也来此钦阅。这里可欣赏魁北克优美的远景，Rue William-Tremblay 街旁的山顶则可以眺望更远的地方。

1865 年和 1872 年，为保卫魁北克城，英军在河南岸上修建碉堡，其中 **1 号碉堡**（Fort No 1；☎418-835-5182；41 Chemin du Gouvernement；成人 / 儿童 / 家庭 $4/2/10；⏲5 月到 8 月 10am ~ 5pm，9 月周六至周日 1 ~ 4pm）已翻新重建，作为国家历史古迹对外开放，提供导游讲解和游览，位于莱维东边，就在 Rte 132/Boul de la Rive Sud 边。

在老莱维，主要的商店和饭店都在 Ave Bégin 大道上。或者，如果想看更多的风景，就继续向南走到湖边小路，穿过 Parc de l'Anse-Tibbits公园。在码头，从渡船停靠点大约2公里处，有一家 **La Piraterie 餐馆**（☎418-304-4000；4685 Rue St Laurent；三明治 $6 起，正餐 $20 起；⏲5月到9月 7am～10pm）提供三明治、通心粉和意大利面条。

温达科(Wendake)

在休伦—欧恩达特语中，数字"8"是一个字母，发音为"oua"（就像是"what"中"wh"的发音），解释了重建的休伦村庄 **Onhouä Chetek8e 村**（☎418-842-4308；575 Rue Stanislas Kosca；成人/儿童 $10/7.50；⏲9am～5pm）的名字。往城市西北，经 Hwy 73 公路（154 号出口），大约 15 公里处就是不大的温达科。

进入村庄可进行 45 分钟的团队游。再加 $6，就可以被提供在当地小酒馆的午餐，品尝鹿肉和薄荷茶，不过这更像是公园主题的体验了。

游览包括参观一座老屋和一间仍然开工干活的帐篷棚屋，以及烟屋（熏肉小屋）、巫医棚屋，在那里你可以了解到解梦人如何工作、巫医如何利用熊的头骨给人类祛除疾病。它是世界上唯一的休伦湖村庄，周围保留了比较富有激情的原住民居民区。在 1960 年，这个小村成为首个保护区，拥有自己的银行；今天，它还为其他部落提供着就业机会。

娱乐活动，例如跳舞（$5.25）让一整天过得很丰富。免税礼品店出售休伦工艺品和纪念品。72 路公共汽车每半小时从魁北克（$2.50，30 分钟）驶往这里。

圣加布里埃尔—德瓦尔卡捷 (St Gabriel de Valcartier)

"海盗洞穴"的滑道掩蔽着塞得满满的停车场，**Village Vacances村庄**（☎418-844-2200；1860 年瓦尔卡蒂埃基地；成人/儿童 $27/18，晚上$21/14；⏲9:30am～7pm）是一个水城，水几乎在整个村庄流淌，就像是莱亚公主(Princess Leia)旁边的贾巴(Jabba the Hutt)。有8个滑道、水上游戏、温水池和划桨的水池，那是孩子们的天堂，也提供跳水、伐舟、宿营。它在温达科的西北部，可通过 Rte 371路到达。

斯托纳姆(Stoneham)

离开魁北克的住宿镇，Rte 371 路沿雅克·卡蒂埃河蜿蜒前行，穿过山谷。在斯托纳姆，**旅游咨询站**（Station Touristique，山地度假村；☎418-848-2411，800-463-6888；1420 Chemin du Hibou）提供酒店住宿和餐馆用餐；友好的度假村安排各种活动。斯托纳姆是本省主要的滑雪中心之一，夏天又变身为徒步、攀岩和爱斯基摩划子的乐园。

雅各·卡蒂埃公园 (Parc de la Jacques Cartier)

这座 600 平方公里的**荒野公园**（wilderness park；☎418-848-3169，800-665-6527；www.sepaq.com；成人/儿童/家庭 $3.50/1.50/5），在 Rte 175 路附近，离魁北克大约 40 公里，是偷闲放松的好去处。从城里不用 1 小时，你就可以沿徒步小路徒步或骑自行车、沿着雅各卡蒂埃河划独木舟。L'Epéron（5.5 公里）是一条冒着雾气的森林步行道，可以欣赏从山谷向下的风景，而 Les Loups（10 公里）和 Du Hibou(13 公里）是两条艰难但很有收获的步行道。

距离最南端的公园入口"山谷区域"约 10 公里附近，信息中心提供服务设施，如淋浴。还租赁宿营设施、独木舟和自行车，组织从洞穴探索到急救培训等活动。简易的夜宿棚屋和宿营地($16.50 到 $28)，分布在公园各处。冬天，有些公路沿途设避风小屋供越野滑雪者使用。

再稍往北走，就是7861平方公里的**洛朗蒂德动植物保护区**（Réserve Faunique des Laurentides；☎528-6868；Rte 175；门票 $3.50）更荒凉，没有什么组织，但很适合钓鱼。

Domaine la Truite du Parc公园（☎418-848-3732；www.traineaux-chiens.com；4 Chemin des Anémones；宿营地 $22，锥形帐篷 $40，四人圆顶帐篷 $100）出Rte 175路，位于山谷区域入口处2公里，有河畔宿营地和一家饭店。帕斯卡尔(Pascal)和韦罗妮克(Véronique)在冬季主要经营狗拉雪橇，就像门上贴着的爱斯基摩犬所表示的一样。

你可以组织乘坐 Intercar 公司从魁北克到希库蒂米（Chicoutimi）的车，可停靠在四个入口之一，都在 Rte 175 路上。

奥兰斯岛(Île d'Orléans)

在雅克·卡蒂埃(Jacques Cartier)以奥兰斯公爵的身份将这座岛取名为奥兰斯岛之前，这座岛因其野葡萄树而被称为巴克斯岛(l'Île de Bacchus，巴克斯是希腊酒神狄奥尼索斯[Dionysus]的罗马名称)。4个世纪后，魁北克民谣歌手费利克斯·勒克莱尔(Félix Leclerc)把这座岛比作是法国著名的沙特尔大教堂，这位歌手于1988年在这里去世。

今天，在寂静的奥兰斯岛上，没有了酒神节狂欢的景象，但还是有很多景致，能吸引白天的游客和那些有更多休闲时间的幸福游客前来游览。小岛一直是田园乡村之地，柔美风景遍布圣劳伦斯海岸。一条公路（60 公里）环绕着它，其他两条南北横贯，沿途星星点点布满草莓园、果园、苹果汁生产地和风车、艺术室、工艺品作坊，以及画廊。有些村庄拥有300年之久的老房，还有一些诺曼式的木制农舍或石砌小屋。

在岛上更为发展的西南端，桥通往北海岸，有时候感觉它就像是魁北克悬浮的郊区。当你向东北方向前进时，这座城市很快就会成为遥远的记忆。

值得在**旅游咨询处**（☎418-828-9411，866-941-9411；www.iledorleans.com；490 Côte du Pont；⌚6月中到9月8:30am ~ 7:30pm，10月到次年6月中10am ~ 5pm）花$1购买旅游手册，过桥就能看见。

景点和活动

你的行程中应该包括前去**Le Vignoble Isle de Bacchus 酒厂**（☎418-828-9562；1071 Chemin Royal；⌚10am ~ 6pm）游览和品酒，如果你无法抵挡住红、白和玫瑰色葡萄酒的诱惑，你也可以在此过夜。

位于酒厂西北处，**Domaine Steinbach 苹果园**（☎418-828-0000；2205 Chemin Royal；⌚午餐10am ~ 4pm）由比利时人经营。有30种农产品，包括五种苹果酒，由有机果园里的苹果制成，其中一种配有枫糖浆。如果大方的品尝勾起了你的兴致，可以在俯瞰河流的露台上大吃奶酪或大盘鸭肉($10)。

铁匠盖伊(Guy)制作了星形栅栏，并装饰着 **La Forge à Pique-Assaut**（☎418-828-9300；2200 Chemin Royal；⌚6月到10月9am ~ 5pm，10月到次年6月周一至周五9am ~正午和1:30 ~ 5pm）。

EcoloCyclo（☎418-828-0370；1979 Chemin Royal）出租自行车（每小时/每天$12/30）。

Croisières les Coudrier 在这座岛的西南角落提供乘船游，从圣劳伦斯出发，开往格罗斯岛(Grosse Île，见342页)。

食宿

如果你不想离去，岛上有的是让人难忘的旅馆和餐馆。如果你驾车，从这去往魁北克城很方便。网站 www.gitesiledorleans.com 上囊括了岛上25家B&B旅馆的信息。

Auberge le P'tit Bonheur 青年旅舍（☎418-829-2588；186 Côte Lafleur；宿/单/双$20/50/65）的门总是开着的（的的确确），它是一座石砌农庄，位于圣琼主教堂南边的中央。园子里有一处棚屋，就好像你是住在摇摇晃晃的怪人叔叔家一样。这儿出租自行车和越野滑雪用具。

Camping Orléans宿营地（☎418-829-2953；www.campingorleans.com；357 Chemin Royal；宿营地$31；⌚5月到10月）从桥上走到岛屿的远端，水边就是树木遮盖的这块宿营地了。

La Maison du Vignoble 农庄（☎418-828-9562；1071 Chemin Royal；单/双 含早餐$60 ~ 70/75 ~ 90）在酒厂旁，一座有着300年历史的农场住宅。掠过后花园可以望见蒙莫林斯瀑布，前面是葡萄园，生活何其恬静。

Au Toit Bleu 旅馆（☎418-829-1078；3879 Chemin Royal；单/双$67/72起）位于Le Mitan微酿酒厂隔壁，这家不拘一格的B&B旅馆根据主人的旅行轨迹进行的装饰，很漂亮，有非洲、印度、印度尼西亚和日本屋。可以选择公用卫生间或独立浴盆，然后在俯瞰河流的吊床上思考重要问题。

Chez Bacchus餐馆（☎418-828-1388；1236 Chemin Royal；正餐$15~35；⌚6月24日到11月1日周二至周五11am~9.30pm，周六7:30am~9:30pm，周日8am~9:30pm，6月24日到10月31日和11月1日到次年6月23日 周三11am~3pm，周四和周五至9pm，周六7:30am~9pm，周日8am~3pm）这家路边的聚集点适合当地情侣，还有酒吧中的醉汉，除了供应大盘菜肴，如龙蒿汁浇鸡肉，还有下酒食物。

Le Moulin de St Laurent 餐馆（☎418-829-3888，888-629-3888；754 Chemin Royal；正餐$30 ~ 40；⌚5月到10月中11:30am ~ 8:30pm）在这里用餐真是享受！这间19世纪早期的面粉厂后面有个露台，餐桌就面对一个瀑布。精心准备的各式菜肴很大众化，主推当地风味，如鳟鱼和小牛肉，还有度假小屋。

蒙莫朗西瀑布公园 (Parc de la Chute Montmorency)

这处瀑布比尼亚加拉瀑布高30米，如果说没那么雄奇的话，却也是个典型的旅游地带。从主干公路可以驻足观望，也可以免费进公园参观。在冬季，滑雪者在瀑布下的水潭旁边充分利用 pain de sucre（砂糖面包山），它是由冰和雪覆盖着巨大岩石而形成的。瀑布被用来当做锯木机和棉花生产厂的动力，在悬崖顶上的蒙莫朗西庄园(Manoir Montmorency)展示中有详细说明。

从5月到11月，在**公园**（☎418-663-3330；2490 Ave Royale）里停车收费$9，在瀑布脚下和顶部都可以停车。从游客中心出发，在瀑布下面的Rte 138路外，你可以乘坐缆车（成人/儿童 单程$6.25/3）游览，或者攀登487级台阶。最佳观景点是瀑布之上的悬桥。

公园位于魁北克东北7公里处。进园免费，建议在邻近的博波特镇内的教堂停车场泊好车，然后步行1公里，前往瀑布，或者在魁北克的尤维尔广场，乘坐800路公共汽车，到博波特站，再转车改乘50路公共汽车，前往瀑布山顶，或者改乘53路公共汽车，前往瀑布山脚。你也可

魁北克

以骑自行车从魁北克到这儿。

圣安娜—德博普雷 (Ste Anne de Beaupré)

沿Rte 138路靠近圣安娜—德博普雷(Ste Anne de Beaupré)，这座20世纪20年代的**教堂**（☎418-827-3781；10018 Ave Royale；免费参观；⌚8:30am～4:30pm）高踞汽车旅馆和dépanneurs(便利店)之上，带有双尖塔。作为仅有几处保留下的独特景观之一，它无关乎自然，亦无关人为创造，而关乎信仰，确实极为难得。17世纪中期以来，这座村庄就是重要的基督教圣地；每年7月下旬，朝圣仪式吸引成千上万的信徒前往，使得附近所有的空地变成了类似吉卜赛式的营地。

不幸的是，甚至在你进入教堂之前，这显然就将是一次人能否融合世俗与神圣的案例学习。夏天，游客们在赐福站排队等待牧师祈福自己已购买的耶稣钥匙链。在建筑里面，成堆的拐杖都是以前的供奉品，是几十年来由不再需要来圣安娜教堂祈祷的信徒留下来的。这儿有给人留下深刻印象的砖瓦建筑物、彩绘玻璃和发光的天花板镶嵌图案，描绘了圣安娜教堂的历史。不幸的是，接下来你看到的是指示牌和屏幕闪烁着“敬请保持安静”字样，以及告诫朝拜者不要污损石雕、注意自己的相机和话筒等贵重物品的话语。这似乎不太必要，但是，宏伟的教堂、乡村的宗教主题公园都足以让你在此一停。

附近，**Cyclorama of Jerusalem 耶路撒冷环形影幕**（☎418-827-3101；8 Rue Régina；成人/儿童 $8/5；⌚5月到10月下旬 9am～6pm）并非全天域电影，而是110米长的绘画，描绘了耶稣受难那天的耶路撒冷。

教堂对面是类似于小礼拜堂的 **Auberge de la Basilique**（☎418-827-4475；Ave Régina；单/双 $43/56），这儿有个自助式餐厅。

Intercar 公司（☎418-627-9108，魁北克城）运营从魁北克汽车站北上北部海岸的公共汽车，每天2班。公共汽车在该镇停靠在 **Depanneur Olco 商店**（☎418-827-3621；9272 Boul Ste Anne）旁，就在Café des Artistes 小餐馆对面。

蒙圣安娜(Mont Ste Anne)

这里的山坡离魁北克城仅50公里，这使得它成为该省顶级的**滑雪度假村**（☎418-827-4561；2000 Boul du Beau Pré）。10多条缆车道的50多处滑道深受初滑新手、滑雪老手和雪板滑手赞美。想越野滑雪(Nordic skiing)的话，圣法里奥来内右村(St Ferréol les Neiges)不错，拥有224公里长的优质滑梯道。它在离蒙圣安娜7公里处，沿Rte 360路可到。

夏天，一条观光缆车滑上山顶。自行车道和徒步小路曲折起伏在群峰峻岭中，游客中心出租自行车。整个4月份，这里搭建一座大大的迷人木屋。其他活动包括独木舟、漂流、高尔夫以及参观有65条狗的“爱斯基摩犬村”。

Camping Mont Ste Anne宿营地（☎418-826-2323；Rang St Julien；宿营地 $25起）位于圣法里奥来内右村附近，是座郁郁葱葱的大公园，凸显魅力，就地的滑梯和徒步小路很是方便。沿Rte 138路一带还有其他几处宿营地。Rte 138路从魁北克城向东穿过圣安娜博普雷。

旅游村**Chalets Montmorency**（☎800-463-2612；1768 Ave Royale；房 $90起）也在圣法里奥来内右村那一块，全年营业。

从魁北克到这里，Intercar 公交车往返只需$10，Hiver Express(见307页)可从你所在旅馆接你，往返$22。从6月底到9月中旬，该度假村针对山地车旅行者运营穿梭车，往返$10。

圣安娜峡谷(Canyon Ste Anne)

沿Rte 138公路，在博普雷(Beaupré)东北大约6公里处，高74米的**瀑布**（☎418-827-4057；206 Rte 138；成人/儿童 $10/7.50；⌚6月末到9月初 9am～5:45pm，5月到6月末和9月到10月至4:45pm）在极深的岩缝间飞溅着。可以拾台阶，踩岩架，过小桥，步行游览，甚至穿越瀑布。尽管人来人往，这里令人轻松愉快——尚未完全开发，比蒙莫里朗斯瀑布更精彩。

卡普杜蒙特国家野生动植物区 (Cap Tourmente National Wildlife Area)

这个**鸟类保护区**（bird sanctuany；☎418-827-4591；570 Chemin du Cap Tourmente；成人/学生 $6/5；⌚1月初到次年3月中周六和周日8:30am～4pm，4月中到10月末每天至5pm）有700种鸟，包括春秋两季成群飞抵湿地的雪雁。过圣乔基姆(St Joachim)和卡普杜蒙特(Cap Tourmente)村，从圣安娜—德博普雷沿Rte 138路有指示牌。

沙勒沃伊(CHARLEVOIX)

举起沙勒沃伊的一根草，你会看到微风下草在弯曲——微风弥漫在这个地区的绚丽农田中。200年来，起伏群山中的这片田园一直是权贵们的避暑胜地。Route 138路和Route 362路是城里活动的主要线路，在圣劳伦斯与公园之间欢乐地延伸着，如针叶林覆盖的大花园公园(Parc des Grand Jardins)，这座公园与英国的乡村花园比较相似，于是英国人便取了这个名字。

联合国教科文组织将这一整片地区划定为世

界生物圈保护区(World Biosphere Reserve)，自此，这里各类认可的发展项目必须遵守相关的保护限制规定，当地居民为此很是引以为荣。城里还有很多令人自豪的东西，如几乎不可能的放松好去处拜圣保罗(Baie St Paul)。画室(ateliers)、画廊和精品店排满了为数不多的街道，这可追溯到19世纪末的艺术家们，他们受沙勒沃伊吸引，描绘山水画，作为民族主义运动。

沙勒沃伊也以烹调艺术中心而著称，也是10年前加拿大有机食物运动的最前沿阵地。《风味路线》(*Route des Saveurs*)囊括了16个农场和餐馆，包括艾博尔曼羊羔的故乡和魁北克最好的餐馆之一。当地的菜单读起来一般都像是沙勒沃伊产品的目录清单。

该地区跨地共计6000平方公里，居住着差不多3万居民。冰川雕塑岩石裂痕和悬崖、山形犬牙凸凹俯瞰着最是独特的地质奇观：史前一颗流星脱落的一块太空岩石撞击这里，形成了巨大的河谷。大约3.5亿年前，这颗太空岩石，估计重150亿吨，直径大约2公里，以每小时3.6万公里的速度撞击地球，陨石留下的陨石坑直径达56公里。撞击地就是今天的蒙德艾博尔曼(Mont des Éboulements)，即河谷中间大约10公里的内陆地区。

去时，从“河流路”(Rte 362路)去，沿内陆“高山路”(Rte 138路)返回，感受沿途让人耳鸣的山风呼啸，不失为一条前往沙勒沃伊可考虑的驾车路线。

勒马西夫(LE MASSIF)

小河流圣弗朗克斯(Petite Rivière St François)的外围是**勒马西夫**(☎418-632-5876，877-536-2774；www.lemassif.com；1350 Rue Principale)可能是加拿大最好但少有人知的滑雪胜地。拥有最高的垂直降滑点(770米)和落基山脉东侧积雪最厚的地方(600厘米)，加上圣劳伦斯一带的壮丽景色。山顶的小木屋提供当地美食，不用加热的羊肉汉堡包。

拜圣保罗(BAIE ST PAUL)

以小丑表演、杂耍为主的太阳马戏团可能会将拜圣保罗作为巡回演出的第一站，但这里的大多数娱乐节目还是很优雅的。这座小城市以拥有约30家美术画廊和画室为荣，同时还有一些由历史悠久的老房子改建成的华丽的饭店和住所。拥有繁荣兴旺的假日气氛、坐落于绿树葱茏的小山之间，同时又是圣劳伦斯河和Gouffre河的交汇

沙勒沃伊、萨格奈和南岸 CHARLEVOIX, SAGUENAY & SOUTH SHORE

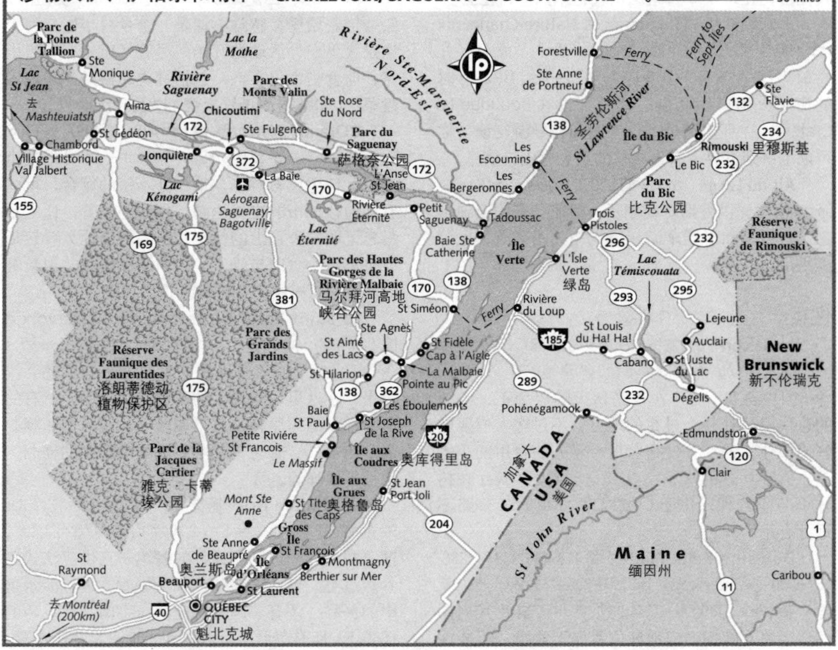

处——拜圣保罗是北岸最有吸引力的城镇之一。

方位和实用信息

7月和8月，主干道很拥挤，是这个地区最繁忙的地段。

沙勒沃伊旅游咨询处（Charlevoix Tourist Office，☎418-435-4160，800-667-2276；www.tourisme-charlevoix.com；444 Boul Mgr de Laval；⏲4月到6月下旬8:30am～4:30pm，6月末到9月初9am～7pm，其余月份限制时间）在小城西边Rte138公路旁。

城市旅游咨询处（☎418-240-3218；6 Rue St Jean Baptiste；⏲4月到6月末8:30am～4:30pm，6月末到9月初9am～7pm，其余月份限制时间）

景点和活动

现在，这座艺术气息浓郁的小城拥有两家公共画廊，里面都有珍贵的藏品和当代作品展览。一是**Carrefour Culturel Paul Médéric**（☎418-435-2540；4 Rue Ambroise-Fafard；免费参观；⏲10am～5pm），由一位当地牧师和作家命名，他在这儿创办了一个青年人运动组织。主要街道对面，是**展览中心**（Centre d'Exposition；☎418-435-3681；23 Rue Ambroise-Fafard；成人/儿童$4/2.50；⏲9月末到次年6月末11am～5pm，6月末到9月末周二和周三10am～6pm，周四到周日正午～8pm），外观很引人注目，在每年8月组织当代艺术国际讨论会。

非营利性机构**Randonnées Nature-Charlevoix**（☎418-435-6275；11-1 Rue Ambroise-Fafard；成人/儿童$22/12；⏲6月末到9月末至2pm）组织2小时的流星火山口团队游。其总部设在Boutique Le Cratère，在那里通过3-D地图和与导游交谈，你可以了解到世界上有人居住的最大火山口信息。

Air du Large（☎418-435-2066；Quay；⏲8am～5pm）组织提供爱斯基摩划子、帆船、登山、独木舟、自行车和滑翔伞游。组织相关团队游，也可以租用这些设备。

住宿

La Balcon Vert旅馆（☎418-435-5587；www.balconvert.com；22 Côte du Balcon Vert；宿营地/双，$20/45；⏲5月中到10月中）在夜晚篝火的照耀下，山顶的这块隐蔽处是个过夜的地方，不过客人们要做好简单住宿的准备。宿营地、私人的合用的小木屋、有乒乓球的娱乐室以及一家酒吧/餐厅在树林里若隐若现。位于小城以东，Rte 362公路不远处有指示牌。

Domaine Belle Plage（☎418-435-3321，888-463-6030；www.belleplage.ca；192 Rue Ste Anne；单/双含早餐$69～139/74～144）这家小宾馆及其周围的房屋略有磨损，但地理位置得天独厚，经过Le Mouton Noir餐馆（见312页），在码头2公里处。低天花板的房间有装饰性金属床和带有独立浴盆的私人卫生间。

Gîte à l'Ancrage（☎418-240-3264；www.giteancrage.com；29 Rue Ste Anne；单/双$110～140/115～149）这里的四间五星级客房都以海为主题，在泰坦尼克房间的马桶盖上还印有灯塔。同样令人印象深刻的，还有独立浴室、阳台，可以俯瞰周围景色，在皮质摇椅上自在地享用美味的鸡蛋早餐。

Auberge La Muse宾馆（☎418-435-6839，800-841-6839；www.lamuse.com；39 Rue St Jean Baptiste；单/双$110～190/120～200；✖）这家轻松愉快的黄颜色B&B旅馆有精致的艺术气息，令人放松。房间有多种不同的特点，如：有治疗作用的浴池、含按摩技术的枕头，以及可以俯瞰整个花园的阳台。餐馆($30到$55一餐)，随时为顾客敞开大门，日本厨师制作出美味的当地菜肴，还提供外卖寿司。

就餐

去哪儿好呢？

想品尝极品咖啡和小吃，**Café des Artistes咖啡屋**（☎418-435-5585；25 Rue St Jean Baptiste；午餐$6.50起；⏲9:30am～午夜）最是一流，这家比萨店装饰着深红色的桌布。

Resto Pub Le Rustique（☎418-240-3531；1 Rue Ambroise-Fafard；正餐$20～30；⏲9am～午夜）用锄头装饰着墙壁，感觉不像是一个乡村小屋，而更像是夜里户外活动的开始。尽管气氛是主要吸引点，但食物也很丰盛，包括蚌类和薯条、当地大盘菜、fajita（墨西哥铁板烧）以及"汉堡包"。

L'Orange Bistro餐馆（☎418-240-1197；29 Ambroise-Fafard；正餐$21～35；⏲11am～9pm）地处市中心，房屋色彩鲜艳，带一处不错的露台，可以看到通往城市的主要道路。精到的菜肴，让人常常忘记欣赏公路上的汽车。出售的当地菜肴包括有机鸡肉、猪肉排骨、小牛肉和汉堡包，用新鲜的药草和有机蔬菜作配料，近乎完美。

Le Saint Pub/Microbrasserie Charlevoix酒馆（☎418-240-2332；2 Rue Racine；正餐$25～30；⏲11～2am）啤酒爱好者一看到这个酒厂就会流口水，在这里，餐桌上的菜单以酒开头，所有的酱料都以酒为原料，包括调味汁、调料剂和腌制剂。花上$5，你可以品尝四种本地啤酒的样酒，包括当地啤酒。

Le Mouton Noir餐馆（☎418-240-3030；43 Rue Ste Anne；正餐$40；⏲5～9:30pm）自1978年以来，这家并没有经过刻意设计的餐馆一直供应法式菜肴。鱼类，包括美洲鲈鱼(Walleye)，堪称淡水鱼中的极品，还有羊肉、驯鹿肉、牛肉，在灵巧的摆弄下，所有菜肴与野蘑菇和当地食物搭配成款。

户外的露台俯瞰着 Gouffre。

到达和离开

公共汽车站（☎418-435-6569；2 Rte de l'Équere）在 La Grignotte 餐厅旁，从市中心的 Boul Mgr de Laval 大街走大约 20 分钟可到。每天，Intercar 公司 3 班公共汽车抵离魁北克城（$20，1 小时 15 分钟），周五加开 1 班。北行的车有 2 班终点站在马尔拜河。另有 2 班继续开往贝科莫，途经塔多萨克。

大花园公园 (PARC DES GRANDS JARDINS)

这座**省级公园**（☎418-439-1227，预订电话 800-665-6527；www.parcsquebec.com；成人 / 家庭 $3.50/7）占地 310 平方公里，大部分是泰加群落森林 (Taiga：泰加群落森林，尤指西伯利亚苔原地带和草原地带之间的大面积针叶林。——译注）。有关信息可在大门口的 **Thomas-Fortin service center 服务中心**（⏲5 月末到 10 月初），以及 **Mont du Lac des Cygnes visitor kiosk 游客中心**（⏲5 月中到 11 月中，圣诞节假期，2 月和 3 月周六和周日）获取。

精彩的徒步小路和崎岖的地貌是这颗明珠的魅力所在。群山之中分布着 10 多座小湖泊。游人会遇见驯鹿。半日徒步的话，建议考虑**天鹅湖山脉** (Mont du Lac des Cygnes) 与众不同的小路，很适合短途徒步游。落基山脉东边漫长且艰苦的徒步小路之一，这里推荐**拉特拉维斯小路** (La Traversée)，从公园开始，延伸 100 公里，沿马尔拜河高地峡谷公园 (Parc des Hautes Gorges) 巨大峡谷群山道穿行而下，而后，在蒙格兰芳公园 (Parc du Mont Grand-Fonds) 蜿蜒而上。走完小路全程，一般的徒步者需要大约七天。各原始生态营地出租独木舟、爱斯基摩划子和自行车，可以住在简陋的宿营地（$16 起）或拓荒式的农舍木屋（$22 起）可住宿，请自带所有必需物品。

沿圣保罗湾北边的 Rte 381 路驱车前往这座公园；30 公里到公园游客中心，46 公里到公园大门。

奥库得里岛(ÎLE AUX COUDRES)

有人如果对比较有名的奥兰斯岛感到失望的话，安静、偏僻的奥库得里岛正是他们想要寻找的岛屿。它位于更为开阔的西南边，这里只有小鸟落在岩石角上，可能是最偏远的海湾群岛了。在环岛的26公里马路上，这种印象会一直延续到草木丛生的内地。北岸的小山总是在视线中，但无论如何在这儿你总能忘记一切，享受幽静。

旅游咨询处（☎418-438-2930；Chemin des Coudriers；⏲6月末至10月 9am～5pm）在码头不远处，十字路口附近。

景点和活动

在圣约瑟夫德拉里弗 (St Joseph de la Rive) 登上渡轮前后，不妨参观一下**航海博物馆** (Musée Maritime；☎418-635-1131；305 Rue de l'Église；成人 / 儿童 $4/ 免费；⏲6 月 24 日到 9 月 9am ~ 5pm，5 月 15 日到 6 月 23 日和 9 月初到 10 月中 周二至周五 9am ~ 4pm，周六和周日 11am ~ 4pm），挺不错的，详尽介绍这个地区的纵帆船建造史，在这儿可以看到 20 种不同的圣劳伦斯的商船。在造船厂，游客可以登临一些样板船参观。还有一个关于该地区著名陨石坑的展览。

船状 **Musée les Voitures d'Eau 博物馆**（☎418-438-2208；1922 Chemin des Coudriers；成人 / 学生 $3.50/3；⏲6 月中到 9 月中 10am ~ 5pm，5 月末到 6 月中和 9 月中到 10 月中 周六和周日）值得参观，给人一种古董店的感觉。讲述了这块内陆地区的航海历史，道具有：船引擎、救生圈、铁锚、缓慢的解说音，并轻松讲述了圣劳伦斯的冒险故事。还有你可以登陆的船只。既是车间又是博物馆的**磨坊馆**（Les Moulins；☎418-438-2184；36 Chemin du Moulin；免费入内；⏲5 月 19 日到 10 月 8 日 9:30am ~ 5:30pm）里，有两台修复了的 19 世纪的粉碎机，以及说明用磨石如何加工小麦和荞麦的展览。

在旅游办事处附近，**Gérard Desgagnés**（☎418-438-2332；36 Chemin de la Traverse；☎4月到10月）出租自行车(每小时/每天$3/15)和双人自行车。

食宿

这里有六家餐馆、酒店、宿营地、B&B 旅馆和汽车旅馆就更多了。

Gîte au Vent de l'Isle旅馆（☎418-438-2649；www.giteauventdelisle.com；39 Chemin du Moulin；单/双 $75～95/85～105）在Les Moulins附近，这家B&B旅馆有4个房间，铺了涂漆的木质地板，带有陶瓷砖卫生间和织锦装饰的墙壁。蒙特利尔人西尔维(Sylvie)讲着一口流利的英语，为客人们制作着松饼、水果沙拉以及可丽饼。

到达和离开

轮渡（☎877-787-7483）免费，在圣劳伦斯北海岸的圣约瑟夫德拉里夫 (St Joseph de la Rive) 发船。从 5 月到 10 月每半小时 1 班，其他时间班次少些。

莱伊波勒蒙(LES ÉBOULEMENTS)

该地区森林中，Rte 362 路边，白铁皮棚屋和木制小屋中很少有人住。画室也很少，不过在成堆的木头中间有造型奇特的雕刻品小商店，在漫长的冬季中，这些木头可以用来取暖。最多的是连绵的山和造型独特的岩石景观，这些岩石是1663年大地震的地质杰作，而那次大地震也使得这个地区被称为“岩石瀑布”。

曾获过奖的**Les Saveurs Oubliées餐馆**（Forgotten Flavors；☎418-6359-9888；350 Rang St Godefroy；餐费$45；⏲6月到10月 周三至周一 11am~9pm）主要供应艾博尔曼羔羊肉和无公害蔬菜，这些羊肉来自附近农场。不妨先绕着谷仓散步一会儿，再在商店购会物，这家商店出售火腿、肉冻、油、醋、香肠和羔羊肉(bien sur)，大多产自农场。这家自带酒水餐馆推出大约10种美味羊肉吃法，下午5点30分开始营业。务必预订。

圣艾琳妮(STE IRÉNÉE)

在俯瞰本地区最棒海滩之一的餐馆喝杯咖啡，圣艾琳妮是个诱人的中转客栈，位于边远地区的莱伊波勒蒙(Les Éboulements)和发展成熟的马尔拜之间。在7月到9月之间，**Domaine Forget**（www.domaineforget.com）经典音乐、爵士和舞蹈季，这里吸引了来自世界各地的表演者。

Katabatik（☎418-665-2332；180 Rte 362）给游客提供海上爱斯基摩划子游。

在一栋为工厂主建造的漂亮房子里，**Hôtel Le Rustique旅馆**（☎418-452-8250；www.charlevoix.qc.ca/lerustique；102 Rue Principale；单/双$80/95起）是沙勒沃伊最友好、最奢华的B&B旅馆之一。灰白的颜色加上主人戴安旅行时拍摄的照片，这儿的房间给人海滨小别墅的感觉。同时提供三间独立公寓。饭店提供令人垂涎的沙勒沃伊特色菜，如用当地Migneron奶酪制作的鸡胸肉。

拉马尔拜 (LA MALBAIE)

现在包含5个以前分开的村庄，拉马尔拜是加拿大首批度假村之一。从19世纪末期，黎塞留河和安大略航海公司(Richelieu and Ontario Navigation Company)和加拿大蒸汽船公司(Canada Steamship Lines)的汽船在这里靠港。如今，蒸汽主要来自疾驰在Rte 138路上的车，但仍有迹象显示着该地区原来的荣耀，小山连绵不断的皮克角(Pointe au Pic)尤为明显。

从河畔Rte 362路到圣艾琳妮，你看到的首个村庄是**皮克角**。**Sainte Agnès**挨着西北部的圣安格鲁，远离圣劳伦斯。毗邻皮克角的是**La Malaie**，始于Ma Malbaie西部，一直延伸到东部。Ma Malbaie北部边缘是**马尔拜河**，而**Cap à l'Aigle**和**Saint Fidèle**位于Rte 138路东。

地区旅游局办公室（☎418-665-4454，800-667-2276；www.tourisme-charlevoix；495 Boul de Comporté；⏲8:30am~4:30pm）在拉马尔拜。

景点和活动

皮克角(Pointe au Pic)在20世纪初就已经是富人们的度假胜地，吸引了远至纽约的上层人物。著名的住客中包括美国前总统威廉·赫伍得·塔夫特(William Howard Taft)，他曾在这里建造一处避暑住所。沿Chemin des Falaises路有着众多显眼的大“木屋”，有些已改造成舒适的宾馆。

Manoir Richelieu万豪酒店造型借鉴了魁北克城弗朗迪纳城堡(Château Frontenac)的设计，也由Fairmont连锁店所有。这座庞大的铜色屋顶酒店建于1928年，于1999年全面整修，耗资1.4亿加元。作为这个地方荣耀的佐证。在悬崖顶上的花园漫步，在露台喝点酒，再转转美术馆欣赏其中的当地艺术。外面，带着无限的期望涌向大为宣扬的**Casino de Charlevoix赌场**（☎418-665-5322；Point au Pic；免费入场；⏲10am至很晚）。

滨水地区的**沙勒沃伊博物馆**（Musée de Charlevoix；10 Chemin du Havre，Point au Pic；成人/学生和老人$5/4；⏲6月到9月末 9am~5pm，10月到次年5月末 周一至周五 10am~5pm，周六和周日 1~5pm）既是美术馆，也是博物馆，通过各式媒介呈现沙勒沃伊不同时期的生活景象。

Maison du Bootlegger旅馆（☎418-439-3711；110 Ruisseau des Frênes，Ste Agnès；成人/儿童$5/3，正餐，团队游和娱乐$45；⏲6月中到9月中 10am~6pm）是一家令人惊奇的旅店，建筑物是建于19世纪的传统农舍。美国禁酒时期，美国秘密贩酒人偷偷改造了农舍内部设计。堪称杰作，可以游览企图躲过搜查小队搜查的秘密入口和隐避包厢。从晚上6点开始，这儿就变成一个热闹的聚会式餐厅——伴有装在靴状玻璃杯中的卡彭(Al Capone)啤酒的肉宴和喧闹的娱乐活动。

在卡普阿来格勒(Cap à l'Aigle)，拉马尔拜以东2公里处的小村庄，是**花园**（Jardins；☎418-665-6060；623 Rue St Raphael；⏲5月到10月 9am~5pm），800种丁香花遍布在小山里的瀑布旁、人行桥上和艺术家的绘画作品里。

Katabatik（☎418-665-2332；Cap à l'Aigle marina；半天团队游 成人/学生/儿童$50/40/30，全天$95/80/60）提供海上爱斯基摩划子探险，时间从半天到5天不等。

住宿

万豪酒店附近也有很多宿营地，希望自己的客人能在这儿的赌场中走运。在皮克角的其他地方，在河岸边 Rue du Quai 街一带，非常有吸引力，集中了众多价格适中的 B&B 旅馆。拉马尔拜的游客较少的设施少些，提供住宿服务、餐馆和商店，不过，也有些不错的酒店。

Camping des Chutes Fraser宿营地（☎418-665-2151；www.campingchutesfraser.com；500 Chemin de la Vallée，La Malbaie；帐篷和娱乐车 营地 $19～32，别墅 $125；⏲5月中到10月中）拥有一处瀑布，在去往蒙格兰芳公园(Mont Grand-Fonds park)方向的公路旁，适合宿营。

Gîte au Soleil Levant旅馆（☎418-665-4976；www.charlevoix.qc.ca/soleillevant；469 Rue St Étienne，La Malbaie；房 $42～52）从市中心走路5分钟，就到了这家舒适的家庭旅馆，这里提供一些私人房间，门直接通向客人的大厅和卧室。

Auberge des 3 Canards 宾馆（☎418-665-3761；www.auberge3canards.com；115 Côte Bellevue，Pointe au Pic；房 $115 起；🅿）这儿的房间以有平板电视、蒸汽机老照片、当地艺术和可以俯瞰网球场的阳台为噱头，已有 50 年历史，该机构比在 Rte 138 路上看更为特别。工作人员都很专业，餐馆（正餐 $50 到 $60) 供应着无可挑剔的当地美味。问问它是怎么出名的。

就餐

Pains d'Exclamation 面包店（☎418-665-4000；Rue John-Naime，La Malbaie；三明治 $5.75；⏲周二至周六 7am ～ 5:30pm）是午餐的一个好去处，主要提供法国奶酪、苹果、胡桃烤三明治。

Le Passe Temps 餐馆（☎418-665-7660；245 Boul de Comporté Pointe au Pic；正餐 $20 ～ 40；⏲6 月到 9 月中 11am ～ 11pm，9 月中到 10 月和次年 5 月 5 ～ 11pm，11 月到次年 4 月 周二至周六 5 ～ 11pm）舒适的环境，到处都是原木装饰，可以在这里品尝传统法式菜。这里的特色是烤薄饼和融化乳酪类佳肴。

Visa Versa（☎418-665-6869；216 Rue St Étienne，La Malbaie；正餐 $60 ～ 100；⏲6 月到 9 月 6 ～ 9:30pm，10 月到次年 5 月 周四至周六 6 ～ 9:30pm）这迷人的名字来自于有些"个性分裂"的菜肴，厨师丹尼尔和埃瑞克各自开创了自己的精选菜肴。提前 2 周作决定，菜单原料来自当地产品（艾博尔曼羊羔、小牛杂碎配格兰芳牡蛎蘑菇、圣优拜恩鸭、焖烤泥雏鸡配沙勒沃伊啤酒），刺鼻的胡椒酱会令你猜想究竟是什么原料能使菜肴如此美味。真是一个令人难忘的美味餐馆。

马尔拜河高地峡谷公园 (PARC DES HAUTES GORGES DE LA RIVIÈRE MALBAIE)

忘掉沙勒沃伊的所有产品，精力充沛地在座 233 平方公里的**省立公园**（☎418-439-1227，800-665-6527，预订电话 866-702-9202；www.parcsquebec.com；成人 / 家庭 $3.50/7；⏲5 月到 10 月中 7am ～ 9pm）漫步，这座公园拥有几处独一无二的景观，包括落基山脉东部最高的山峰。陡峭的岩石（有些高达 800 米）笔直竖立在马尔拜河边，形成的河谷是魁北克最美的山谷之一。

这里有各个层次的徒步小路，从枫树坝 (Barrage des Érables) 周围缓行漫步的小路，到从枫树林上升到冰冻层的健步如飞的小径，应有尽有。

亮点是**游船观光**（成人 / 儿童 $27/20；⏲5 月下旬到 10 月初）在河面上逆流而上，透迤在群山间。在独木舟或爱斯基摩划子上都可以看到河水，跟自行车一样，这些船都是可以租用的。在公园入口的游客中心出售船票，而租赁处就在离大坝 7 公里的地方。

很多人选择从拉马尔拜进行一日游，这里也可以宿营 ($17 到 $22)。可以划独木舟到达三处河边宿营地。请自备所有必备物件。

公园位于拉马尔拜西北约 45 公里处。从拉马尔拜出发，向西北方向沿 Rte 138 路驶往拜圣保罗，然后在通往圣艾米得来克 (St Aimé des Lacs) 的转弯处转弯，再继续行驶 30 公里，即可以到达。

圣西梅奥(ST SIMÉON)

莱帕里沙得探险公园（Parc d'Aventure Les Palissades；☎418-638-3833；1000 Rte 170；成人/儿童 $4.50/2.50；⏲9am～5pm）位于圣西梅奥以北12公里，Rte 170路上，一处探险运动中心。拥有15公里长的徒步小路，可以欣赏独特的地貌，途中设瞭望台，与跨加拿大徒步小路相连。不过，主要吸引点是攀岩，有150多条路线、一座悬桥、游绳下降及两条铁索攀岩搭板(没有经验要求)。有各类住宿设施，宿营地、宿舍和度假屋，还有河边温泉和桑拿。以魁北克城为中心的Aventure X旅游公司(见300页)在这儿组织团队游。

渡轮码头（☎418-862-5094；成人/儿童/汽车 $15.50/10/37；⏲4月初到次年1月初）连接着圣西梅奥和维耶尔一迪卢。夏天，每日开航4班到5班，首班或末班渡轮，票价优惠。无须预订，夏天请在发船前至少90分钟到达码头。有时候在艰苦的65分钟航程中可能要用到晕船药。

拜圣凯瑟琳(BAIE STE CATHERINE)

在附近塔多萨克的映衬下，它显得有些相形见绌，不过拜圣凯瑟琳仍然算得上是一个吸引人的地方，这里有一排排彩色屋顶，还有闪烁的谷仓和片片草地。塔多萨克镇上的大多数活动也可以在这里进行。

在渡轮码头附近的山上，**诺瓦角观测中心**（Pointe Noire Observation Center；☎418-237-4383；Rte 138；成人/儿童 $5.45/2.70；🕑6月中到9月初 9am～6pm，9月初到10月初 周五至周日至 5pm）是主要景点，地处萨格奈河和圣劳伦斯河交汇处，作为鲸研究站，推出展览、幻灯片和影片放映，提供一处望远镜观测台。从江滨人行道上，经常能看到白鲸出没于萨格奈，离河岸很近，尤其是江潮一涨时。

四家游船公司中的三家从塔多萨克出发，从拜圣凯瑟琳码头沿途经过圣劳伦斯观鲸处(见317页)，或游览萨格河峡湾。**Groupe Dufour公司**（☎418-692-0222，800-463-5250）、**AML公司**（☎800-563-4643）和**Croisières 2001公司**（☎866-373-2001）在码头都有展台。

魁北克

友好而专业的**Azimut Aventure公司**（☎418-237-4477，888-843-1100；185 Rte 138）很能打动迷恋爱斯基摩划子的旅行者。旅程数小时到几天不等，其中，包括前往朗索圣让(L'Anse St Jean)的两日游($220)。你可以租用爱斯基摩划子($35/天)。

如果塔多萨克正值旺季，这里有很多B&B旅馆可供选择。

小镇南端，10分钟的渡轮驶上萨格奈河，开往塔多萨克，免费搭乘。24小时服务，每天上午8点20分到晚上9点40分，夏季周末也是如此，星期六上午11点到下午5点40分，周日从下午1点到晚上8点20分，每20分钟发船1班；其他时候，每40分钟到1小时1班。

萨格奈(SAGUENAY)

在萨格奈河峡湾，一处高耸的大峡谷从圣劳伦斯向西北蜿蜒而去，使得喜欢萨格奈河峡湾的人们将它评为该省最美丽的风景名胜。这条长100公里的河源自圣琼湖(Lac St Jean)，从希库蒂米(Chicoutimi)北边一直延伸到迷人、蜿蜒的塔多萨克村。从暗黑的深水里崛起的峭壁高耸，可达500米。河湾是北半球最南端的冰川晚期峡湾。有些河段水深270米，在塔多萨克河湾出入口处，河床抬升到只有20米的深度，使得相对温和的萨格奈河淡水流入圣劳伦斯湾时，处于寒冷的咸水之上，于是鳞虾成群，又招来了这个地区最精彩的角色——鲸——也是当地的旅游招牌。鲸和整条水道现在处于良好的保护之中。

萨格奈地区分为两大区域。一是紧靠着萨格奈河一带，由河两岸恬静，漂亮的小山庄和公园组成；一是有些都市味和工业化，以中等规模的希库蒂米为中枢的区域。

塔多萨克(TADOUSSAC)

对于大多数来魁北克的游客而言，塔多萨克是省内除了蒙特利尔和魁北克城之外要去的地方。是鲸一直吸引着人们来到这个小地方，在这儿，人数不到1000的居民凝视着圣劳伦斯河，看着那些乏味的灵魂乘着渡船横渡萨格奈河离开。你不仅在Zodiacs号上可以看到庞大的家伙，还能从岸上瞥到那些小的鲸如小白鲸和小须鲸。除此之外，还有爱斯基摩划子、"水上自行车"、乘船或步行去探索海湾活动，或简单地漫步在沙丘和岬角等。在11月到次年5月，塔多萨克的一些人随着鲸离开，但这儿仍然是个古老的波希米亚城镇，当地的人们总是有时间聊天。

历史

1600年，塔多萨克成为北美地区欧洲商人的第一个毛皮交易要塞，比魁北克城的落成早8年。词语"tatouskak"(又称蒙塔耐斯，Montagnais)，因纽语，意为乳房，用来形容这里峡湾边两座圆顶山丘。哈得孙湾公司关闭了这里的门户点，塔多萨克遭到遗弃；1864年，Hotel Tadoussac酒店落成，并且促使小镇成为纸浆和造纸业的重要基地。

实用信息

Café Bohème咖啡馆（☎418-235-1180；239 Rue des Pionniers；每小时 $5；🕑8am～10pm），楼上可上网。

游客信息中心（Tourist information office；☎418-235-4744，866-235-4744；www.tadoussac.com；197 Rue des Pionniers；🕑7月到9月 8am～9pm，4月到6月和10月 9am～6pm）地处镇中心，工作人员相当耐心，可帮助你安排住宿。

景点

海洋展览中心（Centre d'Interprétation des Mammifères Marins，CIMM；☎418-235-4701；108 Rue de la Cale Sèche；成人/儿童/老人/家庭 $8/4/5/18；🕑5月中到6月中，9月下旬到10月下旬 正午～5pm，6月中到9月下旬 9am～8pm）通过多媒体展览，介绍当地海洋动物的相关精彩知识。

Maison Chauvin（☎418-235-4657；157 Rue du Bord de l'Eau；成人/学生 $3/2.50；🕑6月末到9月末 9am～7pm，6月和9月末到10月上旬 9am～12pm和3～6pm）是北美毛皮交易中第一座要塞的复制建筑，馆内介绍的历史事件，反映当初原住民和欧洲人之间开始毛皮交易的情景。展览用法语，但提供一本英文指南。

1747年由耶稣会会士建造的**小教堂**（Petite Chapelle；☎418-235-1415；Rue du Bord de l'Eau；成人/儿童 $2/0.50；🕑6月中到9月初 9am～8pm，9月初

到10月初至6pm）是北美最早的木制教堂之一。也被称做Indian Chapel(印第安教堂)，它设有关于传教士生活的小型展览。

活动

观鲸

5月到11月，游客如潮般涌入塔多萨克，为的是：**观赏鲸**。场面蔚为壮观，特别是在8月到10月之间可以看到蓝鲸。整个城镇里面，各处出售游船票，从12人的Zodiacs船到600人的Grand Fleuve号；事先请认真计划行程。**Otis Excursions公司**（☎418-235-4197；431 Rue du Bateau Passeur）是一家当地公司，已运营了35年。Zodiacs船离海浪最近，不算最惊险的话，也算得上是最激动人心。但不允许小孩子乘坐，而Croisières AML公司的Zodiac船是其他船只的两倍大小。如果风和日丽，就不会有风浪和摇摆的船只影响观景，可以选择清早或傍晚，此时鲸最活跃，而且周围的船也比较少。乘坐Zodiac船，2小时一般收费$52，3小时游程费用为$57。Zodiac船上备有防水设施；不论你参加哪种游览，务必多带些保暖的衣服。

面向爱冒险的人，海上划子领袖**Mer et Monde公司**（☎418-232-6779，866-637-6663；405 Rue de la Mer，Les Bergeronnes；3小时 $40起）推出观鲸游及海湾徒步。Azimut Aventure公司(见316页)也举办类似活动，夏季在海滩上设展台。

徒步

在塔多萨克内部和周围，有四条1公里长的小路，游客办公室已在地图上把位置标注出来了。在**Pointe de l'Islet**半岛周围的小路上，沿着码头，在海岸另一端，**Pointe Rouge**是观鲸最好的海岸处。

萨格奈公园(Parc du Saguenay)覆盖河流两岸峡湾地区。这座省级公园拥有极棒的徒步小路数条，全长超过100公里，呈现350多米高悬崖的峡湾壮景，还在路边设庇护所，供徒步者留宿。从塔多萨克到圣玛格里特湾(Baie Ste Marguerite)的43公里处小路上，有三处庇护所，每年5月到10月开放。要预订小屋，可与萨格公园联系，其地方办事处在沙丘展览中心(Maison des Dunes见318页)。Maison Majorique旅舍(见318页)经营穿梭车($12)，从向西13公里的Cap de la Boule回到塔多萨克，适合白天徒步的人返程时乘坐。

萨格奈—圣蒙伦斯海洋公园（Saguenay – St Lawrence

Marine Park；☎418-235-4744，866-235-4744；197 Rue des Pionniers）与萨格奈公园重叠，延伸到萨格奈、沙勒活伊和北岸地区，拥有多个入口。魁北克正在尝试联邦与省级政府共同管理公园的模式，这座海洋公园就是它们的第一个保护区项目。公园覆盖和保护着1138平方公里的两条河及其海岸线，从Gros Cap à l'Aigle到圣蒙伦斯河，沿萨格奈而上，远至Cap à l'Est，在圣法尔简斯附近。

萨格奈公园的解说中心**沙丘展览中心**（Maison des Dunes；☎418-272-1556；750 Chemin du Moulin à Baude；成人/儿童$3.50/1.50；5月末到6月中周六和周日10 am～5pm，6月中到10月初10am～5pm）位于小镇外5公里处的另一个主要观鲸点。展览向人们解释被称做“沙丘”(dunes)的区域实际上是海洋地形，由海浪而不是借助风力冲积而成，与一般沙丘形成原因有别。从小镇到海岸徒步要走7公里，这里有一条长1公里的小路，从沙丘地带通往瞭望台。

魁北克

节日和重大活动

塔多萨克热闹的夏季以有25年历史的**Festival de la Chanson音乐节**（歌唱节；☎418-235-2002；www.chansontadoussac.com；6月中）为开端，这是一场法语音乐会，参加这个聚会的大多是魁北克人，它是一个严肃的聚会。舞台林立在城镇的各个角落，长周末的时候旅店爆满。

住宿

Maison Majorique 旅舍（☎418-235-4372；158 Rue du Bateau Passeur；帐篷营地 每人$10，宿/房$23起）在这家嬉皮士风格的旅馆里，旅客应该做好面对奇怪事情的准备。付费电话放在浴室里，需要拨号操作地下室中的淋浴头，而洗衣机看上去像一个螺旋楼梯中间的部位。而好的方面则是，提供很便宜的餐饭，包括$3的早餐和欢快的酒吧，你可以坐在院子里围着篝火，或者坐在一个破旧的船上。假如你喜欢宴会生活，那么这里是居住的好地方；否则，你可能会认为朋克就是嬉皮士。

Domaine des Dunes 宿营地（☎418-235-4843；www.domainedesdunes.com；585 Chemin du Moulin à Baude；帐篷/娱乐车 营地$25/30，度假屋$140起）塔多萨克两座宿营地中的小营地，树木繁茂，距城3公里。可以在小木屋里自己做饭吃。

Auberge la Ste Paix旅舍（☎418-235-4803；www.aubergelasaintepaix.com；102 Rue Saguenay；房$55～98）这家B&B旅馆有些偏远，提供7个客房，客人们可以边看鲸，边吃美味的早餐，从法式烤面包到墨西哥煎蛋卷，都由令人愉快的蒙特利尔人丹尼斯烹调。

Maison Hovington旅馆（☎418-235-4466；www.maisonhovington.com；285 Rue des Pionniers；房 含早餐$80～100）已有140年历史，这座木质建筑有五间卧室、一间很漂亮的客厅，以及可以看到圣劳伦斯景色的一个门廊。提供自助式早餐。

Maison Clauphi 宿营地（☎418-235-4303；www.clauphi.com；188 Rue des Pionniers；单/双$89/90起）提供汽车旅馆标准间、住宿加早餐标准间房到套房和公寓。这座建筑由现主人的父母建于1932年。出租自行车和水中的“水上自行车”。

Hôtel Tadoussac酒店（☎418-235-4421；www.hoteltadoussac.com；165 Rue du Bord de l'Eau；房$150起；）149个房间，红白相间，这座地标式建筑拥有大花园、俯瞰港口的泳池、汽船和旅馆的老照片，从1870年的照片上看，当时的宾馆是相当的小。不幸的是，由于规模原因，诸如Coverdale餐室那样的房间有些贬价，真令人羞愧，这儿$32的自助餐太丰盛了，抵得上William饭店收费$54的6道菜肴。卧室有豪华的地毯、吊扇和优美的河景。

就餐

Restaurant Le Bateau餐馆（☎418-235-4427；246 Rue des Forgerons；午餐/晚餐 主菜$10/16；11am～9:30pm）这个友善的餐馆提供传统的魁北克工人食物自助餐，视野很好。填满拉克圣让肉饼，再来点蓝莓、甜的或酸的馅饼。

Café Bohème 咖啡馆（☎418-235-1180；239 Rue des Pionniers；正餐$14～20；8am～10pm）这座乡村里的聚集点主要提供水果早餐、酸奶酪或帕尼尼(panini，意式三明治)，或者只是和当地知识分子聚在一起，酌一口便宜的浓香咖啡。晚些时候，再点些食品如熏鱼百吉饼和新鲜的意大利面条。

Chantmartin餐馆（☎418-235-4733；412 Rue du Bateau Passeur；正餐$15～25；5:30am～10pm）尽管其形似卡车并附带一般的汽车旅馆，Chantmartin是一个很好的快速停靠站，补充点poutine、比萨饼到螃蟹、对虾、金龟子等等。

La Galouine 餐馆（☎418-235-4380；251 Rue des Pionniers；正餐$22～38；8am～10pm），进入这里时要经过一个位于有机市场上面的光线明亮的阳台，这是一家供应天然食物的小餐馆。尽管这里的服务不一、附带的小酒馆并没有得到游客的好评，但菜肴还是很令人满意的，如简朴的熏鸭沙拉。

到达和离开

塔多萨克就在Rte 138公路不远处。渡轮从沙勒瓦伊的圣凯瑟琳湾始发，航程10分钟，免费，全天开航（见 316 页）。码头位于 Rue du Bateau Passeur 街的街尾。

Intercar 公司（☎418-235-4653；433 Rte 138）的公共汽车一天 2 班，从塔多萨克开往蒙特利尔（$92，8 小时），魁北克城（$47，4 小时），最东北至七岛港 (Sept Îles)。加拿大石油加油站 (Petro-Canada garage) 旁的 Camping Tadoussac 宿营地对面就是公共汽车站。

莱博哥隆(LES BERGERONNES)

北岸地区的慢节奏始于莱博哥隆，继塔多萨克之后被荒弃，但这儿令人愉快。这里有几处景点、一处极棒的宿营地，值得从塔多萨克来到这儿。

Archéo Topo考古中心（☎418-232-6286；498 Rue de la Mer；成人/儿童 $4.50/3.50；⏲5月下旬到10月中9am～6pm）是一处考古研究和展览中心，致力于研究和介绍北岸地区的考古发现。中心外面，一条徒步小路通往沙滩。

从莱博哥隆往东北数公里是**卡普得彭迪舍展览中心**（Cap de Bon Désir Interpretation Center；☎418-232-6751；13 Chemin du Cap de Bon Désir；成人/儿童 $5.45/2.70；⏲6月中到9月初8am～8pm，9月初到10月初 9am～6pm），有迷人的航海生活展和安排井然的各项活动使人受益匪浅，不过，真正吸引人的是天然形成的石头平台，可以坐在上面观鲸。

再向东北 8 公里远的地方，**航海资源开发中心**（Marine Environment Discovery Center，☎418-233-4414；41 Rue des Pilotes；成人/儿童 $5.45/2.70；⏲6 月中到 9 月初 9am ～ 5pm，9 月初到 10 月初周六和周日 9am ～ 5pm）有精密设备，如视频链接，可与探寻自然的潜水者保持联络。

伊斯皮特是一处因纽人社区，位于莱伊库明外围，莱博哥隆东北12公里处，Rte 138路旁。**伊斯皮特中心**（Essipit Centre；☎418-233-2266，888-868-6666；46 Rue de la Réserve；⏲7am～11pm）销售当地手工艺品，代订宿营场地和郊区小木屋，还安排观鲸游程，价格比在塔多萨克预订略便宜。在这片海区看蓝鲸，机遇大些。

Rte 138 路旁城镇东北部的**海风宿营天堂**（Camping Paradis Marin，☎418-232-6237；4 Chemin Émile Boulianne；宿营地 $10 起；⏲5 月中到 10 月中）中，在你的帐篷（或木屋）里就可以听见鲸的呼吸声，出租爱斯基摩划子。

朗索圣让(L'ANSE ST JEAN)

驱车沿河湾任何一边，向西去往萨格奈，都让人愉快。南岸，沿途站点多些，也好些，有很多通往河流的入口，北岸呢，沿途地势起伏多变，更令人难忘，岸边的湖泊较少。

南岸第一处站点就是朗索圣让 (L'Anse St Jean)，一座寂静的村庄，起初，这儿的大多数活动就像是当地工艺品商店里的手工卷好的雪茄。不过，这个地区的工场里和萨格奈公园小路中，有很多水上活动以及萨格奈的最高山峰 **Mont Édouard**。在**朗索得塔巴提尔** (L'Anse de Tabatière) 有很多奇妙的河湾景色。

在数家游船公司中，**Croisière Personnalisée Saguenay 公司**（☎418-272-2739；15 Rue du Faubourg；⏲7 月到 9 月）拥有可容纳 7 人的汽艇，提供 1 小时到 4 小时巡航游 ($35 到 $65)，在峡湾游览，观赏白鲸。

曾获奖的 **Fjord en Kayak 游艇公司**（☎418-272-3024；359 Rue St Jean Baptiste；3hr tour $52），它安排的郊外游不错，时长 2 小时到 5 天不等。

Centre Équestre des Plateaux 高原中心（Equestrian Centre；☎418-242-3231；34 Chemin des Plateaux）有马、小马，在冬季时甚至还有马拉雪橇。路标从 Rue St Jean 路一直延伸到山上。

隔壁，**Auberge du Bout du Monde**（☎418-272-9979；www.boutdumonde.ca；40 Chemin des Plateaux；宿/房 $20/40）的确，感觉就像是位于世界尽头，栖身在一座陡峭山顶之上（就是开车前往，也是一种挑战），这座以前的公社，用了所有能用的材料建成，最近刚被新主人翻新：五位在这儿长大的二十来岁的年轻人。瑜伽班、文化中心、湖泊、草药园以及几亩森林就在门口。

Auberge des Cévennes 旅馆（☎418-272-3180，877-272-3180；www.auberge-des-cevennes.qc.ca；Rue St Jean Baptiste；房 $52 ～ 77）有个餐馆（正餐 $28）俯瞰桥边，离码头仅几分钟。住客在宾馆可以听见水流穿过街道的汩汩声。

Les Gîtes du Fjord旅馆（☎418-272-3430，800-561-8060；www.lesgitesdufjord.com；354 St Jean Baptiste；房 $52～115，🅟）房型很多，从简单的客房到山边木屋，规模和服务设施各异。俯瞰着码头，还拥有一间高品质餐厅(正餐 $26)。

在营地附近，**Bistro de L'Anse**（☎418-272-4222；319 Rue St Jean Baptiste；正餐 $13 ～ 20；⏲5 月中到 10 月中 3pm ～ 1am）是当地的枢纽，周六晚上你可以在这儿听现场音乐，并在露台上大嚼三明治、沙拉和意大利面。

L'Autobus L'Anse St Jean 汽车公司（见 320 页）运营着开往希库蒂米的迷你客车。

里维耶尔—埃泰尼泰(RIVIÈRE ÉTERNITÉ)

除了不太可能的宗教艺术收藏品外，这座小镇什么都缺，但它是通往圣劳伦斯海洋公园和萨格奈公园的主要入口之一。请联系里维耶尔—埃泰尼泰的**公园信息咨询处**（☎418-272-1556，800-665-6527；91 Rue Notre Dame；⏲6 月 22 日到 9 月

魁北克

3日9am～6pm，5月19日到6月21日和9月4日到10月8日到4pm），了解团队游、徒步游、划子游、帆船游、Zodiac号游船游，及众多导游讲解活动。

通往**圣玛丽**(Virgin Mary)圣像的徒步小路可4小时往返，包括一段非常艰辛的长楼梯攀登。圣像高8米，坐落在河湾最高的悬崖之一上，在山脚依稀可见，据说能给人吉凶预兆，保佑崖下河流上船员和船只的出入平安。1881年，查尔斯·罗比泰尔(Charles Robitaille)建造了这座圣像。1880年严冬，罗比泰尔骑马不慎在河上破冰坠入水中，最终，他死里逃生，幸免于难。他认为自己的生还归功于圣母玛丽亚的保佑，于是，让人设计和建造一尊3200公斤重的塑像。当时，这尊圣像的搬运和组合工作用了整整一个星期。

魁北克

小镇**教堂**收藏着250张圣诞马槽的虚光照，非常有名。附近，在Rte 170路外的木桥上，**Halte des Artistes艺术展区**是一座公园，免费参观，驱车自由出入，有一些位于小马槽里的雕像。

希库蒂米(CHICOUTIMI)

这个地区的中心是回到萨格奈荒野之前处理杂事的好地方。它原是建于1676年的一处毛皮交易要塞，但直到1842年才建立起来，20世纪早期，它成为世界纸浆和造纸之都。从附近道路上望去，它更像是个工业基地，但市中心挤满了城镇大学与大学前学院(Cégep)的学生。

旅游咨询处（☎418-698-3167，800-463-6565；295 Rue Racine Est；🕒周一至周四8:30am～4:30pm，周五至8pm，周六和周日10am～4pm）的工作人员很热心，讲一口流利的英语。

景点和活动

La Pulperie纸浆厂（☎418-698-3100；300 Rue Dubuc；成人/学生 $10/5.50；🕒6月下旬到9月上旬9am～6pm，9月初到次年6月末 周三到周日 10am～4pm）曾是世界最大的纸浆厂。这里的导游讲解和展览向游人介绍纸浆厂的历史和它在该城市建设中所起的关键作用，城里的人口从1899年的708人增加到了1929年的4255人。延伸游览包含市内大多数主要景点，这些景点都集中在称为"Bassin"(巴森)的地方。

这儿突出的**亚瑟·维尔内弗故居**(House of Arthur Villeneuve)现在是个博物馆。这位理发师兼艺术家对整栋建筑的内外都着色，仿佛是一组油画，带有他鲜明、质朴的民俗风格。

附近也被称为"盆地"的是细长形的**小白宫**（Musée de la Petite Maison Blanche；240 Rue Bossé；成人/儿童 $4.50/2；🕒6月1日到9月3日8am～8pm，9月4日到10月8日10am～4pm），它建于1900年，历经1996年灾难性的大洪水冲击，这次大洪水相当于尼亚加拉瀑布水量，导致希库蒂米遭受价值160亿加元的损失。

Croisière Marjolaine（☎418-543-7630；Old Port；游船巡游 $45；🕒7月7日到8月9日）提供巡游，包括去新法兰西遗址(Site de la Nouvelle France)，那是对17世纪魁北克城的重建。游客可以在令人尊敬的探险家塞缪尔·德·尚普兰的陪伴下，品尝17世纪的美食。

食宿

Auberge Centre Ville宾馆（☎418-543-0253；104 Rue Jacques Cartier Est；房 带/不带 卫生间 $50/45；Ⓟ）地处市中心，有一定声望，这家路边宾馆下面是个钢琴酒吧。

Auberge Racine（☎418-543-1919；www.aubergeracine.com；334 Rue Racine Est；单/双 $85/95；Ⓟ）在这家19世纪风格的房子里，舒适的房间设计新颖，并且它是在第一位业主娶了3个老婆、生了12个孩子后得名的。

Le Petit Bourg咖啡馆（☎418-543-8520；267 Rue Racine Est；正餐 $3～6；🕒周一至周五7am～4pm）位于地下室，这家小餐馆向当地工作人员供应早餐和poutine。

Artis Resto Lounge（☎418-543-6006；416 Rue Racine Est；正餐 $27～32；🕒周二至周五4pm～较晚，周六和周日8～3am）露台很受欢迎，Artis提供典型的意大利菜肴，但是尽管如此，还是比附近的酒馆更令人感兴趣。

到达和离开

Intercar公司（☎418-543-1403；55 Rue Racine Est）的公共汽车开往魁北克、蒙特利尔和塔多萨克。**L'Autobus L'Anse St Jean公司**（☎418-272-1397）运营小型巴士运输，周一、周二和周四从萨格奈开往朗索圣让。

拉克圣让(LAC ST JEAN)

在希库蒂米和拉克圣让之间，穿过几乎一样的平原，乘汽车者可能会怀疑这个地区魅力仅源于某些政治因素。该地区宣称自己是魁北克民族主义的中心。不过，这块开阔的地区还是有一丝美丽的，天水相接，中间只有淡色的木制屋子和耀眼的教堂尖塔。该地区还宣传自己是魁北克南方越橘(blueberries)和肉馅饼之都；可以尝尝巧克力包着的南方越橘。

越橘自行车车道(Véloroute des Bleuets)

环绕湖区的自行车车道，共272公里长，组成**越橘自行车车道**，车道沿途的小镇设有方便骑车的设施：租赁店和修理店、面向骑车手的B&B旅馆和休息区。想获得一份车道地图、推荐路线和便利店一览表，请联系在阿尔玛(Alma)的**自行车旅游信息中心**(Maison du Vélo；☎418-668-4541；www.veloroute-bleuets.qc.ca；1692 Ave du Pont)。

瓦尔一加尔博特古村庄 (Village Historique Val Jalbert)

瓦尔一加尔博特古村庄(Village Historique Val Jalbert；☎418-275-3132；95 Rue St Georges；成人/儿童$19/9；⌚6月1日到10月8日9:30am～5:30pm，最晚入场时间4pm)是一座复苏的鬼镇，从1901年开始有人居住，到1927年纸浆厂关闭后没几年，便无人居住于此了。穿着民族服饰的热心导游会在无轨电车上给你解说。这个老旧纸浆厂里有一家非常棒的餐馆，旁边还有一个美丽的瀑布。这个平和的地方还有一个宿营地和木屋。

玛舍图阿史(Mashteuiatsh)

位于湖岸边Roberval以北，是省内规划最好的原住民村庄之一，这儿有**玛舍图阿史美洲博物馆**(Musée Amérindien de Mashteuiatsh；☎418-275-4842；1787 Rue Amishk；成人/学生$8/6；⌚5月中到10月中9am～6pm，10月中到次年5月中 周一至周四8am～正午和1～4:30pm，周五至3pm)，推出不错的展览，介绍该地区Pekukamiulnuatsh印第安人的情况。

Auberge Île du Repos

除Parc de la Pointe Taillon公园外，皮里彭卡(Péribonka)占据了整座小岛，**Auberge Île du Repos 旅舍**(☎418-347-5649；www.iledurepos.com；105 Rte Île du Repos；宿营地$15，宿 会员/非会员$19.50/23，房$45起)是一个青年旅舍度假村，拥有青年旅舍宿舍、厨房设施、独立小木屋、营地、咖啡吧、海滩、槌球和排球。Intercar最近的车站在Dolbeau-Mistassini西北25公里处，感觉有点阴森森的。

北圣罗斯(STE ROSE DU NORD)

萨格奈河的北岸，造访的人不多，北圣罗斯是魁北克最漂亮的城镇联合团体之一。在紫色的绝壁下漫步到海湾的码头，让人惬意。

在Rue de la Montagne的村庄，从小树林到旅游处有短距离步行道。

在圣法尔简斯和北圣罗斯之间，Rte 172路外有标牌，**Pourvoirie du Cap au Leste**(☎418-675-2000；www.capauleste.com；551 Chemin du Cap à l'Est；单/双 含晚餐$104～192/154～284起)可观赏海湾绵延的美丽风景，为此，7公里路的颠簸还是值得的。朴素又迷人的小屋有木制火炉和阳台，饭店提供很有地方特色的菜肴(正餐$30)，还可以预订。可组织徒步旅行、筏轻舟、爱斯基摩划子、登山、山地自行车。

Camping Descente des Femmes宿营地(☎418-675-2581；154 Rue de la Montagne；宿营地$17～22)你可以山上搭帐篷，一觉醒来，欣赏山庄景色和河湾风光，淋浴室和卫生间设在一座改建的庄园里，庄园主很幽默开朗，爱笑着说话。

南岸(SOUTH SHORE)

匆匆穿过南岸，包括Chaudière-Apalaches和圣劳伦斯地区，沿途风光非常不错，途中经过加斯佩半岛。不过，该地区有各种各样的景点，从萦绕于心的格罗斯岛到优雅的里维耶尔—迪卢，各自讲述着殖民地时代的输家和赢家的故事。其他停靠点包括木刻中心、曾被用来作为走私地盘的一座岛屿，同时是纪念诸如泰坦尼克号那样的悲剧、巴斯克捕鲸者和手风琴的博物馆。

从岛屿点缀的圣劳伦斯到波澜起伏的北岸，景色壮观、美丽，给原本迷人的景观增添了许多亮点，令人流连忘返。沿Highway 20公路驱车最快，而Rte 132路穿越许多河岸村庄的中心地带，沿途风景更赏心悦目。

格罗斯岛(GROSSE ÎLE)

作为魁北克城外城区扩展的第一站，格罗斯岛也是该地区最有趣的地方，1832年到1937年间，这个岛屿是欧洲移民者的主要**居住地**。岛屿团队游着力突出北美历史中少有人知的历史。行程包括浏览一些消毒的会所遗址、原来的医院和移民的居住区，以及葬有7500人的墓地。导游们会以巧妙而感人的方式向你介绍岛屿悲惨的过去。14.5米高的凯尔特十字架，世界上最高的同类十字架，纪念着1847年因伤寒传染病死去的76 000名爱尔兰人。此外，你还可以了解一下这个岛上600多种不同植物的习性，其中21种是稀有植物。

Berthier sur Mer marina，位于魁北克城东北55公里处，Rte 132路上(经Hwy 20公路也可到)，是乘船去往**格罗斯岛国家历史遗址**(☎418-234-8841，888-773-8888；⌚5月中到10月中)最近的出发点。时间和价格由船运公司决定。

Croisières Lachance 旅游公司(☎418-259-2140，888-476-7734；110 Rue de la Marina，Berthier sur Mer；成人/儿童团队游$43.50/22起)每天，提供两条旅游观光路线，主要是带讲解的往返巡航游和加拿大公园徒步旅行。

Croisières les Coudrier公司（☎418-692-0107，888-600-5554；Pier 19，180 rue Dalhousie，Vieux Port，Québec City）提供从北海岸魁北克城、奥兰斯岛和Ste Anne de Beauprè出发的参观路线。

也可以从 Berthier sur Mer 和另一个出发地访问**奥格鲁群岛**（Île aux Grues，见下文）。任何行程出发前，请务必穿着保暖，穿舒适一些的鞋子，这样才能保障旅程愉快。

蒙马尼(MONTMAGNY)

蒙马尼是莱斯东部大小城镇中的第一镇，在蒙马尼铜绿色尖塔下停留的主要目的是为了去**奥格鲁群岛**（Île aux Grues）。群岛长10公里，是21座岛屿中适合居住的岛屿之一，分布着北美最大、最完好无损的湿地。春秋两季，鸟类涌向该地区，届时，人们会看到白天鹅和其他迁徙鸟类。小岛有两条徒步小径。每天，两艘到四艘**渡轮**（☎418-241-5117；免费；⏰4月到12月）从蒙马尼码头开出，横渡25分钟。此外，同样欢迎到这些群岛进行商务旅游。

迁徙展览中心（Centre des Migrations，Migration Educational Center；☎418-248-4832；53 Ave du Bassin Nord；免费入内；⏰6月到9月 10am～5pm）介绍鸟类和移民迁徙到格罗斯岛和南岸的中心。

手风琴博物馆（Accordion Museum；☎418-248-7927；301 Boul Taché；成人/学生 $5.50/2；⏰6月末到9月初10am～4pm，9月初到次年6月末 周一至周五 10am～4pm）是北美唯一的此类博物馆。可以一览庞大的法国音乐舞台。这儿有可以追溯到1820年的手风琴，以及组合材料，如象牙和珍珠母。在8月末，**手风琴音乐节**(Carrefour)历时4天，来自全球各地的手风琴爱好者们到此演奏表演。

除了Île aux Grues的宿营地和其他住宿处外，**Gîte le Migrateur**（☎418-248-2117；6 Ave du Quai；单/双 含早餐 $65/75；🚭）很方便地位于蒙马尼码头，配有4间简单装饰的房间。

圣琼波乔利(ST JEAN PORT JOLI)

20世纪30年代，圣琼镇成为著名木刻艺术中心，并一直努力地维护着这个荣誉。湖边的Parc des Trois Berets公园以三位头戴贝雷帽的兄弟的名字命名，他们将这座城镇称为木雕之都，该公园是每年6月国际**雕刻艺术节**举办地。

小镇还有很多工作室、商店和路边摊，季节性的**旅游办公室**（☎418-598-3747；Rte 132）提供有关这些设施的免费地图。**加拿大古代历史博物馆**（Musée des Anciens Canadiens；☎418-598-3392；332 Rte 132；成人/儿童 $6/3；⏰5月到6月 9am～5:30pm，6月到9月初 8:30am～9pm，9月初到10月 9am～6pm）拥有超过250个人物雕像，从瑞里·莱维斯克到哈利·波特，应有尽有，很好地展示了戴着贝雷帽的Bourgault和当地其他著名雕刻家的作品。

*Les Anciens Canadiens*的作者菲利普·奥博特·德·加斯佩(Phillippe-Aubert de Gaspé)就埋葬在18世纪的**教堂**中。

Camping de la Demi Lieue 宿营地（☎418-598-6108，800-463-9558；598 Rte132；宿营地 $246起；💻 🚭）是一个非常大的宿营场，但设施完备，比其他营地离城更近。

在码头附近的一个树木繁茂的花园里，家庭式的**Gîte aux Vents et Marées宾馆**（☎418-598-3112；261 Rue Lionel Groulx；单/双 含早餐 $55/75）是为数不多的看不到Rte 132路的B&B之一。

吸引你眼球的正是带有红白塔楼的**La Maison de l'Ermitage旅馆**（☎418-598-7553；56 Rue de l'Ermitage；单/双 含早餐$65/70起）经过巧妙装饰的客房或带有专有卫生间，或带有公共卫生间。

La Boustifaille餐馆（☎418-598-3061；547 Rte 132；正餐 $11.50～20；⏰7am～8pm）一个远近知名的地方，提供大份的魁北克经典佳肴，如鲜美五香菜炖猪肉(pork ragout)、馅饼(tourtière)和香甜的奶酪火腿蛋糕(cheece guiche)。另外，附近的剧院上演各种法语节目。

Orléans Express 车站在镇中心 Épicerie Régent Pelletier 前，Rte 132 路 10 号。每天，两班客车抵离魁北克城（$27，2小时15分钟）。

里维耶尔—迪卢(RIVIÈRE DU LOUP)

这个特别的名字（狼湖）指的既不是海豹（海狼），也不是一个美国部落或17世纪法国海船，但是有一件事可以肯定：里维耶尔—迪卢是个有些特别之处的城市。其地理位置很重要，处在滨海山脉和圣劳伦斯之间的皮毛贸易和邮政线路上，这使其成为19世纪魁北克东部的重要城市之一。这里以前是一个讲英语的小镇，曾按照英国模式规划，在大建筑前都有开阔的空间，如哥特式银色屋顶的St Patrice。20世纪早期这里开始没落，后来再次发展，成为省里出生率最高的地区之一，同时大量的人口流入城市，还有很多学成归来的人回到了美丽的家乡。

旅游局（☎418-862-1981；www.tourismerivereduloup.ca；189 Boul de l'Hôtl de Ville；⏰6月末到9月初周一至周五 8:30am～9pm，9月初到10月初 周一至周五 8:30～4:30pm，周六和周日11am～4pm，10月初到次年6月末 周一至周五 8:30～4:30pm）可以上网，并提供免费的老城步行地图。

景点

瀑布公园（Parc des Chutes；免费参观）不大，但

颇有吸引力，位于市区 Rue Frontenac 街尽头，几分钟即到，短途小路遍布。如果你迷路了，顺着汽车和 30 米落差大瀑布的声音即可，被一座小型水电站利用该瀑布发电。

驱车进入城镇山区，短途可到微型**十字灯公园**（Parc de la Croix），公园里，一盏十字灯守护着城里和河流的炫目风景。从市区到那里，沿 Rue Lafontaine 街往南，经过高架桥的下通道，然后通向 Rue Témiscouata 路，在 Chemin des Raymond 路左转，Rue Alexandre 路再左转，Rue Bernier 路右转，最后，Rue Ste Claire 路左转。

圣劳伦斯博物馆（Musée du Bas St Laurent；☎ 418-862-7547；300 Rue St Pierre；成人 / 学生 $5/3；⏰ 6 月下旬到 9 月上旬 10am ~ 6pm，9 月上旬到次年 6 月下旬周三至周日 1 ~ 5pm）拥有当代魁北克艺术藏品，但主要是 20 万张古老的当地照片，它们被用在互动主题展览中，以探索圣劳伦斯生活。

19 世纪，里维耶尔一迪卢被叫做 Fraserville，以居住在大庄园 **Fraser Manor**（☎ 418-867-3906；32 Rue Fraser；成人 / 家庭 $5/12；⏰ 6 月到 10 月 10am ~ 5pm）强大的苏格兰王朝为命名。为了解发展中殖民地上层社会提供了机会。

活动

海岸附近，许多小岛都是受保护的鸟类禁猎区，也为其他一些野生动物提供栖息地。**La Société Duvetnor社团**（☎ 418-867-1660；200 Rue Hayward）是一个非营利性质的环保小组，提供观赏鸟类和欣赏自然风光到岛上游的活动。白鲸 (belugas)频繁出没，游人常能遇见。这座最大的

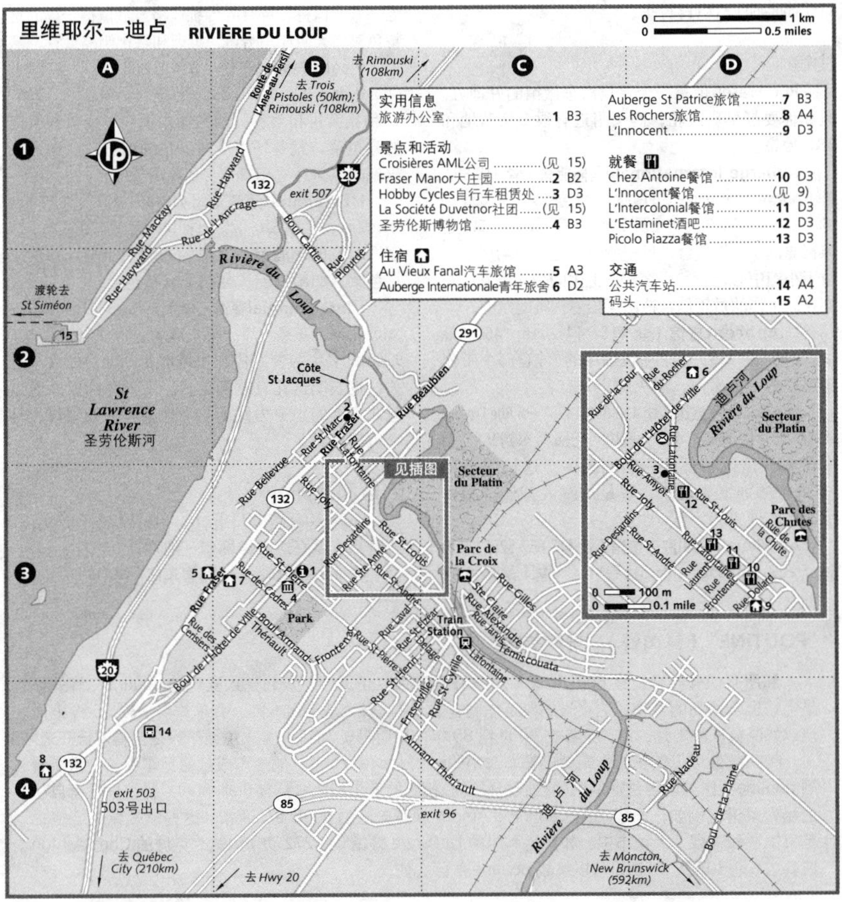

里维耶尔一迪卢 RIVIÈRE DU LOUP

岛屿上有总长达45公里的徒步小路，蜿蜒在奥里维尔岛(l'Île aux Lièvres)上。游览价格最低为：生命之泉群岛游(Pot au l'Eau de Vie，盛产白兰地)，一个半小时$25因在禁酒期间成为一处走私站而出名。

如果要观赏鲸，请咨询 **Croisières AML 公司**（☎418-867-3361，800-563-4643；200 Rue Hayward；3小时 团队游 $60；⌚6月中到10月中）如果想过河前往塔多萨克(Tadoussac)，他们可以为你安排旅程。你可以乘坐 St Siméon 公司的渡船返回，不用下船（成人/儿童 $17.50/12）。

皮提戴米跨省公园（Petit Témis Interprovincial Linear Park；☎418-868-1869）可以蹬自行车或徒步浏览，路很平坦，长135公里，原是通往新不伦瑞克艾德门兹顿的旧铁轨。旅游办公室有地图，**Hobby Cycles自行车租赁处**（☎418-863-1112；278 Rue Lafontaine）出租自行车。

住宿

Rue Fraser 街是一个寻找汽车旅馆的好地方。假如你要赶早班渡轮，码头附近有很多宿营地和B&B 旅馆。

Auberge Internationale国际旅舍（☎418-862-7566；www.aubergeriviere-du-loup.qc.ca；法文；46 Boul de l'Hôtel de Ville；宿 会员/非会员 $18/22，房 $22/24；💻）这家很棒的HI青年旅舍，是一所有一定历史的房子，位于小镇中心位置，小客房，卫生间带有浴室。长期在此工作的员工们营造出了怡静优雅的氛围。

L'Innocent旅馆（☎418-714-2096；460 Rue Lafontaine；房 $35）这个涂过油漆的旅馆有4个带公用浴室的双人房间，熏火腿十分有名。

Les Rochers旅馆（☎418-868-1435；336 Rue Fraser；单/双 含早餐 $60～85/80～105；⌚6月末到9月初）坐落在城镇西南部的岩石断壁上，这栋建筑是19世纪的加拿大遗产，曾是加拿大首任首相夏季定居的地方。

Au Vieux Fanal汽车旅馆（☎418-862-5255；170 Rue Fraser；房$85起；⌚5月到11月；🏊）是最好的汽车旅馆之一，色彩绚烂，有着迷人的河川风景、温水游泳池。

Auberge St Patrice 旅馆（☎418-867-4630；165 Rue Fraser；单/双 $91/91～126）在阳台、亭子和花盆的后面，这里最吸引人的地方在于新设计的16个带冰箱的房间。隔壁有一个改建的建筑，含3个餐厅。

就餐

L'Innocent小餐馆（☎418-714-2096；460 Rue Lafontaine；正餐 $10～15；⌚8am～10pm）城里最酷的小餐馆，提供物有所值的每日特色品，播放斯卡音乐。

Chez Antoine餐馆（☎418-862-6936；433 Rue Lafontaine；午餐/晚餐 $14～19/30～46；⌚周一至周五11am～2pm和5～10pm，周六和周日5～10pm）是小镇的老字号，保持着特有的传统风格。最值得一提的是特色菜。大西洋马哈鱼、贝肉和融化奶酪菜肴。

Picolo Piazza餐馆（☎418-868-1671；371 Rue Lafontaine；正餐 $20～23；⌚周二至周日5～11pm）14种比萨饼和菜肴，如推荐的填满了扇贝和蟹肉的鳎鱼菜，就餐环境舒适。在酒馆驻足，在进入震撼的歌舞厅之前喝上一杯鸡尾酒。

L'Estaminet酒吧（☎418-867-4517；299 Rue Lafontaine；正餐 $20～25；⌚10am至深夜或1am）这家"时髦的小酒馆"有热闹的酒吧氛围，并供应特色菜，如扇贝配炸薯条家庭特色菜。

L'Intercolonial餐馆（☎418-862-3321；407 Rue Lafontaine；正餐 $20～27；11:30am～2:30pm，5～9:30pm）名字与曾经停在里维耶尔—迪卢的火车有关，也表明这儿有欧洲菜式、亚洲风味以及通过魁北克人的想象力做出的当地菜肴，如梨膏大马哈鱼等菜式。

到达和离开

Hwy 20公路(503出口)，Rte 132路和Hwy 85公路都可以直达里维耶尔—迪卢。

Orléans Express 抵离**客车站**（☎418-862-4884；

"POUTINE"（鲜肉脊），当然美味！

和所有快餐一样，在 Boréale Blonde 一夜宿醉后，正适合吃魁北克人喜欢的 poutine。到处都是卡路里含量高的食物，这个省的典范炸制食品（鲜肉脊，从不用冻肉，要求炸得松软出油）上面浇以奶酪凝乳和肉汁。这道菜肴在20世纪80年代早期出现，而后，星火燎原一般在全省流行开来。

街头随处可见的餐馆、叫做小餐车(cantines 或 Icasse croutes)的卡车或敞篷拖车中，经常能看到 poutine，你可以尝试这道菜的改版，如通心粉做的意大利风味餐食(Italienne)。餐馆总是有自己的秘密菜谱，例如，马塔讷的 Cantine d'Amour 就有自己的 poutine。通常，这些家常菜还会包括苹果馅饼和青椒。大城市中，如蒙特利尔的 La Paryse 餐馆（见272页）和魁北克城的 Chez Ashton 快餐店（见303页），都是可以挑战 poutine 的好去处。

317 Boul de l'Hôtel de Ville）。每天都有 8 班客车往返魁北克（$33，2 个半小时到 4 小时）；6 班往返里穆斯基（$27，2 小时）；去往新不伦瑞克的中转站。

VIA Rail公司（☎418-867-1525，888-842-7245；615 Rue Lafontaine）的列车从里维耶尔—迪卢连接，每周6趟开往沙尔尼(Charny)、魁北克城($50，2个半小时)和哈利法克斯($155，15小时)，每周3趟开往佩斯($70，10小时)。午夜，列车到站，车站才开放。

渡船在里维耶尔—迪卢和圣西梅奥（St Siméon，见 315 页）之间穿梭。

勒特米斯(LE TÉMIS)

勒特米斯，一个围绕其主要地理特征展开的地方，距拉特米斯考塔湖（Lac Témiscouata)40 公里。这块静寂、尚未开发的地方正适合周末来访。

在低矮的小山之间，Rte 185 路沿途分布着造纸工厂，还有农场，是新不伦瑞克的预演序幕。**圣路易斯去哈！哈！**(St Louis du Ha! Ha!) 这样奇特的名字，可能来源于 Hexcuewaska 人的原住民语，指没有料到的事情或者是来此的移民对眼前奇观发出的惊叹声。我们赞同另一种说法：源于原住民语言。它源于 15 世纪法语对“死胡同”（dead end) 的表达。

很快地继续向前走，在**卡巴诺**(Cabano) 滨水地区，有许多汽车旅馆和一些不错的餐馆。**茵嘎尔堡**（Fort Ingall；☎418-854-2375；81 Rue Caldwell；成人 / 儿童 $6/4；⏲6 月 9am ~ 5pm，7 月到 10 月 10am ~ 4pm）1973 年重建，这个原建于 1839 年的英军要塞，当时用来抵御已登陆该地区的美国人。这六座建筑包括“鞭马”城堡。如果你想对那些在此驻扎的可怜士兵表示同情，那就在这儿过夜吧（宿营地 / 宿舍 $20/18)。

在湖上诺特丹 (Notre Dame du Lac) 和 St Juste du Lac 之间每小时出航，消夏娱乐两相宜。如果你错过了，还可以从 Rte 185 路上到景色优美的这条狭窄的湖。

在 Auclair 的这条湖东北侧，你可以品尝用槭树液汁制作成的加拿大销量最大的酒精饮料，制作地点在既是工厂又是博物馆的 **Domaine Acer 枫树园**（☎418-899-2825；145 Rte du Vieux Moulin；带导游团队游 $3；⏲9am ~ 5pm）现场制作，这种开胃酒的名称源自拉丁语 acer，意为枫树。礼品店也出售枫糖酱，配吐司绝好。团队游包括在古老的酒窖中展示槭树液汁是如何变成糖浆的。注有英文标识。有些导游会说一点英语。

威特岛(ÎLE VERTE)

在路边不远的地方，街道慢慢变窄，形成一条伸向里维耶尔—迪卢的小路，这里如里穆斯基一样繁忙，乘坐 15 分钟渡船横渡威特岛。

夏日小别墅最近开始建到岛 11 公里远的位置上了，拥有 39 位永久居民。那里因捕鸟、骑自行车兜风、赏鲸和冬季的冰上钓鱼而闻名。

在过去 10 年里，岛上已经因 l'agneau de pré-salé（盐水羔羊）而名声大噪了。它来源于在低潮、平坦地带放牧的羊身上的新鲜肉，这种羊比普通羊有更多的肌肉和更少的肥肉，因此它们的肉更嫩，更可口。可以试试岛上的“盐水羔羊大使”，**La Maison d'Agathe**（☎418-898-2923；正餐 $31 起；⏲6 月末到 9 月初）。

河上最老的灯塔（1809 年）包括一个博物馆和一个可以居住的附近小别墅 **Les Maisons du Phare**（☎418-898-2730；单 / 双 含早餐 $56/72；⏲5 月中到 10 月中）。还有一个宿营地。

渡轮公司（☎418-898-2199；门票 $6）会根据人流在岛上和内陆威特岛调整航向。建议把自驾小车泊在内陆后，租一辆自行车。请预约。

特鲁瓦皮斯托勒(TROIS PISTOLES)

在特鲁瓦皮斯托勒北部边界有一座村庄，纪念渔民事迹而建，被称为巴斯克遗址，其中有红蓝相间的**美洲巴斯克人探险公司**（Parc de l'Aventure Basque en Amérique；☎418-851-1556；66 Ave du Parc；成人 / 儿童 $6/2.50；⏲5 月末到 6 月末 正午 ~ 4pm，6 月末到 9 月末 10am ~ 8pm）里面有一个展览讲述了巴斯克捕鲸者的故事，他们是继维京人之后来圣劳伦斯航行的首批欧洲人，在雅克·卡蒂埃之前。展览仅采用法语，但提供英语指南册。7 月，博物馆主办**国际巴斯克节**(International Basque Festival)，举办音乐、一次小游行和游戏等活动。

外面是加拿大唯一的**回力球场**(pelote court，或称 fronton)，世界上最古老的一种球类游戏，在这个球场中，可以玩巴斯克回力球。回力球迷们从远至蒙特利尔的地方来到这个球场中运动；可以租用球板 (palas)、回力球 (pelotes) 以及场地，每小时 $5。

在美国巴斯克探险公园(Parc de l'Aventure Basque en Amérique)了解去**巴斯克岛**（Île aux Basques；☎418-851-1202；Marina；门票 $2；⏲6月到9月上旬）的带导游游览信息，离岸5公里，有16世纪的巴斯克烤炉、2公里徒步小路以及鸟类保护区。只能通过团队游进入；**Kayak des Îles**（☎418-851-4637；Ave du Parc）组织划子探险游。

Camping & Motel des Flots Bleus Sur Mer 宿营地和汽车旅馆（☎418-851-3583；Rte 132；帐篷和娱乐车 / 房 $20/60；⏲5 月到 10 月中）位于镇向西 5 公里，宿营地小而安静，靠近一处很简朴的汽车旅馆。

La Rose des Vents 宾馆（☎418-851-4926，888-593-4926；80 2ème Rang Ouest；单/双 含早餐 $57/70）地处教堂上的山上，靠近徒步小路和瀑布，顶篷翻修过，漂亮、古老。早餐室带有很大的窗户，可以凝望北岸地区。

比克公园(PARC DU BIC)

这座面积为33平方公里的公园，一半在水里，是魁北克比较小的公园之一，也是最美的公园之一。在Rte 132路上就可以看到其美丽的景色，其拱形海岬遮蔽着海湾和岛屿，成为可追溯至9000年前的美洲印第安人、殖民地船只以及很多植物和动物的避难所。有700多种植物、上千种海洋鸟、海豹（在7月至10月）、鹿以及北美高密度的豪猪群。

这个**公园**（☎418-736-5035；3382 Rte 132；成人/儿童 $3.50/1.50；⏰5月末到10月中和12月中到次年3月）有一个不错的解说中心。热情的工作人员组织了很多活动，包括很棒的徒步、山地自行车旅行、海上爱斯基摩划子、带导游步行和驾车、日夜观察野生生物、穿雪鞋远行和越野滑雪等等。**尚普兰山峰**（Champlain Peak，346米）横穿猎鹰岛（Îlet au Falcon），沿途风景壮美，适合徒步，2小时往返。

公园拥有三个宿营地、圆顶建筑和一个小屋，甚至还有一个漂亮的圆顶帐篷。可以避免Rte 132路上的噪音传到宿营地中。

里穆斯基(RIMOUSKI)

里穆斯基是一个很大的石油城，有繁荣的氛围和一些最棒的小餐厅与博物馆，建在这里和加斯佩之间。学生人群给这里带来一种轻松、和谐的氛围，使其成为聊家常、等渡船的理想场所。

在Place des Veterans广场，Rue St Germain大街和Ave de la Cathédrale大街的交叉路口上，是繁忙的市**旅游局**（☎418-723-2322；50 Rue St Germain Ouest；⏰6月中到9月初 9am～8pm，10月初到次年6月中 周二至周五 9am～正午 和1～4:30pm），提供各项帮助。

景点和活动

城市向东7公里是**海洋博物馆**（Musée de la Mer；☎418-724-6214；1034 Rue du Phare；成人/学生/家庭 $10.50/8.50/28；⏰6月和8月 9am～6pm，9月到10月初 至5pm），介绍爱尔兰女皇号（Empress of Ireland）轮海船的沉没，继泰坦尼克号之后，它是航海史上最惨重的灾难。与一艘挪威运煤船猛烈撞击后，仅14分钟爱尔兰女皇号就完全消失在圣劳伦斯河河底，1012人丧生。2个月后，第一次世界大战爆发，这次灾难几乎被人遗忘。

在同一园地中，你可以加入带导游的团队游，爬上128层阶梯，来到**皮尔灯塔站**（Pointe au Père Lighthouse），这是加拿大东部最高的灯塔。向下45米处，以前看守人的小屋展示有关灯塔导航和女皇号沉船的资料。

失事轮船所在水域据说是世界一流的**戴水肺潜水地**（scuba diving）。然而，这里潜水很危险；好几个没有经验的潜水者已丧命于此。水的流速、清澈度和水温都有挑战性。

市内一座重修的石砌教堂现为**里穆斯基地区博物馆**（Musée Régional de Rimouski；☎418-724-2272；35 Rue St Germain Ouest；成人/学生 $4/3；⏰6月到9月 周三至周五 9:30am～8pm，周六至周二 至6pm，10月到次年5月 周三至周日 正午～5pm），推出代艺术作品展览，定期举办活动，如电影夜。

想要徒步、骑自行车登山、欣赏峡谷风景、站在乡野悬桥(62米)上观瀑布，请前往里穆斯基圣纳西斯(St Narcisse de Rimouski)附近的**波特德恩弗峡谷**（Le Canyon des Portes de l'Enfer；☎418-735-6063；Chemin Duchénier；成人/学生 $7.50/6.50），它位于小镇以南30公里，Rte 232路旁。

住宿

滨水地区和Ave de la Cathédrale街周边可以找到住的地方。

Auberge de la Vielle Maison旅馆（☎418-723-6010；35 Rue St Germain Est；单/双 含早餐 $55～70/70～85）这里的房间比褪色的红外墙更吸引人，俯瞰着一排排酒馆和俱乐部。浴袍和硬木地板使其具有理想的家居效果。

Auberge de l'Évêché（☎418-722-4011；37 Rue de l'Évêché Ouest；单/双 含早餐 $88/90）在城市大会堂对面，巧克力工厂上面，有8间带电视的房间，用古老的照片做装饰。

就餐

La Brûlerie d'Ici餐馆（☎418-723-1341；91 Rue St Germain Ouest；三明治 $6；⏰8am～11pm）在夏季，这家时尚的餐馆供应危地马拉和埃塞俄比亚咖啡，以及百吉饼、香蕉面包、无线上网，并且夏季还有现场音乐。

Central Café小餐馆（☎418-722-4011；31 Rue de l'Évêché Ouest；正餐 $15～30；⏰周一到周四和周六11am～11pm，周五 至午夜，周日 4～10pm）两层楼的老房子，建于1947年，这家小餐馆缺少La Brûlerie d'Ici的气氛，但却是一个吃汉堡包、意大利面条、比萨饼、熏肉三明治的好地方。

Le Crêpe Chignon 烤薄饼屋（☎418-724-0400；140 Ave de la Cathédrale；正餐 $17～21；⏰8am～10pm）在里穆斯基餐饮业中，这家明快的餐馆提

供美味的香薄荷和甜点烤薄饼。唯一的缺点是一桌经常只有一个服务员服务。

到达和离开

轮船

渡轮（☎418-725-2725，800-973-2725）连接里穆斯基和位于北部海岸的佛里斯特维尔(Forestville)。5月到10月初，每天，两艘到四艘船提供1小时45分钟的航程。单程费用，成年/儿童每人$18/13，小汽车每辆$38。接受预约。

Relais Nordik船运公司（☎418-723-8787，800-463-0680；www.relaisnordik.com；17 Ave Lebrun）每周一次货船运送旅客，前往七岛港(Sept Îles)、丹提考斯特岛(Île d'Anticosti)、圣皮埃尔港(Havre St Pierre)、纳塔什昆(Natashquan)和北岸低地一带。4月初到次年的1月中旬，周二中午从里穆斯基码头发船，周五晚上7点到达布朗萨布隆(Blanc Sablon)。整个旅行的花费从$207起到$627，价格不等，有带有玄窗、卫生间到浴室的奢华房间。在甲板上提供用餐，可搭载汽车，不过非常昂贵（中途停留点有自行车可供随时使用）。最好提前一个月预约。

公共汽车

Orléans Express客车从**公共汽车站**（☎418-723-4923；90 Rue Léonidas）前往魁北克城（票价$48，4小时一辆，一天5班），里维耶尔—迪卢（票价$27，1个半小时一辆，一天6班），加斯佩（票价$67），到半岛南部南海(9个半小时，一天2班)，北部海岸(7小时，一天2班)。

小汽车

Allô Stop公司（☎418-723-5248；www.allostop.com；106 Rue St Germain Est）为前往魁北克城或蒙特利尔的乘客物色司机，去往包括魁北克城($16)和蒙特利尔($32)等地。

火车

在**火车站**（☎418-722-4737；57 Rue de l'Évêché）搭乘VIA Rail铁路公司的火车，这里仅在火车进站时才开放，还是在午夜以后，一周9趟开往蒙特利尔($100，8小时)。

加斯佩半岛(GASPÉ PENINSULA)

这个海角在当地被称做“加斯佩谢”(La Gaspésie)，是遥远的乡村地区之一，在这里有很多传奇民族的风俗，通常，这些民族都是没来过这里的。你可以把这些乡村神话看做是来自圣劳伦斯湾的一把海盐，但它们的确证明加斯佩陷入魁北克人的想象之中。

还能在海岸线上看见殖民地残余痕迹，海岸线突出进入海湾，俯瞰着生锈的遇难船和迁移的鲸。正如那些鲸一样，法国诺曼底人、布里多尼人、巴斯克人、葡萄牙人和岛上居民，都被丰富的鱼资源吸引着。从诸如大饥荒和美国独立革命的变革中逃出来的英国人、苏格兰人、爱尔兰人都迁移到了南部的岸边，远离了英语社区——那里的人们的口音与世界上最古老的lilts语言最接近，而不是典型的加拿大调子。阿卡迪亚移民后裔竖立的旗子在Rte 132路上飘扬着。

在这些小社区多彩的农场建筑和银色尖塔之间，风景也非常漂亮。有著名的佩尔塞岩石，当然，无尽的海岸线在悬崖的阴影下失色不少。草木丛生的多山的内地有惊人的加佩斯公园，它被一些路隔开，其中包括Matapedia Valley车道、跨国阿巴拉契亚小路和Rte 198路。Rte 198路是省内最安静的道路之一。

与北海岸相比，南部Baie des Chaleurs得名于其较为温暖的水域，这里呈现的是一幅平坦、温和的风景画。在体验完加佩斯的休闲情绪经历后，来这里放松一下。整个半岛上，旅游旺季为每年大约6月到9月中旬。其他时间段，季节性活动大大减少，11月到次年的5月中旬，你所能看到的主要活动是海浪撞击着岩石。

圣弗拉维(STE FLAVIE)

通往加佩斯的入口也是这个半岛最佳的旅游城市之一。尽管如此，在穿越Rte 132路上多岩石的陆地之前，这儿也是一个停留休息的好地方。

位于Rte 132路旁，大型的**加斯佩旅游办公室**（Tourisme Gaspésie office，☎418-775-2223，800-463-0323；357 Rte de la Mer；⌚6月中到9月中8am～8pm，9月中到次年6月中8:30am～4:30pm）是加斯佩的主要旅游办公室。如果淡季你来到这里，建议在中心取一本列有冬季设施的旅游宣传册。

Vieux Moulin蜂蜜屋（☎418-775-8383；141 Rte de la Mer；免费参观；⌚8am～9pm）曾经是19世纪的磨坊，有莎士比亚最喜欢的烈酒、蜂蜜酒，可以品尝，以及一个包括殖民地和美国史前古物的小博物馆。

小镇的艺术之路是**马瑟尔·加侬艺术中心**（Centre d'Art Marcel Gagnon；☎418-775-2829；564 Rte de la Mer；免费参观；⌚5月到10月中7:30am～10pm，10月中到次年4月至9pm）。外面，杰出的雕塑《大荟萃》(*The Great Gathering*)有100多个石头雕塑品，都出自圣劳伦斯的人物。不幸的是，这家展示着加侬及其儿子作品的画廊有点儿商业化，到处都在出售《大荟萃》纪念品。

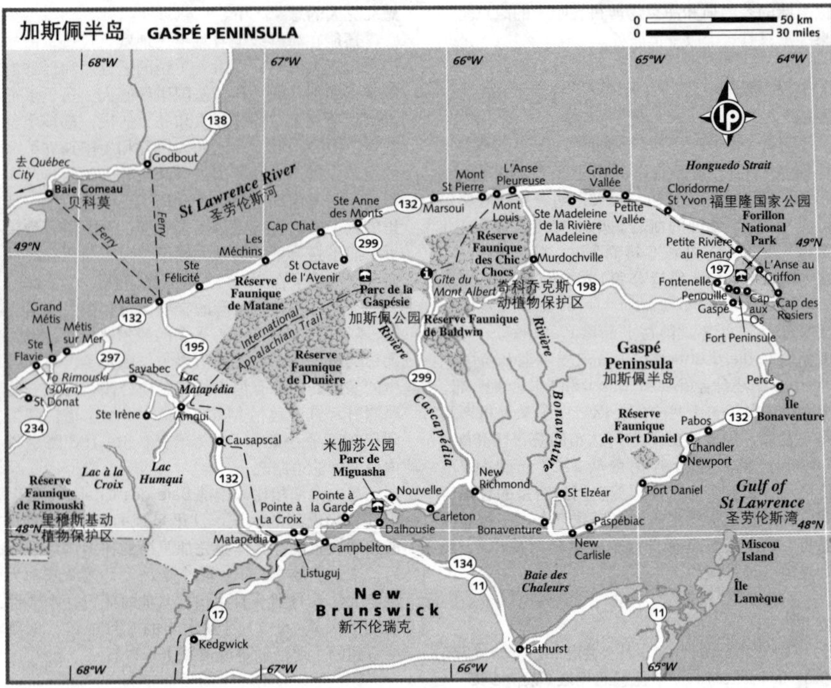

楼上，**小客栈**（房 含早餐 $69～89）拥有带艺术感的房间，这些房间带私人卫生间。**饭店**（正餐 $20～25；⏲7:30am～8:30pm）提供比萨饼、意大利面和很多看起来很漂亮的海鲜。

鸟瞰整个圣劳伦斯的 **Capitaine Homard 海鲜店**（☎418-775-8046；180 Rte de la Mer；正餐 $35～45；⏲5月到9月 8am～10pm）自 1968 年以来就是当地最受欢迎的"零距离"餐馆。不仅在戴维·琼斯柜子般的天花板下提供好吃的海鲜，还可以上网、宿营和小型度假屋。

格兰德梅蒂斯(GRAND MÉTIS)

加斯佩最受推崇和喜爱的一处景点，**梅蒂斯花园**（Jardins de Métis；☎418-775-2222；200 Rte 132；成人/儿童/学生 $16/免费/14；⏲6月和9月 8:30am～5pm，7月和8月至 6pm）占地超过 90 公顷，由精心打理的各式整洁花园组成，拥有植物 3000 多种。花园始建 1910 年，有人称为里弗德花园 (the Teford Gardens，名从区丽斯·里弗德 [Elsie Reford])，区丽斯从叔叔蒙特·史蒂芬伯爵 (Lord Mount Stephen) 那里继承了这片土地，这位伯爵可是加拿大太平洋铁路公司的创始人，而且他的带 37 个房间的别墅现在已成为一座博物馆。每年 6 月末到 9 月，国际花园节在此开展。别墅和小餐馆供应午餐和英式茶。

格兰德梅蒂斯以东大约 10 公里是**梅蒂斯海滩** (Métis Beach) 和**海上梅蒂斯** (Métis sur Mer) 的海滩城。大片的草坪和街上标牌与邮箱上的英文名称，使它们看起来更像是美国的城镇。过去这里是英裔中产阶级的度假胜地，该地区 85% 的人都讲英语。

马塔讷(MATANE)

马塔讷是一个渔业港口城，以龙虾出名。虽然很难说它是这座半岛上最漂亮的城镇，但人们很喜欢这儿的大马哈鱼垂钓，还可以在市场上和餐馆中品尝当地人钓上来的鱼。

旅游咨询处（☎418-562-1065；968 Ave du Phare Ouest；⏲6月和9月 9am～6pm，7月和8月至9pm）位于一座灯塔中，就在海洋博物馆旁边。

景点和活动

6月，重达 19 公斤的鲑鱼汇入马塔讷河中产卵，吃晚饭前后，值得到大坝处的**观测中心**（☎418-562-7006；260 Ave St Jerômé；门票 $3；⏲6月中到9月 7:30am～9:30pm）参观，这里也出售在城里延伸100公里的河流中垂钓的许可证。

Absolu Écoaventure公司（☎418-566-5774；www.ecoaventure.com）为经验丰富者和初学者组织徒步旅行，取道阿巴拉契亚跨国徒步小路(见341页框内文字)的一段，给予徒步指导，穿越荒芜崎岖的马塔讷动植物保护区(Réserve Faunique de Matane)。可以通过网络预约。

小镇许多鱼市里，你可以买到鲜鱼或熏鱼，推荐**Poissonnerie Boréalis鱼市**（☎418-562-7001；985 Rte 132；⏲8am～6pm）。

食宿

Camping Rivière Matane宿营地（☎418-562-3414；150 Rte Louis Félix Dionne；帐篷和娱乐车 营地$18～25）在小镇西南边，该宿营地在树林之中有145个隐蔽的专用宿营地。从城镇，向南迈向昂基(Amqui)，在Rue Henri Dunant路上。

La Seigneurie旅馆（☎418-562-0021；621 Ave St Jérôme；单/双$56～89/69～99）这家友善的B&B旅馆从1919年到现在一直拥有这块很大的物业，包括阁楼房间、一架大钢琴，情侣间有独立的浴缸。

Hôtel Motel Belle Plage酒店（☎418-562-2323；www.hotelbelleplage.com；1310 Rue Matane sur Mer；单/双$81～101/86～112）你可以吩咐服务人员将熏大马哈鱼和白酒送到你的房间，然后在阳台上用餐。这对于一个汽车旅馆来说是相当奢华了！离渡轮码头很近，又远离Rte 132路的噪音。

Le Rafiot餐馆（☎418-562-8080；1415 Ave du Phare Ouest；正餐$15～20；⏲5～9pm）海洋主题装饰，这家休闲酒吧提供各式海鲜。

到达和离开

各班**公共汽车**（☎418-562-4085；521 Rte 132）从位于镇中心以东1.5公里处的Irving gas station加油站抵离。每天，Orléans Express公司的客车2班去往加斯佩($28，4小时)和里穆斯基($24；1个半小时)。

渡轮（☎877-562-6560）连接着贝科莫和戈德布（见315页）。渡轮码头靠近Rte 132路，离镇中心大约2公里。

卡普沙(CAP CHAT)

除了133个位于白色房屋上的风车外，卡普沙算得上是典型的加佩斯村庄……这儿是加拿大最大的风力农场和最经济的农场，发电可达100兆瓦特。覆盖100公里的地域，梦幻般的大家伙们栖息在圣劳伦斯港湾起点的小山上。带头的是世界最大的直立轴风车，很遗憾，已不再使用。

如果想参加1小时的团队游，包括这座世界上最大的风车，可以联系**Éole Cap-Chat公司**（☎418-786-5719；团队游$10；⏲6月下旬到10月9am～5pm），在卡普河(Cap chat)的西边，你可以参照Rte 132路的路牌找到它。他们提供英语讲解的游程。

离Rte 132路不远，跨卡普河的桥梁以东是**Camping au Bord de la Mer宿营地**（☎418-786-2251；173 Rue Notre Dame Est；帐篷和娱乐车 营地$20～25），一个单纯的宿营地，河流景致不错。

圣安娜—德蒙茨(STE ANNE DES MONTS)

在通往加斯佩谢公园(Parc de la Gaspésie)的岔路口，作为地区旅游服务中心，圣安娜—德蒙茨(Ste Anne des Monts)是整装待发、补给燃料、整理思路沿内陆前往原野的基地。

旅游局（☎418-763-7633；96 Boul Ste Anne Ouest；⏲6月末到9月8am～8pm)在Rte 132路旁，Orléans Express特快客车站的隔壁。

位于城东的Rte 132路，青年旅舍成员**Auberge Festive Sea Shack旅舍**（☎418-763-2999；Ruisseau Castor；宿营地$14，宿 会员/非会员$23/28.50；💻）是"晚会客栈"的高潮环节。乐队在海滩酒吧里演出，喜欢水的人取出爱斯基摩划子，或在户外的极可意浴缸中凝视着圣劳伦斯。

L'Échouerie旅舍（☎418-763-7123；295 1-ère Ave Est；宿 含早餐$24～28，单/双$66～74/76～83）是更中心但却更安静的旅店。

La Seigneurie des Monts旅馆（☎418-763-5308；21 1-ère Ave Est；单/双$85～165/95～175）建于1864年，在嘎吱嘎吱的地板上、"他的和她的"晚装、古书和马车道散发着古老的气息。

加斯佩公园(PARC DE LA GASPÉSIE)

从圣安娜—德博普雷起程，沿着Rte 299路向南行驶，可到达风光旖旎、崎岖不平的**加斯佩公园**（☎418-763-7494，866-727-2427；www.sepaq.com/pq/gas/en；门票$3.50），这幅802平方公里的壮丽图景中，湖泊点缀其间，魁北克内最美的两座山脉也在此：奇科乔克山脉(Chic Choc)和麦盖里尔山脉(McGerrigle)，省内40座顶峰中的25座在这两座山脉中。公园还有魁北克内最漂亮的宿营地和140公里的徒步小路，包括阿卑契斯亚跨园徒步小路。再有，圣劳伦斯河以南生活着唯一的一群驯鹿。幸运的话，从远处，你不时能望见这些动物，但为了保护它们和易损的植被，敬请在小路上观看。

公园展示中心（⏲6月上旬到9月中8am～10pm）的工作人员十分热心，乐于相助，会根据时间和费用为你拟订游览行程，也租赁徒步旅行用具。

景点和活动

作为魁北克第二高峰，**蒙雅克卡捷**(Mont Jacques Cartier) 也是魁北克内能登上的最高峰，徒步往返需要3个半小时，穿过风光迷人的高地，有机会遇见成群的林地驯鹿，攀登**艾尔伯特顶峰**(Mont Albert) 也是不错的徒步线路，但相对艰辛，往返跋涉鲜为人知的**夏里布峰**(Mont Xalibu)，需要半天的时间，沿途山地风光、高山湖泊和瀑布处处令人激动。在 **Mont Ernest Laforce** 也可以看到驼鹿，清晨和傍晚，驼鹿常常在**保罗湖**(Lac Paul) 周围觅食。

食宿

圣安娜—德蒙茨为公园提供了方便的基地。

夜宿帐篷和娱乐车场地，每晚$22，四个宿营地供你选择。人最多的是展示中心街对面的宿营地；不过，你可以去 Lac Cascapédia 湖畔宿营地，它是最为寂静的宿营地。还有可以容纳2人到8人的**小木屋**($160起)。

Gîte du Mont Albert 旅馆(☎418-763-2288,866-727-2427；www.parcsquebecsepaq.com；房和小木屋$162起；🕑1月到10月；🅿 💻) 紧邻展示中心，一家宽敞、舒适的旅馆，适合喜欢大自然又讲究享受的游人。设施包括：室内设游泳池、桑拿房和一流的餐厅，透过落地窗，还可以欣赏山景。

到达和离开

从圣安娜—德蒙茨游客信息中心到展示中心，从6月24日到9月30日期间的一天，公共汽车早上8点发车，下午4点45分返回；双程票成人/儿童$5.50/4。在展示中心和雅克·卡蒂埃山起点之间，一天1班车($13 /10)；在雅克·卡蒂埃山营地和起点之间，一天5班车($5.5 /4)。

从展示中心驾车开往圣皮埃尔山，走 Rte 299 路和沿海的 Rte 132 路会比走穿过公园的林荫大道更快、更安全，风景也更美。

奇科乔克斯动植物保护区 (RÉSERVE FAUNIQUE DES CHIC CHOCS)

这个**自然保护区**(☎418-797-5214)在加斯佩公园附近，部分重叠。是一个狩猎垂钓的好地方，也吸引着地质勘探队。你可以参加 **Mont Lyall Mine 寻宝之旅**(☎418-786-2374；成人/儿童$8/5；🕑6月到9月9am～5pm)。玛瑙很常见。沿 Rte 299 路向南行驶，12公里后过 Gîte du Mont 山，然后沿 Rte du Lac Ste Anne 路，前往默多克维尔(Murdochville)。

蒙圣皮埃尔(MONT ST PIERRE)

圣安娜—德蒙茨越往东，风光越发雄奇壮观。越过圣劳伦斯的北岸，风光渐渐消失在远方，公路绕峭壁，瀑布延伸着，每一处拐弯都呈现群山绵延入海的美妙景致。

沿路一个急转弯，蒙圣埃尔山峡就进入眼帘，这座小镇因一座海拔418米高山而得名，是北美最好的**悬挂式滑翔运动**及**滑翔伞**运动场所。每年7月底，举办为期10天的**悬挂式滑翔节**(Fête du Vol Libre；☎418-797-2222)，数百架滑翔机绚染天空。小镇东部，Camping Municipal 南部，数条陡峭的小路通向蒙圣皮埃尔山峰。这儿是滑翔机起滑点，风景秀丽。步行上山需要1小时，如果不想走路，就必须乘坐 ATV(越野车)。

如果你想从峭壁上冲下山，首选 **Yvon Volé 公司**(☎418-797-2896)。将悬挂式滑翔运动及滑翔

加拿大的阿巴拉契亚小路

跨国阿巴拉契亚小路(IAT)长达4574公里，其中加拿大部分长达1034公里，在2001年连到了美国路段，尽管仍未最终确定，它的名字前已加上"国际"前缀。它起伏绵延在阿巴拉契亚山脉中的群峰峡谷之间，也是世界最长的徒步线路之一，是北美跨国徒步最长的一条徒步小路。它从美国乔治亚州的斯普宁格山(Mt Springer)开始，一直延伸到加斯佩半岛末端的福里隆国家公园(Forilon National Park)。

加拿大境内路段从梅恩(Maine)/新不伦瑞克省边界开始，穿行新不伦瑞克省，包括该州的最高峰卡尔顿山(Mt Carton)，在马塔佩迪亚(Matapédia)进入魁北克。644公里的魁北克路段沿马塔佩迪亚河谷蜿蜒而上，在魁北克，它蜿蜒672公里的一段风景河谷，向北通向阿姆奎(Amgui)，然后向东北穿越该路段最惊险的部分——加斯佩谢公园和周边保护区。接着，它从山上冲下，到达蒙圣皮埃尔，沿着海湾蜿蜒248公里，最后到达加斯佩角(Cap Gaspé)。

这条徒步小路已有明确标注，并得到了很好的维护，但马塔佩迪亚河谷除外，沿路分布着栖息处和宿营地，有些路段只应由老练的徒步者尝试，每个人都应该咨询诸如黑熊(见73页框内文字)等信息。了解更多信息并索取地图，可联系在马塔加米等地的旅游部门和公园信息处，可打电话 ☎418-562-7885 和登录 www.sia-iat.com。

伞运动连接起来，收费 $160，用时 5 分钟到 20 分钟（因天气情况而异）。

在圣皮埃尔山的碎石斜坡下，**Camping Municipal**（☎418-797-2250；103 Rte 2；帐篷和娱乐车营地 $23 ~ 30；⏲6 月到 9 月中；🅿）设施齐全，配有洗衣设备、一个游泳池和一个网球场。

B&B **Le Saint Maxime Petit Hôtel 旅馆**（☎418-797-2135；30 1-ére Ave Est；单 / 双 $45 ~ 50/55）有一个朝着海的平台，5 个色彩柔和、带电视的房间，位于路易斯山东 6 公里处。

通过 Rte 2 路，可以到达加斯佩公园和奇科乔克斯动植物保护区，在城镇以南几公里处这条道路变成了砾石路。拿张地图，当心伐木卡车。假如你向展示中心进发，要走主路（见 330 页）。

蒙圣皮埃尔东部
(EAST OF MONT ST PIERRE)

向东行驶，景色愈发雄伟壮丽。Rte 132 路在悬崖底部蜿蜒前行，经过从碎石堆中突出来的电线杆，在海角上继续延伸。寻找最佳观景点和野餐场地时，可要留意路况、汽车发动机和刹车状况。

在**圣马德莱娜—德马德莱娜河**（Ste Madeleine de la Rivière Madeleine）灯塔的隔壁，有个小餐馆，可以上网，还有个垂钓中心以及一座关于当地造纸厂的博物馆，该造纸厂在 1921 年顶峰时期曾有 1200 个工人。公路起初道路下斜，在**格朗德瓦莱**（Grande Vallée）又高起在绿色山谷之上，在悬崖断层面更是跌宕起伏，而道路另一边则是平静的海湾。

珀蒂瓦莱（Petite Vallée）是一座古色古香的水边村庄，尤其在白蓝相间的 **Théâtre de Vieille Forge**（☎418-393-2222），这儿是每年一度的**民歌节**（Festival en Chanson；⏲6 月底到 7 月初）的举办场地。民歌节虽然已成为省内最重要的节日，但依然很有亲和力。小孩，甚至是当地的屠夫，都上台即兴表演。

于是，你认为这是个祥和的地方吧？第二次世界大战时，小小的**圣伊翁**（St Yvon）不幸被一颗鱼雷击中了。

如果不去福里隆国家公园（Forillon National Park），Rte 197 路往南正好路过雷纳德河（Petite Rivière au Renard），一路延伸至半岛尽头。

卡普得荷舍（Cap des Rosiers）是去往福里的门户，通过悬崖顶上的 **Cimetière des Ancêtres**，可以了解该村庄中爱尔兰、法国和 Channel Island 岛居民的历史。这里还矗立着加拿大最高的一座**灯塔**。

福里隆国家公园
(FORILLON NATIONAL PARK)

覆盖着加斯佩东北顶端，这座**小公园**（☎418-368-5505；www.pc.gc.ca/for illon；成人 / 儿童 / 老人 / 家庭 $7/3.50/6/17.50；⏲6 月初到 10 月中 接待处 10am ~ 5pm，公园 24 小时）看上去是结束半岛顶部旅程的一个好去处。崎岖不平的海上悬崖吸引着海鸟，包括大蓝鹭，近海处，时常看到鲸和海豹出没。内陆是波澜起伏、森林茂密的小山，你可能会遇到驼鹿、鹿、狐狸和越来越多的黑熊（小心；见 73 页框内文字）。

公园有两个主要入口，都设有展示介绍中心，你可以取些地图：一处在朗索格里弗（L'Anse au Griffon，在 Rivière au Renard 河的东部），Rte 132 路旁；另一处在公园南部的佩诺伊（Penouille）。

景点和活动

北海岸由陡峭的石灰石悬崖——有些高 200 米——和长长的鹅卵石海滩组成，最佳风貌可在**彭阿米湾**（Cap Bon Ami）看到。注意用那儿的望远镜观察鲸和海豹。在**北部地区**，卡普得荷舍以南，你会发现一处很棒的野餐地，其实是一处多山的小海滩。南海岸海滩更多，有些是沙滩，还有小海湾，据说**佩诺伊海滩**（Penouille Beach）海水最温暖。稀有的滨海眼蝶（ringlet butterfly）在盐沼地带处处可见，弧状的半岛尾端是观看日落的主要地点。

公园里，很多蜿蜒小路，有的只需轻松步行 30 分钟即可返回，有的长达整整 18 公里，光单程就要花 6 个半小时，向东去**加斯佩角**（Cap Gaspé）的徒步旅行，轻松愉快，一路宜人的海滨风光，国际阿巴拉契亚徒步小路在公园结束，阿巴拉契亚山脉也在这里没入海洋。

拿大公园组织的活动（至少一天有一次用英语）包括**赏鲸游**、**海上爱斯基摩划子**、**钓鱼**、**戴水肺潜水**和**骑马**等。

住宿

Auberge Internationale Forillon（☎418-892-5153；www.aubergeforillon.com；2095 Boul Grande Grève，Cap aux Os；宿 会员/非会员 $20/24，房$42/50；⏲5月到11月）这家青年旅舍是探险者的基地，友善的工作人员会给步行者一些建议。餐馆提供超值的美味食物。这幢建筑客满时会让你觉得乏味，但能够观赏海湾风景也算是一种最终补偿。在附近有个杂货店，可以租到自行车和爱斯基摩划子。

Forillon Campgrounds 福里隆宿营地（☎866-787-6221；帐篷 / 娱乐车营地 $23/25）中的三个宿营地共有 367 个营位，往往接近饱和。泊蒂加斯佩宿营地（Petit Gaspé）远离海风口，备热水浴，最受欢迎。Cap Bon Désir 宿营地最小，只有 41 个营位。

魁北克

到达和四处走走

交通有限。整个夏季，Orléans Express 特快在里穆斯基和加斯佩的客车一天都在公园有停靠站，地点包括 Cap des Rosiers 和 Cap aux Os。缺点是这里离徒步小路和宿营地都得沿 Rte 132 路步行，不过，公园里，公共汽车可为乘客随时停车。夏季，短途客车在佩诺伊 (Penouille) 接待中心和海滩设停靠站 ($1.25)。

加斯佩(GASPÉ)

半岛的名义资本中，最风景秀丽的是福里隆。不过，它以两个有趣的景点为荣，如果你在公园里待了几天之后，要调整一下以适应文明社会，这儿可能比游客喜欢的佩尔塞更为适合。

1534 年 7 月，雅克 · 卡蒂埃 (Jacques Cartier) 在这里第一次登陆。会晤了当地易洛魁人，而后，大胆地竖起一个木头十字架，宣称这里成为法国国王的属地。

加斯佩博物馆 (Musée de la Gaspésie；☎ 418-368-1534；80 Boul Gaspé 成人 / 学生 $7/5；🕑 6 月下旬到 10 月上旬 9am ~ 5pm，10 月上旬到次年 6 月下旬 周二至周五 9am ~ 5pm，周六和周日 1 ~ 5pm) 给游客提供一个了解半岛历史的机会，通过史前古器物，如 17 世纪的沙漏，可以使人想起航海的传统。最值得关注的是有关雅克 · 卡蒂埃的展览，这位前船员说服法国海军支持他"迈向新世界王国的航海"。外面，一尊青铜**纪念碑**被用来纪念卡蒂埃的登陆事迹。

城镇西北处，**Notre Dame des Douleurs教堂**作为天主教朝拜地，是**密克麦克文化展示遗址** (Site d'Interpretation de la Culture Micmac de Gespeg；☎ 418-368-7449；783 Boul Pointe Navarre；成人/学生 $7/5；🕑 6月到9月 9am~5pm)。该中心说明了当地密克迈克人的文化和历史，有展览、团队游(有英文)和工作室。

中心处的 **Motel Adams 汽车旅馆** (☎ 418-368-2244，800-463-4242；www.moteladams.com；20 Rue Adams；单 / 双 $75/85) 有 96 个大单元，以及一个酒吧兼餐馆。Orléans Express 客车在此有停靠站。

Hôtel des Commandants旅馆 (☎ 418-368-1702；178 Rue de la Reine；单/双 $79/89起；🚭 💻) 它不是你见过的典型的小城宾馆，这家宾馆提供的部分房间有写字台，套房有热浴盆，在酒吧兼餐馆中有娱乐活动。

Cafédes Artistes 咖啡馆 (☎ 418-368-3366；101 Rue de la Reine；三明治 $7 ~ 11；🕑 7am ~ 10pm)，立体音响里放着世界音乐，提供加斯佩各类茶和咖啡，食物从面包到比萨饼。豪华的浴室就像是胡萝卜蛋糕上的糖衣。

每天，加拿大航空公司 (Air Canada) 的航班将镇南部小机场与德拉马得雷群岛和蒙特利尔联系起来，途经魁北克城。VIA Rail 火车从蒙特利尔发车，途经魁北克城的沙尔尼，穿过马塔佩迪亚河谷，沿半岛南边开往加斯佩 ($104 起，18 小时)，一周三个晚上。

佩尔塞(PERCÉ)

当加佩斯的魅力体现在国家公园深处而不是自己的城镇时，随之而来的还有佩尔斯及其著名的**多孔巨岩** (Rocher Percé)。88 米高、475 米长的大块石灰石给人以灵感，使人想起 1603 年塞缪尔 · 德 · 尚普兰船长的航海日志中的描述。

博纳旺蒂尔岛 (Île Bonaventure) 是加拿大最著名的地标之一，是北美最大鸟类迁移区附近海边突起的一块岩石。它们都位于海湾旁边，从 1784 年起，就吸引着欧洲各派的鳕鱼捕捞者。吃完龙虾后，你可以在山中徒步，以助消化，这些山是阿巴拉契亚山脉的一部分，庇护着半岛上最吸引人的城镇。

旅游咨询处 (☎ 418-782-5448，800-463-0323；142 Rte 132；🕑 5 月下旬和 10 月 9am ~ 5pm，6 月和 9 月至 6pm，7 月和 8 月 8am ~ 8pm) 在小镇中心。

景点和活动

小镇的标志性景点是**多孔巨岩**，只有在海水低潮时才可从陆路靠近它；时间表贴在游客信息办事处。要特别留意岩石坠落的警示牌——每年巨岩都会落下大约 30 万公斤的碎片。过去，巨岩有两个洞，其中的拱形洞于 1845 年坍塌；2003 年，10 万碎片轰然倒塌。沿着 Rue du Mont Joli 路走到终点，再走下阶梯便可到达那儿。珀纳温丢岛 (Île Bonaventure) 的巡航一般都包括巨岩游。

进入 **Parc National** (☎ 418-782-2240；4 Rue du Quai；门票 $3.50；🕑 6 月到 10 月中 9am ~ 5pm) 可以眺望整块岩石，包括接待处、一些周围的海水、珀纳温丢岛，还有一个说明中心，涵盖了当地历史、鸟类的生存环境和地理状况。

乘船去葱茏的**珀纳温丢岛** (Île Bonaventure，见 333 页框内文字) 是饱食佩尔塞诱人的大盘鱼之后的解药。朝着岩石前去，你会碰到旅游公司的服务亭和宣传站，也可以去码头的办事处询问。问问你是在岛上下船，还是得绕岛一圈。大船离景点不能太近。

佩尔塞海洋俱乐部 (Club Nautique de Percé ☎ 418-782-5403；199 Rte 132) 提供爱斯基摩划子游行程、自行车游和戴水肺潜水游，提供设施出租服务。加热的水池也许适合那些不想到大海中搏击的人们。

小镇上有不错的徒步小路，围绕着加斯佩南

魁北克

部最崎岖不平、多山的地区。跋涉3公里，来到**Mont Ste Anne山**(340米)，从教堂之上开始，可欣赏无限风光，或是，绕道来到**洞穴**。再沿小道走3公里，通往**大裂缝**，它是山中一道很深的岩石裂隙，靠近Auberge du Gargantua。游客办公室提供有用的地图。

团队游

Les Traversiers de l'Île(☎418-782-5526；Rue du Quai；⏲6月中到9月)作为3家巡游公司之一，提供龙虾捕鱼游和参观珀纳温丢岛(成人/儿童$20/6)，在那里你可以选择离岸或到岛上去散步。

Taxi Percé(☎418-782-2102；16 Rue St Michel；⏲6月到9月)安排2个半小时的吉普车游，行程包括镇上漂亮的景点，比如：Mont Ste Anne山、La Grotte岩洞和Le Pic d'Aurore山峰，不用步行。

住宿

这里的住宿相对合算，当然，仲夏季节，当游人蜂拥而入时，房价高涨许多。建议提前预订或中午前落实住处。游客办公室可以帮你找到住宿地。这里有无数汽车旅馆和宿营地，有的在风景深处，都可随便入住。安静的Rue de l'Église街有高质量特色宾馆，很不错，出行方便。

很多住宿地和餐馆都是季节性的。

La Maison Rouge宾馆(☎418-782-2227；rmasse@globetrotter.net；125 Rte 132；宿/房$20～25/45～75；💻)这座红房子实际上是由3个有着10张床的仓库改成的宿舍。私人房间挨着19世纪祖先的房间，有表示欢迎的开着的火炉。洗衣设备和自行车是可以租用的。

Auberge du Gargantua宿营地和汽车旅馆(☎418-782-2852；Rte des Failles；帐篷/娱乐车营地$20/25，单/双$65/75)Rte 132路外的路标，在路的顶部被矮树丛遮盖了，看起来这个小山顶已经有一些年头了。这家乡村饭店提供法国特色的食物，可以看到全景景色，汽车旅馆的房间干净又整洁，在徒步旅行的路线附近也有宿营地。

Le Macareux(☎418-782-2414；Rte 132和Rte des Failles拐角；单/双$35/70)在微风拂面的海边后面，明亮的房间带有电视和公用浴室，比较划算。楼下的纪念品商店为船上游客提供15%的折扣优惠。

Le Coin du Banc(☎418-645-2907；315 Rte 132；单/双/度假屋$50/55/80起)有130年历史的农场房间天花板很低，门口以马蹄铁装饰，房间的公用浴室带有海蒂般的魅力。餐馆由四个小型的饭厅组成，提供大比目鱼、鳕鱼舌、扇贝。它位于佩尔斯西北部7公里处。

Gîte au Presbytère宾馆(☎418-782-5557；www.perce-gite.com；47 Rue de l'Église；单/双含早餐$79/99；⏲4月中到11月)在宏伟的教堂旁，带一座精心打理的花园，是一栋规模够大、敞亮的旧建筑，客房有大有小，都是光亮的硬木地板，是最好的选择之一。

Hôtel La Normandie酒店(☎418-782-2112，800-463-0820；www.normandieperce.com；221 Rte 132 Ouest；单/双$145～272/206～333)小镇最古典的一景，就像一座度假村，酒店设施包括：海滩、客房阳台、一间海鲜餐厅、多处宽阔的庭院草坪，岩石全景尽在眼前。

就餐

佩尔塞有经济的简便饮食店，但如果你想享受美味，品尝海鲜，那么来这儿没错。如需要野餐面包，可去**面包房**(9 Rue Ste Anne)。

La Maison du Pêcheur鱼餐馆(☎418-782-5331；

鲱岛塘鹅

佩尔塞的各种café au lait den之所以被称为北部塘鹅(也叫鲱鸟，Northern Gannet，法语Fou de Bassan)，是有一定原因的。在魁北克发现的数百种鸟类中，魁北克人最喜欢海鸟。

波那温彻岛(Île Bonaventure)栖息着110 000只塘鹅，这座岛也是世界上最大的鸟类栖息地之一，当然也是人们最容易靠近的栖息地。不过，并非鸟的数目或喧闹声值得纪念，成年的塘鹅相当漂亮，光亮的白羽毛，灰蓝色鸟嘴俊俏别致，蓝色凸眼锐利明亮，眼睑外沿着一黑圈羽毛。交配季节里，鲱鸟的头会变成淡黄色，就像新长出来的羽毛。

成熟的鲱鸟羽翼大约两米宽，当它们在空中优雅地飞翔时，可以看到宽宽的羽翼展开在空中，一直飞翔着，似乎从不需要轻拍一下翅膀。除非遭受骚扰，它们会飞回各自的终生伴侣身旁，而且从来不会弄错。然后，雌雄鲱鸟彼此轻轻抚慰，爱意浓浓的模样，场面很动人，也很有趣。

这种鸟擅长俯冲轰炸式捕食。从大约20米的高空直接俯冲而下，所到之处溅起水雾，不一会儿就从5米深的深处浮出水面，嘴上叼着一尾鱼。

在岛上观赏它们，可以靠近它们，但又不打扰它们，是行程很满的珀纳温丢岛游中最生动的一幕。

155 Place du Quai；比萨饼 $13～23；正餐 $30～45；⏲12:30～10pm）这儿以前是渔夫屋，在20世纪60年代成为一个公社（屋顶上还有涂鸦），这家曾获奖的餐馆供应海鲜，包括龙虾和15种比萨饼（甚至有章鱼！），都是在枫树柴火炉里烤焙。在下面的小餐馆 L'Atlantique 中可以上网。

Les Fous de Bassans 餐馆（☎418-782-2266；162 Rte 132；正餐 $20；⏲6月到9月 8am～9:30pm，其余月份 限制时间）这家咖啡馆气氛悠闲，带现场表演，营业时间挺长，值得推荐——在热情的氛围里，就是来杯咖啡或吃顿饭，都不错。菜单列有海鲜和一些素菜品种。

Le Matelot餐馆吧（☎418-782-2569；7 Rue de l'Église；正餐 $20～40；⏲11:30am～2:30pm 和 5～9:30pm）千万不要因其看起来游客众多而止步不前。它内部显然是航海风格的装饰，这里海鲜种类繁多，从熏鲑鱼到两人份的食物"Le Capitaine"，还提供了6种风格的胡椒粉供你选择。

到达和离开

Orléans Express 公司客车在开往加斯佩（55分钟）的沿途中，在游客办公室外面有停靠站，从加斯佩你可以转车到福里隆国家公园，向西到里穆斯基（Rimouski，$63，8个半小时）。

从蒙特利尔和加佩斯发出的火车（见332页）在 L'Anse à Beaufils 停车，那里距佩尔斯西南10公里（出租车费约为 $15）。

新卡莱尔(NEW CARLISLE)

主要英语小镇之一，由保皇堂人创建的新卡莱尔，在格子状大街上，拥有新不伦瑞克式的隔板房，以及新教、英国国教徒和长老会教堂。极其不协调的是，瑞里·莱维斯克（见249页）在这儿长大，就在 Rue Mount Sorrel 路16号。

帕拉蒂奥式**Hamilton Manor**（☎418-752-6498；115 Rue Gérard Lévesque；团队游 $5，帐篷/娱乐车 营地 $15/25，单/双 含早餐 $65/75；⏲5月中到12月）建于1852年，由该城首位镇长兴建。从维多利亚女皇的画像和面包烤箱到女仆阁楼就可以看出来，它完美地体现了殖民地生活。6月到9月之间的周三到周日，下午茶使用的是瓷器杯子和碟子。小剧院在起居室里放映经典电影。

博纳旺蒂尔 (BONAVENTURE)

1791年由阿卡迪亚人营建。博纳旺蒂尔是一个没有什么特征、一直扩充的镇区，但是值得旅客停下来去了解一些关于阿卡迪亚人的"巨变"，或在魁北克最干净的河流之一博纳旺蒂尔河漂流。

游客办公室（☎418-534-4014；Rte 132；⏲6月和9月 9am～4pm，7月和8月至 7pm）可以上网。

不大的**阿卡迪博物馆**（Musée Acadien；☎418-534-4000；95 Ave Port Royal；成人/学生 $7/5；⏲6月底至9月上旬 9am～6pm，9月初到10月中 至 5pm，10月中到次年6月底，周一至周五至 4:30pm，周日 1～4:30pm）有对阿卡迪亚人境况的艺术展示，带双语说明。夏季，博物馆每周三举办盛大的阿卡迪亚音乐会。

博物馆对面的**鱼皮专卖店**（Les Cuirs Fin de la Mer；☎418-534-3821；76 Rte 132 Est；⏲9am～5pm）出售系列产品，从夹克到梳子支架，都由黄褐色"鱼革"制成。鳕鱼（Cod）、汶鱼、鳗鱼（eel）、比目鱼、左口鱼、鲨鱼被用来制作无臭材料，与蛇皮有点儿像。

小镇东北，**圣埃尔兹阿洞**（Grotte de St Elzéar；☎418-534-3905，877-524-7688；136 Chemin Principal；成人/儿童 $37/27；⏲团队游 6月中到10月中 8am～3pm）已有几乎50万年历史，是魁北克最早的岩洞。深入里面清爽的洞穴中（带上保暖的衣服！），观赏石笋、石钟乳和月乳（洞穴里发现的神秘、半流体堆积物）。提前预约英语导游。前往那里，可在 Cime Aventure 之后，沿公路按路牌标注行驶。

年轻、充满活力的 **Cime Aventure 旅游公司**（☎418-534-2333；www.cimeaventure.com；200 Chemin Arsenault）推出独木舟/爱斯基摩划子游，为时2小时（$26）到6天（$1295）不等，大都是沿风景秀丽、宁静的博纳旺蒂尔河还拥有省里最好的宿营地（宿营地 $25起），通过树顶人行道可以到达印第安人帐篷（$45起）和生态小屋（$109起），还有一个乡村酒吧。从 Rte 132 路到那里，需要经过 Ave Gran Pré 街，然后转入 Chemin de la Rivière。Chemin de la Rivière 左侧路标记录着 Cime Adventure，你刚过博纳旺蒂尔河的时候就能看到。

询问 **Gîte du Foin Fou 旅馆**（Crazy Hay；☎418-534-4413；204 Chemin de la Rivière；单/双 $40/55）这家艺术气息浓厚的 B&B 旅馆有银色鸟装饰的屋顶，房间钥匙放在漆过的管子上。舒适的房间带有公用浴室，供应多种早餐，有蘸有枫树糖浆或者大黄酱的可丽饼。

俯瞰着码头，舢板棚样子的 **Café Acadien 宾馆**（☎418-534-4276；168 Rue Beaubassin；正餐 $25；⏲8am～10pm）早餐很棒，提供可丽饼和鲑鱼、熏肉和鸡蛋。也有百吉饼与阿卡迪亚、卡茹、意大利菜肴。楼上有几间房间（单/双 含早餐 $50/60）。

新里士满 (NEW RICHMOND)

英式传统乡村（British Heritage Village；☎418-392-

4487；351 Boul Perron Ouest；成人 / 优惠 / 家庭 $10/7/25；⌚6 月中到 8 月 9am ~ 5pm）讲英语的新里士满，展现了 18 世纪年代后期的村庄面貌，重现了那个时代保皇分子的生活。你可以乘坐马车在军事博物馆、铸造工厂、学校和百货商店周边转一圈。

卡尔顿(CARLETON)

卡尔顿是Baie des Chaleurs最好的地点之一，这里的沙洲、观鸟活动和在 550 多米高的高山徒步旅行活动，都深受加斯佩人所喜爱。

Tourist Office 旅游咨询处（☎418-364-3544；629 Boul Perron；⌚6 月到 9 月 8am ~ 8pm）位于 Hôtel de Ville 酒店中。从码头，船只起航进行捕鱼或观光游览。在 Banc de Carleton 的**鸟类瞭望塔**，就在码头后面，你可以观赏鹭、燕鸥、行鸟 (Plover) 和其他海鸟。步行路径和 Rue de la Montagne 路伸向**圣约瑟夫山** (Mont St Joseph，555 米）顶上的蓝色金属顶棚讲堂。在山顶可欣赏到新不伦瑞克的海湾美景。

地处 Baie des Chaleurs 和宁静的内部海湾之间的一片土地上，**Camping de Carleton 宿营地**（☎418-364-3992；Pointe Tracadigash；帐篷和娱乐车 营地 $27 ~ 46；⌚6 月到 9 月）让你可以进入数里长的沙滩，在这里宿营。

从 **Gîte Pignon sur Rue**（☎418-364-3170；741 Boul Perron；单 / 双 含早餐 $50/70）的露台上观察新不伦瑞克省，这里提供很棒的客房，带有公用浴室和供客人使用的自行车。

1963 年以来，当地人和游人一直很享受 **Le Héron 餐馆**（☎418-364-3881；561 Rte 132；正餐 $20 ~ 25；⌚8am 至深夜）的美食和风景，它经营各色家常菜，还有适合儿童的食谱，还有海鲜甚至青蛙腿！

Le Marin 餐馆（☎418-364-7602；215 Rte du Quai；正餐 $30 ~ 35；⌚11:30am ~ 2:30pm 和 5 ~ 9:30pm）水岸边一家吸引人的岸边餐馆，它供应采用当地原料烹制的新鲜海鲜和其他风味菜，

Orléans Express 客车在 Boul Perron 大街 561 号停靠；可在 Le Héron 餐馆买票。公共汽车开往里穆斯基和加斯佩，一天 2 班。**VIA Rail 火车站**（☎418-364-7734；Rue de la Gare）离市中心 1 公里，依山而建。

米伽莎公园(PARC DE MIGUASHA)

Rte 132 路以南 7 公里的这座小半岛，靠近努维勒河 (Nouvelle)，是魁北克被列为联合国教科文组织世界遗产遗址的第二个地方。是世界上第一化石遗址，呈现泥盆纪地质特征，或称“鱼时代”，当时海洋动物们开始进化成四足动物，可以在陆地上行走。在博物馆里，鳍上的鱼骨化石跟人类的胳膊和大腿的构造类似。

前往**信息中心**（☎418-794-2475；231 Rte Miguasha Ouest；成人 / 儿童 / 家庭 $11.50/5.50/16.25，仅限于公园，费用较少；⌚6 月到 8 月 9am ~ 6pm，9 月到 10 月初 至 5pm，10 月初到次年 5 月周二至周五 8:30am ~ 4:30pm）了解导游徒步游行程，你可以参观博物馆，并前往布满化石的悬崖。不要自己采集化石！

加尔德角(POINTE À LA GARDE)

位于林木之间的加尔德角是个特别的木制庄园，带有红色金属塔顶。园主简解释说：“我想要住在城堡里，所以我建了一个。那时人们都认为我很疯狂，但是现在他们都认为我很幸运。”他从每年去欧洲的旅行中与装饰建筑的 175 张照片中得到灵感，最近给这座不断变化的建筑增加了一个图书馆，图书馆于 1983 年开始动工修建，而他的朋友则在旁边建造了一个更高的 Château 城堡。

Château Bahia城堡（☎418-788-2048；152 Boul Perron；宿 会员/非会员 $22/26，单/双 $55/26起；⌚5 月到10月）有12个标准房间，提供私人浴室，也有公用浴室，在城堡塔和附楼(当然也是城堡型的)之间，是夏威夷岛风格、蓝白色大门的宾馆，大厅里举行宴会($15)，房价包含早餐。

拉克鲁瓦角 (POINTE À LA CROIX/LISTUGUJ)

海湾在这里逐渐消失在迷雾笼罩的群岛和杂草丛生的湿地地带里，从里斯图归 (Listuguj) 俯瞰，是居住着密克迈克人的拉克鲁瓦角小镇。穿过桥，通往新不伦瑞克的坎贝尔顿 (Campbellton)，是平静的地方，英国人和法国人调换路标的地方除外。由于很多人来到更大的坎贝尔顿工作，拉克鲁瓦角经常使用的是新不伦瑞克的时区时间（早 1 个小时）。

小城以西数公里处，坐落着**里斯提古奇战役国家历史古迹**（Battle of the Restigouche National Historic Site；☎418-788-5676；Rte 132；成人 / 儿童 / 老人 / 家庭 $4/2/3.45/9.90；⌚6 月到 10 月上旬 9am ~ 5pm）详细介绍 1760 年附近莱斯提古奇海战终结时法国占领新大陆的野心。讲解中心布置了模拟海船，介绍海战对英国的重大影响，展示被抢救出来的文物，甚至一艘沉没的法军护卫舰残骸。

马塔加米山谷(MATAPÉDIA VALLEY)

驾车穿越马塔加米山谷，会让你体验到这样一种地形：这种地形对步行跨过阿巴拉契亚小路人来说是一种挑战。树木覆盖了整个山，使河水、悬崖和大塔林免于遭受风蚀。下雨的时候，雾气弥漫的森林看上去就像亚洲国家东南部的丘陵地

带。马塔加米河，是著名的鲑鱼垂钓佳处，吸引了尼克松前总统和卡特前总统在这里垂钓休闲。

马塔加米(Matapédia)

马塔加米正在步科萨普斯卡勒(Causapscal)后尘，成为户外互动中心，但，谢天谢地，在成为旅游城镇之前还有很长一段路要走。作为通往跨国阿巴拉契亚徒步小径(见330页框内文字)的大门，它有一个**接待中心**（www.sia-iat.com；Rte 132；⏲6月中到10月中），同时也是当地旅游办公室。提供免费地图，上面涵盖了西边山顶高原的徒步小路信息，如经St Alexis 到达**Horizon du Reve 瞭望处**。**Nature-Aventure公司**（☎418-865-3554；⏲5月中到11月中）安排沿当地河流一系列艰辛的划船游程，包括马塔加米(可及游程)和莱斯提古奇河(宏伟的游程)。

科萨普斯卡勒(Causapscal)

正如其完整的“河流之母”雕像所表示的，科萨普斯卡勒对大马哈鱼很着迷。这儿捉到的最大的大马哈鱼有16公斤多。城里的其他户外活动包括**步行游览**，小路蜿蜒着穿过周围小山。这座城镇自身有一座美丽的石砌教堂和许多更为古老的房屋，它们有着典型的魁北克银色屋顶，但附近木材加工厂的气味常常会破坏气氛。

有**旅游咨询处**（☎418-756-6048；53 Rue St Jacques；⏲6月末到9月初 8am～8pm，9月休息），如要办理（较为昂贵）垂钓许可证，可去**CGRMP**（☎418-756-6174；Rue 462 St Jacques Nord；⏲6月到9月）的办公室。

马塔加河的大马哈鱼最为健康；在季节刚开始时，这些13公斤重的家伙会定期聚集在那儿。小镇南边有一些有顶棚的桥梁，而在镇中心，跨马塔加米河有一座仅限于步行的吊桥。垂钓者从那儿去马塔加河和科萨普斯卡勒河交汇处，抛钓消遣。

前往**玛坦爵历史古迹**（Matamjaw Historic Site；☎418-756-5999；53 Rue St Jacques；成人/优惠/家庭 $5.70/4.85/17；⏲6月中到9月 9am～5pm）。看看在河上忙碌了一天之后的小伙子们是如何在垂钓俱乐部里的奢华的鞍垫里放松自己的。Rte 132路另一边是个大马哈鱼池。

引人注目的老式 **Auberge La Coulée Douce 宾馆**（☎418-756-5720，888-756-5270；www.lacouleedouce.com；21 Rue Boudraeu；单/双/度假屋 $69/89/109）很适合垂钓者，以及那些只想坐在舒适的餐厅里听

当地人的声音

辛西亚·帕特森 (Cynthia Patterson)，健康和社会服务协调员，**Vision Gaspé-Percé Now**

正如辛西亚·帕特森所说，加斯佩半岛的东端居住着少量母语是英语的人群。这个社区占了总人口的15%——约2400人是乌尔夫军队复员战士、海峡岛捕鳕鱼渔夫、美国内战时期到达这里的英国保皇分子，以及逃离大饥荒的爱尔兰移民者的后代。在这个复杂的地区，你会碰到不会说法语的 LeMieuxs、不会说英语的 O'Connors，看到一个叫做圣乔治斯的法裔村庄，居住着许多同时说法语和英语这两种语言的人，听到很多愉快的“bonjourhellos”（你好）。

“有趣的是，出现了一群聪明的年轻人，他们的父母中一位说英语另一位说法语，”帕特森说道，“麦克吉尔大学正在做一项研究，是关于有着两种母语的孩子的成长状况：这对他们的神经键意味着什么，较早年龄学习语言会对孩子大脑有更多的刺激，而且上学时这些孩子的成绩往往会更好。”

“另一方面，许多少数民族地区的孩子都来自父母不会说法语的家庭。”这个地区就是 Vision Gaspé-Percé Now。在过去十年中，默多克维尔铜矿关闭，杂货零售商的工厂和这个地区的捕鳕鱼行业已经淘汰了不用法语的工作职位。“在0～14岁这个年龄段中，50%的说英语的孩子现在都生活在贫穷边缘或者贫穷之下。统计上来说，这与大部分人有着很大的区别，他们是这个贫困地区贫穷人群里最贫困的。”这些母语是英语的社区，离要成为社会精英这一传统地位还有一段很长的路要走。

通过在学校、教堂和社区活动工作等方式，鼓励他们多与说法语的邻居交流沟通，多参加学校、教堂和社区活动，这是 Vision Gaspé-Percé Now 帮助英语母语人群的一个方法。对于学校的一些项目，帕特森表示，加拿大健康署资助的机构对101议案表示抗议，这项议案旨在保护魁北克城的文化。无论如何，这是一个重要领域。101议案指向当地两所学校，在这两所学校里，母语是英语的孩子从一位母语是英语的老师那儿学习法语，说法语的孩子从说法语的教授那里学习英语。在这种交流计划中双方都能受益。

听捕鱼趣事的人。

Orléans Express 客车连通加斯佩和里穆斯基，在 Rue St Jacques Nord 路 560 号处停靠。

北岸(NORTH SHORE)

北岸 (Côte Nord) 由两大部分组成：马尼库干（延伸到戈德布）和达普莱斯 (Duplessis，向东到拉布拉多边界)。这里的统计有些强势，就像是你必须驾车穿过这些地区一样。两个地区加起来总面积为 328 693 平方公里（相当于新西兰、比利时和瑞士三国的总面积）。这片广阔的土地上，只居住着大约 10 万勤劳的人们，大多数人沿岸居住在达 1250 公里的海岸线上。人口密度每平方公里不到 0.3 人。

再往东，乡村间的距离越来越大，人烟也越来越稀少，处境越来越偏僻，视野也越来越开阔。这里属于加拿大地盾的一部分，曾一度被厚厚的冰雪覆盖，而后冰雪融化，使这里形成了众多的湖泊和河流。

贝科莫(BAIE COMEAU)

这个城市不起眼，之所以存在，归功于罗伯特·麦考米克 (Robert McCormick)，芝加哥圣坛 (Chicago Tribune) 的缔造者。1936 年，他决定在这里建造一个巨大的造纸厂。这个造纸厂的运转要依赖马尼考干河 (Manicouagan) 和奥塔德斯河 (Outardes) 的水电能源，这从而带动了其他依赖水电能源的工业，如炼铝业。

贝科莫位于 Rte 389 路起始点，从北边经过**马尼库干水库**（这是世界上第五大陨石坑）一带，前往拉布拉多市和瓦布斯。公路边，Manic Cinq 水力发电站以北约 120 米处，是一片令人着迷的地方，横亘着**格罗尔斯山脉** (Groulx Mountains)，其山峰高达 1000 米，其间湖泊、苔原密布。

渡轮（☎ 877-562-6560；14 Rte Maritime）全年通航，前往马塔讷(Matane；成人/小汽车每辆 $12/32)，旅程为2个半小时，提供了向东到达南岸的连接点。建议预订。

戈德布(GODBOUT)

这座沉寂小镇的主要活动是渡轮的到来。17 世纪这里原是贸物交易站点，因河流盛产鲑鱼，非常繁荣。戈德布河 (Godbout) 和 特里尼蒂河 (Trinité) 一直是本省最适合捕鲑鱼的水域。

旅游信息咨询处（☎ 418-568-7462；115 Rue Pascal Comeau；⌚ 6月末到9月中 7am～7pm）在渡口。**美洲印第安和因纽特博物馆**（Musée Amérindien et Inuit；☎ 418-568-7306；134 Rue Pascal Comeau；成人/儿童 $4/2；⌚ 6月末到9月末 9am～10pm）收藏了不少因纽特人和原住民创作的雕塑品。如果你喜欢**游泳**，可以在博物馆下面的海湾中尽兴。

Hébergement Cormier 旅店（☎ 418-568-7535；156 Rue Pascal Comeau；单/双 $25/30）俯瞰着渡口，出租干净的客房，下面是个便利店和小餐馆。向游人出售捕鱼许可证，可以组织爱斯基摩划子和观鲸游。

渡轮（☎ 877-562-6560；117 Rue Pascal Comeau）往返在戈德布和马塔讷之间。

蒙茨角(POINTE DES MONTS)

这里标志着海湾向北改变方向和圣劳伦斯从河流变成海湾。建于 1830 年的**灯塔**是魁北克最古老的一座灯塔，但它并没起到导航作用，反而引发了数十起沉船事故。坐落地虽小却风景如画，已改建成**博物馆**（☎ 418-939-2400；www.pointe-des-monts.com；1830 Chemin du Vieux Phare；门票 $6；⌚ 6 月中到 9 月中 9am～5pm），介绍灯塔看守人及其家人的生活。提供住宿（双含早餐 $69 起），住客可以选择住在灯塔里、附近圆木小屋、农舍或营地（宿营地 $16 起）。就地的餐馆经营当地上等特色菜，仅限住客享用。套餐全包价包括垂钓和猎鸟。

特里尼蒂湾(BAIE TRINITÉ)

假如你有兴致去了解圣劳伦斯的海难历史，可以来到**国家海难中心**（Centre National des Naufrages；☎ 418-939-2679；27 Rte 138；成人/儿童 $8/6；⌚ 6 月中到 9 月中 9am～7pm），位于 Rte 138 路东北 34 公里处。

里维耶尔—庞特科特(RIVIÈRE PENTECÔTE)

这个村庄的名字似乎充满了喜悦，当地人的发音是带着鼻音的典型魁北克发音。在村子里，五旬节教堂 (Pentecostal church) 下的码头，吸引了很多渔民，他们在圣劳伦斯河与庞特科特河交汇处抛下渔网。

在村庄和英格兰角(Pointe aux Anglais)之间，向南12公里，是一处狭长的公共海滩，宿营者可以免费在丛林的沙丘上搭帐篷，一整天在近海处等候鲸出现。这是北岸最棒的海滨——相当干净、舒展的沙滩。不过，没有任何公共设施，但你可以去英格兰角以北5公里处的小餐馆淋浴，也就是**Le Routier de Pentecôte 旅馆**（☎ 418-799-2600；2767 Rte 138；单/双 $35/55；⌚ 7am～8pm），也可以在这家旅馆租间便宜的小屋。它还是Intercar客车在当地的停靠点。

更舒适的是在佩尔斯宿营地基地，**Abri des Campeurs**（☎ 418-766-5590；Site Historique de Rivière Pentecôte；宿营地 $12）。

七岛港(SEPT ÎLES)

七岛港是北岸独一无二的小镇，也是加拿大最为繁忙的港口，虽地处偏远，但其按照字母顺序排列的街道仍然很吸引人。拥有很多优秀的博物馆和群岛，可以缓解长途驾驶的疲劳。

主要的**旅游咨询处**（☎418-962-1238，888-880-1238；1401 Boul Laure Ouest；⏰5月到9月7:30am～9pm，9月到次年5月周一至周五8:30am～5pm）位于城镇以西公路上。较小的季节性办事处设在港口。

景点

北海岸地区博物馆（Musée Régional de la Côte Nord，☎418-968-2070；500 Boul Laure；成人/学生 $5/4；⏰6月末到9月初 9am～5pm，9月初到次年6月末周二至周五 10am～5pm，周六和周日 1～5pm）是必须要参观的地方。通过小器具和史前古器物的时代，如17世纪的地图，告诉你北岸的历史及8000年人类居住的历史。

沙普团博物馆（Musée Shaputuan；☎418-962-4000；290 Boul des Montagnais；成人/学生 $5/4；⏰6月下旬到9月上旬 9am～5pm，9月上旬到次年6月下旬 周一至周五 9am～5pm）是北岸最大的原住民博物馆。空气流通良好的展览大厅分成四个展区，分别代表一年四季，介绍蒙塔内(Montagnais，印鲁族)的生活，他们或追逐北美驯鹿或察看危险的泉水。其中有图片、传统服装、雕塑和神话传说。

古交易站（Le Vieux Poste；☎418-968-2070；Boul des Montagnais；成人/儿童 $3/免费；⏰6月下旬到9月下旬 9am～5pm）是17世纪的毛皮交换站。后来改建成一系列建筑，介绍当时以森林为家的狩猎者的生活。

活动

离七岛港不远有一小型群岛区。最大、最值得逗留的美丽岛屿是**格兰特岛**(Île Grande Basque)，岛上12公里的小路供人徒步，海滨是野炊的首选。夏季，**Croisière Petite Pingouin**（☎418-968-9558）和**Les Croisières du Capitaine**（☎418-968-2173）每10分钟在这座岛屿和七岛港之间运营渡船（成人/儿童 $20/13)，以及群岛巡游。Parc du Vieux Quai 港口处售票。有了许可证后，可以在此宿营，从旅游公司和游客办公室办理许可证。如果想在向导带领下，划爱斯基摩划子周游群岛，请联络 **Vêtements des Îles公司**（☎418-962-7223；637 Ave Brochu）。克罗索尔岛(Île du Corosol)堪称一座小鸟天堂。

食宿

Rte 138 路沿途有一些汽车旅馆。

Le Tangon 青年旅舍（☎418-962-8180；www.hihostels.ca；555 Rue Cartier；宿营地 $10，宿会员/非会员 $16/20，单/双 带公共卫生间 $28/46；💻）在木制阳台上可以看到 Rte 138 路外数米的风景。这家青年旅舍待客友善，内部有高压淋浴、小房间和家庭式的客厅和厨房。

Gîte de l'Étale旅馆（☎418-962-1777；745 Rue de la Rive；房/度假屋 $69～79/79～89）这家友善的B&B旅馆，位于城东7公里处的安静地段，有海景，也有精致的小房间以及当地特色的自助早餐。

Pub St Marc酒馆（☎418-962-7770；588 Ave Brochu；正餐 $16～25；⏰周二至周五11am～10pm，周六和周日4pm～午夜）环境优美，拥有带灯的户外露台。旅馆附近清醇的酒吧供应十几种生啤酒、通心粉和沙拉。

Les Terrasses du Capitaine（☎418-961-2535；295 Ave Arnaud；正餐 $25～40；⏰周一至周五11am～2pm和4:30～9pm，周六和周日4:30～9pm）在鱼市场后面，这是城里品尝当地捕捞物最好的地方。

到达和离开

拉布拉多航空公司(Air Labrador；☎800-563-3042；www.airlabrador.com）在北岸低地、拉布拉多、纽芬兰、魁北克城和蒙特利尔之间有航班往返。

Relais Nordik公司（☎418-723-8787，800-463-0680；www.relaisnordik.com）的渡轮沿北岸低地开往丹提考斯特岛(见327页)。

Intercar公司（☎418-962-2126；126 Rue Mgr Blanche）客车往返贝科莫Baie Comeau($40，4小时)，从周一到周五往返圣皮埃尔港($33，2小时45分钟)。

原住民经营的 **Tshiuetin Rail Transportation 公司**（☎418-960-0982；1005 Boul Laure）每周两趟的专线列车抵离斯切费维尔(Schefferville)，北去568公里，是本省最偏僻的一处景点，一度繁荣的采矿小镇。沿途风光旖旎。列车穿过森林，越过峡谷，进入山谷深处，迂回于急流飞瀑旁，劈山开道，在河流、湖畔、山丛中延伸。途中穿过的一座桥梁长900米，横跨莫伊斯河(Rivière Moisie)，桥高50米，路经的汤卡斯瀑布(Tonkas Falls)高60米。你可以在野外驻足、宿营和钓鱼，然后赶下一趟列车。

明根(MINGAN)

距离七港岛不远，风景恢复到了以前的原始状态。路两边温暖的树丛密布，延伸的苔藓映入眼帘。当然，天空比以前宽广了，但是这些平原不能被描述为空荡荡的。石头后面的地面变得越来越大，蓝色湖泊和岩石河流向圣劳伦斯流去。

明根以前是鱼市场和交易站，主要是由活跃的印鲁社区组成，他们称这个村庄为Ekuanitshit。小天主教堂**Église Montagnaise 教堂**（☎418-949-2272；15 Rue Nashipetimit；免费参观；⏲8am～7pm）集天主教与原住民文化于一身。小祭坛上祀奉着十字架上受难的耶稣，讲道台由鹿角制成，流苏布覆盖着祭坛，描绘了当时狩猎的情景。

明根群岛国家公园 (MINGAN ARCHIPELAGO NATIONAL PARK)

40座近海岸的大小岛屿组成这座公园，是当地最吸引人的景观，属自然保护区。岛屿从明根长角(Longue Pointe de Mingan)连绵逾85公里，一直至圣皮埃尔以东40公里。它们大大小小，形状各异，层层叠叠，是沿岸风侵雨蚀形成的石灰石峰丛，因为长满青苔和植被，也被美誉为“花盆”。栖身其间的或是愚笨的角嘴海雀(法语称macareux moine)，介乎于鹦鹉和企鹅之间的一种鸟类，样貌奇特。这儿的鸟类多达200余种。

接待和说明中心（Reception & Interpretation Centre，☎418-949-2126；Longue Pointe de Mingan；⏲6月到9月 8am～6:30pm）有很多信息。在同一个建筑里，还有非营利性的**鲸类说明中心**（Cetacean Interpretation Centre，☎418-949-2845；成人/儿童 $7.50/3.50），可以仔细研究鲸类及其他神秘的哺乳类动物。

六家旅游公司从圣皮埃尔港和明根长角组团出发。一般来说，游船越小，感觉越好。花费在$35到$55之间，为时3小时到5小时。

因为有特殊的地形、植物和动物，群岛是这个国家最好的海上爱斯基摩划子目的地之一。**Agaguk**（☎418-538-1588）和**Odysée Minganie**（☎418-949-2438）都提供爱斯基摩划子游，适合无经验的划船者，分别从圣皮埃尔港和明根长角出发。Agaguk还提供租用设备。

在岛上可以宿营（宿营地 $14.50），但游客必须在接待和说明中心或者圣皮埃尔港的旅游信息办公室登记。

圣皮埃尔港(HAVRE ST PIERRE)

这座捕鱼城市在东北路边，值得停留，主要因为它在124公里处有最后一个汽车修理厂。有很多吸引人之处，不过它也是一处工业区。铁矿石和附近矿产资源丰富的铁钛被运往特拉西—索里尔(Tracy-Sorel)的加工厂。圣皮埃尔港建于1857年。从德拉玛得来纳岛搬迁到这里，六家阿卡迪亚人定居在原因纽特人的领地上，并营造了这座港口。

旅游信息中心（☎418-538-2512；1010 Promenade des Anciens；⏲6月中到9月中 9am～9pm，9月中到次年6月中 周一至周五 8am～5pm）也是明根群岛团队游的一个枢纽。

Auberge Boréale旅馆（☎418-538-3912；www.aubergeboreale.com；1288 Rue Boréale；房$50）有9个装饰很酷的蓝白相间的客房，享有不错的海边风景。

二层楼的**Gîte Chez Françoise**（☎418-538-3778；www.gitechezfrancoise.has.it；1122 Rue Boréale；单/双$55/58起；💻）有4个艺术装修的房间。住宿的地方也提供出租自行车服务。

Intercar公共汽车（见338页）在**Variétés Jomphe 商店**（☎418-538-2033；843 Rue d'Escale）停站。

丹提考斯特岛(ÎLE D'ANTICOSTI)

就在近几年中，这座占地7943平方公里的岛屿的自然美景方崭露头角，游客日渐增多。1895年，法国巧克力制造商哈利·梅尼尔(Henri Menier)买下这座岛屿，作为他的私人狩猎地。岛上有众多的白尾鹿和大马哈鱼，狩猎的人和垂钓者青睐这里已有一段时间。现在，野生生物保护区吸引了爱好大自然的人们。这里，林木茂密，沿岸悬崖林立，瀑布、独木舟、岩洞以及河流，处处皆景。

在梅尼尔港(Port Menier)，在岛上距离村庄最近的是一处**旅游咨询处**（☎418-535-0250；36 Chemin des Forestiers；⏲6月到9月）和几家当地餐馆与B&B旅馆；最好在抵达前预订。从这儿开始，一直伸向岛内其他地方。

对于这座岛屿，尽管你可以选择自助游，但必须计划在先。游客大多倾向选择包价小团游。魁北克自然保护区机构协会(Sépaq，见250页)提供2天到7天的飞机包价游，圣皮埃尔港旅行信息中心有更多详情。Relais Nordik船运公司(见327页)是唯一的常规客运航线。

纳塔什昆(NATASHQUAN)

纳塔什昆一直是连接省内其他城市的中转地。1996年，Route 138路开通到达该村庄的路段，1999年，全程才铺设好。生性浪漫的人会很喜欢来这里，感受纳塔什昆的宁静和风袭荒地的美丽。这条公路的终点在Pointe Parent，继续向前7公里。

旅游信息咨询处（☎418-726-3054；24 Chemin d'En Haut；⏲6月末到10月中 8am～7pm，10月中到次年6月末 9am～5pm）也是说明中心。

纳塔什昆是魁北克伟大歌手兼作曲家吉里斯·维诺特(Gilles Vigneault)的出生地。**Old School**（☎418-726-3054；32 chemin d'en Haut；成人/儿童 $4/2；⏲6月23日到9月3日 8:30am～6pm，9月4日到10月20日 10am～4pm）有展览，剖析了给她的创作以灵感的当地名人。

在一座常常刮风的半岛上，亮红色屋顶的

小白屋簇拥在一起，形成**莱加莱**(Les Galets)。渔民们曾经在这里腌制、晾晒他们捕获的鱼，现在这里是一个重要的活动地。除了享受周围海滩之外，你可以在岛内徒步，穿过偏僻的、布满瀑布的树丛和瞭望台的森林。旅游办公室有免费的地图。

德拉玛得来纳群岛
(ÎLES DE LA MADELEINE)

玛格达伦群岛(Magdalen Islands)上的一系列群岛在地图上就像曼德布洛特集合(Mandelbrot Set)，向前弯去。它位于爱德华王子岛北部105公里，6座最大的岛通过200公里长、被经典地命名为Rte 199路连接，在波澜起伏、翠绿的陆地沙滩上，海滩看上去快被海水吞噬了。群岛的350公里长的海滩是富含铁矿的红色岩石，在风力和大海的作用下，形成了可以乘坐爱斯基摩划子探险的洞穴。令人惊奇的是，尽管它位置暴露，但仍是一个安全舒适的地方，地平线在这里通常被群岛另外一边断开，让你有种身处海边的幻觉。

当你乘坐飞机环绕月牙形海滩飞行时，玛格达伦群岛看上去就像是被遗弃的岛屿。实际上13 000名幸运的人住在这里，而且在夏季时人数会翻四倍。正如加斯佩半岛一样，岛上孤立的社区居民为阿卡迪亚难民和失事船只海员的后裔，他们有办法可以使人类学家能够与他们迅速交流，其速度比风吹沙嘴的速度还快。例如，在英语为母语的少数民族中，格罗斯岛的600多个爱尔兰后裔社区中的一位成员告诉我们，他们经常要努力去听安特里岛岛上居民的口音，在那里130位居民有苏格兰血统。

一个约见岛上居民的好去处就是boîtes à chansons(音乐屋)，这些居民出门时通常不会锁上那分散的、涂得很亮的房子。群岛有丰富的夜生活，在卡普奥缪斯(Cap aux Meules)，你可以看到阿卡迪亚人在夏日夜晚边谈边唱。白天时，假如你不忙于在岩池区或在刮大风的沙嘴上骑自行车，可以享受其他形式的创意活动，可以在海鲜餐馆、工作间兼博物馆和商店里得到快乐。这些岛屿充满艺术家，他们经常在pot-en-pot(当地的风味，将海鲜、鱼和卤汁掺在面包屑里，焙烤出炉菜肴)或者Pas Perdus(在卡普奥缪斯酿造的三种啤酒之一)中寻找灵感。

处在大西洋时区内，比陆路魁北克早1小时。

德拉玛得来纳群岛 ÎLES DE LA MADELEINE

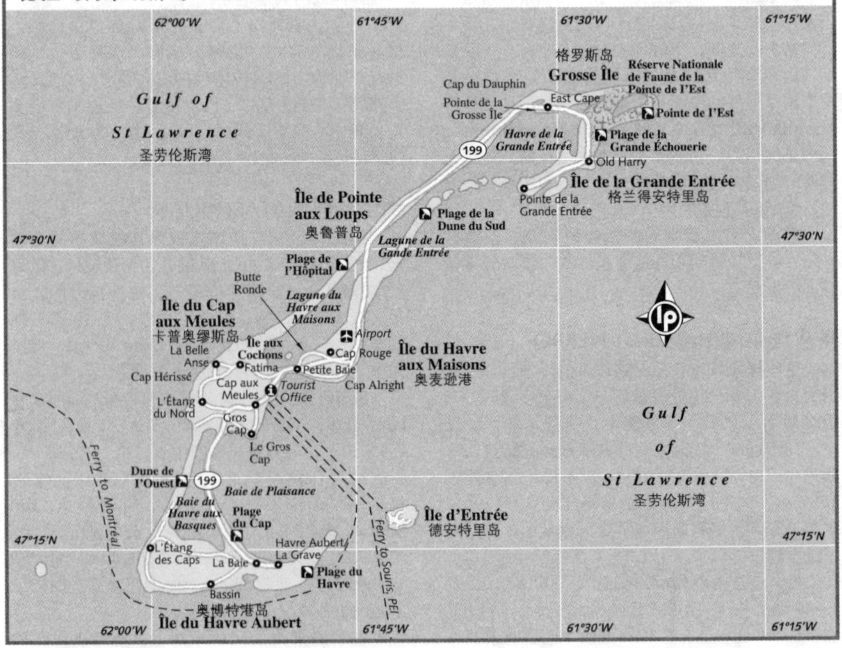

到达和四处走走

机场位于奥麦逊港岛(Île du Havre aux Maisons)西北角，加拿大爵士航空公司一天有航班从蒙特利尔、魁北克城和加斯佩发出。**Pascan**(☎888-313-8777；www.pascan.com)从两个城市和博纳旺蒂尔发出航班。

最经济实惠的方法就是乘渡轮从爱德华王子省的苏里斯(Souris)到卡普奥缪斯。**CTMA Ferries渡轮**(☎418-986-3278，888-986-3278；www.ctma.ca)4月到次年1月通航，大概需用5个小时。7月至9月，每天一班到二班渡轮，其余的时间更少。仲夏你最好预订。船票 成人/5～12岁儿童$43.50/21.50。自行车 $10.50，汽车$80.50。

6月至10月，CTMA公司还提供从蒙特利尔经魁北克城、塔多萨克和钱德勒(Chandler)的渡轮，航程为2天。沿途可以领略圣劳伦斯河的美丽风光。你也可以坐车前往，然后由公路返回。

这里没有公共交通。**Le Pédalier 公司**(☎418-986-2965；800 Rte 199)在卡普奥缪斯湾出租自行车。赫茨(Hertz)和当地公司均在机场设租车接待处；尽早预订。

卡普奥缪斯(ÎLE DU CAP AUX MEULES)

拥有群岛过半的人口，仅有加拿大咖啡连锁店(Tim Hortons)，与周边岛的发展情况相比，这里的岛上商业中心并不是很让人满意。无论如何，这仍是百分百的Madelinot风格，这里的设施、住宿和活跃的夜生活，都使它成为了理想的基地。

旅游咨询处(☎418-986-2245，877-624-4437；www.tourismeilesdelamadeleine.com；128 Chemin Principale；⏰6月24日到8月3日7am～9pm，9月9am～8pm，10月1日到感恩节9am～5pm和渡船来时，感恩节到次年5月31日周一至周五9am～5pm，6月1日到24日9am～5pm周一至周五 和渡船来时)位于渡轮总站附近，可以提供岛上所有信息，很有帮助。

景点和活动

岛的西部，红岩峭壁高高挺立。可以在**拉贝尔昂斯**(La Belle Anse)和法蒂玛(Fatima)之间的崖顶小路上看到熔岩冲蚀的景观。西南边，在**Cap du Phare 角**(Cap Hérissé)的灯塔可以看日出，人人向往，**Anse de l'Étang du Nord**港口一艘失事船附近聚集了许多时装商店和咖啡店。岛屿的中心，在与Rte 199路的交叉路口附近，有Chemin de l'Église的标牌，**Butte du Vent 山高峰**从北到南，将小岛景致尽收眼底。在海滩上的微酿酒厂**À l'Abri de la Tempéte**(☎418-986-5005；286 Chemin Coulombe；团队游$6；⏰团队游11am～7pm)结束白天的旅程。

年轻、狂热的刺激探寻者们经营着**Aerosport Carrefour d'Aventures公司**(☎418-986-6677；1390 Chemin Lavernière)。乘爱斯基摩划子入岩洞探险，非常流行；当轻风微吹时，飞速沙滩车十分刺激，令人难忘。**Vert et Mer公司**(☎418-986-3555；169 Chemin Principale)提供徒步活动，包括布里恩岛(Île Brion)上的海上爱斯基摩划子和圆顶帐篷住宿。**MA Poirier公司**(☎418-986-4467；375 Chemin Petipas)，组织7小时客车观光游，囊括了岛上的主要景点。

食宿

Auberge Internationale 青年旅舍(☎418-986-4505；info@parcdegroscap.ca；74 Chemin du Camping；帐篷和娱乐车营地$19～24，宿 会员/非会员$23/27，房$46/50；5月到9月；🖳)位于格罗斯湾，俯瞰着满是脚穿防水胶靴的渔夫们的海湾，这可能是国际青年旅舍中最安静的一家了。这里有家庭气氛，是一个组织活动的好地方，如爱斯基摩划子比赛。唯一不足的是像诺克斯堡一样的安全措施，在一个安全到大家都可以不锁车的群岛上，这似乎有些多余。

Camping Le Barachois 宿营地(☎418-986-6065，87 Chemin du Rivage；帐篷和娱乐车 营地$19～23)在Gîte du Goeland Argenté附近，这家宿营地有120个营地，周围密布着树木、湖泊和大海，可以欣赏日落。

Gîte du Goeland Argenté(☎418-986-5666；56 Chemin du Rivage；单/双$60/70；⏰6月到8月)地处法蒂玛一条公路的安静地段，满是丁香花，内部用可以在墙上游泳的鱼来装饰着屋子。

Pas Perdus(Not Lost；☎418-986-5151；169 & 185 Chemin Principale；正餐$14；⏰11am～8pm)在Pas Perdus的露台用力咀嚼着鲨鱼碎饼，看着Rte 199路从外延伸而去，红色内部满是弯曲的镜子，是一种感受岛上波希米亚脉冲的最好方式。每个人都可以进行网上冲浪，喝一口饮料。在明亮的卧室里，你可以睡个好觉(单/双$40/50)，现在，喧闹的音乐环境转移到以前的Café Théâtre Wendell了。夏季夜晚举行很多活动，周一有关于岛上的电影(7pm)、免费的滚爵士音乐即席演奏会(10pm)以及扩展的户外活动，穿破烂短身裤的乐师敲来敲去。Pas Perdus在岛的东部，在旅游办公室的西部。

Café la Côte(☎418-986-6412；499 Chemin Boisville Ouest；正餐$27；⏰8am～10pm)在L'Etang du Nord，离渔夫雕像不远处，这家海滩小屋一样的地方，有很棒的早餐和方便的海鲜或意大利面午餐。夏日，附近的音乐屋晚上有阿卡迪亚音乐表演。

La Factrie 餐馆(☎418-986-2710；521 Chemin du

魁北克

Gros Cap；正餐 $27 ~ 32；⏲5月到9月周一至周六 11am ~ 10pm，周日4 ~ 10pm）在龙虾繁殖基地上面的一家自助餐厅中供应顶级海鲜；仅在德拉玛得来纳岛！试试沙拉龙虾、煮龙虾、乳酪炬龙虾、三明治龙虾或龙虾饼。

奥博特港湾(ÎLE DU HAVRE AUBERT)

从卡普奥缪斯向南，来到群岛中最大的岛屿，Rte 199 路在背靠蓝色大西洋和 Baie du Havre aux Basques 的沙丘之间蜿蜒，很受风筝冲浪爱好者们的欢迎。

奥博特港小镇中最活跃的是拉格哈夫街（La Grave）一带，古老的房子里有乡村迷人的钓鱼社团遗迹，这也有小的工艺商店和饭店。除此之外，沿着 **Sandy Hook** 走走，就会感觉你身处在世界的尽头一样（除了8月份的沙堡比赛外）。

很棒的**海洋博物馆**（Musée de la Mer；☎418-937-5711；1023 Rte 199；成人／儿童 $5/2；⏲6月末到9月初 10am ~ 6pm，其余月份 时间减少）从雅克·卡蒂埃对前进海象的表述中，感受 Madelinot 的历史。

工作间兼博物馆**Artisans du Sable艺术工作室**（☎418-937-2917；907 Rte 199；⏲10am～5:30pm）出售象棋盘、烛台和其他纪念品……都由沙子制成（和沙坑一样）。

在 **Le Site d'Autrefois**（☎418-937-5733；3106 Chemin de la Montagne；成人／儿童 $10/4；⏲6月中到9月 9am ~ 4pm），引人注目的渔民克劳德通过讲故事、唱歌等形式保留了 Madelinot 传统，并有一个模范村。

雨天，**水族馆**（aquarium；☎418-937-2277；146 Chemin de la Grave；成人／儿童 $6.50/2；⏲6月到10月中 10am ~ 6pm）的触摸池（petting pool）深受欢迎。

Chez Denis à François（☎418-937-2371；404 Chemin d'en Haut；单／双 $110/130）是用打捞上来的沉船木材建成的。宽敞的维多利亚式房间有天花板、冰箱和沙发。

Café de la Grave 咖啡馆（☎418-937-5765；969 Rte 199；正餐 $20；⏲9am ~午夜）不只是当地的一个机构，它还是岛上的重要枢纽。在以前的百货商店中，挑剔的人们吃着美味的海鲜什锦堡（pot-en-pot）、法式吐司（croque monsieur）、汤和蛋糕。

奥麦逊港湾 (ÎLE DU HAVRE AUX MAISONS)

这儿有机场，是岛上人口最多的地方之一，但旅行者不会感觉到，特别是 Rte 199 路的东部可能是风景最美的地方，最好从 Chemin des Buttes 望去，Rte 199 路在绿山和风景如画的别墅间蜿蜒而去。从 Cap Alright 附近的 Chemin des Échoueries 停车场，短途跋涉后，在多岩石的 **Butte Ronde** 上可以看到海岸线壮丽的风景。

滴滴答答走着的时钟、经典的音乐、照片修饰的漂亮房间、面海的音乐室，**La Butte Ronde**（☎418-969-2047；70 Chemin des Buttes；房 含早餐 $85 ~ 120）有着悠闲的、如图书馆般的气氛。

格罗斯岛(GROSSE ÎLE)

这个小岛是大多数母语为英语的少数民族居民的家，其纽芬兰口音表明他们是凯尔特人的后裔。母语为英语的人与母语为法语的邻居交流都有困难，你可能会听见"我们想要回我们的英语标志"这样的评论。

在风吹过的沙丘尽头，只有 Île de Pointe aux Loups，格罗斯岛的起点是一处**盐矿**，位于海平面下300米的地方。

在格罗斯岛海角**三一教堂**（Trinity Church），英国国教反映了岛上生活。彩绘玻璃窗上描述的耶稣穿着破旧的外套和靴子，说"跟我走吧，我会使你成为人类的渔民"。

在格罗斯岛和老哈利区之间，684公顷的东角鸟（East Point bird）集聚地以群岛漂亮的海岸自豪。**格兰得伊楚里海滩**（Plage de la Grande Échouerie）从这里拓展至老哈利区东北方向10公里处，那有停车场和从东角通往老哈利区的路线。

马格达伦英语岛民委员会（Council for Anglophone Magdalen Islanders；☎418-985-2116；787 Chemin Principale；免费参观；⏲周一至周五 8am ~ 4pm）位于老哈利区，在一座1921年建造的老校舍中。英裔遗产包括**布里恩岛**（Île Brion）19世纪的海员墓碑，在北边16公里处。布里恩现在是一个自然生态保护区，140多种鸟儿和很多有趣植物物种栖身这里。

老哈利区的 Seacow Rd 路通往海象上岸并被屠宰取油的地方。附近的**海滨彼得教堂**（St Peter's by the Sea）建于1916年，用失事船只的木材建成，周围是克拉克及家人的墓地。因为正式文件中记载时拼写错误，这里的姓氏发生了变化。

格兰得安特里岛 (ÎLE DE LA GRANDE ENTRÉE)

即使根据 Madelinot 标准，Grand Entry 也是远离边区村落的地方，650位居民的家看上去还没有渔港的船桅多。

Club Vacances Les Îles 俱乐部（☎418-985-2833；377 Rte 199；帐篷和娱乐车 营地 $19 ~ 24）充满了各种活动，提供海上爱斯基摩划子、风帆冲浪、洞

魁北克城的延巴克图

远离纳塔什昆，被称作**下北海岸**(Lower North Shore)的海岸线向东北方向延伸400公里至拉布拉多边界。只有通过每周的Relais Nordik渡轮(见327页)、拉布拉多航空公司(见338页)以及冬季时的雪上汽车，才能与这个省的其他部分来往，该地区对于大部分魁北克人来说还是一个谜。蒙特利尔人可以纠正游客对于那些遥远山村的名字的错误发音，但也只是因为他们在天气预报中听说过这些名字而已。

母语是英语的10个村庄与母语是法语的4个居民地完全分开，这些村庄大部分是由纽芬兰的渔夫和来自德拉玛得来纳岛的阿卡迪亚人建立的。这里还有印鲁社区。这会让Relais Nordik的游客晚上在某些地方感受到有些脱节的体验，他们在海岸边游荡等待渡轮的到来，往往会等上几个小时。渡轮是这个地区主要的供给线，从里姆斯基到**布朗萨布隆**(Blanc Sablon)需要3天半的时间，布朗萨布隆位于拉布拉多边界往西2公里处，从1月到4月，因为有冰，没法通行。

Kegaska位于纳塔什昆以东50公里，因用碾碎的海贝壳覆盖道路而闻名。再往前100公里就是**哈灵顿海港**(Harrington Harbour)，它被视为魁北克市最漂亮的村庄之一，位于受风保护的小小海湾边上，色彩明亮的房子架在岩石暗礁上，构成了一道漂亮的风景。Route 138路始于**Vieux Fort**，离布朗萨布隆50公里，16世纪时欧洲人就有在这定居的，原住民在这儿居住也超过8000年了。布朗萨布隆和纽芬兰的St Barbe两地之间有**渡轮**(☎888-535-2567)，Rte 510路连接着拉布拉多的几个岸边村庄(见519页)。

穴、大自然徒步、群岛游、品尝海鲜、渔夫讲故事等游览，甚至还有泥巴浴！有一个宿营地和一家自助餐，仅安排旅游全包价团住宿。

在现场，**海豹说明中心**(Seal Interpretation Center；门票$5.40；⏲6月中到9月10am～6pm，10月到次年6月中周二至周五至5pm)深入研究海豹的世界，特别是在“辩论角”有针对用棒打死海豹的争论。

中心俯瞰**Île Bordeau**，这是一条步行小道，通过Chemin du Bassin Ouest可以到达，在Rte 199路尽头附近。

Galerie-Boutique Marie Marto美术馆和精品店(☎418-985-2944；889 Rte 199)中，在海边生活的艺人们出售用天然原料制作的物品。

Délices de la Mer餐馆(☎418-985-2364；907 Chemin Principale；正餐$25；⏲周二至周五11am～8pm，周六和周日8am～8pm)这儿以前是当地渔业合作社办公室，供应优惠的海鲜，如龙虾面包和薯条。

远北地区(FAR NORTH)

这块地区真实地再现了魁北克的终极边境，那里土地贫瘠，最终将消失在北冰洋深海下。这儿有很棒的远北地区，有着偏僻的村庄、强壮的原住民和极好的地理位置，诱使着游客想要从旅行雷达上直接跳下。那里富有最有价值的资源，例如银、金、铜，还有驯鹿在自由奔跑，大量的鱼在遨游。

北部地区显然是一个相当大的范畴，在最北端，零星分布着很小的一些因纽特和原住民住地，人只能乘丛林飞机进入。在比较发达的地区，人们主要依赖大规模的工业采矿，林木业和水利电力业谋生。要去真正的远北地区(努那瓦特的因纽特居住区)得乘坐飞机，机票昂贵，有时间的话，乘坐小汽车可以到达阿毕提比—特米斯卡明哥(Abitibi–Témiscamingue)和詹姆斯湾的其他地区非常便捷，驱车前往可以让人体会到加拿大真正的北部情调。

阿毕提比—特米斯卡明哥(ABITIBI-TÉMISCAMINGUE)

这是个怎样的地方呢？方圆65140多平方公里，人口数量不及湖泊数量。尽管如此，在魁北克人心中，这个人口稀疏的美丽之地仍然占据特殊地位。这块土地仍有待大批人口入住，拥有很大的发展空间，是梦想与艰辛的象征。

它是阿尔贡金人传承下来的一片土地，阿毕提比—特米斯卡明哥涵盖两个不同地域，每个地域的名称源于不同的部落名称。经安大略北部和鲁安—诺兰达(Rouyn–Noranda)南部一条漫长公路，人们才可以到达特米斯卡明哥，这里游人罕至。绚丽多彩的田园风光，幽静空旷的山谷，还有壮美的特米斯卡明哥湖(Lac Témiscamingue)，这一切让人心旷神怡。阿毕提比可供参观的地区大多平坦，这就使得艾格贝勒公园(Parc d'Aiguebelle)险峻的悬崖峡谷更加吸引人。

跟一般的殖民目的一样，占领阿毕提—特米斯卡明哥也是为了资源开发。19世纪以前，居住在这片土地上的欧洲人仅限狩猎者和毛皮商人。之后，林木业和铜矿开采业更促进了发展。

19世纪20年代，淘金热风靡一时，成千上万的人蜂拥而至寻找财富。矿脉周围，新兴城镇如雨后春笋般崛起。

现在，魁北克省的这片广袤土地仍然独树一帜，部分原因在于它的幽静偏远。来访游人多是想在公园里寻觅独处，或者，奔赴北部更深远的景观，感受空旷的意境。

维仁德莱动植物保护区(Réserve Faunique la Vérendrye)

这座大**公园**（☎819-736-7431，800-665-6527；www.sepaq.com；Hwy 117；门票$3.50；⏲5月中到9月中）相对容易进入，划独木舟最好。围绕湖岸是美丽的宿营地，弯曲逦迤的徒步小路配有精制地图。就算是在热浪滔天的盛夏，你依然能感受到丝丝湖水的清凉。公园里，你可以随心所欲地享受大自然的安静祥和。除了宿营，还有小木屋出租，每周$450。罗兰湖(Lac Roland)的瀑布很值得一看，中间的各湖泊属于一座大型水库的组成部分，非常浅，可能算不上真正的大自然区。

从四个地方出发可到达公园，都沿Hwy 117公路前往，从劳伦琴斯出发，**Le Domaine公司**（☎819-435-2541）位于格兰得里默村(Grand Remous)58公里处，提供住处，独木舟出租和旅游服务。工作人员非常友好，你还会意外收到他们寄的圣诞卡呢！

从南端行驶，横过保护区前往瓦勒多，长达180公里的路程中，沿途没有村庄，请备满汽油。

瓦勒多(Val d'Or)

瓦勒多建于1933年，在西格玛(sigma)金矿附近，如今，这里看上去还是一座昔日新兴的矿产都市，有着宽阔的街道和一条主干道(Ave 3-ème)，让人自然而然想起淘金热的狂热场景。主干道依然留存着粗糙的旧时路面。虽然西格玛金矿已不再是这座城市的经济支柱力，但仍在运营生产。**旅游咨询处**（☎819-824-9646；1070 3-ème Ave East；⏲9am～5pm）在城镇东端，Hwy 117公路旁。

金矿城（La Cité de l'Or；☎819-825-7616；90 Ave Perreault；成人/学生$25/20；⏲6月下旬到9月上旬 地下游览8:30am～5:30pm）91米深的地下金矿之旅，让你了解采矿全过程。同一地点还有**采矿村**(Village Minier de Bourlamaque；成人/学生$12/10)，一座翻新的矿村，很多圆木房屋，请电话预订，如果还想进行地下矿道游，请带好保暖衣服。

Air Creebec的航班从蒙特利尔飞往瓦勒多。Autobus Maheux公司（见251页）的客车覆盖整个地区，开往蒙特利尔(7小时)，马塔加米(3个半小时)，经森尼戴尔(Senneterre)开往希博加默(Chibougamau，6小时)。

艾格贝勒公园(Parc d'Aiguebelle)

阿毕提比的风光比较沉闷，这座**省立公园**（☎819-637-7322；1737 Rang Hudson；门票$3.50；⏲全年）的美妙景色自然会带给你加倍的惊喜。宏伟壮丽的峡谷忽地直扑入眼帘，千姿百态的峰岩峭壁令人叹为观止，200年来，穿梭于林间的徒步小路坦然延伸(60公里长)。

这座精巧的公园（仅268平方公里）拥有三个入口，它们是蒙布昂山(Mont Brun，在瓦勒沙以西Hwy 117公路段上有路标，离吊桥最近)；鲁安—诺兰达和拉莎尔(La Sarre)之间的Rte101路附近；塔切罗Taschereau（在塔萨尔和阿默斯之间Rte 111路南）。三个入口的附近都有漂亮的宿营地（场地$21)，出租独木舟和爱斯基摩划子的商店。

詹姆斯湾(JAMES BAY)

进入这片土地意味着你进入了魁北克的最后疆界，稀有金属在似乎永无止境的北方赤松林下自由流动，这些赤松从土地中拔地而起。在很多夜晚，北极光将天空染成了粉红色和蓝色的万花筒，最终成为燃烧着的橙色夕阳红。但这儿的人口只有3万人，是世界上面积最大的行政直辖市(350 000平方公里)，几乎相当于德国的面积了。其中，几乎一半的人是克里人，住在彼此相隔几百公里的八个保留区内。

Rte de la Baie James公路近乎神奇，通向拉迪森小村庄，在蒙特利尔以北1400公里和阿默斯以南800公里处。向西延伸100公里的分支线通往奇萨斯比，詹姆斯湾附近的一处克里原住民保留地。大型的詹姆斯湾水利电力工程落户这里，魁北克的能源50%都来自这些水电站。很多游客来到这个地区，就是想目睹这些水电站。

7月、8月时，气温有时会达到30℃，不过，夜晚时，请预备保暖的衣服。7月，白天的气温通常在17℃左右。冬天往往在10月就来临，温度会降至零下15℃，甚至零下40℃。

大多数人经阿毕提比到达詹姆斯湾。Rte 109路向北183公里通往马塔加米，经过这里，路况变好，成为Rte de la Baie James公路，再走620公里就到了拉迪森(Radisson)。要去东部最大的镇希博加默(Chibougamau)，你最好从圣约翰河地区出发。从希博加默开始，长424公里的砾石公路(Rte du Nord)行程艰难，在274公里处与Rte de la Baie James相会。也可以沿铺设好的Rte 113路，从森尼特尔行驶到希博加默(351公里)，途中经过几个克里村庄。希博多默地区很平。

魁北克

马塔加米(Matagami)

这地方地处荒芜之中，作为沿河城镇还算喧闹。1963 年以来，这个镇发展起来，一直是铜矿和锌矿的开采地。它也是魁北克最北的林木中心。这些工业发展一直夯实，流动工人也总是你来我往。到了晚上，在 Rte 109 路前往拉迪林的人中途都会在此留宿一晚。

Motel Le Caribou汽车旅馆（☎819-739-4550；传真 819-739-4552；108 Boul Matagami；单/双 $60/65；❄）虽有些陈旧，暂住一宿还可以。前面杂乱的酒吧吸引了不少耷拉着脸，神情倦怠的客人。

Hôtel-Motel Matagami 酒店（☎819-739-2501；99 Boul Matagami；单 / 双 $87/145；⊠ ❄）该镇最好的酒店。这个地方相当不错，住客不少——因为它的餐厅从早上 5 点一直经营到晚上 10 点。

除了周六，Autobus Maheux 公共汽车每天往返瓦勒多（3 个半小时），车站就在这家酒店旁。

得拉贝詹姆士公路 (Route de la Baie James)

这条已铺设好的路宽阔、平整，是 Rte 109 路的延伸路段，一直通到詹姆斯湾水利电力工程。

公路 6 公里处是**旅游咨询处**（☎819-739-2030），全年全天办公。在这里，你必须沉住气，通过扬声器通报你的姓名；为安全起见，到北部来旅游的人都被要求到咨询处登记。你必须走进去，何况，你可以领取几本小册子和宣传单，它们详细介绍沿途的地质和地形特征以及森林火灾的信息。双语种信息栏，应急电话分别设在公路沿途 135 公里、201 公里、247 公里、301 公里、361 公里、444 公里和 504 公里处。

38 公里处有公路沿途唯一的**宿营地**（☎819-739-8383；宿营地 $22 ~ 26；⏲6 月中到 9 月初）。在 381 公里处，你应该停下来，这里是 Relais Routier 唯一的加油站和服务站。全天营业。还有一家**自助餐厅**（☎819-638-7948）和一家**汽车旅馆**（单 / 双 $80/170）。

拉迪森(Radisson)

这个村庄创建于 1973 年根据探险家皮埃尔—埃斯普瑞 · 拉迪森 (Pierre-Esprit Radisson) 的名字命名，詹姆斯湾水利电力工程的工作人员就住在这里。这么一个地方供 350 人居住，面积显得大了些，部分因为居住人数常不固定（水电站工作人员工作 8 天，然后飞回家休息 6 天），还没有多少家庭下决心永远定居这里，使它成为真正意义上的村庄。

拉迪森周围的景色壮观，令人惊叹。城外，LG2 水电站（又叫罗伯特 · 博拉萨站）对人们生活非常重要，这里纵横流动着拉格兰德河 (Rivière La Grande)，沿途景色极美。可联系**旅游咨询处**（☎819-638-8687；198 Rue Jolliet；⏲6 月 到 10 月 8am ~ 8pm）；其他时间，请联系**镇政厅**（☎819-638-7777；101 Place Gérard Poirier）。

来这里的人都会参加免费水电站旅游团，由导游带领（从旅游咨询处了解详情）。**魁北克水利局**（Hydro Québec；☎819-638-8486）的主要机构就在 Pierre Radisson Complex 大厦里。听完水利电力工程的介绍，你便被带进巨大的 LG2 工程工地一带。这个工程和 LG2A 工程构成世界上最大的地下发电站（有 15 层楼高，埋藏于 140 米深的岩床中），提供全省 25% 的电力能源，在世界范围内，规模顶尖。

沿着拉格兰得河流，八个发电站跨越800公里；于是，同样的水流被使用8次，能量输出达15 244兆瓦。整个工程历时20年，投入18.5万个劳工，7000万个小时，成本2350亿加元。最让人难忘的是罗伯特·博拉萨(Robert Bourassa)泄洪道，由大型水库(Réservoir Robert Bourassa)支撑着，水库面积是圣约翰湖的三倍。再延伸近1公里，一条泄洪道的“大阶梯”是从岩石中炸出的一段十级台阶，每阶10米高，台阶面甚至有一个球场之宽。

在旅游咨询处后面的一座山上坐落着几家汽车旅馆和**拉迪森宿营地**（Campinp Radisson；☎819-638-8687；198 Rue Jolliet）。

奇萨斯比(Chisasibi)

奇萨斯比在拉格兰得河与詹姆斯湾的交汇处，拉迪森以西 100 公里处，是一个很值得参观的克里村庄。四周的环境让人神往，詹姆斯湾吹来的北极熏风掠过泰加群落林，令人惬意。

这个镇 1981 年才出现，前后没多大变化。在此之前，人们都居住在乔治城堡岛上，离小镇 10 公里，1837 年哈得孙湾公司在这个岛上设立了一个毛皮交易站。旧时的生活方式依然有迹可寻——尤其在熏鱼的烹制和食用上。

Margaret and William Cromarty公司(☎819-855-2800)为你安排精彩的**乔治城堡**之旅，配导游。城堡一带，你可以观赏原来的建筑风貌，包括教堂、学校及公墓遗址，还可以预订传统的风味餐。**Mandow Agency旅行社**（☎819-855-3373；www.mandow.ca）会帮你安排钓鱼旅行、独木舟游、文化交流和冬季运动等项目。你可以通过电子邮件告诉他们你的想法，他们就会尽量为你量身拟订行程。

Motel Chisasibi汽车旅馆（☎819-0855-2838；传真 819-855-2735；单/双 $97/122）仅提供经济的膳宿。

努纳维克(NUNAVIK)

魁北克北端荒凉而宽阔，努纳维克的面积比法国小一点点，这里14座村庄的人口不到10 000人。数百公里的苔原把各个村庄分隔开来，彼此之间没有公路。90%的人口是因纽特人；其他的是克里人、纳司卡比斯人(Naskapis)和魁北克白人。这个梦幻地区从55号长平行线一直延伸到62号平行线，在西与哈得孙湾接壤，在北到哈得孙海峡，向东与昂加瓦贝湾(Ungava Bay)和拉布拉多交界。

只有乘坐飞机才能前往努纳维克，因此，很少人会去那儿旅行。不过，愿意与当地直接联系的话，你可以进行自助游。消费和服务都不便宜，请做好准备。这里的吃的平均价格一般是魁北克城的两倍。

国土和气候

它的地形光怪陆离，虽然苔原拥有许多美丽的色调，远离白雪皑皑的荒凉平原。西南部，沙滩和沙丘绵延，直至视野消失。东北部，沿着拉布拉多边界300公里，**Torngat**山延绵不断，险而壮观，还有让人望而生畏的峡谷。全省最高的山峰**伊博维尔山**(Mont d'Iberville，1652米)就坐落在这里。

努纳维克还有五个陨石坠落形成的火山口(名见世界最著名的144处之中)。最大的一个——实际上也是地球上最大的——叫做**Pingualuit**，是140万年前的洞坑。直径3.4公里，有些部分深433米(相当于145层楼高)。火山口内形成的湖泊被认为是世界上水质最纯净的一个湖泊。就透明度而言，它仅次于日本的Masyuko湖。火山口位于肯吉苏杰切(Kangiqsujuaq)西南88公里处。

这片奇异的土地常常出现神奇的**北极光**，一年中平均243个夜晚可以看到。

当地文化

从社会角度看，这个村庄很有意思。因纽特人通常都很友好很亲切。正是因为适应能力强，使得他们在相当短的时期内接受自己生活方式的巨变。不过，因纽特社区和北美现代城镇之间的差异，对无心理准备的外来客而言也是一种文化冲击。

村庄人口从160人(Aupaluk)到2050人(Kuujjuaq)不等。几乎有一半村庄的人口少于18人，你也许会想，这么少的人，可能难得看见他们走动。关于开销，这里还算人人都能接受，但这里也有诸如家庭暴力、酗酒(尽管绝大多数村庄没有酒)、毒品泛滥等这些社会问题，需要当地人面对，并与之斗争。

除因纽特语以外，英语很普遍，比起父母一辈，更多当地年轻人学起了法语，年老的人则大多只会讲因纽特语。

到达和离开

第一航空公司的航班往返于蒙特利尔和库吉阿克(Kuujjuaq)之间，票价昂贵(单程$735到$1200，2小时15分钟，每天)。Air Inuit航空公司也为你提供从蒙特利尔到普维尼图克(Puvirnituq，$1495，3个半小时，每天)的航班。从普维尼图克，还可以飞往像库克阿克—瓦玛古斯图(Kuujjuarapik–Whapmagoostui，$580，2小时，每天)这样的村庄。Air Creebec航空公司开通了飞往其他地区的航班。

新斯科舍 Nova Scotia

当苏格兰贵族威廉·亚历山大爵士听到有关新世界的传说时，他注意到有新英格兰、新法兰西，甚至还有新西班牙。“对啊，”他想，“来个新苏格兰，怎么样？”

有趣的是，1621年，詹姆斯国王将这小片土地授予威廉爵士，这是一片由冰冷的海环绕着的高地丘陵，看起来与苏格兰本土惊人地相似。今天，新斯科舍（在拉丁语中意为“新苏格兰”）和苏格兰一样，依然到处是格子呢商店和用盖尔语写的欢迎招牌，而且还有部分法裔阿卡迪亚人、原住民密克迈克人(Mi'kmaw)、非洲裔新斯科舍人(African Nova Scotians)以及从世界各地来的新移民混居在这里。

夏季，户外吸引着人们。在每条路的转弯处都有姜饼蛋糕状的房子、美丽如画的灯塔、拍打着海滩的波浪和散落在岸边的野玫瑰，这些美景会让你惊呼“太可爱了”、“多么古典雅致啊！”。布莱顿角岛(Cape Breton Island)有许多绵延不断的徒步小路贯穿美丽的国家公园（见406页），还有更多不为人知的小径散落在这个省的范围内。在布莱顿角岛附近，你可以划着爱斯基摩划子在鲸云集的海域航行，但是不能沿着东部海岸前进，在这里你可能会划入薄雾弥漫、容易迷失方向的岛屿和海湾保护区。如果你不想太过辛苦，可以前往时尚的大都市哈利法克斯(Halifax)，这里有世界级的餐厅和摇滚音乐会。

亮点

- 在**哈利法克斯**（见351页）濒海大道上身边人流交织，饱食令你难以忘怀的美味
- 乘坐爱斯基摩划子游览**丹吉尔**(Tangier，见404页）周围的荒岛和受保护的小海湾，体验海上的薄雾与宁静
- 观看**梅特兰**(Maitland，见383页）潮水涌起的波浪，感受惊心动魄的场面
- 漫步穿过**皇家安纳波利斯**(Annapolis Royal，见377页）灯笼照明的墓地，通过逝者的故事了解这座城镇的历史
- 在**路易斯堡国家历史遗址**(Louisbourg National Historic Site，见402页)尝尝1744年法国士兵的配给或将军的盛宴
- 一边乘船在海底航行前往**格莱斯贝**(Glace Bay，见401页）煤矿，一边聆听一位退休矿工讲故事
- 花一天的时间参观艺术家工作室，并沿着**圣安斯卢普**(St Ann's Loop，见398页）寻找秃鹰

新斯科舍概况

人口 932 966
面积 55 491 平方公里
首府 哈利法克斯
昵称 加拿大的海洋游乐场
名人 乔舒亚·斯洛克姆(Joshua Slocum)——独自扬帆环游世界的第一人
特产 西半球唯一的潮汐发电厂
周日购物 2006 年才合法化

历史

从远古时代起，密克迈克人(Mi'kmaq)就居住在新斯科舍地区。当法国人于1605年在罗亚尔港(Port Royal，今天的皇家安娜波利斯)建起第一个欧洲定居点时，大酋长门贝尔图(Membertou)热情地接待了他们，并成为塞缪尔·德·钱普兰(Samuel de Champlain)的常客。

英国人夺取新斯科舍的控制权后，对密克迈克族与法国人的亲密关系产生了极度的猜忌，这最终导致了对密克迈克人的悬赏杀戮。密克迈克人曾帮助一些讲法语的阿卡迪亚人躲避英国人的驱逐，但从1755年开始，大多数阿卡迪亚人因拒绝宣誓效忠英国王室而被驱赶到路易斯安娜(在那里被称为“卡茹人”Cajuns)和其他地方(见383页框内文字)。

大约35 000名从美国独立战争中退却的英裔保皇党分子来到这里，代替了新斯科舍原有的居民。新移民中还包括保皇分子带来的非洲黑奴、已被解放的黑人保皇党分子和新英格兰的种植园主。从1773年开始，大批受到清除驱赶的苏格兰高地人逃到新斯科舍北部地区和布莱顿角岛。

现在，大多数新斯科舍人的祖先来自英伦三岛，只要看看电话簿里长长的“Mac”和“Mc”姓氏栏就能一目了然。1764年以后，一些想方设法从路易斯安娜返回故土的阿卡迪亚人发现，他们在安娜波利斯河谷(Annapolis Valley)的家园已被占据，于是转而定居在雅茅斯(Yarmouth)和迪格比(Digby)之间法国人控制的海岸地区、谢蒂坎普(Chéticamp)周围，以及布莱顿角岛和夫人岛(Isle Madame)。如今，阿卡迪亚人占到总人口的18%，尽管真正讲法语的人没有这么多。非洲后裔大约占4%。大约2万左右的密克迈克人集中在特鲁罗(Truro)和布莱顿角岛布拉多尔湖(Bras d'Or Lakes)附近的18个不同区域里。

全省共有27家省立博物馆，都很出色，展现了新斯科舍历史的不同侧面。如果你想多看几家，买张年票就很合算(成人/家庭 \$40/80)。此种票在全省各博物馆均可买到。

当地文化

新斯科舍拥有近8000公里的海岸线，它的文化和大海息息相关。在历史上，这里的人们曾辛勤从事采煤业和捕鱼业。目前，他们仍然以体力劳动为主，然而，随着基础工业的衰退，许多年轻的新斯科舍人被迫离开自己的省份，到别处寻找工作。

或许是因为漫长的冬天和辛勤劳作的岁月，大多数新斯科舍人都喜欢音乐。家人聚集在一起，尤其是阿卡迪亚人和苏格兰人，聚会包括弹奏音乐、拉小提琴、跳踢踏舞以及跳其他舞蹈。大约77%的人自称是苏格兰人、英格兰人或爱尔兰人的后裔，而法裔阿卡迪亚人约占人口的17%。

国土和气候

新斯科舍在大海的环抱下，气候温和，沿海地区要比内地凉爽。夏、秋两季总是阳光普照，尽管东部和布莱顿角岛常常大风不断。从谢尔本(Shelburne)到坎索(Canso)间的整个南部海岸经常晨雾弥漫，要到中午或午后才会云开雾散。冬季会大雪皑皑，但在受海洋性气候影响下，气温不会骤降。

公园

新斯科舍的公园多得足够组织个环省一月游。将旅程延长到树叶变了颜色的秋日，是避开夏天熙熙攘攘游人的另一种探游选择。加拿大最奇特的公园之一——布莱顿角高地国家公园(Cape Breton Highlands National Park，见394页)里著名的卡伯特小路(Cabot Trail)蜿蜒穿过海岸群山。可以步行或乘独木舟游览南边的基金库吉科国家公园(Kejimkujic National Park，见369页)。两家公园均全年提供服务和野外宿营地。如欲了解更多有关国家公园的信息，见83页。

面积最大、建成最晚的希格内克托角省立公园(Cape Chignecto Provincial Park，见386页)提供真正的野外体验，这里有崎岖的山路和深藏在原始森林里的宿营地。

全省还有120来个**省立公园**(www.parks.gov.ns.ca；营地 约\$18)包括海滩公园、野餐公园和20个遍布各地的宿营园。宿营园一般5月下旬或6月中旬对外开放，9月初至10月中旬间的任何时候都可能关闭。宿营地从5月1日起接受预订，可直接打电话到某个公园并提供信用卡号。在任何一家公园，你最长能住两周。宿营园提供一系列大小不等的营地，大的足可停放娱乐车，但是没有接通水、电。没有发电机的轰鸣声，这些省立公园是帐篷宿营者的理想之地。

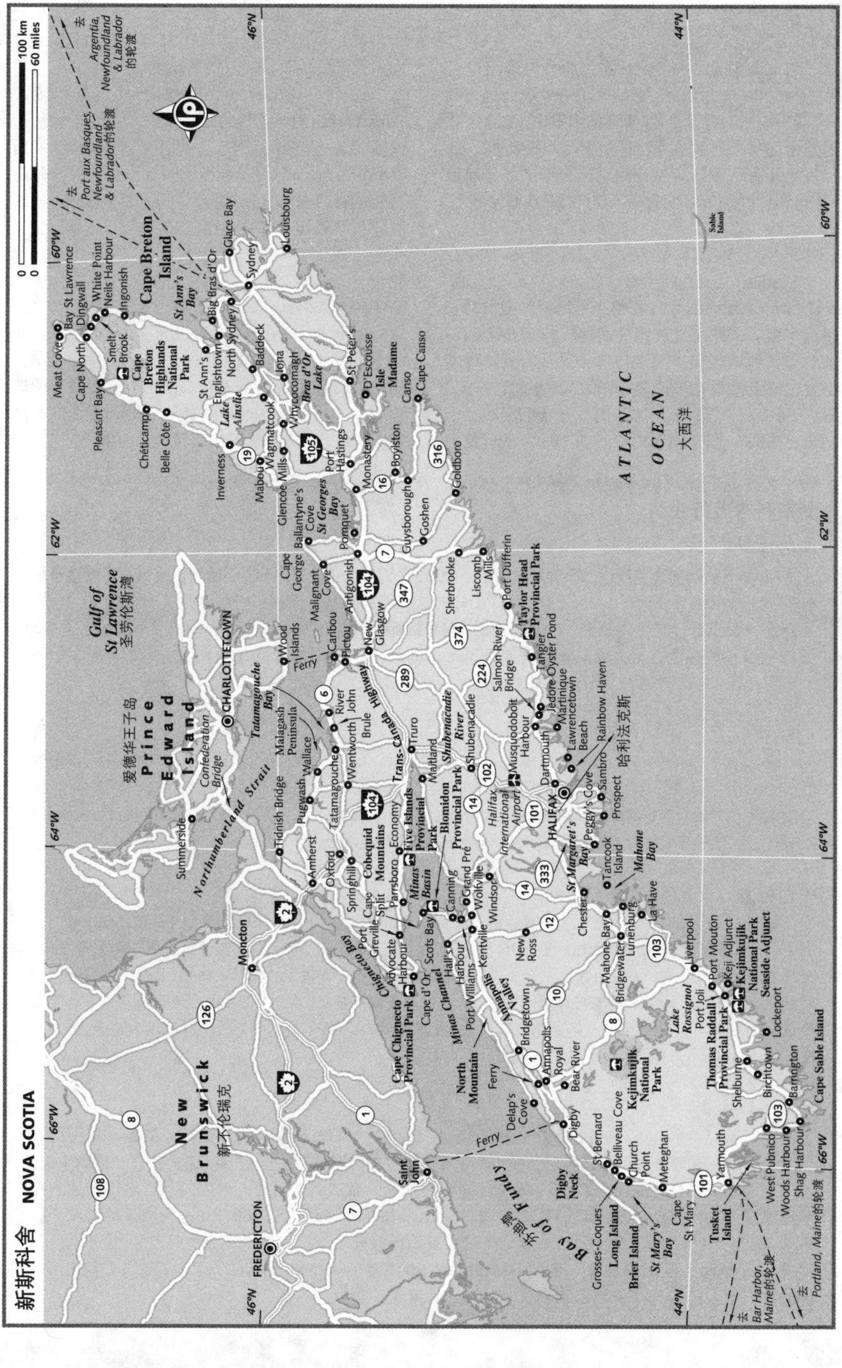
新斯科舍 NOVA SCOTIA
0 100 km
0 60 miles
New Brunswick
新不伦瑞克
Prince Edward Island
爱德华王子岛
CHARLOTTETOWN
FREDERICTON
Gulf of St Lawrence
圣劳伦斯湾
Cape Breton Island
Cape Breton Highlands National Park
ATLANTIC OCEAN
大西洋
Bay of Fundy
芬迪湾
HALIFAX
哈利法克斯
Northumberland Strait
Confederation Bridge
Minas Basin
Minas Channel
Chignecto Bay
St Margaret's Bay
Mahone Bay
Kejimkujik National Park
Kejimkujik National Park Seaside Adjunct
Thomas Raddall Provincial Park
Taylor Head Provincial Park
Five Islands Provincial Park
Blomidon Provincial Park
Cape Chignecto Provincial Park
Cobequid Mountains
North Mountain
Annapolis Valley
Digby Neck
Long Island
Brier Island
St Mary's Bay
Tusket Island
Cape Sable Island
Sable Island
Isle Madame
Bras d'Or Lake
Lake Ainslie
Lake Rossignol
St Ann's Bay
St Georges Bay
Tatamagouche Bay
Malagash Peninsula
Trans-Canada Highway
Shubenacadie River
Halifax International Airport
Moncton
Saint John
Summerside
Amherst
Truro
Dartmouth
Sydney
Louisbourg
Glace Bay
Antigonish
New Glasgow
Pictou
Wolfville
Windsor
Kentville
Lunenburg
Chester
Liverpool
Shelburne
Yarmouth
Digby
Annapolis Royal
Bridgetown
Bridgewater
Baddeck
Chéticamp
Inverness
Ingonish
Canso
Guysborough
Sherbrooke
Parrsboro
Peggy's Cove
Ferry
Port aux Basques, Newfoundland & Labrador的轮渡
Argentia, Newfoundland & Labrador的轮渡
Bar Harbor, Maine的轮渡
Portland, Maine的轮渡
46°N
44°N
66°W
64°W
62°W
60°W

到达和离开

飞机

加拿大航空(Air Canada)、加拿大爵士航空(Air Canada Jazz)和西捷航空(Westjet，见843页)等航空公司每天都有从多伦多发出的航班(往返票价因季节不同在$240至$575间浮动)，而且每周还有从蒙特利尔到哈利法克斯的几班航班(往返票价因季节不同在$158至$350间浮动)。

公共汽车

Acadian Lines公司(☎902-454-9321，800-567-5151；www.acadianbus.com)在整个沿海地区提供的长途汽车服务，并通过灰狗公司的服务(见844页)与加拿大其他地区和美国连接起来。从哈利法克斯出发，终点站包括多伦多($180，26小时，一天1班)、蒙特利尔($142，18小时，一天1班)和缅因的班戈($80，10个半小时，一天1班)。从班戈可中转至波士顿和纽约。所有Acadian Lines的车票价格都是税后价格，而且还有各种折扣：5～11岁的儿童(50%)、学生(15%)和老人(25%)。

与Acadian Lines公司的公共汽车相接，**Trius Lines**(☎902-454-9321，800-567-5151)的长途汽车沿南部海岸运营，从哈利法克斯到雅茅斯(Yarmouth，$50，5个半小时，一天1班)，并与渡船相接(见下文)。学生(15%)、老人(25%)和购买返程票者均可享受优惠。

轮船

新不伦瑞克(New Brunswick)

Bay Ferries渡船(☎888-249-7245；www.bayferries.com；成人/0～5岁儿童/6～13岁儿童/老人$40/5/25/30，轿车/自行车$100/20)运营在新不伦瑞克的圣约翰(Saint John)与迪格比(Digby)之间，航程3小时。提供淡季折扣票和各种捆绑票。

新斯科舍旅行线路

两日游

沉溺于从**哈利法克斯**(见351页)市中心。如果是周六，可以步行绕到**哈利法克斯农民酿造市场**(Halifax Farmers' Brewery Market，见360页)转转，来点儿咖啡、新鲜出炉的食物或时令水果。从这儿开始，漫步穿过滨水木板路，来到**亚历山大基思新斯科舍酿酒厂**(Alexander Keith's Brewery，见355页)来次欢快的酿酒之旅。如果**蓝鼻2号游船**(Bluenose II，见356页)恰在港内，乘船去海湾里兜一圈吧。

第二天，向南前往普罗斯佩克特(Prospect，见363页)和佩吉海湾(Peggy's Cove，见363页)。

七日游

接上两日游的行程，继续向南走，来到**马洪贝**(Mahone Bay，见364页)和古老的**卢嫩堡**(Lunenburg，见365页)来次**捕虾人之旅**(Lobstermen Tour，见366页)，亲身体验新斯科舍最神圣的海鲜。在**基金库吉科环路**(Kejimkujic Adjunct，见369页)远足，然后到**皇家安娜波利斯**(Annapolis Royal，见377页)参观古老的花园和安妮要塞墓地(Fort Anne graveyard)。

十四日游

接着二日游的行程，驾车去**布莱顿角岛**(Cape Breton Island，见392页)。在**马布**(Mabou，见393页)和**谢蒂坎普**(Chéticamp，见394页)享受现场音乐演出，然后到**布莱顿角高地国家公园**(Cape Breton Highlands National Park，见394页)探秘，要为在**普拉森特湾**(Pleasant Bay，见396页)观鲸留足时间哟。继续沿着岛屿周围走走，经过**圣安斯卢普**(St Ann's Loop，见398页)和**格莱斯贝**(Glace Bay，见401页)，到达**路易斯堡**(Louisbourg，见402页)。最后，返回哈利法克斯，在**梅特兰**(Maitland，见383页)短暂停留，体验潮涌。

湿地与野外

你距离大海永远不会超过56公里，除此之外，毫不夸张地说，新斯科舍到处都分布着湖泊。那么，尽情地下水或乘船在湖面上游览吧，不过得注意这里有些许寒意。这一旅游线路会花费一周到十天。

在驱车前往**梅特兰**(见383页)体验让你心跳加速的激流漂流之前，可以先从容地乘坐独木舟游览温暖而树木繁茂的**基金库吉科国家公园**(Kejimkujic National Park，见369页)进行两天的游览。接下来，花上一天至五天，乘坐爱斯基摩划子沿着荒凉而寂静的东部海岸群岛来到**丹吉尔**(见404页)。现在，做好真正下水的准备，参加**Lawrencetown海滩**(Lawrencetown Beach，见362页)半天至一天的冲浪营。第二天，你可以租用设备独自冲浪度过这额外的一天。

新斯科舍

纽芬兰(Newfoundland)

Marine Atlantic 公司（☎800-341-7981；www.marine-atlantic.ca）全年经营北悉尼(North Sydney)与纽芬兰的欧巴斯克斯港(Port aux Basques)间的渡船（成人/5～12岁儿童/5岁以下儿童$27.50/13.75/免费，轿车/摩托车$78/39.50)。白日渡海航程在5至6小时之间，夜间可达7小时。客舱和躺椅需另外付费。在夏季，你还可选择乘渡船去纽芬兰东岸的阿真舍(Argentia)，航程达14小时（成人/5～12岁儿童/5岁以下儿童$77/38.50/免费，轿车/摩托车$160/80)。无论哪种行程都需提前订票。

爱德华王子岛(Prince Edward Island)

Northumberland Ferries 渡船（☎902-566-3838，888-249-7245；www.peiferry.com；成人/12岁以下儿童$14/免费，带乘客的轿车/自行车$59/19）航行在爱德华王子岛的伍德群岛(Wood Islands)与皮克图(Pictou)附近的卡里布(Caribou)之间，航程1小时，每日多达9班。你只在离开爱德华王子岛时购票。因此，乘坐渡船到达，然后经过联盟大桥(Confederation Bridge，见410页)离开爱德华王子岛，更为便宜。船票无须预订，但最好在开船前半小时到达渡口。

美国

Bay Ferries渡船公司经营着**"Cat"号高速游艇**（☎888-249-7245；www.catferry.com；⏲6月上旬到10月中）。渡船从巴港(Bar Harbor)出发，掠过海面，不到3小时就能抵**雅茅斯**（Yarmouth，成人/6～13岁儿童/6岁以下儿童 US$63/43/免费，小汽车/摩托车/自行车 US$105/75/11），而从波特兰(Portland)到**雅茅斯**（成人/6～13岁儿童/6岁以下儿童US$89/59/免费，小汽车/摩托车/自行车US$149/105/18）需要5个半小时。

火车

VIA Rail火车（见848页）运行在蒙特利尔与哈利法克斯之间（提前一周购票，成人/2～11岁儿童$150/75，21小时，除周二外一天1班)，停靠阿默斯特(Amherst，提前购票，成人/儿童$120/60，从蒙特利尔到此17小时）和特鲁罗(Truro，提前购票，成人/儿童$128/64，18小时)。学生与成人同价，但不需提前购票。成人折扣票容易售罄，所以越早预订越好。

四处走走

租辆小车当然是最便捷的交通方式，而且比乘公共汽车更经济。另一种选择是乘穿梭汽车（见361页)。主要景区相距都不太远，如果你住在安娜波利斯河谷(Annapolis Valley)，可以一日游的方式赴南部海岸景区观光，非常方便。倒过来走也行。大多数人所经历的最长驾驶距离是从哈利法克斯到布莱顿角岛，全程4小时。

Hwy 100系列（如Hwy 101，Hwy 102，Hwy 103）的公路将大多数景区连接起来。此类道路的限速虽高、但出口较少。通常还有与之平行的老路（如Hwy 1，Hwy 2，Hwy 3)，它们穿城过镇，限速标准各不相同，但都不超过80公里/小时。跨加拿大公路(Hwy 104/105)不经过哈利法克斯，而是从阿默斯特(Amherst)到悉尼(Sydney)，横跨全省。其他次一级的公路蜿蜒在新斯科舍的乡村地区，如果你的行驶方向大致是东西向的，道路通常是Hwy 200～299；Hwy 300～399是南北方向。在这些路上驾驶，你会发现路上的坑洞比加油站多。

哈利法克斯(HALIFAX)

人口 360 000

哈利法克斯是那种人们不断涌入的城镇，与其说人们是为了寻找工作机会，倒不如说是冲着它必能提供的高品质生活而来的。海风轻拂着港口，使这里的空气保持清新，而公园和树木隐蔽在传统的建筑、世界性的餐馆和工艺品店之间。几所大学使这里的人口年轻化，而且使酒吧和夜总会宾客盈门。漫步在古老的海滨时，不经意中会发现一些现场音乐会，而且还可以欣赏滨海诸省提供的音乐。夏天，永不休止的节日勾起了晚会更为热烈的气氛。

历史

海盗、印第安人、发动侵略战争的殖民主义者和探险船队，使哈利法克斯的历史读起来就像是一部惊险小说。密克迈克人为今天的哈利法克斯起的名字是Che-book-took，意思为"长长的大海港"，而且英国人渴望利用它作为港口的潜能。从1749年起，在爱德华·康沃利斯(Edward Cornwallis)沿着今天的巴灵顿大街(Barrington Street)创建了哈利法克斯之后，这个定居点便不断地扩大、繁荣。1760年，在路易斯堡(Louisbourg)的法国人堡垒被完全摧毁，英国人的统治增强了，哈利法克斯作为新斯科舍最重要城市的地位也得以巩固。

19世纪早期，这个不断发展的港口城镇成为圣玛丽大学(Saint Mary's University)所在地，紧接着后来有了达尔豪西大学(Dalhousie University)。尽管这里是高等教育的所在地，但哈利法克斯仍旧是粗野的船员们的安乐窝，1812年战争期间，这儿成为私掠者的黑市交易中心。随着海盗失去政府的支持，哈利法克斯顺利地进入一个贸易时代，而城市街道（尤其是市场和不伦瑞克大街）成为无数酒馆和妓院的所在地。

1912年4月14日，接到泰坦尼克号(Titanic)的呼救信号后，三艘哈利法克斯船只被派来负责营救；"不会沉没的"泰坦尼克号撞上了冰山。1500多人死于这次灾难，许多人被埋葬在费尔维尤公墓(Fairview Cemetery)，紧邻贝德福德公路(Bedford Highway)上的费尔维尤天桥(Fairview Overpass)。

1917年"一战"期间，装载TNT和高致燃苯的法国弹药舰Mont Blanc号与另一船相撞，撞击引发的爆炸席卷全城，史称"哈利法克斯大爆炸"。这是1945年在日本投下原子弹之前，世界上最猛烈的人为爆炸。超过1900人遇难，9000人受伤，几乎整座城的北端被夷为平地。地窖里的冬储煤被点燃后引发了城市大火，许多建筑物即使没有在爆炸中摧毁，也被烧为灰烬。

2003年9月，哈利法克斯遭受了最大的自然灾害，当时胡安飓风(Hurricane Juan)以每小时185公里的风速拔掉了几千棵树，严重地毁坏了建筑，使哈利法克斯留下了永远的伤痕。尽管这场暴风雪非常猛烈，不幸中的万幸是只有8人丧生。

方位

城市的中心区、三所大学和一些老住宅区都集中在一个布局紧凑的半岛上，一个叫North West Arm的小海湾将其与哈利法克斯本土隔开。几乎所有让游客感兴趣的景点都集中在这里，而步行是最好的交通方式。半岛的南端坐落着快乐角公园(Point Pleasant Park)。北头区从半岛中部一直延伸到北端，气氛活跃，生活着非洲裔新斯科舍人和艺术院校的学生，以及哈利法克斯的多数同性恋酒吧。

跨越海湾的两座大桥将哈利法克斯和达特茅斯(Dartmouth)连接起来，一直通往东部和北部的高速公路（去机场）。麦克唐纳桥(MacDonald Bridge)在North St街的东端，离市中心最近。机场位于城西北40公里的Hwy 102公路上。

实用信息

书店

Book Room（☎902-423-8271；1546 Barrington St；⏰周三至周五9am～7:30pm，周一、周二和周六9am～5pm，周日正午～5pm）有将近160年的历史，地图和旅游指南类图书非常丰富，还有本地作者创作的书籍。

John W Doull Bookseller（☎902-429-1652；1684 Barrington St；⏰周一和周二10am～6pm，周三至周五9:30am～9pm，周六10am～9pm）这家旧书商店的藏书数量超过许多图书馆。

上网

Blowers St Paper Chase（☎902-423-0750；5228 Blowers St；每小时$8；⏰周一至周六8am～8pm，周日9am～8pm）这是家不错的咖啡店，按分钟或小时收取上网费。

Spring Garden Road Memorial Library 纪念图书馆（☎902-490-5723；5381 Spring Garden Road；⏰周二至周四10am～9pm，周五和周六10am～5pm）使用电脑以先到者优先为原则。

媒体和互联网资源

*Coast*是一本全市发行的免费周刊，提供音乐、戏剧、电影及其他活动的重要信息。

Halifax Info（www.halifaxinfo.com）提供关于节日、景点和旅游的详细信息。

Halifax Regional Municipality（www.halifax.ca）可以查询从公共汽车时刻表到娱乐节目等各方面信息。

Studio Map（www.studiorally.ca）提供全省艺术和工艺品工作室最新指南，还有精心推荐的餐馆及B&B旅馆名单。

医疗服务

Family Focus诊所（☎902-420-2038；5991 Spring Garden Rd；诊费$65；⏰周一至周五8:30am～9pm，周六和周日11am～5pm）无须预约或当日预约。

Halifax Infirmary医院（☎902-473-3383/7605；1796 Summer St；⏰24小时）急诊。

货币兑换

Barrington St街和Duke St街上聚集着许多银行的分支机构。

Travelex 兑换处（☎902-873-3612；哈利法克斯国际机场；⏰6am～9pm）每次交易收费$5.5。

邮政

Lawton's Drugs药店（☎902-429-0088；5675 Spring Garden Rd；⏰周一至周五8am～9pm，周六8am～6pm，周日正午～5pm）里面有邮局。

不要错过

- **农民酿造市场**(Farmer's Brewery Market)——在周六上午供应早餐（见360页）
- **达特茅斯渡船**(Dartmouth Ferry)——享受微风阵阵的经济航行（见362页）
- **大西洋沿海诸省博物馆**(Maritime Museum of the Atlantic)——了解有关"哈利法克斯大爆炸"的所有信息（见355页）
- **城堡山国家历史遗址**(Citadel Hill National Historic Site)——了解历史，欣赏风景(见354页)
- **现场音乐会**——在各家俱乐部或大道上享受音乐（见359页）

哈利法克斯 HALIFAX

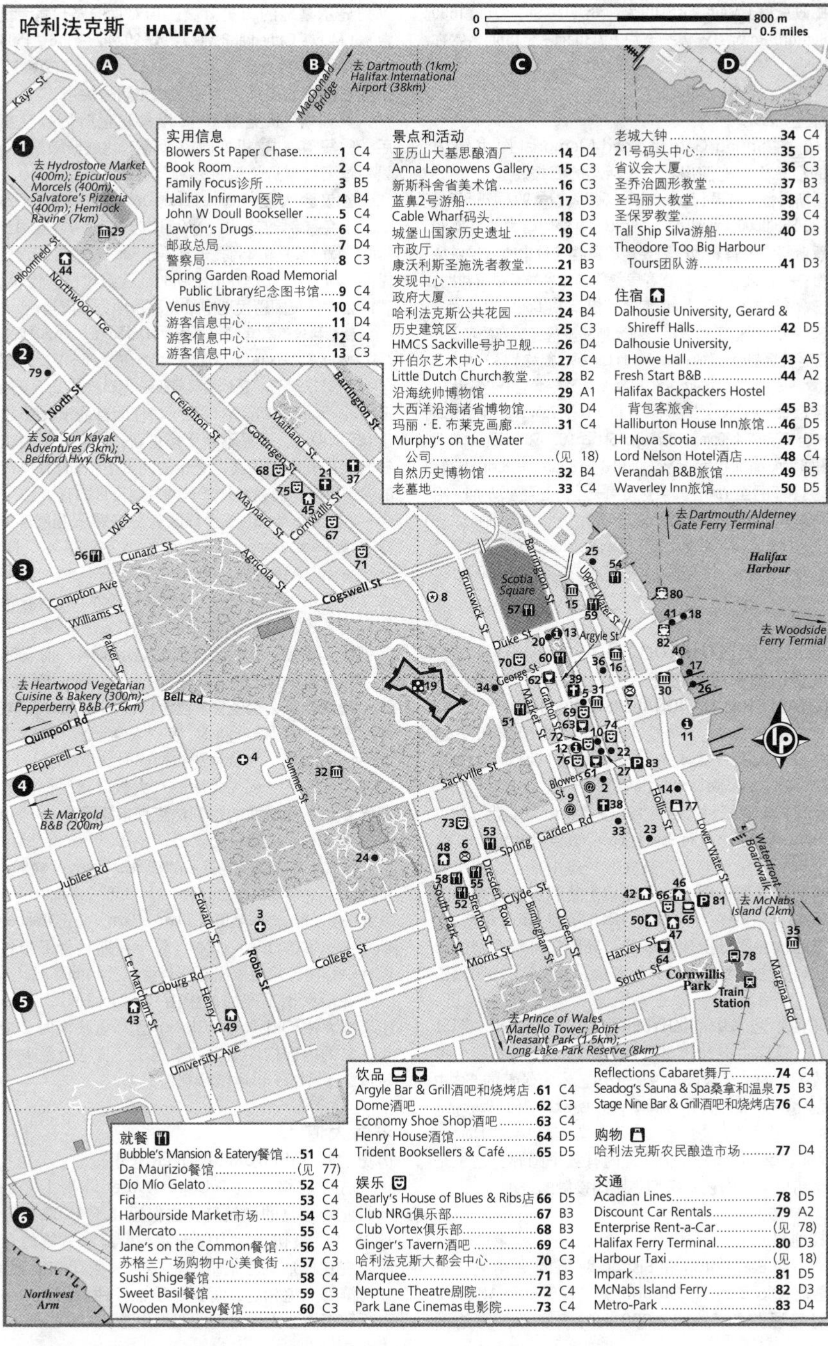

实用信息
- Blowers St Paper Chase.......1 C4
- Book Room.......2 C4
- Family Focus诊所.......3 B5
- Halifax Infirmary医院.......4 B4
- John W Doull Bookseller.......5 C4
- Lawton's Drugs.......6 C4
- 邮政总局.......7 D4
- 警察局.......8 C3
- Spring Garden Road Memorial Public Library纪念图书馆.......9 C4
- Venus Envy.......10 C4
- 游客信息中心.......11 D4
- 游客信息中心.......12 C4
- 游客信息中心.......13 C3

景点和活动
- 亚历山大基思酿酒厂.......14 D4
- Anna Leonowens Gallery.......15 C3
- 新斯科舍省美术馆.......16 C3
- 蓝鼻2号游船.......17 D3
- Cable Wharf码头.......18 D3
- 城堡山国家历史遗址.......19 C4
- 市政厅.......20 C3
- 康沃利斯圣施洗者教堂.......21 B3
- 发现中心.......22 C4
- 政府大厦.......23 D4
- 哈利法克斯公共花园.......24 B4
- 历史建筑区.......25 C3
- HMCS Sackville号护卫舰.......26 D4
- 开伯尔艺术中心.......27 C4
- Little Dutch Church教堂.......28 B2
- 沿海统帅博物馆.......29 A1
- 大西洋沿海诸省博物馆.......30 D4
- 玛丽·E. 布莱克画廊.......31 C4
- Murphy's on the Water 公司.......(见 18)
- 自然历史博物馆.......32 B4
- 老墓地.......33 C4
- 老城大钟.......34 C4
- 21号码头中心.......35 D5
- 省议会大厦.......36 C3
- 圣乔治圆形教堂.......37 B3
- 圣玛丽大教堂.......38 C4
- 圣保罗教堂.......39 C4
- Tall Ship Silva游船.......40 D3
- Theodore Too Big Harbour Tours团队游.......41 D3

住宿
- Dalhousie University, Gerard & Shireff Halls.......42 D5
- Dalhousie University, Howe Hall.......43 A5
- Fresh Start B&B.......44 A2
- Halifax Backpackers Hostel 背包客旅舍.......45 B3
- Halliburton House Inn旅馆.......46 D5
- HI Nova Scotia.......47 D5
- Lord Nelson Hotel酒店.......48 C4
- Verandah B&B旅馆.......49 B5
- Waverley Inn旅馆.......50 D5

就餐
- Bubble's Mansion & Eatery餐馆.......51 C4
- Da Maurizio餐馆.......(见 77)
- Dío Mío Gelato.......52 C4
- Fid.......53 C4
- Harbourside Market市场.......54 C3
- Il Mercato.......55 C4
- Jane's on the Common餐馆.......56 A3
- 苏格兰广场购物中心美食街.......57 C3
- Sushi Shige餐馆.......58 C4
- Sweet Basil餐馆.......59 C3
- Wooden Monkey餐馆.......60 C3

饮品
- Argyle Bar & Grill酒吧和烧烤店.......61 C4
- Dome酒吧.......62 C3
- Economy Shoe Shop酒吧.......63 C4
- Henry House酒馆.......64 D5
- Trident Booksellers & Café.......65 D5

娱乐
- Bearly's House of Blues & Ribs店.......66 D5
- Club NRG俱乐部.......67 B3
- Club Vortex俱乐部.......68 B3
- Ginger's Tavern酒吧.......69 C4
- 哈利法克斯大都会中心.......70 C3
- Marquee.......71 B3
- Neptune Theatre剧院.......72 C4
- Park Lane Cinemas电影院.......73 C4
- Reflections Cabaret舞厅.......74 C4
- Seadog's Sauna & Spa桑拿和温泉.......75 B3
- Stage Nine Bar & Grill酒吧和烧烤店.......76 C4

购物
- 哈利法克斯农民酿造市场.......77 D4

交通
- Acadian Lines.......78 D5
- Discount Car Rentals.......79 A2
- Enterprise Rent-a-Car.......(见 78)
- Halifax Ferry Terminal.......80 D3
- Harbour Taxi.......(见 18)
- Impark.......81 D5
- McNabs Island Ferry.......82 D3
- Metro-Park.......83 D4

邮政总局（Main Post Office；☎902-494-4670；1680 Bedford Row；⏲周一至周五7:30am～5:15pm）寄往Halifax，NS B3J 2L3的存局候领邮件在此领取。

旅行信息

在Spring Garden Road Memorial图书馆内的信息板上有演出和节庆活动的海报。

新斯科舍旅游局（Tourism Nova Scotia；☎902-425-5781，800-565-0000；www.novascotia.com）管理哈利法克斯和新斯科舍全省其他战略要地的游客信息中心，提供免费住宿预订服务，这在客房紧俏的仲夏季节很有帮助。它发行的《行动者和梦想者指南》（*Doers & Dreamers Guide*），列出了住宿地、观光地和旅行经销商的名录。

游客信息中心（Visitor Information Centers，简称VICs）Argyle St（☎902-490-5963；Argyle St和Sackville St拐角；⏲7月和8月8:30am～8pm，5月、6月和9月至7pm，其余月份周一至周五至4:30pm）；Barrington St（☎902-490-5963；Duke St和Barrington St拐角；⏲7月和8月8:30am～8pm，5月、6月和9月至7pm，其余月份周一至周五至4:30pm）；哈利法克斯国际机场（☎902-873-1223；⏲9am～9pm）；码头区（☎902-424-4248；1655 Lower Water St；⏲6月到9月8:30am～8pm，10月到次年5月周三至周日至4:30pm）。

新斯科舍

景点

城市历史区(Historic Downtown)

城堡山国家历史遗址 (CITADEL HILL NATIONAL HISTORIC SITE)

这是加拿大参观人数最多的国家历史遗迹。巨大而令人毛骨悚然的**城堡**（Citadel；☎902-426-5080；Sackville St附近；6月到8月成人/儿童/老人/家庭$9/4.50/7.75/22.50，5月和9月中到11月上旬优惠30%；⏲7月和8月9am～6pm，其余月份至5pm）是个奇特的星形要塞，矗立在一座山丘上，俯瞰着哈利法克斯市中心。工程始于哈利法克斯建城的1749年。现在建筑物是1818年到1861年期间，第四次在原址上建起来的。导游会讲解要塞的形状和历史。要塞内场终年开放，无展览时免门票。

开伯尔艺术中心(KHYBER CENTRE FOR THE ARTS)

这座古老建筑是从社区激进分子的拆毁中抢救下来的，已被改造成一个由艺术家经营的**艺术中心**（☎902-422-9668；www.khyberarts.ns.ca；1588 Barrington St；免费入内；⏲周二、周三、周五和周六11am～5pm，周四11am～10pm），内有数个画廊。这里是与初出茅庐的艺术家们零距离接触的好地方。

其他景点

在Barrington和Bishop两街的夹角处，**老墓地**(Old Burying Ground)是1749年至1843年期间埋葬的大约12 000人的安息地。旁边的陈列显示墓地的历史意义。街对面是**圣玛丽大教堂**（St Mary's Cathedral Basilica；☎902-423-4116；1508 Barrington St；免费团队游7月到9月10am和2pm），据称它拥有北美最大的独立式花岗岩尖塔。

查理斯·狄更斯1842年参观新斯科舍议会后，曾写道，"这里如同望远镜下的威斯敏斯特，只不过要将望远镜倒过来看"。

省议会大厦（Province House；☎902-424-4661；1726 Hollis St；免费带导游参观；⏲9月到次年6月周一至周五9am～4pm，7月和8月周一至周五9am～5pm，周六和周日10am～4pm）是乔治王朝时期建筑风格的代表。省议会曾在英国殖民地中最先赢得地方政府自治。

新斯科舍美术馆（Art Gallery of Nova Scotia；☎902-424-7542；www.agns.gov.ns.ca；1723 Hollis St；成人/6～17岁儿童/学生/家庭$12/3/5/25，赞助门票周四5～9pm；⏲周五至周三10am～5pm，周四至9pm）位于雄伟的自治领大厦(建于1868年)内。展品不断变换更新，以保证你在花钱购买前有兴趣观赏。全年的周日下午2时有免费的参观讲解，而在7月、8月两月则每日都有。

在Granville St街步行区旁的**安娜·里欧诺文斯画廊**（Anna Leonowens Gallery；☎902-494-8184；1891 Granville St；免费入内；⏲周二至周五11am～5pm，周六正午～4pm，表演周一5:30～7:30pm）陈列着新斯科舍艺术和设计学院师生们的作品。画廊以学院创始人安娜·里欧诺文斯的名字命名，而安娜又以其与暹罗国王的关系在《国王与安娜》中不朽。

基督教圣公会**圣保罗教堂**（St Paul's Church；☎902-429-2240；1749 Argyle St；免费入内；⏲周一至周五9am～4pm），与哈利法克斯同时建于1749年，曾经为从纽芬兰到安大略的广大教区居民提供布道服务。广场对面的哈利法克斯**市政厅**(City Hall)深得维多利亚式建筑的真谛。

玛丽·E.布莱克画廊（Mary E Black Gallery；☎902-424-4062；www.craft-design.gov.ns.ca；1683 Barrington St；免费入内；⏲周一至周四10am～9pm，周五10am～4pm，周六和周日9am～5pm）位于新斯科舍工艺和设计中心内，轮流展出新斯科舍工艺师的作品。

乔治大街上端的城堡山(Citadel Hill)上，一座**老城大钟**(Old Town Clock)已为全城报时200年。它的内部构件由爱德华王子、肯特公爵下令建造，于1803年运抵哈利法克斯。

滨海大道

历史建筑区(HISTORIC PROPERTIES)

历史建筑区位于Upper Water St街上，是一组业经修复的建筑群。它们原建于1800年至1905年，最初设计为便于储藏商品和货物的仓库，现在已成为家居店、时装店、餐厅和酒吧，并与滨海大道相连。每到夏季，各种手艺人、小商贩和街头艺人纷纷到此兜揽生意。

建于1814年的**私掠船仓库**(Privateer's Warehouse)是最古老的建筑。私掠船船长是政府允许或赞助的海盗，他们将从敌方商船上抢掠来的战利品储藏在这里。其他的旧时建筑有木制**红色老栈房**，曾经是造船和制帆的地方，还有建于1854年的**西蒙仓库**(Simon's Warehouse)。

参观**亚历山大基思新斯科舍酿酒厂**(Alexander Keith's Nova Scotia Brewery；☎902-455-1474；www.keiths.ca；The Brewery Market，1496 Lower Water St；成人/儿童/老人/家庭$15/6/12/36；⏲5月末到10月周一至周四11am～8pm，周五和周六11am～9pm，周日正午～4pm，其余月份周五5～8pm，周六正午～8pm，周日 正午～4pm)的团队游，通过身着戏服的悲剧演员、质量上乘的酿酒及昏暗的走廊，将你带入19世纪的哈利法克斯。在地下酒吧聚会中结束1小时的游览，配有扎啤、麦酒和饶有趣味的故事。要带身份证。(儿童会很喜欢这儿的柠檬水。)

大西洋沿海诸省博物馆 (MARITIME MUSEUM OF THE ATLANTIC)

这家有趣的**海岸博物馆**(☎902-424-7490；http://museum.gov.ns.ca/mma；1675 Lower Water St；成人/6～17岁儿童/老人/家庭$8.50/4.50/7.50/17，11月到次年4月半价；⏲6月到9月周三至周一9:30am～5:30pm，周二到8pm，5月和10月周一和周三至周六9:30am～5:30pm，周二到8pm，周日1～5:30pm，11月到次年4月周三至周六9:30am～5pm，周二到8pm，周日1～5pm)里，有个专门出售轮船零配件的商店。在这儿，你能闻到经热蜡处理过的缆绳味道，这是为了保护绳索免受海水侵蚀。"泰坦尼克号"和"哈利法克斯大爆炸"展览很受欢迎。《泰坦尼克号》三维电影的票价是$3.50。外面的甲板旁泊着"CSS阿卡迪亚号"水道测量船，它来自英格兰，现已退役，你可登船一览。

曾在"二战"时期服役的**HMCS Sackville**号护卫舰(成人/儿童$3/2；⏲6月到9月10am～5pm)就泊在附近，上面的工作人员来自加拿大海军。

21号码头中心(PIER 21 CENTRE)

CBC(加拿大广播公司)将其命名为加拿大七大奇迹之一。21号码头对加拿大来说，如埃利斯岛之于美国。在1928年至1971年间，超过一百万的移民从这里踏上加拿大的土地。他们背井离乡的心酸故事和历史背景都在这家**博物馆**(☎902-425-7770；http://pier21.ca；1055 Marginal Rd；成人/儿童/学生/家庭$8.50/5/6/21；⏲5月到11月9:30am～5:30pm，12月到次年3月周二至周六10am～5pm)里得以展现。研究人员跑遍加拿大各地，从这些移民身上收集第一手资料。放映室里播出的有关他们经历的录像片，非常感人，别忘了带上手帕。

北头(North End)

北头区是个很特别的地方，同哈利法克斯的历史一样长。在18世纪50年代初，当哈利法克斯市中心还是一片栅栏时，"北郊"已因其拥有更大的建筑群而受人青睐。

1819年以前，北美地区的英国海军舰队总司令一直驻扎在哈利法克斯，并在他的总司令官邸里举办盛大舞会。现在官邸已成为**沿海统帅博物馆**(Maritime Command Museum；☎902-427-0550转6725；2725 Gottingen St；免费入内；⏲周一至周五9:30am～3:30pm)。除了华美的乔治王朝时期建筑，博物馆里的奇特藏品也值得一看：点烟的打火机、银器和轮船的大钟，不一而足。

圣乔治圆形教堂(St George's Round Church；☎902-423-1059；http://collections.ic.gc.ca/churchandcommunity；2222 Brunswick St)建于1800年，按肯特公爵的特殊要求进行设计，包括海军与平民教徒分区而坐。这是一座少见的圆形教堂，属帕拉弟奥(Palladian)建筑风格，它的圆形大厅直径达18米，但在1994年的一场大火中遭到损坏。参观需要事先安排。要游览建于1756年的**德国小教堂**(2405 Brunswick St)——哈利法克斯第二古老的建筑，可通过圣乔治教堂进行联系。**康沃利斯圣施洗者教堂**(Cornwallis St Baptist Church；5457 Cornwallis St)自19世纪30年代起就在为本省的非洲裔居民服务。周日早晨路过这里，能听到高墙间流动的福音音乐。

哈利法克斯公共花园 (Halifax Public Gardens)

位于Spring Garden Rd路和South Park St街的拐角处，是公认的北美地区最华美的维多利亚式城市花园。在夏季，每到周日下午，老人乐队在露台中演出走了调的音乐会，有人打着太极，带着国际象棋的人可以随意地围坐在户外桌子旁下棋。

快乐角公园(Point Pleasant Park)

在这占地75公顷的圣殿里，有长达39公里的天然小路、野餐地和**威尔士王子马特罗塔**(Prince of Wales Martello Tower)——一个圆形的18世纪防御建筑，距离市中心仅1.5公里。从公园周边的小路能眺望麦克纳布斯岛(McNabs Island)、无垠的大海和North West Arm海湾。9路公共汽车沿Barrington St街驶往快乐角。另外，在Point Pleasant Dr车道旁也有充足的免费停车场所。

麦克纳布斯岛(McNabs Island)

这个面积为400公顷的小岛位于哈利法克斯港湾，岛上有细沙和鹅卵石铺就的海岸线、盐沼、废弃的军事要塞及森林，这一切描绘出小岛的风景。**麦克纳布斯岛轮渡**（McNabs Island Ferry；☎902-465-4563；http://mcnabsisland.com；Government Wharf；往返票成人/老人和儿童 $10/8；🕑24 小时）的服务人员会向你提供有关岛上 30 公里道路和小径的地图和简介，如果想预订宿营地，可以联系**自然资源局**（Department of Natural Resources；☎902-861-2560；www.parks.gov.ns.ca/mcnabs.htm）。轮渡从东部水道的渔夫海湾（Fisherman's Cove）出发，经达特茅斯（Dartmouth），很快就能到达。轮渡工作人员在不太忙时，会到哈利法克斯接你上船，票价不变。另一个前往麦克纳布斯的选择是乘坐 Cable Wharf 码头的 **harbor taxi 出租车**（☎902-830-3181；往返 $60，最多可乘 8 人）。

活动

自行车

骑自行车是游览哈利法克斯周边景区的绝好方式。你可以将车带上开往达特茅斯的轮渡，或是骑车经麦克唐纳桥（MacDonald Bridge）前往。**Velo Bicycle Club 自行车俱乐部**（www.velohalifax.ca；会员 $45）每周组织几次自行车游，详情参见它的网页。

Pedal & Sea Adventures 公司（☎902-857-9319，877-772-5699；www.pedalandseaadventures.com；每日/周含税 $35/140）可将自行车送到你指定的地方，并提供头盔、车锁和维修工具包等全套装备。他们还组织高质量的游览，一日游/两日游含税费和餐费共计 $105/235，而且提供 $69 起的自助游。

徒步

有或长或短的不同路径供你选择，都距离市中心非常近。**铁杉峡谷**（Hemlock Ravine）占地197英亩，树木茂密，有五条小径，适合各种水平的徒步者。要到那里，可从哈利法克斯市中心走贝德福德公路（Bedford Highway），然后在肯特大道（Kent Ave）左转——在这条路的尽头有停车场和路线图。可在www.novatrails. com网站上查阅各条路径及其起点的更多详细介绍。在快乐角公园（见355页）和麦克纳布斯岛（见355页）也可徒步旅行。

爱斯基摩划子

你最好在离开被污染的哈利法克斯海港后，再去参加这项活动。但如果你急于出海，**Sea Sun Kayak Adventures公司**（☎902-471-2732；www.paddlenovascotia.com；St Mary's Boat Club，1741 Fairfield Rd，Jubilee Rd附近）提供的一日游（$85）很不错，游览隐蔽的North West Arm海湾各景点。该公司在离哈利法克斯不远的Terrence Bay海湾也有店面，出租爱斯基摩划子（半日/整日$40/58），并提供系列旅游项目。他们的"Kayak Bus"穿梭车还为划船者提供接送服务。

带孩子游哈利法克斯

发现中心（Discovery Centre；☎902-492-4422；www.discoverycentre.ns.ca；1593 Barrington St；成人/儿童 $7.50/5；🕑周一至周六10am～5pm，周日1～5pm）亲身体验的展览、现场节目和电影，使所有年龄层的孩子都会觉得科技很有趣。

自然历史博物馆（Museum of Natural History；☎902-424-7353；http://museum.gov.ns.ca/mnh/index.htm；1747 Summer St；6月中到10月中 成人/家庭$5/15，10月下旬到次年6月上旬$3/9，全年周三5～8pm 免费入场；🕑周一至周六9:30am～5pm，周三至8pm，周日1～5pm，6月到10月中周四至周二至5:30pm）夏季每日都有特别节目，包括向孩子们介绍一个名叫Gus的蟾蜍和展示如何将昆虫烹制成美味。

Theodore Too Big Harbour Tours团队游（☎902-492-8847；www.theodoretoo.com；1751 Lower Water St；成人/15岁以下/6岁以下儿童/婴儿 $20/15/9/免费；🕑6月中到10月每天8次团队游）在放有书和电视的滑稽卡通船上进行1小时的旅行，特别适合6岁以下的儿童。

团队游

Murphy's on the Water 公司（☎902-420-1015；www.murphysonthewater.com；1751 Lower Water St）经营一系列环哈利法克斯海湾的游览节目，从深海垂钓到 2 小时风景游游船之旅一应俱全，还包括大受欢迎的**海港跳跃者之旅**（55 分钟游 成人/7 岁以下儿童/8～15 岁儿童/家庭 $23/8/14/66），在水陆两用车上旅行的新奇体验。

还有另外几种陆地上和海上的游览选择：

蓝鼻2号游船（Bluenose II；☎902-634-1963，800-763-1963；www.schoonerbluenose2.ns.ca；Lower Water St；成人/3～12岁儿童$35/20）这是大名鼎鼎的双桅纵帆船"蓝鼻号"的复制品，加拿大10分硬币的背面图案就是它。

Tall Ship Silva游船（☎902-429-9463；www.tallshipsilva.com；Queen's Wharf at Prince St；团队游 成人/儿童 $20/14；🕑5月到10月每天正午、2pm和4pm）在哈利法克斯的正方形有桅高船上进行 1 个半小时的漫游，可以使你放松心情。

Tattle Tours（☎902-494-0525；www.tattletours.ca；团队游 $10/人；🕑幽灵游 周三至周日 7:30pm）生动有趣的 2 小时旅程，从老城大钟（Old Town Clock）出发，一路有当地留言、海盗传说和鬼怪故事与你相伴。他们也根据游客要求提供徒步游，详情请咨询游客信息中心。

Salty Bear Adventure Tours 公司（见 848 页）提供背包客可选的省内游。

节日和重大活动

在欢庆的节日期间，哈利法克斯是最具活力

新斯科舍

的。通过节日网站查询志愿者工作机会。

Halifax Celtic Feis（www.halifaxcelticfeis.com；⏲6 月初）节目丰富的庆祝活动，有凯尔特人音乐、舞蹈、文学和艺术表演。

新斯科舍操练表演（Nova Scotia Tattoo；www.nstattoo.ca；票价$19~53；⏲7月上旬）新斯科舍最大的节日之一，为大型苏格兰风笛列队行进活动。

大西洋爵士乐节（Atlantic Jazz Festival；www. jazzeast.com；⏲7月中）持续整整1周，每个下午都有免费的露天爵士乐表演，晚间节目有世界各地音乐、经典爵士三重奏等多种选择(门票$15~30)。

哈利法克斯国际街头艺人节（Halifax International Busker Festival；www.buskers.ca；⏲8 月上旬）来自全世界的喜剧、小品、鬼怪剧和音乐表演在哈利法克斯码头区竞相纷呈。

Atlantic Fringe Festival（www.atlanticfringe.com；⏲9月中）既有刚崭露头角的艺术家，也有著名的艺术家，他们带来反传统戏剧和实验戏剧。

大西洋电影节（Atlantic Film Festival；www.atlanticfilm.com；门票$9.50~15；⏲9月中）长达1周半的电影佳作大比拼，有来自大西洋地区和世界各地的电影。

格鲁泰姆阿卡迪亚节（Grou Tyme Acadian Festival；www.groutyme.com；每日 $7 起；⏲9 月的第 3 周）意思是"庞大的节日聚会"，你可以欣赏阿卡迪亚的各类娱乐文化节目。

住宿

经济

HI Nova Scotia旅馆（☎902-422-3863；www.hihostels.ca；1253 Barrington St；会员/非会员宿舍床位$19/25，房 $50；⏲入住时间2pm~午夜）这家青年旅舍位于正中央区，有75个床位，晚上住在昏暗的集体宿舍中，还可以享受自助早餐。这里的工作人员亲切友好，有充满生气的公用厨房和维多利亚建筑。夏季需预订。

Halifax Backpackers Hostel背包客旅舍（☎902-431-3170，888-431-3170；www.halifaxbackpackers.com；2193 Gottingen St；宿/双/家庭$20/50/65；Ⓟ）这家位于北头区的时尚混合旅馆，有36个床位和一个公共厨房。合住房间里的床铺最多不超过6个。这儿聚集着时髦的年轻人，而且每一个人都在楼下的咖啡屋聚集，大口地喝着浓咖啡，吃着便宜的早餐，混在当地的常客中间。市内公共汽车都在店前设有车站，但是请注意：这儿有点喧嚣。

达尔豪西大学（Dalhousie University；☎902-494-8840；www.dal.ca/confserv；单 / 双 $40/65；⏲5 月中到 8 月中；Ⓟ）带公共卫生间的集体宿舍房间几乎是无菌的（即：没有海报，没有啤酒瓶）。Howe Hall(6230 Coburg St)紧邻所有的大学设施，而 Gerard and Shireff Halls(5303 Morris St) 更靠近市中心。查询网站，了解学生和老年人的住宿费信息。

Marigold B&B旅馆（☎902-423-4798；www.marigoldbedandbreakfast.com；6318 Norwood St；房 $65；Ⓟ）店主是位艺术家，在他的住处享受家的氛围，到处都是明亮的植物绘画和毛茸茸的猫。位于北头一处树木茂盛的住宅区，交通便利。

中档

Fresh Start B&B旅馆（☎902-453-6616，888-453-6616；freshstart@ns.sympatico.ca；2720 Gottingen St；房含早餐$90~125；Ⓟ）这家维多利亚式的漂亮旅店由两位退休护士经营，宏伟而充满生活气息，位于北头区一个安静的角落。带浴室的房间是最值的。对同性恋者开放。

Verandah B&B旅馆（☎902-494-9500；www.theverandahbb.com；1394 Edward St；双/套房 $95/125）是市中心核心地带的一栋乡村小屋，给这阴暗的住宅街道增添了一笔绚烂的色彩。旅馆主人是一位

新斯科舍

当地人的声音

12 层的故事（迈克尔 · 阿姆斯特朗，Michael Armstrong)

迈克尔出生于哈利法克斯并在那里长大，1992 年，他从 12 层高（72 米）的采石场摔了下来，几乎摔断了身上的每一根骨头。尽管他被告知再也无法站起来，但自从 1998 年他一直在做恢复锻炼，几乎每天都坚持在哈利法克斯来回走动着卖花；他被当地人称为"12 层的故事"。

哈利法克斯周围的神秘景点有哪些？让圣保罗教堂（St Paul's Church，见 354 页）的一个向导指给你"窗户上的脸"。它已被封存，人们认为那个标记是由某个人设置的，他在哈利法克斯爆炸期间偶然发现了那扇高处的窗户。

为什么选择了哈利法克斯？整个城市都是为残障人士建立，很容易到处走动。它也很小，每个人都认识我，而且人们都互相关心。

那么你的花呢？人们说直到你买了"12 层的故事"的花，你才算是真正来到了哈利法克斯！不过有时候我会把它们送给漂亮的女孩子们。

新斯科舍 TOP FIVE 狂欢活动

- 沿着海岸线航行，去参加**马布**(Mabou)和 Hwy 19 公路（见 393 页）的同乐会(kay-lees) 和现场音乐会。
- 在 **Stan Rogers Folk Festival 民俗节**（见 403 页）有来自加拿大和世界各地的各种草根音乐。
- 加拿大最大的"绿色"节日是**演化节**(Evolve Festival，见 391 页)，它带来 200 多位艺术家的舞台节目——从乡土音乐和街舞到 bluegrass 和试验性音乐。
- 密克迈克人、阿卡迪亚人以及非洲裔新斯科舍人仅仅是参与摇滚的**加拿大深根节**(Canadian Deep Roots Festival，见 381 页) 的部分"草根"。
- 通过动感的音乐庆祝凯尔特人文化，在**凯尔特色彩节** (Celtic Colours，见 392 页) 上，所有的一切都在秋叶热烈的基调中进行。

新斯科舍

有些固执的纽芬兰人，所以请言行谨慎。

Waverley Inn旅店（☎ 902-423-9346，800-565-9346；www.waverleyinn.com；1266 Barrington St；双含早餐$125～239；🅿 💻）这里的每间客房都布置着独特而几乎具有戏剧化的古玩和引人注目的亚麻制品。奥斯卡·怀尔德(Oscar Wilde)和PT Barnum曾经住在这里，如果他们现在还活着很可能还会再来。这儿市中心的位置是其他旅馆无法比拟的。

我们的选择 **Pepperberry B&B**（☎ 902-479-1700，877-246-3244；www.pepperberryinn.com；2688 Joseph Howe Dr；房 $140～250；🅿 💻）这家庞大的家庭旅馆建于 1915 年，保留了它最初的大部分风貌，如虎槭细木家具和镶木装饰。美丽的英国女主人在装修方面设法在传统、明亮和舒适之间达到完美的平衡。B&B 旅馆不在城里，而是在佩吉海湾的拐弯处，但从这里到市中心的公共交通非常便利。

Halliburton House Inn 旅馆（☎ 902-420-0658；www.halliburton.ns.ca；5184 Morris St；房 $145～350；🅿 ⊠ 💻）位于市中心，在这家非常舒适、服务设施齐全的古老旅馆中没有维多利亚时代的喧闹，让人感到纯净而舒心。

高级

Lord Nelson Hotel 酒店（☎ 902-423-5130，800-565-2020；www.lordnelsonhotel.com；1515 South Park St；双 $155～259；🅿 💻）当摇滚明星们（如"滚石"乐队）来到哈利法克斯时都会选择住在这儿。这儿装饰高雅，但并不沉闷。这家 20 世纪 20 年代的酒店位于哈利法克斯公共花园对面。淡季房价会下降很多。

就餐

酒吧和小酒馆经常提供很可口的正餐（见 359 页），但厨房通常在晚上 10 点停止营业。

经济

Dío Mío Gelato（☎ 902-492-3467；5670 Spring Garden Rd；正餐 $5～8；🕓 周一至周五 8am～10pm，周六和周日正午～10pm）星期天有便宜的三明治和奶油冰淇淋，但是必须排队等候。

Heartwood Vegetarian Cuisine & Bakery（☎ 902-425-2808；6250 Quinpool Rd；简易正餐 $5 起；🕓 周一至周六 10am～8pm）在当地的天然沙拉吧品尝沙拉或美味的烘焙食品，外加一杯相当划算的咖啡。

如果不介意氛围，你还可以在**苏格兰广场购物中心美食街**（Scotia Square Mall food court；Barrington St 和 Duke St 拐角）吃到惊人地道的印度、韩国、意大利美食，一盘最多 $5 左右。哈利法克斯人喜欢的是 **Ray's Falafel 炸豆泥店**（☎ 902-492-0233；🕓 周一至周三 8am～6pm，周四和周五 8am～9pm，周六 9am～6pm）。

中档

Harbourside Market市场（历史建筑区，1869 Upper Water St；正餐$9～12；🕓 周一至周四7am～9pm，周五7am～10pm，周六7:30am～10pm，周日7:30am～9pm）六家餐馆一字排开，提供从比萨饼到海鲜的各类美食。屋外平台俯瞰着海湾，增添了魅力。啤酒馆里有各式贮藏啤酒和麦芽啤酒。

Sweet Basil餐馆（☎ 902-425-2133；1866 Upper Water St；主菜 午餐$8～18，晚餐 $18～20；🕓 11:30am～10pm）漫步在海边码头，你会在午餐上有别致的选择，这家俏皮的法国情调的乡村小酒馆提供价格实惠而新奇别致的美食，而且还有特级厨师制作各种各样精美的甜点。

Epicurious Morcels 餐馆（☎ 902-455-0955；Hydrostone Market，5529 Young St；主菜约 $12；🕓 周二至周四 11:30am～8pm，周五和周六 10:30am～8pm，周日 10:30am～2:30pm）这里的特色菜是熏鲑鱼、gravad lax(用莳萝草熏制的鲑鱼）以及不同寻常且非常美味可口的自制汤菜。其他国际风味的美食也做得非常不错。

Salvatore's Pizzeria餐馆（☎902-455-1133；Hydrostone Market，5541 Young St；⏰每日午餐，周二至周日晚餐）许多人都认为这里有哈利法克斯最好的比萨饼，如果你喜欢大蒜味，可以品尝上面有一层薄脆皮的米盖尔比萨饼。在午餐时间，你可以得到超薄比萨饼。

Bubble's Mansion & Eatery餐馆（☎902-405-4505；5287 Prince St；主菜 约$13；⏰午餐和晚餐）Bubbles像是摆放购物车的圣地，有闪光的样品在门口欢迎你，样品悬挂在天花板上甚至是在调料盒上。这蓝绿相间的仓库式餐馆属于迈克·史密斯所有，在加拿大电视节目《停车场男孩》(*Trailer Park Boys*)中，他出演一个喜欢猫的流浪汉Bubbles。即使你不知道这个节目，也可以停下来品尝美味的龙虾芝士三明治或香辣牛肉泰式沙拉。或在周四和周末晚上加入大学派对，在人群中体验乐趣。

Sushi Shige餐馆（☎902-422-0740；5680 Spring Garden Rd；正餐 $14起；⏰周二至周五11:30am～2pm，周一至周六5:30～10pm）美味的寿司赏心悦目。品尝用一种炸米粉糕加上香辣调味汁制成的"寿司比萨饼"，听起来就很美味吧？

我们的选择 **Jane's on the Common 餐馆**（☎902-431-5683；2394 Robie St；主菜 $14～18；⏰周二至周五午餐，周二至周日晚餐，周六和周日早午餐）在这家日益流行的简便饮食店中摆设着富有光泽的黑色餐桌。先来个暖胃菜，如焦糖马铃薯和干酪馅饼（$6.50），或烤焦的扇贝烤面包片（$7），然后轮到非吃不可的主菜，如：芝麻浇大马哈鱼肉片，配上大豆柠檬蜂蜜。太棒了！

Wooden Monkey 餐馆（☎902-444-3844；1685 Argyle St；主菜 $15～20；⏰11am～10pm）这儿有用从胡安飓风中幸存的树木制成的屋子，装饰着可循环利用的家具和当地艺术品。这儿有昏暗、舒适的僻静处以及户外阳光普照的边道座位。这家餐馆坚决支持当地环保组织，提供极品无麸质正餐和素食正餐，这里的肉类菜品来自用人道方法宰杀的动物。

Il Mercato（☎902-422-2866；5650 Spring Garden Rd；主菜 $10～20；⏰11am～11pm）这家老字号的意式餐馆不接受预订，周末时要么提早来，要么干脆晚点儿到，不然就得等座位了。

高级

Fid餐馆（☎902-422-9162；www.fidcuisine.ca；1569 Dresden Row；主菜午餐$14～16，晚餐 $22～27；⏰周三至周五午餐，周二至周日晚餐）慢食倡导者丹尼斯·约翰斯顿(Dennis Johnston)从当地农贸市场购买他所需要的原料，然后烹制菜肴，如琵琶鱼配带壳豌豆、用枫树或芦笋搭配的五花肉和甘薯以及美丽的泰式炒面。它是品尝当地美食的好地方；每周菜单都会有变化，而且还有素食者可选择的菜肴。

Da Maurizio餐馆（☎902-423-0859；1496 Lower Water St；主菜 $28～30；⏰周一至周六5～10pm）许多当地人都会向你推荐这家餐馆，这是他们的最爱。这里的氛围和厨艺同样优雅；裸露的砖和简洁的线条显示这状曾是啤酒厂的传统建筑所独有的风格。强烈推荐预订。

饮品

哈利法克斯的人均耗酒量与纽芬兰的圣约翰斯可有一拼。最大的酒吧聚集区是 Argyle St 街。每到夏季，临街酒吧的座椅会挤占到人行道上。酒吧通常在凌晨 12 点 30 分关门，周日会提前几小时。

Economy Shoe Shop酒吧（☎902-423-8845；1663 Argyle St）十年来，哈利法克斯人通常用"它"来特指这个喝酒和社交之地。每逢周末夜晚，人群中总会活跃着演员和记者的身影。这里还是饮酒消磨午后时光的愉快场所。在凌晨1点45分打烊之前，厨房会不间断地供应下酒小菜。

Henry House酒馆（☎902-423-5660；1222 Barrington St）这是城中最有气氛的酒馆，离市中心南端的旅馆、酒店很近。除了有一个灯光昏黄、引人流连的氛围外，这儿供应可靠的食物。

Argyle Bar & Grill 酒吧和烧烤店（☎902-492-8844；1575 Argyle St）当屋顶平台挤满为代基里鸡尾酒（daiquiris）而来的顾客时，酒吧算是进入了自己每年都显得太过短暂的夏季。

Dome 酒吧（☎902-422-5453；1740 Argyle St）以"Liquordome"为标志，在同一屋檐下，有四家。"The Attic"酒吧有音乐演出，其他三家是营业至凌晨 3 点的夜总会。

Trident Booksellers & Café（☎902-423-7100；1256 Hollis St；⏰周一至周五8am～5pm，周六8:30am～5pm，周日11am～5pm）这家安静的咖啡屋是你阅报读书，消磨时间的好地方。

娱乐

翻翻《海岸》(*Coast*) 杂志，查看上演的节目。

现场音乐

每个周末，哈利法克斯城里似乎被各种音乐点燃了，民间的、说唱的、乡村的、摇滚的，各式音乐轮番上演。

Marquee（☎902-429-3020；2037 Gottingen St；服务费$6～25）这里是巡回演出团和当地知名乐团的上乘表演场所。节目大约晚上10点30分开始。初露头角的乐师们在楼下的Hell's Kitchen

区表演。Marquee的门票允许你进入Hell's Kitchen区，但凭Hell's Kitchen区的门票不能进入Marquee区。

Ginger's Tavern酒吧（☎902-425-5020；1662 Barrington St；服务费$5）色调柔和，上演民间和乡村音乐。

Bearly's House of Blues & Ribs店（☎902-423-2526；1269 Barrington St；服务费$3）加拿大大西洋地区最出色的布鲁斯演奏家在演出，收费低得难以置信。周三的卡拉OK之夜会吸引大批观众和一些出色的歌手。

Stage Nine Bar & Grill酒吧和烧烤店（☎902-444-7800；www.stagenine.ca；1567 Grafton St；服务费免费~$25；周二至周日4pm~2am）三层楼，外形有趣，其中有两间允许吸烟的客房、每天有现场的当地音乐以及夏天屋顶的露台。这里还有带全套设施的厨房，可以使你在尽情狂舞前饱餐一顿。

戏剧

在哈利法克斯有两家专业剧院——Neptune Theatre和Eastern Front Theatre剧院，他们的演出季节通常在5月结束，夏季休演。但是，Shakespeare by the Sea剧院在整个夏季都有节目上演。

Neptune Theatre剧院（☎902-429-7070；www.neptunetheatre.com；1593 Argyle St）位于市中心，其主剧场上演音乐部和知名剧目（$37），非主流剧目（$20）在小剧场上演。

Shakespeare by the Sea剧院（☎902-422-0295；www.shakespearebythesea.ca；Point Pleasant Park；建议捐款$10；6月到9月）位于公园中央的Cambridge Battery古要塞里，上演游吟诗人巴德(Bard)的作品，表演精湛。请浏览网页查看地图等详情。

电影

Park Lane Cinemas电影院（☎902-423-4598；Park Lane Mall，Spring Garden Rd和Dresden Row拐角）播放好莱坞影片，偶尔也有独立制片人的作品。

体育

哈利法克斯Mooseheads青年冰球队在**哈利法克斯大都会中心**（Halifax Metro Centre；☎902-451-1221；5284 Duke St；门票$13.50）打比赛。

购物

在Spring Garden Rd路和Duke St街之间的哈利法克斯市中心，可以找到一些真正新奇的商店。

哈利法克斯农民酿造市场（Halifax Farmers' Brewery Market；☎902-492-4043；1496 Lower Water St；1月到5月周六8am~1pm，5月到12月周六7am~1pm）北美地区最古老的农贸市场，坐落在19世纪20年代的Keith's Brewery酿酒厂厂房里，能带给你终极购物体验。到这儿来可以看人，购买有机农产品、当地人手工制作的珠宝、服装等等。要么早来，要么晚到，以避开人潮。

Hydrostone Market市场（5515-5547 Young St；周二至周五10am~6pm，周六10am~5pm，周日正午~5pm）这是哈利法克斯大爆炸后，城市重建的一部分。别致的小巷遍布商店、咖啡馆和餐厅，还有**Bogside Gallery画廊**（☎902-453-3063；周一、周二和周五10am~6pm，周三和周四10am~8pm，周六10am~5pm，周日正午~5pm），来自加

哈利法克斯的男女同性恋世界

哈利法克斯有巨大的同性恋者的活动空间，大多数的夜生活都聚集在Gottingen St街的**Club NRG俱乐部**（☎902-422-4368；2099B Gottingen St；4pm~2am）周围，这儿每周五晚举办舞会。**Club Vortex俱乐部**（☎902-420-1323；2215 Gottingen St；11:30~2am）不时主办男扮女的易装之夜(Womyn's nights)，推出周末舞会。在市中心，**Reflections Cabaret**（☎902-422-2957；5184 Sackville St）是一家迪斯科舞厅，吸引了各类人的到来。下午4点开门迎客，但活动其实是在晚上10点开始，直到凌晨3点。

女同性恋旅游者可以去**Venus Envy**（☎902-422-0004；1598 Barrington St；周一至周三和周六10am~6pm，周二和周五10am~7pm，周日 正午~5pm）上网，翻阅书籍，看看各类有趣的玩具。干净的**Seadog's Sauna & Spa 桑拿和温泉**（☎444-3647；2199 Gottingen St；www.seadogs.ca；周一至周四4pm~1am，周五4pm开始直到周一1am）是魁北克城东最大的男同性恋者俱乐部，有温泉设施。约每月一次，这儿的温泉为Venus Envy中女同性恋者使用，成为**Shedogs**(www.venusenvy.ca)。

哈利法克斯活动周(Halifax Pride Week；www.halifaxpride.com)每年6月的第2周举办。

新斯科舍

拿大大西洋地区的精美工艺品是其特色。358 页列出了一些不错的餐馆。

到达和离开

飞机

加拿大航空(Air Canada)、加拿大爵士航空(Air Canada Jazz)和西捷航空(Westjet)航空公司每日都有数个航班往返于哈利法克斯和主要城市之间，如多伦多($575，2个半小时)、蒙特利尔($700，1个半小时)和渥太华($430，1小时45分钟)。加拿大航空也飞行于哈利法克斯与濒海地区其他城市之间(圣约翰[Saint John]，$340，45分钟，一天4班；蒙克顿[Moncton]，$520，40分钟，一天3班)，此外，还去波士顿($380，2小时15分钟，一天2班)。从夏季到秋季，每日都有一架直接飞往伦敦($530，6小时)的班机。根据售票情况和你提前购票的时间，所有票价都会有所变化。参见843页的信息。

公共汽车

Acadian Lines 汽车公司(☎902-454-9321；www.acadianbus.com；1161 Hollis St)的总站设在Westin Hotel 酒店旁边的火车站。它的长途车每日发往特鲁罗(Truro)和阿默斯特(Amherst)，并与开往蒙特利尔和纽约的汽车衔接。也有车去迪格比(Digby，$41，4小时)，在整个安娜波利斯河谷都有停靠站。还有悉尼车程(Sydney，$63，6个半小时)，经停安蒂戈尼什(Antigonish，$38，3个半小时)。

Trius Lines 公司有从哈利法克斯到雅茅斯($50，4个半小时)的固定路线，它为南部海岸沿线的城镇提供服务。请致电 Acadian(见上文)，获取有关价格和出发地点的信息。

穿梭汽车

私营的穿梭汽车公司与几家大公司互为竞争对手。它们通常提供接送服务，停靠站较少，旅程也更快捷。但与此相对的是旅途稍嫌拥挤。**Cloud Nine Shuttle公司**(☎902-742-3992，888-805-3335；www.thecloudnineshuttle.com)每天下午发车去雅茅斯(Yarmouth，$60，3个半小时)，停靠南部海岸各站，每天早晨返回哈利法克斯地区；赴机场接机或送机加收$5。**Campbell's Shuttle Service公司**(☎800-742-6101；www.campbell-shuttle-service.com)赴雅茅斯的票价是每人$55(每辆自行车$5)，**Amero's Shuttle 公司**(☎888-283-2222；www.ameroshuttle.com)也一样，它沿安娜波利斯河谷穿行；两家公司均需提前数日订票。**Try Town Transit公司**(☎877-521-0855，902-521-0855)去马洪贝(Mahone Bay，$24，50分钟)和卢嫩堡(Lunenburg，$25，1小时)。

Scotia Shuttle公司(☎902-435-9686，800-898-5883；www.atyp.com/scotiashuttle)去布莱顿角岛(Cape Breton Island)的悉尼(Sydney，$55，5小时，一天2班)。**MacLeod's Shuttle公司**(☎902-539-2700，800-471-7775)每日一班走同样路线。**Inverness Shuttle Service公司**(☎902-945-2000，888-826-2477)除周日外，每日运营在哈利法克斯和布莱顿角岛的因弗内斯(Inverness)之间(成人/学生$44/36)。

搭乘**PEI Express Shuttle 公司**(☎902-462-8177，877-877-1771；www.peishuttle.com)汽车去爱德华王子岛的夏洛特敦(Charlottetown)，每人收费$55，清晨有接车服务；Go-Van 公司对每辆自行车收费$15。**Advanced Shuttle 公司**(☎877-886-3322，902-886-3322)的汽车下午离开哈利法克斯，开往夏洛特敦；Advanced Shuttle 公司对每辆自行车收费$10，对每位成人/学生收费$50/45。

火车

坐落在 Hollis St 街 1161 号的火车站是濒海地区为数不多的加拿大火车站建筑艺术代表之一。VIA Rail 铁路公司的运营路线包括赴蒙特利尔的过夜车(提前一周购票，成人/2～11岁儿童$240/120，20个半小时，除周二外每日发车)。

四处走走

抵离机场

哈利法克斯国际机场离城东北40公里，在通往特鲁罗(Truro)的Hwy 102公路旁。**Airbus 公司**(☎902-873-2091；单程/往返$16/21)的机场班车早5时至晚11时运行，停靠主要的酒店，提供接送服务。

Share-A-Cab公司(☎902-429-5555，800-565-8669；单程$25)提供拼车服务，必须提前一天预订。乘出租车往返机场费用为$54。

小汽车和摩托车

行人在哈利法克斯几乎总是享有优先通行权，要当心汽车紧急刹车。

在城市核心区以外，你通常能找到可免费停车达2小时的路边停车位。要不然，就试试私营的**Impark 停车场**(1245 Hollis St；每小时/每12小时$1/6)或者市政府经营的**Metro-Park 停车场**(☎902-830-1711；1557 Granville St；每小时/每12小时$2/14)。哈利法克斯的停车计价器周一至周五8am至6pm计费。

在机场租车要比在市内贵出许多。全国主要租车连锁店(见846页)在机场均有店面，在哈利法克斯市内也同样。**Enterprise Rent-a-Car公司**（☎902-492-8400；www.enterprise.com；1161 Hollis St）在火车站和市中心附近的几个地方设有办公室，并提供一些极为优惠的价格。位于城堡山西北角以北1.25公里的**Discount Car Rentals公司**（☎902-453-5153；www.discountcar.com；2710 Agricola St）也有很好的价格，但要取决于供应情况。

公共交通

Metro Transit公司（☎902-490-6600；单程票价$1.75，20张票$30）经营市内公交系统和开往达特茅斯(Dartmouth)的渡船。同方向短时间内换车是免费的。地图和时刻表在渡船终点站和Scotia Square Mall购物中心均可找到。

7路公共汽车经Robie St街和Gottingen St街纵穿哈利法克斯市中心和北头区(North End)，并途经两街上的青年旅舍。1路公共汽车驶过Spring Garden Rd路、Barrington St街和Gottingen St街南段，然后过桥开往达特茅斯。“Fred”是环绕市中心的免费公交车，在夏季每30分钟一辆。

从哈利法克斯码头乘渡船去**达特茅斯**（单程$2；6am ~ 11:30pm每15分钟到半小时发船）是体验水上风光的好办法，尽管只有短短的12分钟。伍德赛德(Woodside)在旺季也有渡船，它还是骑车去Eastern Passage和劳伦斯敦(Lawrencetown)的上好出发地。

哈利法克斯周边地区(AROUND HALIFAX)

达特茅斯(Dartmouth)

达特茅斯建于1750年，比哈利法克斯晚一年，两座姊妹城隔海湾相望。这里有更浓郁的生活氛围，它的商业区与省府哈利法克斯的相比少了些魅力和喧嚣，但它可能是一个令人愉快的基地，因为乘坐公共汽车或渡轮到哈利法克斯非常容易。

即使你不在这里停留，也不要错过这个港口的渡船，它是北美最古老的海水渡口系统。奥尔德尼门(Alderney Gate)是达特茅斯渡轮码头的所在地。

6月下旬举办的**新斯科舍多元文化节**（Nova Scotia Multicultural Festival；www.mans.ns.ca）期间，这座城市沸腾了。这个周末节庆在达特茅斯码头举行，以精彩演出和更精彩的美食来展示此地文化的多样性。

达特茅斯遗产博物馆（Dartmouth Heritage Museum；☎902-464-2300；www.dartmouthheritagemuseum.ns.ca；26 Newcastle St；门票$2；🕑6月中到8月周二至周日10am ~ 5pm，9月到次年6月中周三至周六1:30 ~ 5pm）博物馆的**常青屋**(Evergreen House)曾经是民俗学家海伦·克赖顿(Helen Creighton，她在20世纪初期游历全省，收集整理传说故事和民歌民谣）的故居，展出的藏品不拘一格。门票还包括当日参观**夸克大厦**（Quaker House；59 Ochterloney St；🕑6月到8月周二至周日10am ~ 5pm）的费用。这是哈利法克斯地区最古老的房屋，由夸克·惠勒斯(Quaker Whalers)于1786年建造。夸克为躲避美国独立战争，从楠塔基特(Nantucket)远道而来。盛装导游会带领参观者游览房屋各处。这里还有一个儿童礼服衣柜。也可在**Eastern Front Theatre剧院**（☎902-463-7529；www.easternfront.ns.ca；Alderney Gate，Dartmouth；门票$20 ~ 25）观看表演，这儿每年都会有几部大西洋地区剧作家的作品首次公演。

Caroline's B&B旅馆（☎902-469-4665；134 Victoria Rd；单/双$50/55；🕑4月到12月）离公交线路和轮渡码头都很近，由一对迷人的老夫妇经营。仔细看看墙上很酷的镶嵌图案。

Shubie Campground宿营园（☎902-435-8328，800-440-8450；www.shubiecampground.com；Jaybee Dr，出Waverley Rd）是唯一可乘坐哈利法克斯乘公共交通工具抵达的宿营地，营地属于市政府，但由私人经营。有淋浴和自动洗衣设施。

Queen of Cups Teahouse茶社（☎902-463-1983；44 Ochterloney St；午餐$5~8，🕑周一至周六10am~5pm，周日11am~3pm）位于达特茅斯的夸克·惠勒斯大厦(Quaker Whaler House)对面。这里能吃到健康类食材制作的午餐，有汤、沙拉、三明治，还可试试龙虾薄饼卷(lobster crepe，$12)。如果对塔罗克纸牌算命($60)或杯中残茶占卜($20)感兴趣，请提前致电。

东部海岸的海滩(Eastern Shore Beaches)

当哈利法克斯市中心的居民在某个炎热的夏日涌过大桥奔向达特茅斯时，最有可能去的地方就是海滩。长长的、柔美的白沙海滩在整个东部海岸随处可见，其中一些从哈利法克斯驱车前往并不算远。海水从来都不是十分暖和，但勇敢者仍会毅然入海畅游或冲浪，特别是在浓雾远离海岸的时候。

东部海岸中离城最近，也最繁忙的海滩是**Rainbow Haven**。它长达1公里，有卫生间、淋浴、餐厅等设施，还建有一条供轮椅使用者上海滩的木板大道。这里的游泳场很大，有救生员监督管理。去Rainbow Haven，从达特茅斯市中心走Portland St街，穿过Cole Harbour港，沿着Cole Harbour Rd路/Hwy 207公路前行，向右拐上Bissett Rd路。在Bissett Rd路尽头向左拐，就正好来到海滩入口。

Lawrencetown Beach海滩是最受冲浪者青睐

的场所。它直面南方，经常巨浪拍岸，这是几百公里以外的飓风和热带风暴的馈赠。海滩距哈利法克斯 25 公里，仅比 Rainbow Haven 海滩稍远一点。沿 Hwy 207 公路行驶，过 Cole Harbour 港口后，与海岸并行的公路会将你直接带入海滩。海滩拥有一个管理良好的游泳场、餐厅和卫生间。可从 **Dacane Sports 体育用品店**（☎902-431-7873；www.hurricanesurf.com；冲浪板/趴板/潜水服租金每 24 小时 $25/15/20）租用冲浪装备（只接受现金）。所有人均可参加的冲浪营（半日/全日 $99/199）费用已包括当日课后继续使用器材的租金；有关时间安排，可查看网站。从海滩出发，沿 Crowell Rd 路仅行 8 公里，即到**波特斯湖省立公园**（Porters Lake Provincial Park；☎902-827-2250；http://parks.gov.ns.ca；1160 Crowell Rd；营地 $18）。在波特斯湖的小岛和半岛上有一个宿营园，共有 158 个间隔适当、树荫遮蔽的营位。从 7 月中旬至 8 月中旬，最好预订周五和周六晚上的位置。

Martinique 拥有超过 3 公里的白色沙滩，是全新斯科舍省最长的海滩。即使你因海水太凉无法游泳，这里依然是散步、观鸟和玩飞盘的好地方。从达特茅斯沿指示牌上 Hwy 7 公路，行驶大约 40 公里，然后在 Musquodoboit Harbour 港口向右拐上 East Petpeswick Rd 路。

桑布罗(Sambro)

由哈利法克斯往南仅 18 公里，就到了桑布罗渔村郊外的 **Crystal Crescent Beach 海滩**。在独特的小海湾里实际上有三个海滩，第三处——朝西南向的海滩——人们可以自由着装，同性恋者也受欢迎。一条 8.5 公里长的**徒步小路**始于内陆，穿过荒地、沼泽和巨岩，通往 Pennant Point 岬角。要到这儿，从哈利法克斯迂回到 Herring Cove Rd 路上，直奔桑布罗，然后按路标行事。

普罗斯佩克特(Prospect)

普罗斯佩克特的风景可同佩吉海湾 (Peggy's Cove) 媲美，但却没有丝毫旅游交通的烦扰。一条未开发的**小路**始于 Indian Point Rd 路的尽头，沿海岸蜿蜒 3 公里，途经许多极棒的野餐场所。在小路的起点，停车的位置不多，所以你或许应将车子停在进村的路旁。

Prospect Village B&B旅馆（☎902-850-1758，877-850-1758；www.prospectvillagebb.ca；1758 Prospect Bay Rd；房 $125～150）位于修复的女修道院中，是薄雾笼罩的海滨的亮点。热情的主人使用的每一件物品，从肥皂到美味早餐的原料，都是天然的。

佩吉海湾(Peggy's Cove)

佩吉海湾是加拿大游客最多的渔村，但只有一个显而易见的原因：一座完美的红白相间的灯塔衬托着起伏的花岗岩海湾，散发出梦幻般的海滨特有的宁静，甚至排着长队的旅游巴士也没有打破这片宁静。大多数游客跳下空调巴士，拍几张照片，邮寄明信片，然后回到车上。如果你坚持在附近逗留，你会发现与友好的当地人（目前只有 60 位居民）聊天、进入小渔村等等都出乎意料轻松。位于哈利法克斯以西 43 公里，Hwy 333 公路上。从城里到这儿会是甜美的白天旅程。

在夏季，最好将游览安排在早上10点之前，因为旅游车会在中午到达，让这里成为全省最糟糕的交通堵点之一。在你进村时，左手边有一个带卫生间的免费停车场和一个**游客信息办公室**（tourist information office；☎902-823-2253；109 Peggy's Cove Rd；7月和8月9am～7pm，5月中到6月、9月和10月至5pm）。从6月中至9月，每天都有旅游局带团的免费半小时和1小时徒步旅行。

景点和活动

DeGarthe Gallery画廊（☎902-823-2256；门票$2；⏲5月中到10月9am～5pm）在这儿可以欣赏当地艺术家威廉·德加思(William deGarthe，1907～1983年)的画作。画廊前面那座宏伟的30米高**渔民纪念碑**(Fishermen's Monument)，就是德加思在巨石表面雕刻出来的。

佩吉海湾灯塔（Peggy's Cove Lighthouse，⏲5 月到 10 月 9:30am～5:30pm）这儿的灯塔现已成为小小的邮局，拥有自己特有的灯塔形"取消标志"邮戳。

Peggy Show（☎902-823-2099；www.beales.ns.ca；Old Red Schoolhouse，126 Peggy's Point Rd；建议捐款 $10；⏲7 月末到 9 月周日至周四 2pm 和 4pm）这种富有创造性的表演对于这个海湾是陌生的，它是"来自海湾的未经授权的佩吉自传"。喜剧一直很受欢迎，而且有不定期的音乐演出。每个季节演出几场，由穿梭车提供往返于哈利法克斯各旅馆的服务，收费 $22。有关详情请查询网站。

食宿

Wayside Camping Park宿营公园（☎902-823-2271；wayside@hfx.eastlink.ca；10295 Hwy 333，Glen Margaret；帐篷/娱乐车营地 $20/30）位于佩吉海湾以北10公里处，离哈利法克斯36公里。这座宿营公园在山上有许多绿荫掩映的营地。在盛夏季节，这里非常拥挤。

Peggy's Cove B&B 旅馆（☎902-543-2233，800-725-8732；www.nsinns.com；19 Church Rd；房 $95～165）这个海湾唯一的住处，它位于斜坡之上，有着令

人羡慕的位置，可以俯瞰渔船码头和灯塔。这家B&B旅馆曾经是艺术家William deGarthe的家，2007年它被完全修复。想要住在这里，确需预订。

Oceanstone Inn & Cottages旅馆和别墅（☎902-823-2160，866-823-2160；www.oceanstone.ns.ca；8650 Peggy's Cove Rd，Indian Harbour；房$85～145，木屋$165～225；🖥）装饰怪诞的别墅离海滩仅一箭之遥，距佩吉海湾仅一小段车程。住客可以划脚踏船去附近小岛和岩礁上探险，有些还有灯塔矗立。旅馆的餐厅Rhubarb烹制顶呱呱的海鲜大餐和开胃小菜，被认为是该地区最好的餐馆之一，最好预订。

Murray's Wharfside Lobster Pound（☎902-823-3249；13 Rocky Rd；杂烩汤$6.50，龙虾$22；⌚11am～8pm）如果想要摆脱大群游客，可以来这座隐藏在一条小土路边上的新式渔民窝棚。在海湾边的塑料桌子旁享受丰盛的海鲜。

南部海岸(SOUTH SHORE)

这儿是新斯科舍游客最多的海岸线，在这里你可以找到所有那些精美的灯塔、白色海滩边受保护的森林和许多变成旅游城镇的渔村。从哈利法克斯到卢嫩堡的区域是城市精英居住的别墅区，此地的一日游深受游客和当地人的喜爱。Hwy 3公路被旅游官员贴上了"灯塔路"的标签，可以想见它是条慢慢走、慢慢游的路线。如果你不急于赶路，并想沿途逛逛古董店、工艺品店，就选这条风景如画的道路吧。如果选Hwy 103公路直奔离你目的地最近的出口，旅途时间可节省一半。

切斯特(CHESTER)

切斯特建于1759年，是座很小的村庄。今天，切斯特已成为美国有钱人和哈利法克斯居民夏季度假的理想之选。它有着多彩的历史，既是海盗的出没之地，又是禁酒时期私酿酒走私贩的藏身之所，通过小镇周围很多艺术家的工作室，这儿今天仍然带有当初的风采。每年8月中旬，人们会在切斯特宁静的海港里举办盛大的赛船会。

旅游局（Tourist Office；☎902-275-4616；Hwy 3；⌚7月和8月9am～7pm，6月和9月10am～6pm，5月和10月10am～5pm）位于切斯特岔道附近的旧火车站内。

景点和活动

高贵大厦博物馆（Lordly House Museum；☎902-275-3842；133 Central St；免费入内；⌚5月中到10月中周二至周六10am～5pm，周日1～5pm）房屋建于1806年，是乔治王朝时期建筑风格的典范。博物馆有三间按旧时式样布置的展室，展示19世纪上层阶级的生活和切斯特的历史。博物馆同时也是艺术家们的工作室。

Tancook Island岛（人口：190人）从切斯特的政府码头乘渡船（返程$5；周一至周五4班，周末2班；具体时刻表，请浏览http://freepages. history.rootsweb.com/～tancook/ferry.htm）45分钟即可到达。岛上的徒步小路纵横交错。自19世纪初期起，德、法两国的胡格诺派教徒来此定居，小岛上的腌酸菜(sauerkraut)也就声名鹊起。每日从切斯特来的末班船都会在岛上过夜。

食宿

Graves Island Provincial Park省立公园（☎902-275-4425；http://parks.gov.ns.ca；切斯特东北3公里，Hwy 3附近；营地$18）在马洪湾里的小岛上，通过堤道与大陆相连，有64个林地或露天营地。娱乐车通常停在营区中央，一些荫蔽的独立帐篷营地则隐蔽在中央高原的翼侧。

Mecklenburgh Inn B&B旅馆（☎902-275-4638；www.mecklenburghinn.ca；78 Queen St；单/双含早餐：公共卫生间$85/95，专用卫生间$125/135；⌚5月到次年1月）这个随意的4间客房小店建立于1890年，二楼有个轻风吹拂的游廊。一些房间有独立阳台，大多数房间有专用卫生间。主人是位蓝带主厨，所以你可以期待一顿精美的早餐。

Kiwi Café（☎902-275-1492；19 Pleasant St；简单午餐$6～9；⌚7:30am～4pm）一位来自新西兰的厨师在此制作出色的汤、沙拉和三明治，你可以在此用餐，也可以用可回收容器打包带走。

Rope Loft酒馆（☎902-275-3430；36 Water St；主菜约$15；⌚供应食物周日至周四11:30am～9pm，周五和周六至10pm，酒吧每天营业至11pm）从环境来看，你无法找到比这家海湾边的酒吧更好的地方。他们热忱地在室内外提供酒吧食品。

娱乐

Chester Playhouse剧院（☎902-275-3933；www.chesterplayhouse.ns.ca；22 Pleasant St；门票约$25）这是家古老的剧院，现场表演的音响效果极佳。7月、8月，除周一外，几乎每晚都有演出或晚餐剧场。在春秋两季，偶尔举办音乐会。

马洪贝(MAHONE BAY)

在海岸边，这儿的阳光常常更为充足。马洪贝由100多座小岛组成，离哈利法克斯约100公里，是游览南部海岸的一个重要基地。沿Main St街边拿出爱斯基摩划子、自行车，或者就简单地漫步，这儿位于海港边缘，有很多卖古玩、被子、巧克力和陶瓷器的商店。

实用信息

Biscuit Eater Booktrader & Cafe 书屋和咖啡馆（☎ 902-624-2665；16 Orchard St；免费 wi-fi，终端机每小时$5；⏰ 周一至周六 9am ~ 5pm，周日 11am ~ 5pm，周二休业）查看 E-mail 的最好地方，咖啡价格公道，有简单的有机食物。

Mahone Bay 网站（www.mahonebay.com）可链接到餐馆和旅店信息。

游客信息中心（简称 VIC；☎ 902-624-6151；165 Edgewater St；⏰ 5 月周六和周日 10am ~ 5pm，6 月和 9 月 9am ~ 6pm，7 月和 8 月 9am ~ 7pm，10 月 10am ~ 5pm）有自助徒步旅行手册。

景点和活动

7月和8月每天都组织**步行游**(1小时15分钟；$5)，从Main St街上的室外舞台出发，沿海滨到达马洪贝的古老遗址。询问游客信息中心有关具体时间。

马洪贝定居者博物馆（Mahone Bay Settlers' Museum；☎ 902-624-6263；578 Main St；免费入内；⏰ 6 月到 10 月中周二至周六 10am ~ 5pm，周日 1 ~ 5pm）这儿展出"外国新教徒"1754 年来此定居的情景和当地的建筑。

Amos Pewter（☎ 800-565-3369；www.amospewter.com；589 Main St；免费入内；⏰ 7 月和 8 月周一至周六 9am ~ 6:30pm，周日 10am ~ 5:30pm，5 月、6 月、9 月和 10 月周一至周六 9am ~ 5:30pm，周日正午 ~ 5:30pm）观看白蜡制作艺术，在附属的商店中购买白蜡制品。

East Coast Outfitters（☎ 877-852-2567；www.eastcoastoutfitters.net；617 Main St；半日 / 全日 爱斯基摩划子出租 $45/65，半日 / 全日 自行车出租 $20/35）出租爱斯基摩划子和自行车，组织爱斯基摩划子游和课程。

South Shore Boat Tours（☎ 902-543-5107；www.southshoreboattours.com；⏰ 7 月到 8 月）提供造船和自然旅游（1 个半小时；成人 / 儿童 $25/12.50）以及鲸和海鹦观赏游（4 小时；$50）。

Mahone Arts（☎ 902-624-9215；www.mahonearts.com；培训班 $425 起）由当地艺术家组织举办为期 3 天或一周的艺术训练班。上网查询有关的计划安排。

节日和重大活动

马洪贝木船节（Mahone Bay Wooden Boat Festival；☎ 902-624-0348；www.woodenboatfestival.org）在 8 月第一个周末举办，以造船研讨会和每日举行的小技巧比赛为特色。

食宿

Kiwi Kaboodle Backpackers Hostel背包客青年旅舍（☎ 902-531-5494，866-549-4522；www.kiwikaboodle.com；Hwy 3；宿/房含早餐$25/60，双床 $110）这家友好的青年旅舍离马洪贝主要景区仅3公里，距卢嫩堡(Lunenburg)7公里，有9张床位，地理位置极佳。主人可进城接客，安排经济的**团队游**（www.novascotiatoursandtravel.com）、穿梭车服务，并提供不错的旅游建议。

Three Thistles B&B旅馆（☎ 902-624-0517；www.three-thistles.com；389 West Main St；房 $75~115）主人菲莉丝·怀斯曼(Phyllis Wiseman)使用环保的清洗剂，而且用天然原料烹制食物。客房明亮整洁，而且有延伸到树林的花园。

Hammock Inn the Woods B&B旅馆（☎ 902-624-0891；www.hammockinnthewoods.com；198 Woodstock Rd；双 $85）从 Main St 街向前走有一条幽静的道路，树木茂密的花园里有两张令人心动的吊床，而这幢房子是融合现代豪华和乡村舒适的休憩之地。这里使用天然的农产品做健康早餐，每天早上都有免费瑜伽。

Mahone Bay B&B旅馆（☎ 902-624-6388，866-239-6252；www.bbcanada.com/4078.html；558 Main St；房含早餐$115~125）这家友善的旅馆在19世纪60年代曾是位造船者的住家。在这里可欣赏到那三座教堂构成的景致，还能享受到有线电视和浴袍带来的舒适。

Gazebo Café餐馆（☎ 902-624-6484；567 Main St；主菜 $15~20；⏰ 4月到10月午餐和晚餐）在这家小酒馆风格的餐馆中可以欣赏水景，而且有以特殊风味制作的当地奇特美食，而不是油炸食品。有可供素食者选择的菜肴。

卢嫩堡(LUNENBURG)

南海岸最大的渔村——古老的卢嫩堡是本地区唯一的联合国教科文组织世界遗产地和哈利法克斯以外的第一个英国人定居点。日落时分是这座城镇最美丽的时刻，也是你观赏大海的最佳时机，色彩鲜明的古老建筑在船舶停满码头的港口后散发着柔和的光辉。找一找"卢嫩堡突起"——二楼上的一个五边卧室飘窗，它高悬于一层楼之上，非常有特色。

卢嫩堡的最初居民主要是德国人、瑞士人和法国新教徒。他们受雇于英国人，是建设哈利法克斯的劳力，后来成为渔民。今天，新斯科舍遭受着鱼群日益消失所带来的沉重打击，但迅速发展的旅游业帮助它支撑下去。

实用信息

Explore Lunenburg网站（www.explorelunenburg.ca）提

供当地历史和旅游咨讯。

Lunenburg Public Library公共图书馆（☎902-634-8008；19 Pelham St；🕒周二、周三和周五10am～6pm，周四至8pm，周六至5pm）免费上网。

卢嫩堡游客信息中心（Lunenburg VIC；☎902-634-8100，888-615-8305；11 Blockhouse Hill Rd；🕒5月到10月9am～6pm，7月和8月至8pm）提供徒步游地图，并帮助订房。

景点和活动

大西洋渔业博物馆（Fisheries Museum of the Atlantic；☎902-634-4794；http://fisheries.museum.gov.ns.ca；68 Bluenose Dr；成人/18岁以下儿童/家庭$9/3/22；🕒5月上旬到10月下旬9:30am～5:30pm）阅历丰富的职员中，有一些还是退休渔民，能向你讲述当地渔业发展的第一手资料。一楼是令人敬畏的水族馆，让你亲眼见识鲆鱼(flounder)、大比目鱼(halibut)和其他海洋生物。三楼的剧场经常放映影片。

Knaut-Rhuland House大厦（☎902-634-3498；125 Pelham St；门票$3；🕒6月上旬到9月周二至周六11am～5pm，周日1～5pm），被公认为乔治王朝时期建筑的全省最佳代表。这座建于1793年的大厦有身着盛装的导游介绍其特色。

新斯科舍

卢嫩堡学院（Lunenburg Academy；97 Kaulbach St）是个黑白相间带角楼的巨大建筑，坐落在山顶之上。从哈利法克斯进入卢嫩堡的路上，就能看到它。它建于1895年，纯木结构，当时是一所显赫的高等中学，现为公立学校。夏季下午3点可以参观。

由大名鼎鼎的"蓝鼻号"(Bluenose)船长沃特斯(Captain Walters)的后人馈赠，**Captain Angus J Walters House大厦**（☎902-634-2020；37 Tannery Rd；门票$2；🕒周一至周五1～7pm，周六至5pm）致力于保留本地人文和帆船的历史。

热心而知识渊博的埃里克·克罗夫特(Eric Croft)白天组织休闲的**灰线卢嫩堡城镇徒步游**（Gray Line Lunenburg Town Walking Tours，☎902-634-3848），晚上利用灯笼装成幽灵，玩恐吓游戏；有关详情，请打电话咨询。

Bike Barn自行车店（☎902-634-3426；www.bikelunenburg.com；579 Blue Rocks Rd；混合型自行车/双人自行车 每天$20/40）位于城东大约2公里处，出租自行车。此地位于小小的半岛上，是骑车人的梦想之地——极少的山坡，极美的海景，又无汽车打扰。店主人梅里尔·休贝奇(Merrill Heubach)会很乐意帮你设计行程。

团队游

旅游从位于Bluenose Dr车道、紧邻Fisheries Museum博物馆的码头开始。

"蓝鼻2号"游船（Bluenose II；☎902-634-1963，800-763-1963；www.bluenose2.ns.ca；2小时航程 成人/3～12岁儿童$20/10）它是"蓝鼻号"纵帆船的经典复制品，时而停靠哈利法克斯，时而停靠卢嫩堡。当它靠港时，爬上去看看是免费的。

捕虾人之旅（Lobstermen Tours；☎902-634-3434；www.lobstermentours.com；45分钟游程成人/儿童$12/6）2小时的游程包括拖拽捕龙虾的大罐，在一个可触摸的水池里监视捕获。短途游船的路线是环绕卢嫩堡海港。

卢嫩堡观鲸游（Lunenburg Whale Watching；☎902-527-7175；成人/14岁以下的儿童$42/30；🕒6月到10月中）提供3小时海上游览，保证能让你看到海鸟、海豹，还有鲸。

海盗的财富

新斯科舍的奥克岛(Oak Island)位于马洪贝(Mahone Bay)附近，是所谓的"钱坑"所在地，为了挖掘钱财，人们花费了200多万加元，而且搭上了6个人的生命。至今毫无有关这个钱坑到底是什么或埋着什么的任何信息。

传说始于1795年，当时这个岛上的三位居民偶然发现地面上的一个坑。得知海盗到过这个地区后，他们决定挖开坑看看能找到什么。当刚挖到半米多时，碰到一层平整的石板；又挖了2.5米后，发现了一个橡木平台，然后他们继续挖。在他们挖到9米之后，这些男人暂时放弃了，但8年后他们和一个专业团队——Onslow公司回来继续挖掘。

Onslow公司挖到地下27.5米；他们的员工第二天早上返回时发现，竖井被洪水浸没了，因而他们被迫停止挖掘。一年以后，这家公司又回到这里，在先前挖的竖井旁平行地挖了33.5米，但也被洪水浸没了。这个深坑于1850年被确认为陷阱，距此150米的史密斯海湾(Smith Cove)通过五个方形排水渠不停地向深坑排水，这片海滩也是人造的。

从那以后，来自四面八方的人们来到"钱坑"寻找财富。他们只找到了几条金链子、几张羊皮纸、一个水泥拱顶和一块石雕。

节日和重大活动

黄杨木节（Boxwood Festival；www.boxwood.org；节日通行证 $50；⏲7月最后1周）世界各地的长笛、风笛吹奏者来此上演高水平的公众音乐会。

卢嫩堡民间海港节（Lunenburg Folk Harbour Festival；☎902-634-3180；www.folkharbour.com；⏲8月）加拿大及世界其他地方的歌手、歌曲作者云集于此，还有传统音乐和福音歌曲表演。

新斯科舍民间艺术节（Nova Scotia Folk Art Festival；www.nsfolkartfestival.com；⏲8月的第一个星期日）

住宿

尽可能提早预订住房，尤其是在夏季。卢嫩堡的两家经营了很长时间的经济型B&B旅馆最近停业了，城镇外7公里的 **Kiwi Kaboodle 青年旅舍**(Kiwi Kaboodle Backpackers Hostel，见365页）是经济实惠的最佳选择。

Board of Trade Campground 宿营园（☎902-634-8100/3656；lbt@aliantzinc.ca；11 Blockhouse Hill Rd；帐篷/娱乐车营地 $18/$25；💻）这座宿营园位于游客信息中心旁边，风景不错。有许多砾石铺成的娱乐车营地，草地上的帐篷营地紧紧挤靠在一起，没有树木遮阴。

1826 Maplebird House 宾馆（☎902-634-3863，888-395-3863；www.maplebirdhouse.ca；36 Pelham St；双 $80～105；🏊 💻）这座乡村风格的房子，位于城镇中心，装饰着充满活力的泰迪熊玩具，由于管理得当，旅馆舒适而不杂乱。在美丽的大后花园里，可以俯瞰港口，还为客人提供烧烤架。

Lennox Tavern B&B旅馆（☎902-634-4043，888-379-7605；www.lennoxinn.com；69 Fox St；房 $85～140）这个地方确实让人感到古老，用电烛台照亮大厅，有厚厚的木地板。这家小旅馆是加拿大最古老的客栈，而且你可以在这个往昔的客栈吃早餐。

我们的选择 **1775 Solomon House B&B 旅馆**（☎902-634-3477；www.bbcanada.com/5511.html；69 Townsend St；房 $95～120；💻）漂亮的老旅馆，它有起伏不平的木地板和很低的门框（小心你的头！），有最美丽、最热心的主人。有些老化的墙壁围绕着的客房很舒适，可以和其他旅行者谈谈你们的早餐。这儿唯一的缺点是浴室比较小。

Sail Inn B&B旅馆（☎902-634-3537，877-247-7075；www.sailinn.ca；99 Montague St；房 $80～140；💻）这儿的客房可以观赏海滨景色，明亮而通

风，很现代又散发着古老的气息。如果你住在这里，可以免费搭乘主人的48英尺高的双桅桅船进行短途旅行。不要错过地面上的那口古井，现已变成清亮的鱼池。

餐饮

要试试不拘一格的卢嫩堡特色菜。Solomon Gundy是腌鲱鱼加洋葱。卢嫩堡布丁(Lunenburg pudding)是把猪肉和香料填进猪肠里烹制而成，与掺水威士忌搭配相得益彰。

Historic Grounds餐馆（☎902-634-9995；100 Montague St；早餐$5～12；⏰周一至周五7:30am～4pm，周六和周日8am～4pm）喝一杯浓咖啡，尝尝烘焙食品，或者停下来品味城中最好的早餐。在户外庭院中观赏水景，夏季周末时这儿很快就坐满了人。

Magnolia's Grill餐馆（☎902-634-3287；128 Montague St；主菜$7～15；⏰午餐和晚餐）在这家深受当地人喜爱的餐馆中，可试试每日汤品。还有海鲜(包括腌鲱鱼加洋葱[Solomon Gundy])和各种葡萄酒。

我们的选择 **Salt Shaker Deli餐厅**（☎902-640-3434；124 Montague St；主餐 约$8；⏰11am～9pm）由于有干净利落的现代氛围、海滨阳台和美食，这家新熟食店兼餐厅总是宾客满盈。试试薄皮比萨饼，或自由选择烹饪方式的1磅贻贝。

Fleur de Sel餐馆（☎902-640-2121；53 Montague St；主菜午餐$8～12，晚餐$22～29；⏰11am～2pm和5～10pm）到目前为止，它是这个地区最优雅的就餐选择。法国风味的海鲜、肉类和素食菜都采用有机农产品制作，慢慢在经典、明亮的用餐区享用吧。

娱乐

Lunenburg Opera House剧院（☎902-634-4010；290 Lincoln St；门票$5～20）老旧得有些摇晃的剧院有400个座位和……一个谣传中的鬼魂。建于1907年，曾是秘密共济会的会堂(Oddfellows Hall)，现为摇滚和民间音乐艺人最喜爱的演出场所。橱窗里的海报有节目预告。

到达和离开

Trius Lines公司的车在曾经固定的哈利法克斯—雅茅斯路线上为卢嫩堡服务；Trius的价格和发车地点的最佳信息来源是**Acadian Lines**（☎902-454-9321，800-567-5151）。也可乘坐穿梭汽车，具体信息见361页。

利物浦(LIVERPOOL)

在利物浦有很多事情可以做：它的地理位置不错，有数处极好的白沙海滩，还可到基金库吉科国家公园(Kejimkujik National Park，向北68公里，见下页)和它的海滨属地(Seaside Adjunct，向西南15公里，见370页)游历一番。据说，它缺少这儿以北村庄的海滨气息。1812年战争期间，利物浦曾处在英国私掠船的控制之下，他们既保护英国贸易通道，又干着打家劫舍的勾当。**私掠船日**（Privateer Days；www.privateerdays.com）是纪念海盗与历史的庆祝活动，7月上旬举办。

旅游局（Tourist Office；☎902-354-5421；28 Henry Hensey Dr；⏰7月和8月9am～7pm，6月和9月上中旬10am～5pm）在跨河桥附近，有介绍徒步游的手册。

景点和活动

谢尔曼·海恩斯(Sherman Hines)是利物浦许多新文化景点的幕后功臣。他是濒海地区最多产的摄影师之一，还是一位利物浦富翁。他最富雄心的事业是建成了**Rossignol Cultural Centre文化中心**（☎902-354-3067；www.rossignolculturalcentre.com；205 Church St；成人/儿童/学生$4/2/3；⏰周一至周六10am～5:30pm）。中心包括野生生物、民间艺术、附属建筑等数个小型博物馆和几个画廊。中心门票还包括参观**谢尔曼·海恩斯摄影博物馆和画廊**（Sherman Hines Museum of Photography & Galleries；☎902-354-2667；www.shermanhinesphotographymuseum.

免费牛肉年

1923年4月15日，新斯科舍人从左手开车改为右手开车。当局预测交通事故将有所增加，所以鼓励司机将提示牌放置在他们的挡风玻璃前，以提醒其他人"右手开车"。省政府很快受到新斯科舍电车与电力公司(Nova Scotia Tramways & Power Company)的控告，这家公司在哈利法克斯拥有并经营电子电车系统，这次控告是为了挽回所有电车车门改到另一侧，需要重新铺设轨道所带来的损失。

然而，人们没有想到的是，卢嫩堡郡许多公牛悲惨地结束了生命。公牛不是地球上最聪明的动物，受过左边行使训练的公牛无法转到右边，许多司机将未经训练的畜牲送到屠宰场。至今，1923年被称为"免费牛肉年"(The Year of Free Beef)。

com；219 Main St；⏲周一至周六10am～5:30pm）的费用。开在老城礼堂里的六个画廊向来是媒体关注的焦点。

珀金斯大厦博物馆（Perkins House Museum；☎902-354-4058；http://museum.gov.ns.ca/peh；105 Main St；成人/儿童 $2/1；⏲周一至周六 9:30am～5:30pm，6月到10月中周日 1～5:30pm）展出殖民地时期的物品和家具。它建于1766年，是新斯科舍博物馆(Nova Scotia Museum)下属最古老的建筑。旁边的**昆斯地区博物馆**（Queen's County Museum；☎902-354-4058；www.queensmuseum.netfirms. com；109 Main St；门票 $1；⏲周一至周六 9:30am～5:30pm，6月到10月中周日 1～5:30pm，其余月份周一至周六 9am～5pm）有原住民的手工制品、与城市历史相关的文物，以及一些早期公民的手迹。

在 **Fort Point**，一个锥形石堆标出了法国人塞缪尔·德·钱普兰(Samuel de Champlain)1604年登陆的位置。在**灯塔**（☎902-354-5260；21 Fort Lane，Main St 尽头；免费入内；⏲5月中到10月中 10am～6pm）里，你可以试着吹响手泵雾角。

汉克·斯诺乡村音乐中心（Hank Snow Country Music Centre；☎902-354-4675；www.hanksnow.com；148 Bristol Ave；门票 $3；⏲5月下旬到10月上旬周一至周六 9am～5pm，周日正午～5pm）设在旧火车站内，斯诺(Snow)、威尔弗·卡特(Wilf Carter)和其他吟唱歌手都曾在此留下历史印迹，为新斯科舍赢得北方纳什维尔(Nashville，美国田纳西州首府，乡村音乐的故乡——译注)的美誉立下汗马功劳。

食宿

Geranium House旅店（☎902-354-4484；87 Milton Rd；房$50）这家住宿加早餐旅馆位于Mersey River河旁的一大片林地内，有三间客房，公共卫生间。是骑车者和家庭住客的理想住处。

Lane's Privateer Inn 旅店（☎902-354-3456，800-794-3332；www.lanesprivateerinn.com；27 Bristol Ave；单/双含早餐 $94/150）这里最初是位恃强凌弱的私掠船船长的住宅。现在，已在同一家族手中传了三代，并已有211年的历史。它还开有书店、美食商店和舒适的餐厅(7am～10pm营业；主菜 $9～25)。

Woodpile Carving Cafe咖啡馆（☎902-354-4494；181 Main St；简单正餐 $3～6；⏲周一至周六 8am～4pm）在这家很有氛围的咖啡馆的正中央有店主的木刻工作坊。它是当地人最喜爱的咖啡馆；喝一杯特色咖啡或来一客汤，再品尝这里的三明治和沙拉。

娱乐

Astor Theatre剧院（☎902-354-5250；www.astortheatre.ns.ca；59 Gorham St）Astor是全省最古老、且一直连续经营的演出场所。它建于1902年，曾是利物浦歌剧院，现在上演电影、戏剧和音乐会。

基金库吉科国家公园 (KEJIMKUJIK NATIONAL PARK)

基金库吉科占地381平方公里，这片荒野中可通汽车的地方不到20%，其余地方只能靠步行或划船。观赏鸟类的人可以看到大量的水禽、关在栅栏里的猫头鹰以及红冠黑啄木鸟(pileated woodpecker)，还有从豪猪到黑熊的野生动物。美中不足的是，这里咬人的昆虫十分猖獗；当心像蜂鸟大小的蚊子和湖里像鳗鱼一样大的水蛭。

在**游客中心**（visitor center；☎902-682-2772，800-414-6765；www.parkscanada.gc.ca/keji；Hwy 8；成人/儿童/家庭 $5.45/2.70/13.60；⏲6月中到9月上旬8:30am～9pm，其余月份至 4pm，11月到次年3月关闭）申请进入许可证及预订偏远营地。

活动

最主要的**徒步**环路长60公里，始于 George Lake 湖的东端，终于 Big Dam Lake 湖小路起点。短点儿的环线是26公里长的 Channel Lake Trail 小路，起点和终点都在 Big Dam Lake 湖，很适宜过夜旅行。9月和10月上旬是徒步旅行的黄金季节，而在春季，虫子能将你逼疯。十几个湖泊由一个运输水系连接起来，使得独木舟游可畅行长达7天。一个地形图($10)对雄心勃勃的数日之旅来说，必不可少。公园里的 **Jakes Landing**（☎902-682-5253；⏲6月到9月 8am～9pm，淡季需预约）出租独木舟和其他装备。爱斯基摩划子、自行车和划桨船的租金是每小时 $8，双人划子或独木舟是 $10；24小时租金为 $34/39，一星期为 $145。

食宿

45个偏远营地（每人 $22.75，含木柴费）分散在基金库吉科的大小湖泊之间。你必须提前致电预订，或在公园游客中心办理手续。这儿的最长停留期限是14天，但在任何一个营地宿营，都不能超过两晚。

Raven Haven Hostel & Family Park青年旅舍和家庭公园（☎902-532-7320；www.annapoliscounty.ns.ca/rec/ravhav/hostel.htm；Hwy 8附近，2239 Virginia Rd，South Milford；宿 会员/非会员$16/18，帐篷/娱乐车营地 $16/19；⏲6月中到9月上旬）这是家国际旅店系统(HI)下属的青年旅舍和家庭宿营地，位于皇家安娜波利斯(Annapolis Royal)以南25公里、国家公园以北27公里处。干净的旅舍是个白沙海滩边上的小木屋，有四个床位。这儿有15个营地，包括一些私有的林间营地，不过公园的宿营地更好。能租到独木舟和脚踏船。

Jeremy's Bay Campground 宿营园（☎902-682-2772，800-414-6765；夏季/冬季宿营地 $25/18）公园内共有 360 个营地，其中 30% 的营地按先到者优先的原则分配。整个营地只有一个淋浴区，所以做好排队的准备。预订营地的费用为 $10。

Mersey River Chalets（☎902-682-2447，877-667-2583；www.merseyriverchalets.ns.ca；2537 River Rd；锥形帐篷 $70，双 $110，小屋 $150～175；💻）舒适的小木屋有松木地板、燃烧木头的壁炉以及私人门廊和配套的烧烤设施；客房有私人平台，可以观赏湖面景色；舒适的圆锥形帐篷带有设备齐全的厨房。这里有免费的独木舟和皮船供客人们使用。

M&W Restaurant & Variety Store（☎902-682-2189；Hwy 8；主菜 $4～10；🕑5 月中到 10 月中 8am～9pm）从公园入口到这个地方只有 500 米，它为"饥饿的宿营者"提供早餐（$6），还有午餐和晚餐。还有一个摆满了宿营用品（包括木柴）的综合商店以及一家自助洗衣店。

基金库吉科国家公园海滨属地 (SEASIDE ADJUNCT, KEJIMKUJIK NATIONAL PARK)

"基金属地"保护着乔利港(Port Joli) 和 Port Mouton(ma-toon) Bay 穆顿港海湾之间天堂般的风景：低矮的灌木丛、白沙海湾以及突出的花岗岩。从 Hwy 103 公路到此的通道是一段 6.5 公里的碎石路。在实用的**公园办公室**（成人/儿童/家庭 $4/2/10；🕑6 月中到 9 月 8:30am～8pm，其余月份 8:30am～4pm）购买公园门票和路线图。从那里，两条极平坦的小路直通海岸。**Harbour Rocks Trail 小路**（往返 5.2 公里）沿一条古老的马车路穿林越野，直达海滩。在那儿，经常能看到海豹 。**乔利港岬角**(Port Joli Head)周围的环行小路长 8.7 公里。

乔利港湾 (Port Joli Basin) 有个**乔利角候鸟保护区** (Point Joli Migratory Bird Sanctuary)，里面生活着大量的水禽和海鸟（《在新斯科舍"灯塔路"上的观鸟》[*Nova Scotia Birding on the Lighthouse Route*] 是份很好的资料，在游客信息中心可以找到）。爱斯基摩划子是唯一便捷的交通工具。**Rossignol Surf Shop**（☎902-683-2550；www.surfnovascotia.com；White Point Beach Resort，White Point；半日/整日 爱斯基摩划子租金 $30/45，团队游 $55/95，半日/整日冲浪板或工具租金 $10/20，冲浪课程 $55；🕑5 月到 10 月）在附近的 White Point 出租爱斯基摩划子、冲浪板和俯卧冲浪板 (bodyboard)，并提供爱斯基摩划子旅游项目和冲浪课程。

Thomas Raddall Provincial Park省立公园（☎902-683-2664；www.parks.gov.ns.ca；宿营地 $18）隔着乔利海港，与"基金属地"相对，有许多大型、隐密的营地，其中8个无须预约。密林中的宿营园一直延伸到让人叹为观止的海滩。

Port Mouton International Hostel 国际青年旅舍（☎902-947-3140；www.wqccda.com/PMhostel；8100 Hwy 3；宿 $20；💻）离基金徒步环路 (Keji Adjunct) 只有 5 分钟的路程，它是经济实惠的住宿好地方。这里有共用区域和可以烹制多人饭菜的设备齐全的厨房。

洛克波特(LOCKEPORT)

就坐落在绚丽的 Crescent Beach 海滩后面，一座朴实无华的渔村，值得你驶离 Hwy 103 公路，绕行来此一游。**Crescent Beach Centre 中心**（☎902-656-3123；157 Locke St；🕑7 月和 8 月 9am～7pm，6 月和 9 月 9am～4pm，其余月份周二至周六 10am～4pm）提供旅行信息、卫生间、淋浴间和一个餐厅。沿着木板大道来到 Crescent Beach 海滩，这里是濒危的鸟筑巢的地方，因此狗要始终系上皮带，人走路时亦应谨慎下脚。

小学校博物馆（Little School Museum；29 Locke St；捐赠入内；🕑7 月和 8 月 10am～5pm）就位于海滩上方，展示当地的历史。一个房间修复为 19 世纪 90 年代乡村教室的模样，另一间展出古老的渔具。

谢尔本(SHELBURNE)

谢尔本是南部海岸的一处美妙、闲静的基地。历史城区的 17 处房屋建于 19 世纪之前。这些早期建筑曾是美国独立战争中退却至此的保皇分子的落脚地。在 1783 年，谢尔本曾是英属北美地区最大的社区，居民达 16 000 人，许多是来自纽约的贵族，而住在离此不远的伯奇镇 (Birchtown，见下页）上的黑人保皇分子是受他们剥削的劳动力。7 月的最后一个周末是**缔造者日** (Founders'Days)，纪念谢尔本的历史。

旅游局（Tourist Office；☎902-875-4547；31 Dock St；🕑7月和8月8am～8pm，5月中到6月和9月11am～5pm）提供历史城区徒步自助游手册。

景点和活动

历史城区里的四家博物馆讲述了谢尔本作为保皇分子聚居区和造船中心的历史。进入所有博物馆的通票是 $10，单个门票是 $4。

建于 1784 年的 **Ross-Thomson House 大厦**（☎902-875-3141；www.rossthomson.museum.gov.ns.ca；9 Charlotte Lane；周日 9:30am～正午免费入内；🕑6 月到 10 月中 9:30am～5:30pm）和它旁边的商店曾

新斯科舍

属于来自科德角半岛(Cape Cod)的保皇党富商。展品包括家具、绘画和商店的原有商品。大厦周围是真正当时式样的花园。

另一处1787年的保皇分子住宅现已成为**谢尔本地区博物馆**(Shelburne County Museum；☎902-875-3219；Maiden Lane和Dock St拐角；⏲6月到10月中9:30am～5:30pm，其余月份周一至周五10am～正午和2～5pm)收藏有保皇分子家具，展示当地的渔业史和一些密克迈克手工制品。

Muir-Cox Shipyard船坞(☎902-875-1114；www.historicshelburne.com/muircox.htm；18 Dock St；⏲6月到9月9:30am～5:30pm)自1820年起，它几乎从未中断生产，产品有帆船、游艇和渔船。现在它仍全年开工，但介绍中心(interpretive center)却是季节性的。人们通过**Dory Shop Museum商店博物馆**(☎902-875-3219；http://museum.gov.ns.ca/dory；11 Dock St；⏲6月到9月 9:30am～5:30pm)订购这里生产的Shelburne dories(一种小巧的敞篷船，曾是纵帆船附带的捕鱼船)，用作救生艇。

通往伯奇镇(Birchtown，见本页框内文字)的6公里小路，始于Main St街南端尽头、Spencer's Gar-den Centre对面，既可徒步，又可骑车。

住宿

Islands Provincial Park省立公园(☎902-875-4304；www.parks.gov.ns.ca；Hwy 3附近；宿营地 $18)隔着海港，在谢尔本对面，有65个营地掩映在茂密的森林里，还有个可以游泳的海滩。

Water Street Lighthouse B&B旅馆(☎902-875-2331；www.shelburnelighthouse.com；263 Water St；房 $70；⏲5月到10月)很不错的B&B旅馆，不豪华但舒适友好，晚上可以停放你的自行车。建筑里贯穿着灯塔主题。

Cooper's Inn B&B旅馆(☎902-875-4656，800-688-2011；www3.ns.sympatico.ca/coopers；36 Dock St；房 $100～145)对面是个稀有的箍桶作坊，仍在生产捕鱼业所需的木桶。这里曾是几代作坊工人的住地。建筑的一部分可追溯到1784年，实际上，是从波士顿带入此地的。现在它是个舒适而独特的旅馆，有六间客房。

餐饮

Charlotte Lane餐馆(☎902-875-3314；13 Charlotte Lane；主菜 $12～25；⏲周二至周六 午餐和晚餐)人们甚至从哈利法克斯(Halifax)开车来这儿用餐，然后为这里的美食倾倒；大力推荐预订晚餐。瑞士厨师长罗兰·格劳塞尔(Roland Glauser)会经常修正那个注解翔实的酒水单，因为这儿的当地海鲜、肉类菜品和面条会不断更新。

Shelburne Pastry & Tea House 糕饼店和茶社(☎902-875-1164；151 Water St；主菜 $7～14；⏲周一至周五 8am～8pm，周六至 2pm)在花园阳台享受有海鲜特色菜的早餐、午餐和晚餐，包括新鲜清蒸鳕鱼配柠檬莳萝酒酱汁(fresh poached haddock with lemon dill wine sauce，$13)。

Sea Dog Saloon酒吧(☎902-875-2862；1 Dock St；⏲周一至周六11am～午夜，周日正午～8pm)屋外的露台俯瞰着谢尔本海港，是镇上痛饮一杯的最佳去处。这里还有完整的酒馆菜单。

黑人保皇分子所在的伯奇镇

正如谢尔本(Shelburne)曾是英属北美最大的殖民地，伯奇镇(Birchtown)过去是北美被解放的非洲奴隶最大的居住地，美国独立战争以后，大约3500名黑人保皇分子受到英国人的奖赏，被授予在谢尔本(Shelburne)、哈利法克斯(Halifax)、迪格比(Digby)和盖斯伯勒(Guysborough)建立定居点的土地。在寒冬和不平等待遇中勉强挣扎了九年后，他们中的1200人于1792年登上了开往西非塞拉利昂(Sierra Leone)的15艘轮船，并在那里建立了弗里敦(Freetown)。1812年战争后，另有2000人从美国移居到濒海地区。另外，有人在19世纪90年代从加勒比地区来到布莱顿角岛的煤矿谋生。

未来并不光明。资金匮乏、种族隔离的学校直到20世纪50年代还存在。今天，非洲裔新斯科舍人依然是在高中毕业典礼上的比例低，而在法庭和监狱里的比例高。

黑人保皇分子遗产社会历史遗址和博物馆(Black Loyalist Heritage Society Historical Site & Museum；☎902-875-1381，888-354-0722；www.blackloyalist.com；104 Birchtown Rd；⏲周二至周五 11am～6pm，周六正午～6pm Sat，周日正午～5pm)在伯奇镇，包括一个博物馆和通往"深坑洞穴"的步行小道，曾被考古学家认做临时的避难所。还有通往谢尔本的人行兼自行车小路，长6公里。

关于新斯科舍非洲遗产自助游的介绍，可到网站(www. gov.ns.ca/nsarm/virtual/africanns/)查询。

巴灵顿和巴灵顿通道
(BARRINGTON & BARRINGTON PASSAGE)

来自科德角半岛的50个家庭于1760年来到巴灵顿。此地的几个**博物馆**(☎902-637-2185；每家博物馆成人/儿童$2/1；⏲6月到9月周一至周六9:30am～5:30pm，周日1～5:30pm)由当地历史协会负责经营。许多年来，不同信仰的教堂礼拜和社区会议都在新英格兰风格的会议大厦里举行，现在它已成为**老会议大厦博物馆**(Old Meeting House Museum；http://museum.gov.ns.ca/omh；2408 Hwy 3)。许多小镇缔造者就葬在旁边的墓地里。**巴灵顿羊毛厂博物馆**(Barrington Woolen Mill Museum；http://museum.gov.ns.ca/bwm；2368 Hwy 3)讲解员会示范手摇纺线、染色和织布的技艺，这曾是19世纪晚期本地蓬勃发展的产业。**海豹岛灯塔博物馆**(Seal Island Light Museum；2422 Hwy 3)是个灯塔的复制品，包括对原有灯具的复制。

巴灵顿到西帕波尼克
(BARRINGTON TO WEST PUBNICO)

从巴灵顿去雅茅斯(Yarmouth)，你既可选择走便捷，但景色平淡的Hwy 103公路，也可经Hwy 3公路在大约100公里长、妙趣横生的海岸线上蜿蜒前行。**Cape Sable岛**(不要将它与"Sable岛"混淆——见404页)值得绕道前往，它是坑坑洼洼的扁平小岛，位于新斯科舍省最南端。岛上许多地方多风的白色沙滩，被指定为"重要的鸟类区"，附近的几个岛正在为海鸟铺设产卵管道。整座岛屿常常笼罩在雾中，这可能也是建造高达31.1米的灯塔的原因吧，它可是新斯科舍最高的。

西帕波尼克是个古老的阿卡迪亚社区，不要将它与西帕波尼克中区(Middle West Pubnico)、西帕波尼克下区(Lower West Pubnico)、东帕波尼克(East Pubnico)及其分区和帕波尼克(Pubnico)本身搞混。**阿卡迪亚历史村**(Le Village Historique Acadien；☎902-762-2530；Old Church Rd；成人/6岁以下儿童/7～18岁儿童$4/免费/2；⏲6月中到9月9am～5pm)是个再造的阿卡迪亚村落，有一个铁匠铺、一所实木房屋和一家渔店。

雅茅斯(YARMOUTH)

对于一座大城市来说(它是新斯科舍省西部最大的城市)，除了是缅因州(Maine)波特兰(Portland)和巴港(Bar Harbor)的渡船的起点站和终点站(见362页)，雅茅斯没有太多让人印象深刻的地方。不过和这个省的任何地方一样，待上片刻，你便会喜欢上这里的人们；城市周围也有值得一日游的景点。

实用信息

About Yarmouth网站(www.aboutyarmouth.com)有标明节庆活动时间的日历，并介绍住宿和就餐的各种选择。

游客信息中心(简称VIC；☎902-742-5033；228 Main St；⏲7月和8月7:30am～9pm，5月、6月、9月和10月至4:30pm)也有个货币兑换柜台。

雅茅斯公共图书馆(Yarmouth Public Library；☎902-742-2486；405 Main St；⏲周一至周四10am～8pm，周五10am～5pm，周六10am～4pm，周日1～4pm)免费上网。

景点和活动

雅茅斯在1761年首先由来自马萨诸塞的新英格兰人占据，在19世纪70年代达到它发展与繁荣的鼎盛时期。科林斯遗产保护区(Collins Heritage Conservation District)维护着许多建于那个时代的维多利亚式房屋，都很漂亮。可向游客信息中心查询徒步自助游的信息。

实用的雅茅斯却有着令人眼前一亮的世界级**新斯科舍省美术馆**(Art Gallery of Nova Scotia，☎902-749-2248；www.agns.gov.ns.ca/yarmouth_agns；341 Main St；门票成人/儿童/学生/老人$5/1/2/4；⏲正午～8pm)。这座新的三层楼建筑有精选的作品，大多数来自大西洋地区的艺术家。你也可以免费上网查看。

雅茅斯地区博物馆(Yarmouth County Museum；☎902-742-5539；http://yarmouthcountymuseum.ednet.ns.ca；22 Collins St；成人/学生/家庭$3/2/6；⏲6月到10月中周一至周六9am～5pm，周日2～5pm，10月中到次年5月周二至周六2～5pm)位于一个过去的教堂里，有五个不同时期的展室，均与大海有关。联票(成人/儿童/学生/家庭$5/1/2/10)还包括参观旁边**Pelton-Fuller House大厦**(⏲6月到10月周一至周六9am～5pm)的费用。到处摆放着那个时代的艺术品、玻璃器皿和家具。

消防员博物馆(Firefighters' Museum；☎902-742-5525；http://museum.gov.ns.ca/fm；431 Main St；成人/家庭$3/6；⏲7月和8月周一至周六9am～9pm，周日10am～5pm，6月和9月周一至周六9am～5pm，其他月份周六关门)展出1819年至1935年间的旧火车，还有一个展区供孩子们做灭火游戏。

W Laurence Sweeney Museum博物馆(☎902-742-3457；112 Water St；成人/家庭$3/7.50；⏲5月下旬到10月中周一至周六10am～6pm)展示捕鱼业从打捞、加工到销售的各个方面。

雅茅斯灯塔(Yarmouth Light；☎902-742-1433；Hwy 304；免费入内；⏲7月和8月9am～9pm，5月、6月、9月和10月10am～3pm)在Cape Forchu角末端，从Main St街向左上Hwy 304公路。灯塔上可眺望到壮观的景色。

住宿

Yarmouth Backpacker's Accommodation背

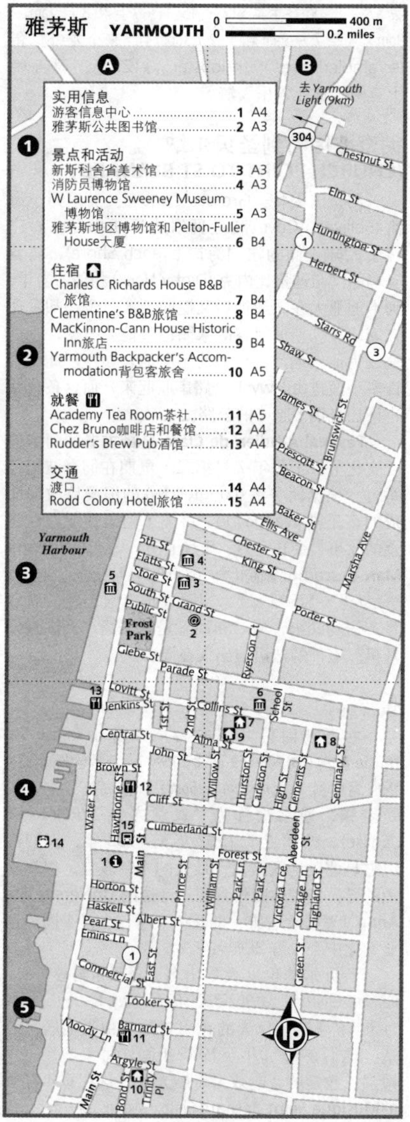

包客旅舍（☎902-749-0941；www.yarmouthbackpackers.com；6 Trinity Pl；宿/家 $20/65）你可能会选择在雅茅斯待得久些，仅仅因为这家旅舍太棒了。它位于一座建于1865年意大利风格的宅第中，有舒适的四床宿舍和两间明亮的私人客房，你将拥有足够的自然光线。这对非常乐于助人的加拿大—澳大利亚夫妇改可以帮助你计划在雅茅斯周围以及更远地方的旅行。它离码头终点大约600米，有公共厨房。

Clementine's B&B旅馆（☎902-742-0079；21 Clements St；双 $95；💻）已经营业20多年，但一点也没有褪色。带公共浴室的客房装饰含蓄典雅，而且伊夫林(Evelyn)的早餐在整个雅茅斯都很有名。从这里走几分钟就可以到达Main St街。

Charles C Richards House B&B旅馆（☎902-742-0042；www.charlesrichardshouse.ns.ca；17 Collins St；房/套房$125/185；☒ 💻）这座安妮·维多利亚女王时期的大厦曾是无人问津的宅第，店主人恢复了它原有的壮丽，并因此赢得省级大奖。旅馆的彩色玻璃窗如同它温室里的植物一样，数不胜数。对同性恋者开放。

我们的选择 **MacKinnon-Cann House Historic Inn旅店**（☎902-742-0042；www.mackinnoncanninn.com；27 Willow St；房$100~195；☒ 💻）这里六个房间的每一个都代表了不同的年代，从20世纪初到20世纪60年代。每个房间都以最时尚的方式描绘了20世纪，同时设法保留着宁静和舒适。两个房间可以连通，成为家庭套房。由Charles C Richards House B&B旅馆的同一班底的人员经营。

就餐

雅茅斯的就餐选择非常有限。不过，到处都能找到快餐。

Academy Tea Room茶社（☎902-749-0193；113 Main St；午餐$7~8；🕒4月到12月周二至周六10am~4pm）进来喝一杯经典的维多利亚女王茶(周二至周六下午茶 2~3:30pm)，还配有司康饼(scones)、小块三明治、开胃菜和一壶茶，全都用精细的瓷质杯盘盛放，摆在带白色亚麻布的餐桌上。午餐包括自制的汤、乳蛋饼和可供素食者选择的饭菜。

Chez Bruno咖啡店和餐馆（☎902-742-0031；276 Main St；主菜午餐 $7~15，晚餐 $16~20；🕒周一和周二 11am~4pm，周三至周六 11am~8pm）正是由于主厨布鲁诺(Bruno)的努力，雅茅斯进入了世界级的有机食品供应商的行列，产品包括在农场自由放养的鸡和有机蔬菜。你可以品尝许多半份的本地或法式菜肴及清淡的饭菜。

Rudder's Brew Pub酒馆（☎902-742-7311；96 Water St；酒馆菜肴$8~14，晚餐主菜$14~32）这家有300个座位的海边酒馆加餐馆很快爆满。提供现场酿造的淡啤酒，菜肴品种丰富。在酒馆生意兴隆的夏夜，顾客可痛饮至凌晨。

到达和离开

Trius Lines 公司（☎阿卡迪亚 902-454-9321 或

新斯科舍

800-567-5151；⏲ 周一至周六 6:20am，周日和假日至 11:20am）从 Rodd Colony Hotel 旅馆出发，沿着西南海岸旅行。有关私人穿梭车的信息，见 361 页。雅茅斯还是乘渡船去缅因（Maine，见 350 页）的发车点。

安娜波利斯河谷和弗伦奇海岸 (ANNAPOLIS VALLEY & FRENCH SHORE)

在弗伦奇海岸你可以看到上有单星的三色阿卡迪亚旗 Stella Maris 频频挥动。你将一面赞叹着许多精美的天主教教堂，一面到路边的餐馆品尝阿卡迪亚 rappie 馅饼，还可以沿着细沙沙滩散步。如果你停留的时间比较长，不要错过欣赏这个地区整个夏季定期举办的传统音乐表演。

这里曾是加拿大殖民地时期的主要粮仓，即使现在仍是新斯科舍省新鲜农产品，特别是苹果的主要产地。最近几年，人们利用本地的沙质土壤大力发展起葡萄园业。一定要到皇家安纳波利斯的芬迪海岸，观赏东部海岸的潮汐拍打小片农田、红色沙漠和丘陵时的壮观景色。

新斯科舍

圣玛丽角(CAPE ST MARY)

距离 Hwy 1 公路仅 900 米的 **Mavilette Beach 海滩**是一道又宽又长的细沙弧带，很适合拾贝，而它后面的沼泽地又是观鸟的好地方。**La Maison D'Amité B&B 旅馆**（☎ 902-645-2601；www.houseoffriendship.ca；169 Baseline Rd；房 $135 起；💻）非常醒目地坐落在悬崖峭壁上，接近 6 公顷的私人海滩。这幢巨大的美式住宅有大教堂的天花板和可以观赏周围风景的高窗户。在 Hwy 1 公路背面，**Cape View Restaurant 餐馆**（☎ 902-645-2519；午餐 $5 ~ 8，晚餐 $12 ~ 20；⏲ 午餐和晚餐）供应海鲜和阿卡迪亚饭菜。夏季周三晚上可以来此享受现场阿卡迪亚音乐。

梅泰根(METEGHAN)

一座繁忙的渔港，也是法语区海岸社区中最大的一个。位于小镇南端的 **Smuggler's Cove Provincial Park 省立公园**得名于此地 19 世纪猖獗一时的海盗。一个百级木制阶梯将你带向岩石间遍布的海岸藏宝洞穴。在阶梯顶端有野餐场所并配有烘烤架，从那里可眺望圣玛丽湾对面的布赖尔岛（Brier Island）。

L'Auberge au Havre du Capitaine 旅馆（☎ 902-769-2001；capitaine@auracom.com；9118 Hwy 1；房 $75 ~ 100）有可以使用轮椅的客房。从舒适的客厅到手工缝制的被子，到处都显示着旅店的热情好客。早餐可去带现场制作的**餐厅**（早餐 $5 ~ 7，午餐主菜 $7 ~ 8，晚餐主菜 $12 ~ 15；⏲ 7 月和 8 月 7am ~ 9pm，淡季 7 ~ 9am 和 5 ~ 7:30pm），来个龙虾炒蛋（scrambled eggs with lobster，$12）吧。周五晚上有阿卡迪亚娱乐表演。

彻奇波因特到圣贝尔纳 (CHURCH POINT TO ST BERNARD)

彻奇波因特、Grosses-Coques、贝里弗小海湾（Belliveau Cove）和圣贝尔纳（St Bernard）村庄位于大陆一侧的法国海岸（French Shore），隔着圣玛丽湾与迪格比内克（Digby Neck）相望。当年，阿卡迪亚人在大迁徙后又返回新斯科舍，却发现在安娜波利斯河河谷的家园已被他人占据，这里就成为他们颠沛流离后的定居地。如今，此地的许多小渔村由 Hwy 1 公路串联起来，而这条公路也许还是镇上唯一的公路。

Festival Acadien de Clare 是最古老的阿卡迪亚文化节，于每年 7 月第二个星期在彻奇波因特举行。根据朗费洛（Longfellow）的浪漫诗改编而成的音乐剧 *Évangéline*，讲述了阿卡迪亚人被驱逐的故事，会在 7 月、8 月上演，地点是 **Théâtre Marc-Lescarbot 剧院**（☎ 902-769-2114；成人 / 儿童和学生 / 老人 $25/15/20），也是在彻奇波因特。周六是英语场演出，周二和周五是法语场，提供翻译耳机。室外的法语演出仅在周三。

景点

彻奇波因特城镇的名声来源于 **Église Ste Marie 教堂**（☎ 902-769-2808；Hwy 1；门票含导游 $2；⏲ 5 月中到 10 月中 9am ~ 5pm），它高高耸立，俯瞰全镇，通常被称为"教堂之尖"（Pointe de l'Église）。教堂建于 1903 年至 1905 年，人们都说它是北美地区最高、最大的木制教堂。很有学识的导游会带你四处参观。旁边的 **Université Ste Anne 大学**是全省唯一的法语大学，也是个阿卡迪亚文化中心，有 300 名学生。

圣贝尔纳也以教堂出名，**圣贝尔纳教堂**（St Bernard Church；☎ 902-837-5637；Hwy 1；⏲ 6月到9月团队游）这座巨大的花岗岩建筑由当地居民建造。他们在1910年至1942年间，每年增建一排殿堂。教堂的音响效果奇妙无比，这在每年夏季的**Musique Saint-Bernard**（http://wvcn.ns.ca/~msb；成人/18岁以下 $15/5）系列音乐演出中得到淋漓尽致的展现。

贝里弗海滩（Belliveau Beach）位于贝里弗的南端，驾车向右驶上 Major's Point 角即可到达。海滩上有大量经海水冲刷抛光的巨石，有些已被矮小但异常坚硬的枞木树丛胀裂。海滩后面的墓地和纪念碑让人回想起法国海岸早期阿卡迪亚定居者的艰难挣扎。

食宿

Roadside Grill烧烤店(☎902-837-5047；3334 Hwy 1；主菜$7～13；⏲7月和8月8am～9pm，9月到次年6月9am～7pm)位于贝里弗小海湾(Belliveau Cove)，是一家舒适、传统的本地餐厅。可试试清蒸扇贝(steamed clams)或rappie pie(一种肉饼，上面堆着磨碎并已除去淀粉的马铃薯糊)。餐馆还有三座木屋供出租(单/双$45/60)，都配了有线电视和微波炉。从6月到8月周二晚上5点30分到7点30分都有现场的阿卡迪亚音乐会。

当地人从雅茅斯和迪格比开车前往Grosse-Coques的**Chez Christophe Guesthouse & Restaurant餐馆**(☎902-837-5817；www.chezchristophe.ca；2655 Hwy 1；早餐$8起，晚餐主菜$12～36；⏲6am～9pm，周一休业)就餐。主厨保罗·科摩(Paul Comeau)翻修了他祖父于1837年建造的房屋，将它改建为宾馆(客房价格$60至$85)和餐厅，这很可能是新斯科舍最有名的阿卡迪亚餐馆了。每年6月周四晚上的6点至8点以及7月和8月每天晚上都有现场音乐会表演。

迪格比内克(DIGBY NECK)

迪格比内克深入芬迪湾，是一块狭长的土地，这儿是观赏鲸和海鸟的天堂。在偏远的西端是长岛(Long Island)和布赖尔岛(Brier Island)，通过渡船与半岛其余部分相连。

被强大的芬迪海潮搅起的浮游生物吸引着长须鲸(finback whale)、小须鲸(minke whale)和座头鲸(humpback whale)等海洋生物，这里是全世界观看濒危的北大西洋露脊鲸(North Atlantic right whale)的最佳场所。偶尔，你也能看见世界上最大的动物——蓝鲸，而且几乎可以肯定，你能看到大量的海豹。

带上足够的保暖衣物(别管天气显得多么炎热)、防晒霜和双筒望远镜。在离开码头前吃一片晕船药也许是个不错的主意。

到达和离开

两家渡船公司将长岛(Long Island)和布赖尔岛(Brier Island)与迪格比内克其他地方连接起来。Petit Passage渡船每半个小时驶离East Ferry(迪格比内克)，每个整点驶离Tiverton。渡船离港的时间被精心安排，如果你开车从Tiverton直达Freeport(相距18公里)，无须等候便可登上Grand Passage渡船去Westport。两渡船公司均全年24小时营业，每小时一班。一辆小汽车及其所有乘客的往返渡船票$4，步行乘客免费。

长岛(Long Island)

大部分人都直接前往布赖尔岛(Brier Island)，但是长岛有更好的赏鲸区和活跃的社区。位于长岛东北角的**Tiverton**是个活跃的渔村。**Island Museum博物馆**(☎902-839-2853；3083 Hwy 217；免费入内；⏲7月和8月9:30am～7:30pm，5月下旬到6月和9月到10月中至4:30pm)位于Tiverton ferry渡口以西2公里处，展出当地的历史。

人们发现这个省最好的赏鲸游就在Tiverton渡船码头附近。生物学家汤姆·古德温(Tom Goodwin)带队的**海洋探险Zodiac号赏鲸旅行**(Ocean Explorations Zodiac Whale Tours，☎902-839-2417，877-654-2341；www.oceanexplorations.ca；Tiverton；半天团队游成人/儿童$55/40，三人或三人以上有折扣；⏲6月到10月取决于天气和需求)用Zodiac号搭载旅行者，使你能最近距离接触各种鲸。你将摇晃着进入经海岸警卫队批准的橙色船体，要紧紧地抓住栏杆！从1980年起，古德温就一直组织赏鲸旅行，并向野生动物保护与环境教育组织捐赠他的部分收益。

一条4公里长的环程小路，通向**Balancing Rock**，始于博物馆西南2公里处。小路的特色包括：绳索栏杆、木板大道和岩石断崖旁、通向海湾的一系列台阶，路面较滑，要照顾好孩子。在小路尽头有个观景平台，可看到一个7米高的石柱巍巍矗立在圣玛丽湾的惊涛骇浪之中。

位于长岛中心附近的**Central Grove Provincial Park**省立公园，有一条2公里长的徒步小路，通向芬迪湾。Tiddville的**Whale Cove Campground营地**(☎902-834-2025；www.whalecovecampground.com；Hwy 217；带/无服务营地$23/15，小木屋或拖车$45～55；🖳)可以宿营，在Freeport港前约5公里处；如果你没有传动装置，他们有小木屋和拖车。

位于长岛西南端的**Freeport**是探索布赖尔岛和长岛的中心。**Summer Solstice B&B旅馆**(☎902-839-2170；www.summersolstice；325 Over Cove Rd；单/双$75/95；⏲5月中到10月中；⊠🖳)的主人是位受人尊敬的鲸研究者。旅馆是装修一新的百年建筑，对同性恋者开放。三间客房都能眺望到芬迪湾。

Lavena's Catch Café咖啡馆(☎902-839-2517；15 Hwy 217；主菜$5～15；⏲午餐和晚餐)正处在Freeport码头的上方，是乡村式咖啡屋；也是观赏日落的绝妙之所，你甚至可以从阳台上看到鲸。餐馆内部有**自由港鲸与海鸟游办事处**(Freeport Whale & Seabird Tours，☎902-839-2923；freeport@klis.com；半天团队游成人/儿童/老人$35/19/21；⏲6月到9月每天三次)，它可以提供这个地区价格最优惠的赏鲸旅行。船舶从咖啡馆前面出发，肯定可以看到优美的景色。

布赖尔岛(Brier Island)

Westport 是独自环球航行第一人——约书亚·斯洛卡姆(Joshua Slocum)的家乡，是布赖尔岛上唯一的社区，一座别致的小渔村，还是探索岛上众多徒步小路的优良基地。小路崎岖并经常刮风，但极富趣味。沿海岸总能看到柱状玄武岩，海滩上还有玛瑙石。

Mariner Cruises 游船游（☎902-839-2346，800-239-2189；www.novascotiawhalewatching.ca；成人/12岁以下儿童 $48/26；6月到10月）在码头左边设有订票处，但是你要在1公里外的岸边上船。提供自制的松饼为游程助兴。航行时间从2个半小时至5小时不等，取决于鲸的位置。

有12个床位的**Brier Island Backpackers Hostel青年旅舍**（☎902-839-2273；www.brierisland hostel. com；223 Water St；宿舍床位 成人/6~12岁儿童 $15/7.50；）不远，下渡船后向左转，约1.5公里即是。这个小旅馆紧凑而整洁。公用房间和厨房区域有观赏水景的大窗户。在隔壁有杂货店、加油站和普通的**咖啡店**（主菜 $5~8；周一至周六8am~9pm，周日10am~8pm），由同一班人马经营。

Brier Island Lodge（☎902-839-2300，800-662-8355；www.brierisland.com；房 $60~139；5月1日到10月31日）坐落在Westport以东1公里的山崖上，有四个房间，大多数都可以看海景。它的**餐厅**（主菜 $14~31；早餐、晚餐和外带午餐）是岛上最好的用餐选择，两边都可看风景，服务无可挑剔，用新鲜海鲜烹制菜肴。

迪格比(DIGBY)

以扇贝、温和的气候和每天开往新不伦瑞克圣约翰(Saint John，见409页)的渡船而闻名。迪格比深藏在芬迪湾附近一个隐蔽的小海湾里。联合王国的保皇分子于1783年来到此地，如今，它已是世界上最大的扇贝船队的母港。

一个世纪以来，迪格比一直是旅行者的麦加(mecca)，但这里并无更多名胜。如果顺路到这里，最好是去水边漫步，吃美味扇贝，直到肚子再也没地儿了。

实用信息

游客信息中心（Visitor Information Centre，简称 VIC；☎902-245-2201；Shore Rd；6月中到9月中 8:30am~8:30pm，5月到6月中和9月中到10月 9am~5pm）是个很大的省旅游局，离渡船码头2公里，有数以百计的旅游手册。

Western Counties Regional Library 图书馆（☎902-245-2163；84 Warwick St；周二至周四 12:30~5pm 和 6~8pm，周五 10am~5pm 和周六 10am~2pm）免费上网。

景点和活动

在海滨大道上徜徉，看扇贝拖船来去。**Lady Vanessa 号扇贝船**（☎902-245-4950；34 Water St；门票 $2；7月和8月 9am~7pm，5月、6月、9月和10月至 5pm）是艘30米长的木制拖船，现在永久停泊在人行道边供参观。这艘扇贝船内部有展览，并播放录像片。

一幢建于19世纪中期、乔治王朝风格的建筑现已成为 **Admiral Digby Museum 博物馆**（☎902-245-6322；95 Montague Row；捐款入内；6月中到8月周二至周六 9am~5pm，周日 1~5pm，9月到10月中周二至周五 9am~5pm，10月中到次年5月中周三和周五 9am~5pm），展示小镇的海上历史和早期定居点生活。

如果你8月中旬到达这个城镇，千万不要错过**迪格比扇贝节**（Digby Scallop Days；www.townofdigby.ns.ca），在此期间你可以发现多种制作多汁扇贝的方式——一定要预订住宿。

食宿

Thistle Down Country Inn旅馆（☎902-245-4490，800-565-8081；www.thistledown.ns.ca；98 Montague Row；房含早餐$95~130；）傍水而建。旅馆主楼有六间古色古香的房间，而时髦的配楼里也有六间。

Boardwalk Café & Suites 小餐馆和旅馆（☎902-245-5497；www.boardwalkcafé.netfirms.com；40 Water St；主菜 $8~15；套房 $110~145；周一至周六 11am~8pm，周日至 5pm）这家海滨小餐馆提供美味可口的清淡主食，如海鲜杂烩和 rappie 馅饼。楼上有两个保存完好的套房，一个现代风格，另一个是怀旧风格，都可以观赏海景，有私人露台、起居区、带成套设施的厨房和浴室。

Royal Fundy Seafood Market 海鲜市场（☎902-245-5411；144 Prince William；主菜 $6~10；周一至周六 9am~9pm，周日 11am~7pm）在这家小鱼贩和咖啡馆(fishmonger-cum-café)可以得到最可靠的海鲜。你可以按磅购买贻贝、扇贝，或让热情的工作人员为你烹制。

到达和离开

从哈利法克斯(Halifax，$40，4小时，每天)开来的 Acadian Lines 汽车在 **Irving gas station 加油站**（☎902-245-2048；77 Montague Row）停靠。有关渡轮信息，见350页。

贝尔河(BEAR RIVER)

你一定会喜欢这座独特的城镇，手机在这

里不能使用。这儿是那些不合常规的艺术家和稀奇古怪人士的避难所，距离海滨只有几分钟的车程，且可享受内陆无雾的天气。这里有浓郁的密克迈克人的气息，混杂着苏格兰风格，这一切赋予贝尔河独特的风格。几幢建筑就矗立在河边高高的支撑柱之上，其他的老房子偎依在贝尔河河谷陡峭的山峦间。**游客信息中心**（简称VIC；☎902-467-3200；109 Wharf Rd；🕑6月中到10月中9am～4pm，7月和8月至6pm）位于河边的一个风车房中。这里还有停车场和几个野餐桌。

景点和活动

从游客信息中心上山，你会看到**Oakdene Centre中心**（1913 Clementsvale Rd），它曾是一所小学校，现在作为艺术家工作室。到里面转转，浏览一下公告牌，可看到演出、授课和其他社区活动的详细信息。

Riverview Ethnographic Museum人种学博物馆（☎902-467-4321；18 Chute Rd；门票$2；🕑周二至周六10am～5pm）的创办人是位退休的服装设计师，展品是他从世界各地收集来的传统服装。

Bear River Heritage Museum遗产博物馆（☎902-467-0902；1890 Clementsvale Rd；免费入内；🕑7月到9月中周一至周六10am～4pm，周日1～4pm）的五间展室展示了当地的历史以及密克迈克人(Mi'k-maw)的手工艺品。

贝尔河原住民公园(Bear River First Nation)离小镇中心仅5分钟车程：从游客信息中心过桥向左转，然后在岔路口向左行。它的**Heritage & Cultural Centre遗产与文化中心**（☎902-467-0301；194 Reservation Rd；门票$2.50；🕑5月中到10月中10am～6pm）坐落在一幢漂亮的新建筑里，有个印第安人棚屋似的大堂。有传统技艺演示，并设有供人们亲手实践的工作室。一条1公里长的小路始于中心背后，途中的亮点是传统的药用植物。

食宿

Inn Out of the Fog旅馆（☎902-467-0268；www.innoutofthefog.com；1 Wharf Rd；房$75～95）这家奇异的艺术小旅馆中，耀眼的挂毯及旧式和服与色彩鲜艳的墙壁相映成辉。这家小旅馆坐落在古老的海洋仓库中。阳光充足的花园环绕着这家小旅馆，花园中有盛开的鲜花和欢唱的小鸟。不要错过楼下的商店。

Changing Tides Diner餐馆（☎902-467-3008；1882 Main St；主菜$7～14；🕑7月和8月7:30am～8pm，其余月份至5pm）这家小餐馆是城里唯一的就餐选择，它是和当地人聊天、吃三明治($3至$8)和欣赏Bear River风景的好地方。儿童餐起价为$3.50。

购物

Flight of Fancy店（☎902-467-4171；Main St，在桥边；🕑7月和8月周一至周六9am～7pm，周日11am～7pm，其余月份周一至周六9am～5pm，周日11am～5pm）是一家精致的工艺品店兼画廊，收集有200多位艺术家的作品。如果你想从新斯科舍带回一件独特的宝贝，这里就是很好的挑选之地。

Bear Town Baskets店（☎902-467-3060；44 Maple Ave，Bear River First Nation；🕑10am～10pm）出售的篮子出自一位已退休的贝尔河原住民之手，他也是公园负责人。顺着指示可来到设在前院的工作室，他在这里制作传统的垃圾篮。

皇家安娜波利斯(ANNAPOLIS ROYAL)及其周边

这个社区努力修复村庄，这使得它成为这个地区最宜人的地方之一。事实上，皇家安娜波利斯(人口800)是新斯科舍省内旅行者最常到来的城镇之一，而且没有Tim Hortons(一家到处都有的快餐连锁店)。

这儿是塞缪尔·德·钱普兰(Samuel de Champlain)1605年创建的加拿大第一个永久性欧洲人定居点——皇家港(Port Royal)的所在地。在英国人和法国人交战期间(见42页)，定居点经常易手。1710年，英国人取得了决定性胜利，将小镇的名称改作皇家安娜波利斯，以示对安妮女王的敬意。

方位和实用信息

大多数景点位于悠长曲折的St George St街上及其附近。从St George St街King's Theatre剧院后面的濒海大道上，可眺望安娜波利斯河对岸的Granville Ferry村。

Annapolis Royal网站（www.annapolisroyal.com）可链接到历史、节庆活动和其他信息。

游客信息中心（简称VIC；☎902-532-5769；236 Prince Albert Rd；🕑5月中到10月中10am～6pm）位于安娜波利斯河堤道旁的海潮发电工程区内，提供步行游览手册。

景点和活动

安妮要塞国家历史遗址（Fort Anne National Historic Site；☎902-532-2397；www.parkscanada.gc.ca/fortanne；Upper St George St；成人/6～16岁儿童/家庭$4/2/10；🕑9am～6pm）位于小镇中心，保留着对早期阿卡迪亚定居点的记忆和1635年法国要塞的遗迹。宽阔的广场免费开放，但你还会想去博物馆参观。馆内不同时期的展室里展品丰富。一组不同寻常的4幅挂毯，由超过100位的志愿者手工刺绣而成，展现了当地400年的历史。

新斯科舍

皇家安娜波利斯历史花园（Annapolis Royal Historic Gardens；☎902-532-7018；www.historicgardens.com；441 St George St；成人/学生/家庭 $6/5/15；⌚5月到10月 9am～5pm，7月和8月 8am～黄昏）占地6.5公顷，设置有些杂乱，内有不同主题的花园，包括一个17世纪晚期的阿卡迪亚厨房花园和一个富有创意的现代花园。在这儿大口地吃草莓、看看蔬菜，找找青蛙。Secret Garden Café 咖啡馆提供午餐和德式烤制菜肴。

海潮发电工程（Tidal Power Project；☎902-532-5454；免费入内；⌚5月中到10月中10am～6pm）安娜波利斯河堤道上一个水力发电的典型，自1984年起利用芬迪湾海潮发电(见379页)。介绍中心内有模型、展览和录像片。

位于皇家安娜波利斯西北大约14公里的**皇家港国家历史营地**（Port Royal National Historic Site；☎902-532-2898；53 Historic Lane 巷；成人/儿童 $2.75/1.35；⌚5月中到10月中 9am～6pm）是佛罗里达(Florida)以北第一个永久性欧洲人定居点的所在地。该定居点是复制品，比照德·钱普兰(de Champlain)1605年皮毛交换营地的样式重建而成。身着当时服饰的工作人员会讲述这个早期营地的历史。

ARTsPLACE（☎902-532-7069；www.arcac.ca；396 St George St；免费入内；⌚周二至周五 10am～5pm，周六和周日 1～4pm）是个由艺术家经营的中心，有展览室和工作室。

从皇家安娜波利斯翻过北山(North Mountain)，**Delap's Cove Wilderness Trail 小路**会将你引向开阔的芬迪海岸(Fundy shore)。小路实际上由两条环路组成，一条古老的内陆通道将它们连接起来，那条通道曾通向一个黑人保皇分子社区，而现在只留下林间的旧宅和苹果树。两条环路相加，往返9公里。

团队游

在安妮要塞，装扮成殡仪员的导游会带你进行**墓地游**（graveyard tours；成人/儿童 $7/1；Fort Anne；⌚6月到9月周二、周四和周日 9:30pm）。每个人都提着灯笼穿过墓石，通过逝者的故事探寻这个城镇的历史。所有收入都将交付皇家安纳波利斯历史协会(Annapolis Royal Historical Society)。

日间游（daytime tours；成人/儿童 $7/1；⌚周一至周五 2pm）由同一班人经营，从 St George St 街的灯塔出发，聚焦于皇家安娜波利斯的阿卡迪亚遗产或历史街区的建筑。

绿色排污

路过风车时，别忘了看看环绕着**贝尔河污水处理设施**的温室。美丽、苍翠繁茂的植物清除了脏污，并在这个过程中生长得更为繁茂。咨询游客信息中心——如果你很幸运，或许能在这儿遇见某个人一起走走。但不幸的是，这个具有革新性的处理系统却没有获得外部的多少支持，不稳定的资金来源使得这个项目停滞不前。

节日和重大活动

West of Jazz East（☎902-532-2741；www.tallships.ca/jazz；日票/节日通行证 $15/40；⌚7月的第三个周末）连续三日的爵士乐表演。

Arts Festival（☎902-532-7069；www.arcac.ca；⌚9月下旬）有朗诵、展览和专题研讨会。

住宿

Dunromin Campground宿营地（☎902-532-2808；www.dunromincampsite.com；Hwy 1，Granville Ferry；有/无服务营地 $23/35，小木屋/锥形帐篷/大篷车 $65/50/50；💻）这个不同寻常的营地有些隐蔽的河畔景点和漂亮的住宿选择，印第安人式的圆锥形帐篷(最多容纳6人)或吉普赛人的大篷车。可以花$10/小时租独木舟。

Croft House B&B旅馆（☎902-532-0584；cbp@ns.syma tico.ca；51 Riverview Lane；房 $70；☒）这个农舍占地40公顷，过河到皇家安娜波利斯只有5分钟的车程。热情的主人中有一位是厨师，他以有机食物为原料做的早餐很不错。

Helen's Cabins（☎902-532-5207；106 Hwy 201；小木屋 $60～125）位于小镇以东1公里处，这些重新修建的、带有双卧室、双浴室的小屋是家庭的最佳选择。

我们的选择 **Bailey House B&B旅馆**（☎902-532-1285，877-532-1285；www.baileyhouse.ca；150 Lower St George St；房 $90～110，套房 $130；☒ 💻）是水畔仅有的B&B旅馆，也是这个地区最古老的旅馆。友好的主人一直设法保持着古典的魅力(任何一个身高6英尺的人都可能会撞到门上！)，不过他们也增加了所有必需的现代舒适和便利设施。对同性恋者开放。

Queen Anne B&B旅馆（☎902-532-7850，877-536-0403；www.queenanneinn.ns.ca；494 St George St；房 $90～170，套房 $180～240；⌚5月1日到10月31日；☒ 💻）无可辩驳，这家B&B旅馆是皇家安娜波利斯最优雅的建筑，在这里，古老的装饰和细致优雅达到了完美的平衡。它是那么美丽，拥有仿蒂凡尼灯、经过修整的木地板和打扫干净的楼梯，要不是友好的主人，它可能显得有些沉闷，主人总是使你感觉(几乎)会踢倒古老的咖啡桌。

就餐

这里的许多B&B旅馆，如Queen Anne，提供精美的午餐和晚宴。

Leo's餐馆（☎902-532-7424；222 St George St；主菜$6-9；⏰7月到9月周一至周六9am～8pm，周日正午～4pm，淡季周一至周六9am～4pm）深得当地居民的喜爱。想吃美味的三明治，要有等候的思想准备。位于鲜花盛开的花园中，环境很棒。

Ye Olde Pub酒馆（☎902-532-2244；9-11 Church St；主菜$8～15；⏰周一至周六11am～11pm，周日正午～8pm）天气晴好就在户外的露台享受美食；当天气比较凉的时候，溜进昏暗、安逸的古老酒吧。品尝腌制的扇贝开胃菜(scallop appetizer，$7)。

娱乐

King's Theatre剧院（☎902-532-7704；www.kingstheatre.ca；209 St George St；电影票$6，现场表演$14-22）就在岸边。一年中，7月、8月几乎每个傍晚都上演音乐剧、戏剧和音乐演奏等节目，其余时间也偶有演出，均为非营利性演出。全年都有影片上映，好莱坞影片大多在周末，而独立制作的影片则多在周二。

购物

Farmers & Traders Market市场（George St和Church St拐角；⏰周六上午和周三下午）皇家安娜波利斯的艺人和工匠是个蓬勃发展的团体，他们将自己的作品与当地农民的产品一起，摆放在热闹的市场上出售。周六上午大多有娱乐表演。

隔壁的**Far-Fetched Antiques & Art艺术古董店**（☎902-532-0179；27 Church St；⏰6月到9月周一至周五10am～6pm，周六9am～6pm，周日正午～6pm，10月周一至周五10am～5pm，周六9am～5pm，周日正午～5pm）出售从东南亚收集来的宝物。

到达和离开

从哈利法克斯(Halifax，$36，3个半小时，一天1班)驶往迪格比(Digby，$7，30分钟)的Acadian Lines汽车，途经此地，并在**Port Royal Wandlyn Inn旅店**（☎902-532-2323；3924 Hwy 1）停站。

肯特维尔(KENTVILLE)

在山谷五彩缤纷的野花盛开期间，**安纳波利斯山谷苹果花节**(Annapolis Valley Apple Blossom Festival；www.appleblossom.com)于每年6月初举办，人们将在此欣赏音乐会、游行和艺术展示。肯特维尔是本地区的县政府所在地，有政府机关和庄重的老宅。**游客办公室**（☎902-678-7170；125 Park St；⏰7月和8月9:30am～7pm，5月中到6月和9月到10月初至5:30pm）位于城镇中心以西。

景点和活动

Old King's Courthouse Museum博物馆（☎902-678-6237；37 Cornwallis Ave；免费入内；⏰周一至周六9:30am～4:30pm）展出本地工艺品，介绍本地历史，还有一个美术馆。位于小镇东端的**农业研究站**（Agriculture Research Station；☎902-678-1093；Hwy 1附近；免费入内；⏰6月到8月8:30am～4:30pm）包括一个介绍本地区农业史，特别是苹果工业的博物馆。夏季提供导游带队的团队游。往返4公里的**Ravine Trail小路**始于研究站入口东侧砾石铺地的停车场。步行小路穿行在古老的铁杉林间，幽静舒适。小路上不允许骑车。

食宿

Wickwire House B&B旅馆（☎902-679-1188，877-679-1188；www.the-wickwire.ca；183 Main St；双

新斯科舍

热门话题：开发潮汐

每天有140亿吨海水流经芬迪湾(Bay of Fundy，相当于地球上每条河流量的总和)，唯一合理的做法似乎是将它转换成可用能源。安纳波利斯潮汐(Annapolis Tidal)作为一项引水工程，开始于1984年，而今它使用了世界上最大的直流涡轮机，每年产生3000万千瓦时的电量——足够4500个家庭使用。

但是从1984年到现在，科技发生了几次大的变革，内流潮汐系统（看上去像锚定在海底的水下风车）是未来的发展潮流。由于世界需要更多的替代能源，这一趋势变得越来越明朗，人们已经将新斯科舍作为北美最重要的潮汐发电站所在地。与爱尔兰公司OpenHydro进行合作，该集团计划在6公里宽的Minas Passage处建成世界上最大的水下涡轮机。

曾经作为首个1兆瓦特功率的环形机组，它已建成并进入试验阶段，有300多个机组将在芬迪湾建成，它们相互结合产生的电量可供20万个家庭使用，约为这个省总人口的五分之一。

$75~125；🖵）这座宏伟的大厦俯视着河谷，有大片的橡树和枫树园。客房和周围的建筑一样华丽宏伟，拥有柔和的古老装饰和大量硬木。

Paddy's Pub & Rosie's（☎902-678-3199；30 Aberdeen St；主菜 $7~12；🕑 早午餐、午餐和晚餐）Paddy's 酒馆和 Rosie's 餐馆在同一幢建筑内，使用相同的菜单。Rosie's 适宜家庭用餐；Paddy's 有自制的啤酒，如安娜波利斯河谷淡啤 (Annapolis Valley Ale)。试试采用 Paddy's 黑啤酒做原料的爱尔兰炖肉 (Irish stew，$7.50)。

到达和离开

Acadian Lines公司（☎902-678-2000；66 Cornwallis St）在旧火车站里有个办公室，它开通去往哈利法克斯(Halifax，$20，2小时，一天2班)的班车。

HWY 1公路以北地区

北山 (North Mountain) 的终端是奇特的 Cape Blomidon 岬角，后者构成了安娜波利斯河谷 (Annapolis Valley) 的一段边界。另一面的山坡上散落着芬迪湾大大小小的渔村。Hwy 1 公路与北山间的河谷平原上，乡村公路纵横交错，农庄果园遍布两侧。这是片美丽的土地，你应该拿出地图，或者干脆抛开地图，尽情地探寻它的神奇。作为探索的起点，在沃尔夫维尔以西 (Hwy 101 公路的 11 号出口) 向北，拐入 Hwy 358 公路，历史小镇坎宁 (Canning) 就在去往斯科茨贝 (Scots Bay) 的路上。斯科茨贝是 Hwy 358 公路的终点，它那奇妙的徒步小路通向米纳斯湾 (Minas Basin) 和芬迪湾 (Bay of Fundy)，美景无限。

新斯科舍

威廉斯港(Port Williams)

从 Hwy 358 公路的沃尔夫维尔只一眨眼的工夫便到了 **Tin Pan 餐馆**（☎902-691-0020；978 Main St；主菜 $3~7；🕑 周一至周六早餐、午餐和晚餐），周六早上电动车爱好者聚集在这里享受快乐早餐。

Prescott House Museum博物馆（☎902-542-3984；http://prescott.museum.gov.ns.ca；1633 Starr's Point Rd；成人/学生 $3/2；🕑6月到10月中周一至周六 9:30am~5:30pm，周日1~5:30pm）建于1814年，是新斯科舍乔治王朝时期建筑的最佳代表。它曾是位园艺学家的宅邸，生长在安娜波利斯河谷的苹果树的树种就是由他引进的。要到这里，由Hwy 1公路向北2公里，在威廉斯港的闪光信号灯处向右转，上Starr's Point Rd路，沿路前行3.25公里即到。

坎宁(Canning)

从 11 月至次年 3 月，数以百计的**白头鹫** (bald eagles) 受坎宁地区养鸡场的吸引而聚集于此，这可是摄影师和自然爱好者梦寐以求的景象。在坎宁西边的 Hwy 221 公路上，**Blomidon Estate Winery 葡萄园**（☎902-582-7565；101318 Hwy 221；🕑 6 月到 9 月 11am 和 3pm）提供团队游和品酒游。沿 358 公路前行，可在 **Look-Off** 稍适停留。它高踞安娜波利斯河谷之上 200 米，可俯瞰由成排的果树和别致的农庄编织出的绝妙美景。

Farmhouse B&B旅馆（☎902-582-7900，800-928-4346；www.farmhouseinn.ca；9757 Main St，Canning；房$89~159）力求提供高档服务。一些套房还有极可意浴缸。

Art Can Gallery & Café 画廊兼咖啡馆（☎902-582-7071；www.artcan.com；9850 Main St，Canning；主菜 $11；🕑 周二至周四 10am~5pm，周五和周六至 10pm，周日至 4pm）在这里享受价格公道的咖啡、美味的汤及三明治，欣赏着河谷的景色。上网查询艺术课程和研讨会的信息。

斯科茨贝(Scots Bay)

去 **Cape Split** 岬角的徒步小路始于斯科茨贝，它大概是新斯科舍最受欢迎的小路了。往返 15 公里，如果你沿着起伏不大且相对容易的内陆路线行走，约需 4 个半小时。具体路线是，离开停车场时顺着栅栏沿小路前行，到岔路口时选择右边的小路。（左边的小路通向海岸线，那里标志不清且风化严重。如果你想去探险，最好带上指南针，并多多预留时间。）小路止于峭壁上的一片草场，高踞芬迪湾之上。在这里，你会看到被称为裂流 (tidal rips) 的海潮巨浪。芬迪湾独特的地理构造产生了世界上最宏大的海潮：高峰时 Cape Split 岬角与帕斯伯勒海岸 (Parrsboro shore) 间的水流量与全世界所有河流、小溪的水量总和相当。

徒步前后，花些时间在**斯科茨贝**的海滩上找找玛瑙，也许有意外收获。

布洛米顿省立公园（Blomidon Provincial Park；☎902-582-7319；parks.gov.ns.ca；Hwy 358附近；营地 $18）位于Cape Blomidon岬角的另一端，与斯科茨贝相对。从Hwy 358公路到这里有许多条路可行，且都标志明显。其中一条始于斯科茨贝以南15公里，途中约10公里沿米纳斯湾(Minas Basin)行驶。宿营园位于高耸的峭壁顶端，俯瞰着海湾。山脚有一片海滩和野餐区。公园里的徒步路网长达14公里。

霍尔港(Hall's Harbour)

再向芬迪湾的东南前行，就来到**霍尔港**（从 Hwy 358 公路向西走任何一条路线，直至驶上 Hwy 359 公路，然后沿路穿过北山）。这是个消磨午后时光的好去处，既可在海滩上徜徉，又可在周围山间徒步，它还是新斯科舍最棒的大嚼龙虾的地方。

在 **Hall's Harbour Lobster Pound**（☎902-679-5299；⏲7月和8月正午~8pm，5月、6月、9月和10月至7pm）挑选龙虾。价格随行就市，一只整虾很少低于$28。配有扇贝和蛤蜊的海鲜篮售价$14。

沃尔夫维尔(WOLFVILLE)

沃尔夫维尔是一座大学城，附近有两个葡萄酒酿造厂（见380和382页），四周有许多酒窖、良好的餐饮以及文化设施。这座城镇的总人口约为7000，阿卡迪亚大学(Acadia University)的学生和教职员工占了50%。就在城外，你将会看到阿卡迪亚河堤、景观路线以及足够的徒步旅行线路，使你很容易打发时间。如果你在初秋来到这个小镇，还可以参加每年一度的**加拿大深根节**（Canadian Deep Roots Festival；www.deeprootsmusic.ca），伴随着现代草根音乐翩翩起舞。

实用信息

旅游局（Tourist Office；☎902-542-7000；11 Willow Ave；⏲7月到9月9am~9pm，5月初到6月和10月9am~5pm）位于Main St街东端，是一个很有帮助的办公室。

Wolfville 网站（www.wolfville.info）提供沃尔夫维尔（Wolfville）、阿卡迪亚大学（Acadia University）和新斯科舍省的各方面信息。

Wolfville Memorial Library 地区图书馆（☎902-542-5760；21 Elm Ave；⏲周二至周四12~5pm和6:30~8:30pm，周五和周六11am~5pm，周日1~5pm）免费上网。

景点

水岸公园（Waterfront Park；Gaspereau Ave和Front St拐角）惊人的景致包括潮水泥滩、米纳斯湾(Minas Basin)和Cape Blomidon岬角的红色峭壁（见右栏）。园内还有关于海潮、堤坝、动植物和本地历史的展览介绍。如要去堤坝顶上漫步、骑车，这里是不错的起点。

Randall House Museum博物馆（☎902-542-9775；171 Main St；捐款入内；⏲6月中到9月中周一至周六10am~5pm，周日2~5pm）来自新英格兰的种植园主和殖民者取代了被赶走的阿卡迪亚人，这里讲述了他们的历史。下午2点30分供应午茶($3)，茶具可是古老的瓷器哟。

活动

烟囱刺尾雨燕(chimney swifts)每年都会由秘鲁迁徙至沃尔夫维尔，这里的居民曾为挽救它们的数百处家园而战斗。其结果是，一个废弃牛奶场里的烟囱变成了位于公共图书馆对面的**Robie Tufts Nature Centre 自然中心**关注的焦点。在春夏两季的傍晚，可到此观看鸟儿咻咻归巢的情景。

Valley Stove & Cycle 店（☎902-542-7280；234 Main St；租金半日/一日$25/30）出租自行车。

住宿

我们的选择 **Garden House B&B 旅馆**（☎902-542-1703；www.gardenhouse.ca；220 Main St；单/双$65/75）古老的房屋以最舒适的方式保留着古老的气派。吱吱嘎嘎作响的地板、野花装饰的乡村早餐桌，鼓励每个人都脱掉鞋子，这一切都使你立刻感觉自己是旅馆的一部分。卫生间公用。

Gingerbread House Inn旅店（☎902-542-1458；www.gingerbreadhouse.ca；8 Robie Tufts Dr；双$80~130，套房$130~190）这家独特的B&B旅馆的外部像用一个白色花边装饰的粉色生日大蛋糕。几个客房有热水浴盆，仿佛是用蜡烛照亮的温泉。

Blomidon Inn旅店（☎902-542-2291，800-565-2291；www.theblomidon.net；双$99~140，套房$160~270）壮丽的维多利亚建筑和旧世界的奢华使其成为一个十足的上流社会旅馆。位于2.5公顷保存完好的花园中，客房同样是精心修饰的。上网查询住宿和膳食套餐服务。

餐饮

Coffee Merchant & Library Pub酒馆（☎902-542-4315；472 Main St；⏲周一至周六11:30am至午夜）楼下咖啡馆提供价格公道的优质咖啡和烘焙食品，同时你也可以在楼上舒适的酒吧品尝一品脱饮品和丰盛的饭菜。

Ivy Deck 餐馆（☎902-542-1868；8 Elm Ave；主菜$9~14；⏲午餐和晚餐，11月到次年6月周一关门）试一试沙拉，它由鲜花与莴苣、虾肉或鲑鱼杂拌而成。餐馆外面有个舒适的平台。

Tempest餐馆（☎902/866-542-0588；117 Front St；主菜 午餐$8~15，晚餐$22~30；⏲午餐和晚餐）美味的菜肴借鉴了各种烹饪风格，有沙茶鸡肉拌椰子和萝卜、sambuka烈酒浇汁大明虾配玉米糊(daikon or sambuka flambéed prawns served on polenta)。

Acton's 餐馆（☎542-7525；268 Main St；午餐主菜$10~15，晚餐$18~26；⏲11am~2pm和5~9pm）作为这个地区最好的餐馆，Acton's的名声远扬至雅茅斯。精心制作的沙拉和传统风味的新鲜麻花状面包都是这儿的特色。

到达和离开

Acadian Lines 汽车在 Highland Ave 大道外 Wheelock Hall 礼堂前的阿卡迪亚大学设有一站。Kings Transit 汽车运行在康沃利斯(Cornwallis)和沃尔夫维尔(Wolfville)之间，在 Main St 街 209 号停靠。

格兰德普雷(GRAND PRÉ)

格兰德普雷位于沃尔夫维尔(Wolfville)周边，距温莎(Windsor)25 公里，现在是讲英语的小镇。但 18 世纪 50 年代，这里却发生了东加拿大历史上一个最悲惨但也最感人的故事(见 383 页框内文字)。

景点和活动

格兰德普雷国家历史遗址(Grand Pré National Historic Site；☎902-542-3631；2205 GrandPré Rd；门票 $5.75；⏲5 月到 10 月 9am ~ 6pm)有现代化的讲解中心，它从阿卡迪亚人、密克迈克人和英国人的不同角度讲述大驱逐的历史背景，并追踪阿卡迪亚人离开和返回濒海地区的多条路线。

讲解中心旁边是一座宁静的**公园**，内有几个花园、一所阿卡迪亚式石头教堂及美国诗人亨利·沃兹沃斯·朗费洛(Henry Wadsworth Longfellow)的半身像和他笔下的伊万杰琳(Evangeline)的塑像。朗费洛在他的叙事长诗《伊万杰琳：一个阿卡迪亚的传说》(*Evangeline: A Tale of Acadie*)里记述了一个阿卡迪亚的传奇故事。如今，伊万杰琳已成为这个民族的浪漫象征。

过了公园，你能看到阿卡迪亚人通过围海筑堤造出的农田，就像他们的祖辈对法国西北部的改造一样。这里有 1200 公顷的土地处于海平面以下，仅靠 9000 米长的堤坝保全。

许多来这个城镇旅行的人都要参观**Domaine de Grand Pré葡萄园和酿酒厂**(☎902-542-1753；www.grand prewines.ns.ca；11611 Hwy 1；团队游$6；⏲11am、3pm和5pm，10am~6pm免费品尝)。旅行需45分钟，可以品尝美酒，并独自漫步在葡萄园内。

食宿

Grand Pré House B&B 旅馆(☎902-542-4277；273 Old Post Rd；单 $65 ~ 75，双 $85 ~ 105)这个迷人幽静之所俯瞰着一个养马场和大片被筑堤包围的土地。土地、池塘和弯曲的小路占地 16 公顷，你可能永远都不想离开。

我们的选择 **The Olde Lantern Inn & Vineyard 旅馆和葡萄园**(☎902-542-1389，877-965-3845；www.oldlanterninn.com；11575 Hwy 1；单 $110 ~ 130，双 $120 ~ 140；□)简洁的线条和注重每个细节的舒适(如黄油般柔软的被褥)使这儿成为美妙的住处。这个葡萄园基地俯瞰着米纳斯湾(Minas Basin)，可欣赏芬迪湾的潮张潮落(Fundy tides)。

Evangeline 餐馆(☎902-542-2703；三明治 $3 ~ 5；⏲7:30am ~ 7pm)这家餐馆与 Evangeline Inn & Motel 汽车旅馆在同一地区，自制的馅饼很有名气，另收本地建设税。

Le Caveau 餐馆(☎902-542-1753；11611 Hwy 1；主菜 $14 ~ 27；⏲午餐和晚餐)这家瑞士餐馆被认为是全省最好的北欧风格餐馆，坐落在 Domaine de Grand Pré。漂亮的户外天井大卵石铺地，葡萄架遮阴。

购物

Tangled Garden(☎902-542-9811；11827 Hwy 1；⏲10am ~ 6pm)很难对它进行归类，它也许是你在新斯科舍最甜美的购物体验。买瓶浸有药草的香醋或果酱带回家吧，或是舔着药草口味的冰淇淋，在它的花园里冥想、徜徉一番。

温莎(WINDSOR)

温莎曾是本地区唯一的英属堡垒，但今天它只是位于公路和 Avon River 之间的灰色小镇，是欣赏“蓝草音乐”(bluegrass，源出美国南部的传统乡村音乐，常用弦乐器演奏——译注)的不错场所：想象一下许多班卓琴(banjo)同时飞快弹奏的情景吧。Avon River Park 公园在 6 月和 7 月会举办两场“蓝草音乐节”(bluegrass festivals)，而整个夏季这里都是乐迷的聚集之地。

方位和实用信息

Hwy 1 公路在镇里变成了 Water St 街，与其相交的主要街道是 Gerrish St 街。乐于助人的**旅游局**(tourist office；☎902-798-2690；31 Colonial Rd；⏲7 月和 8 月 8:30am ~ 6:30pm，6 月、9 月和 10 月周六和周日 9am ~ 5pm)位于 Hwy 101 公路 6 号出口处。旅游局附近的堤坝一展河滨浅滩的景致。

景点和活动

King St 街旁的**爱德华要塞国家历史遗址**(Fort Edward National Historic Site；☎902-798-4706；免费入内；⏲7 月和 8 月周一至周六 10am ~ 6pm，周日正午 ~ 4pm)保护着建于 1750 年的英属要塞的遗迹。

维多利亚式的**哈利伯顿宅邸**(Haliburton House；☎902-798-2915；414 Clifton Ave；成人/学生 $3/2；⏲6 月到 10 月中周一至周六 9:30am ~ 5:30pm，周日 1 ~ 5:30pm)曾是山姆·斯利克(Sam Slick)故事的作者、法官托马斯·钱德勒·哈利伯顿(Thomas Chandler Haliburton，1796 ~ 1865 年)的宅第。许多哈利伯顿的用语，如“眨眼之间”(quick as a wink) 和"城市老油条"(city slicker) 至今仍广为流行。

温莎自称为冰球诞生之地，但对此也有不少争议。**温莎冰球遗产协会**(Windsor Hockey Heritage Society；☎902-798-1800；128 Gerrish St；免费入内；⏰周一至周六 10am ~ 5pm)负责收集有相关证据。

记得停下来参观**Howard Dill's Farm农场**(☎902-798-2728；400 College Rd；免费入内；⏰8am~4pm)。Dill是获得过四次世界冠军的南瓜种植者和开发者；亲自检验他的美丽人生吧。

食宿

Meander In B&B旅馆(☎902-798-2514，877-387-6070；www.bbcanada.com/meanderinbandb；153 Albert St；单/双$60/80)坐落在镇中心，这座1898年的宅第有三间使用公用卫生间的客房，提供晚茶和自制的烘焙点心。

Clockmaker's Inn旅馆(☎902-792-2573，866-778-3600，www.theclockmakersinn.com；1399 King St；双 $100 ~ 125，套房 $150；💻)这座法国城堡式的大厦有向海飘窗、彩色玻璃和干净的木头楼梯。这儿对同性恋者开放。每天供应早餐和下午茶。

Spitfire Arms Alehouse 啤酒屋(☎902-792-1460；29 Water St；主菜 $7 ~ 11；⏰11am 至午夜)传统酒馆，是镇上最好的就餐地。周末有现场音乐会。

新斯科舍省中部 (CENTRAL NOVA SCOTIA)

在这个游客不多的地方，徒步、漂流和狩猎是主要活动。对于那些从加拿大其他地方经陆路而来的人们而言，这儿是你初次结识新斯科舍的地方——千万走萧瑟的 Hwy 104 公路，别错过这儿！

这个地区在该省旅游文化中被称为"Glooscap Trail"小路，以纪念密克迈克传说中创造了芬迪湾奇特地貌的神话人物。不幸的是，你偶遇 Glooscap 的传说及展示要比真正了解当今的密克迈克人容易得多。

舒伯纳卡迪(SHUBENACADIE)

在舒伯纳卡迪(Shubenacadie)，或简称为"舒伯"(Shube)，最著名的景点是 **Shubenacadie Provincial Wildlife Park 野生动物公园**(☎902-758-2040；http://wildlifepark.gov.ns.ca；149 Creighton Rd；成人/6 ~ 17 岁儿童/家庭 $4/1.50/10；⏰5 月中到 10 月中 9am ~ 7pm，其余月份周六和周日 9am ~ 3pm)。这儿是和新斯科舍野生动物交换的动物园(你可以亲自喂鹿，幸运的话，还可以和驼鹿亲密接触)。这些动物或是在圈养地出生或曾被当作"宠物"收养，因此不能放归野外——它们生活在庞大的围栏中。在 11 号出口下 Hwy 102 公路，沿 Hwy 2 公路可直达公园入口。

梅特兰(MAITLAND)

游览小梅特兰湖，在激流中漂流，湖水由舒贝纳卡迪河(Shubenacadie River)河水与芬迪湾的潮水汇合而成。

潮汐的大小取决于月相(见 385 页)；你可以从漂流公司获取有关信息，选择漂流的日子，因为你的体验(柔和的或激烈的浪)将取决于这一点。使用舷外动力的 Zodiac 号在激流间航行 2 小时到 3 小时，水流非常急。准备好，你会变得非常非常湿——这是肯定的。

阿卡迪亚人

当法国人最初在米纳斯内海(Minas Basin)落脚时，他们把这个地区叫做阿卡迪亚(Arcadia)，即希腊—罗马语里的"田园天堂"。这就是阿卡迪亚的由来。到了 18 世纪，阿卡迪亚人对这块土地的依恋超过了对遥远的卢瓦尔河谷故乡的留恋。

但是，对英国人来说，他们永远都是法国人，与其相随的永远是竞争与猜忌。乌德勒支条约(Treaty of Utrecht)将新斯科舍割让给英国人后，阿卡迪亚人拒绝宣誓效忠英国国王，认为这是对他们天主教信仰的侮辱。1754 年，强硬的查理斯·劳伦斯被任命为省督，他很快对阿卡迪亚人失去了耐心并下令驱逐他们。英国人烧毁了许多村庄，强迫大约 14 000 名阿卡迪亚人乘船离开。

许多阿卡迪亚人投奔了路易斯安娜(Louisiana)和新奥尔良(New Orleans)，其他人则去了濒海地区的各个角落、新英格兰、加勒比的马提尼克岛(Martinique)、多米尼克共和国的圣多明各(Santo Domingo)，或是回到欧洲。但是，没有一次有人敞开双臂迎接他们。也有一些人躲了起来并留在阿卡迪亚。数年后，许多被驱逐的人又回到此地，但发现他们的土地已被占据。在新斯科舍，阿卡迪亚人重新定居在布莱顿角岛(Cape Breton Island，见 392 页)的 Chéticamp 地区和雅茅斯(Yarmouth，见 372 页)以北的弗伦奇海岸(French Shore)。新不伦瑞克省有大量的法裔人口，他们分布在卡拉凯特(Caraquet，见 444 页)的阿卡迪亚半岛附近的东部沿海一带。

团队游

Shubenacadie River Adventures 探险游（☎902-261-2222，800-878-8687；www.shubie.com；10061 Hwy 15；白天漂流带烧烤 成人/儿童 $70/65）也提供滑泥活动。

Shubenacadie River Runners 漂流公司（☎902-261-2770，800-856-5061；www.tidalborerafting.com；8681 Hwy 215；半日/全日 成人漂流 $50/70，儿童 $40/60）最大的漂流公司，组织紧密，在各个方面都很专业。

住宿

梅特兰有少量的旅馆，可供选择的餐馆也很少，营业的时间也不确定——所以需要你自带食物或者提前吃饱。

Wide Open Wilderness Camping宿营地（☎902-261-2228；www.wowcamping.com；11129 Hwy 215，Urbania；有/无服务营地 $27/18）位于舒贝纳卡迪和梅特兰之间，就在河边，有大片的森林。

Capt. Douglas House B&B旅馆（☎902-261-2289；www.bbexpo.com/NS/cdhouse.htm；8843 Hwy 215；房$95～130）舒适的维多利亚大客房，还有一间餐厅，每天从早上7点至晚上8点营业。在这里可以观赏河流景色，有可选的公用浴室或套房。

特鲁罗(TRURO)

几条大型公路交会于此，外加一条 VIA Rail 铁路线，特鲁罗成为新斯科舍枢纽就不足为奇了。它还是长途汽车的中转站。这座城镇看起来的确有点像过时的购物中心，服务设施非常齐全，作为很好的中间站，还可以讨价还价地购买商品或准备食物。

旅游局（Tourist Office；☎902-893-2922；Victoria Sq，Prince St 和 Commercial St 拐角；⏲5月中到10月 9am～5pm，7月和8月 8:30am～7:30pm）可在此上网。

景点和活动

游览特鲁罗的最佳时间是8月第二个周末，届时位于特鲁罗城郊的米尔布鲁克原住民公园(Millbrook First Nation)将举办**帕瓦仪式**（powwow，北美印第安人祈求神灵治病和保佑战斗、狩猎等胜利的活动——译注；☎902-897-9199）。那里有宿营地，还可淋浴，但禁止使用毒品和酗酒。另一个游览的好时机是5月中旬的**特鲁罗国际郁金香节**（Truro International Tulip Festival；www.townoftruro.ca）。这是一个盛大的家庭聚会，有蓝草音乐会和大型的古玩交易活动。

去 **Victoria Park 公园**（Brunswick St 附近，Park St）探秘是逃避特鲁罗的一个好方法。这片位于城正中心的绿色世界占地400公顷，有一个幽深的峡谷和两个瀑布。公园也吸引了数十种鸟类来此居住。

Colchester Museum 博物馆（☎902-895-6284；29 Young St；成人/儿童 $2/1；⏲7月和8月 10am～5pm，9月到次年6月周二至周五 10am～正午和 2～5pm，周六 2～5pm）展览包括特鲁罗的建城史、本地区的人类史和成长于此地的著名诗人伊丽莎白·毕晓普(Elizabeth Bishop)的生平。

食宿

Iron Duck（☎902-895-3005；therockwells2@hotmail.com；242 Kent Rd；房 $70～90）这对老夫妇简单的家庭客房是城里最好的。主人自制果酱，提供早餐。

Baker's Chest Tearoom & B&B旅馆（☎902-893-4824，877-822-5655；www.bakerschest.ca；53 Farhham Rd；房/套房 $90/110）这儿是一个新修复的、装饰风格现代的住所，周一到周五中午11点至下午3点营业，提供清淡的美味午餐。

Wooden Hog餐馆（☎902-895-0779；627 Prince St；主菜午餐 $7，晚餐 $10～16；⏲周一9am～4pm，周二至周五9am～9pm，周六11am～9pm）以悬挂于后墙上巨大的木制豪猪雕像——哈利(Harley)命名，供应当地、墨西哥菜肴和精致的甜点，很受喜爱。

到达和离开

汽车站（bus station；☎902-895-3833；www.acadianbus.com；280 Willow St；⏲8am～10:30pm）上，开往阿默斯特(Amherst，$23，2小时，一天3班)和悉尼(Sydney，$52，5小时，一天3班)的 Acadian Lines汽车往来穿梭。

伊科诺米(ECONOMY)

Hwy 2 公路环抱着米纳斯湾海岸—芬迪湾的东北角，这里的伊科诺米将是你遇到的首个大城镇，在其周围有极好的徒步小路和几个有趣的景点。

景点和活动

Raspberry Bay Stone（☎902-647-2287；www.raspberrybaystone.com；Hwy 2，Bass River；⏲5月中到9月 10am～5pm，其余月份致电查询）位于伊科诺米以东大约7公里处，是个集艺术工作室、画廊、博物馆、花园和宠物动物园为一身的奇妙综合体。希瑟·劳森(Heather Lawson)是加拿大第一位女性石匠，她高超的雕刻技巧与灵感为石头注入了灵气。

在 **Cobequid Interpretation Centre 介绍中心**（☎902-647-2600；3248 Hwy 2，River Phillip Rd 附近；免费入内；⏲7月和8月周一至周五 9am～4:30pm，周六和周日至 6pm）可获取当地徒步旅行的信息。中心里关于本地生态和历史的展览很有水准。爬上

涌潮的力量

当芬迪湾海潮巨大的第一次涌浪倒灌入河流时，就会出现涌潮现象。有时，逆流的海水平静，泛着涟漪，但当月亮恰处在某个位置时，它会形成高达1米左右的巨浪，产生河水倒流的景象。这并不特别令人兴奋，不过你可以在Tidal Bore Rd路的观景台上观看。从特鲁罗(Truro)西北边的Hwy 102公路14号出口向西，出Hwy 236公路便是。附近的**Palliser Motel礼品店**(☎902-893-8951)工作人员可以告知下次涌潮的时间。在新不伦瑞克的蒙克顿(见437页)有另一处观景台。

"二战"时期的观察塔，可鸟瞰四周的景色。

最有难度的徒步小路在Economy Falls周围。**Devil's Bend Trail小路**始于River Phillip Rd路去往Cobequid Mountains山方向的7公里处，右转，然后停车。它长6.5公里(单程)，顺着河边一直延伸到瀑布。**Kenomee Canyon Trail小路**同样始于River Phillip Rd路，但要再往上，在瀑布顶端。这是个20公里长的环路，可带你逆河而上，直到位于荒野保护区里的河水源头，沿途有几条小溪需涉水而过。这里有指定的宿营地，很适宜两日的探险跋涉。

Thomas Cove Coastal Trail小路实际上是两条3.5公里长的环路，沿路有米纳斯湾(Minas Basin)和Cobequid Mountains山的美景。它们起于Cobequid Interpretation Centre介绍中心以东500米，Economy Point Rd路的下方。顺着指示牌，可找到一个停车场。最后，位于伊科诺米(Economy)以西7公里的**Five Islands Provincial Park省立公园**(☎902-254-2980；parks.gov.ns.ca)也有数条徒步小路，其中4.5公里长的**Red Head Trail小路**开发得不错，有观景台和长凳，景色宜人。

食宿

Five Islands Provincial Park省立公园(☎902-254-2980；http://parks.gov.ns.ca；Hwy 2；宿营地$18)共有90个营地，包括宽敞的草场营地和狭小的林间营地，外加淋浴、冲水卫生间和游乐场等设施。这里是挖蛤蜊的好地方。

High Tide B&B旅馆(☎902-647-2788；www3.ns.sympatico.ca/hightide.bb；2240 Hwy 2，Lower Economy；双$85~95)是排可爱、现代的平房，四周风景不错。主人珍妮特(Janet)会带你去海滩品尝水煮蛤蜊。

Four Seasons Retreat旅馆(☎902-647-2628，888-373-0339；320 Cove Rd，Upper Economy；www.fourseasonsre treat.ns.ca；单/双小屋$100/125；🅿)有几座设施齐全的小屋，面向米纳斯湾(Minas Basin)，四周绿树环绕。在夏季，游泳池旁有热水盆浴；在冬季或寒冷的夜晚，这里会点起木柴火炉。

在夏季，Five Islands Provincial Park省立公园附近的公路边上会竖起几个简易食摊，出售煎蛤蜊。**That Dutchman's Farm**里的**咖啡店**(☎902-647-2751；112 Brown Rd，Upper Economy；午餐$6；⏲6月下旬到9月上旬11am~5pm)供应三明治、汤和奇特的农家自制高德干酪(gouda)。花一点点钱，就可以在农场里游览一番。

帕斯伯勒(PARRSBORO)

四面八方的人来此采集岩石标本，摧毁了帕斯伯勒的海岸，帕斯伯勒是米纳斯湾(Minas Basin)沿岸小城镇之一。芬迪地质博物馆(Fundy Geological Museum)有丰富的展览和上好的节目——如参观被誉为新斯科舍"侏罗纪公园(Jurassic Park)"的海滩地区。岩石迷可以参加一年一度的**宝石和矿石展**(Gem & Mineral Show)，在每年8月中旬举办。

旅游局(Tourist Office；☎902-254-3266；69 Main St；⏲6月到10月10am~7pm)提供潮汐信息，并可免费上网。

景点和活动

曾赢得奖项的**芬迪地质博物馆**(Fundy Geological Museum；☎902-254-3814；www.museum.gov.ns.ca/fgm；162 Two Islands Rd；成人/儿童/学生/家庭$6/3.50/4.75/13；⏲6月到10月中9:30am~5:30pm，10月中到次年5月周二至周六9am~5pm)。它运用互动展示帮助游客穿过"时光隧道"，回到帕斯伯勒海滩化石具有生命的时代。你会看到一个实验室，那里正在进行恐龙骨骼的清理和安装。2小时至3小时的海滩游(成人/儿童$12/6)关注的重点是矿石和化石，每日多达四批。可上网查询全日的家庭节目。

随便看看**帕斯伯勒岩石与矿石商店**(Parrsboro Rock & Mineral Shop；☎902-254-2981；39 Whitehall Rd；免费入内；⏲5月到11月周一至周六9am~9pm，周日至5pm)，这里收藏着来自帕斯博勒和世界各地的史前爬行动物化石，甚至有独一无二的世界上最小的恐龙脚印化石。

Partridge Island岛是最受青睐的寻宝、亚宝石和化石的海岸线。小岛位于镇南4公里的Whitehall Rd路。海滩末端有一条3公里长的**徒步小路**，沿途设有介绍牌匾。小路通向岛屿(通过地峡与大陆相连)主峰，从那里可欣赏到布洛米顿(Blomidon)和Cape Split角的壮丽景色。

海滩前面是**Ottawa House Museum博物馆**（☎902-254-2376；1155 Whitehall Rd；门票 $2；⏲6月到9月中10am～6pm）。大厦有21个房间，曾是出任新斯科舍省总理和加拿大总理的查尔斯·塔珀爵士(Sir Charles Tupper，1821～1915年)的夏季别墅。博物馆的展出介绍了Partridge Island岛上的固定居地、当地造船业和以往走私贩酒的情况。

食宿

Glooscap Campground宿营园（☎902-254-2529；传真 902-254-2313；1380 Two Island Rd；帐篷/娱乐车营地 $15/23；⏲5月中到9月）这个颇具吸引力的宿营园位于小镇以南5公里的海岸边，隶属于镇政府，有一些极好且相当隐蔽的帐篷营地。

Riverview Cottages客栈（☎902-254-2388；3575 Eastern Ave；别墅 $60～100；⏲4月到11月）这些乡村式可爱的、设施齐全的小屋价格便宜。你可以在河边乘坐独木舟或钓鱼，还有一个大草坪可以享受美妙的烧烤滋味。

Evangeline's Tower B&B旅馆（☎902-254-3383，866-338-6937；www.evangelinestower.ca；322 Main St；双含早餐 $95～105；⏲全年）维多利亚式的房屋里有三间客房，其中一间为两室套间，可供家庭使用。提供山地车。

Harbourview Restaurant餐馆（☎902-254-3507；145 Pier Rd；主菜午餐$8～12，晚餐$12～17；⏲5月到10月周一至周六8am～9pm）当地人会告诉你，这是城镇里唯一值得去的餐馆。它提供新鲜海鲜、美味早餐和油炸食物。友好的气氛和当地的风光会使你享受一次愉快的进餐。

娱乐

Ship's Company Theatre剧院（☎902-254-3000，800-565-7469；www.shipscompany.com；18 Lower Main St；成人 $20～24，学生/13岁以下 $15/10；⏲7月到9月中）富有创新精神的剧团在此上演最新的加拿大和阿卡迪亚剧目。最初的剧场是米纳斯湾的一条渡船——Kipawo 号，现在它已融入了新建的剧院。儿童剧目质量很高，有即兴喜剧、朗诵和音乐演奏。

值得停留：航行遗址中心时代(AGE OF SAIL HERITAGE CENTER)

在Hwy 209公路旁，距离帕斯博勒西部约20公里的格雷维尔港，停下来喝点茶、吃点烘焙食品，并参观**航行遗址中心**（☎902-348-2030；www.parrsboro.com/aos.htm；Hwy 209；成人/家庭 $2/5；⏲6月到9月10am～6pm）。它保存了该地区的造船遗址。这儿还有一个重建的1857年的卫理公会(Methodist church)以及一家还在使用的铁匠铺。

开普多尔(CAPE D'OR)

1604年，这儿陡峭悬崖的壮观海角被缪尔·德·钱普兰误称为开普多尔(金子岛[Cape of Gold])——他在悬崖中看到的闪光纹理实际上是由铜产生的。1897年和1905年人们开始在此开采，亮光消失了。从Hwy 209公路的边道上来到开普多尔，然后沿着泥泞的小路来到**Lightkeeper's Kitchen & Guest House客栈**（☎902-670-0534；www.capedor.ca；Cape d'Or；单/双带海景 $70/100；⏲5月中到10月中）。守塔人的原住宅已变成了有四个房间的悠闲客舍。有一家都市感的美食**餐厅**（午餐主菜 $7～12，晚餐主菜 $16～18；⏲5月中到8月11am～4pm和6～8pm，9月到10月中周四至周一11am～4pm和6～8pm）传出低音电子音乐，提供地道的海味、肉类和蔬菜佳肴。

希格内克托角省立公园和阿德沃基特港(CAPE CHIGNECTO PROVINCIAL PARK & ADVOCATE HARBOUR)

Cape Chignecto Coastal Trail 小路是一条崎岖的环形小路，途经偏远——不，应是原始——营地。徒步行程应安排为四天三夜。**Mill Brook Canyon Trail 小路**（往返15公里）和通向**Refugee Cove 湾**（往返20公里）的小路同样是颇具挑战性的过夜徒步旅行地。这里也有较容易的小路，有些正在建设之中。一些徒步者为避开小路的高低起伏，在退潮时沿海滩抄近路，但有被芬迪湾海潮阻断的危险。带上潮汐时刻表并听从公园职员的建议，以免身陷峭壁，无从进退。

公园游客必须在**游客中心**（Visitor Centre；☎902-392-2085；www.capechignecto.net；1108 West Advocate Rd；徒步许可证 $3，偏远营地 $18；⏲7月和8月周一至周四 8am～7pm，周五和周六至 8pm，周日至 6pm，5月下旬到6月、9月和10月周一至周四至 5pm，周五和周六至 7pm，周日至 6pm）登记并留下徒步路线。在偏远营地宿营需要预订。除了coastal trail 小路沿线六个宿营点上的51个偏远营地和游客中心附近的27个无须预约营地外，园内还有一个内设12张床位的简易棚屋和一个野外木屋($50，可住下四个人)。

阿德沃基特港是最近的城镇，距离公园入口仅2公里。这儿令人赞不绝口，有一处5公里长的海滩，堆满了高高的浮木。海滩后面有阿卡迪亚人筑造堤坝开垦的盐沼，现在到处都是鸟类。

在阿德沃基特港，可以住在 **Fundy Tides Campground 宿营地**（☎902-392-2584；95 Mills Rd；帐篷/娱乐车营地 $12/18）。如果你开车去宿营，这是个好选择。**食堂**（canteen；⏰7月和8月 8am～9pm，其余月份 11am～7pm）供应可口的鱼肉汉堡包（$6.50）和其他美食。

阿默斯特(AMHERST)

阿默斯特是濒海地区的地理中心，也是赴新斯科舍、爱德华王子岛和新不伦瑞克三省旅行的游客会合处。这里离芬迪湾(Bay of Fundy)海岸和诺森伯兰海峡(Northumberland Strait，在新斯科舍和爱德华王子岛之间)只一小段车程，没有理由在此消磨过多时光，不过古老的中心城区有一些雄伟的公共建筑，附近很适宜观鸟。

游客信息中心（简称 VIC；☎902-667-8429；⏰7月和8月 8:30am～9pm，6月和9月至8pm，5月和10月至6pm，11月到次年4月至5pm）很大，当你驶过新不伦瑞克边境后，Hwy 104 公路的1号出口便是。

景点

Cumberland County Museum 博物馆（☎902-667-2561；150 Church St；成人/16岁以下儿童/家庭 $3/免费/5；⏰5月到9月周一至周六 9am～5pm，10月到次年4月周一关门）曾是联盟创始人 R.B. 迪基(RB Dickey)的故居，展品包括"一战"期间阿默斯特拘留营里战俘们制作的物品。利昂·特罗斯基(Leon Trotsky)是其中的一位战俘。

占地490公顷的 **Amherst Point Migratory Bird Sanctuary 候鸟保护区**有两百多种鸟类。从阿默斯特市中心出发，在 Church St 街左转上 Victoria 街，行驶大约6公里，穿过横跨加拿大公路。(若从公路前往，出3号出口，驶向 Amherst Point 角的方向。)过了第947号邮箱后，在你的左手边是个小型停车场，也是进入保护区的小路起点。

食宿

Treen Mansion旅馆（☎902-667-2146；113 Spring St；单/双含早餐 $68/85）宽敞的维多利亚式房屋由原石建成，有四间舒适的客房，都带专用卫生间和电视。

Hampton Diner Open Kitchen餐馆（☎902-667-3562；21386 Fort Lawrence Rd；主菜 $8～12；⏰5月到10月周二至周日 7am～9pm）这家一流的餐厅建于1956年，位于阿默斯特游客信息中心以南700米，市中心以北3公里。在这儿能吃到海鲜、牛排、汉堡包和馅饼。

到达和离开

Acadian Lines汽车从 **Irving Mainway gas station 加油站**（☎902-667-8435；213 S Albion St）出发，开往哈利法克斯(Halifax，$38，3小时，一天2班)。

阿默斯特以东的跨加拿大公路(Trans-Canada Hwy)收取 $4 过路费。建议走景色秀丽、穿过帕斯伯勒(Parrsboro)的 Hwy 2 公路，而不是虽快捷但沉闷的 Hwy 104 公路。走森赖斯特雷尔(Sunrise Trail，Hwy 6 公路)，穿过帕格沃什(Pugwash)和塔塔马古什(Tatamagouche)，直到皮克图(Pictou)，也可避开收费。

森赖斯特雷尔(SUNRISE TRAIL)

据说，位于新斯科舍北部海岸与爱德华王子岛之间的诺森伯兰海峡拥有美国卡罗来纳两州以北地区最温暖的海水，夏季平均水温略高于20℃。这儿是逛海滩、骑自行车和探寻友好村镇的主要地区。

帕格沃什(PUGWASH)

那是在1957年7月，工业巨头居鲁士·伊顿(Cyrus Eaton，1883～1979年)召集了全世界22位顶尖科学家来此商讨裁军问题和科学技术。会议在 Water St 街247号召开，发起人包括伯兰特·拉塞尔(Bertrand Russell)、艾伯特·爱因斯坦(Albert Einstein)和其他知名人士，尽管他们没有参加。帕格沃什会议为1963年的《部分禁止核试验条约》(*Partial Test Ban Treaty*)打下了基础。今天，这座城镇没有太多的热点，但它让人感到非常愉快。

建于1888年的帕格沃什旧火车站是新斯科舍最古老的建筑之一，如今已用作**旅游局**（tourist office；☎902-243-2449；10222 Durham St；⏰6月下旬到9月 9am～6pm）。每年7月1日，帕格沃什举办丰富多彩的**部族集会节**(Gathering of the Clans)。

可爱的 **Shillelagh Sheila's Country Inn旅店**（☎902-243-2885；10340 Durham St；shillelagh sheilasinn.com；单/双 $65/70）位于小镇中心，提供惊人的美食。

华莱士(WALLACE)

华莱士是观鸟和捡拾贝壳的最佳场所。旅行信息中心设在 **Wallace Museum博物馆**（☎902-257-2191；Hwy 6；⏰周一至周六 9am～5pm，周日 1～4pm）内。各种收藏品，包括密克迈克人编织的篮子、旧时服装和造船纪念品等，这些都在展出。

Wallace Bay Wildlife Bird Sanctuary 野生鸟类保护区(Hwy 6 以北1公里，Aboiteau Rd)保护

着585公顷的土地，包括潮滩和淡水湿地。在春天，堤道前左手边的停车场附近能看到做窝的秃鹰(bald eagle)，要擦亮眼睛仔细找哦。

文特沃思(WENTWORTH)

文特沃思河谷(Wentworth Valley)远离海岸，位于文特沃思以南25公里，经Hwy 307公路可达，在落叶林变换颜色的秋季尤显美丽。有24个床位的**Wentworth Hostel青年旅舍**(☎902-548-2379；www.hihostels.ca；249 Wentworth Station Rd；宿会员/非会员$15/20)就像座小木屋，走Hwy 4公路以西1.3公里的Valley Rd路，然后直上陡峭、尘土飞扬的Wentworth Station Rd路可达。这个凌乱的农舍建于1866年，用作青年旅舍已达半个世纪之久，有两个家庭间、一个厨房以及一个户外烧烤区。得益于居中的位置，旅舍还是游览森赖斯特雷尔(Sunrise Trail)和米纳斯湾(Minas Bay)大部分海岸的基地。徒步和骑山地车的小路就始于门外。在冬季，这儿经常被预订一空，有很多人来附近越野滑雪、速降。

新斯科舍

塔塔马古什(TATAMAGOUCHE)

Malagash Peninsula半岛伸入隐蔽的塔塔马古什湾(Tatamagouche Bay)，可以在低调、田园般的大环线上尽享驾驶和骑车的乐趣。在当地葡萄酒厂驻足品尝美酒，光顾为数众多的海滩，最后参观内陆几家有趣的博物馆。塔塔马古什是该地区最大的一个小镇，很适合游览。**Fraser Cultural Centre文化中心**(☎902-657-3285；362 Main St；⏲6月中到9月周一至周五10am～5pm，周六10am～4pm，周日11am～3pm)设有当地历史展，并提供旅行信息和上网($2)服务。更受欢迎的**十月啤酒节**(Oktoberfest；☎902-657-2380；门票$10～20)在9月的最后一个周末举行——没错，是这样！

景点和活动

参观景色优美的**Jost Winery酒厂**(☎902-257-2636；www.jostwine.com；Hwy 6附近，Malagash；免费入内；⏲6月中到9月中团队游正午和3pm)。定期有免费品酒活动，冰葡萄酒收费$5——如果你想尝遍所有的冰葡萄酒，可以要求以一大杯的价格买三小杯酒。要到这里来，出Hwy 6公路顺着酒厂指示牌走5公里即是。

Balmoral Grist Mill磨坊(☎902-657-3016；http://gristmill.museum.gov.ns.ca；660 Matheson Brook Rd；成人/6～16岁儿童$3/2；⏲6月到10月中周一至周六9:30am～5:30pm，周日1～5:30pm)坐落在河边一处景色绝佳之地。靠河水提供的动力，它在夏季依然开工磨麦。从塔塔马古什来此地，应在Hwy 311公路(在小镇东部边界)向南转，然后在Hwy 256公路向东转。

从Balmoral Grist Mill磨坊出发，沿Hwy 256公路继续向东，然后沿Hwy 326公路向北，可到**Sutherland Steam Mill作坊**(☎902-657-3365；http://steammill.museum.gov.ns.ca；Hwy 326附近，在Denmark；成人/6～17岁儿童$3/2；⏲6月到10月中周一至周六9:30am～5:30pm，周日1～5:30pm)。它建于1894年，一直生产到1958年，产品包括木料、载客马车，货运马车和窗户等。

Malagash Peninsula半岛的**Blue Sea Beach海滩**有温暖的海水，细滑的沙滩及一片内陆沼泽。沼泽地是观鸟的理想场所，有野餐桌和棚屋供人小憩。在塔塔马古什以东的Brule，四周簇拥着众多小屋的**Rushton's Beach海滩**值得一去，那里可看到海豹(人行大道末端向左转，径直走到海滩尽头)和生活在毗连海水沼泽里的鸟禽。

从塔塔马古什到牛津(Oxford，50公里)的旧铁路线已成为**跨加拿大小路**(Trans Canada Trail，见90页)的一部分，是骑车的极好路线。

Tatamagouche Centre中心(☎800-218-2220；www.tatacentre.ca；Loop 6)附属于联合基督教会，提供休养所和各种短期课程。课目范围广泛，从有机园艺学到瑜伽(两天课程含住宿$250)均有涉及，外加带导游的短途旅行——观看原住民帕瓦仪式(First Nations powwows)。

食宿

Nelson Park Campground宿营园(☎902-657-2730；http://centralnovascotia.com/members/nelsonparkcamp/；153 Loop 6；帐篷/娱乐车营地$18/25；♿)坐落在塔塔马古什以西1.5公里的海湾边，第62号至71号营地濒临大海，且非常私密。你可步行或骑车经跨加拿大小路(TCT)进城。

Green Dragon Organic Farm & B&B旅馆(☎902-657-0081；www.greendragon.ca；3082 Balmoral Rd；房$75)在这家单间客房的环保B&B旅馆中，床单都是天然的，由小鹿和骆驼的毛混合纺织而成，使你感受100%天然传统农场的生活。

Train Station Inn旅店(☎902-657-3222，888-724-5233；www.trainstation.ns.ca；21 Station Rd；别墅$79～169)它是一家博物馆，它是一个古怪的礼品店，它是一个餐厅，它是一个酒店和……它是不会开动的列车。每一个独特的车厢套房都是8岁男孩的梦想，由古老的火车海报、玩具火车和机车书籍装饰着。支撑旅馆的梦想者詹姆斯·勒弗雷森(James LeFresne)就在本街区长大，曾将火车站从拆除的命运中挽救出来，那时他年仅18岁。在1928年的餐车中吃美味的海鲜、肉和沙拉，或在候车室吃蓝莓煎饼早餐($6)。可从礼品店获得免费自助游书籍。

Sugar Moon Farm 农场（☎902-657-3348，866-816-2753；www.sugarmoon.ca；Alex Macdonald Rd，Hwy 311 附近，Earltown；主菜 $9～12，定价客饭 $60～70；⏰7 月和 8 月周四至周一 9am～5pm，9 月到次年 6 月周六和周日 9am～5pm）简单而味美的薄煎饼（pancakes）和本地产的香肠配枫树汁（sausages served with maple syrup）是这家枫树农场及其附属林地的亮点。上网查询"厨师之夜"（Chef's Night）活动每个月的举办时间——某个周六晚上供应客饭。

购物

Lismore Sheep Farm（☎902-351-2889；1389 Louisville Rd，Hwy 6 附近；⏰9am～5pm）这家经营中的农场有 300 多头羊，即使你不想在此购买挂毯、地毯、袜子等产品，它仍是个有趣的目的地。每年从 5 月至 10 月，谷仓对外开放（成人/儿童 $1/0.5），游客可在此抚摸羊羔并学习羊毛生产的各个方面。

皮克图（PICTOU）

很多人在皮克图（*pik*-toe）驻足，是为了顺带来次短途旅行或在此乘渡船赴爱德华王子岛（见 351 页），不过这儿也是探索诺森伯兰海峡（Northumberland Strait）的令人愉快的基地。Water St 街是条主要街道，两旁排列着别致有趣的店铺和美丽古老的石头建筑，但不幸的是，海景被远处冒烟的巨大制造厂破坏了。这座城镇被称为"新苏格兰的诞生之地"，第一批抵达新斯科舍的苏格兰移民于 1773 年在此登陆。

实用信息

Pictou Public Library 公共图书馆（☎902-485-5021；40 Water St；⏰周二和周四正午～9pm，周三正午～5pm，周五和周六 10am～5pm）免费上网。

Town of Pictou 网站（www.townofpictou.com）可链接到景点和节庆活动的信息。

游客信息中心（简称 VIC；☎902-485-6213；镇西北的 Pictou Rotary；⏰7 月和 8 月 8am～9:30pm，5 月、6 月和 9 月到 12 月中 9am～7pm）是个很大的机构，其位置正好适合接待从爱德华王子岛乘船来的游客。

景点和活动

在夏季，载着首批 200 位高地苏格兰人驶到新斯科舍的"Hector"号复制船就泊在岸边，供人参观。

Hector Heritage Quay 码头（☎902-485-4371；33 Caladh Ave；成人/学生/老人/家庭 $5/2/4/12；⏰5 月中到 10 月上旬周一至周六 9am～5pm，周日正午～5pm）通过一个复制的铁匠铺、收集来的造船用品和关于"Hector"号及其乘客的展览，再现了早期苏格兰定居者的生活情景。在早 10 时和下午 2 时组织导游带队的团队游。

设在旧火车站里**诺森伯兰渔业博物馆**（Northumberland Fisheries Museum；☎902-485-4972；71 Front St；成人/学生/老人/家庭 $4/2/3/9；⏰5 月下旬到 10 月上旬周一至周六 9am～6pm，周日正午～6pm）展示了本地区的渔业遗产。展览包括奇特的海洋生物和一艘漂亮的 20 世纪 30 年代初期捕虾船——"Silver Bullet"号。

在 Caribou/Munroe's Island Provincial Park 省立公园里可以游泳和野餐（见下文）。

节日和重大活动

皮克图兰丁原住民帕瓦仪式（Pictou Landing First Nation Powwow；☎902-752-4912；⏰6 月第一个周末）这个一年一度的仪式在皮克图海港对面举办——途经新格拉斯哥（New Glasgow），25 分钟车程——以日出仪式、击鼓和手工艺展示为特色。现场有宿营和就餐设施，严格禁止饮酒和使用毒品。

龙虾狂欢节（Lobster Carnival；☎902-485-5150；www.townofpictou.com；⏰7 月第二个星期）始于 1934 年的"渔民狂欢节"。如今，这个持续四日的活动提供免费娱乐节目，赛船会和许多大嚼龙虾的机会。

Hector号纪念日（Hector Festival；☎902-485-8848；www.decostecentre.ca；⏰8月中）免费的每日室外音乐会，高地舞会，风笛吹奏比赛，以及Hector号登陆再现表演。

住宿

Caribou/Munroe's Island Provincial Park 省立公园（☎902-485-6134；http://parks.gov.ns.ca；2119 Three Brooks Rd；宿营地 $18）离皮克图不到 5 公里，坐落在一片极美的海滩上。第 1 号至第 22 号营地毗邻日间活动场所，不太安静；第 78 号至第 95 号营地有砾石铺地，适合停放娱乐车；其余营地均有林木覆盖，非常私密。

Hostel Pictou 青年旅舍（☎902-485-8740；www.backpackers.ca；14 Chapel St；宿 $20）是个有六张床位的有趣而时髦的旅舍，离皮克图码头区仅一个街区，建议预订。如果主人不在周围，你也许可以在这条路海滨尽头的邮局找到她，白天她在那里工作。

Willow House Inn 旅店（☎902-485-5740；www.willowhouseinn.com；11 Willow St；房含早餐 不带/带专用卫生间 $75/100；☒）古老的房屋（建于 1840 年）有旋转楼梯以及舒适的老式房间。主人会迅速地做好丰盛的早餐，与你交谈并建议你应该游览这个城镇的哪个地方。

W H Davies House 旅馆（☎902-485-4864，800-485-4864；www.davieshouse.com；90 Front St；房 $65～120）不要期望在这里受到正式的接待，如果你喜欢社交，可以走到后面的走廊和悠闲的主人喝杯啤酒。这栋房子是一座宏伟的维多利亚式庄园，位于水边码头区的右侧，提供各种现代化的便利设施，而这里的氛围会让你感觉像是和你最好的大学朋友在一起。

Pictou Lodge 酒店（☎902-485-4322，888-662-7484；www.maritimeinns.com；172 Lodge Rd，Braeshore Rd 附近；房/家/小屋 $135/290/210 起；）这家很有情调的 20 世纪 20 年代度假酒店建在超过 60 公顷的林地之中，位于 Caribou/ Munroe's Island Provincial Park 省立公园和皮克图之间。大海一侧的木屋都装修得很漂亮，保留了原有的石头壁炉。这里也有汽车旅馆式客房。酒店还拥有与实物等高的国际象棋棋盘、划桨船、专用海滩和一个餐厅。

Customs House Inn 旅店（☎902-485-4546；www.customshouseinn.ca；38 Depot St；房 $120～140；）这里高高的石墙既壮观别致又稳固坚实。厚实的古老装饰和那些石墙一样结实而雅致，而且许多房间都可以观赏海滨风景。长相几乎一样的双胞胎兄弟经营着这家小旅馆，所以，你不要担心，这家旅馆的主人似乎会及时出现在每个地方！

新斯科舍

餐饮

参见下文内容以了解在新格拉斯哥（New Glasgow）的就餐选择。为了那儿的美食，就做个顺带旅行吧。

Carver's Coffeehouse & Studio 咖啡屋和工作室（☎902-382-3332；41 Coleraine St；$3～6；6 月到 9 月 8am～9pm，其余月份周一至周六 8am～6pm，周日正午～5pm）这家明亮、诱人的咖啡馆也是基思·马西森（Keith Matheson）的雕刻工作室，他曾参与"Hector"号的细部装饰工作。他的伴侣安妮（Anne）经营咖啡馆，擅长做美味的甜点、传统的苏格兰燕麦饼和免费续杯的浓咖啡。

Pressroom Pub & Grill 酒馆和烧烤（☎902-485-4041；50 Water St；主菜 $8～15；11am～午夜）这儿经常是那么地忙碌，就像一个记者招待室，提供标准的沙拉、三明治、菜卷或大杂烩，可以在户外的大庭院中享用。

Pictou Lodge餐馆（☎902-485-4322，888-662-7484；172 Lodge Rd，Braeshore Rd附近；主菜 $16～34；5月中到10月中早餐和晚餐）令人陶醉的礼拜日自助**早午餐**（Sunday all-you-can-eat brunch；成人/10岁以下儿童 $20/5）物有所值。

娱乐

deCoste Entertainment Centre娱乐中心（☎902-485-8848；www.decostecentre.ca；91 Water St；门票大约 $16；售票处周一至周五 11:30am～5pm，周六和周日1～5pm）这个堂皇的表演艺术中心坐落在码头对面，有各种现场演出。在夏季的苏格兰同乐会(ceilidhs，歌、舞、音乐或讲故事等——译注)系列节目中，可欣赏到顶级的苏格兰音乐，演出时间是周二至周四的下午2时(成人/儿童 $15/ 7)。

购物

Water Street Studio工作室（☎902-485-8398；110 Water St）是个二十多年前由当地妇女艺人发起的合作社，店里出售漂亮的服装、珠宝和礼品。

Grohman's Knives刀具厂（☎902-485-4224；116 Water St）进去参观一下吧。工厂生产各种用途的刀具，每把刀的制作过程都不少于53道工序。

到达和离开

渡轮从皮克图抵离爱德华王子岛。如需更多信息，请见 350 页。

新格拉斯哥(NEW GLASGOW)

作为诺森伯兰海岸最大的城镇，新格拉斯哥一直是个工业中心。1807 年，在邻近的 Stellarton 开采了第一口矿井。不过，它是一个令人愉快的城镇，有大量的古老建筑、一条横贯中心的河和一些不错的就餐地点。对于住在昂贵的皮克图的人来说，它是经济的选择。

景点和活动

Museum of Industry工业博物馆（☎902-755-5425；http://industry.museum.gov.ns.ca；Hwy 104 24号出口；成人/ 6～16岁儿童/家庭 $7/3/15；5月和6月周一至周六9am～5pm，周日1～5pm，7月到10月周一至周六9am～5pm，周日10am～5pm，11月到次年4月周一至周五9am～5pm）这儿可是孩子们的乐园，有手控水力发电展示及一条让你忙个不停的组装线。

Crombie Art Gallery艺术画廊（☎902-755-4440；1780 Abercrombie Rd；免费入内；定时团队游，7月和8月周三9～11am和1～4pm）这家私人画廊就设在Sobey supermarket chain连锁超市创始人的住宅里，收藏有19世纪和20世纪初期高水准的加拿大艺术品，包括科尔内留斯·克里格霍夫(Cornelius Krieghoff)及"七人画派"(Group of Seven)的作品。

食宿

Sampson's B&B 旅馆（☎902-752-5889；34 Arch St；单 $50～60，双 $75；）这里的客房很整洁而

且弥漫着烘焙松饼的味道。它俯瞰着这条河，坐落在自行车道旁。

Café Italia 咖啡馆（☎902-928-2233；62 Provost St；比萨饼和沙拉$6；🕑周一至周四7:30am～10pm，周五至午夜，周六11:30am～10pm）在正午到下午1点之间，你可能必须得和当地人挤在这家小吃店的柜台前，有沙拉、三明治、自制面条和薄皮比萨饼可以选择。早上供应咖啡和点心，但没有早餐。

The Bistro 餐馆（☎902-752-4988；216 Archimedes St；主菜$18～27；🕑周二至周六晚餐）菜单上常见的是添加了香料和酱汁的菜肴。试试泰式烤大马哈鱼或猪里肌肉配无花果。建议预订。

安蒂戈尼什(ANTIGONISH)

城北边是美丽的海滩和徒步游场所，足可让你奔忙数日，但安蒂戈尼什(an-tee-guh-nish)小镇十分活跃，有一些很好的地方可以用餐。信仰天主教的苏格兰人在此定居，并建立了St Francis Xavier University大学，该大学至今仍在这座小镇占有重要地位。安蒂戈尼什还因每年7月举办的苏格兰高地竞技赛(Scottish Highland Games)而声名远播，它的历史可上溯到1861年。

实用信息

Antigonish Public Library公共图书馆（☎902-863-4276；274 Main St；🕑周二和周四10am～9pm，周三、周五和周六至5pm）免费上网。从College St街拐入。

游客信息中心（简称VIC；☎902-863-4921；56 West St，Hwy 104和Hwy 7交会处；🕑7月和8月10am～8pm，6月中到10月上旬10am～6pm）旅游手册，本地电话和免费上网。这儿是安蒂戈尼什购物中心(Antigonish Mall)的停车场。

景点和活动

遗产博物馆（Heritage Museum；☎902-863-6160；20 E Main St；免费入内；🕑7月和8月周一至周六10am～5pm，9月到次年6月周一至周五10am～正午和1～5pm）关于习俗和民俗的展览。

通向**Antigonish Landing**自然保护区的一条4公里长的徒步/骑车小路始于博物馆对面（中间有铁路线相隔），然后沿Adam St街下行400米。保护区的入海口是个很好的观鸟场所，能看到海鸥、野鸭和鹗(ospreys)。

St Francis Xavier University大学已有125年历史，其美丽的校园位于罗马式**St Ninian's Cathedral大教堂**（www.antigonishdiocese.com/ninian1.htm；120 St Ninian St；🕑7:30am～8pm）的后面。教堂停车场后方是Angus L MacDonald Library图书馆，在其侧翼三层有个**Hall of the Clans**民族展厅，展出所有在本地苏格兰部族的饰章。这些部族每年7月在此举办安蒂戈尼什高地竞技赛(Antigonish Highland Games)。

节日和重大活动

安蒂戈尼什高地竞技赛（Antigonish Highland Games；www.antigonishhighlandgames.com；🕑7月中）一场跳舞、风笛演奏和举重比赛的盛会。举重的物品是铁球和圆木。

演化节（Evolve；www.evolvefestival.com；🕑8月下旬）设有乡土爵士乐、蓝草乐、说唱表演等五个演出剧场，举办从木偶剧到媒体文学的各种主题研讨会。

食宿

Whidden's Campground & Trailer Court（☎902-863-3736；www.whiddens.com；11 Hawthorne St；帐篷/娱乐车营地$27/31，小屋$107；🖳）不同寻常的住宿机构，提供宿营地，并有两个可移动的房屋出租，屋内有两张床位。

Antigonish Highland Heart B&B 旅馆（☎902-863-1858，800-863-1858；www.bbcanada.com/3241.html；135 Main St；房$85～95；🖳）房屋建于1854年，位置很好，主人Smiling Shebby用心布置着这家旅馆。有很多小装饰品，如放在床上的布娃娃。

Sunshine on Main Café（☎902-863-5851；332 Main St；主菜$8～13；🕑周日至周四7am～9pm，周五和周六7am～9:30pm）如果你讨厌吃油炸食品，那么这家明亮的小餐馆是一个很好的选择，这里有大量使用天然原料制作的健康早餐、午餐和晚餐。

Gabrieau's Bistro小馆（☎902-863-1925；350 Main St；午餐主菜$8～13，晚餐主菜$20～26；🕑周一至周六7:30am～9:30pm）早晨可以喝杯咖啡、吃些甜点，午餐或晚餐时吃一些富有创造力的素菜、沙拉、肉和海鲜等菜肴。当地人将安蒂戈尼什厨艺最高水准的美誉授予了马克厨师(Chef Mark)。

到达和离开

Acadian Lines汽车公司在St Francis Xavier University大学附近的Bloomfield Centre设有一站。

安蒂戈尼什周边(Around Antigonish)

旁奎特(POMQUET)

这个小小的阿卡迪亚社区位于安蒂戈尼什以东大约16公里处，坐落在一片绝美的海滩上。每年，海浪将相当于4000多辆卡车载量的沙子堆积到这一带海岸，造就了13座不断成长的沙丘。沙丘后面的咸水沼泽有许多海鸟经常光顾。舒适的**Sunflower B&B 旅馆**（☎902-386-2492；www.

bbcanada.com/5382.html；1572 Monk's Head Rd；房 $80～90；☒ ▣）就在河边，而比较便宜的 **Porter's B&B 旅馆**（☎902-386-2196；32 Pomquet Point Rd；porterbb@eastlink.ca；房 $50～60；☒ ▣）是体验农场生活的好地方。

乔治角(CAPE GEORGE)

一条72公里长的环路将Hwy 245公路、Malignant Cove湾及乔治角连接到了一起，你很容易就能在这儿待一整天。这儿因其美丽的景致而被称为"迷你卡伯特小路"(mini-Cabot Trail，见406页)，但实际上这两条路线有很大不同：乔治角的高山和森林较少，但有更多的海滩。

从靠近**乔台角尖灯塔**(Cape George Point Lighthouse)的那标志明晰的野餐区出发，步行一公里可达灯塔本身。灯塔是自动控制的，不太大，但可眺望到布莱顿角岛(Cape Breton Island)和爱德华王子岛(PEI)的魅力景致。野餐区的指示牌还标出了几条更长的小路，它们穿行于森林和海岸地区，其中一条是32公里长的环路。所有小路交会处的指示牌都注明了沿不同路径行走所需要的时间。

你也可以从 **Ballantyne's Cove 湾**的码头开始徒步探索，这里可是新斯科舍最美的村镇之一。从码头到灯塔往返路程8公里，还可顺访 **Ballantyne's Cove Tuna Interpretive Centre 金枪鱼介绍中心**（☎902-863-8162；57 Ballantyne's Cove Wharf Rd；免费入内；🕑7月到9月 10am～7:30pm），看看关于金枪鱼和捕鱼业的展览。中心附近停有一辆出售炸鱼和薯条的餐车。

新斯科舍

布莱顿角岛 (CAPE BRETON ISLAND)

浮于新斯科舍的其他地方之上，就像是薄纱笼罩的岛屿，布莱顿角是秃头鹰、迁徙的鲸、可触及的历史以及传统踏步音乐(foot-tappping music)的天堂，一个绿荫王国。沿着西部海岸线的克里小路(Ceilidh Trail)出发，凯尔特音乐在酒吧和社区中心回响着，最终到达谢蒂坎普(Chéticamp)周围有更多阿卡迪亚风格曲调萦绕的卡伯特小路(Cabot Trail)。

继续环绕布莱顿角高地国家公园(Cape Breton Highlands National Park)的卡伯特小路(Cabot Trail)长达300公里。它盘旋起伏于海岸山地之间，每隔几个转弯就有惊人海景呈现在游客的眼前，路上有驼鹿（当心！），沿途有很多小路，可以停靠或远足。

可以顺便去格莱斯贝(Glace Bay)旅行，了解该地区煤炭开采历史的一手资料。在东边的Fortress Louisbourg城堡体验18世纪的军队生活，或在艾奥纳(Iona)的高地乡村博物馆(Highland Village Museum)看一些早期的苏格兰移民生活场景。Bras d'Or Lake湖周边地区为探寻密克迈克原住民(Mi'kmaq First Nation)的历史与现状提供了可能，在巴德克(Baddeck)，你可以了解你想知道的有关亚历山大·格雷厄姆·贝尔(Alexander Graham Bell)的一切。

大多数游客集中于7月、8月来访，而且许多餐馆、旅店和游客信息中心只在6月中旬至9月开放。**凯尔特色彩节**（Celtic Colours；www.celtic-colours.com；🕑10月）是个精彩的巡回音乐节，吸引了许多音乐高手，他们大多来自苏格兰、西班牙和其他与凯尔特有关联的国家。音乐节将旅游季节延长至秋季，这是到此参访的最佳时机。

黑斯廷斯港(PORT HASTINGS)

当跨越海峡的坎索堤道(Canso Causeway)于1955年建成后，布莱顿角岛已不再是真正意义上的岛屿。在你驶入该岛时，位于右手边的那个巨大而繁忙的**游客信息中心**（简称VIC；☎902-625-4201；96 Hwy 4；🕑5月9am～6pm，6月到8月8:30am～8:30pm，9月8:30am～7pm，10月到12月9am～5pm）绝对值得稍作停留，因为岛上此类机构不多，特别是过了7、8两月。这里的工作人员知识广博，中心的一面墙上贴满了各种广告海报，刊登有方块舞舞会和同乐会(ceilidhs)的信息。拿一份*Inverness Oran*——极好的本地周报，上面列着布莱顿角岛西北地区大多数活动的信息。

克里小路(CEILIDH TRAIL)

离开黑斯廷斯港游客信息中心(Port Hastings VIC)后，立即向左急拐，就上了蛇行于小岛西岸的克里小路(Ceilidh Trail，即Hwy 19公路)。然后穿上你的舞鞋：此地居住着手执小提琴的苏格兰人，这儿因同乐会(ceilidh music performance)、方块舞(square dances，源自美洲的一种乡村舞蹈，据说源自英国的莫里斯舞，舞者成对地迈出方形舞步——编注）以及热闹的聚会而出名。

想对本地文化有所了解，就应去参观**凯尔特音乐介绍中心**（Celtic Music Interpretive Centre；☎902-787-2708；www.celticmusicsite.com；5473 Hwy 19；门票$10；🕑6月到8月周一至周五 9am～5pm）。半小时的团队游（当你到达时，如果没有导游，可以进行自助游）包括欣赏小提琴课程和学习一些基础舞步。在门口桌子上放有方块舞舞会的信息——可在西马布(West Mabou)社区礼堂举办的周六舞会或是Glencoe Mills的周四晚会上一试身手。音乐中心的同乐会在7月和8月每周日从下午 3 点到 7 点举办。

Creignish B&B 旅馆（☎902-625-5709；www.bbcanada.com/159.html；2154 Hwy 19；单 / 双 / 家 $45/60/75）这座"翻修后的校舍"已变成一家宾馆兼艺术家天堂，你可能会对这里的艺术家的数目感到惊奇。到处都是野花、贝壳和骨制品，甚至还有 1000 磅填充的金枪鱼挂在天花板。这里提供"即兴"艺术和手工艺课程，主人桑德拉 (Sandra) 会告诉你布莱顿角岛最隐密的所在。旅馆客房宽敞而舒适，从堤道开车仅 10 分钟就能来到这儿。

马布(Mabou)

虽然乍一看不太可能，但小马布是布雷顿角并不神秘的凯尔特音乐舞台。马布地处繁茂的山坡与静谧的海湾之间，你可以白天经过长途步行游览风景，再翩翩起舞度过美好的夜晚——不要忘了沿途路过酿酒厂时喝一杯麦芽威士忌酒。

景点和活动

与其说马布是一个看奇特风光的地方，还不如说它是一个体验奇特风光的地方。在 Hwy 19 公路转弯，看看它将带你去什么地方。

在**马布角高地** (Cape Mabou Highlands)，一个广阔的徒步路网分布在马布与因弗内斯 (Inverness) 之间并延伸到 Hwy 19 公路以西的海岸。几条小路长度从 4 公里至 12 公里不等，始于三个不同的源头。在 Mull Café & Deli 咖啡馆对面的杂货店里可雇到很好的小路导游 ($5)。小路源头也都张贴有地图。如去 Mabou Post Rd 小路源头，从巨大的白色 St Mary's Church 教堂出发，沿 Mabou Harbour Rd 路西行 4.5 公里，然后在标有"Mabou Coal Mines"的砾石路上向西北行 7.7 公里即到。这里还是一条很有气势的小路 (8 公里至 12 公里，取决于你选择的返程路线）的起点，此路会途经一段高高山崖间的危险地带。

Glenora Inn & Distillery旅馆和酒厂（☎902-258-2662，800-839-0491；www.glenoradistillery.com；Hwy 19，马布以北9公里；带导游的团队游含品尝$5；⏲6月中到10月中9am～5pm，整点组织游览）这是加拿大唯一生产单麦芽威士忌酒的酒厂。参观并品尝当地美酒后，可欣赏免费的同乐会节目(ceilidhs)，并停下来用餐，甚至在此过夜。

食宿

Clayton Farm B&B 旅馆（☎902-945-2719；传真 902-945-2078；11247 Hwy 19；单 / 双 $70/85）这家 1835 年的农舍坐落在仍在运转的红色安格斯牛牧场 (red angus ranch)，由辛勤工作的艾萨克·史密斯 (Isaac Smith) 经营。在公共区域和舒适的客房里，到处随意摆放着表现早期布莱顿角岛生活的工艺品和艾萨克家人的随身用具。朴素但恰到好处。

Duncreigan Country Inn 旅馆（☎902-945-2207，800-840-2207；http://duncreigan.ca；Hwy 19；房含早餐 $100 ～ 140）坐落于河岸边的橡树林中，这家旅馆有宽敞的私人房间，其中一些有阳台并可观赏水景。可为客人提供自行车，还有一个获得经营许可的餐厅（主菜 $10 至 $23；营业时间为 7 月到 10 月 5:30 ～ 8:30pm）为客人（免费）提供早餐或预订晚餐。

Glenora Inn & Distillery 旅馆和酒厂（☎902-258-2662，800-839-0491；www.glenoradistillery.com；Hwy 19，Mabou 以北 9 公里；房 $125 ～ 150，木屋 $175 ～ 240）如果你在吧台喝了太多的酒，这儿洞穴似的客房正是理想的休息地。想要更明亮的环境的话，这些度假小屋是更好的选择。午餐和晚餐时，可以边吃酒吧美食（主菜 $9 ～ 27)，边欣赏同乐会。

我们的选择 **Red Shoe Pub酒吧**（☎902-945-2996；www.redshoepub.com；11533 Hwy 19；主菜 $11～17；⏲周三11:30am～午夜，周四至周六11:30～2am，周日正午至午夜）酒吧横跨克里小路中央，是马布跳动的心脏 。围在当地小提琴演奏者(常常是来自兰金家庭)周围，同时喝点儿酒、品尝丰盛的大餐——$11的阿卡迪亚tourtière馅饼(由当地牛肉制成的精致五香味馅饼)非常美味。一直待到晚餐过后，结识一些当地人或旅行者。有关表演情况，可上网查询。

因弗内斯

因弗内斯是本地区沿岸出现的第一个城镇，一排排厂房暴露出它煤矿开采的历史。此地的历史和人物在作家阿历斯泰尔·麦克劳德 (Alistair MacLeod) 的笔下都有生动的描述。这些书在皇家银行 (Royal Bank) 旁边的 **Bear Paw**（☎902-258-2528；Hwy 19）有售。

从捕鱼码头附近开始，这里有绵延数英里的细沙**海滩**，且在仲夏时节水温宜人。一条**木板大道**沿海岸延伸出 1 公里。离海滩不远的旧火车站内，**因弗内斯矿工博物馆**（Inverness Miners' Museum；☎902-258-3822；62 Lower Railway St；捐款入内；⏲7 月和 8 月周一至周五 9am ～ 5pm，周六和周日正午～5pm）展出本地的历史。**因弗内斯地区艺术中心**（Inverness County Centre for the Arts；☎902-258-2533；www.invernessarts.ca；16080 Hwy 19；⏲6 月到 9 月中周一至周三和周五 10am ～ 5pm，周四 10am ～ 7pm，周六和周日 1 ～ 5pm，其余月份周一至周五 10am ～ 5pm）是个漂亮的新建机构，开有几家画廊和一个高档礼品店，经营本城和本地区的艺术家作品。它当然还是个音乐场所，有专为跳舞而建的地板。

Macleods Inn B&B 旅馆（☎902-253-3360；www.

macleods.com；Broad Cove Rd，Hwy 19 附近；房 $70 ~ 125）是一家价位不太高的高级 B&B 旅馆，它位于因弗内斯以北 5 公里。这里的房间宽敞而具有现代气息，但保留着布莱顿角传统的装饰特色。

就在 Inverness 南面，**Casual Gourmet & Bank Head Pub 餐厅和酒馆**（☎902-258-3839；Hwy 19；酒馆菜单 $8 ~ 13，晚餐 $15 ~ 20；⏲7 月和 8 月 7am ~ 9pm，其余月份 11:30am ~ 9pm）提供有益健康的汤、油炸玉米粉饼、辣椒，等等。晚餐变为精心别致的海鲜、肉和蔬菜美食。就餐区域由落地窗环绕，你可以欣赏海景、享受阳光。

卡伯特小路和布莱顿角高地国家公园 (CABOT TRAIL & CAPE BRETON HIGHLANDS NATIONAL PARK)

加拿大最引人注目的公园之一及其周边活跃的景象都可通过著名的**卡伯特小路**到达。沿西北海岸的那段景色最美，然后是向下驶往普拉森特湾 (Pleasant Bay) 的一段。一定要利用在歇脚站休息的机会欣赏美景，否则就集中精力在这危险路段上驾车。当然，如果你能徒步前行也不错，穿过开阔的地势，到达可以遥望无边无际的冰冷大海的地点。

新斯科舍

谢蒂坎普(Chéticamp)

马布是凯尔特音乐的中心，但谢蒂坎普却流行民间音乐和法国乐曲，使你的脚步随着阿卡迪亚曲移动起来。由于地理位置的封闭，这座城镇大部分的文化都得到保存；直到 1949 年，才修通了道路。今天，这里是进入布莱顿角高地国家公园 (Cape Breton Highlands National Park) 的门户，还拥有一些高品质博物馆和现场音乐表演。俯视全镇的圣皮埃尔教堂 (Church of St Pierre) 建于 1893 年，有着银光闪闪的尖顶和色彩华美的壁画，但这座海滨小城的其余部分都比较现代而枯燥。

谢蒂坎普也以工艺制品著称，特别是钩针编织的地毯，此外，它还是集体合作运动的先驱。在 Les Trois Pignons 观看地毯展览，注意这个城镇周围的所有那些合作互助社：信用联盟、一个杂货店合作社和一个手工艺合作社。

在 Les Trois Pignons 同样可咨询旅行信息和上网（每小时 $2）。

景点和活动

Les Trois Pignons（☎902-224-2642；www.lestroispignons.com；15584 Cabot Trail Hwy；成人 / 家庭 $3.50/9；⏲7 月和 8 月 8am ~ 7pm，5 月到 6 月和 9 月到 10 月中 9am ~ 5pm）是个很精彩的博物馆，介绍了钩织地毯如何从一个简单家庭手艺发展成为国际商业活动。观看现场演示，并学会几招“钩针”技巧。包括钩织地毯在内的工艺品展示了谢蒂坎普的早期生活情景和手工技艺。几乎所有展出的物品——从瓶子到茶杯，到地毯——都出自一位奇特的当地居民的收藏。

Whale Cruises观鲸游船（☎902-224-3376，800-813-3376；www.whalecruises.com；Government Wharf；成人/儿童 $29/12）几家经销商出售从Government Wharf码头出发的旅游项目，码头位于教堂对面及下方。Captain Cal 是最有经验的一家，每日组织多达4班的3小时游程。盛夏季节，最好提前一天预订。

食宿

整个 7 月和 8 月，住宿都很紧张。建议提前致电预订或是在下午以前入住。

Albert's Motel（☎902-224-2077，877-220-2077；15086 Cabot Trail Rd；房 $50 ~ 85）这家简洁而舒适的汽车旅馆位于谢蒂坎普的中心。它的整洁和友好使它从众多汽车旅馆中脱颖而出。

Chéticamp Outfitters Inn B&B旅馆（☎902-224-2776；www.cheticampns.com/cheticampoutfitters；13938 Cabot Trail Rd；单 $55，双 $65 ~ 95，别墅 $110）这个地方离城镇只有 2 公里，有一系列物超所值的阿卡迪亚风格房间。欣赏从大海向山峰绵延的风景，花园的每个角落都有怒放的野花，你甚至可以看见有麋鹿跑过来。热情的主人在全景餐厅供应丰盛早餐。

Laurence Guest House B&B旅馆（☎902-224-2184；15408 Cabot Trail；单/双$80/92）这家世代相袭的旅馆面对码头，离大多数景点均在步行范围内。四间以古董装饰的客房都有专用卫生间。

Co-op Artisanale Restaurant 餐厅（☎902-224-2170；15067 Main St；主菜 $7 ~ 12；⏲9am ~ 9pm）这家餐厅擅长阿卡迪亚菜肴，如炖鸡 (stewed chicken dinner，$11) 和肉饼 (pâté à la viande，$6)。美味的马铃薯饼 (potato pancakes，$7) 加苹果酱、糖浆或酸奶油是唯一的蔬菜选择。

All Aboard（☎902-224-2288；南入口，Chéticamp；主菜 $10；⏲11am ~午夜）备受欢迎的海鲜及其他美食的价格都非常合理。周围有大海的清新气息，还有一些新奇的菜肴，比如用枫树油醋汁调的沙拉。

娱乐

Doryman's Beverage Room酒馆（☎902-224-9909；15528 Cabot Trail Rd）这家饮酒场所举办各种“酒会”(服务费$6)：每个周六(2pm至6pm)有来自马布(Mabou)的提琴师和钢琴师助兴演奏；原声阿卡迪亚组合会在周日、周二、周三和周五

> **什么是……**
>
> **Joe's Scarecrow Theatre 稻草人展馆**（☎902-235-2108；11842 Cabot Trail；捐款入内；⏲6月中到10月初 8:30am ~ 9pm）位于谢蒂坎普以南大约25公里处，Ethel's Takeout外卖餐馆旁边。停下来发会儿呆，与这些外形像骷髅、真人大小的填充人物户外藏品合影。你将看到每一件东西，从身着便服、表情呆滞的理查德·尼克松(Richard Nixon)到头带卡通鸭子的迈克尔·杰克逊(Michael Jackson)。这些人物经常手拉着手围成一个圆圈，好像他们正在等待"mother ship"（德国乐队齐柏林飞艇[Led Zeppelin]专辑名——编注）。此地与谢蒂坎普之间，沿公路有几家民间艺术商店。

8pm来此表演。

布莱顿角高地国家公园(Cape Breton Highlands National Park)

三分之一的卡伯特小路穿过这大片的森林、苔原、沼泽和令人震撼的海上风景。它建立于1936年，占据了布莱顿角陆地面积的20%，是新斯科舍的海角宝石。

实用信息

公园有两个入口，一个在谢蒂坎普(Chéticamp)，另一个在英戈尼什(Ingonish)。可在任一入口购买门票（成人/17岁以下儿童/一车最多7人 $6.90/3.45/17.30）。一张一日票可在第二日的中午以前使用。

谢蒂坎普信息中心（Chéticamp Information Centre；☎902-224-2306；www.parkscanada.gc.ca；16646 Cabot Trail；⏲7月和8月 8am ~ 8pm，5月中到6月，9月和10月 9am ~ 5pm）内有展览、公园地形图以及书店。可向工作人员咨询徒步旅行和宿营的信息。在冬季，周一至周五 8am 至 4pm 有工作人员服务。

英戈尼什信息中心（Ingonish Information Centre；☎902-285-2535；37677 Cabot Trail；⏲7月 和8月 8am ~ 8pm，5月中到6月，9月和10月 9am ~ 5pm）位于公园东端，比谢蒂坎普的那个中心要小许多，且没有书店。

可通行轮椅的小路在公园地图上都有标注，在任一入口处均可免费领取地图。

活动

徒步

公园西海岸的两条小路都有出色的海景。**Fishing Cove Trail 小路**在降落330米后，直抵8公里外的Fishing Cove River河河口。你也可选择位于该路源头以北大约5公里处的第二个小路源头，走一条更陡峭、更短促的小路——2.8公里。如果你打算当日返回，就把路程加上一倍吧。否则，你必须在谢蒂坎普信息中心登记，预订八个偏远营地($20)中的一个。请注意，公园北部的两条徒步小路（见396页和397页）也能过夜。

关于公园内和周边的小路介绍请登录www.cabottrail.com网站查询。其他小路大都要短些，并且靠近公路，许多都通到可眺望海景的山脊。这其中最出众的是**Skyline Trail 小路**，7公里长的环路，它会将你带上海角峭壁之巅，万顷碧波之上。Skyline Trail的源头位于Corney Brook Campground宿营园以北大约5.5公里。

就在尼尔斯港(Neils Harbour，见398页)南面、公园的东部海岸上，**Coastal Trail 小路**往返行程11公里，途经较为和缓、可爱的海岸线。

自行车

千万别将这里当作你初次登场的舞台。在此骑车很艰苦，许多路段没有紧急停车带，而且你还必须与娱乐车分享美景。你可以任选公园里的四条内陆小路骑车，不过仅**Branch Pond Lookoff Trail 小路**可观海景。

Sea Spray Outdoor Adventures（☎902-383-2732；www.cabot-trail-outdoors.com；1141 White Point Rd；每天/每周 $35/135；⏲6月到10月中 9am ~ 5pm）位于Smelt Brook，靠近Dingwall，出租自行车并提供路上紧急修车服务。它还帮助制订旅行计划并组织骑车、爱斯基摩划子和徒步等各类旅游。

越野滑雪

最好3月、4月进行。这里既有修整的雪道（日票成人/家庭 $7/14），也有进行场外滑雪的可能。如果你在此过夜，帐篷费为$10。在尼尔斯港(Neils Harbour)南面的Black Brook，有两个简易棚屋，租金分别为$20和$30。

住宿

公园周边的城镇提供了各种住宿条件。**布莱顿角高地国家公园**（Cape Breton Highlands National Park；偏远/帐篷/娱乐车营地 $17.80/22.70/34.65）有六个"免下车"宿营园，并在住满三日后提供折扣价格。大多数营地奉行先到者优先的原则，但轮椅通行营地、团体营地和偏远营地可以预订，费用为$9.90。在远离公园入口的小型宿营园里宿营，你只需挑个营地，自行登记即可。如在靠近入口处的三大宿营园中的任何一处扎营，则应在最近的信息中心登记。

谢蒂坎普宿营园(Chéticamp Campground)位

新斯科舍

于信息中心后面，有162个营地，其中一些可通行轮椅。当主营区满员后，会开放一个分流区。这里没有“无线电禁区”，所以不能保证安静无扰。

再向北10公里的**Corney Brook**(20个营地）是一个尤为绝色的宿营园，高踞大海之上。此地虽有个小型游乐场，但带小孩子来此宿营，它会是个折磨神经的地方。**MacIntosh Brook**(10个营地）在普拉森特湾（Pleasant Bay）以东3公里处，是个开阔的场地，设有轮椅通行营地。位于河边的**Big Intervale**(10个营地）在Cape North角以西11公里处。

靠近公园东入口处，你有两个宿营选择，一处是英戈尼什（Ingonish）的**Broad Cove Campground宿营园**，有256个营地；另一处是英戈尼什海滩、靠近Keltic Lodge的**英戈尼什宿营园**（Ingonish Campground)，有90个营地。两处都有轮椅通行营地。在盛夏季节，这两个靠近海滩的大型宿营园总是深受本地家庭的喜爱。

从10月下旬至次年5月上旬，你仅花$15就可在谢蒂坎普和英戈尼什宿营园扎营，还包括了柴火费用。在极其险恶的天气，宿营者可以在做饭的棚屋里避难，那里有木柴火炉。别忘了带上自己的食物。

新斯科舍

普拉森特湾(Pleasant Bay)

作为游览公园的理想基地，普拉森特湾是一小块现代文明之地被四面的荒野环抱着。它是个活跃的渔港，以观鲸游和藏传佛教寺庙著称。如果你在加拿大独立日（7月1日）来到此地，一定要去一年一度的和尚与市民对决的棒球赛赛场上感受一下。

景点和活动

Gampo Abbey（☎902-224-2752；www.gampoabbey.org；🕒团队游6月15日到9月15日周一至周五1:30～3:30pm）位于普拉森特湾（Pleasant Bay）以北8公里，途经Red River村，是面向藏传佛教信徒的寺庙。Ane Pema Chödrön是著名的佛教作家、寺庙的缔造者和管理者，但是在这儿你不可能看到她，因为她经常在路上。白天你可以随时参观这些地方，通过团队游却可获得更真切的体验——一位友好的修道士会陪着你。

此地的观鲸游会确保你有所收获，出发地点是**鲸类介绍中心**（Whale Interpretive Centre；☎902-224-1411；www.whalecentre.ca；104 Harbour Rd；成人/家庭 $4.50/14；🕒6月到10月中9am～5pm）旁边的码头。在乘船旅游前，应在介绍中心驻足片刻。这里出售公园门票，在楼下的C@P区域可以上网。

Captain Mark's Whale & Seal Cruise 游船（☎902-224-1316，888-754-5112；www.whaleandsealcruise.com；成人/16岁以下儿童 $25/12；🕒5月中到9月）春季每天出航3班，夏、秋两季为5班。马克船长（Captain Mark）不但保证能观赏到鲸，还留出足够时间让你观看海鸟、海豹，还有Gampo Abbey寺庙。如果你预订最早一班上午9点30分或最末一班下午5点游船，可享受25%的票价折扣。游船从鲸介绍中心旁边的码头出发。

Cabot Trail Whale Watching游船（☎902-224-1976，877-224-1976；成人/儿童$44/22；🕒5月到10月中）Zodiac号能使你降低到水面，这样一来你就能靠近鲸。这是一种非常危险的方式。预订上午9点或下午6点的旅行或者住在卡伯特小路青年旅舍(Cabot Trail Hostel)，可以享受20%的折扣。

往返20公里通往**Pollett's Cove湾**的徒步小路，始于Gampo Abbey寺公路的末端，既大受欢迎也颇具挑战。沿途风景极佳，而且当你抵达废弃的渔村时也有很好的宿营地点。这里不属于加拿大公园小路（Parks Canada trail)，所以走起来会很困难。

食宿

Cabot Trail Hostel青年旅舍（☎902-224-1976；www.cabottrail.com/hostel；23349 Cabot Trail；宿$24；房$55；⊠ 🖳）这个有18张床位的旅舍光线明亮，带有基本设施，有公用厨房和烤肉区。卡伯特小路观鲸(Cabot Trail Whale Watching)办事处就设立在这儿。

Mid-Trail Motel & Inn汽车旅馆（☎800-215-0411，902-224-2529；www.midtrail.com；23475 Cabot Trail；汽车旅馆房 $75～120，旅馆房 $175～249）舒适的汽车旅馆，四周的海湾、高山风景不错，可步行至港口。餐厅经营午、晚餐(正餐$12至$20)。布置更为时尚的客房值得入住。

Andrea's Family Restaurant餐厅（☎902-224-2588；Harbour Rd与Cabot Trail拐角；主菜$5～7；🕒5月到10月11am～6pm）这个路边外卖店位于通往Harbour Rd路的岔道对面，有个带顶棚的平台，菜单可真是内容丰富。

贝圣劳伦斯(Bay St Lawrence)

贝圣劳伦斯位于布莱顿角岛最北端，是个风景如画的小渔村。

Captain Cox（☎902-383-2981，888-346-5556；Bay St Lawrence Wharf；成人/儿童 $25/12）考克斯船长（Captain Cox）自1986年起就用这艘35英尺长的“Northern Gannet”号招徕游客。在7、8两月，他开船的时间为上午10点30分，下午1点30分和下午4点30分。关于春、秋两季的时刻

表，请致电查询。

Jumping Mouse Campground宿营园（☎902-383-2914；3360 Bay St Lawrence Rd；宿营地$20，四人木屋$35；⏲6月到9月）注重生态环境保护，有10个宽敞的濒海营地(车辆禁止驶入)，拟在此地盘桓数日或投宿那个有四张铺位的美丽木屋的游客，可以事先预订。这里有热水沐浴、简易厨房，还经常有鲸出没，整个地方几乎没有虫子。

位于贝圣劳伦斯南面的**Four Mile Beach Inn旅店**（☎902-383-2282，888-503-5551；www.fourmilebeachinn.com；1530 Bay St Lawrence Rd；房 $130，带厨房 $170）地处温暖的Aspy Bay 湾环抱之中，有着丰富的历史和独特的个性。旅馆在过去的数十年间曾作百货店，所以至今仍堆积着奇怪的零碎杂物。有三个单元房配有厨具，可以看到Aspy Bay湾和高山。爱斯基摩划子、独木舟和自行车均免费供住客使用。

如想在某个午后享受一下 Aspy Bay 湾和它那壮观的海滩，可在附近的 **Cabot's Landing Provincial Park 省立公园**稍作停留。

米特海湾(Meat Cove)

米特海湾位于贝圣劳伦斯西北 13 公里（最后 7 公里为砾石路），新斯科舍省最北边的一条公路就止于米特海湾陡峭的绿色海岸。在这儿，除了观看在清澈的水中嬉戏的鲸外，留意地上的兰花——这里有新斯科舍的其他地方找不到的一些稀有品种。**米特湾接待中心**（Meat Cove Welcome Center；☎902-383-2284；2296 Meat Cove Rd；上网每小时 $2；⏲6 月到 10 月 9am ~ 7pm）的营业时间不定，但当门开着的时候，你可以了解一下关于徒步小路的介绍。如果小路尽头没有停车空间，将你的车放在此处。

一条 16 公里长的**徒步小路**始于米特海湾，继续向西通往 Cape St Lawrence lighthouse 灯塔和 Lowland Cove 湾，这里是宿营的理想之地。花上一小时凝视海面，你一定会看到成群的领航鲸(pilot whales)，它们整个春季、夏季，直至秋季都会在此嬉戏。带上指南针，注意不要偏离主道，要知道当地人都曾在此迷路。

Meat Cove Campground宿营园（☎902-383-2379/2658；2475 Meat Cove Rd；营地$18；⏲6月到10月）高踞在一片青草覆盖的断崖之上，脚下是澎湃的大海，非常壮观，周围杳无人烟。这里可以停放小型拖车，但不能供电。要带一些硬币零钱：沐浴是投硬币的(12分钟$1)，木柴是9块$3。要准备好迎接疾风的准备。

Meat Cove Lodge 客栈（☎902-383-2672；2305 Meat Cove Rd；双/家庭含早餐 $40/50；⏲6 月到 9 月中）位于接待中心对面、米特湾入口处，在一个简朴的屋舍里有三间客房。

英戈尼什(Ingonish)

位于国家公园东入口的英戈尼什(Ingonish)和英戈尼什比奇(Ingonish Beach)是两个消失在一片旅馆和客栈里的小镇。这里长久以来就是很受欢迎的目的地，但除了被誉为世界之最的 **Highlands Links golf course高尔夫球场**（☎902-285-2600，800-441-1118；www.highlandslinksgolf.com；一场 $83）和海滩外，并无其他真正的名胜。在附近的国家公园(见394页)里有几条徒步小路和一处信息中心。

英戈尼什比奇海滩(Ingonish Beach) 像一道长而宽的沙链镶嵌在青山环抱的海湾边上。

食宿

Driftwood Lodge 客栈（☎902-285-2558；www3.ns.sympatico.ca/driftwood.lodge；36125 Cabot Trail，Ingonish；房 $25 ~ 65，套房 带厨房 $80 ~ 95）这家新式木屋和旅馆位于英戈尼什公园入口以北 8 公里处，十分划算。店主人在公园里兼一份工作，有关于远足和活动的大量信息。客栈后面是很好的细沙海滩。

Keltic Lodge 小屋（☎902-2880，800-565-0444；www.signatureresorts.com；Middle Head Peninsula，Ingonish Beach；房 $175 ~ 250，别墅 $300 ~ 442；☒ ☕ Ⓟ 💻）该地区最好的住所聚集在这幢夸张的都铎式度假别墅中，它建于 1940 年，与著名的**高尔夫球场**和**英戈尼什宿营园**(Ingonish Campground，见 396 页）同处 Middle Head Peninsula 半岛。即使你不是来看它的环境，小屋也值得拜访，通向半岛末端的**徒步小路**就在其后面。你必须持有进入国家公园的有效门票（见 395 页），因为小屋、高尔夫球场和徒步小路都在公园边界以内。

Main Street Restaurant & Bakery 餐馆和西饼店（☎902-285-2225；37764 Cabot Trail，Ingonish Beach；

值得停留：MORRISON'S 餐馆

如果你正在寻求香炸鳕鱼美食的乐趣，在北部公园可到唯一的就餐处——**Morrison's餐馆**（☎902-383-2051；Cabot Trail，Cape North；主菜午餐 $6~11，晚餐 $10~18；⏲5月到10月12~8pm）寻找。古老的伐木搬运锯、鹿角、渔网、酒瓶以及其他传统随身用具营造着传统的氛围，而自制厚片面包和新鲜的当地自制原料构成了美味的海鲜和清淡的午餐。

新斯科舍

值得一游：渔村

在你向南去往英戈尼什的路上，离开卡伯特小路(Cabot Trail)，沿着崎岖、暴风肆虐的White Point Rd路，途经Smelt Brook去往**White Point**和**尼尔斯海港**(Neils Harbour)的渔村。这是真正坚忍不拔、劳动人民的城镇，即使这里有一些美丽的建筑和五彩的家园，这条路上的游客明显很少。(你还会经过许多绚丽的海滩。)

三明治$4～16，晚餐主菜$10～20；⏰7月和8月周二至周六7am～9pm，其余月份周二至周六至8pm）到目前为止，它是公园附近吃早餐的最好地方，也是吃午餐和晚餐的好去处。三明治和法式烤面包由新鲜的厚面包制成，还有价位合理的全龙虾晚餐($23)。

圣安斯卢普(St Ann's Loop)

进入艺术家气派的平静中，这里有弯曲的道路、平静的湖面、空中翱翔的雄鹰以及艺术家工作室中无穷无尽的收藏品，它们像复活节彩色蛋般点缀着小径。尽管可以略过St Ann's Bay湾，搭乘一艘$5的渡船直抵Englishtown，但你将会错过卡伯特小路一个独一无二的分支。如果更深入些就会发现步行道、瀑布和优美的风景、密克迈克文化和一群非常有趣的人。

凯尔特艺术和工艺学院（Gaelic College of Celtic Arts & Crafts；☎902-295-3411；www.gaeliccollege.edu；51779 Cabot Trail；5日教程含住宿$680～715；⏰6月到10月中9am～5pm）位于St Ann's Bay湾末端，教授的课程包括苏格兰盖尔语，苏格兰风笛演奏、高地舞蹈、编织，等等。**Great Hall of the Clans Museum博物馆**（门票$3）追踪了凯尔特人从古代至苏格兰高地开拓运动时期(Highland clearances)的历史。如果没去**艺术家工作室**，请不要离开这个地区；你将会发现陶器、皮革和白蜡工人、帽子商店等。在这儿很容易看到艺术家，只需留意主路旁边的招牌。

食宿

Englishtown Ridge Campground宿营地（☎902-929-2598；866-929-2598；www.englishtown-ridge.com；Hwy 312；有/无服务营地$17/24；🚐）尽管在雄伟的山脉有开阔的地势观赏美丽的风景，不过刮风时你可能想找一个树木茂密的地方，记得带上备用衣服，免得被浇透。

J Kerr's B&B旅馆（☎902-929-2114；43627 Cabot Trail，Breton Cove；⏰5月到11月15日；🚭）26年来，琼·克尔(Joan Kerr)将她的家提供给旅行者入住，无论这些旅行者到底支付多少钱——而且直到现在她都没有放弃这项服务。彩虹色绘画点缀着墙壁，琼还会烹美味无比的早餐。

我们的选择 **Chanterelle Country Inn & Cottages旅馆和木屋**（☎902-929-2263，866-277-0577；www.chantrelleinn.com；48678 Cabot Trail，North River；房$145～225；⏰5月到11月；🚭 💻）作为环保住所，这里的房间和小屋是无可比拟的，它占地60公顷，俯视着起伏的牧场和羊群。可在遮蔽的门廊用餐(早餐和晚餐)。即使你不准备住在这里，也可以在信誉良好的饭馆就餐(主菜$20～28，定价四餐有/无蔬菜$32/40；营业时间为5月至11月6pm至8pm)。

Clucking Hen Deli & Bakery（☎902-929-2501；45073 Cabot Trail；主菜$4～10；⏰7月到9月7am～7pm，5月、6月和10月至6pm）一个招牌上写着："请勿在此虐待家禽"。当你吃着美味的自制面包、汤和沙拉等饭菜时，尝尝会听到当地"母鸡"咯咯叫着离开。

BRA D'OR LAKES湖风景区 (BRA D'OR LAKES SCENIC DRIVE)

沿着这个内陆咸水海的海岸，高地和低地在此连接起来，老鹰在此筑巢，角嘴海雀在这里嬉戏。它占地1099平方公里，是新斯科舍最大的湖，几乎把布莱顿角岛分成了两半。

巴德克(Baddeck)

巴德克是一派田园风光中的度假小镇，位于Bras d'Or Lake咸水湖北岸，悉尼(Sydney)和坎索堤道(Canso Causeway)两地中间。沿卡伯特小路(Cabot Trail)做景区驾车一日游的旅客多会选择此地过夜。

实用信息

Baddeck Public Library公共图书馆（☎902-295-2055；520 Chebucto St；⏰周一1～5pm，周二和周五1～5pm和6～8pm，周四5～8pm，周六10am～正午和1～5pm）付款上网。

游客信息中心（简称VIC；☎902-295-1911；454 Chebucto St；⏰6月到9月9am～7pm）

Visit Baddeck网站（www.visitbaddeck.com）提供地图、旅行商和高尔夫球场等信息。

景点和活动

电话的发明者贝尔(Beinn Bhreaghm)就安葬在他的夏季度假小屋中，它与巴德克(Baddeck)隔海湾相望。位于小镇东部边缘的**亚历山大·格雷厄姆·贝尔国家历史遗址**(Alexander Graham

新斯科舍

Bell National Historic Site)有一座大型的**优秀博物馆**(☎902-295-2069；www. parkscanada.gc.ca；559 Chebucto St；成人/儿童/家庭 $6/3/15；⌚6月 9am～6pm，7月到10月中 8:30am～6pm，10月中到次年5月 9am～5pm)，它全方位介绍了贝尔的发明与创新。来此见识一下医疗和电子装置、电报机、电话机、风筝和水上飞机吧，然后了解它们都是如何工作的。

Bras d'Or Lakes & Watershed Interpretive Centre介绍中心(☎902-295-1675；www.brasdor-conservation.com；532 Chebucto St；付款入内；⌚6月到10月中11am～7pm)致力于对咸水湖区独特生态学的研究与探索。

食宿

Mother Gaelic's旅馆(☎902-295-2885，888-770-3970；mothergaelics@ns.sympatico.ca；26 Water St；双 $90，带共用卫生间 $50～75)主人的太祖母是位受亚历山大·格雷厄姆·贝尔(Alexander Graham Bell)庇护的私酒贩，这里就是以她的名字来命名的。温馨的旅店面对水岸，仿佛清凉幽静的夏屋。

Broadwater Inn & Cottages 旅店和别墅(☎902-295-1101，877-818-3474；www.broadwater.baddeck.com；Bay Rd；房含早餐 $90～190，别墅 $125～180)一个位于巴德克(Baddeck)以东1.5公里处的安静场所。房屋建于1830年，曾属于杰德·麦克柯迪(JAD McCurdy)。他与亚历山大·格雷厄姆·贝尔一起设计过早期的飞机。旅馆里的房间都很有特色，可以看到海湾，装饰细致，品位不凡。现代的别墅深处树林中，很适合家庭居住。仅B&B房间含早餐。对同性恋者开放。

Lynwood Inn旅店(☎902-295-1995；www.lynwoodinn.com；441 Shore Rd；房 $100～150)在这个庞大的客栈中，客房的数量远远超过旅馆的标准，拥有维多利亚式木床、柔和的色彩图案和轻快宽敞的生活空间。楼下有家庭式餐馆，供应早餐、午餐和晚餐(早餐不包含在房价中)。

我们的选择 **Worn Doorstep B&B旅馆**(☎209-295-1997；www.baddeck.com/worndoorstep；房/套房 $115/150；💻)毕竟历史的重演和经验都体现在苏格兰格子呢绒，你一定会遇到本地的苏格兰人威利，他是一位艺术家画家，经营着这家B&B旅馆。这个地方的另一个新奇之处在于别致现代的设计。所有的客房和套房都有私人入口和小厨房，而且可以将丰盛的早餐带到你的房间或阳光充足的庭院中食用。

Tom's Pizza 比萨饼店(☎902-295-1516；比萨饼 $7～26；⌚11am～11pm)就在旅游局旁边，它提供奇妙的薄脆皮比萨饼。每块 $2.75。

The Water's Edge餐馆(☎902-295-3600；22 Water St；主菜约$15；⌚5月到10月12～9pm)巴德克最好的餐馆，迅速供应奶油杂烩、美味的脆菠菜卷、山羊奶酪和扇贝沙拉。不要错过沙拉和咖啡。从码头穿过街道，带一个户外庭院，这儿是个休闲的海边餐厅。

Baddeck Lobster Suppers餐馆(☎902-925-3307；17 Ross St；午餐 $16，晚餐$25；⌚6月到10月 11:30am～2pm和4～9pm)以前是个军政大厅，这家高产量的机构将活龙虾放入锅中，然后飞快地将新鲜的龙虾送到你的面前。这里没有特别准备，但每餐都尽可能提供所有食物，满足你多日的需求。

娱乐

Baddeck Gathering Ceilidhs同乐会(☎902-295-2794；www.baddeckgathering.com；St Michael's Parish Hall，8 Old Margaree Rd；成人/儿童 $7/3；⌚7:30pm)每晚都有小提琴演奏和舞会。这个教区会所就位于小镇中心，游客信息中心对面。

瓦格马库克(Wagmatcook)及其周边

应在位于巴德克(Baddeck)西面的密克迈克(Mi'kmaw)社区驻脚，参观一下**瓦格马库克文化和遗产中心**(Wagmatcook Culture & Heritage Centre；☎902-295-2999/2492；www.wagmatcook.com；Hwy 105；⌚5月到10月 9am～8pm，11月到次年4月请致电查询时间)，这个有些空荡荡的文化机构，为你了解密克迈克文化和历史打开了方便之门。通过预约，有长者为你解说传统游戏，还有工匠展示穿珠和编筐的技艺。

在瓦格马库克和下一个城镇 Whycocomagh 之间是有10个床位的崭新的 **Bear by the Lake Hostel 青年旅舍**(☎902-404-3636；www.saltybear.com；10705 Hwy 105；宿 $25含早餐；⌚4月到11月；💻)，俯瞰着湖水。来之前，提前打电话确保有人在。

同样在巴德克西南12公里的 Hwy 105 公路上的是 **Herring Choker Deli**(☎902-295-2275；三明治约 $5；⌚8am～6pm)。有证据证明 Deli 是这个地区最好的中途停车点，它提供美食三明治、汤和沙拉。为继续旅行饱餐一顿或吃小吃。

北悉尼(NORTH SYDNEY)

北悉尼本身乏善可陈，但附近却有一些不错的旅馆。

如果你乘晚班渡船来此或乘早班渡船出游，建议事先预订住处。北悉尼的大部分汽车旅馆和住宿加早餐旅馆全年营业，并对游客会于任何钟点抵达及离开的特点了然于心。大部分住宿的地方分布在渡轮码头以西2公里的 Queen St 街两边。

新整修(并扩展)的**Alexandra Shebib's B&B旅馆**(☎902-794-4876, 866-573-8294; www.geocities.com/alexanndra_shebibs; 88 Queen St; 房$45~70; 💻)简洁、友好、物超所值。带公用卫生间。

要想找本地稍微讲究一点儿的旅馆，可以试试**Heritage Home B&B**(☎902-794-4815, 866-601-4515; www.bbcanada.com/3242.html; 110 Queen St; 房$50~80)是装修、维护完好的维多利亚式住宅。多数客房带有私人卫生间。

离乔治河村社10公里的是**高地风光天然农场和别墅**(Highland View Organic Farm & Cottages, ☎902-794-1955, 800-440-5251; www.highlandviewcottages.com; 20 Allen Ln, George's River; 别墅 $149~189)，你可以入住天然农场豪华的新斯科舍松木小屋，远眺Bras d'Or湖。这家旅馆的主人西里尔(Cyril)和洛蕾塔(Loretta)非常熟悉周边的自然环境，他们会自豪地给你讲授从养蜂业到药用植物的每一件事。

Open Cafe.ca(☎902-241-2302; 194 Commercial St; 主菜 $4起; ⏲周二至周六 8am ~ 6pm, 周日至4pm)在这儿你可以一整天地享受采用天然原料的早餐、汤和由你自己设计制作的美味。细细品味免费提供的咖啡，如果你带了笔记本电脑，还可以享受无线上网的便利。

有关**Marine Atlantic ferry渡轮**(☎800-341-7981; www.marine-atlantic.ca)的信息，见493页和516页。

开往哈利法克斯(Halifax, 成人/学生/12岁以下儿童 $60/50/28)及沿途各站的Acadian Lines长途汽车可在Blower's St街上的Ultramar加油站搭乘。**Transit Cape Breton公司**(☎902-539-8124; 成人/5 ~ 12岁儿童 $3.25/3)经营的5路汽车，在周一至周六的8:40am, 12:40pm, 2:40pm和5:40pm往返于北悉尼(North Sydney)的Commercial St街和悉尼(Sydney)之间。

悉尼(SYDNEY)

作为新斯科舍省第二大城市和布莱顿角岛上唯一的真正城市，悉尼是岛上业已崩溃的工业链条中一个四面楚歌的核心。现已关闭的钢铁厂和煤矿曾是本地区最大的雇主。如果你将此地作为探寻路易斯堡(Louisbourg)的基地，那么有几处不错的旅馆可供下榻。

方位和实用信息

市中心的Charlotte St街两旁，店铺和餐馆鳞次栉比；沿Esplanade街的木板大道，舒适宜人；位于North End的老城区，流露出一种坚毅的魅力。

McConnell Memorial Library图书馆(☎902-562-3279; Falmouth St和Charlotte St拐角; ⏲周二至周五10am~9pm, 周六至5:30pm)免费上网。

游客信息中心Sydney River河(简称VIC; ☎902-563-4636; 20 Keltic Dr; ⏲周一至周五8:30am~4:30pm); Waterfront码头(☎902-539-9876; 74 Esplanade; ⏲7月和8月9am~7pm, 6月和9月到10月下旬至5pm)

景点和活动

在悉尼North End区，两个街区范围内就有八幢建于1802年以前的建筑。其中三幢对公众开放，包括布莱顿角岛最古老的天主教堂里的**St Patrick's Church Museum博物馆**(☎902-562-8237; 87 Esplanade; 免费入内; ⏲6月到8月9am~5pm)。

建于1787年的**Cossit House大厦**(☎902-539-7973; http://cossit.museum.gov.ns.ca; 75 Charlotte St; 成人/优惠票 $2/1; ⏲6月到10月中周一至周六9am~5pm, 周日1~5pm)是悉尼最古老的建筑。沿街而下，**Jost Heritage House大厦**(☎902-539-0366; 54 Charlotte St; 免费入内; ⏲6月到10月中周一至周六9am~5pm, 周日1~5:30pm)收藏有许多轮船模型以及药剂师在20世纪初期使用的各种药材。

文化宫内有**布莱顿角遗产与科学中心**(Cape Breton Centre for Heritage & Science; ☎902-539-1572; 225 George St; 免费入内; ⏲6月到8月周一至周六 9am ~ 5pm, 9月到次年5月周二至周五 10am ~ 4pm)，探索布莱顿角岛社会与自然历史的发展。楼上的**新斯科舍工艺和设计中心**(Nova Scotia Centre for Craft & Design; ☎902-539-7491; ⏲周一至周四 9am ~ 4:30pm, 周五至 4pm)陈列着本地工匠艺人的作品。

Ghosts & Legends of Historic Sydney(☎902-539-1572; $10/人; ⏲7月和8月至7pm)从圣帕特里克教堂开始参观，最后以在文化宫喝茶和吃烤饼结束。

> **值得停留：高地乡村博物馆**
>
> 通过**高地乡村博物馆**(Highland Village Museum; ☎902-725-2272; www.highlandvillage.museum.gov.ns.ca; 4119 Hwy 223; 门票成人/儿童/家庭 $9/14/22; ⏲6月到10月中9:30am~5:30pm)探寻苏格兰遗产，它就像是一段活生生的历史。博物馆坐落在山顶上，俯瞰Bras d'Or湖。盛装的苏格兰人展示着早期定居者生活中的日常活动，而且还有凯尔特人灵感激发的作坊，从春天直到秋天——上网查询时间安排。

新斯科舍

悉尼焦油池

北美最大的有毒废物处就位于Charlotte St博物馆以东三个街区处，Ferry St街的尽头。自1901年建立以来，悉尼钢铁工厂产生了70万吨有毒渣滓，是煤燃烧产生焦炭用在钢铁业上的副产品。51公顷的焦炭烤炉现在成为了碎石堆。污染达25米深。

有几次清理这儿的打算，但面对巨大的范围以及严重的毒性，都失败了。最后，在2007年1月，政府公布了一个耗资$4亿的规划，打算利用固体化和稳定化方法凝固有毒淤泥，同时将这些沉淀物与一种硬化的混凝土状的物质混合。一旦这些物质凝固了，这个地区将被塑料覆盖，然后是土地，最后是草。在www.tarpondscleanup.ca网站查询，"Tar-O-Meter"栏目说明了这项清洁计划。

食宿

悉尼的大多数住宿机构全年营业。

Royale Hotel旅馆（☎902-539-2148；345 Esplanade；房$45~90；🅿 💻）离开悉尼中心街道，你会发现在这座古老的旅馆中仿佛置身于40年前。它并不时尚但很友好。贵一些的客房有成套的浴室和小厨房设施。

Gathering House B&B旅馆（☎902-539-7172，866-539-7172；www.gatheringhouse.com；148 Crescent St；房$50~100；⊠ 🅿 💻）这家虽破旧但热情的维多利亚式旅馆紧邻市中心。当这个地方客满时，公用卫生间常常人满为患。

A Paradise Found B&B 旅馆（☎902-539-9377，877-539-9377；www3.ns.sympatico.ca/paradisefound；62 Milton St；房$90~110；⊠ 🅿 💻）知识渊博、热情好客的主人们对自家优雅的旅馆充满了自豪。他们会同你一起享用丰盛的早餐，并帮你制订旅行计划。客房极为舒适。

Bean Bank Café小餐馆（☎902-562-5400；243 Charlotte St；主菜$4~15；🕑周一至周五7:30am~5pm，周六8:30am~5pm，周日11:30am~4pm）这个非常受欢迎的地方由当地人经营，它提供有助身体健康的汤、沙拉和三明治。所有这些饭菜都是由烤炉烤制的。

Joe's Warehouse Food Emporium餐馆（☎902-539-6686；424 Charlotte St；主菜午餐$7~10，晚餐$14~25；🕑7月和8月周一到周五11:30am~11pm，周六和周日10am ~11pm，其余月份周一至周五11:30am~10pm，周六和周日10am ~10pm）这家菜品多样的大餐馆有一个惬意的酒吧、一个优雅的餐室和一个随意的家庭式餐厅。牛肉是这儿的特色菜，不过你可以带走其他的特色品，如一碗素食香辣亚洲面条。

娱乐

许多巡回演出团体都到悉尼(Sydney)一显身手。来自小岛西岸的小提琴手和其他传统乐师也纷纷到此或格莱斯贝(Glace Bay，见右栏)的Savoy演出。特约演奏会的门票约$8。

Upstair's at French Club俱乐部（☎902-371-0329；44 Ferry St）这家顶呱呱的俱乐部位于North End区，晚间节目以摇滚乐、凯尔特乐、爵士乐和电影为主。

Chandler's（☎902-539-3438；76 Dorchester St）这家标准、幽暗的酒吧有着本地和加拿大最出色的表演人才。

到达和离开

悉尼(Sydney)机场一点也不繁忙。所有离境旅客都必须在一个单独的柜台购买$10的机场改进费。**加拿大爵士航空公司**（Air Canada Jazz；☎902-873-5000，888-247-2262；www.aircanada.com）的航班运行在悉尼与哈利法克斯(Halifax，$375至$800，45分钟，一天4班)之间。**Air Saint-Pierre航空公司**（☎902-562-3140，877-277-7765；www.airsaintpierre.com）从7月上旬至9月上旬，在周四和周日有航班飞往悉尼($300，2小时)。

Acadian Lines长途汽车站设在Terminal Dr车道99号。这里还有许多开往哈利法克斯(Halifax)的穿梭车。

格莱斯贝(GLACE BAY)

格莱斯贝位于悉尼以北6公里处，如果没有**布莱顿角矿工博物馆**（Cape Breton Miners' Museum；☎902-849-4522；www.minersmuseum.com；42 Birkley St；团队游和参观矿井 成人/儿童$10/5；🕑6月到8月周三至周一10am~6pm，周二10am~7pm，9月到次年5月周一至周五9am~4pm），将成为另一个逐渐衰退的煤炭小镇；它位于镇中心往东不到2公里处，出South St街。这座博物馆的亮点在于参观已关闭煤矿的海底游，一位退休矿工会作为向导。大力推荐**博物馆餐厅**（主菜$8~14；🕑正午~8pm），供应海鲜、三明治和汉堡包；每天从正午到下午2点有自助餐。

镇上建于1920年的**Savoy Theatre剧院**（☎902-842-1577；www.savoytheatre.com；116 Commercial St）是本地区最重要的娱乐场所。

路易斯堡(LOUISBOURG)

位于悉尼(Sydney)以南37公里处的路易斯堡以其古老的要塞而闻名。城镇本身就有许多精华之处，它有仍在使用的捕鱼码头、老前辈和友好的氛围。**游客信息中心**(tourist information office；☎902-733-2720；7535 Main St；⏱7月和8月9am～7pm，6月和9月到10月中至5pm)就在小城中心。

景点和活动

位于Havenside Rd路末端的灯塔是一条崎岖**小路**的起头。小路长6公里，沿着海岸穿行在沼泽、荒地和寒武纪前期形成的光滑的花岗石之间。带上你的相机，以便在参观国家历史遗址中的要塞时捕捉镜头。

路易斯堡国家历史遗址(LOUISBOURG NATIONAL HISTORIC SITE)

应安排一整天时间来游览这个独特的**历史遗址**(☎902-733-2280；259 Park Service Rd；成人/儿童/家庭$13.50/6.75/33.75；⏱7月和8月9:30am～6pm，5月、6月、9月和10月9:30am～5pm)，通过盛装的演员所饰演的角色来追踪他们的生活，它真实地再现了路易斯堡要塞(Fortress Louisbourg)1744年的原貌。当年，这里既是保护法国在本地区利益的要塞，也是捕捞鳕鱼的基地和行政都城。1719年至1745年间，由于灰浆中咸水造成的腐蚀，路易斯堡的修建工程从未中断。1745年，英国人利用曾在要塞当过俘虏的英国士兵提供的情报，在进行46天的围困后夺取了要塞。之后，要塞又两度易手。1760年，英军在詹姆斯·沃尔夫将军(General James Wolfe)指挥下攻占魁北克城后，摧毁了路易斯堡的城墙，并将整座城市夷为平地。

1961年，随着布莱顿角岛许多煤矿的关闭，联邦政府为创造就业岗位，出资进行了加拿大历史上规模最为宏大的历史重建，最终有50座建筑物被重建并对游客开放。人们身着当时服饰，向游客展示典型的城堡居民的生活。

导游带领下的免费团队游全天都有。行动有障碍的游客可申请通行证，以便将车开至遗址区。这里大多数建筑物都有方便通行的坡道。要做好大量行走的准备，另外，即使你出发时阳光明媚，也要带上毛线衫和雨衣。

尽管进行了大规模的重建，但路易斯堡仍有四分之三的面积埋葬在废墟里。2.5公里长的**废墟小路**(Ruins Walk)带你穿过未经修缮的区域，直达大西洋海岸。一个短小的**介绍性小路**(interpretive walk)就设在游客中心对面，介绍法国人与密克迈克人的关系，另外，从那里可一览遗址的全貌。

遗址上有三个餐厅供应那个时期的典型食物。**L'Épée Royale**(三道菜正餐$16)应是船长和富商们就餐的地方。深受水手和士兵喜爱的**Grandchamps House**(正餐$7～10)也有身着当时服饰的侍者服务。就着黑啤或热奶油甜酒($3.50)大嚼豌豆和香肠该是多美的一餐。要不然就在**Destouches Bakery**买1公斤面包，这可是一个士兵的配额。面包的味道不错，配上奶酪可是实实在在的一顿。

食宿

Stacey House B&B 旅馆(☎902-733-2317；www.bbcanada.com/thestaceyhouse；7438 Main St；房$75；⏱6月到10月中；🖳)在这个漂亮的建筑中和谐地设置了一些有趣的小玩意儿，如过时的泰迪熊、洋娃娃和模型船。

Spinning Wheel B&B旅馆(☎902-733-3332，866-272-3222；www.speinningwhellbedandbreakfast.com；双带公共卫生间$65～80，双带专用卫生间$90；⏱5月到11月；🖳)如果这个城镇的其他旅馆都住满了(它一般在旺季出现这种情况)，那就选择这儿。它看起来不是很美观，但整洁、友好的招待和定做的早餐可以补偿这一缺憾。

我们的选择 **Cranberry Cove Inn 旅店**(☎902-733-2171，800-929-0222；www.louisbourg.com/cranberrycove；12 Wolfe St；房$105～160；⏱5月到11月；🖳)从暗粉色的外墙到古朴雅致的精美内部装饰，里面配有浅蓝色的古老花边，在这个令人惊叹的B&B旅馆中，还配有玫瑰色的玻璃。每个房间都很独特而且还有“极可意”浴缸和壁炉。

Lobster Kettle Restaurant 餐馆(☎902-733-2980；41 Commercial St；龙虾晚餐$21；⏱5月到10月午餐和晚餐)只有在加拿大的大西洋沿岸地区，你才能在有快餐式沙拉台的自助餐厅享用新鲜多汁的龙虾。海湾的海景非常漂亮，服务也很吸引人，还提供其他贝壳类大拼盘，有汉堡包和鸡肉。

Grubstake 餐馆(☎902-733-2308；7499 Main St；主菜午餐$7～10，晚餐$16～25；⏱6月中到10月上旬午餐和晚餐)这家非常随意的餐馆是全镇最好的就餐地点。特色午餐是汉堡包拼盘，晚餐则是面条和新鲜的海味。

娱乐

Louisbourg Playhouse 剧院(☎902-733-2996；11 Lower Warren St；门票$12；⏱6月下旬到9月上旬8pm)由本地青年音乐家组成的阵容整个夏季都在这家17世纪风格的剧院内演出。

东部海岸(EASTERN SHORE)

如果你想逃到雾中、远离夏季拥挤的游客，

新斯科舍

如果你还有几天时间

如果你沿着**布莱顿角**东部海岸，向北或向南绕着 **Isle Madame** 行进，可以看到一群树木繁茂的岛屿，拥有浓郁的阿卡迪人遗址以及许多大片的海滩和步道。在这些岛屿上，最大的城镇是 Arichat，它是新斯科舍最古老的社区之一，18 世纪曾是繁荣的海港。**Le Noir Forge 博物馆**（☎902-226-9364；Lower St；免费入内；⏲6 月到 9 月 10am ~ 5pm）有铁匠工作展示，它是在滨水区重建的一个 1793 年的石屋铁匠铺。

最好的就餐地点在 **The Pearl 餐馆**（☎902-226-0290；3281 Hwy 320，D'Escousse；主菜 $9 ~ 14；⏲午餐和晚餐），一颗真正的宝石，提供融合当地各种风味的美食。幸运的是，迷人的海滨 **D'Escousse B&B 餐馆**（☎902-226-2936；alandsaramac@yahoo.ca；房 $60 ~ 75；⏲5 月到 10 月）就在隔壁。

那么这儿正是你要去的地方。从大陆最东端的坎索角 (Cape Canso) 至达特茅斯 (Dartmouth) 郊外的这段东部海岸没有大的城镇，主要道路几乎是沿着犬牙交错的海岸线迂回前行。如果你要体验荒野并对徒步旅行和乘坐划子感兴趣的话，这里算得上天堂。

盖斯伯勒(GUYSBOROUGH)

盖斯伯勒在美国独立战争后成为联合王国保皇分子的定居地。26 公里长的 Guysborough Trail 小路是跨加拿大小路 (TCT) 的一部分，非常适合骑车和徒步。**Old Court House Museum 博物馆**（☎902-533-4008；106 Church St；免费入内；⏲6 月到 9 月周一至周五 9am ~ 5pm，周六和周日 10am ~ 4pm）展出与早期农耕和家居生活有关的物品，也向游客提供旅行信息和徒步小路指南。

Boylston Provincial Park 省立公园（☎902-533-3326；http://parks.gov.ns.ca；Hwy 16 附近；营地 $14）里 36 个绿荫下的营地从未住满。从宿营园下方公路旁的野餐区出发，走过一座步行桥可来到一个小岛上。

Desbarres Manor 庄园（☎902-533-2099；www.desbarresmanor.com；90 Church St；房 $159 起）这是座建于 1830 年的庄园宅第，业经重新装修，很有品位。房间都很宽敞。

在 **Rare Bird Pub 酒吧**（☎902-533-2128；80 Main St；www.rarebirdpub.com；主菜 $9 ~ 17；⏲11 ~ 2am）停下来大口地喝当地麦酒、吃着炭火烤制的比萨饼，听着一些现场东部海岸音乐（周六 9pm）。有关时间表，可上网查询。

坎索(CANSO)

在北美大陆最古老的海港，一幢幢的箱式渔人小屋位于 Chedabucto 海湾光秃秃的岸边。自从北方的鳕鱼群在 1990 年前后崩溃以来，长期依赖捕鱼业的坎索深陷失业和人口流失的困境。

环绕着这个村庄的海角人烟稀少，却能提供徒步旅行、乘坐爱斯基摩划子、赏鸟和冲浪的好机会。旅游办公室设在 **Whitman House Museum 博物馆**（☎902-366-2170；1297 Union St；免费入内；⏲5 月下旬到 9 月 9am ~ 5pm）内。博物馆建于 1885 年，收藏有代表小镇历史的纪念物，其顶楼的窗外有很美的景致。

设在码头区的一个介绍中心讲述了**格拉西岛国家历史遗址**（Grassy Island National Historic Site；☎902-366-3136；1465 Union St；门票 $2.50；⏲6 月到 9 月中 10am ~ 6pm）的故事。该遗址位于离岸小岛上，下午 4 时前均可乘船前往参观。1720 年，英国人在那里修建了一个小小的堡垒，以抗击总部设在路易斯堡 (Louisbourg) 的法国人。这个前哨基地极易遭受军事打击，在 1744 年被完全摧毁。今天，废墟中有一条自导徒步小路，沿途设有八个介绍点，讲述了这个地区的历史。开往格拉西岛的交通船一有需要就会从中心发出，这当然要在天气条件允许的情况下。

Chapel Gully Trail 小路由人行大道和徒步小路组成，长 10 公里，沿着港湾伸向远方的海岸。小路始于一座小山上的灯塔附近，而那座小山则位于坎索 (Canso) 东端的医院背后。小路尽头张贴有一幅巨大的地图。

来此一游的游客大多是冲着 **Stan Rogers Folk Festival 民俗节**（www.stanfest.com；⏲7 月第一个周末）——新斯科舍最大的节庆活动。当六个表演舞台令世界各地的民间、布鲁斯、传统音乐家如痴如醉，蜂拥而至时，坎索的人口会翻上两番。除非你提前一年预订，否则几乎没有解决住房的可能。当地人为这个活动搭建起 1000 个宿营地，可上网查询详细资料。如果睡眠对你很重要，就应尽量在远离活动场所的地方订个位置。

非节日期间，城里唯一提供住宿的地方是美丽洁净的 **Whitman Wharf House B&B 旅馆**（☎902-366-2450；www.whitmanwharf.com；1309 Union St；双 $75 ~ 85；⏲5 月中到 10 月中；💻）。这里有海滨别墅和几乎可以当作温泉的公用浴室。主人会帮忙组织受欢迎的活动。

舍布鲁克(SHERBROOKE)

舍布鲁克是个宜人的小镇，位于坎索(Canso)以西123公里、安蒂戈尼什(Antigonish)以南63公里处。小镇有个与其大小相仿的历史遗址——Sherbrooke Village村，它已令小镇本身黯然失色。

当地的旅游办公室设在**Sherbrooke Village村**(☎902-522-2400；http://museum.gov.ns.ca/sv；Hwy 7；成人/儿童/家庭$9/3.75/25；🕒6月到10月中9:30am～5:30pm)内。该村通过建筑、表演和身着当时服饰的工作人员再现了125年前的日常生活情景。在这个鲜活的博物馆里，有25幢建筑物可以参观，它们颇为有效地帮助游客走进时空的隧道。

Days Ago B&B旅馆(☎902-522-2811，866-522-2811；www.bbcanada.com/daysago；15 Cameron Rd；单/双含早餐$60/70，度假屋$75～85；⊠ 🖵)坐落在一个安静的农场里，这里悠闲的节奏能让你身心放松。就在它的阳光长廊上坐坐吧，或者去划划爱斯基摩划子。这儿的客房是共享的，而顶楼度假屋有专用卫生间。

泰勒黑德省立公园(TAYLOR HEAD PROVINCIAL PARK)

这座壮观的**公园**(☎902-772-2218；20140 Hwy 7；http://parks.gov.ns.ca；🕒5月中到10月中)将一个伸入大西洋6.5公里的半岛囊括其中，是新斯科舍一处不太知名的风景亮点。它的一侧是漫长而细腻的沙滩，面对着平静的海湾。几条合计17公里长的徒步小路穿行在长满云杉和冷杉的森林之中。**Headland Trail小路**是最长的一条，往返8公里，沿着崎岖的海岸线通向Taylor Head岬角的美景。短一些的**Bob Bluff Trail**是一条往返3公里的小路，最后攀上一个可一览无限风光的断崖。在春季，这里既是色彩缤纷的野花世界，也是观赏野鸟的绝好场所。最好带上野餐保温箱，在这儿安排一整天时间，或徒步或躺卧或游泳(如果你不怕水冷)。

丹吉尔(TANGIER)

丹吉尔位于泰勒黑德省立公园(Taylor Head Provincial Park)西南，是濒海地区划爱斯基摩划子的最佳地点之一。大力推荐**Coastal Adventures Sea Kayaking公司**(☎902-772-2774；www.coastaladventures.com；Hwy 7；🕒6月中到10月上旬)，开设有海上爱斯基摩划子课程(半日/全日$65/100)，出租划子(半日/全日$35/50)，并组织导游带领下的旅游。该机构还拥有一个舒适、高品质住宿加早餐旅馆——**Paddlers Retreat**(单/双/套房$45/55/75)。

Murphy's Camping on the Ocean宿营园(☎902-772-2700；www.dunmac.com/murphys；291 Murphy's Rd；帐篷/娱乐车营地$20/25，拖车租金$65)让你从帐篷里走出来，到浅滩出收集贻贝；在海滩烧烤后，伴随着主人布莱恩讲述故事的声音享受你的劳动成果。这儿有娱乐车营地、娱乐车租赁、隐蔽的帐篷营地以及码头上的基本房间($35)，房中可住4人。这里可以租到独木舟(每小时/天$8/25)。

这里以制作这个省最美味的熏鱼而著称，不要错过在**J Willy Krauch & Sons Ltd餐馆**(☎902-772-2188，35 Old Mooseland Rd，Hwy 7附近；🕒周一至周五10am～5pm)停下来吃快餐的机会。挑选各种鲑鱼、鳗鱼、鲭鱼或其他的鱼——不要忘了带走这里的薄饼干！

塞布尔岛

岛上不断变化、44公里长的沙滩位于哈利法克斯东南约300公里处，它已经造成350多起记录在案的海难事故。但使塞布尔岛(Sable Island)著称于世的是，它是世界上唯一真正的野马种群的家园。

现在，塞布尔岛上所有的马匹共有60个祖先，在阿卡迪亚人被英国人从新斯科舍驱逐期间，这些马于1760年被装船运送到这个岛上。阿卡迪亚人被迫放弃他们所有的牲畜，看来好像是波士顿商船所有者托马斯·汉考克(Thomas Hancock)将他们的马匹带到了船上，然后把它们赶到塞布尔岛放牧，这样不会引人注意。幸存下来的马匹成为野马。

如今，这座岛变成一个研究中心：科学家每年都要来这里，大部分人是研究鸟、海豹和马。2003年以来，埃克森石油公司建立的天然气田运转站点，最近的离这个岛只有10公里，不过这种距离几乎没有影响这里的环境。

作为一个外行，参观塞布尔岛是复杂而昂贵的，但并非不可能——事实上，每年有50位至100位探险人士造访这里。有关到哪里获取必要许可和独立安排交通的信息，可联系**Sable Island Station**(与加拿大环境局协作；☎902-453-9350；gforbes@ca.inter.net；房$125)。

杰铎牡蛎池塘(JEDORE OYSTER POND)

小小的**渔夫生活博物馆**（Fisherman's Life Museum；☎902-889-2053；http://museum.gov.ns.ca/flm；58 Navy Pool Loop；成人/儿童 $2/1；⏲6 月到 10 月中周一至周六 9:30am ~ 5:30pm，周日 1 ~ 5:30pm）位于从丹吉尔 (Tangier) 赴哈利法克斯 (Halifax) 途中 45 公里处，不过它真该重新命名。房屋的主人曾经需要划船 16 公里到他的渔场劳作，从而将妻子和 13 个女儿抛在家中。博物馆真实地展示了 20 世纪初期妇女们的家居生活。身着当时服饰的本地导游非常热情，会以茶待客。

东部海滨沿岸没有太多好吃的餐馆，所以需要在 Jeddore 以南几公里的 **The Lobster Shack 餐馆**（☎902-889-3353；9931 Hwy 7，Salmon River Bridge；主菜约 $14；⏲午餐和晚餐）填饱肚子。如果你想吃奶油海鲜杂烩，这里是满足你热切希望的地方。这儿提供的其他特色佳肴包括龙虾、海鲜和牛排。

新不伦瑞克 New Brunswick

在 20 世纪初期，新不伦瑞克荒原曾闻名一时，成为时尚之地。富有的美国运动员和魅力四射的好莱坞明星定期北行前来，在河边钓鱼、在广阔的森林中打猎。美国总统富兰克林·罗斯福曾在南部海滨的坎波贝洛岛 (Campobello Island) 拥有一幢避暑别墅。新不伦瑞克逐渐变得默默无闻；成为位于魁北克和新斯科舍间的未知之地。不过，这里仍然存在着未遭破坏的荒野。还有点缀着翠绿山谷的农场、海岸沿线五彩缤纷的渔村以及一种传统海洋文化，这种文化将早期阿卡迪亚人和不列颠定居者的遗产与重要的土著传统、近期移民的传统相融合。

跨加拿大公路 (Trans-Canada Hwy) 像一条粗略的对角线，从西北角到西南端贯穿了这个省，途中经过爱德华王子岛。如果想要参观新不伦瑞克，你必须在这条公路下车，然后去它的小镇与村庄、风景如画的河谷、野生公园和沿岸岛屿探险。在美术馆和手工作坊搜寻古物与精美的当地陶器，徜徉在周末的农贸市场，而且也许会赶上夏季的某个节日或当地俱乐部的一些现场海洋音乐会。

新不伦瑞克为享受户外活动提供了值得称道的机会。观鲸是环帕萨马科迪湾 (Passamaquoddy Bay) 和大马南 (Grand Manan) 最引人注目的节目。海上独木舟装备用品店会帮助你体验搏击海浪的乐趣。这些内陆河流及湖泊为独木舟旅行者提供了无限的机会。在卡尔顿省立公园 (Mount Carleton Provincial Park) 内的阿巴拉契亚山脉 (Appalachian mountain)、大马南岛 (Grand Manan Island) 周围的海滨小径徒步旅行，或沿着静谧的乡间小道从一家 B&B 旅馆骑自行车到另一家。

亮点

- 在**因瑞吉角** (Cape Enrage，见 436 页) 的灯塔感受世界上最高的潮汐涌起时所产生的震撼力量。
- 漫步在**海边圣安德鲁斯** (St-Andrews-by-the-Sea，见 421 页)、**盖奇敦** (Gagetown，417 页) 和**萨塞克斯** (Sussex，见 433 页) 风景如画的乡间小道上。
- 在 **Chiputneticook 湖群** (见 421 页) 和 **Nictau 湖群** (见 418 页) 乘独木舟划行。
- 在寂静、偏僻的**大马南岛** (Grand Manan Island，见 426 页) 呼吸新鲜空气，放松心情。
- 躺在**库希布夸克国家公园** (Kouchibouguac National Park，见 441 页) 或 **Parlee 海滩** (见 441 页) 的沙滩上。

- 感受**金斯兰丁历史定居点** (King's Landing Historical Settlement，见 415 页) 和**阿卡迪亚历史村庄** (Village Historique Acadien，见 444 页) 保皇分子和阿卡迪亚人的生动历史。
- 在**弗雷德里克顿** (Fredericton，见 414 页) 和**迪耶普** (Dieppe，见 438 页) 每周的农贸市场品尝当季的首批鲜草莓与其他佳肴。

新不伦瑞克概况

- **人口** 730 000
- **面积** 73 400 平方公里
- **首府** 弗雷德里克顿
- **称呼** 被政府誉为"风景如画的省"；被当地居民称为"免下车省"，他们常常望着匆匆经过赶往更出名的爱德华王子岛的度假者而困惑
- **出生的名人** 是《世界人权宣言》(*Universal Declaration of Human Rights*)的作者约翰·彼得·汉弗莱(John Peter Humphrey，1905年)、具有加拿大传统风格的音乐家Stompin' Tom Connors(1936年)、第一个非不列颠群岛出生而担任英国首相的人安德鲁·博纳·劳(Andrew Bonar Law，1858年)的家乡；以及MGM Studios电影制片公司创始人路易斯·B.迈耶(Louis B Meyer，1882年)童年的家
- **特产** 世界上最大的人造龙虾(希迪亚克)、斧子(Nackawic)和蜗形雕刻(Plaster Rock)
- 在新不伦瑞克有64座廊桥和70座灯塔

历史

新不伦瑞克省(New Brunswick)的土地原属于密克迈克族(Mi'kmaq)和分布在西部、南部的麦利西特族(Maliseet)原住民。尽管原住民(现在的人数大约为17 000)现在主要集中在狭小的范围内，但许多地方仍保留着他们的土著名称。

17世纪，法国殖民地居住者尾随着探险家塞缪尔·德·钱普兰(Samuel de Champlain)来到这儿。这些被称作阿卡迪亚人的法裔移民开垦了芬迪湾(Bay of Fundy)。1755年他们被英国人赶走，很多人继续沿着沙勒布湾(Bay of Chaleur)居住。在接下来几年中，美国独立战争爆发以后，许多来自波斯顿和纽约的英国保皇分子涌入新不伦瑞克，逃到新不伦瑞克荒野避难。这些难民落脚在圣约翰河河谷(St John River)和圣克罗伊河河谷(St Croix River)，建造了圣约翰城(Saint John)，并支持着弗雷德里克顿的驻兵镇。至今，这里大多数居民的祖先来自英国，其中爱尔兰后裔在圣约翰和米拉米希(Miramichi)占据优势。

整个19世纪，伐木业和造船业蓬勃兴旺。捕鱼业等其他行业在20世纪得到发展。繁荣时代随着大萧条的到来而结束。今天，纸浆、炼油和马铃薯种植是支柱产业。

当地文化

在新不伦瑞克，农村、城市各占一半，或许因为它的乡土根源，新不伦瑞克拥有总体上保守但又包容的文化。从蒙特利尔买的裙子短一点，人们可能会抬起头看几眼，但他们一般只是保留自己的意见。周日的早晨，教堂的停车场总是停满了车，而周五晚上的酒吧也是一样，而且两处的来客部分重合。在这些地区，乡村音乐和福音音乐是比较受欢迎的，但在规模比较大的城镇有部分不同的音乐和艺术景象，而且还有一些染成粉红色头发、穿黑色衣服在街上闲逛的年轻人。

语言

新不伦瑞克(New Brunswick)是加拿大唯一官方双语省份，但只有三分之一的人既讲法语也讲英语(而全国有17%这样的人)。大约34%的人是法国后裔，主要集中在埃德门兹顿(Edmundston)、阿卡迪亚半岛(Acadian Peninsula)、东部海岸和蒙克顿(Moncton)。你几乎不需要担心用英语或法语交流会存在理解的问题。

国土和气候

该省拥有各种不同的地貌：潮湿多石的沿海地区、温和的内陆河谷和森林茂密而多山的内陆。这里四季分明。夏季总的来说温和舒适，偶尔炎热。整个芬迪海岸则经常雾霭弥漫，尤其是在春季和夏季初。主要旅游季节从6月下旬持续到9月上旬，许多旅游设施(度假区的海滩、团队游和一些住宿)在一年的其他月份关闭。

公园和野生生物

新不伦瑞克拥有两个国家公园。库希布夸克国家公园(Kouchibouguac National Park，见441页)周围环绕着宁静的土地、潮沼和海港的海景、沙丘、海滩和森林。芬迪国家公园(Fundy National Park，见435页)位于芬迪湾，由大量崎岖不平的海岸线组成。全省分布有12个省立公园。其中引人注目的是卡尔顿山(Mount Carleton，见417页)，适于徒步旅行和划爱斯基摩划子；Spednik湖(Spednik Lake，见421页)，适于多天的乘独木舟旅行；舒格洛夫(Sugarloaf，见445页)，适于滑雪和徒步旅行；以及适合游泳的Parlee海滩(Parlee

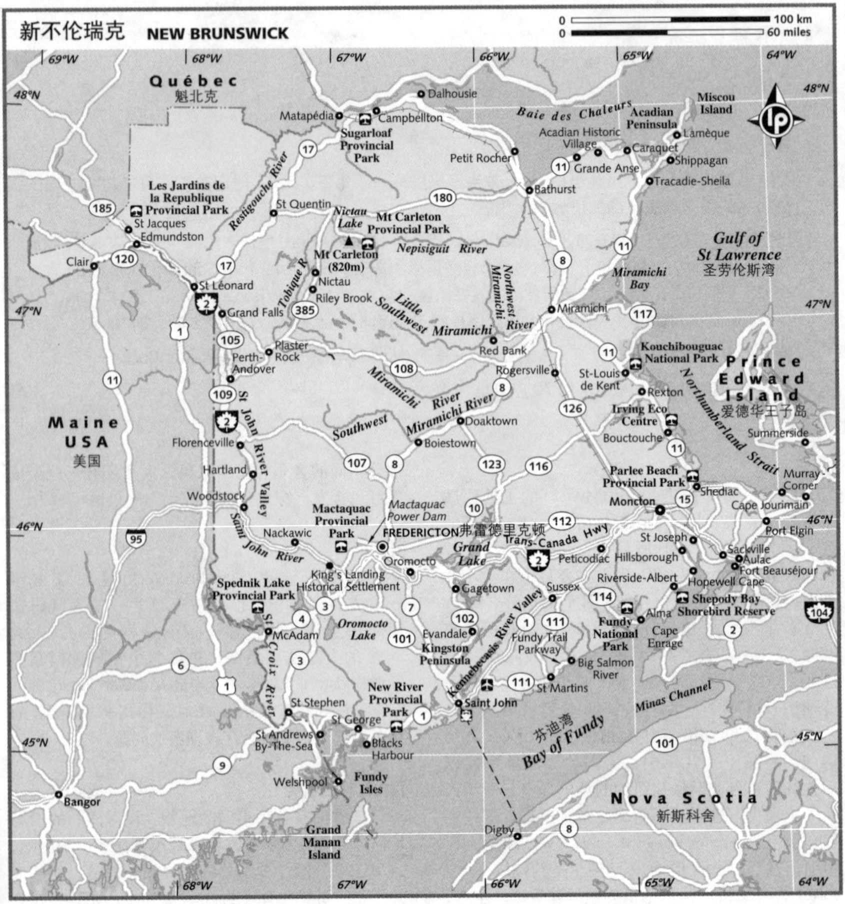

Beach，见441页)和新里弗海滩(New River Beach，见429页)。这里还有几处指定的历史遗址，包括殖民时期的堡垒和杰出人物的家乡。芬迪湾是重要的鸟类迁徙通道，拥有美丽的春景、夏景和秋景。其他有趣的动物包括栖息在乡村和荒野地区的黑熊、驼鹿和梅花鹿，以及芬迪湾的鲸和米拉米希河(Miramichi River)里的大西洋鲑鱼。

实用信息

新不伦瑞克所有的日报和大部分的周刊、私人电台甚至是免费的娱乐小报都属于该省最有经济和政治实力的欧文家族所有（见429页）。唯一独立的声音是联邦政府所有的加拿大广播公司(CBC)和法语报纸*L'Acadie Nouvelle*。有关当地的新闻，可阅读《电讯日报》(*Telegraph Journal*)或收听加拿大广播公司广播一台(CBC Radio One，圣约翰FM91.3，弗雷德里克顿FM99.5，蒙克顿AM1070)。有关音乐会的演出表和节目单，可在弗雷德里克顿、圣约翰和蒙克顿获取免费的(《在这里》[*Here*])小报。

到达和四处走走

游客信息中心设置在所有过境点和大多数城镇，只在每年5月中旬至10月中旬运营。

飞机

加拿大航空公司每天有几班飞机从哈利法克斯(Halifax)、蒙特利尔(Montreal)和多伦多

新不伦瑞克旅行线路

四日游

在金斯兰丁历史定居点度过你的第一天。周六的早晨来到弗雷德里克顿(Fredericton，见410页)，在充满活力的**博伊斯农贸市场**(Boyce Farmers′ Market)的摊位细数你爱吃的水果，快速走进**比弗布鲁克艺术画廊**(Beaverbrook Art Gallery，见412页)观看几位老艺术大师和当代加拿大艺术家的作品。沿着老河路(Old River Road见，417页)穿过盖奇敦(Gagetown)到达港口城市圣约翰(见429页)，顺便停下来参观几家陶器作坊。周六晚上就住在圣约翰，在这儿可以赶上在O'Leary's酒吧或帝国剧院(Imperial Theatre)表演的现场海洋音乐会。第二天，向西沿着芬迪海岸搭乘渡船来到大马南岛(Grand Manan Island，见426页)。可以观鲸、徒步、骑自行车，或者带本书在游廊上休息。

七日游

从大马南岛返回大陆，向东经过圣马丁斯(St Martin's，见434页)、萨塞克斯(Sussex，见433页)和芬迪公园(Fundy Park，见435页)，走一条风景秀丽的路线。在希迪亚克(Shediac)附近的Parlee海滩(见441页)停下来下海嬉戏，然后向北去往布克塔谢(Bouctouche)。在Le Pays de la Sagouine城(见441页)领略阿卡迪亚文化，然后参观卡拉凯特(Caraquet，见444页)的现代村庄，并在19世纪早期的阿卡迪亚历史村庄(Village Historique Acadien)作一次时光旅行，圆满结束这次旅行。或选择另一条线路来度过这几天，前往米拉米希河(Miramichi，见442页)，在这条著名的河上钓大马哈鱼和轮胎漂流。

户外历险

开始的几天，你可以在海边宿营，乘爱斯基摩划子沿沙丘划行，骑自行车或徒步在库希布夸克国家公园(Kouchibouguac National Park，见441页)之内探险。花1天或1周的时间徒步走到国际阿巴拉契亚小路(International Appalachian Trail)的尽头，爬上大马南岛(见426页)附近的卡尔顿山(Mount Carleton)或沿着芬迪小道(Fundy Trail，见435页)行进。在环帕萨马科迪湾(Passamaquoddy Bay，见422页)进行海上爱斯基摩划子探险，然后花1周时间作一次穿越Chiputneticook湖(见421页)的独木舟旅行。沿着圣约翰河河谷(St John River Valley，见415页)进行为期1周的自行车旅行，或在大马南岛、弗雷德里克顿(见410页)和萨塞克斯(见426页)作当日往返的短途旅行。留下几天时间观鲸、乘船漂流到马柴厄斯岛或海豹岛(Machias/Seal Island)看角嘴海雀(见427页)。

从《**新不伦瑞克服务**》(Service New Brunswick；☎506-460-6136；www.snb.ca；$7)中可以找到Nepisiquit河、雷斯蒂豪切河(Restigouche)、米拉米希西南部的河流、圣克罗伊河(St Croix River)以及托比克河(Tobique River)划独木舟的路线图。这儿还提供去往新不伦瑞克小径(New Brunswick Trail，$13)和雪上行车的路线图(免费)。

如果你还有时间

可参观65座廊桥或70座灯塔(具体位置参见新不伦瑞克旅游局网站www.gnb.ca/index-e.asp)。

(Toronto)飞往蒙克顿、圣约翰和弗雷德里克顿。蒙克顿有来自卡尔加里(Calgary)、多伦多和渥太华(Ottawa)的西捷航空公司(WestJet)的班机；并且，每天有直接来自纽瓦克(Newark)的大陆航空公司(Continental)的班机。弗雷德里克顿每天有一班直接飞往波斯顿的达美航空公司(Delta)的班机，从2008年4月开始由AirTransat提供的直接飞往盖特威克(Gatwick)的班机，飞行时间为5月到10月。西捷航空公司也有从多伦多飞往圣约翰的飞机，每周三班。有关航线的详细信息，见838页。

轮船

海湾渡船公司的**阿卡迪亚公主号**(Princess of Acadia；☎506-649-7777，888-249-7245；www.bayferries.com；成人/0～5岁儿童/6～13岁儿童/老人$40/5/25/30，小汽车/自行车$100/20)终年往返于圣约翰(Saint John)与新斯科舍省(Nova Scotia)的迪格比(Digby)之间。3小时航程可大大省去驾车的奔波。

6月下旬至9月上旬，圣约翰每日发船时间是上午9点和下午4点45分，周二和周四在中午12点45分还有一班。迪格比发船时间是下午1点和晚上8点45分，周二和周四在凌晨5点有加船。其他时间，渡船每天对开 1 到 2 班。

渡船在 7 月、8 月非常繁忙，所以驾车者一定要提早到或预先给自己的座驾订位（额外付费 $5）。即使有预订，也需要提前 1 小时到达，而步行者和骑车者则任何时候都不必如此紧张。船上有一个餐厅和酒吧。

有关芬迪群岛的渡船信息，可参阅岛屿章节的内容（见 424 页）。如有可能，尽量预订或尽早到达。

公共汽车

Acadian Lines公司（☎800-567-5151；www.acadianbus.com）是新不伦瑞克主要公共交通路线的服务提供商，其服务目的地包括新斯科舍、爱德华王子岛，并一直延伸到魁北克的里维耶尔—迪卢(Rivière du Loup)，从那里转乘**Orléans Express特快**（☎888-999-3977；www.orleansexpress.com），可前往西部各地。

乘 Acadian 汽车也可从圣约翰 (Saint John，$44，5 小时）向南到缅因州 (Maine) 的班戈 (Bangor)，并可继续前往波士顿和纽约。班戈 (Bangor) 和卡利斯 (Calais) 间每日公共汽车详情，参见 421 页。

小汽车和摩托车

对驾车者来说，进入该省主要是通过埃德门兹顿 (Edmundston)、缅因州 (Maine) 或新斯科舍省 (Nova Scotia) 的加来 (Calais)、霍尔顿 (Houlton) 以及爱德华王子岛。如果你去爱德华王子岛 (Prince Edward Island)，从茹瑞梅恩角 (Cape Jourmain) 东行过联盟大桥是免费的，但返回时需付费。交通一般都很顺畅，但穿过缅因州边境时常常会在海关有所耽搁。

火车

VIA Rail 铁路公司（☎888-842-7245；www.viarail.ca）提供蒙特利尔（Montréal) 和哈利法克斯 (Halifax) 间的客运服务，一周 6 班。在新不伦瑞克省 (New Brunswick) 的主要停靠站有坎贝尔顿 (Campbellton)、米拉米希 (Miramichi) 和蒙克顿 (Moncton)。蒙特利尔 (Montréal) 至蒙克顿长途客车 / 卧铺票价为 $197/433(15 个半小时）。

区域驾驶距离

埃德门兹顿到圣约翰：375 公里

弗雷德里克顿到米拉米希：180 公里

圣安德鲁斯到蒙克顿：254 公里

> **散漫的驼鹿**
>
> 每年，在新不伦瑞克的公路上大约有 300 头驼鹿发生碰撞事故。这些事故对于动物几乎总是致命的，而且每年有大约 5 人因此送命。85% 的驼鹿与汽车相撞事件发生在 5 月到 10 月，大部分发生在夜晚。黄昏以后开车时速度要放慢，当对面没有车时，要用你的远光灯看看有没有动物。高度危险地区会有标牌。

弗雷德里克顿

人口 47 600

圣约翰河缓慢而蜿蜒着流经该省首府，经过水边的政府大厦和位于城市上方小山上的大学。绿草如茵的堤岸草坪修剪整齐，而且点缀着喷泉、人行道、运动场、高高的榆树和柳树。这大片的河畔公园因其古雅别致而被当地人称为“绿色”(The Green)。

弗雷德里克顿的确优雅别致。红砖店面呈网格状整齐地分布在小城市商业区中。周围是宁静的住宅小巷，两边排列着高大优美的榆树，以其美丽的树荫遮蔽被保存至今的乔治王朝和维多利亚式的房子，还有大量的花圃。树荫带向市中心延伸，穿过教堂的尖塔，并散布到四周。

历史

300 年以前，土著人麦利西特人 (Maliseet) 和密克迈克人 (Mi'kmaq) 在这里以捕鱼为生。法国人 1732 年占领了这片土地，但最终被英国人取代。美国独立战争 (1775 ~ 1783 年）将大约 2000 名英国保皇分子赶到这里。

弗雷德里克顿 (Fredericton) 真正意义上的建立，是在英国政府决定让新不伦瑞克 (New Brunswick) 脱离新斯科舍省 (Nova Scotia) 的第二年。省督托马斯·卡尔顿 (Thomas Carleton) 视察了位于圣约翰河 (St John River) 要冲的圣安娜角 (St Anne's Point)，留下了深刻的印象。那里既可停靠大型轮船，又恰巧处于全省的中心。1785 年，他不但将其定为省府、英军大本营，还重新命名为弗雷德里克城 (Fredericstown)，以纪念弗雷德里克爵士 (Sir Friderick，英王乔治三世的二儿子、约克公爵）。

方位和实用信息

古老的城市中心区坐落在河岸上平坦、宽阔的弯道处。威斯特摩兰圣桥 (Westmorland St Bridge) 连接着市中心和北岸的住宅区。再向东，Hwy 8 公路从玛格丽特公主桥 (Princess Margaret Bridge) 跨河而过。从跨加拿大公路 (Trans-Canada Hwy，又名 Hwy 2 公路）进城，可走 Regent St 街，直达城市心脏。

Dr Everett Chalmers Hospital 医院（☎506-452-5400；

弗雷德里克顿 FREDERICTON

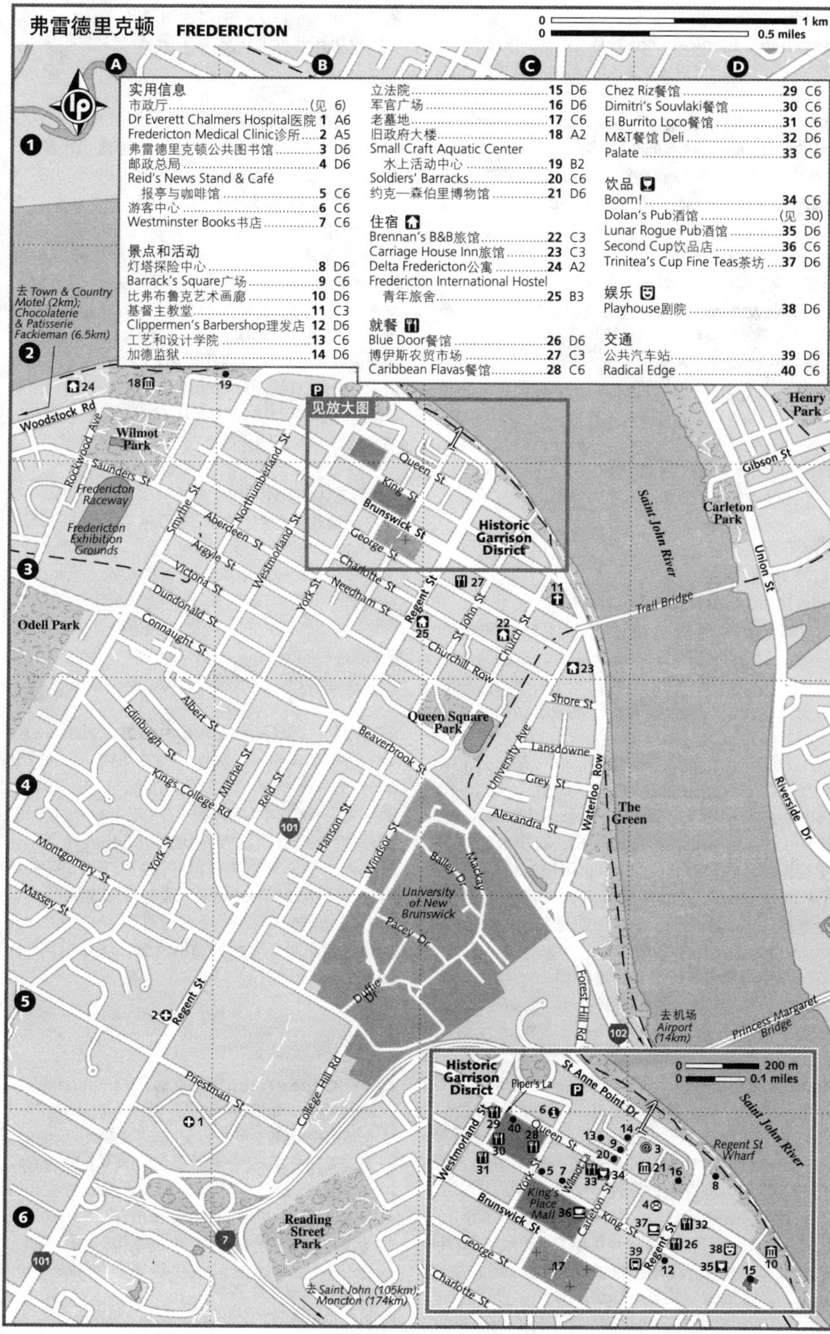

实用信息

市政厅 ....(见 6)
Dr Everett Chalmers Hospital医院 1 A6
Fredericton Medical Clinic诊所 2 A5
弗雷德里克顿公共图书馆 3 D6
邮政总局 4 D6
Reid's News Stand & Café 报亭与咖啡馆 5 C6
游客中心 6 C6
Westminster Books书店 7 C6

景点和活动

灯塔探险中心 8 D6
Barrack's Square广场 9 C6
比弗布鲁克艺术画廊 10 D6
基督主教堂 11 C3
Clippermen's Barbershop理发店 12 D6
工艺和设计学院 13 C6
加德监狱 14 D6
立法院 15 D6
军官广场 16 D6
老墓地 17 C6
旧政府大楼 18 A2
Small Craft Aquatic Center 水上活动中心 19 B2
Soldiers' Barracks 20 C6
约克—森伯里博物馆 21 D6

住宿

Brennan's B&B旅馆 22 C3
Carriage House Inn旅馆 23 C3
Delta Fredericton公寓 24 A2
Fredericton International Hostel 青年旅舍 25 B3

就餐

Blue Door餐馆 26 D6
博伊斯农贸市场 27 C3
Caribbean Flavas餐馆 28 C6
Chez Riz餐馆 29 C6
Dimitri's Souvlaki餐馆 30 C6
El Burrito Loco餐馆 31 C6
M&T餐馆 Deli 32 D6
Palate 33 C6

饮品

Boom! 34 C6
Dolan's Pub酒馆 ....(见 30)
Lunar Rogue Pub酒馆 35 D6
Second Cup饮品店 36 C6
Trinitea's Cup Fine Teas茶坊 37 D6

娱乐

Playhouse剧院 38 D6

交通

公共汽车站 39 D6
Radical Edge 40 C6

700 Priestman St)

Fredericton Medical Clinic诊所(☎506-458-0200; 1015 Regent St; ⏲周一至周五6~10pm，周六和周日1~5pm)

弗雷德里克顿公共图书馆(Fredericton Public Library; ☎506-460-2800; 4 Carleton St; ⏲周一至周六10am~5pm，周三和周五至9pm)免费上网，先到者先得。

邮政总局(☎506-444-8602; 570 Queen St; ⏲周一至周五8am~5pm)寄往Fredericton, NB E3B 4Y1的存局候领邮件都保存在此。

匪警、火警和救护车(☎911)紧急救援。

Reid's News Stand & Cafe报亭与咖啡馆(☎506-454-5333; 435 King St)拥有来自世界各地的报纸和杂志。

游客中心(Visitors Centre; ☎506-460-2129, 888-888-4768; www.fredericton.ca; City Hall, 397 Queen St; ⏲10月到次年5月周一至周五8am~4:15pm; 6月到9月8am~8pm)提供免费市内停车卡。

Westminster Books书店(☎506-454-1442; 445 King St)拥有本地作者的著作。

景点

旧军事营地区(Historic Garrison District)

这个国家级历史遗址位于与York St街和Regent St街相连的Queen St街上，占据两个街区。自1784年起的近百年里，曾是英国士兵的营地。现在，这里上好的石砌建筑群已被开发成热闹的多功能区。

7月中至8月第三个星期，周一至周五上午11点和下午4点，以及周二和周四晚上7点，游客在**军官广场**(Officers' Square; Carleton St和Regent St之间)可欣赏到盛装卫兵换岗仪式，这里曾经是军事检阅场。在夏季，Calithumpians夏日室外剧场(Calithumpians Outdoor Summer Theatre)每天都有滑稽历史短剧免费上演，时间是工作日中午12点15分，周末下午2点。

约克—森伯里历史博物馆(York-Sunbury Historical Museum; ☎506-455-6041; 军官广场; 成人/学生/家庭$3/1/6; ⏲6月中到8月10am~5pm, 4月到12月中周二至周六1~4pm)位于广场西侧，由建于1839年至1851年的旧军官住地改造而成。博物馆展示的藏品均与城市历史有关：地方军团遗物、布尔战争和两次世界大战中英、德两军用过的物品、维多利亚时代家具、原住民和阿卡迪亚人制作的工艺品，以及考古发现。

兵营(Soldiers' Barracks, Queen St和Carleton St拐角; 免费; ⏲6月到9月)可让你了解在19世纪20年代普通士兵的生活(吃得很糟，喝得太多)。**加德监狱**(Guard House; 15 Carleton St; 免费; ⏲7月和8月)自1828年建成起就是苦难的见证，囚牢里的条件实在太可怕了，倒是能用来吓唬孩子。兵营底层现用作艺术工作室。

比弗布鲁克艺术画廊(Beaverbrook Art Gallery)

这个规模不大却很出色的**画廊**(☎506-458-8545; www.beaverbrookartgallery.org; 703 Queen St; 成人/老人/学生/家庭$8/6/3/18，周四下午5点30分后随意支付; ⏲9月到次年6月9am~5:30pm，周四至9pm，周日正午~5pm)是比弗布鲁克勋爵(Lord Beaverbrook)对这座城市的馈赠之一。它独到的藏品包括世界级大师的作品，如培根(Bacon)、康斯特布尔(Constable)、达利(Dali)、庚斯博罗(Gainsborough)和特纳(Turner)、加拿大艺术家汤姆·汤普森(Tom Thompson)、埃米莉·卡尔(Emily Carr)和Kreighoff，等等，还有轮流展出的现代大西洋地区艺术家的作品，值得为此花上1个小时。

立法院(Legislative Assembly)

这幢**政府大楼**始建于1880年(☎506-453-2527; 706 Queen St; 入场和团队游均免费; ⏲6月到8月周一至周五9am~7pm，周六和周日10am~5pm，9月到次年5月周一至周五9am~5pm，5月下旬到8月下旬每半小时组织一次游览，其余月份需预约)，精巧细致，独具匠心。立法院休会时，导游可以带你到各处转转。立法院开会时，欢迎游客旁听。

旧政府大楼(Old Government House)

这个壮观的**石砌宫殿**(☎506-453-6440/2505; 51 Woodstock Rd; 免费入内; ⏲6月中到9月中10am~5pm，9月中到次年6月中周一至周五10am~4pm)是1826年专为英国总督而建。女王代表在新不伦瑞克省拒绝为其继续承担开销后，于1893年搬出。20世纪大部分时间，这里是加拿大皇家骑警总部(RCMP)。跟随身着当时服饰的导游穿行其间，刹那间会有恍若隔世之感。现在，该省省督(艺术家和剧作家)就住在三楼。

> **什么是……**
>
> **Clippermen's理发店**(Clippermen's Barbershop; ☎506-457-6266; 56 Regent St; 含/不含啤酒理发$12/8.5; ⏲周一至周三9am~5pm，周四和周五至7pm，周六到1:45pm)的地位逐渐下降，为了应对新的竞争对手，它提供一些啤酒。这儿是加拿大唯一一家允许你在他们理发时啜饮的理发店。哦，见鬼，你知道这时候人们总是还想来点梭鱼呢！

基督主教堂 (Christ Church Cathedral)

这座建于 1853 年的**主教堂**（Queen St 附近，在 Church St；团队游免费；⏲6 月中到 8 月 一经提出，即可组织游览）是哥特式建筑 19 世纪复兴时期出色的早期代表作，有精致的彩色玻璃窗。它是模仿诺福克郡 (Norfolk)Snettisham 的圣玛丽 (St Mary's) 建造而成的。

老墓地(Old Burial Ground)

保皇分子墓地（Brunswick St，Carleton St；⏲8am～9pm）的历史可追溯到 1784 年，这里埋葬着很多家庭和过早夭折的孩子，饱含发人深省的历史意义。1776 年的美国独立战争迫使这些保皇分子从 13 个殖民地北上至此。

活动

Small Craft Aquatic Centre 水上活动中心（☎506-460-2260；Woodstock Rd 附近；⏲ 5 月中到 10 月上旬）坐落在旧政府大楼旁的圣约翰河 (St John River) 上，出租独木舟、划艇和爱斯基摩划子，1 小时 $10。这里还提供周票、带导游的独木舟游、爱斯基摩划子游、一小时至三天的沿河生态游，还有驾驭独木舟和爱斯基摩划子的讲座。

城里和沿河长达 70 公里的多条休闲小道开始于**灯塔探险中心**（Adventure Centre Lighthouse，Regent St 和 St Anne Point Dr 拐角）或贯穿这里。这些小道的长度从 700 米到 10.2 公里不等。可在市政厅领一份地图。有关自行车租赁信息，见 415 页。

团队游

从 7 月至每年 9 月初的劳动节，热情的年轻人身着古装，举行**传统徒步巡游**。巡游融合了民间传说和历史故事，幽默滑稽，每日上午 10 点、下午 2 点 30 分、下午 5 点从市政大厅出发，持续 1 小时，免费。另外，极受欢迎的**闹鬼远足**（Haunted Hikes；团队游 $13；⏲7 月到 9 月周一至周六 9:15pm）也是如此，你可体验与“魔鬼”同行，从 Queen St 街 796a 号的 78 号美术馆 (Gallery 78) 中的 Coach House 出发。

节日和重大活动

诺塔布尔夏季戏剧节（Notable Acts Summer Theatre Festival；☎506-458-7406；www.nbacts.com；⏲7月末到8月初）在街上或剧院上演新档名剧。

哈维斯特爵士和布鲁斯节（Harvest Jazz & Blues Festival；☎888-622-5837；www.harvestjazzandblues.com；⏲9月上旬）从整个北美地区赶来表演者在一周的节日里，用爵士、布鲁斯和迪克西兰爵士乐将市中心变成了“北方的新奥尔良”。

银浪电影节（Silver Wave Film Festival；☎506-455-1632；www.swfilmfest.com；⏲11 月初）由 NB 电影制片人合作企业 (NB Filmmaker's Cooperative) 组织，举办为期三天的新不伦瑞克、加拿大和国际电影活动与讲座。

住宿

Fredericton International Hostel青年旅舍（☎506-450-4417；fredericton@hihostels.ca；621 Churchill Row；宿会员/非会员 $16/20，单 $20/24；⏲办公室 7am～正午 和 6～10pm；Ⓟ ⊠ 💻）设在有些散乱的住宅大楼里，欢迎学生、游客前往。通常，投宿者能独占一个房间。

Brennan's B&B旅馆（☎506-455-7346；www.bbcanada.com/3892.html；221 Church St；房 含早餐 $85～105；Ⓟ ⊠ ❄ 💻）这家宽敞、带角楼的维多利亚式旅馆位于幽静、古老的城区，离河很近，距主要景区仅几步之遥。三间客房都很有品位。门廊有秋千可荡。

Town and Country Motel汽车旅馆（☎506-454-4223；967 Woodstock Rd；单和双 $90，双床 $100；Ⓟ ❄）在宁静的河畔周围，你会发现耀眼、整洁明亮的现代客房，拥有小厨房和用来观赏绮丽河景的落地窗。从市中心到这里有 3 公里的路程，可步行或骑车。

我们的选择 **Carriage House Inn 旅馆**（☎506-452-9924，800-267-6068；www.bbcanada.com/4658.html；230 University Ave；单 含早餐 $95～125，双 $100～140；Ⓟ ⊠ ❄ 💻wi-fi）这座经修复的 1875 年维多利亚式大厦很漂亮，位于“绿色”附近，拥有古典的高雅并且休闲、舒适。宽大的休息室装饰着精美的硬木地板、古玩、舒服的沙发、壁炉和华美的钢琴。楼上有十间高顶客房，内有四柱床、老式墙纸和古老的艺术品。还有一条长长的走廊，人们可以在此徜徉徘徊。

Delta Fredericton公寓（☎506-457-7000，888-462-8800；www.deltafredericton.com；225 Woodstock Rd；房 $160～204；Ⓟ ❄ 🏊 💻）这座豪华公寓位于河畔“绿色”西端的水边，它拥有高档连锁酒店的所有设施以及一个僻静的庭院酒吧，在这儿可以观赏河上和附近岛屿神话般的景色。

就餐

弗雷德里克顿 (Fredericton) 虽为小城，但餐馆却涉猎世界各地美食，且大都集中在步行即可到达的核心区。

Boyce Farmers' Market 农贸市场（☎506-451-1815；665 George St；⏲ 周六 6am～1pm）这座弗雷德里克顿 (Fredericton) 公共建筑是挑选鲜果、蔬菜、肉和奶酪的好去处。这里大约有 150 个摊位，一些出售手工艺品、自制甜点和鲜花的摊点也掺杂其中。这儿还有一个餐馆，弗雷德里克顿人排着队来用餐，引人注目。

Dimitri's Souvlaki餐馆（☎506-452-8882；349 King St；午餐$6～10，晚餐 $13～17；🕒周一至周六11am～10pm）这家值得信赖的餐馆自1988年起制作各式经典希腊菜肴，如烤肉(brochettes)和碎肉茄子蛋(moussaka)。素食者在这里就餐也有选择余地。就在露天屋顶享用你的美味吧。

M&T Deli餐馆（☎506-458-9068；602 Queen St；午餐 最高$7；🕒周一至周四7:30am～4pm，周五7:30am～3:30pm）一家愉快的小吃店，可以享受早餐或午餐，这里有几张餐桌和可以俯瞰大街的大窗户。每天的午餐特色菜包括什锦饭配面包、乳蛋饼和沙拉以及各种有益健康的大份三明治。

我们的选择 El Burrito Loco 餐馆（☎506-459-5626；304 King St；午餐 $7～9，晚餐 $10～18；🕒周一至周四 11:30am～9pm，周五和周六 11:30am～11pm，周日 4～9pm）由墨西哥阔边帽点缀的疯狂餐厅很饱口福（又饱眼福）。这里有地道的南方风味，像墨西哥玉米粉蒸肉 (tamales) 和超大面卷饼 (burritos)，辛辣开胃，分量十足，却不油腻。这里的墨西哥酒与拉丁音乐相得益彰。不要错过这儿的自制冰淇淋。

Caribbean Flavas餐馆（☎506-459-1230；123 York St；午餐 $10～13，晚餐 $20；🕒周一至周五 11am～9pm，周六4～9pm）位于一个明亮的角落，供应美味而色彩绚丽的加勒比海食品。是吃休闲可口饭菜的好去处。不卖酒。

Chocolaterie and Patisserie Fackleman 餐馆（☎506-450-2520；2785 Woodstock Rd；主菜 $10～13；🕒周二、周三、周五和周六 11am～6pm，周四 11am～5pm，周日和周一 休业）它坐落在河边小径上，距离弗雷德里克顿市中心 6 公里，对于骑车人来说，是很好的目的地。在树下品尝现烤糕点和冰镇咖啡，或是在家庭式的炸肉排小店享受热乎乎的德国美食。只有预约才能在此就餐。

Blue Door 餐馆（☎506-455-2583；100 Regent St；主菜 $8～20；🕒11:30am～10pm）这个当地热门餐馆内外装饰均为远古色调。菜品从河蚌配咖喱椰子 (coconut curry with mussels)、枫树汁烤鲑鱼 (maple baked salmon)，到用当地香肠和蘑菇做成的面食，花样繁多。

Chez Riz餐馆（☎506-454-9996；366 Queen St；主菜 $15～20；🕒周一至周五11:30am～2:30pm，周一至周六5～9pm）在昏暗的氛围之中，点着浪漫烛光，享受美味的印度和巴基斯坦美食。

Palate餐馆（☎506-450-7911；462 Queen St；主菜 $15～23；🕒周一至周六午餐和晚餐）房间搭配更为正规，体贴私密，品位时尚。欧陆风格的菜肴依季节变化不断调整。大西洋鲑鱼(Atlantic salmon)最棒。

饮品

在弗雷德里克顿几个引人注目的地方都有自己的咖啡文化。晚上，聚集在风笛手小巷 (Piper's Lane) 老制革厂周围的酒吧、小酒馆和屋顶露台的人们便会活跃起来。

Trinitea's Cup Fine Teas 茶坊（☎506-458-8327；87 Regent St；🕒周一至周五 10am～7pm，周六 10am～5pm，周日 1～7pm）这家粉红色茶坊提供传统的英国奶茶、汤和三明治。

Second Cup 饮品店（☎506-455-2326；440 King St，Kings Place Mall；🕒周一至周六 6:30am～10pm，周日 9am～10pm）温和的灯光、世界热门音乐以及新烤咖啡豆散发的香味吸引了众多的忠实顾客，其中包括上班族、路人以及在笔记本电脑上辛勤工作的激情小说家。

Dolan's Pub酒馆（☎506-454-7474；Piper's Lane 巷；服务费最高 $5；🕒周日关门）周四至周六晚10点左右，呈献凯尔特/海滨音乐演出。提供每天餐食。

Lunar Rogue Pub酒馆（☎506-450-2065；625 King St；🕒11～1am）总的来说，这是一家安静的酒馆，各式啤酒、麦芽酒一应俱全。在这里的阳伞下享受夏日，别有情趣。可以品尝当地酿造的小量啤酒Picaroons(海盗)，并在庭院里享受夏日。

Boom！Nightclub夜总会（☎463-2666；474

关于比弗布鲁克的争执

身为首位比弗布鲁克勋爵的马克斯·艾特肯 (Max Aitken)，出生于新不伦瑞克省，后来成为该省最伟大的慈善家之一。在其他方面，他在 1959 年将拥有重要藏品的艺术画廊赠与该省，其中包括欧洲知名大师的著名作品。2004 年，比弗布鲁克的两位英国后代宣布，这些画根本不是捐赠，而是借予，已到物归原主的时候。他们声称，这不是钱的问题（这些画现值 $1 亿上下），而是原则问题。画廊委员会让他们休想。随后事情变得有些难堪，直至进入诉讼程序。2007 年，一位独立仲裁员对处于争议中的 133 件艺术品作出裁决，其中 85 件是比弗布鲁克勋爵送给美术馆的礼物。其他 58 件大多是不得不退回的二流作品。现任比弗布鲁克勋爵目前已对这项裁决提出上诉。让我们静候结果。

Queen St；⏲周四至周六8pm～2am，周日4～7pm和10pm～2am；$5含服务费）同性恋酒吧和舞厅，欢迎各个层面的人们光顾。

娱乐

Playhouse剧院（☎506-458-8344；www.theplayhouse.nb.ca；686 Queen St）整年上演音乐会、话剧、芭蕾和各种表演。夏季的周日，在**星光经典系列影院**（Under the Stars Classic Film Series；Barrack's Sq；免费入内；⏲6月末到9月初 周日 黄昏～9:30pm）赶上一场新不伦瑞克制作的电影短片，影院外观是金色的老式设计。懒散地躺在在军官广场(Officer's Sq)的草地上，倾听当地音乐特色的现场**户外夏季音乐会**（Outdoor Summer Concerts；免费入内；⏲周二7:30pm，雨季周三），演奏从高地风笛和大鼓到乡村及布鲁斯的各种音乐。有关音乐会的独家新闻、美术馆开幕式以及其他发生在城镇周围的事情，可浏览在城镇各处可免费获取的娱乐周刊**《在这里》**（www.herenb.com）。

到达和离开

飞机

弗雷德里克顿(Fredericton)机场位于Hwy 102公路上，城东南14公里处。有关航班具体信息，见409页。

公共汽车

公共汽车总站（☎506-458-6000；101 Regent St；⏲周一至周五7:30am～8:30pm，周六和周日9am～8:30pm）正位于市中心。某些目的地的运行时间和票价是：蒙克顿(Moncton，$35，2小时15分钟，一天2班)、爱德华王子岛(Prince Edward Island)的夏洛特敦(Charlottetown，$55，5个半小时，一天2班)和缅因州(Maine)的班戈(Bangor，$44，7个半小时，一天1班)，以及圣约翰城(Saint John，$22，1个半小时，一天2班)。

小汽车和摩托车

从5月到10月途经弗雷德里克顿市区的外省牌照的车辆，可以享受3天免费停车的优惠，由坐落于Carleton St街11号的弗雷德里克顿旅游局(Fredericton Tourism Office)批准。省内的旅行者可以获得1天的通行时间。Avis、Budget、Hertz和National汽车租赁公司（见845页）在机场和市中心都设有柜台。

四处走走

乘出租车去机场费用是$16。**Radical Edge**（☎506-459-3478；386 Queen St；每小时/天$5/25）出租自行车。

弗雷德里克顿有个相当好的公交系统。**Fredericton Transit公共汽车**（☎506-460-2200），票价$1.60，可免费换乘。周末班次减半。位于York和Carleton间King St街上的King's Place Mall购物中心是大多数城市公交线的起点。

上圣约翰河河谷 (UPPER ST JOHN RIVER VALLEY)

圣约翰河(St John River)源自美国缅因州，蜿蜒穿过新不伦瑞克省(New Brunswick)西部边境的茂密森林和富饶农场，流过弗雷德里克顿(Fredericton)林木成行的河岸，越过起伏的山丘间的平坦岛屿，最后注入700公里外的芬迪湾。

宽阔的河流是这个省的显著特点，而且几个世纪以来一直是主要的交通干道。峡谷中柔和悦目的景色促使人们乘车或骑车通过跨加拿大小径(Trans Canada Trail，见90页)来这里游览，这条小径的大部分路段是沿河修建的。

两条汽车公路穿行于河谷之中：一条是便捷的跨加拿大公路（又名Hwy 2公路），大部分路段在河西岸；第二条是位于河东岸、景色更美的Hwy 105公路，它穿行于许多村庄之间。从河谷岔出的道路有Hwy 17公路（在圣莱奥纳尔，St Leonard）和Rte 385路（在珀斯—安多弗，Perth-Andover）。Rte 385路向东北穿过阿巴拉契亚高地，直达崎岖的卡尔顿山省级公园(Mt Carleton Provincial Park)。

金斯兰丁历史定居点 (KING'S LANDING HISTORICAL SETTLEMENT)

这是全省最棒的景点之一，位于弗雷德里克顿(Fredericton)以西36公里处，很好地再现了19世纪初**保皇分子村**（Loyalist village；☎506-363-4999；www.kingslanding.nb.ca；成人/家庭$14/30；⏲6月到10月中10am～5pm）的原貌。100名身着当时服饰的工作人员创造了这座活生生的博物馆，

新不伦瑞克的廊桥

大部分横跨该省周围小溪和河流的廊桥的历史都可追溯到19世纪。给这些桥加盖是为了保护承重木免于腐烂，也可免受风雪侵袭，这些桥通常高而宽敞，因为拉干草的马车常常要从这些桥上经过。

截至1944年，新不伦瑞克共有320座桥。而今只剩下了64座，不过比加拿大其他地方都要多。尽管经过了时间、大火与洪水的磨难，大多数廊桥仍然是二级道路网络的一部分，不是闲置的遗迹。

在 11 所房屋、一所学校、教堂、商店和锯木厂里扮演各种角色，所有背景都是源自一个世纪前的实物，展示了当年海滨地区开拓者的生活风貌。各种表演全天进行，马拉便车带游客四处徜徉。这里表现的保皇分子的丰富生活可与位于卡拉凯特 (Caraquet) 的阿卡迪亚历史村 (Acadian Historic Village，见 444 页) 相媲美。**The King's Head Inn 旅店**建于 19 世纪中叶，提供传统食品和饮品。旅店的烛光再现了当年真实情景。另外，这里的儿童节目让金斯兰丁很适宜家庭旅游，还有特别节目定时上演。在这里很容易消磨掉半日或更多时光。

约向南 10 公里处，度假胜地般的**麦克塔夸克省立公园**（Mactaquac Provincial Park；一日游每车 $5）里可游泳、垂钓、徒步、野炊、宿营、租船，还有一个大型**宿营园**（☎506-363-4747；1256 Hwy 105；🕑5 月中到 10 月上旬；帐篷 / 娱乐车营地 $23/26）。

伍德斯托克(WOODSTOCK)

伍德斯托克是 18 世纪 80 年代由保皇分子创建的，它是新不伦瑞克最古老的联合城镇 (1856 年)。这里有 Meduxnekeag 河流入圣约翰河，它拥有人们钟情的维多利亚式房屋和公共建筑组成的历史核心。通过使用在市政厅 (Town Hall；824 Main St) 获取的**徒步行手册**去独自探险；或参加 **Jeff Dingle**（☎506-328-4853；团队游 $12；🕑7 月到 8 月周一至周五 6:30pm）组织的团队游，从 LP 渔夫公共图书馆 (LP Fisher Public Library) 出发。户外运动爱好者可以从新不伦瑞克社区学院停车场出发，徒步或骑车穿过 **Meduxnekeag 峡谷自然保护区**（Meduxnekeag Valley Nature Preserve；www.meduxnekeag.org），欣赏沿途 10 公里的风光。

Bennett House B&B 旅馆（☎506-325-2608，www.bennetthouse.ca；698 Main St；单 含早餐 $75，双 $85；🅿 ⊠ ❄ 💻wi-fi）位于一幢精心修复的 1878 年维多利亚式的建筑中，摆满了古物。周四至周六预订，它可提供三道菜的美食晚宴 ($25)。**Fusion Coffee Company 咖啡屋**（☎506-328-6942；612 Main St；菜肴 $6～8；🕑周一至周四 6am～10pm，周五 6am～11pm，周六 8am～11pm，周日 9am～3pm；💻wi-fi）是咖啡馆兼酒吧，值得下车前往。它提供色彩明丽的健康美食，如乳蛋饼、汤、沙拉、三明治、香甜的餐后甜点、咖啡、当地的微酿酒和马提尼酒，可以边听世界热门音乐，边享受这些美食。

Acadian Lines 公司的公共汽车在**欧文便利店**（☎506-328-2245；371 Connell St）附近停靠。

哈特兰(HARTLAND)

哈特兰是一个小巧的小村庄，环境优美。它还是新不伦瑞克省 (New Brunswick) 许多木制廊桥的鼻祖。那座很是上照的 390 米长**哈特兰廊桥** (Hartland covered bridge) 于 1897 年建在圣约翰河上，是国家级历史遗址。这个俯瞰旅游信息中心河流和大桥的野餐桌是五星级的午餐地点（路对面有食品杂货店）。否则，这个村庄会显得非常冷清。

Rebecca Farm B&B旅馆（☎506-375-1699；www.rebeccafarm.com；656 Rockland Rd；双 含早餐$100～130；🅿 ⊠ ❄ 💻）这栋小心保存的19世纪农舍距离城镇中心约4公里，坐落在马铃薯田地的中央。下午5点以后登记入住。你在镇上落座就餐的最佳选择是友好的**Kalija's餐馆**（☎506-375-6182；Main St at Prince St；主菜 $6～10；🕑7月和8月8am～7pm，9月到次年6月周一至周六9am～2pm，周日休业）。

弗洛伦斯维尔及其周边 (FLORENCEVILLE & AROUND)

弗洛伦斯维尔整洁而翠绿的河边村庄是全球法式炸薯条工业的新起点——是**麦肯食品** (McCain Foods) 冷冻食品帝国的家园，由四面八方围绕着它的上千英亩马铃薯农田提供支持。1957 年，这家公司由麦肯兄弟创建，现在仍归这个家族所有，它生产的法式薯条占世界总量的三分之一，是由弗洛伦斯维尔工厂和世界各地类似的 30 个工厂生产的。每小时共计有 100 万磅的薯条出炉，每年净收入额为 $580 万。

值得一停的还有**马铃薯世界博物馆**（Potato World Museum；☎506-392-1955；www.potatoworld.ca；Rte 110；成人/儿童 $5/3；🕑7月和8月10am～7pm，5月、6月、9月和10月10am～5pm）。它的名字有些俗气，但博物馆本身却是一个品位高雅、一流的互动式博览会，在这里展出了这些地区不引人注目的马铃薯的历史及其在该省经济发展中占有的持续的中心地位。在这个地区，学校的孩子在秋季仍然有两周的假期为秋收帮忙。尤其感人的是档案室的照片以及当地老人的口述历史，记录了马铃薯地带成长时人们的困难生活。如果你参观完所有的展览后感到饥饿，可以走进现场的**丰收咖啡馆**（Harvest Cafe，午餐 $5～7；🕑周一至周六 11am～2pm，周日12:30～3pm），坐在马铃薯桶形状的椅子上品尝奶油马铃薯汤、扑鼻的马铃薯片、青豆沙拉、各种面食卷、三明治以及以六种不同方式制作的马铃薯。这座博物馆距离Hwy 2公路2公里，在朝Rte 110路Centreville方向的152号出口。

如果你沿着跨加拿大小路（见 90 页）骑车进入山谷或寻找晚上住宿的地方，这个地区有两个吸引人的选择之地。距离弗洛伦斯维尔以北大约 22 公里的是 **Muniac 公园宿营地**（Muniac Park Campground；☎506-273-3254/278-3650；11122 Rte 105，Muniac；无服务营地 $15～20，带服务营地 $16～

新不伦瑞克

景观路线：走进下圣约翰河河谷

在圣约翰首府和港口城市之间的主要公路（Hwy 7 公路）上高速行驶，穿过大片大片的树林。一条更远的景观路线（尽管只有两倍长的距离）是沿着蜿蜒曲折的圣约翰河，穿过起伏的农田和几个历史性村庄，到达芬迪湾沿岸。

从弗雷德里克顿的河流北岸出发，然后向南沿着 Rte 105 路行驶，穿过 Maugerville 到达 Jemseg。在339号出口搭车向南沿着Rte 715路行进，来到**盖奇敦渡轮码头**（Gagetown ferry landing；免票；☎ 全年每天 24 小时）。这是八个免费缆线渡轮系统的第一站，是宏伟壮观的圣约翰河途中与圣约翰市的交叉点。横渡不需要太长的时间，通常只需 5 分钟至 10 分钟。

当你到达对岸时，向北前行几英里，参观美丽的 18 世纪**盖奇敦**村庄，这儿很值得一看。前街两旁排列着手工作坊、商店和几家诱人的咖啡馆。停下来走进精美的**女王郡博物馆**（Queen's County Museum；☎506-488-2966；69 Front St；门票 $2；⏲5 月中到 6 月中 10am ~ 5pm），它坐落在 1736 年建造的伦纳德·蒂利（Leonard Tilley）先生童年时的家。在这里，一流的工作人员会通过展品向你展示这个地区前殖民时代土著人的历史、18 世纪移民的生活，一直到第二次世界大战。**Gagetown Cider Company 公司**（☎506-488-2147；127 Fox Rd；⏲1 ~ 6pm）提供旅游服务，需要预约。

可以乘船去景色优美的**盖奇敦小溪**（Gagetown Creek）探险。**Village Boatique 村**（☎877-488-1992；50 Front St）有独木舟 / 爱斯基摩划子出租，每小时 $10/15，每天 $50/75。迷人的 **Step-Aside Inn 旅店**（☎506-488-1808；58 Front St；stepamau@nbnet.nb.ca；单 / 双 含早餐 $85/95；Ⓟ ⊠ ⌘ 💻）有明亮通风的客房，可观赏河边的景色。**盖奇敦宿营地**（Gagetown Camping；☎506-488-2567；www.gagetowncamping.com；1805 Rte 102；不带 / 带服务 $18/25；⏲5 月到 9 月）提供帐篷和娱乐车场地，就位于村庄以北 10 公里的旷野上。

从盖奇敦出发，向南沿着 Rte 102 路走，就到了当地有名的"老河路"（the Old River Road）。在现在更轻松、更简单的时代，河上汽艇越来越少，而现代的分车道公路的建设则日渐增多，"老河路"作为通往河谷的主要路径十分重要。河谷两边，每隔百亩，便有古老的农舍和历经风吹雨打的干草棚星罗棋布，它们属于早期时代。在盖奇敦和**伊文德尔**（免费入内；⏲ 每天 24 小时）渡轮码头之间 42 公里长、多山的公路两边风景如画，野花、白色农舍、一座座绿黄相间的岛屿点缀着湍急的蓝色河水。

100 年前，伊文德尔曾经是一个繁华的小地方，在现已废弃的 Everleigh 旅馆（渡船码头上方的一栋大维多利亚式公寓）有一支带伴舞的乐队，会为在此过夜的游轮上的游客演奏。而在河流的另一端，沿着 Rte 124 路，不远处便是 **Belleisle 渡轮**（Belleisle ferry；免费入内；⏲ 每天 24 小时）。渡轮可以载着你来到田园风光的金斯顿半岛，在那儿你可以穿过半岛，赶上 **Gondola Point Ferry 渡轮**（免费入内；⏲ 每天 24 小时），直接前往圣约翰。

22；⏲5 月到 9 月），在一小片田边树下隐藏着迷人的营地，而且有热水淋浴。这里只接受现金。另一个奢华的选择是在弗洛伦斯维尔以外的 **Tannaghtyn B&B 旅馆**（☎506-392-6966/866-399-6966；www.tannaghtyn.ca；4169 Rte 103，出 Rte 110，Connell；房 含早餐 $90 ~ 125；Ⓟ ⌘ 💻wi-fi），它高高地矗立在山脊上，可以观赏圣约翰河壮观的景色及对面黄绿相间的农田。这座建筑时尚而舒适，屋内布置着引人注目的加拿大艺术品、舒适的沙发和在清新的乡村空气中风干的亚麻布床，而且还有在夜晚星光下沐浴的热浴盆。除了丰收咖啡馆（Harvest Cafe，见上文），弗洛伦斯维尔还有六家沿途餐馆，提供一日三餐。

Acadian Lines 的公共汽车在弗洛伦斯维尔的 **Irving Mainway**（☎392-6050；313 Main St）加油站有停靠站。

卡尔顿山和托比克河谷
(MT CARLETON & THE TOBIQUE VALLEY)

工作室位于卡尔顿山脚下托比克河(Tobique River)河畔草木丛生的岸上，在这里，Nictau 独木舟制造者比尔·米勒(Bill Miller)曾狂热地说："如果你给天堂打电话，那一定是这儿的电话。"他说的可能没错。

这座省级公园占地 17 427 公顷，野趣盎然，有高山、河谷、河流和各种野生动物，如北美驼鹿、鹿、熊，连稀有的美洲狮也可能出没。公园的主要特色是一系列圆形冰蚀山峰和山脊，其中卡尔顿山高 820 米，是濒海地区的最高峰。这片山峦是纵跨美国佐治亚州（Georgia）和魁北克省（Québec）的阿巴拉契亚山脉的延伸部分。卡尔顿山少为人知，即使在仲夏时节，依然游客稀少。这大概是全省珍藏最好的秘密了。

方位和实用信息

5月中至10月，公园免费对外开放。园内禁止狩猎和伐木，道路均为沙砾铺面。这里离最近的小镇是赖利布鲁克(Riley Brook)，有30公里，所以要带足食物，并给车加满油。

公园入口处是**游客中心**(☎506-235-0793；www.gnb.ca/0078/Carleton；出Rte 385；⏲5月到10月周一至周五8am~8pm，周六和周日10am~10pm)，提供地图和资料。另一处**办公室**(☎506-235-6040；dnr.Mt.carleton@gnb.ca；11 Gagnon St)是位于圣昆廷(St Quentin)的公园总部。

活动

独木舟

卡尔顿山地区以拥有大量极好的独木舟而自豪。在公园里，本身就有Nictau湖和Nepisiguit湖群，与树木覆盖的山地景色给人们提供休闲的一日游。很适合有经验的划独木舟者，浅而水流湍急的小托比克河(Little Tobique River)发源于大Nictau湖(Big Nictau Lake)，它像绷紧的曲线婉转流淌，穿过茂密森林，在Nictau汇入托比克河。更偏远的Nepisiguit河从Nepisiguit湖流出，穿过原野直到流入100多公里的巴瑟斯特(Bathurst)的沙勒布(Chaleur)。

托比克河较低的河段从Nictau开始，瞬间穿过赖利布鲁克，然后向南流入Plaster Rock，河段很平坦，可以轻松地划着独木舟穿过森林和草地，随着河谷变宽，河流在农田前终止，沿途有几个水边宿营地。在Nictau和赖利布鲁克的Bear's Lair之间轻松的10公里水程，有利于下午放松地划行。

Bear's Lair租赁处(☎506-356-8351；www.bearslairhunting.com；3349 Rte 385，Riley Brook)的Don McAskill出租船，价格是一天$40，还可以传授在这些地方划独木舟的专业知识。它还提供在你驶入和驶出点之间的接送服务(例如用船运送到卡尔顿山省立公园，再乘你自己的车一直到赖利布鲁克，收费$40)。公园里，**Guildo Martel**(☎506-235-2499)在阿姆斯特朗宿营地(Armstrong Campground)的大Nictau湖边出租独木舟和爱斯基摩划子。

Fiddles on the Tobique(☎506-356-8549；⏲6月末)是在Nictau和赖利布鲁克举办的周末节日，每年举办一次。这简直不可思议：一轮社区会堂晚餐、摇滚爵士音乐的即席演奏会和音乐会，在周日下午沿着托比克河从Nictau到赖利布鲁克的水上音乐会后达到高潮。每年有800多艘独木舟和爱斯基摩划子加入小型舰队中——一些载有乐师，一些只有涉水者——河岸两旁还有8000名观众驻足观看。由于旅行者的光顾，这项活动受到了它的普及所带来的破坏，转变成一场喧闹的酒宴巡游。其他人称它是一场盛大的聚会和很好的娱乐活动。

在岸上，**Bill Miller**(☎506-356-2409；www.millercanoes.com；4160 Rte 385，Nictau)欢迎旅行者到他在Nictau杂乱的独木舟制作车间(16名工人)参观，在这里他和他的父亲以及在他之前的祖父从1922年起就开始手工制作木制的独木舟。还有一个值得停留的地方是**Tobique Salmon Barrier**(免费入内；⏲9am~5pm)，在Nictau的路旁有路标，它矗立在小托比克河和坎贝尔河交汇处。从渔业部门办公所在地的断崖上俯看河水，可以看到非常壮观的景色。从这里，工作人员可以24小时监视大西洋鲑鱼的情况，它们被从弗雷德里克顿的Mactaquac水坝下的公路用卡车运输而来，留在这里，直到产卵期，这样做可以保护它们免受偷捕者的侵害，以防这个种群数量锐减。

徒步

探寻卡尔顿山最好的方法是迈动双腿。公园有总长达62公里的徒步路网。这些林间小径大多蜿蜒盘旋至几个圆形岩石峰顶。阿巴拉契亚跨国小道(International Appalachian Trail，简称

值得一游：FALLS BROOK中心

Falls Brook中心(☎506-375-8143；www.fallsbrookcentre.ca；125 South Knowlesville Rd，Knowlesville；门票$2；⏲周一至周六9am~5pm)隐藏在卡尔顿县风景秀美、层峦叠嶂的青山中，它是那些反潮流而信守回归大自然理念的嬉皮士的小片天堂。知识丰富的工作人员看守着有机农业、风能和太阳能、制造生物柴油和绿色建设组成的示范工程。你可以参观这个场地，徒步走完10公里的森林小径，并在Skedaddle山脊(Skedaddle Ridge，它是以曾经在这儿居住的美国内战逃兵的名字命名的)上享受美景，或报名参加周末的讨论会(活动日程可在网上查询)。如果你愿意停留更长时间，可以担任Falls Brook中心的有机农场项目(www.wwoof.ca)的志愿工作者，这个农场是全省13个农场之一，能让你体验一周到四周的乡村生活。Falls Brook也配合进行全省11个农场联合举办的为期6个月的新不伦瑞克有机农场试验项目。

该中心距离哈特兰有半个小时的车程。可打电话或上网查询方位，准备野餐并享受沿途风景。它拥有一些该省最好的风景。

IAT，见 330 页）就从这里穿过。

贝利山(Mt Bailey)是最东边的山峰，有一条 7.5 公里的小径由休息地盘绕到 564 米高的山顶。要登最高峰，应走**卡尔顿山小道**(Mt Carleton Trail)。顺着 10 公里长的盘山小路可达 820 米高的圆形峰顶，顶上建有火警望塔。要做好步行 3 到 4 小时的准备，并带上风雪衣。过了林木线，风会很刺骨。

景致最好的徒步地是**萨加穆克小道**(Sagamook Trail)。它全长6公里，通向777米高的山顶，可一览Nictau Lake湖和北边高地的美景。一路跋涉3小时。**山顶小道**(Mountain Head Trail)连接着卡尔顿山和Sagamook山，将这片山峦串到一起。

所有准备长距离跋涉的徒步者都必须在出发前到游客中心或公园总部登记。过了宿营季节(5 月中至 9 月中)，需事先打电话确认公园是否正常开门。否则，你只能在入口处停车，步行入园，然后向 2.5 公里外的贝利山 (Mt Bailey) 徒步起点进发，而卡尔顿山的徒步起点离公园入口则有 13.5 公里。

食宿

公园里有宿营地，赖利布鲁克可以提供住宿、综合商店、加油站和餐馆。由于营地有限，公园宿营地有时会爆满。建议预订，可发邮件致圣昆廷 (St Quentin) 的公园办公室（见 418 页）。由于政府预算减少，在我们调研时，公园的 Williams Brook 营地和 Franquelin 营地以及边远地区的 Headwaters 营地都是关闭的。

Armstrong Brook Campground 宿营园（帐篷和娱乐车营地；周日至周四 $11，周五和周六 $11～14；☎5 月中到 9 月）位于 Nictau Lake 湖北岸的松树林中，有 89 个营地。营地离公园入口 3 公里，有卫生间、淋浴和简易厨房，但是所有营地均没有电路接口。娱乐车司机经常用吵人的发电机发电，所以建议住帐篷者去宿营园北侧、沿 Armstrong Brook 溪分布的八个帐篷营地投宿。

我们的选择 **Bear's Lair**（☎506-356-8351；www.bearslairhunting.com；3349 Rte 385，Riley Brook；房 $60；⏲5 月到 12 月；Ⓟ ⊠）如果要在该省的任何一个地方捕捉北部森林里的生命精华，非此莫属。托比克河的两岸用巨大的原木修建的狩猎屋在秋季捕猎季节中最繁忙，对徒步旅行者、划独木舟者和野生生物爱好者来说，这里也是一个极好的放松休闲基地。高顶主屋装饰着许多动物标本以及快乐的猎人和渔夫的照片，他们中的一个还健在。这里有台球桌、大屏幕电视、地板至顶棚的石头壁炉、几个餐桌和大型落地窗，可以从这儿欣赏几米外宁静的河景。舒适的原木墙客房，整洁而漂亮，并配有格子花呢织物。一条长而深的走廊邀请你在饭后在此闲荡。狩猎屋提供餐饮（巨大的自制馅饼作为餐后甜点）、出租独木舟/爱斯基摩划子和有导游的狩猎旅行服务。

Plaster Rock 城镇坐落在跨加拿大公路 (Rye 385) 下游的 54 公里处，还有几家可接受的汽车旅馆和两家休闲餐馆。

大瀑布镇(GRAND FALLS)

瀑布自 25 米高处垂直落入一条长 1.6 公里长的峡谷，两岸是高达 80 米的峭壁。这景致值得你在这仅有一条街道的小镇驻足片刻。观赏**大瀑布**的最佳时间是春季和大雨之后，因为在夏季大部分河水被分流用于发电。峡谷却是任何时候都很迷人。

位于小镇中心、俯瞰瀑布的**Malabeam Reception Centre接待中心**（☎877-475-7769；25 Madawaska Rd；免费入内；⏲5月、6月和9月10am～6pm，7月和8月9am～9pm）还扮演着旅游局的角色。陈列品中的峡谷微缩模型展示了这里巨大的林间路网系统。

位于 Victoria St 街左侧，与 Malabeam Reception Centre 接待中心隔桥相望的是**拉罗谢尔**（La Rochelle；☎877-475-7769；1 Chapel St；成人/家庭 $4/8；⏲6 月到 9 月上旬），有一条长达 253 级的阶梯直通谷底，从那儿可乘船溯峡谷而上，畅游 45 分钟（成人/家庭 $11/27)。游船能开到每天 8 班，但仅限于在水位较低的仲夏时节（河水高涨时，很危险）。应提前在拉罗谢尔 (La Rochelle) 买船票，因为船票包括从台阶下到谷底的费用。

瀑布和峡谷宿营园（Falls and Gorge Campground；☎877-475-7769；1 Chapel St；无服务/带服务营地 $17/24；⏲6月到9月初）中有几处引人注目的帐篷和娱乐车营地。**梅普尔游客之家**（Maple Tourist Home；☎506-473-1763，888-840-8222；www.bbcanada.com/4029.html；142 Main St；双含早餐 $70～90）位于镇中心，是带绿色百叶窗的白色两层小楼，有三间漂亮的客房。**Le Grand Salut餐馆**（☎506-473-3876；155 Broadway Blvd；早餐 $5，主菜 $8～15；⏲周一至周六6am～9pm，周日7am～9pm）位于带有可爱露台的双层建筑中，提供沙拉、面条、烤肉(brochettes)和牛排，很受欢迎。

Acadian Lines 公共汽车在镇中心的**欧文加油站**（Irving gas station；☎506-473-5704；315 Broadway）设有一站。Hwy 108 公路（即 Plaster Rock 公路）横跨全省直奔东部海岸，几乎全程穿行于茫茫林海之中。虽然单调，但很便捷。要当心鹿和北美驼鹿。

埃德门兹顿(EDMUNDSTON)

这是工人阶级的城市，有一个大型造纸厂、一个功利的城市中心。居民主要是能讲英法双语的法裔。这儿的旅游项目不多，但对于那些从魁北克省向东而来的旅行者来说，它交通便利。吸引大多数人的第一站是**省旅游局**（Provincial Tourist Office；☎506-735-2747；Hwy 2；⏲5 月中到 10 月上旬 10am ~ 6pm，7 月和 8 月 8am ~ 9pm）位于向北 20 公里的魁北克省边界。边界和埃德门兹顿之间圣雅克（St Jacques）的小社区是**新不伦瑞克植物园**（New Brunswick Botanical Garden；☎506-737-5383；Rte 2 附近；门票 $4.75；⏲6 月到 9 月 9am ~ 6pm，7 月和 8 月至 8pm）80 000 棵在古典音乐伴奏下生长的植物会让你的一天都熠熠生辉。昆虫饲养室大概最受孩子们的青睐。爱蒙斯顿是 **Petis Témis 省际带状公园**（Petis Témis Interprovincial Linear Park；☎506-739-1992）的东部终点站，爱蒙斯顿和魁北克里维耶尔—迪卢之间有 134 公里长的自行车和徒步行小径。它沿着马达沃斯卡河 (Madawaska River) 和 Témiscouata 湖 (Lake Témiscouata) 岸边的老钢轨底部蜿蜒，沿途经过几个小村庄和宿营地。

夏季，**蒙克顿大学**（University of Moncton；☎506-737-5016；www.cuslm.ca，法语；171 Boul Hébert；单/双 $26/36；⏲6月中到8月下旬）提供简单的公用房间。**Le Fief Inn 旅店**（☎506-735-0400；传真 506-735-0402；87 Church St；双 $100；⏲6月到10月）是家可爱的B&B旅馆，建在位于市中心区的一幢带有丰富遗产的房子里，自带的豪华图书馆能提供免费电影和图书。几家**汽车旅馆**位于公路和老 Rte 2路(Boul Acadie)沿线。如果饿了，可以去**Bel Air餐馆**（☎506-735-3329；174 Victoria St，Boul Hébert 拐角；主菜 $6 ~ 14；⏲24小时）自20世纪60年代起，它就是城市的标志。连女招待随季节而变换的制服都体现出它的纯粹与正统。随你点菜单包括很不错的海鲜、意大利式、中式和基本的加拿大式菜肴。

公共汽车总站（☎506-739-8309；169 Victoria St）设在 Bel Air 餐馆的街对面。

西芬迪海岸 (WESTERN FUNDY SHORE)

几乎整个新不伦瑞克 (New Brunswick) 南部边缘都被芬迪湾永不停歇的潮起潮落所主宰。

度假胜地圣安德鲁斯 (St Andrews)，宁静的芬迪群岛，美丽的海岸景致和丰富的历史传承都让这里轻而易举地成为全省最令人向往的地方。观鲸是本地区最激动人心的活动。最常见的有飞翅鲸 (fin)、座头鲸 (humpback) 和小须鲸 (minke)，比较少见的是日渐稀有的露脊鲸 (right whale)。鼠海豚 (porpoise) 和海豚 (dolphin) 极为众多。另外，别忽略了这里的海鲜，丰盛且味美。

圣斯蒂芬(ST STEPHEN)

在美加边境线上，与缅因州卡利斯 (Calais) 隔河相望。它是个繁忙的口岸城市，有着小镇的迷人和“甜蜜”的吸引力。巧克力家族企业——盖农 (Ganong)1873 年诞生于此，其产品在加拿大东部很有名气。盖农兄弟于 1910 年发明了 5 分钱巧克力果仁棒，还赢得了开发出情人节心形盒装巧克力的殊荣。

旅游局（tourist office；☎506-466-7390；Milltown Blvd和King St拐角；⏲6月和9月10am ~ 6pm，7月和8月8am ~ 9pm）设在过去的火车站里。位于小镇干道上的巧克力老厂已成为**巧克力博物馆**（Chocolate Museum；☎506-466-7848；www.chocolatemuseum.ca；73 Milltown Blvd；成人/儿童/家庭 $5/3/15；⏲7月到9月初周一至周六9:30am ~ 6:30pm，周日

世界级（冰湖）冰球

任何到过这个国家 5 分钟以上的人都知道，加拿大人热爱冰球运动。对于许多加拿大人来说，这种喜爱（痴迷）隐藏在快乐童年的记忆中，于风和日丽的下午在冰冻的池塘或后院的溜冰场来回追赶着冰球。

每年甚至在 2 月，Plaster Rock(人口 1200；距离卡尔顿山 84 公里）这座森林小镇都要举办**世界冰湖冰球锦标赛** (World Pond Hockey Tournament；☎506-356-6166；www.worldpondhockey.com；Rte 109，Plaster Rock；免费入内；⏲2 月第 2 个周末)。Roulston 湖上修整出 20 座冰场，周围环绕着高高的常绿树、热巧克力的售货亭和被吸引来观看 4 天赛事的 8000 多名观众的席位。这项锦标赛很受欢迎，有 4 人组的 120 名业余运动员参加，他们来自全加拿大 13 个省和地区、美国 35 个州以及远道而来的英国、埃及、开曼群岛等 15 个国家和地区。任何人都可以登记参加，但他们必须打败 Boston Danglers 队，近几年来这支球队一直与 Skateful Dead、Raggedy Ass River Boys 和 Boiled Owls 在小组赛中抗衡，竞逐冠军赛。

如果你想参加比赛，及早登记。如果想观看比赛，那就带上长内衣裤和丝绒帽，并尽早预订住宿房间。如果汽车旅馆已满，组织者有提供住宿的当地人名单，他们愿意为外来者提供住宿，让他们周末住在自己家中。

11am～3pm，3月到6月周一至周五10am～5pm，9月到11月周一至周五10am～4pm），诱人(可口)的展示品互动展览，从巧克力的古老包装盒到生产机器，一应尽有。隔壁的商店(全年每天开门)可免费参观，出售各种盖农手工盒装巧克力，还有一种很甜的、叫 Pal O'Mine的小糖棒。5月中旬到10月中旬，博物馆也提供St Stephen**带导游遗址步行游**(guided heritage walking tour，成人/儿童/家庭 $10/6/25)。每年一次，在**巧克力集会**（Chocolate Fest）期间（☎506-465-5616；www.chocolate-fest.ca；⏲8月第1周），城里以游行、尽情品尝各种巧克力的工厂游以及儿童游戏来庆祝所有与巧克力有关的事情。

食宿

Blair House旅馆（☎506-466-2233，888-972-5247；www.blairhouseinn.nb.ca；38 Prince William St；单含早餐 $75～100，双 $80～109；Ⓟ ⊠ ⁂ ▣）这个美丽的维多利亚建筑有五间舒适的房间和一个恬静的花园。从这里去小镇的主要街道非常方便。如果你急需住宿，城镇郊区有几家稍显破旧的汽车旅馆。

Carman's Diner 餐馆（☎506-466-3528；164 King St；主菜 $4～12；⏲7am～10pm）让你感觉回到了20 世纪 60 年代，柜台前有高脚登，桌上有自动唱片点唱机（有时还能用），提供家常便饭。

到达和离开

Red Rooster Country Store 商店也是**公共汽车站**（☎506-466-2121；Hwy 1 附近，5 Old Bay Rd，镇东4公里）。每天下午 4 点以及周一至周五的上午 8 点发车去圣约翰 (Saint John，$22)，可换乘到蒙克顿 (Moncton，$44) 和哈利法克斯 (Halifax，$69)。每天下午 4 点有车去班戈 (Bangor，$30)，从那里即可转赴波士顿和纽约。

边境对岸的缅因州卡利斯(Calais)有**West's Coastal Connection公司**（☎800-596-2823）的长途汽车开赴班戈(Bangor)。现在的发车地点是Angelhom餐馆，但经常变换，需打电话确认。在班戈，它们使用"灰狗"长途汽车(Greyhound)的终点站并可达班戈机场。"灰狗"通票不能在卡利斯使用。

海边圣安德鲁斯 (ST ANDREWS BY-THE-SEA)

圣安德鲁斯是个高雅的夏季度假城镇，气候温和，风景如画。它还拥有多彩的历史。1783年，由保皇分子所建，是全省历史最悠久的城市之一。7 月和 8 月，这儿满是度假者和暑期居民，而在一年的其他时间中，这里的海鸥比人还多。

方位和实用信息

Water St街是主要大街，两旁满布餐馆、旅店和纪念品、工艺品商店。King St街是条主要的交叉街道。**旅游总局**（main tourist office；☎506-529-3555；www.townofstandrews.ca；46 Reed Ave；⏲7月和8月8am～8pm，5月中到6月和9月到10月上旬9am～5pm）提供免费的徒步旅行手册，包括地图和34处著名景点的简单介绍，还可以免费上网。

景点

Huntsman Aquarium Museum 水族馆（☎506-529-1202；www.huntsmanmarine.ca/aquapreview.htm；1 Lower Campus Rd；成人/儿童 $7.50/5；⏲5 月中到 9 月末 10am～5pm）位于木堡西北 2 公里处，是独立的非营利性 Huntsman 海洋生物研究中心 (Huntsman Marine Science Research Centre) 的一部分。水族馆主要展示当地水域游弋的海洋生

值得一游：CHIPUTNETICOOK 湖群

它们隐蔽在新不伦瑞克与美国缅因州接壤的东南边境，是鲜为人知而景色绮丽的野生湖泊群。**Chiputneticook 湖群**周围是茂密的森林，它沿着国际边境延伸 180 公里，为独木舟爱好者提供了潜入野外生活几周的机会。非营利性的**圣克罗伊国际水路委员会** (St Croix International Waterway Commission；☎506-466-7550；www.stcroix.org；5 Rte 1，St Stephen) 经营着湖群沿岸岛屿和湖滨的边远营地，并出版了一份详尽的水路图 ($9)。它包括**圣克罗伊河** (St Croix River)，有一个从该湖泊南部出发、受欢迎的 3 天至 4 天的划行路线。通过 Rte 630 路进入 Palfrey 湖，有几座钓鱼小屋。当天结束旅程的旅客可以使用 **Spednik 湖省立公园**（免费；由志愿者提供服务）风景如画的湖滨营地，这里有一条供徒步小道，穿过树林、原始厕所和营火区。带上你自己的水。从圣斯蒂芬 (St Stephen) 向北乘车走 Rte 3 路，然后左转走 Rte 630 路即到公园大门。可以在圣约翰 (Saint John) 和弗雷德里克顿 (Fredericton) 租独木舟。

注意：这些湖泊没有湖泊服务处的巡逻，所以涉水者应有一定经验且有齐备设施。

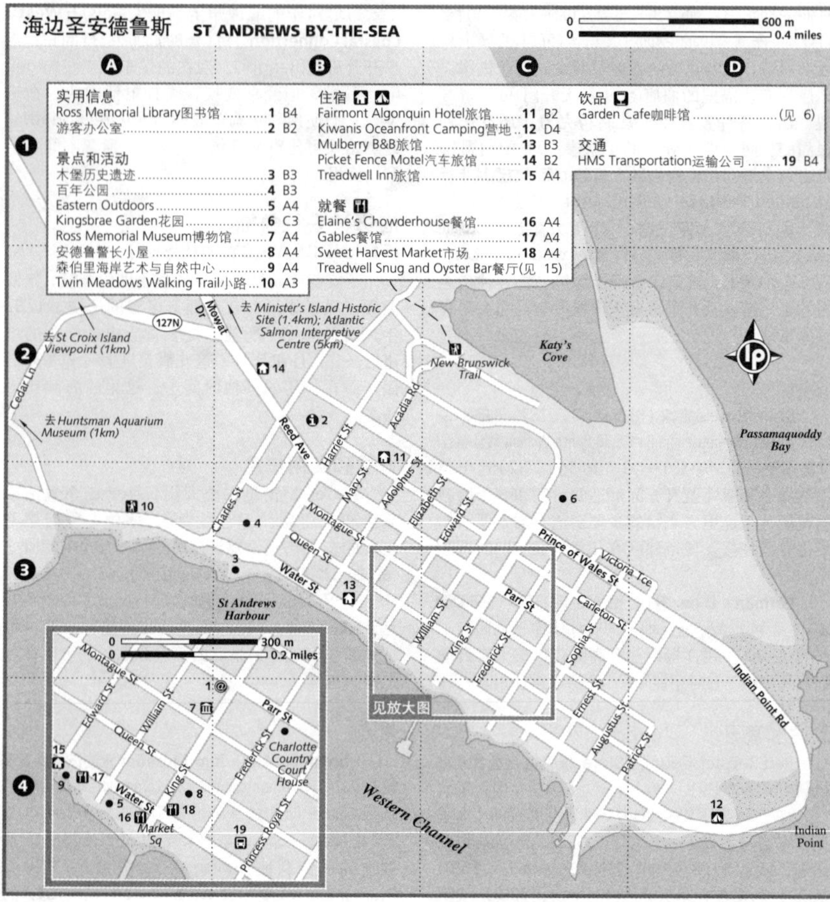

物，包括海豹（喂食时间是 11am 和 4pm）和鲨鱼。孩子们都很喜欢那个可伸手触摸水中生物的“触摸池”。研究中心还为业余爱好者（包括学生和成人）提供为期一周的夏季实习课程。

传教士岛历史遗迹（Minister's Island Historic Site；☎506-529-5081；成人/儿童 $5/2.50；⌚5 月到 10 月）最初由加拿大太平洋铁路的建造者威廉·科尔尼里阿斯·范·霍恩 (William Cornelius van Horne) 买下，用做避暑别墅。有 50 个房间和一个不同寻常的浴室。与浴室相连的露天游泳池在退潮时露出，驾车驶过坚实的海滩可直接到那里参观。几小时后，这里就会没入水下 3 米。一定要当心！2 小时的集体参观，根据潮水情况，每日有一至两次。你必须自己开车。

巨大的、色彩纷呈的 **Kingsbrae Garden 花园**（☎506-529-3335，866-566-8687；220 King St；成人/老人和学生/家庭 $9.50/8/23，个人导游每人另加 $2，可预订或偶然碰到；⌚5 月中到 10 月中 9am ~ 6pm）被评为全加拿大最好的园艺展示地之一。

圣克罗伊岛望点（St Croix Island Viewpoint；Hwy 127 N，距Hwy 19公里；免费入内；⌚24小时）离镇8公里，俯视圣克罗伊河中的小岛，法国探险家塞缪尔·德·钱普兰(Samuel de Champlain)于1604年在那儿度过了他在北美的第一个冬天。

森伯里海岸艺术与自然中心（Sunbury Shores Arts & Nature Centre；☎506-529-3386；www.sunburyshores.org；139 Water St；免费入内；⌚ 全年周一至周五 9am ~ 4:30pm 和周六正午 ~ 4pm，另外，5 月到 9 月周日正午 ~

4pm）一个非营利性教育和文化中心，提供绘画、纺织、陶艺及其他手工艺培训课程，时间为一天、周末或一周，还有自然科学研讨会。整个夏季各种展示不断变换。

木堡历史遗迹（Blockhouse Historic Site；☎506-529-4270；Joe's Point Rd；免费入内；⏲6月到8月9am～8pm，9月上旬9am～5pm）这个修复的木制建筑是1812年战争中建起的防御性木堡中尚存的唯一一个，位于Water St街西北端。退潮时，有小路露出，从木堡延伸至海滩。**世纪公园**（Centennial Park）位于木堡对面，有野餐凉亭。

安德鲁警长小屋（Sheriff Andrew House；☎506-529-5080；King St和Queen St拐角；捐赠入内；⏲7月到9月周一至周六9:30am～4:30pm，周日1～4:30pm）业经修复的1820年中产阶级房屋，按当时样式重新装修，有身着那时服饰的导游在此服务。

大西洋鲑鱼解说中心（Atlantic Salmon Interpretive Centre；☎506-529-1384；www.asf.ca；Chamcook Lake No.1 Rd，Rte 127附近；成人/学生/儿童$5/4/3；⏲9am～5pm）有一个流动的水族馆，提供有向导的旅行和展示，致力于挽救濒临灭绝的野生大西洋鲑鱼的生命并追寻它们的轨迹，该省的河流和海湾中曾经有大量的鲑鱼。

活动

Eastern Outdoors（☎506-529-4662；www.easternoutdoors.com；165 Water st；山地自行车租赁每小时/每天$7/25，爱斯基摩划子租赁 每半天/每天$25/35；⏲5月中至10月）是一家以圣安德鲁斯（St Andrews）为基地的运动用具商店，提供爱斯基摩人划子游，从3小时（$50）到5天的营地探险（每天$80）。

过了木堡，在Joe's Point Rd路165号对面，有一条800米长的**Twin Meadows Walking Trail**小路。这是条在田野、林地间穿行的人行小径。

团队游

几家公司提供**游船旅游，观鲸游船公司**（whale-watching cruises）在King St街尽头码头旁的Adventure Destinations complex大厦设有办公室，6月中旬至9月初营业。乘坐$50的游船可观看可爱的海岸和海鸟，看到鲸也属平常。观看鲸的理想水域是更远的海湾，但是，如果你要去芬迪群岛（Fundy Isles），还是到那里看吧。

住宿

Kiwanis Oceanfront Camping 宿营园（☎877-393-7070；www.kiwanisoceanfrontcamping.com；550 Water St；帐篷/娱乐车营地$19/23；⏲5月中到10月中）位于小镇最东头的印度角（Indian Point），主要是供娱乐车使用的停车场，沙砾铺地，当然也有些草地。

Picket Fence Motel 汽车旅馆（☎506-529-8985；www.picketfencenb.com；102 Reed Ave；单/双$75/85；Ⓟ ⁂ ▣）从主路走几步，就能到达优雅而简朴的汽车旅馆客房。

Muberry B&B旅馆（☎506-529-4948；www.mulberrybb.com；96 Water St；单/双 含早餐$90/110；⏲5月到10月；Ⓟ ⊠）住在这幢位置正中、令人愉快的1820年建筑里，你绝不会吃亏。三间有吊扇的客房都很舒适。花园可观海景。免税，只接受支票或现金。

Treadwell Inn旅店（☎506-529-1011，888-529-1011；www.treadwellinn.com；129 Water St；房$145～250；Ⓟ ⊠ ⁂ ▣）在迷人的海滨花园前，是1820年建成的房屋，曾属于一名船商，里面有宽大而漂亮的客房；其中一些客房可以观赏海景。

Fairmont Algonquin Hotel酒店（☎506-529-8823，888-270-1189；www.fairmont.com/algonquin；184 Adolphus St；房$159～459；Ⓟ ⁂ ▣ ▣）这个典雅的1889年海边旅馆是新不伦瑞克旅馆中的元老，有精美的游廊、花园、屋顶平台、高尔夫球场和网球场。即使不在此过夜，也值得去看看。注意，这儿的门童穿着苏格兰方格呢短裙。还可在这儿喝上一杯，或浓茶或杜松子酒。

餐饮

为了符合上流社会的气氛，圣安德鲁斯保留了下午奶茶的习惯。遗憾的是，现在这个城镇里已经没有可以欣赏现场音乐会的地方。Fairmont Algonquin 酒店（Fairmont Algonquin Hotel）有鸡尾酒会。对于美食者们，这里有几个不错的选择。

Sweet Harvest Market 市场（☎506-529-6249；182 Water St；所有商品不超过$11；⏲周一至周六8am～5pm，周日9am～3pm）在柜台后面，工作人员现场制作有益健康的汤、沙拉、三明治和甜品，味道非同寻常。海鲜杂烩浓汤非常出众，咖啡也很棒。

Treadwell Snug and Oyster Bar 酒吧（☎506-529-1011；129 Water St；午餐$8～12，晚餐$20～27；⏲午餐11:30am～3pm，晚餐5:30～9pm）一家拥有开阔水景的时尚小酒馆，提供由香蒜酱的比萨饼、熏肉三明治和可丽饼组成的午餐和由蟹肉饼、鲑鱼和牛排组成的晚餐。

The Garden Cafe 咖啡馆（☎506-529-3335；220 King St；午餐$9～12，奶油点心$12，含Kingsbrae Garden花园门票，见422页；⏲7月到8月10am～6pm，5月中到6月和9月到10月中10am～5pm，茶2:30pm开始）在Kingsbrae花园里，露台咖啡馆提供下午茶、三明治和沙拉组成的午餐，配一杯葡萄酒或当地的麦酒。

Elaine's Chowderhouse 餐馆(☎506-529-4496；24 Lower King St；主菜 $9～15；🕑周三至周日 11:45am～9pm)一家临时的简便饮食店，提供鱼羹、香草奶油贻贝以及其他的海鲜美食。

Gables 餐馆(☎506-529-3440；143 Water St；午餐 $10，晚餐 $15～20；🕑7 月到 8 月 8am～11pm，9 月和 6 月 11am～9pm)一个舒适的地方，海鲜和透过玻璃幕墙的海景是其特色。沿小巷前行，穿过水边花园一般的天井，才能进到这里。

到达和离开

Acadian Lines公共汽车从**HMS Transportation运输公司**(☎506-529-3371；www.hmstrans.com；260 Water St)发车，周一到周五上午7点和每天的下午4点去圣约翰(Saint John，$22)。每天下午3点半发车去反方向的缅因州班戈($30)。HMS Transportation还出租小车(每天$60，200公里内不另收费；你必须安排好自己的剐蹭险赔偿)。

芬迪群岛(FUNDY ISLES)

人口稀少、未遭破坏的芬迪群岛是个理想的亲近自然之隐僻所。美丽的风光、极致的观鲸、幽静的林间小道、丰盛的海鲜美味，还有那深藏海湾中多彩的海钓码头，无不让人放下杂念，尽情放松。三个大岛各有特色。有一种令人难忘的、沁人心脾的宁静。夏季过后，几乎所有地方都没了游客，多数机构随之停止服务。

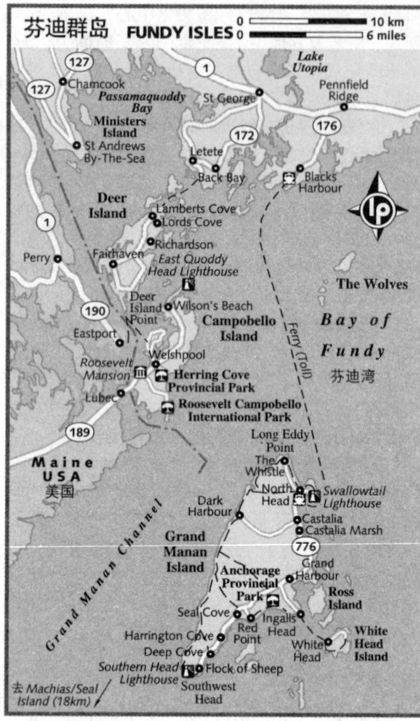

迪尔岛(DEER ISLAND)

迪尔岛，芬迪三大岛中最近的一个，是个适宜居住的朴素渔村。自 1770 年起，人们开始在这长 16 公里、宽 5 公里的小岛上生活，现有约 1000 常住人口。森林覆盖，鹿群繁盛。这里的主要水产是龙虾，有六个码头分布四周。

方位和实用信息

一日游对迪尔岛来说足够了。狭窄、多弯的公路从岛两侧向南奔赴坎波贝洛岛(Campobello Island)和渡船渡口(小心驾驶)。在渡口处有个**夏季旅游问询亭**(www.deerisland.nb.ca；🕑夏季每日开放)。

景点和活动

Lamberts Cove 海湾有个蓄养活龙虾的巨型龙虾塘(能算是世界最大的)。而另一巨塘则卧在 Northern Harbor 港。

岛的末端是占地 16 公顷的**迪尔岛尖点公园**(Deer Island Point Park)。涨潮前几小时，在其海岸附近可看到被称做“老母猪”(Old Sow)的世界第二大潮汐旋涡(因其发出的声响而得名——译注)。鲸偶尔在此游过。

在 Cranberry Head Rd 公路末端是**荒芜海滩**(deserted beach)。岛上大多数土地为私人拥有，所以这里没有可供徒步游的小路。

团队游

鲸一般在 6 月中旬出现，延续直到 10 月。有几家公司提供相关旅游：

Seascape Sea Kayak Tours(☎506-747-1884，866-747-1884；40 NW Harbour Branch Rd，Richardson；www.seascapekayaktours.com；半天/全天旅游 $59/115)在导游的带领下在迪尔岛(Deer Island)和环帕萨马科迪湾周围划船旅行。还有多天在岛上活跃的宿营旅行。

Lambert's Outer Island Tours(☎506-747-2426，866-694-2537；www.outerislandtours.com；团队游 $50)在 7 月、8 月的上午 10 点、下午 1 点和下午 4 点提供观鲸旅游。旅程从离渡口码头 2 公里的 Lord's Cove 海湾开始。只接受现金或支票，必须预订。

食宿

45th Parallel Motel & Restaurant 汽车旅馆加餐馆(☎506-747-2231；www.45thparallel.ca；941 Hwy 772，

Fairhaven；主菜 $9 ～ 14；⏲7月和8月7:30am ～ 9pm，5月、6月和9月11am ～ 7pm，10月到次年4月仅限周末；🅿⊠）这家小巧质朴、乡村风格的餐馆有家一般的感觉和可口的饭菜。特色菜是海鲜。去看看那只叫"Herman"的龙虾巨无霸吧。这儿的汽车旅馆也很实惠，单人 $40，双人 $52。

迪尔岛尖点公园（Deer Island Point Park；☎506-747-2423；www.deerislandpointpark.com；195 Deer Island Point Rd；帐篷营地 $16；⏲6月到9月）这个宿营园正好位于坎波贝洛码头上方。应在高高的断崖上支起帐篷，在月色里观看"老母猪"旋涡。

到达和离开

圣乔治(St George)往南14.5公里，沿Hwy 172公路经Back Bay可到Letete镇。从这儿乘坐政府经营的免费渡船（行程25分钟）可到迪尔岛。渡船全年运行，7am至7pm每半小时一班，7pm至10pm一小时一班。旺季时要提早排队。

East Coast Ferries渡船（☎506-747-2159，877-747-2159；⏲6月底到9月中）一家私营公司，将迪尔岛岛尖与缅因州妩媚的海边城市Eastport连接起来。渡船从9am到6pm每小时正点发航。小车和司机$10，车内乘客另付每人$2。

去坎波贝洛(Campobello)的服务，见426页。

坎波贝洛岛(CAMPOBELLO ISLAND)

坎波贝洛岛的环境明显不同于迪尔岛(Deer Island)。它更雅致、更繁荣，有笔直的道路和方便的设施。有钱人很早就把这里当做避暑胜地。由于与新英格兰相距不远，且往来方便，它给人的感觉就像是美国的一部分，游客也多为美国人。

像许多有钱的家庭一样，罗斯福家族19世纪末在宁静的海岸买下了一块地产。小岛为此而声名远扬。坎波贝洛南部几乎全是公园，而高尔夫球场占地更广。

方位和实用信息

岛上连个加油站也没有。要填满油箱，坎波贝洛的1200名居民必须过桥到缅因州的卢贝克(Lubec)去。由于迪尔岛渡船只在夏季运营(见426页)，此桥通常还用以去新不伦瑞克(New Brunswick)的其他地方。有关更多信息，可联系**旅游局**（☎506-752-7043；www.campobelloislandtourism.com；⏲7月和8月9am～7pm，5月下旬到6月和9月到10月上旬10am～6pm）距桥500米，有外币兑换处。

景点和活动

最南端的绿地是占地1200公顷的**罗斯福坎波贝洛国际公园**（Roosevelt Campobello International Park；☎506-752-2922；www.fdr.net；Hwy 774；免费入内；⏲5月下旬到10月10am ～ 6pm），也是罗斯福大厦和游客中心所在地。游客可免费在导游带领下参观有34个房间的"小屋"，这是福兰克林·罗斯福成长的地方(1905 ～ 1921年)，即使在他当选美国总统期间(1933 ～ 1945年)，也时常回来小住。

相邻的**Hubbard House**（免费入内）建于1898年，对游客开放。建筑四周任何时候都是敞开的，即使赶上闭馆，你也能从窗户向里张望。公园距卢贝克桥(Lubec bridge)仅2.5公里，你能从罗斯福大厦的门厅眺望到缅因州的Eastport，几乎感觉不到这里是加拿大。

与精致的博物馆区不同，国际公园的大部分保留了原始生态，以保护曾深受罗斯福喜爱的动植物。一两条沙砾车道弯曲着穿过公园，通向海滩和7.5公里长的天然小径。公园异常原始，是坎波贝洛岛少有人光顾之地。它是鹿、驼鹿和土狼的家园，在离游客中心6公里处的海边，你有时会看到海豹在Lower Duck Pond的岩礁上嬉戏。这儿还能找到鹰、鱼鹰和潜鸟。

沿国际公园的北部北缘是**赫林海湾省立公园**（Herring Cove Provincial Park；免费入内）。公园里也有一条10公里长的徒步小径。其1.5公里长的弯弯海岸上，有宿营园和野餐区。这风景如画处确是午餐的好地方。

罗斯福公园以北10公里的**Wilson's Beach海滩**，有个很大的售鱼码头和带商店的沙丁鱼加工厂。这是岛上最大的社区，有各类服务机构和店铺。

Wilson's Beach海岸以北4公里处是**东科迪岬角灯塔**(East Quoddy Head Lighthouse)。许多游客手持望远镜，沿海岸岩石席地而坐，观赏漫游的鲸，享受徐徐的海风。

团队游

Island Cruises游船（☎506-752-1107，888-249-4400；62 Harbour Head Rd，Wilson's Beach；成人/儿童$45/28；⏲6月中到10月）提供2个半小时的观鲸游船之旅。

住宿

赫林海湾省立公园（Herring Cove Provincial Park；☎506-752-7010，传真506-752-7012；www.tourismnewbrunswick.ca；136 Herring Cove Rd；帐篷/娱乐车营地 $22/24；⏲5月中到10月上旬）这个有76个营地的公园位于小岛东边，离迪尔岛渡船3公里。树林营区有一些很隐蔽的营地。这里还有沙滩和众多徒步场所。

Pollock Cove Cottages小屋（☎506-752-2300；2455 Rte 774，Wilson's Beach；senewman@nbnet.nb.ca；房$75 ～ 175；🅿💻）简朴而整洁的单卧室和双卧室

旅馆，拥有无价风景。

Lupine Lodge 小屋（☎506-752-2555；www.lupinelodge.com；610 Hwy 774；单和双 $85～200；⏲6月到10月；Ⓟ ⊠）这座1915年修建的高档旅馆拥有吸引人的海边圆木小屋的氛围，很受家庭和日落爱好者的喜爱。木质镶嵌的餐厅（午餐 $8～14，晚餐 $15～20，三道龙虾菜肴晚餐 $35；营业时间为 8am～9pm）是这个岛上最豪华的所在。特色菜是海鲜——新鲜的海鱼、扇贝和龙虾，也有牛排。

Owen House B&B旅馆（☎506-752-2977；11 Welshpool St，Welshpool；www.owenhouse.ca；双含早餐带公共卫生间 $107～112，带私人卫生间$121～210）新近建成的一座古典的海边度假别墅，配有古典的线轴床，由棉被、舒适的读书角落和许多靠海的窗户组成。

Sweet Time Bakery面包店（☎506-752-2470；1001 Rte 774，Welshpool；主菜 $5～13；⏲8am～9pm）随着香味就能找到新鲜烘焙的美味甜食、汤、三明治和海鲜拼盘。

Family Fisheries Restaurant餐厅（☎506-752-2470；Hwy 774，Wilson's Beach；主菜 $5～20；4月和5月11:30am～8:30pm，6月到10月11:30am～10pm）有自己的鱼市，特色菜是海鲜，特别是鱼、薯片和引发食欲的海鲜杂烩浓汤。这个很随意的地方还有三明治和汉堡包。

到达和离开

East Coast Ferries渡船（☎506-747-2159，877-747-2159）夏季运营在迪尔岛(Deer Island)和坎波贝洛岛(Campobello Island)之间，费用是小车加司机$13，车上乘客每位另付$2。上午8点30分至晚上6点30分(6月和9月至晚上6点)间，渡船每半小时发一班。这是风景优美的25分钟航程，从迪尔岛起航，经过无数小岛后，抵达16公里长的坎波贝洛岛中部的威尔士浦(Welshpool)。

大马南岛(GRAND MANAN ISLAND)

来段海鲜小提琴音乐吧。当从大陆出发的渡轮绕过大马南岛 (Grand Manan Island，人口2700) 北端时，燕尾灯塔 (Swallowtail Lighthouse) 隐约可见，它泰然树立在苔藓覆盖的岩石悬崖顶上。颜色鲜艳的渔船在港口来往穿梭。从渡船码头向上走，北岬角 (North Head) 整齐的村庄分布在海滨沿岸；装有楔形板的零星房子和商店周围是照顾完好的花园和枝繁叶茂的高大树木。

大马南岛是一个安静、自然的地方。这里没有快餐馆，没有时尚的咖啡屋或夜总会，没有交通灯，也没有来往车辆。只有充满巍峨悬崖的崎岖而美丽的海岸线和点缀着云杉森林的沙滩海湾以及高草的田野。沿着东部海岸而且由曲折的海岸公路连接，坐落着一连串的美丽而繁荣的渔村。这里有大量的新鲜海洋空气和当今世界稀有而珍贵的商品：寂静，只有海浪声不时地打断这一片静默。一些人来此一日游，但我们推荐多逗留些时日。

方位和实用信息

渡轮在这座岛屿北端北岬角的村庄靠岸。主路Rte 776路沿着东部海岸的岛屿绵延，长度28.5公里。它连接了所有的大马南安定居点，途中灯塔矗立在South Head的一个悬崖顶上。你可以驱车大约45分钟从岛的这端到另一端；大马南的西边无人居住，这或多或少有些令人费解；陡峭的岩石峭壁从海中升起，背靠着茂密的森林和沼泽，只有在Dark海港被打断，又陡又斜的路自此向下延伸到水边。一条徒步小径通向原野。

有关该地区的详细信息，可联系**游客信息中心**（tourist Information office；☎506-662-3442，888-525-1655；www.grandmananNB.com；130 Rte 776；⏲周一至周五 8am～4pm，周六 9am～正午）位于北岬角 (North Head) 的南端。

景点

粉刷成白色的**燕尾灯塔**(1860年)是这个岛上的标志性风景，距渡轮码头大约1公里，要穿过岩石海岬才能到达。通道是经过陡峭的楼梯和有些摇晃的悬架桥。由于这座灯塔于1986年改为自动化操作，这个地方已失去作用。然而，绿草如茵的断崖却是野餐的上佳地点。它拥有地平线上广阔视野的风景和心形的鱼梁搜捕的海豹。

所有分布在大马南水域的大约30座鱼梁都有名字，其中一些可追溯到19世纪。它们都拥有标记，如"毁灭"、"胜利者"、"外面的机会"以及"恶意"，唤起依赖不同海域生活的人们的伤心事。据说，网中被劫掠的海豹的眼泪可以使一夜间捕猎的所有鲱鱼获得自由。

大马南历史博物馆（Grand Manan Historical Museum，☎506-662-3524；www.grandmananmuseum.ca；1141 Rte 776，Grand Harbour；成人/学生和老人 $5/3；⏲6月中到9月30日周一至周六 9am～5pm，周日 1～5pm）可以作为雾天时前往的一个很好的目的地。它收集的各种当地工艺品可以使人们很快地对这个岛的历史有初步了解。在这里你可以了解有关船只失事的知识，欣赏来自附近的塘鹅岩石灯塔(Gannet Rock lighthouse，1904年)原始煤油灯的展示。还有一间屋子陈列着200多只鸟类标本（包括现在已经灭绝的候鸽）。

Seal Cove 是这座岛上最美丽的村庄。它的魅力主要来自河口周围聚集的渔船、鲸和熏制鲱鱼的小屋。一个世纪以来，熏鲱鱼是大马南岛的主要特色。上千的男人和女人在全岛上下300间熏制室工作，将鲱鱼切成条，用线串起来，然后烘干。最后一个熏制室在1996年被关闭。尽管鲱鱼仍然是周边最大的产业，但现在它在现代罐头工厂中加工制作。今天，这些小屋成为正式的**鲱鱼博物馆**（Sardine Museum，无电话；Seal Cove；捐赠入内；大部分时间都开放）的所在地。展示的是世界上最大的沙丁鱼罐头（据称）和非常难闻的熏制过程。

活动

Sea Watch Tours公司（☎506-662-8552，877-662-8552；www. seawwatchtours.com；Seal Cove fisherman's wharf；成人/12～18岁/儿童 $48/38/28；每天）和**Whales-n-Sails Adventures公司**（☎506-662-1999，888-994-4044；www.whales-n-sails.com；North Head fisherman's wharf；成人/12岁以下儿童 含午餐 $60/40；每天 11:30am 和 4pm）都分别以改装的捕虾船和帆船提供令人兴奋的赏鲸旅行。需要预订。

大马南岛拥有338种鸟类，它还吸引了重量级的鸟。**观海旅行**（Sea Watch Tours，成人/11岁以下儿童 $55/35，或下船 $75；6月15日到8月15日每天 周日除外）提供6个小时访问马柴厄斯/海豹岛(Machias/Seal Island)的**赏鸟旅行**。每年有几千只大西洋角嘴海雀返回，在这里单独的岩石板上孵化它们的幼雏。需预订。

70公里的**徒步小路**(hiking trails)纵横交错地环绕着这座岛。综合指南《大马南岛上传统的小径和人行道》(*Heritage Trails and Footpaths on Grand Manan*，$5)可以在岛上大多数的商店买到。小心要远离悬崖边！不牢固、纵裂的地表可能会使你的脚下陷。想要一次轻松的徒步旅行，可以尝试从Long Pond到Red Point(1.6km/1小时往返行程；适合带孩子)的海岸线小路行走。前往Southern Head的羊群小径(Flock of Sheep trail，2.5公里/2小时往返行程；公路上有路标指示)是比较艰巨的旅行。另一种方式是**Adventure High公司**（☎506-662-3563；www.adventurehigh.com；83 Rte 776，North Head；半天/全天 $55/99，月光划船/看日落 团队游$50/39，13岁以下儿童 半价；5月到10月 每天）提供的海上爱斯基摩划子旅行。

大马南历史博物馆每周举办一次有关当地历史和文化的讲座，某些周末还举办艺术讲座。当地商店的布告栏上张贴着有关教堂就餐和蓝莓茶的注意事项。

住宿

安克雷奇省立公园（Anchorage Provincial Park；☎506-662-7022；Grand Harbour 和 Seal Cove 之间的 Rte 776；帐篷/娱乐车营地 $22/25；5月中到9月中）欢迎家庭入住的营地位于旷野中，周围是高高的常绿植物，离渡口16公里。有雨天使用的大棚厨房、游乐场、自动洗衣店和长长的砾石沙滩。最好在树下扎营，以避劲风。公园有几条短程徒步小径，还紧邻一些沼泽，那儿可是候鸟的圣殿。

Hole-in-the-Wall Campground宿营地（☎506-662-3152，866-662-4489；www.grandmanancamping.com；42 Old Airport Rd，North Head；宿营地 $23～28，小木屋 $35；5月23日到11月11日）坐落于悬崖顶上，精心设计的宿营地隐蔽在岩石和树丛中，拥有火坑、野餐桌和令人心旷神怡的风景。如果你有梦游症或头晕病，请选择内陆的营地。提供淋浴和洗衣设施，还有几栋干净而整洁的小屋，配有双层床和微波炉。它距离渡轮码头1公里。

McLaughlin's Wharf Inn旅店（☎506-662-8760；1863 Rte 776，Seal Cove；单 含早餐 带公共卫生间 $79，双 $89；5月到9月）建在码头右侧古老的杂货店，上面有明亮、清新而整洁的现代客房，每天早晨在你离开这里观赏角嘴海雀之前，能提供精美而快捷的早餐。

Stone Cottage小屋（☎506-662-3265；56 Whale Cove Rd，North Head；淡季/旺季 $85/125；全年）迷人的双卧室石屋位于有机蔬菜园旁边（随便吃），前面的阳台可以观赏海湾的景色。对于私人度假来说最理想，这里拥有厨房、用木制火炉取暖而舒适的起居室/餐厅、宽的厚木地板和电视。

Compass Rose旅馆（☎506-662-8570，淡季 613-471-1772；www.compassroseinn.com；65 Rte 776，North Head；房 含早餐$89～129；6月1日到9月30日）令人愉悦而舒适的客房拥有海岸主题的风景和港口景色。走几步路就可以到达渡轮码头，它拥有这个岛最具艺术氛围的一家餐馆。

Inn at Whale Cove旅馆（☎506-662-3181；www.holidayjunction.com；Whistle Rd，North Head；单/双 $105/120起；5月到10月）"从1910年开始为定居乡下者提供服务"，包括作家威拉·卡瑟(Willa Cather)，她的几部小说就是于20世纪20年代和30年代在这里创作的。主屋(建于1816年)和六间藤蔓覆盖、鹅卵石铺设的小屋保持着早期的风格，都安装着抛光的精致木地板、石头壁炉、古玩、印花棉布窗帘以及藏书丰富的书架。一些房屋还有厨房。

就餐

一向都不太多的选择到了淡季（从10月至6月初）几乎就没有了。也就是说，大马南却有些美味。由于岛内桌位有限，晚餐时最好预订。

Harrington Cove Cottages客栈（☎506-662-3868；2232 Rte 776，Harrington Cove；松饼和茶 $4；⏲5月到9月2～3:30pm）坐在阳台上，面对着水景喝茶是人们珍爱的一种下午茶传统，它提供烤箱烤热的松饼和自制的蔷薇果、醋栗、木莓酱以及几壶热茶或大黄鸡尾酒。这里不接受信用卡。

North Head Bakery面包店（☎506-662-8862；199 Rte 776，North Head；午餐 $5，⏲5月到10月周一至周六 6:30am ～ 5:30pm）许多刚从渡轮下来的人们第一站是这家欢快的红白相间的面包店，它提供美味的丹麦甜点、水果馅饼和有机面粉制作的传统手工面包。

Area 38餐馆（☎506-662-3856；Ferry Wharf Rd，North Head；主菜$5～12；⏲周一至周四6:30am～9pm，周五和周六6:30am～10pm，周日9am～10pm）这家简便饮食店在黎明时营业，为捕鱼船员们提供早餐，它始终坚持食物即是燃料的经营理念，拥有几乎和油轮货舱一样舒适的实用装饰。不过，它是为数不多的一家提供午餐的餐馆，而且全年提供带馅汉堡包、三明治、鱼和薯片、单调的沙拉和冰淇淋，还有几张台球桌和电视播放的体育节目。

我们的选择 **Inn at Whale Cove**（☎506-662-3181；Whistle Rd，North Head；主菜 $15～22；⏲6月末到10月中6pm～8:30pm，5月到6月周末）在休闲的乡村坐在小海湾享受地道的美味食品。菜单每天都有变化，但一定会有让人流口水的美餐，如咖喱南瓜汤或蟹饼，接着是胡桃芝麻莱香蒜酱覆盖的鲑鱼或龙虾和菠菜烩饭，非常好吃的榛子奶油焦糖作为餐后甜点。如果来得早，还可以在老式客厅的壁炉旁舒适地享用鸡尾酒。

大力推荐以下用晚餐的地方：

McLaughlin's Wharf Inn（☎506-662-8760；1863 Rte 776，Seal Cove；主菜 $14 ～ 22；⏲6pm 后供应晚餐）

Keyser's Kafé咖啡馆（☎506-662-8182；9 Ferry Wharf Rd，North Head；咖啡$7～14；⏲4～10pm）

Compass Rose（☎506-662-8570；65 Rte 776，North Head；主菜 $20 ～ 30；⏲茶 2 ～ 4pm，晚餐 6 ～ 9pm）。

到达和离开

从大陆的布莱克港（Black's Harbour）到大马南岛的北岬角，唯一可以上下岛的方式是乘坐**政府渡船**（government ferry，☎506-662-3724；www.coastaltransport.ca；售票处在 North Head 渡口；成人/儿童 $10.35/5.10，汽车 $30.90，自行车 $3.50；每天发船 7 班）。布莱克港的服务奉行"先来先服务"的原则；在出发前要计划准备至少 45 分钟的时间到达。尤其是在 7、8 月，在这里人们可能排起长队等待乘船，但是骑自行车的人和步行者可以随时走。旅行结束时不需要门票；在你计划出发去大陆的前一天，需预订和支付在 North Head 回程旅行的费用。横渡需要花费 1 个半小时。途中可以观赏港口的海豚和鲸。

渡船码头离几家旅馆、餐馆、商店和旅行社只有几分钟的路程。如果你想探寻岛上的鲸，你应该自己驾车前往，因为在大马南岛上没有出

当地人的声音

Ralph Elderidge，灯塔守护者，马柴厄斯/海豹岛，滨海诸省中最后的人工操作台站

马柴厄斯/海豹岛位于大马南西南 17 公里的芬迪湾中部，距离缅因海岸 16 公里。从来没有在这些水中确定国际边界，而且美国和加拿大都声称拥有这座岛屿的主权。1832 年起，加拿大在这个孤立的露岩上设立灯塔。这个岛也要求维护自己对 6000 对大西洋角嘴海雀和 3000 只燕鸥的权利，每年夏天它们返回这里，孵化和喂养幼崽。Elderidge 先生作为灯塔守护者 35 年了，在马柴厄斯/海豹岛服务了 11 年。

你一整天在芬迪湾中做什么呢？

"我从来没有厌倦我的生活。许多人都会心烦意乱，他们不喜欢他们自己。许多人，如果他们是双胞胎，他们会杀了他们自己。幸运的是，我喜欢自己。大部分情况下，我都会出现在这里。我们的职责是保证船舶设备的正常运作。我们填写天气报告，填写必须填写的部分。在这里需要我们做的事很少，但是如果你能做，这里有做不完的活儿。我们工作 4 周，休息 4 周。我每次都是从圣约翰乘坐直升飞机到达这里的。这个工作最困难之处是缺乏连续性。当你到达这里时，你就要准备离开这里。"

Elderidge 先生花了很长时间完善他的才能，成为自然摄影师。他见证了这个岛鸟类繁育数量的急剧下降。几年前，燕鸥放弃了它们的巢和正在孵化的卵。第二年，只有少量成对的燕鸥返回这里筑巢。它们的离开使脆弱的小角嘴海雀成为黑背鸥掠夺的食物。对于 Ralph 来说，对于燕鸥的消失并不感到神秘。"食物的来源已经消失，"他说，"我们平淡地结束了渔业。全球气候变暖是代罪羔羊，但我们安然处之——龙虾、鲱鱼和其余的一切都不见了。"

租车公司。另一种方式是联系 **Leighton Spicer** (☎506-662-4904)，他开着岛上唯一的出租车，可以满足大多数到渡船码头的旅行者的需要，同时，**Adventure High** (☎506-662-3563；www.adventurehigh.com；83 Rte 776，North Head；⏲8am ~ 9pm) 出租自行车，价格分别是 $16/ 半天、$22/ 全天和 $99/ 一周。

新里弗省立公园 (NEW RIVER PROVINCIAL PARK)

紧邻 Hwy 1 公路，圣约翰 (Saint John) 以西大约 35 公里，在去圣斯蒂芬 (St Stephen) 的路上。这个**大公园** (☎506-755-4042) 有芬迪海岸最好的海滩，一条宽宽的沙滩带平铺在巴纳比岬角 (Barnaby Head) 崎岖的海岸边。在宿营季节，公园一日游收费是每车 $5，包括在海滩和巴纳比岬角小道起点的停车费。

沿巴纳比岬角 (Barnaby Head)6 公里长的天然小路网步行，能让你享受几小时的徒步乐趣。**Chittick's Beach Trail 小路**穿过了海岸森林和四个海湾，沿路你可在鲱鱼拦截堰里查看捕获，或是在潮汐水塘中探寻海生物。2.5 公里长的 **Barnaby Head Trail 小路**从这条路网延伸出来，与海岸线并驾齐驱，还攀上了比芬迪湾高出 15 米的峭壁边缘。

公园的宿营园 (☎506-755-4042；newriver@gnb.ca；78 New River Beach Rd；帐篷/娱乐车营地 $22/24；⏲5月下旬到10月上旬) 在海滩公路旁，是个林木繁茂之地。100个独立的营地，既有野外气息，又有电源插口。缺点是遍地的沙砾和交通噪声。

圣约翰 (SAINT JOHN)

人口 69 660

圣约翰城是该省经济的火车头，是一座庄严而缺乏活力的多沙的海港城市。周围环境尤为壮观——环绕着岩石、陡峭的悬崖和小海湾，在这座深水天然港的半岛的附近，汹涌的圣约翰河和 Kennebecasis River 河汇入芬迪湾。你可能需要发挥想象力，才能欣赏这里自然的美景，城市因纸浆厂和炼油厂喷出的烟雾及在都市的空气中枯萎的花园而变得黯淡。圣约翰被丑陋的工业废墟和杂乱的混凝土天桥包围着。然而，那些能置所有这些于脑后，坚决挺进这座城市的历史核心区域的旅行者，将因保存得堪称完美的 19 世纪红砖或砂岩建筑以及瞥见海滨陡峭、狭窄的便道景致而得到报偿。

历史

在英国人和法国人开始为毛皮而明争暗斗时，麦利西特土著人就生活在这里。尽管塞缪尔·德·钱普兰 1604 年在此登陆，但直到 1783 年这片地区都很荒凉，当时大约有 7000 名忠于英国的保皇分子从美利坚共和国逃到这里。

圣约翰城于 1785 年并入加拿大。保皇分子将它从一个要塞建成加拿大首个法律意义上的城市。在 1844 年至 1848 年间，大约 35 000 名爱尔兰移民为逃避饥荒来到这里，很多人留了下来，直到今天构成了这个城市最大的族群。

在 19 世纪中期，圣约翰已成为繁荣的工业城市，以木船制造业著称。1877 年的那场大火将大半个城市，包括大部分商业区，烧为灰烬，但它很快得到重建。今天，大部分人从事重工业，在欧文 (Irving) 纸浆厂、欧文炼油厂、新的欧文液化天然气 (LNG) 枢纽、欧文加油站、欧文家庭新拓展的便利店或 Moosehead 酿酒厂中工作。

方位

圣约翰市中心(Downtown，也叫上城，Uptown)坐落在圣约翰河口和科特尼海湾(Courtenay Bay)间的方形多山半岛上，Kings Sq广场是其标志。广场小路被设计成英国国旗的形状。Water St街紧邻Market Sq广场的水滨新区。

Kings Sq 广场以南的地区被称为**南端** (South End)，Queen Sq 广场在其中心。科特尼海湾向东是干船坞和重工业区。城北部是罗克伍德公园 (Rockwood Park)，一个休闲娱乐区。

向西过海湾大桥 (Harbour Bridge，过桥费 50¢) 是**圣约翰西区**。这部分城市的许多街道名称与圣约翰区的相同，为避免混淆，它们都以“西”加以修饰，如 Charlotte St W 西街。圣约翰西区有去新斯科舍省 (Nova Scotia) 的迪格比 (Digby) 的渡船。

实用信息

邮政总局 (☎506-672-6704；41 Church Ave West，Postal Station B，E2M 4X6；⏲周一至周五 8am ~ 5pm) 在圣

大人物

肯尼思·科林·欧文 (Kenneth Colin [KC] Irving)1899 年出生于 Bouctouche。他由卖车起家，缔造了一个商业王国，其触角遍及炼油、造船、传媒、运输、纸浆和造纸等行业，以及加油站、便利店等领域。他的名字随处可见。欧文于 1992 年去世，将拓展欧文集团这一庞大帝国的使命留给了他的三个儿子。

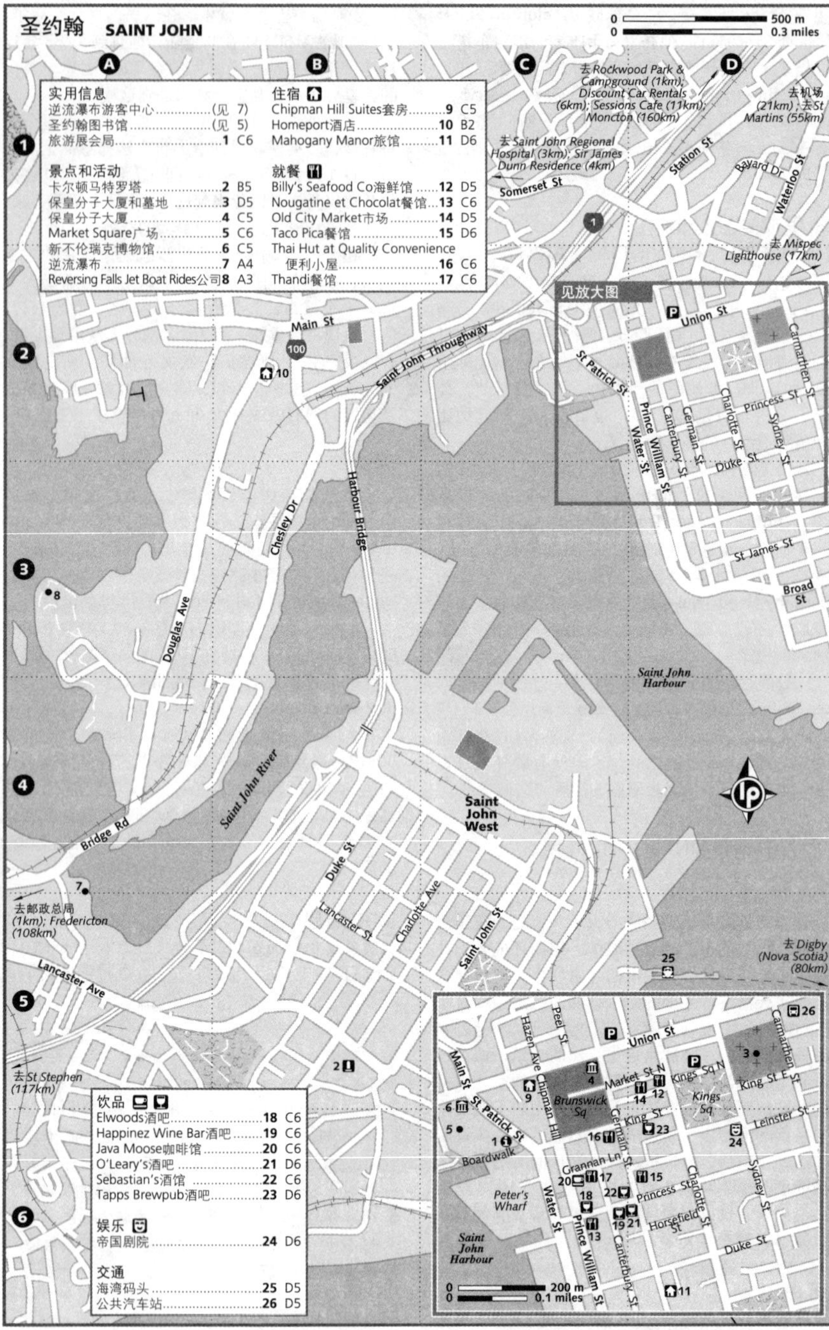
圣约翰 SAINT JOHN
0 500 m
0 0.3 miles
实用信息
逆流瀑布游客中心……(见 7)
圣约翰图书馆……(见 5)
旅游展会局……1 C6
景点和活动
卡尔顿马特罗塔……2 B5
保皇分子大厦和墓地……3 D5
保皇分子大厦……4 C5
Market Square广场……5 C6
新不伦瑞克博物馆……6 C5
逆流瀑布……7 A4
Reversing Falls Jet Boat Rides公司……8 A3
住宿
Chipman Hill Suites套房……9 C5
Homeport酒店……10 B2
Mahogany Manor旅馆……11 D6
就餐
Billy's Seafood Co海鲜馆……12 D5
Nougatine et Chocolat餐馆……13 C6
Old City Market市场……14 D5
Taco Pica餐馆……15 D6
Thai Hut at Quality Convenience 便利小屋……16 C6
Thandi餐馆……17 C6
饮品
Elwoods酒吧……18 C6
Happinez Wine Bar酒吧……19 C6
Java Moose咖啡馆……20 C6
O'Leary's酒吧……21 D6
Sebastian's酒馆……22 C6
Tapps Brewpub酒吧……23 D6
娱乐
帝国剧院……24 D6
交通
海湾码头……25 D5
公共汽车站……26 D5
去Rockwood Park & Campground (1km); Discount Car Rentals (6km); Sessions Cafe (11km); Moncton (160km)
去机场 (21km); 去St Martins (55km)
去Saint John Regional Hospital (3km); Sir James Dunn Residence (4km)
Station St
Bayard Dr
Waterloo St
Somerset St
去Mispec Lighthouse (17km)
见放大图
Main St
Saint John Throughway
Union St
St Patrick St
Prince William St
Water St
Canterbury St
Germain St
Charlotte St
Sydney St
Carmarthen St
Princess St
Duke St
St James St
Broad St
Harbour Bridge
Chesley Dr
Douglas Ave
Saint John River
Bridge Rd
Saint John Harbour
Saint John West
Duke St
Lancaster St
Charlotte Ave
Saint John St
去邮政总局 (1km); Fredericton (108km)
Lancaster Ave
去Digby (Nova Scotia) (80km)
去St Stephen (117km)
Peel St
Hazen Ave
Chipman Hill
Main St
Market St N
Kings Sq N
King St E
Brunswick Sq
Kings Sq
King St
Leinster St
Boardwalk
Grannan Ln
Peter's Wharf
Horsefield St
0 200 m
0 0.1 miles

约翰西区。存局候领邮件应寄到此处。

匪警、火警和救护车（☎911）用于紧急状况。

圣约翰图书馆（Saint John Library；☎506-643-7220；1 Market Sq；⏰周一和周六 9am～5pm，周二和周三 10am～5pm，周四和周五 10am～9pm）免费上网。

圣约翰地区医院（Saint John Regional Hospital；☎506-648-6000；400 University Ave；⏰24 小时）有急诊室。

旅游展会局（Visitor & Convention Bureau；☎506-658-2990，888-364-4444；www.tourismsaintjohn.com；Market Sq；⏰6月中到8月9:30am～8pm，9月到次年6月中至 6pm）工作人员知识丰富，态度友善。要一本自助步行旅游手册。

景点

新不伦瑞克博物馆 (New Brunswick Museum)

这是家很有实力的**博物馆**（☎506-643-2300；www.gnb.ca/0130；1 Market Sq；成人 / 学生 / 家庭 $6/3.25/13；⏰周一至周三和周五 9am～5pm，周四至 9pm，周六 10am～5pm，周日正午至 5pm，11 月到次年 5 月中周一闭馆），展品众多。引人注目的海洋生物区有个出色的鲸分区，这里有与实体等身的标本。这里还有参与性实践展区、古帆船模型和作家克莱门特·克拉克·摩尔 (Clement Clarke Moore) 亲手抄写的《圣诞前夜》(*The Night Before Christmas*) 原件，摩尔原是将它寄到新不伦瑞克他的教父乔纳森·奥德尔 (Jonathan Odell) 家中的。

逆流瀑布(Reversing Falls)

芬迪湾海潮及其影响（见 437 页）是最主要的地区特色。"瀑布"所在地是其中一部分，也是全省最著名的观潮地之一。尽管"逆流瀑布"有取名不实之嫌，但当芬迪湾海潮高涨时，河中的水流确实倒流，向上游奔去。当海潮回落时，河水恢复正常。通常情况下，这里很像湍滩。**逆流瀑布游客中心**（Reversing Falls Visitors Centre；☎506-658-2937；200 Bridge Rd；⏰5 月中到 10 月上旬 8am～7pm）位于瀑布上的小桥旁，提供标明海潮周期的"逆流瀑布海潮时刻表"。

保皇分子大厦和墓地 (Loyalist House & Burial Ground)

保皇分子大厦（☎506-652-3590；120 Union St；成人/儿童/家庭 $3/1/7；⏰6月周一至周五10am～5pm，7月到8月每日10am～5pm）建于1810年，是城中最古老、且从未改变面貌的建筑物。现在，这座乔治王朝风格的宅邸已成为博物馆，展示保皇分子时期的风貌和高超的木工手艺。

位于 Kings Sq 广场旁、城中公园式的墓地，引人遐思。那风蚀雨侵的墓碑最早可追溯至 1784 年。

活动

Harbour Passage 始于 Market Sq 广场（希尔顿酒店后面）的木板大道，是供步行和骑行的小径，铺着红色的石头。它绕过海湾，上 Bennett St 街，拐向 Douglas Ave 大街，通向逆流瀑布的桥和瞭望台。沿途设有指示牌，单程 1 小时。

对于有车和喜爱亲近自然的人，以崎岖和原始的海岸地貌而著称的**欧文自然公园**（Irving Nature Park；☎506-653-7367；Sand Cove Rd 西端；免费入内；⏰5 月初到 11 月初 8am～黄昏）不容错过。它也是野鸟观赏的非凡之地，几百种鸟类经常来此光顾。在海边的岩石上还能看到海豹的身影。七条不同长短的小路穿行在海滩、峭壁、林间、泥滩、沼泽和岩石间。穿双好鞋很有必要。公园完全值得你从市内向西南驾车 5 公里到此一游。具体路线是，从市区向西走 Hwy 1 公路，在 107 号出口向南上 Bleury St街，再向右转上Sand Cove Rd路，继续向前 2 公里即到入口。

团队游

许多人都在打听，但圣约翰不是观鲸之地，除了偶然地看到出没不定的小须鲸。

Saint John Transit Commission 运输公司（☎506-658-2855）从 6 月中到 10 月初，提供 2 个半小时的环城游（成人 / 儿童 $16/5）。分别在逆流瀑布游客中心、Market Sq 广场的 Barbour's General Store 杂货店和 Rockwood Park Campground 宿营园售票和发车，每日两班。上午 9 点 30 分旅游车由逆流瀑布出发，到另外两站，每站车程 15 分钟。中午 12 点 30 分至下午 1 点，反向行车。

Words, Walks & Workshops（☎506-672-8601；步行免费～$5；⏰6 月到 9 月周二 7pm）在将近 30 年的时间里，作为旅行者及户外专栏作家，大卫·戈斯（David Goss）组织主题聚焦于这座城市和大自然的步行团队游。这条路线非常有特色，以至于当地人和旅行者经常由此获得乐趣。出发的地点和时间不同，需向游客中心查询。

Gibson Creek Canoeing 独木舟游（☎506-672-8964；www.gibsoncreek.ca）有向导的独木舟游在大片潮间带湿地和靠近这座城市的水流平缓的河流上进行。它提供半天 / 全天游（$55/100）、带自然或历史讲解的团队游（半天/全天 $75/125）以及需要预订的旅馆间独木舟游，还有瑜伽课程供选择。同时出租独木舟，价格是一天 $50。

Reversing Falls Jet Boat Rides公司（☎506-634-8987；Fallsview Ave；www.jetboatrides.com；⏰6月到10月中）提供两种游船之旅。1小时的悠闲观光游（成人/儿童 $32/25），欣赏逆流瀑布和海港周围。另一种是20分钟的喷水快艇游（'thrill ride'，$33），穿过激流水

域，到达逆流瀑布。快艇定能把你浇得透湿。对冒险者，这里有一种敞开式、气泡样的塑料笼子，令人体验在急流中翻滚的滋味（$106）——也许你还可以在其中发现另一个自己呢！

住宿

圣约翰的汽车旅馆主要集中在市中心以西7公里的Manawagonish Rd路。在住宅区（市区）有几家高档连锁酒店。

洛克伍德公园（Rockwood Park；☎506-652-4050；www.tourismsaintjohn.com；Lake Drive South；帐篷/娱乐车营地$15/20；⏰5月中到10月初）从市区向北几公里就是巨大的洛克伍德公园，它拥有小湖、被人行道纵横分割的森林和小片空地上的宿营地。从Kings Sq广场到Mt Pleasant的6路公共汽车从周一到周六往返于附近几个街区中。

Sir James Dunn Residence旅舍（☎506-648-5755；www.unbsj.ca/hfs；出Sandy Point Rd，Rockwood Park附近；单/双$29/42，学生$21/32；Ⓟ）位于城中心以北6公里(从Kings Sq广场乘坐15路公共汽车)的新不伦瑞克大学圣约翰校园里，房间简朴，每年5月至9月营业。

我们的选择 Chipman Hill Suites套房（☎506-693-1171；www.chipmanhill.com；9 Chipman Hill；套房$70～130；Ⓟ ⊠ ⌘ 💻 wi-fi）多高明呀！奇普曼(Chipman)买下了市中心附近十处古老的房产，在保留了原屋风格的同时，将它们改造成带厨房的小型公寓。套房按日、周、月出租，大小和特色决定其价格，且都很实惠。

Homeport酒店（☎506-672-7255，888-678-7678；www.homeport.nb.ca；60 Douglas Ave；房含早餐$90～175；Ⓟ ⊠ ⌘ 💻）位于宽大、古老的Douglas Ave大道上，拥有陈设优雅的一系列客房和美丽的花园。客人可在装饰传统的客厅里品午茶。另外，这里早餐非常丰盛。

Mahogany Manor旅馆（☎506-636-8000，800-796-7755；www.sjnow.com/mm；220 Germain St；双含早餐$95～110；Ⓟ ⊠ 💻）在圣约翰最可爱的街道，这栋20世纪早期的住宅是成为临时家园的好地方，对同性恋者开放，到处都是古董。它快乐的主人对这座城市了如指掌，甚至对在哪家餐馆里点哪道菜都能如数家珍。

就餐

旧城市场（Old City Market；☎506-658-2820；47 Charlotte St；⏰周一至周四7:30am～6pm，周五7:30am～7pm，周六7:30am～5pm）夹在南北Market St街之间，是个令人眼花缭乱、热闹非凡的地方。自1876年起，它就是走卒贩夫之地。除了新鲜果蔬的摊位和面包店外，这里还有许多柜台出售美味的小食、套餐，甚至龙虾。当地人常常光顾Slocum and Ferris(午餐不到$6)的午餐柜台。

Thai Hut at Quality Convenience便利小屋（☎506-634-1827；38 King St；主菜$7～14；⏰周一至周五11am～9pm，周六和周日正午～9pm）你将通过人体模特了解它，那些模特穿得像路边观众围观的草群舞舞女。在这个便利店/DVD出租屋，可以排队品尝美味的pad Thai和环保食物，可打包带走或在人造棕榈树下的桌旁吃。

Taco Pica 餐馆（☎506-633-8492；96 Germain St；主菜$10～17；⏰周一至周六10am～10pm）在这家丰富多彩的小酒馆中，有纯正的危地马拉和墨西哥风味。实惠菜肴Pepian($9)，是一种简单、辛辣的炖牛肉，能与你在危地马拉任何人家中吃的媲美。

新不伦瑞克

热门话题：矿物燃料经济

从这座城市向东驱车25分钟，驶向暴风肆虐的悬崖，在这个悬崖顶上矗立着**Mispec灯塔**（Mispec Lighthouse；Red Head Rd）。顺便在**Mispec海滩**野餐和停留，在受保护的美丽小海湾上游泳并在周围漫步。尽情享受吧，因为起重机已经在附近的近海地区工作，Mispec海滩上将建造一座液态天然气终点站。灯塔周围的地区将成为1984年以来在北美建造的第一个新炼油厂——欧文炼油厂的所在地。

作为独立研究一种刺激该省经济发展和创造高收入工作的方式，新不伦瑞克省政府全力支持新炼油厂，承诺将使圣约翰成为"富于活力的中心"。这引起了当地环保者的愤慨，联邦政府去除了对拟建的炼油厂进行全面环境评估的权利（或责任）。接踵而来的是圣约翰的市长就液态天然气终点站的建设问题与欧文炼油厂及其合作伙伴签订了合同。持批评态度的人士担心，这将增加空气污染，石油和天然气泄漏的可能性也将威胁附近海湾的环境安全。

想要到达Mispec，先绕过科特尼堤道(Courtenay Causeway)，向右转入Bayside Dr车道，再右转上Red Head Rd路。继续前行吧。

Nougatine et Chocolat 餐馆（☎506-634-7758；124 Prince William St；主菜 $10～20；⏰周二至周六 7am～5:30pm，周日 10:30am～5pm）美味的沙拉、铁锅馅饼和只有在明亮的欧式咖啡馆才能吃到的精致法国甜点。

Billy's Seafood Co. 海鲜馆（☎506-672-3474；49 Charlotte St；⏰周一至周四 11am～10pm，周五和周六 11am～11pm，周日 4～9pm；主菜 $16～30）毕竟我们是在东部海岸——这是 City Market 区最受欢迎的休闲餐馆，用独特的方法制作海鲜。

我们的选择 **Thandi餐馆**（☎506-648-2377；33 Canterbury St；主菜 $18～30；⏰周一至周五11am～停业，周六和周日4pm～停业）A+级的就餐气氛——这里有裸露的砖墙、厚实的木材和温暖的灯光，楼下是现代风格的背光式酒吧，楼上有舒适的壁炉。还有美食——品尝korma羔羊肉、素食者青睐的豆腐炒菜或扇贝、贻贝烩饭吧。

饮品和娱乐

圣约翰市民固定在**Java Moose咖啡馆**（☎506-

景观路线：KENNEBECASIS 河谷

夏季的周六，像圣约翰的居民一样，乘坐 **Gondola Point Ferry 渡轮**（Hwy 1，141 出口；免费入内）到达田园风光的金斯顿半岛(Kingston Peninsula)，然后沿着 Rte 845 路向东到达**金斯顿农贸市场**（Kingston Farmers' Market；Rte 845，Kingston；⏰周六 8am～1pm）。品尝新鲜水果、蔬菜和各种风味食品，或停下来在已修复的 1810 年的 **Carter House Tea Room 茶室**（☎506-832-2902；874 Rte 845；蛋糕和茶 $4～8；⏰周二至周六 9:30am～4:30pm）吃午餐，当然这里会有喜欢收拾和整理书籍的幽灵出没。离开城市，继续行进在 Rte 845 路上，进入热闹的汉普顿(Hampton)社区，在这儿拐向 Rte 121 路，沿着 Kennebecasis 河北岸前进，穿过农场和 Norton 和 Apohaqui 村庄，进入**萨塞克斯**(Sussex，人口 4200)。

萨塞克斯是坐落在翠绿山谷中的农场社区，仍在正常运转，周围散布着多座乳牛场。老式的大街可能曾经是一个感人的 20 世纪 50 年代情感故事的电影场景（但是请注意，需要有足够的户外壁画！）。保存完好的火车站里设有**旅游信息中心**(Tourist Information Center)、一个聚焦于本地区军事展览的小博物馆和 Sully's Ice Cream Parlour 冰淇淋店。

如果你逗留到晚上，可以在 **Sussex Drive-In 餐馆**（☎506-433-3134；Rte 2；成人/儿童 $8/4；⏰5 月到 9 月周五至周日黄昏有演出）花双倍的餐费进行回到 20 世纪 50 年代的时光旅行。你可以在相邻的 **Town & Country Campark 营地**（帐篷/娱乐车营地 $26/28）住宿。其他两个有趣的选择是 **Maple Shade Tourist Home 旅馆**（☎506-433-8300；43 Church St；www.maple-shade.ca；房含早餐带公共卫生间 $55～65；Ⓟ 💻）和 **Jonah's Place B&B 旅馆**（☎506-433-6978，866-448-8800；www.jonahplace.com；977 Main St；房含早餐 $60～115；Ⓟ ⊠ 💻 wi-fi），它们都在杂乱无章的 19 世纪建筑中。

优雅舒适的**百老汇咖啡厅**（Broadway Cafe；☎506-433-5414；73 Broad St；午餐主菜 $8，晚餐 $18～35；⏰周一至周二 10am～3pm，周三至周六 10am～9pm）是城镇的最佳就餐之处。

我们的选择 **Gasthof Old Bavarian 酒馆**（☎506-433-4735；1130 Knightville Rd；主菜 $10～24；⏰6 月到 9 月周五至周日 12～10pm，其余月份 12～8pm，1 月休业）是真正值得就餐的乡村酒馆。坐落在幽静的山谷中乡村的小路边，德国和荷兰的农场主定居在这里。这里有来自黑森林的啤酒酒杯和各种啤酒。装饰风格是巴伐利亚人狩猎屋式，拥有低矮的木制天花板、厚重的木制家具和欢快的蓝白相间的格子花纹台布。家庭农场制作的盘子，盛放着炸肉排和香肠，平实而美丽，由紫色的卷心菜、新采摘的青菜和乳白的水果布丁装饰，再配上浓郁的香料……尽管这个地方显得有些蛮荒，但总是坐满了就餐的人们，建议你预订。这里只能用现金。想要到达这里，请搭乘去往萨塞克斯的车并在旅游信息中心取地区地图或问询当地人。

从 Gashof 出来后向左转，从后面转上 Knightville Rd 路，再向左转在 Anagance Ridge 处换到 Country View Rd 路上，然后右拐到 Petitcodiac。这条路在山峦起伏的绿色乡间延伸，满是令人惊叹的美景，使你想变卖家产，干脆到这里定居，养养鸡。如果意犹未尽，你可以漫步走过温室，在 **Cornhill Nursery and Cedar Cafe 咖啡馆**（☎506-756-3635；2700 Rte 890；午餐 $7～10；⏰6 月到 9 月 10am～4pm）享受一顿健康的有机午餐或茶加蛋糕。从 Petitcodiac 出发，再次回到 Hwy 1 公路，向东行驶可到达蒙克顿，也可向西回到芬迪公园和圣约翰。汉普顿和萨塞克斯之间的 Hwy 1 公路沿途的山谷景色也很秀丽。

657-7283；84 Prince William St；⌚周一至周五7:30am～5pm，周六9am～5pm；💻wi-fi）享用咖啡，它是一家自产的咖啡屋，兼具都市时尚和北部森林的气氛。这里没有太多的夜总会场景，但酒吧文化和现场音乐在住宅中心许多大气的水边酒吧中很盛行。你可以从当地机构**O'Leary's酒馆**（☎506-634-7135；46 Princess St；⌚周二11:30am～11pm，周三至周五11:30～1:30am，周六11～1:30am）开始四处串吧；然后到**Elwoods酒吧**（☎506-657-3001；112 Prince William St；⌚11:30am～较晚）和**Tapps Brewpub酒吧**（☎506-634-1957；78 King St；⌚周一至周四11am～午夜，周五和周六11～2am，周日4～10pm）。所有的人都可以在每周几个晚上欣赏现场音乐会，有很多当地的微酿酒和进口啤酒可供选择。如果想获得音乐会的信息，可从城镇周围获得免费的娱乐报纸《在这里》（*here*）。想在优雅的环境安静地饮酒，就去舒适的**Happinez Wine Bar酒吧**（☎506-634-7340；42 Princess St；⌚周五4pm～1am，周六5pm～1am，周三和周四4pm～午夜）或隔壁考究的马提尼酒吧——**Sebastian's酒馆**（☎506-693-2005；43 Princess St；⌚周一和周二5～10pm，周三和周四5～11pm，周五和周六5pm～2am）。

Sessions Cafe小餐馆（☎506-847-1321；140G Hampton Rd，Sobey's Plaza，Rothesay；⌚周四至周六7:30am～11pm，周日至6:30pm，每周其他几天提早关门）不协调地坐落在郊外带状购物中心，它是镇里欣赏周末现场加拿大民间音乐和布鲁斯音乐最好的地方，周四晚上有海洋爵士乐(Maritime Jam)演奏会。演出票常常售空，记得预订票($10～15)和一个餐位。

帝国剧院（Imperial Theatre；☎506-674-4100；24 Kings Sq S；⌚售票处 周一至周五 10am～7pm，周六正午～4pm）剧院现已恢复它1913年的光彩原貌，是这座城市重要的演出场所，剧目涵盖古典音乐和现代戏剧。演出和售票情况可致电查询。

到达和离开

飞机

机场位于城东通往圣马丁斯（St Martins）的Loch Lomond Rd路上。有关航班信息，见408页。

轮船

在圣约翰与新斯科舍省（Nova Scotia）的迪格比（Digby）之间有每日渡船（欲知详情，见409页）。

公共汽车

公共汽车站（☎506-648-3500；300 Union St；⌚周一至周五 7:30am～9pm，周六和周日 8am～9pm）离城里步行仅5分钟。Acadian Lines汽车公司提供服务。开往弗雷德里克顿（Fredericton，$20，1个半小时）和蒙克顿（Moncton，$26，2小时）的公共汽车，上下午各有一班。周五和周六，这里有去缅因州班戈（Bangor，$28，3个半小时）的直达车。

四处走走

抵离机场

市内的22路公共汽车连接机场和Kings Sq广场。**Diamond Taxi 租车公司**（☎506-648-8888）经营机场穿梭汽车，票价$15。它在每个航班起飞前1个半小时发车，途经Brunswick Sq广场的Delta Brunswick酒店等。出租车收费约$28。

公共汽车

Saint John Transit 运输公司（☎506-658-4700）票价$2.25。最重要的路线是东西方向的公共汽车服务，分别是1路或2路向东到McAllister Dr和3路或4路向西至圣约翰西区，渡船终点站附近。另一经常使用的公交线路是开往大学的15路或16路。

小汽车和摩托车

Discount Car Rentals租车公司（☎506-633-4440；622 Rothesay Ave）位于Park Plaza Motel汽车旅馆对面。Avis，Budget，Hertz和National公司在机场都设有租车柜台。

圣约翰的停车计时收费仅限工作日的早8点至下午6点，每小时$1。周末、假日、晚间，可免费在计时器旁停车。像Kings Sq广场东面的Leinster St和Princess St这样的后街，任何时候都可以免费停车。**城市停车场**（city parking lot；11 Sydney St）周末免费。

东芬迪海岸 (EASTERN FUNDY SHORE)

从圣约翰至霍普韦尔角（Hopewell Cape）间粗犷崎岖、未遭破坏的东芬迪海岸，大部分保留了原始生态。徒步者、骑行者、划独木舟者，还有所有喜爱自然的人，都会为其险峻的峭壁、磅礴的海潮、神奇的海岸而倾倒。截至目前，人们仍不能从圣马丁斯（St Martins）沿海岸线驾车直达芬迪国家公园，必须由内陆经萨塞克斯（Sussex）绕行，除非你准备徒步前往。

圣马丁斯(ST MARTINS)

从圣约翰往东40公里，就来到这可爱的、风景如画的小村庄。一条小河、两座廊桥、点点渔船和红色岩壁点缀其间。这里曾是木船制造中心，现在得益于1998年开发的娱乐性海滨大道公园，它吸引着旅行者的目光。**River Valley Adventures公司**（☎506-833-2331，888-871-4244；www.rivervalleyadventures.com；404-B Main St）组织向导带领下的海上爱斯基摩划子和徒步旅行，历时2小时至5天。它还出租山地自行车(每小时/每天$8/35)。

食宿

Minihorse Farm B&B旅馆（☎506-833-6240；280 West Quaco Rd；www.stayatminihorsefarm.com；房 含早餐$60；P ⊠ 🖳）古老的海滨农舍，提供简朴而温馨的客房和热忱的欢迎。是的，这里有人们喜爱的小型马。

St Martin's Country Inn旅馆（☎506-833-4534，800-566-5257；www.stmartinscountryinn.com；303 Main St；房 $95~165；P ⊠ ⊠）高耸的大厦，俯瞰着海湾，是全城最豪华之所。住客能在它轻松、时尚的餐厅里，享用到美味菜肴。

Seaside Restaurant 餐馆（☎506-833-2394；81 Macs Beach；主菜 $8 ~ 13；9:30am ~ 8pm）就在海滩上，廊桥东端的岩洞附近。度假村式的餐厅有炸鱼加薯条(fish and chips)，扇贝(scallops)和海鲜沙锅(seafood casseroles)等。在这儿，你会感到真在度假。

芬迪国家公园
(FUNDY NATIONAL PARK)

它是全国最受欢迎的**国家公园**（☎506-887-6000；www.pc.gc.ca/fundy；一日票 成人/儿童/家庭$7/3.50/17.50）之一。亮点是拥有全世界上最高的海浪、海侵沙石岩壁和落潮时显露出来的宽广海滩，而此时这里是探寻大海馈赠的绝佳之地。公园还以广阔的徒步路网而著称。

实用信息

游客信息中心总部（Headquarters Visitor Centre；☎506-887-6000；6月中到9月上旬10am~6pm，9月上旬到次年6月中9am~4pm）位于南入口。

Wolfe Lake Information Centre 信息中心（☎506-432-6026；Hwy 114；6月下旬到9月上旬 10am ~ 6pm）位于北入口。

活动

自行车

有六条山间小路允许骑车：古斯河、马文湖(Marven Lake)、黑洞(Black Hole)、东支(East Branch)、本尼特小溪(Bennett Brook，部分开放)和梅普尔丛林(Maple Grove)。最新报告显示，芬迪公园或附近阿尔马(Alma)并没有自行车出租，令人费解。请致电游客中心，查看最新信息。

徒步

芬迪公园里的徒步小路总长达120公里，游客既可享受短途漫步，又可体验长达3日的远途跋涉。一些小路要求徒步者涉水过河，所以要做好准备。

最受欢迎的背包旅行路线是**芬迪环路**(Fundy Circuit)——穿过公园核心区的48公里长的小径，要跋涉3天。徒步者通常在Marven Lake过一夜，第二晚在Bruin Lake，再经上鲑鱼河(Upper Salmon River)返回。首先，在游客中心稍作停留，预订野外的宿营地（每夜$10；致电预订）。

另一个过夜路线是**古斯河小路**(Goose River Trail)。它与芬迪小路相接，与通往圣马丁斯的公路相连。这个尚未开发，有3日行程的小路是全省最难跋涉的一个。当然，你可以骑车到古斯河边，余下的行程就只能靠双脚了。

芬迪国家公园里可一日游的徒步路线包括**Coppermine Trail 小路**——4.4公里长的环路，途经一个旧矿场；**Third Vault Falls Trail 小路**——3.7公里长的单行道，通往公园最高的瀑布，很具挑战性；轻松一点儿的，是行程3小时、由巡警领队的**芬迪夜生活徒步游**(Fundy Night Life Hike；成人/儿童/家庭$12/8/33)，7月、8月周六的晚8点出发，有点吓人，但很有趣。需很早预订。

滑雪

在冬季，25公里的公园小径被铺设成越野滑雪的雪道，还有可穿着雪鞋穿越森林的步行雪道。

游泳

此处的大海寒冷刺骨。幸运的是，这里有一个**加温海水泳池**（☎506-887-6014；成人/儿童$3/1.50；6月下旬到9月上旬11am~6:30pm），离公园南入口不远。

住宿

公园有五个宿营园和13个野外营地。至少应提前3天做好**宿营预订**（☎800-414-6765，877-737-3783；预订费 $7.50）。入园费另算，抵园时现付。

Wolfe Lake Campground 宿营园（营地 $13）西北入口处的一片空地。这里没有淋浴，但也有它的优势：灶房带顶篷，宿营者较少。

公园内部有两个大型的**Chignecto Campground 宿营园**（帐篷/娱乐车营地 $25/32）；有131个营地的**Headquarters Campground 宿营园**（帐篷/娱乐车营地 $23/32）位于游客中心附近。游客中心西南8公里，沿着海岸而建的是**Point Wolfe Campground 宿营园**（帐篷营地 $25），它的181个营地在海风吹拂下，凉爽宜人。

预订野外宿营地($10)，可致电任意一个游客中心。

Fundy Highlands Inn & Chalets 旅店(☎506-887-2930，800-883-8639；www.fundyhighlandchalets.com；8714 Hwy 114；小木屋$85～105；⏲5月到10月)简朴可爱的小木屋都连着平台、小厨房以及出色的风景，仅仅这些就能吸引你。

阿尔马(ALMA)

阿尔马小村是公园的给养中心。它有旅店、餐馆、一个小加油站、食品店、小酒馆和自动洗衣店。大部分设施在冬季歇业，那时这里是个空城。海滩上矗立着莫利·库尔(Molly Kool)雕像，她是北美大陆第一位女船长。

Fresh Air Adventure旅行社(☎506-887-2249，800-545-0020；www.freshairadventure.com；16 Fundy View Dr；⏲5月下旬到9月中)在芬迪湾周围，组织形形色色的爱斯基摩划子游，游程从2小时到数日，品种繁多。

Captains Inn B&B旅馆(☎506-887-2017；www.captainsinn.ca；8602 Main St；单含早餐$72～80，双$80～95；⏲全年)这是家优雅的蓝白色调旅馆，位置中正，色彩明快。

Tides Restaurant餐厅(☎506-887-2313；8601 Hwy 114；主菜$12～21；⏲5月中到10月11:30am～8:30pm)是海边Parkland Village Inn客栈的正式餐厅，制作顶级海味，肋排(ribs)也不差。供应外卖的天井里有炸鱼加薯条和冰镇啤酒。

因瑞吉角和玛丽岬角 (CAPE ENRAGE & MARY'S POINT)

从阿尔马出发，在旧的Rte 915路的路旁，你会看到这两个激动人心，但相对孤立的岬角，高居海湾之上。

看着狂风怒吼下的灯塔，**因瑞吉角**(Cape Enrage；☎506-887-2273，888-280-7273；www.capenrage.org；Rte 905附近；门票 捐款$3；⏲5月到9月8:30am～6pm)的名字恰如其分(英文里有愤怒之意——译注)，徜徉海滩。这儿是重新修建的，而且仍由当地高中学生和本地区的志愿者指导者熟练地经营。当地人还提供沿着海岸划行的**爱斯基摩划子**(全天/半天$78/52)和从陡峭的岩石表面下落的**绳降**(2小时，$50)，并在最初的灯塔守护者房屋的基础上经营着**守护者餐厅**(Keeper's Lunchroom)，在这儿你可以吃一大碗热腾腾的杂烩($6.50)并享受美丽的风景。

向东22公里，在玛丽岬角上，是**Shepody Bay Shorebird Reserve 鸟类保护区**(Hwy 915附近，Point Rd，免费入内)。从7月中旬到8月中旬，毫不夸张地说，这里有成千上万只海滨鸟类，主要是鹬(sandpipers)聚集于此。天然小径和海滨木板大道穿过堤坝和沼泽。介绍中心(interpretive center)仅在6月下旬至9月上旬对外开放，但任何时候，你都能在那6.5公里长的小路上做徒步旅行。

霍普韦尔礁石(HOPEWELL ROCKS)

霍普韦尔角(Hopewell Cape)有个**霍普韦尔礁石区**(☎877-734-3429；Hwy 114附近；成人/儿童/家庭$8/5.75/20，乘穿梭车另付$2；⏲5月中到6月下旬和8月中到10月上旬9am～5pm，6月下旬到8月中8am～8pm)，在那里，Petitcodiac River河注入Shepody Bay海湾。海岸礁石在海水的侵蚀下形状酷似花盆，被称作"花盆岩"。从海底升起几层楼高。

新不伦瑞克

景观路线：芬迪公园小径(FUNDY TRAIL PARKWAY)

这条**公园道路**(parkway；☎506-833-2019；www.fundytrailparkway.com；成人/儿童/家庭$3/2/10；⏲5月中到10月6am～8pm)连接佛罗里达和纽芬兰，穿过据说是仅存的崎岖不平的海岸荒原。去往大马哈鱼河(Big Salmon River)11公里长的公园道路出了原始荒野，接下来就是大片漂亮的人行道以及无数个景点、野餐区和停车场。最后，它将延伸到芬迪国家公园。从海湾依稀可见新斯科舍。这里还有单独的16公里长的徒步或自行车旅行小径，地势陡峭而多山。

周六、周日和节假日，这里每隔1小时就有免费班车，从中午运营到下午6点，运送往来于公园道路入口和大马哈鱼河之间小径上的徒步旅行者。在淡季，正门是关闭的，但是你可以将车停在入口处，然后徒步或汽车进入。

大马哈鱼河上有一个多余的**讲解中心**(interpretive center，⏲5月中到10月中8am～8pm)，这里有展品和10分钟的录像播放。一座悬桥通向这条路尽头边缘广阔的**野外徒步旅行**地区。徒步旅行者可用3天至5天徒步从芬迪国家公园的大马哈鱼河走到Goose河。在最新的报告里，这样做不需要通行证或许可。在大马哈鱼河区域则需要为野外多岩石的地形做准备，甚至要带一两根绳梯。一些海滩区域不能通行，退潮时除外。详情请致电Alonzo Leger(☎506-386-2867)。

芬迪海潮

芬迪湾拥有全世界最高的海潮。密克迈克族的传说将海潮永不停歇的涨落，归功于鲸的巨尾翻江倒海的威力。而正确、但毫无诗意的解释是，海湾本身的长度、宽度和漏斗形的构造成就了这一现象。

涨潮与退潮间最大的落差出现在海湾东端和 Minas Basin 附近。海潮可涨到 10 至 15 米，一日两次，间隔 12 个半小时。有记录的最高海潮达 16.6 米，足有四层楼高，出现在新斯科舍省 (Nova Scotia)Noel 附近的 Burncoat Head 角。

海洋由于受到月球和太阳的引力，而产生海面周期性规则的升降，引起潮汐。当满月或新月时，由于月球、太阳引力相叠，产生大潮，潮差最大。当这个时间恰逢月球离地球最近时（近地点，27.5 天一次），海潮最为壮观。

旅客信息中心提供当地的潮汐时刻表。

这里拥挤的停车场足有弗雷德里克顿那么大，你不得不努力向前挤。无论如何，退潮时的海滩很值得一游。提前在任何一家旅游局查询潮汐时刻表，涨潮时，不能光顾海滩，但在上面的小路上可以看到，礁石曲折地穿过树林。

新不伦瑞克省东南部 (SOUTHEASTERN NEW BRUNSWICK)

新不伦瑞克省的这个东南角落是平坦的滨海平原，被潮水和盐沼分开。蒙克顿 (Moncton)——众所周知的“中心城市”，是主要交通枢纽。它有两个著名的景点，那里的大自然魔力好似在挑战地球引力。东南部，朝新斯科舍省 (Nova Scotia) 的方向，还有重要的历史遗迹和鸟类景区。

蒙克顿(MONCTON)

人口 61 045

蒙克顿就像你喜爱玩乐的朋友——你的办公室安排的可爱德国交换学生。你认为和他们在一起，可以度过快乐时光，但你担心你的欧洲朋友可能会被蒙克顿老式的带状购物中心的衣厨所耽搁，就直接面对这座城市不容易让人留下深刻印象的外表吧。而且，你应将重点放在它活泼的个性、高品位的音乐、精美的食品以及他们讲两种语言的事实上。

城市中心的几个街区装饰着红砖人行道和开满鲜花的花圃。这里有一些大的餐馆、酒吧和喧闹的阿卡迪亚农贸市场。除此之外，几乎没有什么能留住旅行者。

历史

蒙克顿最初位于密克迈克人通往希迪亚克 (Shediac) 的运输线上。18 世纪 40 年代，第一批阿卡迪亚人来此定居。1766 年，宾夕法尼亚的德裔新教徒紧随而至。19 世纪中叶，这里是主要的造船中心，但木制海船的衰落最终导致了蒙克顿造船厂于 19 世纪 60 年代关闭。此后，它成了铁路中心。在第二次世界大战期间，这座城市发挥了运输中心和同盟国飞行员训练基地的作用。现在，蒙克顿是滨海诸省中经济增长最快的城市，作为运输中心和呼叫中心，它吸引了双语劳动力来这里创业。

方位和实用信息

蒙克顿公共图书馆（Moncton Public Library；☎506-869-6000；644 Main St；🕒 周二至周四 9am ~ 8:30pm，周五和周六 9am ~ 5pm）免费上网。

圣乔治街夜间诊所（St George St After Hours Medical Clinic；☎506-856-6122；404 St George St；🕒 周一至周五 5:30 ~ 8pm，周六、周日和假日 正午~ 3pm）看病不需要预约。在 Jean Coutu Pharmacy 药店旁边。

游客信息中心（Visitors Information Centre；☎506-853-3590，800-363-4558；www.gomoncton.com；Bore Park，Main St E；🕒7 月和 8 月 9am ~ 8pm，5 月下旬和 9 月到 10 月上旬 9am ~ 4:30pm，6 月 9am ~ 7pm）从 11 月至次年 5 月中，办公地点位于 Main St 街 655 号的市政大楼 2 层。

值得停留

从位于海湾边缘的阿尔马向东行进在风景优美的 Rte 915 路上，中途下车品尝甜美的蓝莓葡萄酒，并在**水边农场农舍酿酒厂**（Waterside Farms Cottage Winery；☎506-887-2058；www.watersidewinery.ca；2008 Rte 915，Waterside；🕒6 月到 9 月 10am ~ 6pm，冬季周三至周日 11am ~ 5pm）欣赏大海的全景。

新不伦瑞克

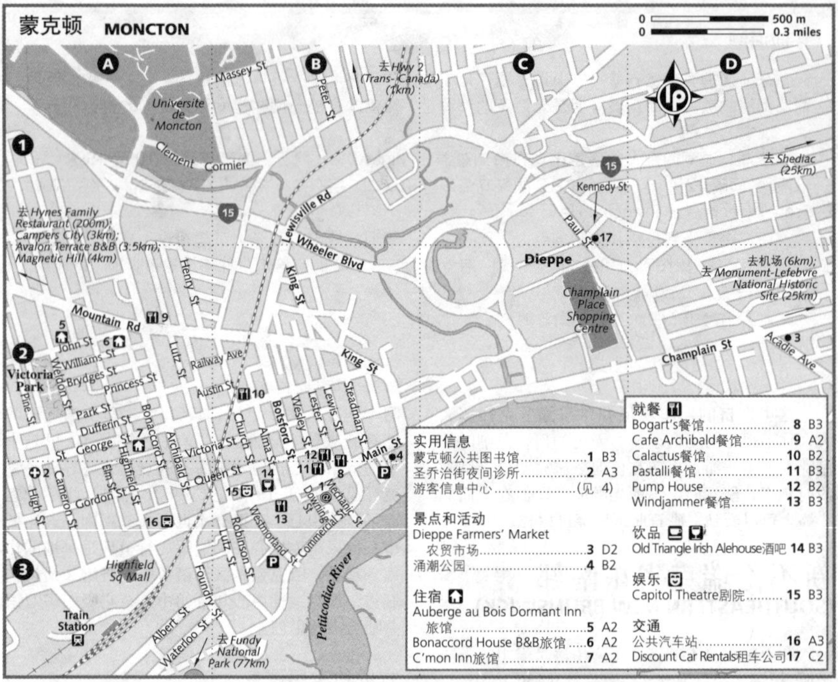

景点

磁铁山（☎506-858-8841；Mountain Rd和Hwy 2拐角；每车门票 $5；⏲5月中到9月中8am～8pm）是加拿大最著名(尽管并非最受喜爱)的景点之一。这里的地球引力像是反向作用，坐在山底的汽车里，你会向上飘去。想想为什么。非营业时间和淡季，这里免费。这个新奇的体验能博你开心一笑，但那满山遍野、很能挣钱的套圈游戏却不值一提。适宜全家出游的景点还有动物园和水上公园。

涌潮公园（Tidal Bore Park；Main St 东端；免费入内；⏲24 小时）游客手册上谈到潮水 Peticodiac River。理论上，潮汐来临时如同大波浪，像地毯般展开，以惊心动魄的气势越过泥泞的滩涂，自后面推动着强大的芬迪海潮，别忘了芬迪海潮的高度可是世界之最。事实上，它通常看起来像一个大泥坑，也是……有点儿乏味。破环者是 20 世纪 80 年代建在 Petitcodiac 的堤道。

我们的选择 **Dieppe Farmers' Market 迪耶普农贸市场**（☎506-382-5750；Acadie Ave 和 Gauvin Rd 拐角，Diep-pe；⏲周六 7am～1pm）品尝美食的好去处，确实是。新不伦瑞克充满活力的阿卡迪亚文化包括每周举办的集市。售货摊位摆满了本地生产的奶酪、小屋葡萄酒和自制的蜜饯以及阿卡迪亚菜肴如 tortière、鸡肉家常菜和兔肉馅饼。细细品味 plogues 和 guaffres 甜点，同时浏览手工艺品摊位。如果想从市区到这里，可沿着 Main St 向东 2 公里，到 Champlain，拐上阿卡迪亚大街 (Acadie Ave)。寻找黄色的屋顶。

团队游

Roads to Sea（☎506-850-7623；www.roadstosea.com；⏲5 月到 10 月）提供赴霍普韦尔礁石 3 个半小时的大车游 ($75)，8 小时的带导游游览将涵盖礁石、芬迪国家公园、因瑞吉角、一些桥与灯塔 ($130)；以及 1 个半小时的蒙克顿景点游 ($40)。

住宿

预订是个好主意，因为这座城市是个主要的会议目的地，经常会人满为患。

C'mon Inn 旅店（☎506-854-8155，506-530-0905；47 Fleet St；monctonhostel@yahoo.ca；宿 $24，单 / 双 $30）蒙克顿唯一的青年旅舍，设在喧闹的维多利亚时代的建筑中，它距离公共汽车站两个街区。五个铺位的宿舍房间和私密的单人房间以及拥有公用浴室的双人房间，都没有新奇之处，但都整洁而

新不伦瑞克

舒适。有一个厨房和走廊上可供人们闲荡的宽敞空间。

Bonaccord House B&B旅馆（☎506-388-1535；www.bbcanada.com/4135.html；250 Bonaccord St；单/双 含早餐$45/58，套房 带厨房 $75；🅿 ⊠ ❄）这儿很合算，可步行到市中心，是一栋令人心情愉快、维护良好的维多利亚式建筑，有些迷人之处。客厅有一个舒适的壁炉，走廊上提供早餐咖啡。

Auberge au Bois Dormant旅馆（☎506-855-6767，866-856-6767；www.auberge-auboisdormant.com；67 John St；单 含早餐$85~110，双 $95~120；🅿 ⊠ ❄ 💻wi-fi）一座优雅的维多利亚建筑，现被修复成充满活力的现代风格的旅馆。其中一些房间有私人阳台。这家对同性恋者开放的处所位于安静的林荫住宅区道旁，提供三道菜的早餐。

餐饮

Cafe Archibald餐馆（☎506-853-8819；221 Mountain Rd；主菜 $7~9；🕑 周日至周四10:30am~11pm，周五和周六10:30am~午夜）这个时尚的小酒馆，可丽饼是招牌菜，菜肴在开放的不锈钢厨房里烹制，然后被端到红木和斑马条纹的软长椅的餐桌前，或引人注目的安着纱门、纱窗的阳台上。另一种方式是，享受野生蘑菇和罗勒比萨饼以及蔬菜沙拉。

Pump House餐馆（☎506-855-2337；5 Orange Lane巷；主菜 $7~13；🕑11~1am）当地人来此放松，而你可享用到很好的汉堡包、牛排套餐或木烤比萨饼。这里有自家产的啤酒，其中Muddy River 烈性黑啤味道不错，要不你就自己试试样酒盘里的啤酒。

Bogart's 餐馆（☎506-855-5335；589 Main St；午餐 $7 ~ 12，晚餐 $19 ~ 25；🕑11:30am ~任何时候）这家别致的餐馆深受当地人喜爱，它拥有内容丰富的菜单，包括用白色蒜味奶油烹制的法国蜗牛以及玉米、大米、蟹肉，再加上作料制成的蟹饼，使人食欲大增。菜单非常周到，包括对饮酒和菜量的建议。餐馆的装饰时尚而充满活力，使用番茄橙色与黑巧克力棕色相间的木头及奶油色的亚麻布。在夏季周末的伴餐音乐声中安顿下来，好好享受吧。

Calactus 餐馆（☎506-388-4833；125 Church St；主菜 $10 ~ 13；🕑11am ~ 10pm）素食者的香格里拉（天堂）！享受从墨西哥、印度、中东风味菜肴的菜单上点餐的自由。品尝蘑菇肉馅卷（mushroom cannelloni）——一种面食，是用波尔图贝罗蘑菇和豆腐做馅儿，加入番茄、羊乳酪和黄波芝士烤制而成，配上沙拉一起吃。天然的木材、温暖的土色和冒着气泡的喷泉烘托出舒缓的气氛。

Windjammer 餐馆（☎506-877-7137；750 Main St；主菜 $22 ~ 60；🕑5:30 ~ 10pm）如果你准备抬脚挤出游船、去新不伦瑞克享受一顿美餐，那么这里就是你想要去的地方。由黑色的木头镶板和亲切的烛光照亮的小饭厅并配上白色亚麻布和瓷器。主厨斯特凡·穆勒（Stefan Mueller）由于他用当地原料烹制的精美菜肴而备受赞誉。开始用白兰地浸泡的龙虾加上柑橘奶油，然后移到野牛的大牛排或牛肉上，加上奶酪和蓝莓港口酒或大西洋鲑鱼片浇上姜味蜜汁。这餐桌 d'hôte 是每人$55。

同时推荐以比萨饼闻名的意大利餐馆 **Pastalli**（☎506-383-1050；613 Main St；主菜 $9 ~ 18；🕑 周一至周四 11am ~ 11pm，周五和周六 11am ~午夜，周日 4 ~ 11pm）及悠闲的 **Old Triangle Irish Alehouse 酒吧**（☎506-384-7474；751 Main St；主菜 $8 ~ 10；🕑11 ~ 2am），后者提供丰盛的酒吧美食、32 个桶装的啤酒及大部分夜晚举办的现场音乐会。**Hynes Family Restaurant 餐馆**（☎506-382-3432；495 Mountain Rd；主菜 $8 ~ 10；🕑 周一至周六 6:30am ~ 10pm，周日 7am ~ 10pm）也不错，一家从 1939 年以来开始经营但没有什么新奇之处的蒙克顿餐馆。

免费赠送的《在这里》（*here*）杂志对蒙克顿活跃的（解作：喧嚣的）夜生活进行了概述。Central Main St 街和几条小街有一些酒吧，里面挤满年轻人，有现场乐队，可跳舞。你也可以在巍峨的**国会剧院**（Capitol Theatre；☎506-856-4379；811 Main St）休息期间，来杯酒。剧院在 20 世纪 20 年代曾是轻喜剧之家，并恢复了最初的光彩。它是全年中音乐会和现场剧院的演出场地。

到达和离开

飞机

大蒙克顿机场位于 Champlain Place Shopping Centre 购物中心经 Champlain St 街向东 6 公里之处。有关航班信息，见 408 页。

公共汽车

Acadian Lines 公司的汽车在市中心的**公共汽车站**（bus station；☎506-859-5060；961 Main St；🕑 周一至周五 7:30am ~ 8:30pm，周六和周日 9am ~ 8:30pm）停靠，开往弗雷德里克顿（Fredericton，$35，2 小时，一天 3 班）、圣约翰（$26，一天 3 班）、爱德华王子岛（Prince Edward Island，$30，3 小时，一天 3 班）和哈利法克斯（Halifax，$44，4 小时，一天 3 班）。

小汽车和摩托车

如果你需要代步工具，Avis、Budget、Hertz 和 National 都在机场设有租车柜台。你还可以联系 **Discount Car Rentals 租车公司**（☎506-857-2323；

566 Paul St；🕑 周一至周五 8am ~ 6pm，周六 9am ~ 1pm）。

在蒙克顿停车着实费劲：即使离市中心老远，也到处是停车计价器（$1/小时）和禁停牌。Westmorland St街蒙克顿市场的市政停车场收费每小时/天 $1/7，但在周六、周日和下午 6 点以后免费。Main St 街的 Highfield Sq Mall 购物中心为其顾客提供免费车位。谁能说你不是其中的一位呢？

火车

火车站（☎ 506-857-9830，800-561-3952；1240 Main St；🕑 9am~6pm）坐落在城市的正中心。Via Rail铁路的Ocean快车穿过新不伦瑞克的北部，经米拉米希(Miramichi)和坎贝尔顿(Campbellton)，直达魁北克的蒙特利尔。除周二外一天1班，下午5点40分发车($113起)。去哈利法克斯(Halifax)的火车上午11点40分出发，除周三外一天1班($40起)。

四处走走

20 路公交车往返于机场和 Champlain Place 广场之间，除周末外，一天 9 班。乘出租车从机场到市中心的费用是约 $14。

Codiac Transit（☎ 506-857-2008）是当地的公交系统。除周日外，每日运营。每张票价格为 $2。

萨克维勒(SACKVILLE)

这座小小的大学城是个稍作停留的好地方。**萨克维勒水禽公园**（Sackville Waterfowl Park）位于 East Main St 街边，与大学隔街相望。公园处在候鸟迁徙的要道上，园内的木板道路都配有解释性的说明。**野生生物服务处**（☎ 506-364-5044；17 Waterfowl Lane，E Main St 附近；免费入内；🕑 周一至周五 8am ~ 4pm）在入口处设有咨询台和湿地陈列展。有兴趣的还应去看看 **Tantramar Wetlands Centre 湿地中心**（☎ 506-364-4257；www.weted.com；223 Main St，高中校舍后面；免费入内；🕑 周一至周五 8am ~ 4pm）。有一条步行小路通到那里，里面设有教育办公室。

Mel's Tea Room茶舍（☎ 506-536-1251；17 Bridge St；主菜 $4~10；🕑 周一至周六8am~午夜，周日10am~11pm）这间茶舍自1919年起就开始在小镇中心经营，很有些20世纪50年代餐厅的魅力。这里有自动唱片点唱机，以及与之相配的价格。

博塞茹尔要塞国家历史遗迹(FORT BEAUSÉJOUR NATIONAL HISTORIC SITE)

位于与新斯科舍省(Nova Scotia)的交界处，这个**国家历史遗迹**（☎ 506-536-0720；www.pc.gc.ca/fortbeausejour；游客中心以西1.5公里；成人/儿童/家庭 $3.50/1.75/8.75；讲解中心 🕑 6月到10月中9am~5pm）保存着法国人建于1751年的要塞。当时是为了抵抗英国人，但没能奏效。后来，它又在美国独立战争和1812年战争中发挥了堡垒作用。现在只有石质基座和土木工事尚存，但四周风光如画，生动地展示了这个海滨要道成为两代王朝必争之地的原因。

欲知详情，请造访**新不伦瑞克游客中心**（New Brunswick Visitor Centre；☎ 506-364-4090；158 Aulac Rd；🕑 7 月和 8 月 9am ~ 9pm，5 月中到 10 月上旬 10am ~ 6pm）在 Aulac 出 Hwy 2 公路，位于通往海滨三省公路的交会点上。

诺森伯兰海岸 (NORTHUMBERLAND SHORE)

新不伦瑞克省的诺森伯兰海岸从联盟大桥(Confederation Bridge) 延伸到库希布夸克国家公园 (Kouchibouguac National Park)，是整个阿卡迪亚旅游带的一部分，点缀着渔村和夏天的度假屋。沿海的希迪亚克 (Shediac) 是龙虾爱好者的必去之地，是个很受欢迎的海边娱乐和度假胜地。沿海地区有相当一部分居民说法语，其中布克塔谢 (Bouctouche) 是阿卡迪亚文化的大本营。再向北，库希布夸克国家公园保护风景绮丽的大片海边生态系统。

茹瑞梅恩角(CAPE JOURIMAIN)

位于爱德华王子岛大桥附近的**茹瑞梅恩角自然中心**（Cape Jourimain Nature Centre；☎ 866-538-2220；Rte 16；免费入内；🕑 5 月到 10 月 8am ~ 8pm）坐落在占地 675 公顷的国家级野生动物区内，保护着这片未开发的海岸和途经的候鸟。17 公里长的小路蜿蜒穿行于咸沼泽、沙丘、树林和海滩之间。一座四层楼高的望台可让你一览四周美景和联盟大桥。

这里的**新不伦瑞克游客中心**（New Brunswick Visitor Centre；☎ 506-538-2133；Hwy 16；🕑 7 月 和 8 月 8am ~ 9pm，5 月中到 6 月和 9 月到 10 月上旬 9am ~ 6pm）位于大桥旁。

有关横渡联盟大桥进入王子岛的信息，请参见 410 页。

希迪亚克(SHEDIAC)

希迪亚克，自称龙虾之都，是一座忙碌的夏季海边城镇和每年 7 月龙虾节的诞生地。在这里，你甚至能吃到龙虾比萨饼。整个夏季，许多白色小灯闪烁在小城四周，增添了节日气氛。

只要是炎热的周末，好像全省一半的居民都会

跑到 **Parlee Beach 海滩**上躺下，把自己晒成熟龙虾的颜色。在 **Cap Pelé** 南边是大片大片的沙质海岸线。极棒的 **Aboiteau Beach** 有超过 5 公里的无人看管沙滩，而其他的海滩均有服务设施和救生人员。

Shediac Bay Cruises游船公司（☎506-532-2175，888-894-2002；Pointe-du-Chene wharf码头）有个独一无二的节目——带游客出海捕龙虾。捞起捕虾器后，教你如何烹制，然后一起大快朵颐——费用总共不过$65。

希迪亚克被那些像房车宿营地似的简陋小屋的城镇环绕着，它唯一的吸引力是邻近的Parlee泳滩。在**Auberge Belcourt Inn B&B旅馆**（☎506-532-6098；310 Main St；房 $85～115；🕑3月到11月；P ⊠ ⊠）和**Auberge Gabriele Inn旅店**（☎506-532-8007，877-982-7222；www.aubergegabriele.nb.ca；296 Main St；房 $89～149；P ⊠ ⊠），可以找到更令人神往的住处(尽管比较昂贵)。

高级的就餐之选是**Green House on Main餐馆**（☎506-533-7097；406A Main St；主菜 $10～20；🕑11am～10pm），它坐落在一座修复的维多利亚式房子里，这里提供富有想象力的法国美食，**Paturel's Shore House餐馆**（☎506-532-4774；Rte 133；主菜 $18～23；🕑4～10pm）提供新鲜的海鲜食品，而坐落在繁忙的Pointe de Chine 码头的**Captain Dan's餐馆**（☎506-533-2855；主菜 $13～22；🕑周五、周六和周二11:30am～2am，周日、周一、周三和周四11:30am～午夜）有更多的休闲美食。最好的比萨饼是在周围几英里外卖的**Shediac Pizza餐馆**（☎506-532-2203；581 Main St；比萨饼 $3～10；🕑11am～较晚），只能使用现金。

布克塔谢(BOUCTOUCHE)

这是阿卡迪亚的海边文化重镇。镇子虽小但却出奇地忙碌，几个景点也很独特。**游客信息中心**（visitor information centre；☎506-743-8811；Hwy 134；🕑6 月到 9 月 9am ～ 5pm）位于小镇的南入口，盐沼上有一条木板大道。

景点和活动

Le Pays de la Sagouine 城（☎800-561-9188；www.sagouine.com；57 Acadie St；成人 / 学生 / 老人 / 家庭 $15/9/11/14/36；🕑6 月最后一周和 9 月第一周 9:30am ～ 5:30pm）每天提供英语和法语活动，由重建的古老渔村组成。这里举办各种音乐和戏剧表演，以阿卡迪亚历史与文化为特点。7、8 两月，周一至周六的晚上 7 点开始，各种带晚餐的音乐节目轮番上场（$48.50)。

欧文生态中心（Irving Eco Centre；☎506-743-2600；www.irvingecocenter.com/main.htm；1932 Hwy 475；免费入内；介绍中心 🕑7 月和 8 月 10am ～ 8pm，5 月中到 6 月和 9 月到 10 月周一至周四 正午～ 5pm，周五 正午～ 6pm，周六和周日 10am ～ 6pm）位于布克塔谢东北 9 公里的海岸上，保护和展示着“布克塔谢的沙丘”——探进海峡的一条美丽而狭长的沙嘴地带。中心有关于本地动植物的介绍与展示，但其亮点是沙丘上 2 公里长的木板路，沿沙丘在海草中蜿蜒而去。半岛本身长 12 公里，如果想在松软的海沙上跋涉一个来回，要用 4 到 6 个小时。这里有一条长 12 公里的徒步 / 骑车小路。小路的起点是生态中心停车场，穿过密林，直达布克塔谢镇（$4)。

KC 欧文（KC Irving，1899 ～ 1992 年），欧文帝国的缔造者，布克塔谢人，他的巨大铜像就矗立在市镇公园里。

食宿

晚上住宿有两个不错的选择：**Aux P'tits Oiseaux旅馆**（☎506-743-8196；oiseau@nbnet.nb.ca；124 Chemin Du Couvent；单 含早餐带公共卫生间 $55～60，双 $60～65；P 🖵）这家友善的旅馆带有令人心情愉快的白色护墙板，还有红白条遮阳篷，从Rte 475路上就能看到；以及**Bellevue Sur Mer旅馆**（☎506-743-6575；bellebb@nbnet.nb.ca；539 Rte 475；房 含早餐$75～100；🕑5月到10月）一座1860年的农舍，以明媚的法国乡村风格装饰，内有细亚麻布、白色亚麻布和古玩。带纱门纱窗的阳台可以欣赏美丽的海湾风景。

如果想要品尝炒蚬肉或传统的阿卡迪亚菜肴，请在**La Sagouine餐馆**（☎506-743-6606；43 Boul Irving；主菜 $8～17；🕑夏季6am～10pm，冬季6am～7pm）的户外庭院找个位子坐下来。

库希布夸克国家公园 (KOUCHIBOUGUAC NATIONAL PARK)

沿海的亮点——海滩、湖和绵延 25 公里的离岸沙丘，构成了这个公园的主体。这里可以戏沙、观鸟和挖蚌。公园还包括几英亩的森林和盐沼，它们纵横交错，环绕着自行车道、步行小径和为滑雪者准备的越野滑雪赛道。库希布夸克（koosh-e-boo-gwack)，密克迈克词，意思是“大浪之河”，这儿的“居民”还包括驼鹿、鹿和黑熊。更多信息，可联系**游客中心**（Visitors Centre；☎506-876-2443；www.pc.gc.ca/kouchibouguac；186 Hwy 117；一日游门票成人 / 儿童 / 家庭 $7/3.50/17.30，季票儿童 / 成人 $18/35；🕑7 月和 8 月 8am ～ 8pm，5 月中到 10 月中 9am ～ 5pm）。

活动

自行车和爱斯基摩划子

库希布夸克有 60 公里长的自行车道——蜿

蜒穿过公园腹地的碎沙砾小径。靠近南库希布夸克宿营园(South Kouchibouguac campground)的 **Ryan's Rental Centre 出租中心**(☎506-876-3733),出租自行车每小时/天 $6/28,独木舟/爱斯基摩划子每天 $30/50。从 Ryan 店出发可沿一条 23 公里长的环路骑行,而且不必上公园公路。在海岸和沙丘之间平静的浅水水域,从北向南延伸 25 公里,可在宁静的早晨悠闲玩水。

徒步

徒步公园有十条小径,大多短小而平坦。很棒的 **Bog Trail 小径**(1.9 公里)是一条从观看塔下延伸出来的木板路,只在前几百米是碎沙砾。**Cedars Trail 小径**(1.3 公里),较少人光顾。**Osprey Trai 小径**(5.1 公里)是环形小路,穿过森林。**凯利海滩木板道**(Kelly's Beach Boardwalk, 600 米单程)浮于杂草覆盖的沙丘之上。当你到达海滩时,向右转,走 6 公里到沙丘的尽头。带好饮用水。

游泳

说到游泳,湖区是水浅且温暖,对孩子们来说很安全,而成人则会觉得在大海里畅游更痛快。

食宿

库希布夸克有两个可开车进入的宿营园和三个原始宿营区,共有 359 个营地。宿营季节是从 5 月中旬到 10 月中旬,整个 7、8 两月都是旺季,特别是周末。60% 的营地通过**宿营预订系统**(☎877-737-3783; www.pccamping.ca; 预订费 $8)订走。要不然,就在长长的"登记表"上候补——一个营地会让你等上两三天。进入公园要另外付费。

Cote-a-Fabien(宿营地 $15; 先到先得原则)在库希布夸克河北岸。对于那些寻求一丝宁静和私密的人们来说是最佳选择。这里有水和拱顶厕所,没有淋浴。一些场地在海岸边,其他的坐落在树林中,想要无车环境的人(100 米,提供运送行李的小推车)会发现,这里共有至少 12 个散步地点。鱼鹰徒步小径(Osprey hiking trail)从这里开始。

三个**原始宿营园**只有简易厕所。**Sipu** 和 **Petit-Large** 有汲水泵。每人每晚 $10。注意 **Pointe-a-Maxime** 是最难到达的(只能通过水路),却并非遥不可及。附近的渔船码头有不断过往的船只。

公园里有几家快餐店和一家饭馆,但你应该在附近的 **St-Louis de Kent** 购买自备食品。

South Kouchibouguac(夏季带电/无电宿营地 $30/26)。这是最大的宿营地,位于海滩附近 13 公里,在公园内树木环绕的大片开阔空地上,这里有帐篷和娱乐车、淋浴头和简易厨房。

到达和离开

如果没有汽车或自行车,很难到达这里或四处走动。从公园门口到宿营地和海滩的距离至少有 10 公里。最近的公共汽车站在**雷斯顿**(Rexton),距离这个公园以南 16 公里,在这里阿卡迪亚公共汽车路线(Acadian Bus Lines)停在**欧文便利店**(☎506-523-6292; 126 Main St)。每天有一班公共汽车向南开往蒙克顿($13),也只有一班公共汽车向北驶向米拉米希城($18)。

米拉米希地区河谷 (THE MIRAMICHI RIVER VALLEY)

在新不伦瑞克省,米拉米希既指城市,也指河流,更指那虚无缥缈、摄人魂魄的神秘魅力。这魔力既源自有着阿卡迪亚和爱尔兰民族特色的民谣、传说、风俗和神话,也源于茂密的森林、无边的荒野,还有那为了生存而与自然不屈抗争的民族特性。这里有神奇的河流、清澈的小溪和享誉世界的鲑鱼。这片土地孕育了动听的乡土音乐,激发了艺术家的创作灵感。著名作家大卫·亚当斯·李查兹就是其中之一,他的作品艺术地再现了这个地区的独特气质。

米拉米希城(MIRAMICHI CITY)

米拉米希城是由查塔姆(Chatham)、纽卡斯尔(Newcastle)和道格拉斯镇、劳吉维尔、内尔森等几个小村镇组成的混合体,分布在靠近米拉米希河入海口 12 公里长的沿河地带。由于自己的爱尔兰背景,讲英语的米拉米希城被这个主要讲法语的地区里的其他地区所包围。

游客信息中心(tourist information centre; ☎506-623-2152; ⏲6 月到 8 月)位于 Ritchie's Wharf 码头的商业中心,一个河边的木板路公园,这里有操场、简便饮食店和一座灯塔。

尽管由两个造纸厂和一些锯木厂包围着,位于中心地区的纽卡斯尔依然令人愉快。中心广场矗立着比弗布鲁克勋爵**雕像**(1879 ~ 1964 年),他是英国历史上最具实力的报业巨头之一,还是一个在他的家乡省份,他是主要捐助者(见 412 页)。他的骨灰就埋在雕像下,那是这座城市对他的纪念。

比弗布鲁克儿童时的家**比弗布鲁克老屋**(Beaverbrook House; ☎506-624-5474; 518 King George Hwy; 免费入内; ☎6 月中到 8 月周一至周五 9am ~ 5pm, 周六 10am ~ 5pm, 周日 1 ~ 5pm)建于 1879 年,现为博物馆。

米拉米希市是一座磨坊小镇,不是旅游中心,不过,传统的民间音乐爱好者可能想参观**爱尔兰节**(Irish Festival; www.canadasirishfest.com; ⏲7 月中)和**米拉米希民歌节**(Miramichi Folksong Festival;

新不伦瑞克

www.miramichifolksongfestival.com；⏲8月上旬）北美最古老的同类节日。

食宿

Enclosure Campground宿营园（☎506-622-8638，800-363-1733；8 Enclosure Rd；帐篷/娱乐车 营地$21/27；⏲5月到10月）位于纽卡斯尔西南，出Hwy 8公路，曾经是个叫"围场"(The Enclosure)的省立公园，这是比弗布鲁克勋爵的又一个礼物。这个位于河畔的公园还有一个密林覆盖下宽敞的帐篷营地，有点儿半原始的味道。

总督府（Governor's Mansion；☎506-622-3036，877-647-2642；www.governorsmansion.ca；62 St Patrick's St，Nelson；房含早餐带公共卫生间 $49～99，双带专用卫生间 $79～99）在河流南边，这座维多利亚式的大厦(1860年)俯视着Beaubears Island岛，曾是首任爱尔兰省督的官邸。

去**Kingsway Restaurant餐馆**（☎506-622-1138；367 King George Hwy，Miramichi；主菜 $10～15；⏲周一至周六7am～10pm，周日8am～10pm）就餐，1960年以来，它一直提供烘肉卷配捣碎的蔬菜以及汤汁。想吃不一样的，如龙虾和意大利干酪，可以去**Saddler's Cafe咖啡馆**（☎506-773-4214；1729 Water St，Chatham；主菜午餐 $7～10，晚餐 $11～16；⏲周二到周六11:30am～3pm和5～8pm）。

到达和离开

公共汽车站（☎506-622-0445；60 Pleasant St；⏲周一至周五8:30am～5pm，周六和周日1～3pm）位于市中心的纽卡斯尔，每天都有车去弗雷德里克顿($19，2个半小时)、圣约翰($38，5小时)和坎贝尔顿($23，3小时)。

VIA Rail station火车站（☎800-561-3952；Station St 和George St拐角）位于纽卡斯尔。从蒙特利尔和哈利法克斯来的火车在此经停。

米拉米希河河谷 (MIRAMICHI RIVER VALLEY)

米拉米希河实际上是一个由数条大河及其支流构成的复杂水网，汇聚了新不伦瑞克中部的大部分河流。它的重要支流——217 公里长的西南米拉米希河，发源于哈特兰(Hartland)附近，穿过森林，与另一重要支流——西北米拉米希河在米拉米希城汇合。一百多年来，整个水域的宁静之美和大西洋鲑鱼的垂钓之趣，无不激起人们由衷的赞叹。著名的商界巨头、国际政要、体育名星、演艺名流，甚至查尔斯王子都曾在此挥竿小试，就连马丽莲·梦露也不例外。这里带传奇色彩的捕鱼业曾因滥捕、偷捞和其他不明原因（也许是全球变暖）的影响而起伏不定，但是，现在鱼群数量似已恢复到可持续的水平。**旅游局**（☎506-365-7787；www.doaktown.com）设在鲑鱼博物馆内。

景点

位于Esk河边(Esk River)的**Metepenagiag第一民族遗产公园**（Metepenagiag First Nation Heritage Park，☎506-836-6118，800-570-1344；2202 Hwy 420，Redbank；www.metepenagiag.com；门票 $10；⏲周一至周五9am～4pm）组织有解说的团队游，讲解密克迈克有据可考的3000年的文化和历史。

古老的**多克敦**(Doaktown)是河谷的主要中心，也是非正式的鱼都。在**大西洋鲑鱼博物馆**（☎506-365-7787，866-725-6662；www.atlanticsalmonmuseum.com；263 Main St，成人/家庭 $5/12；⏲6 月到 10 月中 9am ～ 5pm）里，亲身体验。

活动

钓鱼一直是这里的主要消遣，但是出于保护的目的已受到严格的控制。垂钓者必须申请许可证，而且还要雇一位有执照的导游。非本地人的三日许可证是 $40。如果钓到身长超过 63 厘米的鱼，就必须放回。详细说明参见 www.gnb.ca/0078/fw/angling/summary.asp。在米拉米希河钓大马哈鱼主要是用钩子，为了保护珍贵的、濒临灭绝危险的物种而采取放生的保护方式。这个省内大部分的大马哈鱼事实上都是在芬迪湾中人工饲养的。

值得一游：大熊小旅行

当你想在新不伦瑞克看见一只熊，就天黑后去这个危险的地方吧。近来对垃圾处理场地的有效管理和对废物处理站的监督，使你不得不在别处观看野生动物。漫步在森林里，摆脱花生牛油三明治（不推荐）——或从 Kouchibouguac 国家公园驱车 15 分钟到达**大熊小旅行**（Little Big Bear Safari；☎506-775-2354；4120 Rte 480，Acadieville；成人/儿童/家庭 $45/15/99；⏲约 6pm）的树林观景楼，一瞥这里的风景。你需要导游陪同。注意：要求儿童达到一定年龄，可在 2 小时观察期间安静地坐在那里。

WW Doak & Sons（☎506-365-7828；www.doak.com；331 Main St）是加拿大最好的蝇饵钓鱼用品店之一。它每年出售数量可观的蝇饵，有些就在本店制作。垂钓者来此转转，定会大有收获。

除了水上活动，这里也有其他娱乐。想要徒步或骑车，可到 **Miramichi Trail 小路**。它位于一条废弃的铁路旁，设计长度为 200 公里，现在完成了其中的 75 公里。在 McNamee，供步行使用的 **Priceville Suspension Bridge 悬桥**横跨河上。独木舟和爱斯基摩划子的爱好者都喜欢在此下水，顺流划行半日，可到多克敦（Doaktown）。在多克敦和 Blackville，几家体育用品商店出租划船装备，提供接送服务，还组织带导游的悠闲独木舟游、爱斯基摩划子游。你甚至可以乘充气轮胎顺河漂流。

食宿

美丽的乡村木屋和营地随处可见，许多都再现了这里 20 世纪 30 年代、40 年代的太平盛世。查看 www.doak.com 浏览更多的住宿选择和垂钓用具供应商。

O'Donnell's Cottages & Expeditions旅舍和探险游（☎506-365-7636，800-563-8724；www.odonnellscottages.com；439 Storeytown Rd；房 $85～160）河岸边上舒适的圆木屋，提供很多户外活动。

新不伦瑞克省东北部

新不伦瑞克人都知道北岸（North Shore）是阿卡迪亚文化的核心地带。这个地区在 250 年前就有法国农夫和渔夫定居，驱逐事件发生后，他们再一次白手起家，与原住民密克迈克居民频繁通婚。海岸公路北起米拉米希城，环绕阿卡迪亚半岛并且沿着沙勒布（Chaleur）海湾一直到坎贝尔顿（Campbellton），途经小渔民定居点和安宁的海岸风景。并继续延伸几百英里，到达内陆，那里有广阔无垠的河流和茂密的森林，几乎没有被开发。

特拉卡迪—谢拉(TRACADIE-SHEILA)

特拉卡迪历史博物馆（Historical Museum of Tracadie；☎506-393-6366；399-222 Rue du Couvent；成人/儿童 $3/1；🕑周一至周五 9am～6pm，周六和周日正午～6pm）讲述了一个鲜为人知但令人揪心的故事，集中展示了 1868 年至 1965 年间此地麻风病收容所的情景。它是全加拿大唯一一家提供麻风病院详细情况的地方。附近的墓地埋葬了 60 名汉森氏病（麻风病）的受害者。

卡拉凯特(CARAQUET)

卡拉凯特是最古老的阿卡迪亚村庄，由来自被迫放弃家产向南逃亡的难民于 1757 年建立，现为半岛上法语社区的活动中心。Boul St Pierre Est 街旁边是热闹喧嚣的渔码头，各式各样的船艇泊在船坞里，随波荡漾。Rue le Portage 街将 Boul St Pierre 街分为东、西两段。

旅游局（tourist office；☎506-726-2676；51 Boul St Pierre Est；🕑6月中到9月中9am～5pm）当地所有的旅行商都集中在**Callefour de la Mer**大楼内，楼内有一日游中心、餐厅，还可一览水岸景致。

景点和活动

阿卡迪亚历史村（Acadian Historic Village；☎506-726-2600，877-721-2200；www.villagehistoriqueacadien.com；14311 Hwy 11；成人/儿童/老人/家庭 $15/9/13/36；🕑6月上旬到9月 10am～6pm）位于卡拉凯特以西 15 公里处，是再现历史的重要工程。它的 33 座土著建筑重新搬迁和身着古装的画师展示了 1780 年至 1880 年期间当地人的生活情景。

要认真游览此地需 3 至 4 个小时。用餐有四个选择：两个小吃店、Dugas House 和在 Château Albert 内的餐厅。在 Dugas House，可坐下就餐，提供阿卡迪亚式菜肴。Château Albert 餐厅的菜谱从 1910 年起沿用至今。

它还有为儿童专门制作的节目（$30），向他们提供服装道具和长达 7 小时的历史导游活动。

Sea of Adventure 公司（☎800-704-3966；🕑7月和8月）提供3小时观鲸游（成人/儿童 $64/41）。所用的游船"Hurricane zodiacs"船体坚固，可乘 12 人。

节日和重大活动

阿卡迪亚节（Festival Acadien；☎506-727-2787；www.ville.caraquet.nb.ca，法语）是一年中最盛大的阿卡迪亚文化庆典。每年8月的前两个星期在卡拉凯特举行。蜂拥至此的游客有10万之众，而来此献艺的艺术表演者会超过200人，他们中有歌手、乐手、演员和舞者，来自阿卡迪亚和其他法语区(一些来自海外)。每年一度的船队祈福活动尤为壮观，渔船组成的小型船队挂着随风飘扬的丝带和彩旗，巡游港口。最高潮的Tintamarre Parade游行绝对是一场狂欢。

食宿

Maison Touristique Dugas旅馆（☎506-727-3195；www.maisontouristiquedugas.ca；683 Boul St Pierre Ouest；宿营地 $20～25，房 带公共卫生间 带/不带早餐 $50/55，双带专用卫生间和烹饪用具 $70，小屋 双 $70）这座绿色建筑位于卡拉凯特以西几英里处，它提供各种住宿条件的客房。建于1926年，有些杂乱、放置着古董的建筑有11间使用公共卫生间的

景观路线：阿卡迪亚半岛

在这个省东北端结束本次旅行——穿过圣劳伦斯海湾到达拉布拉多，这里有地势平缓的岛屿。Rte 113路横穿盐沼后首先到达这个省最大的渔船队所在地——**Shippagan**，在这里螃蟹是王。到**水族馆和海洋中心**（Aquarium & Marine Centre；☎506-336-3013；100 Aquarium St；成人/家庭 $7/14；⏲5月中到9月10am～6pm）参观海洋生物。孩子们喜欢充满海洋生物的触摸储水池，还有海豹(喂食时间是11am和 4pm)。在非常繁忙的**Ô Maboule Bistro Bar酒吧**（☎506-336-0004；121 16th St；主菜 $5～13；⏲11am～10pm）停下来品尝烤鸡或蟹卷，俯瞰这个城镇北部边缘的码头。跳上这座桥到达**Lamèque**，它是整洁的渔村，举办了30多年的**Lamèque 国际巴洛克艺术节**（Lamèque International Baroque Festival；☎506-344-5846，800-320-2276；www.festivalbaroque.com；⏲7月最后1周）。**B&B aux Peupliers旅馆**（☎506-344-5145；66 Du Pecher St North；kanuth@nb.sympatico.ca；双 带公共卫生间 含早餐 $75～100；🅿 ⊠ 💻）提供装饰着古董的传统风格的迷人家庭旅馆。从Rte 113路继续向北行进，到**Miscou岛**停下来，漫步在**boardwalk trail小路**上的灯塔处，到达路的尽头前你将越过蓝莓的海洋。

客房，有五个较小但明亮、干净的屋子(床与冰箱相对)，都带有专用卫生间和厨具。院中停着娱乐车，有一块安静、树木遮荫的宿营地。

Château Albert旅馆（Acadian Historic Village；www.villagehistoriqueacadien.com/chateauanglais.htm；双 $70～125）要想完全融入阿卡迪亚历史村，那么就在保持着20世纪初期格调的这家旅馆住上一晚吧。没有电视、电话，但却怡人、宁静，在1909年的辉煌基础之上进行了修复(带有现代浴室)。Albert最初矗立在卡拉凯特的大街上，直到1955年被大火烧毁。这里有套餐服务，包括在楼下老式的餐厅就餐，还能让你坐上福特T形车兜风。

我们的选择 **Hotel Paulin酒店**（☎506-727-9981，866-727-9981；www.hotelpaulin.com；143 Boul St Pierre West；双 $120起，含早餐和四菜晚餐 两人 $195起）在别处精打细算，而在高雅的Hotel Paulin酒店挥霍一个晚上。这家海边度假酒店可以俯瞰海湾，它建于1891年，从1907年开始就由鲍林家族经营。客房阳光充足而明亮洁净，装饰着舒爽的白色亚麻布、蕾丝和古玩。如果你住在别处，需预订餐位；这家酒店以精美的菜肴而赢得了良好声誉。举一个例子：羊齿卷牙(Fiddlehead，一种绿色的未成熟的蕨类织物)浓汤，紧跟着的是阿卡迪亚鸡肉家常菜(Acadian chicken fricot)和香草饺子(d'hôte，$45)。

或者在对面的**La Chocolatière**（☎506-727-3727；144 Boul St-Pierre West；主菜 $10～25；⏲周一至周五5～10pm，周六和周日9am～10pm）走廊中来点乡村风味小菜。若想到流行的小酒馆就餐，去**Café Phare小酒馆**（☎506-727-9469；186 Boul St-Pierre；主菜 $7～11；⏲7月和8月7:30am～9pm，冬季周三至周五7:30am～4pm，周六和周日8:30am～4pm）吧，艺术家气派的咖啡馆提供汤、沙拉和三明治。甜脆的鳄梨、黑巧克力和奶油色是手工制成的。

到达和离开

由于 Acadian Lines 公司的汽车不经过这里，此地的公共交通非常有限。当地居民如需到米拉米希 (Miramichi) 或巴瑟斯特 (Bathurst) 乘长途汽车或火车，有几辆穿梭接送车供其乘坐。欲知详情，可到旅游局咨询。

坎贝尔顿(CAMPBELLTON)

坎贝尔顿位于魁北克与新不伦瑞克的边界，令人愉快但不引人注目的磨坊小镇。来这里只有两个原因：从魁北克过往时经过这里；或是去舒格洛夫 (Sugarloaf) 省立公园徒步旅行、滑雪和宿营时经过这里。长长的雷斯蒂豪切河 (Restigouche River) 蜿蜒穿出新不伦瑞克北部地区，成为新不伦瑞克省与魁北克省的界河，最后在此一泻入海。沙勒布海湾和引人注目的连绵山脉将这座城市环抱其中。省界对面是马塔佩迪亚，那里的 Hwy 132 公路通向位于魁北克省境内 148 公里的蒙若利 (Mont Joli)。

舒格洛夫山海拔接近400米，外观与位于里约热内卢的那座同名山峰有点相似。它的脚下是**舒格洛夫省立公园**（Sugarloaf Provincial Park；☎506-789-2366；596 Val d'Amours Rd；免费入内）。在415号出口下Hwy 11公路即到。从山底爬到山顶仅需半小时，可看到城市的全景和一段雷斯蒂豪切河，值得一试。另外，还有一条小路环绕在山脚下。

"七年战争"的海上最后一役就发生在这里的海面上，那时是 1760 年。雷斯蒂豪切战役标志着英法为争夺加拿大而进行长期争斗终于落下帷幕。**省旅游局**（Provincial Tourist Office；☎506-789-

2367；56 Salmon Blvd；⏲5月中到6月和9月到10月上旬 10am ~ 6pm，7月和8月 8am ~ 9pm）很有帮助，紧邻市中心的商场。

舒格洛夫省立公园（Sugarloaf Provincial Park；☎506-789-2366；596 Val d'Amours Rd；帐篷营地 $20，娱乐车营地 $22 ~ 25；⏲5月中到10月上旬）在这个离坎贝尔顿市中心4公里的公园里，有76个营地，舒适地分布在林木掩映下的营区里。你还可以住宿在 **Campbellton Lighthouse Hostel 青年旅舍**（☎506-759-7044；campbellton@hihostels.ca；1 Ritchie St；宿会员/非会员 $16/20；⏲6月中到8月；Ⓟ）这家干净、刚刚修复的青年旅舍由雷斯蒂豪切河边一个灯塔改造而成，位于省旅游局和 Acadian 长途公共汽车站的上方。还可以选择 **Maison Mckenzie House B&B 旅馆**（☎506-753-3133；www.bbcanada.com/4384.html；31 Andrew St；房含早餐带公共卫生间 $65 ~ 90；Ⓟ ⊠ 💻），原建于1910年，离市中心很近，很有家庭氛围。

Upper Deck（☎506-753-2225；13 Prince William St；主菜 $13 ~ 20；⏲周二至周四 11am ~ 9pm，周五 11am ~ 9:30pm，周六 10am ~ 9:30pm，周日 10am ~ 8:30pm）供应热乎乎的饭菜。

到达和离开

Acadian的长途车站设在**Pik-Quik Convenience Store便利店**（☎506-753-3100；Water St，Prince William St附近）旁。每天上午11点发车去弗雷德里克顿($35，3个半小时)和蒙克顿(Moncton，$35，6小时)。Orléans Express公共汽车一天2班(早1班，晚1班)开往加斯佩(Gaspé，$55)和魁北克城($66，7小时)。

VIA Rail Station火车站（☎800-561-3952；113 Roseberry St；⏲周三至周一5:45~10:30am，周四至周二5:45~10pm）位于城中心，非常便利。除周三外，每日都有一班火车向南去蒙克顿($60，4小时)和哈利法克斯(Halifax，$83，9小时)。除周二外，每日有1班反方向开往蒙特利尔($125，11小时)。

爱德华王子岛 Prince Edward Island

爱德华王子岛（以下简称王子岛）是加拿大修葺整齐而迷人的后花园。杂草和荒野已被驯服，创造出了一片片起伏的乡村绿色马铃薯农田、整齐的人字屋顶农舍和海边的村庄。周边点缀着数英里鲜红色峭壁、沙丘和惊人的沙滩。

当你蜿蜒行进在乡间的小路上，这里几乎不可能让你的视线落在任何丑陋或杂乱的事物上。处处都带给你海湾、河流以及河流沿岸的农田，呈现出一派清新而舒爽的田园风光。正当你在想"如果现在有一些啤酒、炸鱼和薯条就好了"——哦，快看！这里有一家古朴典雅的小餐馆，大门正开着呢。这里的人们很友好，生活节奏缓慢，文明而礼貌，你会领略到村民的盛情款待以及真正的乡村魅力。唯一缺乏真实性的是《清秀佳人》所带来的光环。

看看这座岛屿的地图，你会发现新月形的王子岛被分割成大体相当的三个部分。王子岛(PEI)的中部是联盟大桥(Confederation Bridge)登岸的地方，这座大桥连接着王子岛与大陆。这里是该省参观人数最多的地方，它支撑着首府夏洛特敦(Charlottetown)和爱德华王子岛国家公园(Prince Edward Island National Park)附近海滨沿岸的主要旅游景区。王子岛东部拥有隐蔽的海滩和别致的渔村；极好的公路是它的另一笔财富，为其赢得了骑车目的地的国际声誉。王子岛西部是探寻法裔阿卡迪亚人和密克迈克原住民历史与文化的佳地。

在这里，你很难脱离她的感召。旅游旺季非常短暂，大多数服务设施在9月中旬至次年6月中旬间关闭。但这个季节的首尾却是到此一游的大好时机，此时天气依然温暖，而7月、8月拥挤的人潮却不见了踪迹。

亮点

- 沿着漂浮的木板路穿过盐沼，走过沙丘进入**格林尼治**(Greenwich，见459页）空旷的海滩上。
- 在**北拉斯迪考**(North Rustico，见465页）大嚼新鲜的岛上龙虾，同时就着各种配菜。
- 走进豪华的**维多利亚剧院**(Victoria Playhouse，见461页)，坐下来欣赏演出。
- 沿着**联盟小路**(Confederation Trail，见461页）穿过乡村，听着诱人的叫卖声。
- 在**夏洛特敦**（见451页）Benevolent Irish Society的同乐会(ceilidh，民间音乐的社会聚会）上欢快地跳起来。
- 拿着一本好书躺在**布拉克利海滩**(Brackley Beach，见463页）上。

历史

这里的原住民密克迈克人将王子岛称为"Abegeit"——一片浪花摇篮中的土地。

尽管法国人雅克·卡蒂埃(Jacques Cartier)于1534年首次记录了王子岛的存在，但直到1603年这里才出现定居点。法国殖民地最初很小，仅在18世纪50年代英国人从新斯科舍(Nova Scotia)驱逐阿卡迪亚人之后，才慢慢扩大。1758年，英国人占领了当时被称为"圣让岛"(Île St Jean)的王子岛，并驱逐了岛上的3000名阿卡迪亚人。1763年的《巴黎条约》(*Treaty of Paris*)正式将王子岛授予英国。

为鼓励在此定居，英国人将王子岛划分为67块，并通过抽签的方式送出土地。不幸的是，"大赠送"的中奖者大多是投机分子，他们既没有在此安家也没有开发土地。这些在外地主颇受争议的行为阻碍了岛上人口的增长并在岛民中引发剧烈动荡。

王子岛在1867年未成为加拿大的一部分，一个主要原因是联盟没能为解决该岛的问题拿出办法。1873年的《强制土地收购法案》迫使在外地主出售土地，并在当年晚些时候为该岛加入加拿大扫清了障碍。但是外国土地所有权在该省至今仍是敏感问题。岛上人口一直很稳定，自20世纪30年代起就维持在14万左右。

在经过许多争论之后，长近13公里的联盟大桥(Confederation Bridge)终于在1997年建成，沟通了王子岛与新不伦瑞克(New Brunswick)及大陆间的交通。它是全世界冰封水面上最长的人工桥梁。

当地文化

岛屿文化的主要特点在于其乡村根基——大部分岛民是刚从家庭农场或渔船上迁到这里来的第一代或第二代人，也有一些人一直就在那里工作。这里有原住密克迈克人的后代与该省东部和西部的少数讲法语的阿卡迪亚人。不过，大多数岛民仍是不列颠群岛(British Isles)的后代。

国土和气候

王子岛从一端到另一端延伸224公里；最狭窄处为6公里，最宽处为64公里。这座岛是地势低洼的小土丘，由富含铁的红砂石和土壤构成。它的最高点在Springston——本省中部的中心位置，位于海平面以上152米。

7月和8月是最温暖、最干燥的月份。在冬季，积雪厚度会超过1米，但很少妨碍主要道路上的交通。大地的白色盖被通常要到5月才会完全消失。

公园和野生生物

沙丘和海滩占据了远近驰名的爱德华王子岛国家公园(Prince Edward Island National Park，见462页)和它新辟的东区——格林尼治(Greenwich，见459页)的舞台中心。

王子岛拥有众多的**省级公园**(www.gov.pe.ca/visitorsguide/explore/parks)，遍布全省各个海岸。它们的位置在旅游办公室提供的全省公路地图上都有标注。公园不但有迷人的海岸线，通常还建有游乐场、野餐区和无障碍卫生间。在所有27个公园里，日间游览是免费的，其中13个还可以**宿营**(营地$21，接通电路的营地$24～28)。公园开放的时间各不相同，但通常在6月中旬到9月下旬或10月期间接待游客。王子岛有一些很棒的观鸟处，特别是在格林尼治周围。

到达和四处走走

除了提供一些穿梭车外(见450页了解详细信息)，王子岛内部并没有公共交通工具。

飞机

夏洛特敦的机场离城8公里，所有抵离省航班都在此降落和起飞。

加拿大航空公司(Air Canada)每天都有从哈利法克斯(Halifax)和多伦多(Toronto)飞往夏洛特敦的航班，以及在高峰季节(6月至9月)从蒙特利尔起程的班机。西捷航空公司(WestJet)提供从多伦多和蒙特利尔直接飞往夏洛特敦的航班。6月到9月，西北航空公司(Northwestern Airlines)和达美航空公司(Delta Airlines)每天有一班飞机直接从底特律和波士顿飞往夏洛特敦。参见842页有关这些航空公司的联络信息。夏季期间，**Sunwing航空公司**(☎877-786-9464；www.flysunwing.com)有班机从多伦多起程飞往这里。

自行车

骑车者和行人禁止上联盟大桥(见460页)，

爱德华王子岛概况

人口 137 800
面积 5700平方公里
首府 夏洛特敦
昵称 王子岛被称为"百万英亩农田"，也被渔民们简单地称为"岛"
出生的名人 露西·莫德·蒙哥马利(Lucy Maud Montgomery，1874～1942年)，《清秀佳人》作者
特产 20个高尔夫球场
出名 红色黏土路与马铃薯巨大的产量

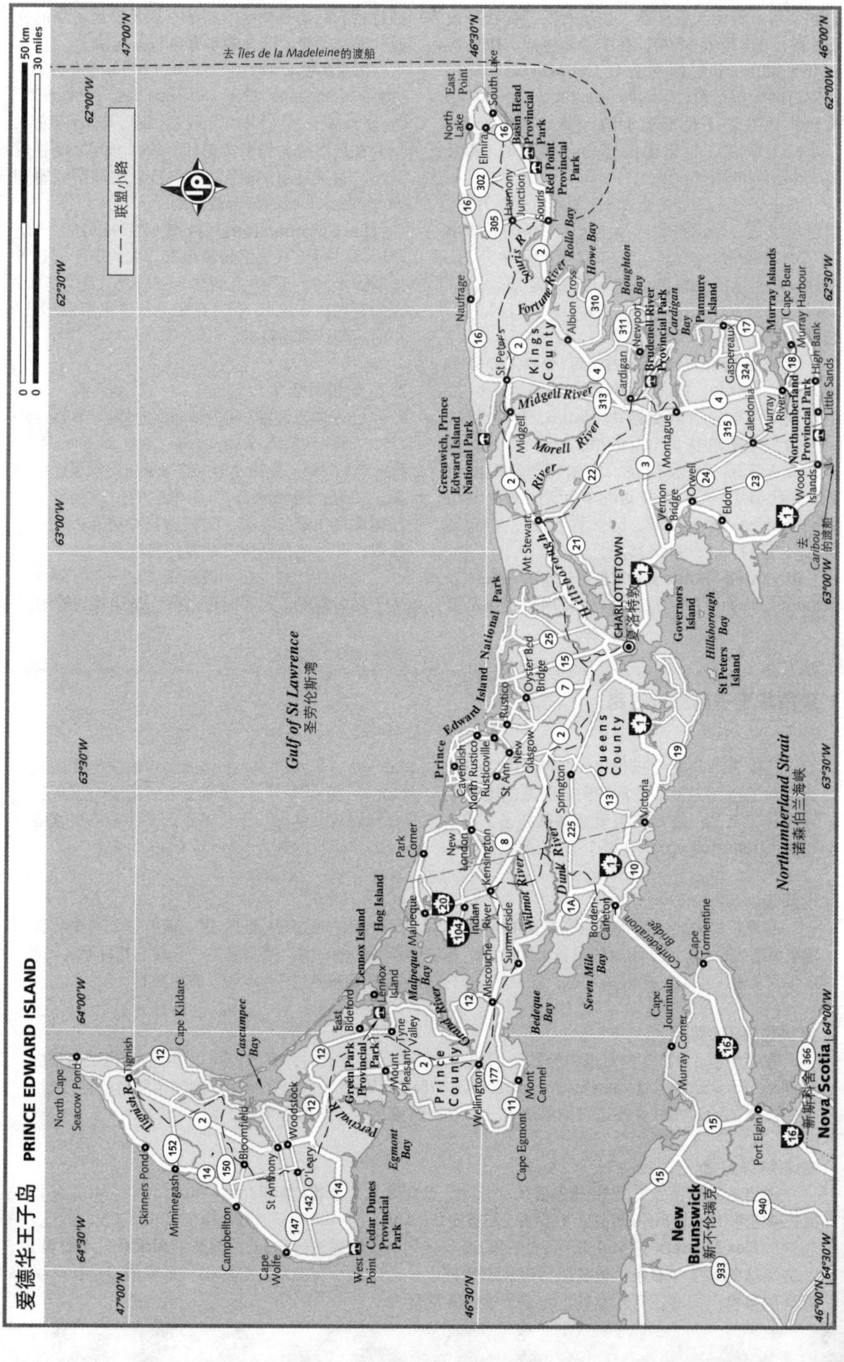

爱德华王子岛 PRINCE EDWARD ISLAND
联盟小路
去Îles de la Madeleine的渡船
0 50 km
0 30 miles
Gulf of St Lawrence
圣劳伦斯湾
Northumberland Strait
诺森伯兰海峡
CHARLOTTETOWN
夏洛特敦
Prince County
Queens County
Kings County
Prince Edward Island National Park
Greenwich, Prince Edward Island National Park
Cedar Dunes Provincial Park
Green Park Provincial Park
Brudenell River Provincial Park
Northumberland Provincial Park
Basin Head Provincial Park
Red Point Provincial Park
Confederation Bridge
New Brunswick
新不伦瑞克
Nova Scotia
新斯科舍
去Caribou的渡船
North Cape
Seacow Pond
Tignish
Cape Kildare
Skinners Pond
Miminegash
Campbellton
Cape Wolfe
West Point
Bloomfield
Woodstock
St Anthony
O'Leary
Cascumpec Bay
Egmont Bay
Malpeque Bay
Bedeque Bay
Seven Mile Bay
Lennox Island
Hog Island
East Bideford
Tyne Valley
Mount Pleasant
Wellington
Mont Carmel
Cape Egmont
Miscouche
Summerside
Malpeque
Park Corner
New London
Kensington
Indian River
Borden-Carleton
Cape Tormentine
Cape Jourimain
Murray Corner
Port Elgin
Cavendish
North Rustico
Rusticoville
Rustico
St Ann
New Glasgow
Oyster Bed Bridge
Springton
Victoria
Mt Stewart
Hillsborough River
Hillsborough Bay
Governors Island
St Peters Island
Vernon Bridge
Orwell
Eldon
Wood Islands
Montague
Murray River
Caledonia
Little Sands
High Bank
Murray Harbour
Cape Bear
Murray Islands
Gaspereaux
Panmure Island
Cardigan
Cardigan Bay
Boughton Bay
Newport
Albion Cross
Howe Bay
Rollo Bay
Souris
Souris R
Fortune River
St Peters
Midgell
Midgell River
Morell River
Naufrage
Harmony Junction
Elmira
North Lake
East Point
South Lake
Dunk River
Wilmot River
Grand River
Percival R
Tignish R
64°30'W
64°00'W
63°30'W
63°00'W
62°30'W
62°00'W
47°00'N
46°30'N
46°00'N

必须使用一种全天候运营、按需而发的免费穿梭车（自行车/行人 $8/4）。在王子岛这边，应去博登(Borden)—卡尔顿交会处 Gateway Village 村庄附近的大桥运营楼(bridge operations building)乘坐；而在新不伦瑞克那边，要寻找位于 Rte 16 路 51 号出口的茹瑞梅恩角自然中心(Cape Jourimain Nature Centre)。

在王子岛上四处走走，最方便的方式是开车，自行车也是一个不错的选择。这条平坦的联盟小路(Confederation Trail，见 460 页)保存完好，穿过一些美丽的乡村和小镇向这座岛延伸。

公共汽车

Acadian Coach Lines长途车公司（☎800-567-5151；www.acadianbus.com；156 Belvedere Ave，Charlottetown）提供从新不伦瑞克省蒙克顿(Moncton，单程 $30，3 小时)到夏洛特敦(Charlottetown)的交通服务，每天 3 班，途经博登—卡尔顿和萨默赛德(Summerside)。有 1 班公共汽车每天开往哈利法克斯(Halifax，单程 $53，5 个半小时)，在新斯科舍阿默斯特(Amherst)转车。

Advanced Shuttle 穿梭车公司（☎877-886-3322；Nasssu St，University Ave；成人/学生 $50/45）提供从夏洛特敦或萨德赛德至哈利法克斯及沿途各点的交通，非常便捷。这儿的车有自行车托架。

海滩穿梭车（Beach Shuttle；☎902-566-5259；www.princeedwardtours.com；Founders'Hall，6 Prince St，Charlottetown；单程 $15，当天往返 $25；⏲6月到9月）每天在夏洛特敦和卡文迪什(Cavendish)之间往返几次。每天还有1班车从夏洛特敦发往萨默赛德(Summerside)晚间舞台演出地。

East Connection公司（☎902-892-6760，902-393-5132）每天从夏洛特敦出发，大约中午到达苏里斯(Souris)，下午1点到达，可以及时赶上下午2点的渡轮。穿梭车下午1点30分从苏里斯发车，1小时后到达夏洛特敦。

小汽车和摩托车

通过**联盟大桥**（Confederation Bridge；☎902-437-7300，888-437-6565；www.confederationbridge.com；轿车/摩托车 $41/16；⏲24 小时）赴王子岛比乘渡船要快捷、便宜。遗憾的是，1.1 米高的护栏剥夺了你任何眺望风景的希望。过桥费只在离开王子岛时收取，并且已包括所有乘客的费用。

如果你计划大桥、渡船都尝试一下，那么去王子岛时乘船，返程时再过桥，是比较划算的。

爱德华王子岛旅行线路

三日游

在王子岛国家公园(Prince Edward Island National Park，见 462 页)的海滩轻松愉快地度过一天海岛的生活。第二天前往田园气息的**维多利亚**(Victoria，见 461 页)，漫步在工艺品商店随意观看各种工艺品，在海湾乘爱斯基摩划子，接下来就餐和嬉戏。休息一下，游览历史上有名的**夏洛特敦**(Charlottetown，见 451 页)，度过悠闲的一天。

七日游

从夏洛特敦出发，向东前往**斯图尔特山**(Mount Stewart，见 460 页)。租一辆自行车骑车欣赏**联盟小路**（见 460 页）沿途的风景，最后到达圣彼得斯(St Peter's)。接下来的一天是在**格林尼治**（见 459 页）海岸步道的探险中度过。花几天的时间环绕**王子岛东部**（见 456 页）海岸旅行。

如果你还有时间

在这个岛上的 20 座灯塔前给孩子们拍照，其中 7 座夏天对外开放，可以游览。**王子岛灯塔协会**（Prince Edward Island Lighthouse Society；☎902-436-7784；98 Water St，Charlottetown）制作了免费的宣传册，绘制灯塔的地形图，介绍了它们的历史。可在旅游信息中心索取宣传册。

致海鲜爱好者

四日游加四顿龙虾晚餐：**卡迪根**(Cardigan，见 458 页)、**新格拉斯哥**(New Glasgow，见 463 页)、**北拉斯迪考**(North Rustico，见 465 页)和**圣安**(St Ann，见 464 页)。想要换个口味，可以在夏洛特敦的 **Flex Mussels**（见 454 页）品尝贻贝，而且计划一次短途旅行，去圣彼得斯的 **Rick's**（见 460 页）品尝美味的炸鱼和薯条。素食旅行者也不用担心——以上所有的地方都提供一系列的沙拉和可供选择的菜肴。同时还有儿童餐，为孩子提供家常食物。

有关租车信息，见456页。

区域驾驶距离：

北角到东点：273公里

哈利法克斯到夏洛特敦：227公里

夏洛特敦到蒙特利尔：1199公里

轮船

Northumberland Ferries 渡船公司（☎902-566-3838，888-249-7245；www.peiferry.com；小汽车/行人/摩托车 $59/14/37；⏲5月到12月）经营王子岛的伍德群岛(Wood Islands)与新斯科舍省卡里布(Caribou)之间的渡船交通。在夏季，每日双向各有九个航次之多，在春、秋两季为五个航次。请注意，这1小时15分钟航程收取的车费已包括了该车所有乘客的费用。你只在离开王子岛时付费，从新斯科舍过来的渡船免费。渡船奉行先到者优先的原则。

有关苏里斯(Souris)与魁北克省德拉玛得来纳岛(Îles de la Madeleine)间的渡船信息，见341页。

夏洛特敦(CHARLOTTETOWN)

人口38 114

如果金发姑娘(Goldilocks,源于童话故事《金发姑娘与三只熊的故事》)在乡间外出游玩时经过夏洛特敦，毫无疑问她会宣布这儿“正合适”，然后住上一段时间。这座首府具有城市生活的好处——汇集了现代风格的餐馆和充满活力的人文景观——外加小镇的迷人魅力：有可以漫步的静谧街道、许多青翠的草木以及保存完好的历史风貌核心区。

历史

夏洛特敦的名字来自于英王乔治三世(King George III)那带有异国情调的妻子。她的非洲血统可追溯到Margarita de Castro Y Sousa(一位15世纪葡萄牙贵妇，具有非洲摩尔人血统——译注)和葡萄牙皇室——既引人争论不休又让人浮想联翩。

许多人相信夏洛特敦壮丽的海港是其成为首府的原因，但事实上它却没有那么辉煌。1765年，当时的总检查员(surveyor-general)之所以看中了此地，是因为他认为赋予岛上贫穷地区一些特权是谨慎之举。不管怎样，促成1867年加拿大自治领形成的1864年大会就是在这里召开的，夏洛特敦作为国家诞生之地永久地载入了加拿大的历史。

方位

University Ave大道是本城的要道，古老的省议会厅(Province House)坐落在它的南端，标志着夏洛特敦古城(Old Charlottetown)的起点。仿佛作为过渡，古朴的议会厅与现代的联盟艺术中心(Confederation Centre of the Arts)在这里并排矗立。

与University Ave大街并行的是联盟中心西侧的Queen St街。Queen St街和Grafton St街、Richmond St街、Sydney St街三条街组成的相邻街区聚集了夏洛特敦最高级的餐馆和商店。

宏伟的Great George St街从省议会厅(Province House)向南，经过壮观的圣邓斯坦教堂(St Dunstan's Basilica)，通向Peake's Wharf码头和Confederation Landing Park公园。码头区是夏季活动的中心，举行多种多样的庆祝活动。

在城市西边，有郁郁葱葱的维多利亚公园(Victoria Park)及其宽广的滨海大道。

实用信息

邮政总局（Main Post Office；☎902-628-4400；135 Kent St）

匪警、火警和救护车（☎911）

Polyclinic Professional Centre诊所（☎902-629-8810；199 Grafton St；⏲周一至周五5:30～8pm，周六9:30am～正午）位于夏洛特敦，非工作时间、无须预约的医疗诊所。非加拿大本国人必须付$40的费用。

Queen Elizabeth Hospital 医院（☎902-894-2111；60 Riverside Drive）24小时紧急救助。

Reading Well Bookstore书店（☎902-566-2703；87 Water St）以本地作者的著作为特色。

加拿大皇家骑警队（Royal Canadian Mounted Police；☎902-368-9300；450 University Ave）非紧急救援。

Visit Charlottetown（www.visitcharlottetown.com）一个很有助益的网站，预告节庆活动，提供城市历史和旅游方面的信息。

游客中心（Visitors Centre；☎902-368-4444，888-734-7529；www.peiplay.com；⏲6月9am～8pm，7月和8月至10pm，9月到10月中8:30am～6pm，10月中到次年5月周一至周五9am～4:30pm；💻）该游客中心位于缔造者大厅（Founders' Hall），是岛上最主要的旅游办公室，可回答各种问题，并提供手册和地图，并可以免费上网。

景点

所有主要景点都集中在夏洛特敦古城区内，因此在景点间漫步会与在景点内游览一样有所收获。

省议会厅国家历史遗迹 (Province House National Historic Site)

夏洛特敦最引人注目的景点是富丽堂皇的新古典主义建筑——**省议会厅**（Province House；☎902-566-7626；165 Richmond St；免费入内；⏲6月

夏洛特敦 CHARLOTTETOWN

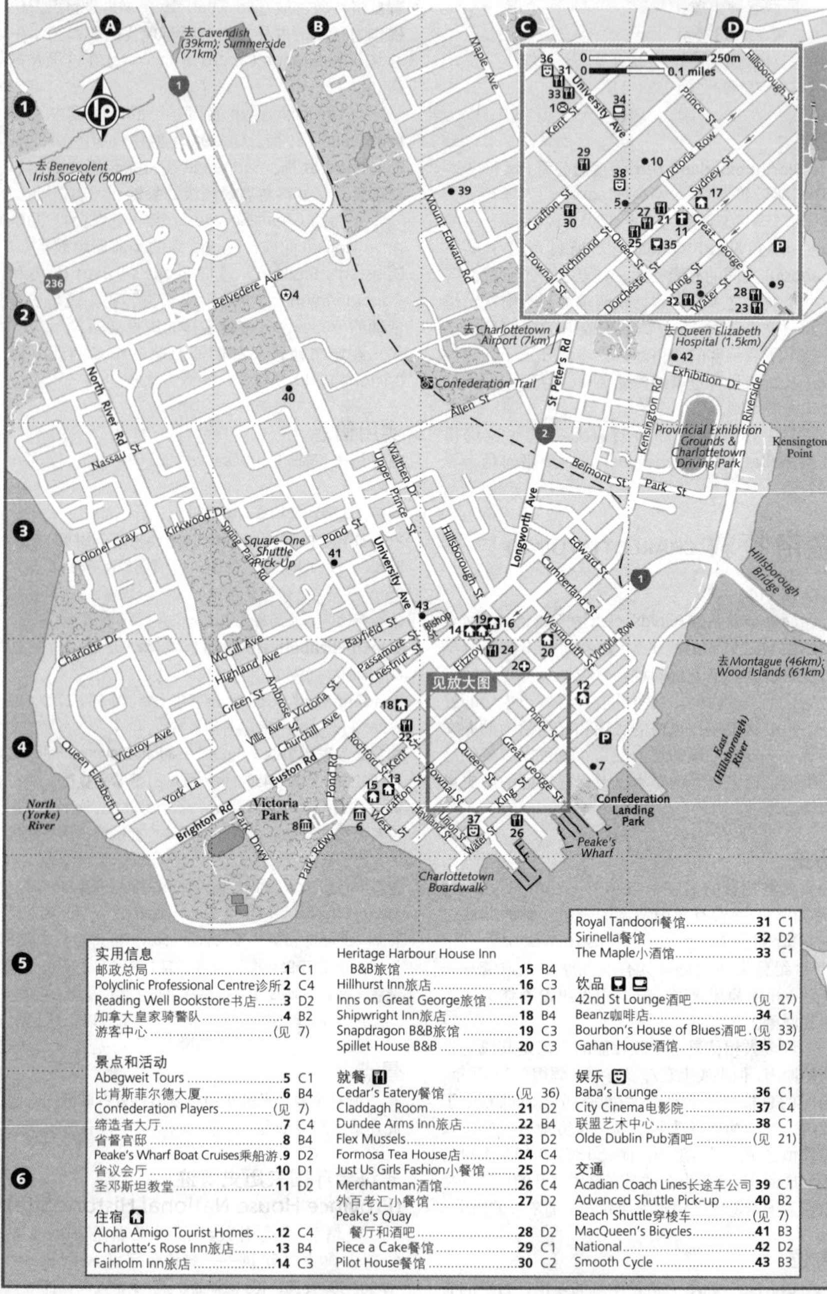

实用信息
- 邮政总局 1 C1
- Polyclinic Professional Centre诊所 2 C4
- Reading Well Bookstore书店 3 D2
- 加拿大皇家骑警队 4 B2
- 游客中心 ...... (见 7)

景点和活动
- Abegweit Tours 5 C1
- 比肯斯菲尔德大厦 6 B4
- Confederation Players ...... (见 7)
- 缔造者大厅 7 C4
- 省督官邸 8 B4
- Peake's Wharf Boat Cruises乘船游 9 D2
- 省议会厅 10 D1
- 圣邓斯坦教堂 11 D2

住宿
- Aloha Amigo Tourist Homes 12 C4
- Charlotte's Rose Inn旅店 13 B4
- Fairholm Inn旅店 14 C3
- Heritage Harbour House Inn B&B旅馆 15 B4
- Hillhurst Inn旅店 16 C3
- Inns on Great George旅馆 17 D1
- Shipwright Inn旅店 18 B4
- Snapdragon B&B旅馆 19 C3
- Spillet House B&B 20 C3

就餐
- Cedar's Eatery餐馆 ...... (见 36)
- Claddagh Room 21 D2
- Dundee Arms Inn旅店 22 B4
- Flex Mussels 23 D2
- Formosa Tea House店 24 C4
- Just Us Girls Fashion小餐馆 25 D2
- Merchantman酒馆 26 C4
- 外百老汇小餐馆 27 D2
- Peake's Quay 餐厅和酒吧 28 D2
- Piece a Cake餐馆 29 C1
- Pilot House餐馆 30 C2
- Royal Tandoori餐馆 31 C1
- Sirinella餐馆 32 D2
- The Maple小酒馆 33 C1

饮品
- 42nd St Lounge酒吧 ...... (见 27)
- Beanz咖啡店 34 C1
- Bourbon's House of Blues酒吧 .(见 33)
- Gahan House酒馆 35 D2

娱乐
- Baba's Lounge 36 C1
- City Cinema电影院 37 C4
- 联盟艺术中心 38 C1
- Olde Dublin Pub酒吧 ...... (见 21)

交通
- Acadian Coach Lines长途车公司 39 C1
- Advanced Shuttle Pick-up 40 B2
- Beach Shuttle穿梭车 ...... (见 7)
- MacQueen's Bicycles 41 B3
- National 42 D2
- Smooth Cycle 43 B3

和9月9am～5pm，7月和8月至6pm，10月到次年5月周一至周五9am～5pm）。对称的设计贯穿整个建筑，包括那两个穿过宏大的石制结构直指天际的亮丽天窗。1864年，在这里的联盟会议室(Confederation Chamber)，英属北美殖民地的23位代表首次进行了创建加拿大（见44页）的讨论。这里除了是"加拿大的诞生地"，还是该国第二悠久的现行议会所在地。

数个房间已经整修。在7月、8月造访此地，你或许会发现自己正与加拿大首任总理四目相对：身着当时服饰的演员在大厅里走动表演，并经常聚在一起再现那场著名会议的情景。欣赏一下《伟大的梦想》(*Great Dream*)这部影片，它长17分钟，介绍了1864年那具有里程碑意义的会议。

缔造者大厅(Founders' Hall)

这个设在旧火车站内的高科技多媒体**展览**（☎902-368-1864，800-955-1864；6 Prince St；成人/6～17岁儿童/家庭$7/3.75/17；⏲5月中到6月和9月到10月中周一至周六9am～5pm和周日至4pm，7月和8月周一至周六至8pm）于2001年对公众开放，以生动有趣的事实讲述加拿大自1864年以来的历史，冲击你的感观。孩子们和你的童心一定会在这里获得极大的愉悦。

比肯斯菲尔德大厦(Beaconsfield House)

高耸天际的望台，繁复浮华的装饰以及19世纪的精美陈设，使**比肯斯菲尔德大厦**（☎902-368-6603；2 Kent St；成人/学生/家庭$4.25/3.25/14；⏲7月和8月10am～5pm，9月到次年6月时间不固定）成为夏洛特敦最漂亮的维多利亚式大厦。四处转转或在游廊上坐坐，四下的景色会让你大为惊叹。

省督官邸(Government House)

省督官邸（☎902-368-5480；免费入场；⏲7月和8月周一至周五10am～4pm）坐落在维多利亚公园(Victoria Park)那草木蔓生的花园里。醒目的殖民时代大厦有着宏伟的大厅、帕拉提奥式窗户（中间有个拱顶窗，两侧各有一个较窄的半顶窗——译注）和多利斯型圆柱，自1835年起就是王子岛省督的官邸。2003年，J. L. 伯纳德阁下(Hon JL Bernard)打破了几乎延续了170年的传统，向公众敞开了官邸的大门。

圣邓斯坦教堂(St Dunstan's Basilica)

这座**新哥特式教堂**（☎902-894-3486；45 Great George St；免费入内；⏲8am～5pm）从1913年的大火余烬中拔地而起，三个高耸的尖塔现已成为夏洛特敦的地标。大理石的地面、意大利式的雕刻以及带棱纹浮雕的天花板都极显奢华。

团队游

旅游局（见451页）提供各种自助徒步游小册子($1)。

Abegweit Tours（☎902-894-9966；157 Nassua St；成人/11岁以下儿童$9.50/1.50；⏲6月到10月）有双层观光车从联盟中心（Confederation Centre）出发，游览夏洛特敦市容1小时；如果你住在市内，6小时的北岸之旅(north shore tour，成人/儿童$70/35)会为你提供接送服务。它也是追寻《清秀佳人》家园的圣地（成人/儿童$70/32.50）。

Confederation Players（☎902-368-1864；6 Prince St；成人/儿童$10/5；⏲7月和8月每天，6月中到6月末和9月周二至周六）游览夏洛特敦没比这更好的方式了：演员们身着19世纪服装，扮演联盟创始之父、之母，带领游客穿行于城市的历史街区，寓教于乐。旅程从缔造者大厅（Founders' Hall）开始，同一主题可以游览三个地方：Great George St街、岛上移居区(Island Settlers)以及传说中当地幽灵萦绕的地方。

Peake's Wharf Boat Cruises 乘船游（☎902-566-4458；1 Great George St；70分钟游程$16；⏲6月到8月1pm，6:30pm和8pm）可以观看海洋生物，倾听有趣的故事，从海港水面的不同角度远眺夏洛特敦。还有个很棒的海豹观赏游（$22），下午2点30分出发，下午5点返回。

节日和重大活动

夏洛特敦节（Charlottetown Festival；☎902-566-1267；www.confederationcentre.com/festival.asp；⏲5月中到10月中）这个戏剧节以免费的室外演出、儿童剧和舞蹈为特色。

故土周（Old Home Week；☎902-629-6623；www.peiprovincialexhibition.com；⏲8月中）在省展览园地（Provincial Exhibition grounds）举办，有狂欢游街、音乐演出、碰运气游戏、挽车赛马和传统的家畜展示。

王子岛国际有壳水生物节（PEI International Shellfish Festival；☎866-955-2003；www.peishellfish.com；⏲9月第3个周末）现在，它是岛上最盛大的节庆活动之一。规模巨大的厨艺舞台就设在码头区，与诱人海味一起推出的还有动听的传统音乐。不要错过牡蛎剥壳大赛和海鲜汤制作大比拼。

住宿

老城的魅力、集中的景点和出众的餐馆使夏洛特敦成为最值得羡慕的落脚之地。在夏季，夏洛特敦的节庆活动繁多，所以最好预订。而在淡季，住处充足，且大多数旅馆会降低价格。在所有住宿地点或其附近都可以免费停车。

我们的选择 **Spillett House B&B 旅馆**（☎902-892-5494；www.spilletthouse.pe.ca；157 Weymouth St；单/双带公共卫生间含早餐 $50/60；Ⓟ ☒）这个可爱的古老住宅异常干净，有着经过抛光的硬木地板和旧式家具，床上铺着自制的被子，窗上挂着花边窗帘。它欢迎带孩子的家庭入住，并且提供存放自行车的设施。

Aloha Amigo Tourist Homes 游客之家（☎902-892-9944，866-892-9944；www.alohaamigo.com；234 Sydney St；双/夫妇间带公共卫生间 $56/68）这座建立于 1847 年的旅馆有些杂乱，坐落在安静的住宅广场上一个主要区域内，几个街区之间有餐馆、商店和博物馆。房间明亮干净，有大的公用厨房。

Heritage Harbour House Inn B&B 旅馆（☎902-892-6633，800-405-0066；www.hhhouse.net；9 Grafton St；房 $80～150；Ⓟ ☒ ✲ ☐）从维多利亚公园(Victoria Park)步行两分钟即可来到这家对家庭游客非常友善的旅馆。它配有乡村家具和现代设施，优雅的老宅上加建的宽敞新屋，每一间都带有阳台。

Charlotte's Rose Inn 旅店（☎902-892-3699，888-237-3699；www.charlottesrose.ca；11 Grafton St；房含早餐 $95～195；Ⓟ ☒ ✲ ☐ wi-fi）Miss Marple 一定就在附近。这座优雅的维多利亚式住宅一直以来被精心修复，拥有老古董、带花边的遮棚和漂亮的壁纸，这些只能稍加润色。在客厅有专门为客人准备的享用免费赠送的茶和蛋糕时的炉火。一座现代的阁楼公寓可容纳 5 个人，而且拥有自己的私人屋顶露台。

Snapdragon B&B旅馆（☎902-368-8070，866-235-7164；www.thesnapdragon.com；177 Fitzroy St；房含早餐$99～155；Ⓟ ☒ ✲ ☐）这座旅馆是历史风貌核心区另一个不错的选择，装饰着适量的古董、有自制被子和抛光的硬木。同时，它还拥有迂回曲折的长走廊和幽静的后花园。

Hillhurst Inn旅店（☎902-894-8004，877-994-8004；www.hillhurst.com；181 Fitzroy St；房含早餐 $135～245；⏲5月到11月；Ⓟ ☒ ✲ ☐ wi-fi）在这座友好的19世纪住宅中，体验周末家庭聚会的感觉。大厅入口和普通房间里有抛光木质镶嵌的墙壁、石头壁炉、厚重的东方地毯以及精致的古董。楼上的客房布局也是同样的豪华。

Shipwright Inn 旅店（☎902-368-1905，888-306-9966；www.shipwrightinn.com；51 Fitzroy St；房 $149～289，公寓 $169，含早餐；Ⓟ ☒ ✲ ☐ wi-fi）一家现代旅馆，在尊重这座房子历史风格的基础上推崇 B&B 主题。这儿有欢快简洁的宽敞卧室，还配有豪华的亚麻布和丙烷火或电子火。客人可随意使用几间舒适的起居室，还有存放茶和蛋糕的餐具柜。

Fairholm Inn旅店（☎902-892-5022，888-573-5022；www.fairholm.pe.ca；230 Prince St；套房含早餐 $150～275）这家老式旅店建于1838年，同时也是英式建筑"画意运动"(picturesque movement)的杰出典范。在美丽的温室里边喝茶边享受着清晨的阳光，在花园里漫步或躲藏在书房里看书。每个套房里都布置有豪华的英国织物、美丽的王子岛工艺品和精美古玩。燃起壁炉，浸入浴盆，仿佛重新回到19世纪优雅的岁月。

Inns on Great George旅馆（☎902-892-0606，800-361-1118；www.innsongreatgeorge.com；58 Great George St；双含早餐 $199～384 Ⓟ ☒ ✲ ☐）几幢沿夏洛特敦最著名街道而建的高尚建筑拼构出了这个丰富多彩的旅馆杂烩。房间从豪华、古典到前卫、现代，不一而足。旅馆提供看护小孩的服务，有一间健身房。

就餐

主要是得益于夏洛特敦荷兰学院的烹饪学院，不断培养出有才能的厨师，这座城市才不断涌现出众多的美食餐馆。大多数餐馆位于夏洛特敦老城区，烹制的美食从新鲜的大西洋海鲜到诱人的印度咖喱菜，应有尽有。在夏季，Victoria Row 巷的人行道和码头区都是就餐者和喝酒者聚集的热点。

经济

我们的选择 **Formosa Tea House店**（☎902-566-4991；186 Prince St；主菜 $6～7；⏲11:30am～3pm和 5～8pm）在这家温馨的维多利亚式舒适小店中，提供美味可口的台湾口味素食菜肴，配有温暖的木质镶板和以红色、绿色和金色软垫装饰的由高靠背隔开的私密包厢，并装饰有中国艺术品。推荐麻辣菜肴和炒饭，然后喝一杯热气腾腾的杏仁牛奶。

Just Us Girls Fashion 小餐馆（☎902-566-1285；106 Queen St；简单主菜 $6 起；⏲8am～9pm）细细品味精美的意大利面食、菜肴和沙拉、他斯卡尼式(Tuscan)鸡肉汉堡包和炸甘薯薯条、丁香甜点和马提尼酒，旁边二楼装饰着齿轮。

Royal Tandoori餐馆（☎902-892-2662；77 University Ave；主菜$9～15；⏲周一至周六11:30am～2pm和4:30～9pm）这家餐馆缺少富有特色的比萨饼，但它不同凡响的印度菜肴可以弥补这一不足。丰富的菜单包括可供素食者和不挑食者选择的多种菜肴。丰盛的自助午餐($9)很便宜。

Flex Mussels餐馆（☎902-569-0200；Peake's Wharf，2 Lower Water St；主菜$10～17；⏲5月末到9月14日正午～9pm，9月15日到10月14日5～9pm）这家水边餐厅以鲜马铃薯炸的薯条和用22种不同方式烹制美味的蒸贻贝而闻名。同时它还提供了一系列其他富有想象力的海鲜菜肴。

中档

Peake's Quay餐厅和酒吧（☎902-368-1330；2 Great George St；主菜午餐 $8～12，晚餐 $15～20；⏰5月下旬到9月11～2am）在夏季，这里的气氛美妙无比。顾客挤满了俯瞰着古老码头的巨型露台，品尝本地海鲜，欣赏晚间的凯尔特现场音乐。

Sirinella餐馆（☎902-628-2271；83 Water St；主菜午餐 $8～14，晚餐 $12～26；⏰周一至周五11:30am～2pm 和5～10pm，周六 5～10pm）在意大利餐馆的一个小角落里坐下，品味用陶壶盛放的葡萄酒和一盘美味滑爽的意大利面食，配有晒干的番茄、橄榄、新鲜辣椒和意大利干酪。

The Maple小酒馆（☎902-892-4411；65 University Ave；主菜午餐 $9，晚餐 $16～26；⏰11am～9pm或10pm）这是一个时尚而狭窄的小酒馆，暧昧的灯光和舒适的高靠背座椅营造出一种温馨的气氛。这儿的厨房因其主菜而引以为豪，如蒜泥蛋黄酱浇汁的咖喱鳕鱼、枫叶奶油浇汁的烤鲑鱼片以及烤波尔图贝罗(portobello)蘑菇汉堡包配上蔬菜沙拉，接下来是大量美味的甜点。

Piece a Cake 餐馆（☎902-894-4585；119 Grafton St；主菜午餐 $9 ～ 10，晚餐 $14 ～ 24；⏰周一至周六 11:30am ～ 2:30pm 和 5 ～ 10pm）这家楼上的小餐馆墙壁是果绿色的，装饰风格清新欢快，高高的白色天花板突出黑色色调。品尝用枫糖浆和迷迭香汁 (jus) 或新鲜龙蒿烹制的牛柳以及贻贝尖管面(mussel penne)。

我们的选择 **外百老汇小餐馆**（Off Broadway；☎902-566-4620；125 Sydney St；主菜午餐 $9 ～ 12，晚餐 $16 ～ 25；⏰周一至周六 11am ～ 11pm，周日 至10pm）这家别致的狭小餐馆被用紫色和红色装饰得如同艺术装饰珠宝盒。菜单也不寻常，以著名菜肴为特色，如龙虾可丽饼、海鲜椰子咖喱菜和晒干的番茄蔬菜烩饭 (sun-dried tomato vegetable risotto)。

Merchantman酒馆（☎902-892-9150；23 Queen St；主菜 $9～22；⏰周一至周六11:30am～10pm）除了传统的酒馆美食，你还能吃到带有亚洲风味的菜肴，如泰式花生咖喱(Thai peanut curry)和马德拉斯嫩煎鸡(Madras chicken sauté)。

Cedar's Eatery 餐馆（☎902-892-7377；81 University Ave；主菜 $10 ～ 20；⏰周一至周四 11am ～ 午夜，周五和周六至 1am，周日 4 ～ 11pm）朴实的小店却能做出极好的黎巴嫩菜肴。炸豆泥 (falafels)、烤肉串 (kabobs) 和鹰嘴豆泥 (hummus) 都很受欢迎，素食菜肴也是一样，如 yabrak(在葡萄叶中填上大米、洋葱、番茄和欧芹) 和 fool moudammas(以柠檬汁和大蒜调味的蚕豆)。

Pilot House 餐馆（☎902-894-4800；70 Grafton St；主菜 $19 ～ 30；⏰周一至周六 11am ～ 10pm）在古老的 Roger's Hardware 大楼里，巨大的木制横梁和砖制圆柱为你在此就餐或吃点酒吧食物提供了醒目的场景。忠诚的食客痛快地吃着龙虾填鸡、素食比萨饼或海鲜蛋糕。午餐特色菜 $10 起。

高级

Claddagh Room（☎902-892-6992；131 Sydney St；主菜 $20 ～ 27；⏰周一至周四 5 ～ 10pm，周五和周六 至 10:30pm）当地人声称这里是夏洛特敦最好的海鲜餐馆。一点儿没错 !Galway Bay Delight 是一道爱尔兰风格菜肴，它将扇贝、小虾与蘑菇、洋葱一起煸炒，再在上面铺一层奶油和调料，浇上爱尔兰米斯特酒，最后点燃端出。

Dundee Arms Inn旅店（☎902-892-2496；200 Pownal St；晚餐 $22～29；⏰6月到9月 早餐、午餐和晚餐，全年 午餐和晚餐）这家古老的旅馆是厨师帕特里克·扬(chef Patrick Young)的发祥地。光滑的猪肉里脊(pork tenderloin)浇上橙汁与姜汁配制的糖浆，再配以苹果和莳萝调制的酸辣酱(apple-cumin chutney)，真是无上的美味。

饮品

夏洛特敦的饮酒天地既历史悠久又生机勃勃。古老的酒馆点缀在城市老区。大多数酒吧和酒馆在周末及提供现场音乐时，收取小额服务费(大约 $5)。如果看到许多人在凌晨 2 点涌上大街，不要惊讶，这是酒馆关门打烊的时候到了。

Beanz咖啡店（Beanz Espresso Bar；☎902-892-8797；38 University Ave；⏰周一至周五6:30am～6pm，周六8am～6pm，周日9am～4pm）夏洛特敦顶级咖啡店的新起点，店内用当地艺术品装饰着墙壁，并配有很多舒适座椅。它用混合、酿造和蒸馏等各种方法制作出城里最好的热饮。

Gahan House 酒馆（☎902-626-2337；126 Sydney St；⏰周日至周四 11am ～ 10pm 或 11pm，周五和周六 至午夜或 1am）在它古老的围墙内，店主人酿造出王子岛唯一的家制淡啤酒。Sir John A's Honey Wheat Ale 蜂蜜小麦淡啤很值得一试，还有醇烈、半烈的 Sydney Street Stout 酒。

42nd St Lounge酒吧（☎902-566-4620；125 Sydney St；⏰4:30pm～午夜）爬上楼梯，享用鸡尾酒或睡前饮料。位于百老汇街(Broadway)附近，42nd St Lounge酒吧以同样迷人的色调装饰着，有许多色彩绚丽的天鹅绒、镀金框的镜子以及一组组舒适的深色沙发，与暴露的红砖墙形成鲜明对比。它通常是午夜时分关门，但会一直营业到人们散尽。

Bourbon's House of Blues酒吧（☎902-892-4411；65 University Ave；⏰11～1am 或2am）这家小而整洁的酒吧气氛幽暗，与Maple 小酒馆(左栏)相邻，

它在周四、周五和周六晚上举行现场音乐会。

娱乐

从傍晚到凌晨，夏洛特敦呈现一派戏剧、音乐、小岛文化和游戏交相辉映的景象。想了解相关的娱乐信息，拿份免费的 *Buzz* 月刊看看。

电影

City Cinema 电影院（☎902-368-3669；64 King St）这是家小型独立剧场，上演加拿大影片和外语影片。

戏剧

联盟艺术中心（Confederation Centre of the Arts；☎902-566-1267，800-565-0278；www.confederationcentre.com；145 Richmond St）这是个现代的复合建筑物，它的大剧院和室外圆形剧场是举办音乐会、上演轻喜剧和精品音乐剧的场所。作为夏洛特敦艺术节保留节目的音乐剧《清秀佳人》自 1964 年起一直在给观众带来欢乐，已成为加拿大上演时间最长的音乐剧。你也会爱上它，而且你的朋友们永远都不会知道。

现场音乐

整个王子岛和夏洛特敦市都有许多举办传统同乐会（ceilidhs）的场所。同乐会有时也被称为“厨房聚会（kitchen parties）”，通常包括欢快的凯尔特音乐和舞蹈。如果你有机会出席，可千万不要错过。每周五出版的《卫报》（*Guardian*）列有即将举办的同乐会的时间和地点。

Olde Dublin Pub酒吧（☎902-892-6992；131 Sydney St；服务费$5）在夏季，这家欢快活跃的传统酒吧每晚都有现场演出。舞台上的凯尔特乐队和本地名角让这里的夜晚充满诱惑。

Baba's Lounge（☎902-892-7377；81 University Ave；服务费 $5）这家热情、亲切的场所位于 Cedar's Eatery 餐馆（见 455 页）上方，有出色的本地乐队在此演奏自己的作品。偶尔也举办诗歌朗诵会。

Benevolent Irish Society（☎902-963-3156；582 North River Rd；门票 $8；⏲5 月中到 10 月周五 8pm）位于城北，是个见识同乐会的很好场所。因座位有限，要早点到。

到达和离开

飞机

夏洛特敦机场位于市中心以北 8 公里，Brackley Point Rd 路和 Sherwood Rd 路拐角。乘出租车抵离市区单程 $12，每多一人另加 $4。

公共汽车

有关信息，见 450 页。

小汽车和摩托车

鉴于岛上几乎没有公共交通，租车则成为大多数游客往返夏洛特敦的优先选择。在夏季，小车很抢手，所以要预订。

全国性的大公司，如 Avis、Budget、National 和 Hertz，在市内和机场都设有办公室。但请注意，机场柜台仅为有预订的顾客提供服务。

在夏洛特敦市内，你最好的选择是 **National 公司**（☎902-368-2228；Kensington Rd 和 Exhibition Dr 拐角）。带保险、不计里程的新车租金仅为每日 $60。

四处走走

自行车

骑车是在这座古雅城市里转悠的好方式。**MacQueen's Bicycles**（☎902-368-2453；www.macqueens.com；430 Queen St；每日/周 $25/125）出租各种档次的自行车。儿童车租金减半。**Smooth Cycle**（☎902-566-5530；www.smoothcycle.com；330 University Ave；每日/周 $25/110）也有同样优质的服务。两家店都提供按顾客要求定制、覆盖全岛的联盟小路之旅，非常不错。

小汽车和摩托车

旅游办公室附近的市政停车场和 Peak's Wharf 码头收费标准为每日 $6。一块钱能让你在市内任何有停车计价器的地方停两小时。计价器在工作日早 8 点至晚 6 点开启。

公共交通

Trius Tours 旅馆公司（☎902-566-5664；单程车票 $1.50）在夏洛特敦市运营罕见的市内交通。一辆公共汽车按不同线路环绕市区，在上午 9 点 20 分至下午 2 点 40 分期间偶尔停靠联盟中心（Confederation Centre）。

出租车

实行标准化价格，分区计价。码头和 Hwy 1 公路间跨三段区域。地区内收费约为 $5，每增加一人另付 $1。**City Taxi**（☎902-892-6567）和 **Yellow Cab PEI**（☎902-566-6666）的服务也不错。

王子岛东部（EASTERN PEI）

在一个几乎拥有全世界美丽景色的省份中，美得令人窒息的王子岛东部仍能引人注目。曲折的东部海岸由渔港、海边村庄和美妙的沙滩组成，但都缺少北部海岸那么多的游人。联盟小路（Confederation Trail）东段是岛上最美的部分，穿越农业峡谷和森林、河流支流以及壁角海湾。338 公里长的 Points East Coastal Drive 车道沿着海岸蜿蜒而行，再现了这些亮点。

奥韦尔(ORWELL)

取道Hwy 1公路，来到夏洛特敦以东28公里的**Orwell Corner Historic Village历史村**（☎902-651-8510；Hwy 1附近；成人/12岁以下儿童$7.50/免费；⏲7月到9月上旬9am～5pm，5月中到6月和9月初到10月周一至周五9am～5pm），它鲜活地再现了一个19世纪的农业村落以及带着帽子的学校老师和铁匠。应该星期三来这儿，可赶上传统的**同乐会**（ceilidh；门票$10；⏲8pm）。去**Sir Andrew MacPhail Homestead农场**参观，要沿路再向前行1公里左右，夏季午后可在这儿饮茶休息。

Rachel's Motel & Cottages汽车旅馆和别墅（☎902-659-2874，800-559-2874；www.holidayjunction.com/canada/pei/cpe0014.html；4827 Hwy 1；双/双卧别墅$55/60；⏲5月中到10月中）位于奥韦尔以南，Lord Selkirk Provincial Park省级公园拐弯处的西边，提供料理得井井有条的套间。旅店远离公路，有个很大的游乐场。

Rainbow Lodge B&B旅馆（☎902-651-2202，800-268-7005；7521 Hwy 1；单/双含早餐$70/90）睡在精心装饰的客房，醒来后享用新鲜出炉的牛角面包。对同性恋者和异性恋者都开放，这里住着一位有执照的婚姻委员(Marriage Commissioner；在西方，结婚仪式可以选择宗教仪式或民事婚典，鉴于大部分宗教都反对同性婚姻，所以同性伴侣多选择民事婚典；民事婚典是由当地婚姻委员主持的——编注)。

伍德群岛(WOOD ISLANDS)

伍德群岛是开往新斯科舍省的渡船的终点。一个**旅游办公室**（☎902-962-7411；Plough Waves Centre，Hwy 1和Rte 4拐角；⏲6月中到8月10:30am～9pm，5月下旬到6月中和9月到10月中8:30am～6pm，5月中到5月末和10月中到10月末10:30am～6pm）位于渡口附近的山上。

如果你需要花时间在渡口等船，离这儿仅一小段步程的**伍德群岛省级公园**(Wood Islands Provincial Park)和它建于1876年的灯塔值得一去。在渡轮码头附近的**Crabby's Seafood海鲜店**（小吃$4～7；⏲6月到9月正午～6pm）大声咀嚼雪蟹三明治或龙虾卷。

默里河(MURRAY RIVER)及其周边

从伍德群岛(Wood Islands)出发，Rte 4路沿着诺森伯兰海峡(Northumberland Strait)前行，在High Bank的内陆转向默里河充满活力而令人惊讶地充满艺术家气派的渔民定居点。海岸公路变成Rte 18路，可以饱览熊角(Cape Bear)周围大海的景色，环行穿越默里港(Murray Harbour)村庄之前你会经过灯塔，然后再进入默里河地区。这段平坦而空旷的公路展现了壮丽而宁静的景色，为骑自行车兜风提供了非常便利的条件。骑车者可沿着从默里河延伸而来的海岸公路，再转回延伸到伍德群岛的联盟小路上。

或者选择另一条线路，在**海洋探险观赏海豹**（Marine Adventures Seal Watching；☎800-496-2494；www.sealwatching.com；Murray River wharf；成人/儿童$19/12，学龄前儿童免费；⏲5月15日到9月30日10am、1pm和3:30pm）的船上感受你的头发在风中飘扬的感觉。它提供2小时在默里河上的乘船旅行，经过贻贝农场去往默里岛，这里是几百只海豹的家园。

默里河上有几家**工艺品店**值得一看。喜爱读书的旅行者一定会喜欢**河岸书籍与音乐传说小店**（Tales of the Riverbank Books & Music；☎902-962-2880；9386 Main St N，Murray River；⏲6月到8月正午～6pm，9月到次年5月正午～6pm周六和周日）。

在Little Sands，品尝**Rossignol Estate Winery酿酒厂**（☎902-962-4193；Rte 4；⏲5月到10月周一至周六10am～5pm）的果酒，这儿距离默里河9公里；冬天需要打电话预订。

精心维护的**Coastal Homestead B&B旅馆**（☎902-962-2879；www.bbcanada.com.2393.html；4664 Rte 18，High Bank；单/双带公共卫生间含早餐$40/60；⏲5月1日到10月30日；Ⓟ ☒）为你提供舒适的客房，它面对海峡，距离默里河5公里。你还可以在默里港南河(South River)岸边的**My Father's House B&B**（☎902-962-3599，877-292-3655；www.myfathershouse.ca；1262 Rte 18；双$85～95，公寓$110～130；Ⓟ ☒）旅馆找到一个舒适的床铺过夜。

如果想要享受一顿美餐，那就去**Brehaut's Restaurant餐馆**（☎902-962-3141；Murray Harbour；晚餐最高$8；⏲周一至周六8am～9pm，周日11am～9pm）。在这幢红色大木屋里有舒适的高靠背座椅，角落里坐满了快乐的用餐者。海鲜杂烩受到了赞不绝口的欢迎。默里河的**Finnan Haddie Bistro餐馆**（☎902-962-2276；9365 Main St N；主菜$6～10；⏲周一至周六10am～7pm，周日9am～7pm）使用当地新鲜的有机原料烹制菜肴，提供传统的岛上菜肴，如咸鱼配捣烂的马铃薯、芜菁和卷心菜，以及美味的龙虾汉堡包加上炸甘薯薯条。**River Delights餐馆**（☎902-962-2299；主菜St，Murray River；⏲6月到9月正午～8pm）用铲子将冰淇淋放入新鲜烤制的华夫饼圆筒里。

蒙塔古及其周边 (MONTAGUE & AROUND)

高踞Montague River河两岸的繁忙小镇——蒙塔古，是国王县的服务中心。从迷人的船坞辐射出数条街道，两旁商厦、超市、食肆林立。

在城镇中心河岸边上的老火车站，有个**旅游办公室**（☎902-838-0670；Rte 3和Rte 4拐角；⏰5月下旬到6月下旬和8月下旬到10月中9am～4:30pm，6月下到8月下旬8am～7pm）。在这儿，你可以在联盟小路上蹦蹦跳跳，这儿以前是火车轨道。或者在**Cruise Manada游船公司**（☎902-838-3444，800-986-3444；www.cruisemanada.com；成人/13岁以下儿童 $22/11.50；⏰5月中到9月）买张票，乘该公司的游船前往王子岛最大的海豹聚居地游览，为时2小时。

在河的另一边，从前的邮政局兼海关大楼（1888年）高大宏伟，俯视着船坞，现已改做**海湾花园博物馆**（Garden of the Gulf Museum；☎902-838-2467；564 Main St S；成人/12岁以下儿童 $3/免费入内；⏰6月上旬到9月下旬周一至周五 9am～5pm）。里面有些手工艺品讲述着当地的历史。

城的北面，开发建设与自然景观相融合的**布鲁德纳尔河省立公园**（Brudenell River Provincial Park；☎902-652-8966；出Rte 3；帐篷营地 $21，娱乐车营地 $24～28；⏰5月下旬到10月中）是个公园与度假村的复合体，**Outside Expeditions**（☎902-652-2434；www.getoutside.com；半天/全天 团队游 $55/100）经营爱斯基摩划子、徒步和两家——正如丘吉尔所说“毁坏步行的”——高尔夫球场。你也可以骑1小时的马，穿过透着斑斑阳光的森林，来到海滩上，可以从**Brudenell Riding Stables**（☎902-652-2396；骑马1小时 $25；⏰6月到9月）租马。宿营园浓荫覆盖，离联盟小路(Confederation Trail)不远。

我们的选择 **Knox's Dam B&B旅馆**（☎902-838-4234，866-245-0037；www.peisland.com/islandeast/knox/；Rte 353和Rte 320拐角；房 含早餐 $75～85；⏰5月中到10月；🅿⊠）坐落在一个欢快的红色维多利亚时代的乡间住宅，旁边是平静的瀑布，这里一派田园风光。每间客房都经过精心装饰而成，陈设豪华，拥有柔软的亚麻布、优雅的老式猫脚浴缸和现代设施如卫星电视。从客房可以欣赏获奖的花园或繁茂的菜园。主人们十分友好。

Roseneath B&B旅馆（☎902-838-4590，800-823-8933；www.rosebb.ca；Rte 6，Pooles Corner附近；房 含早餐 $90～99；⏰5月到10月；🅿⊠💻wi-fi）是19世纪的农舍，为了享受可爱、独立的住宿，值得在这个地方多停留一日。抛光的硬木地板上铺着东方地毯，室内陈设则是由岛上的古玩和来自世界各地的异国情调的艺术品形成的雅致组合。在用玻璃围住的长廊中啜饮一杯茶，这里可以看到Brudenell河的优美景色，引人注目的花圃周围是郁郁葱葱的草坪。

Doc Johnston's Eatery餐馆（☎902-838-2591；578 Main St S；正餐 $5～8；⏰周一至周五11am～3pm，周六和周日9am～4pm）位于河的南岸。它引以为豪的是餐桌和凳子、蓝色软垫、大窗户和餐桌上新鲜的花朵，这个地方让人有一种20世纪40年代经典的午餐餐桌的感觉。这里有受欢迎的现代格调，如素食汉堡包以及传统的喜好选择，如扇贝汉堡包和蛤条。**Windows on the Water Café**（☎902-838-2080；Sackville和Main St拐角，晚餐主菜 $15～27；⏰5月到10月 11:30am～9:30pm）它的海味、鸡和蔬菜等一系列菜肴都很诱人。品尝龙虾乳蛋饼，并留出肚子享受新鲜烘焙的餐后甜点。

附近是**卡迪根**(Cardigan)—— 一座横跨卡迪根河的安静小村庄，可以在**Famous Peppers**（☎902-583-3366；Water St和Chape Rd拐角；正餐 $3.50～7.50；⏰周一至周四11am～7pm，周五和周六至9pm，周日 3～7pm）的户外庭院享受美味、卫生的比萨饼。挑选全麦或干酪配带牛至香的面包皮，享用可食用的碗盛放的沙拉及鸡肉汉堡包、炸薯条。还有一家老式的餐馆**龙虾晚餐店**（lobster supper；☎902-583-2020；Rte 311；成人/儿童 $34/20；⏰6月到10月5～9pm），位于俯看河流的大街上。

值得一游：PANMURE 岛

在Hwy 17公路下车，然后在柏油路上搭便车前往**Panmure岛**。该岛通过堤道与主岛连接起来，它向人们展现了沙丘和海浪、放牧的马和绘制华丽图案的**灯塔**（☎902-838-3568；团队游 $5；⏰7月和8月 9:30am～5pm，6月和9月时间有变化）**Panmure岛省级公园**（Panmure Island Provincial Park；☎902-838-0668；Hwy 347；营地 $21；⏰6月到9月中）——王子岛上最古老的木制信号构成的全景。你可以花 $3 爬上这座灯塔。**Panmure岛国家公园**(Panmure Island Provincial Park)有监督巡查的海滩上野餐。公园宿营地有44处（大多数无人看管），分布在隐蔽的树下和海岸边，每个营地都很舒适。

苏里斯(SOURIS)

苏里斯是环抱Colville Bay海湾的忙于垂钓的居民区，它的名字来自于法裔阿卡迪亚人和那些再三毁坏庄稼的贪婪老鼠。现在欢快的年度音乐节名气更大，不再是那些喂不饱的田鼠。王子岛蓝草和**旧日时光音乐节**（PEI Bluegrass & Old Time Music Festival；☎902-569-3153；www.bluegrasspei.com/rollobay.htm；Rte 2；⏰7月上旬）甚至吸引了从美国纳什维尔那样遥远的地方赶来。到此体验一天，或是在整个节庆期间扎营三日。

这是一座井然有序的小镇，它没有特别的装

值得一游：天然泉水农场

在友好的**天然泉水农场**(Springwater Farm；☎902-583-2340；www.spring waterfarm.ca；Rte 4, Albion Cross；房带公共卫生间，含早餐 $45～49；Ⓟ ✠)体验乡村生活。盖着百衲被睡觉，沿着小溪漫步，而且如果你愿意，还可以帮忙拿干草或给母鸡喂食。从 Shepherd's Nook 店—— 一家礼品店，出售羊皮纸和由圈饲法生产的羊毛制成的毯子——买一些纪念品带回家。带着孩子乘坐干草车围绕农场出游(成人/儿童 $6/4；周一至周六 10am)。

饰来取悦游客。然而，它可以作为骑自行车游览海滨公路(Rte 16)和联盟小路的友好出发点，这两条线路都横贯小镇。这座小镇还是开往魁北克德拉玛得来纳岛(Îles de la Madeleine，见 340 页)的渡船出发地。

省旅游局(Provincial Tourist Office；☎902-687-7030；Main St；⏲6 月中到 6 月末和 9 月到 10 月上旬 9am～4:30pm，7 月和 8 月至 9pm)设在 CIBC 银行中心旁边的 Matthew & McLean building 大厦内。

食宿

Dockside B&B旅馆(☎902-687-2829，877-687-2829；www.colvillebay.ca；37 Breakwater St；双$60)位于渡口码头几步路的现代建筑中，有简单而宽大通风的双人房间。在明亮的由玻璃包围的门廊享用早餐，可以欣赏海港的风景。

McLean House Inn 旅店(☎902-687-1875；www.mcleanhouseinn.com；16 Washington St；双/套含简单早餐 $95/110；⏲5 月下旬到 9 月)这是个带复折式屋顶的美丽旅馆，四周的景色和氛围让它非常适宜慵懒的午后消遣。带本书走进阳光房，坐上藤椅，沉入书中的世界。试试能否住进 Colville Bay room(303 号房间)。

Bluefin Restaurant餐馆(☎902-687-3271；10 Federal Ave；正餐$7～13；⏲周一至周六6:30am～7pm，周日7:30am～7pm)位于McLean House Inn旅店附近，是家深受当地人喜爱的餐馆，以分量十足的岛上传统菜肴而出名。早11点至下午1点供应特色午餐。

贝森黑德省级公园 (BASIN HEAD PROVINCIAL PARK)

尽管这个**公园**(Rte 16 附近；免费入场)是**贝森黑德渔业博物馆**(Basin Head Fisheries Museum；☎902-357-7233；成人/学生 $4.50/2；⏲6 月和 9 月 9am～5pm，7 月和 8 月至 6pm)的所在地，但它的名胜却是一览无遗的金色**贝森黑德海滩**(Basin Head Beach)。这是岛上很多居民最喜爱的海滩。它的沙子还以会唱歌而声名大噪——当然，只是吱吱的叫声。从博物馆向南，5 分钟欢快“悦耳”的步行将你带到隐蔽的海滩——好好享受吧。

东点及其周边(EAST POINT & AROUND)

在加拿大完成统一那年建造的 **East Point Lighthouse 灯塔**(☎902-357-2106；成人/儿童 $2.50/1；⏲6 月中到 8 月 10am～6pm)至今守望着王子岛东北部海岸。因对 1882 年英船“Phoenix 号”的海难负有责任，灯塔随后向海岸前移了。但是，遭侵蚀的海岸线正逼它后退。

林木覆盖的海滨大地和抑扬顿挫的北岸口音使得这里与众不同。硕大的白色风车点缀着这幅风景画。**North Lake 湖**和 **Naufrage 海港**都是非常有诱惑力的地方，如果你深受吸引，就加入一艘特许船，出海搜寻重达 450 公斤的金枪鱼吧。

我们的选择 **South Lake Solar Cottages 小屋**(☎902-357-2305；http://nemosolar.com.hosting.domaindirect.com/solarcottagerentals；3996 East Point Rd[Rte 16]，South Lake；小屋每周 旺季/淡季 $500/400，住 2 周以上有折扣；Ⓟ ⊠)位于宁静、可爱的南湖岸边隐蔽的小树林中，它设计精巧别致，面对着环绕潟湖、闪闪发光的沙丘——可通过独木舟到达，它们是专门为客人准备的。在沙丘的另一边，是延伸 3 英里的空旷海滩。带一个卧室的船屋(Boathouse)和两个卧室的 VP East 小屋里外都由天然的木材覆盖着，并配有东方地毯、舒适的会客区和起居区、厨房、壁炉和特大窗户。船屋有遮蔽的木阳台，可以俯看水景；VP East 有一个隐蔽的可爱门廊。以上两座小屋都由太阳能发电，带室外的淋浴和洗手间。

如果想要在这个岛的尽头吃点东西，可在 **Shipwreck Point Café小餐馆**(☎902-687-1293；Naufrage；正餐 $7～8)停留。

铁路博物馆(Railway Museum；☎902-357-7234；Rte 16A；成人/学生/家庭 $3/2/10；⏲7 月和 8 月 10am～6pm，6 月中到 6 月下旬和 9 月上旬到 9 月中周五至周三至 5pm)在埃尔迈拉，推出了个奇特的节目——袖珍火车之旅(成人/学生/家庭 $7/4/15)，带游客去四周的密林中穿行。这座火车站，高大宏伟，标志着联盟小路(Confederation Trail)的东端(见 460 页)。

格林尼治(GREENWICH)

巨大、奇特、不停流动的沙丘是格林尼治西部地区的主要特色。罕见的庞然大物与平坦的海滩对峙着，让这里成为游客必来之地。由于加拿大公园管理局 1998 年的挽救，这段 6 公里长的海滩现已成为爱德华王子岛国家公园(Prince Edward Island National Park，见 462 页)的一部分。

格林尼治讲解中心（Greenwich Interpretation Centre；☎902-961-2514；Hwy 13；⏰5月中到6月下旬和9月到10月中9:30am～4:30pm，6月下旬到8月至7pm）通过全新的图片和视听展示，详细介绍了沙丘体系和当地丰富的考古历史。有四条步行小道横穿公园。**格林尼治沙丘小道**(Greenwich Dunes Trail，往返4.5公里，1个半小时）风景尤其优美。

圣彼得斯至斯图尔特山 (ST PETER'S TO MT STEWART)

两个村庄之间的地区是骑车的热点。在靠近圣彼得斯(St Peters)的一段联盟小路上骑行，既有海岸美景相伴，又有顶尖骑手不时现身，美不胜收。联盟小路的三个河岸路段汇集于斯图尔特山(Mt Stewart)，让骑车人和徒步者在相对紧凑的地区拥有许多览胜的选择。联盟小路和**省旅游局**（provincial tourist office；☎902-961-3540；Rte 2；⏰6月下旬到8月下旬8am～7pm，6月中到6月下旬和8月下旬到10月9am～4:30pm）都位于圣彼得斯的小桥旁边。

Hillsborough River Eco-Centre 生态中心（☎902-676-2811；104 Main St，Mt Stewart；门票$2；⏰周一至周六9am～4pm；💻）有关于Hillsborough河野生生物和历史的展览，还可以免费上网。

Trailside Café & Inn咖啡馆和旅店（☎902-676-3130，888-704-6595；www.trailside.ca；109 Main St，Mt Stewart；双含简单早餐$80～100；⏰5月中到10月中）不偏不倚恰在本地区中央，在小餐馆上面有洁净、舒适的房间。这里出租自行车(2/4/12小时$10/15/20，每周$80)，特许经营的咖啡馆(主菜$8～18；⏰早餐、午餐和晚餐)提供美味甜点、海鲜汤和其他简单食品。在周末，小餐馆会变成现场音乐热点，有当地著名艺人表演。

另一个不错的选择是**Crane's Landing 旅馆**（☎902-676-2827，902-393-1289；www.craneslanding.ca，1686 Rte 2，Mt Stewart；房含早餐$60～85；⏰5月中至10月中；Ⓟ ⊠），是一栋19世纪的农舍，楼上有舒适的客房，楼下有一间茶室（营业时间为周一～周六11:30am～3pm)。

Midgell Centre 中心（☎902-961-2963；6553 Rte 2，Midgell；宿和单带公共卫生间$20；⏰6月中到9月中）离圣彼得斯和格林尼治(Greenwich)都不太远，尽管主要服务于基督教中心的客人，但它那简朴的房间也对普通游客开放。取决于当时的安排，你既可能住宿舍，也可能有个单间。每幢房屋都有共用厨房，让这个非常经济的地方更加实惠。

在圣彼得斯，可以到**Tir na Nog Inn旅店**（☎902-961-3004，866-961-3004；www.tirnanoginn.com；5749 Hwy 2；房含早餐$65～115；Ⓟ ⊠）去享受高雅的住宿和美味的早餐，它是一家美丽的修复的维多利亚时代的建筑，拥有一条长长的走廊，面对海湾。**Bayside Country Inn & Suites 旅馆**（☎902-961-2954，866-961-2954；www.baysidecountryinn.com；Rte 2，St Peter's；套房$135，含厨房$175；Ⓟ）不是很迷人但很舒适，还有一家实惠的餐馆（营业时间为周三～周日9am～7pm)。

径直去**Rick's Fish 'n' Chips & Seafood House 马铃薯海鲜餐馆**（☎902-961-3438；Rte 2，St Peter's；正餐$5～10；⏰7月和8月11am～10pm，6月至9pm，5月和9月周日至周四至7pm，周五和周六至9pm）享用引发人们食欲的碎鱼和用新切的马铃薯炸的薯条。如果想换换不同的口味，可品尝素食汉堡包、以几种方式烹制的贻贝或美味的比萨饼。

在联盟小路上骑行

357公里长的联盟小路(Confederation Trail)是个指路明灯，吸引着来自北美和欧洲各地的越来越多的自行车骑手。小路得益于源自王子岛以前的铁路路基，当它蜿蜒穿行在山地与河谷之中时，路途几乎完全是平坦的，一些路段还完全隐没在茂密的树冠之下。在6月下旬和7月初的几个星期，小路两侧的羽扁豆开满了鲜艳的花朵。想欣赏岛上瀑布变换的色彩，也许没有比沿着小路骑行更好的方式了。

始于北角附近的蒂格尼什(Tignish，见471页)、终于东点附近的埃尔迈拉(Elmira，见459页)的279公里点对点路段，尤为出色。它途经田园乡村，骑车人可以方便地就餐小憩，或是住宿过夜。请注意，王子岛上盛行刮西风和西南风，所以顺着这个方向骑行要容易些。几条支线将小路与联盟大桥(Confederation Bridge)、夏洛特敦(Charlottetown，见451页)、苏里斯(Souris，见458页)和蒙塔古(Montague，见457页)连接起来。

王子岛省**旅游局**(www.gov.pe.ca/visitorsguide)提供出色的路线图。在它们的网站上能查到大量的旅行计划和小路资料。夏洛特敦（见456页）的自行车出租店也经营覆盖全岛的旅游，都非常棒。

王子岛中部(CENTRAL PEI)

王子岛中部拥有岛上最好部分之一——苍翠的田野、别致的村庄和茂密的森林波澜起伏，向北伸向爱德华王子岛国家公园(Prince Edward Island National Park)的沙丘海滩之中。安妮是露西·莫德·蒙哥马利(Lucy Maud Montgomery)于1908年所创作小说中的迷人女主角，带动了一项巨大的全球产业，曾以卡文迪什田园村落为中心。然而，这就是王子岛(PEI)，甚至是它最野蛮开发的用于吸引游客的旅游用地和商业区几乎都带着几分精巧——这些地方刚刚粉刷过，且到处都是鲜花花圃。

如通过联盟大桥进入王子岛中部地区，应在大桥王子岛这一侧的**Gateway Village Visitor Information Centre游客信息中心**(☎902-437-8570；Hwy 1；⏰5月中到5月末和9月中到10月中8:30am～6pm，6月到9月中至8:30pm，10月中到次年5月中周三至周日9am～4:30pm)桥外驻脚。这里有免费地图、旅游手册，卫生间和一个名为“我们在岛上的家”(Our Island Home)的展览(5月到11月)。工作人员会告诉你联盟小路(Confederation Trail，见上页)的位置，它就隐藏在附近。

维多利亚(VICTORIA)

迷人小巧的渔村、浓荫遮蔽的小渔港，很容易明白为什么它自从19世纪以来能吸引那么多暑期度假者。有渡船定期从夏洛特敦出发，经过3小时航程，让厌倦城市生活的人们有机会体验海边的乐趣。整个村庄依旧错落有致地嵌在四个街区里，如同它1819年建立时的布局。装饰着各色护墙板和木瓦的屋舍已成为不止一位游客的新家——他们是如此着迷以至于决定来此定居。这里的艺术室、咖啡馆和餐厅缤纷多彩，还有个夏季戏剧节也很出色。居民地最吸引人的特点之一是缺少交通工具——每个人都将车停下来，然后漫步前进。

景点和活动

装饰着红色天鹅绒的金色的**Victoria Playhouse剧场**(☎902-658-2025，800-925-2025；www.victoriaplayhouse.com；20 Howard St；成人/青年和老人$20/18；⏰6月到9月8pm)每逢夏天都会带来一系列的戏剧，周一晚上还举办来自本地区一些出色的音乐家表演的音乐会。

灯塔博物馆(Lighthouse Museum；捐赠入内；⏰6月下旬到8月9am～5:30pm，每周闭馆2天)举办有关当地历史有趣的展览。如果闭馆，可从路对面的商店拿到钥匙。你还可以在海湾周围划船，它是由**By the Sea Kayaking**(☎902-658-2572，877-879-2572；www.bytheseakayaking.ca)提供的有导游的旅行，然后在**维多利亚港省立公园**(Victoria Harbour Provincial Park；免费入内)的海滩边游泳，这里有更衣间。

食宿

Summer Garden B&B旅馆(☎902-675-4741，877-675-4741；www.summergardeninn.com；8149 Rte 19；房 带私人或公共卫生间 含早餐$75～85；Ⓟ ⊠)在维多利亚以东9公里，是Rte 19路一段安静的路程中的上佳选择。这座通风的梁柱构架的建筑坐落在距离阿盖尔海滨省立公园(Argyle Shore Provincial Park)海滩几步路的地方，占地100英亩。温暖的木地板、五彩缤纷的地毯和绚丽的花圃增添了它的魅力。还有用有机原料(包括花园里自产的鱼)精心烹制的早餐。

东方旅馆(Orient Hotel；☎902-658-2503，800-565-6743；www.theorienthotel.com；34 Main St；房$80～100，套$110～150，含早餐；⏰5月14日～10月8日；Ⓟ ⊠)这座历史海滨旅馆是一座毛茛黄及红蓝相间的欢快维多利亚式建筑，它就像一颗完美的宝石。Mrs Proffitt's Tea Room茶室(营业时间为周三至周一11:30am～4pm)提供下午奶茶和简单的午餐。

Victoria Village Inn旅店(☎902-658-2483；www.victoriavillageinn.com；22 Howard St；双/套/三 含早餐$90/90/140；Ⓟ ⊠ 🖳)这家旅馆位于剧院隔壁，在这座传统的建筑里有舒适休闲的客房。休闲美食餐馆(主菜$20～22；营业时间为5～10pm)提供精美的奢侈菜单。让我们先品尝有机绿色沙拉配烤松子(an organic green salad with toasted pine nuts)、柔软的山羊奶酪以及意大利黑醋、酸酱油拌的葡萄(grapes tossed in balsamic vinaigrette)。继续品尝以布里干酪和烤大蒜做馅的烤鸡胸(roasted chicken breast stuffed with brie and roasted garlic)，最后品尝面粉加杏仁和巧克力制成的德国大蛋糕。这里也提供素食和剧院套餐(theater packages)。建议预订。

Seaview Take-Out外卖餐馆(正餐$6～9；⏰7月和8月11:30am～7pm)中途在这个花园小屋改建的外卖餐馆停下来，吃点炸薯条、面包卷和汉堡包，同时还可以俯瞰码头。

Landmark Café小餐馆(☎902-658-2286；12 Main St；主菜$12～25；⏰5月中到9月11:30am～10pm)人们从几英里外来到这家小餐馆，品尝美味的、富有想象力的食物。都是以有益健康的原料烹制而成，每一个华美的菜单选项都堪称优胜者。蔬菜乳蛋饼和有机绿色蔬菜沙拉都美味可口。这个地方相当受欢迎，需要预订。

Ruthie's Lobster House & Restaurant旅馆和餐

> **王子岛的 TOP FIVE 乖巧魔力**
>
> - 6 月下旬和 7 月怒放在公路两旁的羽扇豆 (lupines) 花朵。
> - 当地人急促吸气时说出的"yes"。
> - 停车票仅售 $5。
> - 落日余晖中的红砖小楼。
> - 距离海滩从不会超过 15 分钟车程。

馆 (☎902-658-2200；on the pier；主菜 $10 ~ 13；⏰6 月中到 9 月中 11:30am ~ 10pm) 如果想要悠然用餐，就坐在窗边木制小包间里享受美味的鱼肉蛋糕、海鲜可丽饼，以及恺撒沙拉 (caesar salad) 或波尔图贝罗 (portobello) 蘑菇汉堡包和炸薯条。

Island Chocolates 巧克力店 (☎902-658-2320；13 Main St；⏰6 月到 9 月周一至周六 10am ~ 8pm，周日中午至 8pm) 我们敢打赌，你绝不会只品尝一块这儿美味无比的手工比利时巧克力！小餐馆的餐桌摆放在前廊，而内部是灯光温和、老式的商店，供应着诱人的早餐咖啡或华丽的巧克力餐后甜点。

Victoria's Cool Breeze冰淇淋店 (☎902-658-2811；⏰7月到8月11am~8pm) 在海边，如果没有意大利冰淇淋或小岛本地制作的冰淇淋，那将是什么样的一个夏天？

爱德华王子岛国家公园(PRINCE EDWARD ISLAND NATIONAL PARK)

在这个著名的**公园** (☎902-672-6350；www.pc.gc.ca/pei；日票 成人/17 岁以下儿童/家庭 $5/2.50/12.50) 里，隆起的沙丘、红艳的砂岩断崖为全岛最好的沙滩提供了反差巨大的背景。这里的奇特海岸及其身后狭长的湿地和森林是许多动植物的家园，包括红狐 (red fox) 和濒危的鸟 (piping plover)。

公园全年开放，但大多数服务设施仅在 6 月下旬至 8 月底期间运转。6 月中旬至 9 月中旬，公园收取门票，凭票你可以参观除绿山墙屋 (House of Green Gables，见 466 页) 外的所有景点。如果你计划在此停留 5 天以上，还是买张季票划算。公园在卡文迪什游客中心 (Cavendish Visitor Centre，见 466 页) 设有信息台。如果错过了，布拉克利海滩 (Brackley Beach) 的省旅游办公室也提供有用的相关信息。

下面介绍的景点、住宿和就餐选择按从东到西的顺序，首先是公园经营的设施，然后是私人经营的园内、园外设施。

景点和活动

迷人的海滩几乎横跨了公园 42 公里海岸线的全部。在大多数加拿大人心目中，这个公园简直就是海滩的同义词。**达尔维海滩** (Dalvay Beach) 位于东头，有数条林间短途徒步小路。**Stanhope Beach 海滩**地势平坦，滩涂宽阔，有一条从宿营园通向海岸的人行大道。再稍向西，沙丘衬托下的**布拉克利海滩** (Brackley Beach) 宽广而热闹。公园西侧的**卡文迪什海滩** (Cavendish Beach)，仅从面积上讲，就称得上是所有海滩的祖爷爷。在夏季，这片高大沙丘脚下的海滩一向是游人如织。如果熙熙攘攘不合你的口味，那么向东去，总会找到原始的荒滩。Cavendish、Brackley 和 Stanhope 海滩都有救生员值勤。

住宿

加拿大公园管理局经营的三个**宿营园** (☎800-414-6765；帐篷营地 $22，娱乐车营地 $25 ~ 27；⏰6 月上旬到 8 月下旬) 沿公园一字排开，极受欢迎。它们都设有简易厨房和淋浴室。多花 $10，你可以预订营地，但必须提前至少三天打电话或登录 www.canadiancamping.ca 网站。你可以指定宿营园，但不能选择具体营位。抵达后，必须接受园区的安排。80% 的营地可以预订，剩下的按先到者优先的原则分配，所以最好早到。

位于 Gulfshore East Pkwy 大道的 **Stanhope Campground 宿营园**，掩映在一片树林之中，前面是有着相同名字的海滩。园内有个商品丰富的小店。

同样位于 Gulfshore East Pkwy 公园大道的 **Robinsons Island Campground 宿营园**，从 6 月下旬起对外开放。它是三个宿营园中最偏僻的一个，坐落在 Brackley Point 尖角的末端。每当起风时，这里可就不好玩了。

Rte 6 路旁的 **Cavendish Campground 宿营园**离各景点都不远，这使它成为最抢手的地方。它既有面向大海的营地，也有简易大棚和树荫下的营地。不要只贪图美景——景色虽好，但安睡更重要。

以下列出的村镇同样在园内及其周边地区提供了很好的住宿选择。

海边达尔维(DALVAY BY THE SEA)

一座古老的大厦昂首位于公园东端、俯瞰着以其名字命名的海滩，这就是达尔维 (Dalvay)。这座宏伟建筑建于 1895 年，现归加拿大公园管理局所有，当做**旅店** (☎902-672-2048，888-366-2955；www.dalvaybythesea.com；Gulfshore East Pkwy；单 $190 ~ 210，双 $260 ~ 360，含早餐和晚餐；⏰6 月到 10 月；P ⊠ ⊡ ⊡) 经营，使它一跃成为北部海岸最奢华的住处。每个豪华房间的窗外景色和古老陈设都各不相同。堂皇高雅的餐厅(晚餐主菜 $18 ~ 30；开放时间 7 月和 8 月早餐、午餐和晚餐)烹制出不同寻常的菜肴，从榛仁和鼠尾草羊排(hazelnut-and sage-crusted rack of lamb)到新鲜的岛上龙虾，菜品丰富。餐厅也对非住客开放，午餐和午茶(2pm 到 4pm)的定价合理。旅馆还出租自行车(每小时/半天/全天 $5/12/20)。

布拉克利海滩(BRACKLEY BEACH)

离公园入口 4 公里处有个**省旅游办公室**(provincial tourist office；☎902-672-7474；Rte 6 和 Rte 15 拐角；⏲7 月和 8 月 8am ~ 9pm，6 月和 9 月到 10 月上旬 9am ~ 4:30pm)。**北海岸出租处**(North Shore Rentals；☎902-672-2022；Shaw's Hotel，Rte 15，99 Apple Tree Rd；每小时/每天 $6/20)向在本地区探险的人出租自行车。想要过一些不同的夜晚，可在 **Brackley Beach Drive-In 路边影院**(☎902-672-3333；3164 Rte 15；成人/儿童 $7.50/5；⏲5 月到 9 月)看一场电影。

Shaw's Hotel & Cottages 旅馆和小屋(☎902-672-2022；www.shawshotel.ca；Rte 15，99 Apple Tree Rd；双 $195 ~ 290，小屋 $235 ~ 480，含早餐和晚餐；⏲木屋 全年，小旅馆 5 月 30 日到 9 月 30 日；)从 1860 年开始营业，是加拿大最古老的家庭旅馆；它让人们重温早期的历史，那时很多家族想尽一切办法逃到海边避暑。这家旅馆占据了 75 英亩的家庭农场，拥有私人通道，通往布莱克利海滩(Brackley Beach)，约 600 米远。这家旅馆的客房具有老式的简朴和高雅。从一个卧室到四个卧室的小屋，范围从乡村的到现代的，分散在这座房子的周围。大部分房间都有壁炉，一些还有桑拿室和极可意浴缸。7 月和 8 月有儿童活动，如滑草、游戏、沙滩旅行和有人监督的晚餐时间。餐厅(☎902-672-2022；正餐 $22 ~ 27；营业时间为 6 月和 9 月 8 ~ 10am 和 6 ~ 8pm，7 月和 8 月 5:45 ~ 9:30pm)对外开放；由于周六晚上有受欢迎的自助餐($38；在 7 月和 8 月举行)，建议预订。

想起来了，**Dunes Café & Gallery 咖啡馆和画廊**(☎902-672-2586；Rte 15；晚餐主菜 $16 ~ 25；⏲5 月和 10 月 10am ~ 6pm，6 月到 9 月 11:30am ~ 10pm)是调整一下的好地方。说实在的，除了这儿，岛上哪儿还能吃到越南米线沙拉(Vietnamese ricenoodle salad)呢？还是在一个巨大佛像的荫蔽之下。进来喝杯咖啡或吃点什么，要不就在玻璃展室和花园里逛逛，看看来自亚洲和岛上的奇特艺术品。

拉斯迪考(RUSTICO)

阿卡迪亚人来拉斯迪考居住的时间可追溯到 1700 年，几幢精美的古老建筑显示了小村昔日的显赫。其中最突出的是 **St Augustine's Church 教堂**(1830 年)，它是王子岛历史最悠久的天主教堂。教堂一侧是个古老的墓地，而另一侧是红岩打造、坚实无比的**拉斯迪考农民银行**(Farmer's Bank of Rustico)。银行在 1864 年至 1894 年曾在此经营，是加拿大信用合作社运动(credit-union movement)的先驱。银行旁边是 **Doucet House 宅邸**，一个重新安置于此的阿卡迪亚老屋。

在Rusticoville，Rte 6路旁的**Pines Motel汽车旅馆**(☎902-963-2029，800-878-5949；www.pinesmotel.pe.ca；Rte 6；双 $80；⏲4月到10月；)静卧在New Glasgow River河岸边。旅店虽陈旧，但保养得不错。这里有个游乐场，可在它的游泳池戏水。

新格拉斯哥(NEW GLASGOW)

新格拉斯哥是个安静的城镇，以腌制蜜饯和龙虾晚餐而远近闻名。

我们的选择 **新格拉斯哥高地宿营园**(New Glasgow Highlands Camping & Cabins；☎902-964-3232；les.andrews@pei.sympatico.ca；Rte 224；帐篷/娱乐车营地 $26/29，木屋 $50；⏲4 月到 10 月；)可能是王子岛上最出色的。20 多个营地散落在森林里，间距适当且每个都配有篝火坑。在雨天，宿营者可以使用木屋里的简易厨具。此外，还有自动洗衣房、小商店和加温游泳池等服务、娱乐设施。特

小心：激流

这里的海水看起来很诱人，但是必须小心！北部海滨沿岸经常有退潮和激流。激流是由沉重的海浪冲击水下的沙洲海滩边缘而形成的。当抛起的水流压力变得非常大时，它会推开沙洲，涌入海中，而且会卷走所有的东西——包括沿途的任何一个游泳者和跋涉者。如果碰巧发生在你身上，请不要惊慌。与海岸平行游泳摆脱激流，然后再游到岸边脱身。在激流来临时，不要试图游到岸边——那时激流的力量非常强大。不幸的是，近年来不止一个度假者葬身于在激流中。所以记得只在公园内有监视巡查的海滩边游泳。

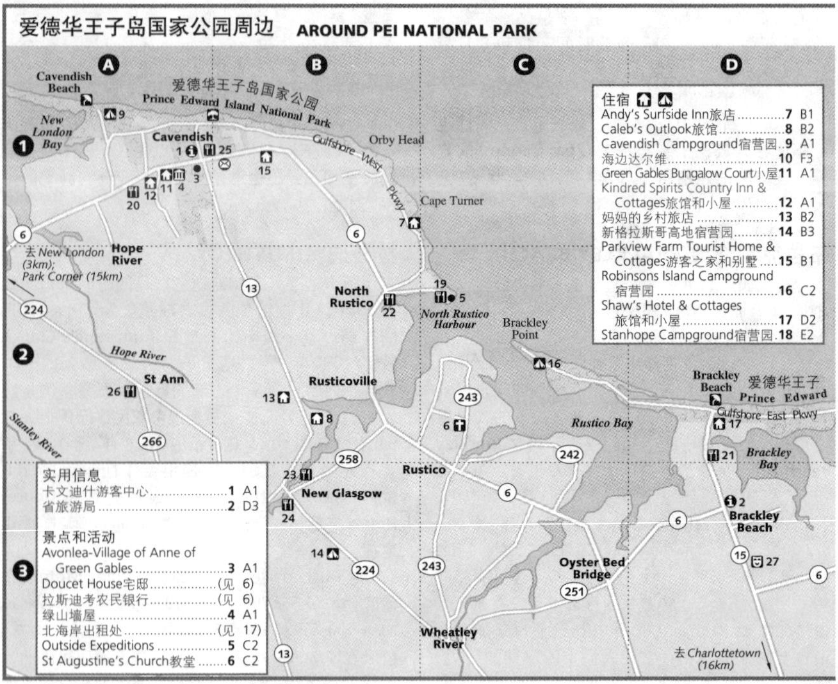

别让人惊异的是，此地没有虫子——你乐了吧。营地的小木屋整洁明亮，每间都配有两个铺位，一张双人床、一个沙发和野餐桌，卫生间是共用的。这里欢迎安静的宿营者，吵闹的人需另觅他处。宿营园位于 PEI Preserve Co 蜜饯加工厂以东 1.7 公里。

如果想找一个隐秘的住处，那就去**Caleb's Outlook旅馆**（☎902-621-0444；www.peisland.com/calebsoutlook；5976 Rte 13；房 含早餐$85～110；⏲6月到10月5日；Ⓟ ⊠）吧，它位于新格拉斯哥(New Glasgow)正北，拥有倾斜的有机花园、花圃和婉转流淌的猎人河(Hunter River)，这一切构成了一幅绚丽的景色。明亮通风的房间配以硬木地板、舒适的棉被和阳台。

再往北一点是**妈妈的乡村旅店**（My Mother's Country Inn；☎902-964-2508；www.mymotherscountryinn.com；Rte 13；双 $100 ～ 225，公寓 $125，含早餐；⏲6月到10月中；Ⓟ ⊠），这是一栋大的南瓜色农舍，由大树的树荫遮蔽着。这些房间宽大时尚，刷成暖色调，拥有色彩明快的地毯和铺着被子的黄铜色床。这里还有几套现代的单元房，与这座房子保持一段距离。

Café on the Clyde 咖啡馆（☎902-964-4300；晚餐主菜 $13 ～ 17；⏲5月下旬到6月中和9月末到10月中 9am ～ 4pm，6月中到9月下旬至 8pm）从 River Clyde 河反射进来的阳光令咖啡店四壁生辉，它也许是国家公园附近最惬意的就餐场所。夹着羊奶干酪的素卷饼地道可口，当地特色菜清爽宜人、富有创意。这家咖啡馆是附属于著名的**PEI Preserve Company 蜜饯加工厂**（⏲7月到9月 8am ～ 9:30pm，5月、6月和10月 9am ～ 5pm 淡季时时间减少）的新增设施。尽管蜜饯的价格偏高，但仍值得购买。咖啡馆和工厂都位于 Hwy 13 公路旁，Hwy 224 公路和 Hwy 258 公路交会处。

New Glasgow Lobster Supper餐馆（☎902-964-2870；Rte 258；龙虾晚餐 $26～35；⏲6月到10月中 4～8:30pm）在这儿不必拘泥于餐桌礼仪，你可以把龙虾吃得汁水淋漓，同时狼吞虎咽鲜香的海鲜杂碎汤(chowder)、贻贝、沙拉、面包和店家自制的甜点。

圣安(ST ANN)

如果你仍旧渴望品尝多汁的甲壳纲动物，前往距离圣安几分钟的小村庄，那儿有著名的教堂经营

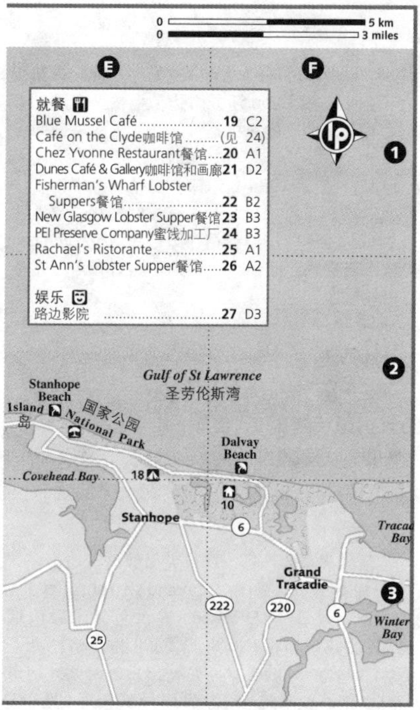

的 **Lobster Supper 晚餐厅**（☎902-621-0635；Rte 224；主菜 $24 ~ 30；⏲6 月中到 9 月末 4 ~ 8:30pm）。

北拉斯迪考(NORTH RUSTICO)

抵达数分钟内，你就会明显感到这里不仅仅是个旅游城镇。色彩鲜艳的渔船在码头泊成一线，生意兴隆。这可是全省最大的捕鱼船队之一。码头向东直通北拉斯迪考港 (North Rustico Harbour)，沿着人行大道一路走去，是感受渔村景色、声音和气息的最好方法。位于小镇中心，靠近邮局和银行的地方，有一家可称为全省名气最响、生意最火的餐馆。

活动

不管你是初学者，还是经验丰富的老手，这里都是**划爱斯基摩划子**的好地方。

暂将安妮（《清秀佳人》女主角——译注）和所有喜爱她的人放一放，先同王子岛上最主要的旅游探险公司——**Outside Expeditions**（☎902-963-3366，800-207-3899；www.getoutside.com；374 Harbourview Dr；⏲6 月中到 10 月中）一起搏击海浪吧。公司位于港口尽头，设在一个明亮的黄色渔棚内。1 个半小时的"初学者海湾"之旅 (Beginner Bay tour，$39) 从讲解驾驶爱斯基摩划子的技术开始。最受欢迎的 3 小时 "海港" 之旅 (Harbour Passage tour，$55) 每日组织三次 (9am，2pm 和 6pm)。它还提供有向导的自行车旅行，沿着风景如画的北部海岸或联盟小路 ($50) 一部分路段行进，还出租自行车（半天 / 全天 $20/30）。公司在淡季也组织出海，只要有四人参团就可成行。

如果你心仪的海上活动是钓条大鱼，那么就去 Harbourview Dr 车道，那儿有许多公司专营**深海垂钓**（3 ~ 3½ 小时航程成人 / 儿童 $30/20；⏲6 月到 8 月）。

食宿

我们的选择 **Andy's Surfside Inn 旅店**（☎/ 传真 902-963-2405；Gulfshore West Pkwy；双带公共卫生间含简单早餐 $54 ~ 75；⏲6 月到 10 月）位于国家公园内，在北拉斯迪考 (North Rustico) 去 Orby Head 途中 2.7 公里处。这是个布局有些凌乱的大宅，俯瞰着 Doyle's Cove 湾。旅馆自 20 世纪 30 年代起经营至今，厨房对所有带回龙虾尝鲜的住客开放。坐在游廊上，翘起双脚，你会不自觉地感谢自己的幸运之星。

Blue Mussel Café 小餐馆（☎902-963-2152；Harbourview Dr；午餐主菜 $9 ~ 14，晚餐 $17 ~ 27；⏲6 月下旬到9月下旬11:30am ~ 8pm）店面虽不大，但它的位置和煎扇贝、蒸贻贝等美食会给你留下深刻印象。在面向海湾的带篷平台上找张桌子。去 Outside Expeditions公司的途中会经过这里。

Fisherman's Wharf Lobster Suppers 餐馆（☎902-963-2669；7230 Main St；龙虾晚餐 $27；⏲5 月中到 10 月中 正午 ~ 9pm）即使是这么大的餐厅，在 7 月、8 月晚上就餐的高峰时间，门外也会排起长龙。这是个有趣、随意、假日风格的餐馆，非常实惠——是的，如果你没有毁掉你的衬衫的话！最好饿着肚子来，这里除了有汁水四溅的龙虾外，还有分量十足的海鲜汤、美味的本地贻贝、面包卷和各种甜点佐餐。如果走运，你也许会有个看得见海景的座位。

卡文迪什(CAVENDISH)

卡文迪什海滩 (Cavendish Beach) 和绿山墙屋 (House of Green Gables) 几十年来一直游客云集，使得这个小小岔道口成为王子岛上除夏洛特敦外游客到访最多的地方。许多游客都会试图寻找风光如画、历史悠久的镇中心，这儿令人迷惑不解，因为几乎没有这样的地方。这是可以理解的，因为根本没有这样的地方。Rte 6 路与 Hwy 13 公路交会处是游客中心和商业区。当你看到服务站、蜡像馆、教堂、墓地和各式各样的餐馆时，就会

热点：农业径流和鱼类死亡

当地居民和垂钓者回想起发生在 2007 年 7 月的一个早晨那恐怖的一幕：成千上万条鲑鱼和大马哈鱼肚子朝上地漂浮着，从王子岛中部被冲到了 Dunk 河和 Tryon 河的岸边。生物学家没花多长时间就找到了造成这种现象的罪魁祸首——周围马铃薯田地里的杀虫剂被连续几天的暴雨冲刷，渗入河水中。

根据**大西洋鲑鱼联盟**（Atlantic Salmon Federation；www.asf.ca）统计，1994 年以来，王子岛潮水中发生了 27 起鱼类死亡事件，这是最近的一起。2005 年，政府制定了一项同时具有强制性和自愿性的农业管理措施，旨在减少有害物质流入河流而造成的威胁。这些措施包括在田地和河流之间保留 10 米的草地，挖犁沟时应与水道平行而不是直接与水道接触。然而，岛上的垂钓者和自然资源保护者却认为，政府的这项法规远远无法避免类似事件再次发生。

知道自己身处其中了。

卡文迪什东边是个大型娱乐公园，里面有赛车道、滑水场、高尔夫场、迷你高尔夫场、仙女城堡、宠物农场、怪异宫殿、天文馆、西海岸图腾柱，以及“里普利信不信由你”(Ripley's Believe It or Not) 和其他古怪（古怪得令人舒畅）的游戏，等等。越来越多的人造景观绝对是风景区的败笔，但从好的一面看，它是孩子们的乐园。

实用信息

卡文迪什游客中心（Cavendish Visitor Centre；☎902-963-7830；Rte 6和Hwy 13拐角；⏲7月和8月9am～9pm，5月中到6月和9月到10月中至4:30pm）

景点

卡文迪什是《清秀佳人》(*Anne of Green Gables*) 的作者露西·莫德·蒙哥马利 (Lucy Maud Montgomery，1874～1942 年）的故乡。在这里，蒙哥马利被亲切称做露西或 LM。著名的**绿山墙屋**（House of Green Gables；☎902-672-7874；Rte 6；成人 / 17 岁以下 / 家庭 $5.75/3/14.50；⏲5 月上旬到 6 月下旬和 8 月下旬到 10 月 9am～5pm，6 月下旬到 8 月下旬至 8pm，11 月到次年 5 月时间不固定）当年归露西祖父的表兄们所有。这所房屋及其周围维多利亚式的景物都是她小说中的背景。1937 年，这里并入国家公园，现作为国家历史遗址对外开放。

如果你尚未接触这本 1908 年的小说，真该趁还在岛上时读一读——不只是欣赏它，而是尽量理解有关它的一切。故事围绕着 11 岁的孤儿安妮·雪莉 (Anne Shirley) 展开。安妮是个梳着红发辫子、机敏过人的女孩，被人从新斯科舍 (Nova Scotia) 误送至王子岛，而年老的 Cuthberts 兄妹本来是盼着来一位能干农场杂活的魁梧男孩的。但是安妮靠着她的人格魅力最终赢得了每一位相识者的心。

在这里，人们通过展览和音像节目来了解露西和安妮。在屋外，几条小路蜿蜒穿行在溪水叮咚的绿色密林里，值得去走走。“闹鬼树林”(Haunted Wood) 和“情人小路”(Lover's Lane) 都保留着书中那浪漫的孩童气息。

团队游

就像你猜的那样，这里大多数旅行商都经营与安妮有关的主题游。**Cavendish Tours**（☎902-566-5466；半日 / 全日 $50/60）提供包括“绿山墙屋”、北拉斯迪考 (North Rustico) 和新格拉斯哥 (New Glasgow) 的半日游览，出发的时间、地点与从夏洛特敦来的 Beach Shuttle 穿梭车（见 450 页）相衔接。全日游另加露西·莫德·蒙哥马利出生地和 Silver Bush 等景点。

食宿

尽管各种旅馆多得不可计数，但不要忘了，这儿是你所住过的最繁忙、最昂贵的地方。向东北拉斯迪考 (North Rustico) 方向走，就会有更便宜和更充满田园风光的住处。

Parkview Farm Tourist Home & Cottages游客之家和别墅（☎902-963-2027，800-237-9890；www.peionline.com/al/parkview；8214 Rte 6；单/双带公共卫生间含简单早餐 $50/65，双卧别墅 $145）这个不错的住处位于卡文迪什以东2公里处，在一个仍在经营中的乳牛场内。海景、浴室和必不可少的花卉墙纸、皱边装饰在这所舒适、宽敞的游客之家随处可见。7幢别墅每个都有厨房、烧烤炉以及可以欣赏日出日落的阳台。

Green Gables Bungalow Court小屋（☎902-963-2722，800-965-3334；www.greengablesbungalowcourt.com；Rte 6；单/双卧小屋$65～99/$85～135；⏲6月到9月中；Ⓟ ⊠ ▣）这些刷成白色的简易小屋，位于林间地段，它非常坚硬而且保存完好，拥有运动场和游泳池，对家庭来说这儿是个实惠的选择。

Kindred Spirits Country Inn & Cottages 旅馆和

小屋（☎902-963-2434，800-461-1755；www.kindredspirits.ca；Rte 6；双 $75～230，小屋 $170～340；⏲5月中到10月下旬；P ⊠ ⛆ ⛝ ⊟）这座人字形旅馆有一种迷人的乡村风味，拥有适度褶边的客房和带有舒适壁炉的客人会客室。明亮的一个至三个卧室的小屋俯瞰着种秣草地、游泳池以及毗邻的高尔夫球场，拥有现代的硬木内部陈设。

Chez Yvonne Restaurant餐馆（☎902-963-2070；8947 Rte 6；主菜 $9～13；⏲6月到9月7:30am～9pm）位于卡文迪什游客市场(Cavendish Tourist Mart)对面，自20世纪70年代起就在为游客烹制牛排和海鲜晚餐。它的家常手艺很出色，尤其是自家烤制的面包和面包卷。

Rachael's Ristorante（☎902-963-3227；Cavendish Corner，Rte 6；主菜 $12～18）这个地方位于要道，在洞穴状的餐厅提供意大利式菜肴，如比萨饼、通心粉和牛排。如果要看海景，可以在后面的天井中找张桌子。

四处走走

Cavendish Red Trolley 电车（日票 $3；⏲6月下旬到8月 10am～6pm）每小时1班沿 Hwy 6 公路运营，穿卡文迪什而过，沿途经停数站，包括卡文迪什游客中心、卡文迪什海滩和绿山墙屋(House of Green Gables)。

新伦敦和科纳公园 (NEW LONDON & PARK CORNER)

新伦敦和科纳公园都与露西·莫德·蒙哥马利（《清秀佳人》的作者）密切相关，这里的一切都仿佛带着安妮情结。

露西·莫德·蒙哥马利出生地（Lucy Maud Montgomery Birthplace；☎902-886-2099；Rte 6 和 Rte 20 拐角；门票 $2；⏲5月中到6月和9月到10月中 9am～5pm，7月和8月至 6pm）坐落在位于卡文迪什西南10公里的新伦敦。这所房子现已成为一座博物馆，收藏着露西的一些个人物品，包括婚纱。

科纳公园村(village of Park Corner)和**露西·莫德·蒙哥马利遗产博物馆**（Lucy Maud Montgomery Heritage Museum；☎902-886-2807；4605 Rte 20；成人/儿童 $2.50/1；⏲6月中到6月下旬和9月上旬 9:30am～4:30pm，7月和8月至 6pm）位于新伦敦西北大约10公里的地方。这里据说是露西·莫德祖父的家乡，有着许多与安妮有关的景物。在导游带领下游览一番吧！他们保证如果你没有被彻底迷住，可以不付门票。

从这儿顺坡而下大约500米，是一片赏心悦目的44.5公顷田园，被露西·莫德称做 **Silver Bush** 的可爱宅邸就坐落在中央。她对此地情有独钟，曾挑选这里的大厅作为她1911年婚礼的礼堂。在 Silver Bush 内，有个**清秀佳人博物馆**（Anne of Green Gables Museum；☎902-886-2884；4542 Rte 20；成人/17岁以下 $3/1；⏲5月中到6月和9月到10月上旬 9am～5pm，7月和8月至 6pm），收藏有她的写字台和亲笔签名的初版著作等物品。在 Silver Bush 外，四轮马车悠然驶过迷人的"Lake of Shining Waters"湖畔($3)。

Blue Winds Tea Room 茶室（☎902-886-2860；10746 Rte 6，New London；正餐不超过 $12；⏲5月中到6月和9月到10月中 11am～6pm，7月和8月周一至周四 11am～6pm，周五至周日至 8pm）距露西·莫德出生地仅500米，在其西南方向。这家咖啡馆名气不小，景观也不错，是个吃午餐、喝午茶的好地方。这里的汤、沙拉、鸡肉和馅饼(quiche)，同那美味甜点一样，都是精心制作的。

> **不要错过：印第安人河谷中的音乐**
>
> 夏日的夜晚，**印第安人河音乐节**（Indian River Festival；☎902-836-3733，866-856-3733；www.indianriverfestival.com；St Mary's Church，Rte 104，Indian River；门票 $24；⏲7月和8月 7:30pm）展示着招牌的经典艺术家和当地的艺术名家表演的节目。音乐节的场地设在印第安人河岸边一座庄严的1902年建的教堂里，这里有高耸的镶木板组成的天花板和具有穿透力的音响效果。

肯辛顿(KENSINGTON)及其周边

肯辛顿是一座繁忙的集镇，位于卡文迪什和萨默赛德之间的半道上。它是补充供给的好地方，也是那些参加**印第安人河音乐节**(Indian River Festival，见上文框内文字）最近的服务中心。

Victoria Inn & Suites 旅馆（☎902-836-3010，800-439-6769；www.bbcanada.com/victoriainn2323；32 Victoria St East；双含早餐 $75～90，公寓 $85；P ⊠ ⊟）有崭新舒适的客房和单元房，它坐落在19世纪的一座住宅之上。灰褐色、银白色和花边装饰的餐厅（午餐主菜 $6～14，晚餐 $16～24；营业时间为 11am～8pm）提供丰盛美味的大餐。推荐白兰地蘑菇果子馅饼配沙拉和家庭调味品，以及香草外壳烘焙的 dijonaise 酱大比目鱼，并配以野稻米和蔬菜。

在马盖特(Margate)附近，**Shipwright's Café 小餐馆**（☎902-836-3403；Rte 6 和 Rte 233 拐角；晚餐主菜 $25～35；⏲周一至周五 11:30am～3:30pm，每日 5pm 起）坐落在一幢19世纪80年代的农舍中，可以俯看连绵起伏的田野和花园。它以海鲜菜肴与由有机香草、菜园蔬菜混合烹制而成的素食食物赢得了广泛好评。

王子岛西部(WESTERN PEI)

王子岛西边的三分之一地区均坐落在面积相对较大的王子县(Prince County)内，在Malpeque Bay湾和Bedeque Bay湾的夹击下，几乎同岛上其他地方分离开来。在这里，国王县(Kings County)稀有的田园风光和王后县(Queens County)崎岖的海岸美景都兼而有之。

此地的文化历史要比岛上其他地区更显突出。在Lennox Island岛上，骄傲的密克迈克原住社团正在挖掘其悠久的历史，而南部沿Egmont Bay和Bedeque Bay海湾一带的阿卡迪亚人也是一样。

萨默赛德(SUMMERSIDE)

深藏在Bedeque Bay湾怀抱里的萨默赛德是王子岛第二大城市，但它徒有"城市"的虚名，实际上不过是个小小的海边村镇罢了。它有个可爱的滨海区和几条安静的街道，街两边排列着枝叶茂盛的树木和高大古老的房屋。为王子岛带来历史上两次经济大繁荣的基础造船业和养狐业，奠定了这座城市在19世纪和20世纪初期的发展。不幸的是，同夏洛特敦(Charlottetown)一样，它的城郊被开发建设所累，无法让人赏心悦目。你会发现萨默赛德的景胜多集中在那条与滨海区平行的Water St街沿线及其附近。

实用信息

省旅游局(Provincial Tourist Office; ☎902-888-8364; Hwy 1A; ⏲5月下旬到6月下旬和8月下旬到10月中9am～4:30pm, 6月下旬到8月下旬至7pm)拿上本徒步游行手册吧，里面详细介绍了镇上较好的19世纪建筑。

Rotary Regional Library地区图书馆(☎902-436-7323; 192 Water St; ⏲周三至周六10am～5pm, 周二至9pm, 周日1～5pm)设在城市的旧火车站内。想免费上网，就到这儿来吧。

景点和活动

联盟小路(Confederation Trail，见460页)穿城而过，途经Water St街上的图书馆背后。

斯皮纳克斯兰丁(SPINNAKER'S LANDING)

这片改造后的**滨海区**是萨默赛德的亮点。在

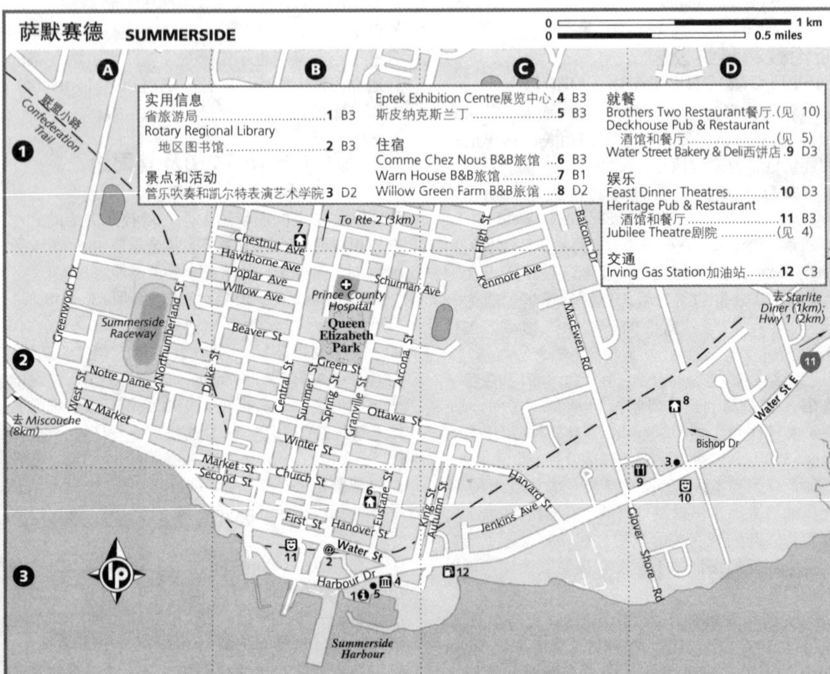

那条不断扩展的人行大道上，你可以悠闲地漫步，欣赏港口及其周围的景色。这里有几家上好的餐馆，一个在夏季演奏音乐的舞台，以及许许多多的商铺。仿造的灯塔已成为人们眺望美景和交流信息的地方，而那个巨大的模拟轮船则是孩子们的游乐天堂。现代化的**Eptek Exhibition Centre展览中心**（☎902-888-8373；130 Harbour Dr；捐赠入内；⏲10am～4pm）是这里的重头戏，以本地和巡回的艺术展为特色。

管乐吹奏和凯尔特表演艺术学院 (COLLEGE OF PIPING & CELTIC PERFORMING ARTS)

为弘扬凯尔特舞蹈与音乐，这所**学校**（☎902-436-5377；619 Water St E；⏲6月下旬到8月9am～9pm）为游客免费提供20分钟的小型音乐会，时间是周一至周五的上午11点30分、下午1点30分和下午3点30分，节目有风笛吹奏、演唱和舞蹈。意犹未尽？穿上暖和的衣服，来欣赏长达2小时的**同乐会**（ceilidhs；成人/学生$12/7；⏲7pm）演出吧。它每晚都在带顶棚的圆形剧场内举行。

住宿

Willow Green Farm B&B旅馆（☎902-436-4420，888-436-4420；www.willowgreenfarm.com；117 Bishop Dr；双含早餐$60～100；Ⓟ☒）后门外有徒步小路，前门外是管乐吹奏和凯尔特表演艺术学院(College of Piping & Celtic Performing Arts)，这个凌乱的农舍却是个投宿的好地方。房间明亮，内部粗犷的乡村风格内饰与现代装饰是如此不同，令人为之一振。在木柴炉火边读书，或是去看看更有趣的农场动物，都是很好的消遣。

Comme Chez Nous B&B 旅馆（☎902-436-8600；anwe@pei.sympatico.com；161 Fitzroy St；房含早餐$85和$110；Ⓟ☒🖳）这座20世纪早期的建筑经悉心修复，坐落在安静的住宅街旁，离餐馆和景点只有几步之遥。客房中有崭新华丽的织物、光亮的古玩、大窗户和带耳机的平板电视。悠闲的主人在木质镶嵌的餐厅提供美味早餐，还为预订的客人准备丰盛的四道菜晚餐。

Warn House B&B旅馆（☎902-436-5242，888-436-7512；www.warnhouse.com；330 Central St；房含早餐$90～125；Ⓟ☒）这座雄伟的建筑远离公路，位于老城区的一片树林里。旅馆极其舒适、周到。在树下或是可爱的游廊上懒洋洋地躺下，该是多么惬意。加拿大本地艺术品装点的墙壁，又是多么悦目。这里居然还有个存放自行车的地方。

就餐

Water Street Bakery & Deli 西饼店（☎902-536-5055；605 Water St；午餐$4～6；⏲周一至周六7am～6:30pm）这里是全镇来个三明治、吃块比萨饼的最好地方，既快捷又美味。

Starlite Diner 餐馆（☎902-436-7752；810 Water St；正餐$5～9；⏲7am～10pm）就坐落在你从

当地人的声音

安德烈·科米尔 (André Cormier) 和温德尔·卡梅伦 (Wendell Cameron)，经营者，Comme Chez Nous B&B 旅馆，萨默赛德

许多在办公室里无所事事的人都幻想逃到一个迷人的乡村，成为一家优雅的B&B旅馆的主人。是否有这种玫瑰色的愿望并且正在让它变为现实？（安德烈）它一直是我的梦想。我是一个很容易相处的人。我想在年轻时就退休，转而从事新的职业。它是一个具有创造力的出路。我不能说它是温德尔的梦想……（温德尔）我最喜欢的是当客人下楼来看准备了什么早餐时脸上的表情。我看着盘子，就好像它是一个空的洞穴。

你们最不喜欢做什么？（安德烈）打扫浴室。（温德尔）我们在做事方式上都有自己的意见。但是我们达成了一致，不翻旧账、也不重复，尽管有些事情不可接受。（在这里，他们在如何整理床铺的问题上发生了一场辩论。）

在这家旅馆的经营过程中，发生在你们身上最奇怪的事是什么？（安德烈）有一天早晨，我们俩都不得不工作，所以我请一位朋友过来帮忙给我们的客人端早餐。后来她不得不离开。结果客人们自己洗碗！

对任何一个想开B&B旅馆的人有什么建议？（温德尔）努力去做。（安德烈）你不能独自一人去干。它需要两个人。我现在把它当作一种爱好。当它成为一项工作时，我会放弃。

在王子岛 (PEI) 上最受人们喜爱的地方是哪里？（温德尔）我去过王子岛上我想去的任何地方。除了卡文迪什 (Cavendish) 之外，其他任何地方都可以。

Hwy 1A 公路拐上 Rte 11 路（现在成为 Water St 街）并下车进入萨默赛德的地方，它是一家 1955 年建造的老式餐馆，氛围欢快。位于银色福特旅行车中，拥有黑白格子地板、人造革货摊和典型的小饭馆食物。

Deckhouse Pub & Restaurant酒馆和餐厅（☎902-436-0660；150 Harbour Dr；主菜 $7～13；⏰6月到9月中 11am～11pm）走下斯皮纳克斯兰丁（Spinnaker's Landing）的大道，登上餐馆外面的平台，在海港美景的簇拥下享受丰盛大餐。周末还有音乐演出助兴。这里手工打制的鱼糊和薯条很出名。

Brothers Two Restaurant餐厅（☎902-436-9654；618 Water St E；主菜$10～15；⏰周一至周四 11:30～9pm，周五11:30am～9pm，周六4～10pm，周日 4～8pm）这里的服务、面条、牛排和海鲜让这个餐馆 30多年来一直是当地人的最爱。煎炒蔬菜(vegetarian stir-fry)、配上蒜和白葡萄酒清蒸蓝贻贝(island blue mussels steamed in garlic and white wine)都非常出色。如果你想加入楼下的笑声中，那就看看晚宴剧场(Feast Dinner Theatres，见下文)的情况。

饮品和娱乐

Jubilee Theatre 剧院（☎902-888-2500，800-708-6505；www.jubileetheatre.com；124 Harbour Dr）这个现代化的剧院与 Eptek Exhibition Centre 展览中心同在一个复合建筑内，是*Anne and Gilbert*（成人 $29 起，儿童 $14.50；营业时间 7 月至 9 月）的举办场地，*Anne and Gilbert* 是一部音乐剧，与曾经流行的《清秀佳人》接档（见 456 页），而且很可能在接下来的 100 年中演出。小镇嘉年华也在举办水岸夏季节（Summer on the Waterfront Festival；7 月到 9 月中），届时会有当地和加拿大著名的音乐演出。

晚宴剧场（Feast Dinner Theatres；☎902-888-2200，888-748-1010；618 Water St E；晚餐及表演 $34；⏰6 月到 12 月周一至周六 6:30pm）大多数当地居民在说起他们上次在晚宴剧场的经历时，都会咯咯地笑个不停。它位于 Brothers Two Restaurant 餐厅楼下，是加拿大大西洋地区经营最久的晚宴餐馆。音乐、短剧、即兴表演以及与观众的互动会让你度过一个难忘的夜晚。晚餐也还说得过去。

Heritage Pub & Restaurant酒馆和餐厅（☎902-436-8484；250 Water St）这家传统的酒馆是全镇唯一的音乐演出场所（不收服务费）。当地乐队在周五演出，偶尔周六也有。

到达和离开

从萨默赛德驾车去卡文迪什（Cavendish，36 公里）和夏洛特敦（Charlottetown，71 公里），最快捷的方法是从 Hwy 1A 公路向北，然后沿 Rte 2 路直至岔道。

Acadian Coach Lines长途车公司(见450页)在**Irving gas station加油站**（☎902-436-2420；96 Water St）有站，开往夏洛特敦($11， 1小时)、蒙克顿(Moncton，$30，2小时)和哈利法克斯(Halifax，$56，3个半小时)。一经要求，会有穿梭车(bus shuttles)去Water St E街东头Hwy 1A公路的Esso station加油站接你。

伊万格林地区 (RÉGION ÉVANGÉLINE)

米斯库什（Miscouche）与蒙特卡梅尔（Mont Carmel）之间的地区有着王子岛上最浓厚的法属阿卡迪亚传承。尽管你很难将此地与该省其他地方区分开来，但有大约 6000 名居民至今仍将法语作为第一语言。它的另一显著特点是：许多住宅前都骄傲地飘扬着红、白、蓝三色和一颗黄星组成的阿卡迪亚旗帜。在 1884 年 8 月 15 日，阿卡迪亚旗第一次在米斯库什迎风招展。黄星代表着阿卡迪亚人的庇护圣人——圣母玛丽亚。为了进一步保护岛上独特的阿卡迪亚文化，人们仍在做着各种努力。详见新斯科舍（Nova Scotia，见 383 页）和新不伦端克（New Brunswick，见 407 页）有关章节中阿卡迪亚人的内容。

米斯库什的**阿卡迪亚博物馆**（Acadian Museum；☎902-432-2880；23 Maine Dr E；成人/学生/家庭 $4.50/3.50/15；⏰7 月和 8 月 9:30am～7pm，9 月到次年 6 月周一至周五至 5pm 和周日 1～4pm）很值得一看。它以 18 世纪的阿卡迪亚工艺品、文献、视觉资料及音乐表演等，向观众展示了 1720 年以来，王子岛上阿卡迪亚人悲惨壮烈和引人入胜的历史。影像节目颇令人反思，引入了这样一个有趣的理论：英国人对阿卡迪亚人的残酷压迫也许间接地保护了王子岛的阿卡迪亚文化遗产。

泰恩河谷(TYNE VALLEY)

这里以盛产莫尔佩克牡蛎（Malpeque oysters）而驰名，是全省风景最秀丽的地方之一。点缀着华丽的房屋、轻柔的河水以及艺术工作室的村镇，绝对值得一游。

Green Park Provincial Park 省级公园位于村子北面 6 公里、Rte 12 路旁，内有 **Green Park Shipbuilding Museum & Historic Yeo House 造船博物馆和古老的自耕农宅邸**（☎902-831-7947；Rte 12；成人/13 岁以下 $5/免费入内；⏰6 月中到 9 月中 9am～5pm）博物馆、业经修缮的维多利亚式房屋，以及重建的船坞和部分建成的 200 吨双桅帆船，交织在一起讲述着 19 世纪辉煌日子里造船业蓬勃发展的故事。

公园有58个**宿营地**(☎902-831-7912；Rte 12附近；宿营地 $19，带水电接口 $25，带公共卫生间木屋 $35；🕒6月中到9月中)，散落在一片混生林内。营地后面的十几个木屋非常实惠。

Doctor's Inn 旅店(☎902-831-3057；www.peisland.com/doctorsinn；32 Allen Rd；双带公共卫生间含早餐 $60～75)这是个古老的乡村住宅，非常舒适。有间客房带个可拉出的小床，适合带孩子的家庭使用。它的餐厅(3道菜的正餐 住客/非住客 $45/55；预订营业，周五休息)被公推为本地最出色的。在一个木柴炉上烹制的 tournedos rossini(牛腰肉和肝泥馅饼配红酒酱)，sole almandine(白葡萄酒泼鲽鱼排和烤杏仁)，以及园子里摘来的有机蔬菜，都好吃极了。

Landing Oyster House & Pub 酒馆(☎902-831-3138；1327 Port Hill Station Rd；主菜 $8～13；🕒3月到6月和8月到12月周二至周日以及7月午餐和晚餐)毫无疑问，这里的特色菜是15个煎透了的牡蛎——绝对的盛馔。周五晚上有乐队(服务费 $3至 $5)在此表演，7月、8月的周六也有。

伦诺克斯岛(LENNOX ISLAND)

守望着莫尔佩克海湾(Malpeque Bay)出口、深藏于霍格岛(Hog Island)背后的是伦诺克斯岛及其250位密克迈克原住民。在努力提升对本民族历史的认知与理解的同时，他们还在进一步保护自己的文化。小岛通过堤道与王子岛相连，出 Rte 12 公路后，从 East Bideford 镇前往。

伦诺克斯岛原住生态旅游大厦(Lennox Island Aboriginal Ecotourism Complex，☎866-831-2702；2 Eagle Feather Trail；成人/学生 $4/3；🕒7月到8月周一至周六 10am～6pm，6月下旬和9月上旬周一至周六正午～6pm)于2004年6月对外开放，内有个15分钟的视听展值得一看。环绕小岛有两条出色的**小路**，大厦里也有关于它们的介绍。它们是两条环形小径，全长13公里，短的一条(3公里)可通行轮椅。设有 **Minegoo Cafe 餐厅**(主菜 $8起；🕒周一至周五 8am～5pm，周六和周日正午～5pm)，提供传统的密克迈克饮食，可以欣赏海湾景致。一家**青年旅舍**(宿 $20；Ⓟ ☒ 🖳)位于大厦顶层。床被安放在带窗帘的无窗凹室里，设公共卫生间，有一间存放早餐配套食品的厨房。

隔壁是**伦诺克斯岛密克迈克文化中心**(Lennox Island Mi'kmaq Cultural Centre；8 Eagle Feather Trail；门票 $4；🕒周一至周五 9am～正午和1～5pm)。它与生态旅游大厦协同运作，除展示密克迈克的历史和文化外，还收藏有各种工艺品。

蒂格尼什(TIGNISH)

蒂格尼什是个隐藏于北角(North Cape)附近的幽静小镇，到王子岛的旅客仅有一小部分会到此一游。高耸的**圣西蒙和圣犹大教堂**(Church of St Simon & St Jude，1859年)是王子岛上建造的首个砖制教堂。进去瞥一眼——它的天花板已修复如初，华美而不张扬；管风琴(1882年)体积巨大，有1118个音管，最短的15厘米，而最长的将近5米。

联盟小路(Confederation Trail)起始于(或终止于)教堂以南两个街区的 School St 街。**蒂格尼什文化中心**(Tignish Cultural Centre；☎902-882-1999；305 School St；免费入内；🕒周一至周五 8am～4pm)坐落在教堂附近，有个不错的老地图、旧照片展览和可以上网的图书馆，还提供旅行信息。

北角(NORTH CAPE)

驾车去北角，一路的田园风光似乎一成不变，直到你的眼光越过奇巧的农舍，落在搅动蓝天的数十个巨大、光滑、白色的桨叶上。它们是风力发电机的臂膀。奇怪的是，这些怪诞的家伙并没让这里的景致有丝毫失色。

狭长、多风的北角不仅是**大西洋风力测试场**(Atlantic Wind Test)，还拥有整个大陆最长的**天然礁石**(natural rock reef)。落潮时，你可以走出近800米——沿路探寻潮水留下的水潭，寻找滞留岸边的海豹。2004年扩建的**介绍中心**(interpretive center；☎902-882-2991；成人/学生/家庭 $5/3/13；🕒5月中到6月和9月到10月上旬 9:30am～6pm，7月和8月至 8pm)坐落在 Rte 12 路的北端，内有介绍风能的高科技展示和关于本地历史的展览。水族馆总是大受孩子们的欢迎。**Black Marsh Nature Trail 天然小路**(2.7公里)始于介绍中心，通向岬角的西侧——日落时，深红色的峭壁在深蓝色的海水映衬下熠熠生辉。

想来点儿娱乐，参加 **Captain Mitch's Boat Tours**(☎902-882-2883；Hwy 12；成人/儿童 $20/10；🕒7月和8月)的旅游吧。它那轻快的捕虾船会将你带到海豹、海鸟在海中的嬉戏场所。游船从北角以南6.5公里的 Seacow Pond Harbour 港口出发。

食宿

Island's End Motel 汽车旅馆(☎902-882-3554；Doyle Rd；双 $65～75)这家友善的旅馆位于 Rte 12 路旁，是你在北角周边最便利的选择，也是旅游淡季唯一的选择。旅馆简洁舒适，他的店主人尼尔(Neil)，处处显露出对这里的自豪与骄傲。

Cousins Diner & Restaurant 简易餐厅和餐馆(☎902-882-5670；276 Phillip St；主菜 $6～16；🕒早餐、午餐和晚餐)位于镇中心以南1.5公里，就在Rte 2 路旁边。简易餐厅的这一侧是吃便宜的早餐、汉堡包和夜总会三明治(club sandwich)的好地方。而另一侧是可爱的餐馆，它尽力张扬着大城市餐馆的风范，也流露出雅致的本性。海鲜和油炸玉米粉饼(quesadillas)都是很好的选择。这里还有个叫Gunner's Pub的酒馆，是不错的晚间活动场所。

Wind & Reef Restaurant & Lounge 餐馆（☎902-882-3535；主菜 $9～22；🕑午餐和晚餐）位于介绍中心上方，很有情调，不仅游客受其吸引，连当地居民也会前来享受美味。菜肴同四周的风景一样，丰富多彩、令人愉快。

西海岸(WEST COAST)

沿西海岸，你总能见到有人架着马拉犁铧在浅滩上犁地的景象。不要对此感到困惑，他们是在采集爱尔兰海藻(Irish moss)——一种很有价值的紫色海草，被用来制造很多东西，从牙膏到汽车轮胎。这些海藻在暴风雨中被连根拔起，然后漂上海岸。

米米尼盖胥(Miminegash)和西点(West Point)之间的 Rte 14 路，紧紧拥抱着海岸，展现出绝美的景色。它也许是全岛风景最秀美的车道。驶离 Hwy 14 公路，你的目光会被那黑一道白一道的**西点灯塔**（West Point Lighthouse；☎902-859-3605，800-764-6854；www.westpointlighthouse.com；🕑7月和8月8am～9:30pm，5月中到6月和9月至8pm）所吸引。它建于1875年，业经修缮。1875年至1955年，仅有过两位守护者在此操持，如今的职员均为他们的直系后代。这里有个小型**博物馆**（成人/儿童/家庭 $2.50/1.50/7；🕑5月中到10月中9am～9pm），从那儿爬上塔楼，可眺望激动人心的景色。从前的灯塔守护者住房有一部分被改建成**旅店**（双 $100～115），共有九间客房，其中的塔楼房间($145)实际上在老灯塔塔楼内。**餐厅**（正餐 $8～18；🕑5月中到9月8am～8pm）的蛤蜊海鲜汤(clam chowder)在当地很有名气。

西达丢恩斯省级公园（Cedar Dunes Provincial Park；☎902-859-8785；帐篷/娱乐车营地 $21～22/24～25；🕑6月下旬到9月中）帐篷营地散落在靠近西点灯塔的一片草场上。这里的红沙海滩是岛上的一处瑰宝。

纽芬兰和拉布拉多
Newfoundland & Labrador

其他的省都嘲笑可怜的纽芬兰(Newfoundland)和寒冷的拉布拉多(Labrador)地区。"我们拥有落基山脉(Rocky Mountains)",艾伯塔省(Alberta)嘲笑着说。"我们拥有先进的大城市和葡萄酒厂",安大略省自诩道。"我们有先进的设施、葡萄酒和落基山脉",不列颠哥伦比亚省(British Columbia)如此炫耀着自己。甚至是大西洋和新斯科舍省都联起手来嘲笑道:"我们拥有乘坐游船的旅行者和肥沃的农田!"它们全都伸出舌头嘲笑纽芬兰岛:"你们有的只是岩石、沼泽和可怜的经济状况。甚至你们还不能算是真正地与加拿大相连呢!"

这些省不会想到,正是有了岩石和沼泽,旅游业的专家们刚刚将纽芬兰岛选为一个新的全球热点地区。它与塞舌尔群岛(Seychelles)和阿布扎比(Abu Dhabi)一起在世界排行前十位中享有一席之地。

这个地方一直如此。岩石可能是冰冷的,特别是在远古时代和可徒步旅行时,就像格罗莫讷国家公园(Gros Morne National Park)一样。而且偏远的岛屿有自己的优势:它意味着从4月一直到7月初你将被漂浮的蓝色冰山所包围,而在8月则有喷水的鲸。这里有大量的季节性活动——冬天在马布尔山(Marble Mountain)滑雪(不需要排队),夏天在威特莱斯湾(Witless Bay)海湾乘爱斯基摩划子(旁边有鲸陪着)——而且你会明白我们为什么谈论这些热点活动。

但是真正让纽芬兰岛与众不同的是它的特色。你听说过反传统吗?这个地区是那么的奇特,它甚至有自己的时区(比滨海诸省都提前半个小时)。鳕鱼唇、驼鹿汉堡包和蔓虎刺派是当地一些不常见的热菜。还有口音呢?哦,可以这么说纽芬兰岛还有它自己的词典,解释它那所有奇怪的单词和发音。

亮点

- 在**威特莱斯湾生态保护区**(Witless Bay Ecological Reserve)里与鲸和角嘴海雀同游(见489页)。
- 在北美最古老的城市**圣约翰斯**(St John's)举杯,并听现场音乐,参加幽灵团队游,汲取历史(见478页)。
- 在壮观的**朗索梅多斯国家历史遗址**(L'Anse aux Meadows National Historic Site),游览莱夫·埃里克松(Leif Eriksson)有1 000年历史的维京海盗足迹(见508页)。
- 在**格罗莫讷国家公园**(Gros Morne National Park,见505页)的山上徒步,在海湾般的广阔湖水中划爱斯基摩划子。
- 在**伯吉奥**(Burgeo,见516页)体验外海生活。
- 了解巴斯克人(Basque)捕鲸的历史,在**雷德贝**(Red Bay,见520页)沿着古老的鲸骨骼行走。
- 在**圣皮埃尔**(St-Pierre,见497页)品尝法国特色美食——葡萄酒、巧克力泡芙和法国面包。
- 在**迪杜**(Dildo,见492页)与船长一起拍照。

纽芬兰和拉布拉多概况

人口 508 955
面积 405 720 平方公里
首府 圣约翰斯
昵称 落基山脉
出生的名人 吉恩·西蒙斯(Gene Simmons)的《玩伴女郎》妻子香农·特威德(Shannon Tweed，生于1957年)、演员戈登·平森特(Gordon Pinsent，生于1930年)、冰上溜石金牌得主布拉德·古舒(Brad Gushue，生于1980年)以及 Great Big Sea 乐队
特产 鲸、冰山、角嘴海雀和蔓虎刺
官方饮料 Screech 朗姆酒

历史

9000年前，古印第安人(Paleoindians)走进拉布拉多，他们感觉到了它的严寒。公元1000年，由莱夫·埃里克松(Leif Eriksson)带领的维京人(Vikings)被海浪冲到纽芬兰岛朗索梅多斯(L'Anse aux Meadows)以南的地方。他们建立了北美洲的第一个欧洲人定居点——在哥伦布发现新大陆500年前。但这儿仍然很冷，于是他们向冰岛方向迁移。

约翰·卡伯特(John Cabot，意大利名为乔凡尼·卡伯托[Giovanni Caboto])沿纽芬兰海岸航行时已是1497年，他应亨利二世之命而来。他像英雄般回到布里斯托尔(Bristol)，说自己找到了去往亚洲的一条更短的新路线。因为他历经千难万阻，皇帝赏赐他总共£10。在卡伯特被大大误解的时候，他的玩笑故事却如此之丰富，以至于几乎可以漂洋过海，快速传遍整个欧洲。

不久，法国人、葡萄牙人、西班牙人和巴斯克人(Basques)也来到纽芬兰捕鱼。岛上没有永久的定居点，捕鱼人在每个季末带着酬劳回到欧洲。英国人最初的捕鱼基地是圣约翰斯，而法国人则聚集在普拉森舍(Placentia)和波尔半岛港(Port au Port Peninsula)周围。最后，是1713年的乌德勒支条约(Treaty of Utrecht)将整个纽芬兰划归英国。

尽管费了好大力气得到了这块领土，但英国却花了超过一个世纪的时间，尝试阻止英国人在此定居，并通过法律禁止从耕作、伐木到在棚屋里安个火炉之类的一切行为。英国政府认为，比起迁徙捕鱼，定居无甚价值。当时，渔业也是强大英国海军非正规训练的基础。最后，纽芬兰人的坚持不懈赢得了胜利，一直到20世纪晚期，他们的生活都因渔业而兴旺发达。

然而，这些定居点并没有出现同样的繁荣效应。纽芬兰岛的原住民过着贫困的生活，与疾病斗争着，欧洲人入侵又引发了土地冲突，1829年后，贝奥苏克(Beothuk)逐渐消失了。

带着强烈的独立意识，纽芬兰是最晚加入加拿大的一个省，1949年，它才成为加拿大的一部分。2001年，拉布拉多与纽芬兰岛联合起来成为联合省，正式得名“纽芬兰和拉布拉多”。

当地文化

纽芬兰的热情好客是极负盛名的，在赏鲸和品尝蔓虎刺派(partridgeberry pie)之后，这些记忆将盘旋在你的脑海里。当地人以多种方式表达着对“远道而来”的人们的善意。需要乘车吗？请上车。是去圣约翰斯(St John's)吗？我的亲属就住在那里；我已经打电话了，她会在港口接你。是不是要找一个住的地方？我给邦尼打个电话吧；她一般都有房间。

这种小城氛围也有不好的一面，那就是纽芬兰人守旧的土气。不过，这儿的乡村社区与加拿大其他地方的没什么不同。

田园生活的氛围同样也意味着服务可能有些松懈。餐馆的时间并不固定。他们更喜欢根据交通量来估算经营时间。如果一家B&B旅馆的主人决定回到自己的别墅，那么这家旅馆将会关门歇业几天。

纽芬兰人在他们的乡间小屋中度过了美好的时光，这里是他们的第二个小家，在这里他们在美丽的户外钓鱼、滑雪和泡澡。尽管如此，这种生活方式并不能说是舒适而健康的，日益增多的肥胖症和糖尿病的发病率（在加拿大是最高的）证实了这一点。

纽芬兰人以听音乐和讲故事而闻名，以上活动都发生在“厨房聚会”(kitchen parties)中。在厨房里举行是因为在寒冷的冬天里它一直是纽芬兰的房屋中最温暖的地方，这种世代相传的聚会首先从听音乐开始——很可能是发出嘀嘀声的凯尔特风格的小提琴、手风琴与合唱，然后人们渐渐安静下来，开始享受团体晚宴。

大部分纽芬兰人具有英国和爱尔兰血统，仍保留着单一种族的社团，拥有人数很少的少数民族。

语言

最近，有一位游客认为，当地的口音就像是爱尔兰与加拿大口音的结合，而且讲话者像是大口吃着鳕鱼。他表述得很准确。

200年前，来自爱尔兰和英格兰的沿海捕鱼家庭构成了几乎全部移民人口。从那以后，由于各自生活在与世隔绝的边区村落，他们的语言渐渐地转变成约60种不同的方言。重音、韵律的变形、独特的俚语和丰富多彩的习语使这里的各种语言格外生动，有时甚至会把本地人弄糊涂。

权威资料是《**纽芬兰英语字典**》（Dictionary of Newfoundland English；www.heritage.nf.ca/dictionary），或者登录 www.offdarock.com，这个网站上有很多当地谚语。

同时，这儿有一些翻译：

Long may yer big jib draw. 祝你好运。

Newfoundland 发音为“纽—芬—兰”（new-fun-land）（和“understand”的重音点一样）

Oweshegettinonbys? 发音为“how's she getting on，boys？”，意思是你好吗？

Where you longs to? 你从哪里来？

国土和气候

人们只是简单地称它为落基山脉。冰川穿过这里时被分开，留下由大石头、湖泊和沼泽构成的崎岖风景。内部的土壤仍然很贫瘠（只有为数不多的植物能在岩石上生长），而岛上的城市和城镇都聚集在海滨。

纽芬兰最显著的风景点实际上在近海地区。大浅滩（Grand Banks）沿着东南海岸蜿蜒回转，是一片令人难以置信的海洋食物区，物产丰富。大陆架在这里像是伸出去的一根拇指，阻止从拉布拉多向南的寒冷水流。水流到达这儿时，与向北流的墨西哥湾流（Gulf Stream）温暖的海水汇合。温暖的海水与富含养分的北极冰冷海水汇合后产生出大量的浮游生物，可以作为所有动物的食物，这些动物包括最小的鱼到最大的座头鲸。这就是为什么这么多年来渔业在这里如此重要，

纽芬兰和拉布拉多旅行线路

五日游

开始在圣约翰斯参观**锡格纳尔希尔**(Signal Hill，见479页)和**斯皮尔角**(Cape Spear，见489页)——它们不仅是历史古迹，还拥有美丽的风景，只要条件合适，你可能还会看到冰山、喷着水的鲸，或者两者都能看到。这些地方还有非常好的**步行小路**(见483页)，紧紧地靠着海岸线。晚上，你可以在圣约翰斯的小餐馆中品尝美食，作一次**捉鬼徒步游**(见483页)，然后在许多酒吧里欣赏音乐。

体验了几天"大城市"生活之后，继续前进，穿过阿瓦朗半岛(Avalon Peninsula)。乘船离岸去**威特莱斯湾生态保护区**(Witless Bay Ecological Reserve，见489页)，观看鲸和角嘴海雀，计划去**费里兰**(Ferryland，见490页)野餐，在**迪杜**(Dildo，见492页)拍照和品尝馅饼，或在**圣玛丽斯**(Cape St Mary's，见493页)赏鸟。

最后一两天，游览**特里尼蒂**(Trinity，见494页)和**博纳维斯塔**(Bonavista，见495页)历史悠久的海边村落，并在其间悬崖边的徒步小路跋涉。

十日游

进行五天游览，然后奔向西边——可以乘坐短途飞机来到**迪尔莱克**(Deer Lake，见504页)——了解**格罗莫讷国家公园**(Gros Morne National Park)巨大峡湾(见505页)和具有纪念意义的体现维京海盗史的**朗索梅多斯国家历史遗址**(L'Anse aux Meadows National Historic Site，见508页)。在另外的几天里，你可以横跨拜耳海峡(Straight of Belle Isle)航行，慢慢欣赏**拉布拉多海峡**(见519页)的小城镇和巨大的花岗岩悬崖。

户外探险

只有到户外活动并活跃起来，你才能真正地感受这个省。赏鲸首当其冲：**威特莱斯湾**(Witless Bay，见489页)和**特威林盖特岛**(Twillingate，见501页)很受欢迎，当然，全省各处都可以进行短途游览。在威特莱斯湾和**埃利斯顿**(Elliston，见497页)观赏角嘴海雀、在**圣玛丽斯角**(Cape St Mary's，见493页)观察其他鸟时，都需要双筒望远镜。**格罗莫讷**(见506页)、威特莱斯湾或**特里尼蒂**(见494页)海上的爱斯基摩划子也必不可少。与格罗莫讷和**拉布拉多海峡**(见519页)一样，在**东海岸小路**(East Coast Trail，见483页)和**发现小路**(Discovery Trail，见493页)陡峭的山路上徒步旅行，收获颇丰。冬季运动爱好者可以在**马布尔山**(Marble Mountain，见511页)滑雪、乘坐雪橇。

为什么这里的观鲸和海鸟活动一直保持着首要的位置。拉布拉多的地形更为空旷、污泥更多，地貌类似于苔原地带，境内的山脉更是平添了几分壮观。

纽芬兰的气候一年四季都很寒冷，拉布拉多更是如此，裹挟着极地气流和北风。最高气温在7月和8月，白天气温平均最高为20℃，这些日子也最为干燥。就全年而言，这里每30天中约有15天会有降雨或降雪。冬天的温度在0°C左右。浓雾和大风使海岸地区一年里大部分时间都饱受其害(导致很多航班被取消)。

国家和野生生物

纽芬兰是两个**国家公园**所在地(www.pc.gc.ca)：格罗莫讷(Gros Morne，见505页)在北半岛(Northern Peninsula)，以徒步旅行、爱斯基摩划子和峡湾出名；特拉诺瓦(Terra Nova，见500页)在纽芬兰东部的中心，靠蜿蜒的海滨、丰富的水上活动闻名遐迩。

这个省还有14个**省立公园**(www.env.gov.nl.ca/parks)自行车每天的许可证费用为$5。大部分公园都有**宿营地**(☎预订877-214-2267；www.nlcamping.ca；宿营地$10～20)，带抽水马桶和热水淋浴。建议至少提前三天预订。

这个省还建有六个海鸟生态保护区，三个化石/地质生态保护区和六个稀有植物/环境生态保护区。另外，阿瓦朗半岛(Avalon Peninsula)的巨大岛区和东纽芬兰被规划为野生动物保护区。

这些省立公园和保护区的开放时间各不相同，但它们基本上都在5月中开放，9月中关闭。

鲸、驼鹿和海鸭(puffin)是纽芬兰岛的野生动物明星，大部分旅行者都是来看它们的。赏鲸旅行可以从全省任何一个地方起程出发，带你接近这些海洋哺乳动物(通常是座头鲸和小须鲸)。

许多旅行者还发现岸边有鲸（包括从他们 B&B 旅馆的窗户看到的）。角嘴海雀及样子滑稽可笑的企鹅幼崽在威特莱斯湾（见 489 页）和埃利斯顿（见 497 页框内文字）周围振翅而飞。驼鹿慢慢地啃着路边的灌木，在汽车经过时保持着警惕。一些旅行者还在阿瓦朗保护区 (Avalon Reserve，见 491 页）附近瞥见过北美驯鹿，通常只能在极北地带 (High Arctic) 看到它们，极不寻常。大群的北美驯鹿还在拉布拉多四周游荡。

实用信息

纽芬兰和拉布拉多旅游局（Newfoundland & Labrador Tourism；☎800-563-6353；www.newfoundlandlabrador.com）通过网站和 24 小时热线电话，向旅行者提供地图和全省范围内的景点、住宿和旅行用品商的信息。该机构可以免费为你邮寄地图和一份便利目录。

到达和四处走走

想要到达纽芬兰岛并不是一件容易的事。要么你得乘渡船经过卡伯特海峡 (Cabot Strait) 波澜壮阔的海水，要么乘飞机飞往雾气笼罩的机场。

圣约翰斯是这一地区主要的空运中心，不过，对于那些将重点放在北半岛 (Northern Peninsula) 的人来说，迪尔湖 (Deer Lake) 是个很棒的选择。

两趟汽车 / 旅客渡船从新斯科舍开往纽芬兰。**大西洋海运**（Marine Atlantic；☎800-341-7981；www.marine-atlantic.ca）连接起西纽芬兰 (western Newfoundland) 的巴斯克港 (Port aux Basques，见 514 页）、阿瓦朗半岛 (Avalon Peninsula) 的阿真舍 (Argentia，见 493 页）和新斯科舍 (Nova Scotia) 的北悉尼 (North Sydney)。这些庞大的航船是进入这个省最普遍的方式。推荐仲夏时就开始预订，特别是乘坐阿真舍的渡船更需要预订。

渡船也是省内前往岛屿和外港旅行时经常使用的方式。**省渡船服务**（Provincial Ferry Service；www.gov.nl.ca/ferryservices）有渡船费用和行程表。每个轮次都有它自己的咨询电话号码及最新信息；上船之前先打个电话是非常明智的。

DRL海岸线（DRL Coachlines；☎709-263-2171；www.drlgroup.com）运营着纽芬兰唯一横渡岛屿的公共汽车路线。每天它从圣约翰斯发一趟巴士到巴斯克港 (Port aux Basques，13个半小时)，中途经停25站。除此之外，公共交通网络由小型的穿梭车组成，连接起一个或多个主要城镇。这个网络虽然不那么广泛，但运行相当良好，可以承载大部分游客去往他们想去的地方。

小心：要租到一辆出租车简直就像是下地狱一样难。这些公司的车队都非常小（由于这座岛地处偏远和它短促的旅游季节），这将意味有大量的旅行者争夺仅有的几辆车。费用可能最多达到每天 $100（包括税金和按英里计算的费用）。最好预订并在到达后确认登记。驾车距离有些迷惑性，因为车辆经常是在弯弯曲曲的单行道路上缓慢行进着。密切注意驼鹿。Hwy 1 公路是主要的跨岛公路。

区域驾驶距离：

圣约翰斯至巴斯克港：905 公里
圣约翰斯至格罗莫讷：708 公里
格罗莫讷至圣安东尼：372 公里

纽芬兰 TOP FIVE 著作和作品集

纽芬兰有一批本地作家——也许是荒凉的景色激发了他们中许多人的创作灵感。通过阅读以下著作，你几乎可以领略到其中的酸甜苦辣：

- 《船讯》(*The Shipping News*，1994 年）E．安妮·普罗克斯 (E Annie Proulx) 因这部小说获得了普利策奖，它描述了一名男子返回位于该省的老家赎罪的故事。许多当地人都不喜欢普罗克斯的小说，因为他们认为小说给这个地区的文化打上了负面的烙印，例如乱伦。但毫无疑问，它是有关纽芬兰最著名的小说。
- 《自由旅程》(*Random Passage*，1992 年）伯尼斯·摩根 (Bernice Morgan) 的小说，追述了一个勇敢的女子从英格兰的奴隶到艰苦的外港生活的历程。
- 《河贼》(*River Thieves*，2001 年）迈克尔·克拉米 (Michael Crummey) 著，它深入探究了 19 世纪初期殖民者和贝奥苏克原住民之间的紧张关系。
- 《珍禽》(*Rare Birds*，1997 年）爱德华·里奇 (Edward Riche) 写了这部小说，其中一个纽芬兰人设置陷阱（双关语！），试图以观赏假珍禽吸引旅行者来拯救他的餐馆。

《航运新闻》和《珍禽》都被拍摄成好莱坞电影(分别于2001年和2002年拍摄)；《自由旅程》于2002年被拍摄成电视连续短剧。

嗨，你听说过有关驼鹿的故事吗？

凭借你对所有与驼鹿布温克(Bullwinkle)历险记有关事情的了解，给当地人留下深刻的印象吧：

- 驼鹿并不是原产于纽芬兰。1904 年，该省从国外进口驼鹿，并将四只驼鹿放生到野外。它们享受着良好的生活环境，吃着树枝并迅速繁殖，最终大量繁殖到 12 万只，现在分布在全省境内。
- 驼鹿是食草动物，每天吃大约 22 公斤(50 磅)的树枝和灌木。而纽芬兰人不是素食者，他们每年要吃掉 22 000 只驼鹿，主要以汉堡包和炖肉的形式食用。
- 驼鹿是具有仿生意义的动物：它们奔跑的速度每小时可达到 56 公里；在水中，它们游泳的速度可以和双人划独木舟一样快——尽管它们体形庞大：雄驼鹿的体重可高达 534 公斤(1180 磅)。

圣约翰斯(ST JOHN'S)

人口 99 200

让美好的时光到来吧，正如著名的歌曲唱得那样，非常幽默、心肠好的圣约翰斯人将会带给你许多的美好时光。在海港陡峭的斜坡上宿营，坡形的街道上突然出现果冻豆颜色般的房子，圣约翰斯经常被形容看起来像小旧金山(San Francisco)。然而纽芬兰最大的城市和首府的气氛还保持着清新的小镇风格。在你会说“oweshegettinonbys?”(你好吗？见 475 页)之前，你很可能已经结交几个当地朋友，与他们交谈、畅饮。

亮点包括锡格纳尔希尔(Signal Hill)多洞穴的风景，走在海边的北头小路(North Head Trail)，并在圣乔治的酒吧中倾听现场音乐，喝一品脱酒(或一杯朗姆酒)。许多旅行者将圣约翰斯作为他们的大本营，利用这个城市低于正常价格的餐饮和住宿选择，在阿瓦朗半岛(Avalon Peninsula)的其他地方游览。斯皮尔角(Cape Spear，见 489 页)、威特莱斯湾生态保护区(Witless Bay Ecological Reserve，见 489 页)和费里兰(见 490 页)都是轻松的日间旅行之选。

圣约翰斯是北美洲最古老的城市，也是大不列颠第一个海外殖民地。它的名字即是它活力的来源——圣约翰斯港(St John's Harbour)的简称。

历史

圣约翰斯出色的自然海港，伸向曾经波涛汹涌、盛产鳕鱼的海域，促使欧洲人于 1528 年来此定居。55 年后，汉弗莱·吉尔伯特(Humphrey Gilbert)爵士到达此地，自豪地宣称它归伊利莎白一世所有。生活在港口周围的很多西班牙人、法国人和葡萄牙人一点儿都不满意。

在 17 世纪末和 18 世纪大部分时间里，圣约翰斯被毁坏，法国人、英国人和荷兰人拼命抢夺，几度易手。最终，1762 年，英国人取得了胜利，夺得了锡格纳尔希尔，尘埃落定，在整个 19 世纪中，圣约翰斯开始成形。

从那以后，四场大火将城市毁于一旦，最后一次是 1892 年。但当地政府每次都怀着自豪，更重要的是，怀着他们毫发无伤的幽默感，重建新城。

尽管有着几个世纪的骚乱，但一直到 20 世纪，这个港口还是坚定地维持着它作为世界盐腌鳕鱼贸易中心的地位。20 世纪中叶，Water St 处处都是仓库，拥有它们的商人都发了大财。到了 20 世纪 70 年代，圣约翰斯比北美其他城市人均拥有更多的百万富翁。许多人称它为鳕鱼共和国(Codfish Republic)，如同中美洲的香蕉共和国，据说这些商人依靠外港的渔业社区致富，而这些渔业社区却似乎越来越穷。

如今，这座城市的码头仍然是世界各地渔船以及偶尔来到的巡游船只的服务基站，不过，鳕鱼工业在 1992 年渔业活动被限制后遭受重创(见 498 页框内文字)。现在，近海地区的石油工业推动着该地区的经济发展。

方位

虽然圣约翰斯的街道有点儿混乱，但你几乎不可能迷路，因为锡格纳尔希尔到东北部的大量道路标志清晰可见。这座多山城市的大部分地方都能看到风景，只要下山就可到达港口。这个城市最古老的部分是锡格纳尔希尔脚下港口处的一小群房子，它们被称为“炮台”(Battery)。

Water St 街和 Duckworth St 街互相平行，也和滨水地区平行，是主要道路，沿街遍是饭馆、商店和酒吧。到处都是酒店的圣乔治就在两条街之间。

纽芬兰纪念大学(Memorial University of Newfoundland，简称 MUN)位于市区西北约 2 公里处。

实用信息

书店

Afterwards 书店(☎709-753-4690；245 Duckworth St)

出售二手书、漫画书和杂志。

二手书店（Second Page Bookstore；☎709-722-1742；363 Water St）是买二手书或A-Ha乐队早期海报的绝佳去处。

紧急求助和医疗服务

健康科学中心（Health Sciences Complex；☎709-777-6300；300 Prince Phillip Dr）有24小时急救病房。

皇家纽芬兰警队（Royal Newfoundland Constabulary；☎709-729-8000；1 Fort Townsend St）非紧急情况找这里。

Water St 街药房（Water St Pharmacy；☎709-579-5554；335 Water St）。

上网

在游客中心有一个公共的互联网终端，可供旅行者使用（见右栏；可免费上网15分钟），另一个在Chatters Café（见486页，所有购物者均可免费上网20分钟）。几家咖啡店和酒吧有免费的无线局域网，包括Chatters小餐馆、Coffee Matters咖啡店、Hava Java酒吧和Duke of Duckworth酒吧，见486页。

媒体和参考网站

圣约翰斯城（City of St John's；www.stjohns.ca）旅游局的目录对景点、住宿、餐饮、活动和景观路线作了描述，并提供它们的链接。

趋势（Current；www.currentmag.ca）提供了有关当地艺术和政治的免费杂志信息。

Downhome（www.downhomelife.com）月刊，本地区民间风格的《读者文摘》。

圣约翰斯电报（St John's Telegram；www.thetelegram.com）城市日报。

货币兑换

在Water St街和Ayre's Cove街交叉点附近，有多家银行。

加拿大帝国商业银行（简称CIBC；☎709-576-8800；215 Water St）

苏格兰银行（Scotia Bank；☎709-576-6000；245 Water St）

邮政

中央邮局（central post office；☎709-758-1003；354 Water St）

旅游信息

游客中心（Visitors Centre；☎709-576-8106；www.stjohns.ca；348 Water St；⏲6月中到9月9am～5pm，10月到次年6月中周一至周五9am～5pm）是个很棒的资源，提供免费省级和城市道路地图，还有当地步行团队游与徒步小路的地图。

景点

这里列出的大部分景点都在市区或附近的几公里内，但是不要忘了分布在附近城镇的斯皮尔角、贝尔岛(Bell Island)以及其他的景点；可参考488页的“圣约翰斯周边”信息。

锡格纳尔希尔国家历史遗址 (Signal Hill National Historic Site)

锡格纳尔希尔（www.pc.gc.ca/signalhill；Signal Hill Rd；免费入内；⏲24小时）是这座城市最著名的标志性景点，仅此壮丽景色就值得一游，但还有更多景点也值得你去游览。

解说中心（interpretive center；☎709-772-5367；成人/6～16岁$3.95/1.95；⏲5月中到10月中10am～6pm，10月中到次年5月中周一至周五8:30am～4:30pm）展出体现景点历史的著名展品。“七年战争”(Seven Years' War)的北美最后一场战斗爆发于1762年，不列颠赢得了胜利，终结了法国重燃的控制北美东部的渴望。

皇后炮台和兵营(Queen's Battery & Barracks)位于山的高处，可以看见大炮和18世纪英国炮兵连的遗迹。山顶上的小小城堡是**卡伯特塔**（Cabot Tower；免费入内；⏲6月到9月初9am～9pm，9月初到次年5月至5pm）。这个塔于1900年建立，是为了纪念约翰·卡伯特(John Cabot)1497年到此和伊丽莎白皇后执政60周年。1901年，意大利发明家古列尔莫·马可尼(Guglielmo Marconi)在这里愉快地接收了来自英国康沃尔(Cornwall)的第一份无线越洋电报。在塔楼上有指南和展品；夏天，一个业余的无线电团体在此建有基站。

仲夏，在说明中心旁的O'Flaherty操场，有数十个身着19世纪纽芬兰皇家连(Royal Newfoundland Company)服装的士兵**表演军操**（tattoo；成人/家庭$5/10；⏲7月到8月中的周三至周日11am和3pm）。周围燃响古老的大炮。

回城的一种很棒的方式是沿着**北头小路**(North Head Trail，1.7公里)前进，这条小路将卡伯特塔和毗邻的湖滨炮台区域连接了起来。它从塔的停车场出发，沿着悬崖蜿蜒而上，可以欣赏广袤的海景，有时候还能看到鲸。因为这条小路的大部分沿绝壁边上蜿蜒而去，走在其中不太会遇上冰雪、大雾和黢黑的情况。

房间(Rooms)

很少有博物馆提供在同一个屋檐下观看巨型鱿鱼、收听40个零件组成的合唱装置和细细品味历史性照片的机会。但在**房间**（Rooms；☎709-757-8000；www.therooms.ca；9 Bonaventure Ave；成人/6～16岁$5/3；⏲周一、周二、周五和周六10am～5pm，周三和周四至9pm，周日正午～5pm）却可以享

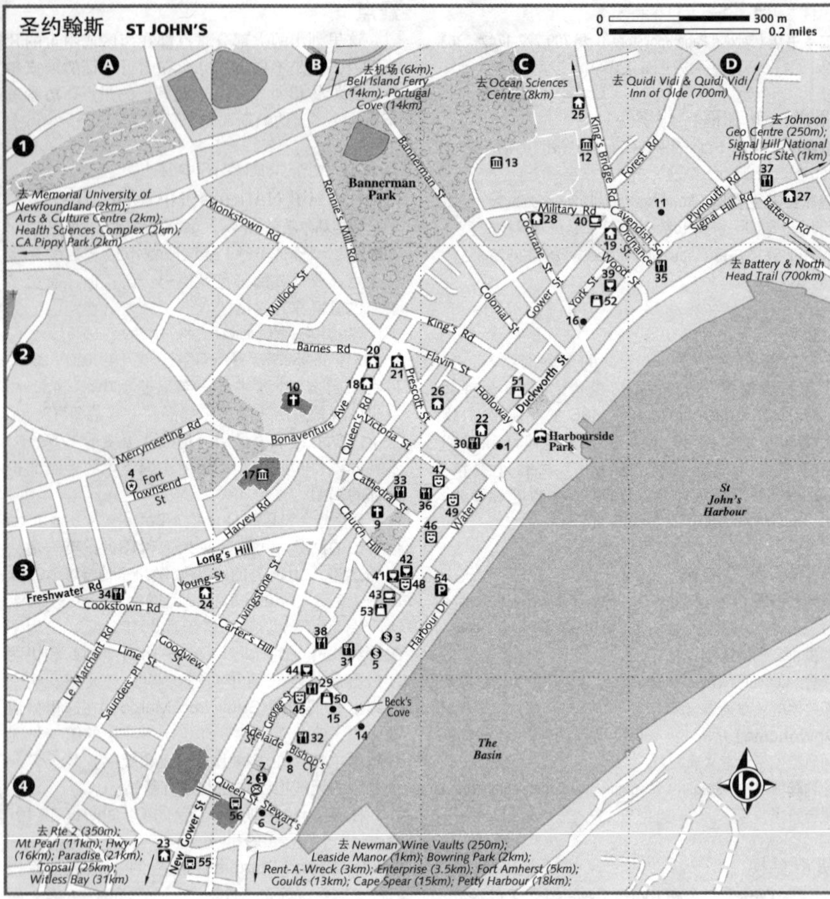

受所有这些，这里成为省博物馆、艺术馆和档案馆的新家。坦率说，这座建筑从外部看起来比内部给人的印象更深，因为这里很少更换展品。但是，哇！这座巨大的石头和玻璃构成的建筑体带来的视觉盛宴，尤其是从山顶望去，真是令人叹为观止，堪称这座城市的灵魂；请试着从四楼的小餐馆欣赏最美的风景。周三的晚上和每月的第一个周六都免费入场。

约翰逊峡口中心(Johnson Geo Centre)

世界上没有任何一个地方可能有的历史悠久的地貌——可以追溯到地球诞生时——在纽芬兰很容易看到，而**峡口中心**（Geo Centre；☎709-737-7880；www.geocentre.ca；175 Signal Hill Rd；成人/5～17岁$10.25/4.60；🕑10月中到次年5月中周一至周六9:30am～5pm，周日 正午～5pm，周一休息）确实是一项宏伟的工程，通过互动式的地下展览，使枯燥乏味的地理信息变得饶有趣味。

该中心还有一个关于“泰坦尼克号”的展览，造成这场悲剧的主要原因是人类的错误和忽略，而不仅仅是一座冰山。例如，这艘船的主人没有供应足够的救生艇，否则不会造成“甲板上的混乱”，而且船员忽略了无数次的冰情警报。所有这些与地质的变迁是否有关，目前仍不清楚，但是谁会关心呢？这艘船很吸引人。

阿默斯特堡(Fort Amherst)

从锡格纳尔希尔穿过海峡，来到一个世纪前悠

实用信息
Afterwards书店 1 C2
中央邮局 2 B4
CIBC银行 3 B3
皇家纽芬兰警队 4 A3
苏格兰银行 5 B3
二手书店 6 B4
游客中心 7 B4
Water St 街药房 8 B4

景点和活动
国教大教堂 9 B3
圣约翰斯浸信会大教堂 10 B2
不列颠岛环游 11 D1
城市旅舍旅游公司 ....(见 22)
爱尔兰旅游公司 12 C1
Downhome ....(见 50)
政府大楼 13 C1
冰山来客 14 B4
冰山来客接机 ....(见 11)
纽芬兰科技中心 15 B4
O'Brien's旅游公司 16 C2
Outfitter's旅游公司 ....(见 53)
圣约翰斯捉鬼徒步游 ....(见 9)
Terra Nova Adventures旅游公司 ....(见 53)
房间 17 B3

住宿
Abba Inn旅店 18 B2
At Wit's Inn旅店 19 C1
Balmoral House旅馆 ....(见 18)
Bluestone Inn旅店 20 B2
Cantwell House旅馆 21 B2
城市旅舍 22 C2
Delta Hotel酒店 23 A4
Downtown Hostel旅舍 24 A3
Everton House之家 25 C1
Narrows B&B旅馆 26 C2
Oh! What A View B&B旅馆 27 D1
Rendell Shea Manor B&B旅馆 28 C1

就餐
Aqua酒店 29 B4
亚洲风味餐馆 30 C2
Auntie Craés餐馆 31 B3
Bagel Café小餐馆 ....(见 22)
Blue on Water餐馆 32 B4
Casbah餐馆 33 B3
Ches's餐馆 34 A3
经典东方小餐馆 35 D2
India Gate餐馆 36 C3
国际风味餐馆 37 D1
Sprout餐馆 38 B3

饮品
Chatters Café小餐馆 39 C2
Coffee Matters咖啡店 40 C1
Duke of Duckworth酒吧 41 B3
Grapevine酒吧 42 B3
Hava Java酒吧 43 B3
Trapper John's Museum & Pub酒吧 44 B3

娱乐
Bridie Molloy's酒馆 45 B4
Fat Cat酒吧 ....(见 45)
Liquid Ice夜总会 46 C3
艺术资源中心 47 C3
Rose & Thistle酒馆 48 B3
Ship酒馆 49 C3
Zone ....(见 43)

购物
Downhome 50 B4
Fred's音像店 51 C2
Living Planet店 52 C2
Outfitter's户外人商店 53 B3

交通
AP Parking Garage 54 C3
快线汽车服务 55 A4
Newhook's运输 56 B4

久的**堡垒**（Fort Amherst Rd；免费入内；☎24小时开放）遗址。在这里，冰山和鲸几乎触手可及。崎岖不平的海岸，风景美得令人难以置信。可以找到"二战"的残留炮台和纽芬兰第一个灯塔(1810年)。

圣约翰斯浸信会大教堂(Basilica of St John the Baptist)

大教堂（Basilica；☎709-754-2170；www.thebasilica.ca；200 Military Rd；免费入内；周一至周五 8am～3pm，周六 至 6pm，周日 至 12:30pm）建于1855年，它的双子尖顶高耸云霄，划破天空，从锡格纳尔希尔的任何方向都能看到。它的设计标志着北美古典建筑的复兴。教堂内，65扇独特的彩绘玻璃窗照亮了美丽非凡的意大利多色天花板和金叶亮光区。在它的落成周年典礼上，教皇 Pius 七世赐之名"大教堂"。7月和8月的周一至周六 10am～5pm 根据需要有半小时的免费游。如果想了解得更多，可以咨询**大教堂博物馆**(Basilica-Cathedral Museum)，那里藏有一些圣器、绘画和书籍。

圣约翰斯浸信会国教大教堂(Anglican Cathedral of St John the Baptist)

作为加拿大最古老的教区(1699年)，**国教大教堂**（Anglican cathedral；☎709-726-5677；www.sji.ca/cathe dral；22 Church Hill；免费入内；6月到9月的周一至周五 10am～正午和 2～4pm，周六 10am～正午）是北美哥特式教堂建筑的典范。尽管是在19世纪30年代初建的，但它的所有外墙都在1892年的一场大火中化为灰烬。1905年，围绕着主体石头构架，重新修建了教堂。哥特式的螺纹天花板、优美的石头拱门、狭长的彩绘玻璃窗都是旷世杰作。一个12世纪的怪兽状滴水嘴矗立在那里，守卫着教堂的十字形翼部——这是布里斯托尔主教区(Diocese of Bristol)的礼物。学生提供团队游导游服务，风琴手在**音乐会**（周三 1:15pm）上演奏，而年长的教堂中女士则供应茶和松脆饼（见486页框内文字）。

魁迪维蒂(Quidi Vidi)

从城里出发，越过锡格纳尔希尔，是虽小但风景如画的**魁迪维蒂村**。可以找到北美最古老的小茅屋——18世纪50年代的**"野鸭村舍"**（Mallard Cottage；☎709-576-2266；2 Barrows Rd，免费入内；5月到9月 9:30am～4:30pm，10月到次年4月 请打电话询问具体时间），如今它是国家历史遗址，也是拥挤混乱的古董/旧货店。肯定会有东西吸引你；它的收益维持生存。

建于1762年，如今仍象征性地在山上守卫着海湾的是**魁迪维蒂炮台**（Quidi Vidi Battery；☎709-729-2977；Cuckhold's Dr；门票 $3；6月到9月中 10am～5:30pm）。法国人夺过圣约翰斯后建了这个地方，后来很快又被英国人抢走，其军事功能一直延续到19世纪。定期装扮的讲解者会叙说一些历史资料。

村内的**魁迪维蒂湖**(Quidi Vidi Lake)是圣约翰斯皇家赛舟会(St John's Regatta，见484页)的停靠站，船库的二楼是**皇家圣约翰斯赛舟会博物馆**（Royal St John's Regatta Museum；☎709-576-8921；Lakeview Ave和Clancy Dr拐角，Forest Rd附近；免费入内；7月和8月）所在地。开放时间不定。绕湖游步行小道很受欢迎。

魁迪维蒂酿酒厂（Quidi Vidi Brewing；☎709-738-

4040；www.icebergbeer.com；15 Barrows Rd，含一瓶啤酒和品尝 $6；⏲周一至周六正午～5pm）是个微型酿酒厂，在小码头上一个古老鱼品加工车间内。这儿可以让你消除口渴。

从城里开车走 Forest Rd 路，一直过了湖，直到 Forest Rd 路变成魁迪维蒂村路(Quidi Vidi Village Rd)。当地人希望你将车停在村的外围，然后徒步进入。

纽曼酒窖(Newman Wine Vaults)

这些阴暗冰冷的**葡萄酒窖**（wine vaults；☎709-739-7870；www.historictrust.com；436 Water St；捐款入内；⏲6 月中到 8 月周二到周六 10am ～ 4:30pm）的历史可以追溯到 18 世纪 80 年代，1996 年，依照欧洲国家之间签订的几项条约的规定，纽曼公司被迫退回葡萄牙，此前，这里都被该公司牢牢控制。旅行团的导游会讲述一些有趣的故事，例如，想要将自己埋葬在故土的英国贵族是如何在死后被装入酒桶内运送回国的，酒精保护着他们的尸体免于腐烂。这里没有品酒会，不过你可以购买瓶子。

军粮大厦(Commissariat House)

这幢乔治亚晚期风格的**大厦**（☎709-729-6730；King's Bridge Rd；成人 /13 岁以下 $3/ 免费入内；⏲6 月到 9 月 10am ～ 5:30pm）在 Gower St 街附近，建于 19 世纪 20 年代，是英国军队军需官使用的。这幢大厦重修后，反映出 19 世纪 30 年代的风格，内有许多当时的物件。

政府大楼(Government House)

政府大楼（Government House；☎709-729-4494；www.mun.ca/govhouse；Military Rd；⏲黎明至黄昏）在栗子树和橡树中间，呈现出帕拉第奥(A.Palladio， 16世纪意大利建筑家——译注)风格。花费是同时期建造的白宫的四倍。这幢简朴的大厦(1831年)四周包围着引人注目的突角和玻璃，是省海军政府所在地。内部保留着大部分原来的家具，免费对游客开放(周三和周四上午10点)；你必须预订。

CA Pippy公园(CA Pippy Park)

充满特色的 1 343 公顷的 **CA Pippy 公园**（CA Pippy Park；☎709-737-3655；www.pippypark.com）占据着城市的西北端。娱乐设施包括徒步小道、野餐区、操场、高尔夫场和宿营区。省内唯一一所大学**纪念大学**(Memorial University) 也在此地。

大学的**植物园**（☎709-737-8590；www.mun.ca/botgarden；成人/6～18岁 $5/1.15；⏲5月到11月10am～5pm）在Oxen湾(Oxen Pond)，公园西部边界处的Mt Scio Rd路对面。它既是植物园，也是自然生态保护区。这里和公园的**长湾**(Long Pond)湿地让游客大为了解这个省的植物、栖息地(包括北温带森林和沼泽)和动物(找找长湾的鸟类，偶尔还能看到驼鹿)。

水族馆（Fluvarium；☎709-754-3474；www.fluvarium.ca；Nagle's Pl；成人/5～14岁/家庭 $5.50/3.50/17.50；⏲6月中到9月初9am～5pm，其余月份多数周末关门），用玻璃围住"活"水，从宿营地过街即到。游客可以透过大玻璃幕观看内格尔山溪(Nagle's Hill Brook)表层下不受打扰发生着的一切。可以看见无数的棕色鲑鱼，有时还可看见鳗鲡(eel)。不过，如果碰上大雨大风，所有可见的生物都会消失在黑暗中。

这里还有一个示范性的**鱼类孵卵所**(fish hatchery)。开放时间变化不定，不过喂鱼时间总是下午 4 点，可除了 4 点，每小时都有安排游程。外面还有讲解小道，可以从这里一路走到魁迪维蒂湖 (Quidi Vidi Lake)。

活动

这个地区遍布出色的步行和远足小道。**大道路网**（Grand Concourse；☎709-737-1077；www.grandconcourse.ca）豪迈无比，是长达 95 公里的道路网络，遍布整个城市，通过城里街道、小路、河流和旧铁路路基，将圣约翰斯和附近的 Mt Pearl 和 Paradise 连接了起来。大部分徒步旅行可以在 CA Pippy 公园和魁迪维蒂湖区进行。在报摊和 **Water St 街药房**（Water St Pharmacy；☎709-579-5554；335 Water St）可以买到地图 ($2.60)。游客中心还

什么是……

你在国教大教堂周围到处都能看到"喝茶请到地下室"的招牌。"听起来会让人感到阴森森的？"当你第一次到达教堂的地下室时，你会感觉有点阴森，在那里，所有的妇女都身着绚丽多彩的衣服、穿着便鞋急匆匆地来来去去。但是有机会的话，一定要来试试，这里的**下午茶**（high tea；$8；⏲7月和8月周一至周五2:30～4:30pm）不止提供自制的饼干和小松饼。如果有机会与老年人聊天，还能了解到果酱的配方、夏季度假的小建议以及他们过去的生活(实际上，当他们在絮絮叨叨地说着那些事情时你可以边听边吃)。

免费赠送影印地图。不要错过靠近大海的北头小路（见479页）。

东海岸小路（East Coast Trail；☎709-738-4453；www.eastcoasttrail.com）从阿默斯特堡垒(Fort Amherst)向南延伸220公里，到达Cappahayden；未来还会再扩展300公里。沿海小路比较好走，但荒野小道比较艰苦。**户外人商店**（Outfitter's；☎709-579-4453；220 Water St）、**Downhome**（☎709-722-2070；303 Water St）及其网站提供地图。还提供有关每周一次免费导游的徒步旅行信息。从斯皮尔角（见489页）出发，沿着海岸行进，有一段景色优美的路。

高尔夫和越野滑雪爱好者可以来到CA Pippy Park公园（见482页）。如果想观鲸或在海上划爱斯基摩划子，可以查阅圣约翰斯团队游（见右栏）和威特莱斯湾团队游（见489页）的信息。

带孩子游圣约翰斯

圣约翰斯有很多很好玩的地方，不管天气是下雨还是阳光普照。CA Pippy公园是儿童的港湾，有个巨大的操场，许多小路，当然，还有水族馆。**鲍温公园**池塘里永远也不会饱的野鸭（Waterford Bridge Rd）喜欢热闹，海洋科学中心(Ocean Sciences Centre，见488页）里的生物也是如此。仅仅是军操最后的放炮就可以让孩子们在锡格纳尔希尔停留不走（见479页）。多种多样的坐船旅行（见下文）也很不错，不过先查一查这地方有没有冰山和鲸。

当地状况最初让他们不那么感兴趣时，地下的约翰逊峡口中心（见480页）会激发他们的兴趣。另外一个雨天活动的选择是**纽芬兰科技中心**（Newfoundland Science Centre；☎709-754-0823；www.nlsciencecentre.com；Murray Premises，Beck's Cove；成人/3～18岁/家庭$6/4.25/20；⏲周一至周五10am～5pm，周六至6pm，周日正午～6pm），有恐龙、一座天文馆和太空展（看看宇航员卫生间，或计算你在火星上的年龄）。

超级受欢迎的**圣约翰斯捉鬼徒步游**（St John's Haunted Hike；☎709-685-3444；www.hauntedhike.com；团队游$5；⏲6月到9月中，周日至周四9:30pm）搜寻这座城市里黑暗的角落、民间传说和灵异活动，追随穿着黑披肩的Thomas Wyckham Jarvis Esq修士的脚步。从国教大教堂(Anglican Cathedral)的西出口出发，他会讲无头船长、谋杀者和其他的鬼故事来吓唬你。8月的周五晚上，这位优秀的牧师还向听众讲述在纽曼葡萄酒地窖（见482页，票价$10)发生的传说。

团队游

游船

想参加多数团队游，需要前往Petty Harbour海港（见489页）或威特莱斯湾（见489页）的城镇。Nova Adventures旅游公司和O'Brien's旅游公司都经营从圣约翰斯开往威特莱斯湾船舶停靠点的往返班车，对于没有车的旅行者而言，非常方便快捷。

从圣约翰斯出发，**冰山来客号游船**（Iceberg Quest；☎709-722-1888；www.icebergquest.com；Pier 7）从港口发船，然后驶向斯皮尔角(Cape Spear)，在6月寻找冰山，7月、8月寻找鲸。

公共汽车

安旅游公司（Ann's Tours；☎709-682-0754；www.annstours.ca）提供各种旅行活动，包括爱尔兰环线（Irish Loop，$150，含赏鲸船，7小时）和圣玛丽斯（Cape St Mary's，$114，7小时），另外还有城市短程旅行和定制的团队游。

不列颠岛环游（British Island Tours；☎709-738-8687；www.britishislandtours.com；2个半小时团队游；成人/5～15岁 $25/14.50；⏲6月到9月9:15am 和 1:15pm）乘坐双层车游览锡格纳尔希尔和魁迪维蒂（Quidi Vidi）。可以在Fairmont Hotel饭店和Mile One Stadium搭便车。

城市旅舍旅游公司（City Hostel Tours；☎709-754-4789；www.hostels.com；246 Duckworth St）这家青年旅舍安排环城旅行（$39，3小时）和阿瓦朗殖民地（Colony of Avalon）或斯皮尔角旅行（$69，5小时）。

爱尔兰旅游公司（Island Traveller；☎709-458-3104，709-458-7732；www.islandtraveller.ca）这家以格罗莫讷（Gros Morne）为基地的经济型探险公司提供从圣约翰斯到格罗莫讷的短途旅行（$379，4天），以及穿越北半岛的旅行（$699，8天）。你可以在沿路的任何一个站点上下车。

传奇游（Legend Tours；☎709-753-1497；www.legendtours.ca；3小时团队游 $42～59；⏲4月到10月）这家公司有奖游游程多样，包括圣约翰斯、斯皮尔角和阿瓦朗半岛东北部。解说词充满了幽默故事和历史花絮。传奇游也到Cavendish Sq 广场上的Fairmont Hotel饭店搭客。

徒步

游客中心组织不错的自助游，横贯城市东西端和市中心，也有圣约翰斯捉鬼徒步游(St John's Haunted Hike，见左栏)。东海岸小路公司(见左栏)也提供免费的自助游。

节日和重大活动

如欲了解活动整个情况，可联系**游客中心**（☎709-576-8106；www.stjohns.ca/cityservi ces/events/calendar.jsp）。

圣约翰斯日节庆（St John's Day Celebration；☎709-576-8106；www.stjohns.ca）为时4天的爵士和布鲁斯音乐会、游行、街舞、运动会。6月最后1周左右开始，纪念这个城市的诞生。大多数活动都免费。

音乐讨论会（Sound Symposium；www.soundsymposium.com）每隔一年，在7月第2周举办音乐会、研讨会、舞会、戏剧和电影新片上映，为时7天；下次讨论会将在2008年和2010年举行。票价将有所不同。

乔治街节庆（George Street Festival；☎709-576-8106；门票$10）7月末，宽阔的乔治街成了一个巨大的夜总会，整整一周的白天和晚间都有音乐演出。

纽芬兰和拉布拉多民族节（Newfoundland & Labrador Folk Festiveal；☎709-576-8508；www.nlfolk.com；门票$12）8月第一个周末，这个为时3天的亲密活动在Bannerman公园举行。有传统纽芬兰音乐、舞蹈和讲故事。

圣约翰斯皇家赛舟会（Royal St John's Regatta；☎709-576-8921；www.stjohnsregatta.org；免费入内）8月第1个周三，街道上空空荡荡，商店也关门了，数千人跑到了魁迪维蒂（Quidi Vidi Lake）湖岸。这个划船赛舟会正式开始于1825年，持续至今，已是北美最古老的运动项目。

住宿

在圣约翰斯市市中心，有几十个小旅馆和B&B旅馆，很值；通常比旅馆和汽车旅馆要好。所有住宿场所之内或附近都可以停车。上述列出的价格不含该城市高达17%的税收，除非另有规定。

有关更多住宿选择，可登录该城市的网站(www.stjohns.ca/visitors/accommo dation/index.jsp)查阅。

经济

CA Pippy公园（☎709-737-3669；www.pippypark.com；Nagles Place；宿营地$18～29；⏰5月到9月）尽管这里离城市和大学很近，就在Higgins Line的Allandale Rd路边上，但宿营区非常安静，绿色苍苍，让人惊讶。

城市旅舍（City Hostel；☎709-754-4789；www.hostels.com；246 Duckworth St；宿$22.50，房$48～58；🖳 wi-fi）位于Bagel Café餐馆上面，是一家漂亮利落的青年旅舍，拥有暗色的木地板、舒适的地毯和至少四张床的宿舍。它还安排团队游活动(见483页)。

Downtown Hostel旅舍（☎709-754-7658；www.geocities.com/downtownhostel；25 Young St；宿/房$23/55）掷钱币来决定谁更有个性：是精力充沛的业主Carola呢，还是这幢楼本身。歪歪扭扭的自制家具对抗着陡峭凸起的地面，电线和世界地图装饰着墙壁。

中档

在这个范围内列出来的所有房间都有专用浴室。

我们的选择 **Oh! What A View B&B旅馆**（☎709-576-7063；www.ohwhataview.com；184 Signal Hill Rd；双$85起；🖳）从市中心步行得20分钟（而且是上山路），但这儿的风景的确很好。几个公共阳台能看到下面的海湾。房间又明亮又摩登，有一点小。要8号房，它有朱丽叶阳台（指莎士比亚名剧《罗密欧与朱丽叶》中的朱丽叶，罗密欧曾向站在阳台上的朱丽叶倾诉衷肠——译注），或者要3号房，可以直接看到海面。

Cantwell House之家（☎709-754-8439，888-725-8439；www.cantwellhouse.nf.net；25 Queen's Rd；双$85起；🖳）坐在Cantwell的露台上用茶，看着蓝色港口那一排排房子构成的多彩抽象画。这家B&B旅馆友善的空气和Cantwell House中维多利亚氛围的私密感混合在一起。

Narrows B&B旅馆（☎709-739-4850，866-739-4850；www.thenarrowsbb.com；146 Gower St；双$85～125）温暖的色彩混合着优雅的装饰，这家受欢迎的B&B旅馆房间内有大大的木床。豪华的起居室里满是令人舒适的现代物件，还有阳台，客人可以在那里交流鲸的故事。

Abba Inn旅店（☎709-754-0058，800-563-3959；www.abbainn.com；36 Queen's Rd；双$85～185起；🖳）Abba和Balmoral共同拥有这座房子，他们甚至分享房间预约(例如：如果这个住满，他们可以再为你找其他的)。这两家B&B旅馆拥有相似的设施和氛围。

Balmoral House旅馆（☎709-754-5721，877-428-1055；www.balmoralhouse.com；38 Queen's Rd；双$89～179；🖳）Balmoral从许多方面看都是一家典型的B&B旅馆（可爱的雕塑、木制的古代长桌子），主人住在旅馆之外的地方，供应自助早餐。因此这家旅馆让人感觉更放松，比其他B&B旅馆更加私密。床上铺着非常舒适的床垫。

Bluestone Inn旅店（☎709-754-7544，877-754-9876；www.thebluestoneinn.com；34 Queen's Rd；双$89～189；🖳）由与卡伯特塔和政府大楼同样古老的石头建造而成，房间里有塔状的石膏造型天花板、壁炉和造型奇特的艺术品。从这家旅馆三层的人字形房屋向外望去，海港的风景令人赞叹不已——朱迪·邓奇夫人(Dame Judi Dench)是许多欣赏过这处风景的人之一。

Delta Hotel酒店（☎709-739-6404；www.deltahotels.com；120 New Gower St；房$99起；🅿 🖳

wi-fi）如果你想找隐秘的而且设施与B&B旅馆风格不同的地方，Delta——它是镇上主要的商务酒店——可以满足你的要求。它坐落在Water St街和Duckworth St街的尽头，提供安静的客房、配有小冰箱和大电视、健身房、室内游泳池、商务中心和现场餐厅和酒吧。

At Wit's Inn旅店（☎709-739-7420，877-739-7420；www.atwitsinn.ca；3 Gower St；双 $109～139；💻）磨光地板、石膏泥天花板、装饰壁炉、色彩鲜亮的墙壁和床让你很难不带回忆地离开。起居室和餐厅又时髦又舒适。

Everton House旅馆（☎709-739-1616，866-754-1326；www.evertonhouse.com；23 King's Bridge Rd；双 $109～189，套房$220～299）这个时髦的家传B&B旅馆内满是当代家具和大胆色彩，青翠的花园和树木围绕四周。铁架床、丰富的织物、长毛绒地毯更增添了气氛。豪华套房是顶级选择。

高级

Leaside Manor（☎709-722-0387，877-807-7245；www.leaside.nf.ca；39 Topsail Rd；房 $99～129，套房 $150～325，公寓 $179～249；💻）主人伊莱恩·汉恩（Elaine Hann）通过大量细致的工作，将这座古老的商人住所重新装饰得豪华而雅致。高档的客房拥有一张遮有天篷的床、壁炉和极可意浴缸，从而解释了为什么《环球邮报》(*Globe and Mail*)认定Leaside是加拿大为"最浪漫的目的地"。它距离市区半小时路程；如果想要离市区更近的旅馆，请查询市区的公寓。

Rendell Shea Manor B&B旅馆（☎709-738-7432，877-738-7432；www.rendellshea.com；82 Cochrane St；双 $140～230）感谢1892年那场大火放过了这个有历史价值的地方。它在政府大楼（Government House）对面，满是19世纪的气息。上乘的建筑、豪华的顶篷床、壁炉和浴缸装饰了房间。

就餐

圣约翰斯已经不再局限于炸鱼。泰国、日本、印度和拉丁餐馆，甚至是素食餐馆，都冒了出来，它们可以提供各种风味的菜肴。不过，别担心，在Freshwater Rd路和Harvey Rd路附近，你仍然能吃到炸鱼和薯条的固定搭配，那儿有很多炸鱼和薯条店。

经济

Auntie Crae's餐馆（☎709-754-0661；272 Water St；三明治 $4～7；🕑8am～7pm）。到这个专业食品店，来杯咖啡、食品杂货、杂烩或三明治。在毗邻的Fishhook Neyle活动室里休息一下，吃点儿糖果。

Ches'餐馆（☎709-726-2373；5-9 Freshwater Rd；主菜 $5～9；🕑周日至周四9～2am，周五和周六至3am）Ches和它的炸鱼和马铃薯片是纽芬兰的传统风味。没什么虚饰，就是让你的嘴都化了的鳕鱼。

国际风味餐馆（International Flavours；☎709-738-4636；4 Quidi Vidi Rd；正餐 $8～9；🕑周二至周六11am～7pm）来自巴基斯坦的店主Talat舀出一大盘辛辣的dahl或咖喱加入印度香米饭，作为她每日的套餐（一份加肉，其他不加）。

中档

亚洲风味餐馆（Asian Taste；☎709-576-3311；250 Duckworth St；寿司卷 $4.50～7.50；🕑周一至周五11:30am～3pm和5～9:30pm，周六和周日5～9:30pm）啊哈，寿司最终来到了这个省，非常受小镇市民的喜爱。这里有你可以吃的各种风味的寿司，但是想要吃到最好的寿司，还是要照菜单点餐。

经典东方小餐馆（Classic Café East；☎709-726-4444；73 Duckworth St；三明治 $5～9，主菜 $13～19；🕑8am～10pm）当你狼吞虎咽地吃着Newfie标准餐时：包括touton（小块油炸面饼）、鱼和牛肉汤、海鲜杂烩和鱼饼，另加煎蛋卷和三明治（有关说明，见486页框内文字），可以顺便观赏海港风景。

Sprout餐馆（☎709-579-5485；364 Duckworth St；主菜 $6～11；🕑周二至周五11:30am～9pm，周六9am～9pm，周日9am～3pm）在纽芬兰几乎是前所未闻的：完全的素食食品。你在离开小镇之前，要尽情享受卤水豆腐汉堡、菠菜—香蒜酱—三明治和褐色的米饭poutine（当你点肉汁和豆腐时还提供炸薯条）。

Bagel Café小餐馆（☎709-739-4470；246 Duckworth St；早餐 $7～11；🕑7am～10pm）白天，你可以在Bagel Café小餐馆就餐，晚上在Figg's Restaurant餐厅就餐，但坦率说，这儿的早餐正是我们想要的，随时供应。在昏暗的灯光下，侍者给文身的家伙和穿戴整齐的年纪较大的妇女端上鸡蛋加鱼饼、煎蛋卷和一大堆自制的薯条。

我们的选择 **Casbah餐馆**（☎709-738-5293；2 Cathedral St；主菜午餐 $7～14，晚餐 $11～22；🕑11:30am～2:30pm和5:30～10pm）在色彩鲜亮的Casbah，风趣、活泼的服务员供应着风趣、活泼的食品。他们通过提供大中小三种盘子盛装的食物让每个人都无比满意，这些盘子里可能放着枫树烤制的南瓜汤或加入蛋黄酱山葵(wasabi mayo)的大比目鱼汉堡包。

India Gate餐馆（☎709-753-6006；286 Duckworth St；主菜 $11～15；🕑周一至周五11:30am～2pm和

5～10:30pm，周六和周日5～10:30pm）这是当地印第安人的最爱，也有许多素食主义者可选的菜式。周日，有$12通吃的午餐特价，很便宜。

高级

Aqua酒店（☎709-576-2782；310 Water St；主菜$23～32；🕑周一至周五11:30am～2pm和5:30～10pm，周六和周日5:30～10pm）这家时髦酒店的主菜多种多样，从海鲜一直到野味，有一些独创菜肴，如配着新鲜云莓酱（bakeapple coulis）的驯鹿肉、糖浆鲑鱼和熏火腿裹着的鳕鱼。根据客人需要，Aqua还可提供素食。

Blue on Water餐馆（☎709-754-2583；319 Water St；主菜$23～34；🕑周一至周五7:30am～11pm，周六9am～11pm，周日9am～10pm）Blue是另一家高档的休闲口味的餐馆，它使用当地产的原料做菜，如龙虾加入菠菜和捣烂的马铃薯或鳕鱼唇和scruncheons（见下文框内文字）。

饮品

乔治街（George St）是这座城市著名的聚会街区。Water St街和Duckworth St街也有很多酒吧，而环境更安静。大部分酒吧和酒馆在周末或有现场音乐演出的时候，收一点费（大约$5）。不要忘了品尝当地Screech朗姆酒。沿着主要的街道，在餐馆和酒吧之间有许多小咖啡馆混杂其中。

我们的选择 **Duke of Duckworth酒吧**（☎709-739-6344；McMurdo's Lane，325 Duckworth St；wi-fi）"公爵"正如人们所知的，它是一个含蓄的英式酒吧，代表所有纽芬兰和纽芬兰人最棒的地方。周五晚上在此驻足，你可以看到各个阶层的人，有蓝领、白领、年轻人和老人，甚至是Great Big Sea乐队的成员，坐在破旧的、红色天鹅绒酒吧凳子付钱点餐。厨房最后烹制出鸡派、鱼饼和其他可口的食物，还有从龙头流出来的14杯啤酒（包括当地的Quidi Vidi）。所以难怪有许多当地人来这里消费，每隔几个月就积累了上千元的账单。

Trapper John's Museum & Pub酒吧（☎709-579-9630；3 George St）这不是城里最优雅的酒馆，但肯定是最有趣的一个，可以让你成为"纽芬兰荣誉市民"（Honorary Newfoundlander），这通常在你与Stubby the Puffin（普通鳕鱼的变种）亲密接触后才发生。众多诱人的动物使这儿得到了"博物馆"的称号。

Grapevine酒吧（☎709-754-8463；206 Water St）灯光幽暗而时尚，是一家葡萄酒和鸡尾酒酒吧，你可以伴随着优美的音乐品尝马提尼酒；周四有现场音乐会。

Quidi Vidi Inn of Olde酒吧（☎709-576-2223；67 Quidi Vidi Village Rd）这个古怪但受人喜爱的小酒馆就在城外的魁迪维蒂。如果墙上的2 000把勺子会说话的话……

Hava Java酒吧（☎709-753-5282；216 Water St；🕑周一至周五7:30am～11pm，周六和周日9am～11pm）这个地方的氛围一反正统，支持文身，让人精神振作；它只关心做出城里最好的咖啡。

Chatters Café小餐馆（☎709-576-6363；112 Duckworth St；🕑7:30am～10pm；💻wi-fi）在这家低调的小餐馆中，上网遨游的同时来杯茶。

Coffee Matters咖啡店（☎709-753-6980；1 Military Rd；🕑周一至周六7am～11pm，周日8am～11pm；wi-fi）它是这座城市最时尚的咖啡店，有许多巧克力烘焙食品。

美食指南：SCRUNCHEONS（炸猪油）、TOUTONS（烤面饼）和FLIPPER PIE（海豹鳍派）

当你走进纽芬兰时，请准备好接受全新的烹饪词汇。第一堂课："狼吞虎咽"（scoff）是当地用语，表示吃大餐。

纽芬兰人最喜欢的两个菜是肉汤泡鱼（fish'n'brewis）和鱼钩菜（jig's dinner）。肉汤泡鱼是独特的快煮开的腌鱼、洋葱、scruncheons（即炸猪油）和面包的混合。鱼钩菜真是美食，它由马铃薯、胡萝卜、卷心菜、腌牛肉、豌豆面包布丁和烤肉（火鸡或者驼鹿肉）混合而成。touton是烤好的面饼，可以蘸着糖或蜂蜜吃。

鳕鱼舌（cod tongues）是鳕鱼下颚间又嫩又新鲜的部分，被捣成糊状再油煎，而鳕鱼颊（cod cheeks）：鳕鱼的颊面。鱼饼（Fishcakes）是鳕鱼、马铃薯和洋葱一起捣成糊状再油煎的饼——很好吃。海豹鳍派（flipper pie）是勇敢人才敢吃的东西；海豹肉的强烈气味绝对是后天培养才能吃下的口味。

要结束这顿菜肴，最后试试无花果布丁（figgy duff），它是包在布袋里煮开的无花果布丁。

最后，要学一个有关胃的术语：当吃完后，你就可以拍着胃部，说："我就像鸡蛋一样满当当的。"

尖叫起来

到圣约翰斯几天后，每个人都会问你，'你大声尖叫过了吗'，或者用传统纽芬兰俚语来说就是："你是个尖叫者（screecher）吗？"这并不像听起来那样痛苦，而且，事实上，它是当地人欢迎外地旅行者的一种玩笑。

尖叫活动起源于20世纪40年代为新到者举行的通过仪式，也起源于戏弄第一次前往冰地捕海豹者的恶作剧。如今，尖叫活动往往都在当地酒馆里发生，在那里，你可以喝一杯朗姆酒（实际上有一个当地的品牌叫做Screech，意为"尖叫声"），用当地方言发音不准地朗诵一首诗，轻轻地吻一下填馅的鳕鱼，然后你将收到一份接受你为"荣誉纽芬兰人"的证书。相信它会受到旅行者的喜爱，还很有趣。在气氛越来越欢腾的时候，请和大家一起大声尖叫吧。

娱乐

也许因为它是一个人们彼此很亲热的城市，口头流传和贴在电杆上的宣传单似乎是传播娱乐信息的主要手段。娱乐地点都集中在一起——四处转转，好好玩吧。

夜总会

圣约翰斯真正的夜总会只在周五和周六深夜才开放，对精力充沛的人和同性恋者投其所好。服务费各不相同，但基本上在$5到$10之间。

Zone（☎709-754-2492；216 Water St）新纽芬兰最主要的同性恋舞乐吧。同样欢迎异性恋者吸收娱乐能量；位于Hava Java酒吧上方。

Liquid Ice夜总会（☎709-754-2190；186B Water St）如果你喜欢室内乐、架子鼓和贝司或hip-hop乐，就挤进这家欢迎同性恋者的夜总会吧。

剧院

艺术和文化中心（Arts & Culture Centre；☎709-729-3900，800-663-9449；www.artsandculturecentre.ca；Allandale Rd和Prince Phillip Dr拐角）定期有现场话剧和舞蹈表演；在CA Pippy Park公园附近。

艺术资源中心（Resource Centre for the Arts；☎709-753-4531；www.rca.nf.ca；3 Victoria St）由纽芬兰艺术家展示的戏剧、舞蹈和视觉艺术，都在市区以前的码头工会礼堂（即LSPU Hall）举行。

海洋节日莎剧演出（Shakespeare by the Sea Festival；☎709-691-7287；www.nfld.com/～sbts/menu.html；成人/12岁以下/学生$15/6/12；⏲7月初到8月中6pm）在鲍温公园（Bowring Park）的圆形剧场内上演户外作品。注意：不提前售票。

现场音乐

附加费为$5到$8。

Ship酒馆（Ship Pub；☎709-753-3870；265 Duckworth St）这个小酒馆藏在Solomon's Lane小巷，门卫会检查你的态度和年龄。在那里你可以欣赏到从爵士乐到独立电影的任何艺术，甚至有古怪的诗歌朗诵。

Rose & Thistle酒馆（☎709-579-6662；208 Water St）当地著名的民族音乐家如Ron Hynes在这里弹奏。

Bridie Molloy's酒馆（☎709-576-5990；5 George St）这个时髦的爱尔兰酒馆招待年长些的人群，每个周六晚上都有爱尔兰和纽芬兰音乐。

Fat Cat酒吧（☎709-739-5554；George St）夏天，这个惬意酒吧夜夜传出布鲁斯。

购物

在Water St街和Duckworth St街的隐蔽处和缝隙间探索，你会找到传统音乐、果酱和当地艺术品。

Fred's音像店（☎709-753-9191；198 Duckworth St；⏲周一至周五9:30am～9pm，周六至6pm，周日中午至5pm）这是圣约翰斯主要的音像店。它有许多当地音乐作品，比如Buddy Wasisname、Ron Hynes、The Navigators和Great Big Sea乐队。

Living Planet店（☎709-739-6810；116 Duckworth St）有花哨的旅游T恤和纽扣，当地人都很得意地穿着。

Downhome（☎709-722-2070；303 Water St）很适合观光旅游，确实有各种当地的商品，如果酱、毛织品和畅销的*How to Play the Musical Spoons*的CD。

Outfitter's户外人商店（☎709-579-4453；220 Water St）宿营工具店，可以买到东海岸小路(East Coast Trail)的地图。

到达和离开

飞机

加拿大航空公司（☎888-247-2262；www.aircanada.com）、**西捷航空公司**（WestJet；☎800-538-5696，888-937-8538；www.westjet.com）、**省际航空公司**（provincial Airlnres；☎800-563-2800；www.provincialairlines.ca）和**美国大陆航空公司**（Continental Airlines，代

码CO；☎800-231-0856；www.continental.com）是主要的航空公司。**Astraeus Airlines航空公司**（代码5W；☎877-428-9425；www.flystar.com）可从伦敦包机。

公共汽车

DRL海岸线（DRL Coachlines；☎709-263-2171；www.drlgroup.com）是唯一在纽芬兰经营横贯岛内汽车运营的公司。汽车从圣约翰斯开往巴斯克港(Port aux Basques，$130，仅收现金，13个半小时)，每天1班，途经905公里长的Hwy 1公路，中途停靠25站。每天上午7点45分从纪念大学的学生中心(Student Centre)发车。

小汽车和摩托车

Avis、Budget、Dollar、National 和 Hertz 公司（见 846 页）都在机场有办公室。**Enterprise 公司**（☎709-739-6570；835 Topsail Rd）和 **Rent-A-Wreck 公司**（☎709-753-2277；909 Topsail Rd）距离机场 20 分钟车程，但收费经常比较优惠。

拼车

这种大型的篷车基本上能坐 15 人，每天发车 1 到 2 辆，沿途招手上下。你必须打电话预订。除另有说明，他们将到宾馆接送你。

快线汽车服务（Fleetline Bus Service；☎709-722-2608，709-229-7600）周一至周六开往卡伯尼尔（Carbonear，$16，3 小时）及下游康塞普申海湾（Conception Bay）地区，从 Ultramar 站后面起程，穿过 Delta Hotel 酒店。

伏特出租（Foote's Taxi；☎709-832-0491）每天沿比林半岛（Burin Peninsula）而下，最远到 Fortune（$40，5 小时）。

Newhook's运输（Newhook's Transportation；☎709-682-4877，普拉森舍709-227-2552）每天沿着阿瓦朗半岛（Avalon Peninsula）西南开往普拉森舍（Placentia），在阿真舍渡轮码头（$25，2小时）停留。它从Queen St大街13号出发。

Shirran's 公司（☎709-468-7741）每天往返于博纳维斯塔半岛（Bonavista Peninsula），特别是在特里尼蒂（$35，3 小时）和博纳维斯塔（$40，3 个半小时）停留。

四处走走

抵离机场

St John's Airport 机场（代码 YYT；☎709-758-8581；www.stjohnsairport.com）在这座城市北面 6 公里的 Portugal Cove Rd(Rte 40 路）路上。对于从机场到城里酒店和 B&B 旅馆的出租车，由政府统一制定收费标准，第一位乘客 $20(其余乘客每人加 $2.50)；**Citywide Taxi 出租公司**（☎709-722-7777）提供官方服务。不过，当你反方向坐车时——从城里到机场——出租车打表，车费大概在 $16。

小汽车和摩托车

城市的单行线街道和独特的十字路，容易混淆。感谢上帝，市民们让人难以相信地耐心。一个硬币($1)能让你的车在Water St街和Duckworth St街的停车计时器旁停上1小时。**AP停车库**（AP Parking Garage；Baird's Cove和Harbour Dr拐角；⏲6:30am～11pm）30分钟收费$1，或每天$9。

公共交通

都市公共汽车（Metrobus；☎709-722-9400；www.metrobus.com；收费 $2）系统覆盖了城市主要地区。网上和游客中心有地图和行程表。3号线很有用；它经过Military Rd路和Water St街在城里环行，然后去大学。

出租车

除了从机场来的出租车，所有出租车都打表计价。城内车费一般在 $6 左右。**Jiffy 出租**（Jiffy Cabs；☎709-722-2222，800-622-3320）提供可靠服务。

圣约翰斯周边地区(AROUND ST JOHN'S)

北圣约翰斯(North of St John's)

就在20000海底社团(20 000 Leagues Under the Sea)附近，**海洋科学中心**（Ocean Sciences Centre；☎709-737-3708；www.osc.mun.ca；免费入内；⏲6月到9月上旬10am～5pm），由纪念大学主办。考察鲑鱼生活圈、海豹的航线、海洋洋流以及冰冷海洋区域中的生物。户外区有一些触摸池，里面有可触摸的当地海洋生物。这个中心在圣约翰斯以北8公里处，就在Logy湾(Logy Bay)。从城里走Logy Bay Rd路(Rte 30路)，然后沿着Marine Dr车道，拐向Marine Dr车道，路的尽头就是。

米德尔湾(Middle Cove) 和**奥特考弗湾**(Outer Cove) 既隐蔽又层峦叠嶂，位于北边，在 Rte 30 路上——是海滩野餐的好地方。

托贝百特湾(Torbay Bight) 北部顶头是让人愉悦的短短的**特洛伊神甫小路**(Father Troy Path)，它环抱着海岸线。从**圣弗朗西斯角**(Cape St Francis) 望出去的景色值得从 Pouch 湾 (Pouch Cove) 一路颠簸而来。那里有个旧炮台，也许运气好，还能看见一两条鲸。

西圣约翰斯(West of St John's)

Topsail 在城西的 Topsail Rd 路 (Rte 60 路) 上，过了 Paradise 就是，能看见康塞普申海湾 (Conception Bay) 和岛屿的**全景**。

康塞普申海湾众多的小岛屿中，最大的是**贝尔岛**（Bell Island；www.bellisland.net），去那里是有趣的一日游。从圣约翰斯向西南行驶，14 公里后即到葡萄牙湾 (Portugal Cove)，再坐**渡船**

(☎709-895-6931；每个乘客/每辆车 $2.25/6.25；⏲ 6am～10:30pm 每小时一班)，20分钟可到。贝尔岛与众不同，它是"二战"中德国军团驻扎在大陆上的唯一一个地方。1942年，它的码头和8万吨的铁矿被潜水艇鱼雷摧毁——在落潮时，你还能看见一些残迹。这个岛屿展示了海滩、海岸景色、灯塔和小路的大杂烩。矿工曾在这里的海下竖井工作，这里有世界上最大的海底铁矿。**铁矿山和博物馆**(Iron Ore Mine & Museum；☎709-488-2880；成人/12岁以下 $7/3；⏲ 6月到9月 11am～6pm)详细介绍了采矿工作，并让旅游者有机会去地下竖井；穿暖和些。

南圣约翰斯(South of St John's)

斯皮尔角(CAPE SPEAR)

从城里往南开15公里将会把你带到北美最东点。此处海岸风景非常壮丽，夏季大部分时间里还可以看见鲸。此地成为保护区——**斯皮尔角国家历史遗址**(Cape Spear National Historic Site；☎709-772-5367；www.pc.gc.ca/capespear；Blackhead Rd；成人/6～16岁 $ 3.95/1.95；⏲5月中到10月中)，里面有**讲解中心**(⏲5月中至9月初 8:30am～9pm，9月初到10月中 10am～6pm)、整饬一新的**1835年灯塔**(⏲6月中至10月中 10am～6pm)和"二战"中1941年为保卫港口而建的重机枪炮台和弹药库。沿着悬崖的边缘有一条小道，它经过"至东点"(the most easterly point)观察甲板可以到达灯塔。还可以继续沿着东海岸小路(East Coast Trail)去Maddox湾和Pretty港；即使绕一小段路也是非常值得的。

留心所有的标牌，警告旅行者远离水边的岩石，这里因波涛汹涌而闻名。

从Water St街穿过城南Waterford湖，然后沿着Blackhead路开11公里，可以到达斯皮尔角。

古尔德斯和PETTY港(GOULDS & PETTY HARBOUR)

在**古尔德斯**(Goulds)，Rte 10路和通向Petty港的道路拐角处是**Bidgood's超市**(☎709-368-3125；Bidgood's Plaza；⏲周一至周六9am～9pm，周日11am～5pm)，它看起来就是一个普通的超市，除了新鲜的海豹鳍(饼状、罐状和牛肉干状的条形)，商店后面还出售驯鹿排骨。对于胆小的人，蔓虎刺和云莓果酱是现成的纽芬兰特产。

Petty港(Petty Harbour)背面的海浪拍打着险峻的岩石斜坡，美丽的港口如同电影中的风景，满是风化的船只、小飞轮和摇摇晃晃支着的工棚。高桅横帆船Scademia号从这里出发，出海寻找鲸和冰山；请与**Adventure Tours**(☎709-726-5000；www.netfx.ca/scademia；2小时团队游 成人/3～13岁 $50/20；⏲5月到9月 1pm)联系。

阿瓦朗半岛(AVALON PENINSULA)

向着纽芬兰东部挺进吧，忍受这里除了很窄的地峡外什么都没有的荒凉，很难想象，一座很容易抛至脑后的半岛能成为这个省的动力之源。但是外表有时是会骗人的，阿瓦朗半岛不仅拥有纽芬兰省一半的人口，还有这个省六个海鸟生态保护区中的四个、两个野生动植物保护区中的一个、41个国家历史遗址中的28个。

沿着海岸线蜿蜒曲折的道路两旁的风景是古老的渔村——纽芬兰。有许多来自圣约翰斯的全天旅行团到半岛游览，这很容易。而在库皮兹(Cupids)、费里兰(Ferryland)或迪杜(参见492页)，据说有一些东西晚上在你的被子里藏身，你的窗外是波光粼粼的海水。

东海岸小路(East Coast Trail，见483页)的大部分路段穿过这个地区；注意免费的带导游徒步旅行。开往新斯科舍的渡船从阿真舍出发。

东南阿瓦朗半岛 (SOUTHEASTERN AVALON PENINSULA)

这个地区，有时候被称为南部海岸(South Shore)，以其野外生活、考古学、小船、爱斯基摩划子旅行及大雾而闻名。景色优美的Rte 10路和Rte 90路，即爱尔兰环线(Irish Loop)，带动着这个地区的发展。

威特莱斯湾生态保护区 (Witless Bay Ecological Reserve)

这里是观鲸、冰山和鸟类的主要地区，几个渡船团队游将带你到**贝布尔斯**(Bay Bulls，圣约翰斯以南31公里)和**Bauline East**(贝布尔斯以南15公里)周围游览。贝布尔斯的Foodland Plaza广场有**游客中心**(Visitors Centre；☎709-334-2609；Rte 10；⏲7月和8月 8am～8pm，6月中下旬和9月至4pm)。

对着威特莱斯湾有四座岛屿，南面作为**威特莱斯湾生态保护区**(Witless Bay Ecological Reserve)被保护起来，它是北美东部的顶级鸟类聚集区之一。每年夏天，一百多万对海鸟聚集到这里繁殖后代，其中包括角嘴海雀(puffins)、三趾鸥(kittiwakes)、海燕(storm petrels)和长得像鸽子的海鸠(murres)。团队游的船只驶往这些岛屿，紧靠着峻峭悬崖下的海岸，让你满耳听着又满眼见着鸟的尖叫声。

最佳旅游季节是6月和7月，驼背鲸(humpback whale)和小须鲸(minke whale)加入海鸟捕食细鳞胡瓜鱼(一种鱼，capelin)的狂潮中。如果你真中了头奖，那么在夏初，外加可以看见冰山。

有从贝布尔斯到 Gull 岛 (Gull Island) 的游程（由大型旅游公司 O'Brien's 和 Gatherall's 组织），能看到最集中的海鸟。向南的游程是离开 Bauline East 周围，前往附近的 Great 岛 (Great Island)，那是最大的角嘴海雀群的家园。Bauline East 更靠近保护区，在途中花费的时间少些，但你可以体验与所有团队游类似的野外生活。

这片地区也可以划爱斯基摩划子，没人会感到惊讶。坐在爱斯基摩划子里，你看不见一头鲸，但你能感觉到它们的存在。

你不会错过旅游公司的——找一下 Rte 10 路对面的标志就可以了。有时候如果没有足够的游客，较小的公司就会取消旅行；最好打电话预订，避免意外。以下是我们推荐的旅行社，所有的旅行社都是从 5 月中旬经营到 9 月中旬。大部分旅游公司每天上午 9 点 30 分到下午 5 点，分几次组团出发。

Colbert's Seabird Tours 旅游公司（☎709-334-2098；Rte 10，Bauline East；1 小时团队游 成人 /5 ～ 12 岁 $25/15）乘坐 40 英尺长的船，航行 10 分钟，观看角嘴海雀和鲸。

Eco Tours 生态旅游公司（☎709-334-2722；Rte 10，Mobile；1个半小时团队游$55）船比较小，独自旅行者更多是乘坐Zodiac船。它在贝布尔斯和Bauline East间灵活停靠。

全搜（Gatherall's；☎800-419-4253；www.gatheralls.com；Northside Rd，Bay Bulls；1 个半小时团队游成人 /5 ～ 9 岁 /10 ～ 17 岁 $49/16/20.50）跟 O'Brien's 一样，一艘又新又大的快速双体船让你有足够的时间可以待在保护区。也是晕船游客更稳健更聪明的选择。

Molly Bawn Tours 旅游公司（☎709-334-2621；www.mollybawn.com；Rte 10，Mobile；1 小时团队游 成人 /5 ～ 12 岁 $25/20）乘坐 35 英尺的小船乘风破浪。

O'Brien's（☎709-753-4850，877-639-4253；www.obriensboattours.com；Bay Bulls 南边；2 小时团队游成人 /4 ～ 9 岁 /10 ～ 17 岁 $50/20/25）O'Brien's 是团队游的老字号，包括在又大又好的船上讲故事、听音乐等等。更贵但更让人兴奋的一个选择是高速的 Zodiac 2 小时游（$80）。3 小时的带导游划爱斯基摩划子游收费 $67，有从圣约翰斯来此的往返班车（$20）。

Terra Nova Adventures 旅游公司（☎709-579-4453，800-966-9658；www.theoutfitters.nf.ca；Bay Bulls；半天 / 全天 团队游 $59/109）受欢迎的半日爱斯基摩划子游，出发时间是上午 9 点 30 分和下午 2 点；全天游的出发时间是上午 9 点 30 分，出贝布尔斯内海到达生态保护区的一端。这里有来自圣约翰斯的班车接送服务（$20），从 Outfitter's（220 Water St）出发。

纽芬兰荒野探险（Wilderness Newfoundland Adventures；☎709-579-6353，888-747-6353；www.wildnfld.ca；Harbour Rd，Cape Broyle；2 个半小时 /4 小时团队 游 $59/79）在更南边的费里兰附近，这家公司为初学者和高级划桨手提供很不错的带导游团队游。

拉芒什省立公园 (La Manche Provincial Park)

在圣约翰斯南边仅 53 公里的这个郁郁葱葱的公园里，可以看见各种各样的鸟类以及海狸、驼鹿和雪鞋野兔 (snowshoe hare)。重点推荐一条 1.25 公里长的小路，可到拉芒什 (La Manche) 遗迹：1966 年被一场凶猛的冰风暴摧毁的小渔村。一到你就会看见新建成的美丽悬浮大桥，在海峡上摇摆——它是东海岸小路 (East Coast Trail) 的一部分。小路顶端在公园安全出口路 (fire-exit road) 上，经过主大门。

有极好的**扎营处**（☎709-685-1823；Rte 10；宿营地 $13，每辆车 $5；⏲5 月中到 9 月中），许多帐篷点可以俯瞰拉芒什池塘 (La Manche Pond)；后者很适合游泳。

费里兰(Ferryland)

费里兰是北美最东部的一个殖民地，1621 年，卡尔弗特 (Sir George Calvert) 在此建立了阿瓦朗殖民地 (Colony of Avalon)。在纽芬兰过了几个冬天以后，卡尔弗特迫不及待地逃到温暖一些的地区。他在马里兰 (Maryland) 落脚，最终成为一等伯爵巴的摩尔 (Lord Baltimore)。后来，有其他英格兰家族来到费里兰，维持殖民统治，尽管在 1673 和 1696 年，荷兰和法国曾分别把它夷为平地。

环绕着**阿瓦朗殖民地考古遗址**（Colony of Avalon Archaeological Site；☎709-432-3200；www.heritage.nf.ca/avalon；Rte 10；成人 /5 ～ 14 岁 / 家庭 $8/5/20；⏲6 月中到 9 月初 9am ～ 7pm，5 月中到 6 月中和 9 月初到 10 月中 10am ～ 5pm）的海滨地区更增添了其富饶的气氛，在这儿你将看到考古学家们在挖掘从斧头到碗的一切东西。**游客中心**（☎709-432-3207）里有讲解性的展览和许多发现的手工艺品。

这座城镇以前的法院所在地，如今是小小的**费里兰历史博物馆**（Historic Ferryland Museum；☎709-432-2711；Rte 10；成人 /12 岁以下 $2/1；⏲6 月中到 9 月初周一至周六 10am ～ 4:30pm，周日 1 ～ 4:30pm）。它告诉人们费里兰是如何幸存下来的，以及它在大陆殖民中扮演的角色。殖民者曾爬上博物馆背后高高的山丘，要么监视靠近的战船，要么逃避荷兰人和法国人的入侵。一览全景后，你会明白为什么殖民者将此山丘称为“凝望”(the Gaze) 了。

Downs Inn 旅店（☎709-432-2808，877-432-2808；acostello@nf.sympatico.ca；Rte 10；双带/不带浴室 $75/65；⏲5月中到11月中）曾经是个女修道院，有四个房间。含早餐，离哪里都很近。

了不起的 **Lighthouse Picnics 野餐餐馆**（☎709-363-7456；www.lighthousepicnics.ca；Rte 10；二人野餐 $40；⏲6 月到 9 月周二至周日 11:30am ~ 6pm）偶然发现了一个新的概念：它提供野餐毯子和套餐（也就是说，咖喱鸡肉三明治加从陶罐里舀出来的、由不同原料混合而成的绿色沙拉和柠檬水），旅行者可以一边坐在原野上俯看大海，一边大口地吃着套餐。它坐落在费里兰古老的灯塔上，你进入之后如同进入城镇。

阿瓦朗野生生物保护区 (Avalon Wilderness Reserve)

占据着阿瓦朗半岛这个地区主要区域的是 1070 平方公里的**阿瓦朗野生生物保护区**（Avalon Wilderness Reserve；☎709-635-4520；www.env.gov.nl.ca/parks/wer/r_aw/；需要免费进出证）。非法捕猎使这里的驯鹿在 20 世纪 80 年代只剩下 100 头左右了。还好，20 年后，成千上万头在这里散步。拉芒什省立公园 (La Manche Provincial Park；见上页）允许徒步游和划独木舟。

即便你没有艰苦跋涉进入荒野，也仍然会看见驯鹿在 Chance Cove 省立公园 (Chance Cove Provincial Park) 和 St Stevens 之间的 Rte 10 路上徜徉。对那些没有住在加拿大远北部、俄国或芬兰的人来说，撞见这样一头让人印象深刻的动物真是少有的体验。

米斯塔肯角生态保护区 (Mistaken Point Ecological Reserve)

这个**生态保护区**（☎709-438-1100；www.env.gov.nl.ca/parks/wer/r_mpe/）被联合国教科文组织暂时列为世界遗产遗址目的地，保护着一些有 57 500 万年历史的海洋多细胞生物化石——世界上最古老的化石。这个名字来自让人迷失方向的雾，它遮盖着这个地区，多年来已经造成许多船只迷失方向。从 Portugal 南湾 (Portugal Cove South，从 Rte 10 路下来，在此转弯）和雷斯角 (Cape Race) 之间崎岖不平的沙砾路，徒步走 45 分钟可以到达这个保护区了。是雷斯角的灯塔看守人收到了从泰坦尼克号 (*Titanic*) 传来的关键的最后信息。

Route 90路沿线

从圣文森茨 (St Vincent's) 到圣玛丽斯 (St Mary's) 的这片地区，有绝佳机会可以观鲸，特别是驼背鲸，它们游到离海岸很近的地方来吃东西。最佳观景点是**圣文森茨海滩** (St Vincent's beach)。这两个村庄之间是 **La Haye 角自然风景胜地** (Point La Haye Natural Scenic Attraction)，这是个有漂亮鹅卵石的海湾，一直伸向圣玛丽斯湾 (St Mary's Bay) 湾口——在那里走走，好得没的说。

Salmonier自然公园（Salmonier Nature Park；☎709-229-7189；www.env.gov.nl.ca/snp；Rte 90；免费入内；⏲6月到9月初10am～5pm，9月初到次年6月周一至周五至3pm）让受伤和失去母亲的小动物回归野生环境，在那里康复。一条多松树的2.5公里长的林间小路带你经过驼鹿、驯鹿和腾跃的水獭等本地动物群和自然屏障。有个**讲解中心**及吸引孩子的展览。这个公园在Rte 90路上，位于Rte 90路与Hwy 1公路交界口的南边12公里处。

康塞普申海湾(CONCEPTION BAY)

沿着康塞普申海湾 (Conception Bay) 秀美的西海岸，小渔村无穷无尽，离圣约翰斯只有 80 公里。灯塔包括布里格斯 (Brigus)，全是英式的，岩石墙，非常壮丽，结合北极的历史，还有库皮兹，1610 年的定居点，有一个需要探寻的考古点。

有关从省府拼车来此的信息，见 488 页。**地区旅游协会**（regional tourism association；☎709-596-3474；www.baccalieutourism.com）提供有关住宿和徒步小路的信息。

布里格斯(Brigus)

静静位于水上，四周被悬崖断壁围绕的是天堂般的村庄布里格斯 (Brigus，www.brigus.net)。石子围着的充满田园气息的小溪，缓缓地蜿蜒流淌，经过村里的旧楼和多彩的花园，最后流入平静的港口湾 (Harbour Pond)。"一战"期间，著名的美国画家洛克威尔·肯特 (Rockwell Kent，20 世纪最负盛名的美国版画家——译注）住在这里，直到 1915 年，由于行为古怪，他被怀疑是德国间谍而遭到驱逐。通往他以前所住村舍的一条小道是很不错的徒步路线。

罗伯特·巴特莱特 (Robert Bartlett) 船长是这个镇子最著名的居民，他是 20 世纪最早去北极探险的探险家之一。他去北极探险超过 20 次，其中一次在 1909 年，当时他清理出冰上的一条小路，使得美国探险队队长罗伯特·皮尔力 (Robert Peary，美国海军工程师，著名北极探险家——译注）得以完成冲入北极这一著名之举。巴特莱特的家**山楂农舍**（Hawthorne Cottage；☎709-528-4004；www.pc.gc.ca/hawthornecottage；Irishtown Rd 和 South St 拐角；成人/6 ~ 16 岁/家庭 $4/3.20/10；⏲7 月和 8 月 9am ~ 7pm，5 月中到 6 月和 9 月到 10 月中周三至周日至 5pm）是国家历史遗址和博物馆。

滨水地区，教堂下面，有**布里格斯隧道** (Brigus Tunnel)，1860 年，隧道建成穿过岩石，所以罗伯特·巴特莱特能很容易地穿过隧道到另一端，他的船就停在那一端的深海湾上。

7 月和 8 月，一个**巡回剧团**（walking theater；☎709-528-4817；⏲周日 2:30pm）用服装、舞蹈

和幽默故事再现布里格斯的历史——看一次 $5。不提前售票；从 South St 街的 Calico Stage 出发。

每个完美的村庄都要有一个完美的餐厅。**North St Café 餐馆**（☎709-528-1350；29 North St；便餐 $6～9；⏰5月到10月中 11am～6pm）有乳蛋饼(quiche)、炸鱼饼(fishcakes)、松饼和下午茶。布里格斯有几家 B&B 旅馆，但是你最好不要住在库皮兹路边的旅馆。

库皮兹(Cupids)

库皮兹是加拿大最古老的英国殖民地，1610 年英国人定居于此。你可以花 20 分钟游览**考古挖掘地**（archaeological dig site；☎709-528-1344；www.baccalieudigs.ca；Seaforest Dr；成人/5～12 岁 $3/1；⏰7月末到10月中 9am～4:45pm）。费用包括**库皮兹博物馆**（Cupids Museum；☎709-528-3500；⏰7月末到10月中 9am～4:45pm）的门票，它展示出土的手工艺品。

一座古老的圣公会教堂(Anglican church)已经被改建成宏伟的 **Cupid's Haven B&B 旅馆**（☎709-528-1555；www.cupidshaven.ca；169 Burnt Head Loop；房 $75～109）。每四个客房有一个私人浴室、拱形吊顶和哥特式的弓形窗户，光线直射进来。

格雷斯港(Harbour Grace)及其周边

过去500年里，一大群各式各样的历史人物检阅着格雷斯港。其中包括海盗Peter Easton以及飞行员阿梅莉亚·埃尔哈特(Amelia Earhart)。海关红砖大楼如今是小**康塞普申海湾博物馆**（Conception Bay Museum；☎709-596-5465；Water St；门票 $3；⏰6月中到9月初10am～5pm），你可以在这儿了解他们的故事。你还可以参观阿梅莉亚跑道，建于1932年——**格雷斯港机场**（Harbour Grace Airfield；☎709-596-5901；Earhart Rd）——那一年她成为单人飞越大西洋的首位女性。

很难错过那艘停靠在港湾入口的大船。它是 **SS Kyle 号**（建造于 1913 年），在 1967 年的一次风暴中失事。居民是如此喜欢它，以至于他们为之花钱重修，而没有移走。

格雷斯港北部最大的城市是卡伯尼尔(Carbonear)。但不幸的是，卡伯尼尔最有趣的地方是，它是离岸的遥远岛屿。风中的**卡伯尼尔岛**(Carbonear Island)有着骚乱的历史，充满了国际战争、私下争斗及船只失事。**Island Charter Tours公司**（☎709-596-4479，709-589-8574；www.islandchartertours.com；⏰5月到10月初）将带领四人以上的旅行团到岛上旅行；请打电话咨询价格和出发时间。

和阿瓦朗半岛北端悬崖相邻的是偏僻但让人心动的村庄**贝德弗德**(Bay de Verde)和**格雷蒂斯湾**(Grates Cove)。几百个有 500 多年历史的岩石屏障，排列在格雷蒂斯湾周围的山丘边，如今它们被宣布为国家历史遗址。再远处海上是不太容易到达的**巴卡略岛生态保护区**(Baccalieu Island Ecological Reserve)，它是(Leach's storm petrel)三百万对白腰叉尾海燕的主人，使其成为世界上最大的海燕栖息地。

特里尼蒂湾(TRINITY BAY)

浓密的森林、疏疏落落几个村庄，柔和的地形是特里尼蒂湾海岸的典型特征，使得阿瓦朗半岛的西岸比东岸感觉平静得多。

哈茨康坦特(Heart's Content)

电缆电报站省级历史遗址（Cable Station Provincial Historic Site；☎709-583-2160；Rte 80；成人/13 岁以下 $3/免费入内；⏰5月末到9月 10am～5:30pm）叙述了 1866 年在此铺设第一个永久性跨大西洋电报电缆的故事。“永久性”这个词很重要，因为第一条成功的电报电缆(1858 年在特里尼蒂湾和野牛湾 [Bull Arm] 成功连接）在维多利亚女皇和美国总统詹姆士·布坎南(James Buchanan)用他们的祝贺电报，为这条线路取名后，不久就失败了。

迪杜(Dildo)

哦，继续——一定要在标牌处拍照留念，再前进。没有人能确切地知道这个名字的由来；一些人说它来自阴茎状的海湾。

只是开玩笑，迪杜是个可爱的小村庄，它的海滨是观鲸的好地方。瘾君子（不是玩笑）鲸(Pothead whales)成群而来，而驼背鲸(humpback)也在夏天出没。**迪杜讲解中心**（Dildo Interpretation Centre；☎709-582-2687，709-596-1906；Front Rd；成人/儿童 $2/1；⏰7月到9月 10am～6pm）有一副鲸骨架，也有关于迪杜岛(Dildo Island)上正在进行的多塞特爱斯基摩遗迹(Dorset Eskimo)考古挖掘的展览。内部不是很令人满意，但中心外有迪杜船长和巨大的鱿鱼，可以提供很好的拍照机会。街对面的 **Kountry Kravins 'n' Krafts**（☎709-582-3888；⏰周一至周六 9am～9pm，周日 1～9pm）出售水果派和小玩具（包括许多“迪杜”标识信息——对于马上要回家的人们来说，这永远是一个不错的纪念品）。

两个修复完美的海边楼房组成了 **Inn by the Bay 旅店**（☎709-582-3170；www.innbythebaydildo.com；78 Front Rd；双人 $89～199；⏰5月到12月），是北阿瓦朗半岛最豪华的住处。在这家 B&B 旅馆内，雅致的 **Veranda Sunroom 餐厅**（主菜 $14～18）连带它的景色，在午餐时间向客人开放。

开普海滨(CAPE SHORE)

渡船、法国人的历史以及众多的鸟向北从阿瓦朗半岛的西南端飞去。Newhook's运输(Newhook's Transportation，见488页)将阿真舍和普拉森舍连接到圣约翰斯。

阿真舍(Argentia)

阿真舍的主要作用是迎接**海洋大西洋渡船**(Marine Atlantic ferry；☎800-341-7981；www.marine-atlantic.ca；成人/5～12岁$77/38.50，每辆车/摩托车$160/80)的到来，渡船连接着阿真舍和新斯科舍的北悉尼(North Sydney)航程14小时。从6月中经营到9月末，一周往返三次。从北悉尼发船的时间是周一上午7点30分、周三上午7点30分和周五下午3点30分。返回阿真舍的时间是周二中午12点30分、周四上午9点和周六上午8点30分。可提供船舱(四个床位$138)。车费不包含驾驶者的费用。

一个省级**游客中心**(☎709-227-5272；Rte 100)离渡口3公里，在Rte 100上。营业时间随渡运时间而变化。

普拉森舍(Placentia)

在19世纪早期，普拉森舍(Placentia，www.placentia.ca)——后来叫Plaisance——是纽芬兰的法国首都，法国以此地为基地，在圣约翰斯向英国进攻。城市附近，高高位于海岸上方的是**城堡山国家历史遗址**(Castle Hill National Historic Site；☎709-227-2401；www.pc.gc.ca/castlehill；成人/6～16岁$3.95/1.95；⏲5月中到10月中10am～6pm)，这里有17世纪和18世纪以来法国和英国的防御工事遗迹，在此，这座城镇和周围水域的全景尽收眼底。

英国国教教堂旁的**墓地**让人着迷，里面埋葬着自17世纪70年代以来到此安居的各个国家的人民。**O'Reilly之家博物馆**(O'Reilly House Museum；☎709-227-5568；48 Orcan Dr；门票$2；⏲6月中到8月周日至周五10am～8pm，周六至5pm)在一幢已有一个世纪历史的维多利亚住宅内，让你更看清这城市的内里及它过去的繁华。还可漫步于其他著名建筑，包括**罗马天主教堂**(Roman Catholic church)和**石建筑女修道院**。一条木板路延伸向海滩。

早餐是这家拥有五个房间的**Rosedale Manor B&B旅馆**(☎709-227-3613；www.rosedale manor.ca；40 Orcan Dr；房 带/不带卫生间 $99/79；wi-fi)的亮点，由糕点主厨用有机鸡蛋和谷物烹制早餐。距离阿真舍渡口驱车10分钟的路程。

圣玛丽斯角生态保护区及其周边(Cape St Mary's Ecological Reserve & Around)

在阿瓦朗半岛的东南顶端是**圣玛丽斯角生态保护区**(Cape St Mary's Ecological Reserve)，是这个大陆最容易到达的鸟类聚居区之一。猎鸟者对此感到狂喜不已，即使那些对鸟并不痴迷的人也会对此留下深刻的印象。拜访**讲解中心**(☎709-277-1666；www.env.gov.nl.ca/parks/wer/r_csme/；免费入内；⏲5月中到10月中9am～5pm)，拿这条小路到Bird Rock的地图。它是一条平缓的小路，穿过有羊群和蓝色鸢尾花的田野，然后突然——哇噢！——你走到了悬崖边上，面对着一块巨大的、近乎垂直的岩石，这里云集了许多咕咕叫的鸟，数量高达7万只。包括塘鹅、三趾鸥(kittiwakes)、海鸠(murres)和海雀(razorbills)。预订是单独的，所以你不得不在旅行途中自己安排住宿。

我们的选择 **The Cliffhouse旅馆**(☎709-338-2055；www.thecliffhouse.ca；Rte 100；房$90)距离Branch小镇22公里，强烈推荐你到这家旅馆。它高高地坐落在小山上，你可以欣赏大海的美景和从各处来的喷水鲸；前院有Adirondack椅子、走廊、大型落地窗和全部三间客房。它属于一个当地家庭所有——克里斯(Chris)是一位在保护区工作的自然主义者，妻子Priscilla是这座城市的市长，还有老太太Rita烹制早餐。

保护区岔道附近有**Gannet's Nest Restaurant餐馆**(☎709-227-4997；Rte 100；主菜$8～15；⏲8am～9pm)，它提供这个省最脆的炸鱼和薯条，烘烤味道还不错的大黄(rhubarb)馅饼。

东纽芬兰 (EASTERN NEWFOUNDLAND)

两个半岛笨拙地伸向海面，形成了狭长的地形，这就是东纽芬兰。博纳维斯塔半岛(Bonavista Peninsula)朝向北方，深受游客的喜欢。历史悠久的渔村散落在岸边，还有海风吹拂的步行小径沿着海岸延伸。**发现小路旅游学会**(Discovery Trail Tourism Association；☎709-466-3845；www.thediscoverytrail.org/english/hikediscovery)将该地区的步行指南和地图结合一起，几条小路不到5公里，最长的有17公里。

因为Clarenville是博纳维斯塔半岛的入口和服务中心，所以这里除了**游客中心**(☎709-466-3100；www.fallfordiscovery.com；379 Hwy 1；6月到8月8am～8pm，5月中到5月末和9月9am～6pm)外，就没什么别的了。

南边突出的是广袤但旅行者稀少的比林半岛(Burin Peninsula)，另一个渔村集中的区域。这些城镇正在大力探寻后鳕鱼时代中，他们如何生存。开往法国的轮渡——对，是法国，到处都是酒、艾克力泡芙(éclairs)和布里(brie)干酪——从

当地人的声音

普里西拉·科卡伦·穆尼 (Priscilla Corcoran Mooney)，**Branch** 镇长和社会工作者

现在纽芬兰面临的最大问题是什么？人口流失[见498页框内文字]。现在有许多人都外出去西部工作。我们需要将重点放在如何留住年轻人而不让他们离开，并参与乡村发展模式的变革。对于有些人来说，离开就是成功；人们带着他们的孩子离开。但需要劝告人们，如果他们想回家，他们可以而且一定会拥有幸福的生活。在纽芬兰一年收入虽然只有$50 000，你却可以拥有相当于艾伯塔省$150 000标准的生活。

作为Branch的镇长，你认为最好的是什么？面临使这个社区生存下去的挑战。Branch现在有301人。我们的目标是在15年内增加到500人。虽然有些雄心勃勃，不久前一位文职公务员对我说，"15年后，Branch将依旧是一个小社区，没有人会一辈子生活在那里"。这督促我继续努力。

人们在这里做什么样的工作？许多人开始做些小生意。先从旅游业开始着手。人们开设B&B旅馆，一位女士在这里开了一家美容院，还有一家养狗场。

你对旅行者有什么建议？很多人来到纽芬兰而且正要去格罗莫讷(Gros Morne)、特拉诺瓦(Terra Nova)等地，但你最好在公路旁下车，深入小社区。

Fortune出发，前往附近的法属岛屿圣皮埃尔(St-Pierre)和密克隆(Miquelon，见497页)。

特里尼蒂(TRINITY)

让我们纠正记录吧：特里尼蒂是博纳维斯塔最受欢迎的停靠站，一座历史悠久的城镇，有弯弯曲曲的海边小巷、像小说中描绘的充满历史感的房屋和花园，以及白色的尖木桩栅栏。**Trinity Bight**是附近12个社区的总称，包括特里尼蒂、雷斯特港(Port Rexton)和新博纳维斯塔(New Bonaventure)。

虽然特里尼蒂就像是可爱的电影场景，但是一些旅行者抱怨它的完美有些乏味，如果你喜欢把历史性建筑和剧院作为游览重点——也许你正渴望作一次知识普及性的赏鲸旅行——这儿就一定是你想要的。它是一座小城(人口250)，很容易走完。

16世纪，葡萄牙探险家Corte-Real第一个来到这里，1580年特里尼蒂建成，它是北美大陆最古老的居民点。

实用信息

邮局(☎709-464-2240；1 Garland Rd)

RBC皇家银行(RBC Royal Bank；☎709-464-2260；Rte 230；⏲周一至周四10:30am～2pm，周五至5pm)没有ATM机。

特里尼蒂医疗诊所(Trinity Medical Clinic；☎709-464-3721)在城外路上。

景点和活动

历史遗址爱好者可以饱览分布在村庄周围的建筑。六处主要景点有**联票**(成人/12岁以下$7.50/免费)。

特里尼蒂历史协会(Trinity Historical Society；☎709-464-3599；⏲6月中到9月中10am～5:30pm)有这几个景点中的三个。重修一新的建筑**Lester Garland之家**(Lester Garland House；West St)是为了庆祝特里尼蒂与英国多塞特(Dorset)之间的文化联系——17世纪、18世纪和19世纪，它们是主要的贸易伙伴。**特里尼蒂博物馆**(Trinity Museum；Church Rd)里有2000多件展品，包括北美第二古老的火枪。**Green Family Forge**(Church Rd)是铸造铁制工具的铁匠博物馆。

省政府经营着其他三座**遗址**(☎709-464-2042；⏲6月中到10月中10am～5:30pm)上进行其他的三重奏，它包括身着盛装的讲解员。**Lester Garland货栈**(Lester Garland Premises；West St)展现了19世纪20年代的百货商店；**讲解中心**(West St)讲述了特里尼蒂的综合历史；而**Hiscock House**(Church Rd)是一幢重新整修的1910年的商人住宅。

更远一点的是**尖岬堡**(Fort Point)，在那里你可以看见4门大炮，那是1745年英国防御工事的遗留。水里还有十多门英国大炮，都是1762年法国的"赠礼"。

Skerwink Trail小路(5公里)是神话般(但有些泥泞不堪)的一条环路，沿途有完美画意的海岸美景。从东特里尼蒂(Trinity East)的教堂可以到达，对着Rte 230路。

团队游

大西洋探险(Atlantic Adventures；☎709-464-2133；www.atlanticadventures.com；Dock Lane；2个半小时游程 成人/儿童$45/22.50；⏲6月到8月10am和2pm)在一艘大

帆船上组织观鲸游，每天从 Dock Restaurant 饭店后面的码头出发。

海洋连线（Ocean Contact；☎709-464-3269；www.oceancontact.com；Village Inn 旅馆，Taverner's Path；3 小时游程 成人/13 岁以下/13～15 岁 $70/45/55；⏲6 月中到 9 月中）由著名的科学家 Peter Beamish 博士所有。提供美好的赏鲸之旅，乘坐 Zodiac 船只，白天通常安排四次旅行。Beamish 自己常常带领远足，乘客们可以看到他利用"基于通信基础的节奏"和鲸交流。要 Beamish 做你的向导，一定要提出来（注意，即使他没空，也可以特别推荐的团队游）。骑车时，每个人都穿上橘黄色的工作服保暖。还提供咖啡和饼干。

特里尼蒂海上爱斯基摩划子游（Trinity Sea Kayaking；☎709-464-7265；www.trinityseakayaking.com；High St；⏲6 月中到 9 月初）上午 10 点和下午 2 点提供半天的旅游（$45），晚上 7 点有短暂的日落旅行（$25）。欢迎初学者。公司办公室位于 High St 街；从码头餐馆（Dock Restaurant）后面的码头出发。

特里尼蒂徒步游（Trinity Walking Tours；☎709-464-3723；Clinch's Lane；成人/儿童 $8/免费；⏲6月到8月 周一至周六10am）这些既愉快又有所得的游程的出发点在Hiscock之家（Hiscock House）后面。

食宿

好旅馆和 B&B 旅店非常多。夏天房源紧张，所以早点预订。几家小吃店和食品商店是获得三明治和干酪盘（$5～8）的好地方，你可以在 Lester Garland Premises 附近找到野餐桌。

Village Inn旅馆（☎709-464-3269；www.oceancontact.com；Taverner's Path；房 含早餐 $80～120）有点像外婆家的房子—— 这10间客房有些褪色，但大而明亮，家具古香古色，地板饱经风霜。餐厅(主菜 $9～16；提供早餐、午餐和晚餐)也向非住客开放(9am以后)，制作传统佳肴及蔓虎刺浆果派(partridgeberry pie)，也有素食主义者菜式。

Eriksen Premises旅馆（☎709-464-3698，877-464-3698；www.trinityexperience.com；West St；房 含早餐 $90～120；⏲5月到10月）这个维多利亚房子有优雅的住处和餐厅(主菜 $13至$22；提供午餐和晚餐)。还可以预订附近的两家B&B旅馆：Kelly's Landing(四个房间)和Bishop White Manor(九个房间)。

Artisan Inn & Campbell House B&B 旅馆（☎709-464-3377，877-464-7700；www.artisaninntrinity.com；High St；房 $110～115，公寓 $135～230；⏲5 月到 10 月）彼此毗邻，由同一机构管理，这些地方装饰得很绚丽。有三间客房的 B&B 旅馆悬浮在海面上；鲜花和海景围绕着它。这家旅馆的 Twine Loft 餐馆提供当地风味的多道菜、客饭（$29）；核对一下菜单与前面贴出来是否一致，它每天都有变化。

Dock Restaurant饭店（☎709-464-2133；Dock Lane；主菜 $8～16；⏲5月到10月9am～9pm）风景如画，紧挨着码头，有很棒的杂烩和海鲜，而且供应Moo Moo冰淇淋(源自圣约翰斯很受欢迎的同名店)。

娱乐

周三晚上 10 点，在**洛基广场休息室**（Rocky's Place Lounge；☎709-464-3400；High St）有小提琴演奏。在那儿学点儿传统舞蹈，或放松一下，观看表演（门票 $5）。

Lester Garland 货栈（Lester Garland Premises）旁边是著名的**涨潮剧院**（Rising Tide Theatre；☎888-464-3377；www.risingtidetheatre.com；Water St；票价 $20；⏲6 月中到 9 月初 周二至周日），有**"海湾季节"**（Seasons in the Bight）戏剧节和**特里尼蒂露天表演**（Trinity Pageant；成人/15 岁以下 $13.50/免费；⏲周三、周六和周日 2pm），上演非常有趣的关于特里尼蒂历史的户外剧。

到达和四处走走

特里尼蒂离圣约翰斯 259 公里，经 Hwy 1 公路对面的 Rte 230 路可到。**Shirran's Taxi 出租车公司**（☎709-468-7741；车费 $35）每天从圣约翰斯发车。

博纳维斯塔(BONAVISTA)

"O buona vista!"（噢，让人快乐的景色！），这是 1497 年 6 月 24 日卡伯特（John Cabot）一看到"新世界"（New World）时立即脱口而出的话。就像故事里说的那样。根据所有记述，这个漂亮的地方（人口 4000）是卡伯特踏上美洲的第一站。今天，博纳维斯塔海岸线，以它的灯塔、角嘴海雀和裂口，继续吸引旅行者的兴趣。

实用信息

博纳维斯塔公共健康中心（Bonavista Community Health Centre；☎709-468-7881；Hospital Rd）

邮局（☎866-607-6301；28 Church St）

苏格兰银行（☎709-468-1070；1 Church St）

景点和活动

博纳维斯塔角灯塔（Cape Bonavista Lighthouse；☎709-468-7444；Rte 230；成人/13 岁以下 $3/免费；⏲6 月中到 10 月 10am～5:30pm）是一座耀眼的红白相间的灯塔。它建于 1843 年。灯塔内部恢复了 19 世纪 70 年代的风貌，如今是省级历史遗址。**海**

雀聚居区(puffin colony) 就在海边；太阳落山时它们真是壮观一景。

在 **Dungeon 公园**(Dungeon Park；Cape Shore Rd, Rte 230 附近；免费入内)里，你可以站立在海滩上，倾听回潮时岩石间雷鸣般的潮声，凝望这片波涌的大海边的浪蚀岩柱。在这里能最明显地看到海浪的力量，它是个深坑，周长 250 米，由两个坍塌的海蚀洞构成。

Ryan货栈国家历史遗址(Ryan Premises National Historic Site；☎709-468-1600；www.pc.gc.ca/ryanpremises；Ryans Hill Rd；成人/6～16岁 $3.95/1.95；⌚5月中到10月末10am～6pm)是重新整修的19世纪腌鱼业综合大楼。通过多媒体展览和讲解课程，这座回旋的白色墙板建筑物唤起人们对已有5个世纪之久的纽芬兰商业渔业的尊敬。

按卡伯特抵达博纳维斯塔的原船尺寸复制的船只让人印象深刻，它在 **Ye Matthew 遗址**(Ye Matthew Legacy；☎709-468-1493；www.matthewlegacy.com；Roper St；成人/6～16岁/全家 $6.50/2.25/15.75；⌚5月中到9月 10am～6pm，周五至 9pm)内。讲解中心深入讲解了这艘令人惊异的船只及其航程的具体信息。

食宿

这个城镇的网站 (www.bonavista.net) 提供更多的住宿选择，尽可能细致地描述了就餐场景。

White's B&B旅馆(☎709-468-7018；www.bbcanada.com/3821.htm；21 Windlass Dr；房 $55～60；💻)有三个房间可以选择，所有这些房间，要么有专用浴室，要么是套房。出租自行车和烧烤工具，还能欣赏大海的景色。

Harbourview B&B旅馆(☎709-468-2572；21 Ryans Hill Rd；房带公共卫生间 $60；⌚5月到10月)这个B&B旅馆名副其实；你可以在这个简易旅馆的四个房间中享受美好的景色。

Cabot's Loft B&B旅馆(☎709-468-1855；www.cabotsloft.net；19 Ryans Hill Rd；房 $105～135)属于当地的警察局所有，提供两间舒适的客房，拥有许多带扶手的房间、硬木地板，是的，还可以欣赏美丽的海景。同时，这里有全套的厨房和洗衣设施的自助系统。

Marsh's Snack Bar(☎709-468-2639；Rte 230；小吃 $5～9；⌚10am～午夜)位于灯塔附近，它提供炸鱼和薯条以及其他的小吃。

到达和四处走走

从特里尼蒂走 Rte 230 路，开车 50 公里可以到达博纳维斯塔，一路风景优美。**Shirran's**(☎709-468-7741；车费 $40)。每天从圣约翰斯出发。

比林半岛(BURIN PENINSULA)

比林半岛给人的感觉并不是特别活跃，衰退的渔业经济造成这一切。然而，海边漫步让人感到振奋，这个地区很低调，在享用法国长棍面包(见 497 页)之前，在此停留一两天。

方位和实用信息

尽管玛丽斯敦 (Marystown) 是比林半岛最大的城市，但除了**游客中心**(☎709-279-1887；www.theheritagerun.com；Rte 210；⌚6月中到9月初 9am～9pm，9月初到次年6月中周一至周五至 4:30 pm)外，它就没什么别的了。

比林是这个半岛最有吸引力的城市，有一条美丽的微微高起的木板路，横跨它多岩海岸线上的水域。圣劳伦斯 (St Lawrence) 因荧石矿、风景秀丽的沿海小路而出名。在格兰班克城 (Grand Bank)，有一条有趣的自助游小路，穿越历史悠久的建筑和滨海地区。在 Fortune 南边，是去圣皮埃尔 (St-Pierre) 的出发点。

景点和活动

巨大的帆船状的建筑伸向空中，那就是**省海员博物馆**(Provincial Seamen's Museum；☎709-832-1484；Marine Dr，Grand Bank；成人/儿童 $2.50/免费；⌚5月到10月中9am～5pm)。它值得一游。既描绘了纵帆船时期，也展现了这些年来渔业的变化。孩子们会喜欢航船模型。

比林遗产博物馆(Burin Heritage Museum；☎709-891-2217；Seaview Dr，Burin；免费入内；⌚5月到8月 8:30am～5pm，9月和10月 8:30am～5pm)在两个历史悠久的房间里展览了遥远沿海渔村生活的高潮与低潮。

离 Fortune 4 公里是 **Fortune Head 生态保护区**(Fortune Head Ecological Reserve；Rte 220 附近；免费入内；⌚24 小时)保护了地球最重要的进化时期的化石，当时地球上的生命从简单有机体进化成了复杂的生物。它大约发生在 55 000 万年前，即前寒武纪和寒武纪时代过渡时期。上午 8 点至下午 4 点现场有导游解说，他们会更完整更详细地讲解。在圣皮埃尔 (St-Pierre) 附近的城镇有一个**讲解中心**(interpretive center；☎709-832-2810；成人/2～12岁 $5/3；⌚周四至周二 7am～8pm，周三至 9pm)，向人们说明化石的坚硬。

因为半岛的海岸线变化多端，所以它提供了很好的**徒步游**。向比林遗产博物馆 (Burin Heritage Museum) 咨询一下如何找到去**库克望台**(Cook's Lookout) 的小道起点。从城里去要走上 20 分钟，到那里可以看见城市全景。在圣劳伦斯，对着 Pollux Cres，崎岖不平、令人气喘吁吁的**海角小路**(Cape Trail，4 公里)和**船舱小路**(Chamber Cove

值得一游：地窖镇

埃利斯顿(Elliston)位于波纳维斯塔(Bonavista)以南6公里，在Rte 238路，素有"世界地窖之都"的美称。很显然，这座城镇的营销负责人的工作非常成功。如果你正在寻找贮藏马铃薯或欧洲防风草的地方，地窖是非常适合的，对于旅行者来说，它们不会让你感到冷得发抖。真正引起人们注意的是**角嘴海雀岛**(Puffin Island)，就在近海区域，这里云集了上千只有着丰满的脸颊和橙色鸟嘴的角嘴海雀。一条快捷而轻松的小路带你来到悬崖边，使你安静地近距离地观察海鸟，这里还拥有鲸和冰山的景色。在游客中心停下来，即可进入埃利斯顿（有明显的标记，你不会错过），友好的人们会为你指路。

Rte 238路附近还有一个地方叫**马伯利**(Maberly)，从这里走17公里绚丽的海岸徒步旅行线路，可以到达Little Catalina(发现小路[Discovery Trail]的一部分；见493页)。

Trail，4公里）尾随着悬崖的边缘，一路上，往下看去是岩石叠嶂海岸那令人惊异的景色以及一些著名的"二战"船只残骸。另一条不错（也更轻松）的小路是**海上徒步**(Marine Hike，7公里)，它沿着格兰班克(Grand Bank)附近的Admiral's海滩(Admiral's Beach)而前进。从Rte 220路对面的Christian's Rd路开始出发。

食宿

就餐和住宿的选择比较少。对于那些前往圣皮埃尔的人们，大浅滩(Grand Bank)和Fortune是最好的基地（大浅滩更好，但比较远，距离渡船码头8公里）。

Sound of the Sea B&B旅馆（☎709-891-2115，866-891-2115；www.soundofthesea.com；16A Seaview Dr，Burin；房$65~70）这个古老的商人之家可以远眺港湾景色，而且，离城里的美丽木板路就几步路。有沙发床的阁楼一家人住最好了。

Fortune Inn B&B旅馆（☎709-832-1774，888-275-1098；89 Bayview St，Fortune；单/双 带公共卫生间 $71/79；🕑5月到10月）古玩、shmantique——谁需要它们？在这幢前身为公寓的建筑里共有九间客房，以廉价的材料装饰(油毡地板、单调的颜色)，但它们还算整洁，功能完备，最重要的是，离圣皮埃尔仅750米。

Inn by the Sea B&B旅馆（☎709-832-0202，888-932-0202；www.theinnbythesea.com；22 Blackburn Rd，Grand Bank；单/双 $79/89；🕑6月到10月中；💻）四个房间中的每一个都有宽大的床、私人卫生间，以及便携式计算机接口。

Sharon's Nook & the Tea Room茶室（☎709-832-0618；Water St，Grand Bank；正餐 $5~9；🕑周一至周六7am~10pm，周日11am~7:30pm）这个乡村风味的餐厅有浇肉末番茄汁的烤宽面条(lasagna)、墨西哥辣味牛肉末、三明治以及好吃极了的干酪蛋糕(cheesecake)。

到达和四处走走

经由Hwy 1公路对面的Rte 210路可以到达比林半岛(Burin Peninsula)。从圣约翰斯开车到格兰班克(Grand Bank)是359公里，只要4个多小时。**福迪出租**（Foote's Taxi；☎709-832-0491，800-866-1181）从圣约翰斯到半岛和到Fortune($40，5小时)一样远。

圣皮埃尔和密克隆 (ST-PIERRE & MIQUELON)

离比林半岛(Burin Peninsula)25公里的离岸地区，飘扬着小幅的法国三色旗。圣皮埃尔与密克隆不只是像法国，拥有贝雷帽、法国面包和波尔多葡萄酒，而且它们**就是**法国的，由三色旗的国家统治和提供财政支持。

这里的居民把他们的国籍很当回事——一些人甚至觉得在新世界(New World)维护法国的立足地是他们的责任。当地人互亲脸颊道好，用欧元付账，香甜的气味从每个角落的馅饼店中传出。法国汽车——标致(Peugeot)、雷诺(Renault)和雪铁龙(Citroen)——拥挤在这条狭窄的单行道上。它是令人眼前一亮的世界，远离纽芬兰附近的渔业社区。

圣皮埃尔是人口比较多而且发达的岛屿，5600位居民中大部分都住在圣皮埃尔镇里。密克隆岛地理面积比较大，但岛上只有700位居民。

雾气笼罩的群岛拥有金丝雀的黄色、石灰以及淡紫色房屋一样绚丽多彩的20世纪历史（见499页框内文字）。回溯更早的历史，在它们被葡萄牙人于1520年发现后，雅克·卡蒂埃(Jacques Cartier，法国探险和航海家，他在1534年至1542年，曾三次乘船横渡大西洋，完成北美之游——译注）于1536年宣布这些岛屿为法国所有。1763年，七年战争(Seven Years' War)的最后一年，这些岛屿被移交给不列颠，1816年又

热点话题：禁止捕鱼

几百年来，在纽芬兰水域——尤其是格兰班克(Grand Banks)的南部和东部地区——你可以将水桶放下去，然后提起来，桶里会装满肥美而光滑的鳕鱼，这个地方因此而闻名。直到1992年，这种情况发生了改变。近些年来，鱼类资源一直在减少，所以政府决定采取行动。通过一纸文书，它规定在该省沿海320公里范围海域捕捞鳕鱼是非法的。2万名渔民和工厂工人一夜间失去了工作。

人们设想这是一个暂时性的措施，但期待中的重新捕捞鳕鱼不再可能。十多年以后，科学家警告说，鳕鱼资源还是严重短缺，可能需要几十年的时间才能恢复。渔民认为尽管这可能是事实，但他们受到了不公平的处罚。就在320公里禁止捕鱼区，他们辩称，其他国家来的大型拖捞船还在继续捕捞鳕鱼，这就是鳕鱼种群的数量越来越少的原因。

无论这项活动的中止是对还是错，对当地人生活方式的影响都是令人惊愕的。那些世代以捕捞为生的家庭不得不慌乱地寻找新的生计。许多人最终离开了这个省去找工作，形成了称之为"人口流失"的趋势。1992年以来，这些地区的人口下降超过了20%。

艾伯塔的Fort McMurray港口发挥着它最大的潜力，在这里人们可以从油砂业得到季节性的工作。尽管收入丰厚，生活方式出现了一系列新问题：家庭不和，毒品泛滥，钱来得容易去得也快。

纽芬兰在努力应对这些变化。一些社区已将他们的渔船和工厂改为捕捞、加工螃蟹和虾，用以代替鳕鱼。同时，该省还在圣约翰斯沿海开发自己的石油工业。最后，许多社区通过转为从事旅游业来创造就业机会，旅游业在鳕鱼捕捞活动中止之前是几乎不存在的。

还给法国。法国人自从那时便一直留在这里。

实用信息

因为法语被广泛使用，所以这里大部分人说双语。所有旅行者（包括加拿大、美国和欧盟居民）都需要持护照进入；逗留时间超过30天还需要续签。其他国家的人要和他们的大使馆确认来之前是否需要签证。

注意岛上时间比纽芬兰时间早半个小时。给岛上打电话是国际长途，这意味着你必须在当地号码之前加拨☎011。岛上唯一能用的电话卡是在岛上买的卡。你也需要一个超过220伏的圆插头电源适配器。

商人很高兴接受加元硬币，当找零钱时他们会给你欧元。如果你待上一阵，很可能更容易从当地的自动取款机里得到欧元。东西都用欧元(€)标价，通常都比纽芬兰贵多了。这里禁酒，而且当天结束旅程的旅行者要注意：你不能带着酒返回加拿大，除非你纳了税。要免税的话，你必须在这个岛上停留至少48小时。

所有商店和机构在中午12点和下午1点30分之间关门。而且一些商店周六下午也关门，大部分周日不营业。

游客中心（Visitors Centre；☎离岛508-410-200；www.st-pierre-et-miquelon.com；Pl du Général de Gaulle；⏲6月到9月7:30am～6pm，10月到次年5月周一至周五8:30am～正午和1～5pm）在码头附近，提供很棒的圣皮埃尔城地图，上面有所有的银行、餐馆等信息。工作人员还可以提供旅游信息和预订，这是游览群岛的最佳方式。还可以看到许多步行道。

景点和活动

在圣皮埃尔，最棒的就是四处走走，融入城市——就是那种还没有吃饭的感觉。冲进商店，挑选几件通常你都得越洋才能买到的东西。尽管对几十种巧克力泡芙(chocolate éclair)、牛角面包和西点面包经过一番仔细考察，但还是不能说出哪家面点店是明显最好的。你必须自己品尝。

甜馅饼不能不吃，但也要留足够时间去神奇的**Île aux Marins**（3小时游程成人/儿童€16/12；⏲5月到9月9am和2pm），港口一个美丽自在的村庄。在这座海岛博物馆，能说双语的导游会带你游览多彩的房屋、一个校舍博物馆和大教堂(1874年)。在游客中心预订团队游。

Hotel/Motel Robert（☎508-412-419；免费入内；10 Rue du 11 Novembre）有一个小的门厅博物馆，收藏着酒类走私工艺品，包括卡彭的草帽。**带有地上陵庙的墓地**（Ave Commandant Roger Birot）挺有趣，可以转一转。

密克隆(Miquelon)离圣皮埃尔45公里，游客不那么多，发展也没那么好。**密克隆**村聚集在教堂周围，位于岛屿的北端。从附近的**l'Étang de Mirande**开始，一条徒步小路引向望台和瀑布。而从城里的大桥处，有条风景如画的25公里长的道路，穿过地峡来到荒凉无人居住的**朗格**

拉德岛(Langlade)。那里有野生马群和小些的动物，比如野兔；围绕着岩石海岸和礁湖可以看见海豹和海鸟。在游客中心需要再次对旅客进行检查；有关这两个岛的全天旅行套餐价格大约是€ 50。

节日和重大活动

从7月中到8月末，圣皮埃尔广场常常有民族舞表演。

法国国庆日巴士底日（Bastille Day；⏲7月14日）是一年最大的节日。

巴斯克节（Basque Festival；⏲8月中）为期一周，有音乐活动、队列行进和鼓舞人心的街上娱乐。

食宿

在圣皮埃尔和密克隆有十几家住处。旅馆(Hotels)实际上要比旅店(inns [auberges])贵。夏天要预订。不出意料，好餐厅很多——享受其中吧。

Chez Hélène B&B旅馆（☎508-413-108；15 Rue Beaussant，St-Pierre；房 带公共卫生间 €45起）住这里是最聪明的选择，这儿离所有景点都很近，房间俯瞰着港口。6号房间有个小阳台，一切尽收眼底。

Auberge Quatre Temps B&B旅馆（☎508-414-301；www.quatretemps.com；14 Rue Dutemple，St-Pierre；单/双 €50/59；💻wi-fi）让我们从这里的酒吧开始说吧，它全天营业。这里还有自行车出租、餐馆和美丽的阳台。尽管从渡船码头行走15分钟路上才有免费乘坐的汽车，但还是值得的。

Maxotel旅馆（☎508-416-457；maxhotelmiq@cheznoo.net；42 Rue Sourdeval，Miquelon；公寓 €60起）可以住四个人的简单公寓有厨房，在海边。从码头到这里10分钟。

Hotel île de France旅馆（☎508-410-350；www.hotelildefrance.net；6 Rue Maître Georges Lefèvre，St-Pierre；单/双 含早餐 €80/88～96）这家地理位置优越的旅馆里满是宽敞简朴的房间。它也有一个不错的雅致华美的餐馆(主菜€8～17；营业时间为正午～2pm和7～10:30pm)，提供传统的法国美食、葡萄酒和比萨饼。特价午餐(€11)经济实惠。

Le Maringouin' fre餐馆（☎508-413-679；22 Rue du Général Leclerc，St-Pierre；正餐€5～8；⏲周二至周日 11am～10:15pm）想吃顿便宜的，或很不错的可丽饼(crepes)，这里最不错了。

Le Feu de Braise餐馆（☎508-419-160；14 Rue Albert Briand，St-Pierre；主菜 €8～18；⏲正午～2pm和6:30～11pm）这家没有过多装饰的餐馆供应法国和意大利风味的食品。特色食品包括薄脆皮比萨饼和自制的意大利面食。

到达和离开

飞机

圣皮埃尔航空公司（Air Saint-Pierre；☎508-410-000，877-277-7765；www.airsaintpierre.com）有飞往圣约翰斯($144)、蒙特利尔($544)和哈利法克斯($271)的航班。每个地方都是一周2班到3班。

轮船

从纽芬兰岛上的Fortune出发，**圣皮埃尔游**(St-Pierre Tours；☎709-832-0429，800-563-2006；www.spmexpress.net；5 Bayview St，Fortune）有两班轮船到圣皮埃尔。7月到9月，MV Atlantic Jet号（成人/2～11岁儿童 往返 $93.50/46.75，1小时）每天下午2点45分发船。而从圣皮埃尔返回的船下午1点30分出发。小一些的MV Arethusa号（成人/2～11岁儿童往返 $93.50/46.75，1个半小时）在周一至周六有航班，上午7点30分Fortune出发，下午2点45分从圣皮埃尔返回，你能一日环游。4月末至6月以及9月至10月中旬，渡船还将缩短营业的时间；请打电话询问时间安排。小船只运送步行者，可将车停在渡口附近的停车场（每天 $6)。

圣皮埃尔嗜酒幕后故事

20世纪20年代禁酒令后，美国人的酒桶耗尽，阿尔·卡彭(Al Capone)决定解决他对酒的燃眉之急——以及这个国家的——在圣皮埃尔开设了商店。

他和他的同伴们将这座沉睡的捕鱼港变成迅速发展的港口，满是仓库，都是进口酒。酒瓶从柳条箱里取出，放在小一些的背包中，然后被酒类走私贩(rumrunners)秘密带到美国海岸码头上，成堆的顺风威士忌(Cutty Sark)板箱码得那么高，聪明的当地人用这些木头来建造房屋，或者烧火给房屋取暖。至少有一间屋子留了下来，被叫做“顺风威士忌小屋”；大多数旅行团都会来到这儿。

圣皮埃尔仍然在进口足以使得每一个人都喝醉的酒，而这里每一个市民总有几次酩酊大醉的经历。对纽芬兰内陆人来说，本地成为一个便宜的酒精出产地仍然是个传奇，包括A型粮食酒精，据说它可以清洁引擎或者可以与水混合，从而创造出当地产的moonshine(非法蒸馏出来的威士忌)。可想而知，它在加拿大是非法的。

四处走走

MV Atlantic Jet 号周二、周四、周五和周日有从圣皮埃尔到密克隆（成人／儿童往返€22/12，1小时）的轮船。每天，其他渡运有到朗格拉德(Langlade，成人／儿童往返€15/7.50) 和 Île aux Marins(成人／儿童往返€3/2.30) 的定期往返船运。

Locamat Testeur（☎508-413-030；10 Rue Richerie）出租自行车(每半天/全天€10/13.50)和小轮摩托车(€24/34)。

中纽芬兰 (CENTRAL NEWFOUNDLAND)

与该省其他地区相比，中纽芬兰每平方公里的旅行者访问率比较低——这个地区绝大多数地方完全是沼泽地和森林。圣母湾 (Notre Dame Bay) 的岛屿，特别是特威林盖特 (Twillingate)，当冰山滑行时，呈现一派奇特景观。

特拉诺瓦国家公园 (TERRA NOVA NATIONAL PARK)

特拉诺瓦国家公园（☎709-533-2801；www.pc.gc.ca/terranova；Hwy 1；成人/6～16岁/家庭 每日 $5.45/2.70/13.60）背靠着湖泊、沼泽和山丘森林，而前面是 Clode 和纽曼海湾的海水，通过贯穿其内部的跨加拿大公路（Hwy 1 公路）连接起来。它远不及该省其他国家公园（如格罗莫讷，见 505 页）引人注目，不过也有驼鹿、熊、海狸和秃头鹰，而且还提供休闲的徒步旅行、划船、宿营和乘船旅行。

可以将**游客信息中心**（Visitor Information Centre；☎709-533-2942；Hwy 1；🕑7月末到8月 9am～7pm，5月中到6月末和9月到10月初 10am～5pm，10月初到次年5月中周四到周一 9am～4pm）作为你的第一站，它有大量的公园信息、护林人作向导的旅游活动和海洋展览，可以接触坦克和进行水下摄像。它位于甘德 (Gander) 以东 80 公里的 Salton's Day-Use Area，距离 Hwy 1 公路 1 公里。

景点和活动

特拉诺瓦的14条徒步小路总长近100公里；可以在游客中心领取地图。极度推荐**Malady Head Trail小路**(5公里)，它的终点在凸向水中的悬崖边缘，有西南海湾(Southwest Arm)和Broad湾(Broad Cove)令人讶异的景色。**Sandy Pond Trail小路**(3公里)是环绕池塘的一条轻松小路——你能在这里最好地观看海狸。

特长的**沿海渔村环路** (Outport Loop，55 公里）延伸至偏远地营地。就整体而言，环路值得一走，但要注意：部分路段没有标志——更不用说它泥泞、肮脏。对这条比较危险的小路来说，罗盘、地形图和护林员的建议必不可少。

Sandy 湾有**独木舟出租**（☎709-677-2221；每小时／半天 $15/40；🕑6月中到9月初 10am～6pm），你还可以在 Sandy 湾游泳。**Sandy 湾—Dunphy 湾的独木舟路线** (Sandy Pond-Dunphy's Canoe Route，10 公里）可以畅快划桨，只有一小段是水陆联运。

在离公园西大门 15 公里的 Burnside，小船前往被称做 Bloody Reach 的著名**贝奥苏克考古遗址** (Beothuk archaeological sites)，一路都是水路。这个地区还有 **Salvage 村**，它是摄影师梦想的渔村，拥有明显标记的步行小径。它位于 Rte 310 路边公园的北端附近，距离 Hwy 1 公路大约 26 公里。

团队游

Burnside遗址基地（Burnside Heritage Foundation；☎709-677-2474；www.burnsideheritage.ca；Northside Rd；4个半小时游程 $40；🕑6月中到9月）让人心醉神迷的乘船游，前往已经灭绝的贝奥苏克部落著名的考古残迹。上午10点30分发船；最少4人。等船的时候可以参观田野实验室和一个博物馆（$2），开放时间是上午9点到晚上7点。

观洋游（Ocean Watch Tours；☎709-533-6024；🕑5月中到10月）有两种主要的团队游：3小时游程（成人／13岁以下儿童 $45/22.50）让你能和野生生物互相交流，包括鲸等，还有浮游生物！旅行团早上9点出发。2小时的峡湾游（$35/17.50）使你能靠近老鹰，并能用手触摸水母；它于下午1点和下午4点出发。都从特拉诺瓦游客中心后面起程。

住宿

在公园里，宿营是唯一的选择。那些渴望一个床位的人应该前往 Eastport；它位于 Rte 310 路边的公园北端，距离 Hwy 1 公路大约为 16 公里。有关宿营预订（推荐在周末）；请打电话咨询**加拿大公园管理处**（Parks Canada；☎877-737-3783；www.pccamping.ca；预订费 $10.90）或上网查询。

偏远地宿营（Backcountry camping；需准入证）有 7 个偏远地营地，其中 4 个在纽曼海湾 (Newman Sound) 的南岸，划船、徒步或参加观洋游 (Ocean Watch Tours) 都可到达。其余的在内陆，可以划独木舟抵达。

Malady Head Campground 宿营园（宿营地 $16～19）坐落在公园的北端，设施是相当简单（尽管它有淋浴），很安静。

纽曼海湾宿营园（Newman Sound Campground；宿营地 $18～28）是公园主要的（比较嘈杂）营地，

拥有一个食品店、自助洗衣店和自行车租赁处。

Doctor's Inn B&B旅馆（☎709-677-3539；www.doctors-inn.nf.ca；5 Burden's Rd，Eastport；房 $70～95；⏲5月到10月）是的，事实上，在这栋古老而杂乱的大屋子里的确有医生，还有鲜花盛开的庭院、露台和五个精美的房间，带专用浴室。与沉闷的小镇相比，这里确实是最亮丽的景点。

甘德(GANDER)

甘德（Gander，人口 9600）蜿蜒着穿过 Hwy 1 公路和 Rte 330 路的交界处，后者可以到圣母湾（Notre Dame Bay）。甘德是个很方便的停脚点，但没有什么其他的了。

甘德实际上是从机场开始的。这个地方是 20 世纪 30 年代不列颠挑中的，因为它离欧洲很近，而且没有雾天。最近，甘德引起了人们的注意，因为 2001 年 9 月美国遭到恐怖袭击后，它对几千架在这里改线飞行的飞机甚是热情。

Hwy 1 公路上城市的主要入口处有**游客中心**（☎709-256-6558，709-256-7110；www.gandercanada.com；⏲6 月中到 9 月 8am ～ 8pm，10 月到次年 6 月中的周一至周五 8:30am ～ 5pm）。

对航空爱好者来说，**北大西洋航空博物馆**（North Atlantic Aviation Museum；☎709-256-2923；www.naam.ca；Hwy 1；成人 /6 ～ 15 岁 $4/3；⏲7 月末到 9 月初 9am ～ 6pm，9 月初到次年 6 月末 的周一至周五至 5pm）有展览详细介绍"二战"期间纽芬兰在航空方面作出的贡献，以及纽芬兰航空史。就在 Hwy 1 公路东边是让人冷静思考的**沉默见证纪念碑**（Silent Witness Monument），那是献给 1985 年 12 月飞机在此失事的 248 个美国士兵的。

Sinbad's Hotel & Suites 旅馆（☎709-651-2678；www.steelehotels.com；Bennett Dr；单 / 双 $87/94）在甘德的中心位置，有干净舒适的旅馆房间。

如果想用餐，就去 **Giovanni's café** 餐馆（☎709-651-3535；71 Elizabeth Dr；便餐 $5 ～ 9；⏲周一至周五 7am ～ 9pm，周六 8:30am ～ 5pm，周日 11:30am ～ 4:30pm），有咖啡、面卷、三明治和沙拉。

DRL海岸线（DRL Coachlines；☎709-263-2171；www.drlgroup.com）在**机场**（☎709-651-3434）有站。开往圣约翰斯($50，5小时15分钟)的汽车下午5点02分出发，开往巴斯克港(Port aux Basques，$75，8小时15分钟)的汽车中午12点48分出发。

特威林盖特岛和新世界岛 (TWILLINGATE ISLAND & NEW WORLD ISLAND)

圣母湾的这个地区最吸引人，人们也值得被它吸引。特威林盖特岛（实际上由两座几乎没分开的小岛组成：北特威林盖特岛 [North Twillingate] 和南特威林盖特岛 [South Twillingate]）就位于新世界岛的北边。这些岛屿从内陆经过几条堤道就可到达。它美得让人惊讶，每条道路的转弯都在人们眼前展现出新的海景，多姿多彩的捕鱼码头或一群群彩色蜡笔画般的小屋高高地悬于悬崖上或露出地面的岩层上。每年夏天，鲸和冰山涌入此地，景色更是吸引人关注。

实用信息

Twillingate.net（www.twillingate.net）提供了有关住宿、旅游景点和团队游的信息。

游客中心（☎709-628-7454；Rte 340；⏲6月到9月 8:30am～8:30pm，10月周一至周五至 4:30pm）位于 Newville，有地区地图以及地区小路和徒步游的信息。

景点和活动

毫无疑问，到这个特威林盖特岛后第一站要去的就是 **Prime Berth**（☎709-884-2485；www.twillingatetourism.com；Walter Elliott Causeway；门票 $5；⏲6 月中到 9 月 10am ～ 5pm）。这个私人捕鱼博物馆由一个颇具魅力的渔夫经营，他那充满想象力和具有迷惑性的构思非常有才气，老学者和学校孩子都会觉得很有趣。

长点灯塔（Long Point Lighthouse；☎709-884-2247；免费入内；⏲时间不定）能看到海岸悬崖的动人景色。沿着蜿蜒的阶梯拾级而上——自 1876 年以来，这条路已经被灯塔看守人踩烂了——到塔顶怔怔远望全景。5 月和 6 月，这里是观赏冰山的有利地点。

特威林盖特的**博物馆**（☎709-884-2825；www.tmacs.ca；Main St 附近；门票 $1；⏲5 月中到 10 月中 9am ～ 5pm）在以前的英国国教管区内，叙述着岛屿的历史，18 世纪中期，不列颠殖民者最早到此。它也陈列着当地海船船长们从世界各地拿回的物品。另一个房间深入研究了海豹捕猎问题和有关争论。隔壁有座历史悠久的**教堂**。

小港（Little Harbour）在去特威林盖特城里的路上，在港口处有条短短的小路通往隐蔽而美丽的 **Jone's 湾**（Jone's Cove）。**冰山商店**（Iceberg Shop；☎709-884-2242；Main St；免费入内；⏲5 月末到 9 月 8:30am ～ 8:30pm）面朝丢热尔（Durrell），有冰山讲解中心、冰淇淋和爱交际的店主，值得看一眼。

别忘了去特别美丽的丢热尔（Durrell）和它的**博物馆**（☎709-884-2780；成人 / 儿童 $2/1；⏲6 月到 9 月 9am ～ 5pm），高高位于老处女山（Old Maid Hill）山顶。带上午饭；那里有几个野餐桌，景色很不错。

在新世界岛上，**迪杜让省立公园**（Dildo Run Provincial Park；☎709-635-4520；Rte 340，Virgin Arm；宿营地 $13，每辆车 $5；⏲6 月到 9 月中）在海湾旁

边的树木繁茂地区，有很不错的野餐点和宿营地。因为有潮水，不建议游泳。

团队游

从5月中到9月初，有趣的两小时观赏冰山和鲸的旅行（每个成人/儿童 $35/17.50）每天都组织出发。

特威林盖特历险游（Twillingate Adventure Tours；☎709-884-5999；www.twillingateadventuretours.com；Main St对面）每天上午10点、下午1点、下午4点和晚上7点从特威林盖特码头出发。

特威林盖特岛乘船游（Twillingate Island Boat Tours；☎709-884-2242；www.icebergtours.ca；Main St）从冰山商店（Iceberg Shop）出发，具体时间为上午9点30分、下午1点和下午4点。

节日和重大活动

鱼儿、娱乐和渔民节（Fish, Fun & Folk Festival；www.fishfunfolkfestival.com）包括传统的音乐和舞蹈——有些可追溯至16世纪，每逢7月末就快乐地占据了特威林盖特村。

住宿

尽管有十几个住所可以选择，但夏季特威林盖特人很多。早点儿预订。

Captain's Legacy B&B旅馆（☎709-884-5648；www.captainslegacy.com；Hart's Cove；房 $79起；⏲5月中到10月）一个真正的船长名叫Peter Troake，曾拥有这座历史悠久的"外港大厦"，现有四个房间，可以欣赏海港的风景。

Paradise B&B旅馆（☎709-884-5683，877-882-1999；www.bbcanada.com/8246.html；192 Main St；房 $80~89；⏲5月到9月）这个旅馆位于俯瞰特威林盖特港口的悬崖上，有着城里最棒的景色。你可以去下面海滩漫步，或在草地椅子上休息，将所有美景牢记心头。哦，房间也很舒适。尽量争取1号房间。

Harbour Lights Inn B&B 旅馆（☎709-884-2763；www.harbourlightsinn.com；189 Main St；双 $109~139；⏲5月到10月中；💻wi-fi）这家旅馆历史悠久、深受欢迎，有九间客房，以南非人的热情好客欢迎着你。它就在港口，有诸如电视和极可意浴缸之类的享受。

就餐和娱乐

R&J Restaurant 餐馆（☎709-884-2212；110 Main St；正餐 $8~13；⏲8am~11pm）大胆地尝点鱼加牛肉汤(fish 'n' brewis)、小虾、干贝或碎鱼，会让你口齿生香。也可以吃到比萨饼和汉堡包。

All Around the Circle Dinner Theatre餐厅（☎709-884-5423；Crow Head；成人/13岁以下 $27/13.50；⏲6月到9月中周一至周六6pm）6个纽芬兰最棒的厨师不仅让你吃到传统佳肴，也让你对他们的天才表演乐不可支。就在长点灯塔(Long Point Lighthouse)南面。

到达和离开

从内陆开始，Rte 340路的堤岸几乎察觉不到地连接着Chapel岛、小小的Strong's岛、新世界岛(New World Island)和特威林盖特岛(Twillingate Island)。

福戈岛和CHANGE群岛 (FOGO ISLAND & CHANGE ISLANDS)

福戈岛（Fogo Island；☎709-266-2237；www.town-fogo.ca）比较大，而附近的**Change群岛**（☎709-621-4181；www.changeislands.ca）同样有特点。

景点和活动

17世纪80年代，福戈岛开始有人定居。它是个引人入胜但又有些崎岖不平的地方，可以四处闲荡。背靠岩石山峦，**乔巴特斯湾**(Joe Batt's Arm)村能让你回想起几个世纪以前的历史。

蒂尔廷(Tilting)村就在附近，可能是这个岛上最迷人的村子了。爱尔兰血统深深扎根于此，爱尔兰口音也很重。内岛港口被独特的捕鱼浮台和晒鱼架包围，高高的脚柱撑着它们，就架在潮水的上方。村里还有一条很不错的沿海小路**Turpin's Trail小路**，起点在**Sandy湾**(Sandy Cove)海滩附近。

岛的另一端是**福戈村**(Fogo)和不屈不挠的**布瑞斯顿角**(Brimstone Head，见下页框内文字)。当欣赏完神奇的岩石景色后，再在村里徒步走走**Lion's Den Trail小路**(5公里)，可以带你去参观一个无线电报站。留意在岛上自由徜徉的一小群驯鹿。

深受人们欢迎的**布瑞斯顿角民俗节日**（Brimstone Head Folk Festival；☎709-266-2218）每年8月中旬举行。

Change群岛是**纽芬兰小马避难所**（Newfoundland Pony Refuge；☎709-621-4400；12 Bowns Rd；免费入内；⏲6月到9月8am~8pm，其余时间预订）的所在地，建立的目的是增加本地马驹的数量，但是却给纽芬兰小马带来了危险。该省登记只有88头处于繁殖年限的小马，这就是最大的牧群了。这种小动物以温和的性情而闻名，被誉为辛勤的工人（尤其是在冬季）。

住宿

Peg's B&B 旅馆（☎709-266-2392；www.bbcanada.com/7887.html；60 Main St，Fogo；房 $65~75；⏲5月到11月）四人间正处于Fogo村庄的中心，它提

供友好的氛围和海港景色。

Foley's Place B&B旅馆（☎709-658-7288，866-658-7244；www.foleysplace.ca；10A Kelley's Island Rd，Tilting；房 $75；▣）在这家具有100年历史的传统住宅里，四人间亮丽多彩、装饰具有现代风格，还有套房浴室。

到达和离开

Route 335 路带你到 Farewell 镇，在这里渡船将开往 Change 群岛 (20 分钟)，然后前往福戈岛 (45 分钟)。从上午 9 点到晚上 8 点 30 分有四艘船出发。行程表不固定，所以请咨询**省渡运局**（Provincial Ferry Services；☎709-621-3150，709-627-3448；www.gov.nl.ca/ferryservices）。到福戈岛的往返票，对小汽车和驾驶员收费 $16.50，对其余乘客收 $5.50。到 Change 群岛，费用减少约 $3。

刘易斯波特(LEWISPORTE)

刘易斯波特主要因是轮渡站而出名，它是圣母湾 (Notre Dame Bay) 最大的城市。除了去往拉布拉多的船只，没有什么理由值得去游玩，不过作为集散中心，它的确能提供所有商品和服务。

如果需要过夜，那就去有些刻板的**Brittany Inns旅店**（☎709-535-2533，800-563-8386；www.brittanyinns.com；Main St；单/双 $77/84），和你期待的差不多。34个房间中有些有厨房。

Oriental Restaurant 饭店（☎709-535-6993；131 Main St；主菜 $6～11；⏲11: 30am～11pm）非常简单明了，你有机会吃到一些蔬菜。

DRL海岸线（DRL Coachlines；☎709-263-2171；www.drlgroup.com）在Main St街上的Brittany Inns旅店有站。下午3点54分出发前往圣约翰斯 ($56，6小时)；下午1点25分出发去巴斯克港(Port aux Basques，$71，7个半小时)。

6月中和9月中，**MV Sir Robert Bond 公司**（☎709-724-9173，866-535-2567；www.labradormarine.com）提供每周一次前往拉布拉多的卡特赖特镇（成人/儿童 5～12 岁，$73/36.50，每辆车/摩托车 $118/60，24 小时）和快乐谷—古斯贝 (Happy Valley-Goose Bay，成人/儿童 5～12 岁 $118/59.25，每辆车/摩托车 $194/97，46 小时，包括在卡特赖特的 7 小时停留）的车辆增加了班次。周五中午小船从刘易斯波特出发。一旦卡特赖特和古斯贝之间的拉布拉多公路最后完工，这条渡轮航线很有可能消失。

格兰德福尔斯—温莎 (GRAND FALLS-WINDSOR)

两个造纸业小城镇无序地向四周蔓延扩展，彼此相遇，组成了格兰德福尔斯—温莎 (Grand Falls-Windsor) 共同社区。格兰德福尔斯 (Grand Falls) 部分，在 Hwy 1 公路南方，靠近沿着 Exploits 河 (Exploits River)，对旅行者来说更有趣。

游客中心（☎709-489-6332；www.grandfallswindsor.com；Hwy1；⏲5月末到 10 月中周一至周五 9am～8pm，周六和周日 10am～8pm）就在城西 17 号出口。

景点

Mary March 省级博物馆（Mary March Provincial Museum；☎709-292-4522；St Catherine Ave 和 Cromer Ave 拐角；成人/19 岁以下 $2.50/免费；⏲5月到 10 月中 9am～4:45pm）从 18A 南出口可以到博物馆，它值得一游。展览集中展示这个地区原住民族——包括已经灭绝的贝奥苏克 (Beothuk) 部落——的近期和过去历史。费用还包括**樵夫生活省级博物馆**（Loggers' Life Provincial Museum；☎709-292-4522；Hwy 1 17 出口；⏲5月末到 9 月中 9am～4:45pm）的门票，就在 Rush 湾 (Rush Pond) 旁边，离游客中心不远。在那里你可以体验 20 世纪 20 年代伐木工棚中的生活——哦，那气味！

俯瞰着格兰德福尔斯 (Grand Falls) 的是 **Salmonid 讲解中心**（Salmonid Interpretation Centre；☎709-

圆的还是扁平的？

尽管哥伦布 1492 年的出色工作（当年，他航行在蓝色的海洋上，没有脱离地球的边缘），尽管现代卫星照片证实他的发现是圆形的球体，“扁平地球协会”(Flat Earth Society) 的人们对此并不买账。他们认为，旋转的球形世界正在宇宙中飞转，将只会导致我们星球上的居民正过着混乱的、失去方向的生活。

据说，在“现实”中，平稳、安静的扁平地球有五个激动人心的边角：Tunguska（西伯利亚）的 Lake Mikhayl 湖；复活节岛 (Easter Island)；拉萨 (Lhasa，西藏地区)；南太平洋 Ponape 岛；福戈岛 (Fogo Island) 上的布瑞斯顿角 (Brimstone Head)，就在纽芬兰。因此，爬上布瑞斯顿角的崎岖峭壁，朝下望去是无底深渊，一直到地球最远的边界，你自己判断地球到底是圆的还是扁平的。如果看不到别的，你保证能看到冰山道 (Iceberg Alley) 的壮观景色。

489-7350；成人/5～11岁/12～18岁 $5/2/3；⏲6月中到9月中 8am～黄昏）。你可以观赏大西洋鲑鱼争着往上游来产卵。不过，这一切都在纸浆厂的阴影下进行。要想到达那儿，穿过 High St 街南边的河流，根据标志指示就可以到达。

食宿

Hill Road Manor B&B旅馆（☎709-489-5451，866-489-5451；www.hillroadmanor.com；1 Hill Rd；房 $99～119）优雅和家具齐全的房间、能让你很高兴地睡过了头的软床和生机勃勃的日光浴室，构成了时髦的场所。也欢迎孩子来住。

Kelly's Pub & Eatery餐厅（☎709-489-9893；18 Hill Rd；正餐 $7～11；⏲9～2am）幽雅地隐藏在烟雾缭绕的酒馆背后，这是个带有乡村气息的不错餐厅。它的汉堡是城里最好吃的，炒菜也不那么差。

到达和离开

DRL海岸线（DRL Coachlines；☎709-263-2171；www.drlgroup.com）在**Highliner Inn旅店**（☎709-489-5639；Hwy 1 Service Rd，17出口）有车站。去圣约翰斯($63，6个半小时)的车下午3点15分出发，去巴斯克港(Port aux Basques，$67，7小时)的车下午2点14分发车。

中央南海岸(CENTRAL SOUTH COAST)

Route 360 路长 130 公里，经过省中心到南海岸。到第一个定居点的路很长，这个定居点位于温和峡湾**埃斯普瓦湾** (Bay d'Espoir) 的尽头。注意路上没有加油站，所以在 Hwy 1 公路上加满油。**圣奥尔本斯** (St Alban's) 在峡湾的西边。海湾尽头有些带餐厅的汽车旅馆和休息室。

更南边一点聚集着好些小渔村。Rte 364 到 **Hermitage** 的路途上，风景优美，让人印象特别深刻，**布雷顿港** (Harbour Breton) 周围的景色也是如此。布雷顿港是这个地区最大的城市（人口2080)，围挤在一个平缓内陆海湾的分水岭周围。

Southern Port Hotel 旅馆（☎709-885-2283；www.south ernporthotel.ca；Rte 360，Habour Breton；房 $80～85）提供宽敞、带标准设施的客房；偶数房间可以欣赏户外海港景色。沿路经过两个门就是 **Scott's Snackbar 小吃店**（☎709-885-2406；主菜 $7～15；⏲周日到周四 10:30am～11pm，周五和周六至 1am），它提供汉堡包和自家做的菜；它是有经营许可的。

Thornhill Taxi Service（☎709-885-2144，866-538-3429）连接起布雷顿港和格兰德福尔斯 (Grand Falls，$35，2个半小时)，可以坐汽车，早7点15分发车。政府乘客轮渡开往Hermitage，使得人们可以从这儿到达西南海岸渔村(见517页)。

北半岛(NORTHERN PENINSULA)

北半岛从纽芬兰向上延伸，就像从握紧的拳头中伸出的食指一样，你几乎能感觉到它在调侃："如果你没有来过这里，你是不能离开这个省的"。

听取建议。这个地区可以被冠以纽芬兰的明星景点之称。该省的两个世界遗产就在这里：格罗莫讷国家公园 (Gros Morne National Park)，它拥有峡湾般的湖泊和地质奇特构造，坐落在半岛的基地上；而位于朗索梅多斯壮观的具有 1000 年历史的维京定居点从半岛的顶端凝视着。连接这两个著名地方的是**维京小路**（Viking Trail，Rte 430；☎877-778-4546；www.vikingtrail.org）本身也是个吸引人的地方，靠近大海，它完全向北经过乔伊什港古老的墓地和渡船出发点，到达隐约出现的沉思中的大拉布拉多。许多人将整个纽芬兰旅游围绕着这片特别的地区进行，而且常常一年年地再次回来，这一点也不奇怪。

这个地区在旅游业正获得着巨大的收益，然而旅行者人数远不及你到过的黄石 (Yellowstone) 或班夫 (Banff)。尽管如此，7 月和 8 月预订还是明智的。

从迪尔莱克 (Deer Lake) 开车到圣安东尼 (St Anthony) 要 5 小时到 6 小时。也可以沿这条路坐长途汽车，时间不那么固定。

迪尔莱克(DEER LAKE)

迪尔莱克没为游客准备什么，但从这里坐飞机去北半岛 (Northern Peninsula) 玩非常方便。岩石港 (Rocky Harbour)，71 公里，在北边 Rte 430 路上，而 Hwy 1 公路连接起迪尔莱克和南边的巴斯克港 (Port aux Basques，268 公里）和东边的甘德 (Gander，299 公里）。

游客中心（☎709-635-2202；⏲9am～7pm）就在 Hwy 1 公路上。

想住B&B的游客可以在**Watkins House**（☎709-635-3723；17 Phillip Dr；房 $45～60）休息；从Hwy 1公路的15出口外顺着路标就可以找到。**Driftwood Inn旅店**（☎709-635-5115；www.driftwoodinn.ca；3 Nicholsville Rd；房 $84～107）也很好客，楼下有**Jungle Jim's饭馆**（正餐 $8-12；⏲11am～11pm），很方便去机场(出租车费约为$7)和Hwy 1公路的**Irving大站加油站**（Irving Big Stop gas station；☎709-635-2130），**DRL海岸线**（☎709-263-2171；www.drlgroup.com）的车在此停靠。注意，DRL的汽车和那些从科纳布鲁克(Corner Brook，见511页)前往北半岛的往返汽车服务并不同步，但如果你事先打了电话，他们可能会为你安排好一切。

迪尔莱克机场（代码 YDF；☎709-635-3601；www.deerlakeairport.com）对着 Hwy 1 公路，如果你的旅

游目的地集中在该省的西海岸，那么这儿是个不错的选择。定期有来自圣约翰斯、哈利法克斯、多伦多，甚至伦敦的航班。Avis航空公司、Budget航空公司和Hertz航空公司在机场出租汽车；关于价格和联系信息，见845页。一定要预订，因为当地车辆有限。

格罗莫讷国家公园 (GROS MORNE NATIONAL PARK)

这座**国家公园**（national park；☎709-458-2417；www.pc.gc.ca/grosmorne；每天成人/6～16岁/家庭$8.90/4.45/17.80；⏰5月中到10月中有白天用设施）1987年进入世界的聚光灯下，那一年联合国教科文组织命名它为世界遗产。对游客来说，它那十分壮观的平顶山脉、深深切入的运河仅仅是超自然场地。而对地质学家来说，这个公园是我们星球的设计蓝图，像板块构造论这样的理论提供了许多证据。更具体地说，古铜色的高原由来自地壳深处的岩石构成。世界上没有一个地方能像格罗莫讷一样，如此轻易就得到这样的材料（这通常只发生在深不可测的海洋深处）。这些特征让公园获得了这样一个绰号"地质象龟"(Galapagos of Geology)。

公园里面和公园周围足够玩上几天。徒步旅行、爱斯基摩划子运动、宿营、野外生活据点和乘船旅行都是无比美妙。

方位和实用信息

几个小渔村点缀着海岸线并提供设施。Bonne湾(Bonne Bay)呈弧线，将这个地区划分开：南边是Rte 431路和Glenburnie镇、Trout河(Trout River)和Woody角(Woody Point)；北边是Rte 430路和Norris角(Norris Point)、岩石港(Rocky Harbour)和Sally's湾(Sally's Cove)。岩石港是最大的村庄，地处中心位置，Norris角和Woody角也一样。

公园门票包括小路、发现中心(Discovery Centre)和所有白天可去的地区。也包括宿营的花费。

发现中心（Discovery Centre；☎709-453-2490；Rte 431，Woody Point；⏰6月到8月周一、周二和周四至周六9am～6pm，周日和周三至9pm，5月末和9月到10月中9am～5pm）有交互性展览和一个多媒体剧场，讲解这个地区的生态和地质。也有个信息办公室，提供地图，每天有讲解活动，还有个小餐厅。

主要游客中心（Main Visitor Centre；☎709-458-2066；Rte 430，Rocky Harbour附近；⏰6月末到9月初9am～9pm，5月中到6月末和9月初到10月中至5pm）它发放白天出入证和偏远地营地出入证，也有地图、书籍、维京小路资料和一个让人印象深刻的讲解区。

公园入口亭（Park Entrance Kiosk，Rte 430；⏰5月中到10月中10am～6pm）在公园入口旁边，靠近Wiltondale。

景点

占据着公园西南角落的，是无与匹敌和神秘怪异的**高原**(Tablelands)。在板块从地下隆起之前，这片巨大的平顶山丘曾是地球地幔的一部分，隆起使它直立于陆地上。它的岩石层如此非同寻常，以至于没有植物可以生长。靠近Rte 431路的地方，你可以看见贫瘠但辉煌的茫茫之景，或者在Norris角(Norris Point)上极好的**摄影望台**那里远远看去。

高原西边，**绿草地**(Green Gardens)的海岸边是剧烈火山爆发形成的海洋浪蚀岩柱和洞穴。

Norris角(Norris Point)的码头那里是**Bonne湾航海站**（Bonne Bay Marine Station；☎709-458-2550；www.bonnebay.mun.ca；成人/5～18岁$5/4；⏰5月末到9月初9am～5pm，其余时间预订），一个研究设施，是纪念大学的一部分。每半个小时有交互式团队游，水族馆展示着Bonne湾(Bonne Bay)的海洋生态环境。对孩子来说，那里还有可触摸的水箱和一只珍稀的蓝色龙虾。

过了Sally's湾(Sally's Cove)，海岸更远的地方，波浪冲击着**SS Ethie号**那锈迹斑斑、杂草丛生的残骸。1919年这艘船的失事以及随之的营救，是一首著名民歌的灵感来源。

沿着海岸往北，Long Range山脉(Long Range Mountains)连绵不断地突出耸立在维京小路(Viking Trail)的上方。当你突然被一种怀疑感击中的时候，已经到了**西布鲁克庞德**(Western Brook Pond)了，它是这个公园的第一峡湾。700米高的陡峭悬崖插入蓝色的深渊，峡湾蜿蜒流入山脉间。见下页了解极好的游船的详情。

在Broom角(Broom Point)附近的是**重修捕鱼营地**（Rte 430；免费入内；⏰5月中到10月中10am～6pm）。1941年开始，马奇(Mudge)兄弟三个和他们的家庭在此捕鱼，直到1975年，他们把整个营地，包括船只、捕龙虾器和渔网，卖给了国家公园。一切都重新修复，公园导游是其工作人员。

仅20公里以北，是**浅湾**(Shallow Bay)温柔、安全的沙丘海滩。它似乎待错了地方——就像是被奇异的波浪从加勒比海送到这里。尽管如此，这里的水还是有一种寒冷的现实感，很少超过15℃。

向游客中心咨询有关免费讲解课程、有导游徒步旅行和公园工作人员夜晚演出（整个夏天都有）的详情。

活动

通过有导游的旅行团（见506页），也可以进行徒步旅行和爱斯基摩划子运动。

徒步

难易程度不同的20条小路总共100公里长，一路蜿蜒经过公园最漂亮的风景。精华是去往格罗莫讷山顶的**詹姆斯可拉汉格罗莫讷小路**(James Callahan Gros Morne Trail，16公里)，格罗莫讷山顶是这个地区的至高点，有806米。这条小路有阶梯和木板路，所以要费劲走上7小时到8小时，还包括必须爬到山脊边才能越过的险峻的岩石溪谷。站在600米高的悬崖上，远望边缘陡峭的峡湾**10英里池塘**(10 Mile Pond)上的景色，那真是只能用崇高来形容。

绿草地小路(Green Gardens Trail，16公里)既美丽又具有挑战性。这条环路对着Rte 431路有两个起点，每条都可沿着由熔岩形成并被海洋塑形的壮丽海岸线向下走到绿草地(Green Gardens)。计划要徒步走上6到8小时，或者在三个偏远地营区里预订一个团队游——它们都在海上——让徒步游变成过夜的历险游。从这条小路的长湾(Long Pond)起点有一条不那么费劲的白天徒步小路(9公里)可以到达海滩和公园背部。

短一些的优美小路有**高原小路**(Tablelands Trail，4公里)，延伸至冬屋溪峡谷(Winterhouse Brook Canyon)；**望台小路**(Lookout Trail，5公里)从发现中心后面伸出，可以到林木线上一个以前的火警观察塔；**Lobster Cove Head Trail**小路(2公里)围绕着潮水坑；以及**西布鲁克庞德小路**(Western Brook Pond Trail，6公里)，这是公园里最受欢迎的小路，路不难走，可以到峡湾和公园背部的西边尽头。

这些小路的老祖宗是**长程横越小路**(Long Range Traverse，35公里)和**北里姆横越小路**(North Rim Traverse，27公里)，需要花好几天很危险地越过山脉。需要通行证和听取公园护林员建议。

如果计划把好几条小路都走一遍，花$12买一份《格罗莫讷国家公园小路指南》(*Gros Morne National Park Trail Guide*)，这是一份背面标着小路详细情况的防水地图，通常在游客中心出售。

爱斯基摩划子

在高原(Tablelands)的山影下划爱斯基摩划子，穿越鲸喷溅的飞沫，真是值得一干的事情。旅游公司Long Range Adventures(单/双每日$45/55)和Gros Morne Adventures(单/双每日$50/60)向熟练划桨手出租爱斯基摩划子。具体联系信息见下文。

滑雪

在公园让人印象深刻的55公里越野滑雪小路系统中，许多小路在冬天是由加拿大奥林匹克冠军皮埃尔·哈维(Pierre Harvey)设计的。联系主要游客中心(Main Visitor Centre，见505页)，索取小路信息并预订边远小屋。

团队游

大部分旅行都是在6月和9月之间进行；请预订。爱斯基摩划子运动最好是在6月和7月进行。

Bon Tours(☎709-458-2016；www.bontours.ca；Main St，Rocky Harbour)到西布鲁克庞德(Western Brook Pond)的坐船游(2小时游程成人/儿童/家庭$39/18/79)在上午10点、下午1点和下午4点出发，非常不错。码头离Rte 430路3公里，途经轻松的Western Brook Pond Trail小路。如果你还没有购买公园通票($8.90)，在起程前必须购买。

格罗莫讷历险(Gros Morne Adventures；☎709-458-2722，800-685-4624；www.grosmorneadventures.com；Norris Point)在Bonne湾(Bonne Bay)组织带导游海上爱斯基摩划子游程(2/3小时$45/55)，每天出发，还有全天和多天爱斯基摩划子游、徒步游、滑雪游和穿雪鞋徒步游。登录网站，查看更多额外选择。

Long Range Adventures旅游公司(☎709-458-3104，709-458-7732；www.longrangeadventures.com；Sally's Cove)另一家多种探险活动的旅游用品商提供日常有导游的海上爱斯基摩划子(2个半小时$45)、徒步旅行和山地自行车旅行以及冬季活动。Long Range的当地经营者还经营Island Traveller(www.islandtraveller.ca)，它是一家经济实惠的探险姊妹公司，提供从圣约翰到格罗莫讷(4天$379)和穿越北半岛(8天$699)的远足旅行。你可以在沿途的任何地方上下车。

Trout River Pond船游(Trout River Pond Boat Tours；☎709-451-7500；www.troutriverpondboattour.com；Trout River；2小时成人/7～17岁$35/18)每天都有经过高原(Tablelands)去鳟鱼河湾(Trout River Pond)的游程。

节日和重大活动

格罗莫讷戏剧节(Gros Morne Theatre Festival；☎709-243-2899；www.theatrenewfoundland.com；门票$7～23)九部纽芬兰戏剧作品，夏季(5月下旬至9月中)各个地方的室内外上演。

Writers at Woody Point Festival作者节(☎709-453-2900；www.writersatwoodypoint.com；门票$20)8月中，来自纽芬兰、加拿大和世界范围的作者在Woody Point Heritage Theatre剧院读书。

住宿

尽管岩石港(Rocky Harbour)地处中心，有许多选择，但看不到周围社区。

经济

Gros Morne Hostel 旅舍（☎709-458-3104，709-458-7732；www.grosmornehostel.com；Sally's Cove；宿/双含早餐 $22/45）Long Range Adventures 公司的人们将他们住宅中两间额外的（楼上）房间租出：一间有四个宿舍床位，另一间有大号的床。这儿有些拥挤，但是主人的亲切友好能消除这种不协调。可以免费为客人提供自行车

Aunt Jane's Place B&B 旅馆（☎709-453-2485；www.grosmorne.com/victorianmanor；Water St，Woody Point；房 带/不带卫生间 $70/60；⏲5月中到10月中）这个历史悠久的地方表现出一种奇特的个性。它位于滨海地区，因此你早上会被鲸的重重呼吸声吵醒。

四个比较成熟的**宿营地**（☎877-737-3783；www.pccamping.ca；宿营地 $18～25，预订费 $10.90）位于公园内：**Berry Hill**（⏲6月中到9月中）是最大的一个，也在最中心的位置；**Lomond**（⏲5月末到10月中）不错，离公园南门最近；**Trout River**（⏲6月初到9月中）一般，离高原(Tablelands)最近；**Shallow Bay**（⏲6月初到9月中）有海洋游泳（和蚊子）。在威严的 Green Point 还有一个**简单些的宿营地**（宿营地 $15；⏲全年）。沿着小路散布着不少**偏远地营地**（$10）；在游客中心预订。

中档

Anchor Down B&B 旅馆（☎709-458-2901，800-920-2208；www.theanchordown.com；Pond Rd，Rocky Harbour；房 $75～90；💻）尽管这所住宅和它的五个房间相当简朴，但是客人们都极力夸赞友好主人的盛情款待和可口的饭菜。

Gros Morne Cabins 小屋（☎709-458-2020；www.grosmornecabins.com；Main St，Rocky Harbour；单/双卧室小屋 $109/139）这些小屋背靠停机坪，前面是无所遮挡的海洋。22 个漂亮的小木屋都有厨房和给孩子睡的沙发床。可以在隔壁 Endicott's 的杂货店预订。

Middle Brook Cottages 小屋（☎709-453-2332；www.middlebrookcottages.com；Rte 431 附近，Glenburnie；小屋 $115～129；⏲3月到11月）这些小屋全都是用松木修建的，而且非常整洁，房间装饰得极其浪漫，对孩子非常友好。有厨房和电视，你可以在这座房子后面的深水潭和瀑布周围戏水。

高级

Sugar Hill Inn旅店（☎709-458-2147；www.sugarhillinn.nf.ca；115-119 Sexton Rd，Norris Point；房 $89～135，套房 $175～225；⏲3月到10月）在高原玩了一天后，蒸个桑拿浴或泡个热水澡，然后在只对住客开放的餐厅享用美食。最后剩下要做的就是到你的小窝好好休息一下。

就餐

公园里的很多社区中，都有不错的就餐处。

Earle's Video & Convenience便利店（☎709-458-2577；Main St，Rocky Harbour；主菜 $6～12；⏲9am～11pm）Earle是岩石港(Rocky Harbour)的一幢建筑。除了卖杂货和出租录像外，它还有很好吃的比萨、驼鹿肉汉堡和传统的纽芬兰菜肴，你可以在天井中用餐。

Lighthouse Restaurant 餐馆（☎709-453-2213；Water St，Woody Point；主菜 $8～14；⏲5月到9月 9am～8pm，周五和周六 较晚）这家餐馆的女主人在后面忙着烹制菜肴，然后端上格罗莫讷最好吃的炸鱼和薯条、鳕鱼唇以及其他纽芬兰菜肴，还有冰镇啤酒。

Java Jack's餐馆（☎709-458-3004；Main St，Rocky Harbour；主菜 $8～19；⏲5月到10月7:30am～8:30pm，7月和8月 较晚）Jack's白天提供格罗莫讷最好的咖啡、面卷和汤。夜晚，楼上的餐厅坐满了饥肠辘辘的远足后的人们，享用海鲜、驯鹿肉和素食。

Old Loft Restaurant饭店（☎709-453-2294；Water St，Woody Point；主菜$15～21；⏲7月和8月 11:30am～9pm，5月，6月和9月至7pm）这个小地方位于Woody角的水面上，它的传统纽芬兰菜肴和海鲜很受欢迎。

到达和四处走走

有关从科纳布鲁克(Corner Brook)去岩石港、Woody 角(Woody Point)和鳟鱼河(Trout River)的往返班车和汽车，见 513 页。

乔伊什港(PORT AU CHOIX)

乔伊什港，位于荒凉的半岛上，距离维京小路(Viking Trail)13 公里，有一个大大的捕鱼港湾、奇异的博物馆和值得去看、探究古代墓地信息的考古处。

景点和活动

乔伊什港国家历史遗址（Port au Choix National Historic Site；☎709-861-3522；www.pc.gc.ca/portauchoix；Point Riche Rd；成人/6～16岁 $7.15/3.45；⏲6月到10月初 9am～6pm）位于三个不同原住族群的坟场上，有5500年历史。现代的游客中心讲述了这些族群如何有创造力地在这片地区生存，也讲述了其中一个族群3200年前无法解释地消失了的故事。

菲利普公园(Phillip's Garden)，有古爱斯基摩人房屋的遗迹，是个亮点。两条小路将带你到达

那儿。一条是**菲利普公园海岸小路**(Phillip's Garden Coastal Trail，4 公里)，从城尽头的 Phillip Dr 道出发。从那里，你可以在轮廓分明、像拼图般的岩石间“跳房子”跳到这个 1 公里远的地方。

如果继续前行，再走 3 公里可以到达 **Riche 角灯塔**(Point Riche Lighthouse，1871 年)。灯塔旁的一块铭牌上记载了 17 到 20 世纪之间，法国和英国为了争夺这块地方进行的多次战争。1904 年，法国放弃此地，换取在摩洛哥的特权(啊，就在世界就是一个垄断理事会的日子里)。从游客中心路也可以到灯塔。

到达菲利普公园的另一条小路途经**多塞特小路**(Dorset Trail，8 公里)。它从游客中心开始，穿过矮小树林，蜿蜒越过荒地，经过一个多塞特古爱斯基摩人的**埋葬洞穴**，最后到达这儿，与海岸小路相接。

在城的边界处是 Ben Ploughman 奇思怪想的 **Gargamelle 工作室 / 鲸等动物博物馆**(Studio Gargamelle/Museum of Whales & Things；☎709-861-3280；www.bensstudio.ca；Rte 430；成人 / 学生 $3/2；⏰6 月到 9 月周一至周六 9am ~ 5pm)。Ploughman 创立了这个鲸博物馆，他那魅力非凡及幽默风趣的风格使这个总在进步的地方更加完善，包括让人难以忘怀、用线绑在一起的鲸骨骼。看一眼 Ploughman 的艺术创作吧——《鳕鱼受难图》(*Crucifixion of the Cod*)是经典作品。

食宿

Jeannie's Sunrise B&B旅馆(☎709-861-2254，877-639-2789；www.jeanniessunrisebb.com；Fisher St；房 $55～79；💻)宽敞的房间、明亮的阅览室和 Jeannie的友好，再加上她的美味早餐，这都是她对客人的款待。价格较低的客房有公用卫生间。

Anchor Café 餐厅(☎709-861-3665；Fisher St；主菜 $12 ~ 18；⏰11am ~ 9pm)不能错过这个地方——它的前半部分是一艘船的船首——也不要错过，因为它的菜是城里最好吃的。正式午餐的特价物超所值，晚餐菜单上有一大堆海鲜食物。

圣巴尔贝到朗索梅多斯 (ST BARBE TO L'ANSE AUX MEADOWS)

就在维京小路(Viking Trail)靠近圣巴尔贝的地方，海湾水流在这里迅速变窄，给了游客第一个机会看到拉布拉多荒凉的海岸。轮渡利用了这个汇聚点，在圣巴尔贝和拉布拉多海峡(Labrador Straits，见536页)间定期往返。在Eddies湾(Eddies Cove)，道路不得不悲伤地离开海岸，向内岛挺进。

当你接近半岛的北端，Rte 430路向圣安东尼转向，顺两条新路通往几个小渔村，是前往朗索梅多斯国家历史遗址(L'Anse aux Meadows National Historic Site)参观的好出发点。Route 436路沿着东部海岸前行，并经过(从南向北)St Lunaire-Griquet、Gunners Cove海湾、Straitsview和朗索梅多斯村庄。Route 437路向偏西方向前行，经过Pistolet Bay湾、罗利(Raleigh)和Cape Onion湾。

景点和活动

朗索梅多斯国家历史遗址 (L'ANSE AUX MEADOWS NATIONAL HISTORIC SITE)

听起来似乎有些乏味——在十分偏僻的地方参观沼泽，并注视着曾经矗立着几个老草屋的地方——但不知什么原因，这个位于荒凉土地上的**维京遗址**(Viking site；☎709-623-2608；www.pc.gc.ca/lanseauxmeadows；Rte 436；成人 /6 ~ 16 岁 / 家庭 $10.40/5.20/26；⏰6 月到 10 月中 9am ~ 6pm)成为纽芬兰最活跃的景点之一。

它的历史意义是绝对的：它是登陆北美洲的第一批欧洲人的家园。他们是来自斯堪的纳维亚(Scandinavia)和格陵兰(Greenland)的维京人，航行史比哥伦布要早 500 年左右。他们在此定居、建造房屋、让自己吃饱，甚至从沼泽地里冶铁锻造钉子，体现了他们的独创性和坚韧。这一切都是由二十几岁的年轻人群体完成的，由红魔艾利克(Eric the Red)之子埃里克森(Leif Eriksson)领导，这更令人印象深刻。

维京人的水边定居点遗址——八座奇特的木头和草皮建筑，建于公元 1000 年，看起来很漂亮，你能很方便地看到，另有三座仿制建筑，住着穿当地服装的讲解员。后者有自己的名字如“索拉”(Thora)和“伯恩”(Bjorn)，他们还模仿维京人劳动，如纺羊毛和锻造钉子。

花 2 小时到 3 小时四处走动并感受周围的环境，也可以浏览解说中心。到这里，一定要看介绍性的电影，它讲述了挪威探险家海尔格·英斯塔(Helge Ingstad)的迷人故事，他在 20 世纪 60 年代重新发现了这个地方，结束了经年的搜寻。

同样值得游览的是 3 公里长的小径，它蜿蜒穿过贫瘠的土地，并沿着解说中心周围的海岸延伸。

NORSTEAD

不能充分体验长胡须维京人的生活方式？那就去 **Norstead**(☎709-623-2828；www.norstead.com；Rte 436；成人 /6 ~ 12 岁 / 家庭 $8/4/25；⏰6 月到 9 月末 9am ~ 6pm)，就在国家历史遗址拐角那边。由穿历史服装的解说员(比朗索梅多斯的还要多)熔炼、纺织、烘焙并在四座建筑中的炉火旁讲故事，再现了一个维京人村庄。听起来有些俗，但他们做得非常好。这里现场还有一个大型的维京船复制品。

海豹捕猎大辩论

没有什么比对加拿大每年一度的海豹捕猎更能点燃激情的辩论，每年 3 月和 4 月会在纽芬兰岛东北海岸与德拉玛得来纳岛和爱德华王子岛 (Prince Edward Island) 周围的圣劳伦斯海湾进行海豹捕猎。

辩论在动物权利保护者和捕猎海豹的人（通常是当地的渔民，他们在淡季狩猎海豹）之间针锋相对地展开，双方相互驳斥，就像是总统的新闻秘书。主要论题围绕几个问题进行。

小海豹是否应该被杀？应该，不应该。白毛海豹是新生的格陵兰海豹，且是每个人想起来都感到恐怖的景象中的动物。但捕杀它们是非法的，这种现象距离现在二十年了。然而，当海豹只有大约 12 天至 14 天大时，幼小的格陵兰海豹就失去了白色的皮毛。在那之后，它们就成为可以捕猎的猎物。

捕杀这些动物的方式人道吗？捕猎海豹的人说，是的，他们使用枪或棍棒人道地杀海豹。动物权利保护者辩论说，海豹被枪击或用棍棒打伤，然后扔在冰上使它们遭受痛苦，直到捕猎海豹的人回来后结束这项工作。

海豹的数量可以维持下去吗？加拿大政府表示可以，在这个地区海豹总数量基础上设定了每年的配额（估计是 550 万只）。2007 年，格陵兰海豹的配额是 27 万只。2006 年的配额是 32.5 万只。保护主义者认为，这个配额并没有考虑到海豹在捕杀中的实际数量，例如，那些"子弹击中的和消失的"，或因为毛皮损害而丢弃的。

捕猎海豹是不是真的是本地经济的一个重要组成部分？保护主义者说，不，它代表纽芬兰岛收入的一小部分。该省并不同意，反而支持捕猎海豹的人，认为它占他们每年收入的三分之一。而且这个省的失业率接近 16%，它是相当重要的。

在辩论中唯一确定的是，保罗·麦卡尼 (Paul McCartney) 是一个不受人们喜欢的纽芬兰男子。2006 年，当他与当时的妻子希瑟·米尔斯 (Heather Mills) 到达那里、抗议猎杀海豹时——但拒绝与纽芬兰总理会面讨论这个问题——当地人对这位前披头士成员 (Beatle) 持非常悲观的看法。

有关双方观点的具体细节，请参阅**纽芬兰政府**（Newfoundland government；www.fishaq.gov.nl.ca/sealfactsheet）和**美国人道主义协会**（Humane Society of the United States；www.protectseals.org）的网站。

住宿

Straitsview、Gunners 湾 (Gunners Cove) 和 St Lunaire-Griquet 都距离这处国家历史遗址不到 12 公里。

Tickle Inn旅店（☎709-452-4321；www.tickleinn.net；Rte 437；房含早餐 $65~75；⏲6月到9月末）这个怡人的海边旅店建于1890年，四周环绕着白色的警戒栅栏、大片草地和属于你的私人海滩。坐在客厅里，感觉Franklin火炉的温暖，享受美味的自制菜肴。

St Brendan's Motel 汽车旅馆（☎709-623-2520；www.stbrendansmotel.com；Rte 436，St Lunaire-Griquet；单/双 $70/75；⏲6 月到 10 月中）这家汽车旅馆有 11 间房屋，松绿色的外墙不怎么好看，但是客房（有电视、咖啡壶和冰箱）很暖和，而且环境清幽。

Snorri Cabins小屋（☎709-623-2241；www.snorricabins.com；Rte 436，Straitsview；小屋 $75；⏲5月到11月）这些小屋简单舒适，物超所值。一家人来住最好，有全套厨房、起居室和沙发床。

Dockside Motel 汽车旅馆（☎709-877-2444；www.docksidemotel.nf.ca；Rte 430，St Barbe；房和小木屋 $75~120）这个地方就在圣巴尔贝渡口隔壁，有15个房间和一家饭店。

Valhalla Lodge B&B 旅馆（☎709-623-2018，877-623-2018；www.valhalla-lodge.com；Rte 436，Gunners Cove；房 $80~90；⏲5 月中到 9 月末）这家旅馆在一座山丘上，俯瞰着海洋，离维京遗址只有 8 公里。在露台上翘起腿来休息，舒适地观看冰山。正是这个景色启发了普利策奖获得者作家 E. 安妮·普罗克斯 (E Annie Proulx，美国小说家，电影《断背山》的原著作者——译注）的灵感，当时她就在这里创作了小说《船讯》(*The Shipping News*)。

就餐

Fishermen's Galley餐馆（☎709-623-2431；Rte 436，St Lunaire-Griquet；三明治 $4~8，主菜 $10~19；⏲11am~9pm）由一个渔夫经营，位于水面上，用松木做成的餐厅供应怡人的海鲜沙锅和鳕鱼汉堡

包，还有墨西哥卷(fajitas)、素食炒菜。

Northern Delight餐馆（☎709-623-2220；Rte 436，Gunners Cove；正餐 $9~15；⏰4月末到10月中 8am~10pm）点一些当地人最爱吃的东西，比如大比目鱼鱼颊(turbot cheeks)、平底锅煎鳕鱼(pan-fried cod)、新鲜龙虾和贻干贝，或者来一份"Newfie Mug-up"(即面包、糖蜜加一杯浓茶)。有时候，晚上会有现场音乐。

我们的选择 **Norseman Restaurant & Art Gallery 餐馆和画廊**（☎709-623-2018；Rte 436，L'Anse aux Meadows village；晚餐 主菜 $12～22；⏰5月中到9月末 9am～10pm）这家休闲的水边房间可能是纽芬兰最棒的餐馆了。享用白脱奶特南瓜汤(butternut squash soup)，细细看下素食者可选的菜式，或者尝尝唇齿生香的拉布拉多驯鹿腰部嫩肉 (Labrador caribou tenderloin)。古代挪威人用冰山的冰来冰镇他们的饮料。那些点龙虾的顾客可穿山胶靴前往大海边亲手挑选龙虾，那里有刚抓到的甲壳类泥虾在柳条箱里等候着你。

圣安东尼(ST ANTHONY)

咿哈！你终于走到了路的尽头；你的挡风玻璃帮你抵挡了虫子大军，你也看到了两个世界遗址。在如此伟大的经历之后，圣安东尼可能会有点儿虎头蛇尾。它不是你能称为漂亮的地方，但它有种粗犷的魅力。徒步旅行、观赏鲸和冰山都令人激动。

在这里，格伦费尔 (Grenfell) 的名字很响亮。威尔弗德雷·格伦费尔爵士 (Sir Wilfred Grenfell) 是当地人的传奇，而且，据大家所说，他真是个好人。这个出生于英国、在英国受完教育的医生于 1892 年第一次来到纽芬兰，接下来的 40 年里，他乘坐着狗拉雪橇和船，建立起医院和护理站，并在拉布拉多沿岸及圣安东尼周围，组建了当地非常需要的捕鱼公司。

景点和活动

很多跟威尔弗德雷·格伦费尔 (Wilfred Grenfell) 有关的地方遗址都包含在 **Grenfell 历史遗产**（Grenfell Historic Properties；联票 成人/家庭 $6/12）中。**格伦费尔讲解中心**（Grenfell Interpretation Centre；☎709-454-4010；West St；⏰6月到9月末 9am～6pm，9月末到次年5月周一至周五至 5pm）在医院对面，有非常现代的展览，详细讲述了格伦费尔著名的、有时是戏剧化的人生。讲解中心的手工艺店有些上乘的雕刻和艺术品，也有当地人制作的镶边皮衣——收益用来维持这个历史遗产的经营。这儿也是城里的信息中心。出了中心，在它后面，靠近**码头房子博物馆** (Dockhouse Museum) 和操场的地方，试着在木匠大楼的外墙上从中辨认出格伦费尔最喜欢的狗拉雪橇小队的古怪足迹。

格伦费尔的漂亮府邸如今是**格伦费尔博物馆**（Grenfell Museum；⏰6月到8月 9am～6pm，9月至 5pm），在医院后面。经过环绕四周的门廊进屋后，染了色的大油布和过时的家具内包藏着值得纪念的事物：一小块北极熊皮毯子，以及——如果传言是真的话——格伦费尔太太的魂灵。

穿过城市的主路的尽头是**钓鱼点公园** (Fishing Point Park)，那里有一座灯塔和俯瞰海洋的高耸悬崖。走**冰山道小路** (Iceberg Alley Trail) 和**观鲸小路** (Whale Watchers Trail) 都可到达悬崖顶的观察平台——小路名字说明了一切。

团队游

北国探险游（Northland Discovery Tours；☎709-454-

沿冰山道漂流

每年，1 万到 4 万座闪着寒光的冰山进入巴芬岛 (Baffin) 和拉布拉多 (Labrador) 的水流，开始它们向南方为时 3 年到纽芬兰著名"冰山道"的旅程，使格陵兰岛的冰川中断。480 公里长、98 公里宽，称为"冰山道"的这片海水沿着该省北部和东部海岸前流，在晚春和初夏，上面散布着冰山。圣母湾 (Notre Dame Bay) 的福戈岛 (Fogo Island) 和特威林盖特岛 (Twillingate Island)，以及北半岛 (Northern Peninsula) 上的圣安东尼，是观赏最棒的地方。甚至圣约翰斯在每年的大部分时间里也有几百个蓝白相间的冰山奇景为之添色（不过，有时由于气候和水流变化，这些冰水十分贫瘠）。

如果想看到巨兽在哪里，登录省旅游协会的网站 www.icebergfinder.com，上面显示有"冰山浮动"的地点；你可以每周收到有关地址更新的电子邮件，并以此计划你的旅行。同时，加拿大政府的网站 www.ice-glaces.ec.gc.ca 每天提供有关冰山的公告。

当地人会获取一些小点儿的冰块，如果问一问饭店，他们也许会在你的饮料里放一块。想想冰川上的冰可能已有 15 000 多年的历史，这真的是冰块啊。

3092，877-632-3747；www.discovernorthland.com；2个半小时游程成人/5～12岁/13～17岁$48/20/25；🕒5月末到9月末9am、1pm和4pm）提供极度推荐的观鲸或观冰山巡航游，从格伦费尔讲解中心后面West St街上的码头出发。5月和6月有最好的冰山景致；鲸在7月和8月游过。如果你有些晕船，来这儿之前一定要吃点药。

食宿

Fishing Point B&B旅店（☎709-454-2009；l.budgell@nf.sym patico.ca；Fishing Point Rd；单/双带公共卫生间$50/60）这个小小的老式地方靠着去灯塔之路的山岩，有着圣安东尼最棒的港口景色。早点起床，快点喝些咖啡，然后看船只出海。有四间客房共用两个卫生间。

我们的选择 Wildberry Country Lodge乡村小屋（☎709-454-2662，866-454-2662；www.adventure-tourism.com；Rte 430；房含早餐$75～95）主人林顿·霍奇(Lyndon Hodge)亲手建造的这座乡村式房子非常成功，有九个房间。霍奇试图轻轻地踩踏土地（例如，现场的餐馆的原料只用当地的材料），而且他非常了解这个地区，他要在这里住一辈子。Wildberry位于圣安东尼以北20公里，大约位于城镇和朗索梅多斯之间的途中。

Lightkeeper's Café餐厅（☎877-454-4900，Fishing Point Park；正餐$8～20；🕒6月中到9月11:30am～9pm）这个餐厅极品位于灯塔投影之下，冰山和鲸的景色常常增添了它的美丽。杂烩和干贝享有盛名。

到达和离开

从技术上说飞到圣安东尼是可行的，但到机场要1小时。所以，如果想开车离开圣安东尼，有两个选择：沿Rte430路整个原路返回，或者试试Rte 432路的路段，它一直往南到东海岸和Hare湾(Hare Bay)。在圣巴尔贝(St Barbe)和乔伊什港之间靠近Plum角(Plum Point)的地方，它和Rte430路会合。

维京快运(Viking Express)的汽车(见513页)在**欧文车站**（Irving Station；☎709-454-2601；Main St）上客，欧文车站在West St街上，过了Vinland Motel汽车旅馆就是。周日、周二、周四上午10点前往科纳布鲁克(Corner Brook，$56，7小时)。

西纽芬兰 (WESTERN NEWFOUNDLAND)

西纽芬兰呈现给许多游客的第一印象是罗克(The Rock)，幸亏有渡船在巴斯克港(Port aux Basques)登陆，人们才看到了这一景观。它是巨大而陡峭的，甚至有点儿可怕，这里所有的木屋都依锯齿状的海岸线建造，迎面而来是呼啸的风。从巴斯克港看去，破旧的渔村向东排成一行，而纽芬兰第二大城市科纳布鲁克(Corner Brook)昂首（通过其滑雪山）面向东北方向。

科纳布鲁克(CORNER BROOK)

科纳布鲁克是未来之城——琼—克洛德·范·达姆(Jean-Claude Van Damme)将他的帆船停在港口，而欧普拉(Oprah)刚在滑雪胜地旁买下了一块地！还有传言说美丽的Humber山谷(Humber Valley)将有大的发展。有一点是肯定的：新Humber山谷度假村(Humber Valley Resort)正在出售价值$1 150 000的1110套豪华房间的公寓。这里的气氛可能总有一天将逐步升温。现在，纽芬兰第二大镇（人口23 000)仍然非常安静，不过滑雪者、爱斯基摩划子者和钓鱼者将会发现这里有大量的活动。

方位和实用信息

在Humber湾(Humber Arm) 40公里长海水的东端，科纳布鲁克城醒目矗立在山上。冒着烟的果酱和造纸厂——城市的动力源——是这个城镇的中心点。附近有主要的商业街，如Main St街、Park St街、West St街和Broadway St街。

CIBC银行（☎709-637-1700；9 Main St）

邮局（☎709-637-8807；14 Main St）

公共图书馆（☎709-634-0013；Sir Richard Squires Bldg，Mt Bernard Ave；🕒周一和周二1～8pm，周三10am～8pm，周四至周六10am～5pm，6月到9月中 周六 闭馆）免费上网。

游客中心（☎709-639-9792；www.cornerbrook.com；Confederation Dr和West Valley Rd拐角；🕒5月中到10月中9am～7pm，10月中到次年5月中至5pm）就在Hwy 1公路对面5号出口。有手工艺品店。

景点和活动

马布尔山（Marble Mountain；☎709-637-7616；www.skimarble.com；Hwy1；日票$47；🕒周二至周四10am～4:30pm，周五9am～9:30pm，11月中到次年4月初周六至周一9am～4:30pm）是旅行者来到科纳布鲁克的最大原因。位于城东8公里的Humber河谷(Humber Valley)内，提供加拿大大西洋沿岸各省最好的滑雪场地。马布尔有35条雪道、四辆起重机、488米的垂直落差和每年16英尺厚的降雪。这里有滑雪板和滑雪圈(tubing)公园以及周五的夜间滑雪。这个地区在距离市区西南6公里的**Blow-Me-Down Cross-Country Ski Park越野滑雪公园**（☎709-639-2754；www.blowmedown.ca；🕒

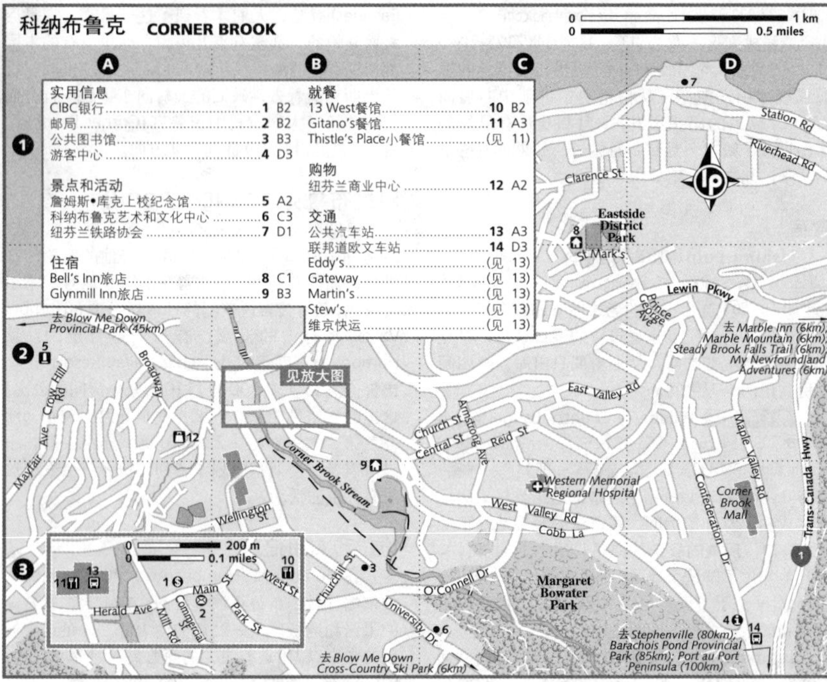

12月初到次年4月黎明～9pm）满足越野滑雪者的需要。

如果滑雪不能使你的肾上腺素上升，那么尝试一下风帆滑雪(snow-kiting，一种帆板加滑雪运动)。在**我的纽芬兰探险**（My Newfoundland Adventures；☎709-686-2222，800-686-8890；www.mynewfoundland.ca），耐心的人们会教你如何操作，不需要有任何经验。只需要带上暖和的衣服，接受3个半小时的课程($129)，课程结束后，你将会飞快地在苔原上滑行。这家公司坐落在马布尔山基地。

白雪消融后，从Petro-Canada火车站后面的滑雪区后停车场，**Steady Brook瀑布小路**(Steady Brook Falls Trail，500米)可以通往一个飞流直下30米的瀑布。在Humber河附近，**轮胎漂流**、**钓鱼**和**乘坐爱斯基摩划子**也很受欢迎，咨询马布尔旅店(Marble Inn，见下页)获取装备。

市区西北的国家历史遗址**詹姆斯·库克上校纪念馆**（Captain James Cook Monument；Crow Hill Rd，Atlantic Ave附近）的建立，是为了颂扬库克(Cook，18世纪英国航海家和探险家——译注)在18世纪60年代中期对整个地区做的测量勘探工作。库克的名字还被用来命名许多岛屿、港口和水路，比如至今还在的Humber湾和Hawke's湾。虽然悬崖顶上的纪念碑是值得赞美的，从Bay of Islands湾欣赏到的全景才是真正的高潮。这里的路复综盘错，不过标志标得很清楚。

另外一条风景优美的小路是**科纳布鲁克溪流小路**(Corner Brook Stream Trail，2公里)，它温和地顺着小溪沿岸和Glynmill湾(Glynmill Pond)的一部分蜿蜒前行。小路起点在Glynmill Inn旅店的停车场（见下页）。

历史悠久的Humbermouth火车站里，**纽芬兰铁路协会**（Railway Society of Newfoundland；☎709-634-2720；Station Rd，Humber Rd附近；门票$2；⏲6月到8月9am～8pm）有漂亮的蒸汽火车头和轨距较窄的火车，1921到1939年，它们喳喳作响地经过这个省份。

科纳布鲁克艺术和文化中心（Corner Brook Arts & Culture Centre；☎709-637-2580；www.artsandculturecentre.ca；University Dr）有一座400个座位的表演艺术场和一座**艺术画廊**（art gallery；免费；⏲9am～5pm），里面陈列着当地艺术家的作品。

住宿

Bell's Inn旅店（☎709-634-1150，888-634-1150；www.bellsinn.ca；2 Ford's Rd；房含早餐 $80～110）Gordon Bell杂乱的绿色屋子坐落在山顶上，从市区到这里有15分钟的步行路程。八个小巧舒适的客房都有专用浴室；1号和4号房间可以欣赏海港景色。在凉风习习的阳台啜饮你的早餐咖啡。

马布尔旅店（Marble Inn；☎709-634-3007，877-497-5673；www.marbleinn.com；21 Dogwood Dr，Steady Brook；房$99～129，小屋 $129～199；🅿）这家当地人经营的旅馆坐落在马布尔山对面的坎伯河边，它向户外运动爱好者提供主客房或周围的杉木小屋。在这个地方，季节性的活动包括鲑鱼垂钓、乘坐爱斯基摩划子和河流漂流；免费的穿梭汽车满足山丘滑雪旅客的需要。

Glynmill Inn旅店（☎709-634-5181，800-563-4400；www.glynmillinn.ca；1 Cobb Lane；房 $102～112，套房 $126～136）草坪、花园和高雅气质围绕着经典都铎式建筑风格的Glynmill。最初是为指导纸浆厂建造的工程师而建的。20世纪20年代，这里建造了纸浆厂，当时，这是造纸业历史上最大的一个工程。旅馆含有一种优雅而平实的氛围。

餐饮

Thistle's Place小餐馆（☎709-634-4389；Millbrook Mall，Main St；三明治 $5～9；🕑周一至周六9am～6pm；💻）走过前面的花店，到达这家很小的餐馆，供应熏肉、咖喱鸡肉和全麦素食卷。还有咖啡、蛋糕、早餐和互联网接口(每15分钟$2)。

Gitano's餐馆（☎709-634-5000；Millbrook Mall，Main St；小吃 $6～10，主菜 $17～25；🕑周一至周四 11:30am～2pm和5～10pm，周五 11:30am～2pm和5pm～午夜，周六5pm～午夜，周日5～10pm）在Thistle's后面，由同一个家族经营，Gitano's提供西班牙风味的主菜，如estofado(捣烂的甘薯、鹰嘴豆和无花果，最后是燕粗麦)、餐前小吃(品尝Newfie虾卷)和意大利面食，周末回荡着现场爵士乐。

13 West 餐馆（☎709-634-1300；13 West St；正餐主菜 $20～30；🕑周一至周五 11:30am～2:30pm 和 5:30～9:30pm，周六和周日 5:30～9:30pm）这家小酒馆中，创新性菜肴增添了不少魅力，如扇贝、腰果、咖喱奶酪沙司(curried cream sauce)和酸辣酱(chutney)跟意大利扁面条(linguini)拌在一起。特价午餐（约 $11）加甜食很值。素食者甚至都有一些可选菜式。

购物

纽芬兰商业中心（Newfoundland Emporium；☎709-634-9376；7 Broadway）跨过Moose，一种驼鹿般大的纽芬兰狗，领略当地的工艺品、音乐和文学。

到达和离开

科纳布鲁克是汽车集散中心，有去往纽芬兰的各种班次。大部分运营公司使用市中心的**公共汽车站**（☎709-634-4710），在 Millbrook Mall 大厦购物中心旁边。例外的有 DRL，它的车停在过了游客中心的**联邦道欧文车站**（Confederation Dr Irving station；☎709-634-7422）。那些想在车站间转车的人需要叫出租。所有班次都要预订。

DRL海岸线（DRL Coachlines；☎709-263-2171；www.drlgroup.com）的汽车向东开往圣约翰斯($93只收现金，10个半小时)，上午11点25分发车。下午5点55分发车开往巴斯克港(Port aux Basques，$38，3小时)。**Stew's**（☎709-886-2955，709-634-4710）有去往伯吉奥(Burgeo，$33只收现金，2小时)往返汽车，周一到周四每天下午3点发车，周五下午4点发车。**Eddy's**（☎709-634-4710）一天4班车开往斯蒂芬维尔(Stephenville，$17，1小时15分钟)。**Gateway**（☎709-695-3333）往返汽车，除了周日，每天下午3点45分有车开往巴斯克港($30，3小时)，早上8点从巴斯克港返回。

Martin's（☎709-453-2207）的往返汽车除周日每天都有，下午 4 点 30 分发车前往 Woody 角 (Woody Point，$14，1 个半小时）和鳟鱼河 (Trout River，$16，2 小时)。从 Woody 角和鳟鱼河返回的车上午 9 点发车。不同的 **Martin's**（☎709-458-8201）往返汽车，下午 4 点 30 分开往岩石港(Rocky Harbour，$18，1 个半小时)。上午 9 点发车从岩石港返回。

维京快运（Viking Express；☎709-634-4710）的车周一、周三和周五的下午 4 点开往圣安东尼 ($56，7 小时)。中间在迪尔莱克 (Deer Lake，$10，45 分钟）和岩石港 ($18，2 小时）有站。

星辰出租车（Star Taxi；☎709-634-4343）每天有五班车，接送途中来自不同旅馆去往迪尔湖机场的人们 ($18，45 分钟）

科纳布鲁克周边地区 (AROUND CORNER BROOK)

布洛米顿山(Blomidon Mountains)

布洛米顿山(Blomidon Mountains)，5亿年前左右由于与欧洲大陆碰撞而隆起形成，沿Humber湾 (Humber Arm)南面连绵起伏。它们是徒步旅行的诱人地方，提供了许多海岛港湾的美丽景色，还可以瞥见栖居的大量驯鹿。有些小路——特别是在荒地中蜿蜒上升的——标志不那么清楚，所以地形图和罗盘对所有徒步者来说都是基本必备物。

最东边也最受欢迎的小路，始于Rte450路左边的停车场（离布卢米荡小溪桥[Blow Me Down Brook bridge]500米）。一个小时左右能走完这条路；对更热爱徒步旅行的人来说，它可以继续延伸进入山峦，你自己决定。

布卢米荡省立公园（Blow Me Down Provincial Park；☎709-681-2430；Rte 450；宿营地$13，每辆车$5；⏲5月中到9月中）有海滩和风景。公园位于Rte 450路拐弯抹角的终点，它从科纳布鲁克向西延伸，大约60公里。

斯蒂芬维尔(Stephenville)

经过荒弃的飞机库、成堆的轮胎和大片房屋进入城镇，斯蒂芬维尔是纽芬兰最没有吸引力的城市。没有太多值得停留的理由，除了**斯蒂芬维尔戏剧节**（Stephenville Theatre Festival；☎709-643-4982；www.stf.nf.ca）。7月、8月，它席卷了这个城市，有莎翁戏剧、百老汇戏剧，以及为了刺激气氛而上演的纽芬兰先锋戏剧。

波尔半岛港(Port au Port Peninsula)

斯蒂芬维尔(Stephenville)的西半岛很大，是这个省唯一的法属区。18世纪初，它以被称为法国海岸(French Shore)而出名。如今，**圣乔治海角**(Cape St George)和**Lourdes**之间的西海岸充满着这种最强劲的文化。这里，孩子们去法国学校，保护他们的法语口音，这种口音既不像法国人说的话，也不像魁北克人说的法语。

在靠近斯蒂芬维尔的**波尔西港**(Port au Port West)，美丽宜人的**沙砾小路**(Gravels Trail，3公里)经过一个又一个僻静的海滩，通往海岸。Felix湾(Felix Cove)附近，在**纽芬兰羊驼区**（Alpacas of Newfoundland；☎709-648-9414；免费入内；Rte 460）驻足，摸着毛茸茸的同名家伙。

巴拉舒瓦庞德省立公园 (Barachois Pond Provincial Park)

这座受欢迎的**公园**（☎709-649-0048；Hwy1；宿营地$13，每辆车$5；⏲5月中到9月中）就在Hwy 1公路上Rte 480路的南边，是这个省为数不多的能提供偏远地营地宿营体验的地方之一。**Erin山小路**(Erin Mountain Trail，4.5公里)蜿蜒穿过森林，一直向上到340米高的山峰，那里有偏远地营地，还可以看见绝佳风景。爬山要2小时。

不远处，公园有几条闲适点的自然小路和一个不错的可以游泳的区域。

巴斯克港(PORT AUX BASQUES)

巴斯克港的交通都靠渡船。大部分旅行者来到这里，跳上船从新斯科舍出发到罗克，或跳下船返程。那并不意味着这个城镇不是度过一天或一晚上的好地方。粉刷成浅绿色、鲜红色和海绿色的传统木屋紧紧靠着石头山。洗过的衣服在风中飘动，后院入口处有停靠的船，而且当地人一定会向新来者挥手致意。

16世纪初，巴斯克渔民和捕鲸者将此地起名为巴斯克港（偶尔被称为海峡—巴斯克港[Channel-Port aux Basques]），他们到Belle Isle海峡(Strait of Belle Isle)水域来捕鱼。

在继续前往其他地方之前，这座城镇很方便补充食物、燃料和/或钱。

方位和实用信息

出渡口后左转过桥，然后沿Caribou Rd路一路向东南，就可以到市中心了。沿着城里较老地区的弯曲小路，还可以找到邮局和银行。其他服务设施——食品店、加油站、医院和游客中心——都在西北部地区，小镇的对面。

蒙特利尔银行（Bank of Montréal；☎709-695-5600；83 Main St）

医院（Hospital；☎709-695-2175；Grand Bay Rd）

邮局（Post office；☎800-267-1177；3 Main St）

公共图书馆（Public Library；☎709-695-3471；Grand Bay Rd；⏲不定，周日和周一闭馆）可免费上网。

Shopper's Drug Mart药店（☎709-695-7051；Main St；⏲周一至周五10am-9pm，周六至6pm，周日1～5pm）

游客中心（☎709-695-2262；www.gatewaytonewfoundland.com；Hwy 1；⏲5月中到10月中6am～8pm）提供该省所有地方的信息；有时为了配合渡船交通会晚点开门。

景点和活动

市区是较小的**海湾博物馆**（Gulf Museum；☎709-695-7604；118 Main St；成人/家庭$4/7；⏲7月初到8月末周一至周五9am～5pm），堆满了从失事船只上找到的手工艺品。最好的展品是一个罗盘。这个令人惊叹的黄铜航海仪器1628年由葡萄牙制造，它是根据古希腊人发现的原理设计的。罗盘保存状况非常完好，是世界上仅存的三十几个中的一个。

城西是**Grand湾西海滩**（Grand Bay West Beach；Kyle Lane）。这条长长的海滩背靠绿色沙丘，是濒危动物尖叫珩鸟的繁殖地。**Cormack小路**(Cormack Trail，11公里)从这里开始，沿着海岸一直到John T Cheeseman省立公园(John T Cheeseman Provincial Park)。

Scott's Cove公园(Scott's Cove Park，Caribou Rd)有修好的木板路、糖果颜色的小吃小屋和一个船形的圆形剧场，在这儿可以与市民混在一起，听现场音乐。**铁路遗产中心**（Railway Heritage Centre；

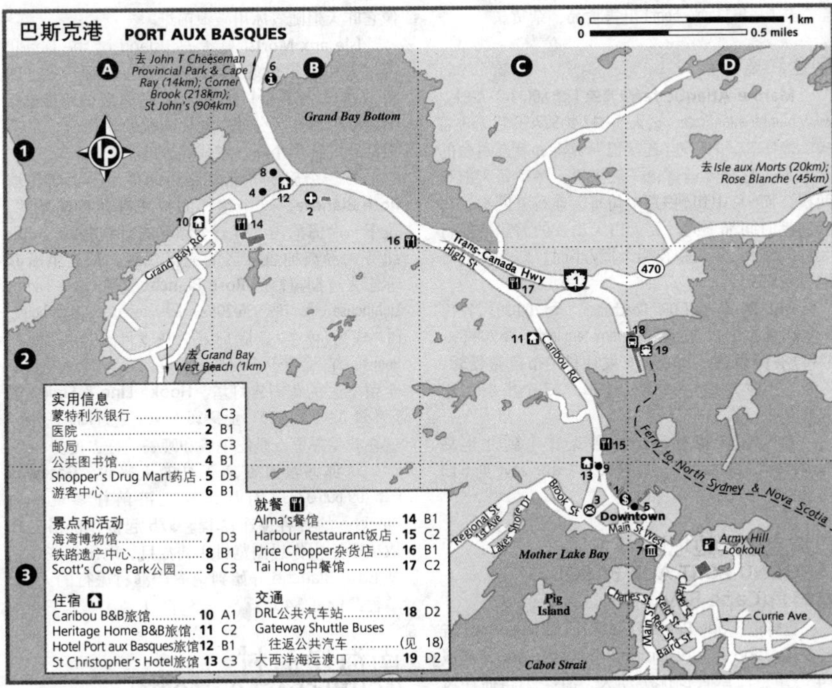

(☎709-695-7560；Hwy 1 附近；团队游 $3.50；⌚7 月和 8 月 10am ~ 8pm）也很值得停留。

住宿

渡口交通繁忙，预订是个不错的主意。

Heritage Home B&B 旅馆（☎709-695-3240；www.bbcanada.com/2665.html；11 Caribou Rd；房 带公共卫生间 $45 ~ 65；⌚5 月到 10 月）位于悬崖之上，俯瞰海港，这家五人间客房的 Heritage Home 是离渡口最近的旅馆（10 分钟的路程）。在小巧而充满阳光的房间里，有柔软的棉被和富有光泽的木制家具。

Caribou B&B旅馆（☎709-695-3408；www.bbcanada.com/2225.html；42 Grand Bay Rd；房 $55~65；⌚5月到9月）与Heritage Home的氛围相似，但五间客房中的三个带专用浴室。蔓虎刺早餐松饼弥补了因距离渡口远带来的不便。

St Christopher's Hotel旅馆（☎709-695-3500，800-563-4779；www.stchrishotel.com；Caribou Rd；房 $93~103；💻）这是城里最专业的寓所了，有一间小健身房，还有一个美味的餐厅Captain's Room（正餐$10~16；7am~2pm和4:30~10pm营业）。它的奇数房间可以看见港口景色。

Hotel Port aux Basques 旅馆（☎709-695-2171，877-695-2171；www.hotelpab.com；1 Grand Bay Rd；房 $95 ~ 100，套房 $130）是 St Christopher's 最近的竞争对手，这家旅馆有些古老，但有更多的特点。对那些娇气的人来说，这儿的套间可以让他们满意。孩子免费入住。

就餐

Alma's餐馆（☎709-695-3813；Mall，Grand Bay Rd；正餐 $4~12；⌚周一至周三和周六8am~7pm，周四和周五至 9pm）跟随当地人走进这家不提供多余服务的餐馆，享用成堆的鳕鱼、鱼饼和浆果馅饼。它还提供早餐、汉堡包和三明治。

Harbour Restaurant饭店（☎709-695-3238；121 Caribou Rd；正餐 $6~12；⌚周日至周四 8am~午夜，周五和周六至1am）虽然在其他地方会吃得好些、享受的服务也好一些，但你不会不被这里的港湾景色所打动。比萨和donairs(即皮塔饼包五香牛肉[spiced beef in pita bread])，还有油炸鸡块。

Tai Hong 中餐馆（☎709-695-3116；77 High St；正餐 $7 ~ 12；⌚11am ~ 10:30pm）素食餐馆，这儿典型的中餐无比美味（尽管蔬菜较少）。

Price Chopper杂货店（☎709-695-7689；High St；⌚周一、周二和周六8:30am~6pm，至 9pm 周三

至周五，周日11am～5pm）出售食品、杂货。

到达和离开

Marine Atlantic ferry渡轮（☎800-341-7981；www.marine-atlantic.ca；成人/5～12岁 $27.50/13.75，每辆车/摩托车 $78/39.50）连接巴斯克港和新斯科舍的北悉尼。它全年运营，一般来说，冬季每天航行两次，而6月中旬到9月中旬每天航行三四次。每天离港时间都不同。夏天白天出发的游船要航行大约6小时，冬天和夜船大概7小时。四人间的卧铺收费$99。

DRL 海岸线（DRL Coachlines；☎709-263-2171；www.drlgroup.com）在**渡口**（ferry terminal；☎709-695-4216）有停靠点。8am 有车发往科纳布鲁克（$38，3 个半小时）和圣约翰斯（$130，13 个半小时）；只收现金。

如果你希望从科纳布鲁克转车到北半岛(Northern Peninsula)，最好乘坐 Gateway(见 513 页）的公共汽车。

巴斯克港周边地区 (AROUND PORT AUX BASQUES)

雷岬角(Cape Ray)

雷岬角(Cape Ray) 靠近 John T Cheeseman 省立公园 (John T Cheeseman Provincial Park)，离城 14 公里。海岸景色优美动人，有条小路通往风吹雨淋的**雷岬角灯塔**（Cape Ray Lighthouse；免费入内；⏲7 月和 8 月 10am ～ 9pm）。这个地区是被称为多塞特古爱斯基摩人遗址 (Dorset Paleo-Eskimo site) 的最南边，这片遗址的年代大概在公元前 400 年到公元 400 年间。在这里，找到了几千件艺术品，还可看见一些住所遗址。

该地区也有一些不错的**徒步小路**。Cormack 小路 (Cormack Trail，见 514 页）从这里最终伸向北方，一直到斯蒂芬维尔 (Stephenville) 附近的 Flat 湾 (Flat Bay)。**桌状山小路** (Table Mountain Trail，12 公里）更像一条崎岖不平的道路（指望在上面开车，想都别想），始于对着雷岬角的 Hwy 1 公路。这条小路通向 518 米高原，那里有“二战”时期美国秘密雷达站和飞机跑道的废墟。这条路不难走，但要走上 3 到 4 小时。

John T Cheeseman 省立公园（John T Cheeseman Provincial Park；☎709-695-7222；Rte 408；宿营地 $13，每辆车 $5；⏲5 月末到 9 月中）就在海滩旁边，配有顶级设施。

南海岸(South Coast)

Rte 470 路常常被游客忽略，有些惋惜，因为这儿很漂亮。出巴斯克港向东 45 公里，沿着海岸，这条路在风雨侵蚀的地形上高低起伏，好像它昨天追随着冰川破浪前进。

Isle aux Morts(死人岛 [Island of the Dead]) 因过去 400 年来海上的许多失事船只而得名。以勇敢营救失事船只的著名家庭命名的**哈维小路** (Harvey Trail，7 公里）盘旋围绕崎岖海岸，是条很活跃的徒步小路。寻找城里的小路标志。

另一个旅游亮点是路边的最后一个居住地 **Rose Blanche**，这个绝棒的村庄有着传统外观，位于一个海湾内，有一个漂亮的自然港口——是纽芬兰经典捕鱼社区的完美代表。从这里沿着标志去近期重修的 **Rose Blanche 灯塔**（Rose Blanche Lighthouse；☎709-956-2052；www.roseblanchelighthouse.ca；成人 / 学生 / 家庭 $3/2/7；⏲5 月到 10 月 9am ～ 9pm）。它始建于 1873 年，是大西洋海岸最后一个留下来的花岗岩灯塔。**Hook，Line & Sinker 餐厅**（☎709-956-2005；正餐 $6 ～ 10；⏲11am ～ 9pm）就在教堂隔壁，是吃午餐和晚餐的好去处。

对那些没有交通工具的人来说，**Gateway**（☎709-695-3333）有从巴斯克港前往参观 Rose Blanche 的各种篷车游程。$75 起价，价格上升取决于途中你想浏览村庄的数目。对于那些计划从 Rose Blanche 开始到南海岸渔村旅行的人们，单程票价是 $45。

南海岸渔村 (SOUTH COAST OUTPORTS)

有时间和耐心的话，穿越南海岸游览其小渔村——称为小港——是一睹纽芬兰独特文化的最好方式。这些小社区是北美一些最偏僻的定居点，只能坐船到达，因为它们紧靠着回旋的海岸。不同寻常的伯吉奥 (Burgeo)，由一条轻松的公路连接；它给人一种原始的、隔离的感觉，然而，对于旅行者来说，这里有良好的设施。但是要快点：由于政府压力、居民缺乏就业机会，渔村正日益缩小，他们会搬到更容易到达的地区。

方位和实用信息

伯吉奥（人口 1700) 是最大的镇，并充当一个服务中心。它还是唯一一个可以通过公路进入的城镇，不同于作为旅行开始和结束的城镇 Rose Blanche(见上文）和 Hermitage(见 504 页）。它们之间小的外港包括 Lapoile、Grand Bruit、Ramea 岛、Grey 河、François 和 McCallum。

巴斯克港（见 514 页）的游客中心拥有该地区的旅游信息。几个渔村联合网站 (www.bbsict.com) 上有住宿和活动信息。

景点和活动

当太阳出来，大海在无尽的小湾和岛屿之间

微光闪烁时，伯吉奥就像是一个梦。拾级而上到**Maiden Tea 山**(Maiden Tea Hill)，怀着敬意四处浏览。**沙洲省立公园**(Sandbanks Provincial Park)7公里的白色沙滩可能是整个省最好的(至少栖息在此的笛鸻[piping plover]会这么认为)。

Burgeo Haven B&B旅馆可提供**乘船团队游**(Boat tours，2小时每人$25)和**海上爱斯基摩划子租赁与旅行**(sea-kayak rentals & tours，每半天 单人/双人爱斯基摩划子$40/50，导游 每小时$20)

作家法利·莫厄特(Farley Mowat)曾在伯吉奥住过几年，直到他创作《鲸之死》(*A Whale for the Killing*)，激怒了当地人后离开。这本书讲述了伯吉奥的市民是如何对待在附近潟湖捕获的一条80吨长须鲸的故事。我们只能说鲸的结果并不幸。当地人能指出潟湖和莫厄特的故居，不过你可能会听到怨言。

其他渔村是在僻静之地**扎营**、**徒步远足**和**垂钓**的好地方；可以让当地人安排个导游。

食宿

不同于在伯吉奥，你可能不得不和当地一家子住一起，不过也没问题。当地人很爱帮人。

沙洲省立公园(Sandbanks Provincial Park；☎709-886-2331；出Rte 480，Burgeo；宿营地$13，每辆车$5；⏲5月末到9月中)这儿25个宿营地中，三分之二的宿营地在森林内，剩下的在绿色草地间。苍蝇很野蛮。

Blue Mountain Cabins小屋(☎709-492-2753；www.bluemountaincabins.ca；Grand Bruit；单/双$70/75；⏲6月到10月)这个地方只有两个小屋。提供伙食，价格适中，主人可以安排徒步游。

Burgeo Haven B&B旅馆(☎709-886-2544；www.burgeohaven.com；111Reach Rd，Burgeo；单/双/套房$70/80/90；💻wi-fi)就在Maiden Tea山对面，这个大屋子背靠一个大大的水湾，环境安静。五间客房中有的能欣赏山色。

Gillett's Motel汽车旅馆(☎709-886-1284；www.gillettsmotel.ca；1 Inspiration Rd，Burgeo；双$78)镇上唯一的汽车旅馆，是……很像汽车旅馆，它拥有所有普通的客房设施(带电视，可上网)。这里很不错，还设有Galley Restaurant餐馆(餐费$7～15)，在这儿你可以吃鳕鱼，很可能吃到当天早晨捕捉到的。

Joy's Place餐馆(☎709-886-2569；Reach Rd，Burgeo；正餐$6～11；⏲11am～11:30pm)在Burgeo Haven B&B旅馆附近，乔伊(Joy)迅速地制作炸鸡、中国菜、汉堡包和馅饼，还提供鱼类菜肴。

到达和离开

荒凉的、148公里长的Rte 480路迅速离开科纳布鲁克以南的Hwy 1公路，然后直接进入伯吉奥。注意这里没有加油站，而且几乎没有任何文明，只有冰河切割过的大圆石、池塘以及许多驼鹿。Stew's(见513页)班车在科纳布鲁克和伯吉奥之间往返运行。

只能通过乘船进入其他城镇。虽然以下提到的轮渡全年运营，但这儿描述的路线是5月中到9月的；如果没给出具体时间，那是因为发船时间不定。时间表会有变化，所以请联系**省渡运局**(Provincial Ferry Services；☎709-292-4302；www.tw.gov.nl.ca/ferryservices)。注意，渡轮上不能载汽车(除了伯吉奥到Ramea岛)。

是的，这个时间表让人感到困惑不解，但是仔细计划穿越这个岛的旅行还是可行的。

从Rose Blanche出发，到Lapoile($3.75，1个半小时)和Grand Bruit($4.75，2个半小时)的汽车每天下午3点30分发船(除了周二和周四)。同样的日子里，有两艘船从Lapoile到Grand Bruit ($3.50，1小时)。从Grand Bruit到伯吉奥($5.50，3小时)，只有每周二上午8点45分发船。

从伯吉奥出发，你有几个选择。一到三艘船每天驶往拉米亚($3.75，1个半小时)，另一艘每天下午1点45分开往Grey河($5.25，2个半小时)。从Grey河出发，每天下午4点45分(除了周二和周四)有船开往François($4.75，2小时)。从François到McCallum($4.75，2个半小时)和Hermitage($6.75，4小时)，每周四上午7点发船。如果从McCallum上岸，下一步你可以乘船到Hermitage(1个半小时)的时间是下一周的周四上午9点45分。

在Hermitage，你必须找出能回到Rte 360路的交通路线。然后，你可以与**Thornhill Taxi Service出租汽车公司**(☎709-885-2144，866-538-3429)联系，在布雷顿海港和Grand Falls之间运行，并与后者的DRL相接。

拉布拉多(LABRADOR)

这块土地被称为"大土地"(Big Land)，有293 000平方公里，向北蔓延至北极圈。很容易就能找到原因。高低起伏、多岩泥泞的广袤地区形成了稀疏、原始的风景。除了大北方外，每年，四个大型驯鹿群——包括世界上最大的那个(75万头)——经过拉布拉多迁徙到它们的产犊地。

因纽特人和印鲁人(Innu)曾经占据了拉布拉多几千年之久，直到20世纪60年代，他们的人口还是很有限，而且，很长时间里，欧洲后代被称为"liveyers"。他们靠捕鱼和打猎，在海边小渔村里勉强维持生活。而岛屿内部是未开垦的荒野。

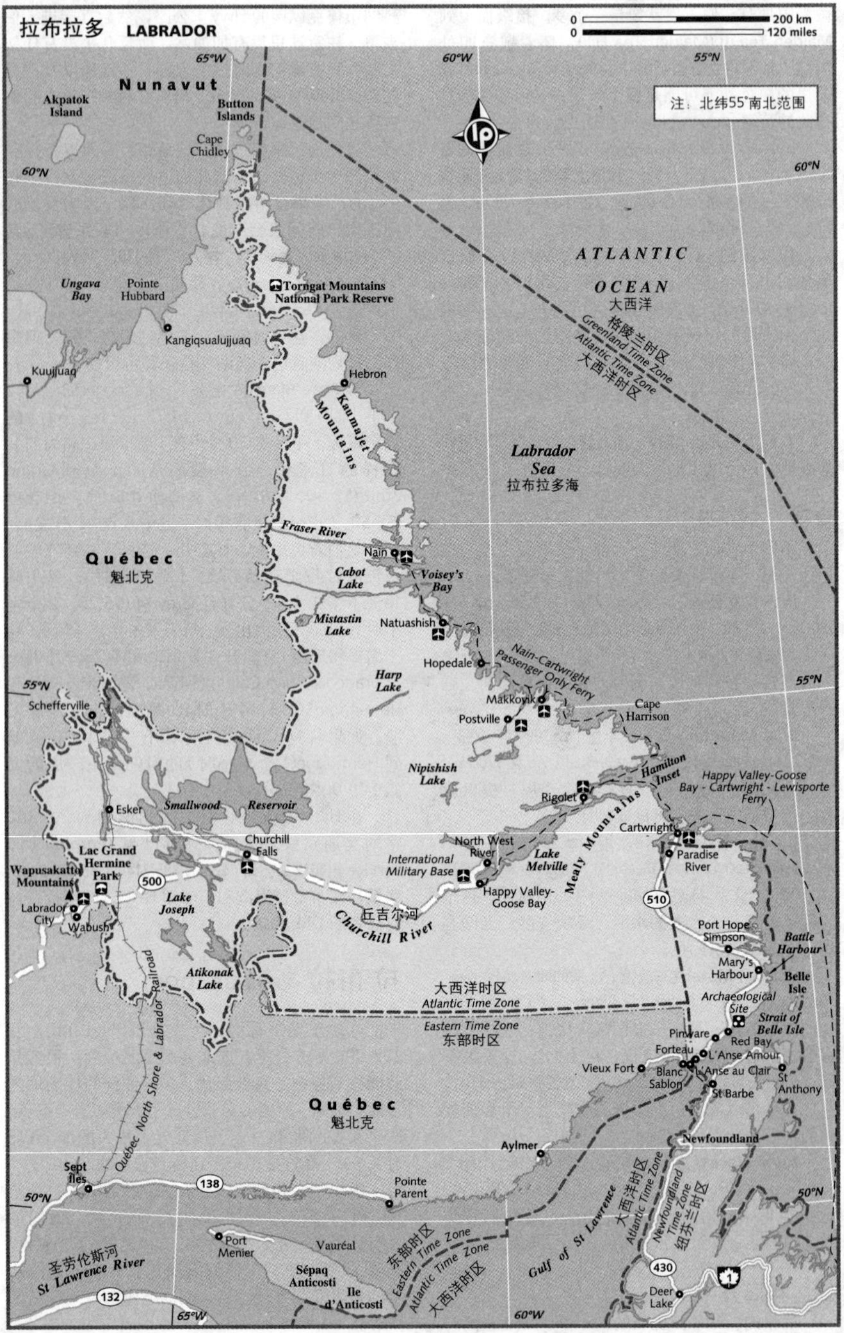

拉布拉多 LABRADOR
0 200 km
0 120 miles
注：北纬55°南北范围
Nunavut
Akpatok Island
Button Islands
Cape Chidley
Ungava Bay
Pointe Hubbard
Kangiqsualujjuaq
Kuujjuaq
Torngat Mountains National Park Reserve
Hebron
Kaumajet Mountains
ATLANTIC OCEAN
大西洋
格陵兰时区
Greenland Time Zone
Atlantic Time Zone
大西洋时区
Labrador Sea
拉布拉多海
Fraser River
Nain
Cabot Lake
Voisey's Bay
Québec
魁北克
Mistastin Lake
Natuashish
Hopedale
Nain-Cartwright Passenger Only Ferry
Harp Lake
Makkovik
Postville
Cape Harrison
Schefferville
Nipishish Lake
Hamilton Inset
Happy Valley-Goose Bay - Cartwright - Lewisporte Ferry
Rigolet
Esker
Smallwood Reservoir
Mealy Mountains
Cartwright
Churchill Falls
North West River
Lake Melville
Paradise River
Lac Grand Hermine Park
Wapusakatto Mountains
International Military Base
Happy Valley-Goose Bay
500
510
Labrador City
Wabush
Lake Joseph
丘吉尔河
Churchill River
Port Hope Simpson
Battle Harbour
Mary's Harbour
Belle Isle
Atikonak Lake
Québec North Shore & Labrador Railroad
大西洋时区
Atlantic Time Zone
Archaeological Site
Strait of Belle Isle
Eastern Time Zone
东部时区
Pinware
Red Bay
Forteau
L'Anse Amour
Vieux Fort
Blanc Sablon
L'Anse au Clair
St Anthony
St Barbe
Québec
魁北克
Newfoundland
Aylmer
Sept Îles
138
Pointe Parent
Gulf of St Lawrence
大西洋时区
Atlantic Time Zone
Newfoundland Time Zone
纽芬兰时区
Port Menier
Vauréal
东部时区
Eastern Time Zone
Atlantic Time Zone
大西洋时区
圣劳伦斯河
St Lawrence River
Sépaq Anticosti
Ile d'Anticosti
132
430
1
Deer Lake
65°W
60°W
55°N
60°N
50°N

过去几十年来，拉布拉多巨大自然资源的经济潜力引起了新的关注度。几家公司已经触及像瓦布斯 (Wabush) 和拉布拉多城 (Labrador City) 的巨大铁矿和丘吉尔瀑布 (Churchill Falls) 的水力电气。

这个省的北海岸基本上还是一如既往，但是，那里是考察受原住文化影响的村庄的好地方。这里没有公路，你不得不乘坐提供的渡船到达那里。事实上，在这个巨大的地区，普遍缺乏公路和相关设施，因此提前计划很重要。

拉布拉多（人口 27 000）常常又冷又湿，风也很大，虫子很凶狠。注意，拉布拉多海峡 (Labrador Straits，不包括魁北克部分）是纽芬兰时间，而拉布拉多的其他地区（从卡特赖特开始）是大西洋时间，比纽芬兰时间晚 30 分钟。魁北克是东部时间，它比大西洋时间晚 1 个小时。这些时差可能会使你在制定渡轮和航班时刻表时感到头疼。

拉布拉多海峡(LABRADOR STRAITS)

你认为北半岛 (Northern Peninsula) 地势险要吗？乘船航行 18 公里穿过贝尔岛海峡 (Strait of Belle Isle)，你就可以看到暴风更为肆虐、更多黑色岩石的风景。云彩划过浅绿灰相间的天空，而拍打着岸边的水是那么冰凉，海水呈紫红色。不像其他偏远的拉布拉多地区，海峡地区是很容易到达的，而且穿越景点，如雷德贝 (Red Bay)、巴特尔港及许多美丽的步行道，它蜿蜒经过海难船只和鲸骨残骸。

“拉布拉多海峡”是对那些包括南部海岸地区的社区的口头叫法。注意，到这儿的第一站实际上根本不能算是在拉布拉多内，渡口和机场都在魁北克的布朗萨布隆 (Blanc Sablon)。一旦到了拉布拉多，Rte 510 路是连接海峡社区之间的公路。雷德贝的南部是封闭路段，全年开放。从雷德贝北部到卡特赖特 (Cartwright)，到处是碎石，而且在冬天不开放，不过这可能会改变。请向**运输与工程部**（Department of Transportation & Works；☎ 709-729-2300；www.roads. gov.nl.ca）问询。

布朗萨布隆到朗索克莱尔 (Blanc Sablon To L'Anse au Clair)

乘坐渡船或飞机到达布朗萨布隆，并走 Rte 510 路往北开车几分钟后，你就来到了拉布拉多和相当于大门的朗索克莱尔城。在这里，你可以找到海峡最好的**游客中心**（☎ 709-931-2013，877-931-2013；www.labradorcoastaldrive.com；Rte 510，L'Anse au Clair；⏲6 月中到 10 月中 9am ~ 5pm），它在一个旧教堂内，是小博物馆的两倍大。一定要拿一份有关这个地区的徒步线路地图。

乘渡船之前或之后，这座城镇都是很好的基地。在 **Beachside Hospitality Home**（☎ 709-931-2338；normanletto@yahoo.ca；9 Lodge Rd；房 带 公共卫生间 $38 ~ 45）晚上一般都会为客人演奏手风琴。在这家有三个卧室、两个卫生间的 B&B 旅馆里，床上有准备好的被子，而且在厨房有准备好的自制果酱。

既现代又保存完好的 **Northern Light Inn 旅店**（☎ 709-931-2332，800-563-3188；www.northernlightinn.com；56 Main St；单 / 双 $89/109）是乘坐汽车的旅行团的最爱。偶数房间可以看见港湾景色。这家旅馆的**餐厅**（主菜 $12 ~ 18；⏲ 周日至周四 7am ~ 9pm，周五和周六至 10pm）有城里最好吃的菜。**MV Apollo**（☎ 866-535-2567；www.labradormarine.com；成人 /5 ~ 12 岁 $7.50/6，小汽车 / 摩托车 $22.75/11.50）5 月到次年 1 月，在纽芬兰圣巴尔贝 (St Barbe) 和布朗萨布隆之间运营航班，航程 2 小时。7 月初到 9 月中最繁忙的季节，每天上午 8 点到下午 6 点有两三个航班；其余时间里每天一两个航班。这个航线的开船时间每天都在变化。注意布朗萨布隆航运终点的时间是纽芬兰时间 (Newfoundland Time) 而不是东部时间 (Eastern Time)，布朗萨布隆其他地区也是如此。

省际航空公司（☎ 800-563-2800；www.provincialairlines.ca）有从圣约翰斯($239)和圣安东尼($119)飞往布朗萨布隆的飞机。唯一让你感到困惑的是，从机场起飞的时间是东部时间对拉布拉多海峡(即纽芬兰)时间。

可以在机场从**鹰河租赁公司**（Eagle River Rent-a-Car；☎ 709-931-2352）和**National公司**（☎ 709-461-2777）租用汽车。

福尔托到平瓦尔(Forteau To Pinware)

沿 Rte 510 路向东北方向继续前进，你会经过福尔托 (Forteau)、L'Anse Amour、L'Anse au Loup 和平瓦尔。

总部在福尔托城里的 **Labrador Adventures 公司**（☎ 709-931-2055；www.tourlabrador.ca；团队游 $15 ~ 85）提供知识丰富的向导，乘坐 SUV 进行海峡方向的徒步游或一日游。它还安排全包的过夜包价游 ($240)。这是游览这个地区的不错方式，尤其是你时间不多或车少的时候。福尔托的**布鲁克湍流小路** (Overfall Brook Trail，4 公里）尾随着海岸，尽头是个 30 米高的瀑布。

六座房子组成了 L'Anse Amour，但景观却远远超过这个数字。**L'Anse Amour 墓丘**（L'Anse Amour Burial Mound；L'Anse Amour Rd）精致的石堆坟墩是生活在沿海地区的古代原住民安放在这里的，是北美最早的墓碑。一个小小的路边标牌指示着这个有 7500 年历史的地方。沿同一条路是 **Amour 角灯塔省级历史遗址**（Point Amour Lighthouse Provincial

值得一游：弗朗索瓦

当你进入狭长的水路而且突然遇到四周高耸的岩壁时，会被小小的弗朗索瓦(www.francoisnf.com)惊呆的。这些悬崖被许多山间小路切开，如果有兴趣挑战，它是个徒步旅行的好地方。乘独木舟和划船穿越废弃的外港和被人们遗忘的捕鲸站旅行由**Pinnacle Tours**（☎709-842-3336；www.pinnacletours.org）提供。你可以住在当地人的家里。详情请见这个小镇的网站，参见517页的渡轮时刻表。

Historic Site；☎709-927-5825；L'Anse Amour Rd；门票$3；🕑5月中到9月末 10am～5:30pm）。这个灯塔是大西洋加拿大最高的灯塔，爬到灯塔的127级台阶花了四年才建成。当你爬到顶，一片壮观的360度海岸线全景会回报给你。灯塔看守人的家有关于海事历史的展览。英国政府公务(HMS)的Raleigh号1922年曾来往这里，1926年被毁。**Raleigh Trail小路**(2公里）将带你到达遗址，参观海滩上的战舰碎片。

过了L'Anse au Loup是**炮台小路**(Battery Trail，4公里），它蜿蜒穿过矮小的树林，终点是炮台、可以欣赏开阔的海景。

在平瓦尔，道路转向内岛，贴着平瓦尔河(Pinware River)的西河沿往前，直到过了一座只有一条车道的铁桥，然后在湍急水流的高高上方，沿着东边一路往前。平瓦尔的这段路程以能**钓鲑鱼**而出名，山林小屋有导游服务。离雷德贝(Red Bay)大约10公里的地方，道路变得崎岖而荒凉，幸亏8月蓝莓和云莓可算是额外奢侈品（采摘者多得很）。

福尔托面对家庭旅行者的**Seaview Cabins小屋**（☎709-931-2840；bhancock@preserves.nf.ca；33 Main St；小木屋$89～95）最近刚刚修复完。八个小木屋中有四个是"豪华的"，即比较大而且可以欣赏水景；两个有极可意浴缸。可以向街对面的**海景餐馆**（Seaview Restaurant；正餐$6～16；🕑9am～午夜）询问。当你到达这里时，可以好好大吃一顿著名的炸鸡和风味独特而鲜嫩的驯鹿肉。食品店和果酱厂也在这里。

雷德贝(Red Bay)

辉煌的**雷德贝国家历史遗址**（Red Bay National Historic Site；☎709-920-2051；www.pc.gc.ca/redbay；Rte 510，Red Bay；成人/6～16岁/家庭$7.15/3.45/18.05；🕑6月初到10月中 9am～6pm）在两个地方之间，使用不同媒体记载了3艘16世纪巴斯克捕鲸船在海床上的发现历史。这三艘船在冰冷的水里被很好地保留下来，船只的遗迹告诉我们不平常的故事：4个世纪以前这里的生活是什么样的。雷德贝是世界上最大的捕鲸港，有两千多人住在这里。看一看博物馆里重修好的chalupa号（一艘用来捕鲸的巴斯克小渔船）以及其他一些遗迹。然后跳入小船中($2)去附近的**Saddle岛**(Saddle Island)，周围是一些考古挖掘地 至少在博物馆和岛上待两三个小时。

穿过海湾，迷人的**Boney海岸小路**(Boney Shore Trail，2公里)位于海滨沿岸并经过散落在这里的鲸骨(看起来很像岩石)。**Tracey Hill Trail小路**有一条木板路向上攀升，总共有670个台阶，通往American Rockyman山(American Rockyman Hill)山顶，鸟瞰港口景色；每个方向得20分钟。

Basinview B&B旅馆（☎709-920-2022；blancheearle@hotmail.com；145 Main St；房$46～75）是城镇里一个简单的寄宿处，四个房间，有公用浴室。

记住，雷德贝是铺平道路的尽头。沙砾路从这儿通向卡特赖特。

巴特尔港(Battle Harbour)

坐落于拉布拉多海(Labrador Sea)一座岛屿上的，是重新修复的一个精巧小村庄和**炮台港**（Battle Harbour；☎709-921-6216；www.battleharbour.com；成人/6～12岁$7/3.50；🕑6月中到9月中）的腌鱼货栈。19世纪初，它曾经是拉布拉多的非官方"首都"，捕鱼的帆船停满了码头，如今这里是国家历史遗址。另一个久负盛名的原因：这里是罗伯特·E.皮尔里(Robert E Peary)于1909年到达北极后第一次召开新闻发布会的地方。

从Mary's港(11am和7pm发船，1小时）坐船（环游$50)可以抵达，你可以白天来玩，也可以住上几晚。住宿分布在各种传统的住宅和小木屋里，它由**Battle Harbour Inn旅店**（☎709-921-6325；www.battleharbour.com；单/双/木屋含早餐$115/135/170；🕑6月中到9月中）经营。也有商店和**餐馆**（正餐$8～18；🕑8am、正午和6pm）。

玛丽斯港到卡特赖特(Mary's Harbour To Cartwright)

离开Mary's Harbour后，沿着碎石路行进51公里处，你将会路过霍普辛普森港(Port Hope Simpson)，继续前行，186公里的路程中什么也没有，直到卡特赖特。而且，朋友，这里是公路的实际终点。然而，请继续关注：据说连接卡特赖特和古斯贝之间的碎石路将于2009年下半年建成。

以卡特赖特为基础的**体验拉布拉多**（Experience Labrador；☎877-938-7444；www.experiencelabrador.com；🕑7月和8月）沿着北海岸，运营爱斯基摩

划子游，从白天乘船游(6 小时 $120) 到多日游(3 日 $675)，你将掠过很久以前让维京人深深着迷的 Wonderstrands 的无边沙滩。公司也提供步行游、垂钓和工艺品（被子，钩毯子）制作游。

简朴的**Cartwright Hotel旅馆**（☎709-938-7414；www.cartwrighthotel.ca；3 Airport Rd，Cartwright；房 $88～130）有 10 个房间、一个**餐厅**（正餐 $6～17；⌚6am～10pm）及一个休息室。

除此以外，卡特赖特以渡船为中心。乘客乘船（见 522 页）离开偏远的村庄，在北部海岸激起了层层浪花。从古斯贝 (Goose Bay) 和刘易斯波特 (Lewisporte) 的车辆渡船（见 503 页）停靠在这里。

北海岸(NORTHERN COAST)

在 Cartwright 到 Ungava 湾 (Ungava Bay) 的北边有五六个半传统的因纽特小社区，只能沿着崎岖不平、大部分尚未毁坏的多山海岸坐船或乘飞机抵达。

1993 年，在纳恩 (Nain) 附近的 Voisey's 湾 (Voisey's Bay) 海岸，地质学者发现了令人吃惊的铜、钴，尤其是镍的富矿。一座巨大的矿山被开采，预计未来 30 年能为省经济产生 $11 000 000 的经济效益。这可能将使北方向外开放——不管是好是坏。

景点和活动

参观北海岸到达的第一个港口是**马库维克** (Makkovik)，它是早期的毛皮贸易站，也是以捕鱼和打猎为生的传统社区。可以买到新式手工艺品，也有旧式风格的。

在更北一点的**霍普代尔** (Hopedale)，游客可以参观古老的木头的摩拉维亚教堂 (Moravian mission church，1782 年)。这个**国家历史遗址**（☎门票 $5；⌚6 月到 9 月 8:30am～8pm）有一个商店、居民区、一些小棚屋和一个博物馆；都由 **Agvituk Historical Society**（☎709-933-3777）运营。

纳丘什 (Natuashish) 是个新城，是 Utshimassit (Davis Inlet 湾）的一个麻烦村庄于 2002 年被迁移到大陆时建成的。2000 年的一份研究显示，169 个被考察的年轻人中，有 154 个滥用溶剂（也就是用鼻子吸的气体），其中 60 个人每天都吸，所以之后，就把这个村庄迁到这里。

渡口的最后一站是**纳恩** (Nain)，它是你北行途中的最后一个大村庄。捕鱼是这个城市历史上的主要产业，但由于 Voisey's 湾的镍矿开采，这一切正在改变。

从纳恩 (Nain)，你可以试着坐船到**托恩盖特山国家公园保护区** (Torngat Mountains National Park Reserve)。登山者非常喜欢这些山，因为它们的海拔高度（有些是东落基山脉最高的山峰）和与世隔绝。**Nature Trek Canada 公司**（☎250-653-4265；www.naturetrek.ca/labrador；⌚7 月到 9 月）在该地区经营多日游。在**考玛杰特山脉** (Kaumajet Mountains) 徒步旅行，也让人有世外桃源的感觉——在 Amaguk Inn 旅店先咨询一下。

食宿

大部分旅游者将夜行渡船当做漂浮旅馆过夜。对那些想下船等下班船的游客来说，这就意味着在没有足够信息的情况下四处找房间，因为只有霍普代尔 (Hopedale) 和纳恩有正规住处。

Amaguk Inn旅店（☎709-933-3750；Hopedale；房/套房 $115/130）这个有18个房间的旅馆，最近刚刚修复完，也有个餐厅(正餐 $11至$16)，以及一个可以喝杯冰啤酒的休息室。

Atsanik Lodge小屋（☎709-922-2910；atsaniklabrador@msn.com；Sand Banks Rd，Nain；房 $115～135）这个大大的山林小屋和它的饭店(正餐 $13～18)是纳恩最好的。

到达和离开

拉布拉多航空公司（☎800-563-3042；www.airlabra

风景驾车：魁北克的 ROUTE 138 路

是的，我们知道：这是叙述纽芬兰和拉布拉多的章节，而不是魁北克的章节。但这样驾车可以最容易从拉布拉多到达这里。

Rte 138 路（是拉布拉多 Rte 510 路在魁北克的化身）沿着 Lower North Shore 行进，这指的是偏远、广大的 La Belle 省，它向南延伸到布朗萨布隆。从渡轮上岸，50 公里后道路突然在 Vieux Fort 终止，Rte 138 路摇摆着经过几个**瀑布**和瞭望台，可以看到汹涌澎湃的浪和近海地区的**海雀栖息地**。

对于那些想要做更多而不仅仅驾车穿越该地区的人，**近海贸易货船协会**（Coaster's Association；☎877-447-2006；www.coastersassociation.com）可以提供有关景点和住宿的信息。有关魁北克（只能乘船或飞机到达）南部社区的详细信息，请参见 343 页框内文字。

dor.com）和**省际航空公司**（Provincial Airlines；☎800-563-2800；www.provin cialairlines.ca）有从古斯贝飞往大部分北海岸村庄的航线。

6月中到11月中，乘坐MV公司Northern Ranger号载客渡船在北海岸定期往返。每周发船一次，在快乐谷—古斯贝（Happy Valley-Goose Bay）和纳恩间航行，3天旅程（单程），沿途在马库维克、Postville、霍普代尔和纳丘什停留。天气暖和时，它也从快乐谷—古斯贝开往卡特赖特。联系**拉布拉多海运**（Labrador Marine；☎866-535-2567；www.labradormarine.com）了解不断变化的行程或价格。

中拉布拉多(CENTRAL LABRADOR)

拉布拉多的中央部分构成了拉布拉多的大面积领土，这片地方非常广袤，人口却很稀少，有着远古荒野面貌。悖论性的是，它也有着拉布拉多最大的城市快乐谷—古斯贝（www.happyvalley-goosebay.com），有一个军事基地。这个城市（人口8 000）拥有常用服务设施，除非你是钓客或者猎人，否则这里没什么可看的，也没什么可干的，因为它与外界非常隔绝。

古斯贝建于"二战"期间，是飞机前往欧洲的中转站，也是航空中心。机场也是NASA航天飞机的官方备用降落点。

在这儿列出的所有景点和住宿都位于快乐谷—古斯贝。

景点和活动

1997年，**拉布拉多讲解中心**（Labrador Interpretation Centre；☎709-497-8566；Portage Rd，North West River；免费入内；⏲6月到8月周一和周二1～4pm，周三至周五10am～4pm，周六和周日1:30～4:30pm，9月到次年5月周三至周日1～4pm）由伊丽莎白女皇二世剪彩正式开放，它是省博物馆，藏有一些拉布拉多最好的艺术品。

北极光大楼（Northern Lights Building；☎709-896-5939；170 Hamilton River Rd；免费入内；⏲周一至周四和周六10am～5:30pm，周五至9pm）内有一个军事博物馆、有趣逼真的自然布景和模拟的北极光。

拉布拉多传统社会博物馆（Labrador Heritage Society Museum；☎709-497-8858；www.labheritage.ca；Rte 500对面；门票$2；⏲6月中到8月9am～5pm）博物馆有设陷阱捕猎者的小屋、动物皮毛的样品和在当地发现的矿石，以及对进入拉布拉多内部、命运悲惨的Wallace-Hubbard远征队的详细介绍。

食宿

TMT's B&B旅馆（☎709-896-4404；gordon.coles@persona.ca；451 Hamilton River Rd；房 每人$35）在TMT's，有家庭的氛围和家庭烹饪等着你。

Royal Inn & Suites旅馆（☎709-896-2456；www.royalin nandsuites.ca；5 Royal Ave；房 含早餐$87～145）外表好看的Royal有各类房间可供选择。很多房间带有厨房。

El Greco旅馆（☎709-896-3473；133 Hamilton River Rd；比萨饼$16～22；⏲周日至周三4pm～1am，周四至周六至3am）是个得体的结合体，在Royal Inn旅店附近，供应比萨饼。

到达和离开

飞机

拉布拉多航空公司（☎800-563-3042；www.airlabrador.com）和**省际航空公司**（Provincial Airlines；☎800-563-2800；www.provincialair lines.ca）每天有从圣约翰斯($299)和迪尔莱克($259)飞往古斯贝的航班。

轮船

你可以选择乘坐两种不同的渡轮到达古斯贝：MV的车辆载运船Robert Bond号（见503页）和只运送乘客的MV的Northern Ranger号（见左栏）。

小汽车和摩托车

从快乐谷—古斯贝开车旅游，选择沿

为云莓而疯狂

你可能总在听说有关云莓的词：云莓果酱、云莓馅饼，云莓糖浆。但什么是云莓呢？

我们会告诉你有关它的很多信息：它不是一种放置在烤箱里的红色水果。更确切地说，云莓（有时被称为野生黄梅）是一种橘黄色的水果，形状和大小类似于一个大木莓。它是野生植物，生长在湿润的北部苔原和沼泽地区——如拉布拉多。味道常常可与杏和蜂蜜相比。

云莓在8月中旬成熟，而且就在那时云莓爱好者从纽芬兰涌入拉布拉多海峡采摘。让你吃个够——早餐、午餐和晚餐/福尔托(Forteau)的**云莓民俗节**（Bakeapple Folk Festival；成人/儿童$5/3），在8月中旬进行为期3天的活动，包括音乐、舞蹈、手工艺品和一桶桶云莓。或在海景餐厅(Seaview Restaurant)购买云莓产品，在这里他们可以现场制作。

Rte 500 路的沙砾路西行，先到丘吉尔瀑布群(Churchill Falls)，然后到达姊妹城拉布拉多城和瓦布斯(Wabush)。从古斯贝开车到拉布拉多城要10个小时左右，一直到丘吉尔瀑布才有服务站，所以事先加满油。路也非常崎岖不平。出发之前先和**交通和工作局**（Department of Transportation & Works；☎709-729-2300；www.roads.gov.nl.ca）联系一下，以了解最新路况。

在机场，可以从 **National**（☎709-896-5575）租到那里的卡车，但因为 Rte 500 路的路况，它不给你买保险。

西拉布拉多(LABRADOR WEST)

离魁北克只有15公里、相互之间有5公里，两个姊妹采矿城拉布拉多城（人口7700)和瓦布斯（人口2000)一般一起被称为西拉布拉多，这儿是该地区人口聚集的地方。世界上最大的铁矿开采区在拉布拉多城，另一个在瓦布斯。景观是庞大无比的，极美的多彩艺术品都能占满整个夜空。

实用信息

游客中心（☎709-944-4171；www.labradorwest.com；1365 Rte 500；⏲6月中到9月初9am～9pm，9月初到次年6月中周一至周五至5pm）位于拉布拉多城以西。

景点和活动

和游客中心在同一幢大楼里的是 **Gateway Labrador**（☎709-944-5399；www.gatewaylab rador.ca；成人/儿童 $3/2；⏲6月到9月初周一至周二和周四11am～9pm，周三和周五至5pm，周六和周日中午至5pm，其余月份时间减少）和它的 Montague 展览厅(Montague Exhibit Hall)，用吸引人的手工艺品和展品展示了包括毛皮贸易在内的3500年人类历史和文化。

Wapusakatto 山脉离城仅5公里，从散布着平坦的北部苔原地区的巨大风景中突出。10月末到次年的4月末，这里会有美丽而干冷的雪花降临，所以这里滑雪的季节比加拿大其他的地方更长。有关世界级越野滑雪（加拿大国家队在这个地区训练）的路线信息和费用，请向 **Menihek Nordic Ski Club 滑雪俱乐部**（☎709-944-5842；http://home.crrstv.net/menihek）问询。有关高山滑雪，请向 **Smokey Mountain Ski Club 滑雪俱乐部**（☎709-944-2129；www.smokeymountain.ca）问询。

从瓦布斯出发，走 Rte 500 路向东 39 公里是 **Lac Grand Hermine 公园**（Lac Grand Hermine Park；☎709-282-5369；门票 $3；⏲6月到9月中），有海滩和不错的景致。**Menihek 徒步小路**(Menihek hiking trail，15公里）穿过树木繁茂的地区，沿途有瀑布和苔原。旅行用品商可以带钓鱼者去绝佳的**垂钓**水域。

如果路上的大洞和像公寓楼那么大的卡车让你的心怦怦乱跳，那么你可以和西拉布拉多游客中心联系参加**矿区游**（门票 $5.70；⏲6月到9月周二和周日 1pm）。

食宿

PJ's Inn by the Lake旅馆（☎709-944-3438；www.pjsinnbythelake.com；606 Tamarack Dr，Labrador City；单/双 $60/70；💻）Pete和Jo的家也是你的家；他们会让你使用他们的跑步机、划艇运动器材和吉他。这家B&B旅馆的三个房间都有自己的浴室；绿屋(Green Room)还有极可意浴缸。

Carol Inn 旅店（☎709-944-7736，888-799-7736；carolinn@crrstv.net；215 Drake Ave，Labrador City；房 $91～96）这里所有20个房间都有小厨房。还有一个不错的餐厅（正餐 $20～30；周二至周六下午5点30分营业）、一个酒馆（正餐 $8～12；上午8点至午夜营业）和小小的比萨饼专卖店。

Wabush Hotel旅馆（☎709-282-3221；www.wabushhotel.com；9 Grenville Dr，Wabush；房 $95～114）这个旅馆位于瓦布斯市中心，带有山中小屋的风格，68个房间又宽敞又舒适。餐厅(正餐 $9～21；6:30am至午夜营业)有深受欢迎的自助餐。

到达和离开

飞机

拉布拉多航空公司（Air Labrador；☎800-563-3042；www.airlabrador.com）、**省际航空公司**（☎800-563-2800；www.provincial airlines.ca）和**加拿大航空公司**（☎888-247-2262；www.aircanada.com）都有航班飞往姊妹城的机场。

小汽车和摩托车

出拉布拉多城往西，走 Rte 500 路，15公里后到达魁北克的 Fermont。从那里再走大部分路段已经铺平的 Rte 389—— 一些是还不错的沙砾路——继续往南581公里可以到达 Baie Comeau。见左栏了解走 Rte 510 路东行的信息。

Budget（☎709-282-1234）在机场有办公室，但租来的车可能不能在 Rte 500 路上开。

马尼托巴 Manitoba

马尼托巴有许多名字有趣的迷人地方，处处都可以使加拿大更显伟大，同时，这里又具备鲜有人知的"仅此才有的"秘密。这儿是加拿大简单而有力的部分，带有经常被人们忽略的显著特点：农业平原、野生驼鹿、极地苔原 (arctic tundra)、枫树林、弗林弗伦 (Flin Flon)、大量的湖泊、摇滚明星传奇、围捕山猫、温尼伯戈西斯 (Winnipegosis)、滔滔不绝的河流、政治英雄、沃萨加明 (Wasagaming)、黑熊、岩石景观、尖锐的艺术家们、北极熊、原住民历史学家们以及崎岖不平的海岸线。

只有岩石山脉比较少见，不过，当你询问真正的草原牧民时，他们会告诉你它们挡住了美丽的风景。这就是马尼托巴：开阔的地方生活着的坦率的人。只有当你站在向日葵田地旁数着地平线上的三次暴风雨，或者站在哈得孙湾 (Hudson Bay) 崎岖不平的海岸数着白鲸、想象着加拿大一些古老而有趣的故事时，你才会感受到马尼托巴的重要性。

当然，没有人会期望别人说"我要去加拿大待 2 个月，而且这 2 个月我都会待在马尼托巴"并且真的这么做，但这里确是加拿大不可忽略的部分。这儿有着从容的自信、一段人们未曾料到的历史以及鲜明的活力。马尼托巴的确是加拿大的一部分，却与这个国家的其他任何地区都有所不同。

亮点

- 了解**丘吉尔** (Churchill，见 544 页) 的历史与大自然，这儿是真正的白色大北方 (Great White North)。
- 在马尼托巴最美的自然景色**赖丁山国家公园** (Riding Mountain National Park，见 542 页) 中徒步旅行和划桨。
- 在**温尼伯** (见 528 页) 体验多文化历史、都市乐趣、世界一流智慧与大草原风格。
- 在加拿大历史最为悠久的**乡村聚会** (Country Fest，见 542 页) 与半个省的人一起欢呼，就在赖丁山国家公园 (Riding Mountain National Park) 外。
- 在**白贝壳省立公园** (Whiteshell Provincial Park，见 540 页) 进行一次精神之旅。

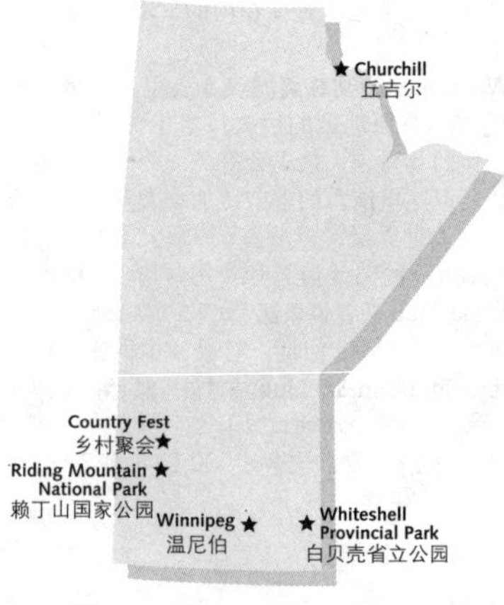

历史

早期的欧洲探险家们厌倦了被人们一贯公认的温和形象，避开了更为好客的南方，勇敢地沿着哈得孙湾寒冷而崎岖不平的北部海岸探险。17世纪，哈得孙湾公司(Hudson's Bay Company，简称HBC)在此设立了贸易站后，本地提纳人(Dene)不久也涉足毛皮贸易。

当前往南方探险时，土著阿西尼博因人(Assiniboine)、克里人(Cree)和奥吉布瓦人(Ojibwe)和阿尔贡金人(Algonquin)遇到了欧洲人。阿尔贡金的一句短语描述了大湖中的一个地峡(waba)，这里的水流击打着石灰石悬崖，发出让人联想起伟大灵魂(Great Spirit[manito])的回音。Manito waba现在被称为马尼托巴湖(Lake Manitoba)。

1811年，英国农业移民搬到了后来被称为温尼伯(Winnipeg)的地方，和现有的梅蒂人(Métis)为了土地权而争斗不停。当哈得孙湾公司将一部分土地卖给联邦政府工作人员后，梅蒂人首领路易斯·里尔(Louis Riel)发动了一场叛乱，并建立了一个临时政府。最后，里尔和联邦政府的谈判结果是，1870年，马尼托巴作为加拿大的第五个省加入了联邦。

这为19世纪末的欧洲移民打开了大门，而已建立的温尼伯则成为了周围农业地区的经济中心。

当地文化

正式口号本可以改为"马尼托巴，英勇的源泉"，人们一直记着的却是友好的马尼托巴。这儿有着朴实的人们，他们勤劳而诚实。农民、卡车司机、艺术家、渔夫、矿工、运动员、樵夫、教师、酒徒、历史学家以及猎人都随时准备结交新的朋友。

另一个人们很少知道的有关马尼托巴的珍贵之处在于人们的多样性。欧洲人到来前很久，因纽特人与爱斯基摩人就居住在北方，奥吉布瓦人、克里人、奥吉—克里人、达科他人、提纳人土著社区在该省星罗棋布。典型的盎格鲁混血儿占据着欧洲遗产的大部分，不过，在魁北克外，马尼托巴有一些加拿大最大的法国人社区，形成了梅蒂人的土著法国文化。南部除了门诺尼特(Mennonite)文化外，还有温尼伯湖东部海岸上的冰岛人以及温尼伯的亚洲人、菲律宾人、葡萄牙人社区，在这儿你可以找到街边最大规模的多文化节日(民风节[Folklorama]，见534页)，它也是温尼伯的多文化特征之一。

国土和气候

马尼托巴幅员辽阔，可与你能在这个国家找到的任何地方相媲美。南边的农业平原与绿色的森林地带相间，拥抱着加拿大最大的湖泊。而在北边，壶穴湖中、矮壮的植被处和加拿大地盾的裸露土地上，冰川活动都留下了它的足迹。无论你走到哪里，总能感受到空间的宽阔。

这儿的气候十分多变，完全不可预知。北部的平均气温可以从零下50℃一直到温和夏天的最高20℃。南部，25℃是夏天的平均温度，冬季时会下降到零下15℃。马尼托巴以整年刮大风而闻名，这导致夏天出现沙尘暴，甚至偶尔会出现龙卷风，而冬天又会出现暴风雪，凛冽的寒风常常使人们以为感受到的温度比实际温度低了30℃。春天时，南方地区又洪灾连连，没有什么地方夏季的草原雷暴雨能这么强烈。

马尼托巴信息

人口 1 148 401

面积 552 369平方公里

省府 温尼伯

绰号 拱心石省(Keystone Province)

诞生地 "猜是谁"(The Guess Who)乐队、蒙蒂·霍尔(Monty Hall)、安娜·帕坎(Anna Paquin)、小熊维尼、威廉·斯蒂芬森(William Stephenson，代号Intrepid，是伊恩·弗莱明[Ian Fleming]笔下的007的灵感来源)

发源地 北极熊、鸟那么大的蚊子、Burton Cummings("猜是谁"的主唱——编注)

有趣的信息 温尼伯是发生紧急情况时拨打911(1960年以前是999)的北美首座城市

公园和野生生物

可以毫不夸张地说：在这儿可以看到加拿大受人们欢迎的每一种动物。驼鹿、海狸、熊、猞猁、鹿、北美驯鹿、狐狸、兔子，等等。而且，还有一些马尼托巴特有的动物，例如北极熊、草原蜥蜴(prairie skink)和束带蛇(garter snake)。

看动植物最好的地方是马尼托巴的两个国家公园和数十个省立公园的森林和湖泊。赖丁山国家公园(Riding Mountain National Park，见542页)是马尼托巴微观生态世界，而云杉林省立公园(Spruce Woods Provincial Park，见541页)和这个省的其他任何地方都不同。

《马尼托巴省立公园指南》(*Manitoba Provincial Parks Guide*)由**马尼托巴公园**(Manitoba Parks；☎800-214-6497；www.manitobaparks.com；车辆门票 每天/每年$6/25，帐篷$7～14，娱乐车营地$11～18)出版发行，在游客信息中心里能拿到。如果你会在这儿待4天多的时间，可以办一张年度通行证。可以在**公园预订系统**(Parks Reservation System；

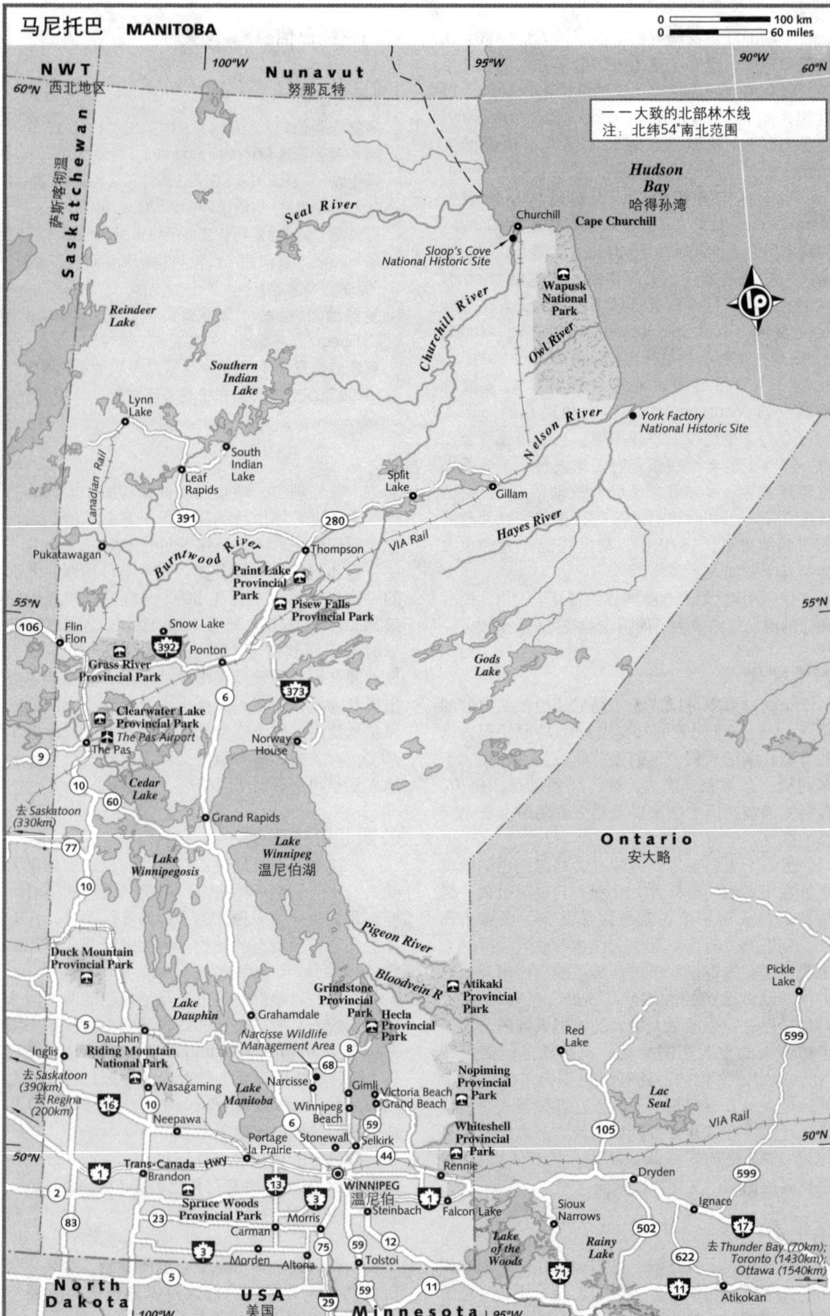
马尼托巴 MANITOBA
0 100 km
0 60 miles
一 一 大致的北部林木线
注：北纬54°南北范围
NWT
西北地区
Nunavut
努那瓦特
Saskatchewan
萨斯喀彻温
Hudson Bay
哈得孙湾
Ontario
安大略
North Dakota
USA
美国
Minnesota
60°N
55°N
50°N
100°W
95°W
90°W
Seal River
Churchill
Cape Churchill
Sloop's Cove National Historic Site
Wapusk National Park
Churchill River
Owl River
Reindeer Lake
Southern Indian Lake
Lynn Lake
South Indian Lake
Leaf Rapids
Canadian Rail
Nelson River
York Factory National Historic Site
Split Lake
Gillam
Hayes River
VIA Rail
Thompson
Burntwood River
Pukatawagan
Paint Lake Provincial Park
Pisew Falls Provincial Park
Snow Lake
Flin Flon
Ponton
Grass River Provincial Park
Gods Lake
Clearwater Lake Provincial Park
The Pas Airport
The Pas
Norway House
Cedar Lake
去 Saskatoon (330km)
Grand Rapids
Lake Winnipeg
温尼伯湖
Lake Winnipegosis
Pigeon River
Bloodvein R
Duck Mountain Provincial Park
Atikaki Provincial Park
Grindstone Provincial Park
Hecla Provincial Park
Lake Dauphin
Grahamdale
Pickle Lake
Red Lake
Dauphin
Narcisse Wildlife Management Area
Inglis
Riding Mountain National Park
去 Saskatoon (390km)
去 Regina (200km)
Wasagaming
Narcisse
Lake Manitoba
Gimli
Victoria Beach
Grand Beach
Nopiming Provincial Park
Lac Seul
Winnipeg Beach
Neepawa
Whiteshell Provincial Park
Portage la Prairie
Stonewall
Selkirk
Rennie
Trans-Canada Hwy
Brandon
WINNIPEG
温尼伯
Dryden
Spruce Woods Provincial Park
Steinbach
Falcon Lake
Sioux Narrows
Ignace
Morris
Carman
Lake of the Woods
Rainy Lake
去 Thunder Bay (70km); Toronto (1430km); Ottawa (1540km)
Morden
Altona
Tolstoi
Atikokan
391
280
106
392
6
373
9
10
60
77
5
8
68
16
59
105
599
44
1
2
13
3
23
83
75
12
502
17
622
71
11
29

☎888-482-2267；www. manitobaparks.com）预订，因为宿营地常常客满。

实用信息

马尼托巴旅游局（Travel Manitoba；☎800-665-0040；www.travelmanitoba.com）是无价的资源，可以帮助你在出发之前制订计划。这儿有马尼托巴的一切信息，从住宿到动物园，将各类信息分成不同的类别和规划。在进入该省的主要公路入口处，还设有季节性的**报刊亭**（⌚5月末到9月初8am～9pm），温尼伯还经营着马尼托巴探索中心(Explore Manitoba Centre，见529页)。

有关省里的带早餐的住宿信息，可以联系**Bed & Breakfast of Manitoba**（☎877-304-0300，204-661-5218；www.bedandbreakfast.mb.ca）或者咨询游客信息中心。

到达和四处走走

主要的航空公司都将温尼伯用来服务加拿大和美国中西部城市。康姆(Calm)航空公司的航班连接着温尼伯北部社区相互之间的来往；Kivalliq Air航空公司有航班从温尼伯飞往丘吉尔和努那瓦特；而贝尔斯金航空公司(Bearskin Airline)则有航班飞往安大略。有关联系的具体信息，见842页。

马尼托巴

马尼托巴旅行线路

五天游

早上，在位于温尼伯河畔的**The Forks**(见532页)享用早餐。出发之前，沿阿西尼博因(Assiniboine)为**马尼托巴立法大楼**(Manitoba Legislative Building，见531页)顶部的“金色宝贝”拍一些照片。原路返回红河对面的**圣博尼费斯**(St Boniface，见532页)，取道**Taché Promenade**(见532页)游览**圣博尼费斯基督教堂**(见532页)。用过法式午餐后，再去**直布罗陀堡垒**(Fort Gibraltar，见532页)体验皮草交易市场。沿市中心区迎着**Portage大道和主街**(见528页)欣赏建筑，并在**交易区**吃午餐(见531页)。晚餐前一定要去拜访**马尼托巴博物馆**(Manitoba Museum，见531页)，去剧院或者玩棒球、吃热狗。最后在交易区(见536页)买个睡帽。

一两天行程：花一天时间驱车前往东部的**白贝壳省立公园**(Whiteshell Provincial Park，见540页)，在湖畔附近的郁郁山丘里过夜。第二天的目的地是去**温尼伯湖**(见539页)；即可以加入拥挤人群去游览人气很旺的景点，也可以享受**维多利亚海滩**(Victoria Beach，见543页)的寂静。如果你能找到合适的地方/宿营地，可以待在海滨东面欣赏迷人的落日，或者继续前行到**赫克拉/格赖恩斯通省立公园**(Hecla/Grindstone Provincial Park，见540页)在薄暮中漫步。

清晨探索该地区的冰岛之源，向西来到**赖丁山国家公园**(Riding Mountain National Park，见542页)，去徒步旅游、划独木舟、垂钓、骑自行车或者欣赏野生生物。过夜后，当你准备好离开时，回到温尼伯。

十日游

从赫克拉出发，从Hwy 68公路开始，往北走Hwy 6公路(加满水)，来到**汤普森**(Thompson，见543页)，去坐开往**丘吉尔**(Churchill，见544页)的夜车。在丘吉尔待三天，欣赏周围的野生动植物、游览历史遗址，然后乘坐夜车返回。顺着Hwy 6公路南行(如果你喜欢冒险可以绕些弯)，在**清水湖省立公园**(Clearwater Lake Provincial Park，见543页)扎营过夜。在赖丁山国家公园那条短点儿的路线接上了。

寻找动物

路边总能看到一些走兽和飞鸟。从温尼伯出发向北前行，在**橡树吊床湿地**(Oak Hammock Marsh，见539页)停留，去位于**赫克拉/格赖恩斯通省立公园**(见540页)的野生动物保护区；你肯定能在那儿见到海狸，说不定还能碰上驼鹿。长途驾驶去**汤普森动物园**(见544页)之前，可以去看看**纳西斯野生生物管理区**(Narcisse Wildlife Management Area，见539页)的束带蛇。可能的话乘火车或飞机去**丘吉尔**(见544页)，无须多说。沿Hwy 6公路返回南部，经Hwy 39公路绕道前往**雪湖**(Snow Lake，见543页)，有可能在那里见到黑熊。沿着Hwy 10公路前往**赖丁山国家公园**(见542页)看看野牛，在大自然中徒步旅行或泛舟。通过Hwy 1公路回到温尼伯，绕行至**云杉林省立公园**(Spruce Woods Provincial Park，见541页)找找大草原蜥蜴。

马尼托巴、北达科他(North Dakota)和明尼苏达(Minnesota)总共有数十个美国—加拿大汽车边界交界处。也有好几条路线进入萨斯喀彻温(Saskatchewan)，但只有跨加拿大公路(Trans-Canada Hwy)通往安大略(Ontario)。在北边，南马尼托巴密布的道路网络消失了，只有Hwy 10公路或Hwy 6公路，服务很有限。

VIA Rail的“加拿大”号列车(Canadian，见849页)一周三次途经温尼伯和一些南方社区。“哈得孙湾”号列车(Hudson Bay)从温尼伯出发，跑36个小时后抵达靠近北极的丘吉尔；这趟旅程一个很酷的特点是喜欢探险的人们可以在沿线要求上下车。“哈得孙湾”号列车的卧铺票提前一年就卖光了，具体信息见549页。

温尼伯

人口633 500

像一株由混凝土和玻璃造就的大都会“庄稼”从有着丰富历史和文化的地区大草原上冒了出来。温尼伯的孤立、自给自足、热情让它成为加拿大最朴实、最沉着的大都会，能够应对辛普森家(Simpsons)插科打诨的玩笑，“是的！我们都会回到温尼伯！”成为公认的加拿大的文化摇篮，有着世界一流的芭蕾舞、全球风味的菜肴以及世界著名的遗址。

历史

作为19世纪初哈得孙湾公司和西北公司(North West Company)的毛皮交易竞争中心，阿西尼博因河(Assiniboine River)与红河(Red River)会聚一起，不可避免地被称为欧洲化的win nipee(克里语，意思是“混浊之水”)了。

19世纪早期，北部河岸成为永久性的(建立、斗争、被摧毁、重新建立、被洪水淹没、重新建立)殖民居住地。法国殖民者越过红河，建立了邻近的圣博尼费斯(St Boniface)，备受争议的梅蒂人首领路易斯·里尔就出生在那里，他发动了1870年的红河叛乱(the Red River Rebellion)。

1886年铁路延伸至此，巩固了温尼伯的商业重要性，后来随着巴拿马运河(the Panama Canal)的开通受到一些冲击。温尼伯坚持不懈，在整个第二次世界大战中一直充当着空中训练基地的角色。尽管在1950年几乎被洪水淹没，《温尼伯城市法案》(*the City of Winnipeg Act*)在20世纪70年代早期将周围的十几座自治市合并为温尼伯——又被称为联合城市(Unicity)。

方位

温尼伯几乎是加拿大的经度中心——城里东部一个牌子上就这么写的。Perimeter公路(Perimeter Hwy)环绕着这座城市，而当你从西边到达此地后，跨加拿大公路(Trans-Canada Hwy)变成了Portage(port-idge)Ave大道；然后向南伸向主街(Main St)、向东前伸后出城。Portage Ave大道和主街标志着市区的中心，以令人难以置信的狂风和低温出名——Randy Bachman(20世纪70年代加拿大/美国著名硬摇滚乐队BTO的主力成员——译注)和尼尔·扬甚至都为此写过歌。

往北，20世纪的石灰石建筑是仓库兼艺术馆交易区(Exchange District)的标志。城南是The Forks，过了红河是法国邻近区圣博尼费斯。它的西面是Osborne Village。

实用信息

书店

红河书店(Red River Books；见530页地图；☎943-956-2195；92 Arthur St)的确有成堆的二手书。

文化中心

法国—马尼托巴文化中心(Centre Culturel Franco-Manitobain；见530页地图；☎204-233-8972；www.ccfm.mb.ca；340 Blvd Provencher；⏲周一至周五9am～8pm，周六和周日正午至5pm)在圣博尼费斯，有咖啡馆、艺术馆和剧场。周二有免费的爵士乐。

生命周期雷鸟屋(Circle of Life Thunderbird House；见530页地图；☎204-940-4240；www.thunderbirdhouse.com；715 Main St；⏲10am～9pm)是一处原住民文化中心，有为游客准备的节目。

西部文化中心(West End Cultural Centre；见530页地图；☎204-783-6918；www.wecc.ca；586 Ellice Ave)以前是教堂，现在是让观众与表演者相聚一起的亲密的音乐场所。

紧急求助和医疗服务

警局热线(Police Dispatch Line；☎204-986-6222)处理非紧急情况。

圣博尼费斯综合医院(St Boniface General Hospital；见530页地图；☎204-233-8563；409 Ave Taché；⏲24小时)

上网

千年图书馆(Millennium Library；见530页地图；☎204-986-6450；www.millenniumlibrary.com；251 Donald St；⏲周一至周四10am～9pm，周五和周六 至5pm)这家市区的现代图书馆可为来客提供上网服务(需要注册)。

媒体和参考网站

Uptown Magazine(www.uptownmag.com)娱乐报。

温尼伯自由报(Winnipeg Free Press，www.winnipegfreepress.com)主要日报。

温尼伯太阳报(Winnipeg Sun，www.winnipegsun.com)每

大温尼伯 GREATER WINNIPEG

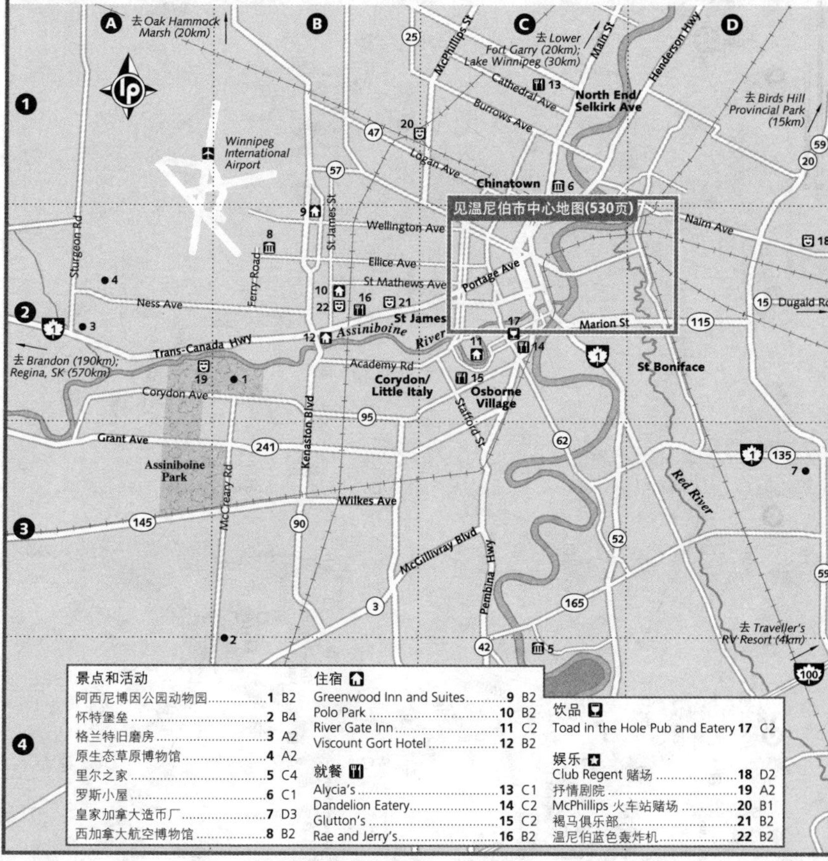

景点和活动

阿西尼博因公园动物园 1 B2
怀特堡垒 2 B4
格兰特旧磨房 3 A2
原生态草原博物馆 4 A2
里尔之家 5 C4
罗斯小屋 6 C1
皇家加拿大造币厂 7 D3
西加拿大航空博物馆 8 B2

住宿

Greenwood Inn and Suites 9 B2
Polo Park 10 B2
River Gate Inn 11 C2
Viscount Gort Hotel 12 B2

就餐

Alycia's 13 C1
Dandelion Eatery 14 C2
Glutton's 15 C2
Rae and Jerry's 16 B2

饮品

Toad in the Hole Pub and Eatery 17 C2

娱乐

Club Regent 赌场 18 D2
抒情剧院 19 A2
McPhillips 火车站赌场 20 B1
褐马俱乐部 21 B2
温尼伯蓝色轰炸机 22 B2

天发行的小报。

货币兑换

城里有大量ATM机，大银行在Portage Ave大道和主街附近都有分行。

海关流通兑换处（Custom House Currency Exchange；见530页地图；☎204-987-6000；243 Portage Ave）。

邮政

很多药房都有邮政窗口并延长营业时间。

邮政总局（见530页地图；☎800-267-1177；266 Graham Ave）

旅游信息

目的地温尼伯（Destination Winnipeg；☎800-665-0204；www.destinationwinnipeg.ca）市区（见530页地图；☎204-943-1970；259 Portage Ave；🕑周一至周五8:30am～4:30pm）；机场（☎204-982-7543；main level；🕑8am～9:45pm）

马尼托巴探索中心（Explore Manitoba Centre；见530页地图；☎204-945-3777，800-665-0040；25 Forks Market Rd；🕑10am～6pm）在The Forks，是信息中心，这儿的展览值得一看。

加拿大公园（Parks Canada；见530页地图；☎204-983-6757，888-748-2928；www.parkscanada.ca；25 Forks Market Rd；🕑5月末至9月初10am～6pm）是提供The Forks和其他国家遗址信息的问讯处。

里尔旅游（Tourisme Riel；见530页地图；☎204-233-8343，866-808-8338；www.tourismeriel.com；219 Blvd Provencher；🕑6月到8月9am～5pm，9月到次年5月周

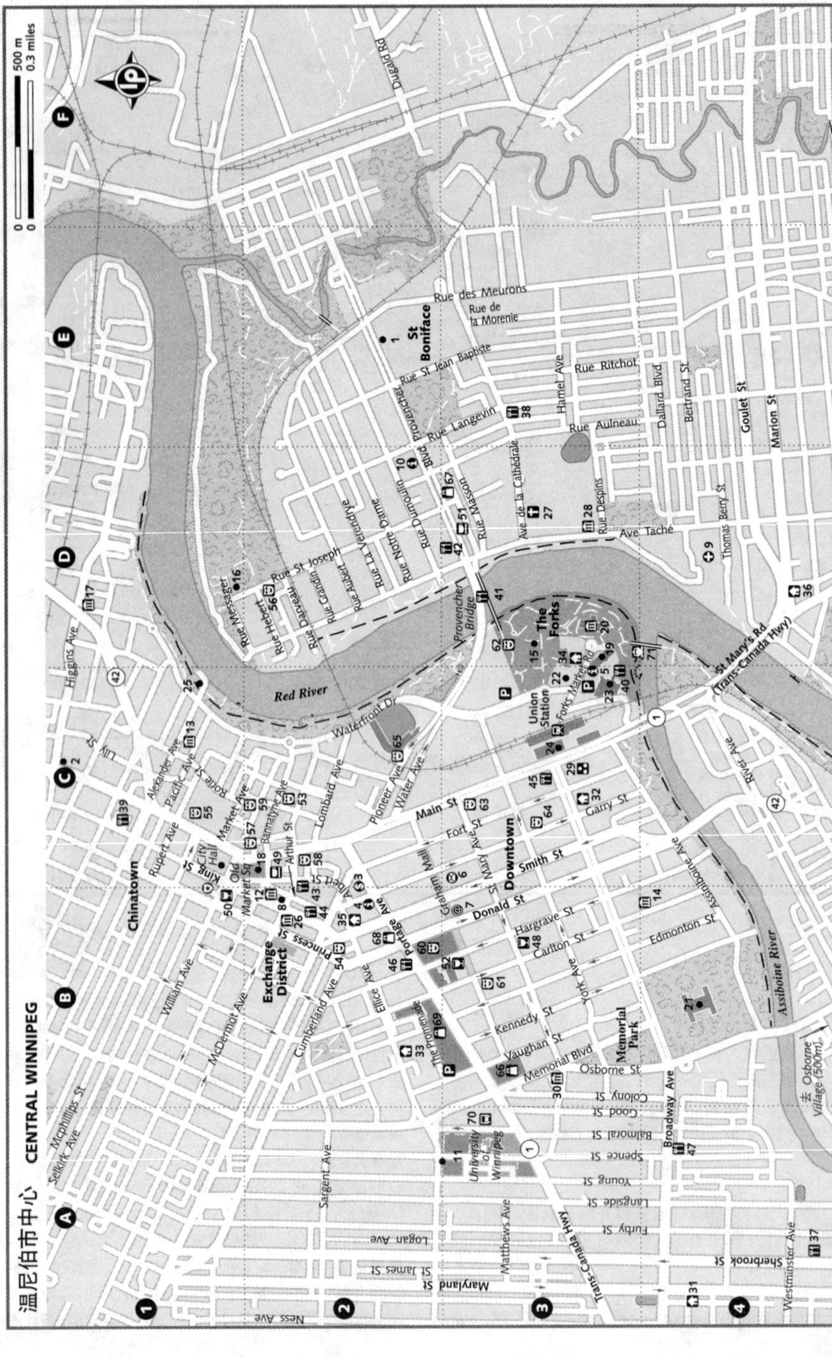
温尼伯市中心 CENTRAL WINNIPEG
500 m
0.3 miles
Chinatown
Exchange District
Downtown
The Forks
St Boniface
Memorial Park
University of Winnipeg
Union Station
City Hall
Old Market Sq
Red River
Assiboine River
Provencher Bridge
Main St
Portage Ave
Donald St
Smith St
Graham Mall
St Mary Ave
Fort St
Garry St
Hargrave St
Carlton St
Edmonton St
Kennedy St
Vaughan St
Memorial Blvd
Osborne St
Broadway Ave
Assiniboine Ave
York Ave
Ellice Ave
Cumberland Ave
Sargent Ave
Logan Ave
William Ave
McDermot Ave
Princess St
King St
Arthur St
Albert St
Bannatyne Ave
Market Ave
Rupert Ave
Pacific Ave
Alexander Ave
Higgins Ave
Lily St
Rorie St
Lombard Ave
Pioneer Ave
Water Ave
Waterfront Dr
Forks Market Rd
Mcphillips St
Selkirk Ave
Colony St
Good St
Balmoral St
Spence St
Young St
Langside St
Furby St
Sherbrook St
Maryland St
St James St
Ness Ave
Matthews Ave
Westminster Ave
River Ave
Trans-Canada Hwy
St Mary's Rd (Trans-Canada Hwy)
The Promenade
去 Osborne Village (500m)
Rue Messager
Rue Hebert
Rue Darveau
Rue Grandin
Rue Aubert
Rue St Joseph
Rue La Verendrye
Rue Notre Dame
Rue Dumoulin
Rue Masson
Provencher Blvd
Rue Langevin
Rue St Jean Baptiste
Rue des Meurons
Rue de la Morenie
Ave de la Cathédrale
Rue Despins
Ave Taché
Hamel Ave
Rue Ritchot
Rue Aulneau
Dallard Blvd
Bertrand St
Goulet St
Marion St
Thomas Berry St
Dugald Rd

马尼托巴

一至周五 9am～5pm）圣博尼费斯游客信息中心。

景点和活动

温尼伯大部分地方集中在适于步行的市区区域；而其他景点，坐车最易到达。

为了避免发狂，可以试试 **Winnipass**（www.heartlandtravel.ca/winnipass；成人 $30），可访问温尼伯的六处景点，以及 **Passport Riel**（成人/儿童 $25/15），由里尔旅游提供，可访问圣博尼费斯的景点。

市区

马尼托巴立法大楼 (MANITOBA LEGISLATIVE BUILDING)

设计于 20 世纪初期温尼伯繁荣期间，这栋**大楼**（见 530 页地图；☎ 204-945-5813；450 Broadway Ave；免费入内；⏲ 周一至周五 9am～6pm，7 月至 9 月初每小时有团队游）炫耀着自己的新古典主义的艺术设计、石灰石结构、在红河上方的政府重要性。周围是无可挑剔的草地和花园，古代的神与当代的英雄们在此永垂不朽，包括面向圣博尼费斯的路易斯·里尔纪念碑。“年轻永恒，追求进取”——又称为金色男孩 (Golden Boy)——身上覆盖着 23.5 克拉的金子，在铜已氧化的圆屋顶上闪闪发光，甚为壮观。

DALNAVERT博物馆(DALNAVERT MUSEUM)

已修复最初的圣安妮女王建筑风格，这座**博物馆**（见 530 页地图；☎ 204-943-2835；www.mhs.mb.ca/info/museums/dalnavert；61 Carlton St；成人/儿童/老人/家庭 $5/3/4/12；⏲ 周三至周五 10am～5pm，周六 11am～6pm，周日正午～4pm）曾经是加拿大首位总理的儿子 Sir Hugh John MacDonald 爵士的家。已用最初的材料进行了修复。

温尼伯艺术馆(WINNIPEG ART GALLERY)

船状的温尼伯艺术馆（简称 WAG；见 530 页地图；☎ 204-786-6641；www.wag.mb.ca；300 Memorial Blvd；成人/儿童/青少年/学生/家庭 $6/ 免费 /3/4/15；⏲ 周二、周三和周五至周日 11am～5pm，周四至 9pm）前往当代马尼托巴和加拿大艺术家的新航程，包括很多很棒的因纽特人作品。

交易区(Exchange District)

百年历史的砖瓦建筑再次成为在市区以北这块新生的热点。时髦者、职业经理人与历史都聚集在遗产建筑上的旧的色彩广告中，这些大楼里面是新的、重新设计的餐馆、夜总会和艺术画廊。作为一处国家历史遗址，在这里步行（见 533 页）可以看到这里大部分建筑的历史。

旧市场广场 (Old Market Square) 的绿色避难所是邻近地区的中心和**农民集市**（farmers market，见 530 页地图；⏲ 7 月到 9 月 周四和周六 10am～2pm）和现场音乐演出的舞台。

马尼托巴博物馆(MANITOBA MUSEUM)

这块大陆上完全以当地为主题的博物馆之

一；如果你不打算去其他地方，一定要去拜访这座省立**博物馆**（见530页地图；☎204-956-2830；www.manitobamuseum.mb.ca；190 Rupert Ave；主馆，成人/儿童/家庭 $8/6.50/26.50，科学馆 $6.50/5/20，天文馆 $6.50/5/20，联票 $18/12.50/60；⏲10am～5pm）。穿过亚北极圈进行自然之旅、20世纪20年代的温尼伯进行历史之旅以及过去12 000年的文化之旅——就在这儿。

加拿大服装博物馆 (COSTUME MUSEUM OF CANADA)

作为北美首家此类博物馆，这座**博物馆**（见530页地图；☎204-989-0072；109 Pacific Ave；成人/儿童/学生/家庭 $5/免费入内/3.50/14；⏲周一至周三、周五和周六 10am～5pm，周四至8pm，周日正午～4pm）2007年7月开馆。聚焦于加拿大日常服装和年度流行时装及过去400年间的世界流行服饰。

美术馆(ART GALLERIES)

艺术家们需要一个地方展示自己的作品，而活跃的交易区正好适合。内城 **Graffiti 美术馆**（Graffiti Gallery；见530页地图；☎204-667-9960；www.graffitigallery.ca；109 Higgins Ave；⏲周一至周六正午～5pm）将年轻的艺术家们带到室外，将精力集中在创作上，从而引导他们的发展。这里展示着20世纪70年代以来的当代作品，**当代艺术插电学会**（Plug In Institute of Contemporary Arts；见530页地图；☎204-942-1043；www.plugin.org；286 McDermot Ave；⏲周二、周三、周五和周六 11am～5pm，周四至8pm）鼓励各种形式的媒介艺术品创作，享有国际盛名。穿过旧市场广场 (Old Market Square) 就到了 **Artspace**（见530页地图；☎204-947-0984；100 Arthur St；⏲周二至周六 9am～6pm），这间巨大的仓库经重修后为温尼伯具有艺术天分的人提供工作室。

The Forks

这个地方在战略上很重要，具有一定的历史意义，阿西尼博因河与红河在此交汇，千年以来，一直吸引着人们前来。技术上说，这个地区是两条河流的融合、连接和汇合之地，但它被早期探险者草率和欺骗性地贴上"Forks"（分岔点）的标签，自此这个名字就没改掉。

FORKS国家历史遗址 (FORKS NATIONAL HISTORIC SITE)

尽管它的名字有些用词不当，这个**遗址**（见530页地图；☎204-983-6757；888-773-8888；www.pc.gc.ca/lhn-nhs/mb/forks）仍然吸引着人们来此娱乐、运输、贸易、文化交流与参加典礼。位于美丽的河岸旁，现代风格令人愉快的表演与说明性展览勾勒出了这个地区的历史信息。河岸旁，徒步小径上有英语、法语和克里语标志。**市场大楼**(Market Building) 和**约翰斯顿站** (Johnston Terminal) 里，挤满了唧唧喳喳的购物者，他们在农产品货摊、国际艺术和手工艺品店、不同种族的美食餐厅和餐馆里流连。

春天降雨季节，河水如期泛滥，小路常常被淹没既令人激动，又充满危险。从**飞溅水上出租**（Splash Dash Canoe Rentals；见530页地图；☎204-783-6633；每半小时/1小时 $7.50/12；⏲6月至8月 11am～9pm）那里租只独木舟在水道上漂流（天气允许时）。

冬天，可以在河上**滑冰**，在小径上**越野滑雪**。

加里高地碉堡大门(UPPER FORT GARRY GATE)

受到开发的威胁，这块**小遗址**（130 Main St）里的橡树、石头和迫击炮坚韧而勇敢地矗立着，自1738年起，四个不同的碉堡在此设防，位于现代化的温尼伯中。

圣博尼费斯(St Boniface)

从 The Forks 过了红河就是魁北克城以外加拿大最古老的法属社区。

游客信息中心有非常棒的自助徒步历史游地图。**Taché Promenade** 小路顺着红河沿 Ave Taché 前进，经过圣博尼费斯的大部分历史景点。

圣博尼费斯基督教堂(ST BONIFACE BASILICA)

1968年，一场大火使这座**教堂**（见530页地图；151 Ave de la Cathédrale）大部分毁于一旦，不过100年前让人难忘的正面仍完好如初，虔诚地提示着人们，曾经矗立在这儿的教堂的存在。目前的建筑是在废墟上重建的，路易斯·里尔就安息在这儿的公墓里。

圣博尼费斯博物馆(ST BONIFACE MUSEUM)

在隔壁，一座19世纪中期的**女修道院**（见530页地图；☎204-237-4500，494 Ave Taché；成人/儿童 $2/1.50；⏲5月中到9月周一至周五 9am～正午，周六和周日 10am～5pm，10月到次年5月中周一至周五 9am～正午，周日正午～4pm）是温尼伯最古老的建筑，也是这块大陆上最大的橡木结构建筑。其重点主要集中在圣博尼费斯的建立、梅蒂人国家的诞生和白发修女们跋涉3 000公里到此的旅程。

直布罗陀堡垒(FORT GIBRALTAR)

木墙后面的这座重建的1809年**皮毛贸易堡垒**（见530页地图；☎204-237-7692；www.fortgibraltar.com；866 Rue St Joseph；成人/儿童 $4/免费；⏲5月

末至9月初 周三至周日 9am ~ 6pm）值得一看。在翻译人员的陪同下，Forks 地区 1810 年的纯正服装、工具、皮毛、床铺、薄饼和铁匠铺尽现眼前，堡垒最初的地址就在 Forks 地区。

大温尼伯(Greater Winnipeg)

市区以西是**格兰特旧磨房**（Grants Old Mill；见529页地图；☎204-986-5613；2777 Portage Ave；免费入内；⏲5月到9月初 10am ~ 6pm），这是一个建于 1829 年的原木和石头水磨，以北则是**罗斯小屋**（Ross House；☎204-943-3958；Joe Zuken Heritage Park，140 Mead St N；免费入内；⏲6月到8月周三至周日 10:30am ~ 4:30pm），威廉·罗斯（William Ross）曾在这座小木屋中经营过加拿大西部的第一个邮局。

如果想看看大自然，那就去**原生态草原博物馆**（Living Prairie Museum；见529页地图；☎204-832-0167；2795 Ness Ave；免费入内；⏲7月和8月10am~5pm，5月和6月周日10am~5pm），保护着30英亩原始的、未开垦的、如今很稀有的草原高草；还有**怀特堡垒**（Fort Whyte；见529页地图；☎204-989-8355；www.fortwhyte.org；1961 McCreary Rd；成人/儿童/老人$6/4/5；⏲周一至周五9am~5pm，周六和周日10am~5pm），为我们展现了可持续性生存环境，以及如何降低煤炭带来的污染。除了斑点野牛、鹿以及其他野生生物，旅行者们还可以了解草屋，租到**各种活动装备**（轻马车/雪鞋/独木舟/划艇 每小时$10/1/7/10）。

皇家加拿大造币厂(ROYAL CANADIAN MINT)

你的口袋里装着沉甸甸的 $18.34 零钱？感谢这家**造币厂**（见529页地图；☎204-257-3359；520 Blvd Lagimodière；团队游 成人/儿童/青少年/家庭 $5/免费/3/13；⏲6月到8月 9am ~ 5pm，9月到次年5月周一至周五 9am ~ 5pm）。这座金字塔形的玻璃设施会让团队游参观他们是如何制造出每块加拿大硬币以及其他国家的铸币，他们每天会铸造 1 500 万枚硬币。

里尔之家(RIEL HOUSE)

路易斯·里尔因叛国罪被处决后，他的尸体先被运送至他**孩提时代的旧居**（见529页地图；☎204-257-1783；330 River Rd；成人/儿童/老人/家庭 $4/1/3/10；⏲5月中至9月初 10am ~ 6pm）中，然后被埋葬在圣博尼费斯（见 532 页）。简朴的村舍建成 1886 年的风格，向里尔表达敬意。

带孩子游温尼伯

在**马尼托巴儿童博物馆**（Manitoba Children's Museum；见530页地图；☎204-924-4000；www.childrensmuseum.com；45 Forks Market Rd；成人/儿童/老人 $6.25/5.75/6.75；⏲9:30am ~ 6pm），孩子们边学边做，没有"请勿动手"这回事。多姿多彩的互动展览鼓励孩子当列车长、宇航员和电视制片人。

孩子们可以在**加拿大西部航空博物馆**（Western Canadian Aviation Museum；见529页地图；☎204-786-5503；958 Ferry Rd；成人/儿童/家庭 $5/3/12；⏲周一至周六 10am ~ 4pm，周日 1 ~ 4pm）扮演飞行员或飞行交通控制员，该博物馆还配备有成人用的真实装备。

白色雪豹(snow leopards)、白色孟加拉虎(Bengal tigers)和白色北极熊是在**阿西尼博因公园动物园**(Assiniboine Park Zoo，见529页地图；☎204-986-2327；460 Assiniboine Park Dr；成人/儿童/青少年/老人/家庭 $4.25/2.25/2.75/4/15；⏲5月末到6月末 10am ~ 6pm，6月末至9月初 至 7pm，9月初到次年5月末 至 4pm）里可以就近观察的一些 19 世纪的动物，这是一个专门豢养在苛刻气候条件下不易野外生存的本地动物的动物园。孩子们也喜欢怀特堡垒(Fort Whyte，见上文）里的动物和活动。

非常先锋的**马尼托巴青年剧场**（Manitoba Theatre for Young People；见530页地图；☎204-942-8898；www.mtyp.ca；2 Forks Market Rd；门票 $10 ~ 12；⏲10月到次年5月）有给孩子欣赏的色彩艳丽的热情演出，不过，并不太照顾成人爱好。

孩子们还会非常喜爱马尼托巴博物馆内的科技馆（见 532 页）以及橡树吊床湿地(Oak Hammock Marsh，见 539 页）中卓越的展示室，陈列着互动陈列品和计算机游戏。

团队游

温尼伯和里尔以带导游的自助团队游为主题，你也可以浏览 www.routesonthered.ca，追随两地历史的脚印。

海狸尾巴和河滨小路（Beaver Tails & River Trails；☎204-983-6757；成人/儿童/青少年/家庭 $4/免费/2/10；⏲7月和8月周三至周日 11am 和 1pm）在马尼托巴探索中心（Explore Manitoba Centre）的团队游游览中，化妆的导游会叙述 The Forks 6 千年的历史。

历史徒步游（Historic Walking Tours；☎204-942-6716；www.exchangedistrict.org/WalkingTours.aspx；成人/儿童/优惠 $5/免费/4；⏲6月到劳动节 10am、正午和2pm）主题游、历史游都从旧市场广场上（Old Market Square）出发。

泥泞水上游（Muddy Water Tours；☎204-774-6624；www.muddywatertours.ca；成人/儿童/学生 $8/4/6；⏲5月中到9月 周二至周日 10am、12:30pm、3pm 和 7pm）以历史为主题的团队游，包括很受欢迎的"谋杀、神秘和伤害罪"游览（Murder，Mystery & Mayhem，周三至周五 7pm），从外面的联合车站（Union Station）出发。

Ô Tours（☎204-254-3170；www.otours.net；团队游 $30 ~ 100）提供主题团队游（有些在法属区），可以拜访邻近

地区与景色。

明轮河线游（Paddlewheel River Rouge Tours；见530页地图；☎204-944-8000；www.paddlewheelcruises.com；78 George Ave；成人/儿童/老人 $17.75/8.25/15.75；⌚5月到10月）在下午、黄昏与月光时可乘坐明轮游览。

节日和重大活动

船夫节（Festival du Voyageur；☎204-237-7692；www.festivalvoyageur.mb.ca；⌚2月中）温尼伯的标志性节日。每个人都要参与这个为期十天的节日，以纪念毛皮贸易商和法国船夫们。人们以直布罗陀堡垒为中心，享受着音乐会、狗拉雪橇比赛和 joie de vivre（享受生活）。

民风节（Folklorama；☎204-982-6230；www.folklorama.ca；⌚8月初）是世界上同类活动中时间最长的多文化节日。

红河博览会（Red River Exhibition；☎204-888-6990；www.redriverex.com；⌚6月中）沿着红河河岸，有弗累斯大转轮（一种在垂直转动的巨轮上挂有悬着的在轮子旋转时保持水平的座位的娱乐设施——译注）、棉花糖。

温尼伯民俗节（Winnipeg Folk Festival；☎204-231-0096；www.winnipegfolkfestival.ca；⌚7月中）在伯兹山省立公园（Birds Hill Provincial Park，见538页）的七个舞台上有200多场音乐会。

温尼伯边缘节（Winnipeg Fringe Festival；☎204-943-7464；www. winnipegfringe.com；⌚7月中）是北美第二大边缘节日，有喜剧、戏剧、音乐和歌舞表演。

温尼伯同性恋者周（Winnipeg Pride；www.gaypridewinnipeg.com；⌚6月初）为期十天的男女同性恋们的节日活动。

住宿

在进出温尼伯的主干道上散布着很多标准的汽车旅馆，市区也有一些大旅馆。马尼托巴连锁旅馆 **Canad Inns**（☎204-269-9090，888-332-2623；www.canadinns.com）在城里有几处分店，包括在 **Polo Park**（见529页地图；☎204-775-8791；1405 St Matthews Ave；房/套 $109/149起；P ✕ 🅂 💻 wi-fi），为孩子和成人提供主题房间。

市区

Backpackers Winnipeg Guest House International（见530页地图；☎204-772-1272，800-743-4423；www.backpackerswinnipeg.com；168 Maryland St；宿/房 $25/45；P ✕ 💻 wi-fi）这家地板嘎嘎作响的维多利亚女王时代的青年旅舍位于一条安静、两旁都是树木的街道上。发霉的地下室有一间拥挤的游戏房以及小的淋浴设施，不过这儿舒服而安全。

HI Winnipeg（见530页地图；☎204-772-3022，866-762-4122，传真 204-784-1133；330 Kennedy St；宿/房$26/70）2007年夏天，HI收购并重新修复了Downtowner Hotel，为经济旅行者们提供更多的铺位——两层宿舍床位和一层私人房间——更接近市区。有一个厨房、一家不够可靠的酒吧，提供去往丘吉尔的团队游。

Malborough Hotel 旅馆（Malborough Hotel；见530页地图；☎204-942-6411，800-667-7666；www.themarlborough.ca；331 Smith St；单/双/套房 $78/83/128；✕ 🅂 wi-fi）哥特复兴时期的设计与开阔的公用空间是这家传统建筑的特点。虽然有些部分闻起来像是已有90年之久，但地理位置一流，而且目前正在刷新——可以要一间带有新家具的客房。

Norwood旅馆（Norwood Hotel；见530页地图；☎204-233-4475，888-888-1878；www.norwood-hotel.com；112 Marion St；单/双 $89/99；P 💻）这家友好的、家庭经营的精品旅馆有着干净而宽敞的房间、预料中的印花被面以及标准家具。走过几座桥就能到达Forks地区。

Inn at The Forks（见530页地图；☎204-942-6555，877-377-4100；www.innforks.com；75 Forks Market Rd；房/套房 $129/209）华美而带有一定的历史与建筑情感倾向，现代风格被融入温尼伯最为古老的建筑。前卫的浴室与立体色彩的宽敞房间，可以免费欣赏河流景致。

我们的选择 **Fort Garry Hotel 旅馆**（见530页地图；☎204-942-8251，800-665-8088；www.fortgarryhotel.com；222 Broadway Ave；单/双/套房 $139/149/209；P ✕ 🅂 💻 wi-fi）这座已有100年历史的石灰石遗产展示着温尼伯的历史。当初被建造为加拿大城堡风格的铁路中途站，豪华的休息厅显示了宽敞的立体房间和宽敞的佩斯里花纹走廊的高雅。花色美丽的床垫和被面、可心的预订系统以及完美的服务都在等着你的到来。

大温尼伯

Traveller's RV Resort 娱乐车营地（见529页地图对面，☎204-864-2721，888-615-1995；www.travellersresort.com；870 Murdock Rd；帐篷/娱乐车营地 $17/25；⌚4月中到9月；P 🅂）这个地方绿草丛生、充满家庭般友善的气息，就在城镇以东15公里处。

River Gate Inn 旅店（见529页地图；☎866-397-3345；www.rivergateinn.com；186 West Gate；房 $80～120；P 🅂 💻 wi-fi）位于阿姆斯特朗角(Armstrong Point)的大厦里，擦得亮亮的硬木地板，四立柱大床和石头壁炉让人备感舒适。时髦的桌球房更增添了一种现代感。

Viscount Gort Hotel 旅馆（见529页地图；☎204-775-0451，800-665-1122；www.viscount-gort.com；1670 Portage Ave；房和套房 $89～139；P ✕ 🅂）这家干净而友好的旅馆位于城镇以西5公里处。

Greenwood Inn and Suites 旅馆（见529页地图；☎204-775-9889，888-233-6730；www.greenwoodwinnipeg.com；1715 Wellington Ave；房/套房 $109/250；P ✠ ✉ 🖳）在机场以东看到大大的绿色"G"标记，就可以找到这家虽小但值得信赖的旅馆了。

就餐

温尼伯以拥有全加拿大最多样化、品种最为齐全的美食选择而自豪……的确如此。这儿不缺餐馆和外卖店，交易区(Exchange District)、圣博尼费斯以及 Osborne Village 村有些个性小餐馆、别致的小酒馆和欧洲美味。夏天的黄昏，沿着 Corydon Ave 大道来到小意大利的小餐馆，在院子里找个座位看看人们，品尝意大利面食。

市区和The Forks

经济

The Forks 的市场大楼(Market Building)里有多种族的美食摊和小餐馆。Portage 大道和主街的人行道上全是地道的美食广场。

VJ's Drive-In（见530页地图；☎204-943-2655；170 Main St；汉堡包 $4～9；⏲10～1am）穿过 Union Station，VJ's 是外卖油脂套餐的绝佳场所。午餐时间可能需要排队，但这儿填料十足的墨西哥热狗(chili dogs)、油腻的奶酪汉堡包和炸薯条在温尼伯一直是数一数二的，不会令人失望。

Salisbury House Esplanade Riel（见530页地图；☎204-237-8305；50 Blvd Provencher；主菜 $5～8；⏲8am～8pm）本地不断扩张的一家连锁店，Burton Cummings 剧院拥有部分产权；Nip（配以油炸洋葱的五香牛肉饼汉堡包）和 Winni（烤热狗）是这家店的招牌菜。在红河之上，是最近开的市区店，这儿的风景比食物更值得人挂念。

Wagon Wheel 餐厅（见530页地图；☎204-942-6695；305 Hargrave St；主菜 $5～9；⏲周一至周五 6am～6pm）这家店狭小而简陋，是温尼伯的一家机构，在这家城里的餐馆没有福米卡的装饰。它每天都出售自家烤的火鸡，配上让人难忘的夜总会三明治(club sandwiches)，汤很美味。

中档

Bistro Dansk 餐厅（见530页地图；☎204-775-5662；63 Sherbrook St；主菜 $6～10；⏲周二至周六 11am～3pm和5～9:30pm）这家当地人开的暖人心的丹麦小餐馆以欧洲的爽心美食出名，特别是丰盛而美味的靓汤。乙烯基塑料椅和木板墙更增添了它的魅力，外加进口啤酒丰富你的体验。

Brio Restaurant 餐馆（见530页地图；☎204-948-0085；300 Memorial Blvd；主菜 $8～15；⏲周二至周日 11am～2:30pm）艺术馆楼上的这家半正式餐馆，铺着品蓝色亚麻桌布、带许多窗户。午餐时间的菜品各种各样，正如食品展示中一样色彩绚丽。下午4点30分之前都提供咖啡。

Muddy Waters Smokehouse（见530页地图；☎204-947-6653；15 Forks Market Rd；主菜 $8～25；⏲周一至周四5～9pm，周五至周日11:30am～9pm，10月到次年5月的周一至周三 歇业）这儿有温尼伯最好的两个庭院，在河岸边上享受被湿气浸染的可口的南方烧烤(BBQ)。

圣博尼费斯

Step' N Out 餐厅（见530页地图；☎204-956-7837；157 Blvd Provencher；主菜午餐 $9～12，晚餐 $18～24；⏲周一至周五11am～2pm和5～9pm，周六5～9pm）混乱而有趣，包括室外阳台，这家罗曼蒂克的地方每天都提供不断更新的手写菜单。折中口味的菜肴混合了亚洲和西方的烹饪风格；在应季菜品方面占有优势。

我们的选择 **Chez Sophie**（见530页地图；☎204-235-0353；248 Av de la Cathédrale；正餐 $9～15；⏲周一至周四11am～2pm和4～9pm，周五11am～2pm和4～11pm，周六 4～10pm）数十年来固定的邻居——角落商店、自动洗衣店——使它成为很受邻里欢迎的小酒馆。这儿为数不多的几张桌子布置得很温馨，地道的法式菜单、可口的可丽饼和 tartes（馅饼），从分量和质量来看，真可谓物美价廉。

交易区和周边

城镇北部的砖砌建筑如今被改建成了饭馆和酒吧；香味俱全的温尼伯唐人街小饭馆在更北一点儿。

Kum-Koon Garden 餐厅（见530页地图；☎204-943-4655；257 King St；菜肴 $2～4；⏲11:30am～10pm）不管你的胃口有多大，都不会饿着从 Kum-Koon's 离开。精美的点心很受市区工人的喜爱。

The Lineup（见530页地图；☎204-943-3166；98 Albert St；正餐 $5～7；⏲周一至周四 10:30am～9pm，周五和周六 至10pm，周日正午～7pm）想来这儿吗？你的选择没错。这个地方可以满足每个人的胃口。从世界各地的地道外卖菜品中选择你喜欢的，鱼、炸马铃薯条，到深海鱼比萨饼再到中国菜，可以在户外的大庭院中就餐，也可以在旧市场广场享用美味。

地下小餐馆（Underground Café；见530页地图；☎204-956-1925；70 Arthur St；正餐 $5～8；⏲8am～4pm）时髦、拥挤不堪、地下且食品优质，艺术家与主管人员会在午餐时挤在这儿用餐。菜单上的每样菜都是自制的，没有一样不健康，特别是美味的蔬菜汉堡包。

Alycia's（见529页地图；☎204-582-8789；559 Cathedral Ave；主菜$9～14；🕑周一至周五8am～8pm，周六9am～8pm）属于那些必去的地方之一，这儿是温尼伯人喜欢的乌克兰餐馆，此外没有任何真正的特点。食物都很可口，每天制作的饺子形馅饼(pierogi)往往会被卖光。

Osborne村和周边

Wasabi's（见530页地图；☎204-774-4328；588 Broadway Ave；面包卷 $5～15，主菜 49～25；🕑周一至周四 11:30am～2pm 和 5～10:30pm，周五11:30am～2pm 和 5pm～午夜，周六5pm～午夜，周日4～9:30pm）在这家老派维多利亚女王时代的餐馆中，供应新派多彩面包卷和创造性菜肴，例如杧果大虾。在户外走廊随意坐下，或者欣赏时尚漂亮的室内装修。

Glutton's（见529页地图；☎204-475-5714；842 Corydon Ave；午餐/晚餐 $8～35/51；🕑周二至周六 11:30am～2:30pm 和 5:30pm～很晚）一家很小的小酒馆，加拿大最热门的厨师之一大胆创新，将东西方风格融入prix fixe(套餐)之中。主打菜是海鲜和牛肉，聪明的工作人员会帮助你选餐。

Dandelion Eatery（见529页地图；☎204-453-5755；230 Osborne St；主菜 $9～25；🕑周日至周二 11am～4pm，周三至周六 至10pm）紧挨着一家有机食品店的时髦的橙绿色小餐馆，很受欢迎。这儿有各类肉的创新做法：午餐的烤苹果和奶酪三明治，晚餐的咖啡鹿肉等等。

Rae and Jerry's餐厅（见529页地图；☎204-775-8154；1405 Portage Ave；主菜 $15～30；🕑周一至周六11am～11pm，周日 至 9pm）这家牛排餐厅在温尼伯已经营业了很久，以它的掺辣味调料的上等肋骨(horseradish-spiked prime rib)而出名，这儿有庄重的菜肴和有趣的氛围。

饮品

加拿大人喜欢喝酒；而温尼伯人更为喜欢。如果你听说在马尼托巴的任何地方有社交活动（主要是入场付费的大型室内聚会），一定要前往参加。

时髦的咖啡馆日益受到人们的欢迎，城里的每家酒馆和酒吧都有趣而友好。一定要去喝一杯。

Fyxx（见530页地图；☎204-944-0045；92½ Albert St）这样的当地咖啡馆—酒吧连锁店有着你期望在交易区听到的所有乡村乐。

Le Garage（见530页地图；☎204-237-0737；166 Blvd Provencher）当地人，特别是圣博尼费斯人，认为这家小餐馆有温尼伯最好的咖啡和即席演奏会。

Elephant & Castle（见530页地图；☎204-942-5555；350 St Mary Ave）在这家传统的酒馆中，有15个啤酒桶，好事就要开始了。

Tavern United（见530页地图；☎204-944-0022；260 Hargrave St）内部很大，屋顶庭院十分宽敞，饮品价格稍高，但也值得。

King's Head Pub酒馆（见530页地图；☎204-957-7710；120 King St）这家仅限会员(终生会员费$5)光临的英国酒吧人来人往，在这里你会交上一堆新酒友。

Toad in the Hole Pub and Eatery（见529页地图；☎204-284-7201；108 Osborne St）休闲酒馆，Osborne 村的当地人常来光顾。

娱乐

温尼伯令人印象深刻的艺术与文化使这座城市享有盛名。演出场地贯穿整座城市，特别是交易区；在文化中心查询当地的娱乐演出及即将演出的告示。Forks 区的室外场所与街头艺人的表演是夏季娱乐的堡垒。

每周四，娱乐刊物 **Uptown Magazine**（www.uptownmag.com）派发着新版本，《温尼伯自由报》(*Winnipeg Free Press*) 刊登活动安排列表。如欲购买门票，可联系**票务能手**（Ticketmaster；☎204-780-3333；www.ticketmaster.ca）或会场售票处。

Burton Cummings 剧院（Burton Cummings Theatre；见530页地图；☎204-956-5656；364 Smith St）猜猜是谁挽救了这座 1907 年的电影院？如今这儿上演戏剧和举办音乐会。

MTS 中心（MTS Centre；见530页地图；☎204-987-7825；www.mtscentre.ca；260 Hargrave St）这儿现代的市区舞台可以举办音乐会和运动会。

Scotiabank Stage（见530页地图；www.theforks.com）在 Forks 区举办音乐会和室外娱乐活动。

夜总会

与大多数主要城市一样，温尼伯的活动盛会不断改变。俱乐部遍布市区，Osborne 村是娱乐中心，在市区以西的 St James，不用花多少钱就能找到真正的乐趣。漂亮、时髦的人们聚集在交易区。

推荐场所：

Alive in the District（见530页地图；☎204-989-8080；40 Bannatyne Ave）对于 21 岁以上、性格含蓄的人来说，这儿又酷又舒适。

Desire（见530页地图；☎204-956-5544；441 Main St）温尼伯的男女同性恋俱乐部。

Empire（见530页地图；☎204-943-3979；436 Main St）这座三层混凝土老建筑位于河岸边上，有多样的房间和一座庭院。

褐马俱乐部（Palomino Club；见530页地图；☎204-772-

热门话题：如果你是 JET 的"粉丝"……

位于气候温和、亚北极与北极地区间的马尼托巴自然风貌、加拿大军队在马尼托巴南部的驻扎，愈演愈烈的全球变暖问题及伊拉克战争等等，都是适合讨论的热门话题。

虽然它们是意义重大并且值得讨论的话题，但在大多数人经常想到、总出现在电视广播访谈节目中并且通常在头版、社论和体育刊物上读到的，却很可能是关于温尼伯 Jet 冰球队的新闻。然而，当温尼伯队在 1996 年的北美冰球职业联赛资格 (National Hockey League，简称 NHL) 中输给菲尼克斯队时，人们将它渐渐淡忘了——你的父母并不很富裕也没有很漂亮的房子。真是令人心碎，此后，只有球队准备扩张或其他球队换老板时、或者你准备离开这座城市的时候，你才会重新想到温尼伯队。

小职业球队联盟 Manitoba Moose 依然是家乡人引以为傲的本钱，然而，只有重新赢得大职业联盟赛的胜利，才能解决所有问题。市区 MTS 中心的完工为整个城市带来了希望，从某种意义上说，NHL 的省立参赛队有可能将温尼伯作为联赛地点。

0454；1133 Portage Ave）Pal 等于吵闹、娱乐加舞会。

戏剧和电影

温尼伯皇家芭蕾（Royal Winnipeg Ballet；见 530 页地图；☎204-956-2792，800-667-4792；www.rwb.org；380 Graham Ave；门票 $12～35）尽管拥有极高的国际声望，但百年音乐厅里的演出却轻松随意而有趣。

抒情剧院（Lyric Theatre；见 529 页地图；☎204-888-5466；55 Pavilion Cres；免费入内；🕑6 月到 8 月）带着草地椅子和零食享受在阿西尼博因公园 (Assiniboine Park) 的户外演奏台上上演的面向家庭的演出。

马尼托巴戏剧中心（Manitoba Theatre Centre；见530 页地图；☎204-942-6537；www.mtc.mb.ca；174 Market Ave；门票 $20～40）这个团体在主舞台上上演百老汇主流演出，在一个仓库里上演擅长的独立演出 (在140 Rupert Ave)。

实验电影院（Cinémathèque；见 530 页地图；☎204-925-3457；100 Arthur St）上映加拿大和国际影片，种类多样，从艺术电影一直到巨蟒小组 (Monty Python，英国六人喜剧团体——译注)。

Cercle Moliére（见 530 页地图；☎204-233-8053；www.cerclemoliere.com；825 Rue Saint Joseph；成人 / 学生 $24/21.50）加拿大的运行历史最为悠久的法国剧院团体，在温馨的 Théâtre de la Chapelle 举办法语演出。

现场音乐

几乎城里的每一家酒吧或俱乐部每周至少有一次现场演出。如果想听民间风味的音乐，可以去 Osborne Village 村和圣博尼费斯的朴素咖啡馆和酒吧—餐馆。

时代变革高雅寂寞俱乐部（Times Chang[d] High & Lonesome Club；见 530 页地图；☎204-957-0982；234 Main St）在这家面积不大、粗糙、邋遢而真正的复古俱乐部中，人们吃着果酱、喝着啤酒和威士忌，欣赏着周末上演的叮当琴、乡村音乐、摇滚乐或布鲁斯演出。

温莎旅馆（Windsor Hotel；见 530 页地图；☎204-942-7528；187 Garry St）这家典型的温莎旅馆显然是温尼伯现场布鲁斯演出酒吧。

百年音乐厅（Centennial Concert Hall；见530页地图；☎204-956-1360；555 Main St）是**温尼伯交响乐团**（Winnipeg Symphony Orchestra；☎204-949-3999；www.wso.mb.ca；门票 $20～60；🕑9月到次年5月）、也是备受称赞的**马尼托巴歌剧团**（Manitoba Opera；☎204-942-7479；www. manitobaopera.mb.ca；门票 $30～99；🕑11月到次年4月）演出所在地，全部有对白字幕。

体育

与加拿大任何城市一样，温尼伯人热爱他们的球队。去现场看场比赛，真正体验本地文化。

马尼托巴驼鹿队（Manitoba Moose；见 530 页地图；☎204-780-7328；www.moosehockey.com；门票 $15～30；🕑9 月到次年 3 月）在 MTS 中心 (MTS Centre，见 536 页)，这支美国冰球联赛 (The American Hockey League[AHL]) 显示出快速、激烈的未来大联赛的天分。它附属于国家冰球联赛 (National Hockey League's [NHL]) 的温哥华法裔加拿大人队 (Vancouver Canucks)。

Winnipeg Blue Bombers（见529页地图；☎204-784-2583；www.bluebombers.com；1430 Maroons Rd；门票 $15～55；🕑6 月到 10 月）热情的人群鼓舞着 Bombers 的加拿大足球联盟格瑞杯赛朝着 Canad Inns Stadium 运动场挺进。

温尼伯黄金眼（Winnipeg Goldeyes；见 530 页地图；☎204-982-2273；www.goldeyes.com；Mill St；门票 $4～15；🕑5 月到 9 月）很难找到其他地方能让你在夏

天晚上在河边观看到更为便宜的球赛。

赌场

温尼伯是加拿大较早倡导合法赌场的地方，接着马尼托巴开发了赌博项目。**Club Regent赌场**（见529页地图；☎204-957-2700；1425 Regent Ave；⌚24小时）有一个边走边看的水族鱼缸、闪烁着热带霓虹灯。老的西部火车站**McPhillips火车站赌场**（McPhillips St Station Casino；见529页地图；☎204-957-3900；484 McPhillips St；⌚24小时）有游戏桌、宽敞的游戏室和数不清的老虎机，投币从5¢到$20。

购物

Osborne Village 有很多时髦而风雅的商店，交易区到处都是艺术画廊。如果你去的不是北边，可以在温尼伯找到土著艺术。

联运广场（Portage Place；见530页地图；☎204-925-4636；Portage Ave，Vaughan St）这条占据了三个街区的大型室内购物商业街，在市区有160多家商店。

湾（Bay；见530页地图；☎204-783-2112；450 Por-tage Ave）世界上最古老的贸易公司——指哈得孙湾公司——仍有一家现代化百货商店，出售羊毛毯子，让你想起温尼伯曾是人来人往的贸易站。

Bijou Treasures（见530页地图；☎204-233-9722；190 Blvd Provencher）当地的珠宝商们设计、出售呈佛朗哥—马尼托巴风格的宝石，原料来自世界各地。

北方印象（Northern Images；见530页地图；☎204-942-5501；Portage Place；393 Portage Ave）这家国营连锁店销售货真价实的提纳人和因纽特人手工艺品。

Mountain Equipment Co-Op（简称 MEC；见530页地图；☎204-943-4202；www.mec.ca；303 Portage Ave）加拿大人最喜欢的户外玩具店，也出租户外用具。

到达和离开

飞机

温尼伯国际机场（Winnipeg International Airport，代码 YWG；见529页地图；2000 Wellington Ave）在市区以西10公里。可乘坐地区航线（见544页），游览北部、西部安大略。

公共汽车

加拿大灰狗车在**公共汽车站大厦中心**（Mall Centre Bus Depot；见530页地图；☎204-783-8857；487 Portage Ave）停靠，一天2班汽车沿途开往里贾纳（Regina，$86，8小时，一天4班）、桑德湾（Thunder Bay，$86，9小时，一天3班），以及汤普森（Thompson，$94，9小时）。

火车

VIA Rail 的“加拿大”号列车在西行途中，于周三、周五和周日的下午4点55分从 **Union Station**（见530页地图；123 Main St）发车；东行列车于周二、周四和周日的下午12点10分发车。另外，“哈得孙湾”（Hudson Bay）号列车一周三次开往丘吉尔（Churchill），具体时间分别是周二、周四和周日的晚上10点；详细信息可见549页。

四处走走

从市区到周围任何一个邻近地区都适于步行，也很令人愉快。当天气不好时，地下和地上人行道连接了市区大楼；目的地温尼伯有地图。

抵离机场

市区的出租车费为$15，有些旅馆还提供免费的往返汽车。温尼伯运输（Winnipeg Transit）的15号公共汽车（bus No.15）每隔20分钟在机场和市区间往返（成人/儿童 $2/1.65）。

小汽车和摩托车

在 Forks 区，顾客可以免费停车3小时，从那儿可以很容易步行走到市区。市区街道停车处（下午6点后免费）和停车场有很多，运气好时，可以在 Portage Place（每小时 $3）停车。

在联合车站，打碎车窗盗窃的情况很常见，因此如果你要乘坐火车，多层停车场会更好些。

主要的汽车出租代理（见845页）在机场、市区或市区附近都有柜台。

公共交通

温尼伯运输（Winnipeg Transit；☎204-986-5700；www.winnipegtransit.com；成人/儿童 $2/1.65）的汽车路线围绕着该地区，非常便利。转车时准备好正好的零钱。它的市区“精神号”汽车（Downtown Spirit）免费，有四条市区路线。

水上出租

乘坐**飞溅水上出租**（Splash Dash Water Taxi；见530页地图；☎204-783-6633；单程/白天通行证 $3/15；⌚5月到8月 10am～11pm，9月和10月正午～8pm）在 The Forks、立法大楼、圣博尼费斯、Osborne Village 村和交易区（Exchange District）之间穿行，从一个新角度来欣赏这个城市。

温尼伯周边地区(AROUND WINNIPEG)

伯兹山省立公园 (Birds Hill Provincial Park)

白天从温尼伯很容易就能到达这座保存良好的**省立公园**（☎204-654-6730；www.gov.mb.ca/conservation/parks/popular_parks/birds_hill/；Hwy 59；门票 $6；

🕑 清晨至黄昏)，它常年都吸引着当地的家庭和快乐搜寻者，有很多骑自行车兜风的小道、步行小径、沙滩、白尾巴鹿、宿营地、越野滑雪、野生浆果和树木，很简单就能想出由来。

下Garry堡(Lower Fort Garry)

红河(Red River)河岸上巨大的石墙包围着的唯一的石头**要塞**(☎204-785-6050；www.pc.gc.ca/lhn-nhs/mb/fortgarry；5925 Hwy 9；成人/儿童/老人/家庭$7.15/3.45/5.90/17.80；🕑5月中至9月9am～5pm)。是从毛皮贸易时期保留至今仍然完好无缺的石头要塞。这个地方非常整洁，重现了19世纪中期情境，穿着当时服装的讲解员会让你了解当时的情况。

橡树吊床湿地(Oak Hammock Marsh)

南马尼托巴沼泽地中部的是**橡树吊床湿地**(Oak Hammock Marsh；☎204-467-3300；Rte 200，Hwy 67；成人/儿童/家庭$5/4/18；🕑11月到次年4月10am～4:30pm，5月到10月至8pm)，它是无数鸟类生活和在迁移途中停靠的地方，也是大陆上最好的鸟类保护区之一。春天的鸟类品种多样，而秋天，20万到40万只野鹅现身这里。木板路、望远镜、遥控照相机和独木舟能让你接近这里。

温尼伯湖(LAKE WINNIPEG)

20世纪20年代起，加拿大第五大湖的北端就是度假胜地。白色的沙滩、不间断的阳光、海洋般广阔的大湖让所有温尼伯人都来此旅行，就像是来到了“海岸”一般。夏天，它仍然非常受欢迎；但到了冬天，雪白的沙滩铺满雪花，围绕着结冰的湖，真是很荒凉。

这儿很受欢迎的地方，例如西岸的温尼伯湖滩和东岸的大海滩(Grand Beach)，都是典型的，嗯，湖滩城镇。注意，它们没有任何吸引力，不过在夏天，这些地方无疑是人们游玩的中心，沿着拱廊街道、湖滩木板路、冰淇淋商店、卖汉堡包的街边摊走走，挤满了晒着太阳的家庭、青少年和度假者。

可以在**大海滩省立公园和宿营地**(Grand Beach Provincial Park & Campground；☎204-754-2212；Hwy 12；帐篷/娱乐车营地$12/15)徒步旅行，在这儿，数百种鸟类待在海滩后面的潟湖上，附近的沙丘可达12米高。这儿也是马尼托巴最繁忙的宿营地之一，这意味着在那里人声鼎沸，因此，最好预订。

温尼伯湖、马尼托巴湖和温尼伯戈西斯湖——又叫做Interlake——之间和周围的大多数陆地都是私有的，有可能能租到别墅。这儿很多的小城镇和乡村全年都有人居住，到处都能找到标准的汽车旅馆和B&B旅馆。

> **什么……**
>
> 有谁见过成千上万条蛇缠绕在一起，连续数周进行交配的景象吗？很幸运，**纳西斯野生生物管理区**(www.gov.mb.ca/conservation/wildlife/managing/snakes；Hwy 17；免费入内；🕑从早到晚)保护着世界上数量最多的红舌端蛇(red-sided garter snakes)。当天气转暖、在发情期(4月至5月)、玩耍Barry White(并非真的玩耍)并在夏天结束前形成受精卵时，它们就会从白云石中钻出来，并在9月份返回洞穴并在进洞之前稍作停留。3公里长的道路两旁是说明。

吉姆利(GIMLI)

从表面来看，它似乎是犹太人的另一块地盘，实际却是历史上的吉姆利(冰岛语，“众神之地”，不是Dwarvian语)。1875年以“新冰岛”之名建成，这座干净的小城镇保留着其迷人的遗产。

温尼伯湖游客中心(Lake Winnipeg Visitor Centre；Centre St；🕑5月到9月10am～4pm)可以解答游客的疑问，展示了温尼伯湖的自然历史。它是**新冰岛遗产博物馆**(New Iceland Heritage Museum；☎204-642-4001；www.nihm.ca；94 1st Ave；成人/儿童/青少年/家庭$5/免费/4/15；🕑周一至周五10am～4pm，周六和周日1～4pm)的一部分，充满历史感，摆放着艺术品，记叙了一个不太可能前来的民族在加拿大一个不太可能住人的地方定居的历史。该博物馆还经营着1915年建造的**吉姆利公立学校**(Gimli Public School；62 2nd Ave；🕑5月到9月10am～4pm)，这座令人印象深刻的砖砌建筑仍然矗立在当初的位置之上。俯瞰着湖水的湖滩之上，巨大的**北欧海盗雕像**(Viking statue)丰富着该城的冰岛遗产。

有一个地方值得一游，那儿有嘎嘎作响的地板，这就是**HP Tergesen & Sons**(☎204-642-5958；82 1st Ave；🕑周一至周六10am～6pm)，1899年以来，这儿一直都是繁忙的百货商店。

冰岛人的节日**Islendingadagurinn**(☎204-642-7417；www.icelandicfestival.com；🕑8月初)期间，人们都挤在岛上，这是很受欢迎的省立节日，包括以冰岛舞(Islendingadance)、冰岛游戏、现场音乐演出(没有比约克[Björk])，当然还有以冰岛为主题的游行。

城镇外，**秋木汽车旅馆和娱乐车度假村**(Autumnwood Motel & RV Resort；☎204-642-8565，

877-355-3500；19150 Gimli Park Rd；单/双 $90/100；Ⓟ ⊠）位于丛林之中，十分寂静，带有标准房间。**Lakeview Resort度假村**（☎204-642-8835；www.lakeviewhotels.com/li_gimli；10 Centre St；单/双 $109/119，Ⓟ ⊠）就在湖边，是个现代、豪华的度假胜地。

当地人喜欢的自助式但还不错的小餐馆是**Beach Boy**（☎204-642-7560；70B 1st Ave；小吃 $3～5，正餐 $11）。梭鱼（自当地捕获）和汉堡包是主打，可在湖滩对面的封闭庭院中就餐。

赫克拉/格赖恩斯通省立公园 (HECLA/GRINDSTONE PROVINCIAL PARK)

十分拥挤的温尼伯湖边有座岛屿和一片自然绿洲，让马尼托巴看起来更像是马尼托巴了。可以靠近，不过这儿很安静、尚未开发——不过鸥海港度假村 (Gull Harbour Resort) 已于 2008 年重新开张——这一片岛屿、沼泽和林地到处都是野鹿、驼鹿、海狸和熊。在**绿色海峡湿地** (Grassy Narrows Marsh) 驻足，公园入口处附近有小径通往掩蔽体和塔楼，非常适合观察周围环境。**公园办公室**（☎204-378-2945；Hwy 8；帐篷/娱乐车营地 $12/15）为游客提供信息咨询。

赫克拉村 (Hecla Village) 建于 1876 年，是冰岛人居住的殖民地，这儿完美无缺，几乎不像是真的。带导游的自助户外**传统之家博物馆**（Heritage Home Museum；Village Rd；免费入内；⏲5 月中到 9 月初 10am～4pm）时，一定要来这儿，可参观仍矗立河岸的历史悠久、引人注目的楼宇。其中之一是 **Solmundson Gesta Hus Bed & Breakfast and Spa**（☎204-279-2088；hecla@mts.net；单/双 $65/75；Ⓟ ⊠），美丽的房屋，带现代设施，周围是修剪过的花园。

东南马尼托巴 (SOUTHEASTERN MANITOBA)

从温尼伯向东，平坦、宽敞的大草原代表与典型的森林和湖泊区大湖区混杂在一起。大多数旅行者匆匆穿过凯诺拉 (Kenora) 和周边，而马尼托巴的东部地区有着跟邻居安大略 (Ontario) 同样崎岖起伏的林地地形。

门诺尼特遗产村 (MENNONITE HERITAGE VILLAGE)

在遍地向日葵的乡村中，温尼伯东南处就到了带有教堂的 Steinbach 城。有一座突出的门诺尼特镇，历史的迹象浮现在这座 19 世纪末的**村庄**（☎204-326-9661；www.mennoniteheritagevillage.com；Hwy 12；成人/儿童/学生和老人/家庭 $8/2/6/20；⏲7 月和 8 月周一到周六 10am～6pm，周日 正午～6pm，5 月、6 月和 9 月至 5pm，10 月到次年 4 月周二至周五 至 4pm）。这家不错的遗址博物馆详细记述了移民历史，简朴而布置适中的村落中有屋子、商店、商行、复制的风车。**Livery Barn Restaurant**（主菜 $6～9；⏲5 月到 9 月周一至周六 8am～4pm，周日 11:30am～4pm）提供罗宋汤 (borscht) 和 kielkje(自制的鸡蛋面条加火腿)，还有其他无法正确发音的丰盛的门诺尼特菜肴。

白贝壳省立公园 (WHITESHELL PROVINCIAL PARK)

扫视到北面安大略的绿色的森林、清澈的湖水以及加拿大防盾，**公园**（www.gov.mb.ca/conservation/parks/popular_parks/whiteshell）边界线内长满了松树林的小山从平原拔地而起。

遗憾的是，这座公园十分商业化；每隔几公里就能看到度假村和商店，大一些的中心还有**公园办公室**(Falcon Lake ☎204-349-2201；Rennie ☎204-369-5246；Seven Sisters ☎204-348-4004；West Hake Lake；☎204-346-2245；⏲周一至周五 8am～正午和 1～4pm)。不过，仍然存在着一定的灵性，你可以通过长度不同的步行小道离开这儿——最长的是长达 60 公里、需要 6 天才能走完的 Mantario 小径；也可以乘坐独木舟，而最受欢迎的是 **Caddy 湖** (Caddy Lake)。

可爱的圆木屋**自然历史博物馆**（Natural History Museum，Nutimik Lake；⏲5 月末至 9 月初 9am～5pm）展示着公园的历史。明显不能错过的是 **petroforms interpretive 团队游**（免费；⏲6 月至 8 月 11am 和 2pm），讲解当地古老的岩层形成的非物质因素。

公园里有几百个**宿营地**（帐篷 $7～12，娱乐车营地 $12～15）。**猎鹰湖岸营地**（Falcon Lakeshore Campground；帐篷/娱乐车营地 $12/15）树木更为茂盛，也更为僻静，离湖滩只有几步路。

猎鹰湖度假旅馆（Falcon Lake Resort Hotel；☎204-349-8400；www.falcon-resort.mb.ca；Falcon Lake；单/双/套房 $60/70/90 起；⊠）在沙滩附近，房间基本设施完全，还有林间套房。**Big Whiteshell Lodge**（☎204-348-7623；Hwy 309；工作室 $100 起，双/三别墅 $135/155 起）在 Rte 309 路尽头的大白壳湖（湖滨），环境安静，有小别墅。

家庭经营的**Falcon Deli**（☎204-349-3354；Falcon Lake；主菜 $7～10；⏲7am～10pm）有新鲜自制的三明治和汉堡包，户外有座位。

西马尼托巴 (WESTERN MANITOBA)

位于温尼伯和萨斯喀彻温 (Saskatchewan) 之

当地人的声音

安吉拉·费(Angela Fey)，公园翻译/城市雇员/苔原马车机修工/教师/演员/马尼托巴历史学者/旅游指南的潜在作者

你最喜欢马尼托巴的哪个地方？白贝壳省立公园(见540页)。不管商业主义者怎么说，它是活着的富于活力；别忘了去奥吉布瓦，它相当于基督教的伊甸园。你可以在恰当的地方感受它，也可以听见代表这种活力的声音。

你曾经做过的最出色的事情是什么？我在马尼托巴公园第一次做翻译。它对我所做过的事情起着连锁作用，我开始住在公园。

最差的呢？同样的事情，但那是清扫厕所。

每个人都应当去看一看的地方是哪里？丘吉尔(见544页)。每个去过那里的人都会发生一些转变。他们来到丘吉尔，生活在不同凡响的宁静之中。最开始，它只是表现为一座乡下小镇；但是到行程结束时，他们会爱上它。

马尼托巴面临最大的问题是什么？非常不幸，是温尼伯湖的污染问题。我们小时候曾经在那里游泳；但来自城市和农田的污水渗入湖中。挪威剧院(Norway House)上面的水比我们所在的吉姆利处的水要清澈得多。污染如此严重，让人不敢想象，湖会不会在某天消失。

你见过多少驼鹿？12～15只，遍布于赖丁山国家公园。哦，以及一只真假难辨的诱饵，我差点就给它照相了。

间，马尼托巴看起来似乎是永无尽头的农业海洋，让你不得不绕好几次路。人们经常忽略变化最为丰富的自然景致和美丽的社区。

云杉林省立公园 (SPRUCE WOODS PROVINCIAL PARK)

在这座27 000公顷的**公园**(☎204-827-8850；www.gov.mb.ca/conservation/parks/popular_parks/spruce_woods；Hwy 5)里，马尼托巴移动的沙丘为不讨人喜欢的仙人掌和许多生物提供了栖居之地，包括马尼托巴唯一的一种蜥蜴：北方草原石龙子(northern prairie skink)。徒步走过一条1.6公里长的小路，通往精灵沙地(Spirit Sands)的沙丘，这比恶魔湾(Devils Punch Bowl)更容易抵达。整个夏天都有面向家庭的讲解活动，或者乘坐**精灵沙地货车户外人商店**(Spirit Sands Wagon Outfitters；☎204-827-2800；成人/儿童$8/5)提供的马拉带篷货车环绕公园游览。

布兰登(BRANDON)

马尼托巴的第二大中心是个吸引人的居住城市，是一座历史性的砖瓦结构市中心区，被阿西尼博因河(Assiniboine River)一分为二。这个省第二大城市有着砖瓦结构的市区和沿河的徒步小路。**河岸发现中心**(Riverbank Discovery Centre；☎204-729-2141，888-799-1111；545 Conservation Dr；🕒周一至周五8:30am～5pm，周六和周日正午～5pm)四周通往漂亮的河岸步行道。

作为布兰登第一任市长的红砖故居而被命名的**戴利之家博物馆**(Daly House Museum；☎204-727-1722；122 18th St；成人/儿童/家庭$5/4/10；🕒6月至9月 10am～正午和1～5pm，10月至次年5月周二至周六10am～正午和1～5pm)装满了维多利亚和当地的历史文物。

几千名新兵都在**联邦航空训练计划博物馆**(Commonwealth Air Training Plan Museum；☎204-727-2444；www.airmuseum.ca；Hwy 10；成人/儿童/青少年$5/免费/3；🕒5月到9月10am～4pm，10月到次年4月1～4pm)受训成为“二战”中的飞行员，然后向欧洲开拔。展品中有一部分是13架当时的训练机，包括一架修复的“虎蛾”(Tiger Moth)式教练机。

在Shilo基地(CFB Shilo)，布兰登东边20公里处有一个活跃的军事基地，在**加拿大皇家炮兵博物馆**(Royal Canadian Artillery Museum；☎204-765-3000；Hwy 340；免费入内；🕒6月到8月周一至周五9am～5pm，周六和周日1～5pm)里可看的东西，远远超过了瓶装火箭和一把生锈的短柄斧。在展的有制服、枪炮、弹药和60多辆车，可以追溯至1796年的军火，经历了“冷战”时期保留到现在。加拿大的军事和维护和平的努力可能会令你感到吃惊。

标准汽车旅馆排列在Hwy 1公路的出口两旁，市区里能找到当地餐厅。灰狗一天有5班车从布兰登的市区**公共汽车站**(☎204-727-0643；141 6th St)开往温尼伯。

值得一游：新大陆的城堡

红色谷仓或绿色拖拉机；令人惊奇但又简单；功能与形式：富有特色的大草原景观就像它们所特有的麦穗，粮仓曾是草原建筑的主体。

粮仓于 1880 年被引入，1930 年时，已有 7000 多座仓库排列在加拿大铁路两旁。它们发挥着无法估量的作用；草原变成"世界的早餐桌"，它们高度简约的风格给加拿大的画家、摄影师和作家们带来了灵感；也给这里带来了生机。

今天的混凝土替代品平庸地排列在公路两旁，那些原来屹立在每个小镇上的哨塔正在消失。那些幸存者都加上了铝质涂层，防止它们进一步腐烂，但它们的历史背景让它们仍然值得一看。

Inglis Grain Elevators National Historic Site 国家历史遗址（☎204-564-2243；www.inglisele vators.com；团队游免费；⏲7 月和 8 月周三至周六 9am ~ 5pm，周日 正午~ 5pm）修建于 1996 年，用于保护草原上最后剩下的粮仓。随时可以在英格利斯的优美小镇上看见修复的壮观景象。

赖丁山国家公园 (RIDING MOUNTAIN NATIONAL PARK)

如果想去看看马尼托巴的自然瑰宝之一，那儿有麋鹿、驼鹿、海狸和熊，甚至是山猫，那么就一定要去**赖丁山国家公园**（Riding Mountain National Park；☎204-848-7275；www. pc.gc.ca/pn-np/mb/riding；Hwy 10）从地形上看，这儿是平原上升起的一座绝壁，覆盖着棕色的田野、绿色的树林和蓝色的湖泊。到处都能看到这儿的活跃与大自然；多牧草的 Audy 湖边甚至有野牛。

公园的大部分地区是荒野；**沃萨加明** (Wasagaming) 在清水湖 (Clear Lake) 的南岸，这座度假城镇的整体设计既不标新立异，又颇为精细。

就在公园北部边界外，Hwy 10 公路对面，到处都是夏天的聚会。**乡村聚会**（Country Fest；☎204-622-3700，800-361-7300；www.countryfest.ca；⏲7 月末）在一座华丽的森林覆盖的圆形剧场中，举办加拿大历史最为悠久、无疑也是最好的乡村音乐节，为期 4 天，人们可以听音乐、喝各种饮品、宿营和欢呼。**加拿大国家乌克兰节**（Canada's National Ukrainian Festival；☎877-747-2683；www.cnuf.ca；⏲8 月初）就在此举办。民族舞蹈、饮品、传统服装、文化展览是其特色，让你的嘴里塞满饺子形馅饼 (pierogi)、甘蓝面卷 (cabbage rolls) 和波兰熏肠 (kielbasa)。

游客中心（☎204-848-7275；Wasagaming Rd；⏲5 月和 9 月到 10 月中 9:30am ~ 5:30pm，6 月到 8 月至 8pm）有令人印象深刻的立体模型、宝贵的《游客指南》(*Visitor's Guide*) 和原生态地区准入证。

景点和活动

Hwy 10 公路已经非常漂亮了，但公园更漂亮，有 400 公里的**徒步、骑自行车**和**骑马小径**。徒步路线长短不一，从 1 公里长的湖岸小径 (Lakeshore Trail) 到 17 公里长的沙砾路，后者经过树林和草地，到达自然资源保护主义者格雷·奥尔 (Grey Owl) 的旧时小屋。麋鹿角度假村 (Elkhorn Resort) 旁边的 **Triangle Ranch**（☎204-848-4583；骑马游 $30 起）提供骑马游。

划独木舟 / 皮船很不错，可以看到海岸线的野生生物，尽管清水湖上风浪很大，也可开摩托艇。可从**清水湖码头**（Clear Lake Marina；☎204-848-1770；Wasagaming Pier；每天 $25）租赁。

食宿

可以在原生态区宿营；在游客中心查一下。沃萨加明 (Wasagaming) 有许多汽车旅馆和小屋，有一些常年开放。海滩周围的地区到处都是可互换的餐馆和比萨饼店。

公园里 600 个宿营区中，**沃萨加明宿营地**（Wasagaming Campground；帐篷 / 娱乐车营地 $26/36）是最容易到达的。其他**营地**（帐篷 $15）中，Audy 湖的野生动植物最丰富，旋涡湖 (Whirlpool Lake) 从停车场开始在湖边浓密的林荫中有条 50 米的徒步小径。

如果想在荒野中享受稍微的奢华，**麋鹿角度假村**（Elkhorn Resort；☎204-848-2802；www.elkhornresort.mb.ca；Mooswa Dr W；房带/不带壁炉 $150/120，牧人小屋 $300起，⊠ 🅿）并不过火。度假村就在沃萨加明，乡村风格的房间足够大，可以住宿和放置旅行用具。明亮宽敞的带两个卧室或四个卧室的牧人小屋是开放式梁柱结构。

到达和离开

整个夏天，加拿大灰狗每天 1 班车（周六除外）将沃萨加明 (Wasagaming) 和温尼伯连接起来。

北马尼托巴 (NORTHERN MANITOBA)

"53 北"(North of 53，第 53 平行线 [the 53rd parallel]) 便利的旅途黯然让位给崎岖的美

景，遍是湖泊的林地消散在远北寸草不生的苔原中。这才是真正的生活，在这儿无法使用手机，公园保持着自然状态，野生生物丰富，垂钓、捕猎、划独木舟和探索是主要的吸引点，它们在这儿存在了数百年。快来吧。

海峡镇(THE PAS)

作为土著和欧洲毛皮商传统的会面之处，海峡镇(The Pas，读音帕[pah])如今仍然是重要的诱捕野兽的社区，也是“通往北方的入口”——北上跋涉起程的城镇。

Sam Waller' 热衷于从世界各地收集精挑细选的小装饰品，藏品陈列展出在建于1916年的法院，也就是如今的**Sam Waller博物馆**（Sam Waller Museum；☎204-623-3802；306 Fischer Ave；成人/儿童/家庭 $2/1/6；⌚6月和8月，10am～5pm，9月到次年6月1～5pm）。

北马尼托巴诱捕手节（Northern Manitoba Trappers' Festival；☎204-623-2912；www.trappersfestival.com；⌚2月中）是海峡镇和马尼托巴最出名的派对之一，包括周末狂欢中的狗拉雪橇比赛、雪上汽车、冰雕、火炬游行和诱捕游戏。

北部树林环绕着一方清澈得让人讶异的湖泊，与塘鹅一起宿营在机场附近的**清水湖省立公园**（Clearwater Lake Provincial Park；☎204-624-5525；www.gov.mb.ca/conservation/parks/popular_parks/ clear water_pp；帐篷/娱乐车营地 $12/15）。景色优美的洞穴小路(Caves Trail)沿途可以看见深邃的裂缝和腐蚀的悬崖。

城里和周围有汽车旅馆。市区的**Wescana Inn旅馆**（☎204-623-5446，800-665-9468；www.wescanainn.com；439 Fischer Ave；单/双 $89/99；Ⓟ ✖ wi-fi）干净而安全，有一家餐馆兼酒吧。

康姆航空公司(Calm Air，见842页)和贝尔斯金航空公司(Bearskin Airlines，见842页)使用着清水湖附近的**机场**（代码 YQD；☎204-624-5233）。灰狗停在**公共汽车站**（☎204-623-3999；352 Fischer Ave），而VIA Rail的“哈得孙湾”号列车(Hudson Bay，见549页)从温尼伯驶向至丘吉尔，中途停靠在这里的**火车站**（380 Hazelwood Ave）。

汤普森(THOMPSON)

这里的采矿业已达50年之久，加上未改变的未开垦地以及北边社区的一个商业区：欢迎来到汤普森。城市原本就位于主要镍矿带的顶端，情况正如你所期望的那样，这儿是文明的北部边界。对于那些足够幸运来到北方的人来说，这里除了荒野别无他物。

在城镇入口，**游客信息中心**（☎204-677-2216；162 Princeton Dr；⌚6月到9月 9am～5pm，10月到次年5月周一至周五 1～5pm）经营着园木屋**北方遗产博物馆**（Heritage North Museum；成人/老人/儿童 $4/1/2）。这家博物馆较小，但塞满了当地野生动植物和历史，包括雪球号快运列车(Snowball Express)，冬季在建造铁路的时候使用的机器。在这儿，**Thompson Spirit Way**（www.thompsonspiritway.

马尼托巴

值得一游：小镇马尼托巴

在马尼托巴，最好的做法就是随兴致绕道探索。大多数省立道路都是死胡同，当你可能会碰到这样的情况：你一直在追寻的野生动物时却有路可以将你带去别的某个地方。你或许会发现，每个马尼托巴小镇都会有游客接待中心、带酒吧的旅馆、邮局、博物馆，都有足够的吸引力给你留下深刻的印象。或许不值得你花上一两天专程前来旅游，如果你已经来到这里，下面这些地方还是值得去看看：

Carman 河 美丽的河流，温尼伯西南方有条约5公里小路到镇上，只需1小时。

弗林弗伦（Flin Flon）加拿大最坚韧不拔的城镇，也是最有趣的地方；位于Pas北部的采矿小镇，风景迷人。它修建在前寒武纪地盾（Precambrian Shield）上面。

Gillam 一座水电小镇。它位于汤姆森北部道路尽头，却非常受欢迎。

Lynn Lake 位于西北面荒野的边缘。

Morden 南部小镇，到处都是砖块建筑、粮仓，还有加拿大化石发现中心（Canadian Fossil Discovery Centre）和马尼托巴棒球纪念馆（Manitoba Baseball Hall of Fame），这些就够了。

Norway House 位于温尼伯湖北岸，到处是历史痕迹的全天候社区。

Snow Lake 位于雪湖湖畔的风情小镇，在Hwy 10公路的正北方；有采矿博物馆，路边到处都有熊的粪便。

Stonewall 悬着的篮子、静谧的氛围并布满了由采石所行程的游泳水潭；距温尼伯以北1小时路程。

维多利亚海滩（Victoria Beach）曾经最苍翠的村庄，有温尼伯湖沙子最多的沙滩，位于湖畔东面；中心为村舍，限制车辆进入（可步行或骑自行车进入）。

ca）共 2 公里，穿过城镇，经过仅在汤普森才有的遗址，例如 Robert Bateman 以狼为焦点 10 层高的壁画。

聚焦于北方的马尼托巴野生生物，**汤普森动物园**（Thompson Zoo；☎204-677-7982；www.thompsonzoo.ca；226 Mystery Lake Rd；捐赠入园；⏲6月到8月 正午～8pm，9月到次年5月 至5pm）显然是看Neige(北极狼)的好地方。

游客中心会为你安排 90 分钟的团队游去**国际镍业公司镍矿区**（Inco nickel mines；☎204-778-2454；免费入内；⏲6 月到 8 月周一至周五 10am，9 月到次年 5 月周四 10am）观看炼矿和熔矿操作。

McReedy Campground宿营地（☎204-778-8810，传真204-677-3567；114 Manasan Dr；帐篷和娱乐车营地 $15；⏲5月末至9月初）在林间地区设置娱乐车，并有宿营地；它就位于河上的城镇北侧。

远离市区的喧闹，位于寂静区域的 **Meridian Hotel**（☎204-778-8387；传真 204-677-4087；183 Cree Rd；单／双 $74/84；Ⓟ ⊠）是一幢结实的建筑，设备齐全，房间宽敞，很受定期旅行者的喜爱。

康姆航空公司(Calm Air，见 842 页）的航班经由马尼托巴来往于**汤普森机场**（Thompson Airport，代码 YTH；☎204-778-5212）离城北 10 公里。康姆航空公司有去往省里各地的航班。一天 2 次来往于温尼伯（$97，9 小时）以及其他的南方目的地的灰狗公共汽车在游客中心附近的**公共汽车站**（☎204-677-0360；81 Berens Rd）载客。

汤普森是 VIA Rail 的“哈得孙湾”号列车开往丘吉尔(Churchill)铁轨道路的尽头。周五，当居住在北部社区的人们花一整天时间在这里购买生活用品，然后搭火车回家时，列车通常十分拥挤。**火车站**（1310 Station Rd）在城市工业区，不过不建议你把交通工具停在那里。McReedy 宿营地可以存放交通工具（每天 $7)，并有往返汽车去火车站。

丘吉尔(CHURCHILL)

据说丘吉尔充满了迟钝的诱惑。当你初次来访时就能体会到这一点。踏在这片土地上，四处望望，平静地问自己，“这儿就是丘吉尔了？”这儿大而宽阔，人流稀疏，偏远而幅员辽阔，你几乎无法一下子吸收这些，不过也没有什么可吸收的。

这儿没有沿着街道闲逛的北极熊，你也听不到白鲸在唱歌，同样，没有人要拿狐狸毛皮交换你的照相机。在最初的 10 分钟，你对丘吉尔的体会只是被臭虫咬了六次。

一切似乎都莫名其妙。你花费了令人难以置信的时间和金钱才来到这儿，来到北极的起点、火车轨道的尽头，这儿荒无人烟。几乎见不到什么东西是活的，更不用说是繁荣生长了。

数天之后，你初步体验了这儿的生活，划着皮船与白鲸同进，或者用你的单反照相机拍了几张北极熊的照片后，你仍然会感觉这儿只不过是北极圈边上的邋遢小镇。不过，美得令人疑惑的照片背景中出现的文化与大自然的诱惑如此强烈，令你无法忽视，只有亲自经历后才能感受。

历史

可载入编年史的古老海岸线上，永久冻结的泉水每千年向上冻结约 1 英寸，留下了附近原住民在此居住长达 3000 年的证据。根据探险的欧洲人所说，丘吉尔是加拿大最古老的地方。哈得孙湾公司（简称 HBC）——HBC 的另一种意思是“这里比基督到来还早”(Here Before Christ)——的第一个前哨基地于 1717 年就建在这里。它也是塞缪尔·郝恩(Samuel Hearne，早期的北极探险家和自然家——译注）和丘吉尔男爵(Lord Churchill)这样的探险家尝试寻找传说中的西北航线(Northwest Passage)的一个停靠站，丘吉尔男爵以前是哈得孙湾公司的管理者，与这座城镇同名。

丘吉尔的战略地位很重要，18 世纪时是军事要塞，“冷战”时期是基地和撤退集合点。铁路于 1929 年到达通往欧洲的港口，比蒙特利尔离欧洲更近。丘吉尔曾经是世界上最大的谷物装卸港口，如今是加拿大唯一一个草原海港，现在由丹佛(Denver)为基地的 Omni-Trax 经营。

方位

火车可到达或离开城南 Kelsey Blvd 大街的“商业地带”。Kelsey 沿 30 公里长的道路出城，向东南连通机场和其他地方，西北则通向 2 公里以外的梅丽角(Cape Merry)。城镇北边的城中心综合大楼(Town Centre Complex)有学校、电影院和其他城市服务；后面是石头海滩和冰冷的哈得孙湾。

实用信息

紧急求助

救护车／医院（☎204-675-8881）

火警（☎204-675-2222）

北极熊警报（☎204-675-2327）

警察局（☎204-675-8821）

参考网站

丘吉尔城镇（Town of Churchill；www.churchill.ca）

图书馆

图书馆（☎204-675-2731；Town Centre Complex；⏲1～5pm）可以上网。

医疗服务

丘吉尔地区健康局（Churchill Regional Health Authority；

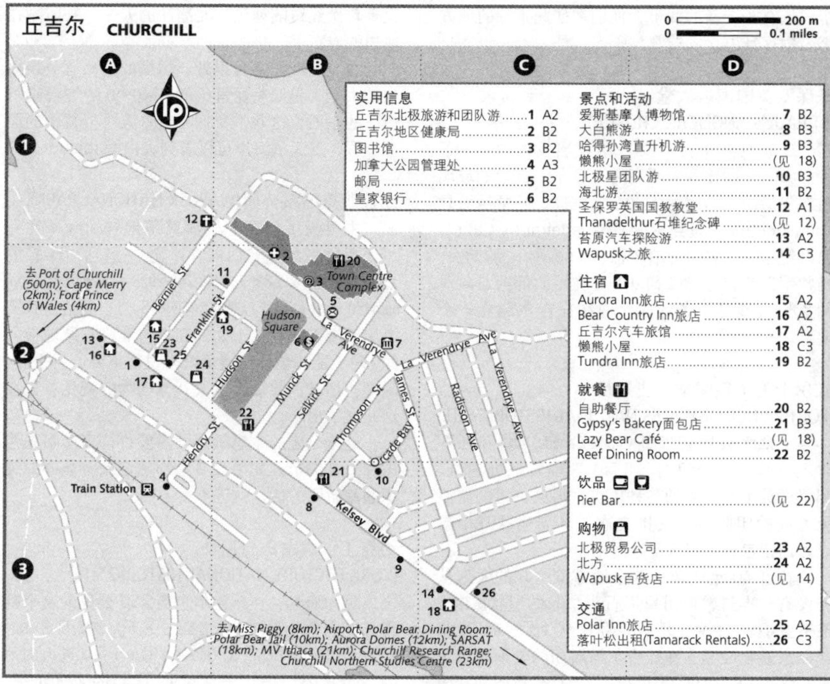

☎ 204-675-8318；Town Centre Complex）

货币兑换

皇家银行（Royal Bank；☎ 204-675-8894；203 La Verendrye Ave）

邮政

邮局（☎ 204-675-2696；204 La Verendrye Ave）

旅游信息

加拿大公园管理处（Parks Canada；☎ 204-675-8863；train station；⏲ 6 月到 10 月周一至周六 9am ~ 8:30pm，周日 正午 ~ 5pm，11 月到次年 5 月 9am ~ 4:30pm）帮助游客提供游客服务。

旅行社

丘吉尔北极旅游和团队游（Churchill Arctic Travel and Tours；☎ 204-675-2811，800-267-5128；140 Kelsey Blvd）

危险和麻烦

夏天，得发动一场全面战来对付冷酷的蚊子和墨蚊。装上至少 30%(可以的话，最好是 98%) 的 DEET 杀虫喷雾剂。买头盔 (Head-nets) 是聪明的投资，但在城里常常脱销。你肯定会被咬，不可能幸免，不过也不是那么糟糕，只是有些痒而已。

若被北极熊咬到，情况就糟糕多了；北极熊在更为寒冷的月份出没，那时虫子倒不是个问题了(见 547 页框内文字)。

景点

丘吉尔的自然史和文化史都丰富多彩，但它最吸引人之处就是它本身。

爱斯基摩人博物馆(ESKIMO MUSEUM)

我们的选择 这家**博物馆**（☎ 204-675-2030；242 La Verendrye Ave；建议捐款 $2；⏲ 7 月到 10 月周一 1 ~ 5pm，周二至周六 9am ~ 正午和 1 ~ 5pm，11 月到次年 6 月 1 ~ 4:30pm）真的只是在一间铺着油毯的单调房间里的一部分物品，不过却不能否认它的魅力。一眼能看见的东西有北极熊、麝牛、野狼和海象 (walrus) 的剥制标本——它们迅速吸引了你的注意力，但经过更细致的参观后，你还能发现小小的箭镞、大号鱼叉和几百件雕刻。工作人员见闻广博又十分亲切，录制下来的解说词会让你对这个民族有一个新的评价，他们在如此荒凉的地方努力生存且茁壮成长着。

圣保罗英国国教教堂 (ST PAUL'S ANGLICAN CHURCH)

这座具有历史意义并给人启发的**教堂**（137 Bernier St）里面比外面漂亮约100倍。褪色的玻璃窗在午后阳光的照射下，令人吃惊。教堂后面是**Thanadelthur石堆纪念碑**(Thanadelthur's Cairn)，用以纪念一位名叫奇珀怀恩(Chipewyan)的妇女，她曾帮助哈得孙湾公司(HBC)在她的部落与敌对的克里人签订了条约，允许在丘吉尔建立一个要塞。

威尔士王子堡国家历史遗址 (FORT PRINCE OF WALES NATIONAL HISTORIC SITE)

加拿大公园管理处（Parks Canada; ☎204-675-8863; 门票$8; ⏰7月和8月）管理着三处遗址，那里记载了丘吉尔的各种历史。得到许可的旅游承办商的团队游可安排交通工具到达这三个景点，门票包含在团队游费用中。

花了40年才建成这个地方，这儿的大炮从来没有失准过，但用星形石头垒起的星状**威尔士王子堡**(Fort Prince of Wales)自从18世纪70年代以来显眼地竖立在丘吉尔河对面的爱斯基摩角上(Eskimo Point)。18世纪20年代，英国和法国骑兵关系紧张的时候，哈得孙湾公司将这里选为驻军地和后方指挥部，不过在法国人第一次袭击时英国人就投降了。这些围墙目前正在进行加固，但仍可参观。

距离威尔士王子堡南面4公里的**帆船湾**(Sloop's Cove)，在丘吉尔严苛的冬天里，是欧洲船只停靠的港口。唯一一些能跟早期探险家扯上关系的简单而深奥：他们的名字——例如塞缪尔·郝恩(Samuel Hearn)，他是18世纪的地方长官，也是首次经过陆地到达北冰洋的人——被雕刻在海边的岩石上。

在城镇西北2公里处，坍塌的墙后有一架孤独的大炮，这是**梅丽角**(Cape Merry)的炮台唯一留下的东西。这儿本身拥有着令人难以置信的漂亮位置，夏天从海岸可以看到大白鲸(beluga)。

瓦普斯克国家公园(WAPUSK NATIONAL PARK)

主要为了保护北极熊繁殖地(wapusk 在克里语里的意思是“白熊”)，这座遥远而年轻的**公园**（☎204-675-8863, 888-748-2928; www.pc.gc.ca/pn-np/mb/wapusk）沿着丘吉尔东南45公里的哈得孙湾海岸铺展着。它位于北部森林与北极苔原地带之间，对于监测全球变暖情况来说很重要。海平面、温度、植被、北极熊以及其他动物的变化首先在这儿显示出来。

这座公园的生态敏感性需要许许多多事先考虑和繁文缛节。如果没有参加法定旅游承办商组织的旅游团的话，就进不了公园。

约克工厂国家历史遗址 (YORK FACTORY NATIONAL HISTORIC SITE)

更为遥远、在丘吉尔东南250公里的这个哈得孙湾公司**贸易站**（门票$8; ⏰6月到8月具体时间不定）靠近Hayes河(Hayes River)，是进入内地的一个重要门户，一直到1957年的273年来，这里一直都很活跃的贸易站。纯白色的建筑与荒无人烟的背景形成鲜明对比，构成一道令人惊异的风景。

只有乘飞机、坐船或独木舟（要非常有决心而且身手熟练）才能到达约克工厂(York Factory)。

课程

丘吉尔北方研究中心（Churchill Northern Studies Centre,

什么……

丘吉尔确实可以分享其独特之处，但是如果往东旅行或者打算骑车去，那么……到底是什么。大多数这些与众不同的景点并不对公众开放，只能远眺（即，可以在往返冻原车辆集结区的公共汽车上看到）。

Miss Piggy（距小镇8公里）C46飞机在起飞后坠落。

北极熊餐厅（Polar Bear Dining Room, 11公里）镇上的垃圾倾倒处。

北极熊监狱（Polar Bear Jail, 11公里）不对旅行者开放。见547页框内文字。

SARSAT（18公里）卫星跟踪站。

MV Ithaca（21公里）于1960年奠基，为墨索里尼所有。

丘吉尔试验靶场（Churchill Research Range, 23公里）建于1957年的火箭发射场，偶尔使用；现在叫丘吉尔北方研究中心（Churchill Northern Studies Centre，简称CNSC）基地（见上文）。

苔原地带的领主

体型庞大而优美、凶残而威武、食肉但好奇的北极熊，是丘吉尔最受欢迎又遭到很多误解的动物。它们极具韧性，可以整个冬季在结冰的海洋中猎食海豹，同时又非常聪明而强壮，可以在薄冰上穿行。冰雪融化后它们会返回陆地，在那里等待配偶，然后雌熊繁育下一代，雄性则去更北的地方以等待冰雪的融化。丘吉尔碰巧就在移居道路的中途。

最近，北极熊来得更早，待得更晚，也越来越靠近小镇——有些人责备这是因为全球变暖而造成的；有些人认为这是因为河流的阻塞或改道而增加了海水咸度；有些人倾向于说，这是因为自"冷战"以来人类的活动在减少；而还有些人则谴责这是因为海豹数量的下降。显然，越来越短的冬天意味着冰融化的更快，而冻结的更晚，使猎捕季缩短，它们回到陆地却还饿着并非一件好事……无论是对它们还是对人类来说都是如此。

北极熊并不总是从雪岸上滚下来、让人想抱抱的可爱长毛绒球。它们是体格庞大、爪子锋利的食肉动物，跑起来每小时可达 50 公里。夏天，它们通常会"醒着冬眠"，很少吃东西，在这个时候没有攻击的习惯。不过，独自在城里四处乱逛或没有仔细打听最近的情况，是比较糟糕的事情。试图宠爱熊是最糟糕的。

读一下加拿大公园 (Parks Canada) 的指南《你在北极熊之家》(*You Are in Polar Bear Country*)，也留心城里的北极熊警告标志。那些凌晨 4 点的枪声并非是酒类商店在警告偷窃，它们来自于**马尼托巴环保局**（Conservation Manitoba；www.gov.mb.ca/conservation/wildlife/managing/polar_bears/pbear_alert.html），每天 24 小时随时都在警戒。第一步是鸣枪吓走来到城边的北极熊；制造麻烦者和不断冒犯者会被带到一个旧军事基地中用渣煤砖砌成的牢房里过冬，也就是"北极熊监狱"，直到冬天过去。

简称CNSC；☎204-675-2307；www.churchillscience.ca；Launch Rd；课程费用 $850～2200）在城东23公里的旧火箭发射场，是来自世界各地的研究者的活动基地。学习假期主要是全包(住宿、就餐与当地交通)多日课程，与真正的科学家们一起参与白鲸、野花、鸟类和北极熊的项目。此外，还有冬季生存法、北极光和天文学，以及通过Elderhostel提供的课程。

团队游

北极熊很吸引人，但它们并非是来此一游的唯一原因，丘吉尔的其他团队游能让你有机会学到文化历史，看到别的地方看不到的自然环境。所有著名的旅游承办商都在这儿开设分支机构，设法提供各类的团队游，不过他们也有自己的专长。大多数旅游承办商一起合作，提供全包团队游，12 月到次年 5 月一般会停业。

北极熊团队游

北极熊使丘吉尔的其他特色相形见绌。为了到达它们的栖息地，巨大的深纹轮胎上，轻型框架车身重量很轻，保护着脆弱的苔原。这种车通常可以乘坐 30 ～ 40 个乘客，有许多大车窗（别把手伸出去），车后身有观赏甲板（别探身出去）。整天都有团队游（注意：在火车到达前他们就出发了），因此车上甚至还有带热水的盥洗室、热咖啡和三明治，作为旅途招待的一部分。

大白熊游（Great White Bear Tours；☎204-675-2781，866-765-8344；www.greatwhitebeartours.com；266 Kelsey Blvd；日间游 $260）

苔原汽车探险游（Tundra Buggy Adventure；☎204-949-2050，800-663-9832；www. tundrabuggy.com；124 Kelsey Blvd；日间游 $195）

陆地、海洋、航空游

懒熊小屋（Lazy Bear Lodge；☎204-675-2869，866-687-2327；www.lazybearlodge.com；313 Kelsey Blvd；全包游 $1200 ～ 2600，团队游 $125 ～ 200）全包 2 天至 5 天全包游包括观鲸、潜水和爱斯基摩划子团队游，现在苔原公共汽车之旅已被列入清单。Wally 前往丘吉尔的团队游延伸至北极熊旅游。日间团队游内容包括划皮船、观鸟和找到北极熊，具体内容因季节而不同。

北极星团队游（North Star Tours；☎204-675-2356；nortours@mts.net；团队游 $70 起）丘吉尔这家三代家庭几十年来一直都在经营大自然与文化团队游。与马克一起在丘吉尔河西岸游览，找到千年之久的帐篷环与欧洲人工制品，尽你所能地了解丘吉尔的一切。

第一自然（Nature 1 st；☎204-675-2147；www.nature1sttours.ca；5月到11月半天游/全天游$70/130）成为大自然的一分子，而不是仅仅在欣赏它。游程带你在自然中徒步经过四个截然不同的生态区。

季节时间

用气象学的术语来说，丘吉尔(Churchill)有三个季节：7月、8月和冬季。但对游客来说，它有四个：花鸟季、白鲸季、北极熊季和北极光季。团队游可以安排参观北极熊和白鲸；其他的植物和动物可以在城里看到，不过要看自然胜景的话，还是要出城。

鸟（巅峰季节：5月中至9月）在丘吉尔有200多种鸟类，有的在这里筑巢安家，包括稀有的海鸥(Ross′ gulls)；另一些只是在这里短暂停留，还要继续北上。港口附近的谷仓池塘(Granary Ponds)、梅丽角(Cape Merry)或鸟湾(Bird Cove)都是很不错的观赏点。四十余种珍稀苔原蝴蝶也点缀着天空。

野花（6月至8月）当冰雪融化，几个月来太阳第一次照射在土壤上，丘吉尔开始色彩绚烂，芬芳扑鼻。紫色的虎耳草(saxifrage)开花了，野生兰花萌芽了，亮红色的苔藓铺满了海岸冰砾上。

白鲸（6月中至8月）每年夏天，海豚景观令人惊讶，就像是"海洋金丝雀"般地唧唧喳喳着，大约3 500只光滑的白色"鱼雷"在丘吉尔河(Churchill River)中游动。从梅丽角就可能看见它们，但与它们一起潜水或者让它们追赶着你的爱斯基摩划子会更为有趣。

北极熊（9月末至11月初）什么都比不上看着这种庞大、有趣和危险的生物在属于它们自己的自然环境中生活着。

北极光（10月至次年3月）当你在城里的光线中，看着几百英里外蓝黄相间的北极光的光影舞动，真是极其壮观。从任何地方看去都很美。**极光大厦**（Aurora Domes；☎800-265-8563；4～5小时每人$95）和CNSC(见547页)的透视屋顶，消除了想穿暖和点的需求。

海北游（Sea North Tours；☎204-675-2195；www.seanorthtours.com；39 Franklin St；正常/透明皮船 每2个半小时 $100/125）两个词：透明和皮船。看到白鲸就在你下方，实在是件最酷的事情。麦克其他定做的船只每天用来进行航海游和溜冰游。

随同**Wapusk之旅**（Wapusk Adventures；☎204-675-2887；321 Kelsey Blvd；团队游$90）的狗拉雪橇旅游，从不同的角度观看丘吉尔，或者在**哈得孙湾直升机游**（Hudson Bay Helicopters；☎204-675-2576；www.hudsonbayheli.com；Kelsey Blvd；团队游$225起）乘坐直升机旅游，直升机也飞往Wapusk。

住宿

在北极熊出没的季节，住宿价格自然飞涨，人们往往提前一年来预订，此时住宿收费显然升高。也的确有团队取消住宿，现在已满的旅馆过几天有可能有房间，但不一定。

在冰地上安置的"苔原小屋"(tundra lodges)中与北极熊同眠（当然不是字面意思的"同眠"了），也是有可能的。这不是丘吉尔最便宜的住宿方式，但当你醒来，看到北极熊母子将新鲜的雪从背部抖落，你会终生难忘。Wapusk唯一的旅馆**苔原汽车探险游**（Tundra Buggy Adventure，见547页；铺位$3250～7500）提供2夜至8夜全包游，或者去**大白熊游**（Great White Bear Tours，见547页；铺位$2700～5200），这儿包括就餐、日团队游以及从温尼伯来时的交通。

只有丘吉尔才有的机会是去CNSC（见547页），这儿有志愿者项目，旅行者可以每天工作4小时，然后在前面的火箭区(rocket range)免费吃住一天。

Tundra Inn旅店（☎204-675-2850，800-265-8563；www.tundrainn.com；34 Franklin St；单/双$95/105，熊季$175/185；🖳）花边窗帘、花卉图案的床罩和舒适温馨的房间，住在这里就像是住在姑妈家。有一个洗衣房、公用厨房。也经营Aurora Domes(如上)。

我们的选择 **懒熊小屋**（Lazy Bear Lodge；☎204-675-2869，866-687-2327；www.lazybearlodge.com；313 Kelsey Blvd；单/双$105/115，熊季$175/250）本地建造，很牢固，这座木头结构的旅馆(好像什么都能——也已经——用木头做成)正成为访问丘吉尔的一站式据点(见547页)。房间不大，但你仍会睡得很舒服。

Aurora Inn旅店（☎204-675-2850，888-840-1344；www.aurora-inn.mb.ca；24 Bernier St；单/双$119/139，熊季$175/195，每加一个人$20）可期待宾至如归，旅馆以前是二层公寓大楼。如果你是团队游的一员，这儿是最好的选择，房间宽敞、可靠，有沙发床和全套厨具。

尽管丘吉尔并没有真正意义上的经济住宿，不过仍有一些没有虚饰产品的选择，包括**丘吉尔汽车旅馆**（Churchill Motel；☎204-675-8853，传真204-675-8828；120 Kelsey Blvd；单/双$75/85，熊季$130/140）和**Bear Country Inn旅店**（☎204-675-8299，传真204-675-8803；126 Kelsey Blvd；房$70起，

熊季 $140起）。

餐饮

许多地方都知道你是为了体验丘吉尔而来，所以它们菜单上的特色菜都是驯鹿肉、麝香鹿或嘉鱼（跟鲑鱼相似的一种地方鱼类）。这儿的旅馆一般都附带着没有什么特色的餐馆/小餐馆，在城中心综合大楼有一家**自助餐厅**（cafeteria；菜肴 $2～6；⏰11am～2pm）。

Reef Dining Room（☎204-675-8807；Kelsey Blvd；主菜 $7～18；⏰8am～10pm）Seaport Hotel 的附属餐馆，亚麻布和木制的开阔厨房增添了一丝经典感觉。供应常见的北方菜肴。在隔壁，Pier 酒吧（营业至凌晨 1 点）是午夜后人群聚集的地方。

Gypsy's Bakery面包店（☎204-675-2322；253 Kelsey Blvd；主菜 $7～25；⏰7am～9pm）在这家当地有趣的小饭馆体验丘吉尔的生活。排队候餐的柜台与自助餐很基本，带有地方特色的诱惑，菜单范围很广，或与国际接轨，或完全相反。从卡布奇诺到甜点到烤嘉鱼(char)，一切东西都非常新鲜而美味。

Lazy Bear Café（☎204-675-2869，866-687-2327；313 Kelsey Blvd；主菜 $8～25；⏰正午～10pm）附属于同名旅馆，用圆木制作而成的桌子和椅子为标准美食和当地美味提供了舞台。在小道旁的户外庭院中享受驯鹿配蔬菜汤或者麝香鹿肉。当地产的诱人奶昔也很出名。

购物

Kelsey Blvd 大街是商业区，有许多纪念品店和**北方**（Northern；☎204-675-8891；171 Kelsey Blvd），这是城里的杂货店和商场。

观熊团队回来之前，它们已经关门，不过这儿有几家比旅游公司礼品店好的装饰品店。贸易站**北极贸易公司**（Arctic Trading Company；☎204-675-8804，800-665-0431；www.arctictradingco.com；141 Kelsey Blvd；⏰周一至周六9am～6pm）有当地制作的雕刻、服装和绘画；以及驯鹿角纸牌游戏板。木屋**Wapusk百货店**（Wapusk General Store；☎204-675-2887；321 Kelsey Blvd；⏰周二至周六10am～5pm）销售的产品更为精细。

爱斯基摩人博物馆(Eskimo Museum，见545 页）也有一个礼品店。

到达和离开

没有公路到丘吉尔；只能坐飞机或火车到达。

飞机

马尼托巴康姆航空公司(Calm Air，见 842 页）和 Winnipeg-Churchill-Nunavut Kivalliq Air 航空公司（见 842 页）都使用离城东 11 公里的**丘吉尔机场**（Churchill Airport，代码 YYQ；☎204-675-8868）；大多数旅馆都提供机场接送服务。航班出发时间和价格经常变化，但温尼伯— 丘吉尔的往返票通常在 $1 000 到 $1 600 之间，汤普森—丘吉尔的往返票在 $700 到 $900 之间。

火车

很多人都想完整地体验马尼托巴，并乘坐 VIA Rail 的“哈得孙湾”号列车 (Hudson Bay，见 849 页）到达丘吉尔。火车于周二、周四或周六的上午 8 点 30 分到达（当天晚上 8 点 30 分回到温尼伯）。在汤普森上车（单程票 14 小时，客车车厢/睡床/房间往返票 $120/260/430)，你可以既节省时间又省下费用，比温尼伯 (36 小时，$375/575/865) 更有吸引力。历史悠久、重新翻修的**火车站**（☎204-675-2149；Hendry St）有三重用途，同时还是加拿大公园 (Parks Canada) 办公室和自然博物馆。

四处走走

丘吉尔的一个奇特之处在于将近 1000 位居民使用着约 3000 辆车；对于旅行者来说，在丘吉尔四处走走非常轻松，夏天很享受，冬天则让人精神振奋。

去城市附近走走(甚至去往梅丽角)，马尼托巴资源处(Manitoba Resources)推荐乘坐**大熊出租**（Big Bear Taxi；☎204-675-2345）的车，不过多数当地人都会步行或骑车。**Polar Inn旅店**（☎204-675-8878；15 Franklin St；每天 $15）出租自行车，**落叶松出租**（Tamarack Rentals；☎204-675-2192；www.tamarackrentals.ca；117 Button St；卡车 每天 $65～95）出租可载客的卡车(汽油费很贵，比南方高出约10¢)。如果你善于交朋友，有可能会搭个便车，不过要记住你并不是城里唯一的游客。

萨斯喀彻温 Saskatchewan

想象这样一个地方，在那里你不必去寻找那份幽静，它会自己找上门来。这个地方的面积和法国相当，但是人口却只有它的 1/60；你需要去寻找城市和乡镇，而不是要避开它们；在那里天空伴随着将要到来的风暴遥远的隆隆声响出现，小草随着寂寞的鼓手微微摇动，你唯一能听到的声音是蟋蟀奏鸣曲。你将前进好几个小时而看不到任何其他的车辆，但是能看见鹿、驼鹿和上百万只的囊地鼠，并能感受足够的幽静，以至于处于空旷症的边缘。听起来有点儿像奇妙的香格里拉，不是吗？不，那里正是美妙的萨斯喀彻温。

校园里的萨斯喀彻温有许多不同的称谓。单调！乏味！空旷！但是正如妈妈一直向你讲述的那样，别听这些。不，你既不会在这里找到山脉，也找不到大海或者是大都市。但是你会找到大多数人所能享受到的那份祥和与宁静。

完全没有必要去夸大这块大草原平原的广阔。只要你离开了主干道，就更像是远洋航行——并非航行在水浪之上，而是在麦穗的海洋里穿行、随着寂静的道路和绵延的美景一起漂流。你会在旅途中到达一些小镇，它们就像是港口，那里居住着悠闲的当地人。有时候，白天会很漫长，而景色会融入停滞的画面中；但是当你到达天堂般的小岛，那里只有你一人时，你所有的汗水都会得到回报。

在这片"活跃的天空之地"(Land of the living skies) 上开始你的航行吧，感受一下这个星球上未被开发的最广阔的处女地。

亮点

- 向北出发，去体验位于**拉龙日**(La Ronge，见 566 页）的边塞风情。
- 在**维里金**(Veregin，见 560 页）追寻内心深处的托尔斯泰。
- 迷失在诸如**瓦玛丽**(Val Marie，见 560 页）和**伊斯滕德**(Eastend，见 559 页）这样的小镇谷仓之间。
- 置身于**卡佩勒河谷**(Qu′Appelle Valley，见 558 页），发现梦寐以求的地貌。
- 深深地钻入**穆斯乔**(Moose Jaw，见 558 页），体验地下历史之旅。
- 沿着帕里斯大草原(the Paris of the Prairies)——**萨斯卡通**(Saskatoon，见561 页)的河岸漫步。

历史

萨斯喀彻温的故事充满了艰辛与坚定、胜利与悲剧。欧洲人于17世纪中叶第一次到达这里之前，这里的原住民在此生息了上万年。这里的克里人(Cree)、提纳人(Dene)和阿西尼博因人(Assiniboine)过着简单的生活，从大地上获取他们所需要的一切。

欧洲文化和原住文化之间的关系经常发生变化：欧洲人想要更多的土地来耕作，这就经常会引发流血冲突。在萨斯喀彻温，到处都能找到冲突的证据，可以看到许多历史战役的遗址，比如巴托切堡垒(Fort Batoche)，在这儿梅蒂人(Métis)首领路易斯·里尔(Louis Riel)被捕。

随着越来越多的欧洲人来到这一地区，两者之间文化关系和生态系统上的冲突日益增加。据估计，1865年萨斯喀彻温的水牛大约有6000万头，但是到了1876年就猛降至500头。过度的猎杀是罪魁祸首，由此带来的结果就是结束了原住民的生活方式。

1890年，大多数原住民都被迫居住在保护区内。修建跨加拿大铁路是原因之一，移民的安逸生活也进一步增加了当地人口。20世纪30年代的经济大萧条以及“二战”爆发之后，这里的小麦产量达到了最高水平。采矿业得以发展，林业也成为活跃的产业。

当地文化

萨斯喀彻温的乡村居民至今仍然过着这样的生活。当大多数市民不再将农场当作自己的家时，悠闲的田园生活方式就成为一种文化景观。一般来说，这儿的人们都非常热情友好、从容，为他们的大草原上的家备感自豪。数年来，萨斯喀彻温人丢弃了最好、最辉煌的地方，而去了这个国家更为富裕的地区；但是，现在许多人都正在往回搬——宁静的生活和廉价房产的吸引力显示，向萨斯喀彻温迁徙的人流复苏了。

国土和气候

萨斯喀彻温位于大草原的正中心。麦田延绵数公里，通常都不会有什么地形变化。它很平坦，但并不贫瘠。南部的平滑草地到北部林间空地似乎永远都是如此。

炎热(最高35℃)而短暂的夏季是游览的最佳季节，你还能看到非常奇异的雷暴。没有什么比看着暴风雨蜂拥而至更惊心动魄：蔚蓝的天空忽然变暗，最后变成黑色；紧接着密集的暴雨来临。但是要小心，因为雨滴会变成冰雹——毕竟，这是“活跃的天空之地”。

冬季在10月到来，一直到4月为止，冻得手指都僵了(低至−40℃)；雪下得不多，但很早就开始下，而且就在附近徘徊。正如谚语所说，这儿比钻井机还冷。大部分当地人会告诉你这里没有真正的春季或秋季，他们是对的；夏冬交替非常迅速。

萨斯喀彻温概况

昵称 “活跃的天空之地”(Land of the Living Skies)
人口 990 212
面积 586 561平方公里
首府 里贾纳
出生的名人有 汤米·道格拉斯(Tommy Douglas，全球保健提倡人)、戈尔迪·豪(Gordie Howe，“冰球先生”)和乔尼·米切尔(Joni Mitchell)
特产 小麦、全球保健及无数的小麦
有趣事实 人口密度为每平方公里1.5人；而英国的人口密度为每平方公里245人

公园

萨斯喀彻温有两个国家公园，迥然不同。艾伯特王子国家公园(Prince Albert National Park，见566页)在北部，是一座森林覆盖的圣殿，有湖泊、未垦地和野生生物。户外活动包括划独木舟、徒步行和宿营等等，都以最好的姿态迎接着人们的到来。而大草原国家公园(Grasslands National Park，见560页)则在省南；不像它的北方表兄弟，这里的草原没有树木，但也并非光秃秃，这座具有起伏山丘的寂静公园极具魅力，能让你在宏伟的背景中感到自己的渺小。

萨斯喀彻温也有无数的**省立公园**(☎306-953-3751，800-205-7070；www.saskparks.net；一天/三天/一周/年度通行证$7/17/25/50，帐篷$11～15，娱乐车营地$11～24，营火许可证$3)大部分公园都可以宿营，有些是偏远地宿营地。一些公园有预订制度，查一下网页了解详情。

到达和四处走走

有从里贾纳(Regina)和萨斯卡通(Saskatoon)飞抵/飞离加拿大其他城市的航班，也有飞到美国明尼苏达的明尼阿波利斯(Minneapolis)的航班。**跨西航空公司**(Transwest Air；☎800-667-9356；www.transwestair.com)有航班从最南部的里贾纳飞往最北部的铀城(Uranium City)。

加拿大灰狗有到艾伯塔(Alberta)或温尼伯(Winnipeg)及以远的汽车(见844页)。在省内，**萨斯喀彻温运输公司**(Saskatchewan Transportation Company，简称STC；☎800-663-7181；www.stcbus.com)接手省内的加拿大灰狗运输，在200多个社区间往返。

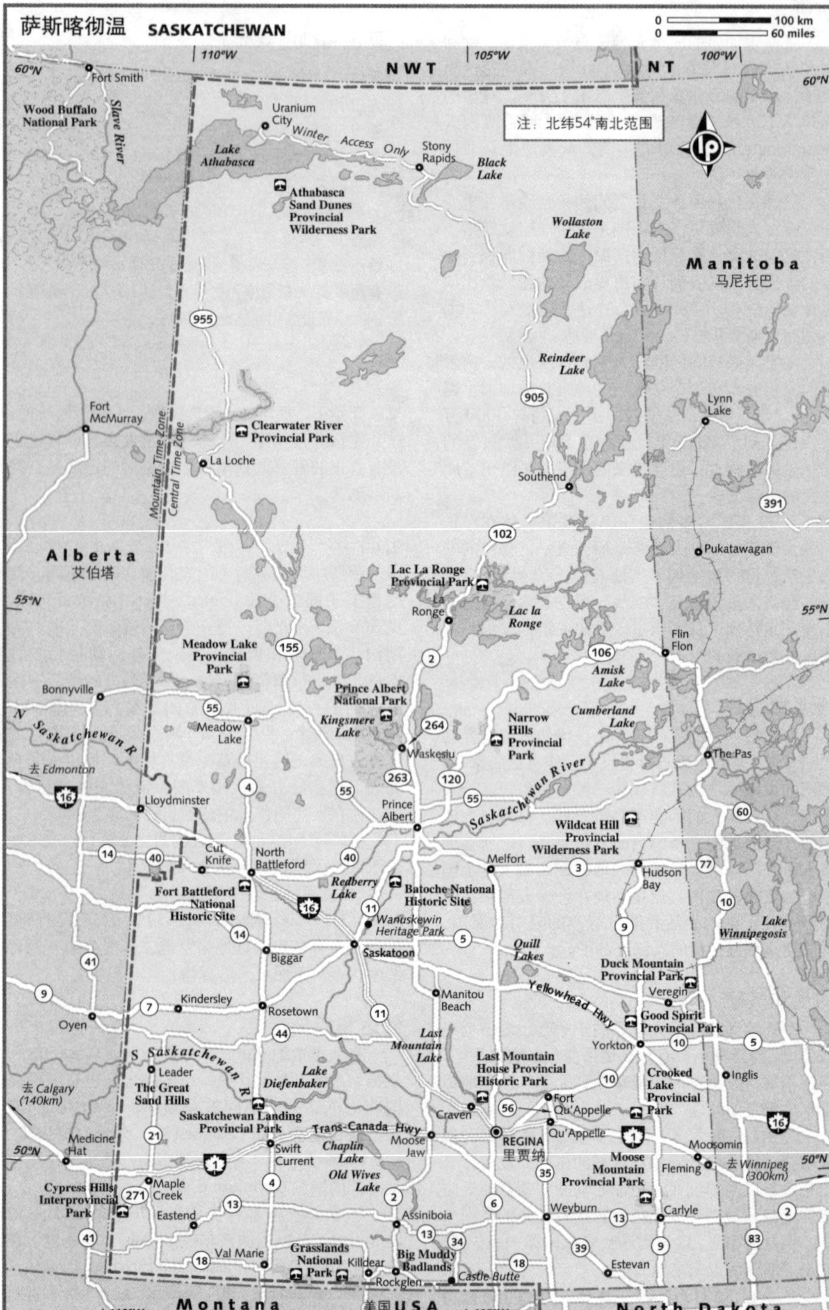
萨斯喀彻温 SASKATCHEWAN
0 100 km
0 60 miles
110°W
105°W
100°W
60°N
55°N
50°N
NWT
NT
注：北纬54°南北范围
Manitoba
马尼托巴
Alberta
艾伯塔
Montana
美国USA
North Dakota
Fort Smith
Wood Buffalo National Park
Slave River
Uranium City
Winter Access Only
Stony Rapids
Lake Athabasca
Black Lake
Athabasca Sand Dunes Provincial Wilderness Park
Wollaston Lake
955
Reindeer Lake
905
Lynn Lake
Fort McMurray
Mountain Time Zone
Central Time Zone
Clearwater River Provincial Park
La Loche
Southend
391
102
Pukatawagan
Lac La Ronge Provincial Park
La Ronge
Lac la Ronge
Meadow Lake Provincial Park
155
2
106
Flin Flon
Amisk Lake
Bonnyville
Prince Albert National Park
Kingsmere Lake
264
Narrow Hills Provincial Park
Cumberland Lake
55
N Saskatchewan R
Meadow Lake
Waskesiu
The Pas
去 Edmonton
16
4
263
120
Saskatchewan River
Lloydminster
Prince Albert
Wildcat Hill Provincial Wilderness Park
60
14
40
Cut Knife
North Battleford
Melfort
3
77
Hudson Bay
Fort Battleford National Historic Site
Redberry Lake
Batoche National Historic Site
11
Wanuskewin Heritage Park
10
9
Lake Winnipegosis
Biggar
Saskatoon
5
Quill Lakes
41
Duck Mountain Provincial Park
Kindersley
Manitou Beach
Veregin
7
Rosetown
Yellowhead Hwy
Oyen
Good Spirit Provincial Park
44
Last Mountain Lake
Yorkton
S Saskatchewan R
Leader
Last Mountain House Provincial Historic Park
Lake Diefenbaker
Crooked Lake Provincial Park
Inglis
去 Calgary (140km)
The Great Sand Hills
56
Fort Qu'Appelle
Craven
Saskatchewan Landing Provincial Park
Qu'Appelle
Trans-Canada Hwy
Medicine Hat
21
Moose Jaw
REGINA
里贾纳
Moosomin
1
Swift Current
Chaplin Lake
Moose Mountain Provincial Park
Fleming
去 Winnipeg (300km)
Old Wives Lake
35
Cypress Hills Interprovincial Park
Maple Creek
271
13
Eastend
6
Weyburn
Carlyle
Assiniboia
83
34
Val Marie
Grasslands National Park
Big Muddy Badlands
18
39
Estevan
Killdear
Rockglen
Castle Butte

萨斯喀彻温的道路进入美国的蒙大拿(Montana)和北达科他(North Dakota)，有许多道路向东进入马尼托巴(Manitoba)或向西进入艾伯塔。跨加拿大公路(Trans-Canada Hwy，Hwy 1 公路)经过里贾纳，耶洛海德公路(Yellowhead Hwy，Hwy 16 公路)穿过萨斯卡通。

VIA Rail 的“加拿大人”号列车(Canadian，见 849 页)一周三次经过萨斯卡通。

区域驾车距离：

萨斯卡通到里贾纳：260 公里

萨斯卡通到艾伯特王子：150 公里

里贾纳到梅普尔克里克：385 公里

里贾纳(REGINA)

人口 194 971

里贾纳是美丽大草原的例证。寻找一个地方来创造一座城市，但是没有树木？这可不是在演戏，只管种上成千的树木。需要水吗？很简单，我们来造一个湖泊吧。这些创造者的劳动成果现在完全成熟，旅行者可以去享受它们了。寂静、绿树成荫的街道、广阔的草木区和位置极佳的湖泊，使得这座小城在周围的草原中凸显。这里有许多漂亮的建筑，比如省立法院(Provincial Legislature)、数目众多的博物馆以及比《蒙蒂蟒蛇》(*Monty Python*)中描述的更多的加拿大骑警(Mounties)。

历史

克里人称这里为瓦斯加纳(Wascana)，因为他们了解它，在欧洲人到来的很久以前他们在此安居。他们把这一地区当作狩猎地，为这个居住地取名字，Wascana 的意思是“成堆的骨头”(pile of bones)。西北骑警(North-West Mounted Police)19 世纪 80 年代到达这里，并修建了一个要塞来监视这一地区，保护新认定的西北地区(Northwest Territories)的首府。按照欧洲人的方式，它的名字也被改为里贾纳，向维多利亚女皇表示敬意。之后不久，铁路穿过里贾纳，人口急剧增长。1905 年，萨斯喀彻温成为一个省，而里贾纳则成了它的首府。

方位

里贾纳的方向很容易辨明，适合你四处走

萨斯喀彻温旅行线路

五日游

穿过梅普尔克里克(Maple Creek)附近的艾伯塔—萨斯喀彻温边境，向南来到**赛普里斯丘陵省立公园**(Cypress Hills Interprovincial Park，见 559 页)，感受大草原庄严的气势。晚上继续东行之前，在林中湖畔过夜。当你经过**大草原国家公园**(Grasslands National Park，见 560 页)时会穿过**瓦玛丽**(Val Marie，见 560 页)小镇，公园中看不到树木。在**穆斯乔**(Moose Jaw，见 558 页)结束一天的旅程，到隧道中体验地下冒险。

向东前行去**里贾纳**(Regina，见本页)，在**加拿大皇家骑警队遗产中心**(RCMP Heritage Centre，见 555 页)了解历史。于**瓦斯加纳湖**(Wascana Lake，见 555 页)欣赏日落；如果是冬季，还可以滑雪。

继续北行，穿过**卡佩勒河谷**(Qu'Appelle Valley，见 558 页)险峻的溪谷和丰富的植被，沿二级公路去耶洛黑德高速公路(Yellowhead Hwy)，然后向西去本省的文化中心**萨斯卡通**(Saskatoon，见 561 页)。

穿过桥，看看活跃的**百老汇**(Broadway，见 564 页)地区，中途停下来顿美餐。第二天前往**瓦努斯克温遗址公园**(Wanuskewin Heritage Park，见 565 页)了解有关萨斯喀彻温原住民的更多情况，最后在**巴特尔福特斯要塞国家历史遗址**(Fort Battleford National Historic Site，见 567 页)结束你的旅程。

在东西向的省份中自南向北畅游

与这个省中遍地都是的农作物小麦的走向相反，你可以从它的南部边界处开始你的旅程，就在基尔迪尔镇(Killdear)附近，而后向北穿越**大草原国家公园**(见 560 页)绿草如茵的山区。快速通过**穆斯乔**(见 558)，一路飞奔，直到**萨斯卡通**(见 561 页)，领略这里的文化氛围。在**巴托切历史国家遗址**(Batoche National Historic Site，见 567 页)处暂停，并于**艾伯特王子城**(Prince Albert，见 565 页)过夜。继续向北直抵 Waskesiu——**艾伯特王子国家公园**(Prince Albert National Park，见 566)的中心地带。此后就只有**拉龙日**(La Ronge，见 566 页)和边界值得一看了，根据你的时间和对探险的渴望，你可以尽量往北、再往北。

动，市区呈网格状。圣艾伯特(Albert St)成为从北到南的基线；无论从哪个方向到来，它都是去市区的最佳路线。位于市区正中心的维多利亚大街(Victoria Ave)是主要的购物街，横穿市中心区的圣艾伯特。南边的瓦斯加纳公园及其湖泊构成小镇的南部边界，也是里贾纳最有意思的中心。

实用信息

抽象咖啡馆(Abstractions Café；☎306-352-5374；2161 Rose St；每小时$6；🕒7:30am～11pm)这家装饰很酷的咖啡馆有美味的食物和几台计算机。

中央图书馆(Central Library；☎306-777-6000；2311 12th Ave；🕒周一至周四9:30am～9pm，周五至6pm，周六至5pm，周日1:30～5pm)可免费上网，有各种各样的书(几乎是座图书馆)。

邮政总局(Main Post Office；🕒800-267-1177；2200 Saskatchewan Dr)

加拿大皇家骑警队(简称RCMP；☎306-780-5560)非紧急情况。

里贾纳综合医院(Regina General Hospital；☎306-766-4444；1440 14th Ave；🕒24小时)有急救病房。

里贾纳警局(Regina Police；☎306-777-6500)非紧急情况。

里贾纳旅游局(Tourism Regina；☎306-789-5099，800-661-5099；www.tourismregina.com；Hwy 1；🕒5月末到9月初 周一至周五8:30am～7pm，周六和周日10am～6pm，9月初到次年5月末周一至周五8:30am～4:30pm)在Hwy 1公路上，离市区7公里。

萨斯喀彻温旅游局(Tourism Saskatchewan；☎306-787-

9600；www.sasktourism.com；1922 Park St）有全省的旅游信息。

景点和活动

瓦斯加纳中心(Wascana Centre)

里贾纳的地理和文化中心是瓦斯加纳中心。曾有条小河从那里流过，1908年建造的瓦斯加纳湖成了草原城镇的焦点。在这座巨大的公园里度过愉快的一天；有步行小道、音乐台及开阔的绿地。前往**瓦斯加纳宫**（Wascana Place；☎306-522-3661；www.wascana.sk.ca；2900 Wascana Dr；🕑周一至周五 8am ~ 4pm）获取你所需要的信息。地图书《穿过瓦斯加纳中心》(*Walks Through Wascana Centre*)，详细记载着公园内的小路，并附带一些历史故事。

海洋租赁（Marina Rentals；☎306-757-2628；Wascana Marina；独木舟/爱斯基摩划子/脚踏船出租 每小时 $15/10/15；🕑5月15日到9月18日正午 ~ 8pm）出租独木舟、爱斯基摩划子和脚踏船。**柳树岛**(Willow Island)是远离人群的好地方，可以搭乘短途渡船到达。务必预订**摆渡渡船**（☎306-347-1810；Wascana Dr和Broadway Ave拐角；门票 $4；🕑5月末到9月初正午 ~ 9pm）。**云杉岛**(Spruce Island)是鸟类保护区，从海岸可以看见。

萨斯喀彻温皇家博物馆 (Royal Saskatchewan Museum)

它可不只是一家**博物馆**（☎306-787-2815；www.royalsaskmuseum.ca；2445 Albert St；建议捐款 $2；🕑5月到9月初 9am ~ 5:30pm，9月初到次年5月至 4:30pm），在这里，你可以很好地了解萨斯喀彻温省的人文和地理。三大长廊都有各自的特色，分别是关于土地、动物以及原住民的。写实的大草原立体模型讲述了本土生物群的故事，描述了荒芜土地上的文化。你能看到所有动物的巢穴及恐龙、鹿等。

萨斯喀彻温科学中心 (Saskatchewan Science Centre)

科学班从来都不会如此有趣。探访**科学中心**（☎306-522-4629，800-667-6300；www.sasksciencecentre.com；2903 Powerhouse Dr；成人/儿童 $7/5，包括 IMAX 或天文馆 $12/9；🕑周一至周五 9am ~ 6pm，周六和周日 11am ~ 6pm），面对虚拟的守门员尽量得分，吹起汽车一样大的泡泡，甚至可以尝试去攀岩——地理岩石！亲身体验，与不同年龄的孩子们嬉戏。它还有一座 IMAX 剧院以及天文台。

马更些艺术馆(MacKenzie Art Gallery)

以当代艺术为核心，这座**艺术馆**（☎306-584-4250；www. mackenzieartgallery.ca；3475 Albert St；免费入内；🕑周六至周三 10am ~ 5:30pm，周四和周五至 10pm）在瓦斯加纳中心南边1公里，值得一看。邮政大厅是欣赏当地与国际邮票的合适地方。

省立法院(Provincial Legislature)

如果你想告诉总理你对萨斯喀彻温的想法，可以前往这幢**大楼**（☎306-787-2376；Legislative Dr；免费入内；🕑5月末到9月初 8am ~ 9pm，9月初到次年5月末至 5pm）。省立法院是非常棒的建筑，铺设着大理石地面，还有非常漂亮的木制工艺品。有免费的团队游（每半小时1班），前面有漂亮的草坪，是玩飞盘或进行演说的极佳场地——无论你喜欢哪一样。

加拿大皇家骑警队遗产中心 (RCMP Heritage Centre)

了解一下，加拿大骑警队如何让那些警察一直待在**遗产中心**（☎306-522-7333；5907 Dewdney Ave W；成人/儿童 $12/10；🕑 6月到8月 10am ~ 6pm，9月到次年5月 周二至周日 至 4:30pm）。有几个陈列厅以图表的方式展示着这些加拿大警察典范的过去、现在和将来。古老的制服和非常出色的高科技展示告诉人们一切，也是加拿大骑警队训练中心的一部分，在这里，新警员可以很快掌握诀窍。这儿很有趣，不过与《铁骑惊魂》(*Dudley Do-Right*)的形象相差不太大。服务费中包含了团队游和多媒体介绍费。

里贾纳草原博物馆 (Regina Plains Museum)

这座小而简易的**博物馆**（Museum；☎306-780-9435；2nd fl，1835 Scarth St；免费入内；🕑周一至周五 10am ~ 4pm），有一些有趣的手工艺品，但颇具吸引力的是玻璃麦田，在这儿数千单独的玻璃刃形成了倒立的小麦枝形吊灯。

萨斯喀彻温名人运动大厅和博物馆 (Saskatchewan Sports Hall of Fame & Museum)

从马蹄铁套圈到冰球，各省都在**萨斯喀彻温名人运动大厅和博物馆**（Saskatchewan Sports Hall of Fame & Museum；☎306-780-9232；2205 Victoria Ave；建议捐赠 $2；🕑5月末到9月初周一至周五 9am ~ 5pm，周六和周日 1 ~ 5pm，9月初到次年5月末 9am ~ 5pm）有所展示。这座小型博物馆以草根运动员为重点，吸引着运动迷们的到来。

团队游

如果你是和朋友一起，快来参加**生态派对**！**龙舟团队游**（Dragon Boat Tours；☎306-543-4914；www.

stormat.ca；租船 20 人以下 $200）带领旅行者在湖中泛舟、戏水。如果只有你和爱人，它也可以提供"爱之巡游"(Love Boat Cruises，$298/2 人)；会有船夫带你们游览湖泊——非常浪漫。

节日和重大活动

要了解所有活动，请登录网站 www.tourismregina.com。节日亮点包括：

原住民大学加拿大年度巫术节（First Nations University of Canada Annual Powwow；☎306-779-6328；www.firstnationsuniversity.ca；⏲4 月第 1 个周末）有来自北美的舞蹈演员和原住民传统手工艺品及食物。

美洲野牛日（Buffalo Days；☎306-781-9200；www.ipscoplace.com；⏲8月初）里贾纳人最喜欢的节日；6天里，人们打扮成拓荒者的样子，有乡村音乐、薄烤饼早餐、有趣的公园骑马、长胡子比赛和游行。

里贾纳民族节（Regina Folk Festival；☎306-757-7684；www.reginafolkfestival.com；⏲8月中）在里贾纳核心地带举行，为期3天，举办当地和国际著名音乐活动。

住宿

城东的维多利亚大道(Victoria Ave)和城南的艾伯特街(Albert St)，有汽车旅馆连锁店，双人间为 $90 起。

Turgeon 国际青年旅舍(Turgeon International Hostel；☎306-791-8165；hi hostels.sask@sk.sympatico.ca；2310 McIntyre St；宿 会员/非会员 $23.50/28.50，双 会员/非会员 $43/48；⏲7月和8月接待时间7am～11pm，9月到次年6月7～10am和5～10pm；Ⓟ ♿ 🖳）就位于公园附近，地理位置优越。这家年代久远的维多利亚风格的房屋被改造成漂亮的旅舍。可提供30个床位，环境优美；来到这里会让你有宾至如归之感。是小镇上最佳的、也是唯一的节约之选。

我们的选择 **Dragon's Nest B&B 旅馆**（☎306-525-2109；www.bbcanada.com/8361.html；2200 Angus St；单 / 双 含早餐 $60/75；Ⓟ）这家由一位风水顾问所经营的小 B&B 旅馆非常不错，完全符合当初的设计。房间舒适整洁，旅馆老板也不错；特别是最近的翻新让它完全物超所值。

Ramada Hotel & Convention Centre旅馆（☎306-596-1666；www.saskramada.com；1818 Victoria Ave；房 $100～160；Ⓟ 🖳）整洁宽敞的房间是这里的特点。最近的整修使较为陈旧的内部完全换上了新颜。

Travelodge旅馆（☎306-586-3443；www.travelodgeregina.com；4177 Albert St South；单 和 双 $115；Ⓟ ⛝）它离Hwy 1公路很近，在进入小镇的主干道上；这里是一系列连锁酒店中的精品。房间里的家具非常漂亮且干净；适合家人居住，内有一座75米长的水上滑梯。

三角洲旅馆（Delta Hotel；☎306-596-7158；www.deltahotels.com；1919 Saskatchewan Dr；单 和 双 $125，套房 $240；Ⓟ 🅢 ♿ 🖳）入住这家旅馆十分划算，它的位置很优越，是镇上的高层建筑房之一，房间里视野开阔、大小适中且洁净。有餐厅、酒吧和咖啡店。可以在网上预订。

Radisson Plaza Hotel Saskatchewan宾馆（☎306-522-7691；www.hotelsask.com；2125 Victoria Ave；房 $150～260，套房 $250～1200；Ⓟ 🖳）如果你希望在晚上能睡大床，这也是小镇上唯一的去处。这家老旅店还有枝形吊灯、门童、漂亮的房间和专业的服务人员。如果你确实想留下深刻的印象，就大方地花上$1200，要个总统套房吧。

就餐

里贾纳永远也不会被认为是一个精致餐厅之城，但这不是说它没有几个吃饭的好地方。

Green Spot Cafe 小餐馆（☎306-757-7899；2012 12th Ave；主 菜 $2 ～ 7；⏲ 周 一 至 周 五 7:30am ～ 5pm，周六 8:30am ～ 4:30pm）素食者的天堂，这家100%素食餐厅的菜谱上满是绿色健康的菜肴，无论是对斯文人还是暴食者都是美味。

Café De Ville小餐馆（☎306-751-2333；2500 Victoria St；主菜 $2～8；⏲周一至周五6:30am～4pm）宽大的开阔空间很适合商务用餐，在工作前来杯咖啡提提神。精美的早餐和热咖啡——尝试一下墨西哥辣酱加热巧克力(Mexican chili hot chocolate)，棒极了！

Viet-Thai餐馆（☎306-569-3833；2080 Albert St；主菜 $8～14；⏲周一至周六11am～10pm，周日4～9pm）获奖的春卷是当地人的最爱。菜单上有180种食物，你肯定能找到喜爱的东西——我们说的是从51号开始到157号结束。

Willow on Wascana餐馆（☎306-585-3663；3000 Wascana Dr；主菜$12～32；⏲周一至周六11am～2pm 和 4:30～11pm）栖息在湖畔之上，有许多理由让你来这家漂亮的餐厅。美丽的院子是欣赏绝妙湖景的好地方，食物也很棒。一定得试一试buffalo！

Alfredo's餐厅（☎306-522-3366；1801 Scarth St；主菜 $13～18；⏲11am～2pm 和 5～10pm）位于前银行大厦内的这家餐馆地处商业步行街的优越地段，既是观赏景观的好地方，它本身也值得观赏。还有大庭院、不错的酒吧、开阔的内部空间和美食。

Fireside Bistro小酒馆（☎306-761-2305；2305 Smith St；主菜$14～26；⏲周一至周六11am～10pm）庭院太棒了！这座经过改建的维多利亚旧旅馆位于寂静的偏远街道上，非常漂亮。伴着舒适的气氛，提供地中海风味的美餐，是食肉者的好去处。别忘了问一下幽灵的故事。

饮品

市区有几个令人中意的酒馆，周末晚上相当安静。Dewdney Ave 大道是老仓库区，就在市区北边，因为将一片老仓库改建成酒吧和俱乐部，这里成为有趣的地方。

The Broken Rack（☎306-585-2760；3806 Albert St）这里可以打台球，硬木地板上有两层、18 个落袋的台球桌。别让烦人的购物商场阻止你；在这里伸出身子就可以看到驯马比赛。

Crave Kitchen & Wine Bar酒吧（☎306-525-8777；1925 Victoria Ave）这家很棒的酒吧位于小镇的中心位置。高档而时尚，如果你心情舒畅，也可以点这里的小吃。酒类齐全，服务人员服务周到，非常有氛围——你还期望什么呢?

Cathedral Village Free House餐厅（☎306-359-1661；2062 Albert St）酒吧前面有一个大大的红猪，十分好找。很宽阔，是与朋友一起来喝一杯的好地方。随时都有私家酿制的美酒，夜晚的特供会吸引众多食客，还有必不可少的庭院。

Soho（☎306-359-7772；www.sohoregina.ca；2300 Dewdney Ave）各个阶层的人都会来这里。还有 DJ、主题夜及周末随之而来的放纵。如果你饿了，还可以在这里进餐；但是来这里的真正目的当然是跳舞。

娱乐

《草原狗》(*Prairie Dog*) 是份免费的娱乐报纸，一月一期，上面列着城里会举行什么活动。工作日期间，这儿静悄悄的，因此如果你喜欢在城里放纵一晚上，就周末来吧。在瓦斯加纳中心公园北部的户外音乐台有**星期日音乐会**（免费入内；🕑2～4pm）。夏天时，公园中也不时地放映**户外电影**（免费入内；🕑黄昏）。登录 www.wascana.sk.ca 了解音乐会和电影时间表，或拨打 ☎306-522-3661。

剧院和电影院

环球剧院（Globe Theatre；☎306-525-6400；www.globetheatrelive.com；1801 Scarth St；成人/儿童/老人 $33/15/23；🕑9 月到次年 5 月）当地的演员们在环球剧院进行当代戏剧演出。人们对这些演出经常赞不绝口，在里贾纳，这是一个公认的文化艺术机构。

Conexus 艺术中心（Conexus Arts Centre；☎306-565-4500；www.conexus artscentre.ca；200 Lakeshore Dr）不仅有管弦乐交响乐演奏，也不时有巡回演出，艺术中心值得是你旅行中的一站。

中心图书馆常备剧目戏院（Central Library Repertory Cinema；☎306-777-6027；2311 12th Ave；成人/儿童/学生 $6/3/5）在图书馆的底层，上演艺术电影。另外，在萨斯喀彻温科学中心 (Saskatchewan Science Centre，见 555 页）也有个 IMAX 剧院。

体育

“萨斯喀彻温驯马师”足球队（Saskatchewan Roughriders；☎306-525-2181，888-474-3377；www.saskriders.com；Taylor Field，2940 10th Ave；🕑6月到11月）不要把它与渥太华游骑兵队(Ottawa Rough Riders)混淆；人们将他们热情地称为“绿骑士”(Green Riders)，他们有忠实的爱好者俱乐部，是加拿大足球联赛(Canadian Football League，简称CFL)中的明星球队。

“里贾纳轻拍”冰球队（Regina Pats；☎306-543-7800；www.reginapats.com；Brandt Centre，Exhibition Park；🕑9 月到次年 3 月）西冰球联盟 (Western Hockey League，简称 WHL) 的更年轻、坚韧、热情的球员们奉献着激动人心的冰球比赛。狂热的粉丝、大比分胜出、痛击对手—— 一场冰球比赛所能带来的，他们都将带给你。

赌场

里贾纳赌场（Casino Regina；☎306-565-3000，800-555-3189；1880 Saskatchewan Dr；🕑9～4am）巨大的空间处于霓虹灯、老人、投币口和现金的海洋中。在略显普通的游戏大厅中，你能找到所有常见的游戏。

到达和离开

里贾纳国际机场（Regina International Airport，代码 YQR；☎306-761-7555；5200 Regina Ave）在瓦斯加纳中心西面 3 公里，有飞往加拿大各地及美国一些城市的航班。

公共汽车站（☎306-787-3360；2041 Hamilton St）在市区，就在维多利亚大街南边。加拿大灰狗一天4班向东开往温尼伯(Winnipeg，$86，8小时)，向西开往卡尔加里(Calgary，$108，11小时)。STC有车向北开往萨斯卡通($40，3小时)，一天3班。

所有主要的租车代理（见 845 页）都在机场设点，大部分在市区有办公室。

四处走走

机场离市区西南只有 5 公里。城里公共汽车不到机场，不过出租车 ($10)10 分钟就把你带到那里。

里贾纳运输（Regina Transit；☎306-777-7433；www.reginatransit.com；成人/儿童 $2.10/$1.60）运营城市公共汽车。有 16 条不同的路线，你可以去任何地方。11 号大街是不错的出发地，聚集了大多数路线。

在市区，计表街边停车（每小时 $1 到 $2，8am ~ 6pm）只能停 2 小时，但停车的地方很富裕。或者慢慢地开车，或者将车停靠在许多 Impark 停车场之一（每天 $7）在市区外停车免费。

如果你需要出租车，可以电话联系 **Co-op Taxi 出租车公司**（☎306-525-2727）。

里贾纳周边地区

卡佩勒河谷(Qu'Appelle Valley)

从里贾纳向东北方向出发，沿 Hwy 10 公路前行，你会得到回报。萨斯喀彻温的美景就在于对比，而卡佩勒河谷正带有本省的特色。宽阔的河谷铺展在你面前，沿路还点缀着湖泊和许多小镇；卡佩勒河的蓝色河水折射着周围的郁郁葱葱的山景，吸引着你不断前行。离开主干道去探索，这没什么可怕的——你一定会为此而感到庆幸。

南萨斯喀彻温 (SOUTHERN SASKATCHEWAN)

Hwy 1 公路的南端是萨斯喀彻温省的一个全新世界，是乡村歌谣中所描述的广阔空间。当你探索僻静道路旁的养兔场时，你一定会深刻体会这里环境的恢弘。不难想象成千上万的野牛遍布于附近山上、河谷中的原始村落或西北骑警队(North West Mounted Police，NWMP) 在大草原上巡逻的情形。这片广阔的草原的地貌也有差异：既有起伏的牧草地和陡峭的小山，又有与西部牛仔约翰·韦恩 (John Wayne) 相配的荒原。

穆斯乔(MOOSE JAW)

如果要说哪个小镇有着肮脏历史，非穆斯乔莫属。这座小镇最初是加拿大太平洋铁路的一个小站，随着小镇规模持续扩展，它的名声却越来越差。20 世纪 20 年代，这里成了卡彭家族 (Al Capone) 及其可恶同伙的巢穴；他们利用该镇作为向美国走私威士忌酒的基地。当然穆斯乔的违法历史——包括妓院、充斥着 3K 党及猖獗的腐败——现在都成了遥远的记忆。留下来的是带有装饰艺术 (Art Deco) 风格的建筑、数量众多的壁画以及热情友好的当地人。

> **什么是……**
>
> 在萨斯喀彻温滑雪？嗯，虽然在滑雪方面这里无法与惠斯勒相提并论，但在卡佩勒要塞外的 **Mission Ridge**（☎800-550-6857；www.missionridge.ca），你可以试试滑雪板。这儿有升降椅、丁字架以及拖绳，都可以将你带到山顶；还有一座冰雪运动学校，教你如何正确使用滑雪板下山。它有九条滑雪道，在这里滑雪似乎更为新颖；怎么新颖？你仿佛是在草原上的粉末雪中"雕刻"呢。

方位和实用信息

从 Hwy 1 公路寻找**穆斯乔旅游局**（Tourism Moose Jaw；☎306-693-8097；www.discovermoosejaw.com；450 Diefenbaker Dr；🕑周一至周五 9am ~ 5pm，周六和周日 10:30am ~ 4pm）旁边那座巨大的驼鹿雕像。

景点和活动

这个城市的多样历史和持续声望，融合了许多新旧结合的引人之处。

无论你能够驱动哪种交通工具，让它飞起来、踏着它或划着它，你都会在**西部发展博物馆**(Western Development Museum) 的**穆斯乔分馆**（简称 WDM；☎306-693-5989；50 Diefenbaker Dr；成人/儿童/学生/老人/家庭 $7.25/2/5.25/6.25/16；🕑9am ~ 5pm）找到实际操作的机会。这是萨斯喀彻温的省内交通专业展览，详尽记录了该省运输工具的变迁。还有关于雪鸟特技飞行队 (Snowbirds) 的不错展示，追溯了加拿大著名的空中特技队的历史和成就。

如果这样的旅行有些沉重，那就去**坦普尔花园矿泉浴场**（Temple Gardens Mineral Spa；☎306-694-5055；24 Fairford St E；成人/6 岁以下儿童/6 ~ 17 岁/老人/家庭 $13.50/免费/8.30/9.35/29.50；🕑周日至周四 9am ~ 11pm，周五和周六至午夜），这儿的水疗护理将深深吸引你。在这里泡泡温泉，扔掉你所有的烦恼，提供私人服务的洗衣房清单使得这座温泉浴室的服务更上档次。

在 **Yvette Moore Gallery & Cafe**（☎306-693-7600；76 Fairford St W）可以找到不计其数的精美艺术品。这位当地艺术家自豪地展示着她的作品，在转角处还有一家咖啡馆，可以来杯上乘的咖啡。

团队游

关于穆斯乔历史中三十几个瞬间的壁画装饰着城里的砖墙。游客中心里有很多详细的徒步小路地图。**穆斯乔电车公司**（Moose Jaw Trolley Company；☎306-693-8537；成人/6 岁以下儿童/6 ~ 18 岁/老人 $10/5/7/9；🕑1:15pm，3:15pm，4:30pm 和 7pm 出发）让你乘坐重新翻新的路面电车，从坦普尔花园 (Temple Gardens) 开始游览。

食宿

城北 Hwy 1 公路上有很多汽车旅馆。城市到处有很多连锁饭店。

Temple Gardens Resort Hotel 旅馆（☎800-

什么是……

在**穆斯乔隧道**（Tunnels of Moose Jaw；☎306-693-5261；18 Main St；成人/儿童团队游 $13/9.50，团队游 $21/16；⏰6月到9月周日至周四 10am～7pm，周五和周六 至 8pm，一年中其余时间 不定）中总能找到了解中国的渠道。小镇的街道下深埋着许多隧道，这是充满了悲剧色彩而又令人着迷的一段历史故事。游览一下，了解华工在他们"财富通道"(Passage to Fortune) 中遭受歧视的那段艰辛历史：他们被迫在地下工作和生活，在蒸汽洗衣间内拼命干活，希望能重获自由。建立"芝加哥通道"(Chicago Connection，北美经济萧条时期著名的走私通道——编注）数十年前的 20 世纪 20 年代，传说卡彭 (Al Capone) 曾经来到 MJ(穆斯乔)，考察其走私营生——他的走私计划正是在这些隧道中策划的。参加团队游，花 1 个来小时到地下走一走；很重地方口音的向导会提供精彩的展示、充满戏剧性的解说以及一些趣味轶事。

718-7727；www.templegardens.sk.ca；24 Fairford St E；房 $140～160，套房 $230；🅿 ⊠ 🖳）位于一座建立在妓院和走私基础之上的小镇里，作为最大的镇中心旅馆，恰当地附带着SPA，它坐落在赌场对面。虽然从外表来看不怎么样，但内部很漂亮，房间宽敞，带壁炉和SPA浴池的套房非常棒。

Hopkins Dining Parlor（☎306-692-5995；www.hopkinsdining.com；65 Athabaska St W；主菜 $14～29；⏰周日和周一 4～10:30pm，周二至周六 11:30am～午夜）这幢经过改建的三层传统建筑是一家舒适、漂亮的餐厅的所在地。它供应丰盛的加拿大美食，给人宾至如归之感；还有晚间特供及一个礼品店。

到达和离开

STC 每天从市区**汽车站**（☎306-692-2345；63 High St E）发 4 班车去往里贾纳 ($14，1 小时)，1 班车开往萨斯卡通 ($33，3 小时)。

赛普里斯丘陵省际公园 (CYPRESS HILLS INTERPROVINCIAL PARK)

这个**省际公园**（☎306-662-4411；www.cypresshills.com）的东部边缘横跨艾伯塔—萨斯喀彻温边界，从地形上看是垂直分布的一片绿洲。台球桌般的麦田与起伏的山脉之间的区别就在于人们所看到的景色不同。绿茵茵的小山让路于森林和湖泊，一幅树木幻影从这幅风景画中显现。鹿、驼鹿和其他野生生物在这个森林覆盖的角落生息不止。

中心路障

从东边过来，你就来到了活动中心区。对于那些将平原当成家的人来说，这儿是一个很受欢迎的度假胜地，遍布冰淇淋摊和百货店。能让人们设法保留自然感觉的是林中**宿营地**（帐篷 $13～15，娱乐车营地 $18～24，宿营允许证 $3）。如果有人不喜欢那儿的崎岖不平，可以预订**赛普里斯公园度假旅店**（Cypress Park Resort Inn；☎306-662-4477；www.cypressresortinn.com；Park Rd；房 $75～95，小木屋 $65～169），这儿是开业较久的度假胜地，有各种各样的住宿选择。尽管需要再装饰得好看一些，但室内游泳池、热水浴缸和独立房间证明它非常受欢迎；最好预订。

西边路障(Western Block)

梅普尔克里克的西南边就是这座一分为二、横跨两省的公园西部。从公园这一部分通往中心路障的 Gap Rd 路这些年来变成四轮驱动车道；所以最好是取道从 Hwy 271 公路前往。你会在西边找到**沃尔什边界贸易站国家历史遗址**（Fort Walsh National Historic Site；☎306-662-3590；Park Rd；成人/儿童/老人/家庭 $7.75/4/6.50/17；⏰5月末到9月初 9:30am～5:30pm）。这座修建于 1875 年并在后来使用了 8 年的基地很小，在西部的历史中却曾起到极其重要的作用。小大角河战役 (the Battle of the Little Bighorn) 结束或大家所熟知的"卡斯特最后一岗"(Custer's Last Stand) 以后，将军及其 5000 名跟随者就到达了塞浦路斯山 (Cyprus Hills) 一带。结果，西北骑警队将总部迁到沃尔什要塞 (Fort Walsh)，并与加拿大的苏人 (Sioux) 保持着和睦的关系。

伊斯滕德(EASTEND)

离开主干道后，在伊斯滕德可以欣赏到萨斯喀彻温的田园风光。小镇附近是静静的风滚草 (tumbleweed) 草丛，不乏魅力。在这个省的西南，Hwy 13 公路上，在 Hwy 1 公路往南约 50 公里处的小峡谷中，镇中仅有的几条街道上，古老的建筑成排，将你带回过去的岁月。**游客中心**（☎306-295-4144；Red Coat Dr；⏰周一至周五 9am～5pm）有些有趣，展示着一具暴龙 (Tyrannosaurus rex) 骨骼。

暴龙发现中心（T-Rex Discovery Centre；☎306-295-4009；www.dinocountry.com；T-Rex Dr；成人/儿童

$7.50/5；⏲7月和8月9am～9pm，9月到次年6月 至5pm）仍在工作，实验室在山坡中间，走1个小时能到；绝佳的建筑值得一看。有许多不同的团队游；如果你想亲自动手，就一起选择暴龙探索吧。

瓦玛丽(VAL MARIE)

进入大草原国家公园(Grasslands National Park)的大门处就是瓦玛丽小村落，规模小，分布在四周并且漂亮。进入公园漫游之前，请先去这里的**信息中心**(☎306-298-2257；Hwy 4；⏲6月到8月 8am～5pm，9月到次年5月 至4:30pm)。见闻广博的工作人员会为你挑选出你可能需要的所有公园信息，包括去宿营点的地图和方向等。

为了能在独特的地方睡上一觉，别忘了去看看**女修道院**(The Convent；☎306-298-4515；www.convent.ca；Hwy 4；单/双 含早餐$50/69；Ⓟ)。精美的砌砖技艺和漂亮的硬木地板是这所前社区学校的特色。修复完好的房间、迷宫般的楼梯以及普通房间中的忏悔室使得这家乡村小客栈完全值得你停下脚步。它还有一间餐厅，即使不住宿也可以在此用餐——但你根本不会想要离开。

大草原国家公园(GRASSLANDS NATIONAL PARK)

如果你想有家的感觉，那么这个**公园**(www.pc.gc.ca/pn-np/sk/grasslands；每人$4，帐篷/娱乐车营地$7/8)就是你要找的，它位于瓦玛丽和基尔迪尔(Killdear)两座城镇之间。这儿没有树木，长满起伏绿草的沙丘与无边的天空在地平线上交会。参加自驾团队游驱车前往，或者，晚上最好是在这里宿营——别盘算着在这里架吊床。如果你比较幸运，还能遇上将公园当作自己家的那大约75头野牛。如果不是那么幸运，你会遇上雨，你的汽车也可能会被陷住，而且会撞上那75头野牛。

穆斯山省立公园(MOOSE MOUNTAIN PROVINCIAL PARK)

穆斯山(Moose Mountain)是一片白杨覆盖的广袤平原，里面点缀着冰川形成的湖泊、池塘和泥沼；省立**公园**(☎306-577-2600；Hwy 9)里保藏着一些这样的地貌。公园在Hwy 1公路以南70公里，离里贾纳东南150公里。

Kenosee Inn Resort Hotel旅馆(☎306-577-2099；www.kenoseeinn.com；Hwy 9；单/双/套房$83/89/95，小屋$100～150；Ⓟ🅢🅘)是Kenosee湖畔树林中一家素朴的旅馆。这里有许多不同的住宿选择；可以一览湖景的标准客房就是选择之一。要一间小木屋吧：它们有几分质朴，还掺杂着带有烤牛排香的雪松味道，会让你想起湖畔的小木屋就该是这个样子。

山间寻踪

千万别急忙着直接返回Hwy 1公路——山那边还有一个完整的世界等着你去探索。从瓦玛丽出发，沿着靠近边界的Hwy 18公路向东前行。沿途将经过**伍德山**(Wood Mountain)，那里有一座关于该地区最讨人喜欢的精巧的赛马博物馆。往前走，让自己迷失在众多的小道和开阔的空间之中。尽头在天际：油箱里的油一定要过半；当心鹿，然后尽情探索……

约克顿(YORKTON)

东欧人的定居点形成了约克顿，它在Hwy 10公路边，离里贾纳东边110公里。**西部发展博物馆分馆**(☎306-783-8361；Hwy 16 W；成人/儿童/学生/老人/家庭$3.50/1/2.50/3/8；⏲6月中到8月中 9am～5pm，5月到6月中周一至周五 9am～5pm，周六和周日正午～5pm)是自然要去的了。由于移居者在简陋的环境中留下了生存的足迹，他们的早期生活是这座宽敞的博物馆内的焦点。室内外都展示了约克顿的故事，还有许多古老的交通工具展品。

在**圣玛丽乌克兰天主教堂**(St Mary's Ukrainian Catholic Church；☎306-783-4549；155 Catherine St)的圆顶天花板上55英尺高处，是一幅令人惊艳的艺术作品。这幅由Stephen Meuhsh画的壁画，可以和你在欧洲看到的任何作品相媲美。

在备受称赞的**约克顿短片电影节**(Yorkton Short Film & Video Festival；☎306-782-7077；www.yorktonshortfilm.org；⏲5月末)上，加拿大电影制作者和制片方争夺着加拿大金麦奖(Golden Sheaf Awards)。最近，人们为它举行了70年庆典活动；节日期间，这个国家重要的电影制片人都会出席。

维里金(VEREGIN)

如果你认为你已经看完萨斯喀彻温能为你呈现的一切，那可错了，你还没去参观**杜科豪波斯传统村庄**(National Doukhobour Heritage Village；☎306-542-4441；Hwy 5；成人/儿童/青少年$5/1/2；⏲5月中到9月中 10am～6pm)呢。一个世纪以前，在俄罗斯生活着一群被称做杜科波尔派(Doukhobours)的信徒。由于他们对和平的向往及因反抗东正教而遭到压迫，7500名杜科波尔派人于1899年移居加拿大。这个故事最为特别的一面在于有人捐助他们的旅程——《战争与和平》的作者列夫·托尔斯泰。这个村落遗址惟妙惟肖地复制了20世纪初该省居民生活方式，好几座带时代特色的建筑对外开放，供人们游览。如果你很幸运，他们还会烘培面包，提供多种午餐。

萨斯卡通(SASKATOON)

人口 207 700

帕里斯大草原夕阳西下。
小麦国王将他们的所有财富深深埋藏。

"悲呼组合"(Tragically Hip，原住民摇滚乐队——编注)的歌声是这里的最佳写照。萨斯卡通或者说帕里斯大草原(Paris of the Prairies)，充满了暗藏的宝藏。南萨斯喀彻温河(South Saskatchewan River)流过城市的心脏地区，它美得令人窒息，从四周的农场脱颖而出。这里还有瑰丽的城市中心区域、美丽的河谷及漂亮的建筑。

历史

克里人曾长期在此定居。一直到1883年，一伙安大略湖移居者决定把这里当作自己的家园。禁酒殖民团(Temperance Colonization Colony)中的35人被这块廉价的土地以及在这里开拓自己的殖民地的美好前景所驱使，不断向西迁移。他们禁酒的理想在这块疯狂的土地上很快破灭；但他们创立的居留地慢慢扩展。这里的经济以农业为基础，至今如此。

方位

南萨斯喀彻温河从东北往西南穿过城市。市区在河西；大学和居民区在河东，有七座桥将它们连接起来。继续从镇中心向西前行，Idylwyld Dr车道将中心区一分为二。主要的亮点地带就位于Idylwyld Dr车道与小河之间。Idylwyld西面挺普通，游客一般都不会去——除非你想去参观大学。

实用信息

中心图书馆(Central Library；☎306-777-6000；311 23rd St E)免费上网。

邮政总局(Main Post Office；☎800-267-1177；202 4th Ave N)

皇家大学医院(Royal University Hospital；☎306-665-1000；103 Hospital Dr；⏲24小时)在大学校园里。

萨斯卡通城市医院(Saskatoon City Hospital；☎306-655-8000；701 Queen St；⏲24小时)

萨斯卡通旅游局(Tourism Saskatoon；☎306-242-1206，800-567-2444；www.tourismsaskatoon.com；305 Idylwyld Dr N；⏲5月末到9月初10am～7pm)在夏季几个月中，Ave C N和47th St W拐角也设有旅游信息亭。

景点

西部发展博物馆 (Western Development Museum)

如果你只打算就去萨斯喀彻温的一座博物馆，那应该去**西部发展博物馆**(简称WDM；☎306-931-1910，800-363-6345；2610 Lorne Ave S；成人/儿童/学生/老人/家庭$7.25/2/5.25/6.25/16；⏲9am～5pm)。展品细节详尽且没有任何遗漏，是1910年的萨斯卡通的真正重演。这里有加拿大所有博物馆中最长的室内街道；从看起来像是恐怖片中的牙医办公室到货架上有成百上千个旧瓶子的药店，你可以漫步于建筑间，寻找不计其数的珍宝。这儿有火车、蒸汽拖拉机、茅草屋、轻型马车、雪橇，甚至还有一座监狱。还有一座不错的展览馆"赢得草原之赌"(Winning the Prairie Gamble)，通过编年记录了该省从困境崛起的经历。博物馆位于城区以南4公里处。

车迷不会想错过Main St街旁边的**交通馆**(Transportation Gallery)吧。那里陈列着几十辆汽车，包括一辆1912年的天敌(Peerless)和一辆1972年的凯迪拉克(Cadillac)。

Meewasin河谷和中心 (Meewasin Valley & Centre)

南萨斯喀彻温河沿着宽阔的河床穿过城市中心区，这条水路被称为Meewasin河谷(Meewasin Valley)。Meewasin为克里语里单词，是"美丽"的意思，而它不仅仅名副其实。河流两岸种满了树木，所有道路都在林间、河畔；并形成了城市路网。漫步者、骑车人以及闲逛的旅行者都非常喜欢这座公园，它还有好几个野餐区，带有桌椅，河景优美。

旋转公园(Rotary Park，Idylwyld和Victoria Bridges之间)欣赏城市景色最佳，从城镇中心漫步，不久就到。继续向北，在**孟德尔岛**(Mendel Island)细心欣赏；当心数量众多的野生动物，它们把这座市内岛屿当成自己的家。

规模不大但信息丰富的**Meewasin中心**(Meewasin Centre；☎306-665-6888；402 3rd Ave S；免费入内；⏲周一至周五9am～5pm，周六和周日正午～5pm)叙述着河流和城市的历史，有地图和超棒的自助徒步游。

加拿大乌克兰博物馆 (Ukrainian Museum of Canada)

展示了乌克兰人向加拿大的移居历史，这座**博物馆**(☎306-244-3800；910 Spadina Cres E；成人/儿童$2/1；⏲周一至周六10am～5pm，周日1～5pm)讲述着这些移民们的有趣故事。你能详细了解加拿大籍乌克兰人的世界，展品以传统服饰和当代艺术品为主。到礼品店看一看装饰的pysanka(彩

绘木蛋），定制你自己的传统乌克兰服饰。

孟德尔艺术画廊和艺术学校 (Mendel Art Gallery & Conservatory)

从市区地区沿着河向东北走上几步就到了**画廊**（☎306-975-7610；950 Spadina Cres E；免费入内；⏲9am～9pm）。聚焦于当地艺术家及其他轮换展，这儿很适合沿河漫步。那儿的音乐学校特别迷人，有一座净化心灵的禅意花园。

火车博物馆(Train Museum)

托马斯（Thomas，火车的发明者——编注）的追随者联合起来，修建了这座**萨斯卡通铁路博物馆**（Saskatoon Railway Museum；☎306-382-9855；202 Ave M S；成人/儿童 $4/2；⏲ 周六和周日 1～6pm）。这座朴素的博物馆离小镇很近，对于火车迷来说却不容错过；它不只是了解火车头、乘务车厢以及火车上所使用的一切东西的好机会。

团队游

独木舟滑雪发现之旅（Canoeski Discovery；☎306-653-5693；www.canoeski.com；1618 9th Ave N；2 日游 $260～395，3 日游 $550）在当地及周边组织各种多日乘船游，是体验乡村风情、学习独木舟技术的极好途径。

生命滑雪团队游（Living Skies Tours；☎306-227-7764；www.livingskies.net）Living Skies 所能提供的团队游选择比你所能想象的还要多。

节日和重大活动

Sasktel 萨斯喀彻温爵士乐节（Sasktel Saskatchewan Jazz

Festival；☎306-652-4700；www.saskjazz.com；门票 $5～45；🕑6月末到7月初）来这次爵士乐节尽情放松吧。在城里的多个地方，从远到近，有许多不错的演出。

国际边缘节（International Fringe Festival；☎306-664-2239；www. saskatoonfringe.org；门票$10；🕑7月末到8月初）现场剧院也适用于那些甚至不喜欢现场剧院的人。还有为孩子们准备的先锋派演出、音乐和活动。

萨斯喀彻温莎剧演出（Shakespeare on the Saskatchewan；☎306-652-9100；www.shakespeareonthesaskatchewan.com；成人/青少年/学生晚场演出 $27/17/22，日场演出 $22/7.50/17；🕑7月和8月）在河岸，不管认不认识，我们都一起快乐地欣赏着莎翁（the Bard）戏剧。

博览会（Exhibition；☎306-931-7149；www. saskatoonexhibition.ca；成人/11～15岁 $10/7；🕑8月中）现场音乐、赛猪、马车比赛与乘车令你无比紧张。

公园乌克兰日（Ukraine Day in the Park；☎306-374-7675；免费入场；🕑8月末）在市区附近河岸上的基瓦尼纪念公园（Kiwanis Memorial Park）里，有乌克兰的舞蹈、服饰和食品。

住宿

Circle Dr 车道北端有成排汽车旅馆和旅馆。

Gordon Howe Campground宿营地（☎306-975-3328；www. saskatoon.ca/org/leisure/facilities/ghc.asp；Ave P，11th St以南；帐篷/娱乐车营地 $16/25；🕑5月中到10月；Ⓟ ♿ 💻）这里有足够多的树木来保护你的隐私，帐篷区特别大。由冰球先生——萨斯卡通当地的戈尔迪·豪——而得名。流行娱乐车。

Ramada Hotel & Golf Dome（☎306-665-6500；www.saskramada.com；806 Idylwyld Drive N；单/双/套房 $93/93/130；Ⓟ ♿ 💻）如果你希望在睡前大玩一把，他们会建议你到 Ramada。这家位于市中心的旅馆比较新，还有一个市内驾驶场。房间整洁，可以顺便欣赏整个城市的美景——住在最高处就可以。

Park Town Hotel（☎306-244-5564；www.parktownhotel.com；924 Spadina Cres E；房 $108 起；🚭 🏊）这座城市中最昂贵的地产就在河畔，你完全可以选择这家酒店。房间舒适，有室内游泳池。要一间东边的房间还可以欣赏河景。

Delta Bessborough（☎306-244-5521，800-268-1133；www.deltahotels.com；601 Spadina Cres E；河景房/非河景房 $180/160，套房 $225 起；🏊）在著名加拿大铁路旅馆的谱系中，Bessborough 最能达到城堡的标准。作为建筑艺术品，它在萨斯卡通的地平线上勾画出了完美的轮廓。它增加了城市的景深和特色，最重要的是，在这片广袤的风景中增加了欧洲的古典风格。内部的设施也是如此奢华，完全没有考虑财务预算。出色的外部与注重细节的内部巧妙地结合，所得到的效果超乎想象。房间特别有格调，位置优越；萨斯卡通城市围绕古老的“她”向四周辐射发展。

就餐

市区有很多地方可以吃饭，或者你可以走得更远，找家有点特色的。

John's餐馆（☎306-244-6384；401 21st St E；主菜午餐 $7～15，晚餐 $23～52；🕑周一至周五11:30am～11pm，周六4:30～11pm）对于肉食者来说，这是必去的地方——大块的牛排、上乘的排骨以及美味的龙虾。外观有点像洞穴，光线暗淡、不过挺漂亮，也是你享受户外美餐的好地方。记得到酒窖看看，顺便为美味的牛腰肉选瓶上好的设拉子酒(shiraz)。

Jake's on 21st餐馆（☎306-373-8383；307 21st St E；主菜 $8～10；🕑周一至周五8am～5pm；♿ 💻）咖啡机以及在加拿大很少能听到的咖啡迷聚会的声音都是Jake的特色。香浓咖啡和众多三明治很适合作工作日的午餐。

Saskatoon Station Place 餐馆（☎306-244-7777；221 Idylwyld Dr N；主菜 $9～45；🕑10:30am～11pm）这家以火车为主题的餐馆包括了一切；餐车和宽大的列车座位构成了许多包厢。你会发现有很不错的点心，比如龙虾和牛排三明治等。慢慢享用吧！

Samurai 餐馆（☎306-244-5521；主菜 $16～35；🕑5～10pm）离开 Bessborough 的大厅即到，这家日本餐厅非常棒。暗淡且很有氛围的室内有马蹄铁形的桌子，就摆放在烧烤架的周围。尝一尝铁板烧；就在你面前煮制食物。这是一种很有意思的用餐方式，如果你没那个心思，角落处还有一个小型的寿司吧。

Koutouki Taverna餐馆（☎306-244-4777；119 3rd Ave S；主菜 $22～31；🕑周一至周五11am～11pm，周六和周日4pm～午夜）只要你走过这儿的前门，你会被带到希腊村庄的中心，进入另一个空间。基层小楼、必不可少的希腊蓝、白色瓦片及蔓延的蔓藤构成了这儿独到的风景。食物也是一流的，有许多传统菜肴。

饮品

6Twelve（☎306-652-6770；612 Spadina Cres E）这家深藏在 Sheraton Cavalier 酒店大厅背后的鸡尾酒吧超赞。酒吧的后面有美酒，养眼的服务员使这里成了夜晚的好去处。

居室吧（The Living Room；☎306-244-1070；733 Broadway Ave）橘黄色的墙壁和Masterpiece Theater的椅子装饰着这家绝妙的咖啡吧兼酒吧。很适合一个人静静地来上一杯。

Cluricaune's Irish Pub（☎306-244-5564；924

萨斯喀彻温

Spadina Cres E）与任何一家爱尔兰酒吧一样，你可以在这里冷静下来或兴奋无比。在Park Town Hotel旅馆中，穿过公园即到，对于一些人来说，这儿是个不错的地方。谁要来瓶黑啤（Guinness）？

娱乐

信用联盟中心（The Credit Union Centre；☎306-975-3155；www.saskatchewanplace.com；3535 Thatcher Ave）是欣赏重量级音乐会的地方；在市区北边12.5公里，是萨斯卡通最大的活动场所。落户城里中央地区的是**萨斯卡通冰刀队**（Saskatoon Blades；☎306-938-7800；www.saskatoonblades.com；成人/儿童/学生$15/8/12；⏰9月到次年3月）的主场。当地打世界冰球联赛（简称WHL）的球队展现着美妙的赛事，球风迅速、大气而敏锐。

现场音乐和夜总会

百老汇地区（Broadway area）是夜间娱乐的好去处。

Lydia's Pub 酒吧（☎306-652-8595；650 Broadway Ave）非常流行的双层酒吧，就在百老汇中心。大多数夜晚都有独特的现场音乐演奏。提供15种不同的桶装啤酒和40种瓶装啤酒，你会找到所喜欢的那种——迟早都会。

Bud's 酒吧（☎306-244-4155；817 Broadway Ave）经典的布鲁斯音乐和时尚的摇摆舞是这里的看家本领。如果你想兴奋起来并且好好地感受一下，那么来参加每周一次的即兴演奏会。

Roxy 夜总会（☎306-665-7479；834B Broadway Ave）这些家伙都喜欢整夜整夜地尽情摇摆，有翻唱乐队、地方乐队以及廉价饮料，让粉丝们十分尽兴。

戏剧和电影

萨斯卡通交响乐团（Saskatoon Symphony；☎306-665-6414；www. saskatoonsymphony.org；成人/学生/老人$25/18/23；9月到次年6月有演出）在**TCU Place**（☎306-975-7770；www.tcuplace.com；35 22nd St E）定期演出。当没有交响乐演出时会有各种各样的音乐会、讲座、舞蹈表演以及戏剧。

珀尔塞福涅剧院（Persephone Theatre；☎306-384-7727；www.persephonetheatre.org；2802 Rusholme Rd；白天/周一至周五晚/周末演出票价$24/24/28）即将有新的设施，这座常年剧院准备在未来30年里投入使用。经常上演喜剧、戏剧、音乐喜剧和本土戏剧。

百老汇剧院（Broadway Theatre；☎306-652-6556；www.broadway theatre.ca；715 Broadway Ave；成人/儿童$9/4）这家历史悠久的剧院上演经典剧目、艺术电影，有时也有地方现场表演。

萨斯喀彻温国家剧院（Saskatchewan Native Theatre Co；☎306-933-2262；www.sntc.ca；220 20th St W；门票$7.50～18.50；⏰2月到6月）当代加拿大原住艺术家的作品给这家传统剧院增添了一种不同但有趣的风格。

购物

百老汇大道（Broadway Ave）是开始逛街的好地方。

Prairie Pottery 陶器商店（☎306-242-8050；150B 2nd Ave N）摆满了盘子、碗、杯子以及任何你能想象到的东西，你会在这里找到出自35个以上地方艺术家之手的珍品。为母亲节购物任何时候都不会太早。

Vinyl Exchange（☎306-244-7090；128 2nd Ave N）怎么，你真的认为，你能通过6盘CD了解加拿大吗？这家旧唱片商店会挑选出你闻所未闻的曲目；当然，它还有新旧CD。可以看一看对艺术家们的介绍。比如说悲呼组合（The Tragically Hip）：“一个深受爱戴的加拿大组合——但是，我们更期待全球保健。”万岁！

浆果谷仓（Berry Barn；☎306-978-9797；830 Valley Rd；⏰4月到12月中）当你能自己采摘时，为什么要买现货供应的浆果呢？它在小镇外几公里处，值得驱车前往；浆果棚内有家礼品店，提供很多很好的东西，还有一家咖啡店和供人放松的漂亮的户外花园。

到达和离开

John G Diefenbaker 国际机场（John G Diefenbaker International Airport，代码YXE；☎306-975-8900；2625 Airport Dr）在城东北5公里，Idylwyld Dr车道对面。大部分航班从这儿去往加拿大各个地区目的地，但西北航空公司（Northwest Airlines）也有飞往美国明尼苏达州（Minnesota）的明尼阿波利斯的航班。

STC的长途汽车从**公共汽车站**（☎306-933-8000；50 23rd St E）出发，遍布整个省；一天3班车向南开往里贾纳（$38），向北开至艾伯特王子（Prince Albert，$22.50）。加拿大灰狗每天有2班车开往温尼伯（Winnipeg，$110），3班车开往卡尔加里（Calgary，$92），4班车开往埃德蒙顿（Edmonton，$76）。

不幸的是，不仅**火车站**（Chappell Dr）地处偏僻（离市区8公里），而且VIA Rail一周3班的火车也是半夜开出——除非你真正热爱火车，否则从市区车站乘坐公共汽车更容易。

四处走走

坐出租到机场$14。从火车站到**蓝线出租**（Blueline Taxi；☎306-653-3333）有直达线，坐后者的出租到市区是$18。**城市公共汽车公司**（City buses；☎306-975-7500；www.city.saskatoon.sk.ca/org/

transit；成人/儿童 $2.25/1.35）带你从只可通公共汽车的 23rd St E 东街（在 2nd Ave 大道和 3rd Ave N 北大道之间）环城游。汽车出租代理（见 846 页）在机场有办事处。在**自行车博士**（Bike Doctor；☎306-664-8555；623 Main St；每天 $25）那里可以租到自行车。费用中包括头盔和一把车锁，确保你自己和自行车的安全。

萨斯卡通周边地区 (AROUND SASKATOON)

瓦努斯克温遗址公园 (Wanuskewin Heritage Park)

虽然在萨斯喀彻温的大多数博物馆都收藏了关于该省原住民历史的部分展示品，但这座**遗址公园**（heritage park；☎306-931-6767；www.wanuskewin.com；Penner Rd，Hwy 11 附近；成人/儿童/学生/老人 $8.50/免费/6.50/7.50；🕑5 月末到 9 月初 9am～8pm，9 月初到次年 5 月末至 5pm）专门致力于此。这个占地 100 公顷的公园在萨斯卡通北面 17 公里，横靠南萨斯喀彻温河，体现并讲述着这个地区 7000 年的丰富原住历史。瓦努斯克温(Wanuskewin[wah-nus-kay-win]，克里语，意思是“寻求心灵的宁静”）是一个很特别的地方；在郁郁葱葱的山间和峡谷草地上漫步是一种很棒的经历。博物馆本身设置了很好的展示，有大型的互动陈列，鼓励客人去感受野牛的毛皮，可以探身察看锥形帐篷。

你可以在公园内**解说小道**上长距离漫步；记得带一些水，穿上适合步行的软皮鞋，并带上驱虫剂——蚊虫凶猛！

从周围草原望去，看不见 Opamihaw(即“会飞的人”）河谷，它一直保持着原样，这解释了为什么这是片神圣圣洁的地方。夏天午后有**文化舞蹈表演**，你甚至可以在帐篷中过夜（成人/儿童 $115/75)。野外的**小餐馆**（主菜 $5～12）提供原住菜肴，比如野牛肉、野生大米烤饼（未发酵的火烤面包）和用萨斯卡通浆果做的甜点。

马尼图比奇(Manitou Beach)

地下泉水形成了这片“康复水之湖”(Lake of Healing Waters，克里人是这么称呼的），它在萨斯卡通东南 120 公里，靠近 Watrous 城。**马尼图湖**（Manitou Lake；www.watrousmanitou.com）有死海般的咸水，富含矿物质，浓度是海水的三倍——换句话说，你可以漂浮起来。

如果你对有气味的湖有点戒心，那么可以去**马尼图温泉疗养地和矿泉浴**（Manitou Springs Resort & Mineral Spa；☎306-946-2233，800-667-7672；www.manitousprings.ca；Lake Ave 和 Watrous St 拐角；洗澡 $8）如果你想在周末时放松一下，就在那儿过夜($90至$155)。

北萨斯喀彻温 (NORTHERN SASKATCHEWAN)

如果忽略不对称的地理分布，北萨斯卡通确确实实就属于公认的北方。从这里出发，随着你脚下景致的变化，几条车道会集为一条向北的路线。你再也看不到南部大片的麦田，取而代之的是起伏的北方针叶林及偏僻处的湖泊。自此向北是人文之旅——崎岖的地貌刻画出这里崇尚独立精神的生活方式，至今仍会从这片土地中升腾。

艾伯特王子(PRINCE ALBERT)

艾伯特王子(Prince Albert，简称 PA)有一个古老的砖瓦结构的市区，位于北萨斯喀彻温河旁(North Saskatchewan River)一个漂亮的区域。这里是前往遍布森林和湖泊的北部的出发点。1776 年开始，这里最初是个毛皮贸易站，1904 年成为真正的城市，因维多利亚女皇的丈夫而得名。

旅游协会（Tourism & Convention Bureau；☎306-953-4385；www.patourism.ca；3700 2nd Ave W；🕑5 月末到 9 月初 9am～8pm，9 月初到次年 5 月末至 5pm）有许多关于这个城市、艾伯特王子国家公园和其他北部顶端的资讯。**历史博物馆**（☎306-764-2992；Central Ave 和 River St E 拐角；门票 $2；🕑周一至周六 10am～6pm，周日至 9pm）就在旧消防站内，追述着这座城市的历史，有各种各样的展品。

那么你认为你足够坚强，可以了解里面的情况吗？小小的**规训与惩罚旋转博物馆**（Rotary Museum of Police & Corrections；☎306-953-4385；3700 2nd Ave W；免费入内；🕑5 月到 8 月 10am～6pm）讲述艾伯特王子监狱的故事，关于囚犯以及看守他们的加拿大骑警。自制武器的展示特别让人震撼——看看那把用制作人自己的肋骨制成的骨刀吧！

在快餐的海洋中，**Amy's on Second** 餐厅（☎306-763-1515；2990 2nd Ave W；主菜午餐 $7～24，晚餐 $10～25；🕑周一至周六 11am～9pm）是一座享受烹饪乐趣的岛屿。在这儿可以来顿丰盛的大餐；精致的环境加上美味的食物让它格外突出。

在“艾伯特王子袭击者”队(Prince Albert Raiders；www.raiderhockey.com；成人/儿童 $16/7)于**The Art Hauser Centre**（☎306-764-4263；690 32nd St E）运动场内的比赛中，捕捉含有几乎是大联赛天分的小城冰球热情。

跨西航空公司(Transwest Air)每天有飞机从萨斯卡通($110，1 小时）和里贾纳($169，2 小时）飞抵艾伯特王子。STC 一天 3 班车到萨斯卡通($23，2 小时），以及从市区**公共汽车站**（☎306-953-3700；99 15th St E）一天 1 班车去北边地方。

当地人的心声

亨利·罗伯茨(Henry Roberts),拉克拉龙日印第安乐队的克里族长者

与亨利·罗伯茨见面的那天,在他简朴的家里,我们坐在小餐桌前,进行了好几个小时的促膝长谈。我们一起谈论过去的日子,一边喝咖啡,一边吃腌制的干驯鹿肉。他语速较慢,从嘴里说出的每个字都经过仔细思考,而我则侧耳倾听:

"当我还是小孩儿时,还没有公路。1947 年,路终于通了——那时我只有 6 岁。在那之前,我们出门都靠乘船和骑马。冬天寒冷,我们的房屋不怎么保温——上床睡觉时,我们就裹着衣服睡。我们的衣服是传统与欧洲援助的混合;布料运来了,但我们在冬季仍穿着软皮便鞋。我们自给自足,靠打猎来获得我们所需的食物。我们会买的只是基本生活用品:面粉、烤粉和猪油等等。

"我再也打不到很多的猎物了。年轻时,感觉非常自由。没有来自外界的影响——我们要做的只是维持生活。这是我们的传统,以土地为生。当罐装食品到达时,那就是礼物。在我们的文化中,所有的礼物都是来自天堂的礼物——但是我们并不知道我们会改变。以前我们可以得到相应的土地,有许多食品,水也很清澈。但是现在,一切都变了。我们过去的日子不复存在了。

"我年轻时只说克里语。9 岁时,他们送我去位于阿尔伯特王子的社区学校;那是我第一次离开这个保护区。我们正是在那里失去了自己的语言——在学校里我们只能说英语。

"16 岁时,我离校回到了家里。在这些年里我做了许多不同的事情,但是当捕猎手的那些年头是我一生中最美好的时光——我很怀念那些日子。与大自然在一起,幕天席地,非常自由。但今非昔比。"

艾伯特王子国家公园 (PRINCE ALBERT NATIONAL PARK)

这座**国家公园**(www.pc.gc.ca/pn-np/sk/prince albert;Rte 263 或 Rte 264;成人/儿童/老人/家庭 $5/2.50/4.25/12.50)是荒野中的珍宝。正当你认为巨大的草原似乎没有尽头时,地上长出的树木标志着北方针叶林出现了。这座公园恢复了荒野的狂野状态,园内遍布人迹罕至的陆地、湖泊和河流。这里还有很多潜在的冒险可能,从徒步旅行到独木舟之旅、再到海滩休憩。这就是那些你永远也不会忘记的特别目的地之一;无论是**格雷·奥尔的小屋**(Grey Owl's cabin),还是你在已知世界边缘感受的那种简单。

Waskesiu 乡村胜地是一座不同寻常的前哨,也是你在公园内探索的根据地。有很多小街道、许多商店及一些实惠的咖啡店;它确实是一个好去处。去**信息中心**(☎306-663-4522;Waskesiu Dr;⏲5 月中到 9 月初 8am ~ 8pm)了解整个地区的详细情况,包括各种各样的住宿选择。

Waskesiu 的**码头**(☎306-663-5994)出租独木舟、划艇和摩托艇。

公园里有许多**宿营地**(☎877-737-3783;www.pccamping.ca;娱乐车/偏远地营地/帐篷 $27/5/13)。Waskesiu 的**海狸谷**(Beaver Glen),可以容纳娱乐车,一会就占满了。如果你要支帐篷,这儿有很多选择,你肯定能找到一些隐蔽的地方。

公园非常大,因为小路和码头都在城外,没有车很难前去探险。STC 一天只有 1 班车在往北去拉龙日(La Ronge,$30,2 小时)和往南去艾伯特王子($15,1 小时)的路上经过这里。

拉龙日及其周边

拉龙日是北方的南部中心,也是你动身去荒野之前能找到设备的最后一个地方。它是一座简朴的小镇,备受渔民、猎人和其他自由者的欢迎。在**游客中心**(☎306-425-3055;207 La Ronge Ave;⏲5 月到 9 月 8am ~ 8pm,10 月到次年 4 月至 5pm)可以得到关于这一地区的方位等信息,这里也是继续北行的出发地。

记得去看看**罗伯逊贸易站**(Robertson's Trading Post;☎306-425-2080;308 La Ronge Ave;⏲周一至周六)。如果你想买一些捕熊夹、狼皮或烘豆,那你就来对地方了。墙壁上满是对那些征服疆土的日子的怀旧记忆;不久以前,它们就发生在这条路上。你几乎可以买到你可能需要的一切及一些你不曾见到的东西。它仍然是一个发挥着作用的贸易站;如果你有一些皮草要在这里买卖,晚餐你来请。

从这里往北,地形急剧变化,又高又瘦的树木让位给矮矮的植被。几千个湖泊和崎岖地带是最后一次冰山回退的证据。**拉克拉龙日省立公园**(Lac La Ronge Provincial Park;☎306-425-4234,800-772-4064;Hwy 2)环绕着面积广大、满是岛屿的拉克拉龙日,是垂钓和划独木舟的好地方。你可以在短而粗硬的树木间徒步旅行,跨过铺上木板路的荒凉的岩石区和湿地沼泽。看一看萨斯喀彻温旅游局(Tourism Saskatchewan)的小册子，了解垂钓和捕猎的户外用品供应商名单。公园里有六个全年开放的宿营地和几百公顷的偏远地营地可以宿营。有关住宿的更多信息，见551页。服务设施只在维多利亚日到劳动节期间开放。

跨西航空(Transwest Air)提供包水上飞机游览，到拉龙日(La Ronge)北部尖岬。STC每天有1班车开往艾伯特王子(Prince Albert，$40，3小时)和萨斯卡通($55，6个半小时)。

> **如果你有时间……**
>
> 从拉龙日向北出发，你会到达边境地区。那里就没有铺好的路了，但如果你的汽车车况良好，擅长越野，那么这一地区完全适合探险。你将在到达距拉龙日以北12小时车程、终年严寒的Stony Rapids之前，穿过绍森德(Southend)这样的迷你小镇及巨大的驯鹿湖(Reindeer Lake)湖区。自备食物非常重要：在可以的情况下一定要把汽油加满，准备好帐篷，要格外小心。开始你的行程之前，在拉龙日游客中心向当地人咨询，最新的道路信息及宿营、燃料和将会遇到的情况等建议。

巴托切国家历史遗址 (BATOCHE NATIONAL HISTORIC SITE)

这座古老的**村庄**(☎306-423-6227；Rte 225；成人/儿童/学生$5.75/免费/3；⏲5月到9月9am～5pm)是路易斯·里尔及其梅蒂斯族人的土地所有权的证明。作为法国皮草贸易商及原住母亲们的混血儿，梅蒂斯人在19世纪中期被迫从马尼托巴迁往巴托切，重新为他们自己建立一个家。政府曾于1885年试图以武力占领这块土地——进入村庄的800名士兵受到200名梅蒂斯人的反抗。你能够想象到发生什么了；战争的结局是路易斯·里尔最终被抓获，并因煽动罪而被绞死。这儿的公园和村庄是对这个国家这一段黑暗历史的纪念，你不应错过。巴托切在萨斯卡通和艾伯特王子的中间(离萨斯卡通北大概70公里)。

巴特尔福特斯(THE BATTLEFORDS)

巴特尔福特斯由两个城镇和邻近地区组成，靠北萨斯喀彻温河上的桥梁连接起来。在萨斯卡通西北140公里，耶洛海德公路(Yellowhead Hwy)上。

在巴特尔福特斯的**西部发展博物馆**(简称WDM；☎306-445-8083；Hwy 16，Hwy 40附近；成人/儿童/学生/老人/家庭$7.25/2/5.25/6.25/16；⏲5月到9月9am～5pm，10月到次年4月10am～4:30pm)的分馆附近重建的这座城镇，可以看到有趣的先锋生活。沿着铺设有木板的街道步行，穿过被保护起来的古老建筑；很容易想象这里过去的生活曾多么艰辛。孩子们会喜欢上连接建筑物的电话系统——试想一下，你不会知道你会与谁通话。

艺术爱好者们会被精彩的**艾伦·萨普画廊**(Allen Sapp Gallery；☎306-445-1760；www.allensapp.com；1 Railway Ave；建议捐款$2；⏲5月到9月10:30am～5pm，10月到次年4月周三至周日1～5pm)深深吸引。萨普先生的作品描述了他的克里传统，带有令人激动的现实主义风格，包括风景画和肖像画集锦。

巴特尔福特斯要塞国家历史遗址(Fort Battleford National Historic Site；☎306-937-2621；成人/儿童/老人/家庭$7.15/3.45/5.90/17.80；⏲5月末到9月初9am～5pm)将带给你极大的乐趣。盛装导游和大炮，使得这座建于1876年的西北骑警队要塞重新焕发了生机。

艾伯塔 Alberta

艾伯塔的重要之处究竟是什么呢？艾伯塔是加拿大西部第二大省，在这里，即使是最挑剔的人也能找到让自己心情愉快的事儿。尽管艾伯塔的邻省总是贬低它，艾伯塔人则大声抗议，但这里确实是棒极了。

艾伯塔境内高山耸立。加拿大落基山脉的主峰构成了艾伯塔的西部边界。大草原上隆起的这些巨大的自然奇迹，如同天然要塞般守护着艾伯塔。高山、冰川、河流以及湖泊，所有的一切形成了无数明信片般美丽的风景。班夫 (Banff)、贾斯珀 (Jasper) 等著名的高山小镇及路易斯湖 (Lake Louise) 都位于艾伯塔省内。身为加拿大第一国家公园的班夫国家公园 (Banff National Park) 和邻近的贾斯珀国家公园 (Jasper National Park) 都是野生动物的天堂：熊、驼鹿和山地野绵羊与滑雪者、骑车人及徒步旅行者一起，共同分享着这片乡野表土。

不想进山？就去城市，如何？加拿大西部最酷的街区老斯特拉斯空纳 (Old Strathcona) 就位于艾伯塔的省会埃德蒙顿 (Edmonton)，同时，世界上最大的购物中心也在这里。南方的“牛仔城”卡尔加里 (Calgary) 已经步入北美发展最快的城市行列，这里因石油收入而繁荣发展，同时，卡尔加里的市民花起钱来且尽今日之欢，即使不是在极其著名的卡尔加里牛仔节 (legendary Calgary Stampede) 期间，这里的狂欢也达到了顶点。

想看恐龙？艾伯塔的德拉姆黑勒就拥有上百万恐龙化石。想享受下广阔的空地？向南或向北走，一英里又一英里的荒凉之地将是你唯一的旅伴。UFO 的降落地、世界上最大的复活节彩蛋、世界第二大油田以及本书封面上的地方，在这儿你都可以一睹它们的风采。

那么，这一切有多了不起呢？也没什么太多的了……

亮点

- 探索**德拉姆黑勒** (Drumheller，见 616 页) 真实的侏罗纪公园 (Jurassic Park)，并去**皇家泰里尔古博物馆** (Royal Tyrrell Museum，见 618 页) 看看。
- 在**班夫** (Banff) 和**贾斯珀国家公园** (Jasper National Parks，见 594 页) 里滑雪或徒步旅行，体验高山公园的壮观。
- 在埃德蒙顿活跃的街区**老斯特拉斯空纳** (见 575 页) 看一看古建筑遇到的新活力。
- 像当地人一样去卡尔加里的**王子岛公园** (Prince's Island Park，见 586 页) 放松一下。
- 当你警惕大灰熊时，会惊讶于沃特顿 (Waterton)的**Prince of Wales Hotel**(见622页)的景色。

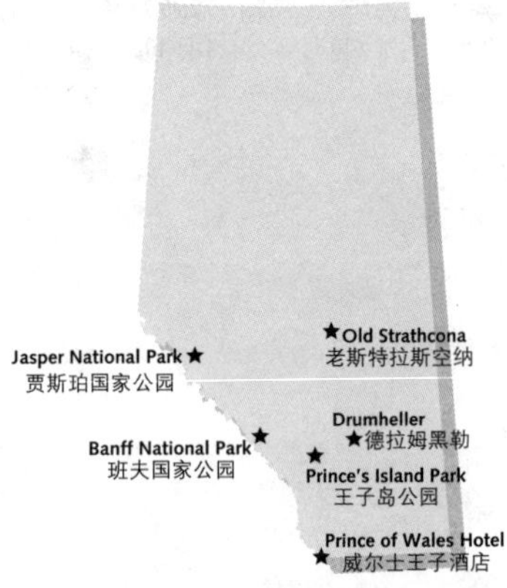

艾伯塔概况

昵称 野玫瑰之国

人口 3 500 000

面积 661 850 平方公里

首府城市 埃德蒙顿

出生的名人 Cheech and Chong 乐队成员汤米·宗（Tommy Chong），第一个登上珠穆朗玛峰（Mt Everest）的加拿大人：Laurie Skreslet

特产 高山，石油，卡尔加里牛仔节（Calgary Stampede），恐龙，1988 年冬季奥运会

有趣的讲述（未经证实）艾伯塔曾经是打算独立于加拿大的第一个省。

历史

在艾伯塔，事情起步得比较缓慢，但现在正努力地弥补损失掉的时间。艾伯塔人类居住的历史可以追溯到遥远的 7500 年前——远古时期，黑脚人 (Blackfoot)、卡耐瓦人 (Kainaiwa Blood)、斯喀司卡人 (Siksika)、培甘人 (Peigan)、阿西纳人 (Atsina，也叫做 Gros Ventre，格罗万特里人)、克里人、苏提因纳人 (Tsuu T'ina，也称 Sarcee，萨尔西人）和阿西尼博因人 (Assiniboine) 原住部落都以艾伯塔为家，而这些原住民的后代仍然视艾伯塔为家。这些游牧部落游荡于艾伯塔的南部平原上，相对安定、和谐地生活着，直到 17 世纪中期，第一批欧洲人到来。

随着欧洲人的到来，艾伯塔发生了变化，这些新来者所带来的影响立即可见。廉价威士忌酒和北美野牛皮的交易，使得北美野牛的数量开始减少，当地居民的传统生活方式也遭到破坏。在不到一代人的时间里，艾伯塔原住民被驱赶，而北美野牛则濒临灭绝。

19 世纪 20 年代，哈得孙湾公司 (Hudson's Bay Company) 在该地区开始经营活动，欧洲移居者们则继续涌入。1870 年，西北骑警 (North West Mounted Police，NWMP)——加拿大皇家骑警 (Royal Canadian Mounted Police) 的前身——在该省省内建造堡垒，以控制威士忌买卖活动，并维持秩序。而他们带来的好的影响表现为，十年后艾伯塔修了铁路、通了火车。原先只有少数人来此定居，通火车后，人们开始如潮水般涌入。

这些新来的居民大多数是农民，在接下来的一个世纪中农业成为当地的经济基础，。早在 20 世纪早期，这里就发现了丰富的石油和天然气，却过了很长的一段时间才进行开采。第二次世界大战结束时，艾伯塔仅有 500 个油井，但到了 1960 年，油井数量达到了 1 万个，石油产业成为艾伯塔省最主要的行业。

从生产力低下的畜牧业开始发展成为世界最强大的经济体之一，艾伯塔已经做得很不错了。

当地文化

如果要将艾伯塔的文化进行分类，几乎是不可能的。在这儿，你会找到老粗、环境保护论者、雅皮士、都市美男、知识分子和乡下佬儿。艾伯塔人似乎和以上这些品质都沾边，外加懒散、友好和随和。牛仔统治着乡村地区，在这些地区的每间酒吧里，你都会看见门口停着许多的小货车，酒吧内是戴着斯泰森毡帽的当地居民。在高山公园里，当地居民经常在户外活动，而且持有与环境保护工作者相同的政见。在大城市当中，经济的迅猛发展成就了不少富翁，而这些富翁则毫不羞愧地大肆挥霍着，并炫耀着他们的新增财富。

国土和气候

向东延伸的大草原被高耸的落基山脉 (Rocky Mountains) 取代，形成了艾伯塔的西部边界。山脊也就成了该省引以为傲的著名景观。而东部的丘陵地带逐渐和缓，最终与平原化为一体。

艾伯塔阳光充足；一年四季你都可以见到太阳。冬天气温会骤然下降到 –20℃，这时会让人感到刺骨的寒冷。全球气候的变化已经开始影响这里的降雪，城市中的降雪量每年减少。

夏天炎热且干燥。7 月和 8 月是气温最高的月份，温度一般保持在舒适的 25℃。“6 月的季风雨”名副其实，6 月的艾伯塔经常下雨，同时，凉爽的天气和秋天斑斓的色彩让 9 月的艾伯塔引人入胜。

奇努克 (Chinook) 季风经常在冬天拜访艾伯塔，这是一股从海边吹向西方的暖风，把湿气留在落基山脉上，使艾伯塔人从冬天刺骨的寒冷中得到解脱，因为它甚至可以在一天之内让温度升高 20℃！

公园

艾伯塔拥有 5 座国家级公园，其中三座，即班夫、贾斯珀和沃特顿湖——都坐落在落基山脉中。这三座公园有着出色的公园便利设施，为户外活动和野生动物观赏提供了极好的机会。贾斯珀（见 594 页）是国家级山地公园中最大的，比起它南边的邻居——班夫国家公园（见 594 页），更显荒野、偏僻，夏季期间，挤满了相当多的游人。沃特顿湖国家公园 (Waterton Lakes National Park，见 621 页)，一座国际和平公园，与美国的冰川国家公园相连接，游人少些，有更多让人亲眼看见灰熊和黑熊的机会。伍德布法罗国家公园 (Wood Buffalo National Park，见 624 页)，最

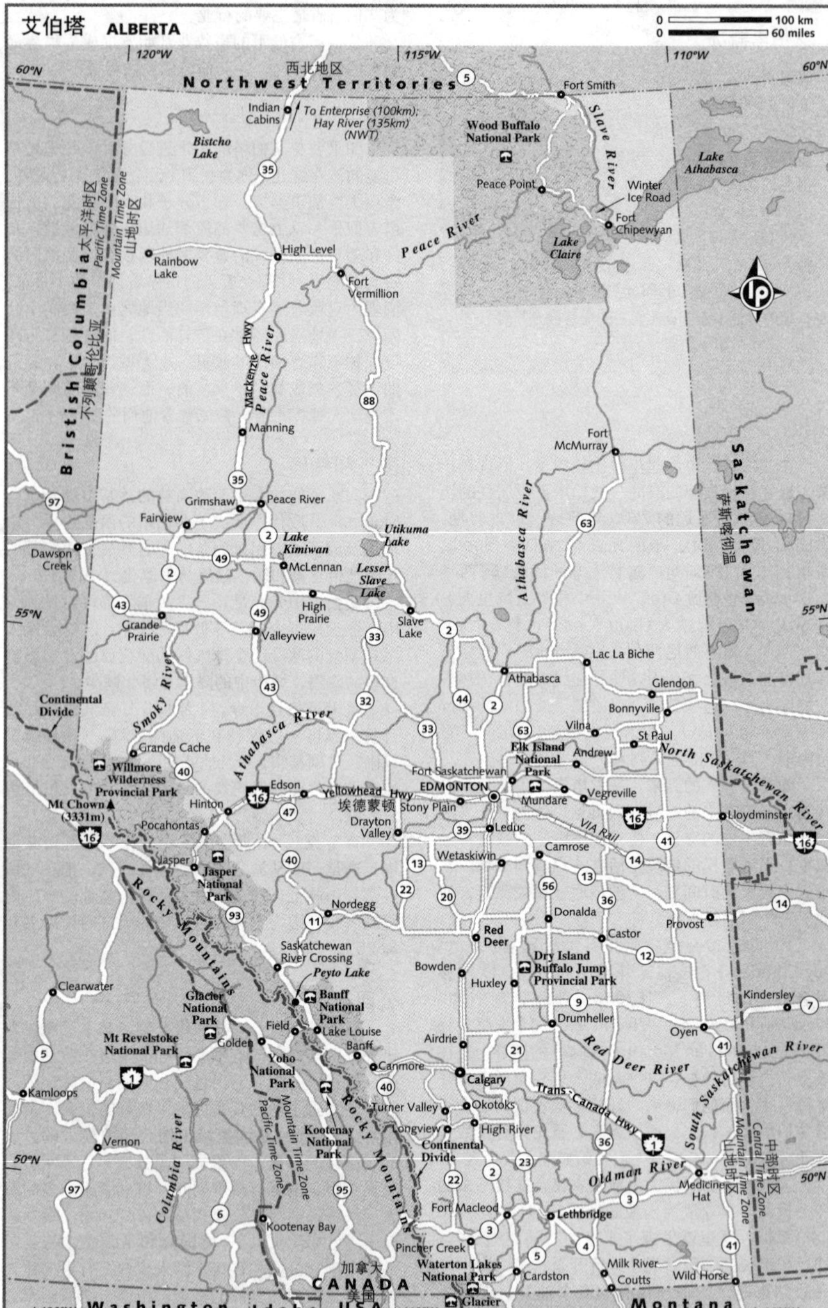
艾伯塔 ALBERTA
0 100 km
0 60 miles
120°W
115°W
110°W
60°N
55°N
50°N
西北地区
Northwest Territories
Fort Smith
Indian Cabins
To Enterprise (100km); Hay River (135km) (NWT)
Wood Buffalo National Park
Bistcho Lake
Slave River
Lake Athabasca
Peace Point
Winter Ice Road
Fort Chipewyan
Lake Claire
British Columbia 不列颠哥伦比亚
太平洋时区 Pacific Time Zone
Mountain Time Zone 山地时区
Rainbow Lake
High Level
Peace River
Fort Vermillion
Mackenzie Hwy
Manning
Fort McMurray
Saskatchewan 萨斯喀彻温
Grimshaw
Fairview
Dawson Creek
Lake Kimiwan
McLennan
Utikuma Lake
Lesser Slave Lake
High Prairie
Slave Lake
Athabasca River
Grande Prairie
Valleyview
Smoky River
Lac La Biche
Athabasca
Glendon
Bonnyville
Continental Divide
Vilna
St Paul
Grande Cache
Elk Island National Park
Andrew
North Saskatchewan River
Willmore Wilderness Provincial Park
Mt Chown (3331m)
Edson
Yellowhead Hwy
Fort Saskatchewan
EDMONTON
埃德蒙顿
Mundare
Vegreville
Hinton
Stony Plain
Pocahontas
Drayton Valley
Leduc
VIA Rail
Lloydminster
Jasper
Jasper National Park
Wetaskiwin
Camrose
Rocky Mountains
Nordegg
Donalda
Provost
Red Deer
Castor
Saskatchewan River Crossing
Peyto Lake
Dry Island Buffalo Jump Provincial Park
Bowden
Huxley
Clearwater
Glacier National Park
Banff National Park
Kindersley
Drumheller
Field
Lake Louise
Oyen
Mt Revelstoke National Park
Golden
Banff
Airdrie
Red Deer River
South Saskatchewan River
Yoho National Park
Canmore
Calgary
Kamloops
Trans-Canada Hwy
Turner Valley
Okotoks
Longview
High River
Kootenay National Park
Pacific Time Zone
Mountain Time Zone
Vernon
Continental Divide
Columbia River
中部时区 Central Time Zone
山地时区 Mountain Time Zone
Oldman River
Medicine Hat
Fort Macleod
Lethbridge
Kootenay Bay
Pincher Creek
加拿大
CANADA
Waterton Lakes National Park
Cardston
Milk River
Coutts
Wild Horse
美国
Washington
Idaho
USA
Glacier National Park
Montana

艾伯塔旅行线路

七日游

在**卡尔加里**（见 582 页）花一天的时间去探索 1988 年的冬季奥运会场地，并在时尚的 17 号大道 (17th Ave) 上享受一餐。第二天，以步行的方式游览德拉姆黑勒和**皇家泰里尔古博物馆** (Royal Tyrrell Museum，见 618 页）。回到卡尔加里，逛一逛肯辛顿 (Kensington)，然后在 **River Café 餐馆**（见 591 页）来一顿美餐。

早点起床，然后西行。继续前行去班夫国家公园和**班夫镇** (Banff Town，见 599 页）之前在**坎摩尔** (Canmore，见 596 页）作第一次停留。返回小镇以及去逛历史班夫大街 (Banff Ave) 之前，沿 **Hoodoos 小路**（见 602 页）步行或者沿**班夫滑雪缆车** (Banff Gondola，见 601 页）线路骑车而上。

在班夫稍事休息后，继续北行去**路易斯湖** (Lake Louise，见 607 页)，然后在**莫瑞湖** (Moraine Lake，见 608 页）停下来欣赏一下不是特别引人注意的景色。在 **Laggan's Bakery 餐馆**（见 610 页）尝尝比萨饼，然后继续驱车前往**哥伦比亚冰原** (Columbia Icefield，见 597 页）。要准备好每隔 5 分钟就停一次，拍下迷人的照片。

去**贾斯珀**（见 610 页）寻找一个随你自己命名的小屋。美美地睡上一觉之后，将自己完全浸泡在山路上的**米特温泉区** (Miette Hot Springs，见 611 页）里，它就在前往**埃德蒙顿**（见 572 页）的途中。如果要动身前往**老斯特拉斯空纳**（见 575 页）附近，建议你在 **Da-De-O 餐馆**（见 579 页）以一盘热腾腾的什锦饭 (jambalaya) 结束你在艾伯特的行程吧。

完整的落基山脉

结束以上旅程后，去**卡那纳司金斯乡村** (Kananaskis Country，见 594 页)、**冰原园林大道** (Icefields Parkway，见 596 页）以及北面的**格兰德卡切** (Grande Cache，见 582 页）看看山脉的边缘。也可以花点时间去南边的**沃特顿湖国家公园** (Waterton Lakes National park，见 621 页)，感受一下少有旅行者光顾的山地天堂。

不容易进入，地处遥远的东北部，是加拿大规模最大的国家公园。埃尔克岛国家公园 (Elk Island National Park，见 581 页)，这个省最小的公园，就在埃德蒙顿的东边。这些国家公园的宿营地按先来先得的原则经营，场地收费在 $15 和 $25 之间，依设施条件定价。了解加拿大国家公园和野生地带的更多情况，见 78 页。

另外，这个省拥有大量省级公园和休闲娱乐地区——总计超过 500 处。很多拥有宿营地和提供偏僻地区宿营的机会。

到达和四处走走

乘坐公共汽车、小汽车、火车和飞机，都可以很方便地抵达艾伯塔。这个省与美国的蒙塔纳 (Montana) 交界（有关边境口岸的详情，见 841 页）。

飞机

主要的两座机场分别在埃德蒙顿和卡尔加里，每天都有从世界各地的主要航空枢纽飞往这两个机场的航班。省内开设航空业务的公司包括加拿大航空公司、美国航空公司、大陆航空公司 (Continental)、达美航空公司 (Delta Airlines)、Horizon Air 航空公司、西北航空公司、联合航空公司和西捷航空公司 (WestJet)。了解更多详情，见 838 页和 842 页。

公共汽车

加拿大灰狗客运公司(见844页)经营从邻近省份开往艾伯塔的客运服务。灰狗客运(见844页)服务跨越加美两地。从埃德蒙顿开往的目的地包括温尼伯(Winnipeg，$188，20小时，一天3班)、温哥华($158，17小时，一天5班)、乔治王子(Prince George，$110，10小时，一天1班)、海伊里弗(Hay River，$156，16小时，一天6班)和怀特霍斯(Whitehorse，$204，2天，一天1班)。从卡尔加里，目的地包括坎卢普斯(Kamloops，$90，10小时，一天4班)、里贾纳 (Regina，$108，11小时，一天5班)、萨斯卡通(Saskatoon，$92，9小时，一天3班)、温哥华($70～137，15小时，一天5班)和温尼伯(Winnipeg，$160，20小时，一天4班)。根据路线情况的不同，时间可能会有很大变化，预订有优惠。

驼鹿旅游网公司 (Moose Travel Network，见 848 页）在加拿大西部提供各类游程。大多数人选择温哥华作为旅程的起点和终点，且沿途可以观赏山脉公园的众多景点和艾伯塔其他必看的景点。冬天，艾伯塔会组织滑雪旅行团，从而为没有汽车的滑雪者提供绝佳的选择。夏天的几个月中，这类旅行团每天出发，而冬天则是一周几次。

小汽车

自驾汽车是艾伯塔最理想的交通工具。在艾伯塔，公路质量高而且得到很好维护，同时修建了乡村道路网络。大多数的城镇无论人口多少，都拥有服务站。需要注意的是，在更为偏僻的地区，尤其是北部，服务站之间相隔很远，要尽量加满油箱，以防万一。

在这里，冬天驾驶是一项真正的挑战。道路继续开放，但下雪之后会被积雪覆盖。这里的司机都经验丰富，精神饱满，因此很少会关闭道路。你应当依靠常识，减慢车速，外出前查询天气和道路状况。

区域驾驶距离：

卡尔加里至班夫：130 公里

班夫至贾斯珀：290 公里

埃德蒙顿至卡尔加里：300 公里

火车

VIA Rail 铁路公司的"加拿大人"(Canadian) 号列车穿梭于卡尔加里和班夫，同时斯基纳 (Skeena) 号列车往返于贾斯珀和 BC 鲁珀特王子之间(见 849 页)。

埃德蒙顿(EDMONTON)

人口 730 000

埃德蒙顿？是有大型购物中心的那个城市吗？对，那就是埃德蒙顿最热门的地方，但这里还有很多值得留下你足迹的地方。

埃德蒙顿有一些超棒的地区，如老斯特拉斯空纳区，新潮的市民聚集在这儿，购买时尚衣服和享受美味菜肴。此外，大型的博物馆和展览馆生动地展示着当地的历史。一片荒野地区如基线般切断城市，让世界各地城市都艳羡不已。而这一切都是因为得到了多元文化和谐发展的有力支持。

这个拥有壮观的议会大厦的省府，不仅仅只是通向贾斯珀的门户和属于劳工阶层的石油新城。它依靠自身成为大家的旅行目的地，不仅是孩子们的，也是期待游览成功城市的旅行者的。当经过市内时，你会看见标牌上写着："埃德蒙顿，冠军之城"。尽管油人队 (Oiler) 暂时还未捧回冠军奖杯，但埃德蒙顿明显仍是赢家。

历史

克里人和黑脚原住民部落的祖先早在 5000 年前就来到了埃德蒙顿。但直到 18 世纪末欧洲人才首次来到这个地区。1795 年，哈得孙湾公司修建了一处贸易基地，被称为埃德蒙顿堡 (Fort Edmonton)。

捕猎者、商人和探险者频繁地来往于这处堡垒，但直到 1870 年，政府出面买下埃德蒙顿堡，并向移民拓荒者开放，埃德蒙顿的人口才首次的的确确地增长了。1891 年,铁路修到了卡尔加里，情况真正地开始快速发展起来。

金矿引发了该地区的首次大繁荣——在艾伯塔并没有发现金矿，但人们在育空发现了金矿。在追梦者们向北前往克伦戴科 (Klondike) 之前，埃德蒙顿成了当时最后一处文明站。有些人发了财，但大多数人都没有；一些人定居在埃德蒙顿，这座城镇开始发展起来。

20 世纪 40 年代，第二次世界大战促成了阿拉斯加公路 (Alaska Hwy) 的修建，而工人的大批流入又促进了人口的进一步增加。乌克兰人和其他东欧国家的外来移民来到埃德蒙顿寻找工作，为这个发展中的城市添砖加瓦。

今天，埃德蒙顿再次成为那些期待能在北方发财的人们的中心。但这次人们要找的既不是道路，也不是金子，而是石油。

方位

埃德蒙顿被北萨斯喀彻温河 (North Saskatchewan River) 宽阔的河谷一分为二；自然景观所在的宽阔区域是附近两个市区的缓冲地带。河流的北面是以 101 大道 (101st Ave) 或贾斯珀大道 (Jasper Ave) 为中心的闹市区。

贾斯珀大道上能找到市区所具有的大多数事物，如商店、餐馆和住房，所有的一切都在距 101 大道仅几步路的范围内。这个有点商业化的地区有着独特的风格，使埃德蒙顿在感觉上比实际更具都市气息。

河流的南面是老斯特拉斯空纳地区，是埃德蒙顿最新潮的街区。这个更为古老、而又更加波希米亚的地区全无高楼耸立，而是充满了艺术、文化和时尚的气息。怀特大道 (Whyte Ave，也就是 82nd Ave 大道) 是世界时尚达人大爆发的新起点，是享用美食、品尝好酒和观赏人群的理想之地。

西埃德蒙顿购物中心 (West Edmonton Mall) 位于西部，栖身于郊区。它占据了全市面积的四分之一，同时在零售方面最富经验。

实用信息

书店

地图旅游书店(Map Town；见 575 页地图；☎780-429-2600；10344 105th St；🕒周一至周五 8am ~ 5:30pm，周六 10am ~ 5pm)一家大的地图商店，有很多旅游指

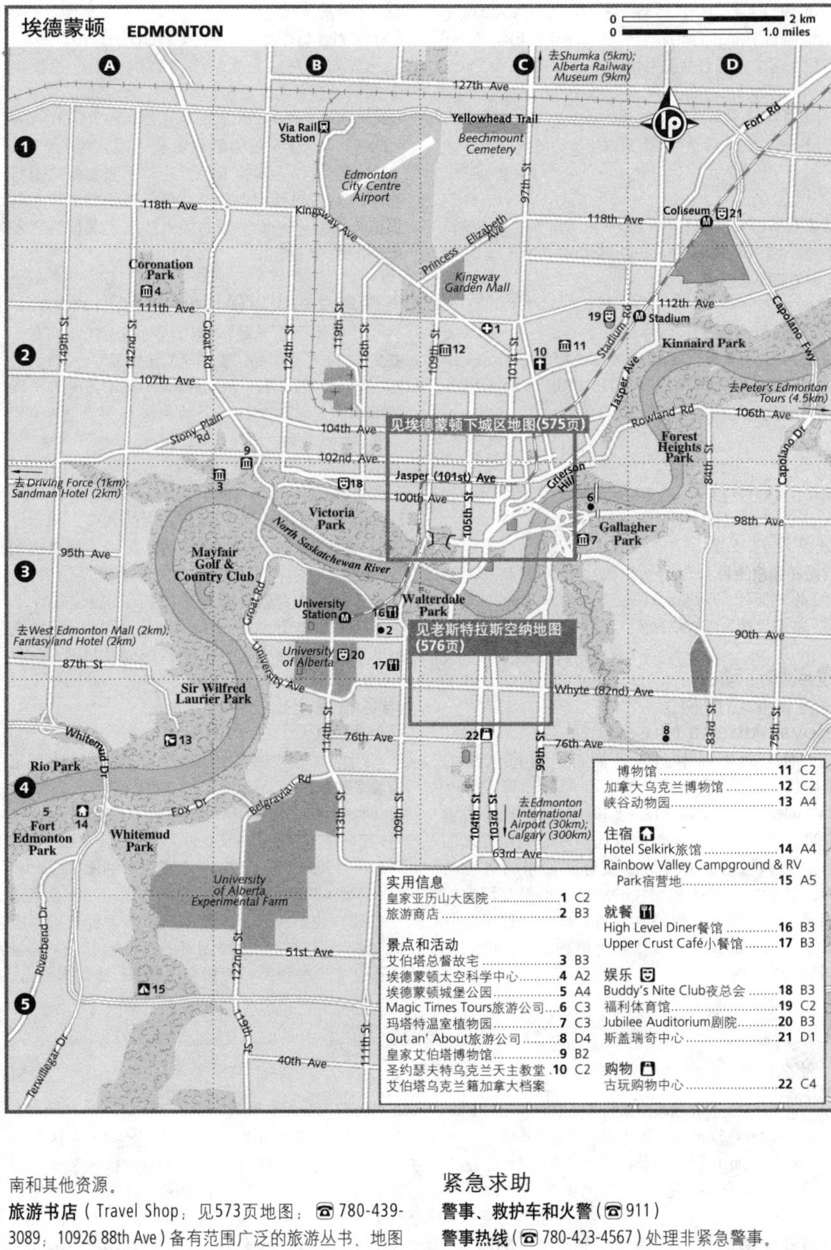

南和其他资源。

旅游书店（Travel Shop；见573页地图；☎780-439-3089；10926 88th Ave）备有范围广泛的旅游丛书、地图和旅游物品。

Wee Book Inn 书店（见 576 页地图；☎780-432-7230；10310 Whyte Ave）精选了一些新书和旧书。

紧急求助

警事、救护车和火警（☎911）

警事热线（☎780-423-4567）处理非紧急警事。

上网

Café Dabar 酒吧（见 576 页 地 图；☎780-433-3306；

10816 Whyte Ave；每小时 $5；周一至周六 9am ~ 10pm，周日 11am ~ 7pm）购物后，可享受免费上网的优惠。

斯坦利阿米尔尼公共图书馆（Stanley A Milner Public Library；见575页地图；☎780-496-7000；7 Sir Winston Churchill Sq；周一至周五 9am~9pm，周六 至 6pm，周日 1~5pm）很多免费的互联网接驳插口。

医疗服务

皇家亚历山大医院（Royal Alexandra Hospital；见 573 页地图；☎780-477-4111；10240 Kingsway Ave）设有 24 小时外伤急救中心。

货币兑换

海关全球外币兑换（Custom House Global Foreign Exchange；见 575 页地图；☎780-423-6000；10104 103rd Ave）外币兑换经营点。

邮政

邮政总局（见 575 页地图；☎780-944-3271；9808 103A Ave）

旅游信息

埃德蒙顿旅游局（见575页地图；☎780-426-4715，800-463-4667；9990 Jasper Ave；8am~5pm）热情服务，提供大量宣传单和手册。

景点和活动

皇家艾伯塔博物馆 (Royal Alberta Museum)

对于动物标本剥制师而言，这座传统的**博物馆**（见573页地图；☎780-453-9100；www.royalalbertamuseum.ca；12845 102nd Ave；成人/儿童 $10/5；9am~5pm）是达成他们梦想的地方，因为这里如同诺亚方舟般收藏着艾伯塔的各种动物。包括众多传统和现代的展览，而钉在墙上的蝴蝶旁边就是计算机终端设备。此外，这里还介绍了平原上的民族和支撑整个博物馆的美丽的花岗岩结构。

艾伯塔总督故宅 (Alberta Government House)

当你探究皇家艾伯塔博物馆之后，径直到隔壁的**总督故宅**（见 573 页地图；☎780-427-2281；12845 102nd Ave；免费入内；周六和周日 11am ~ 4:30pm），副总督过去的住所和一幢壮观的大厦。丰富的历史和不断的维护，让你无法想象这个博物馆快到它的百岁生日了。仅仅那些美术作品就很值得参观——博物馆的墙上挂满了艾伯塔艺术家们的精彩之作。

艾伯塔立法大厦(Alberta Legislature)

政治家经常光顾、辩论活动不断，并拥有一些完美的艺术作品，**艾伯塔立法大厦**（见 575 页地图；☎780-427-7362；www.assembly.ab.ca；97th Ave 和 107th St 拐角；免费入内；5 月到 10 月中 周一至周五 8:30am ~ 5pm，周六、周日和假日 9am ~ 5pm，10 月中到次年 4 月 周一至周五 9am ~ 4:30pm，周六、周日和假日正午 ~ 5pm）的所在曾是埃德蒙顿堡 (Fort Edmonton)—— 一座辉煌而古老的大厦。标志性的圆屋顶和大理石的内部结构，使得埃德蒙顿堡成为当地的标志物。你可以免费游览城堡内部，而这个场所本身就是度过温暖一天的极佳之所。

要参加团队游，可以从 98th Ave 大道 10820 号人行道上的展览中心 / 礼品店开始起程。

玛塔特温室植物园 (Muttart Conservatory)

看起来有些像金字塔形的玻璃防空洞，**玛塔特温室植物园**（见 573 页地图；☎780-496-8755；www.edmonton.ca/muttart；9626 96A St；成人 / 儿童 $7.75/4.25；周一至周五 9am ~ 5:30pm，周六、周日和节假日 11am ~ 5:30pm）位于詹姆士·麦克唐纳德桥 (James MacDonald Bridge) 跨下河流的南岸。四座金字塔中的每一座都代表了不同的气候区，种植着相应的植物。这是特别值得闲逛的有趣地方，尤其是对园艺家、植物爱好者和喜欢低调行事的人而言。

什么……

很难知道在**西埃德蒙顿购物中心**（West Edmonton Mall；见 573 页地图；☎780-444-5330；www.westedmontonmall.com；170th St；滑冰 成人 / 儿童 $7/5，水上公园门票 成人 / 儿童 $35/28，蹦极 $75；周一至周五 10am ~ 9pm，周六至 6pm，周日正午 ~ 6pm）是应该放声大笑还是战战兢兢；它也是围绕着这座城市运转的独特“行星”。不要简单满足于购物中心，它拥有世界上最大的水上滑梯、设施齐全的室内冲浪池、游乐园、滑冰场、两座小型高尔夫球场、有真海豹的假暗礁、宠物动物园、酒店，还有 800 家商店。这儿确实是值得一看的景观。孩子们会爱上它的，没有来过就不能说你真正来过埃德蒙顿，并且爱上它或恨它；没有什么能比得上西埃德蒙顿。逛一逛唐人街，在不怎么正宗的圣波旁街 (Bourbon St) 享受美餐、溜冰或者蹦极；然后驱车去连锁商店的海洋。

老斯特拉斯空纳(Old Strathcona)

如果你想了解埃德蒙顿的律动，那么这个地区是最合适不过的地方了。以怀特大道为中心，这条酷感十足的干道流动着一股波希米亚的艺术气息，使它与城市的其他部分相区别。在这里，你可以找到时尚的商店、欢愉酒吧、值得游玩的咖啡馆以及一般人都会驻足观赏的街景。这里深受一群年轻的艺术家的影响，他们来自具有深厚历史底蕴的郊区，那儿的历史可以追溯到19世纪90年代。在这个街区新旧碰撞，它也是享受美味咖啡、素食餐、新潮的鸡尾酒会和磨坊摇滚酒吧的地方。即使那不符合你的口味，它也确实值得一游。

埃德蒙顿美术馆(Edmonton Art Gallery)

这样一座**美术馆**（见575页地图；☎ 780-422-6223；www.artgalleryalberta.com；Enterprise Sq，100-10230 Jasper Ave 拐角；成人/小孩 $7/3，周四 4pm 后免费入内；🕑 周一至周三和周五 10:30am～5pm，周四 至8pm，周六、周日和节假日 11am～5pm）此刻正经历着发展瓶颈。由于专门设计的新建筑将于2009年与公众见面，临时展厅让人感觉有点……呃……局促。虽然这类艺术品奇异怪诞，但仍值得关注。

乌克兰历史遗址(Ukrainian Heritage Sites)

拥有大量的乌克兰人口，加上丰富的移民历史，城镇周围的几处遗址是了解乌克兰文化的好地方。这些遗址位于闹市区北边，可以合并为单一的旅游线路；它们相距不远，感觉好像彼此挨着，带着点儿街头智慧开始步行游览吧。

圣约瑟夫特乌克兰天主教堂（St Josaphat's Ukrainian Catholic Cathedra；见 573 页 地 图；☎ 780-422-3181；10825 97th St at 108th Ave，免费入内；🕑 预订）

艾伯塔乌克兰籍加拿大档案博物馆（Ukrainian Canadian Archives & Museum of Alberta；见 573 页地图；☎ 780-424-7580；9543 110th Ave；捐赠性的收费门票；🕑 周二至周五 10am ～ 5pm，周六 正午～ 5pm）

少量服饰、复活节彩蛋、玩偶和精致织物收藏在**加拿大乌克兰博物馆**（Ukrainian Museum of Canada；见 573 页地图；☎ 780-483-5932；10611 110th Ave；免费入内；🕑 5 月到 8 月 周一至周五 9:30am ～ 4:30pm）

艾伯塔铁路博物馆(Alberta Railway Museum)

这座**博物馆**（见573页图中箭头所示；☎ 780-472-

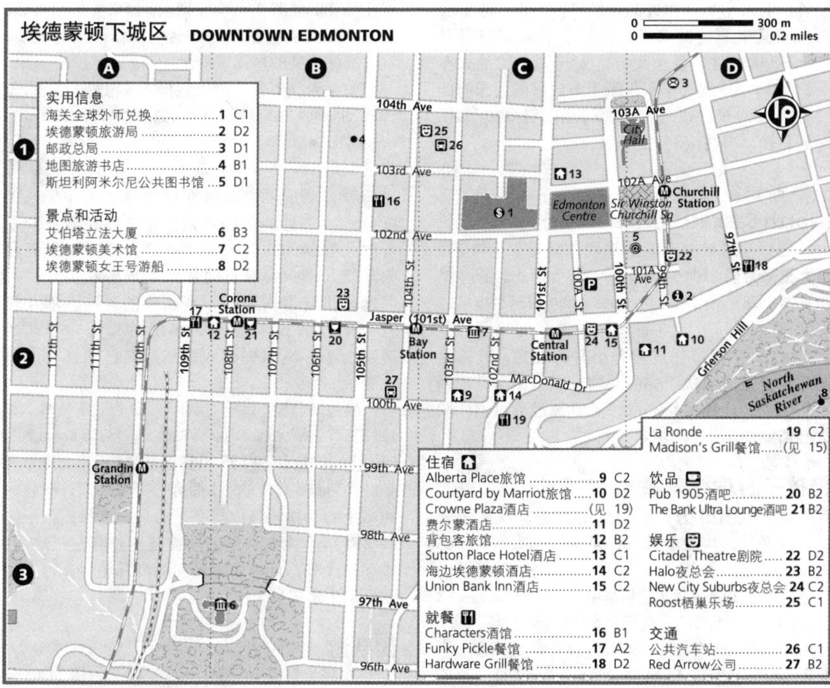

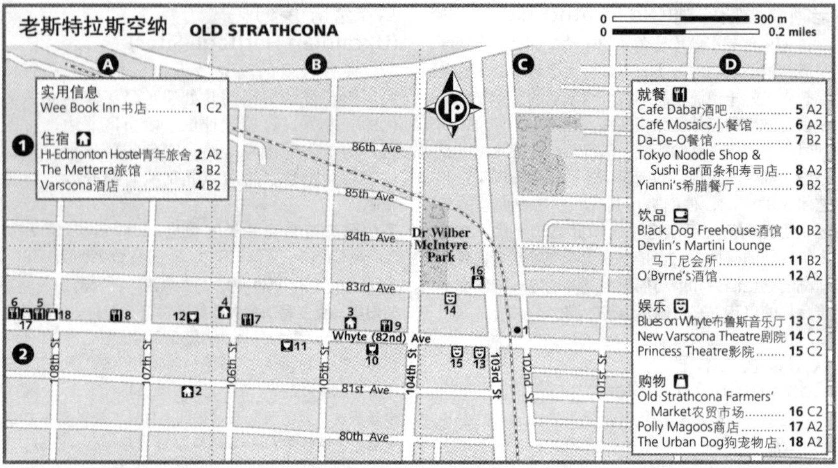

6229；www.railwaymuseum.ab.ca；24215 34th St；成人/儿童 $5/2；⏲5月中至9月初 10am～5pm）地处城市的东北端，收藏1877年到1950年间，人们生产和使用的五十多辆有轨机动车，包括蒸汽机和柴油机火车头，以及全部铁路车辆，它还收藏铁路设备，老火车站与相关的建筑物。周末，志愿者会发动其中一些发动机，付$3，你可以试开其中一辆(旺季时，每个周日，安排开动柴油火车头，1913年蒸汽火车头仅限于节假日的周末时间发动)。要参观，请向北行驶7公里，上34th St街而后右转，再往南2公里即到。

北萨斯喀彻温河 (North Saskatchewan River)

要仔细看看闹市区的简便方式是乘坐**埃德蒙顿女王号游船**（Edmonton Queen；见 575 页地图；☎780-424-2628；www.edmontonqueen.com；9734 98th Ave；1 小时航游 $18 起，含午餐 / 晚餐航游 $43/50；⏲5 月到 9 月），它将带你进行 1 小时的观光，具体是顺流还是逆流取决于你的心情。船上经常有现场娱乐活动，让你情绪高涨，感觉像过节，也让船夫心情愉快。

艾伯塔

带孩子游埃德蒙顿

如果没有专为孩子提供的服务，埃德蒙顿就一无是处。埃德蒙顿有许多专门以家庭为目标的旅游设施——数量是如此之多，会令孩子们流连忘返。**埃德蒙顿太空科学中心**（Edmonton Space & Science Centre；见 573 页地图；☎780-451-3344；www.odyssium.com；11211 142nd St；成人 / 儿童 $13/9.50，含全天域电影 $19.50/14.50；⏲10am ～ 9pm）是一个不错的开始。重视交互式的演示，科学中心的屋顶之下有上万种事物等着孩子们去发现。借助于最新技术，可以了解关于太空船上生活的一切，进行恐龙化石挖掘，并探究人类身体行动的奥秘。在这里，大人和小孩都会玩儿得很尽兴，甚至可能在玩儿的同时学到一些知识。如果要买纪念品，你可以购买真的星星的命名权：你付出的更多，就可选择更亮的星星。

如果天气不错，可以直接去**埃德蒙顿城堡公园**（Fort Edmonton Park；见 573 页地图；☎780-496-8787；www.edmonton.ca/fort；Fox Dr 和 Whitemud Dr 拐角；成人 / 儿童 $13/6.50；⏲7 月到 9 月 10am ～ 6pm）。你可以一瞥古老的西部，就在这座城市的中央，正好有一片古老的西部景致。你可以在矗立着某个时代建筑的古老街道上徜徉，或是乘坐蒸汽火车转一圈。身着古时服饰的导游在那儿回答问题，为城市增添了一些别样的风味。那儿也有一个专为孩子服务的小型游乐园——谁知道那个小小高尔夫游戏竟然拥有这么悠久的历史呢？

峡谷动物园（Valley Zoo；见 573 页地图；☎780-496-8787；www.edmonton.ca/valleyzoo；13315 Buena Vista Rd；成人 / 儿童 $8.50/4.25；⏲9 月到次年 6 月 9:30am ～ 4pm，7 月和 8 月 至 8pm）拥有一百多种国外濒危的和本土的动物，是你与孩子的另一选择。孩子们会喜欢这个让人亲近的动物园，骑骆驼或矮马，坐迷你火车，玩旋转木马和踩日月轮船，可参与的活动丰富多彩。

团队游

有些旅游公司组织埃德蒙顿半日游（$40 至

$65) 和游览边远地区较长的旅游行程。

Magic Times Tours旅游公司（见573页地图；Ste 309B，9815 96A St；☎780-940-7479；www.magictimes.ca）

Out an' About旅游公司（☎780-909-8687；www.outanabouttours.com）

Peter's Edmonton Tours 旅游公司（见 573 页图中箭头所示；3804 105A Ave；☎780-469-2641）

节日和重大活动

埃德蒙顿全年有很多节日，下面是一些亮点节日。

国际街头艺人节（International Street Performers Festival；☎780-425-5162；www.edmontonstreetfest.com；⏲7月第2周）有时候最好的剧场在户外——来自世界各地的演出者都在户外。

埃德蒙顿的大都会展（Edmonton's Capital Ex；☎780-423-2822；www.northlands.com；⏲7月末）过去很多年里，克伦戴科淘金节（Klondike Days）一直是埃德蒙顿大型的夏天节日。现在，这个节日改成大都会展（Capital Ex），已很少再关注淘金热的那段历史，而是转换成一种当代娱乐形式。昔日里节日的现场音乐、骑马和小金块仍然是改变后的节日中最精彩的节目。

埃德蒙顿实验戏剧节（Edmonton Fringe Theatre Festival；☎780-448-9000；www.fringetheatreadventures.ca；⏲8月中）推出为期 11 天的现场另类戏剧表演，在公园里和街道上的三座户外舞台上演，很多演出是免费的，票价不超过 $10。无须预订——选好一家剧院，前去排队买票就好了。这个节日每年吸引 50 万人前往老斯特拉斯空纳。

加拿大牛仔竞技决赛（Canadian Finals Rodeo；☎780-471-7210，888-800-7275；www.canadianfinalsrodeo.ca；门票 $16～46；⏲11 月上旬）加拿大牛仔竞技决赛是加拿大最大的室内比赛。很棒的野牛或野马和跃跃欲试的顶尖牛仔，都是你不可错过的盛大赛事，尤其是在你已经错过卡尔加里牛仔节的情况下。

住宿

老斯特拉斯空纳很酷、时尚并充满活力，拥有几家精品旅馆。市区更加商业化，主要是集中在提供普通住宿方面。如果你主要打算去参观西埃德蒙顿购物中心，那么待在市区或附近都是不错的选择，但那里的寓所明显属于观光型旅馆。

中档酒店一间不错的客房价格在 $90 到 $125 之间。

经济

Rainbow Valley Campground & RV Park宿营地（见573页地图；☎780-434-5531，888-434-3991；www.rainbow-valley.com；13204 45th Ave；帐篷/娱乐车营地 $22/26；⏲4月中到10月中；Ⓟ）这里作为一个市内宿营地是非常棒的，你想要的便利设施应有尽有，抵离“购物中心”都方便至极。

HI-Edmonton Hostel 青年旅舍（见 576 页地图；☎780-988-6836，877-467-8336；www.hihostels.ca；10647 81st Ave；宿/双 $24/56；Ⓟ 💻）这家繁忙的旅馆刚好位于老斯特拉斯空纳的心脏位置，是旅行者的一个安全去处。房间由于铺位多而有点拥挤不堪，看上去有点像从旧民房改造过来（感觉差不多，这里过去曾是女修道院），但在位置和价格上，却无旅馆能与之匹敌。

Go Backpackers背包客旅舍（见575页地图；☎780-423-4146；10815 Jasper Ave；宿/双/房 带小厨房 $24/80/95；Ⓟ 💻）这里曾经是一间客栈，现在是相对较新的背包客旅馆，是贾斯珀大道上一个不错而又便宜的选择。这里有一些额外的惊喜，每间房都有浴室、硬木地板，床铺之间留有稍许的活动空间。友善的工作人员会让你有宾至如归的感觉，而且旅馆的地理位置也是一流的。

中档

Sandman Hotel（见 573 页图中箭头所示；☎780-483-1385，877-483-1383；www.sandmanhotels.com；17635 Stony Plain Rd；房 $80 起；Ⓟ 🏊 💻）如果你厌烦了西埃德蒙顿的旅馆，可以去购物中心附近带有游泳池的旅馆。那里也有价格不错的好房间，旅馆内还设有餐厅。

Hotel Selkirk旅馆（见573页地图；☎780-496-7227；www.hotelselkirk.com；1920 St，Fort Edmonton Park；房 $95起；Ⓟ）如果你有意去参观埃德蒙顿堡的过去，那何不更进一步，选择在那儿过夜呢？这家具有历史意义的旅馆现在仍然向旅行者张开着双臂，而且很乐意让你在它过去的寓所里过夜。在有着过去某个时代装饰的房间里，你会于1920年的半夜醒来，这会成为永生难忘的夜晚。

Alberta Place旅馆（见575页地图；☎780-423-1565；www.albertaplace.com；10049 103rd St；房$97起；Ⓟ 🏊 💻 wi-fi）曾经的公寓现在成为旅行者不错的适中选择。旅馆房间很大，基础设施齐全，配备厨房。位于刚离开贾斯珀大道的地方。还有一个泳池和健身中心，如果你感觉精力充沛，可以去消遣消遣。

Courtyard by Marriot 旅馆（见 575 页地图；☎780-423-9999；www.marriot.com/yegcy；99th St 和 Jasper Ave 拐角；房 $119 起；Ⓟ 💻 wi-fi）这里是很棒的地方，能观赏到与市区某些更为昂贵的宾馆同样的景色。预订一间河畔客房，这样就可以欣赏美丽的星星了。房间很宽敞，有些房间甚至设计了按摩浴池，可以一并带走你的烦恼。

海边埃德蒙顿酒店（The Coast Edmonton House；见575页地图；☎780-420-4000；www.coasthotels.com；10205 100th Ave；房 $135 起；Ⓟ 💻wi-fi）尽管对普通人而言，这家酒店的价位有些偏高，但这里的每个房间都配带厨房，而且可以住下四个人，因此是家庭或团体旅游的不错选择。旅馆还提供免费的市区巴士，在市中心范围内，你可以去你想去的任何地方。这里观景也是要收费的，你所选择的楼层越高，房间也就更为昂贵。

Sutton Place Hotel 酒店（见575页地图；☎780-428-7111；www.suttonplace.com；10235 101st St；单/双 $159起；Ⓟ 💻）这是一座高级的、高消费酒店，设备齐全——有一点奢华，令人着迷——经常有非常优惠的特价。室内水上公园很奇妙，周围还有餐厅、鸡尾酒会所和一座赌场。

高级

Crowne Plaza酒店（见575页地图；☎780-428-6611；www.chateaulacombe.com；10111 Bellamy Hill；房$130起；Ⓟ 💻wi-fi）这家整洁宾馆的目标人群是商业人士，因此是进行商业交易的不错场所。你需要订一间高楼层的房间，以便欣赏河景。房间条件不错，有些还拥有阳台，如果是夏天则非常不错，冬天的话则不需要了。

Varscona 酒店（见576页地图；☎780-434-6111，888-515-3355；www.varscona.com；8208 106th St，Whyte Ave 拐角；房 $150 起；Ⓟ 💻wi-fi）地处老斯特拉斯空纳的中心，这家迷人的酒店是你在埃德蒙顿逗留期间的极佳根据地。门阶之下即是该市最酷的地区，而奇妙无比则是旅馆额外的奖赏。停车、早餐和夜间葡萄酒和奶酪品尝，扑面而来，让你感觉住在这里绝对是物有所值，配备齐全的时髦客房是其中最令你倾心的。

The Metterra旅馆（见576页地图；☎780-465-8150，866-465-8150；www.metterra.com；10454 Whyte Ave；房$155起；Ⓟ 💻wi-fi）新潮、酷感十足而又非常现代，同时又刚好处于时尚地带的中间位置，是斯特拉斯空纳的典型。精致的房间、时尚的装饰与周围环境和谐地融为一体。旅馆处于怀特大道上，地理位置绝佳——你无须走上多久，就可以玩个痛快了。

我们的选择 **Union Bank Inn酒店**（见575页地图；☎780-423-3600；www.unionbankinn.com；10053 Jasper Ave；房$189起；Ⓟ 💻wi-fi）贾斯珀大道上这个豪华的精品酒店始于1911年，是高端市场的杰作。酒店仅拥有34个房间，所有的服务员都随时等待你的召唤，听候你的指示。每个房间都设有壁炉，因此是偎依着享受美好事物的好去处。

Fantasyland Hotel 酒店（见573页图中箭头所示；☎780-444-3000；800-737-3783；www.fantasylandhotel.com；17700 87th Ave；房 $240 起；Ⓟ 💻）如果觉得西埃商场不够离奇，那么这座毗邻的宾馆也就有所看头了。房间是标准客房，不过都是主题房，总共有13个主题，从非洲到冰屋，从罗马到波利尼西亚，真是难以选择。旅馆几乎没有停留在俗气的时尚一面，很受家庭旅游的欢迎。寝具方面也有很大的选择，可以满足任何想象的情形，有为孩子准备的双层床，可以坐在按摩浴池旁，为爸爸妈妈准备的圆形特大号床，屋顶上还装了一面镜子，这样每个人都可以看到别人的一举一动——真是棒极了。

费尔蒙酒店（Fairmont Hotel Macdonald；见575页地图；☎780-424-5181，800-441-1414；www.fairmont.com；10065 100th St；房 $300起；Ⓟ 💻）进入这个“时间机器”，让我们来看看1915年的贵族们就寝的地方吧。这个铁道时期的宾馆仍然保持着它所有的皇家荣耀，很适合君主居住。复杂精细的石雕工艺装饰于外，而水晶吊灯照得宾馆内如同舞台般梦幻。最近装修过的房间配置了所有应有的便利设施，价格昂贵也就理所当然了。每个人在其一生中应该至少在城堡中待一次——即使仅仅为了有吹牛的谈资也好。

就餐

埃德蒙顿的饮食反映了其多元文化性和艺术性，而且亲近艾伯塔牛肉。在任何价位上你都可以享受到美味的饮食，无须踏进连锁餐馆就餐。

经济

Funky Pickle餐馆（见575页地图；☎780-425-3865；10827 Jasper Ave；比萨饼一份$4起；🕑周一至周四11am～午夜，周五 至 3:30am，周六正午～3:30am，周日4～11pm）一流的外卖比萨饼会一直提供到凌晨两三点钟，而且越晚买到的比萨饼，味道越鲜美。

High Level Diner餐馆（见573页地图；☎780-433-1317；10912 88th Ave；主菜 $6～15；🕑周一至周四8am～11pm，周五和周六 至午夜，周日9am～10pm）想像当地人那样吃鸡蛋吗？这家位于河边、舒适而且大受欢迎的餐馆，就是开始新的一天的好选择。

中档

Shumka 乌克兰餐馆（见573页地图；☎780-475-4666；Nameo Center，16520 95th St；主菜 $4 起；🕑周一至周六 11am ～ 9pm，周日正午～ 7pm）如果你来埃德蒙顿而没有吃乌克兰食物，那等于没来。由于有大量的乌克兰人居住在这儿，也就为埃德蒙顿提供了多种真正不错的选择。Shumka 确实是不同凡响，尽管当你第一眼看到时，会觉得“我不远万里赶到这里，就是为了这个吗？”不要因小小商业街的地理位置而感到气馁，这里的饺子形馅饼和白菜卷是一流的。

Café Mosaics小餐馆（见576页地图；☎780-433-9702；10844 Whyte Ave；主菜$6～12；⌚周一至周六9am～9pm，周日11am～2:30pm）一个埃德蒙顿机构，稀奇古怪的艺术品、破旧的木质地板，再加上很酷的氛围，吸引着旅行者不断前来，而惊人的素食又让他们成为这里的回头客（推荐咖喱豆腐）。这里独一无二的风格，会让你快乐无比。

Tokyo Noodle Shop & Sushi Bar面条和寿司店（见576页地图；☎780-430-0838；10736 Whyte Ave；主菜$7.25起；⌚周一至周四11:30am～9:30pm，周五和周六至10:30pm，周日正午～9pm）可口的寿司和面条，再佐以加仑汁。简单的装饰和谦逊的员工让这里成为很好的就餐放松地。没有任何奇异之处，而这也正是其特色之处。

Upper Crust Café小餐馆（见573页地图；☎780-433-0810；10909 86th Ave；主菜$8～16；⌚周一至周五11am～9pm，周六9am～9pm）这家提供一流海味的隐蔽街坊明珠，就在一座毫无特色、外表破旧不堪的公寓大楼前。务必要尝尝美味的特价私房菜，就是你希望妈妈做的那种味道。

我们的选择 Da-De-O餐馆（见576页地图；☎780-433-0930；10548A Whyte Ave；主菜$10～16；⌚周一，周二和周四至周六11:30am～11pm，周日正午～10pm，周三休业）棋盘式的地板、20世纪50年代的小间以及发源于河上的曲调，有点像是The Big Easy酒吧，是最好的法式餐馆。坐在餐桌旁大快朵颐什锦菜肴。这是加拿大Bourbon St街的一处小小的景致。继续享受美食，你知道你想要的是什么。

Yianni's希腊餐厅（见576页地图；☎780-433-6768；10444 Whyte Ave；主菜$15～27；⌚11:30am～10pm）这是一家很棒的传统希腊餐厅，刚好位于怀特大道上。大大的窗户朝向大街，是观察外面世界的好位置，而餐厅提供的两种不同层次的价位，会让你感到加倍愉快——爽！

高级

Madison's Grill餐馆（见575页地图；☎780-401-2222；10053 Jasper Ave；主菜$26起；⌚周一至周四8am～10pm，周五和周六至11pm，周日至8pm）坐落在Union Bank Inn旅店内，同样令人惊奇的服务和质量标准，这里的厨师用独到的烹饪才能为你准备精致的肉类菜肴和海味。雅致的餐厅、顶级的服务和合乎标准的酒水，一切皆如你所愿。

La Ronde（见575页地图；☎780-425-6564；10111 Bellamy Hill；主菜$26起；⌚周一至周六5:30～10:30pm，周日早午餐10am～2pm）作为旋转餐厅，这家餐厅旋转得相当缓慢，却很不错。优美的风景，在Crowne Plaza hotel之上的浪漫位置，为你的旅途增添了一次奇妙的经历，但卓越的烹饪才是这里真正的特色之处。

Characters酒馆（见575页地图；☎780-421-4100；10257 105th St；主菜$27起；⌚周一至周六11:30am～2pm和5:30～10:30pm）与所有的好酒馆一样，这里的菜单只有薄薄的一张纸，但酒水单却多达20页。由于美味的食物和宽敞的地板设计，这个备受赞誉的酒馆已经不再满足于获得街头信誉。

Hardware Grill餐馆（见575页地图；☎780-423-0969；9698 Jasper Ave；主菜$28～45；⌚周一至周六5pm～深夜）如果你想要留下印象深刻的记忆，就去这片高档的绿洲。坐落在小镇的边缘，这个前身为五金商店的餐厅已经成为埃德蒙顿无可争议的餐厅之王。以郊区酒水单和简直是鼓舞人心的菜单为特色，同时主推野味和无国界料理，这样的就餐体验会让你永生难忘。赶紧动身吧——在其他地方，你是找不到这样的机会的。

饮品

无论是带有波希米亚风格的怀特大道，还是位于市区、聚有众多有市中心风味酒吧的贾斯珀大道，夜生活都是丰富多彩、有趣而又有活力，深受当地人欢迎。

The Bank Ultra Lounge酒吧（见575页地图；☎780-420-9098；10765 Jasper Ave）这家之前作为银行的酒吧洋溢着时尚的气息，怎么新潮怎么来。中央的酒吧间为都市型男们提供鸡尾酒，他们因喜欢工作后喝酒而聚集在这儿。顺着梯子缓缓来到下面黑暗的地下室中，藏匿于黑暗中的酒吧却是另一番氛围，而阴暗的小间是让人们进一步加强了解的好地方。

Black Dog Freehouse酒馆（见576页地图；☎780-439-1089；10425 Whyte Ave）这里是当地人最喜欢的地方，拥挤、喧哗而又很酷。好听的音乐和有趣的气氛是这里的商标。如果你偶然感到寒冷，屋顶露台上有加热器，或是重新加入跳动中的人群之中。这家狭长酒吧是你舞动身体、大喝一顿和结识当地人的好去处。

Devlin's Martini Lounge马丁尼会所（见576页地图；☎780-437-7489；10507 Whyte Ave）不管你是有抱负的“007”，还是只喜欢果味鸡尾酒，这家马提尼酒吧一定会给你想要的东西。作为怀特大道更为精致的酒吧之一，这里是你像“007”所说“用摇的，不要搅的”的很棒地方。

O'Byrne's酒馆（见576页地图；☎780-414-6766；10616 Whyte Ave）在这家大受欢迎的爱尔兰酒吧中，你会在房间的迷宫里失去方向。现场音乐的不断变换让这里充满了跃动感。楼上还有舒适的座椅，同时提供很可口的食物。

Pub 1905 酒吧（见575页地图；☎780-428-4711；10525 Jasper Ave）这里没有任何奇特之处，只是地理位置极佳，感觉很酷。这家酒吧在当地很受欢迎，偶尔会有欢乐时光，而大量的电视机使得酒吧成为收看油人队比赛的选择之地。

娱乐

《观看》(*See*) 和《观点》(*Vue*) 是两份免费的周报，提供大量的艺术娱乐活动信息。要了解当天的信息，请翻阅《埃德蒙顿日报》(*Edmonton Journal*) 的娱乐版。

现场音乐和夜总会

对于热衷俱乐部的人而言，怀特大街和老斯特拉斯空纳正是要去的地方。

Blues on Whyte 布鲁斯音乐厅（见576页地图；☎780-439-3981；10329 Whyte Ave）妈妈是绝不会让你来这里的：肮脏、粗野又很酷。这是能听到一些现场音乐的好地方，布鲁斯和摇滚是这的标准音乐。小型的舞池也很适于快速摇滚。这里永远是快乐时光——只是千万别告诉你妈妈。

Halo夜总会（见575页地图；☎780-423-4256；10538 Jasper Ave）这家位于底楼的夜总会也许有点难找，但在周五晚上就会有一队新潮人士给你领路。这里的音乐很适合跳舞，从昏昏欲睡的音乐到非主流摇滚，都在这里的菜单之上。

New City Suburbs 夜总会（见575页地图；☎780-429-2582；www.newcitycompound.com；10081 Jasper Ave）这家夜总会坐落于一座老剧院里，是欣赏现场摇滚乐的很棒地方。这里经常有现场表演、喜剧之夜和主题之夜，在大学生中很受欢迎。

电影

Princess Theatre影院（见576页地图；☎780-433-0728；10337 Whyte Ave；门票 周一和周末日场演出$5，其他时间 成人/学生和儿童 $8/6）The Princess是豪华、古老的传统剧院，如今占主导地位的是内有购物商场的电影城，这类剧院已经遭到淘汰。首轮上映的表演、艺术片和崇拜古典之作，这里成为更文雅的一代人的电影院。

同性恋场所

Buddy's Nite Club 夜总会（见573页地图；☎780-421-0992；11725B Jasper Ave）这儿是男同性恋场所！常有娱乐现场秀。

Roost 栖巢乐场（见575页地图；☎780-426-3150；10345 104th St）既接待男同性恋者，也接待女同性恋者，有各类音乐表演。

戏剧

埃德蒙顿推出一份很满的表演艺术日程表。

Citadel Theatre剧院（见575页地图；☎780-425-1820；www.citadeltheatre.com；9828 101A Ave；门票$43起；🕑9月到次年5月）由埃德蒙顿一流的公司呈现当代、经典现场剧院。

New Varscona Theatre剧院（见576页地图；☎780-433-3399；www.varsconatheatre.com；10329 83rd Ave；门票 $10起）位于街边偏僻处，这家剧院推出来自斯特拉斯空纳总部基地的边缘戏剧。

朱庇利表演场馆（Jubilee Auditorium，见573页地图；☎780-727-2760；1455 87th Ave）是**埃德蒙顿歌剧团**（Edmonton Opera；☎780-424-4040；www.edmontonopera.com；门票 $24起；🕑10月到次年4月）的表演场所。这座很棒的剧院也举办各类现场表演。

体育

埃德蒙顿油人队（The Edmonton Oilers；☎780-414-4625；www.edmontonoilers.com；票价 $24起）是当地的加拿大国家冰球联会成员 (National Hockey League，简称 NHL)——比赛季从10月一直持续到次年4月。比赛在**斯盖里奇中心**（Skyreach Centre；见573页地图；7424 118th Ave NW）进行，这儿曾是昵称为"The Great One"的韦恩·格雷茨基(Wayne Gretzky，为北美冰球界的传奇人物——译注）先生成名之地。

埃德蒙顿爱斯基摩人队（Edmonton Eskimos；☎780-448-3757；www.esks.com；成人/儿童 $28/15.50起）参加联盟制橄榄球赛(CFL)，比赛时间7月到10月，比赛场地在**福利体育馆**（Commonwealth Stadium；见573页地图；11000 Stadium Rd）。

购物

老斯特拉斯空纳是搜寻特色商店最佳场所。如果你要寻找较熟悉的品牌，请前往西埃德蒙顿购物中心（见574页）。

Old Strathcona Farmers' Market 农贸市场（见576页地图；☎780-439-1844；10310 83rd Ave，103rd St；🕑7月和8月 周六 8am ~ 3pm，周二 正午 ~ 5pm）这个不容错过的室内集市包罗万象，出售无公害食物、艺术品和手工制品，云集130家商铺。星期六早上所有人都来这里——它真的是一幅生动的市井图景。

Polly Magoos商店（见576页地图；☎780-434-4020；10818 Whyte Ave）这个很棒又带点波希米亚风格的商店几乎是应有尽有。日本清酒酒具、佛珠和流行饰物都可从中窥见这家商店的一斑。

Old Strathcona Antique Mall古玩购物中心（见573页地图；☎780-433-0398；7614 103rd St）古董狂热迷们可以逛遍这处200多家商铺搭建成的2.2

万平方英尺的大卖场，在这里尽兴淘宝吧。

The Urban Dog狗宠物店（见576页地图；☎780-434-3044；www.theurbandog.ca；10812 Whyte Ave）对于狗和狗的主人来说，这里的冬天很冷，你是不会让你的爱犬穿着过时的衣服出去的，不是吗？这里就为你的犬朋友提供了顶级时尚的服装——很有趣、非常搞笑、非常夸张。

到达和离开

飞机

埃德蒙顿国际机场（见573页图中箭头所示；代码YEG；☎780-890-8382，800-268-7134；www.edmontonairports.com）沿卡尔加里小路在城市南边大约300公里处，从市中心行驶45分钟即到。

公共汽车

大型**公共汽车站**（见575页地图；☎780-413-8747；10324 103rd St）设加拿大灰狗客运服务，开往诸多目的地，包括贾斯珀（$57，5小时，一天4班）和卡尔加里（$46，3.5小时起，一天11班）。了解前往加拿大其他各省的公共汽车更多信息，见571页。

Red Arrow公司（见575页地图；☎780-425-0820）的公共汽车设在Holiday Inn Express hotel酒店（10010 104th St）停靠，开往卡尔加里（$60，3个半小时起，一天至少4班）。汽车有一级踏板、手提电脑接口、皮革座椅以及适合高个家伙的更多伸腿空间。

小汽车

所有主要的租车公司（见846页）在机场和市内各地设有办事处。**Driving Force公司**（见573页图中箭头所示；☎780-483-9559；www.thedrivingforce.com；11025-184 St），提供汽车租赁或销售服务。请登录网站；经常会有优惠。

火车

小型的**VIA Rail火车站**（见573页地图；☎888-842-7245；www.viarail.ca；12360 121st St）在埃德蒙顿城中心机场的西边。"加拿大人"号列车客运，每周3班向东开往萨斯卡通、温尼伯和多伦多，向西开往贾斯珀、坎卢普和温哥华。在贾斯珀，你可以前往乔治王子和鲁珀特王子。VIA Rail客运票价常常变动，务必提前确定。

四处走走

抵离机场

遗憾的是，城市公共汽车并不总会开至机场，因此你最好的选择是乘坐机场短途穿梭客车**Sky Shuttle Airport Service**（☎780-465-8515，888-438-2342；成人/儿童 $15/7）。在三条线路上运营，服务市中心酒店一带和斯特拉斯空纳。

出租车从机场到市中心花费大约$48。

小汽车和摩托车

全市泊车按时计价。如果你在老斯特拉斯空纳逗留，大多数酒店为住客提供免费泊车的服务。游客可以将他们的车停放一整天，步行游览这个地方，埃德蒙顿也有不少公共停车场，计费为每天大约$12，每半小时$1.5；下午6点后，你可以按大约$2的统一收费标准泊车。

公共交通

城市公共汽车和一条10站有轨电车——**轻轨客运**（LRT Light Rail Transit）——覆盖全市。车票成人/儿童$2.50/2.25(1日通票$7.50)。公共汽车上午5点半起到次日凌晨1点半，每30分钟1班。登录www.edmonton.ca，查询极佳的换乘规划资源信息。白天，在Churchill Station车站和Grandin Stations车站间搭乘轻轨电车免费。

5月中旬到10月上旬间，你可以乘电车（往返$3，11am到10pm间每30分钟1班）穿越海莱维尔桥（High Level Bridge）。这些旧式电车是前往老斯特拉斯空纳市场（Old Strathcona Market；103rd St和94th Ave拐角）的不错方式，车会在那儿停靠。或者从老斯特拉斯空纳到市中心站，靠近Grandin LRT Station轻轨车站（在98th Ave和99th Ave大道之间的109th St街）。

出租车

有很多出租车公司，其中的两家公司是**Yellow Cab公司**（☎780-462-3456）和**Alberta Co-Op Taxi公司**（☎780-425-2525）。从市中心到西埃商场的计价大约$25。起步价为$3.60，而后每150米计价$0.20。

埃德蒙顿周边地区 (AROUND EDMONTON)

埃德蒙顿以东(East of Edmonton)

当埃德蒙顿人想脱离这一切而回归大自然时，**埃尔克岛国家公园**（Elk Island National Park；☎780-922-5790；www.pc.gc.ca/pn-np/ab/elkisland；成人/6～16岁/老人 $6.90/3.45/5.90；⏲清晨至黄昏）经常是他们的停靠之处。这座占地194平方公里的公园有丰富的自然野生生物，比如麋鹿、平原美洲野牛以及一群受困的森林野牛。这座公园地处耶洛海德公路（Yellowhead Hwy，即Hwy 16）旁，埃德蒙顿以东45公里处，很适合周末大逃离，也就是说**宿营地**（帐篷和娱乐车营地 $25，篝火许可证 $8）非常受人们的欢迎。公园的一些宿营地从10月初一直营业到次年5月。

在这儿，也有很多锻炼机会：夏天，可以远足、划独木舟和骑自行车兜风；冬天呢，在雪花飘舞之后，可以进行雪鞋徒步和越野滑冰。当你到达的时候，别忘了去门口的游客中心，了解在这座公园活动所需要掌握的所有信息。

乌克兰文化历史村落（The Ukrainian Cultural Heritage Village；☎780-662-3640；8820 112th St；成人/7～17岁/老人 $8/4/7；⏰5月中到9月初 10am～6pm，9月初到10月中周六和周日 10am～6pm）Hwy 16公路旁（埃尔克岛国家公园以东3公里），埃德蒙顿以东50公里处，完全复制了世纪之交时的一座乌克兰小镇，向19世纪晚期和20世纪初期来到加拿大的25万乌克兰移民表达敬意，他们中的很多人都定居在艾伯塔，因为这里的风景让他们想起故乡那覆雪的干草平原。展品中有十多处建筑物，包括一处翻新的拓荒者住所和一座显眼的乌克兰希腊东正教教堂。身穿过去服装的工作人员也与这里的氛围相符，为今天增添了一丝写实主义和乐趣。

埃德蒙顿以南(South of Edmonton)

Hwy 2公路在埃德蒙顿和卡尔加里之间的半道上坐落着的是**雷德迪尔**(Red Deer)这个成长中的社区继承了农业传统，因临近两大主要中心而获益颇丰。除了在旅游旺季是旅行者的休息站外，其他方面都不行，几乎看不见旅行者。

雷德迪尔到两座城市都需大约1个半小时路程，住宿既不那么紧张，也不那么昂贵。想了解更多信息，请咨询**雷德迪尔游客和习俗局**（Red Deer Visitor & Convention Bureau；☎403-346-0180，800-215-8946；www.tourismreddeer.net；30 Riverview Park），或者开车驶过这座城市——你可以选一处连锁酒店下榻。

埃德蒙顿以西

从埃德蒙顿以西前往贾斯珀，Hwy 16公路一路相当恢弘起伏，穿越绵延的山脉，丛林密布，秋季尤其绚丽。沿途有酒店。

欣顿(Hinton)是一座很大众化的小镇，周围是灌木丛。遍及小镇的采伐业让镇上的大多数人得以工作，获取报酬。这里有一些很不错的山地自行车车道，到信息中心获取更多的车道信息。如果地上有积雪，**阿萨巴斯卡瞭望中心**(Athabasca Lookout Nordic Centre)为冬季游人提供总计25公里长漂亮整洁的滑雪路径，还拥有1.5公里长带照明灯的夜间滑雪道，外加一条1公里长的长雪橇滑道。更多信息，请咨询**欣顿游客信息中心**（Hinton Tourist Information Centre；☎780-865-2777；Hwy 16附近）。

小的居民区**格兰德卡切**(Grande Cache)位于欣顿的正北方。这座小小的工业城镇毫无吸引人的地方，只有一些专门瞄准那些挥霍自然资源的工人的报销单而定价太高的旅馆。但是，欣顿和格兰德卡切之间的Hwy 40公路上的驱车旅行却非常引人入胜，随着车的行使，郁郁葱葱的小丘、美丽的湖泊以及无数的野生动物——从眼前驶过。

卡尔加里(CALGARY)

人口 1 020 000

1个世纪以前，卡尔加里还是安静的小镇，有着西部荒原的血统和乡村田园的根源。这个小镇发展到今天，昔日的"牛仔城"已经变成新西部的中心。卡尔加里位于小丘的边缘处，山景和平地相连。它已是加拿大发展最快的城市之一。

农场主和农场工人支配这个城市的时代已经远去，随着商业的蓬勃发展，取而代之的是一群石油和天然气行业的白领。荒谬的是，卡尔加里在坚持传统的同时，仍然享受着经济发展所带来的好处。从法拉利或悍马中走出头戴斯泰森毡帽、身穿 Wrangler 牛仔服的牛仔，这是司空见惯的。

夏天会举行卡尔加里牛仔节（见583框内文字），从1988年冬季奥运会开始，就有一些地方必须去瞧瞧，不断增加的艺术品、美味的佳肴和俱乐部，青春活力在全市流动，让人们异常激动。正如俗话常说的那样，这里是你双脚所踏入的最有趣的地方。

历史

卡尔加里从简陋的小镇发展成了世界性的现代城市。在那之前，"黑脚族"族人(Blackfoot people)几个世纪来都将这个地区称为自己的家乡，但最终他们加入位于鲍河(Bow River)和埃尔博河(Elbow River)的萨尔西人(Sarcee)和斯通尼人(Stoney)部落当中。

随着19世纪70年代的逝去，继苏格兰玛尔岛(Isle of Mull)的卡尔加里湾之后，西北皇家骑警又在此修建了一所驿站，并称其为卡尔加里堡垒。多年以后，在免费土地政策的激励下，铁路通到了这里，而移民者们也开始向西行进，并在卡尔加里安家落户。

长期作为畜牧中心，这个城市注定要永远与牛仔文化缠绕在一起。20世纪初期，卡尔加里发展缓慢。但到了60年代，一切都改变了。一夜之间，畜牧业成了过去式，而石油产业成了人们的新宠儿。随着"黑金"从艾伯塔的每一处地下汩汩涌出，卡尔加里也迅速成为石油公司总部的必然选择之地。

人口急剧扩张，城市开始以惊人的速度发展。随着石油价格持续走高，牛仔城的人们也迎来了

这并不是他们的第一个牛仔节

1912年，牛仔盖伊·韦迪克(Guy Weadick)决定在卡尔加里办一个小型的牧马技术表演。持续了将近100年的**卡尔加里牛仔节**（Calgary Stampede；☎403-261-0101，800-661-1260；www.calgarystampede.com；门票$24起；⏲7月第二个周末）被认为是世界上最棒的户外表演；不仅仅是留下了牛仔们的靴子印。每年夏天，卡尔加里人将其内部的牛仔聚集在一起庆祝西部的一切。每天都有骑野马、搏牛、绕桶赛马，当然还有骑野牛表演。晚上，还有大看台表演，是一种安静的家庭喜剧——认为是在主要宿营地上的维加斯表演。晚上的表演开始之前是曾经非常流行的篷车赛马比赛，由4匹受过严格训练的马在车辙周围拖拽大篷马车(见589页框内文字)。

在牛仔节上，不仅仅有竞技表演：大型的骑队和游戏列阵会比在娱乐场能更快地花掉父母钱包里的现金。市民在一年中最兴奋的时候是去卡尔加里的黄金时间——享受动感音乐、牛仔节早餐以及渗透到城市中的热闹的派对气氛。在一年一度的盛会期间住宿比较紧张；最好是预订，这样你才不会和马睡在一起。

自己的好时光。70年代的经济激增到80年代中期就停滞了。城市发展开始缓慢地朝多样化发展。

到了21世纪，出现了更胜之前的繁荣。房价已经高于历史最高点，失业率几乎为零，而城市的经济增长速度超出加拿大其他地方的40%。也许，一群牛仔也并不是什么坏事。

方位

卡尔加里坐落在平原之上，位于向西构成落基山脉的丘陵的边缘。这个城市修建在鲍河和埃尔博河的河岸之上，这两条清澈的河在市中心处交汇。一旦你摸清了卡尔加里的概况，在城里四处走动就变得很简单。因为市里的大多数街道，尤其是市中心的街道，都是以数字来命名的，要找到自己想找的路就易如反掌了。

地理上，卡尔加里分为四个扇形区：西北区(NW)、东北区(NE)、东南区(SE)和西南区(SW)。地址中总是会出现这些缩写符号。千万要记住这一点，街道和大街是从市中心开始往上数的。也就是说，同时存在两条第1大街，分别是西南第1大街和东南第1大街。

跨加拿大公路(Trans-Canada Hwy，Hwy 1公路)从东往西横贯卡尔加里，形成了北16大道。Hwy 2公路则沿着卡尔加里最大的高速公路鹿蹄径(Deerfoot Trail)从北往南纵贯该市。进入市区的主干线包括南部的McLeod Trail小路，成了中央大街，然后继续向北。西面，Memorial Dr车道穿过动物园，在进入埃德蒙顿径(Edmonton Trail)并继续东行之前，切断了市区的正北部。

市中心处于鲍河的南部，范围是从西南1大道到西南17大道，从西南8街到东南4街。在市中心处，有一条封闭的步行道链条，被称为Plus 15系统（增高15系统）。因为所有这些步行道都高出地面15英尺，很适合躲避寒冷，但呼吸不到新鲜空气。

市区是很值得游玩的地方，著名的景点包括正位于鲍河北面的肯辛顿、西南8大道商业街(8th Ave SW Mall)，即斯蒂芬大道步行街，以及时尚都市文化的聚集地西南17大道(17th Ave SW)和西南4大街(4th St SW)。坐落在西南3大街北端的王子岛公园(Prince's Island Park)，呈现给你一片公园生活；而位于东南8大道(8th Ave SE)和McLeod Trail小路拐角处的奥林匹克广场(Olympic Plaza)，则是广受人们欢迎的聚集地。在市区的东边的英格尔伍德(Inglewood)，靠近市中心南端的4th St-Mission行政区(4th St-Mission District)则是两个更为有趣的小区，值得一游。

C-Train轻铁沿着西南7大道(7th Ave SW)成东西曲线，穿过市区中心，从北往南行使，接着分成两条路线，一条开往该市的西北角，另一条则是东北角。

实用信息

书店

Map Town书店（☎403-266-2241；400 5th Ave SW；⏲周一至周五 8am~6pm，周六 10am~5pm）提供不错的旅游指南手册和地图精选。

McNally Robinson 书店（☎403-538-1797；120 8th Ave SW；⏲周一至周三 9:30am ~ 7pm，周四至周六 至 9pm，周日 11am ~ 6pm）是那种你可以整天沉迷其中的书店之一，还有很棒的咖啡。

紧急求助

匪警、救护和火警（☎911）

警事热线（☎403-266-1234）处理非紧急警事。

上网

Hard Disk Café网吧（☎403-261-5686；638 11th Ave

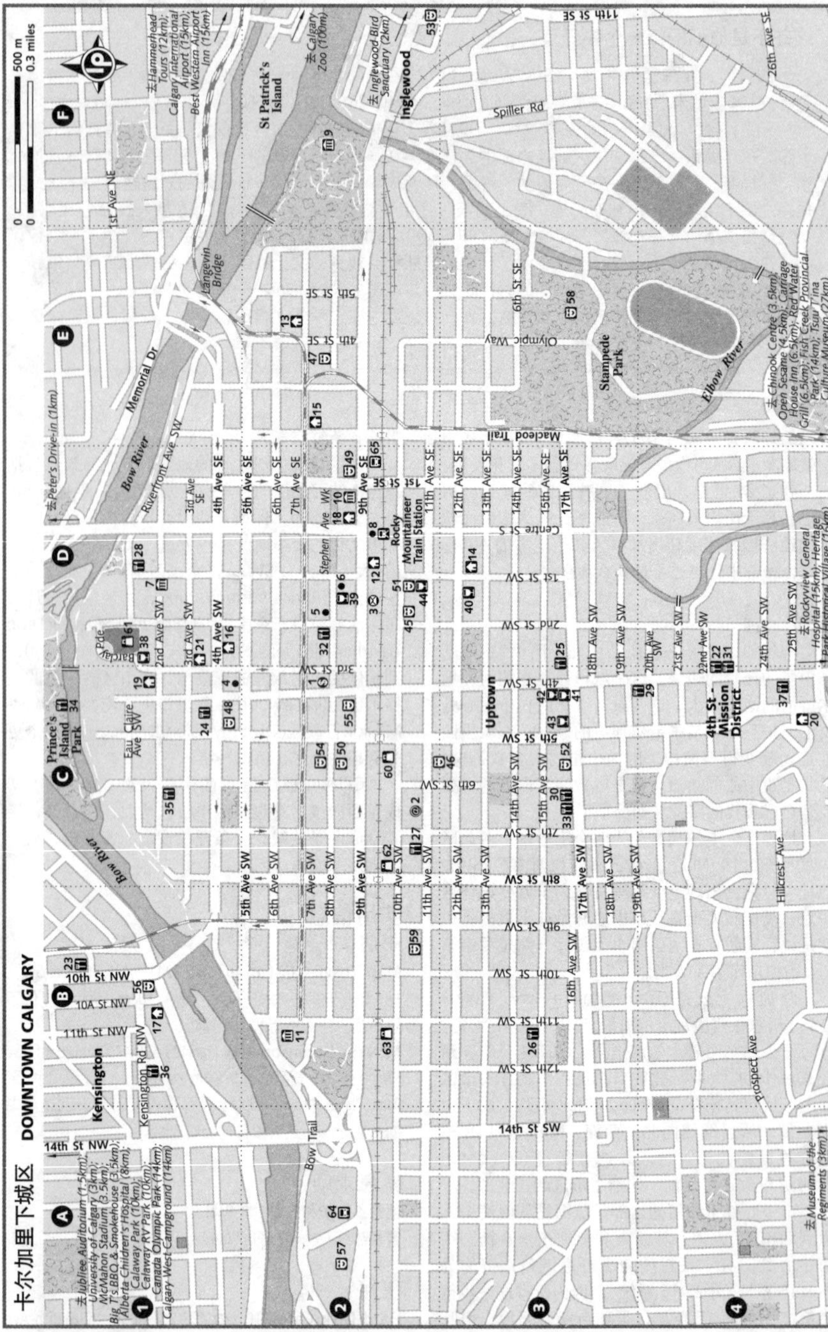
卡尔加里下城区
DOWNTOWN CALGARY
500 m
0.3 miles
去Jubilee Auditorium (1.5km); University of Calgary (3km); McMahon Stadium (3.5km); Big T's BBQ & Smokehouse (3.5km); Alberta Children's Hospital (8km); Calaway Park (10km); Calaway RV Park (10km); Canada Olympic Park (14km); Calgary West Campground (14km)
去Peter's Drive-in (1km)
去Hammerhead Tours (12km); Calgary International Airport (15km); Best Western Airport Inn (15km)
去Calgary Zoo (100m)
去Inglewood Bird Sanctuary (2km)
去Chinook Centre (3.5km); Open Sesame (4.5km); Carriage House Inn (6.5km); Red Water Grill (6.5km); Fish Creek Provincial Park (14km); Tsuu T'ina Culture Museum (27km)
去Rockyview General Hospital (15km); Heritage Park Historical Village (16km)
去Museum of the Regiments (3km)
Kensington
Prince's Island Park
St Patrick's Island
Inglewood
Uptown
4th St - Mission District
Stampede Park
Rocky Mountaineer Train Station
Bow River
Elbow River
Langevin Bridge
Memorial Dr
Riverfront Ave SW
Bow Trail
Macleod Trail
Olympic Way
Spiller Rd
Stephen Ave Wk
Barclay Pde
Eau Claire Ave SW
Kensington Rd NW
Prospect Ave
Hillcrest Ave
14th St NW
11th St NW
10A St NW
10th St NW
1st Ave NE
2nd Ave SW
3rd Ave SW
3rd Ave SE
4th Ave SW
4th Ave SE
5th Ave SW
5th Ave SE
6th Ave SW
6th Ave SE
7th Ave SW
7th Ave SE
8th Ave SW
9th Ave SW
9th Ave SE
10th Ave SW
11th Ave SW
11th Ave SE
12th Ave SW
12th Ave SE
13th Ave SW
13th Ave SE
14th Ave SW
14th Ave SE
15th Ave SW
15th Ave SE
16th Ave SW
17th Ave SW
17th Ave SE
18th Ave SW
19th Ave SW
20th Ave SW
21st Ave SW
22nd Ave SW
24th Ave SW
25th Ave SW
26th Ave SE
1st St SE
1st St SW
2nd St SW
3rd St SW
4th St SW
4th St SE
5th St SW
5th St SE
6th St SW
6th St SE
7th St SW
8th St SW
9th St SW
10th St SW
11th St SW
11th St SE
12th St SW
14th St SW
Centre St S

艾伯塔

实用信息
Calforex......1 C2
Hard Disk Café网吧......2 C2
邮政总局......3 D2
地图旅游书店......4 C1
McNally Robinson书店......5 D2
卡尔加里旅游局......(见 8)

景点和活动
卡尔加里美术馆......6 D2
卡尔加里中国文化中心......7 D1
卡尔加里公园娱乐部办事处......(见 49)
卡尔加里电视塔......8 D2
卡尔加里堡历史公园......9 F2
葛伦宝博物馆......10 D2
泰勒斯科学世界......11 B2

住宿
Fairmont Palliser酒店......12 D2
卡尔加里国际青年旅舍......13 E2
Hotel Arts酒店......14 D3
Hyatt Regency酒店......15 E2
International Hotel酒店......16 D1
Kensington Riverside Inn酒店......17 B1
Marriott酒店......18 D2
Sheraton Suites Calgary Eau Claire酒店 19 C1
Twin Gables B&B旅馆......20 C4
Westin酒店......21 D1

就餐
Antonio's Garlic Clove餐馆......22 C4
Broken Plate餐馆......23 B1
Caesar's Steak House牛肉馆......24 C1
Cilantro餐馆......25 D3
Galaxie Diner餐馆......26 B3
The King and I餐馆......27 C2
Koi餐馆......28 D1
Le Chien Chaud餐馆......29 C3
Melrose Café & Bar咖啡和酒吧......30 C3
Mercato餐馆......31 C4
Metropolitan Grill烧烤店......32 D2
Nellie's Kitchen餐馆......33 C3
River Café餐馆......34 C1
Sahara餐馆......35 C1
寿司店......36 B1
Wildwood Grill烧烤店......37 C4

饮品
Barley Mill酒吧......38 D1
Flames Central酒吧......39 D2
Hop and Brew酒吧......40 D3
Ming会所......41 C3
Rose & Crown酒吧......42 C3
Ship & Anchor酒吧......43 C3
Vicious Circle酒吧......44 D2

娱乐
Back Lot酒吧......45 D2
Broken City俱乐部......46 C2
Calgary Eagle酒吧......47 E2
Cowboys俱乐部......48 C1
埃普考表演艺术中心......49 D2
Globe Cinema全球影院......50 C2
HiFi Club夜总会......51 D2
Kaos音乐坊......52 C3
路斯穆司剧团......53 F2
Marquee Room音乐屋......54 C2
Mynt俱乐部......55 C2
Plaza Theatre影院......56 B1
Pumphouse Theatres剧院......57 A2
Saddledome体育馆......58 E3
Twisted Element俱乐部......59 B2

购物
Alberta Boot Co靴业公司......60 C2
Eau Claire Market市场......61 D1
Mountain Equipment Co-Op商店......62 C2
Smithbilt Hats帽子店......63 B2

交通
灰狗汽车......64 A2
Red Arrow公司......65 D2

SW；每小时 $5；周一至周四 7am～7pm，周五至9pm）

医疗服务

艾伯塔儿童医院（☎403-955-7211；2888 Shaganappi Trail NW）急诊室 24 小时营业。

Rockyview综合医院（Rockyview General Hospital；☎403-943-3000；7007 14th St SW）急诊室 24 小时营业。

货币兑换

市区几乎每个角落里都有银行，如果没找到的话，可以看看 17th Ave 大道或 Stephen Ave Walk 步行街。很多银行分支机构在星期六也营业，而银行的 ATM 机全天候提供服务。

Calforex（☎403-290-0330；304 8th Ave SW）兑换业务。

邮局

邮政总局（☎403-974-2078；207 9th Ave SW）

旅游信息

卡尔加里旅游局（☎403-263-8510，800-661-1678；www.tourismcalgary.com；101 9th Ave SW；8am～5pm）在卡尔加里电视塔（Calgary Tower）下面开设了一个游客中心。这里的工作人员会帮助你预订酒店。机场到达区和离港区亦设有信息咨询亭。

景点

葛伦宝博物馆 (Glenbow Museum)

在市中心中央部位，可以找找这家很棒的**博物馆**（☎403-777-5506；www.glenbow.org；130 9th Ave SE；成人/学生和青年/老人 $14/9/10；周五至周三 9am～5pm，周四 至 9pm）。葛伦宝是世界著名的博物馆，在这里你可以了解到艾伯塔和卡尔加里近来以及更古老的历史。大厅和陈列室中摆满了当代的艺术品和令人印象深刻的几个世纪前的古器物。这里的收藏品种类繁多，保存时间长久，还有大量丰富多彩的巡回展览会，历史迷、艺术爱好者和流行文化的狂热者总能在这儿找到自己的乐趣。

卡尔加里堡历史公园 (Fort Calgary Historic Park)

1875 年，卡尔加里诞生于**卡尔加里堡**（☎403-290-1875；www.fortcalgary.com；750 9th Ave SE；成人/儿童/老人 $10.50/6.50/9.50；9am ～ 5pm）。要是首先以卡尔加里城堡为家的西北骑警能看到它现在的样子，该多好啊。幸运的是，他们原先的成果已经得到修复，现在仍可看见他们当时生活的情形。在那儿，你可以走过保存完好的房屋，可以享受到扮成加拿大骑警的机会，甚至可以体验被关进监狱的滋味。

卡尔加里动物园(Calgary Zoo)

来自世界各地 900 多种动物，很多生活在原生态模拟环境里，使得这座**动物园**（☎403-232-9300，800-588-9993；www.calgaryzoo.ab.ca；1300 Zoo Rd NE；成人/儿童/老人 $18/10/16；9am ～ 6pm）成为卡尔加里最火热的景点之一。除了这些动物，动物园有一植物园，有变换的园林展，一热带雨林，一不错的蝴蝶化石展和自然环境的仿真恐龙造型。野炊区分布在动物园，就地有一间咖啡屋。冬天，当你和动物都不想户外活动时，门票有优惠。要到这儿，乘 C-Train 列车到动物园站下。

遗产公园历史古村 (Heritage Park Historical Village)

想看看卡尔加里在过去是什么样子的吗？那就去有悠久历史的**公园**（☎403-259-1900；www.heritagepark.ab.ca；1900 Heritage Dr SW at 14th St SW；成人/儿童 $14/9，乘坐火车或游船 每人 加收 $3；⏲5月中到9月初 9am ~ 5pm，9月初到10月中 周六和周日 9am ~ 5pm）转转。根据有关政策，古村内的所有建筑都是1915年或更早之前的，与现代化的卡尔加里形成了鲜明对比。那里有10公顷的再造城镇被开发成一座城堡、一座谷物磨房、一座教堂、学校和其他设施。你可以登上蒸汽火车，赶上手推车，甚至可以跳上 SS *Moyie* 明轮船，随着它在格伦莫尔水库 (Glenmore Reservoir) 航游。遗产公园 (Heritage Park) 一直是小孩子们钟爱的乐园，也是了解西方文化的好地方。目前主要扩建的研究正在进行中，可能还会有许多新的老东西与我们见面。

要前往古村，请乘 C-Train 列车到 Heritage 站，然后转乘 20 路公共汽车。

英格尔伍德鸟类保护区 (Inglewood Bird Sanctuary)

随着人群来到这儿，在**自然保护区**（☎403-268-2489；2425 9th Ave SE；免费入内；⏲黎明至黄昏）找找一些有趣的家伙。在这个禁猎区内，260多种鸟类在此安家，因此，你肯定可以看到一些有羽毛的朋友。这里安静和平，你可以在走道上、长椅上观察着这里的居民。这儿有一处小型的**讲解中心**（免费入内，欢迎捐赠；⏲5月到10月 10am ~ 5pm，11月至次年4月周二至周日 至 4pm）向你提供一些鸟类的信息，还有大受年轻人喜爱的展览。

卡尔加里中国文化中心 (Calgary Chinese Cultural Centre)

在这座令人印象深刻的标志性**建筑**（☎403-262-5071；197 1st St SW；免费入内；⏲9am ~ 9pm）里，你会发现一座华丽的圆顶，有21米高，精心绘制着561条龙和其他画像。这座中心是1993年由一批中国的能工巧匠建造而成。它的设计灵感来自于北京天坛。第二层和第三层经常举办各种艺术文化展。楼下，一座**博物馆**（成人/老人和儿童 $2/1；⏲11am ~ 5pm），展出中国绘画和物品，包括复制的兵马俑。

王子岛公园(Prince's Island Park)

牛仔城中心中央公园的一角，大桥越过小河到达这座小岛上，这里有用来丢掷飞盘的绿地、自行车道和大量可以自由舒展的空间。夏天，你可以坐在公园天然的草地上欣赏莎士比亚的作品。到河边时，你得小心点，河水不仅凉也很急，在河边看书不太合适。市中心通向小岛的桥梁位于 3rd St SW 西街北边的街尾，在 Eau Claire Market 市场购物区附近。

菲什小溪公园 (Fish Creek Provincial Park)

孕育着卡尔加里的西南端，这座巨大的**公园**（☎403-297-5293；免费入内；⏲8am ~黄昏）是野生生物们躲避城市的避难所。数不尽的小道互相交织，构成了一个迷宫，这让徒步者、山地车手以及以此为家的动物们感到非常开心。几年前，这个公园遭遇了严重的洪水灾害，许多大桥都被冲毁，很多地方的地貌都受到了严重影响。在该市和自然母亲的帮助下，公园开始恢复正常。进园的入口处很多，公园长20公里，西达 37th St 街，东到鲍河。从市中心出发，请乘坐3路公共汽车，经 Elbow Dr 车道。

卡尔加里电视塔(Calgary Tower)

这座建于1968年的标志性**电视塔**（☎403-266-7171；www.calgarytower.com；101 9th Ave SW；成人/青年/老人 $13/10/11；⏲观景走廊 7am ~ 11pm）是卡尔加里轮廓的标志性建筑，毫不怀疑，这个曾经高傲的混凝土建筑的美学艺术已经进入庸俗文化的领域，但是，无论你是喜欢还是讨厌，这座

储藏室牛仔装

这种濒于灭绝的艾伯特特有装扮大部分时间都隐藏在储藏室后面；但是会在7月又出来。只要牛仔节仍然活跃，它们会被翻出来展示它们的与众不同。这些装扮会在牛仔节的时候又聚集在一起；卡尔加里人在那里通过装点而兴奋起来——他们对此也非常认真。你会希望走进商店、营业厅和餐厅去寻找所有牛仔的服饰。标志就是牛仔帽、头巾、西式衬衫（谁敢说它的领子边缘不酷呢？）、紧身牛仔裤、牛仔靴以及盘子般大小的皮带扣。但是别指望着在休息的马匹上看见——倒是可能会随车辕到来。

高达191米、略似阴茎状的建筑是市区的固定成员。从塔顶眺望，景色极棒，顶部还有一家旋转餐厅，一切景色尽收你的眼底。1988年冬奥会的圣火就是在这个塔顶热烈地燃烧着。

其他博物馆

想看看迷人的当代艺术品，可以驻足**卡尔加里美术馆**（Art Gallery of Calgary；☎403-770-1350；117 8th Ave SW；成人/儿童 $5/2.50；⏲周二至周六10am～5pm）。它的面积较小，展示作品的标准却足以补偿这一点。

要了解卡尔加里居民苏提因纳人（萨尔西人）的历史，可以去**苏提因纳文化博物馆**（Tsuu T'ina Culture Museum；☎403-238-2677；3700 Anderson Rd SW；门票 $3；⏲周一至周五 9am～4pm）。从 MacLeod Trail 小路向南到 Andreson RD，向西转，5公里后就到了这座博物馆。

那些对军事感兴趣的人，会享受**军团博物馆**（Museum of the Regiments；☎403-974-2850；4520 Crowchild Trail SW；成人/学生 $6/3；⏲9:30am～4pm），可以完全了解卡尔加里的军事背景及其在多年来加拿大冲突中所起的作用。顺着 Crowchild Trail 小路通往 Flanders Ave 大街，大概是市中心以南3公里处。

活动

1988年，冬季奥运会首次在加拿大举办。卡尔加里是主办城市，当时许多赛事就是在**加拿大奥林匹克公园**（Canada Olympic Park；☎403-247-5452；www.canadaolympicpark.ca；88 Canada Olympic Rd SW）里进行的。顺着 Hwy1 公路来到卡尔加里的西部，地平线上那引人注目的70米和90米高的滑雪跳台是不应错过的一道景观。**奥林匹克名人堂**（Olympic Hall of Fame；门票 $6；⏲5月到9月 9am～5pm，10月到次年4月 10am～4pm）是必去之处，可以在此了解一些伟大的加拿大运动员以及卡尔加里比赛的故事。还是兴趣盎然的话，你可以自己驾驶**雪橇**（每次 $6），或从滑雪跳台的顶端沿着**飞索**（票价 $49）下来，还可以大玩大半管雪地滑板。冬天，你可以去**滑雪**或**单板**(snowboard)**滑雪**，还有让括约肌高度紧张的滑板滑雪。夏天很适合**山地自行车**（高空缆车一日通票成人/儿童 $21/18）运动，你可以沿着有缆车的小径骑车，一直骑到刹车失灵为止。

带着奥林匹克精神前往卡尔加里大学，在**奥林匹克滑冰场**（☎403-220-7954；http://oval.sunergon.com；滑冰 成人/儿童 $5/3）一试身手。奥林匹克滑冰场过去是速度滑冰的比赛场地，现在它向公众提供长道速滑，还提供冰鞋出租。

城里超过400公里的石板路，让卡尔加里成为自行车手、徒步者和赛跑者心目中的天堂。他们当中有许多人沿河而下，穿过多个市内公园。你可以轻松地从城市的一端来到另一端，而无须担忧一路上的交通状况。要规划路线，花 $1 就可以买到详细的《卡尔加里林荫大道和自行车路线地图》(*Calgary Pathway & Bicycle Route Map*)，在**卡尔加里公园娱乐部办事处**（Calgary Parks & Recreation Department office；☎403-268-3888；3 fl，205 8th Ave SE）和大多数自行车商店都出售。

如果需要租用，则你无须担心，卡尔加里的**户外活动中心**（Outdoor Programs Centre；☎403-220-5038；www.calgaryoutdoorcentre.ca；2500 University Dr NW）拥有顶级的自行车，还有其他你可能会需要的所有东西。

带孩子游卡尔加里

卡尔加里是非常受孩子欢迎的地方，大多数的景点都专门设有一部分供孩子们游玩，这些地方都让孩子们印象深刻。

你会希望科学课程能和**泰勒斯科学世界**（Telus World of Science；☎403-268-8300；www.calgaryscience.ca；701 11th St SW；成人/儿童/家庭 $15/12/49；⏲9:30am～5:30pm）一样有趣。这个好用而又非常互动的科学中心让孩子们激动不已。中心顶部是大大的圆屋顶，专门设计了演示宇宙的光线，还有一大堆有趣的东西等着孩子们去发现。该中心正计划从目前的鲍河位置迁出，因此在出发前最好先打个电话询问。

各个年龄段的儿童会喜欢**卡拉维公园**（Calaway Park；☎403-240-3822；www.calawaypark.com；成人/儿童/家庭 $27/21/70；⏲7月到9月初 10am～7pm，5月下旬到7月 周五 5～9pm，周六和周日 10am～7pm，9月上旬到10月上旬 周六和周日 11am～6pm），加拿大西部最大的户外家庭游乐园，它的突出特点是拥有30条崎岖或平缓的山道、现场舞台娱乐表演、22处小吃摊点、28个不同的嘉年华活动、一处鲑鱼垂钓鱼塘和一处互动式迷宫。要到达这儿，在城市以西沿 Hwy 1 公路前行10公里处。

团队游

市内观光最便宜的方式是沿 6th Ave 大道乘坐10路公共汽车($2.25)。这路公共汽车行驶2.5小时环线，途经新旧街区和市内最火的景点，可观赏到沿途山麓小丘、大学校园和西北区一些富人区市景。

Hammerhead Tours旅行社（☎403-590-6930；119 Whiteglen Cres NE；www.hammerheadtours.com；团队游 $45～135）有各种各样的团队游可供选择，包括城市团队游和去哥伦比亚冰原、德拉姆黑勒等地的游程。

与卡尔加里国际青年旅舍(HI-Calgary Hostel)

共同合作并经营，**True North Tours 旅行社**（☎ 403-912-0407；www.truenorthtours.com；Rockies Express 6 日团队游 $547）很适合年轻人——或者心态年轻的人。它提供积极的观光服务，强调走出去和认真做事。包括食宿在内的多日游是其招牌项目——省钱也是一件很棒的事。

节日和重大活动

了解这座城市全年的节庆安排，请浏览 www.tourismcalgary.com/e-cvb/coe/main.cfm。卡尔加里最盛大的节庆活动是每年一次的卡尔加里牛仔节（Calgary Stampede，见 586 页），在每年 7 月举行（见 583 页）。

卡尔加里国际儿童节（Calgary International Children's Festival；☎ 403-294-7414；www.calgarychildfest.org；Epcor Centre for the Performing Arts，205 8th Ave SE；门票 $9；⏲5月下旬）。孩子们在这个每年一次的节庆中玩儿得十分开心，有音乐、演员以及各种各样的玩笑。

加勒比节（Carifest；☎ 403-292-0310；www.carifestcalgary.ca；Stephen Ave 和 Prince's Island Park拐角；⏲6月上旬），真令人激动！加勒比文化来到卡尔加里，鲜活地出现在这里。音乐会、美食、街上聚会以及适合孩子的玩具。

卡尔加里民间音乐节（Calgary Folk Music Festival；☎ 403-233-0904；www.calgaryfolkfest.com；⏲7 月末）雷·查理斯（Ray Charles）曾经说过，一切的音乐都是民间音乐。这一论断可以用来赞赏一年一度的王子岛现场民间音乐节，音乐节每年夏天举行，为期 4 天。届时，来自世界各地的顶级演员都会赶来参加牛仔城的这一精彩盛事。驻留在草地之上，与 12 000 名亲密朋友一起聆听夏天的声音，那该有多大的乐趣啊！

住宿

这里列出的房价以夏季房价为参考；牛仔节期间，需求增加导致房价升高，空房减少。如果你打算在那个时候来到这里游玩，一定要预订。许多上流酒店都会经常推出特价活动，市中心的商务型酒店在周末结束后，价格通常会更为优惠。中档旅馆一般只在市区外的地区。与大多数加拿大中心一样，这些中档旅馆多半是一些连锁旅馆，毫无特色，但离快餐饭店却非常近。

经济

Calaway RV Park（☎ 403-240-3822；www.calawaypark.com；Hwy 1；帐篷和娱乐车营地 $22 起；Ⓟ）少年们喜欢在游乐场宿营，离市里较近，不用浪费太多时间在开车上。在牛仔节期间，这里还提供去市里的往返班车。

卡尔加里国际青年旅舍（HI-Calgary；☎ 403-269-8239；www.hostellingintl.ca/Alberta；520 7th Ave SE；宿$26.25起，房 $65起；🖳）对于那些有预算的旅行者来说，如果只考虑价钱，这家舒适的旅舍则是不错的选择。它的客房还算标准，还可以提供一些双人间。此外，还配有厨房、洗衣房、游戏室和上网区，是很受游客欢迎的乡村社区，也是交友、组织行程和分享建议的好地方。但晚上要十分小心，因为你离流浪汉的住处和市里最乱的酒吧仅仅只有几个街区的距离。

Calgary West Campground 宿营园（☎ 403-288-0411，800-562-0842；www.cmy.ab.ca；Hwy 1；帐篷/娱乐车 营地 $29/36；Ⓟ 🚭 🖳 wi-fi）就在卡尔加里的西边，靠近加拿大奥林匹克公园。这处宿营地距城很近，设施良好。

中档

市西边附近的旅馆，正确地说是，集中在汽车旅馆村（Motel Village）处（西北 Crowchild Trail 小路和西北班夫小路的拐角处）。你能想到的每一个连锁旅店在这里都有分店，因此如果你在寻找旅馆，可以去这里试试运气。下面则是普通大海中的一些有趣小岛。

Carriage House Inn（☎ 403-253-1101，800-661-9566；www.carriagehouse.net；9030 Macleod Trail S；房 $135起；Ⓟ ❄ 🚭 🖳）当你首次来到这里时，这里陈旧的外表实在让人激动不起来，但一旦进到里面，你就会振奋起来了。最近的重新装修创造了奇迹，让人很快就联想起了马车库旅馆。房间整洁，旅馆附近有许多吃饭和购物的选择之地。

The Westin酒店（☎ 403-266-1611；www.westin.com/calgary；320 4th Ave SW；房$139起；Ⓟ 🖳）市中心的地理位置，质优于价的服务，Westin酒店确实是物有所值，同时也是很好看的地方。它是商务型酒店，但也是休闲度假的不错选择。

Best Western Airport Inn旅店（☎ 403-250-5015；www.bestwestern.com；1947 18th Ave NE；房 $135起；Ⓟ ❄ 🚭 🖳）机场附近，这家宾馆风格简洁明快，得体的客房、餐厅、酒吧、游泳池和免费的机场客车服务。如果你必须搭乘早班机，这家相当不错。

Twin Gables B&B 旅馆（☎ 403-271-7754；www.twingables.ca；611 25th Ave SW；单/双 $185/225；Ⓟ 🖳）一处漂亮的老房子，这家 B&B 旅馆的特点是硬木地板，彩绘玻璃，丝绸罗灯具和古典家具。三间客房的布置品位高雅，地处埃尔博河对岸，人可以恬然漫步，悠然自在一番。

The Marriott酒店（☎ 403-266-7331；www.marriott.com；110 9th Ave SE；双$279起；Ⓟ 🖳）卡尔加里电视塔高高耸立在旅馆所在街道的对面，不管速度多快，这里总是很轻松就能找到。漂亮的房间、体贴的工作人员，会让你在这儿度过一个难忘的夜晚。

当地人的声音

凯利 · 萨瑟兰 (Kelly Sutherland)，专业的篷车赛马选手

并不是每天你都有机会见到真正的牛仔。凯利·萨瑟兰是篷车赛马比赛的历史上最成功的人。在过去的40年比赛中，他总共赢得了75场比赛的头衔，获得过10多次世界比赛冠军。在他55岁时似乎没有任何要慢下来的迹象。在诸如卡尔加里牛仔节的赛事以及其他加拿大西部的牛仔竞技表演中，凯利驾驶着他那由四匹马来拉动的马车在名为"地狱的半公里"（The Half Mile of Hell）比赛中与其他三架马车比赛。

凯利本人给人留下的当面印象非常深，好莱坞牛仔般的有棱有角的面颊和在大地上养育出来的一种男人的话语。他一会儿谈论驯马，然后会改变谈话，探讨篷车赛马市场的多样性。他握手能将金属片变成雪球，腰间的手机代替了过去的六轮手枪；他是名副其实的21世纪牛仔。

凯利，你有哪些经历呢？我生长在一个宁静的村庄，我的父亲在那里饲养赛马。我8岁大时就参加第一次比赛，不久我就开始骑篷车赛马了。4年后，我开始驾驶马车，而且从那时起就一直如此。

自你在20世纪60年代第一次参加比赛以来，篷车赛马有哪些变化呢？在那个时候，这非常难；他们是真正的牛仔。有喝酒，也有打斗；人们确实以那样的方式生活着。但是在现在的运动中有赞助商和职业水准。那也是它能在21世纪继续获得成功的趋势。

在你的生涯中，你非常成功，在过去的时间里你赢得了10次卡尔加里的牛仔节比赛。你觉得你为什么会取得这么大的成绩呢？篷车赛马比赛约占50%，25%属于骑手的天赋，还有25%的运气。我曾经有非常出色的马匹，我从来没有满足于获得第二。你必须艰难面对，不然就得回家。

你喜欢成为现代牛仔的哪一点呢？我每年有6个月的时间和我的家人一起旅行，去看不同的牛仔竞技表演；我们作为一个整体一起生活和工作，我在从事着我喜爱的运动。我不能想象还能做别的事情。

高级

我们的选择 **Fairmont Palliser酒店**（☎403-262-1234，800-441-1414；www.fairmont.com/palliser；133 9th Ave SW；房$200起；Ⓟ 🅧 🖳）从费尔蒙特酒店一流模子中刻出的，Palliser毫不费力地就成为了卡尔加里最吸引人的酒店之一。水晶吊灯、大理石圆柱、镶嵌木头的拱形天花板以及古式家具，这一切都让酒店有种很浓厚的帝王气息，与市内其他事物的风格不一样。古典、美丽，物有所值。

Hyatt Regency酒店（☎403-717-1234；www.hyattregencycalgary.com；700 Centre St SE；房$200起；Ⓟ 🅧 🖳）门厅在酒店业名列榜首，同时屋顶嵌有轻舟，凯悦酒店果真是不负盛名。355个房间都额外为你的iPod配备了扬声系统，此外，你还可以享受日常式SPA。一家现代型酒店就是它给你留下的印象。

Hotel Arts 酒店（☎403-266-4611，800-661-9378，www.hotel arts.ca；119 12th Ave SW；套房$250起；Ⓟ 🅧 🅧 🖳 wi-fi）这家精品酒店另辟蹊径，在卡尔加里设定了新的标准。以具有审美感、品位一流的旅客为目标，酒店内铺有硬木地板，其纺织品的经纬密度连埃及人都羡慕不已，而墙上挂着的艺术品则足以开一个展览馆。

International Hotel 酒店（☎403-265-9600，www.internationalhotel.ca；220 4th Ave SW；套房$250起；Ⓟ 🅧 🖳）酒店的35层最近都重新装修过，结果也令人瞩目。宽敞的居住空间，美丽无比的市景，可爱的房间里还有你所睡过的最舒适的床。

Kensington Riverside Inn酒店（☎403-228-4442；www.kensingtonriversideinn.com；1126 Memorial Dr NW；房$260起；Ⓟ）在肯辛顿这个传说中的精品酒店中居住，是一件乐事。优雅是这个外形雅致、做工精美的酒店的主旋律。房间很精致，还可以欣赏美丽的河景。极力推荐。

Sheraton Suites Calgary Eau Claire酒店（☎403-266-7200，800-325-3535；www.sheraton.com；255 Barclay PdeSW；套房$299起；Ⓟ 🅧 🅧 🖳）地理位置极佳。设施齐全，这家针对商务客人的酒店得到了大家的称赞。在这家全套房酒店中，服务人员会随时服务。侍从驻车、一个游泳池以及漂亮的内部设计都使其成了顶级酒店。

就餐

在牛仔城，烹饪艺术迅速发展。在这个曾是牛肉为主宰的地方，餐桌上出现了蔬菜的影子，而且开始流行起来。这里有各种不同的饭店，满足不同口味的人的需求，从绝对的食肉主义者到最波希米亚的素食者。但传统菜肴依然是这里的

镇“市”之宝，这里毕竟是牛仔城，我可以保证，你在卡尔加里用牙齿使劲咬下的牛排绝对是你曾经吃过的最好吃的食物之一。

经济

Peter's Drive-In 免下车餐馆（☎403-277-2747；219 16th Ave NE；主菜 \$2.50～5；⌚9am～午夜）1962 年，Peter's 开业，从那以后，当地人蜂拥而至，只为了享受那超大号奶昔、刚离开烤架的汉堡包以及炸薯条。这儿是真正的免下车餐馆，你可以开车前来，也可以在餐馆前的草坪上享用。每到周五晚上，这里就成为了汽车一族喜爱的常去之地。

Le Chien Chaud餐馆（☎403-229-3641；3-2015 4th St SW；热狗肠 \$5；⌚周一至周六11am～8pm，周日正午～6pm）美味热狗肠？听上去似乎有点自相矛盾，但这些热狗确实很美味。与之前所以为的热狗不同，这里增加了更多品种的牛排，甚至可以迎合素食者的口味。

Galaxie Diner 餐馆（☎403-228-0001；1413 11th St SW；主菜 \$5～9；⌚周一至周五 7am～3pm，周六和周日至 4pm）经典的 20 世纪 50 年代风格的餐馆，提供全日早餐。这里的食物味道不错，气氛很酷，价格也很公道。

Nellie's Kitchen 餐馆（☎403-244-4616；738B 17th Ave SW；主菜 \$6.50～9；⌚周一至周五 7:30am～3:30pm，周六和周日 8am～3:30pm）Nellie's 一直都是开始新的一天的好地方，可以见见朋友，解解宿醉。很丰盛的早餐、无限供给的咖啡以及特别的风格，都是这个 17 大道坚定分子的特色。目前，Nellie's 是成长中的帝国，总店依然是最好的。

中档

寿司店（Sushi Club；☎403-283-4100；1240 Kensington Rd NW；主菜\$8起；⌚周一、周三、周四和周五11:30am～2pm和5～9pm）这也许是全市最美味的寿司了，至少在那是最好的。在价格方面，也许有点偏高，但你会觉得物有所值。这里还有很棒的特价午餐，不到10块钱就能享受到美味的一餐。

Melrose Café & Bar咖啡和酒吧（☎403-228-3566；730 17th Ave SW；主菜 \$9～15；⌚周一至周五11～12am，周六和周日10～1am）Melrose位于17大道、卡尔加里时尚文化的中心，一直是夜生活开始和结束的地方，因为那里很酷，还可以观赏《飞跃情海》(*Melrose Place*)。美味的比萨饼，配上桶装啤酒，真是乐趣无限。室外就餐处极其著名，当地闲逛的居民也喜欢混杂在这里。

Open Sesame餐馆（☎403-259-0123；6920 Macleod Trail S；主菜\$10起；⌚周一至周四11:30am～10pm，周五和周六 至11pm，周日4:30～10pm）这家亚洲风味的面馆位于the Smugglers Inn Steakhouse类似地穴的地下室中，是你不得不去体验的一个地方。你可以不照菜单点菜，但得由你自己动手来制作。你只要决定好爆炒中需要的肉或海味，接着他们就会通过柜台递给你。吃了太多的蔬菜，尝几口经你自己选择而制作成的酱吧，然后把它留在厨房里，面条很快就会做好给你端出来。太有趣了——但是，如果你不喜欢自己的面条，你也只能自吞苦果了。

Koi 餐馆（☎403-206-1564；100-1011 1st Street SW；主菜 \$10 起；⌚周一至周四 8:30am～3pm 和 5～10pm，周五和周六 5pm～深夜）并不是在每个地方，你都可以享受到具有亚洲风味的美味餐前小吃，同时又置身于老练 DJ 打碟的音乐中。跟朋友们一起分享这里的美食是个很不错的想法，但问题是你舍不得跟朋友们分享，因为食物实在是太美味了，让你只想独自享受。

Red Water Grill烧烤店（☎403-253-4266；9223 Macleod Trail St；主菜 \$11～36；⌚11:30am～10pm）在市中心的南部，很轻松就可以找到这个漂亮的地方，这里泊车方便，是享用可口一餐的放松之地。传统的加拿大菜肴，稍带着一点特别的风格。如果你想找更好的中档餐馆，这里是不错的选择之一。

The King and I 餐馆（☎403-264-7241；822 11th Ave SW；主菜 \$12 起；⌚周一至周四 11:30am～10:30pm，周五至 11:30pm，周六 4:30～11:30pm，周日 4:30～9:30pm）这里不仅能看到尤尔·布林纳 (Yul Brynner) 的电影，还可以享受到很棒的泰国食物。这个市区一流的餐馆气氛很棒，很适合团体聚餐。试试咖喱菜肴，味道很棒的。

Wildwood Grill 烧烤店（☎403-228-0100；2417 4th St SW；主菜 \$14 起；⌚周一至周四 11:30am～2pm 和 5～10pm，周五和周六 5～11pm）这个大型饭店尽管就餐区域很大，但不知为何还是给人一种舒适的感觉。野牛肝和麋鹿肉等特有的菜肴，注定了这将是一个沉迷于口中美味的有趣之夜。

Metropolitan Grill烧烤店（☎403-263-5432；317 8th Ave SW；主菜\$15起；⌚11～1am）位于斯蒂芬大道步行街(Stephen Ave Walk)上，一流的地理位置使Met Grill成为就餐的流行去处。餐馆专攻配以花饰的北美菜肴，而室外就餐处则是享用午餐和欣赏美丽人景的绝佳之地。

The Broken Plate餐馆（☎403-283-6300；302 10th St NW；主菜\$15起；⌚周一至周四11:30am～10pm，周五和周六至 11pm，周日5～10pm）如果想吃很棒的希腊食物，就去市里最酷的小区之一Kensington的中心。美味的面食、比萨饼以及传统的希腊食物，在这个开阔而光线充足的就餐区内是很流行的。

Big T's BBQ & Smokehouse 餐馆（☎403-284-5959；2138 Crowchild Trail NW；主菜 $15 起；🕑11am～11pm）如果你喜欢 Fred Flintstone 肋骨，同时又喜欢在食物上涂满烧烤酱，就一定要去 Big T's。你的胃比较坚强的话，则应该会喜欢 Elvis Platter 大盘菜。

Cilantro餐馆（☎403-229-1177；338 17th Ave SW；主菜$16起；🕑周一至周四和周日11am～10pm，周五至 11pm，周六5～11pm）Cilantro很小却很亲切，很棒的意大利食物、大大的酒杯以及舒适的装饰，让你美味的一餐更加有滋有味。

Sahara 餐馆（☎403-262-7222；739 2nd Ave SW；主菜 $16 起；🕑每天 11:30am～1:30pm，周日至周二 4:30～9:30pm，周三和周四 4:30～10:30pm，周五和周六 4:30～11pm）窗户上铺满了水管，墙上挂着红色布帘，隐藏在底楼之中的这家黎巴嫩饭店，完全是味觉的世界。当你在细细品味着传统菜肴时，芬芳的气味会在整个房间飘荡着。这里的拼盘很棒，尤其是你和朋友一起前来时。

Antonio's Garlic Clove 餐馆（☎403-228-0866；2206 4th St SW；主菜 $20 起；🕑5pm～深夜）大蒜是这里的重头戏，从开味小吃直到饭后甜点，每一样菜肴中都看得见大蒜的踪影。美味可口而又芳香无比的菜肴是这家真正的意大利餐馆的特点。建议你一定要试试这里的蒜味啤酒。

高级

Mercato 餐馆（☎403-263-5535；2224 4th St SW；主菜 $9～38；🕑11:30am～深夜）传统的意大利烹饪，惬意的环境，美妙的菜单上是真正来自古老国家的菜肴。精致的面食有海味以及其他肉类可以选择。酒单也是一流的，有许多上等的意大利酒供你选择，配合这里的美食。

我们的选择 **River Café 餐馆**（☎403-261-7670；Prince's Island Park；主菜 $24～50；🕑周一至周五 11am～11pm，周六和周日 10am～11pm）再逛至王子岛，来到这个最好的用餐之地，这里的食物都是用热情和爱烹制而成的。材料都取自当地，而且需要放松地品尝食物。极好的用餐环境，令人垂涎的菜肴，无怪乎 River Café 会从遍地好餐馆的城市里脱颖而出。

Caesar's Steak House牛肉馆（☎403-264-1222；512 4th Ave SW；牛排$35起；🕑11am～午夜）你现在是在牛肉城的中心，那么艾伯塔AAA级牛排就是你唯一不能错过的食物了。Caesar's长期以来都参与牛排竞赛当中，而长期经营的经历也表明，那里肉是最高级别的，服务质量也绝不会辜负你的期望。

饮品

要找酒吧，去 17th Ave NW 大道找一家。这里拥有不少的马丁尼会所和扎堆的酒馆，还有 4th St SW 街，这条街充满着一种热闹的休闲氛围。其他值得注意的地方有 Kensington Rd NW 和 Stephen Ave 大道（8th Ave 大道上涵盖 6 个街区的市中心带）。

The Hop and Brew 酒吧（☎403-266-2595；213 12th Ave SW）想象一下，如果你把一座老房子改造成一家跳水酒吧，而且每个周末都去那举行派对，那会是什么感觉？离主干道不远的一条安静大街上，Hop and Brew 的风格有点与众不同。在这座经过改造的房子中，楼上是一间酒吧，下面是桌球台，中间则是蜿蜒的台阶。好听的曲调、杂乱的氛围，同时有许多的东西提供。

Ming 会所（☎403-229-1986；520 17th Ave SW）许多的小间，无法形容的长鸡尾酒单，Ming 是一个非常有趣的地方。具有迷惑性的室内布景、血红色的墙壁以及很棒的流行艺术，让这里成为卡尔加里更酷的娱乐场所之一。

The Barley Mill酒吧（☎403-290-1500；201 Barclay Pde SW）这座紧挨着Eau Claire Market市场的独立建筑是市区上班族下班后喜爱的逗留地。在夏天，大大的室外就餐处是很棒的，而欢乐的气氛让这里年年都受人们欢迎。

Vicious Circle 酒吧（☎403-269-3951；1011 1st St SW）黑暗而抑郁、鸡尾酒和马提尼酒、舒适的睡椅和流行的氛围——一定要去见识一下。

我们的选择 **Ship& Anchor酒吧**（☎403-245-3333；534 17th Ave SW）。这家酒吧是一个超级经典的卡尔加里机构，大学生们、17大道时髦雅痞以及独立音乐的爱好者们一直都很喜欢这里。啤酒种类很多，阴暗的内部在冬天可以舒适地避寒，而院子里摆满了桌子，夏天，人们都喜欢到这里野餐。

Flames Central酒吧（☎403-935-2637；219 8th Ave SW）可以在大屏幕上欣赏到冰球比赛。这里曾经是电影院，巨大的室内已经改造成运动酒吧，结束了其他所有运动酒吧的生命。这里电视机的数量甚至超过了电子商店，你可以很好地欣赏赛况——只是务必不要为油人队喝彩。此外，还有一个内设餐厅，不时地会举办音乐会。

Rose & Crown酒吧（☎403-244-7757；1503 4th St SW）这家英式风格的酒吧似乎想要容纳绝大多数的英国人。符合多层次的消费需求，深受喜爱，是会见和问候新朋友的好地方。

娱乐

在过去，卡尔加里是一个真正的“城市”小镇。但现在不是了：独立摇滚乐在市里盛行着，当地许多DJ打碟都打得很棒。

全面了解娱乐资讯，你可以取一份本市最大的娱乐周刊 *ffwd*，或是一份音乐为主导的 *Calgary Straight* 报。两份报纸全市免费提供。

夜总会

Cowboys俱乐部（☎403-265-0699；425 5th St SW；⏲周三至周六）这个新近迁移的卡尔加里热门地点一直未丧失其快乐主义的名声。无论是英国的哈里王子、摩纳哥的阿尔伯特王子，还是王子（即“紫雨”王子），来到Cowboys的每个人都会舞动自己的身体，在这个洞穴似的夜总会里欣赏别人，也展示着自己。斯泰森帽和紧身牛仔服是这里的打扮准则，即使这里不是你的舞台，视觉元素也值得你一游。

Mynt俱乐部（☎403-262-6968；www.mynt.ca；516C 9th Ave SW）漂亮、优美、时尚、新潮——Mynt确实是欣赏衣着光鲜的漂亮人的好地方。独立的房间、很棒的装饰、时髦的曲调，让这个繁忙的新潮之地声名远扬。跳舞、喝酒以及大肆挥霍，这一切都是这里的常见节目。

The HiFi Club夜总会（☎403-263-5222；219 10th Ave SW）让你疯狂的好地方。舞池夜夜都震撼着现场DJ们的声音，而这些DJ最擅长的就是让你大汗淋漓。一定要体验Sunday Skool，这个每周疯狂一刻的节目总是深受大众喜欢。

电影院

Plaza Theatre影院（☎403-283-3636；1113 Kensington Rd NW）位于肯辛顿中心，Plaza经常会上映艺术片和风靡一时的经典之作——这里很适合进行“时间旅行”。

Globe Cinema全球影院（☎403-262-3308；617 8th Ave SW）主要放映一些国外电影和加拿大电影，而这些在主流影院通常是难得一见的。

Paramount Chinook影院（☎403-212-8994；6455 MacLeod Trail SW）Paramount坐落在奇努克中心的购物大厦之中，拥有17个银幕，你总会从中找到自己感兴趣的电影。同时，Paramount内还设有IMAX影院。

艾伯塔

同性恋场所

自从在卡尔加里地区拍摄《断臂山》之后，以同性恋为生活方式的旅行者开始前往卡尔加里，以寻找他们“不知怎么戒掉”的那个特别之人。不妨翻看一份 *Outlooks* 报（www.outlooks.ca），该报是省内发行，针对同性恋读者群的月报。网站则汇总提供卡尔加里和周边地区同性恋相关的指南信息。

The Calgary Eagle酒吧（☎403-263-5847；424A 8th Ave SE）这里自称是卡尔加里的皮革酒吧（性变态者酒吧），你可以穿着为牛仔节而买的皮衣进去体验一把。这里在有恋物癖的男孩中知名。

The Back Lot酒吧（☎403-265-5211；209 10th Ave SW）专为男人经营。这里有室外就餐处，在你饱览景色之余，还可享受到特价饮料。

The Twisted Element俱乐部（☎403-802-0230；1006 11th Ave SW）这个俱乐部一向是当地居民的跳舞之地，每周一次的易装秀、卡拉OK之夜以及DJ们夜夜打碟，都是这里的特色之处。

剧院

音乐会、电影院、喜剧、戏剧、唱歌和跳舞——这一切都在卡尔加里。

埃普考表演艺术中心（Epcor Centre for the Performing Arts；☎403-294-7455；www.epcorcentre.org；205 8th Ave SE）这儿是卡尔加里现场剧院的枢纽，有四个剧场以及北美最好的音乐厅之一。

路斯穆司剧团（Loose Moose Theatre Company；☎403-265-5682；1229 9th Ave SE）晚上出来一定很有趣，这家剧团致力于即兴戏剧并使观众能够参与进来。

Pumphouse Theatres剧院（☎403-263-0079；www.pumphousetheatres.ca；2140 Pumphouse Ave SW）你猜猜这里过去是做什么的？是泵房。这个电影公司总是出版尖锐而有趣的先驱作品。

Jubilee Auditorium剧院（☎403-297-8000；www.jubileeauditorium.com/southern；1415 14th Ave NW）你可以和上流社会一起欣赏芭蕾舞，或者是一场好音乐会，这一切都可以在同一个屋檐之下进行。

现场音乐

Kaos音乐坊（☎403-228-9997；718 17th Ave SW）爵士乐的爱好者每夜都集中在Kaos，欣赏现场音乐。这些时尚而年长一些的人们，总算可以脱离市里一些夜总会中的青春躁动气氛。

Broken City俱乐部（☎403-262-9976；613 11th Ave SW）如果你有点喜欢摇滚，想要心跳百分百，那么Broken City就是你的地盘。独立摇滚乐、另类乡村、朋克摇滚轮番上阵，让人群不停摆动。周四及周五晚上通常会聘请艺人演出。

Marquee Room音乐屋（☎403-264-3717；612 8th Ave SW）Uptown Cinema影院楼上的这个流行地迅速成了卡尔加里的热点之一。这里的现场乐队和DJ很棒。

体育

作为埃德蒙顿油人队的主要竞争对手，**卡尔加里火焰队**（Calgary Flames；☎403-777-0000；门票$15起）10月到次年4月进行冰球比赛，场地在

Saddledome 体育馆（Stampede Park 公园）。你一定要身穿红色衣服来到 17 大道，在冰球的决赛期间，17 大道也被称为“红里”。

卡尔加里狂奔人队（Calgary Stampeders; ☎403-289-0258；门票 $27 起；🕑7 月到 9 月）加拿大橄榄球联会成员，在卡尔加里西北区的 **McMahon Stadium 体育馆**（1817 Crowchild Trail NW）进行比赛。

购物

在卡尔加里购物可能会有些眼花缭乱。卡尔加里还有一些热门地点，却相隔甚远。肯辛顿区和西南 17 大道都集中了很多有趣而时尚的服装店和流行饰品店。Stephen Ave Walk 步行街是另一个亮点；步行街上也有许多商店、书店和不同服务氛围的店铺，一些街头小贩也经常会在这里出售特别的珠宝和其他一些小玩意儿。

Alberta Boot Co靴业公司（☎403-263-4605；www.albertaboot.com；614 10th Ave SW；靴子 每双 $235~1 700）本省唯一一家西部筒靴制造商经营的工厂和商店，在这儿你可以自己选一双，皮靴子用袋鼠、鸵鸟、蟒蛇、响尾蛇、蜥蜴、短吻鳄或御寒的牛皮制造的。

Chinook Centre购物中心（☎403-259-2022；www.chinookcentre.com；6455 Macleod Trail SW）如果你需要进行“购物疗法”，位于市区正南方的奇努克能让你得到很好的治疗。连锁零售店、百货公司、电影院以及许多油腻食品，应有尽有，一应俱全。

Mountain Equipment Co-op商店（简称MEC；☎403-269-2420；830 10th Ave SW）MEC是在上山之前挑选户外成套工具的好地方。它销售大量的户外装备、旅游用品、运动服和书籍。

Smithbilt Hats 帽子店（☎403-244-9131；1235 10th Ave SW）你可曾想过牛仔帽是怎样制作成的吗？在这里，你就可以找到答案了。从门外拴马的时代起，这些家伙就一直用传统手艺制作帽子。

到达和离开

飞机

卡尔加里国际机场（Calgary International Airport，代码 YYC；☎403-735-1372；www.calgaryairport.com）位于市中心东北边大约 15 公里，巴洛小路 (Barlow Trail) 外围，25 分钟车程。要了解更多航班信息，见 571 页。

公共汽车

加拿大灰狗巴士公共汽车站（☎403-260-0877；877 Greyhound Way SW）的汽车可以带你到很多目的地，包括班夫($26，2小时，一天6班)和埃德蒙顿($37.50，3个半小时起，一天13班或更多班次)。要了解前往加拿大其他目的地的票价，见571页。**Red Arrow公司**（☎800-232-1958；www.redarrow.pwt.ca；205 9th Ave SE）运营前往埃德蒙顿的豪华客车($60，3个半小时，一天7班)。

小汽车

所有主要的汽车租赁公司在机场和市中心都设有接待处。了解租车的更多信息，见 846 页。

火车

四处走走的一种方式是乘坐**落基人铁路游**(Rocky Mountai-neer Rail tours；☎800-665-7245；www.rockymountaineer.com；9th Ave SW 和 Centre St S 拐角；2 日团队游 每人 $1389 起）的火车。过去，步行的旅行方式之一就是搭乘免费货车。现在不同了：在旅途中，你可以得到很奢侈的照顾，坐在旅游列车上欣赏落基山的美景，如短程旅行般。

四处走走

抵离机场

Sundog Tours 公司（☎403-291-9617；门票 成人/儿童 $15/8）从早上大约 8 点 30 分到晚上 9 点 45 分，每半小时 1 班，往返于市中心各个主要酒店和机场之间。

你也可以乘坐公共汽车往返机场和市中心。从机场乘坐 57 路公共汽车到 Whitehorn 站（市中心东北边），然后转乘 C-Train 轻轨列车，或者从市中心反方向搭乘前往机场。花费仅 $2.25，车程大约 1 小时。从市中心乘出租车到机场，费用大约 $30。

小汽车和摩托车

在卡尔加里市区泊车，那绝对是一个噩梦。幸运的是，市区的旅馆通常都设有车库，但私人停车位的价格高的离谱，大约是每天 $20。此外，还有设有收费表的停车位，大概是每 45 分钟 $1(下午 6 点以后及周日免费)。谢天谢地，市中心以外的地区很容易找到泊车位，而且是免费的。

公共交通

卡尔加里的公共交通体系高效利落。你可以选择称做 C-Train 的轻轨客运（简称 LRT) 系统，也可以选择一般的公共汽车。一张车票可以让你转乘其他公共汽车或 C-Trains 轻轨列车。在 10th St SW 街和 3rd St SE 街之间市中心地带沿 7th Ave 大道可免费乘坐轻轨列车。如果你想去更远些的地方或需要转乘，请在 C-Trains 轻轨列车站台上的售票机上买票。绝大多数公共汽车每天每 15 到 30 分钟发车 1 班，夜间不通车。轻轨列车和公共汽车票价每人/每天为 $2.25/6.75。

出租车

需要出租车，请拨 **Checker Cabs** 出租热线（☎ 403-299-9999）或 **Yellow Cab** 出租公司（☎ 403-974-1111）。费用为 150 米起步价 $3，随后每 150 米计价 $0.20。

班夫和贾斯珀国家公园
(BANFF & JASPER NATIONAL PARKS)

如果让你坐下设计一个世界上最壮观、最威风、景色最美的地方，也许很大情况下是与班夫和贾斯珀国家公园一样的。在看见这个地方之后，你会觉得这里简直是虚构出来的世界，映入眼帘的每一处地方都美得让你无法呼吸。

这里高山连绵不绝，高高地耸立在林木线之上，夏天灰色的巨石，到了冬天，则变成白茫茫的一片。野松树枝叶繁茂，宛如撑起了一顶顶绿色的华盖。水流湍急的江河在高山之间绘制着自己的轨迹，蜿蜒前进着。庞大的冰川从山上缓缓流下，几乎触到地面。湖泊如绿宝石一般璀璨，湖水是如此蓝，蓝得让人无法相信那是地上之物。

游览公园

游客因各种原因来到这里：或为滑雪、登山、远足，或为漂流、划皮艇，或为在林中宿营，或为进行山地车探险。但大多数人来这里，仅仅是为了欣赏、敬畏这令人惊叹之地的极致美景。

当你穿越这片特别的地区时，你要一直警惕在此安家的动物们。这里可以看见加拿大落基山的五大动物：鹿、麋鹿、驼鹿、狼和熊（但除非你足够幸运，因为它们从不当任何人的摄影模特）。

公园一日游入园券(可进入两座公园)收费为成人/儿童/老人$8.90/4.45/7.65；第二天下午4点之前均有效。

历史

班夫国家公园是加拿大第一公园，是自然环境保护的最佳典范。当贾斯珀在一个世纪前加入到公园体系之中时，加拿大整个的自然保护带至此完成。保护区内，班夫镇和贾斯珀镇相继形成。这两个小镇不再扩大发展，早在 20 世纪 80 年代就提出了生态旅行的概念，数十年来镇上的居民与周围的野生动物一直和谐相处着。

如今，班夫已不再是秘密的世外桃源。随着游客大批涌入，在欣赏自然美景的同时，各式的观景点也不得不映入你的眼帘。但大多数人还是认为，那些观景点与这里的美景相比简直微不足道，即使在和高山说再见以后，那些美景仍会停留在你脑海之中，久久挥之不去。

卡那纳司金斯乡村
(KANANASKIS COUNTRY)

卡那纳司金斯乡村，当地人称其为K乡村，是高山连绵不绝的香格里拉，它有着班夫国家公园所有的自然奇观，但没有任何观光车通向那里。行使在风景优美、车辆稀少的Hwy 40公路上，你会看见松树林如毯子般点缀着崎岖的高山，偶尔会有几只濒临灭绝的驼鹿闯进你的视线中。大约4000平方公里的惊人面积，可以让你领略丰富多彩的自然景观。远离公路的乡间小道会带着你进入这个人烟稀少的僻壤之地。步行者、越野滑雪者、骑车者以及登山者，都渴望征服这里的大山——这些迷人的大山原始但容易到达，且未遭人类的破坏。

转至通向终点坎莫尔的 Smith-Dorian 土路之前，你可以从大山东端，沿着 Hwy 40 公路驶到卡那纳司金斯的湖泊。或者，你可以继续沿着 Hwy 40 公路，一直开到 Highwood House。这条观光路线很少有游客游览，因此很值得探索一番。但是要注意，在冬天时，这条路有一部分会被封闭。

从 Hwy 1 公路行驶 8 公里，沿 Hwy 40 公路，是**巴里湖信息中心**（Barrier Lake Information Centre；☎ 403-673-3985；www.gov.ab.ca/env/parks/prov_parks/kananaskis；Hwy 40；⏲ 9am ~ 4pm，5 月到 9 月至 5pm），拥有大量信息，出售偏远地区宿营许可证。

穿上牛仔装备，去**Boundary Ranch牧场**（☎ 403-591-7171；www.boundaryranch.com；Hwy 40；骑马$35起；⏲ 5月中到10月中），有个骑马小路，从1小时到几天都可以。

1988年冬季奥林匹克山地滑雪项目举办地，**Nakiska 滑雪场**（☎ 403-591-7777，800-258-7669，雪情报告 403-244-6665；www.skinakiska.com；Hwy 40；全

不要错过

- **佩托湖** (Peyto Lake)——拿出相机拍下这座深蓝的湖泊（见 597 页）。
- **哥伦比亚冰原** (Columbia Icefield)——亲密接触大块厚冰（见 597 页）。
- **路易斯湖** (Lake Louise)——分布在加拿大最棒的山间景色（见 607 页）。
- **班夫夜生活** (Banff nightlife)——感受一下全国最好的派对小镇（见 605 页）。
- **卡那纳司金斯宿营** (Camping in Kananaskis Country)——在百万星级的宾馆里休息（见下文）。

艾伯塔

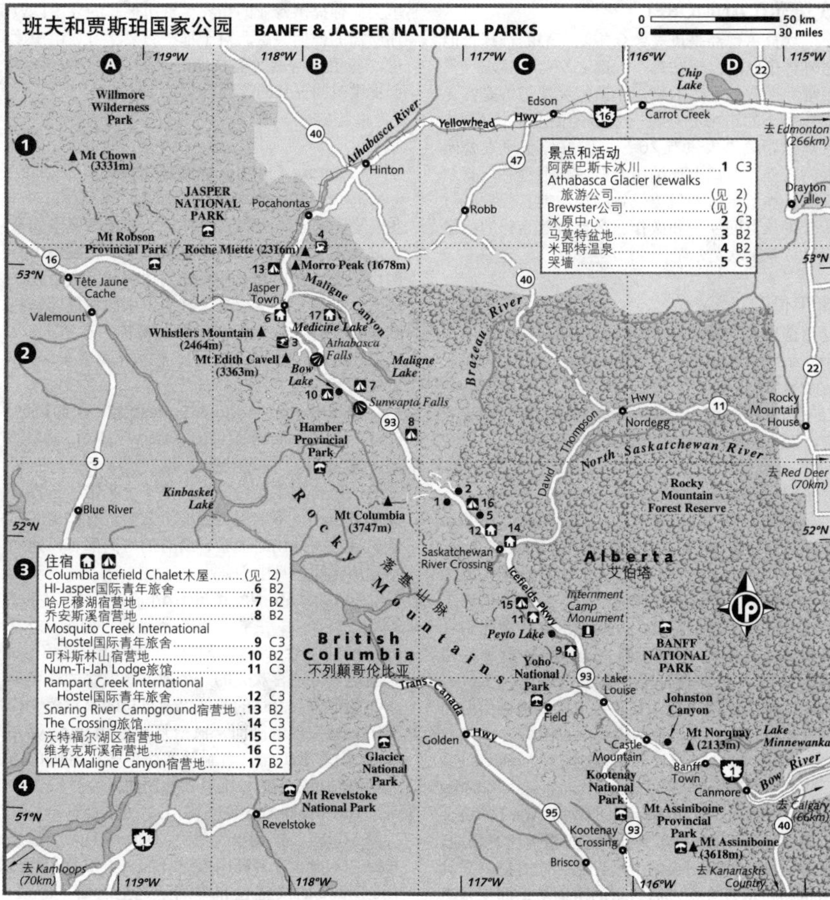

班夫和贾斯珀国家公园 BANFF & JASPER NATIONAL PARKS

日通票 成人/儿童/青年 $52/17/37）。从卡那纳司金斯乡村以南驾车5分钟，是骑马者的梦想之地，到处都是木头铺的路。

不同的是，**Fortress Mountain滑雪场**（☎403-591-7108，800-258-7669，雪情报告403-244-6665；www.skifortress.com；Hwy 40；1日缆车通票 成人/儿童/青年 $42/21/31；⌚11月至次年4月周三至周日和节假日）从卡那纳司金斯乡村以南驾车30分钟，长时间以来都受到滑雪板爱好者们的喜爱。在调研的时候，还不能确定这儿未来会怎么样，出发前最好预订。

如果这里都能让托尼·布莱尔(Tony Blair)、雅克·希拉克(Jacques Chirac)和让·克雷蒂安(Jean Chrétien)满意而归，你肯定也会不虚此行。几年前，卡那纳司金斯的 **Delta Lodge at Kananaskis**（☎403-591-7711；www.deltahotels.com；房$259起）就招待了八国峰会的领导人们。令人惊叹不已的风景、顶级的设施和卓越的地理位置让世界领导人们大加赞赏，毫无疑问，你也会深深地喜欢上这里。没有在此逗留的人是乔治·W.布什，他飞回了美国的土地——每个晚上都是这样。

如果想要完全体验卡那纳司金斯，宿营是极力向你推荐的方式，而 **Interlakes Camping Area**（☎866-366-2267；www.gov.ab.ca/env/parks/prov_parks/kananaskis；Kananaskis Lakes Rd；帐篷营地 $20；⌚5月中到10月）是可选择的宿营地之一。

坎莫尔(CANMORE)

坎莫尔曾经是班夫大众旅游宁静的选择。但名气传出以后，现在每个人都去坎莫尔寻求一丝平静和安宁。幸运的是，小镇的灵魂仍然完好无损，小小的市中心还没有过多的商业机构存在。坎莫尔距离班夫只有26米，刚好位于班夫公园大门之外，但离卡那纳司金斯城却很远。坎莫尔确实是你所见过的最美景致的集中地。想要度过一个少点世间浮华和做作、多点自然之感的山区假日，就来坎莫尔吧。

实用信息

艾伯塔游客信息中心（☎403-678-5277；www.discoveralberta.com；2801 Bow Valley Trail；⌚8am～8pm）就在Hwy 1公路旁。

Canmore Library（☎403-678-2468；950 8th Ave）免费提供互联网和无线网络。如需电脑，最好预订。

景点和活动

如果你想寻找点刺激的活动，**Alpine Helicopters Ltd公司**（☎403-678-4802；www.alpinehelicopter.com；91 Bow Valley Trail；直升机/直升机远足 每人$95/320起）公司可以让你满足。这里会提供许多以直升飞机为主的活动：从短途的空中观光到直升机加远足项目(即一段路途坐飞机，剩下的路途为徒步)，这些保证会让你兴奋不已。飞机一年到头都会正常飞行，甚至还可以提供民俗游和婚礼飞行——如果你真的想尝试一回。

冬天和夏天都是**坎莫尔北欧中心**（Canmore Nordic Centre；☎403-678-2400；http://tprc.alberta.ca/parks/kananaskis/parks_canmore.asp；1988 Olympic Way）的黄金时期。作为1988年冬奥会的越野滑雪比赛场地，诺蒂克中心拥有顶尖的滑雪设施，同时提供雪具出租和初学者教程，而这里的滑雪道，即使是奥运会的滑雪运动员也需要数天才能全部滑完。一旦积雪融化，那些滑雪道就会变成一些最好的山地车车道，其中超过80公里的路程很能考验你的技巧。

坎莫尔是落基山脉地区主要的**攀岩地**之一。夏天，Cougar Creek、Grassi Lakes和Grotto Canyon等许多攀岩地都相距不远，而对于寻求多段攀登者而言，Mt Rundle山和Mt Yamnuska山的石灰岩墙是当地拥有各段路线的一流攀岩场。而在寒冷的季节，坎莫尔又是**攀冰瀑**的好地方——在The Junkyards学习攀登技巧后，可以在Grotto Falls进行练习，最后在Terminator进行终极测试。

如果任何一种形式的攀登，你都想体验一下，就去**Yamnuska Mountain Adventures公司**（☎403-678-4164；www.yamnuska.com；Suite 200，Summit Centre，50 Lincoln Park；团体攀岩$135起）。这里会向你提供专业的指导、资历很高的导游以及你所需的任何装备。对于那些想要学习在山中度过一些困难时刻所需技能的人们，Yamnuska还会提供时间更长的课程。

食宿

Canmore Clubhouse旅馆（☎403-678-3200；www.alpine clubofcanada.ca；Indian Flats Rd；宿$22起；Ⓟ）陷于攀岩历史和高山神秘之中，隶属于加拿大高山俱乐部的这家漂亮旅馆，坐落在眺望山谷的山坡上。在这儿，你会找到休闲的旅舍设施，还有一处桑拿浴房。这家高山俱乐部中很容易找到登山伙伴，或者沉浸于探险精神。在镇南5公里(步行45分钟，不太方便)，愉快地驾着车5分钟就能到了。

Windtower Lodge & Suites旅馆（☎403-609-6600；www.windtower.ca；160 Kananaskis Way；房$139起；Ⓟ♿💻）向东几公里处、以这个一流石景命名的现代旅馆设备齐全，是一个不错的选择。房间有点小，不如加点钱要个套房。有些房间能欣赏到三姐妹山的美景，所有的房间都可以通向热水浴池和健身中心。

Zona's Late Night Bistro小酒馆（☎403-609-2000；710 9th St；主菜$10起；⌚5pm～午夜）一条毫无特色的小巷，一间经过改造的房屋，但Zona是当地人特别喜欢去的一个地方。温馨的环境、小小的吧台、舒适的装饰以及可口的家常菜，构成了一幅完整的画面。枫糖浆鲑鱼(maple syrup salmon)非常美味，名副其实，以一杯好喝的冰葡萄酒结束一餐时，尤其让你回味无穷。

The Drake（☎403-678-5131；909 Railway Ave；主菜$10起；⌚周一至周六11am～11pm，周日10am～11pm）许多高山探险者都一再推荐和吹嘘The Drake的汉堡包和啤酒。这里放松、舒适，是和朋友约会的完美之地。楼下的酒吧一到周末就会很活跃，而如果老天作美，这里的室外就餐处也是超级棒的。

到达和离开

从班夫镇和卡尔加里出发，沿Hwy 1公路可抵达坎莫尔。班夫镇和卡尔加里之间的所有公共汽车停靠在**灰狗巴士车站**（☎403-678-0832；701 Bow Valley Trail；⌚8am～6pm）。

冰原园林大道(ICEFIELDS PARKWAY)

穿越落基山会看见哪些典型景色呢？高耸的山峰？正确。翻滚着的天然河流？没错。从山谷缓缓流下，悬挂在半山腰上的冰川冰？是的。种类丰富的野生动物、你所见过的最蓝的湖泊、冰雪融化后形成的瀑布以及每一处都可以徒步旅

> **热点话题：不方便说的真相**
>
> 环保主义在艾伯特一直都很困难。当世界上的绝大部分人都在寻求石油的替代品时，艾伯特的经济确实依赖于全球对石油的消耗。北部靠近马克马里要塞（McMurray Fort）的小镇处坐落着一个因油砂而闻名的地区。储量巨大的重油掺杂着沙子，很难进行处理，也是艾伯特的一座金矿。随着油价的持续攀升，艾伯特的收益和银行存款也在不断增加。当你自己不需要上班就能很舒适地生活时，怎么才能减少对石油的依赖呢？只要地下有石油，艾伯特人就会将其出售并从中获得利益。只希望他们起码能对那些会向世界上新 SUV 的冲击不那么熟视无睹。

行？对，一切都对。南起路易斯湖、北到贾斯珀镇的冰原大道，可以看到上述所有的美景。尽管你可以紧踩油门、几个小时内走完这 230 公里的路程，但你为何要这么做呢？放慢速度，好好欣赏这无边的美景，仔细探索大自然不肯屈服的美丽吧。

景点

大道每一处拐角让你置身于更精彩的景致中。数不清的湖泊和冰川——太多了——这里我们只精选我们最喜欢的几处与你分享。

佩托湖(PEYTO LAKE)

这是只有来到加拿大落基山才会看到的景色。这个翠蓝色的冰河湖泊的曝光率比帕里斯·希尔顿还高。不要让拥挤不堪的人群阻止了你的脚步，这肯定是无法避免的，这里的景致却是无与伦比的美丽。

清晨观赏湖水最佳，即第一抹阳光洒在湖水上，第一班观光巴士抵达之前。从湖区停车场尽头，沿一条铺设的小路走上缓缓提升的坡径，15分钟后你就站在了眺望湖泊的木板平台上。从这里你可继续沿铺设的这条小路，顺着山脊的边缘走上去。在三条小路的交会处，选择中间的那条，你会深入到一条没有路标的煤渣路上；如果你继续走大约2.5公里，你就会发现自己身处在一岩石密布的天然盆地中，一条小溪在中间川流而过。

哭墙(THE WEEPING WALL)

在你到达大转弯（Big Bend）之前——当你到达时，你就会了解为何它会有这样一个名字——你会经过哭墙。高耸的石墙站立在公路的东边之上。夏天的哭墙是一片瀑布的海洋，许多清澈的泪滴从顶部倾泻而下，形成水雾。如果你在冬天前来，这里又换了一幅景象：水受冻结冰，形成了一层庞大的冰。这片宛如足球场大的冰块成为攀冰者的天堂，他们从世界各地赶来这里，一试身手。如果攀冰者足够幸运地登上了顶部，将会成为他无比的荣耀。一定要从路边观测点观察冰块，如冰箱大小的冰块从天而降是绝不少见。

阿萨巴斯卡冰川(ATHABASCA GLACIER)

路易斯湖村和贾斯珀镇之间半道上就是阿萨巴斯卡冰川，是茫茫**哥伦比亚冰原**（Columbia Icefield）的喉舌所在，它拥有大约 30 座冰川，近 350 米厚。作为最后冰川期的遗迹，这里占地 325 平方公里，地处哥伦比亚山脉（3747 米）和阿萨巴斯卡山脉（3491 米）之间的高原之上。它是落基山脉最大的冰原，冰雪融化的水供给着萨斯喀彻温北部、哥伦比亚、阿萨巴斯卡、马更些和弗雷泽河的各个水系。

环抱这巨大冰雪盆地的山林据说是落基山脉最高的地带，其中 91 座山峰逾 3000 米高。阿萨巴斯卡冰川是最大的冰川之一，它一直延伸到大道旁，可以步行游览，或是乘坐特别设计的公共汽车，在冰川脚下你可能看到的水流，它们来自 175 年前飘落在冰原上的冰雪。

经过路障时，一定要遵守路牌的指示，而不要走路过去。许多没有戒心的游客为了拍摄出完美的照片，而掉落进张开的裂缝之中，付出了生命的代价。除非你经过训练，并带有装备（或者参加了旅行团），否则不要考虑从冰川上走过去。

离开冰川，穿过公路，就到达**冰原中心**（Icefield Centre；☎780-852-6288；免费入内；⏲5月到10月中 9am ~ 6pm）。在这里，你可以享受到昂贵的自助餐，可以使用浴室，还可以搜集到更多的信息。尽管游客泛滥，但楼下的博物馆是一流的，也是学习冰川知识的好地方。展览很棒，让人获益匪浅。而在主要的一层，你可以与来自**加拿大公园**（☎780-852-6288）的人们交谈，他们会向你建议宿营地，告诉你攀登所需的条件，凡是关于公园的问题，都可以在他们那找到答案。

体验哥伦比亚冰原的最好方式便是在它上面行走。要实现这个梦想，你需要**Athabasca Glacier Icewalks旅游公司**（☎780-852-5595，800-565-7547；www.icewalks.com；Icefield Centre）的帮助。可以提供你所需要的所有设备和能告诉你如何使用绳子的向导。周日和周四，这里为那些想更深入探险冰原的人，提供3小时游(成人/儿童$55/25；6月到9月每天上午10点40分起程)和6小时游($65/30)可供你选择。

到达冰原的最受欢迎的方式是由 **Brewster 公司** (☎ 877-423-7433; www.brewster.ca; 成人/儿童 $36/18; ⏲5月到10月 参观游程 每15分钟 9am ~ 5pm) 推出的"Snocoach"雪车冰雪之旅。与50个亲密好友一起，先乘坐观光车，然后是怪兽卡车。车子不停地震动，嘎吱作响，偶尔的突然倾斜会吓得你胆战心惊，途中不时地会插些有趣的解说，就这样摇摇晃晃60分钟，这就是你的冰原探险雪车之旅。对许多人来说，这就是他们游览哥伦比亚冰原后的体验。大型汽车在冰上轧出了一条轨迹，在规定范围内，你是可以四处走动的。秀色如此可餐，因大众观光而带来的痛苦也会在饮完壮丽的景色后一扫而光。祝你胃口大开!

阿萨巴斯卡冰川到贾斯珀镇 (ATHABASCA GLACIER TO JASPER TOWN)

在去往贾斯珀途中，当你蜿蜒穿过高山，其中有几处地方值得驻足。**Sunwapta Falls 瀑布**和**阿萨巴斯卡瀑布** (Athabasca Falls)，离贾斯珀近些，都值得造访，在清晨或深夜来欣赏这些壮观的瀑布，因为每个经过这里的人都会在此驻足片刻。

在阿萨巴斯卡瀑布，Hwy 93A 公路静静在左边蜿蜒。事实上，这条路少有人行驶，这条路通向贾斯珀，交通畅通，令人愉快，沿途幽静，穿越深远阴暗的丛林，路径平静的小湖泊和草地。

食宿

冰原园林大道两旁林立着许多乡村旅馆和青年旅舍。绝大多数位于风景秀丽的环境中，靠近大道。

Mosquito Creek International Hostel 国际青年旅舍 (☎ 403-670-7589; www.hihostels.ca; 宿 $20 起; Ⓟ) 不要让这个名字让你打退堂鼓——Mosquito Creek，位于路易斯湖 26 公里处，是一个甜蜜的住宿处。这里作为进行偏远地区探险的开始地，是绝佳的地方。桑拿浴结束一天的生活，真是棒极了。而附近的小河正好增加了气氛。冬季，旅馆有时会停止营业，要事先打电话询问。

Rampart Creek International Hostel国际青年旅舍 (☎ 403-670-7589; www.hihostels.ca; 宿$20起; Ⓟ) 位于Saskatchewan River Crossing以北11公里处，一直深受登山者、自行车爱好者和其他制造麻烦的人的欢迎。旅舍屋后的小岩石，对于喜欢攀登的人来说，是莫大的乐趣。12个床铺和其他便利设施都很干净、舒适。一句话——最棒的桑拿浴。冬天最好提前打个电话，以防旅舍关门。

The Crossing旅馆 (☎ 403-761-7000; www.thecrossingresort.com; 单/双 $80/95; Ⓟ 🖳) 是一个奇怪的地方。房间安静而舒适，此外还有一个热水池，景色也非常秀丽。但旅馆的正前方却是加油站、旅游团餐厅和俗气的观光购物商店的联合体，毫无美感，也不受欢迎。

Columbia Icefield Chalet木屋 (☎ 877-423-7433; icefield@brewster.ca; Icefield Centre; 房$130起;

当地人的声音

特德 · 朵兰 (Ted Dolan)，贾斯珀公园信息中心的负责人

你最喜欢的国家公园是哪一座，为什么? 位于不列颠哥伦比亚的冰川；因为几乎其所有道路都会在两三个小时内将你带到山脉的顶峰。这座公园也非常适合极限冬季运动，比如冰川旅游和边远地区滑雪等。

在你还没有去过的国家公园中，你最想去哪里? 纽芬兰的格罗莫讷国家公园，这是因为它的海湾和迷人的地形。我也希望去位于育空地区的纳罕尼国家公园保护区；那是一个完全荒野的地区，因大灰熊和三文鱼庆典而出名。

生态完整与游客游览：在这些公园中是如何达到最好的平衡的? 关键是要强调合格的旅行者的经历。这完全是关于让正确的人在正确的时间去正确的地方。

你工作中的亮点是什么? 与人们打交道以及将我在公园中的快乐传递给别人；进行一天的徒步旅行或观察野生动物。我也喜欢这个工作所能带给我的那种远离现实的感觉；事实上，我只需要在贾斯珀的荒野工作5分钟。

贾斯珀的独特之处是什么? 它非常大，而且比其他公园（如班夫）的开发要少。在小镇周围有多用途的道路网络，它在所有公园系统中最广泛，也最容易到达。

曾经近距离遇到过野生动物吗? 我被狼獾追过，它是世界上最凶残的动物；但是也是最难见到的动物之一。那时，我正在骑自行车，并且不得不以最快的速度调头下山。回头一看，它看起来就像是史努比卡通里的一个场景。

(⏲ 5月到10月；Ⓟ）在这个小木屋里所看到的冰原全景，让人难以置信——真希望窗户能再大点。在这儿，你会感到跟在冰原中心时一样混乱，这里的人群不时地会让你产生置身于购物大厦中的错觉。但到了晚上，当所有的汽车都消失殆尽时，你就会发现四周的景色是如此的壮观、如此引人入胜。

Num-Ti-Jah Lodge 旅馆（☎403-522-2167；www.num-ti-jah.com；双带公共卫生间 $225，房淡/旺季 $130/230；Ⓟ）如鲍河的守护者一样，历史上著名的 Num-Ti-Jah Lodge 旅馆充满了特色，洋溢着怀旧之情。木雕装饰品、动物的头颅和黄金时期开始的照片，装饰着旅馆的墙壁。房间虽然有点小，却很整洁。旅馆餐厅（主餐 $14 起，三菜晚餐为 $45）的酒单种类广泛。

这里还有其他的**宿营地**（每晚大约 $15）。我们喜欢的有哈尼穆湖 (Honeymoon Lake)，乔安斯溪 (Joans Creek)，可科斯林山 (Mt Kerkeslin)，沃特福尔湖区 (Waterfowl Lakes) 和维考克斯溪宿营地 (Wilcox Creek Campgrounds)。

班夫镇(BANFF TOWN)

班夫镇是卡尔加里往西 138 公里的一个高山小镇，但也可以说卡尔加里是加拿大旅游中心——班夫附近的一个城市。每年约有 400 万人来到这里，滑雪、欣赏山景、在班夫大街拍照，为住宿、吃饭和喝酒花费很多的钱。这种流行状态的优势是，兴奋的游客越多，这里的气氛也就越欢乐，每个人看上去都像是在度假。小镇是国家公园探险的停留地，无数的旅馆、饭店和事物，让这里成为典型的山区小镇。风景极负盛名，而很大程度上是宣传出来的。

历史

班夫是个有趣的地方，有着迷人的历史。当大多数的山区小镇在发展自然资源产业时，班夫却在 19 世纪末期提出旅游的想法。铁路最先通到这里，接着人们发现了洞穴和盆地温泉，显然这里有赚钱的潜质。首先来到这里的是维多利亚女王时代的富人，他们待在班夫温泉旅馆 (Banff Springs Hotel) 里，浸泡在舒缓的泉水之中。1912 年，公路最终通到这个小镇时，一切都改变了，小镇的大门开始向普通大众敞开了。

随着更多游客的到来，班夫持续扩大，上流阶层不再是唯一的服务对象，以普通公众为目标的服务机构开始扎根下来。小镇的开发者长期以来都为小镇位于国家公园内部而感到丧气。因为这意味着建筑的限制政策很严厉，新的开发已经停止，而班夫建设的未来将同时是政治和生态上的棘手问题。事实上，人们对在班夫居住存在着质疑：所有的土地归联邦政府所有，只有受雇者才可以居住，而且企业有义务为其员工提供住宿。

尽管小镇的基础设施和大小都保持不变，来此的游客人数却持续激增。只要小镇还是国家公园的一部分，当地居民对于旅游业就会争吵不已。虽然每个人都可以得到工资，但游客泛滥，小镇已经不再是以前那个宁静安详的山区小镇。

方位

Banff Ave 大道是主干线，南北横穿整座小镇，而后向东北与 Hwy 1 公路交会。Wolf St 街和 Buffalo St 街之间的 Banff Ave 大道沿途布满商店和餐馆。班夫南端是 Central Park 公园，在这里你可以散步，或在深邃的鲍河划独木舟。过鲍河桥再往南一些是一座小公园，很适合在此以瀑布山 (Cascade Mountain) 为背景给班夫大街拍摄照片。

过了桥，Mountain Ave 大道向南通往班夫滑雪缆车站 (Banff Gondola) 和上温泉区 (Upper Hot Springs)，Spray Ave 大道通往 Banff Springs Hotel 酒店，是该镇最有名的标志性建筑。向西，Cave Ave 大道通往岩洞和盆地国家历史遗址，这里保存着这个地区最早的温泉。

实用信息

书店

Banff Book & Art Den书店（☎403-762-3919；94 Banff Ave；⏲9am～9pm）这家虽小但还不错的书店有有关本地区、野生生物和历史的书籍。

紧急求助

班夫监管部门外援热线（☎403-762-1470）24小时工作，处理偏远地区非紧急警事。

Mineral Springs Hospital 医院（☎403-762-2222；301 Lynx St；⏲24 小时）提供紧急医务救助。

上网

这里有投币电脑终端（每小时 $6)，分布在全镇各个商业中心和酒店。

> **什么……**
>
> 有没有想过来自洞穴和水池的热水闻起来不那么舒服？20 世纪初，班夫温泉疗养灌装公司 (Banff Spring Sanitarium Bottling Co) 曾经从事将恶臭味的水装瓶并出口的买卖——用来饮用！因为它以能治疗消化和肾脏疾病而出名；它可能与放射性物质的含量有关，现在还能在水中发现这种物质。

艾伯塔

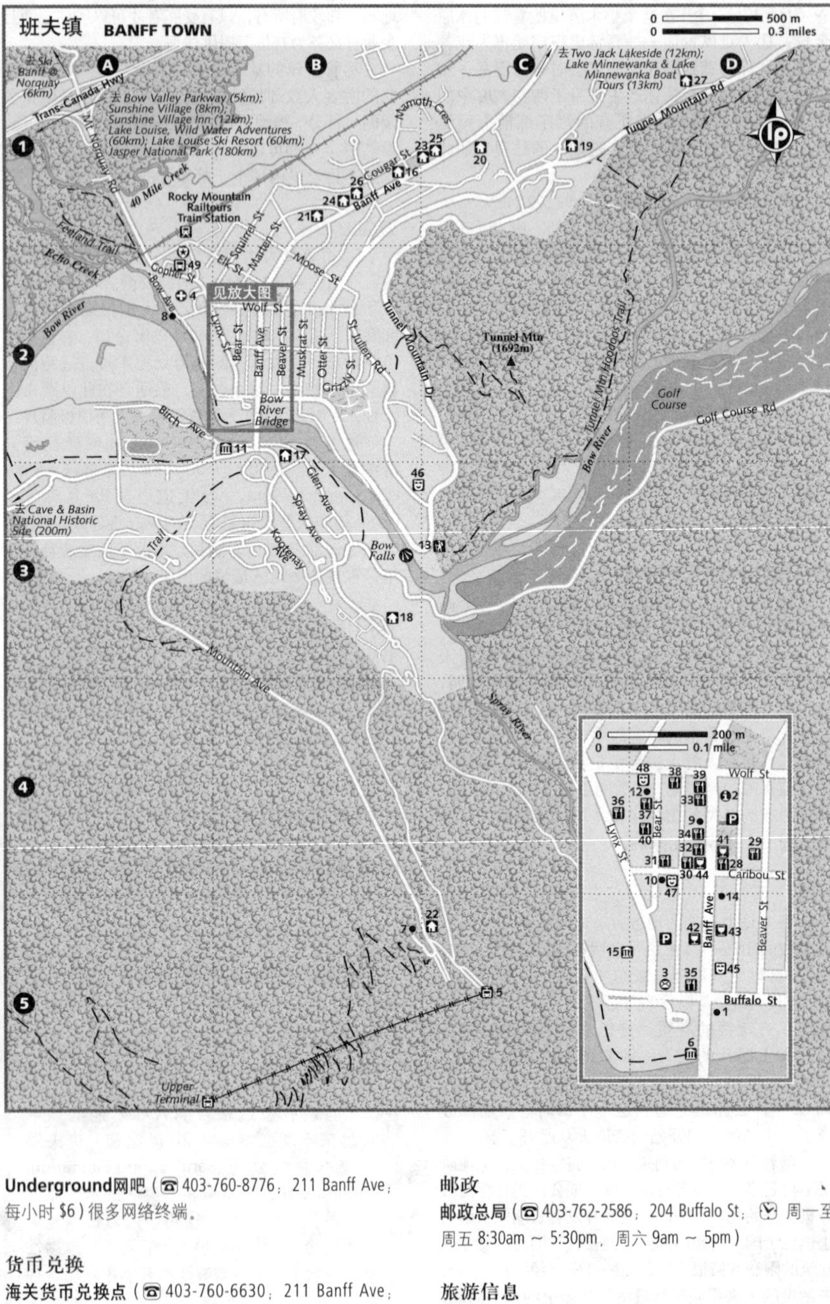

Underground网吧（☎403-760-8776；211 Banff Ave；每小时 $6）很多网络终端。

货币兑换

海关货币兑换点（☎403-760-6630；211 Banff Ave；⌚9am～10pm）在Park Ave购物中心。

邮政

邮政总局（☎403-762-2586；204 Buffalo St；⌚周一至周五 8:30am～5:30pm，周六 9am～5pm）

旅游信息

班夫信息中心（☎403-762-1550；www.parkscanada.gc.ca/

实用信息
Banff Book & Art Den书店 1 D5
班夫信息中心 2 D4
班夫/路易斯湖旅游局 .... (见 2)
Custom House Currency Exchange
外币兑换 .... (见 32)
邮政总局 3 D5
Mineral Springs Hospital医院 4 A2
Underground网吧 .... (见 32)

景点和活动
Banff Gondola(Lower)Terminal
班夫滑雪缆车(下) 5 C5
班夫公园博物馆 6 D5
班夫上温泉区 7 B5
Blue Canoe独木舟租赁店 8 A2
Brewster .... (见 49)
发现班夫之旅 .... (见 9)
GyPSy Guide 9 D4
Hydra River Guides公司 10 D4
平原印第安路斯顿博物馆 11 B2
Snowtips/Bactrax公司 12 D4
Tunnel Mountain 13 C3
Warner Guiding & Outfitting
户外人商店 14 D5
Whyte Museum of the Canadian
Rockies加拿大落基山脉怀特博物馆 15 C5

住宿
Banff Caribou Lodge旅馆 16 B1
Banff Y Mountain Lodge旅馆 17 B2
费尔蒙酒店 18 B3
HI-Banff Alpine Centre国际青年旅舍 .. 19 C1
Inns of Banff旅馆 20 C1
Irwin' Mountain Inn旅店 21 B1
Rimrock Resort Hotel酒店 22 C5
Rundlestone Lodge旅馆 23 C1
Samesun Banff旅馆 24 B1
Spruce Grove Inn旅店 25 C1
The Fox Hotel & Suites旅馆 26 B1
Tunnel Mountain Village度假村 27 D1

就餐
Aardvarks Pizza比萨饼店 28 D4
Banffshire Club俱乐部 .... (见 18)
Bruno's Cafe & Grill咖啡烧烤店 29 D4
Café Soleil餐馆 30 D4
Coyote's Deli & Grill烧烤店 31 D4
Eden .... (见 22)
Evelyn's Coffee Bar酒吧 32 D4
Giorgio's Trattoria餐馆 33 D4
Grizzly House餐馆 34 D4
Le Beaujolais法式餐馆 35 D5
Magpie & Stump餐馆 .... (见 10)
Melissa's Restaurant餐馆 36 C4
Saltlik餐馆 37 D4
St James Gate Olde Irish Pub酒馆 38 D4
Sukiyaki House餐馆 39 D4
The Bison Mountain Bistro .... (见 40)
Wild Flour餐馆 40 D4

饮品
Rose & Crown啤酒屋 41 D4
The Elk & Oarsman酒吧 42 D5
The Pump & Tap酒吧 .... (见 9)
Tommy's Neighbourhood Pub酒馆 43 D5
野地比尔传奇沙龙 44 D4

娱乐
Aurora Nightclub夜总会 45 D5
Banff Centre中心 46 B3
Hoodoo Club俱乐部 47 D4
Lux Cinema Centre电影院 48 D4

交通
灰狗汽车 49 A2

banff；224 Banff Ave；6月到9月8am～8pm，10月到次年5月9am～5pm）加拿大公园处的办事处。

班夫/路易斯湖旅游局（☎403-762-8421；www.banfflakelouise.com；5月到9月8am～8pm，10月到次年4月9am～正午 和 1～5pm）与班夫信息中心在同一大厦里，提供班夫镇和周边旅游服务与建议。

景点

加拿大落基山脉怀特博物馆(WHYTE MUSEUM OF THE CANADIAN ROCKIES)

一定要参观的**怀特博物馆**（☎403-762-2291；www.whyte.org；111 Bear St；成人/老人和学生 $6/3.50；10am～5pm）不仅仅是雨天的选择。镇上有一个美丽的展览馆，以千变万化的方式展示了一些伟大作品。永久收藏品讲述了班夫镇和在群山之间安家落户的男男女女们的故事。隶属于博物馆的档案室中展出的上千幅照片，横跨了小镇和公园的整个历史。这些照片都允许游人翻印。该博物馆还组织90分钟的**班夫历史步行游**（门票 $7；6月到9月2:30pm）。

班夫滑雪缆车(BANFF GONDOLA)

无论是夏天还是冬天，你都可以登上班夫附近一座山的峰顶，这主要得感谢**班夫滑雪缆车**（☎403-762-2523；Mountain Ave；成人/6～15岁 $25/12.5；夏天 7:30am～9pm，每年其他时间减少）。不超过10分钟的时间，你就可以到达硫黄山(Sulphur Mountain)的顶部。因山中温泉而得名的硫黄山是欣赏周遭美景的好地方。你也可以徒步走上山顶，如果两腿开始打颤的话，可以花一半的钱乘坐缆车下山。

岩洞和盆地国家历史遗址(CAVE & BASIN NATIONAL HISTORIC SITE)

原住民对这个地方的了解达1万年之久。**岩洞和盆地**（☎403-762-1566；Cave Ave；成人/儿童 $4/3；5月到10月9am～6pm，周一至周五 11am～4pm，11月至次年4月周六和周日 9:30am～5pm）很适合四处找找，看看班夫国家公园是如何形成的。1883年，三名铁路工人在此发现了温泉，找到了一个温泉金矿。他们很快就建立了一座小屋，向入浴者收取费用，但政府马上就介入了，决定宣布班夫为加拿大的第一个国家公园，以保护这些温泉。现在，你无法再享受这些温泉了，但你仍然可以游览温泉洞，了解相关的历史。

班夫上温泉区(BANFF UPPER HOT SPRINGS)

这里的温泉区，一处和缓的温泉，蒸汽浴室，疗养护理中心和迷人的山色风光，你会在**热温泉区**（hot springs；☎403-762-1515；Mountain Ave；成人/学生 $7.50/6.50；5月到9月9am～11pm，10月到次年4月周日至周四 10am～10pm，周五和周六 10am～11pm）享受到。在班夫缆车附近，小镇以南大约4公里。温泉水温在47℃。冬天，入温泉水池前，必须调节水温。不过春天，融雪起到了降温作用。泡温泉外，你可以享受一番芳香疗法按摩护理。洗浴套装，浴巾和寄物柜都可租用。

米尼万卡湖(LAKE MINNEWANKA)

米尼万卡湖，发音为mini-wonka，同Willy Wonka中的Wonka，不是mini-wanker，澳大利亚的旅行者都喜欢读后面这个名字，在班夫镇东边13公里处，是从镇中心的喧闹中脱身出来的休闲胜地。这里风景如画，提供许多诸如徒步远足、游泳、航游、划船和钓鱼的活动项目。湖周边容易走的小路很适合步行；道路也容易辨认方向，受人欢迎。**Lake Minnewanka Boat Tours 游船公司**（☎403-762-3473；www.minnewankaboattours.com；成人/儿童 $40/20；⏰5月中到9月 4～5 次发船 10:30am～7pm，9月到10月上旬 至5pm）组织90分钟的湖上航游，航行到Devil's Gap峡谷，让人尽情领略这个地区的历史和地理地貌。你也可以钓鱼，或远足到Alymer Lookout 望台，欣赏沿途瑰丽的湖光山色。这片湖区不通公共汽车。

班夫公园博物馆(BANFF PARK MUSEUM)

建于 1903 年的一座原加拿大太平洋铁路公司（Canadian Pacific Railroad，简称 CPR）的旧木制建筑，这座**博物馆**（☎403-762-1558；93 Banff Ave；成人 / 儿童 $3/2；⏰5 月到 9 月 10am ～ 6pm，10 月到次年 4 月 1 ～ 5pm）是一处国家历史古迹。它陈列的展品——公园里的动物标本丰富，包括灰熊和黑熊，还有一棵带 1841 年涂鸦的古树——自开馆一个世纪以来少有变化。

平原印第安路斯顿博物馆 (LUXTON MUSEUM OF THE PLAINS INDIANS)

路斯顿博物馆（☎403-762-2388；1 Birch Ave；成人 /6-12 岁 / 老人和学生 $8/2.50/6；⏰11am ～ 6pm）讲述了班夫地区首批居民的历史，有一些有趣的陈列和手工艺品。陈列柜中摆放着传统服饰和一些有历史意义的照片，此外，还有与原物一般大小的日舞祭复制品和其他展品。

活动

徒步

班夫国家公园确实是徒步旅行者梦想中的天堂，而徒步旅行也是许多游客来此的主要目的。小道很轻松就能找到，路标清楚，道路也维护得很好，很适合行走，即使这样，小径仍然崎岖不平，需要游客具有野地经验。

一般情况下，越接近班夫镇，所看见的人也就越多，小径也就越好。但不管你决定去公园的哪个地方行走，你的努力都不会白费。风景毋庸置疑是美呆了，随之而来的幽静之感也同样振奋着人心。

在出发之前，一定要去班夫信息中心和那儿的工作人员聊一聊，信息中心可以随时向你提供更新的路况信息和可能发生的小径关闭。要记住这里的小径在夏天的时候经常会被雪覆盖，而且比你知道的要晚得多，你要认真考虑需要忍受道路关闭的可能性。信息中心还提供很棒的小册子《班夫国家公园徒步一日游》(*Day Hikes in Banff National Park*)，让你全面了解班夫镇附近的徒步线路。

米尼万卡湖（Lake Minnewanka）是著名景点之一。湖旁的走道宽阔，沿湖行走是很轻松的事。这里很受欢迎；因如果你不是真正的户外型，又想欣赏不错的风景，这里是你不错的选择。

如果你觉得精力充沛，可以走上 **Tunnel Mountain 山**的山顶，欣赏你将会大书特书的鲍河河谷（Bow Valley）美景。小道从 St Julian Rd 路开始，从山谷到山顶，大约需要 1 小时。

另一个大受欢迎的步行小道是位于鲍河和穿山之间的 **Hoodoos 小路**，那里的石柱很上镜，行走起来也很舒适。公园内还有许多其他走道，包括更为老练的徒步旅行者所喜欢的拥有更长历史的走道。大多数走道在《乡村旅游指南》中均有涉及，在信息中心也可以查到相关信息，一日徒步旅行和多日徒步旅行的详细信息可以参考 Lonely Planet 的 *Banff*、*Jasper & Glacier National Parks*。

如果你不能前往班夫信息中心，请通过语音提示信息电话了解最新的徒步小路信息(☎403-762-1550)或浏览公园网页(www.parkscanada.gc.ca/banff)。

独木舟和爱斯基摩划子

在加拿大，没有比乘坐独木舟更为传统的游览方式了。班夫是水上游玩的好地方，理由有好多：是观赏野生动植物的好方式，可以从班夫大道的狂乱中解放出来，享受宁静的片刻，还不会损害生态环境。你最好的选择是在**米尼万卡湖**和**图杰克湖**（Two Jack Lake）附近划独木舟，在班夫的东北边，以及**维米连湖区**（Vermilion Lakes）。除非你有自己的独木舟，不然你需要租赁一艘；和 **Blue Canoe 独木舟租赁店**（☎403-760-5007；www.banfftours.com；2 小时 /1 天 团队游 $45/60）与其友好的工作人员聊一聊。

骑马

穿上牛仔服装——该去骑马了。要看看最初的欧洲居民所开发的首个地区，可以去 **Warner Guiding & Outfitting 户外人商店**（☎800-661-8352；www.horseback.com；132 Banff Ave；骑马 $36 起），你可以选择一匹可靠的骏马，让它带着你在小径上度过一段时间。他们会向你提供指导和帮助，而让你的臀部每一次都免受酸痛的折磨。

滑雪和滑雪板

Sunshine Village 度假村（☎403-762-6500，877-542-2633，雪情报告 403-277-7669；www.skibanff.com；缆车票 $60）跨越艾伯塔—不列颠哥伦比亚边界。很幸运，售票窗口和商店都是位于免税的艾伯塔这

艾伯塔

边。自称是100%天然积雪的Sunshine度假村，是滑雪和滑板的好地方，各种各样的地形适合极度害怕的初级职业选手。高速缆车会从头顶上呼啸而过，会迅速将你带到高山区，将你置于林木线之上。积雪的质量经常是很高的，而当天公作美时，这里也确实是名副其实，不要忘带了防晒品。

Lake Louise Ski Area 滑雪场（☎403-522-3555，800-258-7669；www.skilouise.com；缆车票$72）。很长时间以来都是当地人很喜欢的滑雪胜地。在跑过和看过加拿大名列前茅的滑雪地区之后，人们会喜欢这里就不足为奇了。这里有四座独立的山可供人们进行探险，比加拿大其他地方更接近欧洲人的滑雪喜好。前面是收起雪橇支架的好地方，能为初学者和中级水平者提供大量可以选择的地形。山后有一些地方挑战很大，从Paradise Bowl能撞碎膝盖的雪坡到Larch地区的高速巡航。此外，你一定要尝尝Temple Lodge的单层汉堡包——这也是滑雪经历中的一部分。

Ski Banff @Norquay 滑雪场（☎403-762-4421，866-464-7669；www.banffnorquay.com；Mt Norquay Rd；缆车票$46）班夫市中心以北6公里处，班夫的旅行者来这儿有很长的历史了。当地三座小山中最小的那座也是最值得参观的地方，这里可以远离人群，或是可以花半天时间登上斜坡。

短途公共汽车从班夫各酒店开往这三家度假村（单程/双程$10/15起），滑雪旺季，每半小时发车1班。

怀特—沃特漂流(WHITE-WATER RAFTING)

当你感到有些发疯或世俗的时候，在班夫有漂流活动正等着你呢。鲍河很适合老手在此漂流，而豪斯休峡谷(Horseshoe Canyon)和卡那纳司金斯河(Kananaskis River)以及奇金豪斯(Kicking Horse)，都会让你带着带着兴奋、全身湿透地进行漂流。

下列旅游公司推出大约$75起价的旅程：

加拿大落基山漂流公司（Canadian Rockies Rafting Company；☎403-678-6535；www.rafting.ca）

Hydra River Guides公司（☎403-762-4554；www.raftbanff.com；207 Caribou St）

Wild Water Adventures公司（☎403-522-2211；www.wildwater.com；Fairmont Chateau Lake Louise）位于路易斯湖，但会从班夫免费接你。

自行车

班夫周围有很多骑自行车的线路，在道路上和精选的小径上。有7.4公里长的环形线路**Sundance**和**Spray River Loop**环路(12.5公里)，很适合家庭旅行者。**Spray River & Goat Creek**（单程19公里）是一条平缓的车道，而**Rundle Riverside**（单程14公里）则较具挑战性，起伏曲折，具有更多的刺激与颤抖。

热衷的公路自行车手一定要体验班夫和路易斯湖之间的Hwy 1A公路。连绵起伏的小山和安静的公路是公路自行车手梦想的地方。但要注意从班夫到观光路线分叉口之间的部分——Hwy 1公路不是很适合骑自行车，尤其是路上都是注意力分散的司机，他们关心风景，胜过关心路上的自行车手。

加拿大公园处出版的宣传册专设自行车游指南，向你介绍各条车道和相关规定。

Snowtips/Bactrax 公司（☎403-762-8177；www.snowtipsbactrax.com；225 Bear St；团队游 每人$20，租车 每小时/天$9/32起）有满满一车库的自行车可以出租，而且它也很愿意带你游览班夫地区内众多的自行车道。

团队游

导游旅游的未来就是在班夫使用**GyPSy Guide**（☎403-760-8200；www.gpstourscanada.com；Sundance Mall，215 Banff Ave；每天$40）。GyPSy是手提式定位系统设备，你可以将其装在你的车内，这样它就可以带你四处游玩了。在行进过程中，它可以通过你的扬声系统，播放生动的解说，并指出著名的景点。而你所要做的就是遵从它的指示，你可以享受到一次很棒的自导旅行——班夫、路易斯湖、哥伦比亚冰原、贾斯珀和卡尔加里，都在这个旅程之内。最棒的是，如果你厌烦了导游器可以随时把它关掉。

Discover Banff Tours 发现班夫之旅（☎403-760-5007；www.banfftours.com；Sundance Mall，215 Banff Ave；团队游$49～145）有许多很棒的旅行团可以选择：班夫镇3小时游、日出和夜晚野生之旅、哥伦比亚冰原1日游，甚至还有10小时灰熊之旅，如果在那见不到灰熊，则全额退还。

加拿大落基山脉怀特博物馆(Whyte Museum of the Canadian Rockies，见601页）推出90分钟的班夫历史徒步游。

节日和重大活动

每年这座小镇最大的节庆是同时举办的**班夫山脉书展**(Banff Mountain Book Festival)和**班夫山脉电影展**（Banff Mountain Film Festival；☎800-762-6100；www.banffmountain festivals.ca），都在10月下旬和11月上旬期间进行。活动吸引了众多狂热爱好山区文化精华的人们，对于足不出户的神游旅行者和类似于山区领袖的人来说，这也是必做之事。

住宿

与这个省份其他地方相比，班夫镇的酒店相

当贵。夏天时，经常很难找到住的地方。古训：早起的鸟觅到食，这里绝对适用，强烈建议你预订酒店。这里列举的房价适用于旺季（一般为7月和8月）和淡季（一年其他时间）。当然，严冬季节，客房会便宜得多。

班夫/路易斯湖旅游局每天追踪本地酒店住房情况；你可以在班夫信息中心查看各酒店实时住房率。你也可以联系**班夫/路易斯湖订房中心**（Banff/Lake Louise Central Reservations；☎403-705-4015，877-542-2633；www.banffreservations.com），它可以与75家以上的酒店订房。

经济

班夫国家公园的宿营地很受欢迎，也容易到达。有13处宿营地可以选择，绝大多数集中在Bow Valley Parkway鲍峡谷园林大道一带，或者在班夫镇附近。夏季是高峰期，很多营地常常客满，就像是市中心的旅馆一样。

Two Jack Lakeside 宿营地（Minnewanka Loop Dr；帐篷 营地 $17起；⏲5月中到9月中；Ⓟ）就位于湖边，是班夫地区风景最美的宿营地，Lakeside有80个宿营地，很快就满。

Tunnel Mountain Village 度假村（☎1-877-737-3783；www.pccamping.ca；Tunnel Mountain Rd；帐篷/娱乐车营地 $30/36；Ⓟ）很难想象这块营地竟然有近1000处宿营地，但夏天的时候，你会发现这里住满了来自世界各地的度假者。在Tunnel Mountain Rd路的路端，坐落于树丛之间，远不及听上去的那么恐怖。冬天的时候也照常开放，即使你想在零下20℃的天气下过帐篷生活，他们也不会阻止的。

Banff Y Mountain Lodge 旅馆（☎403-762-3560，800-813-4138；www.ymountainlodge.com；102 Spray Ave；宿/双 $31/80；Ⓟ）如果其他合乎预算的营地人数已满，你并不很渴望露宿的话，可以选择去The YWCA。The YWCA的位置很方便，离开班夫大道过桥即是。在进行调查期间，那里正进行大范围的修缮，除一些改善之外，还会增加一层的住房。

HI-Banff Alpine Centre 国际青年旅舍（☎403-762-4122，866-762-4122；www.hostellingintl.ca/alberta；801 Coyote Dr；宿/双 $33/111起；Ⓟ 💻 wi-fi）如果你想要孤独一些，而且远离班夫大道上的喧闹人群，那么这家旅馆会是你不错的选择。旅馆在穿山山顶附近，徒步者会发现这条通勤道路很能锻炼人，但付出总有回报，这里绝不会让你白费工夫。建筑是在小镇其他地方可以看见的经典山中小屋的风格，但每晚的价格昂贵得多。房间内整洁、舒适，同时有双人间提供。公共区域都安有壁炉，而最妙的是这里的美景，让人流连忘返。公共汽车会在旅馆前门停车，不要因为这里的地理位置而让你却步。

Samesun Banff 旅馆（☎403-762-5521，888-844-7875；www.samesun.com/banff_hostel.html；449 Banff Ave；宿/双 $35/97；Ⓟ 💻 wi-fi）凭借优越的地理位置、实惠的价格，这家旅馆成了确确实实的成功者。这里魅力无穷，开心又充满活力，很受国际旅行者的欢迎。宽敞的庭院很适合进行日光浴，也适合交友聊天。从串酒吧到电影之夜，丰富多彩的夜晚活动，会让你忙得不停。最好预订，这里可是声名远扬啊。

中档

Spruce Grove Inn 旅店（☎403-762-3301；www.banffvoyagerinn.com；555 Banff Ave；房 $145起；Ⓟ 🐾 💻）在这里，你可以鱼和熊掌兼得——Spruce Grove和其姊妹店Banff Voyager Inn正好并排而立。Spruce Grove比Banff Voyager Inn晚25年，因此房间都相当于现代标准。而隔壁旅馆的房间相对陈旧，但基本设施齐全，价格也便宜。两家旅馆共用一些设施，如游泳池、桑拿浴室和大厅。

Irwin Mountain Inn旅店（☎403-762-4566，800-661-1721；www.irwinsmountaininn.com；429 Banff

艾伯塔

什么……

正当你认为你已经离开家乡的交通混乱时，你在这里又会遇到塞车。但这并不是上下班高峰期，而是动物所造成的交通堵塞。公园里的皮毛动物会将驾驶者停留在道路上；当野生动物在相机能拍摄的范围内时，车内的人似乎完全没有了道路安全和礼让的概念。这在公园内成了个大麻烦，原因有两点：为了动物和驾驶者的安全。

为了保持野生动物的野性，它们必须保持对人们和汽车的那种害怕的感觉。一旦它们习惯于慢速移动的汽车，那么它们就不会害怕冲进镇里了；这样依赖所产生的问题通常是导致动物受到伤害。对于停留在道路正中央的道路行使者来说，所面临的潜在危险也很明显。那么，怎么办呢？减速、待在车内、在乘客座位上拍照，但是别停下来——否则，你和公园里的居民之间将会发生故事。

Ave；双$150起；P 🅿 wi-fi）这里友善的工作人员主要是为家庭以及那些寻找设施齐全但价格便宜的旅馆的人提供服务。这里有热水池、蒸汽房和健身中心，还额外赠送一次欧式早餐，让你更感到甜蜜。位于马路中央的好位置；总之没有什么大的惊人之处。

Inns of Banff旅馆（☎403-762-4581，800-563-8764；www.bestofbanff.com；600 Banff Ave；房$189起；P）接近班夫大道的末端，少了点拥挤喧嚷，但可以发现一些不错的地方。淡季时的价格具有难以抗拒的优势，山中小屋式的房间整洁舒适。从这里行走至市中心仅需15分钟，但对于想更快到达的游客，旅馆可以为他们提供免费的往返汽车。

Rundlestone Lodge旅馆（☎403-762-2201；www.rundlestone.com；537 Banff Ave；双/套房 $195/235起；P）这里到处充满了虚伪的古老英国的魅力，大厅内摆放的是Masterpiece Theater的座椅。标准房还算标准，如果想奢侈一回，可以订套房，带厨房、壁炉和阁楼。

我们的选择 The Fox Hotel & Suites旅馆（☎800-760-8500；www.bestofbanff.com；461 Banff Ave；双 $249起；P wi-fi）相比而言，坐落在班夫大道中央的 Fox 算是这里的新人了。Fox 很棒，为住房设立了新的标准。以美学的眼光和对细节的关注，使这里的一切都井然有序。绝佳的现代化房间，有品位的装饰，房内配备的是等离子电视机。而真正有特色的是这里的户外热水池，完美地再现了洞穴和盆地温泉，从庭院中，你就可以俯瞰到这个地下热水池。结束了一天的滑雪后，浸泡在热水之中，全身的酸痛都消失殆尽。头上雪花飞舞，身下热气腾腾，真是美妙无比的仙境啊。

Banff Caribou Lodge旅馆（☎403-762-5887；www.bestofbanff.com；521 Banff Ave；房$249起；P wi-fi）Banff Caribou Lodge秉承山区小屋一贯的风格，以木石装饰于外，长期以来深受游客的喜爱。优越的地理位置使其成为探索班夫野地的理想营地。房间极佳，床铺舒适，如果多花些钱，你可以看到更好的风景。旅馆设有Spa设施，在小径上、雪坡上和商店里辛勤地度过一天后，可以借此来犒劳犒劳自己。

高级

费尔蒙酒店（Fairmont Banff Springs；☎403-762-2211，800-441-1414；www.fairmont.com/banffsprings；405 Spray Ave；房 淡/旺季 $230/350起；P）加拿大落基山的城堡自20世纪20年代完工以来成为班夫的象征。这座城堡在每个细节上都重现了苏格兰式城堡的风格，从出众的外表到内部漂亮无比的硬木手工艺品。即使你未打算在这帝王般的建筑中过夜，Springs也是班夫的必游之处。在这家旅馆内，有许多高档商店可以闲逛，大量的餐厅可以同时为公主和乞丐提供服务——当然不是真正的乞丐。此外，还有一个相当惊人的高尔夫球场，在这里可以经常看见野生动物的身影。

Sunshine Village Inn酒店（☎403-762-6500；Sunshine Village Ski Area；房 $270起；滑雪季节）如果你是来滑雪的，那么Sunshine Village Inn是你停留的完美去处。它位于缆车的顶端，在树林线之上，刚好在滑雪小山之上。早上来抢第一条滑雪道是多么方便啊！这家独特的旅馆唯一的不足之处就是太远了。缆车站晚上9点关闭，要想体验班夫的夜生活是不可能实现的。但如果想享受一次浪漫的滑雪或滑板之旅，这里是你的最佳选择。

Rimrock Resort Hotel酒店（☎403-762-3356，800-661-1587；www.rimrockresort.com；300 Mountain Ave；房 淡/旺季 $278/418；P）从Rimrock俯瞰，所见之景简直让人心生敬畏，这儿毫不费力地就成了班夫镇上最顶级的地方。有争议的是，它位于舍尔弗山(Sulphur Mountain)斜坡上的一个野生动物地带里，坐落在经常积雪覆盖的山峰上，俯视着整个小镇和山谷。瑞士小屋式的内部覆上一层山的颓废美，精致美丽的家具和经典的装饰，绝对会让你流连忘返。房间很棒，而这里的景色也绝对是物有所值。

就餐

班夫是就餐者的天堂，有各种各样的餐馆可以选择。你可以花少量的钱简单吃点，也可以大肆挥霍大吃一顿，这都取决于你的心情。在这儿，所有的口味都会被顾及，而下面提供的这些建议仅仅只是美味冰山的一角。

经济

Aardvarks Pizza比萨饼店（☎403-762-5500；304A Caribou St；比萨饼一份$4起；11am~深夜）在班夫，无论是早上、中午，还是晚上，在这里都可以品尝到美味的比萨饼。Aardvarks晚上大多数时间仍会营业，因此是解决夜宵的好地方。

Evelyn's Coffee Bar 酒吧（☎403-762-0352；201 Banff Ave；主菜 $6；7am ~午夜）如果你想享受一段美好的品茶时光，那么随当地人一起去 Evelyn's吧。此外，还有很多烘培食品和新鲜的面包式食物可以外卖。

中档

Wild Flour餐馆（☎403-760-5074；211 Bear St；主菜$5起；7am~7pm）新鲜而又时尚，Wild

Flour充满了当地的艺术色彩和新鲜出炉的面包香味。Wild Flour承诺这里的食物简单、新鲜，是自己制作的有机食品。大量种类的三明治和意大利美食帕尼尼可供你选择，同时再喝一碗新鲜的汤，让你的心头顿时暖暖的。

Coyote's Deli & Grill 烧烤店（☎403-762-3963；206 Caribou St；早餐 $8，主菜 午餐 $8～14，晚餐 主菜 $20；⏲7:30am～10:30pm）Coyote's 长期以来都是当地人的最爱，而它也确实是名不虚传。新鲜出炉的面点、比萨饼和西南方颇有影响的食物都在其菜单之上。敞开的设计和紧密的桌子，感觉如同正举行着一场很棒的宴会。一定要尝尝墨西哥式煎蛋（加辣酱），它会让你快乐一整天的。

Magpie & Stump餐馆（☎403-762-4067；203 Caribou St；主菜 $9～14；⏲正午～2am）走进Tex-Mex，就如同走进牲口棚一般，但取代母牛的是玛格丽塔鸡尾酒、科罗娜啤酒和龙舌兰酒。Tex-Mex的烹饪技术一流，分量也很足——但这不是他们的重头戏。

St James Gate Olde Irish Pub 酒馆（☎403-762-9355；205 Wolf St；主菜 $10 起；⏲ 周日至周四 11～1am，周五和周六至 2am）这世上还需要另一家爱尔兰酒吧吗？这家长期受人喜爱的酒吧则要高出一筹。汉堡包和炖菜等经典的酒吧食品丰盛而又可口，盛放在酒桶中的啤酒足够让矮妖精痛哭，当然，也包括健力士啤酒，这种健康的纯大麦啤酒能帮你驱走冬天刺骨的寒冷。

我们的选择 Sukiyaki House 餐馆（☎403-762-2002；2fl，211 Banff Ave；主菜 $10 起；⏲ 正午～2:30pm 和 4:30～10pm）这个提供小镇上最美味寿司的不太起眼的宝石，确实让人没白来一趟。内部装修和气氛都属于中等水准，但这里的食物却是一级棒。邀上三五个朋友，大吃特吃"爱之船"，这条"船"上的生鱼片足够让一条船沉没的了。

Bruno's Cafe & Grill咖啡烧烤店（☎403-762-8115；304 Caribou St；主菜 $10起；⏲8am～10pm）很棒的早餐，还有许多照片，是将其名字借给这家餐馆的山民的。这里全天候为你服务，如果心情不好，这里还有一个酒吧和桌球台可供你消遣。

Melissa's Restaurant餐馆（☎403-762-5511；218 Lynx St；主菜$13起；⏲7am～10pm）Melissa's经验非常丰富，但其内部的装修和菜单，让人不免怀疑自其27年前开业以来是否有过改变。深盘比萨饼和很棒的艾伯塔牛肉是这里的主要特色。这里自然、谦逊，很受全家游的游客欢迎，是班夫饮食业一道永恒的风景线。

Café Soleil餐馆（☎403-762-2090；208 Caribou St；主菜$14起；⏲10:30am～10:30pm）多达20多种的餐前小吃，会让你感觉无从下手。混合海味、羊羔肉、牛肉和素食等多种选择的地中海风味，让来这儿的每一位顾客都满意而归。

Giorgio's Trattoria餐馆（☎403-762-5114；219 Banff Ave；主菜$16起；⏲5～10pm）与所有不错的意大利公共场所一样，你可以说这里的人热爱食物。新鲜的成分以及一切自做的态度，绝对会达到你的饮食要求。尽管内部空间很大，但它仍维持了一种私密的就餐感觉。浪漫并没有消失，它就在Giorgio's停留着。

高级

The Bison Mountain Bistro（☎403-762-5550；211Bear St；主菜 午餐 $11 起，晚餐 $18 起；⏲ 周一至周五 11am～深夜，周六和周日 10am～深夜）这家具有美丽的敞开设计的新酒馆，向游客提供当地所产的甘美的农产品和肉类。在白天，这里是拥有欢愉露台的热闹的午餐地；入夜后，这里就变成高级场所，提供精美的食物。一定要去楼下的精品熟食店，购买美味的奶酪和其他黏性食品。

Saltlik餐馆（☎403-762-2467；221 Bear St；主菜 $18起；⏲11～2am）这里是享用牛排的好地方，其牛排菜单的长度足以与许多餐馆的整个菜单不相上下。楼上就餐区的巨大篝火和乡村气息让这里引以为傲；楼下则是一个很酷的酒吧，在进餐前或进餐后，你可以来此小饮一杯。

Grizzly House 餐馆（☎403-762-4055；207 Banff Ave；主菜 $29 起；⏲11am～午夜）什么样的饭店会让你自己烹饪呢？实际上，这是相当有趣的事。Grizzly House 一直是班夫乳酪中的佼佼者，混合了慵懒（作为饭后甜点的巧克力乳酪）和异国风情（响尾蛇，有人会做吗？）。对于一群寻找值得纪念的美味经历的人来说，这里乐趣无穷。

Le Beaujolais 法式餐馆（☎403-762-2712；Banff Ave at Buffalo St；三/六道菜 正餐 $68/95；⏲6～10pm）将经典的法式美食与艾伯塔风味相融合。以野猪、野牛和鹅肝酱等为特色的独一无二的菜肴，使这家一流的餐馆因卓越而声望稳定。美丽的班夫大道街景，无疑是为已有的浪漫感觉锦上添花。

Eden（☎403-762-1840；Rimrock Resort Hotel，300 Mountain Ave；三/四/五道菜 正餐 $95/105/115；⏲6～10pm）激动人心的背景之中是一流的食物。融合花式的法式菜肴：野猪排、阿拉斯加帝王蟹和白松露菌的意大利饭都很地道。私密的环境和着衣要求让就餐充满了放纵的满足之感，此外，餐厅还提供好酒，服务质量也是五星级的。

Banffshire Club俱乐部（☎403-762-6860；Fairmont Banff Springs，405 Spray Ave；二/三/四道菜 正餐 $100/120/140；⏲周二至周六6～9pm）如果你正处于城堡当中，那么你就应该如皇帝般用膳。这家餐厅供应新式菜肴，材料新鲜，适合帝王就餐的氛围。长达70页的酒单和位于加拿大榜首之列的酒窖，酒吧可以为你提供奢侈大餐，而在加拿大，你也找不出几家酒吧能超越它。这里要求绅士们身穿短上衣，另外，建议你最好事先预约。

饮品和娱乐

班夫镇是落基山脉的社交和文化中心，你可以翻阅 *Banff Crag & Canyon* 周报，“Summit Up”栏最新的娱乐场所推荐，或是月刊 *Wild Life* 中的娱乐场所排行榜。

野地比尔传奇沙龙（Wild Bill's Legendary Saloon；☎ 403-762-0333；201 Banff Ave）许多爵士乐队都在 Bill's 的舞台上大放过光彩。多年来，Bill's 一直是招待当地居民和游客的一个可靠而忠诚的处所。暴露在外的木质家具和宽敞的舞池，为这里增添了氛围。当乐队尽情展示自己时，舞池中的人们也尽情摇摆——Wild Bill 会一直以此为傲的。

The Pump & Tap酒吧（☎ 403-760-6610；Sundance Mall，215 Banff Ave）这家旅馆位于地下室之中，是一个低等的小地方，但如果你待过镇上一些便宜的旅社，你肯定会冲回这里。投币式自动唱机里放出的音乐会让你陶醉其中，对于那些极想抽烟的人，甚至还设置了一个癌屋(吸烟室)。这里十分拥挤，是痛饮几杯的好地方。

The Elk & Oarsman 酒吧（☎ 403-762-4616；119 Banff Ave）这是当地很酷的一个酒吧，楼上的眺望台可以看见班夫大道的美景。到了夏天，屋顶露台成了主要的去处。如果你饿了，厨房会为你准备一些好吃的食物。这个酒吧的气氛显得略微幽静一些。

Tommy's Neighbourhood Pub酒馆（☎ 403-762-8888；120 Banff Ave）Tommy's是当地一家与众不同的酒吧，瘦长的吧台占据了酒吧的左手边，而右边排列着桌子。这里的酒水很便宜，而你一转身，也许就遇见了曾教过你滑雪课程的家伙，或是你旅馆服务台的女孩。

Rose & Crown啤酒屋（☎ 403-762-2121；202 Banff Ave）当地一流啤酒屋，Rose是很标准的英式酒吧，不过当夜晚天气好时，这儿正是要去的地方。这里的屋顶露台夏天被太阳烘烤着，而天冷时，可以进屋玩玩桌球。屋内一角经常会有现场乐队挤在那儿演奏。当人们在舞池中开始跳动时，夜晚便开始变得美妙起来，而蹦跳的人群仿佛也快要掉进了楼下的商店。

Hoodoo Club 俱乐部（☎ 403-762-8434；137 Banff Ave）这里因设备较新而很受欢迎，也是大秀舞技的好地方。棒极了的DJ们会让人群疯狂不已，尤其是在周末整个小镇都处于放纵的气氛之中时。

Aurora Nightclub夜总会（☎ 403-760-5300；110 Banff Ave）这家地下夜总会喧闹，带着一点野性，总让人大汗淋漓——除此之外，迪斯科舞厅还会是什么样的呢？如果来得早，这里的酒水会便宜些，而如果迟些来，则会有更多的舞伴。DJ们打出的流行音乐，会让舞池内的人们度过快乐的一晚。

Banff Centre中心（☎ 403-762-6100，800-413-8368；www.banffcentre.ca；107 Tunnel Mountain Dr）这里是鲍峡谷(Bow Valley)的文化中心，音乐会、美术展以及广受欢迎的班夫山地电影节都是在这里举行。

Lux Cinema Centre电影院（☎ 403-762-8595；229 Bear St）这家当地影院上演一流的优秀影片。

到达和离开

最近的机场在卡尔加里。

加拿大灰狗巴士（☎ 403-762-1092；327 Railway Ave）开往卡尔加里($27，1小时45分钟，一天6班)、温哥华($118，14小时，一天5班)而且中途停留各地站点。

Brewster Transportation公司（☎ 403-762-6934；www.brewster.ca）会从你住的旅馆接你，往返于贾斯珀($66，4小时45分钟，一天1班)和路易斯湖($15，1小时，一天多班)。

SunDog Tour Co公司（☎ 780-852-4056；www.sundogtours.com）也安排公交汽车在班夫和贾斯珀之间(成人/儿童 $59/35)运营。

主要的汽车租赁公司（见 848 页）都在班夫镇设有接待处，夏天，汽车可以预订，不妨事先打电话。如果你刚乘飞机抵达卡尔加里，预订一辆比较划算（车队排得很长），否则，要等到班夫镇后才能租汽车。

四处走走

公交汽车常年往返于卡尔加里国际机场和班夫之间。春季秋季，汽车班次少些。客运公司包括**Rocky Mountain Sky Shuttle公司**（☎ 403-762-5200，888-762-8754）、**Brewster Transportation公司**（☎ 403-762-6767，800-661-1152）和**Banff Airporter公司**（☎ 403-762-3330，888-449-2901）。三家公司的成人票价单程大约$50，往返$98。

Banff Transit 公司（☎ 403-762-1215）经营三条公共汽车路线，可以将你带到四周。一条路是通向穿山，另一条能到 Rimrock Resort Hotel 旅馆和高地温泉，第三条则是去往 Fairmont Banff Springs Hotel 旅馆。可以从信息中心拿张地图，以便了解详细的路线情况。

汽车上午 6 点 30 分开始运营，直到深夜；票价成人 / 儿童 $2/1。

街上很容易就能招呼到出租车，特别是在班夫大街。或者，也可以打电话联系 **Banff 出租车公司**（☎ 403-762-4444）。出租车按里程计价。

路易斯湖(LAKE LOUISE)

在到处都是惊人美景的国家公园里，路易斯

湖无疑是其中的桂冠。位于班夫镇西北方约60公里的路易斯湖风景如画，常常被称为“落基山宝石”。湖水泛着知更鸟蛋般的蓝色，四周群山环绕，景色无比壮丽。湖的尽头，维多利亚冰川(Victoria Glacier)悬挂在那，坦普尔山(Mt Temple)和群山描绘出了一幅自然之画，这世上没有比其更赏心悦目的画了。湖边的路易斯湖城堡酒店是有史以来最棒的了，或者说是偶然掉入人间的天堂之物。世上没有十全十美，这里的游客超乎想象得多，如果想在游人少的时候游览路易斯湖，则最好是在入夜之后或是暴风雪期间，否则，就做好去迪尼斯乐园的心理准备吧。

路易斯湖所在城镇只有一些商店、一处加油站和一些旅馆价超昂贵，但是只要能忍受得了太多的游客，同时增加些预算，那么你一定会满意而归的。

湖泊在距离城镇5公里处。夏天，加拿大公园处安排短途公交汽车往返村庄和路易斯湖以及莫瑞湖之间。如果你选择步行，从村庄沿人行道走大约45分钟就可以到路易斯湖。

路易斯湖游客中心（☎403-522-3833；beside Samson Mall，Lake Louise village；🕒5月到9月 9am～8pm，10月和4月至5pm，11月到次年3月至4pm）可以为你提供当地信息。

位于班夫镇和路易斯湖之间的鲍峡谷园林大道(Bow Valley Parkway)，与Hwy 1公路相比，速度上稍有点慢，但景致却漂亮得多。

景点和活动

路易斯湖(LAKE LOUISE)

路易斯湖的惊人美景和泛滥成灾的游客之间的结合，让人备感沮丧。即使有时感觉像是马戏团，路易斯湖也是必到的一处景点。这里的风景已经成为一百万张照片的主角，一旦你来到这里，那么它就会成为第一百万零一张照片的主角。你可以从**路易斯湖船屋**（Lake Louise Boathouse；每小时$40；🕒6月到10月9am～4pm）租一条船，在湖中轻轻荡漾着。尽管价格高得离谱，但湖中轻舟悠悠的感觉却是无可争辩的。

莫瑞湖(MORAINE LAKE)

这里的风景会让你眼花缭乱，而后你才注意到莫瑞湖奇妙的深绿色湖水，这座湖泊处在十峰山谷(Valley of the Ten Peaks)之中，一条狭长蜿蜒的公路通向这些偏僻、壮丽的峰巅。很多人喜欢莫瑞湖胜过路易斯湖，因为这里更加崎岖和偏远的环境，你可以从湖岸沿不同小路徒步漫游，也可以租船观光，**Moraine Lake Boathouse公司**（每小时$40；🕒6月到10月9am～4pm）可以替你安排，在冰川湖水中划船荡舟，别有一番滋味。

Moraine Lake Rd路和它的设施在6月到10月上旬之间对外开放。

路易斯湖观光缆车(LAKE LOUISE SIGHTSEEING GONDOLA)

观光**缆车系统**（gondola；☎403-522-3555；1 Whitehorn Rd；往返 成人/儿童 $24/12；🕒5月、6月和9月9am～4:30pm，7月和8月至5pm）能将你飞速送至怀特豪山(Mt Whitehorn)山顶，可饱览惊人的湖景和维多利亚冰川雪峰。有徒步小路，在山顶服务站附近，还有一间餐厅让你填饱肚子。

其他徒步游

最妙的是沿着路易斯湖徒步行走，这样能摆脱城堡附近汹涌的人群。这里有无数条走道，都是从路易斯湖和莫瑞湖开始的。有些走道笔直而且不费力，而有些走道，即使是老练的登山者，也会感到气喘吁吁。

从路易斯湖，你可以在湖周边沿着宽阔的道路步行，然后到达**六冰川平原地**(Plain of Six Glaciers)。沿途，有一家茶舍，你可以吃点甜饼，暖暖身子。

要想尝试略微有些艰辛的探险，可步行来到**米诺湖**(Mirror Lake)，沿途也有一处茶舍。看看周围环境，你可以选择继续，来到**Lake Agnes湖**，绕着白天的步行小路转上六冰川平原地(Plain of Six Glaciers)小路。这里步行小道无数，高山、冰原、城堡和山谷的景致也异常奇妙。

起始于莫瑞湖，经过令人惊叹的**落叶松山谷**(Larch Valley)，最后到达**桑廷纳尔关隘**(Sentinel Pass)，一路上能欣赏到坦普尔山的壮丽景色和环绕四周的高山，这是一条值得大书特书的走道。行走在铺满小石子的陡峭走道上，要到达隘口是一件艰巨的任务，但一旦你到达目的地，你就会觉得汗水没有白流。如果够幸运的话，你还可以看见一些攀岩者正在攀登着Grand Sentinel——隘口附近约200米高的石塔。

最近几年，有很多熊在这个地区活动，因此，公园对团体最少人数的限制进一步加强。向路易斯湖的信息中心咨询更为详细的信息，并查看布告栏，看看是否有其他徒步者想组团前往这些限制区域。可以翻阅免费的加拿大公园徒步指南，以查询这些步行小道以及该地区其他步行小道的详细信息。

攀岩

Back of the Lake是加拿大落基山脉常见的峭壁之一。陡峭而尖锐的石灰岩是这个一流攀岩区的主要特征。到那儿的途径就是一个佳境：只要沿着湖畔小道漫步，就会看见一条让你愉快的分

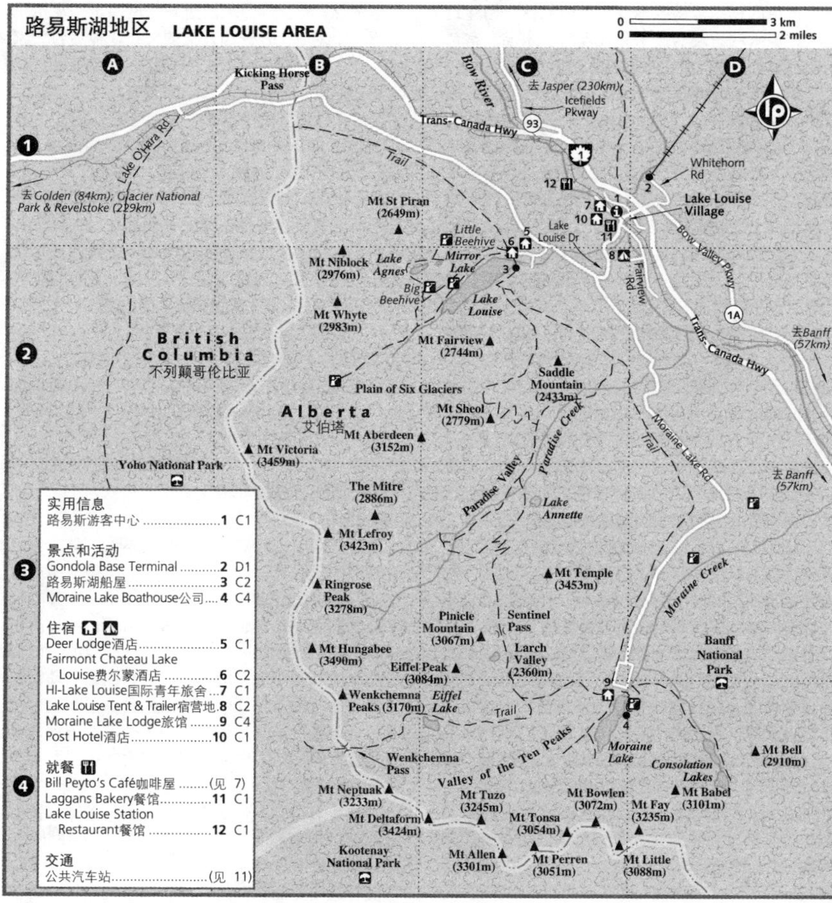

路易斯湖地区 LAKE LOUISE AREA

叉道。那里既有传统的攀岩，也有运动通道。对于非攀岩者来说，在这里可以近距离地观察一些攀岩明星，甚至还可以向他们提些问题。在攀岩者的眼中，这个棒极了的攀岩点唯一的不足之处，就是那些像观看动物园里的动物似的盯着你瞧的游客，以及他们所提的无聊问题。

多数高山攀登活动在路易斯湖地区进行。常见的雪和冰路线，如坦普尔山和费尔维山(Mt Fairview)吸引着来自世界各地的攀岩者。请咨询加拿大公园处以便了解有关山况和乘车的更多详情。如果想要导游，就不得不提设立在坎莫尔的 **Yamnuska Mountain Adventures 公司**(☎866-678-4164；www.yamnuska.com)。他们会在路易斯湖那等着你，并传授给你一些诀窍。

住宿

在路易斯湖住宿需要付出昂贵的代价。宿营和旅馆都花得值，但对许多游客而言，绝大多数的住房都将是他们的“特别之夜”。

Lake Louise Tent & Trailer 宿营地(☎403-522-3833；Lake Louise Dr 外；帐篷和娱乐车营地 $26 起；⌚5月中到10月；Ⓟ)如果你打算睡在这家星光旅馆之中，这将是离小镇最近的宿营之地和最好的选择。这里地方宽阔，能很好地欣赏到坦普尔山的美景。但是因位于火车道附近，如雷鸣般震天响的火车会让你一宿无眠。

HI-Lake Louise 国际青年旅舍(☎403-522-2200；www.hihostels.ca；Village Rd；宿/双 $34/99 起；Ⓟ)整洁、舒适、便宜，而且住满了有趣的游客，是

真正旅馆的样子。房屋本身是典型的落基山建筑结构，原木和石块构成了一件乡村艺术品。宿舍房间还算标准，但要注意私人客房收费偏高了些。

Deer Lodge酒店（☎403-410-7417，800-661-1595；www.crmr.com；109 Lake Louise Dr；房$90起；Ⓟ）Deer Lodge的地理位置是一流的，刚好在湖的转弯之处，很轻松就可以走到湖畔。房价经常会发生变化，因此，最好及早预订，以获得更便宜的价格。房间很小，是传统式的，没有电视和电话。对于路易斯湖的繁荣来说，这家乡村旅馆就像是返璞归真。如果这正是你所期望的，那么你一定会爱上这里。

Post Hotel 酒店（☎403-522-3989，800-661-1586，www.posthotel.com；Village Rd；双 $335 起；Ⓟ 🅢 🅘）Post 精致的装饰和一流的饮食服务，使其与路易斯湖其他豪华宾馆相比，要更胜一筹。其内设餐厅所提供的食品与周遭惊人的美景相适宜，此外，还设有一个 Spa 和健身设施。内部装修奢华而有品位，房间的地板设计多种多样。如果再加点价钱，你将会欣赏到更为美丽的景致。

Moraine Lake Lodge旅馆（☎800-522-2777；www.morrainelake.com；双$395起；⏲6月到10月；Ⓟ）当大多数人来到Moraine Lake时，他们都不想离开这里，即使多待一小会儿也愿意。离奇的小屋点缀着小山，形成了加拿大落基山脉引人入胜的景致之一。这里慵懒、放松，房间高级而又有种乡村的随意。小木屋和房间设备齐全，当然很受旅行者欢迎。

Fairmont Chateau Lake Louise 费尔蒙酒店（☎403-522-3511，800-441-1414；www.fairmont.com；Lake Louise Dr；双 $450 起；Ⓟ 🅢 🅘）对于矗立在路易斯湖畔的这座大块建筑，很难对其做出评价。一方面，它的内部装潢漂亮而又时尚，房间很充裕，景色也极美。另一方面，这座巨大的黄油色怪物，就像是房屋洁白的部分沾上了一块瑕疵。无论是喜欢还是讨厌，它都会成为你湖泊之游的一部分，不管你是入住、观赏还是路过。

艾伯塔

就餐

数量很少，但标准很高——这就是路易斯湖的饮食情况。

Laggan's Bakery 餐馆（☎403-522-2017；Samson Mall；主菜 $5 起；⏲6am ~ 8pm）游览路易斯湖而没有去 Laggan's，那么这个旅途肯定是不完满的。大量的甜点和咸点让人垂涎欲滴，也很适合在上路之前塞点在你的背包中。这里的比萨饼焙果是一级棒，但也值得考虑，因为在那等候的队伍实在太壮大了。

Bill Peyto's Café咖啡屋（☎403-522-2200；HI-Lake Louise，Village Rd；主菜 $7 起；⏲7am ~ 10pm）这里是旅行者在探险结束后进餐和滑雪之前享用早餐的喜爱之地。公开和社交的气氛，很适合大家一起分享各自的故事，吃一大盘的玉米片。这里的早餐享有盛名，当天气晴朗之时，建议你在院子里享受日光浴。

Lake Louise Station Restaurant餐馆（☎403-522-2600；Sentinel Rd尽头；主菜$13起；⏲11:30am ~ 9:30pm）主题餐馆必须得谨慎对待——很幸运，这家灵感来自铁路的餐馆却做得很好。你可以在堆满了废弃行李箱的车站里进餐，也可以选择一节餐车，这简直是一级棒的。食物简单但实在。这里是火车迷们的必到之地。

到达和四处走走

公共汽车中转站（☎403-522-3870）在山姆桑购物中心（Samson Mall）参阅班夫镇一节（见606页）了解公共汽车服务详情。

贾斯珀镇及其周边
(JASPER TOWN & AROUND)

对贾斯珀进行描述，同时又不让人觉得你是旅游部门的雇员，或你是过分夸大，是很困难的事。但这确实是真实的：大块的冰川从高耸的岩峰上滚滚而下，化成湍急的白色河流，从长满松树的山谷中穿越而过。反过来，这些因冰川而形成的大片 U 形山谷又成为了无数种植物和动物的家园，包括大量照片主角的山地野绵羊和更为抢手而又难以捉摸的灰熊。草地上，野花遍地，偎依在森林的怀抱之中，给予有皮毛的居民摆姿势拍照的完美处所。

冰河与山谷融合处的中央是贾斯珀镇。贾斯珀镇古雅而安静，尤其是与其大哥班夫镇相比，更是你期待在这个高山天堂中看见的那种小镇。它没有过度商业化，但你仍可以享受到很棒的饮食，能欣赏到美景的房间。幸运的是，这里的一切都在保护之列，占地 10 878 平方公里的贾斯珀国家公园保证了这里暂时保持原样。

贾斯珀镇有一种安静的平和。开发、保护、生态和经济都各司其职，互相之间保持着平衡发展。当你来过这里之后，你脑海中将永远记住的一件事就是：你来对了地方。

方位和实用信息

贾斯珀镇很悠闲，比班夫镇要安静得多。很显然，这里需要依靠自己来探险公园，但是同时也很容易熟悉周围的环境。小镇中心很小，最好是通过步行游玩。穿越小镇的主干道 Connaught Dr 车道是整个公路系统发展的脊骨。在这条主干道上，你会找到餐馆、火车站、一些旅馆，还有纪念品商店。泊车的最佳地点是靠近火车站，在

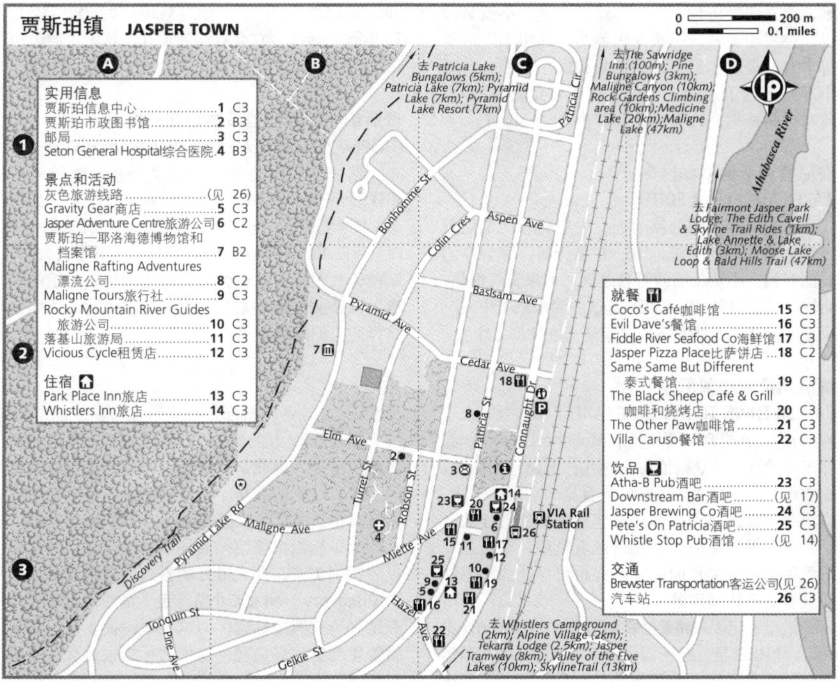

极其非艾伯塔风格的图腾柱附近。

贾斯珀信息中心（见611页地图；☎780-852-6176；www.parkscanada.gc.ca/jasper；500 Connaught Dr；🕑6月到9月 8am～7pm，10月到次年5月 9am～4pm）

贾斯珀市政图书馆（Jasper Municipal Library；见611页地图；☎780-852-3652；500 Robson St；上网 每小时 $5）

邮局（见 611 页地图；☎780-852-3041；502 Patricia St，Elm Ave 尽头；🕑 周一至周五 9am ～ 5pm）

Seton General Hospital 综合医院（见611页地图；☎780-852-3344；518 Robson St）

景点

贾斯珀电车客运(JASPER TRAMWAY)

如果平均来说，贾斯珀令人有些厌倦的风景无法吹起你的头发，那就去乘坐观光**贾斯珀电车客运**（见 611 页图中箭头所示；☎780-852-3093；www.jaspertramway.com；Whistlers Mountain Rd；成人/儿童 $24/12；🕑5 月和 6 月 9:30am ～ 6:30pm，7 月和 9 月 9am ～ 8pm，4 月、5 月、9 月和 10 月 10am ～ 5pm），回头看看，定会让你无法呼吸，天气晴朗时，向南望，可眺望 75 公里外的哥伦比亚冰原。从电车上面你可以步行 45 分钟到达山峰顶，那儿风景更棒。电车客运在贾斯珀以南大约 7 公里处，沿 Whistlers Mountain Rd 路，离高冰原园林大道外围不远。

米特温泉区(MIETTE HOT SPRINGS)

泡温泉不错的地方即偏远的**米特温泉区**（见 611 页地图；☎780-866-3939，800-767-1611；www.parkscanada.gc.ca/hotsprings；Miette Rd；成人/老人 和 儿童/家庭 $6.15/5.20/18.50，浴衣 每套 租金 $2，浴巾 租金 $1；🕑6 月到 9 月 8:30am ～ 10:30pm，5 月末到 6 月、9 月和 10 月 10:30am ～ 9pm），离 Hwy16 公路不远，贾斯珀东北边 61 公里处，公园边界附近。温泉的温度适宜，当雪花飘落在头上，人群被热气围绕，尤其让人感到心情愉快。这里有一些热水池，还有一个冷水池，里面的温度能让心脏骤停，因此在跳进去之前，最好先用脚趾头测试一下。这里的泉水中添加了氯气，因此很幸运地闻不见传统温泉应有的气味。

帕特里夏和金字塔湖区 (PATRICIA & PYRAMID LAKES)

在一个小小的、荒芜的湖泊中欣赏高山的倒

影，这样的经历独一无二。这两个湖离小镇7公里，位置很便利，也很令人满足。这里水上活动很丰富，提供木船、皮船和帆板的出租服务。对于那些不想下水的人，可以徒步行走或是骑马。随时提高警觉，这里都是观察动物的好位置。

安尼特和艾迪斯湖区 (LAKES ANNETTE & EDITH)

在通向小镇的公路对面，安尼特和艾迪斯湖区是远离人群的一流地方。在夏天时，你会梦幻般地找到一小块美丽的野餐之地。如果天气很热，而你又足够勇敢，你可以跳进这些深水湖当中——只是要记住，这些水不久之前还是在冰河之中！

贾斯珀镇到梅莱尼湖 (JASPER TOWN TO MALIGNE LAKE)

在贾斯珀和梅莱尼湖(Maligne Lake)之间，驾车体验棒极了，很值得来这儿。道路迂回曲折，而在每一个拐弯处，都有机会看见一些野生动物。这里是贾斯珀镇观察鹿、麋鹿和驼鹿的最佳地之一，而且够幸运的话，还可以看见熊。清晨是观赏野生动物的最佳时间，这样也可以让公园里数量最多的动物远离游客。

沿途一定要在**梅莱尼峡谷**(Maligne Canyon，见595页地图)驻足，是下面河流流动所形成的陡峭、狭窄的峡谷。峡谷的最窄处只有几米宽，而且在你脚下50米处就是令人咂舌的大转弯。从停车场开始，行走起来就很轻松了。要记住离茶室越远，与你分享美景的人也就越少。冬天的时候，瀑布冻结成白色冰条，深受到攀冰者的喜爱。

再远点是**麦迪森湖**(Medicine Lake，见611页图中箭头所示)，是处处美景的道路上的另一个壮观之地。

梅莱尼湖(MALIGNE LAKE)

离贾斯珀镇约50公里处，在享有盛名的公路的末端，是被大肆宣传的梅莱尼湖，号称是公园内最美丽的湖泊之一。它的美是无可置疑的，略带紫的浅蓝色湖水，顶峰被雪覆盖的高山，让旅行者尽享视觉大餐。但是观光车隆隆不断的声音，以及上百人喋喋不休的谈话声，使这片美丽的景色大为贬值。事实上，最美的景致是在湖泊往下不远处，只有坐船才能到达的地方——斯皮里特岛(Spirit Island)。

Maligne Lake Boathouse公司（☎780-852-3370；租船 每小时/每天 $25/75）租赁独木舟供游人划游整个湖区。没有多少人会一直划到斯皮里特岛——需要整天的时间才能到。如果你真得想看看那儿经典的景观，试试 **Maligne Tours 旅行社**（见611页地图；☎780-852-3370；www.malignelake.com；627 Potricia St；成人/儿童$43/21.50；⏲5月到10月 10am～5pm），它会载你到那儿。这家旅游公司组织1.5小时航游，前往小岛观光。

贾斯珀—耶洛海德博物馆和档案馆 (JASPER-YELLOWHEAD MUSEUM & ARCHIVES)

钻进这家**博物馆**（见611页地图；☎780-852-3013；www.jaspermuseum.org；400 Pyramid Lake Rd；成人/老人和学生 $4/3；⏲夏季 10am ～ 5pm，其他时间 周四至周日 10am ～ 5pm）如果是下雨、下雪或太热。即使天气很好，它也会努力讲述着贾斯珀镇的故事，以及关于那些来到这里并把小镇建设成如今这样的人们的故事。

活动

徒步

相比于南方的姊妹公园，贾斯珀的游客相对要少得多，因此是穿上登山鞋，出去走走的自然之地。这里的徒步小道可以满足各种性格的游客：在小镇附近可以进行下午游和多日全天游。

如果想走出旅馆伸展伸展你的腿，同时又可以欣赏到美景，那么最好的方式就是沿着环城小道 **Discovery Trail 徒步小路**行走。虽然有点不太吉利地画着灰熊的标志，但这个短程徒步旅行是观赏野生动物的好途径。这里的标志很显著，很容易理解。

这个地区有一些真正的一流景点。**Skyline Trail 徒步小路**（见611页图中箭头所示）就位列最佳名单之上，甚至在这个美丽的地区，其景致也是无与伦比的。它起始于梅莱尼湖，绵延26公里，后到达梅莱尼湖公路。这里冬雪会停留很久才会融化，因此当Skyline可以游览时，通常已经是6月中旬了。

从麦迪森湖附近，徒步行走至**雅克湖**(Jacques Lake，见611页图中箭头所示)是很棒的事。沿着冰原大道继续往下走，**五湖山谷**(Valley of the Five Lakes，见611页图中箭头所示)又是一处一流景点。这里有如此多的徒步旅程等待你去发现。在贾斯珀，真正的探险触手可及！

贾斯珀国家公园《徒步者指南小册子》(*Day-Hikers' Guide to Jasper National Park*)介绍公园里方便徒步的绝大多数线路；而偏僻地区游客指南《贾斯珀国家公园》则详细介绍较长的徒步小路和偏地宿营地，并提供2到10日徒步游行程参考，如果想留宿远足，你必须申请一张偏远地区准入证（每人每晚 $10，或购买季度票 $69），由贾斯珀信息中心的加拿大公园处签发。了解有关限制线路的详情和预订情况，请电话咨询**加拿大公园管理处徒步小路办公室**（Parks Canada Trail Office；☎780-852-6177）。

自行车

在贾斯珀地区，有各种方式的自行车旅行可以选择。无论是在公路上骑车，还是喜欢尘土，各种形式都可以让多数人心情愉快。

了解更多信息，不妨前往贾斯珀信息中心取一本《贾斯珀国家公园山地自行车指南》(*Mountain Biking Guide，Jasper National Park*)。

与 **Vicious Cycle 租赁店**（见 611 页地图；☎780-852-1111；630 Connaught Dr；每天 $24 起；⏲9am ~ 6pm）的工作人员聊聊，他们会给你安排好自行车和很多的道路信息。

攀岩

在贾斯珀攀岩很有趣，在山谷中有一些不错的路线。这里还有一些很棒的竞技攀登地、抱石地区和传统的登山地点，长短不一。如果你想尝试不用耳片或抱石垫的话，就去**岩石园**(Rock Gardens，见 611 页图中箭头所示)。这块大受欢迎的攀岩地，位于从离开梅莱尼湖公路的第 5 大桥开始的小径上，道路不费力，而且可以遇见其他的攀岩者。如果想进行传统攀岩，可以考虑**Roche Miette**和**摩罗山**(Morro Peak，见 595 页图中箭头所示)。对于大多数落基山攀登者来说，头盔和很好的路线寻找技能是必需的。

那些想学习如何攀岩的人，可以联系 **Paul Valiulis 公司**（☎780-852-4161；www.icpeaks.com；每人 $60），或者联系 **Peter Amann 公司**（☎780-852-3237；www.incentre.net/pamann；2 天课程 $160）。他们通过 2 天的新手课程向你介绍这项运动。如果你需要器具，请前往 **Gravity Gear 商店**（见 611 页地图；☎780-852-3155；618 Patricia St）。

骑马

想体验来贾斯珀的首批游客的感觉吗？那就快马加鞭，到**Skyline Trail Rides公司**（见611页图中箭头所示；☎780-852-4215；www.skylinetrail.com；Fairmont Jasper Park Lodge，1 Old Lodge Rd；骑马 $39 起），这儿推出短途骑马游，游历周围的农村地区；还推出宿夜游程，冬天推出雪橇游。

怀特—沃特漂流

没有什么能比得上夏天热浪下冰川滑落的壮观景象了。贾斯珀地区有很多不错的漂流机会，从湍急漂流到缓和的漂流都可在**梅莱尼河**(Maligne River)、**桑瓦普塔河**(Sunwapta River)和**阿萨巴斯河**(Athabasca River)上进行。漂流季节从5月到9月。

Maligne Rafting Adventures漂流公司（见611页地图；☎780-852-3370；www.mra.ab.ca；616 Patricia St；游程 $55起）也推出从划子游到第二等级和第三等级的探险之旅，还有宿夜之旅。

Rocky Mountain River Guides 旅游公司（见 611 页地图；☎780-852-3777；www.rmriverguides.com；626 Connaught Dr；游程 $55 起）初学者或者有经验的漂流者在这儿都能找到乐趣。

滑雪和滑雪板

贾斯珀国家公园唯一的滑雪地区是**马莫特盆地**（Marmot Basin；见 595 页地图；☎780-852-3816；www.skimarmot.com；Marmot Basin Rd；全日通票 成人/儿童 $59/47），在 Hwy 93A 公路不远处，小镇西南 19 公里。这个大受欢迎的滑雪场拥有 75 条雪道和 7 辆缆车，为旅行者提供了多种选择。虽然有时会天寒地冻，但滑雪乐趣无穷，场上积雪也很棒，只是一定要注意保暖。现场有一些越野路径和一处日间木屋，可以让你休息，并吃午餐。

在梅莱尼湖附近，**穆斯湖环形道**(Moose Lake Loop，8公里长)和在**白尔德山**(Bald Hills；见611页图中箭头所示)中的小路(11公里)可使你很方便进入公园200公里长的越野滑雪道。

团队游

在贾斯珀，有几家大型旅游公司和预订中心。他们提供各种团队游，包括冰原游、火车巡游、游船观光、野生生物观光、漂流、骑马等等。

灰色旅游线路（Brewster Gray Line；见611页地图；☎780-852-3332；www.brewster.ca；607 Connaught Dr）

Jasper Adventure Centre 旅游公司（见611页地图；☎780-852-5595，800-565-7547；www. jasperadventurecentre.com；604 Connaught Dr）

落基山旅行社（见611页地图；☎877-852-7682；www.tourrockies.com；610 Patricia St）

SunDog Tour Company旅游公司（见611页地图；☎780-852-4056，888-786-3641；www.sundogtours.com；Connaught Dr）

住宿

总的来说，贾斯珀的房价比班夫镇要便宜，但实际上各个方面都不“便宜”。

经济

贾斯珀十处公园宿营地，一般在 5 月中旬和 9 月下旬或 10 月上旬期间对外开放，尽管一两处一直开放到第一场雪之前，也不会太晚。全部都按先到先得的原则安排游人。了解相关信息，请联系**加拿大公园管理处**（☎780-852-6176；500 Connaught Dr），在贾斯珀信息中心。

Snaring River Campground 宿营地（见 595 页；Hwy 16；帐篷营地 $15；⏲5 月中到 9 月中；Ⓟ）位于贾斯珀镇以北 17 公里，这个基本的宿营地完美地消除了公园内其他宿营地的繁忙之感。引人入胜的美景，安静的环境，这66个地点中的任何一个都是完美的荒地避难处。

YHA Maligne Canyon 宿营地（见595页；☎1-877-852-0781；www.hihostels.ca；Maligne Lake Rd；宿$18；Ⓟ）如果你不介意有点远离小镇，并乐于吃苦，那么这里是一个很棒的选择。位于梅莱尼峡谷（Maligne Canyon）附近的树丛之中，提供床铺、厨房以及风景等基本设施。这里也许没有淋浴间或DVD，但周围的环境却值得你作出如此的牺牲。自然之美以及臭味相投的室友，会让你终身难忘。

Whistlers Campground 宿营地（见611页图中箭头所示；Whistlers Rd；帐篷/娱乐车 营地$22/36；5月初到10月中；Ⓟ）体验过与780名宿营者一起过夜的经历吗？现在机会来了。这个巨大的宿营地并不特别私密，但却是离小镇最近的一处。令人难以置信的是，在旺季时，这里也经常爆满。此外，还安排了说明课程、抽水马桶和户外火坑。

贾斯珀国际青年旅舍（HI-Jasper；☎780-852-3215，877-852-0781；www.hihostels.ca；Whistlers Mountain Rd；宿/双$23/56；Ⓟ wi-fi）这家旅馆很容易招人讨厌。超过40人的宿舍房间，给人一种难民营的感觉；离小镇很远，走路能把人累死，已经有两个人倒下了。可是，尽管这样，它还是住宿的好地方。亲密的室友和相对隔绝的位置，让人觉得是真正的团体。舒适的装潢、随和的员工，加上自然环境，给它不好的方面加上了几分。

中档

贾斯珀镇南去的Connaught Dr车道沿途有很多汽车旅馆。市中心有更多住宿的地方，较高档次的酒店集中在Geikie St街上，离市中心不远，徒步即到。镇外围几个地方提供平房（通常是木制的），只在夏天营业。这儿列出的价格都是夏季旺季时的价格；在其他季节有很大折扣，尤其是在冬季。

艾伯塔

Patricia Lake Bungalows 旅馆（见611页图中箭头所示；☎780-852-3560，888-499-6848；www.patricialakebungalows.com；Patricia Lake Rd，Pyramid Lake Rd附近；双大床$85起，木屋$160起；5月到10月中；Ⓟ）如果你曾经想感受《奇幻森林历险记》（*Hansel and Gretel*），那么现在你有机会可以体验一下了。这里的木屋小小的，很可爱，让人感觉它们就是用糖衣做成的，而且是用橡皮糖来作装饰。这里的草地相当受家庭的欢迎，甚至还有专供孩子们玩耍的游乐园，另外，还为大孩子们提供了热水池。这是在宁静当中放松自己的好地方，感觉如童话一般。

Pine Bungalows 旅馆（见611页地图；☎780-852-3491；www.pinebungalows.com；2 Cottonwood Creek Rd；木屋$150起；Ⓟ）这是一个伟大的发现，该旅馆位于公路对面、河流旁边，并远离了小镇。如果这些小木屋可以开口说话，它们一定会告诉你一些故事：在20世纪50年代，玛丽莲·梦露在附近拍摄电影时，曾与她当时的丈夫乔·迪马吉奥（Joe DiMaggio）一起在这儿待过。自那以后，这些小木屋没有发生多大变化，还是没有电视，但是它们却保留着当时吸引诺玛·琼和Joltin' Joe的所有魅力。没有人知道这对著名的夫妻当时是住在哪个房间的，因此你尽管对别人说，他们住的就是你那个房间。

Tekarra Lodge旅馆（见611页图中箭头所示；☎780-852-3058；www.tekarralodge.com；Hwy 93A；双$165起；5月到10月；Ⓟ）这里离小镇很近，近得让你觉得就是小镇的一部分，但又挺远，让人感觉已经离开了小镇。那坐落在美丽土地上的一排平房，可以俯瞰到米耶特和阿萨巴斯卡两条河流的交汇，同时又集乡村气息和奢华于一身。友善的工作人员、硬木地板以及壁炉构成了一幅完整的图画。

Alpine Village度假村（见611页地图；☎780-852-3285；www.alpinevillagejasper.com；Hwy 93A；木屋$170起；5月到10月；Ⓟ）在一个以小木屋为标准住房的小镇上，这件木石礼物明显要胜出一筹了。美观的设计，完美地体现了森林木屋的特色。所有房间都装有壁炉，该地特有的原木风格是画龙点睛的一笔。但这里每晚的收费要高得多。

Whistlers Inn 旅店（见611页地图；☎780-852-9919；www.whistlersinn.com；Connaught Dr 和 Miette Ave拐角；房$217；）中心的地理位置和高过标准的房间，让Whistlers胜过了许多的竞争对手。仅仅屋顶热水池就值得在那过夜——看着太阳一点一点地落下山，热水也一点一点地带走你一天的疲惫。你还希求什么呢？

Park Place Inn 旅店（见611页地图；☎780-852-9970；www.parkplaceinn.com；623 Patricia St；房$220起；）有时候，最好的财富恰恰就是你不得不去寻找的东西。这里是贾斯珀镇住宿的最佳之地，但你从不知道它就在那儿。豪华的房间里充满了精致、细心和时尚。大大而舒适的床会乞求你晚点再睡觉，大锅似的浴盆随时让你享受泡泡浴。由于只有12个房间，因此经常被预订一空，但是如果幸运的话，你会享受到美妙的一夜。

The Sawridge Inn 旅店（见611页图中箭头所示；☎780-852-5111，800-661-6427；www.sawridge.com；82 Connaught Dr；房$239；Ⓟ）Sawridge毫无特色，带有一点连锁旅馆的风格。房间整洁，装潢也很不错。先看看房间，因为“中庭景观房”是指透过窗户可以俯瞰到整个餐厅。这里安全，毫无惊人之处。

高级

Pyramid Lake Resort（见611页图中箭头所示；

☎780-852-4900；www.coasthotels.com；Pyramid Lake Rd；双 $249 起；Ⓟ）这家大型旅馆可以欣赏到湖泊的美景，也可以方便地到达湖泊。设计上有点奇怪，一条巨大的水泥车道将旅馆切成了两半。瑞士小屋式的建筑如扇形般散落在山中，使大多数的房间都能无阻碍地欣赏到湖景。这里会提供许多游湖项目，会出租木船，还有一个小型海滩可以闲逛。其价格有点偏高，而且会不断改进一些画龙点睛之处。

Fairmont Jasper Park Lodge 费尔蒙酒店（见 611 页图中箭头所示；☎780-852-3301，800-441-1414；www.fairmont.com/jasper；1 Old Lodge Rd；房 $500 起；Ⓟ 💻wi-fi）位于勃维特湖 (Lake Beauvert) 湖畔，周围是修剪过的草坪和山峰，这家经典的老酒店当然很受欢迎。乡村俱乐部和 20 世纪 50 年代假日营地合二为一的风格，木屋和小平房，设施齐备很高档，但不够豪华。酒店最耀眼的地方是它的大厅，周围湖光美景尽显眼前。圆木家具，水晶吊灯和壁炉布置的空间，是一边写明信片，一边呷一杯鸡尾酒最好的去处。经常推出淡季优惠房价。

就餐

在贾斯珀，能找到美味的食物的餐馆不少。很多酒店有餐厅。除了这儿列出来的几家比较突出的餐馆外，还可以问问当地人哪儿有好吃的。

经济

The Other Paw 咖啡馆（见 611 页地图；☎780-852-2253；610 Connaught Dr；主菜 $2；🕑7am ~ 10pm）这里位于新兴的 Bear's Paw 帝国中的第二家店，提供同样令人愉快的烘培食品，还展示出更美的风景。健康和点心的伟大合成能抚慰你的灵魂，让你更加年轻。这里是贾斯珀开始新的一天的好地方。

Coco's Café 咖啡馆（见 611 页地图；☎780-852-4550；608 Patricia St；主菜 $5 起；🕑8am ~ 4pm）这个时尚的小餐馆让每个人都不会空手而归。丰盛的早餐让当地居民一再地光顾这里，也给饥肠辘辘的游客留下深刻印象。这里也为素食者提供丰富的食物，既让他们坚持了原则，又填饱了肚子。

The Black Sheep Café & Grill 咖啡和烧烤店（见 611 页地图；☎780-852-9788；406 Patricia St；主菜 $5 ~ 7；🕑8am ~ 9pm；💻）将一家古老餐厅进行翻新，换成一排舒适的桌子，再加一张放有电脑的吧台，这样你就拥有 Black Sheep 了。这里品种繁多的煎蛋卷能让一个严格的素食主义者感到饥肠辘辘，而友善的工作人员会让你的咖啡杯一直都满满的，同时也让你的脸上一直带着笑容。

我们的选择 Same Same But Different 泰式餐馆（见 611 页地图；☎780-852-5850；632 Connaught Dr；主菜 $8；🕑4:30 ~ 10pm）棒极了的泰国食物，其价格更接近于曼谷，而不是加拿大的一个旅游小镇。当你坐在那儿欣赏着火车在公路那边逐渐驶近时，服务员会为你端上如货车般的泰国炒面。一流的食物，物有所值，一定要去体验下。

中档和高级

Jasper Pizza Place比萨饼店（见611页地图；☎780-852-3225；402 Connaught Dr；主菜$8起；🕑11am ~ 11pm）如果向当地人打听，什么地方可以不用花太多的钱或只花中等水平的钱就可以吃上一顿不错的饭，他们一定会提到这个地方。夏天的屋顶露台很棒，而比萨饼则是一年到头都是一流的。

Fiddle River Seafood Co 海鲜馆（见 611 页地图；☎780-852-3032；620 Connaught Dr；主菜 $18 起；🕑5 ~ 10pm）确实值得特意来到贾斯珀第一海味餐馆。坐在窗户旁边，大口吞咽着经过创新的食物，如南瓜子裹鳟鱼——味道真是棒极了！

Evil Dave's 餐馆（见 611 页地图；☎780-852-3323；622 Patricia St；主菜 $19 起；🕑5 ~ 11pm）Dave's 为小镇的顶尖餐厅设立了新的标准。装饰圆滑而流行，还有从《银翼杀手》(*Blade Runner*) 中偷学过来的巨大等离子屏壁炉和吊扇。食物很酷，许多都是由主厨和首席策划戴夫 (Dave) 亲自研制出的新式菜肴和无国界风味料理。

Villa Caruso餐馆（见611页地图；☎780-852-3920；640 Connaught Dr；主菜$21起；🕑11am ~ 11:30pm）如果你是食肉动物，希望能享受到好的牛排，或你不吃肉但可以吃鱼，企图寻找一些一流的海味食品，或是纯粹的素食者，需要吃一顿面食，你都可以选择去这里。木质装饰品和秀丽的美景，会成为你精致一餐的美味开胃食。

The Edith Cavell（见 611 页图中箭头所示；☎780-852-6052；Jasper Park Lodge，1 Old Lodge Rd；二 / 三 / 四道菜正餐 $90/110/130；🕑6 ~ 9pm）这家不错的餐厅位于 Jasper Park Lodge 美丽环境之中。令人屏息的美景和同样激动人心的菜单，让你经历一次不会很快忘记的就餐。只要记住牛羊杂碎 (sweetbreads) 不是来自面包店，你就可以做得很好了。

饮品

Pete's on Patricia 酒吧（见 611 页地图；☎780-852-6262；614 Patricia St）这里是与当地人和游客群同步的地方。DJ 们会打出不同的音乐，从 hip-hop 到 Top 40——晚上 10 点后上楼入座。

Whistle Stop Pub 酒馆（见 611 页地图；☎780-852-3361；Connaught Dr 和 Miette Ave 拐角）有大电视、有很多桶装啤酒，还有点乱，但这并不是坏事。这里是小饮几杯的好地方，可以玩儿一些老虎机，打几下桌球，还可以出去闲逛闲逛。

Jasper Brewing Co酒吧（见611页地图；☎780-

852-4111；624 Connaught Dr）。这儿是喝当地酿造啤酒的好地方——可以试试Rocket Ridge Raspberry Ale淡啤酒！这家酒吧很酷，有电视，坐着就可以看到前方的风景。

Downstream Bar 酒吧（见 611 页地图；☎780-852-3032；620 Connaught Dr）这家干净的地下小酒吧有台球桌、汉堡包和立体音乐。适合放松，寻找乐趣，有当地的一些气息。

Atha-B Pub酒吧（见611页地图；☎780-852-3386；Athabasca Hotel，510 Patricia St）这家大型的夜晚酒吧在当地人之中很受欢迎，而且经常会演奏现场音乐。离开Athabasca Hotel的大厅之后，会有点疲劳，地毯很可能会放出辐射，但这里仍不失为一个度过快乐夜晚的有趣地方。

到达和四处走走

公共汽车站（见 611 页地图；☎780-852-3926；www.grey hound.ca；607 Connaught Dr）在火车站内的灰狗巴士，开往埃德蒙顿（$58，4 个半小时，每天 4 班），乔治王子（$64，5 小时，一天 2 班），坎卢普斯（$61，6 小时，一天 2 班）和温哥华（$115，11 个半小时，一天 2 班）。

Brewster Transportation客运公司（见611页地图；☎780-852-3332；www.brewster.ca），从同一车站发车特快大巴开往路易湖村($60，4个半小时，一天至少1班)和班夫镇($70，5个半小时，一天至少1班)。

国际汽车租赁公司（见 846 页）在贾斯珀镇设有办事处。

如果你需要出租车，电话联系 **Jasper Taxi 出租车公司**（☎780-852-3600），提供里程计价的出租汽车。

VIA Rail 公司安排列车向西开往温哥华，向东开往多伦多，每周 3 班；另外，还有每周 3 班开往乔治王子的列车，这班列车在乔治王子逗留一夜后，继续开往鲁珀特王子。火车已经由以前便宜的交通工具，变成了现在流行的观光旅行。尽管环境因素有利于火车旅行，但随着价格的上升，对于一些游客而言，火车已经不能企及了。

电话咨询或前往**火车站**（☎888-842-7245；607 Connaught Dr）了解火车时刻安排和车票价格。要了解加拿大铁路旅行的总体信息，请见 849 页。

艾伯塔南部(SOUTHERN ALBERTA)

班夫、卡尔加里、埃德蒙顿以及贾斯珀的旅游热点占据了艾伯塔的多数标题，但几乎被遗忘的南部则是一颗隐藏着的宝石。连绵不绝的农田让路于如同来自另一个世界的风景。高耸的怪岩柱独占着这里的地平线，这些稀奇古怪的风沙雕刻品如同是 Seussian 沙黄色的现实作品。最新发现的美洲野牛涧地带(Head-Smashed-In Buffalo Jump)和历史比较悠久的省立恐龙公园(Dinosaur Provincial Park)都保留有大量的历史遗迹，同时也都被列入了联合国教科文组织世界遗产的名录之中。

在这个安静的角落里，大量的自然奇观静静地站立着。尘土飞扬、干燥的荒地向东边的草原张开着双臂，而辽阔空旷的草原则一直延伸至萨斯喀彻温西部的塞浦路斯群山(Cyprus Hills)。往西是沃特顿湖国家公园(Waterton Lakes National Park)，落基山一些最为壮观的景致就在其中，但仍在大多数游客的视线范围之外。

南方是一片崎岖不平的陆地，牛仔、印第安人、野牛到处闲逛，也许甚至还会有古怪的恐龙也漫步其中。唯一不见的就是游客，而那也正好。

德拉姆黑勒(DRUMHELLER)

德拉姆黑勒是地球上为数不多的几个以恐龙遗迹为主要产业的城市之一。德拉姆黑勒在卡尔加里东北方 150 公里处，处于荒地的中心地带，是一个很小但却惹人喜爱的城市。它也许将其侏罗纪的身份表现得太过夸张了，每一个街角都站立着经过装扮的恐龙，而且都以恐龙名称为头衔，而不是一些商业性名字。市中心处甚至还骄傲地矗立着一座世界上最俗气，嗯哼，最大的恐龙雕像，展示着其钢筋混凝土的荣耀。

但是，不要让这种市民式骄傲阻却了你的脚步。如果越过这些媚俗之作，城市本身还是很独特、很有趣的。这里的夏天很炎热，四周的景致仿佛是来自古老的经典西部电影。岩柱是这里的主要地貌，而且皇家蒂勒尔博物馆就坐落于市郊，是了解恐龙（除此之外，还可能是别的吗？）的世界级地方。

甚至就连**旅游信息中心**（☎403-823-1331；60 1st Ave W；⏲10am ~ 6pm）用一大的“T-rex”标志标注。如果你正在开车，可调至调频 FM 94.5 兆赫当地电台，了解镇上实时新闻。

景点和活动

恐龙徒步小路，霍斯肖峡谷和岩柱车道(DINOSAUR TRAIL, HORSESHOE CANYON & HOODOO DRIVE)

德拉姆黑勒在恐龙小路上，这条 48 公里环形上路从小镇西北边向外延伸，包括 Hwy 837 和 Hwy 838 公路；沿途风景相当值得驾车一番。每处拐角，每处劣地和江景时刻令你惊奇。这条环形小路让你穿越**米德兰省级公园**(Midland Provincial Park；不能宿营），在这座公园里，你可以进行自助徒步游，乘坐免费的**布莱里奥特渡轮**(Bleriot Ferry)穿越雷得迪乐河(Red Deer River)。

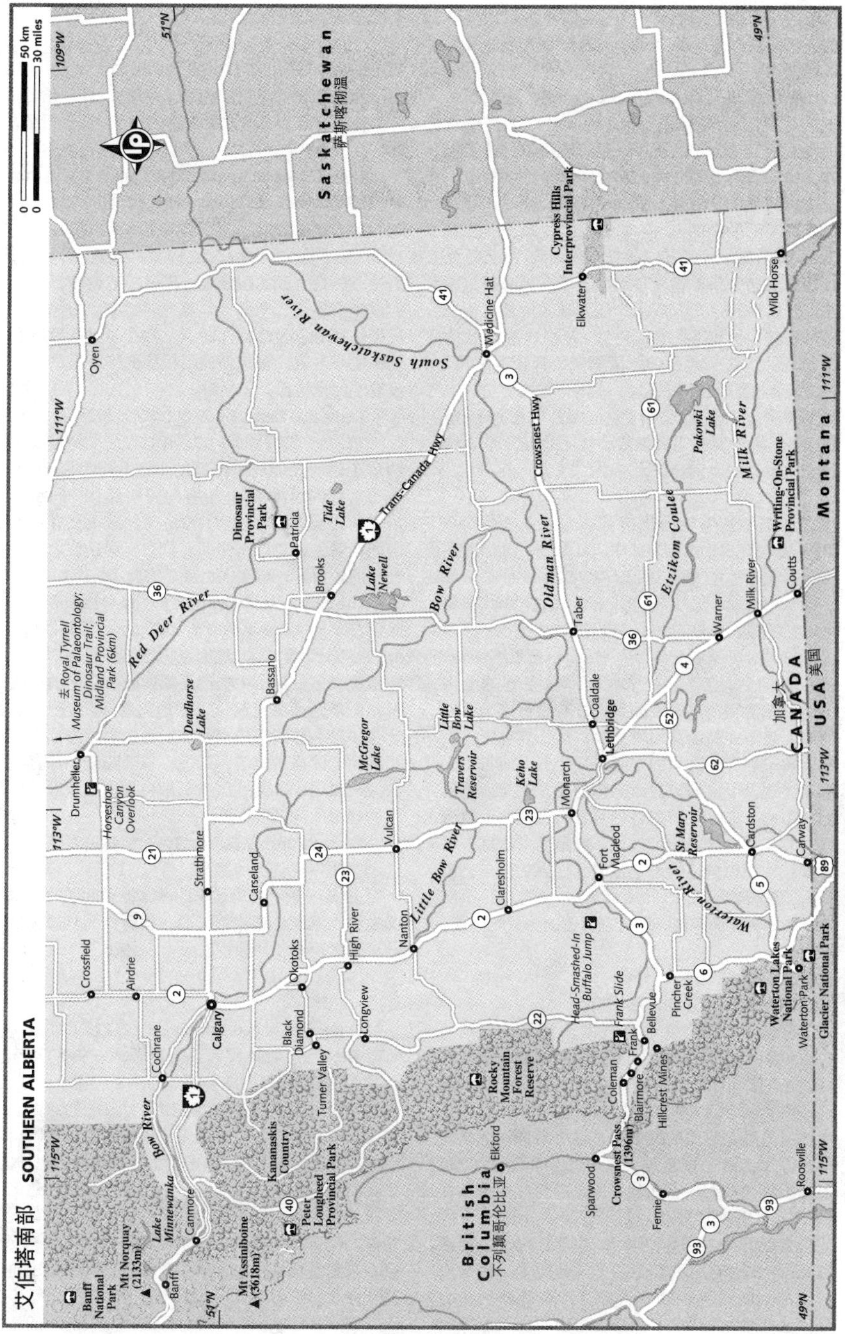
艾伯塔南部 SOUTHERN ALBERTA
0 50 km
0 30 miles
Saskatchewan
萨斯喀彻温
British Columbia
不列颠哥伦比亚
Montana
CANADA
加拿大
USA
美国
Banff National Park
Mt Norquay (2133m)
Banff
Canmore
Lake Minnewanka
Bow River
Mt Assiniboine (3618m)
Peter Lougheed Provincial Park
Kananaskis Country
Turner Valley
Black Diamond
Cochrane
Calgary
Crossfield
Airdrie
Okotoks
High River
Longview
Carseland
Strathmore
Drumheller
Horseshoe Canyon Overlook
去 Royal Tyrrell Museum of Palaeontology; Dinosaur Trail; Midland Provincial Park (6km)
Deadhorse Lake
Red Deer River
Bassano
Brooks
Patricia
Dinosaur Provincial Park
Tide Lake
Lake Newell
Trans-Canada Hwy
Oyen
South Saskatchewan River
Medicine Hat
Elkwater
Cypress Hills Interprovincial Park
Wild Horse
Crowsnest Hwy
Oldman River
Bow River
Taber
Etzikom Coulee
Pakowki Lake
Milk River
Writing-On-Stone Provincial Park
Warner
Milk River
Coutts
Coaldale
Lethbridge
Little Bow Lake
Travers Reservoir
McGregor Lake
Keho Lake
Monarch
Vulcan
Little Bow River
Nanton
Claresholm
Fort Macleod
St Mary Reservoir
Cardston
Carway
Waterton River
Head-Smashed-In Buffalo Jump
Frank Slide
Frank
Bellevue
Pincher Creek
Hillcrest Mines
Blairmore
Coleman
Crowsnest Pass (1396m)
Sparwood
Fernie
Elkford
Rocky Mountain Forest Reserve
Waterton Lakes National Park
Waterton Park
Glacier National Park
Roosville
51°N
49°N
115°W
113°W
111°W
109°W
1
2
3
4
5
6
9
21
22
23
24
36
40
41
52
61
62
89
93

渡轮为电缆渡轮，自 1913 年运营至今；还可以前往不同观景点，眺望这个地区激荡人心的峡谷奇观。

霍斯肖峡谷 (Horseshoe Canyon)，这个地区中最壮观的山脉断层，沿 Hwy 9 公路朝德拉姆黑勒以西驾车 1 小时就可以很好地观赏这条大峡谷。停车场大大的路牌向你介绍这个地区的地理结构，同时数条小路，通向峡谷供人深入探究。

25 公里长的岩柱车道 (Hoodoo Drive) 在 Hwy 10 公路上从德拉姆黑勒东南大约 18 公里处开始，仅有一条单道横贯到底，所以你必须沿原路返回，沿着这条车道，你能发现其中最有代表性的**石柱**，神奇（受磨损侵蚀）沧桑，蘑菇状的砂岩石柱。这个地区曾一度繁荣，煤矿开采区，现在**阿特拉斯矿区** (Atlas Mine) 作为省级历史古迹得到保护。Hwy 10 公路（包括 6 公里长的 11 座桥梁），从罗斯戴尔到**怀茵**小社区之间，是岩柱风景中隐藏的一颗珍珠。

皇家泰里尔古生物博物馆 (ROYAL TYRRELL MUSEUM OF PALAEONTOLOGY)

这家**博物馆**（☎403-823-7707, 888-440-4240; www.tyrrellmuseum.com；成人/青年/老人/家庭 $10/6/8/30，化石挖掘 成人/青年/家庭 $15/15/50，带导游徒步游 成人/青少年/家庭 $3/2/10；⏲5 月中到 9 月 9am ~ 9pm，10 月到次年 5 月中 10am ~ 5pm）是地球上杰出的恐龙博物馆之一。如果说没有游览这个地方的旅程是不完整的艾伯塔之旅，这一点也不是大话。孩子们喜爱这里的交互式显示器，而每个人都会为这里展出的大量而完整的恐龙骨架而感到惊叹不已。你可以参加各种有导游带领的荒地旅行，或是有向导的徒步旅行，或是恐龙挖掘，去寻找、发现你自己的恐龙宝藏。你会觉得自己正步入《侏罗纪公园》(*Jurassic Park*) 的幕后，事实上，从许多方面来说，这里是真正的侏罗纪公园。

艾伯塔

世界上最大的恐龙 (WORLD'S LARGEST DINOSAUR)

警告——前方有一俗气的旅游景点！是只鸟，是架飞机，是世界上最大的线球，是最俗气的东西！不，它只是**世界上最大的恐龙**（☎866-823-8100；60 1st Ave W；门票 $2；⏲10am ~ 6pm）在到处都是恐龙雕像的城市里，这座雕像无疑是其中的国王。这个国王站立在一个停车场上方 26 米处，雕像很大，有几分吓人，当初花费了一百多万元才修建起来的，如果想爬上 106 个台阶从恐龙嘴巴处观景，为此所要掏出的门票价格也是可以理解了。年轻人喜欢这座雕像，而从顶部欣赏到的景色也确实很棒。具有讽刺意味的是，这尊恐龙长 46 米，比它绝迹的同类原型大 4.5 倍。

住宿

德拉姆黑勒的住宿有限，因此，最好预订，否则你只有与你不喜欢的事物为伍了，或者更糟，什么都没有。

River Grove Campground & Cabins 宿营地（☎403-823-6655；www.virtuallydrumheller.com/rivergrove；25 Poplar St；营地 $26 起，木屋 $80 起，锥形帐篷 $60；⏲5 月到 9 月；Ⓟ）就在镇里，靠近一处大的恐龙，一处宜人的宿营地，配有很多设施。帐篷的设施很不错，一些郁郁葱葱的树木会为你遮去炎炎的夏日，带来阵阵清凉。你甚至可以租顶锥形帐篷来过夜，虽然斯通尼民族的帐篷里很可能没有混泥土地面。

Taste the Past B&B 旅馆（☎403-823-5889；281 2nd St W；单/双 $85/100；Ⓟ）在世纪之交经过改建的房子已经发展成了舒适的市区 B&B（只提供床位和早餐的小旅馆）。所有的房间都有一间私人浴室，在楼下还有一个共享浴室。这里只有三个房间，看上去更像是和朋友待在一起；在你结束在此的逗留时，事实上也就是如此了。

The Inn at Heartwood 旅馆（☎403-823-6495，888-823-6495；www.innsatheartwood.com；320 N Railway Ave E；双$150起；）这家乡村旅馆有趣、卓越，在市里大多数住宿中如鹤立鸡群般。小小的房间奢华、舒适而又有品位。旅馆内的SPA设施可以让你如皇后或国王般享受。所有的房间内都有按摩浴池，浪漫的包裹、蜡烛、玫瑰花瓣，还有一缸两人用的水，这些服务员都会为你准备好，剩下的就由你自己进行了。

Ramada Inn & Suites 旅馆（☎403-823-2028，877-807-2800；680 2nd St SE；单和双$179起；wi-fi）小孩子肯定会为这里的游泳池和两层的滑水梯发狂。这家连锁旅馆干净、很新，而且质优价高，虽然没有任何独特或吸引人之处。

就餐

The Last Chance Saloon（☎403-823-9189；Hwy 10X，Wayne；主菜 $4.50 起；⏲11:30am ~午夜）驾车行驶 15 分钟，到韦恩小镇上的这个一流小酒吧。你会觉得你进入了克林特·伊斯特伍德的意大利式西部电影之中，岩柱和采矿遗址围着古老吧台形成的一个圆形场所。酒吧墙上挂满了历史遗物。让我们进行一次寻宝游戏，试试能否找到柯达老相机、天花板上的雪鞋、古老的香烟盒以及某人从窗户扔进来的砖块。这里的食物会让人回味无穷，但它会填饱你的肚子，让你在这种氛围中再待一会儿。哦，对了，这个地方也闹鬼。

Whif's Flapjack House 餐馆（☎403-823-7595；

801 N Dinosaur Trail；主菜 $5 ~ 9；⏲6am ~ 2pm）菜单即是其店名：华夫饼、汉堡包、冰淇淋、燕麦饼和沙拉。很足的分量，长长的队伍以及物有所值都可以在当地这家经济的小吃店找到。

Sizzling House餐馆（☎403-823-8098；160 Centre St；主菜 $9起；⏲11am~9pm）在小型市镇中，中餐有时是熟悉盥洗室的最佳途径，但在当地大受欢迎的这家餐馆却给这种说法一记重重的耳光。虽然外面激愤地写着"逃走！"，但里面却重新装修得很好，而且食物也很棒。菜单是中式和泰式的结合，因此这里是全体员工混合搭配工作的好地方。

O'Shea's Eatery & Ale House 酒馆（☎403-823-2460；600B，680 2nd St；主菜 $9 起；⏲11am ~ 11pm）从爱尔兰式酒吧的价格到牛排和意大利面食，每个人都能从这儿找到一些谈资。硬木地板、彩色玻璃窗和高屋顶都给人一种不太需要的哥特式感觉。如果你想要更为放松，这里还有一个酒吧。

到达和离开

加拿大灰狗巴士从**公共汽车车站**（☎403-823-7566；308 Centre St）发车开往卡尔加里($32，2小时，每天发车）和埃德蒙顿($59，7 小时，一天 1 班)。

Hammerhead Tour 旅行社（见 587 页）组织全天游($90)。线路从卡尔加里到德拉姆黑勒崎岖劣地和皇家泰里尔博物馆。

省立恐龙公园 (DINOSAUR PROVINCIAL PARK)

这儿是《失落的世界》(*The Lost World*) 与《草原小屋》(*Little House on the Prairie*) 相遇的地方，**省级恐龙公园**（☎403-378-4342；www.dinosaurpark.ca；Hwy 544 附近；免费参观；⏲5 月中到 9 月中 9am ~ 6pm，9 月中到次年 5 月中 10am ~ 5pm）不是大峡谷 (Grand Canyon) 的缩影，它是联合国教科文组织指定的世界历史遗址地。是成千上万只恐龙最后的栖息地，在这儿可以看到原始化石。它处于卡尔加里和麦迪森哈特 (Medicine Hat) 之间，在布鲁克斯东北边的 48 公里处，从 Hwy 1 公路出发上二级公路 Hwy 873 公路开往 Hwy 544 公路。

这座公园意外地出现在眼前，裂口大大地张开着，就在你踏入草原之前。这里的地貌干旱而且梦幻，有着大量的岩柱和有趣的岩层。7500 万年前，恐龙曾徜徉过的热带地区，现在已是炎热的不毛之地。出发时一定要确保自己穿着适当，而且要备好防晒品和水。

81 平方公里的公园等待着你去探险，野花、岩石中奇怪的响声会让你激动不已，如果幸运的话，甚至会遇见一只霸王龙。这里不仅仅是一个旅游景点，还是科学研究的温床。古生物学家已经发现了数不尽的恐龙遗骸，现在安放在全球各地的很多最好的博物馆里。

有五条带讲解的徒步小路可供选择，一条环形驾车道穿过公园的一部分，为了保护化石资源，公园70%部分限制进入。5月下旬到10 月下旬期间，未限制地区开放，游人只能在导游带领下进入(成人/儿童$8/6)或乘坐观光车游览(成人/学生$8/6)。步行远足和团队游深受人们欢迎。你必须预约，请拨打☎403-378-4344，或拨打艾伯塔省内免费电话(☎310-0000，转403-378-4344)。

公园里的**游客中心**（☎403-378-4342；成人 / 儿童 $3/2；⏲5 月中到 9 月 8:30am ~ 7pm，10 月到次年 3 月 9am ~ 4pm，4 月到 5 月中 10am ~ 5pm）虽小但有效果的系列恐龙展览。一些完整的骨架和关于古生物学实用性的展览值得一看。

公园的**宿营地**（☎403-378-3700；帐篷 / 娱乐车营地 $20/23，预订 $8；Ⓟ）坐落在一个山谷中，在一条溪流边。充足的树木可以缓解干燥的阳光，提供洗衣设施和热水淋浴，还有一个小商店，可以进行最后的采购。这里很受欢迎，尤其是拥有娱乐车，因此最好提前打电话预订。

美洲野牛涧地带 (HEAD-SMASHED-IN BUFFALO JUMP)

在艾伯塔景点中，这一地方拥有最酷的名字，但在其名气的背后，却隐藏着和一个关于机灵、足智多谋和文化遗产的故事。

上千年来，黑脚族人利用麦克劳德城堡 (Fort Macleod) 镇附近的悬崖追猎野牛。**美洲野牛涧地带**（☎403-553-2731；www.head-smashed-in.com；Spring Point Rd/Secondary Hwy 785；成人 / 儿童 $9/5；⏲5 月 15 日到 9 月 14 日 9am ~ 6pm，9 月 15 日到次年 5 月 14 日 10am ~ 5pm）是简朴智慧的一个奇迹。当野牛在空旷的草原上聚集起来时，部落中的勇士会齐心合力将它们赶向高耸的悬崖。勇士们缩紧包围圈，逐渐把动物们逼至崖边，然后让它们惊慌逃窜。这些大型哺乳动物会跌落悬崖，迎来自己的末日，但部落却因此而生存下来。对于黑脚族来说，野牛是神圣的动物。为了纪念逝去的猎物，动物身体的每一部分都会得到很好的利用，任何东西都不会被浪费。

位于麦克劳德城堡 (Fort Macleod) 西北大约 18 公里，Hwy 2 公路以西 16 公里处，也有一个小吃吧和一个徒步小路网络。

莱斯布里奇(LETHBRIDGE)

在艾伯塔南方耕地的中心，坐落着小小的城市莱斯布里奇。尽管那里没有多少吸引人的地方，但是一旦到了那儿，你就会觉得还是值得花点时间游玩的。奥尔德曼河 (Oldman River) 穿过城市的中心，留下了宽阔的河谷，成为这个城市的主要景点。在河谷（或众所周知的山谷）之中，有许多徒步旅行的机会。横跨山谷的大型铁路桥对于缺乏旅游景点的城市来说，是一个重要的景点。市区充斥着快餐店和连锁商店，随和的当地居民和零星的几个景点却扭转了劣势，使这里成为值得一游的地方。

闹市区以西大概叫做 Scenic Dr 车道，沿着城市边界延伸，它的东边繁华的 Mcgrath Dr 车道(Hwy 5)店铺成行，北美这样的街道到处都是，云集着住宿和用餐的地方。

实用信息

邮政总局（☎403-382-4604；704 4th Ave S）

旅游总局（☎403-320-1222，800-661-1222；www.chinookcountry.com；2805 Scenic Dr S at Mayor Mcgrath Dr S；⏲9am～5pm）

景点和活动

日式花园（Nikka Yuko Japanese Garden；☎403-328-3511；www.nikkayuko.com；Mayor Mcgrath Dr 和 9th Ave S 拐角；成人/儿童/青少年 $7/免费/4；⏲5月、6月和9月初到9月末 9am～5pm，7月到9月初至 8pm）洁净的土地之上，间或点缀着小桥、流水、池塘、盆景以及假山花园，让每天匆忙的生活找到了一片宁静的绿洲。真正的日式建筑物坐落在草丘之间。慢慢来，稍坐一会儿，让禅的感觉一直陪你度过整个旅程。

在这座城市东西之间，老人河畔坐落着**印第安古战场公园**（Indian Battle Park，3rd Ave S，Scenic Dr 以西），名从著名的 1870 年之战。当年黑脚族人与克里人在此交战。公园里，**伍普阿城堡**（Fort Whoop-Up；☎403-329-0444；www.fortwhoopup.com；成人/儿童/学生 $7/3/5；⏲周二至周六 10am～5pm）原是艾伯塔最早最恶名昭彰的非法威士忌交易站，现是复制建筑。这类交易站中大约 25 座建于 1869 年间，用于买卖威士忌、枪支，以军火和毛毯换黑脚族人手中的野牛毛皮。它们的存在直接促成 1874 年西北骑警队的成立，他们驻扎在麦克劳德城堡，意在维护加拿大西部的法律秩序。

在附近，海莱夫尔桥的北边，是**海伦斯切勒中心**(Helen Schuler Coulee)和**莱斯里奇自然保护区**（Lethbridge Nature Reserve；☎403-320-3064；免费入内；⏲清晨至黄昏）包括一个小型介绍中心和各条自然徒步小路，穿行在保护区 80 公顷的丛林中，沿着河岸延伸。这里有解说活动，可以让你在山谷中进行一系列活动。

亚历山大格尔夫爵博物馆（Sir Alexander Galt Museum；☎403-320-4258；www.galtmuseum.com；320 Galt St；成人/儿童 $5/3；⏲10am～6pm）地方虽小，但展品颇多。如果天太热、太冷或是雨水太多，Galt倒是稍作休息的好去处。小型的展览馆内展出的历史艺术品和当代艺术品，肯定会吸引大孩子们的目光，而展览馆旁边以孩子为目标的交互式演示则讲述了莱斯布里奇的历史。从大厅内可以看到山谷壮丽的景致，而且是免费的哦。

食宿

Hwy 5 公路沿途相当多的酒店。绝大多数酒吧和餐馆也集中在这里。

Henderson Lake Campground 宿营地（☎403-328-5452；3419 Parkside Dr；帐篷和娱乐车营地 $23 起；Ⓟ）这里有点脏，可能需要清理一下，但这片宿营地的中央位置确是无与匹敌的。挨着小镇附近且与小镇同名的湖泊，你会亲身感受其境其美。那里还有一个商店、一个洗衣房和一些营帐，此外，还会额外赠送你一棵树。

Canada's Best Value Inn 旅馆（☎403-328-6636，www.bestvalueinn-lethbridge.com；1030 Mayor Mcgrath Dr；房 带大陆早餐 $75；Ⓟ wi-fi）干净、舒适，而且便利。在连锁旅馆的主要地带上，这一家是很不错的选择。这里有游泳池、热水浴池，还提供早餐，环境也很放松。

Chellsea House B&B旅馆（☎403-381-1325；9 Dalhousie Rd；房 $100；Ⓟ）藏身于郊区之中，位于大学附近，Chellsea House是家之外的家。迷人而可爱的主人露丝会让你有到了家的感觉。到处都是古物的家也许不适合每一个人，但如果你想度过一段妈妈的时光，就去露丝那儿吧。

Ramada Hotel & Suites 旅馆（☎403-380-5050；www.ramadalethbridge.ca；2375 Hwy 5 S；房 $110 起；wi-fi）水宝宝们最高兴了！这家旅馆的室内水上公园，配有滑水梯、波浪池和儿童区。这里的员工一流，而且尽管 Ramada 疯狂销售其形象，但还是保留了其高格调意识。非客人者则可以付费游玩水上公园（成人/儿童，$10/6）。

Lethbridge Lodge旅馆（☎403-328-1123，800-661-1232；www.lethbridgelodge.com；320 Scenic Dr S；房$115 起；Ⓟ）如大多数加拿大旅馆一样，这里的房间整洁而无特色，但另一方面，这里的中庭却别有一番风味。所有的房间都可以俯视到充满假树的中庭，砖块小径蜿蜒其中，此外，还有肾形的池塘和水景。棉絮会所(Cotton Blossom Lounge)坐落在丛林之中，而且相当有趣，钢琴演奏者被遗忘在一座小岛上——和人造的意大利式客房正面，构成了一幅奇怪但有趣的画面。

Treat's Eatery 餐馆（☎403-380-4880；1104 Hwy 5 S；主菜 $9～11；⏲周一至周四 11am～9pm，周五和周六至 10pm）尽管没有任何太特殊之处，但这里的菜单很长，食物很精美。你可以享受到加拿大家庭典型的食物，即以汉堡包、炸薯条和其他地道食物为主。但是恺撒沙拉是一流的。

我们的选择 **Ric's Grill 烧烤店**（☎403-317-7427；103 Mayor Mcgrath Dr；www.ricsgrill.com；主菜 $19～40；⏲ 周日至周三 11am～10pm，周四 至 11pm，周五和周六至午夜）你在水塔里吃过饭吗？现在你可以尝试一下。Ric's 位于草原之上古老的莱斯布里奇水塔里。经过完整修复后，曲形的内部设计可以让游客欣赏到城市的美景。第一层有一个大厅，楼上则为漂亮的餐厅。这里的牛排很厚，酒单也很长。最好事先预订一处好位置，因为这里很受欢迎。

到达和四处走走

莱斯布里奇机场（Lethbridge Airport；☎403-329-4474；417 Stubb Ross Rd），沿Hwy 5公路在城区以南行驶一小段即到，隶属加拿大航空的公共汽车往返其间。每天，6到7班航班飞住卡尔加里。

加拿大灰狗客车公司（☎403-327-1551；411 5th St）客车开往卡尔加里($41，3小时，一天至少5班)和里贾纳($90，13小时，一天2班)。要了解当地公共汽车的详情，电话咨询**莱斯布里奇公交信息热线**（Lethbridge Transit Infoline；☎403-320-4978/3885）。市中心公共汽车终点站在4th Ave大道和6th Ave St 街的交叉口。当地公共汽车票价$2。

石头记省立公园 (WRITING-ON-STONE PROVINCIAL PARK)

也许这座**公园**（☎403-647-2364；门票和团队游免费；⏲ 团队游 5 月中到 9 月中 9am～6pm；9 月中到次年 5 月中 10am～5pm）中的最妙之处在于它周围没有什么路。对于那些愿意从主路上下来并发掘这个隐藏着的明珠的人来说，一切努力都会得到回报。名字源于平原印第安人创造的大量石刻壁画。3000 多年前，在沿米尔克河 (Milk River) 河岸的砂石壁上，他们创造了这些岩画。这里还有极好的自导式步道解说，可以带领你欣赏到一些更为壮观的景点和容易到达的古代石壁画。

最好的部分划定为禁区，以免受破坏。公园禁区指的是公园内你只能在导游领引下进行参观游览的地区。其他可行的活动包括：夏天，在河里划独木舟和游泳，冬天，进行越野滑雪。公园野生动物总计有一百六十多种鸟类，三十种哺乳动物，四种水陆两栖动物和三种爬行动物，河里的鱼类就更多了，在此就不多提了。请在公园入口的自然爱好者办公室处提前 1 小时领取观光票券，而后入园游览。

公园的**宿营地**（☎403-647-2877；帐篷和娱乐车营地 $16 起；⏲4月到9月）在河岸边，营地有流水，淋浴和抽水马桶，周末来此宿营的人很多。

公园在莱斯布里奇的东南边，靠近美国边境。北蒙塔纳 (Montana) 的斯维特格拉斯群山 (Sweetgrass Hills) 在南边可以隐约望见。前往公园，可从米尔克河镇 Hwy4 公路以东的 Hwy 501 公路行驶 42 公里可到。

沃特顿湖国家公园 (WATERTON LAKES NATIONAL PARK)

嘘，不要告诉任何人，但**沃特顿湖国家公园**（成人 / 儿童 / 老人每天 $7/3.50/6）可能是保守的洛杉矶山脉中最好的秘密。当坎莫尔、班夫和贾斯珀等北方同胞们，随着游客和周末战士们的增加而遭受大损失时，沃特顿却一直是宁静的神圣之处。

建于 1895 年，现在是联合国教科文组织世界历史遗产地的一部分，525 平方公里的沃特顿湖位于艾伯塔西南角。在这儿，草原与高山相接以及平原，一点都不失为一次令人振奋的经历。公园是灰熊、麋鹿、鹿和美洲狮等代表性动物的圣地，它们在这安家落户，在 800 余种野花之中徜徉着。

沃特顿是一个迷人的高山小镇，全无让人讨厌的游客，而落基山更为知名的旅游热点则无此好运。没错，班夫，我们说的就是你。就徒步旅行的小径和近在眼前的湖泊而言，这里也值得花一生的时间进行户外探险。

就坐落在美国边境处，靠近巨大的**冰川国家公园** (Glacier National Park)，是从事国际关系、迅速传递护照以及进行灰色乡村探险的好地点。

这两座公园共同组成沃特顿冰川跨国和平公园 (Waterton-Glacier International Peace Park)。虽然这名字很有两国和睦的意味，事实上，公园各自独立经营，进入其中一座并不意味着可以自由出入另一座公园。

了解有关冰川国家公园的更多信息，请联系**美国国家公园咨询处**（US National Park Service；☎信息咨询406-888-7800，宿营地预订 800-365-2267，酒店预订 406-892-2525，www.nps.g ov/glac）。

方位和实用信息

在沃特顿，一切都建造得相当不错。这个小镇刚好位于公园内部，因此是开始各种探险的完美之地。沃特顿很小，行走起来很轻松。一旦你到了这儿，你就可以把车停好，然后四处闲逛。小镇坐落在上沃特顿湖 (Upper Waterton Lake) 湖畔上，该湖深达 146 米，是加拿大落基山脉最深的湖泊。

沃特顿游客中心（☎403-859-5133；www.parkscanada.gc.ca/waterton；⏲5月上旬到10月上旬 8am～7pm）Prince of Wales Hotel酒店过街就是。

该地区旅游信息中心站点。

景点和活动

游客热衷的项目主要有乘船，由**沃特顿湖滨航游**（Waterton Shoreline Cruises；☎403-859 -2362；往返游程 成人/儿童 $30/15；⏲5月到10月）组织，穿越波光粼粼的湖水去往在美国境内蒙塔纳的格特亨特(Goat Haunt)滨岸。45分钟的行程风光无限，而且一路上还有生动有趣的解说陪伴而行。在你跳上常常爆满的小船时，一定要带上护照，因为大约半个小时后，小船就会在美国靠岸了。

那些希望能伸展下双腿的人要行大运了，因为沃特顿就是徒步旅行者的天堂。超过225公里的走道，就算是时间耗尽，你也走不完。自行车和马也同时分享着这些道路（在许可的地方），而一旦雪花纷飞，越野滑雪也会带你到同样的地方。通向**希里普特湖**(Crypt Lake)的走道是其中的佼佼者，中途有长为20米的隧道，从地底突然冒出的小溪，还有所有人都必须通过的阶梯。

要进入这条独特的徒步小道，只能是划船前去。**沃特顿湖滨航游**（Waterton Shoreline Cruises；往返$15；⏲码头发船7月和8月9am和10am，9月到次年6月10 am，希里普特湖路口发船4pm和5:30am）的游船每天早上从城区码头开船，下午在希里普特湖路口接送疲惫的步行者返回。这样的安排能匀出时间让游人在希里普特湖放心地用午餐。

住宿

经济

公园有三处机动车可进入的宿营地，都不接受预订。偏僻地区营地数额有限，必须通过游客中心预订。

Crandell Mountain Campground 宿营地（Red Rock Pkwy；帐篷和娱乐车 营地 $21；⏲5月中到9月；Ⓟ）想体验更为乡村的宿营经历吗？那就从公园大门驾车到这个偏僻的宿营地。一如期待的那样，野花遍地盛开，野生动物悠闲地徜徉其间，鸟儿们振翅高飞，四周高山如画中风景。即使你不想去那宿营，红岩园林大道(Red Rock Parkway)的风景亦是非常壮观，很值得一游。

Waterton Townsite Campground 宿营地（Hwy 5；帐篷和娱乐车营地 $26起；⏲5月中到10月中；Ⓟ）占据沃特顿南端的这个宿营地不是很理想，但却是达到目的的一种方式。这里主要由一片大量鼠洞滋生的土地构成，而且是以娱乐车的驾驶者为目标，在音乐节期间，这里拥有宿营地所应有的一切魅力。在边缘附近有一些育林地，但到了仲夏时节，你很幸运地得到一切。这里请预订。

HI-Waterton宿营地（☎403-859-2151，888-985-6343；http://www.hihostels.ca；Cameron Falls Dr at Windflower Ave；宿$31起，房$93起；⏲5月中到11月；Ⓟ）如果你想在公园里找个便宜的地方，但又不是帐篷，那么这个旅馆是你唯一的选择了。整洁的房间能睡得下四个疲劳的游客，而且带毗邻浴室，此外，还有一个小型的公共厨房。

中档和高级

Crandell Mountain Lodge旅馆（☎403-859-2288；www.cradellmountainlodge.com；Mount View Rd；房$130起；Ⓟ）当你刚进小镇无所适从时，这家小小的旅馆会让你感觉好些。房间很小，却有一个大露台。一定要试试“熊窝”的主题房间，这是一间真正的高山人的蜜月套房，配有原木床和按摩浴池。

Kilmorey Lodge旅馆（☎403-859-2334；www.kilmoreylodge.com；117 Evergreen Ave；房 $130起；Ⓟ）70多年来，这座湖畔旅馆一直猎取着客人的心，仍然没有电视机。处处古物的房间都是单独装饰，充满了不同的特色；随和的工作人员是额外的奖赏；通向楼上房间的楼梯盘旋而上，很能锻炼人的体力。

Bayshore Inn旅店（☎403-859-2211，888-527-9555；www.bayshoreinn.com；111 Waterton Ave；房$164；⏲4月到10月中；Ⓟ）作为市区最大的旅馆，Bayshore如果失去在中央的地理位置，则会一无是处。房间正好背靠着湖泊，而且离商店只有几步之遥，使得这里成为一处流行之地。湖景很棒，但想要欣赏到它，最好还是早点预订。

Waterton Glacier Suites 酒店（☎403-859-2004，866-621-3330；www.watertonsuites.com；107 Windflower Ave；房 $190 起；Ⓟ wi-fi）旅馆便利设施丰富，每间套房都有两个壁炉、旋涡浴缸、微波炉和电冰箱。房间一尘不染，同时木石结构的外表看上去也非常合适。全年营业，冬天时，你可以享受到那些双重壁炉。

Prince of Wales Hotel酒店（☎旺季 403-859-2231，其他时间 406-756-2444；www.princeofwaleswaterton.com；Prince of Wales Rd；房 $265起；⏲5月中到9月；Ⓟ）如果来了沃特顿，就一定要去这家代表性的高山建筑。这家旅馆充分利用小镇的最佳美景，因此非常引人入胜。从远观，平静的景色也许是加拿大落基山脉中最为上镜的；走近时，这个年老的女孩才开始显示出自己的年纪，但她仍如好酒般让人如醉如痴。应在苏格兰城堡中才见的吊灯将豪华的大厅照耀得通体辉煌。还在运作的电梯是南美最为古老的实例。房间虽小，却保留了这家具有历史意义的旅馆的经典之感。浴室当中的古时瓷器以及秀丽的景色，会让你觉得真是物有所值。

就餐

Big Scoop Ice Cream冰淇淋店（☎403-859-2346；Main St；冰淇淋 $3～5；⏲10am～10pm）无论今天做了何事，你都赚到了一个美味的冰淇淋。这里有大量的口味和保龄球大小的冰淇淋可供选择，是度过温暖一天的好地方。

Lamp Post 餐馆（☎403-859-2334；117 Evergreen Ave；主菜 $7 ～ 37；⏲7:30am ～ 10pm）这里是沃特顿的一个机构，也是小镇上简单吃点的最好地方。海产品、面食和野味是这里的主要食物，同时种类繁多，足以满足大多数人的口味。一定要尝尝野牛嫩腰肉，威士忌酒、浆果以及巧克力酱又为其添加了更多活力，而这是牧场上的家庭从未考虑过的。

Pizza of Waterton比萨饼店（☎403-859-2660；103 Fountain Ave；主菜 $13起；⏲正午至午夜）当地居民纷纷涌至这家经过改造的房子，不要奇怪，只是为了美味的比萨饼。当在群山之间大口吃着美味的食物时，放松的氛围让每个人都有宾至如归的感觉。

饮品和娱乐

Thirsty Bear Saloon 啤酒沙龙（☎403-859-2111；Main St）小镇上唯一的酒吧是一个大熔炉。市民和游客混杂在一起，享受着出众的音乐。里面还有一张桌球台，舞池大小适度，能让人认识当地的所有人。晚上 10 点后常挤满人。

到达和离开

沃特顿地处艾伯塔的西南角，离莱斯布里奇 130 公里，离卡尔加里 156 公里。公园的一处公路入口处就在东北角 Hwy 5 公路上。绝大多数游客参观完冰川和美国，从东南沿 Hwy 6 公路（Chief Mountain International Hwy）到达，并与 Hwy 5 公路的交叉口。从卡尔加里，向北，Hwy 2 公路向南通向深入公园的 Hwy 5 公路。从东边，Hwy 5 公路穿过卡德斯顿（Cardston）先往西，而后向南进入公园。

克罗斯内斯特关隘(CROWSNEST PASS)

麦克劳得堡（Fort Macleod）以西，Crowsnest Hwy 公路（Hwy 3）穿过平原进入落基山脉，通往克罗斯内斯特关隘（1396 米）和不列颠哥伦比亚边界。众所周知，关隘是一排位于不列颠哥伦比亚边界东面的小型社区。值得注意的是**弗兰克小镇**（Frank）的故事。

1903 年，附近的龟山（Turtle Mountain）发生 3000 万立方米（相当 8200 万吨左右的煤）的煤区坍塌，弗兰克小镇近乎完全被埋没，大约 70 人丧生。有人说，煤矿不应该在山脚下挖煤。但采煤仍在继续，几百年以前，对于整个地区而言，这些黑色黄金是通向发财的入场券。最后，煤的需求减少了，而且更多的悲剧不断发生，煤矿终于永久关闭了。

弗兰克滑坡讲解中心（Frank Slide Interpretive Centre；☎403-562-7388；www.frankslide.com；成人/儿童 $6.50/3；⏲9am ～ 5pm）这里一流的解说中心会帮助你再次面对弗兰克小镇塌方的惨剧，还通过许多有趣的演示说明了采矿、铁路和这个地区的早期情况。此外，还会播放一部根据 1903 年悲剧而改编过来的幻想电影。这里大多数的工作人员都来自这个地区，因此也都与塌方有着渊源。

艾伯塔北部(NORTHERN ALBERTA)

喂？那里有人吗？在艾伯塔北部时，你会发现更多的时候都是在自言自语。如果向埃德蒙顿的北方行进，你就会发现人口一直减少，遥远也成了切实的感受。

如果你在寻找孤独，那么这里就是你的天堂。无边无际的松树林似乎永远也走不到尽头，夜间出现的北极光会比任何一种化学幻觉剂都让你感到兴奋，而在这你仍然可以看见一群群的野牛。

这里同样也是艾伯塔经济的发动机室。麦默里堡（Fort McMurray）附近的油砂是世界上最大的石油储备地之一。这使得加拿大各地的工人纷纷涌入，同时大量输出的石油也为艾伯塔省赚得了数百万美元——每小时。

克里人、斯雷弗人（Slawer）和提纳人（Dene）都是这个地区最早的居民，他们中很多人依然靠捕鱼，狩猎谋生。东北部仍不通公路，主要坐落着伍德布法罗国家公园。阿萨巴斯卡河和阿萨巴斯卡湖西北部比较容易进入，开通公路从艾伯塔北部通往不列颠哥伦比亚的北部和西北地区。

皮斯河及其周边 (PEACE RIVER & AROUND)

如果你要去阿拉斯加，那么从这儿出发。沿着 Hwy 43 公路向西北通往不列颠哥伦比亚的道森溪（Dawson Creek），就到了 Alaska Hwy 公路的零纪念碑了。道森与埃德蒙顿的距离长达 590 公里，因此要去游览艾伯塔北部这个孤立的部分，路程很远。一路上，你会经过**大草原城**（Grande Prairie）。大草原城是当地农业产业的主要基地，也是篷车竞赛中的传奇人物凯利·萨瑟兰（见 607 页）的家乡。如果你决定过夜，绝大多数住宿酒店集中在 100th St 街和 100th Ave 大道上。

皮斯河得名是因为一度交战的克理人和比弗印第安人（Beaver Indians）在此河岸谈和休战。**皮斯河镇**（Peace River）位于哈特河（Heart）、皮斯河和斯莫奇河（Smoky River）的交汇处。镇内有一些汽车旅馆和两处宿营地。加拿大灰狗巴士每天发车开往育空地区和西北地区。小镇外往西，Hwy 2 公路通向马更些公路。

马更些公路(MACKENZIE HIGHWAY)

格里姆肖小镇 (Grimshaw) 是马更些公路 (Hwy 35) 的法定起始点，往北通往西北地区。这儿没有太多的东西，只有零纪念碑和几家商店。相对平坦，笔直的公路大半是铺好的路段，有些疏松的砾石和泥土路段刚刚经过翻新修整。

格里姆肖和曼宁 (Manning) 之间，大部分田园风光在一望无际的云杉林和松树林丛的后面。务必有备而来，因为这里是边陲地区，各类服务有限（也较贵），随着公路穿越荒野向北推进，各类服务越来越少（而且越来越贵），务实的办法是北上途中，只要遇上加油站，一定加满油。

海莱夫尔 (High Level)，靠西北地区边界最近的小镇，是伐木中心。在工作日，伐木工人经常住在镇上的汽车旅馆。在海莱夫尔和恩特普赖斯 (Enterprise) 西北地区之间唯一的服务站点是 Indian Cabins 旅馆。

湖区(LAKE DISTRICT)

从圣保罗 (St Paul) 起始，埃德蒙顿东北 200 多公里处，延伸到西北地区边界，就是艾伯塔巨大的湖区。湖中游鱼很常见（甚至在冬天，人们进行冰上垂钓），但是很多湖泊，尤其是较北边的湖泊，不通任何公路，人只能乘飞机飞入这些湖区。

如果你想找矮个的格林人，就去圣保罗。建有一处**飞碟起落场** (flying-saucer landing pad)，至今仍在等待它的第一位观光顾客，开门迎客。当地居民于 1967 年修建了这座 12 米高的圆形起落场，是当地一项世纪工程的一部分，也是要建一座特别的建筑，宣称是世界上最大的也是唯一的 UFO(不明飞行物）的起落场，试图借此吸引游人造访这片偏远地域，还真见效，此后，不少 UFO 迷不断前往参观。

Hwy 63 公路是进入省内东北荒凉深处的主要线路。沿途有一些小居住区和宿营地，公路通往**麦默里堡** (Fort McMurray)。这座城堡在埃德蒙顿以北 439 公里处，原是一个毛皮交易站所，现在是世界最大的油田之一，从空旷的沙地里开采原油。这座城镇非常崎岖不平，住宿地都针对那些没有房子的油田工人，因此这儿真的不是一个主要的度假地。游人可以参观**石油沙洲发现中心**（Oil Sands Discovery Centre；☎780-743-7167；Hwy 63 和 MacKenzie Blvd 拐角；成人 / 儿童 $3/2；⏰5 月中到 9 月初 9am ~ 5pm；9 月初到次年 5 月中 周二至周日 10am ~ 4pm）。

伍德布法罗国家公园 (WOOD BUFFALO NATIONAL PARK)

这座巨大的公园，最好从西北地区的史密斯城堡进入。了解更多情况，参见 821 页。

在艾伯塔，唯一可以进入奇普扬堡(Fout Chipewyan)的方式是乘飞机。冬天，一条冰雪覆盖的公路向北通往皮斯角(Peace Point，与史密斯堡相连)，还有一条公路将公园和麦默里堡相连接。

不列颠哥伦比亚 British Columbia

加拿大第三大省份：比美国除阿拉斯加州(Alaska)外的任何一个州都大；比英国国土面积的四倍还要大：许多最高级词语都可以用来描绘不列颠哥伦比亚省(British Columbia，简称BC)的广袤。尽管旅行者总是为它高耸和峻峭的山脉、茂密的森林和绵延的锯齿状海岸线感叹，但正是一些细节使不列颠哥伦比亚之旅更具魅力而诱人。从Zen-calm轮渡横跨的透明海湾到离奇的海岛社区刚捕获的被运至五星级餐厅的海鲜，不列颠哥伦比亚远远不只是加拿大风景最优美的城市。历史爱好者可以尽情欣赏令人着魔的原住民和殖民地历史古迹，而户外活动爱好者能恣意享受观鲸和观熊的乐趣。

国际都市温哥华(Vancouver)挑战着不列颠哥伦比亚为自然所环抱的标签，这是一个迷人的国际熔炉，混合了来自亚洲及其他地方的烹饪风格和文化，而以学生为主的居民正日益推动着活力十足的小社区的发展，如维多利亚社区(Victoria)和基洛纳社区(Kelowna)，这些社区不单单依赖往日的辉煌。

随着2010年冬季奥林匹克运动会和残奥会的临近，快来重温不列颠哥伦比亚这个长期以来的绝佳的运动场所的魅力吧。2010年冬季奥运会举办城市之一惠斯勒(Whistler)是举世闻名的滑雪和滑板胜地；温哥华岛(Vancouver Island)西海岸是冲浪爱好者聚集的地方；徒步旅行者、自行车爱好者和划船爱好者也可以在附近快乐地享受数周。

不过，这个省宝石般的自然风景将为你提供进行任何活动的场地。将你的相机调到"全景"，拍下使生活更加丰富的画面：白雪皑皑的巨大山峦、微光熠熠的湖泊、壮观动人的瀑布，以及树木覆盖的岛屿。当你最终返回家乡，你会记起大自然母亲曾经向你呈现的一切。

亮点

- 在温哥华的**斯坦利公园**(Stanley Park，见637页)的海堤上散步，再去第三海滩(Third Beach)享受野餐。
- 夏日里前往**里士满夜市**(Richmond Night Market，见663页)品尝各种亚洲风味小吃，并在离开时带走一些。
- 在**惠斯勒**(Whistler，见666页)的斜坡上滑雪，揉一揉酸痛的肌肉，来杯温暖的饮料。
- 在兴之所至参加的**奥卡纳根河谷**(Okanagan Valley，见718页)葡萄酒酿造厂之旅中品尝果味葡萄酒。
- 在远离温哥华岛北端的**斯科特角省立公园**(Cape Scott Provincial Park，见708页)野性十足的美景中畅饮。
- 在**Gwaii Haanas国家公园保护区**(Gwaii Haanas National Park Reserve，见752页)探索远古热带雨林，乘坐爱斯基摩人划子快速浏览这个地区的海岸线。

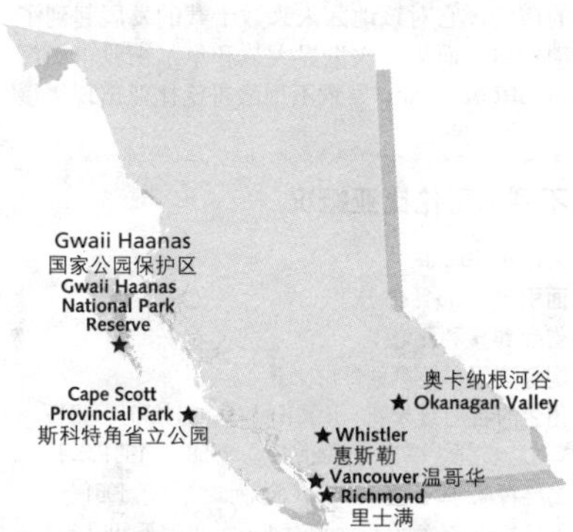

历史

不列颠哥伦比亚原住民族至少在15 000年之前就在此驻营扎寨，可能是从亚洲通过白令海峡(Bering Strait)上的陆桥(land bridge)过来的。因为有丰富的动物、海产、植物可以维持生活，沿海部落，如海达人(Haida)和尼斯加人(Nisga'a)兴旺发展，发展了高度文明以及复杂的贸易网络。而在内陆，撒利希人(Salish)和奇利科丁人(Chilcotin)以游牧为生，依靠捕捉迁徙的驯鹿和鲑鱼为生。

这些早期文明数世纪来一直繁荣，直到18世纪，贪婪的欧洲探险者们出现。俄国人和西班牙人最先开航，紧接着1788年，英国的詹姆斯·库克船长(Captain James Cook，英国海军上校和航海家，太平洋和南极海洋的探险家——译注)来到这里。他在旧世界(the Old World)引燃了一场“毛皮投机者”热潮，到了19世纪20年代，哈得孙湾公司——今天仍然在那儿——经营着实力日渐强大的贸易站。几年后，不列颠宣称温哥华岛是英国殖民地。

1858年，弗雷泽河(Fraser River)金子的发现引发了一波欧洲和美国经济移民的更大热潮，几千个人前来寻找暴富机会。不列颠迅速宣布这个省的其余地区也为它所有，并将新威斯敏斯特(New Westminster)河滨地区指定为首都。“淘金热”失去热度后，很多投机者留了下来，形成了永久居住区。

不列颠哥伦比亚大陆和温哥华岛于1866年连接起来，英国人命名维多利亚为他们的新地区首都。五年后，这个新兴的省加入加拿大，同意结为联邦，其条件是一条铁路要从东部延长。1886年，首条跨加拿大铁路带着轰鸣声到达西海岸。

随着不列颠哥伦比亚的木材很快进入世界各地的市场，它对该地区未来数十载的发展起到了推动作用，而第一次世界大战和华尔街股市崩溃(Wall Street Crash)导致不列颠哥伦比亚出现缓慢而漫长的经济萧条。“二战”时，造船和军火制造业兴起，带来了繁荣的回归，从单一的木材产业到经济的多样化发展。

20世纪90年代，环球旅游的兴起和亚洲移民已成为影响这一地区债务收支的主要因素，尤其是温哥华市的发展，堪称突飞猛进。温哥华赢得2010年冬季奥运会和残奥会的举办权引发了第二个发展高峰。这种蓬勃发展辐射到全省，从鲁珀特王子(Prince Rupert)到阿尔伯尼港(Port Alberni)社区，工程如雨后春笋。第一轮淘金热的确已经结束，但对于不列颠哥伦比亚省的开发者来说，第二轮淘金热正在进行。

不列颠哥伦比亚概况

人口 4 110 000

面积 944 735平方公里

省会 维多利亚

昵称 美丽的不列颠哥伦比亚

出生的名人 埃米莉·卡尔(Emily Carr，1871～1945年)、特里·福克斯(Terry Fox，1958～1981年)、道格拉斯·库普兰(Douglas Coupland，出生于1961年)及帕梅拉·安德森(Pamela Anderson，出生于1967年)

特产 "北方好莱坞"、世界上最大的冰球杆和2010年冬季奥林匹克运动会和残奥会

最好的啤酒 Hermann's Dark Lager黑啤，温哥华岛酿酒厂(Vancouver Island Brewing)酿造

当地文化

尽管不列颠哥伦比亚作为户外活动的乐园而誉满全球，但在这儿不是每个人都划船上班，也不是每个人周末都徒步去购物。尽管温哥华和其他任何一座城市一样，非常都市化、面向消费者、数目惊人的国际移民推动它成为融合各种文化的世界级大都市。大都市之外，维多利亚(Victoria)和基洛纳(Kelowna)这样国际化程度较低的城市，却能将带有艺术气质的健康生活方式与悠闲自乐的感觉巧妙结合起来。

在主要的人口聚集地以外，不列颠哥伦比亚省的社区——从滨水地区鲁珀特王子(Prince Rupert)到古怪离奇的桑夏恩海岸(Sunshine Coast)以及遥远的北温哥华岛(North Vancouver Island)——通常都有一种非凡的独立精神；在不列颠哥伦比亚省，尽管生活在小岛上，居民全然没有岛屿心态。延续这种不屈不挠的先锋精神，第一民族(the First Nations)——他们在此定居的时间比这个地区其他的任何居民都要长很多——仍然是这个地区的坚强基础。尽管曾经几乎被殖民行为摧毁，这个地区的原住民社区近些年来经历了文化的复兴，出于对这些古老而令人感兴趣的原住民的好奇，来到这里的旅行者也为原住民文化的复兴作出了贡献。

无论你的来访行程把你带到喧嚣的都市中心还是偏远的村庄，保证会受到热烈的欢迎。不列颠哥伦比亚省的居民都为他们美丽的家园骄傲；他们将会告诉你一串务必一看的地名(一些人可能很乐意亲自带你去)；特别是在一些较小的社区，当地的居民很乐意邀请你与他们一起喝啤酒或参加社区的下次活动。如果你被邀去吃薄饼(pancake)早餐、参加为期一天的街头艺术节(street festival)或不列颠哥伦比亚纪念日(BC Day celebration)，请不要拒绝：与当地人一起吃东西或共进晚餐，你就能发现这个省富有活力的原因了。

国土和气候

田园式的不列颠哥伦比亚拥有称得上世界

最佳的自然景观；翠绿色原始森林的狂野、绵延崎岖的山脉和远方的岛屿，都能轻而易举地使时髦的城市人流连忘返。吸引人的闻名景点包括至少7000公里长的锯齿状西海岸线、东部边界处绵延的落基山脉(Rocky Mountains)和弗雷泽河(Fraser River)，后者发源于落基山脉(Rockies)，迂回前进1400公里，在温哥华附近注入太平洋。

受纬度、海拔和近海的影响，不列颠哥伦比亚气候变化多样，但通常，南方暖和些，北方寒冷些。在温哥华(Vancouver)和维多利亚(Victoria)地区，冬天比较温和，只有短暂的降雪，而其他一些地区——尤其是北方和内陆——从11月到次年3月一直是低温和大雪天气。

春季和秋季常常温暖宜人，但是降雨量可能很大，特别是沿海地区。夏天(6月至9月)通常很干燥，阳光充足，气候温和，但内陆在7、8月会很热，气温超过30℃。可查看www.weatheroffice.pyr.ec.gc.ca网站的在线天气预报。

公园和野生生物

对多数旅行者来说，不列颠哥伦比亚是一个崎岖不平的、草木丛生的乐园。它的七个国家公园，包括积雪覆盖的冰川国家公园(Glacier National Park，见735页)、库特奈国家公园(Unesco World Heritage sites of Kootenay，见737页，联合国教科文组织制定的自然遗产)和尧赫国家公园(Yoho National Park，见736页)。

更新的海湾群岛国家公园保护区(Gulf Islands

不列颠哥伦比亚省旅行线路

三日游

对**温哥华**(Vancouver，见633页)这座国际都市的市中心充分进行一次视觉和听觉方面的探索之后，经过Hwy 99公路和Hwy 17公路，到达Tsawwassen客运码头，在**温哥华岛**(Vancouver Island，见675页)上体验驶向Swartz海湾(Swartz Bay)的艰难小船之旅。继续驱车前往**维多利亚**(Victoria，见675页)，在那儿住一晚上，欣赏美丽的都市风景和标志性建筑。第二天，沿Hwy 1公路向北行进，中途在**彻梅纳斯小镇**(Chemainus，见790页)稍作停留，这个小镇曾经是伐木工人聚集的地方，后来被重建为"艺术之镇。"一路往北，在**纳奈莫**(Nanaimo，见691页)享受很晚的午餐，并过夜，第二天早上，乘渡轮赶回陆上的霍斯舒湾(Horseshoe Bay)终点站。从这儿返回你在温哥华的起点，车程不太远。

七日游

完成**纳奈莫**(Nanaimo，见691页)三天之旅后继续往北，沿着Hwy 19公路到达**Qualicum海滩**(Qualicum Beach)和**帕克斯韦尔镇**(Parksville，见696页)——一座有趣的海滨小城。继续往前到**科摩**(Comox，见703页)，再乘渡轮返回陆地，到达位于桑夏恩海岸(Sunshine Coast)的**鲍威尔河**(Powell River，见674页)。沿着海岸和森林道路一直往南，可以在厄尔斯湾(Earl's Cove)搭乘短途渡轮继续你的旅途，中途在**瑟切尔特**(Sechelt，见674页)和**罗伯茨克里克**(Roberts Creek，见673页)这样离奇的小镇稍作逗留。搭乘45分钟的渡轮返回**西温哥华**(West Vancouver，见661页)附近的霍斯舒湾之前，挤点儿时间在**吉布森**(Gibsons，见673页)海滨村庄转转。如果没有必要匆忙赶回市中心，可以绕到前往**北温哥华**(North Vancouver，见660页)令人向往的踏青好去处——松鸡山(Grouse Mountain)和Capilano吊桥(Capilano Suspension Bridge)。

北方荒野

不列颠哥伦比亚省北部海岸自然风景优美，面对自然之力量与美丽时，你会感到自己无足轻重。从令人惊讶的**鲁珀特王子**(Prince Rupert，见748页)开始，它极具文化吸引力，这种崎岖的地貌、澎湃的海浪和强烈的文化将冲击你的生活。再乘渡轮前往**海达瓜依**(Haida Gwaii，见751页)，也被称为夏洛特皇后群岛(Queen Charlotte Islands)，这儿有图腾柱(totem poles)、迷失的村庄、精雕细琢的雪松木盒、令人惊异的爱斯基摩划子和海达人文化复苏之家。最后返回鲁珀特王子并继续向北行驶4小时，到较小的**斯图尔特村**(Stewart，见757页)。靠近这个边远村落时，你将看到熊、驼鹿和路边的冰川等各种新鲜事物。横渡可到邻近的**海德村**(Hyder，见757页)，地处阿拉斯加(Alaska)，从那儿到**萨蒙冰川**(Salmon Glacier，见757页)的路途较短，后者是一望无垠、覆盖着整个区域、美得让人窒息的冰原。它似乎把山峰都推开了，令人望而生畏。

不列颠哥伦比亚 BRITISH COLUMBIA

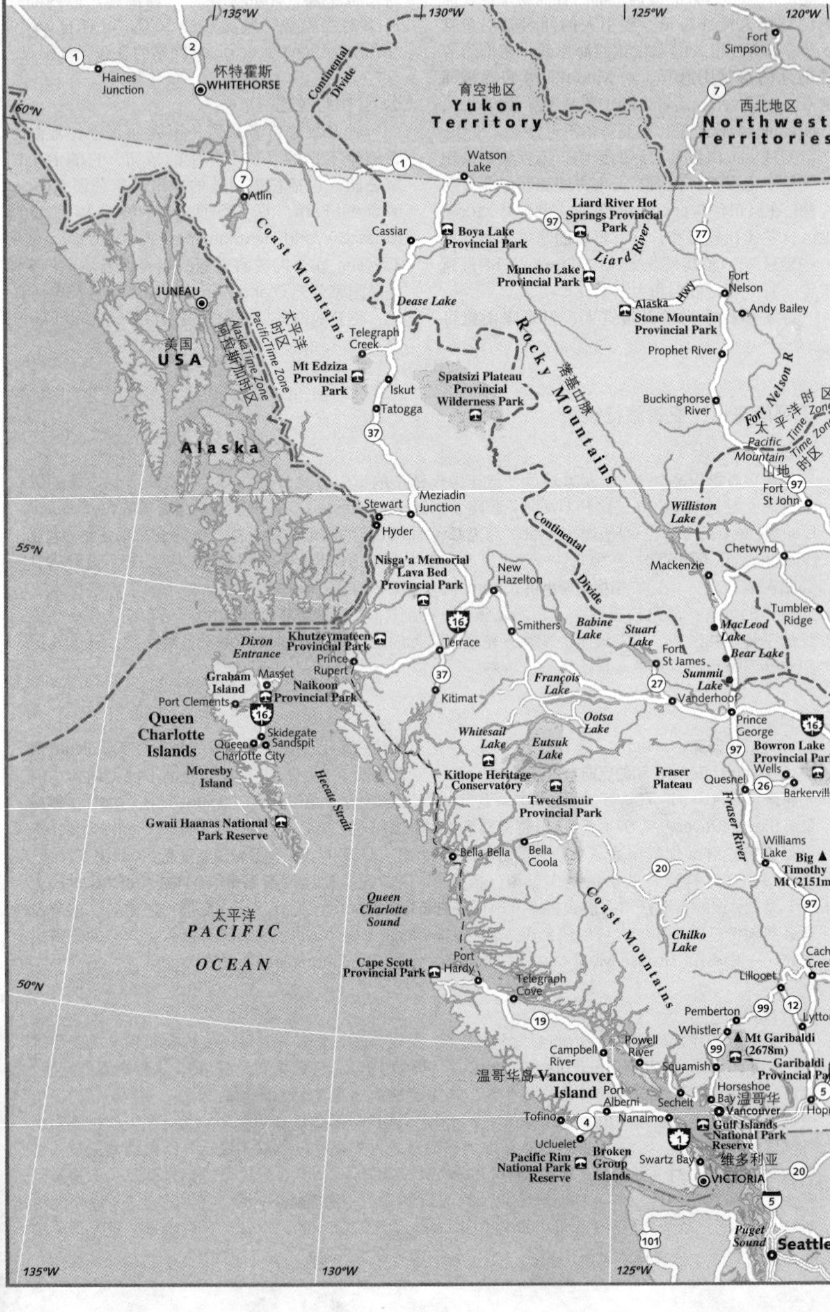

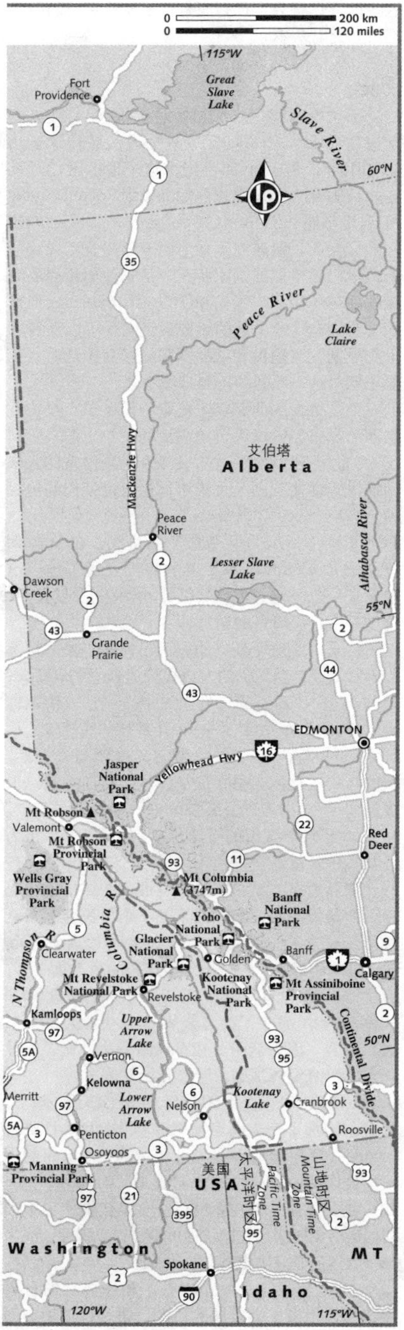

National Park Reserve，见 712 页）保护着脆弱的海岸地区。更多信息，可联络**加拿大公园管理处**（Parks Canada；☎888-773-8888；www.pc.gc.ca）。

该地区的850个省级公园里，有长达3000公里的徒步小路(hiking trails)，许多已配备很好的旅游设施。著名的省级公园包括斯特拉斯崆(Strathcona，见705页)和远在温哥华岛(Vancouver Island，见708页)的斯科特角(Cape Scott)公园；还有位于卡里布(Cariboo)有独木舟的鲍润湖(Bowron Lake，见745页)和库特奈有着陡峭山峰(Matterhorn)地形的阿西尼博因山(Mt Assiniboine，见737页)公园。登录**不列颠哥伦比亚省公园网站**（www.bcparks.ca）获取相关实用信息。

宿营、划船、滑雪和登山都是最受欢迎的野外活动，你将有可能看到令人惊叹的野生动物。蓝黑色羽毛的冠蓝鸦 (Steller's jay) 从当地 500 多种鸟禽中脱颖而出，被定为不列颠哥伦比亚的省鸟。热爱海洋的旅行者应该仔细观看太平洋灰鲸(Pacific gray whales)，尽管不列颠哥伦比亚省的大型哺乳动物——包括麋 (elk)、驼鹿 (moose)、狼 (wolves)、灰熊和黑熊 (grizzlies and black bear)——将会吸引更多的镜头。

实用信息

不列颠哥伦比亚旅游局（Tourism BC；☎250-387-1642，800-435-5622；www.hellobc.com）对每个计划到不列颠哥伦比亚旅游的旅行者来说，都是极有价值的初始资源。它的网站有地图、交通信息和来自遥远地区的博客，也有景点列表和住宿预订链接。

到达和四处走走

到达不列颠哥伦比亚或在周围转转，都该看看城镇和城市列表，获得明确的实用信息。查看“交通指南”章（见 838 页）获得综合信息。

大部分旅行者经温哥华国际机场到达，小一些的门户机场（如维多利亚和基洛纳）运营着国内和美国线路。更多信息，见 657 页。

驾车线路——穿过加拿大或通过美国边界——也是比较常见的，尽管在周末和节假日穿越美国边界经常会排长队。省交通部门有一个便民网站**不列颠哥伦比亚省驾车**（Drive BC；www.drivebc.ca），开始长途旅行之前，可以查看一下地区的路况信息。

加拿大灰狗运输公司(Greyhound Canada，见 658 页）的巴士从加拿大到不列颠哥伦比亚省，通过温哥华连接美国服务的公共汽车。US Amtrak 火车公司（见 658 页）的列车途经西雅图(Seattle) 到达温哥华，而本地的 VIA Rail 公司（见 658 页）的列车从艾伯塔 (Alberta) 和东部各地隆隆地驶进不列颠哥伦比亚。

旅行者在不列颠哥伦比亚可以很方便地乘坐飞机和长途客车，而**不列颠哥伦比亚渡轮**（BC Ferries；☎250-386-3431，888-223-3779；www.bcferries.com）网络往返于不列颠哥伦比亚省的众多水域。到许多偏远的地区，驾车是最好的选择。区域内公路里程如下：

坎卢普斯(Kamloops)到温哥华：355公里

乔治王子(Prince George)到鲁珀特王子(Prince Rupert)：772公里

温哥华到维多利亚（经不列颠哥伦比亚渡轮）：110公里

温哥华(VANCOUVER)

人口578 000

温哥华是加拿大西部最大的城市，每年约接待旅行者870万人，是2010年冬季奥运会和残奥会的举办城市，但温哥华是因被浓密的滨水森林和远方白雪皑皑的山脉包围的休闲快乐天堂(joie de vivre，法文）而闻名于世的。而温哥华视觉吸引力也不可否认，对于这座充满摩天大厦的现代都市来说，用"赏心悦目"来形容都不够。

尽管国际研究者常把这座城市放在"最适合居住的地方"之首，当地居民仍会经常问自己，温哥华是否真的是世界级大都市。这个难题的解决方法不是将这个城市与那些更古老的、更大的和人口更密集的首都城市——如伦敦或巴黎——进行无谓的比较，而是去探求什么使得这座城市如此富有活力。幸运的是，对于旅行者来说，值得高兴的事情是，温哥华已被证明为能将户外活动和城市探险活动完美结合。

环游斯坦利公园(Stanley Park)海天一色的景致，伸长你的脖子，在古老的Douglas杉树林中漫步，从俯视整个市区美景的山顶上滑雪而下，沿着崎岖的海岸线，乘船在高楼倒影斑驳的水中航行，这些都是许多城市居民经常梦寐以求的。对于喜欢探究社区核心部分的闹市漫游者来说，温哥华就是都市冒险家的乐园。

从南市区(SoMa)的学生服饰商场到克斯莱诺的yoga-ready的前嬉皮士社区，从耶鲁城(Yaletown)住阁楼的雅皮士到商业区(Commercial Dr)波希米亚风格的咖啡加晚餐，从市区西端(West End)的男同性恋街到唐人街(Chinatown)熙熙攘攘的街道，这个城市可探究的区域着实不少，堪称周末大餐，所有地方都很容易到达，步行更是如此。

这种多元化是温哥华的主要优势所在，这也是旅行者总是回来的主要原因。如果你第一次来到温哥华，不管什么时候，你都可以沉浸在摄人魂魄的景致中，并能看到翠绿的森林，还可以留出时间与当地居民一起去人迹罕至之处探险；在这些地方你将会发现到底是什么使这座美丽的大都市如此与众不同。

历史

历史学家声称，在西班牙探险队到达之前原住民(First Nations)在这个地区居住了长达16 000年，并且说14世纪末这个地区就已经存在。1792年，英国皇家海军(British Royal Navy)乔治·温哥华船长(Captain George Vancouver)的船队航行至此，他遇到了几个西班牙船长，说这些土地早已归他们的国家所有。尽管他们相遇的海滩现在被称为西班牙海岸(Spanish Banks)，但英国人想拥有这片土地的愿望最终实现了；直到19世纪早期，当殖民者从欧洲来到这片土地时，英国王室对这一地区的控制日渐增强。

毛皮贸易的萌芽，紧接着的淘金热，很快就将西海岸重新定义为资源满地的阿拉丁洞穴。到了19世纪50年代，已有几千个寻求财富的人来到这里，促使英国人正式声称这里是他们的殖民地。当地企业家"侃爷(Gassy)"杰克·戴顿(Jack Deighton)在1867年攫取了主动权，在Burrard湾(Burrard Inlet)草木丛生的海滩上圈了地。这触发了一个外号"侃城"(Gastown)的发展狂潮，这便是今日温哥华的前身。

但是，在这个新兴的城市里，并不是一切都照着计划来。温哥华的人口很快达到了1 000人，其建筑在1886年的一场大火中——它很快被称为"Great Fire(大火)"——几乎被彻底摧毁，尽管它只持续了20分钟。随后，重建马上开始，新的市中心地区也很快成形。这个时期的建筑很多保留至今，斯坦利公园(Stanley Park)就是其一。它最初是这个城市的军事保护区，1891年作为公共娱乐区重新开放。

依靠着它的港口，这座发展中的城市很快成为工业集散中心，它输入了几千个移民劳工来刺激其经济发展。唐人街(Chinatown)在那时候建成，是北美最大、也是历史最悠久的唐人街之一。但是，第一次世界大战和1929年华尔街崩盘(Wall Street Crash)带来了经济萧条、大量失业人口。"二战"期间，因为造船业和军火制造业补充了资源开发的传统经济基础，经济开始复苏。

20世纪50年代和60年代，城市经济稳步增长，温哥华增加了一支国家冰球联赛(National Hockey League，简称NHL)队以及北美中等大小城市的规模。最终反映了它的传统，"侃城"(Gastown)——如今是贫民窟——在20世纪70年代被作为中产阶级向劳动阶级居住区移居的地方得以保存，成为很受欢迎的具有历史气息的旅游区。

1986年，这个城市举办了相当成功的世界博览会，引发了新发展的巨潮，第一幢玻璃镶面的摩天大楼拔地而起，如今是确立温哥华市区中心的地标。据预测，2010年在温哥华举办的冬季奥运会和残奥会将会给该地区带来类似的积极影响。

方位

温哥华市区(Downtown Vancouver)在一个狭长的半岛上，三边围着Burrard湾、English湾(English Bay)和False湾(False Creek)，斯坦利公园(Stanley Park)在半岛顶端。主要市中心旅游胜地和邻近地区都很容易步行到达，街道由很容易辨认的网格系统构成。Robson St街和Georgia St街是市区东西向主路，而Granville St街是南北向要道。

实用信息

书店

Barbara-Jo's 美食书店（Barbara-Jo's Books to Cooks；见634～635页地图；☎604-688-6755；1740 W 2nd Ave；🕑周一至周六9:30am～5pm）有关美食的书店，有烹饪课程的清单。

Book Warehouse 书店（见634～635页地图；☎604-683-5711；552 Seymour St；🕑周一至周五10am～9pm，周六和周日10am～6pm）温哥华人最喜欢的独立书店。

旅行书店（Travel Bug；见632页地图；☎604-737-1122；3065 W Broadway；🕑周一至周三和周六10am～6pm，周四和周五10am～7:30pm，周日正午～5pm）有广泛的环游指南、地图和其他。

上网

Electric Internet Café 咖啡馆（见634～635页地图；☎604-681-0667；605 W Pender St；每30分钟$1.50；🕑周一至周五7～3am，周六和周日8～3am）几十台电脑终端，还有美味的食物。

Star Internet Café网吧（见634～635页地图；☎604-685-4645；1690 Robson St；每小时$2；🕑10am～11pm）网络游戏迷们经常光顾。

温哥华公共图书馆（Vancouver Public Library；见634～635页地图；☎604-331-3600；350 W Georgia St；免费；🕑周一至周四10am～9pm，周五和周六10am～6pm，周日正午～5pm）最多30分钟，非会员可以使用的电脑终端有限。

媒体和互联网资源

CKNW 980 AM（www.cknw.com）新闻、交通和无线电台谈话节目。

发现温哥华（Discover Vancouver；www.discovervancouver.com）在线旅游指南。

Georgia Straight（ww.straight.com）免费的目录报纸。

温哥华旅游局（Tourism Vancouver；www.tourismvancouver.com）官方在线旅游网站，有可供下载的地图。

Tyee（www.thetyee.ca）当地的在线新闻资源。

温哥华2010(Vancouver2010；www.vancouver2010.com）2010年冬奥会官方信息网站。

温哥华杂志（Vancouver Magazine；www.vanmag.com）光滑纸质潮流杂志。

温哥华太阳报（Vancouver Sun；www. vancouversun.com）城市主要日报。

医疗服务

顾客药房（Shoppers Drug Mart；见634～635页地图；☎604-669-2424；1125 Davie St；🕑24小时）药房连锁店。

圣保罗医院（St Paul's Hospital；见634～635页地图；☎604-682-2344；1081 Burrard St；🕑24小时）市中心事故和紧急治疗。

Ultima Medicentre Plus（见634～635页地图；☎604-683-8138；Bentall Centre，1055 Dunsmuir St；🕑周一至周五8am～5pm）无须预约的诊所。

货币兑换

温哥华城里到处都是自动取款机，银行支行聚集在Burrard St街、Georgia St街、Pender St街和Granville St街之内的商业区。

美国运通（American Express；见634～635页地图；☎604-669-2813；666 Burrard St；🕑周一至周五8:30am～5:30pm，周六10am～4pm）提供所有服务的美国运通分支机构。

温哥华金块和货币交易所（Vancouver Bullion & Currency Exchange；见634～635页地图；☎604-685-1008；800 W Pender St；🕑周一至周五9am～5pm）城里最好的汇率。

邮政

邮政营业网点通常位于药店的后面——寻找蓝色和红色标记。

加拿大邮政总局（Canada Post Main Outlet；见634～635页地图；☎604-662-5723；349 W Georgia St；🕑周一至周五8am～5:30pm）

乔治亚邮局（Georgia Post Plus；见634～635页地图；☎604-632-4226；1358 W Georgia St；🕑周一至周五9:30am～6pm，周六10am～4pm）

豪街邮局（Howe Street Postal Outlet；见634～635页地图；☎604-688-2068；732 Davie St；🕑周一至周五7am～8pm，周六8am～7pm）

旅行信息

温哥华游客信息中心（Tourism Vancouver Tourist Info Centre；见634～635页地图；☎604-683-2000；www.

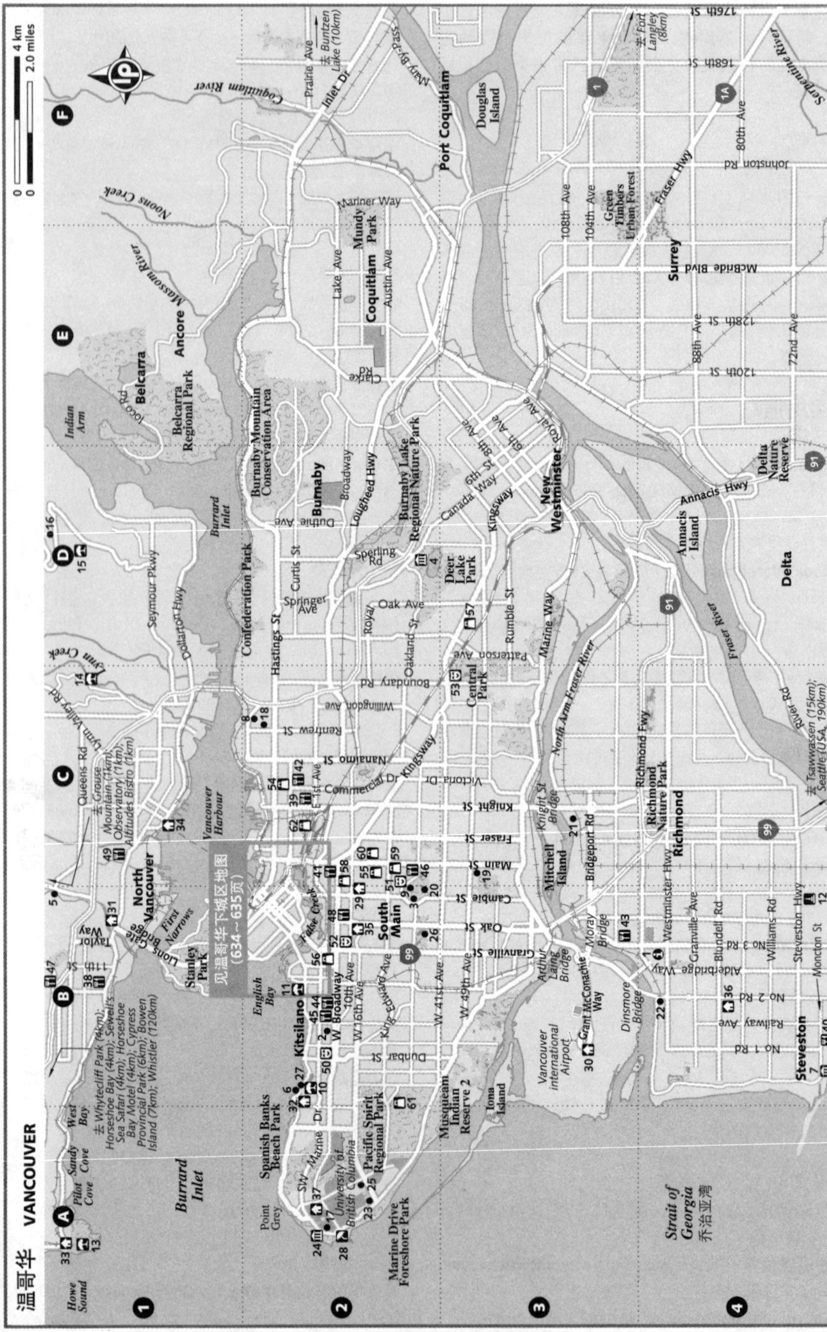
温哥华 VANCOUVER
见温哥华下城区地图（634~635页）
Howe Sound
Burrard Inlet
Strait of Georgia
乔治亚湾
Point Grey
Spanish Banks Beach Park
Kitsilano
English Bay
Stanley Park
North Vancouver
First Narrows
Lions Gate Bridge
Vancouver Harbour
Burrard Inlet
Indian Arm
Belcarra
Belcarra Regional Park
Ancore
Burnaby Mountain Conservation Area
Burnaby
Burnaby Lake Regional Nature Park
Deer Lake Park
Central Park
Confederation Park
Coquitlam
Mundy Park
Port Coquitlam
Douglas Island
Surrey
Green Timbers Urban Forest
New Westminster
Annacis Island
Delta
Delta Nature Reserve
Richmond
Richmond Nature Park
Mitchell Island
Vancouver International Airport
Sea Island
Iona Island
Musqueam Indian Reserve 2
Pacific Spirit Regional Park
University of British Columbia
Marine Drive Foreshore Park
Steveston
South Main
Fraser River
North Arm Fraser River
Coquitlam River
Serpentine River
Noons Creek
Lynn Creek
Massom River
Pilot Cove
Sandy Cove
West Bay
去 Whytecliff Park (4km); Horseshoe Bay (4km); Sewell's Sea Safari (4km); Horseshoe Bay Motel (4km); Cypress Provincial Park (6km); Bowen Island (7km); Whistler (120km)
去 Grouse Mountain (1km); Observatory (1km); Altitudes Bistro (1km)
去 Buntzen Lake (10km)
去 Fort Langley (8km)
去 Tsawwassen (15km); Seattle (USA, 190km)
Hastings St
Kingsway
Commercial Dr
Lougheed Hwy
Canada Way
Marine Way
Fraser Hwy
Annacis Hwy
Richmond Fwy
Westminster Hwy
W Broadway
Granville St
Oak St
Cambie St
Main St
Fraser St
Knight St
Victoria Dr
Nanaimo St
Renfrew St
Boundary Rd
Willingdon Ave
Dollarton Hwy
Seymour Pkwy
Lynn Valley Rd
Queens Rd
Taylor Way
Inlet Dr
Mary By-Pass
Johnston Rd
McBride Blvd
A B C D E F
1 2 3 4
0 4 km
0 2.0 miles

tourismvancouver.com；200 Burrard St；⌚6月到8月8:30am～6pm，9月到次年5月周一至周六8:30am～5pm）有免费地图、城市和更广泛的不列颠哥伦比亚省旅游指南、自动兑换交易以及半价戏票亭。此外，在机场也有一个柜台。

危险和麻烦

持续不断的沿街乞讨行为对于来访者来说是一个日益严重的问题；如果你不感兴趣，只要说"对不起"，走过就好。市中心东区(Downtown Eastside)是气氛压抑的少数族裔聚居区，里面生活的人们因毒品和卖淫而消瘦衰弱——针对旅行者的犯罪事件不经常发生，但建议你始终提高警惕，并且不要离开地区主要街道。

景点

温哥华最著名的景点位于几个很容易就能步行走到的邻近地区，特别是热门景点，如侃城、唐人街、斯坦利公园和格兰维尔岛(Granville Island)。时髦的耶鲁城(Yaletown)吸引着赶时髦的逛街一族，而在逛商业区(Commercial Dr)或南市区(South Main，简称SoMa)时，更可能会看到真正的波希米亚人。在悠闲的克斯莱诺(Kitsilano)观赏美丽的海滩，从那儿出发去绿树成荫的不列颠哥伦比亚大学(University of British Columbia，简称UBC)校园，它是这座城市的袖珍版。

市区

南部和北部环水，西部与斯坦利公园(Stanley Park)接壤，温哥华市中心金光闪闪的玻璃大厦和商业大楼完美结合，Robson St街商店林立，这是城市中心的步行街。

温哥华美术馆（Vancouver Art Gallery，简称 VAG；见634～635页地图；☎604-662-4719；www.vanartgallery.bc.ca；750 Hornby St；成人/青少年/儿童$19.50/14/6.50，周二5pm后捐款入内；⌚10am～5:30pm，周二和周四至9pm）曾经是令人神往的地区美术馆，除了埃米莉·卡尔的几幅油画别无他物。位于老的法院内，但据说不久将要迁移至新市区——这些年来，美术馆经历了大规模的复兴，正成为这个城市文化景观中更核心的一部分。将躁动的当代展览和轰动的巡回演出结合在一起，美术馆物尽其用，它精选周五进行**FUSE**（门票$15），举办午夜舞会，有表演和重打击乐演出。

加拿大广场（Canada Place；见634～635页地图；☎604-775-7200；www.canadaplace.ca；999 Canada Place Way）是1986年世界博览会(Expo 86)会馆，现在是会议中心和旅游船码头，如其他现代化码头。这个滨水区地标建筑就像有小型舰艇组成的白色船队。沿着海岸线可以观赏斯坦利公园和山脉的极致丽景，时时传来飞行艇(floatplanes)上的旅行者发出的阵阵欢呼声，这很值得一试。广场里面有**CN IMAX剧场**(CN IMAX Theatre，见655页)和孩子们喜欢的**港务局解说中心**（Port Authority Interpretation Centre；见634～635页地图；☎604-665-9179；免费入内；⌚周一至周五8am～5pm，周六和周日10am～2pm），可以亲身体验这个城市的海事贸易。

随着近期(盼望已久)的修复，**温哥华小心！**（Vancouver Lookout!；见634～635页地图；☎604-689-0421；www.vancouverlookout.com；555 W Hastings St；成人/青少年/儿童$13/9/6；⌚5月到10月中8:30am～

温哥华下城区 **DOWNTOWN VANCOUVER**

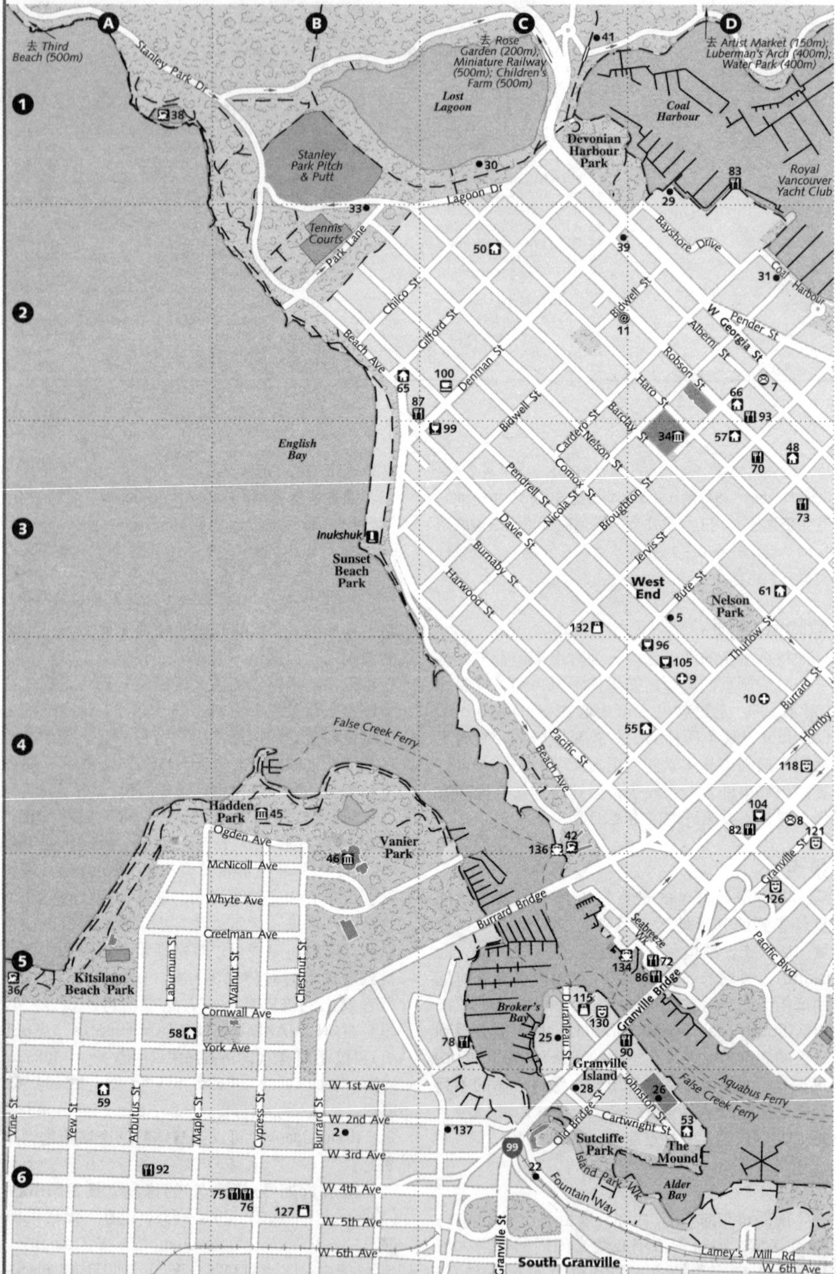

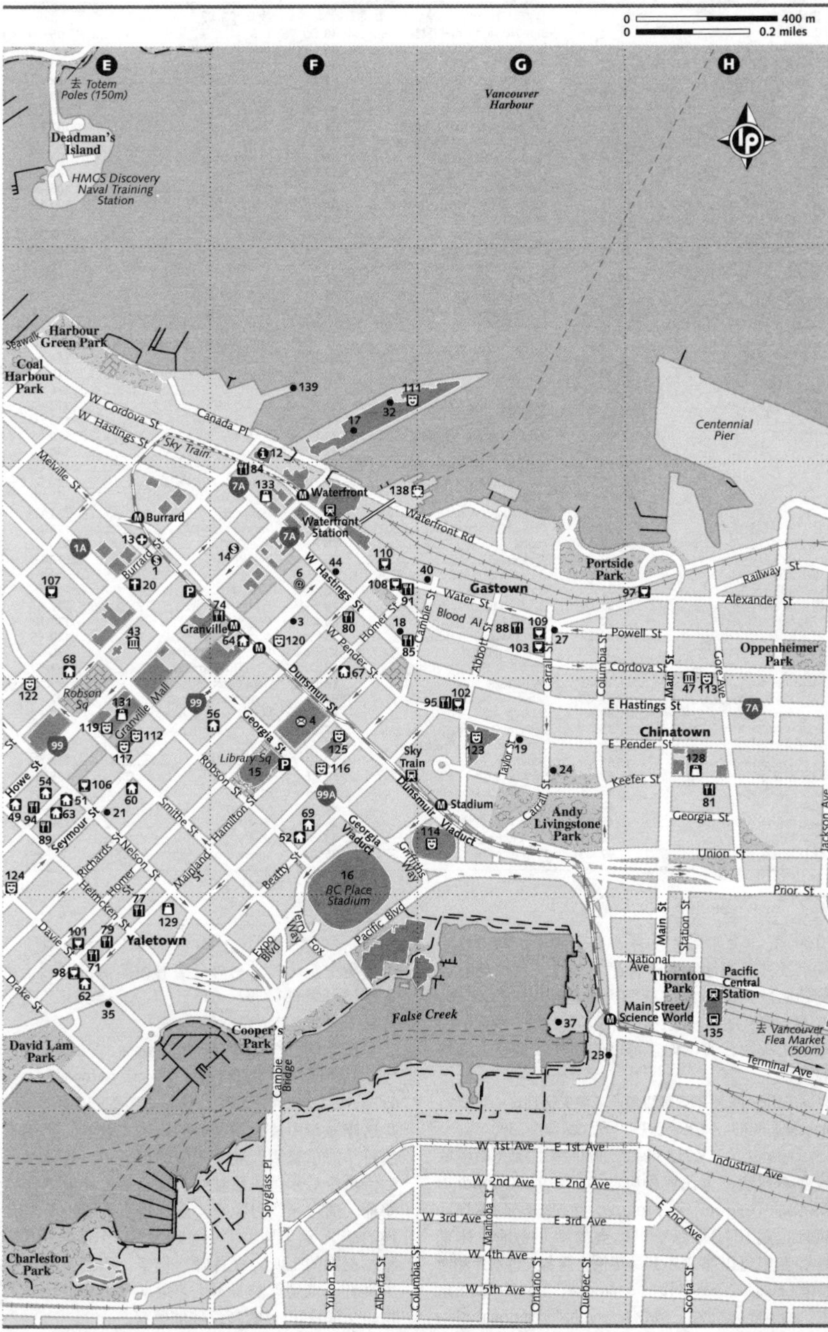
0 400 m
0 0.2 miles
E
F
G
H
去 Totem Poles (150m)
Deadman's Island
HMCS Discovery Naval Training Station
Vancouver Harbour
Seawalk
Harbour Green Park
Coal Harbour Park
W Cordova St
W Hastings St
Canada Pl
Sky Train
Melville St
Burrard
Burrard St
Waterfront
Waterfront Station
Waterfront Rd
Centennial Pier
Portside Park
Railway St
Alexander St
Gastown
Water St
Blood Al
W Hastings St
Homer St
W Pender St
Cambie St
Abbott St
Carrall St
Powell St
Cordova St
Columbia St
Main St
Gore Ave
Oppenheimer Park
E Hastings St
Chinatown
E Pender St
Keefer St
Taylor St
Georgia St
Union St
Jackson Ave
Prior St
Granville
Granville Mall
Dunsmuir St
Robson Sq
Georgia St
Library Sq
Robson St
Howe St
Seymour St
Smithe St
Hamilton St
Richards St
Nelson St
Homer St
Helmcken St
Mainland St
Beatty St
Sky Train
Stadium
Dunsmuir Viaduct
Georgia Viaduct
Griffiths Way
Andy Livingstone Park
BC Place Stadium
Terry Fox Way
Pacific Blvd
Expo Blvd
Davie St
Yaletown
Drake St
David Lam Park
Cooper's Park
False Creek
National Ave
Thornton Park
Station St
Pacific Central Station
Main Street/ Science World
去 Vancouver Flea Market (500m)
Terminal Ave
Cambie Bridge
Charleston Park
Spyglass Pl
W 1st Ave
E 1st Ave
W 2nd Ave
E 2nd Ave
W 3rd Ave
E 3rd Ave
W 4th Ave
W 5th Ave
Manitoba St
E 2nd Ave
Industrial Ave
Yukon St
Alberta St
Columbia St
Ontario St
Quebec St
Scotia St
1A
7A
99
99A
1
3
4
6
12
13
14
15
16
17
18
19
20
21
23
24
27
32
35
37
40
43
44
47
49
51
52
54
56
60
62
63
64
67
68
69
71
74
77
79
80
81
84
85
88
89
91
94
95
97
98
101
102
103
106
107
108
109
110
111
112
113
114
116
117
119
120
122
123
124
125
128
129
131
133
135
138
139

实用信息

美国运通 1 E3
Barbara-Jo's Books to Cooks 美食书店 2 B6
Book Warehouse书店 3 F3
加拿大邮政总局 4 F4
中心 5 D3
Electric Internet Café咖啡馆 6 F3
乔治亚邮局 7 D2
豪街邮局 8 D4
顾客药房 9 D4
圣保罗医院 10 D4
Star Internet Café网吧 11 C2
温哥华旅游局游客信息中心 12 F2
Ultima Medicentre Plus 13 E3
温哥华金块和货币交易所 14 F3
温哥华公共图书馆 15 F4

景点和活动

Accent Cruises .... (见 25)
不列颠哥伦比亚露天运动场 16 F4
加拿大广场 17 F2
大麻文化总部 18 F3
唐人街千禧门 19 G4
基督大教堂 20 E3
Commodore Lanes .... (见 112)
当代美术馆 21 E4
市区历史铁路 22 C6
市区历史铁路站 23 G5
中山公园 24 G4
生态海洋爱斯基摩划子中心 25 C5
埃米莉·卡尔艺术设计院 26 D6
侃城历史步行游 27 G3
格兰维尔岛酿酒厂 28 C6
格兰维尔岛公共市场 SA .... (见 130)
HR MacMillan空间中心 .... (见 46)
港口巡航 29 D1
Lost潟湖自然屋 30 C1
耐克慢跑者休息厅 31 D2
港务局解说中心 32 F2
杜鹃园 33 B2
Roedde之家博物馆 34 D3
圆形机车库艺术和娱乐中心 35 E5
Saltwater Pool 36 A5
TELUS科学世界之科学世界 37 G5
第二海滩游泳池 38 A1
Spokes Bicycle Rentals自行车租赁店 ... 39 C2
蒸汽钟 40 G3
温哥华水族馆 41 C1
温哥华水上中心 42 C4
温哥华美术馆 43 E3
温哥华小心 44 F3
温哥华海洋博物馆 45 B4
温哥华博物馆 46 B5
温哥华警察百年博物馆 47 G3

住宿

Blue Horizon Hotel酒店 48 D3
Bosman's Hotel酒店 49 E4
Buchan Hotel旅馆 50 C2
Comfort Inn Downtown宾馆 51 E4
Georgian Court Hotel旅馆 52 F4
格兰维尔岛屿旅馆 53 D6
HI Vancouver Central旅馆 54 E4
HI Vancouver Downtown旅舍 55 D4
Kingston Hotel旅馆 56 F4
Listel Vancouver旅馆 57 D3
Maple House B&B旅馆 58 A5
Mickey's Kits Beach Chalet小屋 59 A6
Moda Hotel旅馆 60 E4
O Canada House B&B旅馆 61 D3
Opus Hotel Vancouver旅馆 62 E5
Samesun Backpackers Lodge旅馆 63 E4
St Regis Hotel酒店 64 F3
Sylvia Hotel酒店 65 B2
Tropicana Suite Hotel酒店 66 D2
Victorian Hotel旅店 67 F3
Wedgewood Hotel & SPA 宾馆和温泉 68 E3
YWCA Hotel旅舍 69 F4

就餐

Asahi-Ya餐馆 70 D3
Blue Water Café小餐馆 71 E5
C Restaurant餐馆 72 D5
Cin Cin Ristorante饭店 73 D3
Culinaria Restaurant餐馆 74 F3
Dockside Restaurant & Dockside Brewing Company餐馆和酿酒公司 .... (见 53)
Fuel餐馆 75 B6
软体动物 76 B6
Glowbal Grill 和Satay Bar餐馆 77 E5
Go Fish鱼肉餐馆 78 C5
Goldfish Pacific Kitchen旅馆 79 E5
Gorilla Food餐馆 80 F3
Hon's Wun-Tun House餐馆 81 H4
La Bodega餐馆 82 D4
Lift Bar & Grill酒吧和烤肉馆 83 D1
Metro餐馆 84 F3
Mouse & the Bean Café小餐馆 85 F3
Nu餐馆 86 D5
Raincity Grill烤肉馆 87 B2
Salt Tasting Room餐馆 88 G3
Sanafir餐馆 89 E4
Sandbar餐馆 90 C5
Social at Le Magasin餐馆 91 F3
Sophie's Cosmic Café餐厅 92 A6
Spice Alley餐馆 93 D2
Templeton餐馆 94 E4
Wild Rice中餐馆 95 G4

饮品

1181 .... 96 D4
Afterglow酒吧 .... (见 77)
Alibi Room餐厅 97 H3
Bar None酒吧 98 E5
Calling酒吧 99 C3
Delany's 100 C2
George Ultra Lounge 101 E5
Honey 102 G4
Irish Heather酒馆 103 G3
Odyssey 104 D4
Pump Jack 105 D4
Republic俱乐部 106 E4
Seventy Two Sports Bar酒吧 107 E3
Shine 108 F3
Six Acres酒馆 109 G3
Steamworks Brewing Co酿酒厂 110 F3

娱乐

CN Imax Theatre剧院 111 F2
Commodore俱乐部 112 E4
Firehall Arts Centre火厅艺术中心 113 H3
GM 广场 114 G4
格兰维尔岛舞台 115 C5
传媒人俱乐部 116 F4
Orpheum Theatre大剧院 117 E4
太平洋电影图书馆 118 D4
广场俱乐部 119 E4
Railway Club俱乐部 120 F3
苏格兰岸舞蹈中心 121 D4
Scotiabank剧院 122 E4
Tickets Tonight票务公司 .... (见 12)
Tinseltown 电影院 123 G4
Vancity国际电影中心 124 E4
温哥华剧场 125 F4
Yale酒吧 126 D5

购物

生活艺术 127 B6
唐人街夜市 128 H4
海岸民族美术画廊 129 E5
格兰维尔岛公共市场 130 C5
John Fluevog Shoes鞋店 131 E4
Little Sisters Book & Art Emporium中心 132 C3
Mink Chocolates巧克力店 133 F3

交通

Aquabus渡运 134 C5
公共汽车站 135 H5
False湾轮渡 136 C4
Reckless Bike Stores自行车店 137 C6
海洋汽车 138 G3
水上飞机终点站 139 F2
Spoke Bicycle Rental 自行车出租 .... (见 39)

10:30pm，10月中到次年4月 9am～9pm）是鸟瞰这个城市及其周边地区的一种昂贵方式。入口处有导游领队欣赏美景的旅行团可供选择——Burnaby村(见662页)在东边的薄雾中闪着亮光——你的门票全天有效，所以你还可以转回来欣赏令人愉快的夜景。

Teflon圆顶**不列颠哥伦比亚露天运动场**（BC Place Stadium；见634～635页地图；☎604-669-2300；www.bcplacestadium.com；777 S Pacific Blvd）是加拿大橄榄球联赛不列颠哥伦比亚雄狮队(BC Lions Canadian Football League [CFL] team，见655页)的主场，而且也是2010年冬季奥运会的举办场地。体育爱好者们可以参观**不列颠哥伦比亚名人运动厅和博物馆**（BC Sports Hall of Fame & Museum；见634～635页地图；☎604-687-5520；www.bcsportshalloffame.com；Gate A；成人/儿童 $10/8；⏲10am～5pm），具有地区和全国历史纪念品。另外还有导游带队的幕后**运动场游**（☎604-661-7362；Gate H；成人/儿童 $8/7；⏲6月中到8月周二11am和1pm）。

基督大教堂（Christ Church Cathedral；见634～635页地图；☎604-682-3848；www.cathedral.vancouver.bc.ca；690 Burrard St；免费入内；⏲周一至周五10am～4pm）是这座城市中最大和最好的哥特式教堂，坐落于温哥华海市蜃楼般玻璃大厦的影子中。定期举行唱诗班合唱和管风琴独奏，也有莎士比亚的作品朗诵，通过预约可免费参观。也可看看地下室有趣的威廉·莫里斯(William Morris，1834～1896年，英国的工匠、设计师、作家、印刷家和社会主义者，也是英国美术工艺运动最重要的代表人物——译注)设计的彩色玻璃橱窗。

温哥华旅行线路

一日游

前往**温哥华美术馆**(Vancouver Art Gallery，见 633 页)之前，先在 **Templeton 餐馆**(见 649 页)吃一顿丰盛的早餐。接着，沿 **Robson St 街**漫步，逛逛商店，然后走到滨水地区，拍一些大海和高山的全景照片。沿着防波堤向西步行，在途中喝杯咖啡，来到**斯坦利公园**(Stanley Park，见下文)。下午在此游览海滩、图腾柱和**温哥华水族馆**(Vancouver Aquarium，见下文)，然后缓行漫步，返回市中心吃晚餐。

两日游

第二天早上，接着第一天的行程，搭乘出租车前往喧闹的**唐人街**(Chinatown，见638页)。在**千禧门**(Millennium Gate，见638页)前停下来，闪入附近的**中山公园**(Dr Sun Yat-Sen Classical Chinese Garden，见638页)。如果你觉得肚子饿了，可驱车前往**Hon's Wun-Tun House餐馆**(见651页)，在那儿享受早午餐点心。随后，沿着大街步行至**科学世界**(Science World，见639页)，然后乘坐附近车站的天际轻轨(Sky Train)。前往滨水车站(Waterfront Station)，乘坐海洋汽车(SeaBus)前往**北温哥华**(North Vancouver，见660页)。在返回的路上，你可以在侃城的**Steamwork's Brewing Co酿酒厂**(见654页)享受美味啤酒和比萨饼。

斯坦利公园(Stanley Park)

温哥华毫无疑问的亮点就是这座宏伟的位于市中心边缘的公园(见 634 ~ 635 页地图)，它将优秀景观与神奇的自然氛围完美地结合在一起。不要错过沿着**防波堤**漫步、徜徉或骑自行车(Georgia St 街附近有自行车出租)，可在**伐木工人拱门**(Lumberman's Arch，见 634 ~ 635 页图中箭头所示)停下来野餐，或者到**第三海滩**(见 634 ~ 635 页图中箭头所示)欣赏日落。

如果你不喜欢一直走路，那么就在6月中旬到9月中旬，到公园附近搭乘**免费穿梭巴士**(free shuttle bus)，或乘坐慢悠悠的**马车**(Carriage Ride；☎604-681-5115；www.stanleyparktours.com；成人/儿童$25/15；⏲3月到10月)观光。你将可能会与旅行团成员争先恐后地在八个色彩明亮的**图腾柱**(totem poles，见634~635页图中箭头所示)前照相留影，但你可能也想在附近的**艺术品市场**(artist market)停留，买一两件艺术品。

看完第一个野生公园浣熊后，值得看看的是**玫瑰园**(Rose Garden，见634 ~ 635图中箭头所示)和**杜鹃园**(Rhododendron Garden，见 634 ~ 635 页地图)，然后顺便到 **Lost 泻湖自然屋**(Lost Lagoon Nature House；见 634 ~ 635 页地图；☎604-257-6908；www.stanleyparkecology.ca；免费入内；⏲5 月到 9 月周二至周日 10am ~ 7pm)逛逛，了解一下该地区各式各样的生态环境。如果需要补充能量，公园内有四家饭店。

那些带着孩子们旅行的旅行者很容易在公园中度过一整天。早点到公园，在颇受欢迎的第二海滩(Second Beach)**游泳池**(swimming pool；见634～635页地图；☎604-257-8370；成人/青少年/儿童 $5.35/4/2.65；⏲5月到9月)抢占一席之地，顺便到位于伐木工人拱门处、充满欢声笑语的**水上公园**(water park；见634～635页图箭头所示；免费入内；⏲5月到9月)玩玩。你可以在**微型铁路**(Miniature Railway；见634～635页图中箭头所示；☎604-257-8531；成人/青少年/儿童 $5.50/4/3.75；⏲5月中到8月10:30am～5pm，2月到5月中和9月周六和周日10:30am～5pm)或**儿童乡村游**(Children's Farmyard；见634～635页图中箭头所示；☎604-257-8531；成人/青少年/儿童 $5.50/4/3.75；⏲5月中到8月11am～4pm，2月到5月中和9月周六和周日11am～4pm)让孩子们晾干身子。

不过，你不必像个孩子一样喜欢公园的最吸引人之处。**温哥华水族馆**(Vancouver Aquarium；见 634 ～ 635 页地图；☎604-659-3474；www.vanaqua.org；成人/青少年/儿童/$19.95/14.95/11.95；⏲9 月到次年 6 月 9:30am ～ 5pm，7 月和 8 月 9:30am ～ 7pm)是 9 000 种水中生物的家园，包括鲨鱼、海豚、白鲸和亚马孙河流域的凯门鳄(Amazonian caimans)。寻找闪闪发光的水母和两只嬉戏的海獭，以及飞来飞去的蝴蝶。如果还有时间，可以考虑来一次幕后训练之旅(behind-the-scenes trainer tour，$25 起)。

市区西端(West End)

古老、矮小而又拥挤的公寓楼使得整齐美观的住宅区显得有些混乱，市区西端是茶余饭后来聊天的中心场所。到处都是木制的古老房屋，一侧是在海堤上散步的大声说笑的人们，这里有很多的餐馆和商场，也是温哥华男同性恋者聚集的地方。

8月，与卖艺的歌手、日光浴者和打沙滩排球的人们懒洋洋地分享海滩的傍晚时分，或10月狂风呼啸的日子，只有你和盯着海浪漫步者，**English湾**（English Bay，见634～635页地图，Denman St和Davie St拐角）是市区西端(West End)一道美丽的风景。与喧闹的都市仅几步之遥，走路仅需10分钟。如果你也想加入海堤漫步的行列，隔壁的斯坦利公园正向你招手，后者也是一年一度的庆光节(Celebration of Light fireworks festival，见646页)举办地。

如果想看看高楼大厦出现之前的温哥华是什么样子，可以顺便参观一下**Roedde之家博物馆**（Roedde House Museum；见634～635页地图；☎604-684-7040；www.roeddehouse.org；1415 Barclay St；门票$5；🕑周二至周五10am～5pm，周六10am～3pm，周日2～4pm）。这座建于1893年的富丽堂皇的大厦是吸引旅行者目光的老建筑，这些木构架房屋沿着Barclay Heritage广场分布。摆满了过去各个时期的古董，也可以借此了解当年富有的温哥华人曾经过着多么奢华的生活，这不失为一种很好的消遣。周日光顾的话，可以享受店铺提供的茶水和点心，只额外收取$1。

耶鲁城(Yaletown)

一个老的红砖仓库区成了标新立异的公寓、时髦酒吧和闪亮精品店聚集地。适于步行的耶鲁城——温哥华的“小Soho”——是能看见城里美女帅哥的地方，特别是在晚上，餐馆中经常挤满设计界先锋和来访的名流。

以Nelson St街、Homer St街、Drake St街和Pacific St街大致为界，这块区域并没有完全抛弃它有些蹩脚的工业化过去：旧铁轨依然深嵌在道路上，而**圆形机车库艺术和娱乐中心**（Roundhouse Community Arts & Recreation Centre；见634～635页地图；☎604-713-1800；www.roundhouse.ca；181 Roundhouse Mews，Davie St和Pacific Blvd拐角）是上演各种戏剧、举办文化活动的地方，它位于翻新的火车车库内，那儿有一个重新修复的蒸汽火车头。

参观**当代美术馆**（Contemporary Art Gallery；见634～635页地图；☎604-681-2700；www.contemporaryartgallery.ca；555 Nelson St；免费入内；🕑周三至周日正午～6pm），瞥一眼当地当代艺术家在干什么。另外，如果你10月份在这儿，当地的餐馆会在一年一度的**“耶鲁城之味”美食节**(Taste of Yaletown)提供定价低廉的三道品尝菜单。这个城市一年一度的爵士音乐节(Jazz Festival，见646页)也在这儿的David Lam公园举办，每年7月都会有免费户外演出。浏览网站www.yaletowninfo.com获取有关地图和其他入木三分的见解。

侃城和唐人街(Gastown & Chinatown)

温哥华历史最悠久的地区、铺着鹅卵石街道的侃城，是这个城市创立的地方——留意一下这儿的早期居民“侃爷”杰克·戴顿(Gassy Jack Deighton)在他的啤酒桶上的快活青铜像。这儿是以前的贫民窟所在地，自从20世纪70年代逐渐修缮。大部分古建筑仍在，但它们现在多是纪念品商店、深受欢迎的旅游餐馆和逐渐增多的流行服饰店。沿着Water St街走到一半路程时，可以看到侃城的地标——一个发出嘶嘶声的**蒸汽钟**(steam clock，见634～635页地图)。它是旅行者争相留影的景点，实际上是由电驱动的。关于该地区的实用信息和活动——包括一年一度的**侃城游**(Tour de Gastown)自行车赛——可登录www.gastown.org。

附近的唐人街——北美最大的唐人街之一——是该城市最令人向往的地方之一。那里挑战着你的视觉、听觉和味觉，这个熙熙攘攘的地区挤满了商店，兜售着中国水果、中药药方，有时还有一桶桶活田鸡。看看高耸的**唐人街千禧门**（Chinatown Millennium Gate；见634～635页地图；W Pender St和Taylor St拐角），这个地区的新入口，不要错过熙熙攘攘的夏日**夜市**（见656页）。关于该地区的景点和活动——包括为期2天的夏日节(summer festival)和一年一度的新年大游行活动(New Year parade)——可登录www.vancouverchinatown.ca。

中山公园（Dr Sun Yat-Sen Classical Chinese Garden；见634～635页地图；☎604-662-3207；www.vancouverchinesegarden.com；578 Carrall St；成人/儿童$8.75/7；🕑5月到6月中和9月10am～6pm，6月中到8月9:30am～7pm，10月到次年4月10am～4:30pm）是嘈杂唐人街中一个安静的休憩之处。这座亲切的“放松之园”在饱经风霜的松树、曲折蜿蜒的小径和古代石灰石建筑后面，开启了一个带有道家意味的世界。门票包括精彩的导游带队游览——留心看一眼来回游动的慵懒海龟——夏天的周五晚上，这儿会举办音乐会。

什么……

关于温哥华所谓的秘密隧道的故事众多。唐人街(Chinatown)据说与它们相连——修路工人有时候能在这个区域的地下掘出隧道，很明显，隧道自西乔治亚州大街(W Georgia St)的加拿大邮政(Canada Post)大楼处开始。邮政员工用过的、现已废弃的隧道已经成为万圣节之夜(Halloween)狂欢的地下场所。

热点：温哥华市中心东端灾难

虽然温哥华不是北美唯一拥有大量流动人口的大都市，但到过这座常被描述为世界最宜居城市的旅行者，都会惊奇地发现，这里常有死缠不放的、有时有些好斗的人围着你搭讪、乞讨。尽管嘲笑和驱散这些拖拖拉拉的乞讨者很容易，但他们是多年来这个城市最严重社会问题未能成功解决的表现。

这个问题可以追溯至温哥华声名狼藉贫民区的创建，那儿是加拿大最贫穷的社区。与侃城、唐人街（Chinatown）和东温哥华（East Vancouver）接壤，这个地区——曾经是繁荣的商业区——20 世纪 40 时代开始走下坡路，也是从那时起，市政府和省政府开始关注这个地区的贫困状况。从那时起，它成为灾难的滋生之地，贫困人口急剧增长，对当地居民造成了物质上和精神上的伤害。

这个地区肮脏的出租房屋之间分散着简易当铺和善于骗人的酒吧，在这些地方，最便宜的啤酒总是最受欢迎。在大街上公然进行毒品交易——当人们路过时，小贩们窃窃私语——卖淫也成为一种生活方式；甚至最寒冷的夜晚都可以看到骨瘦如柴、浓妆艳抹的女人穿着短裙在街上闲荡。

随着 2010 年冬季奥运会日益临近，世界的目光开始聚焦温哥华，许多当地居民正在要求城市、地区和国家的政府进行大规模干预，消除这座城市最深的伤疤。

描绘这个城市过去黑暗的犯罪史——包括没收来的武器、伪钞假币和陪葬的展品，胆小者不适合观看——优秀的小型**温哥华警察百年博物馆**（Vancouver Police Centennial Museum；见634～635页地图；☎604-665-3346；www.vancouverpolicemuseum.ca；240 E Cordova St；成人/儿童 $7/5；⏲周一至周六9am～5pm）是附近最好的历史景点之一。如果你有时间，城市步行旅行团(City walking tour，$12)诱人的罪恶会陪同好奇的旅行者，游遍附近狡猾的市中心东区(Downtown Eastside)，探索沿途令人目瞪口呆的罪恶和打击犯罪的历史。

TELUS科学世界（Science World at TELUS World of Science；见634～635页地图；☎604-443-7443；www.scienceworld.bc.ca；1455 Quebec St；成人/青少年/儿童 $16/13/11；⏲10am～6pm）是带孩子出来玩的一个很好的地方。科学世界拥有成为典范的用来测地线的"高尔夫球"(Golf Ball)，这是为1986年世界博览会(Expo '86)而建造的。这里是既拥有互动展览也带有关于自然、空间、物理和技术方面现场讲解的高科技场所，连家长也会备感兴趣。现场的**环形立体电影院**（OMNIMAX Theatre，票价$10）放映大屏幕的纪录片，如果你想坐下来看。

南市区和商业车道 (SoMa & Commercial Drive)

远离罗伯逊街（Robson St）购物者的人工日晒肤色，温哥华独有的人群开拓了一座小型城镇，南市区曾是邋遢的别称。起于 Main St 街和 Broadway 街的交叉点，南市区（见 632 页地图）——现在被称为 SoMa——是许多可供选择的商场和设计先锋云集之处。波希米亚咖啡吧、素餐馆、一样一件的精品小店和艺术家运营的大胆画廊点缀着这个地区。

从市中心的 Main St 街乘坐 3 路公共汽车可直达 Main St 街和 48 街交界处，你将发现你自己身处**旁遮普市场**（Punjabi Market），这里有"小印度"之称，是纱丽店、Bangra 音乐店和最好的咖喱饭餐厅的聚居地，好去处。可以先进行一次有助于恢复元气的徒步旅行，风味美食能让你吃得很撑。

烹饪冒险者们也应该考虑沿着时髦的**商业车道**（Commercial Dr）艰难行进一番，几十年来，欧洲移民——特别是意大利人、希腊人和葡萄牙人——在这里创造了饭馆、咖啡吧和外国熟食店的混合区域。这是与最富有激情的球迷一起观看国际足球比赛的好去处，也是懒洋洋的夏日午后喜欢喝浓咖啡的懒散居民漫步之地，它已成为城市年轻漂泊者和学生族漫步的最佳之选。

格兰维尔岛(Granville Island)

在格兰维尔桥（Granville Bridge）巨大的铁拱门下散开，这个以前的中产阶级工业区半岛——它实际上不是个全岛——是在城里度过慵懒下午的最好地方之一。饭店、酒吧、剧院、工艺行混杂在一起，夏天周末总是人潮涌动，街头艺人们令人放松，与海鸥争抢鱼和薯片。了解更多偶发事件，可登录 www.granvilleisland.com。

格兰维尔岛的亮点是带棚**公共市场**（Public Market；见634～635页地图；☎604-666-6477；Johnson St；⏲9am～7pm），引诱你的感官的熟食市场，以美味的鱼、奶酪、水果和烤面包为主。它有个国际小吃柜台(早点儿或晚点儿去吃午餐，避开拥挤)，以及各种很酷的工艺品店。很受欢迎的3小时市场品尝美食之旅，由**Edible BC**

(☎604-662-3606，888-812-9660；www.edible-britishcolumbia.com；团队游 $55；🕑周三和周六8:30am）提供。

你也可以在附近的**格兰维尔岛酿酒厂**（Granville Island Brewing；见634～635页地图；☎604-687-2739；www.gib.ca；1441 Cartwright St；团队游 $9.75；🕑正午、2pm 和 4pm）参加团队游。在让你沉浸到酒吧里、喝上样酒之前，包括柏树蜂蜜啤酒(Cypress Honey Lager)和厂家推荐的克斯莱诺槭糖发酵淡啤(Kitsilano Maple Cream Ale)，导游会先带你参观小型酿造间（产品大部分转移到更大的单位了）。

在**埃米莉·卡尔艺术设计院**（Emily Carr Institute of Art & Design；见 634 ～ 635 页地图；☎604-844-3800，800-832-7788；www.eciad.ca；1399 Johnson St；免费入内；🕑10am ～ 6pm）参观三座公共美术馆；可以探一眼崭露头角艺术家的心灵世界，大有启发。现场还有一个很棒的艺术书店。

搜罗完这些商店和景点后，来到**市区历史铁路**（Downtown Historic Railway；www.trams.bc.ca；成人/儿童 $2/1；🕑5 月到 10 月周六、周日和假日 12:30 ～ 5pm），这儿有两辆有些吵闹的古老有轨电车，在通向格兰维尔岛和科学世界的入口处。

克斯莱诺(Kitsilano)

"Kits"（克斯莱诺的简称）曾是嬉皮士的庇护所，反对主流文化的少年精英们在此成长为拥有财富和事业的社会中坚，现在的 Kits 是一处令人愉悦的街区，拥有豪华的传统住宅、惬意的咖啡吧以及非常值得浏览的商店。推荐在悠闲的下午到街道闲逛——特别是沿着商场林立的第 4 大街西街。**Jericho 沙滩公园**(Jericho Beach Park)和**克斯莱诺沙滩公园**(Kitsilano Beach Park，见 632 页地图）也有几处很不错的滨水休闲区，都能欣赏到令人愉快的日落。

从格兰维尔岛(Granville Island)沿岸步行，很快就到了**Vanier 公园**(Vanier Park)，每年举行**沙滩游吟节**(Bard on the Beach Festival，见 646 页）期间，这里都会撑起带条纹的帐篷，这里也是一批欢迎家庭参观的小博物馆所在地。

其中，**温哥华博物馆**（Vancouver Museum；见634～635页地图；☎604-736-4431；www.vanmuseum.bc.ca；1100 Chestnut St；成人/儿童 $10/6.50；🕑周二至周日 10am～5pm，周四至9pm）有一些独特的原住民工艺品——尽管它们不像人类学博物馆(Museum of

当地人的声音

克里斯托弗·加泽 (Christopher Gaze)，"沙滩游吟节"及温哥华滨水地区莎士比亚艺术节的演员和艺术指导

是什么使"沙滩游吟节"成为一个独特的温哥华节日？大海精致的美感、绵延的山脉和碧蓝的天空构成了伟大的古典戏剧作品的背景，将舞台和自然这两个世界融为一体。

当莎士比亚看到他的作品在码头帐篷中上演，你能想象到他会作何反应呢？我想他将会很欣喜！本来他是为伦敦环球剧院 (Globe Theatre) 写的歌剧，只有一部分观众可以看到他的歌剧。我们的戏剧表演不受舞台规模的限制，不拒绝任何一位观众。

温哥华素有"户外活动胜地"的美称，你如何定义这座城市的文化景观呢？温哥华的文化景观现在处于令人兴奋的状态。文化产业公司提供杰出的应季演出，不断涌现的艺术家也给这座城市带来了新的能量，并推动文化的发展。

就个人而言，你最喜欢温哥华的哪些文化元素呢？温哥华的交响乐、歌剧，还有所有的剧场作品。

除"沙滩游吟节"以外，你个人喜欢观看其他什么节目？温哥华音乐节 (Festival Vancouver)、民间艺术节 (Folk Festival) 和爵士音乐节 (Jazz Festival)——在这里每个人都可以找到他喜欢的节目。

对于首次来到温哥华的旅行者，如果他们想充分享受游吟节之旅，你有什么建议？一定要提前买票！一旦买好票，要提前出门，在美丽的 Vanier 公园 (Vanier Park) 享受野餐美味。不要忘记带一两件衣服取暖，当第二场开始时，天气会凉下来。

很多年来，游吟节的爱好者最喜爱什么剧目？《仲夏夜之梦》(*A Midsummer Night's Dream*)、《罗密欧和朱丽叶》(*RomeoandJuliet*) 等等。但是莎士比亚曾创作如此浩繁的经典，所以我们能够为每一出戏剧的推崇者奉献一场精彩的演出。1999 年，随着我们的舞台工作室 (Studio Stage) 的创建，更多不常上演的剧目也被搬上舞台。

你个人最喜欢莎士比亚的哪部作品和哪部歌剧？他的作品中我最喜欢《仲夏夜之梦》(*A Midsummer Night's Dream*)，另外，我确实非常喜欢《查理三世》(*Richard III*) 歌剧。莎士比亚的歌剧总是让人激情澎湃，备感快乐。

Anthropology，见本页)里摆放得那么完美。同时展示近期的历史，多彩的展品包括20世纪50年代的流行文化及60年代嬉皮士对传统文化的反抗。

附近的**HR MacMillan空间中心**（HR MacMillan Space Centre；见634～635页地图；☎604-738-7827；www.hrmacmillanspacecentre.com；1100 Chestnut St；成人/儿童 $15/10.75；⏲7月和8月10am～5pm，9月到次年6月周二至周日10am～5pm）很受孩子们的欢迎，他们总是用尽力气碰触那些可以手摸的展品。另外还有一个免费进入的**天文台**（周末开放，天气允许）和一个**天文馆**，周末有镭射演出（门票$10.50)，演绎着Pink Floyd(摇滚史上最伟大的乐队之一，风格是迷幻摇滚——译注）之类的音乐。

三位一体的最后一个成员是**温哥华海洋博物馆**（Vancouver Maritime Museum；见634～635页地图；☎604-257-8300；www.vancouvermaritimemuseum.com；1905 Ogden Ave；成人/儿童 $10/7.50；⏲5月到8月10am～5pm，9月到次年4月周二至周六10am～5pm，周日正午～5pm），它有数十个复杂的船模和几个详细介绍的船构造展，以及几艘历史悠久的航船。这儿的亮点展览包括St Roch号，这是艘北极巡逻船，是它第一次在西北航线 (Northwest Passage)上往返航行。

不列颠哥伦比亚大学 (University of British Columbia)

不列颠哥伦比亚大学（简称UBC；☎604-822-2211；www.ubc.ca）在克斯莱诺西面一座占地400公顷的林木郁郁的半岛上，是这个省最大的大学。混凝土校园被大学捐赠基金地带(University Endowment Lands)所围绕，有可以到达的沙滩和林区，以及少数几个值得推荐的景点。

拥有加拿大关于西北海岸原住民手工艺品的最好展览，**人类学博物馆**（Museum of Anthropology；见632页地图；☎604-822-3825；www.moa.ubc.ca；6393 NW Marine Dr；成人/儿童 $9/7，周二5pm后捐款入场；⏲5月中到10月中周三至周一10am～5pm，周二10am～9pm，10月中到次年5月中 周三至周日11am～5pm，周二11am～9pm）是必看的博物馆。光是图腾柱——摆放在能俯瞰海岸美景的玻璃墙对面——就让门票物有所值。咨询一天两次的免费美术馆团队游信息，以便最大程度地实现这次参观的价值。由加拿大建筑师阿瑟·埃里克森(Arthur Erickson)设计，博物馆采用了早期原住民建筑的梁柱结构。

擅长园艺的旅行者可以游览著名的**UBC植物园**（UBC Botanical Garden；见632页地图；☎604-822-9666；www.ubcbotanicalgarden.org；6804 SW Marine Dr；成人/儿童$7/免费；⏲3月中到10月中10am～6pm，10月中到次年3月中10am～3pm），它占地28公顷，有几个主题花园，包括一个加拿大最大的杜鹃园、一个药草园和一个冬季植物园，里面的植物春夏在户外盛开。有跟附近的Nitobe 纪念花园的联合门票，票价$10。

由日本一位顶级风景建筑师设计的令人心情愉快的**Nitobe纪念花园**（Nitobe Memorial Gardens；见632页地图；☎604-822-6038；www.nitobe.org；6804 SW Marine Dr；成人/儿童 $5/免费；⏲3月中到10月中10am～6pm，10月中到次年3月中周一至周五10am～2:30pm）是亚洲园艺艺术形式的完美范例。除了夏天有时传来的来自旅行团的交通噪声，这儿很安静，是凝思冥想的理想地方。有跟UBC植物园的联合门票，票价$10。

沿着Trail 6小路进入森林，然后低头一直往前走，直到滨水地区，你将会看到加拿大最有名的**Wreck海滩**（Wreck Beach；见632页地图；www.wreckbeach.org），这是反主流文化的居民、独立小商贩和慕名而来旅行者的天堂，他们分享着这片长7.8公里的沙滩。这里的居民不断与大学发生争执，校区的建筑通常高于居民楼，威胁他们的隐私，当你匆匆而过时，别忘了表示对他们的支持。没有必要自带午餐：四处走动的食品小商贩可以为你提供Stormin' Norman的水牛肉汉堡包和Marco的有机水果汁。

城市西区(West Side)

拥有运动场、修剪过的草地和正规的植物园，53公顷的**伊丽莎白皇后公园**(Queen Elizabeth Park，见632页地图)——位于Cambie St街和Ontario St街之间，靠近33rd Ave大道——也有温哥华最棒的一些城市景色。装饰着公园内小山顶部的是弧形(triodetic)屋顶的**Bloedel 植物温室**（Bloedel Floral Conservatory；见632页地图；☎604-257-8584；成人/儿童$4.50/2.25；⏲4月到9月周一至周五9am～8pm，周六和周日10am～9pm，10月到次年3月10am～5pm），热带鸟类和植物在三个温室中生长。

如果你想现场观看球赛，公园里最近刚刚修缮的校区**Nat Bailey露天运动场**(Nat Bailey Stadium)是温哥华加拿大棒球队(Vancouver Canadians baseball team，见655页)的球迷们最喜欢在夏日午后光顾的地方。

距离公园西面四个街区的**VanDusen植物园**（VanDusen Botanical Garden；见632页地图；☎604-878-9274；www.vandusengarden.org；5251 Oak St；成人/青少年/儿童 4月到9月 $7.95/6/4.50，10月到次年3月 $5.70/4.25/2.75；⏲11月到次年2月10am～4pm，3月和10月10am～5pm，4月10am～6pm，5月10am～8pm，6月到8月10am～9pm，9月10am～7pm），是集雕刻、加拿大传统花卉、世界各地珍稀植物和深受欢迎的树篱迷宫于一体的技艺精巧的装饰性杰作。花园是温哥华圣诞节期间这座城市的最佳去

温哥华五大野餐好去处

- **第三海滩** (Third Beach，见 637 页) 壮观的海景与斯坦利公园中的日落景色。
- **Vanier 公园** (Vanier Park，见 640 页) 令人松弛的绿茵茵的小山、懒洋洋的大海及绵延的山脉。
- **伐木工人拱门** (Lumberman's Arch，见 637 页) 为斯坦利公园内另一野餐好去处，可以观赏路过的巡游舰。
- **克斯莱诺沙滩** (Kitsilano Beach，见 640 页) 巨大沙滩附近就有游泳池，这可以帮助你改善胃口。
- **Wreck 海滩** (Wreck Beach，见 641 页) 是不列颠哥伦比亚大学天体运动爱好者的领地，到处可见四处兜售的食品小摊贩。

处之一，具有几千束的迷离灯光。

如果你喜爱随意看看商店的橱窗，地处格兰维尔大街、从第 5 大道延至第 16 大道的**南格兰维尔街** (South Granville；www.southgranville.org) 是最适合的场所，这里有多间艺廊、餐厅和各种各样的专卖店，值得任何人花一下午去享受一番。

活动

温哥华因当地人喜欢户外活动而声名远扬，当地人最喜欢的就是早晨慢跑 10 公里，也酷爱拿可口的谷物糕点作为早饭。这座城市活力四射，如果说你在北温哥华 (North Vancouver，见 660 页) 和西温哥华 (West Vancouver，见 661 页) 短暂停留期间体验了一些正宗的冬季体育运动，此处最招人喜欢的活动非跑步、自行车和划船莫属。

徒步和慢跑

对于摆臂疾走或快跑者来说，长达9公里的斯坦利公园(Stanley Park)海堤是最适合的——除了在几处上坡处你可能想搭一下路过的自行车。发生在2006年年末的一次破坏性风暴摧毁了公园里的许多林间小路，幸运的是，多数破坏之处有望修复，包括很受欢迎的Lost礁湖(Lost Lagoon)附近长 4公里的远足道路。不列颠哥伦比亚大学(UBC)是另一个很受欢迎的跑步地点，它穿越整个大学捐赠基金地带。参观北温哥华时别忘了去松鸡步行小路(Grouse Grind，见660页)试试，要沿着上坡路艰难行进，对许多当地人来说，徒步完成这段路是一场耐力测试。

如果你想与一些温哥华的慢跑者搭伴，那么顺便访问位于斯坦利公园煤炭海港 (Coal Harbour) 一侧的**耐克慢跑者休息厅** (Nike Runner's Lounge；见 634 ~ 635 页地图；☎778-786-7463；www.nikerunning.ca；510 Nicola St；⏰ 周一至周四 4 ~ 8pm，周六和周日 8am ~ 1pm)。你可以查看你的背包，收集该地区的跑步地图，并借一个 iPod 在艰难行进时分散注意力。

自行车

慢跑者与骑车人 (和滑冰者) 分享着繁忙的斯坦利公园防波堤 (Stanley Park seawall)，迫使这儿改为单行道，防止大家互相冲撞。海天一色的美景让人呼吸停顿，但裸露的道路有时会被冲撞的波浪或冬天的寒风袭击。夏天，由于步履缓慢、挥舞着照相机的旅行者拥挤在这条路线上，最好早上早点儿或晚上晚点儿来。

绕过公园，来到 English 湾 (English Bay) 后，精力充沛的骑自行车者们可以继续沿着 False 湾 (False Creek) 的北部向科学世界出发，在那儿，这条路线向 False 湾以南延伸，前方是格兰维尔岛、Vanier 公园、克斯莱诺沙滩以及最后到达的不列颠哥伦比亚大学。这条延长路线，包括斯坦利公园在内，约 25 公里。当我们调查时，奥运村 (Olympic Village) 的建设正影响着这条路线的部分路段，请留意变化情况。

在Georgia St街和Denman St街交叉点，靠近公园的地方，有几处自行车出租点。其中的**Spokes Bicycle Rentals自行车出租店** (见634～635页地图；☎604-688-5141；www.vancouverbikerental.com；1798 W Georgia St) 提供沿海堤90分钟导游服务。

爱斯基摩划子和帆板运动

你很难抑制日落时在海岸线附近划船产生的快乐。看着太阳缓缓落下，水中倒映着高楼大厦和森林，城市就像现代图腾柱。这里拥有平静的湖水，是划船老手和初学划船者所钟爱的地方。

总部位于格兰维尔岛的**生态海洋爱斯基摩划子中心** (Ecomarine Ocean Kayak Centre；见634～635页地图；☎604-689-7575，888-425-2925；www.ecomarine.com；1668 Duranleau St；租金2小时/天 $34/59，团队游$54起；⏰1月到5月10am～6pm，6月到8月周日至周四9am～6pm，周五和周六9am～9pm，9月到12月10am～6pm) 友好的工作人员提供有导游陪同的旅行团和可租用的设备——周四是租二送一的优惠日。有成套设备的Jericho海滩分部 (branch；见632

页地图；☎604-222-3565；Jericho Sailing Centre，1300 Discovery St；🕑5月到8月周一至周五10am～黄昏，周六和周日9am～9pm，9月10am～黄昏）在Kits，也组织活动和研讨会，在那儿你能够与当地的划桨高手交流。

对于那些想要吹吹海风的人，**Windsure Adventure Watersports 水上运动公司**（见634～635页地图；☎604-224-0615；www.windsure.com；Jericho Sailing Centre，1300 Discovery St；冲浪板/浅水冲浪板 租金 每小时$17.55/4.39；🕑4月到9月9am～8pm）在风筝冲浪(kiteboarding)、风帆冲浪(windsurfing)和浅水冲浪(skimboarding)等运动项目方面做得很专业，提供培训，也可在Jericho海滩基地租用设备。

结束了在水上游玩，你就可以在**Jericho 航海中心**（Jericho Sailing Centre；见634～635页地图；1300 Discover St）喝杯啤酒，要些酒吧食物。试试在院子里找个座位，在那儿你可能会看到一生中最美好的日落景致。

游泳

夏天，温哥华最好的**海滩**——English湾(English Bay)，克斯莱诺海滩(Kitsilano Beach)，Jericho海滩(Jericho Beach)和斯坦利公园的第二海滩(Second Beach)和第三海滩(Third Beach)——挤满了在海水里游泳的人。至于裸体海滩——Wreck海滩（见641页）是很受欢迎的裸体主义者的天堂。

斯坦利公园第二海滩附近有一个非常不错的户外**游泳池**，很受家庭的欢迎。克斯莱诺沙滩也有一个加热的**大型户外咸水游泳池**（见634～635页地图；☎604-731-0011；2305 Cornwall Ave；成人/青少年/儿童 $5.35/4/2.65；🕑5月中到9月中 7am～8:45pm）。如果下雨了，你可能会喜欢室内的**温哥华水上中心**（Vancouver Aquatic Centre；见634～635页地图；☎604-665-3424；1050 Beach Ave；成人/青少年/儿童 $5.35/4/2.65；🕑周一至周五 6:30am～9:30pm，周六和周日 8am～9pm），这里有桑拿、水力按摩池(whirlpool)和潜水舱。

步行游览

从空中俯瞰**煤炭海港(1)**清澈的河水，沿着弯曲的海堤小路行至**斯坦利公园信息中心**(Stanley Park Information Centre；**2**)，为你的长途徒步旅行买张地图（或许你还需要一个冰淇淋）。打开照相机在附近的**图腾柱**(totem poles；**3**)那儿拍照留念，然后转身，拍摄市中心林立的高楼大厦，你可能有幸拍摄到停靠在False湾的一两架水上飞机。继续往前走，到达**九点钟炮**(Nine O'clock Gun；**4**)，这个地方依然是城市夜生活的中心所在地，接着继续往北，至**布洛克顿角**(Brockton Point；**5**)，你可以看到白色小灯塔。沿着附近的

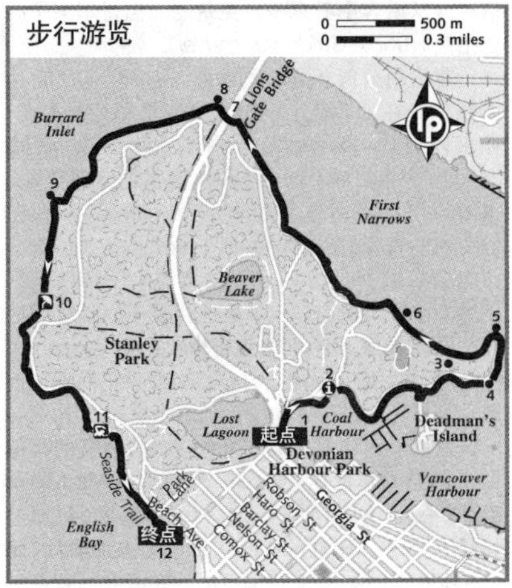

斯坦利公园防波堤

起点 煤炭海港(Coal Harbour)
终点 English湾
距离 9.5公里
时长 2小时

下坡路你会到达**潜水少女雕像**(Girl in a Wetsuit；**6**)这个拍照留念的好地方，这里有优美的雕塑和高耸的**狮门大桥**(Lions Gate Bridge；**7**)建筑。当在**希望角**(Prospect Point；**8**)溜达时，你将会感受到阵阵的海风，也能观赏到壮观的海天一色的美景；驻脚回想一下2006年年末的那场风暴，那场风暴曾经把这个地区的许多老树连根拔起。再次拿起照相机拍摄**印第安岩石**(Siwash Rock；**9**)的美景，海面上露出的岩石据说是第一民族(First Nations)传说的一部分。如果你感到双腿走得有些酸痛，那么你可以搭乘免费穿梭巴士(shuttle bus)返回至公园入口处。但继续往前行走到**第三滩**(Third Beach；**10**)看一看，显然是非常值得的，因为在那儿你可以坐在圆木上稍作歇息，打开野餐包，边吃东西边大视角欣赏大海的美景。休息后，加快脚步在**第二海滩的游泳池**(swimming pool at Second Beach；**11**)边漫步，一直往前走的终点就是**English湾(12)**，那里有许多咖啡馆和餐厅。

带孩子游温哥华

如果你恰好带孩子们一起出游，幸运的是，温哥华有大量可以让你和你的孩子们都快乐的选择。登录www.kidsvancouver.com网站获得相关

信息或从游客中心拿一本免费的《温哥华亲子旅游指南》(*Kids' Guide Vancouver*)。

斯坦利公园(Stanley Park，见637页)能让多数家庭在那儿待上一整天。如果那儿人太多，你可以到Lumberman's Arch的水上公园(water park)或去第二滩(Second Beach)的游泳池玩耍；也可以考虑微型铁路(miniature railway)和孩子们喜欢的农家庭院(children's farmyard)。这个公园是野餐的好地方以及它的海滩——特别是第三滩(Third Beach)——是最适合孩子们玩耍的地方。一定要留出时间去**温哥华水族馆**(Vancouver Aquarium，见637页)看看，如果孩子们不是很累，可以考虑进行一次幕后训练之旅。

这座城市中对家庭友好的有教育意义的其他景点包括**科学世界**(见639页)和**HR MacMillan空间中心**(HR MacMillan Space Centre，见641页)。如果下雨了，你也可以躲在市中心的**加拿大广场**(Canada Place，见633页)里，在港务局解说中心(Port Interpretation Centre)亲身体验、参观超大屏幕CN IMAX剧场(CN IMAX Theatre)。

喜欢运动的孩子将可以在**不列颠哥伦比亚名人运动厅和博物馆**(BC Sports Hall of Fame & Museum，见636页)进行大量的体育运动。如果太阳重新露出笑脸，他们将可以在北海岸的**Capilano吊桥公园**(Capilano Suspension Bridge，见660页)开心地玩耍。

如果你们来的时间正好，这座城市有一系列适合全家游玩的节日，包括**太平洋国家博览会**(Pacific National Exhibition，见646页)、**温哥华国际儿童节**(Vancouver International Children's Festival，见646页)和被称做**庆光节**(Celebration of Light，见646页)的烟火节日。

另类温哥华

好奇心强的旅行者不喜欢去一些旅行者常去的地方或熟为人知的周边地区，那么在温哥华表面之下发现几项似乎只有本地人才了解的活动是很不错的尝试。

尽管不错的"BC Bud"大麻通常在深夜时分出现在城市家庭派对上——当你漫无目的地在街上游荡时，你仍有可能看到——许多旅行者看见大麻店和无土栽培店(hydroponics stores)敞开大门卖着吸食大麻所需要的随身用具(尽管并不是大麻本身)，还是略微有些惊讶。要了解关于支持合法化的争论，一头扎入**大麻文化总部**(Cannabis Culture Headquarters；见634～635页地图；☎604-682-1172；www.bcmarijuanaparty.ca；307 W Hastings St；⏲周一至周四10am～7pm，周五和周六10am～8pm，周日正午～6pm)——**不列颠哥伦比亚大麻党的书店和办公室**。它还有蒸汽休息室(Vapour Lounge)，在这儿你可以和一些志趣相投的新朋友放松一下。

你能在加拿大留存的最后一个市中心保龄球馆之一以一种更有益健康的方式搏击一局。像时光倒流一般，地下的新艺术**Commodore Lanes**(见634～635页地图；☎604-681-1531；838 Granville St；每场$4起；⏲周日至周四11am～午夜，周五和周六11～1am)隐藏在格兰维尔大街(Granville St)市中心商店下面。周末晚上，怀旧的老人和喜欢工艺品的日语学生假装他们在喜剧俱乐部——有六个落袋的撞球台和酒吧的当地啤酒将使你沉浸其中，如果你必须等待的话。

有些旅行者可能会感觉在**黑斯廷斯跑马场**(Hastings Racecourse；见632页地图；☎604-254-1631，800-677-7702；www.hastingspark.com；Hastings St和Renfrew St拐角；⏲4月到11月)会更有趣,有的得输掉自己的衬衣，出城10分钟就到，让你度过愉快的一天。新手老手都欢迎。不看赛马时，美丽的山景会映入眼帘——尽管当你输得精光时这可能安慰不了你。

如果你想去不列颠哥伦比亚大学的**Wreck海滩**(见641页)，你将必须脱掉的不仅仅是衬衣，它是这个城市裸体主义者的乐园，也是温哥华曾经流行一时的反主流文化的见证。如果你渴望享受一顿裸体午餐，这里有几个不错的食品小摊。

如果你被周围的一些身体所启发，可以去**生活艺术商店**(Art of Loving；见634～635页地图；☎604-742-9988；www.theartofloving.ca；1819 W 5th Ave；⏲周一至周三和周六10am～7pm，周四和周五10am～10pm，周日正午～7pm)，这是个有鉴赏品位的性用品商店，在它的产品当中最受欢迎的是Love Swing(要求示范)和在黑暗中发光的避孕套(不要求示范)。这个商店也有些名为"引诱之乐"的课程。

如果你更喜欢用老式方法追求你的欲望之物，顺便参观一下**Regional Assembly of Text商店**(见632页地图；☎604-877-2247；www.assembleyoftext.com；3934 Main St；⏲周一至周六11am～6pm，周日正午～5pm)，在那儿你可以加入时髦人的行列，参加每月一次的书信俱乐部(每月的第一个周四，7pm)，那儿备有信纸、茶水、点心和奖品。这个极具个性的商店也充满了手写杂志、T恤衫和随身词典等工具——如果你仔细询问，工作人员甚至可能会让你体验一下老式打字机。

团队游

自行车团队游

城市自行车游(City by Cycle Tours；☎604-730-1032，888-599-6800；www.citybycycle.com；成人/儿童$69/59；⏲9am和2pm)提供品质优良的4小时骑自行车环游城市最美丽景观的服务，其中包括斯坦利公园、

English湾、唐人街（Chinatown）和格兰维尔岛（Granville Island）。费用包括自行车和头盔的费用。

划船团队游

Accent Cruises（☎604-688-6625；www.dinnercruises.com；1676 Duranleau St；晚餐巡游 $60；⏲5 月到 10 月中）广受欢迎的日落巡游时也可以选择享受鲑鱼（salmon）自助餐。从格兰维尔岛（Granville Island）起程。

港口巡航（Harbour Cruises；☎604-688-7246，800-663-1500；www.boatcruises.com；成人/青少年/儿童 $25/21/10；⏲4月中到10月中）通过75分钟的港口游，从水上欣赏这个城市——和一些意想不到的野生生物，从Denman St街北街角出发。

公共汽车团队游

Big Bus（☎604-299-0700，877-299-0701；www.bigbus.ca；成人/青少年/儿童 $35/30/17）为期 2 天的双层观光巴士（hop-on-hop-off）票包括 20 个景点。

Gray Line West（☎604-879-3363，800-667-0882；www.graylinewest.com；成人/儿童 $62/42）4 小时的奢华城市（Deluxe City）之旅，包括唐人街、斯坦利公园（Stanley Park）和格兰维尔岛（Granville Island）。

温哥华电车公司（Vancouver Trolley Company；☎604-801-5515，888-451-5581；www.vancouvertrolley.com；成人/儿童 $35/18.50）复制品红色无轨电车队提供一天的观光巴士游，围绕约 24 个很受欢迎的景点。

带导游步行团队游

Edible BC（☎604-662-3606，888-812-9660；www.edible-britishcolumbia.com；格兰维尔岛公共市场；团队游 $55）3 小时的多彩美食之旅，包括唐人街、商业车道和格兰维尔岛。

侃城历史步行游（Gastown Historic Walking Tours；☎604-683-5650；www.gastown.org；团队游 免费；⏲6月中到8月2pm）90分钟的团队游，有关"温哥华"诞生地的历史和建筑。从"侃爷"杰克的雕像开始。

节日和重大活动

中国新年（Chinese New Year；☎604-632-3808；www.vancouver-chinatown.com）在1月或2月举办，充满了舞蹈、游行和美食。

温哥华剧场国际葡萄酒节（Vancouver Playhouse International Wine Festival；☎604-872-6622；www.

男女同性恋者在温哥华

温哥华的市区西端（West End）有刷成粉色的候车亭，那儿是加拿大最大的"同性恋区"。免费的 *Xtra! West* 报（www.xtra.ca）介绍当地情况，网站 www.gayvancouver.net 和 www.superdyke.com 有相关清单和资源。

西端的Davie St街到处插着彩虹旗，到处是手持彩虹旗的当地人，是温哥华同性恋文化的中心。这里分布着接待同性恋者的咖啡馆、酒吧、商店，以及为男女同性恋旅行者服务的温哥华最好的资源中心：**Little Sisters Book & Art Emporium 中心**（见634～635 地图；☎604-669-1753；1238 Davie St；⏲10am～11pm）。拥有大量专门类文学书籍，并设有动态公告栏，配备知识极为渊博的工作人员，这里值得第一次来温哥华的旅行者造访。当你在那儿寻找当地其他相关企业一览表时，不妨取一份免费的《男女同性恋商业指南》（*Gay & Lesbian Business Director*）杂志，然后朝南前往 Denman St 街，在 **Delany**（见 634～635 页地图；☎604-662-3344；1105 Denman St）阅读它，这儿是一家轻松的社区咖啡酒吧，是流行文化追随者喜欢的地方。

如果你到达的时间够早，找个座位，这里可是碰上盛大**同性恋者周**（Pride Week，见下页）游行队伍极棒的地方，游行每年 8 月举行——不过想看得更清楚，你可能需要站在椅子上。这是项适合家庭观赏的街头盛事，但游行前和游行后也有不少其他活动，满足不同人的喜好和愿望。

市内最热门的同性恋夜生活场所，如 **Pump Jack**（见 634～635 页地图；☎604-685-3417；1167 Davie St），一个热闹、讲究的酒吧，拥有一个喧闹的露台，还有 **Odyssey**（见 634～635 页地图；☎604-689-5256；1251Howe St），市内最大的男同性恋夜总会，周三和周日晚上定期举办易装活动，有常换常新的专场节目。街区新宠 **1181**（见 654～655 页地图；☎604-687-3991；1181 Davie St）综合了冷酷的鸡尾酒会氛围与周六晚上的 DJ 带领的舞动聚会。

Centre 中心（见 654～655 页地图；☎604-684-5307；www.lgtbcentrevancouver.com；1170 Bute St）为男女同性恋者、双性恋者和变性者提供各种服务，举办讨论会，提供法律咨询，还开办着一家保健诊所。这些对同性恋者友好的人们还开通了 **Prideline 热线**（☎604-684-6869；⏲7～10pm），为同性恋者提供信息和咨询等服务。

playhousewinefest.com）这座城市中最古老、最好的年度葡萄酒节，在3月末举办。

温哥华国际儿童节（Vancouver International Children's Festival；☎604-708-5655；www.childrensfestival.ca）5月中在Vanier公园的帐篷中举办，有讲故事、表演和活动。

沙滩游吟节（Bard on the Beach；☎604-739-0559；www.bardonthebeach.org）四部与莎剧相关的演出在Vanier公园的大型帐篷内演出的一个季节（6月到9月）。

温哥华国际爵士音乐节（Vancouver International Jazz Festival；☎604-872-5200；www.coastaljazz.ca）整个城市里都是巨星演出和免费的户外演出，从6月中旬开始。

阿尔肯龙船节（Alcan Dragon Boat Festival；☎604-683-2382；www.adbf.com）在6月的第三周举办为期2天的赛舟活动。

加拿大国庆节（Canada Day；☎604-775-8025；www.canadaday.canadaplace.ca）展览、美食和现场演出帮助加拿大人在7月1日庆祝他们国家的诞生。

温哥华民间音乐节（Vancouver Folk Music Festival；☎604-602-9798；www.thefestival.bc.ca）7月中，在Jericho沙滩举办的民间音乐和世界音乐演出活动。

庆光节（Celebration of Light；☎604-641-1193；www.hsbccelebrationoflight.com）从7月末开始，在English湾举办的免费国际烟火表演。

同性恋者周（Pride Week；☎604-687-0955；www.vancouverpride.ca）从7月末开始，在游行队伍中，有聚会、音乐会和服装表演。

温哥华节（Festival Vancouver；☎604-688-1152；www.festival vancouver.bc.ca）8月中旬，荟萃了合唱队、歌剧、古典乐、爵士乐和世界音乐演出。

太平洋国家博览会（Pacific National Exhibition；☎604-253-2311；www.pne.bc.ca）8月中旬开始，有对家庭友好的演出、音乐会和游乐场。

温哥华国际边缘节（Vancouver International Fringe Festival；☎604-257-0350；www. vancouverfringe.com）9月中旬，在格兰维尔岛主流和非传统场地举办狂野、古怪的戏剧。

温哥华国际电影节（Vancouver International Film Festival；☎604-685-0260；www.viff.org）为期2周的加拿大及国际影片展，很受欢迎（9月中旬起）。

温哥华国际作家节（Vancouver International Writers Festival；☎604-681-6330；www. writersfest.bc.ca）10月中旬，当地和国际写手都来参加这个由文学研讨会、节日活动和公共论坛组成的盛会。

圣诞老人巡游（Santa Claus Parade）11月中旬举办，圣诞节游行队伍，以圣诞老人为核心。

住宿

拥有约25 000家大温哥华旅馆、旅舍和B&B旅店，这座城市有足够的住宿选择，可以满足各种需求以及经济预算。住宿价格在夏天高峰期达到顶峰，但在秋季和初春会有真正划算的住处，此时天气较凉，旅行者人群大大减少。**温哥华旅游局**（Tourism Vancouver，www.tourismvancouver.com）列出了不同住宿选择和包价游，这个省的**你好，不列颠哥伦比亚**（Hello BC；☎604-663-6000，800-663-6000；www.hellobc.com）提供了进一步的信息和预订服务。注意，很多旅馆对过夜停车收费$10到$15。

市区

Samesun Backpackers Lodge旅馆（见634～635页地图；☎604-682-8226，888-203-8333；www.samesun.com；1018 Granville St；宿/房$25/65；wi-fi）处于夜总会核心地区这个活跃的旅舍，你有望体验到派对的气氛——如果你不想在前门处出现，也会有热闹的现场酒吧。装饰着奇怪绘画作品的舒适小屋，配有大厨房，还有一长串社会活动的单子可供选择。

HI Vancouver Central旅舍（见634～635页地图；☎604-685-5335，888-203-8333；www.hihostels.ca/vancouvercentral；1025 Granville St；宿/房$27.50/66；wi-fi）在Samesun对面，这个迷宫似的旅舍建筑环境宁静，有带水槽的小房间和很多私人房间——有些还配有客房。如果你第一次到这个城市，打听一下如何加入杰出的HI志愿者、带有传奇色彩的Erik。它的费用中包含了大陆自助式早餐(continental buffet breakfast)的花费。

Bosman's Hotel酒店（见634～635页地图；☎604-682-3171，888-267-6267；www.bosmanshotel.com；1060 Howe St；双$109起；wi-fi）清洁、舒适和高品质，活动中心Bosman's是市中心一家汽车旅馆，它拥有大的、稍稍褪色的粉红色装饰。前台工作人员熟练地帮你安排一天的行程，那儿很受欢迎的现场餐厅为你提供古法烹饪的经典饭菜，像所有好的汽车旅馆一样，在你长途驾车后，旅馆为你精心准备了肾形小浴池来为你缓解一天的疲劳。

Moda Hotel旅馆（见634～635页地图；☎604-683-4251，877-683-5522；www.modahotel.ca；900 Seymour St；双$119起；wi-fi）老而粗犷的Dufferin旅馆(Dufferin Hotel)已被重新装修成一个白色门面、设计专业的专卖流行衣服小店，距离格兰维尔大街(Granville St)社交地区一个街区。新房间有像中等家具这样的长沙发，引人注目的油漆画以及已经改造过的流行浴室。如果你决定在那儿过夜，等离子电视(flat-screen TVs)是不错的选择。

Comfort Inn Downtown旅店（见634～635页地图；☎604-605-4333，888-605-5333；www.comfortinndowntown.com；654 Nelson St；双/双床$129/149）位于不错的中心位置，Comfort Inn的房间明亮而愉快，

加上豹纹式窗帘，墙上印有老温哥华的图片。拐角处的套房，配有壁炉和极可意浴盆(Jacuzzi tubs)，是这个旅馆最好的房间。大陆式早餐和附近健康俱乐部的入场券也包括其中，如果你想摇动你的橡木棍，那儿有深得旅行者喜爱的现场爱尔兰酒吧。

Kingston Hotel旅馆（见634~635页地图；☎604-684-9024，888-713-3304；www.kingstonhotelvancouver.com；757 Richards St；单/双/双床 $115/145/160）尽管一些近期修补工作已经完成，但在这个欧式养老选择之地的多数房间仍然是原来的样子，只是稍微显得旧些——推荐带卫生间的房间除外，那种房间配有新家具、等离子电视和新做的花床罩。费用包括大陆式早餐，有一个很受欢迎的庭院酒吧：你也正在远离大多数都市的主题活动。

Wedgewood Hotel& Spa宾馆和温泉（见634~635页地图；☎604-689-7777，800-663-0666；www.wedgewoodhotel.com；845 Hornby St；房 $350起；）豪华奢侈的极致，这个雅致的地方正散发着巨大的吸引力。工作人员的热情首屈一指，房间内布置着仿制古董，站在阳台上你能够耻笑下面慢腾腾地走着的邋遢平民。可以来一趟温泉之旅，放松全身筋骨，那儿的指压按摩疗法可以舒缓你因逛商场而酸疼的肌肉。

斯坦利公园和市区西端

HI Vancouver Downtown旅舍（见634~635页地图；☎604-684-4565，888-203-4302；www.hihostels.ca/vancouverdowntown；1114 Burnaby St；宿/房 $27.50/66；wi-fi）事实上，位于市区西端(West End)，靠近Davie大街(Davie St)的俱乐部和酒吧，这家为特定目的建造的旅舍比格兰维尔大街(Granville St)的俱乐部和酒吧更具有机构特征。它也更安静，更受家庭欢迎。所有的房间都是小房间，另外附加的东西，从自行车租用到可以上网的计算机，种类颇多。费用中包括大陆式早餐的花费。

Buchan Hotel旅馆（见634~635页地图；☎604-685-5354，800-668-6654；www.buchanhotel.com；1906 Haro St；房 $72起）这个愉快、干净和高品质的建筑位于斯坦利公园(Stanley Park)附近，也有价格更低廉的房间——多数配有共用卫生间、老式家具和老式地毯——拥有质量更好和价格更高的独立卫生间。微笑的前台工作人员服务质量优秀，那儿也为喜欢自行车和滑雪的旅客准备了一些设施。

Tropicana Suite Hotel酒店（见634~635页地图；☎604-687-6631；www.tropicanavancouver.com；1361 Robson St；单/双 $129/139；）三个自助宾馆中最好的集中在Robson St大街和Broughton St大街拐角处，Tropicana的房间装饰有已褪色的粉红色条纹墙纸和有些不协调的绿色墙围。尽管不是很酷，但很实惠，而且地理位置很好。多数套间都配有全套厨房用品，包括烤炉和大冰箱，那儿也配有户内热水游泳池和桑拿浴。

Blue Horizon Hotel酒店（见634~635页地图；☎604-688-1411，800-663-1333；www.bluehorizonhotel.com；1225 Robson St；双 $164起；wi-fi）惬意和舒适，这栋挺拔塔式大楼提供高品质房间，在价位更高的房间配有各种商务办公设备。所有房间都是转角套房(corner suites)，每间都带阳台——顶楼的地板看起来像是穿过English湾或北海岸(North Shore)。现场餐厅有靠街的院子，并且提供西海岸(West Coast)传统式早餐服务——特别留意一下越橘薄饼(blueberry pancakes)。

Sylvia Hotel酒店（见634~635页地图；☎604-681-9321；www.sylviahotel.com；1154 Gifford St；单/双/套房 $110/165/195起）这个迷人、常青藤覆盖的地方是English湾旧址所在地，那里从来没有忘记优质服务意味着什么。拥有巴伐利亚式养老院(Bavarian pension)大厅，带有彩色玻璃橱窗和黑木嵌板。房间宽敞、舒适，像家一样。最好的房间有12个套间，每个套间都配有全套厨房设备，可以365度视角观赏海滨景色。如提前预约，你可以坐在前排的座位欣赏庆光节（见646页）的烟花。

Listel Vancouver旅馆（见634~635页地图；☎604-684-8461，800-663-5491；www.listel-vancouver.com；1300 Robson St；双 $179起；wi-fi）自诩为"艺术宾馆"（"art hotel"）的Listel，以其现场装备和涉及当地的艺术长廊的内容吸引着非同寻常的成年人。在房间中也装饰着原始艺术品包括一些原住民创作的作品，所有的作品都给人一种放松、明亮的西海岸(West Coast)氛围。除艺术品的吸引力以外，宾馆的O'Doul's餐厅举办夜间爵士乐表演。

O Canada House B&B旅馆（见634~635页地图；☎604-688-0555，877-688-1114；www.ocanadahouse.com；1114 Barclay St；双 $210起；wi-fi）加拿大国家圣歌之家现在已被宣传为一个完美的、适合成年人含早餐服务的宾馆，用古董和安妮女王(Queen Anne)繁荣时期的物品所装饰。其中7间一等房间是喧闹都市中的天堂——环绕阳台的是一个周围风景深受旅行者欢迎的地方——如果你等不到下顿吃饭时间，宾馆内备有葡萄酒和烤制食品的客人餐具室。

耶鲁城和侃城

YWCA Hotel青年旅舍（见634~635页地图；☎604-895-5830，800-663-1424；www.ywcahotel.com；

733 Beatty St；单/双/三 $64/77/102；🖳）加拿大最好的青年旅舍之一，这座很受欢迎的塔楼在耶鲁城附近，对于那些有经济预算的人来说是个不错的选择。入住者包括男人、女人、夫妇和家庭；这儿忙忙碌碌，每隔一层有一个公用厨房，房间从紧缩型的单人房间到欢迎团体入住的大宿舍。都有些制度化——想想学生的学习卧室——但每个都有一个洗碗池和冰箱。

Victorian Hotel 旅店（见634～635页地图；☎604-681-6369，877-681-6369；www.victoria nhotel.ca；514 Homer St；房 带/不带 卫生间 $129/99 起；wi-fi）零零散散的古董和诸多富有传统风味之物，安置在几间精心修复的老房产、天花板高高的房间内。多数套房配有夏季使用的电扇、电视，但最好的房间还有更多的装饰，包括大理石地板浴室。费用包括大陆式早餐的花费。

St Regis Hotel 酒店（见634～635页地图；☎604-681-1135，800-770-7929；www.stregishotel.com；602 Dunsmuir St；房 $149 起；wi-fi）近年来以前肮脏的住所经过改造，这个地理位置极好的宾馆结合了空间相当狭小的标准间和地板更高更时髦的住处。费用包括大陆式早餐的花费，当地一个小商业中心入口的门票和穿过街道进入体育馆的门票。这是城镇忙碌的地区，所以如果你觉得噪声是个问题，就要求一间靠里面的房间。

Georgian Court Hotel 旅馆（见634～635页地图；☎604-682-5555，800-663-1155；www.georgiancourt.com；773 Beatty St；房 $195 起；wi-fi）对这个慎重欧式建筑的最近一次修缮并没有改变它经典的高服务水平和牢固的设施。整洁一新的标准间装饰着新地毯和窗帘，但公寓式转角套房和它们安静的卧室，是我们要推荐的。这里有一个规模较小的现场健身房，而瑞士风味 William Tell 餐厅，吸引着许多慕名而来的就餐者。

Opus Hotel Vancouver 旅馆（见634～635页地图；☎604-642-6787，866-642-6787；www.opushotel.com；322 Davie St；双/套房 $340 起；🖳 wi-fi）尽管在为这本书收集资料时，这个城市最为期待的 Lodon 和 L'Hermitage 旅馆仍未开业，但 Opus 仍然是温哥华最好的当代流行旅馆。不是欣然放弃它作为这个城市最为人们津津乐道的过夜旅馆，这个时髦的耶鲁城景点结合了设计者美学理念和悠闲西海岸的舒适情调。这些房间——特别是房间床铺放置很好的转角套房——摆放着舒适、现代化家具和由不同暖色组成的褐色床单。

格兰维尔岛和克斯莱诺

HI Vancouver Jericho Beach旅馆（见632页地图；☎604-224-3208，888-203-4303；www.hihostels.ca；1515 Discovery St；宿/房 $27/71；5月到9月；🖳）滨水休养地，距离市中心的公共汽车站一站地远，这个巨大的过夜青年旅舍吸引着海滩游荡者和酷爱参加活动的人们。户外活动爱好者可以租用自行车和现场体育设备，或闲逛到附近参加划船和冲浪运动。如果你喜欢热闹，这种大房间是不错的选择——如果你想住私人房间，一定要预订。

Maple House B&B旅馆（见634～635页地图；☎604-739-5833；www.maplehouse.com；1533 Maple St；双 $130；wi-fi）尽管靠近克斯海滩(Kits Beach)、位于一幢古迹建筑内，这个舒适的含早餐宾馆少了一些古色古香的气息，而多了一些家居的舒适感。将典雅的老式家具和现代化印花棉布的柔软触感融为一体，三个房间中的每个房间都配有独立卫生间——铺木制地板的蓝色房间是我们的最爱。你可以在楼下的高天花板餐厅享受做好的早餐。

Mickey 小屋（见634～635页地图；☎604-739-3342，888-739-3342；www.mickeys bandb.com；2142 W1st Ave；双 $120～160；wi-fi）这家惠斯勒式小型度假屋建筑有三间房屋和树篱花园式阳台。它细长的烟囱图案主宰的外墙，它的房间——包括人字版制作、顶层约克房 (York Room)——被装饰成舒适的现代化模式，尽管只有约克房配有随行人员套房。它适合家庭居住，房主能够提供玩具，婴儿床，甚至保姆。费用中包括大陆式早餐花费。

格兰维尔岛屿旅馆（Granville Island Hotel；见634～635页地图；☎604-683-7373，800-663-1840；www.granvilleislandhotel.com；1253 Johnston St；双 $215 起；wi-fi）与位于格兰维尔岛 (Granville Island) 东部海岸尖端的滨水地区呈拥抱之势，这个悠闲的宾馆以其恬静的西海岸气氛为特征。房间的梁柱暴露在外、墙壁呈褐色色调——能够全视角观赏海滩景观的套房值得推荐——也有不错的现做现售啤酒的酒馆，出售像 Johnston Pilsner 和 Cartwright Pale Ale 麦酒这样的啤酒。

不列颠哥伦比亚大学和市区西端

Douglas Guest House旅馆（见632页地图；☎604-872-3060，888-872-3060；www.dougwin.com；456 W13th Ave；房/套房 $75/145起）位于市政厅附近，安静明亮的橙色家庭式含早餐宾馆，Douglas价格不菲(特别是冬天)。其六间房屋——舒适、传统而不是古式的——包括鲜花装饰带公用卫生间的两个单人间，两个有独立卫生间的大双人间和两个适合家庭居住的套房。顶楼阁楼有景色优美的私人阳台，而楼下的花园套房有小厨房。

我们的选择 Shaughnessy Village旅馆（见632页地图；☎604-736-5511；www.shaughnessyvillage.com；1125 W12th Ave；单/双 $78.95/88.95；）像20世纪50年代的Vegas宾馆，这个唯一的低俗落脚之处——想象一下粉色地毯、布满花朵的沙发和

海上大事记——把它自己描述成一个塔楼"含早餐宾馆首选之地"。另外，你可以发现使人目瞪口呆的摇滚演出，那是一个带有摇动皮带机器的体育馆，还是一个有疯狂高尔夫的树木葱郁的花园。尽管走复古路线，但这个宾馆布置得井井有条，房间干净整洁，维护得很好。像渔舱一样，两边摆放着木制碗橱，房间配有微波炉、冰箱和小套间。其他服务和设施包括热气腾腾的早餐、户外游泳池、洗衣店和美发店，你可以预约修剪你想要的发型。

Vancouver School of Theology, Iona Hotel 旅馆（见632页地图；☎604-822-9031，888-822-9031；www.vst.edu/housing/hotel.php；6000 Iona Dr；双/套房$85/170；wi-fi）这座建于不列颠哥伦比亚大学校园的历史性大学建筑，最近已经进行修复，现在为单身到小家庭的每个人提供高品质住宿。标准间配有宜家(IKEA)风格家具，所有房间都配有电冰箱和随行人员套间，尽管较大的两居室有便利小厨房。这个建筑设有咖啡店和可投入硬币操作的洗衣店，并且走路几分钟就可以看到几个不列颠哥伦比亚大学餐厅。

就餐

以国际性多元化著称，甚至像多伦多(Toronto)和蒙特利尔(Montréal)这样具有竞争性的美食城市都无法与之媲美，温哥华的旅行者甚至在他们开始该地区繁荣的西海岸巡游之前就能够饱尝那里无与伦比的美食。为品尝最好的美食，只需将两种方式结合：午餐时尝尝北美洲最好的寿司，然后晚餐时尝尝弗雷泽河谷鸭肉(Fraser Valley duck)和温哥华岛羊羔肉(Vancouver Island lamb)。不管你选择什么，一定不要错过吃海鲜——那是BC省最上好的厨房佳肴。

位于该城市中心的饭店文化遗产——在那儿吃1周，你都不会吃到重样的饭菜——可以登录www.urbandiner.ca了解饭店最新动态，或顺便买几本《美食杂志》(*Eat Magazine*)或《都市美食》(*City Food*)。

市区

Templeton餐馆（见634~635页地图；☎604-685-4612；1087 Granville St；主菜$6~11；⏰周一至周三9am~11pm，周四至周日9~1am）一个时髦的铬合金乙烯塑料材料装修的餐厅，Templeton供应有机汉堡包、价格公道的咖啡、素肠和也许是城里最棒的早餐(一直供应到3pm)。遗憾的是，桌子上的微型自动电唱机并不工作，但你可以以很粗的巧克力冰淇淋雪糕来安慰自己。

Culinaria Restaurant餐馆（见634~635页地图；☎604-639-2055；609 Granville St；主菜$8~24；⏰周一至周五11:30am~2pm，周二至周六5:30~10pm）为Dubrulle Culinary Arts项目训练的餐厅，这个餐厅位于市中心购物区，集中体现西海岸的烹饪风格。烹饪和服伺的烹饪学员学习这一行业技巧时该餐厅提供支持：菜单内容每周都会更新，如果你不想在吃上花太多的钱，那么午餐菜单，包括三明治(sandwiches)、意大利面(pastas)和沙拉(salads)是最好的选择，费用多在$10以下。

Sanafir餐馆（见634~635页地图；☎604-678-1049；1026 Granville St；主菜$14起；⏰5pm~午夜）格兰维尔污秽性用品商店中的灯塔，Sanafir是悠闲的，贝多因风格的餐厅，呈北非风格装饰。但它不仅仅只注重外表。菜单中的小盘子被设计用于分享从葡萄酒焖熟的短肋骨(wine-braised short ribs)到加有印第安香料的扇贝(Indian-spiced scallops)这样的美食。前往颓废的包厢，在那儿你可以躺下来，像国王一样用膳。

Metro餐馆（见634~635页地图；☎604-662-3463；200 Burrard St；主菜$14~38；⏰11am~10pm）在Burrard St大街末端附近有家新开的餐厅，当代加拿大私房菜到非同寻常的自助式取餐，如果你想尝几道特色菜，那么价格就会贵一些。如果你被50英尺长的摊位选择弄得吃兴全无，那就径直往前，走到牡蛎吧(oyster bar)，吮吸一些牡蛎，水果瓶装的不列颠哥伦比亚美酒将是完美的搭配。

Nu餐馆（见634~635页地图；☎604-646-4668；1661 Granville St；主菜$16~24；⏰周一至周五11~1am，周六10:30~1am，周日10:30am~午夜）位于吸引人的码头地区，时髦的20世纪70年代内部装饰使这个餐厅看起来像是古老的Cinzano Bianco葡萄酒广告。鼓励用餐者敢于冒险，愿意与他们的朋友分享不同寻常的法式佳肴，这儿的精品菜包括敲碎的天妇罗橄榄(tempura-battered olives)和带鹅肝汤的脆皮鸭肉(duck confit with liquefied foie gras)。一定也不要忘记品尝几样鸡尾酒，要能在甲板上观看日落景致是更不错的选择。

C Restaurant餐馆（见634~635页地图；☎604-681-1164；1600 Howe St；主菜$18~46；⏰5:30~11pm）这个俯瞰False湾的先驱西海岸海鲜餐厅价格并不便宜，但是它无法比拟的鱼类和贝、壳类海鲜使之可能成为这个城市最好的吃海鲜去处。包在熏鱼肉中的扇贝(Scallops wrapped in octopus bacon)和鹅肝(foie gras)是招牌菜，不复杂的斑花对虾(side stripe prawns)和夏洛特皇后(Queen Charlotte)扇贝也受到极力推荐。主厨罗伯·克拉克(Rob Clark)在当地的反食用农场鲑鱼(salmon)，只食用口感更佳的野生虹鳟鱼(wild sockeye)斗争中起带头作用。

市区西端

Asahi-Ya 餐馆（见634～635页地图；☎604-688-8777；1230 Robson St；主菜$6～10；⏲11:30am～10pm）你将与学习亚洲语言的学生们挤在一起，当他们看到这个价格合理，但又刻意不加炫耀的日式餐馆时。在那儿你可以尝到正宗新鲜美味的寿司(sushi)和生鱼片(sashimi)，但那儿很受欢迎的日式套餐——特别是发出咝咝声的烤鸡肉(chicken teriyaki)——将会使你流连忘返，回来再饱餐一顿。

Spice Alley餐馆（见634～635页地图；☎604-685-4468；1333 Robson St；主菜$8～14；⏲5pm～2am）另外一个受留学生欢迎的地方——特别是其午夜时光——经常会看到这个熙熙攘攘的韩式餐厅前沿Robson大街排一长溜队。活跃的年轻人喜欢这种休闲气氛和一度很受欢迎的果炒鸡柳(chicken stir-fry)，也是那儿的招牌菜，但如果你喜欢尝一些有特色的东西，鱿鱼(squid)也是值得推荐的不错选择。

Lift Bar & Grill 酒吧和烧烤馆（见634～635页地图；☎604-689-5438；333 Menchions Mews；主菜$17～23；⏲周一至周五 11:30am～午夜，周六和周日 11am～午夜）在斯坦利公园附近的煤炭海港海堤上转转，从观光电梯的窗户和令人兴奋的甲板上可以观赏到翠绿的热带雨林和薄雾笼罩的山脉无可比拟的美景。如果你能从美景中回过神来，可以享受像野牛肉(bison strip loin)和意大利火腿包着的鲑鱼(prosciutto-wrapped salmon)这样的美食。

Raincity Grill 烧烤馆（见634～635页地图；☎604-685-7337；1193 Denman St；主菜$20～30；⏲周一至周五 11:30am～2:30pm和5～10pm，周六和周日 10:30am～2:30pm和5～10pm）极好的English湾餐馆是在Fanny Bay牡蛎(Fanny Bay oysters)和咸泉岛羊羔肉(Salt Spring Island lamb)领先时尚之前唯一一家可以尝到不列颠哥伦比亚美食风味的餐厅。它主要体现西海岸烹饪风格：花$30就可品尝三道菜(5pm到6pm之间)绝对值得，周末早午餐(weekend brunch)是当地的传统。如果你想继续前进，顺便在外卖窗口花$10买个美味三明治(sandwich)，以备你在斯坦利公园附近转悠时所需。

Cin Cin Ristorante 饭店（见634～635页地图；☎604-688-7338；1154 Robson St；主菜$22～36；⏲5～11pm）他斯卡尼式氛围加上西海岸的混合，使得很多想家的好莱坞明星不断地回到这家欢乐的高端意大利餐馆。如果他们没有吃赤杨熏烤的野生鲑鱼比萨饼，那一定是在吃当地的鱼，在玩简单但总是高贵的游戏。特别是如果你想和像哈利·贝瑞(Halle Berry)与罗宾·威廉斯(Robin Williams)一样的人一起坐在庭院中。

耶鲁城

Gorilla Food 餐馆（见634～635页地图；☎604-722-2504；422 Richards St；主菜$4～7.50；⏲周一至周五 11am～6pm）就如同狩猎队多于大猩猩一样，这个狭小简陋的外卖窗口是生鲜食品爱好者的朝圣之地。模仿它的同名食物、不做任何烹饪、会有如易碎的烤宽面条(lasagna，用去皮的南瓜代替意大利面食)和用脱水的种子外壳和番茄沙司做成的比萨饼这样的新式菜单，使南瓜(zucchini)变嫩，把鳄梨(avocado)搅碎。要为冰爽的杏仁餐后甜点留些地方。

La Bodega餐馆（见634～635页地图；☎604-684-8814；1277 Howe St；主菜$5～11；⏲周一至周五4:30pm～午夜，周六5pm～午夜，周日5～11pm）在这个名声不错、乡村式西班牙小吃店里到处都是品尝菜。拉一把椅子，要一壶桑格利亚汽酒(sangria)，从众多的菜单中选几个可分享小菜——如果你觉得有些辣，西班牙加调料的口利左香肠(chorizo sausage)正合口味，西班牙肉丸子(Spanish meatballs)也相当不错。那儿气氛很好，所以如果你发现自己在那儿待了好几个小时，一定不要惊讶。

Glowbal Grill & Satay Bar 餐馆（见634～635页地图；☎604-602-0835；1079 Mainland St；主菜$14～26；⏲周一至周五 11:30am～午夜，周六和周日 10:30am～午夜）时尚但谦逊，这个总是喧哗吵闹的餐厅给人一种舒适休闲的感觉，经典的饭菜融合了西海岸、亚洲和地中海风味之精华。烤大比目鱼(grilled halibut)、抹有黄油的挪威海螯虾(scampi)、邓杰内斯蟹(Dungeness crab)和烤好的番茄意大利调味饭(tomato risotto)，这些都是难以抗拒的美味，但要为吮指马来西亚加香烤肉(satay-stick)或密室的Québecois烈性淡色啤酒(ale)留点地方。

金鱼太平洋厨房（Goldfish Pacific Kitchen；见634～635页地图；☎604-689-8318；1118 Mainland St；主菜$14～30；⏲4～11pm）不要被耀眼的蓝色大理石酒吧和这个设计大胆的新式餐厅熙熙攘攘的开放式厨房弄花了眼；菜单应该相当引人注目。该餐厅将来自西海岸的海鲜与温和的亚洲菜肴融为一体——推出了如带有豌豆叶的烤比目鱼(roast halibut with pea leaf)和椰子—凤梨沙司(coconut-pineapple sauce)这样的美味——如果你正在寻找正宗的太平洋西北部鲑鱼(Pacific Northwest salmon)晚宴，这绝对是一顿相当不错的晚餐。

Blue Water Café 小餐馆（见634～635页地图；☎604-688-8078；1095 Hamilton St；主菜$22～44；

⏲5pm～午夜）温哥华最好的牡蛎吧(oyster bar)拥有温馨的砖梁结构式餐厅，为你提供美味寿司(sushi)和味道鲜美的海鲜。如果你想做一名探险者，径直走向半圆形生吧(raw bar)，现场观看厨师旋转刀刃准备着美味的寿司和生鱼片(sashimi)，该餐馆的招牌菜是大豆—海藻(soya-seaweed)蘸沙司(sauce)。

侃城和唐人街

Mouse & the Bean Café 小餐馆（见634～635页地图；☎604-633-1781；207 W Hastings St；主菜$4～12；⏲周一至周四正午～6pm，周五和周六正午～8pm）站在杜明尼亚大楼(Dominion Building)下面，你将会看到这家高品质家族经营的墨西哥餐厅。每样东西——包括调味酱(salsa)和油炸大豆(beans)——都是亲自加工，而价格是使人瞠目结舌的低，这可能可以解释为什么地板仍未完全用混凝土铺好。对于许多素食主义者，如果你想享受那儿的美食，可以尝尝类似的Plato Mixteco。

Salt Tasting Room 餐馆（见634～635页地图；☎604-633-1912；Blood Alley；主菜$5～15；⏲正午至午夜）处于远离Carrall St大街黑暗的隐蔽处，这个砖砌式酒吧和熟食店表面上很容易到达，是蛋白质爱好者喜欢前往的地方。在吧台长凳上坐下，从咸肉(cured meats)和当地生产的干酪(cheeses)中选择，再配一两杯美酒。恢复至饮食的社会面貌，直到深夜温暖的房间通常依旧充满了聊天的嘈杂声。

Hon's Wun-Tun House 餐馆（见634～635页地图；☎604-688-0871；268 E Keefer St；主菜$6～18；⏲周一至周五11am～11pm，周六和周日11am～午夜）温哥华很受欢迎的中国餐馆连锁店，唐人街的Hon旗舰店总是飘着令人垂涎三尺的阵阵饭菜香味。菜单包括令人满意的小点心、热气腾腾的馄饨汤(wonton soup)，上下翻动的多汁水饺(dumplings)。尝尝麦片粥(congee rice porridge)：一种未经加工可以慰藉你精神和灵魂的食物(soul food)，它需要花三小时准备，种类包括海鲜、鸡肉和牛肉。

Wild Rice 中餐馆（见634～635页地图；☎604-642-2882；117 W Pender St；主菜$10～18；⏲周一至周四11:30am～午夜，周五11:30～1am，周六和周日5pm～午夜）传统中国菜的休闲、简单再创作；Wild Rice混合了传统菜式和来自世界各地风味的影响。特别推荐野猪肉加茉莉米饭(wild boar jasmine rice)和炸车前子薯条(plantain chips)，还有丰富的马提尼酒单。这是深受欢迎的周五和周六午夜休闲的好去处。

Social at Le Magasin餐馆（见634～635页地图；☎604-669-4488；332 Water St；主菜$22～28；⏲周一至周五11am～午夜，周六10:30am～午夜，周日10:30am～10pm）楼下的牡蛎吧(oyster bar)诱惑你从这个门走下去，而楼上的餐厅华丽的锡制天花板也很值得一去。推荐这里的早午餐——尝尝油封鸭沙拉(duck-confit)、本勒狄蛋(eggs Benedict，以水煮荷包蛋加火腿及荷兰酱夹入英式松饼内制成 ——译注)，它也是一个具有西海岸特色的休闲餐厅，包括令人垂涎的羊羔腿(lamb shank)。如果你要继续奔走，在现场的熟食店可以买到让你吃得饱饱的美味三明治($4到$9)和手撕猪肉(pulled-pork)，其中的红辣椒(chili，$4)堆得很高。

不可错过

- **Fuel 餐馆**——季节性地区烹饪（见652页）
- **软体动物餐馆**(Gastropod)——有创意、最接近自然的餐饮（见652页）
- **金鱼太平洋厨房**(Goldfish Pacific Kitchen)——品尝西海岸、具有亚洲风味的海鲜(见650页)
- **Metro 餐馆**——当地加拿大人融合菜肴（见649页）
- **Social at Le Magasin 餐馆**——太平洋西北菜单，可以送外卖（见本页）

南市区和商业车道

Foundation餐馆（见632页地图；☎604-708-0881；2301 Main St；主菜$6～12；⏲5pm～1am）南市区最活跃的好去处，这个独特的素食主义者(多数是严格的素食主义者)餐厅是那种有艺术家气派的学生和敞着下巴的年轻知识分子喜欢去的地方。为了补充脑力，提高智力，饭菜包括像杧果和椰子(mango-and-coconut)的意大利面食(pasta)和来自整个地区最受欢迎的Storm Brewing的啤酒探险料理组合，餐厅的菜都在不太相配的Formica餐桌上供应。

Charlatan 餐馆（见632页地图；☎604-253-2777；1446 Commercial Dr；主菜$6～16；⏲11:30am～午夜）体现最近关于"the Drive"的吃喝苏醒风，这个休闲酒吧式好去处迎合了许多人的口味。体育迷聚集在酒吧的平板电视前观看体育比赛；酒徒——推荐the Big Rock Traditional Ale——可以坐在院子里，看着熙熙攘攘的街景；就餐者可以到楼上享用像带有鳄梨调味酱的烤蟹球(crab cakes)和异国风味汤中的蚌类(mussels)这样的美味。

Nyala 餐馆（见 632 页地图；☎604-876-9919；4148 Main St；主菜 $8 ~ 16；⏲ 周二到周日 5:30 ~ 11pm）采用餐厅主人自制的传统黏土陶器，这家华丽的非洲餐馆的招牌菜是“mafe”，一种克里奥尔风味将鸡肉和蔬菜做在一起的创意，其特征是将番茄 (tomato)、黄秋葵 (okra)、胡荽 (coriander) 和红辣椒 (hot chili) 融为一体的佳肴。如果你还想更冒险一些，可以尝尝慢火炖的埃塞俄比亚焖羊肉 (goat stew)，如果碰巧是周四，你可能有幸欣赏到现场音乐演奏。

Havana 餐馆（见 632 页地图；☎604-253-9119；1212 Commercial Dr；主菜 $10 ~ 20；⏲ 周一至周四 11am ~ 11pm，周五 10am ~ 午夜，周六和周日 9am ~ 午夜）商业车道 (Commercial Dr) 的老爷爷仍然还在，因此在多数夏日夜晚都可以看到热闹的院子。将拉丁美洲乡村气息与非洲——古巴南部可以慰藉精神和灵魂的令人满意的食物融为一体的美国黑人传统食品餐馆，提供丰富的极品菜肴，从烤番薯 (yam fries) 到慢炖羊肉咖喱饭 (lamb curry) 及蛤 (clams)、蚌类 (mussels) 和牡蛎 (oysters) 拼盘。一定要早点到那儿，否则你就得和拥挤的人群抢占座位。

格兰维尔岛

我们的选择 **Go Fish 鱼肉餐馆**（见 634 ~ 635 页地图；☎604-730-5040；1505 W 1st Ave；主菜 $8 ~ 13；⏲ 周三至周五 11:30am ~ 6:30pm，周六和周日正午 ~ 6:30pm）在格兰维尔岛 (Granville Island) 和凡尼尔公园 (Vanier Park) 之间有一段适合散步的海堤，这个码头有温哥华最好的新鲜炸鱼和马铃薯片 (fish and chips)，还有美味的野鲑鱼玉米面豆卷 (wild salmon tacos)、扇贝碎肉汉堡包 (scallop burgers) 和金枪鱼三明治 (ahi tuna sandwiches)。由于其所处地理位置有利，因此门前总是排长队，所有的饭菜都是定做的，包括自制凉拌卷心菜 (coleslaw)。那儿座位不多——虽然面向北边的 False 湾，在长椅上栖息也很不错——所以为了能享用到美味的日落晚餐，到附近的 Vanier 公园就餐。

Dockside Restaurant & Dockside Brewing Company 餐馆和酿酒公司（见634 ~ 635页地图；☎604-685-7070；1253 Johnston St；主菜 $14 ~ 26；⏲ 7am ~ 10pm）木炭烤牛排和烤野鲑鱼(grilled wild salmon)是格兰维尔岛屿旅馆(见648页)餐厅的招牌菜，但你也可以返回至隔壁的微酿休息室享用更随意的(和稍便宜的)饭菜。两个房间都给人隐私的、树木葱郁的感觉，共用的院子现正变成多数夏日夜晚人们茶余饭后闲聊之处。

Sandbar 餐馆（见 634 ~ 635 页地图；☎604-669-9030；1535 Johnston St；主菜 $18 ~ 35；⏲ 周日至周四 11:30am ~ 11pm，周五和周六 11:30am ~ 午夜）在面向成人、屋顶高高的这个餐馆在格兰维尔大桥 (Granville St Bridge) 下，以西海岸海鲜为主打。在屋顶露台上品尝的牡蛎最值得推荐，超过 1800 种烈酒列单令人称道。每周四和周六有现场音乐表演，都市的专业人士会顺便来访和缓解关系。

克斯莱诺和城市西区

Naam 素餐馆（见 632 页地图；☎604-738-7151；2724 W 4th Ave；主菜 $7 ~ 14；⏲ 24 小时）吸引素食主义者长达 30 年之久，这个休闲式 24 小时营业餐厅仍然有着休闲舒适的气氛。但是菜单和周末早午餐时间的长队表明这儿生意红红火火，鼓励大量的回头客，一次次地回来饱尝让你吃得饱饱的油炸玉米粉饼 (quesadillas)、丰盛的农家早餐 (Farmers Breakfasts) 和带味噌汁的芝麻炸马铃薯 (sesame-fried potatoes)。现场音乐表演是晚间的固定节目，有一个欢乐的带棚院子。

Sophie's Cosmic Café 餐厅（见 634 ~ 635 页地图；☎604-732-6810；2095 W 4th Ave；主菜 $6 ~ 14；⏲ 8am ~ 9:30pm）已有近 20 年传奇历史，Sophie's 是温哥华最好的吃早餐和周末吃早午餐的地方。摆满了纪念品的餐厅氛围，使它很棒的本勒狄蛋 (eggs Benedict) 更美味，但是，如果你无法早点到那儿，那么你可能要等很长时间。可以考虑晚些时候再来，吃片山形苹果馅饼。

Gastropod餐馆（见634 ~ 635页地图；☎604-730-5579；1938 West 4th Ave；主菜 $24 ~ 32；⏲ 周三至周六正午 ~ 2:30pm，每天5:30 ~ 10:30pm）作为新餐厅修缮的一部分，这个树木林立的著名现代化餐厅是品尝现代法国佳肴(French-tweaked)的好去处。尽管其生意相当火暴，而价格却令人吃惊的高，它的招牌菜是令人愉快和更有机的肉食和鱼类，包括与众不同的牡蛎和山葵“雪山”(oyster-and-horseradish “snow”)特色菜。

Fuel 餐馆（见 634 ~ 635 页地图；☎604-288-7905；1944 W 4th Ave；主菜 $27 ~ 34；⏲ 周一至周五正午 ~ 2:30pm，每天 5:30 ~ 10:30pm）尽管名字很俗气，但这个派生的克斯餐馆提供非比寻常的当地特色菜，并以精明的世界性才能和专业性服务加以转换。每样东西都有季节性，所以期待有规律的菜单更换——如果你幸运的话，将可以吃到美味的带有侧斑纹小虾馄饨 (sidestripe shrimp ravioli) 的虹鳟鱼 (rainbow trout)。如果无幸尝到，用奥卡纳根樱桃蛋糕 (Okanagan cherry tart) 安慰一下自己。

Lumière 餐厅（见 632 页地图；☎604-739-8185；2551 W Broadway；主菜 $18 ~ 45；⏲ 周二至周日 5:30 ~ 11pm）不断地冒犯着温哥华最棒餐馆的荣

誉，这个来自Rob Feenie——温哥华最知名餐厅主厨——的时髦餐厅，展开令人迷惑的繁琐准备工作来创造一系列来自法国菜肴灵感，受亚洲菜系影响的杰作。选自像日本米酒和枫蜜糖浆烘培(sake-and-maple-syrup–baked)这样令人垂涎的主菜单，解松你的腰带，投入三个多选择品尝菜单之一($110起)。

Tojo's 寿司店（见632页地图；☎604-872-8050；1133 W Broadway；主菜$16～26；🕑周一至周六5～10pm）拥有娴熟的寿司刀法，传说中的大师级寿司师傅Hidekazu Tojo创建了北美最有名的寿司餐厅之一。在其美味菜肴中，最喜欢的像清蒸安康鱼(lightly steamed monkfish)、快炒大比目鱼颊边肉(sautéed halibut cheeks)、海藻包油炸红金枪鱼(fried red tuna wrapped with seaweed)并配有梅子酱。这儿的maplewood寿司吧座位比前面的几届斯坦利杯(Stanley Cup)门票更受欢迎，所以要尽可能提前预约，以确保你能够品尝到日本菜单中的一两道精品。

饮品

与众不同的新休息室和酒吧正如雨后春笋般出现在温哥华，可在开放酒吧畅饮美酒。不管一天结束你在什么地方，都会想去喝点该地区最棒的手工啤酒，包括纳尔逊(Nelson)的淡啤、格兰维尔岛和Crannóg的酒。

酒吧和夜总会

Bar None 酒吧（见634～635页地图；☎604-684-3044；1222 Hamilton St；🕑周一至周四9pm～2am，周五和周六9pm～3am）对于年轻的自由职业者而言，耶鲁城是最受欢迎的去处，那儿可以看到穿奇装异服的年轻人，这幢伞状结构的建筑中，鸡尾酒和房价是谈话的主题。在周一和周二，你可以沉浸在现场灵魂音乐演出中，而周四到周六结合了剧场演出和舞池排名前40的舞曲。

Calling 酒吧（见634～635页地图；☎604-801-6681；1780 Davie St；🕑周一至周五11～2am，周六10～2am，周日10am～午夜）虽小但经重新改造后的漂亮社区酒吧——想象一下柔滑的木质地板、现代家居和穿黑色制服的大堂服务人员。这儿最吸引人的地方是可以在青藤覆盖的庭院里俯瞰English湾：它是观看日落和欣赏风暴的最佳之地。供应像烟熏扁豆(smoky-bacon)和干酪汉堡包(gorgonzola burgers)这样的美食，也有像比利时樱桃啤酒(cherry beer)这样具有异国风情的欧洲酿造美酒。

Honey俱乐部（见634～635页地图；☎604-685-777；455 Abbott St；🕑正午至午夜）一个格兰维尔大街(Granville St)派对活动的可选之处，这个餐饮、娱乐相结合的resto-lounge在周末就转变成俱乐部，特别因其周五晚上的Mod Club而负有名望，届时深受欢迎和免费出场穿着酷酷的年轻人为夜间流行乐、灵魂乐和其他各种音乐派对而来。也准备有一些不错的美酒。

Republic 俱乐部（见634～635页地图；☎604-669-3266；958 Granville St；🕑周日至周三6pm～3am，周四至周六4pm～3am）城市最好、最新的俱乐部将流行的高天花板底楼与戏剧性的背光式酒吧和楼上接踵擦肩的喧闹舞厅结合在一起——特别是周末，格兰维尔成为所有夜间派对爱好者的狂欢节。你可以从Republic玻璃包起来的院子中看到外面熙熙攘攘的街景。

Shine 俱乐部（见634～635页地图；☎604-408-4321；364 Water St；🕑9pm～2am）从电子音乐到胆战心惊的house舞曲和街舞(hip-hop)，位于侃城地下的Shine吸引着一群群年轻人前往，用一个40英尺闲情意象的电子音乐沙发将其分成喧闹的大厅和私密的舒适小屋。俱乐部周六晚上的"Big Sexy Funk"(hip-hop和摇滚乐)是当地的传统，但周四晚上的20世纪90年代怀旧之夜(1990s retro night)吸引着所有这些喜欢怀旧音乐的25岁赶时髦的年轻人(你知道你是谁)。

休息室

Afterglow 酒吧（见634～635页地图；☎604-602-0835；1082 Hamilton St；🕑11:30am～午夜）在耶鲁城Glowbal Grill & Satay Bar餐馆(见650页)后面，这座城市中最小的休息室是一个私密的粉红色调房间，两边是裸体女性——至少，在墙上可以看到她们的轮廓。拔掉乙烯基瓶塞，体验一下像"你这个热力女郎"(You Glow Girl)和"粉红猫"(Pink Pussycat)这样的鸡尾酒，或者来几瓶超浓魁北克啤酒(Québecois beer)——然后努力记住你的旅馆在哪儿。

Alibi Room 餐厅（见634～635页地图；☎604-623-3383；157 Alexander St；🕑周一至周四5pm～午夜，周五4:30pm～2am，周六和周日10～2am）在侃城边的这个地方能倾心交谈，设计行业和电影圈的人围在桌边，或者盘腿坐在天花板很低的地下室里，抱怨着他们的工作。可口的菜肴配上浓度增高的精选马提尼最完美不过了。

George Ultra Lounge（见634～635页地图；☎604-628-5555；1137 Hamilton St；🕑周一至周六4pm～2am）快乐的耶鲁城是最让人喜欢的去处之一，洁净的George以其长长的高感性鸡尾酒酒单吸引着许多牙齿洗得很白的人群——到那儿的任何人都会品尝一杯萨泽拉克鸡尾酒(Sazerac)，还可以品尝"用苦艾酒洗过的酒杯"("absinthewashed glass")的波本酒(bourbon)，沿着酒单往下看，再次陷入舒适的椅子，试着想想酒吧上旋转的玻璃酒杯是什么样子的。

俱乐部

Irish Heather酒馆(见634～635页地图；☎604-688-9779；217 Carrall St；⏲正午至午夜)温哥华最好的传统酒吧，Heather砖石线条的休息室曲径通幽，不事铺张，后面还有一间舒适的保存室，放着Guinness啤酒，还有那些酒吧迷们。冬天，喝杯滋补的"热爱尔兰"(Hot Irish)暖暖身，它由威士忌、柠檬、丁香、糖和滚沸的开水混泡而成，或者直接去后屋隐蔽的威士忌地下酒吧，那儿有这个城市里最多的啤酒选择。在我们访问的时候，两个酒吧都打算挪到街道对面。

Seventy Two Sports Bar酒吧(见634～635页地图；☎604-646-4031；1025 Robson St；⏲11:30am～11pm)恰好位于Robson St大街中心，你可以在二层楼房的庭院长椅上坐坐，仍然能听到楼下拖着脚走来走去熙熙攘攘的购物者。继续往里走，如果你想在有自己内置电视的小棚里玩游戏，和到处是当地的Russell Brewing啤酒的高品质酒吧美食(尝尝鸡肉油炸玉米粉饼)——推荐啤酒花。

Six Acres酒馆(见634～635页地图；☎604-488-0110；203 Carrall St；⏲周二至周四正午至午夜，周五和周六正午～1am)一个欢乐的铺砖的隐蔽处有着闲聊酒吧的感觉，并将其与一些广为人知的离奇装饰相结合——因此所附菜单带有图书封面以及浴室播放着古老的语言磁带。提供上好的精品啤酒——尝尝Phillips酿酒厂(Phillips Brewing)酿造的Draft Dodger——以及像Berlin这样很不错的美食酒吧，提供干酪(cheese)和香肠(sausage)可共用食品。

Steamworks Brewing Co酿酒厂(见634～635页地图；☎604-689-2739；375 Water St；⏲周日至周三11:30am～午夜，周四至周六11:30～1am)规模巨大的佩城微量型啤酒厂(Gastown microbrewery)位于洞穴改建的砖式仓库内。这儿的招牌啤酒是Lions Gate Lager，一种很不错的消暑饮料。它是这个城市忙碌工作一天之后的人们最爱之地，楼下的酒吧熙熙攘攘，而楼上却是对面北海岸平静的风景。菜单是按酒吧标准制定，但比萨饼例外。

娱乐

买一份《乔治亚周报》(*Georgia Straight*)或《温哥华太阳报》(*Vancouver Sun*)西海岸生活(West Coast Life)版——这两份报纸都是周四出版发行——报道一些当地发生的事情。在**票务能手**(Ticketmaster；☎表演艺术604-280-3311，音乐会604-280-4444，运动604-280-4400；www.ticketmaster.ca)可以买到许多活动和演出门票，但在位于旅游信息中心(Tourism Info Centre)的**Tickets Tonight票务公司**(见634～635页地图，☎604-684-2787；www.ticketstonight.ca)也能买到许多活动或演出的当日半价门票。

> **什么……**
>
> 20世纪50年代，一万八千盏闪闪发亮的霓虹灯装饰着温哥华——平均每19个居民就有一盏霓虹灯。那个时候，飞行员认为它是北美最亮的城市。沿着格兰维尔大街(Granville St)往前，你将在这个城市传统的娱乐地区发现霓虹灯重现生机。

现场音乐

城市中真正的现场音乐演出地点，**Railway Club俱乐部**(见634～635页地图；☎604-681-1625；www.therailwayclub.com；579 Dunsmuir St；大多数演出$4～10；⏲周一至周四正午～2am，周五和周六正午～3am，周日4pm～午夜)将低劣的英式酒吧感觉和独立电影院、民族、年轻无知的人和灵魂以及两者之间的任何事情结合在一起。精选自不列颠哥伦比亚省最受人喜欢的格兰维尔岛酿酒厂(Granville Island Brewing)和Okanagan Spring生产的啤酒为酒吧饮酒的主要来源，用传统带酒窝酒杯饮用。

黑暗和隐蔽的**传媒人俱乐部**(Media Club；见634～635页地图；☎604-608-2871；www.themediaclub.ca；695 Cambie St；大多数演出$5～20)中也能看到喧闹的人群，演出包括从独立电影院(indie)到金属音乐(acoustic metal)到说唱(rap)音乐等。

城市里最好的中等规模的演出场所，新艺术**Commodore舞场**(见634～635页地图；☎604-739-4550；868 Granville St；大部分演出$20～35)楼上的舞池时间较长，但装修得充满爱意。地板富有弹性，是来访乐队和地方音乐天才展示其才华之地。

在街道对面，**广场俱乐部**(Plaza Club；见634～635页地图；☎604-646-0064；www.plazaclub.net；881 Granville St；大多数演出$5～25)已在其日常夜总会活动中增加了现场音乐演出场次。该俱乐部拥有各种各样有前途或名气较小的访问人才。

布鲁斯迷们应该沿着格兰维尔来到**Yale酒吧**(见634～635页地图；☎604-681-9253；www.theyale.ca；1300 Granville St；大多数演出$10～25；⏲周一至周四和周日11:30～2am，周五和周六至3am)

拥有大舞台，但有些邋遢、含蓄，忠实的顾客和充斥着啤酒味的舞池。重打击爵士乐(Chin-stroking jazz)爱好者可能会发现他们自己来到了地下室。**Cellar Restaurant & Jazz Club 饭店兼爵士乐俱乐部**（见632页地图；☎604-738-1959；www.cellarjazz.com；3611 W Broadway；大多数演出$5～15；⏲周一至周三8pm～午夜，周四至周日7pm～午夜）严肃庄重的音乐在这儿被虔诚地演奏着。

剧院和影院

城市主流现场戏剧演出主要在位于市中心的**温哥华剧场**（Vancouver Playhouse；见634～635页地图；☎604-873-3311；www.vancouverplayhouse.com；Hamilton St和Dunsmuir St拐角；门票$40～55）上演，它代表了女皇剧院(Queen Elizabeth Theatre)联合体中大型民众集会地点的六部剧演出季。

由当代加拿大剧作家创作深受欢迎的一流世界级杰作和作品也是**艺术俱乐部剧团**（Arts Club Theatre Company；☎604-687-1644；www.artsclub.com；门票$30～60）其中的一部分，在**格兰维尔岛舞台**（Granville Island Stage；见634～635页地图；1585 Johnston St）和**斯坦利剧院**（Stanley Theatre；见634～635页地图；2750 Granville St）演出。

那些寻找更具挑战性的戏剧和演出者可以前往**火厅艺术中心**（Firehall Arts Centre；见634～635页地图；☎604-689-0926；www.firehallartscentre.ca；280 E Cordova St；门票$15～30），带有私密性的演出场所，向爱好艺术的人上演具有"挑战性"的演出。

对于多元化电影迷来说，**Scotiabank剧院**（Scotiabank Theatre；见634～635页地图；☎604-630-1407；www.cineplex.com；900 Burrard St；门票$11.95）是最近关注的热点。将它自己的轰动性演出与节日性电影演出相结合，**Tinseltown电影院**（Tinseltown Cinemas；见634～635页地图；☎604-806-0799；www.cinemark.com；88 W Pender St；门票$10.75）是另一家城里人的最爱。

电影迷另外可以前往**Vancity国际电影中心**（Vancity International Film Centre；见634～635页地图；☎604-683-3456；www.viff.org；1181 Seymour St；门票$9.50）或较老的**太平洋电影图书馆**（Pacific Cinèmathéque；见634～635页地图；☎604-688-3456；www.cinematheque.bc.ca；1131 Howe St；门票$9.50）。相比之下，加拿大广场(Canada Place)中的**CN Imax Theatre剧院**（见634～635页地图；☎604-682-4629；www.imax.com/vancouver；201-999 Canada Place；门票$12）放映着值得一看的纪录片，偶尔也会播放精编的大片。

古典音乐和舞蹈

经常在漂亮的**Orpheum Theatre大剧院**（见634～635页地图；☎604-876-3434；601 Smithe St；门票$25～60）演出，这座城市中的**温哥华交响乐团**（Vancouver Symphony Orchestra；www.vancouversymphony.ca）将激动人心的演奏会和电影音乐、歌剧，甚至是莎士比亚十四行诗朗诵的混合演出融合在一起。

具有创新理念的**苏格兰岸舞蹈中心**（Scotiabank Dance Centre；见634～635页地图；☎604-606-6400；www.thedancecentre.ca；677 Davie St；门票$10起）是不列颠哥伦比亚的舞蹈社区之家，专业和学生舞蹈演员的演出既愉悦身心又吸引眼球。**不列颠哥伦比亚芭蕾**（Ballet BC；☎604-732-5003；www.balletbc.com）的总部设在这里，在没有巡回演出时，它们就经常在此演出。

体育

温哥华法裔加拿大人（Vancouver Canucks；☎604-899-4600；www.canucks.com）全国冰球联合会(NHL)球队是这座城市中顶级体育系列赛球队。在他们的主场**GM广场**（GM Place；见634～635页地图；☎604-899-7469；www.canucks.com；门票$33～94；⏲10月到次年4月）比赛，需要订票——大部分赛事全部坐满。

如果你不幸未能买到温哥华法裔加拿大人的球票，西部冰球联盟(Western Hockey League)的**温哥华巨人队**（Vancouver Giants；☎604-444-2687；www.vancouvergiants.com；Pacific Coliseum，100 N Renfrew St；门票$21.50～23.50；⏲10月到次年3月中）是高品质的可选之项。他们的主场在市中心以东的太平洋体育馆(Pacific Coliseum)。

加拿大橄榄球联盟(CFL)的**不列颠哥伦比亚雄狮队**（BC Lions；☎604-589-7627；www.bclions.com；BC Place Stadium；门票$27～70；⏲6月到10月）主场在市中心的带棚不列颠哥伦比亚露天运动场（见636页）。一般比较容易买到票——除非临近格雷杯(Grey Cup)赛季，最后一次获胜是在2006年。

午后，如果要享受一场怀旧(而便宜)的棒球比赛，并用塑料杯喝着啤酒，首当其冲就要去看**温哥华加拿大人队**（Vancouver Canadians；☎604-872-5232；www.canadiansbaseball.com；Nat Bailey Stadium；门票$8～12.50；⏲6月中到9月中）在新近翻修的Nat Bailey运动场(见632页地图)比赛。

如果你想在**温哥华白帽**（Vancouver Whitecaps；☎604-669-9283；www.whitecapsfc.com；Swangard Stadium，Burnaby；门票$16～35；⏲5月到9月）西部联盟英式足球队搬至市中心新体育馆之前观看他们的比赛，你将必须乘坐天际轻轨(Sky Train)到Burnaby和他们以前的Swangard体育馆(Swangard Stadium venue，见632页地图)。

购物

如果你正在寻找像American Eagle和Banana Republic这样的时尚品牌连锁商场，那么Robson大街(Robson St)是不错的选择，在它与格兰维尔大街(Granville St)的交叉处有一些类似彪马(Puma)和阿迪达斯(Adidas)这样昂贵的流行服饰专卖店。如果你更喜欢匆匆逛一逛，很难逛完位于19th Ave大道和23rd Ave大道之间(见632页地图)极富个性的南市区流行服饰小店。对那些喜欢在街上溜达着看橱窗的人，格兰维尔岛(Granville Island)、南格兰维尔(South Granville，特别是从Broadway前往)和克斯莱诺4th Ave大道通常正合这些人的心思。佩城正逐渐加入独立时装设计师的争夺行列，但它也有很多温哥华纪念品商店(souvenir stores)，如果你确实必须购买Steam Clock 的T恤(Steam Clock T-shirt)或"moose droppings"巧克力包等纪念品，可以去那儿逛一逛。

服装店

Eugene Choo服装店(见632页地图；☎604-873-8874；3683 Main St；🕑周一至周六11am～5:30pm，周日正午～6pm)在双层橱窗后面，这个粉刷成蔚蓝色的Main大街(Main St)最受欢迎的是其林立的商店，也体现了其作为温哥华流行服饰之都的特点。曾经低劣、过时的服装店，现在已成为当地对都市显瘦套装感兴趣设计师的温床。

John Fluevog Shoes鞋店(见634～635页地图；☎604-688-2828；837 Granville St；🕑周一至周三和周六11am～7pm，周四和周五11am～8pm，周日正午～6pm)一些鞋袜看上去像是对Doc Martens的讽刺，其他人可能会从20步远处戳你的眼睛，很多Fluevog时髦的鞋子也有一个缩小的"绿脚印"(green footprint)。可以看看合成的素皮鞋和可完全降解的"Earth Angels"系列。

Mountain Equipment Co-op(见632页地图；☎604-872-7858；130 W Broadway；🕑周一至周三10am～7pm，周四和周五10am～9pm，周六9am～6pm，周日11am～5pm)户外爱好者通常会被这个户外用品商店所吸引，那儿摆满了琳琅满目的商品，包括衣服、皮船、睡袋、精巧的宿营小器具和颇具权威的地区和国际旅游手册。如果你想买东西，将必须注册成为终身会员，但这很容易，只需要花费$5。

Smoking Lily(见632页地图；☎604-873-5459；3634 Main St；🕑周四至周六11am～5:30pm，周日和周一正午～5pm)艺术生的嬉皮酷味是这家南市区商店的风格；可爱的短裙和三角背心上极富品位地印着蚂蚁、骷髅或元素周期表，使得穿戴上它们的人显得既有趣又古怪。男装正在慢慢地发展起来，可以买到一些印有鱼、骷髅头和鸟骨架等图案的T恤。那是一个很有趣的地方，可以随便转转，服务人员很是友好和热情。

市场

唐人街夜市(Chinatown Night Market；见634～635页地图；☎604-682-8998；www.vcma.shawbiz.ca；100-200 Keefer St；🕑5月中到9月中周五至周日6:30～11pm)丰富多彩的市中心夜市以其拥有廉价小饰品、折扣商品和诱人的小摊小吃吸引着许多当地人——它就像是一个卖面条、炸鱼丸和珍珠奶茶的临时自助小摊。大多数晚上，这儿也有现场音乐演出。

格兰维尔岛公共市场(Granville Island Public Market；见634～635页地图；☎604-666-6477；www.granvilleisland.com；Johnson St；🕑9am～7pm)堆积如山的水果和蔬菜在温哥华市场占主导地位，如果你需要拖着疲惫的身体去寻找熟食店和诱人的面包店时，它也是野餐觅食的好地方。如果你没有时间准备野餐，这儿也有很不错的小吃摊，也有很多临时货摊，可以买到稀奇的工艺品。

不列颠哥伦比亚大学农场集市(UBC Farm Market；见632页地图；☎604-822-5092；6182 South Campus Rd；🕑6月中到9月周六9am～1pm)整个不列颠哥伦比

奥运会倒计时

在为这本书收集资料时，温哥华正在兴奋地为**2010年冬季奥运会和残奥会**(2010 Olympic and Paralympic Winter Games)做准备，对现有建筑进行改造或修建新街道。这些场所包括不列颠哥伦比亚露天运动场(BC Place，见636页)，将会在那儿举办开幕式和闭幕式，也举办晚上的奖牌颁奖仪式；将在黑斯廷斯公园(Hastings Park)的太平洋体育馆(Pacific Coliseum)举行花样滑冰、短道速滑和竞速滑冰比赛；将在不列颠哥伦比亚大学冬季运动中心(UBC Winter Sports Centre)举行冰球和残疾人冰球运动比赛；将在Hillcrest冰壶中心(Hillcrest Curling Centre)举行冰壶和轮椅冰壶运动；将在通用汽车体育馆(简称通用体育馆；General Motors Place，简称GM Place)举行冰球比赛；将在赛普里斯山(Cypress Mountain，见661页)举行自由式滑雪和滑板比赛；里士满速滑馆(Richmond Speed Skating Oval)将是大道速滑的比赛场地。其他的比赛将在惠斯勒(Whistler)及其附近的场馆举行(见669页)。

亚农场都生产的一种很美味的装满花果象征丰饶的羊角，即 cornucopia，夏天时候在货摊上到处可见。其中的精品包括生脆的苹果、赏心悦目的桃子和多汁的南方越橛（blueberries）；自家烤制的蛋糕和饭菜一般都是附赠品。整个城市，像在诸如纳尔逊公园（Nelson Park）、克斯莱诺社区中心（Kitsilano Community Centre）、鲑鱼湖（Trout Lake）和 Nat Bailey 体育馆这些地方都有很多夏日集市——登录 www.eatlocal.org 网站获取相关信息。

温哥华跳蚤市场（Vancouver Flea Market；见 632 页地图；☎ 604-685-0666；www.vancouverfleamarket.com；703 Terminal Ave；入场费 75¢；⌚ 周六和周日 9am ~ 5pm）如果收集成盒的满是灰尘的 LPs 或试戴 20 世纪 70 年代的卡车司机棒球帽是你想做的事情，那么规模庞大、散发着阵阵霉臭味的温哥华跳蚤市场正合你意。在靠近 Main 大街天际轻轨（Sky Train）车站一侧仓库处有许多半职业和业余叫卖小贩，给人的感觉就像是无计划占用场地的室内仓库买卖。

特别物品

海岸民族美术画廊（Coastal Peoples Fine Arts Gallery；见 634 ~ 635 页地图；☎ 604-685-9298；1024 Mainland St；⌚ 周一至周六 10am ~ 7pm，周日 11am ~ 6pm）这个豪华的耶鲁城商店出售西北海岸和因纽特原住民时期的珠宝、雕刻品和印刷品中的精品。特别留意一下天然工艺品艺术，你将会在这儿发现一些很精致的东西，那将很可能让你在短短几分钟刷爆你的信用卡。

Dream Designs 商店（见 632 页地图；☎ 604-254-5012；956 Commercial Dr；⌚ 周一至周六 10am ~ 6pm，周日 11:30am ~ 5pm）参观者们将会沉浸在这个小小的有机居家用品商店中，那儿出售从瑜伽装饰品到亚麻睡衣和纤维床单等生活用品。到当地的陶器店转转，与工作人员进行愉快的交谈，可以聊聊你最喜欢的天然温泉疗法（natural spa treatments）。

Meinhardt Fine Foods（见 632 页地图；☎ 604-732-4405；3002 Granville St；⌚ 周一至周六 8am ~ 9pm，周日 9am ~ 9pm）在这个南格兰维尔烹饪爱好者的天堂，有很不错的熟食店，隔壁有便利外卖店——对于那些美食迷们来说是相当于成人用品店的厨房。看看国际调味品狭窄的走道，然后开始着手用令人印象深刻的面包、干酪和冷切精选品来准备理想的野餐。

Mink Chocolates巧克力店（见634～635页地图；☎ 604-633-2451；863 W Hastings St；⌚ 周一至周五 8am～6pm，周六和周日10am～6pm）千万不要在位于市中心的这家颓废设计者设计的巧克力店购买如枫蜜饼干(maple-syrup cookies)和真空包装的鲑鱼这样普通的法裔加拿大人纪念品。问题是，一旦你选中一把巧克力小糖果(choccy bonbons)——用树和咖啡杯雕刻的小食用工艺品——你将会被引诱到饮料吧喝一杯柔软的热巧克力。而你的下一站将是：历时多年的戒瘾治疗。

到达和离开

飞机

温哥华国际机场（Vancouver International Airport；见 632 页地图；☎ 604-207-7077；www.yvr.ca）是从加拿大、美国和国际发出航班的主要西海岸枢纽。在里士满，离市区 13 公里 /30 分钟车程。

加拿大国内航班包括：从卡尔加里($160，90分钟)出发的**西捷航空公司**（Westjet；☎ 800-538-5696；www.westjet.com）和从维多利亚出发($91起，25分钟)的**加拿大爵士航空公司**（Air Canada Jazz；☎ 514-393-3333，888-247-2262；www.aircanada.com）。乘坐穿梭车(shuttle bus)可以到达主航站楼(main airport)，南端口(South Terminal)只接受从更小的航空公司和飞艇运营商到达不列颠哥伦比亚的航班。

几家很便利的飞艇公司也可以将你直接载到温哥华滨水地区的水上飞机端口，用时 35 分钟。这些包括航班频繁的**港口航空公司水上飞机**（Harbour Air Seaplanes；☎ 604-274-1277，800-665-0212；www.harbour-air.com；$120）和**西海岸航空公司**（West Coast Air；☎ 604-606-6888，800-347-2222；www.westcoastair.com；$119）有从维多利亚中央位置的内陆港口（Inner Harbour）出发的航班。

轮船

不列颠哥伦比亚渡运（BC Ferries；☎ 250-386-3431，888-223-3779；www.bcferries.com）从温哥华岛的Swartz湾(每人/每车$10.55/35，90分钟，一天8～12班)和纳奈莫的Duke Point(每人/每车 $10.55/35，2小时，一天6～10班)到达Tsawwassen——离市中心仅1小时路程。也有从南湾岛(Southern Gulf Islands，见708页)到达这儿的渡船。

另外，可以乘轮渡到西温哥华的马蹄铁湾（Horseshoe Bay）——从市中心出发需要花 30 分钟——从纳奈莫的起程湾（Departure Bay，每人 / 每车 $10.55/35，90 分钟，一天 8 ~ 12 班）。从博文岛（Bowen Island，每人 / 每车 $7.10/22.40，20 分钟，一天 13 ~ 16 班）和从兰代尔（Langdale，每人 / 每车 $9.60/34，40 分钟，一天 8 ~ 12 班）也可以到达，在桑夏恩海岸（Sunshine Coast）。

公共汽车

大多数出城的公共汽车停靠在温哥华的**太平**

洋中央车站（Pacific Central Station；见634～635页地图；1150 Station St）。

加拿大灰狗运输公司（Greyhound Canada；☎800-661-8747；www.grey hound.ca）从惠斯勒(Whistler，$18.80，2个半小时，一天8班)、基洛纳(Kelowna，$30起，6小时，一天7班)和卡尔加里(Calgary，$70起，14～17小时，一天6班)出发到达这儿。通过不列颠哥伦比亚渡轮公司的渡轮走Swartz Bay-Tsawwassen线路，发车频繁的**太平洋海岸运输**（Pacific Coach Lines；☎250-385-4411，800-661-1725；www.pacificcoach.com）从维多利亚市中心出发($37.50，3个半小时)。

Perimeter Tours（☎604-266-5386，877-317-7788；www.perimeterbus.com）提供从惠斯勒($67，2个半小时，一天7～11班)到这个城市的服务，类似服务由**Snowbus**（☎604-685-7669，866-7669-287；www.snowbus.ca）提供，只在冬天才有($21，2个半小时，一天2班)。

海岸快运（Quick Coach Lines；☎604-940-4428，800-665-2122；www.quickcoach.com）有在西雅图和温哥华之间往返的快车，出发点在西雅图市区(US$34.20，4小时，一天6班)和西雅图Sea-Tac国际机场(Sea-Tac International Airport，US$46.55，4个半小时，一天7班)。

小汽车和摩托车

如果你是从美国华盛顿州过来，你会在 I-5 路上开车，一直到边境城市 Blaine，然后来到加拿大 Hwy 99 公路。从这儿到温哥华市区是一小时车程。Hwy 99 公路继续穿过市区，经过狮门大桥 (Lions Gate Bridge) 到马蹄铁湾 (Horseshoe Bay)、斯阔米什 (Squamish) 和惠斯勒 (Whistler)。

如果你是从东边来，那么你可能要走跨加拿大公路 (Trans-Canada Hwy [Hwy 1 公路])，这条路蛇行蜿蜒经过城市的东端，最后和 Hastings St 街会合（见 632 页地图）。如果想去市区，那就左转上 Hastings,顺着这条街一直开,会到市中心,或者继续沿着北海岸前往惠斯勒。

如果你是从马蹄铁湾方向来，那么走 Hwy 1 公路直达西温哥华和北温哥华，然后经过第二窄桥进入 Burnaby。如果想直奔市区，那么在西温哥华的泰勒大道 (Taylor Way) 出口出 Hwy 1 公路，走泰勒大道过狮门大桥，接近市中心。

所有公认的汽车租赁连锁店（见 846 页）都有温哥华的分店。Avis、Budget、Hertz、Lo-Cost 和 Thrifty 在机场也有分部。

火车

穿越加拿大和美国的火车抵达**太平洋中央站**（见 634 ～ 635 页地图；1150 Station St），就在汽车站旁边。

VIA Rail 铁路公司（☎888-842-7245；www.viarail.com）的火车从北坎卢普斯 (Kamloops North，$115，9 小时，一周 3 班)、贾斯珀 (Jasper，$240，17 个半小时，一周 3 班)、埃德蒙顿 (Edmonton，$325，24 小时，一周 3 班) 到达这儿，还有其他公司的车也到达这儿。

Amtrak 公司（☎800-872-7245；www.amtrak.com）美国的列车从尤金 (Eugene，US$56，13 个半小时，一天 2 班)、波特兰 (Portland，US$42，8 小时，一天 3 班) 和西雅图 (US$28 起，3 个半小时，一天 5 班) 出发。

注意，只有白天从西雅图出发的第一班是乘坐火车，剩下 4 小时是公共汽车。

四处走走

抵离机场

直到2009年，新轻轨捷运机场线才会开通，从机场搭乘出租车坐到温哥华市中心要30分钟，收费估计最多达$35。或者，**温哥华小型民用机场**（Vancouver Airporter；☎604-946-8866，800-668-3141；www.yvrairporter.com；单程/往返 $13.50/21；⏲5:30am～11:45pm）的往返班车将乘客输送到很多市中心的旅馆(冬天，运营时间减少)。

自行车

路线横穿城市，温哥华是一个骑自行车兜风相对不错的地方。在便利店和书店买一本《温哥华市区和郊区骑自行车兜风地图和指南》(*Greater Vancouver Cycling Map & Guide*，$3.95) 获 取相关实用信息。骑自行车的人可以免费携带他们的自行车乘坐天际轻轨 (SkyTrains)、海洋汽车 (SeaBuses) 和装有行李架的公共汽车。

自行车租赁：

Reckless Bike Stores自行车店（见634～635页地图；☎604-731-2420；www.rektek.com；1810 Fir St；半天/全天 $25/32.50；⏲5月到8月周一至周六9am～7pm，周日10am～6pm，9月到次年4月10am～黄昏）在格兰维尔岛入口附近。

Spokes Bicycle Rental 自行车租赁店（见 634 ～ 635 页地图；☎604-688-5141；www.vancouverbikerental.com；1798 W Georgia St；1 小时 /6 小时 成人 $7/20 起；⏲5 月到 8 月 9am ～ 7pm，9 月到次年 4 月 10am ～黄昏）距离斯坦利公园正门入口处一个街区。

轮船

在Hornby St街街尾和格兰维尔岛之间运营小型摆渡(有些大的足以运载自行车)，**Aquabus渡轮**（Aquabus Ferries；见634～635页地图；☎604-689-5858；www.theaquabus.com；成人/儿童 $2.50/1.25起）沿False湾周边地区提供服务，远至科学世界。

残酷的竞争对手**False湾渡轮**（False Creek Ferries；见634～635页地图；☎604-684-7781；www.granvilleislandferries.bc.ca；成人/儿童$2.50/1.25起）有相似航班，从水上中心(Aquatic Centre)开往格兰维尔岛，以及从False湾周边其他港口开往格兰维尔岛的服务。

小汽车和摩托车

高峰时间的车辆经常沿着 Georgia St 街蜿蜒排列，等候过狮门大桥到达北海岸。试试第二窄桥。其他要避开的高峰热点是 George Massey Tunnel 隧道和去萨里 (Surrey) 的 Hwy 1 公路。

在市区停车非常昂贵：居民区这边的街道免费停车点很少，而交警可以预知地像食肉动物般四处搜寻乱停的车辆。有些街道上有计费停车点，但建议你停在收费停车场（每小时 $4 起）——早上 9 点之前停车的有一定优惠。太平洋中心购物广场或者中央图书馆 (Central Library) 的地下停车场位于市中心。

公共交通

有关 **TransLink**（☎604-953-3333；www.translink.bc.ca）的汽车、天际轻轨 (SkyTrain) 和海洋汽车 (SeaBus) 渡船服务的网站是制订旅行计划的实用工具，或者从便利商店购买方便的《四处走走》(*Getting Around*，$1.95) 地图。

在这三个系统中任何一个地方买的票，视乎你计划到哪个地区，90 分钟内在整个交通网络中换车都有效。有三个地区，你去得越远，票价越贵。一个区的票价是成人 / 儿童 $2.50/1.75，两个区的票价是 $3.75/2.50，三个区的票价是 $5/3.50。而全天、全区内有效的通票收费 $9/7。如果你在下午 6 点 30 分后，或周末及假日出游，所有旅程都按照一个区的费用来收，为 $2.50/1.75。

公共汽车

在市区，公共汽车分布广泛——特别是沿着像 Granville St 街、Broadway、Hastings St 街、Main St 街和 Burrard St 街的道路。许多公共汽车都有自行车车架，并且残障轮椅可以上车。由于所有的公共汽车都采用了投币箱，不设找赎，因此最好提前准备好适当的零钱（或更多）。

B 线快车在里士满和温哥华市区之间运行 (98 B 线)，也有 UBC 大学、Broadway 和商业道天际轻轨站之间的快车 (99 B 线)。这些快车有它们自己的限定达到站和出发点，并不使用通常的汽车站。

整个南部大陆 (Lower Mainland) 有 12 条线路的夜班车，在下午 1 点 30 分到次日凌晨 4 点之间运营。最后一班车在凌晨 3 点 10 分离开温哥华市区。在指定车站寻找夜班车标志。

天际轻轨

在我们为这本书搜集资料时，天际轻轨网络共有两条线路，第三条从市中心到机场的 Canada Line 线路正在修建中，预计在 2009 年可以投入使用。

最初 35 分钟的世博线 (Expo Line) 载客到达 / 离开温哥华市区和萨里，中间停靠站贯穿 Burnaby 和新威斯敏斯特。更新的千禧线 (Millennium Line) 抵达购物商场附近和 Coquitlam 及 Burnaby 的郊区居民区。

周一到周五的凌晨 5 点到次日凌晨 1 点 30 分之间，列车每 2 分钟到 8 分钟发出 1 班（周六 6am 至 12:30am，周日 7am 至 11:30pm)。轮椅乘客可乘坐所有的天际轻轨。

海上巴士

往返于水上的**海上巴士**（☎604-682-7887；www.translink.bc.ca）白天每 15 到 30 分钟 1 班，穿过 Burrard 湾往返于滨水车站和 Lonsdale Quay 之间。在 Lonsdale 有巴士总站，有穿越北温哥华和西温哥华的各条公共汽车路线。在周一到周六的上午 6 点 15 分到晚上 12 点 45 分从滨水车站出发（周日 8:15am 到 11:15pm 之间出发)。海洋汽车可以携带轮椅和自行车。

出租车

在市区叫出租车并不用花太长时间，但让所住的酒店为你安排出租车会更容易。出租车公司包括**温哥华出租车公司**（Vancouver Taxi；☎604-871-1111）和**Black Top & Checker Cabs出租车公司**（☎604-731-1111）。对有环保意识的人来说，**黄色出租车公司**（Yellow Cab；☎604-681-1111）有大量低尾气排放的出租车。温哥华出租车计价器从$2.70起价，每公里加收$1.58。

南部大陆(LOWER MAINLAND)

尽管温哥华市中心及其交通便利的郊外总是吸引着旅行者的注意，但时间比较充裕的聪明旅行者总是能从他们的免费温哥华旅游地图中探索到更多的东西。自驾车或经艰苦跋涉穿过狮门大桥 (Lions Gate Bridge)，将会把你带到北温哥华和西温哥华森林葱郁的入口处，那儿有户外景点和码头景观，另外从马蹄铁湾 (Horseshoe Bay) 出发乘坐短途轮渡将你带到博文岛，可以在那儿度过为期一天的乡村之旅。紧挨市区，里士满 (Richmond) 是一个熙熙攘攘的亚洲特色大都市；

Burnaby 有该地区最大的购物中心；兰利堡 (Fort Langley) 是历史文化名镇，让人回想起很多该地区丰富多彩的先锋年代时期的情景。

北温哥华(NORTH VANCOUVER)

人口 45 000

为市中心职业艺人前往郊区开通的通勤车，然而拥有诸多树木的"North Van"仍然是南部大陆最受欢迎的景点之一。欲获取更多实用信息，请登录**市政府网站**（www.cnv.org）查询或拿一份免费《北海岸新闻》(*North Shore News*) 报纸。

景点和活动

南部大陆最受欢迎的景点是**Capilano吊桥公园**（Capilano Suspension Bridge & Park；见632页地图；☎604-985-7474；www.capbridge.com；3735 Capilano Rd；成人/青少年/儿童 $26.95/15.65/8.30；⏲11月到次年3月9am～5pm，4月9am～6:30pm，5月9am～7:30pm，6月和9月8:30am～8pm，7月和8月8:30am～9pm，10月9am～6pm）。这座全长达140米的步行吊桥悬挂于树木林立的Capilano峡谷(Capilano Canyon)湍急的水面上：甚至对于多数疲倦不堪的旅行者都是触目惊心的景观——特别是当你走到半中间停顿时。也包括诸如雨林漫步、参观图腾柱和在两棵树间小索桥穿越等多姿多彩的活动。

自称为"温哥华之峰"(Peak of Vancouver)的**松鸡山**（Grouse Mountain；见632页图中箭头所示；☎604-980-9311；www.grousemountain.com；6400 Nancy Greene Way；成人/青少年/儿童 夏天 $33/19/12，冬天 $45/35/20；⏲9am～10pm），在温哥华市中心就可见其伟岸的身姿。在夏天，搭乘Skyride狭长小船的乘客能够进入山庄饭馆、观看伐木工人表演、高山徒步旅行体验和大灰熊避难所。你也可以沿着松鸡山步行小路(Grouse Grind)前行以强壮你的小腿后肌群，那是一段2.9公里的盘山道，大多数人需花约90分钟的时间。在冬天，松鸡山就变成当地人气最旺的滑雪胜地，有25个滑雪和滑板道、户外滑冰场，可以协作举办圣诞期间的活动。

Lynn 溪谷公园（Lynn Canyon Park；见 632 页地图；☎604-984-3149；Park Rd；免费入内；⏲5 月到 8 月 7am ～ 9pm，9 月到次年 4 月 7am ～ 7pm）是 Capilano 吊桥公园不收取门票的可选之地，其较小的吊桥是翠绿的北温哥华的一处景致。那儿也有许多相当不错的徒步小道和一些很不错的野餐地点。参观一下公园的**生态中心**（Ecology Centre；☎604-981-3103；www.dnv.org/ecology；3663 Park Rd；捐赠入场；⏲6 月到 9 月 10am ～ 5pm，10 月到次年 5 月周一至周五 10am ～ 5pm，周六和周日正午～ 4pm），可以了解该地区丰富的多元化生态。

一个深受欢迎的远离城市、回归自然之地，**西摩山省级公园**（Mt Seymour Provincial Park；见 632 页地图；☎604-986-2261；www.bcparks.ca；1700 Mt Seymour Rd）是一个绿树葱郁之地，公园内有适合各个等级、不同水平徒步旅行爱好者的徒步小路。像松鸡山一样，这个地区在冬天会发生转变，那个时候**西摩山度假胜地**（Mt Seymour Resorts；☎604-718-7771；www.mountseymour.com；成人 / 青少年 / 儿童 $39/32/19；⏲1 月到 3 月周一至周五 9:30am ～ 10pm，周六和周日 8:30am ～ 10pm）运行的三部电梯将会把你带到有 21 个滑雪和滑板滑道的滑雪胜地。那也是玩平底雪橇 (toboggan，$7) 和举办滑轮胎 (snow-tubing) 培训课程的地方 ($15，2 小时)。

食宿

Grouse Inn 旅店（见 632 页地图；☎604-988-1701，800-779-7888；www.grouseinn.com；1633 Capilano Rd；单 / 双 / 套房 $99/109/145 起；🅿）尽管从外面看起来像是小型购物大楼，但这个很适合家庭入住的汽车旅馆深受冬天滑雪者和夏天野外探险者的青睐，充满了各种有趣的事情。它有运动场、户外游泳池和免费提供大陆式早餐。房间内部装饰明亮而令人愉快——特别是如果你喜欢 20 世纪 80 年代花里胡哨的床罩——可以要求一件宽敞的房间——包括极可意浴缸 (Jacuzzi) 的套房和适合多人居住的更大房间。

Lonsdale Quay Hotel 旅馆（见 632 页地图；☎604-986-6111；www.lonsdalequayhotel.com；123 Carrie Cates Ct；双 / 套房 $149/189；wi-fi）距离海洋汽车 (Sea Bus) 站几步远，很容易找到大山的入口处，这个中等规模旅馆的最好房间可以俯瞰 Burrard 湾 (Burrard Inlet) 的美景和温哥华地平线。对于商务旅行团体来说，内部装饰将很亲切，但也有两个摆放双人床和浴室内有五颜六色的玩具的房间，这样的房间很适合家庭入住。附近有许多商店和餐厅，可以满足你的需求。

Tomahawk Restaurant 餐馆（见 632 页地图；☎604-988-2612；1550 Philip Ave；主菜 $6 ～ 14；⏲周日至周四 8am ～ 9pm，周五和周六 8am ～ 10pm）这个家族经营、总是能唤醒过去记忆的古老餐厅自从 1926 年开业以来，一直提供丰盛、可口的食物。北海岸最好的周末早餐去处——如果这个地方不能消除你昏沉沉的宿醉，那将没有地方可以——它也是午餐或晚餐时刻闲聊的一个很不错的地方，即时鸡肉馅饼 (chicken potpies) 和有机烘肉卷 (organic meatloaf) 会堆满餐桌。

Observatory（见632页图中箭头所示；☎604-980-9311；Grouse Mountain；主菜 $35～40；⏲5～10pm）勇敢地建在松鸡山最高处，这家不错的餐厅会为你端上烤焦的扇贝(scallops)和牛柳(beef tenderloin)，同时这儿也可以观赏到温哥华最美的夜景，闪烁在下面幽深的山谷中。

Altitudes Bistro（见632页图中箭头所示；☎604-984-0661；主菜 $7～17；⏲11:30am～10pm）挨着Observatory，此处的景观非常不错，气氛绝对更休闲一些。在滑雪度假小屋中可以享受到高品质酒吧食物。

到达和四处走走

一整天每隔 15 分钟到 30 分钟会有一班海洋汽车从温哥华的滨水车站出发，前往 Lonsdale Quay($3.50,12 分钟)。在码头的公共汽车终点站，236 路公共汽车前往 Capilano 吊桥公园(Capilano Suspension Bridge)，然后到达松鸡山脚下。

落基山脉度假处(Rocky Mountaineer Vacations)在北温哥华举办深受欢迎的从惠斯勒出发的**惠斯勒登山运动员**（Whistler Mountaineer；☎604-606-8460，888-687-7245；www.whistlermountaineer.com）专列($105 起,3 小时,从 5 月到 10 月中旬一天 1 次)。

对于当地接受这个地方的人,会考虑到 **North Van Green Tours**（☎604-290-0145；www.northvangreentours.com；成人/儿童 $35/20）友好的人们。他们开展了一项保护生态环境的项目，乘坐采用生物燃料的有篷货车进行北海岸天然宝藏 4 小时有导游陪同之旅。

西温哥华(WEST VANCOUVER)

人口 42 000

邻近北温哥华，更富裕的“西温哥华”被紧贴悬崖顶部的多级大厦点缀着，往下看——从多方面来看——这个地区。它是从市中心到马蹄铁湾(Horseshoe Bay)轮渡终点站的中途停留站，从北部到惠斯勒的中途停留站。可以登录**市议会网站**（city council；www.westvancouver.ca）获取所有当地、教区活动的实用信息。

景点和活动

该地区最古老和最壮观的树木踞于占地 75 公顷的**灯塔公园**（Lighthouse Park；见 632 页地图；☎604-925-7200；Beacon Lane 和 Marine Dr 拐角），公园内有稀有的原始海岸森林和许多去顶草莓树(arbutus)。长约 13 公里的徒步小路(hiking trails)与该地区呈十字交叉，其中包括一条推荐徒步小路，那可以将你带到 Atkinson 角(Point Atkinson)的灯塔，可以看到对面 Burrard 湾闪着微光的景致。如果你正从市区驾车去那儿，可在过狮门大桥(Lions Gate Bridge)后，在 Marine Dr 车道向左转。

距离西温哥华约8公里，路过Hwy 99公路，**赛普里斯省级公园**（Cypress Provincial Park；见632页图中箭头所示；☎604-924-2200；www.bcparks.ca；Cypress Bowl Rd）内有相当不错的徒步小路，其中包括相当有挑战性的Black Mountain Loop。冬天，公园的**赛普里斯山**（Cypress Mountain；☎604-926-5612；www.cypressmountain.com；缆车票 成人/青少年/儿童 $47/40/21；⏲12月9am～4pm，1月到3月9am～10pm）以其38个滑雪道和很受欢迎的雪地小路吸引着狂热的体育运动爱好者。作为2010年冬季奥运会滑板(snowboarding)和自由式滑雪(freestyle skiing)的比赛场地，现已增设了许多新设施和装备——包括新高速架空滑车和八个新滑道。

往前到达马蹄铁湾码头，预订一个硬身橡皮艇座位，与**西韦尔海洋之旅**（Sewell's Sea Safari；见 632 页图中箭头所示；☎604-921-3474；www.sewellsmarina.com；6409 Bay St；成人/青少年/儿童 $67/59/37；⏲4 月到 10 月）一道进行为期两小时的高速海上遨游。大海迎面而来，海风轻拂你的太阳镜，留意可能会看到海豚——咆哮的海豹(seal)，肯定可以看到翱翔的雄鹰。

食宿

马蹄铁湾汽车旅馆（Horseshoe Bay Motel；见 632 页图中箭头所示；☎604-921-7454；hbaymotel@telus.net；6588 Royal Ave；单/双 $99/119）除非你能说服当地的有钱人为你提供闲置的房间，要不这个不起眼、平淡无奇、普普通通的汽车旅馆是西温哥华(West Van)过夜者的几个可选择之一。它的 23 个房间都是标准汽车旅馆收费，但如果你想赶上从附近的马蹄铁湾出发的早班轮渡，即使房间稍次一些，你也会感到满意。

Lighthouse Park B&B 旅馆（见 632 页地图；☎604-926-5959，800-926-0262；www.lighthousepark.com；4875 Water Lane；套房 $165）这个雅致的两间套房落脚之地，有单独入口和种满花草的院子，那将让你马上感觉自己像是西温哥华的贵族。每间套房都有电冰箱和 DVD 播放机，也为那些晚上喝烈酒的人们准备玻璃瓶葡萄酒。等你清醒过来后，可以到附近的 Point Atkinson Lighthouse 逛逛。

Caspian 餐厅（见 632 页地图；☎604-921-1311；1495 Marine Dr；主菜 $10～18；⏲11:30am～10pm）该地区少有的几家伊朗餐厅之一，Caspian 是一块隐藏的宝石，吸引着许多当地慕名而来的顾客。总能看见几个移居国外的伊朗人大口大口地吃着大盘 Barbary 面包(Barbary bread，蘸着茄子汁)和文火慢炖菜(long-simmered stews)，就足以证明这个餐厅饭菜的美味。推荐的鱼肉、牛肉和烤牛肉串(beef kabobs)是其招牌菜。

Salmon House鲑鱼餐厅（见632页地图；☎604-926-3212；2229 Folkestone Way；主菜 $24～30；⏲11:30am～2pm和5～10pm）尽管其像黄油般柔软的鲑鱼总是物有所值，但地标性Salmon House也提供

千变万化的季节性不列颠哥伦比亚海鲜料理，包括使人愉快的Fanny Bay牡蛎和Hecate Strait大比目鱼(halibut)。雪松林立、天花板高高的就餐大厅摆满了第一居民时期的艺术品，紧挨的休息室特别为喜欢品菜的人们提供几样品尝菜。

马蹄铁湾和博文岛 (HORSESHOE BAY & BOWEN ISLAND)

马蹄铁湾标记着结束了北海岸之游，开始惠斯勒之旅，穿海到Sky Hwy公路(Hwy 99公路)，或乘坐渡轮到温哥华岛或桑夏恩海岸(Sunshine Coast)。你也可以从这儿乘渡轮花20分钟到博文岛。欲获知有关马蹄铁湾的信息，登录www.horseshoebaybc.ca。博文岛有自己的**游客中心**(Visitor Centre；☎604-947-9024；www.bowenisland.org；432 Cardena Rd；⏲5月中到10月中9:30am～4pm，10月中到次年5月中周二至周六10am～3pm)。

位于马蹄铁湾以西；**Whytecliff公园**(见632页地图中箭头所示；☎604-925-7200；7100 block Marine Dr)吸引着休闲潜水者前往其受保护水域，以其岩石小路吸引着徒步旅行者，以及以其花岗岩悬崖吸引着攀岩爱好者。Whytecliff公园也是家庭度假的好去处，为其野餐之地和舰队景观而至。

在博文同样也有很多徒步小路和野餐地点。**博文岛海上划子**(Bowen Island Sea Kayaking；☎604-947-9266，800-605-2925；www.bowenislandkayaking.com；租金3小时/5小时/一天$45/55/65，团队游$65起)提供风景优美的划船之旅，如果你有时间，为期2天的博文巡回游(Round Bowen tour，$375)很值得推荐。

从博文轮渡码头踱步而出，**Lodge at the Old Dorm旅馆**(☎604-947-0947；www.lodgeattheolddorm.com；460 Melmore Rd，Bowen Island；房$90～140)是典型的B&B旅馆，沉浸于艺术装饰和艺术工艺品的氛围中，那是一个温馨而愉快的落脚之地。其6个房间明亮而舒适——有独立花园的Lady Alexandra房间是我们的最爱——位于中央的厨房提供大陆自助式早餐，随处都可以品尝到自制的美味食品。

> **什么是……**
>
> 一年运送2200万乘客，不列颠哥伦比亚轮运系统(BC Ferries system)有许多不同寻常的故事发生。在这儿，已经有21个小孩在船上出生，举办过几次婚礼，2002年在一艘船上丢失的小狗，2天后满身泥污地出现在博文岛(Bowen Island)，它是通过狗爬式游泳幸存下来的。

你也可以在博文的**Doc Morgan's Inn宾馆**(☎604-947-0808；主菜$8～22；⏲11:30am～11pm)稍事休息，在人们谈笑风生的院子里坐坐，望一望远处公园和海港的美景。酒吧食物是这儿的亮点，推荐炸鱼加马铃薯片。

不列颠哥伦比亚渡运(BC Ferries；☎250-386-3431，888-223-3779；www.bcferries.com)汇合了马蹄铁湾和博文岛的**水上交通**(成人/儿童/交通工具$7.10/3.55/22.40，20分钟，一天16班)。**博文岛社区穿梭车**(Bowen Island Community Shuttle；☎604-947-0229；单程票价$2.25)接送该地区周围的当地居民和旅行者。

BURNABY

人口203 000

温哥华以东地区，严肃的Burnaby是一个高楼大厦的居民区。另外，多数景点致力于使你远离闹市区的商场。欲获知相关信息，请与**Burnaby旅游局**(Tourism Burnaby；☎604-419-0377；www.tourismburnaby.com)联系。

提供安静的环境能够降低市中心的耗能，**迪尔莱克公园**(Deer Lake Park，见632页地图)的道路与草地和森林交叉，环湖而建，那儿是家禽和野生动物聚集之处。附近的**Burnaby村镇博物馆**(Burnaby Village Museum；见632页地图；☎604-293-6515；www.burnabyvillagemuseum.ca；6501 Deer Lake Ave；成人/青少年/儿童$10/7.50/5；⏲5月到8月11am～4:30pm)是不列颠哥伦比亚作为先锋城市的体现，装饰有富丽堂皇的1912年时期的仿制家具和商业。行车路线是沿着Sperling大道(Sperling Ave)，从Hwy 1公路出口出去，顺着博物馆标识牌就可以到达。

不断向唯物主义表达着敬意，**Metropolis at Metrotown购物中心**(见632页地图；☎604-438-4715；www.metropolisatmetrotown.com；⏲周一至周五10am～9pm，周六9:30am～9pm，周日11am～6pm)是你曾见过的最大购物中心。聪明的购物者会在一大早避开熙熙攘攘的人群疯狂购物，然后在舒适的食品店休息他们疲倦的信用卡——印度菜、日本菜和中国菜是这儿的推荐菜。从温哥华市中心搭乘天际火车(SkyTrain)花20分钟就可到达购物中心。

里士满(RICHMOND)

人口174 000

该地区当今的唐人街——可以看出温哥华旧式唐人街和这个忙碌的、香港式唐人街的不同之处——里士满(Richmond)结合有熙熙攘攘的亚洲高楼大厦和混凝土偏远地区热闹的餐厅。从温哥华市中心很容易到达，大多数活动都在该地区霓虹灯标记的3路(No 3 Rd)举行。欲获取更多信息，咨询**游客中心**（Visitor Centre；见632页地图；☎604-271-8280，877-247-0777；www.tourismrichmond.com；North East Plaza；⏲11月到次年2月周二至周六10am～4pm，3月到4月和9月到10月9:30am～5pm，5月9am～5pm，6月到8月9am～8pm）。

景点和活动

里士满夜市（Richmond Night Market；见632页地图；☎604-244-8448；www.richmondnightmarket.com；12631 Vulcan Way；⏲5月中到10月中周五和周六7pm～午夜，周日7～11pm）比市中心的唐人街规模要大很多。里士满的350个货摊主叫卖着出售亚洲特色的货物和小吃。之前最好不要吃什么东西，你可以在65种食品小摊品尝各种风味的美食，包括热气腾腾的马来西亚、韩国、日本和中国美食。在写这本书时，该市场正在寻求新的地址：在你出发前浏览其网站获得最新信息。

观音庙（Kuan Yin Temple；见632页地图；☎604-274-2822；www.buddhisttemple.ca；9160 Steveston Hwy；免费入内；⏲9:30am～5:30pm）仿北京的故宫而建。观音庙的最引人注目的建筑是其华丽的优雅大厅(Gracious Hall)，装饰着深红色和金色外墙、流光溢彩的琉璃瓦。一定不要错过这个让人心平气和的古典花园，要为在一楼的自助餐厅品尝素食午餐留点时间。

食宿

Stone Hedge B&B旅馆（见632页地图；☎604-274-1070；www.thestonehedge.com；5511 Cathay Rd；单/双$125/140起；wi-fi）这个出奇寂静的B&B旅馆以环绕大石头墙和强大的香柏(cedar)树篱而命名。房间装饰得很优雅，摆放有仿制古董和风景画。最好的特征是它有低廉的客房，直接建在大而隐蔽的游泳池之上。

Fairmont Vancouver Airport宾馆（见632页地图；☎604-207-5200，800-441-1414；www.fairmont.com/vancouverairport；Vancouver International Airport；房$210起；）住进这家豪华、环境舒适的宾馆，你不可能比这儿离飞机场更近，从美国候机大厅(departure hall)穿过一个走道就可以到达。房间内装饰很典雅，配有最好的家具，包括遥控帷帘(drapes)和大理石浴室。

Kelong Singapore Cuisine餐厅（见632页地图；☎604-821-9883；130-4800 No 3 Rd；主菜$8～18；⏲11am～10pm）在明亮而愉快的餐厅享用美味的马来西亚和新加坡佳肴。素食者也可以找到自己喜欢的菜肴，有将近50种素菜可以选择。如果你此时非常饿，那可以大口大口地吃深受欢迎的新加坡海南鸡饭(Hainanese chicken rice)或尽情享用一碗美味的米粉汤面(laksa)，是加有鱼饼(fishcake)、对虾(prawns)和鸡肉的浓浓香味和辣椒味的米粉汤面。

史蒂文斯顿(STEVESTON)

在里士满东南拐角处一个历史遗迹渔村，滨水的史蒂文斯顿是当地人观看日落景致最受欢迎的地方。它也是吃烤鱼加马铃薯片的上好之地。如果开车，从温哥华出发，经史蒂文斯顿公路，从Hwy 99公路出口出来，沿着步行道漫步，欣赏美丽的夜景。

一旦你已经熟悉乘船捕鱼的过程，这儿最大的景点是**乔治亚海湾罐头厂**（Gulf of Georgia Cannery；见632页地图；☎604-664-9009；12138 4th Ave；成人/儿童$7.15/3.45；⏲5月和9月周四至周一10am～5pm，6月到8月每天10am～5pm），一个适合家庭参观的国家历史遗迹，之前是鱼罐头厂。原先的多数机器仍然还在，你可以全面了解一下当时的罐头生产线工业，了解一下当时的工作环境是多么的恶劣。

如果这还没有影响到你吃晚餐的食欲，一直

值得一游：邦禅湖 (BUNTZEN LAKE)

如果你受够了城市的喧闹，这个引人注目的、让人叹为观止的自然景致将会提醒你为什么你首先选择来不列颠哥伦比亚这个城市。拥有优美自然景观的**邦禅湖**（见632页图中箭头所示；☎604-469-9679）三面环绕着陡峭的、满是树木的山脉，第四面是略带弯曲的沙滩，那儿有野餐的餐桌、古老的大树以及悠闲漫步的、经常能看到的加拿大黑雁(Canada geese)。那儿有一排标志清楚的徒步旅行和山地车小道，如果你没有带自己的独木舟，在公园入口处有便利**租赁商店**（rental store；☎604-469-9928；Sunnyside Rd）。

如果你正驾车从温哥华前往邦禅湖，那么沿着Hasting St大街(7A公路，Hwy 7A)穿过城市向东，到达Burnaby和Coquitlam，从那以后就是Barnet公路(Barnet Hwy)。从Ioco出口出来，沿着Ioco Rd往左。在第一大道(First Ave)右转，继续行驶在Sunnyside路(Sunnyside Rd)。再次右转，一直到邦禅湖出口处。旅途大概需要一个小时。夏天，这里人会很多，所以如果你想挑选野餐餐桌，就得早点到那儿。

往前到谦逊但传说中的 **Dave's Fish & Chips 餐馆**（见 632 页地图；☎604-271-7555；3460 Moncton St；主菜 $6～8；⏲11am～8pm），在那儿你可以品尝到像金黄色锅塌鲑鱼 (battered salmon)、牡蛎和炸马铃薯片这样的嫩得入口就化的美食。

兰利堡(FORT LANGLEY)

人口 2600

小兰利堡 (Little Fort Langley) 绿树葱郁的街道和 19 世纪店面使之成为南部大陆最独特的历史村庄。这儿毫无疑问最值得一看的是**兰利堡国家历史古迹**（Fort Langley National Historic Site；☎604-513-4777；www.pc.gc.ca/langley；23433 Mavis Ave；成人/儿童 $7.15/3.45；⏲7 月和 8 月 9am～8pm，9 月到次年 6 月 10am～5pm），不列颠哥伦比亚省更为重要的地标之一，自从 1827 年成为重要的交易场所。詹姆斯·道格拉斯 (James Douglas) 宣称 1858 年不列颠哥伦比亚省在此诞生，这就给了兰利堡 (Fort Langley) 是不列颠哥伦比亚省发源地一个合法的说法。穿着古装、重新建设工匠车间和淘金盘地区，这些很受孩子们的欢迎——他们也喜欢周围的木制城垛——这也是家庭出游的理想地方，可以为他们的旅行增加一些教育意义。从温哥华东南部走 Hwy 1 公路，需 45 分钟可以到达兰利堡 (Fort Langley)。

海天相接的公路 (SEA TO SKY HIGHWAY)

除了广为人知的 Hwy 99 公路，连接温哥华和 Lillooet 之间社区独特陡峭的道路是从温哥华和南部大陆前往惠斯勒的主要道路。正在进行为期多年的升级改造，期望在 2010 年冬季奥运会之前能够完成，蜿蜒的道路上有几处很值得停下来看看——特别如果你是一名户外活动爱好者、历史爱好者和不列颠哥伦比亚省多样化山川美景的喜爱者。"高山" (The Mountain) 广播电台（斯阔米什调频 FM107.1，惠斯勒调频 FM102.1）报道便利的交通和路况信息。

斯阔米什(SQUAMISH)及其周边

人口 15 700

位于温哥华和惠斯勒中间，斯阔米什处于海洋、河流和高山森林的会合处。以前这里仅是一个低劣的伐木搬运业城镇，如今是深受户外运动者喜欢的基地，特别在夏天时。径直至整洁的新游客中心，被命名为**斯阔米什探险中心**（Squamish Adventure Centre；☎604-815-4994，866-333-2010；www.adventurecentre.ca；38551 Loggers Lane；⏲6 月到 9 月 8am～8pm，10 月到次年 5 月 9am～6pm），看看现在有什么活动：有很多关于健步小路和自行车道有用的信息和地图。

景点

就在到达斯阔米什之前——在巨大的黄色卡车处稍作停留——**不列颠哥伦比亚矿业博物馆**（BC Museum of Mining；☎604-896-2233，800-896-4044；www.bcmuseumofmining.org；成人/儿童 $15/11.75；⏲5 月中到 10 月中 9am～4:30pm，10 月中到次年 5 月中周一至周五 9am～4:30pm）曾经是英帝国最大的铜矿山。但最近声名狼藉，因为其作为一个巨大的污染治理项目，已经被予以保护，需要进行大规模的修复。地下列车之旅（只在 5 月到 10 月期间开放）可带参观者进入矿坑，是其特色之一，特别是对于那些喜欢探索的孩子们。

西海岸铁路遗产公园（West Coast Railway Heritage Park；☎604-898-9336；www.wcra.org；39645 Government Rd；成人/儿童 $10/8.50；⏲10am～5pm）是不列颠哥伦比亚具有传奇色彩的皇家哈得孙号 (Royal Hudson)蒸汽火车停靠地——这个小组在其2007年第一次远足中有老将护卫。这个以志愿者为主力的户外博物馆大约有90辆气动车，其中包括10个正在使用的发动机。最近增加的周末火车旅行可提供公园周边和先驱建筑主要街道游览，这已成为加拿大西部最大的搜集铁路机车号码爱好者聚集之地。

过了斯阔米什几分钟，河岸的 Brackendale 村庄是名副其实的无拘无束的地方。冬天这里是成千上万以鲑鱼为食的秃鹰 (bald eagles) 出没之地，这吸引许多用双筒望远镜观看的旅行者，他们聚集在 Thor Froslev 周围，他是 **Brackendale 画廊**（Brackendale Art Gallery；☎604-898-3333；www.brackendaleartgallery.com；41950 Government Rd）古怪的所有者，那时他会计算 1 月份的鸟类。本身是一种艺术作品，他的乡村画廊也布置有许多以老鹰为题材的油画和照片，有餐厅和现场演出，可以兼饰富丽堂皇的哈比洞。

你将会在 Hwy 99 公路末端，仅仅在斯阔米什之前，通过树木瞥到**香农瀑布省立公园**（Shannon Falls Provincial Park；☎604-986-9371；www.bcparks.ca），但它很值得你返回去看看不列颠哥伦比亚省这个最大的瀑布，从岩石中飞泻而下，其水流落差高达 335 米。从停车场到瀑布震耳欲聋的底部步行不用太长时间就可以到达。可以考虑停下来吃午餐：附近有野餐桌，街对面也有餐馆。

活动

高达 652 米、峻峭的花岗岩巨峰吸引着该地区的攀岩爱好者，**史坦沃姆斯峰省立公园**（Stawamus Chief Provincial Park；www.bcparks.ca）位于斯

值得一游：STAVE 瀑布发电站 (POWER HOUSE AT STAVE FALLS)

沿着 Lougheed Hwy 公路一直前往 Mission，最终你会看到这个建于 1912 年的杰出**工业讲解中心**（interpretive center；☎604-462-1222；31338 Dewdney Trunk Rd，Mission 附近；成人 / 儿童 $6/5；⌚5 月中到 10 月 10am ~ 5pm）的不列颠哥伦比亚水电站。如今，作为国家历史古迹，它融合了物理学、历史学和几十个孩子们喜欢的互动游戏——那儿也有丰富的电影演出，讲述着 20 世纪早期人们在那儿生活和工作的情景。视觉效果极好的古老发电机室给人印象最深，尽管它的巨型涡轮和发电机组是待发的、干净的和似乎准备投入生产。

阔米什入口处。但你无须激动地准备好从其多峭壁的主峰上体验令人窒息的美景：那儿的徒步小路路线可以满足任何人的需求。致电**斯阔米什攀岩指南**（Squamish Rock Guides；☎604-815-1750；www.squamishrockguides.com；导游带领登山 半天 / 全天 $175/230 起）寻求登山援助或者学习相关课程。

该地区周边约 100 个自行车道吸引许多山地自行车爱好者。Brackendale 附近的 Cheekeye Fan 自行车道相对比较容易，但下坡路寻找刺激的人则将更喜欢 Diamond Head-Power Smart 地区，其名字就如同“死亡之冰洞”。可以顺便到 **Corsa Cycles**（☎604-892-3331；www.corsacycles.com；1200 Hunter Pl；⌚9:30am ~ 6:30pm；租金 每天 $45）咨询自行车租用和自行车道指南。

以大风而出名，Squamish Spit 是冲浪风筝（和帆板运动）很受欢迎的目的地。季节从 5 月持续到 10 月，**斯阔米什风力运动协会**（Squamish Windsports Society；☎604-892-2235；www.squamishwindsurfing.org；日间通行证 $15）你了解天气情况、水质情况和 Spit 的入口时第一个需要联系的地方，有更衣室和物品寄存服务——还配有急救技能，以防意外发生。

食宿

艾丽斯湖省级公园（Alice Lake Provincial Park；☎800-689-9025；www.discovercamping.ca；宿营地 $22）规模较大，有超过 100 多个宿营地，这个适合家庭前往的地方距离斯阔米什以北 13 公里。那儿配备有崭新洗手间的淋浴大厦，宿营者通常喜欢诸如游泳、徒步旅行和自行车（可以租用）这样的活动。考虑一下穿越森林的护林员解说之旅（仅在 7 月到 8 月），你可以在这个地区发现更多有趣的事情。

斯阔米什水畔宾馆（Squamish Inn on the Water；☎604-892-9240，800-449-8614；www.innonthewater.com；宿 / 房 / 套房 $27.50/70/80 起；wi-fi）从城镇穿过高速公路地下通道走路到那儿，这个舒适的小屋式旅馆紧挨游客中心。房间从两人标准间——大多有水池——适合家庭入住，到有自己单独外部入口的大套房。也有一些宿舍房间，有一个阳光明媚的院子，从院子中可以俯瞰后面湍急的河流——是野餐的理想选择之地。

Howe Sound Inn & Brewing Company 旅馆（☎604-892-2603，800-919-2537；www.howesound.com；37801 Cleveland Ave；房 $109；wi-fi）具有高品质的田园风光，是个舒适的落脚之地：房间温馨而有着树林般葱郁的感觉。户外有攀岩墙，你可以到附近的史坦沃姆斯峰 (Stawamus Chief) 一试身手，之后洗个桑拿浴来缓解劳累。楼下出售自制啤酒的酒馆值得参观，即使你不在那儿——推荐烤红薯 (yam fries) 和 Whitecap 淡色啤酒 (Whitecap Ale)。

Naked Lunch餐馆（☎604-892-5552；1307 Pemberton Ave；主菜 $6 ~ 11；⌚周一至周五8am ~ 5pm，周六8am ~ 4pm）位于中心位置，在食品连锁超市Save-On-Foods附近，这个熙熙攘攘的用餐地方是当地人闲聊喜欢去的地方。菜单主流是精致的爽口食物——尝尝大比目鱼汉堡包(halibut burger)或香浓的热汤(hearty soups)——所有这些都由微笑的工作人员现场烹制。

到达和离开

加拿大灰狗运输公司（Greyhound Canada；☎800-661-8747；www.greyhound.ca）的汽车从温哥华出发前往斯阔米什($8.35，1个半小时，一天8班)，从惠斯勒前往斯阔米什($8.35，1小时，一天8班)。更环保的**Perimeter Squamish Shuttle公司**（☎604-815-5084，877-317-7788；www.perimeterbus.com）班车也从温哥华国际机场(Vancouver International Airport，$40，1个半小时，一天3 ~ 7班)和位于市中心的温哥华宾馆出发($40，1小时，一天1 ~ 3班)到这儿。

加里波第省立公园 (GARIBALDI PROVINCIAL PARK)

喜欢户外活动的旅行者经常走近路前往占地 19.5 万公顷的**加里波第省立公园**（Garibaldi Provincial Park；☎604-898-3678；www.bcparks.ca），理所当然地以其拥有丰富的野生动植物和全景的野生景致徒步小路而著称。夏天的徒步者似乎都被吸引至

六罐包装的不列颠哥伦比亚可口啤酒

在温哥华附近游玩时，一定要在当地一些饶有名望的酿酒厂品尝一两种烈酒。下面是一些最好的啤酒生产商（以及他们推荐的啤酒）：

Dead Frog Brewery 酿酒厂（www.deadfrogbrewery.com）：推荐铜色坚果棕色淡啤酒（Nut Brown Ale）。

格兰维尔岛酿酒厂（Granville Island Brewing；www.gib.ca）：品尝爽口的 Kitsilano Maple Cream 啤酒。

菲利普斯酿酒厂（Phillips Brewing；www.phillipsbeer.com）：极力推荐凉爽的黑麦啤酒（Phoenix Gold Lager）。

拉塞尔酿酒厂（Russell Brewing；www.russellbeer.com）：金色的 Russell 淡啤酒（Pale Ale）是最受欢迎的选择。

风暴酿酒厂（Storm Brewing；www.stormbrewing.org）：品尝爱尔兰式 Black Plague Stout。

温哥华岛酿酒厂（Vancouver Island Brewery；www.vanislandbrewery.com）：沉浸于麦芽 Hermann 的黑啤酒。

此，但冬天时，这里兼做滑雪道。有五条主线路——每个都用蓝白色标牌指出，你将沿着 Hwy 99 公路出发。

在公园最受欢迎的小路中，**Cheakamus Lake hike 小路**（3 公里）是相对比较轻松的徒步小路。在该地区之内以及省立公园之外，不列颠哥伦比亚省林业局(Forest Service) 占地 3000 公顷的**惠斯勒展示林**(Whistler Interpretive Forest) 中开展各种各样的夏天活动，包括划船、垂钓和山地自行车。小路的起点处距离 Hwy 99 公路 8.5 公里，在位于惠斯勒最南端的 Function Junction 对面。

Elfin Lakes trail 小路（11 公里）是条有趣、相对轻松的日间小路。对短途旅行者来说，小路继续延伸至 Opal Cone 已熄灭的火山。一旦到达 Elfin，你就可以得到先来先得的过夜之处，在 Red Heather 可以过荒野的宿营生活 ($5)，离停车场 5 公里远。起点停车场距离 Hwy 99 公路东 16 公里。

加里波第湖小路(Garibaldi Lake trek，9 公里）是"美丽不列颠哥伦比亚"野性美最显著的体现，其融合了景色优美的高山牧场和令人窒息的山脉景致。平静的浅绿色湖水与其后突起的 Black Tusk 黑暗参差不齐的山峰形成鲜明的对比。小路进一步延伸至该湖西海岸的 Taylor 草地 (Taylor Meadows)，可以在那儿过荒野宿营生活 ($5)。

布兰迪万瀑布省立公园 (BRANDYWINE FALLS PROVINCIAL PARK)

距离斯阔米什以北和附近的 Hwy99 公路几公里远，这个树木葱郁、占地 143 公顷的**公园**（☎604-986-9371；www.bcparks.ca）主要的景观是其壮观的 70 米瀑布。穿过森林溜达一会儿，你可以到达让你腰酸腿疼的平台，在那儿可以看到瀑布的顶部，水从树上飞泻而下，就如同一个大型水龙头。这儿也可以观赏 Daisy Lake 和加里波第省立公园山脉的美景。一个长达 7 公里的环形小路将带你穿过茂密的森林和远古岩石地到达 Cal-Cheak 吊桥 (Cal-Cheak Suspension Bridge) 所在地。如果你喜欢那儿，那儿有 15 个免下车设有野餐桌和蹲坑卫生间的**宿营地**（☎800-689-9025；www.discovercamping.ca；宿营地 $14）。

惠斯勒(WHISTLER)

人口 9775

以居住在周边山脉和惠斯勒、长得像泄气气球的带毛旱獭 (furry marmots) 命名，这座美丽的高山村庄是世界上最受欢迎的滑雪胜地之一。与温哥华共同举办 **2010 年冬季奥运会** (www.winter2010.com)，惠斯勒正在为举行现代冬季两项 (biathlon)、连橇 (bobsleigh)、小雪橇 (luge)、高山滑雪 (alpine skiing) 和跳台滑雪 (ski jumping) 等赛事扩建设施和装备，所以当你听到宾馆窗户外面建筑工人抡锤的声音时，不要感到惊讶。

但这儿完全并非只有冬天活动。淡季旅游也有一定程度的发展，最近几年的夏天，该地区来访的旅行者也在飞涨，许多人会顺便参加山地自行车、高山徒步旅行和许多户外探险活动。如果在旅行中时间充裕（而且口袋中的银子相当多），买一本精装房地产杂志，可以考虑买一套价值数百万的公寓，为下次来访做好准备。

方位和实用信息

从南沿 Hwy 99 公路前进，你将到达 Creek side，这是惠斯勒四大社区中的一个——其他三个是惠斯勒村 (Whistler Village)、村北 (Village North) 和北村 (Upper Village)。惠斯勒村拥有主要的宾馆和企业，是该地区的商业中心，也是把初到这里的旅行者搞糊涂的迷宫。幸运的是，有很多路标和周围一些人可以帮忙指路。买份 *The Pique* 或《惠斯勒问题》(*Whistler Question*) 报纸，进一步了解当地的风土人情。

Armchair Books书店（☎604-932-5557；4205 Village Sq；🕑9am～9pm）中央书店出售旅游方面的图书。

海关兑换（Custom House Currency Exchange；☎604-938-

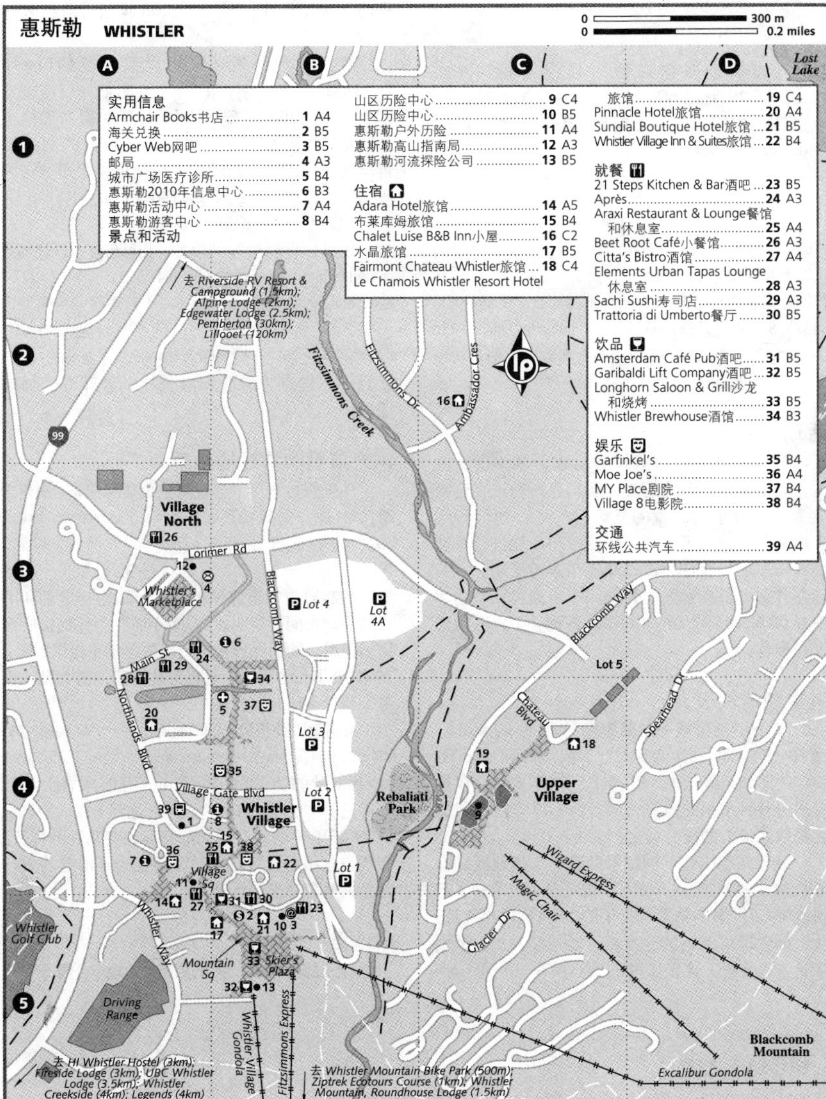

6658；4154 Village Stroll；5月到9月9am～5pm，10月到次年4月9am～6pm）很方便的货币兑换处。

Cyber Web 网吧（☎604-905-1280；4340 Sundial Cres；每10分钟$2.50；5月到9月9am～10:30pm，10月到次年4月8am～10pm；wi-fi）比较大的网吧。

邮局（☎604-932-5012；106-4360 Lorimer Rd；周一至周五8am～5pm，周六8am～正午）

城市广场医疗诊所（Town Plaza Medical Clinic；☎604-905-7089；4314 Main St；10月到次年4月8:30am～7:30pm，5月到9月周一至周六9am～5:30pm，周日10am～4pm）无须预约的医疗中心。

惠斯勒活动中心（Whistler Activity Centre；☎604-938-

什么……

惠斯勒以前被称为阿尔塔湖(Alta Lake)，19世纪60年代，一些患思乡病的英国海军军官曾称惠斯勒山脉为伦敦山脉(London Mountain)。

2769，877-991-9988；4010 Whistler Way；⏲9am ~ 5pm）可以推荐并预订当地活动。

惠斯勒游客中心（Whistler Visitor Centre；☎604-935-3357，877-991-9988；www.tourismwhistler.com；4230 Gateway Dr；⏲8am～8pm）有很多宣传单的游客中心，工作人员十分友好。

活动

曾一度以滑雪和滑板活动成为冬季活动胜地，吸引着世界各地的爱好者，惠斯勒正在逐渐成为许多寻求刺激者的夏天目的地。他们特地来惠斯勒，就为了参加徒步旅行和山地自行车活动——而最后往往会试试漂流和索道活动。不管你在什么季节到那儿，到游客中心或惠斯勒活动中心(Whistler Activity Centre)咨询一下，获得建议和推荐。

滑雪和滑雪板

双子山**惠斯勒—布莱库姆**（Whistler-Blackcomb；☎604-904-7060，888-403-4727；www.whistlerblackcomb.com；2日缆车票 成人/青少年/儿童$81/69/42）以拥有适合各种水平的滑雪爱好者的200个滑道成为北美地区最大的滑雪场之一。

最近几年出现了创纪录的降雪，该地区拥有最长的度假季节——布莱库姆是从每年的11月到次年6月，惠斯勒是从每年的11月到次年4月。几十部电梯可以运送滑雪或滑板爱好者，一个预计长4.4公里、连接山峰的空中缆车——第一次将两座大山连在一起——2008年已对旅行者开放。

滑雪迷和滑板迷们可以买早晨的**Fresh Tracks票**（成人/儿童$17/12）。在惠斯勒村缆车站(Whistler Village Gondola)预订，第二天早上7点从那儿出发——费用包括在山顶的圆顶客舍早餐。习惯晚上活动的人可能更喜欢通过布莱库姆魔术电梯操控的**Night Moves**（成人/青少年/儿童$16/13/11；⏲周四至周六5～9pm）。

如果你自己没有带设备，**山区历险中心**（Mountain Adventure Centres；☎604-904-7060，888-403-4727；www whistlerblackcomb.com/rentals；1日滑雪或租用滑雪板 成人/儿童$38/20起）提供网上预订服务——可以在到达之前，选择你喜欢的最适合你的运动项目——也有为滑雪和滑板初学者开设的培训课程。

越野滑雪和雪鞋徒步游

从度假村漫步不远或乘坐免费穿梭车，**失落之湖**（Lost Lake；☎604-905-0071；www.crosscountryconnection.bc.ca；日间通行证 成人/青少年/儿童$15/9/7.50；⏲11月到次年3月8am ~ 9pm）是32公里长、树木繁茂的越野滑雪道路网的中心，适合初学者和滑雪高手。夜间有照明，"温暖小屋"为你提供所需物品租用、培训课程和地图。失落湖也提供雪鞋：在10公里长的滑道上可以穿你自己的滑雪鞋或租用一些设备和向导。

惠斯勒户外历险（Outdoor Adventures Whistler；☎604-932-0647；www.adventureswhistler.com；4205 Village Sq；团队游 成人/儿童$69/39起）有四项雪上活动可供选择，包括为时3小时的远足（成人/儿童$109/49)，你的所有活动都将得到奖励性的招待。收费包含租用设备花费，公司也为不滑雪的旅行者提供很多观光和活动。

山地自行车

有三部电梯的巨大的**惠斯勒山地车公园**（Whist-

快乐缆车之旅

踏上距森林地面以上70米高的高空，只有对于卡通人物来说才似乎是正常的行为，但是缆车(ziplining)已逐渐成为感受惠斯勒野性的最好方式。采用安全吊带将身体固定在缆车上，你将要滑下去，很快你就会克服对单独飞行的恐惧。你在树上待到最后，将可以旋转、在空中倒立，并且像林中女妖(banshee)一样喊叫。由**Ziptrek Ecotours生态游公司**（☎604-935-0001，866-935-0001；www.ziptrek.com；成人/儿童$98/78）开发的超酷、穿行在惠斯勒山和布莱库姆山脉(Blackcomb mountains)之间的10条线路，冬天和夏天都有。它新近开发的**树间徒步旅游**（Treetrek，成人/儿童$39/29）活动通过不太剧烈的步行道路网和悬索桥，适合那些喜欢脚踏实地的旅行者。

ler Mountain Bike Park；☎604-904-8134，866-218-9690；www.whistlerbike.com；缆车1日 成人/青少年/儿童$40/35/21；🕑5月中到10月中）拥有超过1200米的垂直下降线路，加上许多斜坡、高能量跳和45处森林自行车道——从游客中心拿一份免费路线图。整个地区拥有超过100公里的附加自行车道——登录**惠斯勒越野自行车协会**（Whistler off-Road Cycling Association；www.worca.com）网站，获得当地骑两轮自行车看风景的相关信息。

徒步

拥有超过40公里的布满花草和森林的高山小路，多从惠斯勒村缆车站进入，这个地区是那些喜欢四处闲逛、看各种风景的自然爱好者的理想去处。最受欢迎的路线包括High Note Trail小路（8公里），可以横穿原始牧场，并观赏Cheakumus湖的美景和碧绿的湖水。从游客中心索要一份其他小路的路线图。

惠斯勒高山指南局（Whistler Alpine Guides Bureau；☎604-938-9242；www.whistlerguides.com；113-4350 Lorimer Rd；带导游徒步游 成人/儿童$89/69起）组织该地区有导游带领的活动——打听一下他们很受欢迎的Musical Bumps远足活动——也有攀岩和蹦极活动可供选择。

漂流

当你在一天或半天兴奋不已的漂流之旅后，沿着Elaho河或斯阔米什(Squamish)河散步时，飞泻而下的瀑布、茂密的森林和当地的野生生物都是你可能捕捉到的美景。**惠斯勒河流探险公司**（Whistler River Adventures，☎604-932-3532，888-932-3532；www.whistlerriver.com；Whistler Village Gondola；🕑5月中到8月）提供五项随波逐流的远足活动，包括很受欢迎的绿河之旅(Green River trip，成人/儿童$69/59)，激流过山车(white-water rollercoaster)很快就会让你像婴儿一样呜咽。

节日和重大活动

Winter Pride（www.gaywhistler.com）2月初举行，为期1周，对同性恋者开放的雪地活动和午夜派对。

TELUS世界滑雪和滑板节（TELUS World Ski & Snowboard Festival）在4月中举办，为期10天，专业的滑雪与滑板竞赛活动。

Kokanee Crankworx（www.crankworx.com）7月中旬有激动人心的自行车表演，那是速度和技术的较量。

"山羊角"饮食文化节（Cornucopia；www.whistlercornucopia.com）11月中旬狂欢作乐的美食和葡萄酒节。

惠斯勒电影节（Whistler Film Festival；www.whistlerfilmfestival.com）1月末举办，为期4天的加拿大和独立电影放映，还有电影工业漫谈节目。

住宿

冬天宾馆费用会翻倍，所以强烈建议预订。其余季节会有优惠活动，特别是介于旺季和淡季的秋季。很恼人的是，多数宾馆收取停车费

惠斯勒为奥运会加油

尽管惠斯勒在20世纪60年代最初开发时就考虑到日后奥运会，但还是花了40年才将奥运五环请到这个城市。当它作为温哥华举办2010年2月和3月冬季奥运会和残奥会的协办地的时候，这里再次聚集了全世界的目光。

"举办山脉"(host mountain)将拥有它自己的运动员村(Athletes Village)、颁奖台和闭幕式，加上——与卡拉汉山谷(the Callaghan Valley)一起举办的赛事——将有下列比赛的场地：

- 高山滑雪(Alpine skiing)——速滑(Downhill)、超级大回转(Super-G)、高山大回转(Giant Slalom)、障碍滑雪(Slalom)和组合滑雪(Combined)。
- 北欧式滑雪——现代冬天两项(Biathlon)、越野滑雪(Cross-country Skiing)、北欧式组合滑雪(Nordic Combined)和跳台滑雪(Ski Jumping)。
- 滑行——雪橇(Luge)、俯式冰撬(Skeleton)和巡礼雪车(Bobsleigh)。
- 残奥会——高山滑雪(Alpine Skiing)、越野滑雪(Cross-Country Skiing)和现代冬季两项(Biathlon)。

在比赛之前到达的观众可以自己参加高山滑雪比赛，或仅仅顺便到**惠斯勒2010年信息中心**(Whistler 2010 Information Centre；☎877-408-2010；4365 Blackcomb Way；🕑11am～5pm）看看，以获得最新的消息，包括一些曾经很有名气但已黯然失色的保留项目的赛事计划。登录www.winter2010.com获取最新新闻和信息。

（每天$10～20不等），有些宾馆还收取观光费用（每天$12～25不等）——在你预订前要确认这些事宜。游客中心提供便利的**住宿预订服务**（accommodation reservation service；☎604-932-0606，800-944-7853；www.whistler.com）。

经济

HI-Whistler青年旅舍（HI-Whistler Hostel，☎604-932-5492；whistler@hihostels.ca；5678 Alta Lake Rd；宿/房$30/68）从村庄开车15分钟（走路45分钟），对那些晚上没有必要从野外返回城镇的人来说，这个较偏远的旅舍不失为理想选择。提供存放和租用自行车服务，你也可以洗个桑拿浴，缓解远足后酸疼的肌肉。宿舍是固定的，但也有单人间。全年预订。

Riverside RV Resort & Campground宿营地（☎604-905-5533；www.whistlercamping.com；8018 Mons Rd；帐篷/木屋$35/165）通过Hwy 99公路往城镇北几分钟，这个对庭友好的娱乐车(recreational vehicle，RV)胜地很受宿营者欢迎，夏天有免费往返班车。在帐篷附近，有很多颇具乡村特色、尖顶的小木屋，有走道、淋浴和全套厨房设施。在现场餐厅可以吃到美味的早餐（有鲑鱼本勒狄蛋[salmon eggs Benedict]）。

还推荐：

UBC Whistler Lodge旅馆（☎604-822-5851；www.ubcwhistlerlodge.com；2124 Nordic Dr；宿 夏季/冬季$24/38）床铺嵌在墙里，气氛很不错。它位于惠斯勒村以南3公里处。

Fireside Lodge旅馆（☎604-932-4545；www.firesidelodge.org；2117 Nordic Dr；宿/房$30/80）小宿舍和单人间都是村庄南部家庭旅馆风格。

中档

布莱库姆旅馆（Blackcomb Lodge；☎604-935-1177，888-621-1117；www.blackcomblodge.com；4220 Gateway Dr；房/套房$109/139起；）最近经过修缮，这个时髦的栖身之地结合了西海岸休闲风格和上等绅士酒吧的特点：在休息室摆有许多造型别致的石头，房间装饰着深色皮沙发、红木家具和黑色用品。它拥有配全套厨房用品的阁楼和工作室，也可以选择更便宜但很舒服的标准间。在这儿你处于村庄广场(Village Sq)的中心——你几乎可以隔着路向对面的名酒专卖店喊叫来预订。

高山旅馆（Alpine Lodge；☎604-932-5966；www.alpinelodge.com；8135 Alpine Way；宿/房/套房$50/125/175；wi-fi）仅仅在城镇以北，一个丰富多彩、树木林立的休息处，这儿的中心装饰品是"Great Room"，你可以享受免费咖啡和新月形面包(croissants)早餐。然而房间——包括小宿舍——与富丽堂皇的房间装饰相对（多数有独立卫生间和所有的都可以看到大山美景），这儿交通便利，有往返公共汽车。

水晶旅馆（Crystal Lodge；☎604-932-2221，800-667-3363；www.crystal-lodge.com；4319 Main St；双/套房$130/175起；）并不是所有房间都一样，这个中心的栖身之地融合了两个完全不同的宾馆楼。南楼(South Tower)稍便宜的房间是标准的汽车旅馆——浴室和电冰箱是亮点——但Lodge Wing的浴室、电冰箱与大理石休息室相配，并带有小阳台。两个楼离村庄餐厅一样近，距离主要的滑雪电梯不足100公里。

Chalet Luise B&B Inn旅店（☎604-932-4187，800-665-1998；www.chaletluise.com；7461 Ambassador Cres；房$135起）从村庄走5分钟就到，这家最近修缮的巴伐利亚式公寓(pension)有八间阳光明媚的房间——想象一下松木家具和白色棉被——以及适合晚间畅饮葡萄酒的花园。或许你可以泡在热乎乎的浴缸中，梦想一下第二天早上的美味自助早餐。

我们的选择 **Edgewater Lodge旅馆**（☎604-932-0688，888-870-9065；www.edgewater-lodge.com；8020 Alpine Way；房$150起；wi-fi）沿着Hwy 99公路，过惠斯勒几分钟后，向右转过隐蔽、树木林立的地方，就能看到格林湖(Green Lake)的水平面。值得驾车前往，因为有12个房间的Edgewater Lodge是那些喜欢接近大自然，而又不想错过舒适和美味饭菜的旅行者的理想选择。每个房间都可以通过落地窗远眺清澈的湖水——坐在避暑别墅窗前观看鱼鹰(ospreys)和偶尔出现的熊——你将会发现每隔几分钟就会发出很满足的惊叹声。前往富丽堂皇、玻璃装饰的餐厅享用早餐(费用包含在内)，或计划在那儿享用正餐：对于喜欢多汁的夏洛特皇后鲑鱼(Queen Charlotte salmon)的人来说，坐在户外海边用餐是很不错的选择。

还推荐：

Whistler Village Inn & Suites旅馆（☎604-932-4004，800-663-6418；www.whistlervillageinnandsuites.com；4429 Sundial Pl；双/套房$119/139）新近修缮拥有别致乡村特色房间和免费自助早餐的双人间宾馆。

Pinnacle Hotel旅馆（☎604-938-3218，888-999-8986；www.whistlerpinnacle.com；4319 Main St；双$139～199；wi-fi）舒适、信誉卓越，在多数房间都装有适合成人使用的极可意浴缸（Jacuzzi tubs）。

高级

Adara Hotel旅馆（☎604-905-4665，866-502-3272；www.adarahotel.com；4122 Village Green；房$160起；wi-fi）不像惠斯勒所有这些宾馆现在正声称要成为最流行宾馆，高档宾馆Adara是真的

在这样做，但也有起伏的经历——因此会有戏剧性的现代房间和艺术风格的内饰。壁炉看起来像电视，浴室具有雨滴淋浴多样性和人造毛皮质感，让你感觉恍惚置身于20世纪70年代的圣诞贺卡中。可在前台租借iPod。

Le Chamois Whistler Resort Hotel 旅馆（☎604-932-8700，888-560-9453；www.lechamoiswhistlerhotel.com；4557 Blackcomb Way；套房 $160 起；🅿）这幢雅致、法式风格、维护很好的旧建筑，位于布莱库姆脚下，可以呼吸到新鲜空气。多数房间——摆放有仿制古董——比标准间稍大，可能会有厨房和独立卫生间。选择一个可以俯瞰滑道的房间，你可以在阳台上观赏从所住房间窗口滑过的滑雪者。

Fairmont Chateau Whistler旅馆（☎604-938-8000，800-441-1414；www.fairmont.com/whistler；4599 Chateau Blvd；房 $400起；🅿）布莱库姆山底部附近的站岗哨兵，这座当代宏大的城堡与其周围的自然环境完美地融合在一起。走廊、休息室和550个房间都被装潢得富丽堂皇，有着经典的西海岸高雅之风度。预订一个可以看到山景的房间，可以泡泡温泉或待在滑雪休息室。要离电梯尽可能得近，这样可以享受滑进、滑出的便利。

还推荐：

Sundial Boutique Hotel旅馆（☎604-932-2321，800-661-2321；www.sundialhotel.com；4340 Sundial Cres；房 $160起；wi-fi）装饰成现代建筑风格。套间配有全套厨房用具、热浴室地板和屋顶的热水浴盆管道。

Legends旅馆（☎604-697-8965，800-332-3152；www.legendswhistler.com；2036 London Lane；房$179起；🅿 wi-fi）高端、对家庭友好的Creekside公寓式旅馆，有大大的套房、全套厨房设施以及一间影片放映室；很适合长期居住。

就餐

Beet Root Café 小餐馆（☎604-932-1163；129-4340 Lorimer Rd；light 主菜 $4 ~ 8；🕐7:30am ~ 6pm）城里最好的家庭式落脚之地。菜单偏向于皱皱的墨西哥玉米煎饼 (burritos) 早餐和巨型三明治，但很值得坐在一个角落里，等待烤箱中新鲜出炉的烧烤食物。费点劲儿到柜台，买下你能吃得了的点心和松饼 (muffins)：微笑着塞得满嘴都是，可以感受到前所未有的惬意。

Sachi Sushi 寿司店（☎604-935-5649；106-4359 Main St；主菜 $8 ~ 18；🕐周二至周五 11:30am ~ 10pm，周六至周一 5 ~ 10pm）惠斯勒最好的寿司店并不是加州卷 (California rolls)。提供从脆脆的酥脆爆虾 (popcorn shrimp) 到海鲜沙拉和百叶 (stomach) 的任何东西——热气腾腾的乌冬面 (udon noodles，天妇罗面条是最好的)，这个阳光明媚、微风习习的餐厅是休闲好去处。在寒冷的冬日，来一杯日本清酒 (hot sake)，是相当不错的选择。

Citta's Bistro 餐厅（☎604-932-4177；4217 Village Stroll；主菜 $8 ~ 22；🕐周一至周五 10 ~ 1am，周六和周日 9 ~ 1am）发音为"cheetahs"，这家令人愉快的天井餐馆就在村广场边上，供应以经典休闲食品为基础的创新菜肴——尝尝野鲑鱼夹三明治 (wild-salmon club sandwich)。休息室有时有些喧闹，酒吧将让你不知不觉中在那儿待到午夜过后，不管你住在哪儿，都能摇摇晃晃地走回你的住所。

21 Steps Kitchen & Bar 酒吧（☎604-966-2121；4320 Sundial Cres；主菜 $14 ~ 22；🕐周一至周六 5:30pm ~ 1am，周日 5:30pm ~午夜）用小盘盛食物，这家休闲的楼顶餐厅主要的菜肴是高端爽口美食。不是素食主义者的好选择——除非你喜欢 Portobello 蘑菇——牛排、排骨和海鲜为特征。去不错的阁楼酒吧转转，那是当地人的最爱。

我们的选择 Araxi Restaurant & Lounge 餐馆和休息室（☎604-932-4540；4222 Village Sq；主菜 $30 ~ 45；🕐5 ~ 11pm）惠斯勒最奢侈的餐厅，精致的 Araxi 结合了精细的菜单和优质的服务，立刻让你觉得毫不拘束。新近创新的菜单非常华丽，主要是西北太平洋风味，包括从夏洛特皇后群岛鳕鱼 (cod) 到考伊琴河谷 (Cowichan Valley) 鸡肉——那儿也有藏有 1.5 万瓶美酒的地窖，诱惑着你的钱包。为甜点留点地方：干酪虽小却很精致，奥卡纳根苹果酪饼 (cheesecake) 将让你舔光盘子。

其他推荐：

Elements Urban Tapas Lounge 休息室（☎604-932-5569；4359 Main St；主菜 $12 ~ 18；🕐8am ~ 11pm）一大串小菜和主食，从烟熏鲑鱼馅饼（smoked salmon tarts）到牛柳卷（beef tenderloin medallions）。

Après酒馆（☎604-935-0200；103-4338 Main St；主菜 $18~35；🕐6pm~午夜）现代法式风格西海岸小酒馆，品质很不错。

Trattoria di Umberto餐厅（☎604-932-5858；4417 Sundial Pl；主菜 $20~35；🕐11:30am~2pm，5pm~午夜）流行的饮食店，有经典的高端意大利风格菜肴。

饮品和娱乐

Amsterdam Café Pub酒吧（☎604-932-8334；Village Sq；🕐11~1am）墙砖装饰的派对与附近的社区酒吧相连，这家位于村庄活动中心的酒吧提供很多特别的饮料——推荐Alexander Keith出产的淡啤酒(Pale Ale)。你可以在第二天晚点吃早餐，吃点美味的煎鸡蛋，来缓解宿醉。

Garibaldi Lift Company 酒吧（☎604-905-2220；Whistler Village Gondola；🕐11:30am ~ 11pm）最靠近滑雪道的酒吧——你可以在院子中看到惠斯勒山

上滑雪爱好者滑稽的表演，他们会在此稍作停留——GLC 是一个了不起的、用石头砌起的窑洞，最接近滑雪的本质。从它的铁制树枝形装饰灯到石头壁炉地面和巨大的落地窗，你可以向任何人吹嘘你在那儿大胆的冒险行为。他们甚至可能会相信你。

Longhorn Saloon & Grill 沙龙和烧烤（☎ 604-932-5999；4290 Mountain Sq；🕑 周日至周四 7am～11pm，周五和周六 7am～午夜）它的大院子在惠斯勒山底部展开，似乎自从第一个滑雪者出现以来，Longhorn 就在这儿。服务不是很好，酒吧食物也没什么特别的，但在忙碌的冬日晚上很难抵制那儿气氛的诱惑。

Whistler Brewhouse 酒馆（☎ 604-905-2739；4355 Blackcomb Way；🕑 周日至周四11:30am～午夜，周五和周六11:30～1am）这家旅馆般的餐厅酒吧自制啤酒，只卖给来店内的人喝——双子峰淡啤酒(Twin Peaks Pale Ale) 受到人们的喜爱——但它也是观看电视比赛的理想酒吧。提供食物，包括意大利面、比萨饼和美味的炸鱼和马铃薯片，比标准的酒吧食物要好。

Garfinkel's（☎ 604-932-2323；1-4308 Main St）惠斯勒最大的俱乐部很多年来一直是当地的传说。周四是一周当中最好的夜晚，以独立电影和芬克(funk) 曲调吸引着当地人，但要做好准备周末晚上会排长队，届时方圆 25 公里以内的人们似乎都想进来。

Moe Joe's（☎ 604-935-1152；4155 Golfer's Approach）了解内情的本地人将指引你来到这个地方，如果他们想要陪你闲逛。比 Garfinkel 气氛更隐私，如果你喜欢在熙熙攘攘的人群中独自跳舞，那么它是最佳选择。周五晚上总是人满为患（周一的鼓与贝司 [drum-and-base] 之夜也很受欢迎），你极有可能会看到 25 岁以下来滑雪的辣妹。

Village 8（Village 8 Cinema；☎ 604-932-5833；Village Stroll；成人 / 儿童 $12.50/8.50）放映首轮影片。

MY Place剧院（☎ 604-935-8410；www.myplacewhistler.org；4335 Blackcomb Way）你可以沉浸于这儿剧院的现场演出，有各种各样的戏剧和节目上演。

到达和四处走走

大多数旅行者驾车从温哥华经 Hwy 99 公路来的时候，也可以乘坐**惠斯勒航空公司**（Whistler Air；☎ 603-932-6615，888-806-2299；www.whistlerair.ca）的水上飞机（$149，30 分钟，5 月至 9 月，一天 2 班）飞往格林湖 (Green Lake)。

加拿大灰狗运输公司（☎ 800-661-8747；www.greyhound.ca）有从温哥华($18.80，2个半小时，一天8班)和斯阔米什($8.35，50分钟，一天9班)到Creekside和惠斯勒村的公共汽车。

Perimeter Tours公司（☎ 604-266-5386，877-317-7788；www.perimeterbus.com）的长途公共汽车也可以从温哥华($67，2个半小时，一天7～11班)和温哥华机场(Vancouver Airport，$67，3小时，一天9班)出发，中途会在惠斯勒宾馆停下接人。**Snowbus**（☎ 604-685-7669，866-7669-287；www.snowbus.ca）在11月到次年4月间提供从里士满($29，3小时，一天2班)和温哥华($21，2个半小时，一天2班)出发的汽车服务。

搜集铁路机车号码的人能通过落基山脉度假处的**惠斯勒登山运动员**（Whistler Mountaineer；☎ 604-606-8460，888-687-7245；www.whistlermountaineer.com）来到城里，从北温哥华（$105 起，3 小时，从 5 月到 10 月中旬一天 1 班）沿线风景如画的沿海路线蜿蜒而去。

惠斯勒**浪潮**（Wave；☎ 604-932-4020；www.buson line.ca；成人/儿童/1日通行证 $1.50/1.25/4.50）公共汽车上有放置户外滑雪用具和自行车的行李架，旨在到2010年，滑雪用具和自行车行李架能够转变为完全氢燃料供给。冬天往返于市场和北村(Upper Village)车道的公共汽车是免费的，在夏天，从村庄到失落湖(Lost Lake)有免费公共汽车。另外可选择的是，你也可以从**Resort Cabs**（☎ 604-938-1515；www.resortcabs.com）搭乘出租车。

桑夏恩海岸(SUNSHINE COAST)

从兰代尔 (Langdale) 一直延伸到 Lund，桑夏恩海岸 (Sunshine Coast)——被海岸山脉 (Coast Mountains) 和乔治亚海峡 (Strait of Georgia) 从南大陆 (Lower Mainland) 分开，有独立的岛屿精神，这掩饰了它距离马蹄铁湾 (Horseshoe Bay) 乘轮渡仅需 40 分钟这样的事实。通过 Hwy 101 公路将一些如吉布森 (Gibsons)、瑟切尔特 (Sechelt) 和鲍威尔河 (Powell River) 这样的重要社区连接起来，它是一个轻松而快乐地进行探险的地方，也有很多当地的竞争使你的旅行变得丰富多彩。登录**桑夏恩海岸旅游合伙公司网站**（Sunshine Coast Tourism Partnership；www.sunshinecoastcanada.com）获取相关信息，买一本为户外活动爱好者和地区附近的工作人员编制的《桑夏恩海岸活动地图和活动指南》(*Sunshine Coast Recreation Map & Activity Guide*，$3)。

到达和四处走走

不列颠哥伦比亚渡运（BC Ferries；☎ 250-386-3431，888-223-3779；www.bcferries.com）从西温哥华的马蹄铁湾(每人/每车$9.60/34，40分钟，一天8班)出发到兰代尔，距离吉布森东以北6

公里。**桑夏恩海岸交通系统**(Sunshine Coast Transit System；☎604-885-6899；www.busonline.ca；成人/儿童$2.25/1.75)有从终点站到吉布森、罗伯茨克里克(Roberts Creek)和瑟切尔特的公共汽车。

Malaspina巴士客运公司(Malaspina Coach Lines；☎604-886-7742；877-227-8287；www.malaspinacoach.com)的班车从温哥华出发(一天2班，淡季1班)，中途换乘渡轮，到达吉布森($24，2小时)、罗伯茨克里克($27，2个半小时)、瑟切尔特($30，3小时)和鲍威尔河($51，5～6小时)。在桑夏恩海岸各个社区间上下也很方便。

吉布森(GIBSONS)

人口4350

这个门户城镇的水边码头地区(命名为吉布森码头[Gibsons Landing])是位于码头上色彩鲜明建筑的万花筒——留意一下挨着游艇的花团锦簇的水上花园。沿着码头走出来，你将会看到商店、小小的**游客中心**(☎604-886-2374，866-222-3806；www.gibsonsbc.ca；417 Marine Dr；⏲5月到9月9am～5pm，10月到次年4月周二至周六9am～5pm)和Hwy 101公路。

一旦你结束了城镇漫游，从**桑夏恩爱斯基摩划子**(Sunshine Kayaking；☎604-886-9760；www.sunshinekayaking.com；Molly's Lane；租金4小时/8小时$32/45；⏲周一至周五9am～6pm，周六和周日8am～6pm)友好热情的工作人员那儿可以租用爱斯基摩划子并参加团队游。推荐有导游带领的观赏日落($60)和满月($55)之游。

最理想的落脚之处正是城外**Caprice B&B旅馆**(☎604-886-4270，866-886-4270；www.capricebb.com；1111 Gower Point Rd；双$95～125；🅿)。舒适地靠着杨梅树，它是一个大的码头之家(你可以看到滑过的巡洋舰)，拥有三个套房——两个有便利厨房。自制的美食面包是早餐菜单的特色，有户外小游泳池。

当地人最喜欢的小吃店，码头的**Molly's Reach**(☎604-886-9710；647 School Rd；主菜$7～12；⏲7am～9pm)是喜欢到小饭馆吃早餐者最好的选择——尝尝让人胃口大开的"Constable Constable"，其中包括两个鸡蛋、两根香肠、两个薄饼和两片熏肉。找个靠窗座位，你将可以俯瞰美丽的水景。

罗伯茨克里克(ROBERTS CREEK)

人口3100

罗伯茨克里克路(Roberts Creek Rd)，出Hwy 101公路，通往这个以前的嬉皮领地，现在仍然是一个绝对休闲的环境。登录www.robertscreek.com看看当地的一些事件。位于城北的**罗伯茨克里克省立公园**(Roberts Creek Provincial Park；☎604-885-3714；www.bcparks.ca)是海滨野餐的理想之地。

确实在说明一个好旅馆应该是什么样的，**Up the Creek Backpackers背包客旅馆**(☎604-885-0384，877-885-8100；www.upthecreek.ca；1261 Roberts Creek Rd；宿/房$23/69；💻)有三间小宿舍、一个单人间以及偏好再循环和有机早餐。公共汽车站就在附近，鼓励你乘坐公共汽车出行——一旦你卸下了背包，租辆自行车可以让你很方便地随便走走。

更市场化的**Artist & the Quiltmaker B&B旅馆**(☎604-741-0702，866-570-0702；www.theartistandthequiltmaker.com；3173 Mossy Rock Rd；双$99～150)是一个拥有三个房间、维多利亚女王时代的特色建

如果你还有几天时间

在惠斯勒北部另一个位于Hwy 99公路上的城镇是**彭伯顿**(Pemberton；www.pemberton.net)，它把马铃薯作为福神，人口约2500人，那儿热烈的欢迎氛围鼓励许多人到那儿逛逛，并感受一下牛仔村庄的魅力。

你的第一站应该是**彭伯顿博物馆**(Pemberton Museum；☎604-894-5504；Prospect St；捐赠入场；⏲6月到9月10am～5pm)，在那儿可以在营救先锋村闲逛，想一想淘金热是如何席卷这片土地的。接下来，戴上你的宽边帽，给马装上马鞍，围绕村庄开始**马背上的冒险之旅**(Adventures on Horseback；☎604-894-6269；www.adventuresonhorseback.ca；骑马$60起)。

游览这个地区更好的方式是从空中俯视。前往**彭伯顿滑翔中心**(Pemberton Soaring Centre；☎604-894-5776，800-831-2611；www.pembertonsoaring.com；滑翔$85起；⏲4月到10月)，钻进一架双人滑翔机，来一次惊险的绕山突然下降。告诉飞行员你喜欢玩过山车，看看接下来会发生什么。

如果你吃晚饭的胃口还好，就加入迷人的**Pony Espresso**(☎604-894-5700；1392 Portage Rd；主菜$8～14；⏲8am～10pm)周四夜晚啤酒和比萨饼之夜，那是一个闲聊的市区所在地。最后，返回到你在惠斯勒式的**彭伯顿村庄住所**(Pemberton Valley Lodge；☎604-894-2000，877-894-2800；www.pembertonvalleylodge.com；1490 Portage Rd；房/套房$89/99起；🏋🅿)舒适的床上。

值得一游：斯库卡姆峡谷群省立公园

位于下桑夏恩海岸的一端，埃格蒙特是**斯库卡姆峡谷群省立公园**（Skookumchuck Narrows Provincial Park；☎604-885-3714；www.bcparks.ca）所在地，在那儿长达4公里的徒步旅行将你带到一个入口处，它如此狭窄，以致涨潮时海水被迫穿过峡谷，会形成每小时高达30公里的高速水流。乘坐**High Tide Tours公司**（☎604-883-9220；www.hightidetours.com；Egmont Marina；游程 $15）运营的钢壳水上出租车，亲身体验变幻莫测的波浪。船只与海浪常常呈交叉状，如同俯冲轰炸机——提防划爱斯基摩划子的疯狂的人，他们来这儿就是为了激流。如果你在快活的船只之旅后感到有些眩晕，码头处的**Backeddy Pub酒馆**（☎604-883-3614；Egmont Marina；主菜 $6~12）是享用“埃格蒙特汉堡包”(Egmont burger)和畅饮一两瓶啤酒、恢复元气的好去处。

筑，那儿很值得停下来。楼上的大套房配有小厨房，很受家庭旅行者的欢迎，但装饰可爱的 Renaissance Room 更受浪漫人士的青睐。

关于食物，一度流行的 **Gumboot Restaurant 餐馆**（☎604-885-4216；1041 Roberts Creek Rd；主菜 $7～14；⏰8am～9pm）和其附属咖啡馆是与当地人挤在一起，狼吞虎咽丰盛的美食理想之地——留意一下布法罗汉堡包 (buffalo burgers) 和适合素食主义者的 Gumboot Garden 三明治。

瑟切尔特(SECHELT)

人口 8900

对活跃的旅行者有用的基地，在这个地区你有机会参加许多徒步旅行、自行车、划船和跳水活动，瑟切尔特是桑夏恩海岸的第二大城镇。如果你只是路过，那儿也有许多令人愉快的事情。欲获知更多信息，咨询**游客中心**（☎604-885-1036，877-885-1036；www.secheltvisitorinfo.com；5790 Teredo St；⏰5 月到 8 月 9am～5pm，9 月到次年 4 月周一至周五 10am～4pm，周六 10am～2pm）。

Pedals & Paddles（☎604-885-6440，866-885-6440；www.pedalspaddles.com；Tillicum Bay Marina；4 小时 /8 小时 $32/44）出租爱斯基摩划子，组织在该地区平静水面上的团队游，而 **On the Edge**（☎604-885-4888；www.ontheedgebiking.com；5644 Cowrie St；4 小时 /8 小时 $20/34）出租自行车，也有附近地区有导游带领的徒步行。

对于喜欢冷水潜水者和那些愿意学习的人，**Porpoise Bay Charters**（☎604-885-5950，800-665-3483；www.porpoisebaycharters.com；5718 Anchor Rd；驾驶 $100 起）中友好的工作人员提供培训和短途旅行服务。因为这是不列颠哥伦比亚省最好的潜水地区，你得留意巨大的狼鳗 (wolf eels)、冷眼相向的蓝鲨鱼 (blue sharks) 和刚刚露出海面的笨重的失事船只。

Sechelt Inlet B&B旅馆（☎604-740-0776，877-740-0776；www.sechel tinletbandb.com；5870 Skookumchuck Rd；双 $109～129）美丽的海滨景致是它吸引人的一个原因，拥有三个独立、装饰得富丽堂皇的套房。紫色色调的 Maple Suite 套房是我们的最爱，那儿配有可以俯瞰波光粼粼水面的热水浴盆。

如果你想要住得奢侈，值得沿着Hwy 101公路继续往前行进，过了瑟切尔特，到**Rockwater Secret Cove Resort旅馆**（☎604-885-7038，877-296-4593；www.rockwatersecretcoveresort.com；5356 Ole's Cove Rd；房/套房/小屋/帐篷$149/179/159/299起），那儿最有特色的住处是帐篷套房，就像是陡峭悬崖上的鸟巢。离宿营地非常远，每个奢华的帆布小屋都铺有热石地板、极可意浴盆和可以俯瞰海湾美景的私人甲板。

该度假胜地有一个相当不错的西海岸风味餐厅（平均消费 $16 到 $28），但如果你想在瑟切尔特 (Sechelt) 用餐，最好的是 **Old Boot 餐厅**（☎604-885-2727；5330 Wharf St；主菜 $10～16；⏰周二至周日 11:30am～10pm），拥有美味比萨饼和精心制作的意大利美食——推荐大虾意大利扁面条 (prawn linguini)。

鲍威尔河(POWELL RIVER)

人口 13 830

沿着 Hwy 101 公路经短暂的摆渡，将带你来到这个以前的动荡城镇，那儿已经日益成为桑夏恩海岸的中心和灵魂。比瑟切尔特更令人胆战心惊，比吉布森更忙碌，鲍威尔河 (Powell River) 是一个很不错的落脚之处，也是户外活动的热点区域——顺便到**游客中心**（Visitor Centre；☎604-485-4701，877-817-8669；www.discoverpowellriver.com；111-4871 Joyce Ave；⏰5 月到 9 月周一至周五 9am～9pm，周六和周日 10am～6pm，10 月到次年 4 月周一至周五 9am～5pm）看看，获取相关实用信息。

位于市中心以西，**惠灵顿海滩城市公园**(Willingdon Beach City Park)是海滨野餐的理想之地。你可以在午餐后参加有导游带领的**徒步旅行**

团(walking tour；☎604-483-3901；团队游 $5；⏲7月和8月周三7pm，周六10am)，参观这个城镇的历史古迹，消消食。或者从**鲍威尔河海上爱斯基摩划子**(Powell River Sea Kayak；☎604-483-2160，866-617-4444；www.bcseakayak.com；3小时 租金 $35)租条船，水上泛舟。

这里有一个离奇的落脚之处——**Old Courthouse Inn旅店**(☎604-483-4000，877-483-4777；www.oldcourthouseinn.ca；6243 Walnut St；单/双 $59/69起)的前身是律师税务师和警察局。为保留其历史主题，房间内摆放有古董家具。附近古老的**Rodmay Heritage Hotel旅馆**(☎604-483-7715；www.rodmayheritagehotel.com；6251 Yew St；双/套房$75/95起)正经历着装修，在洞穴式艺术和工艺氛围中增添了一些新家具。

多天的探险之旅结束时，很难不去**La Casita餐厅**(☎604-485-7720；4578 Marine Ave；主菜 $7～14；⏲周一至周六11:30am～10pm，周日5～10pm)坐坐，它是一家气氛很活跃的墨西哥式餐厅，提供很香的小虾(shrimp)、扇贝墨西哥玉米豆卷(scallop tacos)和许多素食主义者喜欢的菜肴。如果一瓶啤酒和一些酒吧美食更适合你的口味，那么就去码头的**Shinglemill Pub & Bistro酒馆**(☎604-483-3545；6233 Powell Pl；主菜 $8～12；⏲11am～10pm)坐坐。

温哥华岛(VANCOUVER ISLAND)

北美海岸(North American coast)外人口最密集的陆地——它长约450公里，宽约100公里，温哥华岛的居民大多是有趣的定居者，许多人都一直从事伐木及运输业或捕鱼业，所以他们的名字中多带有"港口"(Port)这样的字样。

尽管大多数居民都不喜欢称温哥华为"太忙碌的"地区——特别是那些实际上从未离开温哥华岛的居民——一般来说，当地人都很友好、热情，为他们的土地和显著特色而感到自豪。如果你想给人以良好印象，那么不要使用"维多利亚岛"(Victoria Island)这样的词汇，这是一个最容易犯的错误，经常会引来一些无意的白眼和觉察不到的热情程度下降。

尽管维多利亚它自身——作为不列颠哥伦比亚的省会，也有很多旅游景点——对于许多人来说，是许多港口中的第一港口，它从来都不应该是参观的唯一地方。喜欢美食和美酒的人将可以尽情从曲折、青翠的科摩谷(Comox Valley)农场穿过；户外活动狂热者不应该错过冲浪的好地方托菲诺(Tofino)；那些喜欢到远离喧嚣人群远足的人们应该一直走到北岛(North Island)，那是一个不列颠哥伦比亚境内的荒野中未被开发的珍宝。

了解更多信息，请联系**温哥华岛旅游局**(Tourism Vancouver Island；☎250-754-3500，888-655-3843；www.vancouverisland.travel，中文网站www.tourismvancouver.com/chyna/main/index.php)

维多利亚(VICTORIA)

人口 78 000

该地区人口约35万，风景如画的省会城市一直以来被称为北美英国人最多的城市。每个真正来自英国的人都感到惊奇，因为对英国人来说，维多利亚如梦幻一般，是很难实现的梦想：每个花园(备有特殊品种的棕榈树)都非常完美；每个旗杆上都挂着英国国旗(Union Jack)；每个下午都可以用骨瓷茶杯品尝好茶。

谢天谢地，最近几年，历史过于悠久的古英格兰(Ye Olde England)公园主题活动正逐渐被取代。由日益增多的年轻力量所推动，平稳的改革正在似乎有些落后旅行者酒吧、餐厅和商店中进行，它们被转变为色彩明亮的吉卜赛风格的商场、木制地板咖啡厅以及很让任何城市都为之自豪的创新餐厅。很值得走路去探寻这样的地方，但喜欢活动的人也应该跳上他们的自行车：维多利亚拥有加拿大境内最多的自行车道。

方位和实用信息

以议会大楼(Parliament Buildings)和Empress Hotel的内港(Inner Harbour)地标为核心，维多利亚市中心紧凑而悠闲。从这儿一直往北，Government St街是主要的购物天堂——特别是纪念品——以及平行的Douglas St街(也称为Hwy1公路和跨加拿大公路)是通往城镇的主要驾车路线之一。另一条是Patricia Bay公路(Hwy 17公路)，它从Swartz湾(Swartz Bay)轮渡终点站出发。

海关大楼货币兑换中心(Custom House Global Foreign Exchange；见680页地图；☎250-412-0336；1150 Douglas St；⏲周一至周六9:30am～6pm，周日11am～6pm)

市区医疗中心(Downtown Medical Centre；见680页地图；☎250-380-2210；622 Courtney St；⏲9am～6pm)很方便的诊所，无须预约。

主邮局(见680页地图；☎250-953-1352；706 Yates St；⏲周一至周五8am～5pm)在Yates St街和Douglas街附近。

Stain Internet Café 网吧(见680页地图；☎250-382-3352；609 Yates St；每小时 $3.50；⏲10～2am)地处中央位置，开门较晚的网吧。

游客信息中心(Visitor Centre；见680页地图；☎250-953-2033；www.tourismvictoria.com；812 Wharf

温哥华岛 VANCOUVER ISLAND

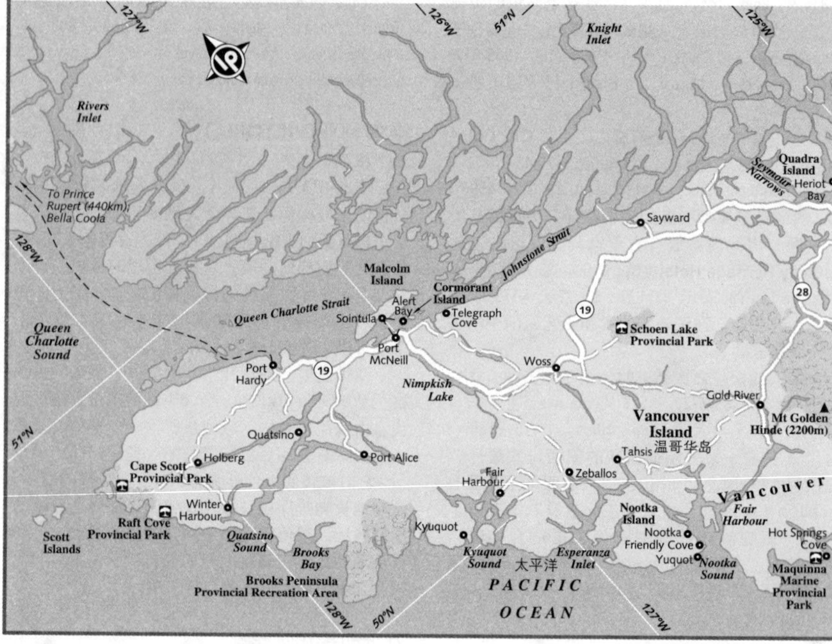

St；🕑9am～5pm）繁忙、到处都是宣传单的游客中心俯瞰着内港（Inner Harbour）。

景点

省里最好的博物馆是**皇家不列颠哥伦比亚博物馆**（Royal British Columbia Museum；见680页地图；☎250-356-7226，888-447-7977；www.royalbcmuseum.bc.ca；675 Belleville St；成人/儿童 $18/12；🕑7月到10月中9am～6pm，10月中到6月 9am～5pm）。你可以在这个古老而现代西洋景漫步——留意一下那儿的雨林，可以看到鹿和灰熊瞪着你——然后在附近经重新修缮的室内先锋城转转。一定不要错过参观三层的原住民美术馆(First Nations gallery)，还要为观赏图腾柱户外小树林和受保护历史文物留点时间。那儿也有现场IMAX剧场。

议会大楼（Parliament Buildings；见680页地图；☎250-387-1400；www.leg.bc.ca；501 Belleville St；免费入内；🕑5月到9月8:30am～5pm，10月到次年4月周一至周五8:30am～5pm）是一个陈列着各种精制的工艺品和褪色玻璃瓶的塔楼，有富丽堂皇的入口楼梯。这个不列颠哥伦比亚省立法机构欢迎热爱历史的旅行者。加入由穿着维多利亚时代服装的人带领的丰富多彩的30分钟**团队游**（☎250-387-3046，800-663-7867；免费入内；🕑5月到9月9am～4pm，10月到次年4月周一至周五9am～4pm），从后面看看这个塔楼，导游将会给你讲述许多传奇故事。可以考虑在那儿吃午饭(见683页)。

唐人街（见680页地图；Fisgard St）是加拿大最古老的亚洲社区之一。这个细长的商业区配有一个不太协调的唐人街大门。闪烁的霓虹灯牌在夜间为这里的餐厅和杂货店增添了许多色彩，但Fan Tan小路(Fan Tan Alley)——Fisgard St 街和 Pandora Ave大道间的一条狭窄过道——到处都是出售便宜但让人喜欢的小饰品、酷酷的二手录音机和离奇的工艺品等传统和当代流行商店的迷你版。考虑参加一个有**导游陪同的旅行团**(见679页)，可以让你了解关于那个时代特有的鸦片窑(opium dens)和反中国情绪。

沿城堡大街(Fort St)一直往市中心以东走，跟着美术馆的标记牌，你将可以发现加拿大最好的埃米莉·卡尔作品的收藏地之一，那就是**大维多利亚区美术馆**（Art Gallery of Greater Victoria；见678页地图；☎250-384-4101；www.aggv.bc.ca；1040 Moss

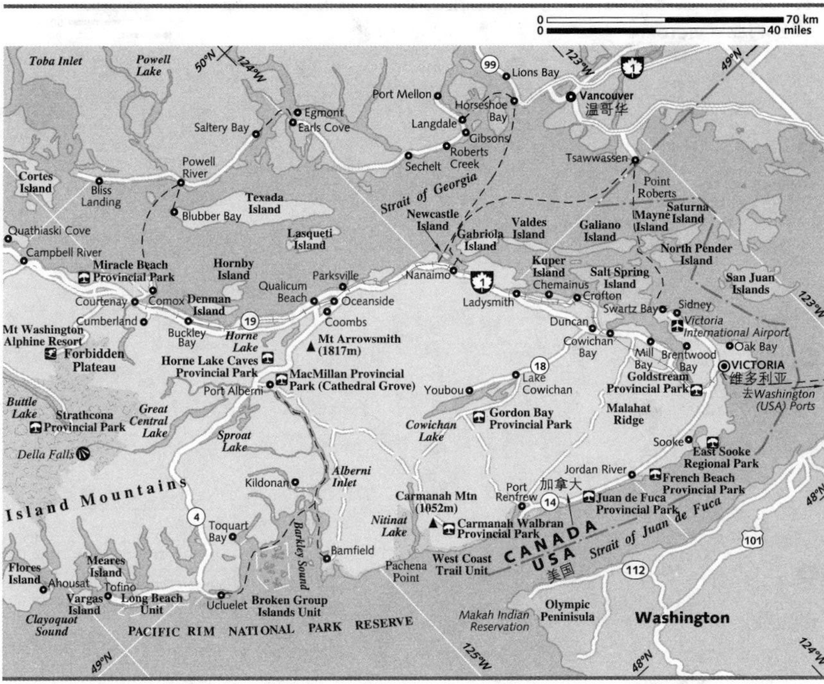

St；成人/儿童 $12/2；⌚周五到周三 10am～5pm，周四 10am～9pm）。那儿也陈列有精美的日本艺术品，定期进行临时性展览。如果你想参与当地演讲、陈列和甚至仅仅是和艺术爱好者挤在一起，上网查询展览安排。

Craigdarroch城堡（Craigdarroch Castle，见678页地图；☎250-592-5323；www.thecastle.ca；1050 Joan Cres；成人/儿童 $11.75/3.75；⌚9月到次年6月中 10am～5pm，6月中到8月 9am～7:30pm）是一幢富丽堂皇、有39个房间的标志性建筑，为19世纪一名腰缠万贯的煤炭大王所建。高雅、树木环抱的石头大厦正展示着那个时代的建筑风格，房间内陈列着古董。登上87级台阶（途中留意彩色玻璃窗），你可以看到积雪盖顶的奥林匹克山（Olympic Mountains）壮丽的美景。

被波涛汹涌的海洋环抱，**烽火山公园**（Beacon Hill Park，见680页地图）是当地人喜欢去的地方，也是经受强风暴雨的绝佳地方——留意一下悬崖顶上被风吹扫的树木。经Douglas St街进入公园。你也将会在那儿发现世界上最高的图腾柱、维多利亚时代的板球场（cricket pitch）和Hwy 1公路的零公里碑（Mile 0），沿途有单腿跑步者特里·福克斯（Terry Fox）的雕塑，他在1981年曾尝试徒步穿越加拿大，吸引了大家的关注。

埃米莉·卡尔之家（Emily Carr House；见678页地图；☎250-383-5843；www.emilycarr.com；207 Government St；捐赠入场；⌚6月到8月11am～4pm，9月到次年5月周二至周六11am～4pm）是不列颠哥伦比亚省最知名画家的出生地。这座亮黄色、华丽的建筑有很多当时的房屋，展示着艺术家当年的生活和工作。那儿也展示着当代千变万化的作品，但如果你想欣赏更多卡尔的作品，那么继续往前，到大维多利亚区美术馆(Art Gallery of Greater Victoria，见676页)去看看。

当你到达**维多利亚昆虫动物园**（Victoria Bug Zoo；见680页地图；☎250-384-2847；www.bugzoo.bc.ca；631 Courtney St；成人/儿童 $8/5；⌚6月中到8月 10am～6pm，9月到次年5月周一至周六 10am～5pm，周日 11am～5pm）时，喜欢小动物的孩子们将会很感谢你带他们来这个城市最适合孩子们游玩的景点，特别是如果你喜欢近距离观察勤奋的南美切叶蚁（leaf-cutter ants）和在黑暗中发光的蝎子（scorpions）。那并不表明你必须在办公区加入他们，这里还有令人不安的长着400条腿的千足虫（millipede）。

堡垒广场(Bastion Square，见680页地图)，

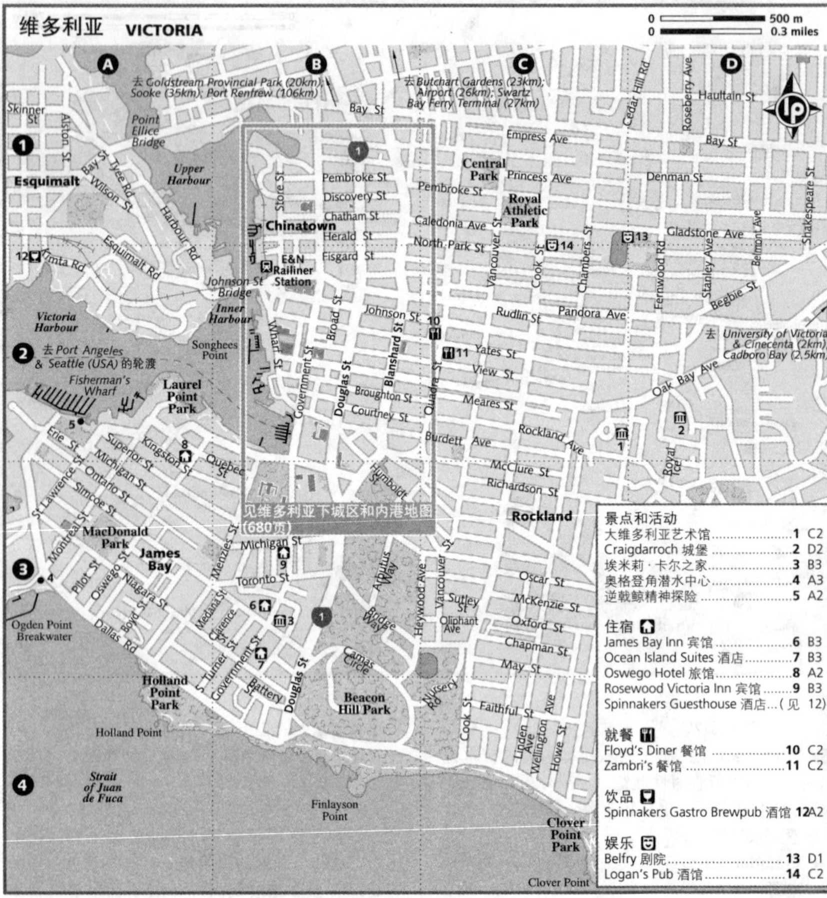

位于 Government St 大街和 Wharf St 大街之间，处于老维多利亚港 (Fort Victoria) 所在地。这片矮小的殖民地据点现在是**不列颠哥伦比亚航海博物馆**（Maritime Museum of British Columbia；见 680 页地图；☎250-385-4222；www.mmbc.bc.ca；28 Bastion Sq；成人/儿童 $8/3；⏰6 月中到 9 月中 9:30am ~ 5pm，9 月中到次年 6 月中 9:30am ~ 4:30pm），陈列的 400 艘航海模型展示着该地区的航海历史，也有在夏天举行的**艺术节**（Festival of the Arts；☎250-885-1387；www.bastionsquare.ca；⏰4 月到 6 月和 9 月周四到周六 10am ~ 5pm，周日 11am ~ 4pm，7 月和 8 月周三和周四 10am ~ 5pm，周五和周六 11am ~ 7pm，周日 11am ~ 4pm），那是当地工匠闲聊的街市。

活动

观鲸

从 5 月到 10 月整个观赏季节，都是通过载货船只将穿雨衣的旅行者从维多利亚运送往该地。不是总能看到鲸表演，所以多数远足旅行团也参观当地的海象和海狮表演。

一些组织者有：

逆戟鲸精神探险（Orca Spirit Adventures；见本页地图；☎250-383-8411，888-672-6722；www.orcaspirit.com；146 Kingston St；成人/儿童 $89/59）

鲸王子（Prince of Whales；见680页地图；☎250-383-4884，888-383-4884；www.princeofwhales.com；812 Wharf St；成人/儿童 $85/69）

爱斯基摩划子

乘坐爱斯基摩划子沿着温哥华岛缓慢前行，是观赏该地区景观的理想方式，特别是如果你无意中发现几只天空中翱翔的雄鹰、懒洋洋的海豹和偶尔会有的布满海星(starfish)的海滩。你可以为自己的远足租用一些设备或参加该地区水上景致团队游。

一些组织者有：

海洋河流运动（Ocean River Sports；见680页地图；☎250-381-4233，800-909-4233；www.oceanriver.com；1824 Store St；租金2小时/24小时 $25/50；🕑周一至周四和周六 9:30am～6pm，周五 9:30am～8pm，周日 11am～5pm）2个半小时的日落团队游很受欢迎（$59）。

运动出租（Sports Rent；见680页地图；☎250-385-7368；www.sportsrentbc.com；1950 Government St；租金5小时/24小时 $29/45；🕑周一至周四和周六 9am～5:30pm，周五 9am～6pm，周日 10am～5pm）

潜水

适合潜水的水下生态系统包括很受欢迎的地方，如奥格登角防波堤(Ogden Point Break water)、烽火山公园(Beacon Hill Park)、Cadboro湾(Cadboro Bay)附近的10英里角(10 Mile Point)以及维多利亚大学。

一些提供设备租赁和导游的组织者有：

弗兰克怀特潜水店（Frank White's Dive Stores；见680页地图；☎250-385-4713；1620 Blanshard St；www.frankwhites.com；🕑9am～5:30pm）

奥格登角潜水中心（Ogden Point Dive Centre；见678页地图；☎250-380-9119，888-701-1177；www.divevictoria.com；199 Dallas Rd；🕑9am～6pm）

团队游

不列颠哥伦比亚建筑学院（Architectural Institute of BC；见680页地图；☎604-683-8588，800-667-0753；www.aibc.ca；1001 Douglas St；团队游 $5；🕑7月和8月周二至周六 1pm）组织五个高品质、带建筑主题的徒步旅行团，包括从艺术装饰到教会。

自行车跋涉（Cycle Treks；见680页地图；☎250-386-2277，877-733-6722；www.cycletreks.com；450 Swift St；团队游 $50起；🕑周一至周六 9:30am～6pm）3小时或4小时的海滨主题自行车游（提供自行车），是了解维多利亚的最好方式之一。

西灰线（Gray Line West；见680页地图；☎250-388-6539，800-663-8390；www.graylinewest.com；700 Douglas St；成人/儿童 $20.50/10.25起）提供90分钟的双层公共汽车城市游，从费尔蒙皇家酒店（Fairmont Empress Hotel，见681页）出发。

Hidden Dragon Tours团队游（见680页地图；☎250-920-0881，866-920-0881；www.oldchinatown.com；541 Fisgard St；成人/儿童 $29/14.50）吸引人的为时3小时，旧唐人街幕后灯笼（lantern）特色游。

节日和重大活动

维多利亚日大游行（Victoria Day Parade）5月中旬举行，街道上到处都是跳舞和游行的狂欢人群。

Victoria SkaFest（www.victoriaskafest.ca）加拿大最大的斯卡（ska）音乐盛会，7月中旬举行。

维多利亚国际爵士乐节（Victoria Jazzfest International；www.vicjazz.bc.ca）6月底举办，为期10天的爵士演出活动。

Moss街泼墨活动（Moss Street Paint-In）7月中旬举行，100名艺术家在深受欢迎的为期一天的社区活动中展示他们的技能。

交响乐团（Symphony Splash；www.symphonysplash.ca）8月初，在内部海港游艇演出。

维多利亚先锋戏剧节（Victoria Fringe Theatre Festival；www.victoriafringe.com）在8月末整个城市有为期2周的离奇短剧表演。

维多利亚自行车节（Victoria Cycling Festival；www.victoriacyclingfestival.com）在9月中旬周末有适合家庭的骑脚踏车比赛和自行车赛事。

住宿

从B&B旅馆到中等价位宾馆和奢侈、豪华的落脚之处，维多利亚拥有适合各个消费水平旅行者的住所。淡季时，有些宾馆会有优惠活动，维多利亚旅游局**房间预订服务**（room reservation service；☎250-953-2033，800-663-3883；www.tourismvictoria.com）可以告诉你有什么住宿选择。

经济

Ocean Island Backpackers Inn 旅店（见680页地图；☎250-385-1788，888-888-4180；www.oceanisland.com；791 Pandora Ave；宿/单/双 $24/39/44起；💻wi-fi）这个时髦、多彩的住所拥有迷宫式宿舍和单人间——要一个带窗户的房间。也有公共厨房和为DJ准备的特殊休息室——演出晚上不要选择下层楼房间。那儿是遇到旅伴很好的地方。一天都有导游带领的远足游，包括城市、自行车和历史古迹远足。

HI Victoria Hostel 青年旅舍（见680页地图；☎250-385-4511，888-883-0099；victoria@hihostels.ca；516 Yates St；宿/双25/60；💻wi-fi）地理位置很好，很安静的旅店，它拥有两个很大的男女分住宿舍、三个男女混住宿舍和两个单人间。尽管改修是可能实现的，但它现在是一个拥有普通房间、大游戏房和摆满书的资料陈列室。提供一周一次的免费城市导游。

中档

Paul's Motor Inn 旅店（见680页地图；☎250-382-9231，866-333-7285；www.paulsmotorinn.com；1900 Douglas St；双 $104～119）一个带铜制屋顶的市中心地标，Paul 就像是两种建筑的混合体：一排邻近街道的传统汽车旅馆房间和远离岸边的更幽静的庭院。几何形床罩和柔和的油漆颜色是这里内部装饰的主要特点，院子里的套房更大，更适合小团体住宿。所有的房间都有电冰箱，有些房间有微波炉——如果你需要，可以要求前台为你准备。

Ocean Island Suites 酒店（见678页地图；☎250-385-1788，888-888-4180；www.oisuites.com；143 Government St；套房 $120；wi-fi）这个经修缮的古迹住所处于安静的住宅区，是四人以上团体理想的选择（双人间每人多收 $15）。四个套房中每个都有独立视角——要求入住 Burma 套房，你将可以享受带爪浴缸 (claw-foot bathtub)，所有房间都铺有木地板和有全套厨房设备。地下室有公用洗衣房 ($1.50)，还有一个为夏日畅饮美酒准备的大甲板。

James Bay Inn旅店（见678页地图；☎250-384-7151，800-836-2649；www.jamesbayinn.bc.ca；270 Government St；房 $129起）距离埃米莉·卡尔故居仅几分钟路程，这个有趣的落脚地维护得很好，感觉很不错。当你意识到那儿没有电梯时，吸引力会逐渐消失，但一旦你拖着包上了楼，将发现有系列房间类型：多数铺有五颜六色花案的地毯，家具比较旧，但并非古董。有些房间有小厨房，楼下的社区酒吧也提供酒吧美食。

Dalton Hotel & Suites 旅馆（见680页地图；☎250-384-4136，800-663-6101；www.daltonhotel.ca；759 Yates St；双/双床/套 $129/139/169；wi-fi）曾经衰退的 Dominion 旅馆是维多利亚最古老的一家——已经过完全的修缮。尽管较便宜的房间仍比较小，但大套房布置得相当富丽堂皇，所有房间都装饰有新家具和殖民地印花布装饰——有些房间甚至有躺椅。为缓慢的电梯留出额外时间。

维多利亚女王酒店（Queen Victoria；见680页地图；☎250-386-1312，800-663-7007；www.qvhotel.com；655 Douglas St；双/套房 $133/152起；）这幢较古老的塔式大楼经历了改造。为了营造小商业宾馆气氛，房间中摒弃了花床单，都配有新浴室和电冰箱，有些有小厨房，许多房间可以从它们的小阳台上俯瞰烽火山公园美丽的风景。双卧室套房很受小团体的欢迎，有不错的现场餐厅。

Shamrock Suites 套房旅馆（见680页地图；☎250-385-8768，800-294-5544；www.shamrocksuites.com；675 Superior St；双/套房 $149/185；wi-fi）一家完美的、具淡绿色色调汽车旅馆，俯瞰着烽火山公园，

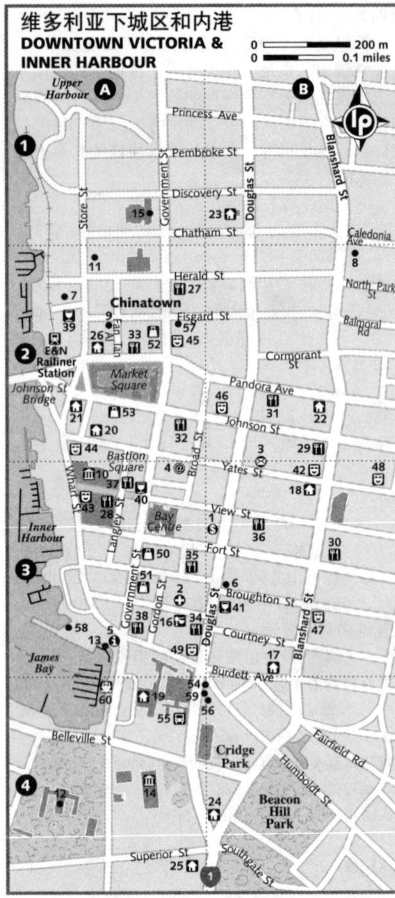

16 套套房组成的 Shamrock 以其宽敞的房间、面向日出的阳台和免费夏日自助早餐吸引着许多夫妻和家庭入住。所有房间和单卧室的套房有全套厨房设备，后面有一个休闲花园。大约需提前一年打电话预约，可以享受折扣价。

Rosewood Victoria Inn 旅店（见678页地图；☎250-384-6644，866-986-2222；www.rosewoodvictoria.com；595 Michigan St；双 $150起；wi-fi）这家明亮、微风习习的旅店以外表和 B&B 吸引人（留意摆在大厅的茶壶收藏品），上等房间维护得很完美，美味的早餐包括菠菜卷 (spinach crêpes)、椰子和杏仁烤饼 (coconut-and-almond scones)。带上你的笔记本电脑，到类似图书馆的休息室，可以享受无线上网服务，玩精选桌面游戏。

Isabella's Guest Suites 宾馆（见 680 页地图；☎250-812-9216；www.isabellasbb.com；537 Johnson St；套房 $150 起；wi-fi）位于市中心，一对完美的、设备齐全的豪华套房针对成人供应，这个像家一样舒适和自在的住所，铺有红木地板、一流的内部装饰和全套厨房设施。如果你不喜欢烹饪，可以带着购物优惠券到楼下砖砌的 Willie 面包店 (Willie's Bakery) 买点吃的（包括在你的房价内）——推荐这儿的本勒狄蛋 (eggs Benedict)。

Chateau Victoria Hotel & Suites 旅馆（见 680 页地图；☎250-382-4221，800-663-5891；www.chateauvictoria.com；740 Burdett Ave；双 / 套房 / 楼顶阁楼 $152/202/400 起；wi-fi）这家深受欢迎、当地政府拥有的塔式大楼旅馆，许多房间仍然保持 20 世纪 80 年代的风格，所有房间都很干净，维护得很好。许多房间配有全套厨房设施，所有房间大小都合适，但如果你们是一个小团体出游，这儿也有大的楼顶公寓套房 (penthouse suites)：有两个卧室、全套厨房设施和大休息室或只在宽广的阳台上闲逛。旅馆的顶层餐厅有城市最好的景观。

高级

Spinnakers Guesthouses 酒店（见 678 页地图；☎250-384-2739，877-838-2739；www.spinnakers.com；308 Catherine St；房 / 套房 $179/239；wi-fi）从它自己极好的自制啤酒酒馆（见 683 页）走很短距离，这家适合成年人的酒店结合了奢华的细节和彻底放松的家庭舒适感。Heritage House 原是 1984 年的家庭住房，现已修复，摆设有古董、壁炉，有私家院落。较大的花园套房现代化感觉十足，零散摆放着亚洲风格家具。包括美味的大陆式早餐。

我们的选择 **Swans Suite Hotel 旅馆**（见 680 页地图；☎250-361-3310，800-668-7926；www.swanshotel.com；506 Pandora Ave；双 / 套房 $199/289）从小火车站过街——你将会听到一天两次的火车驶进城镇的嗒嗒声——这个以前老砖砌仓库已经被改造成一个有趣的、艺术氛围很浓的流行住宿处。多数房间都有宽敞的阁楼套房，你可以爬到楼上，躺在隐蔽的地方，每个房间都装饰有木制的乡村风格的家具，和深色皮革沙发完美地结合。全套厨房设施很方便，但你也想在出售自制啤酒的酒馆和楼下的太平洋西北餐厅 (Pacific Northwest restaurant) 坐坐。

Oswego Hotel 旅馆（见 678 页地图；☎250-294-7500，877-767-9346；www.oswegovictoria.com；500 Oswego St；双 / 套房 $220/300 起）设计师使得这家宾馆最终成为詹姆斯湾 (James Bay) 最流行的建筑，也是维多利亚最有特色的宾馆，结合了西海岸美学和安静的民宅风格。花岗岩地板和雪松梁柱就足以证明，房间不仅仅是看上去不错：所有房间都有厨房（想象一下锃亮的不锈钢厨具）和深水浴池，多数房间带阳台，使它们看起来更像公寓而不是宾馆套房。聪明的是，更小的音响室拥有节省空间的高端 Murphy 床。

费尔蒙皇家酒店（Fairmont Empress Hotel；见 680页地图；☎250-348-8111，866-540-4429；www.fairmont.com/empress；721 Government St；房 $249起；）内港中的“不朽的女性”（出自但丁的《神曲》——编注），这幢常青藤覆盖、历经百年的建筑十多年来一直让旅行者叹为观止。多数房间装饰高雅但保守，一些是安静的小房间，有高级下午茶(high tea)，然而可以俯瞰码头的美景——有帝王色彩和旧式经典特色。甚至如果你不想待在房间内，可以到处走走，沉浸于这种气氛中。

就餐

以前的旅行者需要随身携带行李，除了难吃的炸鱼片和马铃薯片外没有别的可吃，维多利亚的就餐环境近几年发生了很大的转变。拿一本《美食杂志》(*Eat Magazine*，免费)，看看上面有什么，一定要记住，在夏季，营业时间总会延长。

经济

Dutch Bakery面包店(见680页地图；☎250-385-1012；718 Fort St；主菜$4～7；⏲周一至周六7:30am～5:30pm)这个吸引人的市中心机构近十几年来进行了大量的包装工作，现在装备有福米卡(Formica)工作台面、古典风格和简单的快餐。与经常来这儿的人挤在一起，他们将会向你推荐马铃薯沙拉牛肉饼(beef pie)，最后品尝水果派。留意一下入口附近展示的手工糖果，拿几块杏仁蛋白软糖(marzipan)，路上可以尝尝。

我们的选择 **Pig BBQ Joint餐馆**(见680页地图；☎250-381-4677；749 View St；主菜$5；⏲周一至周五9am～7pm)素食者成群结队地远离这家名副其实的得克萨斯风格的小饭馆，可能是因为他们害怕被转变为食肉。能一入口就融化的厚厚三明治里面有各种各样的猪肉(也有牛腩和各种各样的烟熏鸡肉)，是菜单中的主要部分，可以喝一筒自制冰茶。除了午餐时间会排长队(最好早点或晚点到)，所以可以考虑吃完后，尝一块多汁面包(succulent cornbread)或油煎香蕉和花生酱黄油(fried-banana-and-peanut-butte)三明治餐后甜点。

Sam's Deli餐馆(见680页地图；☎250-382-8424；805 Government St；主菜$5～8；⏲周一至周五7:30am～7pm，周六8am～7pm，周日9am～6pm)并不仅是附近的内港使这家餐馆成了相当不错的地方：它也制作味道很不错的三明治，尽管你将需要特别大的胃口去吞下这些东西。招牌菜是烤三明治或熏牛肉(pastrami)，但鼓鼓的素三明治也很受欢迎。一家很不错的外卖餐厅离这儿不远，可以到达适合野餐的烽火山公园(Beacon Hill Park，见677页)。

中档

Floyd's Diner餐馆(见678页地图；☎250-381-5114；866 Yates St；主菜$6～11；⏲周一至周五8am～5pm；周六和周日9am～5pm)氛围非常友好的特色餐厅，Floyd结合了阳光普照的院子、温暖的鲜红内饰和相当爽心的食物——它是从头痛、悸动的宿醉中醒过来的好去处。还提供英式早餐(all-day breakfast)。有一些大汉堡包和三明治，午餐很丰盛：$5.50就能随便喝汤。

Legislative Dining Room餐厅(见680页地图；☎250-387-3959；议会大楼606房；主菜$6～16；⏲周一至周四9am～3pm，周五9am～2pm)维多利亚保护最好的私房菜馆之一，议会大楼拥有自己的资助餐厅，在那儿议员(和民众)可以顺便看看该地区菜肴的银质餐具菜单，包括从烟熏豆腐沙拉(smoked tofu salads)到柔软的牛排和小虾油炸玉米粉饼(shrimp quesadillas)。只接受现金，在大楼里面主入口处设有安检装置。

Demitasse餐厅(见680页地图；☎250-386-4442；1320 Blanshard St；主菜$7～11；⏲周一至周五7am～4pm，周六和周日9am～2pm)当地无聊的人们可以来这儿喝续杯咖啡，穿着过时工作装的侍者、不太协调的木桌，好在休闲的Demitasse还拥有简单而舒心的饭菜。汤、菜卷和三明治在菜单中占主要部分，也有很多素食菜肴。

John's Place餐馆(见680页地图；☎250-389-0711；723 Pandora Ave；主菜$7～16；⏲周一至周四7am～9pm，周五7am～10pm，周六8am～10pm，周日8am～9pm)维多利亚最好的周末早午餐地点，这幢铺有木地板的高天花板建筑拥有有趣的历史，菜单高于一般的标准用餐费用。堆得很高的比利时华夫饼干(Belgian waffles)用自制奶油干酪，来这儿用餐的人一般会选择国际爽心美食，从鱿鱼到饺子形馅饼(pierogies)。

Noodle Box餐馆(见680页地图；☎250-384-1314；818 Douglas St；主菜$8～12；⏲周一至周四

> **TOP FIVE 周日早午餐好去处**
>
> - **John's Place餐馆**(见右栏文字)酒酿鲜果露和比利时饼干让人垂涎
> - **ReBar餐馆**(见683页)鲑鱼和奶酪百吉饼(salmon-and-cream～cheese bagel)
> - **Möle餐馆**(见683页)吮指样咖喱豆腐制品(curry tofu scramble)
> - **Floyd's Diner餐馆**(见右栏文)可以找到"Elton"，一大碗水果、酸奶酪和蜂蜜
> - **Pagliacci's餐馆**(见683页)"Jayne Mansfield"意大利乳清干酪薄饼(ricotta cheese pancakes)

11am～9pm，周五和周六11am～10pm，周日正午～7pm）东南亚烹饪风格在这个熙熙攘攘的商业区得以体现，从街道小摊起步。叫外卖很不错的地方(装在奇怪的盒子中)，它也是一个吃饭闲聊的地方。尝尝让你满嘴辛辣味的柬埔寨丛林咖喱饭(Cambodian Jungle Curry)，留意：他们正在扩展地盘。

Lotus Pond中国餐馆（见680页地图；☎250-380-9293；617 Johnson St；主菜 $8～16；🕑周二至周六11am～3pm和5～9pm，周日正午～3pm和5～8pm）在这家市中心的中国餐馆破旧、谦逊的内饰背后，所有菜都是用佛教原则制作的大菜单。甚至食肉者也喜欢这里——当他们狼吞虎咽地吃着极其美味的春卷(spring rolls)、点心(dim sum)和锅贴(potstickers)时。套餐是最好的选择，提供各种不同风味的饭菜。

ReBar餐馆（见680页地图；☎250-360-2401；50 Bastion Sq；主菜 $9～14；🕑周一至周三8:30am～9pm，周四到周六8:30am～10pm，周日8:30am～3:30pm）一个很受当地人钟爱的休闲之处，Rebar融合了丰富多彩的内部装饰和适度、更适合素食主义者的菜单。尽管这样，喜欢吃肉的人也很愿意去那儿，因为它也有香菇豆腐锅贴(shitake-tofu potstickers)、满满的水果沙冰(fruit smoothies)等这样的美食。周末的早午餐很受欢迎，经常会看到一些宿醉未醒的学生躲在角落里哭泣。

Möle餐馆（见680页地图；☎250-385-6653；554 Pandora Ave；主菜 $10～18；🕑每天8am～3pm，周三至周一5:30～11pm）陈列着当地离奇的工艺品，这个休闲、铺有木地板住所的早餐很受欢迎——尝尝咖喱豆腐炒饭(curry tofu scramble)，这里也以爽心的经典和创新菜单相结合吸引着许多艺术学校的学生（想象一下有机汉堡包、干酪通心面和番薯卷）。口味相当不错的精选啤酒包括Phillips和Lighthouse工艺啤酒。

Pagliacci's餐馆（见680页地图；☎250-386-1662；1011 Broad St；主菜 $16～22；🕑周一至周六11:30am～3pm，周日10am～3pm，周日至周四5:30～10pm，周六和周日5:30～11pm）我们几乎能保证，你可以在"Pag's"结交几个新朋友，因为你将与你的邻桌紧挨着进餐。但对于喜欢Mae West Veal Medallions牛肉卷和滚烫的Transvestite Sautéed鸡肉的人来说，这绝对值得，每个人面前都堆满了沙拉、蔬菜和美味的意大利面。为餐后甜点留点空间：有惊人的巨大酪饼(cheesecakes)。

高级

Camille's餐馆（见680页地图；☎250-381-3433；45 Bastion Sq；主菜 $18～26；🕑周二至周六5:30～10pm）维多利亚最好餐厅环境的先驱，喜欢冒险的Camille's仍然在挑战。极富诱惑的地下餐厅供应有趣的、千变万化的菜肴，可以看出厨师来自哪儿：如果野草莓(wild strawberries)正当时令，它们将会出现在可口的汤和饭菜中，在甜点中也可以看到。酒单也很不错，这个地方欢迎喜欢冒险的吃客。

Brasserie L'Ecole餐馆（见680页地图；☎250-475-6260；1715 Government St；主菜 $19～28；🕑周二到周日5:30～11pm）不协调地邻近唐人街，这家华丽的小餐馆拥有温馨、随意的氛围，提供乡村式法式烹饪菜肴。食品因当地风尚(de rigueur)和季节而改变，体现像无花果、美洲大树莓和传统品种番茄等季节精品。我们推荐烤羊腿，配有芥末奶油根菜(mustard-creamed root vegetables)和炖甜菜(braised chard)。

Zambri's餐馆（见678页地图；☎250-360-1171；911 Yates St；主菜 $20～25；🕑周二至周六11:30am～2:45pm和5～9pm）由第二代意大利主厨掌勺，这儿的菜单远远不是传统餐厅的收费标准。外表谦逊，千变万化的菜肴包括从含黄油煎鼠尾草的爽口南瓜汤(hearty squash soup with butter-fried sage)到含到嘴里就化的裸盖鱼(sablefish)，配蔬菜和荷包蛋。了解内情的顾客会在周日造访，享受五道创新品尝菜。

饮品

不列颠哥伦比亚省最好的啤酒城之一，维多利亚为本地供应精酿啤酒(craft brews)，有40多个大型酒吧。留意一下当地的Phillips Brewing酿酒厂生产的烈酒——推荐Blue Truck Ale淡啤酒。这些评述以大量的一手资料为基础。

Spinnakers Gastro Brewpub酒馆（见678页地图；☎250-386-2739；308 Catherine St；🕑11am～10:30pm）作为精酿啤酒的先锋和当地人的最爱，这家铺木地板酒吧可以从内港码头走过来或乘出租车过来，很值得品尝一下美酒中的极品。夏日喝酒的人往往更喜欢口味稍淡的Honey Blonde Ale淡啤酒，味道更重的啤酒应该是Nut Brown生产的啤酒。为晚餐留点地方：季节性菜单和材料都来自本地，这比多数酒吧略胜一筹，其中包括很多美味的海鲜。

Canoe Brewpub酒馆（见680页地图；☎250-361-1940；450 Swift St；🕑周日至周四11:30am～午夜，周五和周六11:30～1am）这儿的似洞穴样砖砌内饰在下雨天很受欢迎，也可以在宽敞的码头院子中晒太阳。又一个美食天堂，Canoe供应自制啤酒——这些巨大铜罐中盛满了啤酒——包括啤酒花Red Canoe Lager淡啤酒和适合夏天畅饮的Siren Song Pale Ale淡啤酒。

Irish Times 酒吧（见 680 页地图；☎250-383-7775；1200 Government St；⏲11～1am）殖民时期曾经是市中心的银行大楼，这个有趣的凯尔特(Celtic) 酒吧比爱尔兰酒吧收费标准要高一些。内部装饰是高顶天花板和红木家具愉快的融合，精选是来自爱尔兰(Ireland)、法国和比利时(Belgium)的经典自助餐。菜单中一天都有特价菜（周三比萨饼和啤酒套餐共 $9.99)，晚上有现场爱尔兰音乐演出。

Sticky Wicket 酒馆（见 680 页地图；☎250-383-7137；919 Douglas St；⏲周日至周四 11am～11pm，周五和周六 11am～午夜）对于当地人吵闹的夜晚，wicket 主要的酒吧供应主流啤酒，然而它的菜单中有许多标准酒吧美食——从鼓鼓的汉堡包到鸡块。电视上播放着直播体育赛事，如果你想锻炼握杆技能，楼上有台球室。组合最精彩的酒吧是 Big Bad John's，处于小山地隐蔽处，配有花纹墙和地毯。

娱乐

现场音乐

Lucky Bar酒吧（见680页地图；☎250-382-5825；www.luckybar.ca；517 Yates St；服务费 免费～$10）维多利亚公共机构，市中心的多样Lucky Bar酒吧有从斯卡(ska)到独立电影和电子音乐(electroclash)等一系列现场音乐演出，只是一周两次，其余的夜晚都举行舞会，包括周三的现代舞和周六的混合之夜。

Logan's Pub 酒馆（见 678 页地图；☎250-360-2711；www.loganspub.com；1821 Cook St；服务费 免费～$15）从市中心步行约 10 分钟，在 Cook St Village 区，这家体育酒馆从外面看并没有什么特别，但演出列单代表着当地独立电影的风格。周五和周六是观看节目的最好时间，但其他晚上的节目一般也需要预订——上网查看一下他们的在线节目单，了解将有什么演出。

Darcy's Pub 酒吧（见 680 页地图；☎250-380-1322；www.darcys pub.ca；1127 Wharf St；服务费 免费）这家休闲市中心酒吧每天晚上都有免费现场活动，从周末晚上的翻唱乐队演出到周一晚上开放式麦克风盛会。其他的时间由深受当地学生群体喜欢的创作型歌手演出。它是一个放松心情的快乐地方，周一晚上有半价鸡翅，啤酒主要来自温哥华岛酿酒厂 (Vancouver Island Brewing)。

夜总会

位于 Sticky Wicket 酒馆中，很方便，**Legends 酒馆**（见 680 页地图；☎250-383-7137；www.legendsnightclub.com；919 Douglas St；服务费 免费～$15）其周六上榜流行乐 (Top 40)、街舞 (hip-hop) 和 R&B 音乐之夜成为主流住所。周五人气也不错，也有固定的现场活动。一个长期存在、流行的可选之项，一周只营业几天，二楼的 **Sugar 夜总会**（见 680 页地图；☎250-920-9950；858 Yates St；服务费 免费～$20；⏲周四至周六）也是一个主流场所，有上榜流行乐（在大型迪斯科舞厅），另外还有现场表演。那是这个城市声音沙哑的男女同性恋者出没的地方。**Prism Lounge 夜总会**（见 680 页地图；☎250-388-0505；www.prismlounge.com；642 Johnson St）举办夜间节目，包括卡拉 OK 和易装集会。周五和周六晚上的舞会是主要的引人之处。

戏剧

维多利亚最主要的 **McPherson 剧场**（McPherson Playhouse；见 680 页地图；☎250-386-6121；www.rmts.bc.ca；3 Centennial Sq）和**皇家剧院**（Royal Theatre，见 680 页地图；☎250-386-6121；www.rmts.bc.ca；805 Broughton St）都上演主流戏剧作品。后者也是**维多利亚交响乐团**（Victoria Symphony，☎250-385-6515；www.victoriasymphony.bc.ca；票价 $19-60）和**维多利亚太平洋歌剧团**（Pacific Opera Victoria；☎250-382-1641；www.pov.bc.ca；票价 $25～100；⏲4 月到 10 月）演出所在地。从市中心步行 15 分钟即到，这座城市的 **Bel-fry 剧院**（见 678 页地图；☎250-385-6815；www.belfry.bc.ca；1291 Gladstone Ave）演绎着当代戏剧作品。

电影

城里主要的首轮影片是在 **Cineplex Odeon 影院**（见 680 页地图；☎250-383-0513；780 Yates St；门票 $8.25）放映的。艺术电影院位于**维克剧院**（Vic Theatre；见 680 页地图；☎250-383-1998；808 Douglas St；成人 / 儿童 $8.50/5.50）和 UVic's **Cinecenta 影院**（☎250-721-8365；www.cinecenta.com；University of Victoria；成人 / 儿童 $6.75/4.75）。皇家不列颠哥伦比亚博物馆 (Royal BC Museum) 的 **IMAX 剧院**（IMAX Theatre；见 680 页地图；☎250-953-4629；www.imaxvictoria.com；成人 / 儿童 $10.50/8.25）放映具有传奇色彩的纪录片。

购物

尽管 Government St 街有很多纪念品商店，正寻找更值得购买的东西的旅行者应该前往位于 Store 和 Government 之间的 Johnson St 街。最近被指定为“LoJo” (Lower Johnson)，这个古老城区有 40 个独立商店。

Smoking Lilly 商店（见 680 页地图；☎250-382-5459；569 Johnson St；⏲周四至周六 11am～5:30pm，周日和周一正午～5pm）LoJo 的招牌商店是挂满各种风格折中的衣服和配件的流行小店，以艺术学校学生喜爱的别致款式为主。抢手货是印有昆虫图案的头饰和裙子，但也有很多可爱的手提包、短袜和胸针诱惑着你的信用卡。

丝绸之路茶吧（Silk Road；见680页地图；☎250-704-2688；1624 Government St；🕑周一至周六10am～6pm，周日11am～5pm）爱茶的旅行者的朝圣之地，有加拿大茶和异国风味的茶。在这儿你可以买到各种各样的茶具，或沿着茶吧溜达，畅饮这里极富创意的茶水。令人惊奇的是，也有小的现场温泉，可以尽情享受热油按摩(oil treatments)和用香料按摩(aromatherapy)。

Artisan Wine Shop 葡萄酒商店（见680页地图；☎250-384-9994；1007 Government St；🕑10am～9pm）体现了不列颠哥伦比亚酿酒业的专业技术，这家受欢迎的商店陈列着米森希尔(Mission Hill)烈酒，它是奥卡纳根(Okanagan)最著名的产品之一。一个迷你小剧院带你参观这个过程，品尝酒吧会为那些喜欢在买前品尝的人提供试饮，出售给人印象深刻的陈年老酒。

Rogers' Chocolate 巧克力店（见680页地图；☎250-727-6851；913 Government St；🕑周日至周三9am～7pm，周四至周六9am～9pm）像博物院的糖果店有该城市最好的冰淇淋吧，但经常光顾的人通常花时间在花样众多的维多利亚冰淇淋单上，其中每一种都足以能够代替午餐。口味包括从胡椒薄荷(peppermint)到巧克力果仁(chocolate nut)。

Government St Public Market市场（☎250-598-2593；1600 Government St；🕑5月到9月周日）位于Government St大街的1600个街区，有小摊贩和街头表演者，夏天的周日，这里转变为熙熙攘攘的步行街市场。除了许多艺术小饰品和很多食品小摊——尽量早点去，避开拥挤的人群。

到达和离开

飞机

维多利亚国际机场（Victoria International Airport；见678页图中箭头所示；☎250-953-7500；www.victoriaairport.com），位于城市以北26公里处，经Hwy 17公路可达。**加拿大爵士航空公司**（Air Canada Jazz；☎514-393-3333，888-247-2262；www.aircanada.com）提供从温哥华($91起，25分钟，一天至少21班)起飞航班的服务，而**西捷航空公司**（Westjet；☎800-538-5696；www.westjet.com）从卡尔加里(Calgary)出发($180起，90分钟，一天5班)。两个航空公司都有航线穿越加拿大。

港口航空公司水上飞机（Harbour Air Seaplanes；☎604-274-1277，800-665-0212；www.harbour-air.com）整天都有从温哥华市中心($120，35分钟)到达内港的飞机。类似的**加拿大西海岸航空公司**（West Coast Air；☎604-606-6888，800-347-2222；www.westcoastair.com）从温哥华($119，35分钟)和惠斯勒($249，1小时)飞抵。

轮船

不列颠哥伦比亚渡运（BC Ferries；☎250-386-3431，888-223-3779；www.bcferries.com）从Swartz湾的Tsawwassen出发(成人/儿童/车辆 $10.30/5.15/34.20，90分钟)，经过Hwy 7公路，距维多利亚以北27公里。定期航班也从南海湾群岛(Southern Gulf Islands，见708页)出发。

维多利亚快速帆船（Victoria Clipper；☎250-382-8100，800-888-2535；www.clippervactions.com）的轮船从西雅图(US$69，3小时，一天3班以上)抵达内港。黑球运输（Black Ball Transport；☎250-386-2202；www.ferrytovictoria.com）也从Angeles港(Port Angeles；每人/每车US$11.50/44，90分钟，一天4班以上)出发，**维多利亚快运**（Victoria Express；☎250-361-9144；www.victoriaexpress.com）从Angeles港(US$12.50，1小时，一天4班以上)和桑胡安岛(San Juan Islands；US$35，3小时，一天1班)出发。

公共汽车

在城市主要的**公共汽车站**（见680页地图；700 Douglas St）停靠的有**加拿大灰狗运输公司**（Greyhound Canada；☎800-661-8747；www.greyhound.ca），从纳奈莫($18.75，2个半小时，一天6班)和阿尔伯尼港(Port Alberni，$35.85，4～6小时，一天3班)出发；还有来往频繁的**太平洋海岸运输**（Pacific Coach Lines；☎250-385-4411，800-661-1725；www.pacificcoach.com），从温哥华($37.50，3个半小时)和温哥华国际机场($43，4小时)出发。

小汽车和摩托车

Budget（见680页地图；☎260-953-5300，800-668-9833；www.budgetvictoria.com；757 Douglas St）

National（见680页地图；☎250-386-1213，800-227-7368；www.nationalvictoria.com；767 Douglas St）

火车

迷人的**VIA Rail铁路公司**（☎888-842-7245；www.viarail.com）的Malahat号列车从科特尼($49，4个半小时，一天1班)出发到达城里，在Johnson St Bridge附近，另外在纳奈莫、帕克斯韦尔(Parksville)和彻梅纳斯(Chemainus)及其他地方之间都设有站点。

四处走走

抵离机场

AKAL Airporter机场（☎250-386-2525，877-386-2525；www.victoriaairporter.com）有从机场到地区旅店

($15，30分钟)的往返小客车。这项服务迎合了机场飞进和飞出的航班的需求。比较而言，搭乘出租车到市区约花费$45，而乘坐70路公共汽车(75分钟，一天3～5班)只需花费$3。

自行车

维多利亚有许多交叉往返于城内和城外的自行车道。与**大维多利亚自行车协会**（Greater Victoria Cycling Coalition；见634～635页地图；☎250-480-5155；www.gvcc.bc.ca；12 Centennial Sq）联系，获取路线图和相关信息。如欲租赁自行车，可联系**不列颠哥伦比亚自行车租赁**（Cycle BC Rentals；见680页地图；☎250-380-2453，866-380-2453；www.cyclebc.ca；747 Douglas St；每小时/每天$7/24；⏲11月到次年2月9am～5pm，3月到10月9am～7pm）和**运动出租**（Sports Rent；见680页地图；☎250-385-7368；www.sportsrentbc.com；1950 Government St；2小时/每天$12/25；⏲周一至周四和周六9am～5:30pm，周五9am～6pm，周日10am～5pm）。

轮船

维多利亚港轮渡（Victoria Harbour Ferry；见680页地图；☎250-708-0201；www.victoriaharbourferry.com；门票$4起）色彩绚丽的浴盆大小的小船舰队覆盖了内港(Inner Harbour)、Songhees公园(Songhees Park，内有Spinnakers Brewpub酒馆)、Reeson's码头(Reeson's Landing，LoJo购物区)以及Gorge Waterway沿途的其他停靠点。

公共交通和出租车

维多利亚地区运输（Victoria Regional Transit；☎250-382-6161；www. busonline.ca）的汽车包括一些双层巴士——覆盖了城内和城郊广泛的地区。所有路线都需要1个区或2个区的票($2.25/3)，转乘时，60分钟内有效。日间通行证($7)可到便利店和百货商店购买。

著名的出租车公司有：

蓝鸟出租（Blue Bird Cabs；☎250-384-1155，800-665-7055）

黄色出租（Yellow Cab；☎250-381-2222，800-808-6881）

南温哥华岛 (SOUTHERN VANCOUVER ISLAND)

离维多利亚疯狂的人群并不远，南温哥华岛是有着离奇故事的休闲小城镇，那儿从来不缺树木林立的自行车道，码头徒步旅行小路和长在岩石上粗糙的奥里根白栎(Garry oaks)。这儿的野生动植物很丰富，给人留下深刻印象，你将很可能有幸看到翱翔在头顶的秃鹰(bald eagles)、海滩上跳跃的海獭或偶尔能见刚刚远离海岸的逆戟鲸(orca)。

萨尼奇半岛(Saanich Peninsula)及其周边

温哥华岛主要地区机场所在地，它比客运码头更忙碌，这座维多利亚的北半岛不仅仅是此处通往彼处的交通方式。拿一份《半岛时报》(*Peninsula Times*)，了解当地的传奇故事和事件，或顺便到悉尼(Sidney)附近的**萨尼奇半岛游客中心**（Saanich Peninsula Visitor Centre；☎250-656-0525；10382 Patricia Bay Hwy；⏲6月到9月8:30am～5:30pm）看看，获取一些建议和见解。

悉尼(SIDNEY)

在萨尼奇半岛(Saanich Peninsula)南端，面向海的悉尼是从维多利亚出发的一段令人心情放松的短程旅行。顺便到城镇西端的**游客中心**（☎250-656-3260；www.sidney.ca；2295 Ocean Ave；⏲6月到9月10am～2pm和4～7pm）看看，获得一些相关实用信息。

自称为"书城"（登录www.sidneybooktown.ca)，悉尼有杂乱无章的书店，包括**Tanner's书店**（☎250-656-2345；2436 Beacon Ave；⏲8am～10pm），它的旅游版块的图书很多，**Beacon Books书店**（☎250-655-5283；2372 Beacon Ave；⏲周一至周六10am～5:30pm，周日正午～4pm）有很多二手书，被一只肥胖的猫看守着。

海洋生态中心（Marine Ecology Centre；☎250-655-1555；www.mareco.org；9835 Seaport Pl；成人/儿童$4/3；⏲正午～5pm）阐述着远离海岸的野生动植物的故事。我们参观了漂浮在海上的游艇，据说它将被迁到悉尼码头宾馆(Sidney Pier Hotel)的新址。

你可以在**Sidney Spit**自行寻觅海洋动物。乘**轮渡**（☎250-655-4995；www.alpinemarineadventurecenter.ca；成人/儿童$12/10；⏲7月和8月10am～5pm，5月，5月、6月和9月周一至周五10am～3pm，周六和周日10am～5pm）一会儿就可以到达，这座多沙的岛屿是游泳、海滨戏浪和观鸟的好地方。

主宰着码头地区的新**悉尼码头宾馆和温泉**（Sidney Pier Hotel and Spa；☎250-655-9445，866-659-9445；www.sidneypier.com；9805 Seaport Pl；双/套房$159/299）融合了西海岸休息室的酷和海滩的柔和色调。许多房间都可以观看码头景色——多在同侧——每个房间墙上都挂有当地艺术品。楼下也有美味的餐厅，有它自己的茶艺师，休息室有不容错过的人造物品：大块头的海上牧者号(Sea Shepherd)"绿色和平"船。

街对面，更谦逊的**Sidney Waterfront Inn & Suites旅馆**（☎250-656-1131，888-656-1131；www.hotelsidney.com；9775 First St；双/套房$150起）提供大

而价格低廉的房间，一些房间配有小厨房，并可以观赏海洋景色。

如果你等不及烤鱼和马铃薯片，前往附近的**Pier Bistro Restaurant餐馆**（☎250-655-4995；2550 Beacon Ave；主菜 $9～12；🕑周一8:30am～5pm，周二至周日8:30am～8:30pm），在那儿可以看到极好的码头景色，品尝到以海鲜为主的菜肴——推荐牡蛎汉堡包(oyster burger)。

维多利亚地区运输（Victoria Regional Transit；☎250-382-6161；www.busonline.ca）的70路公共汽车全天都从维多利亚($3，1小时)出发来悉尼。

巴恰特花园(BUTCHART GARDENS)

实业家罗伯特·巴恰特(Robert Butchart)在这儿发现了丰富的石灰矿床，1904年选择了这块地方建混凝土工厂，他更懂美学的妻子詹妮(Jennie)则在此种植香豌豆和玫瑰花丛，尽管她对园艺知之甚少。一个多世纪之后，当年的混凝土工厂已经布满灰尘，但巨大、精巧修剪的**巴恰特花园**（Butchart Gardens；☎250-652-5256，866-652-4422；www.butchartgardens.com；800 Benvenuto Ave；成人/青少年/儿童 $25/12.50/3；🕑6月中到8月 9am～10:30pm，其他时间关门较早）已成为不列颠哥伦比亚省旅行者必到的首要目的地之一。

这座花园全年都有时时变化的色彩和质地，这块完美的土地被划分为分离的花园——安静的日本花园是我们的最爱。夏日里停满了旅游车，但一天下午和晚上的音乐节目演出和周六晚上的烟花(7月和8月)使它更有意义。热爱圣诞节的12月旅行者沉浸于冬天植物中。

维多利亚地区运输的75路公共汽车从维多利亚的巴恰特花园($3，50分钟，一天18班)和地区附近的站点出发。

维多利亚蝴蝶花园 (VICTORIA BUTTERFLY GARDENS)

在去往巴恰特花园的路上，考虑顺便拜访一下这个适合家庭收藏的**热带大型鸟舍**（tropical aviaries；☎250-652-3822，877-722-0272；www.butterflygardens.com；1461 Benvenuto Ave；成人/儿童 $11/5.75；🕑3月到5月中和9月到10月 9:30am～4:30pm，5月中到8月 9am～5:30pm），有35种在自由环境中飞翔的蝴蝶。除了看到数千种带翅膀的小生物外，旅行者还能了解它们的生活周期，也有幸目睹奇异的鸟类、鱼类和植物——留心听Spike——一种胖乎乎的秘鲁彩鹮(Puna ibis bird)鸣叫，它们很喜欢与旅行者聊天。

宇宙中心(CENTRE OF THE UNIVERSE)

尽管"加拿大国家研究院天文物理研究中心总部"(Headquarters of the NRC Herzberg Institute of Astrophysics)实际上并不能很容易地说出来，名字更好听的**宇宙中心**（Centre of the Universe；☎250-363-8262；5071 W Saanich Rd；成人/儿童 7pm前 $9/5，7pm后 $12/7；🕑3月到10月周二至周六3～11pm，11月到次年2月周六3～11pm）的解说中心应运而生。天文台山顶上的这个政府机构配有Plaskett望远镜(自1918年投入使用)，并有亲身实践展览和为天文爱好者所喜欢的天文馆。喜欢天文的旅行者可以参加周五和周六晚上举行的天文交流会(Star Party，5月到10月)，那时候天文学家冷静下来，卖弄他们的设备和探讨从小行星到零引力(zero gravity)主题。

金色小溪省级公园 (GOLDSTREAM PROVINCIAL PARK)

在环岛公路(Island Hwy)上，距离维多利亚约16公里，这座位于Malahat山(Malahat Mountain)山脚下景色优美的**公园**（☎259-474-1336；www.bcparks.ca）有利于你从一天的奔波中恢复元气。到处都是来自远古时代的雪松和潮湿的苔藓类植物，这里最出名的是大马哈鱼(chum salmon)的产卵季(10月末到12月)；还有被鱼儿引来的秃鹰，观鸟者们带着照相机来到这儿。你会在这儿找到不错的垂钓点和徒步路线，**游客中心**（Visitor Centre；☎250-478-9414；🕑9am～4:30pm）里还有自然史展览。偶尔还有关于人类历史与生态遗产方面的演讲。

飞雁徒步步道

从苏克以北开始，飞雁徒步步道(Galloping Goose Trail)——此名称来自20世纪20年代往返于这儿和维多利亚(Victoria)的燃气轮机动车——是一段长达55公里、在未受管制的铁路路基上开通的自行车道和人行道。如果你在结束维多利亚的自行车之旅后觉得不是很累，可以从萨尼奇半岛(Saanich Peninsula)到位于Lochside Regional Trail的悉尼，绕行29公里的路程。据说从列车车窗外可以看到最好的景色，这是事实。这条路将骑自行车者带出高速路，进入偏僻的乡村。你可以从**Capital Regional District网站**（☎250-478-3344；www.crd.bc.ca/parks）下载这两条线路的免费地图和指南。

Highway 14公路

沿着 Hwy 14 公路，绕过这座岛屿的西南端，你将穿过林木茂密的海岸地区，越走路越难走，当地旅游业竖起了这样的宣传牌："雨林与大海相遇的地方"，至少这样的宣传是写实的：这儿有林立的苍天大树和崎岖的码头，道路就像是翠绿的以自然为主题的野生动物园 (safari park)。除了驾车经过的社区，你还可以顺便拜访当地人——许多人拥有他们自己的 B&B 旅馆——也有一些很不错的徒步小路，正等着你在长途驾车后舒展舒展腿脚。

苏克(SOOKE)及其周边

自温哥华岛末端附近一直往西，道路两侧到处是苍天大树和丛生的灌木。房屋——多数是工匠厂房——似乎偷偷地藏在森林的隐蔽处，尽管给人幽灵般的感觉，这个地区有许多隐秘的魅力。顺便去**苏克地区游客中心**（Sooke Region Visitor Centre；☎250-642-6351，866-888-4748；www.sooketourism.bc.ca；2070 Philips Rd；⌚9am ~ 5pm）看看，以获取相关的实用信息。

和游客中心共用同一栋大楼（和通信设施）的**苏克地区博物馆** (Sooke Region Museum) 收藏古器物，讲述着该地区艰难的那些日子。

如你等不及户外活动，径直到**苏克洞穴省立公园**（Sooke Potholes Provincial Park；www.bcparks.ca），驾车从Hwy 14公路走约5公里(出口在苏克以东)。在最后一季冰川期，河床被雕蚀，形成众多的岩洞和壶穴(pothles)，它是游泳和戴水肺漂流(tube floating)运动的热门地，也是夏日野餐的理想选择。

对于徒步旅行者，**东苏克地区公园** (East Sooke Regional Park) 有一些很不错的小路。海浪拍打着悬崖绝壁，道格拉斯冷杉 (Douglas fir trees) 浓厚茂密的遮棚，到海滩走路不远，也有 10 公里的艰难小路。

苏克也是很受欢迎的飞雁徒步步道自行车道末端（参见上页框内文字）。从**苏克自行车**（Sooke Cycle；☎250-642-3123；www.sookebikes.com；6707 West Coast Rd；每小时 / 天 $5/20 起；⌚周一至周五 9am ~ 6pm，周六和周日 9am ~ 5pm）租辆自行车，在自行车道上转悠转悠。

你将发现沿路星罗密布的B&B旅馆，要去不列颠哥伦比亚省最令人愉快、最值得炫耀的落脚之处之一，前往Whiffen Spit和**Sooke Harbour House旅馆**（☎250-642-3421，800-889-9688；www.sookeharbourhouse.com；1528 Whiffen Spit Rd；套房 $399 ~ 479）。房间内摆满了油画、雕塑品和木雕等。28个房间中的一些有壁炉和蒸汽浴，所有房间都可以看到布满野生动植物的码头景致——留意跳跃的海獭和突然下降的电梯。

> **什么……**
>
> 继续前行，到达邓肯 (Duncan) 的考伊琴社区中心 (Cowichan Community Centre)，你将会撞到被遗弃的**世界上最长的冰球棍** (World's Largest Hockey Stick)，就斜靠在外面，似乎随时可能掉下击打到你的头部。长达 62 米、重达 2.8 万公斤的冰球棍，有巨大的橡皮圆盘，是为温哥华 1986 年世界博览会专门制作的。

你可以在旅馆有地方特色、相当不错的餐厅就餐，或在季节性的地下 **Smokin' Tuna Café 小餐馆**（☎250-642-3816；241 Beecher Bay Rd；主菜 $8 ~ 16；⌚5 月到 10 月周一至周三 11am ~ 6pm，周四至周日 11am ~ 8pm）就餐，那儿供应让人愉快的新鲜的鱼料理，还可以从阳光明媚的院子中观看无限的美景。

胡安·德富卡省立公园 (JUAN DE FUCA PROVINCIAL PARK)

47公里长的**胡安·德富卡海洋小路**（Juan de Fuca Marine Trail；www.juandefucamarinetrail.com）在**胡安德富卡省级公园**（Juan de Fuca Provincial Park；☎250-474-1336；www.bcparks.ca）里，与很受欢迎的西海岸小路(West Coast Trail，见698页)相接，是去温哥华岛的必经之路。从东到西，小路起点的入口有：中国海滩(China Beach)、Sombrio海滩(Sombrio Beach)、帕金森小溪(Parkinson Creek)和植物海滩(Botanical Beach)。

全程大约需花费 4 天时间——位于熊海滩 (Bear Beach) 和中国海滩之间的路程更艰难——如果你想走得容易一些，并不需要走完全程。留意，一些道路总是泥泞不堪，难以步行。

这条路上有几处偏僻的宿营地，可以在任何小路的起点支付宿营费用 ($5)。更受欢迎的是适合家庭的**中国海滩宿营地**（China Beach Campground；☎604-689-9025，800-689-9025；www.discovercamping.ca；宿营地 $14），有带坑卫生间和冷水水龙头，但没有淋浴。海滩西端有瀑布，推荐预订。

也需要预订**西海岸小路快运**（West Coast Trail Express；☎250-477-8700，888-999-2288；www.trailbus.com）往返于维多利亚、小道的起点和伦弗鲁港 (Port Renfrew) 之间 ($30 起，每个方向一天 1 班) 的小型公共汽车。

伦弗鲁港(PORT RENFREW)

地理位置很便利，位于胡安德富卡 (Juan de Fuca) 省级公园和西海岸步道之间，伦弗鲁港是两条线路的很不错的入口。淡季时，这里比较平静但经常会有暴风雨，夏日到处都是准备好或已恢复的徒步旅行小路。有几处很不错的地方可以补充能量或仅仅认识一些志同道合的朋友，当进入城镇时，值得顺便去左边的**游客中心**（www.portrenfrew.com；⌚5月到9月10am～6pm）看看。

如果准备了足够多的睡袋，你可以试试伦弗鲁(Renfrew)的**Trailhead Resort**（☎250-647-5468；www.trailhead-resort.com；17268 Parkinson Rd；套房/小屋$110/225），有汽车旅馆式休息室和一些双卧室小屋。它是长时间骑车后放松下来的好地方，提供烧烤野餐和热水浴。

吃完宿营地不加肉的意大利面后，稍事休息，附近的**Coastal Kitchen Cafe小餐馆**（☎250-647-5545；17245 Parkinson Rd；主菜$8～14；⌚5am～8pm）供应鱼沙拉和三明治，外加汉堡包和比萨饼。海鲜最受欢迎——特别是太平洋大蟹(Dungeness crab)和炸马铃薯片。经常可以看到徒步旅行者懒洋洋地躺在外面的野餐桌上。

考伊琴河谷(COWICHAN VALLEY)

沿着Hwy 1公路，迅速向维多利亚(Victoria)西北方向驶去，树木青翠的考伊琴河谷(Cowichan Valley)很适合探索，特别是如果你喜欢参观热情的农场和流行的葡萄酒酿造厂。该地区是考伊琴第一民族的家——这儿的多数城镇建于伐木搬运工业时期——一旦被森林吸引，推荐多日自行车远行。与**考伊琴旅游局**（Tourism Cowichan；☎250-746-1099，888-303-3337；www.visit.cowichan.net）联系，获取该地区餐饮和葡萄酒自行车道的路线图和相关信息。

邓肯(DUNCAN)
人口4900

一个古老的伐木搬运工业边区村落，现代的邓肯(Duncan)已经作为核心赋予它自己新生力量。对于旅行者，它是一个恢复元气、补充能量的地方，和当地人一起喝杯咖啡，或看看周围星罗棋布的50根五颜六色的图腾柱。

拜访**游客中心**（☎250-746-4636，888-303-3337；www.duncancc.bc.ca；381 Hwy 1；⌚4月中到10月中9am～5pm），了解有关它夏天免费导游步行道的信息。

如果你对原住民很好奇，可以前往**Quw'utsun' Cultural & Conference Centre文化和会议中心**（☎250-746-8119，877-746-8119；www.quwutsun.ca；200 Cowichan Way；成人/青少年/儿童$13/11/2；⌚4月中到9月周一至周五10am～5pm，周六和周日10am～4pm），了解雕刻、玻璃工艺和传统的鲑鱼制作方法。

此外，开车往北3公里到达**不列颠哥伦比亚发现中心**（BC Forest Discovery Centre；☎250-715-1113，866-715-1113；www.discoveryforest.com；2892 Drinkwater Rd；成人/儿童$11/6；⌚6月到8月10am～5pm，4月到5月和9月周四至周一10am～4:30pm），有先驱时代的建筑、伐木机械和流水线演示。

喜欢咖喱饭菜的人应该也留点时间顺便拜访**Spice Shack Eatery餐馆**（☎250-701-4230；248 Hwy 1；主菜$4～8；⌚11:30am～9pm），他们将许多当

温哥华岛出人意料的葡萄酒村庄

几年前考伊琴河谷地区开始将它自己宣布为温哥华岛的普罗旺斯(Provence)时，许多人侧目，但从那时到现在，葡萄酒假内行一直难以置喙。

"考伊琴"(Cowichan)在当地原住民方言中它的意思是"温暖的土地"，有着加拿大最长的葡萄生长季节，结合了理想的生长气候和肥沃的黏土土壤。到该地区的旅行者——特别是那些得到许可的自驾游旅行者经常迷失于多家葡萄酒酿酒厂中，他们渴望中途停留，在足够多的路边农场商店和乡村餐厅畅饮一番。

人们最喜欢的停留处包括：**Cherry Point葡萄园**（Cherry Point Vineyards；☎250-743-1272；www.cherrypointvineyards.com；840 Cherry Point Rd，Cobble Hill；⌚10am～5pm），生产令人啧啧称奇的黑莓葡萄酒；**Glenterra葡萄园**（Glenterra Vineyards；☎250-743-2330；3897 Cobble Hill Rd，Cobble Hill；⌚5月到9月11am～6pm，10月到次年4月周四至周一正午～5pm）生产有机产品；**Merridale Estate Cidery**（☎250-743-4293，800-998-9908；www.merridalecider.com；1230 Merridale Rd，Cobble Hill；⌚10:30am～4:30pm）有着令人动心的葡萄酒，共六种口味，也有一种新的白兰地酒(brandy)蒸馏技术。

如果有时间，可以在夏末参加为期3天的**考伊琴葡萄酒和烹饪节**（Cowichan Wine & Culinary Festival；☎888-303-3337；www.wines.cowichan.net），那时该地区的生产者将会以吸引人的方式陈列他们的美酒。欲获取更多该地区和整个温哥华岛葡萄酒酿造厂的相关信息，可登录www.wineislands.ca网站。

地风味的饭菜转化为传统的巴基斯坦风味。这儿一定要狼吞虎咽的饭菜包括巨大的综合酥炸蔬菜 (vegetable pakoras) 和桂皮泡米饭 (cinnamon-infused rice)，那是主要的亮点。

考伊琴湖(COWICHAN LAKE)及其周边

位于 Hwy 18 公路旁、邓青以西的考伊琴湖的码头城镇是探索这个地区的好基地。顺便拜访**游客中心**（☎250-749-3244；www.lakecowichan.ca；125-C South Shore Rd；🕒周二至周六 9am～5pm，周日和周一 10am～2pm），获得参观该地区的一些建议。

附近的 **South Shore Motel 汽车旅馆**（☎250-749-6482，888-749-6482；www.cowichanlakemotel.com；266 South Shore Rd；单/双 $50/65）提供一流但很舒适的房间（一些房间有小厨房），你可以沉浸在 **Shaker Mill 餐厅**（☎250-749-6350；72 Cowichan Lake Rd；主菜 $8～11；🕒8am～8pm）丰盛的饭菜中，提供家庭式特色菜，有几个院子，在那儿你可以观赏这个城镇的美景。

考伊琴湾(COWICHAN BAY)

不要被考伊琴湖迷惑，这幢着色明亮的建筑位于大海入口处，包括工匠厂房、令人称奇的餐厅和当地特色。顺便拜访提供美味食物的 **Hilary's Cheese Company奶酪店**（☎250-748-5992；1725 Cowichan Bay Rd；🕒周三至周六8am～6pm，周日8am～5pm）和**谷物面包店**（Grain Bread；☎250-746-7664；🕒周三至周六8am～6pm，周日8am～5pm）。

要想找时髦的店，坐下来享受美食，可以去 **Masthead餐厅**（☎250-748-3714；1705 Cowichan Bay Rd；主菜 $24～29；🕒5～10pm），那儿的海鲜料理有意大利熏火腿(prosciutto)包裹的鲷鱼，还有有趣的景观。补充能量后，躲在**海事中心**（Maritime Centre；☎250-746-4955；www.classicboats.org；1761 Cowichan Bay Rd；捐赠入场；🕒9am～黄昏）与当地艺术家聊聊天，谈谈海滨撒利希语族(Coast Salish)的雕刻、文化和船只制造。

卡玛纳瓦布朗省级公园 (CARMANAH WALBARN PROVINCIAL PARK)

拥有不列颠哥伦比亚最古老的居民，最后的成熟的云杉和雪松就在这座壮观但偏僻的**公园**（☎250-474-1336；www.bcparks.ca）中，它的历史超过了 1000 年。弥漫着一种古老而神秘的氛围，这里的小道维护得很好，很容易辨认方向：一旦你到了那儿，有一条半小时路程的小路带你沿着河谷与最高的树木谈心。

只有通过繁荣伐木道路才能进入：你将必须驾车到小道的起点。从考伊琴湖沿着南海岸路 (South Shore Rd) 到达尼蒂纳特主路 (Nitinat Main Rd)，左转。沿尼蒂纳特主路到尼蒂纳特交叉点 (Nitinat Junction)，然后顺着南主干线 (South Main) 向左转。继续行驶，过 Caycus 河桥 (Caycus River Bridge)，在桥南向右转沿着 Rosander Main 主路行驶 29 公里就到公园。这儿的基本宿营地可用，达尼蒂纳特湖 (Nitinat Lake) 的 Didtidaht 自然保护区 (Didtidaht Reserve) 有电话和加油站。

彻梅纳斯(CHEMAINUS)

人口 4500

1983 年最后一个锯木厂关闭，很小的彻梅纳斯变成不列颠哥伦比亚省处理衰退资源的模范社区。但是，它并没有屈从于慢性死亡，政府官员委托创作了关于当地历史的大型户外壁画，人们注意到还有 34 幅壁画和 13 件雕刻品被预订一空，新的旅游业已经诞生。查看**游客中心**（☎250-246-3944；www.chemainus.bc.ca；9796 Willow St；🕒5 月到 10 月 9am～5:30pm，11 月到次年 4 月周一至周五 9am～5pm 和周六 10am～4pm），获得壁画地图和相关实用信息。

徘徊在满是涂鸦的街道，你将路过摆满艺术品的流行商店和诱惑人的冰淇淋小店。在晚上，令人惊讶的大**彻梅纳斯剧场**（Chemainus Theatre；☎250-246-9800，800-565-7738；www.chemainustheatrefestival.ca；9737 Chemainus Rd；门票 $29～36）上演专业作品——多是流行剧本和音乐喜剧。

与剧场相互合伙——查问演出套餐——**彻梅纳斯节日旅店**（Chemainus Festival Inn；☎250-246-4181，877-246-4181；www.festivalinn.ca；9573 Chemainus Rd；房 $139～219；🅟）就像来自更大城镇的中等规模宾馆。房间设施一流，很舒适，许多房间都带有厨房。

在附近的 **Twisted Sisters Tea Room茶室**（☎250-246-1541；9885 Maple St；主菜 $5～12；🕒11am～11pm；💻）中与当地人挤在一起，它是喜欢清淡饭菜的旅行者和素食者很好的选择，瑞典式自助餐包括多种茶，周末有现场音乐和电影放映。

莱迪史密斯和耶洛角 (LADYSMITH & YELLOW POINT)

曾经是岛上煤炭和森林工业者光临的熙熙攘攘的中心，拥有坚固的殖民地建筑林立的第一大道 (First Ave)—— 一条陡峭的街道，古色古香的莱迪史密斯疲倦地沿着公园延伸至港口。古老的爱德华七世时代的银行和贸易交易大厅现在是艺术商品店和咖啡厅。

顺便拜访**游客中心**（☎250-245-2112，877-245-2112；www.ladysmithcofc.com；132-C Roberts St；

不列颠哥伦比亚

⌚6月到9月周一至周五9am～4pm，周六和周日10am～4pm，10月到次年5月周一至周五9am～4pm），打听一下历史团队游(historic tours)情况。如果你恰好8月份到这儿，顺便看看每年一次为期3天的**莱迪史密斯日**（Ladysmith Days；www.ladysmithdays.com），可能有幸看到当地人丰富多彩的社区庆祝活动。

从城镇中心下坡，**迁移海滩公园**(Transfer Beach Park)吸引着游泳爱好者和喜欢郊游的人们，宏大的古罗马式圆形剧场有夏日现场音乐演出。你也可以在**Sealegs Kayaking Adventures**（☎250-245-4096，877-529-2522；www.sealegskayaking.com；579 Hillview Ave；租金 每小时/天 $15.50/48，团队游 $39起）的帮助下，在水里活动，推荐满月游。

在莱迪史密斯以北短途旅行，可前往耶洛角路(Yellow Point Road)，穿过农场和被森林所覆盖的山谷，到达**Barton & Leier Gallery美术馆**（☎250-722-7140；3140 Decourcy Dr；免费入内；⌚4月到11月周四至周日11am～5pm），那儿有从旧货摊上发现的稀奇古怪的艺术品展示。

游览完这些地方后，如果你需要补充食物，可以顺便拜访该地区的**Crow & Gate酒吧**（☎250-722-3731；2313 Yellow Point Rd；主菜$8～12），一家英式酒吧，提供黑啤酒、肉馅饼，还有适合夏日畅饮的令人身心放松的花园。

纳奈莫(NANAIMO)

人口79 000

作为温哥华岛第二邋遢城市，纳奈莫永远都不会拥有维多利亚那样适于旅游的吸引力。但自从20世纪90年代"海港城"(Harbour City)从容涅槃后，市中心出现了一些环境不错的咖啡店、很值得一逛的独立商店和少数几个大饭店——在著名但极端的"纳奈莫酒吧"(Nanaimo bars)狼吞虎咽并不是你唯一的就餐处。这里有独立的轮渡服务，对于喜欢探险的人而言，这座城市是个便利的中心。

方位和实用信息

在内港后面，市中心的大部分商店在Commercial St街和Terminal Ave大道上，而小的旧市区(Old City Quarter)位于山上，被Fitzwilliam St街、Selby St街和Wesley St街包围。

Nicol St大街往南至Hwy 1公路和公爵角(Duke Point)渡船码头。一直往北，Terminal Ave大道岔路口：右边是斯图尔特街(Hwy 1公路)，到达起程湾(Departure Bay)渡船码头，而左边是Hwy 19A公路（环岛公路），是通往小岛方向的主要路线。

市中心信息中心（Downtown Information Centre；☎250-754-8141；www.nanaimodowntown.com；150 Commercial St；⌚周一至周五8:30am～4:30pm，周六11am～3pm）位于中央位置。

纳奈莫文化书店（Literacy Nanaimo Bookstore；☎250-754-8988；19 Commercial St；每小时$1；⌚周一至周六9am～5pm）在这儿上网很划算。

Nanaimo Maps & Charts书店（☎250-754-2513；8 Church St；⌚周一至周五9am～5pm，周六10am～4pm）出售不错的地图和旅游指南的书店。

纳奈莫地区综合医院（Nanaimo Regional General Hospital；☎250-754-2121；1200 Dufferin Cres）

邮局（☎250-267-1177；Harbour Park Mall；⌚周一至周五8:30am～5pm）

景点和活动

被暴风袭击过的滨水区**Piper's Lagoon Park潟湖公园**（3600 Place Rd）无疑是纳奈莫最著名的户外活动场所之一。带上野餐设施，看看悬挂在礁湖上的鸟类，穿过粗糙的奥里根白栎(Garry oak)树林或攀岩，有最好的景致。然后前往Shack岛(Shack Island)——你可以在退潮时漫步，但要时刻留意水位，否则你将需要乘船返回。它有历史上有名的老渔夫小棚，要携带他们自己的睡袋。

Newcastle岛海洋省级公园（Newcastle Island Marine Provincial Park；☎250-754-7893；www.bcparks.ca）提供野餐、骑自行车、徒步旅行和海滩，田园般的质朴，值得每个人花上一下午待在这儿。徒步或远足小路有很多，从可以漫步1公里长的小路到周长7.5公里的小路。可以乘坐10分钟的**渡船**（☎250-708-0201，877-297-8526；www.nanaimoharbourferry.com；成人/儿童$8/4；⌚4月到10月中）从内港到达。

有趣的**纳奈莫地区博物馆**（Nanaimo District Museum；☎250-753-1821；www.nanaimomuseum.ca；100 Cameron Rd；成人/青少年/儿童$2/1.75/0.75；⌚5月中到8月10am～5pm，9月到次年5月中周二至周六10am～5pm）俯瞰着城镇，探索了城市从原住民遗产到哈得孙湾公司时期的成长史。那儿有定期的临时展览。总在排长队。在我们参观后，城市中心的一座新建的时髦博物馆计划开放。

堡垒（Bastion；☎250-753-1821；Front和Bastion拐角；成人/儿童$1/免费；⌚6月到8月10am～4pm）由哈得孙湾公司于1853年建造。这座地标式加固城堡架起大炮来平息偶尔的骚乱。简短但吸引人的夏日典礼在中午时分为旅行者开放发射一种炮弹——即使只是聚苯乙烯"炮弹"仍可震掉你几根肋骨。

Wild Play Element Parks公园（☎250-716-7874，888-668-7874；www.wildplayparks.com；35 Nanaimo River Rd；成人/青少年/儿童$39/29/19；⌚3月到6月中周五到周一10am～6pm，6月中到8月每天10am～

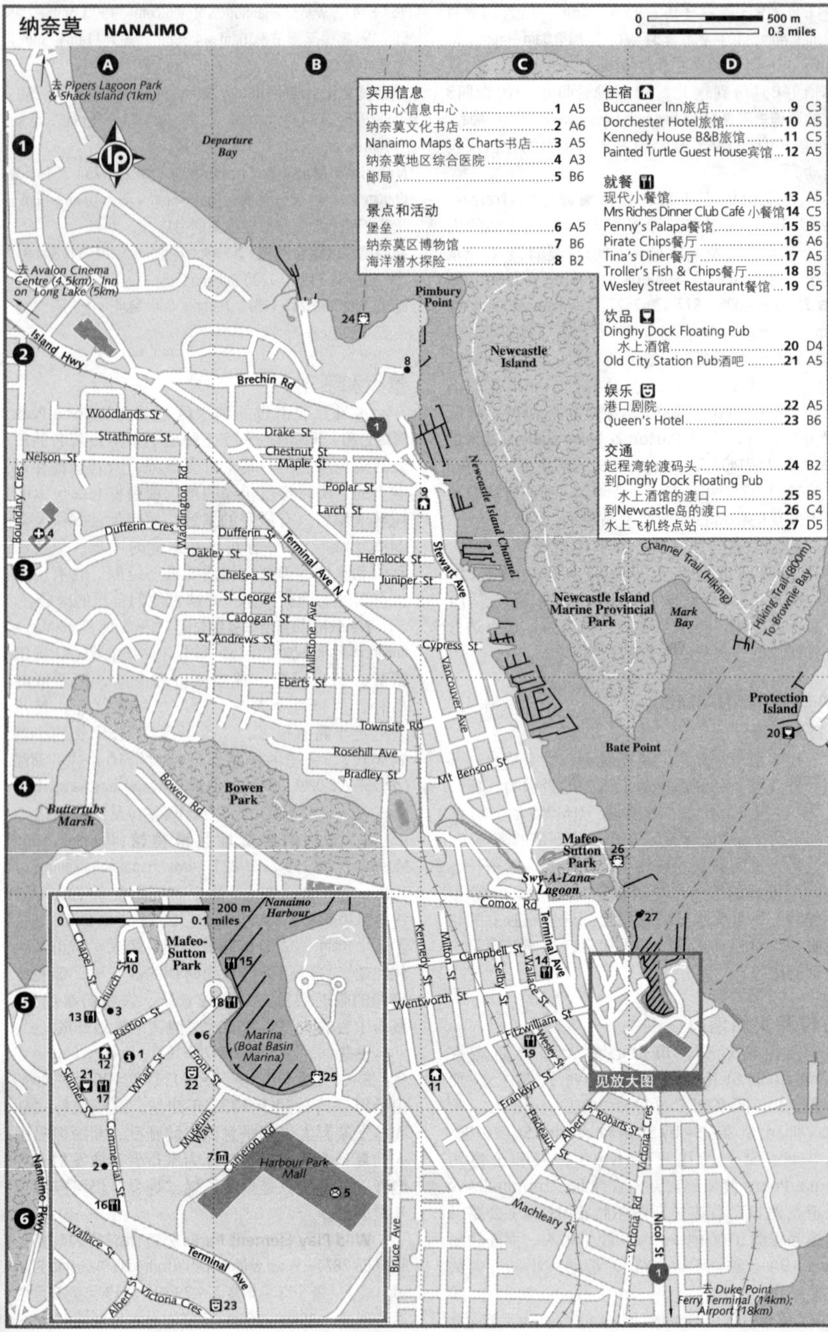

纳奈莫 NANAIMO
0 500 m
0 0.3 miles
实用信息
市中心信息中心 1 A5
纳奈莫文化书店 2 A6
Nanaimo Maps & Charts书店 3 A5
纳奈莫地区综合医院 4 A3
邮局 5 B6
景点和活动
堡垒 6 A5
纳奈莫区博物馆 7 B6
海洋潜水探险 8 B2
住宿
Buccaneer Inn旅店 9 C3
Dorchester Hotel旅馆 10 A5
Kennedy House B&B旅馆 11 C5
Painted Turtle Guest House宾馆 12 A5
就餐
现代小餐馆 13 A5
Mrs Riches Dinner Club Café 小餐馆 14 C5
Penny's Palapa餐馆 15 B5
Pirate Chips餐厅 16 A6
Tina's Diner餐厅 17 A5
Troller's Fish & Chips餐厅 18 B5
Wesley Street Restaurant餐馆 19 C5
饮品
Dinghy Dock Floating Pub 水上酒馆 20 D4
Old City Station Pub酒吧 21 A5
娱乐
港口剧院 22 A5
Queen's Hotel 23 B6
交通
起程湾轮渡码头 24 B2
到Dinghy Dock Floating Pub 水上酒馆的渡口 25 B5
到Newcastle岛的渡口 26 C4
水上飞机终点站 27 D5
去 Pipers Lagoon Park & Shack Island (1km)
Departure Bay
去 Avalon Cinema Centre (4.5km); Inn on Long Lake (5km)
Island Hwy
Brechin Rd
Pimbury Point
Newcastle Island
Newcastle Island Channel
Newcastle Island Marine Provincial Park
Channel Trail (Hiking)
Hiking Trail (800m) To Brownie Bay
Mark Bay
Protection Island
Bate Point
Woodlands St
Strathmore St
Nelson St
Boundary Cres
Waddington Rd
Drake St
Chestnut St
Maple St
Poplar St
Larch St
Dufferin Cres
Dufferin St
Oakley St
Terminal Ave N
Hemlock St
Juniper St
Stewart Ave
Chelsea St
St George St
Cadogan St
St Andrews St
Millstone Ave
Cypress St
Vancouver Ave
Eberts St
Townsite Rd
Rosehill Ave
Bradley St
Mt Benson St
Bowen Rd
Bowen Park
Buttertubs Marsh
Mafeo-Sutton Park
Swy-A-Lana-Lagoon
Comox Rd
Kennedy St
Milton St
Selby St
Terminal Ave
Campbell St
Wallace St
Wentworth St
Fitzwilliam St
Wesley St
Franklyn St
Pideaux St
Albert St
Robarts St
Victoria Cres
Machleary St
Victoria Rd
Nicol St
Bruce Ave
去 Duke Point Ferry Terminal (14km); Airport (18km)
见放大图
0 200 m
0 0.1 miles
Nanaimo Harbour
Chapel St
Church St
Bastion St
Skinner St
Wharf St
Front St
Marina (Boat Basin Marina)
Museum Way
Cameron Rd
Commercial St
Harbour Park Mall
Nanaimo Pkwy
Wallace St
Terminal Ave
Albert St
Victoria Cres

6pm，9月和10月周五至周一 10am ~ 6pm）之前的蹦极场所，被建于五棵大树间的越野障碍改造。一旦你套上蹦极绳，就可以体验绳索、索桥、隧道和泰山秋千(Tarzan swings)等活动的乐趣，每个都针对不同的水平。

对于戴水肺潜水的爱好者来说，纳奈莫(Nanaimo)提供了一些不错的潜水活动，**海洋潜水探险**（Ocean Explorers Diving；☎250-753-2055，800-233-4145；www.oceanexplorersdiving.com；1690 Stewart Ave；短途潜水 $60起）的工作人员能帮你到达那儿。受欢迎的短程旅行包括HMCS Saskatchewan号和长134米的布莱顿角(Cape Breton)号，世界上第二大专为潜水者准备的礁石。

住宿

Painted Turtle Guesthouse宾馆（☎250-753-4432，866-309-4432；www.paintedturtle.ca；121 Bastion St；宿 $24，房 $45～70；wi-fi）位于市中心，是节省预算的典范，有四张床位的宿舍和家庭房、单人间。红木地板和宜家家具居多，设施包括大而温馨的厨房、洗衣房和卫生间。可以通过前台预订当地的大量活动。

Buccaneer Inn旅店（☎250-753-1246，877-282-6337；www.buccaneerinn.com；1577 Stewart Ave；单/双/套房 $70/90/160；wi-fi）距离起程湾(Departure Bay)渡船码头很近，这家家庭运营的汽车旅馆有完美的白色油漆。整洁和整齐的入口将你带入以海洋为主题的房间，许多房间都有小厨房。如果你住进了奢侈的宽大房间，将有壁炉、齐备的厨房用品和等离子电视。

Kennedy House B&B旅馆（☎250-754-3389；kennedy house@shaw.ca；305 Kennedy St；房 $85～125）纳奈莫少数几家B&B旅馆之一，从市中心走路就可到达，这个经修缮的1913年建筑大厦雅致、安静，很适合成年人入住。它有两个有趣的房间，摆放着古董和现代廉价家具。宾馆提供味道很不错的早餐——煎蛋卷(omelets)是其特色。

Dorchester Hotel旅馆（☎250-754-6835，800-661-2449；www.dorchesternanaimo.com；70 Church St；房 $109～160；wi-fi）市中心的招牌宾馆是无与伦比的俯瞰海港美景之地。最近几年已经过修缮——新休息室在旧房间对面——但角落处的走廊并没有改变，也没有改变其历史特性。在每层楼的西南角仍是维多利亚女王时代风格的起居室。

Inn on Long Lake旅店（☎250-758-1144，800-565-1144；www.innonlonglake.com；4700 N Island Hwy；房/套房 $159/219；wi-fi）从起程湾渡船码头往北驾车10分钟，如果你感到有些厌倦，那么这个湖边的休闲之处可让你换换口味。有大房间，每个房间都有阳台，有许多令人愉快的事物以及一些房间有小厨房。它有桑拿浴、健身中心和漂浮在湖中的小船，还提供免费大陆式早餐。

就餐

Pirate Chips餐厅（☎250-753-2447；1 Commercial St；主菜 $4 ~ 7.50；周一至周三 11:30am ~ 10pm，周四 11:30am ~ 午夜，周五和周六 11:30 ~ 3am，周日正午 ~ 9pm）当地人原先到这儿来，就为吃到最好的炸薯条——同时推荐一流的咖喱饭菜，但他们不断地回到这家有时髦氛围和有趣个性装饰的餐馆。它是一个相当不错的午夜好去处：你甚至可以一直吃这里的大头鱼(poutine)和油炸巧克力棒——尽管不适宜一起选。

Mrs Riches Dinner Club Café小餐馆（☎250-753-8311；199 Fraser St；主菜 $5 ~ 11；周日至周五 11:30am ~ 8pm）如同踏入狂欢节连环漫画册，这个适合家庭的地方摆有各类纪念品（想象一下塞满很多玩具和汽车挡泥板）。尽管如此，食物仍是主要吸引人的点。很难抵制堆积如山的汉堡包——如果你有胆量，对付一下Mountain Burger——比萨饼和奶昔(milkshakes)很不错，会让你回味无穷。

Tina's Diner餐厅（☎250-753-5333；187 Commercial St；主菜 $6～9；周三至周五8am～3pm，周六8am～2pm，周日和周一9am～2pm）亲切的20世纪50年代的餐厅，提供纳奈莫最好的早餐。菜单提供从本勒狄蛋(eggs Benedict)到早餐菜卷，也为那些在中午之前仍然想躺在床上的人准备有大量的汉堡包、三明治和沙拉。周六和周日午餐时间有现场音乐演出。

Penny's Palapa餐馆（☎250-753-2150；10 Wharf St H Dock；主菜 $7 ~ 12；4月中到10月 11am ~ 9pm）流动的、花团锦簇的甲板小屋和院子漂浮在海港小船上，这个季节性珍宝很值得一看。它的创新、定价昂贵的菜肴包括特色海鲜——推荐那里的招牌菜，大比目鱼墨西哥玉米面豆卷(halibut tacos)——和一些风味素食。

Troller's Fish & Chips餐厅（☎250-741-7994；104 Front St；主菜 $8～13；11am～10pm）当地的传奇，这家有悠久历史的鱼和鱼片餐馆仍然在源源不断地供应着鱼和鱼片。总有当天新鲜捕获的海鲜出售——经常是从港口小船运来的鲑鱼或大虾。在甲板小屋里可以看到码头美丽的景色，它是观看漂过的海洋世界的理想之地。

现代小餐馆（Modern Café；☎250-754-5022；221 Commercial St；主菜 $9 ~ 19；9am ~ 11pm）一个经彻底改造后的旧咖啡厅，有砖砌装饰的舒适小屋。在阳光明媚的日子里，可以躺在院子中懒洋洋地晒太阳。菜肴包括各种各样的菜卷、汉堡包和三明治，费用高于标准饭菜费用，对于那些想要吃

西部最快的沐浴

1967年为纪念这个城市建城100周年首次设立，纳奈莫**国际性世界浴缸划船锦标赛**(International World Championship Bathtub Race；☎250-753-7223；www.bathtubbing.com)现已成为该地区夏天最吸引人的赛事。7月末，以海洋为主题为期4天的赛事包括集市(street fair)、游行和盛大烟火盛会，但最主要的赛事仍然是规模宏大的比赛，数百位老练水手跳进定制大小的浴缸中，艰难地划行58公里。环Entrance岛(Entrance Island)和Winchelsea岛(Winchelsea Island)航行，他们将在起程湾(Departure Bay)结束航程——如果他们能成功。作为助兴节目(de rigueur)，高速游艇还将进行90分钟短程比赛，有数千观众在海湾处等候，为这一壮观的赛事喝彩。浸泡在浴盆里永远也不会这样有趣。

点小吃的旅行者，有诱惑人的小盘菜肴可以选择。

Wesley Street Restaurant餐馆(☎250-753-6057；321 Wesley St；主菜$15～29；⏲周二至周六11:30am～2:30pm和5:30～10pm)就像从维多利亚移植过来的，这家从未过时的西海岸特色餐厅将明亮、艺术气氛浓重的氛围与使人愉快的菜肴结合在一起，久经世故的纳奈莫人渴望了很多年。原材料均来自本地，这意味着千变万化的特色菜肴，但在我们访问时，最喜欢是配大蟹马铃薯沙拉(Dungeness crab potato salad)的太平洋大比目鱼(Pacific halibut)。

饮品和娱乐

尽管市中心核心地带并非夜间活动的热点区域，然而位于纳奈莫的**Old City Station Pub酒吧**(☎250-716-0030；150 Skinner St)仍然是来一两杯啤酒的欢乐之地，地理位置很好。给人印象深刻的酒单很大一部分是加拿大烈酒，包括从Alexander Keith's和格兰维尔岛酿酒厂(Granville Island Brewing)生产的烈酒。这儿的菜肴也值得推荐，收费比一般酒吧食品收费标准要高。

如果你更想试试你晕不晕船，乘坐从海港出发的**轮渡**(☎250-753-8244；往返$4；⏲5月中到9月11am～午夜，10月到次年5月中11am～11pm)到著名的**Dinghy Dock Floating Pub水上酒馆**(☎250-753-2373；8 Pirates Lane)，这段航程包括防护岛(Protection Island)附近水域。与热闹的当地人挤在一起的好地方，周末也有现场音乐表演和标准酒吧经典菜肴。

该城市最好的现场音乐和舞会场所，**Queen's Hotel**(☎250-754-6751；www.thequeens.ca；34 Victoria Cres)举行各类现场节目和俱乐部夜间活动，包括从独立电影到爵士乐和乡村音乐。相反，**港口剧院**(Port Theatre；☎250-754-8550；www.porttheatre.nisa.com；125 Front St)上演现场戏剧。

纳奈莫人喜欢的当地电影院是有10块屏幕的**阿瓦隆电影中心**(Avalon Cinema Centre；☎250-390-5021；Woodgrove Centre，6631 N Island Hwy；门票$7.95)。

到达和离开

飞机

纳奈莫机场(Nanaimo Airport；☎250-245-2147；www.nanaimoairport.com)离城南18公里，在Hwy 1公路上。**加拿大西海岸航空公司**(Air Canada Jazz；☎514-393-3333，888-247-2262；www.aircanada.com)从温哥华($91起，25分钟，一天最多7班)飞抵这儿的航班。

频繁的**加拿大西海岸航空公司**(West Coast Air；☎604-606-6888，800-347-2222；www.westcoastair.com)水上飞机从温哥华($67.50，25分钟)和温哥华国际机场($55，20分钟)到达内港水上飞机终点站(Seaplane Terminal)。而**港口航空公司水上飞机**(Harbour Air Seaplanes；☎604-274-1277，800-665-0212；www.harbour-air.com)提供类似的服务(票价几乎一样)。

轮船

不列颠哥伦比亚渡运(BC Ferries；☎250-386-3431，888-223-3779；www.bcferries.com)从Tsawwassen出发(每人/每车$10.55/$35，2小时)到达公爵角，距离纳奈莫以南14公里。从西温哥华的马蹄铁湾出发(每人/每车$10.55/35，95分钟)到起程湾，途经Hwy 1公路距离市中心以北3公里。

公共汽车

加拿大灰狗运输公司(Greyhound Canada；☎800-661-8747；www.greyhound.ca)的公共汽车从维多利亚($18.75，2个半小时，一天6班)、坎贝尔里弗(Campbell River，$24.95，3小时，一天3班)、阿尔伯尼港(Port Alberni，$16.65，90分钟，一天3班)和托菲诺(Tofino，$35.85，3个半小时，一天2班)发车。

火车

一天一趟的**VIA Rail**(☎888-842-7245；www.

viarail.com）的 Malahat 号列车从维多利亚（$26.50，2个半小时）、帕克斯韦尔(Parksville，$16，35分钟）和科特尼 (Courtenay，$26.50，2 小时）以及其他站抵达。

四处走走

海港周围的纳奈莫市区很容易走路到达，但因为城市在向外扩展，需要有车，或有双非常强健有力的骑车的腿。注意，这儿的出租车很贵。

纳奈莫地区运输（Nanaimo Regional Transit；☎250-390-4531；www.rdn.bc.ca；一次旅游/日间通行证 $2.25/5.75）沿港口公园大厦(Harbour Park Mall)西面的Gordon St街停靠。2路车去起程湾(Departure Bay)轮渡站；没有公共汽车到公爵角(Duke Point)。

纳奈莫港口运输（Nanaimo Seaporter；☎250-753-2118；从起程湾 / 公爵角起程 $8/16）从两个渡运站向城里提供门对门的公共汽车服务。

想叫出租车的话，致电 **AC 出租**（AC Taxi；☎250-753-1231）。

欧申赛德(OCEANSIDE)及其周边

位于帕克斯韦尔和Qualicum海滩适合家庭的海边城镇，加上处于Coombs的周边地区，**欧申赛德**（☎250-248-6300，888-799-3222；www.oceansidetourism.com）比纳奈莫更靠近岛的东端。对于那些大陆来的，特别是对没带孩子的旅行者来说，它是一个很受欢迎的、低调的住所。

景点和活动

Coombs Old Country Market 市场（☎250-248-6272；www.oldcountrymarket.com；2326 Alberni Hwy，Coombs；🕑9am ~ 6pm）是美术馆、专卖流行衣服的小商店和小饰品商场的乡村所藏地，居于有各种面包店的大食品商场之中，生产的东西将会让你准备来一次即兴野餐。在夏日大多数旅行者会花时间欣赏蓝天：有人在大楼的房顶上牧羊。

世界鹦鹉庇护所（World Parrot Refuge；☎250-248-5194；www.worldparrotrefuge.org；2116 Alberni Hwy，Coombs；成人 / 儿童 $12/8；🕑10am ~ 4pm）援救被囚禁的鸟类并照顾它们，直到它们恢复健康。这个杰出的教育机构认为鹦鹉不是宠物。在接受邀请时戴上你的耳塞，漫步在围栏中，每个围栏中都有正在康复（和非常吵闹）的活跃鸟类。路过时，如果听到一些鸟快活地喊着“你好”时，一定不要感到惊奇。

不列颠哥伦比亚唯一的野生动植物园世界知名，**北岛野生生物康复中心**（North Island Wildlife Recovery Centre；☎250-248-8534；www.niwra.org；1240 Leffler Rd，Errington；成人 / 儿童 $3/2；🕑3 月中到 10 月 9am ~ 5pm）是迷人的“自然博物馆”，从帕克斯韦尔驾车一会儿就到。它拥有杰出的西海岸动物和它们的习性展览。致力于治疗送上门生病或受伤的动物，也为有鹰和黑熊积极复原项目准备的设施。

霍纳湖洞省立公园（Horne Lake Caves Provincial Park；☎250-248-7829；www.hornelake.com；团队游 成人 / 儿童 $17/15 起；🕑7 月和 8 月 10am ~ 5pm，淡季预约安排）离帕克斯韦尔 45 分钟车程（走 Hwy 19 公路科特尼方向，然后在 75 号出口出来，在碎石路前进 12 公里），但它作为不列颠哥伦比亚省最好的洞穴探险之地当之无愧。向公众开放两个洞穴，供自我探险，或可以参加有导游带领的导游团，游览壮观的河湾洞穴 (Riverbend Cave)——留心“嚎叫的狼”和“微笑的佛”。

食宿

Riverbend Resort & Campground宿营地（☎250-248-3134，800-701-3033；www.riverbendresort.bc.ca；1-924 E Island Hwy，Parksville；宿营地/小屋/圆顶帐篷 $20/129/129；💻wi-fi）在树林中安置的一个有趣、休闲适合家庭的宿营地，它拥有为那些没有带帐篷的旅行者准备的舒适木制小屋。更好的是三个圆形帐篷，配备浴室、厨房、双人床和等离子电视。宿营地还有浴室、洗衣房和操场。

Free Spirit Spheres（☎250-757-9445；www.freespiritspheres.com；420 Horne Lake Rd，Qualicum Bay；小屋 $100 ~ 150）用绳索悬挂的高高的木制天棚，这两个圆形树上小屋——被称为 Eryn 和 Eve——可通过螺旋状木制楼梯上去。就如同睡在船舱中，木制内部装饰包括碗碟橱、冷水器，两个树上小屋中较大的 (Eryn) 有微波炉。有地平面厕所，加上附近房间的完整浴室。

Blue Willow Guest House旅馆（☎250-752-9052；www.bluewillowguesthouse.ca；524 Quatna Rd，Qualicum Beach；单/双/套房 $105/115/125）一幢令人惊奇的宽敞维多利亚女王式村舍，这家有趣的B&B旅馆有摆放了很多书的休息室、露在外面的横梁和芬香的乡村花园。两个房间和一个摆放有古董的独立套房，每个房间都非常温馨，给人一种家的感觉。注重细节在美味的早餐中得以体现：在温室中用早餐，伴有令你都想吮指的自家烤制料理。

Tigh-Na-Mara Resort度假胜地（☎250-248-2072，800-663-7373；www.tigh-na-mara.com；1155 Resort Dr，Parksville；房 $149起；🅿）旅行者的最爱，位于翠绿的森林和有趣的海滩延伸部分。旅馆房间、村舍和公寓大厦都有，每种都有着乡村别致的氛围。即使你不待在这儿，也要推荐Cedar Room餐厅以及温泉——有人工洞室——是岛上最大的温泉之一。

Fish Tales Café小餐馆（☎250-752-6053；3336 W Island Hwy，Qualicum Beach；主菜 $9～16；⏰5～10pm）这个Qualicum的一员看起来好像是老式英国茶馆，但许多年来一直以其无与伦比的烤鱼和马铃薯片吸引着旅行者。尝尝未经油炸的菜肴——推荐够两个人吃的扇贝(scallops)、小虾、烟熏鲑鱼和蚌类，如果你足够早到达，就可以在花园内用餐。

Shady Rest酒吧（☎250-752-9111；3109 W Island Hwy，Qualicum Beach；⏰8am～10pm）是位于该地区主要的贝壳海滩上的休闲社区酒吧，这个随意的处所很受当地人和旅行者的欢迎。随便拜访一些酒吧美食和喝几杯啤酒或前往稍微迎合高层次消费者水平的餐厅，那儿的鱼、牛排和意大利面食不错。也有丰盛的周末早午餐。

到达和离开

加拿大灰狗运输公司（Greyhound Canada；☎800-661-8747；www.greyhound.ca）的汽车从维多利亚($24.95，3个半小时，一天5班)、纳奈莫($5.80，40分钟，一天6班)、托菲诺($28.05，3小时，一天2班)和坎贝尔河(Campbell River，$17.90，2小时，一天3班)抵达帕克斯韦尔。同样的公共汽车服务着Qualicum湾，时间和费用类似。

每天，**VIA Rail铁路公司**（☎888-842-7245；www.viarail.com）的Malahat号列车火车从维多利亚($33，3小时)、纳奈莫($16，35分钟)和科特尼($19，70分钟)，还有从其他地方出发、到达帕克斯韦尔的班次。同样的公共汽车也开往Qualicum湾，时间和费用类似。

阿尔伯尼港(PORT ALBERNI)

人口 18 700

尽管关键的捕鱼业和森林部门在近十多年来有所衰退，阿尔伯尼——位于温哥华岛最长的小港之首——在慢慢将它自己发展成为旅游胜地。原住民和先驱建筑的双重因素，加上很容易到达的真实的自然荒地景观，使之成为远离老一套游览线路的旅行者理想的选择。欲获取更多相关信息，与**阿尔伯尼谷游客中心**（Alberni Valley Visitor Centre；☎250-724-6535；www.avcoc.com；2533 Redford St；⏰5月中到8月8am～6pm，9月到次年5月中周一至周五9am～5pm，周六和周日10am～2pm）联系。

景点和活动

在帕克斯韦尔和阿尔伯尼港之间，环境保护者们的精神之家，**神圣树林**（Cathedral Grove；☎250-248-9460）是**麦克米伦省级公园**(MacMillan Provincial Park)的神秘亮点。夏天旅行者经常过多——当他们在你前面奔跑着穿过公路时，自驾车的你不要撞倒他们——容易到达的森林小路穿过浓密的植物丛，可以瞥到一些不列颠哥伦比亚省最古老的树木，包括长达一个世纪的道格拉斯冷杉，直径大于3米。试试张开双臂抱一下它。

建立在各类原住民和先驱时代基础上的展览——包括19世纪迁移到这里的中国移民展——**阿尔伯尼谷博物馆**（Alberni Valley Museum；☎250-723-2181；www.alberniheritage.com；4255 Wallace St；捐赠入内；⏰周二至周六10am～5pm，周四至8pm）是当地一个超小的博物馆。西海岸小路(West Coast Trail)迷人的路段展示了这条路为何是那些遇难船只受害者的救生之路，那些船只在这儿的海面上搁浅——这里曾经被称为"太平洋墓地"(Graveyard of the Pacific)。

罗斯女士海洋服务（Lady Rose Marine Services；☎250-723-8313，800-663-7192；www.ladyrosemarine.com；5425 Argyle St；往返$40～64；⏰周二、周四和周六8am起程）是与巴克利海湾(Barkley Sound)的海水相遇的最好方式。两个传统的定期客轮——罗斯女士号轮船(MV Lady Rose)和弗朗西斯巴克利号轮船(MV Frances Barkley)——从阿尔伯尼(Alberni)的Argyle码头(Argyle Pier)起程。沿途船会停下来递送邮件和物资，游程是有趣的一日景色远足游，以及从从西海岸小路北端的Bamfield返回的实用方式。

为活跃分子提供的一站式机构，**Batstar Adventure Tours公司**（☎250-724-2050，877-449-1230；www.batstar.com；4785 Beaver Creek Rd）会为你安排从有导游带领的自行车游荒野到多日布罗肯群岛(Broken Group Islands)爱斯基摩划子游中的每项活动。如果时间有问题，可以参加为期半天的爱斯基摩划子海港游($59)，或沿着废弃的铁路线进行20公里长的河流和森林自行车游($79)。

Choo Kwa Ventures公司（☎250-724-4006，866-294-8687；www.chookwa.com；4550 Victoria Quay；团队游成人/儿童$35/17起）提供沿Somass河(Somass River)真正的3小时独木舟游，你可以沉浸在该地最浓重的原住民文化遗产当中。你可以划桨，或仅仅坐下休息，听听当地的Hupacasath人讲述古老的故事和吟唱古老歌曲。如果你幸运的话，可能会看到一两只饥饿的熊在河岸上盯着你。

食宿

Fat Salmon Backpackers背包客旅馆（☎250-723-6924；www.fatsalmonbackpackers.com；3250 Third Ave；宿$21～25；⏰4月到9月；wi-fi）由精力充沛、超级热情的所有者运营，这家时髦、折中的背包客连锁旅馆有四张到八张床位的房间，

有着像“荷兰籍纽约人”(Knickerbocker)和“胭脂鱼房间”(Mullet Room)这样的名字。有大量的图书可供阅读、免费热饮，以及配有很多器具的厨房。一定要对友好的看门狗莉莉(Lily)说“你好”。

Alpine Springs Farm & B&B农场和旅馆(☎250-724-6841；info@alpinesprinsgfarm.ca；6860 Desmond Rd；双 $85)保证你在城镇边缘这个小消闲农场会受到友好的欢迎，被有芬芳的花朵和小瀑布的工业美景环抱。农场主要的产品是有机蔬菜和虹鳟鱼(Rainbow trout)。早餐也有益健康，两个房间有迷人的乡村感觉。

Hummingbird Guesthouse旅馆(☎250-720-2111，888-720-2114；www.hummingbirdguesthouse.com；5769 River Rd；套房 $125-160；wi-fi)有四个大套房和一个大平台(配有热水浴盆)，这家现代的B&B旅馆有像在家里一样舒适和自在的感觉。在两层楼的每层都有公用厨房，但要真正做一顿早餐会花费好几个小时。每个套房都有卫星电视，其中一个有桑拿浴，也有适合十几岁的小孩玩的游戏。

Blue Door Café餐厅(☎250-723-8811；5415 Argyle St；主菜 $4~9；⏲6:30am~8:30pm)吸引着早起的阿尔伯尼渔民，这个在隐蔽处狭小简陋的餐厅是传统的家庭式好去处。不要麻烦寻找牛奶什锦早餐(muesli)——这个地方有的就是厚厚的薄饼、牛排鸡蛋和咖啡，那能唤醒冬眠的灰熊。如果你回来吃午餐，你将会吃到碎肉汉堡包或汤和三明治套餐。

Clam Bucket 餐厅(☎250-723-1315；4479 Victoria Quay；主菜 7~12；⏲周一至周四 11am~9pm，周五和周六 11am~10pm，周日 11am~8pm)无可非议地以新鲜捕捉的海鲜出名——试试法式黑牡蛎(Cajun-style blackened oysters)——它也供应似乎不可能出现的宴飨，如日本鸡翅和鼓鼓囊囊的美味汉堡包。朴实的橙蓝相间的室内颜色增添了随意的气氛，或者你也可以在天井里用餐，欣赏港口全景。

到达和离开

加拿大灰狗运输公司(Greyhound Canada；☎800-661-8747；www.greyhound.ca)的汽车从维多利亚(Victoria，$36，4个半小时，一天3班)、纳奈莫($16.65，90分钟，一天3班)、托菲诺(Tofino，$21.70，2小时，一天2班)和帕克斯韦尔($8.95，50分钟，一天3班)抵达。

环太平洋国家公园保护区 (PACIFIC RIM NATIONAL PARK RESERVE)

波浪冲击的海岸、薄雾笼罩的丰富树木使**环太平洋国家公园保护区**(Pacific Rim National Park Reserve；☎250-726-7721；www.pc.gc.ca/pacificrim；公园门票 成人/儿童 $6.90/3.45)成为不列颠哥伦比亚最受欢迎的户外景点。这个占地5万公顷的公园包含北方的长滩区(Long Beach Unit)，在托菲诺(Tofino)和尤克卢利特(Ucluelet)之间；巴克利海湾(Barkley Sound)的布罗肯群岛(Broken Group Islands)；南边有一直很受欢迎的西海岸小路(West Coast Trail)。

初次到这儿的旅行者应该去**环太平洋游客中心**(Pacific Rim Visitor Centre；☎250-726-4600；www.pacificrimvisitor.ca；2791 Pacific Rim Hwy；⏲3月中到6月和9月 9am~5pm，7月和8月 9am~7pm，10月到次年3月中周四至周日 10am~4pm)看看，获取探索这个奇特地区所需的地图和建议。

长滩区(Long Beach Unit)

最吸引旅行者的一部分，长滩区沿环太平洋公路(Pacific Rim Hwy)驾车很容易到达。宽广的沙滩、难以驾驭的海浪、许多冲击海滩的巨浪隐蔽处和古老雨林的现存博物馆，也是旅行者叹为观止的主要原因所在。

Wickaninnish说明中心下(Wickaninnish Interpretive Centre；⏲3月中到10月中 9am~6pm)以 Nuu-chah-nulth 部落一个首领的名字命名，可以去这个中心观看有关地区自然历史与原住文化的吸引人的展览。

如果你有意散散步，可以考虑下列这些小路之一，睁大眼睛留意突然俯冲的秃鹰和吓人的大香蕉蛞蝓(banana slugs)。在该地区所有的小路上都要注意安全防范：小心地踏过光滑的表面，永远不要背对着恶作剧的海浪。

沿着沙质海岸可以观赏**长滩**(Long Beach)美丽的景色(很简单)。

雨林小路(Rainforest Trail)穿过成熟生态林的两条讲解环线(1公里；中等)。

纵帆船小路(Schooner Trail)穿越可以到达海滩的古老再生林(1公里；中等)。

Shorepine Bog 环绕着多层泥沼的沼泽(800米；很简单，轮椅者可以进入)

南海滩小路(South Beach)穿越树林到鹅卵石海滩(800米；简单到中等)。

云杉边缘小路(Spruce Fringe Trail)环形小路，沿途有耐寒的西特喀云杉林(Sitka spruce)(1.5公里；中等)。

Wickaninnish Trail 小路海岸线和森林小路(2.5公里；简单到中等)。

食宿

位于环太平洋公路上尤克卢利特和托菲诺之间的**Green Point宿营地**(Green Point Campground；☎250-689-9025，877-737-3783；www.pccamping.ca；宿

营地 $20.80；⌚3月中到10月中）鼓励许多新宿营者在星空下体验的第一个宿营之夜。夏天确实很受欢迎(预订)，105个帐篷套房位于被森林覆盖的梯田上，有小路进入海滩。只能期待相当基础的设施；龙头是冷水，但卫生间还不错。

你可以在**Wickaninnish Restaurant餐馆**（☎250-726-7706；主菜 $10~22；⌚11:30am~10pm）饱餐一顿，以慰劳已经经历的艰苦跋涉，你可以看到非凡的海浪景致，并尝到新鲜捕获的海鲜。如果你只是路过，顺便拜访一下他们的**Beachfront Café小餐馆**（小吃 $3~5；⌚3月到9月9am~6pm），点小吃或来一个冰冷的Wickaccino。

到达和四处走走

Tofino Bus（☎250-725-2871，866-986-3466；www.tofinobus.com）的"海滩巴士"(Beach Bus)在托菲诺信息中心(Tofino Info Centre)和尤克卢利特(Ucluelet)灯塔之间运送乘客，一天多至4班(单程 成人/儿童 $10/5)，中途停靠长滩、格林角宿营地(Green Point Campground)和Wickaninnish中心(Wickaninnish Centre)。

布罗肯群岛区 (Broken Group Islands Unit)

由约300个岛屿和分散在巴克利海湾入口周围方圆80平方公里的岩石组成，布罗肯群岛是一个平静的自然荒野，被来此访问的爱斯基摩划子者所喜爱——特别是那些喜欢近距离观察灰鲸、海港海豚(porpoises)和多种多样鸟类的旅行者。在这儿航海需要指南针，除非你喜欢划桨去夏威夷(Hawaii)。

如果你打算小路之游，**罗斯女士海洋服务**（Lady Rose Marine Services；☎250-723-8313，800-663-7192；www.ladyrosemarine.com）能够载着你和你的爱斯基摩划子前往Sechart Whaling Station Lodge。从那儿，受欢迎的划桨游包括值得推荐的直布罗陀岛(Gibraltar Island)，乘爱斯基摩划子1小时可以到达。它有一个隐蔽的宿营地和许多探险海滩。威尼斯岛(Willis Island，距离Sechart 90分钟）也很受欢迎。它有一个宿营地，在低潮时，你可以在附近的岛屿上闲逛。

在Sechart宿营每晚上需要 $9。如果你决定待的时间更长些，工组人员在地区巡逻，留意周边的动静和收取额外的费用。

如果你自己的爱斯基摩划子不适合出游，可以在Sechart Whaling Station Lodge租用一个(一天$35到$50)。值得选择的**布罗肯群岛探险**（Broken Island Adventures；☎250-728-3500，888-728-6200；www.brokenislandadventures.com）出租爱斯基摩划子，也有受欢迎的环绕该地区的3小时机动船游(成人/儿童$72/26)。

罗斯女士海洋服务在6月中旬到9月中旬每周有3班到6班轮船出发前往Sechart($32，3小时）和Bamfield($29，2个半小时）。另外，公司也为乘客提供地区游艇服务和爱斯基摩划子服务($35起）。

西海岸小路区(West Coast Trail Unit)

从2006年年末破坏性的风暴中缓慢地恢复过来——来过几次的徒步旅行者会从大片地区中注意被吹倒的树——传奇的75公里长的**西海岸小路**(West Coast Trail）在1907年首次建成，是北美最出名，也是走起来最辛苦的徒步小路之一。在试试这条道之前，有两件事是必须知道的：你会受一些苦，但你还会想再来一次。

在**Pachena湾**（Pachena Bay；☎250-728-3234；⌚5月到9月9am~5pm）的西海岸小路信息中心(WCT Information Centres)之间蜿蜒，靠近北端的Bamfield，和**戈登河**（Gordon River；☎250-647-5434；⌚5月到9月9am~5pm），靠近南边的伦弗鲁港(Port Ren-frew)，大多数徒步旅行者要花5天到8天的时间来完成整个路线。由于南端更困难，很多徒步旅行者宁愿从北端来走，这段路程容易一点。

只有从5月到9月，小路才能进入，一天只能有26个过夜的背包客。所有的过夜者都必须支付小路使用费用($130)和在途中会遇到的两个轮渡交叉口的费用($30)。高度推荐**预订**（☎250-387-1642，800-663-6000；费用 $25），从每年的3月1日起预订。

有些许可会按照一天的等待名单系统来分配：一天26个许可证中的5个会在下午1点钟保留，按照先到先得的原则，向小路末端初来者提供。如果你赢得了这次抽彩，就可以开始那天的徒步旅行——但是在你有这个运气前，可能得等待好几天。

它的目标群体并不是初学者：你必须有能力应付崎岖的地形、岩石阶梯、河流交叉口和不利的天气，完成这条小路的穿越。做好准备阅读潮汐表、废水的处理和煮沸和烹饪——你将需要携带你需要的所有食物——在一个轻量级背包炉中。徒步旅行者可以在沿路任何指定的地方宿营，多数有太阳能堆肥厕所。

如果你不打算一路走到底，可以从Pachena湾(Pachena Bay)走上一天或者一半的路程，Pachena湾被认为是更容易走的一段。走完小路这段的过夜徒步旅行者可以从达尼蒂纳特湖离开。日间徒步旅行者被允许从每个端口出发，但是需要免费的日间许可证，可从注册中心获取。

西海岸小路快运（West Coast Trail Express；☎250-

477-8700，888-999-2288；www.trailbus.com）5月到9月期间，每天从维多利亚(Victoria，$65，6小时)、纳奈莫(Nanaimo，$65，4小时)和阿尔伯尼港(Port Alberni，$45，2个半小时)抵达Panchena湾(Panchena Bay)。还有从维多利亚（$45，2个半小时)、Bamfield($60，3个半小时)和Panchena湾($60，3小时)抵达戈登河(Gordon River)的车。

托菲诺(TOFINO)及其周边

最近几年，很快由一个嬉皮士住所转变为装备有高端设备的舒适城镇（它像是温哥华岛的惠斯勒），托菲诺是该地区最受人欢迎的住所。毫不令人惊讶的是，冲浪爱好者和其他旅行者会一直回来：排满了很多活动和享有极好的海滩，托菲诺坐落在克拉阔特松德(Clayoquot [clay-kwot] Sound)之上，被森林覆盖的护堤从翻滚的波浪中崛起，波浪拍打着海岸线，是多么生动的景观。向城镇南部短途驾车，**游客中心**（☎250-725-3414；www.tourismtofino.com；1426 Pacific Rim Hwy；⏰5月到9月 10am～6pm）有关于该地区住宿、徒步旅行小路和热点冲浪地区的详细信息。

景点

看看沿海温和的雨林，探索**托菲诺植物园**（Tofino Botanical Gardens；☎250-725-1220；www.tbgf.org；1084 Pacific Rim Hwy；3日门票 成人/青少年/儿童 $10/6/免费；⏰9am～黄昏）的植物群和动物群，有青蛙池塘、森林木板铺成的散小路、本地植物以及正在进行的车间和田间旅行项目。不开车的旅行者可以享受$1的折扣。

如果你想了解更多关于克拉阔特松德复杂的生态系统的知识，顺便拜访一下**Raincoast解说中心**（Raincoast Interpretive Centre；☎250-725-2560；www.tofinores.com；451 Main St；⏰5月中到9月周三至周日 正午～5pm），有它自己的互动性展览和知识渊博的员工——他们能够使你对该地区的餐馆进行一次有启发的教育。门票和项目免费，但会感谢旅行者的捐赠，你也可以通过购买几份相当不错的小路指南来支持他们的工作。

温泉湾(Hot Springs Cove)是**马金纳海洋省级公园**（Maquinna Marine Provincial Park；☎250-474-1336；www.bcparks.ca）的亮点，是旅行者最喜欢的从托菲诺出发的一日游目的地之一。平静的徒步旅行者可以乘坐Zodiac的船或水上飞机到达，并沿途观赏鲸和其他海洋生物。到了船靠岸的码头，有条2公里的木板路通往一系列自然温泉。

从薄雾中依稀可见、通过从托菲诺乘坐爱斯基摩划子或旅游船只可以到达**米尔斯岛**(Meares Island)，它是大树小路(Big Tree Trail)所在地。大树小路是条400米长的木板路，穿过成熟生态的树林，其中有棵1500年树龄的花旗松，令人感到惊奇。米尔斯岛也是1984年克拉阔特松德重要的抵制伐木抗议运动所在地，这场运动是该地区环境运动的序曲。

Ahousat位于偏僻的弗洛里斯岛(Flores Island)，通过乘坐旅游船只或爱斯基摩划子可以到达，是壮观的野区遗产小路(Wild Side Heritage Trail)所在的神秘地点，这条路有点难走，在Ahousat和母牛湾(Cow Bay)之间经过10公里的林区、海滩和水中陆地。岛上有天然温泉(warm spring)，这儿也是一支原住民乐队的故乡。

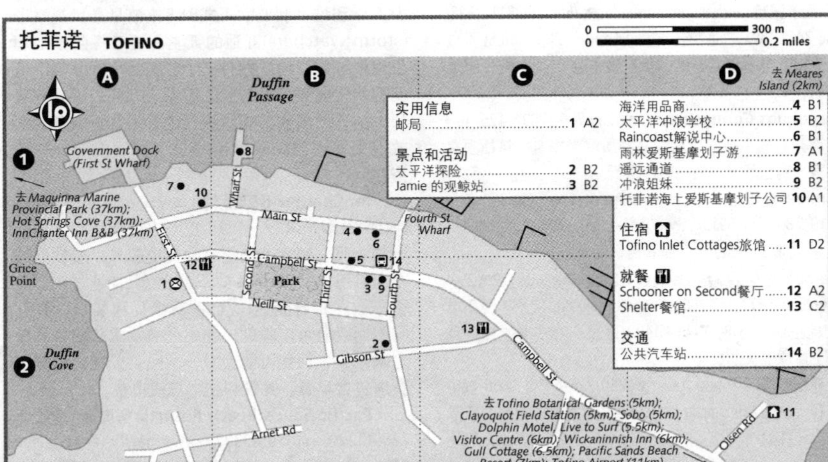

作为爱斯基摩划子者喜欢的一个目的地，允许在此进行的各种没有设施的宿营。

活动

冲浪

作为托菲诺最初的冲浪用品商店，**经历冲浪**（Live to Surf；☎250-725-4464；www.livetosurf.com；1180 Pacific Rim Hwy；冲浪板租金 24小时 $25）也提供溜冰鞋和浅水滑水板。**太平洋冲浪学校**（Pacific Surf School；☎250-725-2155，888-777-9961；www.pacificsurfschool.com；440 Campbell St；冲浪板租金 4小时/24小时 $15/20）提供租赁、宿营，以及针对初学者的课程。冲浪学校**冲浪姐妹**（Surf Sister；☎250-725-4456，877-724-7873；www.surfsister.com；625 Campbell St）向男孩和女孩提供入门课程($65起)，但多日课程($175起)不接收男孩。

爱斯基摩划子

雨林爱斯基摩划子游（Rainforest Kayak Adventures；☎250-725-3117，877-422-9453；www.rainforestkayak.com；316 Main St；多日课程和团队游$699起）专门提供4到6天的有导游团队游。**遥远通道**（Remote Passages；☎250-725-3330，800-666-9833；www.remotepassages.com；Wharf St；团队游$59起）在克拉阔特松德和群岛周围提供短期带导游爱斯基摩划子游。**托菲诺海上爱斯基摩划子公司**（Tofino Sea Kayaking Co；☎250-725-4222，800-863-4664；www.tofino-kayaking.com；320 Main St；团队游2小时/4小时/6小时 $54/68/90）提供短期带导游划桨活动，包括很受欢迎的四小时米尔斯岛(Meares Island)游。

团队游

太平洋探险（Adventures Pacific；☎250-725-2811，888-486-3467；www.adverturespacific.com；120 Fourth St；成人/儿童 $69/49）观鲸、野生动植物和温泉船只观光旅游。

Clayoquot Connections（☎250-726-8789；$25 起）古老开放式甲板救生艇的高品质观光旅游，包括观看日落、钓鱼和米尔斯岛徒步旅行。

Jamie的观鲸站（Jamie's Whaling Station；☎250-725-3919，800-667-9913；www.jamies.com；606 Campbell St；成人/儿童 $79/50）鲸、熊和海狮观光游。

Tla-ook 文化探险（Tla-ook Cultural Adventures；☎250-725-2656，877-942-2663；www.tlaook.com；团队游 2 小时 /4 小时 /6 小时 $44/64/140）通过一叶古老的独木舟来了解原住民的文化。

托菲诺航空（Tofino Air；☎250-725-4454，866-486-3247；www.tofinoair.ca）在惊险的克拉阔特松德上空提供20分钟的飞行艇团队游（最少3人，每人$79），风景秀丽。

海洋用品商（Ocean Outfitters；☎250-725-2866，877-906-2326；www.oceanoutfitters.bc.ca；421 Main St；成人/儿童 $79/65）很受欢迎的观鲸之旅，也可以选择观熊和温泉之旅。

住宿

Clayoquot Field Station（☎250-725-1220；www.tfbg.com；1084 Pacific Rim Hwy； 宿/双 $32/120；wi-fi）在植物园的土地上，这个完美的木制结构教育中心有带四个床位的宿舍、大厨房和洗衣店。也有安静的带卫生间单人间，周围的树木轻拂着窗户。对于大自然爱好者来说，这是个相当不错的落脚之处，并有自然历史博物馆，定期会举办演讲和各项活动。

Dolphin Motel汽车旅馆（☎250-725-3377；www. dolphinmo tel.ca；1190 Pacific Rim Hwy；房 $95~139）家庭氛围很不错的单层汽车旅馆，老式Blue Dolphin的房间有电冰箱，床两边配有桌子。从Chesterman海滩(Chesterman Beach)步行很短时间就到了这里，有可吃烧烤的野餐，摆放有野餐桌和几个有全套厨房设施的自助餐厅单位。

Tofino Inlet Cottages旅馆（☎250-725-3441，866-725-3411；www.tofinoinletcottages.com；350 Olsen Rd；双 $100~175）位于安静的码头延伸处，这个金字塔形建筑(A-frame)的五个单元房都可以俯瞰米尔斯岛的美景，这些度假小屋就像是躺在木制船舱中。内部装饰有些褪色，但都很整洁，并维护得很好——另外平台是畅饮啤酒观看日落的理想选择之地。

Gull Cottage旅馆（☎250-725-3177；www.gullcottagetofino.com；1254 Lynn Rd；双 $135~165）从Chesterman海湾经短途步行可到，这个融合了西海岸和维多利亚女王式B&B旅馆是暴风观察者(storm watchers)舒适的天堂和夏日探险家地理位置很好的基地。拥有三个完美的房间，每个房间都给人明亮、松林般的感觉——我们喜欢有双层大浴盆的雨林房间。那儿也有为客人准备的摆放有很多图书的电视房和位于树间的户外热水浴盆。

InnChanter B&B旅馆（☎250-670-1149；www.innchanter.com；每人 $120）在海边过夜，穿上你航海的衣服，爬上这艘很酷的传统船只，船就停泊在温泉湾(Hot Springs Cove)边上(只能通过水上出租车或飞行艇到达)，已重新修复和装修，有五间木制船舱可以睡觉。你不会被要求从船侧木板上跳下去，但你可能会对一两顿美餐嗤之以鼻。费用包含早餐、晚餐和独木舟使用费。

Pacific Sands Beach Resort度假胜地（☎250-725-3322，800-565-2322；www.pacificsands.com；1421 Pacific Rim Hwy；房/别墅$220/450起）别致但仍

然休闲的Pacific Sands有不错的休息室，高档码头别墅甚至更好、更适合团体，这些大的木构架房间直接面向海滩，设施包括厨房、石头壁炉、石板和木地板以及有私人平台、可观海景的卧室。建在柱子上，以保护雨林的根基系统，他们也安装了节约能源的加热系统。

Wickaninnish Inn旅店（☎250-725-3100，800-333-4604；www.wickinn.com；Chesterman Beach；房 $460起）处于豪华的冬天暴风观察中心；Wick是当地的地标性建筑，在一年当中的任何时候都值得在那儿待一待。可循环老式家具和自然石头瓦片体现其自然风格，气氛很自然而不是可以建造的、奢华的客房有按钮操作的煤气壁炉、双人热水浴盆和私人阳台。相信没有比这更好的感觉了。

就餐

Sobo餐厅（☎250-725-2341；1084 Pacific Rim Hwy；主菜 $6～10；⏲11am～9pm）位于植物园的紫色餐车提供美味沙拉、丰盛的汤和粗玉米豆粉炸薯条(polenta fries)。但是那儿的鱼吸引着当地人：发着咝咝响的小虾蛋糕(shrimp cakes)令人垂涎三尺，鱼饼(fish tacos)是方圆5公里每个菜肴的主要成分。

Schooner on Second餐厅（☎250-725-3444；331 Campbell St；主菜 $12～28；⏲9am～10pm）这家吸引人的铺着白桌布餐厅发明了许多新方式，为你准备海鲜盛宴。塞满小虾、法国布里白乳酪(brie)和松仁(pine nuts)的大比目鱼很好吃，但是推荐Captain's Plate，具有鲑鱼、大比目鱼、牡蛎和很可能你从来都没有吃过的扇贝。到楼上时髦的新休息室尝尝鸡尾酒，欣赏水湾对面的美好景致。

Shelter餐馆（☎250-725-3353；601 Campbell St；主菜 $27～39；⏲5～10pm）具有国际水准的高档西海岸餐厅。在这儿我们的最爱是小虾和螃蟹水饺(crab dumplings)。也提供当地、可承受的强大原料供应——鲑鱼是野生的，裸盖鱼(sablefish)是通过设陷阱捕获的——对于旅行中的食肉旅行者，也有许多非鱼类食品选择，包括令人愉快的烧烤猪肉排骨(char-grilled pork chop)。

到达和四处走走

Orca Airways（☎604-270-6722，888-359-6722；www.flyorcaair.com）从温哥华国际机场南航站楼($159，55分钟，一天1～3班）出发到**托菲诺飞机场**（Tofino Airport，☎250-725-2006）。

现属于加拿大灰狗运输公司（你可以通过www.greyhound.ca网站进行预订），**托菲诺公共汽车**（Tofino Bus；☎250-725-2871，866-986-3466；www.tofinobus.com）运营的“Express Service”从温哥华（加上轮渡 $61，7小时）、维多利亚($65，5个半小时）、纳奈莫(Nanaimo，$38，4小时）和阿尔伯尼港(Port Alberni，$23，2个半小时）出发。整年都有，在3月中旬到11月中旬一天2班。

公司也运作该地区周边地方化的“托菲诺运输”(Tofino Transit，$2)，另外在托菲诺和尤克卢利特(Ucluelet)之间有“海滩公共汽车”（单程票 成人/儿童 $10/5)。

尤克卢利特(UCLUELET)

很长时间以来都被称为托菲诺丑陋的妹妹，尤克卢利特(Ucluelet，发音为yew-klew-let，共享着同样的风景和同样的活动，而它更便宜、更易到达。但这并不表明“Ukee”昏昏欲睡。实际上，在最近几年，该城镇进行了大规模的扩展，迎合旅行者需求，成功地避免了托菲诺所经历的一些成长中的痛苦。欲获详细信息，请前往**游客信息中心**（☎250-726-4641；www.uclueletinfo.com；100 Main St；⏲5月到9月 9am～5pm）。

景点和活动

很棒的8.5公里长的**太平洋野生小路**(Wild Pacific Trail；www.wildpacifictrail.com)蜿蜒穿过广袤的雨林和海岸线，有着布罗肯群岛(Broken Group Islands)和巴克利海湾(Barkley Sound)的美景。这儿有着丰富的海鸟和鲸，它也是观赏暴风雨的理想之地——当它汹涌袭来时，一定不要靠海浪太近。相反，值得一看的潮水坑以及**比格海滩**(Big Beach)的大片褐藻，使之成为适合孩子们玩耍的地方。

如果你想下海，**潮线下历险**（Subtidal Adventures；☎250-726-7336，877-444-1134；www.subtidaladventures.com；1950 Peninsula Rd；成人/儿童 $49/39起）组织有团队游，涵盖观鲸、日落和熊。如果你想活动开来，**Majestic Ocean Kayaking**（☎250-726-2868，800-889-7644；www.oceankayaking.com；1167 Helen Rd；团队游 $60起）可以让你乘坐爱斯基摩划子围绕海港或巴克利海湾游览。或者，可以从**Ukee Bikes自行车租赁店**（☎250-726-2453；1599 Imperial Lane，1小时/24小时 $5/25）租用自行车。或者，在**内部节奏冲浪营**（Inner Rhythm Surf Camp；☎250-726-3456，877-393-7873；www.innerrhythm.net；1685 Peninsula Rd；3小时课程 $79）学习冲浪。

食宿

C&N Backpackers背包客旅馆（☎250-726-7416，888-434-6060；www.cnnbackpackers.com；2081 Peninsula Rd；宿/房 $25/65）他们非常爱护他们的红

木地板，进入这家安静、维护很好的旅店前，请脱掉鞋子。宿舍一般都比较小，拥有基本设施，但也有带宽敞厨房的单人间。最精彩的部分是能够俯瞰水湾的景色优美、带休息室的花园，设有吊床和秋千。

Surf's Inn Guesthouse & Backpackers Lodge旅店（☎250-726-4426；www.surfsinn.ca；1874 Peninsula Rd；宿/小屋 $27/150；wi-fi）尽管这个明亮蓝色、小山顶改造的家庭式旅馆拥有一些舒适的宿舍，服务也相当热情，设备齐全的双卧室船舱吸引着许多旅行者。拥有全套厨房设施和它自己的甲板和烧烤野餐，可容纳至少7人同时入住。

Canadian Princess Resort 度假胜地（☎250-598-3366，800-663-7090；www.canadianprincess.com；1943 Peninsula Rd；房 $89～285；⏰4月到9月）你可以选择位于尤克卢利特海港古老蒸汽机船上很小但很凉爽的特等客舱，或比旅馆更大、更传统的房间。戴上你自己的眼罩，躺在小船上，那儿也有胜地的酒吧和餐厅。

Ukee Dogs 餐馆（☎250-726-2103；1576 Imperial Lane；主菜 $4～6；⏰周一至周六 9am～5pm）集中供应家庭烹制的菜肴和爽心美食，这家明亮、微风习习的高档餐馆提供各种各样的美食，从基本步骤做起的汤和美味的比萨饼——烟熏蒜肠(smoked garlic sausage)是我们的最爱，除非你计划与某人接吻。下午顺便喝点咖啡和美味蛋糕。

到达和四处走走

现在附属于加拿大灰狗运输公司(Greyhound Canada，可以登录网站 www.greyhound.ca 在线预订)，**托菲诺长途汽车站**（Tofino Bus；☎250-725-2871，866-986-3466；www.tofinobus.com）运行的"Express Service"从温哥华（加上轮渡 $53，6个半小时）、维多利亚（$58，5 小时）、纳奈莫（$34，3 个半小时）和阿尔伯尼港（$19，2 小时）出发。这些线路全年开通，每年的 5 月中旬到 11 月中旬一天运营 2 班。

公司也在该地区周边运营"托菲诺运输"($2)，也有在尤克卢利特和托菲诺之间往返的"海滩公共汽车"（单程票 成人 / 儿童 $10/5）。

登曼群岛和弘拜群岛 (DENMAN & HORNBY ISLANDS)

被认为是主北海湾群岛，**登曼**（Denman；www.denmanisland.com）和**弘拜**（Hornby；www.hornbyisland.com）可以让你放轻松，带有类似的艺术鉴赏力，并拥有一系列丰富的户外活动。

登曼群岛 (Denman) 有三个省级公园：**菲朗莱省级公园**（Fillongley；☎250-474-1336；www.bcparks.ca）有容易走的徒步小路，可以在海滩捡捡贝壳；**博伊尔角省级公园**（Boyle Point；www.bcparks.ca）有美丽的徒步路线去往灯塔；**桑迪岛省级公园**（Sandy Island；☎250-474-1336；www.bcparks.ca）只能从登曼以北走水路到达。

在弘拜群岛 (Hornby) 的省级公园中，**特里比恩湾省级公园** (Tribune Bay) 有长长的沙滩，游泳很安全，而**海利韦尔省级公园** (Helliwell) 的徒步小路很出名。**福特湾省级公园** (Ford's Cove)，在弘拜群岛的南岸，潜水者有机会和六个鳃孔的鲨鱼一起游泳。

如想租用爱斯基摩划子，联系**登曼弘拜独木舟和爱斯基摩划子**（Denman Hornby Canoes & Kayaks；☎250-335-0079；www.denmanpad dling.ca；4005 East Rd，Denman Island；3小时/6小时 $35/50）或**弘拜海上爱斯基摩划子**（Hornby Ocean Kayaks；☎250-335-2726；www.hornbyisland.com/kayaking；3小时/6小时 $35/50），也提供带导游的团队游，包括日落游($50，2个半小时)。

食宿

登曼岛客房与国际旅舍（Denman Island Guest House & International Hostel；☎250-335-2688；3806 Denman Rd，Denman Island；帐篷 / 宿 / 房 $15/48/20）位于山上，在轮渡码头左边，这座 1912 年建造的农场现在是宾馆和 B&B 旅馆的组合体，有一些宿营地投入了很好的设施。这个树木林立的建筑有小酒馆，客人可以租辆自行车在附近转转，在一天的奔波后，跳进热水浴盆洗个热水澡是多么惬意的事情。

Ships Point Inn旅店（☎250-335-1004，877-742-1004；www.shipspointinn.com；7584 Ships Point Rd，Denman Island；双 $135～185）一个坐落于Fanny湾(Fanny Bay)边缘码头的落脚之处，在这个有趣、摆放有古董的旅馆有6个房间和公共区域，每个房间都装饰得很雅致——浪漫的Bay View Room给人以托斯卡纳(Tuscan)般的感觉，海天景致给人留下深刻的印象。提供4种不同风格的早餐，有些会有牡蛎，将会让你从床上跳起来。

Sea Breeze Lodge小屋（☎250-335-2321，888-516-2321；www.seabreezelodge.com；Big Tree 3-2，Hornby Island；成人/青少年/儿童 $150/90/70）这座占地5公顷的寓所欢迎家庭入住，有能俯瞰海洋的小别墅，带点西班牙别墅的感觉，又混合着环太平洋的气息，你可以游泳、划爱斯基摩划子并在这儿钓鱼，或者慵懒地坐入热浴缸里。费用包括一天的三顿饭，17岁以下者有优惠。

Denman Island Bakery & Pizzeria面包房和比萨饼店（☎250-335-1310；Denman Rd，Denman Island；主菜 $7～11；⏰周一至周六9am～9pm）村里的这家小餐厅是当地人闲坐的地方。午饭时可以吃点

比萨饼，或顺便与登曼艺术家聊聊咖啡和松饼(muffin)。周五晚上是希腊之夜(Greek Night)，但是一定不要舔光你的盘子，除非有人告诉你可以这样做。

Wheelhouse Restaurant饭店（☎250-335-0136；Hornby Island；主菜 $7～14；🕑11am～9pm）就在渡口码头旁，这个休闲场所的木板路天井在地面水平上，周围环绕着花园和悬挂的花篮。夏天晚上有自助烧烤，以当地新鲜的食物为主，而主菜为美味的鲜汤、三明治和汉堡包。

到达和离开

不列颠哥伦比亚渡运（BC Ferries；☎250-386-3431，888-223-3779；www.bcferries.com）整天有渡船从Buckley湾(每人/每车$6.05/14.50，10分钟)到达登曼。只有从登曼(每人/每车$6.05/14.50，10分钟)乘坐渡船才能到达弘拜岛。

科摩谷(COMOX VALLEY)

包括科摩(Comox)、科特尼(Courtenay)和Cumberland几个主要城镇，这个气候温和的地区有着绵延起伏的山脉、高山草地和崎岖的社区。对于户外探险者来说是很好的基地，华盛顿山(Mt Washington)胜地是最精彩的部分。顺便拜访该地区的**游客中心**（☎250-334-3234，888-357-4471；www.discovercomoxvalley.com；2040 Cliffe Ave，Comox；🕑5月中到8月9am～5pm，9月到次年5月中周一至周六9am～5pm）以获取更多实用信息。

华盛顿山阿尔派恩度假村（Mt Washington Alpine Resort；☎250-338-1386，888-231-1499；www.mountwashington.ca；缆车票 成人/儿童 冬天 $46/25，夏天 $28/18）是温哥华岛的滑雪胜地。有50条高山滑雪道、一个穿雪鞋游公园（成人/儿童 $16/11）和越野滑雪小路（成人/儿童 $19/10），冬天时很有吸引力，但夏天时也有一些不错的活动，包括骑马、用假蝇钓鱼、高山徒步旅行和山地骑车。

另外，户外运动爱好者应该考虑**奇迹海滩省立公园**（Miracle Beach Provincial Park；☎250-755-2483；www.bcparks.ca），有很多徒步旅行小路和安静的海滩。想参加水上之旅，联系科特尼的**太平洋专业潜水和冲浪**（Pacific Pro Dive & Surf；☎250-338-6829，877-800-3483；www.scubashark.com；2270 Cliffe Ave，Courtenay），那儿提供导游和租用冲浪、水肺和风筝冲浪(kiteboarding)设备的服务。

在山谷地区有许多B&B旅馆，也是温哥华岛上最好的背包旅行者前往的地方。Cumberland的**Riding Fool Hostel青年旅舍**（☎250-336-8250，888-313-3665；www.ridingfool.com；2705 Dunsmuir St，Cumberland；宿/房 $22/50；💻wi-fi）是经过修缮的老建筑，木制内部装饰很完美，有大厨房和休息区，经常可以看到整洁的单人间。

想找到舒适的家庭式住所，附近的**Cumberland Gardens B&B旅馆**（☎250-336-2867；www.cumberland-gardens.ca；3303 First St，Cumberland；单/双 $50/75）也值得看一看。有两个地下室套房，每个房间都有独立入口，健谈的主人将会与你分享一些有趣的当地故事。

如果正是吃饭的时候，前往**Orbitz Gourmet Pizza比萨饼店**（☎250-338-7970；492 Fitzgerald St，Courtenay；每片/每个 $3.70/21.95；🕑周一至周六 11:30am～10pm），那是该地区25岁以下年轻人常去之地，你将会吃到该城镇最好的比萨饼。我们推荐"Saturn Return"菠菜比萨饼和朝鲜蓟馅饼(spinach-and-artichoke pie)，配上有机巧克力块。

如果你喜欢尝试一些比较时髦的东西，到对面的**Atlas Café小餐馆**（☎250-338-9838；250 Sixth St，Courtenay；主菜 $12～18；🕑周一 8:30am～3pm，周二至周六 8:30am～10pm，周日 8:30am～9pm）——融合了亚洲、墨西哥和地中海风味的休闲餐厅。提供一流的鱼肉玉米面豆卷(fish tacos)，用餐时间时，这个地方总是挤满了用餐的当地人。

坎贝尔里弗(CAMPBELL RIVER)

人口30 800

南方人可能会告诉你这标志着温哥华岛上闻名的尽头，但坎贝尔里弗小镇(Campbell River)是以前的一座粗糙的能源小镇，经彻底改造成为荒野旅游的一个停靠点；它是去往斯特拉斯崆省立公园(Strathcona Provincial Park，见705页)的主要出发地。看看城镇里分散的浮木雕刻品，在码头漫步，欣赏附近森林密布的岛屿中别致的景观。**游客中心**（Visitor Centre；☎250-287-4636，866-830-1113；www.campbellriver.travel；1235 Shoppers Row；🕑9am～7pm）能告诉你当地的一些事情。

景点和活动

推荐的**坎贝尔里弗博物馆**（Museum at Campbell River；☎250-287-3103；www.crmuseum.ca；470 Island Hwy；成人/儿童 $6/4；🕑5月中到9月周一至周六 10am～5pm，周日正午～5pm，10月到次年5月中周二至周日正午～5pm）展示着原住民的面具、19世纪90年代先驱者船舱和曾经是世界上最大的人造、非核爆炸的录像胶片：位于西摩海峡(Seymour Narrows)的水下山脉，1958年被爆破前，曾经导致十几次船只失事的发生。

既然当地人将这座城镇称为"世界鲑鱼之都"(Salmon Capital of the World)，你可以就沿市区的**发现码头**(Discovery Pier)垂钓（钓鱼竿租金每天$6）或者仅仅沿着人群闲逛，看看其他每个人收获了什么。比解决你自己的午餐更容易的是，你也能在这儿买炸鱼和马铃薯片。在沉没的加拿大皇家海军舰艇哥伦比亚号(HMCS Columbia)处潜水、喝啤酒。联系**海狸水上有限公司**(Beaver Aquatics Limited；☎250-287-7652；760 Island Hwy；周一至周五 9:30am ~ 5pm，周六 10am ~ 5pm)，这儿有用具和课程。

食宿

Rustic Motel 汽车旅馆(☎250-286-6295，800-567-2007；www.rusticmotel.com；2140 N Island Hwy；房/套房/小屋 $90/130/150；)这家安静的汽车旅馆在市区北面，房间很现代化、装饰着粉蜡笔画，有些像斯巴达风格，但共用设施有桑拿浴、极可意浴盆和带露台的吃烧烤野餐。费用包括大陆式早餐，向小团体推荐三居室套房和小木屋。

Heron's Landing 旅馆(☎250-923-2848，888-923-2849；www.heronslandinghotel.com；492 S Island Hwy；房 $145起；wi-fi)新主人已经做了很多工作来使这个建筑保持整洁，以前是从外表看像是船首尾装饰的房间的巴伐利亚式公寓。房间已经重新装饰有新家具、用具和浴室，还包括免费上网服务和洗衣设施($1)。阁楼宽敞而舒适，可供四人入住。

海豚度假旅馆(Dolphins Resort；☎250-287-3066，800-891-0287；www.dolphinsresort.com；4125 Discovery Dr；小屋 $200 起)位于水边维护得很好的漂亮雪松小屋，非常可爱，正散发着巨大的魅力。小屋给人以舒适、乡村般的感觉，每个房间都有带走廊的全套厨房设施(可租用烧烤用具)。多数房间也有户外热水浴盆。对那些有必要过夜的旅行者来说，带火坑的隐蔽私人海滩是相当不错的选择。

Lookout Seafood Bar & Grill酒吧和烧烤店(☎250-286-6812；921 Island Hwy；主菜 $7~12；8:30am~10pm)这家老式餐厅的菜肴比你所期待的可能更具有全球性，1929年起它就在这儿了。牡蛎、大比目鱼汉堡包以及炸鱼和马铃薯片是主打菜，墙上挂着迷人的坎贝尔里弗(Campbell River)的老照片。

到达和四处走走

从城里驾车不远，就是**坎贝尔里弗机场**(Campbell River Airport；☎250-923-5012；www.crairport.ca)，接收**太平洋海岸航空**(Pacific Coastal Airlines；☎604-273-8666，800-663-2872；www.pacific-coastal.com)飞离温哥华国际机场(Vancouver International Airport；$142，45分钟，一天最多8班)的航班。

加拿大灰狗运输公司(Greyhound Canada；☎800-661-8747；www.greyhound.ca)从哈迪港(Port Hardy，$38.70，3个半小时，一天1班)、纳奈莫(Nanaimo，$24.95，3小时，一天3班)和维多利亚($46.50，5~6小时，一天3班)出发到达城镇。

坎贝尔里弗运输公司(Campbell River Transit；☎250-287-7433；www.bctransit.com；成人/儿童 $1.75/1.50)有遍布整个地区的当地公共汽车。

夸德拉岛和科尔特斯岛 (QUADRA & CORTES ISLANDS)

快速越过水面，田园般的夸德拉岛(Quadra Island)是很受欢迎的从坎贝尔里弗(Campbell River)出发的远足旅游点。你将不得不越过它去搭乘轮渡到**科尔特斯**(Cortes；www.cortesisland.com)。夸德拉**游客信息亭**(Visitor Information Booth；www.quadraisland.ca；6月到9月9am~4pm)在夸德拉信用合作社(Quadra Credit Union)的停车场上，从轮渡码头上坡就可以看到。

景点和活动

夸德拉迷人的 **Nuyumbalees 文化中心**(Nuyumbalees Cultural Centre；☎250-285-3733；34 Weway Rd；成人/儿童 $15/12；5月到10月周二至周六 10am ~ 4pm)在长期关闭后最近重新开放。讲述着当地夸夸卡瓦克族(Kwakwaka'wakw)原住民的传统和风俗，它陈列着雕塑和工艺品，上演传统舞蹈节目。

夸德拉的**里贝卡斯皮特省立公园**(Rebecca Spit Provincial Park；☎250-474-1336；www.bcparks.ca)有沙滩和清澈的海水。提供极好的游泳和划船场所。科尔特斯(Cortes)的**曼森斯兰丁省立公园**(Manson's Landing Marine Provincial Park；☎250-474-1336；www.bcparks.ca)到处都是丰富的滨鸟和贝类海鲜，而**胡瓜鱼湾省立公园**(Smelt Bay Provincial Park；☎250-474-1336；www.bcparks.ca)很适合一边野餐，一边欣赏日落。这儿也有宿营地($14)。

在夸德拉码头附近，**深海潜水出租和小屋**(Abyssal Diving Charters & Lodge；☎250-285-2420，800-499-2297；www.abyssal.com)是岛上戴水肺潜水的主要经营者，而**海岸精神**(Coastal Spirits；☎250-285-2895，888-427-5557；www.kayakbritishcolumbia.com；团队游 $105起)提供半天、全天以及日落爱斯基摩划子游。

食宿

科尔特斯岛汽车旅馆(Cortes Island Motel；☎250-935-6363，888-935-6363；www.cortesislandmotel.com；Seaford Rd，Cortes Island；房 $89~99)位于曼森斯兰丁高耸的树木之间，这家乡村旅舍是高品质落脚之处。房间配有基本设施，有小浴室，摆放有标准家具，但它是岛上为数不多的便利小旅社之一。

Tsa-Kwa-Luten Lodge 小屋（☎250-285-2042；800-665-7745；www.capemudgeresort.bc.ca；1 Lighthouse Rd, Quadra Island；房/小屋 $65/119）这个宁静的度假胜地位于夸德拉的南端，位于445公顷的青葱树林间，有着发现航线(Discovery Passage)的美丽景色。是一个真正的休息寓所，墙上挂着艺术品，没有电视机。

Whiskey Point Resort 汽车旅馆（☎250-285-2201；www.whiskeypoint.com；725 Quathiaski Rd, Quadra Island；房 $119～149；）很值得看看这家热情、适合家庭的汽车旅馆，可以俯瞰夸德拉渡口。

Heriot Bay Inn 旅店（☎250-285-3322，888-605-4545；www.heriotbayinn.com；Heriot Bay，Quadra Island；房/小屋/套房 $99/199/249）在通往科尔特斯的夸德拉轮渡码头附近，是个美观、先驱式过夜之处。

Amped on Nutrition餐馆（☎250-285-3142；658 Harper Rd，Quadra Island；主菜 $4～8；9am～7pm）这儿的每样东西都遵循严格素食主义，并且是有机的。菜单中最亮点的是丰盛的汤、豌豆碎肉汉堡包(bean burgers)和堆得很高的沙拉。

Lovin' Oven II 餐馆（☎250-285-2262；648 Harper Rd，Quadra Island；主菜 $4～9；5月到9月 8am～8pm，10月到次年4月周二至周六 8am～8pm）位于Amped on Nutrition餐馆附近，这儿提供更传统的爽心食物，当地人经常光顾，吃点蛋糕，聊聊天。

Cove Restaurant 餐馆（☎250-935-6350；Squirrel Cove，Cortes Island；主菜 $9～22；11:30am～9pm）位于科尔特斯，这个地方的特色在于有机沙拉和本地产海鲜，爽心的小甜点是其副产品。争取要一张码头甲板上的桌子，你将能够俯瞰宁静的绵延山脉美景。

到达和离开

不列颠哥伦比亚渡运（BC Ferries；☎250-386-3431，888-223-3779；www.bcferries.com）的渡船频繁地从坎贝尔里弗(Campbell River)到达夸德拉的Quathiaski湾(Quathiaski Cove)码头(每人/每车$6.05/14.75，10分钟)。在夸德拉岛另一端，渡船从Heriot湾(Heriot Bay)前往科尔特斯岛的Whaletown(每人/每车$7.10/18.05，45分钟)。夸德拉岛和科尔特斯岛都相当大，所以没有车到处转转的话有些难度。幸运的是，很多住处都可以从渡口接你。

斯特拉斯岭省立公园 (STRATHCONA PROVINCIAL PARK)

不列颠哥伦比亚省历史最悠久的保护区也是温哥华岛上最大的**省立公园**（☎250-337-2400；www.bcparks.ca）占地25万公顷，以Golden Hinde山(Mt Golden Hinde)为中心，岛屿的制高点是2200米。坎贝尔里弗(Campbell River)是多数旅行者主要的入口处，Hwy 28公路穿过公园的Buttle湖地区。

徒步旅行者的天堂，禁区高原(Forbidden Plateau)地区有一些非常著名的小路，包括**天堂草地环路**(Paradise Meadows Loop，2.2公里)，在野花满地的牧场轻松漫步；**Mt Becher**(5公里)可以欣赏到科摩谷(Comox Valley)和山脉绵延起伏的乔治亚海峡(Strait of Georgia)的壮观景致。长达9公里的**科摩冰川小路**(Comox Glacier Trail)适合探险，但仅仅推荐给有经验的徒步旅行者。在Buttle湖附近，更容易的小路包括**女士瀑布**(Lady Falls，900米)和沿着**石灰岩小溪**(Karst Creek)小路(2公里)，蜿蜒着经过灰岩坑、渗水流和飞泻而下的瀑布。

在**Buttle Lake Campground**宿营地（☎604-689-9025，800-689-9025；www.discovercamping.ca；宿营地 $14）搭建帐篷，会让你更为接近自然。游泳区和这儿的操场使得这是家庭入住的好地方。或者，**Ralph River Campground** 宿营地（宿营地 $14）在Hwy 28公路岔路口南面26公里，吸引着更热情的文明逃离者。如果你真的想找到自己的空间，整个公园到处可以偏远地宿营($5)。

50年前，曾经是一个户外教育中心，大力推荐 **Strathcona Park Lodge** 小屋（☎250-286-3122；www.strathcona.bc.ca；房/小屋 $50/169起），Hwy 28公路仍然将环境启蒙运动作为它的主要使命。为尽可能少地对自然造成影响，那儿的房间，从校园式的卧室到隐蔽处木构架农舍，都没有电话和电视。

小屋是各项活动的一站式服务(one-stop-shop)，包括划船、瑜伽(yoga)、索道(ziplining)和攀岩(rock climbing)。休闲的Whale Room和Canoe Club Café餐厅提供有益健康的自助餐（早餐/午餐/晚餐 $11/11/21），而在Hi-Bracer Lounge & Bar酒吧，在一天结束时你可以畅饮啤酒，有助于恢复体力。这些地方也很欢迎户外旅行者。

戈尔德河(GOLD RIVER)

位于Hwy 28公路的尽头，离坎贝尔里弗(Campbell River)以西89公里，在努特卡海湾(Nootka Sound)前面的这个小镇新近加入该地区。40年前，这座小镇从荒野中被建立起来，是为纸浆厂（如今已歇业）工人而建造的。戈尔德河是远程垂钓的好地方，也是徒步爱好者们的基本营地。更多信息，可前往**游客中心**（☎250-283-2418，www.goldriver.ca；7月到9月 9am～6pm），在Hwy 28公路和Scout Lake Rd路的拐角。

在这儿咨询了解去450米通道和**Upana洞穴**(Upana Caves)的16个著名入口——在城北通往Tahsis的沙砾路上。如果你想去钓鱼，**努特卡海湾垂钓**(Nootka Sound Fishing Charters；☎250-338-7679，877-283-7194；www.nootkasoundfish.com；套餐游每天$450起)可以提供帮助。

如果想更为放松地接触这个地区，可以试试**努特卡海湾服务**(Nootka Sound Service；☎250-283-2325；www.mvuchuck.com)提供的航海游，利用改装过的"二战"扫雷艇，向岛屿北端的居民地运送补给。他们一天带乘客沿着Friendly湾(Friendly Cove，成人/儿童$60/30)游览，那些有时间的人也可以选择过夜远足前往Zeballos(成人/儿童$225/75)。包括宿舍和一餐的费用。

令人意外的是，这儿的客房很高档，有些有微波炉和煤气取暖器，**Ridgeview Motor Inn旅店**(☎250-283-2277，800-989-3393；www.ridgeview-inn.com；395 Donner Ct；房$79～99)整个小湾的景色令人印象深刻。也有清洗鱼的设施和烧烤设施，这样你便可以做好准备并将当天捕获的海鲜烤制了。附属的**Ridge Pub酒吧**(☎250-283-2600；主菜$9～15；🕑周日至周四10:30am～午夜，周五和周六至1am)有高于平均水准的酒吧食物和极棒的海鲜——我们推荐对虾俱乐部(shrimp clubhouse)。

北温哥华岛 (NORTH VANCOUVER ISLAND)

南岛的人们(South-islanders)将会吃吃地笑着告诉你，"那里没有什么值得看的东西，"然而这儿的当地人将会这样回答，"他们会那样说，不是吗？"将小范围的敌对放在一边，这个覆盖了大约一半岛屿面积的巨大地区缺的是什么，是城镇、基础设施建设和人口，多的是崎岖的自然美景。如果你到不列颠哥伦比亚省旅行，并近距离接近未被开发的自然荒野，这会是个不错的地方。尽管路途遥远，有些地方对于有经验的徒步旅行者来说也比较容易，特别是期待已久的北海岸小路(North Coast Trail)。

看到黑熊在路边美餐浆果很快就成为这儿的平常事，但是你也将有幸接触到该地区许多形形色色的当地人：北方人艰苦而独立，那使他们从坎贝尔里弗(Campbell River)南部多愁善感的人们当中脱颖而出。

欲获取更多详细信息，与**北温哥华岛旅游局**(Tourism North Vancouver Island；☎250-949-9094，800-903-6660；www.vinva.bc.ca)联系。

特里格拉夫湾(Telegraph Cove)

曾经只不过就是距离坎贝尔里弗北约200公里的一个遥远的发报站，特里格拉夫湾——官方统计人口：6人——在最近几十年中已经重新改造为吸引旅行者的游览地。通过在码头脚柱上修建一些木制建筑，增添了一些先驱边远部落氛围，但夏天时，这个地方出人意外地拥挤。最近，通往景区的道路首次被重新铺修，这促进了新宾馆和住宅建设。

沿着木板路前往了不起的**鲸类讲解中心**(Whale Interpretive Centre；☎250-928-3129，250-928-3117；www.killerwhalecentre.org；建议捐款$2；🕑6月到9月)，有亲身实践的史前古器物，艺术性地展示着美洲狮(cougar)、海獭(sea otter)以及巨大的长须鲸(fin whale)的骨架。

你也可以看到海岸上多样的鲸类；特里格拉夫湾(Telegraph Cove)是岛上最好的海洋生物观赏之处之一。

Stubbs岛观鲸游(Stubbs Island Whale-watching；☎250-928-3185，800-665-3066；www.stubbs-island.com；巡游$74～84；🕑5月到9月)将会让你乘船游览更接近逆戟鲸(orca)，你也可能会看到座头鲸(humpbacks)、海豚和海狮。强烈推荐日落巡游。

可选择观赏灰熊或黑熊，**Tide Rip Tours**(☎250-339-5320，888-643-9319；www.tiderip.com；$145起；🕑5月中到9月)带领你游览当地海滩和水湾的全天游。

著名的**特里格拉夫湾度假村**(Telegraph Cove Resorts；☎250-928-3131，800-200-4665；www.telegraphcoveresort.com；宿营地/小屋$21/99起)在森林密布的帐篷区提供住所，在脚柱上有一长串极吸引人的小屋，可以俯瞰码头的美景。附近新建的**29号码头**(Dockside 29；☎250-928-3163，877-835-2683；www.telegraphcove.ca；房$115～155；wi-fi)是不错的汽车旅馆。房间带铺有木制地板的小厨房，可以观看海滨景致。

Killer Whale Café小餐馆(☎250-928-3155；主菜$14～18；🕑5月到9月10am～9pm)是小湾最好的餐厅——推荐鲑鱼、蚌类和大虾意大利扁面条(prawn linguini)。邻近的**Old Saltery Pub酒馆**处于树木林立的隐蔽处，拥有舒适的中央壁炉和美味的Killer Whale淡啤酒(Killer Whale Pale Ale)。它是一个坐落在角落里的绝好地方，假装你是一块古老的海盐。

麦克尼尔港(Port McNeill)

人口2930

从山上下来，几乎就要进入Broughton Straight海峡，麦克尼尔港是北岛第二大社区，使它成为旅行者有用的补充能量的休息之处。顺便拜访小木屋**游客中心**(☎250-956-3131；www.portmcneill.net；351 Shelley Cres；🕑5月到9月周一至周五9am～5pm)，了解地区信息，然后在毗邻的

博物馆（☎250-956-9898；⏲7月到9月10am～5pm，10月到次年6月周六和周日1～3pm）驻足，了解该地区的伐木工业历史。

更像出众的汽车旅馆，而非一个度假胜地，位于山顶的**Black Bear Resort**（☎250-956-4900，866-956-4900；www.blackbearresort.net；1812 Campbell Way；双/双床/套房 $135/155/235；wi-fi）俯瞰着城镇，位于商店和饭店对面的街道，地理位置很方便。标准间虽小但很整洁，有微波炉和冰箱；也有全套厨房设施。费用包括美味的大陆自助式早餐和休息室免费使用的计算机。

堆得很高的爽心点心盘子，加上一些让你的眼珠子就要蹦出来的五彩缤纷的装饰，附近的**Bo-Banees 餐厅**（☎250-956-2739；1705 Campbell Way；主菜 $6～9；⏲8am～10pm）提供墨西哥玉米煎饼(burritos)、碎肉汉堡包和 Lucky Lager 美酒——那是老人们最喜欢的酒。

加拿大灰狗运输公司（Greyhound Canada；☎800-661-8747；www.grey hound.ca）公共汽车从哈迪港(Port Hardy，$5.80，30分钟，一天1班)、贝尔里弗(Campbell River，$30.20，2个半小时，一天1班)和纳奈莫(Nanaimo，$59.30，6小时，一天1班)出发前往坎麦克尼尔港(Port McNeill)。

不列颠哥伦比亚渡轮（BC Ferries；☎250-386-3431，888-223-3779；www.bcferries.com）也有从阿勒特贝(Alert Bay)和Sointula(每人/每车 $7.10/18.05)出发的定期轮渡，但时间和车次安排会有所变化(登录网站获取详细信息)。

阿勒特贝(Alert Bay)

位于内航线(Inside Passage)的 Cormorant 岛(Cormorant Island)上，这个对旅行者友好的乡村有600人，有着一股古老而神秘的气息。原住民社区和传统在阿勒特贝仍然非常普遍，但又混合了古老、先锋的渔村风味，所以从麦克尼尔港来玩上一天真是更为醉人的享受。拜访**游客中心**（☎250-974-5024；www.alertbay.ca；116 Fir St；⏲周一至周五 9am～4:30pm）了解对该地区的介绍情况。

大力推荐 **U'mista 文化中心**（U'mista Cultural Centre；☎250-974-5403；www.umista.ca；成人/儿童 $5/1；⏲6月到8月9am～5pm，9月到次年5月周一至周五9am～5pm），展示了它令人印象深刻的收藏：夸夸卡瓦克族(Kwakwaka'wakw)的面具和其他冬节物品，这些东西最初是被加拿大联邦政府没收充公的。这儿经常会有唱歌、跳舞和野炊活动，而门外常常可以看见现代时期风格图腾柱的雕刻匠在忙碌工作。世界上最高的图腾柱(world's tallest totem pole)之一，于20世纪60年代现场雕刻而成，被很恰当地安放在**比格之家**（Big House；☎250-974-5403；⏲周四至周日 1pm），7月和8月举办传统舞会。

如果想找到以自然为基础的宁静亮点，可以在**阿勒特贝生态公园**(Alert Bay Ecological Park，也被称做 Gator 花园[Gator Gardens])里的巨大雪松林青苔小路漫步而行。如果大海在呼唤你，**海雾观鲸游**（Seasmoke Whale Watching；☎250-974-5225，800-668-6722；www.seaorca.com；成人/儿童 $89/75）提供5小时的游艇观鲸游，含下午茶。

哈迪港(Port Hardy)

人口 4600

19世纪初，欧洲人来此定居，这个小的北方岛屿定居处因是不列颠哥伦比亚渡轮内航线(Inside Passage)的抵离地点而出名。也是前往斯科特角(Cape Scott)旅游时方便的置办装备点。

前往**游客中心**（☎250-949-7622；www.ph-chamber.bc.ca；7250 Market St；⏲5月中到9月周一至周五8:30am～6pm，周六和周日9am～5pm，10月到次年5月中周一至周五9am～5pm）获取当地相关信息，然后顺便访问邻近的**博物馆**（☎250-949-8143；7110 Market St；⏲5月到10月周二至周六10am～3:30pm），涵盖了当地原住民的遗产财富。

景点和活动

哈迪港是探索北岛荒野的最好入口，徒步旅行者可以在**北岛短途游**（North Island Daytrippers；☎250-956-2411，800-956-2411；www.islanddaytrippers.com）预订一个有导游带领的旅行团，与友好的人们一道探险。户外活动的一站式商店，**大海传说**（Sea Legend；☎250-949-6541，800-246-0093；www.sealegend.com）也有徒步旅行、潜水和观鲸等冒险活动。

对于忠实的潜水迷来说，**Catala Charters**（☎250-949-7560，800-515-5511；www.catalacharters.net；潜水套餐 $125起）提供的活动包括著名的布朗宁通道(Browning Passage)之旅，其拥有丰富的珊瑚、章鱼和狼鳗(wolf eels)。他们也提供捕鱼、划船和原住文化之旅。

如果你更喜欢看看陆地上的野生动植物，很难抵制**Great Bear Nature Tours**（☎250-949-9496，888-221-8212；www.greatbeartours.com；$700起；⏲5月中到10月中）提供的过夜游，可以划船带旅行者到漂浮在水面上的小屋，观看当地黑熊和灰熊的住所，是一次有教育意义的交流。也可以观看夜景，你将看到狼在夜间的恶作剧，还可以看到美洲狮。

食宿

C&N Backpackers 背包客旅馆（☎250-949-3030，888-434-6060；www.cnnbackpackers.com；8470 Main St；宿/房 $25/65）从外部看，它就像是一个明亮的工业区，内部装饰却很令人惊讶，装有红木地板的

休息室、大厨房和舒适的休闲区。宿舍房间没有窗户，但很整洁，而且功能齐全。

Glen Lyon Inn & Suites旅店（☎250-949-7115，877-949-7115；www.glenlyoninn.com；6435 Hardy Bay Rd；单/双/套房 $90/95/125起；🖳）最近刚刚修缮的旅店，有带阳台的大房间，浅绿色色调主题。多数房间有电冰箱和微波炉，一些房间有厨房和心形极可意浴缸——如果你是来怀念20世纪70年代的电影明星，那是理想选择。这儿也有健身房和洗衣房，对于喜欢坐轮渡的人，这儿离轮渡站也不远。

Quarterdeck Inn & Marina Resort旅店（☎250-902-0455，877-902-0459；www.quarterdeckresort.net；6555 Hardy Bay Rd；单/双 $125/145）套房比普通房间服务更好（另外有壁炉和极可意浴缸），如果你打算在设备简陋的宿营地住几天，很值得多花一些钱在这儿住住。楼上的海滨房间景观不错。

IV's Quarterdeck Pub & Dining Room酒馆和餐馆（☎250-949-6922；主菜 $8~14）在Quarterdeck Inn & Maniana Resort旅店间。提供传统的酒吧美食和爽口食物，很难抵制得住大比目鱼汉堡包的诱惑。

到达和四处走走

太平洋海岸航空（Pacific Coastal Airlines；☎604-273-8666，800-663-2872；www.pacific-coastal.com）提供从温哥华（$201，75 分钟，一天最多 6 班）飞抵的航班。

加拿大灰狗运输公司（Greyhound Canada；☎800-661-8747；www.greyhound.ca）的公共汽车从麦克尼尔港（Port McNeill，$5.80，45 分钟，一天 1 班）、坎贝尔里弗（Campbell River，$38.70，3 个半小时，一天 1 班）和纳奈莫（Nanaimo，$61.50，7 小时，一天 1 班）返回。

不列颠哥伦比亚渡运（BC Ferries，☎250-386-3431，888-223-3779；www.bcferries.com）从鲁珀特王子（Prince Rupert，每人/每车 $116/275，15 小时，日程表不固定）途经壮观的内航线抵达。该公司也仅在夏天开通发现海岸道（Discovery Coast Passage）线路（每人/每车 $120/241 起），在 McLoughlin 湾（McLoughlin Bay）、Shearwater、Klemtu、Ocean Falls 和贝拉库拉（Bella Coola）之间穿行。需要预订。

北岛交通（North Island Transportation；☎250-949-6300；nit@island.net）有抵离轮渡渡口的往返汽车（$8），途经地区旅馆，很便利。

斯科特角省立公园 (Cape Scott Provincial Park)

位于温哥华岛北端，从维多利亚到这个遥远**公园**（www.bcparks.ca）小道起点的伐木小路尽头有大约 568 公里。但如果你确实很想体验大不列颠哥伦比亚原始的美丽——特别是疯狂的海岸线、满是青苔的雨林和极好的多沙海湾，这儿有着咆哮的海浪和目光锐利的海鸟——这应该是你的首选目的地。

从停车场，相当轻松地走 2.5 公里的徒步旅行小路，前往 **San Josef 湾**（San Josef Bay），你将在不列颠哥伦比亚省最好的绿树成荫的白沙滩（white-sand beaches）上闲逛：搭接海洋惊险的宽阔、满是树木的峭壁和各种各样的洞穴，那可能曾经是走私者的住所。如果风不是很大——像夏洛特皇后群岛（Queen Charlotte Islands），这个地方尽全力赶上北太平洋——考虑在海滩上宿营（$5）。

如果你白天正好在这儿，有几个森林茂密的小路，多数小路的目标人群是有足够的进取心，准备充分的徒步旅行者；你将正在苔藓覆盖的紫杉树（yew trees）和古老的雪松（cedars）间穿行，那是百余年的古树，在你周围的每寸土地都可以看到树影斑驳的美景。

你将也可能发现一些历史性装饰，来解释该地区作为丹麦先驱居住者从前的化身。现在多数已经被改造成森林，你也将看到这些居民的破碎房屋和商店，当计划修建的通往南方的道路最终没有建成，且生活越来越艰难时，他们中的多数人最终离开了。

该地区最短的小路之一（2 公里）位于邻近的 **Raft 海湾省立公园**（Raft Cove Provincial Park；www.bcparks.ca），将把你带到一个新月形海滩和 **Raft 海湾**美丽的礁湖。你将可能拥有整个海滩，不过来自北部岛屿的人们也喜欢在这里冲浪。

在该地区继续徒步旅行，在那儿你极其有可能遇到黑熊，不知情况未有准备。如果你不是很会读指南针，可以考虑参加由**北岛短途游**（☎250-956-2411，800-956-2411；www.islanddaytrippers.com；团队游套餐 $100 起）组织的有导游的徒步旅行。

欲获得该地区路线的相关信息——以及**北岛小路**（North Island Trail）的发展报告，不久前向公众开放——登录 www.northcoasttrail.com 查询。

南海湾群岛 (SOUTHERN GULF ISLANDS)

压力过重的温哥华人（Vancouverites）厌倦了在他们最喜欢的斯坦利公园（Stanley Park）度日，或厌倦了试图找到这个城市最好的寿司餐厅，于是来到富有田园氛围的南海湾群岛，在它有助于恢复的拥抱中寻求安慰，群岛就像大陆与温哥华岛之间诱人的珍珠项链。这里曾是痴迷的嬉皮士、逃避社会现实的加拿大人与美国逃兵役者的天堂，对于很多人来说，咸泉岛（Salt Spring）、加利亚诺岛（Galiano）、梅内岛（Mayne）、萨图拉岛

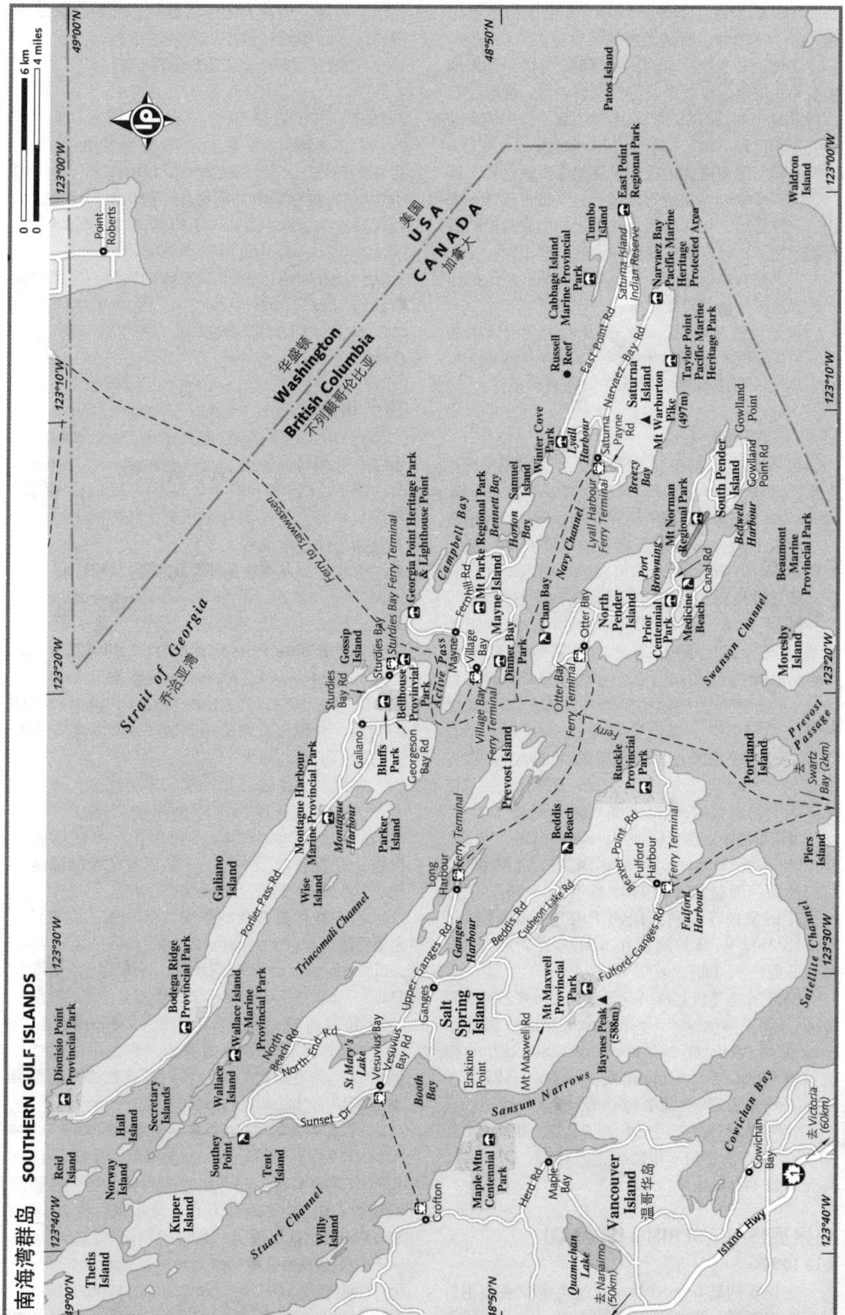

南海湾群岛 SOUTHERN GULF ISLANDS
Strait of Georgia
乔治亚海湾
Washington
华盛顿
British Columbia
不列颠哥伦比亚
USA
美国
CANADA
加拿大
Point Roberts
Ferry to Tsawwassen
Galiano Island
Dionisio Point Provincial Park
Bodega Ridge Provincial Park
Montague Harbour Marine Provincial Park
Montague Harbour
Porlier Pass Rd
Galiano
Bluffs Park
Georgeson Bay Rd
Sturdies Bay Rd
Sturdies Bay
Sturdies Bay Ferry Terminal
Bellhouse Provincial Park
Gossip Island
Georgia Point Heritage Park & Lighthouse Point
Active Pass
Campbell Bay
Mayne
Mayne Island
Village Bay
Village Bay Ferry Terminal
Fernhill Rd
Mt Parke Regional Park
Bennett Bay
Horton Bay
Samuel Island
Dinner Bay Park
Winter Cove Park
Lyall Harbour
Lyall Harbour Ferry Terminal
Saturna
Saturna Island
Payne Rd
Narvaez Bay Rd
East Point Rd
Mt Warburton Pike (497m)
Breezy Bay
Russell Reef
Cabbage Island Marine Provincial Park
Tumbo Island
East Point Regional Park
Saturna Island Indian Reserve
Narvaez Bay Pacific Marine Heritage Protected Area
Taylor Point Pacific Marine Heritage Park
Patos Island
Waldron Island
Gowlland Point
Gowlland Point Rd
South Pender Island
Bedwell Harbour
Mt Norman Regional Park
Canal Rd
Medicine Beach
Port Browning
North Pender Island
Prior Centennial Park
Clam Bay
Navy Channel
Otter Bay
Otter Bay Ferry Terminal
Beaumont Marine Provincial Park
Swanson Channel
Moresby Island
Portland Island
Prevost Passage
去 Swartz Bay (2km)
Prevost Island
Parker Island
Wise Island
Trincomali Channel
Long Harbour
Ferry Terminal
Ferry
Ruckle Provincial Park
Beddis Beach
Beaver Point Rd
Fulford Harbour
Fulford Harbour
Piers Island
Satellite Channel
Ganges Harbour
Ganges
Upper Ganges Rd
Beddis Rd
Cusheon Lake Rd
Fulford-Ganges Rd
Salt Spring Island
Mt Maxwell Provincial Park
Mt Maxwell Rd
Baynes Peak (588m)
Erskine Point
Vesuvius Bay
Vesuvius Bay Rd
St Mary's Lake
North End Rd
North Beach Rd
Sunset Dr
Booth Bay
Sansum Narrows
Wallace Island
Wallace Island Marine Provincial Park
Secretary Islands
Hall Island
Reid Island
Norway Island
Southey Point
Tent Island
Kuper Island
Thetis Island
Willy Island
Stuart Channel
Crofton
Maple Mtn Centennial Park
Maple Bay
Herd Rd
Vancouver Island
温哥华岛
Quamichan Lake
去 Nanaimo (50km)
Cowichan Bay
Cowichan Bay
Island Hwy
去 Victoria (60km)
49°00'N
48°50'N
123°40'W
123°30'W
123°20'W
123°10'W
123°00'W
0 6 km
0 4 miles

不列颠哥伦比亚

(Saturna) 以及北彭德岛 (North Pender) 和南彭德岛 (South Pender) 都是天然的休息处。

当然，并不是所有的岛屿都是一样的。如果你想在那儿逗留，没有必要待在大饭店里，推荐咸泉岛 (Salt Spring)；如果你喜欢木制小屋、景色优美的隐蔽处和户外活动，加利亚诺 (Galiano) 很受欢迎；如果你确实需要逃离追随你足迹的很多旅行者，那么萨图拉 (Saturna) 是理想之选择。不管你选择去哪儿，一旦你踏上轮渡来到这儿，让你彻底放松的旅行就开始了：时间突然变慢，你的心率下降至冬眠的水平，被森林覆盖的小岛美景和玻璃般清澈的河水，就像是慢动作自然纪录片。

乘坐轮渡旅游时，拿一份免费的《海湾群岛浮木》(*Gulf Islands Driftwood*；www.gulfislands.net) 报纸，获取当地实用信息、列表和事件。

到达和四处走走

服务于南湾群岛主要部分，**不列颠哥伦比亚渡运**（BC Ferries；☎250-386-3431，888-223-3779；www.bcferries.com）开通从温哥华岛Swartz湾(Swartz Bay)终点站出发到咸泉岛和北彭德岛的不同线路。从北彭德岛(North Pender)，你可以前往梅内岛、加利亚诺岛或咸泉岛。从梅内岛可以前往萨图拉岛。

开通了从大陆的 Tsawwassen 到加利亚诺的直达车，然后到北彭德。周末也有直接从 Tsawwassen 到梅内岛（周日）和咸泉岛（周五到周日）的直达车。要乘坐到这些地方和其他岛更频繁的车辆，你将需要从 Tsawwassen 到 Swartz 湾，然后转乘轮渡。若想环岛游，可以考虑很方便的 SailPass(4/7 天通行证 $169/199)，覆盖了该地区周围的轮渡游，有 20 条线路可供选择。

海湾群岛水上游艇（Gulf Islands Water Taxi；☎250-537-2510；www.saltspring.com/watertaxi）往返于咸泉岛、北彭德和萨图拉之间（单程 / 往返 $15/25)，以及往返于咸泉岛、加利亚诺和梅内之间（单程 / 往返 $15/25)，从 9 月到次年 6 月一天 2 班，从 7 月到 8 月一天 1 班。

Seair 水上飞机（Seair Seaplanes；☎604-273-8900，800-447-3247；www.seairseaplanes.com）开通从温哥华国际机场 (Vancouver International Airport) 的南航站楼 (South Terminal) 出发到咸泉岛 ($77，20 分钟，一天 3 班）、北彭德 ($82，20 分钟，一天 3 班)、萨图拉($82，20分钟，一天3 班)、梅内($82，20 分钟，一天 2 班）和加利亚诺 ($82，20 分钟，一天 2 班）的航线。

咸泉岛(SALT SPRING ISLAND)

人口 10 500

主导着列岛 (island chain) 的美丽咸泉岛招待过无数旅行者，也拥有更多的人口。之前的嬉皮领地现在是许多富人的度假胜地，如果你从城市中逃出来、不想错过令人愉快的事物，并正在寻找一些独特的事物，这儿很值得一看。

方位和实用信息

大多数旅行者乘坐不列颠哥伦比亚渡轮到达岛屿的三个渡口之一：Fulford港(Fulford Harbour，经过Swartz湾)；长港(Long Harbour，经过Tsawwassen或另一个海湾岛)；Vesuvius湾 (Vesuvius Bay，经过温哥华岛的Crofton)。长港是Ganges的码头、咸泉岛忙碌的城镇，也是**游客中心**（☎250-537-5252，866-216-2936；www.saltspringtoday.com；121 Lower Ganges Rd；⏰11am～3pm）所在地。

景点和活动

到 Ganges 繁荣的**周六市场**（Saturday Market；☎250-537-4448；www.saltspringmarket.com；Centennial Park；⏰4 月到 10 月周六 8:30am ～ 3:30pm）看看，可以买些岛上生产的甘美水果、开胃的干酪以及大量的当地艺术品和工艺品。

你也可以从**咸泉岛音像旅游网**（Salt Spring Island Studio Tour；☎250-537-9476；www.saltspringstudiotour.com）下载自导音像地图，访问当地工匠。其中最好的是**Blue Horse Folk Art Gallery画廊**（☎250-537-0754；www.bluehorse.ca；175 North View Dr；⏰4月到10月周日至周五10am～5pm），可爱的拙朴的花瓶，与你一直希望得到的木雕兔子争夺着有限的展示空间。

如果对你来说，烹饪比艺术更理想，一定不要错过**咸泉岛干酪**（Salt Spring Island Cheese；☎250-653-2300；285 Reynolds Rd），在那儿你可以选择自助游——看看模型小马——然后在葡萄酒酿造厂品尝区好好享受超过 10 种的乳制品。

选一样你最喜欢的午餐，然后来一瓶来自**咸泉葡萄园**（Salt Spring Vineyards；☎250-653-9463；www.saltspringvineyards.com；151 Lee Rd；⏰6 月中到 8 月 11am ～ 5pm，9 月和 5 月到 6 月中周五至周日正午～5pm，10 月到 11 月和次年 3 月周六正午～ 5pm，4 月周六和周日正午～ 5pm）的美酒，你也可以尝尝烈酒，找到你最喜欢的——我们最喜欢浓厚的黑莓波堤葡萄酒 (blackberry port)。

可以考虑去**拉科尔省级公园**（Ruckle Provincial Park；☎250-539-2115；www.bcparks.ca）野餐，它堪称东南部的宝石，拥有粗糙的海岸、杨梅林和阳光照射农田。有适合所有水平徒步旅行者的小路，**Yeo Point** 使这里成为一个理想的停靠站。

由**咸泉探险公司**（Salt Spring Adventure Co；☎250-537-2764，877-537-2764；www.saltspringadventures.com；124 Upper Ganges Rd）组织的 Ganges 海港爱斯基摩

划子游($45 起)，还可以解决你的午餐。

住宿

湖边花园(Lakeside Gardens；☎250-537-5773；www.lakesidegardensresort.com；1450 North End Rd；帐篷小屋/别墅 $75/135；⏲4月到10月)乡村木制休息寓所，自然是最主要的亮点，这幢安静、对家庭友好的村舍小屋是低调捕鱼、游泳和划船的理想之地。有凉台的小屋是最基本的——想象一下在船舱中宿营——有电冰箱、户外野餐和太阳能户外淋浴，而稍大些的农舍配有电视、卫生间和全套厨房设施。

爱心棚屋(Love Shack；☎250-653-0007，866-341-0007；www.oceansidecottages.com/love.htm；521 Isabella Rd；小屋 $135)如果 Austin Powers 到过咸泉(Salt Spring)，这里就一定是他要住的地方。处于一个绝妙的水畔隐蔽处，住在这里能让你忘掉一切艰难世事。这座舒适的小屋有熔岩灯(lava lamp)、古老的照相机、电唱机以及(从阿巴[Abba]到史坦·盖兹[Stan Getz]的)摄影作品展示。装饰着艺术气息很浓的家具，厨房储备有有机咖啡，私人平台是穿上你的天鹅绒睡衣观看日落的理想之地。

Bold Bluff Retreat 寓所(☎250-653-4377，866-666-4377；www.boldbluff.com；小屋/锥形帐篷 $190 起)那些渴望荒野的人应该试试这个隐蔽住所——乘坐游艇可以到达——位于林木茂盛的 Bold Bluff 悬崖。蜂雀(Hummingbirds)在古老的山林小屋欢迎你的到来。这里摆放着很多古董，暗示这儿曾经是 20 世纪 30 年代富人的度假村，你能够待在青翠的村舍、乡村码头小屋或小山顶锥形帐篷中，有自己的户外厨房和淋浴。如果感到孤独，狗狗黛西(Daisy)总会很乐意陪你。

其他推荐：

海港屋(Harbour House；☎250-537-5571，888-799-5571；www.saltspringharbourhouse.com；121 Upper Ganges Rd；单/双 $104/109起)位于Ganges，有汽车旅馆式房间，也有拥有极可意浴缸的高档房间。

Seabreeze Inne 旅店(☎250-537-4145，800-434-4112；www.seabreezeinne.com；101 Bittancourt Rd；单/双 $115 起；wi-fi)完美的汽车旅馆，在 Ganges 附近的山上。

Wisteria Guest House 客房(☎250-537-5899，888-537-5899；www.wisteriaguesthouse.com；268 Park Dr；房/别墅 $99/139 起)舒适、家庭式 B&B 旅馆提供相当美味的早餐。

餐饮

Barb's Buns 餐馆(☎250-537-4491；121 McPhillips Ave；主菜 $6 ~ 9；⏲周一 7am ~ 5pm，周二至周六 7am ~ 10pm，周日 10am ~ 2pm)这儿有益健康的好菜肴是菜单的主打，有堆得很高的薄片比萨饼(pizza slice)、爽心汤(hearty soup)和厚厚的三明治，吸引着吃午餐的人们，他们中许多人是忠实的素食主义者。其他人总是无法抵制下午 3 点左右的有机咖啡和蛋糕，但总是失败，当然这儿可爱的面包(buns)也在内。

Tree House Café 小餐馆(☎250-537-5379；106 Purvis Lane；主菜 $8 ~ 14；⏲5 月到 9 月周一至周五 8am ~ 9pm，周六和周日 9am ~ 9pm，10 月到次年 4 月每天 8am ~ 3pm)在 Ganges 中心的不可思议的户外餐厅。菜单中有爽心的意大利面食、墨西哥特色菜和美味碎肉汉堡包，你可以坐在李子树的树荫里用餐——推荐红烧鲑鱼汉堡包(Teriyaki salmon burger)，喝一瓶咸泉淡啤酒(Salt Spring Pale Ale)。夏日的每个晚上都有现场音乐演出。

Raven Street Market Café 小餐馆(☎250-537-2273；321 Fernwood Rd；主菜 $8 ~ 14；⏲周二至周日 9am ~ 8pm，周一 9am ~ 5pm)北岛当地居民最喜欢前往之处，这座住宅区餐厅提供爽心的美食菜肴。有些不常见的比萨饼，包括香草羊羔肉(herbed lamb)、朝鲜蓟(artichoke)、海鲜和香肠秋葵(seafood-and-sausage gumbo)，结合了蚌类、虎虾(tiger prawns)和克里奥尔人私家配方的口

值得一停：世界边缘的花园

离开斯科特角(Cape Scott)沙质路后，确定你中途停留一下，沿着路标指示的方向前往 **Ronning's 花园**(Ronning's Garden)。20 世纪 60 年代之前，作为较晚来这儿的斯堪的纳维亚定居者之一，伯恩特·朗宁(Bernt Ronning)一直在这里生活。他是猎人兼渔民，同时从世界各地进口种子，种植了很多树和其他植物，简直就像一座巨大的户外博物馆。朗宁去世后，这座令人惊叹的花园逐渐被林木覆盖。20 世纪 80 年代坚定的当地人罗恩(Ron)和朱莉娅·莫(Julia Moe)砍掉灌木丛，重建了花园。最知名的是智利南美杉树(monkey-puzzle trees)——是不列颠哥伦比亚省及其周围许多其他树种的先辈——花园也有一些非本土植物的有趣展览。当你到达时，如果罗恩在，他将会为你讲述关于朗宁以及他的花园丰富多彩的传说，他甚至有可能送你一把智利南美杉树(monkey-puzzle trees)的种子，作为参观的纪念品。

停靠在海湾群岛 (THE GULF ISLANDS)

加拿大第 40 大(最小的之一)国家公园，人们盼望已久的**海湾群岛国家公园保护区**(Gulf Islands National Park Reserve；☎250-654-4000；www.pc.gc.ca/gulfislands)建于 2003 年。目的是保护受海洋运输和发展威胁的 35 平方公里的岛礁及海岸沿线脆弱的、地中海样生态系统，预想中，这里将成为本土的植物和动物群落的天堂。这里将建成植物公园，粗糙的奥里根白栎(Garry oaks)、杨梅树(arbutus trees)、紫蓝色北美百合(camas lilies)和珍贵幻影兰花(orchids)的栖身之处。拥有 25 米宽的潮间带保护区(加拿大的公园规定，每处海岸保护区的宽度都另增 175 米)，这座新的公园也保护逆戟鲸(orcas)、海狮和世界上最大的一种章鱼等动物。

利左香肠(chorizo sausage，西班牙特产，加香香肠)。这儿有一家商店，可以买些当地葡萄酒，早餐时喝吧。

其他推荐有：

Moby Marine Pub酒馆(☎250-537-5559；124 Upper Ganges Rd；🕑11am～11pm)活跃的酒馆，提供典型的酒吧食物。

Oystercatcher Seafood Bar & Grill 海鲜店(☎250-537-5041；100 Manson Rd；主菜 $8～16；🕑10am～黄昏)有美味的当地海鲜，特别是牡蛎和鲑鱼。

Restaurant House Piccolo餐馆(☎250-537-1844；108 Hereford Ave；主菜 $20～28；🕑5～11pm)铺着白色桌布的餐厅，推荐鸭肉，还有咸泉一带最好的酒。

到达和四处走走

不列颠哥伦比亚渡运、海湾岛水上游艇以及 Seair 水上飞机经营着前往咸泉岛的班次，见 710 页。如果你没有车，**Ganges 仙境**(Ganges Faerie；☎250-537-6758；www.gangesfaerie.com；车费 $8～14)在岛屿的三个轮渡站和 Ganges、拉科尔公园(Ruckle Park)和 Fernwood 之间有往返汽车，途中可以去往任何地方。在我们访问时，BC Transit 正计划在这座岛上提供新的公共汽车服务。

北彭德群岛和南彭德群岛 (NORTH & SOUTH PENDER ISLANDS)

人口 2200

曾被一个沙质地峡连接的北彭德和南彭德群岛，比咸泉岛更安静，吸引着那些寻找适合度假地方的人们。有着古老的农场、老式果园和约 40 个洞穴和海滩，北彭德和南彭德群岛——现在通过单车道桥梁连接——是自行车者和徒步旅行者喜欢的地方。

方位和实用信息

轮渡停靠在北彭德的水獭湾(Otter Bay)码头，多数岛上居民的居住地及附近的漂流中心(Driftwood Centre)有许多商店和服务机构。顺便拜访**游客中心**(☎250-629-6541，866-468-7924；www.penderislandchamber.com；2332 Otter Bay Rd，North Pender；🕑7月和8月 9am～5pm，5月和6月周四至周日 9am～5pm)，获取实用信息。

景点和活动

可以在北彭德群岛的**疗伤海滩**(Medicine Beach)和**宁静湾**(Clam Bay)以及南彭德群岛东海岸的 **Gowlland 角**(Gowlland Point)上玩玩沙子。过桥到南彭德岛后就是**诺曼山地区公园**(Mt Norman Regional Park)，有两三条徒步旅行道，可以看到岛屿附近的美好景致。每逢周六，社区大厦还会举办**农夫市场**(Farmers' Market；☎250-629-3669；4418 Bedwell Harbour Rd)，在漂流中心有较小的市场，是该地区不太大的商业中心。

你可以参加**彭德岛爱斯基摩划子游**(Kayak Pender Island；☎250-629-6939，877-683-1746；www.kayakpenderisland.com；团队游 $45起)的划桨游，而**Sound Passage Adventures**(☎250-629-3920，877-629-3930；www.soundpassageadventures.com)提供吸引人的生态团队游和戴水肺潜水游。

住宿

彭德岛旅店(Inn on Pender Island；☎250-629-3353；800-550-0172；www.innonpender.com；4709 Canal Rd；单/双/小屋$79/89/149起)一个乡村住所，有汽车旅馆式的房间和几个舒适、树木林立的小屋。在这儿，你被翠绿的森林所包围，因此总能看到徘徊漫步的鹿。房间非常整洁，有共用的户外热水浴盆，而海滨小屋有桶形穹庐天花板、全套厨房设施和小走廊。

海边世外桃源(Arcadia-by-the-Sea；☎250-629-3221，877-470-8439；www.arcadiabythesea.com；1329 MacKinnon Rd；双 $105～186；🕑5月到9月；🅿)乘轮渡1公里即到，这个安静的、客人仅限成年人的中途停留处，有三幢家庭别墅(每个都有厨房和平台)、装饰柔和的隐蔽房间和华丽的床单。也有令人惊奇的户外大游泳池和网球场，两者都可以俯瞰大海的美景，沿着木板路和平台，你可以来到码头。

Poet's Cove Resort & Spa度假胜地（☎250-629-2100，888-512-7638；www.poetscove.com；9801 Spalding Rd，Bedwell Harbour，South Pender；房 $289起；）一个奢侈的港口住所，房间的色调带有艺术性，多数房间可以看到清澈河水的美丽景致。额外服务包括经营全部业务的温泉和活动中心，能预订周边地区生态旅游和捕鱼游览。有一家雅致的Aurora餐馆(见下文)，时髦的用餐地。

就餐

Pender Island Bakery Café 小餐馆（☎250-629-6453；Driftwood Centre，1105 Stanley Point Dr；主菜 $4～9；周一至周六 8am～5pm，周日 9am～5pm）当地最受欢迎的咖啡厅，这个亲切的隐蔽之处走有机线路，也提供许多面包店和清淡饭菜。美味的比萨饼是最吸引人的食品——如果你是内行，尝尝岛上特色菜（烟熏牡蛎、凤尾鱼、菠菜和三种干酪）。

Islanders Restaurant饭店（☎250-629-3929；1325 MacKinnon Rd；主菜 $17～30；周三至周一5～9pm）这家饭店的每样东西都是土特产：墙上的画作；喇叭里的音乐；以及菜单上的大部分食材——野生北极麝牛(wild Arctic musk ox)除外。尝尝当地的水上生物意大利面，第二天早上你将会因为宿醉而走一段长长的路。

Aurora餐馆（☎250-629-2115；Poet's Cover Resort；主菜 $18～30；7:30am～9:30pm）在Poet's Cove，是极好的饭馆，坚持采用应季食材和本地特产是这里成功的秘诀。允许你自己被咸泉山羊干酪(goat-cheese)诱人的味道所诱惑，但要为当地螃蟹(crab)、扇贝(scallops)和蚌类海鲜拼盘这样的主菜留点空间。推荐晚餐，一定要预订，但如果你没能在这儿享受美食，可以前往景点附近的Syrens休闲酒吧。

到达和四处走走

不列颠哥伦比亚渡轮（BC Ferries）、海湾岛屿水上游艇（Gulf Island Water Taxis）和 Seair 水上飞机（Seair Seaplanes）提供去往彭德的班次，参见 710 页。如果没有车、你的住处又不能来人接你，那就搭乘 **Pender Island Taxi**（☎250-629-3555）的出租车吧。

萨图拉岛(SATURNA ISLAN)

人口 325

离美国最近的海湾岛屿（Gulf Island，当你到那儿时，总是会收到"欢迎您来到美国"这样的短信息），小而安静的萨图拉岛相当遥远，令好多不速之客望而却步。有着回归自然的极好景致，呈现真正远离喧嚣的生活状态。

方位和实用信息

Lyall 港（Lyall Harbor）的轮渡码头位于岛屿以西。**萨图拉岛旅游协会网站**（Saturna Island Tourism Association；www.saturnatourism.com）提供可下载地图和可选择的餐厅和旅店列表。一定要随身携带现金——那儿没有自动取款机，只有两个商店。

景点和活动

岛屿以南的 **Winter Cove Park 公园**有白沙滩，是很受欢迎的游泳、划船和捕鱼活动的地方。如果你恰好赶上加拿大国庆日（Canada Day，7 月 1 日），就能在邻近的猎场（Hunter Field）参加岛上一年一度的节庆活动。社区的**烤羊肉野餐会**（Lamb Barbeque；☎250-539-2452；www.saturnalambbarbeque.com；成人/儿童 $18.50/10）有现场音乐演出、套袋跑（sack races）和啤酒花园，是了不起的肉食主义者盛宴，十几只羊被绑在炉火旁的木桩上，慢慢烤熟。

肚子吃得饱饱的离开，第二天徒步旅行至 **Mt Warburton Pike 山**（497 米），在那儿你将看到野山羊、翱翔的雄鹰和周围岛屿让人心旷神怡的全景：拿起双筒望远镜，你可能有幸看到一两只沿着海岸静静遨游的鲸。

食宿

Breezy Bay B&B 旅 店（☎250-539-5957；www.saturnacan.net/breezy；131 Payne Rd；双 $75）一幢有自己的私人海滩、长达 100 年历史的农场建筑，这个令人愉快的乡村落脚之处是一个农场，现在仍在使用。套房铺有木制地板、石头壁炉，甚至有老图书馆，而你的房间——有公用卫生间——将相当简陋，但整洁而舒适。在带有大大的玻璃窗的房间中用早餐，可以俯瞰花园美景。

Saturna Lodge旅馆（☎250-539-2254，888-539-8800；www.saturna.ca；130 Payne Rd；单/双 $130/195；wi-fi）乡村式风格是这个谦逊的落脚之处的吸引人之处，拥有七个房间。费用包括早餐，但客人也可以在餐厅用餐(包括主菜$24)，可以吃到像夏洛特皇后群岛大比目鱼(极力推荐)这样的当地特色菜肴。7月到9月最少要住两个晚上。

在**杂货店**（General Store；☎250-539-2936；101 Narvaez Bay Rd；周一至周六9am～6pm，周日9:30am～5pm）可以买到食品、杂货和野餐设备，这里还有一家非常美味的**小餐馆**（主菜 $8～16；11:30am～9pm）。**灯塔酒馆**（Lighthouse Pub；☎250-539-5725；102 East Point Rd；主菜 $8～12；周一至周四11am～11pm，周五和周六11am～午夜）是

适合闲聊的地方，提供啤酒、酒吧美食，可以观赏壮观的景致。

到达和四处走走

不列颠哥伦比亚渡运、海湾岛水上游艇以及Seair水上飞机提供前往萨图拉的班次，参见710页。汽车在这儿并不是必需的，因为部分住所紧挨轮渡码头，但附近没有出租车或穿梭巴士。如果你喜欢挑战，带上自行车：对于偶尔出现的步行者来说，萨图拉的路太难走了。

梅内岛(MAYNE ISLAND)

人口900

淘金热时代，这里是矿工前往大陆途中的落脚之处，他们给它起了"小地狱"这样的绰号。梅内是该地区最富有历史意义的岛屿。长期以来作为商业中心发挥着重要的作用，如今它是许多多姿多彩艺术家的落脚之地。

方位和实用信息

矿工海湾(Miners Bay)位于岛中心，有邮局和其他便利服务。浏览**商会网站**(Chamber of Commerce；www.mayneislandchamber.ca)，那里有当地信息列单和标注了岛上工匠所在地的地图，可下载。

景点和活动

位于矿工海湾的古老的农业礼堂举办活跃的**农夫市场**(Farmers' market；🕑7月到9月 周六)，出售当地工艺品和产品，而附近的**Plumper Pass看守所**(Plumper Pass Lock-up；☎250-539-5286；🕑6月末到9月初周一至周五 11am～3pm)是座小型博物馆，曾是看守所所在地。

南海岸的**Dinner Bay Park公园**有相当不错的海滩。岛屿北端是**Georgina Point遗产公园**(Georgina Point Heritage Park)。古老的灯塔和保管人所住的村舍仍在，当海浪猛拍着海岸时，令人震撼。这儿还有一个小海滩，有许多探奇潮池。

对于涉水者和步行者而言，**梅内岛爱斯基摩划子游**(Mayne Island Kayaking；☎250-539-2463，877-535-2424；www.kayakmayneisland.com；563 Arbutus Dr；爱斯基摩划子租金2小时/8小时 $28/48起，自行车租金 4小时/8小时 $18/25)提供船只和自行车，是在岛屿附近野餐游的理想之地。

食宿

Tinkerers' B&B(☎250-539-2280；www.bbcanada.com/133.html；417 Sunset Pl；双 $110～130；🕑4月中到10月中)沿着矿工海湾的Sunset Place走就能找到这幢迷人的木屋。这里可以俯瞰活跃山道(Active Pass)的美景，在平静的、种植着有机植物的花园中，坐落着各种房间。如果你愿意在度假时学习一些新技能，还有语言和磨刀技术课程。楼上的房间共用淋浴，但有最好的景观。

Oceanwood Country Inn旅店(☎250-539-5074，www.oceanwood.com；630 Dinner Bay Rd；双 $179～349)依偎于树木林立的岩石海岸上，这家完美的先驱旅店有时髦而低廉的房间，可以俯瞰海军峡(Navy Channel)清澈的海水，那是多么令人难以置信的景色啊。费用包括早餐和楼下餐厅的下午茶，也对不在这里住宿的奢侈用餐者开放(四道菜套餐$55)。

野茴香餐馆(Wild Fennel Restaurant；☎250-539-5987；574 Fernhill Rd；主菜 $16～20；🕑周一至周六6～10pm)温馨、舒适的餐馆，主攻应季的新鲜菜肴(菜单每周更换一次)，在这里常能品尝简单制作但十分精致的当地海鲜。有可能的话，可以尝尝三吃螃蟹(Crab Three Ways)——做成沙拉、浓汤和蟹肉棒。

到达和四处走走

不列颠哥伦比亚渡运、海湾岛水上游艇以及Seair水上飞机提供前往梅内(Mayne)的服务，参见710页。欲获知岛屿周边的交通信息，可电话联系**MIDAS Taxi**(☎250-539-3132)。

加利亚诺岛(GALIANO ISLAND)

人口1100

以18世纪90年代来访的西班牙探险家命名，加利亚诺熙熙攘攘的轮渡码头与岛屿上别的地方明显不同，当你继续从码头处驾车前进时，一路上始终都是森林覆盖的大地和一片寂静。支持南海湾群岛最广阔的生态环境——被一些人认为是最美丽的——这块小大陆为来访的航海爱好者和旱鸭子提供大量体育运动的场地。

方位和实用信息

主要的商业和服务机构在渡船码头周围，包括一个汽车修理厂、邮局和书店。出了渡口后，右手边的**加利亚诺商业会所**(Galiano Chamber of Commerce；☎250-539-2233；www.galianoisland.com)里有**游客信息亭**(☎250-539-2507；2590 Sturdies Rd；🕑7月和8月)。登录网站查询地图和信息清单。

景点和活动

参观**蒙塔古港海洋省立公园**(Montague Harbour Marine Provincial Park；☎250-539-2115；www.bcparks.ca)，看看通往海滩、草地和冰川形成的断崖的小路。**博迪加桥省立公园**(Bodega Ridge Provincial Park；☎250-539-2115；www.bcparks.ca)以鹰、潜鸟(loon)和鸬鹚(cormorant)的鸟类生活而出名，它有一

些可下车欣赏的壮观景点。

Trincomali 海峡 (Trincomali Channel) 的防护水域和活跃山道 (Active Pass) 的混乱水域，让各种技术水平的划手都心满意足。**海湾群岛爱斯基摩划子游**（Gulf Island Kayaking；☎250-539-2442；www.seakayak.ca；Montague Marina；3 小时 / 一天 租金 $28/50 起，团队游 $40 起）可出租划子，并提供带导游的团队游。

你也可以骑着自行车在岛上游览，**加利亚诺自行车**（Galiano Bicycle；☎250-539-9906；36 Burrill Rd；4 小时 / 一天 $23/28）提供自行车出租服务，或者，如果你想有个同伴，可以考虑参加由 Bodega Ridge 组织的定制带导游团队游。

住宿

Bodega Ridge Lodge & Cabins旅馆（☎250-539-2677；www.bodegaridge.com；120 Manastee Rd；小屋 $125～150；wi-fi）很难想出比这个小屋更安静、舒适的住所，位于树木间，有杨梅树和绵延起伏的草地。七幢设施齐全的两层木屋(都有三个卧室)是淳朴的乡村风格。提供带导游的自行车游(每小时$20)活动。

Island Time B&B旅馆（☎250-539-3506，877-588-3506；www.islandtimebc.com；952 Sticks Allison Rd；双 $135～185）这个旅店拥有壮观的滨水区背景，四周包围着树林，这就足够了，但是当你溜达着下楼享用由真正的英国人制作的英式早餐时(主人从Old Country向你打招呼)，热情和舒适又给这儿加了分数。东墙似乎是由玻璃制成的，可以把大部分时间花在贴着窗户观赏海浪和美景。

Galiano Inn旅店（☎250-539-3388，877-530-3939；www.galianoinn.com；134 Madrona Dr；房 $249～299；wi-fi）紧挨着轮渡码头，这幢完美的托斯卡纳式别墅有10个一流的房间，每个房间都有壁炉和浪漫的海滨阳台。周围是成熟、可心和让人放松的环境，令人愉快的还有温泉，你可以选择去户外花园转转。非常好的餐厅(主菜$18到$29)有一些令你兴奋的温哥华岛美酒。

餐饮

Daystar Market Café 小餐馆（☎250-539-2505；96 Georgeson Bay Rd；主菜 $4 ~ 8；周一至周三 10am ~ 5pm，周五 9am ~ 6pm，周六 10am ~ 6pm，周日 9:30am ~ 5pm）当地人常去之地，这个时髦的小地方是上午理想逗留之地（你肯定会喜欢那些矮矮胖胖的酸果蔓果实松饼）。美味的沙拉和厚厚的三明治将可能诱惑你返回去用午餐，有机果汁和水果会让你第二天接着回来用餐。

La Berengerie餐馆（☎250-539-5392；2806 Montague Rd；主菜 $12～24；5～11pm）沿着蜿蜒小路驾车来到这幢小屋，周围树木林立，小屋看起来有待翻新，在La Berengerie就餐是一次体验活动。Huguette Benger是位眼睛闪烁的中年厨师，很安静，20多年前从阿维侬(Avignon)搬到这儿，在他的监督下，这儿融合了当地所有原材料与法式乡村小酒馆的氛围。

Hummingbird Pub酒馆（☎250-539-5472；47 Sturdies Bay Rd；主菜 $8～12；周日至周四11am～午夜，周五和周六11～1am）当地人和旅行者在此一起享受着晚餐，Hummingbird的大型圆木立柱和亲切的户外露台使得这个酒馆有股舒适、朴实的气息。菜单大都是普通的酒吧经典菜，酒吧在5到9月份提供从蒙塔古港(Montague Harbour)的往返汽车服务，可以尽情畅饮。

到达和四处走走

不列颠哥伦比亚渡运、海湾岛水上游艇以及Seair水上飞机经营着前往加利亚诺的班次，参见710页。**Fly'n Riun's Taxi Galiano**（☎250-539-0202；www.taxigaliano.com）提供岛屿附近的往返公共汽车和出租车服务。

弗雷泽和汤普森河谷
(FRASER & THOMPSON VALLEYS)

寻找内陆出口的温哥华人沿 Hwy 1 公路以东，穿过像阿伯茨福德 (Abbotsford) 这样肥沃的平原。多数人呼啸着穿过农田，你也应该这样——除非你渴望看到未经加工的甘蔗。

Hope 在温哥华 150 公里以东，**游客中心**（☎604-869-2021；www.destinationhopeandbeyond.com；919 Water Ave；9am ~ 5pm）很不错，有大量关于当地省级公园和地区的实用信息。这也是一条三叉路。Hwy 1 公路继续向北进入美丽的弗雷泽峡谷 (Fraser Canyon) 近乎垂直的岩壁，经过无数露出地面的岩层。在 Lytton 附近，它转向至汤普森河 (Thompson River)，地形慢慢变得平缓而干燥，预示着 Cache Creek 以北卡里布 (Cariboo) 地区大型农场的出现。Hwy 5 公路拥有很完美的景观，距离坎卢普斯 (Kamloops) 商业中心东北 200 公里。Crowsnest Hwy 公路 (Hwy 3 公路）穿过崎岖的曼宁省立公园 (Manning Provincial Park) 后，迂回向东至欧沙约 (Osoyoos) 和奥卡纳根河谷 (Okanagan Valley) 南部。

注意，在周末和其他繁忙的时期，Hope 的 Hwy 1 公路常常会交通堵塞。

曼宁省立公园
(EC MANNING PROVINCIAL PARK)

经过南部大陆 (Lower Mainland) 的大片农田

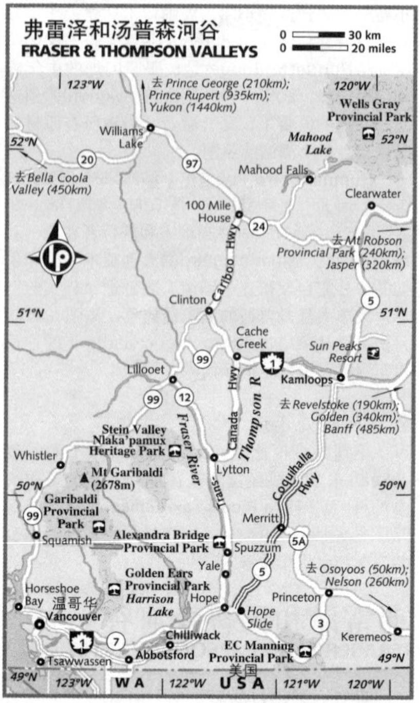

后，这个占地70 844公顷的**省级公园**（☎604-795-6169；www.env.gov.bc.ca/bcparks）在Hope东南30公里，是暗示着东部有更大——非常大——的东西（想象一下落基山脉）。从干涸的山谷到满是树木的山脉、高山草地拥有众多的动物种类和生物群落。它是沿着Hwy 3公路前进时不错的中途停留处，但不要奢望宁静，有许多来自西部村庄希望寻找同样东西的人们。

公园的**游客中心**（⌚6月到10月8:30am～4:30pm，10月到次年5月周一至周五8:30am～4pm）在西部边界内30公里，有详细的小路描述，以及公园地貌和附近海狸池塘的地形模型。以下是可以从Hwy 3公路轻松到达的徒步小路：

干燥山脊小路（Dry Ridge Trail）跨越干燥内陆到高山地带，很棒的景色和盛开的野花（来回700米，30分钟）。

峡谷自然小路（Canyon Nature Trail）很不错的环形小路，过一条上面架有桥的河流（2公里，45分钟）。

闪电湖环路（Lightning Lake Loop）围着这个中央湖的一条水平环形路。晚上会有小动物出现（9公里，2小时）。

曼宁四季都是游乐园。**Manning Park Resort度假村**（☎250-840-8822，800-330-3321；www.manningpark.com）有下坡滑雪和滑雪板(成人/儿童日间通行证$41/29)和100公里长的越野滑雪和穿雪鞋走的滑雪道。它在公园中唯一也有室内房间。73个有些昂贵的单元房($140起)混在临时住所和小屋中。所有房间都有必备的热水浴盆。

你可以在**Coldspring**、**Hampton**或**Mule campgrounds宿营地**（宿营地$14）支起帐篷，或在更受欢迎的**Lightning Lake campground宿营地**（预订☎800-689-9025；www.discovercamping.ca；宿营地$22）宿营，这儿接受预订。需要过夜的徒步旅行者，公园里有10个**偏远宿营地**（宿营地 每人$5）。正常情况下，6月之前无法入住。

加拿大灰狗运输公司（☎800-661-8747；www.greyhound.ca）有从温哥华（成人/儿童$38/19，3～4小时，一天3班）到这里的汽车。

弗雷泽河峡谷(FRASER RIVER CANYON)

光看名字，Spuzzum就会是Hwy 1公路沿途有趣的一个停靠点，Hwy 1公路到达坎卢普斯(Kamloops)西面85公里的Cache Creek。同名小溪和快速流淌的弗雷泽河(Fraser River)形影相随，正如你所希望的，这儿是激流漂流(white-water rafting)的好去处。壮丽的风景和几处很好的省立公园使之成为一次相当不错的旅行。

亚历山德拉桥省级公园（Alexandra Bridge Provincial Park；☎604-795-6169；www.env.gov.bc.ca/bcparks）就在Spuzzum北面，是停下来欣赏风景的好地方；你可以一边看着历史悠久的1926年跨河大桥，一边野炊。更北一点，是生态多样的**Stein河谷Nlaka'pamux遗产公园**（Stein Valley Nlaka'pamux Heritage Park；www.env.gov.bc.ca/bcparks），由Lytton原住民管理着。它有着很棒的长途徒步小路，经过干涸的河谷和被雪所覆盖的山峰。

乘筏子沿弗雷泽河及其支河激流漂流而下非常受欢迎，Lytton附近有许多旅行社提供这样的游程。一日游每个成人花费$100起，大部分地方在周日到周五有折扣。

Kumsheen Rafting Resort漂流胜地（☎800-663-6667；www.kumsheen.com）提供各种各样的旅游活动，以及帐篷或小屋中的时髦住宿($90)。

Hyak河激流漂流（Hyak River Rafting；☎800-663-7238；www.hyak.com）去往所有主要水路。

坎卢普斯(KAMLOOPS)

如果你已经选择沿着Hwy 1公路一直往东，前往落基山脉(Rockies)和班夫(Banff)，那么坎卢普斯(Kamloops)是旅途中不错的休息处。周围有几家汽车旅馆，有简洁的历史中心。在历史上，舒斯瓦普(Shuswap)原住民(Shuswap First Nation)发现了这里的很多河流和湖泊，来运输和捕捉鲑鱼。贸易商于1811年在此建立营地猎取毛皮。

方位和实用信息

Hwy 1 公路东西向穿过城市，将温哥华和落基山连接起来，而耶洛海德公路 (Yellowhead Hwy，Hwy 5 公路）往东北到贾斯珀(Jasper)，往西南到温哥华，途经 Merritt(这条支线也称为 Coquihalla 公路)。市区集中地就在主要商业带 Victoria St 街。南边一个街区是 Seymour St 街，也有商店和服务机构，而 Lansdowne St 街尾随非常繁忙的铁路，将广阔的汤普森河 (Thompson River) 和市区地区分开来。沿着 Hwy 1 公路，加盟店和商场布满了高地。

游客中心（☎250-374-3377，800-662-1994；www.tourismkamloops.com；1290 W Hwy 1，exit 368；⏰夏季 8am～6pm，其余时间周一至周五9am～6pm）就在Hwy 1公路对面，俯瞰着城镇。这儿可以上网(每10分钟$2)。

景点和活动

特别是三处景点使你在市中心的漫步充满收获。

坎卢普斯博物馆（Kamloops Museum；☎250-828-3576；www.kam loops.ca/museum；Seymour St 和 2nd Ave 拐角；成人 / 儿童 $3/1；⏰ 周二至周六 9am ～ 4:30pm，周四至 7:30pm）是一幢老式建筑，因其收藏的许多很好的历史照片而出名。来这儿，了解和河流同名的人：大卫 · 汤普森 (David Thompson)。

感觉非常像座阁楼，**坎卢普斯艺术画廊**（Kamloops Art Gallery；☎250-377-2400；www.kag.bc.ca；465 Victoria St；成人/儿童 $3/2；⏰周一至周三、周五和周六10am～5pm，周四10a n～9pm，周日正午～4pm）特别关注当代西部艺术和地区艺术家们所制作的原住作品。

沿着铁路轨道，**坎卢普斯老铁路**（Kamloops Heritage Railway；☎250-374-2141；www.kamrail.com；510 Lorne St）全年提供各种各样的蒸汽发动机列车游（成人费用 $16 起）。

在**不列颠哥伦比亚野生动物园**（British Columbia Wildlife Park；☎250-573-3242；www. kamloopswildlife.org；成人 / 儿童 $12/9；⏰9:30am ～ 4:30pm）里，父母们会期待地看着用来围住粗野动物的笼子，公园在坎卢普斯 17 公里以西 Hwy 1 公路上。

经常在炎热的夏天，**保罗湖省级公园**（Paul Lake Provincial Park；☎250-819-7376；www.env.gov.bc.ca/bcparks）里的沙滩在向你招手，你会看到猎鹰、秃鹰、山狗 (coyote) 和黑尾鹿 (mule deer)。公园在坎卢普斯 24 公里以北，走 Hwy 5 公路。

住宿

沿着市中心往东 Hwy 1 公路走一段距离，可找到更古老、更便宜的汽车旅馆。从中心向上至城镇以上的 Hwy 1 公路，哥伦比亚大街 (Columbia St) 有另外一群连锁和独立汽车旅馆。

Silver Sage Tent & Trailer Park帐篷和拖车停车场（☎250-828-2077，877-828-2077；www.silversage.kamloops.com；771 Athabasca St E；宿营地 $20 ～ 25）从这个阴暗的地区沿河边走 5 分钟就可以到达市中心。

Scott's Inn 旅店（☎250-372-8221；www.scottsinn.kamloops.com；11th Ave 和 Columbia St 拐角；房 $70 起；wi-fi）不像许多经济型竞争者，斯科特挨着市中心。51个房间都按照汽车旅馆的标准配置，有室内游泳馆、热水浴盆和屋顶阳台。

Plaza Heritage Hotel旅店（☎250-377-8075，877-977-5292；www.plazaheritagehotel.com；405 Victoria St；房 $120 ～ 240）在这个占据了六层楼、有 68 个房间的经典住所中，你可能会想自己落入了 Laura Ashley(LA 是英国著名女装品牌，特色为印花图案和色彩——编注）的过季产品专柜，自从 1927 年开业以来很少修缮。在住宿登记部可以感到城镇柔和的现代气氛，Plaza 很有特色（看看那些常

坎卢普斯：世界的中心

选派一个公关人员进入极乐园：一群僧侣宣布坎卢普斯 (Kamloops) 附近的一个地方是"世界的中心"，不，它不是 Hwy 1 公路上的 White Spot，它是俯瞰 Vidette 湖 (Vidette Lake) 美景的一座小山。这里非常平静，但树木、棕色丘陵和小湖都是整个地区典型的景色。尽管如此，旧金山 (San Francisco) 的僧侣仍然坚持他们的要求，一小股追随者常常来此以求得到启蒙。很明显，无论坎卢普斯的支持者，还是附近乡村式的 **Vidette 湖度假胜地**（Vidette Lake Resort；☎866-843-3883；www.videttelake.com) 的主人，都不会做什么使人们的幻想破灭。

为了到达期待中的绿色小山，沿 Hwy 1 公路往坎卢普斯以西前行 50 公里，向北转至 Deadman Creek Rd 路继续行驶 50 公里。要听到风"穿过山谷，像摩门礼拜唱诗班 (Mormon Tabernacle Choir) 在歌唱"，你需要找到什么样的自我将取决于你，正如一些人所说。

年都有的印花装饰吧）。

餐饮

找找免费的小册子《新鲜农场》(*Farm Fresh*)，它讲述了许多你可以拜访的当地生产者。每周三（5号大道和维多利亚大街）和周六（2号大道圣保罗大街）上午有农夫市场。维多利亚大街是夜生活中心所在地。

Hello Toast餐馆（☎250-372-9322；428 Victoria St；主菜 $4～8；⏰周一至周六8am～5pm）这个地方有点儿笨拙，饭菜中加有各种调料：为一些人提供素食和全麦食品，为另外一些人提供咸肉油炸套餐(fried combos of bacon)和鸡蛋。

El Mariachi 餐馆（☎250-434-5102；330 Victoria St；主菜 $12 起；⏰11am ～ 11pm）比想象中更欢乐；然而，这个非常受人欢迎的地方将用一杯龙舌兰酒（tequila）发掘你的个性。加入狂欢派对中吧。

Kelly O'Bryan's餐厅（☎250-828-1559；244 Victoria St；⏰正午至深夜）一家典型的仿爱尔兰酒吧(没错，现在那是一种流行)，有正宗的酒吧食物、上好的美酒和穿着苏格兰方格短裙有趣的工作人员(苏格兰人？爱尔兰人？管他是哪里的人！)。

Commodore俱乐部（☎250-851-3100；369 Victoria St；⏰8pm～午夜）红极一时的俱乐部：找找清秀的当地美女，听着DJ和本地乐队的表演。

到达和四处走走

城西北7公里，坎卢普斯的北岸，是**坎卢普斯机场**（Kamloops Airport，代码 YKA；☎250-376-3613）。加拿大爵士航空公司（Air Canada Jazz）一天数次航班飞抵/飞离温哥华（$1小时）与卡尔加里（90分钟）。

加拿大灰狗运输公司（Greyhound Canada；☎800-661-8747；www.grey hound.ca）在中心西南约1公里处，Columbia St W 西街对面。汽车每天发往温哥华（$57，5小时，一天7班）、卡尔加里（Calgary，$90，10小时，一天4班）、贾斯珀（Jasper，$61，6小时，一天2班）、乔治王子（Prince George，$77，7小时，一天4班）和基洛纳（Kelowna，$28，2个半到4小时，一天3班）。

VIA Rail（☎888-842-7245；www.viarail.ca）服务于坎卢普斯北站——距城里11公里——加拿大号（Canadian）列车每周3次从温哥华（8个半小时）开往贾斯珀（Jasper，7个半小时）及贾斯珀以远地区。

有关当地公共汽车路线的信息，联系**坎卢普斯交通局**（Kamloops Transit Service；☎250-376-1216；www.city.kamloops.bc.ca/transportation/transit；单程车费 成人/儿童 $2/免费）。叫出租车，试试**黄色出租**（Yellow Cabs；☎250-374-3333）。

坎卢普斯周边地区

在坎卢普斯城若隐若现的丘陵区间的是**太阳峰度假村**（Sun Peaks Resort；☎800-807-3257；www.sunpeaksresort.com；缆车票价 成人/儿童 $67/34）。这个不断发展的度假胜地有121条滑雪道（包括一些铺着积雪的8公里长的徒步长路），12架缆车，和一个令人愉快的村落基地。夏天，通过缆车可以到达20多条山地自行车道（成人/儿童 $33/19）。

那些想玩斜坡和/或步行小路又想省钱的人可以选择 **Sun Peaks Hostel 国际青年旅舍**（☎250-578-0057；www.sunpeakshostel.com；1140 Sun Peaks Rd；宿 $22 起，双 $54 起）提供的各种小屋、B&B旅馆和高档公寓。联系度假村了解详情。过了度假村旁的小路，Hwy 5公路继续向北前往艾伯塔(Alberta)边界和贾斯珀国家公园(Jasper National Park，距离坎卢普斯440公里)。沿着这条路，路过韦尔斯格雷省立公园(Wells Gray Provincial Park，见746页)——不列颠哥伦比亚省最好的公园之一，是那些真正想远离文明的人所渴望的地方。

奥卡纳根河谷 (OKANAGAN VALLEY)

很难说出这座肥沃和美丽的山谷在哪方面发展得更快：旅行者或水果。的确，温哥华和艾伯塔之间的这个宽广区域一度很受欢迎。绰号"加拿大的纳帕河谷"(Canada's Napa Valley)（被太多的旅游读书作者间接引用）总是被一再提起，实际上这个绰号很适合。长达180公里的奥卡纳根河谷是许多一流葡萄酒酿造厂所在地，它们生产的葡萄酒远销世界各地，吸收着加拿大最明媚的阳光。

河谷的传统角色是数代加拿大人夏日避暑的好地方，他们在连接奥卡纳根的湖边嬉戏，与之相比，现在的重点在于如何进步。退休者在阳光中慢慢老去，桃子、杏树和其他的水果也日益成熟，它们可能没有葡萄的优质称号，但在夏日最炎热的日子里弥漫着迷人的芬香。

挨近美国边界，欧沙约（Osoyoos）几近裸露，继续往北，大地很快就变得更绿，再向北将经过奥利弗（Oliver）、彭蒂克顿（Penticton）和弗农（Vernon）等引人注目的地方。靠近中心的基洛纳（Kelowna）是加拿大发展最快的地区之一。它将文化、湖边美景和娱乐融为一体，更经常地被作为交通中心，路上总是挤满了车辆。实际上，7月和8月，整个山谷就像是葡萄树成熟之前一样负担过多。对很多人来说，最好的参观季节是晚秋和早春，那时天气很清爽，人也不会太多。

奥卡纳根河谷 OKANAGAN VALLEY

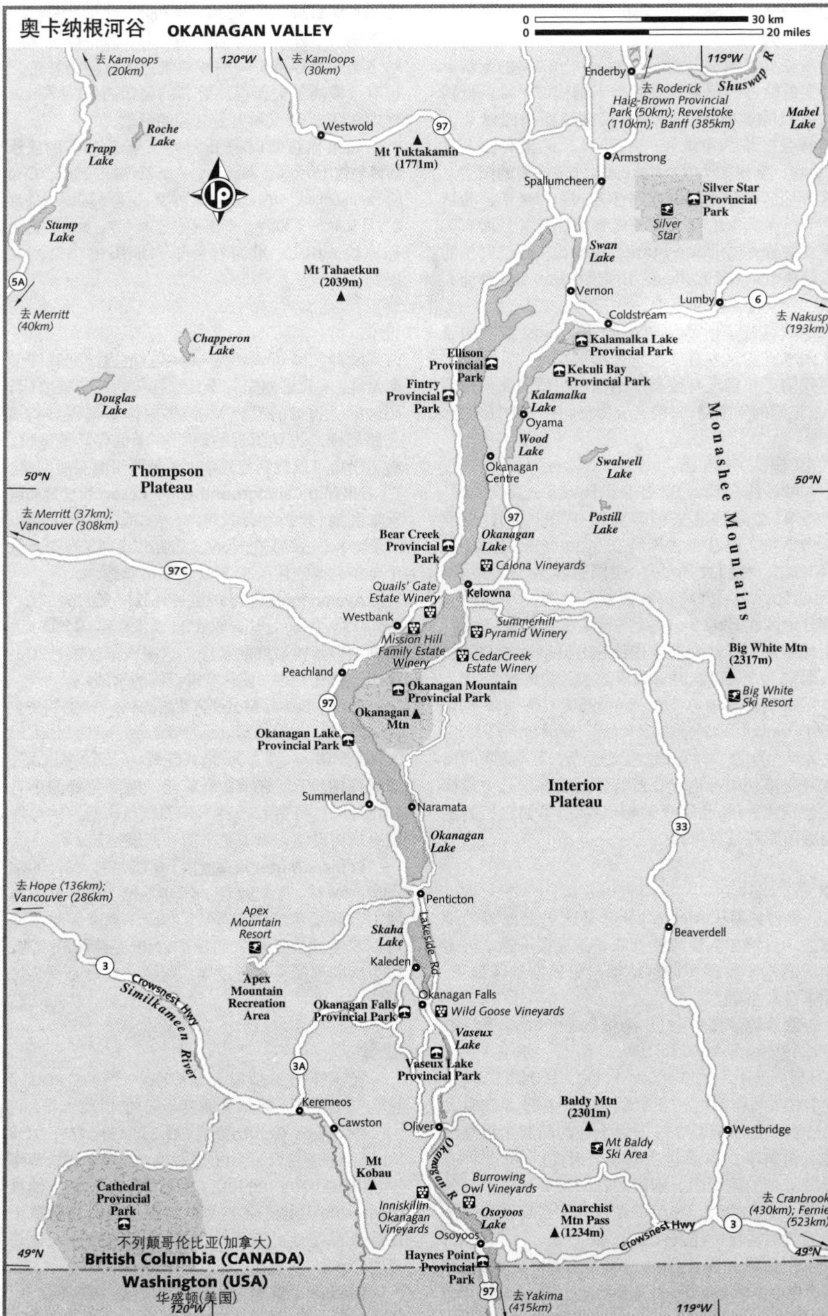

不列颠哥伦比亚

欧沙约

人口 4900

在奥卡纳根河谷(Okanagan Valley)的南端，朴实的欧沙约镇最少受到奥卡纳根似乎难以抵挡的名望的影响。然而，仅仅在茂盛果园以北，你将会发现加拿大唯一的沙漠，这里有仙人掌(cacti)、响尾蛇(rattlesnakes)和许多许多的阳光。这片地区一年平均降水量不超过200毫米，动植物与这个国家的代表性驼鹿和海狸无关，而有美声女神蜂鸟(calliope hummingbird)、颜色鲜艳的彩绘龟(painted turtles)、山狗(coyote)和各种仙人掌、沙漠灌木丛和草地。

城镇位于欧沙约湖(Lake Osoyoos)清澈的蓝色湖水之间。也有许多现代汽车宾馆，针对那些寻找阳光并且没有被奥卡纳根所引诱向北前行的人。忙碌的十字路口,使之成为夜间探查的好地方。

方位和实用信息

欧沙约在Hwy 97公路和Hwy 3公路交叉口：Hwy 97公路往北去彭蒂克顿(Penticton)，克罗斯内斯特公路往东去库特奈(Kootenay)地区(见741页)、往西去Hope。美国边界穿过欧沙约湖(Osoyoos Lake)，离镇南面就5公里。小镇的大部分地区在Hwy 3公路(当地人称它Main St街)旁延伸几公里，大部分住处在分开欧沙约湖的狭长地带上，可以同时看到南边和北边的水景。

新的**游客中心**(☎250-495-5070，888-676-9667；www.destinationosoyoos.com；Hwy 3和Hwy 97公路交叉口；⏰夏季8am~8pm，冬季周一至周五)的所在算是不列颠哥伦比亚所有新的游客中心中最棒的建筑之一(和戈尔登的相似)，但不如它们的更谦逊前辈那么有用。

景点和活动

欧沙约湖(Osoyoos Lake)是这里最温暖的地方之一。再加上沙滩就意味着游泳很不错。许多湖边的汽车旅馆和宿营地都出租爱斯基摩划子、独木舟和小船。

欧沙约沙漠中心(Osoyoos Desert Centre；☎250-495-2470；www.desert.org；Hwy 97附近；成人/儿童$7/3.50；⏰4月到10月9am~7pm，其他时间致电询问)有吱吱作响的蛇和唱歌的鸟，在欧沙约以北3公里，它那蜿蜒穿过干燥土地的凸起木板路沿途有讲解亭。非营利性中心全天提供90分钟有导游带领的旅行团。别致的花园主要种植精巧的野花，令人愉快。注意，在这儿，公寓就如同全球温暖的沙丘一样蚕食着土地。

作为原住民王国的一部分，**Nk'Mip沙漠和遗产中心**(Nk'Mip Desert & Heritage Centre；☎250-495-7901；www.nkmipdesert.com；1000 Rancher Creek Rd；成人/儿童$12/8；⏰9:30am~4:30pm，冬天周日休息)位于Hwy 3公路45号街(45th St)对面，以文化展示之旅和有导游带领的沙地景点团队游为特色。也有沙漠高尔夫课程、著名的葡萄酒厂(见724页框内文字)、景点和更多有趣的活动。

如果你想暂时避开阳光，那么朴实的**欧沙约博物馆**(Osoyoos Museum；☎250-495-2582；Gyro Community Park，Hwy 3附近；成人/儿童$3/1；⏰6月到9月10am~3:30pm，冬季周二至周四2~5pm)能让你凉快1小时，里面有关于当地历史和果园的展览。

住宿

欧沙约湖(Osoyoos Lake)的东边排列着许多宿营地。不只是湖岸有十几家朴实的汽车旅馆(当心破旧、古老的设施)。许多旅馆聚集在Hwy 3公路周围，边界附近的西北海岸也有其他旅馆。街道拐角可以找到连锁店。冬天费用会有所回落。

Nk'Mip Campground & RV Resort宿营地和娱乐车胜地(☎250-495-7279；www.campingosoyoos.com；宿营地$22~27)在Hwy 3公路以北45号街，这个全年营业的住所有300多个宿营地。

Avalon Inn旅店(☎250-495-6334，800-264-5999；www.avaloninn.com；9106 Main St；房$90起；❄ 💻)远离湖泊但紧挨最好的餐厅，这家汽车旅馆有20个套房，拥有大的、装有宽带设施的房间。

Sandy Beach Motel汽车旅馆(☎250-495-6931，866-495-6931；www.sandybeachmotel.com；6706 Ponderosa Dr；房$100~220；⊠ ❄)在Hwy 3公路北侧，靠近海滩地区，有25个单元，提供免费的小舟和排球场，营造着一种欢乐的气氛。荫凉的草坪配有烧烤设施，周围是平房和两层建筑。

Poplars Motel汽车旅馆(☎250-495-6035；6404 Cottonwood Dr；房$105起；❄ 🏊)位于一个私人海滩上，两层建筑中有34个套房。来度假的家庭可以享受独立操场、阴凉的沙滩及温水游泳池，每个房间都配有厨房设施，可以在户外享受烧烤野餐。

就餐

选择余地不是很大，但在欧沙约(Osoyoos)也有三个相当不错却又非常不同的选择。

Osoyoos Gelato餐馆(☎250-495-5425；9150 Main St；优惠价$2起；⏰夏季10am~10pm)黑莓梅罗特(Blackberry merlot)、薰衣草(lavender)、油桃(nectarine)和桃子是这里的特色原料，摘自这个冷冻食品圣地的河谷中(或被榨成水果汁，做巧克力)。

Diamond餐馆(☎250-495-6223；8903 Main St；主菜$15~25；⏰5~9pm)当地人穿过河谷定期

要来的地方，是吃牛排最好的地方，这个20世纪60年代的餐馆，有乙烯基货摊(vinyl booth)、爽心鸡尾酒和甘美的烤牛肉。酸奶黄瓜(Tzatziki)和茄合(moussaka，希腊一道菜名)能够透漏出店主来自希腊。

Wildfire Grill烧烤店(☎250-495-2215；8526 Main St；主菜$15~25；⏲11am~3pm，5~10pm或夏季午夜)当地人很喜欢沉浸在令人愉快的天井中。奥卡纳根的产品丰富，使得这家店可以根据季节更换菜单，提供融合菜肴。晚上可在Lizard Lounge品尝当地的美酒。

到达和离开

加拿大灰狗运输公司(Greyhound Canada；☎800-661-8747；www.greyhound.ca；Visitor Centre，Hwy 3 和 Hwy 97 拐角)的汽车开往温哥华($68，8小时，一天2班)和基洛纳(Kelowna，$23，2个半小时，一天1班)。

欧沙约周边地区(AROUND OSOYOOS)

欧沙约西面，3公路沿崎岖不平的Similkameen河谷(Similkameen Valley)47公里到达**基里米奥斯**(Keremeos)，一个被果园包围的小镇。

基里米奥斯30公里以西是**主教堂省立公园**(Cathedral Provincial Park；☎604-795-6169；www.env.gov.bc.ca/bcparks)，一个占地33 000公顷的山区荒原，是真正的探险运动场。这个公园里有很不错的偏远宿营地($5)，还可以在野花盛开的高山开阔地区与清澈的水边徒步。

奥利弗(OLIVER)

人口2000

曾经是单调乏味的水果采摘中心，奥利弗现已成为有机产物和葡萄酒生产中心。离开欧沙约后，往北行驶20公里，Hwy 97公路上到处都是硕果累累的果园。路边的货摊展示着成熟的果实，有许多地方能让你尝尝这些可口的水果。**游客中心**(☎250-498-6321；www.oliverchamber.bc.ca；36250 93rd St；⏲5月到9月9am~5pm，10月到次年4月周一至周五)位于市中心附近的旧火车站。

当地最主要的景点位于主要的十字路口。**Toasted Oak 餐馆**(☎250-498-4867；34881 97th St；主菜$10~25；⏲11am~9pm)有至少250种不列颠哥伦比亚的葡萄酒供出售。尝尝样品也能让你醉倒。食物集中体现了当地的特色主题，包括从沙拉和三明治到精心制作的主菜。

附近的**Mount View Motel汽车旅馆**(☎250-498-3446；www.mountviewmotel.net；34426 97th St；房$65~120；❄ 🅿 wi-fi)一家有七个单元房、花团锦簇的汽车旅馆。所有房间都有厨房和开瓶器。

奥利弗有名的**农夫市场**(Farmers' market；⏲7月到9月周六8:30am~12:30pm)展示着当地的食品和粮食，它挨近Hwy 97公路。想拥有极好的野餐，继续在**Cantaloupe Annie's小餐馆**(☎250-498-2955；34845 97th St；正餐$6起；⏲夏季周一至周六9:30am~5:30pm，周日11am~3pm；wi-fi)的熟食店转转，这是一个因供应当地特色菜、烟熏肉和水果点心而著名的餐厅。

你可以通过**加拿大灰狗运输公司**(Greyhound Canada；☎800-661-8747；www.greyhound.ca)两趟汽车中的一趟，到达奥利弗，这两趟车每天往返穿过河谷；尽管驾车或骑自行车时，你仍将沉浸在路边的热闹中。

奥利弗到彭蒂克顿 (OLIVER TO PENTICTON)

奥利弗以北约10公里处，Hwy 97公路上，大自然展现着自己。**瓦索湖野生动植物中心**(Vaseux Wildlife Centre；☎250-494-6500；⏲黎明到黄昏)有一条300米长的步行道，可以观赏许许多多的鸟类(不光是人类移居到这儿)、加拿大盘羊(bighorn sheep)或14种蝙蝠中的几种。从中心出发，你也可以徒步去加拿大盘羊国家野生动物区(Bighorn National Wildlife Area)和瓦索湖国家迁徙鸟类保护区(Vaseux Lake National Migratory Bird Sanctuary)，里面有160多种鸟类。

你可以在Hwy 97公路沿途的12个简朴的湖边**宿营园**(宿营地$14)宿营，夏天，人们很喜欢来这儿钓鱼、游泳和划独木舟。冬天，人们来滑冰和冰上钓鱼。

彭蒂克顿(PENTICTON)

人口34 000

比基洛纳稍逊色一些，彭蒂克顿很乐意作为经典的奥卡纳根海滩城镇。实际上，它多是沙质地面。南端的宿营场地正在逐渐缩小(而公寓大厦如污水中的海藻般欣欣向荣)，在Skaha湖(Skaha Lake)前有几家中档汽车旅馆。而北边是真正的活动地方，在这儿城镇的快乐中心向上延伸到了奥卡纳根湖(Okanagan Lake)。

Skaha断崖(Skaha Bluffs)附近的水上运动很丰富，而且能组织世界级的攀登活动。那儿也有一排很不错的咖啡馆、餐厅和文化活动，或者你可以休息一下，在Lakeshore Drive West靠海滨的酿酒厂亲手实践酿造美酒的过程。很快你可能会明白最初的撒利希语名字“Pen-Tak-Tin”的字面意思：“永远待下去的地方”。

方位和实用信息

Hwy 97公路向西穿过彭蒂克顿的部分地

水果季节

奥卡纳根河谷主要的农作物和它们的成熟时机：

草莓（Strawberries）：6月中旬到7月初
木莓（Raspberries）：7月初到中旬
樱桃（Cherries）：6月中旬到8月中旬
杏（Apricots）：7月中旬到8月中旬
桃（Peaches）：7月中旬到9月中旬
梨（Pears）：8月中旬到9月末
苹果（Apples）：9月初到10月末
鲜食葡萄（Table Grapes）：9月初到10月末

区。途经横贯这座城镇的Main St街，这条南北向的街道将中心一分为二。非常吸引人的市区沿Main St街从奥卡纳根湖(Okanagan Lake)开始向南覆盖十个街区，有许多饭店、商店、银行和服务机构。但更往南一点，是商业区和杂乱无章的建筑。闭上你的眼睛。

游客中心（☎250-493-4055，800-663-5052；www.vacationshappenhere.com；553 Railway St at Hwy 97 & Eckhardt Ave W；⏲5月到9月8am～8pm，10月到次年4月10am～6pm）是不列颠哥伦比亚最好的游客信息中心之一。可以免费上网，甚至还有一个房间被设置为不列颠哥伦比亚葡萄酒信息中心(BC Wine Information Centre)，有地区葡萄酒的实用信息，还可以品尝，也可以购买这些葡萄酒。

书店（Book Shop；☎250-492-6661；242 Main St）有大量二手书。

奥卡纳根书店（Okanagan Books；☎250-493-1941；233 Main St）有本地书籍和精选地图。

彭蒂克顿图书馆（Penticton Library；☎250-492-0024；785 Main St；⏲周一至周六9:30am～5pm，冬季周二和周四至9pm，周日1～5pm）可免费上网。

邮局（☎250-492-8000；Penticton Plaza Mall，1301 Main St；⏲周一至周六9am～6pm）在Shopper's Drug Market市场，穿过走廊有个洗手间。

景点

就在沙滩上，**SS Sicamous号**（☎250-492-0403；1099 Lakeshore Dr W；成人/儿童$5/1；⏲5月到10月9am～9pm，11月到次年4月周一至周五10am～4pm）1914年到1936年，它曾在奥卡纳根湖(Okanagan Lake)上运载乘客和货物。现在已修复并被拖上了岸，和同样有悠久历史的SS Naramata号拖船放在了一起。

海滨地区的**南奥卡纳根艺术馆**（Art Gallery of Southern Okanagan；☎250-493-2928；199 Marina Way；门票$2；⏲周二至周六10am～5pm）收藏了地区、省和国家艺术家的许多作品。

在图书馆查阅你的邮箱后，顺便参观一下邻近的**彭蒂克顿博物馆**（Penticton Museum；☎250-490-2451；785 Main St；捐赠入场；⏲周二至周六10am～5pm），那儿有让人欣喜的各式展览，包括不可缺少的自然历史展览，展出各种各样的动物和鸟类。

活动

在奥卡纳根海滩(Okanagan Beach)西端有一流的潇洒好去处，有迷你高尔夫之类的娱乐活动。

水上运动

平整的**奥卡纳根河隧道骑车和慢跑小路**(Okanagan River Channel Biking & Jogging Path)沿着非常干燥的隧道蜿蜒而去，将奥卡纳根湖(Okanagan Lake)连接到Skana湖。但当你能够漂浮时，为什么要沿着人行道走呢？**Coyote Cruises公司**（☎250-492-2115；215 Riverside Dr；租金和往返$11；⏲6月到8月10am～4:30pm）出租内胎，你可以漂浮到海峡中央。乘坐Coyote Cruises公共汽车可以返回到奥卡纳根湖(Okanagan Lake)附近的出发点（如果你有自己的漂浮用具，公交车票票价$4）。

奥卡纳根海滩(Okanagan Beach)有约1300米长的沙滩，夏季平均水温在22℃左右。如果东西堵塞，在中心区以南、1.5公里长的**Skaha海滩**(Skaha Beach)经常有更安静的海岸。

奥卡纳根湖和Skaha湖都有奥卡纳根河谷(Okanagan Valley)最好的帆板运动、划船和划桨条件。**码头水上运动**（Pier Water Sports；☎250-493-8864；Rotary Park，Lakeshore Dr W；爱斯基摩划子每小时$16）出租可以在水上漂流的一切东西。滑水艇(ski boat)一整天的租用价格是$470。

山地自行车

干燥的气候和城市周围起伏的山峦，一起提供了极好的山地骑车地形。向东出城，朝Naramata方向骑车是最受欢迎的路线。跟随路标到城市垃圾站(city dump)和Campbell's山(Campbell's Mountain)，在那里你可以看见许多单车道小路和双道障碍滑雪道，两者都不需要太多的技术。

夏天，**Apex山度假村**(Apex Mountain Resort)的缆车(单程乘坐 成人/儿童$15/12)将骑车手和他们的自行车集中在一起送到山顶。你可以去边远地区探索，或者仅仅是向下飞驰体验快感。

可以在**自由自行车店**（Freedom—The Bike Shop；

(☎250-493-0686；533 Main St；自行车 每天 $35)租用自行车，或者了解丰富的信息。

攀岩

被干燥的天气和结实的片麻岩所吸引，全世界各地的攀岩爱好者都来到 **Skaha 断崖**(Skaha Bluffs)，享受 7 个月的攀岩季节，有 400 多条打结(bolted)路线。然而，不断掉落的岩石已经使该地区最近处于危险状态，但可以通过私人土地艰难地进入。浏览 www.skaha.org 网站查看最新信息。

Skaha 断崖历险(Skaha Rock Adventures；☎250-493-1765；www.skaharockclimbing.com；一天课程 $140 起)为每个第一次拴上绳子试着攀岩的人提供高级技术指导和介绍课程。

滑雪和滑雪板

Apex山度假村(Apex Mountain Resort；☎877-777-2739，雪况报告250-487-4848；www.apexresort.com；缆车 票价 成人/儿童 $54/33)在彭蒂克顿(Penticton)37公里以西，Green Mountain Rd路对面，是加拿大最好的小型滑雪胜地之一。它有超过65条下山滑雪道，供各种滑雪水平的人滑雪，但它最出名的是有大量专家级滑道(double-black-diamond)和技术滑道(垂直落差超过600米)。还有一条30公里的越野小路，在夏天可以徒步旅行、山地骑车和骑马。

节日和重大活动

整个夏季，彭蒂克顿除了吸引众多游人的节日之外，似乎没什么可看的。

埃尔维斯音乐节(Elvis Festival；www.pentictonelvisfestival)几十位埃尔维斯模仿歌手可能会让你感觉到在天堂或在猎犬地狱，尤其是下午麦克风开放，大家一起歌唱。6月中旬举办。

桃子节(Peach Festival；☎800-663-5052；www.peachfest.com)这个城市第一重要的活动主要是为期1周的派对，8月初举办，自1948年就开始了这一传统，主要是要选出一个桃子王后(Peach Queen)。

Pentastic爵士乐节(Pentastic Jazz Festival；☎250-770-3494；www.pentasticjazz.com；)9月初，在五个地方举办为期3天以上的活动，有超过十支乐队的演出。

住宿

Lakeshore Drive West 车道和 South Main St 街或 Skaha Lake Rd 路是当地汽车旅馆的所在地。奥卡纳根海滩是最受欢迎的地方。游客中心有一长串 B&B 旅馆列单。淡季会有优惠。

Park Royal RV Resort 娱乐车度假胜地(☎250-492-7051；www.parkroyal.ipenticton.com；240 Riverside Dr；汽车/娱乐车营地 $35 起)恰好处于奥卡纳根海滩忙碌的尽头，40 个宿营地位于绿茵茵的草坪上。

HI Penticton Hostel 青年旅舍(☎250-492-3992；www.hiho stels.ca；464 Ellis St；宿 $20～25，房 $50 起；)这家青年旅舍有 47 张床，位于中心附近，在一幢历史悠久的建筑中。这家青年旅舍安排有各种各样的活动，包括葡萄酒团队游。

Ogopogo Motel汽车旅馆(☎250-492-7616；www.ogopogomotel.tripod.com；270 Riverside Dr；房 $65～105；)把这家简朴的汽车旅馆指定为奥卡纳根湖传说中和善的怪物，这也没有什么值得奇怪的。房间都有厨房设施，离Lakeshore Drive车道附近的活动很近。

Penticton Slumber Lodge旅馆(☎250-492-4008，800-663-2831；www.slumberlodge.com；274 Lakeshore Dr W；房 $100起；)所有的44个单元都很大；一些有好几个卧室，所有房间都备有厨房设施。室内游泳池位于复式房区域。

Tiki Shores Beach Resort度假村(☎250-492-8769，866-492-8769；www.tikishores.com；914 Lakeshore Dr W；公寓 $130～300；wi-fi)这处活跃的度假胜地有40个独立公寓单元——有些很大——带有独立卧室和厨房。可以跃入大的户外泳池中。

就餐

彭蒂克顿(Penticton)显然有不错的美食。沿着市中心的 Main St 街和 Front St 街漫步，你会发现那里有无数的就餐选择。

Can Coffee Co咖啡馆(☎250-493-3044；The Cannery，1475 Fairview Rd at Duncan Ave；主菜 $6；7am～8pm；wi-fi)位于一个特别的旧罐头工厂中，这家有着高高的天花板的咖啡馆空间很大，可以在其中享受上好的咖啡、早餐和三明治。

Vallarta Grill 烧烤店(☎250-492-5610；988 Lakeshore Dr W；主菜 $8～16；5～10pm)当玉米粉圆饼汤(tortilla soup)战胜烤干酪辣味玉米片(nachos)，说明你正在享用很好的东西。它是不列颠哥伦比亚省最正宗的墨西哥餐厅之一——穿过海滩就到了。在外面用餐，点些特色菜肴，工作人员只说西班牙语(在菜单上都可以选择)、演唱古老的阿卡普尔科(Acapulco)歌曲。

Dream Café小餐馆(☎250-490-9012；67 Front St；主菜 $10～20；周二到周日8am～午夜；)这个绝妙的地方从早餐到晚餐一直都熙熙攘攘。晚餐菜单混合了清淡风味食物，分量很足。多数晚上都有现场木吉他或民间音乐表演。

我们的选择 **Theo's 餐馆**(☎250-492-4019；687 Main St；主菜 $10～20；11am～10pm)急切地想看看雅典的多岩石地面？还是在这儿用餐更

奥卡纳根河谷葡萄酒酿造厂

充足的阳光、肥沃的土地和凉爽的冬天使当地的葡萄酒工业得以蓬勃发展。基洛纳及其北部地区因灰比诺干白(Pinot Grigio)而闻名，南部地区邻近的彭蒂克顿(Penticton)和奥利弗(Oliver)的红葡萄酒很出名，特别是曾经流行的梅鹿葡萄酒(merlots)。

100多个葡萄酒酿造厂中的大多数都挨着Hwy 97公路，这使品尝美酒成为一件很容易的事情。多数酿酒厂为旅行者提供葡萄酒，并且所有的酒厂都乐意卖给你1瓶或20瓶（实际上许多最好的酿酒厂仅仅在酒厂出售葡萄酒）。越来越多的酒厂正在增加高端餐厅，可提供极好的观光和综合的整个地区的食物来展示酒杯中最美味的葡萄酒。

节日

奥卡纳根河谷季节性的**葡萄酒节**（wine festivals；www.thewinefestivals.com）是重大节日，特别是秋季举办的葡萄酒节。

通常的日期为：

秋季：10月初
冬天：1月中旬
春季：5月初
夏天：8月初

实用信息

有关奥卡纳根河谷葡萄酒的两个不错的信息来源是：彭蒂克顿游客中心（见722页）的**不列颠哥伦比亚葡萄酒信息中心**(BC Wine Information Centre以及基洛纳（见727页）的**酿酒博物馆**(Wine Museum)。《约翰·施赖纳的奥卡纳根葡萄酒游指南》(*John Schreiner's Okanagan Wine Tour Guide*)是这方面的权威旅行指南。

团队游

有些旅游公司会在开车路上让你喝一口美酒。

葡萄酒团队游俱乐部（Club Wine Tours；☎250-762-9951，866-386-9463；www.clubwinetours.com；3～8小时团队游$49～125）

奥卡纳根葡萄酒乡村游（Okanagan Wine Country Tours；☎250-868-9463，866-689-9463；www.okwinetours.com；团队游$65～130）也提供风俗团队游，时间较久的持续几天。

野花小路与葡萄酒团队游（Wildflower Trails and Wine Tours；☎250-979-1211，866-979-1211；www.wildflowersandwine.com；团队游$73起）提供团队游，穿过风景秀丽的山丘进行徒步远足，这样你便会越来越渴。

好。摆在外面的葡萄酒掩盖了华丽而轻松的餐厅。食物呢？www.eatsquid.com网站上有所有信息。

Salty's Beachhouse Seafood Restaurant海鲜舫（☎250-493-5001；1000 Lakeshore Dr；主菜$13～25；⏲4月到10月4～11pm）喂，伙计！在这家位于海滩边的海鲜连锁店，广阔的海洋就是你的战利品，一定不要错过哪怕一次航程nautical cliché。除了场面外，食物也相当不错，最好在大大的院子中用餐。

农夫市场（Farmers' market；☎250-770-3276；Gyro Park at Main St；⏲5月到10月周六8am～正午）有大量当地有机生产者。多数下午都可以享受Jeffer's Fryzz，这是一辆在Main St街和纳奈莫大道(Nanaimo Ave)角落附近提供有无数种口味的法国炸薯条的卡车。

饮品和娱乐

Barking Parrot酒馆（☎250-493-8221；Penticton Lakeside Resort，21 Lakeshore Dr W；⏲夏季正午至深夜）旅行者和当地人在这儿混合一起，坐在户外桌子边，看着湖色。经常有音乐演出和喜剧演出。

Blue Mule酒馆（☎250-493-1819；218 Martin St；⏲周六和周日8pm至深夜）位于Westminster Ave大道拐角附近，DJ们奉献着乡村音乐、经典摇滚。入场费不定。

参观酿酒厂

在对旅行者开放的酿酒厂里，你可以期待尝上一口，但品尝情况相当不同。有些地方只有几种供出售的葡萄酒，其他一些地方提供几十种葡萄酒。一些品酒室只是使销售场所变得更辉煌，其他一些品酒室设有葡萄园，可以欣赏山谷和湖泊的美好景致。一些是收费的，其他是免费的。

在几十个选择中，下面列出的（由北到南）这些是为你推荐的。夏山金字塔(Summerhill Pyramid)和Cedar Creek Estate是基洛纳以南沿着湖东岸的葡萄酒厂。其他的酿酒厂可通过Hwy 97公路到达。

珂罗娜葡萄园（Calona Vineyards；见727页地图；☎250-762-3332；1125 Richter St，Kelowna；⏲夏季9am～6pm，冬季10am～5pm）挨着基洛纳文化区，不列颠哥伦比亚最大葡萄酒厂之一的珂罗娜是奥卡纳根河谷的葡萄酒冠军，它创建于1932年。

夏山金字塔葡萄酒厂（Summerhill Pyramid Winery；见719页地图；☎250-764-8000；4870 Chute Lake Rd）最受旅行者欢迎的葡萄酒厂之一，主人Steve Cipes在一个巨大的金字塔中存放了很多有悠久历史的葡萄酒。他们的起泡葡萄酒（sparkling wine）因神奇的魔力而被大加赞扬。福斯特斯日落酒馆（Forster′s Sunset Bistro；主菜$10～20；营业时间为上午11点到晚上9点）有与其名字相符的景致。

雪松溪庄园酿酒厂（Cedar Creek Estate Winery；见719页地图；☎250-764-8866；www.cedarcreek.bc.ca；5445 Lakeshore Rd，Kelowna；⏲4月到10月10am～6pm，11月到3月11am～5pm）以极棒的团队游和Ehrenfelser而出名，即一种爽口的水果白葡萄酒。葡萄园梯田（Vineyard Terrace，主菜$10到$15）很适合吃午餐。从6月到9月中旬的上午11点30分到下午3点营业。

奎尔斯盖特庄园酿酒厂（Quails' Gate Estate Winery；见719页地图；☎250-769-4451；www.quailsgate.com；3303 Boucherie Rd，Kelowna；⏲10am～5pm）一个小型酿酒厂，名气却很大，以黑皮诺（Pinot Noir）、白沙威浓（Sauvignon Blanc）葡萄酒和其他更多的葡萄酒而出名。这儿的餐馆从上午11点营业到晚上9点（主菜$10到$20），位于最佳餐馆之列。

米森希尔家族酒庄（Mission Hill Family Estate；见719页地图；☎250-768-7611；www.missionhillwinery.com；1730 Mission Hill Rd；Westbank；⏲10am～5pm）去品尝一下混合红酒（尝尝波尔多葡萄酒[Bordeaux]）或很解渴的灰葡萄酒（Pinot Gris）。在露台处，5月到10月，从正午到下午2点、下午4点到晚上9点，提供简单的午餐（大致$8～15）。

野驼鹿葡萄园（Wild Goose Vineyards；见719页地图；☎250-497-8919；www.wildgoosewinery.com；2145 Sun Valley Way，Okanagan Falls；⏲4月到10月10am～5pm）这个酿酒庄园为克鲁格（Kruger）家族所拥有，克鲁格家族制作了许多优秀的德式白葡萄酒，这个酿酒庄园特别友好。

因尼斯基林奥卡纳根葡萄园（Inniskillin Okanagan Vineyards；见719页地图；☎250-498-6663；www.inniskillin.com；Rd11 W，Oliver；⏲5月到10月10am～6pm，11月到次年4月周一至周五10am～5pm）不列颠哥伦比亚的首个馨芳（Zinfandel）葡萄酒制造商，以冰酒出名。

洞穴猫头鹰葡萄园（Burrowing Owl Vineyards；见719页地图；☎250-498-0620；www.bovwine.ca；100 Burrowing Owl Place，Oliver；⏲4月到10月10am～5pm）突出环保的葡萄酒包括有机葡萄。Sonora Room餐馆（客饭$15～40）很棒；预订露台餐桌。营业时间：4月到10月的上午11点到下午2点和下午5点到晚上9点30分。

到达和四处走走

加拿大爵士航空(Air Canada Jazz)在**彭蒂克顿地区机场**（Penticton Regional Airport，代码YYF；250-492-6042；www.cyyf.org）每天有飞抵温哥华（1小时）的航班。

加拿大灰狗运输公司（☎800-661-8747；www.greyhound.ca；307 Ellis St）的班车在奥卡纳根河谷里行驶，也有去往温哥华($62，7个半小时，一天1班)和坎卢普斯(Kamloops，$ 39，4个半小时)的路线。

彭蒂克顿运输（Penticton Transit；☎250-492-5602；www.busonline.ca；单程$1.75，日间通行证$4）从周一到周六上午9点到晚上7点，有湖与湖之间的往返汽车，每小时沿两个湖滨地区行驶。

基洛纳(KELOWNA)

人口150 000

一个有着许多公园和景点的田园般湖岸，活跃的文化社区，有一流的葡萄酒酿造厂、一流的餐厅和许多常年举行的活动，这使基洛纳(Kelowna)给人的印象太完美了。令人高兴的是，开发者和游牧部落被吸引到这儿，给这个地区的梦境带来了一丝现实的味道。

市中心正发生着飞快的变化，公寓增加到了12层或更高，但它仍然是一个闲逛的好地方，特别是其沿着Ellis大街往北的文化社区。到湖边

> **风景驾车：NARAMATA**
>
> 在几乎最忙的夏日周末，避开旅行者常走的道路，远离彭蒂克顿拥挤的人群，从城镇沿着奥卡纳根湖河岸往北18公里。路的两侧有超过20家葡萄酒酿造厂，也有生产有机薰衣草和类似香草的农场。也有很多适合徒步旅行、野餐、观鸟或在美丽、偏僻的环境中常做的事情。Naramata是一个有趣的小村庄，有着你应该决定逗留的含早餐的宾馆。

花草修剪得很好的公园转转，在海滩上闲逛。无论是旅途结束筋疲力尽、还是夏日的徒步行者，当看到你喜欢的小餐馆时，都应停下来休息一会儿。

基洛纳(Kelowna)，在撒利希语中这个单词的意思是“灰熊”，这块住宅地区得益于1858年到达这儿希望“转变原住民的信仰”的大量传教士。殖民者随后来到，于1892年建立了这座城镇。在20年前葡萄酒工业飞速发展之前，工业水果生产一直都很普遍。

看看今天的房地产价格，你会准备畅饮一杯。

方位

基洛纳位于弗农(Vernon)和彭蒂克顿(Penticton)中间，136公里长的奥卡纳根湖(Okanagan Lake)东侧边。从城市公园(City Park)开始，Bernard Ave大道往东去，是市中心的主要要道。

Harvey Ave大道(Hwy 97公路)标志着市区的南部边界。向西，不太完善的高速路大桥将在2009年被更换。在城东，Harvey Ave大道很遗憾地退化成了不断延长的10公里长的林荫大道，步行街、汽车旅馆、快餐连锁店和编织店在此一家挨着一家。在夏日和忙碌的周末，这条街上的每个方向都会发生交通堵塞。

沿着Pandosy大道(Pandosy Ave)——在Harvey大道(Harvey Ave)以南大约2公里处，这里有Pandosy Village村庄，一个迷人的适合高消费阶层的湖边领地。

实用信息

市中心的很多小餐馆都可以上网。

基洛纳综合医院（Kelowna General Hospital；☎250-862-4000；Royal Ave的2268 Pandosy St；⌚24小时）

基洛纳图书馆（Kelowna Library；☎250-762-2800；1380 Ellis St；⌚周一、周五和周六10am～5:30pm，10月到次年5月周二至周四10am～9pm，周日1～5pm）旅行者可以在此免费上网1小时。

马赛克书店（Mosaic Books；☎250-763-4418；411 Bernard Ave）一流的独立书店。出售地图（包括地形地图）和旅游指南，还有原住民历史和文化方面的图书。不错的杂志精选和一个咖啡吧。

邮局（Post Office；☎250-868-8480；591 Bernard Ave；⌚周一至周六8:30am～5:30pm）

游客信息中心（☎250-861-1515，800-663-4345；www.tourismkelowna.com；544 Harvey Ave；⌚夏天8am～7pm，冬季周一至周五8am～5pm，周六和周日10am～3pm）靠近Ellis St街拐角。

景点

城市公园和散步大道(CITY PARK & PROMENADE)

这个完美的市区公园是城市海岸线的焦点，有修剪整齐的花园、水文景观和**热沙海滩**(Hot Sands Beach)，水温就比夏天的空气稍微凉一点儿。饭店和酒馆充分利用着湖滨和林木苍苍的河对岸那一览无余的美景。码头北边，**滨水公园**(Waterfront Park)有一条不断变化的海岸线和一个很受欢迎的露天舞台。

文化区(CULTURAL DISTRICT)

在游客中心拿本文化区步行游和公共艺术小册子，或参加一个免费**徒步团队游**（☎250-469-8883；www.kelownasculturaldistrict.com；⌚7月和8月 周二至周五10am），从Laurel包装工厂出发。

通风良好的**基洛纳艺术馆**（Kelowna Art Gallery；☎250-979-0888；www.kelownaartgallery.com；1315 Water St；免费入内；⌚周二至周六10am～5pm，周四10am～9pm，周日1～5pm）以当地艺术家的作品为特色。附近的**Art Ark**（☎250-862-5080；1295 Cannery Lane；⌚10am～5pm，夏季开到很晚）展出和出售种类繁多的工艺品（油画、雕刻品、

> **值得一停：桃园**
>
> 在97公路下，拥抱着湖水，基洛纳(Kelowna)以南25公里，像桃园(Peachland)这样的小城镇很适合进行悠闲、轻松愉快的漫步。但聪明的停留者将会在**Blind Angler Grill烧烤店**（☎250-767-9264；5899A Beach Ave；主菜$8～25；⌚9am～9pm）逗留更长时间，可以俯瞰小码头，外形像棚屋。建筑完整性的欠缺在食物质量方面得以补偿：早餐很出色，味道非常不错的汉堡包、晚上的排骨和大比目鱼是一流的。经常会有玩笑，几乎和从厨房端出的菜一样快。

摄影、混合画法等等，由西部加拿大画家所作）。隔壁，不大的**海龟岛画廊**（Turtle Island Gallery；☎250-717-8235）出售和展示原住艺术家的作品。

不列颠哥伦比亚果园栽培业博物馆（BC Orchard Industry Museum；☎250-763-0433；1304 Ellis St；捐款入内；⏲周一至周六10am～5pm）位于历史悠久的劳雷尔加工厂(Laurel packing house)内，叙述了奥卡纳根河谷从过去到处都是吃草的奶牛牧场变为今天满是旅行者。旧的水果柳条包装箱的标签都是艺术作品。

酿酒博物馆（Wine Museum；☎250-868-0441；免费入内；⏲周一至周五10am～6pm，周六和 周日11am～5pm）在同一幢建筑内，知识丰富的工作人员会推荐团队游，引导你到最好的葡萄酒厂品尝，并帮你在行李箱里装满当地销售的数目繁多的产品。

基洛纳博物馆（Kelowna Museum；☎250-763-2417；470 Queensway Ave；捐款入内；⏲周二至周六10am～5pm）什么都有，从早期河谷居民的骨头到当地农业的种子展示。

博物馆后面的**Kasugai花园**（Kasugai Gardens；免费入内；⏲9am～6pm）中，精巧的木砖很适合静静地漫步。

活动

带有芳香的气候使得基洛纳(Kelowna)很适合到此呼吸新鲜空气，在湖上或者在周围的丘陵中。

你可以租一艘高速游艇（每小时$60起）来安排垂钓或巡游活动，或者在湖尽头Queensway Ave 大道的**基洛纳码头**(Kelowna Marina; ☎ 250-861-8001; Queensway Ave)租帆板用具。帆板运动员从 Water St 街和 Cawston Ave 大道拐角的水上飞机站那里下水。

城里到处都有很不错的徒步小路和山地骑车路。17 公里的**米逊小溪林荫路**(Mission Creek Greenway)蜿蜒多树，接着城市南端的小溪西边的一半路宽阔，也容易走，但东边的路线弯弯曲曲，仿佛是进入了丘陵。

Knox 山(Knox Mountain)就在城北端，是另一个徒步旅行或骑车的好地方。有山猫和蛇，这座占地 235 公顷的公园有维护良好的徒步小路，并回报给旅行者山顶美景。

著名的**壶谷铁路自行车道**(Kettle Valley Rail Trail)正在从 2003 年的一次大火中逐渐恢复。这条被遗弃的老铁路长达 24 公里，沿途可以欣赏 Myra 峡谷(Myra Canyon)奇异的美景，是一条非常受欢迎的小路。感谢社区作出的巨大努力，在被大火烧毁的山峡和山谷中，18 座有悠久历史的木制高架桥中的 12 座都在 2008 年被翻修了(登录 www.myratrestles.com 查看最新消息)。全长 174 公里的小路网络沿着老铁路到达彭蒂克顿，甚至更远的地方。

为了到小路，沿着 Harvey Ave(Hwy 97 公路)往东至 Gordon Drive。向南转，然后在 KLO Rd 路向东，一路上沿着它往前直至 McCulloch Rd 路末端。在公路末端约 2 公里处，你将会来到一块空旷地，路对面是输电线。在 Myra Forest Service Rd 路向南转，沿着它行驶 8 公里就到达了停车场。

住宿

就像奥卡纳根河谷(Okanagan Valley)其他地方一样，如果你没有预订，夏天很难在这里找到还空着的房间。在其他时间中，可以找找经济实惠的。游客中心列出了当地十多个 B&B 旅馆。连锁汽车旅馆主导着往东的 Harvey Ave/ Hwy 97 公路。当你沿着步行街往前走，旅馆费用会有所下降，但你得为有损健康的周围环境付出代价。

经济

靠近城镇的地方也有几个宿营地可以选择，多位于湖西边，朝向没有什么吸引力的 Westbank 城镇。

绿树湾家庭宿营地(Willow Creek Family Campground; ☎ 250-762-6302; www.willowcreekcampground.ca; 3316 Lakeshore Rd; 帐篷/娱乐车营地$29/32起; wi-fi)挨着Pandosy Village和海滩，这家有81个套房的旅馆带洗衣店，有同名树荫操场。

Kelowna SameSun International Hostel国际青年旅舍(☎ 250-763-9814, 877-562-2783; www.samesun.com; 245 Harvey Ave; 宿/房24/50起; wi-fi)在市区和湖泊附近，这个很有活力的青年旅舍有130个宿舍床位，这儿比很多附近的汽车旅馆都要好。这家青年旅舍在车站提供免费接迎服务，也提供前往SameSun大怀特(Big White)和银星(Silver Star)滑雪度假村旅舍的往返车辆。

中档

市区有着众多的汽车旅馆，沿 Hwy 97 公路和 Pandosy Village 分布着。

Abbott Villa Travelodge旅馆(☎ 250-763-7771, 800-578-7878; www.travelodge.com; 1627 Abbott St; 房 $80起; wi-fi)地理位置优越，位于城市公园(City Park)对面，这座有52个房间的汽车旅馆有小但干净的房间，配有电冰箱、同样较小的户外游泳池和热浴盆。

Accent Inn旅店(☎ 250-862-8888, 800-663-0298; www.accentinns.com; 1140 Harvey Ave; 房 $100起; wi-fi)在Hwy 97公路周围的许多汽车旅馆中，这家是精选。三层小楼中的102个单元让人感觉很不错，就像是高悬的数篮花。与许多连锁店不同，空调相当安静。

湖岸宾馆(Lakeshore Inn; ☎ 250-763-4717, 877-657-5253; www.lakeshoreinn.com; 3756 Lakeshore Rd; 房 $120起; wi-fi)位于Pandosy Village以南诱人的湖边，有46个房间，这家汽车旅馆维护得很好，滨水地区有一个游泳池。一半的房间景致都不错。

Prestige Inn旅店(☎ 250-860-7900, 877-737-8443; www.prestigeinn.com; 1675 Abbott St; 房$140起;)另一个市中心的选择，有66个房间，地理位置很好，位于湖和公园对面。在标准汽车旅馆基础上，有奢侈的薄板装饰，服务优质。房间可高速上网，配有电冰箱。

高级

奢侈酒店通往市中心北部的公寓大厦。

Hotel Eldorado 旅馆(☎ 250-763-7500, 866-608-7500; www.eldoradokelowna.com; 500 Cook Rd; 房 $165～380;)位于 Pandosy Village 南部，这家有悠久历史的湖岸寓所有 19 个老房间，你可以沉浸在满是古董的奢侈中。现代而低调的侧楼有 30 多个房间和 6 个有不错码头景色的套房。

就餐

很容易就可以在这儿享用到美酒和美食。饮品一节中的一些餐厅提供的菜肴也不错。

Bean Scene咖啡店(☎ 250-763-1814; 274 Bernard Ave; 咖啡 $2; 6:30am～10pm)邻居们在这家当地相当不错的咖啡馆闲聊着他们喜欢明星的八卦新

闻。松饼(muffins)味道很棒。

Out of Diva's Closet & Cafe壁橱和咖啡店（☎250-860-3090；1623 Pandosy St；小吃 $3；⏲周一至周六9am～6pm；💻wi-fi）可以用古怪和愚笨来描述这个网吧、咖啡和茶吧、果汁连锁店以及二手衣服集市。

Siam Orchid 泰式餐馆（☎250-860-5600；279 Bernard Ave；正餐 $8 起；⏲周一至周五 11am～2pm）食物运输卡车常不被允许停在市中心这家泰式餐馆门前。然而，这家泰国餐厅的主人从他们本土带来了各种各样的调味品和其他的风味，给予了这儿的食物相当有特色的美味。

Christopher's餐馆（☎250-861-3464；242 Lawrence Ave；主菜 $10～20；⏲4pm～午夜）许多人为牛排而来，但真正知情的人来到这个流行之地是冲着它一流的海鲜来的。鲑鱼和贝类总是菜单中最抢眼的，也有沙拉和意大利面食。时髦的休息室经常营业到很晚。

La Bussola 餐厅（☎250-763-3110；1451 Ellis St；主菜 $12 起；⏲周一至周六 5～10pm）由新鲜意大利面食制作的 20 道菜肴，是文化区的艺术品。菜单涉及范围很广，从香蒜沙司 (pesto) 到红沙司 (red sauce)，从小牛肉 (veal) 到海鲜，种类繁多。可以在鲜花点缀的人行道餐桌或精致的餐厅用餐。

Fresco餐厅（☎250-868-8805；www.frescorestaurant.net；1560 Water St；主菜$20起；⏲周二至周六5～10pm）是奥卡纳根河谷最好的餐厅，也是不列颠哥伦比亚省最好的餐厅之一。在每天的菜单中，著名厨师Rod Butters会标注菜肴所用的大部分当地产原料是"陆产的"还是"海产的"。最好预订。

农产品市场（Farmers' market；☎250-878-5029；Springfield Rd和Dilworth Dr拐角处，Hwy 97附近；⏲4月到10月周三和周六8am～1pm，周四4～8pm）有超过150个摊位，许多有半成品菜。

饮品

Sturgeon Hall酒馆（☎250-860-4664；1481 Water St）Sturgeon是冰球队基洛纳火箭队(Kelowna Rockets)的狂热球迷聚会的场所，它的两层楼面满满记载着重要的大事记。室外有路边餐桌，室内有播放世界各地节目的电视。汉堡包是由小圆面包(bun)做成的。

Rose's Waterfront Pub 酒馆（☎250-860-1141；Grand Okanagan Hotel；1352 Water St）是滨水地区高消费区的一个部分，但总是人满为患的湖边平台上经历了几次射击后，这儿的船夫数量大大减少。

Kelly O'Bryan's 酒馆（☎250-861-1338；262 Bernard Ave）可以观赏海水景色的露台、啤酒、穿着苏格兰方格呢短裙的工作人员以及许多廉价酒吧食物，所有这些使之成为一个主要的畅饮之地。

Waterfront Wines 酒馆（☎250-979-1222；1180 Sunset；⏲周二至周六 5～11pm）在公寓中央位置，这个小酒馆是在高音调环境中品尝一瓶瓶美酒之地，将很快让你发出"很不错"的感叹；是附近酒馆中最好的。有创意的小盘食物（$10 起）更是增添了吸引力。

娱乐

基洛纳市区有几个永远在变化的俱乐部，大多数位于Leon Ave大道和Lawrence Ave大道西端。

Flashbacks Nite Club 俱乐部（☎250-861-3039；1268 Ellis St；⏲周三至周日 7pm 至深夜）在以前的香烟厂内，有巡回乐队演出以及频繁的泡沫、泳衣主题夜。入场费不定。

Gotcha俱乐部（☎250-860-0800；238 Leon Ave；⏲周二至周六7pm至深夜）与邻近俱乐部相比，这儿常常是最受欢迎的俱乐部会员。有很多跳舞的地方；入场费不定。

基洛纳火箭队（Kelowna Rockets；☎250-860-7825；www.kelownarockets.com；门票 $18起）是当地很受欢迎的世界冰球联盟(WHL)球队，他们在6000个座位的光鲜的**Prospera Place Arena运动场**（☎250-979-0888；Water St & Cawston Ave）比赛。

在**基洛纳演员工作室**（Kelowna Actors Studio；☎250-862-2867；www.kelownaactorsstudio.com；1379 Ellis St；门票$60起）边吃高档美食，边享受诸如*Hello Dolly*这样令人振奋的老作品，这是一个晚宴剧场，*The Fantastics* 似乎从来也没有谢幕。

夏天，周五和周六在凯利公园(Kerry Park)、周三在滨水公园岛屿舞台(Waterfront Park's Island Stage)，有各种免费的夜间音乐会，从摇滚到格兰·米勒(Glenn Miller)。

其他演出地点有：

基洛纳社区剧院（Kelowna Community Theatre；☎250-762-2471；1375 Water St）现场音乐和戏剧。

表演艺术旋转中心（Rotary Centre for the Performing Arts；☎250-717-5304，票务250-763-1849；421 Cawston Ave）画廊、剧院、咖啡店、工艺品工作室以及现场经典音乐。

到达和离开

基洛纳机场（Kelowna airport，代码YLW；☎250-765-5125；www.kelownaairport.com）是个繁忙的地方。**西捷航空公司**（www.westjet.com）有去往温哥华、维多利亚、埃德蒙顿、卡尔加里和多伦多的航班，而**加拿大爵士航空公司**（Air Canada Jazz；www.aircanada.com）有飞往温哥华和卡尔加里的航班，**Horizon Air航空公司**（www.alaskaair.com）有去往西雅图的航班。机场距离Hwy 97公路中心地段以北

20公里。

加拿大灰狗运输公司（☎800-661-8747；www.greyhound.ca；2366 Leckie Rd）停在市区北面，Hwy 97 公路对面。汽车开往奥卡纳根河谷的其他地方，如欧沙约（Osoyoos，$23，2 个半小时，一天 2 班），还有车去坎卢普斯（Kamloops，$28，3 小时，一天 3 班）、温哥华（$62，6 小时，一天 6 班）和卡尔加里（Calgary，$87，10 小时，一天 1 班）。市内 10 号公共汽车从市中心 Queensway 站发车（6:30am 到 9:45pm 之间每 30 分钟发车）。

四处走走

抵离机场

基洛纳机场往返班车（Kelowna Airporter Shuttle；☎250-765-0182；单程 每人 $11～15）与大多数航班相接；单程出租车费为 $20 到 $35。

公共汽车

基洛纳地区交通系统（Kelowna Regional Transit System；☎250-860-8121；www.busonline.ca）的公共汽车开三个区，中央区单程车费 $1.75。而日间通行证（$5）可以去三个区。所有市区公共汽车都经过 Queensway 站，在 Pandosy St 街和 Ellis St 街之间的 Queensway Ave 大道上。

小汽车和出租车

基洛纳机场的主要汽车租赁公司有Budget、Enterprise、Hertz和National。出租汽车公司包括**基洛纳出租**（Kelowna Cabs；☎250-762-4444，250-762-2222）。

大怀特滑雪度假村 (BIG WHITE SKI RESORT)

完美的积雪是**大怀特滑雪度假村**（Big White Ski Resort；☎250-765-8888，800-663-2772，雪情报告 250-765-7669；www.bigwhite.com；一天缆车票价 成人/儿童 $68/33）的亮点，度假村在基洛纳 55 公里以东，Hwy 33 公路对面。它的垂直落差有 777 米，840 公顷的滑雪道提供极棒的下山滑雪和偏地滑雪，而深邃溪谷的滑雪板令人难以抗拒。因为大怀特滑雪度假村有些偏僻，所以大部分人在这里留宿。度假村有许多饭店、酒吧、旅馆、公寓、出租房屋和一个青年旅舍。联系度假村了解所有信息和价格。

弗农(VERNON)

人口 37 000

在你到达弗农前，奥卡纳根的光芒开始渐渐退去。可能是由于天气的原因，冬季有更多传统不列颠哥伦比亚内陆产食物，葡萄酒会少一些。但那并不意味着该地区没有吸引力。果园飘香的山谷被三个湖泊环抱：卡拉马尔卡湖(Kalamalka)、奥卡纳根湖(Okanagan)和Swan湖，整个夏天都吸引着许多寻找欢乐的人们前往。弗农市中心有一些不错的餐厅，30多幅从伤感风格到艺术类的壁画使之栩栩如生。

方位和实用信息

弗农（Vernon）市区被 Hwy 97 公路（32nd St 街）一分为二。大部分商店在 30th Ave 大道（也被称为 Main St 街）。令人头昏的是，30th Ave 大道在市区中央和 30th St 街相交，所以要分清楚具体的街道和大道。

Bookland（☎250-545-1885；3400 30th Ave）提供地形图、旅游指南以及奥卡纳根河谷和不列颠哥伦比亚的活动。有当地艺术品、杂志和报纸精选。

弗农公立图书馆（Vernon Public Library；☎250-542-7610；3001 32nd Ave；⏲周一和周四至周六10am～5:30pm，周二和周三10am～4pm）免费入内；在弗农博物馆(Vernon Museum)隔壁。

游客中心主办公室（☎250-545-3016，800-665-0795；www.vernontourism.com；701 Hwy 97 S；⏲5月到10月8:30am～6pm，11月到次年4月10am～4pm）；城镇以北（☎250-542-1415；6326 Hwy 97 N；⏲5月到10月8:30am～6pm）主办公室位于城镇中心以南2公里处；另一个办公室在城镇以北约5公里处。

景点和活动

美丽的**卡拉马尔卡湖省级公园**（Kalamalka Lake Provincial Park；☎250-545-1560；www.env.gov.bc.ca/bcparks）占地9平方公里，在城南温暖、浅浅的卡拉马尔卡湖东边。公园的翡翠海滩(Jade beach)和卡拉马尔卡海滩(Kalamalka beach)游泳很不错，另外还有很好的垂钓区及山地骑车和徒步走路小路网络。美洲狮峡谷(Cougar Canyon)攀岩很棒。

埃利森省级公园(Ellison Provincial Park)在弗农西南16公里的奥卡纳根湖上，是西加拿大唯一一个淡水海洋公园；这里戴水肺潜水很受欢迎，**海洋空间水上运动**（Innerspace Watersports；☎250-549-2040；3103 32nd St）出租用具。埃利森也是世界上著名的攀岩胜地。从市中心到埃利森，在25th Ave大道以西，很快就进入奥卡纳根Landing Rd路。沿着这条路前行，留意去往公园的指示牌。

以下两个有趣的景点抓住当地农业发展契机。**戴维森果园**（Davison Orchards；☎250-549-3266；3111 Davison Rd；⏲5月到10月白天）有乘拖拉机游、自制冰淇淋、新鲜榨苹果汁、迷人的牧场动物以及更多美好的事物。附近**蜜蜂星球**（Planet Bee；☎250-542-8088；5011 Bella Vista Rd；免费入内；⏲5

月到10月白天）是一个正在运转的养蜂场(honey farm)，在那儿你可以学到所有花露的甘甜秘籍，可以看到忙碌工作的蜂房。沿着25th Ave大道往西，在41st St街向北转，然后在Bella Vista Rd路往西，可以看到标识牌。

住宿

所有价格水平的住处这里都有。游客信息中心里都有关于当地B&B旅馆的实用信息。

埃利森省级公园（Ellison Provincial Park；☎800-689-9025，信息专用250-494-6500；www.discovercamping.ca；宿营地$17；⏲4月到10月）在奥卡纳根Landing Rd路，弗农西南约16公里处，这是个很不错的地方。71个宿营地总是人满为患，所以一定要预订。

Tiki Village Motel汽车旅馆（☎250-503-5566，800-661-8454；www.tikivillagevernon.com；2408 34th St；房$70～150；❄ 🅿 💻）把你弟弟的玩具Game Boy藏在池壁中，他将永远都不会找到。作为另外一个对这个混凝土建筑繁荣时代的颂诗，Tiki有比较广阔的种植园和30个多彩的房间。

Schell Motel汽车旅馆（☎250-545-1351，888-772-4355；www.schellmotel.ca；2810 35th St；房$75～135；❄ 🅿 💻）现代混凝土建筑的景象，这个完美的独立汽车旅馆高呼着"以所有权为傲"；Schell有着深受欢迎的游泳池和野餐场地。32个房间地处中央位置，但不在32nd St街。

弗农旅店（Travelodge Vernon；☎250-545-2161，800-255-3050；www.vernontravelodge.net；3000 28th Ave；房$80～100；❄ 🅿 wi-fi）这栋两层小楼的汽车旅馆，有40个单元，除了运行得很好以外没有什么特别的。地理位置不错，你可以在游泳池中舒缓一天的劳累。

就餐

Talkin Donkey（☎250-545-2286；3923 32nd St；咖啡$2；⏲周一至周六7am～11pm；wi-fi）尽可能在这个公共机构多待会儿，因为他们将所有的收益都捐给慈善组织——大多数是国际人权事业。享用味道不错、价格公道的咖啡和符合社交规则的可口饭菜，穿上你的德国产Birkenstock鞋，前往观看偶尔举行的民间音乐现场表演。

DiVino's Ristorante Italiano（☎250-549-3463；3224 30th Ave；主菜$8～12；⏲周二至周六5～9pm）在架子上的雕塑品的凝视下，位于中心的DiVino提供让人上瘾的意式碎肉(focaccia fritters)以及更多美食。吃完后，尽情享受提拉米苏(tiramisu)美味。

晚间的**弗农农夫市场**（Vernon Farmers' market；☎250-546-6267；2200 58th Ave；⏲周五4～8pm）为沃尔玛(Wal-Mart)超市停车场提供急需的商品。也有**早市**（Hwy 97和43rd Ave拐角；⏲周一和周四8am～正午）。

在**Nature's Fare**（☎250-260-1117；30th Ave；⏲周一至周六9am～6pm）可以找到更多更好的野餐食物，有许多本地出产的产品，还有像有机三明治这样的成品食物。

到达和四处走走

加拿大灰狗运输公司（Greyhound Canada；☎800-661-8747；www.greyhound.ca；3102 30th St，31st Ave）提供从坎卢普斯(Kamloops，$21，2小时，一天2班)、温哥华($68，7个半小时，一天3班)和卡尔加里(Calgary，$75，9小时，一天1班)到基洛纳(Kelowna，$13，1小时，一天7班)的汽车服务。

弗农地区运输系统（Vernon Regional Transit System；☎250-545-7221；车费$2）的汽车从城里31st St街和30th Ave大道汽车站出发。想去卡拉马尔卡湖(Kalamalka Lake)，坐1路车或6路车；去奥卡纳根湖(Okanagan Lake)，坐7路车。

北弗农(NORTH OF VERNON)

这个地方的景点寥寥无几，它的主要公路连接点更出名。就在弗农北面，Hwy 97公路向西北到坎卢普斯(Kamloops，继续到乔治王子[Prince George])，而Hwy 97A公路继续往东北延伸到Sicamous和Hwy 1公路。从Sicamous开始，这条主要通道能带你往西到舒斯瓦普湖(Shuswap Lake)、鲑鱼湾(Salmon Arm)和坎卢普斯，向东到勒韦斯托克(Revelstoke)和落基山脉。

银星山(Silver Star)

经典的不列颠哥伦比亚内陆干燥粉使得**银星山**（Silver Star；☎250-542-0224，800-663-4431；雪况报告250-542-1745；www.silverstar.com；日缆车票成人/儿童$65/33）112条滑道有760米高度差；滑板者可以享受半管式和地质公园(terrain park)滑雪。6月，缆车会运送山地自行车者和徒步旅行者至高高的绿色景致中。

通过度假村，可以预订各种各样的住处。**SameSun Lodge小屋**（☎250-545-8933，877-562-2783；www.samesun.com；9898 Pinnacles Rd；宿/双$25/60；💻）经营着很受欢迎、几乎算得上时髦的背包客旅馆。

要到达银星山(Silver Star)，走Hwy 97公路对面的48th Ave大道。度假村位于弗农东北20公里处。

舒斯瓦普区(Shuswap Region)

罗夏测试(Rorschach-test)般的**舒斯瓦普湖**

(Shuswap Lake)位于有些温和但令人愉快的地区，有林木茂盛的绿色山丘、农庄和两个小镇——Sicamous和鲑鱼湾(Salmon Arm)。后者有这个地区的主要**游客中心**(☎250-832-2230, 877-725-6667; www.shuswap.bc.ca; 200 Hwy 1; ⌚5月到8月9am～7pm, 9月到次年4月周一至周五9am～5pm)。

这个地区有几个以湖为基地的省级公园，是全家度假的热门目的地。尽管其主要吸引人之处是每年红大马哈鱼(sockeye salmon)到**落德里克·海格—布朗省级公园**(Roderick Haig-Brown Provincial Park; ☎250-851-3000; www.env.gov.bc.ca/bcparks)里来产卵，这个公园途经Squilax，就对着公路。它占地1059公顷，保护着舒斯瓦普湖(Shuswap Lake)和亚当斯湖(Adams Lake)之间的亚当斯河(Adams River)两岸，亮红色的红大马哈鱼每年10月沿河溯游而上到达这里的瓶颈之处。每四年有一次高峰，400万条鱼拥挤在亚当斯河的浅河床上——接下来的大产卵期将在2010年。

乘**游艇**在湖边逶迤而去是在舒斯瓦普湖上探险的快乐方式，特别是盛夏，盛夏湖泊中到处都是争夺小型DVD播放器……嗯,享受乐趣的人们。大部分游艇按周出租($2000起),可以睡十多人。联系游客信息中心，索要游艇运营商名单。

库特奈山脉和落基山脉 (THE KOOTENAYS & THE ROCKIES)

啊哈……当你看到不列颠哥伦比亚省的库特奈地区有太多雪山覆盖的山顶时，你会禁不住这样感叹。这儿就是能让你快乐的胜地，清澈的河水、不可思议的陡峭岩石和高山草甸穿过深邃的河谷，白雪皑皑的山脉呈锯齿状延伸至水平线，令人敬畏，行动吧或是沉思。

由西部蜿蜒而至，山脉主峰似乎是上天精心安排的。Monashees山脉和Selkirks山脉大致平行，点缀着因箭湖(Arrow lakes)而增色的西库特奈地区(West Kootenays)。挨着山脉的勒韦斯托克(Revelstoke)和纳尔逊(Nelson)等地方吸引着旅行者，是全年户外活动和娱乐的中心。东库特奈地区(East Kootenays)包括戈尔登(Golden)南面的Purcell山脉(Purcell Mountain)地区，有镭迪厄姆温泉(Radium Hot Springs)和令人愉快的弗尼(Fernie)。落基山脉高高地伸向天空，延伸至艾伯塔边界。

不列颠哥伦比亚境内的落基山(Rocky Mountains)国家公园(包括勒韦斯托克山[Mt Revelstoke]国家公园、冰川[Glacier]国家公园、尧赫[Yoho]国家公园和库特奈[Kootenay]国家公园)没有——不是有意为之——班夫和紧挨边界的贾斯珀国家公园(Jasper National Park)高高的轮廓，但对于许多人来说，这也是一种优势。每座公园都有独特的引人入胜之处，相对于班夫境内的公园而言，是未经游牧部落开发的。

穿过这个相对不平坦的地区，寻找灰熊和黑熊、麋鹿(elk)、驼鹿(moose)、鹿、海狸(beaver)、野生白山羊(mountain goats)以及更多的野生动物。稍作停留，你肯定会有所发现。

勒韦斯托克(REVELSTOKE)

人口8000

穿过陡峭的大山，勒韦斯托克并不需要自吹自擂——自地区中心不停穿过的火车奏鸣曲受到任何人的欢迎。

横跨加拿大铁路首次连通了加拿大东西部，勒韦斯托克从开始就被设为横跨铁路线上最重要的一个站点，它可不只是随声附和，而是真正书写了历史。紧凑的市中心有很多老式建筑，然而它不是博物馆区；那儿有令人振奋的当地艺术社区和多数当地人可以充分利用的无限机会，来进行徒步、划船，尤其是滑雪活动。当你过Hwy 1公路时，非常值得在这儿多待一会儿。

方位和实用信息

勒韦斯托克在Hwy 1公路南面。Victoria Rd路和沿城市东北尽头伸展的繁忙铁轨平行。主要街道包括1st St街和Mackenzie Ave大道。

主要的**游客中心**(☎250-837-5345, 800-487-1493; www.seerevelstoke.com; 206 Campbell Ave; ⌚周一至周五8:30am～4:30pm)全年营业。夏季可以去更大的季节性**游客中心**(110 Mackenzie Ave; ⌚5月到9月8:30am～8pm)有停车场，可上网(10分钟$1)。

加拿大公园地区办公室(Parks Canada Regional Office; ☎250-837-7500; revglacier.reception@pc.gc.ca; 301 3rd St; ⌚周一至周五8am～4:30pm)有关于附近的勒韦斯托克山(Mt Revelstoke)和冰川国家公园(Glacier National Parks)的更深入信息。

景点

灰熊广场(Grizzly Plaza)在Mackenzie Ave大道和Orton Ave大道间，是步行区和市中心，整个7月和8月的晚上都有免费音乐演出。而户外活动是勒韦斯托克真正吸引人之处，也有几个地方博物馆可以参观。

勒韦斯托克铁路博物馆(Revelstoke Railway Museum; ☎250-837-6060, 877-837-6060; www.railwaymuseum.com; 719 Track St W; 成人/儿童$6/3.50; ⌚夏季9am～8pm, 冬季周一至周五9am～5pm)在来自市中心铁轨对面的一幢吸引人的建筑内，里面有修复的蒸汽机火车头，还有加拿大太平洋铁路(Canadian Pacific Railway)线曾使用的最大的蒸汽

库特奈山脉和落基山脉 THE KOOTENAYS & THE ROCKIES

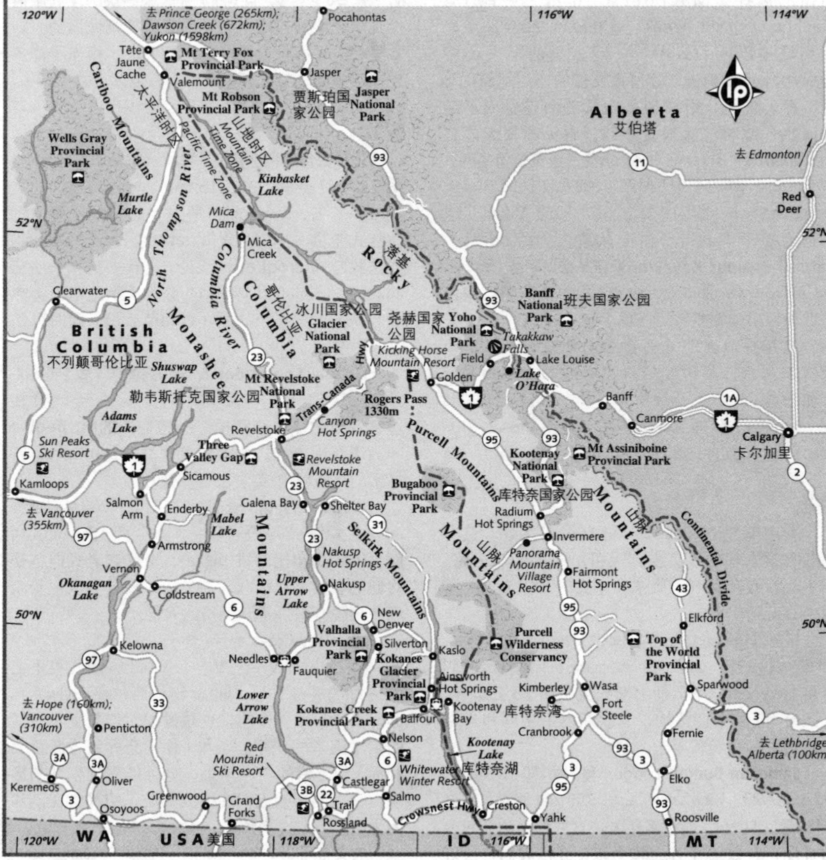

引擎。照片和人工制品记载了加拿大太平洋铁路的建造过程，这条铁路是连接加拿大东西部的工具——如果说不是最基本的工具的话。

勒韦斯托克博物馆（Revelstoke Museum；☎250-837-3067；315 1st St；成人/儿童 $2.50/1；⏰夏季周一至周六10am～5pm，冬季周一至周五1～4pm）永久收藏着家具和历史悠久的小物件，包括采矿、伐木和修铁路的用品，它们可以追溯至19世纪80年代小镇初建时。同时，也可以留心寻找城里建筑上镶嵌着的具有历史意义的匾额。

活动

夹在巨大但仍不太知名的Selkirk山和Monashee山之间，勒韦斯托克吸引着许多滑雪爱好者，他们是来寻求远离人群的胜地的。这儿有几个拥有空降式滑雪(heli-skiing)的机构，包括 **Mica Heli Guides**（☎877-837-6191；www.micaheli.com；122 Mackenzie Ave），你可以享受这里招摇的活动：3天团队游，起价$4800。

仅仅位于城镇东南6公里处，积雪温泉(Powder Springs)滑雪地长期以来以长长、陡峭的滑道而深受当地人的青睐。在庞大的旅行者群体的帮助下它已不再低调，而是成为**勒韦斯托克山度假村**（Revelstoke Mountain Resort；☎888-837-2188；www.discoverrevelstoke.com），它将变成一流的滑雪场，这毫不夸张。2009年，缆车服务已可以将你送至1829米高(6000英尺)的山顶。

对于**越野滑雪爱好者**(cross-country skiing)，不错的选择是MacPherson山滑雪胜地(Mt MacPherson Ski Area)，就在Hwy 23公路上，距离城镇以南7公里。沿22公里的马夫小路(groomed trail)前进，你所需支付的还不到$10。

春天来了，所有覆盖山颠的白雪变成了清澈河水，此时漂流很受欢迎。春天和夏天，在Illecillewaet River河，**Apex筏子漂流公司**（Apex Rafting Co；☎250-837-6376，888-232-6666；www.apexrafting.com；112 1st St E；成人/儿童 $80/65）组织适合孩子们的带导游团队游，为时2小时。**Natural Escapes Kayaking爱斯基摩划子游**（☎250-837-7883；www.naturalescapes.ca）组织团队游，提供培训和租用爱斯基摩划子(2小时，$25)。

这儿有很多地方适合骑山地自行车，整个地区都可以。从游客信息中心或**Skookum自行车和滑雪**（Skookum Cycle & Ski；☎250-814-0090；118 Mackenzie Ave）那里拿一份骑车小路图(*Biking Trail Map*)，后者有自行车出租(2小时，$15起)。

住宿

勒韦斯托克(Revelstoke)有很多住处。只有那些喜欢卡车的人会受到吸引，走Hwy 1公路。市中心就有几家汽车旅馆和漂亮的B&B旅馆（游客中心有列单）。

布兰基特湾省立公园（Blanket Creek Provincial Park；☎800-689-9025；www.discovercamping.ca；宿营地 $14）沿着Hwy 23公路至勒韦斯托克以南25公里处，公园有60多个宿营地，有崭新的卫生间和自来水。附近有操场和瀑布。

SameSun Budget Lodge小屋（☎250-837-4050，877-562-2783；www.samesun.ca；400 2nd St W；宿/双 $24/60起；wi-fi）连续多年来，这儿都受到背包客的喜爱，有数间客房。80个床位经常爆满，最好预订。扩充了的庭院中满是快乐的国际旅行者。

Alpine Inn & Suites旅店（☎250-837-2116，800-876-8206；www.alpineinnrevelstoke.com；1001 W 2nd St；房 $55~100；wi-fi）在这家安静但地处中心的旅店，你可以找到能够为你的旅行提供有用建议的店员，人们喜欢这儿42个干净、高品质的房间。所有房间都有电冰箱和较小的普通室内热水浴盆。

Revelstoke Lodge小屋（☎250-837-2181；888-559-1979；www.revelstokelodge.com；601 1st St W；房 $60~120；wi-fi）"你的妈妈打电话说你最好待在这儿。"某天门前的标语牌上这样写道，这句话总结了这幢橙红色、古老的两层建筑的精髓所在。42个房间虽小但很舒服，喜欢火车的人将永远不会离开。

Swiss Chalet Motel 汽车旅馆（☎250-837-4650，888-272-4538；www.swisschaletmotel.com；1101 Victoria Rd；房 $70起；wi-fi）从这家愉快的家庭旅馆走几步就能到达市中心，房费含特别慷慨的大陆式早餐（这儿的一种松饼分量十足，相当于许多连锁店中的一打）。22个房间有电冰箱。

餐饮

现代面包店和小餐馆（Modern Bakeshop & Café；☎250-837-6886；212 Mackenzie Ave；主菜$5起；周一至周六7am~5pm）在这家可爱的小餐馆尝尝欧式蓝莓—柠檬丹麦(blueberry-lemon Danish)或法式吐司(croque-monsieur，烤火腿和干酪三明治)。或转向Old World，狼吞虎咽地吃下美味的香蕉奶油馅饼(banana cream pie)，同时可以wi-fi冲浪。

Grizzly Sports Bar & Grill烤肉店（☎250-814-1002；314 1st St W；主菜 $8~10；正午至午夜）在这家经典的体育酒吧里，当地酿造的Mt Begbie啤酒都是现成的。奶油淡色啤酒(cream ale)有着蜂蜜的芬香(酒吧美食也很不错)。

Claudio's餐馆（☎250-837-6743；206 Mackenzie Ave；主菜 $8~20；11am~11pm）两个P：意大利面食(pasta)和比萨饼(pizza)，使这家老式但备受欢迎的餐馆人气极旺。在夏天，户外餐桌很受欢迎；稍晚些来，避开拥挤的人群。

Woolsey Creek 餐厅（☎250-837-5500；604 2nd St W；主菜 $10~20；8am~10pm）方圆几英里之内最好的餐厅，这儿的食物是西尔薇(Sylvie)和苏菲(Sophie)制作的，也是她们对创新食物激情的艺术追求的产物。菜单（你不会弄错香肠意大利面）和不错的美酒单上，处处能看到全球的影响。很多刚来的人们在大大的院子中品尝美酒和闲坐。

农夫市场（Farmers' market；周六 8am~1pm）占据着Grizzly Sq广场。

到达和离开

加拿大灰狗运输公司（☎800-661-8747；www.greyhound.ca；1899 Fraser Dr）在城西，就在Hwy 1公路对面。它有带锁储藏柜。汽车向东开往卡尔加里(Calgary，$55，6小时，一天4班)，途经班夫，向西开往温哥华($83，9~10小时，一天4班)，途经坎卢普斯或基洛纳。

勒韦斯托克山国家公园 (MT REVELSTOKE NATIONAL PARK)

规模虽小（占地只有260平方公里），但壮观而美丽，这座国家公园就在同名城镇的东北边，可以看到山峰和河谷——有很多地方都人迹罕至。

在勒韦斯托克山2223米的制高点，可以看见壮丽山景和哥伦比亚河 (Columbia River) 河谷的美丽景色。想到达这儿，走 26 公里长的**天上草原通道** (Meadows in the Sky Parkway)，在勒韦斯托克 1.5 公里以东，跨加拿大公路对面。这条平整的小路只在融雪之后（通常是 6 月至 9 月间开放），蜿蜒穿过青葱雪松林和高山草原，终点在 Balsam 湖 (Balsam Lake)，离山峰 2 公里。从这里可以到达山顶，或搭乘每天上午 10 点至下午 4 点运行的免费往返班车返回。

很容易到达的**臭菘小路** (Skunk Cabbage Trail) 在勒韦斯托克 28 公里以东 Hwy 1 公路上。沿着 Illecillewaet River 河延伸，是一条 1.2 公里长的木板路。往东再走 4 公里，**大雪松木板路** (Giant Cedars Boardwalk) 在巨大年久的雪松 (cedars) 树林中延伸 500 米。

从山最高点处开始，还有几条不错的徒步小路。你只能在指定偏远宿营区宿营，而且必须有张 $10 的荒野宿营许可证 (Wilderness Pass，除公园通行证外)，还有很多有用信息，从勒韦斯托克的**加拿大公园管理处**（Parks Canada；见 755 页）或从冰川国家公园 (Glacier National Park) 内的**罗杰斯通行证中心** (Rogers Pass Centre) 可以得到。进入勒韦斯托克山和冰川国家公园（共同管理）的门票为成人 / 儿童每天 $7/3.50。

冰川国家公园 (GLACIER NATIONAL PARK)

真正准确地说，这座占地 1350 平方公里的公园应该被称为 430 号冰川国家公园 (430 Glaciers National Park)；每年，这儿的降雪可以达到 23 米。由于山坡陡峭，这里是世界雪崩最活跃的地区。因为这个原因，滑雪、洞穴探险和登山活动被有系统地管理着；在进入边远地区之前，必须在公园看守人那里进行登记。旺季时，要求每天进行**雪崩报告**（avalanche report；☎250-837-6867）。进入这个公园和勒韦斯托克山国家公园 (Mt Revelstoke National Park) 的门票为成人 / 儿童每天 $7/3.50。

不管你是驾车、乘坐公共汽车、徒步，还是骑自行车（对你来说更有动力）旅行，罗杰斯将有可能成为你将可能穿过的最美丽的山脉之一。一定要在**铁杉树林小路** (Hemlock Grove Trail) 稍作停留，它位于勒韦斯托克以西 54 公里，那儿有一条 400 米的木板路沿着远古铁杉 (hemlock) 雨林绵延而去。

在勒韦斯托克 72 公里以东的**罗杰斯通行证中心**（Rogers Pass Centre；☎250-814-5233；⏲夏季 8am ~ 7pm，春秋 9am ~ 5pm，冬季 9am ~ 7pm）中花些时间，它提供各种信息。夏季，这个中心放映有关公园的电影、组织有导游的徒步旅行。作为惊喜，那儿有一个很棒的书店。

穿过中心，有50个房间的**Best Western Glacier Park Lodge小屋**（☎250-837-2126；www.glacierparklodge.ca；房 $120~150；）有一个24小时营业的咖啡店。

离那里不远是公园的两个宿营地：**Illecillewaet 宿营地和 Loop Brook 宿营地**（宿营地 $21；⏲7 月到 9 月），两个都有活水和抽水马桶。

> **对一下表**
>
> 东库特奈山 (East Kootenays) 跟艾伯塔在山地标准时间区 (Mountain Time Zone) 时区内——而不像不列颠哥伦比亚其他地区在太平洋标准时区 (Pacific Time Zone) 内，常常会把人弄糊涂。如果从戈尔登 (Golden) 走 Hwy 1 公路往西，到达冰川国家公园 (Glacier National Park) 东门时，时间就改变了。而如果在 Hwy 3 公路上西行，在克兰布鲁克 (Cranbrook) 和克雷斯顿 (Creston) 之间，时间会变化。山地标准时间总是比太平洋标准时间早 1 小时。所以，当戈尔登和克兰布鲁克是正午时，冰川国家公园和克雷斯顿是上午 11 点。

戈尔登(GOLDEN)

人口 4400

戈尔登是国家公园的天堂，附近有六座公园，有诸多近在眼前的快乐，像激流漂流 (white-water rafting)——踢马河 (Kicking Horse River) 与哥伦比亚河汇合于此。不要只是在 Hwy 1 公路上转悠，否则你将错过就在路旁的整洁的小镇中心区。

方位和实用信息

戈尔登以东的 Hwy 1 公路会耽误几年的时间，因为这条路正从头修起。

城中心在公路南面 2 公里。奇异的是，这个光辉的**游客中心**（☎250-344-7711；⏲9am ~ 6pm）位于 Hwy 1 公路以东 1 公里，从 Hwy 95 公路岔路口进入戈尔登 (Golden)，通常忽视了紧靠的地区。欲获取更多有关当地的使用信息，拜访**戈尔登商会**（Golden Chamber of Commerce；☎250-344-7125，800-622-4653；www.goldenchamber.bc.ca；500 10th Ave North；⏲7 月和 8 月每天 9am ~ 5pm，9 月到次年 6 月周一至周五）。

活动

戈尔登是在波涛汹涌、寒冷刺骨的踢马

值得一停：峡谷温泉 (CANYON HOT SPRINGS)

在Hwy 1公路上勒韦斯托克以东约35公里，**峡谷温泉**（Canyon Hot Springs；☎ 250-837-2420；www.canyonhotsprings.com；日间通行证 成人/儿童 $10.5/9.5；🕒5月、6月和9月 9am～9pm，7月和8月9am～10pm）是一个能让你恢复精力的好地方。首先泡在热水(42°C)温泉池中，然后跳入较凉的(32°C)游泳池中。晚上可以在林木间的200个宿营地($30起)或可在16栋圆木小屋($105起)中选一个过夜。

河 (Kicking Horse River) 上**激流漂流** (white-water rafting) 的中心。强劲的 3 级和 4 级激流以及踢马河谷陡峭谷壁让人呼吸停顿的美景，使得这次激流漂流体验是整个北美最好的一次。

河流上全天游平均收费为 $100；日间游约为 $65。当天的组织公司包括**冰川激流漂流旅行社**（Glacier Raft Company；☎ 250-344-6521；www.glacierraft.com）和**高山救生艇**（Alpine Rafting；☎ 250-344-6778，888-599-5299；www.alpinerafting.com）。

踢马山度假村（Kicking Horse Mountain Resort；☎ 250-439-5400，866-754-5425；www.kickinghorseresort.com；日间缆车通行证成人/儿童 $45/21起）超过60%的滑雪道被评为"高难度滑雪道"或"专业滑雪道"。1260米的垂直落差和在落基山和Purcells山之间的滑雪道，使该度假村的受欢迎度每年都提升。距离踢马小路(Kicking Horse Trail)14公里。

食宿

沿着 Hwy 1 公路有十几家连锁汽车旅馆。咨询商会 (Chamber of Commerce) 有关 B&B 旅馆的情况。

Sander Lake Campground 宿营地（☎ 250-344-6517；www.rockies.net/~bsander；宿营地 $15 起）在戈尔登西南 12 公里左右，Hwy 95 公路对面，四周环绕着树林和山丘，给人田园般的感觉。有 27 个宿营地和三栋小木屋 ($75)。

Packers Place 餐馆（☎ 250-344-5941；packerinn@cablerocket.com；429 9th Ave；房 $40 ～ 50；💻）一个熙熙攘攘的酒吧和餐厅，坐在餐桌旁可以俯瞰河水，房间有些简陋，河水的声音——而不是下面的乐队演奏声——可能会让你平静入睡。

Mary's Motel 汽车旅馆（☎ 250-344-7111，866-234-6279；www.marysmotel.com；603 8th Ave N；房 $80 ～ 120；🏊 💻 wi-fi）就在城里河边，Mary's 有 81 个房间，分布在几幢楼中。附近有更多选择。

Kicking Horse Grill 烧烤店（☎ 250-344-2330；1105 9th St S；主菜 $20 ～ 30；🕒5 ～ 9pm）这家创新性小木屋提供的菜肴因季节而变。可以在户外巨大的树木下就餐。

到达和离开

加拿大灰狗运输公司（Greyhound Canada；☎ 800-661-8747；www.greyhound.ca；Husky Travel Centre，1050 Trans-Canada Hwy）有开往温哥华 ($105，11 ～ 13 小时，一天 4 班）和卡尔加里 ($45，4 小时，一天 4 班）的汽车，途经班夫。

尧赫国家公园(YOHO NATIONAL PARK)

被冰川抚育，冰蓝色踢马河艰难地穿过与它同名的山谷。对于这座巨大的国家公园，湍急的水流正是适合的景象，拥有壁立的山峰、飞流直下的瀑布、冰冷的湖水以及大片美丽的草坪。尽管是落基山四个国家公园里最小的一个，

尧赫国家公园（Yoho National Park；☎ 250-343-6783；www.pc.gc.ca/yoho；成人/儿童 $9/4.50）很像颗钻石。这片土地真正有分量；它是大陆中最光泽夺目的一部分。

路过 **Field** 时千万别忘了去购物。就在 Hwy 1 公路对面，这座有悠久历史的铁路城镇可以俯瞰河流，有着不可思议的美景。在**尧赫国家公园信息中心**（Yoho National Park Information Centre；☎ 250-343-6783；🕒9 月 到 4 月 9am ～ 4pm，5 月 和 6 月 9am ～ 5pm，7 月和 8 月 9am ～ 7pm）中拿一份《偏远地区指南》(*Backcountry Guide*)；它的地图和小路指示是了解公园的极好材料。加拿大公园 (Parks Canada) 护林员会就路线和条件方面提供一些建议。夏天，艾伯塔旅游局 (Alberta Tourism) 的工作人员会在此办公，为那些往东的人们提供服务。

这座城镇是一个有趣而快乐的地方。它的许多建筑都可以追溯到早年的铁路时代，当年这儿是加拿大太平洋铁路 (Canadian Pacific Railway) 探测总部，后来，出于战略性规划，工程师尽力将铁路从踢马道 (Kicking Horse Pass) 挪开（从 Field 以东 8 公里的 Hwy 1 公路瞭望台可以看到他们努力的结果）。

询问信息中心关于 Field 20 家 B&B 旅馆的列表。**Fireweed Hostel 青年旅舍**（☎ 250-343-6999，877-343-6999；www.fireweedhostel.com；313 Stephen Ave；宿 $25 ～ 35，房 $100 ～ 150；💻）有四个一尘不染的房间。街对面富有传奇色彩的 **Truffle Pigs Cafe 咖啡馆**（☎ 250-343-6462；318 Stephen Ave；主菜 $6 ～ 20；🕒 周二至周日 8am ～ 8:30pm）将美食、熟食品和小酒馆融为一体。每天的菜要以特色菜为主，

在很小的开放式厨房中准备。

加拿大灰狗运输公司的汽车向西前往戈尔登($13，1个半小时，一天3班)和更远地区，向东前往班夫($18，1小时，一天3班)，停靠信息中心附近。

高高地位于Field以东的山峦间，**O'Hara湖**(Lake O'Hara)完全值得一游，围绕着整个落基山。林木苍苍的密集山坡、高山草原、白雪覆盖的通道、山间景色和冰川都围绕着这个美丽得让人眩晕的湖泊，基本的一日游很值得，但在边远地区过夜游，你可以走更多的小路，有一些很难走，但都很壮观。**高山环路**(Alpine Circuit，12公里)能看到所有景色。

想到湖边，可以到Field东边15公里的O'Hara湖(Lake O'Hara)停车场坐**往返班车**(成人/儿童$15/7.50；⌚6月中到10月初)，在Hwy 1公路上。按照配额系统，管理着到达湖边的汽车，对进入30个边远地区的宿营地有人数限制。你可以自由地从停车区开始走11公里到达，但不允许骑自行车。O'Hara湖周边地区通常是积雪覆盖，或者十分泥泞，直到7月中旬才有所好转。

提前三个月以上预订**公共汽车游**(☎250-343-6433)或**宿营地**(偏远地区许可证 成人$10)。由于O'Hara湖十分有名，预订基本上是必需的(除非你想走路)。

不过，如果你没有预订，公共汽车上的六个日用座位和三到五个营地是为“备用”使用者而留。设法抓住这些机会，出发前一天的上午8点致电 ☎250-343-6433。

如果你想在O'Hara湖体验一些相当时髦的东西，试试**Lake O'Hara Lodge旅馆**(☎250-343-6418；www.lakeohara.com；房 每人$150～250)。客人们在这儿发呆的历史超过80年。唯一一个位于湖边却没有帐篷的地方，田园般的休息处有些奢华。保护环境的做法受到人们的赞美。

Field东边Hwy 1公路上是**Takakkaw瀑布路**(Takakkaw Fallsroad；⌚6月末到10月初)。254米高的Takakkaw是加拿大最高的瀑布之一。从那里，一条20公里的徒步环路**Iceline小路**经过许多冰川和壮丽风景。

这个世界遗址保护着Stephen山和Field山令人惊异的寒武纪(Cambrian-age)化石地层(fossil beds)。这些515 000 000年的化石保留了一些海洋生物的遗迹，它们是地球上最早的生命形式。只有导游带队的徒步游才能带你到化石地层，这些导游是**尧赫—伯吉斯泥板岩基金会**(Yoho-Burgess Shale Foundation；☎800-343-3006；www.burgess-shale.bc.ca；团队游$50起)的博物学者。预订必不可少。

在公园南门附近，你可以走一条2.4公里的小路到漂亮的**Wapta瀑布**(Wapta Falls)。这条路很容易走，单程45分钟。

尧赫内的三个宿营地从10月到次年4月都关闭。只有**踢马山宿营地**(宿营地$26)有淋浴，使它的92个宿营点最受欢迎。附近，正好在Yoho Valley Rd路岔路口，更宁静的**Monarch宿营地**(Monarch Campground，宿营地$17)提供46个基础宿营地。吸引人的**Takakkaw瀑布宿营地**(Takakkaw Falls Campground；$17)，沿着沙质Yoho Valley Rd路13公里，有35个宿营地(200米)为未经预约而来的旅行者而准备，只提供帐篷。

尧赫国家公园青年旅舍(HI-Yoho National Park；Whiskey Jack Hostel；☎403-670-7580，866-762-4122；www.hihostels.ca；宿$22～26；⌚7月到9月)提供27个宿舍式床位。距Hwy 1公路13公里，Yoho Valley Rd路上，就在Takakkaw瀑布宿营地前，靠近瀑布。

阿西尼博因山省级公园
(MT ASSINIBOINE PROVINCIAL PARK)

这个**省级公园**(www.env.gov.bc.ca/bcparks)不怎么出名，也不大(39平方公里)，位于库特奈国家公园和班夫国家公园之间，是落基山联合国教科文组织世界遗址的一部分。阿西尼博因山(Mt Assiniboine，3618米)顶峰——经常被称为加拿大的马特豪恩峰(Matterhorn)——及其邻近地区如今吸引着经验丰富的攀岩者和登山者。偏僻地徒步旅行的人酷爱这里的草原和冰川。

公园的主要焦点是水晶般透彻的**Magog湖**(Lake Magog)，从班夫国家公园跋涉27公里可到。湖边有商业经营的**Mt Assiniboine Lodge小屋**(☎403-678-2883；www.canadianrockies.net/assiniboine/；房 每人$230起)、一个**宿营地**(宿营地$5)和一些**棚屋**(每人$15)，可以到小屋去包租。公园的其他地方可以偏远地宿营。

库特奈国家公园
(KOOTENAY NATIONAL PARK)

就像是闪着光的门闩，**库特奈国家公园**(Kootenay National Park；☎250-347-9505；www.pc.gc.ca/kootenay；成人/儿童$9/4.50)主要位于一条又长又宽阔的河谷中，森林密布，周围是冰冷的灰色山峰。它占地1406平方公里，气候比其他落基山国家公园更为温和，南部地区尤其如此，夏天又干又热(是频繁火灾的一个因素)。它是加拿大唯一一个既有冰川又有仙人掌的公园。从不列颠哥伦比亚，你能够在库特奈国家公园和尧赫国家公园之间创造一个非常不错的驾驶环路。参见下面关于主要公园游客中心的信息。

诸如**大理石溪谷**(Marble Canyon)这样的许多景点在2003年的那场大火之后都被关闭。在去之前要了解这些情况什么时候会改变。简短的说明性**杂草小路**(Fireweed Trail)环绕着穿过森林，在大陆式分水岭附近。

主路南边2公里处是一条容易走的短路，到被称为**油漆罐**(Paint Pots)的赭色池塘。面板上描述了这块已生锈土地的采矿历史及其以往对原住民的重要性。

了解随着时间的推移，**Kootenay Valley Viewpoint** 公园外观发生了什么样的变化，解说牌上有一些说明。仅仅以南3公里，**橄榄湖**(Olive Lake)是野餐和休息的好地方。湖边的解说小路描述着在你之前来过这里的旅行者。

镭迪厄姆温泉(RADIUM HOT SPRINGS)

镭迪厄姆温泉(Radium Hot Springs)就在库特奈国家公园的西南拐角，是进入整个落基山国家公园区的入口。**库特奈国家公园和镭迪厄姆温泉游客信息中心**(Kootenay National Park & Radium Hot Springs Visitor Centre；☎250-347-9331，800-347-9704；www.radiumhotsprings.com；7556 Main St E/Hwy 93/95；⏲5月到9月9am～7pm，10月到次年4月9am～5pm)有地区信息，并有加拿大公园信息的守林人。

镭迪厄姆温泉以众多在此生活的**加拿大盘羊**(bighorn sheep)而自豪，它们常常在镇上漫步，但最吸引人的还是城北3公里的**温泉**(☎250-347-9485；成人/儿童$7/6；⏲5月中到10月初9am～11pm，其余时间正午～9pm)。温泉泳池十分现代化，夏天人满为患。水从地面涌出时水温是44℃，进入第一个温泉池时是39℃，到了最后一个则是29℃。

镭迪厄姆有很多不错的住所，约30家汽车旅馆。大力推荐**Misty River Lodge B&B旅馆**(☎250-347-9912；www.mistyriverlodge.bc.ca；5036 Hwy 93；宿$21起，房$55～120)。就在公园大门外面，有五个房间，主人对公园极富激情，时刻准备与顾客分享他的知识。欢迎骑脚踏车者。

镭迪厄姆温泉到弗尼 (RADIUM HOT SPRINGS TO FERNIE)

从镭迪厄姆温泉南边，Hwy 93/95公路顺着Purcell山和落基山之间宽阔的哥伦比亚河(Columbia River)河谷前行。这儿并没有特别有趣的地方，除非你了解了这个地区的工业(建造滑雪度假村)、农业(高尔夫球场)或者野外游戏(公寓购买者)。

镭迪厄姆温泉往南90公里，一条沙砾路从Skookumchuk向东延伸到**世界之巅省级公园**(Top of the World Provincial Park；☎250-422-4200；www.env.gov.bc.ca/bcparks)，有徒步小路和偏远地宿营($5)。最好的部分是从路末端开始的6公里徒步旅行或自行车游：鱼湖(Fish Lake)名副其实，充满了各种各样的鱼。

从Skookumchuk往南，道路开始分岔。向左行驶31公里后，你将朝着Hwy 3公路沿线的弗尼(Fernie)驶去。在Hwy 95A公路处向左转，你到达的是**Fort Steele Heritage Town老城**(☎250-426-7342；www.fortsteele.bc.ca；成人/儿童夏季$13/2，其他时间票价优惠；⏲7月和8月9:30am～6pm，4月到6月和10月9:30am～5pm，11月到次年3月10am～4pm)，旅行者都喜欢这儿，比起附近其他许多地方，这儿让人愉快多了——它很少捏造历史，而是让你了解当地真正的历史。

从这儿沿Hwy 93公路和Hwy 3公路到弗尼(Fernie)有95公里的路程。

弗尼(FERNIE)

人口5300

四面环山——那便是你正往西看到的陡峭的Lizard Range——弗尼式的酷。曾仅致力于木材和煤炭发展业，采用非常好的设备来扩大生产规模。滑雪爱好者喜欢超过800厘米高的积雪，从城镇很容易就能看到。夏日，这同样生动的场景吸引着许多徒步旅行者和山地自行车者。尽管这个城镇被寻求快乐者所发现，但它仍然保持着平实的氛围，咖啡馆、酒吧、商店和历史中心展览馆都给人以最好的感觉。

方位和实用信息

弗尼市区在Hwy 3公路/7th Ave大道以南三个街区。维多利亚/2nd Ave大道上有许多商店和服务设施。

弗尼老图书馆(Fernie Heritage Library；☎250-423-4458；492 3rd Ave；⏲11月到次年3月周二至周五11am～8pm，周六正午～5pm，周日正午～5pm)在建于1907年的邮局和海关(Post Office & Customs House)内。上网免费。

Polar Peek Books书店(☎250-423-3736；592 2nd Ave)各种图书，精选了当地的吸引力点。强力推荐。

游客中心(☎250-423-6868；www.ferniechamber.com；102 Commerce Rd；⏲夏季9am～7pm，冬季周一至周五9am～5pm)位于Hwy 3公路附近，城镇以东，过了麋鹿河(Elk River)岔口就是。对这个地区有很好的展示说明。

景点

弗尼在1908年遭遇了一场毁灭性的大火(很多灾难之一，见739页)，最后城市只剩下砖石结构的房屋。因此，如今，你会看见许多**20世纪早期的精美房屋**，大部分是用当地的黄砖建成，赋予这座位于东库特奈(East Kootenays)的城镇独一无二的外观。买一本《历史遗址游》(*Heritage Walking Tour*, $5)，是由**Fernie & District Historical Society**(☎250-423-7016；362 2nd Ave；捐赠入内；⏰10~5pm)出版的绝佳小册子。

位于老 CPR 火车站的 **Arts Station**(☎250-423-4842；601 1st Ave)有为当地一些艺术家准备的小剧院、美术馆和工作室。开放时间视情况而定。

活动

秋季，人们的视线都转到了美丽的山脉：他们正在寻找雪。从弗尼市中心驾车5分钟就能到达的**弗尼高山度假村**(Fernie Alpine Resort；☎250-423-4655，877-333-2339，雪情报告 250-423-3555；www.skifernie.com；日间通行证 成人/儿童 $69/22起)发展迅速，有107个滑雪道、五座保龄球馆和无穷的滑雪乐趣。多数旅馆每天都有往返汽车。可以在滑雪胜地或当地体育用品商店花 $25 租用滑雪设备。

山地自行车几乎和滑雪规模一样大。从**弗尼山省立公园**(Mt Fernie Provincial Park；www.env.gov.bc.ca/bcparks)轻松地徒步旅行，距离城镇仅仅3公里，到在滑雪胜地及其周围的上山下山传说中的自行车游，在很棒的Three Kings小路结束时，行程为900米。拿一本被广泛使用的(和免费的)《弗尼山自行车地图》(*Fernie Mountain Bike Map*)。

滑雪和自行车基地(Ski & Bike Base；☎250-423-6464；432 2nd Ave)沿着 2nd Ave 大道，是许多不错的体育用品租赁和供应地之一。

麋鹿河(Elk River)是经典的激流漂流地，有三个四级湍流地(Class IV rapids)以及超过11个的三级湍流地。穿过美丽的乡村，你经常会看到大型野生动植物。有几家装备公司，如**山地河流历险**(Mountain High River Adventures；☎250-423-5008，877-423-4555；www.raftfernie.com)，提供白天旅游，收费约为$100，而半天漂流$50。

不错的徒步小路从弗尼向各个方向四处延伸。**三姐妹远足小路**(Three Sisters hike)既十分美丽，又挑战人心，蜿蜒穿过森林和野花遍地的草地，周围是石灰石悬崖和山石斜坡。在游客中心了解各个方向。

住宿

作为一个大型滑雪镇，弗尼的人流高峰季是冬天。住在市中心将令你享受到更多的乐趣，或者**弗尼预订中心**(Fernie Central Reservations；☎800-622-5007；www.ferniecentralreservations.com)可以为你预订滑雪度假村的住宿。

弗尼山省立公园(Mt Fernie Provincial Park；☎800-689-9025；www.discovercamping.ca；宿营地 $14)距城仅3公里，有40个宿营地、抽水马桶、瀑布以及到山地自行车小路的入口。

HI Raging Elk Hostel青年旅舍(☎250-423-6811；www.ragingelk.com；892 6th Ave；宿 $20～23，房 $50～63；💻)新的露台可以让你在这个运行很好的中心旅店欣赏给人灵感的大山，对那些希望周期性上坡和小路交替进行的骑自行车者来说，这里位置很好。

Snow Valley Motel& RV Park汽车旅馆和娱乐车公园(☎250-423-4421，877-696-7669；www.snowvalleymotel.com；1041 7th Ave；宿营地 $21～25，房 $60～180；wi-fi)21个花团锦簇的房间很大，有电冰箱和微波炉。外面有10个成荫宿营地。离中心很近。

Park Place Lodge旅馆(☎250-423-6871，888-381-7275；www.parkplacelodge.com；742 Hwy 3；房 $85～200；💻)中心附近最高档住所，有64间舒适的房间，有高速上网入口、电冰箱、微波炉和室内游泳池。一些房间有阳台和观景台。

一个女人的咒语

城镇奠基人威廉·弗尼(William Fernie)是个无赖，的确不错。1897年，他为了解当地煤炭的地理分布，许诺娶原住民首领库特尼(Ktunaxa)的女儿为妻。但一旦他拥有了大量的煤炭资源时便抛弃了她，从而受到永久诅咒，灾难和疾病不断折磨这座城镇。这个女人很明显有一些魔力，因为弗尼确实被灾难困扰着，包括1904年和1908年将城镇吞噬的大火。直到1964年，市长说服库特尼(Ktunaxa)举行仪式驱除诅咒。自然灾害有所减弱，现在还有灾难吗？因为今天，弗尼正承受着新的折磨：分户出售公寓大楼。

餐饮

Mug Shots Bistro酒馆(☎250-423-8018；591 3rd Ave；咖啡 $2；⏰周一至周六7am～6pm；💻)总是熙熙攘攘，它提供咖啡、烤制食品、三明治和上网服务。

Blue Toque Diner餐馆(☎250-423-4637；500 Hwy 3；主菜 $8；⏰8:30am～3:30pm)Arts Station(见左栏)分部。菜单以许多季节性和有机蔬菜为特色。这里是享用早餐的好地方。

Yamagoya Sushi 寿司店(☎250-423-0090；741 7th Ave；主菜 $8～20；⏰5～10pm)从走廊看到的景色可能真的会让你从你盘子中的艺术食品转移注意力。非常受临时工人的欢迎，他们喜欢吃这儿的寿司卷和天妇罗(tempura)。

Royal Hotel旅馆(☎250-423-7750; 501 1st St; ⌚正午至午夜)老的角落酒吧位于1909年建成的老旅馆中，很多晚上都有现场音乐演出和喜欢社交的人群。

在夏日阳光明媚的早晨，位于7th St大街和Hwy 3公路的旋转公园(Rotary Park)内举行**高山集市**(Mountain Market)。有着很不错的社区风景。寻找弗尼啤酒酿造有限公司(Fernie Brewing Company)生产的口感不错的microbrews。

到达和四处走走

弗尼机场(Fernie Airport Express; ☎250-423-4023, 888-823-4023; www.mountainperks.ca)每天至少有一班飞机抵离卡尔加里飞机场(Calgary airport，成人/儿童 $67/40，4个半小时)。

加拿大灰狗运输公司(Park Place Lodge, 742 Hwy 3)的汽车向西去往温哥华(133，11个半小时，一天1班)方向，途经克兰布鲁克(Cranbrook)和纳尔逊($55，6小时，一天2班)，向东去往卡尔加里(Calgary，$55，5个半小时至7小时，一天2班)方向。

金伯利(KIMBERLEY)

人口 6700

当1973年金伯利失去了一流的矿业，人们制定了一个规划，打算将小镇转变为巴伐利亚风格的旅游地。中心被改造成步行街区，命名为**Platzl**，鼓励当地人穿传统服装——皮短裤和紧身连衣裙——载歌载舞，许多菜单中都加入香肠。30多年过去了，如今，地区特色如同战争的记忆一样慢慢褪色。那儿仍然有很多人造的半木结构，你可以吃到炸肉排(schnitzel)，有为旅行团的旅行者们准备的夏日舞蹈，但总的来说，这儿丰富多彩，比克兰布鲁克(Cranbrook)和镭迪厄姆温泉(Radium Hot Springs)之间、Hwy 95公路附近的那些地方更值得游览。

游客中心(☎250-427-3666; www.kimberleychamber.ca; 270 Kimberley Ave; ⌚6月到8月9am～9pm, 9月到次年5月周一至周五10am～5pm)位于Platzl后面，有很多住宿列表。

乘坐**Sullivan Mine & Railway Historical Society**(☎250-427-7365; 350 Ross St; 成人/儿童 $15/7; ⌚5月中到9月中)的火车行进13公里，通过峭壁的马克湾河谷(Mark Creek Valley)是最好的娱乐项目(时间表会有所变动)。火车站位于Platzl以西200米处。线路末端，你可以乘缆车前往能够彻底观看风景的**金伯利高山度假村**(Kimberley Alpine Resort; ☎250-427-4881, 877-754-5462; www.skikimberley.com)。冬天，这个快速发展的滑雪和滑板山区(日间缆车证 成人/儿童 $53/17)拥有方圆700公顷的滑雪地、温和的天气和68个滑道。

是的，你能在当地许多地方享受德国式香肠(wurst)。在Platzl东侧的**Bean Tree Cafe咖啡店**(☎250-427-7889; 295 Spokane St; 菜肴 $4～8; ⌚8am～4pm)尝尝味道不错的咖啡、烤制食品和三明治。也可以上网冲浪。

克兰布鲁克(CRANBROOK)

人口 19 800

地区主要中心**克兰布鲁克**(Cranbrook)离金伯利(Kimberley)东南31公里，是满是灰尘的十字路口。不过，有一个在此驻足的好理由：**加拿大铁路旅行博物馆**(Canadian Museum of Rail Travel; ☎250-489-3918; www.traindeluxe.com; 成人/儿童 $15/7.50; ⌚夏季10am～6pm, 冬季周二至周六10am～5pm)有一些经典加拿大火车的展示，包括跨加拿大号(Trans-Canada Limited)1929年豪华版。这列传奇火车曾从蒙特利尔(Montréal)开往温哥华。

Hwy 3/ 95公路把城镇切成两部分，有一长溜汽车旅馆。但是就在其以东，10th Ave大道和Baker St大街市中心有一些很不错的咖啡馆，包括**Max's Place咖啡馆**(☎250-489-3538; 21 10th Ave S; 快餐 $4; ⌚周一至周五6am～4pm)。

克兰布鲁克到罗斯兰 (CRANBROOK TO ROSSLAND)

Hwy 3公路蜿蜒前进，在奥卡纳根河谷(Okanagan Valley)南端从克兰布鲁克(Cranbrook)到欧沙约(Osoyoos)行进300公里。沿路拥抱美国边境的山脉，通过约8个边界处。就这点而论，即使从来不会达到预期目标，它也是一条用途很大的道路。

克雷斯顿距离克兰布鲁克以西123公里，以拥有许多果园和哥伦比亚酿酒厂的Kokanee True Ale(Columbia Brewing Co's Kokanee True Ale)而出名。但是这两个产品大多数都往外运输，所以你也应该如此。Hwy 3A公路从这儿往北80公里至库特奈湖轮渡(Kootenay Lake Ferry，见743页框内文字)，与纳尔逊(Nelson)接壤。这是一次有趣的旅行。

克雷斯顿河谷野生生物管理区(Creston Valley Wildlife Management Area; ☎250-402-6900; www.crestonwildlife.ca; 免费入内; ⌚清晨至黄昏)，离克雷斯顿西面11公里，是观赏许许多多鸟类的好去处，包括蓝色的苍鹭(blue heron)，你可以沿着一条1公里长的木板路前往观赏。

克雷斯顿以西约85公里处，**Salmo**与Hwy 6公路交接处一样著名，从标记牌往北40公里至纳尔逊。克罗斯内斯特(Crowsnest)位于以西10公里处。Hwy 3公路往北延伸至**卡斯尔加**(Castlegar)，因距离纳尔逊(Nelson)最近的大型飞机场和纸浆厂著名。Hwy 3B公路穿过满是令人愉快、咖啡馆密布的小镇 **Fruitvale** 和工业小路。

罗斯兰(ROSSLAND)

人口3800

位于Trail以西约10公里，罗斯兰与世隔绝。从南Monashee山脉(Southern Monashee Mountains，海拔1023米)远眺，这个矿业村庄是加拿大骑山地自行车最好的地方。悠长的矿业历史给这座山留下了古老的小路和被抛弃的铁路线——所有地方都很适合骑自行车。

游客中心(☎250-362-7722，888-448-7444；www.rossland.com；⏲5月中到9月中9am～5pm)位于博物馆大楼，在Hwy 22公路(从美国边界)和Hwy 3B公路交接处。有许多不错的当地B&B旅馆和汽车旅馆。

山地自行车是许多人去罗斯兰的主要原因。当山脊很容易到达时，搭便车曾经流行一时，有很多下坡岩石路。30.4公里长的单轨道七顶峰路径(Seven Summits Trail)就在罗斯兰山峰上蜿蜒。**库特奈哥伦比亚小路协会**(Kootenay Columbia Trails Society；www.rosslandtrails.ca)有大量的相关实用信息，包括可下载的地图。

夏日骑自行车的好地方，**红山滑雪度假村**(Red Mountain Ski Resort；☎250-362-7384，800-663-0105，雪情报告250-362-5500；www.redresort.com；日间缆车通行证 成人/儿童 $58/29)在冬天吸引着众多滑雪爱好者。Red，正如它自己的名字，包括海拔1590米高的红山(Red Mountain)和海拔2040米高的花岗岩山(Granite Mountain)，具有挑战性的滑雪地形总面积达485公顷。

Hwy 3B公路在罗斯兰西北28公里处与Hwy 3公路会合。然后蜿蜒向前穿过逐渐贫瘠的土地，前行170公里至欧沙约(Osoyoos，见720页)以西。

纳尔逊(NELSON)

人口9800

纳尔逊是参观库特奈(Kootenays)最充分的理由，应该包含在该地区的所有旅行路线中。山两侧是整齐的砖块建筑，可以俯瞰库特奈湖美丽的景色，码头区有许多公园和海滩。生意兴旺的咖啡馆、艺术和夜生活文化仅仅是红利。然而，真正推动纳尔逊发展的是其人物：嬉皮士、大人物、富有创造性的个人主义者的混合体。沿着Baker St大街，你将会发现所有的这些，Baker St大街是适合步行的主大街，飘着广藿香料的香味，混杂着新鲜出炉的咖啡。

19世纪，纳尔逊最初是个采矿小镇，1977年，一个遗产保护项目开始了。今天，有350多座精心保护和修复的旧时建筑。纳尔逊是个很棒的地方，周围的湖泊和高山适合徒步、滑雪和爱斯基摩划子游。

方位和实用信息

纳尔逊位于库特奈湖(Kootenay Lake)西湾。Hwy 3A公路从北边来，进城之后变成一系列当地街道，然后再向西去卡斯尔加(Castlegar)。Hwy 6公路贴着市区的西侧，也去往卡斯尔加，或向南去伐木小镇Salmo，然后和Hwy 3公路相接，再前往克雷斯顿(Creston)和东库特奈区(East Kootenays)。Baker St街和周围的街道是当地生活的中心。

游客中心(☎250-352-3433，877-663-5706；www.discovernelson.com；225 Hall St；⏲5月到10月8:30am～6pm，11月到次年4月周一至周五8:30am～5pm)有关于该地区和纳尔逊的不错信息。

Otter Books书店(☎250-352-7525；398 Baker St)出售新书和地图。**Packrat Annie's**(☎250-354-4722；411 Kootenay St)出售二手书，有不错的咖啡馆。

很多小餐馆都可以上网。**纳尔逊图书馆**(Nelson Library；☎250-352-6333；602 Stanley St；⏲周一和周三11am～8pm，周二和周四至周六11am～6pm)可免费上网。

景点

纳尔逊大约三分之一的**历史建筑**都被重修过，恢复成它们后维多利亚时期的高贵风格，十分壮观。从游客信息中心拿一份很不错的《遗址徒步游》(*Heritage Walking Tour*)小册子。它详细介绍了市中心26栋建筑，给你上了维多利亚建筑的一课。《步行艺术》(*Artwalk*)手册列出了很多公共艺术展览信息。

纳尔逊试金石(Touchstones Nelson；☎250-352-9813；502 Vernon St；成人/儿童 $10/4；⏲周三至周六10am～6pm，周日正午～4pm)一座关于当地历史和艺术杰出的博物馆，位于纳尔逊壮观的老城大厦(1902年)。

标志性纳尔逊大桥(Nelson Bridge)附近的**湖边公园**(Lakeside Park)既有田园式风光，又有成荫的公园和沙滩。从中心出发，沿着一路穿过整个海岸(经过飞机场的西端有一条偏僻的河流)的**滨水道**(Waterfront Pathway)，你可以走到公园，或乘坐**23路路面电车**(Streetcar 23；成人/儿童 $3/2；⏲6月到9月11am～5pm，5月和9月到10月中周六和周日)，沿着2公里的道路从湖边公园到Hall St街的码头。

活动

爱斯基摩划子

库特奈湖的天然水域(即没有堤坝)是划

爱斯基摩划子的主要地方。**漫游**(ROAM; ☎250-354-2056, 877-229-4959; www.roamshop.com; 639 Baker St; 租金每天 $70, 团队游 $60 起)出售设备、提供建议，和与 Balfour 湖附近著名的**库特奈爱斯基摩划子公司**(Kootenay Kayak Co; ☎250-505-4549; www.kootenaykayak.com)合作。

徒步

从城里爬上高台岩(Pulpit Rock)实际要 2 小时，能看到纳尔逊和库特奈湖的漂亮景色，湖对面 Selkirk 山脉的两个公园有许多徒步路线。**红大麻花鱼小溪省级公园**(Kokanee Creek Provincial Park; ☎250-825-4212; www.env.gov.bc.ca/bcparks)在东北 20 公里，Hwy 3A 公路对面，从游客中心开始有几条徒步小路去往那里。**红大麻花鱼冰川省级公园**(Kokanee Glacier Provincial Park; ☎路况报告 250-825-3500; www.env.gov.bc.ca/bcparks)有 85 公里的徒步小路，有些是城里最棒的。到红大麻花鱼湖(Kokanee Lake)的 4 公里(2 小时)小路简直令人难以置信，沿途的小路上有很好的标记，能一直走到冰川周围没有树木、散布着圆石的开阔区域。

自行车

山地自行车小路从库特奈湖沿着陡峭而艰难的山峰蜿蜒而上，然后是令人眩晕的下山路。可到 Baker St 大街的几家商店，包括 **Sacred Ride**(☎250-362-5688; www.sacred ride.ca; 213B Baker St; 租金每天 $35 ~ 55)，买几本小路地图。

滑雪和滑雪板

Whitewater冬天度假村(Whitewater Winter Resort; ☎250-354-4944, 800-666-9420, 雪况报告 250-352-7669; www.skiwhitewater.com; 日间缆车票 成人/儿童 $50/30)以缤纷大雪的降雪量而出名，它在 Hwy 6公路对面，离纳尔逊南面12公里，有着如同纳尔逊般的小城魅力。缆车很少，但从396米高空下来来到20个醒目滑雪道上的人也不多。

住宿

想尽一切办法待在纳尔逊中心，你能全身心体验这座城市的节奏。游客中心列有许多中心附近的木制老 B&B 旅馆。

经济

城市旅游公园(City Tourist Park; ☎250-352-7618; campnels@telus.net; 90 High St; 宿营地 $18 起; ⌚5 月到 10 月)从 Baker St 大街走路仅仅 5 分钟就能到达这儿，这个小宿营地有 40 个隐蔽的宿营地。

HI Dancing Bear Inn 旅店(☎250-352-7573, 877-352-7573; www.dancingbearinn.com; 171 Baker St; 宿 $20 ~ 22, 房 $40 ~ 50; ⊠ 💻wi-fi)是档次与青年旅舍的真正结合。有 14 间客房，客房宽敞、欢迎着客人入住，也是一个不错的发现。

白屋背包客旅馆(White House Backpacker Lodge; ☎250-352-0505; www.white-house.ca; 816VernonSt.com; 198 Baker St; 宿$25, 房$50~60起; 💻wi-fi)在有趣的老家宅中的一家新旅馆，深深的门廊可以俯瞰湖面的美景。房间很干净，早餐时你将会吃到各种各样的薄饼。

中档

Mountain Hound Inn 旅 店(☎250-352-6490, 866-452-6490; www.mountainhound.com; 621 Baker St; 房 $70 ~ 105; ❄ 💻)19 个房间虽然比较小，但都有平板电视机，节省空间。这家旅店还提供高速上网与欧洲大陆式早餐。

Alpine Motel汽车旅馆(☎250-352-5501, 888-356-2233; www.alpine-motel.com; 1120 Hall Mines Rd; 房 $75~150; ⊠ ❄ 💻wi-fi)这家瑞士式旅馆铺满了木砖。从热浴池那里能看到凉快的湖水。30个房间尺寸合适，并配有wi-fi端口。汽车旅馆建在中心以南的山上。

Hume Hotel旅馆(☎250-352-5331, 877-568-0888; www.humehotel.com; 422 Vernon St; 房 $80~130; 💻wi-fi)这家建于1898年的经典旅馆逐渐恢复了它曾拥有的庄严——房顶上的红色霓虹灯标志是其典型风格。43个房间(注意闷热夜晚，没有风)质量差异很大，请求可以看到极好的山脉和湖水景色的宽大角落房间。费用包括可口的热早餐。

高级

Inn the Garden B&B 旅馆(☎250-352-3226, 800-596-2337; www.innthegarden.com; 408 Victoria St; 房 $100 ~ 230; ⊠ ❄wi-fi)在这家有五间客房的时髦 B&B 旅馆中，甚至连信箱都在花丛中，毫不辜负它的名字。这幢维多利亚式的建筑就位于市中心。

就餐

就纳尔逊的大小而言，它有一道漂亮的饭店风景，但别太晚离开滑雪道——大部分饭店仍然晚 8 点半左右关门。

沿着 Baker St 大街市郊闲逛，你将会发现各种各样的活跃餐厅。**Oso Negro 小餐馆**(☎250-532-7761; 604 Ward St; 咖啡 $1.50 起; ⌚7am ~ 5pm; 💻)这个当地的会议中心有自己的咖啡。室外角落处的咖啡馆，花园里摆放着咖啡桌，与池水相映成趣。

El Taco 墨西哥餐厅(☎250-352-2060; 306 Victoria St; 主菜 $5 ~ 8; ⌚11am ~ 9pm)这个小房间充满了墨西哥的各种色彩。在外面艺术风格的桌子上就餐，或打包带走。墨西哥玉米煎饼(burritos)、墨西哥玉米面豆卷(tacos)以及更多食物都是新鲜制作的，口味相当不错。

Busaba Thai Cafe 咖啡馆(☎250-352-2185；524 Victoria St；主菜$10～20；🕑11am～10pm)炎热的夏天来一杯冰镇泰国咖啡。食物如装饰般醇香真实。在角落庭院没有织锦或荷边装饰，但有一些阴凉的餐桌。

Fusion餐馆(☎250-352-3011；301 Baker St；主菜$12～25；🕑周一至周六正午～2pm和5～11pm)这个非常流行的地方有不辜负它的名头的全球菜肴。特色菜随着季节而改变。室外有露台，室内有现场原声吉他演出。

All Seasons Café餐厅(☎250-352-0101；www.allseasonscafe.com；620 Herridge Lane；主菜$20～40；🕑周一至周六5～10pm)坐在光线微亮的巨大枫树之下的院子中，这是纳尔逊最精彩的地方。不列颠哥伦比亚省最好的餐厅之一，其随意而精彩的菜肴随着季节发生改变。

户外市场(Outdoor Market；Josephine St和Baker St拐角；🕑7月到9月周三9:30am～3pm)是社区活动的地方。

饮品

找找纳尔逊酿酒公司(Nelson Brewing Co)生产的有机淡色啤酒(organic ales)。

Royal酒吧(☎250-352-1269；330 Baker St；🕑11～2am)就位于Baker St大街，很受欢迎。在高天花板房间中欣赏乐队演出或待在露台上。

图书馆休息室(Library Lounge；☎250-352-5331；Hume Hotel，422 Vernon St；🕑11am～午夜)高档宾馆中这个精致的地方有一些路边餐桌，你可以看看路过的路人。晚上有时有现场爵士乐表演。楼下的Spiritbar夜总会渴望有些大都市的风格。

到达和四处走走

离纳尔逊最近并带有商业设施的机场在**Castlegar**(www.castlegar.ca/devserv_air.htm)。**王后城穿梭车服务**(Queen City Shuttle；☎250-352-9829；www.kootenayshuttle.com；单程 成人/儿童$22/11)的车可以到达那儿(1小时)。

加拿大灰狗运输公司(Greyhound Canada；☎800-661-8747；www.greyhound.ca；Chahko-Mika Mall，1112A Lakeside Dr)有车开往卡尔加里(Calgary，$94，11～13小时，一天2班)和途经基洛纳(Kelowna，$55，5个半小时，一天2班)前往温哥华($105，12～13小时，一天1班)。

纳尔逊交通系统公共汽车(Nelson Transit System Buses；☎250-352-8201；www.busonline.ca；车费$1.75)的主要停靠站在Ward St大街和Baker St大街拐角处。2路和10路公共汽车在Chahko-Mika Mall商业街和湖边公园有停靠站。

纳尔逊到勒韦斯托克 (NELSON TO REVELSTOKE)

从纳尔逊径直向北，有两种选择——都风景

库特奈轮渡

长长的库特奈湖(Kootenay)、北箭湖(Upper Arrow)和南箭湖(Lower Arrow)使得乘坐渡船成为必要。所有**渡船**(www.th.gov.bc.ca/marine/ferry_schedules.htm)都免费。忙碌的夏日周末，你可能必须排长队，在乘坐渡轮之前需要等很长时间。

库特奈湖轮渡(Kootenay Lake Ferry；☎250-229-4215)航船在库特奈湖西湾的Balfour(纳尔逊[Nelson]东北34公里)和库特奈湾(Kootenay Bay)之间运行，你可以沿着Hwy 3A公路从南部到克雷斯顿参加80公里骑自行车游。大约需要35分钟。夏天，在早上6点半到晚上9点40分之间，每50分钟都有一班轮渡离开Balfour，从早上7点10分到晚上10点20分从库特奈湖(Kootenay Lake)离开。在夏天，轮渡次数会增加。这是穿越库特奈湖(Kootenay Lake)欣赏其自然美景的一个相当不错的线路。

Needles轮渡(Needles Ferry；☎250-837-8418)穿越南箭湖，从Fauquier(纳卡斯普[Nakusp]南57公里)到Hwy 6公路上的Needles(弗农[Vernon]东135公里)，旅程需要5分钟。轮渡从早5点到晚10点之间每隔30分钟从Fauquier离开，需要1小时和1个半小时。从早上5点15分到晚上9点45分之间，从Needles出发，需要15分钟到45分钟。几小时后，轮渡仅按需安排。

北箭湖轮渡(Upper Arrow Lake Ferry；☎250-837-8418)全年在Galena湾(Galena Bay，勒韦斯托克[Revelstoke]南49公里)和Hwy 23公路上的Shelter湾(Shelter Bay，纳卡斯普北49公里)之间航行。旅途需要20分钟，从早6点到深夜11点每小时准点从Shelter湾发出一班，从早上6点半到深夜11点半每小时或每半小时从Galena湾出发。船上的标记详细地说明了水坝建成后当地人仍在努力(！)，坚持不懈地尝试恢复自然平衡。

秀丽——到达勒韦斯托克(Revelstoke)。Hwy 6 公路向西 16 公里，然后在 South Slocan 往北转。道路最后沿着美丽的 Slocan 湖 30 公里，最后到达新丹佛(New Denver)。你将会看到造型生动的岩石、湖面上方白雪覆盖的山顶等酷酷的风景，还会有其他选择，纳尔逊和新丹佛间距 97 公里。

从纳尔逊沿 Hwy 3A 公路径直往北和往东，这是一条非常有趣的线路。行驶 34 公里后可以到达位于 Balfour 的 **Kootenay 湖码头**(Kootenay Lake Ferry，见 743 框内文字)。即使你不到任何地方，这条线路也值得看看，因为从水面上急剧升起的蓝色山脉和长长的湖面景色很值得一看。

这条路成为 Hwy 31 公路，沿着湖边往北 34 公里至 **Kaslo**，穿过沿路漂亮的小城镇。

Kaslo本身是一个很值得一停的"可爱小城镇"。**游客中心**(☎250-353-2525；www.klhs.bc.ca；324 Front St；⏲5 月中到 10 月中 9am ~ 5pm)可以提供去往外面蓝色湖水划船和乘小舟等相关信息。隔壁，1898 年建成的 **SS Moyie**(成人 / 儿童 $5/2；⏲5 月中到 10 月中 9am ~ 5pm)已被修缮。在城镇及其附近有许多住宿之地，还有一些很好的小餐馆。

野生山区河流(mountain streams)仅仅是 Hwy 31A 公路上的一些自然集锦，它盘旋而上，路过一些崎岖的小山。在这段蜿蜒 47 公里的道路末端，你可以到达**新丹佛**(New Denver)，似乎距离老城很远，也不坏，这座有悠久历史的小城，宛如一颗小小的宝石，平静地躺在 Slocan 湖清澈的水面上。**Silvery Slocan 博物馆**(Silvery Slocan Museum；☎250-358-2201；www.newdenver.ca；202 6th Ave；⏲6 月到 9 月 9am ~ 5pm)也是提供帮助的游客中心所在地。建于 1897 年的蒙特利尔银行中有源于迅速发展的矿业时代的不错展览、小拱顶和不可触及的锡天花板。

新丹佛和南边同样静寂的老矿城镇 **Silverton** 都有不错的小餐馆。也很方便安排前往**瓦哈拉省级公园**(Valhalla Provincial Park；www.env.gov.bc.ca/bcparks)的路线，这座公园占地 49 600 公顷，是不列颠哥伦比亚最吸引人、最被低估的公园之一。公园位于 Slocan 湖西侧的偏僻处：需要乘船到达许多小道和遥远的宿营地。

从纳尔逊(Nelson)通过Hwy 6公路和Hwy 31公路经新丹佛进行一个环形驾驶，是相当美好的一天。要不，如果你前往勒韦斯托克(Revelstoke)，继续从新丹佛沿着Hwy 6公路往北47公里到达**纳卡斯普**(Nakusp)，穿过壮观的乡村景致。

就在北箭湖(Upper Arrow Lake)上，纳卡斯普(Nakusp)和这几座湖受到不列颠哥伦比亚省 20 世纪 50 年代和 60 年代的水坝的永久性影响，水位有所上升，城镇被迫迁移，因而才能保持 20 世纪 60 年代时期的景致。北箭湖的生态平衡从来都没有被打破。它仍然相当美丽，**纳卡斯普游客中心**(Nakusp Visitor Centre；☎250-265-4234，800-909-8819；www.nakusphotsprings.com；92 W 6th Ave；⏲6 月到 9 月 9am ~ 5pm)有关于这个地区徒步小路的实用信息，还有从青年旅舍到 B&B 和汽车旅馆的列表。

纳卡斯普南部的**纳卡斯普温泉**(Nakusp Hot Springs；☎250-265-4528；www.nakusphotsprings.com；Hwy 23 公路对面 Nakusp 东北 12 公里；成人 / 儿童 $11/ 免费；⏲9:30am ~ 10pm)是该地区一些景点。在水过滤系统建立后再次重新开放，这儿的设备如此干净，以致看起来似乎是人工制造的。也有供宿营的宿营地($15)和简陋的小屋($60 起)。

从纳卡斯普你可以沿着 Hwy 6 公路一直往西前往奥卡纳根河谷(Okanagan Valley)的弗农(Vernon)——包括 Needles 轮渡在内总共 245 公里。或走 Hwy 23 公路往北 55 公里前往北箭湖轮渡到勒韦斯托克(Revelstoke)，全程 48 公里。欲获取更多详细信息，参见 743 页框内文字。

卡里布、奇利科丁和海岸
(CARIBOO、CHILCOTIN & COAST)

旅行者人数自惠斯勒北部起就逐渐减少，这个巨大、美丽的地区吸引了来不列颠哥伦比亚省的很多旅行者。正如它的名字所示，这一地区由三个非常不同的区域组成。卡里布由无数的大牧场和从 19 世纪 50 年代起就很少改变的领地组成，当年的"淘金热线路"(Gold Rush Trail)从 Lillooet 和巴克维尔(Barkerville)穿过。这里有两个很著名的省立公园：未被开发的韦尔斯格雷(Wells Gray)和很适合划独木舟的鲍润湖(Bowron Lake)。

栖息在此的驼鹿比居民还要多，奇利科丁位于 Hwy 97 公路以西，是该地区的南北向的中心。大多数起伏的风景野味十足，包括几座大牧场和原住民村庄。Hwy 20 公路从威廉斯湖(Williams Lake)向西至引人入胜的贝拉库拉山谷(Bella Coola Valley)——从海岸上就可以看到熊和各种野生动植物，是探险好去处。

通过 Hwy 97 公路能到达许多地区，你可以通过北部的乔治王子(Prince George)到达不列颠哥伦比亚省的其他地方，走环形路线。贝拉库拉山谷有从温哥华岛哈迪港(Port Hardy，见 707 页)出发到这儿的轮渡，弥补了各种环形路线没有覆盖的地区。

加拿大灰狗运输公司(Greyhound Canada；☎800-661-8747；www.greyhound.ca)提供每天沿 Hwy 97 公路抵离乔治王子(Prince George)的公共汽车服务。

威廉斯湖到乔治王子 (WILLIAMS LAKE TO PRINCE GEORGE)

家畜和木材塑造了该地区的中心**威廉斯湖**。位于 Hwy 1 公路和 Hwy 97 公路交叉处以南约 206 公里，这座小城有几个小博物馆和无数家汽车旅馆。但是在这儿停留的真正原因是这个绝好的**发现中心**（Discovery Centre；☎250-392-5025；www.williamslakechamber.com；1660 Broadway S，Hwy 97 附近；⏲夏季 9am ~ 5pm，其余时间 9am ~ 4pm），另有一个在巨大圆木大厦中的游客中心，提供当地最好的资源和对沿着 20 公路 (on Hwy 20) 前往海岸西部旅游极其有用的信息。

克内尔 (Quesnel) 地处 Hwy 97 公路上威廉斯湖 (Williams Lake) 以北 124 公里，到处都是伐木搬运业的身影。**游客中心**（☎250-992-8716；www.northcariboo.com；703 Carson Ave；⏲6 月到 9 月 8am ~ 6pm，10 月到次年 5 月周二至周六 9am ~ 4pm）紧挨着一座小博物馆。在微小、花团锦簇的中心也有不错的汽车旅馆和咖啡馆。从克内尔出发，沿 Hwy 26 公路向东，到达该地区主要的景点，巴克维尔历史公园 (Barkerville Historic Park，见下栏) 和鲍润湖省立公园 (Bowron Lake Provincial Park，见右栏文字)。

在 Hwy 97 公路克内尔 (Quesnel) 以北 116 公里处是乔治王子 (Prince George)。

巴克维尔及其周边 (BARKERVILLE & AROUND)

1862 年，Billy Barker 到康沃尔 (Cornwall) 之前，曾于卡里布 (Cariboo) 挖掘金子。不久**巴克维尔** (Barkerville) 出现了，娼妓、易受骗的人、骗子和普通的采矿者等不可信任的人群定居在这里。今天，你可以在**巴克维尔历史公园**（Barkerville Historic Park；☎888-994-3332 转 29；www.barkerville.ca；成人 / 儿童 $13/3.75；⏲5 月到 9 月 8am ~ 8pm）参观超过 125 幢经修缮的遗产建筑。夏天，人们穿着 19 世纪的服装招摇过市，如果你撇开这些人群，还会感觉更为真实。这里有咖啡馆和几家 B&B 旅馆。在一年中其他时间可以免费参观该城镇，但不要期望发现很多开放的景点——可能有增加。

巴克维尔附近的奇特的**韦尔斯** (Wells) 有住处、饭店和一个综合商店。拜访**游客中心**（☎250-994-2323，877-451-9355；www.wellsbc.com；4120 Pooley St；⏲6 月到 8 月 9am ~ 6pm）了解详情，游客中心在一家老商店中。

巴克维尔位于克内尔以东 82 公里，在 Hwy 26 公路的尽头。

鲍润湖省立公园 (BOWRON LAKE PROVINCIAL PARK)

常来这个天堂般的地方划独木舟的人已成为过去，**鲍润湖省立公园**（Bowron Lake Provincial Park；www.env.gov.bc.ca/bcparks）是被白雪覆盖的山顶所环抱的十个湖泊梦境。由艾萨克(Isaac)、卡里布(Cariboo)和鲍润河组成的自然圈及其116公里长的独木舟环线，堪称世界上最好的线路之一。附近共有八段水陆联运，最长的一段(2公里) 经过标志详细的徒步小路。

整条路线需要 6 天到 10 天，你得完全自给自足。它一般在 5 月中旬到 10 月间开放。9 月是不错的选择，这两个时段都可以看到正在变化的树叶色彩和夏天旺季更少的人群。

计划你的游程之前，访问**不列颠哥伦比亚公园**（BC Parks；☎800-435-5622，250-387-1642；www.env.gov.bc.ca/bcparks/）网站，查询鲍润湖信息。打开链接，下载必备的《鲍润湖独木舟环游前所需信息》(*Bowron Lake Canoe Circuit Pre-Trip Information*)。然后向不列颠哥伦比亚公园打电话预订你的游程，1 月 2 日左右就可以开始预订。费用为每人 $60，外加 $18 预订费。一旦你抵达公园，必须去**登记中心**（⏲5 月中到 9 月 8am ~ 6pm），在你预订的时间段里登记入园，熟悉公园的方位。

斯洛坎河谷大难题

小河泛起的涟漪，小狼 (coyote) 的嚎叫，冷杉 (fir) 发出的沙沙声，电话铃声——这都是现代乡村度假的一部分，是吗？错了，如果你同意新丹佛和附近的斯洛坎河谷 (Slocan Valley) 许多居民的观点。出于保护这个恬静而又有独特风格的不列颠哥伦比亚领地，一部分居民反对在这个地区建设移动电话基站的计划。一名旅游局官员对《温哥华太阳报》(*Vancouver Sun*) 表示："我们可以说'到这儿度假，你的老板不会找到你、打扰你的'。"但是其他人需要电话，包括——可预言的——加拿大皇家骑警队 (Royal Canadian Mounted Police，简称 RCMP) 的信号塔被拒之门外时，携带移动电话者也不会从另外一个古怪的地方——育空的道森城 (Dawson City) 获得任何鼓励，道森城也是许多年一直拒绝使用移动电话后，最近才同意建立基站的。手机铃声在街道上回荡后不久，一个主要反对者在杂货店里对着移动电话喋喋不休地说着。

值得停留：杨树屋

当你听到风吹过三叶杨树(cottonwood trees)发出沙沙声时，你将到达附近同名的**杨树屋历史遗址**（Cottonwood House Historic Site；☎夏季 250-992-2071，冬季250-983-6911；www.cottonwoodhouse.ca；成人/儿童 $4.50/免费；⏲5月中到8月10am～5pm），它位于克内尔(Quesnel)以东26公里，在Hwy 26公路上，你可能感觉穿越了150年的时空。骑自行车沿着淘金热小路(Goldrush Trail)行走一天，你将会发现这个社区项目竟然对古典旅馆进行了彻底的复原。

如果你想让其他人办理这些事情，**白金历险**（Whitegold Adventures；☎250-994-2345，866-994-2345；www.whitegold.ca；Hwy 26，Wells）提供4天到8天的带导游湖上划桨游。整个带导游八日游每人收费$1500。在注册中心附近，**鲍润湖省立公园宿营地**(Bowron Lake Provincial Park Campground；宿营地$14）有25个宿营地和带小便池的卫生间。湖边风景如画，有些紧凑，有16栋小屋的**Bowron Lake Lodge小屋**（☎250-992-2733，800-519-3399；www.bowronlakelodge.com；房 $60～150；⏲5月到9月）拥有50个宿营地(有些在湖上)，收费$20到$24。附近的**Becker's Lodge小屋**（☎250-992-8864，800-808-4761；www. beckerslodge.ca；房 两晚$80～220）里面和外面都有非常吸引人的原木小屋。25个宿营地价格为$15到$25，包括柴火和设施。这些小屋都出租工具、独木舟和爱斯基摩划子。

要到达这座公园，开车走 Hwy 26 公路，就在到巴克维尔之前转向，然后走 28 公里的砂砾 Bowron Lake Rd 路。

韦尔斯格雷省立公园 (WELLS GRAY PROVINCIAL PARK)

俯冲 141 米，直落瀑布底端的岩石区，**Helmcken 瀑布**(Helmcken Falls)——加拿大第四高的瀑布——是**韦尔斯格雷省立公园**（www.env.gov.bc.ca/bcparks）未被发现的胜景之一，这座公园自身也是一颗未被认识的珍宝。

不列颠哥伦比亚省第四大公园被清水河(Clearwater River)及其支流所包围，那儿就是公园的边界。对于旅行者来说，最好的包括五个大湖、两大河系、20 个瀑布和许多各种各样的陆生动植物。

多数人通过Hwy 5公路，距离坎卢普斯(Kamloops)以北123公里的**清水镇**(Clearwater)进入公园。从这儿有一条铺好的路通往公园南大门。韦尔斯格雷路(Wells Gray Rd)部分是砂砾路，蜿蜒29公里后进入公园的中心位置。许多徒步旅行小路和这条路对面的诸如Helmcken瀑布这样的景观很容易到达，这条路终止于清水河。

Hwy 97 公路从 100 Mile House 进入公园的道路更崎岖不平，Blue 河位于 Hwy 5 公路清水镇以北 107 公里处。

位于清水镇的**游客中心**（☎250-674-2646；www.clearwaterbcchamber.com；425 E Yellowhead Hwy，Clearwater Valley Rd；⏲7月和8月9am～5pm，4月到6月和9月到12月周一至周五）提供关于公园的重要信息。

你有机会沿着20多条长度不同的小路**徒步旅行、越野滑雪或骑马**。田园般的偏远宿营地点缀着湖泊群周边的地区。想租独木舟，联系**清水湖团队游**（Clearwater Lake Tours；☎250-674-2121；www.clearwaterlaketours.com；canoes 每天$40起），这儿也组织艰苦跋涉活动。

公园有三个驾车可以到达的**宿营地**（campgrounds，☎250-674-2194；宿营地 $14），所有宿营地都有卫生间，但没有淋浴。最具有田园风味的地方之一、拥有 50 个营地的**金字塔宿营地**（Pyramid Campground，⏲5 月到 10 月）距公园南门以北仅 5 公里，靠近 Helmcken 瀑布。沿着大一点的湖泊湖岸，还有大量**偏远宿营地**（每人 $5）。

Wells Gray Guest Ranch农场（☎250-674-2792，866-467-4346；www.wellsgrayranch.com；营地$15，房 $75～130）在小木屋和主楼中有12个舒适的房间。位于清水镇以北27公里处。

奇利科丁 (CHILCOTIN)：HWY 20公路

清水河蜿蜒穿过奇利科丁西部人迹罕至的丘陵，Hwy 20公路从威廉斯湖(Williams Lake)至贝拉库拉山谷(Bella Coola Valley)走行450公里。长期被驾驶者用医生在描述令人不安的大便样品时的语调来描述，道路在逐步进行改善，如今超过90%的道路已铺好。然而，部分不是非常显眼。广为人知的**Hill**，这个危险的30公里长的砂砾层位于威廉斯湖以西386公里处。它从Heckman's Pass骤降1524米直至山谷(几乎和海平线一样高)，通过连续曲折的Z字形道路，有10%到18%的转弯。然而，花点儿时间准备些普通的设备，你将可能确实会享受到令人震撼的美景(虽然那不会让你跳到山谷对岸去)。所有的交通工具都很安全——当一个当地人开着雪佛兰(Chevy)迅速开过时，开着运动型多用途车(sport-utility vehicles，简称SUVs)的旅行者常常会感到很谦卑。

驾车将花费约 6 小时。你将会看到几个原住民村庄，也会看到砂砾道路，将你带到省立公园和荒废的小湖。前往位于威廉斯湖游客中心（见 745 页）看看，获取这些可用服务的详细信息。

贝拉库拉山谷(BELLA COOLA VALLEY)

离开奇利科丁干燥的旷野到达山脚时，你将会感到很惊奇。贝拉库拉山谷位于大熊雨林(Great Bear Rainforest，见 748 页框内文字）中心，葱郁的陆地上长着苍天大树，流淌着清澈的河水，可以看到许多熊。它几乎就像香格里拉(Shangri-La)——只是没有和尚。但它是属灵的地方：Nuxalk 原住民艺术家在这儿相当活跃，对于很多来自其他地方的人来说他们具有创造性，这儿的确是道路的末端。

山谷延伸 53 公里，至 North Bentinck Arm 海岸，一个深的冰河海湾，从太平洋 (Pacific Ocean) 向内，经过 40 公里长的内陆地区。两个主要城市，水上的**贝拉库拉** (Bella Coola) 和 **Hagensborg** 以东 15 公里，几乎似乎是同一个地方，很多有趣的地方在座城市内或就在它们之间。

贝拉库拉山谷旅游局（Bella Coola Valley Tourism；☎250-982-2212；www.bellacoola.ca；Co-op Store，Mackenzie St 和 Burke Ave 拐角，Bella Coola；⏲6 月到 8 月 8am ~ 5pm，9 月开放时间较短）能帮你对如此多的山谷游玩项目进行分类。许多地方 5 月到 10 月期间面向旅行者开放，其他时间需要确认一下。游客中心和你的住所都可以为你提供滑雪、山地自行车、捕鱼、漂流和其他很多方面的向导和设备。自行车修理店、ATM 机、洗衣房和杂货店都很容易找到。

景点和活动

跨越奇利科丁和山谷东端，**Tweedsmuir 省立公园**（Tweedsmuir Provincial Park；☎250-398-4414；www.env.gov.bc.ca/bcparks）南部是不列颠哥伦比亚省第二大的。它表面上仅是挑战偏远地区冒险的好地方。许多自行车道和独木舟巡游仅仅通过水上飞机 (float plane) 就可以到达。可在威廉斯湖 (Williams Lake) 或贝拉库拉山谷 (Bella Coola Valley) 获取详细信息。自山谷出 Hwy 20 公路有行程 5 天的自行车游。

穿过山谷可以找到不错的小路。**步行者岛屿公园** (Walker Island Park) 中可以找到一条不错的短徒步小路，在 Hagensborg 以西，公园位于广阔而多岩石的贝拉库拉河 (Bella Coola River) 洪泛平原上。离开停车场，你将立刻处于长达 500 余年的雪松 (cedars) 小树林中。但这儿的活动没有限度。你可以从路的起点处徒步进山和山谷，或仅仅通过沿着崎岖的海岸乘船到达。

这个山谷因熊而知名。**Kynoch West Coast Adventures公司**（☎250-982-2298；www.kynochadventures.com）专营去往当地河流的观赏动物漂流之旅($85起)。

食宿

沿着 Hwy 20 公路有许多 B&B 旅馆和几处小旅舍。许多旅店提供晚餐，此外在贝拉库拉有几家咖啡馆和汽车旅馆。

靠近同名大桥，在湍急的贝拉库拉河河岸上，**Bailey Bridge Campsite & Cabins 宿营地和小屋**（☎250-982-2342；www.bailybridge.ca；Salloompt River Rd；宿营地 $15 起，小屋 $55 起）有精致的阴凉宿营地和小屋。

当地的行家拥有自己的**Bella Coola's Eagle Lodge小屋**（☎250-799-5587，866-799-5587；www.eaglelodgebc.com；1103 Hwy 20，Bella Coola；房 $80起；💻wi-fi），在七个B&B旅馆中可以看到翠绿宽阔的风景。

Brockton House旅馆（☎250-982-2298，866-982-2298；www.brocktonplace.com；1900 Hwy 20，Hagensborg；房 $70～120；💻wi-fi）有带全套厨房设备的14个宽大套房。有为那些早上还没睡醒的人提供的咖啡厅。

到达和离开

不列颠哥伦比亚渡运（BC Ferries；☎888-223-3779；www.bcferries.com；成人/儿童 $139/79，小汽车 $278起）运营着发现海岸(Discovery Coast)码头，连接贝拉库拉山谷和温哥华岛上的哈迪港，夏天一周有几班。旅途需要13小时到22小时，依停靠车站而定。最好的是13个小时的直达游程，因为这条线路通常采用的船只是经验丰富的Queen of Chilliwack号，没有船舱。

没有沿 Hwy 20 公路前往威廉斯湖 (Williams Lake) 的交通线路，不过你可以搭乘包机 (charter plane)。**太平洋海岸航空公司**（Pacific Coastal Airlines；☎800-663-2872；www.pacificcoastal.com）每天都有抵离温哥华的航班（单程 $230 起，1 小时）。

北部 (THE NORTH)

不列颠哥伦比亚省北部使你真正感到你已经穿过边界到达一些不同地方。到处都能感受到加拿大原住民的丰富文化，从海达 (Haida) 到夏洛特皇后群岛 (Queen Charlotte Islands)，再到大陆的 Tsimshian。每一片土地都散发着神秘的气息，不管是曾受暴风雨袭击的海岸和岛屿，还是穿过整个大陆山脉无声的雄伟的冰河雕塑品。

其他任何地方都没有这种天赐之福。像虚构

大熊雨林

它是地球上最广阔的海岸温和雨林。大熊雨林(Great Bear Rainforest)由岛屿、海湾和高耸的山峰野生地组成。它占地面积630万公顷(是不列颠哥伦比亚省总面积的7%),沿着不列颠哥伦比亚海岸和夏洛特皇后群岛(Queen Charlotte Islands)从阿拉斯加(Alaska)向南伸展,到粗糙地温哥华岛上坎贝尔里弗(Campbell River,那不是森林的部分)。这里森林和水资源非常丰富,其中有许多生物:鲸、鲑鱼、鹰、麋鹿、海獭和其他各种海洋生物。遥远的河谷被Sitka冷杉(Sitka spruce)、太平洋银杉(Pacific silver fir)和各种各样雪松(cedar)组成的森林覆盖,这些树木基本上都高达100米,并拥有长达1500年的历史。

尽管非常巨大,然而,大熊雨林正在经受着巨大的威胁。处于保护状态的地区已不到总面积的40%;矿业和伐木搬运工程正虎视眈眈地盯着其余的部分。许多组织致力于保护这个不可替代的生存环境,其中的一个是**雨林保护基金会**(Raincoast Conservation Foundation;www.raincoast.org)。

从贝拉库拉开始,你可以安排划船之旅和长途跋涉前往在大熊雨林的神秘部分,包括暗河,在那儿你可能有幸看到稀有的Kermode熊(Kermode bear),黑熊分支中的白毛熊——部落传说中被称为"灵魂之熊"(spirit bear),以及与它同名的雨林。

中的阿拉斯加(Alaska)或使人畏惧的斯图尔特—卡西亚(Stewart-Cassiar)启示冒险经历、发现或甚至一种新的生活。在这里你会毫无疑问地更亲近自然,而且,在自然面前会喜欢上自己的渺小。

鲁珀特王子(PRINCE RUPERT)

人口15 200

人们总是"发现鲁珀特王子"。已经足够,它已经被发现!那是多么了不起的发现啊。这座拥有华丽海港的迷人城市不仅仅是交通中心(轮渡向北至温哥华岛,向西至夏洛特皇后群岛,向北至阿拉斯加),还是一个具有实力的目的地。有两座相当不错的博物馆、美味的餐厅以及原住民遗产文化展示。

一年中可能会有220天下雨,但那不会阻止当地人喜欢薄雾笼罩的山脉和水上活动。最初是查尔斯·海斯(Charles Hays)的梦想(他在"泰坦尼克"号到达水上坟墓之前就建设了这儿的铁路),鲁珀特似乎总是落后美好的未来一步,但最终它还是抵达了目标——的确是。一座新的货柜港口将每年从中国运输便宜的粗麻布至不顾一切购买便宜货的美国,在内航线(Inside Passage),更巨大的巡游船只巡回访问他们的游牧部落来"发现"鲁珀特的可信吸引力(新赌场承诺减轻那些一日旅行者的额外费用)。

方位

鲁珀特王子在Kaien岛(Kaien Island)上,通过一座桥和陆地相连,就在Hwy 16公路附近。母牛湾(Cow Bay)因这里曾有的一个奶牛农场而得名,如今成为著名码头地区,全是商店和饭馆以及忙碌的游船港口Atlin站(Atlin Terminal)。它就位于紧凑而有些陡峭的市区北部,这里有奇怪的加拿大命名系统,用同样的数字命名交叉的大街和大道。轮渡和火车的终点站在西南3公里处。

实用信息

Java Dot Cup网吧(Java Dot Cup;☎250-622-2822;516 3rd Ave W;每小时$4;🕑7:30am~9pm)可以上网,有一个不错的咖啡馆。

King Koin洗衣店(☎250-624-2667;745 2nd Ave W;🕑8am~10pm)自助或服务洗衣设施。

鲁珀特王子图书馆(Prince Rupert Library;☎250-627-1345;101 6th Ave W;🕑周一至周四10am~9pm,周五10am~5pm,周六和周日1~5pm)有wi-fi端口。

雨林书店(Rainforest Books;☎250-624-4195;251 3rd Ave W)精选了很多新书和二手书。

游客中心(☎250-624-5637,800-667-1994;www.tourismprincerupert.com;🕑5月到9月 9am~8pm,10月到次年4月 9am~5pm)在游船进入码头的母牛湾Atlin站。

景点

不要错过**北不列颠哥伦比亚博物馆**(Museum of Northern BC;☎250-624-3207;www.museumofnorthernbc.com;100 1st Ave W;成人/儿童$5/1;🕑5月到9月周一至周六9am~8pm,周日9am~5pm,10月到次年4月周一至周六9 am~5pm),在一栋根据原住民的长屋风格建成的建筑内。这个博物馆通过精彩的展览和极好的文献,展示了当地文明社会如何享受着延续了几千年的文化——你可能会说他们比他们的时代还要早。展览还包括海达民族(Haida)、吉卡散民族(Gitksan)和Tsimshian

民族的大量精彩艺术品，以及关于图腾柱的丰富信息。特别的博物馆团队游、城镇步行游以及书店都很棒。

城里到处可以看见**图腾柱**；两座 Charlie Hays 的侧面雕像在市政大厅 (City Hall) 旁 3rd Ave 大道上。要想看看怎么制作图腾柱，在法院隔壁的**雕刻工棚** (Carving Shed) 停一下。

从中心走不远可以到**母牛湾**(Cow Bay)，这是令人欣悦的漫步之地。使这个地方得名的装饰到处都是，但它避免了外观的矫饰。这里有商店、餐厅和美丽的滨水景色。在艺术家经营的**冰屋美术馆** (Ice House Gallery；☎ 250-624-4546；Atlin Terminal；⏲ 周二至周日正午～5pm) 了解鲁珀特的创造性社区。

活动

Skeena Kayaking 爱斯基摩划子游 (☎ 250-624-5246；www.skeenakayaking.ca；租金 每 24 小时 $85) 提供该地区设施租用和海上游，水中似乎有无穷无尽的地方。

从 Hwy Yellowhead 公路的停车场 (位于市中心以南 3 公里) 出发，一条前往 **Butze Rapids** 的平坦 4 公里环形路配有路牌。这儿的其他地方要求更高。

团队游

派克岛 (Pike Island，Laxspa'aws) 是一座小岛，经过海港外面的迪格比岛 (Digby Island)。早在 2000 多年前，这里的村庄就很繁荣，今天可以看到一些残留建筑和证据。接着走，更远处的 **Khutzeymateen 灰熊保护区** (Khutzeymateen Grizzly Bear Sanctuary) 有 50 多个巨大的家伙。只有通过团队游才能到达这两处。

鲁珀特王子探险游（Prince Rupert Adventure Tours；☎250-627-9166；Atlin Terminal）常年提供为时 2 小时的海港之旅（成人 / 儿童 $55/40）和去往 Khutzeymateen 的一日游（成人 / 儿童 $155/135)。

海岸租船（Seashore Charters；☎250-624-5645，800-667-4393；www.seashorecharters.com；Atlin Terminal；成人/儿童 $60/40）有一位原住民导游，全天安排 Khutzeymateen游，收费$150/130。

住宿

鲁珀特有适合各种消费层次的住宿，包括超过一打的 B&B 旅馆（游客中心有列单），但所有的三个轮渡都非常紧张：一定要预订。

鲁珀特王子娱乐车宿营地（Prince Rupert RV Campground；☎250-624-5861；www.princerupertrv.com；1750 Park Ave；宿营地$19起；🖵）紧挨轮渡码头，有88个宿营地、洗衣房和崭新的卫生间。

Pioneer Hostel 青年旅舍（☎250-624-2334，888-794-9998；www.pioneerhostel.com；167 3rd Ave E；宿 $15～24，房 $40～50；⊠wi-fi）紧凑的房间与浴室洁白无瑕，装饰着活跃的色彩。这家青年旅舍有一个小厨房，外面露台上有烧烤设备；为客人提供免费自行车和渡轮或火车迎接。

太平洋旅店（Pacific Inn；☎250-627-1711，888-663-1999；www.pacificinn.bc.ca；909 3rd Ave W；房 $75～140；wi-fi）这儿没什么特别的，仅仅在维护很好的建筑中有 77 个较大的、很舒适的房间，有挡雨车库。地理位置不错，到市中心和轮渡码头都很方便。

Inn on the Harbour旅店（☎250-624-9107，800-663-8155；www.innontheharbour.com；720 1st Ave W；房 $75～150；wi-fi）当你住在这家旅店时，你将看不到其柔和的外面；而你将可以欣赏广泛的海港美景。49个房间带有一点儿个性。

Crest Hotel旅馆（☎250-624-6771，800-663-8150；www.cresthotel.bc.ca；222 1st Ave W；房 $100～180；⛶ 🖵）能够欣赏海港风景的房间是待在这里的原因。别要只能看到停车场风景的房间。102个房间虽小但相当舒适。也有热水浴盆。

餐饮

从捕鱼港湾来的大比目鱼和新鲜鲑鱼吸引着整座城镇的顾客。

Smiles Seafood 海鲜餐厅（☎250-624-3072；113 Cow Bay Rd；主菜 $6～20；⏲11am～9pm）自 1934 年以来，Smiles 就一直供应着经典、随意的海鲜佳肴。坐进小屋或外面的露台上。

Charley's Lounge饭店（☎250-624-6771；Crest Hotel，222 1st Ave；主菜 $8～20；⏲正午至午夜）当地人涌入这儿，从温暖的庭院中俯瞰海港，闲聊着。俱乐部菜肴以鲁珀特最棒的海鲜为特色。

Cow Bay Café 小餐馆（☎250-627-1212；205 Cow Bay Rd；主菜 $10～20；⏲11:30am～9pm）在著名的庭院中富有创造性的菜单一天换两次；但总有半打主菜和诱人甜点可以选择。在外面港口享用你的美食吧。

Rain餐馆（☎250-627-8272；737 2nd Ave；主菜 $10～20；⏲周一至周六5pm～2am）流行的住所与小酒馆合为一体的内饰，屋顶装饰和开放式厨房，提供稳定而新鲜的饭菜。

Cowpuccino's 咖啡馆（☎250-627-1395；25 Cow Bay Rd；咖啡 $2；⏲7am～8pm）是一个时髦的咖啡馆，在那里咖啡会让你忘记雨。

到达和离开

鲁珀特王子机场（Prince Rupert airport，代码 YPR；☎250-622-2222；www.ypr.ca）在迪格比岛 (Digby Island) 上，从城里过了港口，旅程包括公共汽车和渡船；在飞机起飞前 2 小时在 Highliner Hotel 旅馆 (815 1st Ave) 迎接。与你的航空公司或机场确认所有细节。

加拿大爵士航空公司（Air Canada Jazz；☎888-247-2262；www.aircanada.com）的航班可到达温哥华；在机场办理登机手续。**HawkAir 航空公司**（☎866-429-5247；www.hawkair.ca；Highliner Hotel 办理登记，815 1st Ave W）也有航班开往温哥华。

西边终点站 **VIA Rail 站**（BC Ferries Terminal）每周 3 次有抵离乔治王子 (Prince George，12 个半小时）的 Skeena 号航班，在落基山脉的贾斯珀停留一夜。

加拿大灰狗运输公司（☎800-661-8747；www.greyhound.ca；112 6th St）汽车一天 1 班起程开往乔治王

值得一游：北太平洋历史垂钓博物馆

鲁珀特王子以南约20公里，**北太平洋历史垂钓博物馆**（North Pacific Historic Fishing Museum；☎250-628-3538；www.cannery.ca；1889 Skeena Dr；成人/儿童 $12/8；⏲5月中到9月10am～7pm）在爱德华港口(Port Edward)附近，探索沿S河捕鱼和罐头制造的历史。1889年到1968年的建筑都采用迷人的全木结构；展现着当年工人们悲惨的工作环境。时间不总是可靠，所以在你参观前要提前确认。鲁珀特王子运输公司(Prince Rupert Transit，见751页)有前往该地区的公交服务。

子($107，10小时)。

不列颠哥伦比亚渡运(BC Ferries；☎250-386-3431；www.bcferries.com)沿内航线去往哈迪港(Port Hardy，成人/儿童$132/74，公共汽车/船舱$310/75起，15～25小时)，为它令人诧异的景色而欢呼。夏天，一周3班，冬天一周1班。夏洛特皇后群岛(Queen Charlotte Isalnds)的渡船前往Skidegate Landing(成人/儿童$32/18，公共汽车/船舱$117/55起，7小时)，夏季一周6班，冬天每周3班。

阿拉斯加海洋公路系统(Alaska Marine Highway System；☎250-627-1744，800-642-0066；www.ferryalaska.com)渡船将鲁珀特与海恩斯(Haines)的育空与斯卡圭(Skagway)、阿拉斯加(Alaska，见758页框内文字)连接起来。

四处走走

鲁珀特王子运输公司(Prince Rupert Transit；☎250-624-3343；www.busonline.ca；成人/儿童$1.25/1)开往中心，并提供不那么频繁的到渡运站和北太平洋历史渔村(North Pacific Historic Fishing Village，$2.50)的公共汽车。主要市区汽车站在2nd Ave大道上的鲁珀特广场大厦(Rupert Square Mall)。

坐**Skeena出租**(Skeena Taxi；☎250-624-5318)去渡口或火车的单程车费为$10左右。

夏洛特皇后群岛 (QUEEN CHARLOTTE ISLANDS [HAIDA GWAII])

夏洛特皇后群岛(Queen Charlotte Islands，越来越受欢迎的原住民名字是Haida Gwaii)对于那些努力到此的人来说是一次不可思议的旅行。该景点长期以来致力于许多独特的植物和动物，有着深受欢迎的“加拿大的加拉帕戈斯”(Canada's Galapagos)之称。但是每年越发明显的是岛屿真正的灵魂是海达(Haida)文化本身。作为更先进、更强大的原住民之一海达人(Haida)在西方人到达之后深受折磨。

不管怎样，他们的文化已经得以复苏，在岛屿上除了他们标志性的图腾柱外，有很多种方式可以了解他们的文化。海达人重视环境保护，他们正致力于保护最壮观古老的雨林的最后部分，那儿有世界上最大的云杉和雪松。在这个人口稀少、荒野和多雨的地方，可以看到秃鹰、熊和更多的野生动植物。海岸上有很多海狮和逆戟鲸。最近十几年在夏日远离夏洛特的地方可以看到第一小群蓝鲸。

那些花时间了解群岛的诱人之处，它们的文化和它们的民族的人，会得到回报。可以在此待得久一些。这里的第一胜地是偏僻的Gwaii Haanas 国家公园保护区(Gwaii Haanas National

动物传说

正如我们所知道的，尽管西北海岸的多数原住民缺乏正式可写历史，但是在此通过诸如图腾柱(totem poles)这样的艺术创作品栩栩如生地体现着数百年的传统。

用雪松树干雕刻而成图腾柱见证了家族世系，与英国某个家族头盔上的头饰可以反映某个群体或家族一样，尽管图腾柱更是描写整个祖先的历史古壁画。

除非你是专家，否则要解释图腾柱的意思并不容易。但是你可以通过寻找对描述很关键的创造物开始。试试下面这些。

黑熊 作为一个保护者、护卫者以及人类和动物之间精神上的联系。
海狸 象征着勤劳、智慧和坚决的独立。
鹰 意味着智慧和权力。
青蛙 代表适应性，在自然和超自然世界中都有能力生存。
蜂雀(Hummingbird)寓意爱、美丽和与自然一致。
杀人鲸(Killer whale)象征着高贵和力量(经常被描述为伟大领导的赋予新肉体的精神)。
大乌鸦(Raven)意味着有害和狡猾。
鲑鱼 代表可靠的生计、寿命和坚定不移。
鲨鱼 寓意不祥和难耐的孤独。
雷鸟(Thunderbird)象征骄傲祖先的智慧。

两个既能看到图腾柱又能学习到更多的相当不错的地方是位于Skidegate的Qay'llnagaay海达遗址中心(Haida Heritage Centre，见752页)和位于鲁珀特王子的北不列颠哥伦比亚博物馆(Museum of Northern BC，见748页)。

Park Reserve)，囊括了群岛至少三分之一的岛屿。《国家地理旅行者》(*National Geographic Traveler*) 将其评选为"美丽和完整的"顶级公园，它是海达 (Haida) 文化的迷失世界，拥有极好的自然美景。

方位

夏洛特皇后群岛的形状像把匕首，它有154座岛屿，躺在不列颠哥伦比亚海岸西面80公里的海上，离阿拉斯加的南端50公里。大陆轮渡在格雷厄姆岛(Graham Island)上的Skidegate码头靠岸，这是座主要岛屿，从人口(占群岛人口80%)和商业上来说均是如此。主要城市是夏洛特皇后市(Queen Charlotte City，简称[QCC])，离Skidegate大约7公里。格雷厄姆岛的主要道路是Hwy 16公路，已全部铺砌。这条公路将Skidegate和北部101公里以外的Masset连接起来，经过小镇Tlell和Clements 堡(Port Clements)。

从Skidegate码头起航的一艘渡船，将格雷厄姆岛和南边的莫斯比岛(Moresby Island)连接起来。机场在莫斯比岛上的Sandspit，离Aliford 湾(Aliford Bay)的轮渡码头东面12公里。到Gwaii Haanas国家公园(Gwaii Haanas National Park)的唯一办法是坐船或水上飞机，该公园保护区覆盖了莫斯比岛的南部。

实用信息

夏洛特皇后游客中心 (☎ 250-559-8316; www.qcinfo.ca; 3220 Wharf St; ⌚5月到9月8am～正午，4～9pm，10月到次年4月周二至周六9am～5pm) 很便利，尽管最近受到礼品的影响。拿一份免费的《艺术路线》(*Art Route*)，是一本40多个摄影场和美术馆的参观指南。

在Masset地区，**游客中心** (☎ 250-626-3982; 1450 Christie St; ⌚6月到8月10am～4pm) 靠近城镇南门处。

从网上下载或买一本每年一版的《夏洛特皇后群岛指南》(*Guide to the Queen Charlotte Islands*; www.queencharlotteislandsguide.com)。获取详细信息，可以登录 www.haidagwaiitourism.ca。

夏洛特皇后群岛和 Masset 都有商店和服务机构。**西北海岸图书** (Northwest Coast Books; ☎ 250-559-4681; 3205 Hwy 3rd Ave, QCC; ⌚周一至周五 10am～4pm) 有当地相当不错的书。

景点和活动

GWAII HAANAS国家公园保护区和海达历史遗址 (GWAII HAANAS NATIONAL PARK RESERVE & HAIDA HERITAGE SITE)

这座巨大的联合国教科文组织历史遗址包括夏洛特皇后群岛南端的莫斯比岛 (Moresby) 和137个更小一些的岛屿。它是一个时间匣子，在里面你可以看到遗弃的海达乡村、温泉、令人赞不绝口的自然美以及大陆最好的爱斯基摩划子中的一些。

考古发现证明了这里曾有500多个古代海达民族遗址，包括遍布岛屿的村庄和墓穴。最著名的是安东尼岛 (Anthony Island) 上的 **SGaang Gwaii 村** (**Ninstints**)，在那里，成排饱经风霜的图腾柱怪诞地瞪视着海面。其他主要景点包括路易斯岛 (Louise Island) 上的古老村庄 **Skedans**，还有**温泉岛** (Hotspring Island)，春天你可以浸泡在这里刺骨寒冷的水中。Haida Gwaii 的巡夜人守护着这些古老的遗址，他们夏天在岛上居住。

到达公园的唯一办法就是坐船或飞机。游览一次需要提前做好很多计划，通常也需要待上几天。5月到9月，你必须预订，除非你参加团队游。

联系加拿大公园管理处(Parks Canada)的**Gwaii Haanas办公室** (Gwaii Haanas office; ☎ 250-559-8818; www.pc.gc.ca/gwaiihaanas/; Haida Heritage Centre at Qay'llnagaay, Skidegate; ⌚周一至周五8am～正午和1～4:30pm)，询问一些问题。网站有一年一度的旅游计划精华链接。过去3年没有参观过该公园的任何人都必须在公园办公室参加90分钟的免费情况介绍(所有的旅行者必须注册)。预约时，一定要确定时间。

每天进入公园的**预订** (☎ 250-387-1642, 800-435-5622; 每人 $15) 人数是有限的：提前计划好。此外，收取用户费(成人/儿童每晚$20/10)。如果你有加拿大公园季度游览证(Parks Canada Season Excursion Pass)，晚上的票价会有变动。每天有六个需求激烈的备用营地：电话联系加拿大公园。

进公园最容易的办法是参加旅行团。加拿大公园会向你提供旅行社信息；团队游持续1天到2周。许多人可以乘坐租用皮船(平均每天/每周 $60/275)，这比较适合自助游。

Moresby Explorers 公司 (☎ 250-637-2215, 800-806-7633; www.moresbyexplorers.com) 总部在 Sandspit。提供起价为 $165 的一日游，也有更长时间的旅游。提供爱斯基摩划子和相关设备租用服务。

位于夏洛特皇后群岛的**夏洛特皇后历险** (Queen Charlotte Adventures; ☎ 250-559-8990, 800-668-4288; www.queencharlotteadventures.com) 提供船只和爱斯基摩划子的一日到十日游。有去往偏僻南方的爱斯基摩划子游，为期6天，收费 $1600。

海达遗址中心 (HAIDA HERITAGE CENTRE AT QAY'LLNAGAAY)

北部最顶尖的景点之一是不可思议的**海达**

遗址中心（☎250-559-7885；www.haidaheritagecentre.com；Skidegate；成人/儿童 $12/5 ⏲6月到8月周一至周五10am～6pm，周六和周日10～5pm，10月到次年4月周日和周一休息）。这个中心就足以成为你参观该岛的理由。在美术馆、节目和工作区域，海达丰富的传统得以充分展示，当代艺术家们创造了诸如矗立在海岸上的图腾柱这样的新作品。

精灵湖小路(SPIRIT LAKE TRAIL)

在博物馆附近，这条诱人的3公里环行**小路**要走1个半小时，它蜿蜒进人丘陵地带，环绕着两个成双成对的小湖泊。鸟儿很多，还有许多铁杉、西特喀杉和雪松。是对这些群岛生态环境的很好介绍。

耶洛海德公路(YELLOWHEAD HIGHWAY)

耶洛海德公路（Yellowhead Hwy，Hwy 16 公路）在夏洛特皇后群岛（Queen Charlotte）的部分从夏洛特皇后群岛往北经过Skidegate、Tlell和Clements堡（Port Clements）。在Clements堡，Yakoun湖（Yakoun River）湖岸上那棵著名的金色云杉在1997年被一个疯狂砍伐森林的人给砍掉了。在John Vaillant创作的畅销图书《金色云杉》(*The Golden Spruce*)中，对这些事件作了详细介绍，那是已出版的关于岛屿和海达文化最好的图书之一。

沿路前往Masset，寻找小的海滨地区、稀奇古怪的小店和时髦的咖啡馆，这些都是岛屿的特征。

内库翁省级公园(NAIKOON PROVINCIAL PARK)

岛的大部分东北边地区是72 640公顷的**内库翁省级公园**（Naikoon Provincial Park；☎250-626-5115；www.env.gov.bc.ca/bcparks），里面有沙丘和泥炭藓低洼地，四周环绕着矮小多瘤的黑松和红色、黄色的雪松。北海岸的这片**海滩**狂风强劲、惊涛拍岸，还有从太平洋上漂来的残骸或货物。可以经过26公里长的Tow Hill Rd路到达，在Masset以东。一条21公里长的环路使得旅行者可以在公园和路尽头的横笛海滩（Fife Beach）之间往来。

住宿

在格雷厄姆岛多数情况下可以找到小旅馆和B&B旅馆。沿着引人入胜的海岸向前，在夏洛特皇后市和Masset有很多选择。内库翁省级公园(Naikoon Provincial Park，见上文)有两个**宿营地**（宿营地$14），包括荒废的玛瑙海滩(Agate Beach)上被风吹扫过的一个，位于Masset以东23公里。

Premier Creek Lodging 小屋（☎250-559-8415，888-322-3388；www.qcislands.net/premier；3101 3rd Ave，QCC；宿 $23，房 $35～90；wi-fi）追溯至1910年，这个友好的住所在宿舍建筑楼有八张床位，在主要区域有14个房间，有从适合单身居住的小房间到可以观景的宽敞大房间。

Hecate Inn 旅店（☎250-559-4543；www.qcislands.net/hecateinn；321 3rd Ave，QCC；房 $80～120；💻）被花团包围着，这儿的16个房间有高速上网端口，绝对井然有序。

Alaska View Lodge小屋（☎250-626-3333，800-661-0019；www.alaskaviewlodge.ca；Tow Hill Rd；房$70～120）坐落在Masset以东12公里浮木覆盖的海滩上，四个舒适的房间是非常不错的落脚之处。

Copper Beech House 旅馆（☎250-626-5441；www.copperbeechhouse.com；1590 Delkatla Rd，Masset；房$75～150）大卫·菲利普斯(David Phillips)在Masset港口杂乱无章的老房屋上创建了这家带有传奇色彩的B&B旅馆。有三个相当独特的房间，厨房中总有一些令人诧异的烹饪食品提供。

餐饮

最好的餐厅集中在夏洛特皇后市（简称QCC)，尽管Skidegate、Tlell和海达也有几家不错的餐厅。到游客中心打听一下海达的特色菜肴，你将会品尝到你能吃到的最好的鲑鱼和蓝莓。

Queen B's 餐馆（☎250-559-4463；3201 Wharf St，QCC；主菜 $7～15；⏲周一至周四和周六 9am～5pm，周五 9am～9pm，周日 10am～4pm）选择你喜欢的景致：外面的餐桌可以俯瞰清澈的水景，而里面的餐桌可以观赏许多当地的艺术品。加入熙熙攘攘的预订队伍，从有机菜单中选择。每周会举行一次宴会来庆贺当地饮食。

Sip's俱乐部（☎250-559-4733；3201 Wharf St，

什么……

前往月球上旅游。从特勒斯（Terrace）径直向北80公里，到达奇异的**省级尼斯加火山岩纪念公园**（Nisga'a Memorial Lava Bed Provincial Park；☎250-798-2277；www.env.gov.bc.ca/bcparks；⏲5月中到10月），那儿有一个250年之久的巨大熔岩流层，曾使当地2000位尼斯加人丧生。几个短途小道将带你穿过奇异的风景。从这儿，可以走长达51公里的伐木路线，那是前往斯图尔特—卡西亚公路（Stewart-Cassiar Hwy，Hwy 37 公路）在干燥天气的好捷径。二者在路标为"Cranberry交叉点"（Cranberry Junction）的地方相接。

QCC；周二至周六5~10pm）以前的加拿大军团(Canadian Legion)建筑如今已经变成一个漂亮的小处所，提供特色马提尼酒(martinis)、现场民间音乐和可观风景的露台。

Haida Rose咖啡馆（☎250-626-3310；415 Frog St, Old Masset；10am~5pm；）这家海达人经营的咖啡馆庆祝海达文化，并有自制的特色午餐。

到达和离开

不列颠哥伦比亚渡运公司从鲁珀特王子(Prince Rupert)到岛屿上的这条路线是最受欢迎的。

飞机

夏洛特皇后群岛(简称QCI)的主要机场是格雷厄姆岛上的**沙嘴机场**（Sandspit，代码YZP；☎250-559-0052）。**Masset**（代码YMT；☎250-626-3995）也有一个小型机场。

加拿大爵士航空公司（Air Canada Jazz；☎888-247-2262；www.aircanada.com）每天都有往返于沙嘴和温哥华的航班。**太平洋海岸航空公司**（Pacific Coastal Airlines；☎800-663-2872；www.pacific-coastal.com）每周有几次往返于Masset和温哥华的航班。**北太平洋水上飞机**（North Pacific Seaplanes；☎800-689-4234；www.northpacificseaplanes.com；单程 $165起）有往返于鲁珀特王子和Masset、夏洛特皇后城以及水上飞机能停靠的其他一些地方的航班。

注意从格雷厄姆岛到飞机场很耗时：如果你的航班是下午3点30分，需要中午12点30分在Skidegate码头车辆渡船处排队等候。

渡船

不列颠哥伦比亚渡运（BC Ferries；☎250-386-3431；www.bcferries.com）在鲁珀特王子(Prince Rupert)和Skidegate码头之间通航(成人/儿童$32/18，汽车/船舱$117/55起，7小时)，夏天一周6班，冬天一周3班。

四处走走

Hwy 16公路对面，很多道路都是碎石路或者更为糟糕。如果你想驾车穿过很多森林小路，联系**Western Forest Products**（☎250-557-6810；周一至周五 6:30am~5:30pm）了解路况。

不列颠哥伦比亚渡运有连接 Skidegate 码头和 Alliford 湾两个主要岛屿的小汽车轮渡（成人/儿童 $7/4，小汽车 $17 起，20 分钟，从早 7 点到晚 10 点每小时 1 班）。

猎鹰运输（Eagle Transit；☎877-747-4461；www.qcislands.net/eagle）提供航班和轮渡。从机场到夏洛特皇后市的费用是$15。

租车的花费跟自己利用渡运把车带过来的费用差不多。**经济租车**（Budget；☎250-637-5688；www.budget.com）在机场和夏洛特皇后市都有。**乡村租车**（Rustic Car Rentals；☎250-559-4641，877-559-4641；citires@qcislands.net；605 Hwy 33，QCC）每天收费$40，外加每公里$0.20。

鲁珀特王子到乔治王子 (PRINCE RUPERT TO PRINCE GEORGE)

你能够在一天或一周内沿 Hwy 16 公路在不列颠哥伦比亚省的几个王子之间行驶 725 公里。这儿没有什么绝对必须看的地方，但如果你愿意，也有许多可以让你停留的地方。沿途的许多风景（其中著名的一个景点除外）不足以给你留下深刻的印象，但山脉和河水足以让你觉得很开心了。

从第一个 150 公里开始，Hwy 16 公路拥抱着宽阔而荒芜的 Skeena 河。这是一个四星级风景游览区，你将可以看到河对岸的冰河和锯齿状的山峰。然而，相信任何人都不会认为在其末端的破旧的**特勒斯**是对你的奖励。

Hwy 16 公路从特勒斯继续往东到 Kitwanga 延伸 93 公里，在那里**斯图尔特—卡西亚公路**(Stewart-Cassiar Hwy，Hwy 37 公路）向北去育空 (Yukon) 和阿拉斯加 (Alaska)。

就在 Kitwanga 东面，你可以到**黑泽尔顿**(Hazelton) 地区（由新黑泽尔顿 [New Hazelton]、黑泽尔顿 [Hazelton] 和南黑泽尔顿 [South Hazelton] 组成]，这里集中了一些有趣的原住民遗址，包括 **Ksan 历史村落和博物馆**（Ksan Historical Village & Museum；☎250-842-5544；www.ksan.org；门票 $2；4 月到 9 月 9am ~ 5pm，10 月到次年 3 月周一至周五 9:30am ~ 4:30pm）。这个重建的吉卡散 (Gitksan) 民族村落里有长屋、一个博物馆、多个外屋和图腾柱。

再开70公里你就可以到达**史密瑟斯**(Smithers)，这是稍大一些的城镇，有比较老的市中心。**游客中心**（☎250-847-5072，800-542-6673；www.tourismsmithers.com；1411 Court St；5月到9月 9am~6pm，10月到次年4月周一至周五9am~5pm）可以帮助你体验很棒的山地骑车、激流筏子漂流和爬山。**巴宾山省级公园**（Babine Mountains Provincial Park；☎250-847-7329；www.env.gov.bc.ca/bcparks；偏远地宿营地 每人 $5）附近可以找到不错的徒步小路，这个公园占地32 400公顷，有几条小路通往冰川形成的湖泊和亚高山地带的草原。

Smithers Guesthouse旅馆（☎250-847-4862；www.smithersguesthouse.com；1766 Main St；房 $41~60；wi-fi）紧挨中心。房间比较一般，但服务相当不错，给人一种很温暖的感觉。在几个不错

的餐厅中，**Ironhorse Café & Bar小餐馆和酒吧**（☎250-877-7870；3700 Railway Ave；主菜 $7～15；⏰9am～9pm；wi-fi）在古老的火车站内外提供美味咖啡和饭菜。

史密瑟斯以南和以西，行驶146公里后，你将经过最热门的垂钓区**伯恩斯莱克**(Burns Lake)。再继续走128公里后，你到达了**宛得霍夫**(Vanderhof)，Hwy 27公路向北66公里到达**圣詹姆斯堡国家历史遗址**（Fort St James National Historic Site；☎250-996-7191；成人/儿童 $7/3.50；⏰5月到9月9am～5pm），它是哈得孙湾公司(Hudson's Bay Company)以前的一个贸易站，位于Stuart 湖(Stuart Lake)宁静的东南湖岸，现已被重新修复来纪念它1896年的荣耀。从宛得霍夫开始，到达乔治王子(Prince George)的100公里道路平凡无趣。

乔治王子(PRINCE GEORGE)

树木——死亡的树木——是乔治王子 (Prince George) 的所有。自从 1807 年作为一个伐木城镇兴起，它就作为不列颠哥伦比亚省一个重要的十字路，不通过至少一次你不可能参观北部。为此目的，它有二十多个汽车旅馆和相关服务。市中心，没有选美的冬天，简洁和有一些不错的餐厅。仍然，你将会目不暇接，享用美味食物并继续开始旅行。

注意该地区有许多树木，甚至在伐木工人到来之前就已经死亡的树木。山间满是这些明亮的红色样本，它们是山松甲虫 (mountain pine beetles) 的牺牲品，这种昆虫的快速繁殖与全球气候变暖导致相对温湿的冬天有关。

方位

从南边开始，Hwy 97 公路穿过城市中心，一直往北去道森克里克 (Dawson Creek，360 公里) 和阿拉斯加公路 (Alaska Hwy)。Hwy 16 公路在经过城市的时候变成 Victoria St 街，然后向西去鲁珀特王子 (Prince Rupert，724 公里)，向东去贾斯珀 (Jasper，380 公里) 和埃德蒙顿 (Edmonton)。市区很小。Victoria St 街是主路，被东西向的 2nd Ave 大道、3rd Ave 大道和 4th Ave 大道所横穿。

实用信息

书店和公司（Books & Company；☎250-563-6637；1685 3rd Ave；⏰周一、周三和周六 8am～6pm，周四 8am～9pm，周五 8am～10pm，周日 10am～5pm；wi-fi）所选的书都不错，有很好的咖啡馆。

乔治王子图书馆（Prince George Library；Bob Harkins Branch；☎250-563-9251；887 Dominion St，Civic Centre；⏰9月到次年5月周一至周四10am～9pm，周五和周六10am～5:30pm，周日1～5pm）1小时免费上网。

游客中心车站（☎250-562-3700，800-668-7646；www.tourismpg.com；VIA Rail Station，1300 1st Ave；⏰5 月到 9 月 8am～8pm，10 月到次年 4 月 8:30am～5pm）；分支（☎250-563-5493；Hwy 97 & Hwy 16；⏰5 月到 8 月 8am～8pm）在火车站的办事处很不错，可以预订渡轮票等。上网每 30 分钟收费 $3.50。

景点

探索广场（Exploration Place；☎250-562-1612；Fort George Park；成人/儿童 $9/6；⏰6 月到 8 月 10am～5pm，9 月到次年 5 月周三至周日 10am～5pm）在市区东南（沿 Gorse St 街东面的 20th Ave 大道走），有孩子喜欢的科学馆，外加自然和文化历史馆。

棉白杨岛自然公园(Cottonwood Island Nature Park)沿河边有步行道，内有小型的**乔治王子铁路和林业博物馆**（Prince George Railway & Forest Industry Museum；☎250-563-7351；850 River Rd；成人/儿童

当地人的声音

希拉里·克劳力(Hilary Crowly)，不列颠哥伦比亚北部居住时间最长的居民、理疗医师、猎人和国会绿党(Green Party)候选人

许多人都认为乔治王子很遥远，但实际上靠近不列颠哥伦比亚省的地理中心。主要工业是伐木搬运业，但是伐木行业已经被松树甲虫所毁坏。樵夫正在尽可能快地砍掉那些死树，但是伐木工业陷入了困境。这儿的许多小城镇也建立在伐木业的基础上；一些东西可能消逝，矿业可能代替伐木搬运业，但会破坏环境，这就是自相矛盾：我们需要钱，需要钱来建学校和医疗保险。

户外运动是我们真正的乐趣。我们几乎可以一天滑雪、划船和徒步旅行。仅仅就在前几天我们在远处看到了一只大狼，还听到远处传来母牛驼鹿低沉的哀叫声。

如果你有自给自足的能力，这是一个生活的好地方。一年一只驼鹿，加上鲑鱼和白鲑就够我们一年的吃喝。在短暂的生长期我们采摘，但是挑战来了：我们在夏天看到大母猪和几只幼崽经常在我们的苹果树周围徘徊。我们得与时间赛跑，要在熊光临前摘掉所有的苹果。

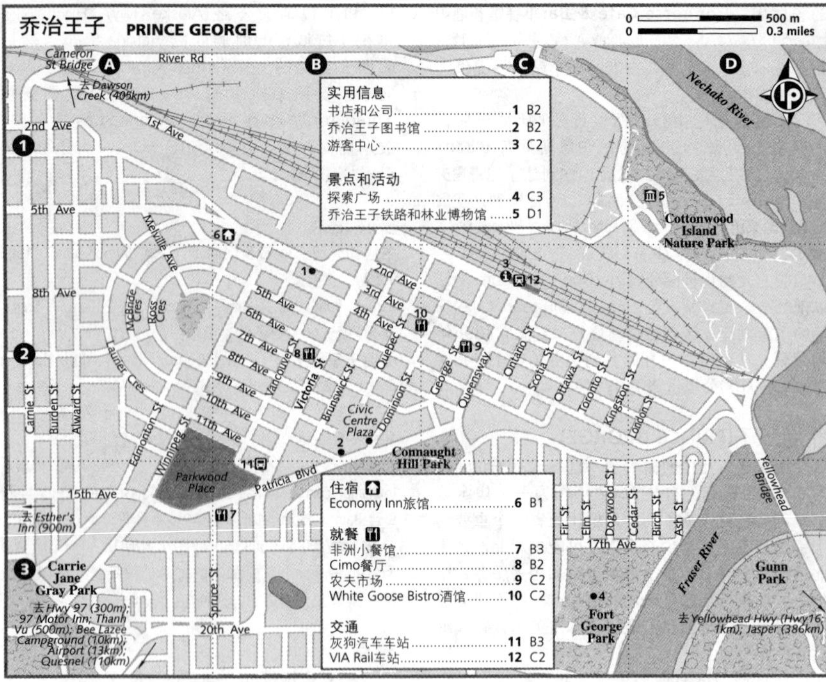

$6/5；5月中到10月中10am～5:30pm），有花车、海狸和当地传说。要想主动了解情况，拿份《乔治王子游》(*Exploring Prince George*)，这本不错的指南介绍了当地的铁路等信息。

住宿

市中心的几家汽车旅馆还不错，但不推荐火车站附近的汽车旅馆。Hwy 97 公路或中央大街(Central St)在中心附近形成一个拱形，在那儿你可以看到很多家汽车旅馆。

住宿加早餐热线（Bed & Breakfast Hotline；☎250-562-2222，877-562-2626；www.princegeorgebnb.com）可以安排预订你能接受的价格范围内的B&B旅馆($50到$100起)。该协会也提供从火车站或汽车站的交通服务。

Bee Lazee Campground宿营地（☎250-963-7263，866-679-6699；www.beelazee.ca；159 10 Hwy 97S；宿营地 $15～23；5月到9月）在城南10公里，以娱乐车为中心，有所有设施，包括免费的热淋浴、一个游泳池和一个洗衣房。

97 Motor Inn 汽车旅馆（☎250-562-6010；2713 Spruce St；房 $60～70；wi-fi）没有必要猜测，这个地方在Hwy 97 公路上，与Hwy 16 公路连接。19个房间都提供免费的wi-fi服务，一些房间有阳台或厨房。

Economy Inn旅店（☎250-563-7106，888-566-6333；www.economyinn.ca；1550 1915 3rd Ave；房 $60～70；wi-fi）靠近市中心，这家简朴的蓝白相间的汽车旅馆有30间干净的房间和一个旋涡按摩池。省点儿钱，可以在街对面的Dairy Queen喝一杯。

Esther's Inn旅店（☎250-562-4131，800-663-6844；www.esthersinn.com；1151 Commercial Cres；房 $60～100）你在找海洋情调？人造的波希米亚主题在120个房间中贯穿着。在三个极可意浴缸中暖暖身子。

餐饮

Thanh Vu 餐馆（☎250-564-2255；1778 Hwy 97 S；主菜 $8～15；11am～9pm）当地人最喜欢的餐厅，位于Hwy 97 公路出口处。那儿的越南菜很地道，很美味——它比你将要在更大的温哥华品尝到的亚洲美食更好。

非洲小餐馆（Africa Café；☎250-561-1212；1645 15th Ave；主菜 $6～12；11am～9pm）谁能

想到在PG会有非洲风格的咖啡馆呢？在这个愉快的店铺中可以品尝萨莫萨三角饺(samosas)、焖肉(stews)、油炸木薯(fried cassava)和更多的美食。

White Goose Bistro酒馆（☎250-561-1002；1205 3rd Ave；主菜 $8～25；⏰11:30～10pm）相当不错的小酒馆，恰好处于市中心的角落处。临时大陆式费用包括午餐。在晚上，会提供烤羊(roast lamb)和用龙虾包的馄饨(ravioli)这样的美食。

我们的选择 **Cimo餐厅**（☎250-564-7975；601 Victoria St；正餐 $10～25；⏰周一至周五正午～2pm，周一至周四5～10pm，周五和周六到11pm，）在这儿的许多晚上都可以观赏到现场爵士乐表演。在流行的室内或外面的院子中享受美味的地中海美食。也可以畅饮几杯美酒。

乔治王子的**农夫市场**（George St 和 3rd Ave 拐角；⏰5 月到 9 月 周六 8:30am ～ 2pm）是品尝当地食品和产品很不错的地方。

到达和离开

乔治王子机场（Prince George airport，代码 YXS；☎250-963-2400；www.pgair port.ca）在 Hwy 97 公路对面机场路上。**加拿大爵士航空公司**（www.aircanada.com）飞往卡尔加里和温哥华；**西捷航空公司**（www.westjet.com）飞往温哥华。

加拿大灰狗运输公司（☎800-661-8747；www.greyhound.ca；1566 12th Ave）往西至鲁珀特王子(Prince Rupert，$107，11小时，一天1班)，往东北方向至道森克里克($71，6小时，一天2班)，往东至贾斯珀(Jasper，$64，5小时，一天2班)，通过Hwy 97公路往南至温哥华 ($116，12小时，一天3班)。

VIA Rail（1300 1st Ave）的 Skeena 号列车一周 3 次往西前往鲁珀特王子（12 个半小时），往东一周 3 次前往贾斯珀（7 个半小时）和更往东处。直达旅行者必须在乔治王子过夜。

四处走走

乔治王子运输（Prince George Transit；☎250-563-0011；www.busonline.ca；fare $2）运营当地公共汽车。主要的汽车租赁代理在机场都有办公室。如需要出租车，可联系**乔治王子出租车公司**（Prince George Taxi；☎250-564-4444）。

乔治王子到艾伯塔 (PRINCE GEORGE TO ALBERTA)

一条平淡乏味的 380 公里长的 Hwy 16 公路将乔治王子和刚过了艾伯塔边界的贾斯珀连接起来。这条路上唯一一个景点就是与之接壤的贾斯珀国家公园 (Jasper National Park)，不过这公园在不列颠哥伦比亚这一边。**罗布森山省级公园**（Mt

值得一游：斯图尔特和海德

了不起。是的，它几乎就是一个自动的陈词滥调，但当你凝视**萨蒙冰川**(Salmon Glacier)时，你将会理解为什么它首先被这么命名。冰川海平线的不断上涨使Hwy 37公路绕道而行达67公里；转折点在梅孜阿丁交叉口(Meziadin Junction)以北158公里。实际上，当你遇到大熊冰川 (Bear Glacier)闪光的蓝色宽阔地带时，它赫然耸立在进城的路上，你会第一次证实人们所说。

斯图尔特、**不列颠哥伦比亚省**和**海德**、**阿拉斯加**共同的边界位于 Portland 运河前海岸。斯图尔特是这两者中更商业化的一个，有**游客中心**（☎250-636-9224，888-366-5999；222 5th Ave；⏰6 月到 9 月 9am ～ 6pm，冬天 限制时间）和相当不错的休闲与就餐的地方。

Rainey Creek 宿营地（Rainey Creek Campground；☎250-636-2537；8th Ave；宿营地 $10 ～ 20）有 98 个地方性宿营地。**King Edward Hotel & Motel 旅馆和汽车旅馆**（☎250-636-2244，800-663-3126；www.kingedwardhotel.com；405 5th Ave；房 $60 ～ 100；❄ 💻wi-fi）有 65 个汽车旅馆式房间。

不管怎样，真正的明星是 **Ripley Creek Inn 旅店**（☎250-636-2344；www.ripleycreekinn.com；306 5th Ave；房 $50 ～ 120；💻wi-fi）。32 个房间用新式和旧式家具装饰得很时髦，那儿也有喝葡萄酒，举杯庆贺人的收藏品（！），有相当不错的 **Bitter Creek Café 小餐馆**。

海德作为"鬼城"(ghost town) 而存在。每年夏天约 40 000 名旅行者穿过，以避免与美国海关官员进行任何争论（虽然返回斯图尔特时，你将要穿过加拿大海关）。它有泥泞的街道和两处商业地方：**Glacier Inn 旅店**，如果你忽略适合游览的"海德化"特色和 **Seafood Express 海鲜馆**，（海德）最好吃的海鲜餐馆。

萨蒙冰川在海德远处 33 公里处，这是一段满是污泥的路，当天气干燥时，很适合行车。驾车约 3 公里，你将路过 **Fish Creek viewpoint**，夏末可以看到熊和跳跃的鲑鱼。

往北前往阿拉斯加（和育空）

从不列颠哥伦比亚省出发有三条主路向北（或向南！）。所有都是相当不错的选择，你有几条路可以创造一条通往育空（见763页），也可能通往阿拉斯加的环形路线。

阿拉斯加公路 (Alaska Highway)

既是虚构、又具有历史意义，阿拉斯加公路（见759页）始于道森城（乔治王子东北364公里），穿越不列颠哥伦比亚省东北部，到达沃森莱克 (Watson Lake，944公里)，如今卡西亚公路 (Cassiar Hwy) 已使之逊色，但仍然壮丽，即使起初的路段有些乏味。从道森克里克延伸的一段对于那些埃德蒙顿 (Edmonton) 及其东部来的旅行者来说最为方便。

斯图尔特—卡西亚公路 (Stewart-Cassiar Highway)

斯图尔特—卡西亚公路 (Stewart-Cassiar Highway，Hwy 37公路，见下文）全长700公里，从交叉点穿越鲁珀特王子以东Hwy 16公路240公里，和乔治王子以西468公里的野生景色。走辅路很容易到达斯图尔特（见下文），其周围是无与伦比的冰川。这条路线对于从不列颠哥伦比亚的大部分地区、阿拉斯加和美国西部来的旅行者也很方便。它终止于阿拉斯加公路，在育空附近的沃森莱克 (Watson Lake)。

阿拉斯加海洋公路系统 (Alaska Marine Highway System)

作者推荐

往返于鲁珀特王子和海恩斯间的单程阿拉斯加轮渡 (Alaska Ferry) 和Hwy 37公路。

Robson Provincial Park；☎250-964-2243；www.env.gov.bc.ca/bcparks；宿营地$17）有陡峭的冰川、丰富的野生动植物和偏远地徒步小路，不幸被有名的邻居所遮蔽。

斯图尔特—卡西亚公路 (STEWART–CASSIAR HIGHWAY)

就像政客的承诺，斯图尔特—卡西亚公路 (Stewart-Cassiar Hwy，Hwy 37公路）正在一年变得比一年好。但与这些承诺不同的是，它并非漏洞百出。改善了很多，这个长达700公里的道路在不列颠哥伦比亚、育空和阿拉斯加（见759页）之间一直是很受欢迎的路线。但它不仅仅是从不列颠哥伦比亚的Hwy 16公路 (Meziadin Junction) 到达育空的阿拉斯加公路 (Alaska Hwy) 的唯一途径，它是进入该省最大的遗留荒野和不太清楚部分的入口之一。也有通往斯图尔特 (Stewart) 的道路，非常值得绕道而行至冰川和更多（见上文框内文字）。

不到10%的道路是未被开发的砂砾路，适合各种交通工具。任何时候当你看到熊、驼鹿和其他大的哺乳动物时，都没什么好惊讶的。

加油站之间的间隔距离不会多于150公里，你将偶尔会发现几家旅舍和宿营地。但主要是许多地方时间不确定，有些地方仅仅在夏天开放。**斯图尔特—卡西亚旅行理事会**（Stewart-Cassiar Tourism Council；☎866-417-3737；www.stewartcassiar.com）是不错的信息来源。不列颠哥伦比亚省提供**路况信息报道**（road condition reports；☎250-771-3000，250-771-4511；www.drivebc.ca）。夏季天气比较干燥时，人们在一天之内从斯图尔特或甚至从史密瑟斯驾车前往沃森莱克 (Watson Lake)，利用夏天白天长的有利条件。但这相当辛苦，所以要做好准备。

Dease Lake湖位于梅孜阿丁交叉口以北488公里处，是最大的城镇，有全年运营的汽车旅馆、商店和服务机构。

在很多自然奇观中，从梅孜阿丁交叉口 (Meziadin Junction)北面150公里的Tatogga开始，走一条28公里长的粗糙砂砾路，可以到达**省级斯帕齐济高原荒野公园**（Spatsizi Plateau Provincial Wilderness Park；☎250-771-4591；www.env.gov.bc.ca/bcparks）。这个公园发展很不完善，也与世隔绝。小路常常标志模糊，越过未曾开发的地域。你必须经验丰富，带上充足补给，才能对付。

博亚湖省级公园（Boya Lake Provincial Park；☎250-771-4591；www.env.gov.bc.ca/bcparks；宿营地$14）离省边界不到90公里。这个安静的小公园环绕着似乎呈绿宝石色博亚湖 (Boya Lake)。你可以在湖岸宿营。

阿拉斯加公路(ALASKA HIGHWAY)

沿 Hwy 97 公路从乔治王子 (Prince George) 往北走，山峦和树林渐渐让位于和缓起伏的山丘和农田。靠近道森克里克 (Dawson Creek，360 公里)，地形就类似于艾伯塔 (Alberta) 的大草原了。没有必要在附近闲逛。

从**切特温德** (Chetwynd) 开始，你可以走风景秀丽的 Hwy 29 公路，途经 Hudson 的 Hope，进入圣约翰堡 (Fort St John) 北面的阿拉斯加公路 (Alaska Hwy)。

道森克里克(Dawson Creek)因是阿拉斯加公路的起点(Mile 0)而出名，可除了这个，就没什么别的特点了。它的住处相当多，**游客中心** (☎250-782-9595, 866-645-3022; www.tourismdawsoncreek.com; 900 Alaska Ave; ⌚5月到8月 7am～6:30pm, 9月到次年4月 周二至周六 9am～5pm) 有住宿列表。注意这个不列颠哥伦比亚的角落处一年都是山岳标准时区(Mountain Standard Time)，冬季与艾伯塔(Alberta)一样，比不列颠哥伦比亚要晚1小时，夏季时间与温哥华一样。

从道森克里克往西北走，圣约翰堡(Fort St John)是一个停靠点，可以停留，事实上，通往**纳尔逊堡**(Fort Nelson)的整个430公里都几乎没什么奇观。

纳尔逊堡的**游客中心** (☎250-774-2541; www.northernrockies.org; 5500 50th Ave N; ⌚5月到9月 8am～8pm, 10月到次年4月周一至周五 8:30am～4:30pm) 有不错的区域性信息，帮助继续驾车向前出发。城镇本身处于繁华中心，通过开采该地区丰富的石油资源而得以繁荣。这是阿拉斯加公路 (Alaska Hwy) 任何尺寸的最后一个地方——沿路的多数"城镇"甚至比一个加油站或汽车旅馆或两者加在一起还要小。

纳尔逊堡西北 140 公里左右是**石山省级公园** (Stone Mountain Provincial Park; ☎250-427-5452; www.env.gov.bc.ca/bcparks; 宿营地 $14)，有徒步小路和偏远地宿营及一个宿营地。经常可以看见公园里的驼鹿在路边悠然自在地嚼食。

再走75公里可以到达**曼乔湖省级公园**(Muncho Lake Provincial Park)，这个公园集中在翡翠绿色的同名湖边，以云杉林、巨大的起伏山峦和一些真正惊险的美景而自豪。公园里有两个湖边**宿营地** (宿营地 $14)，外加一些小屋散布在穿过公园的公路旁，其中包括**Northern Rockies Lodge小屋** (☎250-776-3481, 800-663-5269; www.northern-rockies-lodge.com; 宿营地 $35起, 房 $80～200)，它也有个饭店。

最后，**利亚德河温泉省级公园** (Liard River Hot Springs Provincial Park; ☎250-427-5452; www.env. gov.bc.ca/bcparks) 有蒸汽生态系统，可以帮助让人难以相信的 250 种植物茂盛成长 (而且，在汽车里待了很长时间后，你也可以在水中放松一下)。公园的**宿营地** (☎800-689-9025; www.discovercamping.ca; 宿营地 $17) 有 52 个营地。从这里再走 220 公里可以到沃森莱克 (Watson Lake，见 769 页) 和育空 (Yukon)。

育空地区 Yukon Territory

育空这个名字不仅生动形象，而且发人深思：冒险，遥远的北方，荒野，驼鹿。但凡听到“育空”这个名字的人都会在心头涌起一阵激动。当然，这种激动是有原因的。这里幅员辽阔、人口稀疏——大多数物种的数量远远超过了居住人口的数量——荒原上独特的庄严与美丽，只有亲身经历后才能体会到。不要奢望很快到达，并且一路都保持干净。到达此地的途中充满惊险，连这里的道路都有它们自己的学问。

历经时代变迁，岁月沧桑，迄今为止，世界上很少有地方像这里一样保持原状。几千年以来，这里的原住民还是依靠狩猎来勉强维持生活。1898 年的克伦戴科淘金时期曾经是这里人口分布的鼎盛时期，但是这一时期很短暂，而且很容易随着时间的流逝而被遗忘。

每个来到这里的旅行者，大部分时间都会在户外度过。无论是长途跋涉到克卢恩国家公园、在育空河泛舟直下，还是在北部体验北极探险，都是一次次和育空独处的经历。的确，这里的夏季很短暂，但是，就像 7 月盛开的野花，这里的夏季始终洋溢着热情的光芒。这里秋天早早就来临了，伴随着颜色的剧烈变化，所有的叶子都开始变成金黄色或者深红色。冬日里，你会切身体会到为什么来这里的人都不愿意离去。雪白孤寂的荒原上处处可以感受超凡的宁静。你也将会被生活在这片土地上的人们感动，他们在这片没有偏见的原野上尽情挥洒着他们的自由。此外，你也可以融入道森城独特的风土人情、怀特霍斯的喧哗嘈杂或者整个村落的独特风格中。这样，你便可以亲自体会育空的含义了。

亮点

- 在令人惊叹的**怀特霍斯**(Whitehorse，见 764 页)驻足一天，那里有丰富的文化。
- **克伦戴科公路**(Klondike Highway，见 774 页)上驼鹿的数量甚至超过了驶过的车辆。
- 沉醉在加拿大最最有趣的历史城市——**道森城**(Dawson City，见 777 页)之中。
- 在传奇的**育空河**(Yukon River，见 780 页)上乘船游历，体验真正的爱斯基摩划子和独木舟。
- 迷失在**汤姆斯通地区公园**(Tombstone Territorial Park，见784页)，你将会被北方固有的庄严所包围。

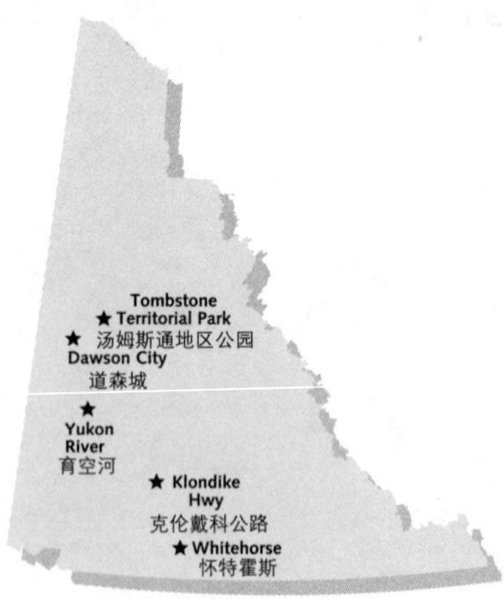

历史

据说，(依据碳测法)大约15 000到30 000年前，这里的居民以动物为食。但是，大多数人普遍认为，这些居民是横渡西伯利亚大陆桥的人们的后裔。公元800年，这里的火山喷发，几乎将育空南部化为灰烬，但很少有相关的历史记载。与美国西南部的阿它帕斯族(Athapaskan)的经历类似，也许当突如其来的火山喷发毁灭了当地的打猎和捕鱼环境后，那里的人们就离开了育空。

19世纪40年代，哈得孙湾公司(Hudson's Bay Company)的一个勘探者罗伯特·坎贝尔(Robert Campbell)是到达这个地区的第一个欧洲人。毛皮商、采矿者、捕鲸人和传教士继之而来。1870年，这个地区变成西北地区(Northwest Territories[简称NWT])的一部分。但是，到了1896年，发生了剧烈的变化，在如今的道森城(Dawson City)所在地附近的克伦戴科河(Klondike River)支流发现了黄金，育空便的的确确成为地图上的热点。接着而来的淘金热吸引了全世界各地超过4万满怀希望的人。一夜之间大小城镇如雨后春笋般冒出来，支持着那些寻求财富的无数人，他们对接下来的堕落并没有做好任何准备(见776页框内文字)。

1898年，育空成了一个独立地区，省府是道森城。1942年，随着阿拉斯加公路(Alaska Hwy，Hwy 1公路)投入建造，这个地区又开始发展起来。1953年，怀特霍斯(Whitehorse)因有铁路和公路成为新省府。采矿继续是这个地区的主要工业，其次是旅游业。

当地文化

生活在育空这片土地上的3万余人时时刻刻都把“艰辛的个人主义者”铭记在心。很难准确地描述这一类型，但是至少可以说，生活在育空地区的人们几乎人人喜欢户外生活(无论什么样的天气状况)，喜欢吃在菜单上根本找不到的肉类，有时候，他们卡车前边的挡风玻璃还会出现裂痕(由曲折不平的道路引起)。

当然，育空人的独立以其余的加拿大人的奉献为代价。每年，70%以上的全年收入额来源于联邦政府，这些资金全部被用于相对比较舒适的各项服务设施建设。比如怀特霍斯，该市的文化娱乐设施一直受到加拿大南部的人们的妒忌和羡慕。5000余人都在政府部门就职。

由于“二战”后育空地区很长时间都处于与世隔绝状态，与加拿大其他地区被迫同化的族群相比，14个原住民族群(First Nations groups)仍然保持着他们和土地的联系以及他们的传统文化。他们处处可见，即使是在比较孤僻的地方例如旧克罗(Old Crow)，几个世纪以来，那里仍然保持着原始的生活习俗。因此，听到长者们用各种各样的原住方言交流也不足为奇。

有无光线在当地生活中意义重大。大部分当地人习惯了白昼的光线变化，但是有些人还是不习惯。每年你都可以听到，在当地生活了很久的居民或新来者会有一天(通常是在2月)突然宣布自己受够了这里的生活，然后迁移到南部过好一点的生活。

育空概况

人口 32 000

面积 483 450平方公里

首府 怀特霍斯

昵称 午夜阳光之地

出生的名人 作家皮埃尔·伯顿(Pierre Burton，1920～2004年)、金矿发现者Keish，又名Skookum Jim(1855～1916年)、阿拉斯加高速公路(1942年)以及杰克·伦敦小说(1906年)中的人物White Fang的诞生地。

特产 这儿是诗人罗伯特·瑟维斯(Robert Service)的故乡，他的作品，比如*The Shooting of Dan McGrew*和*The Cremation of Sam McGee*，记载了育空的永恒；68 000头驼鹿。

最多的两栖动物 这里遍地可以找到树蛙，在原住民传说中，这种动物被认为是巫医。

国土和气候

育空地区的土地看上去似乎很不平整。和西北地区至东部的广阔平原不同，育空地区由一系列山脉组成，而这些山脉之间又夹杂着宽阔的峡谷。两大主要人口密集城市怀特霍斯和道森城就是被标志性的育空河所分隔。真正的奇观出现在育空地区的东南部，在那里圣埃利亚斯山脉(St Elias Mountains)跨越了整个地区。加拿大五座最高的山脉都坐落于此，是世界上北极圈下最大的冰原，所有这些景观都在克卢恩国家公园(Kluane National Park，见771页)。

6月到8月是夏天，短暂但温暖，甚至还有点热，有时有雷雨。许多地方只在5月至9月开放，因为除了这些月份，旅行者很少，冬天漫长、黑暗、寒冷，大部分夏季居民前往南方去了。

在怀特霍斯，6月里每天平均日照19个小时，而1月只有6个小时。

公园和野生生物

育空地区有一个主要的联合国教科文遗址。克卢恩国家公园(Kluane National Park，见771页)

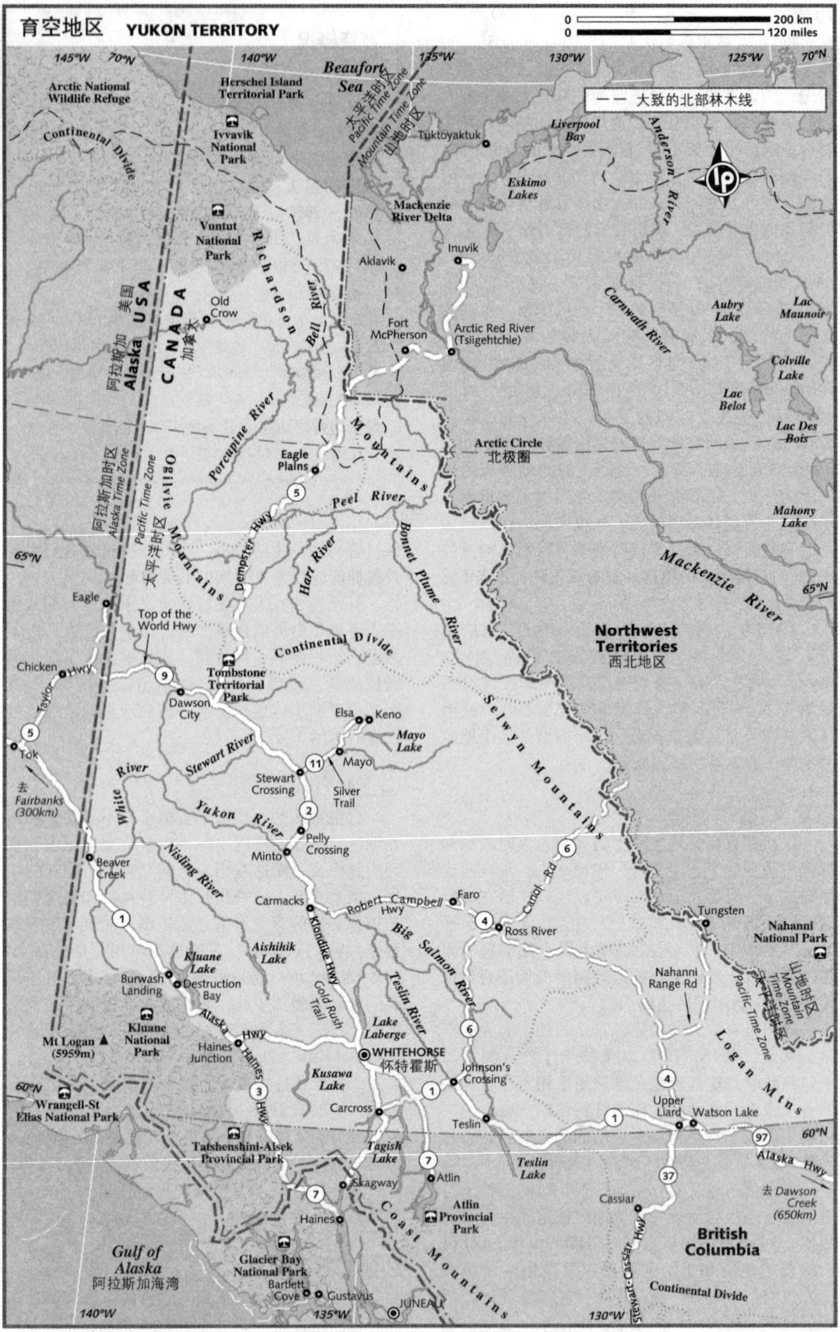

育空地区 YUKON TERRITORY
0 200 km
0 120 miles
大致的北部林木线
Beaufort Sea
Arctic National Wildlife Refuge
Herschel Island Territorial Park
Ivvavik National Park
Vuntut National Park
Continental Divide
太平洋时区 Pacific Time Zone
山地时区 Mountain Time Zone
Tuktoyaktuk
Liverpool Bay
Eskimo Lakes
Anderson River
Mackenzie River Delta
Inuvik
Aklavik
Richardson Mountains
Bell River
Old Crow
阿拉斯加 Alaska
美国 USA
加拿大 CANADA
Fort McPherson
Arctic Red River (Tsiigehtchie)
Carnwath River
Aubry Lake
Lac Maunoir
Colville Lake
Lac Belot
Lac Des Bois
Arctic Circle 北极圈
Porcupine River
Eagle Plains
阿拉斯加时区 Alaska Time Zone
Ogilvie Mountains
Mountains
Peel River
Dempster Hwy
Hart River
Bonnet Plume River
Mahony Lake
Mackenzie River
65°N
Eagle
Top of the World Hwy
Northwest Territories 西北地区
Chicken
Taylor Hwy
Tombstone Territorial Park
Dawson City
Elsa
Keno
Mayo Lake
Selwyn Mountains
Tok
去 Fairbanks (300km)
White River
Stewart River
Stewart Crossing
Mayo
Silver Trail
Yukon River
Pelly Crossing
Minto
Beaver Creek
Nisling River
Canol Rd
Carmacks
Robert Campbell Hwy
Faro
Tungsten
Klondike Hwy
Big Salmon River
Ross River
Nahanni National Park
Aishihik Lake
Kluane Lake
Burwash Landing
Destruction Bay
Gold Rush Trail
Teslin River
Nahanni Range Rd
Alaska Hwy
Kluane National Park
Mt Logan (5959m)
Haines Junction
Haines Hwy
Lake Laberge
WHITEHORSE 怀特霍斯
Johnson's Crossing
Logan Mtns
Kusawa Lake
Upper Liard
Watson Lake
60°N
Wrangell-St Elias National Park
Carcross
Teslin
Tatshenshini-Alsek Provincial Park
Tagish Lake
Teslin Lake
Atlin
Skagway
Cassiar
去 Dawson Creek (650km)
Atlin Provincial Park
Coast Mountains
Haines
Gulf of Alaska 阿拉斯加海湾
Glacier Bay National Park
Stewart-Cassiar Hwy
British Columbia
Bartlett Cove
Gustavus
JUNEAU
Continental Divide
145°W
140°W
135°W
130°W
125°W
70°N

育空地区旅行线路

四日游

在这片土地上短途旅行。从**阿拉斯加公路**（见769页）或者**海恩斯（阿拉斯加）**（见773页）进入，然后从其他地方出去。途中在**怀特霍斯**（见764页）停留一整天，汲取这座惊人的北方都市的文化气息。绕过**卡克罗斯**（Carcross，见776页），它是克伦戴科淘金热时代的小镇。一定不要错过在**海恩斯章克申**（Haines Junction，见790页）驻足，那里无数的日间徒步旅行者将会把你带进被列入联合国教科文组织景点的**克卢恩国家公园**（见771页）。

七日游

育空很适合开车兜风。从**阿拉斯加**的**斯卡圭**（Skagway，见774页）开始，你便可以很快逃离当天结束旅程的旅行者们，进入杰克·伦敦笔下的崎岖地区。沿着**克伦戴科公路**（见774页）可以到达充满活力的**怀特霍斯**（见764页），从这里顺着正北方向行驶，便可以到达**道森城**（见777页）。在这座国家公园景点至少应该停留2天，偶尔可以迂回进入淘金热点地区，并体会那时的一切。跟随**世界之巅公路**（Top of the World Hwy，Hwy 9公路）穿过山顶来到阿拉斯加边境，并沿美国边境进入育空地区的阿拉斯加公路，经过**比弗克里克**（见772页）。在**海恩斯章克申**（Haines Junction，见770页）向南转，体验**海恩斯公路**（见773页）175公里路程中的几种风景变化，然后在**阿拉斯加（海恩斯）**（见773页）结束行程。

原始而可怕，安然坐落于育空境内，不列颠哥伦比亚(British Columbia [简称BC])的Tatshenshini-Alsek省立公园(Tatshenshini-Alsek Provincial Park)与之毗连。而和阿拉斯加相连的是冰川湾国家公园(Glacier Bay National Parks)和Wrangell-St Elias国家公园(Wrangell-St Elias National Park)。

育空地区有四个地区公园(www.yukonparks.ca)，但这个地区的许多地方本身就像公园一样，到处都有政府管理的宿营地。汤姆斯通地区公园(Tombstone Territorial Park，见784页)虽然遥远，但可以通过丹普斯特公路(Dempster Hwy)抵达。在那里，你可以欣赏冻土带上美丽的地平线风景和壮丽的辽阔山脉。

在短暂的夏季，徒步旅行和泛独木舟很常见；不过，在漫长的冬日里几乎每个人都有一套滑雪板。

实用信息

育空每个入口都有卓越的游客信息服务中心（简称VIC）：比弗克里克(Beaver Creek)、卡克罗斯(Carcross)、道森城(Dawson City)、海恩斯章克申(Haines Junction)、沃森莱克(Watson Lake)和怀特霍斯(Whitehorse)。

在加拿大纳税人的慷慨协助下，育空政府发行了一系列旅游文献和资料。其中包括《育空宿营》(*Camping on Yukon Time*)、《育空艺术探险》(*Art Adventures on Yukon Time*)以及到达各座有着仅50余人的小镇的路线指南。你可以通过各游客中心收集信息或者浏览www.travelyukon.com网页查找相关信息。另外还有一个值得推荐的网站：www.yukoninfo.com。

在网站www.online-literature.com可以免费阅读杰克·伦敦有关育空的代表性作品（比如，《野性的呼唤》[*Call of the Wild*]）。

到达和四处走走

驾车到达育空的三种途径（见758页）为：乘坐渡船到达斯卡圭(Skagway)、海恩斯和阿拉斯加；从不列颠哥伦比亚的道森克里克(Dawson Creek)上阿拉斯加公路；从不列颠哥伦比亚西北部上斯图尔特—卡西亚公路，与阿拉斯加公路整洁的沃森莱克会合。

从怀特霍斯(Whitehorse)可以坐飞机前往温哥华、埃德蒙顿(Edmonton)、卡尔加里(Calgary)、

育空特色

在某些细节上，育空不同于加拿大的其他地方。主要表现在：

- **警察局** ☎867-667-5555
- **医疗急救** ☎867-667-3333，怀特霍斯911
- **路况信息** ☎877-456-7623；www.gov.yk.ca/roadreport
- **地区宿营地** 不能预订，但是在大部分道路沿途都有50余家宿营地。所有宿营地的价格一律为每晚每个地方$12。
- **发现纪念日** 通行育空各地的节日，庆祝1896年在道森城附近发现的金矿。

阿拉斯加(Alaska)和西北地区(NWT)。夏天甚至还有直飞德国的航班。道森城(Dawson City)有飞往西北地区的伊努维克(Inuvik)和阿拉斯加(Alaska)的航班。

你可以乘坐公共汽车从不列颠哥伦比亚到怀特霍斯。几家公司联合起来从那儿提供去往斯卡圭、道森和阿拉斯加的交通工具。

租用的小汽车（和娱乐车）不但贵，而且在怀特霍斯才有。阿拉斯加公路（见 769 页）和克伦戴科公路（见 774 页）已铺好，每 100 公里到 200 公里会提供服务。

怀特霍斯(WHITEHORSE)

人口 23 800

作为育空的主要城市和首府，怀特霍斯可能是大家旅行目的地的首选。本地区内两条主要公路——阿拉斯加公路和克伦戴科公路在此地交会，因此，这里也是交通枢纽。在这里，你可以找到有关在这一地区探险所需要的各种各样的旅行用品和服务。这里的大多数居民都从事和政府相关的工作，他们一年四季都喜欢在户外活动。

暂且不说这些公共设施，怀特霍斯本身就是一座让人身心愉悦的城市。该市有资金雄厚的文娱社区、餐厅和各种等级的汽车旅馆。单单参观奔腾的育空河周围的景色，就需要一天或者一天多的时间。抛开平淡无奇的商业建筑，你将会发现这里的许多遗迹有待发现。

怀特霍斯一直是交通中心，首先是 20 世纪早期从斯卡圭(Skagway)出发的怀特关和育空运输铁路(White Pass & Yukon Route)的终点。“二战”期间，它是阿拉斯加公路工程的主要中心。1953 年，怀特霍斯成为省府，让小得多并且偏远的道森城一直很遗憾。

方位和实用信息

怀特霍斯就对着阿拉斯加公路，主要交通要道是 2nd Ave 大道和 4th Ave 大道。中心北部有大片的连锁商店。在所有的地方报纸中，《育空新闻》(*Yukon News*)新鲜而不乏味。

书店

Mac's Fireweed Books 书店（☎867-668-2434；www.yukonbooks.com；203 Main St；⏲5 月到 9 月 8am ~ 午夜，10 月到次年 4 月 8am ~ 9pm）有很不错的地方新书。另外，它也有地形图、道路图、杂志和报纸。

博学书店（Well-Read Books；☎867-393-2987；Jarvis St 和4th Ave拐角；⏲周一至周六9am～6pm，周日10am～5pm）搬到了新地址，有大量二手书籍。

洗衣店

Norgetown洗衣店（☎867-667-6113；4213 4th Ave；⏲8am～9pm）每次$3.50起价，也提供送到家服务和网络终端。

图书馆

怀特霍斯图书馆（Whitehorse Library；☎867-667-5239；2071 2nd Ave；⏲周一至周五10am～9pm，周六10am～6pm，周日1～9pm）有15分钟的免费上网。

医疗服务

怀特霍斯综合医院（Whitehorse General Hospital；☎867-393-8700；5 Hospital Rd；⏲24小时）

邮局

邮局（☎867-667-2485；Shoppers Drug Mart，211 Main St；⏲周一至周五9am～6pm，周六11am～4pm）

旅游信息

游客信息中心（简称VIC；☎867-667-3084；100 Hanson St；⏲5月到9月中8am～8pm，9月中到次年5月周一至周五9am～4:30pm）有地区信息，很可能多得你都扛不动。

景点

博物馆

仔细重修的 **SS Klondike 号**（☎867-667-4511；South Access Rd & 2nd Ave；成人 / 儿童 $6/2；⏲5 月中到 9 月中 9am ~ 5pm）是育空河上最大一艘船尾推进的轮船。它建于 1937 年，最后一次向上游航行至道森是 1955 年，如今它成了国家历史遗址。尽量不要期待它现在还能动。

作为育空地区的“阁楼”，**MacBride 博物馆**（MacBride Museum；☎867-667-2709；1st Ave 和 Wood St 拐角；成人 / 儿童 $7/3.50；⏲5 月中到 9 月 9am ~ 6pm，10 月到次年 5 月中 周二至周六 正午 ~ 4pm）里面有淘金潮、原住民文化、无畏的加拿大骑警等收藏。古老的照片与旧时小动物标本争相辉映，都放在带草皮屋顶的小屋中。

作为市中心的一颗宝石，1900 年建造的**老圆木教堂**（old log church；☎867-668-2555；303 Elliott St；成人 / 儿童 $3/ 免费；⏲5 月中到 8 月 10am ~ 6pm）是世界上唯一一个用圆木建造的大教堂。其中展示之一便是关于雷夫 · 艾萨克 · 斯特林格(Rev Isaac Stringer)的惊人故事。在迷失于荒原的 51 天里，他靠吃煮过的靴子来维持生命。刚好，最后只剩下他的鞋底。

接下来要向你大力推荐的是**育空 Beringia 讲解中心**（Yukon Beringia Interpretive Centre；☎867-667-8855；www.beringia.com；Alaska Hwy 1473 公里处；成人 /

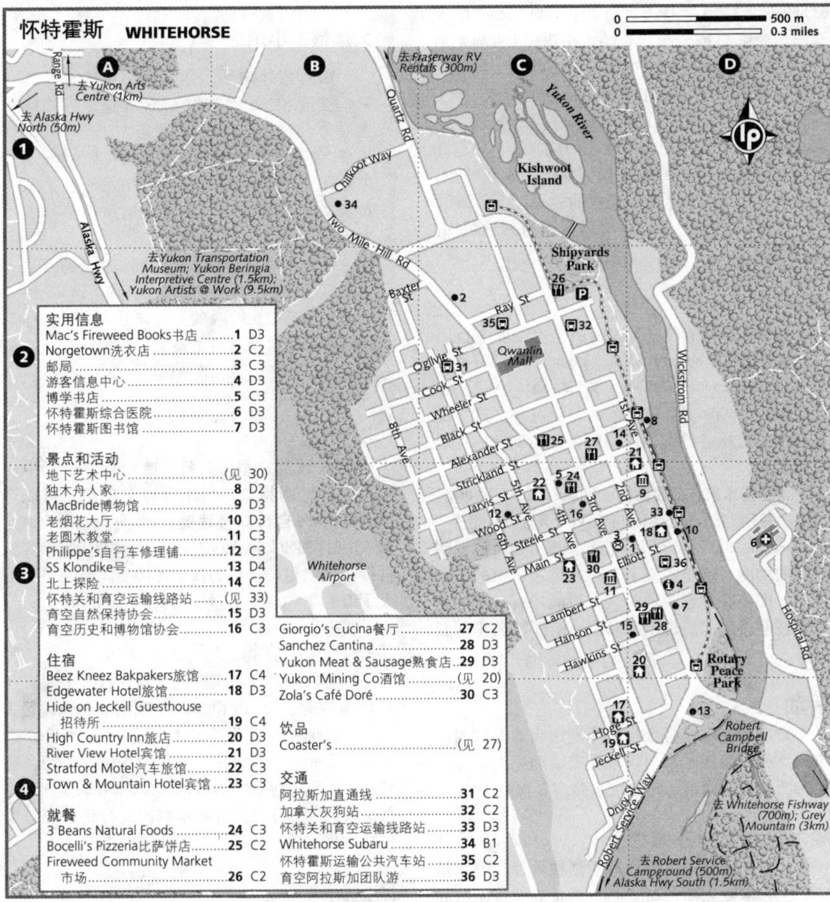

儿童$6/4；⏲9am～6pm）以Beringia为中心，在最后的冰川期，这片地区大部分未受到冰川影响，包含育空、阿拉斯加和西伯利亚东部。动人的展品重现了那个时期的情景，门口就是巨大的海狸。位于机场以南。

新手们，你们可以在**育空交通博物馆**（Yukon Transportation Museum；☎867-668-4792；30 Electra Circle；成人/儿童$6/3；⏲5月到8月10am～6pm）了解阿拉斯加公路在过去是什么样的。我们可以说泥浆的确很脏。展览包括飞机、火车以及狗拉雪橇。它毗邻Beringia中心。

滨水地区

一看到壮观的育空河，便可以理解人们为什么说滨水地区正在获得重生。美丽的**怀特关和育空铁路站**（White Pass & Yukon Route Station；Front St）经过修整后停泊在这一区域。另一头，**老烟花大厅**（Old Fire Hall；☎867-333-4255；Front St）里不仅有当地艺术家的艺术作品，还有轮流表演的现场音乐节目和喜剧。

滨水地区的北边，新建的**造船公园**（Shipyards Park）会集了从整个地区收集的越来越多的老建筑物、一个滑板轨道以及雪橇小山。连接这些地方的全部是小巧的**水上吊车**（waterfront trolley；成人/儿童$2/免费；⏲5月到9月9am～9pm）。

怀特霍斯鱼梯(Whitehorse Fishway)

瞪着**怀特霍斯鱼梯**（Whitehorse Fishway；☎867-

633-5965；门票 $2；⏲6 月到 8 月 9am ~ 9pm）的大马哈鱼，它是条 366 米长的木头鱼梯（世界上最长的！），经过城南的水力电气站。从大大的窗户中可以看到大马哈鱼在 7 月末从此地游过（早于河鳟）。在育空河的溢水口外边通常有帐篷，在那里你可以学到原始的原住民钓鱼方法。值得注意的是，大马哈鱼的数量和体积都在不断减少，这是全球变暖又一个令人担忧的后果。

从城镇出发，步行就可以很容易到达鱼梯。见右侧。

美术馆

怀特霍斯是育空蓬勃发展的艺术圣地中心。

地下艺术中心（Arts Underground；☎867-667-4080；Hougen Centre lower level，305 Main St；⏲周一至周六9am ~ 5:30pm）由育空艺术协会主办。这里的作品都经过精心挑选，以搭配合理的旋转风格展示给观众。

育空艺术家作品收藏馆（Yukon Artists@Work；☎867-393-4848；3B Glacier Dr；⏲6 月到 8 月每天正午 ~ 5pm，9月到次年5月周五至周日）的名称说明了它的功能。这里收集了35位当地艺术家的原创作品。即使在你参观的时候，可能还有一部分艺术家在坚持创作。位于距离机场南部10公里的仓库里。

活动

游客信息中心将会指引你到达当地无数的徒步景点和一年四季都可以享受的活动景点。在其他方面，怀特霍斯还是育空水路户外探险中心。

独木舟和爱斯基摩划子

怀特霍斯是非常受欢迎的划独木舟和爱斯基摩划子去卡麦克斯（Carmacks）或道森城旅游的起点。前者平均要花 8 天，后者是 16 天。很多人从这儿乘坐交通工具前往各个景点。

独木舟人家（Kanoe People；☎867-668-4899；www.kanoepeople.com；1st Ave 和 Strickland St 拐角）就在河边，可以安排带导游和不带导游的游程（去卡麦克斯独木舟/爱斯基摩划子 $205/275，去道森城独木舟/爱斯基摩划子 $350/495），包括帮你商定路线方位和交通工具。销售一系列的工具、地图和指南。可以安排定制旅程。

北上探险（Up North Adventures；☎867-667-7035；www.upnorth.yk.ca；103 Strickland St）提供相似的服务和具有竞争性的价格；它的工作人员说德语。冬季，提供雪上车跋涉活动。

骑自行车

在怀特霍斯，沿着育空河畔以及通往周围小山的区域都有很多**自行车道**。游客信息中心有相关的地图指南。关于自行车出租，可以选择 **Philippe's 自行车修理铺**（Philippe's Bicycle Repair；☎867-633-5600；508 Wood St），这里有质量很好的自行车供出租，价格为每天 $10 起（或者整个夏天 $50！）。在这一区域，自行车无处不在。

> **大烦恼、小烦恼**
>
> 如果意外碰到大熊，用平和的语气和它们交流（比如和它说，"你知道瑜伽修行者吗？"就能打破僵局），是官方小册子《走进育空荒原》(*Into the Yukon Wilderness*)中处理外界威胁的无数建议方法之一。这本珍贵的册子在任何一家游客信息中心都能买到。
>
> 然而，有一种害虫不需要你突击防卫：这里整个夏季都有贪婪的蚊子，种类达 25 种之多。避开蚊虫叮咬的方法详见 852 页。仔细想想可能会有这样的疑问：当你不在那里的时候，那些贪婪的蚊虫都以什么为食呢？

步行和徒步旅行

你可以绕着怀特霍斯的水域环行 5 公里，并在鱼道驻足。从 SS Klondike 号沿着**滨水地区人行道**一直向南，直至罗伯特服务宿营地（Robert Service Campground，见 767 页）和百年纪念旋转**人行桥**（Rotary Centennial Footbridge）。鱼梯（见 765 页）就在南边。沿着水域向北行走，穿过罗伯特坎贝尔桥，便可以返回城镇中心。

团队游

育空历史和博物馆协会（Yukon Historical & Museums Association；☎867-667-4704；3126 3rd Ave；门票 $2；⏲6 月到 8 月周一至周六 10am ~ 4pm）提供古怪而有趣的市区徒步团队游，一天 4 次。在它们的办公室 Donneworth 大楼（Donneworth House）1904 号集合。让你的导游指给你"二战"时期使用的美式公厕，这些公厕直到现在仍不受欢迎。

尽情自由地去体验怀特霍斯的自然美景吧！**育空自然保持协会**（Yukon Conservation Society；☎867-668-5678；www.yukonconservation.org；302 Hawkins St；⏲7月和8月周一至周五10am ~ 4pm）提供从易到难的10条不同的路线。

住宿

怀特霍斯在夏季通常很繁忙，所以最好预订。游客信息中心有 B&B 旅馆和度假旅馆的清单。大部分都是全年开放的。

像在别处——沃尔玛在这里也产生了不好的影响。对于当地的停车场来说，这家超市坚定不移地奉行的娱乐车经营者（最初来源于美国）整夜免费停车的企业政策，这无疑是一场经济灾难。更糟糕的是，自从人们开始把价值 $250 000 的机车停在布满灰尘的沃尔玛免费停车场时，育空道路旁边的垃圾丢弃物就增加了许多。

经济

机场附近的阿拉斯加公路上有许多娱乐车辆停泊场所。

我们的选择 **罗伯特服务宿营地**（Robert Service Campground；☎867-668-3721；sercamp@hotmail.com；Robert Service Way；帐篷 $16；⏲5月到9月；💻wi-fi）这个只提供帐篷的营地在河边的 South Access Rd 路上，离城南仅 1 公里，非常受欢迎。它有篝火区、小餐馆和一个小商店。

Beez Kneez Bakpakers旅馆（☎867-456-2333；www.bzkneez.com；408 Hoge St；宿/房 $25/50；💻wi-fi）像在自己家里，这里的旅馆也有花园、露台、烧烤和免费的自行车。但是没有电视，你得用互联网。

Hide on Jeckell Guesthouse招待所（☎867-633-4933；www.hide-on-jeckell.com；410 Jeckell St；宿/房 $25/50；💻wi-fi）各种各样的游戏和书籍让你感觉融入了这里的生活，但是洗澡的木桶让你很难适应。在闹市区的近郊地区，花园和自行车都舒服而惬意。

中档

怀特霍斯有许多汽车旅馆，但是一定要仔细选择，因为有一些过期了。当然，这里列出来的是没有问题的。

Stratford Motel汽车旅馆（☎867-667-4243；www.thestratfordmotel.com；401 Jarvis St；房$80～110；❄）这里有一家两层的旅馆，共有49个标准汽车旅馆房间，用一个词语来形容这里，那就是"干净整洁"。常年有一个投币洗衣机，夏季，鲜花处处盛开。

Town & Mountain Hotel宾馆（☎867-668-7644，800-661-0522；www.townmountain.com；401 Main St；房 $90～160；❄wi-fi）再往中心靠拢的话，你就得睡在马路中间了（Lonely Planet 建议你不要这样做）。这家家庭经营的三层旅馆共有 30 个客房，该旅馆就在汽车旅馆的旁边，配备了汽车旅馆目录册中的家具。

High Country Inn旅店（☎867-667-4471，800-554-4471；www.highcountryinn.ca；4051 4th Ave；房 $90～200；❄💻wi-fi）适合商务旅行者与高端团体。这家拥有 84 个房间的旅馆看上去规模很大，有一些房间的床边还设有旋涡按摩浴缸。该旅馆的特色让你住过之后很难忘却。

Edgewater Hotel旅馆（☎867-667-2572，867-668-3014；www.edgewaterhotelwhitehorse.com；101 Main St；房$100～180；❄💻）几经更新的 Edgewater是一家综合旅馆。30个房间看上去略小(其中一些房间配备空调)，但是，这些房间里都有高速互联网和平板电视。好一点的房间还可以欣赏不错的河景。

River View Hotel旅馆（☎867-667-7801；www.riverview hotel.ca；102 Wood St；房 $120～150；💻wi-fi）经过近期的改造后，53个房间的类型正像它们的名字所暗示的那样。在安静的街道上，离哪儿都不远，是个不错的选择。

就餐

不用理会充斥各个角落的连锁店，到怀特霍斯当地有名的餐厅之一就餐，大部分当地的餐厅都集中在市中心。这些餐厅里提供种类齐全的各式菜肴。在当季还可以吃到新鲜的育空大马哈鱼。

Zola's Café Doré（☎867-668-5780；305 Main St；小吃 $2～6；⏲7am～9pm；💻）中央地段繁忙的咖啡店，佐拉曾经这样描述冬日里的爪哇咖啡，"咖啡的黑色可以增强冬日里的御寒能力"。

Yukon Meat & Sausage熟食店（☎867-667-6077；203 Hanson St；三明治$6；⏲周一至周六9am～5:30pm）这家传统熟食店有很棒的外卖或堂食三明治(约有100种)和汤。这里有各种口味的自家熏烤肉类以及其他很讲究的美食。

Bocelli's Pizzeria比萨饼店（☎867-667-4838；4th Ave和Alexander St拐角；主菜$8～16；⏲周一至周五 正午～2pm，每天5～10pm）每种比萨饼都加有自制的番茄酱和大蒜。还有香蒜沙司和大虾以及其他更多的配料可供选择。你可以在小小的餐厅用餐，也可以带走。

Yukon Mining Co 酒馆（☎867-667-6457；High Country Inn，4051 4th Ave；主菜 $8～20；⏲4月到10月 11am～午夜）宽阔的露台常年穿梭着当地居民和外来旅行者的身影。这里有一个大大的酒吧，酒吧里提供有汉堡包、沙拉和牛排。这里是能吃到最新鲜的育空鱼的地方之一。

我们的选择 **Sanchez Cantina**（☎867-668-5858；211 Hanson St；主菜$10～20；⏲11:30am～3pm，5～9:30pm）向南穿过几个花坛可以找到这家原汁原味的墨西哥餐馆了。该餐馆的菜单上提供阿斗波(adobo)、molé辣酱、pozolé发酵酒和ceviché(酸橘汁腌鱼)。这些佳肴都是在窄小的开放式厨房做出来的。可以在小庭院中尽情喝酒。

Giorgio's Cucina餐厅（☎867-668-4050；206

Jarvis St；主菜$15～35；⏰11:30am～2pm和5～10pm）这家很棒的地方餐馆里提供意大利特色菜肴、牛排和海鲜。菜肴上齐的时候，可能一大半被吃光了。饭后还有上乘的红酒和甜点。

3 Beans Natural Foods自然食物店（☎867-668-4908；308 Wood St；⏰周二至周六10am～5:3pm）是一家自助餐馆。有很多种不错的有机食品。虽然育空的夏季短暂，但这并不意味着植物会停止生长。**Fireweed Community Market市场**（Shipyards Park；⏰5月中到9月中周四3～8pm）吸引了当地的很多摊贩。这里的干果都很棒。

饮品

怀特霍斯有许多环境很差的老酒馆。但是在Edgewater Hotel旅馆和High Country Inn旅店可以找到气氛不错的酒吧。品尝育空当地酿造的具有独特味道的酒。

Coasters（☎867-633-2788；206 Jarvis St；⏰3pm～午夜）隐蔽在步行道旁的202 Motor Inn汽车旅馆里，酒吧里有着全镇最好的工作人员。这里通常活力四射，乐趣无穷。吧台经常有特别节目，让人们在后排的长条软椅上肆无忌惮地狂欢。大多数夜晚都有现场音乐表演和喜剧表演。有时候还会邀请著名的温哥华乐队。周末麦克完全开放。

到达和离开

怀特霍斯是育空地区的交通枢纽。

飞机

走阿拉斯加公路出城往西，到**怀特霍斯机场**（代码YXY；☎867-667-8440；www.gov.yk.ca）只有5分钟车程。

以怀特霍斯为中心的**北方航空公司**（Air North；☎800-661-0407；www.flyairnorth.com）有飞往道森城、旧克罗(Old Crow)、西北地区的伊努维克(Inuvik)、阿拉斯加的费尔班克斯(Fairbanks)和外加温哥华、埃德蒙顿和卡尔加里的航班。**加拿大航空公司**（Air Canada；☎888-247-2262；www.aircanada.com）飞往温哥华。**Condor航空公司**（☎800-364-1667，德国请打01805 707 202；www.condor.com）夏季每周两次飞抵、飞离法兰克福(Frankfurt)，**第一航空公司**（First Air；☎800-267-1247；www.firstair.ca）飞往西北地区的耶洛奈夫。

公共汽车和火车

公共汽车来往穿梭着。最好到游客信息中心查看最新信息。

阿拉斯加直通线（Alaska Direct Bus Line；☎867-668-4833；www.alaskadirectbusline.com；501 Ogilvie St）提供夏季到道森的服务($150，8小时，一周2班)；到阿拉斯加托克(Alaska，US$125，8小时，一周3班)，途经阿拉斯加高速公路和海恩斯章克申(US$60，2小时)。

加拿大灰狗运输公司（Greyhound Canada；☎867-667-2223，800-661-8747；www.greyhound.ca；2191 2nd Ave）线路的北部终点在怀特霍斯。加拿大灰狗沿阿拉斯加公路往南到道森克里克(Dawson Creek，$205，21小时，一周3班，4月到10月)，乘坐公共汽车可以到不列颠哥伦比亚和加拿大的其他地方。

怀特关和育空运输铁路（怀特霍斯售票处[Whitehorse ticket office]，Front St）提供往返斯卡圭的火车票和汽车票(成人/学生US$106/53，4小时，一天1班，5月到9月中旬)。不列颠哥伦比亚的弗雷泽是中转站。

育空阿拉斯加旅行团（Yukon Alaska Tourist Tours；⏰867-668-4414；www.yatt.ca；102 Lambert St）夏季周五到达道森($100，8小时)，周日返回；每日都有去往斯卡圭的行程安排(US$55，4小时，5月末到9月初)。

四处走走

抵离机场

黄色出租（Yellow Cab；☎867-668-4811）从中央地段出发，10分钟路程收费$16左右。

公共汽车

怀特霍斯运输系统（Whitehorse Transit System；☎867-668-7433；票价$2；每30～70分钟1班；⏰周一至周六）在Qwanlin Mall大厦有中转站。2号线去机场、中心地段和罗伯特服务站宿营地(Robert Service Campground)。

小汽车和娱乐车

在机场可以找到**Budget**（☎867-667-6200；www.budget.com）、**Hertz**（☎867-668-4224；www.hertz.com）和**National/NorCan**（☎867-456-2277；www.national.com）的娱乐车。仔细检查一下你的费用。在第一个100公里后，都会外加英里里程计费，这有可能接下来让你在育空去不了多远。另外也要搞清楚你的保险范围以及是否覆盖在育空地区崎岖不平的道路上遭受的损失。

Fraserway RV Rentals娱乐车租赁处（☎867-668-3438；www.fraserwayrvrentals.com；9039 Quartz Rd）出租各种形状、各种大小的娱乐车，价格为每天$80到$250，具体取决于大小(有关系)和季节。

Whitehorse Subaru（☎867-393-6550；www.whitehorsesubaru.com；17 Chilkoot Way）通常可以从价格上与大一些的地方抗争，但不要期望Outback式服务。

阿拉斯加公路 (ALASKA HIGHWAY)

可以被称做阿拉斯加公路，但是考虑到它又是在育空公路（958 公里）的延伸线上，也可以被叫做……

从不列颠哥伦比亚的道森克里克一直延续到遥远的阿拉斯加内陆的三角洲地带，将近 2450 公里长的阿拉斯加公路不仅仅只是一条公路。当然，阿拉斯加公路也只是从 A 点到达 B 点的一条道路，但是，它更是一个标志、一种尊敬、一番成就。世界上又有几条道路可以和它匹敌呢？即使到目前为止，阿拉斯加公路仍然是一条充满现代气息的道路，仍是冒险和逃亡的象征。

在育空的阿拉斯加公路上驾车行驶，你会投入最美丽多面的景色中。从小小的峡谷到怀特霍斯，从蜿蜒的小河到宏伟的圣埃利亚斯山脉，一路的美景将会使你无法抵挡。

不列颠哥伦比亚到怀特霍斯 (BC TO WHITEHORSE)

在阿拉斯加延伸出来的道路上，你随时都会想停留下来。每隔一段距离就可以看见小镇和公园，道路两旁还有各种各样的美景。每一个单独的景色或许都不是很吸引人，但是这些单独的景色串起来的整体却能让你愉悦地驾驶。关于不列颠哥伦比亚阿拉斯加公路的详细资料，可以查看 758 页。

沃森莱克(Watson Lake)

沃森莱克最初是因英国捕猎手弗兰克·沃森(Frank Watson) 而得名。它是从不列颠哥伦比亚越过边境走阿拉斯加公路第一个到达的育空城市。它主要是个很好的歇脚处，还有绝佳的**游客中心**（☎867-536-7469；www.watsonlake.ca；⏲夏季 8am～8pm），有一个不错的关于公路和一批全地区信息的博物馆。城里有宿营地、汽车旅馆、全套服务和加拿大灰狗运输公司的一个车站。

这个城市以**路标林** (Sign Post Forest) 而出名，就在旅行者接待中心外面。第一个路标“Danville, Illinois” 竖立于 1942 年。后来，加上了其他标志，如今已有超过 62 000 个路标。其中有很多被来自各地的人在夜晚偷走了。

沃森莱克西边 26 公里是阿拉斯加公路和斯图尔特—卡西亚公路 (Stewart-Cassiar Hwy，Hwy 37 公路）的交界点，后者向南进入不列颠哥伦比亚（见 757 页）。关于育空的各种行程安排，可以参考 758 页。

在交叉口西边，由家庭经营的**金块城**（Nugget City；☎867-536-2307，888-536-2307；www.nuggetcity.com；宿营地 $20 起，木屋 $80 起；wi-fi）提供住宿和食物，其中的三间房高于阿拉斯加公路沿线的一般水平。仅为了这里的烘焙美食也值得停下来，尤其是浆果派。

穿过 1112 公里的路标，在向西 110 公里处可以看到**印第安人村落瀑布休养地** (Rancheria Falls Recreation Site)。一条林荫小道可以带你通往双层瀑布。这里是个很不错的景点。

特斯林(Teslin)

特斯林在狭长的同名湖上，位于沃森莱克西边272公里。很久以前是特里吉特人(Tlingits [lin-kits])的聚集区，阿拉斯加公路为原住民既带来了财富，也带来了飞速的变化。引人入胜的 **George Johnston 博物馆**（George Johnston Museum；☎867-390-2550；Alaska Hwy 1294公里处；成人/儿童 $5/3；⏲5月中到9月初9am～5pm）通过照片、展览和工艺品，详细展示了一位20世纪特里吉特领导人的生活与文化。

约翰逊交叉口(Johnson's Crossing)

特斯林北边约 53 公里处是约翰逊交叉口 (Johnson's Crossing)，位于阿拉斯加公路和 Canol Rd 路 (Hwy 6 公路）的交界处。“二战”期间，美国军队花了巨大的人力财力建造了 Canol 管道，从西北地区的诺曼韦尔斯 (Norman Wells) 抽取石油输送到怀特霍斯。像任何一件军队手工制品，这里在投入了大量资金（在 1943 年投入的资金也不少）后又被荒废了。

怀特霍斯到阿拉斯加

怀特霍斯西边较长一段路段上，阿拉斯加公路都很平淡。不过，到了海恩斯章克申就变得很

> **沿途风景：罗伯特坎贝尔公路**
>
> 要穿过这一道路，可以考虑单独的砂砾道路 (Hwy 4 公路)，该道路从沃森莱克北部延伸 588 公里，一直到达西边的卡麦克斯 (Carmacks，见 776 页)，在这儿你可以转入克伦戴科公路抵达道森城。沿途可以欣赏大大小小的河流和湖泊。荒原宿营车的感受将会很刺激。
>
> 距离沃森莱克与坎努尔路 (Hwy 6 公路) 交叉路口 373 公里的**罗斯河** (Ross River)，不仅是卡斯卡第一民族 (Kaska First Nation) 的故乡，还是当地采矿业的供应中心。镇上有宿营场所和汽车旅馆。

陡峭了。从这里开始，道路就和传说中的克卢恩国家森林和圣埃利亚斯(St Elias)山脉平行。到比弗克里克的300公里路程是整条公路中景色最美的路段。

海恩斯章克申(Haines Junction)

到达海恩斯章克申就等于告别了平坦的道路，还可以看到海市蜃楼的神奇美景。这时，你到达了令人震惊的克卢恩国家公园，这里同时也是大门处。这座城镇是前往公园探险的好基地，也是四星级登山、去偏远地地区游玩和河上探险的好地方。德国旅行者会听到整个城镇都在说着他们的语言。

宏伟的海恩斯公路从这儿向南通往阿拉斯加(见773页)。

育空旅游局和加拿大公园管理处组成了**育空旅游委员会**(Yukon Tourism；☎867-634-2345；www.hainesjunctionyukon.com；⌚6月到8月8am～8pm；加拿大公园管理处[Parks Canada]☎867-634-7250；www.parkscanada.gc.ca/kluane；Logan St；⌚5月中到8月10am～6pm，9月到5月中10am～4pm)在克卢恩国家公园指挥中心大楼内。两家机构有很多信息，并有一个惟妙惟肖的当地地势模型。夏季，守林人会定期与大自然亲近。

所有商店、住宿处和服务站都集中在阿拉斯加公路和海恩斯公路(Haines Hwys)的交界处。

活动

海恩斯章克申(Haines Junction)周围的山脉，暗示出克卢恩国家公园(Kluane National Park，见下页)的美丽。尽管这个公园应该是你的兴趣中心，但在海恩斯章克申城里和周围还有一些不错的活动。

在数小时的驾驶后徒步行，是沿着Deza-

让我们上路吧

如今，与其说阿拉斯加公路是物质实体，不如说它是精神乐园。无论从哪个角度看，该公路都是充满现代气息的双车道公路，每条道路上都有完美的拐角和宽阔的视觉。但是事实上并不完全如此。一张于1943年拍摄的著名照片显示，一辆开往中国的吉普车似乎被困在一片泥泞的沼泽里，当时车上的士兵们看上去很无助。

随着“二战”的爆发，加拿大和美国决定多年的争论应该结束了，而且阿拉斯加和育空与加拿大和美国的其他地方之间需要有合适的道路来连接。

用了短短1年左右的时间，在北部冻原和荒原开辟道路本身就是个奇迹。投入了巨额的财力和人力(美国士兵和加拿大市民，包括第一民族[First Nations])，共同建造了从不列颠哥伦比亚的道森克里克(Dawson Creek)到阿拉斯加(Alaska)的费尔班克斯(Fairbanks)之间2450公里长的沙砾公路。路线的选择是要沿途经过一系列已有机场——圣约翰堡(Fort St John)、纳尔逊堡(Fort Nelson)、沃森莱克(Watson Lake)和怀特霍斯(Whitehorse)——这条线路被称为西北分段运输路线(Northwest Staging Route)。

1946年4月，道路在加拿大境内的部分(1965公里)被正式移交给加拿大。同时，私人承包者忙着拓宽道路，铺上沙砾，整直公路，削平陡峭的斜坡，用永久性钢桥换下原来的临时大桥——这个程序一直进行着，建造了今天你驾驶其上的道路。

以前被称做阿拉斯加国际公路(Alaskan International Hwy)、阿拉斯加军事公路(Alaska Military Hwy)和阿尔肯(Alcan，阿拉斯加—加拿大的简称)公路。如今它被正式称为阿拉斯加公路(Alaska Hwy)，它的确使得育空和阿拉斯加与外界连接了起来，并将北部开发成一年四季可以旅游的地方，彻底改变了这一地区人们的生活方式。

阿拉斯加公路以不列颠哥伦比亚的道森克里克(Dawson Creek)的“0英里处”为起点，一直到阿拉斯加的费尔班克斯(Fairbanks)。尽管正式终点应该在费尔班克斯东南155公里处的三汇市(Delta Junction)。

里程标(Milepost)一直以来都被用作参照物。但是，道路的进一步改进及加拿大采用的公制单位，使得这一参照物被淘汰了。一些历史性的数字仍沿用某些商业和景点的名字。

如欲了解更多有关阿拉斯加公路及其艰难的过去，可以前往沃森莱克(Watson Lake)的游客中心和怀特霍斯(Whitehorse)的育空交通博物馆(Yukon Transportation Museum，见765页)。关于包括路面坑洼状况和驼鹿粪便等细微特征在内的详细指南，可以参见《里程标》(*Milepost*)，一本年度传奇刊物。

值得一游：卡克罗斯

在距离约翰逊交叉口以西47公里的**杰克斯科纳**(Jake's Corner)，你可以从阿拉斯加公路迂回途经Hwy 8公路，到达淘金热时期的卡克罗斯(Carcross，见776页)。继续行驶45公里，驶出杰克斯科纳和怀特霍斯之间的阿拉斯加公路值得一往。

deash River河在**自然中漫步**5.5公里，小路非常漂亮，Hwy 3公路在城市南头跨过这条河流。

桨轮历险(Paddlewheel Adventures；☎867-634-2683；www.paddlewheeladventures.com；116 Kathleen St)在游客中心对面，安排Tatshenshini皮筏游(每人$125，含午餐)、浮舟赏景游与带导游的徒步游($45~125)。它还出租山地车或独木舟(每天$25)，并提供当地交通工具。

由公园看管人和导游负责的**Kruda Ché Boat Tours乘船游**(☎867-634-2378；www.krudache.com)将会安排旅行者在克卢恩国家公园乘船或徒步旅行。这里既有野生动物，还有历史记忆和原住文化。

食宿

海恩斯章克申有很多汽车旅馆和娱乐车公园。阿拉斯加公路旁边小镇以东6公里的**Pine Lake湖**宿营地里，不仅有海滩，而且在**松木湖**边还有树荫。蔚蓝的湖水使得**凯思林湖**(Kathleen Lake；宿营地$14)显得格外耀眼，它就在海恩斯公路交叉路口以南24公里的一处加拿大公园宿营地中。

阿尔肯汽车旅馆(Alcan Motor Inn；☎867-634-2371，888-265-1018；www.alcanmotorinn.com；单/双$95~140；)现代的阿尔肯有两层，有23间宽敞的房间，看得见交错的奥里奥尔山脉(Auriol Range)的美丽景色。有一些房间有全套厨房设施，另有一个共用投币洗衣店。

Raven Motel汽车旅馆(☎867-634-2500；www.yukonweb.com/tourism/raven；181 Alaska Hwy；房$120~150；wi-fi)这里有12间舒适的汽车旅馆式客房，客人们可以在此享用德式早餐。但最有特色的还是这里的餐馆，该餐馆提供怀特霍斯和阿拉斯加最好吃的食物。菜单都很复杂而且有大陆特色(正餐$35~50)。

Village Bakery & Deli面包和熟食店(☎867-634-2867；Logan St；正餐$6~10；5月到8月7am~9pm；wi-fi)被称作地方特色的面包房每天都提供有最好吃的食物。熟食店还有美味的三明治。你可以在巨大露台的树荫下享用。周五晚上，这里还有很受欢迎的烧烤。

Frosty Freeze(☎867-634-7070；Alaska Hwy；5月到9月11am~10pm)这些数量级的店铺看上去就像是普通的快餐店。这里地道的冰淇淋会让你吃了直打哆嗦，圣代冰淇淋上有新鲜的浆果，汉堡包多汁量大，比萨饼也超级美味。

到达和离开

阿拉斯加直通线(Alaska Direct Busline；☎867-668-4833，800-770-6652；www.alaskadirectbusline.com；5月中到9月)每周3次开往怀特霍斯(Whitehorse，US$60，2小时)，往西至比弗克里克(Beaver Creek，US$85，4小时)和阿拉斯加。

克卢恩国家公园和保护区(Kluane National Park & Reserve)

曾有的原住名称不能涵盖它的意思。南突修尼族(Southern Tutchone)语中的"Kluane"(kloo-wah-neee)的意思便是"多鱼的湖"。但是，如果有一个词语能够表达"展露自然美景的入口"或者"覆盖整个山峰的冰川"就好了。在阿拉斯加公路上，你只能看到公园的边缘。要想真正欣赏它的美景，需要好好花费一番工夫。短暂的徒步旅行只能算是尝试。

这儿通常被称为克卢恩国家公园，方圆22 015平方公里，覆盖了育空地区西南角。它南面是不列颠哥伦比亚的Tatshenshini-Alsek省级公园，西面是阿拉斯加的Wrangell-St Elias国家公园。是世界上最大的野生保护区之一。联合国教科文组织遗址中引用的是"超过100座著名和非著名的冰川"。

实用信息

加拿大公园管理处(Parks Canada)有两个信息中心。一个在海恩斯章克申(Haines Junction，见770页)，另一个在**Tachal Dhal**(Sheep Mountain；Alaska Hwy；5月到9月9am~5pm)。位于海恩斯章克申以西130公里处。拿一份《消遣指南》(*Recreation Guide*)，里面显示了公园的范围(也表明：实际上容易进入的入口很少)。地图展示了从10分钟到10天不等的徒步旅行。

冬天漫长而难耐。夏天很短，使6月中至9

什么是……

阿拉斯加公路和海恩斯公路交叉口貌似杯形蛋糕的巨大**雕塑**，的确是当地人物特色和动物形象的生动刻画。由于当地人或者说一些艺术批评者经常毁坏这一艺术作品，所以维修工作从未间断。

月中成为旅游佳节。注意冬季特征随时降临，特别是背面的地方。查询海恩斯章克申（见770页）的公园宿营地。

景点

克卢恩国家公园主要由**St Elias山脉**(St Elias Mountains)和世界上最大的非极地**冰原**组成。公园⅔的地方是冰河，其中散布着山谷、冰川湖、高山森林、草原和苔原。沿着阿拉斯加公路的西部边侧，可以看见**克卢恩山脉**(Kluane Ranges，平均海拔2500米)。一条绿色地带包围着大部分动物和植物生活的基地。绿宝石色的**克卢恩湖**(Kluane Lake)是育空地区最大的湖泊。隐藏在公园内的还有巨大的冰原和高耸的山峰，包括加拿大最高的山**洛根山**(Mt Logan，5959米)和第二高山**圣埃利亚斯山脉**(Mt St Elias，5488米)。从怀特霍斯的阿拉斯加公路1622公里**观景点**处可以粗粗一瞥园内的山峰，在Donjek River大桥(Donjek River Bridge)附近也可大致看见，但只有坐飞机才可见最美的景色。你可以在海恩斯章克申租赁飞机或直升机。

活动

在这些山底的森林地带可以沿着有标志的小路**徒步**，也可以走那些不那么详细标明位置的路线。每一种类都有十几条路，有些是以前的采矿路，其他一些是传统的原住民走的小径。信息中心里可以拿到详细注明的小路指南和地形地图。出发前和护林员先交流一下。他们会帮你挑一条徒步路线，并告诉你这块地方的最新情况，因为有时有熊出没，可能会不对外开放。过夜徒步游需要偏远地营地准入证（每人每晚$10)。

Tachal Dhal信息中心是**Slims West小路**的起点，Slims West小路是去**Kaskawulsh冰川**的60公里长环游步行路线，非常受欢迎。Kaskawulsh冰川是少数几个走路可到的冰川之一。这是条艰难的路线，走完要三天到五天，其中包括瞭望山(Observation Mountain，2114米)。另外一条轻松点儿的过夜游路线是15公里长的**奥里奥尔**(Auriol)环线，从整洁的森林延伸到贫瘠的亚高山带，还包括一个野外营地。就在海恩斯章克申以南7公里处。

为了目睹在过去10年里被甲虫破坏的景况（见773页)，可以在不太长的**云杉甲虫带**（Spruce Beetle Loop）驻足，它就位于公路附近，距离海恩斯章克申西北17公里处。

垂钓也很不错，可以看到很多**野生动植物**。最受人注目的是4月、5月和9月，在Sheep Mountain山上，可以看见几千头野生大白羊(Dall sheep)。灰熊数目非常多，品种也很多样，同样多的还有黑熊、驼鹿、驯鹿、山羊和150种鸟类，其中有鹰和稀有的游隼(peregrine falcon)。

2月，很多人开始大胆外出**滑雪**或**穿雪鞋步行**。

迪斯特拉克申贝(Destruction Bay)

这个巨大的克卢恩湖(Kluane Lake)湖岸的小村庄在海恩斯章克申(Haines Junction)北面107公里处。现在的容易唤起人感情的名字取自过去曾严重破坏这个地区的一场风暴，当时公路还处于修建期。大部分居民都是这里的原住民，他们常年居住在这片土地上。**Congdon Creek**就在阿拉斯加公路沿途以东17公里的小镇，这里有81个地区宿营地和一个风景优美的湖畔景点。

伯沃什兰丁(Burwash Landing)

与**克卢恩博物馆**（Kluane Museum；☎867-841-5561；成人/儿童$6/4；⏲5月中到9月中9am～6:30pm）谈心，这座博物馆有一头填充的巨大驼鹿。博物馆的特色是吸引人的野生生物展以及关于地区自然和原住民历史的展览。可以在克卢恩湖**划船**，包括从满是野生生物的克卢恩湖口划行10公里的距离。

比弗克里克(Beaver Creek)

对于那些昏昏欲睡的旅行者或者那些想加油的人而言，途中景色优美的比弗克里克就像信号塔——这儿的小吃店当然会满足后者的需求。加拿大边境检查站就位于城镇以北，而美国边境检查站再向西27公里处。两者都全天候工作。

游客中心（☎867-862-7321；Alaska Hwy 1202公里处；⏲5月到9月8am～8pm）有关于育空的信息。在北边一座奇怪的**雕刻公园**里，一些愚蠢的家伙（或喝醉了的人）会有奇怪的行为。

城里四家汽车旅馆中，**1202 Motor Inn汽车旅店**（☎867-862-7600，800-661-0540；Alaska Hwy 1202公里处；房$50起）让人感觉舒服些。30间客房都是基本配置。选一间远离卡车的房间。

阿拉斯加

注意，当你进入同名州后，阿拉斯加公路那令人叹为观止的景色黯淡了许多。比起育空的淳朴情形，阿拉斯加公路局使这里的路段被剥削。

从美国边境走阿拉斯加公路到**泰特林国家野生生物保护区**(Tetlin National Wildlife Refuge)有63公里(39英里)，过了边境后在此停留一下很有趣。经过泰特林约117公里后，你会来到与泰勒公路(Taylor Hwy，[Hwy 5公路])的岔路，向北去道森城的世界之巅公路(见782页)在此接壤。

海恩斯公路(HAINES HIGHWAY)

如果你只是途经怀特霍斯，在海恩斯和斯卡圭之间短暂往返，那么这段259公里的路程应该算是你整个旅途中最精彩的部分。育空冒险旅途无论有多漫长，海恩斯公路(Hwy 3公路)都应该算是最耀眼的部分。这里很快就可以欣赏到冰川、冰雪覆盖的海市蜃楼、茂盛的河谷、暴风雨中的高山草甸以及贫瘠的河流三角洲。

向南驶向海恩斯章克申，西边可以拍到圣·伊利亚斯山脉的特写镜头，这里的冰川一直延伸到太平洋。大约80公里以南还可以找到**Tatshenshini River viewpoint 观景点**。这条泛起浪花的河流流经一个保护区和一座看似地老天荒的河谷。

大约继续前进10公里，就可以看到**Million Dollar Falls 瀑布群**。曾经这里的瀑布从狭窄的裂缝飞流直下，情景很是壮观。轰隆隆的流水声将伴随你在附近的地区**宿营地**入睡。

从公路到达不列颠哥伦比亚仅70公里，但你可能希望这中间的距离更长，因为在此过程中，你会横跨高低起伏的山脉，这些地区一年四季都会有突如其来的暴风雪。在1070米的奇尔卡特通道(Chitkat Pass)，一条古老的原住民路线可以通往育空，从这里到阿拉斯加的道路会突然变得陡峭颠簸。美国边境线就在海恩斯以北72公里处，正好在宽阔的**奇尔卡特河流三角洲**(Chilkat River Delta)沿线。

这里常年是**秃鹰**的栖息地，每年秋天，这些秃鹰就会像鸽子，聚集在树上，俯视下边被温和的气候和稳定的鱼群包围的河流。

撤离的“队伍”就在海恩斯公路(阿拉斯加的Hwy 7公路)，尤其是19公里里程标和26公里里程标之间。尽情开车，找个地方停车。从停车的地方步行几步就可以到达一个很安静的地方，这里可以看到被20只正在沉思的诺大的秃鹰覆盖的树木，这样你便可以尽情欣赏《猛禽》(*The Birds*)中所写的动物习性了。

海恩斯(HAINES，阿拉斯加[ALASKA])

不像斯卡圭那样横跨Lynn运河(Lynn Canal)，海恩斯远离游览船只的聚集地。这里是距离海滨最近的商业社区，有不错的商店、数个小型博物馆和一个历史上很有名的堡垒。很短的时间内，你就可以在这座小镇转几圈。边喝饮料，边遥望依山靠水的美丽景色，你可能就不会向往那些在驶向另一个港口的游船上噗噗地跳着康茄舞的人们(之所以用“噗噗”这个词，是因为这里环境很糟糕)。

从阿拉斯加海上渡口以南过来，海恩斯无疑是通往育空的一个港口。有关海恩斯和阿拉斯加东南部的详情，见Lonely Planet的*Alaska*一书。

实用信息

海恩斯的商品都以美元标价。海恩斯采用阿拉斯加时间(Alaska time)，比育空早1小时。

紧急电话 ☎ 911

海恩斯习俗和旅游局(Haines Convention & Visitors Bureau，☎907-766-2234，800-458-3579；www.haines.ak.us；122 2nd Ave；⏲5月到9月周一至周五9am ~ 7pm，周六和周日9am ~ 6pm)印刷了大量有用的度假计划，并有道路地图，外加育空信息。

景点和活动

穿过中心区域和海滨地带，漫步在**Seward堡垒**(Fort Seward)，这座古老的军事建筑的历史可以追溯到100年前。现在，这里成为一个历史

热点话题(呃哼)

谈到全球变暖和气候变化，育空应该算典范。这一地区的每个角落都在经历着巨大的变化，这一地区气候变暖的速度超出我们的想象。最北部的赫舍尔岛(Herschel Island，见783页)基本上已融化为一片永久冻结带。一个令人毛骨悚然的征兆是：埋藏了很长时间的棺材都漂浮到融化了的水表。联合国教科文组织已将其列入世界上最危险的历史古迹之一。

数十年间，道森城的当地居民经常打赌说某年春天的某一天育空河会突然融化。详细资料显示，这一平均天数在20世纪就提前了一个星期，这一速度至今还在不断加快。

或许在克卢恩国家公园可以看到最明显、最令人震惊的变化。人们普遍认为这里的冬天增温到了一定程度(在育空相当于“我每天在大雪里步行12英里到山上去上学”的程度，老人们都在怀疑，他们年轻时怎么熬过零下60度的严寒)，甚至连对树木有害的害虫在冬季都能继续存活。结果是，20世纪中期这里迎来了一场席卷数百万冷杉、云杉和松木的虫害。

虽然没有一个确切的答案，但是育空反常而温度急剧上升的问题将被提升为一个备受关注的政治话题。

景点，其中很多建筑都被赋予了全新的用途，一些用做艺廊，另一些用做时髦的商店，还有一些用做 B&B 旅馆。

海恩斯最出名的就是鹰，每年的 11 月份还会举行**盛会**（http://baldeaglefest.org）。无数的地方导游将会带你去观鹰，这些都是你在海恩斯公路沿途无法看到的景色。

食宿

CVB 有各种价位可供选择。

Portage Cove State Recreation Site休养地（Beach Rd；宿营地US$5；⏲5月15日到8月）停下汽车，驻足在距离小镇以南1.6公里处的自行车爱好者和背包旅行者的宿营地。点燃篝火，让烟雾升腾起来。

Captain's Choice Motel汽车旅馆（☎907-766-3111，800-478-2345；www.capchoice.com；108 2nd Ave N；房 US$85~160；wi-fi）即使是海军将领也会选择这个地方。40间客房中大部分有包罗万象的视界和很大的空间。位置正好在中心地带。

Mountain Market & Café（☎907-766-3340；151 3rd Ave；主菜 US$4 ~ 10；⏲ 周一至周五 7am ~ 7pm，周六和周日 7am ~ 6pm）你可以在海恩斯公路或者阿拉斯加渡口野餐。食物包括美味的咖啡、烘焙类食物、大份三明治以及很多现成的有机食物。

Fireweed餐厅（☎907-766-3838；Bldg 37 Blacksmith Rd；主菜 US$6~16；⏲11am~10pm）在Fort Seward，似乎每年都变得更好。你可以在露台上享用可口的比萨饼、沙拉、大杂烩和海鲜，一边俯视Lynn运河。现在我们仍然陶醉在海恩斯的烈酒中。

到达和离开

从海恩斯到育空没有公共交通工具。

阿拉斯加海运公路系统（Alaska Maritime Highway System；☎800-642-0066；www.ferryalaska.com）是一个高级服务系统，该系统将海恩斯和育空与不列颠哥伦比亚和美国连接起来。乘船可以前往斯卡圭（US$31，车辆 US$41 起，2 小时，一周 5 ~ 7 班）、朱诺（Juneau）、彼得斯堡（Petersburg）、Wrangell、凯奇坎（Ketchikan），特别是不列颠哥伦比亚的鲁珀特王子（US$178，船舱 US$270 起，车辆 $395 起，35 小时，一周 2 ~ 3 班），同时还通往美国的贝灵厄姆（Bellingham）和华盛顿（US$353，船舱 US$271 起，车辆 US$800 起，68 ~ 80 小时，一周 1 ~ 2 班）。渡船站点在小镇以南 6.5 公里处。

海恩斯—斯卡圭快运（Haines-Skagway Fast Ferry；☎907-766-2100，888-766-2103；www.chilkatcruises.com）只搭载乘客（成人/儿童 US$25/12.50，35 分钟，一天3班以上，6月到9月），码头在中心地段附近。

克伦戴科公路 (KLONDIKE HIGHWAY)

从阿拉斯加斯卡圭海滨城镇开始，全程 716 公里的克伦戴科公路穿过难以接近的奇尔库特小道，到达去往卡克罗斯路上的迷人高原景色。公路的大部分路段和克伦戴科采矿者的**淘金路线**重合。但是你的旅途将会比他们当时的轻松得多（见 775 页）。

怀特霍斯北部的路段地形比较缓和，路边的草木也随着岁月的流逝枯萎了。这些迹象显示，足以让你规划一下参与自然界的复原工作。

斯卡圭(SKAGWAY，阿拉斯加[ALASKA])

斯卡圭已有 100 多年的历史，来此的旅行者既兴奋又恐惧。1898 年，各类欺诈老手都把目光投向到道森的矿工们，而现在卖 T 恤衫的商贩们却把注意力集中在旅行者身上。每当游览船出现，这些街道立刻就像是一个骚动的蚁丘。

然而，这背后却隐藏着这个小镇的真面目，它仍然保留着一些昔日的风采。夜晚时分，游船出航的时候有着独特的魅力。但是，你不必在这里逗留，因为育空正在召唤你。尽管位于美国，但它只能从育空走克伦戴科公路开车（短距离伸向不列颠哥伦比亚）到达。它是著名的奇尔库特小路（Chilkoot Trail）和怀特关和育空运输线路（White Pass & Yukon Route）的起点。

斯卡圭是阿拉斯加海上公路系统自南向北最后一个内陆通道站，该站是通往育空的一个主要入口。Lonely Planet 的 *Alaska* 包括斯卡圭和阿拉斯加东南部其余的地方。

方位和实用信息

从渡运终点站，各种步行或坐车的人涌入 Broadway 街和市中心。市里有系列服务设施，包括销售一种被称为“软糖”（fudge）的商店，这种“软糖”糕点很受乘船旅行者的欢迎。克伦戴科公路从城镇北端出发。

以下价格都以美元标价。斯卡圭是阿拉斯加时间，比育空时间早 1 小时。夏季以外的其他季节中，大多数地方都不营业。

奇尔库特小路中心（Chilkoot Trail Centre；Broadway和2nd St拐角；⏲6月到8月8am~5pm）由加拿大公园管理处（Parks Canada；☎800-661-0486；www.pc.gc.ca/chilkoot）和美国国家公园管理局（US National Park Service；☎907-983-3655；www.nps.gov/klgo）经营，提供旅游建议、许可证、地图以及来往奇尔库特小路的交通工具清单。

斯卡圭协会和旅游局（Skagway Convention & Visitors Bureau；☎907-983-2854，888-762-1898；www.skagway.com；245 Broadway；⏰8am～5pm）有完备的地区详情。

斯卡圭新闻站和书店（Skagway News Depot & Book；☎907-983-3354；264 Broadway；⏰周一至周五8:30am～8:30pm，周六和周日8:30am～7:30pm）有很不错的地区主题书和地图。

美国国家公园管理局（US National Park Service；☎907-983-2921；Broadway和2nd St拐角；⏰6月到8月8am～8pm，9月到次年5月8am～6pm）提供地区徒步游可以参考的《斯卡圭小路地图》(*Skagway Trail Map*)。

景点

沿着Broadway七块大砖砌成的走廊——是**历史地区**的一部分——这里有修复的大楼、人造的前庭和斯卡圭淘金时期树木成荫的人行道。公园管理处有团队游、一座博物馆和信息中心。

大部分旅行者喜欢去斯卡圭，主要原因是怀特关和**育空运输线路**（简称WP&YR；☎907-983-2217，800-343-7373；www.wpyr.com；2nd Ave和Spring St拐角；成人/儿童US$98/49；⏰5月初到9月末）(而不是T恤衫)。沿着克伦戴科淘金热时期著名的路线蜿蜒地通往怀特关。

住宿

7月和8月最好预订。CVB有全面的住宿清单。

Pullen Creek娱乐车停车场（Pullen Creek RV Park；☎907-983-2768，800-936-3731；www.pullencreekrv.com；501 Congress St；宿营US$14～30）就在渡口旁边。

Skagway Home Hostel旅馆（☎907-983-2131；www.skagway.com；3rd Ave和Main St拐角；宿US15～20，房US$50；⊠ 💻）渡船码头（或者叫做免费搭乘地）不远处，这座建于1900年的旅馆有着种类齐全的宿舍和私人房间。

Sergeant Preston's Lodge旅馆（☎907-983-2521；www.sgtprestonslodge.com；370 6th Ave；房US$80～115；wi-fi）在历史中心处，有40间明亮干净的客房。你可以打电话让旅馆免费接你。

到达和离开

从斯卡圭到怀特霍斯，走克伦戴科公路(Klondike Hwy，Hwy 2公路）要开177公里。边界海关通常都很快。

轮船

阿拉斯加海运公路系统（Alaska Maritime Highway System；☎800-642-0066；www.ferryalaska.com）将海恩斯和育空与不列颠哥伦比亚和美国连接起来。乘船可以前往海恩斯(US$31，车辆US$41起，2小时，一周5～7班)、朱诺(Juneau)、彼得斯堡(Petersburg)、Wrangell、凯奇坎(Ketchikan)，特别是不列颠哥伦比亚的鲁珀特王子(US$190，船舱US$270起，车辆$416起，35小时，一周2～3班)，同时还通往美国的贝灵厄姆(Bellingham)和华盛顿(US$363，船舱US$271起，车辆US$820起，68～80小时，一周1～2班)。关于航船班次的更多信息可以查看758页。

海恩斯—斯卡圭快运（Haines-Skagway Fast Ferry；☎907-766-2100，888-766-2103；www.chilkatcruises.com）仅为客运用(成人/儿童US$25/12.50，35分钟，一天至少3班，6月到9月)。

公共汽车和火车

育空阿拉斯加团队游（Yukon Alaska Tourist Tours；☎867-668-4414；www.yatt.ca）每天在斯卡圭和怀特霍斯(US$55，4小时，5月末到9月初）之间有来往公共汽车。

怀特关和育空运输线路（见下页）提供抵离怀特霍斯（成人/儿童US$106/53，4小时，一天1班，5月到9月中旬）的很棒的铁路和汽车路线。中转站在不列颠哥伦比亚的弗雷泽。

奇尔库特小路(CHILKOOT TRAIL)

1898年开辟的奇尔库特小路当时最为险峻、最为致命，很多采矿者曾从斯卡圭经过这儿越过海拔1110米奇尔库特通道(Chilkoot Pass)，进入育空地区。今天，徒步旅行者提前几个月就探好路，准备来这条线路跋涉。

53公里长的小路一路标志非常清晰，从斯卡圭西北14公里的**Dyea**开始，然后向东北越过这条道，沿着Taiya River河到不列颠哥伦比亚的Bennett Lake湖，行程三天到五天。它被认为是好天气里的艰难路线，经常在坏天气里会翻脸。你必须拥有强健的体格，而且装备完善。最起码的是要多穿几层保暖的衣服和雨衣。

淘金者扔在那里的五金器具、工具和其他装备仍然堆在路边。一些地方有小木屋，你可以在那里过夜，但常常已经睡人，所以必须带帐篷和睡袋。小路上有十个指定的宿营区，每个都提供宿营供应物资。

到了小路的加拿大尽头，你可以坐怀特关与育空运输线路的火车从Bennett返回斯卡圭，也可以走得更远，到不列颠哥伦比亚的弗雷泽(Fraser)。到了那里，你可以坐上去怀特霍斯的汽车。

奇尔库特小路是**克伦戴科淘金国际历史公园**(Klondike Gold Rush International Historic Park)的一个主要特色，这个历史公园是由加拿大公园和美国国家公园管理局共同管理的一系列地区，从西雅图、华盛顿一直到道森城。夏季每天发放50张准入证，每一个来奇尔库特徒步的旅行者都必须要有一张；需要预订。加拿大公园管理处/美国国家公园管理局每一张证收费$53，外加$12的预订费。有关信息，联络斯卡圭的**小路中心**(Trail Centre，见774页)。每天发8张，先到先发。

卡克罗斯(CARCROSS)

卡克罗斯小镇很久以前是一座被人遗忘的淘金小镇，在怀特霍斯东南74公里，路况很好。夏季时节，斯卡圭每天都有列车穿梭于**怀特关和育空运输线路**(见775页；往返 成人/儿童 $175/87.50)，该列车在长达30年的空缺后，终于于2007年在小镇重现。一些古老的建筑正在恢复重建，本尼特湖(Lake Bennett)湖畔的景色非常美(虽然曾经在这里建造船只准备渡过此湖的克伦戴科探矿者们，可能并不这么认为)。

游客信息中心(☎867-821-4431；⏲5月到9月 8am～8pm)是个古老的火车站，提供出色的小城徒步游小册子。火车站也有关于当地历史的不错的展览，后面是个大厅，当地艺术家们在这儿展示着他们的作品。

卡克罗斯沙漠(Carcross Desert)——世界上最小的沙漠，是冰川湖在冰河世纪后回退而暴露的沙质河床。位于城镇以北2公里处。

怀特霍斯到卡麦克斯 (WHITEHORSE TO CARMACKS)

离开怀特霍斯，沿克伦戴科公路(Klondike Hwy)前行，一路上没有什么令人激动的景致。路旁的土地上有低矮的树木和一些大型养牛场。不过，约40公里之后，便到了**Laberge湖**(Lake Laberge)，这儿有开阔湖滨区域，其次是**Fox湖**(Fox Lake)，更北24公里处，再次是**Twin湖群**(Twin Lakes)，卡麦克斯南边23公里。每个湖的湖滨都有带棚屋和水泵的政府宿营地。

卡麦克斯(CARMACKS)

卡麦克斯村落就坐落在育空河边，据1896年黄金发现者之一——乔治·华盛顿·卡麦克斯(George Washington Carmacks)命名。当时他作为一名水兵，无所事事地在育空游荡，幸运的是，卡麦克斯和罗伯特·亨德森(Robert

兄弟，淘金去!

克伦戴科淘金热仍是育空历史上具有决定意义的时期。无疑这一时期也是该地人口鼎盛的时期。大约4万名淘金者满怀着发财梦，抵达道森城700公里以北的黄金区域斯卡圭淘金。

关于大部分淘金者都没有做好充分准备的说法有些保守。虽然有一些在淘金方面是老手，大部分还是来自美国的冒险者。普通职员、律师，甚至服务员都觉得他们一到北部就会暴富，而他们也只是淘金者的一部分，现实却大相径庭。登陆斯卡圭，他们便被一堆虚伪的艺术家包围，而这些艺术家又都为不可救药的虚伪人士服务。紧接着便是冰冻的奇尔库特小路上背负着1000磅必需品行李的长途跋涉。他们要自己建造船只，渡过湖泊和育空河抵达道森城。在这一漫长而艰辛的旅途中，有很多人痛苦地死去。

除了这些欺诈，道森还有一个严酷的现实：1897年夏天，当第一批船队抵达美国西海岸时，道森的富矿脉港早已经被发现，而且很多最好的地点已经被占领。克伦戴科淘金者至少晚到了一年。饱经疾病和失落的洗礼，幸存者最终抱着失落的心态重新回到美国。很少有人真正找到了黄金，而大部分人都把自己的船具倒卖给商人，这些商人又将它们以更高的价格卖给后继的淘金者。如今育空当地的几个富裕家庭就是从这样的交易中发家致富的。

如今，许多克伦戴科人都被称做"沙发马铃薯"(coach–potato)，这一称呼显然来源于他们自己的经历。他们所经历的堕落、疾病与悲痛值得我们阅读。众多关于克伦戴科淘金热的书目中，我们推荐以下一些书目(这些书目很容易在育空找到)：

皮埃尔·伯顿的《克伦戴科淘金热》(*The Klondike Fever*)是关于淘金热的经典。

迪克·诺斯的《穿着雪靴的水手》(*Sailor on Snowshoes*)追忆了杰克·伦敦时代的育空以及对他住过的小屋的探索。诺斯正是受到杰克·伦敦淘金故事的影响而成为一名作家的。

斯坦·绍尔魏因(Stan Sauerwein)的*Soapy Smith*主要讲述了关于无可救药的斯卡圭无赖的故事。

克伦戴科公路(见774页)从斯卡佳经怀特霍斯、最远途经明托，紧随加拿大公园管理处所说的淘金热小路。如果要踏上淘金者的线路，你需要从育空河坐船前往。

一路美景：锡尔弗小路

正像其名字所映射的那样，古老的采矿之路（Hwy 11 公路）就是从斯图尔特克罗辛（Stewart Crossing）一直向东延伸。到达 **Mayo**(www.yukonweb.com/community/mayo) 的路段一开始的 52 公里都铺好了，可是一路上还是有很多天然的岔道。Mayo 始建于 1903 年，当时是周围银矿工业的主要河港。如今，这儿建设了许多旅馆和商业区，但是修复后的古建筑和徽章仍然诉说着古老的历史。

从这里开始便是砂砾路面了。几乎完全荒废的两座采矿小镇之一 Elsa 距 Mayo 45 公里（可悲的是，没人想过为具有地方特色的小镇命名），该镇已经对外关闭。继续向前 16 公里的 **Keno City 镇** (www.kenocity.info) 中有一座小型的采矿博物馆，通常在夏季高峰期开放。在这里，可以徒步到高地草原、冰山雪原和 **Keno 山** (Keno Hill) 旅行。这些地方均有到达世界各个城市的距离路标（比如：墨尔本 8300 英里）。

夏季，斯图尔特克罗辛桥南通常设置关于锡尔弗小路的信息柜台。

Henderson)、Tagish Charlie以及Keish(又名Skookum Jim)一起发现了博南扎克里克(Bonanza Creek)。很快，他过上了很舒适的生活，不久他就抛弃了他与当地女人的婚姻，去了南部的美国。

尽管有记录表明，他是丈夫和父亲，他获得的尊敬主要来自捐建了一些毫无创意的加油站和棚屋。在该地停留的主要原因就是 **Tage Cho Hudan Interpretive Centre讲解中心**（☎867-863-5830；捐款进入；⏲5月到9月9am～4pm）。志愿者会为你讲解原住民过去和现在的生活方式。像这里其他地方的人，这里的居民和这片土地很相称。一年四季都有游戏和垂钓之类的娱乐活动。在河边漫步15分钟便可以真正体会这里的生活。

这里同时还是与罗伯特坎贝尔公路（见 769 页）的交叉口。

大约在卡麦克斯以北 25 公里处，是**五指娱乐场** (Five Finger Recreation Site)，可以看到变幻莫测的急流，景色绝佳。这急流考验着从怀特霍斯到道森的内河船船长的智慧。还有陡峭的 1.5 公里长小路可以往下走到急流滩。

明托(MINTO)

这里很容易迷失，除非你乘坐独木舟或者爱斯基摩划子——明托是克伦戴科公路在淘金小路上的最后一段。四五天沿着育空河到道森城的短途旅行在这个地方很流行。这里就在卡麦克斯以北 72 公里处。

斯图尔特克罗辛(STEWART CROSSING)

作为独木舟下水的地方，斯图尔特克罗辛跨在斯图尔特河之上，在去道森的旅途中，在与西侧的育空会合之前，你会经历一段狭窄而崎岖不平的道路。普普通通的小村庄位于克伦戴科公路（Klondike Hwy，Hwy 2 公路）和锡尔弗小路（Silver Trail，Hwy 11 公路）的交叉口。

克伦戴科公路在斯图尔特克罗辛延续 139 公里后与丹普斯特公路（见 782 页）交叉。从这里开始，距离道森城只有 40 公里。

道森城(DAWSON CITY)

如果你不了解它的历史，道森城绝对是个驻足的好地方，沉浸在这儿离奇的文化里，迷恋上这儿诱人的有节奏的旋律。这儿是加拿大历史最悠久、风景最美丽的城镇之一，就像在蛋糕上撒的糖：虽然多余却非常漂亮。

在育空河和克伦戴科河（Klondike River）交汇处的狭窄"屋顶"之下，位于北极圈仅 240 公里以南，道森城是克伦戴科淘金热时期的中心地带。1898 年，30 000 多名探矿者在这条街道上放纵饮酒。其中一些人的确很富有，但是大部分没有什么前景，他们在这儿与自己抗争，与这个世界抗争。他们在这里的商店、酒吧和妓女出没的街区放纵自己。但是，道森城的命运束缚于淘金者，

肉桂面包的诅咒

几十年来，育空地区开车的人们一直忍受着路旁商人卖肉桂（cinnamon buns）的叫卖声。但是曾经的美味已迷失在激烈的肉桂面包之战中。人人都说自己的肉桂面包是最大的，有些甚至接近长毛象粪便的大小和形状。更糟糕的是，这些生面团很重，味道很清淡。谨慎小心，除非你想给独木舟加重。

淘金浪潮过后，城镇开始了数十年的萧条期。

1952 年，该地区的首府迁移到了怀特霍斯，不过道森城一直存在着，并且在萧条但仍然继续前进的金矿工业中挣扎着。截止到 1970 年，这里的人口还不足 900 人。但是，就是在道森城走向没落的日子里，离奇的事情发生了：城镇逐渐开始复苏了。随着克伦戴科公路的改建，这里与阿拉斯加连接，并迎来了夏季的首批旅行者，旅行者在这里发现了淘金热逐渐衰退的时代简史，这一切显得格外迷人。加拿大人建造的具有历史意义的公园也开始恢复重建。

如今，你可以漫步在道森城脏乱的街道上，走过路旁古老的建筑，这些建筑依靠一些很不可靠的永久冻土地基支撑着（就像你看到的醉酒者一样，在当地酒吧外歪歪斜斜地相互依靠）。这里的文化生活很丰富，人们发现道森城是一个自由表达自己感情的好地方（你听到的鼓声是另一个新生事物）。

夏季，尤其是节日，道森会很繁忙。但是，到了 9 月，白天变短，季节工就开始迁移到南方去，2000 名年度居民（包括专家、矿工、原住民、梦想家、艺术家和一些迷惘者）正在准备定下来度过另一个漫长而安静的冬季。

方位

道森城离怀特霍斯 527 公里，很小，几个小时就能走一圈。克伦戴科公路沿着育空河引向 Front St 街（也称为 1st Ave 大道）。就在城北有个免费的渡口，可以渡过育空河到世界之巅高速公路(Top of the World Hwy)，再向前到阿拉斯加。

就像小溪中的金块，道森的街道号码也很罕见。除非特别注明，这儿给出的开放时间大致在5月中到9月初这段时期。一年的其他时候，大部分景点、名胜及许多商店都关门。

实用信息

由志愿者经营的双周刊《克伦戴科太阳周刊》(*Klondike Sun*)涵盖了特别的纪念日和活动。

CIBC银行ATM机(2nd Av，靠近Queen St)

道森城公共图书馆(Dawson City Community Library；☎867-993-5571；5th Ave和Queen St拐角；⏲周二至周六11am~8pm，但可能会有所变动)可以上网。

道森医疗诊所(Dawson Medical Clinic；☎867-993-5744；Church St，靠近6th Ave；⏲周一至周五9am~正午，1~5pm)私人诊所；在毗邻的政府诊所(☎867-993-4444)中护士随叫随到。

Maximilian's书店(☎867-993-6537；Front St；⏲8am~8pm)有极好的地区书籍、杂志、外城报纸和地形图及河流图。还有像"道森妇女"日历这样募捐用的可笑礼品。

邮局(☎867-993-5342；King St和Queen St之间的3rd Ave；⏲周一至周五8:30am~5:30pm，周六11:30am~2:30pm)

TastyByte Internet Cafe 网吧(☎867-993-6105；Front St；每小时$6；⏲9:30am~5:30pm)美味的咖啡和wi-fi端口。

游客中心(☎867-993-5566；Front St和King St拐角；⏲8am~8pm)加拿大公园管理处(Parks Canada)的信息在这儿和Palace Grand Theatre剧院(2nd和3rd之间的King St)分享。

西部北极圈信息中心(Western Arctic Information Centre；☎867-993-6167；Front St；⏲8am~8pm)这个地方有关于西北地区和丹普斯特公路的地图和资料。

景点

在道森，如果花费3天或更长的时间，你就会发现道森有很多值得一看和值得一做的事情，3天会过得很快。如果炎热的夏季让你晕眩，那么你可以奔向小山上的一些街区，在那里看看历尽沧桑的古老房屋和街道。

克伦戴科国家历史遗址 (Klondike National Historic Sites)

在无数保存完好的地方很容易感受淘金热潮的气息。加拿大公园管理处(Parks Canada)做了一项卓越的工作，就是提供信息和团队游。除了这儿列出的独立景点价格，还有各种各样的加拿大公园**联票**(成人$14~32)。想知道详情，去旅行者接待中心里加拿大公园的办公桌那里问问。右侧有4号挖泥机(Dredge No 4)的详细信息。

罗伯特·瑟弗小屋(ROBERT SERVICE CABIN)

诗人和作家罗伯特·W.瑟弗被称为"育空的游吟诗人"，1909年到1912年，他住在这幢典型的淘金**小屋**里(8th Ave和Hanson St拐角；免费入内；⏲2:30~3:30pm)。不要错过令人印象深刻的**朗诵**(成人$7；⏲1:30pm和7pm)的诗歌。

专员楼(COMMISSIONER'S RESIDENCE)

这幢让地区专员居住的富丽堂皇的**大楼**(Font St；成人$7；⏲10am~5pm，团队游时间不定)建于1901年，当时是为了让潜在的市民投资者对这座城市加强信心。这幢楼是玛莎·布莱克(Martha Black)的长期住地，她1898年来育空，拥有一个伐木场，在70岁那年被选为加拿大议员(Flo Whyard的《玛莎·布莱克》[*Martha Black*]这本很棒的书讲述了这位杰出女人的故事)。

SS KENO号

SS Keno号(成人$7；⏲10am~6pm)是一支明轮(paddle wheeler)舰队中的一艘，在育空河上已经行驶了半个多世纪。这艘船搁浅在斌水地区，在公路出现之前，再现了一个时代。

哈灵顿商店

这家古老的**商店**(3rd Ave和Princess St拐角；免费入内；⏲9am~4:30pm)收藏了道森全盛时期的历史照片。

Dänojà Zho Cultural Centre

Dänojà Zho 文化中心(Dänojà Zho Cultural Center)这幢漂亮的河边**木头大楼**(☎867-993-6768；www.trondek.com；Front St；成人$5；⏲10am~6pm)有关于Hän Hwëch'in(即住在河边的人[river people])原住民的幻灯片演示和讲解。中心里的藏品包括传统手工艺品及19世纪捕鱼营地的再现。看一下文化游的行程表；经常有真正的舞蹈表演。

杰克·伦敦讲解中心 (Jack London Interpretive Centre)

1898年，杰克·伦敦曾住在育空，育空成为他最受欢迎的小说的背景，包括《荒野的呼唤》(*Call of the Wild*)和《白牙》(*White Fang*)。在作家的**小屋**(Grant St，8th Ave；门票$2；⏲10am~6pm)每天都有讲解。因为有历史学家Dick North、Dawne Mitchell和其他人满怀热爱的讲解，这个地方是个故事宝库——包括对最初的小屋的寻找。

道森城市博物馆 (Dawson City Museum)

在这座**博物馆**(☎867-993-5291；5th Ave；成人 $7；⏰10am ~ 6pm)中，找找 25 000 件淘金时期藏品。动人的展览带你经历那些矿工艰难挣扎的一生。这座博物馆在标志性建筑、1901 年建成旧地区管理大楼 (Old Territorial Administration Building) 内。

午夜大厦(Midnight Dome)

这座山的留下滑动迹象的面俯瞰着城市的北边，但你必须往城南走 1 公里，在克伦戴科公路左转去 New Dome Rd 路，然后继续前行 7 公里才能到达山顶。午夜大厦在海平面以上 880 米高的地方，能看见克伦戴科山谷 (Klondike Valley)、育空河和道森城的美景。从城里的 Judge St 街开始有条陡峭的**小路**，共 90 分钟步程；旅行者接待中心里有地图。

藏红断崖和墓地 (Crocus Bluff & Cemeteries)

沿着城后的 King St 街和 Mary McCloud Rd 路走 15 分钟，可以到达历史**公墓**，那儿到处都是字符。有一条去往漂亮的**藏红断崖**的小路，断崖那里可以看见道森、克伦戴科河和育空河的绝佳景色。历史**公墓**就在附近。开车的话，从标有"只限当地车辆"的路牌进入 New Dome 路的 King St 街，然后从 Mary McLeod 路拐出去(不要担心"禁止出口"的路牌)。

矿山遗址

道森附近幽深险恶的峡谷诉说着淘金途中的艰难险阻。克伦戴科公路 13 公里处的 **4 号挖泥机** (Dredge No4；Bonanza Creek Rd；成人 $7；⏰10am ~ 4pm，团队游时间不定)非常巨大，将克伦戴科大峡谷分开，挖掘机周围杂乱不堪。加拿大公园管理处组织的团队游非常有趣。

沿着河谷继续前进 1.5 公里便是**博南扎克里克发现遗址**，这里基本上算是黄金的最早发现地 (1897 年)。这里现在很宁静，碎石间零星地泛着水花。

美术馆

道森城有着繁荣的艺术社团，就连市长都是艺术家。**克伦戴科艺术文化学院** (Klondike Institute for Art and Culture，简称 KIAC；☎867-993-5005；www.kiac.org；3rd Ave 和 Queen St 拐角)拥有令人印象深刻的新型画室建筑、艺廊和教育节目。

作为克伦戴科艺术文化学院的展览中心，**奇异画廊** (ODD Gallery；☎867-993-5005；2nd Ave和Princess St拐角；⏰时间不定)展示了当地艺术家的作品。

No Gold Gallery 美术馆 (☎867-993-5203；Front St 和 Queen St 拐角)里收藏了当地艺术家的很多作品。Bombay Peggy's 旅馆兼酒吧(见 781 页)也同样展示并出售当地艺术作品。

活动

除了乘坐**独木舟**或**爱斯基摩划子**来此，很多人也途经育空河离开道森。新手们很欢迎的旅程是从道森顺流而下 3 天，经过 168 公里到达下游的阿拉斯加的鹰城 (Eagle City)。

道森贸易站 (Dawson Trading Post；☎867-993-5316；Front St；独木舟每天$35)出租独木舟，也安排长途游程。道森城河青年旅舍(Dawson City River Hostel，见下页)在河对面，也出租独木舟，并可以帮你安排行程。

除此之外，到 **Moosehead**——一座古老的村落——的 3 小时**徒步**旅行也很流行。沿途将踏过小镇北部小河上边的上坡。可到游客信息中心索取一份地图。

你也可以骑着自行车多多探索道森城的美景，包括 **Ridge Road Heritage Trail 小路**，小路沿着小镇南部金色的田园盘旋。你可以在 **Circle Cycle** (☎867-993-6270；King St 和 7th Ave 拐角；租车 每天 $25)或道森市的 River 旅馆租用自行车。

团队游

加拿大公园处 (Parks Canada) 的讲解员经常穿着特定时期的衣装，带领超棒的道森**徒步游** (成人 $7；⏰9:30am，有时安排另外的游程)。了解每个建筑和沿街的很多字符(很多可能都被称做"街上行人")。你也可以租个讲解机**自助游** (成人 $7；⏰9:30am ~ 4:30pm)。

Goldbottom Tours团队游 (☎867-993-5023；www.goldbottom.com；售票处 Front St；团队游 $20起)就在砂矿金矿开采的Hunker Creek路(与机场以北的Hwy 2公路交叉)15公里处。你可以尝试着淘金，看看这座小山是如何产出一两块金块的。

节日和重大活动

道森城音乐节 (☎867-993-5384；www.dcmf.com)很热门——2 个月前票就售空了，到时城里全是人——所以预订很重要(7 月末)。

发现日庆祝 1896 年——你知道发生了什么。8 月的第 3 个周三有游行和野餐。纪念活动几天前就开始了，包括很棒的艺术演出。

住宿

在 7 月和 8 月，预订是个不错的主意，尽管旅行者接待中心会帮你查找空房。许多旅馆会到机场接人，事先打听一下。除非特别注明，以下提到的地方都全年开放。

育空河宿营地（宿营地 $12）在育空河西岸，下船后往右走 250 米就到，这块地区营地有 98 个树木遮荫的营地。

道森城河青年旅舍（Dawson City River Hostel；☎夏季867-993-6823；www.yukonhostels.com；宿$16～20，房 $42起；⏲5月中到9月）从城里过河，然后从渡口往山上走5分钟就到了这个令人欣喜的奇怪旅馆。它可以欣赏美景，有小木屋、可以支帐篷的平台，还有一间公共浴室。店主Dieter Reinmuth是位著名的育空作家。

Gold Rush Campground RV Park娱乐车停车场（☎867-993-5247，866-330-5006；www.goldrushcampground.com；5th Ave和York St拐角；宿营地$20～40；⏲6月到9月；wi-fi）真的是个娱乐车的市区大停车场，常常能听到喇叭声。

我们的选择 **Bombay Peggy's 旅馆**（☎867-993-6969；www.bombaypeggys.com；2nd Ave 和 Princess St 拐角；房 $75 ～ 200；⏲3 月到 12 月；⊠ wi-fi）翻修过的妓院，最大的魅力就是充满时代气息的家具和精神十足的姿态。经济实惠而又“舒适温馨”的房间里有公用卫生间。酒吧相当流行（见右栏文）。

5th Ave B&B旅馆（☎867-993-5941；www.5thavebandb.com；702 5th Ave；房 $85～115；wi-fi）蓝色基调，这家现代的B&B旅馆的客房分公用卫生间和带私人卫生间的，舒适而有些前卫。早餐很丰盛。

Downtown Hotel旅馆（☎867-993-5346，800-661-0514；www.downtownhotel.ca；Queen St和2nd Ave拐角；房$95～160；wi-fi）这家显赫旅馆的传统主楼里共有34个房间，此外，在比较现代的辅楼里还有25个房间。并不是所有的房间都有空调，你可以过去具体看一看。

Klondike Kate's（☎867-993-6527；www.klondikekates.ca；King St 和 3rd Ave 拐角；木屋 $100 ～ 140；⏲4 月到 9 月；wi-fi）一直都很流行的餐厅（见右栏）后边的 15 个小木屋，门前有鲜花，屋内还配备有冰箱和微波炉。

El Dorado Hotel 旅店（☎867-993-5451，800-764-3536；www.eldoradohotel.ca；3rd Ave 和 Princess St 拐角；房 $100 ～ 160；wi-fi）遭受过一次火灾，现在得以重建，有 46 间客房，包括六间带空调的新套房。在 Front St 街上建立于 1897 年的老育空旅馆大楼中，有另外六间充满现代气息的客房。

就餐

无论是郊游的旅行者、长途旅行者，还是穷乡僻壤的宿营者，都可以在小镇找到两家不错的小卖铺。除非另有通知，这里大部分地方夏季之外的时间都不开放。

River West餐厅（☎867-993-6339；Front St和Queen St拐角；主菜$4～7；⏲3月到10月7am～7pm）整天都很繁忙，这家很不错的咖啡店、面包店兼小餐馆位于Front St街上。可在店外餐桌上用餐。

Klondike Kate's 餐厅（☎867-993-6527；King St 和 3rd Ave 拐角；主菜 $6 ～ 20；⏲8am ～ 9pm）春天的来临有两种征兆：河流复苏和 Kate's 的重新开张。当地人很习惯用后者来判断春天的来临。富有创意而且内容丰富的菜单上不仅有上好的三明治和面食，还有新鲜的育空鱼。你还可以在这里品味更多的特色菜。这里还是吃早餐的好地方。

我们的选择 **Drunken Goat Taverna餐厅**（☎867-993-5800；2nd Ave；主菜$7～20；⏲正午～9pm）用眼睛欣赏美丽的花朵，用耳朵聆听爱琴海的音乐，用鼻子感受希腊风味的食物，由Tony Dovas常年经营。此外，还有简单的外卖比萨饼。

Antoinette's餐厅（☎867-993-6822；3rd Ave，Princess St附近；主菜$10～20；⏲周二至周六5～9pm）房子外边通常可以找到巡逻的加拿大骑警，门口每晚都贴有主厨Antoinette Oliphant精心准备的简短菜单。餐馆内部和庭院都有一种宴会的氛围。

La Table on 5th餐厅（☎867-993-6860；Aurora Inn，5th Ave；主菜$10～25；⏲5～9pm）最好的牛排通常颜色都很嫩，这家有着瑞士风味的餐厅的菜单有着浓浓的大陆特色。最好预订，当地人还会加入你的餐桌，和你一起用餐，并给你讲故事。

饮品

探矿者的精神在道森城的几家沙龙里还能依稀感觉到。夏季的夜晚，演员们都表演到深夜（有时会到凌晨 4 点）。

Westminster Hotel 旅馆酒吧（3rd Ave；⏲正午至深夜）Westminster 的两个酒吧有着充满感情的绰号——“蛇窝 (Snakepit)”、“胳肢窝 (Armpit)”，有时干脆是“窝 (Pit)”。这儿常常有喝醉酒的人，午夜有现场音乐演出。

Bombay Peggy's 酒吧（☎867-993-6969；2nd Ave 和 Princess St 拐角；⏲11am ～ 11pm）在道森城最有人气的酒吧扭动着自己的身体，尽情放松，你会感觉身心愉悦。酒吧内外都可以享受上乘的啤酒、红酒和各种混合酒水。

Downtown Hotel 旅馆酒吧（☎867-993-5346；Queen St 和 2nd Ave 拐角；⏲11am ～午夜）这家寻常的酒吧在夏季通常是到了晚上 9 点才开始活跃，正因为如此，这里也被叫做“Sourtoe Schitck”。旅行者们总是会排队等候着喝一杯烈酒 ($10)，这种烈酒里加了一种独特的腌制物，看上去像脚趾甲。这也曾经是迪特尔·赖因穆特(Dieter Reinmuth)的《脚丫子鸡尾酒的传说》(*The Saga of the Sourtoe*)——长期上演的喜剧(里边的脚趾是真的脚趾，看起来像牛肉干，使得每一个在夜晚买醉的人都犹豫片刻)——公映的地方。

Midnight Sun酒吧(☎867-993-5495；Queen St和3rd Ave拐角；⏰正午至午夜)嗜酒集会上有生动的现场音乐。在当地乐队和地区乐队的伴奏下，人们尽情舞动着。

娱乐

Diamond Tooth Gertie's(☎867-993-5575；Queen St 和 4th Ave 拐角；$6；⏰5月中到9月中 7pm ~ 2am)这家很受欢迎的1898年沙龙全部是小型赌场、下等酒馆的钢琴和跳舞女郎。赌场的赢利被用来修复这个城镇并资助文化发展。每天晚上有三个夜总会表演节目，到处是爆米花和踢动的腿。

到达和离开

道森城机场(代码YDA)在城东19公里，克伦戴科公路旁。**北方航空公司**(Air North；☎800-661-0407；www.flyairnorth.com)有飞往怀特霍斯、旧克罗(Old Crow)、西北地区的伊努维克(Inuvik)和阿拉斯加的航班。

在道森没有可供出租的汽车。但是公共汽车服务似乎在不断变化中。

阿拉斯加直通线(Alaska Direct Bus Line；☎867-668-4833；www.alaskadirectbusline.com)提供夏季到怀特霍斯的服务($150，8小时，一周2班)；到阿拉斯加托克(US$125，8小时，一周3班)。

育空阿拉斯加旅行团(Yukon Alaska Tourist Tours；⏰867-668-4414；www.yatt.ca)夏季周五从怀特霍斯($100，8小时)出发，周日返回。

道森城到阿拉斯加 (DAWSON CITY TO ALASKA)

从道森城出发，免费轮渡在育空河行船至风景如画的**世界之巅公路**(Top of the World Hwy，Hwy 9公路)。这条106公里长的山顶道路只在夏天通车，它通往美国边境，大部分路段已铺平，整个地区景色优美。

当你跨越边境的时候，你会继续感觉到自己好像在世界之巅：这块地方是贫瘠的高山草地，伴有突出的岩石，经常会出现放牧的驼鹿。注意**过境时间**(5月15日至9月15日的育空时间 9am ~ 9pm/ 阿拉斯加时间 8am ~ 8pm)非常严格；如果迟到了，就不得不第二天再来。

到了美国境内，就全是沙砾路了。开19公里后，就到了泰勒公路(Taylor Hwy，Hwy 5公路)。再往北105公里就是育空河上以前的采金镇**Eagle**。往南在泥泞的道路上行驶47公里后(车会被弄脏，令你怎么也想不到的是人也会被弄脏)，就到了**Chicken**，一个令人兴奋的地方，在加油站或小餐馆，自由思想者们会很高兴地向你兜售傻傻的T恤，或者给你编个故事。再往南124公里可以到达阿拉斯加公路(见773页)，在那儿向东拐就迈向育空地区。向西一点，就是**托克**(Tok)，这个小城有很多服务设施和汽车旅馆。阿拉斯加时间比育空的早1小时。

丹普斯特公路 (DEMPSTER HIGHWAY)

与其将该路的名字命名为含糊不清的加拿大骑警(威廉·丹普斯特)，不如将它命名为燧石公路(Firestone Hwy)和古德伊尔公路(Goodyear Hwy)，因为这条路上爆掉了很多轮胎。这条736公里长的愉悦路程曾经是北美的探险道路之一，

当地人的声音

特里·图劳伊(Terrie Turai)制片人、舞蹈指导者和舞蹈家，在Diamond Tooth Gertie's表演

从19岁开始，我就是一名专业的舞者，1998年，朋友打电话说，"来道森吧，再带一个舞蹈表演者"。无疑这是一份工作，于是我来到了这里。当第一次看到这座古老小镇的时候，我就在想"我到底在做什么？我来这里干什么呢？"在此之前，我参加过很多百老汇演出。

但是一年之后，道森城的某些东西总是吸引我，我每年夏季都会来一次。

我们在古老习俗的基础上创造了老康康舞(cancan)。不同的是，在淘金热时代，跳着康康舞的女子是为了吸引矿工们的注意，从而得到小费，而我们注重的则是娱乐。一天晚上，有个家伙调戏一个舞者，并试图带她离开，我们坚决地回绝说，"不行，她3小时后还有表演"。

我在这里学到的一个本领就是喝酒。道森这个城市会教会你如何喝酒。令我惊讶的是，这里五个舞蹈表演者中有四个是全职的。育空的某些东西会吸引你留下来，我想这里让我很有家的感觉。

该道路贯穿光秃秃的山岭、绿色的山谷、大片的冻土带以及汤姆斯通地区公园（见 784 页）。

丹普斯特（在育空是 Hwy 5 公路，在西北地区 [NWT] 是 Hwy 8 公路）始于道森城东南 40 公里，对着克伦戴科公路。它往北经过北极圈外的 Ogilvie 和 Richardson 群山，到达西北地区的伊努维克 (Inuvik)，靠近波弗特海 (Beaufort Sea) 海岸。

丹普斯特建造在厚厚的碎石之上，以隔绝下面的永久冻土（如果融化，道路就会下沉、甚至消失），一年大部分时间都通车，但最佳旅行时间是 6 月和 9 月初之间，那时 Peel 河 (Peel River) 和马更些河 (Mackenzie River) 的轮渡开始通航。到了冬天，冰块形成河上的自然桥梁，成了可以通行的冰路。春天的解冻期和冬天的结冰期公路封路；每年的解冻期和结冰期都变化不同，前者从 4 月中一直到 6 月，后者从 10 月中到 12 月。

它几乎沿途都铺满了碎石，大家都知道汽车在这条道路上很难行驶。因此，最好带上足够的汽油和轮胎，有可能用得上。检查道路和渡船状况(☎800-661-0750；www.hwy.dot.nt.ca/highways)；道森城西部北极圈信息中心(Western Arctic Information Centre in Dawson City，见779页)是个不错的资源。中途不停留休息的话，到伊努维克(Inuvik)要10小时到12小时。(倘若威廉·丹普斯特经常在零摄氏度以下的天气状况下进行700公里的雪橇旅行，那么这条崎岖不平的道路的命名也算得体。)

沿途很少有住宿和交通工具服务。**克伦戴科河小屋**（Klondike River Lodge；☎867-993-6892）在南交叉口处，出租偷工减料的汽油罐，你可以带着去北部，回来的时候还回。

下一个服务站在 Eagle平原(Eagle Plains)，向北走369公里。**Eagle平原旅馆**（Eagle Plains Hotel；☎867-993-2453；www.eagleplainshotel.com；房$100～130）全年开放，有32个房间。再往北180公里是再下一个服务站，在西北地区的Fort McPherson。从那里再开216公里可以到达伊努维克(Inuvik)。

育空政府有三个宿营地——一个在**汤姆斯通山**（距离公路起点 72 公里），一个在**恩吉尼尔小溪** (Engineer Creek，194 公里)，还有一个在**罗克里弗** (Rock River，447 公里)。西北地区政府在 McPherson 堡 (Fort McPherson) 南边 9 公里**尼塔因莱地方公园** (Nitainlaii Territorial Park) 里也有个宿营地。这些营地的宿营价格是 $12。

北极公园(ARCTIC PARKS)

坐落在北极圈北部，育空的人数只有几百人。这片荒凉的土地上，人迹罕至，仅在短暂的夏季会出现艰难的探险者。

由 280 个成员组成的**旧克罗村落**（Old Crow；www.old crow.ca）是 Vuntut Gwitch'in 原住民的故乡，这里不通车辆。当地的居民依靠驯鹿和传说中的 130 000 只豪猪为生，豪猪群每年都在阿拉斯加和育空的北极国家野生动物保护区间迁移。毋庸置疑，这里的当地人都反对美方在北极国家野生动物保护区边缘建设的钻石油井。

在育空，大片平坦的北极冻土被分别保护在两个毗邻的国家公园：万图特国家公园和艾瓦维科国家公园。关于这两个国家公园的信息，可在西北地区的伊努维克加拿大公园管理处（见 804 页）获取，同时，在这里，你还可以了解到关于组织旅行者进公园的有限选择（想想租赁飞机，路途中爬山涉水以及所有需要自给自足的东西和设备）。该公园里没有任何相关设施。

万图特国家公园 (VUNTUT NATIONAL PARK)

万图特 (Vuntut) 是 Gwich'in 语，意思是“在湖泊中间”，位于旧克罗以北约 100 公里处，那儿有一个工作人员的**公园管理处**（☎867-667-3910；www.pc.gc.ca/vuntut）。占地 4345 平方公里的这座公园在 1993 年被申报为一个国家公园。万图特国家公园有许多湖泊池塘，没有辜负自己的名称，每年夏季末期大约有 500 000 只水鸟来到此地。考古遗迹包括像猛犸象这样的古代动物化石，还有早期人类生活的迹象。

艾瓦维科国家公园 (IVVAVIK NATIONAL PARK)

艾瓦维科 (Ivvavik) 的意思是“生出和抚育年轻人之地”，坐落于波弗特海 (Beaufort Sea) 沿岸，毗邻阿拉斯加，面积 10170 平方公里。这座公园 (www.pc.gc.ca/ivv avik) 是豪猪驯鹿群的临产地；从 5 月末开始会陆续生产数千头，持续 3 星期。

公园有着世界上最伟大的急流河流之一——**峡湾河** (Firth River)，可以从阿拉斯加边界附近的 Margaret 湖往北航行 130 公里到波弗特海 (Beaufort Sea)。当河流和 Joe 小溪汇合时，山谷窄到仅容一支独木舟可过，还有许多 II 级和 III+ 级的急流区域。

赫舍尔岛地区公园(HERSCHEL ISLAND [QIQIKTARUK] TERRITORIAL PARK)

原住名字意思是“这里是岛屿”，果然名副其实。坐落在波弗特海 (Beaufort Sea) 的马更些湾水面之上的**赫舍尔岛**（☎867-667-5648；www.yukonparks.ca）长期以来都有人类居住。伊努维克人在这里生存了上千年，在海豹丰富的水域占有

值得一去：汤姆斯通地区公园

这里绿树成荫、山谷广阔，陡峭的山脊上还点缀着小小的冰川和高山雪原。伴随着 7 月紫色野花的绽放，夏季也就悄然降临了，可是这里的夏季很短暂。乌云飘过整个冻土带，带来强劲的暴风，偶尔也会风和日丽、阳光明媚。身处其中，就会真正感受到什么是此时无声胜有声。

汤姆斯通地区公园管理处（www.yukonparks.ca）沿 Dempster 公路 50 里。公园唯一正规的**宿营地**（宿营地 $12）有一个面积虽小但是很不错的**讲解中心**（5 月末到 9 月中 9am ~ 5pm）。该公园距离公路的源头 72 公里，正好坐落在育空河的上游，**汤姆斯通山**(Tombstone Mountain) 山脚。从这里开始，树木逐渐消失，真正荒凉的北部风景也就是从这里开始的。

你既可以在宿营场所附近做**日间徒步**旅行，也可以进行路途更长、更艰辛的**长途跋涉**，从而更好地体验野外生活。到穷乡僻壤的宿营地，尤其是夏季比较流行的几个湖边都需要特别允许（旅行者们经常问导游，"如果我回不来，你们会来搜救我吗"，这个时候，你将会听到他们很直白的回答，"不会"）。

从道森城出发，经过一天的旅途就可以很轻松到达汤姆斯通地区公园（平均单程 112 公里）。如果准备充分，多花一些时间在公园探险将会是你旅途的一大亮点。

主要地位。19 世纪末，美国捕鲸者驻扎在**波琳湾** (Pauline Cove)，这是一座天然港口，对海洋船只来说非常深，受北风和漂移的浮冰保护。

1907 年被禁止后，捕鲸人留下了一些木制建筑，这些建筑至今仍在，但常带有阴暗的恐怖气氛。这里留下了传教士的足迹，作为心灵的牧者，这些传教士在这里从来都没有被当地人真正信服。如今的伊努维克人将这里用做传统的打猎场所。

这里没有常住居民，不过，夏季的时候，大批科学家会驻扎在此地，观察岛屿的融化过程（见 773 页）。

夏季到这里的旅行者，从伊努维克（见 804 页）出发，日间游就可以到达该岛。从马更些三角洲 (MacKenzie Delta) 飞达这个岛屿的航程很壮观，公园巡逻兵经常提供团队游。短暂的夏季（从 6 月末到 8 月）可以在偏远地营地宿营。有营火地、挡风棚、小便池和有限的水。其他人在艾瓦维科国家公园 (Ivvavik National Park) 结束爱斯基摩划子旅程时会访问这座岛屿。

西北地区 Northwest Territories

西北地区 (NWT) 是片广袤、历史悠久而让人备感渺小的腹地地区——人群稀疏，遍布湖泊与森林，被北极圈一分为二，西部边境是锯齿形高峰，荒凉岛屿伸向极地。这是加拿大最人迹罕至的边远地区，那里被冰山覆盖、神秘的努那瓦特与广袤、洋溢着罗曼蒂克风情的育空地区俯瞰着。但是西北地区的秘密非常值得探索。地貌崎岖不平，容易抵达，人口基本上都是原住民——加拿大别的地方找不到这样强有力的结合体。

按照这儿的人口密度，整个曼哈顿地区只有三位居民，所以有足够的地方可以迷失一阵。划独木舟、划爱斯基摩划子、钓鱼、徒步旅行都是美妙的活动，也有一些典范游程。忠实的探险者们可以独自深入边远地区，追随史诗中的溯水路线——比如纳罕尼河 (Nahanni) 和马更些河 (Mackenzie)，在 372 公里的坎努尔遗迹小路 (Canol Heritage Trail) 上艰难跋涉。冬天，气候进入西伯利亚式的冰冷刺骨——但是虫子也不见了，北方的光线被点燃了，全副武装的滑雪的人和乘雪橇的人在这片梦幻般的荒原中尽情滑行。

这里有很多野生动物。大斯雷弗湖 (Great Slave Lake) 和伍德布法罗国家公园 (Wood Buffalo National Park) 周围可以看到大量的野牛群，还有成群的驼鹿、熊和驯鹿，以及迁徙来的鸟类，如白鹈鹕 (white pelican)、高鸣鹤 (creeping crane)。甚至连这些城镇也有些无拘无束。欧裔加拿大人展示了拓荒者勇于破除偶像的多姿多彩性情。对于原住民来说，祖先的传统既鲜活又发生了突变。在这里旅行犹如时空倒流：那些在其他地方早已永久解决的问题——如土地所有权——在北方却仍然是极为重要的问题。

亮点

- 从伊努维克沿着**丹普斯特公路**（见 782 页）的驾驶过程中，需要准备两个备用轮胎和更多胶卷，以备不时之需。
- 租一个爱斯基摩划子，沿着**大斯雷弗湖**（见 792 页）漂流而下，其间也可以乘坐电动马力船和漂浮飞机。
- 在涉水者的天堂——**纳罕尼国家公园保护区** (Nahanni National Park Reserve，见 801 页）里，乘爱斯基摩划子经过绚丽的温泉、幽灵峡谷、狼吞虎咽的狗熊。
- 在**伍德布法罗国家公园**(Wood Buffalo National Park，见799页)目瞪口呆地看着正在交配的蛇、消失的河流以及著名的蹄类动物。
- 在极光或子夜阳光下，在**耶洛奈夫**（见 789 页）附近乘坐哈士奇雪橇，与狗近距离接触。

历史

14 000年以前，考古学家和首批西北地区居民——如今提纳人的祖先——从亚洲流浪到此地。后来，阿拉斯加州移居过来的因纽特人开始出现。

因为期待能从皮毛贸易中大赚一笔，19世纪和20世纪，欧洲人深入加拿大北部，紧跟着而来的是传教士。即便到了20世纪，这个地区大致上还是受互相竞争的教会和哈得孙湾公司控制的范围。

20世纪20年代，在Tulita附近发现石油后，地区政府建立起来。30年代，耶洛奈夫(Yellowknife)附近的黄金和大熊湖(Great Bear Lake)附近的镭使得大量非原住民涌入此地。50年代和60年代，这里开始认真建立起联邦健康、福利和教育体系。到了70年代，提纳人和因纽特人作为政治力量出现，要求为在他们的土地上吸取资源和获利讨个说法。

1999年，这块地方被分成两半，东部和极地中部成为努那瓦特。留下的人被平均分为原住民和非原住民。后者——前者在较小程度上——从近期的石油、天然气和黄金开发中获利，这些开发让这个地区的经济突飞猛进。

当地文化

西北地区是一个童话城市，它跨越了文化的鸿沟，将许多小城镇融合在一起。作为地区中心的耶洛奈夫是一个大都市，很多民族聚集于此——不仅有来自加拿大南部的移民，同时也会聚了大量海外移民。对于绝大多数人而言，西北地区只是一个临时中转站——在这里他们可以赚到金钱、可以获得名利，或者也许可以在遥远的北方体味异国风情。这里的教育水平及工资水平都非常高。这里的人们与在加拿大南部其他地方的人一样，都从事着各种职业及副业——尽管更多的是从事打鱼及雪上汽车服务。

在耶洛奈夫以外，所有事务都恰恰相反。在面积狭小、远离市区的小镇和村庄里，大多数人都是原住民：居住在南部的提纳人、马更些河口三角洲与北极岛屿的西部因纽特人(Inuvialuit)。与市中心来的移民相比，这些人很早就根植于北方。他们的社会状况有些悲惨——过度拥挤、过度饮酒，等等——但是在他们的文化及他们的狩猎生活中，他们仍然保持着民族的骄傲，他们正通过各种方式为地区的未来贡献着自己的力量。

语言

西北地区有11种官方语言，非常之多：英语、法语和9种原住民语言，从南边的克里语(Cree)到极地的西部因纽特语(Inuvialuktun)。尽管原住民语言已经受到文化变迁和过往统治政治的侵蚀，但它们还是在日常生活中使用。仍然有些年长的原住民不会说英语。你可能听到最多的短语是“mahsi cho”——提纳人的“谢谢”的意思。不要不敢用这个词。

国土和气候

西北地区是一个巨大的旷野，从北纬60度一直延伸到极圈附近。南面是常青的平原，东面是加拿大地盾的石山，西部高耸的山脉，直插云霄。马更些河，加拿大的大河马更些河将此地一分为二，汇集成两个巨大的湖泊——大斯雷弗湖及大熊湖。在北方，该地区被树干环绕，聚集着一些荒芜的北极岛屿。

至于天气，夏天的气候变化无常，可以从令你痛苦一直到令你惊奇。在耶洛奈夫和伊努维克，仲夏平均最高气温在20℃，但不管哪天你都可能觉得要么酷暑难耐，要么被冻得瑟瑟发抖。唯一可以肯定的是日光：从5月到7月，没有夜晚。6月是夏季最干燥的一个月，但直到这个月月底，湖上的冰还未融化。大部分旅行者都在7月、8月来玩。

冬季漫长、黑暗，让人难以忍受。1月，耶洛奈夫的平均最低气温降至零下40℃，日光微弱无力，转瞬即逝。如果坚持想在雪季来玩，那么试试3月或4月，这时太阳开始上升，温度也变得宜人些。

公园和野生生物

就像是残余的伊甸园，西北地区的四座国家公园为其增色不少。纳罕尼国家公园保护区(Nahanni National Park Reserve，见801页)在育空边界附近，是著名的划独木舟之地，里面还有让人惊叹得掉下巴的维吉尼亚瀑布(Virginia Falls)。伍德布法罗国家公园(Wood Buffalo National Park，见799页)跨越艾伯塔(Alberta)边界，有更多野生动物保护区，是唯一走公路可

西北地区概况

人口 41 464
面积 1 346 106平方公里
首府 耶洛奈夫
祖国 Nellie Cournoyea（政治家）、Margot Kidder（女演员）、Leslie Nielsen（演员）、疯狂猎人（罪犯）
特产 加拿大首个钻石矿
官方语言 英语、法语以及九种（！）原住民语言

达的公园。奥拉维克国家公园(Aulavik National Park，见807页)在北边的班克斯岛(Banks Island)上，塔卡他特国家公园(Tuktut Nogait National Park，见806页)则靠近极地海岸，是最新、最纯正、游人到得最少的加拿大公园之一。

西北地区还有很多路旁的地区公园和宿营地。在这些地方过夜是最经济的住宿选择。宿营的话，帐篷出租每晚 $15；而每晚 $20 的地方是娱乐车营地。

在公园里及西北地区的其他地方，野生动物随处可见，从花纹蛇(garter snakes)到灰熊，从墨蚊(blackflies)到白鲸。熊、驼鹿及北美野牛是最常见的巨型野生动物；宿营者及驾驶者应该提高警惕，野生动物则不需要。

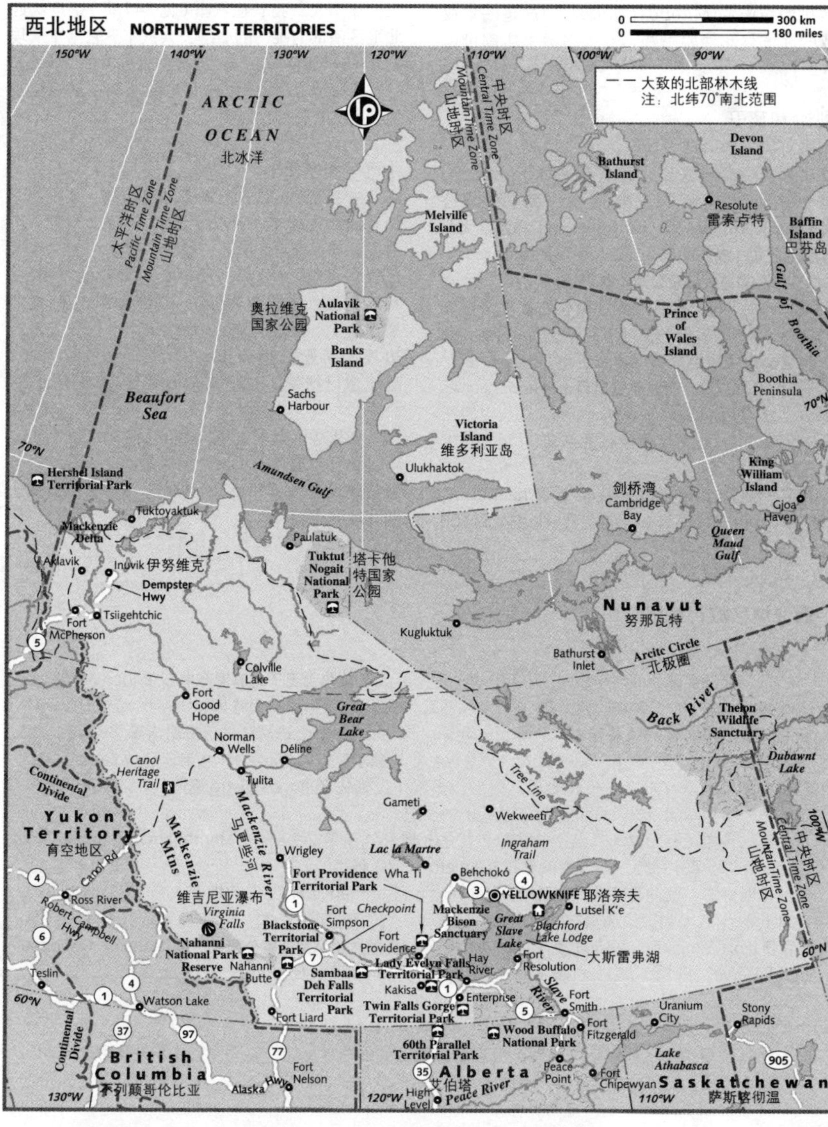

实用信息

西北地区旅游局（Northwest Territories Tourism，☎800-661-0788，867-873-5007；www.explorenwt.com）提供官方旅游信息。他们拥有一个设计华丽、内容详尽的网站，可以解答各种问题，诠释所有旅游文化，包括每年的《西北地区探险者指南》(*NWT Explorers' Guide*)。如果你计划在西北地区自驾游，可以领取一份信息全面的《里程指南》(*Milepost Guide*)，这是一本权威的北方驾车经验书籍，在大多数书店都可以找到。

到达和离开

飞机

对航空游客来说，埃德蒙顿(Edmonton)是进入西北地区的主要通路。**第一航空公司**（☎800-267-1247；www.firstair.ca）和**加拿大北方航空公司**（☎800-661-1505；www.canadiannorth.com）以及**加拿大航空公司**（☎888-247-2262；www.aircanada.com）每天都有从埃德蒙顿飞往耶洛奈夫(Yellowknife)的航班，往返 $600左右。加拿大北方航空公司从埃德蒙顿飞往海伊里弗(Hay River，往返$670 左右)。**西北航空出租**（Northwestern Air Lease；☎877-872-2216；www.nwal.ca）有从史密斯港(Fort Smith)直飞埃德蒙顿的航班(往返$1010左右)。

第一航空公司有从怀特霍斯(Whitehorse)、育空(Yukon)飞往耶洛奈夫的航班(往返票 $1100左右，在史密斯港中转)，而**北方航空公司**（Air North，加拿大 ☎867-668-2228，800-661-0407，美国 ☎800-764-0407；www.flyairnorth.com）则飞至伊努维克(Inuvik，往返 $570 左右)。

第一航空公司和北方航空都有从伊卡卢伊特(Iqaluit)飞抵耶洛奈夫的航班(往返 $1800 左右)。

公共汽车

加拿大灰狗长途汽车(见 844 页)是连接西北地区南部的唯一的一趟公共汽车。它常年从埃德蒙顿(Edmonton)开往海伊里弗(Hay River)，单程 $165。从海伊里弗有地区承载工具开往其他社区(见下文)。

小汽车和摩托车

去西北地区南部有两条陆路路线。从埃德蒙顿(Edmonton)走 Hwy 35 公路，漫长(而且，坦白说，单调乏味)地开一整天，就到了西北地区边界，总长 84 公里，没什么可冒险的。相反，从不列颠哥伦比亚(British Columbia，在阿拉斯加高速上)的纳尔逊堡(Fort Nelson)到西北地区边界，利亚德小路(Liard Trail)全长 137 公里，崎岖但已铺就。利亚德堡(Fort Liard)再往北 38 公里。

如果想直奔马更些三角洲(Mackenzie Delta)，可以从育空道森城出发，走风景激动人心的丹普斯特高速公路(Dempster Hwy)，465 公里后抵达西北地区边界。

西北地区旅行线路

七日游

飞到**耶洛奈夫**(Yellowknife，见 789 页)后，早上在**威尔士王子北部遗产中心**(Prince of Wales Northern Heritage Centre，见 791 页)了解西北地区。然后缓行至**旧城**(Old Town，见 791 页)，在著名的 **Wildcat Café 餐馆**(见 793 页)用餐，最后到达终点站**丛林飞行员纪念碑**(Bush Pilot's Monument，见 791 页)。湖很诱人，不是吗？租个**独木舟**(见 792 页)，悠闲地环游 Latham 岛，凝望小屋、大厦、水上飞机和船屋。你当然很累了，就去 **Bullock's Bistro 酒馆**(见 794 页)休息调整吧，喝杯啤酒、吃点白鲑，看还没落山的夕阳。

第二天早上，租辆车，装上徒步旅行用的长靴和钓鱼竿，去绕湖的 **Ingraham 小路**(Ingraham Trail，见 795 页)探险。在卡梅伦瀑布(Cameron Falls)野餐。

往西开车，驶向**马更些野牛保护区**(Mackenzie Bison Sanctuary，见 796 页)，近距离拍下那些毛茸茸的庞然大物。沿着**瀑布路**(Waterfalls Route，见 796 页)开车，宿营，然后由原路返回**辛普森堡**(Fort Simpson，见 801 页)。参加飞行观光游进入**纳罕尼国家公园保护区**(Nahanni National Park Reserve，见 801 页)，在著名的维吉尼亚瀑布(Virginia Falls)用餐。

十四日游

不用公路游。从耶洛奈夫飞到辛普森港，约上你的户外导游，在天堂般的**南纳罕尼河**(South Nahanni River，见 802 页)划船，消磨十天时光。

四处走走

飞机

西北地区的32个社区里，有一半只能从耶洛奈夫、诺曼韦尔斯(Norman Wells)和伊努维克(Inuvik)的空运中心坐飞机到达。**Tindi航空**(Air Tindi；☎867-669-8260，888-545-6794；www.airtindi.com)提供北斯雷弗(North Slave)地区的空运服务，**北赖特航空公司**(North-Wright Air，☎867-587-2333；www.north-wrightairways.com)提供马更些山谷(Mackenzie Valley)的空运服务，而**Aklak航空公司**(Aklak Air；☎867-777-3777，866-707-4977；www.akla kair.ca)提供马更些三角洲(Mackenzie Delta)的空运服务。

公共汽车

边境长途(Frontier Coachlines，☎867-874-2566；frontiercoach@nt.sympatico.ca)在海伊里弗(Hay River)和加拿大灰狗会合，然后开往耶洛奈夫(一周5班)、史密斯堡(Fort Smith，一周3班)和辛普森堡(Fort Simpson，一周2班)。

小汽车和摩托车

想最好地欣赏西北地区，需要以车代步。在主要社区可以租到汽车。有关耶洛奈夫租车代理，请见795页；有关其他城市的代理机构，联系当地旅游中心了解详情。

西北地区有两个高速公路网络：一是南网，连接起北斯雷弗(North Slave)、南斯雷弗(South Slave)的大部分社区和代乔区；一是在马更些三角洲(Mackenzie Delta)蜿蜒而过的丹普斯特高速公路(Dempster Hwy)。从南西北地区到三角洲需要绕道两天，经过不列颠哥伦比亚(BC)和育空地区。

夏天，几条河上有免费摆渡；冬天，4英尺厚的冰面上可以开车。在破冰期(4月和5月)和经常是结冰期(12月或1月)期间，旅游会中断几周。了解轮渡详情，致电☎800-661-0750。正在建造的耗资$1.5亿的大桥，可以使你将来不用再穿越Hwy 3公路上的马更些河(Mackenzie River)。

旅行前先致电☎800-661-0750了解公路情况。另见846页，了解如何在加拿大安全驾驶的一般情况。

耶洛奈夫(YELLOWKNIFE)

耶洛奈夫是从荒野中诞生的一个国际城市。用当地Tlicho话说，这里是Somba K'e(即金钱之地)。它是西北地区的首府、矿藏中心以及偏远的新兴城市，也是到现在为止西北地区最大的社区，有将近19 000个居民。

就居民而言，它是北方大杂烩——跨区而来的提纳人和梅蒂人；从更远北方来的因纽特人和极地西部因纽特人；头发花白的非原住民拓荒者；从加拿大南部来的新兴暴发户；外加美国人、索马里人和其他更近期的移民人群，有时候当他们之间不和谐时，"味道"会让人受不了。

黑暗寒冷的冬天会动摇你的意志。但是，在极度活跃的夏天，耶洛奈夫变成了这个地区必得一去的社区。不用惊讶，商店鳞次栉比，饭馆数不胜数。而且这里也是西北地区最漂亮的城市之一，有着无与伦比的道路，通向野生广原。在阳光炎炎的日子里，数不清的河流湖泊在向你召唤，让这个市区前哨如天堂一般。

历史

当第一批欧洲人在1771年抵达大斯雷弗湖时，它的北岸已经是Tetsot'ine人的家园。Tetsot'ine人被称为黄刀(Yellowknives)，因为Tetsot'ine人喜欢铜刀。战争和外国疾病使Tetsot'ine人灭绝了，但名号留了下来。

一个多世纪以后，克朗代克河流域(Klondike-bound)的采矿者在耶洛奈夫湾(Yellowknife Bay)挖出了一种不同的黄色金属：硬岩黄金。到了20世纪30年代中期，灌木平原使得这地方可以进行商业开采。耶洛奈夫成了新兴都市。

1967年，当渥太华决定移交西北地区的管理权时，耶洛奈夫作为人口最多的城市当选为首府。社区开始从一个贫瘠的边区村落，变成了温文尔雅的官僚政治中心。这种转变在1992年令人可怕地加快了速度，当时巨人矿区(Giant Mine)剧烈的劳工纷争导致九个破坏罢工的人在地下被炸死。失业矿工Roger Warren因此被终身监禁。

从那以后，耶洛奈夫停止了黄金开采。如今，城北四个金伯利岩矿区又机声隆隆，制造着这个城市的好友——钻石。

方位

耶洛奈夫大致像个刺向北方的刀，它的刀尖(旧城半岛，Peninsular Old Town)刺穿了大斯雷弗湖，它的刀把(市区)往后伸至岩石叠嶂的海岸。将这两块地区连接起来的是主路Franklin Ave大道(50th Ave大道)。在这条主路尽头，Franklin Ave大道和旧机场路(Old Airport Rd)连了起来，后者蜿蜒数公里，穿过商业区。

市区里有商店、商行、服务场所和旅馆，但它的土褐色建筑及其居民——商人与游荡者——不可能吸引人。更有趣的是山道弯弯的旧城(Old Town)，锲进Back湾和耶洛奈夫湾，稀奇古怪的小屋和超现实风格的大厦与提供早餐的旅馆、游

艇和水上飞机共同构成了一道风景。在旧城的顶端，是N'Dilo(dee-lo，意思是“路之尽头”)，这是耶洛奈夫的原住民村落。

从机场到市区走Hwy 3公路和48th St街，大约5公里。走Kam Lake Rd路和Franklin Ave大道到市区汽车站是3.5公里。

实用信息

书店

Wolverine Guns & Tackle（☎867-873-8438；Stanton Plaza，Old Airport Rd和Borden Dr拐角；⌚周一至周六9am～6pm）有地形图和地图——如果员工能找到的话。

耶洛奈夫地下书店（Yellowknife Book Cellar；☎867-920-2220；4923 49th St；⏲周一至周三 9:30am ~ 6pm，周四和周五 9:30am ~ 8pm，周六 9:30am ~ 6pm，周日正午～5pm）有最好的关于北部和原住民的书。

紧急求助

注意，在西北地区☎911 不是紧急电话。

急救和火警（☎867-873-2222）紧急情况打这个电话。

警察局（☎紧急情况 867-669-1111，非紧急情况 867-669-5100；5010 49th Ave）

图书馆

耶洛奈夫公共图书馆（Yellowknife Public Library；☎867-920-5642；2nd fl；Centre Square Mall；⏲周一至周四 10am～9pm，周五至6pm，周六至5pm）里面有丰富的北部书籍收藏，还可以免费上网，还有吵闹的青少年。

医疗服务

斯坦顿地区医院（Stanton Territorial Hospital；☎867-669-4111；Old Airport Rd 对面；⏲24 小时）在 Frame Lake Trail 小道之外。

货币兑换

美国运通（American Express；☎867-873-2121；Key West Travel，5014 Franklin Ave；⏲周一至周五8:30am～5:30pm，周六11am～3pm）

加拿大帝国商业银行（CIBC；☎867-873-4452；5001 Franklin Ave）

加拿大皇家银行（Royal Bank of Canada；☎867-873-5961；4920 52nd St）

苏格兰银行（Scotia Bank；☎867-669-6000；5102 Franklin Ave）

TD 银行（TD Bank；☎867-873-5891；4810 Franklin Ave）

邮政

邮政总局（Main post office；☎867-873-2500；4902 Franklin Ave）

旅游信息

北部边境游客中心（Northern Frontier Visitors Centre；☎867-873-4262，877-881-4262；www.northernfrontier.com；4807 49th St；上网每15分钟$1；⏲6月到8月8:30am～6pm，9月到次年5月周一至周五 8:30am～5pm，周六和周日正午～4pm）有大量地图和小册子，外加必不可少的《探险者指南》（*Explorers' Guide*），西北地区极地旅游中心每年印刷发行。内部是关于西北地区环境的展览，但最震撼的展示是停车场自身，融化的永久冻土已使其变形。

危险和麻烦

醉酒及玩忽职守在城市商业区十分猖狂，尤其是在“加沙地带”(Gaza Strip)：Franklin Ave 大道和 52nd Ave 大道之间的 50th St 街。城市管理者们似乎毫无办法；而旅行者们除了安全受到威胁外，对此更为厌恶。

景点

在**威尔士王子北部遗产中心**（Prince of Wales Northern Heritage Centre；☎867-873-7551；www.pwnhc.ca；免费入内；⏲9 月到次年 5 月周一至周五 10:30am ~ 5pm，周六和周日正午～5pm，6 月到 8 月 10:30am ~ 5:30pm）里可以找到对西北地区的顶尖水平的介绍，它在 48th St 街对面，俯瞰着弗雷姆湖(Frame Lake)。中心里展示了自然史、欧洲人的勘探、北方的航空技术，特别是提纳人和因纽特人的生活方式。最酷的是一艘 30 英尺长的鹿皮船。

1993 年，西北地区政府斥资 C$ 2500 万建造了让人印象深刻的圆顶建筑**立法院**（Legislative Assembly；☎867-669-2230，800-661-0784；www.assembly.gov.nt.ca；免费入内；⏲周一至周五 9am ~ 6pm，周一至周五 10:30am 有团队游，6 月到 8 月的周一至周五 1:30pm 和 3:30pm 和周日的 1:30pm 有团队游)，它也在 48th St 街对面，靠近弗雷姆湖。可以参加一个免费的 1 小时团队游，了解这个地区的原住民风格的统治。满是非常棒的北部艺术。

在游客中心拿上一本《耶洛奈夫旧城遗址徒步游》(*Old Town Heritage Walking Tour of Yellowknife*)，这是本非常好的配图小册子，上面有这个城市许多有趣的旧楼，然后从 Franklin Ave 大道往下走到**旧城**(Old Town)。**岩石区**(Rock)是一大片露出地表的岩石层，就在通往莱瑟姆岛(Latham Island)的桥前面。爬上阶梯到**丛林飞行员纪念碑**(Bush Pilot's Monument)处，从那里你可以看水上飞机飞来飞往，羡慕海湾里多彩游艇上的人们。夏天的日落——如果待得够久——美不胜收。

紧挨着的就是这座城市的传奇通道**粗臀路**(Ragged Ass Rd)，现在这里拔地而起的高楼大厦超过了淘金时期松松垮垮的小屋，正是这些小屋让这儿十分出名。

活动

在虫子大批出没的炎热白天，去水边是最好的了。**独角鲸冒险训练和游览**（Narwal Adventure Training & Tours；☎867-873-6443；www.ssimicro.com/~narwal；出租费每晚/白天/周末/周 $30/45/80/250）在贝克湾(Back Bay)的Anderson-Thompson Blvd大街，出租独木舟和爱斯基摩划子，也提供团队

游和训练课程。事先打电话。**陆上运动**（Overlander Sports；☎867-873-2474；www.overlandersports.com；4909 50th St；出租独木舟一晚/白天/周末/一周 $45/75/200，出租滑雪板、滑雪杖和靴子 一白天/周末 $18/53；⏲周一至周六9:30am～6pm）夏天出租独木舟和爱斯基摩划子，冬天出租滑雪板。

受欢迎的 **Fred Henne 地区公园**（Fred Henne Territorial Park；☎867-920-2472；⏲5月中到9月中）在 Hwy 3 公路边的机场对面，可以在里面的寒冷的**长湖海滩**（Long Lake Beach）游泳，也可以在4公里长的**勘探者小路**（Prospector's Trail）上徒步旅行。从公园办公室拿张地图，因为路上经常会迷路。

7公里长的**弗雷姆湖小路**（Frame Lake Trail）离城里很近，是很好的徒步路线，一半路都被铺设完毕，并且经过了立法大会大楼、博物馆及游泳池，另一半仍待规划。连接险峻的 **Jackfish 湖小路**（Jackfish Lake Trail）和休整完毕的 **Niven 湖小路**（Niven Lake Trail）的路更不仅仅是郊区散步的场所。

臭烘烘的背包族可以在 **Ruth Inch 纪念池**（Ruth Inch Memorial Pool；☎867-920-5683，6001 Franklin Ave；⏲周一至周四 6am～11pm，周五 6am～10:30pm，周六正午～9:30pm，周日正午～11pm）洗个澡。那里也有旋涡浴和蒸汽浴。

团队游

耶洛奈夫有很多团队游可供选择；在《探险者指南》(*Explorers' Guide*) 里查阅一下。北部边境游客中心（见791页）提供以下选择。

Tindi 航空（Air Tindi；☎867-669-8200；www.airtindi.com；35 Mitchell Rd）提供绝棒的30分钟飞机观光团队游，包括全市游、Ingraham小路游和耶洛奈夫湾游(3人$225，4人到9人$495)。可以享受以大斯雷弗湖紧靠悬崖的东岸为目的地的长达4个小时的奇妙旅行，其中徒步1小时(3人$1565，4人到8人$3015)。

逃离北极圈（Arctic Escapes，☎867-445-2829；www.aetravel.ca；每人$29）可以在历史旧城悠闲散步1½小时。

北极光世界（Aurora World，☎867-873-4776；www.auroraworld.ca）每周有2次大斯雷弗湖乘船游（$40）。如游客有需要，也有基本的2小时公共汽车环城游（$35）、从 Ingraham 小路到卡梅伦瀑布的1周游（$60）；并且，从夏季末到冬季，还有北极光观光游（$90）。在冬天，有多日的北极光包价游，同时还可以选择狗拉雪橇及观看北美驯鹿。

贝克狗舍（Beck's Kennels；☎867-873-5603；www.beckskennels.com；124 Curry Dr）贝克狗舍是西北地区最大的狗舍。冬季，有8公里长的带导游狗拉雪橇游（$50）或者学着自己带领队伍（$75）。夏季，狗拉带轮雪橇。

蓝鱼服务（Bluefish Services；☎867-873-4818；www.bluefish services.ca）带钓鱼的人去大斯雷弗湖和河鳟、梭子鱼和湖里的鲑鱼作战。价格从4个半小时$89到10小时$240不等。同时提供简单的1小时乘船游($35)与4小时的观鸟活动($89)。

天鹅座生态游（Cygnus Ecotours；☎/传真 867-873-4782；cygnus@theedge.ca；每人$50～60，最少4个人）兴高采烈的生态学家Jamie Bastedo 带领着大家在耶洛奈夫附近自然徒步旅行（4小时）。

节日和重大活动

作为一个首都，耶洛奈夫没什么有特点的节日。唯一的例外是经久不衰的节日**岩石民族节**（Folk on the Rocks；☎867-920-7806；www.folkontherocks.com；每日/周末 $45/65；⏲7月中为期3天），在长湖（Long Lake）上举办，从嘻哈乐到提纳击鼓，这一切构成了它的特色，吸引着来自加拿大北部和南部的音乐家们。

夏至节（Summer Solstice Festival；www.solsticefestival.ca；⏲6月末）实际上是一系列没什么关系的活动，包括国家原住民节（National Aboriginal Day，6月21日）上的文化表演，以及举办了很多年的城市街头活动：雷文疯狂晕眩（Raven Mad Daze）。

这座城市的官方冬季大狂欢**驯鹿节**（Caribou Carnival；www.cariboucarnival.com；⏲3月）感觉有些自嘲地认为这个节日接近退休了。这个节在冰冻的弗雷姆湖（Frame Lake）上举办，包括"木屋狂热者"之间的互相竞争活动，如呼叫驼鹿。更加充满生机的是**雪王冰雕节**（Snowking Winter Festival；www.snowking.ca；⏲3月），由一个年长的游艇船手负责举办。他同时还在耶鲁奈夫湾自己建造的规模宏大的冰雕宫殿内举办各种音乐会、戏剧演出以及冰球比赛。

3月中，还有 **Diavik 150 比赛**（www.diavik150.com），这是西北地区顶级狗拉雪橇比赛，举办地在大斯雷弗湖。

住宿

谈到住宿，耶洛奈夫充其量只能说是有住的地方而已。这儿没有会让你赞不绝口的住宿处所，也没有旅舍，使得宿营成为了唯一经济的选择。大致说来，含早餐旅馆是最佳选择；旧城似乎有很多。

我们的选择 **Fred Henne 地区公园**（Fred Henne Territorial Park；☎867-920-2472；Hwy 3 附近；无预订/不带电/带电 $10/15/20；⏲5月中到9月中）是离城最近的宿营地。在机场对面，设施完备，包括淋浴和厕所。可以从那里走 Jackfish 小路和弗雷姆湖小路进城，40 分钟。自驾交通工具的可以沿Ingraham 小路宿营（见 795 页）。

Embleton House B&B旅馆（☎867-873-2892，866-873-2006；www.inntravels.com/canada/nwt/embletonhouse.html；5203 52nd St；房 含早餐$70～80；💻）离市中心很近，是个地下旅馆，客房的装饰都有一定主题(作者就住在“天使屋”)，可以自己做早餐。

Blue Raven B&B旅馆（☎867-873-6328；tmacfoto@internorth.com；37 Otto Dr；单/双 含早餐 $70/85）位于旧城的山上，Blue Raven享有一定声誉，可以俯瞰耶洛奈夫的阳台更为其增色不少。

Red Coach Inn旅店（☎867-873-8511，877-873-8511；www.redcoachinn.ca；4115 Franklin Ave；房 $129；wi-fi）有点儿被永冻层弄得变形了，这个旅店在市区和旧城中间。许多房间都带小厨房。

Explorer Hotel宾馆（☎867-873-3531，800-661-0892；www.explorerhotel.ca；4825 49th Ave；房 $198～210；wi-fi）在城里赫然耸立，这个高耸的宾馆有着舒适的现代房间、美妙景色、一个饭店和一个休息室。从机场可以坐往返巴士到达。

就餐

耶洛奈夫有很多饭店，比这个地区其他任何地方都多。不少相当不错，一些提供北方特色烹饪，比如驯鹿肉、麝牛肉和极地嘉鱼。在西北地区，素食者在这里吃得最好。

经济

Le Stock Pot餐馆（☎867-873-5540；5012 53rd St；三明治$7～10；🕑周一至周三8am～6pm，周四和周五 8am～8pm，周六10am～6pm）耶鲁奈夫美味的熟食店为你提供新鲜的三明治、水果、沙拉、各种烘烤食物以及奶酪。所有这些再加上在露天的天井中美美地晒一下太阳，真是城里最好的午餐。

Diner 餐厅（☎867-920-7770；5008 50th St；主菜 $12 止；🕑周一至周六 6am ～ 9pm，周日 7am ～ 9pm）在摇摇晃晃的餐桌旁，旧时的老居民们和食客们闲谈不休。早餐和午餐时间的碎肉夹饼满是油脂，不过对顾客来说，这儿的口味棒极了。

Sushi North（☎867-669-0001；4910 Franklin Ave；主菜 $8 ～ 14；🕑周一至周六 11am ～ 7pm）午餐时人很多，这家很棒的餐馆提供旋转寿司：生鱼片是北极嘉鱼。

城里唯一的一个超市是**Extra Foods超市**（☎867-669-9100；48th St入口，YK Centre；🕑周一至周六9am～9pm，周日10am～6pm）。

中档

Wildcat Café 餐馆（☎867-873-8850；Wiley Rd 和 Doornbos Ln 拐角；🕑6 月到 9 月）这个著名的旧城咖啡馆是游客喜欢去的地方，也受到当地人的喜爱，你可以和同桌惬意就座。它由 1937 年的原木小屋改建而成。每个夏天都是不同的卖主在经营，所以菜单、价钱和开门时间变化不定。

Le Frolic Bistro Bar酒吧（☎867-669-9852；5019 49th St；主菜 $12～35；🕑周一至周六11am～11pm）让人愉快的地方，和楼上的传统饭店(L'Héritage Restaurant)是Les Territories du Nord-Ouest里的法式小餐馆。可口美食有蒙特利尔熏肉三明治($13)及平锅煎大斯雷弗湖梭鱼($23)。

西北地区

当地人的声音

凯特 · 帕尔弗里(Kate Palfrey)，赶狗拉雪橇的人，耶洛奈夫

凯特·帕尔弗里最初生活在加利福尼亚州，后来搬到耶洛奈夫，成为专业赶狗拉雪橇的人。她和她的伙伴沃伦 (Warren) 经营西北地区一个顶级雪橇狗队——北极星雪橇狗队 (North Star Kennels)。他们在北美整个地区的竞赛中获奖，并两次参加爱迪塔罗德大赛 (Iditarod)。

你是怎样开始建立雪橇狗队呢？我 5 岁时看见一张雪橇狗的杂志照片，我把那张照片剪了下来到处带着。到现在我还有那张照片，建立雪橇狗队是我知道的我必须要去做的事情之一。

作为一个雪橇狗队，在西北地区立足的先决条件是什么呢？条件就是我们能够在哪儿跑，我们能够离开驻地跑数百英里。同时，它还是一个真正有雪橇狗历史的地区：你在这儿碰到的每个人都跟雪橇狗有关系——他们的父辈或祖父辈都带着狗跑过。这里的人们对雪橇狗评价很高。而且，哦，在北极光下乘坐狗拉的雪橇是一件非常神奇美妙的事情。

当人们访问你时，你该怎样告诉他们不要错过这一景观呢？假如他们从一个非常引人注目的景点来，这里看起来就会很简单。但这就像是去沙漠——有很多很多东西，但若不走近看是看不见的。这儿有很多岩石层，以及不同颜色的苔藓和小树木。我的父亲对这儿的形容是最为恰当的说法之一：“这儿的风景让我想起了盆景园。”花点儿时间，自由自在地欣赏盆景吧。

高级

我们的选择 **Bullock's Bistro 酒馆**（☎867-873-3474；Ingraham Dr 和 Wiley Rd 拐角；主菜 $17～28；⏲周一至周六正午～9pm，周日 2～9pm，10月常关门）这个钓鱼小屋是城市最令人敬畏的餐馆，尽管（也许也是因为）服务态度很暴躁。菜单上只有当地新鲜嘉鱼、鲑鱼和白鲑。这里的氛围极其随意，露台可以看到海湾景色，粗劣的工艺品和无数照片挂满了墙壁。需要预订。

Old Town Landing 餐厅（☎867-920-4473；3506 Wiley Rd；主菜 $20～45；⏲周一至周五 11am～4pm 和 5～10pm，周六和周日 10am～3pm 和 5～10pm）在几乎悬在贝克湾上的烛光餐厅里，享用极地嘉鱼 ($32)、红酒烧汁麝牛肉 (musk-ox in a red wine demi-glaze，$45) 或其他北部美味。

饮品

也许是因为寒冷、冬季的黑暗或附近村庄和矿区禁酒，不管什么原因，当人们拜访耶洛奈夫时，他们全聚集到酒吧里。耶洛奈夫酒吧很多，有优雅漂亮的，有肮脏不堪的。大部分在Franklin Ave大道或市区50th St街附近。

Gold Range Hotel 旅馆（☎867-873-4441；5010 50th St；⏲10～2am）从 1958 年起，在这座高大、昏暗、声名狼藉的标志性建筑里，北部人就在此沉湎、争吵、掀起风暴、被打成重伤、呕吐，反正总之是在此喧闹。作为一个最有影响的乡村摇滚沙龙，这个“奇怪牧区”(Strange Range) 有着如此声名，是旅行者不能不去的地方；而且，有些人看上去就再也不走了。

Black Knight Pub酒馆（☎867-920-4041；4910 49th St；⏲11～2am）在举止更为严谨的酒吧间中，当地人最喜欢的是黑骑士，它酿的酒和装饰风格是英格兰—爱尔兰—苏格兰风味。楼上是**顶尖骑士**(Top Knight)跳舞夜总会。

Javaroma 咖啡馆（☎867-669-0725；5201 Franklin Ave；⏲周一至周五 7am～10pm，周六 9am～10pm，周日 10am～10pm；💻wi-fi）想喝这城市最棒的咖啡的话，加入到坐在这里舒适长椅上的咖啡爱好者团队中来吧。

购物

在加拿大，购买北部艺术品、手工艺品和衣服的最好地方是耶洛奈夫。商店和画廊数不胜数。如果找不到你想要的东西（比如说 XL 号的驼鹿皮背心），那么索要艺术家们的联系信息，他们常常受委托定做。

北部印象（Northern Images；☎867-873-5944；www.northernimages.ca；4801 Franklin Ave；⏲周一至周六10am～6pm）这个地方由北部原住民艺术—手工艺协作者共同拥有，这个美妙绝伦的地方汇集了来自开普多塞特、庞纳唐及Ulukhaktok的著名的因纽特喷画，同时还有提纳人的特色商品，如桦皮篮子(birchbark basket)。

午夜太阳画廊（Gallery of the Midnight Sun；☎867-873-8064；www.gallerymidnightsun.com；5005 Bryson Dr；⏲周一至周六10am～6pm，周日正午～5pm）这个画廊有丰富的原住民艺术品，包括精心装饰的提纳鹿皮鞋和夹克。它还存有南部加拿大制作的纪念品。

道恩·阿曼艺术工作室（Dawn Oman Art Studio；☎867-920-4681；www.dawnoman.com；4911 47th St；⏲正午～6pm）道恩·阿曼是举国称赞的梅蒂斯(Métis) 画家，她用鲜活生动的原始色彩表达北部主题。在她的家庭画廊里，她在油画布、丝绸、鼠标垫等材质上面创作。

Birchwood Gallery（☎867-873-4050；www.birchwoodgallery.com；4810 Franklin Ave；⏲周一至周六10am～6pm）在耶鲁奈夫中心购物商场(YK Centre Mall)中，高端的地方，以大型的当地绘画作品为主，并时常有客席艺术家在画廊中作画。

到达和离开

飞机

耶洛奈夫是西北地区的航空集散中心。许多从这个地区以外来的航班着陆此地，然后大部分从这里再前往西北地区小一点的社区。振作起来——因为票价高昂。第一航空公司 (First Air) 发往海伊里弗 (Hay River，单程 $203，45 分钟，周日至周五）、辛普森堡 (Fort Simpson，单程 $333，1 小时，周日至周五）和伊努维克 (Inuvik，单程 $431，1 小时 45 分，周日、周一、周三和周五），加拿大北方航空公司 (Canadian North) 飞往海伊里弗（单程 $203，35 分钟，周日至周五）、伊努维克（单程 $431，2 个半小时，每天）和诺曼韦尔斯 (Norman Wells，单程 $347，1 小时，每天）。小一些的航线常常有特价。西北航空出租公司 (Northwestern Air Lease) 飞往史密斯堡 (Fort Smith，单程 $305，1 小时，周日至周五)，**布法罗航空公司**（Buffalo Airways；☎867-873-6112；www.buffaloairways.com）飞至海伊里弗（单程 $202，45 分钟，周日至周五），北赖特航空公司 (North-Wright Airways) 将途经 Deline 和 Tulita，送你到诺曼韦尔斯（单程 $566，4 小时，周一至周五），Tindi 航空公司着陆辛普森堡（周一至周五单程 $325，但周六和周日单程 $180，80 分钟）以及大斯雷弗湖附近的 Tlicho 人和奇帕维安人小社区。

公共汽车

边境长途(Frontier Coachlines)在耶洛奈夫的工业荒区Kam Lake Rd路113号，很不方便。每周一至周五从那里发车，停靠雷伊(Rae，$30，80分钟)、普罗维登斯堡(Fort Providence，$74，4小时)和恩特普赖斯(Enterprise，$90，7小时)，抵达海伊里弗(Hay River，$98，8小时)。从海伊里弗可以再去埃德蒙顿(Edmonton)、史密斯堡(Fort Smith)或辛普森堡(Fort Simpson)。

小汽车

在耶洛奈夫租辆车不便宜。典型例子是，一辆小车每天/每周租价大约$75/450，但外加每公里30分，而每周的租期中只有250公里可以免费。

租个纪念(Rent-a-Relic；☎867-873-3400；356 old Airport Rd；🕑不定，提前打电话咨询)相当便宜，但你就是到那儿，都非常需要辆车。如果在城里，试试**耶洛奈夫机车公司**(Yellowknife Motors；☎867-766-5000；49th Ave和48th St拐角)。机场有一些大的租赁代理(见846页)，比如National和Hertz。

四处走走

耶洛奈夫大部分地区适于毫不费力的步行。从市区去旧城开车大概两公里，或者走25分钟可以到。

抵离机场

耶洛奈夫机场在长湖(Long Lake)对面，出城往西十几公里。全天24小时都有出租车，收费大概$15。

小汽车

耶洛奈夫标志突出，容易驾驶。在Franklin Ave大道附近停车要计费；附近几个街区外就是免费的。询问游客中心有关旅行者的3天停车通行证。

公共交通

耶洛奈夫城运(Yellowknife City Transit；☎867-873-4693；成人/儿童$2/1.50)有三条路线。1号线去旧机场路(Old Airport Rd)和市区。2号线连接市区和旧城。3号线只有夏天有，将上面两条路线合并在一起。大部分公共汽车每半小时发一辆，周一至周五早6点半至晚7点半，周六只有几小时发车。

出租车

出租车很多。车费起步价$3，每公里$1.60。最大的出租车公司是**城市出租**(City Cab；☎867-873-4444)。

耶洛奈夫周边地区(AROUND YELLOWKNIFE)

Ingraham小路(Ingraham Trail)

Ingraham小路(Hwy 4)，在耶洛奈夫东北部，它蜿蜒69公里，是当地人游玩的地方。沿途风景优美、湖泊点点，有着松树成行的加拿大地盾地形，可以钓鱼、徒步旅行、宿营、划桨、野餐，冬天还可以滑雪和开雪上汽车。自然主义者Jamie Bastedo撰写的《蓝湖和岩石海岸》(*Blue Lake and Rocky Shore*)是这片地区的最好指南(在耶洛奈夫地下书店［Yellowknife Book Cellar］出售；见791页)。

这条小路的开端并不吉祥，迂回经过破败的**巨人矿区**(Giant Mine)基地。几公里后，是去**Dettah**的11公里通路，Dettah是一个小小的、安静的提纳人居住区。

离耶洛奈夫28公里的**普雷律得湖**(Prelude Lake)是热闹的家庭周末度假点。它有一片巨大的**宿营地**(帐篷/娱乐车营地$10/20；🕑5月中到9月15日)，一个划船游下水区和许多可以欣赏自然风光的小路。

在离耶洛奈夫46公里的**希登湖地区公园**(Hidden Lake Territorial Park)里，有条1.2公里长的小路通往旅游胜地**卡梅伦瀑布**(Cameron Falls)。可以经过溯流而上的人行桥，徐徐行进到这个非凡瀑布的边缘。另外，在Ingraham小路走9公里，就在公路桥前面，有条400米长的小路通往卡梅伦河防护堤(Cameron River Ramparts)，它是卡梅伦瀑布的小小但漂亮的翻版。

你可以在离耶洛奈夫61公里处的**雷德湖**(Reid Lake)里游泳、划独木舟、钓梭子鱼、白鲑和鲑鱼。**宿营地**(帐篷/娱乐车营地$10/20；🕑5月中到9月15日)在周末很热闹；其他时间则很安静。有漂亮的海滩和徒步小路，宿营地位于山脊上，Pickerel湖(Pickerel Lake)风光尽收眼底。

夏天，小路尽头一直到**提比特湖**(Tibbitt Lake)，那里有个终点标记。提比特湖是垂钓佳处，也是一些不错的划独木舟路线的起点——在北部边境游客中心(Northern Frontier Visitors Centre，见793页)了解详情。冬天，这里是去钻石矿区的570公里长冰道的起点。在冰道上没有服务设施，不鼓励非工业车辆前往。

北斯雷弗(NORTH SLAVE)

这个地区在大斯雷弗湖(Great Slave Lake)和大熊湖(Great Bear Lakes)中间，岩石叠嶂、湖泊

野外小屋

在西北地区分布着无数偏远的山林小屋，有些要从耶洛奈夫坐一小段水上飞机才能抵达。价钱不便宜，但是体验边远地区的好办法。最受欢迎的是**布莱克佛德湖边小屋**（Blachford Lake Lodge；☎867-873-3303；www.blachfordlakelodge.com），在耶洛奈夫东部，设有钓鱼、坐狗拉雪橇等一系列活动。参考《探险者指南》（*Explorers' Guide*，见788页），上面还有其他山林小屋。

处处、矿产丰饶。除了在耶洛奈夫的人之外，这里大部分人是 Tlicho 人，过着传统（不面向旅游）的生活。

HIGHWAY 3公路

已铺砌完毕的 Hwy 3 公路从耶洛奈夫往西北 98 公里到 Behchokó（以前的雷伊，Rae-Edzo），沿着大斯雷弗湖 (Great Slave Lake) 的北湾 (North Arm)，走水下 214 公里到达普罗维登斯堡。

走耶洛奈夫—Behchokó 公路蜿蜒穿过沼泽、针叶林和略带桃色的加拿大地盾岩层。**Behchokó**（人口 1834）没什么可看的，在 Hwy 3 公路往北十公里一条通路上。尽管它属于西北地区最大的社区之一——而且也是到目前为止最大的原住民定居点——但它非常与世隔绝，旅行者可能会觉得不知所措。它有一个基本的服务站、一个咖啡馆和一个便利店。

经过 Hwy 3 公路桥，露在地面上的岩石层就消失了，土地变成平坦的北温带森林，这在西北地区南部到处可见。道路也变得宽敞、笔直和光滑。不过，如果想加大油门，请留意：**马更些野牛保护区** (Mackenzie Bison Sanctuary) 就在路东。这座公园有着世界上最大的自由放牧的纯种森林野牛牛群。它们在路边吃草，体重比你的汽车还重，脾气也不小，所以留意一点。这个保护区里没有徒步小路或游客设施。

在保护区南边，有条 5 公里长的通道可达普罗维登斯堡。绕过它有个服务站及有时开放的游客信息亭，几公里外，还有个免费的车辆渡船 **Merv Hardie 号**（MV Merv Hardie；☎800-661-0750；🕑6am～午夜）。冬天有座冰桥。一座全年横跨马更些河、耗资昂贵而备受争议的大桥于 2008 年动工。

普罗维登斯堡(FORT PROVIDENCE)

这个低调的原住民社区（人口 750）在马更些河源头附近，1861 年罗马天主教传教会建立时建成。通往社区公路的中间是美丽（而且经常十分拥挤）的**普罗维登斯堡地区公园**（Fort Providence Territorial Park；帐篷 $15；🕑5 月中到 9 月 15 日）。它有小便池和河边陆地。

普罗维登斯堡是个牧羊的地方——问问在绿色草地上吃草的水牛就知道了。10 米长的河岸顶头有不错的野餐长椅，经过漂亮的木制教堂是船只下水处。在此垂钓很不错，可以从海岸那里捕捉到梭子鱼、大眼鲇 (walleye)，有时还有河鳟 (grayling)。如果没钓到什么，旅行用品商还能带你到水上去。

在城市进口处，**Snowshoe Inn旅店**（☎867-699-3511；www.ssimicro.com/snowshoe；单/双 $130/160；wi-fi）有大方、现代的滨水房间。过了马路，快餐店**Snowshoe Inn Restaurant饭店**（☎867-699-3511；菜肴$6～18；🕑周一至周六7am～8pm，周日10am～8pm；wi-fi）飞快做好三明治和如丝般光滑的奶昔 ($6)。墙上照片展现了当地历史。附近精美的手工艺品小店展示了这个地区的特产：驼鹿毛装饰。

南斯雷弗(SOUTH SLAVE)

南斯雷弗区 (South Slave Region) 包含斯雷弗湖南部的地区，主要是平坦的林地，宽大的河流和无数壮丽的瀑布从中穿过。这里的社区比这个地区的其他任何地方感觉上都更"南方"——原住民文化不那么明显。

马更些公路(MACKENZIE HIGHWAY)

在马更些河 (Mackenzie River) 南边 23 公里，Hwy 3 公路的交界口处，马更些公路 (Hwy 1 公路) 开始分岔，向西进入代乔地区，向东南进入南斯雷弗。后一条岔路车更好开些，路铺得很平，继续行驶 186 公里可以到达艾伯塔边界 (Alberta border，从这里开始就进入埃德蒙顿)。这条路被称为**瀑布路** (Waterfalls Route)，因为沿途有些美得让人晕眩的小瀑布。

沿着这条路，首先出现的是**伊夫琳女士瀑布地区公园**（Lady Evelyn Falls Territorial Park；帐篷 $15；🕑5 月中到 9 月 15 日），离马更些公路 7 公里，在卡基萨 (Kakisa) 通路上。这里有条小路，通往从一座古老的月牙形珊瑚礁上倾泻而下的 17 米高瀑布。另一条小路通往瀑布下的卡基萨河 (Kakisa River)，是钓白鲑 (whitefish) 的绝佳之地。宿营地有淋浴，高耸的松树，周末还有许多垂钓的人。沿通路走另外一条小路 6 公里后，是微型的原住民定居点**卡基萨** (Kakisa，人口 52)。

从卡基萨通路开 83 公里，到达**恩特普赖斯** (Enterprise，人口 97) 的大杂烩服务站。**Twin**

Falls Inn 旅店（☎867-984-3711；单／双 $80/85）在Hwy 1 公路和 Hwy 2 公路的交会处，提供汽油、快餐和实用的房间。道路转弯处是 **Winnie's 旅馆**（☎867-984-3211；主菜 $5 ~ 10；⏰周一至周六 7am ~ 5pm，周日 8am ~ 5pm），那里很棒的早餐常常被这里的人们津津乐道。

马更些公路南边与之平行的路上，坐落着让人难以忘怀的**双子瀑布峡地区公园**（Twin Falls Gorge Territorial Park；⏰5 月中到 9 月 15 日）。齐名的双瀑布由一条 6 公里长的草木丛生的小径连接起来，是个理想的徒步游之处或骑自行车路线。小路北端是 15 米高的层叠的**路易斯瀑布**(Louise Falls)，就在海伊河上。有无数的**宿营区**（无预订 / 无电 / 带电宿营地 $10/15/20）位于北部的林间空地，外加淋浴和厕所。小路南端是漂亮的**亚历山大瀑布**(Alexandra Falls，33 米高)，有很多的水流倾泻而下；它有个哨所和野餐处。

马更些公路往南 72 公里，在艾伯塔边境，是**北纬 60 度地区公园**(60th Parallel Territorial Park)。在**游客中心**（⏰5 月中到 9 月 15 日 8:30am ~ 8:30pm），员工会分发小册子、咖啡，并提供随意的建议。展示有原住民工艺品，例如鞋面饰珠的鹿皮鞋，还有**宿营区**（帐篷 $15），带有厕所和淋浴。

海伊里弗(HAY RIVER)

努力工作、坚忍不拔的海伊里弗(Hay River)没有什么可以参观的。从恩特普莱斯到此，第一眼看见的是平原上 16 层高高升浮的上现蜃景。然后会看见在公路上爬行的毁坏的汽车旅馆、笨重的油库、吱吱作响的铁路车以及数十辆一堆堆被水草缠绕的船和卡车。海伊里弗是西北地区第二大社区（人口 3648)，也是北部船运集散中心；它是加拿大最北铁路段的终点，也是极地地区的驳船停靠站和大斯雷弗商业捕鱼港。

方位和实用信息

如果你还没有转身，你会发现城里有两个截然不同的区域。海港在北部尽头维尔岛(Vale Island)上；新地区在南边，有饭馆和商店，走公路先到达新区。

游客信息中心（Visitor Information Centre；☎867-874-3180；Mackenzie Hwy 和 McBryan Dr 拐角；⏰周六至周三 9am ~ 9pm，周四和周五 9:30am ~ 9pm）里有很多小册子，有能提供一些帮助的青少年员工。淡季可以在 Commercial Dr 北边的市镇大厅里驻足。隔壁的**图书馆**（⏰周一至周四 10am ~ 5pm 和 7 ~ 9pm，周五至周日 1 ~ 5pm）能免费上网。

景点和活动

如果天有些炎热、阳光明媚，可以一访维尔岛(Vale Island)的**海滩**，它面向巨大的大斯雷弗湖。或者，游客中心提供关于徒步旅行、飞行观光、钓鱼、高尔夫和出租独木舟的信息。坦白说，尽管这里的活动在西北地区其他任何地方也可以进行，但是，这里风景更吸引人。对于室内多样化的艺术，你可能想去参观城镇古老的哈得孙湾贸易站的**海伊里弗文化遗产中心**（Hay River Heritage Centre；☎867-874-3872；Mackenzie Dr和102nd Ave拐角；⏰提前打电话联系）。

> **不要错过**
>
> - **冰核丘** — 攀登冰雪覆盖的北极山峰（见 806 页）
> - **烟山** — 看着煤层持续不断地燃烧（见 806 页）
> - **温泉** — 在寒冷的荒原中洗热水澡（见 802 页）
> - **盐沼地** — 欣赏古老的景观（见 800 页）

住宿

海伊里弗地区公园宿营地（Hay River Territorial Park Campground；☎867-874-3772；宿营地 $20；⏰5 月中到 9 月中）像是从海滩扔出的飞碟，林荫浓密的宿营地有热水淋浴、烧烤区、儿童游乐场。在维尔岛 104th St 街对面。

天堂园林与营地（Paradise Gardens & Campground，☎867-875-4430；82 Paradise Rd；帐篷 / 不带电 / 带电 $15/20/25）距离城镇南面大约半小时的路程，坐落在西北地区少数农场之一，这儿有 15 个营地，并且能够为你提供野外采摘服务。

Harbour House B&B旅馆（☎867-874-2233；2Lakeshore Dr；单/双$65/85）位于滨海地区的桩木之上，仿佛随时会被洪水淹没似的，这个阳光充足、带八个房间的旅馆有古怪的航海 / 极地 / 宗教手工艺品。客人在公共厨房做饭。

Ptarmigan Inn旅店（☎867-874-6781，800-661-0842；www.ptarmiganinn.com；10 J Gagnier St；单/双 $120/130）位于市中心，是海伊里弗唯一一个真正的旅店，有干净而设备完善的房间、一间酒吧和一间舒服的用餐室。

就餐

Fisherman's Wharf 市场（101st St 和 100th Ave 拐角；⏰6 月中到 9 月中周六 10am ~ 2pm）每周有户外市场，提供鲜鱼和北部产品。

中心潜艇（Sub on the Hub，☎867-874-6898；73

西北地区

Woodland Dr；快餐 $5 ~ 8；⏲ 周一至周五 9am ~ 9pm，周六 10am ~ 9pm，周日正午 ~ 9pm）在娱乐设施齐备的市中心，在外卖窗口出售比萨饼和汉堡包，这儿没有炒菜。

Back Eddy Cocktail Lounge & Restaurant 饭店（☎867-874-6680；6 Courtoreille St；主菜 $15 ~ 20；⏲ 周一至周六 11am ~ 2:30pm 和 5pm ~ 午夜）这个光线昏暗的餐厅也许是城里最棒的餐厅。其特色菜是新鲜捕获的大斯雷弗湖鱼，包括用平底锅煎的白鲑（whitefish），上面浇以扇贝和虾（$18）。

到达和离开

飞机

布法罗航空公司（Buffalo Airways）、第一航空公司（First Air）和加拿大北方航空公司（Canadian North）几乎每天都有飞往耶洛奈夫的航班（单程约 $200，45 分钟）。加拿大北方航空公司也有直飞埃德蒙顿的航班（单程 $351，1 个半小时，一周 6 班）。

公共汽车

加拿大灰狗长途每天开往埃德蒙顿（单程 $165，16 小时）。边境长途去往耶洛奈夫（$98，8 小时）、史密斯堡（Fort Smith，$71，3 小时）和辛普森堡（Fort Simpson，$91，6 小时）。汽车站就在维尔岛大桥北边。

小汽车和摩托车

走已铺砌的公路 38 公里可以到恩特普莱斯。沿途有天堂花园（Paradise Garden）农庄以及去 Hwy 5 公路的岔道——沿 267 公里部分铺砌好的公路可以到史密斯堡（Fort Smith）。

四处走走

Hwy 1 公路一进入市内就被称为马更些公路，成了主马路。到了维尔岛，它又换了名字，叫 100th Ave 大道。维尔岛和市里都适于步行，但它们之间有数十公里远，让人想坐车到达。可以在市区入口的游客中心拿一份街道地图。**放心出租**（Reliable Cabs；☎867-974-4444）提供出租车服务。

史密斯堡(FORT SMITH)

史密斯堡在斯雷弗河高高的悬崖上，十分友善，充满田园诗般的感觉——有些不像在北部。也许是因为砖石建造的住房、球场和水塔，或是这个城和艾伯塔毗邻的缘故。多年来，这个城市是通往北方的入口，位于沿斯雷弗河急流（Slave River rapids）的水陆联运线的末端，但它是通往北方的入口。1874 年，哈得孙湾公司在此开店，直到 1967 年耶洛奈夫成为首府之前，这儿都是加拿大大部分北方地区的行政中心。如今，这个城市仍然保留着一个安宁而吸引人的政府中心和伍德布法罗国家公园的控制中心。2360 个居民中，有三分之二是克里人、奇帕维安人(Chipewyan)或两者的混血。

实用信息

游客信息中心（☎867-872-3065；www.fortsmithtourism.ca；108 King St；⏲8:30am ~ 6pm）在游艺大厦内。有很多旅游文献、免费的上网端口，以及一位大嗓门管理人员。大部分饭店、旅馆和商店在McDougal 路和联运大道(Portage Ave)，包括**北纬60度书店**（North of 60 Books；☎867-872-2606；66 Portage Ave；⏲周二至周六1 ~ 5:30pm）。如果在市区，你可能还想逛一逛伍德布法罗国家公园(Wood Buffalo National Park)的游客接待中心(见799页)。

景点和活动

北部生活博物馆（Northern Life Museum；☎867-872-2859；nlmmanager@hughes.net；King St和McDougal Rd拐角；免费入内；⏲6月到8月周一至周五10am ~ 7pm，周六和周日10am ~ 5pm）是北方最好的小城博物馆，有趣地展示了当地的历史和文化，还陈列着一只名叫Canus的高鸣鹤的遗体，这些高鸣鹤努力繁殖，以使自己的物种免于灭绝。

杂草丛生的**史密斯堡传教历史公园**（Fort Smith Mission Historic Park；Breynat St和Mercredi Ave拐角；免费入内）纪念罗马天主教抢滩北部的时光。可以在游客中心取一份自助游地图；在博物馆内，你可以选择由导游陪同参观。

除了伍德布法罗国家公园(Wood Buffalo National Park，见799页)外，城镇附近还有一些值得一游的活动。这里的**急流**因两点而出名：它是白鹈鹕最北部的筑巢区，在河中间岛屿捕鱼时可以看见；以及世界一流的**划桨区**。

城市前面的淹没急流(the Rapids of the Drowned)从Wolf Ave大道拾级而下可到。在史密斯堡30公里长的跨加拿大小路(Trans Canada Trail)上**徒步游**时，或在短一些的24公里长去菲茨杰拉德堡(Fort Fitzgerald)的路上步行，可以看见河上游的大山急流(Mountain)、鹈鹕急流(Pelican)和暗匣急流(Cassette)。在游客中心可以找到小路导游。

食宿

伊丽莎白女王地区公园（Queen Elizabeth Territorial Park；☎867-872-2607；宿营地 $20；⏲5月中至 9月 15 日）在 Tipi 小路（Tipi Trail）尽头，城中向西 4 公里处。这里田园般的宿营地在河断崖边，通常都是空置的。可以淋浴和烧篝火。

Thebacha B&B 旅馆（☎867-872-2060；www.taigatour.com/bandb.htm；53 Portage Ave；单/双 $110/120；💻）有干净的木地板房间，在市中心，是个松树成荫的地方。旅馆经营者也经营针叶林游公司（Taiga Tour Company，见 800 页），出租户外用具。

Pelican Rapids Inn 旅店（☎867-872-2789；传真 867-872-4727；152 McDougal Rd；房 $125～155）穿过公园游客中心，是城里最棒的旅馆，有标房、令人愉快的服务和一个饭店（☎867-872-2729；主菜 $7～20），食物可以接受，从牛排到中国菜都有。

Ed's Express餐馆（☎867-872-3332；195 McDougal Rd；主菜 $5～9；⏲周一至周六11am～11pm）很幸福的是，这家斯巴达式快餐馆供应的汉堡包、比萨饼以及donairs(大饼卷牛肉)比这儿的装饰要好得多。

到达和四处走走

西北航空出租（Northwestern Air Lease）有飞往耶洛奈夫（单程 $305，1 小时，周日至周五）和埃德蒙顿（Edmonton，单程 $497，2 小时，一周 5 班）的航班。边境有长途汽车去往海伊里弗（Hay River，$71，3 小时，一周 3 班）。冬天，冰道可以通往艾伯塔（Alberta）的麦克墨里堡（Fort MacMurray）。

部分路段已铺好的 Hwy 5 公路从海伊里弗穿过伍德布法罗国家公园顶部；有关详情见下页。冬天，冰道从史密斯堡（Fort Smith）开往艾伯塔的麦克墨里堡。史密斯堡可以步行，McDougal Rd 路是它的主路。想搭出租，试试**联运出租**（Portage Cabs；☎867-872-3333）。

伍德布法罗国家公园 (WOOD BUFFALO NATIONAL PARK)

这个加拿大最大的国家公园横跨艾伯塔—西北地区边界，虽不十分壮观，但它是神秘的。这块北部平原有瑞士那么大，盐碱让土地形成硬壳，河流消失在地下，是蛇类交配的乐园。

公园建于 1922 年，当时是为了保护布法罗——体格庞大的黑色北方亚种野牛。它们中约有 5500 头目前居住在该地区，你可能会看到它们沿着路边散步或者沾满灰尘满地打滚。（如果你不是很幸运，你将目睹它们死去：2007 年，在公园附近众所周知的空地上，自然灾害炭疽病的爆发使很多野生动物都曝尸于此，因此暂时关门）。

公园也保护着高鸣鹤——它们是地球上最后一种野生迁徙鸟群。这种巨型鸟类几乎绝迹，但感谢国际保护，如今又多了起来。它们和数百万只鸭子、鹅栖居在公园沼泽地上，这片沼泽包括巨大的 Peace-Athabasca 三角洲。驼鹿、驯鹿、熊、山猫和野狼也是这片地区的居民，另有无数的蚊子和马蝇。来此准备好作战。

方位和实用信息

有两条主路，其中一条是 Hwy 5 公路，全长 267 公里，部分路段平整，连接起海伊里弗（Hay River）和史密斯堡（Fort Smith）。这条公路的大部分横穿公园的最北角，那里的野牛是引起交通事故的危险物。史密斯堡往南 121 公里可到公园中心的和平点（Peace Point）。

公园大门免费。控制中心在史密斯堡，那里有个很好的**游客接待中心**（☎867-872-7960；www.pc.gc.ca/buffalo；149 McDougal Rd；⏲6 月中到 9 月初的周一至周五 9am～正午和 1～5pm，周六和周日 1～5pm，9 月初到次年 6 月周一至周五 9am～正午和 1～5pm）。里面有幻灯片播放、徒步游地图以及对公园中奇珍异兽的展览。

西北地区

冲浪斯雷弗河

问：白尼罗河（White Nile）、赞比西河（Zambezi）和斯雷弗河（Slave）有什么共同之处？

答：在前两条河上，世界上最皮实的爱斯基摩划子都会被搞坏。但在斯雷弗河，鳄鱼都咬不坏。

将史密斯港（Fort Smith）绘制到地图上一个多世纪以后，斯雷弗河急流（Slave River Rapids）也被标到了地图上。全世界兴起了在漂着白沫的急流中的"戏船"（playboating）运动，职业赛艇手开始乘宿营旅行车来北部度假。他们受传言蛊惑，说这里有巨大的水浪，斯雷弗河猛烈冲击着加拿大地盾。

这里的急流是大峡谷（Grand Canyon）的六倍，漫延数英里，泛着像瓦胡岛（Oahu）那么大的白色泡沫，水流深凹处沸腾不息。有好几百条冲浪路线和游玩点，冲浪者可以在这里玩上数周，都不会两次遇上同一波波浪。

为了避免认为斯雷弗河是西北地区唯一一个疯狂急流运动点，那么再想一想。2003 年，职业赛艇手 Ed Lucero 创下了世界纪录：他驾着爱斯基摩划子从 33 米高的亚历山大瀑布（Alexandra Falls，见 797 页）飞冲直下——还活着。

景点和活动

Hwy 5公路沿途的有趣景点包括**安格斯灰岩坑**(Angus Sinkhole)的石灰岩地形，正在消失的**Nyarling河**(Nyarling River)以及就在公园边界外泛着泡沫的**小野牛河瀑布**(Little Buffalo River Falls)。继续往前，有条13公里长的脏脏的旁路，可以到达**盐碱平原望台**(Salt Plains Lookout)，从那里走半公里路可以到一片巨大的白色土地，那是由古老海床汩汩流出的盐水形成的区域。

沿着和平点路(Peace Point road)是**盐河日用区**(Salt River Day-Use Area)，它是大陆最北端的蛇冬眠的家园（唉，它们只在4月末集体交配），也是去盐沼地和灰岩坑的超棒**白天徒步游**的小路起点。沿路走36公里可以到达非常受欢迎的**松湖宿营地**（Pine Lake Campground；帐篷$15；⏲5月末到9月中），可以游泳、在白沙海滩上晒太阳。这是公园里唯一一个路旁宿营地。

对冒险者来说，这里也有半打**偏远地徒步**(backcountry hiking)小路，还可以在历史的毛皮交易路线上**划桨**，这些路线经过Athabasca河、Peace河和斯雷弗河。和公园联系了解细节和通行证的情况，以及带导游徒步游和户外游的信息。

团队游

针叶林游公司（Taiga Tour Company；☎867-872-2060；www.taigatour.com；53 Portage Ave）是公园唯一一个有许可证的运动用品商，提供野生动植物观赏、狗拉雪橇和钓鱼。

西北航空出租公司（☎877-872-2216；charters@nwal.ca）与**Reliance Airways航空公司**（☎867-872-4004；www.relianceairways.ca）提供飞机在公园上空的观光服务，包括低空飞跃盐地、灰岩坑以及两小时皮斯河三角洲(Peace River Delta)上空的低空飞行。

西北地区

代乔(DEH CHO)

Deh cho在当地原住民语里的意思是“大河”，这片位于西北地区西南部的地区满是水路——最出名的是马更些河(Mackenzie)、利亚德河(Liard)和纳罕尼河(Nahanni)。它也群山绵绵，温度相对比较温暖，原住民文化很丰富。

马更些公路(MACKENZIE HIGHWAY)

从普罗维登斯堡南边30公里的Hwy 3公路交叉点开始，沙砾路马更些公路（Hwy 1公路）向西穿过288公里长的北部森林，到达辛普森堡(Fort Simpson)。这是西北地区黯淡无趣的路段，沿途没什么景色或有趣的地方。

幸运的例外是**桑巴得哈瀑布地方公园**（Sambaa Deh Falls Territorial Park；帐篷$15；⏲5月中到9月15日），在去辛普森堡的半路。它的特色是一个惊人非凡的路旁瀑布；沿着溪流、经过泥岩沼泽（留神隐蔽的瀑布）走10分钟可到的钓鱼点以及小一点的珊瑚瀑布。干净舒适的宿营地也有淋浴。

再走90公里，在马更些公路和Hwy 7公路交界处，是**检查站**(Checkpoint)，有汽油站、饭店和汽车旅馆，你去的时候，这家汽车旅馆有可能开门，也有可能闭门谢客。

从这里开始，马更些公路开始平整起来。**MV Lafferty**（☎800-661-0750；⏲5月中到10月末8am～11:45pm）有免费的汽车渡运，跨过辛普森堡(Fort Simpson)南边的利亚德河(Liard River)。冬天，这里有冰桥。结冰期和解冻期停运。

从辛普森堡(Fort Simpson)开始，马更些公路继续往北坑坑洼洼地走222公里，进入波澜起伏的高山，到达**里格利**(Wrigley)提纳人居住区（人口122)。打猎、捕鱼和诱捕一直是这个主要由木

热门话题：马更些天然气工程

在西北地区，没有什么话题比马更些天然气工程更热门了，该项目耗资$160亿，占地1220公里，坐落在马更些河谷。它在伊努维克周围连接了广袤的天然油气田和大北方以南的北美管道网格。

这一议案在20世纪70年代首次被提出，它引发了著名的伯杰大调查——托马斯·伯杰(Thomas Berger)法官在西北地区四处游说，征求原住民对此议案的意见。那时，被征求意见的北部当地居民几乎从来没听过这个议案，他们激烈反对，坚持认为油管会给文化和环境带来毁灭性灾难。最后，他们的意见被国家接受。这个议案被搁置。

现在，战线有些混乱。项目的拥护者中有原住民管道集团(Aboriginal Pipeline Group)，这是西北地区当地的一个财团，他们认为管道——钱将从这里流出——肯定能帮助人们摆脱贫困。另一方面其他本土人则坚决反对，特别是西北地区南端的代乔原住民(Deh Cho First Nations)，因为他们的传统领域将会被划分，他们谴责该项目的进行并没有与联邦政府解决好人们的安居、潜在利益以及土地权利的问题。

屋构成的村庄的基本活动。冬天冰道一直延伸到Tulita。

辛普森堡(FORT SIMPSON)

在原住民那里，辛普森堡（人口1216）是Liidlii Kue——两条河交汇处。浩瀚的利亚德河（Liard River）和马更些河（Mackenzie River）在此汇聚，几千年来，西北地区西南部的人也汇聚到这里。1803年在此建立了毛皮贸易驿站后，辛普森堡开始有人永久定居，它也很快成为哈得孙湾公司的地区中心。如今，这里逍遥自在，混合了原住民、梅蒂斯人和欧洲文化，是地区的管理和运输中心，也是去附近纳罕尼国家公园保护区（Nahanni National Park Reserve）的入口。

游客中心（☎867-695-3182；vofsvic@airware.ca；⏲5月到9月 周一至周五9am～9pm，周六和周日11am～7pm）在城市入口处，有着可以给予帮助的工作人员和小册子。城里还有一个杂货店、一个加油站、一个工艺品店、自动取款机、一个可以免费上网的图书馆和一个银行。

景点和活动

沿马更些河边陆地有条**小路**，可以看见满是浮木的水景和教皇平地（Papal Flats），1987年，几千人集聚此地欢迎教皇。历史遗址**McPherson House**及行为古怪的捕猎手Albert Faille的**小屋**也在附近。你可以加入**历史团队游**，不然就只能从外面欣赏了；在游客中心询问详情。

在加拿大国庆日前后的节日是**空旷天空节**（Open Sky Festival；www.openskyfestival.ca），为时3天的音乐及绘画节日，吸引了从各地到西北地区来的表演者及艺术家。

食宿

辛普森堡地区宿营地（Fort Simpson Territorial Campground；帐篷/娱乐车营地$15/20；⏲5月中到9月15日）在游客中心和教皇平地中间的树林中，有淋浴、小便池和舒适的宿营地。

Nahanni Inn旅店（☎867-695-2201；nahanin@cancom.net；100 St和101 Ave拐角；单/双$140/160）这家城里的主要旅馆价格太高，劣质的房间已褪色。

Bannockland Inn旅店（☎867-695-3337；www.bbcanada.com/1831.html；单/双$155/165）这家时髦的带早餐旅店在马更些公路外城东4.6公里处，俯瞰着河流在此全面交汇。如果有车或有其他方式进城的话，这里是第一选择。

Nahanni Inn Restaurant饭店（☎867-695-2201；主菜$7～12；⏲周一至周五7am～7pm，周六8am～5pm，周日9am～5pm）这儿是当地人聚集起来品菜的地方。

到达和四处走走

Tindi航空公司（周一至周五单程$325，周六和周日单程$180，80分钟）和第一航空公司（First Air，单程$333，1小时，周日至周五）有从耶洛奈夫到这里的航班。后者还有从怀特霍斯（Whitehorse，单程$687，2小时，一周3班）至此的航班。边境长途（Frontier Coachlines）有从海伊里弗（Hay River，单程$91，6小时，一周2班）来此的长途汽车。一旦抵达辛普森堡，这个城市还是非常适于步行的。

纳罕尼国家公园保护区 (NAHANNI NATIONAL PARK RESERVE)

对许多人来说，纳罕尼意味着荒野。它位于西北地区的西南部，靠近育空边界，方圆4766平方公里，同名河流伟大壮丽的纳罕尼河在公园中流过。这条河野性十足，翻滚500多公里穿过参差不平的马更些山峦。

有关这个地区的提纳人的巨人传说可以追溯至几千年前。20世纪早期，外来者往里面加上了有关野蛮部落、失落黄金和神秘死亡的故事，其中还包括两个寻宝兄弟被砍掉脑袋的传奇。诸如无头山（Headless Range）和死人谷（Deadmen Valley）这样的地名更是强调了这个神话。

恰当地说，纳罕尼河是加拿大遗产河流，而公园则是联合国教科文组织确定的世界遗址——这个公园就是以前者命名的。2007年，加拿大联邦政府宣布通过扩建公园面积来保护纳罕尼更多部分的计划。对该地区原住民土地权请求的解决，最终可能会使公园面积进一步扩大。

方位和实用信息

走公路无法到达纳罕尼，但每年还是有1000多个游客来此。其中一半是在壮丽的浪花上划桨远征而来，另一半则参加旅游团搭乘飞机降落于瀑布和温泉地区。入园名额是严格控制的：12个有导游的游客和12个自助游客在维吉尼亚瀑布宿营地（Virginia Falls campground）过夜，最多待两个晚上。对自助游客（特别是大团里的游客）来说，提前几个月预订是非常明智的。

可以在**加拿大公园**（Parks Canada；☎867-695-3151；www.parkscanada.gc.ca/nahanni；100 St和100 Ave拐角；⏲6月15日到9月15日8:30am～正午和1～5pm，9月16日到次年6月14日周一至周五8:30am～正午和1～5pm）获取公园和辛普森堡的通行证情况。通行证一天费用是$24.75；长期游客的通行证费用是$148.60。

西北地区

景点和活动

纳罕尼河在它的正中央附近飞流而下 30 层高，形成加拿大第一瀑布**维吉尼亚瀑布**(Virginia Falls)；在其他流域，峡谷包围它、洞穴侧护它、**Rabbitkettle 温泉** (Rabbitkettle Hot Springs) 温暖它。驼鹿、野狼、灰熊 (grizzly bear)、野生大白羊 (Dall sheep) 和山羊出没其间。

在纳罕尼国家公园保护区**划桨游**是所能进行的唯一活动。如果打算独自划桨，那你应该是一位能冲浪的戏水者(在Ⅳ级急流中)。这不是什么愉快的漂流；曾有人葬身于此。向公园办公室请教有关好地图和好书的建议、警告和推荐。联系旅游公司求租独木舟或皮筏。

团队游

飞行观光

参观公园最方便的方法是参加飞行观光游。一个典型的 6 小时旅行是乘水上飞机从辛普森堡出发，沿着纳罕尼河溯游而上，经过险峻悬崖间的峡谷，然后正降落于维吉尼亚瀑布 (Virginia Falls)。接着是 2 小时的徒步旅行和野餐。有关这些游程，你为飞机付的费用是：载四人的飞机 $1 900，六人飞机 $2 800。寻找旅行同伴分担费用，事先给飞行公司打电话，或者在城里询问有意者。辛普森堡的飞行观光公司都位于市中心飞机跑道附近的 Antoine Drive 车道上。

辛普森航空公司(Simpson Air；☎867-695-2505，866-995-2505；www.simpson-air.com)

南纳罕尼航空公司(South Nahanni Airways；☎867-695-2007)

豹熊航空公司(Wolverine Air；☎867-695-2263，888-695-2263；www.wolverineair.com)

划桨游

可以在一个有执照的户外用品商那里联系皮筏或独木舟。价格从 $3600 到 $5700 不等，视距离长短而定。应预约游程。拥有基本经验的人借独木舟最合适；皮筏——由一名导游操纵——更休闲，适合各种水平的人。

黑羽毛公司(Black Feather；☎705-746-1372，888-849-7668；www.blackfeather.com)

纳罕尼河历险公司(Nahanni River Adventures；☎867-668-3180，800-297-6927；www.nahanni.com)

纳罕尼荒野历险公司(Nahanni Wilderness Adventures；☎403-678-3374，888-897-5223；www.nahanniwild.com)

大多数游程从 Moose Ponds、Rabbitkettle Lake 湖或维吉尼亚瀑布开始，因为飞机可以在这些地方停落。从 Moose Ponds 到 Rabbitkettle 大概有 160 公里，大多数是三级水质。从 Rabbitkettle 湖到瀑布有 118 公里，河流平缓流淌，经过宽阔的山谷。一旦瀑布地区可以水陆联运，那么，从那里出发，252 公里后可以到达黑石地区公园 (Blackstone Territorial Park)，先是经过两岸悬崖的流域，再是水流湍急的峡谷，然后可以沿着宽阔的利亚德河前行。下游游程需要 7 到 10 天。从 Rabbitkettle 出发则要 14 天左右，而从 Moose Ponds 出发需要 21 天。

住宿

沿着河岸可以宿营。只有四个指定的宿营点：一个在维吉尼亚瀑布，有工作人员，也有独木舟和水上飞机的停靠码头，另外还有生化处理的厕所，直接暴露在自然的庄严中。Rabbitkettle 湖的宿营地也有工作人员。

到达和离开

如果是独自旅行，那么需要联系飞行观光公司，租飞机进入公园。

利亚德小路(LIARD TRAIL)

在辛普森堡南边 63 公里处的检查站，尘土飞扬的利亚德小路 (Liard Trail，Hwy 7 公路) 跟马更些公路 (Hwy 1 公路) 分岔，向南延伸，经过利亚德山谷 (Liard Valley)，路的西边是马更些山。黑熊和野牛满山满谷。唯一一个加油站在利亚德堡 (Fort Liard)。那里，从不列颠哥伦比亚边界 (British Columbia border) 开始，道路平整起来。小路和纳尔逊堡 (Fort Nelson) 附近的阿拉斯加公路 (Alaska Hwy) 连接起来，经过不列颠哥伦比亚，在西北地区和艾伯塔环绕一圈。从辛普森堡到纳尔逊堡全长 487 公里。注意：下雨天时，这条路会变得泥泞不堪。

在检查站和利亚德堡半中间是**黑石地区公园**(Blackstone Territorial Park；帐篷 $15；⏲5 月中到 9 月 15 日)有游客中心、宿营地、短途徒步小路和山峦美景，以及利亚德河和纳罕尼河交汇点的壮丽景色。大部分到南纳罕尼的游程于此结束。

从黑石穿过利亚德河是**纳罕尼孤峰** (Nahanni Butte，人口 115)，一个只可以租飞机或坐船或在冬天走冰道抵达的原住民村庄。那里有个综合商店、一个汽车旅馆，也有河上出租服务——这儿的蚊子比地球上其他任何地方都要多。

利亚德堡(Fort Liard)

利亚德堡林木葱葱，有整洁的原木小屋，还有西北地区最为晴朗的天空。这个提纳村庄仍然重视它的传统，比如编织白桦皮篮子，上面装饰着箭猪毛。在西北地区最好的手工艺品店之一——**Acho提纳本地手工艺品店**(Acho Dene Native

Crafts；☎867-770-4161；adnc@nt.sympatico.ca；Main St和Poplar Rd拐角；⏲周一至周六9am～7pm，周日至5pm）里可以买到，这个店在市中心，有两个游客中心那么大。

在抵达这个有将近600人的村庄之前，免费、原始的**海伊湖社区宿营地**(Hay Lake Community Campground)有饮用水和户外厕所。**利亚德山谷综合店和汽车旅馆**（Liard Valley General Store & Motel；☎867-770-4441，传真867-770-4442；Main St和Black Water拐角；单/双$100/130）在市郊，它常常人满为患，所以需要预订。

从Acho提纳本地手工艺品店出来，路上有一个咖啡馆和一个服务站。不列颠哥伦比亚边界在38公里以南。

萨赫图(SAHTU)

作为西北地区唯一通过公路无法到达的地区，萨赫图很可怜地、或者也许是很幸福地拥有着无数座山。从加拿大五分之一的地方排出的水都涌入马更些，从这儿切断道路；一些河段有3公里多宽。在它的两边，秃顶山峰高高地崛起，守护着这个世界上存留的最原始的地区——这里是徒步及泛舟旅行的好地方。

诺曼韦尔斯(NORMAN WELLS)

对于西北地区而言，这个古老的石油城是个珍品——从北方边境崛起的非原住民居民地，位于辛普森堡(Fort Simpson)和伊努维克(Inuvik)中间。这个居民地本身主要引起了坎努尔遗址小路上的徒步游者的兴趣。不同于乘坐火车，人们只能乘坐飞机或船只才能来到这座城镇。

显然处于心甘情愿，**诺曼韦尔斯历史中心**（Norman Wells Historical Centre；☎867-587-2415；Mackenzie Dr；免费参观；⏲7月和8月周一至周五10am～5:30pm，周六10am～4pm，周日正午～4pm）是个迷你型博物馆，展示着地区历史、地质概况、艺术品和手工艺品、河流和坎努尔遗址小路的介绍。这儿还有一个很酷的礼品店。

景点和活动

徒步旅行者可以在**化石峡谷**(Fossil Canyon)这种富含化石的地方探寻；可以在**Jackfish Lake湖**野餐，也可以划独木舟。如果那还使你觉得不够忙碌，可以在黄昏去城市垃圾堆(town dump)寻找黑熊。

诺曼韦尔斯曾经是许多可以划独木舟河流的出发点，包括Mountain河、Keele河和Natla河。**大山河户外人商店**（Mountain River Outfitters；☎867-587-2697；www.mountainriver.nt.ca）人员友好，出租独木舟、提供从河上返回的运送服务，也船载坎努尔遗迹小路的徒步游者渡过马更些河，回到小路起点（见本页框内文字）。

食宿

烦人的是，**宿营地**（宿营地免费）被从城里赶到了上游地区几公里外。宿营者常常挑个合适的地方，将他们的帐篷支在城前的河岸边。

Mackenzie Valley Hotel旅馆（☎867-587-3035；www.mackenzievalleyhotel.com；Mackenzie Dr；房$150～200）一边是破烂陈旧的老区，一边是一个物品昂贵、完美的新区，俯瞰着河流。咖啡厅提供地道的驯鹿汉堡包($14)——请相信！——是地道的中国食品。

Heritage Hotel（☎867-587-5000；www.heritagehotelnwt.com；Mackenzie Dr；房$215～280；wi-fi）是如此的崭新、气势磅礴、优雅夺目，以至于与这里的工人阶级韦尔斯格格不入。32个金碧辉煌的房间可以将河景尽收眼底。同时拥有富丽堂皇的大堂吧，外加风格迥异的厨房，可以制作各种食

值得一看：坎努尔遗迹小路(CANOL HERITAGE TRAIL)

诺曼韦尔斯的主要胜地就是**坎努尔遗迹小路**，这处国家历史遗址一直向南延伸372公里，直达育空边界。从那儿又有一条路去往罗斯里弗(Ross River)和育空高速公路。这条小路是在"二战"中，为了将石油运到怀特霍斯斥巨资而建，且花了大量人力。坎努尔(Canol)是"加拿大石油"(Canadian Oil)的缩写，但这项巨大工程在1945年被废弃了，因为战争就要结束，有了更便宜的石油采地。

这条线路横越山峰、峡谷和荒原。野生景观非常丰富，无数深邃的河流川流而过。路上没有什么设施，虽然一些古老的半圆拱形活动房屋可以稍稍遮风挡雨。走完整条小路要花3周到4周，大部分人需要安排好储藏食物。小路的开端一望无际，遍是沼泽，所以并不推荐从诺曼韦尔斯(Norman Wells)白天步行。有些人乘坐直升飞机，在诺曼韦尔斯可以租到。到达这条小路最有趣的路段。咨询**村办公室**（Village Office；☎867-587-3700; www.normanwells.com）或**大山河户外人商店**（Mountain River Outfitters；☎867-587-2698；www.mountainriver.nt.ca）。每年都有几十个坚定顽强的人走完全程。

品，如泰式卤汁牛排($22)，在城镇中是无与伦比的最佳就餐地。

到达和四处走走

加拿大北方航空公司每天开通在耶洛奈夫和伊努维克间往返的航班。北赖特航空公司有飞往耶洛奈夫和伊努维克（不是直达）的航班，也飞往沿河一些更为偏远的地区。

西北极圈(WESTERN ARCTIC)

拥有马更些三角洲、理查森山(Richardson Mountains)及一些海拔高的北极岛屿，这里是西北地区最多元化的地区。很多国家公园都坐落于此，也是原住民聚集地及因纽特人预先组建的城邦，通过中心枢纽丹普斯特公路，就可以驱车到达此地。

伊努维克(INUVIK)

伊努维克（人口 3484）位于马更些河河口几十公里，是西北地区第三大城市，也是西北极圈的巴黎（啊咳！）。这座城镇于 1955 年被人为建起，作为政府行政驿站，其一排排彩虹色房屋和拥有地面加热管的大杂院，使它看起来好像是仍在建设之中。从 5 月底到 7 月底，伊努维克总是阳光普照。在那期间，许多游客通过从育空到丹普斯特 747 公里道路崎岖的泥泞公路到达这里。当冬季到来时，被冰覆盖的路面开通，包括一条重要的图克托亚图克北面的高速公路。

实用信息

北部书店（Boreal Books；☎867-777-3748；75 Mackenzie Rd；⏲周一至周五 10am～6pm，周六至 5pm）有大量关于北方的满是灰尘的陈旧书籍和 CD。

CIBC银行（CIBC Bank；☎867-777-4539；134 Mackenzie Rd）有自动取款机。

伊努维克百年纪念图书馆（Inuvik Centennial Library；☎867-777-8620；100 Mackenzie Rd；⏲周一至周四 10am～6pm和7～9pm，周五10am～6pm，周六和周日 1～5pm）有免费上网，二手书交易和很多绝棒的北方书籍。

伊努维克地区医院（Inuvik Regional Hospital；☎867-777-8000；285 Mackenzie Rd；⏲24 小时）这座蓝色、红色和黄色的乐高结构设施位于游客中心对面。

加拿大公园（Parks Canada；☎867-777-8800；187 Mackenzie Rd；⏲6月到8月8:30am～5pm，其他时间事先致电）该办公室有关于塔卡他特（Tuktut Nogait）国家公园、艾瓦维科（Ivvavik）国家公园和奥拉维克(Aulavik)国家公园等以及冰核丘加拿大地标(Pingo Canadian Landmark)的信息。公园游客必须在此登记和注销登记。

邮局（☎867-777-2252；187 Mackenzie Rd）

西北极圈游客中心（Western Arctic Visitors Centre；☎867-777-4727；12月到次年2月867-777-7237；www.inuvik.ca；284 Mackenzie Rd；⏲6月到9月中 9am～7pm）有旅游手册、热心的工作人员，外加充气的驯鹿和其他展览。加拿大公园处夏季时在这儿举办说明会，可以询问时间安排。

景点和活动

城市的地标是**胜利女神教堂**（Our Lady of Victory Church；☎867-777-2236；Mackenzie Rd），也被称作圆顶教堂，有一个独立的白色圆顶和可爱的内部（但这个地方经常被锁住）。**Jàk 公园**(Jàk Park)在城南 6 公里，有个不错的望塔可以欣赏西北地区的地貌。

北部印象（Northern Images；☎867-777-2786；115 Mackenzie Rd；⏲周一至周五 9am～5:30pm，周六 10am～5:30pm）在一个八角形木屋中，是城里的美术馆。这里是北方文化及艺术的摇篮，包括 $170 的海豹皮帽子及 $3600 的因纽特雕刻品。

参观完上述景点以后，在伊努维克你最需要做的事情就是出城游玩。最简单的方式是驾车行驶在丹普斯特公路上，可以看到碎石山一直延伸到西部，伸入最令人炫目的高山景色。你可以以 $120 每天加每公里 25 分的价格从**极地牧人小屋**（Arctic Chalet，☎867-777-3535；www.arcticchalet.com；15 Carn St）租用一个丹普斯特皮卡车，同时享受免费行使 100 公里的待遇。虽然花费很高，但是非常物有所值。

极地牧人小屋和**西北极地探险**（Western Arctic Adventures；☎867-777-2594；www.inuvik.net/canoenwt）都出租独木舟和爱斯基摩划子，每周约 $200。

团队游

大部分团队游游程包括飞行俯瞰地毯式的**马更些三角洲**(Mackenzie Delta)和风雨剥蚀的北极海岸，在这儿，树木逐渐减少，尽是冰核丘：从冻土地带突出来的包裹着冰层的山丘。摄影者应该在飞机尾部找座。

极地牧人小屋（Arctic Chalet；☎867-777-3535；www.arcticchalet.com；25 Carn St）整年都有探险服务，它们的小屋也十分舒适。冬天，每天都有狗拉雪橇游（$100），参加者有机会一路指挥雪白的爱斯基摩狗。

极地自然游（Arctic Nature Tours；☎867-777-3300；www.arcticnaturetours.com；⏲周一至周五8am～8pm，周六 9am～5pm，周日10am～5pm）在靠近城镇入口的 Nova Inn中有办公室，Arctic Nature组织了许多团队游，最受欢迎的是到北极圈海岸图克托亚图克为期半天的

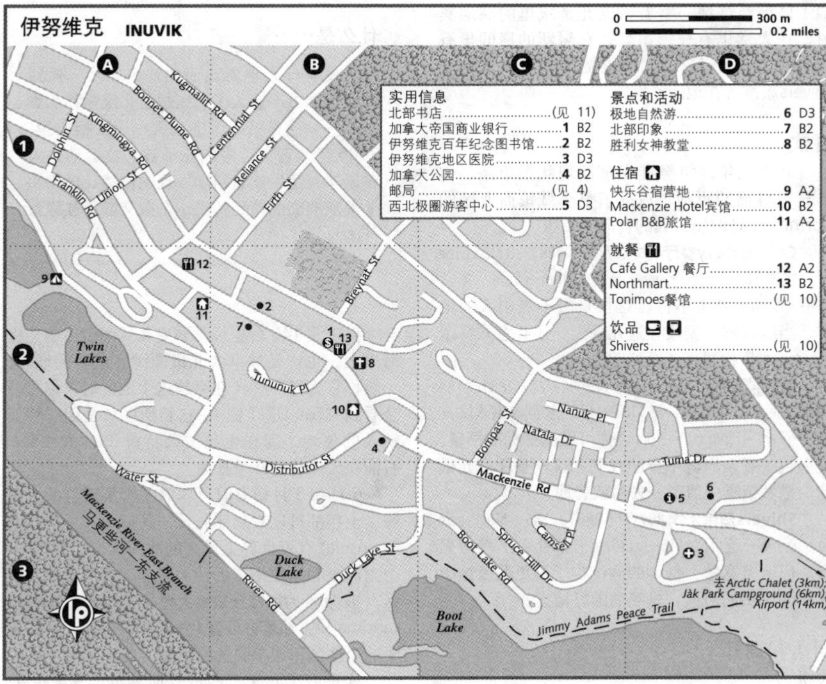

飞行（每人$280）。提供$35的伊努维克城镇游、在马更些三角洲乘船游（每人$65），以及到荒野游览，如赫舍尔岛（见783页）。

节日和重大活动

日出节（Sunrise Festival；☎867-777-2607；🕑1月初）把当地人聚到一起，他们在冰上放焰火，迎接30个黑暗之日后太阳的第一次初升。

北部大艺术节（Great Northern Arts Festival；☎867-777-3536；www.greatnorthart.com；🕑7月末）北方顶级的艺术节，吸引了无数来自极地附近的游客、画家及其他创作家。这是购买北极圈艺术品的理想领地，可以亲眼目睹作品是如何生产出来的，或者加入艺术品操作间及文化创作。

住宿

Jàk公园宿营地（Jàk Park Campground；☎867-777-3613；帐篷/娱乐车营地 $15/20；🕑6月到8月）这个由政府运营的宿营地很漂亮，在城南6公里丹普斯特公路上。有热水淋浴和篝火。可以欣赏到三角洲的优美景色，微风稍稍赶走了蚊子。

快乐谷宿营地（Happy Valley Campground；☎867-777-3652；Franklin Rd；无预订/不带电/带电 $10/15/20；🕑6月到8月）很接近市中心，这个营地提供跟Jàk公园宿营地一样的服务。如果你没有车且经济紧张，那就住在这儿；否则，选择Jàk公园。

Polar B&B旅馆（☎867-777-2554；www.inuvik.net/polar；75 Mackenzie Rd；房 $95起）楼下是书店，这个带早餐旅馆有四个带公共浴室、公共休息区和公共厨房的大房间。位于市中心——也许太中心了。

我们的选择 Arctic Chalet小屋（☎867-777-3535；www.arcticchalet.com；25 Carn St；房 $110～130；💻wi-fi）在北方的林间空地中，有着明亮的房间，是伊努维克最好的住地。每栋房子都有简易的厨房设施。精力充沛的业主还出租独木舟、爱斯基摩划子和汽车，运营狗拉雪橇游，他们也是当地信息的客观来源。牧人小屋在离城三公里处。如果想体验真正的拓荒生活的话，还有一个没有什么设施的乡村小屋($50)。

Mackenzie Hotel宾馆（☎867-777-2861；www.inuvikhohotel.com；185 Mackenzie Rd；单/双$169/184；

(💻)目前经过精心察看，这儿是城里的高端宾馆，在大堂里有枝形吊灯，在崭新的房间里有优美的艺术品。这儿同时也是Tonimoes餐馆及Shivers旅馆所在地。

餐饮

最近几年，伊努维克烹饪现状很萧条。你要充当自己的厨师。占据了整个城镇商业区的Northmart是城镇最大的食品杂货店

Café Gallery餐厅（☎867-777-2888；90 Mackenzie Rd；主菜$5～12；🕑周一至周五9am～5pm，周六正午～5pm）名实不符，这里是最不吸引人的地方，当地人常常聚集在这儿聊天。还有意式特浓(espresso)、松饼、汤及三明治。

我们的选择 **Tonimoes**（☎867-777-2861；185 Mackenzie Rd；主菜午餐$10～13，主菜晚餐$12～36；🕑7am～2pm和5～9pm）你可以选择标准早餐、汉堡包午餐及海鲜牛排的晚餐。这座餐厅灯光微暗，是城镇唯一值得一去的就餐地。

Shivers酒馆（☎867-777-2861，185 Mackenzie Rd；🕑周一至周六11～12:30am）尽管名字有些愚蠢，但这家宽敞、低调的酒馆位于马更些旅馆中的Tonimoes的对面，是喝酒的好地方。

到达和离开

飞机

Mike Zubko航空公司(Mike Zubko Airport，代码YEV)在城南14公里处。**城市出租**（Town Cab；☎867-777-4777）从那儿到市中心收费$25。

北方航空公司有飞往道森城、旧克罗和怀特霍斯的航班。**阿拉斯加航空公司**（☎866-707-4977；www.aklakair.ca）有飞往图克托亚图克(Tuktoyaktuk)、保拉塔克(Paulatuk)和Sachs港(Sachs Harbour)的预约航班，还提供去国家公园的飞机出租服务。加拿大北方航空公司(Canadian North)每天飞诺曼韦尔斯(Norman Wells)和耶洛奈夫，到那里就可以转机去卡尔加里和埃德蒙顿。第一航空公司飞耶洛奈夫，那里有去往整个北方的中转。

小汽车

极地牧人小屋汽车出租（Arctic Chalet Car Rental；☎867-777-3535；www.arcticchalet.com；25 Carn St）出租多种机动车，在机场也设有柜台。**北加拿大**（NorCan；☎867-777-2346；norcan@inuvik.yk.ca）在机场也有柜台。如果自行驾驶，查一下丹普斯特公路和渡运情况至关重要（☎800-661-0750）。

图克托亚图克(TUKTOYAKTUK)

图克托亚图克(Tuktoyaktuk，人口870)在伊努维克东北140公里经常遭受暴风雨袭击的北极海岸上，也许是加拿大北极圈游客最多的地方。一般称它为"Tuk"（在穿越这个地区时，你可能会看到"Tuk U"T恤），它长期以来是因纽特捕鲸人的住地，现在也是波弗特海(Beaufort Sea)石油和天然气的开采基地。

6月和8月初有时可以看见密集成群的大白鲸。全年都可以看到冰胀丘，其中Tuk半岛(Tuk Peninsula)有着世界上最高的冰核丘峦。1400多个由泥土和冰块组成的巨大隆起，点缀着这片地区，被命名为**冰核丘加拿大地标**(Pingo Canadian Landmark)。**部落办公室**（☎867-977-2286）提供关于这个地区和旅游服务的更多信息。

这里有个建于"冷战"时期的旧**军事基地**，还有几座旧**捕鲸建筑**和两座迷人的小**教堂**，后者建于天主教和英国国教互相争夺、想使当地原住民改信他们宗教的时期。冬天道路结冰，进入受限，大部分旅行者在夏天从伊努维克坐飞机来此半日游（见804页）。

> **什么是……**
>
> 没有什么地方比西北地区冰冷、孤独的北极圈更不迷人了，在那里北极熊和北美灰熊——通常情况下的敌人——互相恋爱。2006年，它们可爱的孩子被一位运动猎人带走了。金发熊是科学发现的自然北极熊和北美灰熊交配得到的第一个杂交熊，被称为"Pizzly"。

保拉塔克(PAULATUK)

这个小小的西部因纽特人社区有300位居民，位于Hornaday河(Hornaday River)河口附近的北极海岸上，在伊努维克(Inuvik)以东400公里。小城的名字意思是"煤灰"；主要游点是**烟山**(Smoking Hills)，由闷燃的含硫板岩形成。了解详情，请联系**部落办公室**（☎867-580-3531）。

塔卡他特国家公园(Tuktut Nogait National Park)

保拉塔克是离这座公园最近的社区，这个公园在东边45公里处，一片野生景色，是蓝鼻驯鹿(Bluenose caribou)的主要产犊地。里面没有旅游服务和设施，但城里有个小小的公园游客中心，夏季可以进去参观。了解详情，联系伊努维克的**加拿大公园管理处**（Parks Canada；☎867-777-8800；187 Mackenzie Rd；🕑6月到8月8:30am～5pm，其他时间事先致电）。

班克斯岛(BANKS ISLAND)

班克斯岛在北冰洋上，保拉塔克的北边，3500年前开始有人居住。从极地来说，这儿算得上野生动植物丰饶，也是地球上观赏麝牛的最佳场所之一。这个岛也有两个鸟类保护区，夏天可看见成群的雪鹅(snowgeese)和海鸟。**Sachs港**(Sachs Harbour)是个大约有120人的因纽特社区，也是唯一社区。了解详情，联系**部落办公室**(☎867-690-4351)。从伊努维克(Inuvik)到Sachs港(Sachs Harbour)，有预订飞机服务。

奥拉维克国家公园 (Aulavik National Park)

在班克斯岛的北端，这儿鲜有游客(2007年只有5位游客)，面积12 275平方公里。它是世界上麝牛最集中的地方，也是荒地、苔原和考古遗址最集中的地方。公园名字的意思是“人们旅游之地”，这就是你为什么非得去那里的原因。了解参观详情，请联系伊努维克的**加拿大公园管理处**(☎867-777-8800; 187 Mackenzie Rd; ⏲6月到8月8:30am ~ 5pm，其他时间事先致电)。

努那瓦特 Nunavut

一谈到“北极地区”，人们所谓的努那瓦特便意味着一个大面积被暴风雪覆盖、冰冷严寒的高地。北极熊及冰山随处可见，人迹罕至。虽然这儿的面积远大于墨西哥，但人口却比列支敦士登还少。

居住在这里的是因纽特人(Inuit)。在他们的语言中，nunavut 的意思就是“我们的土地”。与这个半球上的任何其他原始部落不同，他们一直守护着自己古老的家园，忍受着——不，是严守着这块土地，致使其他外来者无法入侵。努那瓦特省里 85% 是因纽特人，感谢 1999 年努那瓦特从西北地区分离出来，让他们对政府享有民主统治权，外加对几百万亩领地享有合法权利。但努那瓦特省也统治着他们。自然节律是无上之王，如果你去旅游的时候，正逢山里有北美驯鹿，那么你会发现，所有人都关了店铺，捕猎去了。

对旅行者来说，努那瓦特省是个悖论：它太奇特、太壮丽，你永远也无法满足，但是，你会马上把能承担得起费用的事全干完了。你也需要耐心：极地气候会影响旅行路线。更有甚者，这里的人令人发疯地无助。

南部的巴芬岛 (Baffin Island) 有着最好的旅游机遇。那里有吸引人的生态群落，以及两座可以徒步旅行、划桨和欣赏野生动植物的乌托邦式公园。可以深入哈得孙湾 (Hudson Bay) 海岸的基瓦里奇 (Kivalliq) 地区、极地海岸的基提克缪特 (Kitikmeot)，或北极腹地 (High Arctic) 的群岛。即使是虔诚的自助旅行者们也应该设法通过巡航船只或者有组织的团队游游遍努那瓦特，了解这个地方的规模、费用和物流障碍——并在极地荒野中避免熊一类动物的危险。

亮点

- 在位于**奥育图奇国家公园**(Auyuittuq National Park，见816页)里的世界上最险峻的悬崖边上，感受人是多么的渺小。
- 在**开普多塞特** (Cape Dorset，见 817 页) 的因纽特艺术圣地邂逅皂石北极熊——但要当心真的北极熊。
- 在加拿大最古怪的首府**伊卡卢伊特** (Iqaluit，见 812 页) 的许多餐馆中找一家大声地咀嚼木炭、驯鹿和麝牛。
- 迈着太空步穿过月亮高挂的**雷索卢特** (Resolute，见 818 页)，尽管有四个月的夜半太阳，这里却寸草不生。
- 在伊甸园般的 **Soper 河** (Soper River，见 815 页) 里，小瀑布水花飞溅、北美驯鹿在岸边嬉戏、独木舟悠游水上。

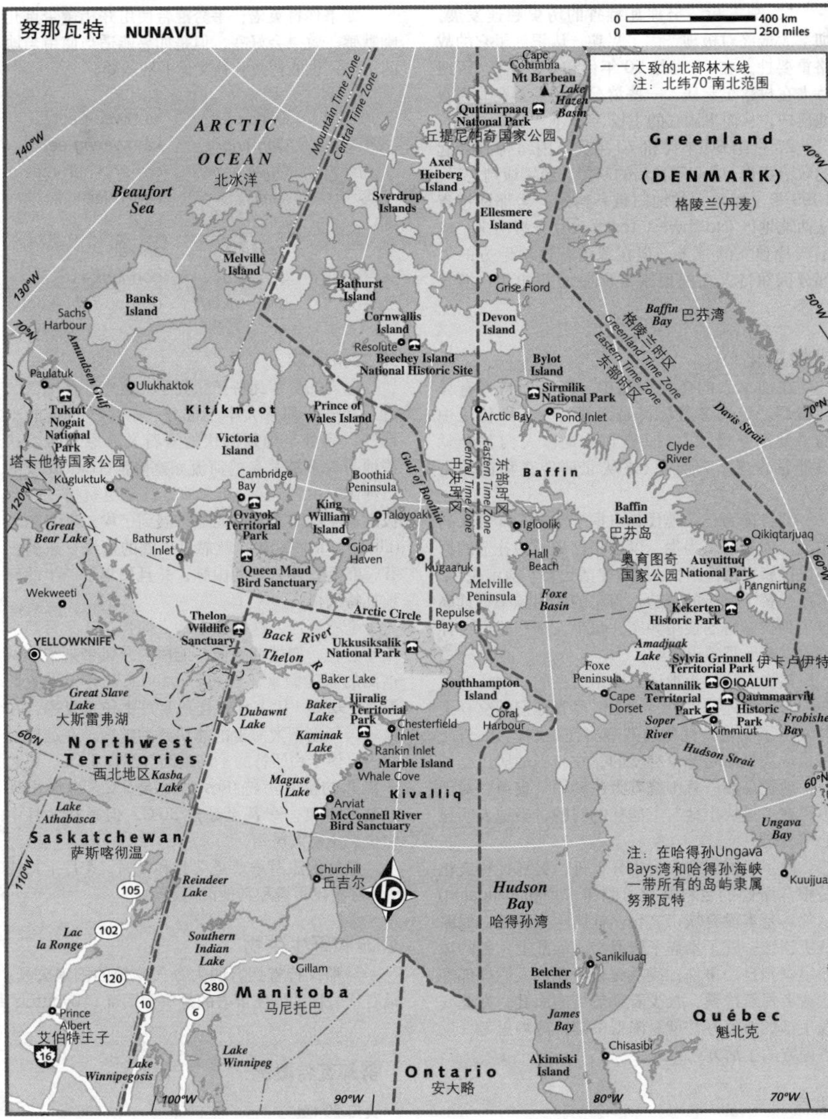

历史

努那瓦特省有人居住已经约4000年，尽管因纽特人从1000年前才从阿拉斯加州(Alaska)迁徙至此。他们无数代在这儿过着游牧生活，根据季节变换追捕着野味，因此创造出一种独创的物质文化，和周围环境相抗衡。

尽管维京人(Viking)也许拜访过巴芬岛（传说中的“山之国”[Helluland])，但欧洲人到此有确切记载的始于1576年，马丁·弗罗比舍(Martin Frobisher)来此寻找西北航线。在随后的375年里，极地迎接了更多的探险家（包括约翰·富兰克林爵士[Sir John Franklin]，1845年他在此失踪）、捕鲸人、贸易商和传教士。在这片巨大的土地上，这些来访者对因纽特人没什么影响。

“二战”后，努那瓦特省的历史超速发展。加拿大最终对极地产生了兴趣，认识到了它的战略重要性。在20世纪50年代和60年代，因纽特人在村落里定居，一些情况下还重新在北极腹地落户，从而巩固它的主权。

20世纪60年代和70年代，因纽特人兴起的政治意识，唤起了自治的梦想。经年谈判之后，1999年，加拿大的地图重新绘制。努那瓦特省从西北地区（Northwest Territories）分裂出来，成了一片独立的领土。现在统治着这块地方的大部分因纽特人在圆顶冰屋（igloos）里出生，游牧抚养。

当地文化

在加拿大的多元文化中，努那瓦特最有异国情调。绝大多数居民是因纽特人——传说中的“爱斯基摩人”（一提到此词，人们就会觉得非常古老），他们只是从北那努克移民的一代人。

到目前为止，现代化占据了至少一部分人的生活。依靠狩猎为生、以互相擦鼻子为礼节的原住民民族将慢慢消失。城镇生活代替了流浪生活；木屋代替了原始的草房；雪车的使用频率远远高过了狗拉雪橇的使用频率。每个人都和我们一样整天看着无聊的电视剧。

然而，这块土地还是非常野性的。因纽特人在内心深处还是以狩猎为主。尽管他们的交易工具发生了变化，性质及其节奏还是和以往一样。狩猎动物仍然是非常神圣的。在与当地居民交谈时，话题总会一直围绕着野生动物及皮革。对于不再在“这块土地”上居住的问题，当地人明显心情复杂。

除了以因纽特人为主导以外，努那瓦特文化是根深蒂固的乡村文化。除伊卡卢伊特（Iqaluit）以外，基本没有城市文化。社区不太稳定，泥路坑坑洼洼，院子堆满了废弃物。从乱七八糟的墙涂字画到自杀事件，凌乱无处不在。人们抑郁寡欢或者孤僻冷漠，很少看到热情的面孔。在此安逸生活的最好办法就是降低节奏，冷静思考，反省南方的生活方式。

语言

别认为英语战胜了法语：在这里人们主要说因纽特语，是70%的努那瓦特人的主要语言，很多老人和孩子只会说这种语言。由于存在喉音及各种综合发音，这种语言很难掌握（即很多词语组合成一句很难理解的话）。而且由于主要通过音节来表达，这种语言十分难懂（基于音节而不是单词的语言系统，不是很好理解）。

如果你将英语、手势混合使用并稍微带点儿幽默感，效果会好些。但是如果能适当使用当地的词汇，也能稍微弥补文化上的差异。

你好吗？	*Qanuippit?*	ka-*nwee*-peet?
我很好	*Qanuingi*	ka-*nweeng*-ee
谢谢	*Qujannamiik*	coy-*ahn*-nah-meek
不客气	*Ilaali*	ee-*lah*-lee
是	*Ii*	ee
不	*Aakka*	*ah*-kah
上午好	*Ullaakkut*	ood-*lahk*-kut
下午好	*Unnusakkut*	oo-noo-*sahk*-koot

国土和气候

庞大的努那瓦特扩张到了北美东北部地区。近一半——加拿大本土部分——是“贫瘠的土地”，到处是绵延起伏的岩石及冰原地带，这些地带大多被著名的河流如塞隆河(Thelon)及喀山河(Kazan)穿越。其余地方甚至更贫瘠——北极圈占了绝大部分，向北扩展到了埃尔斯米尔岛(Ellesmere Island)，就靠近极圈的边缘；东到巴芬，靠近直冲云霄的山脉，并且聚集了一半的努那瓦特人口。

毫不奇怪，这块领土寒冷彻骨。从9月到次年6月初，四处都是雪；无情的寒风带来了难以推测的寒冷因素，比如Kugaaruk曾有记录的低温是–92℃。从7月一直到8月中旬是夏季，在极昼天气之下大海上的冰块开始解冻。在这段时间内，伊卡卢伊特的平均最高气温在12℃，更北一点儿的雷索卢特（Resolute）是7℃。也会出现很高的温度——甚至超过30℃，但是在7月中旬也会出现大风雪。

最好的旅游季节是7月和8月。4月下旬或5月有狗拉雪橇和其他滑雪运动。

公园和野生生物

努那瓦特省拥有四大令人吃惊的国家公园。最有代表性的方便可去的是奥育图奇（Auyuittuq,

努那瓦特概况

人口 29 474
面积 2 093 190平方公里
首都 伊卡卢伊特
出生的名人 Susan Aglukark（音乐家）、Kenojuak Ashevak（艺术家）、Jordin Tootoo（冰球运动员）、Sheila Watt-Cloutier（激进主义分子）
特产 地球上几乎一半的北极熊都在这里
高速公路公里数 21

热门话题：狩猎北极熊

在努那瓦特居住着世界上一半以上的北极熊，体积庞大的北极熊扮演着各种各样的角色：地域吉祥物、食人兽、季节变换的情报员。毫无疑问，对于北极熊在高额利润率的狩猎行业中扮演的重要角色，人们已是众说纷纭。

目前，全球都在关注冰山日渐融化以及北极白熊命运的问题，就此，美国国会正讨论出台关于禁止进口北极熊皮革的法律。这引起了加拿大因纽特导游们的不满，他们帮助狩猎人——主要是美国人——捕杀北极熊，一次大概可获得 $25 000，并搜集价值连城的北极熊皮。据因纽特人说，皮革禁令将使北极熊狩猎生意垮掉，给努那瓦特小镇的这个陆地上的暴利行业画上句号。

北极熊是否处于危险境地，因纽特人常常对此进行争吵和辩论。他们坚信来自南方的科学家是在危言耸听，或者仅仅是没有认识到对当地人来说什么才是显而易见的问题，总体而言，北极熊正在越来越多。科学家认为情况并非如此。他们坚持认为是气候的变化导致北极熊忍饥挨饿，因此它们不得不围着城镇四处觅食——而这让当地人误认为它们的数量增加了。

见 816 页），位于巴芬岛东部的冰河、峡湾和高耸入天的悬崖峭壁之间。而其他三个则鲜有人至：专注于精神方面的丘提尼帕奇 (Quttinirpaaq，见 819 页)，这是加拿大最北部的一个公园，在辽阔的埃尔斯米尔岛上；最顶点的海鸟遍布的瑟米里克 (Sirmilik，见 818 页)，在巴芬岛的北部海湾；而 Ukkusiksalik 公园在北部基瓦里奇地区 (Kivalliq) 为鲸鱼和狗熊提供了一个港湾。如欲了解详情，请致电**加拿大公园管理处**（Parks Canada；☎867-975-4673；nunavut.info@pc.gc.ca）。

努那瓦特省还有很多地区公园。有些仅仅是宿营区，其余是历史遗址，还有几个，比如卡塔尼利克 (Katannilik，见 815 页)，在伊卡卢伊特 (Iqaluit) 附近，是大型壮观的国家珍宝。**努那瓦特公园信息处**（Parks Nunavut，☎867-975-7700；www.nunavutparks.com）可以提供丰富的信息。

在努那瓦特的公园中，野生动植物统领一切。飞往繁殖地方的几百万只水禽飞满了天空；北美驯鹿、麝牛、野狼和野兔栖居在冻原上，而海洋则是海鸥、海象、鲸鱼和北极象征——北极熊的家园。

危险和麻烦

拥有努那瓦特省"牌照"的并不只有北极熊。Nanuq（因纽特名）是另一个漫游者，会随时随处现身。更糟的是，与灰熊和黑熊不同，它们会主动攻击人。最好在跋涉出城的时候打听好熊的出没之地，或和携带猎枪的向导同行。如欲了解北极熊的更多信息，请参阅 548 页。

实用信息

总部在伊卡卢伊特的**努那瓦特旅游局**（Nunavut Tourism，☎866-686-2828，www.nunavuttourism.com）是为本土旅行者提供信息的官方机构。附带全面的、综合性的网站，可以为你解答各种问题，并邮寄给你完美的《努那瓦特省旅行手册》(*Nunavut Travel Planner*)。更全面的资料是由伊卡卢伊特 **Ayaya Communications**（☎867-979-1484；www.aya ya.ca）发布的《努那瓦特手册》(*The Nunavut Handbook*)，但是很少更新。

到达和四处走走

抛弃汽车吧。努那瓦特省几乎没有公路，因此只有坐(价格不菲的)飞机才能到达这儿。**第一航空公司**（First Air；☎800-267-1247；www.firstair.ca）和**加拿大北方航空公司**（Canadian North；☎800-661-1505；www.canadiannorth.com）几乎每天都有从蒙特利尔(Montréal)和渥太华(Ottawa)到伊卡卢伊特(Iqaluit)的航班，往返$1500起。从耶洛奈夫(Yellowknife)到伊卡卢伊特，两家航空公司的往返费用都是$1800。

康姆航空公司（Calm Air；☎800-839-2256；www.calmair.com）、**基瓦里奇航空公司**（Kivalliq Air；☎877-855-1500；www.kivalliqair.com）和第一航空公司的航班在兰金因莱特(Rankin Inlet)和温尼伯(Winnipeg)间往返，往返票$1300起。另外，第一航空公司和加拿大北方航空公司有从耶洛奈夫(Yellowknife)到剑桥湾(Cambridge Bay)的航班，往返票约为$1100。

小一些的社区只有从三个中心地区坐飞机抵达。从伊卡卢伊特出发，搭乘第一航空公司(First Air)和**Kenn Borek航空公司**（Kenn Borek Air；☎867-252-3845；www.borekair.com）的航班可以抵达北极腹地和巴芬岛(Baffin Island)。从兰金因莱特(Rankin Inlet)出发，搭乘康姆航空公司(Calm Air)和基瓦里奇航空公司(Kivalliq Air)的航班可以到达

努那瓦特旅行线路

七日游

到达**伊卡卢伊特**后，在 **Nunatta Sunakkutaangit 博物馆**(Nunatta Sunakkutaangit Museum，见813页)、**立法院**(Legislative Assembly，见813页)和**画廊**(见815页)饱览当代因纽特艺术。又热又饿以后，加入因纽特人中，在 **Storehouse Bar & Grill 酒吧和烤肉店**(见815页)喝杯啤酒、吃个汉堡包。

第二天，你可以出城——首先，坐船去 **Qaummaarviit 历史公园**(Qaummaarviit Historic Park，见814页)，然后在 **Sylvia Grinnell 地区公园**(Sylvia Grinnell Territorial Park，见813页)里跟踪狐狸和白色猫头鹰。

七日游第三天，在**卡塔尼利克地区公园**(Katannilik Territorial Park，见815页)里游泳：从伊卡卢伊特的旅行用品商那里租一只独木舟后，飞抵 **Soper 河**(见815页)。接下来的五天，你可以漂流极地天堂之上，在瀑布下洗澡，在河岸边从北美驯鹿身旁悄悄溜走。

十四日游

在 Soper 河上练习臂力后，是时间来锻炼锻炼腿部了。飞抵**庞纳唐**(Pangnirtung，见815页)，找到 **Uqqurmiut 艺术品和手工艺品中心**(Uqqurmiut Centre for Arts & Crafts，见816页)，然后坐船去**奥育图奇国家公园**(Auyuittuq National Park，见816页)。到你未曾见过的冰山和最高悬崖下面的 **Akshayuk 小路**(见816页)去徒步旅行，那里原始质朴，又具超现实主义色彩。

基瓦里奇地区。从剑桥湾出发，搭乘第一航空公司和加拿大北方航空的航班可以去往基提克缪特(Kitikmeot)地区。

伊卡卢伊特(IQALUIT)

努那瓦特省的政府机构所在地伊卡卢伊特(Iqaluit，ee-kal-Boo-eet)是加拿大的文化冲突首府，它既新潮又原始，颇具全球性又似第三世界，完全奇异而又似异常平凡。和其他狭小的村庄不同，这个新兴城市挤满了新来者：渥太华的办事拖拉的官僚职员和纽芬兰的士兵，再加上来自极地各地的因纽特自由职业者和政治家。这些因纽特人大部分在两个世界中穿行(就像陈词滥调说的那样)，在考究的大衣外面穿着海豹皮背心拿着电话抱怨着捕鲸的难处。

伊卡卢伊特满是灰尘垃圾，像月球基地一样的楼房，地面上的管道一派混乱，这让人有那么一会儿会觉得反常得有趣，不过它也有些景点、饭店和商店值得驻步停留。但是，在此，真正的生活在土地上发生——大多数旅行者都出了城，围绕着 Sylvia Grinnell 河(Sylvia Grinnell River)徒步旅行，或坐船去参观 Qaummaarviit 历史公园(Qaummaarviit Historic Park)。

历史

几个世纪以来，每一个夏天，游牧的因纽特人都跋涉到 Sylvia Grinnell 河，用鱼叉在混浊的河水里捕刺嘉鱼(char)。他们将这块地方称为伊卡卢伊特：鱼之地。

1576年，马丁·弗罗比舍(Martin Frobisher)来到这里。这位英国海军上校在寻找传说中的西北航线，却错抵今天称为弗罗比舍湾(Frobisher Bay)的地方。在这里，他挖出了闪闪发光的黄色矿石，于是开采之，并将这上百万磅毫无价值的黄铁矿用船运回了家。

在随后的350年里，当地因纽特人继续捕鱼，并时不时地被捕鲸者、探险家和传教士所打扰。接着，“二战”期间，美国军人在此建造了一个空军基地。战后，加拿大军队继续驻扎，称为弗罗比舍湾的前哨成了极地东部的控制中心。

1987年，此地正式更名为伊卡卢伊特，1995年，投票者选举它(票数超过兰金因莱特)为努那瓦特省的首都。

方位

在高高的岩石层峦上俯瞰 Koojesse 港(Koojesse Inlet)，伊卡卢伊特是城市规划者的噩梦。在过去的几十年里，人口翻了一倍(超过了6000人)，导致建筑蔓延无序，交通混乱——在极地，这显然很不寻常。标牌在过去几年中才出现；当地人根本就不管标牌，仍然通过地标来标出方向、主要大楼的名称和令人困惑的房子编号体系。出租司机知道所有地方，但如果你是徒步行走，那么到旅游中心那里买张旅游地图。

伊卡卢伊特的中心是“四道口”(Four Corners)——Queen Elizabeth Way 大道和 Niaqunngusiaq Rd 的街角。这两条环路构成了所谓的"环路"(the Ring Rd)，环绕着城市那混乱不堪的中心地区。环线内有着这座城市最重要的地标：高耸的 Astro 群山 (Astro Hill)。

走公路出城东边几公里处是埃佩克斯(Apex)，"二战"期间因纽特人住在那里。

实用信息

救护车和火警（☎867-979-4422）紧急情况。注意，在努那瓦特省，☎911 不是急救电话。

极地探险（Arctic Ventures；☎867-979-5992；Queen Elizabeth Way；🕒周一至周六10am～10pm，周日1～10pm）楼上是很壮观的有关极地的书籍和CD的海洋。

巴芬岛地区医院（Baffin Regional Hospital；☎867-979-7300；Niaqunngusiaq Rd；🕒24小时）

伊卡卢伊特百年图书馆（Iqaluit Centennial Library；☎867-979-5400；Sinaa St；🕒周一和周三 1～6pm，周二和周四 3～8pm，周五 3～6pm，周六和周日 1～4pm）在游客中心大楼可以免费上网。

警察局（☎紧急状况 867-979-1111；非紧急状况 867-979-0123）注意，在努那瓦特省，☎911 不是急救电话。

加拿大皇家银行（Royal Bank of Canada；☎867-979-8700；Queen Elizabeth Way和Niaqunngusiaq Rd拐角）这个银行在"四道口"，旁边有CIBC银行。

Unikkaarvik 游客中心（☎867-979-4636；Sinaa St；🕒周一至周五 9am～6pm，周六和周日 1～4pm）也许没有知识极其丰富的职员，但却有充足的手册、一个实用信息迷你博物馆和努那瓦特省书籍和录像的资料集。

景点

努那瓦特省预制房屋**立法院**（Legislative Assembly；☎867-975-5000，877-334-7266；Federal Rd；免费入内；🕒周一至周五9am～5pm，6月到8月的周一至周五1:30pm有观光，或预约）是个没有大理石立柱的议院，但是可以看到诸如海豹皮长凳和用独角鲸牙做的礼仪权杖之类的修饰。门厅里有当地艺术展览。

Nunatta Sunakkutaangit 博物馆（Nunatta Sunakkutaangit Museum；☎867-979-5537；Sinaa St；免费入内；🕒1～5pm）虽然很小，但值得一看。它有一个长期的因纽特史前古器物陈列室、一个精美的小礼品店，最妙的是，还有一些临时展览，例如庞纳唐(Pangnirtung)的著名年度印刷藏品。

在防浪堤和警戒站海湾(Coast Guard Station)之间的**滨水地区**，是传统的因纽特人活动地区所在地。在古老的机动雪橇和燃油棚里，猎人们屠杀着海豹，制造着小船和雪橇。要拍照前先问下可否。

埃佩克斯海滩（Apex Beach，Bill Mackenzie Rd）是很上镜的红白相间的**哈得孙湾交易站**（Hudson Bay Trading Post）的遗址，不过你唯一能进入的建筑物是刷新过的 **Gallery By the Red Boat**（见 815 页）。

活动

尽管有着柔软而让人容易崴脚的地形，伊卡卢伊特开阔的风景常常让**徒步**旅行的游客心情愉悦。小路很少，不过树木也不多，很难迷路。**Sylvia Grinnell 地区公园**（Sylvia Grinnell Territorial Park；Jqaluit Rd，免费入内）有时有北美驯鹿和狐狸，小路通往瀑布、急流和断崖。公园在城外 2 公里：朝机场方向开，路上有标志。其他绝妙的远行包括沿着滨水地区从城里到埃佩克斯海滩，或在潮落的时候，去埃佩克斯海滩上的 Tarr 湾探险。

并不热衷于徒步闲逛？那么，可以租辆全地形车，冬季，可以到 **Qairrulik 户外人商店**（☎867-979-6280；www.qairrulikoutfitting.com；机动雪橇/娱乐车每天 $220/275 起）租机动雪橇。目前没人出租**爱斯基摩划子**，但这也许会改变。值得四处问问，因为 Koojesse 和 Tarr 湾很适合划桨戏水。

采摘蓝莓是熟悉精美细腻的冻原的可口方式。河边和埃佩克斯上遍地蓝莓。去的时候带上个袋子，或就在那里饱餐一顿。

团队游

尽管旅行配备的提供年年变换，但是通常总

令人愉快的包价旅游

独自旅行为勇敢者提供了机会：你可以开拓另一片空间、节省经费、探索一方土地真正的精髓。不过，也许在努那瓦特并非如此。与加拿大其他地方相比，这儿更需要考虑包价旅游；只有大的团队在北极旅行才能更节省经费。$4000 的巡航游的确很昂贵，但是如果按天计算，你会发现这儿比在北极地宾馆住宿并没有贵多少——而且有意思得多。努那瓦特有多种包价旅游，从奥育图奇国家公园的带导游徒步旅行到核动力般的极地破冰活动，不一而足。如欲了解更多有关旅游机构及运动用品的信息，请参考**努那瓦特旅游局**（☎867-979-6551，866-686-2888；www.nunavuttourism.com）的年度旅行计划。

有少数的团队游可以满足要求，从乘直升机飞行到坐狗拉雪橇。参考一下《努那瓦特省旅行手册》或向游客中心的服务人员询问细节。大部分游程需要保底人数，所以把朋友带上，或早点儿预订，可以和其他游客一起组团。

冰穴探险（Polynya Adventure；☎867-979-6260，866-366-6784；www.polynya.ca）设计了各种各样的活动，包括城市历史游，以及夏季在弗罗比舍湾乘游船观光、冬季乘坐狗拉雪橇。他们或其他的旅游供应商可以带你到大家推荐的离城12公里的Qaummaarviit历史公园探险。这个公园里有一个已经存在了750年的因纽特过冬帐篷。那里还有草屋和人骨。

住宿

宿营是唯一一个省钱的选择。其他的都要预订，并准备好“大出血”。

Sylvia Grinnell 地区公园（Iqualuit Rd；宿营地免费）除了蹲坑式厕所，没有别的设施。

我们的选择 **Rannva's Bed & Breakfast旅馆**（☎867-979-3183；www.rannva.com/B&B；Bldg 3102，Helen Maksagak Dr；单/双 含早餐 $120/140；wi-fi）在有着令人愉快的老护理站氛围却偏僻的埃佩克斯，法罗女裁缝师Rannva Simonsen缝制着时髦的海豹皮外衣，招待着来此住宿的客人们。

Beaches Bed & Breakfast旅馆（☎867-979-3034；beaches@baffin.ca；Bldg 114，Sinaa St；单/双 含早餐 $135/155；🖳）这家仅面向成人的B&B旅馆俯瞰着滨水地区，旁边就是博物馆和游客中心，步行即可到市区。

Frobisher Inn旅店（☎867-979-2222，877-422-9422；www.frobisherinn.com；Astro Hill，房$220；wi-fi）这座旅馆位于山顶之上，有着现代化的海景房，景色一流。酒店里还有个很不错的饭店，而作为Astro Hill山综合场所，还有一个咖啡店、一个游泳池、一个酒吧和一个电影院。

就餐

因纽特拥有努那瓦特最广泛的用餐选择，包括几家供应“乡村美食”的餐馆。任何来到极地的游客如果没有吃到驯鹿，都是很遗憾的事情！

Snack快餐（☎867-979-6767；Nipisa St）在2007年被烧毁之前，这家法式小餐厅，供应20世纪50年代的粗劣工艺品，以及还过得去的廉价主流饮食(纸盘装)。据说这家餐厅将会重建起来。

北极光小餐馆（Café Northern Lights；☎867-975-3261；Queen Elizabeth Way和Niaqunngusiaq Rd拐角；午餐 $6～12；🕒周一至周五 8am～5pm）位于皇家银行(Royal Bank)大楼里，这家便宜而受大家欢迎的午餐快餐店提供汤和三明治式午餐套餐($8)以及油炸鸡翅($11)。

Kamotiq Inn酒馆（☎867-979-1193；Queen Elizabeth Way和Niaqunngusiaq Rd拐角；菜肴$10～17；🕒周一至周六11:30am～10pm，周日正午～10pm）这个摇摇欲坠的圆顶建筑提供主流北美比萨饼和汉堡包，以及(只要你敢吃)未加工的块状的驯鹿肉蘸大蒜酱($27)。哎，据说可以将它扯开。

Frobisher Inn酒馆（☎867-979-2222；Astro Hill，主菜$25～42；🕒周一至周五7am～2pm，5～8:30pm，周六和周日8am～2pm，5～8:30pm）这家很受欢迎的美味餐馆提供意大利面和牛排以及北方烹饪，包括炖驯鹿($27)和戴维斯海峡(Davis Strait)烤嘉鱼($34)。晚上，艺术家们在此兜售他们的陶艺品。

我们的选择 **Discovery Lodge Hotel**（☎867-979-4433；Niuraivik St；主菜 $30～47；🕒周一至周五 6:30～9am，正午～2pm和6～9pm，周六和周日 7:30～10am，正午～2pm和6～9pm）这家努那瓦特省的顶级餐厅的酒单非常丰富，还有美味的当地菜肴，比方说水煮北极嘉鱼(poached Arctic char，$44)和胡椒调味的驯鹿排(caribou steak in peppercorn sauce，$45)。这儿自制的冰淇淋好评如潮。

饮品

在伊卡卢伊特，几乎所有的犯罪和天文数字般的自杀率，都和喝酒有关。为了抗击这种现象，城市对酒精施加了一定限制。有些饭店里，用餐的时候可以喝点儿啤酒和葡萄酒，但是没有专门卖酒的商店，也只有一家公共酒吧（不过后者也许很快会有所改变）。

Grind & Brew（☎867-979-0606；Sinaa St；🕒7am～5:30pm或6pm）人们很讨厌喝卡布奇诺，从博物馆出来沿着马路一直向前走，在靠近海滨的咖啡厅，这家伊卡卢伊特的蓝领海滨咖啡店可为你提供小吃及一些酥皮点心，坐在餐桌旁就可欣赏滨水美景。

Fantasy Palace（☎867-979-3963；Bldg1085E，Mivvik St；🕒周一至周五 7am～5pm，周六 10am～5pm，周日 11am～5pm）距离机场很近，这个不错的地方在冬天可以喝酒暖身，或者在炎热的时候

什么是……

若干年前，为北方商品倾销，建造了伊卡卢伊特的石子路。后来，倾销方案破产了，路却留了下来。当地人管这条路叫“不知去向的路”。最终这个名字被写在了城市的地图上。后来通过评选，这条路成为了努那瓦特最令人印象深刻的路标。

来个冰淇淋蛋卷($2.25)。

Storehouse Bar & Grill 酒吧和烤肉店(☎867-979-2222；Astro Hill；⏰5pm～12:30am)作为城里唯一的酒吧，涉猎齐全：酒吧、桌球房、运动吧以及迪厅。这儿的食物(比萨饼和汉堡包)十分美味。

购物

因纽特的绘画、雕刻和织锦举世闻名，而且在伊卡卢伊特到处都有。在弗罗比舍酒店用餐的时候，可以买到一些不那么精美的东西，艺术家会在餐厅里来回穿梭兜售他们的艺术品。

伊卡卢伊特艺术创作室(Iqaluit Fine Arts Studio；☎867-979-5578；Btdg 1127，Mivvik St；⏰周一至周六 11am～5pm)这个画廊正对机场集散站，有各种各样的雕刻品，从售价$12的石头雕塑(有些俗气)到$7000的皂石萨满教道士雕塑(十分出众)。

Malikkaat(☎867-979-6426；malikkaat@qiniq.com；Bldg 1083，Mivvik St；⏰周一至周五 10am～6pm，周六 10am～4pm)这家礼品店虽小但商品多多，出售传统的海豹皮手套及针织帽子，并附带出售特色雕刻品。

Rannva Design(☎867-979-3183；www.rannva.com；Bldg 3102，Helen Maksagak Dr；⏰周一至周五预约商定具体时间，周六和周日 2～5pm)在埃佩克斯的工作室里，Rannva Simonsen 将传统及时尚结合，为你提供皮毛制品。

Gallery By the Red Boat(☎867-979-2055；www.bytheredboat.ca；Bill Mackenzie Rd；⏰不定，或预约商定)在埃佩克斯海岸古老的哈得孙湾，这家斯巴达画廊陈列了 Saila Kipanek 的杰作，价格不菲。

如何辨别艺术品的真伪，见 832 页。

到达和四处走走

大部分从这个地区外来的航班抵达此地(见 811 页)，也从此地出发去巴芬地区一些更小的地方。第一航空公司(First Air)去往岛上的任何社区，外加雷索卢特(Resolute)和兰金因莱特(Rankin Inlet)。Kenn Borek 航空公司飞的地方少一些，但常常更便宜。加拿大北方航空公司(Canadian North)有飞往兰金因莱特的航班。

伊卡卢伊特道路密集，但全城都可步行。甚至机场也可以从城里漫步而去，沿着 Mivvik St 街走半公里就可抵达。城里满是出租车，$6 可以去往任何地方。期待拼车：司机常常把人装满了才走。试试 **Pai-Pa 出租车**(☎867-979-5222)。

巴芬区(BAFFIN REGION)

巴芬区(Baffin region)由努那瓦特省东部一组地区和北极腹地岛屿组成。从詹姆斯湾(James Bay)的沼泽地和森林覆盖的小岛，一直到北边埃尔斯米尔岛(Ellesmere Island)3000 公里高低起伏的山峰。努那瓦特省的一半人口住在此地，游客可以在这里享受到最美的景色、户外环境和旅游设施。

卡塔尼利克地区公园 (KATANNILIK TERRITORIAL PARK)

努那瓦特省最棒的一个公园离伊卡卢伊特只有几十公里远——走路、坐飞机或雪橇都可以到达。卡塔尼利克(Katannilik)的意思是"瀑布之地"，由两个主要景点构成：Soper 河(Soper River)和伊提加吉奇小路(Itijjagiaq Trail)。

作为"加拿大遗产"(Canadian Heritage)的一条水路，在深邃富饶的山谷间，碧绿的 **Soper 河**(Soper River)蜿蜒流淌，有 50 公里可航行的水道，途经小瀑布、驯鹿、宝矿和低矮的森林，抵达 Kimmirut 社区(人口 411)。涉水者通常会花三到七天在这里漂流探险。

徒步旅行和滑雪的人可以选择**伊提加吉奇小路**(Itijjagiaq Trail)，这是 Meta Incognita 半岛(Meta Incognita Peninsula)高原上一条 120 公里长的小路，穿越 Soper 山谷。徒步旅行通常需要 10 天到 12 天。小道的起点在伊卡卢伊特(Iqaluit)西边 10 公里的弗罗比舍湾(Frobisher Bay)。了解详情，请联系**努那瓦特省公园管理处**(Parks Nunavut；☎867-975-7700；www.nunavutparks.com)。

大部分涉水者会从伊卡卢伊特(Iqaluit)租一架飞机到达位于 Mt Joy 山的靠河跑道，从港口漂流进入 Kimmirut，然后飞回伊卡卢伊特。从伊卡卢伊特到 Mt Joy 山，Kenn Borek 航空公司要价约 $1300，载重近 1100 公斤的人和装备。对徒步旅行者来说，可以雇一个伊卡卢伊特的旅行用品商，带你坐船到小道入口；去伊卡卢伊特的 **Unikkaarvik 游客中心**(Unikkaarvik Visitors Centre；☎867-979-4636；Sinaa St；⏰周一至周五 9am～6pm，周六和周日 1～4pm)询问运营商姓名。

第一航空公司(First Air，见 842 页)一周 4 次航班从 Kimmirut 飞往伊卡卢伊特(Iqaluit，单程 $178)。

庞纳唐(PANGNIRTUNG)

在努那瓦特省的偏远社区中，庞纳唐(Pangnirtung)，或称"庞"(Pang，人口 1325)，是最佳去处，它有着丰富的艺术品和充足的户外环境。这个社区位于北极圈南边 40 公里，"庞"簇拥着令人惊艳的峡湾，而且，它还是奥育图奇国家公园(Auyuittuq National Park)的入口。

实用信息

Angmarlik讲解中心(Angmarlik Interpretive Centre；

（☎867-473-8737；oarnaqaq1@gov.nu.ca；⏲周一至周五8:30am～8pm，周六10:30am～8pm，周日11:30am～8pm）陈列着因纽特人及其捕鲸的历史，还有一块巨大的鲸头骨，以及有关当地导游和旅行用品商的实用信息。

加拿大公园（Parks Canada；☎867-473-2500；www.parkscanada.gc.ca；⏲7月和8月8:30am～正午和1～5pm，9月到次年6月的周一至周五8:30am～正午和1～5pm）隔壁是讲解中心。

Qimiruvik Library（☎867-473-8678；⏲周一至周五4～8pm；💻）在Angmarlik中心（Angmarlik Centre），可以免费上网。

景点和活动

这个城镇以织锦、绘画和织帽而闻名，这些东西都可以在**Uqqurmiut艺术和手工艺品中心**（Uqqurmiut Centre for Arts & Crafts；☎867-473-8870；www.uqqurmiut.com；⏲周一至周五9am～正午和1～5pm）买到。在讲解中心对面。来自版画店及编织工作室的艺术家们经常展示他们的工艺品及陶瓷制品；拍照前先询问是否允许。

庞大概有两条**徒步的路**(hiking paths)，更多详细信息请查询讲解中心的地图。一条沿着迪瓦勒河(Duval River)北面蜿蜒；另一条在河的南面，方向与宿营地相反，环绕着河岸，直至到达一个瀑布，然后从陆地上消失。

城南50公里处是**Kekerten历史公园**(Kekerten Historic Park)，这是岛上一个古老的捕鲸点。一条小路引你穿过19世纪房屋、工具和坟墓的遗址。从这儿坐船游览（每人$180左右，最少四个人）全天旅行。旅行用品商还能带你去观赏野生动植物或钓鱼。其中，强烈推荐**Alivaktuk Outfitting Services**（☎867-473-8721；jalivaktuk@nv.sympatico.ca）。

食宿

在努那瓦特所有的小城镇中，你会认为庞纳唐会有比较像样的住宿场所，但事实上那儿的选择很有限。

Auyuittuq Lodge小屋（☎867-473-8955；房每人$150）作为庞唯一的一家旅馆，它就在讲解中心那条街后面，除提供设备尚不完善的房间和公共浴室几乎没有什么服务，供应的食物不卫生。

其他住宿选择包括临近河畔、城镇上游的宿营地（当心偷盗及呼啸的暴风，可以把帐篷全部刮倒），还可以选择住在**当地居民家**（一个人$80，含餐费$120），可以感受因纽特当地人的生活，详情与讲解中心联系。

最好是去**北部商店**（Northern Store；☎867-473-8935；⏲周一至周六10am～6pm，周日正午～5pm）自己采购食品，就在旅馆马路边上。

到达和离开

第一航空公司(First Air，往返$385)和Kenn Borek航空公司每天有从伊卡卢伊特(Iqaluit)到庞纳唐的航班（往返$366)。

奥育图奇国家公园 (AUYUITTUQ NATIONAL PARK)

作为地球上最令人目瞪口呆的地方之一，奥育图奇(Auyuittuq，ah-you-ee-tuk)的意思是“从不融化的土地”。可以说，这个19 500平方公里的公园冰河环绕，还有高低起伏的山峰、令人眩晕的悬崖和深不可测的山谷。6月下旬到9月上旬，徒步旅行者沿着**Akshayuk小路**(Akshayuk Pass)艰难前进(穿越北极圈)，此时没有积雪。附近，登山者可以攀登**Thor山**(Mt Thor，1500米)，这是地球上最高的悬崖峭壁。只要找到安全、防风和生态上合适的地方就可以宿营。

加拿大公园管理处（☎867-473-2500；www.parkscanada.gc.ca；⏲7月和8月8:30am～正午和1～5pm，9月到次年6月的周一至周五8:30am～正午和1～5pm）在庞纳唐，紧挨着Angmarlik讲解中心(见815页)。你必须在那里登记，支付公园门票费(收费很奇怪，每晚$24.76，最多$148)。

小路的最南端离庞纳唐有30公里。夏季可以在那里徒步旅行2天，或者更常见的是，让旅行用品商带你坐船（约$110，最少2人乘坐）。每人花$175，就可以安排来自Qikiqtarjuaq的旅行用品商在另一头接人，第一航空公司和Kenn Borek航空公司提供这项服务。

不可思议的是，奥育图奇也很野蛮、荒凉并且有时候有北极熊出没。只有具备长期野外生存经验的人才应该到这里自助游，其他人可以与公园唯一指定的旅游公司**“黑羽毛”**（Black Feather，

不要错过

- 逛逛**大理石岛**(Marble Island)——号称北极地区最神秘的岛屿（见820页）
- **比奇岛**(Beechey Island)——参观约翰·富兰克林的遗址（见819页）
- **Kekerten岛**(Kekerten Island)——可以体验捕鲸人的工作（见左栏）
- **Qaummaarviit岛**(Qaummaarviit Island)——眺望极地风光（见814页）

努那瓦特

(☎888-849-7668；www.blackfeather.com）签订协议，可以提供价格在 $2900 到 $3400 的 10 天、14 天以及 16 天的徒步旅行。

开普多塞特(CAPE DORSET)

开普多塞特（人口 1236）在巴芬岛的福克斯半岛 (Foxe Peninsula) 那岩石层峦的海岸边，是因纽特艺术的中心。半个世纪之前，这里的居民开辟了现代极地雕刻和版画复制，将之介绍给世界，获得了极大成功。

Mallikjuaq 公园游览中心（Mallikjuaq Park Visitor Centre，☎867-897-8996）展示了开普多塞特及 Mallikjuaq 群岛 (Mallikjuaq Islands) 的历史，并且可以帮助你安排参观公园（见下文）。

景点和活动

如今许多因纽特社区都创造出世界一流的艺术品，但开普多塞特的艺术品一直最受尊崇。旅馆转弯处便是**西巴芬爱斯基摩合作社**（West Baffin Eskimo Cooperative；☎867-897-8944；⏲周一至周五 9am ~ 5pm）有一个美术陈列室和一个让人好奇的画室，在那里你可以观看艺术家们绘画。（不过，在夏天，这个地方几乎是空的，有时还会关门，所以最好先打电话问问）。Kingnait Inn 旅店也卖雕刻品，还常常可以看见艺术家在自家门口雕刻东西。

你可以步行 45 分钟到 **Mallikjuaq 历史公园** (Mallikjuaq Historic Park)，但只有落潮的时候可以去。否则，你就要雇个向导开船带你去。这个公园的特色是有几千年古老的前因纽特石屋废墟、徒步旅行的小径、野生动植物和冻原花朵。在游客中心或者 Kingnait Inn 旅店询问一下城镇附近其他的**徒步旅行**路线。

Huit Huit 旅游中心（Huit Huit Tours，☎867-897-8806；www.capedorsettours.com）推出冬日狗拉雪橇探险几日游，及以户外和以了解因纽特文化为主题的夏日徒步旅行。

食宿

Kingnait Inn 旅店（☎867-897-8863，传真 867-897-8180；单 / 双 $200/325，单 / 双含餐费 $260/385）就在西巴芬爱斯基摩合作社的转弯处，是开普多塞特的地方旅馆，提供伙食和简朴的房间。如果住房满了可以和别人共用一个房间。

海滩之屋（Beach House；☎867-897-8806；www.capedorsettours.com；每人$230）这家滨海客房有两个卧室和准备饭菜的一个厨房。

到达和离开

在每个工作日，第一航空公司都有来自伊卡卢伊特 (Iqaluit，往返 $568) 的航班；而 Kenn Borek 航空公司则一周六天也有同样旅程的航班（往返 $538）。

庞德因莱特(POND INLET)

在巴芬岛的北海岸，庞德因莱特 (Pond Inlet，人口 1315) 是在 Tununiq——"远离太阳的地方"——里面。也许正因为此，与其他努那瓦特

当地人的心声

Michael Kusugak，儿童读物作家，努那瓦特兰金因莱特

作为加拿大最畅销的儿童读物的作者之一，Michael Kusugak 出生在努那瓦特基瓦里奇地区的一个草屋里，在其祖母传统的因纽特教育下长大。Kusugak 的新书《僧人的诅咒》(*The Curse of the Shaman*) 于 2006 年由 Harper Collins 出版发行。

你已经在兰金因莱特居住了 12 年，是怎么坚持下来的呢？嗯，你不需要离开镇里到很远的地方（大笑）。我喜欢去打猎或打鱼。

你有最喜欢的地方吗？有一个地方叫做 Meliadine 湖 (Meliadine Lake，见 820 页)。大大的湖面就在我们以北，是一个打鱼的好去处。很多路都通向那里，一点都不难找。真是让人心旷神怡。

心旷神怡？基瓦里奇地区曾经是片荒地。噢，不，在夏天，那里是非常美丽的。那里有成千上万只鹅——雪鹅和加拿大鹅。在远处，便可听见簌簌的风声，漫山遍野是一望无际的果子和青草，绚烂缤纷。造物的上帝让这里充满了生机。

在这里居住有助于你的写作吗？这是我的第一手经历。在每年的这个时间里，鹅吃了所有这些蓝莓，它们的粪便都是蓝色的。如果你不亲身经历，会很难知道这些细节。你可以在雪地里发现狼留下的足迹，然后你可以想象到狼的样子，可以到处游荡。我经常写日记，带着相机到处拍照、写生。能切身感受自然，听一下自然的声音，嗅一下自然的芬芳，真是棒极了。对于我的写作来说，这就是天堂。

城镇的人们相比，这儿的当地人看起来似乎更与世隔绝、更不友好。非因纽特人最初来这里捕鲸和交易；如今他们来此地划爱斯基摩划子、打猎和目瞪口呆地凝望山色。在到达之前与旅行用品商安排好；这儿并不是一个可以即兴而为的地方。

实用信息

Nattinnak中心（Nattinnak Centre；☎867-899-8225，传真867-899-8175；🕑周二10am～正午 和1～5pm，周三1～5pm和7～9pm，周四至周五10am～正午和1～5pm，周日2～4pm）有关于这个地区活动和旅行用品商的信息。加上小型的礼品店及提供信息、地图并展示户外生活及当地文化的迷你博物馆。可以看到当地人生活的缩影及很酷的鱼皮篮子。

活动

要短途旅行，可以出城几公里去往鲑鱼小溪(Salmon Creek)和古老的因纽特村庄遗址。更有雄心的跋涉可以去 **Herodier 山**(Mt Herodier，765 米)，在于城东 15 公里处。7 月和 8 月可以沿着海岸钓极地嘉鱼。

极地海洋探险（Polar Sea Adventures；☎867-899-8870；www.polarseaadventures.com）安排划船远征，出租爱斯基摩划子和划桨装置（每天 $90，每周 $560)。它和其他旅行用品商引导着赏鲸探险、在晚春去浮冰边地远征观赏野生动植物等活动，浮冰边地在生态上气象万千，海冰在此与开放的水域相遇。探险时间长短不一，花费也不同。在浮冰地区待一周大概总计要花 $4000。

在庞德因莱特附近有一个新公园——**瑟米里克国家公园**(Sirmilik National Park)，里面点缀着草叶、冰河和天然怪岩，为数不胜数的海鸟提供繁之地。独自一人在瑟米里克国家公园历险是个挑战；因此大部分人会参加背包旅行团前往。**加拿大公园管理处**（☎867-899-8092；sirmilik.info@pc.gc.ca；🕑周一至周五 1～5pm）有旅行用品商名单，也是你必须登记、支付门票费的地方（每晚 $24.76，最多 $148)。

食宿

Tamaarvik 公园（帐篷免费）可以在此宿营，位于 Water Lake 路以南 4 公里。

Black Point Lodge（☎867-899-8008；www.blackpointlodge.ca；单/双 $199/348，含主食 $253/456；wi-fi）到目前为止，这家城里最豪华的旅馆只有 4 个房间，透过落地窗可以俯视大海及瑟米里克国家公园山顶，完全达到了北极酒店的标准。在夏天，在海岸有时可以看到鲸鱼。

到达和离开

第一航空公司(First Air)几乎每天都抵离伊卡卢伊特(Iqaluit，往返 $1409)，而 Kenn Borek 航空公司一周 2 次飞往雷索卢特(Resolute，往返 $792)。

雷索卢特(RESOLUTE)

雷索卢特（人口 229）在 Cornwallis 岛(Cornwallis Island)上，住在这里的好处是你不必修剪你的草坪，而弊端多多。在大风吹打着的沙砾沙漠上，矗立着寥寥无几的小屋。这个加拿大气候最为恶劣的社区是联邦政府工作人员将因纽特人诱骗至此来支持国家主权时建立的。大部分旅行者只是经过此地前往丘提尼帕奇国家公园(Quttinirpaaq National Park)、北极或唯一一

值得旅行的地方：塞隆河

在努那瓦特基瓦里奇荒原地区的大河中，最有名的——可漂流的——就是传奇的塞隆河(Thelon River)。它是一条古老的河流，长约 1000 公里，流经各个村庄，发源于大斯雷弗湖(Great Slave Lake)的东面，最后注入贝克湖(Baker Lake)努那瓦特社区的盐湖里。河流的大部分由赛隆河野生保护组织(the Thelon Wildlife Sanctuary)负责保护，同时也与国际公园谈论其源头的保护问题。北美驯鹿，灰熊、狼、麝香牛及矛隼在这儿随处可见，你还可以看到奇特的现象——这里的云杉都沿着树干的北侧生长。尽管现在因纽特人很少到河流附近旅行，不过他们古老的宿营地还遗留在河岸的两侧。

在夏天——这里指从 7 月中旬到 8 月中旬——成群的人们来到塞隆河漂流。如果你也想加入其中，你要特别精心地安排你的旅行计划。在河上划船不需要高超的划桨技术，但的确需要一些户外运动的悟性。漂流整个河流需要几周的时间，绝大多数人选择漂流河流的一部分，租用一架飞机将他们送抵。更简单的方式是委托旅行用品商，如 **Canoe Arctic**（☎867-872-2308; www.canoearctic.com）或其他**努那瓦特旅游局**（☎867-979-6551, 866-686-2888; www.nunavuttourism.com）列出的其他年度旅游组织者。

努那瓦特

这块土地的十分之九解冻了吗？

寒风刺骨的极地迅速变成了块地理政治学上的热区，郁积着关于谁拥有什么的争论。

在加拿大，主要的争论爆发点在西北航线，它蜿蜒流经努那瓦特的极地群岛。几个世纪以来，这条被冰块堵塞的线路阻止了船只的经过，但如今，由于全球气温变暖，估计在二三十年间，它可能可靠通航。

这种预期让美国非常着急。他们认定这条航线是国际水路，尽人皆知，他们派巡航的碎冰船破冰经过——这让加拿大出离愤怒。渥太华坚持说这条航线属于加拿大，他们害怕船只失事、油类倾翻以及船只造成的防卫问题绕过极地海岸。但加拿大没什么能力控制或保卫这条航线。目前，他们给因纽特人配备了"巡逻队员"——持有"二战"时期的来福枪——来监视这条 2000 公里长的水路。

个更北部的社区、风景秀美的 Grise 海湾 (Grise Fiord)。

如果你有时间的话，那么试试在当地徒步旅行，或者飞到东边 80 公里处的国家历史遗址**比奇岛** (Beechey Island)；租一架飞机可以坐约十人，至少花费 $2100。这个荒无人烟的地方是命运悲惨的富兰克林远征队在 1845 ~ 1846 年过冬的地方，后来他们就永远杳无音讯了。128 人和他们那不成功的援救者的痕迹留了下来。在雷索卢特的旅馆询问游程和旅行用品商的详情。

假设在雷索卢特居住几天，你可能会遇到恶劣的天气，在那儿有两家不错的旅馆。**Qausuittuq 北旅店** (Qausuittuq Inns North；☎867-252-3900；www.resolutebay.com；单 / 双 $195/330，含餐费 $250/430) 是个服务过于亲切的旅馆，提供美味的家庭伙食。**South Camp Inn 旅店** (☎867-252-3737；www.southcampinn.com；单 / 双 $265/530；🖳) 是雷索卢特的神经中枢，错综复杂，是 Aziz Kheraj 装备的，并由其经营，Aziz Kheraj 是位坦桑尼亚人，说不定还是极北地带的主要人物。房价里还包含了异常精美的食物。

第一航空公司 (First Air) 一周 4 次抵离伊卡卢伊特 (Iqaluit，往返 $2028)，而 Kenn Borek 航空公司则去往所有极地小城，也有飞机租赁服务。

丘提尼帕奇国家公园 (QUTTINIRPAAQ NATIONAL PARK)

如果有机会挥霍一下的话，那么去游览一下加拿大第二大公园将很有趣，它在北部埃尔斯米尔岛 (Ellesmere Island) 的高处。从雷索卢特租架飞机环游需要 $23 500(单程)，可以乘坐约六个人。如果你需要接机，可以把价格加倍。

亮点推荐包括这块陆地最北端的**哥伦比亚角** (Cape Columbia)，还有在 2616 米高处的 **Mt Barbeau 山**——北美东部最高峰；以及 **Hazen 河盆地** (Lake Hazen Basin)——温泉绿洲，动物虽然不熟悉人类，但显得奇怪地温顺。了解公园详情，请联系**加拿大公园管理处** (Parks Canada；☎867-975-4673；nunavut.info@pc.gc.ca)。

基瓦里奇地区 (KIVALLIQ REGION)

基瓦里奇地区包括哈得孙湾海岸和西边寸草不生的土地。它是一块平坦而狂风阵阵的地区，满是驯鹿和水禽，像 Back 河、Kazan 河、Thelon 河这样的茫茫河流从中穿过。努那瓦特最新的国家公园 Ukkusiksalik 就在这儿，有熊、鲸鱼，截至目前，几乎没有基础设施及来访者。

兰金因莱特(RANKIN INLET)

作为采矿中心，泥泞不堪、满是灰尘、垃圾乱丢、异常繁忙的兰金因莱特于 1955 年建成，现在它是基瓦里奇最大的社区(人口 2358)，地区政府设在此地，也是交通枢纽所在。从这里你可以去海湾或许多河湖钓鱼。

实用信息

兰金因莱特游客中心 (Rankin Inlet Visitors Centre；☎867-645-3838，传真 867-645-3904；🕑周一至周五 8:30am ~ 7pm) 在机场，有马马虎虎的信息和历史展览，甚至还有更为敷衍性的帮助。

活动

兰金著名的**人形石冢** (Inukshuk) 很可能是努那瓦特最令人印象深刻的东西了。它就像是变成石块的巨人守候着整个村庄。在兰金因莱特，时而喧闹的**滨水地区**成为了城镇的亮点。

购物非常方便，尽管**Matchbox Gallery** (☎867-645-2674；www.matchboxgallery.com；🕑不定) 是以祖先因纽特陶艺而著称的小地方(价格很高)，而**Ivalu** (☎867-645-3400；🕑周一至周五

10am～5pm）不仅是个礼品店，同时出售包括冰冻麝香、牛肉片及$300的海豹皮手套等物品在内的其他东西。

伊吉拉里奇地区公园(Ijiraliq Territorial Park)离城10公里，是受欢迎的徒步旅行和采摘草莓之地。靠近Meliadine湖湖口的地区是考古研究的地方，在因纽特人之前，多塞特人曾在此居住。

在兰金因莱特50公里以东的哈得孙湾处的，**大理石岛**(Marble Island)，是詹姆斯·奈特(James Knight)及其船员的墓地。18世纪，他们来此寻找西北航线。这儿也有一些19世纪捕鲸船的残骸。咨询游客中心或旅馆是否有人在那儿组织团队游。

食宿

Nanuq Lodge（☎867-645-2650；www.nanuqlodge.com；单/双$150/200；💻）这家大大的、温馨的、充满阳光的床加早餐的旅馆是当地最好的住宿选择。它还出租爱斯基摩划子、自行车并且为你愉快地安排包括狗拉雪橇在内的团队游计划。

大一点的**Siniktarvik Hotel宾馆**（☎867-645-2807；www.siniktarvik.ca；单/双$195/250；wi-fi）是一家杂乱的、镀铝的旅馆，位于兰金因莱特的主街上，是城镇活动的中心地，是去往极地的中心枢纽。每天的膳食约为$60。

Sugar Rush Café（☎867-645-3373；三明治$6～9）这儿可能是世界上唯一能将庸俗的摇滚及驯鹿牛肉干($2.5)完美结合在一起的餐馆。

到达和离开

加拿大北方航空公司(Candadian North)和第一航空公司(First Air)有抵离耶洛奈夫(Yellowknife)和伊卡卢伊特(Iqaluit)的航班。第一航空公司、康姆航空公司(Calm Air)、基瓦里奇航空公司(Kivalliq Aif)有飞往温尼伯(Winnipeg)的航班。康姆航空公司、基瓦里奇航空公司提供去往这个地区一些更小社区的服务。

基提克缪特地区 (KITIKMEOT REGION)

基提克缪特区是努那瓦特省人口稀少的地区，也许也是游客最罕至的地区。它有着极地海岸陆地以及北部的岛屿。在海岸陆地和岛屿之间是传说中——通常是结冰的——的西北航线(Northwest Passage)。

剑桥湾(CAMBRIDGE BAY)

说起“剑桥湾”，就是努那瓦特省人也要打冷战。这个寒风肆虐的地方（人口1477）在东南方的维多利亚岛(Victoria Island)上，是地区行政和交通中心。

寻找西北航线的探险者常常避身于此；你可以在港口看见罗阿尔德·阿蒙森(Roald Amundsen)的纵帆船莫德号(Maud)的遗迹。**Ovayok地区公园**(Ovayok Territorial Park)通过一条坑坑洼洼的道路或者步行半天后到达(15公里)，是观赏麝牛的主要地方，也有着从**Pelly**山(Mt Pelly, 200米）看去的美好景色。它有说明性标记、步行小道以及宿营处。越过航线的南边是**莫德皇后鸟兽禁猎区**(Queen Maud Bird Sanctuary)——世界上最大的迁徙鸟类避难所。

极地海岸游客中心（Arctic Coast Vistors Centre；☎867-983-2842，传真867-983-2302；1 Omingmak St；🕑周一至周五9am～5pm）组织旅游，还有关于探险队的展览、租赁自行车以及提供淋浴。

Arctic Island Lodge小屋（☎867-983-2345；www.cambridgebayhotel.com；单/双$200/300）有着努那瓦特省的标准，非常时髦。用餐每天要另外收费$30～60。

加拿大北方航空公司和第一航空公司有抵离耶洛奈夫的航班，往返价格约为$1100。第一航空公司从剑桥湾飞往基提克缪特的其他地区，而Kenn Borek航空公司往北飞至雷索卢特。

出行指南

目录

签证

其他有关申请护照的信息，见838页。

大约150个国家的公民，包括中国和南非，需要向设在本国的加拿大签证办公室申请临时居留签证（temporary resident visa，简称TRV）。**加拿大公民暨移民部**（Citizenship & Immigration Canada，简称CIC；www.cic.gc.ca）管理的网站有详细资料，包括签证办公室的地址和最新要求。如果你计划在加拿大学习或工作，还须另外申请签证（见工作，837页）。

数十个国家的公民，包括美国、大多数西欧和英联邦国家，以及墨西哥、日本、韩国和以色列，进入加拿大无须签证并可最长停留180天。具有美国永久居留身份的人，均享受免签待遇。

一次入境的TRV签证($75)通常允许自进入加拿大起最长停留6个月。多次入境的TRV签证($150)允许你在签证有效期内（通常是两年或三年）从其他任何国家多次进入加拿大，但是每次停留时间最长不超过6个月。

若延期签证($75)，需在现有签证有效期届满前至少一个月，向加拿大公民暨移民部设在艾伯塔的**访客签证申请处理中心**（CIC Visitor Case Processing Centre；☎888-242-2100；🕑周一至周五8am～4pm）提出申请。

中国旅行者赴加拿大注意事项

中国旅行者申请加拿大签证须知

中国旅行者入境或过境加拿大须申请签证（香港特别行政区护照免签），过境签证（只允许停留48小时）不收费。加入境口岸不能办理落地签证。主要入境城市是：多伦多、蒙特利尔、温哥华、渥太华和哈利法克斯。审批一般签证约需4周到8周（移民及学生签证要求更长的时间）。根据不同签证种类，申请者须提供必要的文件，并必须面交申请材料（移民签证只能通过邮寄申请）。申请人可在加拿大驻华使领馆网站(www.canada.org.cn)上查寻有关具体要求。申请签证时，申请人必须说明入境理由、入境时间、足够的费用、在加停留时间及在加行程细节，并让签证官员相信申请者在访问加拿大之后会返回原居地。如经济担保由居住在加拿大的亲属提供，申请人必须提供担保人的姓名、地址及联系电话等。申请人还被要求提供其父母姓名、访加对象及关系等情况。申请签证前，须仔细阅读申请表及说明，备齐有关文件和照片，复印一份申请表留做备用。用黑墨水笔认真填写申请表，本人必须签名。加拿大一般发给访问者停留期6个月的签证，如申请人在加拿大停留期不超过6个月（特殊工作除外），不需要体检，停留超过6个月者，需提供体检表，该体检表须经加拿大驻华使馆认可的医生（可从该馆网页上查寻）签字。加拿大将在有些签证受理机构开始试行采集签证申请人的指纹，如拒绝采集，将可能被拒签。

中国旅行者赴加入境须知

入境加拿大不填写入境表，但必须填写海关申报卡。下飞机时，可能有移民官询问你是否持有护照等情况。办理入境手续时，移民官会问一些简单问题，如你从何处来、访加目的、在加亲属等情况。移民官将在护照上盖章，并告诉你可在加停留多久。你必须让移民官相信，完成旅行后，你不会滞留在加拿大。如你提供的情况不真实或含糊不清，不能让移民官确信你适合进入加拿大，你可能会被拒绝入境。应准备加拿大担保人（邀请人或单位）的联系电话（最好有住家或手机号），以备入境时需与担保人联系。临时访加人员不得在加打工或留学。如要改变身份或延长签证，必须在签证过期前3周内向移民部门提出申请。随身携带护照、签证的复印件及几张护照照片，以备急用。

保险

无论你旅途长短，均请务必办妥适当的旅行保险。你的保险至少应覆盖医疗急救、住院和紧急返家机票的费用。非加拿大居民的医疗救治费极高，仅仅去一下急诊室将会让你破费 $500 之巨，这还是在接受治疗和购买药品之前的开销。有关更多详情，见850页。

也要考虑购买行李失窃和丢失的保险。如果你已经上了家庭财产保险，应弄清它所覆盖的范围，再买个附加保险以防范其他不测。如果你已为旅行预付了一大笔费用，那么旅行取消保险就值得考虑。

中国旅行者出发前一定要考虑一份包括意外和紧急救援医疗双重保障的境外旅行险。由于旅行者对选择的出游地点大多不是很熟悉，意外和紧急救援医疗双重保障就显得尤为重要，有了双重保障将更有利于应对在加的突发风险，保障出行质量；要充分考虑购买保险的保障期限。旅行者应当按自己的行程，根据所需保额和天数投保，为自己选择一份量身定做的保单；要认真了解紧急救援服务的内容及提供此项服务的在加救援公司的服务水平。包括其机构网点情况、服务状况等。赴加前，建议登录**中国保险网**（http://www.china-insurance.com/）选择保险公司，并查阅投保公司的网站，了解详情。

Lonely Planet为全球44个国家的旅行者提供保险建议，见www.lonelyplanet.com/travel_services。还可以咨询以下提供商：

Insure.com保险公司（☎800-556-9393；www.insure.com）

Travelex（☎800-228-9792；www.travelex.com）

Travel Guard（☎800-826-4919；www.travelguard.com）

有关车辆保险，相关信息见845页。

货币

本书中所有列出的价格均为加元，除非另有说明。

加拿大硬币分为1分（1¢）、5分（5¢）、1角（10¢）、25分（25¢）、1元（$1）和2元（$2）等面额。金色的1元币以潜鸟——一种普通加拿大水鸟作为图案，而2元币则饰以一只北极熊。

纸币分为5元（$5，蓝色）、10元（$10，紫色）、20元（$20，绿色）和50元（$50，红色）等面值。100元（$100，褐色）或更大的面额比较少见，也很难找零。

由于受到世界经济、战争和其他因素的影响，加拿大元在最近几年波动不定，2002年1月曾下挫到 $1 仅兑 US$0.62 的最低点。到2007年年底，加拿大元反弹，几乎与美元等值；在本书封二的“快速参考”中了解具体情况。查询最新汇率不错的网站如www.xe.com。

换汇时，要比较汇率和手续费。在大城市，外币兑换处也许能提供比银行更优惠的条件。与其在机场、火车站和旅游办公室的柜台换汇，就不如到城里市中心去。大城市和美加边境附近的商业机构都接受美元，但用加元找零。千万别认为汇率会对你有利。

有关加拿大物价的概述，见30页。

ATM机

许多食品店、便利店、机场、汽车、火车和渡轮站都装有ATM机，且大都与国际银行网络相连。最普遍的是Cirrus、Plus、Star和Maestro等银行的取款机。

如果你用的是主流信用卡，则可在大多数ATM机上提取现款。但用这种方式取款比较昂贵，因为除了服务费外，你还将被立即收取利息（换句话说就是，与用信用卡购物不同，无免息期）。关于准确的收费标准，请向你的银行和信用卡公司咨询。

前往加拿大更偏远地区（比如纽芬兰岛）的旅行者会发现ATM机较少，最好提前取现。

现金和个人支票

大多数加拿大人日常不会随身携带大量现金，而是依赖于信用卡和借记卡。当然，带一些现金，比如 $100 或更少，在买小东西时非常方便。在某些情况下，乡下的B&B和往返巴士需要用现金支付；最好提前咨询，以免有意外状况，商业机构很少接受个人支票。

银联卡

中国银联于2009年1月在加拿大境内开通了POS刷卡消费业务，初期开通的商户主要集中在多伦多地区，包括餐饮、购物及免税店等；包括双币卡在内的所有银联卡均可受理，境外刷卡无须支付手续费；选择银联网络消费，和其他银行卡网络相比，免收1%～2%不等的货币转换费，银联将消费的当地货币金额转换成人民币金额，银行按此扣减持卡人的人民币账户。详情参见中国银联网站：http://www.chinaunionpay.com/abroadCard/index.html。

信用卡

加拿大广泛接受几种主要信用卡，如万事达(MasterCard)、维萨(Visa)和美国运通(American Express)，但偏远的乡村仍旧是现金至上。你会发现没有这样一张小小塑料卡，你很难或是根本不可能通过电话租车、订房或订票。请注意，有些信用卡公司收取"交易费"(约为你所购物品价格的3%)；联系你的服务商询问具体情况。

记住将你的信用卡与卡号复印件分开保管，一旦丢失或被窃，要立即报告。

美国运通(American Express；☎866-296-5198；www.americanexpress.com)

万事达(MasterCard；☎800-307-7309；www. mastercard.com)

维萨(Visa；☎800-847-2911；www.visa.com)

消费税和退税

加拿大联邦政府征收的商品和服务消费税(goods and services tax，简称GST)，也被戏称为"敲竹杠税"或"巧取豪夺税"，是在每一笔交易上加收6%。新不伦瑞克、新斯科舍、纽芬兰和拉布拉多，将GST和PST合并在一起，征收14%的统一消费税(harmonized sales tax，简称HST)。除非另有说明，否则税费不包含在售价中。

如果你在加拿大消费了$200以上，退回给你的税将在短期住宿和非消费商品上扣除，还记得这个甜蜜的退税计划吗？现在这样的退税没有了——2007年被政府取消了。但并不是所有都取消了：如果你的住宿是和租车、购买飞机票或者其他服务在一起(也就是说，都出现在由同一个"旅游服务商"提供的票据上)，你将从住宿中得到50%的退税。可在**加拿大国税局**(Canada Revenue Agency；☎902-432-5608，800-668-4748；www.cra-arc.gc.ca/E/pbg/gf/gst115)填写旅游套餐GST/HST退税申请表。

小费

在餐馆，按账单税前金额的15%给小费是标准做法。在酒吧也同样需付小费。关于餐馆小费更详细的介绍，见68页。

在旅店，行李搬运工的小费是每件行李$1至$2。为房间清洁工留下几元钱通常是友好的表示。出租车司机、美发师、理发员也都希望得到小费，通常是10%至15%。

旅行支票

旅行支票在ATM机时代已越来越过时。尽管如此，它仍不失为一种安全方便的携款方式。以加元发行的旅行支票在商业机构通常可做现金使用。其他币种的旅行支票必须先在银行或外币兑换处进行兑换。如果旅行支票丢失或被偷，尽快联系发行机构。

美国运通(American Express；☎866-296-5198)

万事达(MasterCard；☎800-223-9920)

维萨(Visa；☎800-227-6811)

优惠卡

如果你是学生，没有**国际学生身份证**(International Student Identity Card，简称ISIC；www.isiccard.com)就别急于出门。这张证件能使你享受到旅行保险、博物馆和其他景点门票的优惠与折扣。国际青年旅行证(International Youth Travel Card，简称IYTC)适用于26岁以上、但不是学生者，而国际教师身份证(International Teacher Identity Card，简称ITIC)适用于全职教育者，都可以享受类似的优惠。所有这些证件都来自学生会、青年旅舍组织和以青年为服务对象的旅行社。

对老年人、儿童、家庭和残障旅行者来说，优惠也很普遍。不过，在这些情况下，没有针对这些人群的优惠卡。(当你在现场支付费用时，你将获得优惠)。汽车协会会员(见845页)也能得到各种各样的与旅行相关的折扣。

如果你计划参观九家以上的国家公园或历史景点时，可以咨询并申请**加拿大国家公园卡**(National Parks of Canada Pass；www.pc.gc.ca/voyage -travel/carte-pass/index_e.asp；成人/儿童6～16岁/老人/家庭$62.40/31.70/53.50/123.80)。

使领馆

加拿大驻华使领馆

加拿大驻中国大使馆(☎6532-3536；www.beijing.gc.ca/beijing/ch/index.htm；北京市朝阳区东直门外大街19号，100600)

加拿大驻上海总领事馆(☎3279-2844；shngi@international.gc.ca；上海市南京西路1376号上海商城西峰604室，200040)

加拿大驻广州总领事馆(☎8666-0569；ganzu.consular-consulaire@international.gc.ca；广州市流花路中国大酒店商业楼801室，510015)

加拿大驻香港总领事馆(☎852-3719-4700；http://geo.international.gc.ca/asia/hongkong/menu-en.aspx；香港中环交易广场1号楼11～14层，P.O. Box 11142 Central)

加拿大驻重庆领事馆(☎6373-8007；chonq@international.gc.ca；重庆市渝中区五一路大都会大厦1705室，400010)

中国驻加使领馆紧急联系电话

中国驻加使领馆均设有紧急求助电话，如有特殊情况需向使领馆求助或报告，可拨打如下电话（一般咨询请勿使用）：

- 驻加拿大大使馆 613-789-3434 转 221 或 791-0511
- 驻多伦多总领事馆：416-347-3738
- 驻温哥华总领事馆：604-734-7492或816-8894
- 驻卡尔加里总领事馆：403-703-9501 或 804-4090

中国驻加使领馆

中国驻加拿大大使馆（☎613-789-3434；www.chinaembassycanada.org；515 St. Patrick St，Ottawa，Ontario，K1N 5H3）

中国驻多伦多总领事馆（☎416-964-7260；http://toronto.china-consulate.org；240 ST.George St，Toronto，Ontario，M5R 2P4）

中国驻温哥华总领事馆（☎604-734-7492；http://vancouver.china-consulate.org；3380 Granville St，Vancouver，B.C. V6H3K3）

中国驻卡尔加里总领事馆（☎403-264-3322；http://calgary.china-consulate.org；Suite 100，1011-6th Ave.，S.W.，Calgary，Alberta，T2P 0W1）

加拿大驻其他国家使领馆

加拿大在全世界几乎所有国家都有外交代表。大使馆和高级专员公署总是设在首都，而负责签证和其他与旅游相关服务的领事馆，则分布在其他重要城市。联系相关使馆或高专署，可了解到离你最近的领事馆。你还可浏览**加拿大外交部网站**（Foreign Affairs Canada；www.fac.gc.ca），由它可链接到加拿大所有驻外使领馆。

日本（☎03-5412-6200；www.canada.or.jp；3-38 Akasaka 7-chome，Minato-ku，Tokyo 107-8503）

美国（☎212-682-1740；www.canadianembassy.org；501 Pennsylvania Ave NW；Washington DC 20001）

其他国家驻加使领馆

各国大使馆都设在渥太华，领事馆设在蒙特利尔、温哥华、卡尔加里和多伦多这样的城市。与相关使馆联系，可查到离你最近的领事馆。

日本（☎613-241-8541；www.ca.emb-japan.go.jp；255 Sussex Dr，Ottawa，ON K1N 9E6）

美国（☎613-238-5335；www.usembassycanada.gov；490 Sussex Dr，Ottawa，ON K1N 1G8）

海关

加拿大海关允许每个年满18岁（从艾伯塔、马尼托巴和魁北克入境）或19岁（从其他地区入境）的成人免税带进1.5升葡萄酒，或1.14升烈性酒，或24罐355毫升啤酒，以及200支的香烟，或50支雪茄，或200克烟草、200支烟草卷。你还能带进总价值在$60以内的礼品。如果你离开加拿大超过48小时，可再次享受上述免税额。

私人用品，包括宿营设备、体育用品、相机和手提电脑，都能顺利进入加拿大。入境时向海关申报可省去离境时的麻烦，特别是如果你反复出入美国—加拿大边境。

可以携带价值在$10 000以内的货币入出境，但是超过这个限额就必须向海关申报。

在多数情况下，携带枪械、胡椒喷雾器或狼牙棒进入加拿大是非法的，输入水果、蔬菜和植物也是非法的。如果你打算带其中任何一件旅行，请向驻本国的加拿大使领馆查询。不要试图携带非法药物入境，包括大麻，否则会面临重刑。

如果你带狗或猫旅行，应携带由兽医签署并标明日期的证书，以证明该宠物在过去的36个月内已接受狂犬病疫苗注射。

欲知更多信息，请与**加拿大边境事务署**（Canada Border Services Agency，简称CBSA；☎506-636-5064，800-461-9999；www.cbsa.gc.ca）联系。

旅游信息

加拿大旅游局（Canadian Tourism Commission；www.canada.travel）在中国开设了**办事处**（http://www.canada.travel/splash.zh-cn.html；北京市朝阳区光华路1号嘉里中心南楼2720室，邮编100020）。网站上信息全面，有各种全包游和相关链接的介绍。所有省立旅游办公室也都在维护各自的综合性网站，上面的信息对制订旅行计划很有帮助。工作人员都很乐意回答电话咨询，并会按你的要求邮寄免费地图及介绍住宿、景点和节庆活动的目录。一些办公室还能帮助办理旅店、旅行和其他节目的预订。

中国旅行者还可以查阅以下旅行网站，了解更多出行资讯：

携程旅行网（http://www.ctrip.com/）

艺龙旅行网（http://www.elong.com/）

关于某个具体地区的详细资料，你需要与当地旅游办公室——又叫做游客中心——联系。各省旅游办公室在几乎每个城市和乡镇都设有至少一个季节性的分支机构，配有热情的工作人员、大量的免费手册，以及待售的书籍和地图。游客中心的地址在本书地区章节各目的地的“实用信息”部分均有列出。

加拿大境内地方旅游局：

渥太华市旅游局中文网站（http://www.ottawatourism2.ca/china/）

艾伯塔旅游局（Travel Alberta；☎800-252-3782；www.travelalberta.com；PO Box 2500，Edmonton，AB T5J 2Z4）

不列颠哥伦比亚旅游局（Tourism British Columbia；☎800-435-5622；www.hellobc.com，http://www.hellobc.com.cn/ 中文；PO Box 9860，Stn Prov Govt/3rd fl，1803 Douglas St，Victoria，BC V8W 9W5）

马尼托巴旅游局（Travel Manitoba；☎800-665-0040；www.travelmanitoba.com；Dept SM5，7th fl，155 Carlton St，Winnipeg，MB R3C 3H8）

新不伦瑞克旅游局（Tourism New Brunswick；☎800-561-0123；www.tourismnewbrunswick.ca；PO Box 12345，Campbellton，NB E3N 3T6）

纽芬兰和拉布拉多旅游局（Newfoundland & Labrador Tourism；☎800-563-6353；www.newfoundlandlabrador.com；PO Box 8700，St John's，NL A1B 4J6）

西北地区旅游局（Northwest Territorie Tourism；☎800-661-0788；www.explorenwt.com；PO Box 610，Yellowknife，NT X1A 2N5）

新斯科舍旅游局（Tourism Nova Scotia；☎800-565-0000；www.novascotia.com；PO Box 456，Halifax，NS B3J 2R5）

努那瓦特旅游局（Nunavut Tourism；☎ 866-686-2888；www.nunavuttourism.com；PO Box 1450，Iqaluit，NU X0A 0H0）

安大略旅游局（Ontario Tourism；☎800-668-2746；www.ontariotravel.net；10 th fl，Hearst Block，900 Bay St，Toronto，ON M7A 2E1）

爱德华王子岛旅游局（Prince Edward Island，Tourism；☎800-463-4734；www.peiplay.com；PO Box 2000，Stn Central，Charlottetown，PE C1A 7N8）

魁北克旅游局（Tourisme Québec；☎877-266-5687；www.bonjourquebec.com；PO Box 979，Montréal，QC H3C 2W3）

萨斯喀彻温旅游局（Tourism Saskatchewan；☎877-237-2273；www.sasktourism.com；1922 Park St，Regina，SK S4N7M4）

育空旅游局（Yukon Department of Tourism；☎800-661-0494；www.travelyukon.com；PO Box 2703，Whitehorse，YT Y1A 2C6）

活动

止不住想穿上滑雪服去滑雪、海上泛舟、骑山地自行车，开展其他令你热血沸腾的活动吗？加拿大拥有这一切，旅行用品商和旅游组织者们迫不及待地准备让你行动起来。事实上，在这儿能做的事情有很多，我们准备了一整章的内容；查阅85页，仔细了解加拿大能提供的各种各样的活动。

节日和重大活动

夏天时，加拿大有各种各样的节日聚会，很多城市的节日活动贯穿了整个冬天。以下列出了一部分热闹的聚会活动。有关节日集锦，参阅“Top 10 节庆聚会”（Top 10 Bashes，见33页）。也可以参考各目的地的“节日和重大活动”和“假日”（见826页）部分有详细论述。

一月和二月

冰雪节（Fête des Neiges，见268页）魁北克的蒙特利尔

北马尼托巴诱捕手节（Northern Manitoba Trappers' Festival，见543页）马尼托巴的海峡镇（The Pas）

冬日节（Winterlude，见239页）安大略的渥太华

三月至五月

加拿大郁金花节（Canadian Tulip Festival，见239页）安大略的渥太华

斯特拉特福戏剧节（Stratford Festival，见169页）4月到11月，安大略的斯特拉特福

TELUS世界滑雪和滑板节（TELUS World Ski & Snowboard Festival，见669页）不列颠哥伦比亚的惠斯勒

六月

加拿大汽车大奖赛（Grand Prix of Canada，见269页）魁北克的蒙特利尔

多伦多同性恋者周(Pride Toronto，见123页) 安大略的多伦多

多伦多市中心爵士音乐节（Toronto Downtown Jazz Festival，见123页）安大略的多伦多

温哥华国际爵士乐节（Vancouver International Jazz Festival，见646页）不列颠哥伦比亚的温哥华

七月

大西洋爵士乐节（Atlantic Jazz Festival，见357页）新斯科舍的哈利法克斯

卡尔加里民间音乐节（Calgary Folk Festival，见588页）艾伯塔的卡尔加里

大都会展（Capital Ex，见577页）艾伯塔的埃德蒙顿

庆光节（Celebration of Light，见646页）不列颠哥伦比亚的温哥华

乡村聚会（Country Fest，见542页）马尼托巴的多芬（Dauphin）

国际爵士乐节（Festival International de Jazz，见269页）魁北克的蒙特利尔

国际布鲁斯音乐节(Festival International du Blues, 见 284 页)魁北克的蒙特朗布兰特

北部大艺术节(Great Northern Arts Festival, 见 805 页)西北地区的伊努维克

萨斯喀彻温莎士比亚戏剧节(Shakespeare on the Saskatchewan, 见 563 页)萨斯喀彻温的萨斯卡通

夏日节(Summer Festival, 见 301 页)魁北克省的魁北克城

温尼伯民俗节(Winnipeg Folk Festival, 见 534 页)马尼托巴的温尼伯

温尼伯边缘节(Winnipeg Fringe Festival, 见 534 页)马尼托巴的温尼伯

八月

云莓民俗节(Bakeapple Folk Festival, 见522页)拉布拉多的福尔托

巴斯克节(Basque Festival, 见499页)纽芬兰的圣皮埃尔和密克隆

美洲野牛日(Buffalo Days, 见 556 页)萨斯喀彻温的里贾纳

加拿大国家博览会(Canadian National Exhibition, 见 123 页)安大略的多伦多

埃德蒙顿实验戏剧节(Edmonton Fringe Theatre Festival, 见 577 页)艾伯塔的埃德蒙顿

演化节(Evolve, 见391页)新斯科舍的安蒂戈尼什

哈利法克斯国际街头艺人节(Halifax International Busker Festival, 见 357 页)新斯科舍的哈利法克斯

九月

哈维斯特爵士和布鲁斯节(Harvest Jazz & Blues Festival, 见 413 页)新不伦瑞克的弗雷德里克顿

尼亚加拉冰葡萄酒节(Niagara Wine Festival, 见 147 页)安大略尼亚加拉半岛葡萄酒之乡

王子岛国际有壳水生物节(PEI International Shellfish Festival, 见 453 页)爱德华王子岛的夏洛特敦

多伦多国际电影节(Toronto International Film Festival, 见 123 页)安大略的多伦多

十月至十二月

加拿大牛仔竞技决赛(Canadian Finals Rodeo, 见 577 页)艾伯塔的埃德蒙顿

"山羊角"饮食文化节(Cornucopia, 见669页)不列颠哥伦比亚惠斯勒

国际作家节(International Festival of Authors, 见 123 页)安大略的多伦多

十月节(Oktoberfest, 见 164 页)安大略的基奇纳

温哥华国际作家节(Vancouver International Writers Festival, 见 646 页)不列颠哥伦比亚的温哥华

工作时间

标准工作时间，包括大多数政府机关的办公时间，是周一至周五早上午 9 点至下午 5 点。银行营业时间不完全一致，但大多是周一至周五上午 10 点至下午 5 点，周六有的从上午 9 点营业至中午。邮局通常在每个工作日上午 9 点至下午 5 点营业，但那些设在商店(如药店、食品店等)里的分支机构也许会关得晚些，且周末也可能营业。

大多数餐馆的午餐时间是周一至周五上午 11 点 30 分至下午 2 点 30 分，晚餐是每日的下午 5 点至晚上 9 点 30 分,周末的关门时间要晚些。一些餐馆周一不营业。一些在工作日的上午 8 点至上午 11 点提供早餐，周六和/或周日的上午 8 点至下午 1 点提供早午餐。

酒馆通常每日上午 11 点至次日凌晨 2 点营业，但是准确时间各省不尽相同。酒吧每晚大约在下午 5 点至凌晨 2 点接待顾客。城市里的音乐、跳舞俱乐部一般仅在周三至周六营业，晚上 9 点开门，大部分在凌晨 2 点关门。不过如果生意好，会延长至凌晨 3 点或 4 点。

商店通常在周一至周六上午 10 点至下午 6 点营业，而购物中心和购物区里的商店经常会在周四和周五晚上延长至晚上 8 点或 9 点。在周日，许多商店从中午至下午 5 点照常营业，但这在爱德华王子岛和新不伦瑞克省、新斯科舍就比较少见，在新斯科舍省则完全没有。整个一周中，超级市场从上午 9 点营业到晚上 8 点，有些甚至 24 小时营业。

假日

公共假日

加拿大有 11 个国家公共假日，省立的更多。银行、学校和政府机关在此期间会关闭放假。关于重要的节日和纪念日的介绍，见 825 页。

国家假日

新年(New Year's Day)1 月 1 日

耶稣受难节(Good Friday)3 月或 4 月

复活节(Easter)3 月或 4 月

维多利亚日(Victoria Day)5 月 25 日前的周一

加拿大国庆节(Canada Day)7月1日在纽芬兰称阵亡将士纪念日

公民节(Civic Holiday), 8 月第 1 个周一, 也称 诞生日

劳动节(Labour Day)9 月第 1 个周一

感恩节(Thanksgiving)10 月第 2 个周一

战争纪念日(Remembrance Day)11 月 11 日

圣诞节(Christmas Day)12 月 25 日

节礼日(Boxing Day)12 月 26 日

省级假日

一些省也庆祝本地的节日，其中纽芬兰最突出。

独特的加拿大节日

- **国旗日**（National Flag Day；2月15日）纪念枫叶旗于1965年2月15日正午第一次在渥太华的国会山上升起。
- **维多利亚日**（Victoria Day；5月下旬）节日始于1845年，当时是为了庆祝维多利亚女王的寿诞，如今是庆祝加拿大名义上的国家元首——英国君主的寿辰。维多利亚日标志着夏季的正式开始（夏季结束于9月第1个周一的劳动节）。一些社区会燃放烟花。
- **原住民日**（National Aboriginal Day；6月31日）始于1996年，纪念土著人民对加拿大的贡献。它与夏至恰巧重叠。各地都会组织各种形式的庆祝活动，包括传统舞蹈、唱歌、打鼓、工艺品展示、独木舟赛，等等。
- **加拿大独立日**（Canada Day；7月1日）直到1982年，人们都将它称为"自治领日"(Dominion Day)。加拿大独立日出现于1869年，以纪念1867年成立的加拿大自治领。全国各地的民众以烧烤、游行、烟花和音乐会来欢度节日。
- **感恩节**（Thanksgiving Day；10月中旬）探险家马丁·弗罗比舍(Martin Frobisher)为感谢上帝让他成功横渡大西洋，于1578年在现在的纽芬兰地区举行了首次感恩庆祝。1872年，感恩节成为加拿大的官方节日，以纪念威尔士亲王从一场大病中得以康复。现在，它主要是一个丰收庆典，形式是特别的家庭晚宴，餐桌上要有烤火鸡和南瓜饼，与美国的庆祝方式相似。

家庭日（Family Day），2月第3个周一，在艾伯塔、萨斯喀彻温和马尼托巴庆祝；在马尼托巴称为"刘易斯·瑞尔日"（Louis Riel Day）

圣帕特里克节（St Patrick's Day），离3月17日最近的周一

圣乔治节（St George's Day），离4月23日最近的周一

国庆节（National Day）在纽芬兰，是离6月24日最近的周一；在魁北克，是6月24日（也称圣一让一巴蒂斯特节）

橙带党员日（Orangemen's Day），在纽芬兰，是离7月12日最近的周一

哥伦布发现美洲纪念日（Discovery Day），在育空地区，是8月第3个周一

学校假日

孩子们的暑假从6月下旬开始，直到9月初才回学校。大学学生的暑假时间更长，通常是从5月到9月的上旬或中旬。大多数人都会在这三个月里休年假。

住宿

在加拿大，通常有住宿加早餐旅馆(B&Bs)、连锁的汽车旅馆、旅馆和青年旅舍等一系列广泛的选择。省立旅游办公室（见524页）印刷了内容全面的住宿目录以及一些可网上预订的住宿。

在这本书里，我们列出了所有价格档次的选择，按照价格从低到高列出。经济档包括宿营地、青年旅舍和简易旅馆以及住宿加早餐旅馆，在这些地方，你可能会同他人共用卫生间。但双人间的房价很少超过$80。

中档旅店，包括大多数的B&B、小旅馆(auberges，法语里为"客栈")、汽车旅馆和一些酒店，通常会让你的钱花得物有所值。一个舒适、大小适中的双人间价格在$80至$160之间，房间里有独立卫生间和电视。

高级宾馆（双人间价格在$160以上）提供国际标准的设施，包括健身、商务中心和其他高档设施。

大多数旅馆设有不吸烟客房区，一些规模较小的旅馆，特别是B&B，则完全禁止吸烟。在本书中，我们用了禁止吸烟标志（⊠）来表示该旅馆内的所有房间都禁止吸烟。空调对大多经济档和中档旅馆来说，并非标准配置。如果你需要空调，一定要在订房时提出要求。

本书中所列的房价均为旅游旺季价格（通常指夏季，从5月下旬到9月初），且未含税（可高达17%），除非另有说明。如果房价含早餐和/或卫生间共用，相关信息将会在我们的列表中注明。

在旅游旺季期间、冬天旅游胜地的滑雪旺季以及假日（见826页）和重大活动（见825页）期间，最好预订，房间此时很紧缺。在冬季，房价会大跌，降幅高达50%。美国汽车协会(American Automobile Association，简称AAA)或相关汽车协会、美国退休者协会(American Association of Retired Persons，简称AARP)或其他组织的会员身份，会为你节约一些费用（通常为10%）。

网上经销商，如www.orbitz.com、www.

实用信息

- 电源是交流电 110 伏，50/60 赫兹。
- 发行量最大的报纸是总部设在多伦多的《环球邮报》(*Globe and Mail*)。其他主要日报有《蒙特利尔公报》(*Montréal Gazette*)、《渥太华公民报》(*Ottawa Citizen*)、《多伦多星报》(*Toronto Star*)和《温哥华太阳报》(*Vancouver Sun*)。
- 《麦克利恩斯》(*Maclean's*)是加拿大的新闻周刊。
- 加拿大广播公司(Canadian Broadcasting Corporation)拥有覆盖全国的广播和电视网络。加拿大电视网(Canadian Television Network)是其主要竞争对手。
- 录像机使用 NTSC 制式(与 PAL 和 Secam 制式不兼容)。
- 加拿大官方使用公制，但英制度量衡在日常生活中仍广泛应用。两者间的换算参见内封上的图表。

expedia.com、www.travelocity.com 和 www.hotels.com，也许能向你提供比直接预订更好的价格。**Tripadvisor**(www.tripadvisor.com)网站是一个很方便的资源，它的读者点评很有特色，还能同时搜索上述经销商提供的价格。想要更详细的价格比较，可试试 **Travelaxe**(www.travelaxe.com)。这家网站设有分检系统，能帮你缩小搜索范围(如距离、价格和舒适度)；使用它时，需要下载它的专业版本。还可查看本书已列出的相关酒店的网址，了解网上特价。

住宿加早餐的旅馆(B&B)

B&B(法语是“gîtes”)是经过特别改造的家庭旅馆，主人也居住于此。需要私密空间的人也许会觉得 B&B 过于亲密，因为这里的墙壁通常不隔音，而你也总是同主人和其他住客混杂在一起。

B&B 的标准千差万别，有时即使在同一家旅店也是如此。最便宜的客房通常很小，设施简单，而且卫生间是公用的。好一点的会增加些设施，如阳台、壁炉和带有卫生间的卧室。早餐都含在房价中。

不是所有的 B&B 都接受儿童入住。规定最短停留时间(通常两晚)非常普遍。很多 B&B 仅季节性营业。**B&B 在线**(Bed & Breakfast Online；www.bbcanada.com)是一家为全国各地旅馆提供网上预订服务的机构。

宿营

加拿大到处都有宿营地——有些是联邦所有，有些是省所有，其他的属于私人。正式的宿营季节是 5 月至 9 月，但具体日期各地不尽相同。

营地设施差别很大。偏远地区营地仅有蹲厕和篝火架，无饮用水。无服务的(帐篷)营地提供饮用水和厕所，有时还有淋浴。设施最好的营地配有带抽水马桶的卫生间和热水淋浴，并且接通了水、电和下水道，供娱乐车使用。私营营地有时只为房车(活动房屋)和娱乐车提供服务，有的还设有便利店、游乐场和游泳池。提前致电是个好主意，以确定某个营地的规模和服务设施是否适合你的座驾。

大多数政府经营的营地遵循先到者先得的原则，很快就会满员，特别是在 7、8 两月。几家国家公园加入了加拿大公园局(Parks Canada)的**宿营预订系统**(camping reservation program；☎877-737-3783；www.pccamping.ca，预订费 $10.90)，这很方便，可以确保你能找到一块地方。各章节都提供了省立公园预订信息。

在国家和省立公园夜宿的费用是：帐篷营地在 $12 至 $26 之间，有全套水、电、下水设施的营地可高达 $36；篝火许可证经常需要再额外支付。偏远地区营地每晚收费约 $10。私营营地往往要贵一些。

有些营地为了自身的维持而全年开放，并会在淡季降低价格。在几乎无人游逛的晚秋或早春宿营是很棒的体验，但冬季宿营只适合能吃苦的人。

家庭寄宿

在完全陌生人的床上睡觉，你觉得如何？没什么问题的话，那就加入可以安排寄宿家庭的机构吧。加入以下这些机构成为会员不收任何费用，保留会员资格也不收取费用。

冲浪床(Couch Surfing，www.couchsurfing.com)

好客俱乐部(Hospitality Club，www.hospitalityclub.org)

青年旅舍

加拿大既有独立运作的青年旅舍，也有国际

网上预订住宿

如欲了解更多由 Lonely Planet 作者们提供的住宿建议和推荐信息，请查阅 lonelyplanet.com/hotels，上面有在线预订服务信息。有关最好的住宿选择，你将会发现一些真正的权威内幕信息。评论详尽而独立。其中最妙的是，你可以网上预订。

连锁店

经济

Days Inn（☎800-329-7466；www.daysinn.com）

Econo Lodge（☎877-424-6423；www.econolodge.com）

Super 8（☎800-800-8000；www.super8.com）

中档

Best Western（☎800-780-7234；www.bestwestern.com）

Clarion Hotel（☎877-424-6423；www.clarionhotel.com）

Comfort Inn（☎877-424-6423；www.comfortinn. com）

Fairfield Inn（☎800-228-2800；www.fairfieldinn. com）

Hampton Inn（☎800-426-7866；www.hamptoninn.com）

Holiday Inn（☎888-465-4329；www.holidayinn. com）

Howard Johnson（☎800-446-4656；www.hojo. com）

Quality Inn & Suites（☎877-424-6423；www.qualityinn.com）

Travelodge/Thriftlodge（☎800-578-7878；www.travelodge.com）

高级

Delta（☎877-814-7706；www.deltahotels.com）

费尔蒙特酒店（Fairmont；☎800-257-7544；www.fairmont.com）

希尔顿酒店（Hilton；☎800-445-8667；www.hilton.com）

凯悦酒店（Hyatt；☎888-591-1234；www.hyatt. com）

万豪酒店（Marriott；☎888-236-2427；www.marriott.com）

雷迪森酒店（Radisson；☎888-201-1718；www.radisson.com）

华美达酒店（Ramada；☎800-272-6232；www.ramada.com）

喜来登酒店（Sheraton；☎800-325-3535；www.sheraton.com）

威斯汀酒店（Westin；☎800-937-8461；www.westin.com）

青年旅舍(Hostelling International，简称HI)系统下属的旅舍。所有都提供宿舍间（每人平均为$26)，可住2至10人，当然也有供夫妇和家庭住宿的独立客房（单/双 $35/45起）。HI系统的旅舍按性别分房，并禁止喝酒、吸烟；非会员每晚需额外支付约$4。

通常情况下卫生间是共用的，旅舍其他设施包括厨房、衣物柜、上网接口、洗衣房，以及一个有电视的公共房间。大多数青年旅舍，尤其是大城市里的旅舍，可24小时进出。如果不是这样，你较晚到达，问问店主人能否特别安排。

有关额外信息以及网上预订情况，可参阅：

加拿大背包客青年旅舍（Backpackers Hostels Canada，www.backpackers.ca）独立的青年旅舍。

加拿大国际青年旅舍（Hostelling International Canada，www.hihostels.ca）

Hostels.com（www.hostels.com）包括独立的和国际青年旅舍联盟（HI）所属的青年旅舍。

旅馆和汽车旅馆

大多数旅馆都是国际连锁店，更新的旅馆专门针对高端市场或商务人士。房间有有线电视和上网接口，很多也有游泳池、健身中心和商务中心。

有两张双人床或有大号床的房间可以住下四个人，通常情况下，第三、第四位合住者需另外付费，但费用不高。许多旅馆打出“儿童住宿免费”的广告，但有时你不得不为婴儿床或是滚移床（活动式折叠床）另外付费。

在加拿大，同在美国一样（两者都是汽车王国），汽车旅馆无处不在。它们或分布在公路两旁，或聚集在城镇郊区。尽管大多数汽车旅馆的房间格调平平，但通常干净舒适，为旅行者提供着物有所值的服务。许多地区的汽车旅馆仍保留着典型的“老爹老妈”的经营模式，但大量的北美连锁店已开张营业（见本页框内文字）。

在大学住宿

在无课的暑期，一些大学和学院向所有年龄段的旅行者出租学生宿舍里的床位。大多数房间条件简陋，但以$25至$40一晚的房价，还经常含早餐，你当然住不到豪华酒店。学生通常可享受小小的折扣。

饮食

在本书中，我们收录了与各种口味和旅行预算相对应的就餐选择。经济档餐馆包括外卖、熟食店、咖啡馆、小吃店、市场摊位和简易饭馆，在这些地方用不了$10就能填饱肚子，税还已包含在内了。中档餐馆有菜牌、啤酒和葡萄酒的酒水单。开胃菜加主菜和一份酒水的账单平均约为每人$20，税和小费除外。高级餐馆通常深得美食家的青睐，有周到细致的服务、新鲜而富有创意的佳肴，以及与之搭配的各种美酒。单是主菜就能花去你 $25，甚至更多。吃套餐通常最实惠（在魁北克，叫 table d'hôte)，它包括三四道菜和咖啡，大约由 $25 起价。

加拿大城市里的餐馆大都设有无烟区（在许多城市，法律要求如此），此外，越来越多的餐馆禁止聚众吸烟。在夏季，不是所有的地方都有空调。如果你对此很在意，要事先问询，以免失望。

关于加拿大的烹饪、就餐习俗概况，甚至在哪儿参加烹饪培训班的全套内容，见“餐饮”章节（见 64 页）。

气候图表

关于加拿大气候和旅行时间等方面的一般性建议，参见 30 页。每个地区章节都有各自的“陆地和气候”部分，提供了详细而实用的信息。本页的图表是部分加拿大城市气候变化列表。

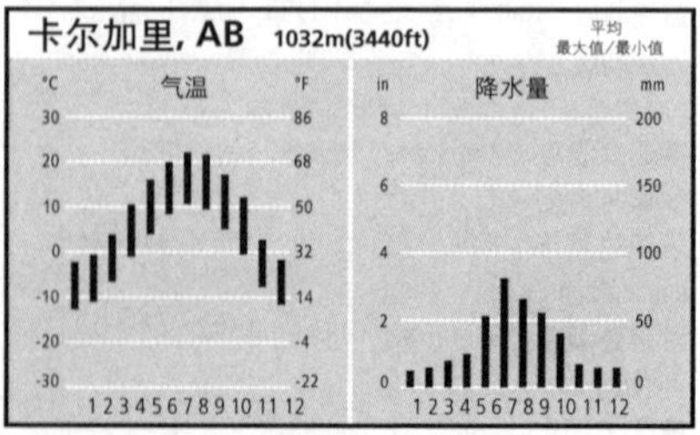

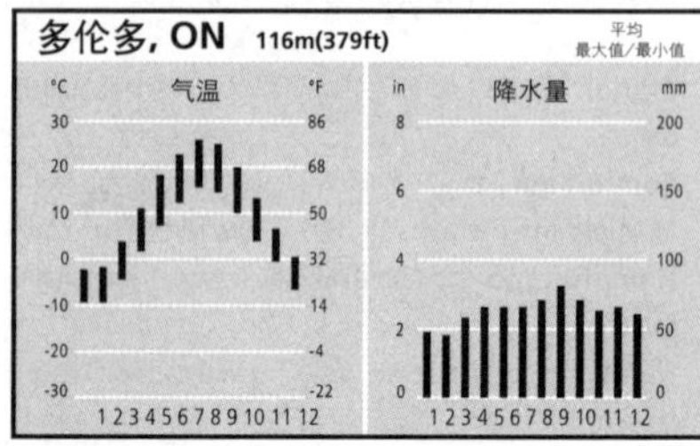

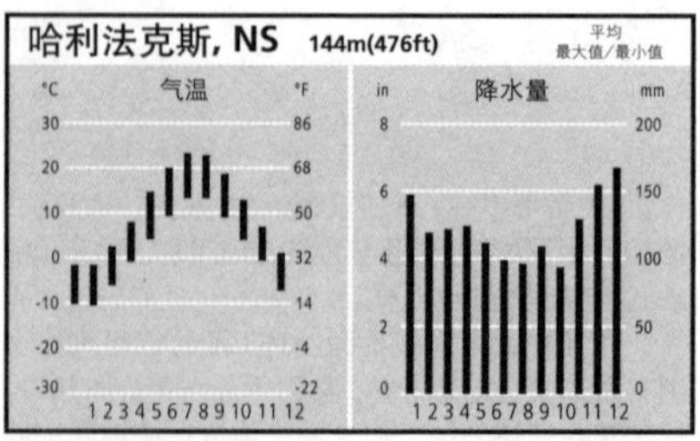

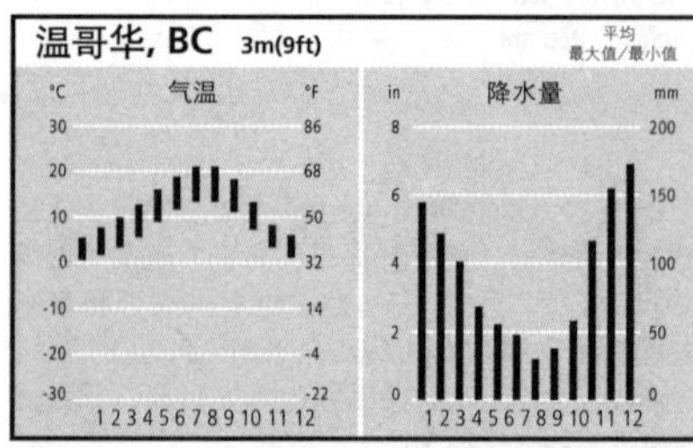

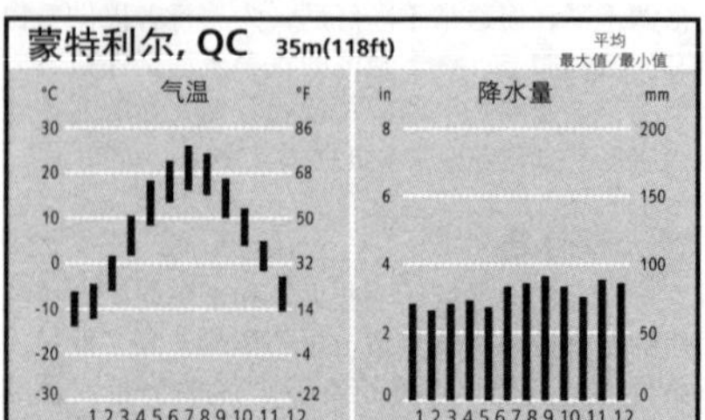

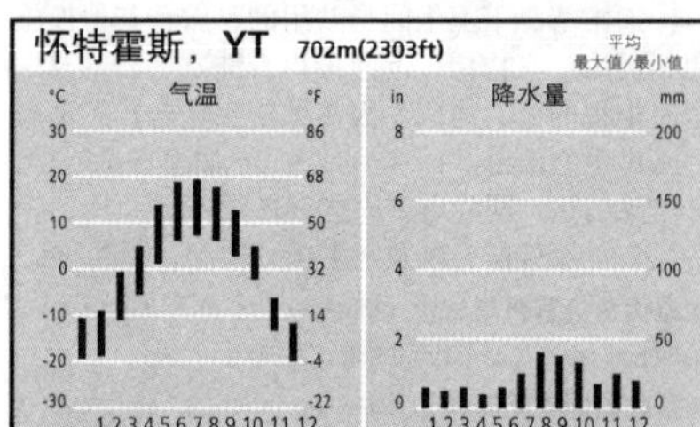

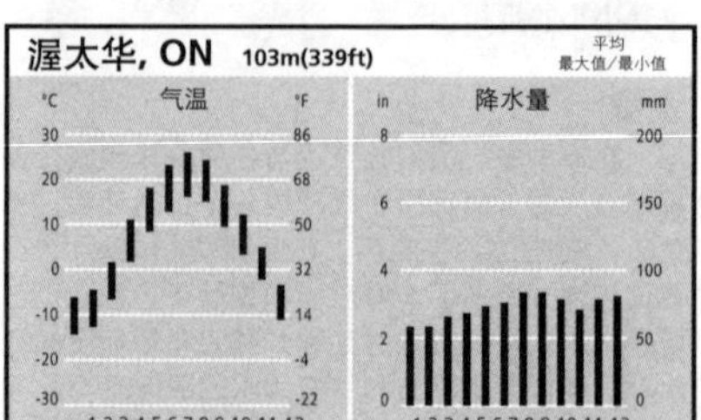

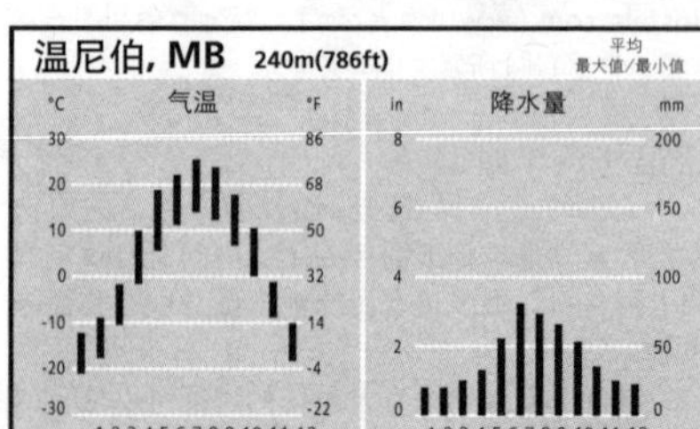

地图

总的来说，加拿大公司 **Mapart** (www.mapart.com) 和 **Rand McNally** (www.randmcnally.com) 出版加拿大地图，也出版加拿大各个不同地区和大城市的地图；这些地图在书店和加油站购买。大多数旅游办公室免费发放省级公路地图。如果你是加拿大汽车协会的成员 (Canadian Automobile Association，简称 CAA；见 845 页) 或是它的国际分部成员，你就能在协会任意一家本地办公室免费获取它的高品质地图。要下载地图和驾车指南，可试试 **Mapquest** (www.mapquest.com)、**Yahoo** (http://maps.yahoo.com) 或 **Google** (http://maps.google.ca) 网站。

如果长途徒步旅行或在偏远地区跋涉数日，带上张地形图是个好主意。政府下属机构——**地形信息资料中心** (Centre for Topographic Information；http://maps.nrcan.gc.ca) 出版的一系列按 1:50 000 比例绘制的地图最好。全国有 900 家地图经销商出售此类地图。上网查找提供商。你还可以从 www.geo base.ca 网站下载和打印地图。

邮政

加拿大邮政总局 (Canada Post或Postes Canada；☎416-979-8822，866-607-6301；www.canadapost.ca) 提供覆盖全国的邮政服务，既不快捷也不便宜，但却可靠。在邮局、药店、便利店和旅馆都能买到邮票。

明信片和标准的 30 克以内一级航空信的邮费是，加拿大境内 52¢，到美国 93¢，到其他任何国家 $1.55。在加拿大的旅行者经常会发现他们不得不为邮寄给他们的物品付高额关税，请提防。存局候领邮件可能会存放在当地的邮政总局，或者，如果是大城市，可能是一个指定的分局。15 日内无人认领的邮件会被退回发件人。取邮件不另收费，但需要出示护照或其他标明身份的证件。拨打电话查询提供存局候领业务的邮局的邮政编码。

邮政缩写

省和地区	缩写
艾伯塔	**AB**
不列颠哥伦比亚	**BC**
马尼托巴	**MB**
新不伦瑞克	**NB**
纽芬兰和拉布拉多	**NL**
西北地区	**NT**
新斯科舍	**NS**
努那瓦特	**NU**
安大略	**ON**
爱德华王子岛	**PE**
魁北克	**QC**
萨斯喀彻温	**SK**
育空地区	**YT**

购物

加拿大的商店常常会让你的钱包空空如也。如今，人们大都在购物中心里采购。西埃德蒙顿购物中心 (West Edmonton Mall，见 574 页) 拥有 800 家分店，理所当然地成为当地百货业的航母。很多不同寻常、奇妙有趣的东西总是在小一点儿的店铺和画廊才能找到。

每个省也都有自己的工艺协会；大多数协会会针对当地的货物和工作室印刷指南，可在旅行者中心领取。**加拿大工艺品联盟** (Canadian Crafts Federation；☎506-444-3315；www.canadiancraftsfederation.ca) 也提供当地工艺品信息。

艺术和珠宝

耶洛奈夫 (Yellowknife，见 794 页) 拥有北美钻石之都的美称，道森城 (Dawson City，见 777 页) 仍在从克朗代克淘金时代发展着；这两个地方都意味着北方是一个购买闪光小玩意儿的好地方。耶洛奈夫是购买加拿大土著人工艺品的最佳之地。这里有精美的绘画和版画，但最让人惊叹的作品是模拟各种动物和灵怪的雕刻，材料来自皂石、鹿角、木头、石头和玉石。努那瓦特 (Nunavut，见 837 页) 的因纽特人还会制作美丽的刺绣挂毯，挂上它能让你的房间顿时明亮起来。利亚德堡 (Fort Liard，见 825 页) 的提纳人制作的饰有豪猪刺的桦树皮篮子很有名气。

木雕传统源远流长，著名的产地包括魁北克的圣琼波乔利 (St Jean Port Joli，见 322 页) 和新斯科舍的法语濒海地区。同样位于新斯科舍的谢蒂坎普 (Chéticamp，见 394 页)，以纯手工的钩针编织地毯而远近闻名。土著居民的艺术财富遍布全国，如不列颠哥伦比亚，就有手工加工的珠宝、仪式面具、雪松木雕，甚至图腾柱。

零食

如果你要采购能满足口腹之欲的纪念品，不列颠哥伦比亚的熏三文鱼堪称真正的宴飨。西海岸的采购者还会带新鲜三文鱼搭飞机回家。安大略的尼亚加拉 (Niagara) 地区和不列颠哥伦比亚的奥卡纳根河谷 (Okanagan Valley) 出产的葡萄酒 (包括冰葡萄酒) 能助你消化。甜美的宴飨包括魁北克和新不伦瑞克的枫糖浆 (maple syrup)、纽

购买原住民工艺品：如何理智购买

真正的原住民雕塑很精致，也很昂贵。一个小小的皂石雕刻，依其精细程度不同，有的售价高达 $500。玉石和象牙制品的价格更高，而大的雕塑会轻而易举达数千加元。

不幸的是，这种珍贵的手工艺已催生出大量的仿制生意。批量生产出来的仿制品，有的来自巴厘岛那样遥远的地方，却常常冒充为加拿大手工制造，标价随行就市。也许这些赝品外表与真品相像，但它们毫无真正的价值，且没有艺人或加拿大政府的背书。购买它们是对原住民民族知识财产的掠夺，会削弱他们的经济。

如果你想为你的壁炉装点跳舞的北极熊或是睡卧的海象，那么在你递出信用卡之前，一定要三思而行，辨认真伪。为了保护消费者和艺人，加拿大政府将"igloo"（爱斯基摩人的拱形圆顶小屋）标志注册为商标。带有"igloo"标牌或粘胶标签的雕塑是经政府认证的因纽特人手工制品。另外，一些艺人还将他们的名字或名字缩写，以罗马字母或因纽特文字，刻在作品之上。

要特别留意向你出售艺术品的商家。多向其问些问题：这是在加拿大制作的吗？是原住民艺人制作的吗？艺人的名字是什么？他/她来自哪里？一个有信誉的商人会很乐意向你介绍艺人的情况，他们的文化背景和所用的材料。要当心含混的用语。雕刻可能会被标上"加拿大皂石"，但是，使用来自加拿大的原材料，并不意味着它是加拿大土著艺人的手艺。

花些时间四处逛逛，了解一下你想买的东西。从艺术丛书、博物馆或其他藏品中收集信息。向旅游办公室或博物馆的职员咨询有信誉的经销商。购买手工制作的原住民艺术品是一项投资，不应太过随意。

芬兰和拉布拉多的越橘和云莓酱。黑麦威士忌酒是加拿大的特产，在整个加拿大都能找到。

时装

在蒙特利尔可以领略加拿大时装设计大师们的作品，这些大师包括Jean-Claude Poitras、Marie Saint-Pierre、Michel Desjardin和Maurice Ferland，等等。在温哥华，John Fluevog牌鞋子和 Yumi Eto牌晚礼服有着如麦当娜(Madonna)、莎拉·麦克拉克兰(Sarah McLachlan)和苏珊·萨兰登(Susan Sarandon)这样的追捧者。

不列颠哥伦比亚是Roots品牌的故乡。这家生产高档户外服装的公司，在全国各地都有经销点。Roots在2002年冬奥会上一举成名，当时美、加两国参赛队均身着这个品牌的休闲系列，四处炫耀。它有点儿像加拿大风格的Gap。Mountain Equipment Co-op是户外用品店的开山之祖，在加拿大主要城市中有很多分店。

艾伯塔和萨斯喀彻温两地是展现你牛仔潜质的地方。这里有许多出售"斯泰森"毡帽(Stetsons，美国西部牛仔戴的一种阔边高顶毡帽——译注)、领结和大皮带扣环的商店。再向北到育空和西北地区，你能置备起手工缝制的"莫卡辛"鞋（北美印第安人穿的通常用鹿皮制作的无后跟软皮鞋——译注）、手套和背心之类的独特商品。努那瓦特有各种由驯鹿、海狼，甚至北极熊的皮毛制成的北极服装供你选择。在东部，华美的羊毛制品——毛衣、手套、婴儿袜、帽子以及毯子——都是在纽芬兰和爱德华王子岛上手工制作的，是很好的礼物。

电话

有很多投币的公用电话。本地电话费用为25¢（有时候为35¢）；很多电话也接受预付话费的电话卡和信用卡。拨打接线员（☎0）、问询服务（当地电话拨打为 ☎411，长途电话拨打 1+地区代码 +555-1212）或紧急号码（☎911），使用公用电话一律免费；如用私人电话拨打，问询服务可能会收取一定费用。请注意 ☎911 在育空、西北地区和努那瓦特并非紧急号码（紧急号码见相关地区章节）。

传真

如果你住高档酒店，发传真通常不成问题。接收传真经常不收费，但发出传真可是一大笔费用。如果你的笔记本电脑安装了传真调制解调器，只需付电话费即可（但一定别忘了酒店电话费经常高得过分）。在网吧（见833页）和复印店里也能发传真。

移动电话

如同在美国、欧洲一样，手机无处不在。在北美地区唯一可以使用的外国手机是三频带型号，工作在GSM 1900和其他频带。如果你没有这样的手机，最好在电器商店里或者通过网上零售商，例如 **Telestial**（www.telestial.com）或 **Planetfone**（www.planetfone.com）买个预付话费手机。大多数手机费用一般不会超过 $125，而且包括 voicemail、一些已付费的通话时间和一个可继续充值的 SIM 卡。**Telus**（www.telus.com）和 **Rogers**（www.rogers.com）是加拿大手机服务主要供应商，而 **Aliant**（www.aliant.net）是大西洋各省的主要供应商。这些公司也提供不同选择，具体请咨询他们。但不幸的是，似乎没有要降价的趋势。

当你在加拿大境内，需要用移动电话拨打中国境内电话时，可以使用中国移动为您提供的 **139 业务，享受优惠的漫游通话资费。拨打国内手机，请拨“**139*86 手机号 #”。拨打国内固定电话，请拨“**139*86 区号和用户号 #”。详情参见中国移动相关网页 http://www.chinamobile.com/focus/roaming/international/cs/200704/t20070416_5649.htm。

电话区号

加拿大的电话号码由三位地区数字代号和后面的 7 位本地号码组成。打本地区电话时，只需拨 7 位号码即可。长途电话必须加拨 ☎1。

拨打国际直拨电话，首先要加拨前缀 ☎011，完整号码是 011+ 国家代码 + 地区代号 + 当地电话号码或 ☎011+ 国家代码 + 手机号。加拿大的国家代码是 ☎21(同美国一样，不过两国之间通话仍会收取国际通话费。中国的国家代码是 ☎86)。如，向中国北京拨打的完整方式是，☎011+86+10+ 某电话号码。

免费电话号码以 ☎800、☎877 或 ☎866 开头，使用时必须加拨 1。其中有些在加拿大和美国两地通用，有些仅在加拿大适用，还有些只在某个省管用。

电话卡

预付话费的电话卡通常为国际国内长途提供最为优惠的每分钟计费价格。它的面值分为 $5、$10 和 $20，在药店、超市和便利店均能买到。要留意那些带有暗藏收费的电话卡，如激活费、每个电话的连接费等。使用公用付费电话，收取 30¢ 至 85¢ 的额外费用很普遍。

上网

在加拿大主要城市中，很容易就能找到上网的地方，而且令你吃惊的是，偏远地区往往也可以上网，这主要得益于政府的**社区网络计划**（Community Access Program，简称C@P；http://cap.ic.gc.ca/index.htm）。几乎每座城镇的图书馆、学校和社区代理处都提供高速网络端口供大众使用，当然也包括旅行者了。仅有的一些缺陷就是使用时间往往有限制(通常是30分钟)、有时候上网不稳定，而且你可能无法上传图片(因具体设施而定)。

网吧在主要旅游地区有，上网收费通常是每小时 $3 至 $8。如果你带着笔记本电脑旅行，你会发现许多新建或新装修过的酒店和 B&B 旅馆会在你的房间提供上网接口，通常是通过高速宽带接入。房间内不提供上网接口的旅馆经常会在大厅提供网络终端，供客人使用。

在本书中的地区“实用信息”章节中，我们列出了公共的 C@P 站点和网吧。提供客户终端、免费上网的寄宿处用网络符号（💻）标记。如果可以 wi-fi，也在住宿评价中涉及。

关于你可能需要的带笔记本电脑旅行和上网小配件的更多信息，请浏览 www.teleadapt.com。关于加拿大 wi-fi 热点 (wireless hotspots，很多建筑物都安装了一种无线收发装置，笔记本电脑利用内置的无线网卡，在这些建筑物内可以实现 wi-fi，这些地点就叫 wireless hotspots——译注）的资料，请登录 www.wififreespot.com/can.html 或 www.hotspot-locations.com 网站。如果想要了解本书中未列出的网吧的信息，请登录 www.netcafes.com。

旅途中，在免费网络服务供应商网站上——例如 Hotmail(www.hotmail.com) 或 Yahoo (www.yahoo.com) ——设立旅途专用电子信箱地址是明智的做法。在公共网络终端上尽量不要进行银行结算以及其他的个人结算业务，因为可能会有按键记录监视软件，还可能会有其他不安全的装置。

加拿大旅游网站的名单，见 32 页。

时间

加拿大跨越了全世界 24 个时区中的 6 个。纽芬兰的东时区很独特，与相邻时区只有 30 分钟的差别。东西海岸间的时差是 4 个半小时。

谈到时间对比，处于 GMT–8 时区的温哥华实行太平洋时间，如果这里现在是某天下午 3 点，那么 GMT+8 时区的北京是第二天早上 7 点（冬季），而位于 GMT–5 时区、实行东部时间的纽约和蒙特利尔正是当天下午 6 点，在 GMT-3.30 时区的纽芬兰就是当天晚上 7 点 30 分，伦敦为当天晚上 11 点。

加拿大实行夏时制。每年 3 月的第二个周日生效，届时将时钟向前拨一个小时，11 月的第一个周日结束。萨斯喀彻温，及魁北克、安大略和不列颠哥伦比亚的少部分地区，是唯一不执行夏时制的地方。在此期间，温哥华若是当天下午 3 点，北京时间是第二天早上 6 点。

关于详细的时区信息，参见**国家度量衡标准学会**（Institute for National Measurement Standards；www.nrc.ca/inms）的网页。

魁北克地区的商店营业时间、火车运行时间、电影放映时间等等，通常以24小时制来表示。

危险和麻烦

关于可能的健康风险，参见“健康指南”（见850页）章节。有关道路状况和驾驶危险，请见846页的内容。

犯罪

加拿大总体上是个生活和旅行的安全之地。当然，暴力犯罪确有发生；萨斯喀彻温(Saskatchewan)是加拿大犯罪率最高的地方，而魁北克是犯罪率最低的。但加拿大整体犯罪率大大低于美国。尽管砸橱窗抢劫的盗窃行为较少，不过在将贵重物品放在无人看管的汽车里的时候，放在视线看不到的地方总是明智之举，尤其是在城市。

蚊虫

黑蚊通常在5月下旬至6月最为恼人。而蚊子则是早春至初秋的一大困扰。这两者都是真正的噩梦。虱子活跃在3月至6月。

总的来看，虫子大量集中在树林深处和河湖水边，且越往北走越多。在林间空地、海岸沿线和有风的地方，你会相当安全的。蚊子在日落时最烦人。对宿营者来说，一个有拉链门帘的帐篷是必不可少的。更多信息，见852页。

法定年龄

- 驾车：16岁
- 吸烟：18岁
- 同性恋（对于男性）：18岁
- 一般性行为：14岁
- 选举权：18岁
- 喝酒精类饮料：19岁（在艾伯塔、马尼托巴和魁北克为18岁）

其他野生生物

动物是加拿大最伟大的财富之一，但如果你侵入它们的地盘，也可能对你构成极大的威胁。喂食动物或太过亲近实在是个糟糕、非常糟糕的主意。有关如何避开灰熊、黑熊的建议，见853页。

坏天气

在冬天，你需要将自己严严实实地包裹起来。有关避免和治疗体温过低的资料，见853页。

法律事务

如果被拘捕或受到犯法指控，你有权保持沉默和聘用你想要的任何律师为你辩护（如有必要，与你所属国家的大使馆联系咨询）。如果你雇不

中国人常遇到的问题及建议

注意遵守法律法规，尊重当地人民的习俗。加拿大是一个多元文化的国家，"民主"与"自由"在这里被认为是公民至高无上的权利，如2005年6月，正式通过法律，允许同性结婚。在自由表达自己的意见时，要注意尊重别人的自由和权利。慎重交友。经常与国内亲人保持联系，及时将自己在加拿大的通信地址、联系电话及工作单位告诉国内亲人，特别是在加拿大或世界其他地方发生重大灾难时，更应及时与国内亲属联系，报告平安。

加国法律规定，每个居民均需注意公共卫生，保护环境，照章行事，如钓鱼需要办证，无证不得钓鱼；不得在公园内饮酒；有些餐馆不准吸烟，如在不准吸烟的旅馆房间内吸烟，将被罚款超过C$100。

最近几年，因不同原因，在加发生了十余起中国公民遇害案件。公民抵加后，要尽快熟悉周围环境，加强自我保护意识。

我国驻加使/领馆常接到一些公民在加丢失护照及贵重物品的报告，有的损失高达几万美元现金。在机场、旅馆办理有关手续时，要特别注意自己的贵重物品、旅行证件，防止不良分子及"好心人"（个别人甚至冒充旅馆工作人员来房间作案）行窃。

如公民因故被警察拘留时，你有权要求与就近的中国驻加拿大的大使馆、总领事馆联络；如警察扣留你的钱物，应要求开具收据。

其他应注意的问题

在餐馆正式用餐一般按消费的10%～15%支付小费。住旅馆应付适量小费。

起律师，可要求公共辩护律师做你的代表。加拿大实行无罪推定。

在加拿大开车，你需要携带驾照（见846页），并遵守交通法规（见847页）。被允许的最高血液酒精含量是0.08%，醉酒驾驶轿车、摩托车、轮船和雪地摩托是犯罪行为。如果你被抓住，将面临严厉的罚款、吊销驾照和其他严重后果。除住宅和有执照的经营场所外，其他任何地方都不允许饮酒，包括公园、海滩和其他户外场所，至少法定如此。

说到非法药物，明智的做法是完全避开它们，因为惩罚会包括巨额罚金、可能的监禁和犯罪记录。唯一的例外是以治疗为目的使用大麻，它在2001年成为合法。现在，以自用为目的而拥有大麻是否应该合法化，一直是引起公众和议会激烈争论的议题。

堕胎是合法的。

带孩子旅行

带上孩子在加拿大各地旅行是能够讨得他们欢心的，特别是，如果你不把行程安排得过于紧凑，并同孩子们商讨每日计划。Lonely Planet 出版的《带孩子出游》(*Travel with Children*) 提供了大量的忠告和小花招。**Travel With Your Kids**（www.travelwithyourkids.com）网站是另一个有益、全面的信息库。

实用信息

同父母中任一方来加拿大旅行的儿童，需持有另一方的授权书（见838页）。

在加拿大，儿童可在各个方面享受到不同程度的优惠，从博物馆门票、交通费到住宿费，等等。通常情况下，6岁到17岁的少儿都可以享受半价；更小的儿童完全免费。如果你们有两个大人和两个或者更多的小孩时，可以咨询“家庭”套票的情况。

酒店和汽车旅馆一般都会有适合家庭住宿的房间——内置两张大床或一张大床和一个沙发床。即使没有这样的房间，也能提供移动折叠床或小床，通常仅收少许额外费用。一些旅舍还搞“儿童免费”促销活动，但这通常只适用于不占床的儿童。B&B 则没有这么大方，甚至可能拒绝小客人入住。可在预订时确认。

婴儿食品、配方奶粉、牛奶(包括豆奶)、纸尿裤(尿片)及相关物品在药店和超市都能买到。公共场合解怀喂奶在各地都是合法的，也为大众所容忍，但大多数女性对此都很谨慎。如果有人抱怨，就礼貌而坚定地指出你未做任何违法的事情。

这里大多数设施都能满足孩子的需要。你会发现几乎所有餐馆都有儿童座椅。即使没有特别的儿童菜单，多数餐馆也能做儿童餐。关于同孩子一起就餐的更多信息，见67页。在机场、商店、购物中心、电影院等场所，公共卫生间通常都有方便更换婴儿尿裤的桌板。

在所有交通工具里，体重在18公斤以下的幼儿都必须固定在儿童座椅里，而婴儿则需要一个朝后放置的婴儿安全座椅。大多数租车商行也出租这些装备，价格为每日 $8，但是预订非常重要。

景点和活动

在加拿大，无论你到何地旅行，让孩子同享旅游的快乐非常容易。丰富的户外运动为他们展现了无限的可能。观看野生生物、游泳、徒步、骑马、划独木舟或参与其他运动，一天下来，定能让小家伙们香甜入睡。许多国家公园组织亲近自然之旅或其他以儿童为导向的节目。不少体育用品商店也提供儿童装备。

即使在城市，孩子们的娱乐活动也不会少。可以带他们去公园、游乐场、公共游泳池、滑冰场、动物园或是儿童友好型博物馆。有关具体建议，参见本书各目的地章节中的“亲子游”部分。另外，大多数旅游办公室会向你介绍本地的儿童节目、设施和儿科医生等方面的信息。

残障旅行者

在帮助残障者，特别是行动不便者面对日常挑战方面，加拿大正不断取得进步。当然，总还有需要改进的地方。不计其数的游说团体正在努力工作，以确保政府和其他机构不会满足现状，故步自封。

你会发现许多公共建筑物，包括博物馆、旅游办公室、火车站、购物中心和电影院，都有坡道和/或升降梯。大多数公共卫生间也以带扶手的超大隔间为特色。人行横道与人行道间大都建有缓坡。较新的或新近装修过的酒店，尤其是连锁酒店，都设计建造了特殊客房——极大的房门和宽敞的卫生间。

国家和省立公园里的介绍中心通常是无障碍场所，而且，许多公园建有可供轮椅通行的小路。在公园停车场和车库，可找到画着轮椅图案、专供残障者使用的车位。一些租车商行还提供带轮椅升降装置的手控客车、货车，无附加费用，但你必须早早预订。846页列有租车商行的信息。

乘公共交通工具旅行是可行的，但需要谋划。最好从搜索联邦政府的网站 **Access to Travel**（www.accesstotravel.gc.ca）开始，这是一个集加拿大航空、汽车、铁路和渡船等交通信息为一体的资料库。它的“旅行资料”(travel resources) 网页，可链接到各省的网站，非常有用。总的来说，只要你在订票时讲明特殊需要，大多数运输公司都能够照顾好残障乘客。

其他专门为残障旅行者提供服务的机构和旅行商：

Access-Able Travel Source（☎303-232-2979；www.access-able.com）该网站很有用，有许多链接。

加拿大全国盲人协会（Canadian National Institute for the Blind；☎604-431-2121；www.cnib.ca）

Canadian Paraplegic Association 协会（☎613-723-1033；www.canparaplegic.org）为在加拿大旅行的行动不便者提供有关设施方面的信息资料。

Mobility International（在美国☎541-343-1284；在英国☎020-7403-5688；www.miusa.org）向残障旅行者提供出行建议，并运作一个教育交流计划。

Society for Accessible Travel & Hospitality（☎212-447-7284；www.sath.org）向残障旅行者提供许多有用的链接。

同性恋旅行者

在涉及男/女同性恋者时，加拿大采取宽容的态度，但这种观点在大城市中比农村地区更为常见。同性婚姻在加拿大整个国家都是合法的（加拿大是世界上允许同性婚姻为数不多的五个国家之一）。

蒙特利尔、多伦多和温哥华显然是加拿大同性恋最突出的城市，这些城市，这方面的夜生活均纷繁活跃，更有各类出版物和众多的组织及资助团体。它们也都举办相当大的骄傲周庆祝活动，吸引大批人群参与。了解更多信息，请参见276页、124页和645页框内文字。

在北方地区，人们的态度仍比较保守。努那瓦特全省范围内，以及范围较小的西北地区原住民社区，存在着一种宗教式的虔诚情绪，其中对同性恋持极端排斥态度。育空地区，恰相反，更像不列颠哥伦比亚省，采取西海岸地区"自己活也让别人活"的宽容态度。

以下是一些同性恋旅游资源信息，但并非都只针对这一群体。

Damron（☎415-255-0404；www.damron.com）发行几本旅行指南，包括《男性旅行指南》（*Men's Travel Guide*）、《女性旅行者》（*Women's Traveller*）以及《Damron居所》（*Damron Accommodations*）；该网站上也列出了对同性恋开放的旅游组织机构。

加拿大同性恋网（Gay Canada；www.gaycanada.com）可以按照省或城市搜索对同性恋开放的机构和资源。

同性恋旅行新闻（Gay Travel News；www.gaytravelnews.com）网站上列出了对同性恋开放的目的地和旅馆。

Out Traveler（www.outtraveler.com）同性恋旅游杂志。

紫色屋顶（Purple Roofs；www.purpleroofs.com）网站上列出了全球可接受同性恋的住宿处、旅行社以及团队游。

Queer Canada（www.queercanada.ca）综合资源网站。

独自旅行者

在加拿大独自旅行并无特殊问题或困难。独自去咖啡馆和餐厅是完全正常的。人们通常都很友善、随和。女士也不必顾虑首先开口讲话，即使是同男士在一起。除非你露骨地卖弄风情，大都不会被解读为性感挑逗。有关对女性旅行者的更多具体忠告，见下文。

女性旅行者

女性在加拿大旅行总的来说是安全的，即使是独自一人，抑或是在大城市。当然，这不等于你可以放松警惕，盲目地将自己的生命交与每一个陌生人。用上生活中的常识就够了。

在酒吧和夜总会，独身女性总会引人注目，但如果你不需要陪伴，大多数男性会尊重你坚定的"不，谢谢"。如果你认为受到了威胁，大声抗议经常会让冒犯者窘迫地溜走，或是至少促使其他人为你解围。请注意在加拿大携带催泪瓦斯或胡椒喷射器是非法的。

人身攻击的可能性不大，但如果你受到袭击，应立即**报警**（☎911，在育空地区、西北地区和努那瓦特除外；分别查看各自章节了解它们的紧急求救电话）或与强暴危机处理中心联系。想要完整的名单，请与**性袭击中心加拿大协会**（Canadian Association of Sexual Assault Centres；☎604-876-2622；www.casac.ca）联系。一些主要城市的热线是：

卡尔加里（Calgary；☎403-237-5888）

哈利法克斯（Halifax；☎902-425-0122）

蒙特利尔（Montréal；☎514-934-4504）

多伦多（Toronto；☎416-597-8808）

温哥华（Vancouver；☎604-255-6344）

为女性旅行者提供帮助的网上资料库包括**Journeywoman**（www.journeywoman.com）和**Her Own Way**（www.voyage.gc.ca/main/pubs/PDF/her_own_way-en.pdf）。后者还是由加拿大政府出版的杂志，虽然针对加拿大本国的旅行者，但包含有许多通用的忠告。

志愿服务

志愿服务提供了与当地人、当地风情互动的良机，不要错过。大多数机构收取一定费用，具体因活动时间长短及其所提供的食物、住宿类型而异。所收取的费用通常不包含在加拿大旅游的费用。使用志愿者的机构有：

丘吉尔北方研究中心（Churchill Northern Studies Centre；☎204-675-2307；www.churchillscience.ca）志愿者每天工作4小时（从穿绳到清洁的任何志愿服务），可免费食宿；进一步的信息，见546页。

地球守望者（Earthwatch；☎800-776-0188；www.earthwatch.org）帮助科学家们跟踪不列颠哥伦比亚海岸边的鲸鱼，跟踪新斯科舍的驼鹿和梅花鹿，监测丘吉尔、马尼托巴或者西北地区的马更些山脉的气候变化。行程从8天持续到14天，费用为$1850到$4250。

和平志愿者（Volunteers for Peace；☎802-259-2759；www.vfp.org）在加拿大北极区的土著社区提供辅导工作，在魁北克也有工作。

全球有机农场机遇（World-Wide Opportunities on Organic Farms；www.wwoof.ca；申请费$40）在有机农场工作，通常会得到免费的食宿；登录网站，查询在加拿大国内的具体工作地点。

工作

几乎任何情况下，在加拿大工作都必须持有效的工作许可证。要获得许可证也许仍会很难，因为就业机会总是对加拿大人优先。甚至在你提出申请之前，应该已有一位雇主向你提供具体的工作岗位，而这位雇主也必须就雇用外国人事先征得政府的同意。申请必须在驻本国的加拿大使领馆的签证办公室填写。有些工作没有许可证的要求。有关具体细节，请浏览**加拿大公民及移民部**（Citizenship & Immigration Canada；www.cic.gc.ca/english/work/index.asp）的网站。

雇主雇用临时服务人员（如旅店、酒吧、餐馆、度假村）或建筑、农场、林业工人，通常不要求工作许可证。但是如果你被抓住，你就得跟加拿大说再见。

包括英国、澳大利亚、新西兰、爱尔兰和南非在内的十几个国家，其年龄在18岁至30岁之间的学生可以申请**学生海外工作计划**（Student Work Abroad Program，简称SWAP；www.swap.ca）岗位。如果申请成功，你会得到一个不可延期、但有效期长达一年的签证，允许你在加拿大的任何地方，做任何你能找到的工作。大多数"SWAP"人员在服务行业工作，如服务生、酒吧侍者。咨询你本国的加拿大使馆有关具体详情；可从**加拿大外交和国际贸易部**（Foreign Affairs & International Trade Canada；www.international.gc.ca/world/embassies/cra-en.asp）了解情况。

交通指南

目录

到达和离开

入境

乘坐飞机前往加拿大时，在飞机上，乘客必须填写正规的入境卡和海关登记表。落地后，入境者首先通过边境口岸，然后过海关。官方的入境检查会相当严格，他们可能会询问你一系列问题。询问过境者的问题更为细致深入；随行的车辆也会被检查。

如果曾经有任何犯罪记录，包括醉酒驾车(DUI，driving under the influence)一类的案底，你都可能被加拿大政府拒绝入境。如果有这方面的顾忌，你必须在你国内的加拿大领事馆申请一张“豁免通行证”(waiver of exclusion)。申请“豁免通行证”的办理费为 $200，办理程序需要数星期，但不保证一定被接受。如果是 10 年前或更久的旧案，只要你再没有犯法记录，可自动认为“已改邪归正”。

随时变化中

这一章的资讯极易发生变化。请直接与航空公司或旅行社联系，确定你了解并明白旅行费用（和你可能购买的票）的具体安排，注意国际旅行的安全事宜。谨慎购物。本章所提供的内容敬请作为参考，最好自己做好仔细、适时、充分的准备。

和许多国家一样，加拿大关注拐卖儿童的事件。所以，当单亲父母、祖父母或监护人携带任何 18 岁以下青少年随同旅行时，必须持有合法监护证明，或持有由未陪同旅行的父母一方亲自授权此次旅行的公证信。没有相关证明文书可能影响正常的入境。独自旅行的孩子也需要出示父母双方或合法监护人同意旅行的公证信。这是护照和/或居民身份之外应携带的附加证明资料。

护照

前往加拿大的任何国籍旅行者都必须携带护照。中国人入境或过境加拿大需申领签证（持香港地区护照可免签）。详见本书“签证”部分的说明，见 821 页。事实上，美国公民进入加拿大时无须护照，而当他们回到美国时则需要出具护照。

飞机

机场和航空公司

加拿大拥有大约 500 座机场和 800 条未铺砌的起降跑道，不过，旅行者抵达加拿大的第一站往往是以下国际抵达目的地中的一个：

卡尔加里（Calgary，代码YYC；☎403-735-1200；www.calgaryairport.com）

埃德蒙顿（Edmonton，代码YEG；☎780-890-8382，800-268-7134；www.edmontonairports.com）

哈利法克斯（Halifax，代码YHZ；☎902-873-4422；www.hiaa.ca）

蒙特利尔（Montréal，Trudeau，代码YUL；☎514-394-7377，800-465-1213；www.admtl.com）

渥太华（Ottawa，代码 YOW；☎613-248-2000；www.ottawa-airport.ca）

圣约翰斯（St John's，代码YYT；☎709-758-8581；www.stjohnsairport.com）

多伦多（Toronto，Pearson，代码 YYZ；☎416-776-3000；www.gtaa.com）

温哥华（Vancouver，代码 YVR；☎604-207-7077；www.yvr.ca）

温尼伯（Winnipeg，代码YWG；☎204-987-9402；www.waa.ca）

加拿大航空公司(Air Canada)是该国的旗舰航空公司，也是公认的世界最安全的航空公司之一。总部设在加拿大、经营国际航班线路的其他航空公司包括专营包机航线的跨大西洋航空公司

(Air Transat)、Zoom 航空公司，以及提供优惠航班的西捷航空公司(WestJet)。此外，众多美国航空公司和其他国家的国家航空公司也经营往返加拿大的国际航线。

以下列举了驻加拿大各航空公司的电话号码和网址，供订票、航班更改和咨询。如欲在你所在国咨询相关情况，可浏览各个网站：

中国国际航空公司（Air China，代码CA；www.airchina.com.cn；☎国内800-810-1111，国际4008-100-999）

中华航空公司（China Airlines，代码CI；☎800-227-5118；www.china -airlines.com）

长荣航空公司（Eva Air，代码 BR；☎800-695-1188；www.evaair.com）

国泰航空公司（Cathay Pacific，代码CX；☎800-268-6868；www.cathay.ca）

加拿大航空公司（Air Canada，代码 AC；☎888-247-2262；www.aircanada. com）

跨大西洋航空公司（Air Transat，代码TS；☎866-847-1919；www.airtransat.com）

美国航空公司（American Airlines，代码 AA；☎800-433-7300；www.aa.com）

ANA航空公司（代码EL；☎800-235-9262；www.anaskyweb.com）

Astraeus Airlines 航空公司（代码 5W；☎877-428-9425；www.flystar.com）

CanJet 航空公司（代码 C6；☎800-809-7777；www.canjet.com）

美国大陆航空公司（Continental Airlines，代码CO；☎800-231-0856；www.continental.com）

达美航空公司（Delta Airlines，代码 DL；☎800-241-4141；www.delta.com）

日本航空公司（Japan Airlines，代码JL；☎800-525-3663；www. ar.jal.com）

西北航空公司（Northwest Airlines，代码 NW；☎800-225-2525；www.nwa.com）

美国合众国航空公司（US Airways，代码US；☎800-428-4322；www.usairways.com）

西捷航空公司（WestJet，代码WS；☎800-538-5696，888-937-8538；www.westjet.com）

Zoom航空公司（代码Z4；☎866-359-9666；www.flyzoom.com）

此外，中国旅行者还可咨询 **STA Travel** 上海（☎2281-7723；www.statravel.com.cn）、**峰宁**香港（Phoenix Services；☎0852-2722 7378，传真 0852-2369 8884；info@phoenixtrvl.com）或**四季之旅**香港（Four Seas Tours Hong Kong；☎852-200-7760，2200-7777；www.fourseastravel.com/english），获取更多航班和机票信息。

机票

飞机票通常占去几乎所有旅行预算中的最大部分费用，明智的做法是花时间找便宜优惠的机票。其实，要抢到便宜机票，时机很关键。按经验而论，你可以通过以下方式节省一大笔费用：尽量提前订票（至少提前 3 周，夏季航班则更长些），选择每周中间时段（周二到周四）出行，最好在淡季（10 月到次年 5 月中旬，冬季运动类的旅游目的地除外）。早、晚班机可能比商务流行

气候变化和旅行

气候变化严重威胁着人类所依赖的生态系统，而乘坐飞机旅行是加重这个问题的因素之一。总的来说，Lonely Planet 认为旅行对全球有益，不过也认为我们都有责任减少个人对全球变暖的影响。

飞行和气候变化

每种形式的机动化旅行都会产生二氧化碳（人类行为引发气候变化的主要因素），不过飞机却是其中最为严重的罪魁祸首，这不仅仅和飞机带我们旅行的距离有关，更因为飞机向大气释放大量温室气体。统计数据令人震惊：从欧洲到美国之间进行往返旅行的两个人对气候变化的影响，相当于一家人平均一整年消耗的气和电。

碳补偿计划

Climatecare.org 和其他网站使用了“碳计算工具”，让旅行者通过捐款来抵消自己所造成的温室气体的量，支持减缓全球变暖的可持续旅行计划——包括在印度、洪都拉斯以及乌干达的项目。

Lonely Planet、Rough Guides 和其他旅行业伙伴，支持 climatecare.org 运作的碳补偿计划。Lonely Planet 会补充所有职员以及作者旅行时所产生的温室气体。

如欲了解更多信息，请登录网站 www.lonelyplanet.com。

的白天班机便宜。如果你乘坐过夜的周六航班，有些航空公司给予更优惠票价。

网上机票代理商是开始搜寻优惠机票的好地方，不过，当你用来链接到其他搜索引擎时，它们最管用。其中之一的ITA软件(www.itasoftware.com)是一种搜索模板软件，可按价格搜索结果，同时在备注里提醒不利条件，比如长时间的中途停留、过紧的转机衔接，或者过夜航班。无须下载任何软件。注意这个网站不实际售票，机票必须从旅行社或航空公司购买。

另一方便工具是Sidestep(www.sidestep.com)，可搜寻那些其他搜索——像Expedia公司和Orbitz公司——忽视的低成本航空公司。该网站可免费下载软件并安装，不过，可能含有病毒。

要了解最新票价的优惠变动，可以向航空公司订阅每周实时电邮信件。就是老式的报纸也能派上用场，尤其当航空公司在旅游版面上刊登大幅广告时，正是机票价格激战期间。再有，别忘了旅行社，在你计划长途旅游或复杂线路时，它们很有帮助。

从加拿大出发的航班机票，无论是在加拿大还是海外购票，票价必须包含离港税。有些机场还向离港乘客征收“机场建设税”，通常为$10或$15。

携程网（www.ctrip.com）
艺龙网（www.elong.com）
中国旅游网（www.cnta.gov.cn）
Cheap Tickets（www.cheaptickets.com）
Expedia（www.expedia.com）
Hotwire（www.hotwire.com）
Info-Hub Specialty Travel Guide（www.infohub.com/travelnow.html）
Lowestfare（www.lowestfare.com）
Orbitz（www.orbitz.com）
Priceline（www.priceline.com）
STA Travel（www.sta.com，www.sta.com.cn 中文）
Travelocity（www.travelocity.com）
Yahoo！Travel（www.travel.yahoo.com）

乘运航班 (COURIER FLIGHTS)

如果你的日程灵活，而且单独旅行，像乘运公司那样的飞行可为你省一大笔。乘运公司负责行李抵达目的地，以换取优惠票。你无须自己打理什么托运事宜；只要在目的地，你将货物清单提交乘运公司的代表即可。你的随身行李有限制，可能还有其他限制，例如，停留时间等。

国际航空旅游乘运协会（International Association of Air Travel Couriers，简称IAATC；☎515-292-2458；www.courier.org）和**航空乘运协会**（Air Courier Association，简称ACA；☎877-303-4258；www.aircourier.org）都是总部在美国的中央票据交换中心，记录相关乘运公司提供的线路，要求具有会员身份。IAATC在也设有**英国办事处**（☎0800-0746-481；www.aircourier.co.uk），不过在调研的时候它不接受新的会员申请。

洲际机票 (INTERCONTINENTAL[即RTW]TICKETS)

环球机票(Round-The-World，简称RTW)很棒，如果你想同时去加拿大和其他国家旅游。这种机票一般比直接的往返程机票贵，不过，额外经停其他地方挺划算。最值的是跨欧洲、亚洲或澳大利亚的加拿大之旅。环球旅游行程中包括南美或非洲，以及北美的环球旅游行程着实更贵一些。

正式的环球票通常为各航空公司之间的联运，或是统一的联运同盟，它允许你飞抵指定的经停地和/或者飞行的最大里程，只要你不走回头路。它们通常一年内有效。环球票的一种替代类型是旅行社将各优惠票撮合在一起。

绝大多数环球票在加拿大和美国使用时限定经停站的次数。最便宜的仅允许一次经停；其他允许两次以上。有些航空公司“关闭”一些热点旅行航线(例如火奴鲁鲁到东京的航线)。多数情况下，要求提前14天购买。购票后，日期通常可以免责更改，还可以花一些费用增加或删减经停地。

Air Treks（www.airtreks.com）
Circle the Planet（www.circletheplanet.com）
Just Fares（www.justfares.com）

亚洲

中国

加拿大航空公司有从北京、上海、香港和台北飞往温哥华和/或多伦多的航班。开通直飞加拿大的中国航空公司有：从北京起航的中国国际航空公司、从台北起航的中华航空公司、长荣航空公司和从香港起航的国泰航空公司。

亚洲其他国家

加拿大亚洲方面航班的主要门径是温哥华。加拿大航空公司开辟从大阪、首尔和东京的直飞航班。日本航空和ANA从东京起航航班，菲律宾航空从马尼拉起航。而且，加拿大航空开辟了从新德里和东京飞往多伦多的直达航班。

去其他加拿大城市旅行需要中途停留或转机，通常经停美国门户城市，像洛杉矶和芝加哥。

第一旅游东京(No 1 Travel Tokyo；☎3205-6073；www.no1-travel.com)
STA Travel 曼谷（☎236-0262；www.statravel.co.th）；新加坡（☎6737-7188；www.statravel.com.sg）；

东京（☎5391-2922；www.statravel.co.jp）

美国

从美国飞往加拿大的航班很多。加拿大航空和它的子公司加拿大爵士航空(Air Canada Jazz)将众多美国几大城市和温哥华、卡尔加里、蒙特利尔、多伦多和渥太华联系起来。实际上，其他所有的美国航空公司，包括美国航空、联合航空和美国空运航空、大陆航空、达美(Delta)航空和西北航空，均飞往许多北境一带的目的地。阿拉斯加航空和地平线航空有飞往加拿大西部的航班，绝大多数从西雅图起飞，除了卡尔加里，洛杉矶也有飞往卡尔加里的航线。

在意价格的人还可以考虑优惠类航空公司，如西捷航空公司(WestJet)，它从美国佛罗里达、加利福尼亚和亚利桑那州的几个城市飞往卡尔加里和多伦多。跨大西洋航空公司(Air Transat)有从奥兰多和弗特劳德戴尔(Fort Lauderdale)飞往多伦多和蒙特利尔的季节性航班。

FlightCentre（☎866-967-5351；www.flightcentre.us）
STA Travel（☎800-781-4040；www.statravel.com）
Travel Cuts USA（☎800-592-2887；www.travelcuts.com）

陆路

边境口岸

美加边境设有22个官方边境口岸，从新不伦瑞克到不列颠哥伦比亚。**加拿大边检服务局网站**（Canadian Border Services Agency；www.cbsa-asfc.ca/general/times/menu-e.html）显示每个口岸实时等待的动态信息。总的来说，等待的时间通常不超过30分钟，但是，夏天旅游旺季时段，周五和周六下午，特别是节假日周末时间，你很可能需要在边境口岸滞留数小时排队等待。有些入境口岸相当繁忙：

- 安大略的温莎至密歇根的底特律
- 安大略的伊利城堡至纽约州的布法罗(Buffalo)
- 安大略的尼亚加拉瀑布至纽约州的尼亚加拉瀑布
- 魁北克城至纽约州的罗斯角
- 不列颠哥伦比亚的萨里(Surrey)至华盛顿州的布莱恩(Blaine)

其他边境站相对较安静，有时，悠闲的工作人员除了打开你的行李箱检查就没有别的事可做。当你靠近边境时，请关掉电台或音响，取下你的太阳镜，尽可能表现得礼貌。绝大多数工作人员不喜欢闲聊、开玩笑或卖弄。

当返回美国时，请浏览美国国家安全部开通的网站http://apps.cbp.gov/bwt，了解各个边境等待的预计时间。

有关入境加拿大所需文件的信息，请参见838页。

公共汽车

灰狗运输公司（☎800-231-2222；www.greyhound.com）和它的加拿大姐妹公司——**加拿大灰狗运输公司**（☎800-661-8747；www.greyhound.ca）经营着北美最大的公共汽车运输网，涵盖大约到达3600个目的地的服务。美国和加拿大各主要城市间直达线路都有，不过，在边境你通常必须转车。请参考以下车票和时间信息。

线路	普通票价(US$)	用时	班次
波士顿—蒙特利尔	73	7小时起	一天最多8班
底特律—多伦多	44	5个半小时	一天最多5班
纽约—蒙特利尔	86	8小时	一天最多3班
西雅图—温哥华	26	4小时	一天最多5班

可以在灰狗客运站购票。有时你可以通过电话或网上购票（前提是：需要提前10天预订，你出发的公共汽车站有“电话”服务，而且你不介意支付服务费，服务费不定，不过一般最多为$15)。有关优惠、通票和预订信息，见843页。据有些乘客反映，在设法预订跨境票时，很难获得提前购票优惠。

小汽车和摩托车

美国大陆公路网通过沿边境的众多交叉点直接与加拿大公路网连接。这些加拿大公路在往北的地方与东西向跨加拿大公路相遇。在育空地区和阿拉斯加之间，主干公路是阿拉斯加高速公路(Alaska Hwy)和克伦戴克高速公路(Klondike Hwy)以及海恩斯公路(Haines Rd)。

如果你开车进入加拿大，你必须持有机动车执照、责任险保单和你所在国的驾驶证。在美国租用的小汽车通常可以出入加拿大，不过，请确定你随身携带的租车协议上这样写着，以防边境官员盘问。如果你驾驶的是别人名下的车，请带上车主授权你在加拿大使用该车的信函。有关边境口岸的信息，见左栏。有关在加拿大境内驾车的建议和信息，见上文。

火车

Amtrak铁路公司（☎800-872-7245；www.amtrak.com）经营着美国和加拿大之间的四条路线。东边，一日一班的列车往返于纽约到蒙特利尔之间；另一班往返于纽约市到多伦多之间；还有一班从纽约州布法罗到多伦多。在西海岸，一日一班的列车往返于西雅图和温哥华之间。北美铁路通票（见849页）在Amtrak公司和加拿大VIA Rail公司的铁路线路上都有效。

海运

渡船

东海岸，在梅因州的巴尔港(Bar Harbor)和波特兰(Portland)到新斯科舍西南边的雅茅斯之间(见350页)开通了渡船。从新不伦瑞克的迪尔岛到梅因的伊斯特波特之间(见425页)开通了另一班渡船。

西海岸，在华盛顿州和温哥华岛上的维多利亚(见685页)之间开通了渡船。从温哥华岛北部的哈迪港出发，渡船向北沿内航线抵达阿拉斯加(见708页)。前往育空地区的游客可以考虑从不列颠哥伦比亚的鲁珀特王子(见751页)乘坐渡船前往阿拉斯加的海恩斯或斯卡圭。

交通指南

货船

尽管不算便宜，搭乘商船出游加拿大不失为一种大胆的方式。商船搭乘3位到12位乘客，尽管条件上没有游船来得豪华，商船让人体会到海上生活的滋味。从蒙特利尔到意大利一趟15天的航程通常的花费在$1850到$2150。获得信息的最佳渠道是**航游和商船旅游协会**(Cruise & Freighter Travel Association; 美国 ☎800-872-8584; www.travltips.com)和**货运世界航游公司**(Freighter World Cruises; ☎626-449-3106，美国 ☎800-531-7774; www.freighterworld.com)。

四处走走

飞机

加拿大境内的航空公司

加拿大航空业近几年来经历了巨大的动荡。甚至是加拿大航空，作为这个国家最大的航空公司明星航空联盟(Star Alliance)成员，也一度陷入困境，但最终摆脱了破产的命运，于2004年10月进行了重大的财政重组。尽管这引起了很大的困扰，这个公司仍然操纵着最大的国内航空网络，与它的地区分公司——加拿大爵士航空公司(Air Canada Jazz)一起服务于150个航空网点间。

低成本、低损耗的航空公司追逐着加拿大航空公司的机翼。最大的是以卡尔加里为基地的WestJet公司。作为回应，加拿大航空进入价格战，引入便宜的“探戈”机票价，这种机票有时在它的常规航线上甚至比折扣票航空公司还便宜。

加拿大航空业的舞台上还包括许多独立的地区和地域性航空公司，它们的业务主要在北部一些小的地区，通常较偏远的地区。根据目的地定价，几乎没有其他竞争航线，票价可能较高。

请参见介绍各省章节中“到达和离开”的内容，了解具体航线和信息。以下是加拿大国内主要航空公司一览表。

加拿大航空公司(☎888-247-2262; www.aircanada.com)航班覆盖全国。

加拿大爵士航空公司(Air Canada Jazz; ☎888-247-2262; www.aircanada.com)加拿大东部和西部的区域航班。

Air Creebec航空公司(☎800-567-6567; www.aircreebec.ca)航班覆盖魁北克和安大略，包括从蒙特利尔和其他城市飞往Chisasibi和Chibougamau。

因纽特航空公司(Air Inuit; ☎888-247-2262; www.airinuit.com)从蒙特利尔飞往努纳维克的14个因纽特社区，包括Kuujjuaq和Puvirnituq的航班。

拉布拉多航空公司(Air Labrador; ☎800-563-3042; www.airlabrador.com)往返纽芬兰和拉布拉多之间的航班。

北方航空公司(Air North; ☎加拿大867-668-2228，☎美国800-661-0407，800-764-0407; www.flyairnorth.com)航班覆盖不列颠哥伦比亚、艾伯塔、育空地区、西北地区和阿拉斯加。

Air St-Pierre航空公司(☎902-873-3566，877-277-7765; www.airsaintpierre.com)从加拿大东部飞往纽芬兰海岸法语地区。

贝尔斯金航空公司(Bearskin Airlines; ☎800-465-2327; www.bearskinairlines.com)覆盖安大略和东马尼托巴一带，大概15个航空网点的航班。

康姆航空公司(Calm Air; ☎204-778-6471，800-839-2256; www.calmair.com)覆盖马尼托巴和努那瓦特的航班。

加拿大北方航空公司(Canadian North; ☎800-661-1505; www.canadiannorth.com)往返西北地区、努那瓦特、西北地区区内和努那瓦特内部航班。

中央山脉航空公司(Central Mountain Air; ☎888-865-8585; www.cmair.bc.ca)覆盖不列颠哥伦比亚和艾伯塔的各航空站点。

第一航空公司(First Air，☎800-267-1247; www.firstair.ca)从渥太华、蒙特利尔、Winnipeg和埃德蒙顿飞往北冰洋24个航空点，包括怀特霍斯和努纳维克。

港口航空公司(Harbour Air; ☎800-665-0212; www.harbourair.com)从温哥华城市飞往温哥华岛和海湾群岛的海上航班。

Hawkair航空公司(☎866-429-5247; www.hawkair.ca)从温哥华和维多利亚飞往不列颠哥伦比亚北部的航班。

Kenn Borek Air航空公司(☎867-252-3845; www.borekair.com)为努那瓦特周围的伊卡卢伊特和其他地区提供服务。

Kivalliq Air航空公司(☎204-888-5619，877-855-1500; www.kivalliqair.com)航班从温尼伯飞往丘吉尔和努那瓦特。

太平洋海岸航空公司(Pacific Coastal Airlines; ☎800-663-2872; www.pacific-coastal.com)总部设在温哥华的航空公司，航线覆盖不列颠哥伦比亚各个地方。

Porter Airlines航空公司（☎888-619-8622；www.flyporter.com）的小型涡轮螺旋桨飞机从蒙特利尔、哈利法克斯和渥太华飞往多伦多更快速、更便捷的市区市中心机场。

省际航空公司（Provincial Airlines；☎800-563-2800；www.provincialairlines.ca）总部设在圣琼斯，航线覆盖纽芬兰全省和以往拉布来托。

Seair Seaplanes航空公司（☎604-273-8900，800-447-3247；www.seairseaplanes.com）航班从温哥华往返不列颠哥伦比亚的南海湾群岛。

Sunwing 航空公司（☎877-786-9464；www.flysunwing.com）的包机飞往加拿大各地。

跨西航空公司（Transwest Air；☎800-667-9356；www.transwestair.com）萨斯喀彻温省内航班。

加拿大西海岸航空公司（West Coast Air；☎800-347-2222；www.westcoastair.com）提供从温哥华城市到温哥华岛、再到桑夏恩海岸的水上飞机服务。

西捷航空公司（WestJet；☎800-538-5696，888-937-8538；www.westjet.com）总部在卡尔加里的低成本航空，航线覆盖加拿大全境。

联程机票

海外旅行者，如果计划在加拿大境内或美国和加拿大周边乘坐多次飞机航班，购买一张联程机票可节省些钱。作为**明星航空联盟**（Star Alliance；www.staralliance.com）的成员，加拿大航空、联合航空和美国空运航空联手提供北美航空联程机票(North American Airpass)，它面向任何居住在美国、加拿大、墨西哥、百慕大和加勒比一带以外的人。它只限于明星联盟航空公司成员操作的国际航线上。至少购买3张票证(coupons，US$399)，最多10张票证(US$1099)。请登录网站了解详细信息。

自行车

骑自行车穿越加拿大可能很艰巨，但不是不可能，不过，旅游个别地区比较容易，而且很受欢迎。长途之旅完全可以实现，沿安静的乡村路和许多城市（包括埃德蒙顿、蒙特利尔、渥太华、多伦多和温哥华）拥有标准的自行车线路。

骑自行车必须遵守机动车一样的道路规章，但不要期望驾车者会一直尊重你的行路权利。头盔可能让你的头发扎上一天，但在不列颠哥伦比亚、新不伦瑞克、爱德华王子岛和新斯科舍，所有的自行车手必须戴头盔；在艾伯塔和安大略，18岁以下骑车者必须戴头盔。

美好世界俱乐部（Better World Club；☎866-238-1137，www.betterworldclub.com）提供道路紧急救助。会员费每年$40，外加$10注册费，提供你两次免费救助搭乘，并可以送你到最近的维修店，或你的家，以你所在地方半径50公里内的覆盖区为限。

大多数航空公司在国际航空航线上，只要自行车打包入箱，即可作为托运行李免费托运。国内航班的话，它们通常收费$30到$65托运费。谨记买机票前了解详细信息。

如果乘坐加拿大灰狗客车，你必须将自行车作为货物托运。除了自行车打包入箱($10)，也根据重量收取一定费用，外加40%超箱费和服务消费税(GST)。如果有空位，同一客车上，自行车按乘客计价。要确保你的自行车与你本人同时抵达（或提前抵达），务必提前一天托运。

花上$20，VIA Rail铁路运输公司可以载运你的自行车，但是只限火车上提供托运行李的服务（包括所有长途火车和许多地区火车）。

如欲了解加拿大最甜蜜的山地自行车和自行车小道的信息，可参阅87页。

购买

购买一辆自行车挺容易，同样，在你离开前脱手卖掉也不困难。最佳的选择是专业自行车店，它们还提供到位的建议，不过综合体育用品商店卖价便宜些。有些自行车行和租车行也出售二手的自行车，想要最划算的买卖，可以考虑跳蚤市场、车行甩卖和廉价店，或者查看大学和青年旅舍里的公告牌。这些地方也是脱手自行车的最佳场所。

租赁

户外用具商店几乎遍及主要旅游城镇；本书列出了不少这样的商店。一辆观光自行车每天的租费大约为$15，一辆山地自行车每天为$25。价格通常包含一个头盔和一把锁。绝大多数公司要求支付保险押金$20到$200。

轮船

在两端临海的国家和湖泊河川密布的内陆旅行，很自然会发现自己在某一艘船上。群岛和陆路之间的渡轮遍布大西洋各省和不列颠哥伦比亚省内。有关航线详情，请参阅目的地章节中的到达和离开部分。

步行者和骑自行车的人应该可以随时登船，不过，如果需要运送交通工具或客舱，最好打电话预订。在夏季高峰期和假期，这尤为重要。主要经营者如下：

海湾渡轮（Bay Ferries；☎506-649-7777，888-249-7245；www.bayferries.com）全年服务在新不伦瑞克的圣约翰和新斯科舍的迪格比之间。

不列颠哥伦比亚渡轮（BC Ferries；☎250-386-3431，888-223-3779；www.bcferries.com）25条线路、46座码头

的大型客运轮渡网络，包括温哥华岛、海湾群岛、瑟切尔特半岛，沿桑夏恩海岸和夏洛特皇后群岛，都在不列颠哥伦比亚省。

海岸船运公司（Coastal Transport；☎506-662-3724；www.coastaltransport.ca）在新不伦瑞克的芬迪群岛中从布莱克斯港开往大马南岛的渡轮。

CTMA渡轮公司（CTMA Ferries；☎418-986-3278，888-986-3278；www.ctma.ca）从爱德华王子岛（简体PEI）的苏里斯开往魁北克的德拉玛得来纳岛的每日渡轮。

东海岸渡轮公司（East Coast Ferries；☎506-747-2159，877-747-2159；www.eastcoastferries.nb.ca）往返于迪尔岛和坎波贝洛岛之间，两岛都属于新不伦瑞克的芬迪群岛。

拉布拉多海运公司（Labrador Marine；☎866-535-2567；www.labradormarine.com）连接纽芬兰和拉布拉多。

大西洋海运公司（Marine Atlantic；☎800-341-7981；www.marine-atlantic.ca）将纽芬兰的巴斯克港，阿真舍与新斯科舍的北悉尼连接起来。

诺森伯兰渡轮公司（Northumberland Ferries；☎902-566-3838，888-249-7245；www.peiferry.com）连接爱德华王子岛的伍德群岛和新斯科舍的卡里伯。

省渡轮服务中心（Provincial Ferry Services；www.tw.gov.nl.ca/ferryservices）在整个纽芬兰运营沿海渡轮。

公共汽车

加拿大灰狗运输公司（Greyhound Canada；☎800-661-8747；www.greyhound.ca）是公共汽车王国中的国王，在加拿大中部和西部开辟了一个极大的客运体系，同时往返美国，见841页。在加拿大东部，灰狗是地区运输联盟中的成员，这个联盟包括在魁北克的奥兰斯快运公司(Orléans Express)，在沿海省区的阿卡迪亚运输公司(Acadian Lines)。通常你可以凭一张联运票单转乘不同公司的客车。

车票可以在灰狗车站购买。你也可以通过电话或网上购票（前提是：需要提前10天订票，你出发的公共汽车站有“电话”服务，而且你不介意支付服务费，服务费不定，不过一般最多为$15)。单程票一般在60天内有效，往返车票一年有效，不过运输公司和车票类型的不同意味着有效期可能不同。

公共汽车服务的班次，可能“很少”，也可能“常有”，不过，即使最偏远的线路通常每天也至少有一班公共汽车，重要线路一般每小时左右即有一班。公共汽车大多在公路上往返，但由于距离远车程也可能非常远。开设的特快公共汽车在繁忙线路上运营。

从很多标准来看，公共汽车服务的确不错。公共汽车一般都很干净、舒适而可靠。相应配套设施可能包括车上洗手间、空调（带件羊毛衫）、可后仰座位和车内影院。禁止吸烟。长途客车每数小时通常在公路服务站停靠一下供用餐，站内食品不太好，标价也过高。

阿卡迪亚客运公司（Acadian Lines；☎800-567-5151；www.acadianbus.com）运营新不伦瑞克，新斯科舍和爱德华王子岛各地班次。

Autobus Maheux（☎888-797-0011；www.autobusmaheux.qc.ca）从蒙特利尔到魁北克的西北地区提供服务。

加拿大长途客运公司（Coach Canada；☎800-461-7661；www.coachcanada.com）运营安大略省内和从多伦多到蒙特利尔之间的常规班次。

DRL Coachlines 客运公司（☎709-263-2171；www.drlgroup.com）开通纽芬兰各地班次。

Intercar（☎888-861-4592；www.intercar.qc.ca）连接魁北克城、蒙特利尔和塔多萨克，往返魁北克其他城镇。

Laidlaw Transit 客运公司（☎519-376-5712，519-376-5375）安大略省内各地班次。

Limocar 客运公司（☎866-700-8899；www.limocar.com）魁北克省内。

Malaspina Coach Lines 长途客运公司（☎604-886-7742，877-227-8287；www.malaspinacoach.com）开通不列颠哥伦比亚省内温哥华和桑夏恩海岸之间的班次。

安大略北方客运公司（Ontario Northland；☎800-461-8558；www.ontario northland.ca）从多伦多开始服务于北安大略地区的公共汽车和列车线路业务。

太平洋客运公司（Pacific Coach Lines；☎250-385-4411，800-661-1725；www.pacificcoach.com）往返于温哥华岛和不列颠哥伦比亚陆路各地的班次。

萨斯喀彻温客运公司（Saskatchewan Transportation Company，简称STC；☎800-663-7181；www.stcbus.com）服务于萨斯喀彻温省内。

旅行者（Voyageur；☎800-661-8747；www.greyhound.ca）安大略和魁北克两省境内。

了解乘坐由旅游公司经营的公共汽车的信息，请参见848页。

公共汽车班车

灰狗的**探奇套票**（Discovery Pass；☎800-846-0754；www.greyhound.com）在美国和加拿大旅行时都可以使用。但请注意，对于短途旅行，该套票不一定比购买独立车票便宜。不过，它很适合长途旅行。

通票($283到$645)允许你在7天到60天内自由往返于各海岸省份间。

你可以在任何灰狗车站个人购票，通过网上购票时需要至少提前14天。海外旅行者可以购买这种通票的国际版，票价稍稍便宜。请第一次乘坐灰狗客运者至少提前21天通过世界各地指定的票点或网上购买。建议登录你所在国的最近票点网站查询。

交通指南

票价

公共汽车旅行比其他交通方式便宜实惠，而且通过很多方式可以让你享受优惠票价。虽然可能有一些小的不同，灰狗和其他公共汽车公司一般都向老年人、学生、军人提供10%的优惠，12岁以下儿童提供半票。国际青年旅舍卡的持有者可以获得25%的票价优惠。提前购票(7天或14天)也能省点，“多人购票”也一样(同一行程,第二个人的车票价为$20),还有“家庭套票”(如果与成人同行，16岁以下儿童免票)。再者，在主要节假日的前后期间，各客运公司常常推出特价票。不妨浏览灰狗客运网址，了解最新票价动态。有关具体线路和票价信息，请参阅各省章节中“到达和离开”部分。

灰狗客运长途部分票价如下。

线路	普通票价	7天票价	用时
温哥华—卡尔加里	$137	$70	14～17小时
蒙特利尔—多伦多	$94	$42	8～10小时
多伦多—温哥华	$370	$160	65～70小时

预订

灰狗和其他众多公共汽车公司采用预订方式售票，不过，提前购票并不意味着每班客车上你都有座。请在既定发车时间前至少45分钟到1小时到达车站，这样，你上车抢座的机会应当不错。周五和周日下午以及节假日前后，请预留更多的时间。

小汽车和摩托车

汽车协会

自驾车或租车进行长途旅行，最好拥有某汽车俱乐部成员身份。重要的汽车组织机构是**加拿大汽车协会**(Canadian Automobile Association，简称CAA；☎800-268-3750；www.caa.ca)，在所有主要城市和很多较小的城市都设有办事处。CAA的服务包括24小时路边紧急协助，服务也面向该公司国际附属分公司的成员，像美国的AAA成员、英国的AA成员和德国的ADAC协会成员。这家俱乐部还提供旅行计划建议、免费地图、旅行社推荐和酒店、汽车租赁业务等等方面的优惠服务。

近年来,美好世界俱乐部(Better World Club,见843页),每年拿出年收益的1%捐助环保工程，已崭露头角。业务遍布美国和加拿大，也为自行车提供路边救助服务。

自驾车

对自驾汽车进入加拿大的要求与规定可参见841页的内容。除非你确实移居加拿大，否则，请不要考虑从海外托运你自己的小汽车。自带车不经济，建议最好在加拿大租车行驶(见下页)。

汽车驾照

大多数省份内，旅行者可以携自己本国的汽车驾照在加拿大合法驾车3个月。而有些省份，例如不列颠哥伦比亚，允许驾车6个月。尽管如此，最方便的方式是取得国际驾驶通行证(International Driving Permit，简称IDP)，尤其是你计划在加拿大待上好一阵子时，IDP有效期为1年。只要照一张护照照片，带上你本国的驾照，去你当地的汽车办证机构办理，支付一定的办证费，他们就会颁发给你一张IDP通行证。特别是如果你本国驾照不带照片，或没有英文或法文注释的情况下，携带IDP证，可以让你更容易取得加拿大交通警察的信任，也方便你租车时手续更通畅。

燃料和备件

绝大多数加油站都是自助式油站。除了一些人烟稀少的地区，像育空地区和魁北克北部，要找一家加油站，一般不成问题。在有些偏远地区出行，每次路过油站时，建议你最好及时加满油箱，并且带上加满油的备用小油罐以应急。星期天，有些加油站会关门。

在远离大城市时，要找替代备件可能不容易。在偏远的地区时，务必一定带上维修工具箱和至少一个备用胎。路旁紧急救助(见左栏)也比较有用。

汽油按公升出售(参见本书封二的度量衡转换表)。在本书写作之时，中等级别燃料的平均价是每公升$1.15(美制加仑大约为$4.40)。偏远地区价格更贵些，其中耶洛奈夫地区常常创下全国油价最高的纪录；温尼伯的司机购买的汽油最便宜。加拿大的油价通常比美国的高，因此入境前最好加满油。

保险

加拿大法律要求所有机动车必须投保责任险，含对财产和人员造成的损害赔偿。除了魁北克要求$50 000保险额度，所有其他省份最低要求的额度为$200 000。如果你已经在自己的国家投保了机动车险，或者，你已经购买了旅游险，请确定保险条款中包括你行车范围内的所有责任。自驾车进入加拿大的美国人最好让他们的保险公司开列一份非加拿大居民跨省机动车的责任保险卡(Nonresident Interprovince Motor Vehicle Liability Insurance Card，通常称为“黄卡”)，在加拿大，该卡可作为资金责任凭证。尽管并非必需，一旦出事，它可能会派上用场。

汽车租赁公司可以办理责任险。有时，基本的租金里已包含了足够的保险费，不过，请务必确认。汽车本身的损坏险，叫做碰撞损坏声明(CDW)，用以减少或免除你在事故中必须偿还租赁公司的那部分费用；可供选择，但也比较贵(每天 $13 到 $17)，建议最好带上这份保险上路。有些信用卡，特别是金卡和白金卡，如果你用它来支付租费，费用中会包含一段租赁期的 CDW 费用，所以，你可以谢绝租赁公司提供的保单。务必与你的发卡行核实：在加拿大期间，你的信用卡具体包含哪些内容。

个人伤害险(简称 PAI)包括事故中可能需要的你和任何乘客的医疗费用。如果你在自己的国家投保的旅游险和健康险很全面(或几乎全包括，请核实)，就不必在加拿大再办理此类保险。

租车

像所有的地方，汽车租赁费用按车型和取车地点的不同而不同，不过，每天大约 $35 到 $65 可以租到一辆经济型车辆。在机场和车站租用汽车、聘请备用司机和租用单程用车时，必须支付附加费。携带儿童租车，儿童的安全座必须配备(当你订车时务必预订)费用每天大约 $8。

在加拿大租车，一般要求驾驶人至少 25 岁以上，并持有有效的驾驶证(如果你来自非英语或法语国家，他们可能要求你出示国际驾驶证)和一张通用的国际信用卡。美国运通、大来(Diners)、维萨(Visa)和万事达(Master Card)普遍通用。日本信用银行卡(JCB)和 Discover 卡也通常可接受，但最好提前确认。有些公司可能租车给年龄在 21 岁到 24 岁的司机，但收取附加费(每天大约 $15 ~ 25)。21 岁以下的人或没有信用卡的人，则没有这个运气。

主要的国际租车公司通常在机场、火车站和市中心设分支机构：

Avis (☎800-437-0358；www.avis.com)

Budget (☎800-268-8900；www.budget.com)

Dollar (☎800-800-4000；www.dollar.com)

Enterprise (☎800-736-8222；www.enterprise.com)

Hertz (☎800-263-0600；www.hertz.com)

National (☎800-227-7368；www.nationalcar.com)

Rent A Wreck (☎800-327-0116；www.rentawreck.ca)

Thrifty (☎800-847-4389；www.thrifty.com)

当地的租赁公司可能租金少一些，所以值得查阅一下。私营公司更可能租车给 25 岁以下的司机，甚至可能接受现金或旅行支票作为定金。大约 300 家私家租赁公司都在**汽车租赁邮报**(Car Rental Express；☎604-714-5911，888-557-8188；www.carrentalexpress.com)上登出广告，凭报上广告可以享受连锁店统一租金高达 25% 的优惠。

在你本国预订和预付全包价行程常常比就地租车要便宜。飞机航班—驾车全包价也一样。了解详情，请浏览汽车租赁公司和航空公司的网址以及网上旅行社。

摩托车

几家公司提供摩托车租赁和相关旅行线路，但是，租金价位可能差别很大：Heritage Softail Classic 款哈雷摩托车每天的费用大约为 $210 起，含责任险和 200 公里里程。有些公司设定了最低租赁期限，可能为 7 天。在不列颠哥伦比亚，租用摩托车出行尤其盛行。

海岸线摩托车旅游和租赁公司(Coastline Motorcycle Tours & Rentals；☎250-335-1837，866-338-0344；www.coastlinemc.com)不列颠哥伦比亚省维多利亚和温哥华。

大加拿大摩托车集团公司(Great Canadian Motor Corporation；☎250-837-6500，800-667-8865；www.gcmc.com)出租自行车出游温哥华和卡尔加里周围地区。

麦斯库特摩托车和滑艇租赁公司(McScoots Motorcycle & Scooter Rentals；☎250-763-4668；www.mcscoots.com)多种哈利摩托车车型供选择，也组织摩托车旅行团，总部设在不列颠哥伦比亚省的基洛纳(Kelowna)。

奥卡纳根摩托车租赁和旅游公司(Okanagan Motorcycle Rentals & Tours；☎250-860-5270，866-810-8687；www.okanaganmotorcycle.com)也面向基洛纳周围地区。

娱乐车

娱乐车市场在西部很大，其中卡尔加里、埃德蒙顿、怀特霍斯、温哥华和其他城市都有专业中介公司(见"娱乐车"名录下的黄页)。在多伦多，其他中心城市和东部城市，娱乐车和宿营棚车也能租到。夏季出行，请尽早预订，因为受欢迎的车型常常很快租出。中等车型，旺季时，基本费用每天大约 $160 到 $265，不过，保险费、咨询费和税费使得最后的账单不止这个数额。柴油机娱乐车相对成本低些。你所在国的旅行社可能备有不少这方面的资料，或者，你也可以查阅以下推荐的公司：

Canadream Campers 宿营者公司(☎403-291-1000，800-461-7368；www.canadream.com)总部设在卡尔加里，租赁站(包括单程)设在 10 个城市中，包括温哥华、怀特霍斯和哈利法克斯。

Go West Campers(☎800-661-8813；www.go-west.com)在卡尔加里和不列颠哥伦比亚 Coquitlam(温哥华附近)外租赁。

路况和险情

在加拿大，只要稍稍有些常识、行车审慎些，绝大多数路上的危险都可以避免，不过，请记住一些提示。

凛冽的冬天可能造成地面凹坑，状如地雷大小，所以转弯时，要有足够的心理准备。总之，冬季出行，因为雪厚冰滑，可能挺危险；恶劣天气常常造成公路桥梁临时关闭。**CAA维护的网站**（www.caa.ca）提供了有用的冬季驾车建议，而**加拿大交通网**（Transport Canada；☎800-387-4999；www.tc.gc.ca/road）提供了每个省份的道路状况和建设区域的链接。

一般来说，务必确保你的车况处于最佳状况，最好备有四季通用的星形或雪地用轮胎，以及防搁浅时需要的应急工具箱。汽车服务站之间的距离相隔会很远，所以，只要有可能，请确保你的油箱时时装满汽油。记住加拿大大部分地区荒无人烟，这就意味着驼鹿和麋鹿可能坚持要与你一起共用公路——特别在晚上。一只1800磅的雄驼鹿和一辆Subaru之间，孰强孰弱自然不言而喻，所以，眼睛要时刻警惕路上的情况变化。不要摇下你的车窗，以免你的Cheetos与熊相伴（见38页）。

道路法规

在加拿大，汽车靠右行驶。安全带必须全程戴。除了婴儿，18公斤以下的儿童必须束带坐在儿童辅助车座上；婴儿必须安坐在朝后的安全车座上。骑摩托车，必须戴头盔，并且要求开着头灯驾车。

车道路程和行车限速按公里标注公示。时速方面，市内一般要求40公里/小时到50公里/小时，市郊90公里/小时到110公里/小时。当紧急车辆（警车和救护车）行驶中停靠在路旁，紧急灯闪动时，你必须将你的车减速到60公里/小时。当学校常规学生用车亮着红灯——意味着孩子们正上下车，所有方向的车辆必须停下来让行。

各省都允许在交通路口红灯时，汽车先停下后，即可向右转。例外的情况是，在交叉路口路牌明确标注禁止转向；而在蒙特利尔岛上，任何情况下，不允许在非绿灯状态下右转。亮红灯好像是一种国家普遍现象，所以，千万不要理所当然地在交叉路口向"右转"。前后车辆的车距太近也常常让人烦恼；敬请谨慎从事，避免激起路怨。

除在纽芬兰的拉布拉多外，边开车边用手机（仍）属于合法行为。在魁北克、安大略、马尼托巴、育空地区和西北地区，禁止使用雷达探测器。如果在行车中带有雷达探测器，会被交通警察扣留，即使雷达探测器并没有用，你很可能收到$1000的罚单，而且你的装置也可能被没收。

司机血液酒精含量的最高限量是0.08%。

搭车和拼车

任何国家搭车都非完全安全。我们不建议。虽然话这么说，在加拿大偏远郊区也不少见人翘大拇指请求搭车。如果你真的决定搭车，请认识到你正在冒险，看似平常却可能存在严重的潜在危险。谨记成双成群出行更安全些，而且让某些人知道你具体要去的地方。

如果你在一座大城市，建议利用公共交通工具到达主要公路一带。这样不仅你可能搭上车的几率会增加，而且也可以避开警察的麻烦（搭车在有些城市是违法的，在新斯科舍、新不伦瑞克都是违法的）。公路停靠站、小一些的道路、减速带公路路口都是翘大拇指要求搭车的最好地点。早一点去，尤其是希望搭乘长途汽车，而且，切记必须避免耽搁误车；全年大多数时候，加拿大的夜晚都挺冷，还有小虫小咬让你够受。最后，当有车停下来时，请询问清楚司机开往的目的地，同时打量这辆车和司机及同乘的人。如果你的直觉告诉你可能遇上了一个怪人，最好回绝搭乘他/她的车（借口说你要去的方向正相反却错站了车道就可以了）。

搭伴驾车是搭车外的另一种选择。**Autotaxi**（www.autotaxi.com）是一个以网站为基础的免费公告栏，专门服务于加拿大境内和去美国的搭伴驾车选择。你可以自己打广告找伴驾车，也可以与司机计划去你目的地。在魁北克，**Allô Stop公司**（www.allostop.com）也有相同服务（见251页）。

当地交通工具

自行车

天气较暖和的月份里，骑自行车是四处走走的热门方式。许多城市拥有上百公里特设的自行车车道。每天都有限定时间段允许自行车骑上公共交通线。相关租赁公司本书内都有列举。了解在加拿大骑自行车的更多内容，请参见87页和843页。

公共汽车

公共汽车是最为普通和常见的公共交通工具，而且，所有的城镇都有独立的公交系统。绝大多数主要服务于上班族，一般情况下，晚上和周末班次有限或停开。

地铁

几座拥有地铁线的加拿大城市是多伦多、蒙特利尔和埃德蒙顿。在温哥华是地上单轨铁路。所有地铁站内贴有全程线路地图。你也可以从站点站长或售票处获取一份印制的地铁地图。发车时刻依照需求调整，上下班高峰期，发车次数比一般时段多些，比如白天工作时段。

出租车

大多数主要城市都有出租车，本书各地区"四处走走”章中均有详细信息。出租车通常按公里数计价，起步价约为 $2.70，之后每公里计价约为 $1.75。司机会期待 10% 到 15% 的小费。出租车可招手上车或电话叫车。

团队游

旅行社是四处参观这个大国家的另一种方式。我们在本书各地“团队游”内容中列出了一些。在加拿大多省运营的可靠公司如下：

Arctic Odysseys 极地探险旅游公司（☎206-325-1977，800-574-3021；www.arcticodysseys.com）在旅行中近距离体会加拿大北极风光，在西北地区追逐北极光，在巴芬岛乘直升机上山顶滑雪，在哈得孙湾观看北极熊。

Backroads乡村游（☎510-527-1555，800-462-2848；www.backroads.com）专业导游和自助自行车旅游，范围包括落基山、加尔夫群岛、不列颠哥伦比亚、新斯科舍和爱德华王子岛。

Elderhostel老年旅馆（☎800-454-5768；www.elderhostel.org）非营利机构，为55岁以上的活跃人群组织几乎全省范围的学习旅游团，依交通工具，可划分为火车团、游船团、汽车团和徒步团。

驼鹿旅游网公司（Moose Travel Network；加拿大东部 ☎416-504-7514，888-816-6673，加拿大西部 ☎604-777-9905，888-244-6673；www.moosenetwork.com）经营背包客式团队游，组织各类小巴团，游历不列颠哥伦比亚、艾伯塔、魁北克和安大略。旅行团从 2 日到 10 日游，目的地有惠斯勒、班夫、贾斯珀、卡尔加里、多伦多和蒙特利尔，你可以在沿途加入或离开。冬天，提供各类滑雪和滑雪板旅游包团价供人选择。

Nahanni River Adventures（☎867-668-3180，800-297-6927；www.nahanni.com）在育空、不列颠哥伦比亚和阿拉斯加组织筏运和皮船探险，包括弗斯河、阿尔萨斯河和巴宾河上的旅程，以及顺塔桑希尼—阿尔萨卡河分水岭漂流。

探究之旅（Routes to Learning；☎613-530-2222，866-745-1690；www.routestolearning.ca）在落基山观看飞鸟，在魁北克市周边跋涉，在纽芬兰走进北欧海盗的足迹，这家非营利组织在加拿大全境组织数十个教育旅游团。

Salty Bear Adventure Tours旅行社（☎902-202-3636，888-425-2327；www.saltybear.ca）针对背包客的篷车沿海团队游，可随时加入或退出。有2日游新斯科舍和4日游布莱顿角内外。

Trek America 铁路旅游公司（美国 ☎800-221-0596，英国 ☎0870-444-8735；www.trekamerica.com）活跃的宿营、登山、划独木舟类的小型旅行团，尽管有些线路老少皆宜，主要还是针对 18 岁到 38 岁间的人群。

火车

VIA Rail 铁路公司（☎888-842-7245；www.viarail.ca）火车运营加拿大绝大部分城际和洲际铁路客运业务，沿 14 000 公里铁路连接大多数主要城市和大约 450 个较小的社区。这个铁路网络并不覆盖纽芬兰、爱德华王子岛和加拿大北部地区。这个国家的一些偏远地区，像马尼托巴的丘吉尔，火车仅限于陆路使用。

铁路交通在安大略南部和魁北克南部最便利。很多火车往返于蒙特利尔和多伦多之间，它们是去往很多其他地区的主要中转枢纽。从蒙特利尔发车，很多列车开往渥太华、魁北克城、琼魁艾尔（Jonquière）和加斯佩半岛。从多伦多出发开往的地区有温莎、伦敦、金斯顿、尼亚加拉瀑布、萨尼亚和怀特里夫。

想全面了解列车时刻表，请浏览网站或在任何 VIA Rail 火车站取一本《全国列车时刻表》的小册子。多数火车站设行李寄存处。很多火车是无烟列车，有些火车则设指定吸烟区。绝大多数线路上，列车提供小吃零售，有些火车设有用餐车厢（有些车票甚至包含餐费）。

喜欢乘坐火车的人也可以查看网站**“铁路上的加拿大”**（Canada by Rail；www.canadabyrail.ca），一个很棒的信息门户网站，提供全面的、与火车信息相关的链接，包括地区短途列车、铁路、博物馆和古老的火车站的资讯。

车厢等级

在 VIA Rail 铁路线上，公共车厢票价最便宜，所有列车都设公共车厢，而且，如果想舒服些，可调节座位，带头部靠垫的座位就更不错。夜宿列车提供毛毯和枕头。

在安大略南部和魁北克的列车上，你可以升级购买 VIA 头等舱，座位更宽敞，还带笔记本电脑接驳插头或其他设备；车票包含餐费。有些线路上，甚至提供无线高速互联网服务。

至于夜宿列车，VIA 设各类卧铺车厢等级，包括上下铺可拆可调整的灵活卧铺车厢，还有单人、双人或三人包厢。费用通常包括洗澡和观光车厢的费用，有时也包括餐费。

票价

费用上，坐火车远比公共汽车贵，但很多人发现火车旅行更舒适。幸亏提供各种特别优惠，所以，你不一定要付全价车票。往返票比单程票便宜；提前 5 天买票可以享受 30% 到 40% 的优惠。学生可享受优惠，但必须出示 ISIC 卡（国际学生身份证，见 823 页），不过优惠有很大灵活性（例如，最后 1 分钟预订和免费换票）。60 岁以上的老年人可享受常规票 10% 的优惠。2 岁至 11 岁的儿童只需支付成人票价的一半。请同时浏览 VIA Rail 的网页，了解进一步的促销活动和假日旅游全包价报价情况。

长途线路

VIA Rail最长的铁路线贯穿多伦多和温哥华之间，列车“加拿大人”(Canadian)号运营的铁路路段，这段路程原由加拿大太平洋铁路公司开辟，故列车命名以示纪念。这列火车看上去像20世纪50年代经典的不锈钢火车，两层圆顶车厢，带窗户——主要用于观光。3天的旅程，列车穿过安大略北部湖区乡村地带，并经温尼伯和萨斯卡通进入西部平原，然后到达崎岖的落基山脉一带和贾斯珀，最后抵达温哥华。全年运行，一周3班对开。火车票价依季节和舒适程度而定。7月间，单程车票起价$597，可调节座位，而单人包间高达$2075；上铺标价大约$1376，含税。11月，同一线路，票价分别降为$454，$1308和$897。

如果你想穿越整个国家，登上在哈利法克斯的夜宿列车“海洋”(Ocean)号，然后在蒙特利尔转乘开往多伦多的列车，在多伦多，你可以搭乘“加拿大人”(Canadian)号列车。当然，你也可以在温哥华起程，向东边挺进。不论朝哪个方向，越野火车旅行可以很愉快，很放松，特别是你有自己的独立包间。要想在夏天的数月里火车旅行，最好预订。

其他长途路线包括哈得孙湾线，从大草原穿越亚北极地区——温尼伯，然后到达哈得孙湾畔的丘吉尔，在这里，北极熊经常出没。了解详情，请见547页。

在西部，斯金纳列车(Skeena)从艾伯塔的贾斯佩开往不列颠哥伦比亚的海滨城鲁珀特王子，为全日开通的铁路线，两日行程，其中在乔治王子夜宿一晚（你必须自己订酒店）。公共车厢票价大约$200。仅在5月到9月间，你可以选择头等车厢(Totem Class，$635)旅行。这类车厢车票包含餐费，还可以让你进入玻璃圆顶的观光车厢欣赏沿途风光。

在不列颠哥伦比亚的温哥华岛上，马拉哈特列车(Malahat)每天1班从维多利亚经极点田园乡村开往科坦尼(Courtenay)。全程历时4个半小时，但你也可以自由来去，没有次数限制。最便宜的车票价$49。

这里有一些私营的地区性火车客运公司，提供其他铁路旅行的线路：

阿尔格玛中心铁路客运公司（Algoma Central Railway，见201页）通往北安大略的荒原地带。

安大略北方铁路客运公司（Ontario Northland，见142页）在北安大略运营从多伦多到科克伦的列车和季节性北极熊特快列车（Polar Bear Express）从科克伦到哈得孙湾的穆索尼。

落基山人铁路游（Rocky Mountaineer Railtours，见593页）在温哥华、坎卢普斯和卡尔加里之间漂亮的火车上欣赏壮丽的加拿大落基山风光。

怀特关和育空铁路游（White Pass & Yukon Route，见765页）从育空的怀特霍斯发车，沿与怀特关徒步小路并行的宜人线路开往不列颠哥伦比亚的弗雷泽。

预订

火车票和火车通票均可通过网上、电话、VIA Rail车站和很多旅行社购买。强烈建议预订座位，特别是在夏天、周末和节假日前后时段。旺季期间，一些最受欢迎的卧铺车票常常提前数月就售完了，尤其在北极熊出没期(9月下旬到11月上旬)，途经哈得孙湾的长途列车经常爆满。提早预订也是你抢占优惠票的最佳方式。

火车通票

如果你计划乘坐很多次火车，火车通票可能是一种省钱的方式。持有通票，你仍需要在旅行的每个站点兑换当次车票。务必早点儿预订座位，因为每班列车只预留有限的座位供通票持有者乘坐。支付的票价是公共车厢的票价，不过，如果支付额外费用，也可以更换成升级的车厢。

Canrailpass（加拿大铁路通票）按起程之日起计，30天内可用于12天的旅程。旺季时(6月到10月中旬)，通票费用成人$837、儿童$753，持有ISIC卡的学生和60岁以上老年人大约$670。你也可以以每天$71/64的价格购买三天延长旅程。其他季节，票价降至$523/471，以及延期费用为每日$45/41。

如果你计划只在安大略南部和魁北克一带旅行，Corridorpass（走廊通票）很方便。它允许你连续十天内在魁北克和温莎之间（包括蒙特利尔、多伦多和尼亚加拉）进行无限次旅行，舒适车厢费用为$299/269。

对于那些已计划环游加拿大和美国旅行的人来说，北美铁路通票(North America Rail Pass)可能很划算。它允许连续30天内在两国无限次乘坐，从6月到10月中旬费用为$1149/1034，其他时间为$815/734。Amtrak公司是相当于VIA Rail公司的美国铁路巨头；许多加拿大火车站出售Amtrak通票，并提供Amtrak各线路的信息（参见841页）。

健康指南

目录

加拿大幅员辽阔，气候和地势跨度相当大，从落基山脉冰冷的山顶到大草原湿热的夏天。因为这里的高水准卫生条件，大多数游客都无须太担心可能的传染病隐患。

出发前

医疗保险

加拿大医疗条件很好，永久居民享受免费医疗，但临时赴加访问者须自己承担昂贵的医疗费用，请注意办妥有关医疗保险。办理医疗保险事宜，参看**中国保险网**（www.rmic.cn）、**出国在线**（www.chuguo. cn）以及部分权威机构网站。除非看急诊，一般医院不接收病人，居民均是先通过社区的家庭医生介绍，才能去医院挂专科门诊。加拿大多伦多曾是"非典"疫区，在艾伯塔的农场发现过"疯牛症"，一些地区在夏季可能有西尼罗河病毒。

加拿大有着世界一流的卫生保健措施。问题是，除非你是加拿大人，否则费用高得惊人。如果你的常规保险不包含你出国的时段，那么很有必要投保一份旅游医疗险。

带上你必备的药品，在各自原装瓶上标清楚。带上一份由你的医生落款和标明日期的健康说明书，详细介绍你的用药情况和药物，包括分类药品的名称，也是不错的主意。

如果你现在的医疗保险不含你在国外可能发生的医疗费用，你有必要考虑额外买一份保险。请浏览 **Lonely Planet 网站**（www.lonelyplanet.com/travel_services/insurance/travel _insurance.cfm）了解更多信息。请事先了解清楚你的保险方式，是由该保险公司在治疗当时当地直接支付的方式，还是事后给你报销在国外的医疗费用的方式。详情请参见822页。

参考网站

在互联网上有丰富的旅游保健建议。世界卫生组织（World Health Organization）出版了一本很好的书，书名叫《国际旅游和健康》(*International Travel and Health*)，每年更新一次，在它的网站 www.who.int/ith 上免费提供阅读。另一个全面的健康网站是 **MD 旅游保健**（MD Travel Health；www.mdtravelhealth.com）。这个网站提供针对每个国家的旅游保健全方位咨询，每天更新，也免费。

出发前，如果你所在的国家有关于旅游保健的官方网站，浏览一下也很不错。

中国（www.cnta.gov.cn）

澳大利亚（www.smarttraveller.gov.au）

英国（www.dh.gov.uk/policyandguidance/healthadvicefortravellers/fs/en）

美国（www.cdc.gov/travel/）

常备医疗物品

- 扑热息痛片（比如泰诺）或阿司匹林
- 消炎药（比如异丁苯丙酸/布洛芬）
- 抗组胺剂（用于花粉热和过敏）
- 抗菌软膏（比如 Neosporin，一种抗生素药膏），用于割、擦伤
- 类固醇软膏或可的松（用于消炎和抗过敏，防北美气根毒藤）
- 绷带，薄纱，卷纱筒创可贴
- 黏合剂或纸带
- 剪刀，安全针头，镊子
- 温度计
- 小刀
- DEET：含护肤驱虫剂
- 苄氯菊酯，用于衣物、帐篷和蚊帐杀虫驱蚊防晒膏
- 防晒霜
- 治疗动晕症的药品

在加拿大

相关医疗及费用

在绝大多数省份和地域，如果需要紧急医疗救助，请拨打 ☎911。查阅育空、东北地区以及努那瓦特章节内容，了解它们的紧急求助电话。

一般来说，遇紧急情况时，最好是找到最近的医院，去它的急诊室。如果情况不是太紧急，你可以打电话到附近的医院，并请求介绍到一位当地的医生那里，因为这通常比去急症室便宜许多。

推荐疫苗

去加拿大旅行，不需要、也不推荐特殊疫苗。所有旅行者都应该及时进行常规免疫，具体如下：

疫苗	适用人群	剂量	副作用
破伤风 白喉 (tetanus-diphtheria)	所有 10 年内未打过加强剂的旅行者	一次剂量可维持 10 年	注射时疼痛
麻疹 (measles)	1956 年后出生、只接种过一次麻疹疫苗的旅行者	一次剂量	发烧，皮疹，关节疼痛，过敏反应
水痘 (chickenpox)	未患过水痘的旅行者	分两次剂量 前后相差一月	发烧，出现轻微的水痘症状
流行性感冒 (influenza)	流感季节的所有旅行者 (11 月至次年 3 月)	一次剂量	注射时疼痛，发烧

药房很多，不过你可能会发现有些在你本国柜台上直接买得到的药，在加拿大买时却需要出示医生开的药方，而且如果你的保险不含这些药费的话，它们可不是一般的贵。

传染性疾病

除了比较常见的疾病外，有一些传染病仅在北美地区发现或常见。通常通过蚊虱叮咬，或环境接触传播。

贾第虫病 (Giardiasis)

北美洲和世界其他地方都出现了这种寄生虫引起的小肠道感染疾病。可能出现反胃、胀气、肌肉痉挛和腹泻等症状，而且可能会持续数个星期。为了预防贾第虫病，你必须避免直接饮用湖泊、池塘、溪流和河里面的水，这些水很可能被动物和人的粪便污染了。如果上厕所时不够卫生，病菌也同样可以在人与人之间传染。这种病很容易通过试管检验诊断出来，用些抗生素药就能治疗。

莱姆病 (Lyme Disease)

有文件记载的莱姆病例绝大多数发生在加拿大南部地区，尤其在与美国交界的地区。莱姆病通过仅有 1 毫米到 2 毫米长的鹿虱传播。绝大多数病例都发生在春末和夏季。最初的症状通常是出现一个不断扩大的红疹，红疹中间经常呈白色，即人说的牛眼湿疹。尽管如此，在很多病例中，都没有发现红疹。流感相似的症状很普遍，像发烧、头痛、关节痛、疼痛和心躁。当感染得到及时治疗、并服用适当的抗生素——通常用强力霉素 (doxycycline) 或者阿莫西林 (amoxicillin)——后，治愈的几率较高。幸运的是，因为这种虱子必须附身 36 个小时或更久，才可能传播莱姆病菌，因此只要出门回来后进行一次彻底的虱子检查，诸多情形都可以防御（见 852 页）。总部设在美国的疾病控制和预防中心 (Centers for Disease Control and Prevention) 下设了一个提供相关资讯的**莱姆病网站**（Lyme disease；www.cdc.gov/ncidod/dvbid/lyme）。

狂犬病 (Rabies)

狂犬病是一种危及大脑和骨髓的病毒性传染病，通常是致命的。狂犬病病毒携带在被感染动物的唾液中，主要通过动物咬伤传播（见 852 页），不过任何皮肤伤口接触到被感染的唾液都可能传染狂犬病。在加拿大，绝大多数人感染狂犬病是因为与蝙蝠有接触。也可能从浣熊、臭鼬（黄鼠狼）、狐狸和未接受疫苗的猫、狗那里传染。

如果你可能接触过狂犬病病毒载体，无论可能性有多小，你都应该采取预防措施，即注射狂犬病免疫球蛋白和狂犬病疫苗，这样就比较安全了。特别是对于和蝙蝠发生的任何接触，都必须告知健康机构，因为蝙蝠的牙齿很小，可能不会留下明显的咬痕。

传染性非典型肺炎(Severe Acute Respiratory Syndrome, 简称SARS)

2003 年，突然爆发的一种相当严重的新型呼吸道疾病引起了全世界的关注，即逐渐被人所知的 SARS（非典）。自爆发以来，加拿大有报道的可能或疑似病例人数超过 300 人，其中有 24 人确定死亡。这些病例中的大多数发生在安大略，大多伦多地区尤为突出。写本书之时，SARS 似乎在加拿大得到了控制，世界卫生组织没有提议任何旅游限制，因为被传染的几率很低。如欲查看最新的非典资讯，请浏览**加拿大公众健康机构网站**（Public Health Agency of Canada；www.phac-aspc.

gc.ca/sars-sras-gen)。

非典的症状和很多其他呼吸道感染症状相似，尤其是流行性感冒。症状包括高烧38℃以上，咳嗽，常伴有寒战、头疼、乏力、喉咙痛和腹泻。确认为SARS病例的情形是指一个发烧、咳嗽的人，在头10天里去到被传染地区或与一个被传染的人有过密切接触。还没有专门检测SARS的快速方法，不过，某些验血和X光胸透的结果为诊断提供了支持。仍没有专门的治疗方法，因呼吸困难而死亡约占患者中的10%。幸运的是，并不像先前所想那样，SARS不那么容易被传染。人要是和已感染上SARS病毒的人有密切接触，才会被传染。口罩的作用不大，一般不提倡戴它。

西尼罗病毒 (West Nile Virus)

加拿大发现西尼罗病毒病例还是近几年的事，但现在已报道很多省份都有发现，其中有安大略、魁北克、新斯科舍、新不伦瑞克、萨斯喀彻温、马尼托巴和艾伯塔。这种病毒通过库蚊属(Culex)蚊子进行传播，这种蚊子活跃在夏末秋初，通常黄昏后叮人(见右栏)。绝大多数感染表现很轻微或无症状，但是病毒可能感染中枢神经系统，导致发烧、头疼、紊乱、乏力、昏迷，甚至有时会导致死亡。对这种病毒尚无治疗方法。有关被西尼罗感染地区的最新动态，请浏览**加拿大公众健康机构网站**(Public Health Agency of Canada；www.phac-aspc.gc.ca/wn-no)。

健康指南

环境不适症

高山反应 (Altitude Sickness)

严重高山反应(Acute Mountain Sickness，简称AMS)可能出现在那些很快登到2500米以上高山的人中间。强健的体格也无济于事。那些曾体验过高山反应的人今后仍然会犯。攀登更快、高度更高和强度更大都会让这种风险的概率增加。症状可能是头疼、恶心、呕吐、晕眩、心神不宁、失眠和没有食欲。严重的可能会出现肺灌水(高山肺水肿)和脑肿大(高山脑水肿)。

治疗高山反应最好的办法是下山。如果你出现预兆，就不要继续登山。如果症状挺严重，或持续存在，应立即下山。当登上高山地带时，避免过度用劲，吃点轻便食品，不要喝酒，这几点很重要。如果你的症状不见减轻，或者不能及时解决，建议你去看医生。对高山反应必须认真对待，严重时会危及生命。

蚊虫叮咬

蚊咬

在一些有报道过西尼罗病毒(见上文)或其他蚊子传染疾病的地区旅行时，要穿严实些(穿长袖、长裤，戴帽子，穿鞋子，别穿拖鞋)，在身上和衣服上喷上一些好的驱虫剂，最好是含DEET的驱虫剂。一般情况下，成年人和12岁以上儿童应该使用含25%到35%DEET的驱虫剂，功效通常能持续大约6小时。2岁到12岁之间的儿童应该使用含10%DEET的驱虫剂，有节制地喷洒一些，可持续大约3小时。据报道DEET含对神经中枢有害的毒素，尤其对儿童，不过不是很常见，出现症状一般是因为过量使用。含DEET的化学合成剂不应使用在2岁以下儿童身上。

含某些植物类产品——包括桉树油和大豆油——的驱虫剂也有效，但只持续1个半到2个小时。用亚香茅制作的驱虫剂不见效。其他预防，你可以在衣物、鞋子、帐篷和蚊帐上喷洒上苄氯菊酯。使用苄氯菊酯安全而且功效可持续至少2个星期，即使这些物品经过洗涤后也可继续有效。苄氯菊酯不能直接在皮肤上使用。

虱子叮咬 (TICK BITES)

虱子是寄生蛛纲节肢动物，生存在灌木丛、森林和草地中，徒步旅行的人常常在腿上和靴子上带着它们。成年虱子通过穴居在肌肤里吸食寄主的血液，还可能携带莱姆病(见851页)。防止自己受到虱子叮咬，除按照防蚊咬的注意事项以外，最好穿靴子而不是一般的鞋子，裤腿一定扎进靴子里。

途经高草地或丛林地后，经常检查身上有没有虱子。如果虱子还没粘上身，可以简单地弹掉它们。如果已经粘上身，那就用镊子夹压虱子的头，夹住头，小心地向上拉起——不要搓揉它(如果没有镊子，就用你的手指，但用一块纸巾或纸护着，以防接触)。不要将油、酒精或凡士林涂在上面。如果接下来的几个星期里你不舒服，请去看医生。

非正统医疗

加拿大保健品商店和很多正规百货店出售大量的"天然"药品。我们认为，它们是其中一些比较好的药品。当然，功效并非打保票，它们说不定会见效。谁料得到呢。

常见问题	治疗
时差综合征	褪黑素(melatonin，美乐托宁)
晕动病	姜
蚊咬	桉树油

哺乳动物咬伤 (MAMMAL BITES)

除了已知的没有任何传染病的家养动物，不要去抚拍、接触和喂养任何动物。绝大多数的动物伤害都直接与人想接触或喂食动物有关。

任何哺乳动物留下的咬痕或抓伤，包括蝙蝠，一定要及时彻底地用大量肥皂和水清洗，然后涂上消毒剂，像碘酒或酒精。不论你事先有没有注射狂犬疫苗（见 851 页），必须立即与当地卫生机构联系，接受可能需要的狂犬预防治疗。当动物咬、抓的伤口出现感染时，也可以使用抗生素。

蛇咬伤 (SNAKE BITES)

加拿大境内有不少毒蛇，不过不像在其他国家的毒蛇，它们不会造成人的当场死亡，而且有抗蛇毒血清备用。救助第一步，在蛇咬伤的地方缠上使肌肉收缩的薄绷带，保持伤口处低于心脏的地方，尽量少动。保持镇静，尽快到医疗机构就医。如果可以，为了确认蛇伤类型，请带上咬伤人的死蛇，但不要冒再次被咬的危险。千万不要用杜撰的“刮骨吸掉毒液”的招数，这对患者造成的痛苦远远大于蛇咬伤本身。

蜘蛛蜇伤 (SPIDER BITES)

加拿大境内有很多种蜘蛛，但能导致人疾病的只有黑寡妇和侯伯蜘蛛 (hobo spider) 两种。黑寡妇蜘蛛呈黑色或棕色，体长大约 15 毫米，顶端光亮，身体肥胖，下侧呈明显的红色或橙色沙漏形状。加拿大各地都有，常常出现在牲口棚、木材堆、货棚、收成的庄稼和露天厕所槽里。侯伯蜘蛛主要出现在加拿大西部。

如果被黑寡妇叮咬，你必须用冰袋或冷水袋敷疗，并立刻前往最近的急诊室就诊。黑蜘蛛叮咬可能会引起肌肉痉挛、呼吸困难和高血压。侯伯蜘蛛的叮咬相对轻微一些，通常会引起大面积发炎，有时伴随着高烧和寒战，可用冰袋敷疗和去看医生。

感冒 (Cold)

着凉也许是很大的问题，尤其在加拿大的北部地区。要防止低体温，就要全身保暖，从头到脚裹严实了。合成材料像 Gore-Tex 和 Thinsulate 具有很好的抗寒性。因为身体湿的时候，失热比较快，所以任何时候不要打湿身体。内衣变潮时就要及时更换。多活动，同时注意休息。多吃食物、多喝水。尤其确定不沾任何酒。咖啡和烟也不要沾。

留意英语中带“Umbles”的单词——蹒跚 (stumbles)、含糊 (mumbles)、笨拙 (fumbles)，还有间歇疼痛 (grumbles)——这些都是着凉来袭的重要征兆。如果某个人表现出着凉的兆头，你必须不让他身体着地，避开有风的地方，脱掉他的湿衣服，或者用隔气的物件，比如塑料袋盖住他的身体，然后立刻将他转移到一个温暖的地方或医疗所。如果患者仍能进食，可以喂一些热的流体（但不要用咖啡和茶——去咖啡因的草药茶可以）。

发烧 (Heat)

脱水是引起发烧的主要诱因。症状有感觉无力、头疼、烦躁、恶心或呕吐、出汗、脉搏快而弱，伴随正常或略高的体温。治疗办法是带离热源和/或太阳照射的地方，给患者扇风，用凉的湿布附在肌肤上，让患者躺着，双腿屈起，然后用一升水兑 1/4 茶匙盐的盐水给患者补水。人通常恢复得很快，但是，人在之后数天仍感到虚弱，也是常见的。

中暑是一种严重的急症。症状来得很突然，伴有虚弱、恶心、体热且燥、体温超过 41℃、晕眩、迷糊、失去协调性、抽搐、甚至倒下，失去知觉。请求医疗帮助，采取降温的方式，将患者带离热源，给他们脱衣服，扇风，用凉的湿毛巾敷在他们身上，特别是腹股沟和腋窝下。

语言

目录

英语和法语是加拿大的两种官方语言。你会注意到公路路标、地图、旅游册和各种一揽子的资料信息都是两种文字的。在加拿大西部，法语不常见。相反，英语在魁北克很难找到。确实，那里的路标和旅行信息常常只用法语。蒙特利尔和魁北克城以外，某些时候，特别在说某法语地名时，你或多或少得说法语。

许多移民使用自己的母语，原住民和因纽特人中的某些部落也是这样。在某些土著群落中，现在只有年纪较大的成员继续说自己原汁原味的土著语。几乎非本土加拿大人不说任何原住民和因纽特人的语言，不过一些土著词汇，例如“igloo”（拱形圆顶小屋）、“parka”（皮风雪衣）、“muskeg”（泥炭沼泽）和“kayak”（爱斯基摩划子），已被人们普遍使用。

因纽特的语言很有趣，它们有独特的分类词汇，很多词汇用来描绘“同一事物的不同形态”。众所周知，他们描绘“雪”就有20个左右的词语，每个词语指雪的某一种状态或形状。

加拿大英语

加拿大人继承下来的英语主要源自19世纪早期和中期的英国移民。这种英式英语仍然是加拿大英语的基础。加拿大英语与现在的英国英语有一些发音差别——例如：clerk（文员）一词，英国人发音是“clark”（克拉尔克），加拿大人发音是“clurk”（克勒尔克）。几乎没有语法差别。在新的地方总会出现新词汇，再加上土著语言的影响和先到的法国人影响，加拿大英语的词汇量扩充了不少。

加拿大从来没有形成一系列容易区别的地方方言，不像英国、德国，甚至美国有很明显的方言。虽然如此，在俗语和发音上有一些地区变化。例如，在纽芬兰，有些人说话带英格兰西部（德文岛和康沃尔）口音，或是爱尔兰口音，有些仍然用诸如“screech”（指 rum，酒）和“shooneen”（指 coward，胆小鬼）一类的词语。

大西洋省份的英语口语也带有在加拿大西部一带听不到的口音，不过在渥太华山谷，你又会听到有那么一些不同的发音，这主要是因为19世纪中期大批爱尔兰人移民到此。在不列颠哥伦比亚，有些用语反映了这个省份的历史，像单词“leaverite”（废矿）就是从词组“Leave'er right there”（就留在那儿）引申而来的。

加拿大英语受美国英语的影响很大，特别是通过大众媒体和一直以来学校使用美国教材和字典。绝大多数拼写跟从英国英语，像“centre”（中心）、“harbour”（港口）和“cheque”（支票）这些词语，不过也有一些例外，像“tire”（而不是“tyre”轮胎）和“aluminum”（而不是“aluminium”铝）。美式拼写越来越普遍，引起某些人的焦虑。也许，加拿大英语和美国英语最明显的不同在字母z的发音上。美国人发“zee”的音，而加拿大人发“zed”的音。

加拿大英语作为一个整体也形成了一些自己特色的成语和用法。最容易识别的是疑问词“eh?”，有时这个词出现在每句话的末尾。尽管对于很多非北美人而言，加拿大人和美国人可能听起来都一样，但确实是有差别的。其中，加拿大人发“ou”音时，最明显了——“out”（出去）和“about”（关于）听起来更像“oat”（燕麦）和“aboat”（一艘船）。

加拿大英语也丰富了世界英语，增加了像“kerosene”(paraffin，煤油)、“puck”（源自冰球）和“bushed”(exhausted，筋疲力尽)这样的词语。“Moose”（穆斯）和“muskeg”（泥炭沼泽，克里语）是英语化的土著词语。

想更透彻了解加拿大英语，不妨翻一翻很经典的《牛津加拿大英语词典》(*Oxford Dictionary of Canadian English*)。

加拿大法语

加拿大说的法语和你在法国听到的法语大体差不多。说有差别的话，就像新西兰英语和澳大利亚英语之间的差别。尽管在魁北克，很多英语（和绝大多数法语）学生仍然在学法国的法语，同时，当地口音被人称做“Québecois”（魁北克音）或“joual”（久阿尔）。世界各地从巴黎腔法语学校出来的人用 Quelle heure est-il? 一句来问“几点了”，而魁北克街上你很可能听到 Y'est quelle heure? 这样的问话。魁北克人其实懂得更正规的法语。

欧洲法语和魁北克法语之间其他的不同（如果你不想挨饿的话）表现在一日三餐的说法上。在魁北克，不是 petit déjeuner(早餐)、déjeuner(中餐)和 diner(晚餐)，你很可能看见和听见的是 déjeuner(早餐)、diner(中餐)和 souper(晚餐)的字样。

如果你遇到什么机动车麻烦，你会很高兴知道汽车部件的英语说法，尽管单词 char(发“shar”——夏禾的音，指汽罐)用来指车的部件。Hitchhiking（英语意思是免费搭车）不是 auto stop(汽车停下)的意思，而是 le pousse(大拇指)的意思。

魁北克电视台和电台的主持人和播音员倾向说更高雅、更欧洲的法语，上流社会也是这样。不甚熟悉法语日常用语的游客，要是能明白他们，那可是太走运了。尽管如此，在魁北克，坚持维护法语是一件大事，它助燃了这一带的分裂独立运动。

新不伦瑞克，可能让人奇怪，是唯一一个官方双语省份。很多人说法语，特别在北部和东部。同样，它的法语同魁北克法语有些不同。新斯科舍和马尼托巴两省说法语的人口还不少，其他诸多省份也有小部分。

以下是某些法语词语和词组的简明注解，旅游中可能会有帮助。法语借用了很多英语词语，这会使得理解和说法语容易些。

有关食物和就餐的词语和词组，请参见68页。要想更深入了解这门语言，请买一本 Lonely Planet 的 *French Phrasebook*（《法语词语手册》）。

发音

法语的绝大多数字母与英语字母发音相同或相近；容易引起混淆的少数几个字母列在这里。复合音 un 和 on 在音标书中归为鼻音——其中“n”是不发音的；zh 的发音与“measure”中的“s”发音相同。

c	在 **e** 和 **i** 前，发“sit”中的“s”音在 **a**，**o** 和 **u** 前，发英语中的“k”音
ç	总是发“sit”中的“s”音
h	总是不发音
j	发“leisure”中“s”的音
r	小舌音，从后嗓子发音，并收紧喉肌，压住气流
n，m	单词以 **n** 或 **m** 结尾，这些字母不发音，但前面的元音要带鼻音
s	单词词尾或复数时，常常不发音

请有礼貌！

你会发现任何用法语交流的尝试都很受欢迎。即便你只会说 Pardon，madame/monsieur/mademoiselle，parlez-vous anglais?(对不起，夫人/先生/小姐，你说英语吗？)一句，这也要比你冒昧地用英语与一位陌生人搭讪受欢迎得多。

在法语中，同样指代“你”的 tu 和 vous 的用法要注意。如果你在招呼一位没什么私交的成年人时，必须用 vous，除非他请你用 tu 称呼他。一般情况下，年轻一些的人不那么介意礼貌和随意的区分，你会发现在许多场合他们在初次见面时就用 tu 称呼人。

阴性和阳性词汇

法语中的所有名词有阳性或阴性之分，形容词也反映它们所修饰的名词属性。许多名词和形容词的阴性形式都以不发音的字母 **e** 加在其阳性形式之后，比如单词 ami 和 amie(“朋友”一词的阳性和阴性形式——男性朋友和女性朋友)。

在下面的词组中，标明了在什么地方用阳性或阴性。阳性在前，阴性用斜杠分开在后。一个名词的属性常常用前缀冠词指示：英语中的“the / a / some”，法语中相应的是 le / un / du(m-阳性)，la / une /de la(f-阴性)；或者用物主代词中的一个：英语中的“my / your / his / her”，法语中相应的是 mon / ton / son(m-阳性)，ma / ta / sa(f-阴性)。用法语时，不像英语，物主代词与提及的物在数量和属性上保持一致：英语中“his /her mother”，法语则是 sa mère(他/她的母亲)。

住宿

我想找一家……	**I'm looking for a...**
Je cherche...	zher shersh...
宿营地	**camping ground**
un camping	un kom·peeng
家庭旅馆	**guesthouse**
une pension (de famille)	ewn pon·syon (der fa·mee·yer)
酒店	**hotel**
un hôtel	un o·tel
青年旅舍	**youth hostel**
une auberge de	ewn o·berzh der zher·nes

语言

jeunesse

哪里有便宜的酒店？ **Where is a cheap hotel?**
où est-ce qu'on peut trouver un hôtel pas cher?
oo es·kon per troo·vay un o·tel pa shair

地址是什么？ **What is the address?**
Quelle est l'adresse?
kel e la·dres

请你把地址写给我，可以吗？
Could you write the address, please?
Est-ce que vous pourriez écrire l'adresse, s'il vous plaît?
e·sker voo poo·ryay e·kreer la·dres seel voo play

你们有空房吗？
Do you have any rooms available?
Est-ce que vous avez des chambres libres?
e·sker voo·za·vay day shom·brer lee·brer

我想要（一间）……	**I'd like (a)...**
Je voudrais...	zher voo·dray...
单人间	**single room**
une chambre à un lit?	ewn shom·brer a un lee
大床双人间	**double-bed room**
une chambre avec un grand lit	ewn shom·brer a·vek un gron lee
带两个单床的双人间	**twin room with two beds**
une chambre avec des lits jumeaux	ewn shom·brer a·vek day lee zhew·mo
带浴室客房	**room with a bathroom**
une chambre avec une salle de bains	ewn shom·brer a·vek ewn sal der bun
供铺位的客房	**to share a dorm**
me coucher dans un dortoir	me koo·sher don zun dor·twa

语言

多少钱……	**How much is it...?**
Quel est le prix...?	kel e ler pree...
一个晚上 per night	*par nuit* par nwee
一个人 per person	*par personne* par per·son

我能看看客房吗？ **May I see it?**
Est-ce que je peux voir la chambre?
es·ker zher per vwa la shom·brer

哪儿是浴室？ **Where is the bathroom?**
Où est la salle de bains? oo e la sal der bun

哪儿是洗手间？ **Where is the toilet?**
Où sont les toilettes? oo·son lay twa·let

我今天离开。 **I'm leaving today.**
Je pars aujourd'hui. zher par o·zhoor·dwee

我们今天离开。 **We're leaving today.**
On part aujourd'hui. on par o·zhoor·dwee

交谈和要点

你好。Hello.	*Bonjour.*	bon·zhoor
再见。Good-bye.	*Au revoir.*	o·rer·vwa
是的。Yes.	*Oui.*	wee
不是。No.	*Non.*	no
请。Please.	*S'il vous plaît.*	seel voo play
谢谢。Thank you.	*Merci.*	mair·see
欢迎光临。	*Je vous en prie.*	zher voo·zon
You're welcome.	*De rien.* (inf)	pree der ree·en
抱歉。Excuse me.	*Excusez-moi.*	ek·skew·zay·mwa
对不起。Sorry.	(forgive me)	
	Pardon.	par·don

你贵姓？ **What's your name?**
Comment vous appelez-vous? (pol)
ko·mon voo·za·pay·lay voo
Comment tu t'appelles? (inf)
ko·mon tew ta·pel

我的名字是…… **My name is...**
Je m'appelle... zher ma·pel...

你是哪里人？ **Where are you from?**
De quel pays êtes-vous? (pol)
der kel pay·ee et·voo *De quel pays es-tu?* (inf)
der kel pay·ee e·tew

我来自……	**I'm from...**
Je viens de...	zher vyen der...
我喜欢……	**I like...**
J'aime...	zhem...
我不喜欢……	**I don't like...**
Je n'aime pas...	zher nem pa...
就一会儿。	**Just a minute.**
Une minute.	ewn mee·newt

方位指示

哪里是……	**Where is...?**
Où est...?	oo e...
径直走……	**Go straight ahead.**
Continuez tout droit.	kon·teen·way too drwa
左转。	**Turn left.**
Tournez à gauche.	toor·nay a gosh
右转。	**Turn right.**
Tournez à droite.	toor·nay a drwat
在角落	**at the corner**
au coin	o kwun
在红绿灯处	**at the traffic lights**
aux feux	o fer
后面	**behind**

derrière dair·ryair
前面 **in front of**
devant der·von
远（从） **far(from)**
loin(de) lwun (der)
附近 **near(to)**
près(de) pray (der)
对面 **opposite**
en face de on fas der
海滩 **beach**
la plage la plazh
桥梁 **bridge**
le pont ler pon
教堂 **church**
l'église le·gleez
岛屿 **island**
l'île leel
湖泊 **lake**
le lac ler lak
博物馆 **museum**
le musée ler mew·zay
码头 **quay**
le quai ler kay
江边／河畔 **riverbank**
la rive la reev
海洋 **sea**
la mer la mair
旅游局 **tourist office**
l'office de tourisme lo·fees der too·rees·mer

健康

我病了。 **I'm ill.**
Je suis malade. zher swee ma·lad

标记符号

Entrée Entrance	入口
Sortie Exit	出口
Renseignements Information	信息中心
Ouvert Open	营业中
Fermè Closed	关门歇业
Interdit Prohibited	禁止
(Commissaviat de) Police Police Station	警察局
Toilettes/WC Toilets	洗手间／更衣室
Hommes Men	男士
Femmes Women	女士

紧急情况

救命！ **Help!**
Au secours! o skoor
这里发生了事故！ **There's been an accident!**
Il y a eu un accident! eel ya ew un ak·see·don
我迷路了。 **I'm lost.**
Je me suis égaré/e. (m/f) zhe me swee·zay·ga·ray
让我单独待着！ **Leave me alone!**
Fichez-moi la paix ! fee·shay·mwa la pay

请叫……！ **Call...!**
Appelez...! a·play...
医生 **a doctor**
un médecin un med·sun
警察 **the police**
la police la po·lees

伤了这里。 **It hurts here.**
J'ai une douleur ici. zhay ewn doo·ler ee·see

我有…… **I'm...**
Je suis... zher swee...
哮喘病 **asthmatic**
asthmatique (z)as·ma·teek
糖尿病 **diabetic**
diabétique dee·a·be·teek
癫痫病 **epileptic**
épileptique (z)e·pee·lep·teek

我对……过敏 **I'm allergic to...**
Je suis allergique... zher swee za·lair·zheek...
抗生素 **antibiotics**
aux antibiotiques o zon·tee·byo·teek
蜜蜂 **bees**
aux abeilles o za·bay·yer
坚果 **nuts**
aux noix o nwa
花生 **peanuts**
aux cacahuètes o ka·ka·wet
青霉素 **penicillin**
à la pénicilline a la pay·nee· see·leen

抗菌剂 **antiseptic**
l'antiseptique lon·tee·sep·teek
避孕套 **condoms**
des préservatifs day pray·zair·va·teef

避孕药 **contraceptive**
le contraceptif ler kon·tra·sep·teef
腹泻 **diarrhoea**
la diarrhée la dee·ya·ray
药 **medicine**
le médicament ler me·dee·ka·mon
恶心 **nausea**
la nausée la no·zay
防晒霜 **sunblock cream**
la crème solaire la krem so·lair
棉塞／止血塞 **tampons**
des tampons hygiéniques
day tom·pon ee·zhen·eek

语言障碍时

你说英语吗？ **Do you speak English?**
Parlez-vous anglais? par·lay·voo ong·lay
这里有人说英语吗？
Does anyone here speak English?
Ya-t-il quelqu'un qui parle anglais?
ya·teel kel·kung kee par long·glay
在法语中，你怎么说……
How do you say... in French?
Comment est-ce qu'on dit... en français?
ko·mon es·kon dee... on fron·say
……是什么意思？ **What does... mean?**
Que veut dire...? ker ver deer...
我明白了。 **I understand.**
Je comprends. zher kom·pron
我不明白。 **I don't understand.**
Je ne comprends pas. zher ner kom·pron pa
请你写下来，可以吗？
Could you write it down，please?
Est-ce que vous pourriez l'écrire, s'il vous plaît?
es·ker voo poo·ryay le·kreer seel voo play
你能给我（在地图上）指出来吗？
Can you show me (on the map)?
Pouvez-vous m'indiquer (sur la carte)?
poo·vay·voo mun·dee·kay (sewr la kart)

数字

0	*zero*	ze·ro
1	*un*	un
2	*deux*	der
3	*trois*	twa
4	*quatre*	ka·trer
5	*cinq*	sungk
6	*six*	sees
7	*sept*	set
8	*huit*	weet
9	*neuf*	nerf
10	*dix*	dees
11	*onze*	onz
12	*douze*	dooz
13	*treize*	trez
14	*quatorze*	ka·torz
15	*quinze*	kunz
16	*seize*	sez
17	*dix-sept*	dee·set
18	*dix-huit*	dee·zweet
19	*dix-neuf*	deez·nerf
20	*vingt*	vung
21	*vingt et un*	vung tay un
22	*vingt-deux*	vung·der
30	*trente*	tront
40	*quarante*	ka·ront
50	*cinquante*	sung·kont
60	*soixante*	swa·sont
70	*soixante-dix*	swa·son·dees
80	*quatre-vingts*	ka·trer·vung
90	*quatre-vingt-dix*	ka·trer·vung·dees
100	*cent*	son
1000	*mille*	meel

书面填写

姓名 **name**
nom nom
国籍 **nationality**
nationalité na·syo·na·lee·tay
出生日期／地点 **date/place of birth**
date/place de naissance dat / plas der nay·sons
性别 **sex/gender**
sexe seks
护照 **passport**
passeport pas·por
签证 **visa**
visa vee·za

疑问词

谁？ **Who?**
Qui? kee
什么？ **What?**
Quoi? kwa
这是什么？ **What is it?**
Qu'est-ce que c'est? kes·ker say
什么时候？ **When?**
Quand? kon
什么地方？ **Where?**
Où oo
哪一个？ **Which?**

语言

Quel / Quelle?	kel
为什么?	**Why?**
Pourquoi?	poor·kwa
怎么样?	**How?**
Comment?	ko·mon

购物和服务

我想买……	**I'd like to buy...**
Je voudrais acheter...	zher voo·dray zash·tay...
多少钱?	**How much is it?**
C'est combien?	say kom·byun
我不喜欢它。	**I don't like it.**
Cela ne me plaît pas.	ser·la ner mer play pa
我能看看它吗?	**May I look at it?**
Est-ce que je peux le voir?	es·ker zher per ler vwar
我只是看看。	**I'm just looking.**
Je regarde.	zher rer·gard
它挺便宜。	**It's cheap.**
Ce n'est pas cher.	ser nay pa shair
它太贵了。	**It's too expensive.**
C'est trop cher.	say tro shair
我要了。	**I'll take it.**
Je le prends.	zher ler pron

我能用……付款吗?	**Can I pay by...?**
Est-ce que je peux payer avec...? es·ker zher per pay·yay a·vek...	
信用卡	**credit card**
ma carte de crédit	ma kart der kre·dee
旅游支票	**traveler's checks**
des chèques de voyage	day shek der vwa·yazh

多些	**more**	*plus*	plew
少些	**less**	*moins*	mwa
小些	**smaller**	*plus petit*	plew per·tee
大些	**bigger**	*plus grand*	plew gron

我在找……	**I'm looking for...**
Je cherche...	zhe shersh...
一家银行	**a bank**
une banque	ewn bonk
……国大使馆	**the... embassy**
l'ambassade de...	lam·ba·sahd der...
医院	**the hospital**
l'hôpital	lo·pee·tal
集市	**the market**
le marché	ler mar·shay
警察	**the police**
la police	la po·lees
邮政局	**the post office**
le bureau de poste	ler bew·ro der post
公共电话	**a public phone**
une cabine téléphonique ewn ka·been te·le·fo·neek	
公共厕所	**a public toilet**
les toilettes	lay twa·let

时间和日期

几点了?	**What time is it?**
Quelle heure est-il?	kel er e til
现在(8)点。	**It's (8) o'clock.**
Il est (huit) heures.	il e (weet) er
现在……点半。	**It's half past...**
Il est (...) heures et demie.	il e (...) er e der·mee
现在……点差5分钟。	**It'squarter to...**
Il est (...) heures moins le quart. il e (...) er mwun ler kar	

早上	**in the morning**
du matin	dew ma·tun
下午	**in the afternoon**
de l'après-midi	der la·pray·mee·dee
晚上	**in the evening**
du soir	dew swar
今天	**today**
aujourd'hui	o·zhoor·dwee
明天	**tomorrow**
demain	der·mun
昨天	**yesterday**
hier	yair

周一	**Monday**
lundi	lun·dee
周二	**Tuesday**
mardi	mar·dee
周三	**Wednesday**
mercredi	mair·krer·dee
周四	**Thursday**
jeudi	zher·dee
周五	**Friday**
vendredi	von·drer·dee
周六	**Saturday**
samedi	sam·dee
周日	**Sunday**
dimanche	dee·monsh

一月	**January**
janvier	zhon·vyay
二月	**February**

février	fev·ryay
三月	**March**
mars	mars
四月	**April**
avril	a·vreel
五月	**May**
mai	may
六月	**June**
juin	zhwun
七月	**July**
juillet	zhwee·yay
八月	**August**
août	oot
九月	**September**
septembre	sep·tom·brer
十月	**October**
octobre	ok·to·brer
十一月	**November**
novembre	no·vom·brer
十二月	**December**
décembre	day·som·brer

交通

公共交通

哪个时间	**What time does?**
À quelle heure	a kel er
出发／到达？……	**...leave/arrive?**
part / arrive...?	par/a·reev...
船	**boat**
le bateau	ler ba·to
公共汽车	**bus**
le bus	ler bews
飞机	**plane**
l'avion	la·vyon
火车	**train**
le train	ler trun

我想要一张……票。	**I'd like a... ticket.**
Je voudrais un billet...	zher voo·dray un bee·yay...
单程票	**one-way**
simple	sum·pler
往返程票	**return**
aller-retour	a·lay rer·toor
头等	**1st class**
de première classe	der prem·yair klas
二等	**2nd class**
de deuxième classe	der der·zyem klas

我想去……	**I want to go to...**
Je voudrais aller à..	zher voo·dray a·lay a...

火车晚点了。	**The train has been delayed.**
Le train est en retard.	ler trun et on rer·tar
火车取消了。	**The train has been cancelled.**
Le train a été annulé	ler trun a e·te a·new·lay

头班	**the first**
le premier (m)	ler prer·myay
la première (f)	la prer·myair
末班	**the last**
le dernier (m)	ler dair·nyay
la dernière (f)	la dair·nyair
第……站台	**platform number**
le numéro de quai	ler new·may·ro der kay
售票处	**ticket office**
le guichet	ler gee·shay
时刻表	**timetable**
l'horaire	lo·rair
火车站	**train station**
la gare	la gar

私人营运

我想租一辆……	**I'd like to hire a/an...**
Je voudrais louer...	zher voo·dray loo·way...
自行车	**bicycle**
un vélo	un vay·lo
小轿车	**car**
une voiture	ewn vwa·tewr
四轮驱动车	**4WD**
un quatre-quatre	un kat·kat
摩托车	**motorbike**
une moto	ewn mo·to

这是去往……的路吗？	**Is this the road to...?**
C'est la route pour...?	say la root poor...
哪里是汽车服务站？	**Where's a service station?**
Où est-ce qu'il ya une station-service?	oo es·keel ya ewn sta·syon·ser·vees
请加油。	**Please fill it up.**
Le plein, s'il vous plaît.	ler plun seel voo play
我想加……升。	**I'd like... litres.**
Je voudrais...litres.	zher voo·dray... lee·trer

汽油	**petrol/gas**	*essence*	ay·sons
无铅	**unleaded**	*sans plomb*	son plom
含铅	**leaded**	*au plomb*	o plom
柴油	**diesel**	*diesel*	dyay·zel

我可以在这停车（多久）?
(How long) Can I park here?
(Combien de temps) Est-ce que je peux stationner ici?

路标

Cédez la Priorité?	让道
Danger	危险
Défense de Stationner	不准停车
Entrée	入口
Interdiction de Doubler	不准超车
Péage	收费
Ralentissez	慢行
Sens Interdit	禁行
Sens Unique	单行线
Sortie	出口

(kom·byun der tom) es·ker zher per sta·syo·nay ee·see

油用完了。
I've run out of petrol.
Je suis en panne d'essence.
zher swee zon pan day·sons

我需要一位机修工。
I need a mechanic.
J'ai besoin d'un mécanicien.
zhay ber·zwun dun me·ka·nee·syun

这车／摩托车抛锚了。
The car/motorbike has broken down (at...)
La voiture / moto est tombée en panne (à...)
la vwa·tewr/mo·to ay tom·bay on pan (a...)

这车／摩托车发动不起来。
The car/motorbike won't start.
La voiture / moto ne veut pas démarrer.
la vwa·tewr/mo·to ner ver pa day·ma·ray

出了故障。
I had an accident.
J'ai eu un accident.
zhay ew un ak·see·don

我的车轮胎漏气了。
I have a flat tyre.

另见Lonely Planet 出版的
French Phrasebook

Mon pneu est à plat.
mom pner ay ta pla

带孩子旅行

有……吗？	**Is there a/an...?**
Y a-t-il...?	ya teel...
我需要……	**I need a/an...**
J'ai besoin...	zhay ber·zwun...
婴儿更衣室	**baby change room**
d'un endroit pour changer le bébé?	dun on·drwa poor shon·zhay ler be·be
汽车用婴儿座	**car baby seat**
d'un siège-enfant	dun syezh·on·fon
关照儿童的服务	**child-minding service**
d'une garderie	dewn gar·dree
儿童菜单	**children's menu**
d'un menu pour enfant	dun mer·new poor on·fon
尿不湿	**disposable nappies/diapers**
de couches-culottes	der koosh·kew·lot
配制好的婴儿流食	**formula**
de lait maternisé	de lay ma·ter·nee·zay

（说汉语）照顾小孩的保姆
(Chinese-speaking) babysitter
d'une babysitter (qui parle anglais)
dewn ba·bee·see·ter (kee parl ong·glay)

婴儿用高脚凳	**highchair**
d'une chaise haute	dewn shay zot
小孩用的便壶（盆）	**potty**
d'un pot de bébé?	dun po der be·be（折叠式）
婴儿手推车	**pusher/stroller**
d'une poussette	dewn poo·set

如果我在这里哺乳，你介意吗？
Do you mind if I breastfeed here?
Cela vous dérange si j'allaite mon bébé ici?
ser·la voo day·ron·zhe see zha·lay·ter mon bay·bay ee·see

儿童允许通行吗？ **Are children allowed?**
Les enfants sont permis?
lay zon·fon son pair·mee

术语表

Aboriginal — 加拿大土著印第安人（原住民和因纽特人）和梅蒂人（Métis）
Acadians — 阿卡迪亚人，17 世纪居住在新斯科舍省的第一代法国人
Allophones — 母语既不是英语也不是法语的魁北克人
Anglophones — 母语或唯一的语言是英语者
Atlantic Provinces — 临近大西洋省份，包括纽芬兰省、新斯科舍省、爱德华王子岛省和新不伦瑞克省
ATV — 全地形车，或四轮越野车
aurora borealis — 北极光，太阳光中的带电微粒穿过地球磁场，显示成超凡脱俗的、色彩缤纷的、摆动光束；也称做"northern lights"

B&B — 住宿加早餐；膳宿
backcountry site — 原生态营地，设施较少，是加拿大国家公园和省级公园里的自然野生地带
badlands — 艾伯塔省南部偏僻荒野，因风化侵蚀形成的崎岖地带，此地区的岩石中富含史前化石
BC — 不列颠哥伦比亚省
Black Loyalists — 美国独立战争时期，英殖民者给予自由的非洲黑奴，被利用对抗美国独立，之后，这些人很多定居在新斯科舍省
boreal — 北极地区，北极的，指加拿大北部地区及其地理特点，诸如北极森林和北极寒风

calèche — 敞篷四轮马车，在蒙特利尔和魁北克市可以乘坐观光
Canadian Shield — 加拿大地盾，形成于 25 亿年前，覆盖了加拿大北部地区，也被称为前寒武纪地盾或劳伦蒂安地盾
ceilidh（*kay*-lee）— 同乐会，属盖尔语，加拿大原住印第安人举行的一种有歌曲、舞蹈、音乐和故事的非正式集会，在爱德华王子岛和新斯科舍省很流行
CFL-Canadian Football League，加拿大橄榄球联合会
coulees — 常常干涸的急流峡谷
Cowichan — 原居住在温哥华岛 Cowichan 湖一带的原住印第安人，也用来指他们手工编制的 100% 纯羊毛衫
Cow Town — 卡尔加里的绰号
CPR — Canadian Pacific Railway，加拿大太平洋铁路交通公司
Cree — 克里人，克里语，加拿大原住印第安人中的一支

Dominion of Canada — 加拿大自治区，1867 年联盟时期用来指代加拿大
Doukhobours — 加拿大一个非正统的俄罗斯基督教派，19 世纪时，其中一些教徒在萨斯喀彻温省和不列颠哥伦比亚省定居

First Nations — 第一民族，加拿大原住印第安人各个群落的总称，不包括因纽特人和梅蒂斯人
Francophones — 母语或唯一的语言是法语者

gasoline — 汽油，加拿大主要出售无铅汽油
gîte du passant — 住宿加早餐，魁北克用语
Group of Seven — 七人画派，形成于 20 世纪 20 年代，著名的加拿大风景画派。
GST — 加拿大全国范围内征收的 6% 商品和服务消费税

hoodoo — 形状奇特的岩柱，雨水冰川侵蚀形成，主要分布在艾伯塔省南部劣地
hookup — 在宿营地：（水，电，或下水道）连接，联播
HST — Harmonized Sales Tax，协调销售税；加上商品和服务消费税（简称 GST）和省销售税（简称 PST）后共为 14%，应用在新不伦瑞克、新斯科舍、纽芬兰以及拉布拉多
Hudson's Bay Company（Compagnie de la Baie d'Hudson）哈得孙湾公司，创建于 1670 年的一家英国企业，主要利用哈得孙湾及其水路进行贸易通商

icefield — 冰瀑，冰川的陡峭部分
Innu — 因努人，原住民的一支，印第安人，生活在魁北克东部和拉布拉多地区，分为蒙塔古尼人和纳斯卡比人
Inside Passage - 内陆通道，在不列颠哥伦比亚省陆路和海岸线外围群岛之间的海上通道，从 Alaskan Panhandle 起，到华盛顿州止
Inuit — 因纽特人，原住 Thule 的后裔，主要生活在努那瓦特省和魁北克省的北极地区
Inukshuk — 堆石标，模仿人形，因纽特人建造，用做路标或看护猎物，以防猎兽捕食
Inuktitut — 因纽特语
Inuvialuit — 西北极圈的因纽特人
Inuvialuktun — 西北极圈因纽特人的语言

Klondike — 克伦戴科，育空地区克伦戴科河的沿岸地区，1897 年发现金矿，引发了淘金热

Labour Day — 劳动节，9 月的第 1 周，公共假日，标志着夏季的结束

Left Coast — 左海岸，有时专指沿海的不列颠哥伦比亚省，因为当地人被认为左翼激进，而且怪异
l'Estrie — 东部城镇，魁北克用语，指蒙特利尔东南靠近美国边界，原保皇分子集中的地方
loonie — 潜鸟币，加拿大 C$1 硬币，有一面印有潜鸟
Lower Mainland — 南部陆路，指不列颠哥伦比亚省西南部，包括大都市温哥华
Loyalists — 保皇分子，美国独立战争期间，坚持效忠英国皇室的北美英裔殖民者；其中很多定居在安大略省和魁北克省；也称做联合帝国保皇分子

Maritime provinces — 沿海省份，也被称做海洋地区，包括三个省份：新不伦瑞克省、新斯科舍省和爱德华王子岛省
Métis — 梅蒂斯人，法裔加拿大人与原住印第安人先辈联姻的混血儿
midden — 废料堆，残物堆，考古术语，指含先民生活废物的土堆，以此推断有人类居住的历史
Mi'kmaq — 密克迈克人，生活在沿海省份的原住印第安人
Mounties — Royal Canadian Mounted Police（RCMP），加拿大皇家骑警队员
muskeg — 加拿大北部的泥灰沼泽地

névé — 粒雪，永久冰雪，多形成冰川顶部
NHL — National Hockey League，北美冰球联赛
northern lights — 参见 aurora borealis，北极光
Northwest Passage — 西北通道，从大西洋经加拿大北极地区通往太平洋的海上通道
NWMP — North-West Mounted Police，西南骑警队员
NWT — Northwest Territories，西北地区

Ogopogo — 与尼斯湖水怪相似的动物，据说生活在奥卡纳根湖；从未被拍摄
Ojibwe — 奥吉布瓦人，加拿大南部原住印第安人，主要居住在苏必利尔湖；人们也称他们为 Ojibway 和 Chippewa
Old World — 旧世界，指欧洲
outfitter — 提供（出售 / 租）户外探险设备的商店
outports — 纽芬兰省内偏远的沿海小渔村，靠乘船与省内其他地区联系

PEI — Prince Edward Island，爱德华王子岛
permafrost — 永久冻土层，覆盖加拿大北部大部分地区
petroglyphs – 古代绘画或岩画
piastre — 皮阿斯特硬币，魁北克用语，指加拿大元
pingo — 冰核丘，远在北部地区，由地下冰层抬升所造成的巨大的覆土冰山
portage — 两条水路小船，货物的陆上搬运，陆上运输
potlatch — 印第安人的冬季赠礼节，一些原住民部落举办的以赠送礼物，损毁个人财产来炫耀财富的活动；现在常用来指野蛮聚会和狂欢
powwow — 议事会（源自北美印第安人），经常包括唱歌、跳舞和其他综艺活动
PST — Provincial Sales Tax；省级征收的销售税，税率为 7% 到 10%

Québecois — 魁北克的当地语言，大部分魁北克居民为法裔加拿大人；也用来指魁北克居民，尽管只用来指说法语的人，不包括说英语的人

RCMP — Royal Canadian Mounted Police，加拿大皇家骑警，加拿大国内主要的执法机构
RV — recreational vehicle，娱乐车（一般是活动房屋式），用于旅行和宿营；英式英语用 "caravan"

screech — 一种高度朗姆酒，原只产于纽芬兰省，现在全加拿大都有（但只是稀释酒）
social — 入场收费的聚会，提供大量的啤酒，有音乐和娱乐活动
spelunking — 洞穴探察和研究
sugar shack — 枫糖浆提炼棚，内有一个大桶，将枫糖加热煮沸，提炼枫糖浆

table d'hôte — 定价客饭
taiga — 泰加群落森林，覆盖北美和欧亚大陆北极地区的大面积针叶林
terrasse — 露台，平台
toonie — 俚语，指加拿大 C$2 硬币
trailer — 加拿大和美国的篷车或活动房屋
tundra — 冻原，苔原，尤指北极一带
two-four — 24 瓶装的啤酒箱

United Empire Loyalists — 参见 Loyalists，联合帝国保皇分子

VIC — visitor information center，游客信息中心
Victoria Day — 维多利亚日，5 月 25 日前的周一，公共假日，标志夏季的开始
voyageur — 加拿大船夫，早期毛皮商雇用他们在商栈间进行客货运输，他们也可以做伐木、导游、设井捕兽者或者探险者的工作

作者

KARLA ZIMMERMAN

统稿作者 纽芬兰和拉布拉多

在为了 Lonely Planet 而沿海航行加拿大的数年间，Karla 成为一位名誉纽芬兰人（有一张用朗姆酒浸泡的证书可以证明）、一位名誉温哥华人（对寿司的沉迷可以证明），有些人可能会说她是一位名誉加拿大人（对油炸圈饼的喜爱可以证明）。当 Karla 不在边境以北时，她会住在芝加哥，那儿的油炸圈饼还不错，但不及加拿大的圈饼那么美味。她为报纸、书籍、杂志和无线电广播撰写旅行稿件。

JAMES BAINBRIDGE

魁北克

James 首次来到加拿大的目的地是加利亚诺岛，当时是作为不列颠哥伦比亚大学的交换生前去的。当 Lonely Planet 派他前往魁北克时，他不得不长途驾车，重复当年在 Rte 138 路的经历。在其间的十年里，他在格拉斯哥取得了文学和历史学位，在伦敦和悉尼为杂志社工作，并向 Lonely Planet 投稿，稿件涉及从印度到爱尔兰的内容。他的下一个 Lonely Planet 的项目是《一年中的节庆》(*A Year of Festivals*)。

CELESTE BRASH

新斯科舍

"那么这就是来自塔希提岛的人出来度假的地方吗？"当 Celeste 前两次乘船经过新斯科舍时，这个问题被问了好几次。灯塔、羽扇豆与棕榈树、木槿截然不同，不过，清新的空气和令人愉快的人们让她再次享受愉悦的调研旅途。满足之后，她回到了她在岛上的家，与丈夫和两个孩子重聚，享用杧果而不是草莓。

LONELY PLANET 的作者们

为什么我们的旅行指南是世界上最棒的？原因很简单：我们的作者都是独立、执著的旅行家。他们不是只靠网络或者电话搜集资料，他们也决不接受贿赂、优惠以发布有利于商家的信息。他们云游四方，既遍访所有旅行热点，也涉足少人问津的地方。他们亲临上千家酒店、旅馆、咖啡厅、酒吧以及宫殿、美术馆、博物馆……他们以获得全部准确翔实的信息为荣，以分享这些信息为乐。你也能做到吗？请登录 www.lonelyplanet.com 网站，见作者部分。

NATALIE FOLSTER

新不伦瑞克，爱德华王子岛

Natalie Folster 在新不伦瑞克的弗雷德里克顿出生并长大。当她有了外出旅行的能力时，她就出发了。在接下来的十多年中，她在非洲、英国、加利福尼亚、纽约、加勒比海、不列颠哥伦比亚和安大略生活和工作，然后，她确定她的父亲说得没错。新不伦瑞克的确是天国，是地球上特别的地方之一。现在，她住在新不伦瑞克的圣约翰。

SCOTT KENNEDY

艾伯塔，萨斯喀彻温

Scott在卡尔加里长大，户外活动占据了他生活的很大一部分。当他还是小孩子的时候就很喜欢徒步旅行和滑雪，最后发展为登山、探险竞赛以及旅行。有了那些冒险活动，写作和摄影成为与那些还没蠢到要跟随前往的人分享他的探险故事的最佳方式。他最喜欢的旅行什么？很简单，答案是："下一个。" Scott住在新西兰的昆斯敦，在那儿，他尽量避免朝九晚五的工作。如欲了解更多信息，请参阅www.adventureskope.com。

JOHN LEE

不列颠哥伦比亚

John 出生于英国，后来来到不列颠哥伦比亚，在维多利亚大学政治科学系学习乌托邦式的社会改革案。之后他发现在这个领域很难找到工作，于是他将学生签证转成永久居民权，成为一名旅游方面的专职自由撰稿人。自 1999 年以来，他成为驻温哥华的一位记者，他的作品刊登在全世界 120 种出版物上，包括《卫报》(*Guardian*)、《洛杉矶时报》(*Los Angeles Times*)、《芝加哥论坛报》(*Chicago Tribune*) 和《国家地理旅行者》(*National Geographic Traveler*)。他专攻加拿大和英国的各个地方，他最喜欢的不列颠哥伦比亚长途跋涉是冬季北上斯基纳铁路。

GRAHAM NEALE

马尼托巴

作为 Lonely Planet 的地图制作者，Graham 有一个大鱼缸，其中有一条鱼的名字叫"马尼托巴"，很自然，这是在向马尼托巴表示敬意，由这位了解加拿大一切的非正式专家探索加拿大最不出名的地方，也不足为奇了。在第二次四处游览时，他发现，他很喜欢 7 月的而不是 4 月的马尼托巴。现在，他认为自己是正式的马尼托巴专家，听 *Harvest* 和冰岛诸神祈祷之余，他很喜欢听当地居民讲述马尼托巴的琐事。

BRANDON PRESSER 安大略

在渥太华出生并长大，Brandon 过去一直很幸福，而无暇探索祖国。在他的旅途中，他见过八只鹅，欣赏了 12 场北美冰球联赛 (NHL) 的比赛，乘坐过两次有信号招呼才停的火车，一次低空飞行的飞机，说过 925 831 次“呃？”（他说或者别人对他说）。驾驶着自己的深蓝色现代车，Brandon 还在默里走了 10 000 公里，更新补充了安大略东部、乔治亚湾和湖泊地区、渥太华以及安大略北部地区的内容。

CHARLES RAWLINGS-WAY 安大略

8 岁的 Charles 首次来到安大略，从塔斯马尼亚飞来评估当地的松鼠、游泳池以及叔叔家的新月形面包。自此以后，他就养成了安静的多伦多式性格，逐渐将关注的焦点转向了棒球、书店以及这座城市所拥有的全球各地的美食。作为过去的建筑师、被低估了的摇滚吉他弹奏者以及无畏的家庭改造者，Charles 在 2007 年提笔为 Lonely Planet 撰写了 *Toronto* 城市指南，并抓住机会负责本书的 T.O. 部分。

SARAH RICHARDS 魁北克

Sarah 一直忠实于家乡不列颠哥伦比亚的高山与森林，曾经发誓永远也不会喜欢上加拿大其他各省。但是，当她在麦吉尔大学 (McGill University) 开始自己的本科学位时，炽热的爱情加上魁北克诱人的外来风味威胁着她与家乡的关系。毕业之后，她在亚洲和欧洲旅行六年，又回到了蒙特利尔的臂弯中。她谴责新烤的新月形面包在风中的温和香味以及这座城市热闹夜生活的罪恶愉悦，让她辜负了家乡。

AARON SPITZER 西北地区，努那瓦特

Aaron 喜欢高纬度的东西。他在印第安纳长大，13 岁的时候，他第一次出远门旅行——去加拿大的西北地区。10 年后，他永久地移居到北极区域，在阿拉斯加任独木舟向导，在南极洲和努那瓦特担任报纸编辑，在西北地区和育空担任电视新闻制作者。现在，他是加拿大北方的杂志 *Up Here* 的编辑。

RYAN VER BERKMOES

不列颠哥伦比亚，育空地区

迷失——不过不是字面意义上的——在不列颠哥伦比亚或育空的乡村道路上，是 Ryan 对真正大冒险的想法。他来这儿有 20 多年了，尽管已经见过数百头驼鹿，他仍会很兴奋：他又碰到了一头。Ryan 在明净的海面上航行，征服了几座高山，与熊面对面地接触。他很高兴地说，每次需要回到他在俄勒冈波特兰的家时，他都很乐于去一趟不列颠哥伦比亚和育空地区。

投稿作者

Bruce Dowbiggin 是一位曾获奖的体育记者，也是驻卡尔加里的国家电视评论员。他的栏目定期出现在《卡尔加里先驱报》(*Calgary Herald*) 上。他写作了 5 本关于冰球的书，也经常主持包括加拿大广播公司 (CBC) 在内的电视和广播节目。Bruce 撰写了本书"文化"章中的体育部分。

Dr David Goldberg 医学博士，在纽约市哥伦比亚长老会医学中心 (Columbia-Presbyterian Medical Center) 完成了内科及传染疾病的培训。他现在是纽约斯卡斯代尔 (Scarsdale) 的传染病学专家，也是 MDTravelHealth.com 网站的主编。Dr Goldberg 撰写了本书的"健康指南"一章。

Margo Pfeiff 一位驻蒙特利尔的记者和摄影师，她在温哥华长大，在这个国家的北部度过了大量的时间。她曾经为《加拿大地理》(*Canadian Geographic*)、《洛杉矶时报》(*LA Times*)、《旧金山纪事报》(*San Francisco Chronicle*) 以及《环球邮报》(*Globe and Mail*) 工作，目前正在撰写一本有关努那瓦特当代生活的书。Margo 为本书撰写了"文化"方面的内容。

Jennie Punter 20 年来一直在撰写有关艺术方面的文章。Jennie 是一位经过培训的古典钢琴家和革新摇滚评论家，现在她定期为加拿大国家日报《环球邮报》撰写电影方面的文章，并担任纪录影片和电视剧的制片人。Jennie 为本书撰写了"文化"章中的艺术部分。

Brendan Sainsbury 是一位离开家园的英国人，以前居住在英国伦敦，有一天早上醒来，他发现他到了不列颠哥伦比亚怀特岩 (White Rock)，与一位加拿大医生结了婚。Brendan 对加拿大国家公园的钟爱始于艾伯塔沃特顿湖；接着，他向北到了贾斯珀，在这里他更新了即将问世的 Lonely Planet 指南的信息。Brendan 为本书撰写了"加拿大国家公园"一章。

Raymond Schmidt 没有见过一只熊猫，但他到过高高的阿尔卑斯山，攀爬过加纳利岛 (Canary Island) 火山，探究过自己的古巴血统。不过，加拿大总是将他拉了回来。冬天，他在 40 英尺高的瀑布中滑着皮艇或者骑着自行车在北极圈探险，他正设法去世界其他各地旅行。Raymond 为本书撰写了"加拿大户外活动"章。

幕后

幕后

关于本书

本书根据 Lonely Planet 的《加拿大》(*Canada*)第十版翻译并加工而成。中文版由北京灵思泉翻译有限责任公司翻译，参与翻译和校译的人员有张昊菲、曹蕊、韩俊燕、胡莉、石凤玲、杨莉莉、张孝平和赵楚等。生活·读书·新知三联书店谨此致以诚挚的谢意。

来自生活·读书·新知三联书店的感谢

非常感谢使用本书中文上一版本，并向生活·读书·新知三联书店提供了许多有用线索、有益建议和有趣见闻的旅行者们。

Eris Lee；Rulle，段彩红，李洁，李鑫霞，刘彦涛，苏昊，田林方，刑亚捷，何萍和张溢木等

来自 LONELY PLANET 的感谢

非常感谢使用本书英文上一版本，并向 Lonely Planet 公司提供了许多有用线索、有益建议和有趣见闻的旅行者们。

A Daniel Abbott, Z Abdullah, Nerea Achutegui, Andrea Adams, Julie Adamson, Amy Agorastos, Richel Aguirre, Sheetal Aiyer, Marc Alarie, Max Alavi, Claire Albrecht, Erin Alderton, Richard Alderton, Glenn Alger, Helen and Dave Allan, Janet and Dave Allan, Pierre Allard, Christy Allen, Nicole Allen, Richard Allen, John Allenby, Graeme Anderson, Myles Anderson, Nils Anderson, Riley Anderson, Trygve Anderson, Luc Andre, Maria Andrews, Nicole Andrews, Eduardo Angel, Kate Angel, Wolfgang Angerer, Gill Ankers, John Annabell, Thierry Antoine, Stephanie Appert, Eileen Arandiga, Rosalind Archer, Salvador Arguello, Jarkko Arjatsalo, S Arnold, Terry Aspinall, Sue Asquith, John Atkin, BH Atkins, Katherine Austin **B** Brian Back, Idelberto Badell, Heather Badenoch, Hans Bahlmann, Ace Bailey, Steve Bailey, Karen Baillard, Dorothy Baker, Grace Ann Baker, Helen Baker, Jason Baker, Sandrine Balbo, Nick Baldwin, Georgia Banks, Kelly Banks, Linzi Banks, Bruno P Baratta, Michele Barber, Nina Barnaby, Craig Barrack, Greg Barry, Barbara Barta, Carmen Barteaux, Anke Bartels, Cathy Bartlett, Catherine Basaraba, Maria Basaraba, Ian Batt, Andrea Beal-Oetterli, Janet Beale, Shayne Beard, Al Beatty, Adam Becalski, Phil Beicken, Michel Belec, Piet Bels, Mirza Benca, Melanie Benoit, Verena Berger, Brian & Caryl Bergeron, Shirley Bergert, Jesse Bergman, Andrea Berreth, David Berridge, WJBest, Sjaak Beukers, Jen Bibeau, Alison Bibra, Luke Biggs, Nancy Evelyn Bikaunieks, Jude A Billard, PR Birch, Jim Bird, Stephane Eric Bisson, Frida Caroline Bjerkan, Julia Black, Sarah Blackwell, Robert Blackwood, Rachel Blair, Bob & Joan Blanchard, Jorge Blanco, John Blatz, Heather Blois, Nicole Boelens, Barbie Bojcun, Maria Bolano, Stephanie Bolduc, Claire Bolin, Phil Munter Bond, David Bonham, Christopher Booth, Michael Borger, Mike Borger, Jack Bornstein, Chris Borthwick, Marjorie Boucher, Rymonde Boucher, Carmen Boudreau-Kiviaho, Sarah P Bourque, Simon Bower, James Bown, Michelle Bowskill, Kim Boyce, Kevin Boyle, Bas & Bertrand Braam, Willard Bradley, Matthew Brady, Amy Brandon, Michael Brasier, Dan Brennan, Kathleen Brient, Michael Briggs, Barry Bristman, Ashley Bristowe, Joan Brittain, Ron Broadfoot, Jack Brondum, Amy Brooks, Sean Brooks, Michael Brothers, JF Brouillette, B Gavin Brown, Cheryl Brown, Eliza C Brown, Gerald Brown, Maxine Brown, John & Eileen Browne, Jens Brueggemann, Anton Brugman, Claire Brutails, Graeme Bryant, Cheryl Maxwell Buckeridge, Annette Buckley, Gary Budden, Bettina Buehler, Sandra Buhlmann, Larry Buickel, Terrilee Bulger, M D Bullen, Leigh Burbidge, Vera Burbidge, Dwight Burditt, Ron Burdo, Lesley Burgon, Elizabeth Burns, Kat Burns, Taodhg Burns, Carl Burrett, Eugenia Bursey, Marianne Busch, Jonathan Butchard, Claire Butler, Jean Butler, Donna Buxton, Kelly Byrnes **C** Nicole Caissey, Noel & Rosemary Callow, Cory Camilleri, Blaine Campbell, Kate Campbell, Jonathan Campton, Mark Canning, Tony & Lena Cansdale, Elisabete Cardoso, Lilia Cardoso-Gould, Sharyn Carey, Chris Carlisle, Zahavit Carmel, Colleen Carroll, Ernest Carwithen, Lisa Caspari, Edson Castilho, Vagner Castilho, Robert Catto, Jacky Chalk, Sara Chamberlin, Madeline & John Chambers, Sally Chambers, Joanna Champion, R K Chaplin, Craig Chapman, Lisa Chapman, Don Charlton, Julian Chen, Eve Chenu, Dewayne Chiasson, Ian Chiclo, Chungwah Chow, K M Chow, Natalie Chow, Hans Chowdhury, Ton Christiaanse, Niall GF Christie, Steven Christie, Claudia Chritl, Isabel Chudleigh, Pierre Chum, Wendy & Steve Churchill, Florence Ciavatta, Marlene Cirillo, Charles Citroen, Antoni Cladera, Guido Claessen, Carrie Clark, Dean Clark, Phil Clark, Steve Clark, Anna Clarke, Martin Clarke, Neville Clarke, Peter Clough, Karen Clutterbuck, Mike Clyne, Mike Coburn, Juliet Coe, Celine Cogneau, M Cohen, David Colburn, Elizabeth Cole, Don Coleman, Sarah Coleopy, Sarah & David Coleopy, Berna Collier, Thea Collin, Dr Paul Collins, Paul Collins, Rachel Collis, Maurice Conklin, Victoria Conlin, Conrad, Philip Coo, Laurence Coogan, Charlotte Cook, Gillian Cook, Katherine Cook, Nathan Cook, Angela Cookson, Jeremy Copeland, Maria Copello, Lenior Corbeau, Max Corbeil, Leanne Cormack, Tosja Coronell, Sonja Corradini, Rebecca Cory, Agustin Cot, Linda Cotton, Lynda

Cotton, Elsa Coudon, Peter Court-Hampton, Catrin Cousins, Callum Couston, Catherine Cowan, Michael Cowie, Brian Cox, Geoffrey Cox, Sara Cox, Sara & Brian Cox, Simon Cox, Dean Cracknell, Cilla Craig, Steve Craig, Kevin Crampton, Brian Crawford, Yvette Creighton, Phil Crew, Brad Crockett, William Cross, William & Norma Cross, Ken Crossman, Dany Cuello, Hilary Mc Cully, Daniel Cunningham, Valentina Cusnir, Cathy Ann Cwycyshyn, Krystyna Cynar **D** Martina D′ Ascola, Rod Daldry, Edward Dale, Mary-Camillus Dale, Leonne Damson, Leonne & Alan Damson, Barbara Danin, Margaret Darby, Philipp Daumke, Huw Davies, Louise Davies, Chuck Davis, Lee Davis, Max Davis, Warren Davis, Leanne Dawson, Leanne & Alan Dawson, Nicky Dawson, Nicky & Murray Sayers Dawson, Richard Dawson, Ron Deacon, Bjorn Debaillie, Paul-Olivier Dehaye, Leroy W Demery, Petra Dengl, Yves Desrichard, Sarah Devin, Pierre Devinat, Dominique Devoucoux, Lara Diamond, Julia Dickinson, M Digel, Liza Dilley, Louise Dillon, Martin Dinn, Kerry T Diotte, Tilman Dnrbeck, Alexandra Dodd, Monique Dodinet, Sarah Dodson, Allan Doig, Nikki Dolbaczuk, Sandra Dollar, Clare Dominguez, Megan Donald, Robert Dorin, Matt Doughty, Allan Douglas, Guy Douglas, Hugh Dowd, Jean Dragushan, Shannon Draper, Eric Drewes, Tilman Duerbeck, P Duffy, Judy & Roger Dumm, Andy Duncan, Jayleen Duncan, Robyn Duncan, Traci Dunlop, Geoff Durham, Mieke Dusseldorp, Nicole Dyer **E** Jackie Early, Phillip East, Rebecca Easterly, Nadja Eberhardt, Donna Ebert, Hermann Ebsen, Peter Eden, Chris Edwards, Jay Edwards, Martin Edwards, Mike Edwards, David Egan, Henning Eifler, Reinhart Eisenberg, Frank Eisenhuth, Krispen Elder, Laura Ell, Teresa Ellis, Adriana Ellis-Fragoso, Ben Elliston, Tom Elvin, Nicholas A Enright, Chris Enting, Emily Evans **F** Tore Fagervold, Keith Fairbairn, Jonathan Falk, Paul Falvo, Alan Farleigh, Sandra Farley, Nicole Faubert, Gabriele Faust, Peter Fennick, Annette Ferguson, Joseph Ferigno, Katy Ferrar, Gina Field, Elizabeth & Alan Fieldus, Paulo Filipe, Nadine Fillipoff, Raymond Finan, Shaun Finch, Alaric Fish, Sarah Fisher, Mandy Fletcher, Michael Fletcher, Richard Foltz, Selena Sung Li Foong, Andrew Forbes, Bonita Ford, Graham Ford, Doreen Forney, Peter Forte, Marian Fortner, Jamie Foster, Jonathan Foster, Timothy Fowkes, Garry Fox, Ellen Foxman, Mark Frankel, Justin Fraser, Suzan Fraser, Jen Frederickson, Anders Frederiksen, Magnus Fredrikson, Ben Freeman, Kevin Freer, Constance Frey, Ingo Friese, Donna Fruin, Becky Fryer, Boris Funke **G** Eric Gagnon, Denise Le Gal, Jason Galea, Derek Galon, Fabiana Gamberini, Christina Gamouras, Juan Garbajosa, Abraham Garcia, Jennifer Gardner, William Gardner, Alex Garic, Pam Gaskin, Richard Gavey, Costanza Gechter, Verstrepen Geert, Saskia Geerts, Dominic Geisler, Mathieu Georges, Samira Ghazi, Ferdinando Emilio Giammichele, Jemma Gilbert, Philip Gilbert, Sandra Gilis, James Gill, James Gilmour, B R Giri, Brad Gledhill, Mike Gleeson, Michele Glover, Javeen Godbeer, Cathy Godfrey, Colin Godfrey, Barbara Goldflam, Shelley Goldschlager, Lisa Goldsworthy, Claudia Gomes, Nigel Goodall, Kristy Goodchild, Hilary Gooding, George Goracz, Katherine Gordon, Dayna Gorman, Paul Goudreau, Louise Goulding, Peter Gourley, C B T Grace, Carol Graham, Kim Graham, Eileen Grant, Anthea Grasty, David & Lynn Gray, John Gray, Matthew Gray, Toni Gray, Andrew Graybill, Dylan Green, Ken Green, Ronalie Green, Ray Greenwood, Ian A Griffin, Andrea Grill, Sabine Groener, Travel Gross, Wellum & Nonna Gross, Bob Grubb, Judy Grubb, Ken Guappone, Gilbert Guinard, Tineke Guise, Lisa Guiton, Maria Gulliern, Rob & Annemieke Gulmans, Joseph Gumino, Gavin Guthrie, Jim Guthrie, Barbara Gutteling, Lise Guyot, Valerie Gwinner **H** Alison Hahn, Natalie Haines, Daryl Hal, Michelle Haley, Justine Hall, Nancy Hall, David & Hannah Halliday, Ruth Halsall, Jean-Lou Hamelin, Graeme Paul Hamilton, Andrew & Kirsty Hamilton-Wright, Gill Hamson, Lydia Han, Lutz Hankewitz, Ralf Hansen, Alexandra Hanson-Harding, Mabel Haourt, Wendy Hardman, Deborah Hardoon, Natalie Hardwicke, Janelle Hardy, Kate Hare, Brian Harland, Tony Harminc, John Harper, Roger Harris, Barbara Harrison, Alan Hart, Lorraine Hart, Christopher Harte, Bernice Hartley, Catherine Hartung, John Harvie, Jeff Haslam, Sharn Hassall, Rob Haub, Lilly Haupt, Jessica Hauser, Beatriz Hausner, Andy Hay, M Hayden, Melissa Hayward, Nick Hayward, Jeroen Heel, Roland Heere, Deb Heighes, Sally Helm, Martin Helmantel, Saskia Helmantel, Reuben Helms, Laura Henderson, David Henry, Robert Herritt, Moritz Herrmann, Roger B Hicks, Amy Higganbotham, Amy Higgenbotham, Dave Higgs, Jennifer Hildebrand, Tim Hildebrandt, Jackie Hill, Neil Hill, Te Hillman, Chris & Sheila Hills, Derrick & Ann Hilton, Jim Hilton, Abigail Hine, Joan Hirons, Kelley Hishon, Charity Hobbs, Chris Hocking, Pettina Hodgson, Axel Hofer, Fabienne Hoffmann, Kristi Hofman, Annette Holden, Clare Holder, Martin Holder, James Holgate, Eva Holland, Greg Holland, Samantha Hollier, Sarah Hollingham, John Holman, Annelies Hommersom, Henry Hon, JP Hope, Rebecca Hope, Meg Horn, Margaret Hothi, John Hough, Alison Howard, Oliver Howard, Janet & Casey Howell, Simon Huang, Paul Hubbard, Keith Hughes, Alan Humphries, Graham Hunt, Jane Hunt, Malcolm Hunt, Martin Hunt, Brendan Hunter, Quentin & Ann Hunter, Paul Hutt, John Hyslop **I** Camellia Ibrahim, Jose Igartua, Heidi Ilhren, Jeroen Immerzeel, Ingrid Indermaur, Cristina Infante, Tobin Ireland, Brent Irvine, Carolyn Irvine, Keith Isherwood **J** Dick Jackson, Louis Jacobs, Nick Jacobs, Ed Jager, Marian Jago,

Dafydd James, Darlene James, John Jansen, Elfneede Jauelter, Rommary Jenkins, Viv Jenkins, Esther M Jensen, Henrik C Jessen, Maxwell Jitney, Geoffrey Joachim, Mike St John, Diana Johns, Bob Johnson, Buffy Johnson, Carolyn Johnson, Catriona Johnson, K R Johnson, Margaret Johnson, Pam Johnson, Paul Johnson, Alan Jones, Anita Jones, Cliff Jones, Lloyd Jones, Margaret Jorstead, Vincent Joumel, Stephan Jurak, Karen Jury **K** Steven Kabanuk, Junko Kajino, Nancy Kalil, Jill Kasner, Hirotoshi Kawasaki, David Kaye, Grant Keddie, Innes Keighren, Steve Kelleher, Stroud Kelley, Marina Kelly, Mary Kelly, Pat Kelly, Kieran Kelmar, Madeline Kemna, John Kemp, Tim Kendall, Dwight Kenney, Don Kerr, Judy Kerr, Steven Kerr, Roger Kershaw, Tarik Khelifi, Barbara Kiepenheuer, Bernard Kiernan, Pauline Kiernan, Concetta Kincaid, Brian King, Simone Kingston, Mike & Gill Kirkbride, Lindsey Kirschner, Tyler Kirsh, Darren Kiziak, Hanne Kjeldehl, Wim Klasen, Linda Klauke, Danyelle Klauss, Frank Klimt, Jennifer Klinec, Eberhard Kloeber, Dayalh Kmeta, Christopher M Knapp, Jill Knoechel, Carla Knoll, Janet Komars, Tim Kong, Tom Korecki, Airi & George Krause, Tobias Krause, David Kreindler, Vikram Krishnan, Andreas Krueger, Daniel Kruse, Dave Kruse, Pierre Kruse, Marion Kuehl, M Kulowski, Shiv Kumar **L** Pierre L'Ecuyer, Kinsey Labberton, Michelle Labelle, Geneviève Labonté, Maxime Lachance, Fabienne Laengle, Johannes & Tobias Laengle, Marie-Helene Lagace, Bart Lam, Emmanuel Lambert, James Lambert, Stuart Lamble, Micky Lampe, Denise Lamy, Robyn Land, Stephen Lane, Judy Lang, Katrina Lange, Guenter Langergraber, Benedict Lapinksi, Diane Lapinksi, Dany Larochelle, Kim Latendresse, Hans Latour, Lee Lau, Hans Laue, Kimberlee Lauer, Ron Laufer, Sylvie Laurenty, Etienne Laverdiere, Mélanie Lavoie-Fulop, Al Lawrence, David Lawrence, Patricia Leah, Julie Leatherland, Angela Lee, Jessica Lee, Lech Lee, Derek Leebosh, Belinda Lees, Peter Lehrke, Abraham Leib, Aimee Leidich, Caroilne Lemieux, Deborah Leo, Sarah Leonard, Stacie Leptick, Stephen Leslie, Mike B Leussink, James Levesconte, Lise Levesque, Bill & Daphne Lewis, Adam Liard, Mark Lightbody, Charles Wei Siong Lim, Tan Shuh Lin, Morten Lindow, Kim Linekin, John Linnett, Kim Lipscomb, Karin Littink, CDR D M Littlefair, Paul Littlefair, Wai-Ping Lo, Andreas Lober, Edgar H Locke, Raffaella Loi, Mun Kwong Loke, Clive Long, Scott Long, Robin Longley, Karl Lorenz, Helen Lorimer, Helen Lowe, James Lowenthal, Anne Lozier, Maximilian Ludolph, Kris Ludwig, Marcel Luginbuehl, Mark Lunn, Peter Lunt, Derek Lutz, Fiona Lyle, Nick Lynch, Joanna Lyon, Kim Lyons **M** Marloes M, Carol MacDonald, Krista MacDonald, Peta MacDonald, Peta & Stirling MacDonald, Stanley MacDonald, Laurie MacDougall, Dave MacMeekin, Mike MacMillan, Amy Madycki, Leen Maes, Alan Magee, Eddie Magnussen, Eddie Magnusson, Caroline Magoffin, Jens Mahlow, Carol Maier, Andrew Mair, Leslie Maldonado, Maya Malik, Mike Mannion, Abi Mansley, John Marett, Hilary Marrinan, Edward Marriott, Anne Marsh, Gloria Marsh, Vickie Marsh, Clive & Jean Marshall, C Marston, Donna Martin, James Martin, Paul Martin, George Matheson, Alex Matskevich, Alexander Matskevich, Brent Matsuda, Linda Mattern, Jenny Matthews, Nancy Matthews, Angela May, Carolyn May, Duncan May, Sarah May, Yves De May, Rich Maywhort, Stuart Mazza, Riccardo Mazzoni, Trevor Mazzucchelli, Ian McCahon, Susan McDain, Rick McCharles, JR McDermott, Emma McDonald, Pat McDonald, Ted McDonald, Irma M McDougall, Laura McEachern, Jeremy McElrea, Dudley McFadden, David McFarlane, Paul McFarlane, Megan McGlynn, Fiona B McIntyre, Steve McKay, Liam McKeever, DS McKinley, Sue McKinley, Craig McKinnie, Nancie McKinnon, Tom McKown, Margaret McLean, Raymond McLean, Wallace McLean, Sarah McMullin, Gerard McNamee, Bronwyn McNaughton, Fran McQuail, Neil McRae, Judith McRostie, Angela McSweeney, Ryan Medd, Sheila Meehan, Inaki Mendieta, Marc Mentzer, N Merrin, Michael Mersereau, Neal Michael, Lynnell Mickelsen, Nicole Middleton, Sarah Middleton, David Mifsud, Alain Miguelez, Andy Miller, Betty Jean Miller, Chris Miller, Katie Miller, Simon Miller, Gillian Millett, Chow Kai Ming, Karen Mistilis, Stephanie Mitchell, Ian Mitchinson, Coen Mobach, Brian Moller, Stephanie Monaghan, Massimo Mondani, Montse Montaner, Peter W Monteath, Tanya Montebello, Heather Montgomery, Keith Montgomery, Gordon A Moodie, Marcel Moonen, Philip Mooney, Kevin Morai, Yvonne Morgan, Dan Morris, Stuart Morris, Tom Morrow, Gerome Mortelecque, Ian Mortimer, Ian Moseley, Renate Moser, Dorothy Moszynski, Dominique Mouttet, Mary Movic, Johan Muit, James Mules, Mary Mullane, Andrea Mullin, Meaghan Mulvany, Keely Mundle, Lily Mungti, Liane Munro, Moira Munro, Gary Murphy, Anne Murray, Peter Murray **N** Isabella Sabelli Nadeau, Shioko Nagaoka, Jed Nancarrow, B Nanser, Jessica Nash, Liz Nash, Daniel Neale, Don Nelson, Steve Newcomer, Darlene Newman, Tom Newman, Andrew Newman-Martin, Brian P Nicholas, Brian P Nichols, Seestaller Nikolaus, Alex & Diane Nikolic, Adri Di Nobile, Andrew Noblet, Martin Noellenburg, Michael Nold, Luca Nonato, Mirjam Noorda, Adrien Noordhof, Bianca Noordhuizen, Jody Nunn, Dr Iris-M Nöbauer-Huhmann, Iris-M Nöbauer-Huhmann **O** John O'Brien, Etain O' Carroll, Melinda O'Gorman, Kate O'Hara, Fidelma Oconnor, Keith Odlin, Geni Ogihara, Karen Olch, Jan-+Ke Olsson, Jens Østrup, Elna Otter, Erika Ottmann, Matthew Owen **P** Jean Yves Paille, Bruce & Ann Palmer, Eddie Palmer, Rose Pantalone,

Christine Paquette, Dennis Paradine, John Parfitt, Aristea Parisi, Ed Parker, Greg Parker, Laura Parker, Dick Parson, Dick Parsons, Anthony Pasko, Lori Pasko, Tony Pastachak, Jayde Patching, Charles Paterson, Jody Paton, Neil Pattemore, Jo Patterson, Jo Payne, Lisa Payne, Mary Peachin, Andree Peacock, Jonathon Pease, Richard Pedder, Daiana Pellizzon, Chris Penny, Kara Penny, Piergiorgio Percali, Sophie Percival, Chritopher Perraton, Patrick Perrault, Laure Perrier, Wendy Persoon, Piergiorgio Pescali, Brent Peters, Laura Peters, Marc Peverini, Uli Pfeiffer, Chris Phillips, Jackey Phillips, Yoan Piche, Yoan Piché, Andrew Pilliar, Jean-Frantois Pin, Blaine Pinch, Sonia Pinkney, Gabriel Pinkstone, Karen De Plater, Lucy Platt, Helen Pleasance, Dan Plomish, Adri Pols, Dwight Poole, Jackie Poole, Paul Poole, Tony & Jill Porco, Lesley Porter, Erhard Poser, Erik Postma, Jocelyn Potter, Yves Potvin, Gilles Le Pouesard, Nanda Poulisse, Nina & Tyrone Power, Tyrone Power, Marcelo Horacio Pozzo, Antonella Precoma, Mike Preece, Sheila Preece, Simon Preece, Annette Prelle, Marney Coulter & Martin Prestage, Nichola & Kevin Prested, Meredith Preston, Howard Prior, Nancy Prober, Greg Proctor, Marc Prokosch, Martine Proulx, Aljaz Prusnik, Urska Prusnik, Cindy Puijk, Aart Pyl **Q** Phillip Qin, Paul Quayle, Merissa Quek, Sylrre Quellet, Helen Quigley, David Quinn, Michel Quintas **R** Bjorn Anders Radstrom, Rhiana Raesler, Anita Rafidi, Claudia Raichle, Glen Rajaram, Linda Rammage, Roger Randall, Shirley Randall, Thomas Rau, Jenny Raven, Reinhard Reading, Mike Reams, Lynette Reed, Margaret Reed, Thomas Regel, Michael Reine, Pierre Renault, Jane Rennie, Janice G Richards, Emma Richardson, Jeremy Richardson, Rachel Richardson, Lisa Ridley, John Riley, Bob Riou, Barbara Robb, Judy Roberts, Karen Roberts, Al Robinson, Jane Robinson, Janet Robinson, Rowena Robinson, Yetta Robinson, Bernhard Rock, Adolfó Rodriguez, David Rogers, Scott Rogers, Andrea Rogge, Hans-Peter Roggensack, Richard Roman, Alex Rooke, Marco Roos, Candace Ross, Derek Ross, Joanne Ross, Susan Ross, T Carter Ross, Petra Rossback, Louison Rousseau, Duncan Routledge, Shelagh M Rowan-Legg, Stephanie Rowatt, Michael Rowe, Gabby Rowley-Conwy, Sandrine Ruaux, Nele Rubart, Gladys Rubatto, Karl Rubin, Con Ruddock, Mark Rudman, Claudia Rudolph, Carol Rudram, Danielle Ruppert, David Rusk, Oxy Rynchus **S** Ayaka Sakata, Dieter & Sheila Salden, Karlie Salmon, Arnaud Samson, Richard Samuelson, Miguel Sanchez, Paul Sands, Andrew Sansbury, Dino Santelli, Carol Sarchet, Carol & Rick Sarchet, Gwyn Sarkar, Robin Sarkar, Andre J Sauve, Colin Savage, Mary Sawicki, Michael Saxe, Maria Scandore, Penny Scheenhouwer, Marc Schlichtner, Neil Schlipalius, Simon Schlosser, Erich Schmitt, Patrice Schmitt, Sebastian Schmitz, Martina Schoefberger, Anisha Schubert, Bruce Schultz, Ruth Schulze, Oliver Schusser, Florian Schweiger, James Scott, Martin Scott, Rebecca Sear, Maik G Seewald, Lyne Seguin, Anthony Sell, Richard Semple, Andy Serra, Mara Setjo, Anne Sevriuk, Jeremy Seymour, Anna Shah, Ruth Shannon, Stuart Sharp, Sarah Shaughnessy, Hilary Shaw, S W Shekvadod, Mike Sheldrick, Ed Shepard, Edmund Shepard, Ed Shephard, Kerren Sherry, SW Sherwood, Maureen Shipton, Denis Shor, Peggy Shyns, Shreen Sidhu, Constanze Siefarth, Linda & Jason Sim, Michel Simard, Melissa Simmons, Anna & Chris Simon, Massimo Simoncini, Jocelyne Simoneau, Andrew Sinclair, Norm Singer, Jeurel Singleton, Sujee Sivasubramaniyam, Bronwyn Sivour, Valerie Slade, Andrew Slipp, Prof Thomas R Sluberski, David Smallwood, Jeroen Smeets, Ivo Smit, Alan Smith, Alexander Smith, Barney Smith, Hannah Smith, Heather Smith, Heidi Smith, Inga Smith, Jonathan Smith, Krusty Smith, Peter Smith, Rachel & Trevor Smith, Rob Smith, Stephen Smith, Mary Smyth, Elisa Snel, Luis Ducla Soares, Chan Wan Soi, Kathleen Solose, Charles Lim Wei Song, Ann Soper, M De Souza, Tina Spangler, David & Jill Spear, Florian Specker, Kent Spencer, Patrick Spink, Paola Spreafico, Maxime St-Laurent, Kaz Stafford, Jane Stalker, Sheila Stam, Jenn Stanley, Michael Stanley, Gavin Staton, Joe Stead, Bryun Stedman, Andrew Steele, Mary Steer, John Steinbachs, Susanne Steinsiek, Ed Stephenson, Rebecca Stevens, N Stevenson, Greig Stewart, Katie Stewart, Mrs JMW Stewart, Mrs JMW & Stewart, John Stigant, Ellie Stirling, Stephy Stoker, Cheryl Stonehouse, Jason Strauss, Stephen Streich, Tim Stubbs, John Sturley, Aruna Subramamian, Aruna Subramanian, Sue Summers, Tim Summers, Arden Sutherland, Peter Sutton, Anders Svensson, Fabio Sverzut, Eric Swan, O´ Rourk Swinney **T** Sharona Eliahou Taieb, Dorinda Talbot, Calvin Tam, Muei Hoon Tan, Kat Tancock, Michel Tanguay, Roy Tanner, Christine Tarrach, David Taylor, Bobby Tehranian, Mike Telford, Silke Telkemeyer, Rachael Templeton, Cyrus Teng, Paul Terbasket, Ulrik Terreni, Rowena Thakore, Frank Theissen, Marcelle Thibodeau, Pia Thiemann, Aaron Thom, Alan & Jo Thomas, Catherine Thomas, Lyndon Thomas, Peter Thomas, Carolyn Thompson, Judy & Gary Thompson, Stephanie Thorne, Nicole Thorpe, Matt Thrower, Donna Tidey, Sue Tierney, Glen Timpson, Kerry Tobin, Larissa Tomlinson, Veronique Torche, Frederika Tournicourt, Martin Treiblmayr, Pierre Tremblay, Rhiannon Elizabeth Trevethan, Cathy Tuck, David Turley, Steven Turner, Richard Twigg **U** F Ubliani, Rosemary & Philip Ulyett, Sam Unruth, Dennis Urbonas **V** Sarah Valair, Joe Valcourt, Maurice Valentine, Esa van Aparicio, Jerome van Eersel, I van Gorman, Send & Jeroen van Heel, Remco van Hees, Annerieke van Hoek, E van Hunter, Madelon van Luijk, Lies van Nieuwenhove, Essa van Pocock, Hulya van Tangeren, Essa van Vanclief, Ke van Vogler, Jos van den Akker, Luc van den Dorpel, Marga van den Ham, Marian & Rob van den Heuvel, Nicole vandenberg, Sabrina vandierendonck, Ferenc vanhoutte, Stewart Vanns, Elizabeth E Vans, Oliver vanzon, Desmond Vas, Isabelle Vassot, Angele Vautour, Reinier Ten Veen, Vincent Verdult, S Veringer, S & J Veringer, R Vermaire, Rene Vermaire, Herma Vermeulan, Herma & Otto Vermeulan, John Verri, Salvatore Vespa, Asun Prim Vidal, James Vieland, Veronica Villa, Josh Vinall, Andrea Vinke, Theo Vlachos, Wendela De Vos, Kari Vuorenlehto, Nichy Vyce **W** Maddy W, Sally Wade, Janet Wagner, Aron Wahl, Lary Waldman, Cheryl Walk, Alan Walker, Neil Walker, Keith Walkerdine, Naomi Wall, Gerry Wallace, Ron Wallace, Joanne Wan, Virginia Wan, Chenya Wang, Helen Wardle, Helen & John Wardle, Julia Warner, Sylvia Warner, Alastair Warner-Green, Diana Warr, Klaus Wartenberg, Va Waters, Lorna Watkins, Linda M Watsham, Pauline Watson, Tara Watt, Jayne Weber, Patrick Weeding, Leah Weeks, Bert Weissbach, Sarah Welton, Claudia Werger, Sarah Rose Werner, Sandra West, Ling Weston, Susan Westwood, Mark Wettlaufer, Michael Weyburne, Michael & Sarah Weyburne, Heather Wharton, Chris Whatley, Christopher Wheeler, Mark Whiffin, Andrea White, Gillian White, Jennifer Whitman, Mattias Wick, Daniel Wickie, Andrew Wicks, Roma Wiemer, Roy Wiesner, Leonore Wigger, Sheldon Wihnan, Diederik JD Wijnmalen, Andrew Willers, Edith William, Edith & Bernard William, Amanda Williams, Guylaine Williams, Katheen Williams, Olugbala Williams, Pauline Williams, Scott Williams, Paul Williamson, Kim Willoughby, Jeremy Wills, Mary Wills, Alex Wilson, Alison Wilson, Chris Wilson, Elsbeth Wilson, Ryan Wilson, Karin Winkelmann, Keri Winsor, Peter Winter, Katherine Wisborg, Andrew Witham, Rhonda Witt, Katrin Wohlleben, Sandra Wolf, Nora Wolff, Nora & Rick Wolff, Clinton Wong, Jenn Wood, Jo Wood, Wendy Worley, A Wright, Andrew Wright, Colin Wright, Colin & Robyn Wright, Douglas Wright, Mark Wright, Chandi Wyant, Ingrid Wyles, Scott Wylie **Y** Yildiz Yanmaz, Mary Yearsley, G K Yeoh, Y Yerbury-Nodgron, Andrew Young, Paul Young, So Young, Victoria Young, Wanieta Young, Jay Wan Yu **Z** Natacha Zana, Mijke Zengerink, Arlene Zimmerman, Harold Zuberman, Harold & Joyce Zuberman, Wanda Zyla

致谢

感谢以下图片提供者允许本书使用他们的图片：

扉页地球图片 ©Mountain High Maps 1993 Digital Wisdom, Inc.

阿尔贡金国家公园图片© Department of Natural Resources Canada，持有完全版权。

欢迎反馈！

Lonely Planet非常希望得到来自旅行者的反馈——你的意见会使Lonely Planet时刻保持警觉，把书越做越好。虽然Lonely Planet不能一一回复每一封来信，但可以保证在编写下一版之前，你的反馈会及时送到相关作者手中。Lonely Planet经验丰富的作者队伍会认真阅读你的信件的每一个字，了解你对本书喜欢什么、不喜欢什么。Lonely Planet会在下一版书中“幕后”部分向所有来信的读者致谢。

Lonely Planet真诚地欢迎中文版读者的反馈意见。如果你想对本书提出修改意见，或者想了解更多有关Lonely Planet的故事、新闻报道和旅游信息，请登录我们的网站www.lonelyplanet.com/contact，以及中文网站www.lonelyplanet.com.cn。

请注意：Lonely Planet可能会将你的意见编辑、复制或合并，用于诸如旅行指南、网站和数字产品等Lonely Planet产品中。所以，如果你不希望你的意见被复制，或者不希望你的名字出现在致谢名单中，请提前告知。欲了解我们的隐私政策，请登录www.lonelyplanet.com/privacy。

索引

缩写词

AB	Alberta 艾伯塔	NU	Nunavut 努那瓦特
BC	British Columbia 不列颠哥伦比亚	NWT	Northwest Territories 西北地区
MB	Manitoba 马尼托巴	ON	Ontario 安大略
NB	New Brunswick 新不伦瑞克	PEI	Prince Edward Island 爱德华王子岛
NF	Newfoundland & Labrador 纽芬兰和拉布拉多	QC	Québec 魁北克
		SK	Saskatchewan 萨斯喀彻温
NS	Nova Scotia 新斯科舍	YT	Yukon Territory 育空地区

000 地图页码
000 彩图页码

索引

索引

O

P

索引

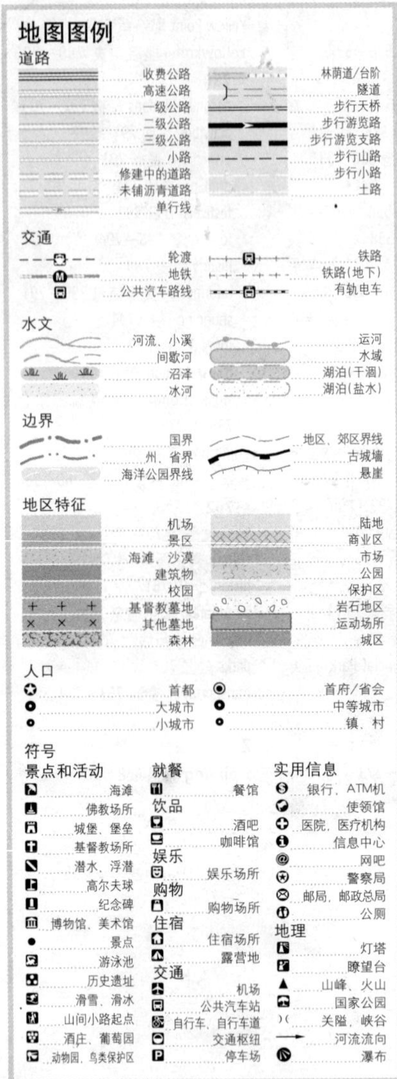

Lonely Planet
(公司总部) ABN 36 005 607 983
Locked Bag 1, Footscray, Victoria 3011, Australia
☎ (03) 8379 8000 传真: (03) 8379 8111
Web: www.lonelyplanet.com Email: talk2us@lonelyplanet.com.au
(同时在英国、美国设有办事处)

加拿大
中文第二版
Original Title: *Canada* (10th edition, April 2008)

图书在版编目（CIP）数据

加拿大 /（澳）Lonely Planet 公司编；灵思泉翻译公司译. -2版.-北京：生活·读书·新知三联书店，2009.8
(Lonely Planet 旅行指南系列)
ISBN 978-7-108-03173-0

I.加… II.①澳…②灵… III.旅行指南—加拿大
IV.K971.19

中国版本图书馆CIP数据核字(2009)第023921号

责任编辑 夏筱雅
特约编辑 马兰峥
版式设计 薛 宇
责任印制 常宁强
出版发行 生活·讀書·新知 三联书店
(北京市东城区美术馆东街22号)
邮 编 100010
图 字 01-2008-2633
经 销 新华书店
印 刷 北京盛通印刷股份有限公司
版 次 2009年8月北京第2版
2009年8月北京第3次印刷
开 本 850毫米×1100毫米1/32 印张27.875
印 数 13,001-23,000册
定 价 97.00元